読んでおきたい 📖
「日本の名著」案内

日外アソシエーツ

Catalog of Japanese Masterpieces Appeared in Annotated Bibliography

Compiled by
Nichigai Associates, Inc.

©2014 by Nichigai Associates, Inc.
Printed in Japan

本書はディジタルデータでご利用いただくことができます。詳細はお問い合わせください。

●編集担当●小川 修司
装 丁：赤田 麻衣子

刊行にあたって

　人類史の長きにわたって、風化に耐え、各分野において優れていると認められた著作群を"名著・古典"と呼ぶ。

　そして「日本名著辞典」「日本史の名著」のように、それら"名著、古典"を紹介、解説する解題書誌が多く出版されており、各分野について書かれた図書の道しるべとして用いられている。

　本書は、日本の名著・古典について解題した書誌305点の掲載作品10,789点をまとめた目録である。各作品が掲載されている近刊書も可能な限り調査し、その書誌情報をあわせて収録した。本書をめくることによって、ある作家の作品が、どの解題書誌に掲載され、どの本で読めるのかという情報を一覧することが出来る。巻末には作品名索引を付し、検索の便を図った。

　本書が日本の名著を対象としたのに対し、世界の名著を対象とした「読んでおきたい「世界の名著」案内」を2014年9月に刊行した。また、本書の姉妹編には、高校の国語教科書に掲載された作品を対象とした「読んでおきたい名著案内 教科書掲載作品 13000」、小・中学校の国語教科書に掲載された作品を対象とした「読んでおきたい名著案内 教科書掲載作品 小・中学校編」、小・中・高校の音楽教科書に採りあげられた楽曲を対象とした「歌い継がれる名曲案内 音楽教科書掲載作品 10000」がある。併せてお使いいただき、少しでも多くの図書館関係者や教育関係者のお役に立てば幸いである。

2014年9月

日外アソシエーツ

目　次

凡　例 …………………………………………………… (6)

読んでおきたい「日本の名著」案内 ……………………………… 1

作品名索引 ………………………………………………… 713

解題書誌一覧 ……………………………………………… 827

凡　例

1. 本書の内容

　　各種出版されている名著解題書誌に掲載された日本の名著・古典を著者ごとに記載した目録である。

2. 収録対象

　　「解題書誌一覧」に示した解題書誌305冊に解題のある日本の古典・名著10,789冊を収録した。

3. 記載事項・排列など

　(1) 作者名
　・作品の著者、編者など5,493名を見出しとし、共著者の場合は2名まではそれぞれ各人ごとに見出しを立て、それを越える場合は1人を代表として見出しを立てるにとどめた。
　・排列は作者名の読みの五十音順とした。
　・作者不詳の古典・仏典・民話・物語などは便宜上作者不詳とし本文の最後にまとめて収録した。

　(2) 作品番号・作品名
　・作品名の冒頭には索引用の作品番号を付した。
　・同一作者名の下では、作品名の読みの五十音順に排列した。

　(3) 図書データ
　・作品が収録されている図書を可能な限り調査し、比較的入手しやすいと思われる最近の図書の書名、巻次、著編者名、出版者、出版年、頁数、大きさ、シリーズ名、価格、ISBN、NDCを記載した。

(4) 解題書誌データ
・作品が掲載されている解題書誌の書名を記載した。それぞれの解題書誌の詳しいデータについては、解題書誌一覧に示した。
（例）

司馬 遼太郎 しば・りょうたろう

04233　「竜馬がゆく」

『竜馬がゆく 1』司馬遼太郎著　新装版　文藝春秋　1998　446p　16cm　（文春文庫）　552 円　Ⓘ4-16-710567-5　Ⓝ913.6
☆「あらすじダイジェスト」,「面白いほどよくわかる時代小説名作100」,「これだけは読んでおきたい日本の名作文学案内」,「知らないと恥ずかしい「日本の名作」あらすじ200本」,「世界名著大事典補遺（Extra）」,「日本の名著3分間読書100」,「日本文芸鑑賞事典第18巻（1958～1962年）」,「百年の誤読」,「ポケット日本名作事典」,「名作の書き出しを諳んじる」,「歴史小説・時代小説総解説」

4. 作品名索引

　　本書収録作品名を五十音順に排列し、著編者名を（　）で補記した。本文における所在は作品番号で示した。

5. 解題書誌一覧

　　本書収録解題書誌を五十音順に排列し、書名、著編者名、出版者名、刊行年月、ISBN を示した。

読んでおきたい「日本の名著」案内

【あ】

会沢 正志斎　あいざわ・せいしさい
00001　「新論」
『明治文化全集　第16巻　思想篇』　明治文化研究会編　日本評論社　1992　36,608p　23cm〈複製〉④4-535-04256-X,4-535-04234-9　Ⓝ210.4
☆「古典の事典」、「世界名著大事典」、「日本の古典名著」、「日本名著辞典」、「幕末十冊の名著」

会津 八一　あいづ・やいち
00002　「南京新唱」
『南京新唱』　会津八一著　日本近代文学館　1981　158p　18cm（名著複刻詩歌文学館　石楠花セット）〈春陽堂大正13年刊の複製　ほるぷ〔発売〕　叢書の編者：名著複刻全集編集委員会〉Ⓝ911.168
☆「日本文芸鑑賞事典　第8巻（1924〜1926年）」

00003　「鹿鳴集」
『鹿鳴集―歌集』　会津八一著　短歌新聞社　1995　134p　15cm（短歌新聞社文庫）〈会津八一略年譜：p130〜132〉　700円　④4-8039-0782-X　Ⓝ911.168
☆「世界名著大事典」、「日本文学鑑賞辞典〔第2〕」

会津藩　あいづはん
00004　「会津風土記」
『續々群書類従　第8　地理部1』　国書刊行会編纂　オンデマンド版　八木書店古書出版部　2013　924p　21cm〈初版：続群書類従完成会1970年刊　デジタルパブリッシングサービス〔印刷・製本〕　八木書店〔発売〕〉15000円　④978-4-8406-3235-5　Ⓝ081
☆「世界名著大事典　補遺（Extra）」

00005　「新編会津風土記」
『新編会津風土記　第1巻』　会津若松　歴史春秋出版　1999　353p　27cm　9333円　④4-89757-093-X　Ⓝ291.67
☆「世界名著大事典　補遺（Extra）」

相田 二郎　あいだ・にろう
00006　「日本の古文書」
『日本の古文書』　相田二郎著　岩波書店　1962　2冊　22cm　Ⓝ210.029
☆「世界名著大事典」

会田 安明　あいだ・やすあき
00007　「改精算法」
『改精算法改正論』　鈴木安明著　沢村写本堂　1934　20丁　24cm〈謄写版　和装〉Ⓝ419
☆「世界名著大事典」

00008　「算法天生法指南」
『日本科學技術古典籍資料　數學篇4』　浅見恵,安田健訳編　科学書院　2001　1007p　27cm（近世歴史資料集成　第4期 第4巻）〈日本学士院蔵の複製　霞ケ関出版〔発売〕〉50000円　④4-7603-0233-6　Ⓝ402.105
☆「古典の事典」、「世界名著大事典」

会田 雄次　あいだ・ゆうじ
00009　「アーロン収容所」
『アーロン収容所―西欧ヒューマニズムの限界』　会田雄次著　中央公論社　1962　235p　18cm（中公新書）Ⓝ915.9
☆「現代人のための名著」、「本の定番」ブックガイド」

相星 雅子　あいほし・まさこ
00010　「華のときは悲しみのとき」
『華のときは悲しみのとき―知覧特攻おばさん鳥浜トメ物語』　相星雅子著　鹿児島　高城書房出版　1992　208p　18cm〈鳥浜トメの肖像あり　付：引用・参考文献〉　880円　④4-924752-37-1　Ⓝ289.1
☆「今だから知っておきたい戦争の本70」

饗庭 篁村　あえば・こうそん
00011　「むら竹」
『むら竹　第1-4,6-11,14-20巻』　饗庭篁村著　春陽堂　1889　17冊　19cm　Ⓝ913.6
☆「世界名著大事典」

蒼井 雄　あおい・ゆう
00012　「船富家の惨劇」
『日本探偵小説全集　12　名作集2』　葛山二郎ほか著　東京創元社　1989　792,6p　15cm（創元推理文庫）　950円　④4-488-40012-4　Ⓝ913.68
☆「世界の推理小説・総解説」

青江 秀　あおえ・ひいず
00013　「駅逓志稿」
『大日本駅逓志稿』　日本郵趣出版　1980　153,599,115p　22cm〈背・標題紙の書名：駅逓志稿』（明治15年刊）の複製　郵趣サービス社〔発売〕〉　8000円　Ⓝ693.21
☆「世界名著大事典」

青木 恵一郎　あおき・けいいちろう
00014　「日本農民運動史」
『日本農民運動史　第1巻　幕末期における農民運動』　青木恵一郎著　日本評論新社　1959

548p　22cm〈付録：岡山県農民運動史（江田三郎 509-548p）〉　Ⓝ611.96
　　☆「名著の履歴書」

青木 月斗　あおき・げっと

00015　「月斗翁句抄」
『月斗翁句抄』　青木月斗著　同人社　1950　270p 図版　19cm　Ⓝ911.36
　☆「日本文学鑑賞辞典〔第2〕」，「日本文芸鑑賞事典 第15巻」

00016　「時雨」
『現代俳句集成　第10巻　昭和　6』　山本健吉ほか編集　石橋辰之助他著　河出書房新社　1982　364p　20cm　2900円　Ⓝ911.36
　☆「世界名著大事典」

青木 昆陽　あおき・こんよう

00017　「和蘭桜木一角説」
　☆「世界名著大事典 補遺（Extra）」

00018　「甘藷之記」
『日本農書全集　第70巻 学者の農書 2　甘蔗培養井ニ製造ノ法　羽陽秋北水土録（羽後）　甘藷記　再種方　二物考　農家須知（土佐）』　佐藤常雄ほか編　平賀源内，釈浄因，青木昆陽，小比賀時胤，大蔵永常，高野長英，宮地太仲著　越智直澄編　内田和義，田口勝一郎，徳永光俊，吉田厚子，田中安興翻刻・現代語訳・注記・解題　農山漁村文化協会　1996　456,13p　22cm　6800円　①4-540-96015-6　Ⓝ610.8
　☆「世界名著大事典 補遺（Extra）」

00019　「昆陽漫録」
『日本随筆大成　第1期 第20巻』　日本随筆大成編輯部編　新装版　吉川弘文館　2007　8, 398p　19cm〈平成6年刊（新装版）を原本としたオンデマンド版〉　5500円
①978-4-642-04086-0　Ⓝ914.5
　☆「世界名著大事典 補遺（Extra）」

00020　「蕃藷考」
『三十幅　第1-4』　大田覃編　国書刊行会　1917　4冊　23cm（国書刊行会刊行書）　Ⓝ081.5
　☆「古典の事典」，「世界名著大事典 補遺（Extra）」，「日本の古典名著」

青木 仁志　あおき・さとし

00021　「一生折れない自信のつくり方」
『一生折れない自信のつくり方』　青木仁志著　アチーブメント出版　2009　193p　19cm　1300円　①978-4-902222-79-1　Ⓝ159
　☆「3行でわかる名作&ヒット本350」

青木 茂　あおき・しげる

00022　「三太物語」
『三太物語―小説』　青木茂著　光文社　2005　248p　19cm〈付属資料：カバー1枚＋帯1枚　昭和26年刊の複製〉　1500円
①4-334-95018-3　Ⓝ913.6
　☆「一冊で不朽の名作100冊を読む」（友人社），「一冊で不朽の名作100冊を読む」（三省堂），「世界名著大事典」，「ポケット日本名作事典」，「名作の研究事典」

00023　「智と力兄弟の話」
『日本児童文学館―名著複刻　第2集 13　智と力兄弟の話―青木茂お話集』　青木茂著　初山滋画　ほるぷ出版　1974　260p 図　20cm〈新潮社大正9年刊の複製 箱入り〉　Ⓝ913.8
　☆「日本児童文学名著事典」

青木 辰司　あおき・しんじ

00024　「有機農業運動の地域的展開」
『有機農業運動の地域的展開―山形県高畠町の実践から』　松村和則,青木辰司編　家の光協会　1991　277p　21cm〈執筆：青木辰司ほか〉　2500円　①4-259-51696-5　Ⓝ615
　☆「環境と社会」

青木 靖三　あおき・せいぞう

00025　「ガリレオ」
『ガリレオ』　青木靖三著　平凡社　1976　233p 肖像　20cm（世界の思想家　6）〈文献案内：p.224-228〉　720円　Ⓝ132.57
　☆「物理ブックガイド100」

00026　「ガリレオ・ガリレイ」
『ガリレオ・ガリレイ』　青木靖三著　岩波書店　1994　206p　20cm（岩波新書　評伝選）〈ガリレオ・ガリレイの肖像あり　ガリレオ年表：p199～206〉　1600円　①4-00-003862-1　Ⓝ289.3
　☆「現代人のための名著」

青木 保　あおき・たもつ

00027　「多文化世界」
『多文化世界』　青木保著　岩波書店　2003　228p　18cm（岩波新書）　700円
①4-00-430840-2　Ⓝ361.5
　☆「大学新入生に薦める101冊の本」

青木 存義　あおき・ながよし

00028　「どんぐりころころ」
　☆「日本文芸鑑賞事典 第7巻（1920～1923年）」

青木 昌彦　あおき・まさひこ

00029　「経済システムの進化と多元性」

『経済システムの進化と多元性―比較制度分析序説』　青木昌彦著　東洋経済新報社　1995　221,4p　20cm　1700円　Ⓘ4-492-31217-X　Ⓝ331
☆「学問がわかる500冊」

00030　「現代の企業」
『現代の企業―ゲームの理論からみた法と経済』　青木昌彦著　岩波書店　2001　367,21p　20cm（岩波モダンクラシックス）　3600円　Ⓘ4-00-026678-0　Ⓝ335.4
☆「現代ビジネス書・経済書総解説」

00031　「人生越境ゲーム」
『人生越境ゲーム―私の履歴書』　青木昌彦著　日本経済新聞出版社　2008　287p　19cm　1900円　Ⓘ978-4-532-35302-5
☆「大学新入生に薦める101冊の本」

00032　「日本経済の制度分析」
『日本経済の制度分析―情報・インセンティブ・交渉ゲーム』　青木昌彦著　永易浩一訳　筑摩書房　1992　342p　22cm　3900円　Ⓘ4-480-85617-X　Ⓝ335.21
☆「日本経済本38」

青木 正児　あおき・まさる

00033　「江南春」
『江南春』　青木正児著　平凡社　1972　294p　図　18cm（東洋文庫　217）　Ⓝ920.4
☆「現代人のための名著」

00034　「支那近世戯曲史」
『支那近世戯曲史』　青木正児著　弘文堂　1955　919p　図版　22cm　Ⓝ922
☆「世界名著大事典」

青木 洋　あおき・よう

00035　「海とぼくの「信天翁」」
『海とぼくの「信天翁」―手づくりヨットで世界一周』　青木洋著　京都　PHP研究所　1974　243p　図　19cm　880円　Ⓝ915.9
☆「世界の海洋文学」

青鹿 四郎　あおしか・しろう

00036　「農業経済地理」
『昭和前期農政経済名著集　18　農業経済地理』　近藤康男編　青鹿四郎著　農山漁村文化協会　1980　431p　22cm〈青鹿四郎の肖像あり〉　4000円　Ⓝ611.08
☆「農政経済の名著　昭和前期編」

青地 林宗　あおち・りんそう

00037　「気海観瀾」
『文明源流叢書』　国書刊行会編　名著刊行会　1969　3冊　22cm〈国書刊行会大正2-3年刊の復刻　限定版〉　各3000円　Ⓝ081.5
☆「世界名著大事典」、「日本名著辞典」

00038　「輿地誌略」
『西村茂樹全集　第6巻　訳述書 2』　西村茂樹［著］　日本弘道会編　増補改訂　日本弘道会　2008　774p　22cm〈初版：思文閣出版昭和51年刊　京都　思文閣出版〔発売〕〉　18000円　Ⓘ978-4-7842-1443-3　Ⓝ150.4
☆「世界名著大事典」

青野 季吉　あおの・すえきち

00039　「文学五十年」
『文学五十年』　青野季吉著　日本図書センター　1990　191,11p　22cm（近代作家研究叢書 76）〈解説：祖父江昭二　筑摩書房昭和32年刊の複製　著者の肖像あり　年譜：p189〜191〉　4120円　Ⓘ4-8205-9031-6　Ⓝ910.26
☆「昭和の名著」、「世界名著大事典」

青野 聡　あおの・そう

00040　「愚者の夜」
『愚者の夜』　青野聡著　文芸春秋　1983　356p　16cm（文春文庫）　400円　Ⓘ4-16-729901-1　Ⓝ913.6
☆「現代文学鑑賞辞典」

青山 定雄　あおやま・さだお

00041　「支那歴代地名要覧」
『読史方輿紀要索引支那歴代地名要覧』　青山定雄編　東方文化学院　1939　810p　27cm　Ⓝ292.203
☆「世界名著大事典」

青山 繁　あおやま・しげる

00042　「四季ざくら」
☆「日本の艶本・珍書 総解説」、「日本の奇書77冊」

青山 七恵　あおやま・ななえ

00043　「ひとり日和」
『ひとり日和』　青山七恵著　河出書房新社　2010　205p　15cm（河出文庫　あ17-2）〈並列シリーズ名：Kawade bunko〉　520円　Ⓘ978-4-309-41006-7　Ⓝ913.6
☆「日本文学名作案内」

青山 延于　あおやま・のぶゆき

00044　「皇朝史略」
『水戸学大系』　高須芳次郎編　水戸学大系刊行会（井田書店内）　1940　10冊　図版　23cm〈別冊第2のみ和装〉　Ⓝ121.8
☆「世界名著大事典」

青山 秀夫　あおやま・ひでお

00045　「独占の経済理論」
『独占の経済理論』　青山秀夫著　創文社　1999　330p　22cm〈青山秀夫著作集　2　青山秀夫著作集刊行会編〉〈日本評論社1937年刊の復刊〉　7500円　Ⓘ4-423-85092-3　Ⓝ331.844
☆「世界名著大事典」

00046　「マックス・ウェーバー」
『マックス・ウエーバー——基督教的ヒューマニズムと現代』　青山秀夫著　岩波書店　1951　248p　18×11cm〈岩波新書　第54〉　Ⓝ331.33
☆「現代人のための名著」

赤岩 栄　あかいわ・さかえ

00047　「赤岩栄著作集」
『赤岩栄著作集　1』　教文館　1971　283p 肖像　19cm　1200円　Ⓝ190.8
☆「世界名著大事典 補遺(Extra)」

00048　「キリスト教脱出手記」
『赤岩栄著作集　9　キリスト教脱出記・ほか』　教文館　1970　343p 図版　19cm　1200円　Ⓝ190.8
☆「世界名著大事典 補遺(Extra)」

赤江 瀑　あかえ・ばく

00049　「海贄考」
『海贄考』　赤江瀑著　徳間書店　1986　282p　16cm〈徳間文庫〉　380円　Ⓘ4-19-598070-4　Ⓝ913.6
☆「世界の海洋文学」

00050　「獣林寺妖変」
『獣林寺妖変』　赤江瀑[著]　講談社　1982　250p　15cm〈講談社文庫〉　340円　Ⓘ4-06-131767-9　Ⓝ913.6
☆「世界の推理小説・総解説」

赤尾 兜子　あかお・とうし

00051　「蛇」
『赤尾兜子全句集』　立風書房　1982　315p　23cm〈著者の肖像あり〉　7000円　Ⓝ911.368
☆「日本文芸鑑賞事典 第18巻(1958〜1962年)」

赤川 次郎　あかがわ・じろう

00052　「ビッグボートα」
『ビッグボートα——長編冒険ロマン』　赤川次郎著　新装版　光文社　2007　636p　16cm〈光文社文庫〉　914円　Ⓘ978-4-334-74224-9　Ⓝ913.6
☆「世界の海洋文学」

00053　「三毛猫ホームズの推理」
『三毛猫ホームズの推理』　赤川次郎著　愛蔵版　光文社　2006　471p　20cm　1800円　Ⓘ4-334-92488-3　Ⓝ913.6
☆「世界の推理小説・総解説」、「日本文学名作案内」

赤城 さかえ　あかぎ・さかえ

00054　「浅蜊の唄」
『浅蜊の唄』　赤城さかえ著　ユリイカ　1954　237p　19cm〈赤城さかえ句集〉　Ⓝ911.36
☆「日本文芸鑑賞事典 第16巻」

赤坂 憲雄　あかさか・のりお

00055　「漂泊の精神史」
『漂泊の精神史——柳田国男の発生』　赤坂憲雄著　小学館　1997　433p　16cm〈小学館ライブラリー〉　1070円　Ⓘ4-09-460104-X　Ⓝ380.1
☆「学問がわかる500冊 v.2」

赤坂 真理　あかさか・まり

00056　「蝶の皮膚の下」
『蝶の皮膚の下』　赤坂真理著　河出書房新社　1999　184p　15cm〈河出文庫〉　520円　Ⓘ4-309-40578-9　Ⓝ913.6
☆「現代文学鑑賞辞典」

赤沢 威　あかざわ・たける

00057　「モンゴロイドの地球」
『モンゴロイドの地球　1　アフリカからの旅立ち』　赤沢威編　東京大学出版会　1995　236p　21cm　2678円　Ⓘ4-13-054105-6　Ⓝ469.2
☆「学問がわかる500冊 v.2」

赤瀬川 原平　あかせがわ・げんぺい

00058　「路上観察学入門」
『路上観察学入門』　赤瀬川原平ほか編　筑摩書房　1993　380p　15cm〈ちくま文庫〉　780円　Ⓘ4-480-02818-8　Ⓝ361.78
☆「建築の書物/都市の書物」

赤祖父 俊一　あかそふ・しゅんいち

00059　「オーロラ」
『オーロラ——その謎と魅力』　赤祖父俊一著　岩波書店　2002　212p　18cm〈岩波新書〉　780円　Ⓘ4-00-430799-6　Ⓝ451.75
☆「物理ブックガイド100」

赤染 晶子　あかぞめ・あきこ

00060　「乙女の密告」
『乙女の密告』　赤染晶子著　新潮社　2013　102p　16cm〈新潮文庫　あ-75-1〉　340円　Ⓘ978-4-10-127351-8　Ⓝ913.6
☆「3行でわかる名作&ヒット本250」

赤羽 一　あかばね・はじめ

00061　「農民の福音」
『農民の福音』　赤羽一著　黒色戦線社　1983　57p　19cm〈共学パンフレット第6輯（共学社昭和4年刊）の複製に増補したもの 著者の肖像あり〉　400円　Ⓝ309.021
☆「農政経済の名著 明治大正編」

赤堀 又次郎　あかほり・またじろう

00062　「国語学書目解題」
『国語学書目解題』　赤堀又次郎編著　勉誠社　1976　1冊　19cm〈明治35年刊の複製〉　6000円　Ⓝ810.31
☆「世界名著大事典」

赤松 克麿　あかまつ・かつまろ

00063　「日本労働運動発達史」
『日本労働運動発達史』　赤松克麿著　復刻　日本図書センター　2002　190p　22cm〈社会問題叢書　第3巻　安部磯雄、山川均、堺利彦共編〉〈原本：文化学会出版部大正14年刊〉　Ⓘ4-8205-8661-0　Ⓝ366.621
☆「世界名著大事典」

赤松 啓介　あかまつ・けいすけ

00064　「民俗学」
『民俗学』　赤松啓介著　〔復刻版〕　明石書店　1988　229,16p　19cm　2200円
☆「学問がわかる500冊 v.2」

赤松 宗旦　あかまつ・そうたん

00065　「利根川図志」
『利根川図志』　赤松宗旦著　柳田国男校訂　岩波書店　1971　394p　15cm〈岩波文庫〉〈第4刷（第1刷：昭和13年）〉　200円　Ⓝ291.3
☆「古典の事典」

赤松 智城　あかまつ・ちじょう

00066　「宗教史方法論」
『宗教史方法論』　赤松智城著　共立社　1932　134p　23cm　Ⓝ160
☆「世界名著大事典」

00067　「朝鮮巫俗の研究」
『朝鮮巫俗の研究　上巻』　赤松智城、秋葉隆編　大空社　1997　580p,p39-50　22cm〈アジア学叢書　24〉〈ハングル併記　大阪屋號書店昭和12年刊の複製〉　Ⓘ4-7568-0541-8　Ⓝ163.9
☆「世界名著大事典」

00068　「満蒙の民族と宗教」
『満蒙の民族と宗教』　赤松智城、秋葉隆著　大空社　1996　1冊　22cm〈アジア学叢書　1〉〈大阪屋号書店昭和16年刊の複製　折り込図1枚〉　17000円　Ⓘ4-7568-0240-0　Ⓝ382.22
☆「世界名著大事典」

赤松 範一　あかまつ・はんいち

00069　「赤松則良半生談」
『赤松則良半生談——幕末オランダ留学の記録』　赤松則良述　赤松範一編注　平凡社　1977　313p　肖像　18cm〈東洋文庫　317〉〈赤松大三郎則良略年譜：p.273〜277　参考文献：p.308〜313〉　1000円　Ⓝ289.1
☆「世界の旅行記101」、「日本海軍の本・総解説」

阿川 弘之　あがわ・ひろゆき

00070　「青葉の翳り」
『青葉の翳り——阿川弘之自選短篇集』　阿川弘之著　講談社　1999　261p　16cm〈講談社文芸文庫〉〈年譜あり　著作目録あり〉　980円　Ⓘ4-06-197658-3　Ⓝ913.6
☆「世界名著大事典 補遺（Extra）」

00071　「雲の墓標」
『雲の墓標』　阿川弘之著　新潮社　1958　212p　16cm〈新潮文庫〉　Ⓝ913.6
☆「あらすじダイジェスト」、「一度は読もうよ！日本の名著」、「一冊で日本の名著100冊を読む」、「今だから知っておきたい戦争の本70」、「現代文学鑑賞辞典」、「世界名著大事典 補遺（Extra）」、「日本文学鑑賞辞典〔第2〕」、「日本文学名作案内」、「日本文芸鑑賞事典 第16巻」、「ポケット日本名作事典」

00072　「暗い波濤」
『暗い波濤』　阿川弘之著　新潮社　1984　2冊　15cm〈新潮文庫〉　各600円　Ⓘ4-10-111011-5　Ⓝ913.6
☆「世界名著大事典 補遺（Extra）」

00073　「軍艦長門の生涯」
『軍艦長門の生涯』　阿川弘之著　新潮社　1982　3冊　15cm〈新潮文庫〉　360〜440円　Ⓘ4-10-111007-7　Ⓝ913.6
☆「世界の海洋文学」

00074　「志賀直哉」
『志賀直哉　上』　阿川弘之著　新潮社　1997　525p　16cm〈新潮文庫〉　705円　Ⓘ4-10-111015-8　Ⓝ910.268
☆「歴史家の一冊」

00075　「女王陛下の阿房船」
『女王陛下の阿房船』　阿川弘之著　講談社　1995　214p　15cm〈講談社文庫〉　400円　Ⓘ4-06-185339-2　Ⓝ913.6
☆「世界の海洋文学」

00076　「年年歳歳」
『年年歳歳』　阿川弘之著　成瀬書房　1975

あき　　　　　　　　　　　　　　　　　　　　00077〜00094

180p　22cm〈特装版 限定版〉　18000円　Ⓝ913.6
☆「世界名著大事典 補遺（Extra）」

00077　「春の城」
『春の城』　阿川弘之著　角川書店　1963　280p　15cm（角川文庫）　Ⓝ913.6
☆「現代文学名作探訪事典」、「世界名著大事典 補遺（Extra）」

00078　「魔の遺産」
『魔の遺産』　阿川弘之著　PHP研究所　2002　285p　15cm（PHP文庫）　571円　Ⓘ4-569-57634-6　Ⓝ913.6
☆「世界名著大事典 補遺（Extra）」

00079　「山本五十六」
『山本五十六　上巻』　阿川弘之著　61刷改版　新潮社　2008　486p　16cm（新潮文庫）　667円　Ⓘ978-4-10-111003-5　Ⓝ289.1
☆「世界名著大事典 補遺（Extra）」、「ポケット日本名作事典」

00080　「米内光政」
『米内光政』　阿川弘之著　新潮社　1994　368p　22cm〈新装版〉　2900円　Ⓘ4-10-300413-4　Ⓝ913.6
☆「日本海軍の本・総解説」

00081　「夜の波音」
『夜の波音』　阿川弘之著　東京創元社　1957　222p　19cm　Ⓝ913.6
☆「世界名著大事典 補遺（Extra）」

安芸 皎一　あき・こういち
00082　「日本の資源問題」
『日本の資源問題』　安芸皎一著　古今書院　1952　170p　18cm（形成選書）　Ⓝ602.9
☆「名著の履歴書」

阿貴 良一　あき・りょういち
00083　「王女さまとこじき」
☆「名作の研究事典」

秋田 雨雀　あきた・うじゃく
00084　「秋田雨雀日記」
『秋田雨雀日記　第1巻　1915年―1926年』　尾崎宏次編　未来社　1965　448p　図版　22cm　Ⓝ915.6
☆「世界名著大事典 補遺（Extra）」

00085　「埋れた春」
『秋田雨雀戯曲集』　弘前　弘前雨雀会　1975　225p　19cm　Ⓝ912.6
☆「世界名著大事典 補遺（Extra）」

00086　「骸骨の舞跳」

『新興文学全集　1（日本篇1）』　大島英三郎編　黒色戦線社　1992　707p　19cm〈地方・小出版流通センター〔発売〕　平凡社昭和3年刊の複製 肖像あり〉　Ⓝ908
☆「世界名著大事典 補遺（Extra）」

00087　「国境の夜」
『北海道文学全集　第10巻　朔北のドラマ』　久保栄ほか著　立風書房　1980　397p　22cm〈編集委員：小笠原克ほか〉　3500円　Ⓝ918.6
☆「世界名著大事典 補遺（Extra）」、「日本のプロレタリア文学」、「日本文学鑑賞辞典〔第2〕」、「日本文芸鑑賞事典 第7巻（1920〜1923年）」

00088　「第一の暁」
『現代日本戯曲選集　第2巻』　伊藤整等編　白水社　1955　440p　図版　20cm　Ⓝ912.608
☆「世界名著大事典 補遺（Extra）」、「日本文芸鑑賞事典 第4巻」

00089　「太陽と花園」
『子どもに伝えたい日本の名作―建長寺・親と子の土曜朗読会から』　伊藤玄二郎著　安藤早紀絵　鎌倉　かまくら春秋社　2008　158p　21cm　1400円　Ⓘ978-4-7740-0415-0　Ⓝ913.68
☆「世界名著大事典 補遺（Extra）」、「日本児童文学名著事典」、「名作の研究事典」

00090　「手投弾」
『モダン都市文学　8　プロレタリア群像』　鈴木貞美編　平凡社　1990　477p　22cm　2800円　Ⓘ4-582-30088-X　Ⓝ918.6
☆「世界名著大事典 補遺（Extra）」

秋田 十七郎　あきた・じゅうしちろう
00091　「算法地方大成」
『算法地方大成』　村上直, 荒川秀俊校訂　近藤出版社　1976　184,12p　図　20cm（日本史料選書　12）〈監修：竹内理三〔等〕〉　2800円　Ⓝ612.1
☆「世界名著大事典」

秋葉 隆　あきば・たかし
00092　「朝鮮巫俗の研究」
『朝鮮巫俗の研究　上巻』　赤松智城, 秋葉隆編　大空社　1997　580p,p39-50　22cm（アジア学叢書　24）〈ハングル併記　大阪屋號書店昭和12年刊の複製〉　Ⓘ4-7568-0541-8　Ⓝ163.9

00093　「朝鮮民俗誌」
『朝鮮民俗誌』　秋葉隆著　名著出版　1980　302,13,11p　図版10枚　22cm〈六三書院昭和29年刊の複製〉　5000円　Ⓝ382.21
☆「世界名著大事典 補遺（Extra）」

00094　「満蒙の民族と宗教」

『満蒙の民族と宗教』　赤松智城,秋葉隆著　大空社　1996　1冊　22cm（アジア学叢書　1）〈大阪屋号書店昭和16年刊の複製　折り込図1枚〉　17000円　Ⓘ4-7568-0240-0　Ⓝ382.22
☆「世界名著大事典」

秋道 智弥　あきみち・ともや

00095　「クジラとヒトの民族誌」
『クジラとヒトの民族誌』　秋道智弥著　東京大学出版会　1994　204,6p　22cm〈巻末：参考文献〉　2266円　Ⓘ4-13-063307-4　Ⓝ664.9
☆「学問がわかる500冊 v.2」

秋本 英明　あきもと・ひであき

00096　「ネコでもわかる株入門の入門」
『ネコでもわかる株入門の入門—An extra-easy guide to the stocks 超ビギナーのためのメチャやさしい株の解説』　株の入門研究会著　秋本英明監修　中経出版　1999　205p　19cm　1300円　Ⓘ4-8061-1304-2　Ⓝ338.183
☆「超売れ筋ビジネス書101冊」

秋元 不死男　あきもと・ふじお

00097　「瘤」
『現代一〇〇名句集　第5巻』　稲畑廣太郎［ほか］編　［東京］　東京四季出版　2004　339p　21cm　2381円　Ⓘ4-8129-0345-9　Ⓝ911.367
☆「日本文芸鑑賞事典第15巻」

秋元 松代　あきもと・まつよ

00098　「婚期」
『秋元松代全集　第1巻』　秋元松代著　筑摩書房　2002　476p　22cm〈付属資料：8p：月報1〉　7200円　Ⓘ4-480-70551-1　Ⓝ918.68
☆「日本文芸鑑賞事典第15巻」

秋元 有子　あきもと・ゆうこ

00099　「海へ―小説・千代田丸」
『海へ―小説千代田丸事件』　秋元有子著　日本青年出版社　1971　307p　19cm　820円　Ⓝ913.6
☆「世界の海洋文学」

秋元書房　あきもとしょぼう

00100　「海軍兵学校・海軍機関学校・海軍経理学校」
『海軍兵学校・海軍機関学校・海軍経理学校』　秋元書房　1984　270p　30cm〈編集・制作：水交会　保存版　年表：p209～233〉　10000円　Ⓝ397.07
☆「日本海軍の本・総解説」

穐吉 敏子　あきよし・としこ

00101　「ジャズと生きる」
『ジャズと生きる』　穐吉敏子著　岩波書店　1996　230,2p　18cm（岩波新書）　650円　Ⓘ4-00-430467-9　Ⓝ764.7
☆「大学新入生に薦める101冊の本」

安居院　あぐい

00102　「神道集」
『神道集』　［安居院］［作］　貴志正造訳　平凡社　1967　331p　18cm（東洋文庫　94）　450円　Ⓝ175
☆「古典文学鑑賞辞典」,「世界名著大事典」

阿久井 喜孝　あくい・よしたか

00103　「軍艦島」
『軍艦島海上産業都市に住む』　伊藤千行写真　阿久井喜孝文　岩波書店　1995　93p　26cm（ビジュアルブック水辺の生活誌）〈付：参考文献一覧〉　2000円　Ⓘ4-00-008495-X　Ⓝ219.3
☆「学問がわかる500冊 v.2」

芥川 龍之介　あくたがわ・りゅうのすけ

00104　「或る阿呆の一生」
『河童　或阿呆の一生』　芥川龍之介著　新潮社　1968　215p　16cm（新潮文庫）　Ⓘ4-10-102506-1　Ⓝ913.6
☆「新潮文庫20世紀の100冊」,「世界名著大事典」,「日本文学現代名作事典」,「日本文芸鑑賞事典第9巻」,「日本・名著のあらすじ」,「ベストガイド日本の名著」,「明治・大正・昭和の名著・総解説」

00105　「芋粥」
『羅生門・鼻・芋粥・偸盗』　芥川竜之介作　岩波書店　2012　182p　19cm（ワイド版岩波文庫　357）〈改版 岩波文庫 2002年刊の再刊　年譜あり〉　900円　Ⓘ978-4-00-007357-8　Ⓝ913.6
☆「大人のための日本の名著50」,「日本名著辞典」,「名作への招待」

00106　「お富の貞操」
『ザ・龍之介―芥川龍之介全一冊』　芥川龍之介著　増補新版　第三書館　2000　376p　26cm　2000円　Ⓘ4-8074-0012-6　Ⓝ913.6
☆「一度は読もうよ！日本の名著」,「一冊で愛の話題作100冊を読む」

00107　「傀儡師」
『傀儡師』　芥川龍之介著　名著複刻全集編集委員会編　日本近代文学館　1977　340p　20cm（芥川龍之介文学館 名著複刻）〈新潮社大正8年刊の複製　ほるぷ［発売］〉　Ⓝ913.6
☆「日本近代文学名著事典」

00108　「河童」

あくたかわ

『河童―他二篇』 芥川龍之介作 改版 岩波書店 2003 138p 15cm（岩波文庫）〈年譜あり〉 380円 Ⓘ4-00-310703-9 Ⓝ913.6

☆「生きがいの再発見名著22選」、「一度は読もうよ！日本の名著」、「一冊で日本の名著100冊を読む 続」、「現代文学鑑賞辞典」、「3行でわかる名作&ヒット本250」、「新潮文庫20世紀の100冊」、「世界名作事典」、「世界名著案内5」、「世界名著大事典」、「日本の名作おさらい」、「日本文学鑑賞辞典〔第2〕」、「日本文学名作案内」、「日本文学名作事典」、「日本文芸鑑賞事典 第9巻」、「ポケット日本名作事典」、「私を変えたこの一冊」

00109 「きりしとほろ上人伝」

『きりしとほろ上人伝』 芥川竜之介著 横須賀創作豆本工房 1983 128p 2.5×2.5cm〈特装本（純金キリスト像付）革装 外箱入 箱入 限定版〉 62000円 Ⓝ913.6

☆「現代文学名作探訪事典」

00110 「蜘蛛の糸」

『蜘蛛の糸』 芥川龍之介著 角川春樹事務所 2011 125p 16cm（ハルキ文庫 あ19-1―［280円文庫］）〈並列シリーズ名：Haruki Bunko 年譜あり〉 267円 Ⓘ978-4-7584-3540-6 Ⓝ913.6

☆「一冊で100名作の「さわり」を読む」、「少年少女のための文学案内 3」、「少年少女の名作案内 日本の文学ファンタジー編」、「図説 5分でわかる日本の名作傑作選」、「世界名著大事典」、「日本文学鑑賞辞典〔第2〕」、「日本文学現代名作事典」、「日本文芸鑑賞事典 第6巻（1917～1920年）」、「名作の書き出しを諳んじる」、「名作の研究事典」

00111 「戯作三昧」

『戯作三昧―他9編』 芥川龍之介著 新座 埼玉福祉会 1981 202p 31cm（Large print booksシリーズ）〈原本：新潮社刊新潮文庫『戯作三昧・一塊の土』限定版〉 4900円 Ⓝ913.6

☆「世界名著大事典」、「日本文学鑑賞辞典〔第2〕」、「日本文学現代名作事典」、「日本文芸鑑賞事典 第6巻（1917～1920年）」

00112 「玄鶴山房」

『読んでおきたいベスト集！芥川龍之介』 芥川龍之介［著］ 別冊宝島編集部編 宝島社 2011 548p 15cm（宝島社文庫）〈「作家たちが読んだ芥川龍之介」（2009年刊）の増補〉 686円 Ⓘ978-4-7966-8515-3 Ⓝ913.6

☆「世界名著大事典」、「日本文学鑑賞辞典〔第2〕」

00113 「地獄変」

『地獄変』 芥川龍之介著 角川春樹事務所 2012 116p 16cm（ハルキ文庫 あ19-2）〈底本：「芥川龍之介全集」第3巻 第5巻 第8巻 第9巻（岩波書店2007年刊）年譜あり〉 267円 Ⓘ978-4-7584-3649-6 Ⓝ913.6

☆「あらすじダイジェスト」、「あらすじで読む日本の名著」、「あらすじで読む日本の名著 No.3」、「一度は読もうよ！日本の名著」、「一冊で日本の名著100冊を読む 続」、「知らないと恥ずかしい「日本の名作」あらすじ200本」、「世界名著大事典」、「日本の名作おさらい」、「日本文学鑑賞辞典〔第2〕」、「日本文学名作事典」、「日本文芸鑑賞事典 第6巻（1917～1920年）」、「日本名著事典」、「ひと目でわかる日本の名作」、「私を変えたこの一冊」

00114 「支那游記」

『支那游記』 芥川龍之介著 名著複刻全集編集委員会編 日本近代文学館 1977 265,8p 20cm（芥川龍之介文学館 名著複刻）〈改造社大正14年刊行の複製 ほるぷ〔発売〕〉 Ⓝ915.6

☆「世界の旅行記101」

00115 「侏儒の言葉」

『侏儒の言葉』 芥川龍之介著 文藝春秋 2014 251p 15cm（文春文庫） 460円 Ⓘ978-4-16-790142-4

☆「日本文学名著事典」、「日本文学鑑賞辞典〔第2〕」、「日本文学現代名作事典」、「日本文学名作事典」、「日本文芸鑑賞事典 第7巻（1920～1923年）」

00116 「西方の人」

『西方の人』 芥川龍之介著 名著複刻全集編集委員会編 日本近代文学館 1977 276p 20cm（芥川龍之介文学館 名著複刻）〈岩波書店昭和4年刊の複製 ほるぷ〔発売〕〉 Ⓝ913.6

☆「日本文学鑑賞辞典〔第2〕」、「日本文芸鑑賞事典 第9巻」

00117 「大導寺信輔の半生」

『大導寺信輔の半生』 芥川龍之介著 岩波書店 2001 280p 20cm（岩波文芸書初版本復刻シリーズ）〈昭和5年刊の複製〉 7000円 Ⓘ4-00-009143-3 Ⓝ913.6

☆「日本文芸鑑賞事典 第8巻（1924～1926年）」

00118 「煙草と悪魔」

『煙草と悪魔』 芥川龍之介著 名著複刻全集編集委員会編 日本近代文学館 1977 161p 16cm（芥川龍之介文学館 名著複刻）〈新進作家叢書 8（新潮社大正6年刊の複製）ほるぷ〔発売〕〉 Ⓝ913.6

☆「大正の名著」、「明治・大正・昭和の名著・総解説」

00119 「澄江堂遺珠」

『澄江堂遺珠』 芥川龍之介著 名著複刻全集編集委員会編 日本近代文学館 1977 83p 図 肖像 23cm（芥川龍之介文学館 名著複刻）〈岩波書店昭和8年刊の複製 ほるぷ〔発売〕〉 Ⓝ911.56

☆「日本文芸鑑賞事典 第10巻」

00120 「澄江堂句集」

『澄江堂句集』 芥川龍之介著 名著複刻全集編集委員会編 日本近代文学館 1977 26p

27cm〈芥川龍之介文学館 名著複刻〉〈複製 付(別冊14p)：澄江堂印譜 帙入 自家版 ほるぷ〔発売〕 和装〉 Ⓝ911.36
☆「日本文芸鑑賞事典 第9巻」

00121 「杜子春」
『杜子春』 芥川龍之介著 全国学校図書館協議会 1967 31p 21cm〈集団読書テキスト A1 全国SLA集団読書テキスト委員会編〉
☆「一度は読もうよ！日本の名著」,「一冊で日本の名著100冊を読む」,「図説 5分でわかる日本の名作傑作選」,「世界名作事典」,「日本文学現代名作事典」,「日本文学名作案内」,「日本文芸鑑賞事典 第6巻(1917〜1920年)」,「ひと目でわかる日本の名作」

00122 「トロッコ」
『蜘蛛の糸・杜子春・トロッコ他十七篇』 芥川竜之介作 岩波書店 2013 293p 19cm〈ワイド版岩波文庫 358〉〈岩波文庫 1990年刊の再刊〉 1100円 Ⓘ978-4-00-007358-5 Ⓝ913.6
☆「これだけは読んでおきたい日本の名作文学案内」,「図説 5分でわかる日本の名作」,「日本文学現代名作事典」

00123 「歯車」
『歯車—他2編』 芥川龍之介著 新座 埼玉福祉会 1980 101p 31cm〈Large print booksシリーズ〉〈原本：岩波書店刊岩波文庫限定版〉 4100円 Ⓝ913.6
☆「一冊で100名作の「さわり」を読む」,「近代文学名作事典」,「世界名著大事典」,「日本文学鑑賞辞典〔第2〕」,「日本文学名作事典」,「日本文芸鑑賞事典 第9巻」,「ポケット日本名作事典」

00124 「鼻」
『鼻』 芥川龍之介著 名著複刻全集編集委員会編 日本近代文学館 1977 254p 16cm〈芥川龍之介文学館 名著複刻〉〈新興文芸叢書 8(春陽堂大正7年刊の複製) ほるぷ〔発売〕〉 Ⓝ913.6
☆「一度は読もうよ！日本の名著」,「一冊で日本の名著100冊を読む」,「絵で見るあらすじ日本の名著」,「大人のための日本の名著50」,「これだけは読んでおきたい日本の名作文学案内」,「知らないと恥ずかしい「日本の名作」あらすじ200本」,「図説 5分でわかる日本の名作」,「世界名著大事典」,「2時間で読める大人の名著」,「日本の名著3分間読書100」,「日本文学鑑賞辞典〔第2〕」,「日本文学現代名作事典」,「日本文学名作案内」,「日本文芸鑑賞事典 第5巻」,「日本名作辞典」,「ポケット日本名作事典」,「名作の書き出しを諳んじる」

00125 「文芸的な、余りに文芸的な」
『文芸的な、余りに文芸的な』 芥川竜之介著 新版 新潮社 1964 201p 16cm〈新潮文庫〉 Ⓝ914.6
☆「世界名著大事典」,「日本文芸鑑賞事典 第9巻」

00126 「奉教人の死」
『奉教人の死』 芥川龍之介著 改版 新潮社 2001 231p 16cm〈新潮文庫〉 362円 Ⓘ4-10-102504-5 Ⓝ913.6
☆「愛と死の日本文学」,「あらすじで読む日本の名著」,「現代文学名作探訪事典」,「日本の名著」,「日本文学鑑賞辞典〔第2〕」,「日本文学現代名作事典」

00127 「蜜柑」
『むかしの汽車旅』 出久根達郎編 河出書房新社 2012 259p 15cm〈河出文庫 て4-2〉〈執筆：森鷗外ほか〉 760円 Ⓘ978-4-309-41164-4 Ⓝ915.68
☆「これだけは読んでおきたい日本の名作文学案内」

00128 「三つの宝」
『三つの宝』 芥川龍之介著 日本図書センター 2006 143p 21cm〈わくわく！名作童話館 1〉〈画：小穴隆一〉 2400円 Ⓘ4-284-70018-9 Ⓝ913.6
☆「日本児童文学名著事典」

00129 「藪の中」
『藪の中』 芥川龍之介[著] 講談社 2009 155p 15cm〈講談社文庫 あ1-3〉 343円 Ⓘ978-4-06-276459-9 Ⓝ913.6
☆「あらすじで読む日本の名著 No.2」,「この一冊でわかる日本の名作」,「女性のための名作・人生案内」,「知らないと恥ずかしい日本の名作あらすじ200本」,「図説 5分でわかる日本の名作傑作選」,「世界名作事典」,「日本人なら知っておきたいあらすじで読む日本の名著」,「日本の小説101」,「日本の名作おさらい」,「日本文学鑑賞辞典〔第2〕」,「日本文学現代名作事典」,「日本文芸鑑賞事典 第7巻(1920〜1923年)」

00130 「羅生門」
『羅生門』 芥川龍之介著 海王社 2014 158p 15cm〈海王社文庫〉〈朗読：宮野真守〉 972円 Ⓘ978-4-7964-0562-1 Ⓝ913.6
☆「あらすじで味わう名作文学」,「一度は読もうよ！日本の名著」,「一冊で人生論の名著を読む」,「一冊で日本の名著100冊を読む」,「感動！日本の名著 近現代編」,「近代文学名作事典」,「現代文学鑑賞辞典」,「この一冊でわかる日本の名作」,「これだけは読んでおきたい日本の名作文学案内」,「3行でわかる名作＆ヒット本250」,「知らないと恥ずかしい「日本の名作」あらすじ200本」,「図説 5分でわかる日本の名作」,「世界の小説大百科」,「世界名作事典」,「世界名著大事典」,「大正の名著」,「小さな文学の旅」,「2時間で読める大人の名著」,「日本近代文学名著事典」,「日本の名作おさらい」,「日本の名著」(角川書店),「日本の名著」(毎日新聞社),「日本文学鑑賞辞典〔第2〕」,「日本文学現代名作事典」,「日本文学名作事典」,「日本文芸鑑賞事典 第5巻」,「日本名作文学館 日本編」,「日本名著辞典」,「入門名作の世界」,「ひと目でわかる日本の名作」

「百年の誤読」、「文学・名著300選の解説 '88年度版」、「ポケット日本名作事典」、「名作の書き出しを諳んじる」、「明治・大正・昭和の名著・総解説」

上田 豊　あげた・ゆたか

00131　「残照のヤルン・カン」
『残照のヤルン・カン―未踏の八千メートル峰登頂記』上田豊著　中央公論社　1991　312p　16cm〈中公文庫〉　580円
Ⓘ4-12-201830-7　Ⓝ292.58
☆「日本の山の名著・総解説」

朱楽 菅江　あけら・かんこう

00132　「万載狂歌集」
『万載狂歌集　上』宇田敏彦校註　社会思想社　1990　304p　15cm〈現代教養文庫　1330〉640円　Ⓘ4-390-11330-5　Ⓝ911.19
☆「古典の事典」、「世界名著大事典」、「日本の古典」、「日本の古典名著」、「日本名著辞典」

浅井 恵倫　あさい・えりん

00133　「原語による台湾高砂族伝説集」
『原語による台湾高砂族伝説集』台北帝国大学言語学研究室編　刀江書院　1967　783,55p 地図1枚　31cm〈西田書店〔発売〕　昭和10年刊の複製〉　15000円　Ⓝ388.224
☆「世界名著大事典」

浅井 要麟　あさい・ようりん

00134　「日蓮聖人教学の研究」
『日蓮聖人教学の研究』浅井要麟著　京都　平楽寺書店　1965　704p 図 肖像　21cm〈巻末：浅井要麟先生略年譜・編著目録〉Ⓝ188.91
☆「世界名著大事典」

浅井 栄資　あさい・よしすけ

00135　「慟哭の海」
『慟哭の海―知られざる海上交通破壊戦』浅井栄資著　日本海事広報協会　1985　352p　19cm〈参考文献・資料：p349～352〉　1800円
Ⓘ4-89021-022-9　Ⓝ391.27
☆「世界の海洋文学」

浅井 了意　あさい・りょうい

00136　「狗張子」
『狗張子』釈了意著　石井恭二校注　現代思潮新社　2006　263p　19cm〈古典文庫〉〈オンデマンド版〉　2800円　Ⓘ4-329-02001-7　Ⓝ913.51
☆「日本の古典名著」

00137　「浮世物語」
『浅井了意全集　仮名草子編1』浅井了意〔著〕　浅井了意全集刊行会編　岩田書院　2007　497p　23cm　15000円
Ⓘ978-4-87294-475-4　Ⓝ913.51
☆「古典の事典」、「古典文学鑑賞辞典」、「世界名著大事典 補遺(Extra)」、「2ページでわかる日本の古典傑作選」、「日本の古典・世界の古典」

00138　「江戸名所記」
『江戸名所記』浅井了意著　朝倉治彦校注・解説　名著出版　1976　287p　22cm〈限定版〉3800円　Ⓝ291.36
☆「日本の古典名著」、「歴史の名著100」

00139　「伽婢子」
『伽婢子　1』浅井了意著　江本裕校訂　平凡社　1987　258p　18cm（東洋文庫　475）2200円　Ⓘ4-582-80475-6　Ⓝ913.51
☆「作品と作者」、「Jブンガク」、「世界名著大事典」、「千年の百冊」、「日本の古典」、「日本の古典名著」、「日本文学鑑賞辞典〔第1〕」

00140　「東海道名所記」
『東海道名所記　1』浅井了意著　朝倉治彦校注　平凡社　1979　272p　18cm（東洋文庫　346）　1000円　Ⓝ913.51
☆「古典の事典」、「世界の旅行記101」、「世界名著大事典 補遺(Extra)」、「日本の古典名著」、「日本文学鑑賞辞典〔第1〕」

00141　「北条九代記」
『北条九代記』増淵勝一訳〔東村山〕教育社　1979　3冊　18cm（教育社新書　原本現代語訳　1～3）〈副書名：上 源平争乱と北条の陰謀、中 もののふの群像、下 武家と公家〉各700円　Ⓝ210.42
☆「歴史の名著100」

浅生 重捷　あさお・しげかつ

00142　「二人で潮風に乗って」
『二人で潮風に乗って―メルボルン/大阪ヨットレースクラスB優勝』浅生重捷,浅生梨里著　成山堂書店　1993　208p　20cm　1800円
Ⓘ4-425-95241-3　Ⓝ785.7
☆「世界の海洋文学」

浅生 梨里　あさお・りり

00143　「二人で潮風に乗って」
『二人で潮風に乗って―メルボルン/大阪ヨットレースクラスB優勝』浅生重捷,浅生梨里著　成山堂書店　1993　208p　20cm　1800円
Ⓘ4-425-95241-3　Ⓝ785.7
☆「世界の海洋文学」

朝岡 興禎　あさおか・おきさだ

00144　「古画備考」
『古画備考』朝岡興禎著　増訂 太田謹補　京都　思文閣　1970　4冊　22cm〈弘文館明治

安積 艮斎　あさか・ごんさい

00145　「史論」
『史論』　安積艮斎著　田中菊雄　1880　28,28丁（上・下合本）　19cm〈和装〉　Ⓝ210
☆「世界名著大事典」

安積 純子　あさか・じゅんこ

00146　「生の技法 家と施設を出て暮らす障害者」
『生の技法―家と施設を出て暮らす障害者の社会学』　安積純子,岡原正幸,尾中文哉,立岩真也著　第3版　生活書院　2012　663p　15cm〈初版：藤原書店 1990年刊　文献あり〉　1200円　Ⓘ978-4-86500-002-3　Ⓝ369.27
☆「学問がわかる500冊」

朝河 貫一　あさかわ・かんいち

00147　「入来文書」
『入来文書』　朝河貫一著　矢吹晋訳　柏書房　2005　720p　22cm〈文献あり〉　9500円　Ⓘ4-7601-2764-X　Ⓝ210.088
☆「世界名著大事典」

浅川 敏　あさかわ・さとし

00148　「アジアン・スタイル」
『アジアン・スタイル―十七人のアジア建築家たち』　村松伸著　浅川敏写真　筑摩書房　1997　189p　22cm　2800円　Ⓘ4-480-86044-4　Ⓝ523.2
☆「学問がわかる500冊 v.2」

浅倉 卓弥　あさくら・たくや

00149　「四日間の奇蹟」
『四日間の奇蹟』　浅倉卓弥著　宝島社　2004　508p　16cm〈宝島社文庫〉　690円　Ⓘ4-7966-3843-1　Ⓝ913.6
☆「知らないと恥ずかしい「日本の名作」あらすじ200本」

浅田 彰　あさだ・あきら

00150　「構造と力」
『構造と力―記号論を超えて』　浅田彰著　勁草書房　1983　240p　20cm〈付：主要参考文献〉　2200円　Ⓝ116.2
☆「必読書250」

浅田 次郎　あさだ・じろう

00151　「蒼穹の昴」
『蒼穹の昴 1』　浅田次郎［著］　講談社　2004　377p　15cm〈講談社文庫〉　590円　Ⓘ4-06-274891-6　Ⓝ913.6
☆「知らないと恥ずかしい「日本の名作」あらすじ200本」

00152　「鉄道員」
『鉄道員』　浅田次郎作　森川泉イラスト　集英社　2013　157p　18cm〈集英社みらい文庫 あ-8-1〉　600円　Ⓘ978-4-08-321189-8　Ⓝ913.6
☆「一度は読もうよ！日本の名作」,「現代文学鑑賞辞典」,「知らないと恥ずかしい「日本の名作」あらすじ200本」,「日本文学名作案内」

00153　「壬生義士伝」
『壬生義士伝 上』　浅田次郎著　文藝春秋　2002　463p　16cm〈文春文庫〉　590円　Ⓘ4-16-764602-1　Ⓝ913.6
☆「面白いほどよくわかる時代小説名作100」

浅沼 万里　あさぬま・ばんり

00154　「日本の企業組織 革新的適応のメカニズム」
『日本の企業組織 革新的適応のメカニズム―長期取引関係の構造と機能』　浅昭万里著　菊谷達弥編　東洋経済新報社　1997　379p　21cm　4400円　Ⓘ4-492-31238-2
☆「日本経済本38」

浅沼 良男　あさぬま・よしお

00155　「はるかなる海の唄」
『はるかなる海の唄』　浅沼良男著　講談社　1992　209p　20cm　1400円　Ⓘ4-06-205867-7　Ⓝ290.9
☆「世界の海洋文学」

あさの あつこ

00156　「「バッテリー」シリーズ」
『バッテリー』　あさのあつこ作　佐藤真紀子絵　角川書店　2010　265p　18cm〈角川つばさ文庫 Bあ2-21〉〈並列シリーズ名：Kadokawa Tsubasa Bunko　角川グループパブリッシング（発売）〉　640円　Ⓘ978-4-04-631100-9　Ⓝ913.6
☆「少年少女の名作案内 日本の文学リアリズム編」

浅野 健一　あさの・けんいち

00157　「匿名報道」
『匿名報道―メディア責任制度の確立を』　浅野健一,山口正紀著　学陽書房　1995　273p　20cm　Ⓘ4-313-81702-6　Ⓝ070.15
☆「学問がわかる500冊」

浅野 順一　あさの・じゅんいち

00158　「イスラエル預言者の神学」
☆「世界名著大事典」

00159 「予言者の研究」
『予言者の研究』 浅野順一著 新教出版社 1963 246p 18cm（新教新書）Ⓝ193.4
☆「世界名著大事典」

浅野 高造　あさの・たかつくり

00160 「歌曲時習考」
『日本歌謡研究資料集成　第9巻』 勉誠社 1980 678p 22cm〈監修：浅野建二ほか 複製〉12000円 Ⓝ911.6
☆「世界名著大事典」

浅野 祐吾　あさの・ゆうご

00161 「帝国陸軍将校団」
『帝国陸軍将校団』 浅野祐吾著 芙蓉書房 1983 311p 20cm〈著者の肖像あり 参考文献：p310～311〉 2800円 Ⓝ396.21
☆「日本陸軍の本・総解説」

朝日 重章　あさひ・しげあき

00162 「鸚鵡籠中記」
『朝日文左衛門　鸚鵡籠中記』 朝日文左衛門［原著］ 加賀樹芝朗著 雄山閣 2003 269p 19cm（江戸時代選書 1）〈文献あり 年譜あり〉 2300円 ④4-639-01800-2 Ⓝ210.52
☆「大人のための日本の名著50」

朝日新聞学芸部　あさひしんぶんがくげいぶ

00163 「読みなおす一冊」
『読みなおす一冊』 朝日新聞学芸部編 朝日新聞社 1994 536,14p 19cm（朝日選書 509） 1900円 ④4-02-259609-0 Ⓝ019
☆「ブックガイド 文庫で読む科学」

朝日新聞社会部　あさひしんぶんしゃかいぶ

00164 「兵器産業」
『兵器産業』 朝日新聞社会部編著 朝日新聞社 1986 263p 15cm（朝日文庫）〈『兵器生産の現場』（昭和58年刊）の改題改訂〉 400円 ④4-02-260378-X Ⓝ559.09
☆「現代を読む」

朝日新聞社会部取材班　あさひしんぶんしゃかいぶしゅざいはん

00165 「ヨットが呑まれた」
『ヨットが呑まれた』 朝日新聞社会部「いのちの海」取材班著 朝日新聞社 1993 190p 19cm（News & documents ND books） 1200円 ④4-02-256542-X Ⓝ557.9
☆「世界の海洋文学」

朝日新聞テーマ談話室　あさひしんぶんてーまだんわしつ

00166 「戦争」
『戦争—体験者の貴重な証言　1』 朝日新聞テーマ談話室編 朝日新聞社 1990 544p 15cm（朝日文庫） 580円 ④4-02-260586-3 Ⓝ916
☆「今だから知っておきたい戦争の本70」

朝吹 真理子　あさぶき・まりこ

00167 「きことわ」
『きことわ』 朝吹真理子著 新潮社 2013 134p 16cm（新潮文庫　あ-76-1） 370円 ①978-4-10-125181-3 Ⓝ913.6
☆「3行でわかる名作&ヒット本250」

浅見 絅斎　あさみ・けいさい

00168 「靖献遺言」
『浅見絅斎集』 近藤啓吾,金本正孝編 国書刊行会 1989 714p 22cm 12000円 Ⓝ121.54
☆「古典の事典」,「世界名著大事典」,「尊王 十冊の名著」,「日本名著辞典」

朝山 蜻一　あさやま・せいいち

00169 「巫女」
『宝石推理小説傑作選　第1-2巻』 編集委員：鮎川哲也等 いんなあとりっぷ社 1974 2冊 21cm〈限定版〉 全27000円 Ⓝ913.6
☆「世界の推理小説・総解説」

朝山 素心　あさやま・そしん

00170 「清水物語」
『仮名草子集成　第22巻』 朝倉治彦,深沢秋男,柳沢昌紀編 東京堂出版 1998 376p 22cm 17500円 ④4-490-30520-6 Ⓝ913.51
☆「世界名著大事典」

足利 惇氏　あしかが・あつうじ

00171 「印度史概説」
『印度史概説』 足利惇氏著 弘文堂 1954 183p 19cm（アテネ新書）Ⓝ225
☆「人文科学の名著」

足利 衍述　あしかが・えんじゅつ

00172 「鎌倉室町時代之儒教」
『鎌倉室町時代之儒教』 足利衍述著 日本古典全集刊行会 1932 875,2,42p 肖像 23cm Ⓝ121
☆「世界名著大事典」

足利 健亮　あしかが・けんりょう

00173 「景観から歴史を読む」
『景観から歴史を読む—地図を解く楽しみ』 足利健亮著 日本放送出版協会 1998 314p

芦田 恵之助　あしだ・えのすけ

00174　「綴り方教授」
『芦田恵之助国語教育全集　第2巻　綴り方実践編　その1』　古田拡ほか編　明治図書出版　1988　621p　22cm　Ⓝ375.8
☆「大正の名著」，「明治・大正・昭和の名著・総解説」

芦原 義信　あしはら・よしのぶ

00175　「街並みの美学」
『街並みの美学』　芦原義信著　岩波書店　2001　301,13p　15cm（岩波現代文庫　学術）〈文献あり〉　1100円　Ⓘ4-00-600049-9　Ⓝ518.8
☆「建築の書物/都市の書物」

芦部 信喜　あしべ・のぶよし

00176　「現代人権論」
『現代人権論―違憲判断の基準』　芦部信喜著　有斐閣　1974　422,15p　22cm　4200円　Ⓝ313.19
☆「憲法本41」

00177　「憲法訴訟の理論」
『憲法訴訟の理論』　芦部信喜著　第19刷　有斐閣　1999　435,11p　21cm　8900円　Ⓘ4-641-02910-5
☆「憲法本41」

飛鳥 高　あすか・たかし

00178　「細い赤い糸」
『細い赤い糸』　飛鳥高著　双葉社　1995　290p　15cm（双葉文庫　日本推理作家協会賞受賞作全集　15）　570円　Ⓘ4-575-65813-8　Ⓝ913.6
☆「世界の推理小説・総解説」

飛鳥井 雅親　あすかい・まさちか

00179　「亜槐集」
『群書類従　第14輯　和歌部』　塙保己一編　オンデマンド版　八木書店古書出版部　2013　745p　21cm〈訂正3版：続群書類従完成会1980年刊　印刷・製本：デジタル・パブリッシング・サービス　八木書店〔発売〕〉　12000円　Ⓘ978-4-8406-3125-9　Ⓝ081
☆「近代名著解題選集3」

飛鳥井 雅経　あすかい・まさつね

00180　「明日香井集」
☆「近代名著解題選集3」

飛鳥井 雅世　あすかい・まさよ

00181　「新続古今和歌集」
『新続古今和歌集』　飛鳥井雅世撰　村尾誠一著　明治書院　2001　516p　22cm（和歌文学大系12　久保田淳監修）〈付属資料：8p；月報14〉　7500円　Ⓘ4-625-41312-5　Ⓝ911.145
☆「近代名著解題選集3」，「日本名著辞典」

東 秀紀　あずま・ひでき

00182　「東京駅の建築家 辰野金吾伝」
『東京駅の建築家 辰野金吾伝』　東秀紀著　講談社　2002　478p　19cm　2200円　Ⓘ4-06-211362-7
☆「建築・都市ブックガイド21世紀」

東 浩紀　あずま・ひろき

00183　「存在論的、郵便的」
『存在論的、郵便的―ジャック・デリダについて』　東浩紀著　新潮社　1998　338,4p　20cm　2000円　Ⓘ4-10-426201-3　Ⓝ135.5
☆「学問がわかる500冊」

00184　「東京から考える」
『東京から考える―格差・郊外・ナショナリズム』　東浩紀,北田暁大著　日本放送出版協会　2007　297p　19cm（NHKブックス　1074）　1160円　Ⓘ978-4-14-091074-0　Ⓝ361.78
☆「建築・都市ブックガイド21世紀」

吾妻男 一丁　あずまおとこ・いっちょう

00185　「閨中膝磨毛」
☆「日本の艶本・珍書 総解説」

安住 敦　あずみ・あつし

00186　「古暦」
『安住敦全句集』　安住敦著　安住敦全句集刊行委員会編　春燈俳句会　2000　423p　22cm〈肖像あり　年譜あり〉　3800円　Ⓘ4-8262-6001-6　Ⓝ911.368
☆「日本文芸鑑賞事典 第16巻」

畔上 楳仙　あぜがみ・ばいせん

00187　「修証義」
『修証義―法話集』　曹洞宗東北管区教化センター編　仙台　曹洞宗東北管区教化センター　1990　313p　19cm　Ⓝ188.84
☆「世界名著大事典」

麻生 磯次　あそう・いそじ

00188　「江戸文学と支那文学」
『江戸文学と支那文学―近世文学の支那の原拠と読本の研究』　麻生磯次著　三省堂出版　1946　730p　22cm　Ⓝ913.5
☆「人文科学の名著」

麻生 久　あそう・ひさし

00189　「無産政党とは何ぞ」
『無産政党とは何ぞ―誕生せる労働農民党』　麻生久著　思潮社　1926　454p　19cm　Ⓝ315
☆「世界名著大事典」

00190　「黎明」
『黎明』　麻生久著　新光社　1924　417p　18cm　Ⓝ913.6
☆「大正の名著」、「日本近代の名著」、「明治・大正・昭和の名著・総解説」

麻生 優　あそう・まさる

00191　「日本の旧石器文化」
『日本の旧石器文化　1　総論編』　麻生優,加藤晋平,藤本強編　雄山閣出版　1975　255p　図26cm　2500円　Ⓝ210.2
☆「学問がわかる500冊 v.2」

足立 喜六　あだち・きろく

00192　「長安史蹟の研究」
『長安史蹟の研究』　足立喜六著　鳥影社　2006　292,13p　図版170p　22cm〈東洋文庫論叢　第20之1,2〉（東洋文庫昭和8年刊）の復刻）28000円　Ⓘ4-86265-005-8　Ⓝ222
☆「世界名著大事典」

足立 巻一　あだち・けんいち

00193　「やちまた」
『やちまた　上』　足立巻一著　朝日新聞社　1995　469p　15cm（朝日文芸文庫）　1000円　Ⓘ4-02-264065-0　Ⓝ913.6
☆「教養のためのブックガイド」

足立 源一郎　あだち・げんいちろう

00194　「山に描く」
『山に描く』　足立源一郎著　古今書院　1950　285p　図版　20×19cm　Ⓝ291.09
☆「日本の山の名著・総解説」、「山の名著　明治・大正・昭和戦前編」

安達 征一郎　あだち・せいいちろう

00195　「祭りの海」
『祭りの海　前編』　安達征一郎著　大阪　海風社　1987　247p　19cm（南島叢書）〈『日出づる海日沈む海』（光風社書店1978年刊）の改題〉　1500円　Ⓝ913.6
☆「世界の海洋文学」

足立 直郎　あだち・なおろう

00196　「江戸城大奥秘蔵考」
『江戸城大奥秘蔵考』　足立直郎著　イースト・プレス　1998　237p　21cm（幻の性資料　第7巻）　2200円　Ⓘ4-87257-129-0　Ⓝ913.6

☆「日本の艶本・珍書 総解説」

足立 恒雄　あだち・のりお

00197　「類体論へ至る道」
『類体論へ至る道―初等数論からの代数入門』　足立恒雄著　改訂新版　日本評論社　2010　274p　22cm〈文献あり 索引あり〉　3200円　Ⓘ978-4-535-78643-1　Ⓝ412.2
☆「数学ブックガイド100」

足立 倫行　あだち・のりゆき

00198　「森林ニッポン」
『森林ニッポン』　足立倫行著　新潮社　1998　306p　20cm（新潮選書）〈文献あり〉　1200円　Ⓘ4-10-600537-9　Ⓝ652.1
☆「新・山の本おすすめ50選」

00199　「日本海のイカ」
『日本海のイカ』　足立倫行著　新潮社　1991　285p　15cm（新潮文庫）　440円　Ⓘ4-10-102213-5　Ⓝ664.77
☆「世界の海洋文学」

00200　「人、旅に暮らす」
『人、旅に暮らす』　足立倫行著　社会思想社　1993　316p　15cm（現代教養文庫　ベスト・ノンフィクション）　640円　Ⓘ4-390-11463-8　Ⓝ281.04
☆「現代を読む」

足立 文太郎　あだち・ぶんたろう

00201　「日本人の動脈系統」
☆「世界名著大事典」

阿刀田 高　あとうだ・たかし

00202　「ナポレオン狂」
『ナポレオン狂』　阿刀田高著　講談社　1982　279p　15cm（講談社文庫）　340円　Ⓘ4-06-136235-6　Ⓝ913.6
☆「現代文学鑑賞辞典」、「世界の推理小説・総解説」、「ポケット日本名作事典」

跡部 良顕　あとべ・よしあき

00203　「垂加翁神説」
『垂加翁神説　垂加神道初重伝』　跡部良顕編　村岡典嗣校　岩波書店　1938　137p　16cm（岩波文庫　1687）　Ⓝ171
☆「世界名著大事典」

阿奈井 文彦　あない・ふみひこ

00204　「アホウドリの仕事大全」
『アホウドリの仕事大全』　阿奈井文彦著　徳間書店　1992　425p　16cm（徳間文庫）　620円　Ⓘ4-19-597246-9　Ⓝ366.29
☆「現代を読む」

姉崎 正治　あねざき・まさはる

00205　「キリシタン伝道史索引」
☆「世界名著大事典」

00206　「根本仏教」
『姉崎正治著作集　第8巻　改訂根本仏教』　国書刊行会　1982　243,59p　22cm〈『嘲風選集第2巻』(養徳社昭和25年刊)の複製〉　5700円　Ⓝ160.8
☆「世界名著大事典」

00207　「宗教学概論」
『姉崎正治著作集　第6巻　宗教学概論』　国書刊行会　1982　572p　22cm〈東京専門学校出版部明治33年刊の複製〉　8800円　Ⓝ160.8
☆「世界名著大事典」

00208　「法華経の行者 日蓮」
『法華経の行者 日蓮』　姉崎正治著　講談社　1983　601p　15cm〈講談社学術文庫〉〈日蓮上人一生の重要事日付：p596〜601〉　1200円　Ⓘ4-06-158596-7　Ⓝ188.92
☆「宗教学の名著30」，「世界名著大事典」

阿仏尼　あぶつに

00209　「十六夜日記」
『十六夜日記―吉備少将光卿写本』　阿仏尼著　一瀬幸子,江口正弘,長崎健校注　新典社　1975　95p　22cm〈影印校注古典叢書〉　800円　Ⓝ915.44
☆「一度は読もうよ！日本の名著」，「一冊で日本の古典100冊を読む」，「近代名著解題選集 3」，「古典の事典」，「古典文学鑑賞辞典」，「作品と作者」，「3行でわかる名作＆ヒット本250」，「世界の旅行記101」，「世界名作事典」，「世界名著大事典」，「千年の百冊」，「2ページでわかる日本の古典傑作選」，「日本古典への誘い100選 2」，「日本の古典」，「日本の古典・世界の古典」，「日本の古典名著」，「日本の書物」，「日本文学鑑賞辞典〔第1〕」，「日本文学名作案内」，「日本文学名作概観」，「日本文学名作事典」，「日本名著辞典」，「文学・名著300選の解説 '88年度版」，「マンガとあらすじでやさしく読める 日本の古典傑作30選」

00210　「うたたね」
『うたたね』　阿仏尼著　次田香澄全訳注　講談社　1978　156p　15cm〈講談社学術文庫〉〈参考文献：p153〜154〉　240円　Ⓝ915.4
☆「一度は読もうよ！日本の名著」，「一冊で日本の古典100冊を読む」，「近代名著解題選集 3」，「古典の事典」，「古典文学鑑賞辞典」

00211　「乳母のふみ」
『群書類従　第27輯　雑部』　塙保己一編纂　オンデマンド版　八木書店古典出版部　2013　728p　21cm〈訂正3版：続群書類従完成会1980年刊　デジタルパブリッシングサービス

〔印刷・製本〕　八木書店〔発売〕〉　11000円　Ⓘ978-4-8406-3138-9　Ⓝ081
☆「古典の事典」，「日本の古典名著」

00212　「夜の鶴」
『十六夜日記・夜の鶴注釈』　簗瀬一雄,武井和人著　大阪　和泉書院　1986　483p　22cm（研究叢書　30）〈阿仏尼参考文献：p475〜482〉　13000円　Ⓘ4-87088-203-5　Ⓝ915.44
☆「近代名著解題選集 3」

阿部 昭　あべ・あきら

00213　「司令の休暇」
『司令の休暇』　阿部昭著　新潮社　1971　212p　20cm　550円　Ⓝ913.6
☆「一度は読もうよ！日本の名著」，「一冊で日本の名著100冊を読む 続」，「現代文学鑑賞辞典」，「日本文学名作案内」

安部 磯雄　あべ・いそお

00214　「社会問題解釈法」
『安部磯雄著作集　第1巻』　安部磯雄[著]　学術出版会　2008　474p　22cm〈学術著作集ライブラリー〉〈複製　日本図書センター〔発売〕〉　Ⓘ978-4-284-10112-7,978-4-284-10111-0　Ⓝ081.6
☆「世界名著大事典」

00215　「理想の人」
『安部磯雄』　[安部磯雄][著]　山泉進編集・解題　論創社　2003　410p　20cm〈平民社百年コレクション　第3巻　平民社資料センター監修〉〈肖像あり〉　6800円　Ⓘ4-8460-0355-8　Ⓝ309.021
☆「教育を考えるためにこの48冊」

阿部 和重　あべ・かずしげ

00216　「ニッポニアニッポン」
『ニッポニアニッポン』　阿部和重著　新潮社　2004　193p　16cm〈新潮文庫〉　362円　Ⓘ4-10-137724-3　Ⓝ913.6
☆「現代文学鑑賞辞典」

阿部 謹也　あべ・きんや

00217　「自分のなかに歴史をよむ」
『自分のなかに歴史をよむ』　阿部謹也著　筑摩書房　2007　222p　15cm〈ちくま文庫〉　600円　Ⓘ978-4-480-42372-6　Ⓝ230.07
☆「大学新入生に薦める101冊の本」

00218　「中世の風景」
『中世の風景　上』　阿部謹也ほか著　中央公論社　1981　246p　18cm〈中公新書〉　480円　Ⓝ209.4
☆「『本の定番』ブックガイド」

00219 「中世の窓から」
『中世の窓から』 阿部謹也著　朝日新聞社
1993　307,5p　19cm（朝日選書　470）〈巻末：参考文献〉　1350円　Ⓘ4-02-259570-1
Ⓝ230.4
☆「学問がわかる500冊 v.2」

00220 「ハーメルンの笛吹き男―伝説とその世界」
『ハーメルンの笛吹き男―伝説とその世界』 阿部謹也著　筑摩書房　1988　315,4p　15cm（ちくま文庫）〈巻末：参考文献〉　560円
Ⓘ4-480-02272-4　Ⓝ388.34
☆「世界史読書案内」

安部 公房　あべ・こうぼう

00221 「終りし道の標べに」
『終りし道の標べに―真善美社版』 安部公房著　講談社　1995　268p　16cm（講談社文芸文庫）〈著書目録：p262～268〉　940円
Ⓘ4-06-196305-8　Ⓝ913.6
☆「世界名著大事典 補遺（Extra）」

00222 「壁―S・カルマ氏の犯罪」
『壁』 安部公房著　角川書店　1954　174p　15cm（角川文庫）　Ⓝ913.6
☆「世界名著大事典 補遺（Extra）」、「日本の名作おさらい」、「日本文学鑑賞辞典〔第2〕」、「ポケット日本名作事典」、「名作の書き出しを諳んじる」

00223 「けものたちは故郷をめざす」
『けものたちは故郷をめざす』 安部公房著　講談社　1970　263p　20cm　540円　Ⓝ913.6
☆「現代文学鑑賞辞典」、「東アジア論」

00224 「砂の女」
『砂の女』 安部公房著　改版　新潮社　2011　276p　15cm（新潮文庫）〈68刷（初版1981年）〉　476円　Ⓘ978-4-10-112115-4
☆「あらすじダイジェスト」、「一度は読もうよ！日本の名著」、「一冊で日本の名著100冊を読む」、「大人のための日本の名著50」、「クライマックス名作案内 2」、「現代文学鑑賞辞典」、「現代文学名作探訪事典」、「これだけは読んでおきたい日本の名作文学案内」、「知らないと恥ずかしい「日本の名作」あらすじ200本」、「新潮文庫20世紀の100冊」、「世界のSF文学・総解説」、「世界名著大事典 補遺（Extra）」、「2時間でわかる日本の名著」、「日本・世界名作「愛の会話」100章」、「日本の小説101」、「日本文学名作事典」、「日本文学鑑賞事典 第18巻（1958～1962年）」、「日本名作文学館 日本編」、「日本・名著のあらすじ」、「必読書150」、「文学・名著300選の解説 '88年度版」、「ポケット日本名作事典」

00225 「第四間氷期」
『第四間氷期』 安部公房著　37刷改版　新潮社　2005　349p　16cm（新潮文庫）　514円

Ⓘ4-10-112105-2　Ⓝ913.6
☆「世界のSF文学・総解説」、「世界名著大事典 補遺（Extra）」

00226 「他人の顔」
『他人の顔』 安部公房著　改版　新潮社　2013　350p　15cm（新潮文庫）　550円　Ⓘ978-4-10-112101-7
☆「これだけは読んでおきたい日本の名作文学案内」、「世界のSF文学・総解説」、「世界名著大事典 補遺（Extra）」、「日本文芸鑑賞事典 第19巻」

00227 「デンドロカカリヤ」
『幻視の系譜』 芥川龍之介 ほか著　東雅夫編　筑摩書房　2013　602,4p　15cm（ちくま文庫　ひ21-6―日本幻想文学大全）　1300円
Ⓘ978-4-480-43112-7　Ⓝ913.68
☆「世界名著大事典 補遺（Extra）」

00228 「友達」
『友達・棒になった男』 安部公房著　新潮社　1987　296p　16cm（新潮文庫）　400円
Ⓘ4-10-112119-2　Ⓝ912.6
☆「日本文芸鑑賞事典 第20巻（昭和42～50年）」

00229 「鉛の卵」
『安部公房・島尾敏雄集』 安部公房, 島尾敏雄著　筑摩書房　1977　408p　23cm（現代日本文学　30）〈肖像あり〉　Ⓝ913.6
☆「世界のSF文学・総解説」

00230 「人魚伝」
『無関係な死　時の崖』 安部公房著　31刷改版　新潮社　2003　332p　16cm（新潮文庫）　514円　Ⓘ4-10-112108-7　Ⓝ913.6
☆「世界の海洋文学」

00231 「人間そっくり」
『人間そっくり』 安部公房著　早川書房　1967　211p　18cm（日本SFシリーズ）　300円
Ⓝ913.6
☆「世界のSF文学・総解説」

00232 「箱男」
『箱男』 安部公房著　44刷改版　新潮社　2005　246p　16cm（新潮文庫）　438円
Ⓘ4-10-112116-8　Ⓝ913.6
☆「世界名著大事典 補遺（Extra）」、「日本文学 これを読まないと文学は語れない!!」

00233 「棒になった男」
『棒になった男』 安部公房著　新潮社　1969　135p　20cm　420円　Ⓝ912.6
☆「世界名著大事典 補遺（Extra）」

00234 「燃えつきた地図」
『燃えつきた地図』 安部公房著　28刷改版　新潮社　2002　401p　16cm（新潮文庫）　590円　Ⓘ4-10-112114-1　Ⓝ913.6

☆「世界名著大事典 補遺(Extra)」

安倍 真直　あべ・さねなお

00235　「大同類聚方」

『大同類聚方―全訳精解　第1巻　用薬部　1』
槇佐知子著　新泉社　1992　17,222p　22cm
〈普及版〉　5000円　Ⓝ499.8
☆「世界名著大事典」

阿部 重孝　あべ・しげたか

00236　「欧米学校教育発達史」

『阿部重孝著作集　第7巻』　日本図書センター
1983　473p　22cm　5800円　Ⓝ370.8
☆「世界名著大事典」

阿部 珠理　あべ・じゅり

00237　「アメリカ先住民の精神世界」

『アメリカ先住民の精神世界』　阿部珠理著　日本放送出版協会　1994　222p　19cm〈NHKブックス　722〉　850円　Ⓘ4-14-001722-8　Ⓝ389.53
☆「学問がわかる500冊」

安部 譲二　あべ・じょうじ

00238　「時速十四ノット、東へ」

『時速十四ノット、東へ』　安部譲二著　講談社
1995　432p　15cm〈講談社文庫〉　680円
Ⓘ4-06-185853-X　Ⓝ913.6
☆「世界の海洋文学」

阿部 志郎　あべ・しろう

00239　「地域福祉の思想と実践」

『地域福祉の思想と実践』　阿部志郎編　海声社
1986　292p　22cm〈関東出版社〔発売〕〉
2000円　Ⓝ369
☆「学問がわかる500冊」

阿部 次郎　あべ・じろう

00240　「三太郎の日記」

『三太郎の日記―合本』　阿部次郎著　新版　角川学芸出版　2008　573p　19cm〈角川選書 1〉〈文献あり　年譜あり　角川グループパブリッシング〔発売〕〉　2800円
Ⓘ978-4-04-703439-6　Ⓝ914.6
☆「感動！日本の名著 近現代編」、「近代文学名作事典」、「世界名著大事典」、「大正の名著」、「日本の名著」(角川書店)、「日本の名著」(毎日新聞社)、「日本文学鑑賞辞典　第2」、「日本文学現代名作事典」、「日本文芸鑑賞事典　第5巻」、「入門名作の世界」、「百年の誤読」、「文学・名著300選の解説 '88年度版」、「ベストガイド日本の名著」、「明治・大正・昭和の名著・総解説」

安倍 季尚　あべ・すえひさ

00241　「楽家録」

『楽家録』　安倍季尚撰　正宗敦夫編纂校訂　現代思潮社　1977　5冊　16cm〈覆刻日本古典全集〉〈日本古典全集刊行会昭和10,11年刊の複製〉　Ⓝ768
☆「世界名著大事典」、「日本名著辞典」

安倍 晴明　あべ・せいめい

00242　「簠簋内伝金烏玉兎集」

『三國相傳陰陽輨轄簠簋内傳金烏玉兎集』　安倍晴明撰　新版校正　大阪　田中太右衛門
1919　2冊　26cm〈その他のタイトル：簠簋内傳　その他のタイトル：簠簋　タイトルは巻頭による　前川文榮堂藏　和装〉
☆「世界名著大事典」

阿部 道山　あべ・どうざん

00243　「海軍の先駆者小栗上野介正伝」

『小栗上野介正伝―海軍の先駆者』　阿部道山著　復刻版　周南　マツノ書店　2013　1冊
22cm〈文献あり　原本：海軍有終會昭和16年刊〉　Ⓝ289.1
☆「日本海軍の本・総解説」

阿部 知二　あべ・ともじ

00244　「黒い影」

『筑摩現代文学大系　55　中山義秀・阿部知二集』　筑摩書房　1978　483p　20cm〈中山義秀,阿部知二の肖像あり〉　1800円　Ⓝ918.6
☆「日本・世界名作「愛の会話」100章」

00245　「主知的文学論」

『主知的文学論』　阿部知二作　ゆまに書房
1995　247,4p　19cm〈現代の芸術と批評叢書 19〉〈厚生閣書店昭和5年刊の複製〉
Ⓘ4-89668-894-5　Ⓝ914.6
☆「日本文芸鑑賞事典　第10巻」

00246　「新聞小僧」

『少年小説大系　第11巻　戦後少年小説集』　紀田順一郎編　三一書房　1991　589p　23cm
〈監修：尾崎秀樹ほか〉　7004円
Ⓘ4-380-91547-6　Ⓝ913.68
☆「名作の研究事典」

00247　「風雪」

『風雪』　阿部知二著　角川書店　1953　234p
15cm〈角川文庫〉　Ⓝ913.6
☆「世界名著大事典」

00248　「冬の宿」

『冬の宿』　阿部知二［著］　講談社　2010
247p　16cm〈講談社文芸文庫　あS1〉〈並列シリーズ名：Kodansha bungei bunko　著作

目録あり 年譜あり〉 1300円
Ⓘ978-4-06-290072-0 Ⓝ913.6
☆「昭和の名著」,「世界名著大事典」,「日本の名著」,「日本文学鑑賞辞典〔第2〕」,「日本文学現代名作事典」,「日本文芸鑑賞事典 第11巻（昭和9〜昭和12年）」,「ポケット日本名作事典」

00249 「街」
『街 上巻』 阿部知二著 角川書店 1951 189p 15cm〈角川文庫 第290〉Ⓝ913.6
☆「現代日本文学案内」

阿部 斉　あべ・ひとし

00250 「政治学入門」
『政治学入門』 阿部斉著 岩波書店 1996 221p 21cm〈岩波テキストブックス〉〈各章末：引用参照文献〉 2000円 Ⓘ4-00-026001-4 Ⓝ311
☆「学問がわかる500冊」

阿部 紘久　あべ・ひろひさ

00251 「文章力の基本」
『文章力の基本—簡単だけど、だれも教えてくれない77のテクニック』 阿部紘久著 日本実業出版社 2009 206p 19cm 1300円 Ⓘ978-4-534-04588-1 Ⓝ816
☆「3行でわかる名作＆ヒット本250」

阿部 牧郎　あべ・まきお

00252 「海の放浪者」
『海の放浪者』 阿部牧郎著 徳間書店 1983 344p 16cm〈徳間文庫〉 420円 Ⓘ4-19-567423-9 Ⓝ913.6
☆「世界の海洋文学」

阿部 正武　あべ・まさたけ

00253 「武徳大成記」
『内閣文庫所蔵史籍叢刊 92 武徳大成記 1』 汲古書院 1989 411p 27cm〈浄書本の複製 出版：史籍研究会〉 9500円 Ⓝ210.088
☆「日本歴史「古典籍」総覧」,「歴史の名著100」

阿部 みどり女　あべ・みどりじょ

00254 「笹鳴」
『現代俳句大系 第6巻 昭和21年〜昭和23年』増補 角川書店 1981 400p 20cm〈監修：富安風生ほか〉 2400円 Ⓝ911.36
☆「日本文芸鑑賞事典 第14巻（1946〜1948年）」

阿部 泰隆　あべ・やすたか

00255 「環境法」
『環境法』 阿部泰隆,淡路剛久編 第4版 有斐閣 2011 476p 22cm〈有斐閣ブックス 83〉〈索引あり〉 3200円

Ⓘ978-4-641-18398-8 Ⓝ519.12
☆「学問がわかる500冊 v.2」

阿部 吉雄　あべ・よしお

00256 「日本朱子学と朝鮮」
『日本朱子学と朝鮮』 阿部吉雄著 東京大学出版会 1965 563p 22cm 2500円 Ⓝ121.4
☆「日本思想史」

阿部 良雄　あべ・よしお

00257 「群衆の中の芸術家」
『群衆の中の芸術家』 阿部良雄著 筑摩書房 1999 349p 15cm〈ちくま学芸文庫〉 1200円 Ⓘ4-480-08518-1 Ⓝ723.35
☆「必読書150」

安倍 能成　あべ・よししげ

00258 「朝暮抄」
☆「日本文学鑑賞辞典〔第2〕」

安部 龍太郎　あべ・りゅうたろう

00259 「信長燃ゆ」
『信長燃ゆ 上巻』 安部龍太郎著 新潮社 2004 481p 16cm〈新潮文庫〉 667円 Ⓘ4-10-130516-1 Ⓝ913.6
☆「面白いほどよくわかる時代小説名作100」

安保 哲夫　あほ・てつお

00260 「アメリカに生きる日本的生産システム」
『アメリカに生きる日本的生産システム—現地工場の「適用」と「適応」』 安保哲夫ほか著 東洋経済新報社 1991 279p 22cm〈参考文献一覧：p265〜273〉 3900円 Ⓘ4-492-52066-X Ⓝ509.5
☆「日本経済本38」

天沢 退二郎　あまざわ・たいじろう

00261 「光車よ、まわれ！」
『光車よ、まわれ！』 天沢退二郎［著］ ポプラ社 2010 294p 15cm〈ポプラ文庫ピュアフル　あ-2-1〉〈ジャイブ2008年刊の新装版 並列シリーズ名：Poplar bunko pureful〉 660円 Ⓘ978-4-591-11422-3 Ⓝ913.6
☆「少年少女の名作案内 日本の文学ファンタジー編」

天野 郁夫　あまの・いくお

00262 「学歴の社会史」
『学歴の社会史—教育と日本の近代』 天野郁夫著 平凡社 2005 386p 16cm〈平凡社ライブラリー 526〉 1400円 Ⓘ4-582-76526-2 Ⓝ371.6
☆「学問がわかる500冊」

天野 清 あまの・きよし

00263 「熱輻射論と量子論の起源」
『熱輻射論と量子論の起源―ウイーン,プランク論文集』 ウイーン,プランク共著 天野清訳編 大日本出版 1943 261p 22cm〈科学古典叢書 1〉 Ⓝ426.3
☆「世界名著大事典」

天野 信景 あまの・さだかげ

00264 「塩尻」
『鹽尻―神道關係抄』 天野信景原著 太田正弘編 東京大神宮社務所 2009 26,332p 18cm〈大神宮文庫 11〉 Ⓝ170.49
☆「世界名著大事典」

天野 為之 あまの・ためゆき

00265 「経済原論」
『経済原論』 天野為之述 早稲田大学出版部 1906 245p 22cm〈早稲田大学39年度経済科第1学年講義録〉 Ⓝ330
☆「世界名著大事典」

天野 貞祐 あまの・ていゆう

00266 「教育五十年―自伝的回想」
『教育五十年』 天野貞祐著 南窓社 1974 247p 20cm〈附録:人間論〉 1200円 Ⓝ289.1
☆「教育名著 日本編」

00267 「道理の感覚」
『道理の感覚』 天野貞祐著 角川書店 1958 218p 15cm〈角川文庫〉 Ⓝ150.4
☆「世界名著大事典」

天野 徳二 あまの・とくじ

00268 「魚群」
☆「世界の海洋文学」

天野 元之助 あまの・もとのすけ

00269 「中国農業経済論」
『中国農業経済論』 天野元之助著 龍渓書舎 1978 3冊 22cm〈第1巻・第2巻:『支那農業経済論』(改造社昭和17年刊)の改訂復刻版 第3巻:『中国農業の諸問題』(技報堂昭和27年,28年刊)の改訂復刻版〉 全28000円 Ⓝ611
☆「現代アジア論の名著」,「世界名著大事典」

天谷 直弘 あまや・なおひろ

00270 「日本経済盛衰の選択」
『日本経済盛衰の選択―90年代・国家と企業の進むべき道』 天谷直弘著 PHP研究所 1986 220p 20cm 1200円 ①4-569-21798-2 Ⓝ332.1
☆「経済経営95冊」

甘利 俊一 あまり・しゅんいち

00271 「情報理論」
『情報理論』 甘利俊一著 筑摩書房 2011 348p 15cm〈ちくま学芸文庫 ア35-1―[Math & science]〉〈文献あり 索引あり〉 1300円 ①978-4-480-09358-5 Ⓝ007.1
☆「数学ブックガイド100」

あまん きみこ

00272 「車のいろは空のいろ」
『車のいろは空のいろ』 あまんきみこ著 講談社 1978 187p 15cm〈講談社文庫〉〈あまんきみこ略歴:p186~187〉 240円 Ⓝ913.8
☆「少年少女の名作案内 日本の文学ファンタジー編」

網野 菊 あみの・きく

00273 「金の棺」
『網野菊・芝木好子・中里恒子』 網野菊,芝木好子,中里恒子著 角川書店 1999 477p 20cm〈女性作家シリーズ 5 河野多惠子ほか監修〉〈年譜あり〉 2800円 ①4-04-574205-0 Ⓝ913.68
☆「世界名著大事典」

網野 善彦 あみの・よしひこ

00274 「異形の王権」
『異形の王権』 網野善彦著 平凡社 1993 273p 16cm〈平凡社ライブラリー〉 980円 ①4-582-76010-4 Ⓝ210.4
☆「学問がわかる500冊 v.2」

00275 「日本社会の歴史」
『日本社会の歴史 上』 網野善彦著 岩波書店 2003 210p 18cm〈岩波新書〉〈第17刷〉 700円 ①4-00-430500-4
☆「日本史読書案内」,「必読書150」,「「本の定番」ブックガイド」

00276 「日本中世の非農業民と天皇」
『日本中世の非農業民と天皇』 網野善彦著 岩波書店 1984 591,29p 22cm〈その他のタイトル:研究種目 一般研究(B) その他のタイトル:課題名 日本中世における非農業民と天皇の研究 収録および関係論文:p590~591〉 5800円 Ⓝ210.4
☆「新・現代歴史学の名著」

00277 「日本論の視座」
『日本論の視座―列島の社会と国家』 網野善彦著 小学館 2004 286p 21cm 1900円 ①4-09-626209-9 Ⓝ210.1
☆「教養のためのブックガイド」,「日本思想史」

00278 「無縁・公界・楽―日本中世の自由と平和」

あめみや

『無縁・公界・楽―日本中世の自由と平和』　網野善彦著　増補　平凡社　1996　380p　16cm（平凡社ライブラリー）　1200円
①4-582-76150-X　Ⓝ210.4
☆「新・現代歴史学の名著」、「戦後思想の名著50」、「日本思想史」、「東アジア人文書100」、「ベストガイド日本の名著」、「歴史学の名著30」、「歴史家の読書案内」

00279　「よみがえる中世」
『よみがえる中世　1　東アジアの国際都市博多』　川添昭二編　平凡社　1988　205p　27cm〈監修：網野善彦ほか〉　2900円
①4-582-47551-5　Ⓝ210.4
☆「学問がわかる500冊 v.2」

雨宮 一郎　あめみや・いちろう

00280　「微積分への道」
『微積分への道』　雨宮一郎著　岩波書店　1982　235p　19cm（数学入門シリーズ　2）　1600円　Ⓝ413.3
☆「数学ブックガイド100」

鮎川 哲也　あゆかわ・てつや

00281　「黒いトランク」
『黒いトランク』　鮎川哲也著　東京創元社　2002　382p　15cm（創元推理文庫）　620円
①4-488-40303-4　Ⓝ913.6
☆「世界の推理小説・総解説」

鮎川 信夫　あゆかわ・のぶお

00282　「鮎川信夫詩集」
『新選鮎川信夫詩集』　思潮社　1977　144p　19cm（新選現代詩文庫）　580円　Ⓝ911.56
☆「日本文芸鑑賞事典 第17巻（1955～1958年）」

荒 正人　あら・まさひと

00283　「第二の青春」
『第二の青春』　荒正人著　青木書店　1956　194p　18cm　Ⓝ914.6
☆「現代文学鑑賞辞典」、「日本文芸鑑賞事典　第14巻（1946～1948年）」

新井 洸　あらい・あきら

00284　「新井洸歌集」
☆「日本文芸鑑賞事典 第10巻」

荒井 一博　あらい・かずひろ

00285　「ミクロ経済学」
『ミクロ経済学』　荒井一博著　中央経済社　1997　405p　22cm（索引あり）　5200円
①4-502-63133-7　Ⓝ331
☆「学問がわかる500冊」

新井 紀一　あらい・きいち

00286　「友を売る」
『編年体大正文学全集　第11巻（大正11年）』　志賀直哉ほか著　日高昭二編　ゆまに書房　2002　639p　22cm　6600円
①4-89714-900-2　Ⓝ918.6
☆「日本のプロレタリア文学」

荒井 献　あらい・ささぐ

00287　「イエスとその時代」
『イエスとその時代』　荒井献著　岩波書店　1974　208,6p　18cm（岩波新書）〈巻末：参考文献表〉　230円　Ⓝ192.8
☆「学問がわかる500冊」

新井 登美子　あらい・とみこ

00288　「いくつもの死を見つめて」
『いくつもの死を見つめて―付添婦の現場から』　新井登美子著　朝日新聞社　1991　240p　15cm（朝日文庫）〈『燃える髪風にはためき』（ゆみる出版1984年刊）の改題〉　470円
①4-02-260664-9　Ⓝ916
☆「現代を読む」

新井 白石　あらい・はくせき

00289　「蝦夷志」
『蝦夷・千島古文書集成―北方未公開古文書集成』　寺沢一ほか責任編集　教育出版センター　1985　10冊　22～31cm〈冬至書房新社〔発売〕〉　全120000円　Ⓝ211
☆「古典の事典」

00290　「折たく柴の記」
『折たく柴の記』　新井白石著　松村明校注　岩波書店　1999　476p　15cm（岩波文庫）〈年譜あり〉　800円　①4-00-302121-5　Ⓝ121.54
☆「一度は読もうよ！ 日本の名著」、「古典の事典」、「作品と作者」、「3行でわかる名作＆ヒット本250」、「自伝の名著101」、「世界名作事典」、「世界名著大事典」、「『日本古典への誘い100選２』、「日本人の名著」を読む」、「日本の名著」、「日本の古典名著」、「日本の書物」、「日本の名著」、「日本文学鑑賞辞典〔第1〕」、「日本文学名作案内」、「日本名著辞典」、「武士道の名著」、「私の古典」

00291　「鬼神論」
『日本哲学思想全書　第8巻　宗教 宗教論一般篇』　三枝博音,清水幾太郎編集　第2版　平凡社　1980　357p　19cm　2300円　Ⓝ081
☆「世界名著大事典」

00292　「古史通」
『日本の名著　15　新井白石』　桑原武夫責任編集　中央公論社　1983　550p　18cm（中公バックス）〈新井白石の肖像あり〉　1200円

00293 「采覧異言」
『新井白石』 日本図書センター 1979 2冊 22cm〈日本教育思想大系 10〉〈『新井白石全集』（明治38年刊）からの複製〉 各12000円 Ⓝ121.49
☆「古典の事典」、「日本名著辞典」

00294 「西洋紀聞」
『西洋紀聞』 新井白石著 宮崎道生校注 新訂 平凡社 1968 476p 図版 18cm〈東洋文庫〉〈附録：『西洋紀聞』関係史料 新井白石日記、新井白石書翰（抄）羅馬人処置献議・天主教大意、出島蘭館日誌、今村源右衛門日記、柳営日次記、断片・西洋紀聞、ヨハンバッテイスタ物語、長崎往還蘭馬人物、華夷変態、外国之事調書、采覧異言、岡本三右衛門筆記、阿蘭陀風説書、徳川実紀（文昭院殿御実紀）長崎実録大成、長崎覚書、島津家譜（吉貴伝）柴芝園漫筆、月堂見聞集、長崎夜話草、シドチ書翰、マニラ大司教ディエゴ・カマチヨ書翰、シドチ関係海外文書、シドチ囚獄関係諸記、『西洋紀聞』諸写本の序・跋、正徳切支丹禁令、三servoir余考。参考：大槻文彦博士白石版「校訂序言」、村岡典嗣氏岩波版「解説」解説（宮崎道生）年表、文献案内〉 600円 Ⓝ290
☆「アジアの比較文化」、「古典の事典」、「世界の名著早わかり事典」、「世界名著大事典」、「日本の古典名著」、「日本名著辞典」、「文学・名著300選の解説 '88年度版」

00295 「読史余論」
『読史余論』 新井白石著 村岡典嗣校訂 岩波書店 1995 321p 15cm〈岩波文庫〉 620円 ①4-00-302122-3
☆「古典の事典」、「人文科学の名著」、「世界名著大事典」、「日本の古典名著」、「日本名著辞典」、「日本歴史「古典籍」総覧」、「歴史学の名著30」、「歴史の名著100」

00296 「白石建議」
『日本経済大典 第1-8巻』 滝本誠一編 明治文献 1966 8冊 22cm〈複製〉 各3500円 Ⓝ330.8
☆「世界名著大事典」

00297 「白石詩草」
『詩集日本漢詩 第1巻』 富士川英郎ほか編 汲古書院 1987 473p 27cm〈複製〉 8500円 Ⓝ919.5
☆「世界名著大事典」

00298 「藩翰譜」
『新井白石全集』 国書刊行会編 国書刊行会 1977 6冊 22cm〈国書刊行会明治38-40年刊の復刊〉 全58000円 Ⓝ121.49
☆「古典の事典」、「世界名著大事典」、「日本の古典名著」、「日本名著辞典」、「日本歴史「古典籍」総覧」、「歴史の名著100」

荒井 政治 あらい・まさじ
00299 「産業革命の世界」
『産業革命の世界 1 産業革命の展開』 荒井政治ほか編 有斐閣 1981 280,14p 20cm〈巻末：参考文献〉 2000円 Ⓝ332.06
☆「科学技術をどう読むか」

新井 満 あらい・まん
00300 「尋ね人の時間」
『尋ね人の時間』 新井満著 文芸春秋 1991 183p 16cm〈文春文庫〉 340円 ①4-16-754301-X Ⓝ913.6
☆「一度は読もうよ！ 日本の名著」、「一冊で日本の名著100冊を読む 続」、「日本文学名作案内」

新井 素子 あらい・もとこ
00301 「あたしの中の…」
『あたしの中の…』 新井素子著 集英社 2006 249p 15cm〈コバルト文庫〉 495円 ①4-08-600715-0 Ⓝ913.6
☆「世界のSF文学・総解説」

00302 「二分割幽霊綺譚」
『二分割幽霊綺譚』 新井素子著 講談社 1986 360p 15cm〈講談社文庫〉 400円 ①4-06-183693-5 Ⓝ913.6
☆「世界のSF文学・総解説」

荒井 良雄 あらい・よしお
00303 「都市の空間と時間—生活活動の時間地理学」
『都市の空間と時間—生活活動の時間地理学』 荒井良雄ほか著 古今書院 1996 205p 22cm〈参考文献：p194～200〉 3090円 ①4-7722-1857-2 Ⓝ361.78
☆「学問がわかる500冊 v.2」

荒川 章義 あらかわ・あきよし
00304 「思想史のなかの近代経済学」
『思想史のなかの近代経済学—その思想的・形式的基盤』 荒川章義著 中央公論社 1999 200p 18cm〈中公新書〉 660円 ①4-12-101456-1 Ⓝ331.7
☆「学問がわかる500冊」

新川 明 あらかわ・あきら
00305 「反国家の兇区」
『反国家の兇区—沖縄・自立への視点』 新川明著 社会評論社 1996 399p 20cm〈1971年

あらかわ

刊の増訂〉 2884円 Ⓘ4-7845-0484-2 Ⓝ312.199
☆「戦後思想の名著50」

荒川 弘　あらかわ・ひろし

00306 「欧州共同体」
『欧州共同体―その内部矛盾と米欧関係』 荒川弘著　岩波書店　1974　204,6p　18cm〈岩波新書〉〈巻末：年表〉 230円 Ⓝ333.5
☆「現代ビジネス書・経済書総解説」

00307 「世界経済の秩序とパワー」
『世界経済の秩序とパワー――多極化時代の国際関係』 荒川弘著　有斐閣　1983　279,5p　19cm〈有斐閣選書〉 1500円
Ⓘ4-641-02323-9 Ⓝ333.6
☆「現代ビジネス書・経済書総解説」

荒木 伊兵衛　あらき・いへえ

00308 「日本英語学書志」
『日本英語学書志』 荒木伊兵衛著　日本図書センター　1982　407,48p　22cm〈創元社昭和6年刊の複製　巻末：日本英語学書志年表〉 10000円 Ⓝ830.21
☆「世界名著大事典」

安良城 盛昭　あらき・もりあき

00309 「幕藩体制社会の成立と構造」
『幕藩体制社会の成立と構造』 安良城盛昭著　増訂第4版　有斐閣　1986　406p　22cm〈Student edition 初版から第3版の出版者：御茶の水書房〉 3200円 Ⓘ4-641-06455-5 Ⓝ210.5
☆「日本史の名著」、「名著の履歴書」

荒木田 守武　あらきだ・もりたけ

00310 「誹諧之連歌独吟千句」
『日本俳書大系　第1-8巻』 日本俳書大系刊行会編　日本俳書大系刊行会　1926　8冊　図版　23cm〈各巻：勝峯晋風解題, 荻原井泉水通説〉 Ⓝ911.308
☆「日本文学鑑賞辞典〔第1〕」

00311 「守武千句」
『守武千句―神宮徴古館蔵』 荒木田守武著　勉誠社　1977　67p　15×21cm〈勉誠社文庫14〉〈守武自筆『飛梅千句』の複製〉 900円 Ⓝ911.31
☆「近代名著解題選集3」、「世界名著大事典」

荒木田 麗女　あらきだ・れいじょ

00312 「池の藻屑」
『改定史籍集覧　第3冊　通記類〔第3〕』 近藤瓶城編　京都　臨川書店　1983　1冊　22cm〈近藤活版所明治33年刊の複製〉

9900円 Ⓘ4-653-00909-0 Ⓝ210.088
☆「世界名著大事典」

荒畑 寒村　あらはた・かんそん

00313 「寒村自伝」
『寒村自伝　上巻』 荒畑寒村著　岩波書店　1975　446p　肖像　15cm〈岩波文庫〉 500円 Ⓝ289.1
☆「自伝の名著101」、「世界名著大事典 補遺(Extra)」、「明治・大正・昭和の名著・総解説」

00314 「光を掲ぐる者」
『編年体大正文学全集　第11巻（大正11年）』 志賀直哉ほか著　日高昭二編　ゆまに書房　2002　639p　22cm　6600円
Ⓘ4-89714-900-2 Ⓝ918.6
☆「大正の名著」、「明治・大正・昭和の名著・総解説」

00315 「谷中村滅亡史」
『谷中村滅亡史』 荒畑寒村著　岩波書店　1999　196p　15cm〈岩波文庫〉 500円
Ⓘ4-00-331373-9 Ⓝ519.2132
☆「大人のための日本の名著50」、「世界名著大事典 補遺(Extra)」、「ベストガイド日本の名著」、「明治・大正・昭和の名著・総解説」、「明治の名著1」

荒巻 義雄　あらまき・よしお

00316 「宇宙25時」
『宇宙25時』 荒巻義雄著　徳間書店　1983　315p　16cm〈徳間文庫〉 380円
Ⓘ4-19-577468-3 Ⓝ913.6
☆「世界のSF文学・総解説」

00317 「神聖代」
『神聖代』 荒巻義雄著　徳間書店　1980　317p　16cm〈徳間文庫〉 380円 Ⓝ913.6
☆「世界のSF文学・総解説」

00318 「柔らかい時計」
『柔らかい時計』 荒巻義雄著　徳間書店　1981　382p　16cm〈徳間文庫〉 460円 Ⓝ913.6
☆「世界のSF文学・総解説」

荒俣 宏　あらまた・ひろし

00319 「海覇王」
『海覇王　上』 荒俣宏著　角川書店　1993　483p　15cm〈角川文庫〉 720円
Ⓘ4-04-169020-X Ⓝ913.6
☆「世界の海洋文学」

00320 「奇想の20世紀」
『奇想の20世紀』 荒俣宏著　日本放送出版協会　2004　317p　16cm〈NHKライブラリー〉〈文献あり〉 970円 Ⓘ4-14-084179-6 Ⓝ209.6
☆「科学を読む愉しみ」

00321 「帝都物語」

『帝都物語　第1番』　荒俣宏著　角川書店　1995　441p　15cm〈角川文庫〉　720円
①4-04-169024-2　Ⓝ913.6
☆「世界のSF文学・総解説」

00322　「風水先生―地相占術の驚異」
『風水先生―地相占術の驚異　荒俣宏コレクション』　荒俣宏著　集英社　1994　309p　16cm〈集英社文庫〉　540円　①4-08-748159-X　Ⓝ148.5
☆「学問がわかる500冊 v.2」

荒山 徹　あらやま・とおる

00323　「十兵衛両断」
『十兵衛両断』　荒山徹著　新潮社　2005　505p　16cm〈新潮文庫〉　667円
①4-10-121041-1　Ⓝ913.6
☆「面白いほどよくわかる時代小説名作100」

荒山 正彦　あらやま・まさひこ

00324　「空間から場所へ―地理学的想像力の探求」
『空間から場所へ―地理学的想像力の探求』　荒山正彦,大城直樹編　古今書院　1998　242p　21cm　2800円　①4-7722-1677-4　Ⓝ290.1
☆「学問がわかる500冊 v.2」

有明 夏夫　ありあけ・なつお

00325　「大浪花諸人往来」
『大浪花諸人往来』　有明夏夫著　角川書店　1980　352p　15cm〈角川文庫〉　380円　Ⓝ913.6
☆「歴史小説・時代小説 総解説」

有尾 敬重　ありお・のりしげ

00326　「本邦地租の沿革」
『本邦地租の沿革』　有尾敬重著　福島正夫解題　御茶の水書房　1977　213,151p　図　肖像　20cm〈本文は日本勧行銀行内毎月会大正3年刊の複製〉　2400円　Ⓝ345.43
☆「農政経済の名著　明治大正編」

有賀 鉄太郎　ありが・てつたろう

00327　「オリゲネス研究」
『有賀鉄太郎著作集　1　オリゲネス研究』　有賀鉄太郎博士遺著作集刊行会編　創文社　1981　516,15p　22cm〈著者の肖像あり　年表・著書：p489-498〉　5000円　Ⓝ190.4
☆「世界名著大事典」

蟻川 恒正　ありかわ・つねまさ

00328　「憲法的思惟」
『憲法的思惟―アメリカ憲法における「自然」と「知識」』　蟻川恒正著　創文社　1994　294p　22cm　4944円　①4-423-73071-5　Ⓝ323.53
☆「憲法本41」

有川 浩　ありかわ・ひろ

00329　「県庁おもてなし課」
『県庁おもてなし課』　有川浩[著]　角川書店　2013　503p　15cm〈角川文庫　あ48-12〉〈文献あり　角川グループホールディングス[発売]〉　705円　①978-4-04-100784-6　Ⓝ913.6
☆「3行でわかる名作&ヒット本250」

00330　「フリーター、家を買う。」
『フリーター、家を買う。』　有川浩[著]　幻冬舎　2012　395p　16cm〈幻冬舎文庫　あ-34-2〉　648円　①978-4-344-41897-4　Ⓝ913.6
☆「3行でわかる名作&ヒット本250」

有坂 鉊蔵　ありさか・しょうぞう

00331　「兵器沿革図説」
『兵器沿革図説』　有坂鉊蔵著　原書房　1983　1冊　27cm〈東京帝国大学工科大学紀要第7冊第1号〉（東京帝国大学大正5年刊）の複製〉　18000円　①4-562-01398-2　Ⓝ559
☆「日本海軍の本・総解説」

有坂 秀世　ありさか・ひでよ

00332　「音韻論」
『音韻論』　有坂秀世著　増補版　三省堂　1992　339,3p　22cm〈1959年刊の復刊〉
①4-385-31400-4　Ⓝ801.1
☆「世界名著大事典」

00333　「国語音韻史の研究」
『国語音韻史の研究』　有坂秀世著　増補新版　三省堂　1968　694p　図版　22cm〈初版：明世堂書店昭和19年刊〉　2500円　Ⓝ811.1
☆「世界名著大事典」

00334　「上代音韻攷」
『上代音韻攷―故有坂秀世博士遺稿』　有坂秀世著　5版　三省堂　1968　747p　図版　22cm〈有坂秀世博士略年譜・著作論文目録：741-747p〉　2500円　Ⓝ811.1
☆「世界名著大事典」

有沢 広巳　ありさわ・ひろみ

00335　「カルテル・トラスト・コンツェルン」
『カルテル・トラスト・コンツェルン』　有沢広巳,脇村義太郎共著　御茶の水書房　1977　604p　22cm〈解題：鈴木鴻一郎〉　4500円　Ⓝ335.2
☆「世界名著大事典」

有島 生馬　ありしま・いくま

00336　「嘘の果」

ありしま

『有島生馬全集　第3巻』　日本図書センター　1997　495,10p　22cm〈改造社昭和8年刊の複製　著者の肖像あり〉
Ⓘ4-8205-8177-5,4-8205-8174-0　Ⓓ918.68
☆「世界名著大事典」

有島 武郎　ありしま・たけお

00337　「或る女」

『或る女』　有島武郎著　新潮社　1995　610p　15cm(新潮文庫)　680円　Ⓘ4-10-104205-5　Ⓝ913.6

☆「あらすじダイジェスト」、「あらすじで読む日本の名著No.3」、「一度は読もうよ！日本の名著」、「一冊で日本の名著100冊を読む」、「感動！日本の名著　近現代編」、「近代文学名作事典」、「現代文学鑑賞辞典」、「『こころ』は本当に名作か」、「3行でわかる名作&ヒット本250」、「Jブンガク」、「女性のための名作・人生案内」、「知らないと恥ずかしい「日本の名作」あらすじ200本」、「世界名作事典」、「世界名著案内 3」、「世界名著大事典」、「大正の名著」、「2時間でわかる日本の名著」、「日本近代文学名著事典」、「日本の名著」(角川文庫)、「日本の名著」(毎日新聞社)、「日本の名著3分間読書100」、「日本文学鑑賞辞典〔第2〕」、「日本文学現代名作事典」、「日本文学名作案内」、「日本文芸鑑賞事典 第4巻」、「日本名著辞典」、「日本・名著のあらすじ」、「入門名作の世界」、「必読書150」、「ひと目でわかる日本の名作」、「文学・名著300選の解説 '88年度版」、「ベストガイド日本の名著」、「ポケット日本名作事典」、「明治・大正・昭和のベストセラー」、「明治・大正・昭和の名著・総解説」

00338　「生れ出づる悩み」

『生れ出づる悩み』　有島武郎著　集英社　2009　158p　16cm(集英社文庫 あ60-1)〈文献あり　年譜あり〉　314円　Ⓘ978-4-08-752054-5　Ⓝ913.6

☆「あらすじで読む日本の名著No.2」、「現代文学名作探訪事典」、「この一冊でわかる日本の名作」、「3行でわかる名作&ヒット本250」、「少年少女のための文学案内 3」、「知らないと恥ずかしい「日本の名作」あらすじ200本」、「図説 5分でわかる日本の名作」、「世界名著大事典」、「日本近代文学名著事典」、「日本人なら知っておきたいあらすじで読む日本の名著」、「日本文学鑑賞辞典〔第2〕」、「日本文学現代名作事典」、「日本文芸鑑賞事典 第6巻 (1917〜1920年)」、「ひと目でわかる日本の名作」、「ポケット日本名作事典」、「名作の書き出しを諳んじる」

00339　「惜みなく愛は奪ふ」

『惜みなく愛は奪ふ』　有島武郎著　角川書店　1956　118p　15cm(角川文庫)　Ⓝ914.6

☆「新潮文庫20世紀の100冊」、「世界名著大事典」、「日本文学鑑賞辞典」、「日本文学現代名作事典」

00340　「カインの末裔」

『カインの末裔―他一篇』　有島武郎著　角川書店　1954　90p　15cm(角川文庫)　Ⓝ913.6

☆「一度は読もうよ！日本の名著」、「一冊で日本の名著100冊を読む 続」、「一冊で100名作の「さわり」を読む」、「現代文学鑑賞辞典」、「現代文学名作探訪事典」、「知らないと恥ずかしい「日本の名作」あらすじ200本」、「図説 5分でわかる日本の名作傑作選」、「世界名著大事典」、「2時間でわかる日本の名著」、「日本近代文学名著事典〔第2〕」、「日本文学現代名作事典」、「日本文学名作案内」、「日本文学名作事典」、「日本文芸鑑賞事典 第6巻(1917〜1920年)」、「日本名著辞典」、「ポケット日本名作事典」

00341　「死と其の前後」

『現代日本戯曲選集　第3巻』　伊藤整等編　白水社　1955　464p 図版　20cm　Ⓝ912.608
☆「世界名著大事典」

00342　「星座」

『星座』　有島武郎著　SDP　2008　237p　15cm(SDP bunko)　480円　Ⓘ978-4-903620-34-3　Ⓝ913.6
☆「日本文学鑑賞辞典〔第2〕」

00343　「宣言」

『宣言』　有島武郎作　岩波書店　1994　129p　15cm(岩波文庫)〈第39刷(第24刷改版：1968年)〉　360円　Ⓘ4-00-310363-7　Ⓝ913.6
☆「世界名著大事典」

00344　「宣言一つ」

『現代日本文学論争史 上巻』　平野謙,小田切秀雄,山本健吉編　新版　未來社　2006　645p　22cm　6800円　Ⓘ4-624-60104-1　Ⓝ910.26
☆「世界名著大事典」、「大正の名著」、「日本文芸鑑賞事典 第7巻(1920〜1923年)」

00345　「小さき者へ」

『小さき者へ―他三篇』　有島武郎著　角川書店　1956　95p　15cm(角川文庫)　Ⓝ913.6
☆「教育を考えるためにこの48冊」、「世界名著大事典」、「日本の小説101」、「日本文芸鑑賞事典 第6巻(1917〜1920年)」

00346　「ドモ又の死」

『ドモ又の死―他二篇』　有島武郎著　角川書店　1954　96p　15cm(角川文庫)　Ⓝ912.6
☆「世界名著大事典」

00347　「一房の葡萄」

『一房の葡萄』　有島武郎著　角川春樹事務所　2011　111p　16cm(ハルキ文庫 あ20-1-1［280円文庫］)〈並列シリーズ名：Haruki Bunko　年譜あり〉　267円　Ⓘ978-4-7584-3541-3　Ⓝ913.6
☆「あらすじで出会う世界と日本の名作55」、「少年少女の名作案内 日本の文学リアリズム編」、「世界名著大事典」、「小さな文学の旅」、「日本児童文

学名著事典」,「日本文芸鑑賞事典 第7巻（1920～1923年）」,「名作の研究事典」

有末 精三　ありすえ・せいぞう

00348　「有末精三回顧録」
『有末精三回顧録』　芙蓉書房出版　1989　536p　20cm〈著者の肖像あり　有末精三年譜：p525～536〉　3605円　Ⓝ289.1
☆「日本陸軍の本・総解説」

有馬 朗人　ありま・あきと

00349　「土」
『土』　有馬朗人ほか著　東京大学出版会　1990　276p　19cm〈東京大学公開講座　51〉　2472円　Ⓘ4-13-003081-7　Ⓝ041
☆「学問がわかる500冊 v.2」

有馬 玄　ありま・しずか

00350　「海軍奉仕五十年回顧録」
『海軍奉仕五十年回顧録』　高杉新一郎,有馬玄著　〔有馬玄〕　1976　1冊　26cm〈付・海軍軍医会五十年史抜粋（清水辰太郎編）　昭和37年刊の合本複製〉　非売品　Ⓝ394
☆「日本海軍の本・総解説」

有馬 成甫　ありま・せいほ

00351　「海軍陸戦隊上海戦闘記」
『海軍陸戦隊上海戦闘記』　有馬成甫著　3版　海軍研究社　1932　609p　19cm　Ⓝ393
☆「日本海軍の本・総解説」

有馬 孝礼　ありま・たかのり

00352　「エコマテリアルとしての木材」
『エコマテリアルとしての木材—都市にもう一つの森林を』　有馬孝礼著　全日本建築士会　1994　154p　19cm〈Shikai books　1〉　1300円　Ⓝ524.21
☆「学問がわかる500冊 v.2」

有馬 頼義　ありま・よりちか

00353　「遺書配達人」
『遺書配達人』　有馬頼義著　光人社　2004　215p　19cm〈光人社名作戦記　17〉　1400円　Ⓘ4-7698-1117-9　Ⓝ913.6
☆「日本文芸鑑賞事典 第18巻（1958～1962年）」

00354　「第三の現場」
『有馬頼義推理小説全集　4　赤い天使ほか13篇』　東邦出版社　1971　472p　肖像　20cm　890円　Ⓝ913.6
☆「日本・世界名作「愛の会話」100章」

00355　「四万人の目撃者」
『四万人の目撃者—復刻』　有馬頼義著　ベースボール・マガジン社　1997　359p　19cm〈講談社1958年刊の新装〉　1500円
Ⓘ4-583-03487-3　Ⓝ913.6
☆「世界の推理小説・総解説」,「ポケット日本名作事典」

有馬 頼僮　ありま・よりゆき

00356　「拾璣算法」
☆「世界名著大事典」

有本 芳水　ありもと・ほうすい

00357　「旅人」
『日本児童文学館—名著複刻　第2集 10　旅人—詩集』　有本芳水著　ほるぷ出版　1974　262p　15cm〈実業之日本社大正6年刊の複製〉
Ⓝ913.8
☆「日本児童文学名著事典」

有吉 佐和子　ありよし・さわこ

00358　「紀ノ川」
『紀ノ川』　有吉佐和子著　75刷改版　新潮社　2006　357p　16cm〈新潮文庫〉　552円
Ⓘ4-10-113201-1　Ⓝ913.6
☆「一度は読もうよ！日本の名著」,「一冊で日本の名著100冊を読む　続」,「現代文学名作探訪事典」,「日本文学名作案内」,「日本文芸鑑賞事典 第18巻（1958～1962年）」,「日本名作文学館 日本編」,「ポケット日本名作事典」

00359　「香華」
『香華』　有吉佐和子著　69刷改版　新潮社　2006　680p　16cm〈新潮文庫〉　819円
Ⓘ4-10-113202-X　Ⓝ913.6
☆「一度は読もうよ！日本の名著」,「一冊で愛の話題作100冊を読む」,「文学・名著300選の解説 '88年度版」

00360　「恍惚の人」
『恍惚の人』　有吉佐和子著　改版　新潮社　2003　437p　15cm〈新潮文庫〉　629円
Ⓘ4-10-113218-6
☆「あらすじダイジェスト」,「あらすじで味わう昭和のベストセラー」,「一度は読もうよ！日本の名著」,「一冊で日本の名著100冊を読む」,「現代文学鑑賞辞典」,「知らないと恥ずかしい「日本の名作」あらすじ200本」,「新潮文庫20世紀の100冊」,「世界の小説大百科」,「日本の小説101」,「日本文学名作案内」,「日本文芸鑑賞事典 第20巻（昭和42～50年）」,「百年の誤読」,「ポケット日本名作事典」

00361　「地唄」
『地唄』　有吉佐和子著　新潮社　1967　235p　16cm〈新潮文庫〉　100円　Ⓝ913.6
☆「一度は読もうよ！日本の名著」,「一冊で日本の名著100冊を読む」,「日本文学鑑賞辞典〔第2〕」

00362　「日本の島々、昔と今」

『日本の島々、昔と今』 有吉佐和子著 集英社 1984 459p 16cm（集英社文庫） 480円 ①4-08-750736-X ⓃQ915.6
☆「世界の海洋文学」

00363 「華岡青洲の妻」
『華岡青洲の妻』 有吉佐和子著 新潮社 2004 220p 20cm〈1967年刊の新装版〉 1500円 ①4-10-301117-3 Ⓝ913.6
☆「あらすじで読む日本の名著 No.2」、「一度は読もうよ！日本の名著」、「一冊で日本の名著100冊を読む 続」、「面白いほどよくわかる時代小説名作100」、「現代文学鑑賞辞典」、「これだけは読んでおきたい日本の名作文学案内」、「日本・世界名作『愛の会話』100章」、「日本文学名作案内」、「日本文芸鑑賞事典 第19巻」、「ポケット日本名作事典」

在原 業平 ありわら・なりひら

00364 「伊勢物語」
『伊勢物語―新訳絵入現代文』 吉井勇訳 竹久夢二絵 国書刊行会 2011 207p 20cm 2000円 ①978-4-336-05358-9 Ⓝ913.32
☆「あらすじダイジェスト 日本の古典30を読む」、「あらすじで味わう名作文学」、「あらすじで読む日本の古典」（楽書館、中経出版〔発売〕）、「あらすじで読む日本の古典」（新人物往来社）、「一度は読もうよ！日本の名著」、「一冊で日本の古典100冊を読む」、「一冊で100名作の「さわり」を読む」、「学術辞典叢書 第15巻」、「近代名著解題選集 2」、「近代名著解題選集 3」、「古典の事典」、「古典文学鑑賞辞典」、「この一冊で読める！日本の古典50冊」」、「作品と作者」、「3行でわかる名作＆ヒット本250」、「知らないと恥ずかしい「日本の名作」あらすじ200本」、「図説 5分でわかる日本の名作」、「世界の旅行記101」、「世界名著事典」、「世界名著解題選 第1巻」、「世界名著大事典」、「千年の百冊」、「2ページでわかる日本の古典傑作選」、「日本古典への誘い100選 1」、「日本の古典」、「日本の古典・世界の古典」、「日本の古典の書物」、「日本の名著」（角川書店）、「日本の名著」（毎日新聞社）、「日本の名著3分間読書100」、「日本文学鑑賞辞典〔第1〕」、「日本文学の古典50選」、「日本文学名作案内」、「日本文学名作概観」、「日本文学名作事典」、「日本名著辞典」、「早わかり日本古典文学あらすじ事典」、「文学・名著300選の解説 '88年度版」、「マンガとあらすじでやさしく読める 日本の古典傑作30選」、「やさしい古典案内」

在原 行平 ありわら・ゆきひら

00365 「在民部卿家歌合」
『群書類従 巻第180 在民部卿家歌合外』 塙保己一編 日本文化資料センター 1991 44丁 28cm〈温故学会所蔵の原版木を使用 限定版 和装〉 11000円 Ⓝ081.5
☆「近代名著解題選集 3」

有賀 喜左衛門 あるが・きざえもん

00366 「日本家族制度と小作制度」

『日本家族制度と小作制度』 有賀喜左衛門著 クレス出版 1999 1冊 22cm（「家族・婚姻」研究文献選集 新装版 14 湯沢雍彦監修）〈河出書房昭和18年刊の複製〉 ①4-87733-076-3 Ⓝ361.63
☆「世界名著大事典」、「日本の社会と文化」

00367 「農村社会の研究」
『昭和前期農政経済名著集 20 農村社会の研究』 近藤康男編 有賀喜左衛門著 農山漁村文化協会 1981 526p 22cm〈解題：米地実 有賀喜左衛門の肖像あり〉 4000円 Ⓝ611.08
☆「農政経済の名著 昭和前期編」

有賀 弘 あるが・ひろし

00368 「政治」
『政治―個人と統合』 有賀弘ほか著 第2版 東京大学出版会 1994 270p 19cm（Up選書 4）〈参考文献紹介：p245～259〉 1854円 ①4-13-002202-4 Ⓝ311
☆「学問がわかる500冊」

安房 直子 あわ・なおこ

00369 「風と木の歌」
『風と木の歌―童話集』 安房直子著 偕成社 2006 221p 19cm（偕成社文庫） 700円 ①4-03-652620-0 Ⓝ913.6
☆「少年少女の名作案内 日本の文学ファンタジー編」

泡坂 妻夫 あわさか・つまお

00370 「蔭桔梗」
『蔭桔梗』 泡坂妻夫著 新潮社 1993 288p 15cm（新潮文庫） 400円 ①4-10-144504-4 Ⓝ913.6
☆「一度は読もうよ！日本の名著」、「一冊で愛の話題作100冊を読む」、「日本文学名作案内」

00371 「乱れからくり」
『乱れからくり』 泡坂妻夫著 双葉社 1997 392p 15cm（双葉文庫 日本推理作家協会賞受賞作全集 33） 667円 ①4-575-65835-9 Ⓝ913.6
☆「世界の推理小説・総解説」

淡路 剛久 あわじ・たけひさ

00372 「環境法」
『環境法』 阿部泰隆, 淡路剛久編 第4版 有斐閣 2011 476p 22cm（有斐閣ブックス 83）〈索引あり〉 3200円 ①978-4-641-18398-8 Ⓝ519.12
☆「学問がわかる500冊 v.2」

阿波野 青畝 あわの・せいほ

00373 「万両」
『現代一〇〇名句集 第2巻』 稲畑廣太郎〔ほ

か〕編　〔東京〕　東京四季出版　2004　416p
21cm　2381円　Ⓘ4-8129-0342-4　Ⓝ911.367
　☆『日本文学鑑賞辞典〔第2〕』、『日本文芸鑑賞事典
　　第10巻』

安西 篤子　あんざい・あつこ

00374　「張少子の話」
『張少子の話』　安西篤子著　文芸春秋新社
1965　212p 図版　20cm　Ⓝ913.6
　☆『歴史小説・時代小説 総解説』

安西 均　あんざい・ひとし

00375　「葉の桜」
『葉の桜―詩集』　安西均著　昭森社　1961
81p　19cm〈限定版〉　Ⓝ911.56
　☆『日本文芸鑑賞事典 第18巻(1958〜1962年)』

安西 冬衛　あんざい・ふゆえ

00376　「軍艦茉莉」
『軍艦茉莉―詩集』　安西冬衛作　ゆまに書房
1994　2,155,9p　19cm〈現代の芸術と批評叢
書　2〉〈厚生閣書店昭和4年刊の複製 著者の
肖像あり〉　Ⓘ4-89668-892-9　Ⓝ911.56
　☆『世界名著大事典』、『日本文学鑑賞辞典〔第2〕』、
　　『日本文芸鑑賞事典 第9巻』

安斎 正人　あんざい・まさひと

00377　「現代考古学」
『現代考古学』　安斎正人著　同成社　1996
280p　22cm〈参考文献：p246〜278〉
4800円　Ⓘ4-88621-135-6　Ⓝ202.5
　☆『学問がわかる500冊 v.2』

安西 祐一郎　あんざい・ゆういちろう

00378　「脳と心のモデル」
『岩波講座認知科学　2　脳と心のモデル』　安
西祐一郎ほか著　岩波書店　1994　189p
23cm〈参考文献：p181〜184〉　3400円
Ⓘ4-00-010612-0　Ⓝ007.1
　☆『学問がわかる500冊 v.2』

アンジロー

00379　「日本事情」
　☆『アジアの比較文化』

安藤 昌益　あんどう・しょうえき

00380　「自然真営道」
『安藤昌益全集　増補篇 第1巻　資料篇　4』
農山漁村文化協会企画・編集　農山漁村文化
協会　2004　457p　34cm〈付属資料：CD-
ROM1枚(12cm)：電子版安藤昌益事典　外箱
入〉　14286円　Ⓘ4-540-04128-2　Ⓝ121.59
　☆『古典の事典』、『世界名著大事典』、『日本古典への
　　誘い100選 2』、『日本の古典名著』、『日本の書物』

00381　「統道真伝」
『統道真伝　上』　安藤昌益著　奈良本辰也訳注
岩波書店　1966　443p　15cm〈岩波文庫〉
200円　Ⓝ121.89
　☆『世界名著大事典』

安藤 忠雄　あんどう・ただお

00382　「連戦連敗」
『連戦連敗』　安藤忠雄著　東京大学出版会
2001　226p　24cm　2400円
Ⓘ4-13-063804-1　Ⓝ523.1
　☆『教養のためのブックガイド』

安藤 鶴夫　あんどう・つるお

00383　「巷談本牧亭」
『巷談本牧亭』　安藤鶴夫著　河出書房新社
2008　355p　15cm〈河出文庫〉　900円
Ⓘ978-4-309-40938-2　Ⓝ913.6
　☆『ポケット日本名作事典』

安藤 正次　あんどう・まさつぐ

00384　「国語史序説」
『安藤正次著作集 第2巻　国語学論考　2』　安
藤正次著作集刊行会編　雄山閣　1974　459p
肖像　22cm　5000円　Ⓝ810.2
　☆『世界名著大事典』

安藤 正人　あんどう・まさひと

00385　「史料保存と文書館学」
『史料保存と文書館学』　大藤修、安藤正人著
吉川弘文館　1986　331p　19cm　2500円
Ⓘ4-642-07256-X　Ⓝ018.09
　☆『学問がわかる500冊 v.2』

安藤 美紀夫　あんどう・みきお

00386　「でんでんむしの競馬」
『でんでんむしの競馬』　安藤美紀夫著　講談社
1980　193p　15cm〈講談社文庫〉　280円
Ⓝ913.8
　☆『少年少女の名作案内 日本の文学ファンタジー編』

安野 光雅　あんの・みつまさ

00387　「赤いぼうし」
『赤いぼうし』　野崎昭弘文　安野光雅絵　童話
屋　1984　41p　26cm〈美しい数学〉
1200円　Ⓘ4-924684-20-1
　☆『ブックガイド 文庫で読む科学』

00388　「わが友 石頭計算機」
『わが友 石頭計算機』　安野光雅著　文藝春秋
1987　157p　15cm〈文春文庫〉　420円
Ⓘ4-16-738003-X
　☆『数学ブックガイド100』

安楽庵 策伝　あんらくあん・さくでん

00389　「醒睡笑」

『醒睡笑―全訳注』 安楽庵策伝［著］ 宮尾與男訳注　講談社　2014　722p　15cm〈講談社学術文庫　2217〉〈文献あり〉　1700円
①978-4-06-292217-3　Ⓝ913.59

☆「一度は読もうよ！日本の名著」,「一冊で不朽の名作100冊を読む」,「古典の事典」,「作品と作者」,「世界名著大事典」,「千年の百冊」,「2ページでわかる日本の古典傑作選」,「日本の艶本・珍書 総解説」,「日本の奇書77冊」,「日本の古典」,「日本の古典名著」,「日本文学鑑賞辞典〔第1〕」,「日本文学名作案内」

【い】

井伊 直弼　いい・なおすけ

00390　「茶湯一会集」

『茶湯一会集　閑夜茶話』 井伊直弼著　戸田勝久校注　岩波書店　2010　327p　15cm〈岩波文庫　33-050-1〉〈文献あり〉　900円
①978-4-00-330501-0　Ⓝ791

☆「古典の事典」

飯尾 宗祇　いいお・そうぎ

00391　「吾妻問答」

『大東急記念文庫善本叢刊　中古・中世篇 第8巻 連歌 1』 築島裕［ほか］編　島津忠夫責任編集　〔東京〕　大東急記念文庫　2003　612,30p　23cm〈複製 汲古書院〔製作発売〕〉　19000円　①4-7629-3467-4　Ⓝ081.7

☆「近代名著解題選集 3」,「世界名著大事典」,「日本文学鑑賞辞典〔第1〕」

00392　「老のすさみ」

『新編日本古典文学全集　88　連歌論集　能楽論集　俳論集』 奥田勲, 表章, 堀切実, 復本一郎校注・訳　小学館　2001　670p　23cm　4657円　①4-09-658088-0　Ⓝ918

☆「近代名著解題選集 3」,「世界名著大事典」,「日本文学鑑賞辞典〔第1〕」

00393　「竹林抄」

『竹林抄』 島津忠夫, 乾安代, 鶴崎裕雄, 寺島樵一, 光田和伸校注　岩波書店　1991　479,54p　21cm〈新日本古典文学大系　49〉　3800円
①4-00-240049-2

☆「近代名著解題選集 3」,「世界名著大事典」,「日本文学鑑賞辞典〔第1〕」

飯沢 匡　いいざわ・ただす

00394　「ヤンボウ ニンボウ トンボウ」

『ヤンボウ ニンボウ トンボウ―対決！ 200年目の大勝負』 飯沢匡原作　理論社　1997　86p　21cm　1000円　①4-652-00312-9

☆「一度は読もうよ！日本の名著」,「一冊で不朽の名作100冊を読む」(友人社),「一冊で不朽の名作100冊を読む」(友人社),「日本文学名作案内」

飯島 魁　いいじま・いさお

00395　「陸平介墟篇」

『Okadaira shell mound at Hitachi』 斎藤忠監修　飯島魁, 佐々木忠次郎著　第一書房　1983　7,[11],28 p.　29 cm〈復刻日本考古学文献集成〉〈他言語標題: 常陸陸平貝塚　English text and "解説" by 斎藤忠　Reprint. Originally published : Tokio : Tokio Daigaku,1882　"An appendix to Memoir,vol.1. part I. of the Science Department,Tokio Daigaku (University of Tokio)"--Original t.p〉

☆「世界名著大事典」

飯島 伸子　いいじま・のぶこ

00396　「環境社会学のすすめ」

『環境社会学のすすめ』 飯島伸子著　丸善　2003　135p　21cm〈文献あり〉　1600円
①4-621-07352-4　Ⓝ361.7

☆「学問がわかる500冊 v.2」

00397　「環境問題と被害者運動」

『環境問題と被害者運動』 飯島伸子著　改訂版　学文社　1993　247p　19cm〈現代社会研究叢書〉〈参考文献: p238〜242〉　1700円
①4-7620-0492-8　Ⓝ519.21

☆「環境と社会」

飯島 洋一　いいじま・よういち

00398　「映画のなかの現代建築」

『映画のなかの現代建築』 飯島洋一著　彰国社　1996　266p　19cm　2330円
①4-395-00447-4　Ⓝ778.2

☆「学問がわかる500冊 v.2」

00399　「現代建築・アウシュヴィッツ以後」

『現代建築・アウシュヴィッツ以後』 飯島洋一著　青土社　2002　334p　20cm　2400円
①4-7917-5955-9　Ⓝ523.07

☆「建築・都市ブックガイド21世紀」

00400　「建築と破壊」

『建築と破壊―思想としての現代』 飯島洋一著　青土社　2006　467p　20cm〈文献あり〉　2800円　①4-7917-6247-9　Ⓝ704

☆「建築・都市ブックガイド21世紀」

飯塚 浩二　いいづか・こうじ

00401　「比較文化論」

『比較文化論』　飯塚浩二著　評論社　1970　347p　19cm〈復初文庫〉〈解説：瓜生忠夫〉　690円　Ⓝ304
☆「明治・大正・昭和の名著・総解説」

飯田 武郷　いいだ・たけさと
00402　「日本書紀通釈」
『日本書紀通釈』　飯田武郷著　教育出版センター　1981　6冊　23cm〈複製　冬至書房新社〔発売〕〉　全120000円　Ⓝ210.3
☆「日本名著辞典」

飯田 蛇笏　いいだ・だこつ
00403　「山廬集」
『山廬集』　飯田蛇笏著　日本近代文学館　1980　405p　20cm（名著複刻詩歌文学館　連翹セット）〈雲母叢書 第3集（雲母版昭和7年刊）の複製　ほるぷ〔発売〕　著者の肖像あり　叢書の編者：名著複刻全集編集委員会〉　Ⓝ911.368
☆「世界名著大事典」，「日本文学鑑賞辞典〔第2〕」，「日本文芸鑑賞事典 第10巻」

飯田 忠彦　いいだ・ただひこ
00404　「野史」
『野史　首巻』　飯田忠彦著　3版　日本随筆大成刊行会　1930　390p　22cm〈初版明治〉　Ⓝ210.1
☆「世界名著大事典」，「日本歴史「古典籍」総覧」，「歴史の名著100」

飯田 経夫　いいだ・つねお
00405　「日本経済の目標」
『日本経済の目標―「豊かさ」の先に生まれるものは』　飯田経夫著　PHP研究所　1993　205p　20cm　1400円　Ⓘ4-569-53943-2　Ⓝ332.107
☆「経済経営95冊」

00406　「半径1メートルから見た日本経済」
『半径1メートルから見た日本経済―「時の勢い」か？「新しい繁栄」の始まりか？』　飯田経夫著　PHP研究所　1990　269p　20cm　1300円　Ⓘ4-569-52731-0　Ⓝ332.107
☆「経済経営95冊」

00407　「「豊かさ」とは何か」
『「豊かさ」とは何か―現代社会の視点』　飯田経夫著　講談社　1980　195p　18cm（講談社現代新書）〈私の読書案内：p191～193〉　390円　Ⓝ330.4
☆「「本の定番」ブックガイド」

飯田 年穂　いいだ・としほ
00408　「問いかける山―登ることと考えること」

『問いかける山―登ることと考えること』　飯田年穂著　木魂社　2001　301p　20cm　2000円　Ⓘ4-87746-086-1　Ⓝ293.45
☆「新・山の本おすすめ50選」

飯田 龍太　いいだ・りゅうた
00409　「百戸の谺」
『百戸の谺―句集』　飯田竜太著　新甲鳥　1954　180p 図版　19cm（昭和俳句叢書　後期篇 第4）　Ⓝ911.36
☆「日本文芸鑑賞事典 第16巻」

飯高 茂　いいたか・しげる
00410　「デカルトの精神と代数幾何」
『デカルトの精神と代数幾何』　飯高茂ほか著　増補版　日本評論社　1993　241p　27cm　4326円　Ⓘ4-535-60607-2　Ⓝ411.8
☆「数学ブックガイド100」

飯長 喜一郎　いいなが・きいちろう
00411　「実践カウンセリング初歩―若い人のために」
『実践カウンセリング初歩―若い人のために』　飯長喜一郎著　垣内出版　1998　152p　19cm（シリーズ「心理臨床セミナー」 1）　1400円　Ⓘ4-7734-0137-0　Ⓝ146.8
☆「学問がわかる500冊」

飯沼 慾斎　いいぬま・よくさい
00412　「草木図説」
『草木図説　木部』　飯沼慾斎原著　北村四郎編註　大阪　保育社　1977　2冊　27cm　8000,7000円　Ⓝ470.38
☆「古典の事典」，「世界名著大事典」

イエズス会　いえずすかい
00413　「日葡辞書」
『日葡辞書―邦訳』　土井忠生ほか編訳　岩波書店　1995　862p　27cm〈第4刷（第1刷：1980年）〉　22500円　Ⓘ4-00-080021-3　Ⓝ869.3
☆「世界名著大事典」

家永 三郎　いえなが・さぶろう
00414　「上代仏教思想史」
『上代仏教思想史研究』　家永三郎著　新訂版　京都　法蔵館　1966　322p　22cm　2000円　Ⓝ180.21
☆「世界名著大事典」

00415　「戦争責任」
『戦争責任』　家永三郎著　岩波書店　2002　458p　15cm（岩波現代文庫 社会）　1400円　Ⓘ4-00-603050-9　Ⓝ210.75
☆「教養のためのブックガイド」，「平和を考えるた

いおさわ

00416　「大学の自由の歴史」
『大学の自由の歴史』　家永三郎著　塙書房　1962　265p 図版　19cm（塙選書　26）Ⓝ377
☆「名著の履歴書」

00417　「太平洋戦争」
『太平洋戦争』　家永三郎著　岩波書店　2002　459,27p　15cm（岩波現代文庫　学術）〈文献あり　年表あり〉　1400円　①4-00-600085-5　Ⓝ210.75
☆「学問がわかる500冊 v.2」

00418　「日本思想史に於ける否定の論理の発達」
『日本思想史に於ける否定の論理の発達』　家永三郎著　新泉社　1983　358p　20cm（叢書名著の復興　10）〈解説：武田清子　新装版〉　2500円　Ⓝ121.02
☆「ベストガイド日本の名著」、「明治・大正・昭和の名著・総解説」

五百沢 智也　いおざわ・ともや

00419　「最新地形図入門」
『最新地形図入門―2万5千分の1図による』　五百沢智也著　山と渓谷社　1989　167,67p　21cm　1900円　①4-635-20002-7　Ⓝ448.9
☆「学問がわかる500冊 v.2」

筏井 嘉一　いかだい・かいち

00420　「籠雨荘雑歌」
『『籠雨荘雑歌』の研究』　村井憲太郎著　国分寺　短歌新聞社　1970　183p 肖像　20cm〈原著者：筏井嘉一〉　700円　Ⓝ911.162
☆「日本文芸鑑賞事典 第20巻（昭和42～50年）」

猪谷 六合雄　いがや・くにお

00421　「雪に生きる」
『雪に生きる　上』　猪谷六合雄著　ベースボール・マガジン社　1986　273p　18cm（スポーツ・ノンフィクション・シリーズ　6）　740円　①4-583-02594-7
☆「日本の山の名著・総解説」、「山の名著 明治・大正・昭和戦前編」

五十嵐 力　いがらし・ちから

00422　「国家の胎生及び発達」
☆「世界名著大事典」

00423　「新国文学史」
『源氏物語論集』　五十嵐力,堀部正二,池田亀鑑著　クレス出版　1997　1冊　22cm（源氏物語研究叢書　第3巻　日向一雅監修解題）〈複製〉　①4-87733-032-1　Ⓝ913.36
☆「古典をどう読むか」

生島 治郎　いくしま・じろう

00424　「追いつめる」
『追いつめる』　生島治郎著　徳間書店　2000　411p　16cm（徳間文庫）　629円　①4-19-891288-2　Ⓝ913.6
☆「世界の推理小説・総解説」

00425　「片翼だけの天使」
『片翼だけの天使』　生島治郎著　小学館　1998　488p　15cm（小学館文庫）　724円　①4-09-402261-9　Ⓝ913.6
☆「一度は読もうよ！日本の名著」、「一冊で愛の話題作100冊を読む」、「日本文学名作案内」

生田 葵山　いくた・きざん

00426　「都会」
『現代日本文学全集　第84　明治小説集』　筑摩書房　1957　427p 図版　23cm　Ⓝ918.6
☆「日本の艶本・珍書 総解説」

生田 春月　いくた・しゅんげつ

00427　「霊魂の秋」
『霊魂の秋』　生田春月著　甲陽書房　1958　201p 図版　15cm（甲陽文庫）　Ⓝ911.56
☆「世界名著大事典」

生田 長江　いくた・ちょうこう

00428　「最近の小説家」
『日本現代文学全集　第46　生田長江・阿部次郎・倉田百三集』　伊藤整等編　講談社　1967　446p 図版　22cm　600円　Ⓝ918.6
☆「世界名著大事典」、「日本文芸鑑賞事典 第4巻」

生田 直親　いくた・なおちか

00429　「誘拐一九七X」
『誘拐197X年』　生田直親著　徳間書店　1985　317p　16cm（徳間文庫）　440円　①4-19-567846-3　Ⓝ913.6
☆「世界の推理小説・総解説」

生田 惇　いくた・まこと

00430　「日本陸軍史」
『日本陸軍史』　生田惇著　〔東村山〕　教育社　1980　255p　18cm（教育社歴史新書　日本史140）〈参考文献：p237～238　陸軍主要年表：p246～255〉　600円　Ⓝ396.21
☆「日本陸軍の本・総解説」

00431　「陸軍航空特別攻撃隊史」
『陸軍航空特別攻撃隊史』　生田惇著　ビジネス社　1977　300p　20cm〈付：特攻隊編成および運用状況、隊別・特攻戦没者名簿〉　1500円　Ⓝ396.8
☆「日本陸軍の本・総解説」

生田 万　いくた・よろず

00432　「大学階梯外篇」
『新修生田万全集』　芳賀登解説・解題　教育出版センター　1986　3冊　22cm〈監修：芳賀登　冬至書房〔発売〕〉　全60000円　Ⓝ121.52
☆「世界名著大事典 補遺(Extra)」

00433　「大中道人謾稿」
『新修生田万全集』　芳賀登解説・解題　教育出版センター　1986　3冊　22cm〈監修：芳賀登　冬至書房〔発売〕〉　全60000円　Ⓝ121.52
☆「世界名著大事典 補遺(Extra)」

井口 常範　いぐち・つねのり

00434　「天文図解」
『江戸科学古典叢書 33　天文図解』　恒和出版　1980　454,14p　22cm〈編集委員：青木国夫ほか〉　5900円　Ⓝ402.105
☆「古典の事典」,「世界名著大事典」

池井戸 潤　いけいど・じゅん

00435　「下町ロケット」
『下町ロケット』　池井戸潤著　小学館　2013　493p　15cm〈小学館文庫　い39-3〉　720円　Ⓘ978-4-09-408896-0　Ⓝ913.6
☆「3行でわかる名作&ヒット本250」

池内 紀　いけうち・おさむ

00436　「見知らぬオトカム―辻まことの肖像」
『見知らぬオトカム―辻まことの肖像』　池内紀著　みすず書房　1997　229p　21cm　2800円＋税　Ⓘ4-622-04697-0　Ⓝ723.1
☆「新・山の本おすすめ50選」

池内 了　いけうち・さとる

00437　「科学の限界」
『科学の限界』　池内了著　筑摩書房　2012　204p　18cm〈ちくま新書　986〉　740円　Ⓘ978-4-480-06690-9　Ⓝ400
☆「倫理良書を読む」

00438　「寺田寅彦と現代」
『寺田寅彦と現代―等身大の科学をもとめて』　池内了〔著〕　みすず書房　2005　258p　20cm　2600円　Ⓘ4-622-07126-6　Ⓝ289.1
☆「サイエンス・ブックレヴュー」

00439　「寅彦と冬彦―私のなかの寺田寅彦」
『寅彦と冬彦―私のなかの寺田寅彦』　池内了編　岩波書店　2006　255p　20cm　2100円　Ⓘ4-00-024136-2　Ⓝ910.268
☆「ブックガイド 文庫で読む科学」

池内 宏　いけうち・ひろし

00440　「元寇の新研究」
『元寇の新研究』　池内宏著　東洋文庫　1931　2冊(附録共)　27cm〈東洋文庫論叢　第15 1, 2)〉〈附録：御物大矢野本蒙古襲来絵詞〉　Ⓝ210.43
☆「世界名著大事典」

00441　「通溝」
『通溝―満州国通化省輯安県高句麗遺蹟』　池内宏,梅原末治著　国書刊行会　1973　2冊　はり込み図26枚　39cm〈日満文化協会昭和13-15年刊の複製　上巻の著者：池内宏　下巻の著者：池内宏,梅原末治〉　30000円　Ⓝ221.002
☆「世界名著大事典」

00442　「文禄慶長の役」
『文禄慶長の役』　池内宏著　吉川弘文館　1987　3冊(別冊とも)　23cm〈南満州鉄道大正3年刊,東洋文庫昭和11年刊の複製　別冊(150p)：付編・解説　「正編第一」「別編第一」に分冊刊行〉　全25000円　Ⓘ4-642-02620-7　Ⓝ210.49
☆「世界名著大事典」

00443　「満鮮史研究」
『満鮮史研究』　池内宏著　吉川弘文館　1979　5冊　22cm〈「上世」2冊,「中世」3冊に分冊刊行　昭和8年～昭和38年刊の複製〉　各8000円　Ⓝ222.5
☆「世界名著大事典」

池尾 靖志　いけお・やすし

00444　「地域から平和をきずく」
『地域から平和をきずく―オキナワ・イワクニからみた日本』　池尾靖志,伊波洋一,井原勝介著　京都　晃洋書房　2010　183p　21cm　1800円　Ⓘ978-4-7710-2202-7　Ⓝ395.39
☆「平和を考えるための100冊+α」

池上 彰　いけがみ・あきら

00445　「経済のことよくわからないまま社会人になってしまった人へ」
『経済のことよくわからないまま社会人になった人へ―ひとめでわかる図解入り』　池上彰著　第3版　海竜社　2014　207p　21cm〈初版のタイトル：経済のことよくわからないまま社会人になってしまった人へ〉　1500円　Ⓘ978-4-7593-1363-5　Ⓝ330
☆「3行でわかる名作&ヒット本250」

00446　「そうだったのか！ 現代史」
『そうだったのか！ 現代史』　池上彰著　集英社　2007　412p　16cm〈集英社文庫〉〈ホーム版2000年刊の増補　文献あり〉　724円　Ⓘ978-4-08-746141-1　Ⓝ209.75
☆「世界史読書案内」

池上 永一　いけがみ・えいいち

00447　「テンペスト」
『テンペスト　第1巻　春雷』　池上永一［著］　角川書店　2010　310p　15cm〈角川文庫 16398〉〈角川グループパブリッシング〔発売〕〉　590円　①978-4-04-364711-8　Ⓝ913.6
☆「3行でわかる名作&ヒット本250」

池上 英子　いけがみ・えいこ

00448　「美と礼節の絆」
『美と礼節の絆―日本における交際文化の政治的起源』　池上英子著　NTT出版　2005　538p　22cm　4200円　①4-7571-4116-5　Ⓝ210.5
☆「超売れ筋ビジネス書101冊」

池上 良正　いけがみ・よしまさ

00449　「悪霊と聖霊の舞台―沖縄の民衆キリスト教における救済世界」
『悪霊と聖霊の舞台―沖縄の民衆キリスト教に見る救済世界』　池上良正著　どうぶつ社　1991　228p　20cm　2000円　①4-88622-261-7　Ⓝ198.35
☆「学問がわかる500冊」

池沢 夏樹　いけざわ・なつき

00450　「マシアス・ギリの失脚」
『マシアス・ギリの失脚』　池沢夏樹著　新潮社　1996　632p　15cm〈新潮文庫〉〈折り込図1枚〉　720円　①4-10-131815-8　Ⓝ913.6
☆「現代文学鑑賞辞典」

池田 和明　いけだ・かずあき

00451　「キャッシュフロー経営入門」
『キャッシュフロー経営入門』　中沢恵,池田和明著　日本経済新聞社　1998　177p　18cm〈日経文庫　777〉　830円　①4-532-10777-6　Ⓝ336.8
☆「超売れ筋ビジネス書101冊」

池田 香代子　いけだ・かよこ

00452　「世界がもし100人の村だったら」
『世界がもし100人の村だったら』　池田香代子再話　C.ダグラス・ラミス対訳　マガジンハウス　2001　1冊（ページ付なし）　20cm〈英文併記〉　838円　①4-8387-1361-4　Ⓝ304
☆「百年の誤読」

池田 亀鑑　いけだ・きかん

00453　「伊勢物語に就きての研究」
『伊勢物語に就きての研究　〔第1〕　校本篇』　池田亀鑑著　有精堂出版　1958　387p　22cm　Ⓝ913.32
☆「世界名著大事典」

00454　「源氏物語大成」
『源氏物語大成　第1冊　校異篇〔1〕』　池田亀鑑編著　中央公論社　1984　328,4p　27cm〈普及版〉　4300円　①4-12-402471-1　Ⓝ913.36
☆「世界名著大事典」

00455　「古典の批判的処置に関する研究」
『古典の批判的処置に関する研究　第1-3部』　池田亀鑑著　岩波書店　1941　3冊　図版　26cm　Ⓝ910.1
☆「人文科学の名著」

池田 清　いけだ・きよし

00456　「海軍と日本」
『海軍と日本』　池田清著　中央公論社　1981　208p　18cm〈中公新書〉　440円　Ⓝ397.21
☆「日本海軍の本・総解説」

00457　「激闘重巡摩耶」
『激闘―重巡・摩耶』　池田清著　R出版　1971　226p　19cm〈海の戦記　4〉　500円　Ⓝ915.9
☆「日本海軍の本・総解説」

池田 好運　いけだ・こううん

00458　「元和航海書」
『日本科學技術古典籍資料　天文學篇5』　浅見恵,安田健訳編　科学書院　2005　858,298p　27cm〈近世歴史資料集成　第4期　第9巻〉〈霞ケ関出版〔発売〕　複製〉　50000円　①4-7603-0238-7　Ⓝ402.105
☆「古典の事典」,「世界名著大事典」,「日本の古典名著」

池田 次郎　いけだ・じろう

00459　「日本人の起源」
『日本人の起源』　池田次郎著　講談社　1982　221p　18cm〈講談社現代新書〉〈主要参考文献：p219～221〉　420円　①4-06-145668-7　Ⓝ210.3
☆「学問がわかる500冊 v.2」

池田 大伍　いけだ・だいご

00460　「名月八幡祭」
『日本戯曲全集　現代篇　第1-6輯』　春陽堂　1928　6冊　図版　20cm〈各冊には夫々第33-50巻なる巻序数あり　日本戯曲全集　歌舞伎篇正篇に続く〉　Ⓝ912.608
☆「世界名著大事典」

池田 寛親　いけだ・ひろちか

00461　「船長日記」
『船長日記―池田寛親自筆本』　池田寛親原著　鈴木太吉著　名古屋　愛知県郷土資料刊行会

池田 宗雄　いけだ・むねお

00462　「七つの海をゆく」
『七つの海を行く―大洋航海のはなし』　池田宗雄著　増補改訂版　〔東京〕　交通研究協会　2003　234,9p　19cm〈交通ブックス　204〉〈成山堂書店〔発売〕〉　1800円
①4-425-77032-3　Ⓝ557.04
☆「世界の海洋文学」

池田 安隆　いけだ・やすたか

00463　「活断層とは何か」
『活断層とは何か』　池田安隆ほか著　東京大学出版会　1996　220,8p　19cm〈参考書：p219～220〉　1854円　①4-13-063309-0　Ⓝ453.4
☆「学問がわかる500冊 v.2」

池田 美彦　いけだ・よしひこ

00464　「屈折の10代―そのこころと行動」
『屈折の10代―そのこころと行動』　池田美彦,江幡玲子著　学事出版　1973　258p　18cm〈参考文献：p.255-257〉　680円　Ⓝ369.13
☆「教育名著 日本編」

池永 豹　いけなが・はだら

00465　「日本諸家人物誌」
『日本哲学思想全書　第20巻　伝記資料・索引』三枝博音, 清水幾太郎編集　第2版　平凡社　1981　221,97p　19cm　2300円　Ⓝ081.6
☆「世界名著大事典」

池波 正太郎　いけなみ・しょうたろう

00466　「おとこの秘図」
『おとこの秘図　上巻』　池波正太郎著　43刷改版　新潮社　2005　610p　16cm〈新潮文庫〉　781円　①4-10-115616-6　Ⓝ913.6
☆「面白いほどよくわかる時代小説名作100」

00467　「鬼平犯科帳」
『鬼平犯科帳　1』　池波正太郎著　新装版　文藝春秋　2000　317p　16cm〈文春文庫〉　476円　①4-16-714253-8　Ⓝ913.6
☆「面白いほどよくわかる時代小説名作100」,「日本文学名作案内」,「日本文芸鑑賞事典 第20巻（昭和42～50年）」,「ポケット日本名作事典」,「歴史小説・時代小説 総解説」

00468　「雲霧仁左衛門」
『雲霧仁左衛門』　池波正太郎著　新潮社　1993　631p　22cm　3000円　①4-10-301246-3　Ⓝ913.6
☆「面白いほどよくわかる時代小説名作100」

00469　「剣客商売」
『剣客商売』　池波正太郎著　新潮社　2002　365p　16cm〈新潮文庫　剣客商売　1〉　552円　①4-10-115731-6　Ⓝ913.6
☆「面白いほどよくわかる時代小説名作100」,「新潮文庫20世紀の100冊」

00470　「錯乱」
『錯乱』　池波正太郎著　春陽堂書店　1996　224p　16cm〈春陽文庫〉〈新装〉　440円　①4-394-12102-7　Ⓝ913.6
☆「知らないと恥ずかしい「日本の名作」あらすじ200本」,「歴史小説・時代小説 総解説」

00471　「真田太平記」
『真田太平記　第1巻〈天魔の夏〉』　池波正太郎著　改版　新潮社　2005　519p　16cm〈新潮文庫〉　705円　①4-10-115634-4　Ⓝ913.6
☆「面白いほどよくわかる時代小説名作100」,「ポケット日本名作事典」,「歴史小説・時代小説 総解説」

00472　「仕掛人・藤枝梅安」
『殺しの四人』　池波正太郎著　新装版　講談社　2001　282p　15cm〈講談社文庫　仕掛人・藤枝梅安　1〉　495円　①4-06-273135-5　Ⓝ913.6
☆「面白いほどよくわかる時代小説名作100」,「歴史小説・時代小説 総解説」

00473　「忍びの女」
『忍びの女　上』　池波正太郎〔著〕　新装版　講談社　2007　530p　15cm〈講談社文庫〉　781円　①978-4-06-275605-1　Ⓝ913.6
☆「歴史小説・時代小説 総解説」

池内 たけし　いけのうち・たけし

00474　「たけし句集」
『たけし句集』　池内たけし著　欅発行所　1933　214p　19cm　Ⓝ911.36
☆「日本文学鑑賞辞典〔第2〕」

池坊 専応　いけのぼう・せんおう

00475　「池坊専応口伝」
『古代中世芸術論』　林屋辰三郎校注　岩波書店　1995　812p　22cm〈日本思想大系新装版　芸の思想・道の思想　2〉〈新装版〉　5400円　①4-00-009072-0　Ⓝ702.1
☆「古典の事典」,「日本の古典名著」

池坊 専定　いけのぼう・せんてい

00476　「挿花百規」
『挿花百規　乾, 坤』　前池坊専定編　宇治山田　挿花百規刊行会　1924　2帖　29cm〈和装〉　Ⓝ793
☆「古典の事典」

いけのや　　　　　　　　　　　　　　　　　　　　　　　　　00477～00490

池谷 信三郎　いけのや・しんざぶろう
00477　「望郷」
『望郷　上巻』池谷信三郎著　角川書店　1951　236p　15cm〈角川文庫　第248〉 Ⓝ913.6
☆「世界名著大事典」、「日本文学鑑賞辞典〔第2〕」、「日本文芸鑑賞事典 第8巻(1924～1926年)」

池宮 彰一郎　いけみや・しょういちろう
00478　「四十七人の刺客」
『四十七人の刺客　上』池宮彰一郎〔著〕　角川書店　2004　323p　15cm〈角川文庫〉　552円　Ⓘ4-04-368703-6　Ⓝ913.6
☆「現代文学鑑賞辞典」

生駒 孝彰　いこま・こうしょう
00479　「神々のフェミニズム」
『神々のフェミニズム―現代アメリカ宗教事情』生駒孝彰著　荒地出版社　1994　219p　20cm〈主要参考文献：p216～219〉　2200円　Ⓘ4-7521-0081-9　Ⓝ192.53
☆「学問がわかる500冊」

伊坂 幸太郎　いさか・こうたろう
00480　「ゴールデンスランバー」
『ゴールデンスランバー』伊坂幸太郎著　新潮社　2010　690p　16cm〈新潮文庫　い-69-6〉〈文献あり〉　857円　Ⓘ978-4-10-125026-7　Ⓝ913.6
☆「3行でわかる名作&ヒット本250」

00481　「マリアビートル」
『マリアビートル』伊坂幸太郎〔著〕　角川書店　2013　591p　15cm〈角川文庫 い59-2〉〈文献あり　KADOKAWA〔発売〕〉　743円　Ⓘ978-4-04-100977-2　Ⓝ913.6
☆「3行でわかる名作&ヒット本250」

00482　「陽気なギャングが地球を回す」
『陽気なギャングが地球を回す―長編サスペンス』伊坂幸太郎著　祥伝社　2006　394p　16cm〈祥伝社文庫〉　629円　Ⓘ4-396-33268-8　Ⓝ913.6
☆「知らないと恥ずかしい「日本の名作」あらすじ200本」

伊坂 梅雪　いさか・ばいせつ
00483　「尾上菊五郎自伝」
『五代尾上菊五郎―尾上菊五郎自伝』五代尾上菊五郎著　日本図書センター　1997　201p　20cm〈人間の記録　42〉〈肖像あり〉　1800円　Ⓘ4-8205-4285-0,4-8205-4283-3　Ⓝ774.28
☆「世界名著大事典」

伊佐山 芳郎　いさやま・よしお
00484　「現代たばこ戦争」
『現代たばこ戦争』伊佐山芳郎著　岩波書店　1999　209,9p　18cm〈岩波新書〉〈文献あり〉　660円　Ⓘ4-00-430614-0　Ⓝ369.81
☆「教養のためのブックガイド」

伊沢 修二　いざわ・しゅうじ
00485　「教育学」
『明治文化全集　第11巻　教育篇』明治文化研究会編　日本評論社　1992　52,587p　23cm〈複製〉Ⓘ4-535-04251-9,4-535-04234-9　Ⓝ210.6
☆「世界名著大事典 補遺(Extra)」

石和 鷹　いさわ・たか
00486　「地獄は一定すみかぞかし」
『地獄は一定すみかぞかし―小説暁烏敏』石和鷹著　新潮社　2000　468p　16cm〈新潮文庫〉　629円　Ⓘ4-10-147521-0　Ⓝ913.6
☆「現代文学鑑賞辞典」

井沢 蟠龍　いざわ・ばんりょう
00487　「武士訓」
『武士道全書　第4巻』井上哲次郎監修　佐伯有義,植木直一郎,井野辺茂雄編　国書刊行会　1998　378p　22cm〈時代社昭和17年刊〉Ⓘ4-336-04095-8　Ⓝ156
☆「武士道 十冊の名著」

井沢 元彦　いざわ・もとひこ
00488　「猿丸幻視行」
『猿丸幻視行』井沢元彦〔著〕　新装版　講談社　2007　444p　15cm〈講談社文庫〉　714円　Ⓘ978-4-06-275935-9　Ⓝ913.6
☆「世界の推理小説・総解説」

石 弘光　いし・ひろみつ
00489　「租税政策の効果」
『租税政策の効果―数量的接近』石弘光著　東洋経済新報社　1979　300p　22cm　4500円　Ⓝ345.1
☆「日本経済本38」

石 弘之　いし・ひろゆき
00490　「地球環境報告」
『地球環境報告』石弘之著　岩波書店　2002　258p　18cm〈岩波新書〉〈第47刷〉　780円　Ⓘ4-00-430033-9
☆「学問がわかる500冊 v.2」、「教養のためのブックガイド」

石井 研士　いしい・けんじ

00491　「戦後の社会変動と神社神道」
『戦後の社会変動と神社神道』　石井研士著　大明堂　1998　273p　22cm　3600円　Ⓘ4-470-20046-8　Ⓝ170
☆「学問がわかる500冊」

石井 研堂　いしい・けんどう

00492　「少年工芸文庫」
『少年工芸文庫　第1-24編』　石井研堂（民司）著　博文館　1902　24冊　23cm　Ⓝ375
☆「世界名著大事典」

00493　「日本漂流譚」
『日本児童文学館―名著複刻　第2集 1　日本漂流譚　1』　石井研堂編著　ほるぷ出版　1974　162p 図　23cm〈学齢館明治25年刊の複製和装〉　Ⓝ913.8
☆「日本児童文学名著事典」

00494　「明治事物起原」
『明治事物起原　2』　石井研堂著　筑摩書房　1997　375p　15cm（ちくま学芸文庫）〈年譜あり〉　1100円　Ⓘ4-480-08362-6　Ⓝ031.4
☆「世界名著大事典」、「名著の伝記」

石井 進　いしい・すすむ

00495　「中世武士団」
『中世武士団』　石井進［著］　講談社　2011　443p　15cm（講談社学術文庫　2069）〈文献あり〉　1300円　Ⓘ978-4-06-292069-8　Ⓝ210.4
☆「歴史家の読書案内」

00496　「日本中世国家史の研究」
『日本中世国家史の研究』　石井進著　岩波書店　2004　438,16p　22cm（石井進著作集　第1巻　石井進著作集刊行会編）〈付属資料：6p：月報1〉　8400円　Ⓘ4-00-092621-7　Ⓝ210.42
☆「歴史家の読書案内」

石居 進　いしい・すすむ

00497　「カエルの鼻」
『カエルの鼻―たのしい動物行動学』　石居進著　新装版　八坂書房　2009　189p　21cm　2000円　Ⓘ978-4-89694-937-7　Ⓝ487.85
☆「科学を読む愉しみ」

石井 貴士　いしい・たかし

00498　「本当に頭がよくなる1分間勉強法」
『本当に頭がよくなる1分間勉強法』　石井貴士著　KADOKAWA　2014　255p　15cm（中経の文庫　い-28-1）〈中経出版 2012年刊の再編集〉　650円　Ⓘ978-4-04-600256-3　Ⓝ379.7
☆「3行でわかる名作&ヒット本250」

石井 孝　いしい・たかし

00499　「明治維新の国際的環境」
『明治維新の国際的環境』　石井孝著　増訂版　吉川弘文館　1966　974p　24cm　5000円　Ⓝ210.61
☆「世界名著大事典」、「日本史の名著」

石井 裕之　いしい・ひろゆき

00500　「「心のブレーキ」の外し方」
『人生を変える！「心のブレーキ」の外し方―仕事とプライベートに効く7つの心理セラピー』　石井裕之著　フォレスト出版　2006　149p　19cm〈奥付のタイトル：「心のブレーキ」の外し方〉　1300円　Ⓘ978-4-89451-244-3　Ⓝ159
☆「マンガでわかるビジネス名著」

石井 実　いしい・みのる

00501　「地と図」
『地と図―地理の風景 石井実地理写真集』　石井実著　朝倉書店　1989　175p　27cm　3914円　Ⓘ4-254-16328-2　Ⓝ291.013
☆「学問がわかる500冊 v.2」

石井 桃子　いしい・ももこ

00502　「ノンちゃん雲に乗る」
『ノンちゃん雲に乗る』　石井桃子著　光文社　2005　257p　19cm〈昭和26年刊の複製〉　1500円　Ⓘ4-334-95013-2　Ⓝ913.6
☆「あの本にもう一度」、「一度は読もうよ！ 日本の名著」、「一冊で日本の名著100冊を読む」、「一冊で不朽の名作100冊を読む」（友人社）、「一冊で不朽の名作100冊を読む」（友人社）、「少年少女の名作案内 日本の文学ファンタジー編」、「世界名著大事典」、「日本文学鑑賞辞典〔第2版〕」、「日本文学名作案内」、「日本文芸鑑賞事典 第14巻（1946～1948年）」、「ポケット日本名作事典」、「名作の研究事典」

00503　「山のトムさん」
『山のトムさん―ほか一篇』　石井桃子作　深沢紅子,箕田源二郎絵　福音館書店　2011　236p　17cm（福音館文庫　S-60）〈1968年刊の増補　並列シリーズ名：FUKUINKAN BUNKO〉　700円　Ⓘ978-4-8340-2665-8　Ⓝ913.6
☆「世界名著大事典」

石井 米雄　いしい・よねお

00504　「タイ国―ひとつの稲作社会」
『タイ国―ひとつの稲作社会』　石井米雄編　創文社　1975　450p　22cm（東南アジア研究叢書　8）　5500円　Ⓝ292.37
☆「現代アジア論の名著」

いしい

石井 良助　いしい・りょうすけ

00505　「江戸の刑罰」
『江戸の刑罰』　石井良助著　吉川弘文館　2013　217p　19cm〈読みなおす日本史〉〈中央公論社1964年刊の再刊　文献あり〉　2100円　Ⓘ978-4-642-06391-3　Ⓝ322.15
☆「「本の定番」ブックガイド」

00506　「日本法制史概説」
『日本法制史概説』　石井良助著　改版　創文社　1960　607,57p　22cm　Ⓝ322.1
☆「世界名著大事典」

石井 露月　いしい・ろげつ

00507　「露月句集」
『現代俳句集成　第5巻　昭和 1』　山本健吉ほか編集　久保田万太郎他著　河出書房新社　1982　401p　20cm　2900円　Ⓝ911.36
☆「日本文学鑑賞辞典〔第2〕」

石浦 章一　いしうら・しょういち

00508　「遺伝子が明かす脳と心のからくり」
『遺伝子が明かす脳と心のからくり―東京大学超人気講義録』　石浦章一著　大和書房　2011　285p　16cm〈だいわ文庫　121-2B〉〈羊土社2004年刊の加筆・再編集〉　700円
Ⓘ978-4-479-30328-2　Ⓝ491.371
☆「教養のためのブックガイド」

石垣 綾子　いしがき・あやこ

00509　「回想のスメドレー」
『回想のスメドレー』　石垣綾子著　社会思想社　1987　404p　15cm〈現代教養文庫　1197〉〈付：アグネス・スメドレー略年譜〉　760円
Ⓘ4-390-11197-3　Ⓝ289.3
☆「現代を読む」

石川 栄吉　いしかわ・えいきち

00510　「南太平洋物語」
『南太平洋物語―キャプテン・クックは何を見たか』　石川栄吉著　力富書房　1984　262p　20cm〈リキトミブックス　9〉〈参考文献：p257～262〉　1200円　Ⓘ4-89776-009-7　Ⓝ270
☆「世界の海洋文学」

石川 英輔　いしかわ・えいすけ

00511　「SF水滸伝」
『SF水滸伝』　石川英輔著　講談社　1982　402p　15cm〈講談社文庫〉　440円
Ⓘ4-06-136225-9　Ⓝ913.6
☆「世界のSF文学・総解説」

00512　「大江戸神仙伝」
『大江戸神仙伝』　石川英輔著　評論社　1992　425p　20cm　2400円　Ⓘ4-566-05258-3　Ⓝ913.6
☆「世界のSF文学・総解説」

石川 九楊　いしかわ・きゅうよう

00513　「二重言語国家・日本」
『二重言語国家・日本』　石川九楊著　中央公論新社　2011　284p　16cm〈中公文庫　い113-1〉　762円　Ⓘ978-4-12-205579-7　Ⓝ810.9
☆「21世紀の必読書100選」

石川 欣一　いしかわ・きんいち

00514　「山へ入る日」
『新編日本山岳名著全集　11』　三笠書房　1976　323p（図共）　22cm〈監修：田部重治等　編集：四季書館〉　2200円　Ⓝ291.09
☆「日本の山の名著・総解説」、「山の名著　明治・大正・昭和戦前編」

石川 謙　いしかわ・けん

00515　「古往来についての研究」
『古往来についての研究―上世・中世における初等教科書の発達』　石川謙著　講談社　1949　476p　26cm　Ⓝ370.9
☆「世界名著大事典」

00516　「石門心学史の研究」
『石門心学史の研究』　石川謙著　岩波書店　1975　1376,135,32p 図 地図　22cm〈付：解説（石川松太郎）第3刷（初版：昭和13年刊）〉　28000円　Ⓝ158.2
☆「世界名著大事典」

00517　「日本学校史の研究」
『日本学校史の研究』　石川謙著　日本図書センター　1977　555,33,24p　26cm〈小学館昭和34年刊の復刊 折り込図9枚　巻末：石川謙の略歴と業務〉　18000円　Ⓝ372.1
☆「教育名著 日本編」

石川 健治　いしかわ・けんじ

00518　「自由と特権の距離」
『自由と特権の距離―カール・シュミット「制度体保障」論・再考』　石川健治著　増補版　日本評論社　2007　288p　22cm〈現代憲法理論叢書〉　4700円　Ⓘ978-4-535-51578-9　Ⓝ323.01
☆「憲法本41」

石川 三四郎　いしかわ・さんしろう

00519　「日本社会主義史」
『明治文化全集　第22巻　社会篇　上巻』　明治文化研究会編　日本評論社　1993　50,629p　23cm〈複製〉　Ⓘ4-535-04262-4,4-535-04235-7　Ⓝ210.6

☆「世界名著大事典」

石川 淳　いしかわ・じゅん

00520　「夷斎俚言」
『夷斎俚言』　石川淳著　文芸春秋新社　1952　316p　19cm　Ⓝ914.6
☆「日本文学鑑賞辞典〔第2〕」

00521　「黄金伝説」
『黄金伝説』　石川淳著　河出書房　1955　216p　図版　15cm（河出文庫）〈新装版〉　Ⓝ913.6
☆「現代文学鑑賞辞典」、「世界名著大事典」

00522　「佳人」
『普賢・佳人』　石川淳著　講談社　1995　290p　16cm（講談社文芸文庫）　980円　Ⓘ4-06-196320-1　Ⓝ913.6
☆「教養のためのブックガイド」

00523　「狂風記」
『狂風記』　石川淳著　集英社　1985　2冊　16cm（集英社文庫）　各500円　Ⓘ4-08-750836-6　Ⓝ913.6
☆「ポケット日本名作事典」

00524　「紫苑物語」
『紫苑物語』　石川淳著　講談社　1989　293p　16cm（講談社文芸文庫）　720円　Ⓘ4-06-196044-X　Ⓝ913.6
☆「日本文学名作事典」、「日本文芸鑑賞事典 第17巻（1955～1958年）」

00525　「至福千年」
『至福千年』　石川淳作　岩波書店　1983　470p　15cm（岩波文庫）　550円　Ⓝ913.6
☆「近代日本の百冊を選ぶ」

00526　「諸国畸人伝」
『諸国畸人伝』　石川淳著　改版　中央公論新社　2005　232p　16cm（中公文庫）　762円　Ⓘ4-12-204592-4　Ⓝ914.6
☆「現代文学名作探訪事典」、「日本文学鑑賞辞典〔第2〕」

00527　「曽呂利咄」
『黒いユーモア』　石川淳［ほか］著　學藝書林　2003　617p　20cm（全集現代文学の発見 新装版　第6巻　大岡昇平［ほか］責任編集）〈付属資料：12p；月報6〉　4500円　Ⓘ4-87517-064-5　Ⓝ918.6
☆「教養のためのブックガイド」

00528　「鷹」
『鷹』　石川淳［著］　講談社　2012　247p　16cm（講談社文芸文庫　いA14）〈底本：「石川淳全集 増補」第4巻（筑摩書房1974年刊）著作目録あり 年譜あり〉　1300円　Ⓘ978-4-06-290157-4

☆「教養のためのブックガイド」、「日本文芸鑑賞事典 第16巻」

00529　「白頭吟」
『白頭吟』　石川淳著　講談社　1989　386p　16cm（講談社文芸文庫）〈著書目録：p383～386〉　840円　Ⓘ4-06-196060-1　Ⓝ913.6
☆「教養のためのブックガイド」

00530　「白描」
『白描』　石川淳著　集英社　1978　237p　16cm（集英社文庫）　200円　Ⓝ913.6
☆「近代文学名作事典」

00531　「普賢」
『普賢』　石川淳著　集英社　1977　244p　16cm（集英社文庫）　240円　Ⓝ913.6
☆「あらすじダイジェスト」、「教養のためのブックガイド」、「昭和の名著」、「世界名著大事典」、「日本の小説101」、「日本文学鑑賞辞典〔第2〕」、「日本文学現代名作事典」、「ポケット日本名作事典」

00532　「無尽灯」
『石川淳短篇小説選』　石川淳著　菅野昭正編　筑摩書房　2007　437p　15cm（ちくま文庫 石川淳コレクション）　1500円　Ⓘ978-4-480-42301-6　Ⓝ913.6
☆「世界名著大事典」

00533　「森鷗外」
『森鷗外』　石川淳著　筑摩書房　1994　252p　15cm（ちくま学芸文庫）　880円　Ⓘ4-480-08169-0　Ⓝ910.268
☆「世界名著大事典」、「日本の名著」

00534　「焼跡のイエス」
『石川淳短篇小説選』　石川淳著　菅野昭正編　筑摩書房　2007　437p　15cm（ちくま文庫 石川淳コレクション）　1500円　Ⓘ978-4-480-42301-6　Ⓝ913.6
☆「あらすじで読む日本の名著 No.3」、「これだけは読んでおきたい日本の名作文学案内」、「日本文学名作案内」、「日本文芸鑑賞事典 第14巻（1946～1948年）」、「ポケット日本名作事典」

石川 丈山　いしかわ・じょうざん

00535　「新編覆醬集」
『詩集日本漢詩　第1巻』　富士川英郎ほか編　汲古書院　1987　473p　27cm〈複製〉　8500円　Ⓝ919.5
☆「世界名著大事典」

石川 喬司　いしかわ・たかし

00536　「世界から言葉をひけば」
『世界から言葉を引けば』　石川喬司著　河出書房新社　1978　262p　20cm　880円　Ⓝ913.6
☆「世界のSF文学・総解説」

石川 啄木　いしかわ・たくぼく

00537　「あこがれ」
『あこがれ』　石川啄木著　日本図書センター　2002　320p　20cm〈文献あり　年譜あり〉　2800円　Ⓘ4-8205-9558-X　Ⓝ911.56
☆「日本近代文学名著事典」、「日本文芸鑑賞事典　第3巻(1904〜1909年)」

00538　「一握の砂」
『一握の砂』　石川啄木作　自由国民社　2010　303p　16cm(STANDARD COLLECTIONS)　1200円　Ⓘ978-4-426-11025-3　Ⓝ911.168
☆「一冊で人生論の名著を読む」、「感動！日本の名著 近現代編」、「近代文学名作事典」、「現代文学名作探訪事典」、「3行でわかる名作&ヒット本250」、「少年少女のための文学案内3」、「新潮文庫20世紀の100冊」、「世界名作事典」、「世界名著大事典」、「日本近代文学名著事典」、「日本の名著」、「日本の名著3分間読書100」、「日本文学鑑賞辞典〔第2〕」、「日本文芸名作概観」、「日本名著辞典」、「文学・名著300選の解説 '88年度版」、「ベストガイド日本の名著」、「明治・大正・昭和の名著・総解説」、「明治の名著2」

00539　「悲しき玩具」
『悲しき玩具』　石川啄木著　角川春樹事務所　2011　106p　16cm(ハルキ文庫　い13-1—[280円文庫])〈並列シリーズ名：Haruki Bunko　年譜あり〉　267円
Ⓘ978-4-7584-3542-0　Ⓝ911.168
☆「新潮文庫20世紀の100冊」、「世界名著大事典」、「日本近代文学名著事典」、「日本文学鑑賞辞典〔第2〕」、「日本文芸鑑賞事典 第4巻」、「入門名作の世界」、「ベストガイド日本の名著」、「明治・大正・昭和の名著・総解説」、「明治の名著2」

00540　「時代閉塞の現状」
『ちくま日本文学　033　石川啄木—1886-1912』　石川啄木著　筑摩書房　2009　475p　15cm〈年譜あり〉　880円
Ⓘ978-4-480-42563-8　Ⓝ918.6
☆「日本の名著」、「日本文芸鑑賞事典 第5巻」、「必読書150」、「明治・大正・昭和の名著・総解説」、「明治の名著1」

00541　「啄木歌集」
『新編啄木歌集』　石川啄木[著]　久保田正文編　岩波書店　2006　440p　19cm(ワイド版岩波文庫)　1400円　Ⓘ4-00-007266-8　Ⓝ911.168
☆「日本の名著」

00542　「啄木日記」
『啄木日記』　石川啄木著　河出書房　1955　2冊　15cm(河出文庫)　Ⓝ915.6
☆「近代文学名作事典」、「日本文学鑑賞辞典〔第2〕」

00543　「二筋の血」
『編年体大正文学全集　第3巻(大正3年)』　志賀直哉他著　池内輝雄編　ゆまに書房　2000　655p　22cm　6600円　Ⓘ4-89714-892-8　Ⓝ918.6
☆「日本文学 これを読まないと文学は語れない!!」

00544　「呼子と口笛」
『呼子と口笛—石川啄木のノート』　石川啄木著　盛岡　盛岡啄木会　1975　99p　21cm〈トリョー・コム（発売）　自筆ノートの複製〉　1300円　Ⓝ911.56
☆「世界名著大事典」、「日本文学鑑賞辞典〔第2〕」、「日本文芸鑑賞事典 第5巻」

00545　「ローマ字日記」
『近代日記文学選』　山根賢吉、橋本威編　大阪　和泉書院　1988　153p　19cm(新注近代文学シリーズ　2)　1000円　Ⓘ4-87088-280-9　Ⓝ915.6
☆「現代文学鑑賞辞典」、「明治・大正・昭和の名著・総解説」、「明治の名著2」

石川 達三　いしかわ・たつぞう

00546　「愛の終りの時」
『愛の終りの時』　石川達三著　新潮社　1972　411p　19cm(石川達三作品集　第17巻)　600円　Ⓝ913.6
☆「女は生きる」

00547　「生きている兵隊」
『生きている兵隊—伏字復元版』　石川達三著　中央公論新社　1999　214p　15cm(中公文庫)　533円　Ⓘ4-12-203457-4　Ⓝ913.6
☆「世界名著大事典」、「日本文学鑑賞辞典〔第2〕」

00548　「風にそよぐ葦」
『風にそよぐ葦　上』　石川達三著　毎日新聞社　1999　238p　20cm　1600円
Ⓘ4-620-51033-5　Ⓝ913.6
☆「世界名著大事典」、「日本文学鑑賞辞典〔第2〕」、「日本文学現代名作事典」、「日本文芸鑑賞事典 第15巻」、「ポケット日本名作事典」

00549　「結婚の生態」
『結婚の生態』　石川達三著　新潮社　1972　381p　20cm(石川達三作品集　第2巻)　600円　Ⓝ913.6
☆「現代日本文学案内」、「世界名著大事典」

00550　「幸福の限界」
『幸福の限界』　石川達三著　新潮社　1954　200p　16cm(新潮文庫)　Ⓝ913.6
☆「一度は読もうよ！日本の名著」、「一冊で愛の話題作100冊を読む」

00551　「青春の蹉跌」
『青春の蹉跌』　石川達三著　新潮社　1972　388p　20cm(石川達三作品集　第15巻)

600円
　　☆「一度は読もうよ！ 日本の名著」、「一冊で日本の名著100冊を読む」、「日本文学名作案内」、「日本名作文学館 日本編」

00552 「蒼氓」
　『蒼氓』 石川達三著 改版 新潮社 1978 254p 16cm〈新潮文庫〉〈45刷（1刷：1951年）〉Ⓝ913.6
　☆「あらすじダイジェスト」、「あらすじで読む日本の名著No.2」、「一度は読もうよ！ 日本の名著」、「一冊で日本の名著100冊を読む」、「これだけは読んでおきたい日本の名作文学案内」、「3行でわかる名作&ヒット本250」、「昭和の名著」、「知らないと恥ずかしい「日本の名作」あらすじ200本」、「世界名著大事典」、「日本文学鑑賞辞典 〔第2〕」、「日本文学現代名作事典」、「日本文学名作案内」、「日本文芸鑑賞事典 第11巻（昭和9～昭和12年）」、「日本・名著のあらすじ」、「文学・名著300選の解説 '88年度版」、「ポケット日本名作事典」

00553 「人間の壁」
　『人間の壁 上』 石川達三著 岩波書店 2001 377p 15cm〈岩波現代文庫 文芸〉 1100円 ①4-00-602038-4 Ⓝ913.6
　☆「現代文学鑑賞辞典」、「女性のための名作・人生案内」、「日本文学鑑賞辞典 〔第2〕」、「ポケット日本名作事典」、「明治・大正・昭和の名著・総解説」

00554 「日蔭の村」
　『石川達三作品集 第1巻 蒼氓,日蔭の村』 新潮社 1972 380p 肖像 20cm〈愛蔵版〉 2500円 Ⓝ913.6
　☆「現代文学名作探訪事典」、「日本の名著」

00555 「僕たちの失敗」
　『僕たちの失敗』 石川達三著 新潮社 1962 241p 20cm Ⓝ913.6
　☆「一度は読もうよ！ 日本の名著」、「一冊で愛の話題作100冊を読む」

00556 「私ひとりの私」
　『私ひとりの私』 石川達三著 新潮社 1973 444p 20cm（石川達三作品集 18） 600円 Ⓝ913.6
　☆「一度は読もうよ！ 日本の名著」、「一冊で日本の名著100冊を読む 続」

石川 経夫　いしかわ・つねお

00557 「分配の経済学」
　『分配の経済学』 石川経夫著 東京大学出版会 1999 436p 22cm 4800円 ①4-13-040166-1 Ⓝ331.85
　☆「日本経済本38」

石川 利光　いしかわ・としみつ

00558 「春の草」
　『春の草』 石川利光著 文芸春秋新社 1951 254p 19cm Ⓝ913.6
　☆「日本文芸鑑賞事典 第16巻」

石川 紀子　いしかわ・のりこ

00559 「ふたりぼっちの太平洋」
　☆「世界の海洋文学」

石川 雅敏　いしかわ・まさとし

00560 「ふたりぼっちの太平洋」
　☆「世界の海洋文学」

石川 雅望　いしかわ・まさもち

00561 「雅言集覧」
　『増補雅言集覧―57巻』 石川雅望集 中島広足補 中島惟一 1945 57冊 23cm〈活版 和装〉 Ⓝ813.6
　☆「日本名著辞典」

00562 「しみのすみか物語」
　『噺本大系 第19巻』 武藤禎夫編 東京堂出版 1979 360p 22cm 7800円 Ⓝ913.59
　☆「日本文学鑑賞辞典 〔第1〕」

石川 真澄　いしかわ・ますみ

00563 「戦後政治史」
　『戦後政治史』 石川真澄,山口二郎著 第3版 岩波書店 2010 303,13p 18cm（岩波新書 新赤版1281）〈索引あり〉 900円 ①978-4-00-431281-9 Ⓝ312.1
　☆「学問がわかる500冊」

石川 義孝　いしかわ・よしたか

00564 「人口移動の計量地理学」
　『人口移動の計量地理学』 石川義孝著 古今書院 1994 301p 22cm 6386円 ①4-7722-1744-4 Ⓝ334.2
　☆「学問がわかる500冊 v.2」

石川 好　いしかわ・よしみ

00565 「ストロベリー・ロード」
　『ストロベリー・ロード』 石川好著 七つ森書館 2011 598p 19cm（ノンフィクション・シリーズ"人間" 4 佐高信監修・解説） 2700円 ①978-4-8228-7004-1 Ⓝ302.53
　☆「現代を読む」

石川 理紀之助　いしかわ・りきのすけ

00566 「適産調要録」
　『明治大正農政経済名著集 14 適産調要録・老農晩耕録・石川理紀之助作成による諸規程など』 近藤康男編 石川理紀之助著 農山漁村文化協会 1976 296p 肖像 20cm〈石川翁略歴・主要著述など：p.24-27〉 2500円 Ⓝ610.8

いしかわ

☆「農政経済の名著 明治大正編」

00567 「老農晩耕録」
『明治大正農政経済名著集 14 適産調要録・老農晩耕録・石川理紀之助作成による諸規程など』 近藤康男編 石川理紀之助著 農山漁村文化協会 1976 296p 肖像 20cm〈石川翁略歴・主要著述など：p.24-27〉 2500円 Ⓝ610.8

☆「農政経済の名著 明治大正編」

石川 良輔 いしかわ・りょうすけ

00568 「昆虫の誕生――一千万種への進化と分化」
『昆虫の誕生――一千万種への進化と分化』 石川良輔著 中央公論社 1996 210p 18cm（中公新書）〈主な参考文献：p206～207〉 700円 Ⓘ4-12-101327-1 Ⓝ486.1

☆「学問がわかる500冊 v.2」

石黒 謙吾 いしぐろ・けんご

00569 「盲導犬クイールの一生」
『盲導犬クイールの一生』 秋元良平写真 石黒謙吾文 文藝春秋 2005 217p 16cm（文春文庫plus）〈2001年刊の増補〉 600円 Ⓘ4-16-766079-2 Ⓝ369.275

☆「百年の誤読」

石坂 洋次郎 いしざか・ようじろう

00570 「あいつと私」
『あいつと私』 石坂洋次郎著 徳間書店 2003 331p 15cm（徳間文庫） 648円 Ⓘ4-19-891907-0 Ⓝ913.6

☆「一度は読もうよ！日本の名著」、「一冊で愛の話題作100冊を読む」

00571 「青い山脈」
『青い山脈』 石坂洋次郎著 改訂 ポプラ社 1982 302p 20cm（アイドル・ブックス） 580円

☆「あらすじダイジェスト」、「あらすじで味わう昭和のベストセラー」、「一度は読もうよ！日本の名著」、「一冊で日本の名著100冊を読む」、「知らないと恥ずかしい『日本の名作』あらすじ200本」、「日本文学名作案内」、「日本文芸鑑賞事典 第14巻（1946～1948年）」、「ポケット日本名作事典」

00572 「石中先生行状記」
『石中先生行状記』 石坂洋次郎著 新潮社 1958 676p 20cm Ⓝ913.6

☆「日本文学鑑賞辞典〔第2〕」

00573 「草を刈る娘」
『草を刈る娘』 石坂洋次郎著 新潮社 1959 310p 16cm（新潮文庫） Ⓝ913.6

☆「一度は読もうよ！日本の名著」、「一冊で日本の名著100冊を読む 続」

00574 「陽のあたる坂道」
『陽のあたる坂道』 石坂洋次郎［著］ 改版 角川書店 2006 574p 15cm（角川文庫） 781円 Ⓘ4-04-109524-7 Ⓝ913.6

☆「日本文学名作案内」、「百年の誤読」

00575 「麦死なず」
『麦死なず』 石坂洋次郎著 角川書店 1954 272p 15cm（角川文庫） Ⓝ913.6

☆「世界名著大事典」

00576 「山と川のある町」
『山と川のある町』 石坂洋次郎著 講談社 1977 2冊 13cm（プチ・ブックス 石坂洋次郎文庫） 各180円 Ⓝ913.6

☆「現代文学名作探訪事典」

00577 「若い人」
『若い人』 石坂洋次郎著 新潮社 2000 740p 15cm（新潮文庫） 895円 Ⓘ4-10-100322-X Ⓝ913.6

☆「一度は読もうよ！日本の名著」、「一冊で日本の名著100冊を読む」、「現代日本文学案内」、「現代文学鑑賞事典」、「これだけは読んでおきたい日本の名作文学案内」、「昭和の名著」、「新潮文庫20世紀の100冊」、「世界名著大事典」、「日本の名著」、「日本文学鑑賞辞典〔第2〕」、「日本文学現代名作事典」、「日本文学名作事典」、「日本文芸鑑賞事典 第10巻」、「日本名作文学事典 日本編」、「ポケット日本名作事典」、「明治・大正・昭和の名著・総解説」

石沢 英太郎 いしざわ・えいたろう

00578 「視線」
『視線』 石沢英太郎著 講談社 1981 279p 15cm（講談社文庫） 340円 Ⓘ4-06-136217-8 Ⓝ913.6

☆「世界の推理小説・総解説」

石塚 友二 いしづか・ともじ

00579 「方寸虚実」
『現代俳句大系 第4巻 昭和15年～昭和16年』 増補 角川書店 1981 434p 20cm〈監修：富安風生ほか 山口草堂ほかの肖像あり〉 2400円 Ⓝ911.36

☆「日本文芸鑑賞事典 第13巻」

石塚 裕道 いしづか・ひろみち

00580 「日本資本主義成立史研究―明治国家と殖産興業政策」
『日本資本主義成立史研究―明治国家と殖産興業政策』 石塚裕道著 吉川弘文館 1973 463,25p 図 22cm〈付：主要参考文献〉 4800円 Ⓝ332.1

☆「日本史の名著」

石塚 道子　いしづか・みちこ

00581　「カリブ海世界」
『カリブ海世界』　石塚道子編　京都　世界思想社　1991　256p　19cm(Sekaishiso seminar)　1950円　Ⓘ4-7907-0408-4　Ⓝ302.59
☆「学問がわかる500冊 v.2」

石田 衣良　いしだ・いら

00582　「4TEEN」
『4TEEN』　石田衣良著　新潮社　2005　329p　15cm〈新潮文庫〉　476円　Ⓘ4-10-125051-0
☆「知らないと恥ずかしい「日本の名作」あらすじ200本」

石田 英一郎　いしだ・えいいちろう

00583　「河童駒引考」
『河童駒引考—比較民族学的研究』　石田英一郎著　新版　岩波書店　1994　317,19p　15cm〈岩波文庫〉〈文献あり〉　Ⓘ4-00-331931-1　Ⓝ389
☆「世界名著大事典」,「文化人類学の名著50」,「ベストガイド日本の名著」,「明治・大正・昭和の名著・総解説」

00584　「桃太郎の母」
『桃太郎の母—ある文化史的研究』　石田英一郎[著]　新訂版　講談社　2007　378p 図版16p　15cm〈講談社学術文庫〉〈年譜あり〉　1250円　Ⓘ978-4-06-159838-6　Ⓝ389.04
☆「学問がわかる500冊 v.2」

石田 五郎　いしだ・ごろう

00585　「天文台日記」
『天文台日記』　石田五郎著　中央公論新社　2004　268p　16cm〈中公文庫〉　1000円　Ⓘ4-12-204318-2　Ⓝ442.1
☆「ブックガイド"宇宙"を読む」

石田 成太郎　いしだ・せいたろう

00586　「教師の生き方」
『教師の生き方—新しく教師になった人のために』　石田成太郎著　同文書院　1976　236p　19cm(DBS cosmos library　おはなし教育書)　850円　Ⓝ374.3
☆「教育名著 日本編」

石田 梅岩　いしだ・ばいがん

00587　「都鄙問答」
『都鄙問答』　石田梅岩著　足立栗園校訂　岩波書店　1968　138p　15cm〈岩波文庫〉　50円　Ⓝ158.4
☆「教育の名著80選解題」,「古典の事典」,「世界名著大事典」,「21世紀の教育基本書」,「日本古典への誘い100選 1」,「日本人の「名著」を読む」,「日本の古典」,「日本の古典名著」,「日本名著辞典」

石田 波郷　いしだ・はきょう

00588　「惜命」
『惜命—定稿』　石田波郷著　琅玕洞　1955　230p 図版　19cm〈限定版 普及本〉　Ⓝ911.36
☆「日本文学鑑賞辞典〔第2〕」,「日本文芸鑑賞事典 第15巻」

00589　「鶴の眼」
『鶴の眼—石田波郷句集』　石田波郷著　邑書林　1996　109p　15cm(邑書林句集文庫)　927円　Ⓘ4-89709-198-5　Ⓝ911.368
☆「世界名著大事典」,「日本文芸鑑賞事典 第12巻」

石田 幹之助　いしだ・みきのすけ

00590　「欧人の支那研究」
『欧米・ロシア・日本における中國研究』　石田幹之助著　科学書院　1997　789p　27cm〈複製　霞ケ関出版〔発売〕〉　60000円　Ⓘ4-7603-0085-6　Ⓝ222
☆「世界名著大事典」

00591　「長安の春」
『長安の春』　石田幹之助著　講談社　1979　224p　15cm(講談社学術文庫)　340円　Ⓝ222.048
☆「現代人のための名著」,「世界名著大事典」

00592　「南海に関する支那史料」
『南海に関する支那史料』　石田幹之助著　生活社　1945　327p　22cm　Ⓝ223
☆「世界名著大事典」

石田 茂作　いしだ・もさく

00593　「飛鳥時代寺院址の研究」
『飛鳥時代寺院址の研究』　石田茂作著　第一書房　1977　3冊　27cm〈「本文編」,「図版編」(昭和11年刊)及び「総説」(昭和19年刊)の複製〉　全58000円　Ⓝ180.21
☆「世界名著大事典」

石田 慶和　いしだ・よしかず

00594　「日本の宗教哲学」
『日本の宗教哲学』　石田慶和著　創文社　1993　360p　22cm〈宗教研究関係著作年表: p352～358〉　4944円　Ⓘ4-423-23019-4　Ⓝ161.1
☆「学問がわかる500冊」

伊地知 季通　いじち・すえみち

00595　「薩藩旧記」
『鹿児島県史料　旧記雑録前編 1』　鹿児島県維新史料編さん所編　〔鹿児島〕　鹿児島県　1979　944p　22cm　非売品　Ⓝ219.7
☆「日本名著辞典」

いしち　　　　　　　　　　　　　　　　　　　　　00596～00611

伊地知 季安　いじち・すえやす

00596　「薩藩旧記」
『鹿児島県史料 旧記雑録前編1』　鹿児島県維新史料編さん所編　〔鹿児島〕　鹿児島県　1979　944p　22cm　非売品　Ⓝ219.7
☆「日本名著辞典」

石戸谷 哲夫　いしとや・てつお

00597　「日本教員史研究」
『日本教員史研究』　石戸谷哲夫著　野間教育研究所　1958　482p　22cm（野間教育研究所紀要　第15輯）Ⓝ374.3
☆「教育名著 日本編」

石野 径一郎　いしの・けいいちろう

00598　「ひめゆりの塔」
『ひめゆりの塔』　石野径一郎著　講談社　1977　225p　15cm（講談社文庫）〈年譜：p.215～225〉　260円　Ⓝ913.6
☆「この一冊でわかる日本の名作」、「図説 5分でわかる日本の名作傑作選」

石橋 絢彦　いしばし・あやひこ

00599　「回天艦長甲賀源吾伝」
『回天艦長甲賀源吾伝』　石橋絢彦著　復刻版　周南　マツノ書店　2011　348,16,4p 図版[21]枚　22cm〈附・函館戦記　原本：甲賀源吾傳刊行會昭和8年刊（改訂3版）　年表あり　年譜あり〉　10000円　Ⓝ289.1
☆「日本海軍の本・総解説」

石橋 宗吉　いしばし・そうきち

00600　「魚の胎から生まれた男」
『魚の胎から生まれた男』　高垣眸著　石橋宗吉談　三鷹　形象社　1976　276p　20cm　1100円　Ⓝ660.4
☆「世界の海洋文学」

石橋 湛山　いしばし・たんざん

00601　「石橋湛山評論集」
『石橋湛山評論集』　石橋湛山著　松尾尊兊編　岩波書店　2004　313p　19cm（ワイド版岩波文庫）〈第7刷〉　1200円　①4-00-007005-3
☆「世界史読書案内」

00602　「更正日本の門出」
☆「「本の定番」ブックガイド」

00603　「大日本主義の幻想」
『近代日本思想大系　34　大正思想集　2』　鹿野政直編・解説　筑摩書房　1977　478p　図　20cm　1800円　Ⓝ121.02
☆「「本の定番」ブックガイド」

石橋 智信　いしばし・とものぶ

00604　「メシア思想を中心としたるイスラエル宗教文化史」
『メシア思想を中心としたるイスラエル宗教文化史』　石橋智信著　博文館　1925　694,27p　22cm〈「イスラエル宗教文化史上のメシア思想の変遷」ノ改題　和装〉Ⓝ199
☆「世界名著大事典」

石橋 忍月　いしばし・にんげつ

00605　「石橋忍月評論集」
『石橋忍月評論集』　岩波書店　1939　227p　16cm（岩波文庫　2134-2135）Ⓝ914.6
☆「世界名著大事典」

石浜 恒夫　いしはま・つねお

00606　「ふぁざあぐうすの海」
『ふぁざあぐうすの海——父とひとり娘の大西洋横断記』　石浜恒夫著　学習研究社　1978　294p　20cm〈著者の肖像あり〉　850円　Ⓝ915.6
☆「世界の海洋文学」

石浜 紅子　いしはま・べにこ

00607　「海よ、私はくじけない」
『海よ、私はくじけない——13歳・女子中学生の冒険』　石浜紅子著　光文社　1979　207p　18cm（カッパ・ホームス）　550円　Ⓝ915.9
☆「世界の海洋文学」

石原 明　いしはら・あきら

00608　「営業マンは断ることを覚えなさい」
『営業マンは断ることを覚えなさい』　石原明著　三笠書房　2007　237p　15cm（知的生きかた文庫）　533円　①978-4-8379-7654-7　Ⓝ673.3
☆「マンガでわかるビジネス名著」

石原 修　いしはら・おさむ

00609　「女工と結核」
『女工と結核』　籠山京編集・解説　光生館　1970　234p　22cm（生活古典叢書　第5巻）　2500円　Ⓝ366.35
☆「大正の名著」、「明治・大正・昭和の名著・総解説」

石原 莞爾　いしはら・かんじ

00610　「最終戦争論」
『最終戦争論』　石原莞爾著　中央公論新社　2001　124p　16cm（中公文庫）　552円　①4-12-203898-7　Ⓝ391.1
☆「教養のためのブックガイド」、「歴史学の名著30」、「歴史家の一冊」

00611　「戦争史大観」
『戦争史大観』　石原莞爾著　中央公論新社

44　　　　　　　　　　　　　　　　　　　　　　　　読んでおきたい「日本の名著」案内

石原 謙　いしはら・けん

00612　「基督教史」
『基督教史』　石原謙著　増訂版　岩波書店　2005　330,8p　19cm〈岩波全書セレクション〉〈1951年刊(増訂版)の複製　年表あり〉　2800円　Ⓘ4-00-021868-9　Ⓝ192
☆「世界名著大事典」

石原 純　いしはら・じゅん

00613　「甃日」
『石原純全歌集』　石原純［著］　和田耕作編　ナナック　2005　23,515p　20cm〈PHN叢書第5篇〉〈著作目録あり　年譜あり〉　6700円　Ⓘ4-901937-04-9　Ⓝ911.168
☆「日本文学鑑賞辞典〔第2〕」

00614　「自然科学概論」
『自然科学概論』　石原純著　3版　評論社　1949　318p　22cm　Ⓝ401
☆「明治・大正・昭和の名著・総解説」

石原 慎太郎　いしはら・しんたろう

00615　「男の海」
『男の海』　石原慎太郎著　集英社　1973　322p　図　22cm　880円　Ⓝ915.6
☆「世界の海洋文学」

00616　「還らぬ海」
『還らぬ海』　石原慎太郎著　講談社　1968　294p　18cm〈ロマン・ブックス〉　320円　Ⓝ913.6
☆「世界の海洋文学」

00617　「風についての記憶」
『風についての記憶』　石原慎太郎著　幻冬舎　1997　315p　16cm〈幻冬舎文庫〉　533円　Ⓘ4-87728-403-6　Ⓝ913.6
☆「世界の海洋文学」

00618　「完全な遊戯」
『完全な遊戯』　石原慎太郎著　新潮社　2003　338p　16cm〈新潮文庫〉　514円　Ⓘ4-10-111911-2　Ⓝ913.6
☆「日本文学　これを読まないと文学は語れない!!」

00619　「孤島」
『生還』　石原慎太郎著　新潮社　1991　278p　15cm〈新潮文庫〉　400円　Ⓘ4-10-111909-0　Ⓝ913.6
☆「世界の海洋文学」

00620　「それでも「NO」と言える日本」
『それでも「NO」と言える日本—日米間の根本問題』　石原慎太郎,渡部昇一,小川和久著　光文社　1990　227p　18cm〈カッパ・ホームス〉　850円　Ⓘ4-334-05174-X
☆「経済経営95冊」

00621　「太陽の季節」
『太陽の季節』　石原慎太郎著　幻冬舎　2002　389p　20cm　1000円　Ⓘ4-344-00213-X　Ⓝ913.6
☆「あらすじダイジェスト」,「一度は読もうよ！日本の名著」,「一冊で日本の名著100冊を読む」,「現代文学鑑賞辞典」,「現代文学名作探訪事典」,「Jブンガク」,「知らないと恥ずかしい「日本の名作」あらすじ200本」,「新潮文庫20世紀の100冊」,「日本の小説101」,「日本文学鑑賞辞典〔第2〕」,「日本文学名作案内」,「日本文学名作事典」,「日本文芸鑑賞事典 第17巻(1955～1958年)」,「日本名作文学館 日本編」,「百年の誤読」,「文学・名著300選の解説 '88年度版」,「ベストガイド日本の名著」,「ポケット日本名作事典」,「明治・大正・昭和の名著・総解説」

00622　「わが人生の時の時」
『わが人生の時の時』　石原慎太郎著　新潮社　2001　374p　19cm〈新潮文庫〉　552円　Ⓘ4-10-111910-4
☆「世界の海洋文学」

石原 藤夫　いしはら・ふじお

00623　「宇宙船オロモルフ号の冒険」
『宇宙船オロモルフ号の冒険』　石原藤夫著　早川書房　1984　304p　16cm〈ハヤカワ文庫JA〉　380円　Ⓝ913.6
☆「世界のSF文学・総解説」

00624　「ハイウェイ惑星」
『ハイウェイ惑星—惑星調査艇ヒノシオ号の冒険』　石原藤夫著　徳間書店　2001　338p　16cm〈徳間デュアル文庫〉　676円　Ⓘ4-19-905036-1　Ⓝ913.6
☆「世界のSF文学・総解説」

石原 八束　いしはら・やつか

00625　「秋風琴」
『秋風琴―句集』　石原八束著　ユリイカ　1955　247p　19cm　Ⓝ911.36
☆「日本文芸鑑賞事典 第17巻(1955～1958年)」

井島 勉　いじま・つとむ

00626　「ヨーロッパ芸術」
『ヨーロッパ芸術』　井島勉著　弘文堂　1949　248p　図版　19cm　Ⓝ702.3
☆「人文科学の名著」

石光 真清　いしみつ・まきよ

00627　「曠野の花」

いしみつ

2007　467,14p　15cm（岩波文庫）〈第19刷〉
1100円　①4-00-334361-1
☆「学問がわかる500冊 v.2」、「現代歴史学の名著」、「世界名著大事典」、「日本史の名著」、「ベストガイド日本の名著」、「明治・大正・昭和の名著・総解説」、「名著の履歴書」、「歴史の名著 日本人篇」

『曠野の花』　石光真清著　中央公論新社　1978　344p　16cm（中公文庫　石光真清の手記　2）　800円　①4-12-200582-5　Ⓝ289.1
☆「自伝の名著101」、「ナショナリズム」

00628　「城下の人」

『城下の人』　石光真清著　中央公論新社　1978　330p　16cm（中公文庫　石光真清の手記　1）　743円　①4-12-200550-7　Ⓝ289.1
☆「自伝の名著101」、「ナショナリズム」

00635　「日本の古代国家」

『日本の古代国家』　石母田正著　岩波書店　2001　422,11p　22cm（岩波モダンクラシックス）　3600円　①4-00-026663-2　Ⓝ210.3
☆「学問がわかる500冊 v.2」、「東アジア人文書100」、「歴史家の読書案内」

00629　「誰のために」

『誰のために』　石光真清著　中央公論新社　1979　362p　16cm（中公文庫　石光真清の手記　4）　838円　①4-12-200689-9　Ⓝ289.1
☆「自伝の名著101」、「ナショナリズム」

00636　「平家物語」

『平家物語』　石母田正著　岩波書店　2004　227p　18cm（岩波新書）　740円　①4-00-414028-5
☆「歴史家の読書案内」

00630　「望郷の歌」

『望郷の歌』　石光真清著　中央公論新社　1979　240p　16cm（中公文庫　石光真清の手記　3）　724円　①4-12-200602-3　Ⓝ289.1
☆「自伝の名著101」、「ナショナリズム」

00637　「歴史と民族の発見」

『歴史と民族の発見―歴史学の課題と方法』　石母田正著　平凡社　2003　471p　16cm（平凡社ライブラリー）　1500円　①4-582-76458-4　Ⓝ201
☆「戦後思想の名著50」

石光 真人　いしみつ・まひと

00631　「ある明治人の記録 会津人柴五郎の遺書」

『ある明治人の記録―会津人柴五郎の遺書』　柴五郎著　石光真人編　中央公論社　1971　162p　18cm（中公新書）〈付：柴五郎氏略歴〉　Ⓝ289.1
☆「自己啓発の名著30」、「読書入門」、「21世紀の必読書100選」、「日本陸軍の本・総解説」

石本 巳四雄　いしもと・みしお

00638　「科学を志す人々へ」

『科学を志す人々へ』　石本巳四雄著　講談社　1984　202p　15cm（講談社学術文庫）　580円　①4-06-158637-8　Ⓝ407
☆「ブックガイド"数学"を読む」

00632　「石光真清の手記」

『石光真清の手記』　石光真清著　石光真人編　中央公論社　1988　1183p　図版20枚　20cm　〈著者の肖像あり〉　6800円　①4-12-001632-3　Ⓝ914.6
☆「日本陸軍の本・総解説」

石森 延男　いしもり・のぶお

00639　「コタンの口笛」

『コタンの口笛　第1部　あらしの歌　part 1』　石森延男著　鈴木義治絵　講談社　1988　340p　18cm（講談社青い鳥文庫）　540円　①4-06-147234-8
☆「一度は読もうよ！日本の名著」、「一冊で不朽の名作100冊を読む」（友人社）、「一冊で不朽の名作100冊を読む」（友人社）、「日本文学鑑賞辞典　第2」、「日本文学名作案内」、「日本文芸鑑賞事典 第17巻（1955～1958年）」、「名作の研究事典」、「名著の履歴書」

石牟礼 道子　いしむれ・みちこ

00633　「苦海浄土―わが水俣病」

『苦海浄土』　石牟礼道子著　河出書房新社　2011　771,5p　19cm（池澤夏樹＝個人編集 世界文学全集3　04）　4100円　①978-4-309-70968-0
☆「あの本にもう一度」、「学問がわかる500冊」、「近代日本の百冊を選ぶ」、「現代を読む」、「戦後思想の名著50」、「20世紀を震撼させた100冊」、「東アジア人文書100」、「平和を考えるための100冊＋α」、「ベストガイド日本の名著」、「明治・大正・昭和の名著・総解説」

石山 修武　いしやま・おさむ

00640　「「秋葉原」感覚で住宅を考える」

『「秋葉原」感覚で住宅を考える』　石山修武著　晶文社　1984　201p　22cm　1800円　Ⓝ527
☆「学問がわかる500冊 v.2」、「建築の書物/都市の書物」

石母田 正　いしもだ・しょう

00634　「中世的世界の形成」

『中世的世界の形成』　石母田正著　岩波書店

石山 徳子　いしやま・のりこ

00641　「米国先住民族と核廃棄物」

『米国先住民族と核廃棄物―環境正義をめぐる闘争』 石山徳子著 明石書店 2004 268p 22cm〈文献あり〉 5000円 ①4-7503-1873-6 Ⓝ539.69
☆「環境と社会」

伊集院 静　いじゅういん・しずか

00642　「いねむり先生」
『いねむり先生』 伊集院静著 集英社 2013 436p 16cm〈集英社文庫　い35-7〉 720円 ①978-4-08-745099-6 Ⓝ913.6
☆「3行でわかる名作&ヒット本250」

00643　「受け月」
『受け月』 伊集院静［著］ 講談社 2007 312p 15cm〈講談社文庫〉 552円 ①978-4-06-275665-5 Ⓝ913.6
☆「現代文学鑑賞辞典」

井尻 正二　いじり・しょうじ

00644　「新 人体の矛盾」
『新・人体の矛盾』 井尻正二, 小寺春人著 築地書館 1994 237p 19cm 1900円 ①4-8067-4499-9 Ⓝ491.1
☆「学問がわかる500冊 v.2」

00645　「胎児化の話」
『胎児化の話』 井尻正二著 築地書館 1990 152p 19cm 1494円 ①4-8067-2309-6 Ⓝ469.2
☆「学問がわかる500冊 v.2」

石原 吉郎　いしわら・よしろう

00646　「石原吉郎詩集」
『石原吉郎詩集』 思潮社 1969 154p 19cm〈現代詩文庫　26〉 320円 Ⓝ911.56
☆「教養のためのブックガイド」

00647　「望郷と海」
『望郷と海』 石原吉郎著 みすず書房 2012 304p 20cm〈始まりの本〉〈ちくま学芸文庫1997年刊の新編集　年譜あり〉 3000円 ①978-4-622-08356-6 Ⓝ914.6
☆「読書入門」,「平和を考えるための100冊+α」

維新史料編纂事務局　いしんしりょうへんさんじむきょく

00648　「維新史」
『維新史』 維新史料編纂会編修 吉川弘文館 1983 6冊（附録とも） 22cm〈文部省維新史料編纂会昭和14～16年刊の複製　附録：維新史索引.公武重職補任.明治重職補任.諸藩一覧.公武・明治重職補任諸藩一覧索引 付（別冊110p）：『維新史』と維新史料編纂会　大久保利謙,小西四郎執筆〉 全60000円 Ⓝ210.1

☆「世界名著大事典」

泉井 久之助　いずい・ひさのすけ

00649　「比較言語学研究」
『比較言語学研究』 泉井久之助著 ゆまに書房 1999 304p 22cm〈世界言語学名著選集　東アジア言語編　第4巻〉〈創元社1949年刊の複製〉 9000円 ①4-89714-661-5 Ⓝ801.09
☆「世界名著大事典」

出石 誠彦　いずし・よしひこ

00650　「支那神話伝説の研究」
『支那神話伝説の研究』 出石誠彦著 増補改訂版 中央公論社 1973 862,16p 図 肖像 22cm〈初版：昭和18年刊〉 6500円 Ⓝ388.22
☆「世界名著大事典」

井筒 俊彦　いずつ・としひこ

00651　「意識と本質―精神的東洋を索めて」
『意識と本質―精神的東洋を索めて』 井筒俊彦著 岩波書店 2001 417p 19cm〈ワイド版岩波文庫〉 1400円 ①4-00-007200-5 Ⓝ120.4
☆「21世紀の必読書100選」,「東アジア人文書100」

00652　「イスラーム生誕」
『イスラーム生誕』 井筒俊彦著 改版 中央公論新社 2003 245p 16cm〈中公文庫〉 762円 ①4-12-204223-2 Ⓝ167
☆「学問がわかる500冊 v.2」

00653　「イスラーム文化―その根柢にあるもの」
『イスラーム文化―その根柢にあるもの』 井筒俊彦著 岩波書店 2002 233p 15cm〈岩波文庫〉〈第21刷〉 560円 ①4-00-331851-X
☆「21世紀の必読書100選」

00654　「コーランを読む」
『コーランを読む』 井筒俊彦 中央公論社 1991 374p 21cm〈井筒俊彦著作集　8〉 6200円 ①4-12-403054-1
☆「宗教学の名著30」

泉 鏡花　いずみ・きょうか

00655　「歌行灯」
『歌行灯』 泉鏡花作 岩波書店 1988 114p 15cm〈岩波文庫〉〈第44刷（第1刷：昭和11年）〉 200円 ①4-00-310272-X Ⓝ913.6
☆「近代日本の百冊を選ぶ」,「近代文学名作事典」,「『こころ』は本当に名作か」,「女性のための名作・人生案内」,「世界名著大事典」,「日本文学鑑賞辞典〔第2〕」,「日本文学現代名作事典」,「日本文学名作概観」,「日本文芸鑑賞事典 第4巻」,「日本名著辞典」,「ポケット日本名作事典」

00656　「婦系図」

いずみ

『婦系図　前篇』　泉鏡花作　岩波書店　2013
222p　15cm〈岩波文庫〉　560円
Ⓘ4-00-310279-7
☆「あらすじダイジェスト」，「あらすじで読む日本の名著 No.3」，「この一冊でわかる日本の名作」，「知らないと恥ずかしい「日本の名作」あらすじ200本」，「新潮文庫20世紀の100冊」，「図説 5分でわかる日本の名作」，「世界名著案内 3」，「世界名著大事典」，「日本文学鑑賞辞典〔第2〕」，「日本文芸鑑賞事典 第3巻（1904〜1909年）」，「日本名著辞典」，「入門名作の世界」，「ポケット日本名作事典」

00657　「海戦の余波」
『鏡花全集　巻1』　泉鏡太郎著　岩波書店　1986　715,71p　20cm〈第3刷（第1刷：昭和17年）著者の肖像あり〉　3400円
Ⓘ4-00-091081-7　Ⓝ918.68
☆「日本児童文学名著事典」

00658　「義血俠血―滝の白糸」
『泉鏡花』　泉鏡花著　坪内祐三，四方田犬彦編　筑摩書房　2001　429,3p　20cm〈明治の文学 第8巻　坪内祐三編〉〈年表あり　年譜あり〉　2400円　Ⓘ4-480-10148-9　Ⓝ913.6
☆「愛ありて」

00659　「草迷宮」
『草迷宮』　泉鏡花作　岩波書店　2002　195p　15cm〈岩波文庫〉〈第31刷〉　460円
Ⓘ4-00-310274-6
☆「現代文学鑑賞辞典」，「「こころ」は本当に名作か」

00660　「外科室」
『高野聖』　泉鏡花［著］　改版　角川書店　2013　317p　15cm〈角川文庫　い1-1〉〈年譜あり　角川グループホールディングス〔発売〕〉　438円　Ⓘ978-4-04-100849-2　Ⓝ913.6
☆「世界名著大事典」，「明治の名著 2」

00661　「高野聖」
『高野聖』　泉鏡花［著］　改版　角川書店　2013　317p　15cm〈角川文庫　い1-1〉〈年譜あり　角川グループホールディングス〔発売〕〉　438円　Ⓘ978-4-04-100849-2　Ⓝ913.6
☆「愛と死の日本文学」，「あらすじで読む日本の名著」，「一度は読もうよ！日本の名著」，「一冊で日本の名著100冊を読む 続」，「一冊で100名作の「さわり」を読む」，「感動！日本の名著 近現代編」，「現代文学鑑賞辞典」，「これだけは読んでおきたい日本の名作文学案内」，「3行でわかる名作＆ヒット本250」，「宗教学の名著30」，「知らないと恥ずかしい「日本の名作」あらすじ200本」，「世界名作事典」，「世界名著大事典」，「日本近代文学名著事典」，「日本人なら知っておきたいあらすじで読む日本の名著」，「日本の小説101」，「日本の名作おさらい」，「日本の名著」（角川書店）」，「日本の名著」（毎日新聞社）」，「日本の名著3分間読書100」，「日本文学鑑賞辞典〔第2〕」，「日本文学現代名作事典」，「日本文学名作案内」，「日本文学名

作概観」，「日本文学名作事典」，「日本文芸鑑賞事典 第2巻（1895〜1903年）」，「日本名著辞典」，「必読書150」，「ひと目でわかる日本の名作」，「文学・名著300選の解説 '88年度版」，「ポケット日本名作事典」

00662　「春昼」
『新編泉鏡花集　第5巻』　泉鏡太郎著　秋山稔［ほか］編　岩波書店　2004　496,12p　23cm〈付属資料：8p；月報 6〉　5600円
Ⓘ4-00-092575-X　Ⓝ913.6
☆「百年の誤読」

00663　「照葉狂言」
『照葉狂言』　泉鏡花著　岩波書店　1953　135p　15cm〈岩波文庫〉　Ⓝ913.6
☆「世界名著大事典」，「日本文学鑑賞辞典〔第2〕」，「日本文学現代名作事典」，「日本文芸鑑賞事典 第2巻（1895〜1903年）」

00664　「天守物語」
『泉鏡花―1873-1939』　泉鏡花著　筑摩書房　2008　475p　15cm〈ちくま日本文学　11〉〈年譜あり〉　880円　Ⓘ978-4-480-42511-9　Ⓝ913.6
☆「日本文芸鑑賞事典 第6巻（1917〜1920年）」

00665　「日本橋」
『日本橋』　泉鏡花著　角川書店　1956　204p　15cm〈角川文庫〉　Ⓝ913.6
☆「日本近代文学名著事典」，「日本文学鑑賞辞典〔第2〕」，「日本文芸鑑賞事典 第5巻」

00666　「夜行巡査」
『高野聖』　泉鏡花［著］　改版　角川書店　2013　317p　15cm〈角川文庫　い1-1〉〈年譜あり　角川グループホールディングス〔発売〕〉　438円　Ⓘ978-4-04-100849-2　Ⓝ913.6
☆「世界名著大事典」，「明治の名著 2」

00667　「湯島詣」
『湯島詣―他一篇』　泉鏡花著　岩波書店　1952　190p　15cm〈岩波文庫〉　Ⓝ913.6
☆「日本文学名作概観」

泉 靖一　いずみ・せいいち

00668　「インカ帝国」
『インカ帝国―砂漠と高山の文明』　泉靖一著　岩波書店　1959　271,11p 図版　18cm〈岩波新書〉〈付：参考文献6-11p〉　Ⓝ268
☆「「本の定番」ブックガイド」

00669　「遙かな山」
『遙かな山やま』　泉靖一著　新潮社　1971　374p　22cm　1200円　Ⓝ290.9
☆「日本の山の名著・総解説」

和泉式部　いずみしきぶ

00670　「和泉式部集」
『和泉式部集―校定本』　清水文雄著　笠間書院　1994　237p　22cm〈新装版〉　3800円
Ⓘ4-305-70147-2　Ⓝ911.138
☆「世界名著大事典」,「日本文学鑑賞辞典〔第1〕」

00671　「和泉式部日記」
『和泉式部日記』　和泉式部［著］　川村裕子編　角川学芸出版　2007　201p　15cm〈角川文庫　角川ソフィア文庫　ビギナーズ・クラシックス〉〈肖像あり　文献あり　年表あり　角川グループパブリッシング（発売）〉　590円
Ⓘ978-4-04-857417-4　Ⓝ915.34
☆「一度は読もうよ！日本の名著」,「一冊で日本の古典100冊を読む」,「一冊で100名作の「さわり」を読む」,「学術辞典叢書 第15巻」,「近代名著解題選集 3」,「古典の事典」,「古典文学鑑賞辞典」,「作品と作者」,「3行でわかる名作&ヒット本250」,「世界名作事典」,「世界名著解題選 第1巻」,「世界名著大事典」,「2ページでわかる日本の古典傑作選」,「日本古典への誘い100選 1」,「日本の古典・世界の古典」,「日本の古典名著」,「日本の書物」,「日本の名著3分間読書100」,「日本文学鑑賞辞典〔第1〕」,「日本文学名作概観」,「日本名著辞典」,「早わかり日本古典文学あらすじ事典」,「文学・名著300選の解説 '88年度版」,「マンガとあらすじでやさしく読める 日本の古典傑作選30選」

和泉屋 八左衛門　いずみや・はちざえもん

00672　「諸国此比好色覚帳」
『浮世草子集』〔大阪〕　般庵野間光辰先生華甲記念会　1970　495,14p　22cm〈近世文芸叢刊 第3巻〉〈京都大学附属図書館蔵本の複製　限定版　監修：野間光辰　編輯解題：金井寅之助,岸得蔵,宗政五十緒〉　Ⓝ913.52
☆「日本の艶本・珍書 総解説」,「日本の奇書77冊」

出雲 広貞　いずも・ひろさだ

00673　「大同類聚方」
『大同類聚方―全訳精解 第1巻 用薬部 1』　槇佐知子著　新泉社　1992　17,222p　22cm〈普及版〉　5000円　Ⓝ499.8
☆「世界名著大事典」

出雲臣 広嶋　いずものおみ・ひろしま

00674　「出雲国風土記」
『出雲国風土記』　荻原千鶴全訳注　講談社　1999　386p　15cm〈講談社学術文庫〉　1100円　Ⓘ4-06-159382-X　Ⓝ291.73
☆「近代名著解題選集 3」,「古典の事典」,「この一冊で読める！日本の古典50冊」,「日本の古典名著」,「日本歴史「古典籍」総覧」,「歴史の名著100」

伊勢 貞丈　いせ・さだたけ

00675　「安斎随筆」
『故実叢書 8巻』　今泉定助［原編］　故実叢書編集部編　改訂増補/鈴木眞弓/監修　明治図書出版　1993　465p　22cm〈複製〉
Ⓘ4-18-454100-3　Ⓝ210.09
☆「日本名著辞典」

00676　「軍用記」
『故実叢書 21巻』　今泉定助［原編］　故実叢書編集部編　改訂増補/鈴木眞弓/監修　明治図書出版　1993　447p　22cm〈複製〉
Ⓘ4-18-454100-3　Ⓝ210.09
☆「日本の古典名著」

00677　「貞丈雑記」
『貞丈雑記　第1巻　巻之1-巻之4』　伊勢貞丈著　複刻版　大空社　2012　570p　22cm〈原本：弘化3年刊〉　Ⓝ210.09
☆「古典の事典」,「世界名著大事典」,「日本の古典名著」

伊勢村 重安　いせむら・しげやす

00678　「大坂独吟集」
『日本俳書大系　第8巻　談林俳諧集』　勝峰晋風編　日本図書センター　1995　624,15p　22cm〈日本俳書大系刊行会大正15年刊の複製〉
Ⓘ4-8205-9379-X,4-8205-9371-4　Ⓝ911.308
☆「世界名著大事典」

磯崎 新　いそざき・あらた

00679　「空間へ」
『空間へ―根源へと遡行する思考』　磯崎新著　鹿島出版会　1997　504p　22cm　4738円
Ⓘ4-306-09348-4　Ⓝ520.4
☆「建築の書物/都市の書物」

00680　「空間の行間」
『空間の行間』　磯崎新,福田和也著　筑摩書房　2004　358p　20cm　2600円
Ⓘ4-480-86066-5　Ⓝ521.04
☆「建築・都市ブックガイド21世紀」

00681　「建築における「日本的なもの」」
『建築における「日本的なもの」』　磯崎新著　新潮社　2003　332p　20cm　2300円
Ⓘ4-10-458701-X　Ⓝ521.04
☆「建築・都市ブックガイド21世紀」

00682　「建築の解体―1968年の建築情況」
『建築の解体―一九六八年の建築情況』　磯崎新著　鹿島出版会　1997　433p　22cm〈美術出版社刊の新版　文献目録：p402～417〉　4326円　Ⓘ4-306-09349-2　Ⓝ523.07
☆「必読書150」

いそさき

00683 「手法が」
『手法が―カウンター・アーキテクチュア』 磯崎新著 鹿島出版会 1997 338p 22cm〈1984年刊の新版〉 3800円+税
ⓘ4-306-09350-6 Ⓝ520.4
☆「学問がわかる500冊 v.2」

00684 「批評と理論」
『批評と理論』 磯崎新,鈴木博之,石山修武監修 INAX出版 2005 373p 21cm 2700円
ⓘ4-87275-123-X Ⓝ521.04
☆「建築・都市ブックガイド21世紀」

磯崎 行雄　いそざき・ゆきお

00685 「生命と地球の歴史」
『生命と地球の歴史』 丸山茂徳,磯崎行雄著 岩波書店 2002 275p 18cm(岩波新書)〈第12刷〉 780円 ⓘ4-00-430543-8
☆「大学新入生に薦める101冊の本」

磯田 光一　いそだ・こういち

00686 「思想としての東京」
『思想としての東京―近代文学史論ノート』 磯田光一著 講談社 1990 215p 16cm(講談社文芸文庫)〈著書目録:p213～215〉 790円
ⓘ4-06-196070-9 Ⓝ910.26
☆「現代文学鑑賞辞典」

磯野 恭子　いその・きょうこ

00687 「愛と死768時間」
『愛と死768時間―人間魚雷「回天」特別攻撃隊員のメモ』 磯野恭子著 青春出版社 1985 253p 19cm〈付:参考文献,年表〉 930円
ⓘ4-413-02115-0 Ⓝ916
☆「今だから知っておきたい戦争の本70」

石上 玄一郎　いそのかみ・げんいちろう

00688 「黄金分割」
『黄金分割』 石上玄一郎著 大日本雄弁会講談社 1954 215p 20cm ⓘⒺ Ⓝ913.6
☆「日本文学鑑賞辞典〔第2版〕」

00689 「日食」
『石上玄一郎小説作品集成　第2巻』 石上玄一郎著 谷真介編 未知谷 2008 701p 20cm 9000円 ⓘ978-4-89642-212-2 Ⓝ913.6
☆「世界名著大事典」

石上 露子　いそのかみ・つゆこ

00690 「落葉のくに」
『〔新編〕日本女性文学全集　第2巻』 岩淵宏子,長谷川啓監修 北田幸恵責任編集 菁柿堂 2008 542p 22cm〈年譜あり 星雲社〔発売〕〉 5000円 ⓘ978-4-434-10002-4 Ⓝ913.68

☆「明治の名著 2」

00691 「兵士」
『〔新編〕日本女性文学全集　第2巻』 岩淵宏子,長谷川啓監修 北田幸恵責任編集 菁柿堂 2008 542p 22cm〈年譜あり 星雲社〔発売〕〉 5000円 ⓘ978-4-434-10002-4 Ⓝ913.68
☆「明治の名著 2」

磯村 哲　いそむら・てつ

00692 「社会法学の展開と構造」
『社会法学の展開と構造』 磯村哲著 日本評論社 2008 334p 21cm〈昭和61年刊(第3刷)を原本としたオンデマンド版〉 8000円
ⓘ978-4-535-59089-2 Ⓝ321.3
☆「21世紀の必読書100選」

礒村 吉徳　いそむら・よしのり

00693 「算法闕疑抄」
『江戸初期和算選書　第10巻 1　算法闕疑抄』 下平和夫監修 〔礒村吉徳〕〔著〕 西田知己校注 研成社 2010 200p 21cm
ⓘ978-4-87639-506-4 Ⓝ419.1
☆「古典の事典」,「世界名著大事典」

井田 徹治　いだ・てつじ

00694 「地球の資源ウソ・ホント」
『データで検証！地球の資源ウソ・ホント―エネルギー、食糧から水資源まで』 井田徹治著 講談社 2001 265,5p 18cm(ブルーバックス)〈文献あり〉 940円 ⓘ4-06-257316-4 Ⓝ334.7
☆「科学を読む愉しみ」

板垣 退助　いたがき・たいすけ

00695 「自由党史」
『自由党史　上』 宇田友猪,和田三郎編　遠山茂樹,佐藤誠朗校訂 岩波書店 1957 366p図版 15cm(岩波文庫)〈板垣退助監修 明治43年五車楼刊の複刊〉
☆「世界名著大事典」,「日本近代の名著」,「明治・大正・昭和の名著・総解説」,「明治の名著 1」

板垣 鷹穂　いたがき・たかほ

00696 「建築様式論叢」
『建築様式論叢』 板垣鷹穂,堀口捨己著 六文館 1932 707p 20cm Ⓝ520
☆「建築の書物/都市の書物」

板垣 雄三　いたがき・ゆうぞう

00697 「石の叫びに耳を澄ます」
『石の叫びに耳を澄ます―中東和平の探索』 板垣雄三著 平凡社 1992 443p 20cm 3200円 ⓘ4-582-74010-3 Ⓝ319.28

☆「大学新入生に薦める101冊の本」

00698 「歴史の現在と地域学」
『歴史の現在と地域学―現代中東への視角』 板垣雄三著 岩波書店 1992 428,28p 19cm 3800円 Ⓘ4-00-002517-1 Ⓝ226
☆「教養のためのブックガイド」

板倉 勝宣 いたくら・かつのぶ

00699 「山と雪の日記」
『山と雪の日記』 板倉勝宣［著］ 中央公論新社 2004 180p 21cm〈中公文庫ワイド版〉 3000円 Ⓘ4-12-551836-X Ⓝ291.09
☆「日本の山の名著・総解説」、「山の名著30選」、「山の名著 明治・大正・昭和戦前編」

板沢 武雄 いたざわ・たけお

00700 「シーボルト」
『シーボルト』 板沢武雄著 吉川弘文館 1988 286p 19cm〈人物叢書 新装版〉〈新装版 シーボルトの肖像あり 叢書の編者：日本歴史学会 略年譜・シーボルト関係参考文献：p272～281〉 800円 Ⓘ4-642-05113-9 Ⓝ289.3
☆「伝記・自叙伝の名著」

伊谷 純一郎 いたに・じゅんいちろう

00701 「ゴリラとピグミーの森」
『ゴリラとピグミーの森』 伊谷純一郎著 岩波書店 1961 322p 図版 18cm〈岩波新書〉 Ⓝ294.5
☆「現代人のための名著」

00702 「自然の慈悲」
『自然の慈悲』 伊谷純一郎著 平凡社 1990 286p 20cm 1860円 Ⓘ4-582-52710-8 Ⓝ480.49
☆「東アジア人文書100」

「異端の登攀者」刊行委員会 いたんのとうはんしゃかんこういいんかい

00703 「異端の登攀者―第二次RCCの軌跡」
『異端の登攀者―第二次RCCの軌跡』 『異端の登攀者』刊行委員会著 山と溪谷社 2002 397p 27cm〈複製を含む〉 3300円 Ⓘ4-635-17161-2 Ⓝ786.16
☆「新・山の本おすすめ50選」

市川 寛斎 いちかわ・かんさい

00704 「日本詩紀」
『日本詩紀』 市河寛斎編 吉川弘文館 2000 470p 23cm〈解説：後藤昭雄 国書刊行会明治44年刊の複製〉 11000円 Ⓘ4-642-08518-1 Ⓝ919.2
☆「世界名著大事典」

市川 浩之助 いちかわ・こうのすけ

00705 「キスカ」
『キスカ―日本海軍の栄光』 市川浩之助著 コンパニオン出版 1983 319p 20cm〈参考引用文献：p318〉 1600円 Ⓘ4-906121-29-2 Ⓝ916
☆「日本海軍の本・総解説」

市河 三喜 いちかわ・さんき

00706 「英語学辞典」
『研究社英語学辞典』 市河三喜編 研究社辞書部 1970 1188p 23cm〈第19刷（第1刷：昭和15年 第12刷 増補：昭和28年） 参考文献：p.1161-1188〉 3800円 Ⓝ830.33
☆「世界名著大事典」

00707 「世界言語概説」
『世界言語概説 上巻』 市河三喜,高津春繁共編 新装 研究社出版 2000 973p 23cm〈付属資料：15p；「世界言語概説」再刊にあたって 千野栄一著〉 Ⓘ4-327-39409-2 Ⓝ802
☆「世界名著大事典」

市川 正一 いちかわ・しょういち

00708 「日本共産党闘争小史」
『日本共産党闘争小史』 市川正一著 国民文庫社 1954 217p 15cm〈国民文庫〉 Ⓝ315.1
☆「日本近代の名著」

市川 伸一 いちかわ・しんいち

00709 「認知心理学を知る」
『認知心理学を知る』 市川伸一,伊東裕司編著 第3版 おうふう 2009 195p 21cm〈索引あり〉 1900円 Ⓘ978-4-273-03549-5 Ⓝ141.51
☆「学問がわかる500冊」

市川 禅海 いちかわ・ぜんかい

00710 「残花一輪」
『戦争文学全集 第2巻』 潮文閣 1939 693p 20cm Ⓝ908
☆「日本海軍の本・総解説」

市川 拓司 いちかわ・たくじ

00711 「いま、会いにゆきます」
『いま、会いにゆきます』 市川拓司著 小学館 2007 429p 15cm〈小学館文庫〉 571円 Ⓘ978-4-09-408217-3 Ⓝ913.6
☆「知らないと恥ずかしい「日本の名作」あらすじ200本」

市川 団十郎（1代） いちかわ・だんじゅうろう

00712 「源平雷伝記」
『元禄歌舞伎傑作集』 高野辰之,黒木勘蔵校訂

いちかわ　　　　　　　　　　　　　　　　　　　　　00713〜00726

京都　臨川書店　1973　2冊　22cm〈早稲田大学出版部大正14年刊の複製〉　全8500円　Ⓝ912.5
☆「世界名著大事典」

00713　「暫」
『勧進帳』　服部幸雄編著　白水社　1985　212p　19cm〈歌舞伎オン・ステージ　10〉　1700円　Ⓘ4-560-03280-7　Ⓝ912.5
☆「世界名著大事典」

00714　「鳴神」
『鳴神―歌舞伎十八番の内　忍夜恋曲者―将門　嫗山姥―八重桐廓話』　宝田寿助,近松門左衛門作　国立劇場　2000　83p　26cm〈国立劇場歌舞伎公演上演台本〉　Ⓝ912.5
☆「世界名著大事典　補遺（Extra）」

市川 浩　いちかわ・ひろし

00715　「現代哲学事典」
『現代哲学事典』　山崎正一,市川浩編　講談社　1970　719p　18cm〈講談社現代新書〉　590円　Ⓝ103.3
☆「本の定番」ブックガイド」

00716　「精神としての身体」
『精神としての身体』　市川浩［著］　講談社　1992　338p　15cm〈講談社学術文庫〉《『岩波講座哲学　第3巻　精神としての身体と身体としての精神』(1968年刊)の増補版》　960円　Ⓘ4-06-159019-7　Ⓝ114.2
☆「身体・セクシュアリティ・スポーツ」

市川 又彦　いちかわ・またひこ

00717　「バーナード・ショー―笑う哲人」
『笑う哲人バーナード・ショー』　市川又彦著　早稲田大学出版部　1975　245,12p　肖像　20cm〈巻末：ショーの著作年表〉　1600円　Ⓝ930.28
☆「伝記・自叙伝の名著」

一行　いちぎょう

00718　「大日経疏」
『大日経疏　上』　宮坂宥勝監修　北原裕全編著　四季社　2004　439p　22cm〈真言宗教相全書傍訳解題　第2巻〉　16000円　Ⓘ4-88405-285-4　Ⓝ183.7
☆「世界名著大事典　補遺（Extra）」

市古 貞次　いちこ・ていじ

00719　「中世小説の研究」
『中世小説の研究』　市古貞次著　東京大学出版会　1955　498p〈附共〉　表　22cm〈附（429-498）p：中世小説年表稿,明治以後刊行中世小説書目,索引〉　Ⓝ913.4

☆「人文科学の名著」

市島 謙吉　いちしま・けんきち

00720　「改進論」
『改進論』　市島謙吉著　神林莞爾編　新潟　桜井産作　1888　88p　20cm　Ⓝ310
☆「世界名著大事典」

一条 内経　いちじょう・うちつね

00721　「弘安礼節」
『群書類従　第27輯　雑部』　塙保己一編纂　オンデマンド版　八木書店古書出版部　2013　728p　21cm〈訂正3版：続群書類従完成会　1980年刊　デジタルパブリッシングサービス〔印刷・製本〕　八木書店〔発売〕〉　11000円　Ⓘ978-4-8406-3138-9　Ⓝ081
☆「日本名著辞典」

一条 兼良　いちじょう・かねよし

00722　「鴉鷺合戦物語」
『竜門文庫善本叢刊　第11巻』　〔吉野町（奈良県）〕　阪本竜門文庫　1988　507p　22cm〈監修：川瀬一馬　複製　勉誠社〔製作発売〕〉　12000円　Ⓝ081
☆「近代名著解題選集 3」,「世界名著大事典」

00723　「歌林良材集」
『万葉集古註釈集成　近世1　第2巻』　万葉集古註釈集成編集委員会編　日本図書センター　1989　437p　22cm〈複製〉　Ⓘ4-8205-9001-4　Ⓝ911.12
☆「近代名著解題選集 3」

00724　「公事根源」
『公事根源』　一条兼良著　〔出版地不明〕〔出版者不明〕　〔126〕丁　21cm〈毎半葉9行平仮名交り古活字版　書入れあり　中山日意上人,市野迷庵旧蔵　印記：江戸市野光彦蔵書記　迷菴　市野光彦　笙歌亭　和装〉　Ⓝ210.09
☆「古典の事典」,「世界名著大事典」,「日本の古典名著」,「日本名著辞典」

00725　「小夜の寝覚」
『群書類従　第27輯　雑部』　塙保己一編纂　オンデマンド版　八木書店古書出版部　2013　728p　21cm〈訂正3版：続群書類従完成会　1980年刊　デジタルパブリッシングサービス〔印刷・製本〕　八木書店〔発売〕〉　11000円　Ⓘ978-4-8406-3138-9　Ⓝ081
☆「作品と作者」

00726　「樵談治要」
『神道思想名著集成　下巻』　小野祖教編　国学院大学日本文化研究所第三研究室　1972　484p　22cm〈試刷〉　非売　Ⓝ171
☆「古典の事典」,「世界名著大事典」

00727　「日本書紀纂疏」
　『天理図書館善本叢書　和書之部　第27巻　日本書紀纂疏　日本書紀抄』　天理図書館善本叢書和書之部編集委員会編　一条兼良,清原宣賢著　天理　天理大学出版社　1977　474,21p　27cm〈八木書店〔製作発売〕〉　12000円　Ⓝ081
　☆「世界名著大事典」,「日本名著辞典」

00728　「文明一統記」
　『武士道全書　第1巻』　井上哲次郎監修　佐伯有義,植木直一郎,井野辺茂雄編　国書刊行会　1998　358p　22cm〈時代社昭和17年刊の複製〉　Ⓘ4-336-04095-8　Ⓝ156
　☆「古典の事典」

一条 冬良　いちじょう・ふゆよし

00729　「新撰菟玖波集」
　『新撰菟玖波集―実隆本』　宗祇撰　横山重,金子金治郎編　角川書店　1970　659p　図版22cm〈貴重古典籍叢刊　4〉〈天理図書館蔵三条西実隆自筆本の翻刻　限定版〉　6500円　Ⓝ911.2
　☆「近代名著解題選集 3」,「古典の事典」,「古典文学鑑賞辞典」,「作品と作者」,「世界名著大事典」,「日本の古典名著」,「日本文学鑑賞辞典〔第1〕」,「日本文学名作概観」,「日本名著辞典」

一番ヶ瀬 康子　いちばんがせ・やすこ

00730　「講座社会福祉2 社会福祉の歴史」
　『講座社会福祉　2　社会福祉の歴史』　仲村優一ほか編集　一番ヶ瀬康子,高島進編　有斐閣　1981　375p　22cm〈各章末：参考文献　社会福祉比較史年表：p348～360〉　3200円
　Ⓘ4-641-07122-5　Ⓝ369
　☆「学問がわかる500冊」

00731　「中野区・福祉都市への挑戦」
　『中野区・福祉都市への挑戦―21世紀にむけての地域型福祉サービス』　一番ヶ瀬康子［ほか］編著　あけび書房　1993　269p　20cm〈執筆：神山好市ほか〉　2000円
　Ⓘ4-900423-64-5　Ⓝ369.1
　☆「学問がわかる500冊」

00732　「21世紀社会福祉学」
　『21世紀社会福祉学―人権・社会福祉・文化』　一番ヶ瀬康子編　有斐閣　1995　410p　22cm〈英文併記〉　6180円　Ⓘ4-641-07583-2　Ⓝ369
　☆「学問がわかる500冊」

00733　「「老人福祉」とは何か 新しい人間社会の創造をめざして」
　『「老人福祉」とは何か―新しい人間社会の創造をめざして』　一番ヶ瀬康子,古林佐知子著　京都　ミネルヴァ書房　1988　194p　21cm〈参考文献：p189～194〉　1500円
　Ⓘ4-623-01865-2　Ⓝ369.26
　☆「学問がわかる500冊」

市村 瓚次郎　いちむら・さんじろう

00734　「東洋史統」
　『東洋史統　巻1-3』　市村瓚次郎著　富山房　1944　3冊　22cm　Ⓝ220
　☆「世界名著大事典」

市村 真一　いちむら・しんいち

00735　「世界のなかの日本経済」
　『世界のなかの日本経済』　市村真一著　中央公論社　1965　194p　18cm〈中公新書〉
　Ⓝ330.4
　☆「現代人のための名著」

市村 弘正　いちむら・ひろまさ

00736　「小さなものの諸形態」
　『小さなものの諸形態―精神史覚え書』　市村弘正著　増補　平凡社　2004　258p　16cm〈平凡社ライブラリー〉　1200円
　Ⓘ4-582-76496-7　Ⓝ904
　☆「東アジア人文書100」

一楽子　いちらくし

00737　「外題年鑑」
　『浄瑠璃研究文献集成』　日本演劇文献研究会編　北光書房　1944　772p　19cm〈日本演劇文献集成　第2〉　Ⓝ912.4
　☆「世界名著大事典」

五木 寛之　いつき・ひろゆき

00738　「蒼ざめた馬を見よ」
　『蒼ざめた馬を見よ』　五木寛之著　新装版　文藝春秋　2006　319p　16cm〈文春文庫〉　562円　Ⓘ4-16-710033-9　Ⓝ913.6
　☆「一度は読もうよ！日本の名著」,「一冊で日本の名著100冊を読む」,「知らないと恥ずかしい「日本の名作」あらすじ200本」,「日本文学 これを読まないと文学は語れない!!」,「日本文学名作案内」

00739　「戒厳令の夜」
　『戒厳令の夜』　五木寛之著　新潮社　1980　2冊　15cm〈新潮文庫〉　360円,280円　Ⓝ913.6
　☆「新潮文庫20世紀の100冊」

00740　「風に吹かれて」
　『風に吹かれて』　五木寛之著　ベストセラーズ　2002　318p　22cm〈肖像あり〉　1800円
　Ⓘ4-584-18678-2　Ⓝ914.6
　☆「あの本にもう一度」

00741　「風の王国」

いつきゆう　　　　　　　　　　　　　　　　00742〜00756

『風の王国　1（翔ぶ女）』　五木寛之著　アメーバブックス　2006　188p　22cm〈幻冬舎〔発売〕〉　1000円　Ⓘ4-344-99042-0　Ⓝ913.6
☆「生きがいの再発見名著22選」

00742　「さらばモスクワ愚連隊」
『さらばモスクワ愚連隊』　五木寛之著　新潮社　1982　265p　15cm〈新潮文庫〉　280円　Ⓘ4-10-114716-7　Ⓝ913.6
☆「一度は読もうよ！日本の名著」、「一冊で日本の名著100冊を読む　続」、「日本文学名作案内」

00743　「親鸞」
『親鸞　上』　五木寛之［著］　講談社　2011　365p　15cm（講談社文庫　い1-77）　562円　Ⓘ978-4-06-277060-6　Ⓝ913.6
☆「3行でわかる名作&ヒット本250」

00744　「水中花」
『水中花』　五木寛之著　新潮社　1982　189p　15cm〈新潮文庫〉　240円　Ⓘ4-10-114719-1　Ⓝ913.6
☆「一度は読もうよ！日本の名著」、「一冊で愛の話題作100冊を読む」

00745　「青春の門」
『青春の門　筑豊篇　上』　五木寛之［著］　新装決定版　講談社　2004　361p　15cm（講談社文庫）　552円　Ⓘ4-06-274876-2　Ⓝ913.6
☆「あらすじで味わう昭和のベストセラー」、「現代文学鑑賞辞典」、「日本文芸鑑賞事典　第20巻（昭和42〜50年）」、「ポケット日本名作事典」

00746　「大河の一滴」
『大河の一滴』　五木寛之著　新版　幻冬舎　2009　294p　18cm（幻冬舎新書ゴールド　002）　840円　Ⓘ978-4-344-98140-9　Ⓝ914.6
☆「百年の誤読」

00747　「変奏曲」
『変奏曲』　五木寛之著　文芸春秋　1974　310p　肖像　20cm（五木寛之作品集　21）　590円　Ⓝ913.6
☆「一度は読もうよ！日本の名著」、「一冊で愛の話題作100冊を読む」

一休宗純　いっきゅうそうじゅん
00748　「狂雲集」
『狂雲集』　一休宗純著　柳田聖山訳　中央公論新社　2001　450p　18cm（中公クラシックス）〈年譜あり〉　1400円　Ⓘ4-12-160003-7　Ⓝ188.84
☆「古典の事典」、「世界名著大事典」、「千年の百冊」、「日本の艶本・珍書　総解説」、「日本の奇書77冊」、「日本の書物」、「日本の名著3分間読書100」、「日本名著辞典」、「わたしの古典」

一色　次郎　いっしき・じろう
00749　「青幻記」
『青幻記』　一色次郎著　筑摩書房　1967　199p　20cm　450円　Ⓝ913.6
☆「現代文学鑑賞辞典」

一遍　いっぺん
00750　「播州法語集」
『原典日本仏教の思想　5　法然・一遍』　大橋俊雄校注　岩波書店　1991　487p　22cm　4400円　Ⓘ4-00-009025-9　Ⓝ182.1
☆「世界名著大事典」

出　隆　いで・たかし
00751　「ギリシアの哲学と政治」
『ギリシヤの哲学と政治』　出隆著　3版　岩波書店　1948　414p　22cm　Ⓝ131.1
☆「世界名著大事典」

00752　「哲学以前」
『哲学以前』　出隆著　講談社　1988　350p　15cm（講談社学術文庫）　840円　Ⓘ4-06-158824-9　Ⓝ100
☆「世界名著大事典」、「大正の名著」、「明治・大正・昭和の名著・総解説」

井出　利憲　いで・としのり
00753　「細胞増殖のしくみ」
『細胞増殖のしくみ』　井出利憲著　共立出版　1989　248p　19cm（未来の生物科学シリーズ　18）　2230円　Ⓘ4-320-05342-7　Ⓝ463.5
☆「学問がわかる500冊 v.2」

井手　久登　いで・ひさと
00754　「緑地環境科学」
『緑地環境科学』　井手久登編　朝倉書店　1997　248p　22cm（執筆：井手久登ほか　各章末：参考文献）　4326円　Ⓘ4-254-10146-5　Ⓝ519
☆「学問がわかる500冊 v.2」

井出　孫六　いで・まごろく
00755　「終わりなき旅」
『終わりなき旅—「中国残留孤児」の歴史と現在』　井出孫六著　岩波書店　2004　334p　15cm（岩波現代文庫　社会）　1100円　Ⓘ4-00-603095-9　Ⓝ369.37
☆「現代を読む」

00756　「秩父困民党」
『秩父困民党』　井出孫六著　講談社　1979　245p　18cm（講談社現代新書）　390円　Ⓝ210.63
☆「歴史小説・時代小説　総解説」

伊藤 永之介　いとう・えいのすけ

00757　「鶯」
『鶯』　伊藤永之介著　河出書房　1956　175p　図版　15cm（河出文庫）　Ⓝ913.6
☆「現代日本文学案内」,「世界名著大事典」,「日本文学鑑賞辞典〔第2〕」

00758　「梟」
『伊藤永之介文学選集』　伊藤永之介著　浦西和彦編　大阪　和泉書院　1999　357p　22cm〈肖像あり　年譜あり〉　5000円
Ⓘ4-87088-986-2　Ⓝ918.68
☆「日本・世界名作「愛の会話」100章」,「日本の小説101」

伊藤 和衛　いとう・かずえ

00759　「学校経営の近代化論―単層構造か重層構造か」
『学校経営の近代化論』　伊藤和衛著　明治図書出版　1967　206p　18cm（明治図書新書）　280円　Ⓝ374
☆「教育名著　日本編」

伊藤 公雄　いとう・きみお

00760　「〈男らしさ〉のゆくえ―男性文化の文化社会学」
『〈男らしさ〉のゆくえ―男性文化の文化社会学』　伊藤公雄著　新曜社　1993　214p　20cm〈参考文献：p198～208〉　1751円
Ⓘ4-7885-0459-6　Ⓝ367
☆「学問がわかる500冊」

伊藤 君独　いとう・くんどく

00761　「颶風新話」
『海事史料叢書　第1-10巻』　住田正一編　巌松堂書店　1929　10冊　23cm　Ⓝ683
☆「世界名著大事典」

伊藤 桂一　いとう・けいいち

00762　「風車の浜吉捕物綴」
『病みたる秘剣―風車の浜吉・捕物綴』　伊藤桂一[著]　学習研究社　2005　370p　15cm（学研M文庫）　676円　Ⓘ4-05-900335-2　Ⓝ913.6
☆「歴史小説・時代小説　総解説」

00763　「静かなノモンハン」
『静かなノモンハン』　伊藤桂一[著]　講談社　2005　283p　16cm（講談社文芸文庫）〈年譜あり　著作目録あり〉　1300円
Ⓘ4-06-198410-1　Ⓝ913.6
☆「生きがいの再発見名著22選」

00764　「戦犯記」
『かかる軍人ありき』　伊藤桂一著　光人社　2003　278p　19cm（光人社名作戦記　8）　1600円　Ⓘ4-7698-1108-X　Ⓝ913.6
☆「今だから知っておきたい戦争の本70」

00765　「藤の咲くころ」
『藤の咲くころ』　伊藤桂一著　新潮社　1988　301p　16cm（新潮文庫）　360円
Ⓘ4-10-148603-4　Ⓝ913.6
☆「一度は読もうよ！日本の名著」,「一冊で愛の話題作100冊を読む」

00766　「蛍の河」
『螢の河』　伊藤桂一著　光人社　2003　219p　19cm（光人社名作戦記　9）　1500円
Ⓘ4-7698-1109-8　Ⓝ913.6
☆「一度は読もうよ！日本の名著」,「一冊で日本の名著100冊を読む　続」,「現代文学鑑賞辞典」,「日本文学名作案内」,「日本陸軍の本・総解説」,「ポケット日本名作事典」

伊藤 圭介　いとう・けいすけ

00767　「泰西本草名疏」
『名古屋叢書三編　第19巻』　名古屋市蓬左文庫編　〔名古屋〕　名古屋市教育委員会　1982　536p　22cm〈複製〉　Ⓝ081.2
☆「世界名著大事典」

00768　「輿地紀略」
☆「世界名著大事典」

伊藤 左千夫　いとう・さちお

00769　「九十九里浜の連作」
☆「現代文学名作探訪事典」

00770　「左千夫歌集」
『左千夫歌集』　伊藤左千夫著　斎藤茂吉,土屋文明選　増補改版　岩波書店　1956　111p　15cm（岩波文庫）　Ⓝ911.168
☆「世界名著大事典」,「日本文学鑑賞辞典〔第2〕」

00771　「隣の嫁」
『隣の嫁』　伊藤左千夫著　河出書房　1956　131p　図版　15cm（河出文庫）　Ⓝ913.6
☆「一度は読もうよ！日本の名著」,「一冊で日本の名著100冊を読む　続」

00772　「野菊の墓」
『野菊の墓』　伊藤左千夫著　PHP研究所　2009　241p　15cm（PHP文庫　い60-1）〈年譜あり〉　343円　Ⓘ978-4-569-67259-5　Ⓝ913.6
☆「愛と死の日本文学」,「あらすじで読む日本の名著」（楽書館,中経出版〔発売〕）,「あらすじで読む日本の名著」（新人物往来社）,「一度は読もうよ！日本の名著」,「一冊で日本の名著100冊を読む」,「一冊100名作の「さわり」を読む」,「絵で読むあらすじ日本の名著」,「この一冊でわかる日本の名作」,「これだけは読んでおきたい日本の名作文学案内」,「3行でわかる名作＆ヒット本250」,「女

いとう　　　　　　　　　　　　　　　　　　　　　00773〜00786

性のための名作・人生案内」、「知らないと恥ずかしい「日本の名作」あらすじ200本」、「図説 5分でわかる日本の名作」、「世界名著大事典」、「小さな文学の旅」、「2時間でわかる日本の名著」、「日本近代文学名著事典」、「日本人なら知っておきたいあらすじで読む日本の名著」、「日本の小説101」、「日本の名作おさらい」、「日本文学鑑賞辞典〔第2〕」、「日本文学名作事典」、「日本文学名作事典」、「日本文芸鑑賞事典 第3巻(1904〜1909年)」、「日本名作文学館 日本編」、「ひと目でわかる日本の名作」、「文学・名著300選の解説 '88年度版」、「ポケット日本名作事典」、「私を変えたこの一冊」

伊藤 栄樹　いとう・しげき

00773　「検事総長の回想」
『検事総長の回想』　伊藤栄樹著　朝日新聞社　1992　209p　15cm〈朝日文庫〉〈秋霜烈日〉(1988年刊)の改題〉　400円　Ⓘ4-02-260693-2　Ⓝ327.04
☆「学問がわかる500冊」

伊藤 滋　いとう・しげる

00774　「建築学大系」
『建築学大系　第1　住居論』　建築学大系編集委員会編　吉沢隆正等著　新訂版　彰国社　1970　274p　21cm　1400円　Ⓝ520.8
☆「名著の履歴書」

伊東 静雄　いとう・しずお

00775　「詩集夏花」
『詩集夏花』　伊東静雄著　冬至書房　1971　67p　18cm〈子文書房昭和15年刊の複製〉　700円　Ⓝ911.56
☆「日本文芸鑑賞事典第12巻」

00776　「手にふるる野花は……」
『詩集夏花』　伊東静雄著　冬至書房　1971　67p　18cm〈子文書房昭和15年刊の複製〉　700円　Ⓝ911.56
☆「現代文学名作探訪事典」

00777　「春のいそぎ」
『日本の詩歌　23　中原中也・伊東静雄・八木重吉』　中原中也,伊東静雄,八木重吉［著］　新装　中央公論新社　2003　431p　21cm〈オンデマンド版　年譜あり〉　5300円　Ⓘ4-12-570067-2　Ⓝ911.08
☆「日本文芸鑑賞事典第13巻」

00778　「反響」
『日本の詩歌　23　中原中也・伊東静雄・八木重吉』　中原中也,伊東静雄,八木重吉［著］　新装　中央公論新社　2003　431p　21cm〈オンデマンド版　年譜あり〉　5300円　Ⓘ4-12-570067-2　Ⓝ911.08
☆「日本文芸鑑賞事典第14巻(1946〜1948年)」

00779　「わがひとに与ふる哀歌」
『わがひとに与ふる哀歌―詩集』　伊東静雄著　日本図書センター　2000　160p　20cm〈文献あり　年譜あり〉　2200円　Ⓘ4-8205-2726-6　Ⓝ911.56
☆「世界名著大事典」、「日本文学鑑賞辞典〔第2〕」、「日本文芸鑑賞事典 第11巻(昭和9〜昭和12年)」

伊藤 俊次　いとう・しゅんじ

00780　「数学のひろば」
『数学のひろば―対話でつづる現代数学の基礎』　伊藤俊次ほか共著　実教出版　1981　188p　22cm　1600円　Ⓝ410
☆「数学ブックガイド700」

伊東 俊太郎　いとう・しゅんたろう

00781　「近代科学の源流」
『近代科学の源流』　伊東俊太郎著　中央公論新社　2007　397p　16cm〈中公文庫〉〈年表あり〉　1000円　Ⓘ978-4-12-204916-1　Ⓝ402
☆「科学技術をどう読むか」

伊藤 松宇　いとう・しょうう

00782　「松宇家集」
『松宇家集』　伊藤松宇著　友田泰信堂　1926　186,47,20p　19cm〈附：松宇年譜〉　Ⓝ911.36
☆「日本文学鑑賞辞典〔第2〕」

伊藤 章治　いとう・しょうじ

00783　「ジャガイモの世界史―歴史を動かした「貧者のパン」」
『ジャガイモの世界史―歴史を動かした「貧者のパン」』　伊藤章治著　中央公論新社　2008　243p　18cm〈中公新書〉　840円　Ⓘ978-4-12-101930-1　Ⓝ383.8
☆「世界史読書案内」

伊東 信　いとう・しん

00784　「さらば海賊」
『さらば海賊』　伊東信作　鴇田幹絵　学校図書　1983　158p　22cm〈学図の新しいライブラリー〉　950円
☆「世界の海洋文学」

00785　「地獄鉤」
『地獄鉤』　伊東信著　東邦出版社　1969　261p　20cm　580円　Ⓝ913.6
☆「世界の海洋文学」

伊藤 仁斎　いとう・じんさい

00786　「語孟字義」
『伊藤仁斎・東涯』　日本図書センター　1979　1冊　22cm〈日本教育思想大系　14〉〈それぞれの複製〉　12000円　Ⓝ121.62

☆「古典の事典」,「日本の古典名著」

00787 「童子問」
『童子問』 伊藤仁斎著 清水茂校注 岩波書店 1970 288p 15cm〈岩波文庫〉 150円
Ⓝ121.62
☆「古典の事典」,「日本古典への誘い100選 1」,「「日本人の名著」を読む」

00788 「論語古義」
『『論語』叢書 第1巻』 大空社 2011 300,114p 22cm〈東洋図書刊行会大正11年刊の複製〉 14200円
Ⓘ978-4-283-00976-9,978-4-283-00982-0
Ⓝ123.8
☆「世界名著大事典」,「日本の古典名著」

伊藤 整 いとう・せい

00789 「小説の方法」
『小説の方法』 伊藤整著 岩波書店 2006 341p 15cm〈岩波文庫〉 760円
Ⓘ4-00-310963-5 Ⓝ901.3
☆「世界名著大事典」,「日本文芸鑑賞事典 第15巻」,「ベストガイド日本の名著」,「明治・大正・昭和の名著・総解説」,「名著の履歴書」

00790 「女性に関する十二章」
『女性に関する十二章』 伊藤整著 改版 中央公論新社 2005 210p 16cm〈中公文庫〉 1286円 Ⓘ4-12-204482-0 Ⓝ914.6
☆「日本文芸鑑賞事典 第16巻」

00791 「青春」
『青春』 伊藤整著 三笠書房 1975 233p 19cm 680円 Ⓝ913.6
☆「現代日本文学案内」

00792 「冬夜」
『伊藤整全集 1』 新潮社 1972 614p 肖像 20cm 2000円 Ⓝ918.6
☆「日本文芸鑑賞事典 第11巻(昭和9~昭和12年)」

00793 「得能五郎の生活と意見」
『得能五郎の生活と意見』 伊藤整著 新潮社 1954 321p 15cm〈新潮文庫〉 Ⓝ913.6
☆「昭和の名著」,「世界名著大事典」

00794 「鳴海仙吉」
『鳴海仙吉』 伊藤整作 岩波書店 2006 549p 15cm〈岩波文庫〉 940円
Ⓘ4-00-310964-3 Ⓝ913.6
☆「あらすじダイジェスト」,「近代文学名作事典」,「世界名著大事典」,「日本文芸鑑賞事典〔第2〕」,「日本文学現代名作事典」,「日本文芸鑑賞事典 第15巻」,「ポケット日本名作事典」

00795 「日本文壇史」
『日本文壇史 1 開化期の人々』 伊藤整著 講談社 1994 333,11p 16cm〈講談社文芸文庫 回想の文学〉〈著書目録:p328~333〉 980円 Ⓘ4-06-196300-7 Ⓝ910.26
☆「日本の名著」

00796 「氾濫」
『氾濫』 伊藤整著 新潮社 1961 553p 16cm〈新潮文庫〉 Ⓝ913.6
☆「女性のための名作・人生案内」,「日本文学鑑賞辞典〔第2〕」,「「本の定番」ブックガイド」

00797 「火の鳥」
『火の鳥』 伊藤整著 光文社 1963 263p 18cm(カッパノベルス) Ⓝ913.6
☆「一度は読もうよ! 日本の名著」,「一冊で日本の名著100冊を読む 続」,「教養のためのブックガイド」,「世界名著案内 8」,「日本文学鑑賞辞典〔第2〕」,「日本文学現代名作事典」,「日本文学名作案内」,「文学・名著300選の解説 '88年度版」,「ポケット日本名作事典」

00798 「文学入門」
『文学入門』 伊藤整[著] 改訂 講談社 2004 311p 16cm〈講談社文芸文庫〉〈文献あり 年譜あり 著作目録あり〉 1300円
Ⓘ4-06-198390-3 Ⓝ901
☆「日本文学現代名作事典」,「「本の定番」ブックガイド」

00799 「変容」
『変容』 伊藤整作 岩波書店 2005 430p 15cm〈岩波文庫〉〈第6刷〉 800円
Ⓘ4-00-310962-7
☆「日本文芸鑑賞事典 第19巻」

00800 「幽鬼の街」
『女霊は誘う』 東雅夫編 筑摩書房 2011 377p 15cm〈ちくま文庫 ふ36-18—文豪怪談傑作選 昭和篇〉 880円
Ⓘ978-4-480-42882-0 Ⓝ913.68
☆「現代文学名作探訪事典」

00801 「雪明りの路」
『雪明りの路』 伊藤整著 日本図書センター 2006 276p 20cm〈年譜あり〉 2500円
Ⓘ4-284-70003-0 Ⓝ911.56
☆「現代文学名作探訪事典」,「日本近代文学名著事典」,「日本文芸鑑賞事典 第8巻(1924~1926年)」

00802 「若い詩人の肖像」
『若い詩人の肖像』 伊藤整著 講談社 1998 453p 16cm〈講談社文芸文庫〉〈著作目録あり 年譜あり〉 1500円 Ⓘ4-06-197633-8 Ⓝ913.6
☆「感動! 日本の名著 近現代編」,「現代文学鑑賞辞典」,「現代文学名作探訪事典」,「日本の名著」,「日本文学名作事典」

伊藤 清蔵　いとう・せいぞう

00803　「農業経営学」
『明治大正農政経済名著集　8　農業経営学』
近藤康男編　伊藤清蔵著　農山漁村文化協会
1976　414p 肖像　20cm〈解題（金沢夏樹）〉
3000円　Ⓝ610.8
　☆「農政経済の名著 明治大正編」

伊藤 隆　いとう・たかし

00804　「昭和十年代史断章」
『昭和十年代史断章』　伊藤隆著　東京大学出版会　2012　302,9p　19cm〈歴史学選書　4〉
3200円　Ⓘ978-4-13-025004-7　Ⓝ210.7
　☆「現代政治学を読む」

00805　「畑俊六日誌」
『続・現代史資料　4　陸軍—畑俊六日誌』　畑俊六［著］　伊藤隆,照沼康孝編　みすず書房　2004　22,541p　22cm〈1996年刊（第3刷）を原本としたオンデマンド版〉　12000円
Ⓘ4-622-06150-3　Ⓝ210.7
　☆「日本陸軍の本・総解説」

00806　「真崎甚三郎日記」
『真崎甚三郎日記　昭和7・8・9年1月〜昭和10年2月』　伊藤隆ほか編　山川出版社　1981
447,8p　20cm〈近代日本史料選書 1-1〉〈著者の肖像あり〉　3000円　Ⓝ210.7
　☆「日本陸軍の本・総解説」

伊東 多三郎　いとう・たさぶろう

00807　「草莽の国学」
『草莽の国学』　伊東多三郎著　名著出版　1982
330p　19cm〈名著選書　2〉〈真砂書房昭和41年刊の増補版〉　3200円　Ⓝ121.52
　☆「日本思想史」

伊東 忠太　いとう・ちゅうた

00808　「伊東忠太建築文献」
『伊東忠太建築文献　第1-6巻』　伊東忠太建築文献編纂会編纂　竜吟社　1936　6冊　22cm
Ⓝ520
　☆「建築の書物/都市の書物」

00809　「支那建築装飾」
『伊東忠太著作集　7〔1〕　支那建築装飾　第1巻』　原書房　1983　204,195,13p　37cm
〈東方文化学院昭和16年刊の複製　折り込図1枚〉　35000円　Ⓘ4-562-01329-X　Ⓝ520.8
　☆「世界名著大事典 補遺(Extra)」

伊藤 千行　いとう・ちゆき

00810　「軍艦島—海上産業都市に住む」
『軍艦島海上産業都市に住む』　伊藤千行写真　阿久井喜孝文　岩波書店　1995　93p　26cm
（ビジュアルブック水辺の生活誌）〈付：参考文献一覧〉　2000円　Ⓘ4-00-008495-X　Ⓝ219.3
　☆「学問がわかる500冊 v.2」

伊藤 ていじ　いとう・ていじ

00811　「重源」
『重源』　伊藤ていじ著　新潮社　1994　428p
22cm　4500円　Ⓘ4-10-397901-1　Ⓝ188.62
　☆「学問がわかる500冊 v.2」,「建築の書物/都市の書物」

伊藤 東涯　いとう・とうがい

00812　「学問関鍵」
『伊藤仁斎・東涯』　日本図書センター　1979
1冊　22cm〈日本教育思想大系　14〉〈それぞれの複製〉　12000円　Ⓝ121.62
　☆「世界名著大事典」

00813　「制度通」
『制度通　1』　伊藤東涯著　礪波護,森華校訂
平凡社　2006　356p　18cm〈東洋文庫754〉　2900円　Ⓘ4-582-80754-2　Ⓝ322.22
　☆「世界名著大事典」

伊藤 俊治　いとう・としはる

00814　「トランス・シティ・ファイル」
『トランス・シティ・ファイル』　伊藤俊治著
INAX　1993　203p　22cm〈INAX叢書　7〉
〈図書出版社〔発売〕　折り込図2枚〉
2060円　Ⓘ4-8099-1039-3　Ⓝ518.8
　☆「学問がわかる500冊 v.2」

伊藤 野枝　いとう・のえ

00815　「伊藤野枝全集」
『定本伊藤野枝全集　第1巻　創作』　伊藤野枝［著］　井手文子,堀切利高編　學藝書林
2000　407p　22cm〈肖像あり〉　4500円
Ⓘ4-87517-052-1　Ⓝ918.68
　☆「世界名著大事典 補遺(Extra)」

00816　「婦人解放の悲劇」
『定本伊藤野枝全集　第4巻　翻訳』　伊藤野枝［著］　井手文子,堀切利高編　學藝書林
2000　520,9p　22cm〈付属資料：4p：月報 4
肖像あり 著作目録あり 年譜あり〉
4500円　Ⓘ4-87517-055-6　Ⓝ918.68
　☆「世界名著大事典 補遺(Extra)」

伊藤 梅宇　いとう・ばいう

00817　「見聞談叢」
『見聞談叢』　伊藤梅宇著　亀井伸明校訂　岩波書店　1971　308p 図　15cm〈岩波文庫〉〈第3刷（第1刷：昭和15年）〉　150円　Ⓝ049.1
　☆「教養のためのブックガイド」

井藤 半弥　いとう・はんや
00818　「租税原則学説の構造と生成」
『租税原則学説の構造と生成―租税政策原理』
井藤半弥著　新版　千倉書房　1969　471p
22cm Ⓝ345.1
☆「世界名著大事典」

伊藤 秀五郎　いとう・ひでごろう
00819　「北の山」
『北の山』　伊藤秀五郎著　中央公論社　1980
228p　15cm（中公文庫）　300円　Ⓝ291.1
☆「日本の山の名著・総解説」、「山の名著 明治・大正・昭和戦前編」

伊藤 博文　いとう・ひろぶみ
00820　「憲法義解」
『憲法義解』　伊藤博文著　宮沢俊義校註　岩波書店　1940　201p　15cm（岩波文庫　2311-2312）Ⓝ323
☆「日本名著辞典」

00821　「大日本帝国憲法義解」
☆「世界名著大事典」

伊藤 真　いとう・まこと
00822　「夢をかなえる勉強法」
『夢をかなえる勉強法』　伊藤真著　サンマーク出版　2011　221p　15cm（サンマーク文庫　い・1・1）　571円　Ⓘ978-4-7631-8494-8　Ⓝ379.7
☆「超売れ筋ビジネス書101冊」

伊藤 正男　いとう・まさお
00823　「脳の設計図」
『脳の設計図』　伊藤正男著　中央公論社　1980　270p　19cm（自然選書）〈引用・参考文献：p255〜261〉　1400円　Ⓝ491.371
☆「科学技術をどう読むか」

伊藤 正孝　いとう・まさたか
00824　「南ア共和国の内幕」
『南ア共和国の内幕―アパルトヘイトの終焉まで』　伊藤正孝著　増補改訂版　中央公論社　1992　257p　18cm（中公新書）〈参考文献・南アフリカ年表：p242〜253〉　680円　Ⓘ4-12-190243-2　Ⓝ302.487
☆「現代を読む」

伊東 昌輝　いとう・まさてる
00825　「南蛮かんぬし航海記」
『南蛮かんぬし航海記』　伊東昌輝著　毎日新聞社　1976　190p　19cm　780円　Ⓝ290.9
☆「世界の海洋文学」

伊藤 正徳　いとう・まさのり
00826　「軍閥興亡史」
『軍閥興亡史　第1巻　日露戦争に勝つまで』　伊藤正徳著　光人社　1998　404p　16cm（光人社NF文庫）　743円　Ⓘ4-7698-2205-7　Ⓝ392.1
☆「日本人とは何か」

00827　「大海軍を想う」
『大海軍を想う―その興亡と遺産』　伊藤正徳著　光人社　2002　542p　16cm（光人社NF文庫）　952円　Ⓘ4-7698-2343-6　Ⓝ397.21
☆「日本海軍の本・総解説」

00828　「帝国陸軍の最後」
『帝国陸軍の最後　1（進攻篇）』　伊藤正徳著　光人社　1998　346p　16cm（光人社NF文庫）　714円　Ⓘ4-7698-2187-5　Ⓝ391.2074
☆「日本陸軍の本・総解説」

00829　「連合艦隊の栄光」
『連合艦隊の栄光』　伊藤正徳著　光人社　2001　257p　20cm　1900円　Ⓘ4-7698-1006-7　Ⓝ397.21
☆「日本海軍の本・総解説」

伊藤 正己　いとう・まさみ
00830　「法学者 人と作品」
『法学者人と作品』　伊藤正己編　日本評論社　1985　218p　19cm（日評選書）　1300円　Ⓘ4-535-01138-9　Ⓝ321.2
☆「学問がわかる500冊」

00831　「法の支配」
『法の支配』　伊藤正己著　有斐閣　1954　301p　22cm　Ⓝ320.4
☆「憲法本41」

伊藤 昌哉　いとう・まさや
00832　「自民党戦国史」
『自民党戦国史　上』　伊藤昌哉著　筑摩書房　2009　421p　15cm（ちくま文庫　い67-1）　1000円　Ⓘ978-4-480-42581-2　Ⓝ315.1
☆「現代を読む」

伊藤 守　いとう・まもる
00833　「コーチング・マネジメント」
『コーチング・マネジメント―人と組織のハイパフォーマンスをつくる』　伊藤守著　ディスカヴァー・トゥエンティワン　2002　325p　20cm〈文献あり〉　2000円　Ⓘ4-88759-205-1　Ⓝ336.4
☆「マンガでわかるビジネス名著」

伊藤 光利　いとう・みつとし
00834　「ポリティカル・サイエンス事始め」
『ポリティカル・サイエンス事始め』　伊藤光利編　第3版　有斐閣　2009　280p　22cm（有斐閣ブックス　86）〈文献あり　索引あり〉　1900円　①978-4-641-18372-8　Ⓝ311
☆「学問がわかる500冊」

伊東 光晴　いとう・みつはる
00835　「ケインズ」
『ケインズ』　伊東光晴著　講談社　1993　421p　15cm（講談社学術文庫）〈文献案内・ケインズ年表：p403～417〉　1000円　①4-06-159105-3　Ⓝ331.74
☆「学問がわかる500冊」、「現代人のための名著」

00836　「現代経済の現実」
『現代経済の現実』　伊東光晴著　岩波書店　1998　428p　20cm（伊東光晴/経済学を問う　3　伊東光晴著）　3600円　①4-00-026090-1　Ⓝ332.107
☆「日本経済本38」

伊藤 元重　いとう・もとしげ
00837　「市場主義」
『市場主義』　伊藤元重著　日本経済新聞社　2000　228p　15cm（日経ビジネス人文庫）　600円　①4-532-19012-6　Ⓝ332.107
☆「学問がわかる500冊」

伊藤 遊　いとう・ゆう
00838　「鬼の橋」
『鬼の橋』　伊藤遊作　太田大八画　福音館書店　2012　343p　17cm（福音館文庫　S-63）〈1998年刊の再刊〉　750円　①978-4-8340-2739-6　Ⓝ913.6
☆「少年少女の名作案内　日本の文学ファンタジー編」

伊東 裕司　いとう・ゆうじ
00839　「認知心理学を知る」
『認知心理学を知る』　市川伸一、伊東裕司編著　第3版　おうふう　2009　195p　21cm〈索引あり〉　1900円　①978-4-273-03549-5　Ⓝ141.51
☆「学問がわかる500冊」

伊藤 洋平　いとう・ようへい
00840　「回想のヒマラヤ」
『回想のヒマラヤ』　伊藤洋平著　山と渓谷社　1955　158p　18cm（山渓山岳新書）　Ⓝ292.58
☆「日本の山の名著・総解説」

伊藤 嘉昭　いとう・よしあき
00841　「動物生態学」
『動物生態学』　伊藤嘉昭、山村則男、嶋田正和著　蒼樹書房　1992　507p　21cm　6695円
☆「ブックガイド"数学"を読む」

伊藤 淑子　いとう・よしこ
00842　「社会福祉援助技術とは何か」
『社会福祉援助技術とは何か』　伊藤淑子著　一橋出版　1996　102p　21cm（介護福祉ハンドブック）　730円　①4-8348-0001-6　Ⓝ369.1
☆「学問がわかる500冊」

伊藤 喜之　いとう・よしゆき
00843　「バカでも年収1000万円」
『バカでも年収1000万円』　伊藤喜之著　ダイヤモンド社　2010　271p　19cm　1500円　①978-4-478-01389-2　Ⓝ159.4
☆「3行でわかる名作&ヒット本250」

糸川 英夫　いとがわ・ひでお
00844　「荒野に挑む」
『荒野に挑む』　糸川英夫著　ミルトス　1989　196p　22cm　1600円　①4-89586-006-X　Ⓝ377.2285
☆「経済経営95冊」

00845　「逆転の発想」
『逆転の発想―天才だけが辿り着いた「成功法則」』　糸川英夫著　新装版　プレジデント社　2011　247p　19cm　1429円　①978-4-8334-1964-2　Ⓝ335.049
☆「ブックガイド"宇宙"を読む」

絲山 秋子　いとやま・あきこ
00846　「沖で待つ」
『沖で待つ』　絲山秋子著　文藝春秋　2009　184p　16cm（文春文庫　い62-2）　457円　①978-4-16-771402-4　Ⓝ913.6
☆「知らないと恥ずかしい「日本の名作」あらすじ200本」

糸山 英太郎　いとやま・えいたろう
00847　「怪物商法」
『怪物商法―常識をうち破る』　糸山英太郎著　ベストセラーズ　1973　250p　18cm（ベストセラーシリーズ）　Ⓝ673
☆「百年の誤読」

稲垣 栄三　いながき・えいぞう
00848　「日本の近代建築―その成立過程」
『稲垣栄三著作集　5　日本の近代建築―その成立過程』　稲垣栄三著　伊藤毅、陣内秀信、鈴木博之、福田晴虔、藤井恵介編　中央公論美術出版　2009　382p　22cm〈索引あり〉　17000円　①978-4-8055-1487-0　Ⓝ520.8

☆「建築の書物/都市の書物」

稲垣 忠彦　いながき・ただひこ
00849　「授業研究の歩み」
『授業研究の歩み—1960-1995年』稲垣忠彦著　評論社　1995　456p　20cm〔評論社の教育選書 27〕　3900円　①4-566-05127-7　Ⓝ375.1
☆「教育本44」

稲垣 足穂　いながき・たるほ
00850　「少年愛の美学—稲垣足穂コレクション」
『少年愛の美学』稲垣足穂著　萩原幸子編　筑摩書房　2005　436p　15cm（ちくま文庫　稲垣足穂コレクション　5）　1050円
①4-480-42030-4　Ⓝ913.6
☆「必読書150」

00851　「一千一秒物語」
『一千一秒物語』稲垣足穂文　たむらしげる絵　復刊ドットコム　2014　1冊　19×24cm　2600円　①978-4-8354-5038-4
☆「現代文学鑑賞辞典」、「日本の小説101」、「日本文学名作事典」、「日本文芸鑑賞事典　第7巻（1920〜1923年）」

00852　「星を売る店」
『稲垣足穂—1900-1977』稲垣足穂著　筑摩書房　2008　475p　15cm（ちくま日本文学16）〈年譜あり〉　880円　①978-4-480-42516-4　Ⓝ918.68
☆「日本文学鑑賞辞典〔第2〕」

稲垣 良典　いながき・りょうすけ
00853　「トマス・アクィナス」
『トマス・アクィナス』稲垣良典著　新装版　勁草書房　2007　232,4p　19cm　2800円
①978-4-326-19831-3
☆「学問がわかる500冊」

田舎老人多田爺　いなかろうじんただのじじ
00854　「遊子方言」
『遊子方言』田舎老人多田爺著　勉誠社　1978　129p　21cm（勉誠社文庫　32）〈翻字・解説：中田祝夫　筑波大学文芸言語学系研究室蔵本の複製〉　1500円　Ⓝ810.25
☆「古典の事典」、「作品と作者」、「世界名著大事典」、「日本の古典」、「日本文学鑑賞辞典〔第1〕」

稲田 周之助　いなだ・しゅうのすけ
00855　「政治心理学」
『政治心理学』稲田周之助著　稲田周之助　1914　448p　22cm（政治学叢書　第7編）
Ⓝ311
☆「世界名著大事典」

稲田 昌植　いなだ・まさたね
00856　「世界農業史論」
『明治大正農政経済名著集　20　世界農業史論』近藤康男編　佐藤昌介,稲田昌植著　農山漁村文化協会　1976　361p　肖像　20cm　3000円　Ⓝ610.8
☆「農政経済の名著　明治大正編」

稲葉 君山　いなば・くんざん
00857　「清朝全史」
『清朝全史』稲葉君山著　早稲田大学出版部　1914　2冊　23cm　Ⓝ222.06
☆「世界名著大事典」

稲村 三伯　いなむら・さんぱく
00858　「江戸ハルマ」
『波留麻和解　第1巻』稲村三伯編纂　ゆまに書房　1997　558p　27cm（近世蘭語学資料第1期）〈東京大学附属図書館蔵の複製〉
①4-89714-160-5,4-89714-130-3　Ⓝ849.3
☆「世界名著大事典　補遺（Extra）」、「日本名著辞典」

00859　「東西韻会」
☆「世界名著大事典　補遺（Extra）」

稲村 隆一　いなむら・りゅういち
00860　「日本に於ける農村問題」
『昭和前期農政経済名著集　22　農民闘争の戦術・その躍進、農民組合入門　日本に於ける農村問題』近藤康男編　大西俊夫,稲村隆一著　農山漁村文化協会　1979　412p　22cm〈解題：大島清　大西俊夫,稲村隆一の肖像あり〉　3500円　Ⓝ611.08
☆「農政経済の名著　昭和前期編」

稲盛 和夫　いなもり・かずお
00861　「生き方」
『生き方—人間として一番大切なこと』稲盛和夫著　特装版　サンマーク出版　2007　285p　22cm〈肖像あり　箱入〉　6800円
①978-4-7631-9752-8　Ⓝ159
☆「超売れ筋ビジネス書101冊」

00862　「稲盛和夫の実学」
『稲盛和夫の実学—経営と会計』稲盛和夫著　日本経済新聞社　2000　194p　15cm（日経ビジネス人文庫）　524円　①4-532-19006-1　Ⓝ336.8
☆「超売れ筋ビジネス書101冊」

猪苗代 兼載　いなわしろ・けんさい
00863　「あしたの雲」
『群書類従　第29輯　雑部』塙保己一編纂　オンデマンド版　八木書店古書出版部　2013

736p　21cm〈訂正3版：続群書類従完成会 1979年刊　デジタルパブリッシングサービス〔印刷・製本〕　八木書店〔発売〕〉　12000円　①978-4-8406-3140-2　Ⓝ081
☆「世界名著大事典 補遺(Extra)」

00864　「延徳抄」
『連歌論集　4』　木藤才蔵校注　三弥井書店　1990　432p　22cm〈中世の文学〉　7800円　①4-8382-1015-9　Ⓝ911.2
☆「世界名著大事典 補遺(Extra)」

00865　「兼載雑談」
『歌論歌学集成　第12巻』　深津睦夫,安達敬子校注　三弥井書店　2003　229p　22cm　7200円　①4-8382-3105-9　Ⓝ911.101
☆「近代名著解題選集 3」

00866　「園塵」
『京都大学蔵貴重連歌資料集　第3巻』　京都大学文学部国語学国文学研究室編　日野龍夫[ほか]監修　京都　臨川書店　2004　658p　16×22cm〈複製および翻刻〉　14400円　①4-653-03853-8,4-653-03850-3　Ⓝ911.2
☆「世界名著大事典 補遺(Extra)」

00867　「独吟千句」
『大東急記念文庫善本叢刊　中古・中世篇　第9巻　連歌　2』　島津忠夫責任編集　[東京] 大東急記念文庫　2009　746,31p　23cm〈編修：築島裕ほか　複製合本　汲古書院〔発売〕〉　22000円　①978-4-7629-3468-1　Ⓝ081.7
☆「作品と作者」,「日本の古典・世界の古典」

00868　「若草山」
『群書類従　第17輯　連歌部 物語部』　塙保己一編纂　オンデマンド版　八木書店古書出版部　2013　678p　21cm〈訂正3版：続群書類従完成会 1980年刊　デジタルパブリッシングサービス〔印刷・製本〕　八木書店〔発売〕〉　11000円　①978-4-8406-3128-0　Ⓝ081
☆「近代名著解題選集 3」

乾 孝　いぬい・たかし

00869　「教祖」
『教祖—庶民の神々』　佐木秋夫等著　青木書店　1955　273p 図版　18cm　Ⓝ169.1
☆「名著の履歴書」

乾 敏郎　いぬい・としお

00870　「Q&Aでわかる脳と視覚—人間からロボットまで」
『Q&Aでわかる脳と視覚—人間からロボットまで』　乾敏郎著　サイエンス社　1993　222p　21cm　2300円　①4-7819-0687-7　Ⓝ141.21
☆「学問がわかる500冊 v.2」

いぬい とみこ

00871　「木かげの家の小人たち」
『木かげの家の小人たち』　いぬいとみこ作　吉井忠画　福音館書店　2002　298p　17cm(福音館文庫)　700円　①4-8340-1810-5
☆「一冊で不朽の名作100冊を読む」(友人社),「一冊で不朽の名作100冊を読む」(友人社),「少年少女の名作案内 日本の文学 ファンタジー編」

00872　「ながいながいペンギンの話」
『ながいながいペンギンの話』　いぬいとみこ作　大友康夫画　新版　岩波書店　2000　189p　18cm(岩波少年文庫)　640円　①4-00-114003-9
☆「名作の研究事典」

乾 尚史　いぬい・ひさし

00873　「海軍兵学校の最期」
『海軍兵学校ノ最期』　乾尚史著　至誠堂　1975　420p　20cm　1500円　Ⓝ915.9
☆「日本海軍の本・総解説」

犬養 道子　いぬかい・みちこ

00874　「ある歴史の娘」
『ある歴史の娘』　犬養道子著　改版　中央公論社　1995　545p　16cm(中公文庫)　1200円　①4-12-202492-7　Ⓝ289.1
☆「現代を読む」

犬塚 孝明　いぬずか・たかあき

00875　「薩摩藩英国留学生」
『薩摩藩英国留学生』　犬塚孝明著　中央公論社　1974　182p　18cm(中公新書)〈参考文献・関係年表：p.172-182〉　340円　Ⓝ377.6
☆「日本海軍の本・総解説」

猪野 省三　いの・しょうぞう

00876　「希望の百円さつ」
『希望の百円サツ』　猪野省三著　斎藤長三絵　桜井書店　1948　32p　19cm(こどもかい文庫)
☆「名作の研究事典」

稲生 若水　いのう・じゃくすい

00877　「庶物類纂」
『庶物類纂　第1巻　草属・花属』　稲若水,丹羽正伯編　科学書院　1987　1694p　27cm(近世歴史資料集成　第1期)〈内閣文庫蔵の複製　霞ケ関出版〔発売〕〉　50000円　Ⓝ499.9
☆「世界名著大事典」,「日本の古典名著」,「日本名著辞典」

伊能 忠敬　いのう・ただたか

00878　「大日本沿海実測録」

『大日本沿海実測録　首巻, 巻1-13』伊能忠敬著　大学南校　1870　7冊（合本）　26cm〈和装〉Ⓝ291
☆「世界名著大事典」

00879　「大日本沿海輿地全図」
『伊能図大全　第1巻　伊能大図　北海道・東北』［伊能忠敬］［著］渡辺一郎監修　河出書房新社　2013　251p　31cm〈編集協力：横溝高一, 戸村茂昭, 竹村基　索引あり　複製〉
Ⓘ978-4-309-81211-3,978-4-309-81210-6 Ⓝ291.038
☆「自然科学の名著100選 中」

伊能 嘉矩　いのう・よしのり

00880　「台湾文化志」
『台湾文化志』伊能嘉矩著　刀江書院　1965　3冊　22cm〈西田書店〔発売〕　昭和3年刊の複製〉　各8000円　Ⓝ292.24
☆「世界名著大事典」

井上 円了　いのうえ・えんりょう

00881　「真理金針」
『井上円了選集』東洋大学創立一〇〇周年記念論文集編纂委員会編　東洋大学　1987　3冊　22cm　Ⓝ108
☆「世界名著大事典 補遺（Extra）」

00882　「仏教活論」
『現代語訳仏教活論序論』井上円了著　佐藤厚訳　大東出版社　2012　187p　19cm〈底本：「井上円了選集」（東洋大学創立100周年記念論文集編纂委員会 1987刊）　年譜あり　年表あり〉　1500円　Ⓘ978-4-500-00756-1　Ⓝ181
☆「世界名著大事典 補遺（Extra）」

00883　「仏教新論」
☆「世界名著大事典 補遺（Extra）」

00884　「妖怪学講義」
『妖怪学講義』井上円了著　国書刊行会　1979　6冊　22cm〈解説：河村孝照　明治29年刊の複製〉　全30000円　Ⓝ147.6
☆「世界名著大事典 補遺（Extra）」

井上 清　いのうえ・きよし

00885　「宇垣一成」
『宇垣一成』井上清著　朝日新聞社　1975　281p　20cm〈朝日評伝選　3〉〈巻末：宇垣一成年譜〉　1200円　Ⓝ289.1
☆「日本陸軍の本・総解説」

00886　「天皇制」
『天皇制』井上清著　東京大学出版会　1953　254p　18cm　Ⓝ313.6
☆「明治・大正・昭和の名著・総解説」

00887　「日本現代史Ⅰ明治維新」
『日本現代史　1』井上清著　新装版　東京大学出版会　2001　387p　22cm　5600円　Ⓘ4-13-026305-6　Ⓝ210.6
☆「世界名著大事典」,「歴史の名著 日本人篇」

井上 俊　いのうえ・しゅん

00888　「悪夢の選択」
『悪夢の選択—文明の社会学』井上俊著　筑摩書房　1992　220p　20cm　2200円
Ⓘ4-480-85627-7　Ⓝ361
☆「学問がわかる500冊」

井上 章一　いのうえ・しょういち

00889　「伊勢神宮」
『伊勢神宮―魅惑の日本建築』井上章一著　講談社　2009　556p　20cm〈文献あり〉　2800円　Ⓘ978-4-06-215492-5　Ⓝ521.817
☆「建築・都市ブックガイド21世紀」

00890　「法隆寺への精神史」
『法隆寺への精神史』井上章一著　弘文堂　1994　341p　20cm　2500円
Ⓘ4-335-55056-1　Ⓝ521.81
☆「建築の書物/都市の書物」

00891　「夢と魅惑の全体主義」
『夢と魅惑の全体主義』井上章一著　文藝春秋　2006　427p　18cm〈文春新書〉　1300円
Ⓘ4-16-660526-7　Ⓝ520.2
☆「建築・都市ブックガイド21世紀」

井上 民二　いのうえ・たみじ

00892　「生命の多様性にあこがれて」
☆「学問がわかる500冊 v.2」

00893　「生命の宝庫・熱帯雨林」
『生命の宝庫・熱帯雨林』井上民二著　日本放送出版協会　1998　213,5p　16cm〈NHKライブラリー〉　920円　Ⓘ4-14-084081-1　Ⓝ653.18
☆「科学を読む愉しみ」,「学問がわかる500冊 v.2」

井上 通女　いのうえ・つうじょ

00894　「帰家日記」
『江戸時代女流文学全集　第1巻』古谷知新編　増補新装版　日本図書センター　2001　580p　22cm〈複製〉　14000円
Ⓘ4-8205-8478-2,4-8205-8477-4　Ⓝ918.5
☆「古典の事典」

井上 哲次郎　いのうえ・てつじろう

00895　「勅語衍義」
『井上哲次郎集　第1巻　西洋哲学講義巻之1・倫理新説・勅語衍義―ほか』井上哲次郎［著］島薗進, 磯前順一編纂　クレス出版

2003　1冊　22cm（シリーズ日本の宗教学　2　島薗進監修）〈複製〉　10000円
①4-87733-173-5,4-87733-172-7　Ⓝ121.6
☆「明治・大正・昭和の名著・総解説」，「明治の名著1」

00896　「日本古学派之哲学」
『日本古学派之哲学』　井上哲次郎著　25版　富山房　1945　842,18p　19cm〈附録：掘河学派系統，護園学派系統，古学派生卒年表，我国古学派の特色，山鹿素行先生に就て，山鹿素行先生と乃木大将，山県周南，市川鶴鳴〉Ⓝ121.6
☆「世界名著大事典」

00897　「日本朱子学派之哲学」
『日本朱子学派之哲学』　井上哲次郎著　富山房　1945　838p　図版　19cm　Ⓝ121.4
☆「世界名著大事典」

00898　「日本陽明学派之哲学」
『日本陽明学派之哲学』　井上哲次郎著　新訂版　富山房　1945　420p　図版　肖像　15cm（富山房百科文庫）　Ⓝ121.5
☆「世界名著大事典」

井上 鋭夫　いのうえ・としお
00899　「一向一揆の研究」
『一向一揆の研究』　井上鋭夫著　オンデマンド版　吉川弘文館　2013　856,20p　22cm〈デジタルパブリッシングサービス〔印刷・製本〕〉21000円　①978-4-642-04242-0　Ⓝ210.47
☆「日本史の名著」

井上 富雄　いのうえ・とみお
00900　「四〇代からの生涯設計」
『40代からの生涯設計―仕事・家庭・老後をどうする　後半人生のために何をしておくべきか』　井上富雄著　経済界　1986　198p　18cm（Ryu business）　730円
①4-7667-3019-4　Ⓝ159
☆「経営経営95冊」

井上 順孝　いのうえ・のぶたか
00901　「新宗教事典」
『新宗教事典　本文篇』　井上順孝,孝本貢,対馬路人,中牧弘允,西山茂編　〔縮刷版〕　弘文堂　1994　689p　21cm　4800円
①4-335-16025-9
☆「学問がわかる500冊」

00902　「ファンダメンタリズムとは何か」
『ファンダメンタリズムとは何か―世俗主義への挑戦』　井上順孝,大塚和夫編　新曜社　1994　194p　19cm　1957円
①4-7885-0494-4　Ⓝ161.3
☆「学問がわかる500冊」

井上 晴丸　いのうえ・はるまる
00903　「日本産業組合論」
『昭和前期農政経済名著集　13　日本産業組合論』　近藤康男編　井上晴丸著　農山漁村文化協会　1981　286p　22cm〈解題：臼井晋　井上晴丸の肖像あり　日本産業組合年表：p278～286〉3000円　Ⓝ611.08
☆「農政経済の名著　昭和前期編」

井上 ひさし　いのうえ・ひさし
00904　「イサムよりよろしく」
『イサムよりよろしく』　井上ひさし著　文芸春秋　1974　239p　20cm　750円　Ⓝ913.6
☆「一度は読もうよ！日本の名著」，「一冊で愛の話題作100冊を読む」，「日本文学名作案内」

00905　「汚点」
『四十一（よんじゅういち）番の少年』　井上ひさし著　新装版　文藝春秋　2010　215p　16cm（文春文庫　い3-30）〈タイトル：四十一番の少年〉533円　①978-4-16-711129-8　Ⓝ913.6
☆「Jブンガク」

00906　「表裏源内蛙合戦」
『表裏源内蛙合戦』　井上ひさし著　新潮社　1971　194p　図　20cm　650円　Ⓝ912.6
☆「日本文芸鑑賞事典　第20巻（昭和42～50年）」

00907　「吉里吉里人」
『吉里吉里人』　井上ひさし著　新潮社　1985　3冊　15cm（新潮文庫）　520～560円
①4-10-116816-4　Ⓝ913.6
☆「学問がわかる500冊」，「現代文学鑑賞辞典」，「新潮文庫20世紀の100冊」，「世界のSF文学・総解説」，「日本の小説101」，「日本文学　これで読まないと文学は語れない!!」，「ポケット日本名作事典」

00908　「頭痛肩こり樋口一葉」
『頭痛肩こり樋口一葉』　井上ひさし著　集英社　1988　191p　16cm（集英社文庫）　300円
①4-08-749405-5　Ⓝ912.6
☆「現代文学鑑賞辞典」

00909　「手鎖心中」
『手鎖心中』　井上ひさし著　新装版　文藝春秋　2009　260p　16cm（文春文庫　い3-28）　533円　①978-4-16-711127-4　Ⓝ913.6
☆「あらすじダイジェスト」，「一度は読もうよ！一冊で日本の名著100冊を読む」，「知らないと恥ずかしい「日本の名作」あらすじ200本」，「日本文学名作案内」，「歴史小説・時代小説総解説」

00910　「四千万歩の男」
『四千万歩の男　1』　井上ひさし著　講談社　1992　663p　15cm（講談社文庫）　780円

Ⓘ4-06-185266-3　Ⓝ913.6
　☆「ポケット日本名作事典」

井上 真　いのうえ・まこと
00911　「熱帯雨林の生活―ボルネオの焼畑民とともに」
　『熱帯雨林の生活―ボルネオの焼畑民とともに』井上真著　築地書館　1991　290p　19cm〈参考文献：p286～290〉　2266円
　　Ⓘ4-8067-2219-7　Ⓝ389.243
　☆「学問がわかる500冊 v.2」

井上 充夫　いのうえ・みつお
00912　「日本建築の空間」
　『日本建築の空間』　井上充夫著　鹿島研究所出版会　1969　293p　19cm（SD選書）　690円　Ⓝ521.04
　☆「学問がわかる500冊 v.2」，「建築の書物/都市の書物」，「必読書150」

井上 光貞　いのうえ・みつさだ
00913　「日本古代史の諸問題―大化前代の国家と社会」
　『日本古代史の諸問題―大化前代の国家と社会』井上光貞著　新版　思索社　1972　360p　22cm　2500円　Ⓝ210.3
　☆「日本史の名著」

井上 光晴　いのうえ・みつはる
00914　「明日」
　『明日――一九四五年八月八日・長崎』　井上光晴著　集英社　1986　223p　16cm（集英社文庫）　340円　Ⓘ4-08-749120-X　Ⓝ913.6
　☆「これだけは読んでおきたい日本の名作文学案内」

00915　「書かれざる一章」
　『書かれざる一章』　井上光晴著　集英社　1978　281p　16cm（集英社文庫）　240円　Ⓝ913.6
　☆「世界名著大事典 補遺（Extra）」，「明治・大正・昭和の名著・総解説」

00916　「ガダルカナル戦詩集」
　『コレクション戦争と文学　15（炎）　戦時下の青春』　浅田次郎，奥泉光，川村湊，高橋敏夫，成田龍一編　中井英夫他著　集英社　2012　727p　20cm〈付属資料：12p　月報10　年表あり〉　3600円　Ⓘ978-4-08-157015-7　Ⓝ918.6
　☆「世界名著大事典 補遺（Extra）」

00917　「虚構のクレーン」
　『虚構のクレーン』　井上光晴著　未来社　1960　306p　20cm　Ⓝ913.6
　☆「現代文学名作探訪事典」，「世界名著大事典 補遺（Extra）」，「日本名作文学館 日本編」

00918　「荒廃の夏」
　『荒廃の夏』　井上光晴著　集英社　1980　363p　16cm（集英社文庫）　300円　Ⓝ913.6
　☆「世界名著大事典 補遺（Extra）」

00919　「死者の時」
　『死者の時』　井上光晴著　集英社　1977　251p　15cm（集英社文庫）　200円　Ⓝ913.6
　☆「世界名著大事典 補遺（Extra）」

00920　「他国の死」
　『他国の死』　井上光晴著　河出書房新社　1992　571p　15cm（河出文庫）　980円
　　Ⓘ4-309-40347-6　Ⓝ913.6
　☆「世界名著大事典 補遺（Extra）」

00921　「地の群れ」
　『地の群れ』　井上光晴著　河出書房新社　1992　208p　15cm（河出文庫）　480円
　　Ⓘ4-309-40341-7　Ⓝ913.6
　☆「現代文学鑑賞辞典」，「現代文学名作探訪事典」，「世界名著大事典 補遺（Extra）」，「日本文学名作案内」，「ポケット日本名作事典」

00922　「蕩児の帰棟」
　『辺境』　井上光晴著　集英社　1977　282p　16cm（集英社文庫）　220円　Ⓝ913.6
　☆「現代文学名作探訪事典」

井上 宗和　いのうえ・むねかず
00923　「船とワインと地中海と」
　『船とワインと地中海と―クイーン・エリザベス2世号乗船記』　井上宗和著　TBSブリタニカ　1976　254p 図　19cm　1200円　Ⓝ293.09
　☆「世界の海洋文学」

井上 靖　いのうえ・やすし
00924　「蒼き狼」
　『蒼き狼』　井上靖著　87刷改版　新潮社　2006　449p　16cm（新潮文庫）〈折り込み1枚〉　629円　Ⓘ978-4-10-106313-3　Ⓝ913.6
　☆「歴史小説・時代小説 総解説」

00925　「あすなろ物語」
　『あすなろ物語』　井上靖著　86刷改版　新潮社　2002　256p　16cm（新潮文庫）　438円
　　Ⓘ4-10-106305-2　Ⓝ913.6
　☆「一度は読もうよ！日本の名著」，「一冊で日本の名著100冊を読む 続」，「世界名著大事典 補遺（Extra）」，「小さな文学の旅」，「日本文学 これを読まないと文学は語れない!!」

00926　「おろしや国酔夢譚」
　『おろしや国酔夢譚』　井上靖著　文芸春秋　1992　332p　20cm　1400円
　　Ⓘ4-16-312960-X　Ⓝ913.6
　☆「歴史小説・時代小説 総解説」

00927　「黯い潮」

『黯い潮―他一篇』井上靖著　角川書店　1952　193p　15cm（角川文庫　第350）　Ⓝ913.6
☆「世界名著大事典　補遺（Extra）」

00928　「孔子」
『孔子』井上靖著　改版　新潮社　2010　510p　15cm（新潮文庫）　667円
①978-4-10-106336-2
☆「新潮文庫20世紀の100冊」

00929　「白い炎」
『白い炎』井上靖著　文芸春秋　1978　317p　16cm（文春文庫）　340円　Ⓝ913.6
☆「一度は読もうよ！日本の名著」、「一冊で愛の話題作100冊を読む」

00930　「しろばんば」
『しろばんば』井上靖著　講談社　2009　397p　19cm（21世紀版少年少女日本文学館　16）　1400円　①978-4-06-282666-2
☆「愛と死の日本文学」、「あらすじで出会う世界と日本の名作55」、「現代文学名作探訪事典」、「図説5分でわかる日本の名作傑作選」、「世界名著大事典　補遺（Extra）」、「日本の名作おさらい」、「日本文学名作事典」、「日本文芸鑑賞事典　第18巻（1958～1962年）」

00931　「戦国無頼」
『戦国無頼』井上靖［著］　改版　角川書店　2009　494p　15cm（角川文庫　16028）〈角川グループパブリッシング〔発売〕〉　781円
①978-4-04-121639-2　Ⓝ913.6
☆「歴史小説・時代小説　総解説」

00932　「月の光」
『月の光』井上靖著　講談社　1969　200p　21cm　620円　Ⓝ913.6
☆「世界名著大事典　補遺（Extra）」

00933　「天平の甍」
『天平の甍』井上靖著　92刷改版　新潮社　2005　230p　16cm（新潮文庫）〈折り込1枚〉　400円　①4-10-106311-7　Ⓝ913.6
☆「愛と死の日本文学」、「あらすじダイジェスト」、「あらすじで読む日本の名著 No.2」、「感動！日本の名著　近現代編」、「教養のためのブックガイド」、「これだけは読んでおきたい日本の名作文学案内」、「知らないと恥ずかしい「日本の名作」あらすじ200本」、「世界名著大事典　補遺（Extra）」、「日本・世界名作「愛の会話」100章」、「日本の小説101」、「日本の名著」、「日本文学鑑賞辞典〔第2〕」、「日本文学名作事典」、「日本文芸鑑賞事典　第17巻（1955～1958年）」、「ポケット日本名作事典」

00934　「闘牛」
『井上靖短篇集　第1巻』井上靖著　岩波書店　1998　415p　23cm　①4-00-026301-3　Ⓝ913.6
☆「一度は読もうよ！日本の名著」、「一冊で日本の

名著100冊を読む」、「世界名著大事典」、「世界名著大事典　補遺（Extra）」、「日本文学鑑賞辞典〔第2〕」、「日本文学名作案内」

00935　「敦煌」
『敦煌』井上靖著　改版　新潮社　2009　307p　15cm（新潮文庫）　476円
①978-4-10-106304-1
☆「あらすじで味わう昭和のベストセラー」、「世界史読書案内」、「世界名著大事典　補遺（Extra）」、「日本文芸鑑賞事典　第18巻（1958～1962年）」、「日本・名著のあらすじ」、「ポケット日本名作事典」

00936　「夏草冬濤」
『夏草冬濤　上巻』井上靖著　改版　新潮社　2013　495p　16cm（新潮文庫　い-7-52）　670円　①978-4-10-106333-1　Ⓝ913.6
☆「これだけは読んでおきたい日本の名作文学案内」

00937　「氷壁」
『氷壁』井上靖著　新潮社　2005　517p　20cm（1957年刊の新装版）　2300円
①4-10-302512-3　Ⓝ913.6
☆「一度は読もうよ！日本の名著」、「一冊で日本の名著100冊を読む」、「昭和の名著」、「女性のための名作・人生案内」、「世界名著案内 8」、「世界名著大事典　補遺（Extra）」、「日本文学鑑賞辞典〔第2〕」、「日本文学名作案内」、「日本文芸鑑賞事典　第17巻（1955～1958年）」、「日本名作文学館　日本編」、「文学・名著300選の解説 '88年度版」、「ポケット日本名作事典」

00938　「風濤」
『風濤』井上靖著　改版　新潮社　2009　341p　15cm（新潮文庫）　514円
①978-4-10-106317-1
☆「生きがいの再発見名著22選」、「世界名著大事典　補遺（Extra）」

00939　「風林火山」
『風林火山』井上靖著　新潮社　2006　285p　20cm　1600円　①4-10-302513-1　Ⓝ913.6
☆「日本文芸鑑賞事典　第16巻」、「歴史小説・時代小説　総解説」

00940　「憂愁平野」
『憂愁平野』井上靖著　新潮社　1973　403p　20cm（井上靖小説全集　22）　650円　Ⓝ913.6
☆「世界名著大事典　補遺（Extra）」

00941　「猟銃」
『井上靖短篇集　第1巻』井上靖著　岩波書店　1998　415p　23cm　①4-00-026301-3　Ⓝ913.6
☆「一度は読もうよ！日本の名著」、「一冊で愛の話題作100冊を読む」、「現代文学鑑賞辞典」、「世界名著大事典　補遺（Extra）」、「日本文学名作案内」

00942　「楼蘭」
『楼蘭』井上靖著　講談社　1985　188p

22cm　1900円　Ⓘ4-06-202144-7　Ⓝ913.4
☆「一度は読もうよ！日本の名著」，「一冊で日本の名著100冊を読む 続」，「世界名著大事典 補遺(Extra)」，「ポケット日本名作事典」

井上 雪　いのうえ・ゆき

00943　「おととの海」
『おととの海』　井上雪著　金沢　クリエイティブ・グルーヴィ　1985　237p　20cm〈冬樹社〔発売〕〉　1200円　Ⓝ916
☆「世界の海洋文学」

井上 頼豊　いのうえ・よりとよ

00944　「ショスタコーヴィッチ」
『ショスタコーヴィッチ』　井上頼豊著　音楽之友社　1957　384p　19cm〈付（267-384p）：作品表，参考文献〉　Ⓝ762.8
☆「世界名著大事典」

井上馨侯伝記編纂会　いのうえかおるこうでんきへんさんかい

00945　「世外井上公伝」
『世外井上公伝　第1巻』　井上馨侯伝記編纂会編　復刻版　周南　マツノ書店　2013　64,572p 図版［23］枚　22cm〈年譜あり　原本：内外書籍昭和8年刊〉　Ⓝ289.1
☆「世界名著大事典」

井上成美伝記刊行会　いのうえしげよしでんきかんこうかい

00946　「井上成美」
『井上成美』　井上成美伝記刊行会編　井上成美伝記刊行会　1982　580,339p 図版16枚　22cm〈井上成美の肖像あり　参考文献：p578～580　巻末：井上成美略歴・年譜〉　5000円　Ⓝ289.1
☆「日本海軍の本・総解説」

井野川 潔　いのかわ・きよし

00947　「日本教育運動史」
『日本教育運動史　第1　明治・大正期の教育運動』　井野川潔等編　京都　三一書房　1960　275p　18cm　Ⓝ372.1
☆「名著の履歴書」

井口 潔　いのくち・きよし

00948　「科学と文化―人間探究の立場から」
『科学と文化―人間探求の立場から』　井口潔ほか著　名古屋　名古屋大学出版会　1993　172p　19cm　1854円　Ⓘ4-8158-0206-8　Ⓝ404
☆「学問がわかる500冊 v.2」

猪口 邦子　いのぐち・くにこ

00949　「政治学のすすめ」
『政治学のすすめ』　猪口邦子編　筑摩書房　1996　179p　19cm〈21世紀学問のすすめ 2〉〈執筆：猪口孝ほか〉　1545円　Ⓘ4-480-01402-0　Ⓝ311
☆「学問がわかる500冊」

00950　「戦争と平和」
『戦争と平和』　猪口邦子著　東京大学出版会　1989　304,8p　20cm〈現代政治学叢書　17〉〈文献案内：p296～300〉　1957円　Ⓘ4-13-032107-2　Ⓝ391.1
☆「学問がわかる500冊」

猪口 力平　いのくち・りきへい

00951　「神風特別攻撃隊」
『神風特別攻撃隊』　猪口力平,中島正著　河出書房新社　1975　262p　19cm〈太平洋戦記 4〉　680円　Ⓝ915.9
☆「今だから知っておきたい戦争の本70」，「日本海軍の本・総解説」

井野辺 茂雄　いのべ・しげお

00952　「幕末史の研究」
『幕末史の研究』　井野辺茂雄著　雄山閣　1927　690p　23cm　Ⓝ210.58
☆「世界名著大事典」

猪俣 津南雄　いのまた・つなお

00953　「窮乏の農村」
『窮乏の農村―踏査報告』　猪俣津南雄著　岩波書店　1982　244p　15cm〈岩波文庫〉〈猪俣津南雄の著作：p243～244〉　400円　Ⓝ611.921
☆「農政経済の名著 昭和前期編」

00954　「金の経済学」
『金の経済学』　猪俣津南雄著　黄土社　1948　406p　19cm　Ⓝ331.34
☆「私の古典」

00955　「現代日本研究」
『現代日本研究―マルクシズムの立場より』　猪俣津南雄著　改造社　1929　608p　20cm　Ⓝ302.1
☆「明治・大正・昭和の名著・総解説」

00956　「農村問題入門」
『昭和前期農政経済名著集　1　農村問題入門・窮乏の農村』　近藤康男編　猪俣津南雄著　農山漁村文化協会　1978　438p　22cm〈解題：大内力　猪俣津南雄の肖像あり〉　3500円　Ⓝ611.08
☆「世界名著大事典」，「農政経済の名著 昭和前期編」

伊庭 孝　いば・たかし

00957　「日本音楽概論」
『日本音楽概論』　伊庭孝著　学術文献普及会　1969　999,10p 図版　22cm〈厚生閣書店昭和3年刊の複製 限定版 解説者：堀内敬三、今井通郎〉　6800円　Ⓝ762.1
☆「世界名著大事典」

伊波 普猷　いは・ふゆう

00958　「沖縄考」
『伊波普猷全集　第4巻』　服部四郎ほか編　平凡社　1993　562p　22cm〈第2刷（第1刷：1974年）〉④4-582-44500-3　Ⓝ219.9
☆「世界名著大事典 補遺（Extra）」

00959　「沖縄歴史物語」
『沖縄歴史物語―日本の縮図』　伊波普猷著　平凡社　1998　326p　16cm〈平凡社ライブラリー〉　1100円　④4-582-76252-2　Ⓝ219.9
☆「平和を考えるための100冊＋α」

00960　「をなり神の島」
『をなり神の島　1』　伊波普猷著　平凡社　1973　328p　18cm〈東洋文庫　227〉〈底本：楽浪書院昭和13年刊〉　700円　Ⓝ382.199
☆「学問がわかる500冊 v.2」

00961　「おもろ選釈」
『伊波普猷全集　第6巻』　服部四郎ほか編　平凡社　1993　683p　22cm〈第2刷（第1刷：1975年）著者の肖像あり〉④4-582-44500-4　Ⓝ219.9
☆「世界名著大事典 補遺（Extra）」

00962　「古琉球」
『古琉球』　伊波普猷著　外間守善校訂　岩波書店　2000　487p　15cm〈岩波文庫〉　960円　④4-00-381021-X　Ⓝ219.9
☆「明治・大正・昭和の名著・総解説」、「明治の名著1」

00963　「琉球戯曲集」
『琉球戯曲集―校註』　伊波普猷著　宜野湾 榕樹社　1992　787,47p　22cm〈春陽堂昭和4年刊の複製　緑林堂書店〔発売〕〉　6900円　Ⓝ910.29
☆「世界名著大事典 補遺（Extra）」

井原 西鶴　いはら・さいかく

00964　「色里三所世帯」
『色里三所世帯』　井原西鶴著　吉田幸一編　古典文庫　1998　470p　17cm〈古典文庫　元禄好色草子集　3〉〈複製及び翻刻〉　非売品　Ⓝ913.52
☆「日本の艶本・珍書 総解説」

00965　「大矢数」
『日本俳書大系　第8巻　談林俳諧集』　勝峰晋風編　日本図書センター　1995　624,15p　22cm〈日本俳書大系刊行会大正15年刊の複製〉①4-8205-9379-X,4-8205-9371-4　Ⓝ911.308
☆「作品と作者」

00966　「好色一代男」
『好色一代男』　井原西鶴著　暉峻康隆訳注　小学館　1992　394p　16cm〈小学館ライブラリー　現代語訳・西鶴〉　960円　④4-09-460035-3　Ⓝ913.52
☆「愛と死の日本文学」、「あらすじダイジェスト 日本の古典30を読む」、「あらすじで読む日本の古典」（楽書館、中経出版〔発売〕）、「あらすじで読む日本の古典」（新人物往来社）、「一度は読もうよ！日本の名著」、「一冊で日本の古典100冊を読む」、「大人のための日本の名著50」、「学術辞典叢書　第15巻」、「近代名著解題選集 2」、「古典の事典」、「古典文学鑑賞辞典」、「この一冊で読める！日本の古典50冊」、「作品と作者」、「3行でわかる名作＆ヒット本250」、「Jブンガク」、「知らないと恥ずかしい「日本の名作」あらすじ200本」、「図説5分でわかる日本の名作」、「世界名作事典」、「世界名著解題選 第1巻」、「世界名著大事典」、「千年紀のベスト100作品を選ぶ」、「千年の百冊」、「2ページでわかる日本の古典傑作選」、「日本の艶本・珍書 総解説」、「日本の古典」、「日本の古典・世界の古典」、「日本の古典名著」、「日本の名著」、「日本の書物」、「日本の名作おさらい」、「日本文学鑑賞辞典〔第1〕」、「日本文学名作案内」、「日本文学名作概観」、「日本文学名作事典」、「日本名著辞典」、「早わかり日本古典文学あらすじ事典」

00967　「好色一代女」
『好色一代女』　井原西鶴作　横山重校訂　岩波書店　2002　301p　15cm〈岩波文庫〉　660円　④4-00-302043-X
☆「あらすじで味わう名作文学」、「一度は読もうよ！日本の名著」、「一冊で日本の古典100冊を読む」、「近代名著解題選集 2」、「古典の事典」、「世界名著解題選 第1巻」、「世界名著大事典」、「日本の古典」、「日本の古典・世界の古典」、「日本の古典名著」、「日本文学鑑賞辞典〔第1〕」、「日本名著辞典」

00968　「好色五人女」
『好色五人女―現代語訳付き』　井原西鶴〔著〕　谷脇理史訳注　新版　角川学芸出版　2008　315p　15cm〈角川文庫　角川ソフィア文庫〉〈角川グループパブリッシング〔発売〕〉　819円　①978-4-04-408201-7　Ⓝ913.52
☆「あらすじダイジェスト 日本の古典30を読む」、「一度は読もうよ！日本の名著」、「一冊で日本の古典100冊を読む」、「一冊で100名作の「さわり」を読む」、「学術辞典叢書 第15巻」、「近代名著解題選集 2」、「古典の事典」、「古典文学鑑賞辞典」、「作品と作者」、「世界名著大事典」、「千年の百冊」、「日本の古典」、「日本の古典・世界の古典」、「日

本の名著3分間読書100」、「日本文学鑑賞辞典〔第1〕」、「日本文学の古典50選」、「日本文学名作概観」、「日本名著辞典」

00969 「西鶴置土産」
『西鶴置土産』 井原西鶴著 西鶴学会編 古典文庫 1952 191p 17cm〈古典文庫 第58冊―西鶴本複製 第13〉Ⓝ913.52
☆「世界名著大事典」、「日本の古典」、「日本の古典・世界の古典」、「日本の古典名著」、「日本文学鑑賞辞典〔第1〕」

00970 「西鶴織留」
『西鶴織留』 井原西鶴著 麻生磯次,冨士昭雄訳注 明治書院 1993 221,22p 21cm〈決定版 対訳西鶴全集 14〉 3400円
Ⓘ4-625-51152-6
☆「作品と作者」、「世界名著大事典」、「日本の古典」、「日本の古典名著」、「日本文学鑑賞辞典〔第1〕」

00971 「西鶴諸国咄」
『西鶴諸国ばなし』 西鶴研究会編 三弥井書店 2009 218p 19cm〈三弥井古典文庫〉〈文献あり〉 1800円 Ⓘ978-4-8382-7065-1 Ⓝ913.52
☆「世界名作事典」、「世界名著大事典」、「日本の古典名著」、「日本文学鑑賞辞典〔第1〕」、「名作の研究事典」

00972 「諸艶大鑑」
『諸艶大鑑』 井原西鶴著 麻生磯次,冨士昭雄訳注 明治書院 1992 346,33p 21cm〈決定版 対訳西鶴全集 2〉 3800円
Ⓘ4-625-51140-2
☆「日本文学鑑賞辞典〔第1〕」

00973 「世間胸算用」
『世間胸算用』 井原西鶴著 麻生磯次,冨士昭雄訳注 明治書院 1993 166,10p 21cm〈決定版 対訳西鶴全集 13〉 3400円
Ⓘ4-625-51151-8
☆「あらすじで読む日本の古典」(楽書館,中経出版〈発売〉)、「あらすじで読む日本の古典」(新人物往来社)、「一度は読もうよ！日本の名著」、「一冊で日本の古典100冊を読む」、「一冊で100名作の「さわり」を読む」、「古典の事典」、「古典文学鑑賞辞典」、「この一冊で読める！日本の古典50冊」、「作品と作者」、「知らないと恥ずかしい「日本の名作」あらすじ200本」、「世界名作事典」、「世界名著大事典」、「千年の百冊」、「2ページでわかる日本の古典傑作選」、「日本の古典」、「日本の古典・世界の古典」、「日本の古典名著」、「日本の名著」、「日本文学鑑賞辞典〔第1〕」、「日本文学の古典50選」、「日本文学名作案内」、「日本名著辞典」

00974 「男色大鑑」
『男色大鑑』 井原西鶴著 麻生磯次,冨士昭雄訳注 明治書院 1992 360,33p 21cm〈決定版 対訳西鶴全集 6〉 3800円
Ⓘ4-625-51144-5

☆「あらすじダイジェスト 日本の古典30を読む」、「日本文学鑑賞辞典〔第1〕」

00975 「日本永代蔵」
『日本永代蔵―現代語訳付き』 井原西鶴著 堀切実訳注 新版 角川学芸出版 2009 525p 15cm〈角川ソフィア文庫〉〈角川グループパブリッシング〈発売〉〉 1124円
Ⓘ978-4-04-400907-6
☆「愛と死の日本文学」、「一度は読もうよ！日本の名著」、「一冊で日本の古典100冊を読む」、「一冊で100名作の「さわり」を読む」、「学術辞典叢書 第15巻」、「50歳からの日本の名著入門」、「古典の事典」、「古典文学鑑賞辞典」、「この一冊で読める！日本の古典50冊」、「作品と作者」、「3行でわかる名作&ヒット本250」、「図説 5分でわかる日本の名作傑作選」、「世界名作事典」、「世界名著解題選 第3巻」、「世界名著大事典」、「2ページでわかる日本の古典傑作選」、「日本の古典」、「日本の古典・世界の古典」、「日本の古典名著」、「日本の名作おさらい」、「日本の名著」、「日本文学鑑賞辞典〔第1〕」、「日本文学名作案内」、「日本文学名作概観」、「日本名著辞典」、「日本・名著のあらすじ」、「文学・名著300選の解説'88年度版」、「マンガとあらすじでやさしく読める 日本の古典傑作30選」、「名作の書き出しを諳んじる」

00976 「武家義理物語」
『武家義理物語』 井原西鶴著 和田万吉校訂 一穂社 2005 98p 21cm〈名著/古典籍文庫〉〈岩波文庫復刻版 岩波書店1934年刊（第2刷）を原本としたオンデマンド版〉 2000円
Ⓘ4-86181-134-1 Ⓝ913.52
☆「一度は読もうよ！日本の名著」、「一冊で日本の古典100冊を読む」、「作品と作者」、「日本の名著」、「日本文学鑑賞辞典〔第1〕」、「日本名著辞典」

00977 「武道伝来記」
『武道伝来記』 井原西鶴著 麻生磯次,冨士昭雄訳 明治書院 1992 318,18p 21cm〈決定版 対訳西鶴全集 7〉 3600円
Ⓘ4-625-51145-3
☆「世界名著大事典」、「日本の古典名著」、「日本文学鑑賞辞典〔第1〕」、「日本名著辞典」

00978 「懐硯」
『懐硯』 井原西鶴著 箕輪吉次編 桜楓社 1980 206p 22cm〈参考文献・西鶴略年譜：p199～206〉 1400円 Ⓝ913.52
☆「日本文学鑑賞辞典〔第1〕」

00979 「本朝二十不孝」
『本朝二十不孝』 井原西鶴作 横山重,小野晋校訂 1995 267p 15cm〈岩波文庫〉〈第18刷（第1刷：1963年）〉 570円
Ⓘ4-00-302046-4 Ⓝ913.52
☆「世界名著大事典」、「日本の古典名著」、「日本文学鑑賞辞典〔第1〕」

いはら　　　　　　　　　　　　　　　　　　　　　　00980〜00992

00980　「万の文反古」
『万の文反古』　井原西鶴著　西島孜哉編　大阪　和泉書院　1994　207p　21cm（西鶴影印叢刊）〈京都府立総合資料館蔵の複製〉　1545円　①4-87088-661-8　Ⓝ913.52
☆「古典の事典」,「Jブンガク」,「世界名著大事典」,「日本文学鑑賞辞典〔第1〕」,「わたしの古典」

伊原　敏郎　いはら・としお

00981　「近世日本演劇史」
『近世日本演劇史』　伊原敏郎著　クレス出版　1996　742p　22cm（近世文芸研究叢書　第2期芸能篇3（歌舞伎3）〉〈早稲田大学出版部大正13年刊の複製〉　①4-87733-026-7　Ⓝ774.28
☆「世界名著大事典」

00982　「日本演劇史」
『日本演劇史』　伊原敏郎著　クレス出版　1996　762p　22cm（近世文芸研究叢書　第2期芸能篇2（歌舞伎2））〉早稲田大学出版部大正13年刊の複製　折り込図1枚〉　①4-87733-026-7　Ⓝ774.2
☆「世界名著大事典」

00983　「明治演劇史」
『明治演劇史』　伊原敏郎著　クレス出版　1996　841p　22cm（近世文芸研究叢書　第2期芸能篇4（歌舞伎4）〉〈早稲田大学出版部昭和8年刊の複製〉　①4-87733-026-7　Ⓝ774.2
☆「世界名著大事典」

茨木　猪之吉　いばらぎ・いのきち

00984　「山旅の素描」
『日本山岳名著全集　11』　あかね書房　1970　321p（図共）　21cm〈監修：田部重治, 尾崎喜八, 深田久弥〉　850円　Ⓝ291.09
☆「日本の山の名著・総解説」,「山の名著　明治・大正・昭和戦前編」

井深　梶之助　いぶか・かじのすけ

00985　「基督言行録」
『福音史――一名・基督言行録』　イムブリー著　井深梶之助訳　2版　米国聖教書類会社　1887　600p　地図　21cm　Ⓝ190
☆「世界名著大事典　補遺（Extra）」

00986　「天地創造論」
『天地創造論――附・神之摂理』　アメルマン著　井深梶之助訳　明治学院　1888　175p　21cm　Ⓝ190
☆「世界名著大事典　補遺（Extra）」

井伏　鱒二　いぶせ・ますじ

00987　「駅前旅館」
『駅前旅館』　井伏鱒二著　47刷改版　新潮社　2007　219p　16cm（新潮文庫）　400円　①978-4-10-103405-8　Ⓝ913.6
☆「世界名著大事典」,「日本文学鑑賞辞典〔第2〕」

00988　「黒い雨」
『黒い雨』　井伏鱒二著　61刷改版　新潮社　2003　403p　16cm（新潮文庫）　590円　①4-10-103406-0　Ⓝ913.6
☆「愛と死の日本文学」,「あらすじで読む日本の名著」（楽書館, 中経出版〔発売〕),「あらすじで読む日本の名著」（新人物往来社）,「一度は読むよ！日本の名著」,「一冊で日本の名著100冊を読む」,「大人のための日本の名著50」,「現代文学鑑賞事典」,「この一冊でわかる日本の名作」,「知らないと恥ずかしい「日本の名作」あらすじ200本」,「図説5分でわかる日本の名作傑作選」,「2時間でわかる日本の名著」,「日本の名作おさらい」,「日本文学鑑賞辞典」,「日本文芸鑑賞事典　第19巻」,「日本名作文学館　日本編」,「ポケット日本名作事典」

00989　「鯉」
『日本近代短篇小説選　昭和篇1』　紅野敏郎, 紅野謙介, 千葉俊二, 宗像和重, 山田俊治編　岩波書店　2012　394p　15cm（岩波文庫　31-191-4）　800円　①978-4-00-311914-3　Ⓝ913.68
☆「日本文学名作事典」

00990　「さざなみ軍記」
『さざなみ軍記』　井伏鱒二著　ほるぷ出版　1985　366p　20cm（日本の文学　56）〈折り込図4枚〉　Ⓝ913.6
☆「現代文学名作探訪事典」,「世界の海洋文学」,「日本文芸鑑賞事典　第12巻」

00991　「山椒魚」
『山椒魚』　井伏鱒二著　改版　新潮社　2011　297p　15cm（新潮文庫）　490円　①978-4-10-103402-7
☆「愛と死の日本文学」,「一度は読むよ！日本の名著」,「一冊で日本の名著100冊を読む」,「一冊で日本の名作の「さわり」を読む」,「これだけは読んでおきたい日本の名作文学案内」,「3行でわかる名作＆ヒット本250」,「知らないと恥ずかしい「日本の名作」あらすじ200本」,「新潮文庫20世紀の100冊」,「世界の名著大事典」,「2時間でわかる日本の名著」,「日本の小説101」,「日本の名作おさらい」,「日本の名著3分間読書100」,「日本文学鑑賞辞典〔第2〕」,「日本文学現代名作事典」,「日本文学名作事典」,「日本文芸鑑賞事典　第9巻」,「百年の誤読」,「文学・名著300選の解説'88年度版」,「ポケット日本名作事典」,「名作の書き出しを諳んじる」

00992　「しびれ池のカモ」
『山椒魚　しびれ池のカモ』　井伏鱒二作　岩波書店　2000　269p　18cm（岩波少年文庫）　680円　①4-00-114535-9
☆「名作の研究事典」

00993 「ジョン万次郎漂流記」
『ジョン万次郎漂流記』 井伏鱒二著 偕成社 1999 219p 19cm(偕成社文庫) 700円
Ⓘ4-03-652390-2
☆「あらすじで読む日本の名著 No.2」、「一度は読もうよ！ 日本の名著」、「一冊で日本の名著100冊を読む 続」、「知らないと恥ずかしい「日本の名作」あらすじ200本」、「世界の海洋文学」、「日本文学名作案内」、「歴史小説・時代小説 総解説」

00994 「多甚古村」
『多甚古村』 井伏鱒二著 改版 新潮社 1978 193p 16cm(新潮文庫)〈37刷(1刷：1950年)〉Ⓝ913.6
☆「近代文学名作事典」、「昭和の名著」、「世界名著大事典」、「日本文学鑑賞辞典〔第2〕」、「日本文芸鑑賞事典 第12巻」、「ポケット日本名作事典」

00995 「谷間」
『危険なマッチ箱』 石田衣良編 文藝春秋 2009 405p 16cm(文春文庫 い47-12—心に残る物語—日本文学秀作選) 657円
Ⓘ978-4-16-717415-6 Ⓝ913.68
☆「現代文学名作探訪事典」

00996 「仲秋明月」
『仲秋明月』 井伏鱒二著 地平社 1946 62p 13cm(手帖文庫 第2部) Ⓝ911.56
☆「日本文芸鑑賞事典 第13巻」

00997 「珍品堂主人」
『珍品堂主人』 井伏鱒二著 中央公論社 1977 162p 15cm(中公文庫) 200円 Ⓝ913.6
☆「近代日本の百冊を選ぶ」

00998 「漂民宇三郎」
『漂民宇三郎』 井伏鱒二著 講談社 1990 314p 15cm(講談社文芸文庫)〈著書目録：p304〜314〉 820円 Ⓘ4-06-196074-1 Ⓝ913.6
☆「世界の海洋文学」

00999 「本日休診」
『本日休診』 井伏鱒二著 訂 文芸春秋新社 1951 270p 19cm Ⓝ913.6
☆「女性のための名作・人生案内」、「世界名著大事典」、「日本の名著」、「日本文学鑑賞辞典〔第2〕」、「日本文学現代名作事典」、「日本文芸鑑賞事典 第15巻」

01000 「岬の風景」
『夜ふけと梅の花 山椒魚』 井伏鱒二著 講談社 1997 309p 16cm(講談社文芸文庫)〈年譜あり 著作目録あり〉 1050円
Ⓘ4-06-197591-9 Ⓝ913.6
☆「現代文学名作探訪事典」

01001 「遥拝隊長」

『文学で考える〈仕事〉の百年』 飯田祐子,日高佳紀,日比嘉高編 双文社出版 2010 201p 21cm〈文献あり〉 2000円
Ⓘ978-4-88164-087-6 Ⓝ918.6
☆「一度は読もうよ！ 日本の名著」

01002 「遥拝隊長」
『遥拝隊長』 井伏鱒二作 中村宏絵 むぎ書房 1980 37p 21cm(雨の日文庫 第4集(現代日本文学・戦中戦後編)15)〈4刷(1刷：1967年)〉
☆「あらすじダイジェスト」、「一冊で日本の名著100冊を読む 続」、「知らないと恥ずかしい「日本の名作」あらすじ200本」

01003 「夜ふけと梅の花」
『夜ふけと梅の花』 井伏鱒二著 ゆまに書房 2000 254p 19cm(新興藝術派叢書 1 関井光男監修)〈新潮社昭和5年刊の複製〉
Ⓘ4-8433-0001-2 Ⓝ913.6
☆「日本近代文学名著事典」

今井 彰 いまい・あきら

01004 「プロジェクトエックスリーダーたちの言葉」
『プロジェクトXリーダーたちの言葉』 今井彰著 文藝春秋 2004 296p 16cm(文春文庫) 514円 Ⓘ4-16-765699-X Ⓝ281.04
☆「百年の誤読」

01005 「帝揚羽蝶 命名譚」
『帝揚羽蝶命名譚』 今井彰著 草思社 1996 201p 20cm 1800円 Ⓘ4-7942-0696-8 Ⓝ486.8
☆「科学を読む愉しみ」

今井 功 いまい・いさお

01006 「複素解析と流体力学」
『複素解析と流体力学』 今井功著 日本評論社 1989 226p 27cm〈参考文献：p219〉 3000円 Ⓘ4-535-60601-3 Ⓝ413.58
☆「物理ブックガイド100」

01007 「流体力学」
『流体力学』 今井功著 岩波書店 1993 254p 19cm(物理テキストシリーズ 9)〈新装版 参考書と文献：p243〜246〉 1700円
Ⓘ4-00-007749-X Ⓝ423.8
☆「物理ブックガイド100」

今井 泉 いまい・いずみ

01008 「死の海図」
『死の海図—長編サスペンス』 今井泉著 祥伝社 1995 213p 20cm 1600円
Ⓘ4-396-63093-X Ⓝ913.6
☆「世界の海洋文学」

今井　邦子　いまい・くにこ

01009　「碇泊なき海図」
『碇泊なき海図』　今井泉著　文芸春秋　1991　266p　20cm　1300円　Ⓘ4-16-312610-4　Ⓝ913.6
☆「世界の海洋文学」

今井　邦子　いまい・くにこ

01010　「明日香路」
『明日香路―歌集』　今井邦子著　古今書院　1938　363p　19cm〈明日香叢書　第1編〉　Ⓝ911.16
☆「日本文芸鑑賞事典 第12巻」

今井　誉次郎　いまい・たかじろう

01011　「農村社会科カリキュラムの実践」
『人間形成と社会―学校・地域・職業　第2期　第2巻　地域の動態と教育の計画』　木村元編・解説　クレス出版　2012　196,448,228p　22cm〈第2期のタイトル関連情報：地域と学校による人間形成　複製　折り込27枚〉18000円　Ⓘ978-4-87733-662-2　Ⓝ372.1
☆「名著の履歴書」

今井　武夫　いまい・たけお

01012　「支那事変の回想」
『支那事変の回想』　今井武夫著　新版　みすず書房　1980　385p　20cm〈著者の肖像あり〉　2000円　Ⓝ210.7
☆「日本陸軍の本・総解説」

今井　武　いまい・たける

01013　「ヘイカチ想い出の記」
『ヘイカチ想い出の記』　今井武著　海文堂出版　1975　343p　19cm　Ⓝ558.04
☆「世界の海洋文学」

今井　登志喜　いまい・としき

01014　「英国社会史」
『英国社会史　上』　今井登志喜著　新装版　東京大学出版会　2001　332p　22cm　5200円　Ⓘ4-13-026302-1　Ⓝ233
☆「世界名著大事典」

01015　「都市発達史研究」
『都市発達史研究』　今井登志喜著　新装版　東京大学出版会　2001　311p　22cm〈折り込3枚〉　5200円　Ⓘ4-13-026301-3　Ⓝ290.173
☆「世界名著大事典」

01016　「歴史学研究法」
『歴史学研究法』　今井登志喜著　東京大学出版会　1953　148p　18cm　Ⓝ201
☆「世界名著大事典」

今井　宏　いまい・ひろし

01017　「日本人とイギリス」
『日本人とイギリス―「問いかけ」の軌跡』　今井宏著　筑摩書房　1994　219p　18cm〈ちくま新書〉〈主要参考文献：p215〜219 巻末：日英関係史略年表〉　680円　Ⓘ4-480-05619-X　Ⓝ210.5
☆「歴史家の一冊」

今井　弘民　いまい・ひろたみ

01018　「アリからのメッセージ」
『アリからのメッセージ』　今井弘民著　遺伝学普及会編集委員会編　裳華房　1988　176p　19cm〈ポピュラーサイエンス〉　1100円　Ⓘ4-7853-8510-3　Ⓝ486.7
☆「学問がわかる500冊 v.2」

今井　通子　いまい・みちこ

01019　「私の北壁」
『私の北壁』　今井通子著　朝日新聞社　1982　292p　15cm　420円　Ⓝ293.45
☆「日本の山の名著・総解説」

今泉　篤男　いまいずみ・あつお

01020　「日本の彫刻」
『日本の彫刻―上古―鎌倉』　今泉篤男,岡鹿之助,滝口修造編　美術出版社　1960　図版192p 解説　35×26cm　Ⓝ710.8
☆「名著の履歴書」

今泉　定介　いまいずみ・さだすけ

01021　「故実叢書」
『故実叢書』　今泉定介編　吉川弘文館　1899　134冊　23-27cm〈和装〉　Ⓝ210.09
☆「世界名著大事典」,「日本名著辞典」

今江　祥智　いまえ・よしとも

01022　「海の日曜日」
『海の日曜日』　今江祥智著　講談社　1982　166p　15cm〈講談社文庫〉　260円　Ⓘ4-06-138139-3　Ⓝ913.8
☆「日本文芸鑑賞事典 第19巻」

01023　「ぼんぼん」
『ぼんぼん』　今江祥智作　新装版　理論社　2012　429p　20cm　2200円　Ⓘ978-4-652-07987-4　Ⓝ913.6
☆「少年少女の名作案内 日本の文学リアリズム編」

今川　了俊　いまがわ・りょうしゅん

01024　「言塵集」
『言塵集―本文と研究』　荒木尚編著　汲古書院　2008　208,20p　20cm　4000円

①978-4-7629-3566-4　Ⓝ911.104
☆「近代名著解題選集3」

01025　「難太平記」
『日本の古典　15　太平記』　河出書房新社
1971　379p　図　23cm　1200円　Ⓝ918
☆「古典の事典」，「世界名著大事典」，「日本歴史「古典籍」総覧」，「歴史の名著100」

01026　「二言抄」
『歌論歌学集成　第11巻』　三村晃功ほか校注
三弥井書店　2001　372p　22cm　7200円
①4-8382-3103-2　Ⓝ911.101
☆「近代名著解題選集3」

01027　「弁要抄」
『群書類従　第16輯　和歌部』　塙保己一編纂
オンデマンド版　八木書店古書出版部　2013
626p　21cm〈訂正3版：続群書類従完成会
1980年刊　デジタルパブリッシングサービス
〔印刷・製本〕　八木書店〔発売〕〉　10000円
①978-4-8406-3127-3　Ⓝ081
☆「近代名著解題選集3」

01028　「落書露顕」
『歌論歌学集成　第11巻』　三村晃功ほか校注
三弥井書店　2001　372p　22cm　7200円
①4-8382-3103-2　Ⓝ911.101
☆「近代名著解題選集3」

今給黎　教子　いまきいれ・きょうこ
01029　「風になった私」
『風になった私―単独無寄港世界一周278日の記録』　今給黎教子著　毎日新聞社　1992
349p　19cm〈著者の肖像あり〉　1300円
①4-620-30901-X　Ⓝ290.9
☆「世界の海洋文学」

今北　洪川　いまきた・こうぜん
01030　「禅海一瀾」
『禅海一瀾』　今北洪川著　盛永宗興訳　鉾之原
妙鈴訓註　大珠院直心会編　柏樹社　1987
272p　22cm〈洪川略伝・著書：p4～6〉
2500円　Ⓝ188.84
☆「世界名著大事典」

今関　寿麿　いまぜき・ひさまろ
01031　「東洋画論集成」
『東洋画論集成』　今関寿麿編著　講談社　1979
2冊　23cm〈読画書院大正4～5年刊の複製〉
全15000円　Ⓝ722.04
☆「人文科学の名著」，「世界名著大事典」

今田　恵　いまだ・めぐみ
01032　「宗教心理学」
『宗教心理学』　今田恵著　文川堂書房　1947

268p　18cm　Ⓝ161.5
☆「世界名著大事典」

今中　次麿　いまなか・つぎまろ
01033　「政治学における方法二元論」
『政治学に於ける方法二元論』　今中次麿著　ロゴス書院　1928　371p　23cm　Ⓝ311
☆「世界名著大事典」

今中　哲二　いまなか・てつじ
01034　「「チェルノブイリ」を見つめなおす」
『「チェルノブイリ」を見つめなおす―20年後のメッセージ』　今中哲二，原子力資料情報室編著　再刊　原子力資料情報室　2011　65p
21cm　600円
☆「大学新入生に薦める101冊の本」

今西　錦司　いまにし・きんじ
01035　「山岳省察」
『山岳省察』　今西錦司著　講談社　1977　242p
15cm（講談社学術文庫）　340円　Ⓝ786.1
☆「日本の山の名著・総解説」，「山の名著30選」，「山の名著　明治・大正・昭和戦前編」

01036　「主体性の進化論」
『主体性の進化論』　今西錦司著　中央公論社
1980　218p　18cm（中公新書）　440円
Ⓝ467.5
☆「科学技術をどう読むか」

01037　「生物社会の論理」
『生物社会の論理』　今西錦司著　平凡社　1994
302p　16cm（平凡社ライブラリー）　1200円
①4-582-76036-8　Ⓝ468
☆「世界名著大事典　補遺（Extra）」

01038　「生物の世界」
『生物の世界―ほか』　今西錦司著　中央公論新社　2002　325p　18cm（中公クラシックス）
〈年譜あり〉　1300円　①4-12-160032-0
Ⓝ460.4
☆「大人のための日本の名著50」，「近代日本の百冊を選ぶ」，「世界名著大事典　補遺（Extra）」，「21世紀の必読書100選」，「日本の名著」

01039　「ダーウィン論」
『ダーウィン論―土着思想からのレジスタンス』　今西錦司著　中央公論社　1977　189p
18cm（中公新書）　340円　Ⓝ467
☆「科学技術をどう読むか」，「本の定番」ブックガイド」

01040　「日本山岳研究」
『日本山岳研究』　今西錦司著　増補版　講談社
1994　503,15p　19cm（今西錦司全集　第8巻）　4900円　①4-06-253308-1
☆「日本の山の名著・総解説」，「山の名著　明治・大

いまにし

正・昭和戦前編」

01041 「人間以前の社会」
『人間以前の社会』 今西錦司著 岩波書店 1951 170p 18×11cm〈岩波新書 第71〉 Ⓝ481.71
☆「世界名著大事典 補遺(Extra)」、「明治・大正・昭和の名著・総解説」

01042 「私の自然観」
『私の自然観』 今西錦司著 講談社 1978 249p 15cm〈講談社学術文庫〉 320円 Ⓝ049.1
☆「日本文芸鑑賞事典 第19巻」

01043 「私の進化論」
『私の進化論』 今西錦司著 再装版 新思索社 2000 253p 20cm 2500円 Ⓘ4-7835-0220-X Ⓝ467.5
☆「世界名著大事典 補遺(Extra)」

今西 祐行 いまにし・すけゆき

01044 「肥後の石工」
『肥後の石工』 今西祐行作 岩波書店 2001 240p 18cm〈岩波少年文庫〉 680円 Ⓘ4-00-114078-0
☆「少年少女の名作案内 日本の文学リアリズム編」、「日本文芸鑑賞事典 第19巻」、「名著の履歴書」

01045 「一つの花」
『一つの花』 今西祐行作 ポプラ社 2005 190p 18cm〈ポプラポケット文庫 031-1〉〈絵：伊勢英子 1983年刊の新装版〉 570円 Ⓘ4-591-08877-2 Ⓝ913.6
☆「少年少女の名作案内 日本の文学リアリズム編」

今西 竜 いまにし・りゅう

01046 「百済史研究」
『百済史研究』 今西竜著 国書刊行会 1970 593,3p 図版 22cm〈近沢書店(京城)昭和9年刊の複製 附録(p.415-593)：全羅北道西部地方旅行雑記〉 221.037
☆「世界名著大事典」

01047 「新羅史研究」
『新羅史研究』 今西竜著 図書刊行会 1970 595,12p 図版 22cm〈近沢書店(京城)昭和8年刊の複製〉 221.031
☆「世界名著大事典」

01048 「朝鮮史の栞」
『朝鮮史の栞』 今西竜著 国書刊行会 1970 247,2p 図版 22cm〈近沢書店(京城)昭和10年刊の複製〉 Ⓝ221
☆「世界名著大事典」

今野 賢三 いまの・けんぞう

01049 「火事の夜まで」
『編年体大正文学全集 第12巻(大正12年)』長与善郎ほか著 曾根博義編 ゆまに書房 2002 655p 22cm 6600円 Ⓘ4-89714-901-0 Ⓝ918.6
☆「日本のプロレタリア文学」

今堀 和友 いまほり・かずとも

01050 「生命の物理学」
『生命の物理学―生物物理学入門』 今堀和友著 講談社 1970 258,2p 18cm〈ブルーバックス〉 290円 Ⓝ464
☆「学問がわかる500冊 v.2」

今堀 宏三 いまほり・こうぞう

01051 「続・分子進化学入門」
『続・分子進化学入門』 今堀宏三,木村資生,和田敬四郎共編 培風館 1986 257p 21cm 3200円 Ⓘ4-563-03849-0
☆「学問がわかる500冊 v.2」

今道 友信 いまみち・とものぶ

01052 「西洋哲学史」
『西洋哲学史』 今道友信[著] 講談社 1987 349p 15cm〈講談社学術文庫〉 840円 Ⓘ4-06-158787-0 Ⓝ130.2
☆「学問がわかる500冊」

今村 知商 いまむら・ちしょう

01053 「竪亥録」
『江戸初期和算選書 第10巻2 竪亥録』 下平和夫監修 [今村知商][著] 竹之内脩校注 研成社 2010 117p 21cm Ⓘ978-4-87639-506-4 Ⓝ419.1
☆「世界名著大事典」

今村 均 いまむら・ひとし

01054 「今村均回顧録」
『今村均回顧録』 今村均著 芙蓉書房出版 1993 537p 20cm〈新装版 著者の肖像あり 付：今村均・年譜〉 4500円 Ⓘ4-8295-0004-2 Ⓝ289.1
☆「自伝の名著101」

01055 「私記一軍人六十年の哀歓」
『私記・一軍人六十年の哀歓』 今村均著 芙蓉書房 1970 537p 図版 20cm〈付：今村均年譜〉 1300円 Ⓝ289.1
☆「日本陸軍の本・総解説」

今村 仁司 いまむら・ひとし

01056 「近代の労働観」
『近代の労働観』 今村仁司著 岩波書店 1998

200p 18cm（岩波新書） 640円
①4-00-430584-5 Ⓝ366
☆「本の定番」ブックガイド

01057 「現代思想を読む事典」
『現代思想を読む事典』 今村仁司編 講談社
1988 799,23p 18cm（講談社現代新書）
〈付：参考文献〉 1600円 ①4-06-148921-6
Ⓝ309.033
☆「本の定番」ブックガイド

01058 「現代思想のキイ・ワード」
『現代思想のキイ・ワード』 今村仁司著 増補
筑摩書房 2006 268p 15cm（ちくま文庫）
〈初版の出版者：講談社 文献あり〉 720円
①4-480-42212-9 Ⓝ309
☆「本の定番」ブックガイド

井本 熊男　いもと・くまお

01059 「作戦日誌で綴る支那事変」
『支那事変作戦日誌』 井本熊男著 芙蓉書房出
版 1998 530p 20cm〈「作戦日誌で綴る支
那事変」（昭和53年刊）の新版〉 3900円
①4-8295-0221-5 Ⓝ391.207
☆「日本陸軍の本・総解説」

伊良子 清白　いらこ・せいはく

01060 「孔雀船」
『孔雀船―詩集』 伊良子清白作 岩波書店
1993 116p 19cm（ワイド版岩波文庫）
700円 ①4-00-007106-8 Ⓝ911.56
☆「世界名著大事典」，「日本文学鑑賞辞典〔第2〕」，
「日本文学名作概観」，「日本文芸鑑賞事典 第3巻
（1904～1909年）」

伊理 正夫　いり・まさお

01061 「計算の効率化とその限界」
☆「数学ブックガイド100」

入江 正之　いりえ・まさゆき

01062 「アントニオ・ガウディ論」
『アントニオ・ガウディ論』 入江正之著 新装
版 早稲田大学出版部 1997 377,13p
22cm〈索引あり〉 3800円 ①4-657-97417-3
Ⓝ523.36
☆「学問がわかる500冊 v.2」

入沢 康夫　いりざわ・やすお

01063 「わが出雲・わが鎮魂」
『わが出雲・わが鎮魂』 入沢康夫著 復刻新版
思潮社 2004 77p 26cm〈付属資料：24p
(21cm)〉 原本：1968年刊 ホルダー入）
2400円 ①4-7837-2329-X Ⓝ911.56
☆「日本文芸鑑賞事典 第20巻（昭和42～50年）」

色川 大吉　いろかわ・だいきち

01064 「新編明治精神史」
『新編明治精神史』 色川大吉著 中央公論社
1973 602p 図 22cm〈付：自由民権運動史
関係年表〉 2800円 Ⓝ121.02
☆「日本思想史」

01065 「明治精神史」
『明治精神史 上』 色川大吉著 岩波書店
2008 287p 15cm（岩波現代文庫 学術）
1100円 ①978-4-00-600199-5 Ⓝ121.6
☆「戦後思想の名著50」，「日本史の名著」，「ベスト
ガイド日本の名著」，「明治・大正・昭和の名著・
総解説」

色川 武大　いろかわ・たけひろ

01066 「あちゃらかぱいっ」
『あちゃらかぱいッ』 色川武大著 河出書房新
社 2006 218p 15cm（河出文庫） 730円
①4-309-40784-6 Ⓝ913.6
☆「大作家"ろくでなし"列伝」

01067 「狂人日記」
『狂人日記』 色川武大[著] 講談社 2004
311p 16cm（講談社文芸文庫）〈年譜あり
著作目録あり〉 1300円 ①4-06-198381-4
Ⓝ913.6
☆「現代文学鑑賞辞典」

01068 「麻雀放浪記」
『麻雀放浪記 1（青春篇）』 阿佐田哲也著 文
藝春秋 2007 369p 16cm（文春文庫）
629円 ①978-4-16-732304-2 Ⓝ913.6
☆「あらすじで味わう昭和のベストセラー」

岩井 克人　いわい・かつひと

01069 「ヴェニスの商人の資本論」
『ヴェニスの商人の資本論』 岩井克人著 筑摩
書房 1992 317p 15cm（ちくま学芸文庫）
940円 ①4-480-08004-X Ⓝ330.1
☆「ブックガイド"数学"を読む」

岩井 勉　いわい・つとむ

01070 「空母零戦隊」
『空母零戦隊』 岩井勉著 文藝春秋 2001
381p 16cm（文春文庫）〈朝日ソノラマ1994
年刊の増訂〉 514円 ①4-16-765624-8 Ⓝ916
☆「日本海軍の本・総解説」

岩井 宏実　いわい・ひろみ

01071 「民具の博物誌」
『民具の博物誌』 岩井宏実著 増補版 河出書
房新社 1994 198p 22cm 2400円
①4-309-24148-4 Ⓝ383.9
☆「学問がわかる500冊 v.2」

岩井 三四二　いわい・みよじ

01072　「難儀でござる」
『難儀でござる』岩井三四二著　光文社　2009　340p　16cm〈光文社文庫　い44-1―［光文社時代小説文庫］〉　590円
①978-4-334-74555-4　Ⓝ913.6
☆「面白いほどよくわかる時代小説名作100」

岩生 成一　いわお・せいいち

01073　「南洋日本町の研究」
『南洋日本町の研究』岩生成一著　補訂版　岩波書店　1966　383,32p　地図　22cm　1400円
Ⓝ210.18
☆「世界名著大事典」

岩垣 光定　いわがき・こうてい

01074　「商人生業鑑」
『史料京都見聞記　第4巻　見聞雑記　1』駒敏郎ほか編　京都　法藏館　1992　443p　22cm　9800円　①4-8318-3714-8　Ⓝ291.62
☆「古典の事典」

岩垣 松苗　いわがき・まつなえ

01075　「国史略」
『国史略―安政丁巳仲秋再刻　5』岩垣松苗著　観音寺　上坂氏顕彰会史料出版部　2000　3冊　30cm（理想日本リプリント　第23巻）〈1857年刊の複製〉各46800円　Ⓝ210.1
☆「世界名著大事典」、「日本歴史「古典籍」総覧」、「歴史の名著200」

岩上 順一　いわかみ・じゅんいち

01076　「歴史文学論」
『歴史文学論』岩上順一著　文化評論社　1947　361p　18cm　Ⓝ913
☆「世界名著大事典」

岩城 準太郎　いわき・じゅんたろう

01077　「明治文学史」
『明治大正文学史集成』日本図書センター　1982　12冊　22cm〈監修・解説：平岡敏夫　明治23～昭和2年刊の複製〉3500～8000円
①4-8205-6330-0,4-8205-6329-7,4-8205-6332-7,4-8205-6333-5,4-8205-6334-3,4-8205-6335-1,4-8205-6336-X,4-8205-6337-8,4-8205-6338-6,4-8205-6339-4,4-8205-6340-4,4-8205-6341-2　Ⓝ910.26
☆「世界名著大事典」

岩佐 又兵衛　いわさ・またべえ

01078　「山中常盤双紙」
『山中常盤　第1至12』［岩佐又兵衛画］第一書房編　第一書房　1930　12軸　34cm〈和装〉Ⓝ721
☆「近代名著解題選集 3」

岩崎 京子　いわさき・きょうこ

01079　「花咲か」
『花咲か―江戸の植木職人』岩崎京子著　福岡　石風社　2009　252p　19cm〈偕成社1973年刊の新装復刊〉1500円　①978-4-88344-173-0　Ⓝ913.6
☆「少年少女の名作案内 日本の文学リアリズム編」

岩崎 卓也　いわさき・たくや

01080　「考古学調査研究ハンドブックス」
『考古学調査研究ハンドブックス　第1巻　発掘・調査法』岩崎卓也［ほか］編　雄山閣出版　1993　242p　22cm〈新装版　各章末：参考文献〉3000円　①4-639-00403-6　Ⓝ202.5
☆「学問がわかる500冊 v.2」

岩崎 常正　いわさき・つねまさ

01081　「本草図譜」
『本草図譜　巻85～96』岩崎灌園著　京都　同朋舎出版　1981　12冊　27cm〈神宮文庫西村広休旧蔵写本の複製　帙入　限定版　和装〉全68000円　Ⓝ499.9
☆「世界名著大事典」

岩崎 夏海　いわさき・なつみ

01082　「もし高校野球の女子マネージャーがドラッカーの『マネジメント』を読んだら」
『もし高校野球の女子マネージャーがドラッカーの『マネジメント』を読んだら』岩崎夏海著　ダイヤモンド社　2009　272p　19cm　1600円　①978-4-478-01203-1　Ⓝ913.6
☆「3行でわかる名作&ヒット本250」

岩沢 健吉　いわさわ・けんきち

01083　「代数函数論」
『代数函数論』岩沢健吉著　増補版　岩波書店　1973　380p　22cm（現代数学　11）1600円　Ⓝ413.55
☆「ブックガイド 文庫で読む科学」

岩下 俊作　いわした・しゅんさく

01084　「富島松五郎伝（無法松の一生）」
『富島松五郎伝』岩下俊作著　中央公論社　1981　253p　16cm（中公文庫）340円　Ⓝ913.6
☆「あらすじで味わう昭和のベストセラー」、「日本文芸鑑賞事典 第12巻」

01085　「無法松の一生」
『無法松の一生』岩下俊作著　勉誠出版　2009　184p　19cm（人間愛叢書）1500円

ⓘ978-4-585-01236-8 Ⓝ913.6
☆「ポケット日本名作事典」、「歴史小説・時代小説総解説」

岩下 壮一　いわした・そういち

01086　「信仰の遺産」
『岩下壮一巻選集』　春秋社　1969　322p 図版　22cm　1200円　Ⓝ198.2
☆「世界名著大事典」

01087　「中世哲学思想史研究」
『中世哲学思想史研究』　岩下壮一著　3版　岩波書店　1948　438p　22cm　Ⓝ132
☆「世界名著大事典」

岩科 小一郎　いわしな・こいちろう

01088　「山麓滞在」
『山麓滞在』　岩科小一郎著　体育評論社　1942　241p　19cm　Ⓝ380.4
☆「日本の山の名著・総解説」、「山の名著 明治・大正・昭和戦前編」

岩島 久夫　いわしま・ひさお

01089　「情報戦に完敗した日本」
『情報戦に完敗した日本―陸軍暗号"神話"の崩壊』　岩島久夫著　原書房　1984　203p　20cm〈参考文献〉走り書き：p191～202〉　1400円　ⓘ4-562-01511-X　Ⓝ210.75
☆「日本陸軍の本・総解説」

岩瀬 成子　いわせ・じょうこ

01090　「朝はだんだん見えてくる」
『朝はだんだん見えてくる』　岩瀬成子作　理論社　2005　255p　19cm（名作の森）〈絵：長新太〉　1500円　ⓘ4-652-00529-6　Ⓝ913.6
☆「少年少女の名作案内 日本の文学リアリズム編」

岩瀬 大輔　いわせ・だいすけ

01091　「入社1年目の教科書」
『入社1年目の教科書』　岩瀬大輔著　ダイヤモンド社　2011　236p　19cm〈文献あり〉　1429円　ⓘ978-4-478-01542-1　Ⓝ336
☆「3行でわかる名作&ヒット本250」

岩瀬 百樹　いわせ・ももき

01092　「歴世女装考」
『日本随筆大成　〔第1期〕第1-7巻』　日本随筆大成編輯部編　日本随筆大成刊行会　1927　7冊　19cm〈第1期は吉川弘文館発行〉　Ⓝ081
☆「世界名著大事典」

岩田 規久男　いわた・きくお

01093　「経済学を学ぶ」
『経済学を学ぶ』　岩田規久男著　筑摩書房

1994　221p　18cm（ちくま新書）　680円
ⓘ4-480-05602-5　Ⓝ331
☆「学問がわかる500冊」

岩田 慶治　いわた・けいじ

01094　「日本文化のふるさと」
『日本文化のふるさと―東南アジアの民俗を訪ねて』　岩田慶治著　角川書店　1991　266p　19cm（角川選書　222）　1300円
ⓘ4-04-703222-0　Ⓝ389.23
☆「現代人のための名著」

岩田 厳　いわた・げん

01095　「利潤計算原理」
『利潤計算原理』　岩田厳著　同文館　1956　438p　22cm　Ⓝ679.04
☆「世界名著大事典」

岩田 修二　いわた・しゅうじ

01096　「自然環境とのつきあい方」
『山とつきあう』　岩田修二著　岩波書店　1997　136,10p　19cm（自然環境とのつきあい方 1）〈文献あり　索引あり〉　1400円
ⓘ4-00-006601-3　Ⓝ454.5
☆「学問がわかる500冊 v.2」

岩田 清治　いわた・せいじ

01097　「海軍主計大佐の手記」
『海軍主計大佐の手記』　岩田清治著　原書房　1979　287p　20cm　1400円　Ⓝ397.21
☆「日本海軍の本・総解説」

岩田 宏　いわた・ひろし

01098　「頭脳の戦争」
『頭脳の戦争―岩田宏詩集』　小笠原豊樹著　思潮社　1962　188p　20cm（現代詩人双書　第5冊）　Ⓝ911.56
☆「日本文芸鑑賞事典 第18巻（1958～1962年）」

岩田 弘　いわた・ひろし

01099　「現代社会主義と世界資本主義」
『現代社会主義と世界資本主義―共同体・国家・資本主義 現代社会主義の破綻21世紀はこれをどう総括するか』　岩田弘著　新装改訂版　批評社　2006　424p　21cm　3000円
ⓘ4-8265-0455-1　Ⓝ332
☆「必読書150」

岩波書店　いわなみしょてん

01100　「国書総目録」
『国書総目録　第3巻』　森末義彰,市古貞次,堤精二編　補訂版　岩波書店　1990　883p　26cm　21630円　ⓘ4-00-008603-0

☆「世界名著大事典 補遺（Extra）」

01101 「東洋思潮」
☆「人文科学の名著」

岩波書店編集部　いわなみしょてんへんしゅうぶ

01102 「ブックガイド"数学"を読む」
『ブックガイド"数学"を読む』　岩波書店編集部編　岩波書店　2005　120p　19cm（岩波科学ライブラリー　113）　1200円
①4-00-007453-9 Ⓝ410
☆「ブックガイド 文庫で読む科学」

岩野 清子　いわの・きよこ

01103 「愛の争闘」
『愛の争闘』　岩野清著　不二出版　1985　508,21p　19cm（叢書『青踏』の女たち　第4巻）〈米倉書店出版部大正4年刊の複製〉Ⓝ289.1
☆「大正の名著」

岩野 泡鳴　いわの・ほうめい

01104 「一元描写論」
『日本現代文学全集　第29　岩野泡鳴集』　伊藤整等編　講談社　1965　414p 図版　22cm　Ⓝ918.6
☆「日本文学現代名作事典」

01105 「閻魔の眼玉」
『岩野泡鳴全集　第7巻』　岩野美衛著　岩野泡鳴全集刊行会編　京都　臨川書店　1995　447p　23cm　7931円
①4-653-02768-4,4-653-02761-7 Ⓝ918.68
☆「日本文芸鑑賞事典 第4巻」

01106 「神秘的半獣主義」
『岩野泡鳴全集　第9巻』　岩野美衛著　岩野泡鳴全集刊行会編　京都　臨川書店　1995　489p　23cm　8961円
①4-653-02770-6,4-653-02761-7 Ⓝ918.68
☆「世界名著大事典」,「日本文学現代名作事典」,「百年の誤読」

01107 「征服被征服」
『編年体大正文学全集　第8巻（大正8年）』　谷崎潤一郎［ほか］著　紅野敏郎編　ゆまに書房　2001　655p　22cm　6600円
①4-89714-897-9 Ⓝ918.6
☆「世界名著大事典」

01108 「断橋」
『断橋』　岩野泡鳴著　岩波書店　1954　176p　15cm（岩波文庫）Ⓝ913.6
☆「世界名著大事典」

01109 「耽溺」
『耽溺』　岩野泡鳴著　角川書店　1954　106p　15cm（角川文庫）Ⓝ913.6

☆「現代文学鑑賞辞典」,「世界名著大事典」,「日本近代文学名著事典」,「日本文学鑑賞事典〔第2〕」,「日本文学現代名作事典」,「日本文芸鑑賞事典 第4巻」,「日本・名著のあらすじ」,「ポケット日本名作事典」

01110 「毒薬を飲む女」
『毒薬を飲む女』　岩野泡鳴著　創芸社　1953　269p　16cm（近代文庫　第74）Ⓝ913.6
☆「近代文学名作事典」,「日本文学鑑賞事典〔第2〕」

01111 「発展」
『岩野泡鳴全集　第3巻』　岩野美衛著　岩野泡鳴全集刊行会編　京都　臨川書店　1995　579p　23cm　9785円
①4-653-02764-1,4-653-02761-7 Ⓝ918.68
☆「世界名著大事典」,「日本近代文学名著事典」

01112 「悲痛の哲理」
『岩野泡鳴全集　第10巻』　岩野美衛著　岩野泡鳴全集刊行会編　京都　臨川書店　1996　474p　23cm　8652円
①4-653-02771-4,4-653-02761-7 Ⓝ918.68
☆「世界名著大事典」

01113 「泡鳴詩集」
『泡鳴詩集』　岩野泡鳴著　金尾文淵堂　1906　336p　20cm Ⓝ911.5
☆「日本文芸鑑賞事典第3巻（1904～1909年）」

01114 「放浪」
『放浪』　岩野泡鳴著　新潮社　1919　326p　16cm Ⓝ913.6
☆「世界名著大事典」,「日本文芸鑑賞事典 第4巻」

01115 「闇の盃盤」
『闇の盃盤』　岩野泡鳴著　日高有倫堂　1908　205p　19cm Ⓝ911.5
☆「世界名著大事典」,「日本文学鑑賞辞典〔第2〕」,「日本文学現代名作事典」

岩橋 邦枝　いわはし・くにえ

01116 「伴侶」
『伴侶』　岩橋邦枝著　新潮社　1985　188p　20cm　1000円　①4-10-357201-9 Ⓝ913.6
☆「現代文学鑑賞辞典」

岩橋 耕聊堂　いわはし・こうりゅうどう

01117 「平天儀図解」
☆「世界名著大事典」

岩藤 雪夫　いわふじ・ゆきお

01118 「ガトフ・フセグダア」
『賃銀奴隷宣言』　岩藤雪夫著　ゆまに書房　2004　499,5p　22cm（新・プロレタリア文学精選集　8　浦西和彦監修）〈南蠻書房昭和4年刊の複製〉16000円　①4-8433-1187-1

Ⓝ913.6
☆「世界の海洋文学」

01119 「鉄」
『鉄』 岩藤雪夫著 改造社 1929 378p 19cm Ⓝ913.6
☆「世界名著大事典」、「日本のプロレタリア文学」

岩村 忍　いわむら・しのぶ

01120 「暗殺者教国―イスラム異端派の歴史」
『暗殺者教国―イスラム異端派の歴史』 岩村忍著 筑摩書房 2001 227p 15cm〈ちくま学芸文庫〉 950円 Ⓘ4-480-08656-0 Ⓝ167.8
☆「ブックガイド 文庫で読む科学」

01121 「元朝秘史」
『元朝秘史―チンギス=ハン実録』 岩村忍訳 中央公論社 1963 203p 18cm〈中公新書〉 Ⓝ222.057
☆「現代人のための名著」

岩本 活東子　いわもと・かっとうし

01122 「燕石十種」
『燕石十種 第1巻』 岩本活東子編 中央公論社 1979 365p 20cm〈監修:森銑三ほか〉 1900円 Ⓝ081.5
☆「世界名著大事典」

岩本 千綱　いわもと・ちづな

01123 「三国探検実記」
『三国探検実記―シャム・ラオス・安南』 岩本千綱著 中央公論社 1989 215p 16cm〈中公文庫〉〈著者の肖像あり〉 360円 Ⓘ4-12-201658-4 Ⓝ292.309
☆「名著の伝記」

岩本 徹三　いわもと・てつぞう

01124 「零戦撃墜王」
『零戦撃墜王―空戦八年の記録』 岩本徹三著 新装版 光人社 2004 396p 16cm〈光人社NF文庫〉 800円 Ⓘ4-7698-2050-X Ⓝ916
☆「日本海軍の本・総解説」

岩本 裕　いわもと・ゆたか

01125 「仏教入門」
『仏教入門』 岩本裕著 中央公論社 1964 201p 地図 18cm〈中公新書〉〈付:参考文献 190-191p〉 Ⓝ180
☆「本の定番」ブックガイド」

巖谷 英一　いわや・えいいち

01126 「機密兵器の全貌」
『機密兵器の全貌』 執筆・編集:藤平右近等 原書房 1976 351p 20cm〈興洋社 昭和27年刊の複製〉 1600円 Ⓝ559

☆「日本海軍の本・総解説」

巖谷 小波　いわや・さざなみ

01127 「こがね丸」
『こがね丸―小波お伽噺』 巖谷小波著 富山房 1938 206p 18cm〈富山房百科文庫 第56〉 Ⓝ913.8
☆「世界名著大事典」、「日本近代文学名著事典」、「日本児童文学名著事典」、「日本文芸鑑賞事典 第1巻」、「ポケット日本名作事典」、「名作の研究事典」

01128 「小波お伽全集」
『小波お伽全集 第1巻(怪奇篇)』 復刻版 本の友社 1998 462p 23cm〈原本:千里閣(小波お伽全集刊行会)昭和3年刊 肖像あり〉 Ⓘ4-89439-170-8
☆「日本文学鑑賞辞典〔第2〕」

01129 「大語園」
『大語園 第1-10巻』 巖谷小波編 平凡社 1935 10冊 23cm Ⓝ388
☆「世界名著大事典」、「名著の伝記」

01130 「当世少年気質」
『日本児童文学館―名著複刻 2 当世少年気質』 大江小波著 ほるぷ出版 1971 140p 図 19cm〈少年文学 第9〈博文館 明治25年刊〉の複製 和装〉 Ⓝ913.8
☆「日本児童文学名著事典」

巖谷 槇一　いわや・しんいち

01131 「残菊物語」
『大衆文学大系 16 大仏次郎,村松梢風』 講談社 1972 797p 肖像 22cm〈監修:大仏次郎,川口松太郎,木村毅〉 2800円 Ⓝ913.608
☆「世界名著大事典」

隠元 隆琦　いんげん・りゅうき

01132 「黄檗和尚太和集」
『隠元全集―新纂校訂』 平久保章編 開明書院 1979 12冊(別冊とも) 23cm〈複製〉 全75000円 Ⓝ188.8
☆「日本の古典名著」

01133 「大光普照国師」
☆「世界名著大事典 補遺(Extra)」

インタービジョン21

01134 「図解「儲け」のカラクリ」
『図解「儲け」のカラクリ―最新版』 インタービジョン21編 三笠書房 2008 237p 15cm〈王様文庫〉 600円 Ⓘ978-4-8379-6453-7 Ⓝ337.821
☆「超売れ筋ビジネス書101冊」

斎部 広成　いんべ・ひろなり

01135　「古語拾遺」
『古代氏文集―住吉大社神代記・古語拾遺・新撰亀相記・高橋氏文・秦氏本系帳』　沖森卓也,佐藤信,矢嶋泉編著　山川出版社　2012　307p　21cm　4000円　Ⓘ978-4-634-59394-7　Ⓝ210.3
☆「学術辞典叢書 第15巻」、「近代名著解題選集 3」、「作品と作者」、「世界名著解題選 第1巻」、「世界名著大事典」、「日本の古典名著」、「日本名著辞典」、「日本歴史「古典籍」総覧」、「歴史の名著100」

忌部 正通　いんべ・まさみち

01136　「神代巻口訣」
『神道思想名著集成　下巻』　小野祖教編　国学院大学日本文化研究所第三研究室　1972　484p　22cm〈試刷〉　非売　Ⓝ171
☆「世界名著大事典」

【う】

宇井 純　うい・じゅん

01137　「公害原論」
『公害原論―合本』　宇井純著　新装版　亜紀書房　2006　275,283,270p　19cm　3800円　Ⓘ4-7505-0618-4　Ⓝ519
☆「戦後思想の名著50」

01138　「日本の水はよみがえるか」
『日本の水はよみがえるか』　宇井純著　日本放送出版協会　1996　317p　16cm（NHKライブラリー　36）　1000円　Ⓘ4-14-084036-6　Ⓝ519.4
☆「科学を読む愉しみ」

宇井 伯寿　うい・はくじゅ

01139　「印度哲学研究」
『印度哲学研究　第1』　宇井伯寿著　岩波書店　1965　429,21p　22cm　Ⓝ129
☆「世界名著大事典」

01140　「支那仏教史」
『支那仏教史』　宇井伯寿著　岩波書店　1936　257p　17cm（岩波全書　第80）　Ⓝ180
☆「世界名著大事典」

01141　「禅宗史研究」
『禅宗史研究　第1』　宇井伯寿著　3刷　岩波書店　1966　528p　22cm　1700円　Ⓝ188.8
☆「世界名著大事典」

植木 枝盛　うえき・えもり

01142　「猿人君主」

『日本哲学思想全書　第3巻　思想 イデオロギー篇』　三枝博音,清水幾太郎編集　第2版　平凡社　1979　385p　19cm　2300円　Ⓝ081.6
☆「世界名著大事典」

01143　「民権自由論」
『植木枝盛集　第1巻　民権自由論―ほか』　家永三郎ほか編　岩波書店　1990　330p　20cm〈著者の肖像あり〉　4000円　Ⓘ4-00-091561-4　Ⓝ081.6
☆「世界名著大事典」、「日本近代の名著」、「ベストガイド日本の名著」、「明治・大正・昭和の名著・総解説」、「明治の名著 1」

植草 一秀　うえくさ・かずひで

01144　「これからの日本経済」
『これからの日本経済―景気回復への方策』　長谷川慶太郎,植草一秀著　学習研究社　1993　230p　20cm　1300円　Ⓘ4-05-105636-8　Ⓝ332.107
☆「経済経営95冊」

宇江佐 真理　うえざ・まり

01145　「夕映え」
『夕映え　上』　宇江佐真理[著]　KADOKAWA　2014　311p　15cm（角川文庫　う18-4）〈ハルキ文庫 2010年刊の再刊　文献あり〉　560円　Ⓘ978-4-04-101270-3　Ⓝ913.6
☆「面白いほどよくわかる時代小説名作100」

上重 憲二　うえしげ・けんじ

01146　「邂逅の航海」
『邂逅の航海―台湾から長崎へ 不思議なめぐり会いに導かれたヨットの旅』　上重憲二著　舵社　1995　181p　20cm　1800円　Ⓘ4-8072-1108-0　Ⓝ785.7
☆「世界の海洋文学」

上田 秋成　うえだ・あきなり

01147　「雨月物語」
『雨月物語―現代語訳　春雨物語―現代語訳』　上田秋成著　円地文子訳　河出書房新社　2008　277p　15cm（河出文庫）　660円　Ⓘ978-4-309-40914-6　Ⓝ913.56
☆「愛と死の日本文学」、「あらすじダイジェスト 日本の古典30を読む」、「あらすじで読む日本の古典」（楽書館,中経出版〔発売〕）、「あらすじで読む日本の古典」（新人物往来社）、「一度は読もうよ！ 日本の名著」、「一冊で日本の古典100冊を読む」、「一冊で100名作の「さわり」を読む」、「大人のための日本の名著50」、「学術辞典叢書 第15巻」、「近代名著解題選集 2」、「古典の事典」、「古典文学鑑賞辞典」、「この一冊で読める！ 日本の古典50冊」、「作品と作者」、「3行でわかる名作＆ヒッ

ト本250」,「Jブンガク」,「知らないと恥ずかしい「日本の名作」あらすじ200本」,「図説 5分でわかる日本の名作」,「世界名作事典」,「世界名著解題選 第1巻」,「世界名著大事典」,「千年の百冊」,「2ページでわかる日本の古典傑作選」,「日本古典への誘い100選 1」,「日本の古典」,「日本の古典・世界の古典」,「日本の古典名著」,「日本の書物」,「日本の名作おさらい」,「日本の名著(角川書店)」,「日本の名著(毎日新聞社)」,「日本の名著3分間読書100」,「日本文学鑑賞辞典〔第1〕」,「日本文学の古典50選」,「日本文学名作案内」,「日本文学名作概観」,「日本文学名作事典」,「日本名著辞典」,「早わかり日本古典文学あらすじ事典」,「文学・名著300選の解説 '88年度版」,「マンガとあらすじでやさしく読める 日本の古典傑作30選」,「名作の研究事典」

01148 「清風瑣言」
『上田秋成全集 第9巻 随筆篇』 中村幸彦ほか編 中央公論社 1992 463p 23cm 8800円 Ⓘ4-12-402949-7 Ⓝ918.5
☆「古典の事典」

01149 「胆大小心録」
『上田秋成全集 第9巻 随筆篇』 中村幸彦ほか編 中央公論社 1992 463p 23cm 8800円 Ⓘ4-12-402949-7 Ⓝ918.5
☆「世界名著大事典」,「日本文学鑑賞辞典〔第1〕」,「必読書150」

01150 「藤簍冊子」
『新日本古典文学大系 68 近世歌文集 下』 佐竹昭広ほか編 鈴木淳,中村博保校注 岩波書店 1997 601,39p 22cm〈索引あり〉 4500円 Ⓘ4-00-240068-9 Ⓝ918
☆「世界名著大事典」

01151 「春雨物語」
『春雨物語―現代語訳付き』 上田秋成[著] 井上泰至訳注 角川学芸出版 2010 310p 15cm(角川文庫 16333―[角川ソフィア文庫][A-360-1])〈文献あり 年譜あり 角川グループパブリッシング[発売]〉 1048円 Ⓘ978-4-04-401104-8 Ⓝ913.56
☆「一度は読もうよ! 日本の名著」,「一冊で日本の古典100冊を読む」,「古典文学鑑賞辞典」,「世界名著大事典 補遺(Extra)」,「日本の古典」,「日本文学鑑賞辞典〔第1〕」

上田 薫 うえだ・かおる
01152 「知られざる教育―抽象への抵抗」
『知られざる教育―抽象への抵抗』 上田薫著〔新装版〕 名古屋 黎明書房 1987 400p 21cm 3900円 Ⓘ4-654-00714-8
☆「教育名著 日本編」

01153 「信州教育論」
『信州教育論』 上田薫著 明治図書出版 1976 196p 22cm 1900円 Ⓝ372.152
☆「教育名著 日本編」

植田 和男 うえだ・かずお
01154 「国際収支不均衡下の金融政策」
『国際収支不均衡下の金融政策』 植田和男著 東洋経済新報社 1992 224p 22cm 3300円 Ⓘ4-492-65157-8 Ⓝ338.93
☆「ベストガイド日本の名著」

上田 万年 うえだ・かずとし
01155 「国学者伝記集成」
『国学者伝記集成 上』 上田萬年,芳賀矢一校閲 大川茂雄,南茂樹編 復刻 東出版 1997 852p 22cm(辞典叢書 27)〈原本:日本図書明治37年刊〉 Ⓘ4-87036-048-9 Ⓝ121.52
☆「世界名著大事典」

01156 「国語のため」
『国語のため』 上田万年著 安田敏朗校注 平凡社 2011 489p 18cm(東洋文庫 808) 3200円 Ⓘ978-4-582-80808-7 Ⓝ810.1
☆「世界名著大事典」

01157 「大日本国語辞典」
『大日本国語辞典 巻1-5』 上田万年,松井簡治共著 修訂 富山房 1940 5冊 27cm〈巻1,2は6版〉 Ⓝ813.1
☆「世界名著大事典」

植田 和弘 うえた・かずひろ
01158 「環境経済学」
『環境経済学』 植田和弘著 岩波書店 1996 220p 21cm(現代経済学入門) 2500円 Ⓘ4-00-004576-8 Ⓝ519
☆「学問がわかる500冊 v.2」

01159 「環境経済学への招待」
『環境経済学への招待』 植田和弘著 丸善 2002 204p 18cm(丸善ライブラリー) 880円 Ⓘ4-621-07038-X
☆「学問がわかる500冊」

植田 玄節 うえだ・げんせつ
01160 「垂加草」
『山崎闇斎』 日本図書センター 1979 2冊 22cm(日本教育思想大系)〈複製〉 8000円,10000円 Ⓝ121.45
☆「世界名著大事典」

上田 誠也 うえだ・せいや
01161 「地球の科学」
『地球の科学―大陸は移動する』 竹内均,上田誠也著 日本放送出版協会 1977 252,4p 19cm(NHKブックス) Ⓝ450.12

☆「ブックガイド 文庫で読む科学」

上田 貞次郎　うえだ・ていじろう

01162　「英国産業革命史論」
『英国産業革命史論』　上田貞次郎著　講談社　1979　210p　15cm（講談社学術文庫）〈英国産業革命史論年表・英国産業革命史論参考書目：p170～191〉　320円　Ⓝ332.33
☆「世界名著大事典」

01163　「株式会社経論」
『株式会社経論』　上田貞次郎著　改訂増補10版　富山房　1925　486p　23cm　Ⓝ335.4
☆「世界名著大事典」

上田 哲農　うえだ・てつの

01164　「日翳の山ひなたの山」
『日翳の山ひなたの山』　上田哲農著　中央公論社　1979　246p　15cm（中公文庫）　320円　Ⓝ291.09
☆「日本の山の名著・総解説」

植田 捷雄　うえだ・としお

01165　「支那に於ける租界の研究」
『支那に於ける租界の研究』　植田捷雄著　巖松堂書店　1941　919p　地図　22cm（東方文化学院研究報告）〈付：参考文献〉Ⓝ329.17
☆「世界名著大事典」

上田 広　うえだ・ひろし

01166　「津軽海峡」
『津軽海峡―青函連絡船物語 鉄道史伝』　上田広著　大正出版　1981　264p　20cm〈上田広年譜：p262～264〉　1100円　Ⓝ913.6
☆「世界の海洋文学」

上田 敏　うえだ・びん

01167　「うづまき」
『うづまき』　上田敏著　河出書房　1953　99p　図版　15cm（市民文庫　第24）Ⓝ913.6
☆「世界名著大事典」

01168　「海潮音」
『海潮音―上田敏訳詩集』　上田敏訳　55刷改版　新潮社　2006　181p　15cm（新潮文庫）324円　Ⓘ4-10-119401-7　Ⓝ911.56
☆「感動！日本の名著 近現代編」、「近代文学名作事典」、「3行でわかる名作＆ヒット本250」、「世界名作事典」、「世界名著大事典」、「日本近代文学名著事典」、「日本の名著」、「日本文学鑑賞辞典〔第2〕」、「日本文学現代名作事典」、「日本文芸鑑賞事典 第3巻（1904～1909年）」、「日本名著辞典」、「文学・名著300選の解説 '88年度版」、「明治・大正・昭和の名著・総解説」、「明治の名著 2」

01169　「象徴詩釈義」

☆「日本文芸鑑賞事典 第3巻（1904～1909年）」

01170　「文芸論集」
『文芸論集』　上田敏著　春陽堂　1901　448p　23cm　Ⓝ900
☆「世界名著大事典」

01171　「牧羊神」
『牧羊神―上田敏訳詩集』　上田敏訳　新潮社　1953　198p　16cm（新潮文庫　第488）Ⓝ951
☆「日本文学現代名作事典」

上田 正昭　うえだ・まさあき

01172　「帰化人」
『帰化人―古代国家の成立をめぐって』　上田正昭著　中央公論社　1965　188p　18cm（中公新書）Ⓝ210.3
☆「21世紀の必読書100選」

01173　「日本古代国家成立史の研究」
『日本古代国家成立史の研究』　上田正昭著　青木書店　1959　410p　22cm　Ⓝ210.3
☆「日本史の名著」

上田 三四二　うえだ・みよじ

01174　「眩暈を鎮めるもの」
『眩暈を鎮めるもの』　上田三四二著　講談社　1990　265p　15cm（講談社学術文庫）700円　Ⓘ4-06-158909-1　Ⓝ910.26
☆「現代文学鑑賞辞典」

上田 吉一　うえだ・よしかず

01175　「自己実現の教育」
『自己実現の教育』　上田吉一著　名古屋　黎明書房　1988　245,8p　19cm〈新装版　参考文献：p236～245〉　2200円　Ⓘ4-654-00727-X　Ⓝ371
☆「教育名著 日本編」

ウエダ, ヨシスケ

01176　「カオスはこうして発見された」
『カオスはこうして発見された』　ラルフ・エイブラハム, ヨシスケ・ウエダ編著　稲垣耕作, 赤松則男訳　共立出版　2002　198p　22cm　2900円　Ⓘ4-320-03418-X　Ⓝ421.5
☆「ブックガイド "数学"を読む」

上野 千鶴子　うえの・ちづこ

01177　「家父長制と資本制」
『家父長制と資本制―マルクス主義フェミニズムの地平』　上野千鶴子著　岩波書店　2009　457,5p　15cm（岩波現代文庫　G216）〈文献あり　索引あり〉　1200円　Ⓘ978-4-00-600216-9　Ⓝ367.1

☆「学問がわかる500冊」,「社会学の名著30」,「戦後思想の名著50」

01178　「ケアの社会学」
『ケアの社会学——当事者主権の福祉社会へ』　上野千鶴子著　太田出版　2011　497,4p　21cm　2850円　Ⓘ978-4-7783-1241-1
☆「平和を考えるための100冊+α」

01179　「ナショナリズムとジェンダー」
『ナショナリズムとジェンダー——[Collected Works of Chizuko Ueno]』　上野千鶴子著　新版　岩波書店　2012　360,6p　15cm〈岩波現代文庫　学術　271〉〈青土社1998年刊の大幅増補　文献あり　年表あり〉　1240円　Ⓘ978-4-00-600271-8　Ⓝ367.2
☆「近代家族とジェンダー」,「必読書150」

上野 直昭　うえの・なおてる

01180　「上代の彫刻」
『上代の彫刻』　上野直昭著　小川晴暘写真　朝日新聞社　1942　62p　図版97p　37cm〈巻末：跋（志賀直哉）〉　Ⓝ718
☆「世界名著大事典」

上野 彦馬　うえの・ひこま

01181　「舎密局必携」
『舎密局必携　前篇』　上野彦馬抄訳　産業能率短期大学出版部　1976　4冊（解説篇共）23cm〈解説：大森実, 小沢健志　文久2年刊の複製　帙入　限定版　和装〉　25000円　Ⓝ430.21
☆「世界名著大事典」

上野 英信　うえの・ひでのぶ

01182　「追われゆく坑夫たち」
『追われゆく坑夫たち』　上野英信著　岩波書店　1994　233p　16cm（同時代ライブラリー197）〈上野英信年譜：p217〜226〉　950円　Ⓘ4-00-260197-8　Ⓝ567.096
☆「戦後思想の名著50」

上野 道輔　うえの・みちすけ

01183　「新稿貸借対照表論」
『新稿貸借対照表論　上巻』　上野道輔著　15版　有斐閣　1949　476p　22cm　Ⓝ079.1
☆「世界名著大事典」

上野 瞭　うえの・りょう

01184　「ひげよ、さらば」
『ひげよ、さらば——猫たちのバラード　上』　上野瞭著　新潮社　1987　482p　15cm（新潮文庫）　520円　Ⓘ4-10-100331-9
☆「少年少女の名作案内　日本の文学ファンタジー編」

上橋 菜穂子　うえはし・なほこ

01185　「「守り人」シリーズ」
『精霊の守り人』　上橋菜穂子著　新潮社　2007　360p　16cm（新潮文庫）　552円　Ⓘ978-4-10-130272-0　Ⓝ913.6
☆「少年少女の名作案内　日本の文学ファンタジー編」

上原 專禄　うえはら・せんろく

01186　「独逸近代歴史学研究」
『独逸近代歴史学研究』　上原專禄著　2版　弘文堂書房　1948　232p　21cm〈初版昭和19〉　Ⓝ230.01
☆「世界名著大事典」

01187　「独逸中世史研究」
『独逸中世史研究』　上原專禄著　弘文堂書房　1942　330p　図版5枚　22cm　Ⓝ234.04
☆「世界名著大事典」

01188　「独逸中世の社会と経済」
『独逸中世の社会と経済』　上原專禄著　再版　弘文堂　1950　364p　22cm　Ⓝ234.04
☆「世界名著大事典」

01189　「歴史意識に立つ教育」
『歴史意識に立つ教育』　上原專禄著　国土社　1958　309p　19cm　Ⓝ370.4
☆「名著の履歴書」

上前 淳一郎　うえまえ・じゅんいちろう

01190　「洞爺丸はなぜ沈んだか」
『洞爺丸はなぜ沈んだか』　上前淳一郎著　文芸春秋　1983　263p　16cm（文春文庫）　320円　Ⓘ4-16-724804-2　Ⓝ916
☆「世界の海洋文学」

植松 寿樹　うえまつ・ひさき

01191　「枯山水」
『枯山水』　植松寿樹著　砂子屋書房　1939　399p　19cm（国民文学叢書　第19篇）　Ⓝ911.16
☆「日本文芸鑑賞事典　第12巻」

上村 占魚　うえむら・せんぎょ

01192　「鮎」
『鮎——上村占魚句集』　上村占魚著　東京四季出版　1992　195p　20cm　2800円　Ⓘ4-87621-482-4　Ⓝ911.368
☆「日本文芸鑑賞事典　第14巻（1946〜1948年）」

植村 直己　うえむら・なおみ

01193　「青春を山に賭けて」
『青春を山に賭けて』　植村直己著　新装版　文藝春秋　2008　297p　16cm（文春文庫）

植村 正久　うえむら・まさひさ

01194　「信仰の友」
『植村全集　第1-8巻』　植村正久著　植村全集刊行会　1932　8冊 図版　22cm Ⓝ190.8
☆「世界名著大事典」

01195　「霊性の危機」
『霊性の危機』　植村正久著　警醒社　1948　213p　19cm Ⓝ194
☆「世界名著大事典」

上山 春平　うえやま・しゅんぺい

01196　「照葉樹林文化」
『照葉樹林文化―日本文化の深層』　上山春平編　中央公論社　1969　208p　18cm（中公新書）　250円　①4-12-100017-0　Ⓝ210.02
☆「近代日本の百冊を選ぶ」

宇垣 一成　うがき・かずなり

01197　「宇垣一成日記」
『宇垣一成日記　1　明治35年9月―昭和6年6月』　宇垣一成[著]　角田順校訂　オンデマンド版　みすず書房　2010　9,796p　22cm〈原本：1968年刊〉　20000円
①978-4-622-06211-0　Ⓝ312.1
☆「日本陸軍の本・総解説」

宇垣 纏　うがき・まとめ

01198　「戦藻録」
『戦藻録―大東亜戦争秘記』　宇垣纏著　原書房　1993　553p　22cm〈新装版 著者の肖像あり〉　6000円　①4-562-02462-3　Ⓝ391.2
☆「日本海軍の本・総解説」

浮田 和民　うきた・かずたみ

01199　「倫理的帝国主義」
『倫理的帝国主義』　浮田和民著　隆文館　1909　894p　22cm Ⓝ150
☆「世界名著大事典 補遺（Extra）」

鵜崎 鷺城　うざき・ろじょう

01200　「薩の海軍・長の陸軍」
『薩の海軍・長の陸軍』　鵜崎鷺城著　増訂3版　政教社　1913　286p　22cm Ⓝ390
☆「日本海軍の本・総解説」

01201　「陸軍の五大閥」
『陸軍の五大閥』　鵜崎鷺城著　隆文館図書　1915　482,22,5p　22cm Ⓝ396
☆「日本陸軍の本・総解説」

宇沢 弘文　うざわ・ひろふみ

01202　「自動車の社会的費用」
『自動車の社会的費用』　宇沢弘文著　岩波書店　1974　180p　18cm（岩波新書）　180円 Ⓝ685.1
☆「学問がわかる500冊」,「環境と社会」,「日本経済本38」,「東アジア人文書100」

01203　「地球温暖化を考える」
『地球温暖化を考える』　宇沢弘文著　岩波書店　2003　212p　18cm（岩波新書）〈第16刷〉　700円　①4-00-430403-2
☆「学問がわかる500冊 v.2」

01204　「日本の教育を考える」
『日本の教育を考える』　宇沢弘文著　岩波書店　1998　237p　18cm（岩波新書）　640円　①4-00-430566-7　Ⓝ370.4
☆「ブックガイド 文庫で読む科学」

宇治 彌太郎　うじ・やたろう

01205　「附子」
『附子―ほか』　那須正幹ほか著　矢川澄子訳　峰岸達,片山健,伊勢英子挿画　林義勝写真　光村図書出版　2002　85p　22cm（光村ライブラリー　第13巻 樺島忠夫,宮地裕,渡辺実監修）　1000円　①4-89528-111-6
☆「一冊で100名作の「さわり」を読む」,「近代名著解題選集 3」,「古典の事典」,「古典文学鑑賞辞典」,「世界名著大事典」,「日本の古典」

潮木 守一　うしおぎ・もりかず

01206　「ドイツの大学」
『ドイツの大学―文化史的考察』　潮木守一著　講談社　1992　323p　15cm（講談社学術文庫）〈『ドイツ大学への旅』（リクルート出版部 1986年刊）の改題　参考文献：p310～318〉　940円　①4-06-159022-7　Ⓝ377.234
☆「学問がわかる500冊」

牛島 秀彦　うしじま・ひでひこ

01207　「真珠湾」
『真珠湾―二人だけの戦争』　牛島秀彦著　旺文社　1986　222p　15cm（旺文社文庫）　360円　①4-01-064389-7
☆「今だから知っておきたい戦争の本70」

牛島 義友　うしじま・よしとも

01208　「青年の心理と生活」
『青年の心理と生活』　牛島義友著　同文書院　1959　300p　19cm Ⓝ371.47
☆「教育名著 日本編」

牛島 龍介　うしじま・りゅうすけ

01209　「犬と私の太平洋」
『犬と私の太平洋』　牛島竜介著　朝日新聞社　1971　309p　肖像　19cm　530円　Ⓝ915.9
☆「世界の海洋文学」

01210　「水平線の少年」
『水平線の少年―ヨット銀狐号世界一周帆走記』　牛島龍介著　旺文社　1982　352p　16cm（旺文社文庫）　460円　Ⓝ916
☆「世界の海洋文学」

臼井 勝美　うすい・かつみ

01211　「日中戦争」
『日中戦争―和平か戦線拡大か』　臼井勝美著　新版　中央公論新社　2000　220p　18cm（中公新書）〈文献あり〉　680円　Ⓘ4-12-101532-0　Ⓝ210.74
☆「日本陸軍の本・総解説」

臼井 吉見　うすい・よしみ

01212　「安曇野」
『安曇野』　臼井吉見著　筑摩書房　2000　5冊（セット）　19cm　17000円　Ⓘ4-480-80000-X
☆「教養のためのブックガイド」，「世界名著大事典　補遺（Extra）」，「日本文芸鑑賞事典　第19巻」，「ポケット日本名作事典」

01213　「蛙のうた」
『蛙のうた―ある編集者の回想』　臼井吉見著　筑摩書房　1972　332p　肖像　19cm（筑摩叢書）　850円　Ⓝ914.6
☆「世界名著大事典　補遺（Extra）」

01214　「近代文学論争」
『近代文学論争　上』　臼井吉見著　筑摩書房　1975　287p　19cm（筑摩叢書）　1100円　Ⓝ910.26
☆「世界名著大事典　補遺（Extra）」

01215　「戦後」
『戦後―臼井吉見評論集　第1巻　回顧と展望　第1』　臼井吉見著　筑摩書房　1965　318p　図版　20cm　Ⓝ914.6
☆「世界名著大事典　補遺（Extra）」

01216　「田螺のつぶやき」
『田螺のつぶやき』　臼井吉見著　文芸春秋　1975　300p　20cm　1600円　Ⓝ910.26
☆「世界名著大事典　補遺（Extra）」

01217　「人間と文学」
『人間と文学』　臼井吉見著　全国地方銀行協会　1958　65p　図版　15cm（銀行文庫）　Ⓝ910.4
☆「世界名著大事典　補遺（Extra）」

臼田 亜浪　うすだ・あろう

01218　「亜浪句鈔」
『亜浪句鈔』　臼田亜浪著　石楠社　1925　234p　19cm　Ⓝ911.36
☆「日本文芸鑑賞事典　第8巻（1924～1926年）」

01219　「旅人」
『旅人―句集』　臼田亜浪著　交蘭社　1937　265p　肖像　20cm　Ⓝ911.36
☆「世界名著大事典」，「日本文学鑑賞辞典〔第2〕」

宇田 道隆　うだ・みちたか

01220　「海の歳時記」
『海の歳時記』　宇田道隆著　法政大学出版局　1956　277p　19cm　Ⓝ452
☆「世界の海洋文学」

歌川 国貞　うたがわ・くにさだ

01221　「春情妓談水揚帳」
『春情妓談水揚帳』　歌川国貞画　浅野秀剛解説・翻刻　学習研究社　1996　85p　26cm（江戸名作艶本　7）〈複製および翻刻〉　2500円　Ⓘ4-05-400711-2　Ⓝ721.8
☆「日本の艶本・珍書　総解説」，「日本の奇書77冊」

01222　「生写相生源氏」
『江戸のおんな―Edo classic art・第1集』　佐野文哉訳　二見書房　1988　234p　15cm（二見文庫　クラシック・アート・コレクション）〈監修：安田義章〉　750円　Ⓘ4-576-88156-6　Ⓝ913.57
☆「日本の艶本・珍書　総解説」，「日本の奇書77冊」

歌川 国芳　うたがわ・くによし

01223　「東海道五十三次」
『東海道五十三次―広重・豊国・国芳合作故事対照』　歌川広重等画　風俗絵巻出版協会編　風俗絵巻出版協会　1933　1帖　30cm〈和装〉　Ⓝ721.8
☆「日本の艶本・珍書　総解説」

宇田川 玄真　うだがわ・げんしん

01224　「医範提綱」
『西説医範提綱―附拾遺 内象図』　宇田川玄真記述　青史社　1981　1冊　22cm（蘭学資料叢書　3）〈巻頭書名：西説医範提綱釈義　慶応大学医学情報センター蔵富士川文庫本の複製　内象図は内閣文庫所蔵本の複製〉　7000円　Ⓝ490.9
☆「古典の事典」，「世界名著大事典」

01225　「和蘭薬鏡」
『和蘭薬鏡』　宇田川榛斎著　科学書院　1988　1289,30p　27cm〈霞ケ関出版〔発売〕　複製〉　40000円　Ⓝ490.9

宇田川 玄随　うだがわ・げんずい

01226　「西説内科撰要」
『宇田川玄随集　1』　杉本つとむ編　早稲田大学出版部　1995　421,5p　27cm（早稲田大学蔵資料影印叢書　洋学篇　第9巻）　28000円
Ⓘ4-657-95406-7　Ⓝ490.9
☆「世界名著大事典」

宇田川 榛斎　うだがわ・しんさい

01227　「遠西医方名物考」
『日本科学技術古典籍資料　薬物学篇 1』　宇田川榛斎譯述　宇田川榕菴校補　遠藤正治編　科学書院　2008　766p　27cm（近世歴史資料集成　第5期 第10巻）〈風雲堂蔵版の複製　霞ケ関出版〔発売〕〉　50000円
Ⓘ978-4-7603-0263-5　Ⓝ402.105
☆「世界名著大事典」

宇田川 武久　うだがわ・たけひさ

01228　「瀬戸内水軍」
『瀬戸内水軍』　宇田川武久著　〔東村山〕　教育社　1981　227p　18cm（教育社歴史新書　日本史　65）〈参考文献：p223〜227〉　800円
Ⓝ217.4
☆「世界の海洋文学」

宇田川 榕菴　うだがわ・ようあん

01229　「植学啓原」
『植学啓原―理学入門』　宇田川榕菴著　清水福島汀鷗　1991　1冊　25cm〈薩摩楼蔵版の複製　帙入　限定版　和装〉　非売品　Ⓝ470
☆「古典の事典」,「自然科学の名著100選 中」,「世界名著大事典」,「日本名著辞典」

01230　「舎密開宗」
『舎密開宗―復刻と現代語訳・注』　D.ウィリアム・ヘンリー原著　宇田川榕菴訳著　校注：田中実　講談社　1975　568p 図　31cm　19800円　Ⓝ430.21
☆「自然科学の名著100選 中」,「世界名著大事典」,「日本名著辞典」

01231　「菩多尼訶経」
『菩多尼訶経』　宇田川榕菴訳　福島汀鷗写　〔清水〕　〔福島汀鷗〕　1991　1冊　29cm〈折本 帙入　和装〉Ⓝ470
☆「日本名著辞典」

内池 廉吉　うちいけ・れんきち

01232　「商業学概論」
『商業学概論』　内池廉吉著　改版（30版）　同文館　1932　471p　23cm　Ⓝ670
☆「世界名著大事典」

打木 村治　うちき・むらじ

01233　「生きている山脈」
『生きている山脈』　打木村治著　偕成社　1977　2冊　19cm（偕成社文庫）　各390円
☆「名作の研究事典」

内田 銀蔵　うちだ・ぎんぞう

01234　「史学理論」
『内田銀蔵遺稿全集　第4輯　史学理論』　内田銀蔵著　原勝郎訂　同文館　1922　464p　23cm　Ⓝ210
☆「世界名著大事典」

01235　「日本近世史」
『近世の日本・日本近世史』　内田銀蔵著　宮崎道生校注　平凡社　1975　308p　18cm（東洋文庫　279）　900円　Ⓝ210.5
☆「世界名著大事典」

01236　「日本経済史の研究」
『日本経済史の研究　上』　内田銀蔵著　河出書房　1944　432p 肖像　22cm　Ⓝ332.1
☆「世界名著大事典」

内田 伸子　うちだ・のぶこ

01237　「ベーシック現代心理学2 乳幼児の心理学」
『ベーシック現代心理学　2　乳幼児の心理学』　内田伸子ほか著　有斐閣　1991　302p　22cm〈各章末：参考文献〉　2266円
Ⓘ4-641-08602-8　Ⓝ140.8
☆「学問がわかる500冊」

内田 百閒　うちだ・ひゃっけん

01238　「内田百閒随筆」
☆「50歳からの名著入門」

01239　「王様の背中」
『王様の背中』　内田百閒著　多摩　福武書店　1994　200p　15cm（福武文庫）〈画：谷中安規〉　550円　Ⓘ4-8288-3294-7　Ⓝ913.6
☆「日本児童文学名著事典」

01240　「出帆の記」
☆「世界の海洋文学」

01241　「特別阿房列車」
『内田百閒―1889-1971』　内田百閒著　筑摩書房　2007　476p　15cm（ちくま日本文学　1）〈年譜あり〉　880円　Ⓘ978-4-480-42501-0　Ⓝ918.68
☆「ポケット日本名作事典」

01242　「百鬼園随筆」
『百鬼園随筆』　内田百閒著　新潮社　2002　362p　16cm（新潮文庫）　514円

①4-10-135631-9 Ⓝ914.6
☆「世界名著大事典」、「日本文学鑑賞辞典〔第2〕」、「日本文芸鑑賞事典 第10巻」

01243 「船の夢」
『船の夢』 内田百閒著 旺文社 1982 198p 16cm(旺文社文庫) 300円 Ⓝ914.6
☆「世界の海洋文学」

01244 「冥途」
『冥途』 内田百閒著 金井田英津子画・造本 長崎出版 2013 91p 22cm〈パロル舎2002年刊の復刊〉 2300円 ①978-4-86095-562-5 Ⓝ913.6
☆「現代文学鑑賞辞典」、「Jブンガク」、「世界名著大事典」、「日本の小説101」、「日本の名著3分間読書100」、「日本文学名作事典」、「日本文芸鑑賞事典 第7巻(1920〜1923年)」、「必読書150」、「百年の誤読」

内田 康夫　うちだ・やすお

01245 「死者の木霊」
『死者の木霊』 内田康夫著 角川書店 2011 411p 20cm(内田康夫ベストセレクション)〈角川グループパブリッシング〔発売〕〉 2000円 ①978-4-04-874132-3 Ⓝ913.6
☆「世界の推理小説・総解説」

内田 祥哉　うちだ・よしちか

01246 「建築の生産とシステム」
『建築の生産とシステム―最終講義』 内田祥哉著 住まいの図書館出版局 1993 215,16p 18cm(住まい学大系 51)〈星雲社〔発売〕〉 2400円 ①4-7952-0851-4 Ⓝ525
☆「学問がわかる500冊 v.2」

内田 義彦　うちだ・よしひこ

01247 「経済学の生誕」
『経済学の生誕』 内田義彦著 新版 未来社 1994 340p 22cm 3914円 ①4-624-32148-0 Ⓝ331.4
☆「近代日本の百冊を選ぶ」、「「本の定番」ブックガイド」、「名著の履歴書」

内田 隆三　うちだ・りゅうぞう

01248 「消費社会と権力」
『消費社会と権力』 内田隆三著 岩波書店 1987 330p 19cm 2200円 ①4-00-001046-8 Ⓝ361.5
☆「学問がわかる500冊」、「メディア・情報・消費社会」

01249 「柳田国男と事件の記録」
『柳田国男と事件の記録』 内田隆三著 講談社 1995 238p 19cm(講談社選書メチエ 40)〈文献案内：p228〜231〉 1500円

①4-06-258040-3 Ⓝ380.1
☆「学問がわかる500冊」

内田 魯庵　うちだ・ろあん

01250 「思い出す人々」
『思ひ出す人々』 内田魯庵著 日本図書センター 1983 438,12p 22cm(明治大正文学回想集成 4 平岡敏夫監修・解説)〈春秋社大正14年刊の複製〉 ①4-8205-6316-5 Ⓝ910.26
☆「世界名著大事典」、「日本文学鑑賞辞典〔第2〕」、「日本文学現代名作事典」

01251 「くれの廿八日」
『くれの廿八日―他一篇』 内田魯庵著 岩波書店 1955 134p 15cm(岩波文庫) Ⓝ913.6
☆「世界名著大事典」、「日本文学鑑賞辞典〔第2〕」

01252 「社会百面相」
『社会百面相 上』 内田魯庵著 岩波書店 1953 264p 15cm(岩波文庫) Ⓝ913.6
☆「世界名著大事典」

01253 「文学者となる法」
『文学者となる法』 内田魯庵著 図書新聞 1995 222p 22cm 2500円 ①4-88611-312-5 Ⓝ914.6
☆「世界名著大事典」、「日本近代文学名著事典」

01254 「破垣」
『内田魯庵全集 10 小説 2』 野村喬編 ゆまに書房 1985 609p 20cm〈著者の肖像あり〉 5200円 Ⓝ918.68
☆「日本の艶本・珍書 総解説」

内野 正幸　うちの・まさゆき

01255 「教育の権利と自由」
『教育の権利と自由』 内野正幸著 有斐閣 1994 253p 19cm〈主要参考文献：p237〜238〉 1648円 ①4-641-03188-6 Ⓝ370.4
☆「学問がわかる500冊」、「憲法本41」

内橋 克人　うちはし・かつと

01256 「匠の時代」
『匠の時代 1』 内橋克人著 新版 岩波書店 2011 262p 15cm(岩波現代文庫 S217) 980円 ①978-4-00-603217-3 Ⓝ336.17
☆「現代を読む」

内村 鑑三　うちむら・かんぞう

01257 「求安録」
『求安録』 内村鑑三著 警醒社書店 1947 174p 19cm Ⓝ194
☆「世界名著大事典」

01258 「基督信徒の慰」
『内村鑑三全集 2 1893〜1894』 鈴木俊郎編

集　岩波書店　1980　505p　22cm〈著者の肖像あり〉　4500円　Ⓝ190.3
☆「世界名著大事典」

01259　「後世への最大遺物」
『後世への最大遺物—現代語で読む』　内村鑑三著　三笠書房　1983　192p　19cm〈解説：竹内均〉　890円　Ⓝ194
☆「世界名著大事典」、「倫理良書を読む」、「私の古典」

01260　「代表的日本人」
『代表的日本人』　内村鑑三著　齋藤慎子訳　致知出版社　2012　237p　19cm（いつか読んでみたかった日本の名著シリーズ　4）　1400円　①978-4-88474-979-8　Ⓝ281
☆「現代人のための名著」、「世界名著大事典」、「「日本人の名著」を読む」、「私の古典」

01261　「地人論」
『地人論』　内村鑑三著　警醒社書店　1948　180p　19cm　Ⓝ290.1
☆「世界名著大事典」

01262　「余は如何にして基督信徒となりし乎」
『余は如何にして基督信徒となりし乎』　内村鑑三著　鈴木俊郎訳　改版　岩波書店　1958　285p　図版　15cm（岩波文庫）　Ⓝ194
☆「感動！日本の名著　近現代編」、「世界の名著早わかり事典」、「世界名著大事典」、「日本近代文学名著事典」、「日本の名著」（角川書店）、「日本の名著」（毎日新聞社）、「日本の名著」（中央公論新社）、「日本文学現代名作事典」、「日本文芸鑑賞事典　第1巻」、「必読書150」、「ベストガイド日本の名著」、「明治・大正・昭和の名著・総解説」、「明治の名著 1」

内村 剛介　うちむら・ごうすけ

01263　「わが身を吹き抜けたロシア革命」
『わが身を吹き抜けたロシア革命』　内村剛介著　陶山幾朗編　五月書房　2000　444p　20cm〈年表あり　年譜あり〉　3800円　①4-7727-0319-5　Ⓝ238.07
☆「21世紀の必読書100選」

内村 直也　うちむら・なおや

01264　「秋水嶺」
『秋水嶺』　内村直也著　成瀬書房　1986　140p　22cm〈箱入（23cm）　限定版〉　①4-930708-35-4　Ⓝ913.6
☆「日本文学鑑賞辞典〔第2〕」、「日本文芸鑑賞辞典　第11巻（昭和9～昭和12年）」

01265　「遠い凱歌」
『現代日本戯曲大系　第3巻　1955-1957』　三一書房編集部編　三一書房　1971　510p　23cm　3800円　Ⓝ912.6

☆「日本文芸鑑賞事典　第17巻（1955～1958年）」

内山 昭　うちやま・あきら

01266　「計算機歴史物語」
『計算機歴史物語』　内山昭著　岩波書店　1983　178p　18cm（岩波新書）　430円　Ⓝ418.6
☆「科学技術をどう読むか」

内山 節　うちやま・たかし

01267　「森にかよう道」
『森にかよう道—知床から屋久島まで』　内山節著　新潮社　1994　254p　19cm（新潮選書）　1000円　①4-10-600461-5　Ⓝ653.2
☆「学問がわかる500冊 v.2」、「新・山の本おすすめ50選」

内山 秀夫　うちやま・ひでお

01268　「政治における理想と現実」
『政治における理想と現実』　内山秀夫著　三一書房　1980　213p　20cm　1600円　Ⓝ310.4
☆「現代政治学を読む」

01269　「第三世界と現代政治学」
『第三世界と現代政治学』　内山秀夫著　れんが書房　1974　319p　20cm　1800円　Ⓝ311
☆「現代政治学を読む」

宇津宮 清吉　うつのみや・きよよし

01270　「漢代社会経済史研究」
『漢代社会経済史研究』　宇都宮清吉著　弘文堂　1955　525p　図版　22cm　Ⓝ222.042
☆「世界名著大事典」

宇都宮 深志　うつのみや・ふかし

01271　「環境理念と管理の研究」
『環境理念と管理の研究—地球時代の環境パラダイムを求めて』　宇都宮深志著　東海大学出版会　1995　387p　22cm　4635円　①4-486-01347-6　Ⓝ519.1
☆「学問がわかる500冊 v.2」

内海 愛子　うつみ・あいこ

01272　「朝鮮人BC級戦犯の記録」
『朝鮮人BC級戦犯の記録』　内海愛子著　勁草書房　1982　295p　20cm〈主な参考文献・資料一覧：p284～295〉　2200円　Ⓝ329.67
☆「平和を考えるための100冊+α」

内海 勝利　うつみ・かつとし

01273　「小さな洋上教室」
『小さな洋上教室—親子四人の世界大航海』　内海勝利著　町田　玉川大学出版部　1980　233p　19cm　1200円　Ⓝ290.9
☆「世界の海洋文学」

内海 実　うつみ・みのる

01274　「きちんと生きてる人がやっぱり強い！」
『きちんと生きてる人がやっぱり強い！―誠実で潔く、勤勉で正直に生きるためのイラスト図解版』　内海実著　河出書房新社　2009　95p　26cm〈2006年刊の加筆・再編集〉933円　①978-4-309-65095-1　Ⓝ159
☆「超売れ筋ビジネス書101冊」

烏亭 焉馬　うてい・えんば

01275　「歌舞妓年代記」
『花江都歌舞妓年代記』　立川焉馬著　正宗敦夫編纂校訂　現代思潮社　1978　2冊　16cm〈覆刻日本古典全集〉〈日本古典全集刊行会昭和3,4年刊の複製〉Ⓝ774.2
☆「日本名著辞典」

01276　「喜美談話」
☆「古典の事典」

01277　「詞葉の花」
『化政期落語本集―近世笑話集下』　武藤禎夫校注　岩波書店　1988　386p　16cm〈岩波文庫〉600円　①4-00-302513-X　Ⓝ913.59
☆「世界名著大事典」

01278　「花江都歌舞妓年代記」
『花江都歌舞妓年代記』　立川焉馬著　正宗敦夫編纂校訂　現代思潮社　1978　2冊　16cm〈覆刻日本古典全集〉〈日本古典全集刊行会昭和3,4年刊の複製〉Ⓝ774.2
☆「世界名著大事典」

宇野 円空　うの・えんくう

01279　「宗教民族学」
『宗教民族学』　宇野円空著　創元社　1949　409p　22cm　Ⓝ161.4
☆「世界名著大事典」

宇野 収　うの・おさむ

01280　「「青春」という名の詩」
『「青春」という名の詩―幻の詩人サムエル・ウルマン』　宇野収,作山宗久著　産業能率大学出版部　1986　145p　20cm〈サムエル・ウルマン年譜：p139～140〉1200円　①4-382-04913-X　Ⓝ931
☆「経済経営95冊」

宇野 公一　うの・こういち

01281　「雷跡！右30度」
『雷跡!!右30度―特攻船団戦記』　宇野公一著　成山堂書店　1977　287p　20cm〈大平洋戦争年表：p.285～287〉　1200円　Ⓝ915.9
☆「世界の海洋文学」

宇能 鴻一郎　うの・こういちろう

01282　「鯨神」
『鯨神』　宇能鴻一郎著　中央公論社　1981　228p　16cm（中公文庫）　320円　Ⓝ913.6
☆「世界の海洋文学」

01283　「斬殺集団」
『斬殺集団―私説新選組』　宇能鴻一郎著　青樹社　1979　294p　19cm　760円　Ⓝ913.6
☆「歴史小説・時代小説 総解説」

宇野 浩二　うの・こうじ

01284　「赤い部屋」
『日本児童文学館―名著複刻 18 赤い部屋』　宇野浩二著　ほるぷ出版　1971　212p　図　20cm〈天佑社大正12年刊の複製〉Ⓝ913.8
☆「日本児童文学名著事典」

01285　「思ひ川」
『思ひ川』　宇野浩二著　角川書店　1956　266p　15cm（角川文庫）　Ⓝ913.6
☆「世界名著大事典」

01286　「枯木のある風景」
『枯木のある風景』　宇野浩二著　大阪　三島書房　1946　283p　19cm（三島文庫）Ⓝ913.6
☆「日本文芸鑑賞事典 第10巻」

01287　「枯野の夢」
『枯野の夢』　宇野浩二著　光文社　1948　175p　15cm（日本文学選）Ⓝ913.6
☆「世界名著大事典」

01288　「苦の世界」
『苦の世界』　宇野浩二作　岩波書店　2012　368p　15cm（岩波文庫）〈第19刷（第1刷1952年）〉800円　①4-00-310681-4
☆「近代文学名著事典」，「これだけは読んでおきたい日本の名作文学案内」，「世界名著大事典」，「日本文学鑑賞辞典〔第2〕」，「日本文学名作事典」，「日本文芸鑑賞事典 第6巻（1917～1920年）」

01289　「蔵の中」
『蔵の中』　宇野浩二作　久米宏一絵　麦書房　1971　48p　21cm（雨の日文庫　第6集（現代日本文学・大正編）12）
☆「世界名作事典」，「世界名著大事典」，「日本近代文学名著事典」，「日本の小説101」，「日本文学鑑賞辞典〔第2〕」，「日本文学現代名作事典」，「日本文芸鑑賞事典 第6巻（1917～1920年）」，「ポケット日本名作事典」

01290　「子を貸し屋」
『子を貸し屋』　宇野浩二著　新潮社　1994　243p　15cm（新潮文庫）〈12刷（1刷：昭和25年）〉520円　①4-10-150111-4　Ⓝ913.6
☆「現代文学鑑賞辞典」，「女性のための名作・人生

うの

案内」、「世界名著大事典」、「日本文学鑑賞辞典〔第2〕」、「日本文芸鑑賞事典 第7巻(1920〜1923年)」、「文学・名著300選の解説 '88年度版」、「ポケット日本名作事典」

01291 「子の来歴」
『子の来歴―他四篇』 宇野浩二著 三笠書房 1936 497p 20cm Ⓝ913.6
☆「日本文学鑑賞辞典〔第2〕」

01292 「春を告げる鳥」
『春を告げる鳥』 宇野浩二著 大日本雄辯會講談社 1927 251p 19cm Ⓝ913.6
☆「世界名著大事典」、「名作の研究事典」

01293 「文芸夜話」
『文芸夜話』 宇野浩二著 金星堂 1922 361p 18cm Ⓝ914.6
☆「日本文学鑑賞辞典〔第2〕」

01294 「夢のかよひ路」
『宇野浩二全集 第7巻 小説 7』 中央公論社 1972 473p 肖像 20cm 1500円 Ⓝ918.6
☆「日本文学現代名作事典」

宇野 弘蔵　うの・こうぞう

01295 「経済学方法論」
『経済学方法論』 宇野弘蔵著 東京大学出版会 1962 323p 22cm（経済学大系 第1）Ⓝ331
☆「必読書150」、「ベストガイド日本の名著」、「明治・大正・昭和の名著・総解説」

01296 「経済原論」
『経済原論』 宇野弘蔵著 岩波書店 1977 526p 22cm 2400円 Ⓝ331
☆「世界名著大事典」

01297 「経済政策論」
『経済政策論』 宇野弘蔵著 改訂版 弘文堂 1971 274p 22cm 880円 Ⓝ333
☆「世界名著大事典」

宇野 千代　うの・ちよ

01298 「生きて行く私」
『生きて行く私』 宇野千代著 角川書店 1996 375p 15cm（角川文庫） 600円 Ⓘ4-04-108602-7 Ⓝ913.6
☆「読書入門」

01299 「色ざんげ」
『色ざんげ』 宇野千代著 中央公論社 1984 213p 20cm 950円 Ⓘ4-12-001358-8 Ⓝ913.6
☆「一度は読もうよ！日本の名著」、「近代日本の百冊を選ぶ」、「世界名著大事典」、「日本文学名作案内」、「日本文芸鑑賞事典 第10巻」、「ポケット日本名作事典」

01300 「薄墨の桜」
『薄墨の桜』 宇野千代著 集英社 2007 234p 16cm（集英社文庫） 457円 Ⓘ978-4-08-746227-2 Ⓝ913.6
☆「これだけは読んでおきたい日本の名作文学案内」

01301 「おはん」
『おはん』 宇野千代著 55刷改版 新潮社 2003 127p 16cm（新潮文庫） 324円 Ⓘ4-10-102702-1 Ⓝ913.6
☆「あらすじダイジェスト」、「一度は読もうよ！日本の名著」、「一冊で話題作100冊を読む」、「女は生きる」、「現代文学鑑賞辞典」、「知らないと恥ずかしい「日本の名作」あらすじ200本」、「日本の名著3分間読書100」、「日本文学鑑賞辞典〔第2〕」、「日本文学名作案内」、「日本文芸鑑賞事典 第17巻(1955〜1958年)」、「文学・名著300選の解説 '88年度版」、「ポケット日本名作事典」、「名作の書き出しを諳んじる」

01302 「幸福」
『幸福』 宇野千代著 ゆまに書房 2000 349,6p 22cm（近代女性作家精選集 31 尾形明子監修）〈解説：堀切直人 金星堂大正13年刊の複製〉 12000円 Ⓘ4-8433-0193-0 Ⓝ913.6
☆「一度は読もうよ！日本の名著」、「一冊で日本の名著100冊を読む 続」

01303 「人形師天狗屋久吉」
『人形師天狗屋久吉』 宇野千代著 成瀬書房 1990 79p 23cm〈袂入 限定版 和装〉Ⓘ4-930708-48-6 Ⓝ913.6
☆「現代文学名作探訪事典」

01304 「別れも愉し」
『別れも愉し』 宇野千代著 集英社 1991 295p 16cm（集英社文庫） 460円 Ⓘ4-08-749744-5 Ⓝ913.6
☆「女性のための名作・人生案内」

宇野 哲人　うの・てつと

01305 「支那哲学史講話」
『支那哲学史講話』 宇野哲人著 増訂版 大同館書店 1941 355,86p 21cm Ⓝ122.02
☆「世界名著大事典」

宇野 信夫　うの・のぶお

01306 「春の霧」
『春の霧』 宇野信夫著 愛宕書房 1942 344p 図版 19cm Ⓝ912.6
☆「日本文芸鑑賞事典 第13巻」

宇野 裕　うの・ひろし

01307 「職業としての福祉」
『職業としての福祉―21世紀の福祉マンパワーを求めて』 宇野裕著 中央法規出版 1995

261p　21cm　2300円　④4-8058-4000-5　Ⓝ369.1
☆「学問がわかる500冊」

生方 たつゑ　うぶかた・たつゑ

01308　「北を指す」
『北を指す』　生方たつゑ著　白玉書房　1964　235p 図版　19cm　Ⓝ911.168
☆「日本文芸鑑賞事典 第19巻」

冲方 丁　うぶかた・とう

01309　「天地明察」
『天地明察 上』　冲方丁[著]　角川書店　2012　282p　15cm（角川文庫　う20-6）〈2009年刊の上下巻分冊、加筆修正　角川グループパブリッシング〔発売〕〉　552円　④978-4-04-100318-3　Ⓝ913.6
☆「3行でわかる名作&ヒット本250」

生方 敏郎　うぶかた・としろう

01310　「明治大正見聞史」
『明治大正見聞史』　生方敏郎著　改版　中央公論新社　2005　372p　16cm（中公文庫）　1048円　④4-12-204573-8　Ⓝ210.6
☆「日本文芸鑑賞事典 第8巻（1924〜1926年）」

梅 謙次郎　うめ・けんじろう

01311　「民法要義」
『民法要義 巻之1（総則編）』　梅謙次郎著　訂正増補 復刻版 オンデマンド版　有斐閣　2001　436p　22cm〈原本：昭和59年刊〉　13000円　④4-641-90051-5　Ⓝ324
☆「世界名著大事典」

梅棹 忠夫　うめさお・ただお

01312　「狩猟と遊牧の世界」
『狩猟と遊牧の世界―自然社会の進化』　梅棹忠夫著　講談社　1976　174p　15cm（講談社学術文庫）　260円　Ⓝ361.6
☆「東アジア人文書100」

01313　「情報の文明学」
『情報の文明学』　梅棹忠夫著　中央公論新社　1999　316p　16cm（中公文庫）　648円　④4-12-203398-5　Ⓝ007.35
☆「「本の定番」ブックガイド」

01314　「世界史とわたし」
『世界史とわたし―文明を旅する』　梅棹忠夫著　日本放送出版協会　1997　230p　19cm（NHKブックス）　920円　④4-14-001800-3　Ⓝ204
☆「大学新入生に薦める101冊の本」

01315　「知的生産の技術」

『知的生産の技術』　梅棹忠夫著　岩波書店　2003　218p　18cm（岩波新書）〈第73刷〉　740円　④4-00-415093-0
☆「あの本にもう一度」、「自己啓発の名著30」、「「本の定番」ブックガイド」

01316　「人間にとって科学とは何か」
☆「学問がわかる500冊 v.2」

01317　「文明の生態史観」
『文明の生態史観―ほか』　梅棹忠夫著　中央公論新社　2002　447p　18cm（中公クラシックス）〈年譜あり〉　1500円　④4-12-160041-X　Ⓝ204
☆「大人のための日本の名著50」、「学問がわかる500冊 v.2」、「近代日本の百冊を選ぶ」、「現代人のための名著」、「新・現代歴史学の名著」、「戦後思想の名著50」、「21世紀の必読書100選」、「日本文芸鑑賞事典 第17巻（1955〜1958年）」、「文化人類学の名著50」、「ベストガイド日本の名著」、「明治・大正・昭和の名著・総解説」

01318　「モゴール族探検記」
『モゴール族探検記』　梅棹忠夫著　岩波書店　1956　205p 図版 地図　18cm（岩波新書）　Ⓝ292.62
☆「「本の定番」ブックガイド」

梅崎 春生　うめざき・はるお

01319　「幻化」
『幻化』　梅崎春生著　福武書店　1983　185p　19cm（文芸選書）　1100円　Ⓝ913.6
☆「現代文学名作探訪事典」、「日本文学名作事典」、「日本文芸鑑賞事典 第19巻」、「ポケット日本名作事典」

01320　「桜島」
『桜島』　梅崎春生著　新潮社　1951　247p　15cm（新潮文庫　第194）　Ⓝ913.6
☆「あらすじダイジェスト」、「一度は読もうよ！日本の名著」、「一冊で日本の名著100冊を読む 続」、「現代文学鑑賞辞典」、「現代文学名作探訪事典」、「これだけは読んでおきたい日本の名作文学案内」、「女性のための名作・人生案内」、「世界名著大事典」、「日本文学鑑賞辞典〔第2〕」、「日本文学現代名作事典」、「日本文学名作案内」、「日本文芸鑑賞事典 第14巻（1946〜1948年）」、「文学・名著300選の解説 '88年度版」、「ポケット日本名作事典」

01321　「日の果て」
『日の果て』　梅崎春生著　雲井書店　1951　258p　19cm　Ⓝ913.6
☆「日本・世界名作「愛の会話」100章」

01322　「ボロ家の春秋」
『ボロ家の春秋』　梅崎春生著　講談社　2000　293p　16cm（講談社文芸文庫）〈年譜あり　著作目録あり〉　1200円　④4-06-197697-4　Ⓝ913.6

梅津 政景　うめず・まさかげ

01323　「梅津政景日記」
『大日本古記録　〔第4〕第1　梅津政景日記 第1』　東京大学史料編纂所編　岩波書店　1953　264p 図版　22cm　Ⓝ210.08
☆「世界名著大事典」

梅田 望夫　うめだ・もちお

01324　「ウェブ進化論」
『ウェブ進化論—本当の大変化はこれから始まる』　梅田望夫著　筑摩書房　2006　249p　18cm（ちくま新書）　740円　Ⓘ4-480-06285-8　Ⓝ007.3
☆「超売れ筋ビジネス書101冊」

梅溪 昇　うめたに・のぼる

01325　「明治前期政治史の研究」
『明治前期政治史の研究—明治軍隊の成立と明治国家の完成』　梅溪昇著　増補版　未来社　1978　487,19p　22cm　4000円　Ⓝ312.1
☆「日本史の名著」

梅根 悟　うめね・さとる

01326　「日本の教育はどうあるべきか」
『日本の教育はどうあるべきか』　教育制度検討委員会編　勁草書房　1971　153p　19cm（教育改革シリーズ　1）〈編者：梅根悟 委員の第1次報告書〉　230円　Ⓝ373.1
☆「教育名著 日本編」

梅林 宏道　うめばやし・ひろみち

01327　「非核兵器地帯」
『非核兵器地帯—核なき世界への道筋』　梅林宏道著　岩波書店　2011　179,21p　19cm〈文献あり〉　1800円　Ⓘ978-4-00-024511-1　Ⓝ319.8
☆「平和を考えるための100冊+α」

梅原 末治　うめはら・すえじ

01328　「慶州金冠塚と其遺宝」
『朝鮮考古資料集成　9　古蹟調査特別報告 第1冊～第3冊』　出版科学総合研究所　1982　1冊　31cm〈朝鮮総督府大正8～昭和3年刊の複製　大阪　創学社〔発売〕　付（地図1枚）：楽浪時代遺蹟図〉　Ⓝ221.02
☆「世界名著大事典」

01329　「古代北方系文物の研究」
『古代北方系文物の研究—明斯教授頌寿記念』　梅原末治著　新時代社　1971　298p 図54枚 肖像　22cm〈星野書店昭和13年刊の複製〉

01330　「支那考古学論攷」
『支那考古学論攷』　梅原末治著　弘文堂書房　1944　593p 図版42枚　22cm　Ⓝ222.002
☆「世界名著大事典」

01331　「朝鮮古代の文化」
『朝鮮古代の文化』　梅原末治著　国書刊行会　1972　125p 図16枚　22cm〈高桐書院昭和21年刊の複製〉　2500円　Ⓝ221.02
☆「世界名著大事典」

01332　「通溝」
『通溝—満州国通化省輯安県高句麗遺蹟』　池内宏,梅原末治著　国書刊行会　1973　2冊 はり込み図26枚　39cm〈日満文化協会昭和13-15年刊の複製　上巻の著者：池内宏 下巻の著者：池内宏,梅原末治〉　30000円　Ⓝ221.002
☆「世界名著大事典」

01333　「大和唐古弥生式遺跡の研究」
『京都帝国大学文学部考古学研究報告　第16冊　大和唐古弥生式遺跡の研究』　京都帝国大学文学部考古学教室編　末永雅雄等著　京都　桑名文星堂　1943　252p　26cm　Ⓝ202
☆「世界名著大事典」

梅原 猛　うめはら・たけし

01334　「水底の歌」
『水底の歌—柿本人麿論』　梅原猛著　新潮社　1983　2冊　15cm（新潮文庫）　各440円　Ⓘ4-10-124402-2　Ⓝ911.122
☆「ベストガイド日本の名著」

梅暮里 谷峨　うめぼり・こくが

01335　「傾城買二筋道」
『洒落本大成　第17巻』　洒落本大成編集委員会編　中央公論社　1982　405p　23cm　4800円　Ⓝ913.53
☆「日本文学鑑賞辞典〔第1〕」

卜部 兼方　うらべ・かねかた

01336　「釈日本紀」
『釈日本紀　1（目録・巻1-巻8）』〔卜部兼方〔編〕　八木書店　2003　279p　22×31cm（尊経閣善本影印集成　27　前田育徳会尊経閣文庫編）　30000円　Ⓘ4-8406-2327-9　Ⓝ210.3
☆「世界名著大事典」,「日本名著辞典」

裏松 固禅　うらまつ・こぜん

01337　「大内裏図考証」
『故実叢書　26巻』　今泉定助〔原編〕　故実叢書編集部編　改訂増補/鈴木眞弓/監修　明治

浦松 佐美太郎　うらまつ・さみたろう
01338　「たつた一人の山」
『たつた一人の山』 浦松佐美太郎著　文芸春秋社　1941　301p 図版8枚　19cm　Ⓝ293.09
☆「日本の山の名著・総解説」,「山の名著 明治・大正・昭和戦前編」

裏松 光世　うらまつ・みつよ
01339　「皇居年表」
『存採叢書 ［17］ 皇居年表』 近藤圭造編　固禅編　近藤圭造　1885　3冊（第1-5巻合本）20cm〈和装〉 Ⓝ081
☆「日本歴史「古典籍」総覧」,「歴史の名著100」

瓜生 卓造　うりゅう・たくぞう
01340　「桧原村紀聞」
『桧原村紀聞—その風土と人間』 瓜生卓造著　平凡社　1996　388p 16cm（平凡社ライブラリー）　1200円　Ⓘ4-582-76130-5　Ⓝ291.36
☆「日本の山の名著・総解説」

上井 覚兼　うわい・かっけん
01341　「上井覚兼日記」
『大日本古記録 〔第5〕 上 上井覚兼日記 上』 東京大学史料編纂所編　岩波書店　1954　310p 図版　22cm　Ⓝ210.08
☆「世界名著大事典」

雲照　うんしょう
01342　「仏教原論」
『仏教原論』 雲照著　博文館　1905　318p 22cm　Ⓝ180
☆「世界名著大事典」

海野 厚　うんの・あつし
01343　「背くらべ」
『背くらべ—海野厚詩文集』 海野厚著　静岡市教育委員会社会教育課編　静岡　静岡市教育委員会　1983　162p 22cm〈年譜：p125～148〉 Ⓝ918.68
☆「日本文芸鑑賞事典 第6巻（1917～1920年）」

海野 十三　うんの・じゅうざ
01344　「三人の双生児」
『海野十三傑作選 1 深夜の市長』 海野十三著　沖積舎　2013　325p 19cm〈2002年刊の再刊〉　2700円　Ⓘ978-4-8060-6674-3　Ⓝ913.6
☆「世界の推理小説・総解説」

01345　「地球盗難」
『地球盗難—科学長篇小説』 海野十三著　自由出版　1946　150p 15cm（DS選書）　Ⓝ913.6
☆「世界のSF文学・総解説」

【え】

永 六輔　えい・ろくすけ
01346　「大往生」
『大往生』 永六輔著　岩波書店　2002　199p 18cm（岩波新書）〈第84刷〉　700円　Ⓘ4-00-430329-X
☆「百年の誤読」

栄海　えいかい
01347　「釈教歌仙」
『国文東方仏教叢書 第1輯 第8巻 歌頌部』 鷲尾順敬編纂　名著普及会　1992　532p 20cm（大正14年～昭和6年刊の複製）　Ⓘ4-89551-570-2　Ⓝ180.8
☆「近代名著解題選集 3」

栄西　えいさい
01348　「喫茶養生記」
『喫茶養生記』 栄西原著　古田紹欽全訳注　講談社　2000　186p 15cm（講談社学術文庫）〈年譜あり〉　620円　Ⓘ4-06-159445-1　Ⓝ596.7
☆「古典の事典」,「この一冊で読める！「日本の古典50冊」」,「世界名著大事典」,「日本の古典名著」,「日本名著辞典」

01349　「興禅護国論」
『興禅護国論—傍訳』 栄西著　西村惠信監修　安永祖堂編著　四季社　2002　607p 22cm〈奥付のタイトル：傍訳栄西興禅護国論〉　19800円　Ⓘ4-88405-137-8　Ⓝ188.83
☆「世界名著大事典」,「日本の古典名著」,「日本名著辞典」

英俊　えいしゅん
01350　「多聞院日記」
『多聞院日記』 英俊著　辻善之助編　角川書店　1967　6冊　22cm〈巻1,2は宗芸記、巻3は著者未詳、巻44は宋栄記、巻45,46は著者未詳〉　35000円　Ⓝ210.48
☆「世界名著大事典」

荏開津 典生　えがいつ・ふみお
01351　「農業経済学」
『農業経済学』 荏開津典生著　第3版　岩波書店　2008　236p 21cm（岩波テキストブックス）〈文献あり〉　2300円　Ⓘ978-4-00-028902-3　Ⓝ611

☆「学問がわかる500冊 v.2」

江上 治　えがみ・おさむ

01352 「一生かかっても知り得ない年収1億円思考」
『年収1億円思考——一生かかっても知り得ない』　江上治著　経済界　2011　225p　19cm　1400円　①978-4-7667-8486-2　Ⓝ338.18
☆「3行でわかる名作&ヒット本250」

江上 波夫　えがみ・なみお

01353 「内蒙古長城地帯」
『内蒙古・長城地帯』　江上波夫,水野清一共著　東亜考古学会　1935　62,205,40p 図版88枚 地図　27cm〈東方考古学叢刊　乙種 第1冊〉〈巻末に英文解説(16p)を付す〉Ⓝ222.6
☆「世界名著大事典」

01354 「騎馬民族国家」
『騎馬民族国家―日本古代史へのアプローチ』　江上波夫著　改版　中央公論社　1991　340p　18cm(中公新書)〈参考文献：p323〜328〉　880円　①4-12-180147-4　Ⓝ210
☆「大人のための日本の名著50」,「近代日本の百冊を選ぶ」,「ベストガイド日本の名著」

01355 「東亜考古学」
『東亜考古学』　駒井和愛著　弘文堂　1952　109p 図版30p　19cm　Ⓝ222.002
☆「世界名著大事典」

01356 「東洋考古学」
『東洋考古学』　駒井和愛,江上波夫,後藤守一著　平凡社　1940　632p 図版 地図　23cm〈世界歴史大系(昭和9-11年刊)の第2に内容同じ〉Ⓝ220.02
☆「人文科学の名著」

江上 康　えがみ・やすし

01357 「アピ」
『アピ・悲劇と幸運の山』　江上康著　東京創元社　1961　249p 図版16枚　19cm　Ⓝ292.58
☆「日本の山の名著・総解説」

江川 卓　えがわ・たく

01358 「謎とき『罪と罰』」
『謎とき『罪と罰』』　江川卓著　新潮社　1986　298p　20cm(新潮選書)　880円　①4-10-600303-1　Ⓝ983
☆「読書入門」

江木 衷　えぎ・まこと

01359 「理想の憲政」
『理想の憲政』　江木衷著　有斐閣　1917　264p　19cm　Ⓝ304

☆「世界名著大事典」

江口 渙　えぐち・かん

01360 「ある日の鬼ガ島」
『日本の童話名作選　昭和篇』　講談社文芸文庫編　講談社　2005　328p　16cm(講談社文芸文庫)　1300円　①4-06-198411-X　Ⓝ913.68
☆「名作の研究事典」

01361 「かみなりの子」
『日本児童文学館―名著複刻　20　かみなりの子―童話集』　江口渙著　ほるぷ出版　1971　197p 図　19cm〈第一出版協会大正14年刊の複製〉Ⓝ913.8
☆「日本児童文学名著事典」

01362 「恋と牢獄」
『恋と牢獄』　江口渙著　新潮社　1923　158p　18cm(中篇小説叢書　第15)　Ⓝ913.6
☆「世界名著大事典 補遺(Extra)」

01363 「新芸術と新人」
『新芸術と新人』　江口渙著　聚英閣　1920　274p　19cm　Ⓝ901
☆「世界名著大事典 補遺(Extra)」

01364 「人生の入口」
『労働者誘拐』　江口渙著　新日本出版社　1977　204p　15cm(新日本文庫)　460円　Ⓝ913.6
☆「日本のプロレタリア文学」

01365 「花嫁と馬一ぴき」
『江口渙自選作品集　第3巻』　新日本出版社　1973　429p 肖像　20cm　1600円　Ⓝ913.6
☆「世界名著大事典 補遺(Extra)」

01366 「労働者誘拐」
『労働者誘拐』　江口渙著　新日本出版社　1977　204p　15cm(新日本文庫)　460円　Ⓝ913.6
☆「世界名著大事典 補遺(Extra)」

01367 「わが文学半生記」
『わが文学半生記』　江口渙著　講談社　1995　365p　16cm(講談社文芸文庫　回想の文学)〈著書目録：p363〜365〉　1100円　①4-06-196306-6　Ⓝ914.6
☆「世界名著大事典 補遺(Extra)」

01368 「わけしいのちの歌」
『わけしいのちの歌』　江口渙著　新日本出版社　1970　229p 図版　20×20cm　2300円　Ⓝ911.168
☆「世界名著大事典 補遺(Extra)」

江口 朴郎　えぐち・ぼくろう

01369 「帝国主義と民族」
『帝国主義と民族』　江口朴郎著　新版　東京大

学出版会　2013　280p　19cm（UPコレクション）　2900円　①978-4-13-006517-7　Ⓝ209.7
☆「教養のためのブックガイド」、「歴史の名著 日本人篇」

江国 香織　えくに・かおり

01370　「きらきらひかる」
『きらきらひかる』　江国香織著　新潮社　1994　213p　15cm（新潮文庫）　360円
①4-10-133911-2　Ⓝ913.6
☆「現代文学鑑賞辞典」、「新潮文庫20世紀の100冊」、「名作の書き出し」

01371　「号泣する準備はできていた」
『号泣する準備はできていた』　江國香織著　新潮社　2006　233p　16cm（新潮文庫）　400円　①4-10-133922-8　Ⓝ913.6
☆「知らないと恥ずかしい「日本の名作」あらすじ200本」

01372　「つめたいよるに」
『つめたいよるに』　江国香織著　新潮社　1996　209p　15cm（新潮文庫）　400円
①4-10-133913-9　Ⓝ913.8
☆「少年少女の名作案内 日本の文学ファンタジー編」

01373　「間宮兄弟」
『間宮兄弟』　江國香織著　小学館　2007　318p　15cm（小学館文庫）　552円
①978-4-09-408218-0　Ⓝ913.6
☆「Jブンガク」

江坂 彰　えさか・あきら

01374　「サラリーマンこれからこうなる」
『サラリーマンこれからこうなる』　江坂彰著　PHP研究所　1991　250p　15cm（PHP文庫）　460円　①4-569-56347-3　Ⓝ335.04
☆「経済経営95冊」

01375　「人材格差の時代」
『人材格差の時代―「人事」が企業の命運を決める！』　江坂彰著　PHP研究所　1989　214p　15cm（PHP文庫）　400円
①4-569-26182-5　Ⓝ336.7
☆「経済経営95冊」

江崎 誠致　えざき・まさのり

01376　「ルソンの谷間」
『ルソンの谷間―最悪の戦場一兵士の報告』　江崎誠致著　光人社　2003　259p　19cm（光人社名作戦記　6）　1600円　①4-7698-1106-3　Ⓝ913.6
☆「日本陸軍の本・総解説」

江沢 洋　えざわ・ひろし

01377　「理科が危ない」
『理科が危ない―明日のために』　江沢洋著　新曜社　2001　205p　19cm〈文献あり〉　1800円　①4-7885-0765-X　Ⓝ375.42
☆「科学を読む愉しみ」

江島 其磧　えじま・きせき

01378　「浮世親仁形気」
『新編日本古典文学全集　65　浮世草子集』　長谷川強校注・訳　小学館　2000　589p　23cm　4657円　①4-09-658065-1　Ⓝ918
☆「日本文学鑑賞辞典〔第1〕」

01379　「けいせい色三味線」
『八文字屋本全集　第1巻　けいせい色三味線　大尽三ツ盃　風流曲三味線　遊女懐中洗濯』　八文字屋本研究会編　江島其磧著　汲古書院　1992　611p　22cm　15000円
①4-7629-3300-7　Ⓝ913.52
☆「世界名著大事典」、「日本文学鑑賞辞典〔第1〕」

01380　「傾城色三味線」
『岩崎文庫貴重本叢刊　近世編　第4巻　浮世草子　2』　監修・編集：東洋文庫,日本古典文学会　貴重本刊行会　1974　574p（図共）　27cm〈東洋文庫蔵岩崎文庫本の複製　限定版　図書月販〔発売〕〉　Ⓝ918.5
☆「作品と作者」

01381　「傾城禁短気」
『八文字屋本全集　第2巻　野白内証鑑　けいせい伝受紙子　傾城禁短気　寛濶役者片気　野傾旅葛籠』　八文字屋本研究会編　江島其磧著　汲古書院　1993　574p　22cm　15000円
①4-7629-3301-5　Ⓝ913.52
☆「近代名著解題選集2」、「作品と作者」、「日本の古典」、「日本の古典名著」

01382　「世間子息気質」
『八文字屋本全集　第6巻　世間子息気質　名物焼蛤　当流営我高名松　分里艶行脚　風俗傾性野群談　国姓爺明朝太平記　世間娘気質』　八文字屋本研究会編　江島其磧、八文字屋自笑著　汲古書院　1994　583p　22cm　15000円
①4-7629-3305-8　Ⓝ913.52
☆「古典の事典」、「作品と作者」、「世界名著大事典」、「日本の古典」、「日本の古典・世界の古典」

01383　「風流曲三味線」
『八文字屋本全集　第1巻　けいせい色三味線　大尽三ツ盃　風流曲三味線　遊女懐中洗濯』　八文字屋本研究会編　江島其磧著　汲古書院　1992　611p　22cm　15000円
①4-7629-3300-7　Ⓝ913.52
☆「日本の艶本・珍書　総解説」、「日本の奇書77冊」

えしんに

01384 「役者口三味線」
『歌舞伎評判記集成　第2巻』　歌舞伎評判記研究会編　岩波書店　1973　608p　23cm　4500円　Ⓝ774.2
☆「世界名著大事典」

恵信尼　えしんに

01385 「恵信尼文書」
『十通の手紙(恵信尼文書)―親鸞の妻恵信』　恵信尼[著]　松野純孝監修　上越　ゑしんの里観光公社　2007　64p　21cm〈複製および翻刻を含む　年譜あり〉Ⓝ188.72
☆「日本古典への誘い100選2」

江田 敏男　えだ・としお

01386 「二万マイルの波濤」
『二万マイルの波濤―亡き戦友の墓前に捧げる』　江田敏男著　2版　〔神戸〕　〔江田敏男〕　1985　222p　19cm〈制作：新聞印刷自費出版センター(大阪)〉Ⓝ916
☆「世界の海洋文学」

枝広 淳子　えだひろ・じゅんこ

01387 「GNH(国民総幸福)」
『GNH(国民総幸福)―みんなでつくる幸せ社会へ』　枝廣淳子,草郷孝好,平山修一著　海象社　2011　199p　21cm〈訳：森本規子〉　1380円　①978-4-907717-09-4　Ⓝ302.1
☆「倫理良書を読む」

越中谷 利一　えっちゅうや・りいち

01388 「一兵卒の震災手記」
『新興文学全集　8(日本篇8)』　大島英三郎編　黒色戦線社　1993　672p　19cm〈地方・小出版流通センター〔発売〕　平凡社昭和4年刊の複製　肖像あり〉Ⓝ908
☆「日本のプロレタリア文学」

江藤 淳　えとう・じゅん

01389 「一族再会」
『一族再会』　江藤淳著　講談社　1988　387p　15cm(講談社文芸文庫)〈参考文献：p381　著書目録：p383～387〉　760円　①4-06-196024-5　Ⓝ913.6
☆「日本海軍の本・総解説」

01390 「荷風散策」
『荷風散策―紅葉のあとさき』　江藤淳著　新潮社　1999　347p　16cm(新潮文庫)　514円　①4-10-110803-X　Ⓝ910.268
☆「歴史家の一冊」

01391 「成熟と喪失」
『成熟と喪失―"母"の崩壊』　江藤淳著　講談社　1993　301p　16cm(講談社文芸文庫)〈著書目録：p297～301〉　980円　①4-06-196243-4　Ⓝ914.6
☆「現代文学鑑賞辞典」、「戦後思想の名著50」、「必読書150」

01392 「漱石とその時代」
『漱石とその時代　第1部』　江藤淳著　新潮社　1970　376p　図版　19cm(新潮選書)〈参考文献目録：p.368-376〉　550円　Ⓝ910.28
☆「日本文芸鑑賞事典　第20巻(昭和42～50年)」

01393 「奴隷の思想を排す」
『奴隷の思想を排す』　江藤淳著　文芸春秋新社　1958　281p　20cm　Ⓝ904
☆「ベストガイド日本の名著」、「明治・大正・昭和の名著・総解説」

衛藤 瀋吉　えとう・しんきち

01394 「国際関係論」
『国際関係論』　衛藤瀋吉ほか著　第2版　東京大学出版会　1989　366,14p　22cm〈参考文献：p335～362〉　2575円　①4-13-032023-8　Ⓝ319
☆「学問がわかる500冊」

江藤 新平　えとう・しんぺい

01395 「興国策」
☆「世界名著大事典　補遺(Extra)」

01396 「図海策」
☆「世界名著大事典　補遺(Extra)」

江戸川 乱歩　えどがわ・らんぽ

01397 「陰獣」
『陰獣』　江戸川乱歩[著]　角川書店　2008　204p　15cm(角川ホラー文庫　江戸川乱歩ベストセレクション　4)〈角川グループパブリッシング〔発売〕〉　514円　①978-4-04-105331-7　Ⓝ913.6
☆「一度は読もうよ！日本の名著」、「世界の推理小説・総解説」、「日本の小説101」、「日本文学鑑賞辞典〔第2〕」、「日本文学名作案内」

01398 「押絵と旅する男」
『押絵と旅する男』　江戸川乱歩著　光文社　2005　672p　16cm(光文社文庫　江戸川乱歩全集　第5巻)　933円　①4-334-73820-6　Ⓝ913.6
☆「これだけは読んでおきたい日本の名作文学案内」、「世界の推理小説・総解説」、「日本文学名作事典」、「必読書150」、「百年の誤読」

01399 「怪人二十面相」
『怪人二十面相』　江戸川乱歩作　庭絵　新装版　講談社　2013　253p　18cm(講談社青い鳥文庫　71-2)　650円　①978-4-06-285352-1

01400「鏡地獄」
『鏡地獄—江戸川乱歩怪奇幻想傑作選』 江戸川乱歩著 角川書店 1997 405p 15cm〈角川ホラー文庫〉 680円 Ⓘ4-04-105321-8 Ⓝ913.6
☆「世界のSF文学・総解説」

01401「黒蜥蜴」
『黒蜥蜴』 江戸川乱歩［著］ 角川書店 2009 221p 15cm〈角川ホラー文庫 Hえ1-5—江戸川乱歩ベストセレクション 5〉〈角川グループパブリッシング〔発売〕〉 514円 Ⓘ978-4-04-105332-4 Ⓝ913.6
☆「あらすじで味わう昭和のベストセラー」

01402「少年探偵団」
『少年探偵団』 江戸川乱歩［著］ ポプラ社 2008 255p 16cm〈ポプラ文庫 少年探偵〉 540円 Ⓘ978-4-591-10620-4 Ⓝ913.6
☆「日本文芸鑑賞事典 第11巻（昭和9～昭和12年）」

01403「心理試験」
『心理試験—創作探偵小説集』 江戸川乱歩著 春陽堂書店 1993 311p 20cm〈大正14年刊の複製〉 2900円 Ⓝ913.6
☆「一度は読もうよ！ 日本の名著」,「一冊で日本の名著100冊を読む 続」,「世界名著大事典」,「日本文学名作案内」,「ポケット日本名作事典」

01404「D坂の殺人事件」
『D坂の殺人事件』 江戸川乱歩著 東京創元社 1987 311p 15cm〈創元推理文庫〉〈著者の肖像あり〉 400円 Ⓝ913.6
☆「現代文学鑑賞辞典」

01405「二銭銅貨」
『二銭銅貨』 江戸川乱歩著 講談社 1987 348p 15cm〈江戸川乱歩推理文庫 1〉 480円 Ⓘ4-06-195201-3
☆「世界の推理小説・総解説」,「日本の名作おさらい」,「日本文芸鑑賞事典 第7巻（1920～1923年）」

01406「人間椅子」
『人間椅子』 江戸川乱歩［著］ 角川書店 2008 213p 15cm〈角川ホラー文庫 江戸川乱歩ベストセレクション 1〉〈角川グループパブリッシング〔発売〕〉 514円 Ⓘ978-4-04-105328-7 Ⓝ913.6
☆「昭和の名著」

01407「パノラマ島奇談」
『パノラマ島奇談』 江戸川乱歩著 講談社 1987 357p 15cm〈江戸川乱歩推理文庫 4〉 480円 Ⓘ4-06-195204-8
☆「近代日本の百冊を選ぶ」

01408「屋根裏の散歩者」
『屋根裏の散歩者』 江戸川乱歩［著］ 角川書店 2008 241p 15cm〈角川ホラー文庫 江戸川乱歩ベストセレクション 3〉〈角川グループパブリッシング〔発売〕〉 514円 Ⓘ978-4-04-105330-0 Ⓝ913.6
☆「これだけは読んでおきたい日本の名作文学案内」,「Jブンガク」,「日本・名著のあらすじ」

江戸幕府　えどばくふ

01409「寛政重修諸家譜」
『寛政重修諸家譜 第1』 堀田正敦等編 新訂続群書類従完成会 1964 318p 図版 22cm〈大正6-9年（栄進舎出版部刊）の復刻版〉 Ⓝ288.21
☆「日本名著辞典」,「日本歴史「古典籍」総覧」,「歴史の名著100」

01410「慶安の御触書」
『稀覯往来物集成 第31巻』 石川松太郎監修 小泉吉永編 大空社 1998 523,6p 22cm〈複製〉 Ⓘ4-7568-0230-3 Ⓝ375.9
☆「古典の事典」

01411「朝野旧聞裒藁」
『内閣文庫所蔵史籍叢刊 特刊第1〔19〕 朝野旧聞裒藁 第19巻』 戸田氏栄ほか編 汲古書院 1984 861p 22cm〈浄書本の複製 出版：史籍研究会〉 8500円 Ⓝ210.088
☆「世界名著大事典」

01412「武家諸法度」
『稀覯往来物集成 第2巻』 小泉吉永編 大空社 1996 506,6p 22cm〈監修：石川松太郎 複製〉 Ⓘ4-7568-0227-3 Ⓝ375.9
☆「古典の事典」

01413「本朝通鑑」
『本朝通鑑 首巻, 第1-17』 林忠, 林恕共撰 国書刊行会 1918 18冊 23cm〈国書刊行会刊行書〉 Ⓝ210.1
☆「古典の事典」,「世界名著大事典」,「日本の古典名著」,「日本名著辞典」,「日本歴史「古典籍」総覧」,「歴史の名著100」

江戸幕府天文台蕃書和解御用　えどばくふてんもんだいばんしょわげごよう

01414「海上砲術全書」
☆「世界名著大事典」

榎並 左衛門五郎　えなみ・さえもんごろう

01415「鵜飼」
『鵜飼—袖珍本』 觀世左近訂正著作 檜書店

1951　11丁　13cm　Ⓝ768.4
☆「近代名著解題選集 3」

01416　「柏崎」
『柏崎―袖珍本』　観世左近訂正著作　檜書店
1951　15丁　23cm　Ⓝ768.4
☆「近代名著解題選集 3」

NHK経済プロジェクト　えぬえいちけいけいざいぷろじぇくと

01417　「90年代世界はどう動く」
『90年代世界はどう動く―ビジネスマンのためのNHKスーパーセミナー』　NHK経済プロジェクト編・訳　日本放送出版協会　1989　254p　20cm　1400円　①4-14-008641-6　Ⓝ319
☆「経済経営95冊」

NHK取材班　えぬえいちけいしゅざいはん

01418　「ある総合商社の挫折」
『ある総合商社の挫折』　NHK取材班著　社会思想社　1993　216p　15cm（現代教養文庫ベスト・ノンフィクション）　480円　①4-390-11460-3　Ⓝ335.5
☆「現代を読む」

01419　「核燃料輸送船」
『追跡ドキュメント・核燃料輸送船―NHK特集』　NHK取材班著　日本放送出版協会　1985　209p　20cm〈参考文献・資料：p203～207〉　1000円　①4-14-008447-2　Ⓝ539.4
☆「世界の海洋文学」

NHK広島局原爆プロジェクト・チーム　えぬえいちけいひろしまきょくげんばくぷろじぇくと・ちーむ

01420　「ヒロシマ爆心地」
『ヒロシマ爆心地―生と死の40年』　NHK広島局・原爆プロジェクト・チーム著　日本放送出版協会　1986　233p　19cm〈付：参考文献〉　1300円　①4-14-008491-X　Ⓝ369.37
☆「科学技術をどう読むか」

榎本 健一　えのもと・けんいち

01421　「エノケンの泣き笑い人生」
『エノケンの泣き笑い人生　喜劇こそわが命―伝記・榎本健一』　榎本健一著　大空社　1998　187,211,6p　22cm（伝記叢書　284）〈複製〉　13000円　①4-7568-0495-0　Ⓝ772.1
☆「自伝の名著101」

榎本 虎彦　えのもと・とらひこ

01422　「名工柿右衛門」
『明治大正文学全集　第39-50巻』　春陽堂　1927　12冊　図版　20cm　Ⓝ918.6

☆「世界名著大事典」

榎本 彦衛　えのもと・ひこえ

01423　「情報数学入門」
『情報数学入門』　榎本彦衛著　新曜社　1982　155p　22cm（基礎数学叢書　12）　1800円　Ⓝ410
☆「数学ブックガイド100」

榎本 博明　えのもと・ひろあき

01424　「「自己」の心理学」
『「自己」の心理学―自分探しへの誘い』　榎本博明著　サイエンス社　1998　256p　21cm　2200円　①4-7819-0901-9　Ⓝ141.93
☆「学問がわかる500冊」

01425　「〈私〉の心理学的探求」
『「私」の心理学的探求―物語としての自己の視点から』　榎本博明著　有斐閣　1999　211p　19cm（有斐閣選書）　1600円　①4-641-28024-X
☆「学問がわかる500冊」

榎本 隆一郎　えのもと・りゅういちろう

01426　「回想八十年」
『回想八十年―石油を追って歩んだ人生記録』　榎本隆一郎著　原書房　1976　408p　肖像　20cm（原書房新100冊選書　12）　1800円　Ⓝ289.1
☆「日本海軍の本・総解説」

江幡 玲子　えばた・れいこ

01427　「屈折の10代」
『屈折の10代―そのこころと行動』　池田美彦,江幡玲子著　学事出版　1973　258p　18cm〈参考文献：p.255-257〉　680円　Ⓝ369.13
☆「教育名著 日本編」

江原 昭善　えはら・あきよし

01428　「人間性の起源と進化」
『人間性の起源と進化』　江原昭善著　日本放送出版協会　1987　217p　19cm（NHKブックス　521）〈参考文献：p211～213〉　750円　①4-14-001521-7　Ⓝ469
☆「学問がわかる500冊 v.2」

01429　「霊長類学入門」
『霊長類学入門』　江原昭善ほか編　岩波書店　1985　399p　22cm〈文献：p367～388〉　5900円　①4-00-006164-X　Ⓝ489.8
☆「学問がわかる500冊 v.2」

頴原 退蔵　えはら・たいぞう

01430　「俳諧史の研究」
『俳諧史の研究』　頴原退蔵著　改訂版　京都

蝦名 賢造　えびな・けんぞう

01431　「太平洋戦争に死す」
『太平洋戦争に死す―海軍飛行予備将校の生と死』　蝦名賢造著　西田書店　1983　358p　20cm〈参考文献：p356～357〉　2000円　Ⓝ210.75
☆「今だから知っておきたい戦争の本70」

海老名 弾正　えびな・だんじょう

01432　「霊海新潮」
『霊海新潮』　海老名弾正著　金尾文淵堂　1906　293p　20cm　Ⓝ190
☆「世界名著大事典」

海老原 治善　えびはら・はるよし

01433　「日本教育運動史」
『日本教育運動史　第1　明治・大正期の教育運動』　井野川潔等編　京都　三一書房　1960　275p　18cm　Ⓝ372.1
☆「名著の履歴書」

江淵 一公　えぶち・かずひろ

01434　「多文化教育の比較研究」
『多文化教育の比較研究―教育における文化的同化と多様化』　小林哲也,江淵一公編　第3版　福岡　九州大学出版会　1997　362p　21cm　5800円　①4-87378-518-9　Ⓝ372
☆「学問がわかる500冊」

江馬 修　えま・しゅう

01435　「受難者」
『受難者』　江馬修著　角川書店　1951　398p　15cm〈角川文庫　第85〉　Ⓝ913.6
☆「世界名著大事典」

01436　「山の民」
『山の民　上』　江馬修著　新装版　春秋社　2003　436p　20cm〈折り込1枚〉　1800円　①4-393-43508-7　Ⓝ913.6
☆「日本名作文学館 日本編」,「ポケット日本名作事典」

江間 章子　えま・しょうこ

01437　「夏の思い出」
『夏の思い出―ピアノが歌う日本のうた：ベストセレクション』　角聖子監修　［東京］　音楽之友社　2012　62p　31cm　2200円　①978-4-276-43185-0　Ⓝ763.2
☆「日本文芸鑑賞事典　第15巻」

江見 水蔭　えみ・すいいん

01438　「自己中心明治文壇史」
『自己中心明治文壇史』　江見水蔭著　博文館　1927　488p　20cm　Ⓝ910.26
☆「世界名著大事典」

01439　「女房殺し」
『硯友社文学集』　山田有策,猪狩友一,宇佐美毅校注　岩波書店　2005　584p　22cm〈新日本古典文学大系　明治編21　中野三敏［ほか］編〉〈付属資料：16p：月報17〉　6000円　①4-00-240221-5　Ⓝ913.68
☆「世界名著大事典」

江村 北海　えむら・ほっかい

01440　「授業編」
『近世育児書集成　第5巻』　小泉吉永編・解題　クレス出版　2006　536p　22cm〈複製〉　①4-87733-349-5　Ⓝ379.9
☆「古典の事典」,「世界名著大事典」

江本 嘉伸　えもと・よしのぶ

01441　「西蔵漂泊」
『西蔵漂泊―チベットに魅せられた十人の日本人　上』　江本嘉伸著　山と渓谷社　1993　293p　22cm　2800円　①4-635-28023-3　Ⓝ292.29
☆「新・山の本おすすめ50選」

円伊　えんい

01442　「一遍上人絵巻」
『一遍上人絵巻』　歓喜光寺編　京都　歓喜光寺　図版5枚　37cm　Ⓝ721
☆「私の古典」

延慶　えんけい

01443　「藤氏家伝」
『藤氏家伝―鎌足・貞慧・武智麻呂伝 注釈と研究』　沖森卓也,佐藤信,矢嶋泉著　吉川弘文館　1999　509p　22cm〈複製および翻刻を含む〉　13000円　①4-642-02336-4　Ⓝ289.1
☆「古典の事典」,「世界名著大事典 補遺(Extra)」

円城 塔　えんじょう・とう

01444　「道化師の蝶」
『道化師の蝶』　円城塔著　講談社　2012　173p　20cm　1300円　①978-4-06-217561-6　Ⓝ913.6
☆「3行でわかる名作&ヒット本250」

円城寺 清　えんじょうじ・きよし

01445　「地租全廃論」
『地租全廃論』　円城寺清著　哲学書院　1903　227p　19cm〈附録：其批評及答弁〉　Ⓝ340
☆「農政経済の名著 明治大正編」

えんち　　　　　　　　　　　　　　　　　　　　01446～01461

円地 文子　えんち・ふみこ

01446　「女坂」
『女坂』円地文子著　新潮社　1961　216p　16cm〈新潮文庫〉Ⓝ913.6
☆「あらすじダイジェスト」、「一度は読もうよ！日本の名著」、「一冊で日本の名著100冊を読む」、「女は生きる」、「現代文学鑑賞辞典」、「これだけは読んでおきたい日本の名作文学案内」、「女性のための名作・人生案内」、「世界名著大事典 補遺(Extra)」、「日本文学鑑賞辞典〔第2〕」、「日本文学名作案内」、「日本文芸鑑賞事典 第17巻(1955～1958年)」、「文学・名と著300選の解説 '88年度版」、「ポケット日本名作事典」

01447　「源氏物語現代語訳」
『源氏物語　1』〔紫部〕〔著〕円地文子訳　新潮社　2008　486p　16cm〈新潮文庫〉629円　①978-4-10-112716-3　Ⓝ913.369
☆「世界名著大事典 補遺(Extra)」

01448　「散文恋愛」
『現代文学代表作全集　第7巻』広津和郎等編　万里閣　1949　370p　19cm　Ⓝ918.6
☆「世界名著大事典 補遺(Extra)」

01449　「食卓のない家」
『食卓のない家』円地文子著　読売新聞社　1997　510p　19cm〈戦後ニッポンを読む〉1545円　①4-643-97033-2　Ⓝ913.6
☆「必読書150」

01450　「惜春」
『惜春─短篇戯曲集』円地文子著　岩波書店　1935　451p　20cm　Ⓝ912
☆「世界名著大事典 補遺(Extra)」

01451　「なまみこ物語」
『なまみこ物語』円地文子著　中央公論社　1965　219p　22cm　Ⓝ913.6
☆「世界名著大事典 補遺(Extra)」、「日本文芸鑑賞事典 第18巻(1958～1962年)」

01452　「晩春騒夜」
☆「世界名著大事典 補遺(Extra)」

01453　「ひもじい月日」
『ひもじい月日─他八篇』円地文子著　角川書店　1957　210p　15cm〈角川文庫〉Ⓝ913.6
☆「世界名著大事典 補遺(Extra)」、「日本文学鑑賞辞典〔第2〕」

01454　「南の肌」
『南の肌』円地文子著　集英社　1978　290p　16cm〈集英社文庫〉240円　Ⓝ913.6
☆「現代文学名作探訪事典」

円珍　えんちん

01455　「行歴抄」

『行歴抄』円珍著　古典保存会　1934　22丁(解説共)　32cm〈「行歴記」の抄 石山寺蔵鎌倉初期写本並裏書の影印 解説：橋本進吉　和装〉Ⓝ188.4
☆「世界の旅行記101」

01456　「大日経指帰」
『日本大蔵経　第26巻　経蔵部 法華部章疏6, 密経部章疏1』鈴木学術財団編　増補改訂　鈴木学術財団　1974　355p　27cm〈講談社〔発売〕初版：大正3-10年刊〉13500円　Ⓝ183
☆「世界名著大事典 補遺(Extra)」

円通　えんつう

01457　「仏国暦象編」
『日本科学技術古典籍資料　天文學篇5』浅見恵, 安田健訳編　科学書院　2005　858,298p　27cm〈近世歴史資料集成 第4期 第9巻〉〈霞ケ関出版〔発売〕複製〉50000円
①4-7603-0238-7　Ⓝ402.105
☆「古典の事典」、「世界名著大事典」

遠藤 甲太　えんどう・こうた

01458　「登山史の森へ」
『登山史の森へ』遠藤甲太著　平凡社　2002　398p　20cm　2800円　①4-582-83113-3　Ⓝ786.1
☆「新・山の本おすすめ50選」

遠藤 三郎　えんどう・さぶろう

01459　「日中十五年戦争と私」
『日中十五年戦争と私─国賊・赤の将軍と人はいう』遠藤三郎著　日中書林　1974　516, 14p 図 肖像　20cm　2000円　Ⓝ210.7
☆「日本陸軍の本・総解説」

遠藤 周作　えんどう・しゅうさく

01460　「アデンまで」
『アデンまで』遠藤周作著　成瀬書房　1973　195p　21cm〈限定特装版 インド産山羊床革総革装表紙〉12000円　Ⓝ913.6
☆「世界名著大事典 補遺(Extra)」

01461　「海と毒薬」
『海と毒薬』遠藤周作〔著〕新装版　講談社　2011　229p　15cm〈講談社文庫　え1-46〉〈年譜あり〉448円　①978-4-06-276925-9　Ⓝ913.6
☆「一度は読もうよ！日本の名著」、「一冊で日本の倉名著100冊を読む 続」、「現代文学名作探訪事典」、「世界名著大事典 補遺(Extra)」、「日本の名作おさらい」、「日本文学鑑賞辞典〔第2〕」、「日本文芸鑑賞事典 第17巻(1955～1958年)」、「ポケット日本名作事典」

01462 「黄金の国」
『遠藤周作文学全集 第9巻 戯曲』 遠藤周作著 新潮社 2000 324p 22cm〈肖像あり〉 5200円 Ⓘ4-10-640729-9 Ⓝ918.68
☆「世界名著大事典 補遺(Extra)」

01463 「おバカさん」
『おバカさん』 遠藤周作著 ぶんか社 2009 387p 15cm(ぶんか社文庫 え-4-2) 762円 Ⓘ978-4-8211-5221-6 Ⓝ913.6
☆「世界名著大事典 補遺(Extra)」

01464 「神々と神と」
『遠藤周作文学論集 宗教篇』 遠藤周作著 加藤宗哉,富岡幸一郎編 講談社 2009 365p 20cm 2800円 Ⓘ978-4-06-215229-7 Ⓝ914.6
☆「世界名著大事典 補遺(Extra)」

01465 「ぐうたら人間学」
『ぐうたら人間学―狐狸庵閑話』 遠藤周作著 新座 埼玉福祉会 1980 2冊 31cm(Large print booksシリーズ)〈原本:講談社刊講談社文庫 限定版〉 各4600円 Ⓝ914.6
☆「百年の誤読」

01466 「黒ん坊」
『黒ん坊』 遠藤周作著 毎日新聞社 1971 286p 20cm 540円 Ⓝ913.6
☆「歴史小説・時代小説 総解説」

01467 「侍」
『侍』 遠藤周作著 新潮社 1986 422p 16cm(新潮文庫) 480円 Ⓘ4-10-112325-X Ⓝ913.6
☆「ポケット日本名作事典」

01468 「死海のほとり」
『死海のほとり』 遠藤周作著 改版 新潮社 2010 424p 15cm(新潮文庫) 629円 Ⓘ978-4-10-112318-9
☆「世界名著大事典 補遺(Extra)」

01469 「白い人」
『遠藤周作文学全集 第6巻 短編小説 1』 遠藤周作著 新潮社 1999 372p 22cm〈肖像あり〉 5200円 Ⓘ4-10-640726-4 Ⓝ918.68
☆「世界名著大事典 補遺(Extra)」,「日本文学 これを読まないと文学は語れない!!」

01470 「沈黙」
『沈黙』 遠藤周作著 36刷改版 新潮社 2003 312p 16cm(新潮文庫) 514円 Ⓘ4-10-112315-2 Ⓝ913.6
☆「あらすじダイジェスト」,「一度は読もうよ!日本の名著」,「一冊で日本の名著100冊を読む」,「現代文学鑑賞辞典」,「これだけは読んでおきたい日本の名作文学案内」,「知らないと恥ずかしい「日本の名作」あらすじ200本」,「新潮文庫20世紀の100冊」,「世界の小説大百科」,「世界名著大事典 補遺(Extra)」,「大学新入生に薦める101冊の本」,「日本の小説101」,「日本文学名作案内」,「日本文学名作事典」,「日本文芸鑑賞事典 第19巻」,「日本名作文学館 日本編」,「文学・名著300選の解説'88年度版」,「ポケット日本名作事典」

01471 「深い河」
『深い河』 遠藤周作著 講談社 1996 373p 15cm(講談社文庫)〈年譜:p363〜373〉 580円 Ⓘ4-06-263257-8 Ⓝ913.6
☆「現代文学鑑賞辞典」,「世界の小説大百科」,「日本の名作おさらい」

01472 「わたしが・棄てた・女」
『わたしが・棄てた・女』 遠藤周作[著] 新装版 講談社 2012 341p 15cm(講談社文庫 え1-47)〈年譜あり〉 600円 Ⓘ978-4-06-277302-7 Ⓝ913.6
☆「一度は読もうよ!日本の名著」,「一冊で愛の話題作100冊を読む」,「世界名著大事典 補遺(Extra)」

遠藤 拓郎 えんどう・たくろう

01473 「朝5時半起きの習慣で、人生はうまくいく!」
『朝5時半起きの習慣で、人生はうまくいく!—世界一の「睡眠の専門医」が教える!』 遠藤拓郎著 フォレスト出版 2010 148p 19cm 1200円 Ⓘ978-4-89451-392-1 Ⓝ498.36
☆「3行でわかる名作&ヒット本250」

遠藤 利貞 えんどう・としさだ

01474 「増修日本数学史」
『増修日本数学史』 遠藤利貞遺著 三上義夫編 平山諦補訂 第2版 恒星社厚生閣 1981 679,187p 23cm〈決定版 巻末:和算関係者卒年表・刊本暦算書年表〉 15000円 Ⓝ419.1
☆「世界名著大事典」

遠藤 寛子 えんどう・ひろこ

01475 「算法少女」
『算法少女』 遠藤寛子著 筑摩書房 2006 263p 15cm(ちくま学芸文庫) 900円 Ⓘ4-480-09013-4 Ⓝ913.6
☆「ブックガイド 文庫で読む科学」

遠藤 芳樹 えんどう・よしき

01476 「大阪商業習慣録」
『大阪商業史料集成 第1輯』 黒羽兵治郎編 大阪 清文堂出版 1984 358,12p 22cm〈大阪市立大学経済研究所昭和9年刊の複製〉 9500円 Ⓝ672.163
☆「日本名著辞典」

円仁　えんにん

01477　「入唐求法巡礼行記」
『入唐求法巡礼行記』　円仁著　深谷憲一訳　中央公論社　1990　731p　16cm（中公文庫）〈著者の肖像あり〉　1300円　①4-12-201755-6　Ⓝ292.209
☆「アジアの比較文化」，「世界の旅行記101」，「世界名著大事典」，「日本の古典名著」

【お】

呉 善花　お・そんふぁ

01478　「韓国併合への道」
『韓国併合への道』　呉善花著　完全版　文藝春秋　2012　293p　18cm（文春新書 870）〈2000年刊に「第11章日本の統治は悪だったのか？」「第12章反日政策と従軍慰安婦」を併録　文献あり　年表あり〉　790円
①978-4-16-660870-6　Ⓝ221.06
☆「21世紀の必読書100選」

及川 平治　おいかわ・へいじ

01479　「分団式動的教育法」
『分団式動的教育法』　及川平治著　中野光編　明治図書出版　1972　336p　肖像　22cm（世界教育学選集 69）〈監修：梅根悟，勝田守一〉　Ⓝ371
☆「名著解題」

及川 帆彦　おいかわ・ほひこ

01480　「海の男のかたふり集」
『海の男のカタフリ集』　及川帆彦著　成山堂書店　1980　230p　19cm　1200円　Ⓝ683.8
☆「世界の海洋文学」

生出 寿　おいで・ひさし

01481　「幻の海軍士官国定謙男少佐」
☆「今だから知っておきたい戦争の本70」

01482　「名将秋山好古」
『名将秋山好古―鬼謀の人前線指揮官の生涯』　生出寿著　新装版　光人社　2004　344p　16cm（光人社NF文庫）　762円
①4-7698-2010-0　Ⓝ289.1
☆「今だから知っておきたい戦争の本70」

01483　「烈将山口多聞」
『烈将山口多聞』　生出寿著　徳間書店　1989　311p　16cm（徳間文庫）〈『勇断提督・山口多聞』（昭和61年刊）の改題　参考文献：p304～305〉　480円　①4-19-598853-5　Ⓝ289.1
☆「今だから知っておきたい戦争の本70」

逢坂 剛　おうさか・ごう

01484　「カディスの赤い星」
『カディスの赤い星　上』　逢坂剛［著］　新装版　講談社　2007　472p　15cm（講談社文庫）　714円　①978-4-06-275640-2　Ⓝ913.6
☆「世界の推理小説・総解説」

応地 利明　おうじ・としあき

01485　「絵地図の世界像」
『絵地図の世界像』　応地利明著　岩波書店　1996　229p　18cm（岩波新書）　650円
①4-00-430480-6　Ⓝ210.1
☆「学問がわかる500冊 v.2」

淡海 三船　おうみ・みふね

01486　「懐風藻」
『懐風藻』　江口孝夫全訳注　講談社　2000　392p　15cm（講談社学術文庫）　1250円
①4-06-159452-4　Ⓝ919.3
☆「学術辞典叢書 第15巻」，「近代名著解題選集 3」，「古典の事典」，「3行でわかる名作＆ヒット本250」，「世界名著解題選集 第1巻」，「2ページでわかる日本の古典傑作選」，「日本の古典」，「日本の古典名著」，「日本の名著」，「日本文学鑑賞辞典〔第1］」，「日本文学名作概観」，「日本名著辞典」

01487　「唐大和上東征伝」
『唐大和上東征伝―鑑真和尚東渡記　日本語中国語現代語訳』　海野昇雄，郭人奇訳　福島　鑑真和上を慕う会　1980　84p　26cm　非売品　Ⓝ188.12
☆「古典の事典」，「世界名著大事典」

OL500人委員会　おーえるごひゃくにんいいんかい

01488　「おじさん改造講座」
『おじさん改造講座―OL500人委員会』　清水ちなみ，古屋よし著　文芸春秋　1993　301p　16cm（文春文庫）　450円　①4-16-752103-2　Ⓝ367.7
☆「現代を読む」

大井 篤　おおい・あつし

01489　「海上護衛戦」
『海上護衛戦』　大井篤［著］　KADOKAWA　2014　467p　15cm（角川文庫　お69-1）　800円　①978-4-04-101598-8　Ⓝ391.2074
☆「日本海軍の本・総解説」

大井 憲太郎　おおい・けんたろう

01490　「時事要論」
『明治大正農政経済名著集　24　明治農業論集―地租・土地所有論』　近藤康男編　農山漁村

大池 唯雄　おおいけ・ただお
01491　「兜首」
『ふるさと文学館　第5巻　宮城』　木原直彦ほか編　工藤英寿責任編集　ぎょうせい　1994　643p　22cm〈監修：水上勉ほか〉　6000円　①4-324-03772-8　Ⓝ918.6
☆「歴史小説・時代小説 総解説」

大石 久敬　おおいし・きゅうけい
01492　「地方凡例録」
『地方凡例録　上巻』　大石久敬原著　大石信敬補訂　大石慎三郎校訂　近藤出版社　1969　345p 図版　19cm〈日本史料選書 1〉〈巻頭の書名：改正補訂 地方凡例録 底本は東条本系『改正補訂 地方凡例録』　監修者：竹内理三等〉　1500円　Ⓝ322.15
☆「世界名著大事典」,「日本名著辞典」

大石 慎三郎　おおいし・しんざぶろう
01493　「江戸時代」
『江戸時代』　大石慎三郎著　中央公論社　1977　266p　18cm（中公新書）〈参考文献：p.263～266〉　460円　Ⓝ210.5
☆「「本の定番」ブックガイド」

大石 直正　おおいし・なおまさ
01494　「中世奥羽の世界」
『中世奥羽の世界』　大石直正ほか執筆　小林清治,大石直正編　東京大学出版会　1978　239,34p　19cm〈Up選書 185〉〈巻末：中世奥羽略年表・参考文献目録〉　900円　Ⓝ212
☆「歴史家の読書案内」

大石 兵太郎　おおいし・ひょうたろう
01495　「政治学汎論」
『政治学汎論』　大石兵太郎著　3刷　南郊社　1943　648p 表　22cm　Ⓝ311
☆「世界名著大事典」

大石 真（児童文学）　おおいし・まこと
01496　「教室二〇五号」
『教室二〇五号』　大石真作　西村敏雄絵　理論社　2010　235p　23×16cm〈日本の児童文学 よみがえる名作〉　2200円　①978-4-652-00055-7
☆「少年少女の名作案内 日本の文学リアリズム編」

01497　「チョコレート戦争」
『チョコレート戦争』　大石真作　北田卓史画　理論社　2004　164p　18cm〈フォア文庫愛蔵版）　1000円　①4-652-07383-6　Ⓝ913.6
☆「少年少女の名作案内 日本の文学リアリズム編」

大石 真（法学）　おおいし・まこと
01498　「憲法と宗教制度」
『憲法と宗教制度』　大石真著　有斐閣　1996　300p　22cm　6695円　①4-641-12824-3　Ⓝ316.2
☆「憲法本41」

01499　「日本憲法史」
『日本憲法史』　大石真著　有斐閣　1995　299,13p　19cm〈主要な参考書：p297～299〉　1957円　①4-641-12807-3　Ⓝ323.12
☆「学問がわかる500冊」

大泉 実成　おおいずみ・みつなり
01500　「説得」
『説得―エホバの証人と輸血拒否事件』　大泉実成著　講談社　1992　378p　15cm〈講談社文庫〉〈主要参考文献：p377～378〉　540円　①4-06-185066-0　Ⓝ916
☆「現代を読む」

大内 力　おおうち・つとむ
01501　「揺れ動く世界の米需給」
『揺れ動く世界の米需給』　大内力,佐伯尚美編　家の光協会　1995　252p　19cm〈日本の米を考える 1〉　2000円　①4-259-54454-3
☆「学問がわかる500冊 v.2」

大内 兵衛　おおうち・ひょうえ
01502　「財政学大綱」
『財政学大綱　上巻』　大内兵衛著　10版　岩波書店　1949　289p　21cm　Ⓝ341
☆「世界名著大事典」

大江 健三郎　おおえ・けんざぶろう
01503　「奇妙な仕事」
『大江健三郎自選短篇』　大江健三郎作　岩波書店　2014　840p　15cm〈岩波文庫 31-197-1〉〈「大江健三郎小説１２７８」（新潮社 1996・1997年刊）の改題、加筆修訂〉　1380円　①978-4-00-311971-6　Ⓝ913.6
☆「世界名著大事典 補遺（Extra）」

01504　「厳粛な綱渡り」
『厳粛な綱渡り』　大江健三郎著　講談社　1991　685p　16cm〈講談社文芸文庫　現代日本のエッセイ〉〈著者の肖像あり　年譜・著書目録：p665～682〉　1600円　①4-06-196147-0　Ⓝ914.6
☆「世界名著大事典 補遺（Extra）」

01505　「洪水は我が魂に及び

『大江健三郎小説　4　洪水はわが魂に及び・ピンチランナー調書』　新潮社　1996　560p　22cm　5000円　①4-10-640824-4　Ⓝ913.6
☆「ベストガイド日本の名著」

01506　「個人的な体験」
『個人的な体験』　大江健三郎著　改版　新潮社　2013　322p　15cm（新潮文庫）　550円　①978-4-10-112610-4
☆「教養のためのブックガイド」、「現代文学鑑賞辞典」、「世界名著大事典　補遺（Extra）」、「日本文芸鑑賞事典　第19巻」、「ポケット日本名作事典」

01507　「飼育」
『大江健三郎自選短篇』　大江健三郎作　岩波書店　2014　840p　15cm（岩波文庫　31-197-1）〈「大江健三郎小説１２７８」（新潮社 1996・1997年刊）の改題、加筆修訂〉　1380円　①978-4-00-311971-6　Ⓝ913.6
☆「あらすじダイジェスト」、「一度は読もうよ！日本の名著」、「一冊で日本の名著100冊を読む」、「知らないと恥ずかしい「日本の名作」あらすじ200本」、「新潮文庫20世紀の100冊」、「小さな文学の旅」、「世界名著大事典　補遺（Extra）」、「日本文学名作案内」、「日本文学名作事典」、「日本名作文学館　日本編」、「ポケット日本名作事典」

01508　「死者の奢り」
『死者の奢り』　大江健三郎著　文芸春秋新社　1958　303p 図版　20cm　Ⓝ913.6
☆「一度は読もうよ！日本の名著」、「一冊で日本の名著100冊を読む」、「新潮文庫20世紀の100冊」、「日本の小説101」、「現代文学鑑賞辞典〔第2〕」、「日本文学名作案内」

01509　「持続する志」
『持続する志』　大江健三郎著　講談社　1991　694p　16cm（講談社文芸文庫　現代日本のエッセイ）〈年譜・著書目録：p675～692〉　1600円　①4-06-196154-3　Ⓝ914.6
☆「世界名著大事典　補遺（Extra）」

01510　「性的人間」
『性的人間』　大江健三郎著　新潮社　1968　228p　16cm（新潮文庫）　100円　Ⓝ913.6
☆「世界名著案内 8」、「世界名著大事典　補遺（Extra）」、「ポケット日本名作事典」

01511　「治療塔」
『治療塔』　大江健三郎〔著〕　講談社　2008　295p　15cm（講談社文庫）　619円　①978-4-06-275981-6　Ⓝ913.6
☆「世界のSF文学・総解説」

01512　「ヒロシマ・ノート」
『ヒロシマ・ノート』　大江健三郎著　岩波書店　2003　186p　18cm（岩波新書）〈第78刷〉　700円　①4-00-415027-2
☆「現代を読む」、「戦後思想の名著50」、「平和を考えるための100冊+α」

01513　「万延元年のフットボール」
『万延元年のフットボール』　大江健三郎著　講談社　1988　491p　16cm（講談社文芸文庫）〈参考資料：p487〉　780円　①4-06-196014-8　Ⓝ913.6
☆「教養のためのブックガイド」、「現代文学鑑賞辞典」、「現代文学名作探訪事典」、「世界名著大事典　補遺（Extra）」、「日本文芸鑑賞事典　第19巻」、「必読書150」、「文学・名著300選の解説 '88年度版」、「ポケット日本名作事典」、「名作の書き出し」

01514　「芽むしり仔撃ち」
『芽むしり仔撃ち』　大江健三郎著　講談社　1994　245p　20cm〈1958年刊の複製〉　1600円　①4-06-207411-7　Ⓝ913.6
☆「近代日本の百冊を選ぶ」、「現代文学名作探訪事典」、「世界の小説大百科」、「世界名著大事典　補遺（Extra）」、「日本文学 これを読まないと文学は語れない!!」、「名作はこのように始まる 2」

01515　「われらの時代」
『われらの時代』　大江健三郎著　新潮社　1963　274p　16cm（新潮文庫）　Ⓝ913.6
☆「教養のためのブックガイド」、「知らないと恥ずかしい「日本の名作」あらすじ200本」、「2時間でわかる日本の名著」、「日本文芸鑑賞事典　第18巻（1958～1962年）」

大江 賢次　おおえ・けんじ

01516　「移民以後」
『移民以後―他二篇』　大江賢次著　新潮社　1939　291p 肖像　19cm　Ⓝ913.6
☆「現代日本文学案内」

01517　「絶唱」
『絶唱』　大江賢次著　河出書房新社　2004　324p　15cm（河出文庫）　850円　①4-309-40730-7　Ⓝ913.6
☆「日本文学 これを読まないと文学は語れない!!」

大江 志乃夫　おおえ・しのぶ

01518　「徴兵制」
『徴兵制』　大江志乃夫著　岩波書店　1981　203p　18cm（岩波新書）〈参考文献：p201～203〉　380円　Ⓝ393.2
☆「日本陸軍の本・総解説」

01519　「日露戦争の軍事史的研究」
『日露戦争の軍事史的研究』　大江志乃夫著　岩波書店　1976　653,29p　22cm　4500円　Ⓝ210.673
☆「日本陸軍の本・総解説」

大江 大頭　おおえ・だいがしら

01520　「山中常盤」
☆「近代名著解題選集 3」

大江 千里　おおえ・ちさと

01521　「句題和歌」
『群書類従　第11輯　和歌部』　塙保己一編纂　オンデマンド版　八木書店古書出版部　2013　472p　21cm〈訂正3版：続群書類従完成会1979年刊　印刷・製本：デジタル・パブリッシング・サービス　八木書店〔発売〕〉　8000円　①978-4-8406-3122-8　Ⓝ081
☆「世界名著大事典」

大江 匡衡　おおえ・まさひら

01522　「江吏部集」
『江吏部集　無題詩』　［大江匡衡］［著］　柳澤良一編　勉誠出版　2010　379p　22cm（石川県立図書館蔵川口文庫善本影印叢書　3）　12000円　①978-4-585-03183-3　Ⓝ919.3
☆「近代名著解題選集 3」,「世界名著大事典」

大江 匡房　おおえ・まさふさ

01523　「江家次第」
『江家次第』　大江匡房著　正宗敦夫編纂校訂　現代思潮社　1978　2冊　16cm（覆刻日本古典全集）〈日本古典全集刊行会昭和6,8年刊の複製〉　Ⓝ210.09
☆「古典の事典」,「世界名著大事典」,「日本名著辞典」

01524　「江談抄」
『江談抄―尊経閣叢刊』　大江匡房著　育徳財団　1938　1軸　28cm〈複製　付：解説〉　Ⓝ914
☆「一度は読もうよ！日本の名著」,「一冊で日本の古典100冊を読む」,「近代名著解題選集 3」,「古典の事典」,「世界名著大事典」,「日本の古典名著」,「日本文学鑑賞辞典〔第1〕」,「日本名著辞典」

01525　「本朝神仙伝」
『往生伝・法華験記』　井上光貞,大曽根章介校注　岩波書店　1995　774p　22cm（日本思想大系新装版　続・日本仏教の思想　1）　5200円　①4-00-009061-5　Ⓝ182.8
☆「日本の古典名著」

01526　「遊女記」
『民衆史の遺産　第4巻　芸能漂泊民』　谷川健一,大和岩雄責任編集　大和書房　2013　701p　20cm　6000円　①978-4-479-86104-1　Ⓝ382.1
☆「古典の事典」

大岡 玲　おおおか・あきら

01527　「表層生活」
『表層生活』　大岡玲著　文芸春秋　1993　252p　16cm（文春文庫）　400円　①4-16-710307-9　Ⓝ913.6
☆「現代文学鑑賞辞典」

大岡 昇平　おおおか・しょうへい

01528　「花影」
『花影』　大岡昇平［著］　講談社　2006　198p　16cm（講談社文芸文庫）〈年譜あり　著作目録あり〉　1200円　①4-06-198440-3　Ⓝ913.6
☆「一冊で愛の話題作100冊を読む」

01529　「来宮心中」
『来宮心中』　大岡昇平著　集英社　1978　230p　16cm（集英社文庫）　200円　Ⓝ913.6
☆「一度は読もうよ！日本の名著」,「一冊で日本の名著100冊を読む 続」

01530　「事件」
『事件』　大岡昇平著　27刷改版　新潮社　2003　599p　16cm（新潮文庫）　781円　①4-10-106508-X　Ⓝ913.6
☆「学問がわかる500冊」,「世界の推理小説・総解説」

01531　「出征」
『ある補充兵の戦い』　大岡昇平著　岩波書店　2010　392p　15cm（岩波現代文庫　B173）　1160円　①978-4-00-602173-3　Ⓝ913.6
☆「一度は読もうよ！日本の名著」,「一冊で日本の名著100冊を読む 続」

01532　「常識的文学論」
『常識的文学論』　大岡昇平［著］　講談社　2010　304p　16cm（講談社文芸文庫　おC12）〈並列シリーズ名：Kodansha Bungei bunko　著作目録あり　年譜あり〉　1500円　①978-4-06-290088-1　Ⓝ910.264
☆「日本文芸鑑賞事典　第18巻（1958～1962年）」

01533　「ながい旅」
『ながい旅』　大岡昇平［著］　角川書店　2007　333p　15cm（角川文庫）〈肖像あり　年譜あり　文献あり　角川グループパブリッシング〔発売〕〉　590円　①978-4-04-121108-3　Ⓝ329.67
☆「今だから知っておきたい戦争の本70」

01534　「野火」
『野火』　大岡昇平著　成瀬書房　1975　158p　22cm〈特装版 限定版〉　22000円　Ⓝ913.6
☆「あらすじで読む日本の名著」,「一度は読もうよ！日本の名著」,「一冊で日本の名著100冊を読む」,「感動！日本の名著 近現代編」,「近代日本の百冊を選ぶ」,「3行でわかる名作&ヒット本250」,「昭和の名著」,「知らないと恥ずかしい「日本の名作」あらすじ200本」,「図説 5分でわかる日本の名作傑作選」,「大学新入生に薦める101冊の本」,「2時間でわかる日本の名著」,「日本・世界名作「愛の会話」100章」,「日本の小説101」,「日本の名

おおおか　　　　　　　　　　　　　　　　　01535〜01548

作おさらい」、「日本の名著」、「日本文学鑑賞辞典
〔第2〕」、「日本文学名作案内」、「日本文学名作事
典」、「日本文芸鑑賞事典　第15巻」、「日本名作文
学館　日本編」、「文学・名著300選の解説 '88年度
版」、「ポケット日本名作案内」、「名作の書き出し
を諳んじる」

01535　「俘虜記」
『俘虜記』　大岡昇平作　中村宏絵　むぎ書房
　1980　46p　21cm（雨の日文庫　第4集〈現代
　日本文学・戦中戦後編〉7）〈4刷（1刷：1967
　年）〉
　☆「あらすじダイジェスト」、「一度は読もうよ！日
　本の名著」、「一冊で日本の名著100冊を読む」、「近
　代文学名作事典」、「現代文学鑑賞辞典」、「これだ
　けは読んでおきたい日本の名作文学案内」、「知ら
　ないと恥ずかしい「日本の名作」あらすじ200本」、
　「新潮文庫20世紀の100冊」、「世界名著大事典」、
　「日本文学鑑賞辞典〔第2〕」、「日本文学現代名作
　事典」、「日本文学名作案内」、「日本文芸鑑賞事
　典　第14巻（1946〜1948年）」、「必読書150」、「ベ
　ストガイド日本の名著」、「明治・大正・昭和の名
　著・総解説」

01536　「武蔵野夫人」
『武蔵野夫人』　大岡昇平著　改版　新潮社
　2013　281p　16cm（新潮文庫　お-6-2）
　490円　①978-4-10-106502-1　Ⓝ913.6
　☆「愛ありて」、「一度は読もうよ！日本の名著」、
　「一冊で愛の話題作100冊を読む」、「現代文学鑑賞
　辞典」、「現代文学名作探訪事典」、「女性のための
　名作・人生案内」、「世界名作事典」、「世界名著大
　事典」、「日本文学鑑賞辞典〔第2〕」、「日本文学
　現代名作事典」、「日本文学名作案内」、「日本文芸
　鑑賞事典　第15巻」、「百年の誤読」、「ポケット日
　本名作事典」、「名著の履歴書」

01537　「レイテ戦記」
『レイテ戦記』　大岡昇平著　中央公論社　1995
　695p　22cm〈23版（初版：1971年）付（44p
　21cm）付（図3枚）外箱入〉　9800円
　①4-12-002487-3　Ⓝ913.6
　☆「21世紀の必読書100選」、「日本文学名作事典」、
　「日本文芸鑑賞事典　第20巻（昭和42〜50年）」、「日
　本陸軍の本・総解説」、「平和を考えるための100
　冊＋α」、「ポケット日本名作事典」

大岡 信　おおおか・まこと
01538　「あなたに語る日本文学史」
『あなたに語る日本文学史』　大岡信著　新装版
　新書館　1998　562p　20cm〈折り込1枚　年
　表あり〉　2200円　①4-403-21066-X　Ⓝ910.2
　☆「古典をどう読むか」

01539　「折々のうた」
『折々のうた』　大岡信著　〔愛蔵版〕　岩波書
　店　1992　11冊（セット）　19cm　19800円
　①4-00-209063-5
　☆「日本人とは何か」

01540　「新 折々のうた」
『新 折々のうた　1』　大岡信著　岩波書店
　1994　183,26p　18cm（岩波新書　357）
　620円　①4-00-430357-5
　☆「本の定番」ブックガイド」

01541　「超現実と抒情」
『超現実と抒情—昭和十年代の詩精神』　大岡信
　著　晶文社　1977　283p　20cm〈新装版〉
　1200円　Ⓝ911.5
　☆「日本文芸鑑賞事典　第19巻」

01542　「日本の詩歌 その骨組みと素肌」
『日本の詩歌—その骨組みと素肌』　大岡信著
　岩波書店　2005　216p　15cm（岩波現代文庫
　文芸）　900円　①4-00-602097-X　Ⓝ911.102
　☆「大学新入生に薦める101冊の本」

大岡 実　おおおか・みのる
01543　「図説日本美術史」
『図説日本美術史—学生版』　田沢坦,大岡実編
　岩波書店　1964　2冊　26cm　Ⓝ702.1
　☆「世界名著大事典」

大川 一帆　おおかわ・いっぽ
01544　「女だけの船」
『女だけの船—平成の箱船物語』　大川一帆著
　講談社出版サービスセンター（製作）　1990
　189p　19cm　1700円　①4-87601-195-8
　Ⓝ913.6
　☆「世界の海洋文学」

大川 一司　おおかわ・かずし
01545　「日本経済の分析」
『日本経済の分析』　都留重人,大川一司共編
　勁草書房　1953　322p　22cm　Ⓝ332.1
　☆「世界名著大事典」

大川 周明　おおかわ・しゅうめい
01546　「大東亜秩序建設」
『大東亜秩序建設』　大川周明著　第一書房
　1943　212p　19cm　Ⓝ304
　☆「国体 十冊の名著」

01547　「日本精神研究」
『日本精神研究』　大川周明著　明治書房　1939
　332p　19cm〈普及版〉　Ⓝ121
　☆「日本思想史」

01548　「復興亜細亜の諸問題」
『復興亜細亜の諸問題』　大川周明著　中央公論
　社　1993　372p　16cm（中公文庫）　720円
　①4-12-201992-3　Ⓝ319.2
　☆「歴史家の一冊」

大木 実 おおき・みのる

01549 「場末の子」
『場末の子―詩集』 大木実著 砂子屋書房 1939 96p 19cm Ⓝ911.5
☆「日本文学鑑賞辞典〔第2〕」,「日本文芸鑑賞事典 第12巻」

大儀見 薫 おおぎみ・かおる

01550 「波切大王の冒険」
『波切大王の冒険―太平洋縦断1万200キロ』 大儀見薫著 講談社 1988 249p 20cm 1300円 ①4-06-203647-9 Ⓝ785.7
☆「世界の海洋文学」

大草 公弼 おおくさ・きみすけ

01551 「南山巡狩録」
『改定史籍集覧 第4冊 通記類〔第4〕』 近藤瓶城編 大草公弼著 京都 臨川書店 1983 558,254p 22cm〈近藤活版所明治33年刊の複製〉 8800円 ①4-653-00910-4 Ⓝ210.088
☆「日本歴史「古典籍」総覧」,「歴史の名著100」

大国 隆正 おおくに・たかまさ

01552 「本学挙要」
『増補大国隆正全集 第1巻』 大国隆正著 野村傳四郎編 国書刊行会 2001 421p 22cm〈「大国隆正全集 第1巻」(有光社昭和12年刊)の複製〉 ①4-336-04328-0 Ⓝ121.52
☆「世界名著大事典」

大久保 武雄 おおくぼ・たけお

01553 「海鳴りの日々」
『海鳴りの日々―かくされた戦後史の断層』 大久保武雄著 海洋問題研究会 1978 331p 20cm〈新浪曼〔発売〕 主な参考引用文献: p330～331〉 1400円 Ⓝ317.77
☆「世界の海洋文学」

大久保 忠保 おおくぼ・ただやす

01554 「開化新題歌集」
『開化新題歌集』 大久保忠保編 金花堂 1878 3冊 19cm〈和装〉 Ⓝ911.1
☆「日本文芸鑑賞事典 第1巻」

大久保 利通 おおくぼ・としみち

01555 「大久保利通日記」
『大久保利通日記 上巻』 大久保利通[著] 復刻版 周南 マツノ書店 2007 496p 22cm〈原本: 日本史籍協會昭和2年刊 肖像あり〉 Ⓝ210.61
☆「世界名著大事典」

大久保 彦左衛門 おおくぼ・ひこざえもん

01556 「三河物語」
『三河物語』 大久保彦左衛門著 百瀬明治編訳 徳間書店 1992 313p 20cm 2500円 ①4-19-245050-X Ⓝ210.52
☆「古典の事典」,「世界名著大事典」,「戦国十冊の名著」,「日本の古典」,「日本の古典名著」

大久保 泰甫 おおくぼ・やすお

01557 「ボワソナアド」
『ボワソナアド―日本近代法の父』 大久保泰甫著 岩波書店 1977 210p 18cm(岩波新書)〈参考資料・文献: p201～205〉 280円 Ⓝ289.3
☆「伝記・自叙伝の名著」

大隈 言道 おおくま・ことみち

01558 「草徑集」
『草徑集』 大隈言道[著] 穴山健校注 ささのや会編 福岡 海鳥社 2002 204,31p 20cm 2500円 ①4-87415-417-4 Ⓝ911.168
☆「世界名著大事典」,「日本文学鑑賞辞典〔第1〕」

01559 「ひとりごち」
『日本哲学思想全書 第11巻 芸術 歌論篇』 三枝博音,清水幾太郎編集 第2版 平凡社 1980 336p 19cm 2300円 Ⓝ081
☆「世界名著大事典」

大熊 孝 おおくま・たかし

01560 「洪水と治水の河川史」
『洪水と治水の河川史―水害の制圧から受容へ』 大熊孝著 増補 平凡社 2007 309p 16cm(平凡社ライブラリー 611) 1400円 ①978-4-582-76611-0 Ⓝ517.21
☆「学問がわかる500冊 v.2」,「環境と社会」

大熊 信行 おおくま・のぶゆき

01561 「国家悪」
『国家悪―人類に未来はあるか』 大熊信行著 増補新装版 論創社 2011 416p 20cm 3800円 ①978-4-8460-1070-6 Ⓝ310.4
☆「戦後思想の名著50」

大蔵 虎明 おおくら・とらあきら

01562 「昔話抄」
☆「世界名著大事典」

01563 「わらんべ草」
『わらんべ草』 大蔵虎明著 笹野堅校訂 岩波書店 1962 501p 15cm(岩波文庫) Ⓝ773.9
☆「日本古典への誘い100選1」

大蔵 永常　おおくら・ながつね

01564　「広益国産考」
『広益国産考』　大蔵永常著　土屋喬雄校訂　岩波書店　1995　336p　15cm〈岩波文庫〉〈第3刷（第1刷：1946年）〉　670円
①4-00-330051-3　Ⓝ610.1
☆「古典の事典」、「世界名著大事典」、「日本名著辞典」

01565　「農家益」
『日本産業史資料　2　農業及農産製造』　浅見恵, 安田健訳編　科学書院　1989　1171,4,12p　27cm〈近世歴史資料集成　第2期第2巻〉〈霞ケ関出版〔発売〕　複製〉　51500円　Ⓝ602.1
☆「世界名著大事典」

01566　「農具便利論」
『日本科学古典全書　復刻6　農業・製造業・漁業』　三枝博音編　朝日新聞社　1978　638, 10p　22cm〈昭和19年刊『日本科学古典全書』第11巻の複製〉　5500円　Ⓝ402.105
☆「日本の古典名著」

01567　「綿圃要務」
『日本科学古典全書　復刻6　農業・製造業・漁業』　三枝博音編　朝日新聞社　1978　638, 10p　22cm〈昭和19年刊『日本科学古典全書』第11巻の複製〉　5500円　Ⓝ402.105
☆「世界名著大事典」

大蔵省　おおくらしょう

01568　「明治大正財政史」
『明治大正財政史　第1巻』　大蔵省編　経済往来社　1955　1008p　表　27cm〈昭和11-15年刊の復刊〉　Ⓝ342.1
☆「世界名著大事典」

大蔵省大臣官房文書課　おおくらしょうだいじんかんぼうぶんしょか

01569　「間接税の現状」
『間接税の現状』　大蔵省大臣官房文書課編　大蔵財務協会　1987　319p　26cm〈「ファイナンス」別冊〉　1800円
☆「経済経営95冊」

大蔵大臣官房　おおくらだいじんかんぼう

01570　「鉄考」
『鉄考』　大蔵省　1892　266p　22cm　Ⓝ560
☆「世界名著大事典」

大河内 一男　おおこうち・かずお

01571　「社会政策の基本問題」
『社会政策の基本問題』　大河内一男著　増補版　日本評論新社　1954　290p　22cm　Ⓝ364
☆「世界名著大事典」

01572　「独逸社会政策思想史」
『独逸社会政策思想史』　大河内一男著　日本評論新社　1953　2冊　22cm〈付：参考文献〉　Ⓝ364
☆「世界名著大事典」

大阪市役所　おおさかしやくしょ

01573　「大阪市史」
『大阪市史』　大阪市参事会編　大阪　清文堂出版　1965　8冊（付図共）　23cm〈明治44-大正4年刊の複刻版　限定版〉　Ⓝ216.3
☆「世界名著大事典」

大阪商科大学経済研究所　おおさかしょうかだいがくけいざいけんきゅうじょ

01574　「経済学文献大鑑」
『経済学文献大鑑――1919 1936』　大阪商科大学経済研究所編　文生書院　1977　4冊　27cm（経済学文献集目　第1輯）〈昭和9～14年刊の複製〉　全60000円　Ⓝ330.31
☆「世界名著大事典」

大阪市立大学経済研究所　おおさかしりつだいがくけいざいけんきゅうじょ

01575　「多国籍企業と発展途上国」
『多国籍企業と発展途上国』　大阪市立大学経済研究所編　東京大学出版会　1977　259p　22cm（大阪市立大学経済研究所報　第26集）〈編者代表：尾崎彦朔, 奥村茂次　執筆者：奥村茂次〔等〕〉　2500円　Ⓝ333.8
☆「現代ビジネス書・経済書総解説」

大崎 茂芳　おおさき・しげよし

01576　「クモの糸のミステリー」
『クモの糸のミステリー――ハイテク機能に学ぶ』　大崎茂芳著　中央公論新社　2000　186p　18cm（中公新書）　680円　①4-12-101549-5　Ⓝ485.73
☆「科学を読む愉しみ」

大崎 善生　おおさき・よしお

01577　「聖の青春」
『聖の青春』　大崎善生作　講談社　2003　331p　18cm（講談社青い鳥文庫）　720円
①4-06-148614-4　Ⓝ796
☆「読書入門」

大沢 在昌　おおさわ・ありまさ

01578　「新宿鮫」
『新宿鮫――長編刑事小説』　大沢在昌著　新装版　光文社　2014　412p　16cm（光文社文庫　お21-16――新宿鮫　1）〈文献あり〉　720円
①978-4-334-76698-6　Ⓝ913.6
☆「知らないと恥ずかしい「日本の名作」あらすじ」

200本」,「世界の推理小説・総解説」

大沢 周子 おおさわ・ちかこ
01579 「たったひとつの青い空」
『たったひとつの青い空—海外帰国子女は現代の棄て児か』 大沢周子著 文芸春秋 1986 243p 20cm 1100円 Ⓘ4-16-340850-9 Ⓝ372.1
☆「現代を読む」

大沢 秀介 おおさわ・ひでゆき
01580 「アメリカの政治と憲法」
『アメリカの政治と憲法』 大沢秀介著 芦書房 1992 299p 20cm(RFP叢書 12) 3500円 Ⓘ4-7556-1089-3 Ⓝ323.53
☆「憲法本41」

大沢 真幸 おおさわ・まさち
01581 「行為の代数学」
『行為の代数学—スペンサー＝ブラウンから社会システム論へ』 大沢真幸著 新版 青土社 1992 348,18p 20cm〈巻末：文献表〉 2600円 Ⓘ4-7917-5209-0 Ⓝ361.1
☆「学問がわかる500冊」

01582 「身体の比較社会学」
『身体の比較社会学 1』 大沢真幸著 勁草書房 1990 386,14p 22cm〈巻末：文献〉 4532円 Ⓘ4-326-15232-X Ⓝ361.1
☆「身体・セクシュアリティ・スポーツ」

大塩 平八郎 おおしお・へいはちろう
01583 「洗心洞箚記」
『洗心洞箚記—大塩平八郎の読書ノート 上』 大塩平八郎原著 吉田公平著 たちばな出版 1998 376p 16cm(タチバナ教養文庫) 1200円 Ⓘ4-88692-936-2 Ⓝ121.55
☆「古典の事典」,「世界名著大事典」,「日本の古典名著」,「幕末十冊の名著」

大下 宇陀児 おおした・うだる
01584 「石の下の記録」
『石の下の記録』 大下宇陀児著 双葉社 1995 418p 15cm(双葉文庫 日本推理作家協会賞受賞作全集 5) 760円 Ⓘ4-575-65804-9 Ⓝ913.6
☆「世界の推理小説・総解説」

01585 「虚像」
『虚像』 大下宇陀児著 同光社出版 1959 298p 19cm Ⓝ913.6
☆「日本文学鑑賞事典 〔第2〕」

大下 英治 おおした・えいじ
01586 「ドキュメント 三越の女帝」
『ドキュメント三越の女帝』 大下英治著 徳間書店 1984 312p 16cm(徳間文庫)〈『ドキュメント三越』(三一書房昭和58年刊)の改題〉 400円 Ⓘ4-19-597681-2 Ⓝ673.8
☆「現代を読む」

大島 信蔵 おおしま・しんぞう
01587 「大島高任行実」
『大島高任行実』 大島信蔵編修 精道村(兵庫県武庫郡) 大島信蔵 1938 1070p 図版51枚 23cm〈附録：西洋操銃篇 大島周禎著〉 Ⓝ289.1
☆「世界名著大事典」

大島 みち子 おおしま・みちこ
01588 「愛と死をみつめて—ある純愛の記録」
『愛と死をみつめて—ある純愛の記録』 河野実,大島みち子著 大和出版 1992 494p 19cm〈新装版〉 1900円 Ⓘ4-8047-6023-7 Ⓝ289.1
☆「あの本にもう一度」,「あらすじで味わう昭和のベストセラー」,「百年の誤読」

大島 亮吉 おおしま・りょうきち
01589 「先蹤者」
『先蹤者』 大島亮吉著 日本文芸社 1968 575p 図版 23cm(日本岳人全集)〈大島亮吉著作および関係文献目録・大島亮吉年譜：536-571p〉 2000円 Ⓝ786.1
☆「日本の山の名著・総解説」,「山の名著 明治・大正・昭和戦前編」

01590 「山」
『山—随想』 大島亮吉著 中央公論社 1978 252p 15cm(中公文庫) 300円 Ⓝ291.09
☆「世界名著大事典」,「日本の山の名著・総解説」,「山の名著30選」,「山の名著 明治・大正・昭和戦前編」

大城 立裕 おおしろ・たつひろ
01591 「カクテル・パーティー」
『カクテル・パーティー』 大城立裕著 岩波書店 2011 317p 15cm(岩波現代文庫 B189) 1040円 Ⓘ978-4-00-602189-4 Ⓝ913.6
☆「現代文学鑑賞辞典」,「ポケット日本名作事典」

01592 「神の魚」
『神の魚』 大城立裕著 新潮社 1989 210p 20cm 1200円 Ⓘ4-10-374001-9 Ⓝ913.6
☆「世界の海洋文学」

01593 「対馬丸」
『対馬丸』 大城立裕,嘉陽安男,船越義彰作 長新太画 理論社 2005 334p 19cm(名作の

おおしろ

大城 直樹　おおしろ・なおき

01594　「空間から場所へ」
『空間から場所へ―地理学的想像力の探求』　荒山正彦、大城直樹編　古今書店　1998　242p　21cm　2800円　①4-7722-1677-4　Ⓝ290.1
☆「学問がわかる500冊 v.2」

大須賀 乙字　おおすが・おつじ

01595　「乙字句集」
『日本近代文学大系 56 近代俳句集』　解説：楠本憲吉　注釈：山下一海等　角川書店　1974　506p 図 肖像　23cm　2000円　Ⓝ918.6
☆「日本文芸鑑賞事典 第7巻（1920〜1923年）」

01596　「乙字俳論集」
『乙字俳論集』　大須賀乙字著　乙字遺稿刊行会編　乙字遺稿刊行会　1921　545p,9　19cm　〈附：乙字俳論集著作年表〉　Ⓝ911.3
☆「世界名著大事典」、「日本文芸鑑賞事典 第7巻（1920〜1923年）」

大須賀 祥浩　おおすか・よしひろ

01597　「黄金艦隊の海」
『黄金艦隊の海―The Caribbean sea』　大須賀祥浩著　講談社　1985　265p　19cm〈付：主要参考文献〉　1000円　①4-06-202426-8　Ⓝ913.6
☆「世界の海洋文学」

大杉 栄　おおすぎ・さかえ

01598　「自叙伝」
『自叙伝』　大杉栄著　長崎出版　1979　348p　19cm〈改造社大正12年刊の複製　大杉栄略伝（労働運動社編）・大杉栄著作年表：p329〜343〉　1200円　Ⓝ289.1
☆「思想家の自伝を読む」、「自伝の名著101」、「世界名著大事典」、「日本の名著」、「日本文学鑑賞辞典 〔第2〕」

01599　「自由の先駆」
☆「革命思想の名著」

01600　「正義を求める心」
『正義を求める心』　大杉栄,伊藤野枝著　黒色戦線社　1988　318p　19cm〈大杉栄・伊藤野枝選集　第2巻〉ウニタ書舗〔発売〕　1500円
☆「革命思想の名著」、「世界名著大事典」、「日本近代の名著」

01601　「生の闘争」
『生の闘争』　大杉栄著　近代名著文庫刊行会　1923　242p　15cm（近代名著文庫　第21編）　Ⓝ304

☆「大正の名著」、「ベストガイド日本の名著」、「明治・大正・昭和の名著・総解説」

大隅 和雄　おおすみ・かずお

01602　「信心の世界、遁世者の心」
『信心の世界、遁世者の心』　大隅和雄著　中央公論新社　2002　294p　20cm（日本の中世 2　網野善彦,石井進編）〈附属資料：16p：月報 2　文献あり　年表あり〉　2400円　①4-12-490211-5　Ⓝ182.1
☆「日本思想史」

大瀬 甚太郎　おおせ・じんたろう

01603　「欧州教育史」
『明治後期産業発達史資料　第655巻　欧州教育史　上』　大瀬甚太郎著　龍溪書舎　2003　463p　22cm〈外国事情篇　9〉〈成美堂書店明治43年刊の複製〉　23000円　①4-8447-5465-3　Ⓝ332.106
☆「世界名著大事典」

大関 増業　おおぜき・ますなり

01604　「機織彙編」
『機織彙編―5巻』　大関増業著　大橋新太郎　1903　5冊　23cm〈博文館蔵版　和装〉　Ⓝ586.7
☆「古典の事典」、「日本の古典名著」、「日本名著辞典」

大関 松三郎　おおぜき・まつさぶろう

01605　「山芋」
『山芋―大関松三郎詩集 解説と指導記録』　大関松三郎著　寒川道夫編著　講談社　1979　175p　15cm（講談社文庫）　260円　Ⓝ911.58
☆「世界名著大事典」

太田 亮　おおた・あきら

01606　「姓氏家系大辞典」
『姓氏家系大辞典』　太田亮著　角川書店　1963　3冊　23cm〈上田万年、三上参次監修　初版は姓氏家系大辞典刊行会昭和9-11年刊〉　Ⓝ288.1
☆「世界名著大事典」

太田 牛一　おおた・ぎゅういち

01607　「信長公記」
『信長公記―現代語訳』　太田牛一著　中川太古訳　KADOKAWA　2013　541p　15cm（新人物文庫　お-11-1）〈年表あり〉　952円　①978-4-04-600001-9　Ⓝ289.1
☆「古典の事典」、「作品と作者」、「世界名著大事典」、「戦国十冊の名著」、「日本の古典」、「日本の古典名著」、「日本名著辞典」、「日本歴史「古典籍」総覧」、「歴史の名著100」

大田 錦城　おおた・きんじょう
01608　「九経談」
『日本儒林叢書　第4-6冊』　関儀一郎編　東洋図書刊行会　1927　3冊　23cm　Ⓝ121.3
☆「日本の古典名著」

太田 次郎　おおた・じろう
01609　「植物の生理」
『植物の生理』　太田次郎,石原勝敏,黒岩澄雄,清水碩,高橋景一,三浦謹一郎編　朝倉書店　1991　238p　21cm〈基礎生物学講座　5〉　3399円　Ⓘ4-254-17645-7
☆「学問がわかる500冊 v.2」

大田 全斎　おおた・ぜんさい
01610　「俚言集覧」
『俚言集覧―自筆稿本版　第1巻』　太田全斎編　クレス出版　1992　592p　22cm〈監修：ことわざ研究会　複製〉　Ⓘ4-906330-70-3　Ⓝ813.1
☆「世界名著大事典」

太田 為三郎　おおた・ためさぶろう
01611　「日本随筆索引」
『日本随筆索引』　太田為三郎編　増訂版　岩波書店　1963　803p　22cm　Ⓝ039
☆「世界名著大事典」

太田 貞司　おおた・ていじ
01612　「病院がひらく　都市の在宅ケア」
『病院がひらく都市の在宅ケア―柳原病院・20年の地域医療の挑戦』　増子忠道,太田貞司著　自治体研究社　1993　70p　21cm　700円　Ⓘ4-88037-167-X　Ⓝ369.26
☆「学問がわかる500冊」

太田 道灌　おおた・どうかん
01613　「慕景集」
『校註国歌大系　第14巻　近古諸家集 全』　国民図書株式会社編　講談社　1976　56,989p　図　19cm〈国民図書株式会社昭和3～6年刊の複製　限定版〉　Ⓝ911.108
☆「近代名著解題選集 3」

大田 南畝　おおた・なんぽ
01614　「一話一言」
『日本随筆大成　別巻 第1巻』　日本随筆大成編輯部編　新装版　吉川弘文館　2007　8,367p　19cm〈平成8年刊(新装版)を原本としたオンデマンド版〉　5500円　Ⓘ978-4-642-04138-6　Ⓝ914.5
☆「日本文学鑑賞辞典〔第1〕」

01615　「浮世絵類考」
『浮世絵類考』　大田南畝著　仲田勝之助編校　岩波書店　1941　230p　15cm〈岩波文庫　2785-6〉　Ⓝ721.8
☆「世界名著大事典」

01616　「四方のあか」
『新日本古典文学大系　84　寝惚先生文集・狂歌才蔵集・四方のあか』　佐竹昭広ほか編　大田南畝著　中野三敏ほか校注　岩波書店　1993　570p　22cm　4000円　Ⓘ4-00-240084-0　Ⓝ918
☆「古典の事典」,「日本文学鑑賞辞典〔第1〕」

01617　「世説新語茶」
『徳川文芸類聚　5　洒落本』　国書刊行会編　国書刊行会　1987　515p　22cm〈第2刷(第1刷：昭和45年)　大正3年刊の複製〉　4800円　Ⓝ918.5
☆「日本文学鑑賞辞典〔第1〕」

01618　「千紅万紫」
『大田南畝全集　第1巻』　浜田義一郎ほか編　岩波書店　1985　576p　20cm　5700円　Ⓘ4-00-091041-8　Ⓝ918.5
☆「日本の古典・世界の古典」

01619　「寝惚先生文集初編」
『新日本古典文学大系　84　寝惚先生文集・狂歌才蔵集・四方のあか』　佐竹昭広ほか編　大田南畝著　中野三敏ほか校注　岩波書店　1993　570p　22cm　4000円　Ⓘ4-00-240084-0　Ⓝ918
☆「世界名著大事典」

01620　「夢の浮橋」
☆「Jブンガク」

太田 光　おおた・ひかり
01621　「マボロシの鳥」
『マボロシの鳥』　太田光著　新潮社　2013　362p　16cm〈新潮文庫　お-75-2〉　590円　Ⓘ978-4-10-138352-1　Ⓝ913.6
☆「3行でわかる名作&ヒット本250」

太田 博太郎　おおた・ひろたろう
01622　「日本建築史序説」
『日本建築史序説』　太田博太郎著　増補第3版　彰国社　2009　377p　19cm〈文献あり〉　2800円　Ⓘ978-4-395-01231-2　Ⓝ521
☆「建築の書物/都市の書物」

太田 博也　おおた・ひろや
01623　「風ぐるま」
『風ぐるま』　太田博也著　須田寿絵　学習研究社　1970　271p　19cm〈少年少女学研文庫　317〉

☆「名作の研究事典」

太田 水穂　おおた・みずほ

01624　「雲鳥」
『日本の詩歌　7　太田水穂・前田夕暮・川田順・木下利玄・尾山篤二郎』　太田水穂〔ほか著〕　新装　中央公論新社　2003　421p　21cm〈オンデマンド版　年譜あり〉　5300円
Ⓘ4-12-570051-6　Ⓝ911.08
☆「日本文学鑑賞辞典〔第2〕」

01625　「山上湖上」
『山上湖上』　金色社　1905　97,72p　19cm
Ⓝ911
☆「世界名著大事典」

01626　「短歌立言」
☆「日本文芸鑑賞事典 第5巻」

01627　「つゆ草」
『日本近代文学大系　55　近代短歌集』　解説：木俣修　注釈：新間進一等　角川書店　1973　519p　図　肖像　23cm　1600円　Ⓝ918.6
☆「世界名著大事典」、「日本文芸鑑賞事典 第2巻（1895～1903年）」

01628　「冬菜」
『冬菜─歌集』　太田水穂著　共立社　1927　312,10p　20cm　Ⓝ911.16
☆「世界名著大事典」

大田 洋子　おおた・ようこ

01629　「屍の街」
『屍の街』　大田洋子著　日本ブックエース　2010　212p　19cm（平和文庫）〈日本図書センター〔発売〕〉　1000円
Ⓘ978-4-284-80080-8　Ⓝ913.6
☆「現代文学鑑賞辞典」

太田 蘭三　おおた・らんぞう

01630　「脱獄山脈」
『脱獄山脈─長編推理小説』　太田蘭三著　光文社　2012　525p　20cm（光文社文庫　お22-26）〈祥伝社 2003年刊の再刊〉　724円
Ⓘ978-4-334-76411-1　Ⓝ913.6
☆「世界の推理小説・総解説」

大高 興　おおたか・こう

01631　「米国帆船チェスボロー号」
『米国帆船チェスボロー号─救助の愛は海を照らす』　大高興著　青森　北の街社　1987　146p　21cm〈参考資料と文献：p142～143〉　1000円　Ⓝ683.7
☆「世界の海洋文学」

大田垣 蓮月　おおたがき・れんげつ

01632　「海人の刈藻」
『江戸時代女流文学全集　第4巻』　古谷知新編　増補新装版　日本図書センター　2001　570,10p　22cm〈複製〉　14000円
Ⓘ4-8205-8481-2,4-8205-8477-4　Ⓝ918.5
☆「世界名著大事典」

大滝 雅之　おおたき・まさゆき

01633　「景気循環の理論」
『景気循環の理論─現代日本経済の構造』　大滝雅之著　東京大学出版会　1994　451p　22cm〈参考文献：p427～444〉　4944円
Ⓘ4-13-046050-1　Ⓝ337.9
☆「日本経済本38」

大谷 敬二郎　おおたに・けいじろう

01634　「昭和憲兵史」
『昭和憲兵史』　大谷敬二郎著　オンデマンド版　みすず書房　2011　801p　22cm〈年表あり　原本：1979年刊 新装版〉　13000円
Ⓘ978-4-622-06233-2　Ⓝ393.3
☆「日本陸軍の本・総解説」

大谷 羊太郎　おおたに・ようたろう

01635　「殺意の演奏」
『殺意の演奏』　大谷羊太郎著　講談社　1970　288p　図版　20cm　500円　Ⓝ913.6
☆「世界の推理小説・総解説」

大谷 亮吉　おおたに・りょうきち

01636　「伊能忠敬」
『伊能忠敬』　大谷亮吉編著　岩波書店　1917　15,766p　図版10枚　肖像　27cm〈長岡半太郎監修〉　Ⓝ289.1
☆「世界名著大事典」

大津 秀一　おおつ・しゅういち

01637　「死ぬときに後悔すること25」
『死ぬときに後悔すること25』　大津秀一著　新潮社　2013　237p　16cm（新潮文庫　お-85-1）〈致知出版社 2009年刊の加筆訂正、再編集〉　490円　Ⓘ978-4-10-127761-5　Ⓝ490.145
☆「3行でわかる名作&ヒット本250」

大津 淳一郎　おおつ・じゅんいちろう

01638　「大日本憲政史」
『大日本憲政史　第1巻』　大津淳一郎著　原書房　1969　912p　22cm（明治百年史叢書）〈宝文館昭和2年刊の複製〉　6000円　Ⓝ312.1
☆「世界名著大事典」

大津 由紀雄　おおつ・ゆきお

01639　「認知科学への招待」
『認知科学への招待―心の研究のおもしろさに迫る』　大津由紀雄,波多野誼余夫編著　研究社　2004　289p　21cm〈文献あり〉　3000円
①4-327-37810-0　Ⓝ007.1
☆「教養のためのブックガイド」

大塚 和夫　おおつか・かずお

01640　「ファンダメンタリズムとは何か」
『ファンダメンタリズムとは何か―世俗主義への挑戦』　井上順孝,大塚和夫編　新曜社　1994　194p　19cm　1957円
①4-7885-0494-4　Ⓝ161.3
☆「学問がわかる500冊」

大塚 和義　おおつか・かずよし

01641　「アイヌ 海浜と水辺の民」
『アイヌ 海浜と水辺の民』　大塚和義著　新宿書房　1995　249p　20×16cm　2800円
①4-88008-212-0
☆「学問がわかる500冊 v.2」

大塚 武松　おおつか・たけまつ

01642　「幕末外交史の研究」
『幕末外交史の研究』　大塚武松著　新訂増補版　宝文館出版　1967　434,30p　22cm　1800円
Ⓝ210.59
☆「世界名著大事典」

大塚 初重　おおつか・はつしげ

01643　「考古学による日本歴史」
『考古学による日本歴史 2 産業 1 狩猟・漁業・農業』　大塚初重ほか編　雄山閣出版　1996　190p 図版18枚　26cm〈各章末：文献〉　3500円　①4-639-01375-2　Ⓝ210.025
☆「学問がわかる500冊 v.2」

01644　「日本考古学を学ぶ」
『日本考古学を学ぶ 1 日本考古学の基礎』　大塚初重[ほか]編　新版　有斐閣　1988　294,12p　19cm（有斐閣選書）〈各章末：参考文献〉　1700円　①4-641-18070-9　Ⓝ210.2
☆「学問がわかる500冊 v.2」

01645　「八百八町の考古学」
『八百八町の考古学―シンポジウム 江戸を掘る』　大塚初重,古泉弘,坂詰秀一,鈴木公雄,寺島孝一,豊田有恒編　山川出版社　1994　221p　19cm　1700円　①4-634-60410-8
☆「学問がわかる500冊 v.2」

大塚 久雄　おおつか・ひさお

01646　「欧州経済史」
『欧州経済史』　大塚久雄著　岩波書店　2001　266,10p　15cm（岩波現代文庫）　1000円
①4-00-600041-3
☆「必読書150」

01647　「株式会社発生史論」
『株式会社発生史論―個別資本の歴史的研究 第1部』　大塚久雄著　中央公論社　1954　587p　22cm〈有斐閣昭和13年刊の再版 主要文献目録：12p〉　Ⓝ332
☆「世界名著大事典」

01648　「近代欧州経済史序説」
『近代欧州経済史序説』　大塚久雄著　岩波書店　1981　346p　21cm　2000円　Ⓝ332.3
☆「現代歴史学の名著」,「世界名著大事典」,「日本の名著」

01649　「近代化の人間的基礎」
『近代化の人間的基礎』　大塚久雄著　筑摩書房　1968　249p　19cm（筑摩叢書）　560円　Ⓝ304
☆「戦後思想の名著50」

01650　「近代資本主義の系譜」
『近代資本主義の系譜 上』　大塚久雄著　改訂版　弘文堂　1954　218p　22cm　Ⓝ332.3
☆「世界名著大事典」,「ベストガイド日本の名著」,「明治・大正・昭和の名著・総解説」,「名著の履歴書」

01651　「社会科学の方法」
『社会科学の方法―ヴェーバーとマルクス』　大塚久雄著　岩波書店　2003　222p　18cm（岩波新書）〈第57刷〉　740円　①4-00-411062-9
☆「世界史読書案内」

大塚 寿　おおつか・ひさし

01652　「40代を後悔しない50のリスト」
『40代を後悔しない50のリスト―1万人の失敗談からわかった人生の法則』　大塚寿著　ダイヤモンド社　2011　246p　19cm　1429円
①978-4-478-01383-0　Ⓝ159.79
☆「3行でわかる名作&ヒット本250」

大槻 玄沢　おおつき・げんたく

01653　「環海異聞」
『環海異聞』　大槻玄沢,志村弘強編　池田晧訳　雄松堂出版　1989　387p 図版14枚　22cm（海外渡航記叢書 2）　6180円
①4-8419-0098-5　Ⓝ290.9
☆「古典の事典」,「世界名著大事典」

01654　「寒地病案」
☆「日本の古典名著」

01655　「蘭学階梯」

おおつき　　　　　　　　　　　　　　　　　　　　　　01656〜01668

☆「世界名著大事典」,「日本名著辞典」

大槻 清準　おおつき・せいじゅん
01656　「鯨史稿」
『江戸科学古典叢書 2 鯨史稿』 恒和出版 1976 538,31p 22cm〈編集委員：青木国夫ほか〉 6800円 Ⓝ402.105
☆「古典の事典」

大月 隆寛　おおつき・たかひろ
01657　「顔あげて現場へ往け」
『顔あげて現場へ往け』 大月隆寛著 青弓社 1997 225p 20cm 2800円 Ⓘ4-7872-3139-1 Ⓝ380
☆「学問がわかる500冊 v.2」

大槻 如電　おおつき・にょでん
01658　「新撰洋学年表」
『新撰洋学年表』 大槻如電修 2版 柏林社書店 1963 158p 27cm〈昭和2年刊の複刻〉 Ⓝ402.105
☆「世界名著大事典」

大槻 文彦　おおつき・ふみひこ
01659　「言海」
『言海』 大槻文彦著 筑摩書房 2004 1349p 15cm〈ちくま学芸文庫〉〈肖像あり〉 2200円 Ⓘ4-480-08854-7 Ⓝ813.1
☆「近代日本の百冊を選ぶ」,「日本名著辞典」

01660　「広日本文典」
『広日本文典』 大槻文彦著 再版 大槻文彦 1927〈和装〉 Ⓝ813
☆「世界名著大事典」

01661　「大言海」
『大言海』 大槻文彦著 新訂 冨山房 1974 1冊 27cm〈新訂44版（初版：昭和31年刊）冨山房創立70周年記念出版〉 7800円 Ⓝ813.1
☆「世界名著大事典」

大槻 正男　おおつき・まさお
01662　「農業生産費論考」
『農業生産費論考』 大槻正男著 岩波書店 1944 188p 21cm Ⓝ611.42
☆「農政経済の名著 昭和前期編」

01663　「農業簿記原理」
『昭和前期農政経済名著集 16 農業生産費論考・農業簿記原理』 近藤康男編 大槻正男著 農山漁村文化協会 1979 184,148p 22cm〈解題：柏祐賢　大槻正男の肖像あり〉 3000円 Ⓝ611.08
☆「農政経済の名著 昭和前期編」

大槻 義彦　おおつき・よしひこ
01664　「先端技術と物理学」
『先端技術と物理学』 大槻義彦著 日本放送出版協会 1986 184p 19cm〈NHKブックス 513〉 750円 Ⓘ4-14-001513-6 Ⓝ420
☆「科学技術をどう読むか」

大坪 砂男　おおつぼ・すなお
01665　「天狗」
『天狗―大坪砂男全集 2』 大坪砂男著 日下三蔵編 東京創元社 2013 582p 15cm〈創元推理文庫〉 1500円 Ⓘ978-4-488-42512-8
☆「世界の推理小説・総解説」

大手 拓次　おおて・たくじ
01666　「藍色の蟇」
『藍色の蟇』 大手拓次著 アルス 1936 29,606p 肖像 20cm Ⓝ911.6
☆「日本文学鑑賞辞典〔第2〕」,「日本文芸鑑賞事典 第11巻（昭和9〜昭和12年）」

大藤 修　おおとう・おさむ
01667　「史料保存と文書館学」
『史料保存と文書館学』 大藤修,安藤正人著 吉川弘文館 1986 331p 19cm 2500円 Ⓘ4-642-07256-X Ⓝ018.09
☆「学問がわかる500冊 v.2」

大伴 家持　おおとも・やかもち
01668　「万葉集」
『万葉集 1』 佐竹昭広,山田英雄,工藤力男,大谷雅夫,山崎福之校注 岩波書店 2013 531p 15cm〈岩波文庫 30-005-1〉〈年表あり〉 1080円 Ⓘ978-4-00-300051-9 Ⓝ911.124
☆「愛と死の日本文学」,「あらすじで読む日本の古典」（楽書館,中経出版〔発売〕）,「あらすじで読む日本の古典」（新人物往来社）,「生きがいの再発見名著22選」,「学術辞典叢書 第12巻」,「近代名著解題選集 2」,「近代名著解題選集 3」,「古典の事典」,「古典文学鑑賞辞典」,「この一冊で読める！日本の古典50冊」,「作品と作者」,「3行でわかる名作＆ヒット本250」,「世界の「名著」50」,「世界名作事典」,「世界名著解題選 第3巻」,「世界名著大事典」,「千年の百冊」,「2ページでわかる日本の古典傑作選」,「日本古典への誘い100選 1」,「日本人とは何か」,「日本の古典・世界の古典」,「日本の古典名著」,「日本の書物」,「日本の名著」（角川書店）,「日本の名著」（毎日新聞社）,「日本の名著3分間読書100」,「日本文学鑑賞辞典〔第1〕」,「日本の古典50選 上」,「日本文学名作概観」,「日本名著辞典」,「早わかり日本古典文学あらすじ事典」,「文学・名著300選の解説 '88年度版」,「マンガとあらすじでやさしく読める 日本の古典傑作30選」,「名作の研究事典」,「やさしい古典案内」,「歴史家の読書案内」

114　　　　　　　　　　　　　　　　　　　　読んでおきたい「日本の名著」案内

大中臣 能宣　おおなかとみ・よしのぶ

01669　「後撰和歌集」
『後撰和歌集―附関戸氏片仮名本』　大中臣能宣ほか撰　与謝野寛ほか編纂校訂　現代思潮社　1982　212p　16cm（覆刻日本古典全集）〈日本古典全集刊行会昭和2年刊の複製〉Ⓝ911.1352
☆「近代名著解題選集 3」、「世界名著大事典」、「日本の古典名著」、「日本文学鑑賞辞典［第1］」、「日本文学名作概観」、「日本名著辞典」

大西 巨人　おおにし・きょじん

01670　「神聖喜劇」
『神聖喜劇―長編小説　第1巻』　大西巨人著　光文社　2002　578p　16cm（光文社文庫）　1048円　①4-334-73343-3　Ⓝ913.6
☆「現代文学鑑賞辞典」、「日本の小説101」、「必読書150」、「ポケット日本名作事典」

大西 新蔵　おおにし・しんぞう

01671　「海軍生活放談」
『海軍生活放談―日記と共に六十五年』　大西新蔵著　原書房　1979　646p　20cm〈著者の肖像あり〉Ⓝ397.21
☆「日本海軍の本・総解説」

大西 喬　おおにし・たかし

01672　「艦隊ぐらしよもやま物語」
『艦隊ぐらしよもやま物語』　大西喬著　光人社　1983　235p　19cm〈イラスト：内山卓三〉　980円　①4-7698-0200-5　Ⓝ397.21
☆「日本海軍の本・総解説」

大西 忠治　おおにし・ちゅうじ

01673　「核のいる学級」
『核のいる学級―大西忠治実践記録集 第1』　大西忠治著　明治図書　1963　278p　19cm　Ⓝ375.26
☆「教育名著 日本編」

大西 俊夫　おおにし・としお

01674　「農民組合入門」
『昭和前期農政経済名著集 22　農民闘争の戦術・その躍進, 農民組合入門　日本に於ける農村問題』　近藤康男編　大西俊夫, 稲村隆一著　農山漁村文化協会　1979　412p　22cm〈解題：大島清 大西俊夫, 稲村隆一の肖像あり〉　3500円　Ⓝ611.08
☆「農政経済の名著 昭和前期編」

01675　「農民闘争の戦術、その躍進」
『昭和前期農政経済名著集 22　農民闘争の戦術・その躍進, 農民組合入門　日本に於ける農村問題』　近藤康男編　大西俊夫, 稲村隆一著　農山漁村文化協会　1979　412p　22cm〈解題：大島清 大西俊夫, 稲村隆一の肖像あり〉　3500円　Ⓝ611.08
☆「農政経済の名著 昭和前期編」

大西 祝　おおにし・はじめ

01676　「西洋哲学史」
『西洋哲学史』　大西祝講述　東京専門学校出版部　1091p　22cm（東京専門学校文学科第四回第一部講義録）Ⓝ130
☆「世界名著大事典」

大西 克礼　おおにし・よしのり

01677　「自然感情の類型」
『自然感情の類型』　大西克礼著　要書房　1948　339p　21cm　Ⓝ901
☆「世界名著大事典」

大沼 保昭　おおぬま・やすあき

01678　「人権、国家、文明」
『人権、国家、文明―普遍主義的人権観から文際的人権観へ』　大沼保昭著　筑摩書房　1998　353,51p　22cm　3800円　①4-480-86704-X　Ⓝ316.1
☆「学問がわかる500冊」

大野 芳　おおの・かおる

01679　「北針」
『北針』　大野芳著　潮出版社　1985　267p　15cm（潮文庫）　400円　Ⓝ913.6
☆「世界の海洋文学」

大野 一敏　おおの・かずとし

01680　「東京湾で魚を追う」
『東京湾で魚を追う』　大野一敏, 大野敏夫著　加藤雅毅編　草思社　1986　255p 図版21枚　20cm　1600円　①4-7942-0260-1　Ⓝ664.31
☆「世界の海洋文学」

大野 景範　おおの・けいはん

01681　「十八歳の遺書」
『十八歳の遺書―予科練・学徒兵の生と死と』　大野景範編著　昭和出版　1985　295p　19cm〈予科練習生の歴史・年表：p292～295〉　1000円　Ⓝ916
☆「今だから知っておきたい戦争の本70」

01682　「出撃五分前」
『あ, 出撃5分前―何のために生まれて死するか』　大野景範編　青春出版社　1970　253p 図版　19cm　Ⓝ915.9
☆「今だから知っておきたい戦争の本70」

大野 乾　おおの・すすむ

01683　「遺伝子重複による進化」

おおの

『遺伝子重複による進化』　S.オオノ著　山岸秀夫,梁永弘訳　岩波書店　1977　239p　21cm〈各章末：文献〉　2900円　Ⓝ467.7
☆「学問がわかる500冊 v.2」

01684　「生命の誕生と進化」
『生命の誕生と進化』　大野乾著　東京大学出版会　1988　156p　21cm〈各章末：文献〉　2400円　Ⓘ4-13-060118-0　Ⓝ467.2
☆「学問がわかる500冊 v.2」

01685　「続・大いなる仮説」
『大いなる仮説　続』　大野乾著　羊土社　1996　222p　20cm〈「続」の副書名：5.4億年前の進化のビッグバン　文献：p211～218〉　2575円　Ⓘ4-89706-612-3　Ⓝ467.5
☆「学問がわかる500冊 v.2」

大野 晋　おおの・すすむ
01686　「日本語の起源」
『日本語の起源』　大野晋著　新版　岩波書店　1994　251,20p　18cm（岩波新書）　650円　Ⓘ4-00-430340-0　Ⓝ810.2
☆「ブックガイド "数学" を読む」

大野 耐一　おおの・たいいち
01687　「トヨタ生産方式」
『トヨタ生産方式―脱規模の経営をめざして』　大野耐一著　ダイヤモンド社　1978　232p　19cm　950円　Ⓝ509.6
☆「世界で最も重要なビジネス書」,「戦略の名著！最強43冊のエッセンス」

大野 敏夫　おおの・としお
01688　「東京湾で魚を追う」
『東京湾で魚を追う』　大野一敏,大野敏夫著　加藤雅毅編　草思社　1986　255p　図版21枚　20cm　1600円　Ⓘ4-7942-0260-1　Ⓝ664.33
☆「世界の海洋文学」

大野 誠夫　おおの・のぶお
01689　「薔薇祭」
『薔薇祭―歌集』　大野誠夫著　短歌新聞社　1993　130p　15cm（短歌新聞社文庫）　700円　Ⓝ911.168
☆「日本文芸鑑賞事典　第16巻」

大野 広城　おおの・ひろき
01690　「青標紙」
『江戸叢書』　江戸叢書刊行会編　日本図書センター　1980　12冊　22cm〈大正5～6年刊の複製　付（図1枚）〉　各8000円　Ⓝ081
☆「古典の事典」

01691　「殿居嚢」

『江戸叢書』　江戸叢書刊行会編　日本図書センター　1980　12冊　22cm〈大正5～6年刊の複製　付（図1枚）〉　各8000円　Ⓝ081
☆「世界名著大事典」

太 安万侶　おおの・やすまろ
01692　「古事記」
『歴史書「古事記」全訳』　武光誠著　東京堂出版　2012　445p　20cm〈文献あり〉　3800円　Ⓘ978-4-490-20811-5　Ⓝ913.2
☆「あらすじダイジェスト　日本の古典30を読む」,「あらすじで味わう名作文学」,「あらすじで読む日本の古典」,「生きがいの再発見名著22選」,「一度は読もうよ！　日本の名著」,「一冊で日本の古典100冊を読む」,「大人のための日本の名著50」,「学術辞典叢書　第12巻」,「近代名著解題選集 2」,「近代名著解題選集 3」,「50歳からの名著入門」,「古典の事典」,「古典文学鑑賞辞典」,「この一冊で読める！日本の古典50冊」,「作品と作者」,「3行でわかる名作&ヒット本250」,「知らないと恥ずかしい「日本の名作」あらすじ200本」,「人文科学の名著」,「図説　5分でわかる日本の名作傑作選」,「世界の名著早わかり事典」,「世界名作事典」,「世界名著解題選　第1巻」,「世界名著大事典」,「千年の百冊」,「地図とあらすじで読む歴史の名著」,「2ページでわかる日本の古典傑作選」,「日本古典への誘い100選 1」,「日本の古典」,「日本の古典・世界の古典」,「日本の古典名著」,「日本の書物」,「日本の名著」（角川書店）,「日本の名著3分間読書100」（毎日新聞社）,「日本文学鑑賞事典　第1巻」,「日本文学の古典50選」,「日本文学名作案内」,「日本文学名作概観」,「日本名著辞典」,「日本・名著のあらすじ」,「日本歴史「古典籍」総覧」,「文学・名著300選の解説 '88年度版」,「マンガとあらすじでやさしく読める　日本の古典傑作30選」,「名作の研究事典」,「歴史の名著100」

01693　「日本書紀」
『日本書紀　上』　小島憲之,直木孝次郎,西宮一民,蔵中進,毛利正守校訂・訳　小学館　2007　317p　20cm（日本の古典をよむ　2）　1800円　Ⓘ978-4-09-362172-4　Ⓝ210.3
☆「一度は読もうよ！　日本の名著」,「一冊で日本の古典100冊を読む」,「学術辞典叢書　第12巻」,「近代名著解題選集 2」,「近代名著解題選集 3」,「古典の事典」,「この一冊で読める！「日本の古典50冊」,「作品と作者」,「3行でわかる名作&ヒット本250」,「人文科学の名著」,「世界の名著早わかり事典」,「世界名著解題選　第3巻」,「世界名著大事典」,「千年の百冊」,「地図とあらすじで読む歴史の名著」,「2ページでわかる日本の古典傑作選」,「日本古典への誘い100選 1」,「日本の古典」,「日本の古典・世界の古典」,「日本の古典名著」,「日本の書物」,「日本文学鑑賞辞典　第1巻」,「日本文学名作案内」,「日本文学名作概観」,「日本名著辞典」,「日本歴史「古典籍」総覧」,「文学・名著300選の解説 '88年度版」,「マンガとあらすじでやさしく読める　日本の古典傑作30選」,「歴史の名著100」

大野 林火　おおの・りんか
　01694　「海門」
　　『海門―大野林火句集』　大野林火著　邑書林
　　1998　113p　15cm（邑書林句集文庫）
　　900円　Ⓘ4-89709-281-7　Ⓝ911.368
　　☆「日本文学鑑賞辞典〔第2〕」、「日本文芸鑑賞事典
　　第12巻」

大庭 柯公　おおば・かこう
　01695　「南北四万哩」
　　『南北四万哩』　大庭柯公（景秋）著　政教社
　　1911　344p 図版 地図　22cm　Ⓝ290
　　☆「日本海軍の本・総解説」

大羽 滋　おおば・しげる
　01696　「集団の遺伝」
　　『集団の遺伝』　大羽滋著　東京大学出版会
　　1977　164p　19cm（Up biology）〈参考書：p.
　　153～155〉　900円　Ⓝ467.7
　　☆「学問がわかる500冊 v.2」

大庭 みな子　おおば・みなこ
　01697　「寂兮寥兮」
　　『寂兮寥兮（かたちもなく）』　大庭みな子著
　　河出書房新社　1989　212p　15cm（河出文
　　庫）　420円　Ⓘ4-309-40234-8
　　☆「名作はこのように始まる 1」

　01698　「三匹の蟹」
　　『三匹の蟹』　大庭みな子著　講談社　1992
　　320p　16cm（講談社文芸文庫）　980円
　　Ⓘ4-06-196175-6　Ⓝ913.6
　　☆「一度は読もうよ！日本の名著」、「一冊で愛の話
　　題作100冊を読む」、「現代文学鑑賞辞典」、「日本
　　文学名作案内」、「日本文芸鑑賞事典 第20巻（昭和
　　42～50年）」、「ポケット日本名作事典」

　01699　「津田梅子」
　　『津田梅子』　大庭みな子著　朝日新聞社　1993
　　264p　15cm（朝日文庫）　490円
　　Ⓘ4-02-264013-8　Ⓝ913.6
　　☆「大学新入生に薦める101冊の本」

大橋 乙羽　おおはし・おとわ
　01700　「千山万水」
　　『山形県文学全集　第2期（随筆・紀行編）第1巻
　　（明治・大正編）』　近江正人、川田信夫、笹沢
　　信、鈴木実、武田正、堀司朗、吉田達雄編　長岡
　　郷土出版社　2005　415p　20cm〈肖像あり〉
　　Ⓘ4-87663-754-7　Ⓝ918.6
　　☆「日本文芸鑑賞事典 第2巻（1895～1903年）」

大橋 薫　おおはし・かおる
　01701　「都市の社会病理」

『都市の社会病理』　大橋薫著　誠信書房　1960
355p 図版　22cm〈付：参考文献4-10p〉
Ⓝ369.1
☆「名著の履歴書」

大橋 喜一　おおはし・きいち
　01702　「楠三吉の青春」
　　『現代日本戯曲大系　第3巻　1955-1957』　三
　　一書房編集部編　三一書房　1971　510p
　　23cm　3800円　Ⓝ912.6
　　☆「日本文芸鑑賞事典 第17巻（1955～1958年）」

大橋 謙策　おおはし・けんさく
　01703　「地域福祉論」
　　『地域福祉論』　大橋謙策著　放送大学教育振興
　　会　1995　174p　21cm（放送大学教材
　　1995）〈参考文献：p167～170〉　1750円
　　Ⓘ4-595-81524-7　Ⓝ369
　　☆「学問がわかる500冊」

大橋 訥庵　おおはし・とつあん
　01704　「元寇紀略」
　　『大橋訥菴先生全集　下巻』　平泉澄、寺田剛編
　　至文堂　1943　369p　21cm　Ⓝ121
　　☆「世界名著大事典 補遺（Extra）」

　01705　「闢邪小言訂」
　　『闢邪小言―校訂』　訥菴居士著　寺田剛編　至
　　文堂　1938　202p　23cm　Ⓝ121
　　☆「世界名著大事典 補遺（Extra）」

　01706　「隣疝臆議」
　　『日本経済大典　第46巻』　滝本誠一編　明治文
　　献　1970　649p　22cm〈複製〉　3500円
　　Ⓝ330.8
　　☆「世界名著大事典 補遺（Extra）」

大畠 清　おおはた・きよし
　01707　「イエス時代史の研究」
　　『イエス時代史の研究―イエス時代のユダヤ教
　　の研究を中心とせる』　大畠清著　要書房
　　1950　463p　22cm　Ⓝ199
　　☆「世界名著大事典」

大林 太良　おおばやし・たりょう
　01708　「神話の系譜」
　　『神話の系譜―日本神話の源流をさぐる』　大林
　　太良［著］　講談社　1991　337p　15cm（講
　　談社学術文庫）　920円　Ⓘ4-06-158957-1
　　Ⓝ164.1
　　☆「学問がわかる500冊 v.2」

大原 富枝　おおはら・とみえ
　01709　「婉という女」

『婉という女』 大原富枝著 新座 埼玉福祉会 1984 316p 22cm（大活字本シリーズ）〈原本：講談社文庫『婉という女・正妻』 限定版〉 3300円 Ⓝ913.6
☆「女は生きる」、「現代文学鑑賞辞典」、「日本文芸鑑賞事典 第18巻（1958〜1962年）」、「日本名作文学館 日本編」、「ポケット日本名作事典」

大原 まり子　おおはら・まりこ

01710 「銀河ネットワークで歌を歌ったクジラ」
『銀河ネットワークで歌を歌ったクジラ』 大原まり子著 早川書房 1984 266p 16cm（ハヤカワ文庫 JA） 340円 Ⓝ913.6
☆「世界のSF文学・総解説」

大原 康男　おおはら・やすお

01711 「帝国陸海軍の光と影」
『帝国陸海軍の光と影——一つの日本文化論として』 大原康男著 展転社 2005 327p 20cm〈日本教文社刊の新装版 文献あり 年表あり〉 2800円 Ⓘ4-88656-269-8 Ⓝ392.1
☆「日本陸軍の本・総解説」

大原 幽学　おおはら・ゆうがく

01712 「微味幽玄考」
『近世育児書集成 第18巻』 小泉吉永編・解題 クレス出版 2011 346,80p 22cm〈小泉吉永蔵ほかの複製合本 索引あり〉 Ⓘ978-4-87733-596-0 Ⓝ379.9
☆「教育の名著80選解題」、「古典の事典」、「世界名著大事典」、「日本の古典名著」

大平 幸子　おおひら・さちこ

01713 「かあちゃんのヨット大冒険」
『かあちゃんのヨット大冒険』 大平幸子著 講談社 1978 305p 19cm〈著者の肖像あり〉 890円 Ⓝ915.9
☆「世界の海洋文学」

大平 光代　おおひら・みつよ

01714 「だから、あなたも生きぬいて」
『だから、あなたも生きぬいて』 大平光代［著］ 講談社 2003 291p 15cm（講談社文庫） 552円 Ⓘ4-06-273758-2 Ⓝ289.1
☆「百年の誤読」

大淵 憲一　おおぶち・けんいち

01715 「パーソナリティと対人行動」
『パーソナリティと対人行動』 大淵憲一,堀毛一也編 誠信書房 1996 267p 20cm（対人行動学研究シリーズ 5）〈文献：p233〜259〉 2472円 Ⓘ4-414-32535-8 Ⓝ361.4
☆「学問がわかる500冊」

大前 研一　おおまえ・けんいち

01716 「大前研一「新・資本論」」
『大前研一「新・資本論」—見えない経済大陸へ挑む』 大前研一著 吉良直人訳 東洋経済新報社 2001 464,22p 20cm 2000円 Ⓘ4-492-52122-4 Ⓝ333.6
☆「超売れ筋ビジネス書101冊」

01717 「サラリーマン・サバイバル」
『サラリーマン・サバイバル』 大前研一著 小学館 2001 301p 15cm（小学館文庫）〈1999年刊の改訂〉 552円 Ⓘ4-09-402166-3 Ⓝ159.4
☆「超売れ筋ビジネス書101冊」

01718 「新・大前研一レポート」
『新・大前研一レポート』 大前研一著 講談社 1993 372p 20cm 1800円 Ⓘ4-06-206192-9 Ⓝ310.4
☆「経済経営95冊」

01719 「ストラテジック・マインド」
『ストラテジック・マインド—変革期の企業戦略』 大前研一著 田口統吾,湯沢章伍訳 新潮社 1987 363p 15cm（新潮文庫）〈大前研一英文著書リスト・大前研一英文著作リスト：p355〜357〉 440円 Ⓘ4-10-102311-5 Ⓝ336.1
☆「究極のビジネス書50選」、「世界で最も重要なビジネス書」

01720 「世界の見方考え方」
『世界の見方・考え方』 大前研一著 講談社 1994 315p 15cm（講談社文庫） 520円 Ⓘ4-06-185589-1 Ⓝ304
☆「経済経営95冊」

01721 「ドットコムショック新旧交代の経済学」
『ドットコム・ショック—新旧交代の経済学』 大前研一著 小学館 2000 253p 20cm 1400円 Ⓘ4-09-389605-4 Ⓝ332.107
☆「超売れ筋ビジネス書101冊」

01722 「平成維新」
『平成維新』 大前研一著 講談社 1991 387p 15cm（講談社文庫） 560円 Ⓘ4-06-184894-1 Ⓝ312.1
☆「経済経営95冊」

01723 「ボーダレス・ワールド」
『ボーダレス・ワールド』 大前研一著 田口統吾訳 新潮社 1994 397p 15cm（新潮文庫） 480円 Ⓘ4-10-102317-4 Ⓝ335.5
☆「究極のビジネス書50選」、「世界で最も重要なビジネス書」

01724 「やりたいことは全部やれ！」

『やりたいことは全部やれ！』　大前研一［著］
講談社　2005　256p　15cm（講談社文庫）
514円　Ⓘ4-06-275070-8　Ⓝ304
☆「超売れ筋ビジネス書101冊」

大前 晴保　おおまえ・はるやす

01725　「台風と闘う船長」
『台風と闘う船長』　大前晴保著　成山堂書店
1982　212p　19cm　1200円
Ⓘ4-425-94241-8　Ⓝ683.7
☆「世界の海洋文学」

大町 桂月　おおまち・けいげつ

01726　「一簑一笠」
『一簑一笠』　大町桂月著　博文館　1901
372p　図版8枚　16cm　Ⓝ914.6
☆「日本文芸鑑賞事典　第2巻（1895～1903年）」

01727　「行雲流水」
『行雲流水』　大町桂月著　博文館　1909
302p　15cm　Ⓝ914.6
☆「世界名著大事典　補遺（Extra）」

01728　「詩及散文」
『詩及散文』　大町桂月著　普及舎　1898
148p　23cm（新撰百種　第7編）　Ⓝ900
☆「世界名著大事典　補遺（Extra）」

01729　「日本山水紀行」
☆「日本の山の名著・総解説」、「山の名著　明治・大正・昭和戦前編」

01730　「美文韻文・花紅葉」
『明治文学全集　41　塩井雨江，武島羽衣，大町桂月，久保天随，笹川臨風，樋口竜峡集』　久松潜一編　筑摩書房　1971　428p　肖像　23cm
Ⓝ918.6
☆「世界名著大事典　補遺（Extra）」

大南 勝彦　おおみなみ・かつひこ

01731　「ペテルブルグからの黒船」
『ペテルブルグからの黒船』　大南勝彦著　角川書店　1979　305p　19cm〈角川選書　97〉
〈主要参考文献・資料：p291～295　日露関係年表：p296～301〉　880円　Ⓝ210.598
☆「世界の海洋文学」

大村 主計　おおむら・かずえ

01732　「花かげ」
『花かげ―童謡集』　大村主計著　大村秀子
1981　77p　18cm〈付：著者略歴〉　非売品
Ⓝ911.58
☆「日本文芸鑑賞事典　第10巻」

大村 喜吉　おおむら・きよし

01733　「斎藤秀三郎伝」
『斎藤秀三郎伝―その生涯と業績』　大村喜吉著　吾妻書房　1960　543p　図版　19cm　Ⓝ289.1
☆「「本の定番」ブックガイド」

大村 西崖　おおむら・せいがい

01734　「支那美術史彫塑篇」
『支那美術史彫塑篇』　大村西崖著　仏書刊行会図像部　1915　2冊（附図共）　26cm　Ⓝ712
☆「世界名著大事典」

01735　「東洋美術史」
『東洋美術史』　大村西崖著　風間書房　1950
530p　図版　19cm　Ⓝ702.2
☆「人文科学の名著」、「世界名著大事典」

01736　「密教発達志」
『密教発達志』　大村西崖撰　国書刊行会　1972
916,66,2p　22cm〈仏書刊行会図像部大正7年刊の複製〉　6000円　Ⓝ188.52
☆「世界名著大事典」

大村 はま　おおむら・はま

01737　「授業を創る」
『授業を創る』　大村はま著　新装版　国土社
2005　193p　19cm〈人と教育双書〉〈年譜あり　著作目録あり〉　1400円
Ⓘ4-337-68002-0　Ⓝ375.8
☆「学問がわかる500冊」

01738　「読書生活指導の実際」
『読書生活指導の実際』　大村はま著　共文社
1977　230p　20cm　1500円　Ⓝ019.2
☆「教育名著　日本編」

大森 金五郎　おおもり・きんごろう

01739　「武家時代の研究」
『武家時代之研究　第1-3巻』　大森金五郎著
富山房　1929　3冊　23cm　Ⓝ210.38
☆「世界名著大事典」

大森 荘蔵　おおもり・しょうぞう

01740　「言語・知覚・世界」
『言語・知覚・世界』　大森荘蔵著　岩波書店
2011　320p　21cm〈第8刷（第1刷1971年）〉
4400円　Ⓘ4-00-000489-1
☆「現代哲学の名著」

01741　「物と心」
『物と心』　大森荘蔵著　東京大学出版会　1976
328p　22cm　2800円　Ⓝ104
☆「現代科学論の名著」

大森 英樹　おおもり・ひでき

01742　「力学的な微分幾何」
『力学的な微分幾何』　大森英樹著　新装版　日本評論社　2010　194p　26cm〈文献あり 索引あり〉　3400円　①978-4-535-60616-6　Ⓝ414.7
☆「数学ブックガイド100」

大矢 真一　おおや・しんいち

01743　「和算以前」
『和算以前』　大矢真一著　中央公論社　1980　205p　18cm（中公新書）　420円　Ⓝ410.21
☆「数学ブックガイド100」

大宅 壮一　おおや・そういち

01744　「世界の裏街道を行く」
『世界の裏街道を行く　〔第1〕中近東・欧洲篇』　大宅壮一著　文芸春秋新社　1955　378p 図版　20cm　Ⓝ290.9
☆「世界名著大事典 補遺(Extra)」

01745　「炎は流れる」
『炎は流れる──明治と昭和の谷間　第1巻』　大宅壮一著　文芸春秋新社　1964　254p　20cm　Ⓝ210.6
☆「世界名著大事典 補遺(Extra)」、「日本文芸鑑賞事典 第19巻」

01746　「無思想人宣言」
『無思想人宣言』　大宅壮一著　鱒書房　1956　210p　19cm　Ⓝ049.1
☆「世界名著大事典 補遺(Extra)」、「ベストガイド日本の名著」、「明治・大正・昭和の名著・総解説」

01747　「モダン層とモダン相」
『モダン層とモダン相』　大宅壮一著　大鳳閣書房　1930　358p 肖像　20cm　Ⓝ304
☆「世界名著大事典 補遺(Extra)」

大矢 透　おおや・とおる

01748　「音図及手習詞歌考」
『音図及手習詞歌考』　大矢透編纂　勉誠社出版部　1969　1冊　22cm〈大日本図書株式会社大正7年刊の複製　監修者：上田万年　付録：仮名の研究（大矢透報告 啓明会昭和8年刊の複製）解題（中田祝夫）〉　2500円　Ⓝ811.1

01749　「仮名遣及仮名字体沿革史料」
『仮名遣及仮名字体沿革史料』　大矢透著　中田祝夫、峰岸明解説索引　縮刷版　勉誠出版　2005　1冊　31cm　①4-585-03138-3　Ⓝ811.5
☆「世界名著大事典」

大屋 徳城　おおや・とくじょう

01750　「寧楽刊経史」
『寧楽刊経史』　大屋徳城著　京都　内外出版　1923　2冊（別冊共）　23cm〈別冊（図版70枚）：寧楽刊経史附図〉　Ⓝ183
☆「世界名著大事典」

大藪 春彦　おおやぶ・はるひこ

01751　「野獣死すべし」
『野獣死すべし』　大藪春彦著　光文社　1997　363p　16cm（光文社文庫　伊達邦彦全集 1）〈著者の肖像あり〉　600円　①4-334-72348-9　Ⓝ913.6
☆「一度は読もうよ！日本の名著」、「世界の推理小説・総解説」、「日本文学 これを読まないと文学は語れない!!」、「日本文学名作案内」

大山 郁夫　おおやま・いくお

01752　「政治の社会的基礎」
『政治の社会的基礎──国家権力を中心とする社会闘争の政治学的考察』　大山郁夫著　同人社書店　1923　499p　23cm　Ⓝ311
☆「世界名著大事典」

大類 伸　おおるい・のぶる

01753　「西洋中世の文化」
『西洋中世の文化』　大類伸著　再版　冨山房　1926　555,12p 図版27枚　23cm〈「西洋時代史観中世」ノ改題〉
☆「世界名著大事典」

01754　「ルネサンス文化の研究」
『ルネサンス文化の研究』　大類伸著　増補版　清水弘文堂書房　1971　471,8p 図版42枚　23cm　3500円　Ⓝ230.51
☆「世界名著大事典」

大和田 建樹　おおわだ・たてき

01755　「いさり火」
『いさり火』　大和田建樹著　〔出版地不明〕〔出版者不明〕　59p　20cm　Ⓝ911.1
☆「世界名著大事典 補遺(Extra)」

01756　「欧米名家詩集」
『日本現代詩大系　第1巻　創成期』　山宮允編　河出書房新社　1974　493p 図　20cm〈河出書房昭和25-26年刊の復刊〉　Ⓝ911.56
☆「日本文芸鑑賞事典 第1巻」

01757　「鉄道唱歌」
『鉄道唱歌』　大和田建樹著　多梅稚曲　訂正　大阪　三木佐助　1911　33p　18cm　Ⓝ767
☆「日本文芸鑑賞事典 第2巻（1895〜1903年）」

丘 浅次郎　おか・あさじろう
01758　「進化論講話」
『進化論講話』　丘浅次郎著　有精堂出版　1969　394p　22cm（丘浅次郎著作集　第5）〈解説：筑波常治〉　2000円　Ⓝ467
☆「世界名著大事典」、「ベストガイド日本の名著」、「明治・大正・昭和の名著・総解説」、「明治の名著1」

01759　「煩悶と自由」
『煩悶と自由』　丘浅次郎著　有精堂出版　1968　283p 図版　19cm（丘浅次郎著作集　第2）〈解説：筑波常治〉　780円　Ⓝ460.4
☆「大正の名著」、「明治・大正・昭和の名著・総解説」

岡 鬼太郎　おか・おにたろう
01760　「今様薩摩歌」
『名作歌舞伎全集　第20巻　新歌舞伎集』　東京創元新社　1969　342p 図版　20cm〈監修者：戸板康二等〉　Ⓝ912.5
☆「世界名著大事典」、「日本文学鑑賞辞典〔第2〕」

岡 潔　おか・きよし
01761　「春宵十話」
『春宵十話』　岡潔[著]　改版　KADOKAWA　2014　203p　15cm（[角川ソフィア文庫][L200-1]）〈初版：角川文庫1969年刊〉　520円　①978-4-04-409464-5　Ⓝ914.6
☆「現代人のための名著」

岡 茂雄　おか・しげお
01762　「炉辺山話」
『炉辺山話』　岡茂雄著　実業之日本社　1975　235p 図　20cm　1300円　Ⓝ291.52
☆「日本の山の名著・総解説」、「山の名著 明治・大正・昭和戦前編」

丘 修三　おか・しゅうぞう
01763　「ぼくのお姉さん」
『ぼくのお姉さん』　丘修三作　かみやしん絵　偕成社　2002　186p　19cm（偕成社文庫）　700円　①4-03-652410-0
☆「少年少女の名作案内 日本の文学リアリズム編」

岡 麓　おか・ふもと
01764　「庭苔」
『庭苔―歌集』　岡麓著　古今書院　1926　286、17p　19cm（アララギ叢書　第22編）　Ⓝ911.16
☆「世界名著大事典」、「日本文学鑑賞辞典〔第2〕」

岡 正雄　おか・まさお
01765　「異人その他」
『異人その他―他十二篇 岡正雄論文集』　岡正雄[著]　大林太良編　岩波書店　1994　277p　15cm（岩波文庫）　570円　①4-00-331961-3　Ⓝ380.4
☆「学問がわかる500冊 v.2」、「文化人類学の名著50」

岡 義武　おか・よしたけ
01766　「近代日本の政治家」
『近代日本の政治家』　岡義武著　岩波書店　2001　332p　15cm（岩波現代文庫 社会）　1100円　①4-00-603042-8　Ⓝ312.8
☆「学問がわかる500冊」

岡井 隆　おかい・たかし
01767　「土地よ、痛みを負え」
『土地よ、痛みを負え―岡井隆歌集』　岡井隆著　白玉書房　1961　190p 図版　18cm　Ⓝ911.168
☆「日本文芸鑑賞事典 第18巻（1958～1962年）」

岡倉 天心　おかくら・てんしん
01768　「稿本帝国美術略史」
『史料集公と私の構造―日本における公共を考えるために　別巻（ナショナリズムと美）　稿本日本帝国美術略史』　小路田泰直監修　ゆまに書房　2003　1冊　39cm〈解説：小路田泰直　農商務省1901年の複製〉　38000円　①4-8433-0907-9,4-8433-0908-7　Ⓝ210.6
☆「世界名著大事典」

01769　「茶の本」
『茶の本』　岡倉天心著　夏川賀央訳　致知出版社　2014　174p　19cm（いつか読んでみたかった日本の名著シリーズ　7）　1400円　①978-4-8009-1037-0　Ⓝ791
☆「感動！日本の名著 近現代編」、「近代日本の百冊を選ぶ」、「現代人のための名著」、「世界名著大事典」、「20世紀を震撼させた100冊」、「日本の名著」（角川書店）、「日本の名著」（毎日新聞社）、「日本文学鑑賞辞典〔第2〕」、「日本文学現代名作事典」、「日本文化論の名著入門」、「日本文芸鑑賞事典 第3巻（1904～1909年）」、「日本名著辞典」、「文学・名著300選の解説 '88年度版」、「明治・大正・昭和の名著・総解説」、「明治の名著1」

01770　「東洋の理想」
『東洋の理想』　岡倉天心著　講談社　1986　221p　15cm（講談社学術文庫）　640円　①4-06-158720-X　Ⓝ702.1
☆「アジアの比較文化」、「世界の名著早わかり事典」、「世界名著大事典」、「21世紀の必読書100選」、「日本近代の名著」、「日本の名著」、「日本文化論の名著入門」、「日本文芸鑑賞事典 第2巻（1895～1903年）」、「必読書150」、「ベストガイド日本の名著」、「明治・大正・昭和の名著・総解説」、「明治の名著1」

01771　「日本の目ざめ」

岡崎 乾二郎　おかざき・けんじろう

01772　「ルネサンス」

『ルネサンス経験の条件』　岡崎乾二郎著　文藝春秋　2014　463p　16cm〈文春学藝ライブラリー　思想　6〉〈筑摩書房2001年刊の再刊　文献あり〉　1890円　Ⓘ978-4-16-813013-7　Ⓝ702.05

☆「必読書150」

岡崎 久彦　おかざき・ひさひこ

01773　「戦略的思考とは何か」

『戦略的思考とは何か』　岡崎久彦著　中央公論社　1983　279p　18cm〈中公新書〉　520円　Ⓝ391

☆「「本の定番」ブックガイド」

岡崎 文夫　おかざき・ふみお

01774　「魏晋南北朝通史」

『魏晋南北朝通史　内編』　岡崎文夫著　平凡社　1989　407,16p　18cm〈東洋文庫　506〉　2678円　Ⓘ4-582-80506-X　Ⓝ222.04

☆「人文科学の名著」,「世界名著大事典」

岡崎 義恵　おかざき・よしえ

01775　「日本文芸学」

『日本文芸学』　岡崎義恵著　8版　岩波書店　1950　660p　22cm〈初版：昭和10年〉　Ⓝ910.1

☆「人文科学の名著」,「世界名著大事典」,「日本文学現代名作事典」

01776　「明治文化史・文芸編」

『明治文化史　第7巻　文芸編』　開国百年記念文化事業会編　岡崎義恵編　洋々社　1953　589p　図版　22cm　Ⓝ210.6

☆「世界名著大事典」

小笠原 信之　おがさわら・のぶゆき

01777　「伝わる！ 文章力が身につく本」

『伝わる！ 文章力が身につく本―できる人は文章も上手い！』　小笠原信之著　高橋書店　2011　207p　21cm　1200円　Ⓘ978-4-471-19116-0　Ⓝ816

☆「3行でわかる名作&ヒット本250」

『茶の本―岡倉天心コレクション　日本の目覚め　東洋の理想』　岡倉天心著　櫻庭信之,斎藤美洲,富原芳彰訳　筑摩書房　2012　426p　15cm〈ちくま学芸文庫　オ19-1〉〈底本：「明治文学全集38」(1968年刊)　付「東洋の目覚め」岡倉古志郎訳〉　1400円　Ⓘ978-4-480-09459-9　Ⓝ791

☆「世界名著大事典」

岡嶋 二人　おかじま・ふたり

01778　「焦茶色のパステル」

『焦茶色のパステル』　岡嶋二人[著]　新装版　講談社　2012　443p　15cm〈講談社文庫　お35-31〉〈著作目録あり〉　724円　Ⓘ978-4-06-277316-4　Ⓝ913.6

☆「世界の推理小説・総解説」

尾形 亀之助　おがた・かめのすけ

01779　「色ガラスの街」

『色ガラスの街―詩集』　尾形亀之助著　名著刊行会　1970　1冊（頁付なし）　18cm〈稀覯詩集複刻叢書〉〈恵風館大正14年刊の複製〉　Ⓝ911.56

☆「日本文芸鑑賞事典　第8巻（1924～1926年）」

岡田 宜法　おかだ・ぎほう

01780　「日本禅籍史論・曹洞篇」

『日本禅籍史論　曹洞禅編』　岡田宜法著　国書刊行会　1972　2冊　22cm〈井田書店昭和18年刊の複製〉　4500-5000円　Ⓝ188.83

☆「世界名著大事典」

岡田 玉山　おかだ・ぎょくざん

01781　「絵本太閤記」

『絵本太閤記』　岡田玉山著　三教書院　1911　3冊（250,326,284p）　13cm〈袖珍文庫　第29,37,63編〉　Ⓝ913.5

☆「世界名著大事典」

緒方 洪庵　おがた・こうあん

01782　「病学通論」

『日本医学の夜明け』　国公立所蔵史料刊行会編　日本世論調査研究所　1978　32冊　20～33cm〈日蘭修交三百八十年記念出版　それぞれの複製　制作：ディ&ジョイン　7帙 箱入(36cm)　付属資料(6点 箱入)：江戸時代蘭方医の手術道具（模刻）　和装〉　全330000円　Ⓝ490.21

☆「世界名著大事典」

緒方 貞子　おがた・さだこ

01783　「紛争と難民 緒方貞子の回想」

『紛争と難民 緒方貞子の回想』　緒方貞子著　集英社　2006　459p　21cm　3000円　Ⓘ4-08-781329-0

☆「平和を考えるための100冊+α」

岡田 貞寛　おかだ・さだひろ

01784　「岡田啓介回顧録」

『岡田啓介回顧録』　岡田啓介著　岡田貞寛編　改版　中央公論新社　2001　391p　16cm〈中公文庫〉　1048円　Ⓘ4-12-203899-5　Ⓝ289.1

☆「日本海軍の本・総解説」

岡田 鯱彦　おかだ・しゃちひこ
01785　「源氏物語殺人事件」
『源氏物語殺人事件』 岡田鯱彦著　旺文社　1980　232p　16cm〈旺文社文庫〉　320円　Ⓝ913.6
☆「世界の推理小説・総解説」

岡田 淳　おかだ・じゅん
01786　「放課後の時間割」
『放課後の時間割』 岡田淳作・絵　偕成社　1990　197p　19cm〈偕成社文庫〉　620円
☆「少年少女の名作案内 日本の文学ファンタジー編」

岡田 武松　おかだ・たけまつ
01787　「日本の気候」
☆「世界名著大事典 補遺(Extra)」

01788　「梅雨論」
☆「世界名著大事典 補遺(Extra)」

岡田 節人　おかだ・ときんど
01789　「岩波講座 問われる科学/技術」
『問われる科学/技術』 岩波書店　1999　275p　22cm〈岩波講座科学/技術と人間　第1巻　岡田節人ほか編〉　3200円　Ⓘ4-00-010931-6　Ⓝ401
☆「学問がわかる500冊 v.2」

01790　「からだの設計図―プラナリアからヒトまで」
『からだの設計図―プラナリアからヒトまで』 岡田節人著　岩波書店　1994　209p　18cm（岩波新書）　620円　Ⓘ4-00-430358-3　Ⓝ481.2
☆「学問がわかる500冊 v.2」

01791　「生命体の科学」
『生命体の科学―テクノロジーと文化』 岡田節人著　京都　人文書院　1994　210p　20cm　1957円　Ⓘ4-409-04030-8　Ⓝ460.4
☆「学問がわかる500冊 v.2」

岡田 利秋　おかだ・としあき
01792　「海軍かまたき兵物語」
『海軍かまたき兵物語』 岡田利秋著　光人社　1983　222p　19cm〈イラスト：内山卓三〉　980円　Ⓘ4-7698-0212-9　Ⓝ397.21
☆「日本海軍の本・総解説」

岡田 与好　おかだ・ともよし
01793　「経済的自由主義」
『経済的自由主義―資本主義と自由』 岡田与好著　東京大学出版会　1987　295,15p　22cm（東京大学社会科学研究所研究叢書　第69巻）　4800円　Ⓘ4-13-041045-8　Ⓝ331.233

☆「憲法本41」

岡田 昇　おかだ・のぼる
01794　「カムチャツカ探検記」
『カムチャツカ探検記―水と火と風の大地』 岡田昇著　三五館　2000　430p　20cm　2000円　Ⓘ4-88320-187-2　Ⓝ292.92
☆「新・山の本おすすめ50選」

岡田 英弘　おかだ・ひでひろ
01795　「世界史の誕生」
『世界史の誕生―モンゴルの発展と伝統』 岡田英弘著　筑摩書房　1999　286p　15cm（ちくま文庫）〈文献あり〉　740円　Ⓘ4-480-03504-4　Ⓝ209
☆「ベストガイド日本の名著」,「本の定番」ブックガイド

01796　「倭国」
『倭国―東アジア世界の中で』 岡田英弘著　35版　中央公論新社　2008　220p　18cm（中公新書）〈年表あり〉　680円　Ⓘ4-12-100482-5　Ⓝ210.3
☆「「本の定番」ブックガイド」

岡田 正之　おかだ・まさゆき
01797　「日本漢文学史」
『日本漢文学史』 岡田正之著　増訂版　吉川弘文館　1996　458,10p　22cm〈第3刷(第1刷：昭和29年)〉　8755円　Ⓘ4-642-08516-5　Ⓝ919.02
☆「世界名著大事典」

岡田 八千代　おかだ・やちよ
01798　「絵の具箱」
『明治文学全集　第82　明治女流文学集　第2』 塩田良平編　筑摩書房　1965　440p 図版 23cm　Ⓝ918.6
☆「明治の名著 2」

岡田 酉次　おかだ・ゆうじ
01799　「日中戦争裏方記」
『日中戦争裏方記』 岡田酉次著　東洋経済新報社　1974　398p 図 肖像　20cm〈自譜：p.397-398〉　1500円　Ⓝ210.74
☆「日本陸軍の本・総解説」

岡田 譲　おかだ・ゆずる
01800　「日本工芸図録」
『日本工芸図録』 岡田譲著　朝日新聞社　1952　142p 図版34枚　26cm〈附：英文概説・目録〉　Ⓝ750.21
☆「人文科学の名著」

岡田 嘉子 おかだ・よしこ
01801 「悔いなき命を」
『悔いなき命を』 岡田嘉子著 広済堂出版 1973 256p 肖像 20cm 750円 Ⓝ778.21
☆「あらすじで味わう昭和のベストセラー」

岡堂 哲雄 おかどう・てつお
01802 「家族心理学入門」
『家族心理学入門』 岡堂哲雄編 補訂版 培風館 1999 271p 21cm 2400円 ①4-563-05630-8 Ⓝ367.3
☆「学問がわかる500冊」

岡野 加穂留 おかの・かおる
01803 「政治の舞台」
『政治の舞台―過渡期のデモクラシー』 岡野加穂留著 ぎょうせい 1981 406,12p 19cm 1900円 Ⓝ313.7
☆「現代政治学を読む」

岡野 薫子 おかの・かおるこ
01804 「銀色ラッコのなみだ」
『銀色ラッコのなみだ―北の海の物語』 岡野薫子作・画 理論社 1996 221p 18cm（フォア文庫 C130） 590円 ①4-652-07422-0
☆「日本文芸鑑賞事典 第19巻」

岡野 他家夫 おかの・たけお
01805 「明治文学研究文献総覧」
『明治文学研究文献総覧』 岡野他家夫著 富山房 1976 図8,74p 810p 27cm〈昭和19年刊の複製〉 14000円 Ⓝ910.31
☆「世界名著大事典」

岡野 知十 おかの・ちじゅう
01806 「鶯日」
『鶯日―知十句集』 岡野知十著 田無 岡野二郎 1991 2冊 19cm〈岡野馨昭和8年刊の複製 製作：そうぶん社出版（東京） 著者の肖像あり 限定版〉 Ⓝ911.308
☆「日本文芸鑑賞事典 第10巻」

岡部 進 おかべ・すすむ
01807 「生活文化と数学」
『生活文化と数学』 岡部進著 ヨーコ・インターナショナル 2009 237p 19cm 2000円 ①978-4-9904507-6-2 Ⓝ410
☆「サイエンス・ブックレヴュー」

岡村 幸 おかむら・さち
01808 「伊二五潜戦場絵日記」
『太平洋戦争ドキュメンタリー 第12巻 南太平洋の凱歌 他9篇』 今日の話題社 1968 358p（図版共） 22cm 490円 Ⓝ393.2
☆「日本海軍の本・総解説」

岡村 純 おかむら・じゅん
01809 「航空技術の全貌」
『航空技術の全貌 上』 執筆及編集：岡村純等 原書房 1976 504p 20cm（わが軍事科学技術の真相と反省）〈昭和28年刊の複製〉 2200円 Ⓝ559.5
☆「日本海軍の本・総解説」

岡村 精二 おかむら・せいじ
01810 「シンシアとぼくと太平洋」
『シンシアとぼくと太平洋―123日漕航横断記』 岡村精二著 立風書房 1978 181p 19cm〈制作協力：オーシャン・プレス〉 800円 Ⓝ915.9
☆「世界の海洋文学」

岡村 隆 おかむら・たかし
01811 「狩人たちの海」
『狩人たちの海』 岡村隆著 早川書房 1992 284p 20cm（ハヤカワ・ミステリワールド） 1500円 ①4-15-203521-8 Ⓝ913.6
☆「世界の海洋文学」

岡村 久道 おかむら・ひさみち
01812 「これだけは知っておきたい個人情報保護」
『これだけは知っておきたい個人情報保護』 岡村久道, 鈴木正朝著 日本経済新聞社 2005 75p 18cm 500円 ①4-532-49002-2 Ⓝ316.1
☆「超売れ筋ビジネス書101冊」

岡村 道雄 おかむら・みちお
01813 「日本旧石器時代史」
『日本旧石器時代史』 岡村道雄著 増補版 雄山閣出版 1999 236p 22cm（考古学選書） 3500円 ①4-639-00995-X Ⓝ210.23
☆「学問がわかる500冊 v.2」

岡村 良通 おかむら・よしみち
01814 「寓意岬」
『続日本随筆大成 第8巻』 森銑三, 北川博邦編 吉川弘文館 2007 9,331p 19cm〈昭和55年刊を原本としたオンデマンド版〉 5500円 ①978-4-642-04155-3 Ⓝ914.5
☆「日本の艶本・珍書 総解説」, 「日本の奇書77冊」

岡本 篤 おかもと・あつし
01815 「ぼくの太平洋大航海」
『ぼくの太平洋大航海―お父さんとヨットで太平洋横断！ 55日間の記録』 岡本篤著 講談

岡本　薫　おかもと・かおる

01816　「入門・生涯学習政策」
『行政関係者のための入門・生涯学習政策』　岡本薫著　全日本社会教育連合会編　新訂　全日本社会教育連合会　2004　115p　21cm〈奥付のタイトル：入門・生涯学習政策〉　1200円　①4-7937-0129-9　Ⓝ379.1
☆「学問がわかる500冊」

岡本　和人　おかもと・かずと

01817　「21世紀の地球環境」
『21世紀の地球環境—気候と生物圏の未来』　高橋浩一郎，岡本和人編著　日本放送出版協会　1987　225p　19cm（NHKブックス　525）　750円　①4-14-001525-X　Ⓝ468
☆「学問がわかる500冊 v.2」

岡本　かの子　おかもと・かのこ

01818　「或る男の恋文書式」
『恋愛のススメ』　フロンティア文庫編集部編　フロンティアニセン　2005　157p　15cm（フロンティア文庫　93—風呂で読める文庫100選　93）〈ルーズリーフ〉　1000円　①4-86197-093-8　Ⓝ918.6
☆「Jブンガク」

01819　「河明り」
『河明り』　岡本かの子著　再版　新潮社　1950　349p　15cm（新潮文庫）　Ⓝ913.6
☆「世界名著大事典」，「日本文学鑑賞辞典〔第2〕」，「日本文学現代名作事典」

01820　「生々流転」
『生々流転』　岡本かの子著　講談社　1993　557p　16cm（講談社文芸文庫）〈著書目録：p555～557〉　1400円　①4-06-196222-1　Ⓝ913.6
☆「近代日本の百冊を選ぶ」，「昭和の名著」，「日本の名著」，「ポケット日本名作事典」

01821　「東海道五十三次」
『太宰とかの子』　太宰治，岡本かの子［著］　三谷憲正，外村彰，野田直恵，渡邊浩史，金沢芝編　おうふう　2013　205p　21cm〈年譜あり〉　2000円　①978-4-273-03707-9　Ⓝ913.6
☆「現代文学名作探訪事典」

01822　「母子叙情」
『母子叙情』　岡本かの子著　新潮社　1950　150p　15cm（新潮文庫）　Ⓝ913.6
☆「世界名著大事典」，「日本の小説101」，「日本文学鑑賞辞典〔第2〕」，「日本文学名作事典」

01823　「老妓抄」
『老妓抄』　岡本かの子著　56刷改版　新潮社　2004　262p　16cm（新潮文庫）　438円　①4-10-104002-8　Ⓝ913.6
☆「現代文学鑑賞辞典」，「これだけは読んでおきたい日本の名作文学案内」，「女性のための名作・人生案内」，「世界名著大事典」，「日本・世界名作『愛の会話』100章」，「日本文学鑑賞辞典〔第2〕」，「日本文学現代名作事典」，「日本文芸鑑賞事典 第12巻」，「日本名作文学館 日本編」，「文学・名著300選の解説 '88年度版」，「ポケット日本名作事典」

岡本　綺堂　おかもと・きどう

01824　「権三と助十」
『岡本綺堂戯曲選集　第7巻（世話物中期）』　岡本綺堂著　青蛙房　2005　433p　19cm（On demand books）〈昭和34年刊を原本としたオンデマンド版〉　5000円　①4-7905-0777-7　Ⓝ912.6
☆「日本文学鑑賞辞典〔第2〕」

01825　「修禅寺物語」
『修禅寺物語—傑作伝奇小説』　岡本綺堂著　光文社　1992　317p　16cm（光文社文庫）　480円　①4-334-71495-1　Ⓝ913.6
☆「感動！日本の名著 近現代編」，「3行でわかる名作&ヒット本250」，「世界名作事典」，「世界名著大事典」，「日本の名著」，「日本文学鑑賞辞典〔第2〕」，「日本文学現代名作事典」，「日本文芸鑑賞事典 第4巻」，「日本名著辞典」

01826　「半七捕物帳」
『半七捕物帳—年代版　1　揺らぐ江戸の泰平—若き半七，躍動す』　岡本綺堂著　まどか出版　2011　310p　20cm〈年表あり〉　1500円　①978-4-944235-59-9　Ⓝ913.6
☆「一度は読もうよ！日本の名著」，「面白いほどよくわかる時代小説名作100」，「近代日本の百冊を選ぶ」，「世界の推理小説・総解説」，「日本文学鑑賞辞典〔第2〕」，「日本文学名作案内」，「日本文芸鑑賞事典 第6巻（1917～1920年）」，「ポケット日本名作事典」，「歴史小説・時代小説 総解説」，「わたしの古典 続」

01827　「番町皿屋敷」
『番町皿屋敷』　岡本綺堂作　国立劇場　1999　40p　26cm（国立劇場歌舞伎鑑賞教室上演台本）　Ⓝ912.5
☆「日本文芸鑑賞事典 第5巻」

岡本　吏郎　おかもと・しろう

01828　「会社にお金が残らない本当の理由」
『会社にお金が残らない本当の理由—ビジネス環境を支配する「7つのシステム」　お金を残すための「4つの数字」』　岡本吏郎著　フォレスト出版　2010　254p　18cm（Forest 2545 shinsyo　006）〈文献あり〉　900円

岡本 太郎　おかもと・たろう

01829　「今日の芸術」
『今日の芸術―時代を創造するものは誰か』　岡本太郎著　光文社　1999　258p　16cm（光文社文庫）　495円　Ⓘ4-334-72789-1　Ⓝ704
☆「昭和の名著」

01830　「自分の中に毒を持て」
『自分の中に毒を持て―あなたは"常識人間"を捨てられるか』　岡本太郎著　青春出版社　2002　218p　20cm〈1993年刊の新装版〉　1400円　Ⓘ4-413-02145-2　Ⓝ159
☆「読書入門」

01831　「縄文土器―民族の生命力」
『日本の伝統』　岡本太郎［著］　光文社　2005　292p　16cm（知恵の森文庫）　629円　Ⓘ4-334-78356-2　Ⓝ702.1
☆「日本文化論の名著入門」

01832　「日本の伝統」
『日本の伝統』　岡本太郎［著］　光文社　2005　292p　16cm（知恵の森文庫）　629円　Ⓘ4-334-78356-2　Ⓝ702.1
☆「必読書150」

岡本 信男　おかもと・のぶお

01833　「北海の雲」
『北海の雲―堤清六波乱の生涯』　岡本信男著　いさな書房　1987　267p　20cm〈水産社〔発売〕〉　1800円　Ⓝ289.1
☆「世界の海洋文学」

岡本 尚　おかもと・ひさし

01834　「植物の知られざる生命力」
『植物の知られざる生命力』　岡本尚著　大月書店　1991　197p　19cm（科学全書 40）〈叢書の編者：日本科学者会議〉　1500円　Ⓘ4-272-40150-5　Ⓝ471.3
☆「学問がわかる500冊 v.2」

岡本 良雄　おかもと・よしお

01835　「ラクダイ横丁」
『日本の童話名作選　昭和篇』　講談社文芸文庫編　講談社　2005　328p　16cm（講談社文芸文庫）　1300円　Ⓘ4-06-198411-X　Ⓝ913.68
☆「名作の研究事典」

岡本 好古　おかもと・よしふる

01836　「巨船SOSタイタニック」
『巨船―SOS！タイタニック号』　岡本好古著　講談社　1984　240p　15cm（講談社文庫）　340円　Ⓘ4-06-183256-5　Ⓝ913.6
☆「世界の海洋文学」

01837　「日本海海戦」
『日本海海戦』　岡本好古［著］　学習研究社　2004　275p　15cm（学研M文庫）　590円　Ⓘ4-05-900289-5　Ⓝ913.6
☆「世界の海洋文学」

01838　「炎のタンカー」
『炎のタンカー―海洋パニック小説』　岡本好古著　講談社　1986　210p　18cm（講談社ノベルス）　660円　Ⓘ4-06-181226-2　Ⓝ913.6
☆「世界の海洋文学」

岡谷 公二　おかや・こうじ

01839　「郵便配達夫 シュヴァルの理想宮」
『郵便配達夫シュヴァルの理想宮』　岡谷公二著　河出書房新社　2001　216,3p　15cm（河出文庫）〈文献あり〉　760円　Ⓘ4-309-47418-7　Ⓝ523.35
☆「学問がわかる500冊 v.2」

岡谷 繁実　おかや・しげざね

01840　「名将言行録」
『名将言行録―現代語訳』　岡谷繁実原著　北小路健, 中澤惠子訳　講談社　2013　724p　15cm（講談社学術文庫　2177）〈教育社 1980年刊の再刊〉　1850円　Ⓘ978-4-06-292177-0　Ⓝ281.04
☆「戦国十冊の名著」

小川 国夫　おがわ・くにお

01841　「アポロンの島」
『アポロンの島』　小川国夫著　講談社　1998　269p　16cm（講談社文芸文庫）〈肖像あり　著作目録あり　文献あり〉　940円　Ⓘ4-06-197598-6　Ⓝ913.6
☆「現代文学鑑賞辞典」,「日本文芸鑑賞事典 第17巻（1955～1958年）」

01842　「試みの岸」
『試みの岸』　小川国夫［著］　講談社　2008　381p　16cm（講談社文芸文庫）〈年譜あり　著作目録あり〉　1500円　Ⓘ978-4-06-290006-5　Ⓝ913.6
☆「ポケット日本名作事典」

01843　「遠つ海の物語」
『遠つ海の物語』　小川国夫作　司修絵　岩波書店　1989　190p　19cm　1600円　Ⓘ4-00-001499-4　Ⓝ913.6
☆「世界の海洋文学」

小川 郷太郎　おがわ・ごうたろう

01844　「財政学」

『財政学　中巻』　小川郷太郎, 汐見三郎著　全訂(20版)　有斐閣　1946　p243-500　21cm　Ⓝ341
☆「世界名著大事典」

小川 琢治　おがわ・たくじ

01845　「人文地理学研究」
『人文地理学研究』　小川琢治著　3版　古今書院　1928　282p　図版　地図　19cm　Ⓝ290.1
☆「世界名著大事典」

小川 侃　おがわ・ただし

01846　「自由への構造」
『自由への構造―現象学の視点からのヨーロッパの政治哲学の歴史』　小川侃著　松戸　理想社　1996　250p　20cm（理想哲学選書　10）　2300円　①4-650-00190-0　Ⓝ311.23
☆「21世紀の必読書100選」

小川 尚義　おがわ・なおよし

01847　「原語による台湾高砂族伝説集」
『原語による台湾高砂族伝説集』　台北帝国大学言語学研究室編　刀江書院　1967　783,55p　地図1枚　31cm〈西田書店〔発売〕　昭和10年刊の複製〉　15000円　Ⓝ388.224
☆「世界名著大事典」

小川 政亮　おがわ・まさあき

01848　「社会事業法制」
『社会事業法制』　小川政亮著　第4版　京都　ミネルヴァ書房　1992　446p　22cm（Minerva新社会福祉選書　1）〈参考文献：p431～435〉　3500円　①4-623-02184-X　Ⓝ369.1
☆「学問がわかる500冊」

尾川 正二　おがわ・まさつぐ

01849　「極限のなかの人間」
『極限のなかの人間―「死の島」ニューギニア』　尾川正二著　筑摩書房　1983　269p　19cm（筑摩叢書　282）　1600円　Ⓝ916
☆「日本陸軍の本・総解説」

小川 未明　おがわ・みめい

01850　「赤い船」
『赤い船―おとぎばなし集』　小川未明著　京文堂　1910　207p　20cm　Ⓝ913.8
☆「世界名著大事典」、「日本児童文学名著事典」

01851　「赤い蠟燭と人魚」
『もっと醜い物語』　夏目漱石他著　文藝春秋　2014　316p　16cm（文春文庫　ク17-2）　650円　①978-4-16-790046-5　Ⓝ908.3
☆「近代日本の百冊を選ぶ」、「少年少女の名作案内

日本の文学ファンタジー編」、「世界の海洋文学」、「世界名著大事典」、「小さな文学の旅」、「日本近代文学名著事典」、「日本児童文学名著事典」、「日本文学鑑賞辞典〔第2〕」、「日本文学名作事典」、「日本文芸鑑賞事典　第7巻(1920～1923年)」、「入門名作の世界」、「百年の誤読」、「ポケット日本名作事典」、「名作の研究事典」

01852　「牛女」
『牛女』　小川未明作　高野玲子絵　偕成社　1999　35p　29cm（日本の童話名作選）　1600円　①4-03-963700-3
☆「女性のための名作・人生案内」

01853　「小川未明童話集」
『小川未明童話集』　小川未明著　79刷改版　新潮社　2003　257p　16cm（新潮文庫）　438円　①4-10-110001-2　Ⓝ913.6
☆「新潮文庫20世紀の100冊」

01854　「金の輪」
『金の輪』　小川未明作　吉田稔美絵　架空社　2006　1冊（ページ付なし）　31cm　1500円　①4-87752-145-3　Ⓝ726.6
☆「日本児童文学名著事典」、「日本文芸鑑賞事典　第6巻(1917～1920年)」

01855　「酒屋のワン公」
『小川未明30選』　小川未明著　春陽堂書店　2009　293p　20cm（名作童話）〈シリーズの編者：宮川健郎　年譜あり〉　2500円　①978-4-394-90265-2　Ⓝ913.6
☆「昭和の名著」

01856　「魯鈍な猫」
『魯鈍な猫』　小川未明著　春陽堂　1912　370p　19cm　Ⓝ913.6
☆「世界名著大事典」、「日本文学鑑賞辞典〔第2〕」、「日本文学現代名作事典」

小川 洋子　おがわ・ようこ

01857　「妊娠カレンダー」
『妊娠カレンダー』　小川洋子著　文芸春秋　1994　202p　16cm（文春文庫）　380円　①4-16-755701-0　Ⓝ913.6
☆「現代文学鑑賞辞典」

お菊　おきく

01858　「おきく物語」
『雑兵物語―雑兵のための戦国戦陣心得』　吉田豊訳　〔東村山〕　教育社　1980　270p　18cm（教育社新書　原本現代訳　22）　700円　Ⓝ210.52
☆「戦国十冊の名著」

沖中 重雄　おきなか・しげお

01859　「内科診断学」

『内科診断学』 冲中重雄,高橋忠雄,大島研三著 第8版 医学書院 1976 711p 図 22cm（医学双書） 4500円 Ⓝ492.1
☆「名著の履歴書」

沖縄県女師一高女同窓会　おきなわけんじょしいちこうじょどうそうかい

01860 「ひめゆり平和祈念資料館公式ガイドブック」

『ひめゆり平和祈念資料館―公式ガイドブック』 那覇 沖縄県女師・一高女ひめゆり同窓会 1989 153p 28cm 1000円 Ⓝ916
☆「歴史家の一冊」

荻野 アンナ　おぎの・あんな

01861 「背負い水」

『背負い水』 荻野アンナ著 文芸春秋 1994 262p 16cm（文春文庫） 450円 ①4-16-756301-0 Ⓝ913.6
☆「現代文学鑑賞辞典」

荻生 徂徠　おぎゅう・そらい

01862 「学則」

『日本哲学思想全書 第7巻 科学 学問篇』 三枝博音,清水幾太郎編集 第2版 平凡社 1980 349p 19cm 2300円 Ⓝ081
☆「世界名著大事典」

01863 「鈐録」

『日本経済大典 第51巻』 滝本誠一編 明治文献 1971 561p 22cm〈複製〉 3500円 Ⓝ330.8
☆「古典の事典」

01864 「政談」

『政談―服部本』 荻生徂徠著 平石直昭校注 平凡社 2011 460p 18cm（東洋文庫 811）〈索引あり〉 3300円
①978-4-582-80811-7 Ⓝ210.5
☆「教養のためのブックガイド」,「古典の事典」,「世界名著大事典」,「日本の古典名著」,「日本名著辞典」

01865 「徂徠集」

『徂徠集 巻之1-30,補遺』 荻生徂徠著 大阪 松邨九兵衛 10冊 25cm〈和装〉 Ⓝ121
☆「世界名著大事典」

01866 「徂徠先生答問書」

『荻生徂徠全集 第1巻 学問論集』 みすず書房 1973 653p 図 肖像 23cm Ⓝ121.67
☆「日本古典への誘い100選」

01867 「太平策」

『荻生徂徠全集 第6巻』 今中寛司,奈良本辰也編 河出書房新社 1973 681p 23cm

5800円 Ⓝ121.67
☆「学術辞典叢書 第15巻」,「世界名著解題選 第2巻」

01868 「南留別志」

『地名研究資料集 第5巻（万葉集）』 池田末則,鏡味明克,江端真樹子編 クレス出版 2003 1112,3p 22cm〈複製〉 22000円
①4-87733-188-3,4-87733-183-2 Ⓝ291.0189
☆「世界名著大事典」

01869 「弁道」

『日本の名著 16 荻生徂徠』 尾藤正英責任編集 中央公論社 1983 537p 18cm（中公バックス）〈荻生徂徠の肖像あり〉 1200円
①4-12-400406-0 Ⓝ081
☆「古典の事典」,「世界名著大事典」,「日本の古典名著」

01870 「弁名」

『日本の名著 16 荻生徂徠』 尾藤正英責任編集 中央公論社 1983 537p 18cm（中公バックス）〈荻生徂徠の肖像あり〉 1200円
①4-12-400406-0 Ⓝ081
☆「世界名著大事典」,「日本の古典名著」

荻原 井泉水　おぎわら・せいせんすい

01871 「原泉」

『原泉―井泉水句集』 荻原井泉水著 鎌倉 層雲社 1960 319p 図版 20cm Ⓝ911.36
☆「日本文芸鑑賞事典 第18巻（1958～1962年）」

01872 「井泉句集」

『日本近代文学大系 56 近代俳句集』 解説：楠本憲吉 注釈：山下一海等 角川書店 1974 506p 図 肖像 23cm 2000円 Ⓝ918.6
☆「日本文学鑑賞辞典〔第2〕」

01873 「井泉水句集」

『井泉水句集』 荻原井泉水著 新潮社 1937 313p 18cm（新潮文庫 第214編） Ⓝ911.36
☆「世界名著大事典」

荻原 規子　おぎわら・のりこ

01874 「勾玉」

『空色勾玉』 荻原規子著 徳間書店 2010 541p 16cm（徳間文庫 お-35-1） 686円
①978-4-19-893166-7 Ⓝ913.6
☆「少年少女の名作案内 日本の文学ファンタジー編」

奥井 復太郎　おくい・ふくたろう

01875 「現代大都市論」

『現代大都市論』 奥井復太郎著 4版 有斐閣 1943 743p 地図 22cm Ⓝ332.9
☆「世界名著大事典」

奥泉 光　おくいずみ・ひかる
01876　「ノヴァーリスの引用」
　『ノヴァーリスの引用』　奥泉光著　集英社
　2003　187p　16cm（集英社文庫）　457円
　Ⓘ4-08-747581-6　Ⓝ913.6
　☆「現代文学鑑賞辞典」

奥田 継夫　おくだ・つぐお
01877　「ボクちゃんの戦場」
　『ボクちゃんの戦場』　奥田継夫著　ポプラ社
　2001　445p　21cm（奥田継夫ベストコレクション　奥田継夫著）　1800円
　Ⓘ4-591-06991-5
　☆「少年少女の名作案内 日本の文学リアリズム編」

奥田 英朗　おくだ・ひでお
01878　「空中ブランコ」
　『空中ブランコ』　奥田英朗著　文藝春秋　2008
　282p　16cm（文春文庫）　476円
　Ⓘ978-4-16-771102-3　Ⓝ913.6
　☆「知らないと恥ずかしい「日本の名作」あらすじ200本」

奥田 道大　おくだ・みちひろ
01879　「外国人居住者と日本の地域社会」
　『外国人居住者と日本の地域社会』　奥田道大ほか共著　明石書店　1994　361p　19cm
　3000円　Ⓘ4-7503-0581-2　Ⓝ334.41
　☆「日本の社会と文化」

奥平 康弘　おくだいら・やすひろ
01880　「なぜ「表現の自由」か」
　『なぜ「表現の自由」か』　奥平康弘著　東京大学出版会　1988　357,7p　22cm（東京大学社会科学研究所研究叢書　第71冊）　4200円
　Ⓘ4-13-031134-4　Ⓝ316.1
　☆「憲法本41」

01881　「破防法でなにが悪い!?」
　『破防法でなにが悪い!?―自由を守るための多角的視点』　奥平康弘編　日本評論社　1996
　237p　21cm〈付：参考文献〉　2000円
　Ⓘ4-535-51054-7　Ⓝ326.81
　☆「学問がわかる500冊」

01882　「法ってなんだ」
　『法ってなんだ』　奥平康弘著　大蔵省印刷局
　1995　290p　19cm　1700円
　Ⓘ4-17-390550-5　Ⓝ320.4
　☆「学問がわかる500冊」

奥野 健男　おくの・たけお
01883　「太宰治論」
　『太宰治論』　奥野健男著　新潮社　1984

　313p　15cm（新潮文庫）〈年譜：p251～300〉
　320円　Ⓘ4-10-135601-7　Ⓝ910.268
　☆「日本文芸鑑賞事典 第16巻」

小熊 英二　おぐま・えいじ
01884　「単一民族神話の起源」
　『単一民族神話の起源―〈日本人〉の自画像の系譜』　小熊英二著　新曜社　1995　450,4p
　20cm　3914円　Ⓘ4-7885-0528-2　Ⓝ210.04
　☆「学問がわかる500冊 v.2」

01885　「〈民主〉と〈愛国〉」
　『〈民主〉と〈愛国〉―戦後日本のナショナリズムと公共性』　小熊英二著　新曜社　2002　966p
　22cm　6300円　Ⓘ4-7885-0819-2　Ⓝ311.3
　☆「ナショナリズム」

小熊 秀雄　おぐま・ひでお
01886　「小熊秀雄詩集」
　『小熊秀雄詩集』　小熊秀雄著　日本図書センター　2006　342p　20cm〈肖像あり　文献あり　年譜あり〉　2800円　Ⓘ4-284-70008-1
　Ⓝ911.56
　☆「世界名著大事典 補遺（Extra）」,「日本文学鑑賞辞典〔第2〕」

01887　「飛ぶ橇」
　『飛ぶ橇―長篇叙事詩集』　小熊秀雄著　前奏社
　1935　188p　肖像　20cm（詩人叢書　第8編）
　Ⓝ911.5
　☆「世界名著大事典 補遺（Extra）」

01888　「馬上の詩」
　『小熊秀雄全集　第1巻』　新版　創樹社　1990
　549p　20cm〈著者の肖像あり〉　5000円
　Ⓝ918.68
　☆「日本のプロレタリア文学」

01889　「流民詩集」
　『小熊秀雄全集　第4巻』　新版　創樹社　1991
　493p　20cm〈著者の肖像あり〉　5000円
　Ⓝ918.68
　☆「世界名著大事典 補遺（Extra）」

奥宮 正武　おくみや・まさたけ
01890　「機動部隊」
　『機動部隊』　淵田美津雄,奥宮正武［著］　学習研究社　2008　503p　15cm（学研M文庫）
　1200円　Ⓘ978-4-05-901222-1　Ⓝ916
　☆「日本海軍の本・総解説」

01891　「ミッドウェー」
　『ミッドウェー』　淵田美津雄,奥宮正武［著］
　学習研究社　2008　491p　15cm（学研M文庫）　1000円　Ⓘ978-4-05-901221-4　Ⓝ916
　☆「日本海軍の本・総解説」

01892 「零戦」

『零戦──設計者が語る傑作機の誕生』 堀越二郎,奥宮正武[著] 学研パブリッシング 2013 661p 15cm（学研M文庫 ほ-9-2）〈学研 2007年刊の再刊 年譜あり 学研マーケティング〔発売〕〉 1200円
①978-4-05-900812-5 Ⓝ538.7
☆「日本海軍の本・総解説」

奥村 玄祐　おくむら・げんゆう

01893 「安心決定鈔」

『安心決定鈔──浄土への道』 奥村玄祐著 鈴木学術財団 1964 347p 図版 22cm（パドマ叢書 3） Ⓝ188.73
☆「世界名著大事典」

奥村 鶴吉　おくむら・つるきち

01894 「野口英世」

『野口英世』 奥村鶴吉編 岩波書店 1933 662p 肖像 18cm Ⓝ289.1
☆「明治・大正・昭和の名著・総解説」

奥村 洋彦　おくむら・ひろひこ

01895 「現代日本経済論」

『現代日本経済論──「バブル経済」の発生と崩壊』 奥村洋彦著 東洋経済新報社 1999 297p 22cm 2800円 ①4-492-39309-9 Ⓝ332.107
☆「日本経済本38」

奥本 大三郎　おくもと・だいさぶろう

01896 「虫の春秋」

『虫の春秋』 奥本大三郎著 集英社 1999 250p 16cm（集英社文庫） 514円
①4-08-747028-8 Ⓝ486.04
☆「科学技術をどう読むか」

小倉 金之助　おぐら・きんのすけ

01897 「数学教育史」

『数学教育史──一つの文化形態に関する歴史的研究』 小倉金之助著 改版 岩波書店 1973 366p 22cm 2200円 Ⓝ410.7
☆「世界名著大事典」

01898 「数学史研究」

『数学史研究 第1輯』 小倉金之助著 岩波書店 1947 323p 21cm Ⓝ410.2
☆「世界名著大事典」

01899 「統計的研究法」

『統計的研究法』 小倉金之助著 積善館 1925 735p 23cm Ⓝ350
☆「世界名著大事典」

01900 「日本の数学」

『日本の数学』 小倉金之助著 岩波書店 1950 170p 19cm（岩波新書 第61） Ⓝ419.1
☆「教育を考えるためにこの48冊」,「数学ブックガイド100」,「世界の名著早わかり事典」,「日本の名著」

01901 「われ科学者たるを恥ず」

『われ科学者たるを恥ず』 小倉金之助著 阿部博行編 法政大学出版局 2007 321p 20cm（肖像あり） 3600円
①978-4-588-31618-0 Ⓝ289.1
☆「サイエンス・ブックレヴュー」

小倉 貞男　おぐら・さだお

01902 「物語ヴェトナムの歴史」

『物語ヴェトナムの歴史──一億人国家のダイナミズム』 小倉貞男著 中央公論社 1997 388p 18cm（中公新書）〈文献あり 年表あり〉 900円 ①4-12-101372-7 Ⓝ223.1
☆「世界史読書案内」

小倉 進平　おぐら・しんぺい

01903 「郷歌及び吏読の研究」

『小倉進平博士著作集 1』 京都大学文学部国語学国文学研究室編 京都 京都大学文学会 1974 598,2p 22cm〈限定版 郷歌及び吏読の研究（京城帝国大学法文学部紀要第1 京城帝国大学昭和4年刊）の複製〉 Ⓝ829.1
☆「世界名著大事典」

01904 「増訂朝鮮語学史」

『増訂補注朝鮮語学史』 小倉進平著 河野六郎補注 ゆまに書房 1999 677,51,235p 22cm（世界言語学名著選集 東アジア言語編 第5巻）〈刀江書院1964年刊の複製〉 30000円
①4-89714-662-3 Ⓝ829.1
☆「世界名著大事典」

01905 「朝鮮語方言の研究」

『朝鮮語方言の研究』 小倉進平著 岩波書店 1944 2冊 21cm Ⓝ829.1
☆「世界名著大事典」

小栗 風葉　おぐり・ふうよう

01906 「姉の妹」

『小栗風葉作品集 第4集』 小栗風葉著 小栗風葉をひろめる会編 半田 小栗風葉をひろめる会 2007 254p 21cm 1500円
Ⓝ913.6
☆「日本の艶本・珍書 総解説」

01907 「青春」

『青春 上』 小栗風葉著 岩波書店 1953 198p 15cm（岩波文庫） Ⓝ913.6
☆「世界名著大事典」,「日本文学鑑賞辞典〔第2〕」,「日本文学現代名作事典」,「日本文芸鑑賞事典 第

01908 「袖と袖」
『袖と袖　むき玉子』　小栗風葉著　河出書房新社　1998　209p　15cm（河出文庫　性の秘本コレクション　8）　495円　Ⓘ4-309-47353-9　Ⓝ913.6
☆「日本の艶本・珍書　総解説」，「日本の奇書77冊」

01909 「恋慕ながし」
『恋慕ながし』　小栗風葉著　立川　国文学研究資料館　2008　325p　21cm（リプリント日本近代文学　141）〈平凡社〔発売〕〉　5300円　Ⓘ978-4-256-90141-0
☆「日本文学鑑賞辞典〔第2〕」

小栗 虫太郎　おぐり・むしたろう

01910 「黒死館殺人事件」
『黒死館殺人事件』　小栗虫太郎著　河出書房新社　2008　531p　15cm（河出文庫）〈年譜あり〉　900円　Ⓘ978-4-309-40905-4　Ⓝ913.6
☆「世界の推理小説・総解説」，「日本文学鑑賞辞典〔第2〕」，「日本文学　これを読まないと文学は語れない!!」

01911 「人外魔境シリーズ」
『人外魔境』　小栗虫太郎著　沖積舎　1997　322p　22cm（小栗虫太郎全作品　6　小栗虫太郎著）　7000円　Ⓘ4-8060-6555-2　Ⓝ913.6
☆「世界のSF文学・総解説」

桶田 篤　おけだ・あつし

01912 「外資企業インジャパン」
『外資企業インジャパン』　桶田篤編　同文館出版　1988　323p　20cm〈執筆：大庭篤夫ほか〉　2000円　Ⓘ4-495-34121-9　Ⓝ335.47
☆「経済経営95冊」

小此木 啓吾　おこのぎ・けいご

01913 「対象喪失」
『対象喪失―悲しむということ』　小此木啓吾著　中央公論社　1979　227p　18cm（中公新書）〈参考文献：p225〜227〉　380円　Ⓝ141.6
☆「倫理良書を読む」

尾崎 一雄　おざき・かずお

01914 「玄関風呂」
『小説乃湯―お風呂小説アンソロジー』　有栖川有栖編　角川書店　2013　361p　15cm（角川文庫　あ26-11）〈角川グループパブリッシング〔発売〕〉　590円　Ⓘ978-4-04-100686-3　Ⓝ913.68
☆「これだけは読んでおきたい日本の名作文学案内」

01915 「暢気眼鏡」
『暢気眼鏡―他十篇』　尾崎一雄著　角川書店　1955　210p　15cm（角川文庫）　Ⓝ913.6
☆「女性のための名作・人生案内」，「世界名著大事典」，「日本文学鑑賞辞典〔第2〕」，「日本文学現代名作事典」，「日本文芸鑑賞事典　第10巻」，「文学・名著300選の解説'88年度版」，「ポケット日本名作事典」

01916 「父祖の地」
『父祖の地』　尾崎一雄著　鎌倉文庫　1946　299p　18cm（現代文学選　24）　Ⓝ913.6
☆「現代文学名作探訪事典」

01917 「虫のいろいろ」
『虫のいろいろ』　尾崎一雄著　新潮社　1951　190p　16cm（新潮文庫　第286）　Ⓝ913.6
☆「一度は読もうよ！　日本の名著」，「一冊で日本の名著100冊を読む　続」，「感動！　日本の名著　近現代編」，「現代文学鑑賞辞典」，「昭和の名著」，「世界名著大事典」，「日本の名著」，「日本文学鑑賞辞典〔第2〕」，「日本文学名作案内」，「日本文学名作事典」，「日本文芸鑑賞事典　第14巻（1946〜1948年）」，「ポケット日本名作事典」

尾崎 喜八　おざき・きはち

01918 「空と樹木」
『空と樹木』　尾崎喜八著　玄文社　1922　231p　図版　20cm　Ⓝ911.5
☆「世界名著大事典」

01919 「山の絵本」
『山の絵本』　尾崎喜八著　岩波書店　1993　353,5p　15cm（岩波文庫）　620円　Ⓘ4-00-311401-9　Ⓝ915.6
☆「日本の山の名著・総解説」，「山の名著　明治・大正・昭和戦前編」

尾崎 紅葉　おざき・こうよう

01920 「鬼桃太郎」
『紅葉全集　第2巻』　尾崎紅葉著　大岡信ほか編　岩波書店　1994　473p　23cm　6200円　Ⓘ4-00-091772-2　Ⓝ918.68
☆「日本児童文学名著事典」

01921 「金色夜叉」
『金色夜叉　上』　尾崎紅葉著　フロンティアニセン　2005　205p　15cm（フロンティア文庫　71―風呂で読める文庫100選　71）〈ルーズリーフ〉　1000円　Ⓘ4-86197-071-7　Ⓝ913.6
☆「愛と死の日本文学」，「あらすじで読む日本の名著」（楽書舘,中経出版〔発売〕），「あらすじで読む日本の名著」（新人物往来社），「一度は読もうよ！　日本の名著」，「一冊で日本の名著100冊を読む　続」，「一冊で100名作の「さわり」を読む」，「絵で読むあらすじ日本の名著」，「大人のための日本の名著50」，「感動！　日本の名著　近現代編」，「近代文学名作事典」，「現代文学鑑賞辞典」，「この一冊でわかる日本の名作」，「これだけは読んでおきたい日本の名作文学案内」，「3行でわかる名作＆ヒット本

おさき

250」、「Jブンガク」、「知らないと恥ずかしい「日本の名作」あらすじ200本」、「図説 5分でわかる日本の名作」、「世界名作事典」、「世界名著案内 3」、「世界名著大事典」、「2時間でわかる日本の名著」、「日本近代文学名著事典」、「日本人なら知っておきたいあらすじで読む日本の名著」、「日本の名作おさらい」、「日本の名著」(角川書店)、「日本の名著」(毎日新聞社)、「日本文学鑑賞辞典〔第2〕」、「日本文学現代名作事典」、「日本文学名作案内」、「日本文学名作事典」、「日本文芸鑑賞事典 第2巻(1895～1903年)」、「日本名著辞典」、「ひと目でわかる日本の名作」、「百年の誤読」、「ベストガイド日本の名著」、「ポケット日本名作事典」、「明治・大正・昭和の名著・総解説」、「明治の名著 2」

01922 「三人妻」
『三人妻』 尾崎紅葉作 改版 岩波書店 2003 308p 15cm(岩波文庫) 600円 ①4-00-310143-X Ⓝ913.6
☆「世界名作事典」、「世界名著大事典」、「日本文学鑑賞辞典〔第2〕」、「日本文学名作概観」、「日本文芸鑑賞事典 第1巻」

01923 「多情多恨」
『多情多恨』 尾崎紅葉作 改版 岩波書店 2003 432p 15cm(岩波文庫) 760円 ①4-00-310147-2 Ⓝ913.6
☆「近代日本の百冊を選ぶ」、「近代文学名作事典」、「「こころ」は本当に名作か」、「女性のための名作・人生案内」、「世界名作事典」、「世界名著大事典」、「日本の小説101」、「日本文学鑑賞辞典〔第2〕」、「日本文学現代名作事典」、「日本文学名作概観」、「日本文芸鑑賞事典 第2巻(1895～1903年)」、「日本名著辞典」、「文学・名著300選の解説 '88年度版」

01924 「二人比丘尼色懺悔」
『二人比丘尼色懺悔』 尾崎紅葉著 岩波書店 1952 102p 15cm(岩波文庫) Ⓝ913.6
☆「世界名著大事典」、「日本近代文学名著事典」、「日本文芸鑑賞事典 第1巻」

尾崎 三良　おざき・さぶろう
01925 「尾崎三良自叙略伝」
『尾崎三良自叙略伝 上巻』 中央公論社 1980 360p 15cm(中公文庫) 400円 Ⓝ289.1
☆「自伝の名著101」

尾崎 士郎　おざき・しろう
01926 「人生劇場」
『人生劇場 青春篇』 尾崎士郎〔著〕 改版 角川書店 2008 504p 15cm(角川文庫 15464)〈角川グループパブリッシング〔発売〕〉 781円 ①978-4-04-108709-1 Ⓝ913.6
☆「一度は読もうよ！日本の名著」、「一冊で日本の名著100冊を読む 続」、「一冊で100名作の「さわり」を読む」、「現代日本文学案内」、「現代文学鑑賞辞典」、「現代文学名作探訪事典」、「昭和の名著」、「新潮文庫20世紀の100冊」、「世界名

大事典」、「日本の名著」、「日本の名著3分間読書100」、「日本文学鑑賞辞典〔第2〕」、「日本文学現代名作事典」、「日本文学名作案内」、「日本文芸鑑賞事典 第10巻」、「百年の誤読」、「ポケット日本名作事典」、「歴史小説・時代小説 総解説」

01927 「高杉晋作」
『高杉晋作 黎明篇』 尾崎士郎著 新潮社 1943 300p 19cm Ⓝ913.6
☆「歴史小説・時代小説 総解説」

尾崎 主税　おざき・ちから
01928 「フィッシャー元帥の面影」
『フイッシャー元帥の面影』 尾崎主税著 海軍有終會 1936 275p 23cm Ⓝ397
☆「日本海軍の本・総解説」

尾崎 放哉　おざき・ほうさい
01929 「大空」
『大空—尾崎放哉集』 尾崎放哉著 荻原井泉水編 春秋社 1956 221p 図版 19cm〈大正15年刊の再刻〉 Ⓝ911.36
☆「世界名著大事典」、「日本文学鑑賞辞典〔第2〕」、「日本文芸鑑賞事典 第8巻(1924～1926年)」

尾崎 秀樹　おざき・ほつき
01930 「近代文学の傷痕」
『近代文学の傷痕—旧植民地文学論』 尾崎秀樹著 岩波書店 1991 311p 16cm(同時代ライブラリー 71)〈大東亜文学者大会関係文献一覧: p295～309〉 1000円 ①4-00-260071-8 Ⓝ910.26
☆「東アジア論」

01931 「大衆文学論」
『大衆文学論』 尾崎秀樹著 講談社 2001 485,10p 16cm(講談社文芸文庫)〈年譜あり 著作目録あり〉 1750円 ①4-06-198258-3 Ⓝ910.263
☆「現代文学鑑賞辞典」、「日本文芸鑑賞事典 第19巻」

尾崎 秀実　おざき・ほつみ
01932 「愛情はふる星のごとく」
『愛情はふる星のごとく 上』 尾崎秀実著 新装版 青木書店 1998 255p 20cm 2000円 ①4-250-98033-2 Ⓝ289.1
☆「昭和の名著」、「世界名著大事典 補遺(Extra)」、「日本文芸鑑賞事典 第14巻(1946～1948年)」

01933 「尾崎秀実時評集」
『尾崎秀実時評集—日中戦争期の東アジア』 尾崎秀実〔著〕 米谷匡史編 平凡社 2004 475p 18cm(東洋文庫)〈年譜あり〉 2800円 ①4-582-80724-0 Ⓝ302.22
☆「東アジア論」

01934 「現代支那論」
　　『現代支那論』　尾崎秀実著　岩波書店　1982
　　215p　19cm〈岩波新書 特装版〉　800円
　　Ⓝ302.22
　　☆「世界名著大事典 補遺（Extra）」

尾崎 雅嘉　おざき・まさよし
01935 「群書一覧」
　　『定本群書一覧　第1巻』　改版　ゆまに書房
　　2002　494p　22cm〈書誌書目シリーズ　14〉
　　〈解説：管宗次〉　Ⓘ4-89668-076-6　Ⓝ025.1
　　☆「世界名著大事典」、「日本名著辞典」

尾崎 行雄　おざき・ゆきお
01936 「わが遺言」
　　『わが遺言』　尾崎行雄著　国民図書刊行会
　　1951　288p 図版　19cm　Ⓝ310.4
　　☆「政治哲学」

長田 新　おさだ・あらた
01937 「教育学」
　　『教育学』　長田新著　改訂新版　岩波書店
　　1955　316p　19cm　Ⓝ371
　　☆「名著解題」

01938 「原爆の子」
　　『原爆の子―広島の少年少女のうったえ　上』
　　長田新編　岩波書店　2010　313p　19cm〈ワ
　　イド版岩波文庫　327〉　1300円
　　Ⓘ978-4-00-007327-1　Ⓝ916
　　☆「昭和の名著」

01939 「ペスタロッチ教育学」
　　『長田新著作集　第5巻　ペスタロッチー教育
　　学』　長田新著　長田五郎監修　学術出版会
　　2011　370p　22cm〈学術著作集ライブラ
　　リー〉〈岩波書店昭和9年刊の複製　日本図書
　　センター〔発売〕〉
　　Ⓘ978-4-284-10342-8,978-4-284-10337-4
　　Ⓝ371.08
　　☆「世界名著大事典」

長田 秋濤　おさだ・しゅうとう
01940 「菊水」
　　『菊水』　長田秋濤（忠一）著　金港堂　1895
　　43p 図版　24cm　Ⓝ912.6
　　☆「日本文芸鑑賞事典 第1巻」

長田 弘　おさだ・ひろし
01941 「読書からはじまる」
　　『読書からはじまる』　長田弘著　日本放送出版
　　協会　2006　220p　16cm〈NHKライブラ
　　リー　211〉〈著作目録あり〉　830円
　　Ⓘ4-14-084211-3　Ⓝ019

☆「大学新入生に薦める101冊の本」

尾佐竹 猛　おさたけ・たけし
01942 「維新前後に於ける立憲思想」
　　『維新前後に於ける立憲思想』　尾佐竹猛著　増
　　訂改版　邦光堂　1929　2冊　20cm〈下巻は
　　初版〉　Ⓝ312.1
　　☆「世界名著大事典」

01943 「日本憲政史大綱」
　　『日本憲政史大綱　上，下巻』　尾佐竹猛著　日
　　本評論社　1938　2冊　23cm　Ⓝ312.1
　　☆「世界名著大事典」

小山内 薫　おさない・かおる
01944 「大川端」
　　『大川端』　小山内薫著　小学館　1947　359p
　　18cm〈名作新集　4〉　Ⓝ913.6
　　☆「世界名著大事典」、「日本文学現代名作事典」、
　　「日本文芸鑑賞事典 第4巻」

01945 「西山物語」
　　『小山内薫全集　第1-5巻』　京都　臨川書店
　　1975　5冊　20cm〈春陽堂昭和4-7年刊の複
　　製〉　全48000円　Ⓝ918.6
　　☆「世界名著大事典」

01946 「非戦闘員」
　　『戦争と平和』戯曲全集　第1巻』　藤木宏幸,
　　源五郎,今村忠純編　日本図書センター
　　1998　343p　22cm　8000円
　　Ⓘ4-8205-5865-X,4-8205-5864-1　Ⓝ912.68
　　☆「日本文芸鑑賞事典 第3巻（1904～1909年）」

01947 「三つの願い」
　　『日本児童文学館―名著複刻　第2集 17　三つ
　　の願ひ―童話劇』　小山内薫著　吉田謙吉装幀
　　ほるぷ出版　1974　220p　20cm〈児童図書館
　　叢書（イデア書院大正14年刊）の複製〉
　　Ⓝ913.8
　　☆「日本児童文学名著事典」、「名作の研究事典」

01948 「息子」
　　『息子』　小山内薫著　東光閣書店　1924
　　198p　19cm（三田文學叢書　第3編）　Ⓝ912.6
　　☆「日本文学鑑賞辞典〔第2〕」、「日本文芸鑑賞事典
　　第7巻（1920～1923年）」

小山内 美智子　おさない・みちこ
01949 「あなたは私の手になれますか」
　　『あなたは私の手になれますか―心地よいケア
　　を受けるために』　小山内美智子著　中央法規
　　出版　1997　269p　19cm　1545円
　　Ⓘ4-8058-1548-5　Ⓝ369.27
　　☆「大学新入生に薦める101冊の本」

長部 重康　おさべ・しげやす

01950　「現代フランス経済論」
『現代フランス経済論―歴史・現状・改革』　長部重康編　有斐閣　1983　362,2p　19cm（有斐閣選書）〈参考文献：p357〜362〉　1900円　Ⓘ4-641-02333-6　Ⓝ332.35
☆「現代ビジネス書・経済書総解説」

長部 日出雄　おさべ・ひでお

01951　「津軽風雲録」
『津軽風雲録』　長部日出雄著　富士見書房　1988　275p　15cm（時代小説文庫　143）　420円　Ⓘ4-8291-1143-7　Ⓝ913.6
☆「歴史小説・時代小説 総解説」

01952　「津軽世去れ節」
『津軽世去れ節』　長部日出雄著　文芸春秋　1989　263p　16cm（文春文庫）　400円　Ⓘ4-16-735003-3　Ⓝ913.6
☆「一度は読もうよ！ 日本の名著」、「一冊で日本の名著100冊を読む」、「日本文学名作案内」

大仏 次郎　おさらぎ・じろう

01953　「赤穂浪士」
『赤穂浪士　上』　大仏次郎著　徳間書店　1993　605p　16cm（徳間文庫）　720円　Ⓘ4-19-890036-1　Ⓝ913.6
☆「一度は読もうよ！ 日本の名著」、「世界名著大事典」、「日本文学鑑賞辞典〔第2〕」、「日本文学名作案内」、「日本文学名作事典」、「日本文芸鑑賞事典 第9巻」、「ポケット日本名作事典」、「歴史小説・時代小説 総解説」

01954　「角兵衛獅子」
『角兵衛獅子―鞍馬天狗』　大仏次郎著　湘南書房　1951　358p 図版　19cm　Ⓝ913.6
☆「日本文芸鑑賞事典 第9巻」

01955　「帰郷」
『帰郷』　大仏次郎著　毎日新聞社　1999　366p　19cm（毎日メモリアル図書館）　1700円　Ⓘ4-620-51032-7
☆「一度は読もうよ！ 日本の名著」、「一冊で日本の名著100冊を読む」、「現代文学鑑賞辞典」、「世界名著大事典」、「日本・世界名作「愛の会話」100章」、「日本の名著」、「日本文学鑑賞辞典〔第2〕」、「日本文学現代名作事典」、「日本文芸鑑賞事典 第14巻（1946〜1948年）」、「ポケット日本名作事典」

01956　「鞍馬天狗」
『鞍馬天狗　1　角兵衛獅子』　大仏次郎著　小学館　2000　332p　15cm（小学館文庫　時代・歴史傑作シリーズ）　638円　Ⓘ4-09-404231-5
☆「あらすじで味わう昭和のベストセラー」、「面白いほどよくわかる時代小説名作100」、「昭和の名著」、「日本の名著3分間読書100」、「日本文学名

作案内」、「ポケット日本名作事典」、「歴史小説・時代小説 総解説」

01957　「乞食大将」
『乞食大将』　大仏次郎著　光風社　1964　283p　19cm　Ⓝ913.6
☆「日本文芸鑑賞事典 第13巻」、「歴史小説・時代小説 総解説」

01958　「ごろつき船」
『ごろつき船　上』　大仏次郎著　徳間書店　1992　494p　16cm（徳間文庫）　620円　Ⓘ4-19-567222-8　Ⓝ913.6
☆「世界の海洋文学」

01959　「照る日曇る日」
『照る日曇る日』　大佛次郎著　朝日新聞社　2005　466,4p　21cm（大佛次郎時代小説全集　第6巻　大佛次郎著）〈デジタルパブリッシングサービス〔発売〕　昭和51年刊を原本としたオンデマンド版〉　5100円　Ⓘ4-86143-005-4　Ⓝ913.6
☆「歴史小説・時代小説 総解説」

01960　「日本の星之助」
『日本の星之助』　大仏次郎著　国書刊行会　1985　268p　20cm（熱血少年文学館）〈挿画：伊藤幾久造〉　2700円　Ⓝ913.6
☆「世界の海洋文学」

01961　「パリ燃ゆ」
『パリ燃ゆ　1』　大仏次郎著　朝日新聞社　1983　320p　15cm　440円　Ⓝ913.6
☆「ベストガイド日本の名著」、「明治・大正・昭和の名著・総解説」

01962　「霧笛」
『霧笛』　大仏次郎著　徳間書店　1989　414p　16cm（徳間文庫）　560円　Ⓘ4-19-598751-2　Ⓝ913.6
☆「現代文学名作探訪事典」

01963　「由比正雪」
『由比正雪　上』　大仏次郎著　徳間書店　1995　541p　16cm（徳間文庫）　720円　Ⓘ4-19-890341-7　Ⓝ913.6
☆「歴史小説・時代小説 総解説」

01964　「ゆうれい船」
『ゆうれい船　上』　大仏次郎著　徳間書店　1992　348p　16cm（徳間文庫）　520円　Ⓘ4-19-577390-3　Ⓝ913.6
☆「日本の小説101」、「名作の研究事典」

小沢 一郎　おざわ・いちろう

01965　「日本改造計画」
『日本改造計画』　小沢一郎著　講談社　1993　258p　20cm　1500円　Ⓘ4-06-206482-0

Ⓝ310.4
☆「学問がわかる500冊」、「ナショナリズム」

小沢 三郎　おざわ・さぶろう
01966　「日本プロテスタント史研究」
『日本プロテスタント史研究』　小沢三郎著　東海大学出版会　1964　386p　22cm　Ⓝ198.3
☆「名著の履歴書」

01967　「幕末明治耶蘇教史研究」
『幕末明治耶蘇教史研究』　小沢三郎著　日本基督教団出版局　1973　386p　図　22cm〈亜細亜書房昭和19年刊の新版〉　4000円　Ⓝ190.21
☆「世界名著大事典」

小沢 周三　おざわ・しゅうぞう
01968　「教育思想史」
『教育思想史』　小沢周三ほか著　有斐閣　1993　352p　19cm〈有斐閣Sシリーズ〉〈各章末：引用・参考文献〉　1854円　①4-641-05954-3　Ⓝ371.2
☆「学問がわかる500冊」

小沢 祥司　おざわ・しょうじ
01969　「メダカが消える日」
『メダカが消える日―自然の再生をめざして』　小澤祥司著　岩波書店　2000　220p　19cm　1600円　①4-00-002257-1　Ⓝ519.81
☆「科学を読む愉しみ」

小沢 正　おざわ・ただし
01970　「目をさませトラゴロウ」
『目をさませトラゴロウ』　小沢正作　井上洋介絵　理論社　2000　198p　22cm〈新・名作の愛蔵版〉　1200円　①4-652-00508-3
☆「少年少女の名作案内 日本の文学ファンタジー編」

小沢 蘆庵　おざわ・ろあん
01971　「塵ひぢ」
『日本歌学全書　続 第1-12編』　佐々木信綱編　博文館　1897　12冊 図版　20cm　Ⓝ911.108
☆「世界名著大事典」

01972　「六帖詠草」
『和歌文学大系　70　六帖詠草　六帖詠草拾遺』　久保田淳監修　［小沢蘆庵］［原評］　鈴木淳,加藤弓枝著　明治書院　2013　531p　22cm〈付属資料：8p；月報 38　文献あり 索引あり〉　13000円　①978-4-625-42412-0　Ⓝ911.108
☆「世界名著大事典」、「日本文学鑑賞辞典 〔第1〕」

押川 春浪　おしかわ・しゅんろう
01973　「海底軍艦」
『海底軍艦』　押川春浪著　博文館　1939　217p　15cm（博文館文庫　22）　Ⓝ913.6
☆「世界のSF文学・総解説」、「日本名著大事典 補遺（Extra）」、「日本児童文学名著事典」、「日本文芸鑑賞事典 第2巻（1895～1903年）」

01974　「新造軍艦」
『新造軍艦』　押川春浪著　博文館　1941　220p　15cm（博文館文庫　第2部8）　Ⓝ913.6
☆「世界名著大事典 補遺（Extra）」

01975　「東洋武侠団」
『東洋武侠団』　［押川］春浪［著］　復刻版　本の友社　2004　309p　20cm（春浪選集　第7巻　［押川］春浪［著］）〈原本：石書房昭和19年刊〉　Ⓝ913.6
☆「世界名著大事典 補遺（Extra）」、「百年の誤読」

01976　「武侠艦隊」
『武侠艦隊　岩窟の珍宝』　［押川］春浪［著］　復刻版　本の友社　2004　239p　20cm（春浪選集　第5巻　［押川］春浪［著］）〈原本：石書房昭和20年刊〉　Ⓝ913.6
☆「世界名著大事典 補遺（Extra）」

尾島 菊子　おじま・きくこ
01977　「赤坂」
『「新編」日本女性文学全集　第3巻』　大塚楠緒子［ほか］著　吉川豊子編　岩淵宏子,長谷川啓監修　菁柿堂　2011　557p　22cm〈文献あり 年譜あり　星雲社〔発売〕〉　5000円　①978-4-434-10003-1　Ⓝ913.68
☆「明治の名著 2」

01978　「河原の対面」
『「新編」日本女性文学全集　第3巻』　大塚楠緒子［ほか］著　吉川豊子編　岩淵宏子,長谷川啓監修　菁柿堂　2011　557p　22cm〈文献あり 年譜あり　星雲社〔発売〕〉　5000円　①978-4-434-10003-1　Ⓝ913.68
☆「明治の名著 2」

01979　「父の罪」
『父の罪』　尾島菊子著　ゆまに書房　1999　340p　22cm（近代女性作家精選集　4　尾形明子監修）〈辰文館明治44年刊の複製　付属資料：1枚（19cm）〉　12200円　①4-89714-845-6　Ⓝ913.6
☆「明治の名著 2」

小島 祐馬　おじま・すけま
01980　「古代支那研究」
『古代支那研究』　小島祐馬著　弘文堂　1943　353p　22cm　Ⓝ222.03
☆「世界名著大事典」

01981　「中国の革命思想」
『中国の革命思想』　小島祐馬著　筑摩書房

小瀬 甫庵　おぜ・ほあん

01982　「太閤記」

『太閤記』　小瀬甫庵原著　吉田豊訳　〔東村山〕　教育社　1979　4冊　18cm（教育社新書　原本現代訳　7～10）　各700円　Ⓝ289.1

☆「古典の事典」、「作品と作者」、「世界名著大事典」、「戦国十両の名著」、「日本の古典」、「日本の古典名著」、「日本名著辞典」、「日本歴史「古典籍」総覧」、「歴史の名著100」

織田 作之助　おだ・さくのすけ

01983　「大坂論」

『世相　競馬』　織田作之助［著］　講談社　2004　283p　16cm（講談社文芸文庫）〈年譜あり　著作目録あり〉　1100円　Ⓘ4-06-198363-6　Ⓝ913.6

☆「現代文学名作探訪事典」

01984　「世相」

『世相』　織田作之助著　新座　埼玉福祉会　1985　256p　22cm（大活字本シリーズ）〈原本：新潮文庫『夫婦善哉』限定版〉　3100円　Ⓝ913.6

☆「一度は読もうよ！　日本の名著」、「一冊で日本の名著100冊を読む　続」、「現代文学名作探訪事典」

01985　「土曜夫人」

『土曜夫人』　織田作之助著　現代社　1959　230p　19cm（現代選書）　Ⓝ913.6

☆「日本文学現代名作事典」

01986　「蛍」

『世相　競馬』　織田作之助［著］　講談社　2004　283p　16cm（講談社文芸文庫）〈年譜あり　著作目録あり〉　1100円　Ⓘ4-06-198363-6　Ⓝ913.6

☆「歴史小説・時代小説　総解説」

01987　「夫婦善哉」

『夫婦善哉―正続　他十二篇』　織田作之助作　岩波書店　2013　402p　15cm（岩波文庫　31-185-2）　800円　Ⓘ978-4-00-311852-8　Ⓝ913.6

☆「愛ありて」、「あらすじダイジェスト」、「あらすじで読む日本の名著」、「あらすじで読む日本の名著 No.2」、「一度は読もうよ！　日本の名著」、「一冊で愛の話題作100冊を読む」、「一冊で100名作の「さわり」を読む」、「現代文学鑑賞辞典」、「現代文学名作探訪事典」、「これだけは読んでおきたい日本の名作文学案内」、「女性のための名作・人生案内」、「知らないと恥ずかしい「日本の名作」あらすじ200本」、「新潮文庫20世紀の100冊」、「図説5分でわかる日本の名作傑作選」、「世界名著大事典」、「日本人なら知っておきたいあらすじで読む

日本の名著」、「日本・世界名作「愛の会話」100章」、「日本の名作おさらい」、「日本の名著3分間読書100」、「日本文学鑑賞辞典〔第2〕」、「日本文学名作案内」、「日本文芸鑑賞事典　第12巻」、「日本名作文学館　日本編」、「日本・名著のあらすじ」、「ひと目でわかる日本の名作」、「百年の誤読」、「ポケット日本名作事典」、「名作の書き出しを諳んじる」

織田 武雄　おだ・たけお

01988　「地図の歴史」

『地図の歴史　日本篇』　織田武雄著　講談社　1974　188p　図　18cm（講談社現代新書）　370円　Ⓝ290.38

☆「学問がわかる500冊 v.2」

小田 実　おだ・まこと

01989　「海冥」

『海冥―太平洋戦争にかかわる十六の短篇』　小田実著　講談社　2000　364p　16cm（講談社文芸文庫）〈著作目録あり　年譜あり〉　1500円　Ⓘ4-06-198238-9　Ⓝ913.6

☆「世界の海洋文学」

01990　「何でも見てやろう」

『何でも見てやろう』　小田実著　第三書館　1992　254p　21cm（小田実全小説　別巻）　2060円

☆「現代文学鑑賞辞典」、「戦後思想の名著50」、「ベストガイド日本の名著」、「明治・大正・昭和の名著・総解説」

01991　「HIROSHIMA」

『HIROSHIMA』　小田実著　講談社　1997　472p　15cm（講談社文芸文庫）　1260円　Ⓘ4-06-197574-9

☆「生きがいの再発見名著22選」、「ベストガイド日本の名著」、「ポケット日本名作事典」

01992　「世直しの倫理と論理」

『世直しの倫理と論理　上』　小田実著　岩波書店　1972　224p　18cm（岩波新書）　150円　Ⓝ914.6

☆「平和を考えるための100冊+α」

尾高 邦雄　おだか・くにお

01993　「産業社会学」

『産業社会学』　尾高邦雄著　改訂版　ダイヤモンド社　1963　398p　18cm（経営全書）　Ⓝ366.2

☆「名著の履歴書」

01994　「職業社会学」

『職業社会学』　尾高邦雄著　岩波書店　1941　497p　22cm　Ⓝ366.2

☆「世界名著大事典」

尾高 煌之助　おだか・こうのすけ

01995　「労働市場分析」
『労働市場分析―二重構造の日本的展開』　尾高煌之助著　岩波書店　1984　331p　22cm　5000円　①4-00-002566-X　Ⓝ366.21
☆「日本経済本38」

尾高 朝雄　おだか・ともお

01996　「国家構造論」
『国家構造論』　尾高朝雄著　11版　岩波書店　1950　535p　22cm　Ⓝ313.1
☆「世界名著大事典」、「日本の名著」

01997　「自由論」
『自由論』　尾高朝雄著　ロゴス社　2006　254p　22cm〈名著復刻　1〉〈文献あり　本の泉社〔発売〕〉　3000円　①4-88023-601-2　Ⓝ309.1
☆「世界名著大事典」、「名著の履歴書」

小田切 秀雄　おだぎり・ひでお

01998　「日本近代文学」
『日本近代文学―近代日本の社会機構と文学』　小田切秀雄著　青木書店　1955　347p　19cm　Ⓝ910.4
☆「名著の履歴書」

小竹 文夫　おたけ・ふみお

01999　「近世支那経済史研究」
『近世支那経済史研究』　小竹文夫著　弘文堂書房　1942　293p　22cm　Ⓝ332.22
☆「世界名著大事典」

小田中 聰樹　おだなか・としき

02000　「冤罪はこうして作られる」
『冤罪はこうして作られる』　小田中聰樹著　講談社　1993　249p　18cm〈講談社現代新書〉〈主要文献：p246〉　600円　①4-06-149145-8　Ⓝ327.6
☆「学問がわかる500冊」

小田中 直樹　おだなか・なおき

02001　「歴史学ってなんだ？」
『歴史学ってなんだ？』　小田中直樹著　PHP研究所　2004　205p　18cm〈PHP新書〉　680円　①4-569-63269-6　Ⓝ201
☆「世界史読書案内」

落合 恵子　おちあい・けいこ

02002　「シングルガール」
『シングルガール』　落合恵子著　集英社　1986　198p　16cm〈集英社文庫〉　280円　①4-08-749091-2　Ⓝ913.6
☆「一度は読もうよ！日本の名著」、「一冊で愛の話題作100冊を読む」

落合 聰三郎　おちあい・そうざぶろう

02003　「学級図書館」
『落合聰三郎脚本選集』　落合聰三郎［著］　日本児童演劇協会　2005　423p　22cm〈落合聰三郎著作集　2　落合聰三郎［著］〉〈晩成書房〔発売〕〉　著作目録あり　年譜あり
①4-89380-306-9　Ⓝ912.6
☆「名作の研究事典」

落合 直文　おちあい・なおぶみ

02004　「孝女白菊の歌」
☆「日本文芸鑑賞事典　第1巻」

02005　「萩之家遺稿」
『萩之家遺稿』　落合直文著　4版　落合直幸　1905　734p　図版　20cm　Ⓝ914.6
☆「世界名著大事典」

02006　「萩之家歌集」
『萩之家歌集』　落合直文著　改版　明治書院　1913　363p　肖像　16cm　Ⓝ911.16
☆「日本文学鑑賞辞典〔第2〕」

落合 信彦　おちあい・のぶひこ

02007　「勝ち残りの「生き方」」
『勝ち残りの「生き方」』　落合信彦著　小学館　2001　206p　15cm〈小学館文庫　落合信彦選集　10〉〈ザ・マサダ1999年刊の増補〉　419円　①4-09-405231-3　Ⓝ159.4
☆「超売れ筋ビジネス書101冊」

02008　「憎しみの大地」
『憎しみの大地』　落合信彦著　小学館　2001　220p　15cm〈小学館文庫　落合信彦選集　11〉〈年表あり〉　476円　①4-09-405232-1　Ⓝ319.27
☆「経済経営95冊」

落合 良行　おちあい・よしゆき

02009　「ベーシック現代心理学4　青年の心理学」
『青年の心理学』　落合良行, 伊藤裕子, 齊藤誠一著　改訂版　有斐閣　2002　279p　22cm〈ベーシック現代心理学　4〉　2900円　①4-641-08670-2　Ⓝ371.47
☆「学問がわかる500冊」

乙骨 淑子　おつこつ・よしこ

02010　「ぴいちゃあしゃん」
『ぴいちゃあしゃん』　乙骨淑子著　新装版　理論社　1995　304p　21cm〈乙骨淑子の本　第1巻〉　2500円　①4-652-01941-6
☆「少年少女の名作案内 日本の文学リアリズム編」

尾辻 克彦　おつじ・かつひこ
02011　「父が消えた」
『父が消えた』　尾辻克彦著　河出書房新社　2005　304p　15cm〈河出文庫〉　880円
①4-309-40745-5 Ⓝ913.6
☆「現代文学鑑賞辞典」

乙竹 岩造　おとたけ・いわぞう
02012　「日本庶民教育史」
『日本庶民教育史』　乙竹岩造著　京都　臨川書店　1970　3冊　22cm〈昭和4年刊の複製〉　35000円　Ⓝ372.1
☆「世界名著大事典」

乙武 洋匡　おとたけ・ひろただ
02013　「五体不満足」
『五体不満足―完全版』　乙武洋匡著　講談社　2001　293p　15cm（講談社文庫）　514円
①4-06-264980-2 Ⓝ916
☆「百年の誤読」

小那覇 朝親　おなは・ちょうしん
02014　「古今琉歌集」
『古今琉歌集』　那覇　琉球史料研究会　1971　63丁　25cm〈和装〉Ⓝ910.29
☆「古典の事典」

おーなり 由子　おーなり・ゆうこ
02015　「ひらがな暦」
『ひらがな暦―三六六日の絵ことば歳時記』　おーなり由子絵・文　新潮社　2006　445p　21cm〈文献あり〉　1900円　①4-10-416305-8 Ⓝ386.1
☆「日本人とは何か」

鬼塚 雄丞　おにつか・ゆうすけ
02016　「資本輸出国の経済学」
『資本輸出国の経済学―我が国の国際収支と資本移動の諸問題』　鬼塚雄丞編　通商産業調査会　1985　210p　19cm（現代産業選書）〈官報販売所〔発売〕〉　1500円　①4-8065-2212-0 Ⓝ338.93
☆「ベストガイド日本の名著」

小沼 丹　おぬま・たん
02017　「懐中時計」
『懐中時計』　小沼丹著　講談社　1991　312p　16cm（講談社文芸文庫）　980円
①4-06-196142-X Ⓝ913.6
☆「現代文学鑑賞辞典」

小野 梓　おの・あずさ
02018　「国憲汎論」

『小野梓全集　第1巻』　早稲田大学大学史編集所編　早稲田大学出版部　1978　630p　22cm〈早稲田大学創立百周年記念　著者の肖像あり〉　5000円　Ⓝ081.6
☆「世界名著大事典」

小野 玄妙　おの・げんみょう
02019　「仏教の美術と歴史」
『仏教の美術と歴史』　小野玄妙著　2版　金尾文淵堂　1943　1253p 図版32枚　21cm　Ⓝ180
☆「世界名著大事典」

02020　「仏教美術講話」
『仏教美術講話―画図解説』　小野玄妙著　有明書房　1994　668p　22cm〈蔵経書院大正10年刊の複製　折り込図2枚〉　20000円
①4-87044-105-5 Ⓝ186.7
☆「人文科学の名著」

02021　「仏書解説大辞典」
『仏書解説大辞典』　小野玄妙, 丸山孝雄編纂　縮刷版　大東出版社　1999　1冊　31cm〈改訂第5刷の複製〉　32000円　①4-500-00652-4 Ⓝ180.31
☆「世界名著大事典」

小野 清一郎　おの・せいいちろう
02022　「犯罪構成要件の理論」
『犯罪構成要件の理論』　小野清一郎著　有斐閣　1953　488p　22cm（学術選書　第2）Ⓝ326
☆「世界名著大事典」

小野 武夫　おの・たけお
02023　「永小作論」
『永小作論』　小野武夫著　再版　巌松堂　1937　373p　23cm Ⓝ611
☆「世界名著大事典」,「農政経済の名著 明治大正編」

小野 十三郎　おの・とおざぶろう
02024　「大阪」
『大阪―昨日・今日・明日』　小野十三郎著　角川書店　1967　186p　18cm（角川新書）　250円　Ⓝ914.6
☆「世界名著大事典」,「日本文学鑑賞辞典〔第2〕」,「日本文芸鑑賞事典　第12巻」

02025　「詩論」
『詩論』　小野十三郎著　不二書房　1949　325p　20cm Ⓝ911.5
☆「日本文芸鑑賞事典 第14巻（1946～1948年）」

02026　「半分開いた窓」
『半分開いた窓―詩集』　小野十三郎著　太平洋詩人協会　1926　133p　21cm Ⓝ911.5

☆「日本文芸鑑賞事典 第8巻（1924～1926年）」

小野 則秋　おの・のりあき

02027　「日本図書館史」
『日本図書館史』　小野則秋著　補正版　京都玄文社　1981　329p　22cm〈主要参考文献書目・日本図書館史略年表：p305～314〉
Ⓝ010.21
☆「世界名著大事典」

小野 春雄　おの・はるお

02028　「秋風抄」
『群書類従　第10輯　和歌部』　塙保己一編纂　オンデマンド版　八木書店古書出版部　2013　568p　21cm〈訂正3版：続群書類従完成会1979年刊　デジタルパブリッシングサービス〔印刷・製本〕　八木書店〔発売〕〉　9000円
Ⓘ978-4-8406-3121-1　Ⓝ081
☆「近代名著解題選集 3」

小野 寿人　おの・ひさと

02029　「明治維新前後に於ける政治思想の展開」
『明治維新前後に於ける政治思想の展開』　小野寿人著　至文堂　1944　646p　22cm
Ⓝ311.21
☆「世界名著大事典」

小野 岑守　おの・みねもり

02030　「凌雲集」
『懐風藻　凌雲集　文華秀麗集　經國集　本朝麗藻』　[小野岑守],[藤原冬嗣],[良岑安世][ほか]撰　現代思潮新社　2007　13,241p　16cm〈覆刻日本古典全集　與謝野寛,正宗敦夫,與謝野晶子編纂校訂〉〈現代思潮社昭和57年刊を原本としたオンデマンド版〉　3500円
Ⓘ978-4-329-02633-0　Ⓝ919.3
☆「近代名著解題選集 3」,「世界名著大事典」,「2ページでわかる日本の古典傑作選」,「日本の古典名著」,「日本名著辞典」

小野 蘭山　おの・らんざん

02031　「本草綱目啓蒙」
『本草綱目啓蒙　1』　小野蘭山著　平凡社　1991　345p　18cm〈東洋文庫　531〉　2884円　Ⓘ4-582-80531-0　Ⓝ499.9
☆「古典の事典」,「世界名著大事典」,「日本名著辞典」

小納 弘　おのう・ひろし

02032　「荒海をゆく北前船」
『荒海をゆく北前船』　小納弘作　北島新平画　ほるぷ出版　1982　279p　21cm　1200円
☆「世界の海洋文学」

尾上 柴舟　おのえ・さいしゅう

02033　「永日」
『永日』　尾上柴舟（八郎）著　弘道館　1909　152p　19cm　Ⓝ911.1
☆「日本文学鑑賞辞典〔第2〕」

02034　「古今和歌集抄」
『古今和歌集抄—関戸本』　尾上柴舟編　雄山閣　1938　1冊　25cm〈複製　折本〉　Ⓝ911.13
☆「世界名著大事典 補遺（Extra）」

02035　「静夜」
『静夜』　尾上柴舟著　隆文館　1907　152p　図版　20cm　Ⓝ911.1
☆「世界名著大事典」

02036　「短歌滅亡私論」
『尾上柴舟全詩歌集』　尾上柴舟,尾上柴舟全詩歌集刊行委員会著　短歌新聞社　2005　722p　22cm〈肖像あり　年譜あり〉　7619円
Ⓘ4-8039-1241-6　Ⓝ911.168
☆「日本文芸鑑賞事典 第4巻」

02037　「ハイネの詩」
『尾上柴舟全詩歌集』　尾上柴舟,尾上柴舟全詩歌集刊行委員会著　短歌新聞社　2005　722p　22cm〈肖像あり　年譜あり〉　7619円
Ⓘ4-8039-1241-6　Ⓝ911.168
☆「日本文芸鑑賞事典 第2巻（1895～1903年）」

小野塚 喜平次　おのずか・きへいじ

02038　「政治学大綱」
『政治学大綱』　小野塚喜平次著　博文館　1903　2冊（上164,下178p）　23cm　Ⓝ310
☆「世界名著大事典」

小野田 寛郎　おのだ・ひろお

02039　「わがルバン島の30年戦争」
『わがルバン島の30年戦争』　小野田寛郎著　講談社　1974　248p　図　肖像　20cm　880円
Ⓝ915.9
☆「あの本にもう一度」

小野寺 功一　おのでら・こういち

02040　「機関長の航海二〇〇万マイル」
『機関長の航海二〇〇万マイル』　小野寺功一著　成山堂書店　1994　189p　20cm　1600円
Ⓘ4-425-94481-X　Ⓝ683.8
☆「世界の海洋文学」

小野寺 節　おのでら・たかし

02041　「プリオン病—牛海綿状脳症のなぞ」
『プリオン病—BSE（牛海綿状脳症）のなぞ』　山内一也,小野寺節著　第2版　近代出版　2002　225p　19cm　2200円

小野山 節　おのやま・せつ

02042　「五千年前のシュルレアリスム思潮」
☆「21世紀の必読書100選」

小幡 篤次郎　おばた・とくじろう

02043　「博物新編補遺」
『博物新編補遺』　チャンブル著　小幡篤次郎訳　2版　慶応義塾出版局　1873　3冊（上38、中46、下33丁）　22cm〈初版：明治2年刊　上巻の出版者：尚古堂　和装〉Ⓝ400
☆「世界名著大事典」

小原 国芳　おばら・くによし

02044　「教育の根本問題としての宗教」
『教育の根本問題としての宗教』　鰺坂国芳著　集英社　1919　500p　22cm　Ⓝ371
☆「教育の名著80選解題」

02045　「教育の根本問題としての哲学」
『教育の根本問題としての哲学』　小原国芳著　13版　玉川出版部　1948　452p　18cm　Ⓝ101
☆「教育の名著80選解題」

帯金 充利　おびがね・みつとし

02046　「天上の歌」
『天上の歌―岡潔の生涯』　帯金充利著　新泉社　2003　285p　20cm〈年譜あり〉　2000円　④4-7877-0306-4　Ⓝ289.1
☆「サイエンス・ブックレヴュー」

沢瀉 久敬　おもだか・ひさゆき

02047　「ベルクソンの科学論」
『ベルクソンの科学論』　沢瀉久敬著　中央公論社　1979　183p　15cm（中公文庫）　240円　Ⓝ135.7
☆「科学技術をどう読むか」

尾本 恵市　おもと・けいいち

02048　「ヒトの発見」
『ヒトの発見―分子で探るわれわれのルーツ』　尾本恵市著　読売新聞社　1987　227p　19cm（読売科学選書　14）　1200円　④4-643-87018-2　Ⓝ469
☆「学問がわかる500冊 v.2」

02049　「ヒトはいかにして生まれたか」
『ヒトはいかにして生まれたか』　尾本恵市著　岩波書店　1998　159p　19cm（ゲノムから進化を考える　5）　1600円　④4-00-006630-7　Ⓝ469
☆「学問がわかる500冊 v.2」

02050　「分子人類学と日本人の起源」
『分子人類学と日本人の起源』　尾本恵市著　裳華房　1996　188p　19cm（ポピュラーサイエンス）〈叢書の編者：遺伝学普及会編集委員会　参考文献：p185～186〉　1442円　④4-7853-8638-X　Ⓝ469
☆「学問がわかる500冊 v.2」

尾山 篤二郎　おやま・とくじろう

02051　「野を歩みて」
『野を歩みて』　尾山篤二郎著　東雲堂書店　1918　132p　16cm　Ⓝ911.16
☆「世界名著大事典」

02052　「平明調」
☆「日本文学鑑賞辞典〔第2〕」

折口 信夫　おりぐち・しのぶ

02053　「歌の円寂する時」
『近代日本思想大系　22　折口信夫集』　編集解説：広末保　筑摩書房　1975　413p　肖像　20cm　1800円　Ⓝ121.02
☆「日本文芸鑑賞事典　第8巻（1924～1926年）」

02054　「海やまのあひだ」
『海やまのあひだ―自選歌集』　釈迢空著　改造社　1929　357p　16cm（改造文庫　第2部　第59篇）　Ⓝ911.16
☆「日本近代文学名著事典」、「日本文学鑑賞辞典〔第2〕」、「日本文芸鑑賞事典　第8巻（1924～1926年）」

02055　「国文学概論」
『折口信夫全集　ノート編　第1巻　国文学概論』　折口博士記念古代研究所編　中央公論社　1971　464p　図　20cm　Ⓝ918.6
☆「「本の定番」ブックガイド」

02056　「古代感愛集」
『古代感愛集』　釈迢空著　日本近代文学館　1981　326p　20cm（名著複刻詩歌文学館　石楠花セット）〈青磁社昭和20年版未刊私家版の複製　ほるぷ〔発売〕　叢書の編者：名著複刻全集編集委員会　仮とじ本〉Ⓝ911.56
☆「世界名著大事典」

02057　「古代研究」
『古代研究　1』　折口信夫著　中央公論新社　2002　421p　18cm（中公クラシックス）〈年譜あり〉　1400円　④4-12-160036-3　Ⓝ382.1
☆「大人のための名著50」、「学問がわかる500冊 v.2」、「近代日本の百冊を選ぶ」、「人文科学の名著」、「世界の名著早わかり事典」、「世界名著大事典」、「日本の名著」、「日本文化論の名著入門」、「ベストガイド日本の名著」、「明治・大正・昭和の名著・総解説」

02058　「死者の書」

『死者の書』　折口信夫著　フロンティアニセン　2005　163p　15cm（フロンティア文庫　47―風呂で読める文庫100選　47）〈ルーズリーフ〉　1000円　①4-86197-047-4　Ⓝ913.6
☆「現代文学鑑賞辞典」、「昭和の名著」、「21世紀の必読書100選」、「日本文芸鑑賞事典 第12巻」、「必読書150」

織本 憲資　おりもと・けんすけ
02059　「棺桶に乗ったマドロス」
☆「世界の海洋文学」

小和田 哲男　おわだ・てつお
02060　「呪術と占星の戦国史」
『呪術と占星の戦国史』　小和田哲男著　新潮社　1998　213p　20cm（新潮選書）　1000円　①4-10-600532-8　Ⓝ210.46
☆「科学を読む愉しみ」

御田 重宝　おんだ・しげたか
02061　「戦艦大和の建造」
『戦艦大和の建造』　御田重宝著　徳間書店　1999　286p　15cm（徳間文庫）〈文献あり〉　533円　①4-19-891152-5　Ⓝ556.91
☆「日本海軍の本・総解説」

【か】

何 必醇　か・ひつじゅん
02062　「豆腐百珍」
『豆腐百珍―江戸グルメブームの仕掛人』　何必醇原著　福田浩訳　〔東村山〕　教育社　1988　286p　18cm（教育社新書　原本現代訳133）〈参考文献：p276〉　980円　①4-315-50684-2　Ⓝ596.3
☆「古典の事典」

海音寺 潮五郎　かいおんじ・ちょうごろう
02063　「悪人列伝」
『悪人列伝　古代篇』　海音寺潮五郎著　新装版　文藝春秋　2006　375p　16cm（文春文庫）　590円　①4-16-713548-5　Ⓝ913.6
☆「歴史小説・時代小説 総解説」

02064　「うたかた草紙」
『海音寺潮五郎短篇総集　1』　講談社　1978　409p　15cm（講談社文庫）　400円　Ⓝ913.6
☆「世界名著大事典 補遺（Extra）」

02065　「西郷隆盛」
『西郷隆盛　第1巻』　海音寺潮五郎著　新装版　朝日新聞社　2007　450p　19cm　1900円　①978-4-02-250344-2　Ⓝ913.6
☆「面白いほどよくわかる時代小説名作100」、「世界名著大事典 補遺（Extra）」、「ポケット日本名作事典」、「歴史小説・時代小説 総解説」

02066　「茶道太閤記」
『茶道太閤記』　海音寺潮五郎著　新装版　文藝春秋　2012　347p　16cm（文春文庫　か2-60）　629円　①978-4-16-713560-7　Ⓝ913.6
☆「歴史小説・時代小説 総解説」

02067　「孫子」
『孫子　上』　海音寺潮五郎［著］　新装版　講談社　2008　542p　15cm（講談社文庫）　800円　①978-4-06-276066-9　Ⓝ913.6
☆「歴史小説・時代小説 総解説」

02068　「平将門」
『平将門　上巻』　海音寺潮五郎著　弥生書房　1996　360p　23cm〈新装復刊〉　3500円　①4-8415-0716-7　Ⓝ913.6
☆「世界名著大事典 補遺（Extra）」、「日本文芸鑑賞事典 第16巻」、「歴史小説・時代小説 総解説」

02069　「天正女合戦」
『天正女合戦』　海音寺潮五郎著　春陽堂書店　1954　160p　15cm（春陽文庫）　Ⓝ913.6
☆「世界名著大事典 補遺（Extra）」

02070　「天と地と」
『天と地と　上』　海音寺潮五郎著　文藝春秋　2004　482p　16cm（文春文庫）　676円　①4-16-713543-4　Ⓝ913.6
☆「一度は読もうよ！ 日本の名著」、「世界名著大事典 補遺（Extra）」、「日本文学名作案内」、「歴史小説・時代小説 総解説」

02071　「武将列伝」
『武将列伝　源平篇』　海音寺潮五郎著　新装版　文藝春秋　2008　354p　16cm（文春文庫）　638円　①978-4-16-713553-9　Ⓝ913.6
☆「世界名著大事典 補遺（Extra）」、「ポケット日本名作事典」、「歴史小説・時代小説 総解説」

02072　「二本の銀杏」
『二本の銀杏　上』　海音寺潮五郎著　文藝春秋　1998　421p　16cm（文春文庫）　505円　①4-16-713534-5　Ⓝ913.6
☆「日本文芸鑑賞事典 第18巻（1958～1962年）」、「歴史小説・時代小説 総解説」

02073　「列藩騒動録」
『列藩騒動録　上』　海音寺潮五郎［著］　新装版　講談社　2007　521p　15cm（講談社文庫）　762円　①978-4-06-275729-4　Ⓝ913.6
☆「歴史小説・時代小説 総解説」

海空会　かいくうかい
02074　「海鷲の航跡」

『海鷲の航跡―日本海軍航空外史』 海空会日本海軍航空外史刊行会編　原書房　1982　2冊（別冊とも）　20cm〈別冊：海軍航空年表〉　3600円,2000円　Ⓘ4-562-01306-0　Ⓝ397.8
☆「日本海軍の本・総解説」

海軍機関学校同窓会　かいぐんきかんがっこうどうそうかい

02075　「海軍機関学校」
☆「日本海軍の本・総解説」

海軍思潮研究会　かいぐんしちょうけんきゅうかい

02076　「日本海軍風流譚」
『日本海軍風流譚―短篇逸話集　1』　海軍思潮研究会編　ことば社　1980　277p　20cm〈ワールド教育出版〔発売〕〉　参考引用文献：p275〉　1400円　Ⓝ397.21
☆「日本海軍の本・総解説」

海軍飛行予備学生第十四期会　かいぐんひこうよびがくせいだいじゅうよんきかい

02077　「あゝ同期の桜」
『あゝ同期の桜―かえらざる青春の手記』　海軍飛行予備学生第十四期会編　光人社　2009　286p　16cm(光人社NF文庫　かN-615)〈年表あり〉　752円　Ⓘ978-4-7698-2615-6　Ⓝ916
☆「現代人のための名著」,「日本海軍の本・総解説」

海軍兵学校第十四期生　かいぐんへいがっこうだいじゅうよんきせい

02078　「人間魚雷」
☆「現代人のための名著」

開高 健　かいこう・たけし

02079　「オーパ！」
『オーパ！』　開高健著　高橋昇写真　直筆原稿版　集英社　2010　301p　19×27cm　3000円　Ⓘ978-4-08-781439-2　Ⓝ915.6
☆「Jブンガク」

02080　「輝ける闇」
『輝ける闇』　開高健著　新潮社　1987　257p　20cm〈新装版〉　1200円　Ⓘ4-10-304906-5　Ⓝ913.6
☆「現代文学鑑賞辞典」,「新潮文庫20世紀の100冊」,「世界名著大事典 補遺(Extra)」,「ポケット日本名作事典」,「「本の定番」ブックガイド」

02081　「岸辺の祭り」
『戦場の博物誌―開高健短篇集』　開高健[著]　講談社　2009　265p　16cm(講談社文芸文庫かR2)〈並列シリーズ名：Kodansha bungei bunko　著作目録あり 年譜あり〉　1400円　Ⓘ978-4-06-290051-5　Ⓝ913.6
☆「一度は読もうよ！ 日本の名著」,「一冊で日本の名著100冊を読む 続」,「日本文学名作案内」

02082　「巨人と玩具」
『二重壁―開高健初期作品集　なまけもの―開高健初期作品集』　開高健[著]　講談社　2004　285p　16cm(講談社文芸文庫)〈年譜あり 著作目録あり〉　1200円　Ⓘ4-06-198389-X　Ⓝ913.6
☆「世界名著大事典 補遺(Extra)」

02083　「玉、砕ける」
『戦場の博物誌―開高健短篇集』　開高健[著]　講談社　2009　265p　16cm(講談社文芸文庫かR2)〈並列シリーズ名：Kodansha bungei bunko　著作目録あり 年譜あり〉　1400円　Ⓘ978-4-06-290051-5　Ⓝ913.6
☆「一度は読もうよ！ 日本の名著」,「一冊で日本の名著100冊を読む 続」

02084　「夏の闇」
『夏の闇―直筆原稿縮刷版』　開高健著　新潮社　2010　399p　14×20cm　3200円　Ⓘ978-4-10-304909-8
☆「世界名著大事典 補遺(Extra)」,「ポケット日本名作事典」

02085　「日本三文オペラ」
『日本三文オペラ』　開高健著　改版　新潮社　2011　346p　15cm(新潮文庫)　514円　Ⓘ978-4-10-112802-3
☆「近代日本の百冊を選ぶ」,「日本の名作おさらい」,「日本文学 これを読まないと文学は語れない!!」,「日本文芸鑑賞事典 第18巻(1958～1962年)」

02086　「裸の王様」
『裸の王様』　開高健著　講談社　1971　254p 肖像　20cm(現代文学秀作シリーズ)　480円　Ⓝ913.6
☆「一度は読もうよ！ 日本の名著」,「一冊で日本の名著100冊を読む」,「現代文学鑑賞辞典」,「これだけは読んでおきたい日本の名作文学案内」,「女性のための名作・人生案内」,「世界名著大事典 補遺(Extra)」,「日本の名作おさらい」,「日本文学鑑賞辞典〔第2〕」,「日本文学名作案内」,「日本文芸鑑賞事典 第17巻(1955～1958年)」,「日本名作文学館 日本編」,「ポケット日本名作事典」

02087　「パニック」
『パニック』　開高健著　改版　全国学校図書館協議会　2003　63p　19cm(集団読書テキスト　B19　全国SLA集団読書テキスト委員会編)〈年譜あり〉　214円　Ⓘ4-7933-8068-9　Ⓝ913.6
☆「あらすじダイジェスト」,「知らないと恥ずかしい「日本の名作」あらすじ200本」,「世界名著大事典 補遺(Extra)」,「日本の小説101」

02088 「ベトナム戦記」
『ベトナム戦記』　開高健著　秋元啓一写真　朝日新聞社　1990　300p　15cm〈朝日文庫〉〈著者の肖像あり〉　470円　Ⓘ4-02-260607-X　Ⓝ302.231
☆「世界名著大事典　補遺（Extra）」

02089 「ロビンソンの末裔」
『ロビンソンの末裔』　開高健著　新潮社　1992　516p　19cm〈開高健全集　第3巻〉　4500円　Ⓘ4-10-645203-0
☆「現代文学名作探訪事典」

貝島 桃代　かいじま・ももよ

02090 「メイド・イン・トーキョー」
『メイド・イン・トーキョー』　貝島桃代,黒田潤三,塚本由晴著　鹿島出版会　2001　191p　21cm〈年表あり　文献あり〉　1900円　Ⓘ4-306-04421-1　Ⓝ518.8
☆「建築・都市ブックガイド21世紀」

海上の友編集部　かいじょうのともへんしゅうぶ

02091 「海の男たちはいま」
『海の男たちはいま―商船船員航海記』　海上の友編集部編　日本海事広報協会　1987　350p　19cm〈折り込み図1枚〉　1800円　Ⓘ4-89021-027-X　Ⓝ683.8
☆「世界の海洋文学」

02092 「武器なき海」
『武器なき海―日本商船の戦時記録』　海上労働協会海上の友編集部編　海上労働協会　1961　236p　図版　19cm　Ⓝ915.9
☆「世界の海洋文学」

海上保安庁　かいじょうほあんちょう

02093 「ドキュメント・海難」
『ドキュメント海難―128人を救った男達』　海上保安庁編　第一法規出版　1980　250p　19cm　980円　Ⓝ557.84
☆「世界の海洋文学」

貝塚 茂樹　かいづか・しげき

02094 「古代殷帝国」
『古代殷帝国』　貝塚茂樹編　新装　みすず書房　2001　316,13p　図版16枚　19cm〈文献あり〉　2800円　Ⓘ4-622-04997-X　Ⓝ222.03
☆「世界名著大事典」

02095 「中国古代史学の発展」
『中国古代史学の発展』　貝塚茂樹著　中央公論社　1986　381p　22cm〈『貝塚茂樹著作集　第4集』（昭和52年刊）の普及版〉　2500円　Ⓘ4-12-001495-9　Ⓝ222.03
☆「人文科学の名著」,「世界名著大事典」

貝塚 爽平　かいづか・そうへい

02096 「世界の地形」
『世界の地形』　貝塚爽平編　東京大学出版会　1997　364p　27cm〈文献あり　索引あり〉　7500円　Ⓘ4-13-060714-6　Ⓝ454
☆「学問がわかる500冊 v.2」

02097 「日本の自然」
『日本の自然　1　火山と地震の国』　貝塚爽平ほか編　中村一明ほか著　新版　岩波書店　1995　371p　23cm〈文献：p343～355〉　3800円　Ⓘ4-00-007961-1　Ⓝ402.91
☆「学問がわかる500冊 v.2」

02098 「日本の自然 地域編」
『日本の自然―地域編　1　北海道』　小疇尚ほか編　岩波書店　1994　176p　27cm〈参考書・引用文献：p165～170〉　4000円　Ⓘ4-00-007931-X　Ⓝ402.91
☆「学問がわかる500冊 v.2」

02099 「発達史地形学」
『発達史地形学』　貝塚爽平著　東京大学出版会　1998　286p　22cm　3400円　Ⓘ4-13-060720-0　Ⓝ454
☆「学問がわかる500冊 v.2」

海渡 英祐　かいと・えいすけ

02100 「伯林―一八八八年」
『伯林―一八八八年　高層の死角』　海渡英祐,森村誠一著　講談社　1999　760p　15cm〈講談社文庫　江戸川乱歩賞全集　7〉　1190円　Ⓘ4-06-264676-5　Ⓝ913.6
☆「世界の推理小説・総解説」

海堂 尊　かいどう・たける

02101 「アリアドネの弾丸」
『アリアドネの弾丸　上』　海堂尊著　宝島社　2012　284p　16cm〈宝島社文庫　Cか-1-10〉〈2010年刊の加筆修正・二分冊〉　476円　Ⓘ978-4-7966-9854-2　Ⓝ913.6
☆「3行でわかる名作&ヒット本250」

02102 「チーム・バチスタの栄光」
『チーム・バチスタの栄光　上』　海堂尊著　宝島社　2007　237p　16cm〈宝島社文庫〉　476円　Ⓘ978-4-7966-6161-4　Ⓝ913.6
☆「知らないと恥ずかしい『日本の名作』あらすじ200本」

戒能 通孝　かいのう・みちたか

02103 「入会の研究」
『入会の研究』　戒能通孝著　一粒社　1958　608p　22cm〈昭和19年刊の再刊〉　Ⓝ324.27
☆「世界名著大事典」

02104 「小繋事件」
　『小繋事件―三代にわたる入会権紛争』　戒能通孝著　岩波書店　1964　212p　地図　18cm（岩波新書）〈付：文献〉Ⓝ651.15
　☆「環境と社会」

貝原 益軒　かいばら・えきけん

02105 「益軒十訓」
　『益軒十訓　上,下』　貝原益軒著　塚本哲三校　有朋堂書店　1927　2冊　18cm（有朋堂文庫）Ⓝ121
　☆「世界名著大事典」,「日本名著辞典」

02106 「女大学」
　『女大学―新註』　貝原益軒原著　平原北堂編　改訂　京都　人生道場　1943　78p　21cm〈校閲：井上哲次郎　附：男大学和道訓　平原北堂著　和装〉Ⓝ159.6
　☆「古典の事典」,「世界名著大事典」,「日本の古典名著」,「日本名著辞典」

02107 「君子訓」
　『君子訓―異例の書』　貝原益軒原著　水木ひろかず註訳　人と文化社　1989　173p　22cm〈参考文献および資料紹介：p165～166〉　1000円　Ⓘ4-938587-14-9　Ⓝ121.54
　☆「世界名著大事典」

02108 「初学訓」
　『貝原益軒』　日本図書センター　1979　2冊　22cm（日本教育思想大系）〈複製〉　10000円,8000円　Ⓝ121.44
　☆「教育の名著80選解題」

02109 「諸州めぐり」
　『日本紀行文集成　第1巻　紀行文集』　柳田国男校訂　日本図書センター　1979　833p　22cm〈複製〉Ⓝ915.5
　☆「古典の事典」

02110 「心画軌範」
　『日本書論集成　第1巻』　西川寧編　汲古書院　1978　403p　27cm〈解題：北川博邦　複製〉　6000円　Ⓝ728
　☆「古典の事典」

02111 「大疑録」
　『日本の名著　14　貝原益軒』　松田道雄責任編集　中央公論社　1983　530p　18cm（中公バックス）〈貝原益軒の肖像あり〉　1200円　Ⓘ4-12-400404-4　Ⓝ081
　☆「世界名著大事典」

02112 「武訓」
　『日本道徳教育叢書　第8巻』　芳賀登監修　日本図書センター　2001　480p　22cm〈複製〉Ⓘ4-8205-9438-9,4-8205-9430-3　Ⓝ150.8

　☆「武士道 十冊の名著」

02113 「大和俗訓」
　『大和俗訓』　貝原益軒著　石川謙校訂　岩波書店　1993　267p　15cm（岩波文庫）〈第5刷（第1刷：38.9.15）〉　570円　Ⓘ4-00-330102-1
　☆「古典の事典」,「世界名著大事典」,「日本名著辞典」

02114 「大和本草」
　『大和本草』　貝原篤信原著　有明書房　1975　2冊　図　22cm〈考註：白井光太郎（第1冊）　岸田松若,田中茂穂,矢野宗幹（第2冊）　昭和7年（第1冊）,昭和11年（第2冊）刊の複製　付：益軒先生年譜〉全15000円　Ⓝ499.9
　☆「古典の事典」,「自然科学の名著100選 中」,「世界名著大事典」,「日本の古典名著」,「日本名著辞典」

02115 「養生訓」
　『養生訓―ほか』　貝原益軒［著］　松田道雄訳　中央公論新社　2005　375p　18cm（中公クラシックス　J27）〈年譜あり〉1500円　Ⓘ4-12-160085-1　Ⓝ121.54
　☆「50歳からの名著入門」,「古典の事典」,「この一冊で読める！日本の古典50冊」,「世界の名著早わかり事典」,「世界名著大事典」,「千年の百冊」,「21世紀の教育基本書」,「2ページでわかる日本の古典傑作選」,「「日本人の名著」を読む」,「日本の古典」,「日本の古典名著」,「日本の書物」,「日本名著辞典」

02116 「和俗童子訓」
　『養生訓―ほか』　貝原益軒［著］　松田道雄訳　中央公論新社　2005　375p　18cm（中公クラシックス　J27）〈年譜あり〉1500円　Ⓘ4-12-160085-1　Ⓝ121.54
　☆「教育を考えるためにこの48冊」,「教育の名著80選解題」,「古典の事典」,「この一冊で読める！日本の古典50冊」,「世界名著大事典」,「21世紀の教育基本書」,「名著解題」

海保 青陵　かいほ・せいりょう

02117 「稽古談」
　『日本の名著　23　山片蟠桃・海保青陵』　源了円責任編集　中央公論社　1984　510p　18cm（中公バックス）　1200円　Ⓘ4-12-400413-3　Ⓝ081
　☆「古典の事典」,「世界名著大事典」,「日本の古典名著」

02118 「前識談」
　『日本の名著　23　山片蟠桃・海保青陵』　源了円責任編集　中央公論社　1984　510p　18cm（中公バックス）　1200円　Ⓘ4-12-400413-3　Ⓝ081
　☆「世界名著大事典」

02119 「升小談」
　『日本哲学思想全書　第18巻　政治・経済 経済篇』　三枝博音,清水幾太郎編集　第2版　平凡社　1981　312p　19cm　2300円　Ⓝ081
　☆「世界名著大事典」

加賀 乙彦　かが・おとひこ

02120 「永遠の都」
　『永遠の都　1　夏の海辺』　加賀乙彦著　新潮社　1997　407p　15cm〈新潮文庫〉　552円+税　Ⓘ4-10-106707-4　Ⓝ913.6
　☆「ポケット日本名作事典」

02121 「帰らざる夏」
　『帰らざる夏』　加賀乙彦著　講談社　1993　637p　15cm〈講談社文芸文庫〉　1500円　Ⓘ4-06-196235-3　Ⓝ913.6
　☆「ポケット日本名作事典」

02122 「宣告」
　『宣告　上巻』　加賀乙彦著　新潮社　2003　494p　16cm〈新潮文庫〉　667円　Ⓘ4-10-106714-7　Ⓝ913.6
　☆「現代文学鑑賞辞典」,「日本の小説101」

加賀 千代尼　かが・ちよに

02123 「千代尼句集」
　『江戸時代女流文学全集　第4巻』　古谷知新編　増補新装版　日本図書センター　2001　570,10p　22cm〈複製〉　14000円　Ⓘ4-8205-8481-2,4-8205-8477-4　Ⓝ918.5
　☆「日本文学鑑賞辞典〔第1〕」

科学朝日　かがくあさひ

02124 「物理学の20世紀」
　『物理学の20世紀』　科学朝日編　朝日新聞社　1999　288,11p　19cm〈朝日選書　619〉　1400円　Ⓘ4-02-259719-4　Ⓝ420.2
　☆「ブックガイド 文庫で読む科学」

02125 「モンゴロイドの道」
　『モンゴロイドの道』　『科学朝日』編　朝日新聞社　1995　232,6p　19cm〈朝日選書　523〉　1300円　Ⓘ4-02-259623-6　Ⓝ469.3
　☆「教養のためのブックガイド」

加賀田 晃　かがた・あきら

02126 「営業マンは「お願い」するな！」
　『営業マンは「お願い」するな！』　加賀田晃著　サンマーク出版　2011　231p　19cm　1300円　Ⓘ978-4-7631-3116-4　Ⓝ673.3
　☆「3行でわかる名作&ヒット本250」

各務 支考　かがみ・しこう

02127 「葛の松原」

02128 「桂園一枝」
　『桂園一枝―香川景樹歌集』　香川景樹著　正宗敦夫校訂　岩波書店　1939　213p　16cm〈岩波文庫　1974-1975〉　Ⓝ911.15
　☆「作品と作者」,「世界名著大事典」,「日本文学鑑賞辞典〔第1〕」,「日本文学名作概観」

香川 景樹　かがわ・かげき

02129 「桂園一枝拾遺」
　『校註和歌叢書　第6冊　近代名家歌選』　佐佐木信綱,芳賀矢一校註　博文館　1914　626p　22cm　Ⓝ911.1
　☆「日本文学名作概観」

02130 「新学異見」
　『新編日本古典文学全集　87　歌論集』　橋本不美男,有吉保,藤平春男校注・訳　小学館　2002　646p　22cm〈付属資料：8p；月報 79〉　4657円　Ⓘ4-09-658087-2　Ⓝ911.104
　☆「世界名著大事典」

香川 京子　かがわ・きょうこ

02131 「ひめゆりたちの祈り」
　『ひめゆりたちの祈り―沖縄のメッセージ』　香川京子著　朝日新聞社　1993　201p　15cm〈朝日文庫〉〈参考文献：p191〉　470円　Ⓘ4-02-260771-8　Ⓝ210.75
　☆「今だから知っておきたい戦争の本70」

賀川 玄悦　かがわ・げんえつ

02132 「産論」
　『産論―平成版　産論翼―平成版』　賀川玄悦［著］　産科文献読書会編　岩田書院　2008　382,13p　22cm〈文献あり〉　9500円　Ⓘ978-4-87294-495-2　Ⓝ495.5
　☆「古典の事典」

香川 修庵　かがわ・しゅうあん

02133 「一本堂薬選」
　『一本堂薬選』　香川修庵原著　難波恒雄編集　大阪　漢方文献刊行会　1976　858,30p　図　22cm〈漢方文献叢書　第5輯〉〈井上書店〔発売〕　附：非薬選：戸田旭山著　田原屋平兵衛元文3年刊の複製　限定版〉　9800円　Ⓝ499.8
　☆「世界名著大事典」

香川 進　かがわ・すすむ

02134 「氷原」
　『現代短歌全集　第11巻（昭和25年―27年）』

かかわ　　　　　　　　　　　　　　　　　　　　02135～02148

山田あきほか著　増補版　筑摩書房　2002　512p　23cm〈付属資料：6p：月報11〉　6600円　①4-480-13831-5　Ⓝ911.167
☆「日本文芸鑑賞事典 第16巻」

香川 宣阿　かがわ・せんあ

02135　「陰徳太平記」

『陰徳太平記』　香川正矩原著　松田修,下房俊一訳　〔東村山〕　教育社　1980　3冊　18cm（教育社新書　原本現代訳　13～15）各700円　Ⓝ210.47
☆「日本名著辞典」

賀川 豊彦　かがわ・とよひこ

02136　「死線を越えて」

『死線を越えて』　賀川豊彦著　復刻版　PHP研究所　2009　463p　20cm〈改造社刊の複製〉　1500円　①978-4-569-70801-0　Ⓝ913.6
☆「世界名著大事典」,「大正の名著」,「日本近代の名著」,「日本文学現代名作事典」,「日本文芸鑑賞事典 第6巻（1917～1920年）」,「百年の誤読」,「明治・大正・昭和のベストセラー」,「明治・大正・昭和の名著・総解説」

香川 正矩　かがわ・まさのり

02137　「陰徳太平記」

『陰徳太平記』　香川正矩原著　松田修,下房俊一訳　〔東村山〕　教育社　1980　3冊　18cm（教育社新書　原本現代訳　13～15）各700円　Ⓝ210.47
☆「日本名著辞典」

02138　「老化のバイオサイエンス」

『老化のバイオサイエンス』　香川靖雄著　羊土社　1996　130p　21cm（実験医学バイオサイエンス　22）〈参考図書・参考文献：p119～127〉　2900円　①4-89706-314-0　Ⓝ491.358
☆「学問がわかる500冊 v.2」

垣根 涼介　かきね・りょうすけ

02139　「ワイルド・ソウル」

『ワイルド・ソウル　上巻』　垣根涼介著　新潮社　2009　498p　16cm（新潮文庫　か-47-3）705円　①978-4-10-132973-4　Ⓝ913.6
☆「知らないと恥ずかしい「日本の名作」あらすじ200本」

嘉喜門院　かきもんいん

02140　「嘉喜門院御集」

『群書類従　第15輯　和歌部』　塙保己一編纂　オンデマンド版　八木書店古書出版部　2013　770p　21cm〈訂正3版：続群書類従完成会1980年刊　デジタルパブリッシングサービス〔印刷・製本〕　八木書店〔発売〕〉　12000円　①978-4-8406-3126-6　Ⓝ081

☆「近代名著解題選集 3」

覚禅　かくぜん

02141　「覚禅鈔」

『覚禅鈔　1』　覚禅著　覚禅鈔研究会編　〔高野町（和歌山県）〕　親王院堯榮文庫　2000　328p　22×31cm（勧修寺善本影印集成　1　筑波常遍監修）〈複製〉　18000円　①4-88413-011-1　Ⓝ188.51
☆「日本の古典名著」

角田 光代　かくた・みつよ

02142　「対岸の彼女」

『対岸の彼女』　角田光代著　文藝春秋　2007　334p　16cm（文春文庫）　514円　①978-4-16-767205-8　Ⓝ913.6
☆「教養のためのブックガイド」,「知らないと恥ずかしい「日本の名作」あらすじ200本」

02143　「まどろむ夜のUFO」

『まどろむ夜のUFO』　角田光代〔著〕　講談社　2004　266p　15cm（講談社文庫）　552円　①4-06-273928-3　Ⓝ913.6
☆「現代文学鑑賞辞典」

覚如　かくにょ

02144　「改邪鈔」

『親鸞全集　別巻　歎異抄　恵信尼消息―他』　親鸞〔著〕　石田瑞麿訳　〔2010年〕新装　春秋社　2010　183,56,16p　23cm〈索引あり〉　4000円　①978-4-393-16030-5　Ⓝ188.71
☆「世界名著大事典」

02145　「口伝鈔」

『口伝鈔』　梯實圓著　京都　本願寺出版社　2010　401p　22cm（聖典セミナー）　3800円　①978-4-89416-510-6　Ⓝ188.71
☆「世界名著大事典」

02146　「御伝鈔」

『御伝鈔―唱読用』　宗昭撰　勤式指導所編　京都　永田文昌堂　1952　18丁　19cm〈和装〉　Ⓝ188.76
☆「世界名著大事典」

覚鑁　かくばん

02147　「五輪九字明秘釈」

『昭和新纂国訳大蔵経　〔第3-4〕』　昭和新纂国訳大蔵経編輯部編　東方書院　1928　24冊　20cm　Ⓝ183
☆「世界名著大事典」

02148　「密厳遺教録」

☆「世界名著大事典」

影浦 峡　かげうら・きょう

02149　「信頼の条件—原発事故をめぐることば」
『信頼の条件—原発事故をめぐることば』　影浦峡著　岩波書店　2013　98p　19cm（岩波科学ライブラリー　207）　1200円
Ⓘ978-4-00-029607-6　Ⓝ543.5
☆「倫理良書を読む」

梯 久美子　かけはし・くみこ

02150　「散るぞ悲しき」
『散るぞ悲しき—硫黄島総指揮官・栗林忠道』　梯久美子著　新潮社　2008　302p　16cm（新潮文庫）〈文献あり〉　476円
Ⓘ978-4-10-135281-7　Ⓝ210.75
☆「日本人とは何か」

景山 民夫　かげやま・たみお

02151　「真説・クジラの来る海」
『クジラの来る海』　景山民夫著　新潮社　1997　237p　15cm（新潮文庫）　400円
Ⓘ4-10-110222-8　Ⓝ913.6
☆「世界の海洋文学」

02152　「遠い海から来たCOO」
『遠い海から来たCOO』　景山民夫著　角川書店　1992　339p　15cm（角川文庫）　520円
Ⓘ4-04-173606-4
☆「世界の海洋文学」

影山 日出弥　かげやま・ひでや

02153　「憲法の原理と国家の論理」
『憲法の原理と国家の論理』　影山日出弥著　勁草書房　1971　290,5p　22cm　1200円
Ⓝ323
☆「憲法本41」

加古 千賀　かこ・ちが

02154　「壺坂霊験記」
『名作歌舞伎全集　第7巻　丸本世話物集』　東京創元新社　1969　353p　図版　20cm〈監修者：戸板康二等〉　Ⓝ912.5
☆「世界名著大事典」

加古 祐二郎　かこ・ゆうじろう

02155　「理論法学の諸問題」
『理論法学の諸問題』　加古祐二郎著　日本科学社　1948　362p　図版　21cm　Ⓝ321
☆「世界名著大事典」

鹿児島 寿蔵　かごしま・じゅぞう

02156　「潮汐」
『潮汐—歌集』　鹿児島寿蔵著　短歌新聞社　1993　134p　15cm（短歌新聞社文庫）　700円　Ⓘ4-8039-0693-9　Ⓝ911.168
☆「日本文芸鑑賞事典　第13巻」

笠井 潔　かさい・きよし

02157　「巨人伝説」
『巨人伝説』　笠井潔著　〔永久保存版〕　作品社　1996　673p　19cm（笠井潔伝奇小説集成4）　5800円　Ⓘ4-87893-618-5
☆「世界のSF文学・総解説」

02158　「国家民営化論」
『国家民営化論—ラディカルな自由社会を構想する』　笠井潔著　光文社　2000　279p　16cm（知恵の森文庫）〈文献あり〉　571円
Ⓘ4-334-78059-8　Ⓝ309.1
☆「アナーキズム」

02159　「スキー的思考」
『スキー的思考』　笠井潔著　光文社　1998　301p　19cm　1900円　Ⓘ4-334-97193-8　Ⓝ914.6
☆「新・山の本おすすめ50選」

葛西 善蔵　かさい・ぜんぞう

02160　「蠢く者」
『哀しき父・椎の若葉』　葛西善蔵著　講談社　1994　329p　16cm（講談社文芸文庫）　980円　Ⓘ4-06-196302-3　Ⓝ913.6
☆「現代文学名作探訪事典」、「女性のための名作・人生案内」

02161　「哀しき父」
『哀しき父』　葛西善蔵著　改造社　1927　343p　20cm（普及版）　Ⓝ913.6
☆「世界名著大事典」、「日本文学現代名作事典」

02162　「子をつれて」
『子をつれて—他八篇』　葛西善蔵著　岩波書店　1952　221p　15cm（岩波文庫）　Ⓝ913.6
☆「あらすじで読む日本の名著 No.3」、「近代文学名作事典」、「現代文学鑑賞辞典」、「これだけは読んでおきたい日本の名作文学案内」、「世界名著大事典」、「日本近代文学名著事典」、「日本文学鑑賞辞典〔第2〕」、「日本文学名作事典」、「日本文芸鑑賞事典　第6巻（1917～1920年）」、「ポケット日本名作事典」

02163　「湖畔手記」
『作家の自伝　64　葛西善蔵』　佐伯彰一,松本健一監修　葛西善蔵著　榎本隆司編解説　日本図書センター　1998　261p　22cm（シリーズ・人間図書館）〈年譜あり〉　2600円
Ⓘ4-8205-9508-3,4-8205-9504-0　Ⓝ918.6
☆「日本文学現代名作事典」

02164　「酔狂者の独白」

『編年体大正文学全集 第15巻(大正15年)』
永井荷風[ほか]著 鈴木貞美編 ゆまに書房
2003 679p 22cm 6600円
①4-89714-904-5 Ⓝ918.6
☆「日本の小説101」

02165 「不良児」
『贋物・父の葬式』 葛西善蔵[著] 講談社
2012 315p 16cm(講談社文芸文庫 かI2)
〈底本:「葛西善蔵全集1～3」(文泉堂書店
1974年刊) 著作目録あり〉 1300円
①978-4-06-290172-7 Ⓝ913.6
☆「現代文学名作探訪事典」

風早 八十二 かざはや・やそじ

02166 「日本社会政策史」
『日本社会政策史 上』 風早八十二著 青木書
店 1951 291p 15cm(青木文庫 第25)
Ⓝ364
☆「世界名著大事典」

笠原 健吉 かさはら・けんきち

02167 「複素解析」
『複素解析―1変数解析関数』 笠原乾吉著 実教
出版 1978 228p 22cm 1800円 Ⓝ413.52
☆「数学ブックガイド100」

笠原 晧司 かさはら・こうじ

02168 「新微分方程式対話」
『新微分方程式対話』 笠原晧司著 新版 日本
評論社 1995 148p 22cm(日評数学選書)
〈参考書:p145～146〉 2575円
①4-535-60119-4 Ⓝ413.6
☆「数学ブックガイド100」

風巻 景次郎 かざまき・けいじろう

02169 「新古今時代」
『新古今時代』 風巻景次郎著 塙書房 1955
625p 22cm〈昭和11年人文書院刊の再刊〉
Ⓝ911.145
☆「人文科学の名著」、「世界名著大事典」

02170 「文学の発生」
『文学の発生』 風巻景次郎著 子文書房 1940
333p 18cm(文芸文化叢書 第9) Ⓝ910.4
☆「古典をどう読むか」

笠松 宏至 かさまつ・ひろし

02171 「法と言葉の中世史」
『法と言葉の中世史』 笠松宏至著 平凡社
1993 267p 16cm(平凡社ライブラリー)
1000円 ①4-582-76032-5 Ⓝ322.14
☆「学問がわかる500冊 v.2」

花山院 かざんいん

02172 「拾遺和歌集」
『拾遺和歌集』 増田繁夫著 明治書院 2003
326p 22cm(和歌文学大系 32 久保田淳監
修)〈付属資料:8p;月報18〉 7000円
①4-625-41315-X Ⓝ911.1353
☆「近代名著解題選集3」、「古典の事典」、「世界名著
大事典」、「日本の古典名著」、「日本文学鑑賞辞典
〔第1〕」、「日本文学名作概観」、「日本名著辞典」

梶 龍雄 かじ・たつお

02173 「透明な季節」
『透明な季節』 梶龍雄著 講談社 1980
317p 15cm(講談社文庫) 380円 Ⓝ913.6
☆「世界の推理小説・総解説」

加地 伸行 かじ・のぶゆき

02174 「儒教とは何か」
『儒教とは何か』 加地伸行著 中央公論社
1990 267p 18cm(中公新書) 680円
①4-12-100989-4 Ⓝ122
☆「21世紀の必読書100選」、「本の定番」ブックガ
イド」、「倫理良寛を読む」

02175 「沈黙の宗教―儒教」
『沈黙の宗教―儒教』 加地伸行著 筑摩書房
2011 372,9p 15cm(ちくま学芸文庫 カ
28-1)〈1994年刊の加筆訂正 索引あり〉
1200円 ①978-4-480-09365-3 Ⓝ124.1
☆「学問がわかる500冊」

加治 将一 かじ・まさかず

02176 「借りたカネは返すな！」
『借りたカネは返すな！―企業再生屋が書いた』
加治将一,八木宏之著 アスコム 2003
246p 19cm 1238円 ①4-7762-0018-X
Ⓝ324.52
☆「超売れ筋ビジネス書101冊」、「マンガでわかる
ビジネス名著」

鹿地 亘 かじ・わたる

02177 「日本兵士の反戦運動」
『日本兵士の反戦運動』 鹿地亘著 同成社
1982 419p 19cm〈改訂版(昭和40年刊)の
再刊 年表:p395～409〉 1800円 Ⓝ210.7
☆「日本陸軍の本・総解説」

02178 「労働日記と靴」
『労働日記と靴』 鹿地亘著 関井光男監修 ゆ
まに書房 1998 217p 19cm(新鋭文学叢書
22)〈改造社昭和5年刊の複製 肖像あり〉
①4-89714-471-X Ⓝ913.6
☆「日本のプロレタリア文学」

梶井 基次郎　かじい・もとじろう

02179　「Kの昇天」
『檸檬』　梶井基次郎［著］　改版　角川書店　2013　276p　15cm（角川文庫　か19-1)〈年譜あり　角川グループホールディングス〔発売〕〉　400円　Ⓘ978-4-04-100838-6　Ⓝ913.6
☆「日本文学 これを読まないと文学は語れない!!」

02180　「桜の樹の下には」
『檸檬』　梶井基次郎［著］　改版　角川書店　2013　276p　15cm（角川文庫　か19-1)〈年譜あり　角川グループホールディングス〔発売〕〉　400円　Ⓘ978-4-04-100838-6　Ⓝ913.6
☆「名作はこのように始まる 2」

02181　「城のある町にて」
『城のある町にて』　梶井基次郎作　久米宏一絵　麦書房　1969　30p　21cm（雨の日文庫　第5集（現代日本文学・昭和戦前編）3）
☆「現代文学鑑賞辞典」、「日本の名著」、「日本文芸鑑賞事典 第8巻（1924～1926年）」

02182　「冬の日」
『檸檬』　梶井基次郎［著］　改版　角川書店　2013　276p　15cm（角川文庫　か19-1)〈年譜あり　角川グループホールディングス〔発売〕〉　400円　Ⓘ978-4-04-100838-6　Ⓝ913.6
☆「一度は読もうよ! 日本の名著」、「一冊で日本の名著100冊を読む 続」、「日本文芸鑑賞事典 第9巻」

02183　「闇の絵巻」
『檸檬』　梶井基次郎［著］　改版　角川書店　2013　276p　15cm（角川文庫　か19-1)〈年譜あり　角川グループホールディングス〔発売〕〉　400円　Ⓘ978-4-04-100838-6　Ⓝ913.6
☆「日本の小説101」、「日本文学名作事典」

02184　「檸檬」
『檸檬』　梶井基次郎［著］　改版　角川書店　2013　276p　15cm（角川文庫　か19-1)〈年譜あり　角川グループホールディングス〔発売〕〉　400円　Ⓘ978-4-04-100838-6　Ⓝ913.6
☆「あらすじダイジェスト」、「あらすじで読む日本の名著 No.2」、「一度は読もうよ! 日本の名作」、「一冊で日本の名著100冊を読む 続」、「一冊で100名作の「さわり」を読む」、「近代文学名作事典」、「現代文学鑑賞辞典」、「この一冊でわかる日本の名作」、「これだけは読んでおきたい日本の名作文学案内」、「3行でわかる名作&ヒット本250」、「知らないと恥ずかしい「日本の名作」あらすじ200本」、「新潮文庫20世紀の100冊」、「図説 5分でわかる日本の名作」、「世界名著大事典」、「大正の名作」、「2時間でわかる日本の名著」、「日本近代文学名著事典」、「日本人なら知っておきたいあらすじで読む日本の名著」、「日本の名作おさらい」、「日本の名著3分間読書100」、「日本文学鑑賞辞典（第2）」、「日本文学現代名作事典」、「日本文学名作事典」、「日本文芸鑑賞事

典 第8巻（1924～1926年）」、「日本名作文学館 日本編」、「ひと目でわかる日本の名作」、「文学・名著300選の解説 '88年度版」、「ポケット日本名作事典」、「名作の書き出しを諳んじる」

梶尾 真治　かじお・しんじ

02185　「おもいでエマノン」
『おもいでエマノン』　梶尾真治著　新装版　徳間書店　2013　375p　15cm（徳間文庫　か7-4）　660円　Ⓘ978-4-19-893771-3　Ⓝ913.6
☆「世界のSF文学・総解説」

02186　「地球はプレイン・ヨーグルト」
『地球はプレイン・ヨーグルト』　梶尾真治著　早川書房　1979　292p　16cm（ハヤカワ文庫JA)　320円　Ⓝ913.6
☆「世界のSF文学・総解説」

梶田 叡一　かじた・えいいち

02187　「教育における評価の理論」
『教育における評価の理論　1　学力観・評価観の転換』　梶田叡一著　金子書房　1994　304p　22cm　2800円　Ⓘ4-7608-2271-2　Ⓝ371.7
☆「教育名著 日本編」

02188　「自己意識の心理学」
『自己意識の心理学』　梶田叡一著　第2版　東京大学出版会　1988　249p　19cm（UP選書208)〈自己意識研究に関する主要参考文献：p241～246〉　1400円　Ⓘ4-13-002201-6　Ⓝ141.93
☆「学問がわかる500冊」

梶田 孝道　かじた・たかみち

02189　「新しい民族問題」
『新しい民族問題―EC統合とエスニシティ』　梶田孝道著　中央公論社　1993　290p　18cm（中公新書)〈参考文献：p280～290〉　820円　Ⓘ4-12-101116-3　Ⓝ316.83
☆「学問がわかる500冊」

02190　「エスニシティと社会変動」
『エスニシティと社会変動』　梶田孝道著　有信堂高文社　1988　320,9p　22cm　4200円　Ⓝ316.5
☆「ナショナリズム論の名著50」

樫野 紀元　かしの・のりもと

02191　「美しい環境をつくる建築材料の話」
『美しい環境をつくる建築材料の話』　樫野紀元著　彰国社　1992　200p　19cm〈図版出典および参考文献：p198〉　1900円　Ⓘ4-395-00345-1　Ⓝ524.2
☆「学問がわかる500冊 v.2」

鹿島 郁夫　かしま・いくお

02192　「コラーサ号の冒険」
『コラーサ号の冒険』　鹿島郁夫著　朝日新聞社　1967　245p 図版12枚　19cm　380円　Ⓝ915.9
☆「世界の海洋文学」

鹿島 茂　かしま・しげる

02193　「フランス歳時記」
『フランス歳時記―生活風景12か月』　鹿島茂著　中央公論新社　2002　243p　18cm（中公新書）　780円　Ⓘ4-12-101634-3　Ⓝ293.5
☆「「本の定番」ブックガイド」

鹿島 鳴秋　かしま・めいしゅう

02194　「浜千鳥」
『浜千鳥』　弘田龍太郎作曲　星出尚志編曲　佼成出版社　2004　13p,40枚　30cm（KOPS 65）〈ホルダー入〉　10500円　Ⓝ764.3
☆「日本文芸鑑賞事典 第6巻（1917〜1920年）」

鹿島 守之助　かじま・もりのすけ

02195　「世界大戦原因の研究」
『世界大戦原因の研究』　鹿島守之助著　5版　鹿島研究所出版会　1963　968,41p　22cm　Ⓝ230.7
☆「世界名著大事典」

鹿島田 真希　かしまだ・まき

02196　「ナンバーワン・コンストラクション」
『ナンバーワン・コンストラクション』　鹿島田真希著　新潮社　2006　157p　20cm　1300円　Ⓘ4-10-469503-3　Ⓝ913.6
☆「建築・都市ブックガイド21紀」

梶山 季之　かじやま・としゆき

02197　「黒の試走車」
『黒の試走車』　梶山季之著　岩波書店　2007　417p　15cm（岩波現代文庫　文芸）　1100円　Ⓘ978-4-00-602122-1　Ⓝ913.6
☆「生きがいの再発見名著22選」、「一度は読もうよ！日本の名著」、「世界の推理小説・総解説」、「日本文学 これを読まないと文学は語れない!!」、「日本文学名作案内」

02198　「彫辰捕物帖」
『彫辰捕物帖　上』　梶山季之著　論創社　2008　398p　20cm　2200円　Ⓘ978-4-8460-0797-3　Ⓝ913.6
☆「歴史小説・時代小説 総解説」

柏 祐賢　かしわ・すけかた

02199　「テーヤの生涯」
『柏祐賢著作集　第12巻　農学の定礎者テーヤの生涯』　京都　京都産業大学出版会　1987　400,6p　22cm〈丸善〔発売〕　テーヤの肖像あり　テーヤに関する年譜・テーヤの著作目録：p395〜400〉　4500円　Ⓘ4-905726-13-1　Ⓝ081.6
☆「伝記・自叙伝の名著」

柏井 園　かしわい・えん

02200　「基督教史」
『基督教史』　柏井園著　新教出版社　1956　657p　19cm〈昭和10年柏井全集別巻として刊行（長崎書店）されたものの復刻版〉　Ⓝ190.2
☆「世界名著大事典」

柏木 恵子　かしわぎ・けいこ

02201　「子どもの「自己」の発達」
『子どもの「自己」の発達』　柏木恵子著　東京大学出版会　1983　317,15p　19cm〈巻末：参考文献〉　1800円　Ⓘ4-13-053051-8　Ⓝ143
☆「学問がわかる500冊」

02202　「こどもの発達・学習・社会化」
『こどもの発達・学習・社会化―発達心理学入門』　柏木恵子著　有斐閣　1978　304p　19cm（有斐閣選書）〈参考案内：p300〜304〉　1300円　Ⓝ143
☆「学問がわかる500冊」

柏木 如亭　かしわぎ・じょてい

02203　「詩本草」
『詩本草』　柏木如亭著　揖斐高校注　岩波書店　2006　269p　15cm（岩波文庫）　660円　Ⓘ4-00-302801-5　Ⓝ914.5
☆「Jブンガク」

柏木 博　かしわぎ・ひろし

02204　「道具の政治学」
『道具の政治学』　柏木博著　冬樹社　1985　229p　20cm　1800円　Ⓝ757
☆「学問がわかる500冊 v.2」

02205　「モダンデザイン批判」
『モダンデザイン批判』　柏木博著　岩波書店　2002　260p　20cm　2500円　Ⓘ4-00-025295-X　Ⓝ757.02
☆「建築・都市ブックガイド21紀」

柏葉 幸子　かしわば・さちこ

02206　「霧のむこうのふしぎな町」
『霧のむこうのふしぎな町』　柏葉幸子作　杉田比呂美絵　新装版　講談社　2008　210p　18cm（講談社青い鳥文庫　SLシリーズ）　1000円　Ⓘ978-4-06-286402-2　Ⓝ913.6
☆「少年少女の名作案内 日本の文学ファンタジー編」

柏原 長繁　かしわばら・ながしげ

02207　「盤城艦航海誌」
☆「日本海軍の本・総解説」

柏村 勲　かしわむら・いさお

02208　「素晴しいヨット旅行」
『素晴しいヨット旅行』　柏村勲著　舵社　1996　244p　20cm　1900円　④4-8072-1109-9　Ⓝ290.9
☆「世界の海洋文学」

柏女 霊峰　かしわめ・れいほう

02209　「現代児童福祉論」
『現代児童福祉論』　柏女霊峰著　第8版　誠信書房　2007　280p　21cm　2800円　①978-4-414-60141-1　Ⓝ369.4
☆「学問がわかる500冊」

梶原 性全　かじわら・せいぜん

02210　「頓医抄」
『頓医抄』　梶原性全著　科学書院　1986　758p　27cm〈解題：石原明　内閣文庫蔵の複製　霞ケ関出版〔発売〕〉　Ⓝ490.9
☆「古典の事典」,「世界名著大事典」,「日本の古典名著」

春日 政治　かすが・まさじ

02211　「金光明最勝王経古点の国語学的研究」
『金光明最勝王経古点の国語学的研究—西大寺本　本文篇,研究篇』　春日政治著　福岡　斯道文庫　1942　2冊　27cm〈斯道文庫紀要第1〉　Ⓝ811
☆「世界名著大事典」

加瀬 正一　かせ・しょういち

02212　「国際通貨危機」
『国際通貨危機』　加瀬正一著　岩波書店　1975　214,8p　18cm〈岩波新書〉〈巻末：年表〉230円　Ⓝ338.97
☆「現代ビジネス書・経済書総解説」

風野 真知雄　かぜの・まちお

02213　「耳袋秘帖」
『赤鬼奉行根岸肥前—耳袋秘帖』　風野真知雄著　文藝春秋　2011　285p　16cm〈文春文庫　か46-7〉　581円　①978-4-16-777907-8　Ⓝ913.6
☆「面白いほどよくわかる時代小説名作100」

02214　「若さま同心 徳川竜之助」
『象印の夜』　風野真知雄著　双葉社　2012　285p　15cm〈双葉文庫　か-29-14—新・若さま同心徳川竜之助〉　581円　①978-4-575-66560-4　Ⓝ913.6
☆「面白いほどよくわかる時代小説名作100」

荷田 春満　かだ・あずままろ

02215　「創学校啓」
『荷田全集　第1巻』　荷田春満著　官幣大社稲荷神社編纂　名著普及会　1990　591,9p　24cm〈吉川弘文館昭和3年刊の複製　普及版　著者の肖像あり〉　①4-89551-539-7　Ⓝ121.52
☆「世界名著大事典」,「日本名著辞典」

荷田 在満　かだ・ありまろ

02216　「国歌八論」
『国歌八論』　土岐善麿編　増補版　改造社　1943　269p　15cm〈改造文庫〉　Ⓝ911.101
☆「世界名著大事典」

嘉田 由紀子　かだ・ゆきこ

02217　「生活世界の環境学」
『生活世界の環境学—琵琶湖からのメッセージ』　嘉田由紀子著　農山漁村文化協会　1995　320p　20cm　2800円　①4-540-94171-2　Ⓝ519.4
☆「学問がわかる500冊 v.2」

02218　「水と人の環境史」
『水と人の環境史—琵琶湖報告書』　鳥越皓之,嘉田由紀子編　増補版　御茶の水書房　1991　351p　19cm〈付：参考文献〉　2472円　①4-275-01434-0　Ⓝ519.8161
☆「環境と社会」

片岡 巍　かたおか・たかし

02219　「天皇の御親兵」
『天皇の御親兵—ああ陸軍船舶兵』　片岡巍著　光和堂　1982　314p　20cm　1500円　①4-87538-055-0　Ⓝ913.6
☆「世界の海洋文学」

片岡 鉄兵　かたおか・てっぺい

02220　「生ける人形」
『生ける人形』　片岡鉄兵著　銀座出版社　1947　334p　19cm　Ⓝ913.6
☆「世界名著大事典」

02221　「綾里村快挙録」
『綾里村快挙録』　片岡鉄兵著　戦旗社　1930　135p　19cm〈日本プロレタリア作家叢書　第11篇〉　Ⓝ913.6
☆「日本のプロレタリア文学」

片岡 鉄哉　かたおか・てつや

02222　「日本永久占領」
『日本永久占領—日米関係、隠された真実』　片岡鉄哉著　講談社　1999　518p　16cm〈講談社+α文庫〉〈『さらば吉田茂』(文藝春秋1992年刊)の増訂〉　1300円　①4-06-256348-7

Ⓝ210.76
☆「21世紀の必読書100選」

片岡 義男　かたおか・よしお

02223　「スローなブギにしてくれ」
『スローなブギにしてくれ』　片岡義男著　角川書店　2001　270p　15cm〈角川文庫〉〈1979年刊の増訂〉　476円　①4-04-137191-0　Ⓝ913.6
☆「現代文学鑑賞辞典」

02224　「波乗りの島」
『波乗りの島』　片岡義男著　双葉社　1998　329p　15cm〈双葉文庫〉〈ブロンズ新社1993年刊の改訂〉　581円　①4-575-50663-X　Ⓝ913.6
☆「世界の海洋文学」

片岡 良一　かたおか・よしかず

02225　「近代日本の作家と作品」
『近代日本の作家と作品』　片岡良一著　6版　岩波書店　1949　642p　22cm　Ⓝ910.26
☆「世界名著大事典」

片上 伸　かたがみ・のぶる

02226　「生の要求と文学」
『生の要求と文学』　片上伸著　南北社　1913　462p　20cm　Ⓝ901
☆「世界名著大事典」

片倉 衷　かたくら・ただし

02227　「戦陣随録」
『戦陣随録』　片倉衷著　経済往来社　1972　347p　肖像　19cm　1200円　Ⓝ210.7
☆「日本陸軍の本・総解説」

片山 一道　かたやま・かずみち

02228　「古人骨は語る」
『古人骨は語る―骨考古学ことはじめ』　片山一道著　角川書店　1999　236p　15cm〈角川文庫　角川ソフィア文庫〉〈文献あり〉　600円　①4-04-352401-2　Ⓝ202.5
☆「学問がわかる500冊 v.2」

片山 恭一　かたやま・きょういち

02229　「世界の中心で、愛をさけぶ」
『世界の中心で、愛をさけぶ』　片山恭一著　久世みずき画　小学館　2014　252p　18cm〈小学館ジュニア文庫〉〈小学館文庫2006年刊の再刊〉　700円　①978-4-09-230760-5　Ⓝ913.6
☆「知らないと恥ずかしい「日本の名作」あらすじ200本」、「百年の誤読」

片山 兼山　かたやま・けんざん

02230　「古文考経標注」

☆「世界名著大事典 補遺（Extra）」

02231　「周易類考」
☆「世界名著大事典 補遺（Extra）」

片山 潜　かたやま・せん

02232　「自伝」
『自伝』　片山潜著　岩波書店　1954　377p　図版　18cm　Ⓝ289.1
☆「日本近代の名著」

02233　「大戦後に於ける日本階級運動の批判的総観」
☆「歴史の名著 日本人篇」

02234　「日本の労働運動」
『近代日本社会学史叢書　第1期第24巻　日本の労働運動』　近代日本社会学史叢書編集委員会編　片山潜,西川光次郎著　龍溪書舎　2008　268,40p　22cm〈第1期のサブタイトル：草創期・生成期（明治初年〜30年代）　労働新聞社明治34年刊の複製〉
①978-4-8447-5527-2　Ⓝ361.21
☆「世界名著大事典」、「ベストガイド日本の名著」、「明治・大正・昭和の名著・総解説」、「明治の名著 1」

02235　「我社会主義」
『片山潜・田添鉄二集』　岸本英太郎編・解説　青木書店　1955　299p　16cm〈資料日本社会運動思想史　青木文庫　明治後期　第6集〉　Ⓝ363
☆「世界名著大事典」、「明治・大正・昭和の名著・総解説」、「明治の名著 1」

片山 全平　かたやま・ぜんぺい

02236　「ヒマラヤ取材記」
『ヒマラヤ取材記』　片山全平著　スキージャーナル　1978　329p　19cm〈自然と人間シリーズ　13〉　1200円　Ⓝ292.258
☆「日本の山の名著・総解説」

勝 海舟　かつ・かいしゅう

02237　「海軍歴史」
『海軍歴史』　勝安芳著　原書房　1967　519p　図版　22cm〈明治百年史叢書〉〈海舟全集第8巻（昭和2-4年刊）の複刻〉　3500円　Ⓝ397.21
☆「世界名著大事典 補遺（Extra）」、「日本海軍の本・総解説」

02238　「開国起原」
『開国起原』　勝安芳著　原書房　1968　2冊　22cm〈明治百年史叢書〉〈海舟全集第1-2巻の複刻〉　各3500円　Ⓝ210.59
☆「世界名著大事典 補遺（Extra）」、「日本名著辞典」

02239　「吹塵録」

『吹塵録 上巻』 勝安芳著 原書房 1968 722p 22cm(明治百年史叢書)〈「海舟全集 第3巻」の複刻版〉 4500円 Ⓝ332.1
☆「世界名著大事典 補遺(Extra)」

02240 「氷川清話」
『氷川清話』 勝海舟著 江藤淳,松浦玲編 講談社 2000 400p 15cm(講談社学術文庫) 920円 ①4-06-159463-X Ⓝ210.61
☆「一冊で人生論の名著を読む」,「近代日本の百冊を選ぶ」,「自己啓発の名著30」,「世界名著大事典 補遺(Extra)」,「読書入門」,「「日本人の名著」を読む」,「日本の古典」,「日本の古典名著」,「日本の名著3分間読書100」,「日本文芸鑑賞事典 第2巻(1895～1903年)」

勝 小吉 かつ・こきち

02241 「夢酔独言」
『夢酔独言』 勝小吉著 勝部真長編 教育出版 2003 214p 18cm(読んでおきたい日本の名作)〈年譜あり〉 800円 ①4-316-80035-3 Ⓝ289.1
☆「教養のためのブックガイド」,「自伝の名著101」

活活庵主人 かつかつあんしゅじん

02242 「春䴡折甲」
『春䴡拆甲 春風帖』 [活活菴主人],[画餅道人][著] 太平主人編著 太平書屋 2014 217p 25cm〈付・画餅居士撰俳諧快史夏帖第一話 複製〉 12000円 Ⓝ919.5
☆「日本の艶本・珍書 総解説」,「日本の奇書77冊」

香月 牛山 かつき・ぎゅうざん

02243 「小児必用養育草」
『臨床漢方小児科叢書 第5冊』 オリエント臨床文献研究所監修 大阪 オリエント出版社 1997 530p 27cm〈複製〉 Ⓝ490.9
☆「古典の事典」

香月 洋一郎 かつき・よういちろう

02244 「山に棲む」
『山に棲む―民俗誌序章』 香月洋一郎著 未来社 1995 380,13p 22cm 7004円 ①4-624-20067-5 Ⓝ382.1
☆「学問がわかる500冊 v.2」

勝田 吉太郎 かつた・きちたろう

02245 「アナーキスト」
『アナーキスト』 勝田吉太郎著 京都 ミネルヴァ書房 1993 498p 21cm(勝田吉太郎著作集 第4巻) 6500円 ①4-623-02328-1
☆「アナーキズム」

02246 「近代ロシヤ政治思想史―西欧主義とスラブ主義」

『近代ロシヤ政治思想史 上』 勝田吉太郎著 京都 ミネルヴァ書房 1993 485p 21cm(勝田吉太郎著作集 第1巻) 6500円 ①4-623-02258-7
☆「21世紀の必読書100選」

勝田 守一 かつた・しゅいち

02247 「教育と教育学」
『教育と教育学』 勝田守一著 岩波書店 1970 679p 22cm 1800円 Ⓝ371
☆「教育名著 日本編」

02248 「能力と発達と学習」
『能力と発達と学習』 勝田守一著 国土社 1990 276p 20cm(現代教育101選 26)〈各章末:参考文献〉 2200円 ①4-337-65926-9 Ⓝ371
☆「学問がわかる500冊」,「教育本44」,「教育名著の愉しみ」

カッテンディーケ

02249 「長崎海軍伝習所の日々」
『長崎海軍伝習所の日々』 カッテンディーケ著 水田信利訳 平凡社 1974 235p 17cm 420円 Ⓝ210.59
☆「日本海軍の本・総解説」

勝又 壽良 かつまた・ひさよし

02250 「含み益立国日本の終焉」
『含み益』立国日本の終焉―日本経済に復活のシナリオはあるか』 勝又寿良著 ラビット出版 1992 256p 20cm〈星雲社〔発売〕〉 1500円 ①4-7952-4158-9 Ⓝ332.107
☆「経済経営95冊」

桂 信子 かつら・のぶこ

02251 「月光抄」
『月光抄―句集』 桂信子著 東京四季出版 1992 265p 20cm 2800円 ①4-87621-500-6 Ⓝ911.368
☆「日本文芸鑑賞事典 第15巻」

桂川 甫周 かつらがわ・ほしゅう

02252 「和蘭字彙」
『和蘭字彙』 桂川甫周編 解説:杉本つとむ 早稲田大学出版部 1974 5冊 27cm〈底本:早稲田大学図書館所蔵 発弘書林 安政2-5年刊本〉 100000円 Ⓝ849.3
☆「世界名著大事典 補遺(Extra)」

02253 「北槎聞略」
『北槎聞略―大黒屋光太夫ロシア漂流記』 桂川甫周著 亀井高孝校訂 岩波書店 2000 484p 15cm(岩波文庫) 860円 ①4-00-334561-4

☆「アジアの比較文化」、「古典の事典」、「世界の旅行記101」、「世界名著大事典」、「日本の書物」、「日本名著辞典」

02254 「魯西亜志」
『少年必読日本文庫』 岸上操編 内藤耻叟校訂 博文館 1891 12冊 19cm Ⓝ081.6
☆「アジアの比較文化」

葛城 四郎 かつらぎ・しろう

02255 「海へ、さよならも言わずに」
『海へさよならも言わずに―洋上ドクター航海記』 葛城四郎著 大阪 海風社 1988 425p 19cm 1000円 Ⓘ4-87616-162-3 Ⓝ049.1
☆「世界の海洋文学」

加藤 一夫 かとう・かずお

02256 「民衆芸術論」
『民衆芸術論』 加藤一夫著 洛陽堂 1919 310p 20cm Ⓝ701
☆「日本文芸鑑賞事典 第6巻(1917〜1920年)」

加藤 克巳 かとう・かつみ

02257 「球体」
『球体―歌集』 加藤克巳著 短歌新聞社 1993 136p 15cm(短歌新聞社文庫) 700円 Ⓘ4-8039-0696-3 Ⓝ911.168
☆「日本文芸鑑賞事典 第20巻(昭和42〜50年)」

加藤 喜一郎 かとう・きいちろう

02258 「山に憑かれた男」
『山に憑かれた男』 加藤喜一郎著 文芸春秋新社 1957 241p 図版12枚 20cm Ⓝ292.58
☆「山の名著30選」

加藤 清 かとう・きよし

02259 「癒しの森」
『癒しの森―心理療法と宗教』 加藤清監修 大阪 創元社 1996 260p 19cm 2060円 Ⓘ4-422-11180-9
☆「学問がわかる500冊」

加藤 玄智 かとう・げんち

02260 「神道の宗教発達史的研究」
『神道の宗教発達史的研究』 加藤玄智著 大空社 1996 1384,17p 22cm(アジア学叢書 14)〈中文館書店昭和10年刊の複製〉 31000円 Ⓘ4-7568-0253-2 Ⓝ172
☆「世界名著大事典」

加藤 幸雄 かとう・さちお

02261 「司法福祉の焦点」
『司法福祉の焦点―少年司法分野を中心として』 加藤幸雄ほか編著 京都 ミネルヴァ書房 1994 298p 22cm〈参考文献:p285〜287〉 3500円 Ⓘ4-623-02473-3 Ⓝ327.8
☆「学問がわかる500冊」

加藤 繁 かとう・しげし

02262 「支那革命史」
『支那革命史』 吉野作造,加藤繁共著 京都 内外出版 1929 457p 23cm Ⓝ222.07
☆「世界名著大事典」

02263 「支那経済史概説」
『支那経済史概説』 加藤繁著 弘文堂 1944 163p 図版 22cm Ⓝ332.22
☆「人文科学の名著」、「世界名著大事典」

02264 「支那経済史考証」
『支那経済史考証 上巻』 加藤繁著 東洋文庫 1952 707p 図版 19cm(東洋文庫論叢 第34 上) Ⓝ332.22
☆「世界名著大事典」

02265 「唐宋時代に於ける金銀の研究」
『唐宋時代に於ける金銀の研究―但し其の貨幣的機能を中心として 第1,2』 加藤繁著 東洋文庫 1925 2冊 26cm(東洋文庫論叢 第6) Ⓝ337
☆「世界名著大事典」

加藤 周一 かとう・しゅういち

02266 「ある晴れた日に」
『ある晴れた日に』 加藤周一著 岩波書店 2009 252p 15cm(岩波現代文庫 B155) 900円 Ⓘ978-4-00-602155-9 Ⓝ913.6
☆「世界名著大事典 補遺(Extra)」

02267 「近代日本の文明史的位置」
『加藤周一自選集 2(1955-1959)』 加藤周一著 鷲巣力編 岩波書店 2009 429p 20cm 3400円 Ⓘ978-4-00-028342-7 Ⓝ918.68
☆「現代ビジネス書・経済書総解説」

02268 「雑種文化」
『雑種文化―日本の小さな希望』 加藤周一著 大日本雄弁会講談社 1956 204p 18cm(ミリオン・ブックス) Ⓝ914.6
☆「世界名著大事典 補遺(Extra)」、「ベストガイド日本の名著」、「明治・大正・昭和の名著・総解説」

02269 「三題噺」
『三題噺』 加藤周一著 筑摩書房 2010 277p 15cm(ちくま文庫 か51-2)〈1965年刊の加筆〉 780円 Ⓘ978-4-480-42671-0 Ⓝ913.6
☆「世界名著大事典 補遺(Extra)」

02270 「詩仏堂誌」
☆「現代文学名作探訪事典」

02271 「1946 文学的考察」

『1946・文学的考察』 加藤周一,中村真一郎,福永武彦［著］ 講談社 2006 286p 16cm（講談社文芸文庫） 1400円 Ⓘ4-06-198447-0 Ⓝ914.6
☆「世界名著大事典 補遺(Extra)」,「日本文芸鑑賞事典 第14巻(1946～1948年)」

02272 「日本文学史序説」
『日本文学史序説　上』 筑摩書房 1999 550p 15cm（ちくま学芸文庫） 1400円 Ⓘ4-480-08487-8 Ⓝ910.2
☆「必読書150」

02273 「日本文化の雑種性」
『加藤周一自選集　2(1955-1959)』 加藤周一著 鷲巣力編 岩波書店 2009 429p 20cm 3400円 Ⓘ978-4-00-028342-7 Ⓝ918.68
☆「日本文芸鑑賞事典 第17巻(1955～1958年)」

02274 「羊の歌」
『羊の歌―わが回想』 加藤周一著 岩波書店 1968 224p 18cm（岩波新書） 150円 Ⓝ910.28
☆「現代文学鑑賞辞典」,「戦後思想の名著50」

02275 「幻想薔薇都市」
『幻想薔薇都市』 加藤周一著 岩波書店 1994 231p 19cm（シリーズ旅の本箱） 2000円 Ⓘ4-00-003834-6 Ⓝ913.6
☆「世界名著大事典 補遺(Extra)」

加藤　楸邨　かとう・しゅうそん

02276 「寒雷」
『寒雷』 加藤楸邨著 改訂増補版 交蘭社 1940 251p 20cm Ⓝ911.36
☆「世界名著大事典 補遺(Extra)」,「日本文学鑑賞辞典〔第2〕」,「日本文芸鑑賞事典 第12巻」

02277 「山脈」
『山脈―加藤楸邨句集』 加藤楸邨著 ユリイカ 1955 261p 18cm Ⓝ911.36
☆「世界名著大事典 補遺(Extra)」

02278 「芭蕉秀句」
『芭蕉秀句　上巻』 加藤楸邨著 角川書店 1952 222p 18cm（角川新書　第17） Ⓝ911.32
☆「世界名著大事典 補遺(Extra)」

02279 「芭蕉全句」
『芭蕉全句　上』 加藤楸邨著 筑摩書房 1998 539p 15cm（ちくま学芸文庫） 1500円 Ⓘ4-480-08431-2 Ⓝ911.32
☆「世界名著大事典 補遺(Extra)」

02280 「まぼろしの鹿」
『まぼろしの鹿―加藤楸邨句集』 加藤楸邨著 思潮社 1967 345p 22cm 1000円 Ⓝ911.36
☆「世界名著大事典 補遺(Extra)」

02281 「野哭」
『野哭―加藤楸邨句集』 加藤楸邨著 邑書林 1996 109p 15cm（邑書林句集文庫） 927円 Ⓘ4-89709-186-1 Ⓝ911.368
☆「世界名著大事典 補遺(Extra)」

加藤　常賢　かとう・じょうけん

02282 「支那古代家族制度研究」
『支那古代家族制度研究』 加藤常賢著 岩書店 1940 671p(附載) 23cm〈附録：昭穆制度考,勝考〉 Ⓝ362.22
☆「世界名著大事典」

加藤　省吾　かとう・しょうご

02283 「みかんの花咲く丘」
『みかんの花咲く丘』 加藤省吾著 世界文庫 1965 295p 19cm（童謡集3部作　第1集） 480円 Ⓝ911.58
☆「日本文芸鑑賞事典 第14巻(1946～1948年)」

加藤　晋平　かとう・しんぺい

02284 「縄文文化の研究」
『縄文文化の研究　1　縄文人とその環境』 加藤晋平ほか編 第2版 雄山閣出版 1994 277p 26cm 3500円 Ⓘ4-639-00879-1 Ⓝ210.2
☆「学問がわかる500冊 v.2」

02285 「図録 石器入門事典」
『図録 石器入門事典―先土器』 加藤晋平,鶴丸俊明著 柏書房 1991 308p 21cm 3500円 Ⓘ4-7601-0608-1
☆「学問がわかる500冊 v.2」

02286 「日本人はどこから来たか」
『日本人はどこから来たか―東アジアの旧石器文化』 加藤晋平著 岩波書店 1988 208p 18cm（岩波新書） 480円 Ⓘ4-00-430026-6 Ⓝ220
☆「学問がわかる500冊 v.2」

加藤　泰安　かとう・たいあん

02287 「森林・草原・氷河」
『森林・草原・氷河』 加藤泰安著 茗溪堂 1966 446p 図版12枚 地図 22cm 1500円 Ⓝ292.58
☆「日本の山の名著・総解説」

加東　大介　かとう・だいすけ

02288 「南の島に雪が降る」
『南の島に雪が降る』 加東大介［著］ 光文社 2004 295p 16cm（知恵の森文庫）〈筑摩

かとう

　房1995年刊の改訂〉　743円　①4-334-78305-8
　Ⓝ916
　☆「日本陸軍の本・総解説」

加藤 泰三　かとう・たいぞう
02289　「霧の山稜」
　『霧の山稜』　加藤泰三著　平凡社　1998
　342p　15cm（平凡社ライブラリー）　1100円
　①4-582-76257-3
　☆「日本の山の名著・総解説」、「山の名著 明治・大
　正・昭和戦前編」

加藤 諦三　かとう・たいぞう
02290　「アメリカインディアンの教え」
　『アメリカインディアンの教え―子どもを伸ば
　す魔法の11カ条』　加藤諦三著　新装版　ニッ
　ポン放送　2009　235p　19cm〈詩：ドロ
　シー・ロー・ノルト　初版：ニッポン放送出
　版平成2年刊　扶桑社〔発売〕〉　933円
　①978-4-594-06082-4　Ⓝ159
　☆「超売れ筋ビジネス書101冊」

加藤 千蔭　かとう・ちかげ
02291　「うけらが花」
　『校註国歌大系　第16巻　近代諸家集　2』　国
　民図書株式会社編　講談社　1976　43,1010p
　図　19cm〈国民図書株式会社昭和3～6年刊の
　複製 限定版〉　Ⓝ911.108
　☆「世界名著大事典」、「日本の古典」、「日本の古典
　名著」

加藤 敏夫　かとう・としお
02292　「大学演習 応用数学」
　『応用数学―大学演習　第1』　吉田耕作,加藤敏
　夫共著　裳華房　1961　347p　22cm　Ⓝ501.1
　☆「数学ブックガイド100」、「物理ブックガイド100」

加藤 咄堂　かとう・とつどう
02293　「日本宗教風俗志」
　『日本宗教風俗志』　加藤咄堂著　森江書店
　1902　517,15p 地図　23cm　Ⓝ160
　☆「世界名著大事典」

02294　「日本風俗志」
　『日本風俗志』　加藤咄堂著　日本図書センター
　1983　3冊　22cm（日本風俗叢書）〈大鐙閣大
　正6～7年刊の複製〉　各6000円　Ⓝ382.1
　☆「世界名著大事典」

加藤 典洋　かとう・のりひろ
02295　「敗戦後論」
　『敗戦後論』　加藤典洋著　筑摩書房　2005
　362p　15cm（ちくま文庫）　950円
　①4-480-42156-2　Ⓝ304

　☆「戦後思想の名著50」、「大学新入生に薦める101
　冊の本」、「ナショナリズム論の名著50」

加藤 尚武　かとう・ひさたけ
02296　「応用倫理学」
　☆「「本の定番」ブックガイド」

02297　「現代を読み解く倫理学」
　『現代を読み解く倫理学―応用倫理学のすすめ
　2』　加藤尚武著　丸善　1996　235p　18cm
　（丸善ライブラリー　196）〈参考文献案内：
　p229～232〉　700円　①4-621-05196-2
　Ⓝ150.4
　☆「学問がわかる500冊」

加藤 秀俊　かとう・ひでとし
02298　「技術の社会学」
　『技術の社会学』　加藤秀俊著　京都　PHP研
　究所　1983　265p　20cm〈付：参考文献〉
　1200円　①4-569-21011-2　Ⓝ502
　☆「科学技術をどう読むか」

02299　「見世物からテレビへ」
　『見世物からテレビへ』　加藤秀俊著　岩波書店
　1965　208p　18cm（岩波新書）　700円
　①4-00-415111-2　Ⓝ779.021
　☆「ポピュラー文化」

加藤 仁　かとう・ひとし
02300　「おお、定年」
　『おお、定年―150人の新たな選択』　加藤仁著
　文芸春秋　1988　359p　16cm（文春文庫）
　420円　①4-16-747001-2　Ⓝ366.46
　☆「現代を読む」

加藤 寛　かとう・ひろし
02301　「自己変革のとき」
　『日本経済・自己変革のとき―Japan's
　international role』　加藤寛著　PHP研究所
　1991　211p　20cm　1350円
　①4-569-53367-1　Ⓝ332.107
　☆「経済経営95冊」

加藤 博　かとう・ひろし
02302　「イスラーム世界の危機と改革」
　『イスラーム世界の危機と改革』　加藤博著　山
　川出版社　1997　90p　21cm（世界史リブ
　レット　37）〈参考文献：p89～90〉　750円
　①4-634-34370-3　Ⓝ227
　☆「世界史読書案内」

02303　「文明としてのイスラム」
　『文明としてのイスラム―多元的社会叙述の試
　み』　加藤博著　東京大学出版会　1995　248,
　28p　20cm（中東イスラム世界　6）〈巻末：参

考文献〉　2472円　①4-13-025026-4　Ⓝ302.28
☆「歴史家の一冊」

加藤 弘之　かとう・ひろゆき

02304　「強者の権利の競争」
『強者の権利の競争』　加藤弘之著　田畑忍解題　日本評論社　1942　324p　18cm〈明治文化叢書　第4〉　Ⓝ313
☆「世界名著大事典」

02305　「国体新論」
『近代日本社会学史叢書　第1期第4巻』　近代日本社会学史叢書編集委員会編　龍溪書舎　2007　30丁,146,111p　22cm〈英語併載　第1期のサブタイトル：草創期・生成期（明治初年～30年代）　複製　肖像あり〉　①978-4-8447-5525-8　Ⓝ361.21
☆「世界名著大事典」

02306　「自然界の矛盾と進化」
『自然界の矛盾と進化』　加藤弘之著　3版　金港堂　1907　519p　23cm〈初版：明治39年2月刊〉　Ⓝ121
☆「近代欧米名著解題 第3巻」

02307　「人権新説」
『近代日本社会学史叢書　第1期第4巻』　近代日本社会学史叢書編集委員会編　龍溪書舎　2007　30丁,146,111p　22cm〈英語併載　第1期のサブタイトル：草創期・生成期（明治初年～30年代）　複製　肖像あり〉　①978-4-8447-5525-8　Ⓝ361.21
☆「明治・大正・昭和の名著・総解説」,「明治の名著1」

02308　「真政大意」
『明治文化全集　第5巻　自由民権篇　上』　明治文化研究会編　日本評論社　1992　75,517p　23cm〈複製〉　①4-535-04245-4,4-535-04233-0　Ⓝ210.6
☆「世界名著大事典」,「明治・大正・昭和の名著・総解説」,「明治の名著1」

加藤 文太郎　かとう・ぶんたろう

02309　「単独行」
『単独行』　加藤文太郎著　二見書房　1971　246p　20cm〈山岳名著シリーズ〉　550円　Ⓝ786
☆「日本の山の名著・総解説」,「山の名著 明治・大正・昭和戦前編」

加藤 まさを　かとう・まさお

02310　「月の沙漠」
『月の沙漠―抒情詩集』　加藤まさを著　今野書房　1969　224p 図版　15cm〈限定版〉　680円　Ⓝ911.56

☆「日本文芸鑑賞事典　第7巻（1920～1923年）」

加藤 正治　かとう・まさはる

02311　「破産法研究」
『破産法研究　第1-3巻』　加藤正治著　有斐閣　1927　3冊　23cm〈版次：第一巻 訂六版,第二巻 訂四版,第三巻 訂三版〉　Ⓝ327
☆「世界名著大事典」

加藤 道夫　かとう・みちお

02312　「なよたけ」
『なよたけ』　加藤道夫著　青土社　2000　182p　20cm　1800円　①4-7917-5804-8　Ⓝ912.6
☆「昭和の名著」,「世界名著大事典」,「日本文学鑑賞辞典〔第2〕」,「日本文芸鑑賞事典 第14巻（1946～1948年）」

加藤 満彦　かとう・みつひこ

02313　「船乗り三十年」
☆「世界の海洋文学」

加藤 十吉　かとう・みつよし

02314　「4次元のトポロジー」
『4次元のトポロジー』　松本幸夫著　増補新版　日本評論社　2009　255p　26cm〈文献あり　索引あり〉　3400円　①978-4-535-60615-9　Ⓝ415.7
☆「数学ブックガイド100」

加藤 保男　かとう・やすお

02315　「雪煙をめざして」
『雪煙をめざして』　加藤保男著　中央公論社　1983　239p　16cm〈中公文庫〉〈著者の肖像あり〉　320円　Ⓝ290.9
☆「日本の山の名著・総解説」

加藤 祐輔　かとう・ゆうすけ

02316　「固有値問題」
『固有値問題』　宮武修,加藤祐輔共著　槇書店　1971　252p 肖像　19cm〈数学選書〉　900円　Ⓝ413.59
☆「物理ブックガイド100」

加藤 幸子　かとう・ゆきこ

02317　「夢の壁」
『夢の壁』　加藤幸子著　新潮社　1991　359p　15cm〈新潮文庫〉　440円　①4-10-122211-8　Ⓝ913.6
☆「現代文学鑑賞辞典」

加藤 陽子　かとう・ようこ

02318　「戦争の日本近現代史」
『戦争の日本近現代史―東大式レッスン！征韓論から太平洋戦争まで』　加藤陽子著　講談社

加藤 由作　かとう・よしさく

02319　「被保険利益の構造」
『被保険利益の構造』　加藤由作著　巖松堂　1939　249p　23cm　Ⓝ339
☆「世界名著大事典」

02320　「ロイド保険証券の生成」
『ロイド保険証券の生成』　加藤由作著　春秋社　1953　246p　22cm　Ⓝ339.8
☆「世界名著大事典」

河東田 博　かとうだ・ひろし

02321　「スウェーデンの知的しょうがい者とノーマライゼーション」
『スウェーデンの知的しょうがい者とノーマライゼーション―当事者参加・参画の論理』　河東田博著　現代書館　1992　238p　21cm　2266円　Ⓘ4-7684-3382-0　Ⓝ369.28
☆「学問がわかる500冊」

加藤伯伝記編纂委員会　かとうはくでんきへんさんいいんかい

02322　「加藤高明」
『加藤高明　上』　加藤高明伯伝記編纂会編　オンデマンド版　原書房　2013　816p　21cm（明治百年史叢書）　14000円
Ⓘ978-4-562-10106-1
☆「世界名著大事典」

角川 源義　かどかわ・げんよし

02323　「ロダンの首」
『ロダンの首―角川源義句集』　角川源義著　近藤書店　1956　214p　図版　20cm　Ⓝ911.36
☆「日本文芸鑑賞事典　第17巻（1955～1958年）」

加登川 幸太郎　かとがわ・こうたろう

02324　「中国と日本陸軍」
『中国と日本陸軍』　加登川幸太郎著　圭文社　1978　2冊　19cm〈企画制作：戦史刊行会〉　各1500円　Ⓝ396.21
☆「日本陸軍の本・総解説」

02325　「帝国陸軍機甲部隊」
『帝国陸軍機甲部隊』　加登川幸太郎著　増補改訂　原書房　1981　319p　20cm〈付：参考文献・戦車年表〉　1800円　Ⓘ4-562-01151-3　Ⓝ916
☆「日本陸軍の本・総解説」

2002　293p　18cm（講談社現代新書）　720円　Ⓘ4-06-149599-2　Ⓝ210.6
☆「倫理良書を読む」

角野 栄子　かどの・えいこ

02326　「魔女の宅急便」
『魔女の宅急便』　角野栄子［著］　角川書店　2013　241p　15cm〈角川文庫　か61-1〉〈福音館書店1985年刊の再刊　角川グループホールディングス〔発売〕〉　552円
Ⓘ978-4-04-100791-4　Ⓝ913.6
☆「少年少女の名作案内　日本の文学ファンタジー編」

香取 秀真　かとり・ほづま

02327　「日本金工史」
『日本金工史』　香取秀真著　藤森書店　1982　390p　22cm（日本文化史叢書　5）〈雄山閣昭和7年刊の複製　付：香取秀真主要著書一覧〉　6000円　Ⓝ756.21
☆「世界名著大事典」

門脇 啓二　かどわき・けいじ

02328　「北の魚獲り」
『北の魚獲り―海と人と四季の自然誌』　門脇啓二著　情報センター出版局　1988　238p　19cm　1000円　Ⓘ4-7958-0852-X　Ⓝ662.1
☆「世界の海洋文学」

門脇 禎二　かどわき・ていじ

02329　「日本古代共同体の研究」
『日本古代共同体の研究』　門脇禎二著　東京大学出版会　1960　247p　22cm　Ⓝ210.3
☆「日本史の名著」

金井 美恵子　かない・みえこ

02330　「愛の生活」
『愛の生活』　金井美恵子著　筑摩書房　1968　260p　20cm　480円　Ⓝ913.6
☆「現代文学鑑賞辞典」，「世界の小説大百科」

仮名垣 魯文　かながき・ろぶん

02331　「安愚楽鍋」
『安愚楽鍋』　仮名垣魯文作　小林智賀平校注　岩波書店　1967　141p　15cm（岩波文庫）　100円　Ⓝ913.6
☆「近代文学名作事典」，「Jブンガク」，「世界名著大事典」，「日本近代文学名著事典」，「日本文学鑑賞辞典〔第2〕」，「日本文学現代名作事典」，「日本文芸鑑賞事典　第1巻」

02332　「胡瓜遣」
『仮名垣魯文』　仮名垣魯文著　坪内祐三，ねじめ正一編　筑摩書房　2002　402p　20cm（明治の文学　第1巻　坪内祐三編）　2600円
Ⓘ4-480-10141-1　Ⓝ913.6
☆「世界名著大事典」

02333　「西洋道中膝栗毛」

『西洋道中膝栗毛　上巻』　仮名垣魯文著　小林智賀平校訂　岩波書店　1958　278p　15cm（岩波文庫）Ⓝ913.6
☆「世界名著大事典」、「日本文芸鑑賞事典 第1巻」、「日本名著辞典」、「文学・名著300選の解説 '88年度版」

金倉 円照　かなくら・えんしょう

02334　「印度古代精神史」
『印度古代精神史』　金倉円照著　5版　岩波書店　1948　466p　21cm Ⓝ129
☆「世界名著大事典」

金沢 兼光　かなざわ・かねみつ

02335　「和漢船用集」
『和漢船用集』　金沢兼光著　住田正一編解題　巌松堂　1944　429p　22cm Ⓝ550.36
☆「世界名著大事典」

金沢 伸明　かなざわ・のぶあき

02336　「王様ゲーム」
『王様ゲーム』　金沢伸明著　双葉社　2011　380p　15cm（双葉文庫　か-41-01）〈2009年刊の加筆・修正〉　648円　Ⓘ978-4-575-51456-8　Ⓝ913.6
☆「3行でわかる名作&ヒット本250」

金沢 秀利　かなざわ・ひでとし

02337　「空母雷撃隊」
『空母雷撃隊―艦攻搭乗員の太平洋海空戦記』　金沢秀利著　光人社　2009　302p　16cm（光人社NF文庫　かN-612）　762円　Ⓘ978-4-7698-2612-5　Ⓝ916
☆「日本海軍の本・総解説」

金関 恕　かなせき・ひろし

02338　「弥生文化の研究」
『弥生文化の研究　第10巻　研究の歩み』　金関恕, 佐原眞編　第2版　雄山閣出版　1997　214p　26cm〈文献あり〉　3500円
Ⓘ4-639-00729-9　Ⓝ210.37
☆「学問がわかる500冊 v.2」

金森 徳次郎　かなもり・とくじろう

02339　「憲法遺言」
『憲法遺言』　金森徳次郎著　学陽書房　1973　232p　19cm〈復刊（初版 昭和34年刊）　金森徳次郎憲法関係主要文献目録：p.226-232〉　780円　Ⓝ323.4
☆「世界名著大事典 補遺（Extra）」

02340　「憲法随想」
『憲法随想』　金森徳次郎著　美和書房　1947　135p 図版　18cm〈附録：日本国憲法〉Ⓝ323

☆「世界名著大事典 補遺（Extra）」

02341　「憲法読本」
☆「世界名著大事典 補遺（Extra）」

02342　「帝国憲法要綱」
『帝国憲法要綱』　金森徳次郎著　訂20版　巌松堂書店　1934　343p　22cm Ⓝ323
☆「世界名著大事典 補遺（Extra）」、「文学・名著300選の解説 '88年度版」

金森 房子　かなもり・ふさこ

02343　「消費者問題を学ぶ」
『消費者問題を学ぶ』　正田彬, 金森房子著　第3版　有斐閣　1997　389,11p　19cm（有斐閣選書）〈文献あり　年表あり　索引あり〉
2200円　Ⓘ4-641-18289-2　Ⓝ365
☆「学問がわかる500冊」

金山 宣夫　かなやま・のぶお

02344　「トレス海峡諸島の日々」
『トレス海峡諸島の日々』　金山宣夫著　リクルート出版　1989　295p　19cm　1400円
Ⓘ4-88991-155-3
☆「世界の海洋文学」

金山 穆韶　かなやま・ぼくしょう

02345　「真言密教の教学」
『真言密教の教学』　金山穆韶著　京都　臨川書店　1973　796p　22cm〈高野山大学出版部昭和19年刊の複製〉　4500円 Ⓝ188.51
☆「世界名著大事典」

金親 清　かねおや・きよし

02346　「旱魃」
『旱魃』　金親清著　新日本出版社　1981　198p　15cm（新日本文庫）　350円　Ⓝ913.6
☆「日本のプロレタリア文学」

金子 郁容　かねこ・いくよう

02347　「ボランティア もうひとつの情報社会」
☆「学問がわかる500冊」

金子 邦彦　かねこ・くにひこ

02348　「生命とは何か」
『生命とは何か―複雑系生命論序説』　金子邦彦著　東京大学出版会　2003　430p　22cm〈文献あり〉　3200円　Ⓘ4-13-062303-6　Ⓝ460
☆「教養のためのブックガイド」

金子 薫園　かねこ・くんえん

02349　「片われ月」
『片われ月―歌集』　金子薫園著　春陽堂書店　1936　100p　17cm（春陽堂文庫　136）

金子 茂　かねこ・しげる

02350　「教育名著の愉しみ」
『教育名著の愉しみ』　金子茂,三笠乙彦編著　時事通信社　1991　275p　21cm　2300円　①4-7887-9140-4　Ⓝ371.04
☆「学問がわかる500冊」

金子 純代　かねこ・すみよ

02351　「ヨットが好き」
『ヨットが好き』　金子純代著　朝日新聞社　1992　254p　20cm　1400円　①4-02-256553-5　Ⓝ785.7
☆「世界の海洋文学」

金子 大栄　かねこ・だいえい

02352　「彼岸の世界」
『彼岸の世界』　金子大栄著　京都　全人社　1949　338p　22cm　Ⓝ181
☆「世界名著大事典」

金子 武蔵　かねこ・たけぞう

02353　「実践哲学への道」
『実践哲学への道』　金子武蔵著　再版　岩波書店　1948　421p　21cm　Ⓝ101

金子 務　かねこ・つとむ

02354　「アインシュタイン・ショック」
『アインシュタイン・ショック　第1部　大正日本を揺がせた四十三日間』　金子務著　河出書房新社　1991　278p　20cm〈新装版　アインシュタインの肖像あり〉　1800円　①4-309-22196-3　Ⓝ289.3
☆「科学技術をどう読むか」、「物理ブックガイド100」

02355　「オルデンバーグ」
『オルデンバーグ―十七世紀科学・情報革命の演出者』　金子務著　中央公論新社　2005　293,14p　20cm〈中公叢書〉〈文献あり〉　1800円　①4-12-003618-9　Ⓝ289.3
☆「サイエンス・ブックレヴュー」

金子 兜太　かねこ・とうた

02356　「金子兜太句集」
『金子兜太句集』　金子兜太著　芸林書房　2002　128p　16cm〈芸林21世紀文庫〉〈解説：佐佐木幸綱〉　1000円　①4-7681-6201-0　Ⓝ911.368
☆「世界名著大事典　補遺(Extra)」

02357　「詩形一本」
『詩形一本』　金子兜太著　永田書房　1974　319p　20cm　1600円　Ⓝ911.304
☆「世界名著大事典　補遺(Extra)」

02358　「少年」
『金子兜太集　第1巻』　金子兜太著　筑摩書房　2002　502p　22cm〈付属資料：10p：月報4　肖像あり〉　6500円　①4-480-70541-4　Ⓝ918.68
☆「世界名著大事典　補遺(Extra)」、「日本文芸鑑賞事典　第17巻(1955～1958年)」

02359　「定型の詩法」
『定型の詩法』　金子兜太著　大和　海程社　1970　403p　19cm　1000円　Ⓝ911.304
☆「世界名著大事典　補遺(Extra)」

兼子 一　かねこ・はじめ

02360　「実体法と訴訟法」
『実体法と訴訟法―民事訴訟の基礎理論』　兼子一著　有斐閣　1957　166p　22cm　Ⓝ327.2
☆「世界名著大事典」

金子 彦二郎　かねこ・ひこじろう

02361　「平安時代文学と白氏文集」
『平安時代文学と白氏文集　〔第1巻〕　句題和歌・千載佳句研究篇』　金子彦二郎著　増補版　培風館　1955　884,44p　図版　22cm　Ⓝ910.23
☆「世界名著大事典」

金子 光晴　かねこ・みつはる

02362　「女たちへのいたみうた」
『女たちへのいたみうた―金子光晴詩集』　金子光晴著　集英社　1992　254p　16cm〈集英社文庫〉〈著者の肖像あり　金子光晴年譜：p245～254〉　440円　①4-08-752029-3　Ⓝ911.56
☆「私を変えたこの一冊」

02363　「蛾」
『蛾―詩集』　金子光晴著　北斗書院　1948　193p　図版　21cm　Ⓝ911.56
☆「世界名著大事典」

02364　「こがね虫」
『こがね虫―詩集』　金子光晴著　名著刊行会　1970　196,4p　図版　19cm〈稀覯詩集複刻叢書〉〈新潮社大正12年刊の複製〉　Ⓝ911.56
☆「大正の名著」、「日本文芸鑑賞事典　第7巻(1920～1923年)」

02365　「鮫」
『鮫』　金子光晴著　日本図書センター　2004　113p　20cm〈文献あり　年譜あり〉　2200円　①4-8205-9593-8　Ⓝ911.56
☆「世界名著大事典」、「日本文学鑑賞辞典　〔第2〕」、「ベストガイド日本の名著」、「明治・大正・昭和

の名著・総解説」

02366 「どくろ杯」
『どくろ杯』 金子光晴著 改版 中央公論新社 2004 297p 16cm(中公文庫) 724円
Ⓘ4-12-204406-5 Ⓝ914.6
☆「現代文学鑑賞辞典」

02367 「人間の悲劇」
『人間の悲劇』 金子光晴著 講談社 1997 211p 16cm(講談社文芸文庫)〈年譜・著書目録：p193〜211〉 886円 Ⓘ4-06-197555-2 Ⓝ911.56
☆「昭和の名著」,「名著の履歴書」

02368 「ねむれ巴里」
『ねむれ巴里』 金子光晴著 改版 中央公論新社 2005 354p 16cm(中公文庫) 800円
Ⓘ4-12-204541-X Ⓝ915.6
☆「大作家"ろくでなし"列伝」

02369 「水の流浪」
『水の流浪』 金子光晴著 新潮社 1926 152p 16cm(現代詩人叢書 第20編) Ⓝ911.5
☆「日本文芸鑑賞事典 第8巻(1924〜1926年)」

金子 洋文　かねこ・ようぶん

02370 「地獄」
『地獄―創作』 金子洋文著 自然社 1923 385,2p 19cm Ⓝ913.6
☆「日本のプロレタリア文学」

02371 「洗濯屋と詩人」
『日本の近代戯曲』 日本近代演劇史研究会編 翰林書房 1999 310p 21cm(日本文学コレクション) 2500円 Ⓘ4-87737-073-0 Ⓝ912.78
☆「日本文芸鑑賞事典 第7巻(1920〜1923年)」

金城 一紀　かねしろ・かずき

02372 「GO」
『GO』 金城一紀著 角川書店 2007 238p 15cm(角川文庫 角川グループパブリッシング〔発売〕) 438円 Ⓘ978-4-04-385201-7
☆「世界史読書案内」

金原 ひとみ　かねはら・ひとみ

02373 「蛇にピアス」
『蛇にピアス』 金原ひとみ著 集英社 2006 121p 16cm(集英社文庫) 381円
Ⓘ4-08-746048-7 Ⓝ913.6
☆「知らないと恥ずかしい「日本の名作」あらすじ200本」,「日本文学名作案内」

鹿野 勝彦　かの・かつひこ

02374 「シェルパ ヒマラヤ高地民族の二〇世紀」
『シェルパヒマラヤ高地民族の二〇世紀』 鹿野勝彦著 茗溪堂 2001 277,9p 21cm〈年表あり〉 6500円 Ⓘ4-943905-19-6 Ⓝ382.258
☆「新・山の本おすすめ50選」

鹿野 忠雄　かの・ただお

02375 「山と雲と蕃人と」
『山と雲と蕃人と―台湾高山紀行』 鹿野忠雄著 文遊社 2002 438p 22cm〈肖像あり〉 3500円 Ⓘ4-89257-037-0 Ⓝ292.2409
☆「日本の山の名著・総解説」,「山の名著 明治・大正・昭和戦前編」

狩野 直喜　かの・なおき

02376 「中国哲学史」
『中国哲学史』 狩野直喜著 岩波書店 1953 663p 図版 22cm Ⓝ122.02
☆「世界名著大事典」

鹿野 政直　かの・まさなお

02377 「近代日本の民間学」
『近代日本の民間学』 鹿野政直著 岩波書店 1983 234p 18cm(岩波新書) 430円
Ⓝ002
☆「学問がわかる500冊 v.2」

02378 「「鳥島」は入っているか」
『「鳥島」は入っているか―歴史意識の現在と歴史学』 鹿野政直著 岩波書店 1988 306,16p 19cm 2200円 Ⓘ4-00-001497-8
Ⓝ210.01
☆「教養のためのブックガイド」

加納 一朗　かのう・いちろう

02379 「ホック氏の異郷の冒険」
『ホック氏の異郷の冒険』 加納一朗著 双葉社 1998 328p 15cm(双葉文庫 日本推理作家協会賞受賞作全集 44) 581円
Ⓘ4-575-65841-3 Ⓝ913.6
☆「世界の推理小説・総解説」

02380 「山・森・雪」
『山・雪・森―霧藻庵雑記』 加納一郎著 岳書房 1981 282p 20cm 1700円 Ⓝ786.1
☆「日本の山の名著・総解説」,「山の名著 明治・大正・昭和戦前編」

狩野 一渓　かのう・いっけい

02381 「丹青若木集」
『日本書画苑』 国書刊行会編 名著刊行会 1970 2冊 22cm〈国書刊行会大正3年刊の複製〉 各4000円 Ⓝ728.1
☆「世界名著大事典」

狩野 永納　かのう・えいのう

02382　「本朝画史」
『本朝画史』　狩野永納編　笠井昌昭他訳注　京都　同朋舎出版　1985　547,19p　22cm〈巻末：年表〉　13000円　①4-8104-0443-9　Ⓝ721.02
☆「古典の事典」、「世界名著大事典」、「日本歴史「古典籍」総覧」、「歴史の名著100」

狩野 亨吉　かのう・こうきち

02383　「狩野亨吉遺文集」
『狩野亨吉遺文集』　安倍能成編　岩波書店　1967　218p　19cm〈第4刷（第1刷：昭和33年）著者の肖像あり　年譜：p205〜218〉　Ⓝ121.6
☆「日本の名著」

02384　「天津教古文書の批判」
『狩野亨吉遺文集』　安倍能成編　岩波書店　1958　214p　図版　19cm　Ⓝ121.9
☆「明治・大正・昭和の名著・総解説」

加能 作次郎　かのう・さくじろう

02385　「世の中へ」
『世の中へ―加能作次郎作品集　乳の匂い―加能作次郎作品集』　加能作次郎［著］　荒川洋治編　講談社　2007　293p　16cm（講談社文芸文庫）〈年譜あり　著作目録あり〉　1400円　①978-4-06-198465-3　Ⓝ913.6
☆「世界名著大事典」、「日本文学鑑賞辞典〔第2〕」

加納 誠　かのう・まこと

02386　「時間の不思議」
『時間の不思議』　加納誠監修　田井正博著　東京図書　2005　154p　19cm〈文献あり〉　1500円　①4-489-00703-5　Ⓝ421.2
☆「サイエンス・ブックレビュー」

加納 実紀代　かのう・みきよ

02387　「女たちの〈銃後〉」
『女たちの〈銃後〉』　加納実紀代著　増補新版　インパクト出版会　1995　382p　20cm〈イザラ書房〔発売〕〉　2500円　①4-7554-0050-3　Ⓝ367.21
☆「戦後思想の名著50」

鹿子木 員信　かのこぎ・かずのぶ

02388　「アルペン行」
『アルペン行』　鹿子木員信著　大修館書店　1975　255p　20cm（覆刻日本の山岳名著）〈企画・編集：日本山岳会　政教社大正3年の複製　日本山岳会創立七十周年記念出版〉　Ⓝ290.9
☆「日本の山の名著・総解説」、「山の名著　明治・大正・昭和戦前編」

02389　「ヒマラヤ行」
『ヒマラヤ行』　鹿子木員信著　政教社　1920　204,19p　19cm　Ⓝ292.5
☆「日本の山の名著・総解説」、「山の名著　明治・大正・昭和戦前編」

樺山 愛輔　かばやま・あいすけ

02390　「父、樺山資紀」
『父、樺山資紀―伝記・樺山資紀』　樺山愛輔著　大空社　1988　444,5p　22cm（伝記叢書44）〈昭和29年刊の複製　樺山資紀および著者の肖像あり〉　9500円　Ⓝ289.1
☆「日本海軍の本・総解説」

嘉宝麿　かほうまろ

02391　「続門葉和歌集」
『群書類従　第10輯　和歌部』　塙保己一編纂　オンデマンド版　八木書店古書出版部　2013　568p　21cm〈訂正3版：続群書類従完成会1979年刊　デジタルパブリッシングサービス〔印刷・製本〕　八木書店〔発売〕〉　9000円　①978-4-8406-3121-1　Ⓝ081
☆「近代名著解題選集 3」

鎌倉幕府　かまくらばくふ

02392　「御成敗式目」
『御成敗式目―影印・索引・研究』　高橋久子,古辞書研究会編著　笠間書院　1995　291p　22cm（笠間索引叢刊　108）〈複製および翻刻〉　6800円　①4-305-20108-9　Ⓝ322.14
☆「古典の事典」、「日本の古典名著」

鎌田 慧　かまた・さとし

02393　「大杉栄」
『大杉栄―自由への疾走』　鎌田慧著　岩波書店　1997　496,10p　19cm　2600円　①4-00-022359-3
☆「アナーキズム」

02394　「自動車絶望工場」
『自動車絶望工場』　鎌田慧［著］　新装増補版　講談社　2011　377p　15cm（講談社文庫　か20-21）〈年譜あり〉　629円　①978-4-06-277039-2　Ⓝ366.8
☆「現代を読む」

02395　「非国民!?」
『非国民!?―法を撃つ人びと』　鎌田慧著　岩波書店　1990　279p　16cm（同時代ライブラリー　7）〈『この国の奥深く』（日本評論社1986年刊）に加筆したもの〉　750円　①4-00-260007-6　Ⓝ916
☆「学問がわかる500冊」

鎌田 勝　かまた・まさる
02396　「高次元経営」
『鎌田勝の経営の極意　その1　自己啓発で創る高次元経営―経営理念・哲学とその周知徹底、体現の大切さを説く』　鎌田勝著　ぎょうせい　1990　300p　19cm〈付：鎌田勝のおもな著書案内〉　1600円　Ⓘ4-324-02283-6　Ⓝ336
☆「経済経営95冊」

鎌田 芳朗　かまだ・よしあき
02397　「海軍兵学校物語」
『海軍兵学校物語』　鎌田芳朗著　原書房　1979　270,10p　20cm〈参照資料：p263～264〉　1600円　Ⓝ397.07
☆「日本海軍の本・総解説」

鎌田 柳泓　かまた・りゅうおう
02398　「理学秘訣」
『日本哲学思想全書　第5巻　思想　唯物論篇』　三枝博音,清水幾太郎編集　第2版　平凡社　1980　346p　19cm　2300円　Ⓘ081
☆「世界名著大事典」

上飯坂 実　かみいいざか・みのる
02399　「総合森林学」
『総合森林学』　上飯坂実編著　地球社　1991　193p　21cm〈付：参考文献〉　3090円　Ⓝ650.1
☆「学問がわかる500冊 v.2」

上垣外 憲一　かみがいと・けんいち
02400　「雨森芳洲―元禄享保の国際人」
『雨森芳洲―元禄享保の国際人』　上垣外憲一［著］　講談社　2005　248p　15cm〈講談社学術文庫〉〈年譜あり　文献あり〉　880円　Ⓘ4-06-159696-9　Ⓝ121.54
☆「世界史読書案内」

上垣 守国　かみがき・もりくに
02401　「養蚕秘録」
『日本産業史資料 3　農業及農産製造』　浅見恵,安田健訳編　科学書院　1991　990,20p　27cm〈近世史資料集成　第2期 第3巻〉〈霞ケ関出版〔発売〕　複製〉　51500円　Ⓝ602.1
☆「古典の事典」

神川 信彦　かみかわ・のぶひこ
02402　「グラッドストン」
『グラッドストン―政治における使命感』　神川信彦著　吉田書店　2011　489p　20cm〈解題：君塚直隆　改版（潮出版社1975年刊）の復刊、増補、修正　文献あり　年表あり　索引あり〉　4000円　Ⓘ978-4-905497-02-8　Ⓝ289.3

☆「現代人のための名著」

神川 彦松　かみかわ・ひこまつ
02403　「近代国際政治史」
『近代国際政治史』　神川彦松著　原書房　1994　308p　21cm　2718円　Ⓘ4-562-02615-4
☆「世界名著大事典」

神子 清　かみこ・きよし
02404　「われレイテに死せず」
『われレイテに死せず　上』　神子清著　早川書房　1988　397p　15cm（ハヤカワ文庫NF）　520円　Ⓘ4-15-050141-6
☆「日本陸軍の本・総解説」

上坂 冬子　かみさか・ふゆこ
02405　「貝になった男」
『貝になった男―直江津捕虜収容所事件』　上坂冬子著　文芸春秋　1989　206p　16cm（文春文庫）〈参考文献：p202〉　380円　Ⓘ4-16-729806-6　Ⓝ916
☆「今だから知っておきたい戦争の本70」

上島 鬼貫　かみしま・おにつら
02406　「独ごと」
『鬼貫句選　独ごと』　鬼貫［著］　復本一郎校注　岩波書店　2010　264p　15cm〈岩波文庫 30-281-1〉〈文献あり　年譜あり　索引あり〉　720円　Ⓘ978-4-00-302811-7　Ⓝ911.33
☆「世界名著大事典」,「日本文学鑑賞辞典〔第1〕」

神島 二郎　かみしま・じろう
02407　「近代日本の精神構造」
『近代日本の精神構造』　神島二郎著　岩波書店　1961　367p　22cm　Ⓝ311.21
☆「日本の社会と文化」

上司 小剣　かみつかさ・しょうけん
02408　「鱧の皮」
『鱧の皮―他五篇』　上司小剣著　岩波書店　1952　253p　15cm（岩波文庫）　Ⓝ913.6
☆「女性のための名作・人生案内」,「世界名著大事典」,「日本文学鑑賞辞典〔第2〕」,「日本文学現代名作事典」

02409　「U新聞年代記」
『U新聞年代記』　上司小剣著　中央公論社　1934　350p　19cm　Ⓝ913.6
☆「世界名著大事典」

上村 観光　かみむら・かんこう
02410　「五山文学全集」
『五山文学全集』　上村観光編纂　2版　京都　思文閣出版　1992　5冊　23cm〈明治39年～

大正4年刊の複製〉 全66950円
①4-7842-0748-1 Ⓝ919.4
☆「世界名著大事典」

上村 清延　かみむら・きよのぶ

02411 「ドイツ文学と東洋」
『ドイツ文学と東洋』 上村清延著 郁文堂出版
1951 757p 22cm Ⓝ940.1
☆「世界名著大事典」

神谷 宗湛　かみや・そうたん

02412 「宗湛日記」
『宗湛日記 前篇』 麻渓山本寛編 2版 審美書院 1921 237p 肖像 27cm〈和装〉 Ⓝ791
☆「世界名著大事典 補遺(Extra)」

紙谷 雅子　かみや・まさこ

02413 「日本国憲法を読み直す」
『日本国憲法を読み直す』 紙谷雅子編著 日本経済新聞社 2000 278p 20cm 1600円
①4-532-14828-6 Ⓝ323.14
☆「憲法本41」

神谷 美恵子　かみや・みえこ

02414 「生きがいについて」
『生きがいについて』 神谷美恵子著 みすず書房 2004 353,16p 20cm〈神谷美恵子コレクション 神谷美恵子著〉〈著作目録あり〉1500円 ①4-622-08181-4 Ⓝ113
☆「教養のためのブックガイド」

神山 章　かみやま・あきら

02415 「海のほむら」
『海のほむら』 神山章著 大阪 関西書院 1984 328p 19cm〈主な参考引用文献:p327～328〉 2000円 Ⓝ913.6
☆「日本海軍の本・総解説」

嘉村 礒多　かむら・いそた

02416 「崖の下」
『崖の下』 嘉村礒多著 ゆまに書房 2000 242p 19cm〈新興藝術派叢書 7 関井光男監修〉〈新潮社昭和5年刊の複製〉
①4-8433-0007-1 Ⓝ913.6
☆「現代文学鑑賞辞典」、「昭和の名著」

02417 「業苦」
『業苦』 嘉村礒多著 河出書房 1956 151p 図版 15cm〈河出文庫〉 Ⓝ913.6
☆「日本の小説101」

02418 「途上」
『途上』 嘉村礒多作 久米宏一絵 麦書房 1969 36p 21cm〈雨の日文庫 第5集(現代日本文学・昭和戦前編)8〉
☆「近代文学名作事典」、「世界名著大事典」、「日本文学鑑賞辞典〔第2〕」、「日本文学現代名作事典」、「日本文芸鑑賞事典 第10巻」、「ポケット日本名作事典」

亀井 勝一郎　かめい・かついちろう

02419 「現代文学にあらはれた知識人の肖像」
『亀井勝一郎全集 第4巻』 講談社 1972 544p 肖像 22cm 1500円 Ⓝ918.6
☆「世界名著大事典 補遺(Extra)」

02420 「日本人の精神史研究」
『古代智識階級の形成—日本人の精神史研究』 亀井勝一郎著 文芸春秋新社 1960 268p 20cm Ⓝ910.1
☆「現代文学鑑賞辞典」、「世界名著大事典 補遺(Extra)」、「日本文芸鑑賞事典 第18巻(1958～1962年)」

02421 「美貌の皇后」
『美貌の皇后』 亀井勝一郎著 角川書店 1966 238p 図版 15cm〈角川文庫〉 120円 Ⓝ915.6
☆「日本文学鑑賞辞典〔第2〕」

02422 「大和古寺風物誌」
『大和古寺風物誌』 亀井勝一郎著 新座 埼玉福祉会 1995 386p 22cm〈大活字本シリーズ〉〈原本:新潮文庫 限定版〉 3708円 Ⓝ702.13
☆「現代文学名作探訪事典」、「昭和の名著」、「世界名著大事典 補遺(Extra)」、「日本文芸鑑賞事典 第13巻」

02423 「我が精神の遍歴」
『我が精神の遍歴』 亀井勝一郎著 講談社 1968 184p 図版 20cm〈名著シリーズ〉 320円 Ⓝ914.6
☆「日本文芸鑑賞事典 第16巻」

亀井 南冥　かめい・なんめい

02424 「肥後物語」
『肥後物語』 亀井南溟著 熊本 菜交会 1936 62p 23cm〈和装〉 Ⓝ219.4
☆「世界名著大事典 補遺(Extra)」

02425 「論語語由」
『論語語由 上』 龜井南冥著 福岡 中国書店 2004 1冊 25cm〈解説:石川泰成 複製〉 3000円 ①4-924779-79-2 Ⓝ123.81
☆「世界名著大事典 補遺(Extra)」

亀井 宏　かめい・ひろし

02426 「ガダルカナル戦記」
『ガダルカナル戦記 第1巻』 亀井宏著 光人社 1994 611p 16cm〈光人社NF文庫〉

亀田 潤一郎　かめだ・じゅんいちろう
02427　「稼ぐ人はなぜ、長財布を使うのか？」
『稼ぐ人はなぜ、長財布を使うのか？』　亀田潤一郎著　サンマーク出版　2014　171p　15cm〈サンマーク文庫　か1-1〉　600円　⑴978-4-7631-6039-3　Ⓝ338.18
☆「3行でわかる名作&ヒット本250」

賀茂 在方　かも・あきかた
02428　「暦林問答集」
『群書類従　第28輯　雑部』　塙保己一編纂　オンデマンド版　八木書店古書出版部　2013　722p　21cm〈訂正3版：続群書類従完成会1979年刊　デジタルパブリッシングサービス〔印刷・製本〕　八木書店〔発売〕〉　11000円　⑴978-4-8406-3139-6　Ⓝ081
☆「世界名著大事典」

加茂 儀一　かも・ぎいち
02429　「榎本武揚」
『榎本武揚』　加茂儀一著　中央公論社　1988　623p　16cm（中公文庫）〈榎本武揚の肖像あり　参考文献：p615〜616〉　780円　⑴4-12-201509-X　Ⓝ289.1
☆「日本海軍の本・総解説」

賀茂 重保　かも・しげやす
02430　「月詣和歌集」
『続群書類従　第14輯 上　和歌部』　塙保己一編　太田藤四郎補　訂正3版　続群書類従完成会　1990　518p　19cm　⑴4-7971-0065-6　Ⓝ081.5
☆「近代名著解題選集 3」

賀茂 季鷹　かも・すえたか
02431　「華月帖」
☆「日本の艶本・珍書 総解説」、「日本の奇書77冊」

鴨 祐之　かも・すけゆき
02432　「日本逸史」
『日本書紀私記　釋日本紀　日本逸史』〔卜部兼方〕，〔鴨祐之〕〔編〕　吉川弘文館　2007　206,356,378p　27cm（國史大系 新訂増補 第8巻 黒板勝美編）〈平成11年刊（新装版）を原本としたオンデマンド版〉　17500円　⑴978-4-642-04008-2　Ⓝ210.3
☆「世界名著大事典」、日本歴史「古典籍」総覧」、「歴史の名著100」

鴨 長明　かも・ちょうめい
02433　「瑩玉集」
『無名抄─付瑩玉集』　鴨長明著　高橋和彦編　桜楓社　1975　160p　22cm〈鴨長明略年譜：p.151-156〉　1500円　Ⓝ911.14
☆「近代名著解題選集 3」

02434　「鴨長明集」
『群書類従　第15輯　和歌部』　塙保己一編纂　オンデマンド版　八木書店古書出版部　2013　770p　21cm〈訂正3版：続群書類従完成会1980年刊　デジタルパブリッシングサービス〔印刷・製本〕　八木書店〔発売〕〉　12000円　⑴978-4-8406-3126-6　Ⓝ081
☆「近代名著解題選集 3」

02435　「方丈記」
『方丈記』　鴨長明著　浅見和彦校訂・訳　筑摩書房　2011　253p　15cm（ちくま学芸文庫　コ10-9）〈年表あり　文献あり〉　1000円　⑴978-4-480-09407-0　Ⓝ914.42
☆「愛と死の日本文学」、「あらすじダイジェスト 日本の古典30を読む」、「あらすじで読む日本の古典」（楽書館、中経出版〔発売〕）、「あらすじで読む日本の古典」（新人物往来社）、「一度は読もうよ！日本の名著」、「一冊で日本の古典100冊を読む」、「一冊で100名作の「さわり」を読む」、「大人のための日本の名著50」、「学術辞典叢書 第15巻」、「近代名著解題選集 3」、「古典の事典」、「古典文学鑑賞辞典」、「この一冊で読める！日本の古典50冊」」、「作品と作者」、「3行でわかる名作&ヒット本250」、「Jブンガク」、「知らないと恥ずかしい「日本の名作」あらすじ200本」、「図説 5分でわかる日本の名作」、「世界名作事典」、「世界名著解題選 第3巻」、「世界名著大事典」、「千年の百冊」、「2ページでわかる日本の古典傑作選」、「日本の古典への誘い100選 1」、「日本の古典」、「日本の古典・世界の古典」、「日本の古典名著」、「日本の書物」、「日本の名著」、「日本の名著3分間読書100」、「日本文学鑑賞辞典 〔第1〕」、「日本文学の古典50選」、「日本文学名作案内」、「日本文学名作概観」、「日本文学名作事典」、「日本名著辞典」、「文学・名著300選の解説 '88年度版」、「マンガとあらすじでやさしく読める 日本の古典傑作30選」、「名作の書き出しを諳んじる」、「やさしい古典案内」

02436　「発心集」
『発心集─現代語訳付き　上』　鴨長明〔著〕　浅見和彦,伊東玉美訳注　新版　KADOKAWA　2014　413p　15cm（[角川ソフィア文庫][A260-4]）〈初版：角川文庫 1979年刊〉　1200円　⑴978-4-04-400116-2　Ⓝ913.47
☆「一度は読もうよ！日本の名著」、「一冊で日本の古典100冊を読む」、「近代名著解題選集 3」、「古典の事典」、「古典文学鑑賞辞典」、「世界名著大事典」、「日本古典への誘い100選 2」、「日本の古典名著」、「日本文学鑑賞辞典 〔第1〕」

02437　「無名抄」
『無名抄─現代語訳付き』　鴨長明〔著〕　久保田淳訳注　角川学芸出版　2013　312p　15cm（[角川ソフィア文庫][SP A-260-

かも　　　　　　　　　　　　　　　　　　　　　02438～02452

3］）〈文献あり　索引あり　角川グループパブリッシング〔発売〕〉　1143円
①978-4-04-400111-7　Ⓝ911.34
☆「一度は読もうよ！日本の名著」，「一冊で日本の古典100冊を読む」，「近代名著解題選集 3」，「古典の事典」，「古典文学鑑賞辞典」，「世界名著大事典」，「日本古典への誘い100選 2」，「日本の古典名著」

賀茂 真淵　かも・まぶち

02438　「賀茂翁家集」
『賀茂真淵全集　第21巻』　続群書類従完成会　1982　473p　23cm〈監修：久松潜一〉　7500円　Ⓝ121.52
☆「世界名著大事典」，「日本文学鑑賞辞典〔第1〕」，「日本文学名作概観」

02439　「冠辞考」
『冠辞考　上』　賀茂真淵著　尾山篤二郎校訂解説　紅玉堂書店　1927　266p　19cm（万葉学叢書　第4編）　Ⓝ911.28
☆「世界名著大事典」，「日本名著辞典」

02440　「五意考」
『神道大系　論説編 24　復古神道 2 賀茂真淵』　神道大系編纂会編　太田善麿校注　神道大系編纂会　1988　45,517p　23cm　13000円　Ⓝ170.8
☆「世界名著大事典」

02441　「国意考」
『国意考』　賀茂真淵著　溝口駒造校註　改造社　1944　196p　16cm（改造文庫　272）　Ⓝ121.24
☆「古典の事典」，「日本の古典名著」，「日本名著辞典」

02442　「にひまなび」
『賀茂真淵全集　第19巻』　続群書類従完成会　1980　344p　23cm〈監修：久松潜一〉　5500円　Ⓝ121.52
☆「世界名著大事典」

02443　「万葉考」
『賀茂真淵全集　第1巻』　続群書類従完成会　1977　278p　図　23cm　5500円　Ⓝ121.24
☆「日本名著辞典」

蒲生 君平　がもう・くんぺい

02444　「山陵志」
『山陵志』　蒲生君平著　安藤英男解題・訳・りくえつ　1979　75,374p　23cm〈帙入　主要参考文献：p374〉　10000円　Ⓝ288.46
☆「世界名著大事典」，「日本名著辞典」，「日本歴史「古典籍」総覧」，「歴史の名著100」

02445　「不恤緯」

『蒲生君平全集』　三島吉太郎編　増補校訂（5版）　盛文社　1938　691p　図版5枚　23cm　Ⓝ081.8
☆「古典の事典」

鴨下 秀峰　かもした・しゅうほう

02446　「続・航海記」
☆「世界の海洋文学」

鹿持 雅澄　かもち・まさずみ

02447　「万葉集古義」
『万葉集古義　巻1』　鹿持雅澄著　高知　高知県文教協会　1982　94,84,84丁　27cm〈稿本（高知県立図書館所蔵）の複製　付（8p 24cm）：「万葉集古義」稿本について　小関清明著〉　13500円　Ⓝ911.124
☆「世界名著大事典」，「日本名著辞典」

榧根 勇　かやね・いさむ

02448　「水の循環」
『水文学講座 3　水の循環』　榧根勇著　共立出版　1973　230p　22cm〈文献：p.213-226〉　1500円　Ⓝ452.9
☆「学問がわかる500冊 v.2」

栢野 克己　かやの・かつみ

02449　「小さな会社☆儲けのルール」
『小さな会社・儲けのルール―ランチェスター経営7つの成功戦略』　竹田陽一，栢野克己著　フォレスト出版　2002　265p　19cm　1400円　①4-89451-138-X　Ⓝ673.3
☆「マンガでわかるビジネス名著」

萱野 二十一　かやの・はたかず

02450　「道成寺」
『怪奇・伝奇時代小説選集 6 清姫　怨霊ばなし一他7編』　志村有弘編　春陽堂書店　2000　266p　16cm（春陽文庫）　562円　①4-394-18005-8　Ⓝ913.68
☆「日本文芸鑑賞事典　第4巻」

茅原 廉太郎　かやはら・れんたろう

02451　「国民的悲劇の発生」
『国民的悲劇の発生』　茅原廉太郎著　祖国書院　1918　495p　23cm　Ⓝ310
☆「世界名著大事典」

香山 滋　かやま・しげる

02452　「オランペンデクの復讐」
『海鰻荘奇談』　香山滋著　講談社　1997　554p　16cm（大衆文学館）　1300円　①4-06-262083-9　Ⓝ913.6
☆「世界のSF文学・総解説」

02453 「海鰻荘奇談」
　『海鰻荘奇談』　香山滋著　講談社　1997
　554p　16cm（大衆文学館）　1300円
　Ⓘ4-06-262083-9　Ⓝ913.6
　☆「世界の推理小説・総解説」

唐 十郎　から・じゅうろう

02454 「腰巻お仙・振袖火事の巻」
　『唐十郎全作品集　第1巻　戯曲　1』　冬樹社
　1980　424p　20cm　3500円　Ⓝ918.68
　☆「日本文芸鑑賞事典 第20巻（昭和42〜50年）」

02455 「佐川君からの手紙」
　『佐川君からの手紙―完全版』　唐十郎著　河出
　書房新社　2009　326p　15cm（河出文庫　か
　1-1）〈並列シリーズ名：Kawade bunko〉
　880円　Ⓘ978-4-309-40957-3　Ⓝ913.6
　☆「現代文学鑑賞辞典」、「日本文学 これを読まない
　と文学は語れない!!」

柄井 川柳　からい・せんりゅう

02456 「誹風柳多留」
　『誹風柳多留　1』　柄井川柳撰　山沢英雄校訂
　岩波書店　1985　365p　20cm（川柳集成
　1）　2800円　Ⓘ4-00-008727-4　Ⓝ911.45
　☆「古ома事典」、「この一冊で読める！「日本の古典
　50冊」、「作品と作者」、「3行でわかる名作&ヒッ
　ト本250」、「世界名作事典」、「世界名著大事典」、
　「千年の百冊」、「日本の古典」、「日本の古典名著」、
　「日本の書物」、「日本文学鑑賞辞
　典〔第1〕」、「日本文学の古典50選」、「日本名著
　辞典」、「文学・名著300選の解説 '88年度版」

唐木 順三　からき・じゅんぞう

02457 「鷗外の精神」
　『唐木順三全集　第2巻』　増補版　筑摩書房
　1981　456p　22cm〈著者の肖像あり〉
　3800円　Ⓝ913.68
　☆「世界名著大事典 補遺（Extra）」、「日本文芸鑑賞
　事典 第13巻」

02458 「応仁四話」
　『応仁四話』　唐木順三著　筑摩書房　1973
　302p　20cm（唐木順三文庫　10）　900円
　Ⓝ913.6
　☆「世界名著大事典 補遺（Extra）」

02459 「近代日本文学の展開」
　『唐木順三全集　第1巻』　増補版　筑摩書房
　1981　450p　22cm〈著者の肖像あり〉
　3800円　Ⓝ918.68
　☆「世界名著大事典 補遺（Extra）」

02460 「現代史への試み」
　『現代史への試み』　唐木順三著　新版　筑摩書
　房　1973　281p　20cm（唐木順三文庫　2）

　850円　Ⓝ914.6
　☆「世界名著大事典 補遺（Extra）」

02461 「現代日本文学序説」
　『現代日本文学序説』　唐木順三著　第2版　春
　陽堂　1935　405p　23cm　Ⓝ910.26
　☆「世界名著大事典 補遺（Extra）」

02462 「正法眼蔵随聞記」
　『唐木順三全集　第7巻』　増補版　筑摩書房
　1981　496p　22cm〈著者の肖像あり〉
　4000円　Ⓝ918.68
　☆「世界名著大事典 補遺（Extra）」

02463 「千利休」
　『千利休』　唐木順三著　筑摩書房　1973　231p
　肖像　20cm（唐木順三文庫　5）　Ⓝ791.2
　☆「世界名著大事典 補遺（Extra）」

02464 「中世から近世へ」
　『中世から近世へ』　唐木順三著　筑摩書房
　1973　318p　20cm（唐木順三文庫　7）
　Ⓝ702.14
　☆「世界名著大事典 補遺（Extra）」

02465 「中世の文学」
　『中世の文学』　唐木順三著　新版　筑摩書房
　1973　318p　20cm（唐木順三文庫　4）
　900円　Ⓝ910.24
　☆「世界名著大事典 補遺（Extra）」

02466 「夏目漱石」
　『夏目漱石』　唐木順三著　改訂新版　西宮　国
　際日本研究所　1966　318p　20cm　650円
　Ⓝ910.28
　☆「世界名著大事典 補遺（Extra）」

02467 「三木清」
　『三木清』　唐木順三著　筑摩書房　1973　252p
　20cm（唐木順三文庫　1）　850円　Ⓝ121.9
　☆「世界名著大事典 補遺（Extra）」

02468 「無常」
　『無常』　唐木順三著　筑摩書房　1998　317p
　15cm（ちくま学芸文庫）　1000円
　Ⓘ4-480-08435-5　Ⓝ910.2
　☆「世界名著大事典 補遺（Extra）」

02469 「無用者の系譜」
　『無用者の系譜』　唐木順三著　筑摩書房　1973
　298p　20cm（唐木順三文庫　6）　Ⓝ910.4
　☆「現代人のための名著」、「世界名著大事典 補遺
　（Extra）」、「日本文芸鑑賞事典 第18巻（1958〜
　1962年）」

02470 「森鷗外」
　『唐木順三全集　第2巻』　増補版　筑摩書房
　1981　456p　22cm〈著者の肖像あり〉
　3800円　Ⓝ913.68

☆「世界名著大事典 補遺（Extra）」

唐木田 健一　からきだ・けんいち

02471　「1968年には何があったのか」
『1968年には何があったのか―東大闘争私史』　唐木田健一著　批評社　2004　239p　20cm　2000円　①4-8265-0401-2　Ⓝ913.6
☆「サイエンス・ブックレヴュー」

唐衣 橘洲　からごろも・きっしゅう

02472　「狂歌若葉集」
『江戸狂歌本選集　第1巻』　江戸狂歌本選集刊行会編　東京堂出版　1998　305p　23cm　15000円　①4-490-30450-1　Ⓝ911.1
☆「古典の事典」，「世界名著大事典」

柄谷 行人　からたに・ゆきと

02473　「意味という病」
『意味という病』　柄谷行人著　講談社　1989　345p　16cm（講談社文芸文庫）〈著書目録：p342～343〉　780円　①4-06-196056-3　Ⓝ910.26
☆「日本文芸鑑賞事典 第20巻（昭和42～50年）」

02474　「隠喩としての建築」
『隠喩としての建築』　柄谷行人著　講談社　1989　333p　15cm（講談社学術文庫）　780円　①4-06-158866-4　Ⓝ914.6
☆「学問がわかる500冊 v.2」

02475　「差異としての場所」
『差異としての場所』　柄谷行人著　講談社　1996　326p　15cm（講談社学術文庫）　940円　①4-06-159230-0　Ⓝ914.6
☆「学問がわかる500冊」

02476　「日本近代文学の起源」
『日本近代文学の起源―原本』　柄谷行人［著］　講談社　2009　285p　16cm（講談社文芸文庫　かB8）〈並列シリーズ名：Kodansha bungei bunko　著書目録あり　年譜あり〉　1200円　①978-4-06-290041-6　Ⓝ910.261
☆「学問がわかる500冊」，「現代文学鑑賞辞典」，「戦後思想の名著50」，「日本の社会と文化」，「必読書150」

狩谷 棭斎　かりや・えきさい

02477　「古京遺文」
『古京遺文』　狩谷棭斎著　山田孝雄,香取秀真増補　勉誠社　1976　1冊　21cm（勉誠社文庫1）〈大正元年刊の複製〉　1500円　Ⓝ210.02
☆「世界名著大事典」，「日本名著辞典」

苅谷 剛彦　かりや・たけひこ

02478　「大衆教育社会のゆくえ」
『大衆教育社会のゆくえ―学歴主義と平等神話の戦後史』　苅谷剛彦著　中央公論社　1995　226p　18cm（中公新書）〈参考文献：p223～226〉　720円　①4-12-101249-6　Ⓝ372.1
☆「学問がわかる500冊」

02479　「知的複眼思考法」
『知的複眼思考法―誰でも持っている創造力のスイッチ』　苅谷剛彦［著］　講談社　2002　381p　16cm（講談社＋α文庫）〈文献あり〉　880円　①4-06-256610-9　Ⓝ002.7
☆「大学新入生に薦める101冊の本」

軽部 征夫　かるべ・いさお

02480　「クローンは悪魔の科学か」
『クローンは悪魔の科学か―食糧・医薬・生命力―人類を救うバイオの先端科学』　軽部征夫著　祥伝社　1998　266p　20cm〈文献あり〉　1600円　①4-396-61071-8　Ⓝ467.25
☆「「本の定番」ブックガイド」

河合 栄治郎　かわい・えいじろう

02481　「学生叢書」
☆「明治・大正・昭和の名著・総解説」

02482　「学生に与う」
『学生に与う』　河合栄治郎著　新版　社会思想社　1997　373p　15cm（現代教養文庫）　840円　①4-390-11619-3　Ⓝ159.7
☆「昭和の名著」，「日本文芸鑑賞事典 第12巻」

02483　「社会政策原理」
『社会政策原理』　河合栄治郎著　社会思想研究会編　社会思想社　1991　469p　21cm（河合栄治郎全集　第3巻）〈第3刷（第1刷：68.2.20）〉　6400円　①4-390-50043-0
☆「世界名著大事典」

02484　「トーマス・ヒル・グリーンの思想体系」
『トーマス・ヒル・グリーンの思想体系　1』　河合栄治郎著　社会思想研究会編　社会思想社　1991　398p　21cm（河合栄治郎全集　第1巻）〈第4刷（第1刷：6.20）〉　6400円　①4-390-50041-4
☆「世界名著大事典」

02485　「ファッシズム批判」
『ファッシズム批判』　河合栄治郎著　社会思想研究会編　社会思想社　1991　402p　21cm（河合栄治郎全集　第11巻）〈第3刷（第1刷：67.11.20）〉　6400円　①4-390-50051-8
☆「世界名著大事典」，「日本近代の名著」

河井 酔茗　かわい・すいめい

02486　「酔茗詩集」

『酔茗詩集』 河井酔茗著 アルス 1923 531, 38p 19cm Ⓝ911.5
☆「世界名著大事典」

02487 「塔影」
『塔影』 河井酔茗著 金尾文淵堂 1905 170p 19cm Ⓝ911.5
☆「日本文学鑑賞辞典〔第2〕」

河合 信和　かわい・のぶかず

02488 「ネアンデルタール人と現代人」
『ネアンデルタール人と現代人—ヒトの500万年史』 河合信和著 文藝春秋 1999 238p 18cm(文春新書) 690円 Ⓘ4-16-660055-9 Ⓝ469.2
☆「世界史読書案内」

河合 隼雄　かわい・はやお

02489 「カウンセリングを語る」
『カウンセリングを語る 上』 河合隼雄著 講談社 1999 359p 16cm(講談社+α文庫) 840円 Ⓘ4-06-256387-8 Ⓝ146.8
☆「学問がわかる500冊」

02490 「影の現象学」
『影の現象学』 河合隼雄著 講談社 1987 316p 15cm(講談社学術文庫) 780円 Ⓘ4-06-158811-7 Ⓝ140.4
☆「東アジア人文書100」

02491 「宗教と科学の接点」
『宗教と科学の接点』 河合隼雄著 岩波書店 1986 201p 19cm 1300円 Ⓘ4-00-001026-3 Ⓝ140.4
☆「科学技術をどう読むか」

02492 「ユング心理学入門」
『ユング心理学入門』 河合隼雄著 新装版 培風館 2010 318,6p 19cm〈索引あり〉 933円 Ⓘ978-4-563-05217-1 Ⓝ146.15
☆「学問がわかる500冊」, 「教養のためのブックガイド」

河合 雅雄　かわい・まさお

02493 「学問の冒険」
『学問の冒険』 河合雅雄著 岩波書店 2012 308p 15cm(岩波現代文庫 社会 245)〈佼成出版社 1989年刊の再刊〉 1240円 Ⓘ978-4-00-603245-6 Ⓝ489.9
☆「21世紀の必読書100選」

河合 正弘　かわい・まさひろ

02494 「円高はなぜ起こる」
『円高はなぜ起こる—変動する為替レートと日本経済』 河合正弘,通産省通商産業研究所編著 東洋経済新報社 1995 330p 20cm(参照文献：p328〜330) 2000円 Ⓘ4-492-44189-1 Ⓝ338.952
☆「日本経済本38」

川井 龍介　かわい・りゅうすけ

02495 「福祉のしごと」
『福祉のしごと』 川井竜介,浜名純著 労働旬報社 1996 485p 21cm(監修：一番ケ瀬康子) 3200円 Ⓘ4-8451-0437-7 Ⓝ369.021
☆「学問がわかる500冊」

河岡 武春　かわおか・たけはる

02496 「海の民—漁村の歴史と民俗」
『海の民—漁村の歴史と民俗』 河岡武春著 平凡社 1987 364p 20cm(平凡社選書 104) 2300円 Ⓘ4-582-84104-X Ⓝ384.36
☆「学問がわかる500冊 v.2」

川勝 平太　かわかつ・へいた

02497 「日本文明と近代西洋」
『日本文明と近代西洋—「鎖国」再考』 川勝平太著 日本放送出版協会 1991 266p 19cm(NHKブックス 627) 780円 Ⓘ4-14-001627-2 Ⓝ678.21
☆「ベストガイド日本の名著」

02498 「文明の海洋史観」
『文明の海洋史観』 川勝平太著 中央公論社 1997 292p 20cm(中公叢書) 1700円 Ⓘ4-12-002715-5 Ⓝ201
☆「21世紀の必読書100選」

川勝 義雄　かわかつ・よしお

02499 「中国人の歴史意識」
『中国人の歴史意識』 川勝義雄著 平凡社 1993 365p 16cm(平凡社ライブラリー) 1400円 Ⓘ4-582-76009-0 Ⓝ222.001
☆「歴史家の一冊」

川上 孤山　かわかみ・こざん

02500 「大蔵経索引」
『大蔵経索引—要文抄録 第1-3巻』 川上孤山著 京都 大蔵経索引刊行会 1927 3冊 表8枚 27cm Ⓝ183
☆「世界名著大事典」

川上 三太郎　かわかみ・さんたろう

02501 「風」
☆「世界名著大事典 補遺(Extra)」

02502 「新川柳一万句集」
☆「世界名著大事典 補遺(Extra)」

02503 「新川柳大観」
『新川柳大観—昭和・明治・大正』 川上三太郎

かわかみ　　　　　　　　　　　　　　　　　　02504〜02519

編　草文社　1929　38,376p　13×18cm　Ⓝ911.4
☆「世界名著大事典 補遺（Extra）」

02504　「川柳入門」
『川柳入門』　川上三太郎著　川津書店　1951　218p 図版　19cm（入門新書）　Ⓝ911.4
☆「世界名著大事典 補遺（Extra）」

川上 紳一　かわかみ・しんいち
02505　「縞々学」
『縞々学―リズムから地球史に迫る』　川上紳一著　東京大学出版会　1995　253,17p　20cm〈巻末：参考文献〉　3090円　①4-13-060709-X　Ⓝ450
☆「科学を読む愉しみ」

川上 多助　かわかみ・たすけ
02506　「日本古代社会史の研究」
『日本古代社会史の研究』　川上多助著　再版　河出書房　1948　500p　21cm　Ⓝ210.3
☆「世界名著大事典」

河上 徹太郎　かわかみ・てつたろう
02507　「日本のアウトサイダー」
『日本のアウトサイダー』　河上徹太郎著　改版　中央公論新社　2004　285p　16cm（中公文庫）　1333円　①4-12-204456-1　Ⓝ281.04
☆「現代文学鑑賞辞典」,「日本文芸鑑賞事典 第17巻（1955〜1958年）」

02508　「私の詩と真実」
『私の詩と真実』　河上徹太郎〔著〕　講談社　2007　210p　16cm（講談社文芸文庫）〈年譜あり　著作目録あり〉　1200円　①978-4-06-198480-6　Ⓝ914.6
☆「昭和の名著」,「世界名著大事典」,「日本文芸鑑賞事典 第16巻」

河上 肇　かわかみ・はじめ
02509　「経済学大綱」
『経済学大綱　上巻』　河上肇著　角川書店　1960　288p　15cm（角川文庫）　Ⓝ331
☆「世界名著大事典」

02510　「自叙伝」
『自叙伝 1』　河上肇著　杉原四郎,一海知義編　岩波書店　1996　385p　15cm（岩波文庫）　670円　①4-00-331322-4　Ⓝ289.1
☆「近代日本の百冊を選ぶ」,「自伝の名著101」,「昭和の名著」,「世界名著大事典」,「日本近代の名著」,「日本文学鑑賞辞典〔第2〕」,「明治・大正・昭和の名著・総解説」

02511　「資本論入門」
『資本論入門　第1分冊』　河上肇著　青木書店

1951　230p　15cm（青木文庫　第24）　Ⓝ331.34
☆「世界名著大事典」

02512　「第二貧乏物語」
『第二貧乏物語』　河上肇著　新日本出版社　2009　397p　19cm〈解説：林直道〉　1600円　①978-4-406-05247-4　Ⓝ331.6
☆「社会科学の古典」,「明治・大正・昭和の名著・総解説」

02513　「日本尊農論」
『日本尊農論』　河上肇著　横井時敬閲　読売新聞日就社　1905　201p　23cm（虚遊軒文庫 第2編）　Ⓝ610
☆「農政経済の名著 明治大正編」

02514　「日本農政学」
『日本農政学』　河上肇著　同文館　1906　694p 図版　22cm　Ⓝ610
☆「世界名著大事典」,「農政経済の名著 明治大正編」

02515　「貧乏物語」
『貧乏物語』　河上肇著　新日本出版社　2008　235p　19cm　1200円　①978-4-406-05220-7　Ⓝ331.6
☆「経済学名著106選」,「世界の名著早わかり事典」,「世界名著大事典」,「大正の名著」,「日本の名著」,「文学・名著300選の解説 '88年度版」,「ベストガイド日本の名著」,「明治・大正・昭和の名著・総解説」,「私の古典」

川上 眉山　かわかみ・びざん
02516　「うらおもて」
『眉山全集』　川上眉山著　京都　臨川書店　1977　7冊 肖像　23cm〈第1巻〜第4巻：博文館明治42年刊の複製、第5巻〜第7巻：春陽堂明治42年刊の複製　付（別冊 14p 21cm）：川上眉山の小説（吉田精一）〉　Ⓝ918.6
☆「世界名著大事典」

02517　「観音岩」
『観音岩』　川上眉山著　京都　臨川書店　1977　2冊 図　23cm〈日高有倫堂明治39〜40年刊の複製『眉山全集』の附巻〉　Ⓝ913.6
☆「日本文学鑑賞辞典〔第2〕」,「日本名著辞典」

02518　「書記官」
『眉山全集』　川上眉山著　京都　臨川書店　1977　7冊 肖像　23cm〈第1巻〜第4巻：博文館明治42年刊の複製、第5巻〜第7巻：春陽堂明治42年刊の複製　付（別冊 14p 21cm）：川上眉山の小説（吉田精一）〉　Ⓝ918.6
☆「世界名著大事典」,「日本文学現代名作事典」,「日本文芸鑑賞事典 第1巻」

02519　「ふところ日記」
『ふところ日記』　川上眉山著　新潮社　1917

159p　16cm（代表的名作選集　第26編）　Ⓝ913.6
☆「日本文学鑑賞辞典〔第2〕」,「日本文芸鑑賞事典　第2巻（1895～1903年）」

川上 弘美　かわかみ・ひろみ

02520　「センセイの鞄」
『センセイの鞄』　川上弘美著　新潮社　2007　299p　16cm（新潮文庫）　514円
Ⓘ978-4-10-129235-9　Ⓝ913.6
☆「名作はこのように始まる 2」

02521　「蛇を踏む」
『蛇を踏む』　川上弘美著　文藝春秋　1999　183p　16cm（文春文庫）　390円
Ⓘ4-16-763101-6　Ⓝ913.6
☆「現代文学鑑賞辞典」,「Jブンガク」

河上 倫逸　かわかみ・りんいつ

02522　「開かれた社会の哲学」
『開かれた社会の哲学―カール・ポパーと現代』　長尾竜一, 河上倫逸編　未来社　1994　241p　20cm〈カール・ポパーの肖像あり　文献解説および年譜：p210～236〉　2575円
Ⓘ4-624-01120-1　Ⓝ133.5
☆「教養のためのブックガイド」

川喜田 二郎　かわきた・じろう

02523　「ネパール王国探検記」
『ネパール王国探検記―日本人世界の屋根を行く』　川喜田二郎著　光文社　1957　320p　図版　18cm（カッパ・ブックス）　Ⓝ389.258
☆「日本の山の名著・総解説」

02524　「野外科学の方法」
『野外科学の方法―思考と探検』　川喜田二郎著　中央公論社　1973　210p　18cm（中公新書）　280円　Ⓝ290.11
☆「学問がわかる500冊 v.2」

川北 稔　かわきた・みのる

02525　「砂糖の世界史」
『砂糖の世界史』　川北稔著　岩波書店　2002　208p　18cm（岩波ジュニア新書）〈第14刷〉　780円　Ⓘ4-00-500276-5
☆「世界史読書案内」

川口 一郎　かわぐち・いちろう

02526　「二十六番館」
『日本の近代戯曲』　日本近代演劇史研究会編　翰林書房　1999　310p　21cm（日本文学コレクション）　2500円　Ⓘ4-87737-073-0　Ⓝ912.78
☆「世界名著大事典」,「日本文学鑑賞辞典〔第2〕」

河口 慧海　かわぐち・えかい

02527　「蔵和大辞典」
☆「世界名著大事典 補遺（Extra）」

02528　「チベット旅行記」
『チベット旅行記　上』　河口慧海著　長沢和俊編　白水社　2004　313p　18cm（白水Uブックス）〈肖像あり　折り込み1枚〉　950円
Ⓘ4-560-07372-4　Ⓝ292.29
☆「現代アジア論の名著」,「現代人のための名著」,「世界名著大事典101」,「日本の名著」,「日本の山の名著・総解説」,「日本文芸鑑賞事典 第3巻（1904～1909年）」,「ベストガイド日本の名著」,「明治・大正・昭和の名著・総解説」,「明治の名著 1」,「山の名著 明治・大正・昭和戦前編」

かわぐち かいじ

02529　「黒旗水滸伝」
『黒旗水滸伝―大正地獄篇　1』　竹中労著　かわぐちかいじ画　新装版　皓星社　2012　330p　21cm　1200円　Ⓘ978-4-7744-0463-9　Ⓝ309.021
☆「アナーキズム」

川口 松太郎　かわぐち・まつたろう

02530　「愛染かつら」
『愛染かつら』　川口松太郎著　講談社　1968　238p　19cm　360円　Ⓝ913.6
☆「日本文学 これを読まないと文学は語れない!!」,「日本文芸鑑賞事典 第11巻（昭和9～昭和12年）」

02531　「皇女和の宮」
『皇女和の宮』　川口松太郎著　徳間書店　1988　376p　16cm（徳間文庫）　520円
Ⓘ4-19-598502-1　Ⓝ913.6
☆「歴史小説・時代小説 総解説」

02532　「しぐれ茶屋おりく」
『しぐれ茶屋おりく』　川口松太郎著　講談社　1997　409p　16cm（大衆文学館）　1100円
Ⓘ4-06-262099-5　Ⓝ913.6
☆「ポケット日本名作事典」

02533　「新吾十番勝負」
『新吾十番勝負　1（美女丸の巻）』　川口松太郎著　嶋中書店　2005　467p　15cm（嶋中文庫）　743円　Ⓘ4-86156-349-6　Ⓝ913.6
☆「面白いほどよくわかる時代小説名作100」,「歴史小説・時代小説 総解説」

02534　「鶴八鶴次郎」
『鶴八鶴次郎』　川口松太郎著　中央公論社　1979　252p　15cm（中公文庫）　300円
Ⓝ913.6
☆「近代日本の百冊を選ぶ」,「現代文学鑑賞辞典」,「女性のための名作・人生案内」,「世界名著大事

かわさき

02535〜02551

典」,「日本文学鑑賞辞典〔第2〕」,「日本文芸鑑賞事典 第11巻(昭和9〜昭和12年)」,「ポケット日本名作事典」,「歴史小説・時代小説 総解説」

02535 「蛇姫様」
『蛇姫様 上』 川口松太郎著 新装版 春陽堂書店 1998 229p 15cm〈春陽文庫〉 448円 Ⓘ4-394-10601-X
☆「歴史小説・時代小説 総解説」

川崎 大治 かわさき・だいじ

02536 「太陽をかこむ子供たち」
『太陽をかこむ子供たち』 川崎大治著 立石鉄臣絵 西荻書店 1951 206p 図版 22cm
☆「名作の研究事典」

02537 「小さい同志」
『小さい同志―プロレタリア童謡集』 槇本楠郎,川崎大治共編 大空社 1997 6,128p 20cm〈叢書日本の童謡〉〈自由社昭和6年刊の複製〉 Ⓘ4-7568-0306-7
☆「日本児童文学名著事典」

川崎 隆章 かわさき・たかあき

02538 「尾瀬」
『尾瀬』 平野長英,川崎隆章共著 福村書店 1953 542p 図版4枚 地図 19cm Ⓝ291.33
☆「日本の山の名著・総解説」,「山の名著 明治・大正・昭和戦前編」

02539 「尾瀬と檜枝岐」
『尾瀬と桧枝岐』 川崎隆章編 木耳社 1978 704p 図版13枚 22cm〈那珂書店昭和18年刊の複製 大正時代の文献・昭和時代の文献:p19〜22〉 8500円 Ⓝ291.33
☆「日本の山の名著・総解説」,「山の名著 明治・大正・昭和戦前編」

川崎 長太郎 かわさき・ちょうたろう

02540 「裸木」
『裸木』 川崎長太郎著 成瀬書房 1983 157p 22cm〈箱入 限定版〉 30000円 Ⓘ4-930708-13-3 Ⓝ913.6
☆「世界名著大事典 補遺(Extra)」,「日本文学鑑賞辞典〔第2〕」

02541 「抹香町」
『抹香町』 川崎長太郎著 エポナ出版 1978 236p 20cm 1200円 Ⓝ913.6
☆「現代文学鑑賞辞典」,「世界名著大事典 補遺(Extra)」,「日本文芸鑑賞辞典 第15巻」,「ポケット日本名作事典」

02542 「路草」
『路草―小説集』 川崎長太郎著 文座書林 1934 212p 20cm〈文座書林文学全書 第1〉 Ⓝ913.6

☆「世界名著大事典 補遺(Extra)」

02543 「無題」
『抹香町 路傍』 川崎長太郎著 講談社 1997 281p 16cm(講談社文芸文庫)〈年譜あり 著作目録あり 文献あり〉 950円 Ⓘ4-06-197579-X Ⓝ913.6
☆「世界名著大事典 補遺(Extra)」

川崎 庸之 かわさき・つねゆき

02544 「川崎庸之歴史著作選集」
『川崎庸之歴史著作選集 第1巻 記紀万葉の世界』 東京大学出版会 1982 494p 20cm〈川崎庸之略年譜・著作目録:p477〜494〉 3200円 Ⓝ210.7
☆「歴史家の読書案内」

川崎 洋 かわさき・ひろし

02545 「はくちょう」
『はくちょう―詩集』 川崎洋著 ユリイカ 1955 87p 19cm Ⓝ911.56
☆「日本文芸鑑賞事典 第17巻(1955〜1958年)」

川崎 精雄 かわさき・まさお

02546 「雪山・藪山」
『雪山・藪山』 川崎精雄著 山と溪谷社 2000 325p 20cm(Yama-kei classics) 1800円 Ⓘ4-635-04708-3 Ⓝ291.09
☆「日本の山の名著・総解説」,「山の名著30選」

川路 聖謨 かわじ・としあきら

02547 「島根のすさみ」
『島根のすさみ―佐渡奉行在勤日記』 川路聖謨著 川田貞夫校注 平凡社 1973 371p 図地図 18cm(東洋文庫 226) Ⓝ214.7
☆「世界の旅行記101」

川路 柳虹 かわじ・りゅうこう

02548 「詩学」
『詩学』 川路柳虹著 耕進社 1935 422p 20cm Ⓝ901
☆「世界名著大事典 補遺(Extra)」

02549 「波」
☆「世界名著大事典 補遺(Extra)」

02550 「塵溜」
☆「世界名著大事典 補遺(Extra)」

02551 「路傍の花」
『路傍の花―詩集』 川路柳虹(誠)著 東雲堂 1910 230p 19cm Ⓝ911.5
☆「世界名著大事典 補遺(Extra)」,「日本文学鑑賞辞典〔第2〕」,「日本文芸鑑賞事典 第4巻」

川島 武宜　かわしま・たけよし

02552　「イデオロギーとしての家族制度」
『イデオロギーとしての家族制度』　川島武宜著　岩波書店　1957　369p　22cm　Ⓝ324.6
☆「日本の社会と文化」

02553　「所有権法の理論」
『所有権法の理論』　川島武宜著　新版　岩波書店　1987　339p　22cm〈付：参考文献〉　2600円　Ⓘ4-00-000910-9　Ⓝ324.23
☆「世界名著大事典」

02554　「日本社会の家族的構成」
『日本社会の家族的構成』　川島武宜著　岩波書店　2000　249p　15cm（岩波現代文庫　学術）　1000円　Ⓘ4-00-600012-X　Ⓝ324.6
☆「世界名著大事典」、「戦後思想の名著50」、「日本の社会と文化」

02555　「法社会学」
『法社会学　1　生ける法と国家法』　川島武宜著　岩波書店　2001　403p　21cm（川島武宜著作集　第1巻）　5600円　Ⓘ4-00-090651-8
☆「世界名著大事典」

川島 忠之助　かわしま・ちゅうのすけ

02556　「新説 八十日間世界一周」
『翻訳小説集　2』　岡照雄ほか校注　岩波書店　2002　564p　22cm（新日本古典文学大系　明治編15　中野三敏ほか編）〈付属資料：16p：月報4〉　5400円　Ⓘ4-00-240215-0　Ⓝ908.3
☆「日本近代文学名著事典」

川嶋 康男　かわしま・やすお

02557　「奇跡の船・宗谷物語」
『奇跡の船・宗谷物語』　川嶋康男作　こさかしげる絵　あすなろ書房　1994　182p　21cm　1300円　Ⓘ4-7515-1231-5
☆「世界の海洋文学」

川瀬 一馬　かわせ・かずま

02558　「足利学校の研究」
『足利学校の研究』　川瀬一馬著　増補新訂　講談社　1974　図58p 295p 肖像　27cm〈限定版〉　18000円　Ⓝ372.1
☆「世界名著大事典」

02559　「古活字版之研究」
『古活字版之研究』　川瀬一馬著　増補版　日本古書籍商協会　1967　3冊　27cm　Ⓝ022.5
☆「世界名著大事典」

02560　「日本書誌学の研究」
『日本書誌学之研究』　川瀬一馬著　講談社　1971　1984,45p 図 肖像　22cm〈原版：昭和18年〉　18000円　Ⓝ020.11

☆「世界名著大事典」

川添 登　かわぞえ・のぼる

02561　「建築の滅亡」
『建築の滅亡』　川添登著　現代思潮社　1960　208p（図版共）　18cm　Ⓝ520.4
☆「建築・都市ブックガイド21世紀」、「建築の書物/都市の書物」

川田 維鶴　かわだ・いかく

02562　「漂巽紀略」
『漂巽紀略』　川田維鶴撰　高知　高知市民図書館　1986　147,74p　22cm〈付・研究河田小竜とその時代　中浜万次郎関係文献目録：p138～147〉　2000円　Ⓝ210.5953
☆「古典の事典」

川田 茂雄　かわだ・しげお

02563　「社長をだせ！」
『社長をだせ！』　川田茂雄著　宝島社　2004　259p　16cm（宝島社文庫）〈2003年刊の増補〉　648円　Ⓘ4-7966-4339-7　Ⓝ673.3
☆「マンガでわかるビジネス名著」

川田 順　かわだ・じゅん

02564　「伎芸天」
『伎芸天』　川田順著　〔昭和10年〕改訂　竹柏会　1935　282p　19cm（心の華叢書　第9）　Ⓝ911.16
☆「世界名著大事典」

02565　「東帰」
『東帰―歌集』　川田順著　長谷川書房　1952　181p 図版　19cm　Ⓝ911.168
☆「現代文学名作探訪事典」

02566　「鷲」
『鷲―新訂歌集』　川田順著　創元社　1952　189p 図版　19cm（創元選書　第49）　Ⓝ911.168
☆「日本文学鑑賞辞典〔第2〕」、「日本文芸鑑賞事典 第12巻」

川田 順造　かわだ・じゅんぞう

02567　「無文字社会の歴史」
『無文字社会の歴史―西アフリカ・モシ族の事例を中心に』　川田順造著　岩波書店　2001　343,16p　15cm（岩波現代文庫 学術）〈文献あり〉　1200円　Ⓘ4-00-600060-X　Ⓝ382.44
☆「学問がわかる500冊 v.2」、「21世紀の必読書100選」、「文化人類学の名著50」

河田 嗣郎　かわだ・しろう

02568　「土地経済論」
『土地経済論』　河田嗣郎等著　日本評論社

1931　496p　22cm（現代経済学全集　第22巻）　Ⓝ611.2
　☆「農政経済の名著　明治大正編」

02569　「農家負債と其整理」
『農家負債と其整理』　河田嗣郎,硲正夫著　有斐閣　1940　452p　21cm（日本学術振興会第21小委員会報告）　Ⓝ611
　☆「農政経済の名著　昭和前期編」

川田 信一郎　かわた・しんいちろう

02570　「作物栽培入門─生理生態と環境」
『作物栽培入門─生理生態と環境』　川田信一郎著　農山漁村文化協会　1985　258p　19cm　1500円　Ⓘ4-540-84048-7　Ⓝ613.7
　☆「学問がわかる500冊 v.2」

川田 武　かわだ・たけし

02571　「ピラミッドの日」
『ピラミッドの日』　川田武著　角川書店　1978　302p　15cm（角川文庫）　300円　Ⓝ913.6
　☆「世界のSF文学・総解説」

川田 侃　かわた・ただし

02572　「国際関係研究」
『国際関係研究』　川田侃著　東京書籍　1996　406p　21cm（川田侃・国際学　1）　2500円　Ⓘ4-487-75131-4
　☆「学問がわかる500冊」

02573　「国際政治経済学をめざして」
『国際政治経済学をめざして』　川田侃著　御茶の水書房　1988　323,6p　19cm（御茶の水選書）〈参考文献：p317～323〉　2000円　Ⓘ4-275-00789-1　Ⓝ319
　☆「学問がわかる500冊」

川田 寿　かわた・ひさし

02574　「江戸名所図会を読む」
『江戸名所図会を読む』　川田寿著　東京堂出版　1990　289p　21cm　2900円　Ⓘ4-490-20167-2　Ⓝ291.36
　☆「学問がわかる500冊 v.2」

河田 楨　かわだ・みき

02575　「一日二日山の旅」
『一日二日山の旅』　河田楨著　木耳社　1978　392p　19cm〈自彊館書店大正13年刊の複製〉　Ⓝ291.09
　☆「日本の山の名著・総解説」,「山の名著　明治・大正・昭和戦前編」

河田 敬義　かわだ・ゆきよし

02576　「現代数学概説Ⅱ」
『現代数学概説』　弥永昌吉等著　岩波書店　1961　2冊　22cm（現代数学　第1-2）〈著者：第1は弥永昌吉,小平邦彦　第2は河田敬義,三村征雄〉　Ⓝ410.1
　☆「ブックガイド "数学" を読む」

河竹 新七（3代）　かわたけ・しんしち

02577　「江戸育御祭佐七」
『名作歌舞伎全集　第17巻　江戸世話狂言集3』　東京創元社　1971　359p　図10枚　20cm〈監修：戸板康二等〉　Ⓝ912.5
　☆「世界名著大事典」

02578　「怪異談牡丹灯籠」
『名作歌舞伎全集　第17巻　江戸世話狂言集3』　東京創元社　1971　359p　図10枚　20cm〈監修：戸板康二等〉　Ⓝ912.5
　☆「世界名著大事典」

02579　「籠釣瓶花街酔醒」
『籠釣瓶花街酔醒　神明恵和合取組』　三世河竹新七,竹柴其水ほか作　菊池明編著　白水社　1986　233p　19cm（歌舞伎オン・ステージ　7）　1900円　Ⓘ4-560-03277-7　Ⓝ912.5
　☆「世界名著大事典」

02580　「塩原多助一代記」
『塩原多助一代記─通し狂言　六幕十一場』　三遊亭円朝口演　三世河竹新七作　国立劇場文芸課補綴　［東京］　国立劇場　2012　144p　26cm（国立劇場歌舞伎公演上演台本）　Ⓝ912.5
　☆「世界名著大事典」

河竹 黙阿弥　かわたけ・もくあみ

02581　「青砥稿花紅彩画」
『青砥稿花紅彩画』　柳屋梅彦［作］　歌川国貞［画］　国立劇場調査養成部編　日本芸術文化振興会　2011　289p　21cm（正本写合巻集　7）〈複製および翻刻〉　Ⓝ913.57
　☆「一冊で100名作の「さわり」を読む」,「古典の事典」,「世界名著大事典」,「日本文学鑑賞辞典［第1］」,「日本名著辞典」

02582　「加賀騒動」
『近世実録全書─20巻』　早稲田大学出版部編　早稲田大学出版部　1928　20冊　20cm〈坪内逍遙鑑選〉　Ⓝ913.56
　☆「世界名著大事典」

02583　「勧善懲悪覗機関」
『名作歌舞伎全集　第10巻　河竹黙阿弥集　第1』　東京創元新社　1968　337p　図版　20cm〈監修者：戸板康二等〉　Ⓝ912.5
　☆「作品と作者」,「世界名著大事典」

02584　「天衣紛上野初花」
『天衣紛上野初花─通し狂言　五幕十一場』　河竹黙阿弥作　宇野信夫補綴・演出　ぴあ

2006　143p　21cm〈国立劇場歌舞伎公演記録集　開場40周年記念　6　日本芸術文化振興会国立劇場監修・資料提供〉〈折り込1枚〉
2700円　①4-8356-1597-2　Ⓝ912.5
☆「教養のためのブックガイド」,「近代日本の百冊を選ぶ」,「世界名著大事典」,「日本の古典・世界の古典」,「日本の名著」(角川書店),「日本の名著」(毎日新聞社),「日本文学鑑賞辞典〔第1〕」,「日本文芸鑑賞事典　第1巻」,「日本名著辞典」

02585　「花街模様薊色縫」
『名作歌舞伎全集　第10巻　河竹黙阿弥集　第1』　東京創元新社　1968　337p　図版　20cm〈監修者:戸板康二等〉Ⓝ912.5
☆「世界名著大事典」

02586　「三人吉三」
『三人吉三廓初買』〔河竹新七〕〔作〕延広真治編著　白水社　2008　334p　19cm(歌舞伎オン・ステージ　14　郡司正勝,廣末保,服部幸雄,小池章太郎,諏訪春雄監修)　4600円　①978-4-560-03284-8　Ⓝ912.5
☆「日本文学現代名作事典」

02587　「三人吉三廓初買」
『三人吉三廓初買』河竹黙阿弥〔作〕　今尾哲也校注　新潮社　1984　542p　20cm(新潮日本古典集成)　2600円　①4-10-620365-0　Ⓝ912.5
☆「一度は読もうよ！日本の名著」,「一冊で日本の古典100冊を読む」,「一冊で100名作の「さわり」を読む」,「古典の事典」,「作品と作者」,「世界名著大事典」,「日本の古典・世界の古典」,「日本の古典名著」,「日本文学鑑賞辞典〔第1〕」,「日本文学名作案内」,「日本名著辞典」

02588　「島鵆月白浪」
『名作歌舞伎全集　第12巻　河竹黙阿弥集　3』　東京創元社　1970　417p　図10枚　20cm〈監修者:戸板康二等〉Ⓝ912.5
☆「世界名著大事典」,「日本文学名作概観」

02589　「曽我綉俠御所染」
『名作歌舞伎全集　第11巻　河竹黙阿弥集　2』　東京創元新社　1969　382p　図版　20cm〈監修者:戸板康二等〉Ⓝ912.5
☆「世界名著大事典」

02590　「高時」
『黙阿弥名作選　第1』河竹黙阿弥著　河竹繁俊編　新潮社　1955　291p　16cm(新潮文庫)　Ⓝ912.5
☆「世界名著大事典」

02591　「蔦紅葉宇都谷峠」
『蔦紅葉宇都谷峠・青砥稿花紅彩画』二世河竹新七〔作〕　河竹登志夫編著　白水社　1993　387p　19cm(歌舞伎オン・ステージ　1)〈部分タイトル:青砥稿花紅彩画　監修:郡司正

勝ほか〉　3900円　①4-560-03271-8　Ⓝ912.5
☆「日本文学鑑賞辞典〔第1〕」

02592　「土蜘蛛」
『土蜘蛛―黒頭　能・観世流　国立劇場開場四十周年記念国立能楽堂字幕披露公演』　国立能楽堂営業課編　〔東京〕　日本芸術文化振興会　2006　4枚　30cm〈英語併記〉
☆「近代名著解題選集3」,「世界名著大事典」

02593　「梅雨小袖昔八丈」
『梅雨小袖昔八丈―髪結新三　前進座五月国立劇場公演』　前進座宣伝部編　武蔵野　前進座宣伝部　2003　44p　26cm
☆「世界名著大事典」

02594　「天一坊大岡政談」
『天一坊―大岡政談』安best百郎著　大阪　秀文社　1949　263p　18cm〈表紙に織田八十馬著とあり〉Ⓝ913.6
☆「世界名著大事典」

02595　「鼠小紋東君新形」
『黙阿弥名作選　第2巻』河竹黙阿弥著　河竹繁俊校訂　創元社　1952　356p　図版　19cm　Ⓝ912.5
☆「世界名著大事典」

02596　「弁天娘女男白浪」
『評釈江戸文学叢書　第5-7巻』　講談社　1970　3冊　23cm〈昭和10-13年刊の複製〉　2000-3800円　Ⓝ918.5
☆「3行でわかる名作&ヒット本250」

02597　「村井長庵巧破傘」
『黙阿弥名作選　第4巻』河竹黙阿弥著　河竹繁俊校訂　創元社　1953　384p　図版　19cm　Ⓝ912.5
☆「近代名著解題選集2」,「世界名著解題選第3巻」,「日本文学名作概観」

02598　「盲長屋梅加賀鳶」
『名作歌舞伎全集　第12巻　河竹黙阿弥集　3』　東京創元社　1970　417p　図10枚　20cm〈監修者:戸板康二等〉Ⓝ912.5
☆「世界名著大事典」

02599　「連獅子」
『連獅子―節付音譜並三味線譜入』吉住小十郎編　邦楽社　1991　15p　24cm(長唄新稽古本　第43編)〈和装〉Ⓝ768.58
☆「古典の事典」

川人 光男　かわと・みつお
02600　「脳の計算理論」
『脳の計算理論』川人光男著　産業図書　1996　457p　22cm〈参考文献:p405～442〉　5665円　①4-7828-1514-X　Ⓝ007.1

☆「学問がわかる500冊 v.2」

河鍋 暁斎　かわなべ・ぎょうさい

02601 「暁斎画談」
『暁斎画談　内篇』　河鍋暁斎著　河鍋楠美編　蕨　暁斎記念館　1982　図版99枚　26cm〈暁斎資料　1〉〈箱入 限定版〉 Ⓝ721.8
☆「アジアの比較文化」

河野 健二　かわの・けんじ

02602 「世界の名著 マキアヴェリからサルトルまで」
『世界の名著—マキアヴェリからサルトルまで』　河野健二編　中央公論社　1963　300p 表　18cm〈中公新書〉Ⓝ028
☆「「本の定番」ブックガイド」

川端 茅舎　かわばた・ぼうしゃ

02603 「川端茅舎句集」
『川端茅舎句集』　松本たかし解説　角川書店　1957　228p 図版　15cm〈角川文庫〉Ⓝ911.36
☆「日本文学鑑賞辞典 〔第2〕」、「日本文芸鑑賞事典 第10巻」

02604 「華厳」
『華厳—句集』　川端茅舎著　2版　竜星閣　1939　175p　20cm〈洋紙版〉Ⓝ911.5
☆「世界名著大事典」

川端 康成　かわばた・やすなり

02605 「浅草紅団」
『浅草紅団　上』　川端康成著　新座　埼玉福祉会　2005　352p　21cm〈大活字本シリーズ〉〈底本：中公文庫「浅草紅団」〉　3200円　①4-88419-335-0　Ⓝ913.6
☆「日本近代文学名著事典」、「日本文学鑑賞辞典 〔第2〕」、「ポケット日本名作事典」

02606 「伊豆の踊子」
『伊豆の踊子』　川端康成著　129刷改版　新潮社　2003　201p　16cm〈新潮文庫〉〈年譜あり〉　362円　①4-10-100102-2　Ⓝ913.6
☆「愛と死の日本文学」、「一度は読もうよ！ 日本の名著」、「一冊で日本の名著100冊を読む」、「一冊で100名作の「さわり」を読む」、「現代文学名作探訪事典」、「この一冊でわかる日本の名作」、「これだけは読みたい日本の名作文学案内」、「少年少女のための文学案内 3」、「図説 5分でわかる日本の名作」、「世界名作事典」、「世界名著大事典」、「小さな文学の旅」、「日本近代文学名著事典」、「日本文学鑑賞辞典 〔第2〕」、「日本文学現代名作事典」、「日本文学名作事典」、「日本文芸鑑賞事典 第8巻(1924～1926年)」、「日本名作文学館 日本編」、「日本・名著のあらすじ」、「ポケット日本名作事典」、「名作のあらすじ」

書き出しを諳んじる」、「名作はこのように始まる 1」、「私を変えたこの一冊」

02607 「海の火祭」
『海の火祭』　川端康成著　毎日新聞社　1979　336p　20cm　1500円　Ⓝ913.6
☆「世界の海洋文学」

02608 「乙女の港」
『乙女の港』　川端康成著　実業之日本社　2011　330p　16cm(実業之日本社文庫 少女の友コレクション)〈画：中原淳一〉　762円　①978-4-408-55053-4　Ⓝ913.6
☆「日本文学鑑賞事典 第12巻」

02609 「感情装飾」
『感情装飾』　川端康成著　金星堂　1926　204p　18cm　Ⓝ913.6
☆「日本近代文学名著事典」

02610 「級長の探偵」
『級長の探偵』　川端康成著　中央公論社　1937　310p　21cm　Ⓝ913.6
☆「日本児童文学名著事典」、「名作の研究事典」

02611 「禽獣」
『禽獣—他　虫のいろいろ—他　風琴と魚の町—他』　川端康成, 尾崎一雄, 林芙美子著　向学社　1985　208p　18cm〈向学社現代教養選書 10—小説　4〉〈新装版　星雲社〔発売〕〉　450円　①4-7952-6660-3　Ⓝ913.68
☆「女性のための名作・人生案内」、「世界名著大事典」、「日本文学鑑賞辞典 〔第2〕」、「日本文学名作事典」、「日本文芸鑑賞事典 第10巻」

02612 「古都」
『古都』　川端康成著　改版　新潮社　2010　278p　15cm(新潮文庫)　438円　①978-4-10-100121-0
☆「あらすじで読む日本の名著 No.2」、「知らないと恥ずかしい「日本の名作」あらすじ200本」、「日本人なら知っておきたいあらすじで読む日本の名著」、「ポケット日本名作事典」

02613 「十六歳の日記」
『大阪文学名作選』　富岡多惠子編　講談社　2011　346p　16cm(講談社文芸文庫　と A9)　1400円　①978-4-06-290140-6　Ⓝ913.68
☆「日本文学名作事典」

02614 「純粋の声」
『純粋の声』　川端康成著　沙羅書店　1936　354p　17cm　Ⓝ914.6
☆「日本文学鑑賞辞典 〔第2〕」

02615 「千羽鶴」
『千羽鶴』　川端康成著　新座　埼玉福祉会　1982　143p　31cm(Large print booksシリーズ)〈原本：新潮社刊新潮文庫　限定版〉

02616 「眠れる美女」
『眠れる美女』　川端康成著　改版　新潮社
2010　248p　15cm(新潮文庫)　400円
①978-4-10-100120-3
☆「現代文学鑑賞辞典」，「日本文学 これを読まないと文学は語れない!!」，「日本文芸鑑賞事典 第18巻(1958〜1962年)」

02617 「母の初恋」
『愛する人達』　川端康成著　78刷改版　新潮社
2006　230p　16cm(新潮文庫)　400円
①4-10-100104-9 Ⓝ913.6
☆「一度は読もうよ！日本の名著」，「一冊で愛の話題作100冊を読む」

02618 「末期の眼」
『末期の眼』　川端康成著　角川書店　1955
206p　15cm(角川文庫)　Ⓝ914.6
☆「日本文芸鑑賞事典 第10巻」

02619 「みずうみ」
『みずうみ』　川端康成著　新座　埼玉福祉会
1983　269p　16×22cm(Large print booksシリーズ)〈原本：新潮文庫　限定版〉
3200円 Ⓝ913.6
☆「大作家"ろくでなし"列伝」

02620 「名人」
『名人』　川端康成著　38刷改版　新潮社
2004　175p　16cm(新潮文庫)　362円
①4-10-100119-7 Ⓝ913.6
☆「日本文学鑑賞辞典〔第2〕」

02621 「山の音」
『山の音』　川端康成作　岩波書店　1988
339p　15cm(岩波文庫)〈第16刷改版(第1刷：1957年)〉　350円 ①4-00-310814-0 Ⓝ913.6
☆「近代文学名作事典」，「現代文学鑑賞辞典」，「日本の名著」，「日本文学名作事典」，「日本文芸鑑賞事典 第15巻」，「ポケット日本名作事典」

02622 「雪国」
『雪国』　川端康成〔著〕　改版　角川書店
2013　208p　15cm(角川文庫　か1-2)〈角川グループホールディングス〔発売〕〉　362円
①978-4-04-100846-1 Ⓝ913.6
☆「愛ありて」，「あらすじで味わう昭和のベストセラー」，「あらすじで味わう名作文学」，「あらすじで読む日本の名著」(楽書舘,中経出版〔発売〕)，

「あらすじで読む日本の名著」(新人物往来社)，「一度は読もうよ！日本の名著100冊を読む」，「一冊で100名作の"さわり"を読む」，「感動！日本の名著 近現代編」，「近代文学名作事典」，「現代日本文学案内」，「これだけは読んでおきたい日本の名作文学案内」，「3行でわかる名作＆ヒット本250」，「昭和の名著」，「知らないと恥ずかしい"日本の名作"鑑賞あらすじ200本」，「新潮文庫20世紀の100冊」，「図説 5分でわかる日本の名作傑作選」，「世界名作事典」，「世界名著案内 5」，「世界名著大事典」，「2時間でわかる日本の名著」，「日本近代文学名著事典」，「日本・世界の文学名作100章」，「日本の小説101」，「日本の名著」(角川書店)，「日本の名著」(毎日新聞社)，「日本の名著3分間読書100」，「日本文学鑑賞辞典〔第2〕」，「日本文学現代名作事典」，「日本文学名作案内」，「日本文学名作事典」，「日本文芸鑑賞事典 第11巻(昭和9〜昭和12年)」，「日本名作文学館 日本編」，「入門名作の世界」，「必読書150」，「百年の誤読」，「文学・名著300選の解説 '88年度版」，「ベストガイド 日本の名著」，「ポケット日本名作事典」，「名作への招待」，「名作の書き出し」，「名作の書き出しを諳んじる」，「明治・大正・昭和の名著・総解説」

02623 「夜のさいころ」
『夜のさいころ』　川端康成著　トッパン　1949
211p　19cm(浪漫新書)　Ⓝ913.6
☆「一度は読もうよ！日本の名著」，「一冊で愛の話題作100冊を読む」

河東 碧梧桐　かわひがし・へきごとう

02624 「三千里」
『三千里　上』　河東碧梧桐著　講談社　1989
350p　15cm(講談社学術文庫)〈著者の肖像あり〉　840円 ①4-06-158885-0 Ⓝ915.6
☆「世界の旅行記101」，「日本文学鑑賞辞典〔第2〕」

02625 「続春夏秋冬」
『明治文学全集　57　明治俳人集』　山本健吉編
筑摩書房　1975　445p 図　23cm　3200円
Ⓝ918.6
☆「日本文学鑑賞辞典〔第2〕」

02626 「日本俳句鈔」
『日本俳句鈔　第1集』　河東碧梧桐編　政教社
1909　2冊(上189,下143p)　19cm Ⓝ911.3
☆「世界名著大事典」

02627 「八年間」
『碧梧桐俳句集』　〔河東〕碧梧桐〔著〕　栗田靖編　岩波書店　2011　455p　15cm(岩波文庫 31-166-2)〈年譜あり 索引あり〉　900円
①978-4-00-311662-3 Ⓝ911.368
☆「日本文学鑑賞事典 第7巻(1920〜1923年)」

02628 「碧梧桐句集」
『碧梧桐句集』　河東碧梧桐著　喜谷六花,滝井孝作共編　角川書店　1954　206p 図版

かわひと

15cm〔角川文庫〕 Ⓝ911.36
☆「世界名著大事典」,「日本近代文学名著事典」,「日本文学鑑賞辞典〔第2〕」

川人 博 かわひと・ひろし

02629 「過労死社会と日本」
『過労死社会と日本―変革へのメッセージ』 川人博著 花伝社 1992 258p 20cm〈共栄書房〔発売〕〉 1800円 ①4-7634-0241-2 Ⓝ366.99
☆「学問がわかる500冊」

河辺 虎四郎 かわべ・とらしろう

02630 「河辺虎四郎回想録」
『河辺虎四郎回想録―市ケ谷台から市ケ谷台へ』 毎日新聞社 1979 294p 20cm〈著者の肖像あり〉 1500円 Ⓝ210.7
☆「日本陸軍の本・総解説」

川俣 浩太郎 かわまた・こうたろう

02631 「農業生産の基本問題」
『農業生産の基本問題』 川俣浩太郎著 伊藤書店 1943 326p 表 22cm Ⓝ611
☆「農政経済の名著 昭和前期編」

川又 千秋 かわまた・ちあき

02632 「幻詩狩り」
『幻詩狩り』 川又千秋著 東京創元社 2007 365p 15cm〔創元SF文庫〕 820円 ①978-4-488-72601-0 Ⓝ913.6
☆「世界のSF文学・総解説」

02633 「南十字星パイレーツ」
『南十字星パイレーツ』 川又千秋著 勁文社 1993 404p 16cm〔ケイブンシャ文庫〕 620円 ①4-7669-1838-X Ⓝ913.6
☆「世界の海洋文学」

02634 「反在士の鏡」
『反在士の鏡』 川又千秋著 早川書房 1981 247p 16cm〔ハヤカワ文庫 JA〕 300円 Ⓝ913.6
☆「世界のSF文学・総解説」

川村 二郎 かわむら・じろう

02635 「銀河と地獄」
『銀河と地獄―幻想文学論』 川村二郎著 講談社 1985 333p 16cm〔講談社学術文庫〕 840円 ①4-06-158705-6 Ⓝ910.4
☆「現代文学鑑賞辞典」

川村 たかし かわむら・たかし

02636 「熊野海賊」
『熊野海賊』 川村たかし著 ファラオ企画 1991 277p 20cm〔ファラオ原点叢書 8〕

〈川村たかし著書目録:p275～277〉 3100円 ①4-89409-108-9 Ⓝ913.6
☆「世界の海洋文学」

02637 「「新十津川物語」シリーズ」
『新十津川物語 1 北へ行く旅人たち』 川村たかし著 偕成社 1992 277p 18cm〔偕成社文庫〕 800円 ①4-03-850700-9
☆「少年少女の名作案内 日本の文学リアリズム編」

河村 秀根 かわむら・ひでね

02638 「書紀集解」
『書紀集解』 河村秀根集解 河村殷根,河村益根考訂 阿部秋生開題 小島憲之補注 京都臨川書店 1969 5冊（附録共） 22cm〈国民精神文化研究所昭和11-15年刊の複製 書名は巻頭による 標題紙および背の書名:書紀集解〉 14000円 Ⓝ210.3
☆「世界名著大事典」

川村 博忠 かわむら・ひろただ

02639 「近世絵図と測量術」
『近世絵図と測量術』 川村博忠著 古今書院 1992 306p 20cm 3200円 ①4-7722-1623-5 Ⓝ448.9
☆「ブックガイド "数学" を読む」

河村 正之 かわむら・まさゆき

02640 「山書散策」
『山書散策―埋もれた山の名著を発掘する』 河村正之著 東京新聞出版局 2001 287,7p 19cm 1500円 ①4-8083-0733-2 Ⓝ291.031
☆「新・山の本おすすめ50選」

川村 湊 かわむら・みなと

02641 「海を渡った日本語」
『海を渡った日本語―植民地の「国語」の時間』 川村湊著 新装版 青土社 2004 303p 20cm〈文献あり〉 2400円 ①4-7917-6112-X Ⓝ810.9
☆「学問がわかる500冊」

02642 「「大東亜民俗学」の虚実」
『「大東亜民俗学」の虚実』 川村湊著 講談社 1996 250p 19cm〔講談社選書メチエ 80〕 1500円 ①4-06-258080-2 Ⓝ380.1
☆「学問がわかる500冊 v.2」

川本 幸民 かわもと・こうみん

02643 「気海観瀾広義」
『気海観瀾広義―15巻』 川本幸民訳述 稲田佐兵衛等 5冊 26cm〈静修堂蔵版嘉永4刊本の後印 印記:前中蔵書 和装〉 Ⓝ420.21
☆「自然科学の名著100選 中」,「世界名著大事典」

02644　「遠西奇器述」
　『川本幸民の「遠西奇器述」解読』　川本幸民
　［著］　足立元之編著　三田　歴史文化財ネッ
　トワークさんだ　2010　84p　26cm　Ⓝ402.3
　☆「世界名著大事典」

姜 尚中　かん・さんじゅん
02645　「愛国の作法」
　『愛国の作法』　姜尚中著　朝日新聞社　2006
　205p　18cm（朝日新書）　700円
　①4-02-273101-X　Ⓝ154
　☆「大学新入生に薦める101冊の本」

菅 茶山　かん・ちゃざん
02646　「黄葉夕陽村舎詩」
　『詩集日本漢詩　第9巻』　富士川英郎ほか編
　汲古書院　1985　491p　27cm〈複製〉
　8500円　Ⓝ919.5
　☆「世界名著大事典」

菅 忠道　かん・ちゅうどう
02647　「日本の児童文学」
　『日本の児童文学』　菅忠道著　増補改訂版　大
　月書店　1966　530p　図版　20cm　1300円
　Ⓝ910.26
　☆「世界名著大事典」

観阿弥　かんあみ
02648　「江口」
　『江口』　観世左近訂正著作　檜書店　1951
　11丁　22cm（観世流稽古用謡本　17ノ3）〈和
　装〉　Ⓝ768.4
　☆「近代名著解題選集3」

02649　「通小町」
　『通小町』　観世左近訂正著作　京都　檜書店
　2003　9丁　23cm（観世流大成版　37ノ4）
　〈和装〉　2000円　①4-8279-0144-9　Ⓝ768.4
　☆「近代名著解題選集3」

02650　「自然居士」
　『自然居士―袖珍本』　観世左近訂正著作　檜書
　店　1950　17丁　13cm　Ⓝ768.4
　☆「近代名著解題選集3」

02651　「道成寺」
　『道成寺』　川西十人著　横浜　白竜社　2001
　47p　19cm（能の友シリーズ　6　白竜社編）
　1000円　①4-939134-07-5　Ⓝ773
　☆「近代名著解題選集3」，「世界名著大事典」

02652　「巻絹」
　『巻絹―対訳でたのしむ』　竹本幹夫著　檜書店
　2005　28p　21cm　500円　①4-8279-1038-3
　Ⓝ773

　☆「近代名著解題選集3」

02653　「求塚」
　『求塚―重習』　観世元正訂正著作　檜書店
　1952　13丁　23cm（観世流大成版）〈和装〉
　Ⓝ768.4
　☆「近代名著解題選集3」

神沢 貞幹　かんざわ・さだもと
02654　「翁草」
　『翁草』　神沢貞幹原著　浮橋康彦訳　〔東村
　山〕　教育社　1980　2冊　18cm（教育社新
　書　原本現代訳　55,56）〈副書名：上 賢愚君，
　忠奸臣，戦陣悲劇など武士のはなし，下 成功
　町人，犯罪，漂流奇談など庶民のはなし〉
　各700円　Ⓝ914.5
　☆「世界名著大事典」，「日本名著辞典」

神沢 利子　かんざわ・としこ
02655　「くまの子ウーフ」
　『くまの子ウーフ』　神沢利子作　ポプラ社
　2005　158p　18cm（ポプラポケット文庫
　001-1―くまの子ウーフの童話集）〈絵：井上
　洋介〉　570円　①4-591-08870-7　Ⓝ913.6
　☆「少年少女の名作案内 日本の文学ファンタジー編」

02656　「流れのほとり」
　『流れのほとり』　神沢利子作　瀬川康男画　福
　音館書店　2003　474p　17cm（福音館文庫）
　850円　①4-8340-0631-X　Ⓝ913.6
　☆「少年少女の名作案内 日本の文学リアリズム編」

観世 清廉　かんぜ・きよかど
02657　「楠の露」
　『謡曲大観　第2巻』　佐成謙太郎著　明治書院
　1964　731-1420p　23cm　Ⓝ912.3
　☆「近代名著解題選集3」

観世 小次郎　かんぜ・こじろう
02658　「雨やどり」
　『むろまちものがたり―京都大学蔵　第2巻』　京
　都大学文学部国語学国文学研究室編　日野龍
　夫,木田章義,大谷雅夫監修　京都　臨川書店
　2001　473p　22cm〈複製と翻刻〉　11000円
　①4-653-03742-6,4-653-03740-X　Ⓝ913.49
　☆「近代名著解題選集3」

02659　「大蛇」
　『宝生流地拍子謡本　外13　大蛇.檀風.昭君.三
　笑.舎利』　宝生九郎著　わんや書店　1980　1
　冊　24cm〈和装〉　Ⓝ768.4
　☆「近代名著解題選集3」

02660　「胡蝶」
　『大蔵家伝之書古本能狂言　第4-6巻』　大蔵弥

かんせ　　　　　　　　　　　　　　　　　　　　　02661～02678

太郎編　京都　臨川書店　1976　3冊　23cm
〈複製版 限定版〉　全94000円　Ⓝ773.9
☆「近代名著解題選集 3」

02661　「玉井」
『玉井―海幸彦と山幸彦』　片山清司文　白石皓大絵　神戸　BL出版　2006　1冊（ページ付なし）　28cm（能の絵本）　1600円
①4-7764-0187-8　Ⓝ726.3
☆「近代名著解題選集 3」

02662　「巴」
『巴』　觀世左近訂正著作　檜書店　1950　11丁　22cm（観世流稽古用謡本　20ノ2）〈和装〉　Ⓝ768.4
☆「近代名著解題選集 3」．「世界名著大事典」

02663　「遊行柳」
『遊行柳―九番習』　觀世左近訂正著作　檜書店　1951　12丁　23cm（観世流大成版　36ノ3）〈和装〉　Ⓝ768.4
☆「近代名著解題選集 3」

02664　「羅生門」
『羅生門』　觀世左近訂正著作　檜書店　1950　9丁　22cm（観世流稽古用謡本　19ノ5）〈和装〉　Ⓝ768.4
☆「近代名著解題選集 3」

観世 長俊　かんぜ・ながとし

02665　「江島」
『謡曲大観　第1巻』　佐成謙太郎著　明治書院　1963　730p　25cm　Ⓝ912.3
☆「近代名著解題選集 3」

02666　「大社」
『大社』　廿四世観世左近訂正　檜書店　1941　4,9丁　24cm（観世流大成版　17ノ1）〈和装〉　Ⓝ768
☆「近代名著解題選集 3」

02667　「正尊」
『正尊―重習』　觀世左近訂正著作　檜書店　1951　13丁　23cm（観世流大成版　24ノ2）〈和装〉　Ⓝ768.4
☆「近代名著解題選集 3」

観世 信光　かんぜ・のぶみつ

02668　「安宅」
『安宅―対訳でたのしむ』　竹本幹夫著　檜書店　2000　40p　21cm　500円　①4-8279-1011-1　Ⓝ773
☆「近代名著解題選集 3」．「世界名著大事典」

02669　「嵐山」
『嵐山』　觀世左近訂正著作　檜書店　1951　8丁　22cm（観世流稽古用謡本　6ノ1）〈和装〉　Ⓝ768.4
☆「近代名著解題選集 3」

02670　「九世戸」
『九世戸』　廿四世観世左近訂正　檜書店　1940　4,10丁　24cm（観世流大成版　8ノ1）〈和装〉　Ⓝ768
☆「近代名著解題選集 3」

02671　「皇帝」
『皇帝―袖珍本』　觀世左近訂正著作　檜書店　1952　8丁　13cm　Ⓝ768.4
☆「近代名著解題選集 3」

02672　「船弁慶」
『船弁慶』　觀世左近訂正著作　京都　檜書店　2003　15丁　23cm（観世流大成版　1ノ4）〈和装〉　2000円　①4-8279-0241-0　Ⓝ768.4
☆「近代名著解題選集 3」．「世界名著大事典」

02673　「紅葉狩」
『紅葉狩―新歌舞伎十八番の内　常磐津連中竹本連中長唄連中』　河竹黙阿弥作　[東京]　国立劇場　2013　30p　26cm（国立劇場歌舞伎鑑賞教室上演台本）　Ⓝ912.5
☆「一冊で100名作の「さわり」を読む」．「近代名著解題選集 3」．「世界名著大事典」

02674　「吉野天人」
『吉野天人』　觀世左近訂正著作　檜書店　1950　6丁　22cm（観世流稽古用謡本　22ノ1）〈和装〉　Ⓝ768.4
☆「近代名著解題選集 3」

02675　「羅生門」
『羅生門』　新国立劇場運営財団営業部宣伝課編　新国立劇場運営財団　1999　44p　26cm　800円　Ⓝ775.1
☆「古典文学鑑賞辞典」．「世界名著大事典」

02676　「龍虎」
『龍虎―袖珍本』　觀世左近訂正著作　檜書店　1951　11丁　13cm　Ⓝ768.4
☆「近代名著解題選集 3」

観世 元章　かんぜ・もとあき

02677　「阿古屋松」
『世阿弥自筆能本集　影印篇』　世阿弥著　表章監修　月曜会編　岩波書店　1997　135p　21cm　①4-00-023602-4　Ⓝ773
☆「世界名著大事典 補遺（Extra）」

02678　「梅」
『大典・菊慈童・笛之巻・梅・楠露・木曽』　廿四世観世左近訂正　檜書店　1934　1冊　24cm（観世流昭和版　別7）〈和装〉　Ⓝ768
☆「近代名著解題選集 3」．「世界名著大事典 補遺（Extra）」

02679　「松浦鏡」
　☆「世界名著大事典 補遺（Extra）」

02680　「明和改正謡本」
　☆「世界名著大事典 補遺（Extra）」

観世 元雅　かんぜ・もとまさ

02681　「隅田川」
　『能を読む 3』 梅原猛, 観世清和監修　天野文雄, 土屋恵一郎, 中沢新一, 松岡心平編集委員　角川学芸出版　2013　650p　22cm〈角川グループホールディングス〔発売〕〉　6500円
　①978-4-04-653873-4　Ⓝ773
　☆「あらすじダイジェスト 日本の古典30を読む」,「近代名著解題選集 2」,「近代名著解題選集 3」,「古典の事典」,「古典文学鑑賞辞典」,「世界名著大事典」,「千年の百冊」,「日本の古典」,「日本の古典・世界の古典」,「日本の名著」,「日本文学の古典50選」,「日本文学名作事典」

02682　「盛久」
　『盛久』 觀世左近訂正著作　檜書店　1952　15丁　23cm（観世流準九番習謡本　18ノ2）〈和装〉 Ⓝ768.4
　☆「近代名著解題選集 3」

観世 弥次郎　かんぜ・やじろう

02683　「輪蔵」
　『輪蔵』 廿四世観世左近訂正　桧書店　1942　4,9丁　24cm（観世流大成版　26ノ5）〈和装〉 Ⓝ768
　☆「近代名著解題選集 3」

神田 喜一郎　かんだ・きいちろう

02684　「宮内省図書寮漢籍善本書目」
　☆「世界名著大事典」

金成 まつ　かんなり・まつ

02685　「アイヌ叙事詩ユーカラ集」
　『ユーカラ集―アイヌ叙事詩　1　Pon oina（小伝）』 金成まつ筆録　金田一京助訳注　三省堂　1993　456p　22cm〈1959年刊の複製　著者の肖像あり〉Ⓝ929.2
　☆「名著の履歴書」

菅能 琇一　かんの・しゅういち

02686　「モノドンの魚心あれば人心」
　『モノドンの魚心あれば人心』 菅能琇一著　毎日新聞社　1978　253p　19cm　780円
　Ⓝ481.72
　☆「世界の海洋文学」

管野 須賀子　かんの・すがこ

02687　「死出の道艸」
　『逆徒「大逆事件」の文学』 池田浩士編・解説　インパクト出版会　2010　299p　19cm（インパクト選書　1）　2800円
　①978-4-7554-0205-0　Ⓝ918.6
　☆「明治の名著 1」

簡野 道明　かんの・みちあき

02688　「字源」
　『字源』 簡野道明編　千代田書院　1954　2358,196p　19cm〈縮刷版〉Ⓝ813.2
　☆「世界名著大事典 補遺（Extra）」

上林 暁　かんばやし・あかつき

02689　「上林暁全集」
　『上林暁全集　第1巻』 上林暁著　増補決定版　筑摩書房　2000　440p　21cm　6200円
　①4-480-70451-5
　☆「世界名著大事典 補遺（Extra）」

02690　「四万十川」
　☆「世界名著大事典 補遺（Extra）」

02691　「四万十川幻想」
　『上林暁全集　第13巻』 上林暁著　増補決定版　筑摩書房　2001　592p　21cm〈肖像あり　付属資料：10p：月報 13〉　7200円
　①4-480-70463-9　Ⓝ918.68
　☆「現代文学名作探訪事典」

02692　「聖ヨハネ病院にて」
　『聖ヨハネ病院にて』 上林暁著　新座　埼玉福祉会　1996　2冊　22cm（大活字本シリーズ）〈原本：新潮文庫　限定版〉　3399円,3193円
　Ⓝ913.6
　☆「現代文学鑑賞辞典」,「昭和の名著」,「女性のための名作・人生案内」,「世界名著大事典 補遺（Extra）」,「日本・世界名作「愛の会話」100章」,「日本文学鑑賞辞典〔第2〕」,「日本文学名作事典」,「日本文芸鑑賞事典　第14巻（1946〜1948年）」,「文学・名著300選の解説 '88年度版」,「ポケット日本名作事典」

02693　「ちちははの記」
　『ちちははの記―他八篇』 上林暁著　竹村書房　1939　298p　20cm　Ⓝ913.6
　☆「世界名著大事典 補遺（Extra）」

02694　「筒井筒」
　『上林暁全集　第13巻』 上林暁著　増補決定版　筑摩書房　2001　592p　21cm〈肖像あり　付属資料：10p：月報 13〉　7200円
　①4-480-70463-9　Ⓝ918.68
　☆「世界名著大事典 補遺（Extra）」

02695　「野」
　『野』 上林暁著　河出書房　1940　246p　19cm　Ⓝ913.6
　☆「世界名著大事典 補遺（Extra）」

かんはやし

02696 「薔薇盗人」
『薔薇盗人―小説集』 上林暁著 金星堂 1933 228p 20cm Ⓝ913.6
☆「世界名著大事典 補遺(Extra)」

神林 長平　かんばやし・ちょうへい

02697 「戦闘妖精・雪風」
『戦闘妖精・雪風』 神林長平著 改訂新版 早川書房 2002 413p 15cm(ハヤカワ文庫JA) 700円 Ⓘ4-15-030692-3
☆「世界のSF文学・総解説」

02698 「帝王の殻」
『帝王の殻』 神林長平著 早川書房 1995 439p 16cm(ハヤカワ文庫 JA) 680円 Ⓘ4-15-030524-2 Ⓝ913.6
☆「世界のSF文学・総解説」

02699 「我語りて世界あり」
『我語りて世界あり』 神林長平著 早川書房 1996 318p 16cm(ハヤカワ文庫 JA) 560円 Ⓘ4-15-030539-0 Ⓝ913.6
☆「ブックガイド "心の科学"を読む」

上林 良一　かんばやし・りょういち

02700 「圧力団体論」
『圧力団体論』 上林良一著 増訂版 有斐閣 1976 217p 22cm(有斐閣ブックス) 1200円 Ⓝ315
☆「現代政治学を読む」

蒲原 有明　かんばら・ありあけ

02701 「有明集」
『有明集』 蒲原有明著 易風社 1908 223p 20cm Ⓝ911
☆「感動! 日本の名著 近現代編」、「近代文学名作事典」、「世界名著大事典」、「日本近代文学名著事典」、「日本の名著」、「日本文学鑑賞辞典(第2)」、「日本文芸鑑賞辞典 第3巻(1904～1909年)」、「文学・名著300選の解説 '88年度版」

02702 「春鳥集」
『春鳥集―蒲原有明詩集』 蒲原有明著 改訂版 東京出版 1947 193p 18cm Ⓝ911.56
☆「世界名著大事典」、「日本近代文学名著事典」、「日本文学鑑賞辞典〔第2〕」

02703 「獨絃哀歌」
『獨絃哀歌』 蒲原有明著 白鳩社 1903 104p 19cm Ⓝ911.56
☆「世界名著大事典」、「日本文芸鑑賞辞典 第2巻(1895～1903年)」

神原 武志　かんばら・たけし

02704 「パソコンで探る生命科学シミュレーション」
『パソコンで探る生命科学シミュレーション――進化・免疫・エイズ・ガンを見る』 神原武志他著 講談社 1994 383p 18cm(ブルーバックス)〈参考文献:p379～383〉 840円 Ⓘ4-06-132998-7 Ⓝ460
☆「学問がわかる500冊 v.2」

神戸 正雄　かんべ・まさお

02705 「租税研究」
『租税研究』 神戸正雄著 2版 京都 弘文堂書房 1920 561p 23cm Ⓝ345
☆「世界名著大事典」

かんべ むさし

02706 「決戦・日本シリーズ」
『日本SFベスト集成 1974』 筒井康隆編 徳間書店 1983 349p 16cm(徳間文庫) 420円 Ⓘ4-19-577478-0 Ⓝ913.68
☆「世界のSF文学・総解説」

02707 「ポトラッチ戦史」
『ポトラッチ戦史』 かんべむさし著 講談社 1979 302p 15cm(講談社文庫) 380円 Ⓝ913.6
☆「世界のSF文学・総解説」

02708 「笑い宇宙の旅芸人」
『笑い宇宙の旅芸人 上』 かんべむさし著 徳間書店 1990 445p 16cm(徳間文庫) 560円 Ⓘ4-19-579139-1 Ⓝ913.6
☆「世界のSF文学・総解説」

冠 松次郎　かんむり・まつじろう

02709 「黒部」
『黒部』 冠松次郎著 名著刊行会 1965 279p 図版16枚 地図 22cm Ⓝ291.42
☆「日本の名著・総解説」、「山の名著 明治・大正・昭和戦前編」

02710 「山渓記」
『山渓記 第1巻 山の誘い―他41篇』 冠松次郎著 春秋社 1967 334p 図版11枚 20cm 900円 Ⓝ291.09
☆「日本の山の名著・総解説」、「山の名著 明治・大正・昭和戦前編」

【き】

木内 石亭　きうち・せきてい

02711 「雲根志」
『雲根志』 木内石亭著 今井功訳注解説 築地書館 1969 607p 19cm〈底本は国立国会図書館白井文庫所蔵本 おもな参考文献:p.

584-585〕　6000円　Ⓝ458.91
☆「世界名著大事典」,「世界名著大事典 補遺(Extra)」,
「日本名著辞典」

02712　「奇石産所記」
『中川泉三著作集―近江の史家』　中川泉三著作集刊行会編　山東町(滋賀県)　川瀬泰山堂
〔発売〕　1978　6冊　22cm　全48000円
Ⓝ216.1
☆「世界名著大事典 補遺(Extra)」

02713　「曲玉問答」
『中川泉三著作集―近江の史家』　中川泉三著作集刊行会編　山東町(滋賀県)　川瀬泰山堂
〔発売〕　1978　6冊　22cm　全48000円
Ⓝ216.1
☆「世界名著大事典 補遺(Extra)」

木内 高音　きうち・たかね
02714　「建設列車」
『あしたへの橋―語り残したおくり物』　松本郷土出版社　2002　370p　22cm〈信州・こども文学館　第5巻　小宮山量平監修　和田登責任編集　小西正保［ほか］編〉
①4-87663-571-4
☆「名作の研究事典」

木内 昇　きうち・のぼり
02715　「漂砂のうたう」
『漂砂のうたう』　木内昇著　集英社　2013　331p　16cm〈集英社文庫　き18-3〉〈文献あり〉　620円　①978-4-08-745130-6　Ⓝ913.6
☆「3行でわかる名作&ヒット本250」

祇園 南海　ぎおん・なんかい
02716　「南海先生集」
『詩集日本漢詩　第1巻』　富士川英郎ほか編　汲古書院　1987　473p　27cm〈複製〉
8500円　Ⓝ919.5
☆「世界名著大事典」

木々 高太郎　きぎ・たかたろう
02717　「人生の阿呆」
『人生の阿呆―長編探偵小説』　木々高太郎著　覆刻　沖積舎　2002　336p　20cm〈原本:版画荘昭和11年刊〉　9800円　①4-8060-2128-8
Ⓝ913.6
☆「世界の推理小説・総解説」,「日本文学鑑賞辞典〔第2版〕」,「日本文芸鑑賞事典 第11巻(昭和9~昭和12年)」

菊岡 沽涼　きくおか・せんりょう
02718　「香道蘭の園」
『香道蘭之園』　尾崎左永子,薫遊舎校注　増補改訂版　京都　淡交社　2013　459p　22cm

〈文献あり 索引あり〉　6500円
①978-4-473-03869-2　Ⓝ792
☆「古典の事典」

菊田 一夫　きくた・かずお
02719　「阿呆疑士迷々伝」
☆「世界名著大事典 補遺(Extra)」

02720　「がめつい奴」
『がめつい奴―菊地寛賞受賞作品』　菊田一夫著　学風社　1960　246p　18cm　Ⓝ912.6
☆「世界名著大事典 補遺(Extra)」,「日本文学名作案内」,「日本文芸鑑賞事典 第18巻(1958~1962年)」

02721　「君の名は」
『君の名は　第1部　佐渡の昼顔』　菊田一夫著　河出書房新社　1991　284p　15cm〈河出文庫〉〈新装版〉　480円　①4-309-40130-9
Ⓝ913.6
☆「あらすじで味わう昭和のベストセラー」,「一度は読もうよ！日本の名著」,「現代文学鑑賞辞典」,「世界名著大事典 補遺(Extra)」,「日本文学 これを読まないと文学は語れない!!」,「日本文学名作案内」

02722　「花咲く港」
『花咲く港―戯曲』　菊田一夫著　労働文化社　1946　186p　18cm　Ⓝ912.6
☆「世界名著大事典 補遺(Extra)」

菊池 勇夫　きくち・いさお
02723　「飢饉」
『飢饉―飢えと食の日本史』　菊池勇夫著　集英社　2000　210p　18cm〈集英社新書〉
660円　①4-08-720042-6　Ⓝ611.3
☆「科学を読む愉しみ」

菊池 寛　きくち・かん
02724　「青木の出京」
『現代日本文学館　第19　菊池寛,山本有三』　小林秀雄編　文芸春秋　1967　485p 図版　20cm　480円　Ⓝ918.6
☆「一度は読もうよ！日本の名著」,「一冊で日本の名著100冊を読む 続」

02725　「恩讐の彼方に」
『恩讐の彼方に』　菊池寛著　第2刷　フロンティアニセン　2005　192p　15cm〈フロンティア文庫　34―風呂で読める文庫100選34〉〈ルーズリーフ〉　1000円
①4-86197-034-2　Ⓝ913.6
☆「あらすじで読む日本の名著」,「一度は読もうよ！日本の名著」,「一冊で日本の名著100冊を読む」,「一度で100名作の「さわり」を読む」,「これだけは読んでおきたい日本の名作文学案内」,「少年少女のための文学案内 3」,「知らないと恥ずかしい

きくち

02726～02740

「日本の名作」あらすじ200本」、「世界名著案内 5」、「世界名著大事典」、「2時間でわかる日本の名著」、「日本人なら知っておきたいあらすじで読む日本の名著 おさらい」、「日本の名著3分間読書100」、「日本文学現代名作事典」、「日本文学名作案内」、「日本文芸鑑賞事典 第6巻（1917～1920年）」、「日本名著辞典」、「ひと目でわかる日本の名著」、「百年の誤読」、「ポケット日本名作事典」、「歴史小説・時代小説 総解説」

02726 「三人兄弟」
『三人兄弟』 菊池寛著 高田町（東京府） 赤い鳥社 1921 176p 17cm（赤い鳥の本 第4冊）Ⓝ913.8
☆「名作の研究事典」

02727 「俊寛」
『俊寛―他三篇』 菊池寛著 新潮社 1921 162p 15cm（代表的名作選集 第36篇）Ⓝ913.6
☆「あらすじで読む日本の名著 No.3」

02728 「真珠夫人」
『真珠夫人』 菊池寛著 文藝春秋 2002 588p 16cm（文春文庫） 571円
Ⓘ4-16-741004-2 Ⓝ913.6
☆「図説 5分でわかる日本の名作傑作選」、「世界名著大事典」、「日本の小説101」、「日本の名作おさらい」、「日本文学鑑賞辞典〔第2〕」、「日本文学これを読まないと文学は語れない!!」、「日本文芸鑑賞事典 第6巻（1917～1920年）」、「ポケット日本名作事典」

02729 「忠直卿行状記」
『忠直卿行状記』 菊池寛著 新潮社 1948 264p 15cm（新潮文庫） Ⓝ913.6
☆「一度は読もうよ！ 日本の名著」、「一冊で日本の名著100冊を読む 続」、「世界名作事典」、「世界名著大事典」、「大作家"ろくでなし"列伝」、「大正の名著」、「日本文学鑑賞辞典〔第2〕」、「日本文学現代名作事典」、「日本文芸鑑賞事典 第6巻（1917～1920年）」、「ポケット日本名作事典」

02730 「父帰る」
『父帰る―他七篇』 菊池寛著 創元社 1953 143p 図版 15cm（創元文庫 A 第143）Ⓝ912.6
☆「一度は読もうよ！ 日本の名著」、「一冊で日本の名著100冊を読む」、「感動！ 日本の名著 近現代編」、「近代文学名作事典」、「現代文学鑑賞事典」、「3行でわかる名作＆ヒット本250」、「知らないと恥ずかしい「日本の名作」あらすじ200本」、「図説 5分でわかる日本の名作」、「世界名作事典」、「世界名著大事典」、「大正の名著」、「日本の名作」、「日本文学鑑賞辞典〔第2〕」、「日本文学現代名作事典」、「日本文学名作案内」、「日本文芸鑑賞事典 第6巻（1917～1920年）」、「日本名著辞典」、「文学・名著300選の解説 '88年度版」、「明治・大正・昭和の名著・総解説」

02731 「藤十郎の恋」
『藤十郎の恋』 菊池寛著 春陽堂 1949 174p 15cm（春陽堂文庫 第49）Ⓝ913.6
☆「世界名著大事典」、「日本近代文学名著事典」、「日本文芸鑑賞事典 第6巻（1917～1920年）」

02732 「日本合戦譚」
『日本合戦譚』 菊池寛著 文芸春秋 1987 286p 16cm（文春文庫） 360円
Ⓘ4-16-741002-8 Ⓝ914.6
☆「歴史小説・時代小説 総解説」

02733 「半自叙伝」
『半自叙伝』 菊池寛著 講談社 1987 165p 15cm（講談社学術文庫） 540円
Ⓘ4-06-158794-3 Ⓝ914.6
☆「自伝の名著101」

02734 「無名作家の日記」
『無名作家の日記―他九篇』 菊池寛作 岩波書店 1995 213p 15cm（岩波文庫）〈第8刷（第1刷：1953年）〉 520円 Ⓘ4-00-310632-6 Ⓝ913.6
☆「世界名著大事典」、「日本文学鑑賞辞典〔第2〕」

菊池 大麓　きくち・だいろく
02735 「初等幾何学教科書」
『初等幾何学教科書―平面幾何学』 菊池大麓編 第8版 大日本圖書 1895 363p 20cm Ⓝ414
☆「世界名著大事典 補遺（Extra）」

菊池 幽芳　きくち・ゆうほう
02736 「己が罪」
『己が罪』 菊池幽芳著 昌平社 1948 373p 19cm（名作小説文庫 2）Ⓝ913.6
☆「世界名著大事典」、「日本文芸鑑賞事典 第2巻（1895～1903年）」、「ポケット日本名作事典」

菊村 到　きくむら・いたる
02737 「硫黄島」
『硫黄島』 菊村到［著］ 角川書店 2005 316p 15cm（角川文庫） 590円
Ⓘ4-04-380001-0 Ⓝ913.6
☆「日本文芸鑑賞事典 第17巻（1955～1958年）」

02738 「けものの眠り」
『けものの眠り』 菊村到著 徳間書店 1981 282p 16cm（徳間文庫） 340円
Ⓘ4-19-567261-9 Ⓝ913.6
☆「世界の推理小説・総解説」

02739 「最後の元帥杉山元」
☆「今だから知っておきたい戦争の本70」

02740 「自決の時」
☆「今だから知っておきたい戦争の本70」

184　　　読んでおきたい「日本の名著」案内

季瓊 真蘂　きけい・しんずい

02741　「蔭涼軒日録」
　『大日本佛教全書　第133巻　蔭涼軒日録　第1』　仏書刊行会編纂　［季瓊真蘂］［著］　大法輪閣　2007　514p　22cm〈名著普及会昭和55年刊（覆刻版）を原本としたオンデマンド版〉　8900円　①978-4-8046-1777-0　Ⓝ180.8
　☆「世界名著大事典」

季弘　きこう

02742　「蔗軒日録」
　『大日本古記録　〔第3〕　蔗軒日録』　東京大学史料編纂所編　季弘大叔書　岩波書店　1953　318p 図版　22cm　Ⓝ210.08
　☆「世界名著大事典」

木崎 愛吉　きざき・あいきち

02743　「大日本金石史」
　『大日本金石史　第1巻』　木崎愛吉編　歴史図書社　1972　457p 図　22cm〈大正10年刊の複製〉　3400円　Ⓝ210.02
　☆「世界名著大事典」

木崎 甲子郎　きざき・こうしろう

02744　「南極航海記」
　『南極航海記』　木崎甲子郎著　築地書館　1982　216p　20cm　1800円　Ⓝ402.979
　☆「世界の海洋文学」

木崎 さと子　きざき・さとこ

02745　「青桐」
　『青桐』　木崎さと子著　文芸春秋　1988　235p　16cm（文春文庫）　340円　①4-16-746501-9　Ⓝ913.6
　☆「現代文学鑑賞辞典」

喜志 邦三　きし・くにぞう

02746　「春の唄」
　☆「日本文芸鑑賞事典　第12巻」

岸 康彦　きし・やすひこ

02747　「食と農の戦後史」
　『食と農の戦後史』　岸康彦著　日本経済新聞社　1996　432p　20cm〈折り込表1枚　主要参考文献・年表：p384〜418〉　2884円
　①4-532-14520-1　Ⓝ612.1
　☆「学問がわかる500冊 v.2」，「大学新入生に薦める101冊の本」

貴司 山治　きし・やまじ

02748　「ゴー・ストップ」
　『ゴー・ストップ』　貴司山治著　伊藤純編　初版発禁版翻刻改訂版　武蔵野　貴司山治net資料館　2013　322p　21cm　2000円
　①978-4-9907116-1-0　Ⓝ913.6
　☆「日本のプロレタリア文学」

貴志 祐介　きし・ゆうすけ

02749　「悪の教典」
　『悪の教典　上』　貴志祐介著　文藝春秋　2012　467p　16cm（文春文庫　き35-1）　695円　①978-4-16-783901-7　Ⓝ913.6
　☆「3行でわかる名作＆ヒット本250」

02750　「黒い家」
　『黒い家』　貴志祐介著　角川書店　1998　392p　15cm（角川ホラー文庫）　680円
　①4-04-197902-1　Ⓝ913.6
　☆「知らないと恥ずかしい「日本の名作」あらすじ200本」

岸田 国士　きしだ・くにお

02751　「牛山ホテル」
　『牛山ホテル―戯曲集』　岸田国士著　第一書房　1929　297p　21cm　Ⓝ912
　☆「近代文学名作事典」，「昭和の名著」，「日本文学鑑賞辞典〔第2〕」，「日本文芸鑑賞事典 第9巻」

02752　「かへらじと」
　『岸田國士　3　沢氏の二人娘　歳月　風俗時評―ほか』　岸田國士著　早川書房　2012　401p　16cm（ハヤカワ演劇文庫　31）　1200円　①978-4-15-140031-5　Ⓝ912.6
　☆「日本文芸鑑賞事典　第13巻」

02753　「紙風船」
　『岸田國士　1　紙風船　驟雨　屋上庭園―ほか』　岸田國士著　早川書房　2011　440p　16cm（ハヤカワ演劇文庫　29）　1200円
　①978-4-15-140029-2　Ⓝ912.6
　☆「世界名著大事典」，「日本文学鑑賞辞典〔第2〕」

02754　「沢氏の二人娘」
　『岸田國士　3　沢氏の二人娘　歳月　風俗時評―ほか』　岸田國士著　早川書房　2012　401p　16cm（ハヤカワ演劇文庫　31）　1200円　①978-4-15-140031-5　Ⓝ912.6
　☆「近代日本の百冊を選ぶ」

02755　「驟雨」
　『驟雨』　岸田国士著　新潮社　1956　181p　17cm（小説文庫）　Ⓝ912.6
　☆「日本文芸鑑賞事典　第8巻（1924〜1926年）」

02756　「暖流」
　『暖流』　岸田国士著　新潮社　1949　430p　15cm（新潮文庫）　Ⓝ913.6
　☆「現代日本文学案内」，「現代文学鑑賞辞典」，「世界名著大事典」，「日本文学鑑賞辞典〔第2〕」，「日本文学現代名作事典」，「日本文芸鑑賞事典 第12

巻」,「ポケット日本名作事典」

02757 「チロルの秋」
『チロルの秋』 岸田国士著 河出書房 1955 218p 図版 15cm（河出文庫） Ⓝ912.6
☆「日本近代文学名著事典」,「日本文学現代名作事典」,「日本文芸鑑賞事典 第8巻（1924〜1926年）」

02758 「日本人畸形説」
『日本人畸形説』 岸田国士著 評論社 1968 243p 20cm（覆初文庫 2） 590円 Ⓝ914.6
☆「教育を考えるためにこの48冊」

02759 「古い玩具」
『古い玩具―他五篇』 岸田国士著 岩波書店 1952 208p 15cm（岩波文庫） Ⓝ912.6
☆「世界名著大事典」

岸田 秀　きしだ・しゅう

02760 「ものぐさ精神分析」
『ものぐさ精神分析』 岸田秀著 改版 中央公論社 1996 429p 16cm（中公文庫） 880円 ①4-12-202518-4 Ⓝ146.1
☆「あの本にもう一度」,「ベストガイド日本の名著」

岸田 俊子　きしだ・としこ

02761 「同胞姉妹に告ぐ」
『短編女性文学―近代 続』 渡邊澄子編 おうふう 2002 251p 21cm〈年譜あり 年表あり〉 2500円 ①4-273-03116-7 Ⓝ910.26
☆「明治の名著 1」

岸田 劉生　きしだ・りゅうせい

02762 「初期肉筆浮世絵」
『初期肉筆浮世絵』 岸田劉生著 岩波書店 2002 150p 図版66枚 23cm（岩波美術書初版本復刻シリーズ）〈大正15年刊の複製 折り込2枚〉 15000円 ①4-00-008028-8 Ⓝ721.8
☆「世界名著大事典 補遺（Extra）」

02763 「美の本体」
『美の本体』 岸田劉生著 講談社 1985 331p 15cm（講談社学術文庫） 780円 ①4-06-158701-3 Ⓝ720.4
☆「世界名著大事典 補遺（Extra）」

岸野 洋久　きしの・ひろひさ

02764 「分子系統学」
『分子系統学』 長谷川政美,岸野洋久著 岩波書店 1996 257p 21cm 4200円 ①4-00-005938-2 Ⓝ467.5
☆「学問がわかる500冊 v.2」

岸辺 成雄　きしべ・しげお

02765 「唐代音楽の歴史的研究」
『唐代音楽の歴史的研究―楽制篇』 岸辺成雄著 大阪 和泉書院 2005 2冊（セット） 21cm 22000円 ①4-7576-0291-X
☆「世界名著大事典」

岸本 美緒　きしもと・みお

02766 「東アジアの「近世」」
『東アジアの「近世」』 岸本美緒著 山川出版社 1998 82p 21cm（世界史リブレット 13） 729円 ①4-634-34130-1 Ⓝ220
☆「世界史読書案内」

亀泉 集証　きせん・しゅうしょう

02767 「蔭涼軒日録」
『大日本佛教全書 第133巻 蔭涼軒日録 第1』 仏書刊行会編纂 ［季瓊真蘂］［著］ 大法輪閣 2007 514p 22cm〈名著普及会昭和55年刊（覆刻版）を原本としたオンデマンド版〉 8900円 ①978-4-8046-1777-0 Ⓝ180.8
☆「世界名著大事典」

木田 章義　きだ・あきよし

02768 「千字文」
『千字文』 小川環樹,木田章義注解 岩波書店 2002 469p 15cm（岩波文庫）〈第9刷〉 800円 ①4-00-332201-0
☆「世界名著大事典」,「必読書150」

北 一輝　きた・いっき

02769 「国体論及び純正社会主義」
『国体論及び純正社会主義』 北一輝著 近藤秀樹編 中央公論新社 2008 391p 18cm（中公クラシックス） 1800円 ①978-4-12-160105-6
☆「世界の名著早わかり事典」,「世界名著大事典」,「日本近代の名著」,「日本の名著」,「明治・大正・昭和の名著・総解説」,「明治の名著 1」

02770 「支那革命外史」
『支那革命外史―抄』 北一輝著 中央公論新社 2001 180p 16cm（中公文庫） 667円 ①4-12-203878-2 Ⓝ222.071
☆「世界名著大事典」

02771 「日本改造法案大綱」
『日本改造法案大綱』 北一輝著 〔東京府〕 西田税 1928 136,83p 16cm Ⓝ311
☆「世界名著大事典」,「大正の名著」,「ベストガイド日本の名著」,「明治・大正・昭和の名著・総解説」

木田 元　きだ・げん

02772 「偶然性と運命」
『偶然性と運命』 木田元著 岩波書店 2001 204p 18cm（岩波新書） 680円 ①4-00-430724-4 Ⓝ112

02773 「現象学」
『現象学』 木田元著 岩波書店 1970 214p 18cm（岩波新書）〈参考文献：p.205-211〉 150円 Ⓝ134.94
☆「「本の定番」ブックガイド」

02774 「コンサイス20世紀思想事典」
『コンサイス20世紀思想事典』 木田元ほか編 第2版 三省堂 1997 1045p 19cm 4800円 Ⓘ4-385-15370-1 Ⓝ103.3
☆「学問がわかる500冊」

02775 「ハイデガー「存在と時間」の構築」
『ハイデガー「存在と時間」の構築』 木田元編著 岩波書店 2000 250p 15cm（岩波現代文庫 学術）〈文献あり〉 1000円 Ⓘ4-00-600009-X Ⓝ134.96
☆「ハイデガー本45」

02776 「ハイデガーの思想」
『ハイデガーの思想』 木田元著 岩波書店 1993 240p 18cm（岩波新書） 580円 Ⓘ4-00-430268-4 Ⓝ134.9
☆「「本の定番」ブックガイド」

02777 「反哲学史」
『反哲学史』 木田元著 講談社 2000 270p 15cm（講談社学術文庫）〈文献あり〉 820円 Ⓘ4-06-159424-9 Ⓝ130.2
☆「「本の定番」ブックガイド」

02778 「わたしの哲学入門」
『わたしの哲学入門』 木田元［著］ 講談社 2014 389p 15cm（講談社学術文庫 2232）〈新書館 1998年刊の再刊〉 1180円 Ⓘ978-4-06-292233-3 Ⓝ100
☆「サイエンス・ブックレヴュー」

喜田 貞吉 きた・さだきち

02779 「帝都」
『帝都』 喜田貞吉著 再版 日本学術普及会 1939 320p 20cm Ⓝ210.3
☆「世界名著大事典」

きだ みのる

02780 「気違い部落周游紀行」
『気違い部落周游紀行』 きだみのる著 富山房 1981 250p 18cm（富山房百科文庫） 750円 Ⓘ4-572-00131-6 Ⓝ913.6
☆「近代日本の百冊を選ぶ」、「戦後思想の名著50」、「日本文学鑑賞辞典〔第2〕」、「明治・大正・昭和の名著・総解説」

02781 「人生逃亡者の記録」
『人生逃亡者の記録』 きだみのる著 中央公論社 1972 201p 18cm（中公新書） Ⓝ914.6
☆「思想家の自伝を読む」

02782 「南氷洋」
『南氷洋』 きだ・みのる著 新潮社 1956 200p 図版 19cm Ⓝ915.9
☆「世界の海洋文学」

02783 「にっぽん部落」
『にっぽん部落』 きだみのる著 岩波書店 1967 197p 18cm（岩波新書） 150円 Ⓝ611.9
☆「現代人のための名著」

02784 「日本文化の根底に潜むもの」
『日本文化の根底に潜むもの』 きだみのる著 講談社 1958 214p 18cm（ミリオン・ブックス） Ⓝ914.6
☆「昭和の名著」

北 杜夫 きた・もりお

02785 「輝ける碧き空の下で」
『輝ける碧き空の下で 第1部 上』 北杜夫著 新潮社 1988 382p 15cm（新潮文庫） 400円 Ⓘ4-10-113134-1
☆「21世紀の必読書100選」

02786 「どくとるマンボウ航海記」
『どくとるマンボウ航海記』 北杜夫著 中央公論新社 2001 249p 21cm（Chuko on demand books） 2500円 Ⓘ4-12-550146-7 Ⓝ914.6
☆「世界の海洋文学」、「百年の誤読」、「明治・大正・昭和の名著・総解説」

02787 「どくとるマンボウ昆虫記」
『どくとるマンボウ昆虫記』 北杜夫著 角川書店 1967 228p 15cm（角川文庫） 110円 Ⓝ913.6
☆「現代文学名作探訪事典」

02788 「どくとるマンボウ青春記」
『どくとるマンボウ青春記』 北杜夫著 新潮社 2000 326p 15cm（新潮文庫） 514円 Ⓘ4-10-113152-X Ⓝ914.6
☆「名作の書き出しを諳んじる」

02789 「楡家の人びと」
『楡家の人びと』 北杜夫著 新潮社 1993 581p 22cm 3000円 Ⓘ4-10-306230-4 Ⓝ913.6
☆「一度は読もうよ！日本の名著」、「一冊で日本の名著100冊を読む」、「現代文学賞事典」、「日本文学 これを読まないと文学は語れない‼」、「日本文学名作案内」、「日本文学名作事典」、「日本文芸鑑賞事典 第18巻（1958～1962年）」、「日本文学館 日本編」、「文学・名著300選の解説 '88年度版」、「ポケット日本名作事典」、「名著の履歴書」

きたおか

02790 「遥かな国遠い国」
『遥かな国遠い国』　北杜夫著　新潮社　1971　262p　16cm（新潮文庫）　Ⓝ913.6
☆「世界の海洋文学」

02791 「幽霊」
『幽霊―或る幼年と青春の物語』　北杜夫著　改版　新潮社　2014　272p　15cm（新潮文庫）　490円　Ⓘ978-4-10-113102-3
☆「現代文学名作探訪事典」、「新潮文庫20世紀の100冊」

北岡 伸一　きたおか・しんいち

02792 「清沢洌」
『清沢洌―外交評論の運命』　北岡伸一著　増補版　中央公論新社　2004　260p　18cm（中公新書）〈文献あり　年譜あり〉　840円　Ⓘ4-12-190828-7　Ⓝ289.1
☆「大学新入生に薦める101冊の本」、「「本の定番」ブックガイド」

02793 「後藤新平」
『後藤新平―外交とヴィジョン』　北岡伸一著　中央公論社　1988　252p　18cm（中公新書）〈後藤新平年譜・参考文献：p238〜252〉　620円　Ⓘ4-12-100881-2　Ⓝ289.1
☆「「本の定番」ブックガイド」

02794 「自民党―政権党の38年」
『自民党―政権党の38年』　北岡伸一著　中央公論新社　2008　394p　16cm（中公文庫）〈文献あり　年表あり〉　933円　Ⓘ978-4-12-205036-5　Ⓝ315.1
☆「学問がわかる500冊」

02795 「政党政治の再生」
『政党政治の再生―戦後政治の形成と崩壊』　北岡伸一著　中央公論社　1995　232p　19cm（中公叢書）　1850円　Ⓘ4-12-002397-4　Ⓝ312.1
☆「歴史家の一冊」

北方 謙三　きたかた・けんぞう

02796 「眠りなき夜」
『眠りなき夜』　北方謙三著　集英社　1986　332p　16cm（集英社文庫）　420円　Ⓘ4-08-749096-3　Ⓝ913.6
☆「世界の推理小説・総解説」

02797 「武王の門」
『武王の門　上巻』　北方謙三著　新潮社　1993　510p　15cm（新潮文庫）　560円　Ⓘ4-10-146404-9　Ⓝ913.6
☆「面白いほどよくわかる時代小説名作100」

喜多川 歌麿　きたがわ・うたまろ

02798 「艶本多歌羅久良」
『密戯のおんな―Edo classic art第5集』　佐野文哉訳　二見書房　1991　250p　15cm（二見文庫　クラシック・アート・コレクション）〈監修：安田義章〉　780円　Ⓘ4-576-91063-9　Ⓝ913.57
☆「日本の艶本・珍書 総解説」、「日本の奇書77冊」

北川 修　きたがわ・おさむ

02799 「集団の進化―種形成のメカニズム」
『集団の進化―種形成のメカニズム』　北川修著　東京大学出版会　1991　131p　19cm（UP biology）〈参考書：p122〜123〉　1442円　Ⓘ4-13-063136-5　Ⓝ467.5
☆「学問がわかる500冊 v.2」

喜多川 季荘　きたがわ・きそう

02800 「近世風俗志」
『近世風俗志―守貞謾稿　1』　喜田川守貞著　宇佐美英機校訂　岩波書店　1996　429p　15cm（岩波文庫）　980円　Ⓘ4-00-302671-3　Ⓝ382.1
☆「日本名著辞典」

北川 紘洋　きたがわ・こうよう

02801 「ヤクザがおくる普通人への独白」
☆「現代を読む」

北川 民次　きたがわ・たみじ

02802 「絵をかく子どもたち」
『北川民次美術教育論集　上巻』　北川民次著　創風社　1998　351p　22cm　2800円　Ⓘ4-88352-006-4　Ⓝ707
☆「世界名著大事典 補遺（Extra）」

北川 千代　きたがわ・ちよ

02803 「汽車のばあの話」
『埼玉の童話』　リブリオ出版　1997　191p　22cm（県別ふるさと童話館 愛蔵版　11　日本児童文学者協会編）〈日本児童文学者協会創立50周年記念出版〉　1700円　Ⓘ4-89784-512-2
☆「名作の研究事典」

北川 敏男　きたがわ・としお

02804 「実験計画法講義」
『実験計画法講義　第1　基礎編　第1』　北川敏男著　培風館　1955　378p　22cm　Ⓝ418.9
☆「名著の履歴書」

北川 冬彦　きたがわ・ふゆひこ

02805 「三半規管喪失」
『日本の詩歌　25　北川冬彦・安西冬衛・北園

克衛・春山行夫・竹中郁〕 北川冬彦［ほか
著〕 新装 中央公論新社 2003 425p
21cm〈オンデマンド版 年譜あり〉 5300円
Ⓘ4-12-570069-9 Ⓝ911.08
☆「世界名著大事典」

02806 「戦争」
『戦争』 北川冬彦作 ゆまに書房 1995 81,
6p 19cm（現代の芸術と批評叢書 第12編）
〈厚生閣書店昭和4年刊の複製 著者の肖像あ
り〉 Ⓘ4-89668-893-7 Ⓝ911.56
☆「世界名著大事典」，「日本文学鑑賞辞典〔第2〕」

喜田川 守貞　きたがわ・もりさだ

02807 「守貞漫稿」
『守貞漫稿 上巻』 喜多川守貞著 朝倉治彦編
東京堂出版 1973 308p 27cm〈国立国会図
書館蔵本の複製〉 9000円 Ⓝ382.1
☆「古典の事典」，「この一冊で読める！日本の古
典50冊」，「世界名著大事典」

北沢 洋子　きたざわ・ようこ

02808 「利潤か人間か」
『利潤か人間か——グローバル化の実態と新しい
社会運動』 北沢洋子著 コモンズ 2003
214p 21cm 2000円 Ⓘ4-906640-61-3
Ⓝ333.6
☆「大学新入生に薦める101冊の本」

北島 正元　きたじま・まさもと

02809 「江戸幕府の権力構造」
『江戸幕府の権力構造』 北島正元著 岩波書店
1964 702,29p 22cm Ⓝ210.5
☆「日本史の名著」

北園 克衛　きたぞの・かつえ

02810 「円錐詩集」
『円錐詩集』 北園克衛著 鳥羽茂 1933 1冊
（頁付なし） 19cm Ⓝ911.5
☆「日本文学鑑賞辞典〔第2〕」

北田 暁大　きただ・あきひろ

02811 「東京から考える」
『東京から考える——格差・郊外・ナショナリズ
ム』 東浩紀,北田暁大著 日本放送出版協会
2007 297p 19cm（NHKブックス 1074）
1160円 Ⓘ978-4-14-091074-0 Ⓝ361.78
☆「建築・都市ブックガイド21世紀」

北田 薄氷　きただ・うすらい

02812 「薄氷遺稿」
『薄氷遺稿』 北田薄氷著 春陽堂 1901 454,
〔29〕p 23cm〈著者の肖像あり〉 Ⓝ913.6
☆「明治の名著 2」

北畠 親房　きたばたけ・ちかふさ

02813 「職原抄」
『職原抄 上』 北畠親房著 注釈者未詳 写
〔169〕丁 28cm〈印記：忠順之印 醍醐蔵書
和装〉 Ⓝ322.14
☆「古典の事典」，「世界名著大事典」，「日本名著
辞典」

02814 「神皇正統記」
『神皇正統記』 北畠親房著 岩佐正校注 岩波
書店 1975 293p 15cm（岩波文庫）
300円 Ⓝ210.12
☆「学術辞典叢書 第15巻」，「近代名著解題選集 3」，
「古典の事典」，「古典文学鑑賞辞典」，「作品と作
者」，「人文科学の名著」，「世界名著解題選 第2
巻」，「世界名著大事典」，「尊王 十冊の名著」，「日
本の古典」，「日本の古典・世界の古典」，「日
本の古典名著」，「日本の書物」，「日本文学鑑賞辞
典〔第1〕」，「日本文学名作概観」，「日本名著辞
典」，「日本歴史「古典籍」総覧」，「歴史学の名著
30」，「歴史家の一冊」，「歴史の名著100」

北畠 晴富　きたばたけ・はれとみ

02815 「続神皇正統記」
『羣書類従 第3輯 帝王部』 塙保己一編 続
群書類従完成会校 訂正版 続群書類従完成
会 1960 715p 19cm Ⓝ081.5
☆「日本歴史「古典籍」総覧」，「歴史の名著100」

北畠 八穂　きたばたけ・やほ

02816 「あくたれ童子ポコ」
『あくたれ童子ポコ』 北畠八穂著 講談社
1976 251p 15cm（講談社文庫） 280円
Ⓝ913.8
☆「名作の研究事典」

02817 「ジロー・ブーチン日記」
『ジロウ・ブーチン日記』 北畠八穂著 偕成社
1979 245p 19cm（偕成社文庫） 390円
☆「世界名著大事典」

北原 亜以子　きたはら・あいこ

02818 「まんがら茂平次」
『まんがら茂平次』 北原亜以子著 新潮社
1995 445p 15cm（新潮文庫） 600円
Ⓘ4-10-141411-4 Ⓝ913.6
☆「面白いほどよくわかる時代小説名作100」

北原 勇　きたはら・いさむ

02819 「現代資本主義における所有と決定」
『現代資本主義分析 3 現代資本主義における
所有と決定』 置塩信雄ほか編 北原勇著 岩
波書店 1984 441,8p 21cm 2800円
Ⓝ332.06
☆「現代ビジネス書・経済書総解説」

北原 武夫　きたはら・たけお

02820　「雨」
『おんなの領分』 文芸春秋編　文芸春秋　1992　366p　16cm〈文春文庫　アンソロジー人間の情景　2〉　450円　Ⓘ4-16-721731-7　Ⓝ908.3
☆「日本・世界名作「愛の会話」100章」

02821　「情人」
『情人』 北原武夫著　講談社　1999　245p　16cm〈講談社文芸文庫〉〈年譜あり　著作目録あり〉　1200円　Ⓘ4-06-197692-3　Ⓝ913.6
☆「一度は読もうよ！ 日本の名著」、「一冊で愛の話題作100冊を読む」

北原 白秋　きたはら・はくしゅう

02822　「あめふり」
☆「日本文芸鑑賞事典 第8巻（1924〜1926年）」

02823　「思い出」
『思ひ出―抒情小曲集』 北原白秋著　日本図書センター　1999　353p　20cm〈文献あり　年譜あり〉　2800円　Ⓘ4-8205-1997-2　Ⓝ911.56
☆「感動！ 日本文学名作 近現代編」、「近代文学名作事典」、「世界名著大事典」、「日本近代文学名著事典」、「日本の名著」、「日本の名著3分間読書100」、「日本文学鑑賞辞典〔第2〕」、「日本文芸鑑賞事典 第4巻」、「日本名著辞典」、「明治・大正・昭和の名著・総解説」、「明治の名著 2」

02824　「からたちの花」
『からたちの花』 北原白秋ほか著　岸田耕造絵　赤い鳥の会編　小峰書店　1982　79p　22cm〈赤い鳥名作童話〉　780円　Ⓘ4-338-04811-5
☆「日本文芸鑑賞事典 第8巻（1924〜1926年）」

02825　「桐の花」
『桐の花―歌集』 北原白秋著　新装版　短歌新聞社　2010　158p　15cm〈短歌新聞社文庫〉〈年譜あり〉　667円　Ⓘ978-4-8039-1506-8　Ⓝ911.168
☆「近代文学名作事典」、「Jブンガク」、「世界名著大事典」、「日本近代文学名著事典」、「日本文学鑑賞辞典〔第2〕」、「日本文芸鑑賞事典 第5巻」、「明治・大正・昭和の名著・総解説」、「明治の名著 2」

02826　「黒檜」
『日本の詩歌　9　北原白秋』 北原白秋［著］　新装　中央公論新社　2003　427p　21cm〈オンデマンド版　年譜あり〉　5300円　Ⓘ4-12-570053-2　Ⓝ911.08
☆「日本文学鑑賞辞典〔第2〕」

02827　「この道」
『この道』 山田耕筰作曲　真島俊夫編曲　佼成出版社　2004　11p,46枚　30cm（KOPS 63）〈ホルダー入〉　10500円　Ⓝ764.3
☆「日本文芸鑑賞事典 第8巻（1924〜1926年）」

02828　「児童自由詩集成」
『児童自由詩集成―鑑賞指導 白秋がえらんだ子どもの詩』 北原白秋編著　北原隆太郎、関口安義編　久山社　1994　586p　23cm〈〈児童表現史〉叢書　3〉〈アルス昭和8年刊の複製〉　17510円　Ⓝ909.1
☆「世界名著大事典」

02829　「邪宗門」
『邪宗門』 北原白秋著　ほるぷ出版　1985　343p　20cm（日本の文学　17）　Ⓝ911.56
☆「世界名著大事典」、「日本近代文学名著事典」、「日本の名著」、「日本文学鑑賞辞典〔第2〕」、「日本文芸鑑賞事典 第4巻」、「入門名作の世界」、「文学・名著300選の解説 '88年度版」、「明治・大正・昭和の名著・総解説」、「明治の名著 2」

02830　「水墨集」
『水墨集』 北原白秋著　アルス　1923　395,14,7p　21cm　Ⓝ911.5
☆「日本文学鑑賞辞典〔第2〕」

02831　「砂山」
『新潟県文学全集 第2期 第2巻　随筆・紀行・詩歌編 大正編』 田中栄一ほか編　松本郷土出版社　1996　374p　20cm〈監修：伊狩章〉　Ⓘ4-87663-344-4　Ⓝ918.6
☆「日本文芸鑑賞事典 第7巻（1920〜1923年）」

02832　「多磨綱領」
☆「日本文芸鑑賞事典 第11巻（昭和9〜昭和12年）」

02833　「月と胡桃」
『白秋全童謡集　2』 北原白秋著　岩波書店　1992　509p　22cm　5000円　Ⓘ4-00-003702-1　Ⓝ911.58
☆「日本児童文学名著事典」

02834　「東京景物詩」
『北原白秋詩集　下』 北原白秋［著］　安藤元雄編　岩波書店　2007　309,7p　15cm（岩波文庫）〈年譜あり　上巻―下巻の題名索引あり〉　700円　Ⓘ978-4-00-310486-6　Ⓝ911.56
☆「世界名著大事典」、「日本近代文学名著事典」

02835　「とんぼの眼玉」
『とんぼの眼玉』 北原白秋著　日本図書センター　2006　131p　21cm（わくわく！ 名作童話館　2）〈画：清水良雄ほか〉　2400円　Ⓘ4-284-70019-7　Ⓝ911.56
☆「世界名著大事典」、「日本児童文学名著事典」

02836　「日本の笛」
『日本の笛―民謡集』 北原白秋著　改訂版　アルス　1924　473p　16cm　Ⓝ911.6
☆「近代日本の百冊を選ぶ」

02837　「白秋童謡集」

北見 志保子　きたみ・しほこ

02838　「珊瑚」

『珊瑚―歌集』　北見志保子著　長谷川書房　1955　227p　19cm〈新選短歌叢書〉
Ⓝ911.168
☆「日本文芸鑑賞事典 第17巻（1955〜1958年）」

北村 季吟　きたむら・きぎん

02839　「源氏物語湖月抄」

『源氏物語湖月抄―増注』　北村季吟著　有川武彦校訂　講談社　1982　3冊　15cm〈講談社学術文庫〉　各1600円　①4-06-158314-X
Ⓝ913.364
☆「世界名著大事典」

02840　「湖月抄」

『湖月抄　夢のうきはし』　北村季吟著　笠間書院　1978　42p　26cm〈複製〉　500円
Ⓝ913.361
☆「日本名著辞典」

02841　「枕草子春曙抄」

『枕草子春曙抄　上,中,下』　北村季吟著　池田亀鑑校訂　岩波書店　1977　3冊　15cm〈岩波文庫　742-747〉〈初版昭和6〉Ⓝ914.3
☆「日本名著辞典」

北村 けんじ　きたむら・けんじ

02842　「まぼろしの巨鯨シマ」

『海に生きる人びと』　日本図書センター　1998　261p　22cm〈「心」の子ども文学館 歴史を旅する　第2期20　日本児童文学者協会編〉
①4-8205-9936-4,4-8205-9928-3
☆「世界の海洋文学」

北村 透谷　きたむら・とうこく

02843　「厭世詩家と女性」

『北村透谷/高山樗牛』　北村透谷, 高山樗牛著　京都　新学社　2004　352p　16cm〈新学社近代浪漫派文庫　8〉　1343円　①4-7868-0066-X
Ⓝ918.68
☆「世界名著大事典」,「日本文学現代名作事典」,「明治の名著1」

02844　「人生に相渉るとは何の謂ぞ」

『人生に相渉るとは何の謂ぞ』　北村透谷著　桶谷秀昭編注　旺文社　1979　470p　16cm〈旺文社文庫〉　560円　Ⓝ918.6
☆「必読書150」

02845　「楚囚之詩」

『楚囚之詩』　北村透谷著　日本近代文学館　1980　24p　13×19cm〈名著複刻詩歌文学館連翹セット〉〈春祥堂明治22年刊の複製　ほるぷ〔発売〕　叢書の編者：名著複刻全集編集委員会〉Ⓝ911.56
☆「世界名著大事典」,「日本近代文学名著事典」

02846　「透谷集」

『北村透谷集』　北村透谷［著］　島崎藤村編　岩波書店　2006　231p　16cm〈岩波文庫創刊書目復刻〉〈原本：昭和2年刊〉
①4-00-355006-4　Ⓝ914.6
☆「世界名著大事典」,「日本文芸鑑賞事典 第1巻」

02847　「徳川氏時代の平民的理想」

『現代日本文学大系　6　北村透谷,山路愛山集』　筑摩書房　1969　428p　図版　23cm　Ⓝ918.6
☆「日本の名著」

02848　「内部生命論」

『北村透谷/高山樗牛』　北村透谷, 高山樗牛著　京都　新学社　2004　352p　16cm〈新学社近代浪漫派文庫　8〉　1343円　①4-7868-0066-X
Ⓝ918.68
☆「感動！日本の名著 近現代編」,「近代文学名作事典」,「日本の名著」,「日本文芸鑑賞事典 第1巻」,「ベストガイド日本の名著」,「明治・大正・昭和の名著・総解説」,「明治の名著1」

02849　「蓬莱曲」

『北村透谷・樋口一葉集』　北村透谷,樋口一葉著　筑摩書房　1975　422p　23cm〈近代日本文学　3〉〈肖像あり　年譜あり〉Ⓝ918.68
☆「世界名著大事典」,「日本近代文学名著事典」,「日本文芸鑑賞事典〔第2巻〕」,「日本文学現代名作事典」,「日本文芸鑑賞事典 第1巻」,「文学・名著300選の解説'88年度版」

喜多村 信節　きたむら・のぶよ

02850　「嬉遊笑覧」

『嬉遊笑覧　1』　喜多村筠庭著　長谷川強ほか校訂　岩波書店　2002　369p　15cm〈岩波文庫〉　760円　①4-00-302751-5　Ⓝ031.2
☆「古典の事典」,「世界名著大事典」,「日本の古典名著」,「日本名著辞典」

北村 初雄　きたむら・はつお

02851　「正午の果実」

『正午の果実―北村初雄詩集』　北村初雄著　稲門堂　1922　173p　21cm　Ⓝ911.5
☆「日本文芸鑑賞事典 第6巻（1917〜1920年）」

北村 寿夫　きたむら・ひさお

02852　「駒馬哲学」

『日本戯曲全集　現代篇 第14-18輯』　春陽堂　1928　5冊　図版　20cm〈各冊には夫々第33-50

きたもり　　　　　　　　　　　　　　　　　　02853〜02867

巻なる巻序数あり 日本戯曲全集 歌舞伎篇正篇に続く〉　Ⓝ912.608
　☆「日本文学鑑賞辞典〔第2〕」

北森 嘉蔵　きたもり・かぞう
　02853　「神の痛みの神学」
　　『神の痛みの神学』　北森嘉蔵著　教文館　2009　342,11p　21cm〈索引あり〉　3200円
　　Ⓘ978-4-7642-7287-3　Ⓝ191
　　☆「世界名著大事典」，「明治・大正・昭和の名著・総解説」，「名著の履歴書」

北山 茂夫　きたやま・しげお
　02854　「日本古代政治史の研究」
　　『日本古代政治史の研究』　北山茂夫著　岩波書店　1959　497p　22cm　Ⓝ210.3
　　☆「歴史家の読書案内」

　02855　「万葉の世紀」
　　『万葉の世紀』　北山茂夫著　東京大学出版会　1953　373p　22cm　Ⓝ210.3
　　☆「日本史の名著」，「歴史家の読書案内」

漕川 小舟　ぎちかわ・しょうしゅう
　02856　「絵本見立百化鳥」
　　『絵本見立百化鳥・続百化鳥』　近世風俗研究会　1970　3冊（解説共）　23cm〈正編（漕川小舟画），続編共各3巻　正編の序の書名：見立百化鳥　編者：尾崎久弥　宝暦5,6年刊の複製　限定版 箱入〉　Ⓝ914.5
　　☆「日本の艶本・珍本 総解説」，「日本の奇書77冊」

吉川 英士　きっかわ・えいし
　02857　「日本音楽の性格」
　　『日本音楽の性格』　吉川英士著　わんや書店　1948　247p 図版　22cm　Ⓝ768
　　☆「世界名著大事典」

吉川 元　きっかわ・げん
　02858　「国際安全保障論」
　　『国際安全保障論―戦争と平和，そして人間の安全保障の軌跡』　吉川元著　神戸　神戸大学研究双書刊行会　2007　334p　22cm（神戸法学双書　35　神戸大学研究双書刊行会編）〈文献あり　有斐閣〔発売〕〉　6800円
　　Ⓘ978-4-641-19989-7　Ⓝ319.8
　　☆「平和を考えるための100冊+α」

木戸 幸一　きど・こういち
　02859　「木戸幸一日記」
　　『木戸幸一日記―東京裁判期』　木戸日記研究会編集校訂　東京大学出版会　1980　502p　22cm　4800円　Ⓝ210.76
　　☆「世界名著大事典 補遺（Extra）」

木戸 孝允　きど・たかよし
　02860　「木戸孝允日記」
　　『木戸孝允日記　1』　日本史籍協会編　徳山　マツノ書店　1996　464p　22cm〈東京大学出版会昭和60年刊の複製 限定版〉　Ⓝ210.6
　　☆「世界名著大事典」

鬼頭 秀一　きとう・しゅういち
　02861　「自然保護を問いなおす」
　　『自然保護を問いなおす―環境倫理とネットワーク』　鬼頭秀一著　筑摩書房　1996　254p　18cm（ちくま新書）　680円
　　Ⓘ4-480-05668-8　Ⓝ519
　　☆「学問がわかる500冊 v.2」，「環境と社会」，「倫理良書を読む」

鬼頭 仁三郎　きとう・にさぶろう
　02862　「貨幣と利子の動態」
　　『貨幣と利子の動態―貨幣経済の性格』　鬼頭仁三郎著　3刷　岩波書店　1948　524p　22cm　Ⓝ337.1
　　☆「世界名著大事典」

義堂 周信　ぎどうしゅうしん
　02863　「空華集」
　　『五山文学全集』　上村観光編纂　2版　京都　思文閣出版　1992　5冊　23cm〈明治39年〜大正4年刊の複製〉　全66950円
　　Ⓘ4-7842-0748-1　Ⓝ919.4
　　☆「古典の事典」

　02864　「空華日用工夫略集」
　　『空華日用工夫略集』　義堂周信著　辻善之助編　太洋社　1939　418p 肖像　22cm　Ⓝ188.8
　　☆「世界名著大事典」

器土堂主人　きとうどうしゅじん
　02865　「諸国名産大根料理秘伝抄」
　　『江戸時代料理本集成―翻刻　第5巻』　吉井始子編　京都　臨川書店　1980　331p　22cm
　　Ⓘ978-4-653-00369-4,978-4-653-00364-9　Ⓝ596.21
　　☆「古典の事典」

紀 海音　きの・かいおん
　02866　「笠屋三勝廿五年忌」
　　『紀海音全集　第5巻』　海音研究会編　大阪　清文堂出版　1978　337p　22cm　5800円　Ⓝ912.4
　　☆「世界名著大事典」

　02867　「心中二つ腹帯」
　　『紀海音全集　第6巻』　海音研究会編　大阪　清文堂出版　1979　367p　22cm　6400円

Ⓝ912.4
☆「日本文学鑑賞辞典〔第1〕」

02868 「八百屋お七」
『評釈江戸文学叢書 第1-4巻』 講談社 1970 4冊 23cm〈昭和10-13年刊の複製〉 2000-3800円 Ⓝ918.5
☆「作品と作者」、「世界名著大事典」

紀上太郎　きの・じょうたろう

02869 「碁太平記白石噺」
『新編日本古典文学全集 77 浄瑠璃集』 鳥越文蔵ほか校注・訳 小学館 2002 678p 23cm〈付属資料：8p：月報 87〉 4657円 ①4-09-658077-5 Ⓝ918
☆「世界名著大事典」

紀斉名　きの・ただな

02870 「扶桑集」
『扶桑集―校本と索引』 田坂順子編 福岡櫂歌書房 1985 115,115p 27cm 4500円 Ⓝ919.3
☆「近代名著解題選集 3」、「世界名著大事典」

紀貫之　きの・つらゆき

02871 「古今和歌集序」
『古今和歌集序―国宝』 紀貫之著 文化庁 1981 1軸 23cm〈財団法人大倉文化財団所蔵の複製 製作：便利堂 彩牋33枚 付(1枚)：譲渡状 箱入 和装〉Ⓝ911.1351
☆「近代名著解題選集 3」

02872 「新撰和歌」
『群書類従 第10輯 和歌部』 塙保己一編纂 オンデマンド版 八木書店古書出版 2013 568p 21cm〈訂正3版：続群書類従完成会 1979年刊 デジタルパブリッシングサービス〔印刷・製本〕 八木書店〔発売〕〉 9000円 ①978-4-8406-3121-1 Ⓝ081
☆「近代名著解題選集 3」

02873 「新撰和歌集」
『松平文庫影印叢書 第11巻 私撰集編』 松平黎明会編 新典社 1997 510p 22cm 15360円 ①4-7879-2017-0 Ⓝ918
☆「世界名著大事典」、「日本の古典名著」

02874 「土佐日記」
『土佐日記』 紀貫之〔著〕 西山秀人編 角川学芸出版 2007 206p 15cm〈角川文庫 角川ソフィア文庫 ビギナーズ・クラシックス〉〈肖像あり 角川グループパブリッシング〔発売〕〉 590円 ①978-4-04-357420-9 Ⓝ915.32
☆「一度は読もうよ！日本の名著」、「一冊で日本の古典100冊を読む」、「一冊で100名作の「さわり」を読む」、「大人のための日本の名著50」、「学術辞典叢書 第15巻」、「近代名著解題選集 3」、「古典の事典」、「古典文学鑑賞辞典」、「この一冊で読める！日本の古典50冊」、「作品と作者」、「3行でわかる名作&ヒット本250」、「ブンガク」、「図説 5分でわかる日本の名作」、「世界の海洋文学」、「世界の旅行記101」、「世界名作事典」、「世界名著解題選選 第3巻」、「世界名著大事典」、「千年の百冊」、「2ページでわかる日本の古典傑作選」、「日本古典への誘い100選 1」、「日本の古典」、「日本の古典・世界の古典」、「日本の古典名著」、「日本の書物」、「日本の名著」、「日本の名著3分間読書100」、「日本文学鑑賞辞典〔第1〕」、「日本文学の古典50選」、「日本文学名作案内」、「日本文学名作概観」、「日本文学名作事典」、「日本名著辞典」、「日本・名著のあらすじ」、「早わかり日本古典文学あらすじ事典」、「文学・名著300選の解説 '88年度版」、「マンガとあらすじでやさしく読める 日本の古典傑作30選」、「名作の書き出しを諳んじる」、「やさしい古典案内」

紀友則　きの・とものり

02875 「古今和歌集」
『古今和歌集』 紀友則ほか撰 花山院師継筆 中田武司編 専修大学出版局 1996 413p 19cm〈専修大学図書館蔵の複製〉 2900円 ①4-88125-082-5 Ⓝ911.1351
☆「あらすじで読む日本の古典」(楽書館, 中経出版〔発売〕)、「あらすじで読む日本の古典」(新人物往来社)、「一度は読もうよ！日本の名著」、「一冊で日本の古典100冊を読む」、「学術辞典叢書 第15巻」、「教養のためのブックガイド」、「近代名著解題選集 2」、「近代名著解題選集 3」、「古典の事典」、「古典文学鑑賞辞典」、「この一冊で読める！日本の古典50冊」、「作品と作者」、「3行でわかる名作&ヒット本250」、「世界名作事典」、「世界名著解題選 第1巻」、「世界名著大事典」、「千年の百冊」、「2ページでわかる日本の古典傑作選」、「日本古典への誘い100選 2」、「日本の古典」、「日本の古典・世界の古典」、「日本の古典名著」、「日本の書物」、「日本の名著」(角川書店)、「日本の名著」(毎日新聞社)、「日本の名著3分間読書100」、「日本文学鑑賞辞典〔第1〕」、「日本文学の古典50選」、「日本文学名作案内」、「日本文学名作概観」、「日本名著辞典」、「早わかり日本古典文学あらすじ事典」、「文学・名著300選の解説 '88年度版」、「マンガとあらすじでやさしく読める 日本の古典傑作30選」、「名作の研究事典」

紀華彦　きの・はなひこ

02876 「計算機科学の発想」
『計算機科学の発想』 紀華彦著 日本評論社 1981 310p 21cm 2600円 Ⓝ007
☆「数学ブックガイド100」

木下謙次郎　きのした・けんじろう

02877 「美味求真」
『美味求真』 木下謙次郎著 五月書房 2012 684,13p 19cm〈新光社 昭和2年刊の再刊 索

引あり〉　6000円　①978-4-7727-0499-1　Ⓝ596
☆「近代日本の百冊を選ぶ」,「世界名著大事典」

木下 是雄　きのした・これお

02878　「スキーの科学」
『スキーの科学』　木下是雄著　中央公論社　1973　232p　18cm（中公新書）　320円　Ⓝ784.3
☆「物理ブックガイド100」

木下 順庵　きのした・じゅんあん

02879　「恭靖先生遺稿」
『續々群書類從　第13　詩文部』　国書刊行会編纂　オンデマンド版　八木書店古書出版部　2013　526p　21cm〈初版：続群書類従完成会1970年刊　デジタルパブリッシングサービス〔印刷・製本〕　八木書店〔発売〕〉　9000円　①978-4-8406-3240-9　Ⓝ081
☆「世界名著大事典 補遺（Extra）」

02880　「錦里文集」
『錦里文集　19巻』　木下順庵著　木下一雄校訳　国書刊行会　1982　2冊（別冊とも）　22cm〈別冊（177p）：木下順庵評伝　木下一雄著〉　全16000円　Ⓝ919.5
☆「世界名著大事典 補遺（Extra）」

木下 順二　きのした・じゅんじ

02881　「オットーと呼ばれる日本人」
『オットーと呼ばれる日本人』　木下順二著　筑摩書房　1963　220p 図版　20cm　Ⓝ912.6
☆「日本文芸鑑賞事典　第18巻（1958～1962年）」

02882　「彦一ばなし」
『夕鶴・彦市ばなし』　木下順二著　旺文社　1990　304p　16cm（必読名作シリーズ）　400円　①4-01-066035-X　Ⓝ912.6
☆「現代文学名作探訪事典」,「名作の研究事典」

02883　「風浪」
『風浪』　木下順二著　角川書店　1955　182p　15cm（角川文庫）　Ⓝ912.6
☆「現代文学名作探訪事典」,「日本文芸鑑賞事典〔第2〕」

02884　「夕鶴」
『夕鶴』　木下順二作　〔新装版〕　未来社　1987　82p　19cm　1000円
☆「感動！日本の名著 近現代編」,「近代文学名作事典」,「現代文学鑑賞事典」,「昭和の名著」,「世界名作事典」,「世界名著の旅」,「小さな文学事典」,「日本の名著」,「日本文学鑑賞事典〔第2〕」,「日本文学現代名作事典」,「日本文学名作案内」,「日本文芸鑑賞事典 第15巻」,「文学・名著300選の解説 '88年度版」,「明治・大正・昭和の名著・総解説」,「名著の履歴書」

木下 清一郎　きのした・せいいちろう

02885　「心の起源」
『心の起源—生物学からの挑戦』　木下清一郎著　中央公論新社　2002　236p　18cm（中公新書）　740円　①4-12-101659-9　Ⓝ461.1
☆「ブックガイド "心の科学" を読む」

木下 竹次　きのした・たけじ

02886　「学習原論」
『学習原論』　木下竹次著　中野光編　明治図書出版　1972　369p 肖像　22cm（世界教育学選集　64）　Ⓝ375
☆「大正の名著」,「21世紀の教育基本書」,「明治・大正・昭和の名著・総解説」

樹下 太郎　きのした・たろう

02887　「銀と青銅の差」
『銀と青銅の差』　樹下太郎著　文芸春秋　1984　284p　16cm（文春文庫）　340円　①4-16-731602-1　Ⓝ913.6
☆「世界の推理小説・総解説」

木下 長嘯子　きのした・ちょうしょうし

02888　「挙白集」
『挙白集—校註』　木下勝俊著　藤井乙男編　文献書院　1930　472p　20cm　911.14
☆「世界名著大事典」,「日本の古典名著」,「日本文学鑑賞辞典〔第1〕」

木下 利玄　きのした・としはる

02889　「一路」
『一路—短歌三百五十八首』　木下利玄著　竹柏會　1924　211,2p　19cm　Ⓝ911.168
☆「世界名著大事典」,「日本文学鑑賞事典〔第2〕」

02890　「銀」
『銀』　木下利玄著　洛陽堂　1914　251p　16cm　Ⓝ911.16
☆「日本近代文学名著事典」

02891　「紅玉」
『紅玉—木下利玄歌集』　木下利玄著　日本近代文学館　1980　294,6p　17cm（名著複刻詩歌文学館　連翹セット）〈玄文社大正8年刊の複製　ほるぷ〔発売〕　叢書の編者：名著複刻全集編集委員会〉　Ⓝ911.168
☆「世界名著大事典」,「日本文芸鑑賞事典　第6巻（1917～1920年）」

木下 尚江　きのした・なおえ

02892　「良人の自白」
『良人の自白　上篇・中篇』　木下尚江著　山極圭司編　教文館　1990　510p　19cm（木下尚江全集　第2巻）〈日本キリスト教書販売〔発

☆「日本文芸鑑賞事典 第4巻」

木下 夕爾　きのした・ゆうじ

02901　「定本 木下夕爾句集」
『現代俳句集成 第13巻 昭和 9』 山本健吉ほか編集　橋本多佳子他著　河出書房新社　1982　382p　20cm　2900円　Ⓝ911.36
☆「日本文芸鑑賞事典 第19巻」

木下 庸子　きのした・ようこ

02902　「集合住宅をユニットから考える」
『集合住宅をユニットから考える―Japanese housing since 1950』 渡辺真理, 木下庸子著　新建築社　2006　183p　26cm　2400円　①4-7869-0194-6　Ⓝ527.8
☆「建築・都市ブックガイド21世紀」

木下 律子　きのした・りつこ

02903　「妻たちの企業戦争」
『妻たちの企業戦争』 木下律子著　社会思想社　1988　230p　15cm（現代教養文庫 1278）〈『王国の妻たち』（径書房1983年刊）の改題〉　480円　①4-390-11278-3　Ⓝ367.21
☆「現代を読む」

木場 浩介　きば・ひろすけ

02904　「野村吉三郎」
『野村吉三郎』 木場浩介編　野村吉三郎伝記刊行会　1961　897p 図版　22cm〈付: 参照文献資料〉　Ⓝ289.1
☆「日本海軍の本・総解説」

木原 啓吉　きはら・けいきち

02905　「歴史的環境」
『歴史的環境―保存と再生』 木原啓吉著　岩波書店　1982　191p　18cm（岩波新書）　430円　Ⓝ521.86
☆「環境と社会」

木原 均　きはら・ひとし

02906　「小麦」
『小麦―生物学者の記録』 木原均著　中央公論社　1951　320p 図版　22cm　Ⓝ467.7
☆「明治・大正・昭和の名著・総解説」

02907　「小麦の研究」
『小麦の研究』 木原均編著　改著　養賢堂　1954　753p 図版　22cm〈奥付には改著第2版とあり〉　Ⓝ479.3
☆「世界名著大事典 補遺（Extra）」

02908　「細胞遺伝学」
『細胞遺伝学　第1巻　基礎篇』 木原均編　養賢堂　1951　308p 図版　22cm　Ⓝ467.7

きひら　　　　　　　　　　　　　　　　　　　　02909〜02924

☆「世界名著大事典 補遺（Extra）」

02909　「実験遺伝学」
『実験遺伝学』　木原均著　9版　岩波書店　1949　301p　18×11cm〈岩波全書　第67〉　Ⓝ467.7
☆「世界名著大事典 補遺（Extra）」

紀平 正美　きひら・ただよし

02910　「自我論」
『自我論』　紀平正美著　大同館書店　1916　446p　20cm　Ⓝ141
☆「世界名著大事典」

儀間 海邦　ぎま・かいほう

02911　「沖縄の少年」
『沖縄の少年』　儀間海邦著　新幹社　1990　206p　19cm〈草風館〔発売〕〉　1545円
☆「世界の海洋文学」

木俣 修　きまた・おさむ

02912　「高志」
『高志』　木俣修著　吉野秀雄評　大日本雄弁会講談社　1949　318p　19cm〈互評自註歌集　第3輯〉　Ⓝ911.16
☆「日本文学鑑賞辞典〔第2〕」、「日本文芸鑑賞事典　第13巻」

木俣 滋郎　きまた・じろう

02913　「帝国陸軍兵器考」
『帝国陸軍兵器考』　木俣滋郎著　雄山閣出版　1974　283p　図　22cm〈付：参考文献, 主要軍事項〉　1800円　Ⓝ395
☆「日本陸軍の本・総解説」

金 賛汀　きむ・ちゃんじょん

02914　「浮島丸釜山港へ向かわず」
『浮島丸釜山港へ向かわず』　金賛汀著　京都かもがわ出版　1994　243p　21cm　2200円　①4-87699-150-2　Ⓝ683.7
☆「世界の海洋文学」

木村 曙　きむら・あけぼの

02915　「婦女の鑑」
『〔新編〕日本女性文学全集　第1巻』　岩淵宏子,長谷川啓監修　渡邊澄子責任編集　菁柿堂　2007　501p　22cm〈年譜あり　星雲社〔発売〕〉　5000円　①978-4-434-10301-7　Ⓝ913.68
☆「明治の名著 2」

木村 英造　きむら・えいぞう

02916　「大航海時代の創始者」
『大航海時代の創始者―航海者エンリケ伝』　木村英造著　大阪　青泉社　1971　313,15p　肖像　21cm〈付：参考書誌〉　1450円　Ⓝ289.3
☆「世界の海洋文学」

木村 毅　きむら・き

02917　「七洋制覇」
『七洋制覇』　木村毅著　博文館　1943　274p　19cm　Ⓝ397.21
☆「日本海軍の本・総解説」

02918　「都々逸坊扇歌」
『都々逸坊扇歌』　木村毅著　高山書院　1941　253p　19cm　Ⓝ911.9
☆「歴史小説・時代小説 総解説」

02919　「布引丸」
『布引丸―フィリピン独立軍秘話』　木村毅著　恒文社　1981　242p　20cm　①4-7704-0461-1　Ⓝ913.6
☆「世界の海洋文学」

02920　「旅順攻囲軍」
『旅順攻囲軍』　木村毅著　恒文社　1980　341p　20cm　1500円　Ⓝ913.6
☆「歴史小説・時代小説 総解説」

木村 謹治　きむら・きんじ

02921　「若きゲーテ研究」
『「若きゲーテ」研究』　木村謹治著　改訂版　弘文堂　1960　718,17,17p　図版　22cm　Ⓝ940.28
☆「世界名著大事典」

木村 蒹葭堂　きむら・けんかどう

02922　「蒹葭堂日記」
『蒹葭堂日記―完本』　蒹葭堂〔著〕　水田紀久,野口隆,有坂道子編著　藝華書院　2009　923p　22cm〈木村蒹葭堂全集　別巻〉〈年譜あり〉　40000円　①978-4-9904055-0-2　Ⓝ915.5
☆「世界名著大事典 補遺（Extra）」

木村 駿吉　きむら・しゅんきち

02923　「日本海軍初期無線電信思出談」
『日本海軍初期無線電信思出談』　木村駿吉述　〔東京〕　海軍省教育局　47p　23cm〈思想研究資料　號外〉　Ⓝ397.21
☆「日本海軍の本・総解説」

木村 尚三郎　きむら・しょうざぶろう

02924　「歴史の発見」
『歴史の発見―新しい世界史像の提唱』　木村尚三郎著　新座　埼玉福祉会　1998　397p　22cm〈大活字本シリーズ〉〈原本：中公新書限定版〉　3600円　Ⓝ230.4
☆「「本の定番」ブックガイド」

196　　　　　　　　　　　　　　　　　　　　読んでおきたい「日本の名著」案内

木村 小舟　きむら・しょうしゅう
02925　「少年文学史 明治編」
　『明治少年文学史　第1巻　少年文学史―改訂増補　明治篇 上巻』　木村小舟著　大空社　1995　444p　20cm〈童話春秋社昭和24年刊の複製〉 ④4-87236-944-0　Ⓝ909
　☆「世界名著大事典」

木村 荘八　きむら・しょうはち
02926　「東京繁昌記」
　『東京繁昌記』　木村荘八著　国書刊行会　1987　246p　30cm〈演劇出版社昭和33年刊の複製　はり込図27枚〉　16000円　Ⓝ291.36
　☆「日本文芸鑑賞事典 第18巻（1958〜1962年）」

木村 泰賢　きむら・たいけん
02927　「小乗仏教思想論」
　『小乗仏教思想論』　木村泰賢［著］　大法輪閣　2004　758p　22cm（木村泰賢全集　第5巻　木村泰賢全集刊行委員会編）〈平成3年刊（第7刷）を原本としたオンデマンド版　肖像あり　文献あり〉　10000円　④4-8046-1630-6　Ⓝ181.02
　☆「世界名著大事典」

木村 高敦　きむら・たかあつ
02928　「武徳編年集成」
　『武徳編年集成』　木村高敦著　名著出版　1976　2冊　22cm〈天明6年版（木活字本）全93巻を縮刷複製したもの〉　全18000円　Ⓝ210.52
　☆「世界名著大事典」,「日本歴史「古典籍」総覧」,「歴史の名著100」

木村 賛　きむら・たすく
02929　「ヒトはいかに進化したか」
　『ヒトはいかに進化したか―進化からみた人類学』　木村賛著　サイエンス社　1980　225p　19cm（サイエンス叢書　N-11）　1700円　Ⓝ469
　☆「学問がわかる500冊 v.2」

木村 汎　きむら・ひろし
02930　「日露国境交渉史」
　『日露国境交渉史―北方領土返還への道』　木村汎著　新版　角川学芸出版　2005　356p　19cm（角川選書　386）〈角川書店〔発売〕　初版の出版社：中央公論社〉　1900円　④4-04-703386-3　Ⓝ319.1038
　☆「「本の定番」ブックガイド」

木村 敏　きむら・びん
02931　「時間と自己」
　『時間と自己』　木村敏著　中央公論社　1982　193p　18cm（中公新書）　420円　Ⓝ112
　☆「必読書150」

02932　「分裂病の現象学」
　『分裂病の現象学』　木村敏著　新編　筑摩書房　2012　478p　15cm（ちくま学芸文庫）　1600円　①978-4-480-09497-1
　☆「精神医学の名著50」

木村 雅昭　きむら・まさあき
02933　「インド史の社会構造」
　『インド史の社会構造―カースト制度をめぐる歴史社会学』　木村雅昭著　創文社　1981　530,14p　22cm　7000円　Ⓝ362.25
　☆「21世紀の必読書100選」

木村 迪夫　きむら・みちお
02934　「ゴミ屋の記」
　『ゴミ屋の記―農民のみる消費と破壊』　木村迪夫著　たいまつ社　1976　227p　17cm（たいまつ新書　6）　680円　Ⓝ519.4
　☆「現代を読む」

木村 資生　きむら・もとお
02935　「遺伝学から見た人類の未来」
　『遺伝学から見た人類の未来』　木村資生編　培風館　1974　219,6p　19cm　900円　Ⓝ467.7
　☆「学問がわかる500冊 v.2」

02936　「生物進化を考える」
　『生物進化を考える』　木村資生著　岩波書店　1988　290p　18cm（岩波新書）〈参考文献：p285〜290〉　530円　④4-00-430019-3　Ⓝ467.5
　☆「学問がわかる500冊 v.2」,「教養のためのブックガイド」,「大学新入生に薦める101冊の本」

02937　「続・分子進化学入門」
　『続・分子進化学入門』　今堀宏三,木村資生,和田敬四郎共編　培風館　1986　257p　21cm　3200円　④4-563-03849-0
　☆「学問がわかる500冊 v.2」

02938　「分子進化学入門」
　『分子進化学入門』　木村資生編　培風館　1984　296p　22cm〈執筆：木村資生ほか　各章末：引用文献および参考書〉　3900円　④4-563-03820-2　Ⓝ467.2
　☆「学問がわかる500冊 v.2」

02939　「分子進化の中立説」
　『分子進化の中立説』　木村資生著　向井輝美,日下部真一訳　紀伊国屋書店　1986　396p　22cm〈監訳：木村資生〉　4000円　④4-314-00469-X　Ⓝ467.2
　☆「学問がわかる500冊 v.2」

木村 陽二郎 きむら・ようじろう

02940 「ナチュラリストの系譜―近代生物学の成立史」
『ナチュラリストの系譜―近代生物学の成立史』 木村陽二郎著 中央公論社 1983 240p 18cm（中公新書）〈西欧自然誌略年表, 主な原著書名・伝記関係文献：p223～234〉 480円 Ⓝ460.2
☆「科学技術をどう読むか」

木村 良夫 きむら・よしお

02941 「嵐に抗して」
『革命と転向』 中野重治[ほか]著 學藝書林 2003 620p 20cm〈全集現代文学の発見 新装版 第3巻 大岡昇平[ほか]責任編集〉〈付属資料：12p；月報 3〉 4500円 ①4-87517-061-0 Ⓝ913.68
☆「日本のプロレタリア文学」

木村 喜之 きむら・よしゆき

02942 「砂糖製作記」
『日本産業史資料 3 農業及農産製造』 浅見恵, 安田健訳編 科学書院 1991 990,20p 27cm〈近世歴史資料集成 第2期 第3巻〉〈霞ケ関出版〔発売〕 複製〉 51500円 Ⓝ602.1
☆「古典の事典」

木村 和三郎 きむら・わさぶろう

02943 「米穀流通費用の研究」
『米穀流通費用の研究』 日本学術振興会編 日本学術振興会 1936 347p 表 21cm〈日本学術振興会学術部第6小委員会報告第8冊 木村和三郎編〉 Ⓝ611.43
☆「農政経済の名著 昭和前期編」

喜安 朗 きやす・あきら

02944 「パリの聖月曜日」
『パリの聖月曜日―19世紀都市騒乱の舞台裏』 喜安朗著 岩波書店 2008 325,8p 図版2枚 15cm（岩波現代文庫 学術）〈平凡社1982年刊の改訂 文献あり〉 1100円 ①978-4-00-600191-9 Ⓝ235.06
☆「学問がわかる500冊 v.2」

木山 捷平 きやま・しょうへい

02945 「大陸の細道」
『大陸の細道』 木山捷平[著] 講談社 2011 285p 16cm（講談社文芸文庫 きC11―スタンダード）〈並列シリーズ名：Kodansha Bungei bunko 著作目録あり 年譜あり〉 1400円 ①978-4-06-290118-5 Ⓝ913.6
☆「現代文学鑑賞辞典」

木山 英雄 きやま・ひでお

02946 「周作人「対日協力」の顛末」
『周作人「対日協力」の顛末―補注『北京苦住庵記』ならびに後日編』 木山英雄著 岩波書店 2004 490,17p 22cm〈年表あり〉 5400円 ①4-00-023393-9 Ⓝ920.278
☆「東アジア論」

旧事諮問会 きゅうじしもんかい

02947 「旧事諮問録」
『旧事諮問録―江戸幕府役人の証言 上』 旧事諮問会編 進士慶幹校注 岩波書店 1986 312p 15cm（岩波文庫） 550円 Ⓝ210.5
☆「歴史家の一冊」

久馬 一剛 きゅうま・かずたけ

02948 「最新土壌学」
『最新土壌学』 久馬一剛著 朝倉書店 1997 216p 22cm〈執筆：久馬一剛ほか 各章末：文献〉 4017円 ①4-254-43061-2 Ⓝ613.5
☆「学問がわかる500冊 v.2」

02949 「農業と環境」
『農業と環境』 久馬一剛, 祖田修編著 大阪富民協会 1995 327p 22cm〈付：参考文献〉 3700円 ①4-8294-0165-6 Ⓝ610
☆「学問がわかる500冊 v.2」

教育制度検討委員会 きょういくせいどけんとういいんかい

02950 「日本の教育はどうあるべきか」
『日本の教育はどうあるべきか』 教育制度検討委員会編 勁草書房 1971 153p 19cm（教育改革シリーズ 1）〈編者：梅根悟 委員会の第1次報告書〉 230円 Ⓝ373.1
☆「教育名著 日本編」

京極 純一 きょうごく・じゅんいち

02951 「植村正久 その人と思想」
『植村正久―その人と思想』 京極純一著 復刊 新教出版社 2007 172p 18cm（新教新書）〈肖像あり〉 1000円 ①978-4-400-64121-6 Ⓝ198.321
☆「現代人のための名著」

02952 「日本人と政治」
『日本人と政治』 京極純一著 東京大学出版会 1986 217p 19cm（UP選書） 1200円 ①4-13-002048-X Ⓝ310.4
☆「学問がわかる500冊」

02953 「日本の政治」
『日本の政治』 京極純一著 東京大学出版会 1983 403,8p 21cm〈参考文献：p393～398〉 2400円 Ⓝ311

京極 高宣　きょうごく・たかのぶ

02954　「市民参加の福祉計画」
『市民参加の福祉計画―高齢化社会における在宅福祉サービスのあり方』　京極高宣著　中央法規出版　1984　411p　22cm　5000円　Ⓝ4-8058-0233-2　Ⓝ369.1
☆「学問がわかる500冊」

京極 為兼　きょうごく・ためかね

02955　「玉葉和歌集」
『玉葉和歌集』　京極為兼撰　久保田淳編　笠間書院　1995　864p　23cm〈吉田兼右筆十三代集〉〈宮内庁書陵部蔵の複製〉　18000円　Ⓝ4-305-60140-0　Ⓝ911.145
☆「近代名著解題選集 3」,「古典の事典」,「世界名著大事典」,「千年の百冊」,「日本の古典名著」,「日本文学鑑賞辞典〔第1〕」,「日本文学名作概観」,「日本名著辞典」

02956　「為兼集」
☆「近代名著解題選集 3」,「世界名著大事典」

京極 夏彦　きょうごく・なつひこ

02957　「巷説百物語」
『巷説百物語』　京極夏彦[著]　角川書店　2003　518p　15cm（角川文庫）　629円　Ⓝ4-04-362002-0　Ⓝ913.6
☆「面白いほどよくわかる時代小説名作100」

02958　「嗤う伊右衛門」
『嗤う伊右衛門』　京極夏彦著　中央公論新社　2004　381p　16cm（中公文庫）　552円　Ⓝ4-12-204376-X　Ⓝ913.6
☆「面白いほどよくわかる時代小説名作100」

行政改革委員会　ぎょうせいかいかくいいんかい

02959　「最終意見」
☆「日本経済本38」

京都大学霊長類研究所　きょうとだいがくれいちょうるいけんきゅうじょ

02960　「サル学なんでも小事典」
『サル学なんでも小事典―ヒトとは何かを知るために』　京都大学霊長類研究所編　講談社　1992　291,3p　18cm（ブルーバックス）〈サルについての参考図書：p281～288〉　800円　Ⓝ4-06-132918-9　Ⓝ489.9
☆「学問がわかる500冊 v.2」

京都帝国大学国文学会　きょうとていこくだいがくこくぶんがっかい

02961　「江戸文学図録」
『江戸文学図録―藤井博士還暦紀念』　京都帝国大学国文学会編　神戸　ぐろりあそさえて　1930　2冊（解説篇とも）　25cm〈和装〉　Ⓝ910.25
☆「世界名著大事典」

今日泊 亜蘭　きょうどまり・あらん

02962　「光の塔」
『光の塔』　今日泊亜蘭著　東都書房　1962　282p　18cm（Toto mystery）　Ⓝ913.6
☆「世界のSF文学・総解説」

凝然　ぎょうねん

02963　「三国仏法伝通縁起」
『大日本佛教全書　第101巻　日本高僧伝要文抄―外四部』　仏書刊行会編纂　大法輪閣　2007　528p　22cm〈名著普及会昭和54年刊（覆刻版）を原本としたオンデマンド版〉　8900円　Ⓝ978-4-8046-1745-9　Ⓝ180.8
☆「古典の事典」,「世界名著大事典」

02964　「八宗綱要」
『八宗綱要　上』　平川彰著　新装版　[東京]　大蔵出版　2004　495p　19cm（佛典講座　39上）　6500円　Ⓝ4-8043-5452-2　Ⓝ188
☆「世界名著大事典」

清岡 卓行　きよおか・たかゆき

02965　「アカシヤの大連」
『アカシヤの大連』　清岡卓行著　講談社　1988　388p　15cm（講談社文芸文庫）　760円　Ⓝ4-06-196004-0
☆「現代文学鑑賞辞典」,「現代文学名作探訪事典」,「日本文芸鑑賞事典　第20巻（昭和42～50年）」,「ポケット日本名作事典」

清河 八郎　きよかわ・はちろう

02966　「西游草」
『西遊草』　清河八郎著　小山松勝一郎校注　岩波書店　1993　549p　15cm（岩波文庫）　820円　Ⓝ4-00-334621-1　Ⓝ915.5
☆「世界の旅行記101」

曲山人　きょくさんじん

02967　「仮名文章娘節用」
『婦人文庫』　日本図書センター　1986　12冊　20cm〈婦人文庫刊行会大正3年～4年刊の複製〉　全85000円　Ⓝ4-8205-0625-0　Ⓝ041
☆「世界名著大事典」,「日本文学鑑賞辞典〔第1〕」

曲亭 馬琴　きょくてい・ばきん

02968　「燕石雑誌」
『骨董集　燕石雑誌　用捨箱』　山東京伝,曲亭馬琴,柳亭種彦著　塚本哲三校　有朋堂書店　1927　818p　18cm（有朋堂文庫）　Ⓝ913.5

☆「世界名著大事典」

02969 「近世説美少年録」
『近世説美少年録』 曲亭馬琴著 笹川種郎校 博文館 1928 905p 19cm〈帝国文庫 第6篇〉 Ⓝ913.5
☆「作品と作者」，「世界名著大事典」

02970 「胡蝶物語」
『胡蝶物語』 曲亭馬琴著 和田万吉校 岩波書店 1929 214p 16cm〈岩波文庫 544-545〉 Ⓝ913.5
☆「近代名著解題選集 3」

02971 「譬諭義理与襁褓」
☆「日本の艶本・珍書 総解説」，「日本の奇書77選」

02972 「椿説弓張月」
『椿説弓張月 前編』 曲亭馬琴著 葛飾北斎插画 板坂則子編 笠間書院 1996 152p 19×26cm〈複製〉 1800円 Ⓘ4-305-00202-7 Ⓝ913.56
☆「一度は読もうよ！ 日本の名著」，「一冊で日本の古典100冊を読む」，「古典の事典」，「作品と作者」，「世界名著大事典」，「日本の古典」，「日本の古典名著」，「日本文学鑑賞辞典〔第1〕」，「日本文学名作案内」，「日本名著辞典」

02973 「南総里見八犬伝」
『南総里見八犬伝 1』 曲亭馬琴［著］ 濱田啓介校訂 新潮社 2003 509p 20cm〈新潮日本古典集成 別巻〉 2800円 Ⓘ4-10-620383-9 Ⓝ913.56
☆「あらすじダイジェスト 日本の古典30を読む」，「一度は読もうよ！ 日本の名著」，「大人のための日本の名著50」，「学術辞典叢書 第12巻」，「近代名著解題選集 2」，「『こころ』は本当に名作か」，「古典の事典」，「古典文学鑑賞辞典」，「この一冊で読める！ 日本の古典50冊」，「作品と作者」，「3行でわかる名作&ヒット本250」，「Jブンガク」，「知らないと恥ずかしい「日本の名著」あらすじ200本」，「図説 5分でわかる日本の名作」，「世界名作事典」，「世界名著解題選 第3巻」，「世界名著大事典」，「千年の百冊」，「2ページでわかる日本の古典傑作選」，「日本古典への誘い100選 1」，「日本の古典」，「日本の古典・世界の古典」，「日本の古典名著」，「日本の書物」，「日本の名作おさらい」，「日本の名著」（角川書店），「日本の名著」（毎日新聞社），「日本の名著3分間読書100」，「日本文学鑑賞辞典〔第1〕」，「日本文学の古典50選」，「日本文学名作案内」，「日本文学名作概観」，「日本文学名作事典」，「日本名著辞典」，「早わかり日本古典文学あらすじ事典」，「マンガとあらすじでやさしく読める 日本の古典傑作30選」，「名作の研究事典」

02974 「夢想兵衛胡蝶物語」
『夢想兵衛胡蝶物語』 曲亭馬琴作 歌川豊広画 服部仁編 大阪 和泉書院 1997 548p 22cm〈読本善本叢刊〉〈文化7年刊の複製〉 15450円 Ⓘ4-87088-853-X Ⓝ913.56

☆「作品と作者」

清沢 洌 きよさわ・きよし

02975 「暗黒日記」
『暗黒日記—1942・1945』 清沢洌著 山本義彦編 岩波書店 2004 390,8p 15cm〈岩波文庫〉〈第8刷〉 860円 Ⓘ4-00-331781-5
☆「教養のためのブックガイド」，「昭和の名著」，「日本文芸鑑賞事典 第17巻（1955～1958年）」

02976 「日本外交史」
『日本外交史』 清沢洌著 東洋経済新報社 1942 2冊 22cm Ⓝ319.1
☆「世界名著大事典」

清沢 満之 きよざわ・まんし

02977 「宗教哲学骸骨」
『宗教哲学骸骨—現代語訳』 清沢満之著 藤田正勝訳 京都 法藏館 2002 146p 20cm〈肖像あり〉 Ⓘ4-8318-7860-X Ⓝ161.1
☆「世界名著大事典 補遺（Extra）」

02978 「精神主義」
『精神主義—現代語訳』 清沢満之著 藤田正勝訳 京都 法藏館 2004 209p 20cm 1900円 Ⓘ4-8318-7850-2 Ⓝ188.7
☆「ベストガイド日本の名著」，「明治・大正・昭和の名著・総解説」，「明治の名著 1」

02979 「わが信念」
『わが信念—現代語訳』 清沢満之著 藤田正勝訳 京都 法藏館 2005 212p 20cm 2000円 Ⓘ4-8318-7696-8 Ⓝ188.74
☆「仏教の名著」

清成 忠男 きよなり・ただお

02980 「ベンチャー・中小企業 優位の時代」
『ベンチャー・中小企業 優位の時代—新産業を創出する企業家資本主義』 清成忠男著 東洋経済新報社 1996 221p 19cm 1600円 Ⓘ4-492-50060-X
☆「日本経済本38」

清野 謙次 きよの・けんじ

02981 「古代人骨の研究に基づく日本人種論」
『古代人骨の研究に基づく日本人種論』 清野謙次等著 岩波書店 1949 2冊（附共） 27cm〈附：図譜（90枚 帙入 38cm）〉Ⓝ469
☆「世界名著大事典 補遺（Extra）」

02982 「生体染色総説総論」
『生体染色綜説—総論』 清野謙次等著 南江堂書店 1933 420p 25cm Ⓝ463
☆「世界名著大事典 補遺（Extra）」

02983 「日本原人の研究」

『日本原人の研究』　清野謙次著　第一書房　1985　404,12p　20cm〈復刻日本考古学文献集成　2期 2〉〈増補版（荻原星文館昭和18年刊）の複製〉　4000円　Ⓝ210.2
☆「世界名著大事典 補遺（Extra）」

清野 勉　きよの・べん

02984　「韓図純理批判解説」
『韓図純理批判解説―標註』　清野勉著　哲学書院　1896　362p　23cm　Ⓝ100
☆「世界名著大事典」

清原 夏野　きよはら・なつの

02985　「令義解」
『金葉和謌集 令義解 朝野群載 梁塵秘抄口伝集―大學院開設六十周年記念』　松尾葦江責任編集　朝倉書店　2013　589p 図版16p　27cm（國學院大學貴重書影印叢書　第1巻　大学院六十周年記念國學院大學影印叢書編集委員会編）　15000円　①978-4-254-50541-2　Ⓝ022
☆「世界名著大事典」,「日本名著辞典」

清宮 四郎　きよみや・しろう

02986　「国家作用の理論」
『国家作用の理論』　清宮四郎著　有斐閣　1968　387p　22cm　1800円　Ⓝ323.04
☆「憲法本41」

桐島 洋子　きりしま・ようこ

02987　「淋しいアメリカ人」
『淋しいアメリカ人』　桐島洋子著　文芸春秋　1980　249p　20cm〈新装版〉　950円　Ⓝ916
☆「現代を読む」

桐野 夏生　きりの・なつお

02988　「顔に降りかかる雨」
『顔に降りかかる雨』　桐野夏生著　講談社　1996　404p　15cm（講談社文庫）　620円　①4-06-263291-8　Ⓝ913.6
☆「知らないと恥ずかしい「日本の名作」あらすじ200本」

02989　「柔らかな頬」
『柔らかな頬　上』　桐野夏生著　文藝春秋　2004　358p　16cm（文春文庫）　590円　①4-16-760206-7　Ⓝ913.6
☆「知らないと恥ずかしい「日本の名作」あらすじ200本」

桐生織物史編纂会　きりゅうおりものしへんさんかい

02990　「桐生織物史」
『桐生織物史　上巻』　桐生織物史編纂会編　国書刊行会　1974　487p 図・地図17枚　22cm〈桐生織物同業組合 昭和10年刊の複製〉Ⓝ586.42
☆「世界名著大事典」

キーン, ドナルド

02991　「日本人の西洋発見」
『日本人の西洋発見』　ドナルド・キーン著　芳賀徹訳　中央公論社　1982　342p　15cm（中公文庫）〈日本人の西洋発見略年表：p304～312　参考文献：p330～337〉　440円　Ⓝ210.55
☆「外国人による日本論の名著」,「教養のためのブックガイド」,「世界名著大事典 補遺（Extra）」

02992　「日本文学の歴史」
『日本文学の歴史　1　古代・中世篇　1』　ドナルド・キーン著　土屋政雄訳　中央公論社　1994　365p　21cm〈各章末：参考文献〉　2200円　①4-12-403220-X　Ⓝ910.2
☆「教養のためのブックガイド」

02993　「日本文化論」
『Appreciations of Japanese culture』　[by] Donald Keene　1st trade paperback ed.　Tokyo　Kodansha International Ltd.　2002　343p　19cm〈他言語標題：日本文化論　関連タイトル：Landscapes.　関連タイトル：Portraits.　"Originally published… as Landscapes and Portraits"　Co-published by Kodansha America,Inc.〉　2400yen　①4-7700-2932-2
☆「教養のためのブックガイド」

02994　「明治天皇」
『明治天皇　1』　ドナルド・キーン著　角地幸男訳　新潮社　2007　471p　16cm（新潮文庫）〈肖像あり〉　667円　①978-4-10-131351-1　Ⓝ288.41
☆「日本人とは何か」

金城 清子　きんじょう・きよこ

02995　「法女性学」
『法女性学―その構築と課題』　金城清子著　第2版　日本評論社　1996　308p　22cm　3708円　①4-535-51042-3　Ⓝ323.143
☆「学問がわかる500冊」

金田 章裕　きんだ・あきひろ

02996　「微地形と中世村落」
『微地形と中世村落』　金田章裕著　吉川弘文館　1993　256,11p　20cm（中世史研究選書）　2700円　①4-642-02666-5　Ⓝ291.018
☆「学問がわかる500冊 v.2」

金田一 京助　きんだいち・きょうすけ

02997　「アイヌ語法概説」

きんたいち

『アイヌ語法概説』 金田一京助, 知里真志保著 ゆまに書房 1999 230p 22cm(世界言語学名著選集 東アジア言語編 第2巻)〈岩波書店1936年刊の複製〉 7000円 ①4-89714-659-3 Ⓝ829.2
☆「世界名著大事典」

02998 「アイヌ叙事詩ユーカラ集」

『ユーカラ集―アイヌ叙事詩 1 Pon oina(小伝)』 金成まつ筆録 金田一京助訳注 三省堂 1993 456p 22cm〈1959年刊の複製 著者の肖像あり〉 Ⓝ929.2
☆「名著の履歴書」

02999 「アイヌ叙事詩ユーカラの研究」

『ユーカラの研究―アイヌ叙事詩』 金田一京助著 東洋文庫 1967 2冊 26cm〈東洋文庫論叢第14(昭和6年刊)の複製〉 全16000円 Ⓝ919.9
☆「世界名著大事典」

03000 「国語音韻論」

『国語音韻論』 金田一京助著 新訂増補版 刀江書院 1963 419p 表 22cm〈昭和13年刊の複刻版〉 Ⓝ811.1
☆「世界名著大事典」

金田一 春彦　きんだいち・はるひこ

03001 「日本の唱歌」

『日本の唱歌 上 明治篇』 金田一春彦, 安西愛子編 講談社 1977 356p 15cm(講談社文庫) 380円 Ⓝ767.5
☆「ナショナリズム」

銀林 浩　ぎんばやし・こう

03002 「量の世界」

『量の世界―構造主義的分析』 銀林浩著 麦書房 1975 306p 20cm(教育文庫 8) 1500円 Ⓝ410
☆「数学ブックガイド100」

近路行者　きんろぎょうじゃ

03003 「英草紙」

『英草紙―古今奇談』 近路行者著 藤岡作太郎校 富山房 1910 188p 15cm(名著文庫 第37) Ⓝ913.5
☆「世界名著大事典」、「日本文学鑑賞辞典〔第1]」

【く】

空海　くうかい

03004 「御請来目録」

『定本弘法大師全集 第1巻』 弘法大師著 密教文化研究所弘法大師著作研究会編纂 高野町(和歌山県) 密教文化研究所 1991 275p 22cm Ⓝ188.53
☆「世界名著大事典」

03005 「三教指帰」

『三教指帰―ほか』 空海[著] 福永光司訳 中央公論新社 2003 27,362p 18cm(中公クラシックス)〈年譜あり 文献あり〉 1500円 ①4-12-160052-5 Ⓝ188.53
☆「アジアの比較文化」、「古典の事典」、「宗教学の名著30」、「世界の名著早わかり事典」、「世界名著大事典」、「日本古典への誘い100選1」、「日本の古典名著」、「日本名著辞典」、「仏教の名著」

03006 「十住心論」

『空海コレクション 3 秘密曼荼羅十住心論 上』 空海著 福田亮成校訂・訳 筑摩書房 2013 626p 15cm(ちくま学芸文庫 ク10-3)〈文献あり〉 1800円 ①978-4-480-09551-0 Ⓝ188.53
☆「古典の事典」、「世界名著大事典」、「日本の古典名著」、「日本名著辞典」

03007 「声字実相義」

『声字実相義―現代語訳』 福田亮成著 ノンブル 2002 156p 22cm(弘法大師に聞くシリーズ 6)〈肖像あり〉 4600円 ①4-931117-65-1 Ⓝ188.53
☆「世界名著大事典」

03008 「性霊集」

『性霊集 上』 空海[著] 宮坂宥勝編著 四季社 2001 408p 22cm(傍訳弘法大師空海) 16000円 ①4-88405-074-6 Ⓝ188.53
☆「3行でわかる名作&ヒット本250」、「世界名著大事典」

03009 「即身成仏義」

『即身成仏義』 空海著 金岡秀友訳・解説 太陽出版 1985 219p 20cm〈文献：p219〉 1700円 ①4-88469-062-1 Ⓝ188.53
☆「世界名著大事典」

03010 「般若心経秘鍵」

『空海「般若心経秘鍵」―ビギナーズ日本の思想』 空海[著] 加藤精一編 角川学芸出版 2011 158p 15cm(角川文庫 16804―[角川ソフィア文庫] G-1-10)〈角川グループパブリッシング[発売]〉 629円 ①978-4-04-407224-7 Ⓝ188.54
☆「世界名著大事典」

03011 「秘蔵宝鑰」

『秘蔵宝鑰 上巻』 空海[著] 宮坂宥勝編著 四季社 2000 381p 22cm(傍訳弘法大師空海) ①4-88405-026-6 Ⓝ188.53
☆「教育の名著80選解題」、「世界名著大事典」

03012 「文鏡秘府論」
『文鏡秘府論 地』 空海著 古典保存会事務局
1935 1帖 25cm〈複製 和装〉 Ⓝ921
☆「近代名著解題選集 3」,「世界名著大事典」,「日本名著辞典」

03013 「文筆眼心抄」
『文筆眼心抄―冠註』 空海著 京都 真言宗各宗派聯合京都大学 1910 80p 22cm Ⓝ188.4
☆「近代名著解題選集 3」

03014 「弁顕密二教論」
『弁顕密二教論』 空海[著] 金岡秀友訳・解説 太陽出版 2003 223p 20cm 2400円 Ⓘ4-88469-326-4 Ⓝ188.53
☆「世界名著大事典」,「日本の古典名著」

03015 「遍照発揮性霊集」
『遍照発揮性霊集―尊経閣叢刊 巻第1』 空海著 育徳財団 1938 1軸 29cm〈伝理源大師筆ノ複製 付 (5枚 23cm):解説〉 Ⓝ188.5
☆「近代名著解題選集 3」

空華庵忍憎 くうげあんにんがい

03016 「香会余談」
『忍鎧の香道著作―十種香暗部山・香道続暗部山・香会弁要録・香道弁要録・香道余談・空華香道弁要雑記(原文影印・翻刻・意訳)』 忍鎧[著] 山根京, 翠川文子編著 鶴ヶ島 香書に親しむ会 2008 306p 30cm(香書双書 2)〈年譜あり〉 非売品 Ⓝ792
☆「古典の事典」

陸 羯南 くが・かつなん

03017 「近時政論考」
『近時政論考』 陸羯南著 岩波書店 2008 192p 15cm(岩波文庫) 560円 Ⓘ4-00-331081-0
☆「世界名著大事典」,「明治・大正・昭和の名著・総解説」,「明治の名著 1」

久我 昌男 くが・まさお

03018 「ある老船医の回想」
『ある老船医の回想―船と海の20年』 久我正男著 日本海事広報協会 1993 191p 21cm 1400円 Ⓘ4-89021-056-3 Ⓝ683.8
☆「世界の海洋文学」

久賀 道郎 くが・みちお

03019 「ガロアの夢―群論と微分方程式」
『ガロアの夢―群論と微分方程式』 久賀道郎著 日本評論社 1968 193p 22cm〈文献表:191-193p〉 1300円 Ⓝ413.6
☆「数学ブックガイド100」,「ブックガイド "数学"

を読む」

愚勧住信 ぐかんじゅうしん

03020 「私聚百因縁集」
『私聚百因縁集 上』 愚勧住信集述 古典文庫 1969 206p 17cm(古典文庫 第265冊)〈影印〉 非売 Ⓝ184.9
☆「近代名著解題選集 3」

九鬼 周造 くき・しゅうぞう

03021 「「いき」の構造」
『「いき」の構造』 九鬼周造[著] 藤田正勝全注釈 講談社 2003 190p 15cm(講談社学術文庫) 800円 Ⓘ4-06-159627-6 Ⓝ701.1
☆「大人のための日本の名著50」,「学問がわかる500冊」,「教養のためのブックガイド」,「近代日本の百冊を選ぶ」,「50歳からの名著入門」,「世界の名著早わかり事典」,「世界名著大事典」,「読書入門」,「日本の社会と文化」,「日本の名著」,「日本文化論の名著入門」,「日本文芸鑑賞事典 第10巻」,「必読書150」,「ベストガイド日本の名著」,「明治・大正・昭和の名著・総解説」

03022 「九鬼周造随筆集」
『九鬼周造随筆集』 菅野昭正編 岩波書店 1991 202p 15cm(岩波文庫) 460円 Ⓘ4-00-331462-X Ⓝ104.7
☆「教養のためのブックガイド」

03023 「人間と実存」
『人間と実存』 九鬼周造著 3版 岩波書店 1947 300p 22cm Ⓝ111
☆「ハイデガー本45」

日下 公人 くさか・きみんど

03024 「日本の寿命」
『日本の寿命』 日下公人著 PHP研究所 1994 274p 15cm(PHP文庫) 540円 Ⓘ4-569-56702-9 Ⓝ332.107
☆「経済経営95冊」

03025 「80年代 日本の読み方」
『80年代日本の読み方―文化産業時代における企業の選択』 日下公人著 祥伝社 1980 248p 18cm(ノン・ブック 知的サラリーマン・シリーズ 5)〈小学館〔発売〕〉 680円 Ⓝ602.1
☆「「本の定番」ブックガイド」

日下 圭介 くさか・けいすけ

03026 「蝶たちは今」
『蝶たちは今… 五十万年の死角』 日下圭介, 伴野朗著 講談社 2000 803p 15cm(講談社文庫 江戸川乱歩賞全集 10)〈下位シリーズの責任表示:日本推理作家協会編〉 1190円 Ⓘ4-06-264978-0 Ⓝ913.6

☆「世界の推理小説・総解説」

草鹿 龍之介　くさか・りゅうのすけ

03027　「一海軍士官の半生記」
『一海軍士官の半生記』　草鹿竜之介著　新訂・増補版　光和堂　1985　306,5p　20cm〈著者の肖像あり〉　1500円　Ⓘ4-87538-019-4　Ⓝ289.1
☆「日本海軍の本・総解説」

03028　「聯合艦隊」
『聯合艦隊―草鹿元参謀長の回想』　草鹿竜之介著　毎日新聞社　1956　228p　図版　地図　18cm　Ⓝ397.1
☆「日本海軍の本・総解説」

日下部 一郎　くさかべ・いちろう

03029　「謀略太平洋戦争」
『謀略太平洋戦争―陸軍中野学校秘録』　日下部一郎著　弘文堂　1963　233p　図版　18cm（フロンティア・ブックス）　Ⓝ915.9
☆「日本陸軍の本・総解説」

草上 仁　くさがみ・じん

03030　「くらげの日」
『くらげの日』　草上仁著　早川書房　1988　292p　15cm（ハヤカワ文庫　JA）　400円　Ⓘ4-15-030269-3　Ⓝ913.6
☆「世界のSF文学・総解説」

草田 寸木子　くさだ・すんぼくし

03031　「女重宝記大成」
『子育ての書　1』　山住正己, 中江和恵編注　平凡社　1976　366p　18cm（東洋文庫　285）　1000円　Ⓝ379.9
☆「古典の事典」

草地 貞吾　くさち・ていご

03032　「関東軍作戦参謀の証言」
『関東軍作戦参謀の証言』　草地貞吾著　芙蓉書房　1979　450p　20cm〈付（図版1枚）：関東軍配備及び戦後入ソ経路要図〉　2500円　Ⓝ915.9
☆「日本陸軍の本・総解説」

草薙 裕　くさなぎ・ゆたか

03033　「コンピュータ言語学入門」
『コンピュータ言語学入門』　草薙裕著　大修館書店　1983　234p　21cm〈参考書：p219～221〉　1800円　Ⓝ007.64
☆「数学ブックガイド100」

草野 心平　くさの・しんぺい

03034　「蛙」

『蛙』　草野心平著　大地書房　1948　176p　図版　26cm　Ⓝ911.56
☆「日本の名著3分間読書100」,「日本文学鑑賞辞典〔第2〕」

03035　「第百階級」
『第百階級』　草野心平著　成瀬書房　1981　133p　22cm〈箱・限定版〉　28000円　Ⓘ4-930708-00-1　Ⓝ911.56
☆「日本文芸鑑賞事典　第9巻」

03036　「定本蛙」
『定本蛙』　草野心平著　日本図書センター　2000　201p　20cm〈文献あり　年譜あり〉　2200円　Ⓘ4-8205-4075-0　Ⓝ911.56
☆「世界名著大事典」,「名著の履歴書」

03037　「富士山」
『富士山―草野心平詩集・棟方志功板画』　草野心平詩　棟方志功板画　岩崎美術社　1996　1冊　35×27cm　12360円　Ⓘ4-7534-1357-8
☆「日本文芸鑑賞事典　第13巻」

草野 比佐男　くさの・ひさお

03038　「村の女は眠れない」
『村の女は眠れない―草野比佐男詩集　定本』　草野比佐男著　梨の木舎　2004　194p　19cm　1600円　Ⓘ4-8166-0402-2　Ⓝ911.56
☆「現代を読む」

草葉 栄　くさば・さかえ

03039　「ノロ高地」
『ノロ高地』　草葉栄著　国書刊行会　1978　331p　20cm〈著者の肖像あり　昭和16年刊の複製〉　1800円　Ⓝ915.9
☆「日本陸軍の本・総解説」

草間 時彦　くさま・ときひこ

03040　「桜山」
『桜山―句集』　草間時彦著　永田書房　1974　221p　20cm（鶴叢書　第90篇）　1600円　Ⓝ911.36
☆「日本文芸鑑賞事典　第20巻（昭和42～50年）」

草間 直方　くさま・なおかた

03041　「三貨図彙」
『三貨図彙』　草間直方著　文献出版　1978　1246p　22cm〈校閲：滝本誠一　解題：作道洋太郎　白東社昭和7年刊の複製　限定版〉　25000円　Ⓝ337.21
☆「古典の事典」,「世界名著大事典」,「日本名著辞典」

草柳 大蔵　くさやなぎ・だいぞう

03042　「実録 満鉄調査部」

『実録満鉄調査部　上』　草柳大蔵著　朝日新聞社　1983　281p　15cm〈満鉄調査部関係年表：p273～281〉　400円　Ⓝ335.49
☆「21世紀の必読書100選」

03043　「特攻の思想」
『特攻の思想―大西瀧治郎伝』　草柳大蔵著　グラフ社　2006　333p　20cm　1524円
①4-7662-0953-2　Ⓝ289.1
☆「今だから知っておきたい戦争の本70」,「日本海軍の本・総解説」

久司 十三　くじ・じゅうぞう

03044　「狼火の岬」
『狼火の岬―歴史ミステリー』　久司十三著　講談社　1980　305p　20cm　1200円　Ⓝ913.6
☆「世界の海洋文学」

櫛田 民蔵　くしだ・たみぞう

03045　「櫛田民蔵全集」
『櫛田民蔵全集　第1巻　唯物史観』　新版　社会主義協会出版局　1978　576p　22cm〈監修：大内兵衛,向坂逸郎　著者の肖像あり〉　Ⓝ308
☆「世界名著大事典」

03046　「社会主義は闇に面するか光に面するか」
『社会主義は闇に面するか光に面するか』　櫛田民蔵著　朝日新聞社　1980　231p　19cm（朝日選書　165）〈参考文献：p231〉　820円　Ⓝ309
☆「大正の名著」,「明治・大正・昭和の名著・総解説」

03047　「農業問題」
『櫛田民蔵全集　第1-3巻』　改造社　1947　3冊　19cm　Ⓝ308
☆「日本近代の名著」

串田 孫一　くしだ・まごいち

03048　「山のパンセ」
『山のパンセ』　串田孫一著　山と渓谷社　2013　509p　15cm（ヤマケイ文庫）〈実業之日本社1972年刊の再刊〉　1100円
①978-4-635-04765-4　Ⓝ914.6
☆「日本の山の名著・総解説」

03049　「若き日の山」
『若き日の山』　串田孫一著　山と渓谷社　2001　237p　20cm（Yama-kei classics）〈実業之日本社1972年刊の増補　肖像あり　年譜あり〉　1600円　①4-635-04714-8　Ⓝ914.6
☆「日本の山の名著・総解説」

九条 兼実　くじょう・かねざね

03050　「玉葉」
『玉葉』　藤原兼実著　名著刊行会　1971　3冊　22cm〈国書刊行会明治39-40年刊の複製〉　各4000円　Ⓝ210.42
☆「近代名著解題選集 3」,「古典の事典」,「作品と作者」,「世界名著大事典」

九条 武子　くじょう・たけこ

03051　「金鈴」
『金鈴』　九条武子著　佐佐木信綱編　竹柏会　1920　101p　肖像　19cm（心の華叢書　[1]）　Ⓝ911.16
☆「世界名著大事典」

九条 道家　くじょう・みちいえ

03052　「玉薬」
『玉薬』　九条道家著　今川文雄校訂　2版　京都　思文閣出版　1992　536p　22cm〈解題：高橋貞一〉　14420円　①4-7842-0746-5　Ⓝ210.42
☆「世界名著大事典　補遺（Extra）」

葛川絵図研究会　くずがわえずけんきゅうかい

03053　「絵図のコスモロジー」
『絵図のコスモロジー　下巻』　葛川絵図研究会著　京都　地人書房　1989　310p　21cm　3090円　①4-88501-064-0
☆「学問がわかる500冊 v.2」

楠木 新　くすのき・あらた

03054　「人事部は見ている。」
『人事部は見ている。』　楠木新著　日本経済新聞出版社　2011　207p　18cm（日経プレミアシリーズ　122）　850円
①978-4-532-26122-1　Ⓝ336.4
☆「3行でわかる名作&ヒット本250」

楠木 建　くすのき・たける

03055　「ストーリーとしての競争戦略」
『ストーリーとしての競争戦略―優れた戦略の条件』　楠木建著　東洋経済新報社　2010　500,18p　20cm（Hitotsubashi business review books）〈索引あり〉　2800円
①978-4-492-53270-6　Ⓝ336.1
☆「3行でわかる名作&ヒット本250」

葛原 しげる　くずはら・しげる

03056　「夕日」
☆「日本文芸鑑賞事典　第7巻（1920～1923年）」

葛原 妙子　くずはら・たえこ

03057　「葡萄木立」
『葡萄木立』　葛原妙子著　白玉書房　1963　252p　図版　20cm　Ⓝ911.168
☆「日本文芸鑑賞事典　第19巻」

久須美 疎庵　くすみ・そあん

03058　「茶話指月集」
『山上宗二記』　山上宗二［著］　熊倉功夫校注　岩波書店　2006　379p　15cm〈岩波文庫〉　860円　Ⓘ4-00-330511-6　Ⓝ791
☆「古典の事典」，「日本の古典名著」

楠山 正雄　くすやま・まさお

03059　「日本童話宝玉集」
『日本童話宝玉集　上，下巻』　楠山正雄編　富山房　1921　2冊　21cm　Ⓝ913.8
☆「世界名著大事典」

03060　「ふたりの少年と琴」
『ふたりの少年と琴』　楠山正雄著　初山滋絵　三十書房　1949　217p　22cm〈日本童話名作選集〉
☆「名作の研究事典」

久世 光彦　くぜ・てるひこ

03061　「陛下」
『陛下』　久世光彦著　中央公論新社　2003　305p　16cm〈中公文庫〉　686円　Ⓘ4-12-204177-5　Ⓝ913.6
☆「現代文学鑑賞辞典」

愚性庵 可柳　ぐせいあん・かりゅう

03062　「江戸節根元集」
『未刊随筆百種　第5巻』　三田村鳶魚編　中央公論社　1977　469p　20cm〈監修：森銑三，野間光辰，朝倉治彦〉　1900円　Ⓝ914.8
☆「世界名著大事典」

沓掛 なか子　くつかけ・なかこ

03063　「朧夜物語」
『近世地方女流文芸拾遺』　前田淑編　福岡　弦書房　2005　508p　22cm　4300円　Ⓘ4-902116-30-8　Ⓝ918.5
☆「近代名著解題選集 3」

工藤 平助　くどう・へいすけ

03064　「赤蝦夷風説考」
『赤蝦夷風説考―北海道開拓秘史』　工藤平助原著　井上隆明訳　〔東村山〕　教育社　1979　294p　18cm〈教育社新書　原本現代訳　101〉　〈参考文献：p294〉　700円　Ⓝ211
☆「世界名著大事典」，「日本名著辞典」

宮内省　くないしょう

03065　「孝明天皇紀」
『孝明天皇紀　第1』　宮内省先帝御事蹟取調掛編　〔京都〕　平安神宮　1967　950p　23cm〈宮内庁蔵版　明治39年刊の新装再刊〉　Ⓝ288.41

☆「日本名著辞典」

邦枝 完二　くにえだ・かんじ

03066　「お伝地獄」
『お伝地獄　上』　邦枝完二著　講談社　1996　312p　15cm〈大衆文学館〉　860円　Ⓘ4-06-262062-6　Ⓝ913.6
☆「歴史小説・時代小説 総解説」

国枝 史郎　くにえだ・しろう

03067　「神州纐纈城」
『神州纐纈城』　国枝史郎著　河出書房新社　2007　455p　15cm〈河出文庫〉〈年譜あり〉　800円　Ⓘ978-4-309-40875-0　Ⓝ913.6
☆「面白いほどよくわかる時代小説名作100」，「日本文芸鑑賞事典 第8巻(1924～1926年)」，「ポケット日本名作事典」，「歴史小説・時代小説 総解説」

03068　「蔦葛木曽桟」
『蔦葛木曽桟　上』　国枝史郎著　講談社　1996　379p　16cm〈大衆文学館〉　940円　Ⓘ4-06-262067-7　Ⓝ913.6
☆「日本文芸鑑賞事典 第7巻(1920～1923年)」，「歴史小説・時代小説 総解説」

国木田 独歩　くにきだ・どっぽ

03069　「欺かざるの記」
『欺かざるの記』　国木田独歩著　塩田良平編　潮出版社　1971　2冊　15cm〈潮文庫〉〈豪華特装限定版〉　Ⓝ915.6
☆「近代文学名作事典」，「現代文学名作探訪事典」，「世界名著大事典」，「日本文芸鑑賞辞典〔第2〕」，「日本文学現代名作事典」，「明治の名著 2」，「私の古典」

03070　「運命」
『運命』　国木田独歩著　岩波書店　1957　223p　15cm〈岩波文庫〉　Ⓝ913.6
☆「世界名著大事典」，「日本近代文学名著事典」

03071　「運命論者」
『運命論者』　国木田独歩著　史学社　1948　238p　19cm　Ⓝ913.6
☆「女性のための名作・人生案内」，「世界名著大事典」，「日本文学現代名作事典」，「日本文学名作概観」，「日本文芸鑑賞事典 第2巻(1895～1903年)」

03072　「窮死」
『號外―他六篇』　国木田獨歩作　岩波書店　2006　106p　16cm〈岩波文庫創刊書目復刻〉　〈原本：岩波書店昭和2年刊〉　Ⓘ4-00-355007-2　Ⓝ913.6
☆「日本文学鑑賞辞典〔第2〕」

03073　「牛肉と馬鈴薯」
『牛肉と馬鈴薯―他三篇』　国木田独歩著　改版

岩波書店　1965　130p　15cm〈岩波文庫〉
〈25刷〉　Ⓝ913.6
☆「あらすじで読む日本の名著」，「一度は読もうよ！日本の名著」，「一冊で日本の名著100冊を読む　続」，「知らないと恥ずかしい「日本の名作」あらすじ200本」，「世界名著大事典」，「日本の名作おさらい」，「日本文学鑑賞辞典〔第2〕」，「日本文学現代名作事典」，「日本文学名作案内」，「日本文芸鑑賞事典　第2巻（1895〜1903年）」，「日本名著辞典」，「日本・名作のあらすじ」，「ひと目でわかる日本の名作」，「ポケット日本名作事典」

03074　「源叔父」
『武蔵野』　国木田独歩作　改版　岩波書店　2006　278p　15cm〈岩波文庫〉〈年譜あり〉　560円　Ⓘ4-00-310191-X　Ⓝ913.6
☆「これだけは読んでおきたい日本の名作文学案内」，「世界名著大事典」，「日本文学鑑賞辞典〔第2〕」，「文学・名著300選の解説 '88年度版」

03075　「号外」
『号外』　国木田独歩著　岩波書店　1927　16cm〈岩波文庫　68〉Ⓝ913.6
☆「世界名著大事典」

03076　「空知川の岸辺」
『空知川の岸辺』　国木田独歩著　新潮社　1950　234p　15cm〈新潮文庫〉　Ⓝ913.6
☆「現代文学名作探訪事典」

03077　「独歩詩集」
『独歩詩集』　国木田独歩著　豊橋　高須書房　1947　136p　15cm　Ⓝ911.56
☆「日本文学現代名作事典」

03078　「春の鳥」
『牛肉と馬鈴薯　酒中日記』　国木田独歩著　36刷改版　新潮社　2005　382p　16cm〈新潮文庫〉　514円　Ⓘ4-10-103502-4　Ⓝ913.6
☆「現代文学鑑賞辞典」，「少年少女のための文学案内 3」，「日本の小説101」，「日本文芸鑑賞事典 第3巻（1904〜1909年）」

03079　「武蔵野」
『武蔵野』　国木田独歩著　改版　新潮社　2012　344p　16cm〈新潮文庫　く-1-1〉〈年譜あり〉　520円　Ⓘ978-4-10-103501-7　Ⓝ913.6
☆「あらすじダイジェスト」，「あらすじで読むの名著」，「あらすじで読む日本の名著 No.3」，「一冊で100名作の「さわり」を読む」，「感動！日本の名著　近現代編」，「現代文学鑑賞辞典」，「3行でわかる名作&ヒット本250」，「知らないと恥ずかしい「日本の名作」あらすじ200本」，「図説 5分でわかる日本の名作」，「世界名作事典」，「世界名著大事典」，「日本近代文学名著事典」，「日本の名作おさらい」，「日本の名作」（角川書店）」，「日本の名著3分間読書100」，「日本文学鑑賞辞典〔第2〕」，「日本文学現代名作事典」，「日本文学名作事典」，「日本文芸鑑賞事典

第2巻（1895〜1903年）」，「入門名作の世界」，「必読書150」，「ひと目でわかる日本の名作」，「百年の誤訳」，「ポケット日本名作事典」，「名作の書き出しを諳んじる」

03080　「山の力」
『日本の童話名作選　明治・大正篇』　講談社文芸文庫編　講談社　2005　307p　16cm〈講談社文芸文庫〉　1300円　Ⓘ4-06-198405-5　Ⓝ913.68
☆「名作の研究事典」

03081　「忘れえぬ人々」
『21世紀版少年少女日本文学館　3　ふるさと・野菊の墓』　島崎藤村，国木田独歩，伊藤左千夫著　講談社　2009　263p　20cm〈年譜あり〉　1400円　Ⓘ978-4-06-282653-2　Ⓝ913.68
☆「一度は読もうよ！日本の名著」，「一冊で日本の名著100冊を読む　続」，「図説 5分でわかる日本の名作傑作選」，「日本文学名作案内」，「日本文芸鑑賞事典　第2巻（1895〜1903年）」

国東　治兵衛　くにさき・じへえ

03082　「紙漉重宝記」
『紙漉重宝記』　国東治兵衛著　紙の博物館　1972　2冊　23cm〈寛政10年版本（紙の博物館蔵）の影印及び翻刻・解説を収録したもの　箱入　限定版〉　Ⓝ585.6
☆「古典の事典」，「世界名著大事典」，「日本の古典名著」

國貞　克則　くにさだ・かつのり

03083　「財務3表一体理解法」
『財務3表一体理解法——決算書がスラスラわかる』　國貞克則著　朝日新聞社　2007　238p　18cm〈朝日新書〉　720円
Ⓘ978-4-02-273144-9　Ⓝ336.83
☆「超売れ筋ビジネス書101冊」

国重　光熙　くにしげ・みつひろ

03084　「ひねもす航海記」
『ひねもす航海記』　国重光熙著　改訂版　藤沢　湘南未来社　2006　637p　20cm〈四海書房〔発売〕〉　3200円　Ⓘ4-903024-11-3　Ⓝ290.9
☆「世界の海洋文学」

国田　兵右衛門　くにた・へいえもん

03085　「韃靼漂流記」
『韃靼漂流記』　園田一亀著　平凡社　1991　324p　18cm〈東洋文庫　539〉〈韃靼漂流記年表：p262〜266〉　2781円　Ⓘ4-582-80539-6　Ⓝ292.35
☆「世界の旅行記101」

国立市公民館市民大学セミナー　くにたちし

こうみんかんしみんだいがくせみなー
03086 「主婦とおんな」
『社会・生涯教育文献集 4 34』 伊藤彰男［ほか］編 日本図書センター 2001 231p 22cm〈日本現代教育基本文献叢書 小川利夫,寺崎昌男,平原春好企画・編集〉〈未来社1973年刊の複製〉 Ⓘ4-8205-2935-8,4-8205-2931-5 Ⓝ379
☆「戦後思想の名著50」

邦光 史郎 くにみつ・しろう

03087 「色彩作戦」
『色彩作戦』 邦光史郎著 日本文華社 1967 262p 18cm〈文華新書 小説選集〉 280円 Ⓝ913.6
☆「世界の推理小説・総解説」

久野 収 くの・おさむ

03088 「現代日本の思想」
『現代日本の思想―その五つの渦』 久野収,鶴見俊輔著 岩波書店 1956 229p 18cm〈岩波新書〉 Ⓝ121.02
☆「昭和の名著」

03089 「戦後日本の思想」
『戦後日本の思想』 久野収,鶴見俊輔,藤田省三著 岩波書店 2010 349p 15cm〈岩波現代文庫 G232〉〈文献あり 年表あり〉 1200円 Ⓘ978-4-00-600232-9 Ⓝ121.6
☆「昭和の名著」,「戦後思想の名著50」,「平和を考えるための100冊＋α」

久野 健 くの・たけし

03090 「日本美術史要説」
『日本美術史要説』 久野健,持丸一夫著 増補新版 吉川弘文館 1963 272p（図版共） 22cm Ⓝ702.1
☆「人文科学の名著」

久保 栄 くぼ・さかえ

03091 「火山灰地」
『火山灰地』 久保栄著 新宿書房 2004 420p 20cm〈付属資料：1枚 肖像あり 年譜あり〉 5800円 Ⓘ4-88008-325-9 Ⓝ912.6
☆「近代文学名作事典」,「現代日本文学案内」,「現代文学鑑賞辞典」,「昭和の名著」,「世界名著大事典」,「日本文学鑑賞辞典〔第2〕」,「日本文学現代名作事典」,「日本文芸鑑賞事典 第12巻」,「文学・名著300選の解説 '88年度版」,「明治・大正・昭和の名著・総解説」

03092 「五稜郭血書」
『五稜郭血書』 久保栄著 影書房 2009 235p 19cm 2000円 Ⓘ978-4-87714-397-8 Ⓝ912.6
☆「日本文芸鑑賞事典 第10巻」

03093 「のぼり窯」
『のぼり窯―ロマン 第1部』 久保栄著 小笠原克編 札幌 北方文芸刊行会 1973 389p 肖像 19cm 860円 Ⓝ913.6
☆「世界名著大事典」

03094 「林檎園日記」
『林檎園日記―他一篇』 久保栄著 角川書店 1956 190p 15cm〈角川文庫〉 Ⓝ912.6
☆「日本文芸鑑賞事典 第14巻(1946～1948年)」

久保 喬 くぼ・たかし

03095 「赤い帆の舟」
『読書の時間によむ本―小学6年生』 西本鶏介編 ポプラ社 2003 205p 21cm〈読書の時間によむ本 小学生版 6〉 700円 Ⓘ4-591-07583-4 Ⓝ913.68
☆「世界の海洋文学」

久保 利世 くぼ・としよ

03096 「長闇堂記」
『長闇堂記 茶道四祖伝書（抄）』 神津朝夫著 京都 淡交社 2011 255p 18cm〈現代語でさらりと読む茶の古典〉〈索引あり〉 1200円 Ⓘ978-4-473-03765-7 Ⓝ791
☆「古典の事典」

窪 美澄 くぼ・みすみ

03097 「ふがいない僕は空を見た」
『ふがいない僕は空を見た』 窪美澄著 新潮社 2012 318p 16cm〈新潮文庫 く-44-1〉 520円 Ⓘ978-4-10-139141-0 Ⓝ913.6
☆「3行でわかる名作＆ヒット本250」

窪川 鶴次郎 くぼかわ・つるじろう

03098 「現代文学論」
『現代文学論』 窪川鶴次郎著 中央公論社 1939 666p 19cm Ⓝ901
☆「世界名著大事典」

窪薗 晴夫 くぼぞの・はるお

03099 「日本語の音声」
『日本語の音声』 窪薗晴夫著 岩波書店 1999 246p 22cm〈現代言語学入門 2〉 3200円 Ⓘ4-00-006692-7 Ⓝ811.1
☆「ブックガイド"心の科学"を読む」

久保田 明光 くぼた・あきてる

03100 「近世経済学の生成過程」
『近世経済学の生成過程』 久保田明光著 再版 理想社 1948 335p 21cm〈初版昭和18〉 Ⓝ331.39
☆「世界名著大事典」

窪田 空穂　くぼた・うつぼ

03101　「空穂歌集」
　『空穂歌集』　窪田空穂(通治)著　中興館　1912　400p　16cm　Ⓝ911.1
　☆「世界名著大事典」

03102　「鏡葉」
　『鏡葉―歌集』　窪田空穂著　短歌新聞社　1992　140p　15cm(短歌新聞社文庫)　700円
　①4-8039-0676-9　Ⓝ911.168
　☆「世界名著大事典」、「日本文学鑑賞辞典〔第2〕」

03103　「山岳紀行」
　『窪田空穂文学選集　第2巻　山岳紀行』　春秋社　1958　233p 図版　19cm　Ⓝ918.6
　☆「日本の山の名著・総解説」、「山の名著 明治・大正・昭和戦前編」

03104　「まひる野」
　『まひる野』　窪田空穂著　日本近代文学館　1980　150p　19cm(名著複刻詩歌文学館　連翹セット)〈鹿城社明治38年刊の複製　ほるぷ〔発売〕　叢書の編者: 名著複刻全集編集委員会〉　Ⓝ911.168
　☆「世界名著大事典」、「日本近代文学名著事典」、「日本文芸鑑賞事典 第3巻(1904～1909年)」

窪田 聡　くぼた・さとし

03105　「母さんの歌」
　☆「日本文芸鑑賞事典 第17巻(1955～1958年)」

久保田 万太郎　くぼた・まんたろう

03106　「雨空」
　『雨空―外五篇』　久保田万太郎著　新潮社　1921　240p　18cm(現代脚本叢書 第6編)　Ⓝ912
　☆「世界名著大事典」

03107　「一に十二をかけるのと十二に一をかけるのと」
　『一に十二をかけるのと十二に一をかけるのと―少年少女劇集』　久保田万太郎著　中央公論社　1937　262p　22cm〈畫: 伊藤熹朔〉　Ⓝ912.5
　☆「日本児童文学名著事典」

03108　「末枯」
　『久保田万太郎全集　第1巻　小説 1』　中央公論社　1975　524p 肖像　20cm〈監修: 里見弴、高橋誠一郎、小泉信三〉　2000円　Ⓝ918.6
　☆「近代文学名作事典」、「世界名著大事典」、「日本文学鑑賞辞典〔第2〕」、「ポケット日本名作事典」

03109　「大寺学校」
　『久保田万太郎全集　第6巻　戯曲 2』　中央公論社　1975　501p 肖像　20cm〈監修: 里見弴、高橋誠一郎、小泉信三〉　2000円　Ⓝ918.6
　☆「現代文学鑑賞辞典」、「世界名著大事典」、「日本文学鑑賞辞典〔第2〕」、「日本文学現代名作事典」、「日本文芸鑑賞事典 第9巻」

03110　「北風のくれたテーブルかけ」
　『北風のくれたテーブルかけ―久保田万太郎童話劇集』　久保田万太郎作　富田博之編　東京書籍　1981　338p　21cm(東書児童劇シリーズ)　2500円
　☆「世界名著大事典」、「名作の研究事典」

03111　「寂しければ」
　『寂しければ』　久保田万太郎著　春陽堂　1926　407p　20cm　Ⓝ913.6
　☆「世界名著大事典」、「日本文学鑑賞辞典〔第2〕」、「日本文芸鑑賞事典 第8巻(1924～1926年)」

03112　「市井人」
　『久保田万太郎全集　第4巻　小説 4』　中央公論社　1975　486p 肖像　20cm〈監修: 里見弴、高橋誠一郎、小泉信三〉　2000円　Ⓝ918.6
　☆「世界名著大事典」

03113　「春泥」
　『春泥』　久保田万太郎著　文芸春秋新社　1948　197p　19cm(文芸春秋選書 12)　Ⓝ913.6
　☆「世界名作事典」、「世界名著大事典」、「日本文学現代名作事典」、「日本文芸鑑賞事典 第9巻」

03114　「短夜」
　『久保田万太郎全集　第5巻　戯曲 1』　中央公論社　1975　497p 肖像　20cm〈監修: 里見弴、高橋誠一郎、小泉信三〉　2000円　Ⓝ918.6
　☆「日本文芸鑑賞事典 第8巻(1924～1926年)」

03115　「道芝」
　『道芝―句集』　久保田万太郎著　日本近代文学館　1980　63,19p　18cm(名著複刻詩歌文学館　山茶花セット)〈俳書堂昭和2年刊の複製　ほるぷ〔発売〕　叢書の編者: 名著複刻全集編集委員会〉　Ⓝ911
　☆「近代日本の百冊を選ぶ」、「世界名著大事典」、「日本文学鑑賞辞典〔第2〕」、「日本文芸鑑賞事典 第9巻」

久保田 山百合　くぼた・やまゆり

03116　「山上湖上」
　『山上湖上』　金色社　1905　97,72p　19cm　Ⓝ911
　☆「世界名著大事典」

久保田 芳雄　くぼた・よしお

03117　「八十五年の回想」
　☆「日本海軍の本・総解説」

隈 研吾　くま・けんご

03118　「反オブジェクト」

『反オブジェクト―建築を溶かし、砕く』　隈研吾著　筑摩書房　2009　291p　15cm〈ちくま学芸文庫　ク18-1〉　1100円
　①978-4-480-09217-5　Ⓝ520.4
　☆「建築・都市ブックガイド21世紀」

熊谷 正寿　くまがい・まさとし

03119　「一冊の手帳で夢は必ずかなう」
『一冊の手帳で夢は必ずかなう―なりたい自分になるシンプルな方法』　熊谷正寿著　かんき出版　2004　223p　19cm　1400円
　①4-7612-6143-9　Ⓝ159
　☆「超売れ筋ビジネス書101冊」、「マンガでわかるビジネス名著」

熊沢 蕃山　くまざわ・ばんざん

03120　「集義外書」
『日本道徳教育叢書　第7巻』　芳賀登監修　日本図書センター　2001　450p　22cm〈複製〉
　①4-8205-9437-0,4-8205-9430-3　Ⓝ150.8
　☆「古典の事典」、「世界名著大事典」、「日本の古典名著」

03121　「集義和書」
『集義和書』　熊沢蕃山著　武笠三校　有朋堂書店　1927　554p　18cm〈有朋堂文庫〉　Ⓝ121
　☆「学術辞典叢書　第15巻」、「古典の事典」、「世界名著解題選　第2巻」、「世界名著大事典」、「日本の古典名著」、「日本名著辞典」、「武士道 十冊の名著」

03122　「大学或問」
『熊沢蕃山』　日本図書センター　1979　2冊　22cm〈日本教育思想大系〉〈『蕃山全集』（蕃山全集刊行会昭和16年刊）からの複製〉　各8000円　Ⓝ121.53
　☆「教育の名著80選解題」、「古典の事典」、「世界名著大事典」、「日本の古典名著」

03123　「三輪物語」
『三輪物語―自筆本』　熊沢蕃山著　宮崎道生編・校訂　桜井　三輪明神大神神社　1991　675p　22cm〈京都 思文閣出版〔発売〕〉　8600円　①4-7842-0683-3　Ⓝ121.5
　☆「世界名著大事典」

熊沢 正興　くまざわ・まさおき

03124　「武将感状記」
『武将感状記』　熊沢淡庵著　真鍋元之訳　金園社　1972　475p　19cm　800円　Ⓝ281.04
　☆「戦国十冊の名著」

熊野 義孝　くまの・よしたか

03125　「終末論と歴史哲学」
『終末論と歴史哲学』　熊野義孝著　補6版　新教出版社　1949　414p　19cm〈初版：昭和8年 新生堂版〉　Ⓝ191.5
　☆「世界名著大事典」

隈部 五夫　くまべ・いつお

03126　「機雷掃海戦」
『機雷掃海戦―第一五四号海防艦長奮戦記』　隈部五夫著　光人社　2008　215p　16cm〈光人社NF文庫〉〈肖像あり〉　590円
　①978-4-7698-2572-2　Ⓝ916
　☆「世界の海洋文学」

玖村 敏雄　くむら・としお

03127　「吉田松陰」
『吉田松陰』　玖村敏雄編述　特装普及版　周南マツノ書店　2006　397,23p　22cm〈原本：岩波書店昭和11年刊　肖像あり　年譜あり〉　7000円　Ⓝ121.59
　☆「名著の伝記」

久米 邦武　くめ・くにたけ

03128　「神道は祭天の古俗」
『明治文化全集　第16巻　思想篇』　明治文化研究会編　日本評論社　1992　36,608p　23cm〈複製〉　①4-535-04256-X,4-535-04234-9　Ⓝ210.6
　☆「世界名著大事典」

03129　「大日本時代史」
『日本古代史　上,下』　久米邦武著　訂正増補　早稲田大学出版部　1915　2冊〈大日本時代史〔1,2〕〉　Ⓝ210.3
　☆「世界名著大事典」

03130　「特命全権大使米欧回覧実記」
『特命全権大使米欧回覧実記―現代語訳　第1巻（アメリカ編）』　久米邦武編　水澤周訳注　慶應義塾大学出版会　2005　418p　20cm
　①4-7664-1127-7　Ⓝ295.309
　☆「アジアの比較文化」、「近代日本の百冊を選ぶ」、「Jブンガク」、「世界の旅行記101」、「21世紀の教育基本書」、「ベストガイド日本の名著」、「歴史家の一冊」

久米 正雄　くめ・まさお

03131　「学生時代」
『学生時代』　久米正雄著　〔東京〕　新潮社　2004　263p　16cm〈新潮文庫〉〈郡山 郡山市教育委員会〔発売〕〉　Ⓝ913.6
　☆「世界名著大事典」、「日本文学鑑賞辞典〔第2〕」

03132　「牛乳屋の兄弟」
『編年体大正文学全集　第3巻（大正3年）』　志賀直哉他著　池内輝雄編　ゆまに書房　2000　655p　22cm　6600円　①4-89714-892-8　Ⓝ918.6

☆「世界名著大事典」,「日本文学現代名作事典」

03133 「地蔵教由来」
『日本近代文学大系 49 近代戯曲集』 角川書店 1974 621p 図 肖像 23cm 2400円 Ⓝ918.6
☆「世界名著大事典」,「日本文芸鑑賞事典 第6巻（1917～1920年）」

03134 「受験生の手記」
『受験生の手記―他一篇』 久米正雄作 春陽堂 1922 164p 16cm〈ヴエストポケット傑作叢書 第15篇〉Ⓝ913.6
☆「Jブンガク」

03135 「破船」
『破船』 久米正雄著 白河 白河結城刊行会 2008 403p 19cm 3150円 Ⓝ913.6
☆「女性のための名作・人生案内」,「世界名著大事典」,「日本文学鑑賞辞典〔第2〕」,「日本文芸鑑賞事典 第7巻（1920～1923年）」,「ポケット日本名作事典」

久山 康　くやま・やすし

03136 「近代日本とキリスト教」
『近代日本とキリスト教 〔第1〕 明治篇』 久山康編 西宮 基督教学徒兄弟団 1956 382p 19cm〈久山康他9名による共同討議の記録〉Ⓝ190.21
☆「名著の履歴書」

倉石 忠彦　くらいし・ただひこ

03137 「民俗都市の人びと」
『民俗都市の人びと』 倉石忠彦著 吉川弘文館 1997 203p 19cm〈歴史文化ライブラリー15〉 1700円 ①4-642-05415-4 Ⓝ361.78
☆「学問がわかる500冊 v.2」

クライン・ユーベルシュタイン

03138 「緑の石」
『緑の石』 クライン・ユーベルシュタイン著 ダイヤモンド社 1977 285p 20cm 1000円 Ⓝ913.6
☆「世界のSF文学・総解説」

工楽 善通　くらく・よしゆき

03139 「水田の考古学」
『水田の考古学』 工楽善通著 東京大学出版会 1991 138p 22cm〈UP考古学選書 12〉〈参考文献一覧：p133～138〉 2266円 ①4-13-024112-5 Ⓝ210.2
☆「学問がわかる500冊 v.2」

倉沢 治雄　くらさわ・はるお

03140 「原子力船「むつ」―虚構の航跡」

『原子力船「むつ」―虚構の航跡』 倉沢治雄著 現代書館 1988 246p 20cm 1800円 Ⓝ552.76
☆「世界の海洋文学」

倉嶋 厚　くらしま・あつし

03141 「日本の気候」
『日本の気候』 倉嶋厚著 古今書院 1985 253p 20cm〈新装版 各章末：参考文献 全章を通じての参考文献：p227～228〉 1600円 ①4-7722-1292-2 Ⓝ451.91
☆「学問がわかる500冊 v.2」

倉田 百三　くらた・ひゃくぞう

03142 「愛と認識との出発」
『愛と認識との出発』 倉田百三著 岩波書店 2008 369p 15cm（岩波文庫） 760円 ①978-4-00-310673-0 Ⓝ914.6
☆「一冊で人生論の名著を読む」,「世界名著大事典」,「大正の名著」,「日本の名著」,「日本文学鑑賞辞典〔第2〕」,「日本文芸鑑賞事典 第7巻（1920～1923年）」,「ベストガイド日本の名著」,「名作への招待」,「明治・大正・昭和の名著・総解説」

03143 「出家とその弟子」
『出家とその弟子』 倉田百三作 岩波書店 2006 317p 19cm（ワイド版岩波文庫）〈年譜あり〉 1200円 ①4-00-007269-2 Ⓝ912.6
☆「あらすじで読む日本の名著 No.2」,「感動！日本の名著 近現代編」,「知らないと恥ずかしい「日本の名作」あらすじ200本」,「世界名作事典」,「世界名著大事典」,「2時間でわかる日本の名著」,「日本人なら知っておきたいあらすじで読む日本の名著」,「日本の名著3分間読書100」,「日本文学鑑賞辞典〔第2〕」,「日本文学現代名作事典」,「日本文学名作概観」,「日本文芸鑑賞事典 第5巻」,「日本名著辞典」,「入門名作の世界」,「文学・名著300選の解説 '88年度版」,「名作の書き出しを諳んじる」

倉橋 惣三　くらはし・そうぞう

03144 「幼稚園保育法真諦」
『幼稚園保育法真諦』 倉橋惣三著 東洋図書 1934 299p 19cm Ⓝ376.1
☆「名著解題」

倉橋 由美子　くらはし・ゆみこ

03145 「パルタイ」
『パルタイ―倉橋由美子短篇小説集 紅葉狩り―倉橋由美子短篇小説集』 倉橋由美子著 講談社 2002 247p 16cm（講談社文芸文庫） 1200円 ①4-06-198313-X Ⓝ913.6
☆「現代文学鑑賞辞典」,「日本の小説101」,「日本文学 これを読まないと文学は語れない!!」,「日本文芸鑑賞事典 第18巻（1958～1962年）」,「ポケット日本名作事典」

03146 「夢のなかの街」
『夢のなかの街』　倉橋由美子著　新潮社　1977　373p　15cm〈新潮文庫〉　280円　Ⓝ913.6
☆「現代文学名作探訪事典」

蔵原 惟人　くらはら・これひと

03147 「芸術論」
『芸術論』　蔵原惟人著　訂　潮流社　1950　390p　19cm　Ⓝ701
☆「世界名著大事典」、「ベストガイド日本の名著」、「明治・大正・昭和の名著・総解説」

栗木 安延　くりき・やすのぶ

03148 「アメリカ自動車産業の労使関係」
『アメリカ自動車産業の労使関係―フォーディズムの歴史的考察』　栗木安延著　改訂版　社会評論社　1999　237p　22cm〈文献あり〉　2600円　Ⓘ4-7845-0841-4　Ⓝ537.09
☆「サイエンス・ブックレビュー」

栗田 寛　くりた・ひろし

03149 「新撰姓氏録考証」
『新撰姓氏録考証』　栗田寛著　京都　臨川書店　1969　2冊　22cm〈吉川弘文館明治33-34年刊の複製　附：索引（大槻如電,加藤直種編）〉　全8600円　Ⓝ288.21
☆「世界名著大事典」

栗原 彬　くりはら・あきら

03150 「管理社会と民衆理性」
『管理社会と民衆理性―日常意識の政治社会学』　栗原彬著　新曜社　1982　311p　20cm　1900円　Ⓝ311.13
☆「現代社会学の名著」

03151 「証言 水俣病」
『証言水俣病』　栗原彬編　岩波書店　2000　206,10p　18cm〈岩波新書〉〈文献あり　年表あり〉　660円　Ⓘ4-00-430658-2　Ⓝ519.2194
☆「環境と社会」

栗原 景太郎　くりはら・けいたろう

03152 「白鷗号の航海記」
『白鷗号航海記』　栗原景太郎著　新版　マリン企画　1991　275p　19cm〈折り込み図1枚〉　1200円　Ⓘ4-89512-216-6　Ⓝ290.9
☆「世界の海洋文学」

栗原 百寿　くりはら・はくじゅ

03153 「日本農業の基礎構造」
『日本農業の基礎構造』　栗原百寿著　中央公論社　1948　434p　21cm　Ⓝ612.1
☆「世界名著大事典」、「農政経済の名著 昭和前期編」

栗本 英世　くりもと・えいせい

03154 「未開の戦争、現代の戦争」
『未開の戦争、現代の戦争』　栗本英世著　岩波書店　1999　237p　19cm〈現代人類学の射程〉　2800円　Ⓘ4-00-026373-0　Ⓝ391
☆「平和を考えるための100冊+α」

03155 「民族紛争を生きる人びと」
『民族紛争を生きる人びと―現代アフリカの国家とマイノリティ』　栗本英世著　京都　世界思想社　1996　350p　19cm〈Sekaishiso seminar〉〈文献リスト：p343～350〉　2300円　Ⓘ4-7907-0593-5　Ⓝ316.8
☆「教養のためのブックガイド」

栗本 薫　くりもと・かおる

03156 「絃の聖域」
『絃の聖域』　栗本薫[著]　新装版　講談社　2012　666p　15cm〈講談社文庫　く2-50〉　905円　Ⓘ978-4-06-277262-4　Ⓝ913.6
☆「世界の推理小説・総解説」

03157 「セイレーン」
『セイレーン』　栗本薫著　早川書房　1982　313p　16cm〈ハヤカワ文庫　JA〉　380円　Ⓝ913.6
☆「世界のSF文学・総解説」

栗本 鋤雲　くりもと・じょうん

03158 「匏菴遺稿」
『匏菴遺稿　前,後篇』　栗本鋤雲著　裳華書房　1900　2冊　図版　23cm　Ⓝ049.1
☆「世界名著大事典 補遺(Extra)」

栗本 慎一郎　くりもと・しんいちろう

03159 「大転換の予兆」
『大転換の予兆―21世紀を読む』　栗本慎一郎著　東洋経済新報社　1992　234p　20cm　1400円　Ⓘ4-492-22096-8　Ⓝ304
☆「経済経営95冊」

厨川 白村　くりやがわ・はくそん

03160 「近代の恋愛観」
『近代の恋愛観』　厨川白村著　角川書店　1950　184p　15cm〈角川文庫　第21〉　Ⓝ367.6
☆「世界名著大事典」、「大正の名著」、「日本の名著」、「日本文学現代名作事典」、「明治・大正・昭和の名著・総解説」

03161 「近代文学十講」
『近代文学十講』　厨川白村著　角川書店　1952　417p　15cm〈角川文庫　第115〉　Ⓝ901
☆「世界名著大事典」

03162 「象牙の塔を出て」

『象牙の塔を出て』 厨川白村著 苦楽社 1949 259p 19cm Ⓝ914.6
☆「感動！日本の名著 近現代編」、「世界名著大事典」、「日本の名著」、「日本文芸鑑賞事典 第7巻（1920～1923年）」

栗山 浩一　くりやま・こういち
03163　「公共事業と環境の価値」
『公共事業と環境の価値—CVMガイドブック』 栗山浩一著 築地書館 1997 174p 22cm 2300円 Ⓘ4-8067-2189-1 Ⓝ519.8
☆「学問がわかる500冊 v.2」

栗山 潜鋒　くりやま・せんぽう
03164　「保建大記」
『水戸学大系』 高須芳次郎編 水戸学大系刊行会（井田書店内） 1940 10冊 図版 23cm 〈別冊第2のみ和装〉 Ⓝ121.8
☆「日本名著辞典」、「日本歴史「古典籍」総覧」、「歴史の名著100」

久留間 鮫造　くるま・さめぞう
03165　「マルクス恐慌論研究」
『マルクス恐慌論研究』 久留間鮫造著 北隆館 1949 305p 19cm Ⓝ336.9
☆「世界名著大事典」

車谷 長吉　くるまたに・ちょうきつ
03166　「赤目四十八瀧心中未遂」
『赤目四十八瀧心中未遂』 車谷長吉著 文藝春秋 2001 280p 15cm（文春文庫） 448円 Ⓘ4-16-765401-6
☆「現代文学鑑賞辞典」

胡桃沢 耕史　くるみざわ・こうし
03167　「天山を越えて」
『天山を越えて』 胡桃沢耕史著 双葉社 1997 380p 15cm（双葉文庫 日本推理作家協会賞受賞作全集 43） 667円 Ⓘ4-575-65840-5 Ⓝ913.6
☆「世界の推理小説・総解説」

03168　「パリ経由・夕闇のパレスチナ」
『パリ経由・夕闇のパレスチナ』 胡桃沢耕史著 読売新聞社 1984 339p 20cm 1000円 Ⓘ4-643-73800-6 Ⓝ913.6
☆「生きがいの再発見名著22選」

呉 秀三　くれ・しゅうぞう
03169　「シーボルト・其生涯及功業」
『シーボルト先生—その生涯及び功業 第1』 呉秀三著 岩生成一解説 平凡社 1967 401p 図版 18cm（東洋文庫 103） 500円 Ⓝ289.3

☆「世界名著大事典」

黒井 千次　くろい・せんじ
03170　「群棲」
『群棲』 黒井千次著 講談社 1988 380p 16cm（講談社文芸文庫）〈著書目録：p377～378〉 680円 Ⓘ4-06-196005-9 Ⓝ913.6
☆「現代文学鑑賞辞典」

03171　「時間」
『時間』 黒井千次著 講談社 1990 373p 15cm（講談社文芸文庫）〈著者の肖像あり〉 840円 Ⓘ4-06-196064-4 Ⓝ913.6
☆「日本文芸鑑賞事典 第20巻（昭和42～50年）」、「ポケット日本名作事典」

03172　「働くということ」
『働くということ』 黒井千次著 講談社 1982 182p 18cm（講談社現代新書） 420円 Ⓘ4-06-145648-2 Ⓝ366.04
☆「一冊で人生論の名著を読む」

03173　「春の道標」
『春の道標』 黒井千次著 新潮社 1984 268p 15cm（新潮文庫） 280円 Ⓘ4-10-135401-4 Ⓝ913.6
☆「一度は読もうよ！日本の名著」、「一冊で愛の話題作100冊を読む」、「日本文学名作案内」

黒板 勝美　くろいた・かつみ
03174　「国史の研究」
『国史の研究 〔第1〕 総説』 黒板勝美著 更訂版 岩波書店 1947 531p 図版15枚 22cm Ⓝ210.1
☆「世界名著大事典」

03175　「新訂増補国史大系 日本書紀」
『日本書紀 前篇』 吉川弘文館 2007 419p 27cm（國史大系 新訂増補 第1巻 上 黒板勝美,国史大系編修会編輯）〈平成12年刊（新装版）を原本としたオンデマンド版〉 11500円 Ⓘ978-4-642-04000-6 Ⓝ210.3
☆「歴史家の読書案内」

黒岩 重吾　くろいわ・じゅうご
03176　「天の川の太陽」
『天の川の太陽 上巻』 黒岩重吾著 改版 中央公論社 1996 664p 16cm（中公文庫） 1100円 Ⓘ4-12-202577-X Ⓝ913.6
☆「ポケット日本名作事典」、「歴史小説・時代小説総解説」

03177　「潮の墓標」
『潮の墓標』 黒岩重吾著 講談社 1989 328p 15cm（講談社文庫）〈年譜：p322～328〉 450円 Ⓘ4-06-184456-3 Ⓝ913.6
☆「世界の海洋文学」

くろいわ

03178 「廃墟の唇」
『廃墟の唇』 黒岩重吾著 角川書店 1971 678p 15cm（角川文庫） 340円 Ⓝ913.6
☆「世界の推理小説・総解説」

03179 「背徳のメス」
『背徳のメス』 黒岩重吾著 改版 角川書店 1997 281p 15cm（角川文庫） 494円 Ⓘ4-04-126801-X Ⓝ913.6
☆「一度は読もうよ！日本の名著」,「世界の推理小説・総解説」,「日本文学名作案内」,「日本文芸鑑賞事典 第18巻（1958～1962年）」,「ポケット日本名作事典」

黒岩 正幸　くろいわ・まさゆき

03180 「自決命令」
『自決命令—インパール兵隊戦記』 黒岩正幸著 光人社 1984 254p 20cm 1200円 Ⓘ4-7698-0243-9 Ⓝ916
☆「日本陸軍の本・総解説」

黒岩 涙香　くろいわ・るいこう

03181 「噫無情」
『噫無情—レ・ミゼラブル 前篇』 黒岩涙香訳 ヴィクトル・ユゴー原作 はる書房 2005 282p 20cm（世界名作名訳シリーズ no.1） 2500円 Ⓘ4-89984-060-8 Ⓝ913.6
☆「世界名著大事典 補遺（Extra）」

03182 「巌窟王」
『巌窟王—モンテ・クリスト伯 上巻』 黒岩涙香訳 アレクサンドル・デュマ原作 はる書房 2006 502p 20cm（世界名作名訳シリーズ no.5） 3000円 Ⓘ4-89984-067-5 Ⓝ913.6
☆「世界名著大事典 補遺（Extra）」

03183 「鉄仮面」
『鉄仮面』 黒岩涙香著 旺文社 1980 416p 15cm（旺文社文庫） 520円 Ⓝ913.6
☆「世界名著大事典 補遺（Extra）」

03184 「天人論」
『天人論』 黒岩涙香著 春秋社 1930 176p 18cm（春秋文庫 第1部36） Ⓝ414
☆「世界名著大事典 補遺（Extra）」

03185 「法廷の美人」
『明治の翻訳ミステリー—翻訳編 第2巻 ミステリー小説の成立』 川戸道昭,榊原貴教編 復刻版 五月書房 2001 284p 27cm（明治文学復刻叢書）〈年表あり〉 20000円 Ⓘ4-7727-0352-7 Ⓝ908.3
☆「世界名著大事典 補遺（Extra）」

03186 「無惨」
『日本ミステリーの一世紀 上巻』 長谷部史親,縄田一男編 広済堂出版 1995 494p 20cm 2500円 Ⓘ4-331-05648-1 Ⓝ913.68
☆「世界の推理小説・総解説」

03187 「有罪無罪」
『有罪無罪』 黒岩涙香訳 大川屋書店 1942 332p 19cm Ⓝ913.6
☆「世界名著大事典 補遺（Extra）」

黒江 勇　くろえ・いさむ

03188 「省電車掌」
『アンソロジー・プロレタリア文学 2 蜂起—集団のエネルギー』 楜沢健編 森話社 2014 392p 20cm 3000円 Ⓘ978-4-86405-060-9 Ⓝ918.68
☆「日本のプロレタリア文学」

黒江 保彦　くろえ・やすひこ

03189 「あゝ隼戦闘隊」
『あゝ隼戦闘隊—かえらざる撃墜王』 黒江保彦著 新装版 光人社 2010 481p 16cm（光人社NF文庫 〈N-17〉 895円 Ⓘ978-4-7698-2017-8 Ⓝ916
☆「日本陸軍の本・総解説」

黒川 紀章　くろかわ・きしょう

03190 「行動建築論」
『行動建築論—メタボリズムの美学』 黒川紀章著 復刻版 彰国社 2011 302p 19cm 2200円 Ⓘ978-4-395-01238-1 Ⓝ520
☆「建築の書物/都市の書物」

黒川 道祐　くろかわ・どうゆう

03191 「本朝医考」
『近世漢方医学書集成 40 黒川道祐.奈須恒徳』 大塚敬節,矢数道明責任編集 名著出版 1981 462p 20cm〈複製 限定版〉 7300円 Ⓝ490.9
☆「世界名著大事典」

03192 「雍州府志」
『雍州府志—近世京都案内 上』 黒川道祐著 宗政五十緒校訂 岩波書店 2002 376p 15cm（岩波文庫） 760円 Ⓘ4-00-334841-9 Ⓝ291.62
☆「古典の事典」,「日本名著辞典」,「日本歴史「古典籍」総覧」,「歴史の名著100」

黒川 春村　くろかわ・はるむら

03193 「古物語類字鈔」
『物語艸子目録』 横山重,巨橋頼三編 角川書店 1971 518p 23cm 9000円 Ⓝ913.031
☆「世界名著大事典」

黒川 博行　くろかわ・ひろゆき

03194 「海の稜線」

『海の稜線』 黒川博行著 東京創元社 2004 365p 15cm（創元推理文庫） 720円 ⓘ4-488-44204-8 Ⓝ913.6
☆「世界の海洋文学」

03195 「キャッツアイころがった」
『キャッツアイころがった』 黒川博行著 東京創元社 2005 285p 15cm（創元推理文庫） 619円 ⓘ4-488-44211-0 Ⓝ913.6
☆「世界の推理小説・総解説」

黒木 勘蔵　くろき・かんぞう

03196 「近世邦楽年表」
『近世邦楽年表』 東京音楽学校編 鳳出版 1974 3冊 27cm〈六合館明治45年―昭和2年刊の複製〉 10000-15000円 Ⓝ768.032
☆「世界名著大事典」

黒坂 佳央　くろさか・よしお

03197 「マクロ経済学と日本経済」
『マクロ経済学と日本経済』 黒坂佳央,浜田宏一著 日本評論社 1984 278p 22cm 2800円 Ⓝ331
☆「日本経済本38」

黒崎 政男　くろさき・まさお

03198 「哲学者クロサキのMS-DOSは思考の道具だ」
『哲学者クロサキのMS-DOSは思考の道具だ』 黒崎政男著 アスキー 1993 413p 20cm 1900円 ⓘ4-7561-0324-3 Ⓝ007.63
☆「本の定番」ブックガイド」

黒沢 明　くろさわ・あきら

03199 「蝦蟇の油―自伝のようなもの」
『蝦蟇の油―自伝のようなもの』 黒沢明著 岩波書店 1990 361p 16cm（同時代ライブラリー 12）〈著者の肖像あり〉 880円 ⓘ4-00-260012-2 Ⓝ778.21
☆「自伝の名著101」

黒沢 翁満　くろさわ・おきなまろ

03200 「蕀姑射秘言」
『蕀姑射秘言』 黒沢翁満著 東京限定版クラブ校訂 作品社 1952 119p 19cm（和装） Ⓝ913.54
☆「日本の艶本・珍書 総解説」,「日本の奇書77選」

黒沢 満　くろさわ・みつる

03201 「核軍縮と世界平和」
『核軍縮と世界平和』 黒澤満著 信山社 2011 305p 22cm（学術選書 68―国際法）〈著者目録あり 索引あり〉 8800円 ⓘ978-4-7972-5868-4 Ⓝ319.8

☆「平和を考えるための100冊+α」

黒島 伝治　くろしま・でんじ

03202 「渦巻ける烏の群」
『渦巻ける烏の群―他3篇』 黒島伝治著 岩波書店 1973 104p 15cm（岩波文庫）〈第14刷（第1刷：昭和28年刊）〉 50円 Ⓝ913.6
☆「世界名著大事典」,「日本の小説101」,「日本文学鑑賞辞典 [第2]」

03203 「橇」
『橇』 黒島伝治著 改造社 1928 389p 20cm Ⓝ913.6
☆「日本のプロレタリア文学」

03204 「豚群」
『アンソロジー・プロレタリア文学 2 蜂起―集団のエネルギー』 楜沢健編 森話社 2014 392p 20cm 3000円 ⓘ978-4-86405-060-9 Ⓝ918.68
☆「日本のプロレタリア文学」

黒田 三郎　くろだ・さぶろう

03205 「小さなユリと」
『小さなユリと―詩集』 黒田三郎著 昭森社 1960 58p 19cm Ⓝ911.56
☆「日本文芸鑑賞事典 第18巻（1958～1962年）」

畔田 翠山　くろだ・すいざん

03206 「古名録」
『古名録』 畔田伴存著 正宗敦夫編纂校訂 現代思潮社 1978 8冊 16cm（覆刻日本古典全集）〈日本古典全集刊行会昭和9年～12年刊の複製〉 全35000円 Ⓝ499.9
☆「世界名著大事典」

03207 「水族志」
『水族志』 畔田翠山（十兵衛）著 田中芳男閲 文会舎 1884 316p 20cm Ⓝ480
☆「世界名著大事典」

黒田 末寿　くろだ・すえひさ

03208 「人類の起源と進化」
『人類の起源と進化』 黒田末寿ほか著 有斐閣 1987 272p 19cm（有斐閣双書Gシリーズ 8）〈各章末：参考文献〉 1500円 ⓘ4-641-05828-8 Ⓝ469
☆「学問がわかる500冊 v.2」

黒田 直　くろだ・すなお

03209 「戦時標準船」
『戦時標準船』 黒田直著 虹有社 1991 280p 20cm 1400円 ⓘ4-7709-0031-7 Ⓝ913.6
☆「世界の海洋文学」

黒田 俊雄　くろだ・としお

03210　「寺社勢力」
『寺社勢力—もう一つの中世社会』　黒田俊雄著　岩波書店　1980　227p　18cm〈岩波新書〉　320円　Ⓝ210.4
☆「日本思想史」

03211　「神国思想と専修念仏」
『黒田俊雄著作集　第4巻　神国思想と専修念仏』　井ケ田良治ほか編　京都　法蔵館　1995　445,9p　22cm　8800円
①4-8318-3324-X　Ⓝ210.4
☆「学問がわかる500冊 v.2」

黒田 初子　くろだ・はつこ

03212　「山の素描」
『山の素描—絵と文による山の再現』　黒田正夫,黒田初子著　山と渓谷社　1931　270p　図版　20cm　Ⓝ291.5
☆「日本の山の名著・総解説」,「山の名著　明治・大正・昭和戦前編」

黒田 正夫　くろだ・まさお

03213　「山の素描」
『山の素描—絵と文による山の再現』　黒田正夫,黒田初子著　山と渓谷社　1931　270p　図版　20cm　Ⓝ291.5
☆「日本の山の名著・総解説」,「山の名著　明治・大正・昭和戦前編」

黒田 美代子　くろだ・みよこ

03214　「商人たちの共和国」
『商人たちの共和国—世界最古のスーク、アレッポ』　黒田美代子著　藤原書店　1995　236p　20cm〈基本参考文献：p227〜230〉　2800円　①4-89434-019-4　Ⓝ672.282
☆「歴史家の一冊」

黒柳 徹子　くろやなぎ・てつこ

03215　「トットちゃんとトットちゃんたち」
『トットちゃんとトットちゃんたち』　黒柳徹子作　田沼武能写真　講談社　2001　328p　18cm〈講談社青い鳥文庫〉　720円
①4-06-148560-1
☆「大学新入生に薦める101冊の本」

03216　「窓ぎわのトットちゃん」
『窓ぎわのトットちゃん』　黒柳徹子著　新装版　講談社　2006　294p　19cm〈絵：いわさきちひろ〉　1200円　①4-06-213652-X　Ⓝ916
☆「一度は読もうよ！　日本の名著」,「一冊で日本の名著100冊を読む」,「日本文学名作案内」,「百年の誤読」

桑木 或雄　くわき・あやお

03217　「科学史考」
『科学史考』　桑木或雄著　河出書房　1944　555p　19cm　Ⓝ402
☆「世界名著大事典」

桑木 厳翼　くわき・げんよく

03218　「カントと現代の哲学」
『カントと現代の哲学』　桑木厳翼著　19版　岩波書店　1948　467p　22cm　Ⓝ134.2
☆「世界名著大事典」

桑子 敏雄　くわこ・としお

03219　「環境の哲学」
『環境の哲学—日本の思想を現代に活かす』　桑子敏雄著　講談社　1999　310p　15cm〈講談社学術文庫〉〈文献あり〉　920円
①4-06-159410-9　Ⓝ104
☆「環境と社会」

桑田 悦　くわだ・えつ

03220　「日本の戦争・図解とデータ」
『日本の戦争—図解とデータ』　桑田悦,前原透共編著　原書房　1982　68枚,36p　27cm　4400円　①4-562-01304-4　Ⓝ391.2
☆「日本陸軍の本・総解説」

桑田 秀延　くわた・ひでのぶ

03221　「基督教神学概論」
『基督教神学概論』　桑田秀延著　訂　新教出版社　1952　482p　22cm　Ⓝ191
☆「世界名著大事典」

桑原 隲蔵　くわばら・じつぞう

03222　「東洋文明史論」
『東洋文明史論』　桑原隲蔵著　平凡社　1988　310p　18cm〈東洋文庫　485〉〈解説：宮崎市定〉　2000円　①4-582-80485-3　Ⓝ222.004
☆「21世紀の必読書100選」

03223　「蒲寿庚の事蹟」
『蒲寿庚の事蹟』　桑原隲蔵著　宮崎市定解説　平凡社　1989　338p　18cm〈東洋文庫509〉〈折り込図1枚〉　2472円
①4-582-80509-4　Ⓝ678.222
☆「人文科学の名著」,「世界名著大事典」

桑原 武夫　くわばら・たけお

03224　「第二芸術論」
『第二芸術論—現代日本文化の反省』　桑原武夫著　河出書房　1952　191p　15cm〈市民文庫第126〉　Ⓝ910.7
☆「日本文芸鑑賞事典　第14巻（1946〜1948年）」,「明

治・大正・昭和の名著・総解説」

03225　「チョゴリザ登頂」
『桑原武夫全集　第7巻』　朝日新聞社　1969　512p 図版　20cm　950円　Ⓝ908
☆「日本の山の名著・総解説」

03226　「登山の文化史」
『登山の文化史』　桑原武夫著　平凡社　1997　221p　16cm〈平凡社ライブラリー〉　760円　Ⓘ4-582-76222-0　Ⓝ291.09
☆「日本の山の名著・総解説」、「山の名著　明治・大正・昭和戦前編」

03227　「日本の名著　近代の思想」
『日本の名著―近代の思想』　桑原武夫編　改版　中央公論新社　2012　315p　18cm〈中公新書1〉〈年表あり〉　980円　Ⓘ978-4-12-180001-5　Ⓝ028
☆「「本の定番」ブックガイド」

03228　「文学入門」
『文学入門』　桑原武夫著　岩波書店　1950　181p　18×11cm〈岩波新書　第34〉　Ⓝ901
☆「世界名著大事典」

桑山 玉洲　くわやま・ぎょくしゅう

03229　「玉洲画趣」
『大日本文庫　〔第33-52〕』　大日本文庫刊行会編　大日本文庫刊行会　1934　20冊　20cm〈井上哲次郎・上田万年監修　昭和12年までは春陽堂書店発行〉　Ⓝ081.6
☆「世界名著大事典」

薫 くみこ　くん・くみこ

03230　「十二歳の合い言葉」
『十二歳の合い言葉』　薫くみこ作　ポプラ社　2005　286p　18cm〈ポプラポケット文庫054-1〉〈絵：中島潔　1982年刊の新装版〉　660円　Ⓘ4-591-08884-7　Ⓝ913.6
☆「少年少女の名作案内 日本の文学リアリズム編」

郡司 次郎正　ぐんじ・じろうまさ

03231　「侍ニッポン」
『侍ニッポン』　郡司次郎正著　新装店　1998　225p　16cm〈春陽文庫〉　429円　Ⓘ4-394-12801-3　Ⓝ913.6
☆「百年の誤読」、「歴史小説・時代小説 総解説」

【け】

慶 紀逸　けい・きいつ

03232　「俳諧武玉川」
『誹諧武玉川　1』　慶紀逸著　山沢英雄校訂　岩波書店　1984　242p　15cm〈岩波文庫〉　450円　Ⓝ911.49
☆「古典の事典」、「世界名著大事典」、「日本文学鑑賞辞典〔第1〕」

慶運　けいうん

03233　「慶運法印集」
『群書類従　第15輯　和歌部』　塙保己一編纂　オンデマンド版　八木書店古書出版部　2013　770p　21cm〈訂正3版：続群書類従完成会1980年刊　デジタルパブリッシングサービス〔印刷・製本〕　八木書店〔発売〕〉　12000円　Ⓘ978-4-8406-3126-6　Ⓝ081
☆「近代名著解題選集 3」

景戒　けいかい

03234　「日本国現報善悪霊異記」
『日本国現報善悪霊異記』　景戒著　佐伯良謙編　京都　便利堂　1934　20丁 8p　34cm〈複製和装〉　Ⓝ184
☆「近代名著解題選集 3」

03235　「日本霊異記」
『日本霊異記　上』　景戒編　多田一臣校注　筑摩書房　1997　246p　15cm〈ちくま学芸文庫〉　950円　Ⓘ4-480-08391-X　Ⓝ913.37
☆「一度は読もうよ！ 日本の名著」、「一冊で古典100冊を読む」、「一冊で100名作の「さわり」を読む」、「学術辞典叢書 第15巻」、「古典の事典」、「古典文学鑑賞辞典」、「作品と作者」、「世界名著解題選 第3巻」、「世界名著大事典」、「千年の百冊」、「日本古典への誘い100選 1」、「日本の艶本・珍書 総解説」、「日本の古典」、「日本の古典名著」、「日本の書物」、「日本の古典〔第1〕」、「日本文学鑑賞辞典〔第1〕」、「日本文学名作案内」、「日本文学名作概観」、「日本文学名作事典」、「日本名著辞典」、「文学・名著300選の解説 '88年度版」、「マンガとあらすじでやさしく読める 日本の古典傑作30選」

渓斎 英泉　けいさい・えいせん

03236　「无名翁随筆」
『燕石十種　第3巻』　岩本活東子編　中央公論社　1979　352p　20cm〈監修：森銑三ほか〉　1900円　Ⓝ081.5
☆「世界名著大事典 補遺（Extra）」

経済安定本部　けいざいあんていほんぶ

03237　「経済実相報告書」
『経済実相報告書』　経済安定本部編　大蔵省印刷局　1970　28p　18×26cm〈附：経済緊急対策（昭和22年6月11日 内閣発表）経済安定本部 昭和22年刊の複製〉　Ⓝ332.1
☆「近代日本の百冊を選ぶ」

けいさんし

瑩山紹瑾　けいざんじょうきん

03238　「坐禅用心記」
『瑩山禅　第9巻　坐禅用心記・十種勅問・教授戒文等講解』　光地英学ほか編　山喜房仏書林　1990　352p　22cm　7725円　Ⓝ188.84
☆「世界名著大事典」

03239　「伝光録」
『伝光録』瑩山撰述　宗典編纂委員会編　曹洞宗宗務庁　2005　379p　22cm〈年譜あり〉　3000円　Ⓝ188.84
☆「世界名著大事典」

景徐周麟　けいじょしゅうりん

03240　「翰林葫蘆集」
『五山文学全集』　上村観光編纂　2版　京都　思文閣出版　1992　5冊　23cm〈明治39年～大正4年刊の複製〉　全66950円
Ⓘ4-7842-0748-1　Ⓝ919.4
☆「世界名著大事典」

慶政　けいせい

03241　「閑居友」
『閑居友―會・文庫所蔵重要文化財』前田育徳會尊經閣文庫編　再版　勉誠社　1997　250,41p　21cm〈附・閑居友雑録　太田晶二郎著　複製〉　3400円　Ⓘ4-585-00125-5　Ⓝ184.9
☆「一度は読もうよ！日本の名著」、「近代名著解題選集3」、「世界名著大事典」

契沖　けいちゅう

03242　「円珠庵雑記」
『日本随筆大成　第2期　第2巻』日本随筆大成編輯部編　新装版　吉川弘文館　2007　8,407p　19cm〈平成6年刊（新装版）を原本としたオンデマンド版〉　5500円
Ⓘ978-4-642-04091-4　Ⓝ914.5
☆「世界名著大事典」

03243　「万葉代匠記」
『契沖全集　第1巻　万葉代匠記1』編集：築島裕著　岩波書店　1973　664p　図　23cm〈監修：久松潜一〉　4600円　Ⓝ121.7
☆「古典の事典」、「世界名著大事典 補遺（Extra）」、「日本の古典名著」、「日本名著辞典」

軽薄山人　けいはくさんじん

03244　「一部詩集」
『上方狂詩集九種』斎田作楽編　太平書屋　2008　457p　21cm〈太平文庫　60〉〈複製〉　Ⓝ919.5
☆「日本の艶本・珍書 総解説」、「日本の奇書77冊」

月刊誌『丸』編集部　げっかんしまるへんしゅ

うぶ

03245　「日本兵器総集」
『日本兵器総集―太平洋戦争版　陸海空』「丸」編集部編　光人社　2002　316p　21cm　2300円　Ⓘ4-7698-1065-2　Ⓝ559.021
☆「日本陸軍の本・総解説」

月江　げっこう

03246　「拾菓抄」
『早歌全詞集』外村久江,外村南都子校注　2版　三弥井書店　2008　360p　22cm〈中世の文学〉〈文献あり〉　7600円
Ⓘ978-4-8382-1018-3　Ⓝ911.52
☆「近代名著解題選集3」

玄恵法印　げんえほういん

03247　「花子」
『大蔵家伝之書古本能狂言　第2巻』大蔵弥太郎編　京都　臨川書店　1976　8,738p　23cm〈複製版　限定版〉　全94000円　Ⓝ773.9
☆「近代名著解題選集3」、「古典の事典」、「世界名著大事典」、「日本の名著3分間読書100」

源三郎　げんざぶろう

03248　「人倫訓蒙図彙」
『人倫訓蒙図彙』朝倉治彦校注　平凡社　1990　344p　18cm〈東洋文庫　519〉　2472円
Ⓘ4-582-80519-1　Ⓝ382.1
☆「古典の事典」、「世界名著大事典 補遺（Extra）」

源氏 鶏太　げんじ・けいた

03249　「三等重役」
『三等重役』源氏鶏太著　新潮社　1961　645p　15cm〈新潮文庫〉　Ⓝ913.6
☆「日本文学鑑賞辞典〔第2〕」、「ポケット日本名作事典」

建春門院中納言　けんしゅんもんいんちゅうなごん

03250　「たまきはる」
『たまきはる』津本信博編　早稲田大学出版部　1993　2冊（別冊共）　26×16cm〈別冊（41p A5）：解題書〉　48000円　Ⓘ4-657-93312-4
☆「古典文学鑑賞辞典」、「世界名著大事典」、「日本の古典名著」、「日本文学鑑賞辞典〔第1〕」

顕昭　けんしょう

03251　「袖中抄」
『袖中抄』〔顕昭〕〔著〕　朝日新聞社　2003　380,34p　19×27cm〈冷泉家時雨亭叢書　第36巻　冷泉家時雨亭文庫編〉〈付属資料：8p：月報　56　複製〉　30000円　Ⓘ4-02-240336-5　Ⓝ911.13
☆「近代名著解題選集3」、「世界名著大事典 補遺

見城 徹　けんじょう・とおる

03252　「憂鬱でなければ、仕事じゃない」
『憂鬱でなければ、仕事じゃない』　見城徹, 藤田晋［著］　講談社　2013　237p　16cm（講談社+α文庫　G241-1）　648円
①978-4-06-281521-5　Ⓝ159.4
☆「3行でわかる名作&ヒット本250」

原子力資料情報室　げんしりょくしりょうじょうほうしつ

03253　「「チェルノブイリ」を見つめなおす」
『「チェルノブイリ」を見つめなおす──20年後のメッセージ』　今中哲二, 原子力資料情報室編著　再刊　原子力資料情報室　2011　65p　21cm　600円
☆「大学新入生に薦める101冊の本」

源信　げんしん

03254　「一乗要決」
『一乗要決』　大久保良順監　大蔵出版　1990　434p　19cm（仏典講座　33）　5150円
①4-8043-5429-8
☆「世界名著大事典」

03255　「往生要集」
『往生要集　上』　源信著　石田瑞麿訳注　岩波書店　2008　402p　15cm（岩波文庫）〈第6刷〉　900円　①4-00-333161-3
☆「一度は読もうよ！日本の名著」,「一冊で日本の古典100冊を読む」,「学術辞典叢書 第15巻」,「古典の事典」,「世界の名著早わかり事典」,「世界名著解題叢第1巻」,「世界名著大事典」,「千年の百冊」,「日本古典への誘い100選1」,「日本の古典」,「日本古典・世界の古典」,「日本の古典名著」,「日本の名著」,「日本文学鑑賞辞典〔第1〕」,「日本名著辞典」,「仏教の名著」

03256　「横川法語」
『仏教教育思想　第1巻』　新装版　日本図書センター　2001　785p　22cm（日本近世教育思想シリーズ）　①4-8205-5988-5, 4-8205-5987-7　Ⓝ184
☆「世界名著大事典」

源田 実　げんだ・みのる

03257　「海軍航空隊始末記」
『海軍航空隊始末記』　源田実著　文芸春秋　1996　380p　16cm（文春文庫）　500円
①4-16-731003-1　Ⓝ916
☆「日本海軍の本・総解説」

憲法問題研究会　けんぽうもんだいけんきゅうかい

03258　「憲法と私たち」
『憲法と私たち』　憲法問題研究会編　岩波書店　1963　289p　18cm（岩波新書）　Ⓝ323.4
☆「明治・大正・昭和の名著、総解説」

建礼門院右京大夫　けんれいもんいんうきょうのだいぶ

03259　「建礼門院右京大夫集」
『建礼門院右京大夫集──全訳注』　建礼門院右京大夫［著］　糸賀きみ江［全訳注］　講談社　2009　472p　15cm（講談社学術文庫　1967）〈文献あり　索引あり〉　1400円
①978-4-06-291967-8　Ⓝ911.138
☆「一度は読もうよ！日本の名著」,「一冊で日本の古典100冊を読む」,「古典の事典」,「古典文学鑑賞辞典」,「作品と作者」,「世界名著大事典」,「千年の百冊」,「日本古典への誘い100選2」,「日本の古典」,「日本の古典名著」,「日本文学鑑賞辞典〔第1〕」,「日本文学の古典50選」

【こ】

高 史明　こ・さみょん

03260　「生きることの意味」
『生きることの意味』　高史明著　筑摩書房　1986　249p　15cm（ちくま文庫）　360円
①4-480-02034-9　Ⓝ914.6
☆「日本文芸鑑賞事典　第20巻（昭和42～50年）」

恋川 笑山　こいかわ・しょうざん

03261　「旅枕五十三次」
『旅宿のおんな──Edo classic art・第5集』　佐野文哉訳　二見書房　1989　253p　15cm（二見文庫　クラシック・アート・コレクション）〈監修：安田義章〉　780円　①4-576-89069-7　Ⓝ913.57
☆「日本の艶本・珍書 総解説」

恋川 春町　こいかわ・はるまち

03262　「遺精先生夢枕」
『秘められた文学　4』　至文堂　1970　238p（図版共）　23cm〈監修者：尾崎行信〉　690円　Ⓝ910.2
☆「日本の艶本・珍書 総解説」,「日本の奇書77冊」

03263　「金々先生栄花夢」
『金々先生栄花夢』　恋川春町画作　日本古典文学刊行会　1972　2冊　18cm（複刻日本古典文学館　第1期）〈ほるぷ出版, 図書月販〔発売〕　鱗形屋孫兵衛版安永4年刊（東洋文庫蔵）の複製　帙入　監修・編集：日本古典文学会　付（別冊 25p 18cm）：金々先生栄花夢解題（鈴木重三）　和装〉　Ⓝ913.57

☆「一度は読もうよ！日本の名著」、「一冊で日本の古典100冊を読む」、「古典の事典」、「古典文学鑑賞辞典」、「作品と作者」、「世界名著大事典」、「日本の古典」、「日本の古典・世界の古典」、「日本の古典名著」、「日本文学鑑賞辞典〔第1〕」、「日本文学の古典50選」、「日本名著辞典」、「文学・名著300選の解説 '88年度版」

小池 和男　こいけ・かずお

03264　「職場の労働組合と参加」
『職場の労働組合と参加—労使関係の日米比較』　小池和男著　東洋経済新報社　1977　262p　22cm　2700円　Ⓝ266
☆「日本経済本38」

小池 一之　こいけ・かずゆき

03265　「卒論作成マニュアル」
『卒論作成マニュアル—よりよい地理学論文作成のために』　正井泰夫,小池一之編　古今書院　1994　214p　21cm　2060円
Ⓘ4-7722-1738-X　Ⓝ290.1
☆「学問がわかる500冊 v.2」

小池 富美子　こいけ・ふみこ

03266　「煉瓦女工」
『煉瓦女工』　小池富美子著　新日本文学会　1948　272p　19cm　Ⓝ913.6
☆「日本のプロレタリア文学」

小池 真理子　こいけ・まりこ

03267　「恋」
『恋』　小池真理子著　新潮社　2003　517p　16cm〈新潮文庫〉〈著者目録あり〉　705円
Ⓘ4-10-144016-6　Ⓝ913.6
☆「知らないと恥ずかしい「日本の名作」あらすじ200本」

小泉 喜美子　こいずみ・きみこ

03268　「弁護側の証人」
『弁護側の証人』　小泉喜美子著　集英社　2009　260p　16cm〈集英社文庫　こ5-3〉　552円
Ⓘ978-4-08-746429-0　Ⓝ913.6
☆「世界の推理小説・総解説」

小泉 十三　こいずみ・じゅうぞう

03269　「頭がいい人の習慣術」
『頭がいい人の習慣術—この行動・思考パターンを知れば、あなたは変わる！』　小泉十三著　河出書房新社　2003　216p　18cm〈Kawade夢新書〉　720円　Ⓘ4-309-50269-5　Ⓝ159.4
☆「超売れ筋ビジネス書101冊」

小泉 信三　こいずみ・しんぞう

03270　「アダム・スミス,マルサス,リカアドオ」
『小泉信三全集　第5巻』　文芸春秋　1968　496p　図版　20cm　950円　Ⓝ081.8
☆「世界名著大事典 補遺（Extra）」

03271　「海軍主計大尉小泉信吉」
『海軍主計大尉小泉信吉』　小泉信三著　文芸春秋　1966　274p　図版　20cm〈小泉信吉の書簡による伝記〉　400円　Ⓝ289.1
☆「今だから知っておきたい戦争の本70」、「日本海軍の本・総解説」、「日本人とは何か」、「日本文芸鑑賞事典　第14巻（1946〜1948年）」

03272　「価値論と社会主義」
『価値論と社会主義』　小泉信三著　改訂版　小石川書房　1949　318p　22cm　Ⓝ331.52
☆「世界名著大事典 補遺（Extra）」

03273　「共産主義批判の常識」
『共産主義批判の常識』　小泉信三著　新潮社　1954　225p　16cm〈新潮文庫〉　Ⓝ363.3
☆「現代人のための名著」、「世界名著大事典 補遺（Extra）」

03274　「社会問題研究」
『社会問題研究』　小泉信三著　改訂　岩波書店　1925　582p　23cm　Ⓝ369
☆「世界名著大事典 補遺（Extra）」

03275　「全集」
『小泉信三全集　第1巻』　文芸春秋　1968　487p　図版　20cm　950円　Ⓝ081.8
☆「世界名著大事典 補遺（Extra）」

03276　「読書論」
『読書論』　小泉信三著　改版　岩波書店　1964　177p　18cm〈岩波新書〉　Ⓝ019.1
☆「自己啓発の名著30」

03277　「マルクス死後五十年」
『マルクス死後五十年』　小泉信三著　泉文堂　1987　304p　19cm〈『小泉信三全集第7巻』（文芸春秋昭和42年刊）の複製〉　1900円
Ⓘ4-7930-0103-3　Ⓝ309.3
☆「世界名著大事典 補遺（Extra）」

小泉 武栄　こいずみ・たけえい

03278　「日本の山はなぜ美しい」
『日本の山はなぜ美しい—山の自然学への招待』　小泉武栄著　古今書院　1993　228p　19cm　〈折り込図3枚　参考文献：p217〜228〉　2600円　Ⓘ4-7722-1330-9　Ⓝ450.81
☆「新・山の本おすすめ50選」

古泉 千樫　こいずみ・ちかし

03279　「屋上の土」
『屋上の土—歌集』　古泉千樫著　短歌新聞社

1999　144p　15cm（短歌新聞社文庫）〈年譜あり〉　667円　Ⓘ4-8039-0987-3　Ⓝ911.168
☆「世界名著大事典」、「日本文学鑑賞辞典〔第2〕」

03280　「青牛集」
『青牛集』　古泉千樫著　改造社　1936　340p　17cm（改造文庫　第2部　第253篇）　Ⓝ911.16
☆「日本文芸鑑賞事典 第10巻」

小泉 苳三　こいずみ・とうぞう
03281　「明治大正短歌資料大成」
『明治大正短歌資料大成』　小泉苳三編著　鳳出版　1975　3冊　22cm〈立命館出版部昭和16年刊の複製〉　6000円、12000円　Ⓝ911.16
☆「世界名著大事典」

小泉 文夫　こいずみ・ふみお
03282　「日本の音」
『日本の音―世界のなかの日本音楽』　小泉文夫著　平凡社　1994　363p　16cm（平凡社ライブラリー）　1200円　Ⓘ4-582-76071-6　Ⓝ762.1
☆「必読書150」

小泉 丹　こいずみ・まこと
03283　「日本科学史私攷」
『日本科学史私攷　初輯』　小泉丹著　岩波書店　1943　502,11p　22cm　Ⓝ402.1
☆「世界名著大事典」

小泉 光保　こいずみ・みつやす
03284　「授時暦図解」
☆「古典の事典」

小泉 八雲　こいずみ・やくも
03285　「怪談」
『怪談―日本のこわい話』　小泉八雲作　西田佳子訳　みもり絵　角川書店　2013　191p　18cm（角川つばさ文庫　FC1-1）〈角川グループパブリッシング〔発売〕〉　620円　Ⓘ978-4-04-631287-7　Ⓝ933.6
☆「愛と死の日本文学」、「一度は読もうよ！ 日本の名著」、「図説 5分でわかる日本の名作傑作選」、「世界の幻想文学」、「世界名著大事典」、「20世紀を震撼させた100冊」、「日本文学鑑賞辞典〔第2〕」、「日本文学現代名作事典」、「日本文学名作事典」、「日本文芸鑑賞事典 第3巻（1904～1909年）」、「日本名著辞典」、「私を変えたこの一冊」

03286　「こころ」
『東の国から　心』　小泉八雲著　平井呈一訳　オンデマンド版　恒文社　2009　663p　21cm〈初版：1975年刊〉　6300円　Ⓘ978-4-7704-1140-2　Ⓝ934.6
☆「教養のためのブックガイド」、「日本文化論の名著入門」

03287　「知られぬ日本の面影」
『新編日本の面影』　ラフカディオ・ハーン著　池田雅之訳　角川書店　2000　351p　15cm（角川文庫　角川ソフィア文庫）　724円　Ⓘ4-04-212004-0　Ⓝ934.7
☆「アジアの比較文化」、「外国人による日本論の名著」、「50歳からの名著入門」、「日本文化論の名著入門」

03288　「神国日本」
『神国日本』　小泉八雲著　田部隆次、戸川秋骨共訳　改訳版　第一書房　1942　297p　19cm　Ⓝ121.1
☆「日本人とは何か」

03289　「人生と文学」
『人生と文学』　ラフカディオ・ハーン著　池田雅之、小沢博、田中一生、浜田泉、引地正俊、安吉逸季訳　恒文社　1988　441p　21cm（ラフカディオ・ハーン著作集　第9巻）　5000円　Ⓘ4-7704-0671-1
☆「世界名著大事典」、「日本文学現代名作事典」

03290　「東の国から」
『東の国から―新しい日本における幻想と研究 上』　ラフカディオ・ヘルン著　平井呈一訳　岩波書店　1952　172p　15cm（岩波文庫）　Ⓝ934
☆「近代日本の百冊を選ぶ」

03291　「耳なし芳一の話」
『耳なし芳一の話―註解 他10編』　L.ハーン〔著〕　広瀬和清編註　清水書院　94p　19cm（英米名作選集　5）
☆「少年少女のための文学案内 3」、「世界名作事典」、「小さな文学の旅」、「日本文学名作事典」、「日本・名著のあらすじ」、「名作の研究事典」

小磯国昭自叙伝刊行会　こいそくにあきじじょでんかんこうかい
03292　「葛山鴻爪」
『葛山鴻爪』　小磯国昭著　小磯国昭自叙伝刊行会　1963　931p　図版　23cm　Ⓝ289.1
☆「日本陸軍の本・総解説」

小板橋 孝策　こいたばし・こうさく
03293　「戦艦大和いまだ沈まず」
『戦艦大和いまだ沈まず―艦橋見張員の見た世紀の海戦』　小板橋孝策著　光人社　2002　308p　16cm（光人社NF文庫）　724円　Ⓘ4-7698-2349-5　Ⓝ916
☆「日本海軍の本・総解説」

小出 昭一郎　こいで・しょういちろう
03294　「熱学」
『基礎物理学　2　熱学』　小出昭一郎著　東京

大学出版会　1980　206p　22cm　1600円
①4-13-062072-X　Ⓝ420.8
☆「物理ブックガイド100」

03295　「物理現象のフーリエ解析」
『物理現象のフーリエ解析』　小出昭一郎著　東京大学出版会　1981　184p　21cm〈UP応用数学選書　4〉　2400円　Ⓝ421.5
☆「数学ブックガイド100」

小出 正吾　こいで・しょうご

03296　「風琴爺さん」
『風琴爺さん―童話』　小出正吾著　羽田書店　1947　195p　21cm　Ⓝ913.8
☆「世界名著大事典」

香内 三郎　こううち・さぶろう

03297　「活字文化の誕生」
『活字文化の誕生』　香内三郎著　晶文社　1982　276,14p　22cm〈巻末：主要文献〉　3500円　Ⓝ749.2
☆「科学技術をどう読むか」

皇円　こうえん

03298　「扶桑略記」
『扶桑略記　帝王編年記』　[皇圓],[永祐][編]　吉川弘文館　2007　336,456p　27cm〈國史大系　新訂増補　第12巻　黒板勝美編〉〈平成11年刊（新装版）を原本としたオンデマンド版〉　16000円　①978-4-642-04012-9　Ⓝ210.3
☆「近代名著解題選集 3」,「古典の事典」,「世界名著大事典」,「日本の古典名著」,「日本名著辞典」,「日本歴史「古典籍」総覧」,「歴史の名著100」

甲賀 三郎　こうが・さぶろう

03299　「支倉事件」
『支倉事件』　甲賀三郎著　春陽堂書店　1956　282p　19cm〈長篇探偵小説全集　第10巻〉　Ⓝ913.6
☆「世界の推理小説・総解説」

考古学会　こうこがっかい

03300　「造像銘記」
『造像銘記』　考古学会編　再版　考古学会　1936　図版169枚　27cm　Ⓝ210.02
☆「世界名著大事典」

光厳院　こうごんいん

03301　「風雅和歌集」
『風雅和歌集』　光厳上皇撰　貴重本刊行会　1984　642p　22cm〈日本古典文学影印叢刊 24〉〈解説：久保田淳　宮内庁書陵部蔵の複製　叢書の編者：日本古典文学会〉　10000円　Ⓝ911.145

☆「近代名著解題選集 3」,「古典の事典」,「世界名著大事典」,「日本文学鑑賞辞典〔第1〕」,「日本文学名作概観」,「日本名著辞典」

高斎 正　こうさい・ただし

03302　「ニュルブルクリンクに陽は落ちて」
『日本SFベスト集成　1971』　筒井康隆編　徳間書店　1980　440p　16cm（徳間文庫）　480円　Ⓝ913.68
☆「世界のSF文学・総解説」

03303　「ホンダがレースに復帰する時」
『ホンダがレースに復帰する時』　高斎正著　徳間書店　1981　313p　16cm（徳間文庫）　380円　Ⓝ913.6
☆「世界のSF文学・総解説」

香西 洋樹　こうさい・ひろき

03304　「シェイクスピア星物語」
『シェイクスピア星物語』　香西洋樹著　講談社　1996　215p　20cm　1800円　①4-06-208225-X　Ⓝ932.5
☆「科学を読む愉しみ」

香西 泰　こうさい・ゆたか

03305　「高度成長の時代」
『高度成長の時代―現代日本経済史ノート』　香西泰著　日本経済新聞社　2001　305p　15cm（日経ビジネス人文庫）　800円　①4-532-19061-4　Ⓝ332.107
☆「日本経済本38」

神坂 次郎　こうさか・じろう

03306　「餌」
『餌』　神坂次郎著　〔田辺〕　吉田弥左衛門　1986　51p　7.6×10cm（田奈部豆本　第30集）〈多屋孫書店〔発売〕　限定版　和装〉　3000円　Ⓝ913.6
☆「世界の海洋文学」

03307　「おちょろ丸」
『鬼打ち猿丸』　神坂次郎著　改版　中央公論社　1996　485p　16cm（中公文庫）　980円　①4-12-202666-0　Ⓝ913.6
☆「世界の海洋文学」

03308　「黒鯨記」
『黒鯨記』　神坂次郎著　新人物往来社　1989　255p　20cm　1400円　①4-404-01646-8　Ⓝ913.6
☆「世界の海洋文学」

03309　「惜別の唄」
『今日われ生きてあり』　神坂次郎著　新潮社　1993　265p　15cm（新潮文庫）　400円　①4-10-120915-4　Ⓝ916

☆「今だから知っておきたい戦争の本70」

03310 「父に逢いたくば蒼天をみよ」
『今日われ生きてあり』 神坂次郎著 新潮社 1993 265p 15cm〈新潮文庫〉 400円
Ⓘ4-10-120915-4 Ⓝ916
☆「今だから知っておきたい戦争の本70」

高坂 正顕　こうさか・まさあき

03311 「カント」
『カント』 高坂正顕著 理想社 1977 346p 22cm〈カントの肖像あり〉 2500円 Ⓝ134.2
☆「世界名著大事典」

高坂 正堯　こうさか・まさたか

03312 「海洋国家日本の構想」
『海洋国家日本の構想』 高坂正堯著 中央公論社 1965 190p 20cm Ⓝ319.04
☆「現代人のための名著」

03313 「現代史の中で考える」
『現代史の中で考える』 高坂正堯著 新潮社 1997 229p 19cm〈新潮選書〉 1000円
Ⓘ4-10-600526-3 Ⓝ209.7
☆「大学新入生に薦める101冊の本」

03314 「国際政治」
『国際政治—恐怖と希望』 高坂正堯著 中央公論社 1966 205p 18cm〈中公新書〉 200円 Ⓝ319
☆「学問がわかる500冊」

03315 「古典外交の成熟と崩壊」
『古典外交の成熟と崩壊 1』 高坂正堯著 中央公論新社 2012 212p 18cm〈中公クラシックス J50〉〈1973年刊の再刊〉 1600円
Ⓘ978-4-12-160137-7 Ⓝ319.3
☆「学問がわかる500冊」,「名著に学ぶ国際関係論」

03316 「日本存亡のとき」
『日本存亡のとき』 高坂正堯著 講談社 1992 285p 20cm 1600円 Ⓘ4-06-205497-3
Ⓝ319
☆「経済経営25冊」

03317 「繁栄への戦略」
『90年代の日本繁栄への戦略—日米関係・税制・政治・教育』 高坂正堯ほか著 PHP研究所 1989 245p 20cm 1200円
Ⓘ4-569-22432-6 Ⓝ304
☆「経済経営25冊」

03318 「文明が衰亡するとき」
『文明が衰亡するとき』 高坂正堯著 新潮社 2012 301p 20cm〈新潮選書〉〈1981年刊の再刊〉 1400円 Ⓘ978-4-10-603709-2 Ⓝ209
☆「21世紀の必読書100選」

高坂 昌信　こうさか・まさのぶ

03319 「甲陽軍鑑」
『甲陽軍鑑』 [高坂昌信][筆録] [小幡景憲][補訂・編纂] 佐藤正英校訂・訳 筑摩書房 2006 401p 15cm〈ちくま学芸文庫〉 1200円 Ⓘ4-480-09040-1 Ⓝ399.1
☆「古典の事典」,「世界名著大事典」,「戦国十冊の名著」,「日本の古典名著」,「日本の書物」,「日本歴史「古典籍」総覧」,「武士道の名著」,「歴史の名著100」

光宗　こうしゅう

03320 「渓嵐拾葉集」
『神道大系 論説編 4 天台神道 下』 神道大系編纂会編 末木文美士ほか校注 神道大系編纂会 1993 86,1084p 23cm 18000円 Ⓝ170.8
☆「世界名著大事典」

高城 高　こうじょう・こう

03321 「ラ・クカラチャ」
『凍った太陽』 高城高著 東京創元社 2008 465p 15cm〈創元推理文庫 高城高全集 2〉 900円 Ⓘ978-4-488-47402-7 Ⓝ913.6
☆「世界の推理小説・総解説」

高津 春繁　こうづ・はるしげ

03322 「アルカディア方言の研究」
『アルカディア方言の研究』 高津春繁著 岩波書店 1954 323p 27cm Ⓝ891
☆「世界名著大事典」

仰誓　ごうせい

03323 「妙好人伝」
『大系真宗史料 伝記編 8 妙好人伝』 真宗史料刊行会編 京都 法藏館 2009 470p 22cm 9000円 Ⓘ978-4-8318-5058-4
Ⓝ188.72
☆「世界名著大事典」,「仏教の名著」

高祖 岩三郎　こうそ・いわさぶろう

03324 「流体都市を構築せよ！」
『流体都市を構築せよ！—世界民衆都市ニューヨークの形成』 高祖岩三郎著 青土社 2007 386p 20cm 2600円 Ⓘ978-4-7917-6359-7
Ⓝ361.78
☆「建築・都市ブックガイド21世紀」

幸田 文　こうだ・あや

03325 「おとうと」
『おとうと』 幸田文著 新潮社 1968 223p 16cm〈新潮文庫〉 100円 Ⓝ913.6
☆「現代文学鑑賞辞典」,「これだけは読んでおきたい日本の名作文学案内」

03326 「きもの」
『きもの』 幸田文著 新潮社 1996 368p 16cm(新潮文庫) 520円 Ⓘ4-10-111608-3 Ⓝ913.6
☆「Jブンガク」

03327 「父・こんなこと」
『父・こんなこと』 幸田文著 新潮社 1955 201p 16cm(新潮文庫) Ⓝ914.6
☆「読書入門」

03328 「流れる」
『流れる』 幸田文著 改版 新潮社 2011 299p 15cm(新潮文庫) 520円 Ⓘ978-4-10-111602-0
☆「日本文学鑑賞辞典〔第2〕」、「日本文学名作案内」、「日本文芸鑑賞事典 第16巻」、「ポケット日本名作事典」

幸田 成友　こうだ・しげとも

03329 「江戸と大阪」
『江戸と大阪』 幸田成友著 富山房 1995 330p 18cm(富山房百科文庫 48) 1400円 Ⓘ4-572-00148-0 Ⓝ332.105
☆「世界名著大事典」

03330 「和蘭雑話」
『和蘭雑話』 幸田成友著 第一書房 1934 315p 図版 20cm Ⓝ210.5
☆「世界名著大事典」

幸田 露伴　こうだ・ろはん

03331 「いさなとり」
『いさなとり』 幸田露伴著 岩波書店 1954 234p 図版 15cm(岩波文庫) Ⓝ913.6
☆「世界の海洋文学」

03332 「一口剣」
『百年小説――the birth of modern Japanese literature』 ポプラクリエイティブネットワーク編 ポプラ社 2008 1331p 23cm 6600円 Ⓘ978-4-591-10497-2 Ⓝ913.68
☆「世界名著大事典」、「日本の小説101」

03333 「運命」
『運命―他一篇』 幸田露伴作 第23刷 岩波書店 2000 169p 15cm(岩波文庫) 400円 Ⓘ4-00-310122-7
☆「近代文学名作事典」、「世界名著大事典」、「日本文学鑑賞辞典〔第2〕」、「ポケット日本名作事典」

03334 「尾花集」
『尾花集』 幸田露伴著 青木嵩山堂 1892 193p 20cm Ⓝ913.6
☆「日本近代文学名著事典」

03335 「蒲生氏郷」
『蒲生氏郷―他二篇』 幸田露伴著 角川書店 1955 194p 15cm(角川文庫) Ⓝ913.6
☆「日本文学現代名作事典」

03336 「幻談」
『幻談』 幸田露伴著 岩波書店 1947 242p 19cm Ⓝ913.6
☆「一度は読もうよ！日本の名著」、「一冊で日本の名著100冊を読む 続」、「現代文学鑑賞辞典」、「世界名著大事典」

03337 「五重塔」
『五重塔』 幸田露伴著 岩波書店 2006 94p 16cm(岩波文庫創刊書目復刻)〈原本：岩波書店昭和2年刊〉 Ⓘ4-00-355005-6 Ⓝ913.6
☆「愛と死の日本文学」、「あらすじで味わう名作文学」、「あらすじで読む日本の名著」(楽書館、中経出版〔発売〕)、「あらすじで読む日本の名著」(新人物往来社)、「一度は読もうよ！日本の名著」、「一冊で日本の名著100冊を読む 続」、「一冊で100名作の「さわり」を読む」、「絵で読むあらすじ日本の名著」、「感動！日本の名著 近現代編」、「現代文学鑑賞辞典」、「これだけは読んでおきたい日本の名作文学案内」、「3行でわかる名作＆ヒット本250」、「知らないと恥ずかしい「日本の名作」あらすじ200本」、「世界名作事典」、「世界名著大事典」、「2時間でわかる日本の名著」、「日本人なら知っておきたいあらすじで読む日本の名著」、「日本の名作おさらい」、「日本の名著」(角川書店)、「日本の名著」(毎日新聞社)、「日本の名著3分間読書101」、「日本文学鑑賞辞典〔第2〕」、「日本文学現代名作事典」、「日本文学名作案内」、「日本文学名作概観」、「日本文学名作事典」、「日本文芸鑑賞事典 第1巻」、「日本名作辞典」、「入門名作の世界」、「ひと目でわかる日本の名作」、「文学・名著300選の解説 '88年度版」、「ベストガイド日本の名著」、「ポケット日本名作事典」、「名作の書き出しを諳んじる」、「名作の研究事典」、「明治・大正・昭和の名著・総解説」、「明治の名著 2」

03338 「天うつ浪」
『天うつ浪 前篇』 幸田露伴作 岩波書店 1951 222p 15cm(岩波文庫) 553円 Ⓘ4-00-319036-X Ⓝ913.6
☆「世界名著大事典」、「ポケット日本名作事典」

03339 「宝の蔵」
『露伴全集 第11巻 少年文学』 幸田露伴著 岩波書店 1978 424p 19cm〈編纂：蝸牛会 第2刷(第1刷：昭和24年) 著者の肖像あり〉 2300円 Ⓝ918.6
☆「日本児童文学名著事典」

03340 「長語」
『長語』 幸田露伴著 富山房 1940 314p 17cm(富山房百科文庫 第65) Ⓝ914.6
☆「近代日本の百冊を選ぶ」

03341 「努力論」

『努力論』　幸田露伴著　改版　岩波書店　2001　323p　15cm（岩波文庫）　660円　Ⓘ4-00-310123-5　Ⓝ914.6
☆「一冊で人生論の名著を読む」，「自己啓発の名著30」，「「本の定番」ブックガイド」

03342　「名和長年」
『名和長年―戯曲』　幸田露伴著　白揚社　1926　183p　23cm　Ⓝ912
☆「世界名著大事典」，「日本文学鑑賞辞典〔第2〕」

03343　「芭蕉七部集抄」
『露伴全集　第1-12巻』　幸田露伴著　岩波書店　1929　12冊　23cm　Ⓝ918
☆「世界名著大事典」

03344　「番茶会談」
『少年小説大系　第8巻　空想科学小説集』　横田順彌編　三一書房　1986　557p　23cm〈監修：尾崎秀樹ほか〉　6800円　Ⓝ913.68
☆「科学を読む愉しみ」，「世界名著大事典」，「日本文芸鑑賞事典　第4巻」

03345　「風流仏」
『風流仏―附・一口剣』　幸田露伴著　天佑社　1919　165p　16cm（明治傑作叢書　第2編）　Ⓝ913.6
☆「Jブンガク」，「世界名著大事典」，「日本近代文学名著事典」，「日本文学鑑賞辞典〔第2〕」，「日本文学現代名作事典」，「日本文学名作事典」，「日本文芸鑑賞事典　第1巻」，「日本名著辞典」

03346　「風流微塵蔵」
『風流微塵蔵　前篇』　幸田露伴著　岩波書店　1952　219p　15cm（岩波文庫）　Ⓝ913.6
☆「世界名著大事典」

03347　「幽秘記」
『幽秘記』　幸田露伴著　改造社　1934　372p　16cm（改造文庫　第2部　第262篇）　Ⓝ913.6
☆「日本近代文学名著事典」

03348　「讕言」
『讕言』　幸田露伴著　富山房　1939　327p　17cm（富山房百科文庫　第69）　Ⓝ913.6
☆「日本文学鑑賞辞典〔第2〕」

03349　「連環記」
『連環記―他一篇』　幸田露伴作　岩波書店　2000　151p　15cm（岩波文庫）　400円　Ⓘ4-00-310129-4
☆「日本文芸鑑賞事典　第13巻」

皇太后　姞子　こうたいごう・よしこ
03350　「風葉和歌集」
『續々群書類從　第14　歌文部 1』　国書刊行会編纂　オンデマンド版　八木書店古書出版部　2013　729p　21cm〈初版：続群書類従完成会1970年刊　デジタルパブリッシングサービス〔印刷・製本〕　八木書店〔発売〕〉　12000円　Ⓘ978-4-8406-3241-6　Ⓝ081
☆「近代名著解題選集 3」，「古典文学鑑賞辞典」，「世界名著大事典」，「日本の古典名著」，「日本文学鑑賞辞典〔第1〕」

講談社　こうだんしゃ
03351　「巨大プロジェクト―世界経済を活性化する25の超大型計画の全容」
『巨大プロジェクト―第2パナマ運河から青函トンネルまで』　講談社編　講談社　1985　180p　26cm（ワールド・ダイナミック・シリーズ）〈制作：矢沢事務所〉　2500円　Ⓘ4-06-191902-4　Ⓝ601
☆「科学技術をどう読むか」

講談社インターナショナル　こうだんしゃいんたーなしょなる
03352　「これを英語で言えますか？」
『これを英語で言えますか？―学校で教えてくれない身近な英単語』　講談社インターナショナル株式会社編　講談社インターナショナル　1999　216p　19cm（Power English）　1200円　Ⓘ4-7700-2132-1　Ⓝ834
☆「超売れ筋ビジネス書101冊」

厚東　洋輔　こうとう・ようすけ
03353　「社会認識と想像力」
『社会認識と想像力』　厚東洋輔著　田無　ハーベスト社　1991　334p　22cm〈参考文献：p313～326〉　3399円　Ⓘ4-938551-15-2　Ⓝ361
☆「社会学的思考」

幸徳　秋水　こうとく・しゅうすい
03354　「基督抹殺論」
『基督抹殺論』　幸徳秋水著　岩波書店　1954　200p　15cm（岩波文庫）　Ⓝ190.4
☆「世界名著大事典」，「明治の名著 1」

03355　「社会主義神髄」
『社会主義神髄』　幸徳秋水著　岩波書店　1953　97p　15cm（岩波文庫）　Ⓝ363
☆「社会科学の古典」，「世界名著大事典」，「日本近代の名著」，「ベストガイド日本の名著」，「明治・大正・昭和の名著・総解説」，「明治の名著 1」

03356　「全廃論を読む」
『明治大正農政経済名著集　24　明治農業論集一地租・土地所有論』　近藤康男編　農山漁村文化協会　1977　515p　図　肖像　22cm　4000円　Ⓝ610.8
☆「農政経済の名著　明治大正編」

03357　「帝国主義」

『帝国主義―現代語訳』 幸徳秋水著 遠藤利國訳・解説 未知谷 2010 157p 20cm 1800円 ⓘ978-4-89642-299-3 Ⓝ311.4
☆「世界の名著早わかり事典」,「世界名著大事典」,「日本の名著」,「日本名著辞典」

03358 「二十世紀の怪物帝国主義」
『日本の名著 44 幸徳秋水』 伊藤整責任編集 中央公論社 1984 542p 18cm〈中公バックス〉 1200円 ⓘ4-12-400434-6 Ⓝ081
☆「ベストガイド日本の名著」,「明治・大正・昭和の名著・総解説」,「明治の名著1」

神波 賀人 こうなみ・よしんど

03359 「護衛なき輸送船団」
『護衛なき輸送船団―知られざる船舶砲兵死闘記』 神波賀人著 戦誌刊行会 1984 310p 20cm〈星雲社〔発売〕 参考文献:p309～310〉 1700円 ⓘ4-7952-3223-7 Ⓝ916
☆「世界の海洋文学」

甲野 勇 こうの・いさむ

03360 「縄文土器の話」
『縄文土器の話』 甲野勇著 学生社 1976 240p 図 19cm 980円 Ⓝ210.02
☆「学問がわかる500冊 v.2」

河野 省三 こうの・せいぞう

03361 「国学の研究」
『国学の研究』 河野省三著 2版 大岡山書店 1934 495p 23cm Ⓝ121.3
☆「世界名著大事典」

03362 「国体観念の史的研究」
『国体観念の史的研究』 河野省三著 日本電報通信社出版部 1942 304p 21cm Ⓝ155.2
☆「国体 十冊の名著」

河野 多恵子 こうの・たえこ

03363 「思いがけない旅」
『河野多恵子全集 第2巻』 新潮社 1995 312p 22cm 7000円 ⓘ4-10-645802-0 Ⓝ913.6
☆「現代文学名作探訪事典」

03364 「回転扉」
『回転扉』 河野多恵子著 新潮社 1970 294p 20cm 650円 Ⓝ913.6
☆「日本文芸鑑賞事典 第20巻(昭和42～50年)」

03365 「蟹」
『河野多恵子全集 第1巻』 新潮社 1994 313p 22cm 7000円 ⓘ4-10-645801-2 Ⓝ913.6
☆「ポケット日本名作事典」

03366 「秘事」
『秘事』 河野多恵子著 新潮社 2000 267p 20cm 1800円 ⓘ4-10-307806-5 Ⓝ913.6
☆「日本の小説101」,「名作はこのように始まる2」

03367 「骨の肉」
『骨の肉』 河野多恵子著 講談社 1977 251p 15cm(講談社文庫) 280円 Ⓝ913.6
☆「Jブンガク」

03368 「みいら採り猟奇譚」
『みいら採り猟奇譚』 河野多恵子著 新潮社 1995 413p 15cm(新潮文庫) 560円 ⓘ4-10-116102-X Ⓝ913.6
☆「現代文学鑑賞辞典」

03369 「幼児狩り」
『幼児狩り』 河野多恵子著 成瀬書房 1978 141p 22cm〈特装版 銅版嵌込 革装 箱入 限定版〉 Ⓝ913.6
☆「現代文学鑑賞辞典」

河野 司 こうの・つかさ

03370 「私の二・二六事件」
『私の二・二六事件』 河野司著 河出書房新社 1989 235p 15cm(河出文庫) 420円 ⓘ4-309-47152-8 Ⓝ210.7
☆「今だから知っておきたい戦争の本70」

河野 禎造 こうの・ていぞう

03371 「舎密便覧」
『舎密便覧・舎密便覧オランダ語原本』 化学史学会 2002 30枚 30×42cm(折りたたみ30×21cm)(化学古典叢書 幕末彩色史料 化学史学会編)〈紀伊国屋書店〔発売〕 付属資料:19p〉 解説 複製 ホルダー入〉 ⓘ4-87738-135-X Ⓝ433
☆「世界名著大事典」

河野 典生 こうの・のりお

03372 「殺意という名の家畜」
『殺意という名の家畜』 河野典生著 双葉社 1995 289p 15cm(双葉文庫 日本推理作家協会賞受賞作全集 18) 540円 ⓘ4-575-65817-0 Ⓝ913.6
☆「世界の推理小説・総解説」

03373 「街の博物誌」
『街の博物誌』 河野典生著 ファラオ企画 1991 302p 20cm(ファラオ原点叢書 7)〈河野典生主要著書目録:p301～302〉 ⓘ4-89409-107-0 Ⓝ913.6
☆「世界のSF文学・総解説」

河野 実 こうの・まこと

03374 「愛と死をみつめて」

『愛と死をみつめて―ある純愛の記録』 河野実, 大島みち子著　大和出版　1992　494p　19cm〈新装版〉　1900円　④4-8047-6023-7　Ⓝ289.1
☆「あの本にもう一度」、「あらすじで味わう昭和のベストセラー」、「百年の誤読」

香原 志勢　こうはら・ゆきなり

03375　「人体に秘められた動物」

『人体に秘められた動物』　香原志勢著　日本放送出版協会　1981　222p　19cm（NHKブックス　405）〈参考文献：p219～220〉　700円　④4-14-001405-9　Ⓝ469.4
☆「科学技術をどう読むか」、「学問がわかる500冊 v.2」

高弁　こうべん

03376　「摧邪輪」

『鎌倉旧仏教』　鎌田茂雄, 田中久夫校注　岩波書店　1995　576p　22cm（日本思想大系新装版　続・日本仏教の思想　3）　4800円　④4-00-009063-1　Ⓝ182.1
☆「古典の事典」、「世界名著大事典 補遺（Extra）」、「日本の古典名著」

高山 岩男　こうやま・いわお

03377　「西田哲学」

『西田哲学』　高山岩男著　町田　玉川大学出版部　2007　666p　22cm（高山岩男著作集　第1巻　大橋良介, 花澤秀文, 福井一光, 藤田正勝, 森哲郎編）　16000円　④978-4-472-01485-7　Ⓝ121.63
☆「世界名著大事典」

孤雲懐弉　こうんえじょう

03378　「正法眼蔵随聞記」

『正法眼蔵随聞記』　山崎正一全訳注　講談社　2003　356p　15cm（講談社学術文庫）　1150円　④4-06-159622-5　Ⓝ188.84
☆「一度は読もうよ！日本の名著」、「一冊で日本の古典100冊を読む」、「古典の事典」、「この一冊で読める！日本の古典50冊」、「世界名著大事典」、「日本古典への誘い100選 2」、「日本の古典」、「日本の古典名著」、「日本の名著」、「日本文学名作案内」、「日本名著辞典」

古賀 謹一郎　こが・きんいちろう

03379　「蕃談」

『蕃談―漂流の記録 第1』　次郎吉口述　憂天生手録　室賀信夫, 矢守一彦訳編　平凡社　1965　306p　18cm（東洋文庫　39）　Ⓝ299
☆「世界の旅行記101」

後柏原天皇　ごかしわばらてんのう

03380　「柏玉集」

『列聖全集』　列聖全集編纂会編　再版　列聖全集編纂会　1922　24冊　23cm〈内容順序は帝国図書館目録による第24冊大さ等別記〉　Ⓝ918
☆「近代名著解題選集 3」

虎関師錬　こかんしれん

03381　「元亨釈書」

『元亨釈書』　虎関師錬原著　今浜通隆訳　［東村山］　教育社　1980　249p　18cm（教育社新書　原本現代訳　62）　700円　Ⓝ182.1
☆「近代名著解題選集 3」、「古典の事典」、「世界名著大事典」、「日本の古典名著」、「日本名著辞典」、「日本歴史「古典籍」総覧」、「歴史の名著100」

03382　「済北集」

『五山文学全集』　上村観光編纂　2版　京都　思文閣出版　1992　5冊　23cm〈明治39年～大正4年刊の複製〉　全66950円　④4-7842-0748-1　Ⓝ919.4
☆「世界名著大事典」

五弓 雪窓　ごきゅう・せっそう

03383　「事実文編」

『事実文編　1　巻1～巻17』　五弓雪窓著　関西大学東西学術研究所「日中文化交流の研究」歴史班編　吹田　関西大学出版・広報部　1979　438p　26cm（関西大学東西学術研究所資料集刊　10-1）〈著者自筆本の複製　著者の肖像あり〉　6400円　Ⓝ281.08
☆「日本名著辞典」

国語調査委員会　こくごちょうさいいんかい

03384　「仮名源流考及証本写真」

『仮名源流考及証本写真』　国語調査委員会編　勉誠社　1970　1冊　22cm〈国定教科書共同販売所明治44年刊の複製　編著者：大矢透　解説：小松英雄〉　3500円　Ⓝ811.5
☆「世界名著大事典」

03385　「平家物語の語法」

『平家物語の語法』　山田孝雄著　宝文館　1970　2034,48p　22cm〈国語調査委員会編『平家物語につきての研究』後篇（文部省大正3年刊）の複製　巻頭の書名：国語史料鎌倉時代之部限定版〉　15000円　Ⓝ815
☆「世界名著大事典」

黒正 巌　こくしょう・いわお

03386　「百姓一揆の研究」

『百姓一揆の研究』　黒正巌著　大阪　大阪経済大学日本経済史研究所　2002　346p　22cm（黒正巌著作集　第1巻　黒正巌著作集編集委

員会編〉〈京都 思文閣出版〔製作・発売〕 大阪経済大学創立70周年(2002)記念 日本経済史研究所開所70周年(2003)記念 肖像あり〉 Ⓘ4-7842-1122-5 Ⓝ210.5
☆「世界名著大事典」

国分 一太郎　こくぶん・いちたろう

03387「新しい綴方教室」
『新しい綴方教室』 国分一太郎著 増補版 新評論社 1952 410p 19cm Ⓝ375.8
☆「世界名著大事典」、「名著の履歴書」

03388「君ひとの子の師であれば」
『君ひとの子の師であれば』 国分一太郎著 復刻版 新評論 2012 268p 19cm 2200円 Ⓘ978-4-7948-0919-3 Ⓝ376.21
☆「教育名著 日本編」

03389「鉄の町の少年」
『国分一太郎児童文学集 2 鉄の町の少年』 小林与志絵 小峰書店 1967 296p 23cm
☆「世界名著大事典」、「日本文芸鑑賞事典 第16巻」、「名作の研究事典」

国立国語研究所　こくりつこくごけんきゅうじょ

03390「敬語と敬語意識」
『敬語と敬語意識―岡崎における20年前との比較』 国立国語研究所著 三省堂 1983 381p 22cm(国立国語研究所報告 77) 8000円 Ⓝ815.8
☆「世界名著大事典」

03391「現代語の語彙調査・総合雑誌の用語」
『総合雑誌の用語―現代語の語彙調査 前編』 国立国語研究所編 秀英出版 1957 182p 27cm(国立国語研究所報告 第12) Ⓝ814
☆「世界名著大事典」

木暮 理太郎　こぐれ・りたろう

03392「山の憶ひ出」
『山の憶ひ出 上巻』 木暮理太郎著 増補版 大修館書店 1975 556p 20cm(覆刻日本の山岳名著)〈企画・編集：日本山岳会 竜星閣昭和13年刊の複製 新装版 日本山岳会創立七十周年記念出版〉 Ⓝ290.9
☆「新・山の本おすすめ50選」、「世界名著大事典」、「日本の山の名著・総解説」、「山の名著 明治・大正・昭和戦前編」

心屋 仁之助　こころや・じんのすけ

03393「人間関係が「しんどい！」と思ったら読む本」
『人間関係が「しんどい！」と思ったら読む本』 心屋仁之助著 KADOKAWA 2014 219p 15cm(中経の文庫 こ-10-3)〈中経出版 2009

年刊の再刊〉 550円 Ⓘ978-4-04-600299-0 Ⓝ361.4
☆「3行でわかる名作&ヒット本250」

古今亭 志ん生　ここんてい・しんしょう

03394「古典落語 志ん生集」
『古典落語 志ん生集』 古今亭志ん生著 飯島友治編 筑摩書房 1989 493p 15cm(ちくま文庫) 780円 Ⓘ4-480-02348-8
☆「読書入門」

03395「びんぼう自慢」
『びんぼう自慢』 古今亭志ん生著 小島貞二編 筑摩書房 2005 341p 15cm(ちくま文庫)〈年譜あり〉 880円 Ⓘ4-480-42045-2 Ⓝ779.13
☆「自伝の名著101」

古在 由重　こざい・よししげ

03396「現代哲学」
『現代哲学』 古在由重著 河出書房 1955 145p 15cm(河出文庫) Ⓝ115.1
☆「世界名著大事典」、「明治・大正・昭和の名著・総解説」

小堺 桂悦郎　こざかい・けいえつろう

03397「なぜ、社長のベンツは4ドアなのか？」
『なぜ、社長のベンツは4ドアなのか？―誰も教えてくれなかった！ 裏会計学』 小堺桂悦郎著 新版 フォレスト出版 2011 219p 18cm(Forest 2545 shinsyo 045) 900円 Ⓘ978-4-89451-845-2 Ⓝ336.7
☆「超売れ筋ビジネス書101冊」、「マンガでわかるビジネス名著」

小酒井 不木　こさかい・ふぼく

03398「闘争」
『闘争―小酒井不木傑作集』 小酒井不木著 江戸川乱歩編 春秋社 1935 412p 20cm Ⓝ913.6
☆「世界の推理小説・総解説」

後嵯峨院　ごさがいん

03399「現存和歌六帖」
『中世百首歌・七夕御会和歌懐紙・中世私撰集』 朝日新聞社 1996 2冊 16×22～22cm(冷泉家時雨亭叢書 第34巻)〈複製 叢書の編者：冷泉家時雨亭文庫〉 全30000円 Ⓘ4-02-240334-9 Ⓝ911.145
☆「近代名著解題選集 3」

小崎 碇之介　こざき・ていのすけ

03400「海図と花」
『海図と花―小崎碇之介歌集』 小崎碇之介著

短歌新聞社　1978　221p　20cm（ポトナム叢書　第162篇）　2000円　Ⓝ911.168
☆「世界の海洋文学」

小崎 弘道　こざき・ひろみち

03401　「我国の宗教及道徳」
『我国の宗教及道徳』　小崎弘道著　警醒社　1903　294p　19cm　Ⓝ190
☆「世界名著大事典」

越谷 吾山　こしがや・ござん

03402　「物類称呼」
『物類称呼』　越谷吾山著　八坂書房　1976　207,31p　20cm（生活の古典双書　17）　2400円　Ⓝ818
☆「世界名著大事典」

越沢 明　こしざわ・あきら

03403　「東京の都市計画」
『東京の都市計画』　越沢明著　岩波書店　2011　262p　18cm（岩波新書）〈文献あり〉　820円　Ⓘ4-00-430200-5　Ⓝ518.8
☆「学問がわかる500冊 v.2」

小柴 秋夫　こしば・あきお

03404　「初航海のころ」
☆「世界の海洋文学」

小柴 昌俊　こしば・まさとし

03405　「物理屋になりたかったんだよ」
『物理屋になりたかったんだよ―ノーベル物理学賞への軌跡』　小柴昌俊著　朝日新聞社　2002　184p　19cm（朝日選書）〈文献あり〉　1000円　Ⓘ4-02-259819-0　Ⓝ289.1
☆「サイエンス・ブックレヴュー」

小島 敦夫　こじま・あつお

03406　「海―生きる、学ぶ、探る」
『海―生きる、学ぶ、探る』　小島敦夫編　大月書店　1987　230p　20cm（人と仕事　3）　1400円　Ⓘ4-272-30073-3　Ⓝ916
☆「世界の海洋文学」

03407　「海賊列伝」
『海賊列伝―古代・中世ヨーロッパ海賊の光と影』　小島敦夫著　誠文堂新光社　1985　312p　20cm〈参考文献：p302～306〉　2000円　Ⓘ4-416-88507-5　Ⓝ204
☆「世界の海洋文学」

03408　「至高の銀杯」
『至高の銀杯―アメリカス・カップ物語』　小島敦夫著　時事通信社　1987　343p　20cm〈主な参考文献：p335～336〉　1800円

Ⓘ4-7887-8729-6　Ⓝ785.7
☆「世界の海洋文学」

小島 至　こじま・いたる

03409　「カルシウムと細胞情報」
『カルシウムと細胞情報』　小島至著　羊土社　1992　156p　21cm（実験医学バイオエンス　3）〈参考文献：p147〉　2500円　Ⓘ4-946398-76-7　Ⓝ491.46
☆「学問がわかる500冊 v.2」

小島 烏水　こじま・うすい

03410　「アルピニストの手記」
『アルピニストの手記』　小島烏水著　平凡社　1996　306p　16cm（平凡社ライブラリー）　980円　Ⓘ4-582-76175-5　Ⓝ786.1
☆「日本の山の名著・総解説」、「山の名著 明治・大正・昭和戦前編」

03411　「山水無尽蔵」
『山水無尽蔵』　小島烏水著　隆文館　1906　312p 図版　20cm　Ⓝ291.09
☆「日本の山の名著・総解説」、「山の名著 明治・大正・昭和戦前編」

03412　「日本アルプス」
『日本アルプス―山岳紀行文集』　小島烏水著　近藤信行編　岩波書店　2009　444p　15cm（岩波文庫）　900円　Ⓘ4-00-311351-9
☆「世界の旅行101」、「世界名著大事典」、「日本の山の名著・総解説」、「日本文芸鑑賞事典 第4巻」、「山の名著 明治・大正・昭和戦前編」

03413　「氷河と万年雪の山」
『氷河と万年雪の山』　小島烏水著　大修館書店　1975　406p 図版39枚　20cm（覆刻日本の山岳名著）〈企画・編集：日本山岳会 梓書房昭和7年刊の複製 日本山岳会創立七十周年記念出版〉　Ⓝ290.9
☆「日本の山の名著・総解説」、「山の名著 明治・大正・昭和戦前編」

児島 喜久雄　こじま・きくお

03414　「天平彫刻」
『天平彫刻』　児島喜久雄等編　増補版　生活百科刊行会　1954　214p 図版17枚　27cm〈原色版1枚〉　Ⓝ712.1
☆「世界名著大事典」

小島 勗　こじま・つとむ

03415　「地平に現われるもの」
『日本プロレタリア文学集　13　「文芸戦線」作家集　4』　新日本出版社　1986　406p　19cm　2600円　Ⓘ4-406-01361-X　Ⓝ913.68
☆「日本のプロレタリア文学」

小島 信夫　こじま・のぶお

03416　「アメリカン・スクール」
『アメリカン・スクール』　小島信夫著　20刷改版　新潮社　2008　390p　16cm（新潮文庫）　552円　①978-4-10-114501-3　Ⓝ913.6
☆「世界名著大事典 補遺(Extra)」、「日本文芸鑑賞事典 第16巻」、「ポケット日本名作事典」

03417　「燕京大学部隊」
『アメリカン・スクール』　小島信夫著　20刷改版　新潮社　2008　390p　16cm（新潮文庫）　552円　①978-4-10-114501-3　Ⓝ913.6
☆「世界名著大事典 補遺(Extra)」

03418　「汽車の中」
『アメリカン・スクール』　小島信夫著　20刷改版　新潮社　2008　390p　16cm（新潮文庫）　552円　①978-4-10-114501-3　Ⓝ913.6
☆「世界名著大事典 補遺(Extra)」

03419　「郷里の言葉」
『小島信夫集』　小島信夫著　新潮社　1972　312p　20cm（新潮日本文学　54）〈背のタイトル：小島信夫　肖像あり　年譜あり〉　①4-10-620154-2　Ⓝ913.6
☆「現代文学名作探訪事典」

03420　「小銃」
『小銃』　小島信夫著　集英社　1977　256p　16cm（集英社文庫）　220円　Ⓝ913.6
☆「世界名著大事典 補遺(Extra)」

03421　「疎林への道」
『福永武彦・小島信夫集』　福永武彦,小島信夫著　筑摩書房　1977　401p　23cm（現代日本文学　29）〈肖像あり〉　Ⓝ913.6
☆「現代文学名作探訪事典」

03422　「微笑」
『微笑―小説』　小島信夫著　河出書房　1955　208p 図版　18cm（河出新書）　Ⓝ913.6
☆「現代文学名作探訪事典」

03423　「抱擁家族」
『抱擁家族』　小島信夫著　講談社　1988　295p　16cm（講談社文芸文庫）〈参考資料・著書目録：p291～295〉　600円　①4-06-196008-3　Ⓝ913.6
☆「一度は読もうよ! 日本の名著」、「一冊で日本の名著100冊を読む」、「現代文学鑑賞辞典」、「世界名著大事典 補遺(Extra)」、「日本の小説101」、「日本文学名作案内」、「日本文学名作事典」、「日本文芸鑑賞事典 第19巻」、「ポケット日本名作事典」、「名作はこのように始まる 1」

児島 襄　こじま・のぼる

03424　「児島襄戦史著作集」
『児島襄戦史著作集　vol.1　天皇　1』　文芸春秋　1979　443p　20cm　1700円　Ⓝ210.75
☆「日本陸軍の本・総解説」

03425　「戦艦大和」
『戦艦大和』　児島襄著　カゼット出版　2006　542p　19cm〈文献あり　星雲社［発売］〉　1800円　①4-434-08142-X　Ⓝ913.6
☆「日本海軍の本・総解説」

03426　「天皇の島」
『天皇の島』　児島襄著　講談社　1967　210p 図版　20cm　340円　Ⓝ393.2
☆「今だから知っておきたい戦争の本70」

03427　「広田弘毅夫人の死」
『東京裁判　上』　児島襄著　改版　中央公論新社　2007　305p　16cm（中公文庫）　1048円　①978-4-12-204837-9　Ⓝ329.67
☆「今だから知っておきたい戦争の本70」

小嶋 秀夫　こじま・ひでお

03428　「児童心理学への招待」
『児童心理学への招待―学童期の発達と生活』　小嶋秀夫,森下正康共著　改訂版　サイエンス社　2004　281p　21cm（新心理学ライブラリ　3　梅本堯夫,大山正監修）〈文献あり〉　2300円　①4-7819-1077-7　Ⓝ371.45
☆「学問がわかる500冊」

小島 政二郎　こじま・まさじろう

03429　「円朝」
『円朝　上』　小島政二郎著　河出書房新社　2008　462p　15cm（河出文庫）　950円　①978-4-309-40910-8　Ⓝ913.6
☆「ポケット日本名作事典」、「歴史小説・時代小説総解説」

児島 美都子　こじま・みつこ

03430　「新医療ソーシャルワーカー論」
『新医療ソーシャルワーカー論―その制度的確立をもとめて』　児島美都子著　京都 ミネルヴァ書房　1991　229p　22cm（Minerva新社会福祉選書　5）　2200円　①4-623-02087-8　Ⓝ369.4
☆「学問がわかる500冊」

小島法師　こじまほうし

03431　「太平記」
『太平記』　小島法師原作　村松定孝文　ぎょうせい　1995　181p　22cm（新装少年少女世界名作全集　47）〈新装版〉　1300円　①4-324-04374-4
☆「あらすじダイジェスト 日本の古典30を読む」、「あらすじで読む日本の古典」（楽書館,中経出版［発

売〕）、「あらすじで読む日本の古典」（新人物往来社）、「一度は読もうよ！ 日本の名著」、「一冊で日本の古典100冊を読む」、「一冊で100名作の「さわり」を読む」、「近代名著解題選集 3」、「古典の事典」、「古典文学鑑賞辞典」、「この一冊で読める！「日本の古典50冊」」、「作品と作者」、「3行でわかる名作&ヒット本250」、「知らないと恥ずかしい「日本の名作」あらすじ200本」、「世界名作事典」、「世界名著大事典」、「千年の百冊」、「尊王 十冊の名著」、「地図とあらすじで読む歴史の名著」、「2ページでわかる日本の古典傑作選」、「日本古典への誘い100選 2」、「日本の古典」、「日本の古典・世界の古典」、「日本の書物」、「日本の名著」、「日本文学鑑賞辞典〔第1〕」、「日本文学の古典50選」、「日本文学名作案内」、「日本名著概観」、「日本文学名作事典」、「日本名著辞典」、「日本歴史「古典籍」総覧」、「早わかり日本古典文学あらすじ事典」、「文学・名著300選の解説 '88年度版」、「マンガとあらすじでやさしく読める 日本の古典傑作30選」、「やさしい古典案内」、「歴史の名著100」

古城 貞吉　こじょう・ていきち

03432 「支那文学史」
『支那文学史』 古城貞吉著 訂正版 富山房、育英舎 1902 585p 23cm Ⓝ920.2
☆「世界名著大事典」

五条堀 孝　ごじょうほり・たかし

03433 「エボルーション」
『エボルーション』 五条堀孝ほか編 共立出版 1996 395p 26cm〈『蛋白質核酸酵素』臨時増刊と同内容 各章末：文献〉 6489円
①4-320-05443-1 Ⓝ467.5
☆「学問がわかる500冊 v.2」

後白河法皇　ごしらかわほうおう

03434 「梁塵秘抄」
『梁塵秘抄』 後白河法皇編纂 川村湊訳 光文社 2011 288p 16cm〈光文社古典新訳文庫 K-Aコ-6-1〉〈並列シリーズ名：kobunsha classics 文献あり 年譜あり〉 781円
①978-4-334-75230-9 Ⓝ911.63
☆「学術辞典叢書 第15巻」、「近代名著解題選集 3」、「古典の事典」、「この一冊で読める！「日本の古典50冊」」、「作品と作者」、「3行でわかる名作&ヒット本250」、「世界名著解題選 第3巻」、「世界名著大事典」、「千年の百冊」、「日本古典への誘い100選 2」、「日本の古典・世界の古典」、「日本の古典名著」、「日本の書物」、「日本の名著」（角川書店）、「日本の名著」（毎日新聞社）、「日本の名著3分間読書100」、「日本文学鑑賞辞典〔第1〕」、「日本文学の古典50選」、「日本文学名作概観」、「日本名著辞典」、「文学・名著300選の解説 '88年度版」、「やさしい古典案内」

小杉 健治　こすぎ・けんじ

03435 「絆」
『絆 上』 小杉健治著 新座 埼玉福祉会 2008 361p 21cm〈大活字本シリーズ〉〈底本：集英社文庫「絆」〉 3200円
①978-4-88419-533-5 Ⓝ913.6
☆「世界の推理小説・総解説」

小杉 榲邨　こすぎ・すぎむら

03436 「有職故実」
『有職故実』 小杉榲邨述 早稲田 236p 22cm〈早稲田大学三十九年度文学教育科第二学年講義録〉 Ⓝ210.09
☆「世界名著大事典」

小杉 天外　こすぎ・てんがい

03437 「はつ姿」
『はつ姿』 小杉天外著 新潮社 1916 158p 16cm〈代表的名作選集 第17編〉 Ⓝ913.6
☆「世界名著大事典」

03438 「はやり唄」
『はやり唄』 小杉天外著 岩波書店 1954 203p 15cm〈岩波文庫〉 Ⓝ913.6
☆「世界名著大事典」、「日本文学鑑賞辞典〔第2〕」、「日本文学現代名作事典」、「日本文芸鑑賞事典 第2巻（1895～1903年）」

03439 「魔風恋風」
『大衆文学大系 2 小杉天外、菊池幽芳、黒岩涙香、押川春浪』 講談社 1971 803p 肖像 22cm〈監修：大仏次郎、川口松太郎、木村毅〉 2800円 Ⓝ913.608
☆「世界名著大事典」、「日本文学現代名作事典」、「百年の誤読」

後崇光院　ごすこういん

03440 「看聞御記」
『歴代残闕日記 第3冊 巻7～巻9』 黒川春村編 京都 臨川書店 1989 490p 22cm〈複製〉 ①4-653-01886-3, 4-653-01881-2 Ⓝ210.088
☆「世界名著大事典」

03441 「椿葉記」
『椿葉記』 後崇光院著 宮内庁書陵部 1985 1軸 31cm〈宮内庁書陵部所蔵の複製 付（別冊 70p 21cm）：解題・釈文 箱入〉 Ⓝ210.45
☆「日本歴史「古典籍」総覧」、「歴史の名著100」

小関 三英　こせき・さんえい

03442 「泰西内科集成」
☆「世界名著大事典」

03443 「那波列翁伝」

☆「古典の事典」

古関 彰一　こせき・しょういち
03444　「新憲法の誕生」
『新憲法の誕生』　古関彰一著　中央公論社　1995　450p　16cm（中公文庫）　980円　Ⓘ4-12-202289-4　Ⓝ323.14
☆「憲法本41」

小関 智弘　こせき・ともひろ
03445　「春は鉄までが匂った」
『春は鉄までが匂った』　小関智弘著　筑摩書房　2004　304p　15cm（ちくま文庫）　780円　Ⓘ4-480-03947-3　Ⓝ366.8
☆「現代を読む」

小瀬本 国雄　こせもと・くにお
03446　「艦爆一代」
『艦爆一代―栄光と苦闘・奇蹟の空戦記』　小瀬本国雄著　新版　今日の話題社　1986　252p　20cm（太平洋戦争ノンフィクション）〈著者の肖像あり〉　1500円　Ⓘ4-87565-124-4　Ⓝ916
☆「日本海軍の本・総解説」

後醍醐天皇　ごだいごてんのう
03447　「建武年中行事」
『建武年中行事註解』　和田英松註解　新訂　所功校訂　講談社　1989　460p　15cm（講談社学術文庫）〈付・日中行事註解〉　1100円　Ⓘ4-06-158895-8　Ⓝ210.09
☆「古典の事典」,「世界名著大事典」

小平 邦彦　こだいら・くにひこ
03448　「怠け数学者の記」
『怠け数学者の記』　小平邦彦著　岩波書店　2000　315p　15cm（岩波現代文庫 社会）　1000円　Ⓘ4-00-603019-3　Ⓝ410.49
☆「ブックガイド"数学"を読む」

小平 権一　こだいら・ごんいち
03449　「農業金融論」
『農業金融論』　小平権一著　巌松堂書店　1930　911,130p　23cm　Ⓝ611
☆「農政経済の名著 昭和前期編」

児玉 花外　こだま・かがい
03450　「社会主義詩集」
『社会主義詩集』　児玉花外著　岡野他家夫編　世界文庫　1962　226p 図版　19cm（世界文庫選書　1）　Ⓝ911.56
☆「世界名著大事典」,「日本文学鑑賞辞典〔第2〕」,「日本文学現代名作事典」

児玉 隆也　こだま・たかや
03451　「現代を歩く」
『現代を歩く』　児玉隆也著　新潮社　1976　279p　20cm　850円　Ⓝ304
☆「現代を読む」

国家学会　こっかがっかい
03452　「明治憲政経済史論」
『明治憲政経済史論』　国家学会編　日本図書センター　1977　431p　22cm〈国家学会創立満30年記念 国家学会大正8年刊の複製〉　7000円　Ⓝ312.1
☆「世界名著大事典」

小寺 春人　こでら・はると
03453　「新 人体の矛盾」
『新・人体の矛盾』　井尻正二,小寺春人著　築地書館　1994　237p　19cm　1900円　Ⓘ4-8067-4499-9　Ⓝ491.1
☆「学問がわかる500冊 v.2」

小寺 融吉　こでら・ゆうきち
03454　「日本近世舞踊史」
『日本近世舞踊史』　小寺融吉著　国書刊行会　1974　382p 図26枚　19cm〈雄山閣昭和6年刊の複製〉　Ⓝ766.91
☆「世界名著大事典」

後藤 明　ごとう・あきら
03455　「ビジュアル版 イスラーム歴史物語」
『ビジュアル版 イスラーム歴史物語』　後藤明著　講談社　2001　338,9p　21cm　2800円　Ⓘ4-06-209759-1
☆「世界史読書案内」

五島 茂　ごとう・しげる
03456　「ロバアト・オウエン著作史」
『ロバアト・オウエン著作史』　五島茂著　東洋書店　1974　3冊（続篇・附録共）　22cm（大阪商科大学研究叢書　第1冊,第3冊）〈大阪商科大学経済研究会昭和7-9年刊の複製　附録：'Scial System' (1821)考―ロバアト・オウエンの一稀覯論文について（ロバアト・オウエン協会編『ロバアト・オウエン論集』昭和46年刊の抜刷）〉　全2400円　Ⓝ363.2
☆「世界名著大事典」

後藤 守一　ごとう・しゅいち
03457　「日本歴史考古学」
『日本歴史考古学』　後藤守一著　5版　四海書房　1940　713p　22cm　Ⓝ210.02
☆「世界名著大事典」

後藤 宙外　ごとう・ちゅうがい

03458　「非自然主義」
『非自然主義』　後藤宙外著　日本図書センター　1990　220,120,9p　22cm〈近代文芸評論叢書10〉〈解説：小林一郎　春陽堂明治41年刊の複製〉　5150円　Ⓘ4-8205-9124-X　Ⓝ910.26
☆「世界名著大事典」

03459　「腐肉団」
『腐肉団』　後藤宙外著　春陽堂　1900　253p　23cm　Ⓝ913.6
☆「世界名著大事典」

03460　「明治文壇回顧録」
『明治文壇回顧録』　後藤宙外著　日本図書センター　1983　272,12p　22cm〈明治大正文学回想集成　8　平岡敏夫監修・解説〉〈岡倉書房昭和11年刊の複製〉　Ⓘ4-8205-6320-3　Ⓝ910.261
☆「世界名著大事典」

五島 勉　ごとう・べん

03461　「ノストラダムスの大予言」
『ノストラダムスの大予言　最終解答編』　五島勉著　祥伝社　1998　243p　18cm〈ノン・ブック〉〈最終解答編のサブタイトル：1999年、"恐怖の大王"の正体と最後の活路〉　829円　Ⓘ4-396-10400-6　Ⓝ147.2
☆「百年の誤読」

後藤 正治　ごとう・まさはる

03462　「空白の軌跡」
『空白の軌跡―心臓移植に賭けた男たち』　後藤正治著　講談社　1991　242p　15cm〈講談社文庫〉〈主な引用・参考文献：p225〜228〉　420円　Ⓘ4-06-184852-6　Ⓝ916
☆「現代を読む」

五島 美代子　ごとう・みよこ

03463　「暖流」
『暖流』　五島美代子著　三省堂　1936　240,10p　19cm〈心の華叢書　第31〉　Ⓝ911.16
☆「日本文芸鑑賞事典　第11巻〔昭和9〜昭和12年〕」

03464　「母の歌集」
『新輯母の歌集』　五島美代子著　短歌新聞社　1993　144p　15cm〈短歌新聞社文庫〉　700円　Ⓘ4-8039-0670-X　Ⓝ911.168
☆「日本文学鑑賞辞典〔第2〕」

後藤 明生　ごとう・めいせい

03465　「書かれない報告」
『書かれない報告』　後藤明生著　河出書房新社　1971　206p　20cm　650円　Ⓝ913.6
☆「日本の小説101」

03466　「挟み撃ち」
『挟み撃ち』　後藤明生著　河出書房新社　1973　242p　20cm　750円　Ⓝ913.6
☆「必読書150」

03467　「夢かたり」
『夢かたり』　後藤明生著　中央公論社　1978　379p　15cm〈中公文庫〉　400円　Ⓝ913.6
☆「現代文学鑑賞辞典」

後藤 梨春　ごとう・りしゅん

03468　「紅毛談」
『江戸科学古典叢書　17　紅毛談.蘭説弁惑』　恒和出版　1979　319,66p　22cm〈編集委員：青木国夫ほか　付〔図1枚〕〉　5500円　Ⓝ402.105
☆「世界名著大事典」，「日本名著辞典」

後藤 竜二　ごとう・りゅうじ

03469　「天使で大地はいっぱいだ」
『天使で大地はいっぱいだ』　後藤竜二著　市川禎男画　講談社　1995　189p　22cm〈子どもの文学傑作選〉　1300円　Ⓘ4-06-261160-0
☆「少年少女の名作案内　日本の文学リアリズム編」

後藤田 正晴　ごとうだ・まさはる

03470　「政と官」
『政と官』　後藤田正晴著　講談社　1994　252p　20cm　1500円　Ⓘ4-06-207226-2　Ⓝ310.4
☆「学問がわかる500冊」

後鳥羽院　ごとばいん

03471　「後鳥羽院御集」
『後鳥羽院御集』　後鳥羽院著　寺島恒世著　明治書院　1997　384p　22cm〈和歌文学大系　24　久保田淳監修〉〈文献あり　索引あり〉　5200円　Ⓘ4-625-51324-3　Ⓝ911.147
☆「近代名著解題選集 3」

03472　「後鳥羽院御口伝」
『歌論歌学集成　第7巻』　渡部泰明,小林一彦,山本一校注　三弥井書店　2006　340p　22cm　Ⓘ4-8382-3108-3　Ⓝ911.101
☆「近代名著解題選集 3」，「世界名著大事典」

03473　「千五百番歌合」
『千五百番歌合』　有吉保校　古典文庫　1962　4冊　17cm〈古典文庫　第178,181,184,186冊〉〈宮内庁書陵部蔵御所本の飜刻〉　Ⓝ911.18
☆「近代名著解題選集 3」，「世界名著大事典」

小中村 清矩　こなかむら・きよのり

03474　「歌舞音楽略史」
『歌舞音楽略史』　小中村清矩著　再版　岩波書店　1931　190p　肖像　16cm〈岩波文庫　296-297〉　Ⓝ768

☆「世界名著大事典」,「日本名著辞典」

小西 郁子　こにし・いくこ

03475　「小西さんちの家族登山」

『小西さんちの家族登山—妻が語る登山家・小西政継の素顔』　小西郁子著　山と渓谷社　1999　349p　20cm　1600円　Ⓘ4-635-17148-5　Ⓝ786.1

☆「新・山の本おすすめ50選」

小西 健二郎　こにし・けんじろう

03476　「学級革命」

『学級革命—子どもに学ぶ教師の記録』　小西健二郎著　国土社　1992　373p　20cm（現代教育101選　43）　3200円　Ⓘ4-337-65943-9　Ⓝ374.12

☆「教育名著 日本編」

小西 甚一　こにし・じんいち

03477　「日本文芸史」

『日本文芸史　1』　小西甚一著　講談社　1985　491p　22cm〈索引年表・研究文献：p458〜483〉　3900円　Ⓘ4-06-188811-0　Ⓝ910.2

☆「「本の定番」ブックガイド」

小西 政継　こにし・まさつぐ

03478　「マッターホルン北壁」

『マッターホルン北壁—日本人冬期初登攀』　小西政継著　山と渓谷社　2013　283p　15cm（ヤマケイ文庫）〈著作目録あり 年譜あり〉　880円　Ⓘ978-4-635-04755-5　Ⓝ293.45

☆「日本の山の名著・総解説」、「山の名著30選」

小西 来山　こにし・らいざん

03479　「今宮草」

『今宮草—正続』　小西来山著　島道素石校訂　大阪　天青堂　1925　124p 図版　19cm（古俳書文庫　第12篇）　Ⓝ911.33

☆「世界名著大事典」

小沼 勇　こぬま・いさむ

03480　「漁村の俳句」

『漁村の俳句』　小沼勇編　創造書房　1980　267p　14×19cm　2500円　Ⓝ911.367

☆「世界の海洋文学」

近衛 家熙　このえ・いえひろ

03481　「槐記」

『槐記　巻第1-7, 続編巻1-4』　近衛家熙著　山科道安　哲学書院　1900　3冊　27cm　Ⓝ914

☆「古典の事典」

近衛 政家　このえ・まさいえ

03482　「後法興院政家記」

『続史料大成　第5巻　後法興院記　1』　竹内理三編　近衛政家著　増補　京都　臨川書店　1994　412p　22cm〈第4刷（第1刷：昭和42年）複製〉　Ⓘ4-653-00449-8, 4-653-00448-X　Ⓝ210.088

☆「世界名著大事典」

小橋 良夫　こばし・よしお

03483　「世界兵器図鑑（日本篇）」

『世界兵器図鑑—小銃・拳銃・機関銃・火砲・ロケット砲・その他の火器　日本編』　小橋良夫著　国際出版　1973　248p　27cm　2200円　Ⓝ559.1

☆「日本陸軍の本・総解説」

小葉田 淳　こばた・あつし

03484　「日本貨幣流通史」

『日本貨幣流通史』　小葉田淳著　刀江書院　1969　681p　22cm〈初版：昭和5年刊 昭和18年刊の改訂増補版に近作の小篇を附録に加えたもの〉　3800円　Ⓝ337.21

☆「世界名著大事典」

小浜 逸郎　こはま・いつお

03485　「学校の現象学のために」

『学校の現象学のために』　小浜逸郎著　大和書房　1995　221p　20cm〈新装版〉　1800円　Ⓘ4-479-75031-2　Ⓝ370.4

☆「学問がわかる500冊」

小林 一三　こばやし・いちぞう

03486　「日本歌劇概論」

『日本歌劇概論』　小林一三著　〔小浜村（兵庫県川辺郡）〕　宝塚少女歌劇団出版部　1937　149p　19cm（宝塚叢書　第2編）　Ⓝ766

☆「近代日本の百冊を選ぶ」

小林 一茶　こばやし・いっさ

03487　「一茶俳句集」

『一茶俳句集』　小林一茶著　荻原井泉水編　改版　岩波書店　1958　206p　15cm（岩波文庫）　Ⓝ911.35

☆「50歳からの名著入門」

03488　「一茶発句集」

『一茶発句集』　小林一茶著　栗生純夫編並校訂　柏原村（長野県上水内郡）　一茶屋書房　1942　116p　19cm　Ⓝ911.35

☆「古典の事典」、「世界名作事典」、「世界名著大事典」、「日本の古典・世界の古典」

03489　「おらが春」

『おらが春』 小林一茶著 黄色瑞華校注 明治書院 1988 139p 22cm〈略年譜：p126〜132〉 1500円 ⓘ4-625-31006-7 Ⓝ911.35
☆「学術辞典叢書 第15巻」、「古典の事典」、「この一冊で読める！」「日本の古典50冊」、「作品と作者」、「3行でわかる名作&ヒット本250」、「世界名著解題選 第1巻」、「世界名著大事典」、「千年の百冊」、「2ページでわかる日本の古典傑作選」、「日本の古典名著」、「日本の書物」、「日本の名著（角川書店）」、「日本の名著（毎日新聞社）」、「日本の名著3分間読書100」、「日本文学鑑賞辞典〔第1〕」、「日本文学名作概観」、「日本文学名作事典」、「日本名著辞典」、「文学・名著300選の解説 '88年度版」、「マンガとあらすじでやさしく読める 日本の古典傑作30選」

03490 「七番日記」
『七番日記 上』 一茶［著］ 丸山一彦校注 岩波書店 2003 439p 15cm（岩波文庫） 900円 ⓘ4-00-302235-1 Ⓝ911.35
☆「世界名著大事典」

03491 「父の終焉日記」
『父の終焉日記——一茶遺稿』 小林一茶著 荻原井泉水校 岩波書店 1934 82p 16cm（岩波文庫 988） Ⓝ915
☆「世界名著大事典」

小林 一輔 こばやし・かずすけ
03492 「コンクリートが危ない」
『コンクリートが危ない』 小林一輔著 岩波書店 2002 230p 18cm（岩波新書）〈第9刷〉 700円 ⓘ4-00-430616-7
☆「教養のためのブックガイド」

小林 久三 こばやし・きゅうぞう
03493 「皇帝のいない八月」
『皇帝のいない八月』 小林久三著 日本文芸社 1997 333p 15cm（日文庫） 543円 ⓘ4-537-08018-3 Ⓝ913.6
☆「世界の推理小説・総解説」

03494 「錆びた炎」
『錆びた炎』 小林久三著 日本文芸社 1999 383p 15cm（日文庫） 552円 ⓘ4-537-08070-1 Ⓝ913.6
☆「世界の推理小説・総解説」

小林 恭二 こばやし・きょうじ
03495 「カブキの日」
『カブキの日』 小林恭二著 新潮社 2002 385p 16cm（新潮文庫） 552円 ⓘ4-10-147812-0 Ⓝ913.6
☆「現代文学鑑賞辞典」

小林 憲正 こばやし・けんせい
03496 「アストロバイオロジー」
『アストロバイオロジー——宇宙が語る〈生命の起源〉』 小林憲正著 岩波書店 2008 122p 19cm（岩波科学ライブラリー 147） 1300円 ⓘ978-4-00-007487-2 Ⓝ460
☆「ブックガイド "宇宙" を読む」

古林 佐知子 こばやし・さちこ
03497 「「老人福祉」とは何か」
『「老人福祉」とは何か——新しい人間社会の創造をめざして』 一番ケ瀬康子, 古林佐知子著 京都 ミネルヴァ書房 1988 194p 21cm〈参考文献：p189〜194〉 1500円 ⓘ4-623-01865-2 Ⓝ369.26
☆「学問がわかる500冊」

小林 昭七 こばやし・しょうしち
03498 「曲線と曲面の微分幾何」
『曲線と曲面の微分幾何』 小林昭七著 改訂版 裳華房 1995 208p 22cm 2678円 ⓘ4-7853-1091-X Ⓝ414.7
☆「数学ブックガイド100」

小林 清治 こばやし・せいじ
03499 「中世奥羽の世界」
『中世奥羽の世界』 大石直正ほか執筆 小林清治, 大石直正編 東京大学出版会 1978 239, 34p 19cm（Up選書 185）〈巻末：中世奥羽略年表・参考文献目録〉 900円 Ⓝ212
☆「歴史家の読書案内」

小林 園夫 こばやし・そのお
03500 「あいつ安んぜよ」
☆「日本のプロレタリア文学」

小林 太市郎 こばやし・たいちろう
03501 「中国絵画史論攷」
『中国絵画史論攷』 小林太市郎著 京都 大八洲出版 1947 325p 図版 19cm Ⓝ722
☆「人文科学の名著」

03502 「大和絵史論」
『大和絵史論』 小林太市郎著 京都 全国書房 1946 421p 図版48枚 27cm Ⓝ721.2
☆「世界名著大事典」

小林 多喜二 こばやし・たきじ
03503 「蟹工船」
『蟹工船——小樽・函館』 小林多喜二［著］ JTBパブリッシング 2010 175p 15cm（名作旅訳文庫 1）〈並列シリーズ名：Meisaku tabiyaku bunko 文献あり〉 500円 ⓘ978-4-533-07724-1 Ⓝ913.6

☆「あらすじで読む日本の名著」（楽書館, 中経出版〔発売〕），「あらすじで読む日本の名著」（新人物往来社），「一度は読もうよ！日本の名著」，「一冊で日本の名著100冊を読む」，「一冊で100名作の「さわり」を読む」，「感動！日本の名著 近現代編」，「近代文学名作事典」，「現代文学鑑賞辞典」，「この一冊でわかる日本の名作」，「3行でわかる名作&ヒット本250」，「Jブンガク」，「昭和の名著」，「知らないと恥ずかしい「日本の名作」あらすじ200本」，「図説 5分でわかる日本の名作」，「世界の海洋文学」，「世界名作事典」，「世界名著案内 5」，「世界名著大事典」，「2時間でわかる日本の名著」，「日本近代文学名著事典」，「日本人なら知っておきたいあらすじで読む日本の名著」，「日本・世界名作「愛の会話」100章」，「日本の小説101」，「日本のプロレタリア文学」，「日本の名作おさらい」，「日本の名著」（角川書店），「日本の名著」（毎日新聞社），「日本の名著3分間読書100」，「日本文学鑑賞辞典〔第2〕」，「日本文学現代名作事典」，「日本文学名作案内」，「日本文学名作事典」，「日本文芸鑑賞事典 第9巻」，「日本名作文学館 日本編」，「日本名著辞典」，「日本・名著のあらすじ」，「入門名作の世界」，「ひと目でわかる日本の名作」，「百年の誤読」，「文学・名著300選の解説 '88年度版」，「ポケット日本名作事典」，「名作の書き出しを諳んじる」，「明治・大正・昭和のベストセラー」

03504　「一九二八年三月十五日」
『一九二八年三月十五日』　小林多喜二著　ほるぷ出版　1980　96p　19cm〈小林多喜二文学館　初版本による複刻全集〉〈日本プロレタリア作家叢書 no.9（戦旗社昭和5年刊）の複製〉Ⓝ918.68
☆「世界名著大事典」，「日本のプロレタリア文学」，「日本文学鑑賞辞典〔第2〕」

03505　「党生活者」
『党生活者』　小林多喜二著　ほるぷ出版　1980　130p　18cm〈小林多喜二文学館　初版本による複刻全集〉〈民衆書房昭和22年刊の複製〉Ⓝ918.68
☆「一度は読もうよ！日本の名著」，「一冊で日本の名著100冊を読む 続」，「現代文学鑑賞辞典」，「世界名著大事典」，「日本のプロレタリア文学」，「日本文学鑑賞辞典〔第2〕」，「日本文学現代名作事典」，「ベストガイド日本の名著」，「ポケット日本名作事典」，「明治・大正・昭和の名著・総解説」

小林 忠太郎　こばやし・ちゅうたろう
03506　「昭和棄民船」
『昭和棄民船―あるぜんちな丸第十四次航海覚書』　小林忠太郎著　社会評論社　1984　278p　20cm　1800円　Ⓝ916
☆「世界の海洋文学」

小林 哲也　こばやし・てつや
03507　「多文化教育の比較研究」
『多文化教育の比較研究―教育における文化的同化と多様化』　小林哲也, 江淵一公編　第3版　福岡　九州大学出版会　1997　362p　21cm　5800円　Ⓘ4-87378-518-9　Ⓝ372
☆「学問がわかる500冊」

小林 照幸　こばやし・てるゆき
03508　「害虫殱滅工場」
『害虫殱滅工場―ミバエ根絶に勝利した沖縄の奇蹟』　小林照幸著　中央公論新社　1999　291p　20cm　2000円　Ⓘ4-12-002956-5　Ⓝ615.86
☆「戦略の名著！ 最強43冊のエッセンス」

小林 登志子　こばやし・としこ
03509　「シュメル―人類最古の文明」
『シュメル―人類最古の文明』　小林登志子著　中央公論新社　2005　300p　18cm〈中公新書〉〈年表あり　文献あり〉　940円　Ⓘ4-12-101818-4　Ⓝ227.3
☆「世界史読書案内」

小林 直樹　こばやし・なおき
03510　「現代基本権の展開」
『現代基本権の展開』　小林直樹著　岩波書店　1976　406p　19cm〈現代法叢書〉　1600円　Ⓝ313.19
☆「憲法本41」

小林 信彦　こばやし・のぶひこ
03511　「紳士同盟」
『紳士同盟』　小林信彦著　扶桑社　2008　501p　16cm〈扶桑社文庫〉〈著作目録あり〉　743円　Ⓘ978-4-594-05703-9　Ⓝ913.6
☆「世界の推理小説・総解説」

03512　「ぼくたちの好きな戦争」
『ぼくたちの好きな戦争』　小林信彦著　新潮社　1993　454p　15cm〈新潮文庫〉　560円　Ⓘ4-10-115824-X　Ⓝ913.6
☆「現代文学鑑賞辞典」

小林 則子　こばやし・のりこ
03513　「やさしく海に抱かれたい」
『優しく海に抱かれたい』　小林則子著　集英社　1994　284p　20cm　1700円　Ⓘ4-08-775177-5　Ⓝ290.9
☆「世界の海洋文学」

03514　「リブ号の航海」
『リブ号の航海』　小林則子著　文芸春秋　1980　270p　16cm〈文春文庫〉〈著者の肖像あり〉　300円　Ⓝ916
☆「世界の海洋文学」

小林 秀雄　こばやし・ひでお

03515　「近代絵画」
『近代絵画』　小林秀雄著　新潮社　1968　274p　図版　16cm(新潮文庫)　170円　Ⓝ723.04
☆「昭和の名著」

03516　「ゴッホの手紙」
『ゴッホの手紙』　小林秀雄著　〔改版〕　角川書店　1989　225p　15cm〈角川文庫〉〈第21刷(第1刷：68.8.26)〉　440円
Ⓘ4-04-114106-0
☆「世界名著大事典」

03517　「様々なる意匠」
『様々なる意匠』　小林秀雄著　改造社　1934　301p　18cm(文芸復興叢書　〔第16〕)　Ⓝ901
☆「日本文芸鑑賞事典 第9巻」、「必読書150」、「ベストガイド日本の名著」、「明治・大正・昭和の名著・総解説」

03518　「私小説論」
『私小説論』　小林秀雄著　創元社　1951　116p　図版　15cm〈創元文庫　A 第18〉　Ⓝ901.3
☆「感動！日本の名著 近現代編」、「現代文学鑑賞事典」、「日本の名著」(毎日新聞社)、「日本の名著」(中央公論新社)、「日本文芸鑑賞事典 第11巻(昭和9～昭和12年)」、「文学・名著300選の解説 '88年度版」

03519　「ドストエフスキイの生活」
『ドストエフスキイの生活』　小林秀雄著　33刷改版　新潮社　2005　625p　16cm〈新潮文庫〉〈年譜あり〉　781円　Ⓘ4-10-100703-9　Ⓝ980.268
☆「日本文芸鑑賞事典 第12巻」

03520　「文芸評論」
『文芸評論　上巻』　小林秀雄著　筑摩書房　1974　374p 図　20cm(筑摩叢書)　1300円　Ⓝ904
☆「世界名著大事典」、「日本近代文学名著事典」、「日本文学現代名作事典」

03521　「無常といふ事」
『無常といふ事』　小林秀雄著　角川書店　1954　88p　15cm〈角川文庫〉　Ⓝ914.6
☆「近代文学名作事典」、「現代人のための名著」、「新潮文庫20世紀の100冊」、「世界名著大事典」、「21世紀の必読書100選」、「日本の名著」、「日本文芸鑑賞事典 第13巻」

03522　「モオツァルト」
『モオツァルト―他三篇』　小林秀雄著　角川書店　1959　112p　15cm〈角川文庫〉　Ⓝ762.4
☆「新潮文庫20世紀の100冊」、「ベストガイド日本の名著」、「明治・大正・昭和の名著・総解説」

03523　「本居宣長」
『本居宣長　上巻』　小林秀雄著　9刷改版　新潮社　2007　475p　16cm(新潮文庫)〈肖像あり〉　667円　Ⓘ978-4-10-100706-9　Ⓝ121.52
☆「現代文学鑑賞辞典」、「日本思想史」、「日本文芸鑑賞事典 第19巻」

小林 弘子　こばやし・ひろこ

03524　「「海洋調査船へりおす」からのメッセージ」
『「海洋調査船へりおす」からのメッセージ』　小林弘子著　ヒューマンドキュメント社　1987　245p　20cm〈星雲社〔発売〕　著者の肖像あり〉　2300円　Ⓘ4-7952-3247-4　Ⓝ683.7
☆「世界の海洋文学」

小林 勝利　こばやし・まさとし

03525　「シルクのはなし」
『シルクのはなし』　小林勝利,鳥山国士編著　技報堂出版　1993　179p　19cm〈執筆：青木昭ほか〉　1545円　Ⓘ4-7655-4393-5　Ⓝ630
☆「学問がわかる500冊 v.2」

小林 道夫　こばやし・みちお

03526　「フランス哲学・思想事典」
『フランス哲学・思想事典』　小林道夫ほか編　弘文堂　1999　699p　22cm　13000円　Ⓘ4-335-15043-1　Ⓝ135
☆「学問がわかる500冊」

小林 行雄　こばやし・ゆきお

03527　「日本考古学概説」
『日本考古学概説』　小林行雄著　創元社　1951　320p 図版　19cm〈創元選書　第218〉　Ⓝ210.02
☆「世界名著大事典」

03528　「弥生式土器聚成図録」
『弥生式土器聚成図録　正篇』　森本六爾,小林行雄編　大阪　東京考古学会　1939　119,70p 図版47枚　32cm〈東京考古学会学報　第1冊〉〈特製本〉　Ⓝ210.02
☆「世界名著大事典」

小林 良彰　こばやし・よしあき

03529　「選挙制度」
『選挙制度―民主主義再生のために』　小林良彰著　丸善　1994　211p　18cm〈丸善ライブラリー　135〉〈参考文献：p169～173〉　640円　Ⓘ4-621-05135-0　Ⓝ314.7
☆「学問がわかる500冊」

小針 晛宏　こはり・あきひろ

03530　「数学の七つの迷信」
『数学の七つの迷信』　小針晛宏著　森毅編　東

後深草院二条　ごふかくさいんのにじょう

03531　「とはずがたり」

『とはずがたり』　後深草院二条著　岸田依子, 西沢正史校注　三弥井書店　1988　252p　21cm〈奥付の責任表示（誤植）：吉沢正史　年譜あり〉　①4-8382-7003-8　Ⓝ915.49

☆「あらすじダイジェスト 日本の古典30を読む」,「一度は読もうよ！ 日本の名著」,「一冊で日本の古典100冊を読む」,「『こころ』は本当に名作か」,「古典の事典」,「古典文学鑑賞辞典」,「3行でわかる名作&ヒット本250」,「自伝の名著101」,「世界名著大事典」,「千年の百冊」,「日本の古典」,「日本の古典名著」,「日本の書物」,「日本の名著3分間読書100」,「早わかり日本古典文学あらすじ事典」,「やさしい古典案内」

小福田 晧文　こふくだ・てるふみ

03532　「指揮官空戦記」

『指揮官空戦記—ある零戦隊長のリポート』　小福田晧文著　新装版　光人社　2004　434p　16cm（光人社NF文庫）　857円
①4-7698-2044-5　Ⓝ916

☆「日本海軍の本・総解説」

小堀 憲　こぼり・あきら

03533　「大数学者」

『大数学者』　小堀憲著　筑摩書房　2010　257p　15cm（ちくま学芸文庫　コ32-1-［Math & science］）〈文献あり〉　1100円
①978-4-480-09277-9　Ⓝ410.28

☆「現代人のための名著」

小堀 杏奴　こぼり・あんぬ

03534　「晩年の父」

『晩年の父』　小堀杏奴著　岩波書店　2006　223p　15cm（岩波文庫）　560円
①4-00-310981-3

☆「日本文学鑑賞辞典〔第2〕」

狛 近真　こま・ちかざね

03535　「教訓抄」

『教訓抄』　狛近真著　正宗敦夫編纂校訂　現代思潮社　1977　~1冊（頁付なし）　16cm（覆刻日本古典全集）〈日本古典全集刊行会昭和3年刊の複製〉　Ⓝ768.2

☆「古典の事典」,「世界名著大事典」,「日本の古典名著」

駒井 和愛　こまい・かずちか

03536　「東亜考古学」

『東亜考古学』　駒井和愛著　弘文堂　1952　109p 図版30p　19cm　Ⓝ222.002

☆「世界名著大事典」

03537　「東洋考古学」

『東洋考古学』　駒井和愛, 江上波夫, 後藤守一著　平凡社　1940　632p 図版 地図　23cm〈世界歴史大系（昭和9-11年刊）の第2に内容同じ〉　Ⓝ220.02

☆「人文科学の名著」

小牧 健夫　こまき・たけお

03538　「ヘルダーリーン研究」

『ヘルダーリーン研究』　小牧健夫著　白水社　1953　485p 図版　22cm　Ⓝ940.28

☆「世界名著大事典」

駒込 武　こまごめ・たけし

03539　「植民地帝国日本の文化統合」

『植民地帝国日本の文化統合』　駒込武著　岩波書店　1996　465,17p　22cm　8000円
①4-00-002959-2　Ⓝ210.6

☆「東アジア論」

駒田 信二　こまだ・しんじ

03540　「島」

『島』　駒田信二著　筑摩書房　1971　253p　20cm　700円　Ⓝ913.6

☆「世界の海洋文学」

03541　「中国妖姫伝」

『中国妖姫伝』　駒田信二著　講談社　1979　270p　15cm（講談社文庫）〈年譜：p263～270〉　300円　Ⓝ913.6

☆「歴史小説・時代小説 総解説」

小松 醇郎　こまつ・あつお

03542　「いろいろな幾何学」

『いろいろな幾何学』　小松醇郎著　岩波書店　1977　190p　18cm（岩波新書）　280円　Ⓝ414

☆「数学ブックガイド100」

小松 和彦　こまつ・かずひこ

03543　「異人論」

『異人論—民俗社会の心性』　小松和彦著　筑摩書房　1995　285p　15cm（ちくま学芸文庫）　900円　①4-480-08218-2　Ⓝ380

☆「学問がわかる500冊 v.2」

小松 左京　こまつ・さきょう

03544　「あやつり心中」

『あやつり心中』　小松左京著　徳間書店　1986　312p　16cm（徳間文庫）　440円
①4-19-578033-0　Ⓝ913.6

☆「歴史小説・時代小説 総解説」

03545 「虚無回廊」
『虚無回廊』 小松左京著 徳間書店 2011 405p 20cm 2000円 ⓘ978-4-19-863285-4 Ⓝ913.6
☆「世界のSF文学・総解説」

03546 「ゴルディアスの結び目」
『ゴルディアスの結び目』 小松左京著 角川春樹事務所 1998 314p 16cm（ハルキ文庫） 667円 ⓘ4-89456-391-6 Ⓝ913.6
☆「世界のSF文学・総解説」

03547 「継ぐのは誰か？」
『見知らぬ明日─長編小説 継ぐのは誰か？─長編小説』 小松左京著 東金 城西国際大学出版会 2010 359p 22cm（小松左京全集 完全版 4 小松左京［著］） 4572円 ⓘ978-4-903624-04-4 Ⓝ913.6
☆「世界のSF文学・総解説」

03548 「日本アパッチ族」
『日本アパッチ族』 小松左京著 角川春樹事務所 2012 372p 16cm（ハルキ文庫 こ1-31）〈光文社文庫 1999年刊の再刊〉 914円 ⓘ978-4-7584-3690-8 Ⓝ913.6
☆「世界のSF文学・総解説」、「ポケット日本名作事典」

03549 「日本沈没」
『日本沈没─長編小説』 小松左京著 東金 城西国際大学出版会 2011 430p 22cm（小松左京全集 完全版 5 小松左京［著］） 4572円 ⓘ978-4-903624-05-1 Ⓝ913.6
☆「あの本にもう一度」、「あらすじで味わう昭和のベストセラー」、「現代文学鑑賞辞典」、「知らないと恥ずかしい「日本の名作」あらすじ200本」、「世界のSF文学・総解説」、「日本文学名作案内」、「日本文芸鑑賞事典 第20巻（昭和42〜50年）」、「百年の誤読」

03550 「果しなき流れの果に」
『果しなき流れの果に』 小松左京著 角川春樹事務所 1997 437p 16cm（ハルキ文庫） 800円 ⓘ4-89456-369-X Ⓝ913.6
☆「世界のSF文学・総解説」、「21世紀の必読書100選」

03551 「復活の日」
『復活の日─長編小説 果しなき流れの果に─長編小説』 小松左京著 東金 城西国際大学出版会 2008 491p 22cm（小松左京全集 完全版 2 小松左京著） 4572円 ⓘ978-4-903624-02-0 Ⓝ913.6
☆「世界のSF文学・総解説」

小松 易 こまつ・やすし
03552 「たった1分で人生が変わる片づけの習慣」
『たった1分で人生が変わる片づけの習慣』 小松易著 中経出版 2012 223p 15cm（中経の文庫 こ-13-1）〈2009年刊の加筆・再編集〉 571円 ⓘ978-4-8061-4561-5 Ⓝ597.9
☆「3行でわかる名作&ヒット本250」

小松 芳喬 こまつ・よしたか
03553 「封建英国とその崩壊過程」
『封建英国とその崩壊過程』 小松芳喬著 3版 弘文堂 1949 303p 22cm Ⓝ332.33
☆「世界名著大事典」

小松 美彦 こまつ・よしひこ
03554 「対論 人は死んではならない」
『対論 人は死んではならない』 小松美彦著 春秋社 2002 317p 19cm 2500円 ⓘ4-393-33215-6
☆「サイエンス・ブックレヴュー」

03555 「脳死・臓器移植の本当の話」
『脳死・臓器移植の本当の話』 小松美彦著 PHP研究所 2004 424p 18cm（PHP新書）〈文献あり〉 950円 ⓘ4-569-62615-7 Ⓝ490.154
☆「サイエンス・ブックレヴュー」

小松 錬平 こまつ・れんぺい
03556 「鯨の海」
『鯨の海─ルポ』 小松錬平著 朝日新聞社 1973 294p 19cm〈『朝日新聞』に昭和48年4月から5月に掲載されたもの〉 600円 Ⓝ664.9
☆「世界の海洋文学」

小松屋 百亀 こまつや・ひゃっき
03557 「艶道俗説弁」
『艶道俗説辯』 ［不知足］［著］ 尾崎久彌校訂 ［東京］ 近世庶民文化研究所 72p 21cm Ⓝ914.5
☆「日本の艶本・珍書 総解説」、「日本の奇書77冊」

03558 「聞上手」
『聞上手』 小松屋百亀著 宮崎璋蔵校訂 千駄ケ谷町（東京府） 珍書会 1914 29p 19cm（賞奇楼叢書 〔1期〕 第2集） Ⓝ913.5
☆「古典の事典」、「世界名著大事典」

五味 康祐 ごみ・こうすけ
03559 「喪神」
『怪』 五味康祐,岡本綺堂,泉鏡花著 ポプラ社 2011 157p 19cm（百年文庫 90） 750円 ⓘ978-4-591-12178-8 Ⓝ913.68
☆「現代文学鑑賞辞典」、「日本文学鑑賞辞典〔第2〕」

03560 「薄桜記」

『薄桜記』 五味康祐著 29刷改版 新潮社 2007 695p 16cm(新潮文庫) 857円
①978-4-10-115105-2 Ⓝ913.6
☆「歴史小説・時代小説 総解説」

03561 「秘剣」
『秘剣』 五味康祐著 新潮社 1955 178p 18cm(小説文庫) Ⓝ913.6
☆「歴史小説・時代小説 総解説」

03562 「二人の武蔵」
『二人の武蔵 上』 五味康祐著 文藝春秋 2002 395p 16cm(文春文庫) 590円
①4-16-733510-7 Ⓝ913.6
☆「歴史小説・時代小説 総解説」

03563 「柳生武芸帳」
『柳生武芸帳 上』 五味康祐著 文藝春秋 2006 688p 16cm(文春文庫) 943円
①4-16-733513-1 Ⓝ913.6
☆「一度は読もうよ！ 日本の名著」、「面白いほどよくわかる時代小説名作100」、「日本文学名作案内」、「ポケット日本名作事典」、「歴史小説・時代小説 総解説」

03564 「柳生連也斎」
『柳生連也斎』 五味康祐著 広済堂出版 1991 371p 18cm 1100円 ①4-331-05473-X Ⓝ913.6
☆「日本文芸鑑賞事典 第17巻(1955～1958年)」、「歴史小説・時代小説 総解説」

五味川 純平 ごみかわ・じゅんぺい

03565 「人間の条件」
『人間の条件 上』 五味川純平著 岩波書店 2005 583p 15cm(岩波現代文庫) 1200円
①4-00-602087-2
☆「あらすじダイジェスト」、「一度は読もうよ！ 日本の名著」、「一冊で日本の名著100冊を読む」、「現代文学鑑賞辞典」、「昭和の名著」、「知らないと恥ずかしい「日本の名作」あらすじ200本」、「日本文学名作案内」、「日本文芸鑑賞事典 第17巻(1955～1958年)」、「日本名作文学館 日本編」、「ベストガイド日本の名著」、「ポケット日本名作事典」、「明治・大正・昭和の名著・総解説」

03566 「ノモンハン」
『ノモンハン』 五味川純平著 文芸春秋 1978 2冊 16cm(文春文庫) 各280円 Ⓝ915.9
☆「日本陸軍の本・総解説」

後水尾天皇 ごみずのおてんのう

03567 「後水尾院御集」
『後水尾院御集』 後水尾院[著] 鈴木健一著 明治書院 2003 302p 22cm(和歌文学大系 68 久保田淳監修)(付属資料:8p:月報 20年譜あり) 7000円 ①4-625-41317-6

Ⓝ911.157
☆「世界名著大事典 補遺(Extra)」

小峰 元 こみね・はじめ

03568 「アルキメデスは手を汚さない」
『アルキメデスは手を汚さない』 小峰元[著] 講談社 2006 385p 15cm(講談社文庫)〈1974年刊の復刊〉 590円 ①4-06-275503-3 Ⓝ913.6
☆「世界の推理小説・総解説」

小宮 豊隆 こみや・とよたか

03569 「夏目漱石」
『夏目漱石 上』 小宮豊隆著 岩波書店 1986 338p 15cm(岩波文庫) 500円
☆「世界名著大事典」

小室 信介 こむろ・しんすけ

03570 「東洋民権百家伝」
『東洋民権百家伝』 小室信介編 林基校訂 岩波書店 1957 402p 図版 15cm(岩波文庫)〈第2-3帙の書名は「東洋義人百家伝」 附録:佐渡善兵衛伝 355-373p〉 Ⓝ612.1
☆「日本近代の名著」、「明治・大正・昭和の名著・総解説」、「明治の名著 1」

小室 直樹 こむろ・なおき

03571 「韓国の悲劇」
『韓国の悲劇―誰も書かなかった真実』 小室直樹著 光文社 1985 257p 18cm(カッパ・ビジネス) 680円 ①4-334-01185-3 Ⓝ302.21
☆「本の定番」ブックガイド

03572 「国民のための経済原論」
『国民のための経済原論 1 バブル大復活編』 小室直樹著 光文社 1993 223,6p 18cm(カッパ・ビジネス) 860円
①4-334-01277-9 Ⓝ332.1
☆「本の定番」ブックガイド

03573 「ソビエト帝国の復活」
『ソビエト帝国の復活―日本が握るロシアの運命』 小室直樹著 光文社 1991 264p 18cm(カッパ・ブックス) 790円
①4-334-00507-1 Ⓝ332.38
☆「経済経営95冊」

03574 「ソビエト帝国の崩壊」
『ソビエト帝国の崩壊―瀕死のクマが世界であがく』 小室直樹著 光文社 1988 216p 16cm(光文社文庫)〈主要参考文献:p216〉 400円 ①4-334-70713-0 Ⓝ302.38
☆「本の定番」ブックガイド

03575 「超常識の方法」
『超常識の方法―頭のゴミが取れる数学発想の

使い方」 小室直樹著 祥伝社 1981 216p 18cm(ノン・ブック 知的サラリーマン・シリーズ 12) 680円 Ⓝ410.49

03576 「痛快！ 憲法学」
『日本人のための憲法原論』 小室直樹著 集英社インターナショナル 2006 492p 20cm 〈「痛快！ 憲法学」(2001年刊)の愛蔵版 集英社〔発売〕〉 1800円 Ⓘ4-7976-7145-9 Ⓝ323.01
☆「「本の定番」ブックガイド」

03577 「偏差値が日本を滅ぼす」
『偏差値が日本を滅ぼす―親と教師は何をすればいいか』 小室直樹著 光文社 1984 226p 18cm(カッパ・ビジネス) 650円 Ⓘ4-334-01159-4 Ⓝ370.4
☆「「本の定番」ブックガイド」

小森 徳治 こもり・とくじ

03578 「明石元二郎」
『明石元二郎―伝記・明石元二郎』 小森徳治著 大空社 1988 2冊 22cm(伝記叢書 51, 52)〈台湾日日新報社昭和3年刊の複製 明石元二郎の肖像あり 折り込図2枚〉 各14000円 Ⓝ289.1
☆「日本陸軍の本・総解説」

小安 重夫 こやす・しげお

03579 「T細胞のイムノバイオロジー」
『T細胞のイムノバイオロジー』 小安重夫著 羊土社 1993 154p 21cm(実験医学バイオサイエンス 9)〈参考図書・参考文献：p140～145〉 2900円 Ⓘ4-89706-301-9 Ⓝ491.8
☆「学問がわかる500冊 v.2」

子安 宣邦 こやす・のぶくに

03580 「江戸思想史講義」
『江戸思想史講義』 子安宣邦著 岩波書店 2010 396,8p 15cm(岩波現代文庫 G235)〈索引あり〉 1300円 Ⓘ978-4-00-600235-0 Ⓝ121.5
☆「日本思想史」

03581 「近代知のアルケオロジー」
『近代知のアルケオロジー――国家と戦争と知識人』 子安宣邦著 岩波書店 1996 253p 20cm 3000円 Ⓘ4-00-002754-9 Ⓝ121.6
☆「日本思想史」

小山 清 こやま・きよし

03582 「落穂拾い」
☆「日本・世界名作「愛の会話」100章」

03583 「聖アンデルセン」

『落穂拾い・犬の生活』 小山清著 筑摩書房 2013 435p 15cm(ちくま文庫 こ43-1) 950円 Ⓘ978-4-480-43046-5 Ⓝ913.6
☆「日本文芸鑑賞事典 第14巻(1946～1948年)」

小山 修三 こやま・しゅうぞう

03584 「縄文時代」
『縄文時代―コンピュータ考古学による復元』 小山修三著 中央公論社 1984 206p 18cm(中公新書)〈参考文献：p203～206〉 500円 Ⓘ4-12-100733-6 Ⓝ210.2
☆「学問がわかる500冊 v.2」

小山 鉄夫 こやま・てつお

03585 「花と緑を求めて」
『花と緑を求めて―21世紀植物産業立国の構図』 小山鉄夫著 東急エージェンシー出版事業部 1987 266p 19cm 1500円 Ⓘ4-924664-25-1 Ⓝ471.9
☆「科学技術をどう読むか」

小山 祐士 こやま・ゆうし

03586 「蟹の町」
『小山祐士戯曲全集 第2巻』 テアトロ 1967 521p(図版共) 20cm 1200円 Ⓝ912.6
☆「日本文芸鑑賞事典 第15巻」

03587 「瀬戸内海の子供ら」
『小山祐士戯曲全集 第1巻』 テアトロ 1967 486p(図版共) 20cm 1200円 Ⓝ912.6
☆「日本文学鑑賞辞典 〔第2〕」、「日本文芸鑑賞事典 第10巻」

小山 義治 こやま・よしはる

03588 「穂高を愛して二十年」
『穂高を愛して二十年』 小山義治著 中央公論社 1982 256p 16cm(中公文庫) 340円 Ⓝ291.52
☆「日本の山の名著・総解説」

五来 重 ごらい・しげる

03589 「仏教と民俗」
『仏教と民俗―仏教民俗学入門』 五来重［著］ 角川学芸出版 2010 302p 15cm(角川文庫 16334-[角川ソフィア文庫]〔J-106-6〕)〈角川グループパブリッシング〔発売〕〉 895円 Ⓘ978-4-04-408506-3 Ⓝ387
☆「学問がわかる500冊 v.2」

呉陵軒可有 ごりょうけんかゆう

03590 「誹風柳多留」
『誹風柳多留 1』 柄井川柳撰 山沢英雄校訂 岩波書店 1985 365p 20cm(川柳集成 1) 2800円 Ⓘ4-00-008727-4 Ⓝ911.45

☆「近代名著解題選集 3」、「古典の事典」、「この一冊で読める!「日本の古典50冊」」、「作品と作者」、「3行でわかる名作&ヒット本250」、「世界名作事典」、「世界名著大事典」、「千年の百冊」、「日本の古典」、「日本の古典名著」、「日本の書物」、「日本の名著」、「日本文学鑑賞辞典〔第1〕」、「日本文学の古典50選」、「日本名著辞典」、「文学・名著300選の解説 '88年度版」

惟宗 公方　これむね・きんかた

03591　「本朝月令」

『本朝月令要文』　〔惟宗公方〕〔撰〕　八木書店古書出版部　2013　107,11p　19×27cm〈尊経閣善本影印集成　47-1　前田育徳会尊経閣文庫編〉〈八木書店〔発売〕〉
Ⓘ978-4-8406-2283-7,978-4-8406-2347-6　Ⓝ210.09
☆「世界名著大事典 補遺(Extra)」

惟宗 允亮　これむね・ただすけ

03592　「政事要略」

『政事要略』　〔惟宗允亮〕〔著〕　吉川弘文館　2007　721,50p　27cm〈國史大系 新訂増補 第28巻　黒板勝美編〉〈平成12年刊(新装版)を原本としたオンデマンド版〉　15500円
Ⓘ978-4-642-04029-7　Ⓝ322.13
☆「古典の事典」、「世界名著大事典」、「世界名著大事典 補遺(Extra)」

惟宗 直本　これむね・なおもと

03593　「令集解」

『令集解』　惟宗直本編　石川介(蕉園)校　須原屋茂兵衛等　1871　12冊(36冊合本)　27cm〈和装〉　Ⓝ292
☆「世界名著大事典」、「日本名著辞典」

今 東光　こん・とうこう

03594　「蒼き蝦夷の血」

『蒼き蝦夷の血　1　藤原四代・清衡の巻』　今東光著　徳間書店　1993　411p　16cm(徳間文庫)　600円　Ⓘ4-19-567469-7　Ⓝ913.6
☆「歴史小説・時代小説 総解説」

03595　「悪名」

『悪名』　今東光著　新潮社　1964　833p　16cm(新潮文庫)　Ⓝ913.6
☆「日本文学 これを読まないと文学は語れない!!」

03596　「お吟さま」

『お吟さま』　今東光著　講談社　1996　330p　16cm(大衆文学館)　780円　Ⓘ4-06-262029-4　Ⓝ913.6
☆「日本・世界名作「愛の会話」100章」、「日本文学名作案内」、「ポケット日本名作事典」、「歴史小説・時代小説 総解説」

03597　「闘鶏」

『闘鶏—他五篇』　今東光著　角川書店　1958　208p　15cm(角川文庫)　Ⓝ913.6
☆「日本文学鑑賞辞典〔第2〕」

今 日出海　こん・ひでみ

03598　「山中放浪」

『山中放浪—私は比島戦線の浮浪人だった』　今日出海著　中央公論社　1978　270p　15cm(中公文庫)　340円　Ⓝ915.9
☆「ポケット日本名作事典」

今 和次郎　こん・わじろう

03599　「考現学」

『モデルノロヂオ—考現学』　今和次郎,吉田謙吉編著　学陽書房　1986　405p　27cm〈春陽堂昭和5年刊の複製〉　7000円
Ⓘ4-313-81006-4　Ⓝ380
☆「学問がわかる500冊 v.2」

03600　「考現学採集」

『考現学採集—モデルノロヂオ』　今和次郎,吉田謙吉編著　学陽書房　1986　376p　27cm〈建設社昭和6年刊の複製　吉田謙吉略年譜:p375〜376〉　7000円　Ⓘ4-313-81007-2　Ⓝ380
☆「ポピュラー文化」

03601　「考現学入門」

『考現学入門』　今和次郎著　藤森照信編　筑摩書房　1987　417p　15cm(ちくま文庫)　640円　Ⓘ4-480-02115-9　Ⓝ380
☆「学問がわかる500冊 v.2」

03602　「日本の民家」

『日本の民家』　今和次郎著　岩波書店　1989　351p　15cm(岩波文庫)　550円
Ⓘ4-00-331751-3　Ⓝ383.9
☆「日本文芸鑑賞事典 第7巻(1920〜1923年)」

03603　「モデルノロヂオ」

『モデルノロヂオ—考現学』　今和次郎,吉田謙吉編著　学陽書房　1986　405p　27cm〈春陽堂昭和5年刊の複製〉　7000円
Ⓘ4-313-81006-4　Ⓝ380
☆「世界名著大事典」、「ポピュラー文化」

金剛 彌五郎　こんごう・やごろう

03604　「絃上」

『絃上』　丸岡明訂正　観世流改訂本刊行会　1941　13丁　24cm(観世流謡本決定版一番綴外 13)〈和装〉　Ⓝ768
☆「近代名著解題選集 3」

權田 保之助　ごんだ・やすのすけ

03605　「民衆娯楽論」

『権田保之助著作集　第2巻　娯楽業者の群　民衆娯楽論』　権田保之助著　学術出版会　2010　403p　22cm〈学術著作集ライブラリー〉〈解説：井上俊　文和書房昭和49年刊の複製　日本図書センター〔発売〕〉
①978-4-284-10217-9,978-4-284-10215-5　Ⓝ770.8
☆「ポピュラー文化」

権田 雷斧　ごんだ・らいふ

03606　「我観密教発達志」
『我観密教発達志』　権田雷斧著　丙午出版社　1925　208p　23cm〈和装〉Ⓝ188.5
☆「世界名著大事典」

近藤 啓太郎　こんどう・けいたろう

03607　「海」
『海』　近藤啓太郎著　旺文社　1977　215p　16cm〈旺文社文庫〉〈年譜：p.205～215〉　260円　Ⓝ913.6
☆「世界の海洋文学」

近藤 紘一　こんどう・こういち

03608　「サイゴンから来た妻と娘」
『サイゴンから来た妻と娘』　近藤紘一著　小学館　2013　330p　15cm〈小学館文庫　こ27-1〉〈文藝春秋1978年刊の増補〉　619円
①978-4-09-408849-6　Ⓝ367.4
☆「現代を読む」

権藤 成卿　ごんどう・せいきょう

03609　「自治民範」
『自治民範』　権藤成卿著　3版　平凡社　1932　590p　図版　22cm〈普及版〉Ⓝ318
☆「世界名著大事典」

近藤 信行　こんどう・のぶゆき

03610　「小島烏水」
『小島烏水―山の風流使者伝　上』　近藤信行著　平凡社　2012　338p　16cm〈平凡社ライブラリー　774〉〈創文社1978年刊の再刊〉　1500円　①978-4-582-76774-2　Ⓝ289.1
☆「日本の山の名著・総解説」

権藤 はなよ　ごんどう・はなよ

03611　「たなばたさま」
☆「日本文芸鑑賞事典　第13巻」

近藤 等　こんどう・ひとし

03612　「アルプスを描いた画家たち」
『アルプスを描いた画家たち』　近藤等著　東京新聞出版局　1980　253p　22cm〈参考文献：p250～251〉　3000円　④4-8083-0016-8　Ⓝ723

☆「日本の山の名著・総解説」

03613　「アルプスの蒼い空に」
『アルプスの蒼い空に　上』　近藤等著　茗溪堂　2001　277p　21cm〈付属資料：4p　肖像あり〉　5000円　④4-943905-20-X　Ⓝ293.45
☆「新・山の本おすすめ50選」

03614　「アルプスの空の下で」
『アルプスの空の下で』　近藤等著　中央公論社　1980　310p　15cm〈中公文庫〉　400円
Ⓝ293.4509
☆「日本の山の名著・総解説」

近藤 史恵　こんどう・ふみえ

03615　「サクリファイス」
『サクリファイス』　近藤史恵著　新潮社　2010　290p　16cm〈新潮文庫　こ-49-1〉　438円
①978-4-10-131261-3　Ⓝ913.6
☆「3行でわかる名作&ヒット本250」

近藤 瓶城　こんどう・へいじょう

03616　「史籍集覧」
『史籍集覧　第1冊―第5冊』　近藤瓶城原編　新訂増補　角田文衛,五味重編　京都　臨川書店　1967　5冊　22cm　120000円　Ⓝ210.08
☆「世界名著大事典」,「日本名著辞典」

近藤 みさ子　こんどう・みさこ

03617　「日本との対面」
『日本との対面―アメリカで発見した日本』　近藤みさ子著　講談社　1966　253p　19cm　380円　Ⓝ302.5331
☆「現代人のための名著」

近藤 守重　こんどう・もりしげ

03618　「外蕃通書」
『改定史籍集覧　第21冊　新加通記類　〔第4〕』　近藤瓶城編　京都　臨川書店　1984　1冊　22cm〈近藤活版所明治34年刊の複製〉　5200円　①4-653-00929-5　Ⓝ210.088
☆「日本名著辞典」

03619　「金銀図録」
『日本経済大典　第52巻』　滝本誠一編　明治文献　1971　525p　22cm〈複製〉　3500円　Ⓝ330.8
☆「日本名著辞典」

03620　「好書故事」
『徳川時代舶載洋書目録　第1輯　好書故事―未完稿　自巻第79至巻第81』　岩崎克己編　近藤守重著　岩崎克己　1939　142p　24cm〈複写版〉　Ⓝ027
☆「世界名著大事典」

近藤 康男　こんどう・やすお

03621　「日本農業経済論」
『日本農業経済論』　近藤康男著　再版　日本評論新社　1952　359p　22cm　Ⓝ611
☆「世界名著大事典」

03622　「日本の農業」
『日本の農業』　近藤康男編　毎日新聞社　1955　341p　19cm（毎日ライブラリー）　Ⓝ612.1
☆「名著の履歴書」

03623　「農業経済論」
『農業経済論』　近藤康男著　3版　時潮社　1948　225p　21cm　Ⓝ611
☆「農政経済の名著　昭和前期編」

近藤 芳美　こんどう・よしみ

03624　「早春歌」
『早春歌─歌集』　近藤芳美著　再版　十字屋書店　1952　167p　19cm　Ⓝ911.168
☆「日本文学鑑賞辞典〔第2〕」

03625　「埃吹く街」
『埃吹く街─歌集』　近藤芳美著　短歌新聞社　1993　138p　15cm（短歌新聞社文庫）　700円　Ⓝ911.168
☆「日本文芸鑑賞事典　第15巻」

近藤 義郎　こんどう・よしろう

03626　「前方後円墳の時代」
『前方後円墳の時代』　近藤義郎著　岩波書店　1983　406p　19cm（日本歴史叢書）〈参照文献：p395～406〉　2200円　Ⓝ210.2
☆「学問がわかる500冊 v.2」

今野 国雄　こんの・くにお

03627　「修道院」
『修道院─祈り・禁欲・労働の源流』　今野国雄著　岩波書店　1981　222p　18cm（岩波新書）　380円Ⓝ198.25
☆「世界史読書案内」

今野 大力　こんの・だいりき

03628　「一疋の昆虫」
『日本詩人全集　第7巻　昭和篇　第2』　小野十三郎等編　創元社　1952　346p　図版15cm（創元文庫　A 第103）Ⓝ911.56
☆「日本のプロレタリア文学」

金春 四郎次郎　こんぱる・しろうじろう

03629　「附子」
『附子─ほか』　那須正幹ほか著　矢川澄子訳　峰岸達,片山健,伊勢英子挿画　林義勝写真　光村図書出版　2002　85p　22cm（光村ライブラリー　第13巻　樺島忠夫,宮地裕,渡辺実監修）　1000円　Ⓘ4-89528-111-6
☆「一冊で100名作の「さわり」を読む」、「近代名著解題選集 3」、「古典の事典」、「古典文学鑑賞辞典」、「世界名著大事典」、「日本の古典」

金春 禅竹　こんぱる・ぜんちく

03630　「葵上」
『葵上』　川西十人著　横浜　白竜社　2000　48p　19cm（能の友シリーズ　1　白竜社編）　1000円　Ⓘ4-939134-02-4　Ⓝ773
☆「近代名著解題選集 3」、「世界名著大事典 補遺（Extra）」

03631　「安達原（謡曲）」
『黒塚』　宝生新編　下掛宝生流謡本刊行会　1934　10丁　24cm（昭和改訂版　内 13）〈和装〉Ⓝ768
☆「近代名著解題選集 3」、「世界名著大事典 補遺（Extra）」、「日本の古典・世界の古典」

03632　「雨月」
『雨月─袖珍本』　觀世左近訂正著作　檜書店　1951　9丁　13cm　Ⓝ768.4
☆「近代名著解題選集 3」

03633　「小塩」
『能を読む　3』　梅原猛,観世清和監修　天野文雄,土屋恵一郎,中沢新一,松岡心平編集委員　角川学芸出版　2013　650p　22cm〈角川グループホールディングス〔発売〕〉　6500円　Ⓘ978-4-04-653873-4　Ⓝ773
☆「近代名著解題選集 3」

03634　「賀茂」
『賀茂─袖珍本』　觀世左近訂正著作　檜書店　1951　11丁　13cm　Ⓝ768.4
☆「近代名著解題選集 3」

03635　「源太夫」
『謡曲大觀　第2巻』　佐成謙太郎著　明治書院　1964　731-1420p　23cm　Ⓝ912.3
☆「近代名著解題選集 3」

03636　「小督」
『小督』　觀世左近訂正著作　檜書店　1950　12丁　22cm（觀世流稽古用謡本　39ノ2）〈和装〉Ⓝ768.4
☆「近代名著解題選集 3」、「世界名著大事典」

03637　「西行桜」
『西行櫻』　觀世左近訂正著作　檜書店　1951　11丁　23cm（觀世流準九番習謡本　20ノ3）〈和装〉Ⓝ768.4
☆「近代名著解題選集 3」

03638　「白髭」
『白髭』　梅若六郎著　梅若流謡本刊行會　1939

12丁　13cm（［梅若流謡本］　6ノ1）〈和装〉
☆「近代名著解題選集 3」

03639　「千手」
『千手』［金春禅竹］［作］　竹本幹夫著　檜書店　2012　30p　21cm（対訳でたのしむ）
500円　①978-4-8279-1044-5
☆「近代名著解題選集 3」

03640　「龍田」
『龍田─袖珍本』　觀世左近訂正著作　檜書店　1951　11丁　13cm　Ⓝ768.4
☆「近代名著解題選集 3」

03641　「谷行」
『谷行』　廿四世観世左近訂正　桧書店　1941　15丁　24cm（観世流大成版　16ノ5）〈和装〉Ⓝ768
☆「近代名著解題選集 3」

03642　「玉葛」
『玉葛』　梅若六郎著　梅若流謡本刊行會　1939　10丁　13cm（［梅若流謡本］　7ノ4）〈和装〉
☆「近代名著解題選集 3」

03643　「竹生島」
『竹生島─喜多流稽古用完本』　喜多節世著　喜多流刊行会　1996　7丁　23cm〈和装〉1600円　Ⓝ773
☆「近代名著解題選集 3」

03644　「定家」
『定家─対訳でたのしむ』　三宅晶子著　檜書店　2010　30p　21cm　500円　①978-4-8279-1042-1　Ⓝ773
☆「近代名著解題選集 3」、「早わかり日本古典文学あらすじ事典」

03645　「芭蕉」
『能を読む 3』　梅原猛,観世清和監修　天野文雄,土屋恵一郎,中沢新一,松岡心平編集委員　角川学芸出版　2013　650p　22cm〈角川グループホールディングス〔発売〕〉　6500円　①978-4-04-653873-4　Ⓝ773
☆「近代名著解題選集 3」

03646　「楊貴妃」
『楊貴妃』　観世左近訂正著作　檜書店　1951　11丁　22cm（観世流稽古用謡本　34ノ3）〈和装〉Ⓝ768.4
☆「近代名著解題選集 3」

03647　「六輪一露」
『金春禅竹自筆能楽伝書』　金春禅竹著　国文学研究資料館編　汲古書院　1997　401p　27cm（国文学研究資料館影印叢書　第2巻）11650円　①4-7629-3366-X　Ⓝ773
☆「日本文学鑑賞辞典〔第1〕」

金春 禅鳳　こんぱる・ぜんぽう
03648　「碇潜」
『碇潜─袖珍本』　觀世左近訂正著作　檜書店　1951　10丁　13cm　Ⓝ768.4
☆「近代名著解題選集 3」

03649　「一角仙人」
『一角仙人─袖珍本』　觀世左近訂正著作　檜書店　1951　8丁　13cm　Ⓝ768.4
☆「近代名著解題選集 3」

03650　「東方朔」
『東方朔』　廿四世観世左近著　桧書店　1943　4,7丁　24cm（観世流大成版　38ノ1）〈和装〉Ⓝ768
☆「近代名著解題選集 3」

03651　「初雪」
『謡曲大観　第4巻』　佐成謙太郎著　明治書院　1964　2131-2820p　23cm　Ⓝ912.3
☆「近代名著解題選集 3」

【さ】

佐阿弥　さあみ
03652　「藤」
『藤』　梅若六郎著　梅若流謡本刊行會　1939　9丁　13cm（［梅若流謡本］　17ノ3）〈和装〉
☆「近代名著解題選集 3」

西園寺 公名　さいおんじ・きんな
03653　「管見記」
『管見記─自寛治五年至大永二年』　西園寺公望編　［出版地不明］　［出版者不明］　1938　105軸　23-28cm〈付：解説〉　Ⓝ210.4
☆「世界名著大事典」

西行　さいぎょう
03654　「山家集」
『山家集』　西行著　佐佐木信綱校訂　新訂　岩波書店　1994　320p　19cm（ワイド版岩波文庫）　1100円　④4-00-007157-2　Ⓝ911.148
☆「学術辞典叢書　第15巻」、「近代名著解題選集 3」、「古典の事典」、「作品と作者」、「3行でわかる名作＆ヒット本250」、「世界名作事典」、「世界名著解題第3巻」、「世界名著大事典」、「千年の百冊」、「日本の古典」、「日本の古典・世界の古典」、「日本の古典名著」、「日本の書物」、「日本の名著」、「日本の名著3分間読書100」、「日本文学鑑賞辞典〔第1〕」、「日本文学の古典50選」、「日本文学名作概観」、「日本名著辞典」、「マンガとあらすじでやさしく読める 日本の古典傑作30選」

さいくさ

三枝 和子　さいぐさ・かずこ

03655　「鬼どもの夜は深い」
『鬼どもの夜は深い』　三枝和子著　新潮社　1983　223p　20cm　1200円
①4-10-325304-5　Ⓝ913.6
☆「現代文学鑑賞辞典」

三枝 博音　さいぐさ・ひろと

03656　「技術の哲学」
『技術の哲学』　三枝博音著　岩波書店　2005　315,9p　19cm（岩波全書セレクション）〈1951年刊の複製　文献あり〉　2700円
①4-00-021864-6　Ⓝ118
☆「世界名著大事典」

西郷 隆盛　さいごう・たかもり

03657　「西郷南洲遺訓」
『西郷南洲遺訓』　西郷南洲［述］　桑畑正樹訳　致知出版社　2012　156p　19cm（いつか読んでみたかった日本の名著シリーズ　3）〈文献あり〉　1400円　①978-4-88474-978-1　Ⓝ289.1
☆「幕末十冊の名著」,「武士道の名著」

03658　「南洲翁遺訓」
『南洲翁遺訓』　西郷隆盛口授　新潟　長谷川長資　1936　35p　23cm〈和装〉　Ⓝ159
☆「「日本人の名著」を読む」

西郷 信綱　さいごう・のぶつな

03659　「古事記の世界」
『古事記の世界』　西郷信綱著　岩波書店　1967　216p　18cm（岩波新書）　700円
①4-00-414023-4　Ⓝ913.2
☆「日本思想史」

03660　「古典の影」
『古典の影―学問の危機について』　西郷信綱著　平凡社　1995　316p　16cm（平凡社ライブラリー　100）〈未来社1979年刊の増補〉　1200円　①4-582-76100-3　Ⓝ910.4
☆「東アジア人文書100」

03661　「詩の発生」
『詩の発生―文学における原始・古代の意味』　西郷信綱著　増補　未来社　1994　344,9p　22cm〈新装版〉　3605円　①4-624-60092-4　Ⓝ910.23
☆「歴史家の読書案内」

03662　「日本古代文学史」
『西郷信綱著作集　第7巻　日本古代文学史―文学史と文学理論 2』　西郷信綱著　秋山虔, 市村弘正, 大隅和雄, 阪下圭八, 龍澤武編　平凡社　2011　466p　22cm〈付属資料：8p；月報 3〉　9000円　①978-4-582-35711-0　Ⓝ910.23

☆「古典をどう読むか」

西条 八十　さいじょう・やそ

03663　「西条八十童謡全集」
『西条八十童謡全集』　西条八十著　新潮社　1924　371p　22cm　Ⓝ911.5
☆「日本児童文学名著事典」

03664　「砂金」
『砂金―詩集』　西条八十著　日本近代文学館　1981　174,6p　19cm（名著複刻詩歌文学館石楠花セット）〈尚文堂書店大正8年刊の複製　ほるぷ〔発売〕　叢書の編者：名著複刻全集編集委員会〉　Ⓝ911.56
☆「世界名著大事典」,「日本文学鑑賞辞典〔第2〕」,「日本文芸鑑賞事典　第6巻（1917～1920年）」

03665　「鞠と殿さま」
☆「日本文芸鑑賞事典　第9巻」

斎田 喬　さいだ・たかし

03666　「子ぎつね」
『未来学校劇場　第2集』　岡倉士朗等編　未来社　1959　129p　楽譜18p　19cm　Ⓝ912.608
☆「名作の研究事典」

最澄　さいちょう

03667　「願文」
『仏教教育思想　第2巻』　新装版　日本図書センター　2001　664p　22cm（日本近世教育思想シリーズ）　①4-8205-5989-3,4-8205-5987-7　Ⓝ184
☆「教育の名著80選解題」,「日本の古典名著」

03668　「顕戒論」
『顕戒論―三巻』　最澄著　森江英二　1917　66,58,50p　23cm　Ⓝ188.4
☆「古典の事典」,「世界名著大事典」,「日本の古典名著」,「日本名著辞典」

03669　「山家学生式」
『原典日本仏教の思想　2　最澄』　安藤俊雄, 薗田香融校注　岩波書店　1991　515p　22cm　4400円　Ⓝ182.1
☆「教育の名著80選解題」,「古典の事典」,「世界名著大事典」,「日本の古典名著」,「日本名著辞典」,「仏教の名著」

03670　「守護国界章」
『原典日本仏教の思想　2　最澄』　安藤俊雄, 薗田香融校注　岩波書店　1991　515p　22cm　4400円　Ⓝ182.1
☆「世界名著大事典」

03671　「法華秀句」
『日蓮聖人御引用法華三大部集註　8　法華秀句―他』　横浜　法華ジャーナル　1982　254p

23cm〈奥付の書名：法華三大部集註 監修：山口晃一〉 5800円 Ⓘ4-938450-42-3 Ⓝ188.91
☆「世界名著大事典」

03672 「末法灯明記」
『日本大蔵経 第77巻 宗典部 天台宗顕教章疏 3』 鈴木学術財団編 増補改訂 鈴木学術財団 1976 355p 27cm〈講談社〔発売〕 初版：大正3-10年刊〉 13500円 Ⓝ183
☆「日本の古典名著」

斎藤 惇夫 さいとう・あつお

03673 「冒険者たち」
『冒険者たち―ガンバと15ひきの仲間』 斎藤惇夫作 藪内正幸画 新版 岩波書店 2000 394p 18cm（岩波少年文庫） 760円
Ⓘ4-00-114044-6
☆「少年少女の名作案内 日本の文学ファンタジー編」

斎藤 修 さいとう・おさむ

03674 「賃金と労働と生活水準」
『賃金と労働と生活水準―日本経済史における18-20世紀』 斎藤修著 岩波書店 1998 221p 21cm（一橋大学経済研究叢書 48）〈文献あり 索引あり〉 4700円
Ⓘ4-00-009722-9 Ⓝ332.105
☆「日本経済本38」

03675 「プロト工業化の時代」
『プロト工業化の時代―西欧と日本の比較史』 斎藤修著 岩波書店 2013 323,26p 15cm（岩波現代文庫 学術 301）〈日本評論社1985年刊の再刊 索引あり〉 1300円
Ⓘ978-4-00-600301-2 Ⓝ332.06
☆「学問がわかる500冊 v.2」,「現代アジア論の名著」

斉藤 一男 さいとう・かずお

03676 「岩と人」
『岩と人―日本岩壁登攀史』 斎藤一男著 東京新聞出版局 1980 337p 22cm〈主要登山年表(1922年～1979年)：p287～333〉 2800円
Ⓘ4-8083-0015-X Ⓝ786.1
☆「日本の山の名著・総解説」

斎藤 喜博 さいとう・きはく

03677 「教育の演出」
『教育の演出』 斎藤喜博著 明治図書出版 1963 189p（図版共） 27cm Ⓝ374
☆「教育名著 日本編」

03678 「授業入門」
『授業入門』 斎藤喜博著 新装版 国土社 2006 285p 19cm（人と教育双書）〈解説：横須賀薫 年譜あり〉 1600円
Ⓘ4-337-68003-9 Ⓝ375.1

☆「学問がわかる500冊」,「教育本44」

斎藤 清衛 さいとう・きよえ

03679 「近古時代文芸思潮史」
『近古時代文芸思潮史 応永・永享篇』 斎藤清衛著 明治書院 1936 875p 図版 23cm Ⓝ910.24
☆「人文科学の名著」

斎藤 月岑 さいとう・げっしん

03680 「声曲類纂」
『声曲類纂』 斎藤月岑編著 長谷川雪堤画 藤田徳太郎校訂 岩波書店 1971 489p 15cm（岩波文庫）〈第2刷（第1刷：昭和16年）〉 250円 Ⓝ768.02
☆「世界名著大事典」

03681 「武江年表」
『武江年表 第1』 斎藤月岑著 金子光晴校訂 増訂 平凡社 1968 237p 18cm（東洋文庫 第116） 400円 Ⓝ213.6
☆「日本歴史「古典籍」総覧」,「歴史の名著100」

斎藤 栄 さいとう・さかえ

03682 「殺人の棋譜」
『殺人の棋譜』 斎藤栄著 徳間書店 1996 279p 16cm（徳間文庫） 520円
Ⓘ4-19-890605-X Ⓝ913.6
☆「世界の推理小説・総解説」

斎藤 学 さいとう・さとる

03683 「児童虐待」
『児童虐待 危機介入編』 斎藤学編 金剛出版 1994 220p 22cm〈各章末：参考文献〉 3605円 Ⓘ4-7724-0461-9 Ⓝ369.4
☆「学問がわかる500冊」

西東 三鬼 さいとう・さんき

03684 「旗」
『旗』 西東三鬼著 三省堂 1940 88p 15cm（俳苑叢刊 12） Ⓝ911.36
☆「日本文学鑑賞辞典〔第2〕」,「日本文芸鑑賞事典 第12巻」

斎藤 茂男 さいとう・しげお

03685 「妻たちの思秋期」
『妻たちの思秋期』 斎藤茂男著 講談社 1994 333p 15cm（講談社+α文庫） 740円
Ⓘ4-06-256042-9 Ⓝ916
☆「現代を読む」

斎藤 正二 さいとう・しょうじ

03686 「日本人とサクラ」
『日本人とサクラ―新しい自然美を求めて』 斎

さいとう

藤正二著　講談社　1980　542p　20cm　2300円　Ⓝ479.75
☆「21世紀の必読書100選」

斎藤 助成　さいとう・すけなり

03687　「布衣記」
『群書類従　第8輯　装束部 文筆部』　塙保己一編纂　オンデマンド版　八木書店古書出版部　2013　612p　21cm〈訂正3版：続群書類従完成会 1980年刊　デジタルパブリッシングサービス〔印刷・製本〕　八木書店〔発売〕〉　10000円　Ⓘ978-4-8406-3119-8　Ⓝ081
☆「古典の事典」

斎藤 駿　さいとう・すすむ

03688　「なぜ通販で買うのですか」
『なぜ通販で買うのですか』　斎藤駿著　集英社　2004　251p　18cm（集英社新書）　700円　Ⓘ4-08-720238-0　Ⓝ673.36
☆「戦略の名著！ 最強43冊のエッセンス」

斉藤 精一郎　さいとう・せいいちろう

03689　「デフレ・賃下げ・値下げの経済学」
『デフレ・賃下げ・値下げの経済学』　斎藤精一郎著　PHP研究所　1994　206p　19cm　1000円　Ⓘ4-569-54315-4　Ⓝ332.107
☆「経済経営95冊」

斎藤 拙堂　さいとう・せつどう

03690　「士道要論」
『日本道徳教育叢書　第8巻』　芳賀登監修　日本図書センター　2001　480p　22cm〈複製〉　Ⓘ4-8205-9438-9,4-8205-9430-3　Ⓝ150.8
☆「武士道 十冊の名著」

斎藤 隆夫　さいとう・たかお

03691　「帝国憲法」
『帝国憲法大要』　斉藤隆夫講述　憲政公論社　1926　220p　19cm〈付：普通選挙法の要領〉　Ⓝ323.4
☆「世界名著大事典 補遺(Extra)」

03692　「比較国会論」
『比較国会論』　斉藤隆夫著　溪南書院　1906　294p　23cm　Ⓝ314
☆「世界名著大事典 補遺(Extra)」

斎藤 孝　さいとう・たかし

03693　「声に出して読みたい日本語」
『声に出して読みたい日本語　1』　齋藤孝著　草思社　2011　226p　16cm（草思社文庫　さ1-1）〈文献あり〉　570円　Ⓘ978-4-7942-1799-8　Ⓝ809.4
☆「百年の誤読」

斎藤 峻彦　さいとう・たかひこ

03694　「交通市場政策の構造」
『交通市場政策の構造』　斎藤峻彦著　中央経済社　1991　343p　22cm〈参考文献：p323～338〉　4200円　Ⓘ4-502-61183-2　Ⓝ681
☆「日本経済本38」

斎藤 勇　さいとう・たけし

03695　「イギリス文学史」
『イギリス文学史』　斎藤勇著　改訂増補第5版　研究社出版　1974　926p 肖像 地図　23cm〈年表，参考書誌：p.615-849〉　6500円　Ⓝ930.2
☆「世界名著大事典」

斎藤 道斎　さいとう・どうさい

03696　「今川記」
『續群書類従　第21輯 上　合戦部』　塙保己一編纂　太田藤四郎補　オンデマンド版　八木書店古書出版部　2013　550p　21cm〈訂正3版：続群書類従完成会 1979年刊　デジタルパブリッシングサービス〔印刷・製本〕　八木書店〔発売〕〉　9000円　Ⓘ978-4-8406-3183-9　Ⓝ081
☆「世界名著大事典」

斎藤 智裕　さいとう・ともひろ

03697　「KAGEROU」
『KAGEROU』　齋藤智裕著　ポプラ社　2010　236p　20cm〈本文は日本語〉　1400円　Ⓘ978-4-591-12245-7　Ⓝ913.6
☆「3行でわかる名作&ヒット本250」

斎藤 成也　さいとう・なるや

03698　「ゲノムと進化」
『ゲノムと進化―ゲノムから立ち昇る生命』　斎藤成也著　新曜社　2004　210,12p　19cm（ワードマップ）〈文献あり〉　1850円　Ⓘ4-7885-0912-1　Ⓝ467.3
☆「教養のためのブックガイド」

斎藤 信夫　さいとう・のぶお

03699　「里の秋」
『里の秋―童謡詩集』　斎藤信夫著　成東町（千葉県）　童謡詩集・里の秋出版後援会　1986　208p　22cm「里の秋」誕生40周年記念出版　著者の肖像あり　2000円　Ⓝ911.58
☆「日本文芸賞事典 第13巻」

西東 登　さいとう・のぼる

03700　「蟻の木の下で」
『蟻の木の下で』　西東登著　講談社　1964　280p 図版　20cm　Ⓝ913.6

☆「世界の推理小説・総解説」

斎藤 了文　さいとう・のりふみ
03701　「「ものづくり」と複雑系」
『ものづくり』と複雑系―アポロ13号はなぜ帰還できたか』　斎藤了文著　講談社　1998　283p　19cm（講談社選書メチエ）　1700円　Ⓘ4-06-258144-2
☆「21世紀の必読書100選」

斎藤 半蔵　さいとう・はんぞう
03702　「赤穂義士大高源五伝」
『赤穂義士大高源五伝』　斎藤半蔵編　講談社出版サービスセンター（製作）　1980　185p　20cm　非売品　Ⓝ289.1
☆「歴史家の一冊」

斎藤 秀三郎　さいとう・ひでさぶろう
03703　「斎藤和英大辞典」
『斎藤和英大辞典』　斎藤秀三郎著　名著普及会　1979　1160p　28cm〈普及版 昭和3年刊の複製〉　9800円　Ⓝ833
☆「名著の伝記」

斉藤 洋　さいとう・ひろし
03704　「ルドルフとイッパイアッテナ」
『ルドルフとイッパイアッテナ』　斉藤洋原作　堀口忠彦絵　講談社　1990　79p　26cm（講談社ファミリーブック 11―NHK母と子のテレビ絵本）　980円　Ⓘ4-06-301811-3
☆「少年少女の名作案内 日本の文学ファンタジー編」

斎藤 史　さいとう・ふみ
03705　「魚歌」
『魚歌―歌集』　斎藤史著　ぐろりあ・そさえて　1940　148p　19cm（新ぐろりあ叢書　[14]）　Ⓝ911.1
☆「日本文芸鑑賞事典 第12巻」

斎藤 正彦　さいとう・まさひこ
03706　「数とことばの世界へ」
『数とことばの世界へ』　斎藤正彦著　日本評論社　1983　219p　19cm（数セミ・ブックス 5）　1500円　Ⓝ410.4
☆「数学ブックガイド100」

03707　「超積と超準解析」
『超積と超準解析―ノンスタンダード・アナリシス』　斎藤正彦著　増補新版　東京図書　1992　182p　22cm〈新装版　付：集合論の参考文献〉　2800円　Ⓘ4-489-00374-9　Ⓝ413
☆「ブックガイド "数学" を読む」

斎藤 万吉　さいとう・まんきち
03708　「実地経済農業指針」
『明治大正農政経済名著集　9　実地経済農業指針・日本農業の経済的変遷』　近藤康男編　斎藤万吉著　農山漁村文化協会　1976　606p　肖像　20cm　4500円　Ⓝ610.8
☆「農政経済の名著 明治大正編」

03709　「日本農業の経済的変遷」
『日本農業の経済的変遷』　斎藤万吉著　鈴木千代吉編　千葉　青史社　1975　280p　肖像　22cm〈大正7序刊の複製　合同出版〔発売〕〉　3800円　Ⓝ612.1
☆「農政経済の名著 明治大正編」

斎藤 澪　さいとう・みお
03710　「この子の七つのお祝いに」
『この子の七つのお祝いに』　斎藤澪著　角川書店　1984　304p　15cm〈角川文庫〉　380円　Ⓘ4-04-159701-3　Ⓝ913.6
☆「世界の推理小説・総解説」

斉藤 三夫　さいとう・みつお
03711　「物理学史と原子爆弾」
『物理学史と原子爆弾―核廃絶への基礎知識』　斉藤三夫著　新風舎　2004　127p　26cm〈文献あり〉　1500円　Ⓘ4-7974-3983-1　Ⓝ559.7
☆「サイエンス・ブックレビュー」

斎藤 実　さいとう・みのる
03712　「漂流実験」
『漂流実験―ヘノカッパⅡ世号の闘い』　斎藤実著　海文堂出版　1976　256p　図　19cm　900円　Ⓝ299
☆「世界の海洋文学」

斎藤 茂吉　さいとう・もきち
03713　「あらたま」
『あらたま』　斎藤茂吉著　春陽堂　1921　276,16p　19cm（アララギ叢書　第10編）　Ⓝ911.16
☆「世界名著大事典」,「日本文学鑑賞辞典〔第2〕」

03714　「柿本人麿」
『柿本人麿　1』　斎藤茂吉著　岩波書店　1994　799p　20cm〈第2刷（第1刷：1982年）　著者の肖像あり〉　7500円　Ⓘ4-00-008656-1　Ⓝ911.122
☆「世界名著大事典」

03715　「寒雲」
『斎藤茂吉全短歌』　岩波書店　1982　4冊　20cm〈限定版〉　4600～5000円　Ⓝ911.168
☆「世界名著大事典」

03716　「死に給ふ母」
『筑摩書房なつかしの高校国語—名指導書で読む』　筑摩書房編　筑摩書房　2011　775p　15cm（ちくま学芸文庫　ン5-1）　1800円　①978-4-480-09378-3　Ⓝ375.84
☆「現代文学名作探訪事典」

03717　「赤光」
『赤光—歌集』　斎藤茂吉著　新装版　短歌新聞社　2011　145p　15cm（短歌新聞社文庫）〈年譜あり〉　667円　①978-4-8039-1531-0　Ⓝ911.168
☆「感動！日本の名著 近現代編」、「近代日本の百冊を選ぶ」、「近代文学名作事典」、「3行でわかる名作＆ヒット本250」、「新潮文庫20世紀の100冊」、「世界名作事典」、「世界名著大事典」、「大正の名著」、「日本近代文学名著事典」、「日本の名著」（角川書店）、「日本の名著」（毎日新聞社）、「日本の名著3分間読書100」、「日本文学鑑賞辞典〔第2〕」、「日本文学名作概観」、「日本文芸鑑賞事典 第5巻」、「日本名著辞典」、「必読書150」、「文学・名著300選の解説 '88年度版」、「ベストガイド日本の名著」、「明治・大正・昭和の名著・総解説」

03718　「白き山」
『白き山—歌集』　斎藤茂吉著　岩波書店　1972　323p 肖像　19cm（アララギ叢書　第138篇）〈第2刷（第1刷：昭和24年刊）〉　700円　Ⓝ911.168
☆「日本文学鑑賞辞典〔第2〕」、「日本文芸鑑賞事典 第15巻」

03719　「新万葉集」
『新万葉集　巻1-9, 別巻, 補巻』　改造社編　改造社　1938　11冊　23cm　Ⓝ911.16
☆「日本文芸鑑賞事典 第11巻（昭和9～昭和12年）」

03720　「短歌私鈔」
『短歌私鈔』　斎藤茂吉著　増訂再版　春陽堂　1919　362p　19cm（アララギ叢書　第5編）　Ⓝ911.1
☆「世界名著大事典」

03721　「童馬漫語」
『童馬漫語』　斎藤茂吉著　斎藤書店　1949　404p　21cm（アララギ叢書　第7巻）　Ⓝ911.107
☆「世界名著大事典」、「日本文学鑑賞辞典〔第2〕」

03722　「童馬漫筆」
『近代文学評論大系　8　詩論・歌論・俳論』　編集：安田保雄, 本林勝夫, 松井利彦　角川書店　1973　676p 図 肖像　23cm　Ⓝ910.26
☆「日本文芸鑑賞事典 第4巻」

03723　「万葉秀歌」
『万葉秀歌　上巻』　斎藤茂吉著　改版　岩波書店　2003　232p　18cm（岩波新書）〈第93刷〉

03724　「明治大正短歌史」
『明治大正短歌史』　斎藤茂吉著　2版　中央公論社　1970　2冊（続共）　23cm〈初版：昭和25-26年〉　各2000円　Ⓝ911.16
☆「世界名著大事典」

斉藤 弥生　さいとう・やよい
03725　「体験ルポ 日本の高齢者福祉」
『体験ルポ 日本の高齢者福祉』　山井和則, 斉藤弥生著　岩波書店　2003　240p　18cm（岩波新書）〈第20刷〉　780円　①4-00-430351-6
☆「学問がわかる500冊」

斎藤 幸雄　さいとう・ゆきお
03726　「江戸名所図会」
『江戸名所図会　1』　斎藤幸雄著　新典社　1979　346p　27cm（名所図会叢刊　6）〈大和屋文庫蔵本1～3の複製　限定版〉　5800円　Ⓝ291.36
☆「古典の事典」、「世界名著大事典」、「日本の古典名著」、「日本の書物」、「日本名著辞典」

斉藤 兆史　さいとう・よしふみ
03727　「英語達人列伝」
『英語達人列伝—あっぱれ、日本人の英語』　斎藤兆史著　中央公論新社　2000　255p　18cm（中公新書）　760円　①4-12-101533-9　Ⓝ830.1
☆「教養のためのブックガイド」、「「本の定番」ブックガイド」

斎藤 隆介　さいとう・りゅうすけ
03728　「ベロ出しチョンマ」
『ベロ出しチョンマ』　斎藤隆介作　滝平二郎画　理論社　2004　238p　18cm（フォア文庫愛蔵版）　1000円　①4-652-07385-2　Ⓝ913.6
☆「少年少女の名作案内 日本の文学ファンタジー編」

斎藤 隆三　さいとう・りゅうぞう
03729　「元禄世相志」
『元禄世相志』　斎藤隆三著　日本図書センター　1983　336,11p　22cm（日本風俗叢書）〈博文館明治38年刊の複製〉　6000円　Ⓝ210.37
☆「世界名著大事典」

斎藤 緑雨　さいとう・りょくう
03730　「油地獄」
『油地獄—他二篇』　斎藤緑雨著　岩波書店　1952　102p　15cm（岩波文庫）　Ⓝ913.6
☆「世界名著大事典」、「日本文芸鑑賞事典 第1巻」

03731　「あられ酒」

『あられ酒』 斎藤緑雨著 岩波書店 1952 231p 15cm（岩波文庫） Ⓝ913.6
☆「世界名著大事典」,「日本文学鑑賞辞典〔第2〕」

03732 「かくれんぼ」
『かくれんぼ—他二篇』 斎藤緑雨著 岩波書店 1952 115p 15cm（岩波文庫） Ⓝ913.6
☆「世界名著大事典」,「日本近代文学名著事典」,「日本文学現代名作事典」

佐江 衆一 さえ・しゅういち

03733 「黄落」
『黄落』 佐江衆一著 新潮社 1999 378p 16cm（新潮文庫） 552円 Ⓘ4-10-146607-6 Ⓝ913.6
☆「現代文学鑑賞辞典」,「新潮文庫20世紀の100冊」

佐伯 有清 さえき・ありきよ

03734 「新撰姓氏録の研究」
『新撰姓氏録の研究 本文篇』 佐伯有清著 吉川弘文館 1962 399,7p 22cm 6500円 Ⓘ4-642-02109-4 Ⓝ288.1
☆「日本史の名著」

佐伯 一麦 さえき・かずみ

03735 「ショート・サーキット」
『ショート・サーキット—佐伯一麦初期作品集』 佐伯一麦［著］ 講談社 2005 324p 15cm（講談社文芸文庫）〈年譜あり 著作目録あり〉 1300円 Ⓘ4-06-198419-5 Ⓝ913.6
☆「現代文学鑑賞辞典」

佐伯 喜一 さえき・きいち

03736 「日本の安全保障」
『日本の安全保障』 佐伯喜一著 日本国際問題研究所 1966 233p 18cm（国際問題シリーズ 51） Ⓝ390.4
☆「現代人のための名著」

佐伯 啓思 さえき・けいし

03737 「「欲望」と資本主義」
『「欲望」と資本主義—終りなき拡張の論理』 佐伯啓思著 講談社 1993 221p 18cm（講談社現代新書） 600円 Ⓘ4-06-149150-4 Ⓝ332.06
☆「「本の定番」ブックガイド」

佐伯 彰一 さえき・しょういち

03738 「外国人による日本論の名著」
『外国人による日本論の名著—ゴンチャロフからパンゲまで』 佐伯彰一,芳賀徹編 中央公論社 1987 296p 18cm（中公新書） 660円 Ⓘ4-12-100832-4 Ⓝ210
☆「「本の定番」ブックガイド」

03739 「日本人の自伝」
『日本人の自伝』 佐伯彰一著 講談社 1991 285p 15cm（講談社学術文庫） 760円 Ⓘ4-06-158984-9 Ⓝ281.04
☆「日本人とは何か」

03740 「日本の「私」を索めて」
『日本の「私」を索めて』 佐伯彰一著 河出書房新社 1974 221p 20cm 1000円 Ⓝ914.6
☆「日本文芸鑑賞事典 第20巻（昭和42～50年）」

佐伯 友子 さえき・ともこ

03741 「私のオフィスは照洋丸」
『私のオフィスは照洋丸—女性航海士の洋上日記』 佐伯友子著 三省堂 1994 226p 21cm 1500円 Ⓘ4-385-35614-9 Ⓝ638.8
☆「世界の海洋文学」

佐伯 尚美 さえき・なおみ

03742 「揺れ動く世界の米需給」
『揺れ動く世界の米需給』 大内力,佐伯尚美編 家の光協会 1995 252p 19cm（日本の米を考える 1） 2000円 Ⓘ4-259-54454-3
☆「学問がわかる500冊 v.2」

佐伯 奈津子 さえき・なつこ

03743 「アチェの声」
『アチェの声—戦争・日常・津波』 佐伯奈津子著 コモンズ 2005 191p 19cm〈年表あり〉 1800円 Ⓘ4-86187-005-4 Ⓝ302.241
☆「平和を考えるための100冊＋α」

佐伯 泰英 さえき・やすひで

03744 「居眠り磐音 江戸双紙」
『陽炎ノ辻—居眠り磐音江戸双紙』 佐伯泰英著 双葉社 2002 356p 15cm（双葉文庫） 648円 Ⓘ4-575-66126-0 Ⓝ913.6
☆「面白いほどよくわかる時代小説名作100」

03745 「夏目影二郎始末旅」
『八州狩り—長編時代小説』 佐伯泰英著 決定版 光文社 2013 407p 16cm（光文社文庫 さ18-42—夏目影二郎始末旅 1） 700円 Ⓘ978-4-334-76633-7 Ⓝ913.6
☆「面白いほどよくわかる時代小説名作100」

03746 「密命」
『密命—長編時代小説 巻之1（見参！ 寒月霞斬り）』 佐伯泰英著 新装版 祥伝社 2007 525p 16cm（祥伝社文庫） 714円 Ⓘ978-4-396-33363-8 Ⓝ913.6
☆「面白いほどよくわかる時代小説名作100」

03747 「吉原裏同心」

『流離―吉原裏同心 長編時代小説』 佐伯泰英著 光文社 2003 310p 16cm（光文社文庫）〈「逃亡」（勁文社2001年刊）の改題〉 533円 Ⓒ4-334-73462-6 Ⓝ913.6
☆「面白いほどよくわかる時代小説名作100」

佐伯 胖 さえき・ゆたか

03748 「「きめ方」の論理」
『「きめ方」の論理―社会的決定理論への招待』 佐伯胖著 東京大学出版会 1980 310,18p 19cm〈巻末：文献〉 1800円 Ⓝ304
☆「学問がわかる500冊」

03749 「シリーズ学びと文化2 言葉という絆」
『言葉という絆』 佐伯胖ほか編 東京大学出版会 1995 267p 19cm（シリーズ学びと文化 2） 1854円 Ⓒ4-13-053066-6 Ⓝ375.8
☆「学問がわかる500冊」

03750 「シリーズ学びと文化4 共生する社会」
『共生する社会』 佐伯胖ほか編 東京大学出版会 1995 226p 19cm（シリーズ学びと文化 4） 1854円 Ⓒ4-13-053068-2 Ⓝ375.3
☆「学問がわかる500冊」

03751 「「学ぶ」ということの意味」
『「学ぶ」ということの意味』 佐伯胖著 岩波書店 1995 215p 19cm（子どもと教育） 1500円 Ⓒ4-00-003932-6 Ⓝ371.4
☆「学問がわかる500冊」

佐伯 好郎 さえき・よしろう

03752 「景教の研究」
『景教の研究』 佐伯好郎著 東方文化学院東京研究所 1935 1254p 図版 地図 表 27cm Ⓝ198.18
☆「世界名著大事典」

03753 「支那基督教の研究」
『支那基督教の研究 1 唐宋時代の支那基督教』 佐伯好郎著 名著普及会 1979 592p 22cm〈春秋社松柏館昭和18年刊の複製〉 Ⓝ192.22
☆「世界名著大事典」

早乙女 貢 さおとめ・みつぐ

03754 「会津士魂」
『会津士魂 1 会津藩京へ』 早乙女貢著 集英社 1998 343p 16cm（集英社文庫）〈年表あり〉 686円 Ⓒ4-08-748816-0 Ⓝ913.6
☆「ポケット日本名作事典」

03755 「おけい」
『おけい』 早乙女貢著 文芸春秋 1981 2冊 16cm（文春文庫） 各360円 Ⓝ913.6
☆「面白いほどよくわかる時代小説名作100」，「歴史小説・時代小説 総解説」

03756 「僑人の檻」
『僑人の檻』 早乙女貢著 講談社 1968 226p 20cm 450円 Ⓝ913.6
☆「面白いほどよくわかる時代小説名作100」，「歴史小説・時代小説 総解説」

03757 「QE2世号殺人事件」
『QE2世号殺人事件―長篇サスペンス・ロマン』 早乙女貢著 光文社 1989 511p 16cm（光文社文庫）〈「地中海の貴婦人」（青樹社1981年刊）の改題〉 640円 Ⓒ4-334-70912-5 Ⓝ913.6
☆「世界の海洋文学」

03758 「血槍三代」
『血槍三代 青春編』 早乙女貢著 集英社 1980 558p 16cm（集英社文庫） 480円 Ⓝ913.6
☆「歴史小説・時代小説 総解説」

03759 「南海に叫ぶ」
『南海に叫ぶ』 早乙女貢著 富士見書房 1984 270p 15cm（時代小説文庫 102） 380円 Ⓒ4-8291-1102-X Ⓝ913.6
☆「世界の海洋文学」

03760 「八丈流人帖」
『八丈流人帖』 早乙女貢著 徳間書店 1990 349p 16cm（徳間文庫） 500円 Ⓒ4-19-598999-X Ⓝ913.6
☆「世界の海洋文学」

03761 「八幡船伝奇」
『八幡船伝奇』 早乙女貢著 旺文社 1985 373p 16cm（旺文社文庫） 520円 Ⓒ4-01-061473-0 Ⓝ913.6
☆「世界の海洋文学」

坂井 昭夫 さかい・あきお

03762 「軍拡経済の構図」
『軍拡経済の構図―軍縮の経済的可能性はあるのか』 坂井昭夫著 有斐閣 1984 325p 20cm（有斐閣選書R 28） 2000円 Ⓒ4-641-02425-1 Ⓝ333.3
☆「現代ビジネス書・経済書総解説」

酒井 朝彦 さかい・あさひこ

03763 「木馬のゆめ」
『木馬のゆめ』 酒井朝彦著 日本図書センター 2006 129p 21cm（わくわく！ 名作童話館 3）〈画：初山滋〉 2200円 Ⓒ4-284-70020-0 Ⓝ913.6
☆「日本児童文学名著事典」

03764 「雪むすめ」

『日本児童文学全集 9 月夜のまつり笛―楠山正雄・千葉省三・大木雄二・酒井朝彦童話集』 松田穰絵 偕成社 1962 240p 23cm
☆「名作の研究事典」

03765 「読書村の春」
『読書村の春―童話』 酒井朝彦著 ［初山滋］［挿絵］ 文苑社 1942 257p 22cm
Ⓝ913.6
☆「世界名著大事典」

坂井 栄八郎 さかい・えいはちろう

03766 「ドイツ史10講」
『ドイツ史10講』 坂井榮八郎著 岩波書店 2003 232p 18cm（岩波新書）〈年表あり〉 740円 Ⓘ4-00-430826-7 Ⓝ234
☆「世界史読書案内」

03767 「ヨーロッパ＝ドイツへの道」
『ヨーロッパ＝ドイツへの道―統一ドイツの現状と課題』 坂井栄八郎,保坂一夫編 東京大学出版会 1996 297,9p 22cm〈巻末：戦後ドイツ史略年表〉 4738円 Ⓘ4-13-030200-0 Ⓝ302.34
☆「歴史家の一冊」

酒井 邦嘉 さかい・くによし

03768 「科学者という仕事」
『科学者という仕事―独創性はどのように生まれるか』 酒井邦嘉著 中央公論新社 2006 271p 18cm（中公新書） 780円 Ⓘ4-12-101843-5 Ⓝ407
☆「大学新入生に薦める101冊の本」

酒井 啓子 さかい・けいこ

03769 「イラクとアメリカ」
『イラクとアメリカ』 酒井啓子著 岩波書店 2002 223,3p 18cm（岩波新書） 700円 Ⓘ4-00-430796-1 Ⓝ319.273053
☆「世界史読書案内」

坂井 景南 さかい・けいなん

03770 「英傑加藤寛治」
『英傑加藤寛治―景南回想記』 坂井景南著 ノーベル書房 1979 525p 20cm〈加藤寛治と著者の肖像あり〉 2800円 Ⓝ289.1
☆「日本海軍の本・総解説」

坂井 三郎 さかい・さぶろう

03771 「大空のサムライ」
『大空のサムライ―かえらざる零戦隊』 坂井三郎著 新装改訂版 光人社 2003 661p 16cm（光人社NF文庫） 952円
Ⓘ4-7698-2001-1 Ⓝ916
☆「日本海軍の本・総解説」

酒井 伸一 さかい・しんいち

03772 「ゴミと化学物質」
『ゴミと化学物質』 酒井伸一著 岩波書店 2003 231p 18cm（岩波新書）〈第10刷〉 780円 Ⓘ4-00-430562-4
☆「学問がわかる500冊 v.2」

坂井 忠勝 さかい・ただかつ

03773 「酒井空印言行録」
☆「世界名著大事典 補遺（Extra）」

堺 利彦 さかい・としひこ

03774 「社会主義綱要」
『社会主義綱要』 堺利彦（枯川）,森近運平著 鶏声堂 1907 210p 23cm Ⓝ360
☆「世界名著大事典」

酒井 直樹 さかい・なおき

03775 「死産される日本語・日本人」
『死産される日本語・日本人―「日本」の歴史―地政的配置』 酒井直樹著 新曜社 1996 300p 20cm 2884円 Ⓘ4-7885-0556-8 Ⓝ302.1
☆「戦後思想の名著50」,「ナショナリズム論の名著50」

酒井 寛 さかい・ひろし

03776 「花森安治の仕事」
『花森安治の仕事』 酒井寛著 暮しの手帖社 2011 278p 19cm 1400円
Ⓘ978-4-7660-0172-3
☆「現代を読む」

酒井 泰弘 さかい・やすひろ

03777 「リスクの経済学」
『リスクの経済学―情報と社会風土』 酒井泰弘著 有斐閣 1996 289p 20cm〈参考文献：p275～283〉 2400円 Ⓘ4-641-06771-6 Ⓝ331
☆「学問がわかる500冊」

境野 黄洋 さかいの・こうよう

03778 「支那仏教精史」
『支那仏教精史』 境野黄洋著 国書刊行会 1972 1008,43p 肖像 22cm〈境野黄洋博士遺稿刊行会昭和10年刊の複製〉 5500円
Ⓝ180.222
☆「世界名著大事典」

03779 「日本仏教史講話」
『日本仏教史講話―平安朝以前 第1巻』 境野黄洋著 森江書店 1931 726p 23cm Ⓝ180
☆「世界名著大事典」

堺屋 太一　さかいや・たいち

03780　「あるべき明日」
『あるべき明日―日本・いま決断のとき』 堺屋太一著　PHP研究所　1998　291p　20cm　1429円　①4-569-60211-8　Ⓝ304
☆「超売れ筋ビジネス書101冊」

03781　「風と炎と」
『風と炎と　上』 堺屋太一著　新潮社　1994　403p　15cm(新潮文庫)　560円　①4-10-149106-2　Ⓝ304
☆「経済経営95冊」

03782　「危機を活かす」
『危機を活かす』 堺屋太一著　講談社　1995　406p　15cm(講談社文庫)　620円　①4-06-185881-5　Ⓝ304
☆「経済経営95冊」

03783　「千日の変革」
『千日の変革―日本が変わる社会が変わる』 堺屋太一著　PHP研究所　1991　253p　15cm(PHP文庫)　520円　①4-569-56327-9　Ⓝ304
☆「経済経営95冊」

03784　「組織の盛衰」
『組織の盛衰―何が企業の命運を決めるのか』 堺屋太一著　PHP研究所　1996　326p　15cm(PHP文庫)　580円　①4-569-56851-3　Ⓝ336.3
☆「経済経営95冊」

03785　「知価革命」
『知価革命―工業社会が終わる・知価社会が始まる』 堺屋太一著　PHP研究所　1990　333p　15cm(PHP文庫)　560円　①4-569-56262-0　Ⓝ304
☆「経済経営95冊」

03786　「日本革質」
『日本革質―社会の質を変えねば繁栄はない』 堺屋太一著　PHP研究所　1994　277p　15cm(PHP文庫)　520円　①4-569-56666-9　Ⓝ304
☆「経済経営95冊」

03787　「日本とは何か」
『日本とは何か』 堺屋太一著　講談社　1994　331p　15cm(講談社文庫)　540円　①4-06-185594-8　Ⓝ302.1
☆「経済経営95冊」

03788　「満足化社会の方程式」
『満足化社会の方程式』 堺屋太一著　新潮社　1996　312p　15cm(新潮文庫)　520円　①4-10-149108-9　Ⓝ304
☆「経済経営95冊」

03789　「油断！」
『油断！』 堺屋太一著　日本経済新聞社　2005　393p　15cm(日経ビジネス人文庫)〈1975年刊の増補〉　714円　①4-532-19327-3　Ⓝ913.6
☆「21世紀の必読書100選」

坂上 弘　さかがみ・ひろし

03790　「啓太の選択」
『啓太の選択』 坂上弘著　講談社　1998　508p　20cm　3500円　①4-06-209285-9　Ⓝ913.6
☆「現代文学鑑賞辞典」

03791　「野菜売りの声」
『野菜売りの声』 坂上弘著　河出書房新社　1970　259p　20cm　680円　Ⓝ913.6
☆「一度は読もうよ！ 日本の名著」,「一冊で愛の話題作100冊を読む」

榊 佳之　さかき・よしゆき

03792　「人間の遺伝子」
『人間の遺伝子―ヒトゲノム計画のめざすもの』 榊佳之著　岩波書店　1995　122p　19cm(岩波科学ライブラリー　29)　1000円　①4-00-006529-7　Ⓝ467.3
☆「学問がわかる500冊 v.2」

榊原 英資　さかきばら・えいすけ

03793　「絶対こうなる！ 日本経済」
『絶対こうなる！ 日本経済―この国は破産なんかしない!?』 榊原英資,竹中平蔵著　アスコム　2010　205p　18cm(2時間でいまがわかる！)〈シリーズの責任編集者：田原総一朗〉　952円　①978-4-7762-0619-4　Ⓝ332.107
☆「3行でわかる名作&ヒット本250」

坂口 安吾　さかぐち・あんご

03794　「安吾捕物帖」
『坂口安吾全集　12　明治開化安吾捕物帖　上』 筑摩書房　1990　488p　15cm(ちくま文庫)〈著者の肖像あり〉　930円　①4-480-02472-7　Ⓝ918.68
☆「ポケット日本名作事典」,「歴史小説・時代小説総解説」

03795　「風と光と二十の私と」
『風と光と二十の私と』 坂口安吾著　講談社　1988　451p　16cm(講談社文芸文庫)　780円　①4-06-196027-X　Ⓝ914.6
☆「読書入門」

03796　「桜の森の満開の下」
『桜の森の満開の下』 坂口安吾著　講談社　1989　453p　16cm(講談社文芸文庫)　840円　①4-06-196042-3　Ⓝ913.6
☆「あらすじダイジェスト」,「あらすじで読む日

03797 「堕落論」
『堕落論』 坂口安吾著 角川春樹事務所 2011 125p 16cm（ハルキ文庫 さ17-1-一[280円文庫]）〈並列シリーズ名：Haruki Bunko 年譜あり〉 267円 ①978-4-7584-3545-1 Ⓝ914.6
☆「一冊で人生論の名著を読む」,「3行でわかる名作&ヒット本250」,「昭和の名著」,「新潮文庫20世紀の100冊」,「世界名著大事典」,「戦後思想の名著50」,「日本文学鑑賞辞典〔第2〕」,「日本文学名作事典」,「日本文芸鑑賞事典 第14巻（1946～1948年）」,「必読書150」,「ベストガイド日本の名著」,「明治・大正・昭和の名著・総解説」,「名著の履歴書」,「私を変えたこの一冊」

03798 「日本文化私観」
『日本文化私観』 坂口安吾著 中央公論新社 2011 363p 18cm（中公クラシックス J44）〈並列シリーズ名：CHUKOCLASSICS 年譜あり〉 1850円 ①978-4-12-160126-1 Ⓝ914.6
☆「建築の書物/都市の書物」,「日本近代文学名著事典」,「日本の名著」,「日本文化論の名著入門」,「日本文芸鑑賞事典 第13巻」

03799 「二流の人」
『二流の人一官兵衛と秀吉』 坂口安吾著 毎日ワンズ 2014 237p 19cm〈思索社 1948年刊に「真書太閤記」を併録し再編集 文献あり〉 1400円 ①978-4-901622-76-9 Ⓝ913.6
☆「歴史小説・時代小説 総解説」

03800 「白痴」
『白痴』 坂口安吾著 改版 新潮社 2011 282p 15cm（新潮文庫） 460円 ①978-4-10-102401-1
☆「一度は読もうよ！ 日本の名著」,「一冊で日本の名著100冊を読む 続」,「現代文学鑑賞辞典」,「この一冊でわかる日本の名作」,「知らないと恥ずかしい「日本の名作」あらすじ200本」,「図説5分でわかる日本の名作傑作選」,「世界名著大事典」,「2時間でわかる日本の名著」,「日本文学鑑賞辞典〔第2〕」,「日本文学 これを読まないと文学は語れない!!」,「日本文学名作事典」,「日本文芸鑑賞事典 第14巻（1946～1948年）」,「日本名作文学館 日本編」,「入門名作の世界」,「文学・名著300選の解説 '88年度版」,「ポケット日本名作事典」,「名作の書き出しを諳んじる」

03801 「吹雪物語」
『吹雪物語』 坂口安吾著 講談社 1989 503p 16cm（講談社文芸文庫） 900円 ①4-06-196063-6 Ⓝ913.6

☆「現代文学名作探訪事典」,「世界名著大事典」

03802 「不連続殺人事件」
『不連続殺人事件』 坂口安吾[著] 改版 角川書店 2006 329p 15cm（角川文庫）〈年譜あり〉 514円 ①4-04-110019-4 Ⓝ913.6
☆「世界の推理小説・総解説」,「日本文学鑑賞辞典〔第2〕」

03803 「夜長姫と耳男」
『夜長姫と耳男』 坂口安吾著 大日本雄弁会講談社 1953 294p 19cm Ⓝ913.6
☆「読書入門」

阪口 正二郎 さかぐち・しょうじろう
03804 「立憲主義と民主主義」
『立憲主義と民主主義』 阪口正二郎著 日本評論社 2001 306p 22cm（現代憲法理論叢書） 4900円 ①4-535-51252-3 Ⓝ323.01
☆「憲法本41」

坂口 昂 さかぐち・たかし
03805 「概観世界史潮」
『概観世界史潮』 坂口昂著 訂22版 岩波書店 1950 378p 図版 22cm Ⓝ230.1
☆「世界名著大事典」

03806 「世界におけるギリシヤ文明の潮流」
☆「世界名著大事典」

03807 「独逸史学史」
『独逸史学史』 坂口昂著 岩波書店 1932 562p 図版 23cm Ⓝ201.23
☆「世界名著大事典」

03808 「ルネッサンス史概説」
『ルネッサンス史概説―フロレンス及びローマを中心として』 坂口昂著 3版 岩波書店 1949 242p 図版21枚 22cm Ⓝ230.51
☆「世界名著大事典」

坂口 尚 さかぐち・ひさし
03809 「石の花」
『石の花 上巻』 坂口尚著 光文社 2008 504p 21cm（光文社コミック叢書「signal」11―坂口尚長編作品選集 1） 2857円 ①978-4-334-90148-6 Ⓝ726.1
☆「世界史読書案内」

坂口 実 さかぐち・みのる
03810 「数理計画法」
『数理計画法』 坂口実著 培風館 1968 249p 22cm（数理科学シリーズ 4）〈付：参考文献〉 1500円 Ⓝ418.8
☆「数学ブックガイド100」

坂倉 照好 さかくら・てるよ

03811 「孤独な細胞外マトリックス」
『孤独な細胞外マトリックス』 坂倉照好著 羊土社 1994 115p 21cm〈実験医学バイオサイエンス 15〉〈参考文献：p110〜113〉 2700円 Ⓘ4-89706-307-8 Ⓝ481.1
☆「学問がわかる500冊 v.2」

坂崎 坦 さかざき・しずか

03812 「西洋美術史概説」
『西洋美術史概説』 坂崎坦著 風間書房 1955 244,15p 22cm Ⓝ702.3
☆「人文科学の名著」

坂詰 秀一 さかづめ・ひでいち

03813 「歴史考古学の問題点」
『歴史考古学の問題点』 坂詰秀一編 近藤出版社 1990 450p 19cm〈各章末：参考文献〉 3708円 Ⓘ4-7725-0177-0 Ⓝ210.2
☆「学問がわかる500冊 v.2」

03814 「論争・学説 日本の考古学」
『論争・学説日本の考古学 第1巻 総論』 桜井清彦,坂詰秀一編 雄山閣出版 1987 286p 22cm 3500円
Ⓘ4-639-00672-1,4-639-00598-9 Ⓝ210.2
☆「学問がわかる500冊 v.2」

坂田 昌一 さかた・しょういち

03815 「物理学と方法」
『物理学と方法』 坂田昌一著 岩波書店 1972 441p 肖像 20cm〈論集 1〉 1000円 Ⓝ421
☆「明治・大正・昭和の名著・総解説」

阪田 寛夫 さかた・ひろお

03816 「土の器」
『土の器』 阪田寛夫著 文芸春秋 1984 238p 16cm（文春文庫） 300円
Ⓘ4-16-732901-8 Ⓝ913.6
☆「現代文学鑑賞辞典」、「ポケット日本名作事典」

坂上 明基 さかのうえ・あきもと

03817 「法曹至要抄」
『群書類従 第6輯 律令部 公事部』 塙保己一編纂 オンデマンド版 八木書店古書出版部 2013 639p 21cm〈訂正3版：続群書類従完成会 1980年刊 デジタルパブリッシングサービス[印刷・製本] 八木書店[発売]〉 10000円 Ⓘ978-4-8406-3117-4 Ⓝ081
☆「古典の事典」、「世界名著大事典」

嵯峨の屋 お室 さがのや・おむろ

03818 「初恋」

『日本文学全集 86 名作集 1 明治編』 集英社 1975 443p 肖像 20cm〈豪華版〉 890円 Ⓝ918.6
☆「世界名著大事典」、「日本文学鑑賞辞典〔第2〕」

坂部 広胖 さかべ・こうはん

03819 「海路安心録」
『日本科学古典全書 復刻7 海上交通』 三枝博音編 朝日新聞社 1978 808,10p 22cm〈昭和18年刊『日本科学古典全書』第12巻の複製〉 6300円 Ⓝ402.105
☆「世界名著大事典」

03820 「点竄指南録」
『日本科学技術古典籍資料 数學篇4』 浅見恵,安田健訳編 科学書院 2001 1007p 27cm〈近世歴史資料集成 第4期 第4巻〉〈日本学士院蔵の複製 霞ケ関出版〔発売〕〉 50000円 Ⓘ4-7603-0233-6 Ⓝ402.105
☆「世界名著大事典」

坂部 恵 さかべ・めぐみ

03821 「仮面の解釈学」
『仮面の解釈学』 坂部恵著 新装版 東京大学出版会 2009 242p 20cm 2800円 Ⓘ978-4-13-013091-2 Ⓝ104
☆「現代哲学の名著」、「倫理学」

坂本 一成 さかもと・かずなり

03822 「対話・建築の思考」
『対話・建築の思考』 坂本一成,多木浩二著 住まいの図書館出版局 1996 230,16p 18cm（住まい学大系 74）〈星雲社〔発売〕〉 2400円 Ⓘ4-7952-0874-3 Ⓝ527.04
☆「建築・都市ブックガイド21世紀」

坂本 健一 さかもと・けんいち

03823 「日本風俗史」
『日本風俗史』 坂本健一編 博文館 1900 328p 23cm（帝国百科全書 第48編） Ⓝ380
☆「世界名著大事典」

坂本 賢三 さかもと・けんぞう

03824 「現代科学をどうとらえるか」
『現代科学をどうとらえるか』 坂本賢三著 講談社 1978 182p 18cm（講談社現代新書） 370円 Ⓝ401
☆「「本の定番」ブックガイド」

坂本 光司 さかもと・こうじ

03825 「日本でいちばん大切にしたい会社」
『日本でいちばん大切にしたい会社』 坂本光司著 あさ出版 2008 207p 19cm 1400円 Ⓘ978-4-86063-248-9 Ⓝ335.35

☆「3行でわかる名作&ヒット本250」

坂本 幸四郎 さかもと・こうしろう
03826 「井上剣花坊・鶴彬」
『井上剣花坊・鶴彬―川柳革新の旗手たち』 坂本幸四郎著 リブロポート 1990 310,4p 19cm〈シリーズ民間日本学者 22〉〈年譜・参考文献：p297～310〉 1545円
Ⓘ4-8457-0468-4 Ⓝ911.46
☆「現代を読む」

坂元 昂 さかもと・たかし
03827 「教育工学の原理と方法」
『教育工学の原理と方法』 坂元昂著 明治図書出版 1971 277p 18cm(明治図書新書)〈文献：p274-277〉 Ⓝ375
☆「教育名著 日本編」

坂本 太郎 さかもと・たろう
03828 「大化改新の研究」
『大化改新の研究』 坂本太郎著 4版 至文堂 1941 632p 22cm Ⓝ210.34
☆「世界名著大事典」

坂本 勉 さかもと・つとむ
03829 「イスラーム復興はなるか」
『イスラーム復興はなるか』 坂本勉,鈴木董編 講談社 1993 270p 18cm(講談社現代新書 1175―新書イスラームの世界史 3) 650円
Ⓘ4-06-149175-X
☆「世界史読書案内」

坂本 直行 さかもと・なおゆき
03830 「原野から見た山」
『原野から見た山―坂本直行画文集』 坂本直行著 名渓堂 1974 144p 図 27cm〈朋文堂昭和32年刊の再刊〉 4200円 Ⓝ291.09
☆「日本の山の名著・総解説」、「山の名著 明治・大正・昭和戦前編」

坂本 義和 さかもと・よしかず
03831 「核と人間」
『核と対決する20世紀』 岩波書店 1999 379p 20cm〈核と人間 1 坂本義和編〉 3200円 Ⓘ4-00-002836-7 Ⓝ319.8
☆「サイエンス・ブックレヴュー」

03832 「新版 軍縮の政治学」
『新版 軍縮の政治学』 坂本義和著 岩波書店 1988 239p 18cm(岩波新書 47) 530円
Ⓘ4-00-430047-9
☆「平和を考えるための100冊+α」

坂本 龍馬 さかもと・りょうま
03833 「海援隊約規」
『坂本竜馬全集』 宮地佐一郎編集・解説 増補4訂版 光風社出版 1988 1150,14p 図版26枚 27cm〈監修：平尾道雄 坂本竜馬の肖像あり 坂本竜馬年譜・坂本竜馬関係書誌：p1045～1090〉 28000円 Ⓘ4-87519-400-5 Ⓝ081.5
☆「幕末十冊の名著」

相良 俊輔 さがら・しゅんすけ
03834 「赤い夕陽の満州野が原に」
『赤い夕陽の満州野が原に―鬼才河本大作の生涯』 相良俊輔著 光人社 1996 590p 16cm(光人社NF文庫) 1000円
Ⓘ4-7698-2107-7 Ⓝ913.6
☆「日本陸軍の本・総解説」

03835 「菊と龍」
『菊と龍―祖国への栄光の戦い』 相良俊輔著 光人社 2004 293p 19cm(光人社名作戦記 16) 1600円 Ⓘ4-7698-1116-0 Ⓝ916
☆「日本陸軍の本・総解説」

相良 亨 さがら・とおる
03836 「日本人の伝統的倫理観」
『日本人の伝統的倫理観』 相良亨著 理想社 1964 250p 22cm Ⓝ150.21
☆「日本思想史」

相良 守峯 さがら・もりお
03837 「ドイツ中世叙事詩研究」
『ドイツ中世叙事詩研究』 相良守峯著 第3版 郁文堂 1975 767,12p 図 22cm〈初版：富士出版 1948年刊 巻末：参考文献〉 6000円 Ⓝ941
☆「世界名著大事典」

佐木 隆三 さき・りゅうぞう
03838 「海燕ジョーの奇蹟」
『組長狙撃―海燕ジョーの奇蹟』 佐木隆三著 小学館 2000 470p 15cm(小学館文庫 隣りの殺人者 5)〈「海燕ジョーの奇蹟」(新潮社1980年刊)の改題〉 695円 Ⓘ4-09-403705-5 Ⓝ913.6
☆「生きがいの再発見名著22選」

03839 「越山田中角栄」
『越山田中角栄』 佐木隆三著 七つ森書館 2011 230p 19cm(ノンフィクション・シリーズ"人間" 1)〈シリーズの監修・解説者：佐高信 文献あり〉 2000円 Ⓘ978-4-8228-7001-0 Ⓝ913.6
☆「現代を読む」

03840 「波に夕陽の影もなく」

『波に夕陽の影もなく―海軍少佐竹内十次郎の生涯』 佐木隆三著 中央公論社 1983 298p 16cm(中公文庫)〈参考文献・資料：p289～290〉 380円 ①4-12-201067-5 Ⓝ913.6
☆「日本海軍の本・総解説」

03841 「復讐するは我にあり」
『復讐するは我にあり』 佐木隆三著 改訂新版 文藝春秋 2009 494p 16cm(文春文庫 さ4-17) 819円 ①978-4-16-721517-0 Ⓝ913.6
☆「あの本にもう一度」、「現代文学鑑賞辞典」

向坂 逸郎 さきさか・いつろう

03842 「日本資本主義の諸問題」
『日本資本主義の諸問題』 向坂逸郎著 社会主義協会出版局 1976 317p 22cm〈至誠堂版(1958年刊)を増補・改定したもの〉 Ⓝ333.91
☆「世界名著大事典」

03843 「山川均伝」
『山川均自伝―ある凡人の記録・その他』 山川菊栄,向坂逸郎編 岩波書店 1961 488p 図版 19cm Ⓝ289.1
☆「昭和の名著」

鷺沢 萠 さぎさわ・めぐむ

03844 「葉桜の日」
『葉桜の日』 鷺沢萠著 新潮社 1993 218p 15cm(新潮文庫) 360円 ①4-10-132512-X Ⓝ913.6
☆「現代文学鑑賞辞典」

策彦周良 さくげんしゅうりょう

03845 「策彦入明記」
☆「アジアの比較文化」

作田 啓一 さくだ・けいいち

03846 「価値の社会学」
『価値の社会学』 作田啓一著 岩波書店 2001 450,11p 20cm(岩波モダンクラシックス) 3800円 ①4-00-026665-9 Ⓝ361.41
☆「社会学の名著30」、「文化の社会学」

03847 「個人主義の運命」
『個人主義の運命―近代小説と社会学』 作田啓一著 岩波書店 1981 202p 18cm(岩波新書) 380円 Ⓝ902.3
☆「学問がわかる500冊」

03848 「真の自己と二人の大他者」
『生の欲動―神経症から倒錯へ』 作田啓一[著] みすず書房 2003 298p 20cm 2800円 ①4-622-07060-X Ⓝ145
☆「自己・他者・関係」

03849 「増補・ルソー」
『ルソー――市民と個人』 作田啓一著 増補 筑摩書房 1992 253p 19cm(筑摩叢書 368) 2200円 ①4-480-01368-7 Ⓝ135.3
☆「学問がわかる500冊」

佐口 透 さぐち・とおる

03850 「ロシアとアジア草原」
『ロシアとアジア草原』 佐口透著 吉川弘文館 1966 281p 図版 地図 20cm(ユーラシア文化史選書 3)〈参考文献：267-281p〉 700円 Ⓝ229.2
☆「現代アジア論の名著」

佐久間 鼎 さくま・かなえ

03851 「日本音声学」
『日本音声学』 佐久間鼎著 風間書房 1963 688,20p 図版 22cm Ⓝ811.1
☆「世界名著大事典」

佐久間 象山 さくま・しょうざん

03852 「省諐録」
『日本の名著 30 佐久間象山・横井小楠』 松浦玲責任編集 中央公論社 1984 542p 18cm(中公バックス) 1200円 ①4-12-400420-6 Ⓝ081
☆「教育を考えるためにこの48冊」、「古典の事典」、「世界名著大事典」、「「日本人の名著」を読む」、「日本の古典名著」、「幕末十冊の名著」

佐久間 充 さくま・みつる

03853 「ああダンプ街道」
『ああダンプ街道』 佐久間充著 岩波書店 1993 222p 18cm(岩波新書 266)〈第5刷(第1刷：84.5.21)〉 580円 ①4-00-420266-3
☆「環境と社会」

佐久間 柳居 さくま・りゅうきょ

03854 「芭蕉七部集」
『芭蕉七部集』 松尾芭蕉著 中村俊定校注 岩波書店 1966 446p 図版 15cm(岩波文庫) 200円 Ⓝ911.33
☆「学術辞典叢書 第15巻」、「古典の事典」、「作品と作者」、「世界名著解題選 第3巻」、「世界名著大事典」、「日本の古典」、「日本の古典・世界の古典」、「日本の古典名著」、「日本の名著」(角川書店)、「日本の名著」(毎日新聞社)、「日本文学鑑賞辞典〔第5巻〕」、「日本名著辞典」、「わたしの古典」

作山 宗久 さくやま・むねひさ

03855 「「青春」という名の詩」
『「青春」という名の詩―幻の詩人サムエル・ウルマン』 宇野収,作山宗久著 産業能率大学出版部 1986 145p 20cm〈サムエル・ウルマン年譜：p139～140〉 1200円

さくら ももこ

03856　「もものかんづめ」
『もものかんづめ』　さくらももこ著　集英社　2001　287p　16cm（集英社文庫）〈著作目録あり〉　390円　Ⓘ4-08-747299-X　Ⓝ914.6
☆「百年の誤読」

桜井 清彦　さくらい・きよひこ

03857　「論争・学説 日本の考古学」
『論争・学説日本の考古学　第1巻　総論』　桜井清彦,坂詰秀一編　雄山閣出版　1987　286p　22cm　3500円
Ⓘ4-639-00672-1,4-639-00598-9　Ⓝ210.2
☆「学問がわかる500冊 v.2」

桜井 秀　さくらい・しゅう

03858　「日本風俗史」
『日本風俗史概説　生活史篇』　桜井秀著　明治書院　1950　132p　19cm　Ⓝ382.1
☆「世界名著大事典」

03859　「日本服飾史」
『日本服飾史』　桜井秀著　雄山閣　1924　359p 図版11枚　19cm　Ⓝ383
☆「世界名著大事典」

桜井 武雄　さくらい・たけお

03860　「日本農業の再編成」
『日本農業の再編成』　桜井武雄著　中央公論社　1940　224p　23cm　Ⓝ611
☆「農政経済の名著 昭和前期編」

桜井 忠温　さくらい・ちゅうおん

03861　「肉弾」
『肉弾―旅順実戦記』　桜井忠温著　国書刊行会　1978　245p　20cm〈著者の肖像あり 明治39年刊の複製〉　1800円　Ⓝ915.9
☆「現代人のための名著」,「日本文芸鑑賞事典 第3巻（1904〜1909年）」,「日本陸軍の本・総解説」

桜井 哲夫　さくらい・てつお

03862　「「近代」の意味」
『「近代」の意味―制度としての学校・工場』　桜井哲夫著　日本放送出版協会　1984　218p　19cm（NHKブックス　470）　750円
Ⓘ4-14-001470-9　Ⓝ362.06
☆「学問がわかる500冊」

桜井 徳太郎　さくらい・とくたろう

03863　「霊魂観の系譜」
『霊魂観の系譜』　桜井徳太郎著　新編　筑摩書房　2012　287p　15cm（ちくま学芸文庫）　1200円　Ⓘ978-4-480-09468-1
☆「学問がわかる500冊 v.2」

桜田 治助（1代）　さくらだ・じすけ

03864　「助六所縁江戸桜」
『助六所縁江戸桜』　守随憲治校訂　岩波書店　1993　104p　15cm（岩波文庫）〈第4刷（第1刷：39.10.5）〉　310円　Ⓘ4-00-302681-0
☆「古典の事典」,「世界名著大事典」

桜田 治助（3代）　さくらだ・じすけ

03865　「三世相」
『名作歌舞伎全集　第15巻　江戸世話狂言集1』　東京創元新社　1969　337p 図版　20cm〈監修者：戸板康二等〉　Ⓝ912.5
☆「世界名著大事典 補遺（Extra）」

03866　「乗合船恵方万歳」
『名作歌舞伎全集　第24巻　舞踊劇集　2』　東京創元社　1972　312p 図10枚　20cm〈監修：戸板康二等〉　Ⓝ912.5
☆「世界名著大事典」

迫 正人　さこ・まさと

03867　「世界一周子連れ航海記」
『世界一周子連れ航海記』　迫正人著　集英社　1986　222p　20cm〈著者の肖像あり〉　1200円　Ⓘ4-08-775093-0　Ⓝ290.9
☆「世界の海洋文学」

笹岡 耕平　ささおか・こうへい

03868　「ヨット招福の冒険」
『ヨット招福の冒険―世界一周クルージング』　笹岡耕平著　2版　成山堂書店　1989　254p　19cm　1600円　Ⓘ4-425-95132-8
☆「世界の海洋文学」

佐々木 基一　ささき・きいち

03869　「同時代作家の風貌」
『同時代作家の風貌』　佐々木基一著　講談社　1991　394p　16cm（講談社文芸文庫　現代日本のエッセイ）〈年譜・著書目録：p379〜394〉　980円　Ⓘ4-06-196131-4　Ⓝ914.6
☆「現代文学鑑賞辞典」

佐々木 吉郎　ささき・きちろう

03870　「経営経済学の成立」
『経営経済学の成立』　佐々木吉郎著　新版　中央書房　1955　323p　22cm〈付録：経営経済学の歴史的研究に関する重要文献301-323p〉　Ⓝ335
☆「世界名著大事典」

佐々木 邦　ささき・くに
03871　「ガラマサどん」
『ガラマサどん』 佐々木邦著　講談社　1996
452p　15cm（大衆文学館）　920円
Ⓘ4-06-262052-9　Ⓝ913.6
☆「日本文芸鑑賞事典 第9巻」

03872　「苦心の学友」
『苦心の学友』 佐々木邦著　大日本雄弁会講談
社　1930　Ⓝ913.6
☆「日本児童文学名著事典」、「日本文芸鑑賞事典 第9巻」

佐々木 宏幹　ささき・こうかん
03873　「シャーマニズム」
『シャーマニズム—エクスタシーと憑霊の文化』
佐々木宏幹著　中央公論社　1980　222p
18cm（中公新書）　460円　Ⓝ163.9
☆「学問がわかる500冊」、「学問がわかる500冊 v.2」

佐々木 高明　ささき・こうめい
03874　「縄文文化と日本人」
『縄文文化と日本人—日本基層文化の形成と継承』　佐々木高明［著］　講談社　2001　325p
15cm（講談社学術文庫）　1000円
Ⓘ4-06-159491-5　Ⓝ210.25
☆「学問がわかる500冊 v.2」

佐々木 潤之介　ささき・じゅんのすけ
03875　「幕末社会論」
『幕末社会論—「世直し状況」研究序論』 佐々木潤之介著　塙書房　1969　297p　19cm（塙選書）　850円　Ⓝ210.58
☆「日本史の名著」

佐々木 惣一　ささき・そういち
03876　「日本憲法要論」
『日本憲法要論』 佐々木惣一著　訂正5版　金刺芳流堂　1933　724p　22cm　Ⓝ323.3
☆「世界名著大事典」

佐々木 毅　ささき・たけし
03877　「近代政治思想の誕生」
『近代政治思想の誕生—16世紀における「政治」』 佐々木毅著　岩波書店　2006　211p
18×11cm（岩波新書）〈第2刷〉　700円
Ⓘ4-00-420169-1
☆「学問がわかる500冊」

03878　「現代政治学の名著」
『現代政治学の名著』 佐々木毅編　中央公論社　1989　220p　18cm（中公新書）〈各章末：参考文献〉　600円　Ⓘ4-12-100918-5　Ⓝ311.04
☆「「本の定番」ブックガイド」

03879　「マキアヴェッリと「君主論」」
『マキアヴェッリと『君主論』』 佐々木毅著
講談社　1994　328p　15cm（講談社学術文庫）〈マキアヴェッリ年表：p321〜324〉
940円　Ⓘ4-06-159109-6　Ⓝ311.237
☆「学問がわかる500冊」

佐々木 力　ささき・ちから
03880　「科学論入門」
『科学論入門』 佐々木力著　岩波書店　1996
223,5p　18cm（岩波新書）　650円
Ⓘ4-00-430457-1　Ⓝ402
☆「サイエンス・ブックレヴュー」

03881　「学問論」
『学問論—ポストモダニズムに抗して』 佐々木力著　東京大学出版会　1997　262,8p　22cm
4635円　Ⓘ4-13-010080-7　Ⓝ002
☆「サイエンス・ブックレヴュー」

03882　「デカルトの数学思想」
『デカルトの数学思想』 佐々木力著　東京大学出版会　2003　600p　22cm（コレクション数学史　1　佐々木力編）　7400円
Ⓘ4-13-061351-0　Ⓝ410.2
☆「サイエンス・ブックレヴュー」

03883　「マルクス主義科学論」
『マルクス主義科学論』 佐々木力著　みすず書房　1997　497,16p　20cm　5500円
Ⓘ4-622-03960-5　Ⓝ401.6
☆「サイエンス・ブックレヴュー」

佐々木 忠次郎　ささき・ちゅうじろう
03884　「陸平介墟篇」
『Okadaira shell mound at Hitachi』 斎藤忠監修　飯島魁,佐々木忠次郎著　第一書房
1983　7,[11],28 p.　29 cm（復刻日本考古学文献集成）〈他言語標題：常陸陸平貝塚
English text and "解説" by 斎藤忠
Reprint. Originally published：Tokio：
Tokio Daigaku,1882　"An appendix to Memoir,vol.1. part I. of the Science Department,Tokio Daigaku (University of Tokio)"--Original t.p〉
☆「世界名著大事典」

佐々木 常夫　ささき・つねお
03885　「そうか、君は課長になったのか。」
『そうか、君は課長になったのか。』 佐々木常夫著　WAVE出版　2013　207p　18cm
（Sasaki Pocket Series）〈2010年刊の改訂・改稿〉　900円　Ⓘ978-4-87290-616-5　Ⓝ336.3
☆「3行でわかる名作&ヒット本250」

03886　「働く君に贈る25の言葉」

『働く君に贈る25の言葉』 佐々木常夫著 WAVE出版 2013 207p 18cm〈Sasaki Pocket Series〉〈2010年刊の改訂・改稿〉 900円 ⓘ978-4-87290-617-2 Ⓝ159.4
☆「3行でわかる名作&ヒット本250」

佐々木 到一　ささき・とういち

03887 「ある軍人の自伝」
『ある軍人の自伝』 佐々木到一著 増補版 勁草書房 1967 345p 図版 18cm〈中国新書〉 360円 Ⓝ289.1
☆「自伝の名著101」、「日本陸軍の本・総解説」

佐佐木 信綱　ささき・のぶつな

03888 「おもひ草」
『おもひ草』 佐佐木信綱著 博文館 1903 139p 19cm Ⓝ911.1
☆「世界名著大事典」

03889 「思草」
『伊藤左千夫/佐佐木信綱』 伊藤左千夫,佐佐木信綱著 京都 新学社 2005 338p 15cm（新学社近代浪漫派文庫 17） 1324円 ⓘ4-7868-0075-9 Ⓝ918.68
☆「日本文学鑑賞辞典〔第2〕」、「日本文芸鑑賞事典 第2巻（1895～1903年）」

03890 「校本万葉集」
『校本万葉集 1』 佐佐木信綱ほか編 〔1994〕新増補版 岩波書店 1994 536,136p 23cm〈第4刷（第1刷：1931年）〉 10000円 ⓘ4-00-008581-6 Ⓝ911.12
☆「世界名著大事典」

03891 「新訓万葉集」
『新訓万葉集 上巻』 佐佐木信綱編 新訂 岩波書店 1991 447p 19cm（ワイド版岩波文庫） 1200円 ⓘ4-00-007014-2 Ⓝ911.12
☆「歴史家の読書案内」

03892 「新月」
『新月』 佐佐木信綱著 博文館 1912 152p 19cm Ⓝ911.16
☆「世界名著大事典」

03893 「常盤木」
『常盤木』 佐佐木信綱著 竹柏会 1922 147p 18cm Ⓝ911.16
☆「世界名著大事典」

03894 「豊旗雲」
『佐佐木信綱全歌集』 佐佐木信綱[著] 佐佐木幸綱監修 ながらみ書房 2004 439p 22cm〈肖像 年譜あり〉 4762円 ⓘ4-86023-266-6 Ⓝ911.168
☆「世界名著大事典」

03895 「日本歌学史」
『日本歌学史』 佐佐木信綱著 藤森書店 1982 478,119p 22cm（日本文化史叢書 8）〈改訂版（博文館昭和17年刊）の複製 折り込図2枚 巻末：参考書目・日本歌学史年表〉 8000円 Ⓝ911.101
☆「世界名著大事典」

03896 「日本歌学大系」
『日本歌学大系 第1巻』 佐佐木信綱編 風間書房 1957 61,394p 図版 22cm Ⓝ911.108
☆「世界名著大事典」

03897 「和歌史の研究」
『和歌史の研究』 佐佐木信綱著 増訂 京文社 1927 448p 23cm Ⓝ911.102
☆「人文科学の名著」

佐々木 味津三　ささき・みつぞう

03898 「右門捕物帖」
『右門捕物帖』 佐々木味津三著 春陽堂書店 1982 4冊 16cm（春陽文庫）〈新装版〉 400～440円 Ⓝ913.6
☆「歴史小説・時代小説 総解説」

03899 「旗本退屈男」
『旗本退屈男』 佐々木味津三著 文藝春秋 2011 558p 16cm（文春文庫 さ55-1）〈春陽堂書店1982年刊の新装版〉 743円 ⓘ978-4-16-780150-2 Ⓝ913.6
☆「一度は読もうよ！日本の名著」、「日本文学名作案内」、「歴史小説・時代小説 総解説」

佐佐木 茂索　ささき・もさく

03900 「困つた人達」
『日本現代文学全集 第67 新感覚派文学集』 伊藤整等編 講談社 1968 446p 図版 22cm 600円 Ⓝ918.6
☆「日本文学鑑賞辞典〔第2〕」

笹沢 左保　ささざわ・さほ

03901 「後ろ姿の聖像」
『後ろ姿の聖像』 笹沢左保著 講談社 1981 229p 20cm〈『もしもお前が振り向いたら』の改題〉 980円 Ⓝ913.6
☆「世界の推理小説・総解説」

03902 「沖縄海賊」
『沖縄海賊』 笹沢左保著 徳間書店 1981 252p 16cm（徳間文庫）〈著書年譜：p242～252〉 320円 ⓘ4-19-567244-9 Ⓝ913.6
☆「世界の海洋文学」

03903 「木枯し紋次郎」
『木枯し紋次郎―傑作時代小説 上 生国は上州新田郡三日月村』 笹沢左保著 光文社

ささの

2012　571p　16cm（光文社文庫　さ3-111―［光文社時代小説文庫］）　857円
①978-4-334-76354-1　Ⓝ913.6
☆「あの本にもう一度」，「面白いほどよくわかる時代小説名作100」，「日本文学名作案内」，「歴史小説・時代小説 総解説」

03904　「地獄の辰・無残捕物控」
『地獄の辰・無残捕物控―時代推理小説　首なし地蔵は語らず』笹沢左保著　光文社　1985　330p　16cm（光文社文庫）　440円
①4-334-70258-9　Ⓝ913.6
☆「歴史小説・時代小説 総解説」

03905　「招かれざる客」
『招かれざる客』笹沢左保著　新装版　光文社　2008　386p　16cm（光文社文庫　笹沢左保コレクション）　648円　①978-4-334-74477-9　Ⓝ913.6
☆「世界の推理小説・総解説」

03906　「六本木心中」
『六本木心中』笹沢左保著　ナショナル出版　2008　212p　18cm（National novels）〈著者目録あり〉　800円　①978-4-930703-42-2　Ⓝ913.6
☆「一度は読もうよ！ 日本の名著」，「一冊で愛の話題作100冊を読む」

笹野 堅　ささの・けん

03907　「幸若舞曲集」
『幸若舞曲集』笹野堅編　京都　臨川書店　1974　2冊　22cm〈序説篇,本文篇に分冊刊行　第一書房昭和18年刊の複製〉　全18000円　Ⓝ912.2
☆「世界名著大事典」

笹淵 友一　ささぶち・ともいち

03908　「浪漫主義文学の誕生」
『浪漫主義文学の誕生―「文学界」を焦点とする浪漫主義文学の研究』笹淵友一著　明治書院　1958　892p 図版　22cm　Ⓝ910.26
☆「世界名著大事典」

笹間 良彦　ささま・よしひこ

03909　「図鑑・日本の軍装」
『日本の軍装―図鑑　上巻』笹間良彦著　雄山閣出版　1970　319p（図版共）　27cm〈限定版〉　6000円　Ⓝ210.098
☆「日本陸軍の本・総解説」

笹森 儀助　ささもり・ぎすけ

03910　「南嶋探検―琉球漫遊記」
『日本庶民生活史料集成　第1巻　探検・紀行・地誌　南島篇』宮本常一,原口虎雄,比嘉春潮編　三一書房　1968　841p　26cm　9000円
Ⓝ382.1
☆「アジアの比較文化」，「世界の旅行記101」

佐治 芳彦　さじ・よしひこ

03911　「石原莞爾」
『石原莞爾―天才戦略家の肖像』佐治芳彦著　経済界　2001　614p　20cm〈文献あり〉　2800円　①4-7667-8231-3　Ⓝ289.1
☆「日本陸軍の本・総解説」

指原 安三　さしはら・やすぞう

03912　「明治政史」
『明治文化全集　第2巻　正史篇　上巻』明治文化研究会編　日本評論社　1992　8,12,594p　23cm〈複製〉　①4-535-04242-X,4-535-04233-0　Ⓝ210.6
☆「世界名著大事典」

佐瀬 稔　させ・みのる

03913　「金属バット殺人事件」
『金属バット殺人事件』佐瀬稔著　双葉社　1998　269p　15cm（双葉文庫　日本推理作家協会賞受賞作全集　47）　524円
①4-575-65844-8　Ⓝ913.6
☆「現代を読む」

03914　「残された山靴」
『残された山靴』佐瀬稔著　山と渓谷社　2010　286p　15cm（ヤマケイ文庫）〈並列シリーズ名：Yamakei Library　著者目録あり〉　880円　①978-4-635-04723-4　Ⓝ786.18
☆「新・山の本おすすめ50選」

佐瀬 与次右衛門　させ・よじえもん

03915　「会津農書」
『会津農書』佐瀬与次右衛門著　長谷川吉次編著　会津若松　佐瀬与次右衛門顕彰会　1968　412p 図版　22cm〈参考資料：p.411-412〉　非売　Ⓝ610.12
☆「古典の事典」，「世界名著大事典」

佐多 稲子　さた・いねこ

03916　「体の中を風が吹く」
『体の中を風が吹く』佐多稲子著　新潮社　1968　291p　16cm（新潮文庫）　130円
Ⓝ913.6
☆「ポケット日本名作事典」

03917　「機械のなかの青春」
『機械のなかの青春』佐多稲子著　角川書店　1955　204p　18cm（角川小説新書）　Ⓝ913.6
☆「名著の履歴書」

03918　「キャラメル工場から」

『キャラメル工場から―他十一篇』　佐多稲子著　角川書店　1959　270p　15cm〈角川文庫〉　Ⓝ913.6
☆「一冊で100名作の「さわり」を読む」、「これだけは読んでおきたい日本の名作文学案内」、「日本のプロレタリア文学」、「日本文学名作案内」、「ポケット日本名作事典」

03919　「くれなゐ」
『くれなゐ』　佐多稲子著　角川書店　1961　154p　16cm〈角川文庫〉　Ⓝ913.6
☆「女性のための名作・人生案内」、「世界名著大事典」、「日本文学鑑賞辞典〔第2〕」、「日本文芸鑑賞事典 第11巻（昭和9～昭和12年）」、「ポケット日本名作事典」

03920　「樹影」
『樹影』　佐多稲子著　講談社　1988　398p　16cm〈講談社文芸文庫〉〈著書目録：p395～398〉　760円　①4-06-196009-1　Ⓝ913.6
☆「現代文学鑑賞辞典」

03921　「灰色の午後」
『灰色の午後』　佐多稲子著　講談社　1999　251p　16cm〈講談社文芸文庫〉〈年譜あり　著作目録あり〉　1100円　①4-06-197666-4　Ⓝ913.6
☆「女は生きる」

03922　「私の東京地図」
『私の東京地図』　佐多稲子著　講談社　2011　283p　15cm〈講談社文芸文庫〉　1400円　①978-4-06-290133-8
☆「現代文学鑑賞辞典」、「日本文学鑑賞辞典〔第2〕」

03923　「私の長崎地図」
『私の長崎地図』　佐多稲子［著］　講談社　2012　315p　16cm〈講談社文芸文庫　さA9〉〈底本：佐多稲子全集（昭和52年～54年刊）ほか　著作目録あり　年譜あり〉　1500円　①978-4-06-290162-8　Ⓝ913.6
☆「現代文学名作探訪事典」

佐竹 昭広　さたけ・あきひろ
03924　「下剋上の文学」
『下剋上の文学』　佐竹昭広著　筑摩書房　1993　318p　15cm〈ちくま学芸文庫〉　990円　①4-480-08039-2　Ⓝ910.24
☆「学問がわかる500冊 v.2」

03925　「万葉集抜書」
『万葉集抜書』　佐竹昭広著　岩波書店　2000　339p　15cm〈岩波現代文庫〉　1200円　①4-00-600034-0
☆「東アジア人文書100」

佐武 一郎　さたけ・いちろう
03926　「リー群の話」
『リー群の話』　佐武一郎著　日本評論社　1982　275p　22cm〈日評数学選書〉　3500円　Ⓝ411.68
☆「数学ブックガイド100」

佐竹 曙山　さたけ・しょざん
03927　「画法綱領」
『日本画談大観　上・中・下編』　坂崎坦編　目白書院　1917　1568,2p　22cm　Ⓝ721
☆「世界名著大事典」

定藤 丈弘　さだとう・たけひろ
03928　「現代の障害者福祉」
『現代の障害者福祉』　定藤丈弘,佐藤久夫,北野誠一編　改訂版　有斐閣　2003　276p　22cm〈これからの社会福祉　5　古川孝順［ほか］編〉〈文献あり〉　2400円　①4-641-07243-4　Ⓝ369.27
☆「学問がわかる500冊」

佐々 学　さっさ・まなぶ
03929　「日本の風土病」
『日本の風土病―病魔になやむ僻地の実態』　佐々学著　法政大学出版局　1974　328p　21cm〈新装版〉　1800円　Ⓝ493.16
☆「名著の履歴書」

薩藩海軍史刊行会　さっぱんかいぐんしかんこうかい
03930　「薩藩海軍史」
『薩藩海軍史　上巻』　公爵島津家編輯所編　原書房　1968　1074p　図版　22cm〈明治百年史叢書　第71巻〉〈薩藩海軍史刊行会（昭和3-4年）刊の複製〉　6000円　Ⓝ397.21
☆「日本海軍の本・総解説」

薩摩藩　さつまはん
03931　「成形図説」
『成形図説』　曽槃,白尾国柱等編　国書刊行会　1974　4冊　22cm〈巻之1-巻之30（文化元年刊）の複製〉　全20000円　Ⓝ610.8
☆「世界名著大事典」、「日本の古典名著」、「日本名著辞典」

佐藤 愛子　さとう・あいこ
03932　「戦いすんで日が暮れて」
『戦いすんで日が暮れて　上』　佐藤愛子著　新座　埼玉福祉会　2007　260p　21cm〈大活字本シリーズ〉〈底本：講談社文庫「戦いすんで日が暮れて」〉　2900円　①978-4-88419-430-7　Ⓝ913.6

☆「ポケット日本名作事典」

佐藤 市郎　さとう・いちろう

03933　「海軍五十年史」
『海軍五十年史』　佐藤市郎著　鱒書房　1943　405p 図版　19cm〈巻頭：勅諭明治15年1月4日下賜〉　Ⓝ397.21
☆「日本海軍の本・総解説」

佐藤 一斎　さとう・いっさい

03934　「言志四録」
『言志四録―現代語抄訳』　佐藤一斎著　岬龍一郎編訳　PHP研究所　2005　254p 19cm　1200円　Ⓘ4-569-64258-6　Ⓝ121.55
☆「学術辞典叢書 第15巻」、「教養のためのブックガイド」、「古典の事典」、「世界の哲学思想」、「世界名著解題選 第1巻」、「世界名著大事典」、「日本人の名著」を読む」、「日本の古典名著」、「武士道の名著」

佐藤 和彦　さとう・かずひこ

03935　「日本中世史研究事典」
『日本中世史研究事典』　佐藤和彦ほか編　東京堂出版　1995　291p 22cm　4500円
Ⓘ4-490-10389-1　Ⓝ210.4
☆「学問がわかる500冊 v.2」

佐藤 勝彦　さとう・かつひこ

03936　「宇宙「96%の謎」」
『宇宙「96%の謎」―宇宙の誕生と驚異の未来像』　佐藤勝彦［著］　角川学芸出版　2008　274p 15cm（角川文庫）〈角川グループパブリッシング〔発売〕〉　743円
Ⓘ978-4-04-405202-7　Ⓝ443.9
☆「教養のためのブックガイド」

佐藤 寛次　さとう・かんじ

03937　「産業組合講話」
『産業組合講話』　佐藤寛次著　成美堂　1936　442p 23cm　Ⓝ335.6
☆「農政経済の名著 明治大正編」

佐藤 賢一　さとう・けんいち

03938　「英仏百年戦争」
『英仏百年戦争』　佐藤賢一著　集英社　2003　237p 18cm（集英社新書）〈年表あり〉　680円　Ⓘ4-08-720216-X　Ⓝ230.46
☆「世界史読書案内」

03939　「王妃の離婚」
『王妃の離婚』　佐藤賢一著　集英社　2002　429p 16cm（集英社文庫）　686円
Ⓘ4-08-747443-7　Ⓝ913.6
☆「知らないと恥ずかしい「日本の名作」あらすじ200本」

佐藤 健二　さとう・けんじ

03940　「読書空間の近代」
『読書空間の近代―方法としての柳田国男』　佐藤健二著　弘文堂　1987　323p 20cm　2300円　Ⓘ4-335-55035-9　Ⓝ380.1
☆「学問がわかる500冊」、「学問がわかる500冊 v.2」

佐藤 賢了　さとう・けんりょう

03941　「大東亜戦争回顧録」
『大東亜戦争回顧録』　佐藤賢了著　徳間書店　1966　426p 23cm　1400円　Ⓝ210.75
☆「日本陸軍の本・総解説」

佐藤 紅霞　さとう・こうか

03942　「世界艶語辞典」
『隠語辞典集成 20　世界艶語辞典　結婚愛会話辞典』　松井栄一、渡辺友左監修　佐藤紅霞、高橋鉄著　大空社　1997　144,61p 19cm〈複製〉　8000円
Ⓘ4-7568-0355-5,4-7568-0335-0　Ⓝ813.9
☆「日本の艶本・珍書 総解説」、「日本の奇書77冊」

佐藤 幸治　さとう・こうじ

03943　「現代国家と司法権」
『現代国家と司法権』　佐藤幸治著　第4刷　有斐閣　1999　564p 21cm　10000円
Ⓘ4-641-03096-0
☆「憲法本41」

佐藤 紅緑　さとう・こうろく

03944　「あゝ玉杯に花うけて」
『あゝ玉杯に花うけて』　佐藤紅緑著　ポプラ社　1951　263p 19cm（佐藤紅緑選集　佐藤紅緑著）Ⓝ913.6
☆「世界名著大事典 補遺（Extra）」、「日本文芸鑑賞事典 第9巻」、「名作の研究事典」

03945　「夾竹桃の花咲けば」
『夾竹桃の花咲けば』　佐藤紅緑文　国書刊行会　1984　310p 20cm〈画：田中良 外箱入〉　2700円　Ⓝ913.6
☆「日本文芸鑑賞事典 第10巻」

03946　「雲のひゞき」
『明治文学全集　86　明治近代劇集』　秋庭太郎編　筑摩書房　1969　434p 図版　23cm
Ⓝ918.6
☆「日本文芸鑑賞事典 第3巻（1904～1909年）」

03947　「富士に題す」
『富士に題す』　佐藤紅緑著　大日本雄弁会講談社　1930　690p 19cm　Ⓝ911.36
☆「世界名著大事典 補遺（Extra）」

03948　「乱れ雲」

『乱れ雲』 佐藤紅緑著 河出書房新社 1997 212p 15cm〈河出文庫 性の秘本コレクション 1〉〈書誌：p210〜212〉 515円 Ⓘ4-309-47317-2 Ⓝ913.6
☆「日本の艶本・珍書 総解説」，「日本の奇書77冊」

佐藤 定幸 さとう・さだゆき

03949 「世界の大企業」
『世界の大企業―多国籍企業の時代』 佐藤定幸著 第2版 岩波書店 1976 220p 18cm （岩波新書） 280円 Ⓝ335.2
☆「現代ビジネス書・経済書総解説」

03950 「多国籍企業の政治経済学」
『多国籍企業の政治経済学』 佐藤定幸著 有斐閣 1984 258p 22cm（有斐閣経済学叢書 9） 2600円 Ⓘ4-641-06417-2 Ⓝ335.5
☆「現代ビジネス書・経済書総解説」

佐藤 佐太郎 さとう・さたろう

03951 「歩道」
『歩道―歌集』 佐藤佐太郎著 短歌新聞社 1984 258p 20cm〈八雲書林昭和15年刊の複製〉 3000円 Ⓝ911.168
☆「日本文学鑑賞辞典〔第2〕」，「日本文芸鑑賞事典 第13巻」

佐藤 さとる さとう・さとる

03952 「だれも知らない小さな国」
『だれも知らない小さな国』 佐藤さとる作 講談社 2010 292p 15cm（講談社文庫 さ1-21―コロボックル物語 1）〈絵：村上勉〉 552円 Ⓘ978-4-06-276798-9 Ⓝ913.6
☆「一冊で不朽の名作100冊を読む」（友人社），「一冊で不朽の名作100冊を読む」（友人社），「少年少女の名作案内 日本の文学ファンタジー編」，「日本文芸鑑賞事典 第18巻（1958〜1962年）」，「名作の研究事典」

佐藤 繁彦 さとう・しげひこ

03953 「羅馬書講解に現れしルッターの根本思想」
『ローマ書講解に現われしルッターの根本思想』 佐藤繁彦著 改訂版 聖文舎 1961 398p 22cm Ⓝ191
☆「世界名著大事典」

佐藤 昌介 さとう・しょうすけ

03954 「世界農業史論」
『明治大正農政経済名著集 20 世界農業史論』 近藤康男編 佐藤昌介，稲田昌植著 農山漁村文化協会 1976 361p 肖像 20cm 3000円 Ⓝ610.8
☆「農政経済の名著 明治大正編」

佐藤 次郎右衛門 さとう・じろうえもん

03955 「貨幣秘録」
『江戸幕府財政史料集成 下巻』 大野瑞男編 吉川弘文館 2008 406,27p 23cm 19000円 Ⓘ978-4-642-03428-9 Ⓝ342.1
☆「日本名著辞典」

佐藤 仁 さとう・じん

03956 「稀少資源のポリティクス」
『稀少資源のポリティクス―タイ農村にみる開発と環境のはざま』 佐藤仁著 東京大学出版会 2002 254p 22cm〈文献あり〉 4800円 Ⓘ4-13-040190-4 Ⓝ651.1
☆「環境と社会」

佐藤 進一 さとう・しんいち

03957 「鎌倉幕府守護制度の研究」
『鎌倉幕府守護制度の研究 諸国守護沿革考証編』 佐藤進一著 増訂 東京大学出版会 1971 274,18p 21cm 1400円 Ⓝ322.14
☆「日本史の名著」

03958 「古文書学入門」
『古文書学入門』 佐藤進一著 新版 新装版 法政大学出版局 2003 316,18p 図版40p 21cm 3300円 Ⓘ4-588-32011-4 Ⓝ210.029
☆「歴史家の読書案内」

03959 「中世法制史料集 第三巻武家家法Ⅰ」
『中世法制史料集 第1-3巻』 佐藤進一，池内義資，百瀬今朝雄編 岩波書店 1955 3冊 22cm Ⓝ322.14
☆「歴史家の読書案内」

03960 「南北朝の動乱」
『南北朝の動乱』 佐藤進一著 改版 中央公論新社 2005 557p 16cm（中公文庫 日本の歴史 9）〈文献あり 年表あり〉 1238円 Ⓘ4-12-204481-2 Ⓝ210.45
☆「東アジア人文書100」，「歴史家の読書案内」

03961 「日本中世史論集」
『日本中世史論集』 佐藤進一著 岩波書店 1990 335,20p 22cm 4400円 Ⓘ4-00-001681-4 Ⓝ210.4
☆「歴史家の読書案内」

佐藤 進 さとう・すすむ

03962 「学童保育の福祉問題」
『学童保育の福祉問題』 佐藤進ほか著 日本女子大学附属家庭福祉センター編 勁草書房 1993 258p 22cm 3708円 Ⓘ4-326-60089-6 Ⓝ369.4
☆「学問がわかる500冊」

佐藤 誠実 さとう・せいじつ

03963 「日本教育史」
『日本教育史 1』 佐藤誠実著 仲新,酒井豊校訂 平凡社 1973 234p 18cm(東洋文庫 231) Ⓝ372.1
☆「世界名著大事典」

佐藤 惣之助 さとう・そうのすけ

03964 「荒野の娘」
『荒野の娘―自然詞華集』 佐藤惣之助著 大鐙閣 1922 352p 19cm(現代代表詩選 第4編) Ⓝ911.5
☆「世界名著大事典 補遺(Extra)」

03965 「華やかな散歩」
『華やかな散歩―佐藤惣之助詩集 その6』 佐藤惣之助著 新潮社 1922 269p 20cm〈1922年版新詩集〉Ⓝ911.5
☆「世界名著大事典 補遺(Extra)」

03966 「満月の川」
『満月の川―詩集』 佐藤惣之助著 叢文閣 1920 231p 16cm Ⓝ911.5
☆「世界名著大事典 補遺(Extra)」

03967 「琉球諸島風物詩集」
『琉球諸島風物詩集』 佐藤惣之助著 再版 京文社 1922 222p 19cm Ⓝ911.5
☆「日本文芸鑑賞事典 第7巻(1920～1923年)」

佐藤 忠男 さとう・ただお

03968 「大衆文化の原像」
『大衆文化の原像』 佐藤忠男著 岩波書店 1993 271p 16cm(同時代ライブラリー 135) 850円 ⓘ4-00-260135-8 Ⓝ778.21
☆「ポピュラー文化」

佐藤 忠夫 さとう・ただお

03969 「老船長夜話」
☆「世界の海洋文学」

佐藤 次高 さとう・つぎたか

03970 「都市の文明イスラーム」
『都市の文明イスラーム』 佐藤次高,鈴木董編 講談社 1993 257p 18cm(講談社現代新書 新書イスラームの世界史 1) 650円 ⓘ4-06-149162-8 Ⓝ228
☆「世界史読書案内」

佐藤 輝夫 さとう・てるお

03971 「ヴィヨン詩研究」
『ヴィヨン詩研究』 佐藤輝夫著 増補 中央公論社 1972 770p 図 22cm 4000円 Ⓝ951
☆「世界名著大事典」

佐藤 伝蔵 さとう・でんぞう

03972 「大日本地誌」
『大日本地誌』 山崎直方,佐藤伝蔵編 博文館 1903 10冊 23cm Ⓝ291
☆「世界名著大事典」

佐藤 得二 さとう・とくじ

03973 「女のいくさ」
『女のいくさ』 佐藤得二著 二見書房 1976 493p 18cm(サラ・ブックス) 750円 Ⓝ913.6
☆「女は生きる」

佐藤 俊樹 さとう・としき

03974 「近代・組織・資本主義」
『近代・組織・資本主義―日本と西欧における近代の地平』 佐藤俊樹著 京都 ミネルヴァ書房 1993 336,16p 22cm〈巻末：参考文献〉 4000円 ⓘ4-623-02338-9 Ⓝ362.06
☆「学問がわかる500冊」

佐藤 信季 さとう・のぶすえ

03975 「漁村維持法」
『日本経済大典 第18巻』 滝本誠一編 明治文献 1968 665p 22cm〈複製〉 3500円 Ⓝ330.8
☆「古典の事典」

佐藤 信淵 さとう・のぶひろ

03976 「経済要録」
『経済要録』 佐藤信淵著 滝本誠一校 岩波書店 1928 346〔正しくは240〕p 16cm(岩波文庫 218-219) Ⓝ331.21
☆「古典の事典」,「世界名著大事典」,「日本名著辞典」

03977 「混同秘策」
『混同秘策』 佐藤信淵著 大連 山田浩通 1932 172p 18cm Ⓝ310
☆「世界名著大事典」,「日本の古典名著」,「日本名著辞典」

03978 「山相秘録」
『日本科学古典全書 復刻4 採鉱冶金 1』 三枝博音編 朝日新聞社 1978 693,10p 22cm〈昭和17年刊『日本科学古典全書』第9巻の複製〉 5800円 Ⓝ402.105
☆「世界名著大事典」

03979 「草木六部耕種法」
『日本経済大典 第19巻』 滝本誠一編 明治文献 1968 707p 22cm〈複製〉 3500円 Ⓝ330.8
☆「日本名著辞典」

03980 「天柱記」
『日本思想大系 45 安藤昌益 佐藤信淵』 尾藤正英,島崎隆夫校注 岩波書店 1977 646p 22cm 2800円 Ⓝ121.08
☆「世界名著大事典」

03981 「農政本論」
『日本経済大典 第19巻』 滝本誠一編 明治文献 1968 707p 22cm〈複製〉 3500円 Ⓝ330.8
☆「日本名著辞典」

03982 「物価余論」
『日本哲学思想全書 第18巻 政治・経済 経済篇』 三枝博音,清水幾太郎編集 第2版 平凡社 1981 312p 19cm 2300円 Ⓝ081
☆「世界名著大事典」

03983 「復古法概言」
『日本経済大典 第19巻』 滝本誠一編 明治文献 1968 707p 22cm〈複製〉 3500円 Ⓝ330.8
☆「世界名著大事典」

サトウ ハチロー

03984 「おさらひ横町」
『おさらひ横町』 サトウ・ハチロー著 大日本雄辯會講談社 1935 252p 22cm Ⓝ913.6
☆「日本文芸鑑賞事典 第10巻」

03985 「ちいさい秋みつけた」
『ちいさい秋みつけた―詩集』 サトウハチロー著 みゆき書房 1968 147p 図版 16cm 380円 Ⓝ911.56
☆「日本文芸鑑賞事典 第17巻(1955～1958年)」

03986 「百舌が枯木で」
☆「日本文芸鑑賞事典 第11巻(昭和9～昭和12年)」

佐藤 春夫 さとう・はるお

03987 「晶子曼陀羅」
『晶子曼陀羅』 佐藤春夫著 講談社 1993 324p 16cm(講談社文芸文庫)〈著書目録：p317～324〉 980円 ①4-06-196248-5 Ⓝ913.6
☆「ポケット日本名作事典」

03988 「蝗の大旅行」
『蝗の大旅行』 佐藤春夫著 芝書店 1950 141p 18×18cm(學友文庫 4) Ⓝ913.6
☆「世界名著大事典」,「日本児童文学名著辞典」,「日本文芸鑑賞事典 第7巻(1920～1923年)」,「名作の研究事典」

03989 「お絹とその兄弟」
『お絹とその兄弟―他五篇』 佐藤春夫著 角川書店 1955 206p 15cm(角川文庫) Ⓝ913.6
☆「日本文学鑑賞辞典〔第2〕」

03990 「近代日本文学の展望」
『近代日本文学の展望』 佐藤春夫著 大日本雄弁会講談社 1950 204p 22cm Ⓝ910.26
☆「世界名著大事典」

03991 「更生記」
『更生記』 佐藤春夫著 河出書房 1955 257p 図版 15cm(河出文庫) Ⓝ913.6
☆「日本文学鑑賞辞典〔第2〕」

03992 「車塵集」
『車塵集―支那歴朝名媛詩鈔』 佐藤春夫訳 武蔵野書院 1929 93p 24cm Ⓝ921
☆「世界名著大事典」,「日本文学鑑賞辞典〔第2〕」,「日本文芸鑑賞事典 第9巻」

03993 「殉情詩集」
『殉情詩集』 佐藤春夫著 日本図書センター 2003 171p 20cm〈文献あり 年譜あり〉 2200円 ①4-8205-9562-8 Ⓝ911.56
☆「世界名著大事典」,「日本近代文学名著事典」,「日本文学鑑賞辞典〔第2〕」,「日本文芸鑑賞事典 第7巻(1920～1923年)」

03994 「小説智恵子抄」
『小説智恵子抄』 佐藤春夫著 日本図書センター 2000 202p 20cm(人間叢書)〈『小説智恵子抄』(1957年実業之日本社刊)の改訂〉 1600円 ①4-8205-5781-5 Ⓝ913.6
☆「あらすじで読む日本の名著」,「あらすじで読む日本の名著 No.3」,「一度は読もうよ！日本の名著」,「一冊で愛の話題作100冊を読む」

03995 「退屈読本」
『退屈読本 上』 佐藤春夫著 富山房 1978 313p 18cm(富山房百科文庫) 750円 Ⓝ914.6
☆「近代日本の百冊を選ぶ」,「世界名著大事典」,「日本文学鑑賞辞典〔第2〕」,「日本文芸鑑賞事典 第8巻(1924～1926年)」

03996 「田園の憂鬱」
『田園の憂鬱』 佐藤春夫作 改版 岩波書店 1992 125p 15cm(岩波文庫)〈第34刷(第1刷：1951年)〉 210円 ①4-00-310711-X Ⓝ913.6
☆「あらすじで読む日本の名著 No.2」,「一度は読もうよ！日本の名著」,「一冊で日本の名著100冊を読む」,「一冊で100名作の「さわり」を読む」,「感動！日本の名著 近現代編」,「近代文学名作事典」,「現代文学鑑賞辞典」,「これだけは読んでおきたい日本の名作文学案内」,「知らないと恥ずかしい日本の名作 あらすじ200本」,「新潮文庫20世紀の100冊」,「世界名作事典」,「世界名著大事典」,「日本の名著」(角川書店),「日本の名著」(毎日新聞社),「日本の名著3分間読書100」,「日

本文学鑑賞辞典〔第2〕」、「日本文学現代名作事典」、「日本文学名作案内」、「日本文学名作事典」、「日本文芸鑑賞事典 第6巻(1917～1920年)」、「日本名著辞典」、「日本・名著のあらすじ」、「入門名作の世界」、「百年の誤読」、「文学・名著300選の解説 '88年度版」、「ポケット日本名作事典」

03997 「都会の憂鬱」
『都会の憂鬱』 佐藤春夫著 新潮社 1994 177p 15cm(新潮文庫)〈18刷(1刷：昭和31年)〉 440円 ①4-10-107004-0 Ⓝ913.6
☆「世界名著大事典」、「日本文学鑑賞辞典〔第2〕」、「日本文学名作事典」、「ポケット日本名作事典」

03998 「女人焚死」
『ペン先の殺意―文芸ミステリー傑作選』 ミステリー文学資料館編 光文社 2005 424p 16cm(光文社文庫 名作で読む推理小説史) 667円 ①4-334-73978-4 Ⓝ913.68
☆「世界の推理小説・総解説」

03999 「F・O・U」
『佐藤春夫』 佐藤春夫著 京都 新学社 2004 347p 16cm(新学社近代浪漫派文庫 27) 1320円 ①4-7868-0085-6 Ⓝ918.68
☆「日本の小説101」

04000 「望郷五月歌」
☆「現代文学名作探訪事典」

04001 「星」
『美しき町・西班牙犬の家―他六篇』 佐藤春夫作 池内紀編 岩波書店 1992 319p 15cm(岩波文庫) 570円 ①4-00-310715-2 Ⓝ913.6
☆「日本文学鑑賞辞典〔第2〕」

04002 「病める薔薇」
『近代文学館―名著複刻全集 精選〔17〕 病める薔薇―短篇集』 佐藤春夫著 日本近代文学館 1972 371p 19cm〈ほるぷ出版〔製作〕 図書月販〔発売〕 天佑社大正7年刊の複製 箱入〉 Ⓝ918.6
☆「日本近代文学名著事典」

04003 「我が一九二二年」
『我が一九二二年―詩文集』 佐藤春夫著 新潮社 1923 111p 18cm Ⓝ911.5
☆「世界名著大事典」

佐藤 英夫 さとう・ひでお
04004 「日米経済紛争の解明」
『日米経済紛争の解明―鉄鋼・自動車・農産物・高度技術』 I.M.デスラー,佐藤英夫編 丸茂明則監訳 日本経済新聞社 1982 384p 20cm〈各章末：参考・引用文献〉 2500円 ①4-532-08441-5 Ⓝ333.6
☆「現代ビジネス書・経済書総解説」

佐藤 秀夫 さとう・ひでお
04005 「ノートや鉛筆が学校を変えた」
『ノートや鉛筆が学校を変えた』 佐藤秀夫著 平凡社 1988 281p 20cm(学校の文化史) 2000円 ①4-582-73102-3 Ⓝ372.1
☆「学問がわかる500冊」

佐藤 等 さとう・ひとし
04006 「実践するドラッカー 思考編」
『実践するドラッカー 思考編』 佐藤等編著 上田惇生監修 ダイヤモンド社 2010 251p 19cm〈文献あり 著作目録あり〉 1500円 ①978-4-478-00023-6 Ⓝ159.4
☆「3行でわかる名作&ヒット本250」

佐藤 文隆 さとう・ふみたか
04007 「岩波講座 問われる科学/技術」
『問われる科学/技術』 岩波書店 1999 275p 22cm(岩波講座科学/技術と人間 第1巻 岡田節人ほか編) 3200円 ①4-00-010931-6 Ⓝ401
☆「学問がわかる500冊 v.2」

04008 「火星の夕焼けはなぜ青い」
『火星の夕焼けはなぜ青い』 佐藤文隆著 岩波書店 1999 190p 20cm 1700円 ①4-00-005188-1 Ⓝ440.49
☆「ブックガイド"宇宙"を読む」

04009 「雲はなぜ落ちてこないのか」
『雲はなぜ落ちてこないのか』 佐藤文隆著 岩波書店 2005 238p 20cm 2300円 ①4-00-005268-3 Ⓝ440.4
☆「ブックガイド"宇宙"を読む」

佐藤 雅彦 さとう・まさひこ
04010 「経済ってそういうことだったのか会議」
『経済ってそういうことだったのか会議』 佐藤雅彦,竹中平蔵著 日本経済新聞社 2002 409p 15cm(日経ビジネス人文庫)〈2000年刊の増補〉 600円 ①4-532-19142-4 Ⓝ330.4
☆「超売れ筋ビジネス書101冊」

佐藤 方彦 さとう・まさひこ
04011 「人間と気候」
『人間と気候―生理人類学からのアプローチ』 佐藤方彦著 中央公論社 1987 210p 18cm(中公新書)〈関連図書紹介：p209～210〉 540円 ①4-12-100837-5 Ⓝ498.41
☆「学問がわかる500冊 v.2」

04012 「人間の生物学」
『人間の生物学―現代人類学』 佐藤方彦ほか著 朝倉書店 1985 182p 21cm〈各章末：参考

佐藤 雅美　さとう・まさみ
04013　「大君の通貨」
『大君の通貨―幕末「円ドル」戦争』　佐藤雅美著　文藝春秋　2003　307p　16cm〈文春文庫〉　514円　Ⓘ4-16-762707-8　Ⓝ913.6
☆「世界史読書案内」

佐藤 学　さとう・まなぶ
04014　「教育改革をデザインする」
『教育改革をデザインする』　佐藤学著　岩波書店　1999　201p　19cm〈シリーズ教育の挑戦〉　1700円　Ⓘ4-00-026441-9　Ⓝ373.1
☆「教育本44」

04015　「学び その死と再生」
『学び その死と再生』　佐藤学著　太郎次郎社　1995　190p　19cm　1890円
Ⓘ4-8118-0638-7
☆「「学問がわかる500冊」

佐藤 洋二郎　さとう・ようじろう
04016　「河口へ」
『河口へ』　佐藤洋二郎著　小学館　1999　304p　15cm〈小学館文庫〉　600円
Ⓘ4-09-403171-5　Ⓝ913.6
☆「現代文学鑑賞辞典」

佐藤 快和　さとう・よしかず
04017　「コロンブスの神だのみ」
『コロンブスの神だのみ―とっておき海の話より』　佐藤快和著　學藝書林　1987　256p　19cm　1200円
☆「世界の海洋文学」

佐藤 義美　さとう・よしみ
04018　「ぼくとさる」
『ぼくとさる』　佐藤義美著　脇田和絵　丹波市町（奈良県）　養徳社　1950　207p　22cm〈新長篇童話文庫〉
☆「名作の研究事典」

里深 文彦　さとふか・ふみひこ
04019　「人間的な産業の復活」
『人間的な産業の復活―ヨーロッパ型経営のモラル』　里深文彦著　丸善　2002　197p　18cm〈丸善ライブラリー〉　860円
Ⓘ4-621-05359-0　Ⓝ602.3
☆「サイエンス・ブックレヴュー」

里見 岸雄　さとみ・きしお
04020　「国体に対する疑惑」
『国体に対する疑惑』　里見岸雄著　新組版　武蔵野　日本国体学会　2000　270p　20cm〈初版：里見日本文化学研究所昭和3年刊　展転社〔発売〕〕　2000円　Ⓘ4-88656-178-0　Ⓝ155
☆「国体 十冊の名著」

里見 弴　さとみ・とん
04021　「安城家の兄弟」
『安城家の兄弟　上』　里見弴著　岩波書店　1953　323p　15cm〈岩波文庫〉　Ⓝ913.6
☆「世界名著大事典」、「日本文学鑑賞辞典〔第2〕」、「日本文学現代名作事典」

04022　「極楽とんぼ」
『極楽とんぼ―他一篇』　里見弴作　岩波書店　1993　257p　15cm〈岩波文庫〉　570円
Ⓘ4-00-310606-7　Ⓝ913.6
☆「あらすじダイジェスト」、「知らないと恥ずかしい「日本の名作」あらすじ200本」、「日本文学名作案内」

04023　「善心悪心」
『善心悪心―他三篇』　里見弴著　岩波書店　1951　118p　15cm〈岩波文庫〉　Ⓝ913.6
☆「世界名著大事典」、「日本近代文学名著事典」、「日本文学鑑賞辞典〔第2〕」

04024　「多情仏心」
『多情仏心』　里見弴著　角川書店　1956　2冊　15cm〈角川文庫〉　Ⓝ913.6
☆「近代文学名作事典」、「現代文学鑑賞辞典」、「世界名作事典」、「世界名著大事典」、「日本文学鑑賞辞典〔第2〕」、「日本文学現代名作事典」、「日本文芸鑑賞事典 第7巻（1920～1923年）」、「日本名著辞典」、「文学・名著300選の解説 '88年度版」、「ポケット日本名作事典」

04025　「たのむ」
『里見弴全集　第10巻』　筑摩書房　1979　569p　23cm〈著者の肖像あり 限定版〉　9500円　Ⓝ918.6
☆「世界名著大事典」

里見 実　さとみ・みのる
04026　「ラジカルな学校批判をめぐって」
☆「21世紀の教育基本書」

里村 欣三　さとむら・きんぞう
04027　「苦力頭の表情」
『日本プロレタリア文学選』　フロンティア文庫編集部編　フロンティアニセン　2005　184p　15cm〈フロンティア文庫 80―風呂で読める文庫100選 80〉〈ルーズリーフ〉　1000円
Ⓘ4-86197-080-6　Ⓝ913.68
☆「日本のプロレタリア文学」

佐成 謙太郎　さなり・けんたろう

04028　「謡曲大観」
『謡曲大観　首巻』　佐成謙太郎著　明治書院　1964　図版62枚 358p　23cm　3000円　Ⓝ912.3
☆「世界名著大事典」

『THE21』編集部　ざにじゅういちへんしゅうぶ

04029　「仕事を「すぐやる人」の習慣」
『仕事を「すぐやる人」の習慣―ストレスなし！残業なし！の仕事術 先送りにしないテクニック』　『THE21』編集部編　PHP研究所　2010　95p　29cm（『THE21』BOOKS）800円　Ⓘ978-4-569-77938-6　Ⓝ336.2
☆「3行でわかる名作＆ヒット本250」

さねとう あきら

04030　「地べたっこさま」
『地べたっこさま』　さねとうあきら著　講談社　1978　189p　15cm（講談社文庫）〈年譜：p182～189〉240円　Ⓝ913.8
☆「少年少女の名作案内 日本の文学ファンタジー編」

実松 譲　さねまつ・ゆずる

04031　「有馬正文」
☆「今だから知っておきたい戦争の本70」

04032　「海軍を斬る」
『海軍を斬る』　実松譲著　図書出版社　1982　278p　20cm　1300円　Ⓝ397.21
☆「日本海軍の本・総解説」

佐野 勝也　さの・かつや

04033　「使徒パウロの神秘主義」
『使徒パウロの神秘主義』　佐野勝也著　第一書房　1935　348,17p　22cm　Ⓝ193
☆「世界名著大事典」

佐野 賢治　さの・けんじ

04034　「現代民俗学入門」
『現代民俗学入門』　佐野賢治ほか編　吉川弘文館　1996　303p　21cm〈各章末：参考文献〉2575円　Ⓘ4-642-07482-1　Ⓝ380
☆「学問がわかる500冊 v.2」

佐野 真一　さの・しんいち

04035　「業界紙諸君！」
『業界紙諸君！』　佐野真一著　中央公論社　1987　276p　20cm　1350円　Ⓘ4-12-001565-3　Ⓝ070
☆「現代を読む」

佐野 三治　さの・みはる

04036　「たった一人の生還」
『たった一人の生還―「たか号」漂流二十七日間の闘い』　佐野三治著　山と渓谷社　2014　298p　15cm（ヤマケイ文庫）〈底本：新潮文庫1995年刊〉880円　Ⓘ978-4-635-04767-8　Ⓝ916
☆「世界の海洋文学」

佐野 洋　さの・よう

04037　「透明受胎」
『透明受胎』　佐野洋著　早川書房　1965　256p　18cm（日本SFシリーズ）330円　Ⓝ913.6
☆「世界のSF文学・総解説」、「世界の推理小説・総解説」

04038　「轢き逃げ」
『轢き逃げ―長編推理小説』　佐野洋著　光文社　2005　498p　16cm（光文社文庫）743円　Ⓘ4-334-73921-0　Ⓝ913.6
☆「世界の推理小説・総解説」

佐波 亘　さば・わたる

04039　「植村正久と其の時代」
『植村正久と其の時代』　佐波亘編　復刻三版　教文館　2000　8冊（セット）　26cm　62000円　Ⓘ4-7642-2109-8
☆「世界名著大事典」

鯖田 豊之　さばた・とよゆき

04040　「水道の思想」
『水道の思想―都市と水の文化誌』　鯖田豊之著　中央公論社　1996　235p　18cm（中公新書）740円　Ⓘ4-12-101297-6　Ⓝ518.1
☆「「本の定番」ブックガイド」

04041　「肉食の思想」
『肉食の思想―ヨーロッパ精神の再発見』　鯖田豊之著　中央公論新社　2007　220p　16cm（中公文庫）〈文献あり〉590円　Ⓘ978-4-12-204903-1　Ⓝ383.83
☆「現代人のための名著」、「世界史読書案内」、「「本の定番」ブックガイド」

佐原 真　さはら・まこと

04042　「新しい研究法は考古学になにをもたらしたか」
『新しい研究法は考古学になにをもたらしたか』　田中琢、佐原眞編　全面改訂　クバプロ　1995　311p　26cm　4074円　Ⓘ4-906347-52-5　Ⓝ202.5
☆「学問がわかる500冊 v.2」

04043　「斧の文化史」
『斧の文化史』　佐原真著　東京大学出版会

1994　173p　22cm（UP考古学選書　6）〈参考文献：p167〜173〉　2678円
Ⓘ4-13-024106-0　Ⓝ202.5
☆「学問がわかる500冊 v.2」

04044　「古代史復元」
『古代史復元　1　旧石器人の生活と集団』　稲田孝司編　講談社　1988　198p　27cm〈監修：田中琢, 佐原真　関連文献：p188〉　2800円　Ⓘ4-06-186421-1　Ⓝ210.2
☆「学問がわかる500冊 v.2」

04045　「大系日本の歴史1―日本人の誕生」
『大系日本の歴史　1　日本人の誕生』　永原慶二〔ほか〕編　佐原真著　小学館　1992　449p　16cm（小学館ライブラリー）〈参考文献：p438〜443〉　980円　Ⓘ4-09-461001-4　Ⓝ210.1
☆「学問がわかる500冊 v.2」

04046　「発掘を科学する」
『発掘を科学する』　田中琢, 佐原真編　岩波書店　1994　231p　18cm（岩波新書）　620円
Ⓘ4-00-430355-9　Ⓝ210.2
☆「学問がわかる500冊 v.2」

04047　「弥生文化の研究」
『弥生文化の研究　第10巻　研究の歩み』　金関恕, 佐原眞編　第2版　雄山閣出版　1997　214p　26cm〈文献あり〉　3500円
Ⓘ4-639-00729-9　Ⓝ210.27
☆「学問がわかる500冊 v.2」

寒川 辰清　さむかわ・とききよ

04048　「近江国輿地志略」
『近江国輿地志略　上（巻之1至48），下（巻49至100）』　寒川辰清著　大日本地誌大系刊行会　1915　2冊　22cm（大日本地誌大系　第3,6冊）　Ⓝ291.61
☆「古典の事典」

佐村 八郎　さむら・はちろう

04049　「国書解題」
『国書解題　上』　佐村八郎著　増訂　東出版　1997　1260p　22cm（辞典叢書　18）〈六合館大正15年刊の複製〉　Ⓘ4-87036-034-9　Ⓝ025.1
☆「世界名著大事典」

鮫島 素直　さめじま・すなお

04050　「元軍令部通信課長の回想」
『元軍令部通信課長の回想―日本海軍通信、電波関係活躍の跡』　鮫島素直著　横浜「元軍令部通信課長の回想」刊行会　1981　444p　22cm　非売品　Ⓝ559.6
☆「日本海軍の本・総解説」

佐用 泰司　さよう・たいじ

04051　「基地設営戦の全貌」
『基地設営戦の全貌―太平洋戦争海軍築城の真相と反省』　佐用泰司, 森茂著　鹿島建設技術研究所出版部　1953　314p 図版 地図　19cm　Ⓝ559.92
☆「日本海軍の本・総解説」

皿海 達哉　さらがい・たつや

04052　「坂をのぼれば」
『坂をのぼれば』　皿海達哉作　杉浦範茂絵　京都　PHP研究所　1978　185p　22cm　950円
☆「少年少女の名作案内 日本の文学リアリズム編」

猿谷 要　さるや・かなめ

04053　「アメリカ大統領物語」
『アメリカ大統領物語』　猿谷要編　新書館　2002　201p　21cm　1600円
Ⓘ4-403-25059-9　Ⓝ312.8
☆「世界史読書案内」

04054　「物語アメリカの歴史」
『物語アメリカの歴史―超大国の行方』　猿谷要著　中央公論社　1991　292p　18cm（中公新書）〈奥付の書名：アメリカの歴史　略年表：p277〜282〉　740円　Ⓘ4-12-101042-6　Ⓝ253
☆「世界史読書案内」

沢 艦之丞　さわ・かんのじょう

04055　「海軍兵学寮」
『海軍兵学寮』　沢鑑之丞著　一二三利高編　興亜日本社　1942　315p　19cm　Ⓝ397
☆「日本海軍の本・総解説」

佐和 隆光　さわ・たかみつ

04056　「経済学とは何だろうか」
『経済学とは何だろうか』　佐和隆光著　岩波書店　1982　214p　18cm（岩波新書）　380円
Ⓝ331
☆「学問がわかる500冊」

04057　「現代経済学の名著」
『現代経済学の名著』　佐和隆光編　中央公論社　1989　210p　18cm（中公新書）　560円
Ⓘ4-12-100934-7　Ⓝ331.04
☆「「本の定番」ブックガイド」

04058　「地球温暖化を防ぐ」
『地球温暖化を防ぐ―20世紀型経済システムの転換』　佐和隆光著　岩波書店　2002　217p　18cm（岩波新書）〈第10刷〉　740円
Ⓘ4-00-430529-2
☆「大学新入生に薦める101冊の本」

沢木 欣一　さわき・きんいち

04059　「塩田」
『現代一〇〇名句集　第7巻』　稲畑廣太郎［ほか］編　［東京］　東京四季出版　2005　373p　21cm　2381円　Ⓘ4-8129-0347-5　Ⓝ911.367
☆「日本文芸鑑賞事典　第17巻（1955〜1958年）」

沢木 耕太郎　さわき・こうたろう

04060　「深夜特急1 香港・マカオ」
『深夜特急　1　香港・マカオ』　沢木耕太郎著　新潮社　1994　238p　15cm〈新潮文庫〉　360円　Ⓘ4-10-123505-8　Ⓝ915.6
☆「新潮文庫20世紀の100冊」

沢口 一之　さわぐち・かずゆき

04061　「古今算法記」
『古今算法記　巻1至7』　沢口一之著　古典数学書院　1936　6冊　24cm〈謄写版〉　Ⓝ419
☆「世界名著大事典」

沢崎 坦　さわざき・ひろし

04062　「親愛なる人間さまへ」
『親愛なる人間さまへ—知られざる「馬の心」』　沢崎坦著　NECクリエイティブ　1995　238p　19cm　1300円　Ⓘ4-87269-016-8　Ⓝ645.2
☆「学問がわかる500冊 v.2」

沢田 清方　さわだ・きよかた

04063　「小地域福祉活動 高齢化社会を地域から支える」
『小地域福祉活動—高齢化社会を地域から支える』　沢田清方編著　京都　ミネルヴァ書房　1991　301p　19cm（福祉books 8）　1800円　Ⓘ4-623-02149-1　Ⓝ369.021
☆「学問がわかる500冊」

沢田 吾一　さわだ・ごいち

04064　「奈良朝時代民政経済の数的研究」
『奈良朝時代民政経済の数的研究』　沢田吾一著　柏書房　1993　754,12p　22cm〈解題：田名網宏　第2刷（第1刷：1972年）　昭和18年刊の複製〉　9800円　Ⓘ4-7601-1003-8　Ⓝ332.1035
☆「世界名著大事典」

沢田 名垂　さわだ・なたり

04065　「阿奈遠加志」
『阿奈遠加志』　木かくれのおきな戯著　猫かひのをのこ校訂　［出版地不明］　［出版者不明］　83p　19cm　Ⓝ913.5
☆「日本の艶本・珍書 総解説」, 「日本の奇書77冊」

04066　「家屋雑考」
『故実叢書　25巻』　今泉定助［原編］　故実叢

書編集部編　改訂増補/鈴木眞弓/監修　明治図書出版　1993　446p　22cm〈複製〉　Ⓘ4-18-454100-3　Ⓝ210.09
☆「古典の事典」

沢田 ふじ子　さわだ・ふじこ

04067　「陸奥甲冑記」
『陸奥甲冑記』　沢田ふじ子著　講談社　1981　255p　20cm〈参考書目：p255〉　1100円　Ⓝ913.6
☆「歴史小説・時代小説 総解説」

沢地 久枝　さわち・ひさえ

04068　「暗い暦」
『暗い暦』　沢地久枝著　文芸春秋　1982　314p　16cm（文春文庫）　360円　Ⓘ4-16-723902-7　Ⓝ289.1
☆「今だから知っておきたい戦争の本70」

04069　「妻たちの二・二六事件」
『妻たちの二・二六事件』　沢地久枝著　中央公論社　1972　230p　20cm　580円　Ⓝ913.6
☆「現代を読む」

04070　「火はわが胸中にあり」
『火はわが胸中にあり—忘れられた近衛兵士の叛乱竹橋事件』　澤地久枝著　岩波書店　2008　377p　15cm〈岩波現代文庫　社会〉〈角川書店1978年刊の増補〉　1100円　Ⓘ978-4-00-603173-2　Ⓝ210.63
☆「日本陸軍の本・総解説」

沢野 忠庵　さわの・ちゅうあん

04071　「乾坤弁説」
『文明源流叢書』　国書刊行会編　名著刊行会　1969　3冊　22cm〈国書刊行会大正2-3年刊の復刻 限定版〉　各3000円　Ⓝ081.5
☆「世界名著大事典」, 「日本の古典名著」

04072　「南蛮流外科秘伝書」
☆「世界名著大事典」

沢野 久雄　さわの・ひさお

04073　「夜の河」
『夜の河』　沢野久雄著　角川書店　1990　228p　15cm〈角川文庫〉　390円　Ⓘ4-04-124001-8
☆「一冊で愛の話題作100冊を読む」

沢村 貞子　さわむら・さだこ

04074　「貝のうた」
『貝のうた』　沢村貞子著　河出書房新社　2014　257p　15cm〈河出文庫　さ29-1〉　760円　Ⓘ978-4-309-41281-8　Ⓝ778.21
☆「現代を読む」, 「自伝の名著101」

沢村 専太郎　さわむら・せんたろう

04075　「日本絵画史の研究」
『日本絵画史の研究』　沢村専太郎著　京都　星野書店　1931　552,13p　図版35枚　肖像　23cm　Ⓝ721
☆「世界名著大事典」

沢村 康　さわむら・やすし

04076　「農業土地政策論」
『農業土地政策論』　沢村康著　養賢堂　1933　437p　23cm　Ⓝ611.23
☆「農政経済の名著 昭和前期編」

沢柳 政太郎　さわやなぎ・まさたろう

04077　「実際的教育学」
『実際的教育学』　沢柳政太郎著　滑川道夫, 中内敏夫共編　明治図書出版　1962　214p 図版　22cm（世界教育学選集　第22）Ⓝ371
☆「教育名著の愉しみ」,「名著解題」

04078　「我が国の教育」
『沢柳政太郎選集　第4　我が国の教育』　赤井米吉等編　第一書房　1940　323p　20cm　Ⓝ370
☆「世界名著大事典」

椹木 野衣　さわらぎ・のい

04079　「戦争と万博」
『戦争と万博』　椹木野衣著　美術出版社　2005　349p　20cm〈文献あり〉　2800円　①4-568-20174-8　Ⓝ702.16
☆「建築・都市ブックガイド21世紀」

寒川 旭　さんがわ・あきら

04080　「地震考古学」
『地震考古学──遺跡が語る地震の歴史』　寒川旭著　中央公論社　1992　251p　18cm（中公新書）　700円　①4-12-101096-5　Ⓝ453
☆「学問がわかる500冊 v.2」

山宮 允　さんぐう・まこと

04081　「明治大正詩書綜覧」
『明治大正詩書綜覧』　山宮允著　啓成社　1934　2冊　22cm　Ⓝ911.5031
☆「世界名著大事典」

産経新聞社　さんけいしんぶんしゃ

04082　「ルーズベルト秘録」
『ルーズベルト秘録　上』　産経新聞「ルーズベルト秘録」取材班著　産経新聞ニュースサービス　2001　409p　16cm（扶桑社文庫）〈扶桑社〔発売〕　年表あり〉　667円　①4-594-03318-0　Ⓝ319.53
☆「21世紀の必読書100選」

三条西 実隆　さんじょうにし・さねたか

04083　「再昌草」
『新日本古典文学大系　47　中世和歌集　室町篇』　佐竹昭広ほか編　伊藤敬ほか校注　岩波書店　1990　526,43p　22cm　3800円　①4-00-240047-6　Ⓝ918
☆「世界名著大事典」

04084　「実隆公記」
『実隆公記　巻1-3』　三条西実隆著　高橋隆三編纂ならびに校訂　2版　続群書類従完成会太洋社　1958　6冊　22cm〈初版：昭和6-8年刊〉　Ⓝ210.46
☆「世界名著大事典」

04085　「雪玉集」
☆「近代名著解題選集 3」

山東 京伝　さんとう・きょうでん

04086　「優曇華物語」
『優曇華物語』　大高洋司編　大阪　和泉書院　2001　350p　22cm（読本善本叢刊）〈複製〉　10000円　①4-7576-0123-9　Ⓝ913.53
☆「日本の古典・世界の古典」

04087　「絵入子犬つれづれ」
『江戸時代文芸資料　第1-5』　国書刊行会編　名著刊行会　1964　5冊　22cm〈国書刊行会（大正5刊）の複製〉　Ⓝ913.5
☆「日本の艶本・珍書 総解説」,「日本の奇書77冊」

04088　「江戸生艶気樺焼」
『江戸生艶気樺焼　上,中,下』　山東京伝著　稀書複製会編　米山堂　1938　3冊　19cm〈複製　和装〉　Ⓝ913.5
☆「古典の事典」,「作品と作者」,「3行でわかる名作&ヒット本250」,「世界名著大事典」,「2ページでわかる日本の古典傑選」,「日本の古典」,「日本の古典・世界の古典」,「日本の古典名著」,「日本文学鑑賞辞典〔第1〕」

04089　「御誂染長寿小紋」
『山東京傳全集　第4巻　黄表紙　4』　山東京傳［著］　山東京傳全集編集委員会編　ぺりかん社　2004　620p　22cm〈付属資料：8p；月報10〉　14000円　①4-8315-1050-5　Ⓝ913.53
☆「千年の百冊」

04090　「孔子縞于時藍染」
『山東京伝集』　本邦書籍　1989　4冊　22cm（古典叢書）〈複製〉　全39000円　Ⓝ913.53
☆「日本の書物」

04091　「骨董集」
『日本随筆大成　第1期 第15巻』　日本随筆大成編輯部編　新装版　吉川弘文館　2007　8,555p　19cm〈平成6年刊（新装版）を原本とし

たオンデマンド版〉　5500円
Ⓘ978-4-642-04081-5　Ⓝ914.5
☆「千年の百冊」

04092　「桜姫全伝曙草紙」
『復讐奇談安積沼　桜姫全伝曙草紙』　山東京伝作　北尾重政,歌川豊国画　国書刊行会　2002　428p　20cm〈現代語訳・江戸の伝奇小説　1　須永朝彦訳〉　3500円
Ⓘ4-336-04401-5　Ⓝ913.53
☆「近代名著解題選集 2」,「世界名著大事典 補遺（Extra）」

04093　「娼妓絹籬」
『山東京傳全集　第18巻　洒落本』　山東京傳［著］　山東京傳全集編集委員会編　ぺりかん社　2012　632p　22cm〈付属資料：8p：月報第13回　布装〉　14000円
Ⓘ978-4-8315-1328-1　Ⓝ913.53
☆「作品と作者」,「世界名著大事典」

04094　「忠臣水滸伝」
『忠臣水滸伝』　大高洋司編　大阪　和泉書院　1998　460p　22cm〈読本善本叢刊〉〈複製〉　13000円　Ⓘ4-87088-928-5　Ⓝ913.53
☆「世界名著大事典」

04095　「通言総籬」
『通言総籬』　山東京伝作　山口薫編　代々幡町（東京府）　山口薫　1929　1冊（頁付なし）　17cm〈和装〉　Ⓝ913.5
☆「古典の事典」,「作品と作者」,「世界名著大事典」,「日本文学鑑賞辞典」

04096　「本朝酔菩提全伝」
『山東京傳全集　第17巻　読本　3』　山東京傳［著］　山東京傳全集編集委員会編　ぺりかん社　2003　710p　22cm〈付属資料：8p：月報9〉　14000円　Ⓘ4-8315-1035-1　Ⓝ913.53
☆「作品と作者」

04097　「昔話稲妻表紙」
『昔話稲妻表紙』　山東京伝著　有朋堂　1913　522p　18cm〈有朋堂文庫〉　Ⓝ913.53
☆「学術辞典叢書 第15巻」,「作品と作者」,「世界名著解題選 第3巻」,「日本文学鑑賞辞典〔第1〕」

山風　さんふう

04098　「鹿子餅」
『近世文芸叢書　第1-6』　国書刊行会編　第一書房　1976　6冊　22cm〈国書刊行会明治43-45年刊の複製〉　各4000円　Ⓝ918.5
☆「世界名著大事典」

参謀本部　さんぼうほんぶ

04099　「杉山メモ」
『杉山メモ　上』　参謀本部編　普及版　原書房　2005　570p　22cm〈肖像あり　折り込1枚　年譜あり〉　5800円　Ⓘ4-562-03947-7　Ⓝ210.75
☆「日本陸軍の本・総解説」

三遊亭 円朝　さんゆうてい・えんちょう

04100　「怪談牡丹灯籠」
『円朝全集　第1巻』　［三遊亭円朝］［述］　倉田喜弘,清水康行,十川信介,延広真治編集　清水康行,佐藤かつら,横山泰子校注　岩波書店　2012　613p　22cm〈付属資料：8p：月報 第1号〉　8400円　Ⓘ978-4-00-092741-3　Ⓝ913.7
☆「一度は読もうよ！日本の名著」,「近代日本の百冊を選ぶ」,「日本近代文学名著事典」,「日本文学名作案内」,「日本文芸鑑賞事典 第1巻」

04101　「真景累ヶ淵」
『真景累ヶ淵』　三遊亭円朝著　小池章太郎,藤井宗哲校注　中央公論新社　2007　483p　18cm〈中公クラシックス〉　1800円
Ⓘ978-4-12-160097-4
☆「歴史小説・時代小説 総解説」

【し】

池 明観　じ・みよんくわん

04102　「チョゴリと鎧」
『チョゴリと鎧—その歴史と文化をとらえなおす視点』　池明観著　太郎次郎社　1988　215p　19cm　1500円
☆「現代アジア論の名著」

椎尾 弁匡　しいお・べんきょう

04103　「仏教経典概説」
『仏教経典概説』　椎尾弁匡著　三康文化研究所　1971　524,32p　22cm　非売　Ⓝ183
☆「世界名著大事典」

椎名 慎太郎　しいな・しんたろう

04104　「遺跡保存を考える」
『遺跡保存を考える』　椎名慎太郎著　岩波書店　1994　212p　18cm〈岩波新書〉〈参考文献：p211～212〉　580円　Ⓘ4-00-430318-4　Ⓝ210.2
☆「学問がわかる500冊 v.2」

椎名 誠　しいな・まこと

04105　「アドバード」
『アド・バード』　椎名誠著　集英社　1997　574p　16cm〈集英社文庫〉　720円
Ⓘ4-08-748592-7　Ⓝ913.6
☆「世界のSF文学・総解説」

04106 「岳物語」
『岳物語　1』　椎名誠［著］　オンデマンド版　大活字　2003　298p　22cm〈大活字文庫11〉〈原本：1998年刊〉　2800円
Ⓘ4-925053-19-1　Ⓝ913.6
☆「現代文学鑑賞辞典」

04107 「さらば国分寺書店のオババ」
『さらば国分寺書店のオババ』　椎名誠著　新潮社　1996　253p　15cm〈新潮文庫〉　480円
Ⓘ4-10-144817-5　Ⓝ914.6
☆「新潮文庫20世紀の100冊」

椎名 麟三　しいな・りんぞう

04108 「美しい女」
『美しい女』　椎名麟三著　角川書店　1965　236p　15cm〈角川文庫〉　Ⓝ913.6
☆「現代文学名作探訪事典」、「日本文学鑑賞辞典〔第2〕」、「日本文芸鑑賞事典 第17巻（1955～1958年）」

04109 「永遠なる序章」
『永遠なる序章』　椎名麟三著　新潮社　1957　218p　16cm〈新潮文庫〉　Ⓝ913.6
☆「現代文学鑑賞辞典」、「これだけは読んでおきたい日本の名作文学案内」、「世界名著大事典」、「日本の小説101」、「日本文学鑑賞辞典〔第2〕」、「日本文学現代名作事典」、「日本文学名作案内」、「日本文学名作事典」、「日本文芸鑑賞事典 第14巻（1946～1948年）」、「ポケット日本名作事典」、「名著の履歴書」

04110 「重き流れのなかに」
『重き流れのなかに』　椎名麟三著　3版　筑摩書房　1949　299p　19cm　Ⓝ913.6
☆「日本文芸鑑賞事典 第14巻（1946～1948年）」

04111 「自由の彼方で」
『自由の彼方で』　椎名麟三著　講談社　1996　229p　16cm〈講談社文芸文庫〉〈著者目録：p226～229〉　880円　Ⓘ4-06-196358-9　Ⓝ913.6
☆「近代文学名作事典」

04112 「深夜の酒宴」
『深夜の酒宴　美しい女』　椎名麟三［著］　講談社　2010　360p　16cm〈講談社文芸文庫しG3〉〈並列シリーズ名：Kodansha Bungei bunko　著作目録あり 年譜あり〉　1600円　Ⓘ978-4-06-290092-8　Ⓝ913.6
☆「あらすじダイジェスト」、「昭和の名著」

04113 「家主の上京」
『椎名麟三全集　11　戯曲 1』　冬樹社　1972　577p 肖像　22cm　2000円　Ⓝ918.6
☆「日本文芸鑑賞事典 第16巻」

慈雲　じうん

04114 「十善法語」
『十善法語』　慈雲著　菅原法嶺校訂　甲子社　1927　388,28p　19cm　Ⓝ188.1
☆「古典の事典」、「世界名著大事典」、「日本の古典名著」

04115 「神道要語」
『雲伝神道集』　慈雲尊者著　木南卓一編　京都三密堂書店　1988　538p 図版12枚　22cm　6000円　Ⓝ171.9
☆「世界名著大事典」

04116 「梵学津梁」
『栂尾コレクション顕密典籍文書集成　12　悉曇・曼荼羅篇』　平河出版社　1981　509p　27cm〈監修：金岡秀友ほか　カリフォルニア州立大学ロスアンゼルス分校所蔵本（栂尾祥雲旧蔵）の複製〉　Ⓝ188.5
☆「世界名著大事典」

慈円　じえん

04117 「愚管抄」
『愚管抄―全現代語訳』　慈円［著］　大隅和雄訳　講談社　2012　445p　15cm〈講談社学術文庫　2113〉〈底本：日本の名著 9（中央公論社 1983年刊）〉　1300円
Ⓘ978-4-06-292113-8　Ⓝ210.3
☆「一度は読もうよ！ 日本の名著」、「一冊で日本の古典100冊を読む」、「近代名著解題選集 3」、「古典の事典」、「日本文学鑑賞辞典」、「作品と作者」、「人文科学の名著」、「世界名著大事典」、「日本古典への誘い100選 1」、「日本の古典」、「日本の古典名著」、「日本文学鑑賞辞典〔第1〕」、「日本文学名作案内」、「日本名著辞典」、「日本歴史「古典籍」総覧」、「文学・名著300選の解説 '88年度版」、「歴史学の名著30」、「歴史の名著100」、「わたしの古典」

04118 「拾玉集」
『拾玉集　上』　［慈円］［原著］　石川一, 山本一著　明治書院　2008　542p　22cm〈和歌文学大系　3　久保田淳監修〉　13000円
Ⓘ978-4-625-42403-8　Ⓝ911.148
☆「近代名著解題選集 3」

塩沢 由典　しおざわ・よしのり

04119 「数理経済学の基礎」
『数理経済学の基礎』　塩沢由典著　朝倉書店　1981　208p　21cm〈数理科学ライブラリー 2〉　2500円　Ⓝ331.19
☆「数学ブックガイド100」

04120 「複雑さの帰結」
『複雑さの帰結―複雑系経済学試論』　塩沢由典著　NTT出版　1997　314p　20cm〈文献あ

しおなき

り 索引あり〉 3000円 ①4-87188-517-8
Ⓝ331
☆「学問がわかる500冊」

潮凪 洋介　しおなぎ・ようすけ

04121　「もう「いい人」になるのはやめなさい！」
『もう「いい人」になるのはやめなさい！―「いい人」をやめる男の成功法則48』 潮凪洋介著　中経出版　2010　206p　19cm　1300円　①978-4-8061-3872-3　Ⓝ159
☆「3行でわかる名作&ヒット本250」

塩野 七生　しおの・ななみ

04122　「海の都の物語」
『海の都の物語―ヴェネツィア共和国の一千年 1』 塩野七生著　新潮社　2009　235p　16cm〈新潮文庫　し-12-32〉　400円　①978-4-10-118132-5　Ⓝ337
☆「世界の海洋文学」

04123　「ローマ人の物語」
『ローマ人の物語　1　ローマは一日にして成らず』 塩野七生著　新潮社　2002　197p　15cm〈新潮文庫〉　400円 ①4-10-118151-9
☆「21世紀の必読書100選」、「名著で読む世界史」

塩谷 温　しおのや・おん

04124　「支那文学概論講話」
『支那文学概論講話』 塩谷温著　大日本雄弁会　1919　540p　23cm　Ⓝ920
☆「世界名著大事典」

塩原 勉　しおばら・つとむ

04125　「組織と運動の理論」
『組織と運動の理論―矛盾媒介過程の社会学』 塩原勉著　新曜社　1976　464p　22cm　3500円　Ⓝ361.4
☆「社会の構造と変動」

汐見 三郎　しおみ・さぶろう

04126　「財政学」
『財政学』 小川郷太郎,汐見三郎共著　全訂（15版）　有斐閣　1943　662p　22cm　Ⓝ341
☆「世界名著大事典」

志賀 浩二　しが・こうじ

04127　「現代数学への招待」
『現代数学への招待―多様体とは何か』 志賀浩二著　筑摩書房　2013　301p　15cm〈ちくま学芸文庫　シ28-4―[Math & Science]〉〈岩波書店 1979年刊の再刊〉 1300円
①978-4-480-09555-8　Ⓝ415.7
☆「数学ブックガイド100」

志賀 重昂　しが・しげたか

04128　「日本風景論」
『日本風景論』 志賀重昂［著］　新装版　講談社　2014　378p　15cm〈講談社学術文庫 2222〉 1000円 ①978-4-06-292222-7 Ⓝ291
☆「学問がわかる500冊 v.2」、「近代日本の百冊を選ぶ」、「世界の名著早わかり事典」、「世界名著大事典」、「ナショナリズム」、「日本近代の名著」、「日本人とは何か」、「日本の名著」、「日本の山の名著・総解説」、「日本文芸鑑賞事典 第1巻」、「ベストガイド日本の名著」、「明治・大正・昭和の名著・総解説」、「明治の名著 1」、「山の名著 明治・大正・昭和戦前編」

滋賀 秀三　しが・しゅうぞう

04129　「中国家族法の原理」
『中国家族法の原理』 滋賀秀三著　創文社　1967　637p　22cm〈主要な参考文献：633-637p〉 3500円　Ⓝ324.92
☆「歴史家の読書案内」

志賀 直哉　しが・なおや

04130　「赤西蠣太」
『赤西蠣太―他十四篇』 志賀直哉著　角川書店　1955　222p　15cm〈角川文庫〉　Ⓝ913.6
☆「日本文芸鑑賞事典 第6巻(1917～1920年)」

04131　「暗夜行路」
『暗夜行路　前篇』 志賀直哉作　改版　岩波書店　2004　296p　15cm〈岩波文庫〉〈年譜あり〉 500円 ①4-00-310464-1 Ⓝ913.6
☆「あらすじで味わう名作文学」、「あらすじで読む日本の名著」(楽書館,中経出版〔発売〕)、「あらすじで読む日本の名著」(新人物往来社)、「一度は読もうよ！ 日本の名著」、「一冊で日本の名著100冊を読む」、「一冊で100名作の「さわり」を読む」、「感動！ 日本の名著 近現代編」、「近代文学名作事典」、「現代文学鑑賞辞典」、「現代文学名作探訪事典」、「この一冊でわかる日本の名作」、「3行でわかる名作&ヒット本250」、「知らないと恥ずかしい「日本の名作」あらすじ200本」、「図説 5分でわかる日本の名作傑選」、「世界名作事典」、「世界名著案内 5」、「世界名著大事典」、「大作家“ろくでなし”列伝」、「大正の名著」、「2時間でわかる日本の名著」、「日本近代文学名著事典」、「日本人なら知っておきたいあらすじで読む日本の名著」、「日本の名作おさらい」、「日本の名著」(角川書店)、「日本の名著」(毎日新聞社)、「日本の名著3分間読書100」、「日本文学鑑賞辞典 〔第2〕」、「日本文学現代名作事典」、「日本文学名作案内」、「日本文学名作概観」、「日本文学名作事典」、「日本文芸鑑賞事典 第7巻(1920～1923年)」、「日本名作文学館 日本編」、「日本名著辞典」、「ベストガイド日本の名著」、「ポケット日本名作事典」、「名作の書き出しを諳んじる」、「明治・大正・昭和のベストセラー」、「明治・大正・昭和の名著・総解説」

04132　「大津順吉」

『志賀直哉全集　第2巻』　志賀直哉著　岩波書店　1999　457p　20cm〈肖像あり〉　4000円　Ⓘ4-00-092212-2　Ⓝ918.68
☆「世界名著大事典」、「日本近代文学名著事典」、「日本文芸鑑賞事典 第5巻」

04133　「城の崎にて」
『城の崎にて』　志賀直哉著　改訂版　角川書店　1968　190p　15cm〈角川文庫〉　100円　Ⓝ913.6
☆「愛と死の日本文学」、「あらすじダイジェスト」、「あらすじで読む日本の名著 No.3」、「一度は読もうよ！ 日本の名著」、「一冊で日本の名著100冊を読む」、「一冊で100名作の「さわり」を読む」、「現代文学鑑賞辞典」、「この一冊でわかる日本の名作」、「知らないと恥ずかしい「日本の名作」あらすじ200本」、「図説 5分でわかる日本の名作傑作選」、「世界名作事典」、「世界名著大事典」、「2時間でわかる日本の名著」、「日本の名作おさらい」、「日本文学鑑賞辞典〔第2〕」、「日本文学現代名作事典」、「日本文学名作案内」、「日本文学名作事典」、「日本文芸鑑賞事典 第6巻(1917〜1920年)」、「日本・名著のあらすじ」、「百年の誤読」、「ポケット日本名作事典」

04134　「邦子」
『筑摩現代文学大系　20　志賀直哉集』　筑摩書房　1976　512p　肖像　20cm　1600円　Ⓝ918.6
☆「世界名著大事典」

04135　「小僧の神様」
『小僧の神様—他十篇』　志賀直哉作　岩波書店　2009　238p　19cm〈ワイド版岩波文庫 310〉〈年譜あり〉　1000円　Ⓘ978-4-00-007310-3　Ⓝ913.6
☆「これだけは読んでおきたい日本の名作文学案内」、「少年少女のための文学案内 3」、「世界名作事典」、「世界名著大事典」、「日本文学鑑賞辞典〔第2〕」、「日本文学現代名作事典」、「日本文学名作事典」、「日本文芸鑑賞事典 第6巻(1917〜1920年)」、「必読書150」、「ポケット日本名作事典」、「名作への招待」、「私を変えたこの一冊」

04136　「座右宝」
『座右宝』　志賀直哉編　座右宝刊行会　1926　4冊　57cm〈附：目録 和装〉　Ⓝ708
☆「近代日本の百冊を選ぶ」

04137　「清兵衛と瓢箪」
『清兵衛と瓢箪』　志賀直哉著　ポプラ社　1981　197p　18cm〈ポプラ社文庫〉　390円
☆「これだけは読んでおきたい日本の名作文学案内」、「図説 5分でわかる日本の名作傑作選」、「小さな文学の旅」、「名作の書き出しを諳んじる」、「名作の研究事典」、「私を変えたこの一冊」

04138　「痴情」
『丸谷才一編・花柳小説傑作選』　丸谷才一編　講談社　2013　380p　16cm〈講談社文芸文庫 ま A5〉　1600円　Ⓘ978-4-06-290178-9　Ⓝ913.68
☆「一度は読もうよ！ 日本の名著」、「一冊で愛の話題作100冊を読む」、「女性のための名作・人生案内」

04139　「灰色の月」
『白い線』　志賀直哉著　新装改訂版　大和書房　2012　303p　18cm　2400円　Ⓘ978-4-479-88041-7　Ⓝ914.6
☆「世界名著大事典」

04140　「濠端の住まい」
『城の崎にて・小僧の神様』　志賀直哉［著］　改版　角川書店　2012　215p　15cm〈角川文庫　し21-1〉〈年譜あり　角川グループパブリッシング〔発売〕〉　514円　Ⓘ978-4-04-100334-3　Ⓝ913.6
☆「一度は読もうよ！ 日本の名著」、「一冊で日本の名著100冊を読む 続」

04141　「山科の記憶」
『山科の記憶』　志賀直哉著　新潮社　1962　204p　16cm〈新潮文庫〉　Ⓝ913.6
☆「世界名著大事典」

04142　「夜の光」
『夜の光』　志賀直哉著　新潮社　1936　258p　18cm〈新潮文庫　第204編〉　Ⓝ913.6
☆「日本近代文学名著事典」

04143　「留女」
『留女』　志賀直哉著　洛陽堂　1913　319p　20cm　Ⓝ913.6
☆「日本近代文学名著事典」

04144　「和解」
『和解』　志賀直哉著　槐書房　1974　128p　23cm〈帙入　特別限定版〉　20000円　Ⓝ913.6
☆「一度は読もうよ！ 日本の名著」、「一冊で日本の名著100冊を読む 続」、「新潮文庫20世紀の100冊」、「図説 5分でわかる日本の名作」、「世界名著大事典」、「日本の小説101」、「日本文学鑑賞辞典〔第2〕」、「日本文学現代名作事典」、「日本文学名作事典」、「文学・名著300選の解説 '88年度版」

四賀 光子　しが・みつこ

04145　「藤の実」
『現代短歌全集　第5巻(大正11年—15年)』　松村英一ほか著　増補版　筑摩書房　2001　481p　23cm〈付属資料：6p；月報 5〉　6600円　Ⓘ4-480-13825-0　Ⓝ911.167
☆「日本文学鑑賞辞典〔第2〕」

視覚デザイン研究所編集室　しかくでざいんけんきゅうしょへんしゅうしつ

04146　「巨匠に教わる絵画の見かた」

しかつかい

『巨匠に教わる絵画の見かた』 視覚デザイン研究所・編集室著　視覚デザイン研究所　1997　190p　21cm　1900円　Ⓘ4-88108-124-1　Ⓝ723
☆「世界史読書案内」

史学会　しがっかい

04147　「東西交渉史論」
『東西交渉史論　上巻』　史学会編　大空社　1997　1冊　21cm〈アジア学叢書〉　24000円　Ⓘ4-7568-0570-1
☆「世界名著大事典」

04148　「本邦史学史論叢」
『本邦史学史論叢　上,下巻』　史学会編　富山房　1939　2冊　図版　23cm〈史学会創立五十年記念〉　Ⓝ201.21
☆「人文科学の名著」

鹿野 武左衛門　しかの・ぶざえもん

04149　「鹿の巻筆」
『婦人文庫』　日本図書センター　1986　12冊　20cm〈婦人文庫刊行会大正3年〜4年刊の複製〉　全85000円　Ⓘ4-8205-0625-0　Ⓝ041
☆「作品と作者」,「世界名著大事典」,「日本の艶本・珍書 総解説」,「日本の奇書77冊」,「日本文学鑑賞辞典〔第1〕」

式 貴士　しき・たかし

04150　「カンタン刑」
『カンタン刑―式貴士怪奇小説コレクション』　式貴士著　光文社　2008　393p　16cm〈光文社文庫〉　629円　Ⓘ978-4-334-74379-6　Ⓝ913.6
☆「世界のSF文学・総解説」

式亭 三馬　しきてい・さんば

04151　「雷太郎強悪物語」
『雷太郎強悪物語―浅草観音利益仇討』　式亭三馬作　歌川豊国画　近世風俗研究会　1967　3冊〈帙入　文化三年刊の原寸オフセット覆刻版　解説(鈴木重三,本田康雄)　和装〉　Ⓝ913.58
☆「世界名著大事典」

04152　「浮世床」
『浮世床』　式亭三馬作　和田万吉校訂　岩波書店　1993　104p　15cm〈岩波文庫〉〈第15刷（第1刷:28.10.25）〉　310円　Ⓘ4-00-302301-5
☆「一度は読もうよ！ 日本の名著100名作の「さわり」を読む」,「古典の事典」,「世界名著大事典」,「日本の古典」,「日本の古典・世界の古典」,「日本の古典名著」,「日本文学鑑賞辞典〔第1〕」,「日本文学名作案内」,「日本文学名作概観」,「日本名著辞典」

04153　「浮世風呂」
『浮世風呂』　式亭三馬著　神保五弥校注　角川書店　1968　414p　15cm〈角川文庫〉　200円　Ⓝ913.55
☆「一度は読もうよ！ 日本の名著」,「一冊で日本の古典100冊を読む」,「学術辞典叢書 第15巻」,「近代名著解題選集 2」,「古典の事典」,「古典文学鑑賞辞典」,「作品と作者」,「3行でわかる名作&ヒット本250」,「図説 5分でわかる日本の名作傑作選」,「世界名作事典」,「世界名著解題選 第1巻」,「世界名著大事典」,「千年の百冊」,「2ページでわかる日本の古典傑作選」,「日本の古典」,「日本の古典・世界の古典」,「日本の古典名著」,「日本の書物」,「日本の名作おさらい」,「日本の名著(角川書店)」,「日本の名著(毎日新聞社)」,「日本の名著3分間読書100」,「日本文学鑑賞辞典〔第1〕」,「日本文学の古典50選」,「日本文学名作案内」,「日本文学名作概観」,「日本文学名作事典」,「日本名著辞典」,「日本・名著のあらすじ」,「歴史の名著100」

04154　「戯場訓蒙図彙」
『戯場訓蒙図彙―享和三年初版本』　式亭三馬著　勝川春英,歌川豊国画　国立劇場芸能調査室編　国立劇場調査養成部・芸能調査室　1969　190,142p　21cm〈歌舞伎の文献　3〉〈享和3年初版本の複製,解題,翻刻〉　Ⓝ774.2
☆「世界名著大事典」

04155　「柳髪新話浮世床」
『近代日本文学大系　第17巻　式亭三馬集』　国民図書　1927　949p　19cm　Ⓝ918
☆「文学・名著300選の解説 '88年度版」

重野 安繹　しげの・あんしゃく

04156　「国史眼」
『稿本国史眼』　重野安繹等編　改訂　目黒甚七　1901　613p　23cm〈東京帝国大学蔵版〉　Ⓝ210
☆「世界名著大事典」

滋野 貞主　しげの・さだぬし

04157　「秘府略」
『秘府略　巻第864』　滋野貞主等奉勅撰　古典保存会　1929　55丁〈解説共〉　32cm〈徳富猪一郎蔵本の影印　解説:山田孝雄　和装〉　Ⓝ032.2
☆「日本名著辞典」

重松 清　しげまつ・きよし

04158　「ビタミンF」
『ビタミンF　上』　重松清著　新座　埼玉福祉会　2005　326p　21cm〈大活字本シリーズ〉〈底本:新潮文庫「ビタミンF」〉　3100円　Ⓘ4-88419-357-1　Ⓝ913.6
☆「現代文学鑑賞辞典」

重光 葵 しげみつ・まもる

04159 「昭和の動乱」
『昭和の動乱 上』 重光葵著 中央公論新社 2001 322p 16cm（中公文庫） 895円 ①4-12-203918-5 Ⓝ312.1
☆「世界名著大事典 補遺（Extra）」

04160 「巣鴨日記」
『巣鴨日記』 重光葵著 文芸春秋新社 1953 447p 図版 19cm Ⓝ210.76
☆「世界名著大事典 補遺（Extra）」

子光 しこう

04161 「素堂家集」
☆「世界名著大事典」

獅子 文六 しし・ぶんろく

04162 「大番」
『大番 上』 獅子文六著 小学館 2010 602p 15cm（小学館文庫 し8-1―北上次郎選「昭和エンターテインメント叢書」 2） 752円 ①978-4-09-408494-8 Ⓝ913.6
☆「日本文学鑑賞辞典〔第2〕」

04163 「海軍」
『海軍』 獅子文六著 中央公論新社 2001 373p 16cm（中公文庫） 724円 ①4-12-203874-X Ⓝ913.6
☆「今だから知っておきたい戦争の本70」、「現代文学名作探訪事典」、「日本文芸鑑賞事典 第13巻」

04164 「自由学校」
『自由学校』 獅子文六著 東方社 1967 251p 20cm 390円 Ⓝ913.6
☆「昭和の名著」、「世界名著大事典」、「日本文学鑑賞辞典〔第2〕」、「日本文学現代名作事典」、「日本文芸鑑賞事典 第15巻」、「ポケット日本名作事典」

04165 「てんやわんや」
『てんやわんや』 獅子文六著 筑摩書房 2014 342p 15cm（ちくま文庫） 780円 ①978-4-480-43155-4
☆「新潮文庫20世紀の100冊」

04166 「娘と私」
『娘と私』 獅子文六著 新座 埼玉福祉会 1991 3冊 22cm（大活字本シリーズ）〈原本：新潮文庫 限定版〉 3708～3811円 Ⓝ913.6
☆「現代文学鑑賞辞典」

子爵斎藤実記念会 ししゃくさいとうまことき ねんかい

04167 「子爵斎藤実伝」
『子爵斎藤実伝 第1-4巻』 斎藤子爵記念会編 斎藤子爵記念会 1941 4冊 図版60枚 肖像

図表 地図 22cm Ⓝ289.1
☆「日本海軍の本・総解説」

志図川 倫 しずかわ・りん

04168 「流氷の祖国」
『流氷の祖国』 志図川倫著 中央公論事業出版 1972 214p 20cm 800円 Ⓝ913.6
☆「世界の海洋文学」

志筑 忠雄 しずき・ただお

04169 「暦象新書」
『日本哲学思想全書 第6巻 科学 自然篇』 三枝博音,清水幾太郎編集 第2版 平凡社 1980 360p 19cm 2300円 Ⓝ081.6
☆「アジアの比較文化」、「自然科学の名著100選 中」、「世界名著大事典」、「日本名著辞典」

思想の科学研究会 しそうのかがくけんきゅうかい

04170 「共同研究 転向」
『共同研究 転向 1 戦前篇 上』 思想の科学研究会編 平凡社 2012 392p 18cm（東洋文庫） 3000円 ①978-4-582-80817-9
☆「近代日本の百冊を選ぶ」、「戦後思想の名著50」、「ベストガイド日本の名著」、「明治・大正・昭和の名著・総解説」

04171 「転向」
『転向―共同研究 上』 思想の科学研究会編 改訂増補版復刊 平凡社 2000 387p 22cm〈付属資料：4p（20cm）〉 ①4-582-70000-4 Ⓝ309.021
☆「昭和の名著」、「名著の履歴書」

志田 野坡 しだ・やは

04172 「すみたはら」
『すみたはら』 志太野坡,小泉孤屋,池田利牛撰 近世文学史研究の会編 文化書房博文社 1968 128p 23cm〈享保刊俳諧七部集本の複製 付（別冊 41p）：炭俵参考資料（近世文学史研究の会編）〉 800円 Ⓝ911.33
☆「世界名著大事典」

自堕落先生 じだらくせんせい

04173 「労四狂」
『新日本古典文学大系 81 田舎荘子・当世下手談義・当世穴さがし』 佐竹昭広ほか編 中野三敏校注 岩波書店 1990 418p 22cm 3300円 ①4-00-240081-6 Ⓝ918
☆「Jブンガク」

十返舎 一九 じっぺんしゃ・いっく

04174 「商内上手」
☆「古典の事典」

04175 「東海道中膝栗毛」
『東海道中膝栗毛 上』 十返舎一九作 麻生磯次校注 岩波書店 2002 336p 19cm〈ワイド版岩波文庫〉 1300円 ④4-00-007213-7 Ⓝ913.55
☆「一度は読もうよ！ 日本の名著」、「一冊で日本の古典100冊を読む」、「一冊で100名作の「さわり」を読む」、「学術辞典叢書 第15巻」、「近代名著解題選集 2」、「古典の事典」、「古典文学鑑賞辞典」、「この一冊で読める！ 日本の古典50冊」、「作品と作者」、「3行でわかる名作＆ヒット本250」、「知らないと恥ずかしい「日本の名作」あらすじ200本」、「図説 5分でわかる日本の名作」、「世界名作事典」、「世界名著解題選 第3巻」、「世界名著大事典」、「千年の百冊」、「2ページでわかる日本の古典傑作選」、「日本の古典」、「日本の古典・世界の古典」、「日本の古典名著」、「日本の書物」、「日本の名作おさらい」、「日本の名著」（角川書店）、「日本の名著」（毎日新聞社）、「日本の名著3分間読書100」、「日本文学鑑賞辞典〔第1〕」、「日本文学の古典50選」、「日本文学名作案内」、「日本文学名作概観」、「日本文学名作事典」、「日本名著辞典」、「文学・名著300選の解説 '88年度版」、「マンガとあらすじでやさしく読める 日本の古典傑作30選」、「名作の研究事典」

志道軒　しどうけん
04176 「志道軒五癖論」
☆「日本の艶本・珍書 総解説」、「日本の奇書77冊」

04177 「志道軒親類書」
☆「日本の艶本・珍書 総解説」、「日本の奇書77冊」

蔀 関月　しとみ・かんげつ
04178 「日本山海名産図会」
『日本山海名産図会』 蔀関月著 名著刊行会 1979 312,11p 22cm〈1799年刊の複製〉 Ⓝ602.1
☆「古典の事典」、「世界名著大事典」

品野 実　しなの・みのる
04179 「異域の鬼」
『異域の鬼―拉孟全滅への道』 品野実著 谷沢書房 1981 414p 20cm 2000円 Ⓝ916
☆「日本陸軍の本・総解説」

信濃前司行長　しなのぜんじゆきなが
04180 「平家物語」
『延慶本平家物語―校訂 1』 栃木孝惟,谷口耕一編 汲古書院 2000 184p 21cm〈年表あり〉 2000円 ④4-7629-3501-8 Ⓝ913.434
☆「愛と死の日本文学」、「あらすじダイジェスト 日本の古典30を読む」、「あらすじで味わう名作文学」、「あらすじで読む日本の古典」（楽喜館、中経出版〔発売〕）、「あらすじで読む日本の古典」（新人物往来社）、「一度は読もうよ！ 日本の名著」、「一冊で日本の古典100冊を読む」、「一冊で100名

作の「さわり」を読む」、「大人のための日本の名著50」、「学術辞典叢書 第15巻」、「近代名著解題選集 3」、「50歳からの名著入門」、「古典の事典」、「古典文学鑑賞辞典」、「この一冊で読める！ 日本の古典50冊」、「作品と作者」、「3行でわかる名作＆ヒット本250」、「ブンガク」、「知らないと恥ずかしい「日本の名作」あらすじ200本」、「人文科学の名著」、「図説 5分でわかる日本の名作」、「世界の「名著」50」、「世界名作事典」、「世界名著解題選 第3巻」、「世界名著大事典」、「千年紀のベスト100作品を選ぶ」、「千年の百冊」、「地図とあらすじで読む歴史の名著」、「2ページでわかる日本の古典傑作選」、「日本古典への誘い100選 2」、「日本人とは何か」、「日本の古典」、「日本の古典・世界の古典」、「日本の古典名著」、「日本の書物」、「日本の名著」（角川書店）、「日本の名著」（毎日新聞社）、「日本の名著3分間読書100」、「日本文学鑑賞辞典〔第1〕」、「日本文学の古典50選」、「日本文学名作案内」、「日本文学名作概観」、「日本文学名作事典」、「日本名著辞典」、「日本歴史「古典籍」総覧」、「早わかり日本古典文学あらすじ事典」、「文学・名著300選の解説 '88年度版」、「マンガとあらすじでやさしく読める 日本の古典傑作30選」、「名作の書き出しを諳んじる」、「名作の研究事典」、「やさしい古典案内」、「歴史の名著100」、「わたしの古典」

篠沢 秀夫　しのざわ・ひでお
04181 「フランス三昧」
『フランス三昧』 篠沢秀夫著 中央公論新社 2002 241p 18cm〈中公新書〉 740円 ④4-12-101624-6 Ⓝ235
☆「「本の定番」ブックガイド」

篠田 鉱造　しのだ・こうぞう
04182 「幕末百話」
『幕末百話』 篠田鉱造編著 角川書店 1969 304p 19cm〈角川選書 14〉〈初版：内外出版協会 明治38年〉 Ⓝ210.58
☆「大人のための日本の名著50」

篠田 節子　しのだ・せつこ
04183 「女たちのジハード」
『女たちのジハード』 篠田節子著 集英社 2000 522p 16cm〈集英社文庫〉 705円 ④4-08-747148-9 Ⓝ913.6
☆「現代文学鑑賞辞典」、「知らないと恥ずかしい「日本の名作」あらすじ200本」

篠田 桃紅　しのだ・とうこう
04184 「桃紅」
『桃紅―私というひとり』 篠田桃紅著 岩河悦子編 世界文化社 2000 347p 22cm 2200円 ④4-418-00526-9 Ⓝ728.049
☆「教養のためのブックガイド」

篠田 一士　しのだ・はじめ

04185　「二十世紀の十大小説」
　　『二十世紀の十大小説』　篠田一士著　新潮社　2000　562p　16cm〈新潮文庫〉　781円
　　Ⓘ4-10-118821-1　Ⓝ902.3
　　☆「現代文学鑑賞辞典」

04186　「日本の近代小説」
　　『日本の近代小説』　篠田一士著　集英社　1988　503,9p　23cm〈付：篠田一士著作目録〉　3800円　Ⓘ4-08-772633-9　Ⓝ910.26
　　☆「日本文芸鑑賞事典 第20巻（昭和42〜50年）」

篠原 一男　しのはら・かずお

04187　「住宅論」
　　『住宅論』　篠原一男著　鹿島研究所出版会　1970　234p（図版共）　19cm〈SD選書　49〉　690円　Ⓝ527
　　☆「建築の書物/都市の書物」

篠原 助市　しのはら・すけいち

04188　「理論的教育学」
　　『理論的教育学』　篠原助市著　改訂　協同出版　1949　461p　22cm　Ⓝ371
　　☆「教育名著の愉しみ」,「世界名著大事典」

篠原 徹　しのはら・とおる

04189　「海と山の民俗自然誌」
　　『海と山の民俗自然誌』　篠原徹著　吉川弘文館　1995　285,3p　22cm〈日本歴史民俗叢書〉　6180円　Ⓘ4-642-07357-4　Ⓝ382.1
　　☆「学問がわかる500冊 v.2」

篠原 宏　しのはら・ひろし

04190　「陸軍創設史」
　　『陸軍創設史―フランス軍事顧問団の影』　篠原宏著　リブロポート　1983　450p　22cm　2700円　Ⓘ4-8457-0101-4　Ⓝ396.21
　　☆「日本陸軍の本・総解説」

篠原 三代平　しのはら・みよへい

04191　「産業構造」
　　『産業構造』　篠原三代平編　新訂版　春秋社　1961　273p　表　19cm〈日本経済の分析　第6〉　Ⓝ332.1
　　☆「近代日本の百冊を選ぶ」

信夫 淳平　しのぶ・じゅんぺい

04192　「戦時国際法講義」
　　『戦時国際法講義　第1-4巻』　信夫淳平著　丸善　1941　4冊　肖像　22cm　Ⓝ329.4
　　☆「世界名著大事典」

信夫 清三郎　しのぶ・せいざぶろう

04193　「大正政治史」
　　『大正政治史』　信夫清三郎著　新版　勁草書房　1968　1378,112p　22cm〈旧版は河出書房（昭和29年）刊〉　3800円　Ⓝ312.1
　　☆「名著の履歴書」

04194　「陸奥外交」
　　『陸奥外交―日清戦争の外交史的研究』　信夫清三郎著　訂再版　叢文閣　1935　617p　23cm　Ⓝ210.652
　　☆「世界名著大事典」

司馬 江漢　しば・こうかん

04195　「和蘭天説」
　　『司馬江漢全集　第3巻』　朝倉治彦ほか編　八坂書房　1994　385,51p　23cm　12000円
　　Ⓘ4-89694-718-5　Ⓝ081.5
　　☆「古典の事典」,「世界名著大事典」

04196　「江漢西遊日記」
　　『江漢西遊日記』　司馬江漢著　現代思潮新社　2007　14,190p　16cm〈覆刻日本古典全集　奥謝野寛,正宗敦夫,奥謝野晶子編纂校訂〉〈現代思潮社昭和58年刊を原本としたオンデマンド版〉　2900円　Ⓘ978-4-329-02679-8　Ⓝ291.93
　　☆「世界の旅行記101」

04197　「刻白爾天文図解」
　　『司馬江漢全集　第3巻』　朝倉治彦ほか編　八坂書房　1994　385,51p　23cm　12000円
　　Ⓘ4-89694-718-5　Ⓝ081.5
　　☆「世界名著大事典」

04198　「春波楼筆記」
　　『司馬江漢全集　第2巻』　朝倉治彦ほか編　八坂書房　1993　399p　23cm　9800円
　　Ⓘ4-89694-717-7　Ⓝ081.5
　　☆「世界名著大事典」

04199　「西洋画談」
　　『司馬江漢全集　第3巻』　朝倉治彦ほか編　八坂書房　1994　385,51p　23cm　12000円
　　Ⓘ4-89694-718-5　Ⓝ081.5
　　☆「古典の事典」,「世界名著大事典」,「日本古典への誘い100選 2」

04200　「地球全図略説」
　　『司馬江漢全集　第3巻』　朝倉治彦ほか編　八坂書房　1994　385,51p　23cm　12000円
　　Ⓘ4-89694-718-5　Ⓝ081.5
　　☆「世界名著大事典」

04201　「天地理譚」
　　『司馬江漢全集　第3巻』　朝倉治彦ほか編　八坂書房　1994　385,51p　23cm　12000円

しは　04202～04217

①4-89694-718-5　Ⓝ081.5
☆「世界名著大事典」

司馬 正次　しば・しょうじ

04202「教育とコンピュータ」
『教育とコンピュータ』　司馬正次著　培風館　1972　249p　22cm　1200円　Ⓝ370.4
☆「教育名著 日本編」

芝 全交　しば・ぜんこう

04203「大悲千禄本」
『江戸の戯作絵本　第2巻　全盛期黄表紙集』　小池正胤ほか編　社会思想社　1981　265p　15cm〈現代教養文庫　1038〉　640円　Ⓝ913.57
☆「日本文学鑑賞辞典〔第1〕」

柴 宜弘　しば・のぶひろ

04204「ユーゴスラヴィア現代史」
『ユーゴスラヴィア現代史』　柴宜弘著　岩波書店　2002　222p　18cm〈岩波新書〉〈第10刷〉　740円　①4-00-430445-8
☆「世界史読書案内」

芝 不器男　しば・ふきお

04205「不器男句集」
☆「日本文芸鑑賞事典 第10巻」

斯波 義将　しば・よしまさ

04206「竹馬抄」
『群書類従　第27輯　雑部』　塙保己一編纂　オンデマンド版　八木書店古書出版部　2013　728p　21cm〈訂正3版：続群書類従完成会 1980年刊　デジタルパブリッシングサービス〔印刷・製本〕　八木書店〔発売〕〉　11000円　①978-4-8406-3138-9　Ⓝ081
☆「古典の事典」、「日本の古典名著」

司馬 遼太郎　しば・りょうたろう

04207「王城の護衛者」
『王城の護衛者』　司馬遼太郎〔著〕　新装版　講談社　2007　428p　15cm〈講談社文庫〉〈年譜あり〉　695円　①978-4-06-275833-8　Ⓝ913.6
☆「明治・大正・昭和の名著・総解説」

04208「花神」
『花神　上巻』　司馬遼太郎著　76刷改版　新潮社　2002　472p　16cm〈新潮文庫〉　629円　①4-10-115217-9　Ⓝ913.6
☆「面白いほどよくわかる時代小説名作100」、「世界名著大事典 補遺（Extra）」、「「本の定番」ブックガイド」

04209「空海の風景」
『空海の風景　上巻』　司馬遼太郎著　新装改版　中央公論新社　2005　347p　20cm　1800円　①4-12-003645-6　Ⓝ913.6
☆「世界名著大事典 補遺（Extra）」、「日本の小説101」、「ポケット日本名作事典」

04210「国盗り物語」
『国盗り物語　1　斎藤道三　前編』　司馬遼太郎著　改版　新潮社　2004　534p　15cm〈新潮文庫〉　705円　①4-10-115204-7　Ⓝ913.6
☆「面白いほどよくわかる時代小説名作100」、「近代日本の百冊を選ぶ」、「新潮文庫20世紀の100冊」、「世界名著大事典 補遺（Extra）」、「歴史小説・時代小説 総解説」

04211「項羽と劉邦」
『項羽と劉邦　上巻』　司馬遼太郎著　71刷改版　新潮社　2005　486p　16cm〈新潮文庫〉〈折り込1枚〉　667円　①4-10-115231-4　Ⓝ913.6
☆「歴史小説・時代小説 総解説」

04212「この国のかたち」
『この国のかたち　1』　司馬遼太郎著　文芸春秋　1993　285p　16cm〈文春文庫〉　400円　①4-16-710560-8　Ⓝ914.6
☆「大学新入生に薦める101冊の本」

04213「歳月」
『歳月　上』　司馬遼太郎〔著〕　新装版　講談社　2005　468p　15cm〔講談社文庫〕　714円　①4-06-274996-3　Ⓝ913.6
☆「学問がわかる500冊」

04214「坂の上の雲」
『坂の上の雲　1』　司馬遼太郎著　新装版　文藝春秋　2004　449p　20cm　1600円　①4-16-322810-1　Ⓝ913.6
☆「一度は読もうよ！ 日本の名著」、「一冊で日本の名著100冊を読む」、「現代文学鑑賞辞典」、「世界名著大事典 補遺（Extra）」、「ナショナリズム」、「21世紀の必読書100選」、「日本文学名作案内」、「ポケット日本名作事典」、「名作の書き出しを諳んじる」、「歴史小説・時代小説 総解説」

04215「十一番目の志士」
『十一番目の志士　上』　司馬遼太郎著　新装版　文藝春秋　2009　401p　16cm〈文春文庫　し1-130〉　600円　①978-4-16-766331-5　Ⓝ913.6
☆「面白いほどよくわかる時代小説名作100」

04216「殉死」
『殉死』　司馬遼太郎著　新装版　文藝春秋　2009　220p　16cm〈文春文庫　し1-133〉　495円　①978-4-16-766334-6　Ⓝ913.6
☆「世界名著大事典 補遺（Extra）」

04217「関ヶ原」
『関ヶ原　上巻』　司馬遼太郎著　80刷改版　新潮社　2003　539p　16cm〈新潮文庫〉

705円 ⓘ4-10-115212-8 Ⓝ913.6
☆「面白いほどよくわかる時代小説名作100」

04218 「峠」
『峠 上巻』 司馬遼太郎著 新潮社 2003
511p 16cm（新潮文庫） 667円
ⓘ4-10-115240-3 ⓃⅠ913.6
☆「面白いほどよくわかる時代小説名作100」、「現代文学名作探訪事典」

04219 「翔ぶが如く」
『翔ぶが如く 1』 司馬遼太郎著 新装版 文藝春秋 2002 346p 16cm（文春文庫）
514円 ⓘ4-16-710594-2 ⓃⅠ913.6
☆「世界名著大事典 補遺（Extra）」

04220 「夏草の賦」
『夏草の賦 上』 司馬遼太郎著 新装版 文藝春秋 2005 343p 16cm（文春文庫）
514円 ⓘ4-16-766319-8 ⓃⅠ913.6
☆「面白いほどよくわかる時代小説名作100」

04221 「菜の花の沖」
『菜の花の沖 1』 司馬遼太郎著 新装版 文藝春秋 2000 403p 16cm（文春文庫）
552円 ⓘ4-16-710586-1 ⓃⅠ913.6
☆「世界の海洋文学」

04222 「俄」
『俄―浪華遊侠伝 上』 司馬遼太郎［著］ 新装版 講談社 2007 533p 15cm（講談社文庫） 762円 ⓘ978-4-06-275758-4 ⓃⅠ913.6
☆「歴史小説・時代小説 総解説」

04223 「箱根の坂」
『箱根の坂 上』 司馬遼太郎［著］ 新装版 講談社 2004 400p 15cm（講談社文庫）
648円 ⓘ4-06-274801-0 ⓃⅠ913.6
☆「生きがいの再発見名著22選」

04224 「梟の城」
『梟の城』 司馬遼太郎著 95刷改版 新潮社 2002 659p 16cm（新潮文庫） 819円
ⓘ4-10-115201-2 ⓃⅠ913.6
☆「面白いほどよくわかる時代小説名作100」、「知らないと恥ずかしい「日本の名作」あらすじ200本」、「世界名著大事典 補遺（Extra）」、「歴史小説・時代小説 総解説」

04225 「ペルシャの幻術師」
『ペルシャの幻術師』 司馬遼太郎著 文藝春秋 2001 368p 16cm（文春文庫） 514円
ⓘ4-16-710592-6 ⓃⅠ913.6
☆「世界名著大事典 補遺（Extra）」

04226 「燃えよ剣」
『燃えよ剣 上巻』 司馬遼太郎著 96刷改版 新潮社 2007 576p 16cm（新潮文庫）
743円 ⓘ978-4-10-115208-0 ⓃⅠ913.6
☆「面白いほどよくわかる時代小説名作100」、「日本文学 これを読まないと文学は語れない!!」、「歴史小説・時代小説 総解説」

04227 「妖怪」
『妖怪 上』 司馬遼太郎［著］ 新装版 講談社 2007 385p 15cm（講談社文庫）
667円 ⓘ978-4-06-275786-7 ⓃⅠ913.6
☆「歴史小説・時代小説 総解説」

04228 「世に棲む日日」
『世に棲む日日 1』 司馬遼太郎著 新装版 文藝春秋 2003 313p 16cm（文春文庫）
552円 ⓘ4-16-766306-0 ⓃⅠ913.6
☆「面白いほどよくわかる時代小説名作100」、「世界名著大事典 補遺（Extra）」、「読書入門」

04229 「竜馬がゆく」
『竜馬がゆく 1』 司馬遼太郎著 新装版 文藝春秋 1998 446p 16cm（文春文庫）
552円 ⓘ4-16-710567-5 ⓃⅠ913.6
☆「あらすじダイジェスト」、「面白いほどよくわかる時代小説名作100」、「これだけは読んでおきたい日本の名作文学案内」、「知らないと恥ずかしい「日本の名作」あらすじ200本」、「世界名著大事典 補遺（Extra）」、「日本の名著3分間読書100」、「日本文芸鑑賞事典 第18巻（1958〜1962年）」、「百年の誤読」、「ポケット日本名作事典」、「名作の書き出しを諳んじる」、「歴史小説・時代小説 総解説」

芝木 好子　しばき・よしこ

04230 「下町の空」
『下町の空』 芝木好子著 講談社 1989
259p 15cm（講談社文庫） 400円
ⓘ4-06-184418-0 ⓃⅠ913.6
☆「一度は読もうよ！ 日本の名著」、「一冊で愛の話題作100冊を読む」

04231 「洲崎パラダイス」
『洲崎パラダイス』 芝木好子著 集英社 1994
222p 16cm（集英社文庫） 400円
ⓘ4-08-748213-8 ⓃⅠ913.6
☆「日本文芸鑑賞事典 第16巻」

04232 「隅田川」
『芝木好子名作選 上巻』 芝木好子著 新潮社 1997 684p 22cm〈肖像あり〉
ⓘ4-10-309807-4 ⓃⅠ913.6
☆「日本文芸鑑賞事典 第18巻（1958〜1962年）」

04233 「隅田川暮色」
『隅田川暮色』 芝木好子著 文芸春秋 1987
260p 16cm（文春文庫） 360円
ⓘ4-16-722902-1 ⓃⅠ913.6
☆「現代文学鑑賞辞典」

04234 「青果の市」
『芝木好子名作選 上巻』 芝木好子著 新潮社

1997　684p　22cm〈肖像あり〉
Ⓘ4-10-309807-4　Ⓝ913.6
☆「ポケット日本名作事典」

04235　「冬の椿」
『冬の椿』　芝木好子著　集英社　1987　305p
16cm（集英社文庫）　420円　Ⓘ4-08-749178-1
Ⓝ913.6
☆「一度は読もうよ！ 日本の名著」,「一冊で愛の話題作100冊を読む」

04236　「湯葉」
『湯葉』　芝木好子著　講談社　1967　300p
19cm　380円　Ⓝ913.6
☆「女は生きる」,「ポケット日本名作事典」

柴田 鳩翁　しばた・きゅうおう

04237　「鳩翁道話」
『鳩翁道話』　柴田鳩翁著　柴田実校訂　平凡社
1970　324p　18cm（東洋文庫　154）　400円
Ⓝ158.4
☆「古典の事典」,「世界名著大事典」,「日本の古典名著」,「日本の名著」,「日本文学鑑賞辞典〔第1〕」,「日本名著辞典」

柴田 翔　しばた・しょう

04238　「贈る言葉」
『贈る言葉』　柴田翔著　42刷改版　新潮社
2007　239p　16cm（新潮文庫）　400円
Ⓘ978-4-10-112001-0　Ⓝ913.6
☆「一度は読もうよ！ 日本の名著」,「一冊で愛の話題作100冊を読む」

04239　「されど われらが日々―」
『芥川賞全集　第7巻』　文芸春秋　1982　464p
20cm　1800円　Ⓝ913.68
☆「あの本にもう一度」,「あらすじで味わう昭和のベストセラー」,「一度は読もうよ！ 日本の名著」,「一冊で日本の名著100冊を読む」,「現代文学鑑賞辞典」,「日本の小説101」,「日本文学 これを読まないと文学は語れない!!」,「日本文学名作案内」,「日本文芸鑑賞事典 第19巻」,「文学・名著300選の解説'88年度版」,「ポケット日本名作事典」

04240　「立ち尽す明日」
『新潮現代文学　71　柴田翔』　新潮社　1979
372p　20cm〈柴田翔の肖像あり〉　1200円
Ⓝ918.6
☆「一度は読もうよ！ 日本の名著」,「一冊で日本の名著100冊を読む 続」

柴田 承桂　しばた・しょうけい

04241　「古物学」
『文部省百科全書　21』　文部省編　青史社
1986　4冊　19cm〈文部省明治9〜13年刊の複製　合同出版〔発売〕　外箱入〉　全7800円
Ⓝ031

☆「世界名著大事典」

柴田 トヨ　しばた・とよ

04242　「くじけないで」
『くじけないで』　柴田トヨ著　文庫版　飛鳥新社　2013　253p　15cm〈2010年刊と「百歳」（2011年刊）を改題合本,加筆改業　年譜あり〉　648円　Ⓘ978-4-86410-271-1　Ⓝ911.56
☆「3行でわかる名作&ヒット本250」

柴田 光蔵　しばた・みつぞう

04243　「法格言ア・ラ・カルト」
『法格言ア・ラ・カルト―活ける法学入門』　柴田光蔵著　日本評論社　1986　205p　19cm（法セミbooks　21）　1100円
Ⓘ4-535-00807-8　Ⓝ320.34
☆「学問がわかる500冊」

柴田 隆一　しばた・りゅういち

04244　「陸軍経理部」
『陸軍経理部』　柴田隆一,中村賢治共著　芙蓉書房　1981　797p　20cm　4500円　Ⓝ396.1
☆「日本陸軍の本・総解説」

柴田 錬三郎　しばた・れんざぶろう

04245　「赤い影法師」
『赤い影法師　上』　柴田錬三郎著　新座　埼玉福祉会　2008　425p　21cm（大活字本シリーズ）〈底本：新潮文庫「赤い影法師」〉　3300円
Ⓘ978-4-88419-525-0　Ⓝ913.6
☆「歴史小説・時代小説 総解説」

04246　「イエスの裔」
『イエスの裔』　柴田錬三郎著　冬樹社　1980
236p　20cm　1300円　Ⓝ913.6
☆「ポケット日本名作事典」

04247　「英雄ここにあり」
『英雄ここにあり―三国志　上』　柴田錬三郎著　講談社　1968　324p 図版　20cm　490円
Ⓝ913.6
☆「歴史小説・時代小説 総解説」

04248　「剣は知っていた」
『剣は知っていた　1』　柴田錬三郎著　ランダムハウス講談社　2008　282p　15cm（時代小説文庫）　620円　Ⓘ978-4-270-10244-2
Ⓝ913.6
☆「歴史小説・時代小説 総解説」

04249　「猿飛佐助」
『猿飛佐助―真田十勇士』　柴田錬三郎著　新装版　文藝春秋　2014　309p　16cm（文春文庫し3-16）　620円　Ⓘ978-4-16-790074-8
Ⓝ913.6
☆「歴史小説・時代小説 総解説」

04250 「眠狂四郎無頼控」
『眠狂四郎無頼控―百話』 柴田錬三郎著 新潮社 1993 1043p 22cm 5200円 ①4-10-310010-9 Ⓝ913.6
☆「一度は読もうよ！日本の名著」,「面白いほどよくわかる時代小説名作100」,「日本文学 これを読まないと文学は語れない!!」,「日本文学名作案内」,「歴史小説・時代小説 総解説」

柴野 昌山　しばの・しょうざん

04251 「教育社会学」
『教育社会学』 柴野昌山ほか編 有斐閣 1992 278p 21cm〈有斐閣ブックス〉 1957円 ①4-641-08515-3 Ⓝ371.3
☆「学問がわかる500冊」

柴野 栗山　しばの・りつざん

04252 「栗山文集」
『註釈増補栗山文集』 柴野栗山著 阿河準三編 牟礼町(香川県) 栗山顕彰会 1987 2冊(別冊とも) 22cm〈柴野栗山の肖像あり 別冊(1冊)：訓点栗山文集(香川県丸亀中学校明治39年刊の複製) 参考文献：p354～356〉 Ⓝ919.5
☆「世界名著大事典」

師蛮　しばん

04253 「本朝高僧伝」
『大日本佛教全書 第102巻 本朝高僧伝 第1』 仏書刊行会編纂 [卍元師蛮][著] 大法輪閣 2007 482p 22cm〈名著普及会昭和54年刊(覆刻版)を原本としたオンデマンド版〉 8600円 ①978-4-8046-1746-6 Ⓝ180.5
☆「古典の事典」,「世界名著大事典 補遺(Extra)」,「日本名著辞典」,「日本歴史「古典籍」総覧」,「歴史の名著100」

渋川 景佑　しぶかわ・かげすけ

04254 「万国普通暦」
☆「古典の事典」

渋川 春海　しぶかわ・しゅんかい

04255 「天文瓊統」
『日本科学技術古典籍資料 天文學篇4』 浅見恵,安田健訳編 科学書院 2001 1004p 27cm〈近世歴史資料集成 第3期 第11巻〉〈国立公文書館内閣文庫蔵の複製 霞ケ関出版〔発売〕〉 50000円 ①4-7603-0208-5 Ⓝ402.105
☆「世界名著大事典」,「日本古典への誘い100選2」

04256 「日本長暦」
☆「古典の事典」

渋沢 栄一　しぶさわ・えいいち

04257 「雨夜譚」

『雨夜譚―渋沢栄一自伝』 渋沢栄一述 長幸男校注 岩波書店 2011 338p 15cm〈岩波文庫〉 900円 ①4-00-331701-7
☆「自伝の名著101」

04258 「青淵百話」
『青淵百話―縮刷〈伝記〉渋沢栄一』 渋沢栄一著 大空社 2011 1016p 22cm〈伝記叢書358〉〈9版(同文館大正2年刊)の複製 文献あり〉 36000円 ①978-4-283-00834-2 Ⓝ159
☆「日本近代の名著」,「明治・大正・昭和の名著・総解説」,「明治の名著1」

04259 「徳川慶喜公伝」
『徳川慶喜公伝 巻1』 渋沢栄一著 平凡社 1967 308p 18cm〈東洋文庫 88〉〈大正6年(竜門社)刊本の覆刻版〉 450円 Ⓝ210.58
☆「世界名著大事典」

渋沢 敬三　しぶさわ・けいぞう

04260 「祭魚洞襍考」
『祭魚洞襍考』 渋沢敬三著 岡書院 1954 654p 図版22枚 19cm Ⓝ049.1
☆「学問がわかる500冊 v.2」

澁澤 龍彦　しぶさわ・たつひこ

04261 「高丘親王航海記」
『高丘親王航海記 上』 澁澤龍彦著 新座 埼玉福祉会 2011 251p 21cm〈大活字本シリーズ〉〈底本：文春文庫「高丘親王航海記」〉 2800円 ①978-4-88419-689-9 Ⓝ913.6
☆「現代文学鑑賞辞典」,「これだけは読んでおきたい日本の名作文学案内」,「日本文学 これを読まないと文学は語れない!!」

04262 「夢の宇宙誌」
『夢の宇宙誌』 澁澤龍彦著 新装版 河出書房新社 2006 303p 15cm〈河出文庫〉〈文献あり〉 720円 ①4-309-40800-1 Ⓝ914.6
☆「ブックガイド"宇宙"を読む」

渋谷 浩　しぶや・ひろし

04263 「政治思想における自由と秩序」
『政治思想における自由と秩序』 渋谷浩等著 早稲田大学出版部 1971 274p 22cm 1200円 Ⓝ311.23
☆「現代政治学を読む」

渋谷 正史　しぶや・まさぶみ

04264 「がん遺伝子と抑制遺伝子」
『がん遺伝子と抑制遺伝子』 渋谷正史編 東京大学出版会 1991 143p 21cm〈がんのバイオサイエンス 1〉 2472円 ①4-13-064201-4
☆「学問がわかる500冊 v.2」

司法省　しほうしょう

04265　「徳川禁令考」
『徳川禁令考　前集 第1』　司法省大臣官房庶務課編　法制史学会編　石井良助校訂　創文社　1959　312p　22cm　Ⓝ322.15
☆「日本名著辞典」

島 恭彦　しま・やすひこ

04266　「近世租税思想史」
『近世租税思想史』　島恭彦著　2版　有斐閣　1948　391p　21cm〈付：主要文献目録383-391p〉　Ⓝ245
☆「世界名著大事典」

島尾 敏雄　しまお・としお

04267　「家の中」
『私小説名作選　下』　中村光夫選　日本ペンクラブ編　講談社　2012　263p　16cm（講談社文芸文庫　な H6）〈底本：集英社文庫（1980年刊）〉　1400円　Ⓘ978-4-06-290159-8　Ⓝ913.68
☆「一度は読もうよ！ 日本の名著」、「一冊で愛の話題作100冊を読む」

04268　「魚雷艇学生」
『魚雷艇学生』　島尾敏雄著　新潮社　1989　205p　16cm（新潮文庫）　280円　Ⓘ4-10-116404-5　Ⓝ913.6
☆「世界の海洋文学」

04269　「孤島夢」
『我等、同じ船に乗り』　桐野夏生編　文藝春秋　2009　463p　16cm（文春文庫　き 19-13―21 世紀に残る物語―日本文学秀作選）　686円　Ⓘ978-4-16-760213-0　Ⓝ913.68
☆「世界名著大事典 補遺（Extra）」

04270　「死の棘」
『死の棘』　島尾敏雄著　新潮社　2003　620p　15cm（新潮文庫）　781円　Ⓘ4-10-116403-7
☆「あらすじダイジェスト」、「一度は読もうよ！ 日本の名著」、「一冊で日本の名著100冊を読む」、「現代文学鑑賞事典」、「知らないと恥ずかしい「日本の名作」あらすじ200本」、「世界名著大事典 補遺（Extra）」、「日本の小説101」、「日本文学名作案内」、「日本文学名作事典」、「日本文芸鑑賞事典 第18巻（1958〜1962年）」、「日本名作文学館 日本編」、「必読書150」、「ポケット日本名作事典」

04271　「島へ」
『島へ』　島尾敏雄著　新潮社　1962　194p　20cm　Ⓝ913.6
☆「現代文学名作探訪事典」

04272　「島の果て」
『島の果て』　島尾敏雄著　集英社　1978　303p　16cm（集英社文庫）　260円　Ⓝ913.6

☆「現代文学名作探訪事典」

04273　「出孤島記」
『出孤島記―島尾敏雄戦争小説集』　島尾敏雄著　冬樹社　1974　501p　20cm　2000円　Ⓝ913.6
☆「世界名著大事典 補遺（Extra）」

04274　「出発は遂に訪れず」
『出発は遂に訪れず』　島尾敏雄著　7刷改版　新潮社　2007　411p　16cm（新潮文庫）　590円　Ⓘ978-4-10-116401-4　Ⓝ913.6
☆「一度は読もうよ！ 日本の名著」、「一冊で日本の名著100冊を読む 続」、「これだけは読んでおきたい日本の名作文学案内」、「日本文芸鑑賞事典 第18巻（1958〜1962年）」

04275　「徳之島航海記」
『はまべのうた／ロング・ロング・アゴウ』　島尾敏雄著　講談社　1992　326p　16cm（講談社文芸文庫）　980円　Ⓘ4-06-196159-4　Ⓝ913.6
☆「現代文学名作探訪事典」

島尾 永康　しまお・ながやす

04276　「ニュートン」
『ニュートン』　島尾永康著　岩波書店　1994　219,2p　20cm（岩波新書評伝選）〈ニュートン年譜：p205〜212〉　1600円　Ⓘ4-00-003854-0　Ⓝ289.3
☆「数学ブックガイド100」

島木 赤彦　しまぎ・あかひこ

04277　「赤彦歌集」
『赤彦歌集』　島木赤彦著　斎藤茂吉、久保田不二子選　岩波書店　1948　275p　15cm（岩波文庫　1370-1371）〈初版昭和11〉　Ⓝ911.168
☆「日本の名著」

04278　「赤彦童謡集」
『赤彦童謡集』　島木赤彦著　古今書院　1922　104,8p　19cm　Ⓝ911.5
☆「世界名著大事典」、「日本児童文学名著事典」

04279　「歌道小見」
『歌道小見』　島木赤彦著　講談社　1978　98p　15cm（講談社学術文庫）　240円　Ⓝ911.104
☆「世界名著大事典」、「日本文芸鑑賞事典 第8巻（1924〜1926年）」

04280　「柿蔭集」
『柿蔭集―歌集』　島木赤彦著　松本　郷土出版社　1991　221p　20cm（珠玉の名著＝初版本記念復刻セット）〈長野県文学全集〈全30巻〉完結記念　岩波書店大正15年刊の複製　著者の肖像あり　外箱入,8冊セット（解説とも）1箱入 限定版〉　Ⓘ4-87663-159-X　Ⓝ918.6
☆「近代文学名作事典」、「日本文学鑑賞辞典〔第2〕」

04281 「太虚集」
『太虚集—歌集』　島木赤彦著　第9版　古今書院　1947　226,2p　19cm〈アララギ叢書　第18篇〉　Ⓝ911.16
☆「世界名著大事典」

04282 「氷魚」
『氷魚—歌集』　島木赤彦著　短歌新聞社　1992　140p　15cm〈短歌新聞社文庫〉　700円　Ⓝ911.168
☆「日本近代文学名著事典」、「日本文芸鑑賞事典　第7巻(1920〜1923年)」

04283 「万葉集の鑑賞及び其批評」
『万葉集の鑑賞及び其批評　前編』　島木赤彦著　22版　岩波書店　1949　411p　19cm〈アララギ叢書　第21篇〉　Ⓝ911.123
☆「世界名著大事典」

島木 健作　しまき・けんさく

04284 「赤蛙」
『赤蛙』　島木健作著　新潮社　1957　212p　15cm〈新潮文庫〉　Ⓝ913.6
☆「一冊で100名作の「さわり」を読む」、「これだけは読んでおきたい日本の名作文学案内」、「世界名作事典」、「日本文学鑑賞辞典〔第2〕」、「日本文学現代名作事典」

04285 「生活の探求」
『生活の探求』　島木健作著　角川書店　1950　249p　図版　15cm〈角川文庫　第40〉　Ⓝ913.6
☆「感動！日本の名著　近現代編」、「近代文学名著事典」、「現代日本文学案内」、「昭和の名著」、「世界名作事典」、「世界名著大事典」、「日本の名著」(角川書店)、「日本の名著」(毎日新聞社)、「日本文学鑑賞辞典〔第2〕」、「日本文学現代名作事典」、「日本文芸鑑賞事典　第11巻(昭和9〜昭和12年)」、「文学・名著300選の解説 '88年度版」、「ポケット日本名作事典」、「名作への招待」、「明治・大正・昭和の名著・総解説」

04286 「鰊漁場」
『島木健作全集　第1巻』　島木健作著　新装版　国書刊行会　2003　369,40p　22cm〈付属資料：8p；月報1　肖像あり〉　5000円　Ⓘ4-336-04585-2　Ⓝ918.68
☆「世界の海洋文学」

04287 「癩」
『島木健作全集　第1巻』　島木健作著　新装版　国書刊行会　2003　369,40p　22cm〈付属資料：8p；月報1　肖像あり〉　5000円　Ⓘ4-336-04585-2　Ⓝ918.68
☆「世界名著大事典」、「日本文学鑑賞辞典〔第2〕」

島崎 藤村　しまざき・とうそん

04288 「嵐」
『嵐—他二編』　島崎藤村著　改版　岩波書店　1969　122p　15cm〈岩波文庫〉〈初版：昭和31年刊〉　50円　Ⓝ913.6
☆「世界名著大事典」、「日本文学鑑賞辞典〔第2〕」

04289 「或女の生涯」
『島崎藤村全短編集　第5巻　嵐・涙・分配』　島崎藤村〔著〕　腰原哲朗、東栄蔵解説　松本郷土出版社　2003　578p　20cm〈肖像あり　年譜あり〉　Ⓘ4-87663-593-5　Ⓝ913.6
☆「世界名著大事典」

04290 「家」
『家　上巻』　島崎藤村作　岩波書店　2013　251p　15cm〈岩波文庫〉〈第8刷(第1刷1969年)〉　600円　Ⓘ978-4-00-310234-3
☆「一度は読もうよ！日本の名著」、「一冊で日本の名著100冊を読む　続」、「一冊で100名作の「さわり」を読む」、「世界名著大事典」、「日本の小説101」、「日本文学鑑賞辞典〔第2〕」、「日本文学名作案内」、「日本文学名作概観」、「日本文芸鑑賞事典　第4巻」

04291 「エトランゼエ」
『エトランゼエ』　島崎藤村著　新潮社　1955　298p　18cm〈新潮文庫〉　Ⓝ915.6
☆「日本文学鑑賞辞典〔第2〕」

04292 「幼きものに」
『幼きものに—海のみやげ』　島崎藤村著　筑摩書房　1979　206p　19cm〈藤村の童話〉　900円
☆「世界名著大事典」、「名作の研究事典」

04293 「をさなものがたり」
『をさなものがたり—少年の読本』　島崎藤村著　研究社　1931　221p　19cm　Ⓝ913.8
☆「日本文芸鑑賞事典　第8巻(1924〜1926年)」

04294 「旧主人」
『島崎藤村全短編集　第1巻　緑葉集・旧主人』　島崎藤村〔著〕　腰原哲朗、東栄蔵解説　松本郷土出版社　2003　390p　20cm〈肖像あり〉　Ⓘ4-87663-593-5　Ⓝ913.6
☆「日本の艶本・珍書　総解説」

04295 「巡礼」
『巡礼』　島崎藤村著　新潮社　1955　256p　15cm〈新潮文庫〉〈内容は昭和15年岩波書店刊に同じ〉　Ⓝ915.6
☆「日本文芸鑑賞事典　第12巻」

04296 「昭和六年のはじめに」
『島崎藤村全集　第12巻』　筑摩書房　1982　506p　20cm〈筑摩全集類聚〉〈著者の肖像あり〉　2600円　Ⓝ918.68
☆「大作家"ろくでなし"列伝」

04297 「新生」

しまさき

『新生　前編』島崎藤村作　第11刷改版　岩波書店　1970　258p　15cm〈岩波文庫〉600円　Ⓘ4-00-310238-X　Ⓝ913.6
☆「世界名作大事典」,「日本文学鑑賞辞典〔第2〕」,「日本文学現代名作事典」,「日本文学名作事典」,「日本文芸鑑賞事典 第6巻（1917～1920年）」

04298　「千曲川のスケッチ」
『千曲川のスケッチ』島崎藤村著　新座　埼玉福祉会　2009　323p　21cm〈大活字本シリーズ〉〈底本：新潮文庫「千曲川のスケッチ」〉3100円　Ⓘ978-4-88419-554-0　Ⓝ914.6
☆「世界名作事典」,「世界名著大事典」,「日本文学鑑賞辞典〔第2〕」,「日本文学現代名作事典」,「日本文芸鑑賞事典 第5巻」,「日本名著辞典」

04299　「千曲川旅情の歌」
『島崎藤村詩集』島崎藤村著　角川書店　1999　259p　15cm〈角川文庫〉〈肖像あり　年譜あり〉540円　Ⓘ4-04-116005-7　Ⓝ911.56
☆「愛と死の日本文学」,「名作の書き出しを諳んじる」

04300　「藤村詩集」
『藤村詩集』島崎藤村著　66刷改版　新潮社　2008　236p　16cm〈新潮文庫〉400円　Ⓘ978-4-10-105516-9　Ⓝ911.56
☆「感動！日本の名著 近現代編」,「世界名著大事典」,「日本の名著（角川書店）」,「日本の名著（毎日新聞社）」,「日本文芸鑑賞事典 第3巻（1904～1909年）」,「日本名著辞典」

04301　「東方の門」
『東方の門』島崎藤村著　島崎楠雄　1944　204p　22cm〈肖像あり〉非売品　Ⓝ913.6
☆「世界名著大事典」

04302　「伸び支度」
『伸び支度—名作に描かれた少年少女』上田博監修　古澤夕起子,辻本千鶴編　おうふう　2008　166p　21cm〈年表あり〉2000円　Ⓘ978-4-273-03487-0　Ⓝ910.26
☆「女性のための名作・人生案内」

04303　「破戒」
『破戒』島崎藤村作　岩波書店　2006　440p　19cm〈ワイド版岩波文庫〉〈年譜あり〉1400円　Ⓘ4-00-007270-6　Ⓝ913.6
☆「一度は読もうよ！日本の名著」,「一冊で日本の名著100冊を読む」,「感動！日本の名著 近現代編」,「近代文学名作事典」,「現代文学鑑賞辞典」,「この一冊でわかる日本の名作」,「知らないと恥ずかしい「日本の名作」あらすじ200本」,「図説 5分でわかる日本の名作傑作選」,「世界名作事典」,「世界名作案内 3」,「世界名著大事典」,「2時間でわかる日本の名著」,「日本近代文学名著事典」,「日本の名著（角川書店）」,「日本の名著（毎日新聞社）」,「日本の名著3分間読書術100」,「日本文学鑑賞辞典〔第2〕」,「日本文学現代名作事典」,「日本文学名作内」,「日本文学名作概観」,「日本文

学名作事典」,「日本名著辞典」,「必読書150」,「ひと目でわかる日本の名作」,「文学・名著300選の解説 '88年度版」,「ベストガイド日本の名著」,「ポケット日本名作事典」,「明治・大正・昭和の名著・総解説」,「明治の名著 2」

04304　「春」
『春』島崎藤村著　80刷改版　新潮社　2007　386p　16cm〈新潮文庫〉552円　Ⓘ978-4-10-105503-9　Ⓝ913.6
☆「一度は読もうよ！日本の名著」,「一冊で日本の名著100冊を読む 続」,「世界名著大事典」,「日本近代文学名作事典」,「日本文学現代名作事典」,「日本文学名作概観」,「日本文学名作事典」,「日本文芸鑑賞事典 第3巻（1904～1909年）」,「ポケット日本名作事典」

04305　「ふるさと」
『ふるさと―少年の読本』島崎藤村著　北島新平絵　小金井　ネット武蔵野　2003　139p　27cm　1400円　Ⓘ4-944237-51-0　Ⓝ913.6
☆「日本児童文学名著事典」

04306　「分配」
『島崎藤村全短編集 第5巻 嵐・涙・分配』島崎藤村［著］腰原哲朗,東栄蔵解説　松本　郷土出版社　2003　578p　20cm〈肖像あり　年譜あり〉Ⓘ4-87663-593-5　Ⓝ913.6
☆「少年少女のための文学案内 3」

04307　「眼鏡」
『眼鏡』島崎藤村著　実業之日本社　1913　186p　肖像　19cm〈愛子叢書　第1篇〉Ⓝ913.8
☆「日本児童文学名著事典」

04308　「椰子の実」
『島崎藤村詩集』島崎藤村著　角川書店　1999　259p　15cm〈角川文庫〉〈肖像あり　年譜あり〉540円　Ⓘ4-04-116005-7　Ⓝ911.56
☆「日本文芸鑑賞事典 第2巻（1895～1903年）」

04309　「夜明け前」
『夜明け前　第1部 上』島崎藤村作　改版　岩波書店　2003　412p　15cm〈岩波文庫〉580円　Ⓘ4-00-310242-8　Ⓝ913.6
☆「あらすじダイジェスト」,「あらすじで味わう名作文学」,「あらすじで読む日本の名著」,「あらすじで読む日本の名著 No.2」,「一度は読もうよ！日本の名著」,「一冊で日本の名著100冊を読む」,「一冊で100名作の「さわり」を読む」,「大人のための日本の名著50」,「感動！日本の名著 近現代編」,「近代文学名作事典」,「現代文学鑑賞辞典」,「現代文学名作探訪事典」,「これだけは読んでおきたい日本の名作文学案内」,「3行でわかる名著＆ヒット本250」,「知らないと恥ずかしい「日本の名作」あらすじ200本」,「新潮文庫20世紀の100冊」,「図説 5分でわかる日本の名作」,「世界名作事典」,「世界名著大事典」,「2時間でわかる日本

の名著」、「日本人なら知っておきたいあらすじで読む日本の名著」、「日本の名作おさらい」、「日本の名著」(角川書店)、「日本の名著」(毎日新聞社)、「日本文学鑑賞辞典〔第2〕」、「日本文学現代名作事典」、「日本文学名作案内」、「日本文学名作事典」、「日本文芸鑑賞事典 第9巻」、「日本名作文学館 日本編」、「日本名著辞典」、「日本・名著のあらすじ」、「入門名作の世界」、「ひと目でわかる日本の名作」、「ベストガイド日本の名著」、「ポケット日本名作事典」、「名作への招待」、「名作の書き出しを諳んじる」、「名作はこのように始まる 1」、「明治・大正・昭和の名著・総解説」

04310　「落梅集」
『落梅集』　島崎藤村著　筑摩書房　1949　254p 図版　18cm〈筑摩選書　第13〉Ⓝ911.56
☆「日本近代文学名著事典」、「日本文学鑑賞辞典〔第2〕」

04311　「若菜集」
『若菜集』　島崎藤村著　日本図書センター　2002　274p　20cm〈年譜あり〉　2500円　①4-8205-9560-1　Ⓝ911.56
☆「近代日本の百冊を選ぶ」、「近代文学名作事典」、「世界名著大事典」、「日本近代文学名著事典」、「日本文学鑑賞辞典〔第2〕」、「日本文学現代名作事典」、「日本文学名作概観」、「日本文芸鑑賞事典 第2巻(1895〜1903年)」、「日本名著辞典」、「明治・大正・昭和の名著・総解説」、「明治の名著 2」

島地 大等　しまじ・だいとう
04312　「日本仏教教学史」
『日本仏教教学史』　島地大等著　明治書院　1933　613,5p　20cm　Ⓝ180
☆「世界名著大事典」

島津 久基　しまず・ひさもと
04313　「近古小説新纂」
『近古小説新纂』　島津久基編著　有精堂出版　1983　698p　23cm〈中興館昭和3年刊の複製〉　18000円　①4-640-30561-3　Ⓝ913.49
☆「人文科学の名著」

04314　「紫式部の芸術を憶ふ」
『紫式部の芸術を憶ふ—源氏物語論攷』　島津久基著　要書房　1949　369p　22cm　Ⓝ913.36
☆「古典をどう読むか」

島津 康男　しまず・やすお
04315　「地球の物理」
『地球の物理』　島津康男著　裳華房　1971　228p　22cm〈基礎物理学選書 11〉〈参考書：p.221-222〉　980円　Ⓝ450.37
☆「物理ブックガイド100」

島薗 進　しまぞの・すすむ
04316　「精神世界のゆくえ」
『精神世界のゆくえ—宗教・近代・霊性』　島薗進著　武蔵野　秋山書店　2007　382p　19cm〈東京堂出版1996年刊の改訂新版〉　2400円　①978-4-87023-610-3　Ⓝ147
☆「学問がわかる500冊」

島田 燁子　しまだ・あきこ
04317　「生命の倫理を考える」
『生命の倫理を考える—バイオエシックスの思想』　島田燁子著　増補改訂版　北樹出版　1995　195p　19cm〈フマニタス選書〉〈学文社〔発売〕〉　各章末：参考文献　1600円　①4-89384-525-X　Ⓝ490.15
☆「学問がわかる500冊 v.2」

島田 一男　しまだ・かずお
04318　「上を見るな」
『上を見るな—長編事件小説』　島田一男著　光文社　1986　286p　16cm〈光文社文庫〉　400円　①4-334-70430-1　Ⓝ913.6
☆「世界の推理小説・総解説」

島田 翰　しまだ・かん
04319　「古文旧書考」
『古文旧書考』　島田翰著　民友社　1905　4冊　24cm〈和装〉Ⓝ025
☆「世界名著大事典」

島田 謹二　しまだ・きんじ
04320　「アメリカにおける秋山真之」
『アメリカにおける秋山真之　上　米国海軍の内懐(うちふところ)に』　島田謹二著　朝日新聞出版　2009　418p　15cm〈朝日文庫　し 39-1〉　800円　①978-4-02-261647-0　Ⓝ289.1
☆「日本海軍の本・総解説」

04321　「ロシヤにおける広瀬武夫」
『ロシヤにおける広瀬武夫　上巻』　島田謹二著　オンデマンド版　朝日新聞社　2003　236p　19cm〈朝日選書 57〉〈[東京]デジタルパブリッシングサービス〔発売〕　原本：1976年刊〉　2310円　①4-925219-63-4　Ⓝ289.1
☆「日本海軍の本・総解説」

島田 虔次　しまだ・けんじ
04322　「朱子学と陽明学」
『朱子学と陽明学』　島田虔次著　岩波書店　1967　204p 表　18cm〈岩波新書〉　150円　Ⓝ125.4
☆「21世紀の必読書100選」

島田 貞彦　しまだ・さだひこ
04323　「筑前須玖史前遺跡の研究」
『京都帝国大学文学部考古学研究報告　第10-13

島田 三郎　しまだ・さぶろう

04324　「開国始末」
『開国始末　1』　島田三郎著　東京大学出版会　1978　1冊　22cm（続日本史籍協会叢書）〈明治21年刊の複製　叢書の編者：日本史籍協会〉　5000円　Ⓝ210.59
☆「世界名著大事典」，「日本名著辞典」

04325　「条約改正論」
『明治文化全集　第7巻　外交篇』　明治文化研究会編　日本評論社　1992　43,571p　23cm〈複製〉　①4-535-04247-0,4-535-04233-0　Ⓝ210.6
☆「世界名著大事典」

島田 清次郎　しまだ・せいじろう

04326　「地上」
『地上―地に潜むもの』　島田清次郎著　季節社　1995　319p　19cm　2060円
☆「世界名著大事典」，「日本文学鑑賞辞典〔第2〕」，「百年の誤読」，「ポケット日本名作事典」

島田 荘司　しまだ・そうじ

04327　「火刑都市」
『火刑都市』　島田荘司著　講談社　1989　404p　15cm（講談社文庫）〈参考文献：p397〉　520円　①4-06-184479-2　Ⓝ913.6
☆「世界の推理小説・総解説」

04328　「漱石と倫敦ミイラ殺人事件」
『漱石と倫敦ミイラ殺人事件』　島田荘司著　完全改訂総ルビ版　光文社　2009　407p　16cm（光文社文庫　L5-38）〈年譜あり〉　705円　①978-4-334-74568-4　Ⓝ913.6
☆「世界の推理小説・総解説」

島田 忠臣　しまだ・ただおみ

04329　「田氏家集」
『群書類従　第9輯　文筆部 消息部』　塙保己一編纂　オンデマンド版　八木書店古書出版部　2013　670p　21cm〈訂正3版：続群書類従完成会 1980年刊　デジタルパブリッシングサービス〔印刷・製本〕　八木書店〔発売〕〉　11000円　①978-4-8406-3120-4　Ⓝ081
☆「世界名著大事典」

島田 巽　しまだ・たつみ

04330　「遙かなりエヴェレスト」
『遙かなりエヴェレスト―マロリー追想』　島田巽著　大修館書店　1981　278p　20cm〈参考文献：p276〜278〉　1500円　Ⓝ289.3

刀江書院　1927　4冊　27cm　Ⓝ210.02
☆「世界名著大事典」

☆「日本の山の名著・総解説」

04331　「山・人・本」
『山・人・本』　島田巽著　茗溪堂　1976　349,14p　22cm　2400円　Ⓝ786
☆「日本の山の名著・総解説」

島田 俊彦　しまだ・としひこ

04332　「関東軍」
『関東軍―在満陸軍の独走』　島田俊彦［著］　講談社　2005　248p　15cm（講談社学術文庫）〈中央公論社1965年刊の改訂〉　880円　①4-06-159714-0　Ⓝ210.7
☆「日本陸軍の本・総解説」

島田 等　しまだ・ひとし

04333　「病棄て」
『病棄て―思想としての隔離』　島田等著　ゆみる出版　1985　230p　20cm　1400円　Ⓝ498.6
☆「戦後思想の名著50」

島田 豊作　しまだ・ほうさく

04334　「サムライ戦車隊長」
『サムライ戦車隊長―島田戦車隊奮戦す』　島田豊作著　新装版　光人社　2010　456p　16cm（光人社NF文庫　L N-47）　895円　①978-4-7698-2047-5　Ⓝ916
☆「日本陸軍の本・総解説」

島田 雅彦　しまだ・まさひこ

04335　「天国が降ってくる」
『天国が降ってくる』　島田雅彦著　講談社　2000　361p　16cm（講談社文芸文庫）〈肖像あり　著作目録あり　年譜あり〉　1400円　①4-06-198231-1　Ⓝ913.6
☆「日本の小説101」

04336　「彼岸先生」
『彼岸先生』　島田雅彦著　新潮社　1995　418p　15cm（新潮文庫）　600円　①4-10-118704-5　Ⓝ913.6
☆「現代文学鑑賞辞典」

04337　「亡命旅行者は叫び呟く」
『亡命旅行者は叫び呟く』　島田雅彦著　福武書店　1986　248p　16cm（福武文庫）　420円　①4-8288-3000-6　Ⓝ913.6
☆「ベストガイド日本の名著」

島貫 重節　しまぬき・しげよし

04338　「福島安正と単騎シベリア横断」
『福島安正と単騎シベリヤ横断』　島貫重節著　原書房　1979　2冊　20cm　1500円,1400円　Ⓝ915.9

☆「日本陸軍の本・総解説」

嶋橋 美智子　しまはし・みちこ

04339　「息子はなぜ白血病で死んだのか」
『息子はなぜ白血病で死んだのか』　嶋橋美智子著　技術と人間　1999　204p　20cm〈年表あり〉　1900円　①4-7645-0127-9　Ⓝ543.5
☆「サイエンス・ブックレヴュー」

島村 利正　しまむら・としまさ

04340　「青い雉」
『島村利正全集　第4巻(1979-1982)』　島村利正著　郡司勝義,嶋村正博責任編集　未知谷　2001　587p　22cm〈付属資料：16p：月報4〉　10000円　①4-89642-044-6　Ⓝ918.68
☆「現代文学鑑賞辞典」

島村 抱月　しまむら・ほうげつ

04341　「清盛と仏御前」
『日本現代文学全集　第27　島村抱月・長谷川天渓・片上伸・相馬御風集』　伊藤整等編　講談社　1968　446p　図版　22cm　600円　Ⓝ918.6
☆「日本文芸鑑賞事典 第4巻」

04342　「近代文芸之研究」
『近代文芸之研究』　島村抱月(滝太郎)著　早稲田大学出版部　1909　726p　23cm　Ⓝ900
☆「近代文学名作事典」、「世界名著大事典」、「明治・大正・昭和の名著・総解説」、「明治の名著 1」

04343　「少年文庫 壱之巻」
『日本児童文学館―名著複刻　第2集 3　少年文庫　壱之巻』　島村抱月編　ほるぷ出版　1974　240p(はり込み図1枚)　19cm〈金尾文淵堂明治39年刊の複製〉　Ⓝ913.8
☆「日本児童文学名著事典」

04344　「新美辞学」
『新美辞学』　島村滝太郎著　東京専門学校出版部　1902　524p　23cm(早稲田叢書)　Ⓝ816
☆「世界名著大事典」

04345　「囚はれたる文芸」
『現代日本文学大系 96　文芸評論集』　筑摩書房　1973　416p　肖像　23cm　920円　Ⓝ918.6
☆「日本文芸鑑賞事典 第3集(1904～1909年)」

島本 久恵　しまもと・ひさえ

04346　「長流」
『長流　第1』　島本久恵著　みすず書房　1961　258p　20cm　Ⓝ913.6
☆「女は生きる」

清水 幾太郎　しみず・いくたろう

04347　「現代思想」
『現代思想』　清水幾太郎著　清水礼子編　講談社　1993　364p　21cm(清水幾太郎著作集 12)　5800円　①4-06-252612-3
☆「現代人のための名著」

04348　「現代思想事典」
『現代思想事典』　清水幾太郎編　講談社　1964　683p　18cm(講談社現代新書)　Ⓝ031
☆「「本の定番」ブックガイド」

04349　「社会学講義」
『社会学講義』　清水幾太郎著　講談社　1992　348p　21cm(清水幾太郎著作集　7)　5600円　①4-06-252607-7
☆「世界名著大事典」、「ベストガイド日本の名著」、「明治・大正・昭和の名著・総解説」、「名著の履歴書」

04350　「流言蜚語」
『流言蜚語』　清水幾太郎著　筑摩書房　2011　315p　15cm(ちくま学芸文庫　シ26-1)　1100円　①978-4-480-09390-5　Ⓝ361.45
☆「近代日本の百冊を選ぶ」、「世界名著大事典」

04351　「論文の書き方」
『論文の書き方』　清水幾太郎著　岩波書店　2002　214p　18cm(岩波新書)〈第81刷〉　700円　①4-00-415092-2
☆「「本の定番」ブックガイド」

清水 一行　しみず・かずゆき

04352　「動脈列島」
『動脈列島』　清水一行著　徳間書店　2005　490p　15cm(徳間文庫)　800円　①4-19-892336-1　Ⓝ913.6
☆「世界の推理小説・総解説」

清水 邦夫　しみず・くにお

04353　「真情あふるる軽薄さ」
『清水邦夫全仕事―1958～1980』　河出書房新社　1992　2冊　20cm〈付録(15p)〉　全9800円　①4-309-26168-X　Ⓝ912.6
☆「日本文芸鑑賞事典 第20集(昭和42～50年)」

清水 紫琴　しみず・しきん

04354　「移民学園」
『「新編」日本女性文学全集　第1巻』　岩淵宏子,長谷川啓監修　渡邊澄子責任編集　菁柿堂　2007　501p　22cm〈年譜あり〉星雲社〔発売〕〉　5000円　①978-4-434-10001-7　Ⓝ913.68
☆「明治の名著 2」

04355　「こわれ指環」
『日本近代短篇小説選　明治篇1』　紅野敏郎,紅

野謙介,千葉俊二,宗像和重,山田俊治編　岩波書店　2012　465p　15cm（岩波文庫 31-191-1)　900円　①978-4-00-311911-2　Ⓝ913.68
☆「明治・大正・昭和の名著・総解説」,「明治の名著 2」

志水 辰夫　しみず・たつお

04356　「飢えて狼」

『飢えて狼』　志水辰夫著　新潮社　2004　434p　16cm（新潮文庫）　590円　①4-10-134517-1　Ⓝ913.6
☆「世界の推理小説・総解説」

清水 哲男　しみず・てつお

04357　「増殖する俳句歳時記」

『増殖する俳句歳時記―日本語の豊かさを日々発見する』　清水哲男編著　ナナ・コーポレート・コミュニケーション　2002　399p　19cm　1700円　①4-901491-07-5　Ⓝ911.36
☆「ブックガイド"心の科学"を読む」

志水 哲也　しみず・てつや

04358　「果てしなき山稜」

『果てしなき山稜―襟裳岬から宗谷岬へ』　志水哲也著　白山書房　1995　285p　19cm　1800円　①4-938492-70-9　Ⓝ291.1
☆「新・山の本おすすめ50選」

清水 徹　しみず・とおる

04359　「書物について」

『書物について―その形而下学と形而上学』　清水徹著　岩波書店　2001　382p　21cm　4600円　①4-00-023359-9　Ⓝ020.23
☆「教養のためのブックガイド」

清水 博　しみず・ひろし

04360　「生命を捉えなおす」

『生命を捉えなおす―生きている状態とは何か』　清水博著　増補版　中央公論社　1990　355p　18cm（中公新書）　760円　①4-12-190503-2　Ⓝ464
☆「科学技術をどう読むか」,「21世紀の必読書100選」

清水 正健　しみず・まさたけ

04361　「荘園志料」

『荘園志料』　清水正健編　角川書店　1965　3冊（付録共）　22cm〈付録：荘園索引（竹内理三編）　昭和8年（帝都出版社）刊本の複製限定版〉　25000円　Ⓝ210.4
☆「世界名著大事典」

清水 三男　しみず・みつお

04362　「上代の土地関係」

『上代の土地関係』　清水三男著　3版　伊藤書店　1949　161p　22cm　Ⓝ210.35
☆「歴史家の読書案内」

04363　「素描祖国の歴史」

『素描祖国の歴史』　清水三男著　京都　星野書店　1943　205p 図版　19cm〈附：演伎小史〉　Ⓝ210.1
☆「歴史家の読書案内」

04364　「中世荘園の基礎構造」

『中世荘園の基礎構造』　清水三男著　日本史研究会編　京都　史籍刊行会　1956　293p　22cm〈封建制度の成立に関する一考察 他19篇．附：清水三男の生涯とその業績（日本史研究会編 277-290p）〉　Ⓝ210.4
☆「歴史家の読書案内」

04365　「日本中世の村落」

『日本中世の村落』　清水三男著　大山喬平,馬田綾子校注　岩波書店　1996　369p　15cm（岩波文庫）　670円　①4-00-334701-3　Ⓝ210.4
☆「世界名著大事典」,「歴史家の読書案内」

04366　「ぼくらの歴史教室」

『ぼくらの歴史教室』　清水三男著　京都　大雅堂　1943　200p 図版　19cm（ぼくらの文庫 〔1〕）
☆「歴史家の読書案内」

清水 義範　しみず・よしのり

04367　「金鯱の夢」

『金鯱の夢』　清水義範著　集英社　1992　311p　20cm（集英社文庫）　520円　①4-08-749830-1　Ⓝ913.6
☆「世界のSF文学・総解説」

04368　「国語入試問題必勝法」

『国語入試問題必勝法』　清水義範著　講談社　1990　250p　15cm（講談社文庫）　380円　①4-06-184774-0　Ⓝ913.6
☆「現代文学鑑賞辞典」

清水 義弘　しみず・よしひろ

04369　「教育社会学」

『教育社会学』　清水義弘著　東京大学出版会　1956　197,20p　22cm〈附：参考文献〉　Ⓝ371.3
☆「教育名著 日本編」

志村 烏嶺　しむら・うれい

04370　「千山万岳」

『日本山岳名著全集　11』　あかね書房　1970　321p（図共）　21cm〈監修：田部重治,尾崎喜八,深田久弥〉　850円　Ⓝ291.09
☆「日本の山の名著・総解説」,「山の名著 明治・大

正・昭和戦前編〕

志村 博康　しむら・ひろやす

04371　「世界の灌漑と排水」
『世界の灌漑と排水─水と緑の地球のために　カラー図説』　世界の灌漑と排水企画委員会編著　家の光協会　1995　151p　26cm〈参考図書資料：p150～151〉　4120円　Ⓘ4-259-54459-4　Ⓝ611.29
☆「学問がわかる500冊 v.2」

志村 ふくみ　しむら・ふくみ

04372　「一色一生」
『一色一生』　志村ふくみ著　新装改訂版　求龍堂　2005　286p　22cm〈肖像あり　年譜あり　著作目録あり〉　2200円　Ⓘ4-7630-0444-1　Ⓝ753
☆「教養のためのブックガイド」

04373　「色を奏でる」
『色を奏でる』　志村ふくみ著　井上隆雄写真　筑摩書房　1998　174p　15cm(ちくま文庫)〈「色と糸と織と」(岩波書店1986年刊)の改題〉　1000円　Ⓘ4-480-03432-3　Ⓝ753.04
☆「読書入門」

下河辺 長流　しもこうべ・ながる

04374　「万葉集管見」
『万葉集管見』　下河辺長流著　〔大久保町(東京府)〕　古今書院　1925　298p　23cm(万葉集叢書　第6輯)　Ⓝ911.12
☆「日本名著辞典」

子母沢 寛　しもざわ・かん

04375　「蝦夷物語」
『蝦夷物語』　子母沢寛著　中央公論社　1960　241p　20cm　Ⓝ913.6
☆「歴史小説・時代小説 総解説」

04376　「おとこ鷹」
『おとこ鷹　上』　子母沢寛著　新潮社　2008　581p　15cm(新潮文庫)　743円　Ⓘ978-4-10-115303-2
☆「世界名著大事典 補遺(Extra)」、「歴史小説・時代小説 総解説」

04377　「父子鷹」
『父子鷹　上』　子母沢寛著　徳間書店　1987　478p　15cm(徳間文庫)　560円　Ⓘ4-19-598323-1
☆「現代文学鑑賞辞典」、「世界名著大事典 補遺(Extra)」、「歴史小説・時代小説 総解説」

04378　「勝海舟」
『勝海舟　第1巻(黒船渡来)』　子母沢寛著　59刷改版　新潮社　2004　637p　16cm(新潮文庫)　781円　Ⓘ4-10-115305-1　Ⓝ913.6
☆「面白いほどよくわかる時代小説名作100」、「世界名著大事典 補遺(Extra)」、「ポケット日本名作事典」、「歴史小説・時代小説 総解説」

04379　「国定忠治」
『国定忠治』　子母沢寛著　新潮社　1959　390p　16cm(新潮文庫)　Ⓝ913.6
☆「歴史小説・時代小説 総解説」

04380　「笹川の繁蔵」
『笹川の繁蔵』　子母沢寛著　塩川書房　1930　284p　19cm　Ⓝ913.6
☆「世界名著大事典 補遺(Extra)」

04381　「座頭市」
『座頭市─時代小説英雄列伝』　子母沢寛［ほか］著　縄田一男編　中央公論新社　2002　252p　16cm(中公文庫)〈年譜あり〉　629円　Ⓘ4-12-204122-8　Ⓝ913.68
☆「映画になった名著」

04382　「新選組始末記」
『新選組始末記─新選組三部作』　子母沢寛著　改版　中央公論社　1996　363p　16cm(中公文庫)　780円　Ⓘ4-12-202758-6　Ⓝ913.6
☆「世界名著大事典 補遺(Extra)」、「日本文芸鑑賞事典 第9巻」、「ポケット日本名作事典」、「歴史小説・時代小説 総解説」

04383　「駿河遊俠伝」
『駿河遊俠伝　上』　子母沢寛著　徳間書店　1988　446p　15cm(徳間文庫)　560円　Ⓘ4-19-598541-2
☆「歴史小説・時代小説 総解説」

04384　「突っかけ侍」
『突っかけ侍　上巻』　子母沢寛著　サンケイ新聞出版局　1967　318p　19cm　480円　Ⓝ913.6
☆「歴史小説・時代小説 総解説」

04385　「弥太郎笠」
『弥太郎笠─傑作時代小説』　子母沢寛著　光文社　1988　271p　16cm(光文社文庫)　400円　Ⓘ4-334-70846-3　Ⓝ913.6
☆「歴史小説・時代小説 総解説」

下条 信輔　しもじょう・しんすけ

04386　「サブリミナル・マインド」
『サブリミナル・マインド─潜在的人間観のゆくえ』　下条信輔著　中央公論社　1996　303p　18cm(中公新書)〈各章末：参考文献〉　820円　Ⓘ4-12-101324-7　Ⓝ141.27
☆「教養のためのブックガイド」

志茂田 景樹　しもだ・かげき

04387　「やっとこ探偵」
　『やっとこ探偵』　志茂田景樹著　講談社　1980　229p　20cm　980円　Ⓝ913.6
　☆「世界の推理小説・総解説」

霜田 光一　しもだ・こういち

04388　「レーザー物理入門」
　『レーザー物理入門』　霜田光一著　岩波書店　1983　217p　21cm〈参考文献：p208〜209〉　2900円　Ⓝ549.95
　☆「物理ブックガイド100」

霜田 静志　しもだ・せいし

04389　「叱らぬ教育の実践―子供への愛と理解」
　『叱らぬ教育の実践』　霜田静志著　名古屋　黎明書房　1995　213p　19cm　1600円　Ⓘ4-654-06521-0　Ⓝ379.9
　☆「教育名著 日本編」

下中 弥三郎　しもなか・やさぶろう

04390　「学習権の主張」
　『近代日本教育論集　第5　児童観の展開』　横須賀薫編　国土社　1969　396p　22cm〈監修者：海後宗臣, 波多野完治, 宮原誠一〉　1500円　Ⓝ370.8
　☆「教育を考えるためにこの48冊」

下畑 卓　しもはた・たく

04391　「煉瓦の煙突」
　『日本の童話名作選　昭和篇』　講談社文芸文庫編　講談社　2005　328p　16cm〈講談社文芸文庫〉　1300円　Ⓘ4-06-198411-X　Ⓝ913.68
　☆「日本文芸鑑賞事典 第13巻」,「名作の研究事典」

下原 重仲　しもはら・しげなか

04392　「鉄山秘書」
　『日本鉱業史料集　第2期 近世篇』　日本鉱業史料集刊行委員会編　白亜書房　1982　5冊　19×26cm〈複製〉　全25000円　Ⓝ560.921
　☆「古典の事典」,「世界名著大事典」,「日本の古典名著」

下村 悦夫　しもむら・えつお

04393　「悲願千人斬」
　『悲願千人斬　上』　下村悦夫著　講談社　1997　246p　15cm〈大衆文学館〉　800円+税　Ⓘ4-06-262077-4　Ⓝ913.6
　☆「歴史小説・時代小説 総解説」

下村 湖人　しもむら・こじん

04394　「次郎物語」
『次郎物語―第一部』　下村湖人著　講談社　1995　413p　19cm（ポケット日本文学館　4）　1400円　Ⓘ4-06-261704-8
　☆「あらすじで味わう昭和のベストセラー」,「あらすじで出会う世界と日本の名作55」,「一度は読もうよ！ 日本の名著」,「一冊で不朽の名作100冊を読む」(友人社),「一冊で不朽の名作100冊を読む」(友人社),「これだけは読んでおきたい日本の名作文学案内」,「少年少女のための文学案内 3」,「図説 5分でわかる日本の名作傑作選」,「世界名著大事典」,「日本の名著」,「日本文学鑑賞辞典〈第2〉」,「日本文学名作案内」,「日本文芸鑑賞事典 第11巻（昭和9〜昭和12年）」,「ポケット日本名作事典」,「名作の書き出しを諳じる」,「名作の研究事典」

下村 寅太郎　しもむら・とらたろう

04395　「科学史の哲学」
　『科学史の哲学』　下村寅太郎［著］　みすず書房　2012　256p　20cm（始まりの本）〈底本：下村寅太郎著作集1(1988年刊)所収の「3 科学史の哲学」〉　3000円　Ⓘ978-4-622-08355-9　Ⓝ401
　☆「世界名著大事典」

04396　「東郷平八郎」
　『東郷平八郎』　下村寅太郎著　講談社　1981　230p　15cm（講談社学術文庫）　540円　Ⓝ289.1
　☆「日本海軍の本・総解説」

下山田 行雄　しもやまだ・ゆきお

04397　「栄光よ永遠に」
　『栄光よ永遠に―一人間若林大尉の生涯』　下山田行雄著　〔身延町(山梨県)〕　〔望月花子〕　1984　266p　19cm〈弘文堂昭和38年刊の復刻再刊　製作：弘文堂(東京)〉　1300円　Ⓝ289.1
　☆「日本陸軍の本・総解説」

謝 国権　しゃ・こくけん

04398　「性生活の知恵」
　『性生活の知恵』　謝国権著　藤沢　池田書店　1967　2冊　19cm　各450円　Ⓝ491.35
　☆「あの本にもう一度」,「百年の誤読」

社会政策学会　しゃかいせいさくがっかい

04399　「小農保護問題」
　『小農保護問題』　社会政策学会編　同文館　1915　250,66p 図版　23cm（社会政策学会論叢　第8冊）〈社会政策学会第8回大会記事〉　Ⓝ611.9
　☆「農政経済の名著 明治大正編」

社会保障研究所　しゃかいほしょうけんきゅうしょ

04400　「リーディングス 日本の社会保障4 社

会福祉」
『リーディングス日本の社会保障 4 社会福祉』 社会保障研究所編 有斐閣 1992 366p 22cm 5500円 ①4-641-07167-5 Ⓝ364.08
☆「学問がわかる500冊」

釈 宗演　しゃく・そうえん

04401 「西遊日記」
『西遊日記』 釈宗演著 大船町（神奈川県） 東慶寺 1941 159丁 19cm〈稿本の複製 帙入 和装〉Ⓝ188.82
☆「アジアの比較文化」

寂庵 宗沢　じゃくあん・そうたく

04402 「禅茶録」
『現代語訳禅茶録―英訳付』 寂庵宗澤著 吉野亜湖訳 吉野白雲監修 知泉書館 2010 90, 36p 20cm〈英訳：S.バーク 文献あり〉 2300円 ①978-4-86285-093-5 Ⓝ791
☆「古典の事典」、「世界名著大事典」

寂蓮　じゃくれん

04403 「寂蓮法師集」
『群書類従 第15輯 和歌部』 塙保己一編纂 オンデマンド版 八木書店古書出版部 2013 770p 21cm〈訂正3版：続群書類従完成会1980年刊 デジタルパブリッシングサービス〔印刷・製本〕 八木書店〔発売〕〉12000円 ①978-4-8406-3126-6 Ⓝ081
☆「近代名著解題選集 3」

04404 「拾遺集」
『拾遺集―寂恵本』 日本古典文学刊行会 1974 1冊 24cm〈複刻日本古典文学館 第1期〉〈奥付の書名：拾遺和歌集 複製 ほるぷ〔発売〕付（別冊44p）：拾遺和歌集解題 叢書の編者：日本古典文学会 箱入 限定版 和装〉Ⓝ911.1253
☆「早わかり日本古典文学あらすじ事典」

謝花 昇　じゃはな・のぼる

04405 「沖縄糖業論」
『沖縄糖業論』 謝花昇著 那覇 奥島憲順 1896 55p 22cm Ⓝ560
☆「世界名著大事典 補遺（Extra）」

朱 舜水　しゅ・しゅんすい

04406 「文恭先生」
『文恭先生朱舜水』 木下英明著 水戸 水戸史学会 1989 120p 19cm（水戸の人物シリーズ 第5集）〈略年譜・参考文献：p112～120〉 800円 Ⓝ125.5
☆「世界名著大事典 補遺（Extra）」

周 はじめ　しゅう・はじめ

04407 「カラスの四季」
『カラスの四季』 周はじめ著 改訂版 法政大学出版局 1967 143p 22cm 800円 Ⓝ488.9
☆「名著の履歴書」

十一谷 義三郎　じゅういちや・ぎさぶろう

04408 「唐人お吉」
『唐人お吉』 十一谷義三郎著 改造社 1932 161p 16cm（改造文庫 第2部 第207篇） Ⓝ913.6
☆「世界名著大事典」、「日本文学鑑賞辞典〔第2〕」、「歴史小説・時代小説 総解説」

十一屋 太右衛門　じゅういちや・たえもん

04409 「立花大全」
『近世芸道論』 西山松之助［ほか］校注 岩波書店 1996 696p 22cm（日本思想大系新装版 芸の思想・道の思想 6） 5600円 ①4-00-009076-3 Ⓝ772.1
☆「古典の事典」

秀松軒　しゅうしょうけん

04410 「松の葉」
『松の葉―校註』 秀松軒編 藤田徳太郎校註 岩波書店 1931 162p 16cm（岩波文庫 529）Ⓝ911.6
☆「古典の事典」、「作品と作者」、「世界名著大事典」、「日本文学鑑賞辞典〔第1〕」

宗峰妙超　しゅうほうみょうちょう

04411 「大灯国師語録」
『大灯国師語録 訓注』 平野宗浄著 京都 思文閣出版 1986 602p 22cm〈大灯国師の肖像あり〉①4-7842-0455-5 Ⓝ188.84
☆「日本の古典名著」

寿岳 文章　じゅがく・ぶんしょう

04412 「ヰルヤム・ブレイク書誌」
『ヰルヤム・ブレイク書誌』 寿岳文章編 ぐろりあそさえて 1929 724p 28cm Ⓝ931
☆「世界名著大事典」

宿利 重一　しゅくり・しげいち

04413 「日本陸軍史研究・メッケル少佐」
『メッケル少佐―日本陸軍史研究』 宿利重一著 周南 マツノ書店 2010 1冊 22cm〈日本陸軍史研究メッケル少佐（日本軍用図書昭和19年刊）の復刻版〉13000円 Ⓝ390.7
☆「日本陸軍の本・総解説」

守随 憲治　しゅずい・けんじ

04414　「歌舞伎劇戯曲構造の研究」
『歌舞伎劇戯曲構造の研究』　守随憲治著　北隆館　1947　290p　21cm　Ⓝ912.5
☆「人文科学の名著」

首藤 瓜於　しゅどう・うりお

04415　「脳男」
『脳男』　首藤瓜於［著］　講談社　2003　366p　15cm（講談社文庫）　590円　Ⓘ4-06-273837-6　Ⓝ913.6
☆「知らないと恥ずかしい「日本の名作」あらすじ200本」

首里王府　しゅりおうふ

04416　「おもろさうし」
『おもろさうし　上』　外間守善校注　岩波書店　2000　501p　15cm（岩波文庫）　900円　Ⓘ4-00-301421-9　Ⓝ388.9199
☆「古典の事典」、「世界名著大事典」、「世界名著大事典 補遺（Extra）」、「日本古典への誘い100選 2」、「日本の古典」

順四軒　じゅんしけん

04417　「音曲口伝書」
『近世芸道論』　西山松之助［ほか］校注　岩波書店　1996　696p　22cm（日本思想大系新装版 芸の思想・道の思想　6）　5600円　Ⓘ4-00-009076-3　Ⓝ772.1
☆「日本古典への誘い100選 2」

春泥舎 召波　しゅんでいしゃ・しょうは

04418　「春泥句集」
『古典俳文学大系　13　中興俳諧集』　島居清、山下一海校注　集英社　1970　675p　図版23cm　3800円　Ⓝ911.3
☆「世界名著大事典」

順徳院　じゅんとくいん

04419　「順徳院御集」
『續群書類従　第15輯 下　和歌部』　塙保己一編纂　太田藤四郎補　オンデマンド版　八木書店古書出版部　2013　p431～838　21cm〈訂正3版：続群書類従完成会1978年刊　デジタルパブリッシングサービス［印刷・製本］　八木書店［発売］〉　7000円　Ⓘ978-4-8406-3171-6　Ⓝ081
☆「近代名著解題選集 3」

順徳天皇　じゅんとくてんのう

04420　「禁秘抄」
『故実叢書　22巻』　今泉定助［原編］　故実叢書編集部編　改訂増補／鈴木眞弓／監修　明治図書出版　1993　20,535p　22cm〈複製 折り込12枚〉　Ⓘ4-18-454100-3　Ⓝ210.09
☆「古典の事典」、「世界名著大事典」、「日本の古典名著」、「日本名著辞典」

04421　「八雲御抄」
『八雲御抄―伝伏見院筆本』　［順徳院］［著］　片桐洋一監修　八雲御抄研究会編　大阪　和泉書院　2005　212,3p　27cm（研究叢書 332）　9500円　Ⓘ4-7576-0307-X　Ⓝ911.104
☆「近代名著解題選集 3」、「世界名著大事典」、「日本名著辞典」

春畝公追頌会　しゅんぽこうついしょうかい

04422　「伊藤博文伝」
『伊藤博文伝　上』　春畝公追頌会編　原書房　1970　1030p 図版　22cm（明治百年史叢書）〈春畝公追頌会昭和18年刊の複製〉　6500円　Ⓝ210.6
☆「世界名著大事典」

城 繁幸　じょう・しげゆき

04423　「内側から見た富士通「成果主義」の崩壊」
『内側から見た富士通「成果主義」の崩壊』　城繁幸著　光文社　2004　235p　19cm（光文社ペーパーバックス）　952円　Ⓘ4-334-93339-4
☆「超売れ筋ビジネス書101冊」

向 象賢　しょう・しょうけん

04424　「琉球国中山世鑑」
『琉球国中山世鑑』　羽地朝秀編　島袋全発校　那覇　国吉弘文堂　1933　112p　23cm〈謄写版〉　Ⓝ219.9
☆「世界名著大事典」

城 昌幸　じょう・まさゆき

04425　「ジャマイカ氏の実験」
『江戸川乱歩と13人の新青年　〈文学派〉編』　ミステリー文学資料館編　光文社　2008　419p　16cm（光文社文庫）　686円　Ⓘ978-4-334-74422-9　Ⓝ913.68
☆「世界の推理小説・総解説」

04426　「若さま侍捕物手帖」
『若さま侍捕物手帖　1』　城昌幸著　ランダムハウス講談社　2009　366p　15cm（時代小説文庫　し2-1）　680円　Ⓘ978-4-270-10267-1　Ⓝ913.6
☆「歴史小説・時代小説 総解説」

聖戒　しょうかい

04427　「一遍上人絵巻」
『一遍上人絵巻』　歓喜光寺編　京都　歓喜光寺　図版5枚　37cm　Ⓝ721

☆「私の古典」

上覚 じょうかく

04428 「和歌色葉集」
『神宮古典籍影印叢刊 9 西公談抄.発心集.和歌色葉集抄書』 神宮古典籍影印叢刊編集委員会編 伊勢 皇学館大学 1984 452,21p 27cm〈複製 八木書店〔製作発売〕〉 18000円 Ⓝ081.7
☆「近代名著解題選集 3」

貞慶 じょうけい

04429 「愚迷発心集」
『禿氏文庫本』 大取一馬責任編集 京都 思文閣出版 2010 667p 22cm〈竜谷大学善本叢書 29〉〈複製および翻刻 シリーズの編者:龍谷大学仏教文化研究所〉 14000円 Ⓘ978-4-7842-1539-3 Ⓝ182.1
☆「世界名著大事典」,「日本名著辞典」

松好斎 半兵衛 しょうこうさい・はんべえ

04430 「戯場楽屋図会」
『訓蒙図彙集成 第21巻 戯場楽屋図会 楽屋図会拾遺』 朝倉治彦監修 〔松好斎半兵衛〕〔作・画〕 大空社 2000 244p 22cm〈複製〉 Ⓘ4-7568-0518-3 Ⓝ031
☆「世界名著大事典」

庄司 薫 しょうじ・かおる

04431 「赤頭巾ちゃん気をつけて」
『赤頭巾ちゃん気をつけて』 庄司薫著 新潮社 2012 198p 16cm〈新潮文庫 L-73-1〉 460円 Ⓘ978-4-10-138531-0 Ⓝ913.6
☆「日本文学 これを読まないと文学は語れない!!」,「日本文学名作案内」,「百年の誤読」

庄司 吉之助 しょうじ・きちのすけ

04432 「日本政社政党発達史」
『日本政社政党発達史―福島県自由民権運動史料を中心として』 庄司吉之助著 御茶の水書房 1977 626p 22cm〈改装版〉 7500円 Ⓝ312.1
☆「日本史の名著」

庄司 力蔵 しょうじ・りきぞう

04433 「安東船」
『安東船』 庄司力蔵著 弘前 津軽書房 1974 2冊 20cm 各900円 Ⓝ913.6
☆「世界の海洋文学」

昌住 しょうじゅう

04434 「新撰字鏡」
『新撰字鏡』 昌住著 古辞書叢刊行会編 古辞書叢刊行会 1976 〔88丁〕 27cm〈古辞書叢刊〉〈雄松堂書店〔発売〕 大東急記念文庫蔵本 寛永頃写本の複製 付〔別冊 19cm〕: 解説(川瀬一馬) 帙入 和装〉 Ⓝ813.2
☆「古典の事典」,「世界名著大事典 補遺(Extra)」,「日本名著辞典」

成尋 じょうじん

04435 「参天台五台山記」
『参天台五臺山記 上』〔成尋〕〔原著〕 藤善眞澄訳注 吹田 関西大学東西学術研究所 2007 522p 22cm〈関西大学東西学術研究所訳注シリーズ 12-1〉〈発行所:関西大学出版部〉 5000円 Ⓘ978-4-87354-449-6 Ⓝ188.42
☆「世界名著大事典」

成尋阿闍梨母 じょうじんあじゃりのはは

04436 「成尋阿闍梨母集」
『成尋阿闍梨母集』 成尋阿闍梨母著 岡崎和夫解説校註 武蔵野書院 1991 162p 21cm〈宮内庁書陵部蔵本の複製〉 Ⓘ4-8386-0633-8 Ⓝ915.3
☆「近代名著解題選集 3」,「古典の事典」,「古典文学鑑賞辞典」,「作品と作者」,「世界名著大事典」,「日本古典への誘い100選 2」,「日本の古典」,「日本の古典名著」,「日本文学鑑賞辞典〔第1〕」

商船大学学生 しょうせんだいがくがくせい

04437 「日本丸航海記」
『日本丸航海記―戦後初の太平洋横断』 商船大学昭和二十九年度卒業生編 舵社 1986 265p 18cm〈海洋文庫 20〉〈執筆:大河原明德ほか 天然社〔発売〕〉 640円 Ⓝ290.9
☆「世界の海洋文学」

正田 彬 しょうだ・あきら

04438 「消費者問題を学ぶ」
『消費者問題を学ぶ』 正田彬,金森房子著 第3版 有斐閣 1997 389,11p 19cm〈有斐閣選書〉〈文献あり 年表あり 索引あり〉 2200円 Ⓘ4-641-18289-2 Ⓝ365
☆「学問がわかる500冊」

正田 真吾 しょうだ・しんご

04439 「空母信濃の悲劇」
☆「日本海軍の本・総解説」

上智大学中世思想研究所 じょうちだいがくちゅうせいしそうけんきゅうじょ

04440 「中世思想原典集成1 初期ギリシア教父」
『中世思想原典集成 1 初期ギリシア教父』 上智大学中世思想研究所編訳・監修 平凡社 1995 877p 22cm 7500円 Ⓘ4-582-73411-1 Ⓝ132.08

☆「歴史家の一冊」

正徹　しょうてつ

04441　「正徹物語」

『正徹物語―現代語訳付き』　正徹［著］　小川剛生訳注　角川学芸出版　2011　314p　15cm（角川文庫　16702―　角川ソフィア文庫）　［A-317-1］〈索引あり　角川グループパブリッシング〔発売〕〉　1143円
Ⓘ978-4-04-400110-0　Ⓝ911.104
☆「古典の事典」，「日本の古典」，「日本の古典名著」，「日本文学鑑賞辞典〔第1〕」

04442　「清巌茶話」

『續群書類從　第16輯　下　和歌部』　塙保己一編纂　太田藤四郎補　オンデマンド版　八木書店古書出版部　2013　p473〜934　21cm〈訂正3版：続群書類従完成会 1978年刊　デジタルパブリッシングサービス〔印刷・製本〕　八木書店〔発売〕〉　8000円
Ⓘ978-4-8406-3173-0　Ⓝ081
☆「世界名著大事典」

04443　「草根集」

『草根集―野坂本』　正徹著　片山享編　広島　広島中世文芸研究会　1965　243p　19cm（中世文芸叢書　3）〈野坂家蔵本（5巻）の翻刻〉　非売　Ⓝ911.149
☆「近代名著解題選集 3」，「世界名著大事典」，「日本文学鑑賞辞典〔第1〕」

04444　「徹書記物語」

『正徹物語―現代語訳付き』　正徹［著］　小川剛生訳注　角川学芸出版　2011　314p　15cm（角川文庫　16702―　角川ソフィア文庫）　［A-317-1］〈索引あり　角川グループパブリッシング〔発売〕〉　1143円
Ⓘ978-4-04-400110-0　Ⓝ911.104
☆「近代名著解題選集 3」

04445　「なぐさめ草」

『中世日記紀行文学全評釈集成　第6巻』　勉誠出版　2004　336p　22cm〈文献あり〉　13000円　Ⓘ4-585-05133-3　Ⓝ915.4
☆「世界名著大事典」

聖徳太子　しょうとくたいし

04446　「三経義疏」

☆「古典の事典」，「3行でわかる名作＆ヒット本250」，「日本の古典名著」，「日本名著辞典」，「仏教の名著」

04447　「十七条憲法」

『十七条憲法』　聖徳太子撰　金田心象書　心画院　1975　13p　46cm〈帙入　和装〉
Ⓝ728.216
☆「教育の名著80選解題」，「古典の事典」，「日本の古典名著」

04448　「勝鬘経義疏」

『勝鬘経義疏―現代語訳　四天王寺蔵版』　聖徳太子御撰　四天王寺勧学院編　再版　大阪　四天王寺事務局　1982　248,14p　18cm
Ⓝ183.5
☆「世界名著大事典」

04449　「法華義疏」

『法華義疏　上巻』　聖徳太子著　花山信勝校訳　岩波書店　1975　376p 図　15cm（岩波文庫）　280円　Ⓝ183.3
☆「世界名著大事典」

04450　「維摩経義疏」

『大日本佛教全書　第5巻　維摩義疏　維摩経疏菴羅記』　仏書刊行会編纂　［聖徳太子］，［凝然］［撰］　大法輪閣　2007　526p　22cm〈名著普及会昭和56年刊（覆刻版）を原本としたオンデマンド版〉　8900円
Ⓘ978-4-8046-1649-0　Ⓝ180.8
☆「世界名著大事典」

証如　しょうにょ

04451　「天文日記」

『続真宗大系　第15巻』　真宗典籍刊行会編　国書刊行会　1976　2,466p 図　22cm〈昭和13年刊の複製〉　4500円　Ⓝ188.7
☆「世界名著大事典」

庄野 英二　しょうの・えいじ

04452　「海のシルクロード」

『海のシルクロード―小説』　庄野英二作　大古尅己絵　復刻版　理論社　2010　233p　21cm（理論社の大長編シリーズ 復刻版）〈文献あり〉　2000円　Ⓘ978-4-652-00543-9　Ⓝ913.6
☆「世界の海洋文学」

04453　「出帆旗」

『出帆旗』　庄野英二著　大阪　編集工房ノア　1988　173p　20cm　1800円　Ⓝ914.6
☆「世界の海洋文学」

04454　「長い航海」

『長い航海』　庄野英二著　角川書店　1978　201p　20cm　890円　Ⓝ913.6
☆「世界の海洋文学」

04455　「星の牧場」

『星の牧場』　庄野英二作　長新太画　理論社　2004　246p　18cm（フォア文庫愛蔵版）　1000円　Ⓘ4-652-07388-7　Ⓝ913.6
☆「一冊で不朽の名作100冊を読む」（友人社），「一冊で不朽の名作100冊を読む」（友人社），「少年少女の名作案内 日本の文学ファンタジー編」，「日本文芸鑑賞事典 第19巻」，「名作の研究事典」

庄野 潤三　しょうの・じゅんぞう

04456　「明夫と良二」
『明夫と良二』　庄野潤三作　安西啓明画　岩波書店　1980　292p　18cm〈岩波少年文庫〉550円
☆「世界名著大事典 補遺 (Extra)」

04457　「絵合せ」
『絵合せ』　庄野潤三著　講談社　1989　350p　15cm〈講談社文芸文庫〉　780円
Ⓘ4-06-196048-2　Ⓝ913.6
☆「世界名著大事典 補遺 (Extra)」

04458　「ガンビア滞在記」
『ガンビア滞在記』　庄野潤三［著］　みすず書房　2005　287p　20cm〈大人の本棚〉2500円　Ⓘ4-622-08062-1　Ⓝ915.2
☆「世界名著大事典 補遺 (Extra)」

04459　「紺野機業場」
『紺野機業場』　庄野潤三著　講談社　1991　329p　15cm〈講談社文芸文庫〉〈著書目録：p327〜329〉　980円　Ⓘ4-06-196156-X　Ⓝ913.6
☆「世界名著大事典 補遺 (Extra)」

04460　「佐渡」
『佐渡』　庄野潤三著　学習研究社　1964　327p　図版　18cm〈芥川賞作家シリーズ〉　Ⓝ913.6
☆「現代文学名作探訪事典」

04461　「静物」
『静物』　庄野潤三著　講談社　1960　258p　20cm　Ⓝ913.6
☆「世界名著大事典 補遺 (Extra)」、「日本文芸鑑賞事典 第18巻 (1958〜1962年)」、「文学・名著300選の解説 '88年度版」

04462　「プールサイド小景」
『プールサイド小景』　庄野潤三著　牧羊社　1973　34p　図　32cm〈箱入 限定版〉15000円　Ⓝ913.6
☆「現代文学鑑賞辞典」、「世界名著大事典 補遺 (Extra)」、「日本の小説101」、「日本文学名作事典」、「ポケット日本名作事典」

04463　「夕べの雲」
『夕べの雲』　庄野潤三著　講談社　1988　325p　16cm〈講談社文芸文庫〉　640円
Ⓘ4-06-196015-6　Ⓝ913.6
☆「世界名著大事典 補遺 (Extra)」

笙野 頼子　しょうの・よりこ

04464　「二百回忌」
『二百回忌』　笙野頼子著　新潮社　1997　185p　15cm〈新潮文庫〉　362円
Ⓘ4-10-142321-0　Ⓝ913.6

☆「現代文学鑑賞辞典」

肖柏　しょうはく

04465　「春夢草」
『春夢草』　牡丹花肖柏著　二松葦水編　相模原　二松葦水　1989　73,10p　21cm〈奥付の書名：有慶本春夢草 折り込表2枚 限定版〉非売品　Ⓝ911.2
☆「世界名著大事典」

松風軒　しょうふうけん

04466　「糸竹大全」
『糸竹大全』　松風軒編　佐々醒雪校　三輪逸次郎　1916　51p　15cm　Ⓝ768
☆「世界名著大事典」

上法 快男　じょうほう・よしお

04467　「最後の参謀総長梅津美治郎」
『最後の参謀総長梅津美治郎』　梅津美治郎刊行会,上法快男編　芙蓉書房　1976　681p 図 地図1枚　20cm　3800円　Ⓝ289.1
☆「日本陸軍の本・総解説」

情報文化研究フォーラム　じょうほうぶんかけんきゅうふぉーらむ

04468　「情報と文化」
『情報と文化──多様性・同時性・選択性』　情報文化研究フォーラム編　エヌ・ティ・ティ・アド　1986　419p　24cm〈BOOKS IN-FORM〉　2500円　Ⓘ4-87188-005-2
☆「科学技術をどう読むか」

昭和万葉集編纂部　しょうわまんようしゅうへんさんぶ

04469　「昭和万葉集」
『写真図説昭和万葉集　第1巻　昭和元年〜10年』　講談社　1985　229p　22cm　1500円
Ⓘ4-06-188071-3　Ⓝ911.167
☆「世界の海洋文学」

式子内親王　しょくしないしんのう

04470　「式子内親王集」
『式子内親王集　建礼門院右京大夫集　俊成卿女集　艶詞』　式子内親王,建礼門院右京大夫,俊成卿女,藤原隆房原著　石川泰水,谷知子校注　明治書院　2001　345p　22cm〈和歌文学大系 23　久保田淳監修〉〈付属資料：8p：月報 13〉　6500円　Ⓘ4-625-41304-4　Ⓝ911.138
☆「日本古典への誘い100選 2」

書肆花屋久次郎　しょしはなやきゅうじろう

04471　「末摘花」
『末摘花──浮世絵・川柳』　青木信光編集　図書

しよらいし　　　　　　　　　　　　　04472〜04487

出版美学館　1981　529p　22cm（世界・愛の
ライブラリー　11—日本　4）　4800円
Ⓝ911.45
☆「日本の艶本・珍書 総解説」，「日本の奇書77冊」

如儡子　じょらいし

04472　「可笑記」
『可笑記—武士はくわねど……』　如儡子原著
渡辺守邦訳　〔東村山〕　教育社　1979
297p　18cm（教育社新書　原本現代訳　51）
〈参考文献：p295〜297〉　700円　Ⓝ913.51
☆「古典の事典」，「作品と作者」，「世界名著大事
典」，「日本文学鑑賞辞典〔第1〕」

白井 喬二　しらい・きょうじ

04473　「怪建築十二段返し」
『怪建築十二段返し』　白井喬二著　大陸書房
1990　332p　16cm（大陸文庫）　490円
①4-8033-3020-4　Ⓝ913.6
☆「世界名著大事典 補遺（Extra）」

04474　「さらば富士に立つ影」
『さらば富士に立つ影—白井喬二自伝』　白井喬
二著　六興出版　1983　342p　20cm〈著者の
肖像あり　白井喬二年譜：p327〜340〉
2500円　Ⓝ910.268
☆「自伝の名著101」

04475　「新撰組」
『新撰組　上』　白井喬二著　講談社　1995
428p　16cm（大衆文学館）　840円
①4-06-262003-0　Ⓝ913.6
☆「世界名著大事典 補遺（Extra）」，「歴史小説・時
代小説 総解説」

04476　「盤嶽の一生」
『盤嶽の一生』　白井喬二著　普及版　未知谷
2002　527p　19cm　2800円
①4-89642-054-3　Ⓝ913.6
☆「歴史小説・時代小説 総解説」

04477　「富士に立つ影」
『富士に立つ影　1（裾野篇）』　白井喬二著　筑
摩書房　1998　371p　15cm（ちくま文庫）
880円　①4-480-03461-7　Ⓝ913.6
☆「一度は読もうよ！ 日本の名著」，「面白いほど よ
くわかる時代小説名作100」，「昭和の名著」，「世
界名著大事典 補遺（Extra）」，「日本文学鑑賞辞典
〔第2〕」，「日本文学名作案内」，「日本文芸鑑賞辞
典　第8巻（1924〜1926年）」，「ポケット日本名作事
典」，「歴史小説・時代小説 総解説」

白井 光太郎　しらい・みつたろう

04478　「植物妖異考」
『植物妖異考』　白井光太郎著　有明書房
376p　19cm〈大正14年（岡書院）刊の複刻版〉

3000円　Ⓝ470.4
☆「世界名著大事典」

白石 一郎　しらいし・いちろう

04479　「海王伝」
『海王伝』　白石一郎著　文芸春秋　1993
482p　16cm（文春文庫）　560円
①4-16-737011-5　Ⓝ913.6
☆「世界の海洋文学」

04480　「海峡の使者」
『海峡の使者』　白石一郎著　文芸春秋　1992
247p　16cm（文春文庫）　380円
①4-16-737010-7　Ⓝ913.6
☆「世界の海洋文学」

04481　「海狼伝」
『海狼伝』　白石一郎著　文芸春秋　1990
478p　16cm（文春文庫）　520円
①4-16-737005-0　Ⓝ913.6
☆「面白いほどよくわかる時代小説名作100」，「世
界の海洋文学」

04482　「銭の城」
『銭の城』　白石一郎著　講談社　1983　440p
15cm（講談社文庫）　500円　①4-06-183137-2
Ⓝ913.6
☆「世界の海洋文学」

04483　「戦鬼たちの海」
『戦鬼たちの海—織田水軍の将・九鬼嘉隆』　白
石一郎著　文芸春秋　1995　516p　16cm（文
春文庫）　620円　①4-16-737013-1　Ⓝ913.6
☆「世界の海洋文学」

04484　「鷹ノ羽の城」
『鷹ノ羽の城』　白石一郎著　講談社　1981
347p　15cm（講談社文庫）　420円　Ⓝ913.6
☆「歴史小説・時代小説 総解説」

04485　「投げ銛千吉廻船帖」
『投げ銛千吉廻船帖』　白石一郎著　文芸春秋
1997　286p　16cm（文春文庫）　438円
①4-16-737017-4　Ⓝ913.6
☆「世界の海洋文学」

白石 太一郎　しらいし・たいちろう

04486　「古代を考える 古墳」
『古墳—古代を考える』　白石太一郎編　吉川弘
文館　1989　279p　20cm　1800円
①4-642-02147-7　Ⓝ210.2
☆「学問がわかる500冊 v.2」

白尾 元理　しらお・もとまろ

04487　「写真でみる火山の自然史」
『写真でみる火山の自然史』　町田洋, 白尾元理
著　東京大学出版会　1998　204p　22cm〈索

白川 静　しらかわ・しずか

04488　「漢字百話」
『漢字百話』　白川静［著］　中央公論新社　2003　322p　21cm（中公文庫ワイド版）　5200円　Ⓘ4-12-551295-7　Ⓝ821.2
☆「21世紀の必読書100選」,「ブックガイド "心の科学" を読む」

04489　「字統」
『字統』　白川静著　普及版 新訂　平凡社　2007　1107p　22cm　6000円
Ⓘ978-4-582-12813-0　Ⓝ821.2
☆「東アジア人文書100」

素木 しづ　しらき・しず

04490　「美しき牢獄」
『美しき牢獄』　素木しづ著　ゆまに書房　1999　326p　22cm（近代女性作家精選集　8　尾形明子監修）〈解説：岩田光子　玄文社大正7年刊の複製　肖像あり〉　11700円
Ⓘ4-89714-849-9　Ⓝ913.6
☆「大正の名著」

04491　「三十三の死」
『紅』　若杉鳥子, 素木しづ, 大田洋子著　ポプラ社　2011　153p　19cm（百年文庫　85）　750円　Ⓘ978-4-591-12173-3　Ⓝ913.68
☆「大正の名著」

04492　「松葉杖をつく女」
『「新編」日本女性文学全集　第4巻』　平塚らいてう［ほか］著　尾形明子編　岩淵宏子, 長谷川啓監修　菁柿堂　2012　540p　22cm〈年譜あり　文献あり　星雲社〔発売〕〉　5000円
Ⓘ978-4-434-10004-8　Ⓝ913.68
☆「大正の名著」

白沢 政和　しらさわ・まさかず

04493　「ケースマネージメントの理論と実際」
『ケースマネージメントの理論と実際―生活を支える援助システム』　白沢政和著　中央法規出版　1992　350p　22cm　3500円
Ⓘ4-8058-0939-6　Ⓝ369.1
☆「学問がわかる500冊」

白洲 正子　しらす・まさこ

04494　「白洲正子自伝」
『白洲正子自伝』　白洲正子著　新潮社　1999　302p　16cm（新潮文庫）　476円
Ⓘ4-10-137907-6　Ⓝ289.1
☆「自伝の名著101」

04495　「両性具有の美」
『両性具有の美』　白洲正子著　新潮社　2003　203p　16cm（新潮文庫）　400円
Ⓘ4-10-137908-4　Ⓝ914.6
☆「現代文学鑑賞辞典」

白鳥 庫吉　しらとり・くらきち

04496　「西域史研究」
『西域史研究』　白鳥庫吉著　改版　岩波書店　1981　2冊　22cm　4500円,5500円　Ⓝ222.8
☆「世界名著大事典」

白幡 洋三郎　しらはた・ようざぶろう

04497　「プラントハンター」
『プラントハンター』　白幡洋三郎［著］　講談社　2005　306p　15cm（講談社学術文庫）〈1994年刊の改訂　文献あり〉　1050円
Ⓘ4-06-159735-3　Ⓝ470.2
☆「学問がわかる500冊 v.2」

白柳 秀湖　しらやなぎ・しゅうこ

04498　「学校廃滅論」
『近代日本教育論集　第2　社会運動と教育』　坂元忠芳, 柿沼肇編・解説　国土社　1969　355p　22cm〈監修者：海後宗臣, 波多野完治, 宮原誠一〉　1300円　Ⓝ370.8
☆「教育を考えるためにこの48冊」

04499　「民族日本歴史」
『民族日本歴史　建國編』　白柳秀湖著　新版　千倉書房　1946　396p　19cm　Ⓝ210.1
☆「世界名著大事典」

白鳥 省吾　しらとり・せいご

04500　「共生の旗」
『共生の旗―詩集』　白鳥省吾著　新潮社　1922　230p　20cm　Ⓝ911.5
☆「世界名著大事典 補遺（Extra）」

04501　「現代詩の研究」
『現代詩の研究』　白鳥省吾著　新潮社　1924　378p　18cm　Ⓝ911.5
☆「世界名著大事典 補遺（Extra）」

04502　「大地の愛」
『大地の愛』　白鳥省吾著　抒情詩社　1919　343p　20cm　Ⓝ911.5
☆「世界名著大事典 補遺（Extra）」

04503　「民主的文芸の先駆」
『民主的文芸の先駆』　白鳥省吾著　新潮社　1919　216p　16cm　Ⓝ904
☆「世界名著大事典 補遺（Extra）」

04504　「楽園の途上」
『楽園の途上―新作詩集』　白鳥省吾著　叢文閣　1921　187p　20cm　Ⓝ911.5

城山 三郎　しろやま・さぶろう

04505　「硫黄島に死す」
『硫黄島に死す』　城山三郎著　角川書店　2005　353p　20cm〈城山三郎昭和の戦争文学　第1巻　城山三郎著〉　1800円　①4-04-574530-0　Ⓝ913.6
☆「今だから知っておきたい戦争の本70」

04506　「官僚たちの夏」
『官僚たちの夏』　城山三郎著　改版　新潮社　2002　352p　16cm〈新潮文庫〉　552円　①4-10-113311-5　Ⓝ913.6
☆「あの本にもう一度」

04507　「総会屋錦城」
『総会屋錦城』　城山三郎著　新潮社　2009　432p　15cm〈新潮文庫〉　590円　①978-4-10-113301-0
☆「日本文芸鑑賞事典 第18巻（1958〜1962年）」、「ポケット日本名作事典」

04508　「男子の本懐」
『男子の本懐』　城山三郎著　新装版　新潮社　2002　341p　22cm　2400円　①4-10-310813-4　Ⓝ913.6
☆「今だから知っておきたい戦争の本70」

04509　「鼠」
『鼠―鈴木商店焼打ち事件』　城山三郎著　新装版　文藝春秋　2011　386p　16cm〈文春文庫 し2-32〉　714円　①978-4-16-713932-2　Ⓝ913.6
☆「現代を読む」

04510　「秀吉と武吉」
『秀吉と武吉―目を上げれば海』　城山三郎著　改版　新潮社　2013　482p　15cm〈新潮文庫〉　710円　①978-4-10-113322-5
☆「世界の海洋文学」

04511　「冬の派閥」
『冬の派閥』　城山三郎著　新潮社　1985　412p　15cm〈新潮文庫〉〈参考文献：p404〜405〉　440円　①4-10-113317-3　Ⓝ913.6
☆「歴史小説・時代小説 総解説」

04512　「落日燃ゆ」
『落日燃ゆ』　城山三郎著　改版　新潮社　2009　462p　15cm〈新潮文庫〉　629円　①978-4-10-113318-8
☆「今だから知っておきたい戦争の本70」、「現代文学鑑賞辞典」、「ポケット日本名作事典」

神吽　じんうん

04513　「八幡宇佐宮御託宣集」
『八幡宇佐宮御託宣集』　神吽著　重松明久校注訓訳　現代思潮社　1986　578p　22cm〈付・八幡大菩薩本末因位御縁起、宇佐大神宮縁起〉　15000円　Ⓝ173.9
☆「世界名著大事典」

神宮司庁　じんぐうしちょう

04514　「古事類苑」
『古事類苑　第1　天部、歳時部』　神宮司庁編　吉川弘文館　1969　1490p　25cm〈復刻版〉　7000円　Ⓝ031.2
☆「世界名著大事典」、「日本名著辞典」

心敬　しんけい

04515　「老のくりごと」
『古代中世芸術論』　林屋辰三郎校注　岩波書店　1995　812p　22cm〈日本思想大系新装版　芸の思想・道の思想　2）〈新装版〉　5400円　①4-00-009072-0　Ⓝ702.1
☆「近代名著解題選集 3」、「日本古典への誘い100選 2」、「日本文学鑑賞辞典〔第1〕」

04516　「ささめごと」
『ささめごと』　心敬著　笠間書院　1982　2冊　22cm〈笠間影印叢刊　66,67〉〈編・解説：木藤才蔵　御所本（宮内庁書陵部蔵）の複製〉　1600円,1300円　Ⓝ911.2
☆「一度は読もうよ！ 日本の名著」、「一冊で日本の古典100冊を読む」、「近代名著解題選集 3」、「世界名著大事典」、「日本の古典名著」、「日本文学鑑賞辞典〔第1〕」

04517　「ひとりごと」
『古代中世芸術論』　林屋辰三郎校注　岩波書店　1995　812p　22cm〈日本思想大系新装版　芸の思想・道の思想　2）〈新装版〉　5400円　①4-00-009072-0　Ⓝ702.1
☆「世界名著大事典」、「日本文学鑑賞辞典〔第1〕」

新章 文子　しんしょう・ふみこ

04518　「危険な関係」
『危険な関係』　新章文子著　講談社　1978　301p　15cm〈講談社文庫〉　320円　Ⓝ913.6
☆「世界の推理小説・総解説」

新声社同人　しんせいしゃどうじん

04519　「於母影」
『於母影』　新声社訳　冬至書房　1963　2冊（別冊共）　22cm〈近代文芸復刻叢刊〉〈「国民之友」第58号（明治22年）夏期附録所載のものを復刻　別冊解題（関良一）袂入〉　Ⓝ908.1
☆「世界名著大事典」、「日本文学鑑賞辞典〔第2〕」、「日本文学現代名作事典」、「日本文芸鑑賞事典 第1巻」

尋尊　じんそん
04520　「大乗院寺社雑事記」
『大乗院寺社雑事記』　増補続史料大成刊行会編　普及版　京都　臨川書店　2001　12冊（セット）　21cm（増補続史料大成）　19000円　①4-653-03783-3
☆「世界名著大事典」

陣出 達朗　じんで・たつろう
04521　「鷹天皇飄々剣」
『鷹天皇飄々剣　上巻』　陣出達朗著　東京文芸社　1961　417p　20cm　Ⓝ913.6
☆「歴史小説・時代小説 総解説」

新藤 兼人　しんどう・かねと
04522　「ある映画監督」
『ある映画監督―溝口健二と日本映画』　新藤兼人著　岩波書店　1992　220p　18cm（岩波新書　962）〈第7刷（第1刷：76.4.27）〉　550円　①4-00-414080-3
☆「現代を読む」

新藤 常右衛門　しんどう・つねえもん
04523　「あゝ疾風戦闘隊」
『あゝ疾風戦闘隊―大空に生きた強者の半生記録』　新藤常右衛門著　新装版　光人社　2004　400p　16cm（光人社NF文庫）　848円　①4-7698-2108-5　Ⓝ916
☆「日本陸軍の本・総解説」

新藤 宗幸　しんどう・むねゆき
04524　「行政指導」
『行政指導―官庁と業界のあいだ』　新藤宗幸著　岩波書店　1992　211p　18cm（岩波新書）　〈参考文献：p207～211〉　550円　①4-00-430218-8　Ⓝ317
☆「学問がわかる500冊」

04525　「市民のための自治体学入門」
『市民のための自治体学入門』　新藤宗幸著　筑摩書房　1996　238p　15cm（ちくま学芸文庫）　880円　①4-480-08251-4　Ⓝ318
☆「学問がわかる500冊」

04526　「福祉行政と官僚制」
『福祉行政と官僚制』　新藤宗幸著　岩波書店　1996　204p　19cm〈引用参照文献リスト：p199～199〉　1900円　①4-00-002861-8　Ⓝ369.1
☆「学問がわかる500冊」

陣内 秀信　じんない・ひでのぶ
04527　「東京の空間人類学」
『東京の空間人類学』　陣内秀信著　筑摩書房　1992　332p　15cm（ちくま学芸文庫）　900円　①4-480-08025-2　Ⓝ291.36
☆「学問がわかる500冊 v.2」、「建築の書物/都市の書物」

榛葉 英治　しんば・えいじ
04528　「蔵王」
『冬の道』　榛葉英治著　河出書房新社　1990　243p　20cm　1900円　①4-309-00612-4　Ⓝ913.6
☆「日本文芸鑑賞事典 第15巻」

真保 裕一　しんぽ・ゆういち
04529　「ホワイトアウト」
『ホワイトアウト』　真保裕一著　新潮社　1998　637p　16cm（新潮文庫）　781円　①4-10-127021-X　Ⓝ913.6
☆「知らないと恥ずかしい「日本の名作」あらすじ200本」

神保 格　じんぽう・かく
04530　「言語学概論」
『言語学概論』　神保格著　岩波書店　1922　354p　22cm　Ⓝ801
☆「世界名著大事典」

辛坊 治郎　しんぼう・じろう
04531　「日本経済の真実」
『日本経済の真実―ある日、この国は破産します』　辛坊治郎, 辛坊正記著　幻冬舎　2010　215p　18cm　952円　①978-4-344-01816-7　Ⓝ332.107
☆「3行でわかる名作&ヒット本250」

辛坊 正記　しんぼう・まさき
04532　「日本経済の真実」
『日本経済の真実―ある日、この国は破産します』　辛坊治郎, 辛坊正記著　幻冬舎　2010　215p　18cm　952円　①978-4-344-01816-7　Ⓝ332.107
☆「3行でわかる名作&ヒット本250」

新名 丈夫　しんみょう・たけお
04533　「海軍戦争検討会議事録」
『海軍戦争検討会議記録―太平洋戦争開戦の経緯』　新名丈夫編　毎日新聞社　1976　286p　20cm〈年表（大正15～昭和20年）：p.270～281〉　1200円　Ⓝ210.75
☆「日本海軍の本・総解説」

新村 出　しんむら・いずる
04534　「広辞苑」
『広辞苑』　新村出編　第六版（総革装机上版）　岩波書店　2009　2冊（セット）　26cm〈付属

しんめい　　　　　　　　　　　　　　　　　　04535～04549

　　資料：別冊1〉　25000円　①978-4-00-080124-9
　　☆「名著の伝記」

04535　「東方言語史叢考」
　　『東方言語史叢考』　新村出著　岩波書店　1927
　　754p　23cm　Ⓝ804
　　☆「世界名著大事典」

04536　「南蛮記」
　　『南蛮記』　新村出著　再版　京都　大雅堂
　　1943　380p　19cm　Ⓝ210.04
　　☆「世界名著大事典」、「日本文学鑑賞辞典〔第2〕」

04537　「南蛮更紗」
　　『南蛮更紗』　新村出著　平凡社　1995　422p
　　18cm（東洋文庫　596）　3296円
　　①4-582-80596-5　Ⓝ914.6
　　☆「日本文芸鑑賞事典 第8巻〈1924～1926年〉」

新明 正道　しんめい・まさみち
04538　「社会本質論」
　　『社会本質論』　新明正道著　弘文堂　1942
　　404p　22cm　Ⓝ361
　　☆「世界名著大事典」

神余 隆博　しんよ・たかひろ
04539　「国際平和協力入門」
　　『国際平和協力入門』　神余隆博編　有斐閣
　　1995　336p　19cm（有斐閣選書）〈各章末：参
　　考文献〉　2060円　①4-641-18237-X　Ⓝ319.9
　　☆「学問がわかる500冊」

親鸞　しんらん
04540　「一念多念文意」
　　『一念多念文意』　親鸞著　京都　大谷派宗務所
　　1970　2冊（解説共）　28cm〈大谷派本山本願
　　寺所蔵の複製　親鸞聖人御誕生八百年・立教開
　　宗七百五十年慶讃記念出版　箱入　帙入　監修：
　　大谷派宗宝並に宗史蹟保存会　解説：山上正
　　尊〉　Ⓝ188.73
　　☆「世界名著大事典」

04541　「教行信証」
　　『教行信証』　親鸞著　金子大栄校訂　岩波書店
　　2002　447p　15cm（岩波文庫）〈第46刷〉
　　800円　①4-00-333181-8
　　☆「学術辞典叢書 第15巻」、「古典の事典」、「世界
　　の哲学思想」、「世界名著解題第1巻」、「世界名
　　著大事典」、「日本の古典名著」、「日本名著辞典」

04542　「愚禿鈔」
　　『親鸞全集　第3巻　愚禿鈔　如来二種廻向文
　　―他』　親鸞〔著〕　石田瑞麿訳　〔2010年〕新
　　装　春秋社　2010　257,41p　23cm　5000円
　　①978-4-393-16028-2　Ⓝ188.71
　　☆「世界名著大事典」

04543　「三経往生文類」
　　『親鸞全集　第3巻　愚禿鈔　如来二種廻向文
　　―他』　親鸞〔著〕　石田瑞麿訳　〔2010年〕新
　　装　春秋社　2010　257,41p　23cm　5000円
　　①978-4-393-16028-2　Ⓝ188.71
　　☆「世界名著大事典」

04544　「正像末浄土和讃」
　　『親鸞和讃集』　親鸞著　名畑應順校注　岩波書
　　店　2001　363p　19cm（ワイド版岩波文庫）
　　1300円　①4-00-007184-X　Ⓝ188.73
　　☆「世界名著大事典」

04545　「浄土文類聚鈔」
　　『浄土文類聚鈔』　親鸞著　伊藤義賢編　山口県
　　大津郡三隅村　竹下学寮出版部　1934　1冊
　　28cm〈複製　和装〉　Ⓝ188.7
　　☆「世界名著大事典」

04546　「親鸞聖人御消息集」
　　『親鸞全集　第4巻　和讃　消息―他』　親鸞
　　〔著〕　石田瑞麿訳　〔2010年〕新装　春秋社
　　2010　p261-610,46,32p　23cm〈索引あり〉
　　5000円　①978-4-393-16029-9　Ⓝ188.71
　　☆「近代名著解題選集 3」、「日本の古典名著」

04547　「歎異抄」
　　『歎異抄―新訳：「絶対他力」の思想を読み解
　　く』　親鸞,唯円著　小浜逸郎訳　PHP研究所
　　2012　198p　18cm　950円
　　①978-4-569-80737-9　Ⓝ188.74
　　☆「あらすじで読む日本の古典」、「一度は読もうよ！
　　日本の名著」、「一冊で日本の古典100冊を読む」、
　　「大人のための日本の名著50」、「近代名著解題選
　　集 3」、「50歳からの名著入門」、「古典の事典」、
　　「この一冊で読める！日本の古典50冊」、「世界
　　の名著早わかり事典」、「世界名著大事典」、「千年
　　の百冊」、「2ページでわかる日本の古典傑作選」、
　　「日本古典への誘い100選 1」、「日本の古典」、「日
　　本の古典の書物」、「日本の古典」、「日本の名著」（角
　　川書店）、「日本の名著」（毎日新聞社）、「日本の
　　名著3分間読書100」、「日本文学鑑賞辞典〔第1〕」、
　　「日本文学名作案内」、「日本文学名作事典」、「日本
　　名著案内」、「仏教の名著」、「文学・名著300選の
　　解説 '88年度版」、「名作の書き出しを諳んじる」、
　　「わたしの古典 続」

04548　「末灯鈔」
　　『末燈鈔―親鸞聖人に学ぶ』　加藤弁三郎編　日
　　本放送出版協会　1982　239p　19cm
　　1300円　①4-14-008268-2　Ⓝ188.74
　　☆「世界名著大事典」

04549　「唯信鈔文意」
　　『唯信鈔文意―親鸞に学ぶ仏教の極意』　親鸞著
　　加藤弁三郎編　二橋進訳　京都　PHP研究所
　　1983　226p　20cm〈付：参考文献　聖覚法印
　　略年譜・親鸞聖人略年譜：p10～13〉　1300円

①4-569-21137-2 Ⓝ188.71
☆「世界名著大事典」

【 す 】

須井 一　すい・はじめ
04550　「綿」
『土とふるさとの文学全集　10　理想と抵抗』
臼井吉見等編　家の光協会　1976　522p
23cm　2700円　Ⓝ918.6
☆「世界名著大事典」

瑞渓 周鳳　ずいけい・しゅうほう
04551　「臥雲日件録」
『大日本古記録　〔第13〕　臥雲日件録抜尤―文安3年～文明5年』　東京大学史料編纂所編纂　瑞谿周鳳著　岩波書店　1992　294p　22cm
〈第2刷(第1刷：昭和36年)　瑞谿周鳳年譜：p227～243〉　5500円　①4-00-009588-9
Ⓝ210.088
☆「世界名著大事典」

04552　「善隣国宝記」
『善隣国宝記』　瑞渓周鳳著　国書刊行会　1975
217p　22cm〈明暦3年木版本の複製〉
3000円　Ⓝ210.18
☆「古典の事典」、「世界名著大事典」、「日本名著辞典」、「日本歴史「古典籍」総覧」、「歴史の名著100」

水心子 正秀　すいしんし・まさひで
04553　「剣工秘伝志」
『日本刀講座　第8巻　外装編』　新版　雄山閣出版　1966　512p　図版　25cm〈監修者：本間薫山、佐藤寒山　限定版〉　3000円　Ⓝ756.6
☆「世界名著大事典」

水津 一朗　すいず・いちろう
04554　「近代地理学の開拓者たち」
『近代地理学の開拓者たち』　水津一朗著　新訂版　京都　地人書房　1984　235p　22cm
3000円　Ⓝ290.12
☆「学問がわかる500冊 v.2」

穂亭主人　すいていしゅじん
04555　「西洋学家訳述目録」
『西洋学家訳述目録』　穂亭主人輯　松雲堂
1926　48丁　8×19cm〈嘉永5年刊本の複製〉
Ⓝ027.3
☆「世界名著大事典」

末川 博　すえかわ・ひろし
04556　「権利侵害論」

『権利侵害論』　末川博著　日本評論新社　1953
400p　19cm　Ⓝ324.55
☆「世界名著大事典」

末永 雅雄　すえなが・まさお
04557　「大和唐古弥生式遺跡の研究」
『京都帝国大学文学部考古学研究報告　第16冊
大和唐古弥生式遺跡の研究』　京都帝国大学文学部考古学教室編　末永雅雄等著　京都　桑名文星堂　1943　252p　26cm　Ⓝ202
☆「世界名著大事典」

末弘 厳太郎　すえひろ・いずたろう
04558　「農村法律問題」
『農村法律問題』　末弘厳太郎著　24版　改造社
1926　398p　20cm　Ⓝ611.26
☆「農政経済の名著 明治大正編」

04559　「物権法」
『物権法　上巻』　末弘厳太郎著　一粒社
1960　327p　図版　19cm　Ⓝ324.2
☆「世界名著大事典」

04560　「法学入門」
『法学入門』　末弘厳太郎著　日本評論社　1934
Ⓝ321
☆「学問がわかる500冊」

04561　「労働法研究」
『労働法研究』　末弘厳太郎著　改造社　1926
541p　19cm　Ⓝ366.1
☆「世界名著大事典」、「大正の名著」、「日本近代の名著」、「明治・大正・昭和の名著・解説」

末広 鉄腸　すえひろ・てっちょう
04562　「花間鶯」
『明治文学全集　第6　明治政治小説集　第2』
柳田泉編　筑摩書房　1967　508p　図版
23cm　Ⓝ918.6
☆「世界名著大事典」、「日本名著辞典」

04563　「雪中梅」
『雪中梅』　末広鉄腸著　小林智賀平校訂　岩波書店　1952　234p　図版　15cm〈岩波文庫〉
Ⓝ913.6
☆「世界名著大事典」、「日本近代文学名著事典」、「日本文学現代名作事典」、「日本文芸鑑賞事典 第1巻」、「日本名著辞典」

末松 謙澄　すえまつ・けんちょう
04564　「防長回天史」
『防長回天史』　末松謙澄著　修訂　徳山　マツノ書店　1991　13冊(別冊とも)　22cm〈末松春彦大正10年刊の複製　別冊(570p)：総合索引　田村哲夫編　限定版〉　全120000円　Ⓝ217.7
☆「世界名著大事典」

末松 太平　すえまつ・たへい

04565　「私の昭和史」
『私の昭和史―二・二六事件異聞　上』　末松太平著　中央公論新社　2013　287p　16cm（中公文庫　す26-1）　762円
ⓘ978-4-12-205761-6　Ⓝ210.7
☆「名著の履歴書」

末松 保和　すえまつ・やすかず

04566　「新羅史の諸問題」
『新羅史の諸問題』　末松保和著　東洋文庫　1954　535,46p　22cm（東洋文庫論叢　第36）〈付：英文要旨〉　Ⓝ221.031
☆「世界名著大事典」

04567　「任那興亡史」
『任那興亡史』　末松保和著　増訂版　吉川弘文館　1956　272p　19cm〈附：英文概要 9p〉　Ⓝ221.03
☆「世界名著大事典」

末吉 暁子　すえよし・あきこ

04568　「星に帰った少女」
『星に帰った少女』　末吉暁子作　こみねゆら絵　改訂版　偕成社　2003　270p　20cm　1400円　ⓘ4-03-727090-0　Ⓝ913.6
☆「少年少女の名作案内 日本の文学ファンタジー編」

菅 専助　すが・せんすけ

04569　「桂川連理柵」
『桂川連理柵―解説　帯屋の段』　玉井清文堂編輯部編　玉井清文堂　1929　43,15p　23cm　Ⓝ768
☆「世界名著大事典」

04570　「摂州合邦辻」
『摂州合邦辻―通し狂言』　菅専助,若竹笛躬作　山田庄一補綴・演出　［東京］　国立劇場　2007　93p　26cm（国立劇場歌舞伎公演上演台本）　Ⓝ912.5
☆「世界名著大事典」

菅江 真澄　すがえ・ますみ

04571　「伊那の中路」
『伊那の中路―真澄遊覧記』　菅江真澄著　柳田国男校註　［砧村（東京府）］　真澄遊覧記刊行会　1929　72,24p　22cm　Ⓝ291.52
☆「世界名著大事典 補遺（Extra）」

04572　「菅江真澄全集」
『菅江真澄全集　第1巻　日記　1』　未来社　1971　498p 図版11枚　22cm〈編集：内田武志,宮本常一〉　3800円　Ⓝ081.8
☆「世界名著大事典 補遺（Extra）」

04573　「菅江真澄遊覧記」
『菅江真澄遊覧記　1』　菅江真澄著　内田武志,宮本常一編訳　平凡社　2000　411p　16cm（平凡社ライブラリー）　1300円
ⓘ4-582-76335-9　Ⓝ291.09
☆「古典の事典」,「新・山の本おすすめ50選」,「世界の旅行記101」,「世界名著大事典 補遺（Extra）」

菅沼 貞風　すがぬま・ていふう

04574　「大日本商業史」
『大日本商業史』　菅沼貞風著　五月書房　1979　1冊　22cm〈付：平戸貿易史 明治25年刊の複製　著者の肖像あり〉　9000円　Ⓝ672.1
☆「世界名著大事典」

菅野 静子　すがの・しずこ

04575　「サイパン島の最期」
『サイパン島の最期』　菅野静子著　国書刊行会　1982　381p　20cm（南方捕虜叢書　4）〈出版共同社昭和34年刊の再刊　著者の肖像あり〉　2900円　Ⓝ916
☆「日本陸軍の本・総解説」

菅野 真道　すがの・まみち

04576　「続日本紀」
『續日本紀』　吉川弘文館　2007　561p　27cm（國史大系 新訂増補　第2巻　黒板勝美編輯）〈平成12年刊（新装版）を原本としたオンデマンド版〉　13000円　ⓘ978-4-642-04002-0
Ⓝ210.35
☆「近代名著解題選集 3」,「古典の事典」,「世界名著大事典」,「日本の古典名著」,「日本名著辞典」,「日本歴史「古典籍」総覧」,「歴史の名著100」

菅原 和孝　すがわら・かずよし

04577　「身体の人類学」
『身体の人類学―カラハリ狩猟採集民グウィの日常行動』　菅原和孝著　河出書房新社　1993　311p　20cm　2500円　ⓘ4-309-24139-5
Ⓝ389.484
☆「学問がわかる500冊 v.2」

菅原 為長　すがわら・ためなが

04578　「消息詞」
『稀覯往来物集成　第9巻』　小泉吉永編　石川松太郎監修　大空社　1997　473,6p　22cm〈複製〉　ⓘ4-7568-0228-1　Ⓝ375.9
☆「世界名著大事典」

菅原 道真　すがわら・みちざね

04579　「菅家後集」
『敍意一百韻』（『菅家後集』）全注釈』　燒山廣志監修　道真梅の会編　荒川美枝子,井原和世,須藤修一,田中陽子,野田了介,諸田素子共

著　[大牟田]　道真梅の会　2008　128p　30cm　Ⓝ919.3
☆「千年の百冊」,「日本の古典名著」

04580　「菅家後草」
『叙意一百韻」(『菅家後集』)全注釈』　焼山廣志監修　道真梅の会編　荒川美枝子, 井原和世, 須藤修一, 田中陽子, 野田了介, 諸田素子共著　[大牟田]　道真梅の会　2008　128p　30cm　Ⓝ919.3
☆「近代名著解題選集 3」

04581　「菅家文草」
『菅家文草―寛文版本・元禄版本校異対照一覧　漢詩篇』[菅原道真][撰]　高松寿夫編　早稲田大学日本古典籍研究所　2012　304p　21×30cm　Ⓝ919.3
☆「近代名著解題選集 3」,「古典の事典」,「世界名著大事典」,「千年の百冊」,「2ページでわかる日本の古典傑作選」,「日本の古典名著」,「日本文学鑑賞辞典〔第1〕」

04582　「新撰万葉集」
『新撰万葉集―道明寺天満宮蔵』　大谷女子大学博物館編　富田林　大谷女子大学博物館　2001　88p　26cm〈大谷女子大学博物館報告書　第44冊―字訓史研究資料　2〉〈複製および翻刻〉　Ⓝ911.137
☆「近代名著解題選集 3」,「作品と作者」,「世界名著大事典」,「日本の古典名著」,「日本文学鑑賞辞典〔第1〕」,「日本文学名作概観」

04583　「日本三代実録」
『日本三代実録』　黒板勝美編　新装版　吉川弘文館　2000　643p　21cm〈新訂増補国史大系　第4巻〉　8600円　Ⓘ4-642-00305-3
☆「近代名著解題選集 3」,「世界名著大事典」,「日本名著辞典」

04584　「類聚国史」
『類聚国史　1』　菅原道真著　八木書店　2001　266,7p　22×31cm〈尊経閣善本影印集成　32　前田育徳会尊経閣文庫編〉〈附・模写本〉　33000円　Ⓘ4-8406-2332-5　Ⓝ210.3
☆「近代名著解題選集 3」,「古典の事典」,「世界名著大事典」,「日本名著辞典」,「日本歴史「古典籍」総覧」,「歴史の名著100」

菅原孝標女　すがわらたかすえのむすめ
04585　「更級日記」
『更級日記』　菅原孝標女著　池田利夫訳注　旺文社　1994　194p　19cm〈全訳古典撰集〉〈更級日記年譜：p186～194〉　950円　Ⓘ4-01-067248-X　Ⓝ915.36
☆「あらすじダイジェスト 日本の古典30を読む」,「一度は読もうよ！ 日本の名著」,「一冊で日本の古典100冊を読む」,「一冊で100名作の「さわり」を読む」,「学術辞典叢書 第15巻」,「近代名著解題選集 3」,「古典の事典」,「古典文学鑑賞辞典」,「作品と作者」,「3行でわかる名作&ヒット本250」,「自伝の名著101」,「図説 5分でわかる日本の名作傑作選」,「世界名作事典」,「世界名著解題選集 第2巻」,「世界名著大事典」,「千年の百冊」,「2ページでわかる日本の古典傑作選」,「日本古典への誘い100選 1」,「日本の古典」,「日本の古典名著」,「日本の古典・世界の古典」,「日本の古典名著」,「日本の名著」(角川書店),「日本の名著」(毎日新聞社),「日本文学鑑賞辞典〔第1〕」,「日本文学の古典50選」,「日本文学名作案内」,「日本文学名作概観」,「日本文学名作事典」,「日本名著辞典」,「早わかり日本古典文学あらすじ事典」,「文学・名著300選の解説 '88年度版」,「やさしい古典案内」

04586　「浜松中納言物語」
『浜松中納言物語』　池田利夫校注・訳　小学館　2001　494p　23×17cm〈新編日本古典文学全集　27〉　4267円　Ⓘ4-09-658027-9
☆「学術辞典叢書 第15巻」,「近代名著解題選集 2」,「近代名著解題選集 3」,「古典の事典」,「古典文学鑑賞辞典」,「作品と作者」,「世界名著解題選第3巻」,「世界名著大事典」,「千年の百冊」,「日本の古典」,「日本の古典・世界の古典」,「日本の古典名著」,「日本文学鑑賞辞典〔第1〕」,「日本文学名作概観」,「日本名著辞典」

04587　「夜半の寝覚」
『寝覚　上』　関根慶子全訳注　講談社　1986　450p　15cm〈講談社学術文庫〉　1300円　Ⓘ4-06-158732-3　Ⓝ913.382
☆「一度は読もうよ！ 日本の名著」,「一冊で日本の古典100冊を読む」,「近代名著解題選集 3」,「古典の事典」,「古典文学鑑賞辞典」,「作品と作者」,「世界名著大事典」,「千年の百冊」,「2ページでわかる日本の古典傑作選」,「日本の古典」,「日本の古典・世界の古典」,「日本の古典名著」,「日本文学鑑賞辞典〔第1〕」,「日本文学名作概観」,「早わかり日本古典文学あらすじ事典」

杉贋阿弥　すぎ・がんあみ
04588　「舞台観察手引草」
『舞台観察手引草』　杉贋阿弥著　演劇出版社　1957　345p　19cm　Ⓝ774
☆「世界名著大事典」

杉 みき子　すぎ・みきこ
04589　「小さな雪の町の物語」
『小さな雪の町の物語』　杉みき子文　佐藤忠良画　童心社　1972　93p　21cm　1200円　Ⓘ4-494-02114-8
☆「少年少女の名作案内 日本の文学リアリズム編」

杉 洋子　すぎ・ようこ
04590　「海潮音」
『海潮音』　杉洋子著　講談社　2000　454p　15cm〈講談社文庫〉　933円　Ⓘ4-06-273049-9

Ⓝ913.6
☆「世界の海洋文学」

杉浦 昭典　すぎうら・あきのり

04591　「海賊たちの太平洋」

『海賊たちの太平洋』　杉浦昭典著　筑摩書房　1990　230p　19cm〈ちくまプリマーブックス 42〉　980円　Ⓘ4-480-04142-7
☆「世界の海洋文学」

04592　「帆船史話―王国の海賊編」

『帆船史話　王国の海賊編』　杉浦昭典著　舵社　1991　269p　20cm〈舵エンタープライズ〔発売〕〉　2000円　Ⓘ4-8072-3203-7　Ⓝ556.7
☆「世界の海洋文学」

杉浦 重剛　すぎうら・じゅうごう

04593　「杉浦重剛座談録」

『杉浦重剛座談録』　猪狩史山,中野刀水編　岩波書店　1941　198p　15cm〈岩波文庫〉Ⓝ159
☆「世界名著大事典」

杉浦 光夫　すぎうら・みつお

04594　「解析入門」

『解析入門　1』　杉浦光夫著　東京大学出版会　1980　428p　22cm〈基礎数学　2〉〈参考書：p419～420〉　2400円　Ⓝ413
☆「ブックガイド　文庫で読む科学」

04595　「連続群論入門」

『連続群論入門』　山内恭彦,杉浦光夫共著　新装版　培風館　2010　199p　21cm〈新数学シリーズ　18〉〈シリーズの監修者：吉田洋一　文献あり　索引あり〉　4500円　Ⓘ978-4-563-00329-6　Ⓝ411.67
☆「数学ブックガイド100」

杉浦 明平　すぎうら・みんぺい

04596　「基地六〇五号」

『基地六〇五号』　杉浦明平著　大日本雄弁会講談社　1954　286p 図版　19cm　Ⓝ915.9
☆「世界名著大事典　補遺(Extra)」

04597　「国境の海」

『国境の海』　杉浦明平著　青木書店　1955　205p 図版　18cm〈青木新書〉Ⓝ915.9
☆「世界の海洋文学」

04598　「小説渡辺崋山」

『小説渡辺崋山　1　失意』　杉浦明平著　朝日新聞社　1982　312p　15cm　460円　Ⓝ913.6
☆「現代文学鑑賞辞典」,「世界名著大事典　補遺(Extra)」,「日本文芸鑑賞事典 第20巻(昭和42～50年)」,「ポケット日本名作事典」

04599　「台風十三号始末記」

『台風十三号始末記―ルポルタージュ』　杉浦明平著　岩波書店　1955　230p　18cm〈岩波新書〉　700円　Ⓘ4-00-415025-6　Ⓝ916
☆「世界名著大事典　補遺(Extra)」

04600　「ノリソダ騒動記」

『ノリソダ騒動記』　杉浦明平著　講談社　1998　225p　16cm〈講談社文芸文庫〉〈『杉浦明平著作選 上』(1978年刊)の改訂〉　1100円　Ⓘ4-06-197641-9　Ⓝ913.6
☆「世界名著大事典　補遺(Extra)」

04601　「秘事法門」

『歴史への視点』　江馬修著者代表　學藝書林　2004　629p　20cm〈全集現代文学の発見　新装版　第12巻　大岡昇平,平野謙,佐々木基一,埴谷雄高,花田清輝責任編集〉〈付属資料：12p：月報 12〉　4500円　Ⓘ4-87517-070-X　Ⓝ913.68
☆「世界名著大事典　補遺(Extra)」

04602　「ルネサンス文学の研究」

『ルネサンス文学の研究』　杉浦明平著　潮流社　1948　358p 図版　19cm　Ⓝ902
☆「世界名著大事典　補遺(Extra)」

杉浦 芳夫　すぎうら・よしお

04603　「文学のなかの地理空間」

『文学のなかの地理空間―東京とその近傍』　杉浦芳夫著　古今書院　1992　308p　21cm〈各章末：文献〉　3200円　Ⓘ4-7722-1385-6　Ⓝ291.36
☆「学問がわかる500冊 v.2」

杉田 一次　すぎた・いちじ

04604　「情報なき戦争指導―大本営情報参謀の回想」

『情報なき戦争指導―大本営情報参謀の回想』　杉田一次著　原書房　1987　412p　22cm〈著者の肖像あり　折り込図5枚　参考文献：p412〉　4200円　Ⓘ4-562-01886-0　Ⓝ391.6
☆「名著で学ぶインテリジェンス」

杉田 玄白　すぎた・げんぱく

04605　「鷧斎日録」

『杉田玄白日記―鷧斎日録』　杉靖三郎校編　青史社　1981　605p　22cm〈蘭学資料叢書 6〉〈生活社昭和19年刊の複製　合同出版〔発売〕〉　8000円　Ⓝ289.1
☆「世界名著大事典」

04606　「解体新書」

『解体新書―全現代語訳』　杉田玄白ほか訳著　酒井シヅ訳　新装版　講談社　1998　256p　15cm〈講談社学術文庫〉　800円　Ⓘ4-06-159341-2　Ⓝ491.1

☆「古典の事典」、「自然科学の名著100選 中」、「世界名著大事典」、「日本の古典名著」、「日本名著辞典」

04607 「野叟独語」
『蘭学事始―ほか』 杉田玄白［著］ 芳賀徹、緒方富雄、栖林忠男訳 中央公論新社 2004 25,348p 18cm〈中公クラシックス〉〈年譜あり〉 1450円 ①4-12-160068-1 Ⓝ402.105
☆「日本の古典名著」

04608 「蘭学事始」
『蘭学事始―ほか』 杉田玄白［著］ 芳賀徹、緒方富雄、栖林忠男訳 中央公論新社 2004 25,348p 18cm〈中公クラシックス〉〈年譜あり〉 1450円 ①4-12-160068-1 Ⓝ402.105
☆「アジアの比較文化」、「大人のための日本の名著50」、「科学技術をどう読むか」、「教育を考えるためにこの48冊」、「教養のためのブックガイド」、「古典の事典」、「世界名作事典」、「世界名著大事典」、「日本古典への誘い100選 2」、「日本人の名著」を読む」、「日本の古典」、「日本の古典名著」、「日本の書物」、「日本文学名作事典」、「日本名著辞典」、「文学・名著300選の解説 '88年度版」

杉田 久女　すぎた・ひさじょ

04609 「杉田久女句集」
『杉田久女句集』 杉田久女著 北九州 北九州市立文学館 2008 189p 15cm〈北九州市立文学館文庫 3〉〈年譜あり〉 Ⓝ911.368
☆「日本文学鑑賞辞典〔第2〕」、「日本文芸鑑賞事典 第16巻」

杉田 英明　すぎた・ひであき

04610 「事物の声 絵画の詩」
『事物の声 絵画の詩―アラブ・ペルシア文学とイスラム美術』 杉田英明著 平凡社 1993 532p 22×17cm 6200円 ①4-582-33311-7
☆「歴史家の一冊」

04611 「日本人の中東発見」
『日本人の中東発見―逆遠近法のなかの比較文化史』 杉田英明著 東京大学出版会 1995 312,46p 20cm〈中東イスラム世界 2〉〈巻末：文献一覧〉 2678円 ①4-13-025022-1 Ⓝ226
☆「歴史家の一冊」

杉原 薫　すぎはら・かおる

04612 「アジア間貿易の形成と構造」
『アジア間貿易の形成と構造』 杉原薫著 京都 ミネルヴァ書房 1996 410p 22cm（Minerva人文・社会科学叢書 4） 6695円 ①4-623-02565-9 Ⓝ678.22
☆「21世紀の必読書100選」

杉原 四郎　すぎはら・しろう

04613 「日本経済思想史読本」
『日本経済思想史読本』 杉原四郎、長幸男編 東洋経済新報社 1979 202,6p 21cm〈執筆：杉原四郎ほか 参考文献：p199～202〉 1600円 Ⓝ331.21
☆「現代ビジネス書・経済書総解説」

04614 「日本のエコノミスト」
『日本のエコノミスト』 杉原四郎著 日本評論社 1984 192p 19cm（エコノブックス 6） 1200円 Ⓝ331.21
☆「学問がわかる500冊」

杉原 荘介　すぎはら・そうすけ

04615 「群馬県岩宿発見の石器文化」
『群馬県岩宿発見の石器文化』 杉原荘介著 京都 臨川書店 1981 64,29,5p 図版21枚 27cm（明治大学文学部研究報告 考古学 第1冊）〈明治大学文学研究所昭和31年刊の複製 文献：p57～64〉 6700円 ①4-653-00722-5 Ⓝ210.2
☆「世界名著大事典」

杉原 達　すぎはら・とおる

04616 「越境する民」
『越境する民―近代大阪の朝鮮人史研究』 杉原達著 新幹社 1998 234p 20cm 2000円 ①4-915924-93-9 Ⓝ334.41
☆「東アジア論」

杉原 泰雄　すぎはら・やすお

04617 「国民主権と国民代表制」
『国民主権と国民代表制』 杉原泰雄著 有斐閣 1983 426p 22cm 6700円 ①4-641-03021-9 Ⓝ323.01
☆「憲法本41」

杉原 幸子　すぎはら・ゆきこ

04618 「六千人の命のビザ」
『六千人の命のビザ』 杉原幸子著 新版第2版 大正出版 1994 238p 20cm〈杉原千畝年譜：p215～222〉 1500円 ①4-8117-0307-3 Ⓝ238.84
☆「今だから知っておきたい戦争の本70」、「現代を読む」

杉村 楚人冠　すぎむら・そじんかん

04619 「最近新聞紙学」
『最近新聞紙学』 杉村楚人冠著 中央大学出版部 1970 367p 19cm（UL双書）〈付（p.337-364）：本所から〉 850円 Ⓝ070.16
☆「世界名著大事典 補遺（Extra）」

04620 「新聞の話」
『楚人冠全集 第1-16巻』 杉村広太郎著 日本評論社 1937 16冊 20cm Ⓝ081
☆「世界名著大事典 補遺(Extra)」

04621 「杉村楚人冠全集」
『楚人冠全集 第1-16巻』 杉村広太郎著 日本評論社 1937 16冊 20cm Ⓝ081
☆「世界名著大事典 補遺(Extra)」

杉本 章子 すぎもと・あきこ

04622 「信太郎人情始末帖」
『おすず―信太郎人情始末帖』 杉本章子著 文藝春秋 2003 284p 16cm〈文春文庫〉 571円 Ⓘ4-16-749707-7 Ⓝ913.6
☆「面白いほどよくわかる時代小説名作100」

杉本 栄一 すぎもと・えいいち

04623 「近代経済学の解明」
『近代経済学の解明 上 第1巻その系譜と現代的評価』 杉本栄一著 岩波書店 2006 329,4p 15cm〈岩波文庫〉〈第15刷〉 760円 Ⓘ4-00-341491-8
☆「名著の履歴書」

04624 「米穀需要法則の研究」
『米穀需要法則の研究』 杉本栄一著 日本学術振興会 1935 88p 22cm〈日本学術振興会学術部第6小委員会報告 第1冊〉 Ⓝ611.32
☆「世界名著大事典」

04625 「理論経済学の基本問題」
『理論経済学の基本問題―経済発展の過程と弾力性概念』 杉本栄一著 日本評論社 1948 408p 21cm Ⓝ331
☆「世界名著大事典」

杉本 貴代栄 すぎもと・きよえ

04626 「社会福祉とフェミニズム」
『社会福祉とフェミニズム』 杉本貴代栄著 勁草書房 1993 261,25p 20cm〈巻末:参考文献〉 2884円 Ⓘ4-326-65148-2 Ⓝ367.253
☆「学問がわかる500冊」

杉本 健 すぎもと・けん

04627 「海軍の昭和史」
『海軍の昭和史―提督と新聞記者』 杉本健著 光人社 1999 397p 16cm〈光人社NF文庫〉 800円 Ⓘ4-7698-2226-X Ⓝ397.21
☆「日本海軍の本・総解説」

杉本 苑子 すぎもと・そのこ

04628 「孤愁の岸」
『孤愁の岸』 杉本苑子著 講談社 1982 2冊 15cm〈講談社文庫〉 各340円 Ⓘ4-06-131745-8 Ⓝ913.6
☆「面白いほどよくわかる時代小説名作100」、「現代文学鑑賞辞典」、「日本文芸鑑賞事典 第18巻(1958～1962年)」、「ポケット日本名作事典」、「歴史小説・時代小説 総解説」

04629 「滝沢馬琴」
『滝沢馬琴』 杉本苑子著 中央公論社 1998 423p 19cm(杉本苑子全集 8) 4000円 Ⓘ4-12-403451-2
☆「ポケット日本名作事典」、「歴史小説・時代小説 総解説」

04630 「船と将軍」
『船と将軍』 杉本苑子著 雪華社 1961 282p 20cm Ⓝ913.6
☆「世界の海洋文学」

杉本 直治郎 すぎもと・なおじろう

04631 「東南アジア史研究」
『東南アジア史研究 第1』 杉本直治郎著 巌南堂書店 1968 817p 図版 地図 22cm〈日本学術振興会昭和31年刊の訂補再版〉 3000円 Ⓝ223
☆「人文科学の名著」、「世界名著大事典」

杉本 信行 すぎもと・のぶゆき

04632 「大地の咆哮」
『大地の咆哮―元上海総領事が見た中国』 杉本信行著 PHP研究所 2007 410p 15cm (PHP文庫)〈文献あり〉 743円 Ⓘ978-4-569-66911-3 Ⓝ319.1022
☆「超売れ筋ビジネス書101冊」

杉本 裕明 すぎもと・ひろあき

04633 「環境犯罪」
『環境犯罪―七つの事件簿から』 杉本裕明著 名古屋 風媒社 2001 269p 20cm 2400円 Ⓘ4-8331-1056-3 Ⓝ519.21
☆「科学を読む愉しみ」

杉森 久英 すぎもり・ひさひで

04634 「辻政信」
『辻政信』 杉森久英著 文芸春秋新社 1963 238p 20cm Ⓝ289.1
☆「日本陸軍の本・総解説」

04635 「天才と狂人の間」
『天才と狂人の間―島田清次郎の生涯』 杉森久英著 河出書房新社 1994 232p 15cm(河出文庫) 580円 Ⓘ4-309-40409-X Ⓝ913.6
☆「現代文学鑑賞辞典」、「ポケット日本名作事典」

04636 「明治の宰相」
『明治の宰相』 杉森久英著 文芸春秋 1969 299p 20cm〈『日本経済新聞』に昭和43年4月

から10月まで連載されたもの〉　490円
Ⓝ913.6
☆「日本文芸鑑賞事典　第20巻（昭和42〜50年）」

杉山 徹宗　すぎやま・かつみ
04637　「侵略と戦慄」
『侵略と戦慄中国4000年の真実』　杉山徹宗著　祥伝社　1999　284p　20cm　1600円
Ⓘ4-396-61083-1　Ⓝ222.01
☆「21世紀の必読書100選」

杉山 孝平　すぎやま・こうへい
04638　「信用組合論」
『明治大正農政経済名著集　4　信用組合産業組合論集』　近藤康男編　農山漁村文化協会　1977　372p 肖像　22cm　3000円　Ⓝ610.8
☆「農政経済の名著 明治大正編」

杉山 二郎　すぎやま・じろう
04639　「大仏建立」
『大仏建立』　杉山二郎著　新・新装版　学生社　1999　242p　20cm　2400円
Ⓘ4-311-20230-X　Ⓝ210.3
☆「科学技術をどう読むか」

杉山 正明　すぎやま・まさあき
04640　「クビライの挑戦」
『クビライの挑戦―モンゴルによる世界史の大転回』　杉山正明［著］　講談社　2010　299p　15cm（講談社学術文庫　2009）　1000円
Ⓘ978-4-06-292009-4　Ⓝ222.6
☆「世界史読書案内」,「歴史家の一冊」

04641　「遊牧民から見た世界史」
『遊牧民から見た世界史』　杉山正明著　増補版　日本経済新聞出版社　2011　477p　15cm（日経ビジネス人文庫　599）〈初版：日本経済新聞社2003年刊〉　952円　Ⓘ978-4-532-19599-1　Ⓝ209
☆「21世紀の必読書100選」

杉山 光信　すぎやま・みつのぶ
04642　「現代社会学の名著」
『現代社会学の名著』　杉山光信編　中央公論社　1989　13,238p　18cm（中公新書）〈各章末：参考文献〉　600円　Ⓘ4-12-100930-4　Ⓝ361.04
☆「「本の定番」ブックガイド」

杉山 元治郎　すぎやま・もとじろう
04643　「農民組合の理論と実際」
『農民組合の理論と実際』　杉山元治郎著　改訂版　エルノス　1927　192p　20cm　Ⓝ611.9
☆「農政経済の名著 明治大正編」

菅野 盾樹　すげの・たてき
04644　「いじめ」
『いじめ―学級の人間学』　菅野盾樹著　増補版　新曜社　1997　293p　19cm　1800円
Ⓘ4-7885-0614-9　Ⓝ371.42
☆「教育本44」

鈴江 言一　すずえ・げんいち
04645　「支那革命の階級対立」
『支那革命の階級対立』　鈴江言一著　大鳳閣　1930　504p　20cm　Ⓝ222.07
☆「歴史の名著 日本人篇」

04646　「孫文伝」
『孫文伝』　鈴江言一著　岩波書店　1950　569p 図版　19cm　Ⓝ289.2
☆「世界名著大事典」,「歴史の名著 日本人篇」

04647　「中国解放闘争史」
『中国解放闘争史』　鈴江言一著　校訂版　石崎書店　1967　568p　22cm〈「中国無産階級運動史」の改題〉　1800円　Ⓝ312.22
☆「歴史の名著 日本人篇」

鈴木 朖　すずき・あきら
04648　「言語四種論」
『言語四種論』　鈴木朖著　名古屋　名古屋国文学会　1931　6p　22cm　Ⓝ815
☆「世界名著大事典 補遺(Extra)」

鈴木 栄太郎　すずき・えいたろう
04649　「都市社会学原理」
『都市社会学原理』　鈴木栄太郎著　有斐閣　1957　463p 表　22cm（社会学選書）　Ⓝ361.48
☆「都市的世界」

04650　「日本農村社会学原理」
『日本農村社会学原理』　鈴木栄太郎著　クレス出版　1999　695,5p　22cm（「家族・婚姻」研究文献選集 新装版　10　湯沢雍彦監修）〈時潮社昭和18年刊の複製　折り込図1枚〉
Ⓘ4-87733-076-5　Ⓝ361.76
☆「世界名著大事典」,「日本の社会と文化」

鈴木 克美　すずき・かつみ
04651　「水族館への招待」
『水族館への招待―魚と人と海』　鈴木克美著　丸善　1994　241p　18cm（丸善ライブラリー　112）〈主要参考文献：p238〜241〉　660円
Ⓘ4-621-05112-1　Ⓝ480.76
☆「学問がわかる500冊 v.2」

鈴木 貫太郎 すずき・かんたろう

04652　「鈴木貫太郎自伝」
『鈴木貫太郎自伝』　鈴木貫太郎著　小堀桂一郎校訂　中央公論新社　2013　329p　18cm（中公クラシックス　J52）　1800円
①978-4-12-160140-7　Ⓝ289.1
☆「自伝の名著101」,「世界名著大事典 補遺（Extra）」

鈴木 公雄 すずき・きみお

04653　「考古学入門」
『考古学入門』　鈴木公雄著　東京大学出版会　1988　212p　21cm〈参考文献：p189～195〉　1900円　①4-13-022051-9　Ⓝ202.5
☆「学問がわかる500冊 v.2」

04654　「争点 日本の歴史」
『争点日本の歴史　第1巻　原始編—旧石器～縄文・弥生時代』　鈴木公雄編　新人物往来社　1990　304p　22cm　3700円
①4-404-01774-X　Ⓝ210.1
☆「学問がわかる500冊 v.2」

鈴木 清 すずき・きよし

04655　「監房細胞」
『監房細胞』　鈴木清著　新日本出版社　1978　278p　15cm（新日本文庫）　450円　Ⓝ913.6
☆「日本のプロレタリア文学」

鈴木 圭介 すずき・けいすけ

04656　「アメリカ経済史研究序説」
『アメリカ経済史研究序説』　鈴木圭介著　日本評論社　1949　141p　22cm〈附：アメリカ農業（ハリイ・J.カーマン編），初期アメリカ土地会社（リヴァモア）〉　Ⓝ332.53
☆「世界名著大事典」

鈴木 敬三 すずき・けいぞう

04657　「初期絵巻物の風俗史的研究」
『初期絵巻物の風俗史的研究』　鈴木敬三著　新装ワイド版　吉川弘文館　2009　603,21p　図版35枚　32cm〈索引あり〉　50000円
①978-4-642-07909-9　Ⓝ382.1
☆「名著の履歴書」

鈴木 健二 すずき・けんじ

04658　「気くばりのすすめ」
『気くばりのすすめ—心のある社会をつくる「思いやりの技術」』　鈴木健二著　グラフ社　2006　228p　20cm〈講談社1982年刊の増補〉　1333円　①4-7662-0948-6　Ⓝ159
☆「百年の誤読」

鈴木 貞美 すずき・さだみ

04659　「大正生命主義と現代」

『大正生命主義と現代』　鈴木貞美編　河出書房新社　1995　297p　22cm〈折り込図1枚　年表ノート：p279～293〉　3900円
①4-309-24162-X　Ⓝ910.26
☆「アナーキズム」

鈴木 成高 すずき・しげたか

04660　「封建社会の研究」
『封建社会の研究』　鈴木成高著　弘文堂書房　1948　673p　22cm　Ⓝ362.04
☆「世界名著大事典」

鈴木 重胤 すずき・しげたね

04661　「延喜式祝詞講義」
『延喜式祝詞講義』　鈴木重胤著　国書刊行会　1978　3冊　22cm〈昭和14年刊の再刊〉　全32000円　Ⓝ176.4
☆「世界名著大事典」

鈴木 成文 すずき・しげふみ

04662　「「51C」家族を容れるハコの戦後と現在」
『「51C」家族を容れるハコの戦後と現在』　鈴木成文[ほか]著　平凡社　2004　186p　21cm〈文献あり〉　1800円　①4-582-54427-4　Ⓝ527.021
☆「建築・都市ブックガイド21世紀」

鈴木 俊隆 すずき・しゅんりゅう

04663　「禅へのいざない」
『禅へのいざない』　鈴木俊隆著　紀野一義訳　PHP研究所　1998　261p　20cm　1571円
①4-569-60006-9　Ⓝ188.8
☆「世界のスピリチュアル50の名著」

鈴木 正三 すずき・しょうさん

04664　「因果物語」
『因果物語』　鈴木正三著　吉田幸一編　古典文庫　1962　2冊　17cm（古典文庫　第182,185冊）〈複製〉　Ⓝ913.57
☆「世界名著大事典」,「日本の古典」,「日本の古典名著」

04665　「万民徳用」
『鈴木正三七部書—ダイジェスト版』　鈴木正三[著]　豊田市教育委員会,豊田市校長編　豊田　豊田市教育委員会　2007　45p　30cm〈奥付のタイトル：正三七部書ダイジェスト版〉　Ⓝ913.51
☆「世界名著大事典」,「日本の古典名著」

04666　「二人比丘尼」
『二人比丘尼—昌三』　鈴木正三著　豊田　豊田市鈴木正三顕彰会　13,14丁　26cm〈付属資料：1冊：対訳（翻刻）〉「鈴木正三道人全集

より抜粋　複製　和装〉Ⓝ913.51
☆「作品と作者」,「日本の古典・世界の古典」,「日本文学鑑賞辞典〔第1〕」

04667　「麓草分」
『麓草分―新刻』　鈴木正三著　豊田　豊田市鈴木正三顕彰会　40丁　26cm〈附属資料：21p：対訳（翻刻）　昭和五十年五月五日第五版「鈴木正三道人全集」より抜粋　複製　和装〉
Ⓝ188.84
☆「世界名著大事典」

04668　「盲安杖」
『盲安杖』　鈴木正三著　豊田　豊田市鈴木正三顕彰会　30丁　26cm〈附属資料：14p：対訳（翻刻）　昭和五十年五月五日第五版「鈴木正三道人全集」より抜粋　複製　和装〉
Ⓝ188.84
☆「日本の古典名著」

04669　「驢鞍橋」
『驢鞍橋』　鈴木正三著　鈴木大拙校訂　岩波書店　1948　254p　15cm(岩波文庫　3767-3769)　Ⓝ188.7
☆「古典の事典」,「世界名著大事典」

須々木 庄平　すすき・しょうへい

04670　「堂島米市場史」
『堂島米市場史』　須々木庄平著　日本評論社　1940　523,115,21p　22cm〈附録：米価表（自享保9年至慶応3年）〉　Ⓝ676.41
☆「世界名著大事典」

鈴木 鎮一　すずき・しんいち

04671　「才能開発は0歳から」
『才能開発は0歳から』　鈴木鎮一著　主婦の友社　1969　243p 図版　19cm　380円　Ⓝ378.7
☆「教育名著 日本編」

鈴木 信太郎　すずき・しんたろう

04672　「フランス詩法」
『フランス詩法　上巻』　鈴木信太郎著　新装復刊　白水社　2008　307p　22cm　5800円
Ⓘ978-4-560-00347-3　Ⓝ951
☆「世界名著大事典」

鈴木 泉三郎　すずき・せんざぶろう

04673　「生きてゐる小平次」
『怪奇・伝奇時代小説選集　2』　志村有弘編　春陽堂書店　1999　277p　16cm(春陽文庫)　562円　Ⓘ4-394-18002-3　Ⓝ913.68
☆「日本文学鑑賞辞典〔第2〕」

鈴木 大拙　すずき・だいせつ

04674　「禅思想史研究」

『禅思想史研究　第1』　鈴木大拙著　岩波書店　1987　495p　22cm　3500円
Ⓘ4-00-001180-4　Ⓝ188.82
☆「世界名著大事典」

04675　「禅と日本文化」
『禅と日本文化』　鈴木大拙著　北川桃雄訳　改版　岩波書店　2003　196p　18cm(岩波新書)〈第69刷〉　700円　Ⓘ4-00-400020-3
☆「現代人のための名著」,「世界名著大事典」,「21世紀の必読書100選」,「日本文芸鑑賞事典 第13巻」,「文学・名著300選の解説 '88年度版」,「ベストガイド日本の名著」,「明治・大正・昭和の名著・総解説」

04676　「日本的霊性」
『日本的霊性―完全版』　鈴木大拙［著］　角川学芸出版　2010　473p　15cm(角川文庫　16107―［角川ソフィア文庫］　［H-101-3］)〈角川グループパブリッシング〔発売〕〉　933円　Ⓘ978-4-04-407603-0　Ⓝ182.1
☆「大人のための日本の名著50」,「世界の名著早わかり事典」,「世界名著大事典」,「20世紀を震撼させた100冊」,「日本の名著」

04677　「無心といふこと」
『無心といふこと』　鈴木大拙著　改版　角川書店　1967　216p　15cm(角川文庫)　100円
Ⓝ184
☆「日本の名著」

鈴木 武雄　すずき・たけお

04678　「現代日本財政史」
『現代日本財政史　上巻』　鈴木武雄著　東京大学出版会　1952　363p　22cm　Ⓝ342.1
☆「世界名著大事典」

鈴木 董　すずき・ただし

04679　「イスラーム復興はなるか」
『イスラーム復興はなるか』　坂本勉,鈴木董編　講談社　1993　270p　18cm(講談社現代新書　1175―新書イスラームの世界史　3)　650円
Ⓘ4-06-149175-X
☆「世界史読書案内」

04680　「オスマン帝国」
『オスマン帝国―イスラム世界の「柔らかい専制」』　鈴木董著　講談社　1992　254p　18cm(講談社現代新書)　600円
Ⓘ4-06-149097-4　Ⓝ226.6
☆「世界史読書案内」

04681　「都市の文明イスラーム」
『都市の文明イスラーム』　佐藤次高,鈴木董編　講談社　1993　257p　18cm(講談社現代新書　新書イスラームの世界史　1)　650円
Ⓘ4-06-149162-8　Ⓝ228

☆「世界史読書案内」

04682　「パクス・イスラミカの世紀」
『パクス・イスラミカの世紀』　鈴木董編　講談社　1993　273p　18cm〔講談社現代新書　新書イスラームの世界史　2〕　650円
Ⓘ4-06-149166-0　Ⓝ226
☆「世界史読書案内」

鈴木 達也　すずき・たつや

04683　「山口組壊滅せず」
『山口組壊滅せず』　鈴木達也著　講談社　1987　241p　15cm〔講談社文庫〕　360円
Ⓘ4-06-184046-0　Ⓝ317.5
☆「現代を読む」

鈴木 継美　すずき・つぐよし

04684　「人類生態学」
『人類生態学』　鈴木継美ほか著　東京大学出版会　1990　231p　22cm〈各章末：文献〉　3296円　Ⓘ4-13-062128-9　Ⓝ361.7
☆「学問がわかる500冊 v.2」

鈴木 公　すずき・とおる

04685　「葦舟チグリス号大航海」
『葦舟チグリス号大航海──古代文明の謎』　鈴木公著　日本テレビ放送網　1980　286p　19cm〈読売新聞社〔発売〕〉　980円
Ⓝ292.2609
☆「世界の海洋文学」

鈴木 敏文　すずき・としふみ

04686　「商売の原点」
『商売の原点』　鈴木敏文［述］　緒方知行編　講談社　2003　205p　20cm　1400円
Ⓘ4-06-212098-4　Ⓝ673.868
☆「戦略の名著！ 最強43冊のエッセンス」

04687　「商売の創造」
『商売の創造』　鈴木敏文［述］　緒方知行編　講談社　2006　251p　16cm〔講談社＋α文庫〕　590円　Ⓘ4-06-281022-0　Ⓝ673.868
☆「戦略の名著！ 最強43冊のエッセンス」

鈴木 虎雄　すずき・とらお

04688　「支那詩論史」
『支那詩論史』　鈴木虎雄著　3版　弘文堂　1940　262p　23cm〔支那学叢書　第1編〕
Ⓝ921.02
☆「世界名著大事典」

鈴木 彦次郎　すずき・ひこじろう

04689　「両国梶之助」
『両国梶之助』　鈴木彦次郎著　大日本雄弁会講談社　1952　283p　19cm〔講談社評判小説全集　第11〕　Ⓝ913.6
☆「歴史小説・時代小説 総解説」

鈴木 尚　すずき・ひさし

04690　「化石サルから日本人まで」
『化石サルから日本人まで』　鈴木尚著　岩波書店　1971　230,8p　18cm〔岩波新書〕　150円
Ⓝ469.2
☆「学問がわかる500冊 v.2」

04691　「日本人の骨」
『日本人の骨』　鈴木尚著　岩波書店　1963　223p 図版　18cm〔岩波新書〕　Ⓝ469.41
☆「学問がわかる500冊 v.2」

04692　「骨から見た日本人のルーツ」
『骨から見た日本人のルーツ』　鈴木尚著　岩波書店　1983　226,2p　18cm〔岩波新書〕　430円　Ⓝ469.4
☆「学問がわかる500冊 v.2」

鈴木 博之　すずき・ひろゆき

04693　「奇想遺産」
『奇想遺産──世界のふしぎ建築物語』　鈴木博之, 藤森照信, 隈研吾, 松葉一清, 山盛英司著　新潮社　2007　158p　23cm　2800円
Ⓘ978-4-10-305531-0　Ⓝ520.4
☆「建築・都市ブックガイド21世紀」

04694　「建築の世紀末」
『建築の世紀末』　鈴木博之著　晶文社　1977　305,13p　22cm〈巻末：参考文献案内〉　2800円　Ⓝ523.8
☆「建築の書物/都市の書物」

04695　「東京の地霊」
『東京の地霊（ゲニウス・ロキ）』　鈴木博之著　筑摩書房　2009　300p　15cm〔ちくま学芸文庫　ス10-1〕　1100円　Ⓘ978-4-480-09201-4
Ⓝ213.61
☆「学問がわかる500冊 v.2」

04696　「都市のかなしみ」
『都市のかなしみ──建築百年のかたち』　鈴木博之著　中央公論新社　2003　349p　20cm　2600円　Ⓘ4-12-003457-7　Ⓝ520.4
☆「建築・都市ブックガイド21世紀」

鈴木 文治　すずき・ぶんじ

04697　「日本の労働問題」
『日本の労働問題』　鈴木文治著　海外植民学校出版部　1919　287p　20cm　Ⓝ366
☆「世界名著大事典」

04698　「労働運動二十年」
『労働運動二十年──現代文訳』　鈴木文治著　鈴

木文彦訳　鈴木文治著「労働運動二十年」刊行委員会　1985　382p　22cm〈鈴木文治の肖像あり〉　2800円　Ⓝ366.621
☆「日本近代の名著」、「明治・大正・昭和の名著・総解説」

鈴木 牧之　すずき・ぼくし

04699　「秋山記行」
『秋山記行―現代語訳』　鈴木牧之著　磯部定治訳・解説　恒文社　1998　117p　20cm　1800円　Ⓘ4-7704-0978-8　Ⓝ915.5
☆「世界の旅行記101」

04700　「北越雪譜」
『北越雪譜』　鈴木牧之編撰　京山人百樹刪定　岡田武松校訂　岩波書店　2001　348p　19cm（ワイド版岩波文庫）　1300円　Ⓘ4-00-007082-7
☆「大人のための日本の名著50」、「古典の事典」、「この一冊で読める！日本の古典50冊」、「世界名著大事典」、「日本の古典」、「日本の古典名著」、「日本の書物」、「日本の名著3分間読書100」

鈴木 昌鑑　すずき・まさあき

04701　「秩父宮雍仁親王」
『秩父宮雍仁親王』　秩父宮を偲ぶ会　1970　983p　肖像　27cm〈監修者：鈴木昌鑑　編纂者：芦沢紀之　秩父宮雍仁親王御年譜抜萃・参考文献：p960-975〉　6000円　Ⓝ288.44
☆「日本陸軍の本・総解説」

鈴木 正四　すずき・まさし

04702　「インド兵（セポイ）の反乱」
『インド兵（セポイ）の反乱―インド民族解放運動の歴史』　鈴木正四著　青木書店　1955　173p　地図　18cm（青木新書）　Ⓝ225
☆「歴史の名著　日本人篇」

鈴木 正朝　すずき・まさとも

04703　「これだけは知っておきたい個人情報保護」
『これだけは知っておきたい個人情報保護』　岡村久道, 鈴木正朝著　日本経済新聞社　2005　75p　18cm　500円　Ⓘ4-532-49002-2　Ⓝ316.1
☆「超売れ筋ビジネス書101冊」

鈴木 三重吉　すずき・みえきち

04704　「黒髪」
『恋って、どんな味がするの？―so many people,so many loves』　芥川龍之介, 伊藤左千夫, 鈴木三重吉, 太宰治, 新美南吉, 宮沢賢治, 森鷗外作　くもん出版　2007　147p　20cm（読書がたのしくなる・ニッポンの文学）　1000円　Ⓘ978-4-7743-1341-2　Ⓝ913.68

☆「日本・世界名作「愛の会話」100章」

04705　「桑の実」
『桑の実』　鈴木三重吉作　改版　岩波書店　1997　213p　15cm（岩波文庫）〈年譜あり〉　460円　Ⓘ4-00-310451-X　Ⓝ913.6
☆「世界名著大事典」、「日本文学鑑賞辞典〔第2〕」、「日本文学現代名作事典」、「日本文芸鑑賞事典 第5巻」、「名作の書き出しを諳んじる」

04706　「古事記物語」
『古事記物語』　鈴木三重吉著　PHP研究所　2009　255p　18cm〈『鈴木三重吉童話全集 第7巻』（文泉堂書店1975年刊）の加筆・修正〉　700円　Ⓘ978-4-569-70731-0　Ⓝ913.6
☆「世界名著大事典」、「名作の研究事典」

04707　「湖水の女」
『編年体大正文学全集　第5巻（大正5年）』　宮島資夫他著　海老井英次編　ゆまに書房　2000　655p　22cm　6600円　Ⓘ4-89714-894-4　Ⓝ918.6
☆「日本児童文学名著事典」、「日本文芸鑑賞事典 第5巻」

04708　「千鳥」
『千鳥』　鈴木三重吉著　河出書房　1955　218p　図版　15cm（河出文庫）　Ⓝ913.6
☆「現代文学鑑賞辞典」、「世界名著大事典」、「日本文学鑑賞辞典〔第2〕」、「日本文学現代名作事典」、「日本文芸鑑賞事典 第3巻（1904～1909年）」、「ポケット日本名作事典」

04709　「千代紙」
『千代紙』　鈴木三重吉著　光文社　1947　154p　図版　15cm（日本文学選）　Ⓝ913.6
☆「日本近代文学名著事典」

04710　「綴方読本」
『綴方読本―綴方と人間教育』　鈴木三重吉著　講談社　1987　185p　15cm（講談社学術文庫）　480円　Ⓘ4-06-158781-1　Ⓝ375.86
☆「世界名著大事典」

04711　「山彦」
『鈴木三重吉全集　第1巻』　岩波書店　1982　637p　20cm〈第2刷（第1刷：昭和13年）著者の肖像あり〉　3000円　Ⓝ918.68
☆「世界名著大事典」

鈴木 六林男　すずき・むりお

04712　「荒天」
『荒天一定本』　鈴木六林男著　西宮　ぬ書房　1975　245p　20cm〈限定版〉　2400円　Ⓝ911.36
☆「日本文芸鑑賞事典 第15巻」

鈴木 茂三郎　すずき・もさぶろう
　04713　「ある社会主義者の半生」
　『ある社会主義者の半生』　鈴木茂三郎著　文芸春秋新社　1958　263p　19cm　Ⓝ289.1
　☆「世界名著大事典 補遺（Extra）」

鈴木 安蔵　すずき・やすぞう
　04714　「自由民権」
　『自由民権』　鈴木安蔵著　白揚社　1948　494p　21cm　Ⓝ312.1
　☆「世界名著大事典」

鈴木 淑夫　すずき・よしお
　04715　「現代日本金融論」
　『現代日本金融論』　鈴木淑夫著　東洋経済新報社　1974　434p　22cm　3500円　Ⓝ338.21
　☆「現代ビジネス書・経済書総解説」

　04716　「日本経済の再生」
　『日本経済の再生―バブル経済を超えて』　鈴木淑夫著　東洋経済新報社　1992　241p　20cm　1500円　①4-492-39166-5　Ⓝ332.107
　☆「経済経営95冊」

　04717　「日本経済の将来像」
　『日本経済の将来像―不況克服後 悪循環からの脱却』　鈴木淑夫著　東洋経済新報社　1994　214p　20cm　1500円　①4-492-39191-6　Ⓝ332.107
　☆「経済経営95冊」

鈴木 良一　すずき・りょういち
　04718　「日本中世の農民問題」
　『日本中世の農民問題』　鈴木良一著　改訂版　校倉書房　1971　270p　22cm（歴史科学叢書）　2000円　Ⓝ612.1
　☆「歴史の名著 日本人篇」

鈴木 了二　すずき・りょうじ
　04719　「建築零年」
　『建築零年』　鈴木了二著　筑摩書房　2001　293p　22cm　3900円　①4-480-86062-2　Ⓝ520.4
　☆「建築・都市ブックガイド21世紀」

　04720　「非建築的考察」
　『非建築的考察』　鈴木了二著　筑摩書房　1988　225p　22cm　2600円　①4-480-85471-1　Ⓝ520.4
　☆「建築の書物/都市の書物」

薄田 泣菫　すすきだ・きゅうきん
　04721　「二十五絃」
　『二十五絃』　薄田泣菫著　春陽堂　1905　304p　19cm　Ⓝ911.5
　☆「世界名著大事典」

　04722　「白羊宮」
　『白羊宮―詩集』　薄田泣菫著　日本近代文学館　1980　292p　20cm（名著複刻詩歌文学館　連翹セット）〈金尾文淵堂明治39年刊の複製　ほるぷ〔発売〕　叢書の編者：名著複刻全集編集委員会〉Ⓝ911.56
　☆「感動！ 日本の名著 近現代編」、「近代文学名作事典」、「世界名著大事典」、「日本近代文学名著事典」、「日本の名著」、「日本文学鑑賞辞典〔第2〕」、「日本文学名作概観」、「日本文芸鑑賞事典第3巻（1904～1909年）」、「文学・名著300選の解説 '88年度版」

　04723　「暮笛集」
　『日本の詩歌　2　土井晩翠・薄田泣菫・蒲原有明・三木露風』　土井晩翠［ほか著］　新装　中央公論新社　2003　407p　21cm〈オンデマンド版　年譜あり〉　5300円　①4-12-570046-X　Ⓝ911.08
　☆「世界名著大事典」

須藤 健一　すどう・けんいち
　04724　「フィールドワークを歩く」
　『フィールドワークを歩く―文科系研究者の知識と経験』　須藤健一編　京都　嵯峨野書院　1996　398p　21cm〈これからフィールドワークをする人のための参考文献：p381～395〉　3605円　①4-7823-0233-9　Ⓝ301.6
　☆「学問がわかる500冊 v.2」

須藤 幸助　すどう・こうすけ
　04725　「進撃水雷戦隊」
　『進撃水雷戦隊』　須藤幸助著　鱒書房　1956　218p 図版　18cm（戦記シリーズ）　Ⓝ915.9
　☆「日本海軍の本・総解説」

須藤 南翠　すどう・なんすい
　04726　「新粧之佳人」
　『日本現代文学全集　第3　政治小説集』　伊藤整等編　講談社　1965　430p 図版　22cm　500円　Ⓝ918.6
　☆「世界名著大事典 補遺（Extra）」

　04727　「緑蓑談」
　『明治文学全集　第5　明治政治小説集　第1』　柳田泉編　筑摩書房　1966　441p 図版　23cm　Ⓝ918.6
　☆「世界名著大事典 補遺（Extra）」

周藤 吉之　すどう・よしゆき
　04728　「中国土地制度史研究」
　『中国土地制度史研究』　周藤吉之著　東京大学出版会　1998　726,13p　21cm　13000円

砂田 弘 すなだ・ひろし

04729 「さらばハイウェイ」
『さらばハイウェイ』 砂田弘著 小野田俊絵 偕成社 1976 275p 19cm(偕成社文庫) 390円
☆「少年少女の名作案内 日本の文学リアリズム編」

住井 すゑ すみい・すえ

04730 「橋のない川」
『橋のない川 第1部』 住井すゑ著 49刷改版 新潮社 2002 672p 16cm(新潮文庫) 819円 Ⓘ4-10-113702-1 Ⓝ913.6
☆「あの本にもう一度」、「現代文学鑑賞辞典」、「ポケット日本名作事典」

04731 「夜あけ朝あけ」
『夜あけ朝あけ』 住井すゑ著 新潮社 1965 197p 16cm(新潮文庫) Ⓝ913.6
☆「日本文芸鑑賞事典 第16巻」、「名作の研究事典」

住友本社 すみともほんしゃ

04732 「別子開坑二百五十年史話」
『別子開坑二百五十年史話』 住友本社編 大阪 住友本社 1941 542p 図版15枚 地図 19cm Ⓝ569.21
☆「世界名著大事典」

須山 幸雄 すやま・ゆきお

04733 「作戦の鬼 小畑敏四郎」
『作戦の鬼小畑敏四郎』 須山幸雄著 芙蓉書房 1983 379p 20cm〈小畑敏四郎の肖像あり 小畑敏四郎・年譜:p376~379〉 3000円 Ⓝ289.1
☆「日本陸軍の本・総解説」

諏訪 優 すわ・ゆう

04734 「精霊の森」
☆「日本文芸鑑賞事典 第20巻(昭和42~50年)」

【せ】

世阿弥 ぜあみ

04735 「阿漕」
『阿漕―袖珍本』 觀世左近訂正著作 檜書店 1951 10丁 13cm Ⓝ768.4
☆「近代名著解題選集 3」

04736 「蘆刈」
『能を読む 1 翁と観阿弥―能の誕生』 梅原

猛,観世清和監修 天野文雄,土屋恵一郎,中沢新一,松岡心平編集委員 角川学芸出版 2013 558p 22cm〈角川グループパブリッシング〔発売〕〉 6500円 Ⓘ978-4-04-653871-0 Ⓝ773
☆「近代名著解題選集 3」、「世界名著大事典」

04737 「飛鳥川」
『謡曲大観 別巻』 佐成謙太郎著 明治書院 1964 93,380p 23cm Ⓝ912.3
☆「近代名著解題選集 3」

04738 「敦盛」
『敦盛』 観世左近訂正著作 京都 檜書店 2003 12丁 23cm(観世流大成版 34ノ2) 〈和装〉 2000円 Ⓘ4-8279-0106-6 Ⓝ768.4
☆「近代名著解題選集 3」、「古典の事典」

04739 「蟻通」
『蟻通』 観世左近訂正著作 檜書店 1951 9丁 22cm(観世流稽古用謡本 33ノ1)〈和装〉 Ⓝ768.4
☆「近代名著解題選集 3」

04740 「井筒」
『井筒』 観世左近訂正著作 京都 檜書店 2003 10丁 23cm(観世流大成版 39ノ3) 〈和装〉 2000円 Ⓘ4-8279-0114-7 Ⓝ768.4
☆「近代名著解題選集 3」、「世界名著大事典 補遺(Extra)」、「千年紀のベスト100作品を選ぶ」

04741 「歌占」
『歌占―袖珍本』 観世左近訂正著作 檜書店 1951 15丁 13cm Ⓝ768.4
☆「近代名著解題選集 3」

04742 「善知鳥」
『善知鳥―袖珍本』 観世左近訂正著作 檜書店 1951 12丁 13cm Ⓝ768.4
☆「近代名著解題選集 3」

04743 「釆女」
『釆女―袖珍本』 観世左近訂正著作 檜書店 1951 13丁 13cm Ⓝ768.4
☆「近代名著解題選集 3」

04744 「雲林院」
『雲林院』 観世左近訂正著作 檜書店 1951 10丁 22cm(観世流稽古用謡本 25ノ3)〈和装〉 Ⓝ768.4
☆「近代名著解題選集 3」

04745 「老松」
『老松』 観世左近訂正著作 檜書店 1950 8丁 22cm(観世流稽古用謡本 3ノ1)〈和装〉 Ⓝ768.4
☆「近代名著解題選集 3」

04746 「姨捨」
『姨捨』 廿四世観世左近訂正 桧書店 1942

せあみ

4,11丁　24cm〈観世流大成版　22ノ3〉〈和装〉
Ⓝ768
☆「近代名著解題選集 3」

04747　「大原御幸」
『大原御幸』　白竜社編　川西十人物語　横浜　白竜社　2002　46p　19cm（能の友シリーズ 11）　900円　Ⓘ4-939134-14-8
☆「近代名著解題選集 3」，「世界名著大事典」

04748　「女郎花」
『女郎花―袖珍本』　觀世左近訂正著作　檜書店　1952　12丁　13cm　Ⓝ768.4
☆「近代名著解題選集 3」

04749　「杜若」
『杜若―袖珍本』　觀世左近訂正著作　檜書店　1952　11丁　13cm　Ⓝ768.4
☆「近代名著解題選集 3」

04750　「花鏡」
『花鏡』　世阿弥著　川瀬一馬校注　わんや書店　1953　86p 図版　19cm〈附：至花道,九位〉　Ⓝ773
☆「一度は読もうよ！日本の名著」，「一冊で日本の古典100冊を読む」，「50歳からの名著入門」，「世界名著大事典」，「日本の古典名著」，「日本文学名作案内」

04751　「景清」
『景清』　川西十人著　横浜　白竜社　2002　47p　19cm（能の友シリーズ 13　白竜社編）　900円　Ⓘ4-939134-17-2　Ⓝ773
☆「近代名著解題選集 3」，「世界名著大事典 補遺（Extra）」

04752　「花月」
『花月―対訳でたのしむ』　竹本幹夫著　檜書店　2010　26p　21cm　500円
Ⓘ978-4-8279-1041-4　Ⓝ773
☆「近代名著解題選集 3」

04753　「葛城」
『葛城』　觀世左近訂正著作　檜書店　1951　11丁　22cm〈観世流稽古用謡本　41ノ3〉〈和装〉　Ⓝ768.4
☆「近代名著解題選集 3」

04754　「兼平」
『兼平―袖珍本』　觀世左近訂正著作　檜書店　1952　13丁　13cm　Ⓝ768.4
☆「近代名著解題選集 3」

04755　「邯鄲」
『邯鄲―対訳でたのしむ』　三宅晶子著　檜書店　2006　30p　21cm　500円　Ⓘ4-8279-1040-5　Ⓝ773
☆「近代名著解題選集 3」，「世界名著大事典 補遺（Extra）」

04756　「砧」
『砧―重習』　觀世左近訂正著作　檜書店　1952　12丁　23cm〈観世流大成版　31ノ4〉〈和装〉　Ⓝ768.4
☆「近代名著解題選集 3」，「世界名著大事典（Extra）」

04757　「九位」
『世阿弥能楽論集』　世阿弥［著］　小西甚一編訳　たちばな出版　2004　407p　22cm〈「世阿弥集」（筑摩書房昭和45年刊）の改訂　年譜あり　文献あり〉　3048円　Ⓘ4-8133-1819-3　Ⓝ773
☆「世界名著大事典」

04758　「清経」
『清経―対訳でたのしむ』　竹本幹夫著　檜書店　2000　28p　22cm　500円　Ⓘ4-8279-1019-7　Ⓝ773
☆「あらすじダイジェスト 日本の古典30を読む」，「近代名著解題選集 3」，「早わかり日本古典文学あらすじ事典」

04759　「金札」
『金札』　廿四世觀世左近訂正　桧書店　1941　3,3丁　24cm〈観世流大成版　6ノ5〉〈和装〉　Ⓝ768
☆「近代名著解題選集 3」

04760　「呉服」
『呉服』　梅若六郎編　梅若流謡本刊行会　1940　10丁　13cm〈梅若流謡本　29ノ1〉〈和装〉　Ⓝ768
☆「近代名著解題選集 3」

04761　「恋重荷」
『戀重荷―袖珍本』　觀世左近訂正著作　檜書店　1951　10丁　13cm　Ⓝ768.4
☆「近代名著解題選集 3」

04762　「項羽」
『大蔵家伝之書古本能狂言　第4-6巻』　大蔵弥太郎編　京都　臨川書店　1976　3冊　23cm〈複製版 限定版〉　全94000円　Ⓝ773.9
☆「近代名著解題選集 3」

04763　「高野物狂」
『高野物狂―袖珍本』　觀世左近訂正著作　檜書店　1951　14丁　13cm　Ⓝ768.4
☆「近代名著解題選集 3」

04764　「佐保山」
『大蔵家伝之書古本能狂言　第4-6巻』　大蔵弥太郎編　京都　臨川書店　1976　3冊　23cm〈複製版 限定版〉　全94000円　Ⓝ773.9
☆「近代名著解題選集 3」

04765　「鷺」
『鷺―袖珍本』　觀世左近訂正著作　檜書店

1950　5丁　13cm　Ⓝ768.4
☆「近代名著解題選集 3」

04766　「桜川」
『桜川―対訳でたのしむ』　竹本幹夫著　檜書店
2010　36p　21cm　500円
Ⓘ978-4-8279-1043-8　Ⓝ773
☆「近代名著解題選集 3」

04767　「実盛」
『實盛』　観世左近訂正著作　檜書店　1951
15丁　23cm（観世流準九番習謡本　16ノ2）
〈和装〉Ⓝ768.4
☆「近代名著解題選集 3」、「世界名著大事典 補遺（Extra）」

04768　「申楽談儀」
『世阿弥・禅竹』　表章,加藤周一校注　岩波書店　1995　582p　22cm（日本思想大系新装版　芸の思想・道の思想　1）　4800円
Ⓘ4-00-009071-2　Ⓝ773
☆「一度は読もうよ！日本の名著」、「一冊で日本の古典100冊を読む」、「近代名著解題選集 3」、「世界名著大事典」、「日本の古典」、「日本の古典名著」、「日本文学鑑賞辞典」〔第1〕」

04769　「至花道」
『世阿弥・禅竹』　表章,加藤周一校注　岩波書店　1995　582p　22cm（日本思想大系新装版　芸の思想・道の思想　1）　4800円
Ⓘ4-00-009071-2　Ⓝ773
☆「世界名著大事典」、「日本の古典名著」

04770　「石橋」
『石橋―袖珍本』　観世左近訂正著作　檜書店
1951　7丁　13cm　Ⓝ768.4
☆「近代名著解題選集 3」、「世界名著大事典」

04771　「舎利」
『舎利』　廿四世観世左近訂正　桧書店　1943
10丁　24cm（観世流大成版　24ノ5）〈和装〉
Ⓝ768
☆「近代名著解題選集 3」

04772　「春栄」
『春栄』　廿四世観世左近訂正　桧書店　1943
20丁　24cm（観世流大成版　36ノ2）〈和装〉
Ⓝ768
☆「近代名著解題選集 3」

04773　「俊寛」
『俊寛―対訳でたのしむ』　竹本幹夫著　檜書店
2002　28p　21cm　500円　Ⓘ4-8279-1032-4
Ⓝ773
☆「近代名著解題選集 3」、「世界名著大事典」

04774　「鐘馗」
『鐘馗―袖珍本』　観世左近訂正著作　檜書店
1951　7丁　13cm　Ⓝ768.4
☆「近代名著解題選集 3」

04775　「猩々」
『猩々―袖珍本』　観世左近訂正著作　檜書店
1951　4丁　13cm　Ⓝ768.4
☆「近代名著解題選集 3」

04776　「代主」
『代主』　廿四世観世左近訂正　桧書店　1940
4,10丁　24cm（観世流大成版　4ノ1）〈和装〉
Ⓝ768
☆「近代名著解題選集 3」

04777　「須磨源氏」
『詞章―兼平（宝生流）・千手（観世流）・須磨源氏（観世流）平成十九年五月公演』〔東京〕
〔日本芸術文化振興会〕　12p　26cm
☆「近代名著解題選集 3」

04778　「世阿弥十六部集」
『世阿弥十六部集―校註 附・観阿弥世阿弥事蹟考』　野々村戒三編　春陽堂　1926　344,24p
19cm　Ⓝ773
☆「学術辞典叢書 第15巻」、「近代名著解題選集 3」、「世界名著解題選 第2巻」、「世界名著大事典」、「日本の名著」

04779　「西王母」
『西王母』　観世左近訂正著作　檜書店　1951
6丁　22cm（観世流稽古用謡本　25ノ1）〈和装〉Ⓝ768.4
☆「近代名著解題選集 3」

04780　「誓願寺」
『誓願寺―袖珍本』　観世左近訂正著作　檜書店
1951　12丁　13cm　Ⓝ768.4
☆「近代名著解題選集 3」

04781　「関寺小町」
『關寺小町』　梅若六郎著　梅若流謡本刊行會
1940　13丁　13cm（〔梅若流謡本〕　38ノ4）
〈和装〉
☆「近代名著解題選集 3」

04782　「蝉丸」
『蝉丸』　観世左近訂正著作　京都　檜書店
2003　14丁　23cm（観世流大成版）〈和装〉
2000円　Ⓘ4-8279-0186-4　Ⓝ768.4
☆「近代名著解題選集 3」、「世界名著大事典」

04783　「草紙洗小町」
『謡曲大観　第2巻』　佐成謙太郎著　明治書院
1964　731-1420p　23cm　Ⓝ912.3
☆「近代名著解題選集 3」、「世界名著大事典」、「日本の古典・世界の古典」

04784　「卒都婆小町」
『卒都婆小町―重習』　観世左近訂正著作　檜書店　1951　11丁　23cm（観世流大成版　40ノ

せあみ　　　　　　　　　　　　　　　　　　　　　　04785～04802

3)〈和装〉 Ⓝ768.4
☆「生きがいの再発見名著22選」，「近代名著解題選集 3」，「世界名著大事典」

04785　「泰山府君」
『詞章―翁（観世流）・絵馬（観世流）・湯谷（喜多流）・大原御幸（宝生流）・泰山府君（金剛流）・高砂（観世流）・舟弁慶（金春流）・三輪（喜多流）平成二十年九月公演」　［東京］　［日本芸術文化振興会］　23p　26cm
☆「近代名著解題選集 3」

04786　「当麻」
『当麻』　廿四世観世左近訂正　桧書店　1940　4,12丁　24cm（観世流大成版　3ノ5）〈和装〉Ⓝ768
☆「近代名著解題選集 3」

04787　「高砂」
『高砂』　川西十人著　横浜　白竜社　2001　48p　19cm（能の友シリーズ　7　白竜社編）　1000円　Ⓘ4-939134-08-3　Ⓝ773
☆「近代名著解題選集 2」，「近代名著解題選集 3」，「古典の事典」，「古典文学鑑賞辞典」，「世界名著大事典」，「日本の古典・世界の古典」

04788　「竹雪」
『竹雪』　宝生重英編　わんや書店　1933　15丁　23cm（昭和版　外 8 巻ノ4）〈和装〉Ⓝ768
☆「近代名著解題選集 3」

04789　「忠度」
『忠度』　觀世左近訂正著作　檜書店　1950　13丁　22cm（観世流稽古用謡本　19ノ2）〈和装〉Ⓝ768.4
☆「近代名著解題選集 3」，「古典文学鑑賞辞典」，「世界名著大事典」

04790　「田村」
『田村』　川西十人著　横浜　白竜社　2000　47p　19cm（能の友シリーズ　2　白竜社編）　1000円　Ⓘ4-939134-03-2　Ⓝ773
☆「近代名著解題選集 3」，「世界名著大事典」，「日本の古典・世界の古典」

04791　「経政」
『經政』　梅若六郎著　能樂書林梅若流謠本刊行会　1948　9枚　22cm（梅若稽古本 平和新版 13ノ2）
☆「近代名著解題選集 3」

04792　「東岸居士」
『東岸居士』　世阿弥元清著　廿四世観世左近訂正　桧書店　1943　4,7丁　24cm（観世流大成版　25ノ4）〈和装〉Ⓝ768
☆「近代名著解題選集 3」

04793　「東北」
『東北』　觀世左近訂正著作　檜書店　1950　10丁　22cm（観世流稽古用謡本　2ノ3）〈和装〉Ⓝ768.4
☆「近代名著解題選集 3」

04794　「道明寺」
『道明寺』　廿四世観世左近訂正　桧書店　1942　12丁　24cm（観世流大成版　35ノ1）〈和装〉Ⓝ768
☆「近代名著解題選集 3」

04795　「融」
『融―対訳でたのしむ』　三宅晶子著　檜書店　2002　30p　21cm　500円　Ⓘ4-8279-1033-2　Ⓝ773
☆「近代名著解題選集 3」，「世界名著大事典」

04796　「木賊」
『木賊―袖珍本』　觀世左近訂正著作　檜書店　1951　14丁　13cm　Ⓝ768.4
☆「近代名著解題選集 3」

04797　「難波」
『難波』　観世左近訂正著作　檜書店　1951　12丁　22cm（観世流稽古用謡本　2ノ1）〈和装〉Ⓝ768.4
☆「近代名著解題選集 3」

04798　「錦木」
『錦木』　観世左近訂正著作　檜書店　1950　14丁　22cm（観世流稽古用謡本　12ノ2）〈和装〉Ⓝ768.4
☆「近代名著解題選集 3」

04799　「錦戸」
『錦戸』　世阿弥著　廿四世観世左近訂正　桧書店　1943　4,12丁　24cm（観世流大成版　25ノ2）〈和装〉Ⓝ768
☆「近代名著解題選集 3」

04800　「鵺」
『鵺―現代能楽集 New National Theatre, Tokyo 2008/2009 season』　新国立劇場運営財団営業部編　新国立劇場運営財団　2009　40p　26cm　800円
☆「近代名著解題選集 3」，「世界名著大事典 補遺（Extra）」

04801　「能作書」
『能作書―曲附次第・遊楽習道風見・習道書』　世阿弥著　川瀬一馬校注　わんや書店　1955　75p 図版　19cm　Ⓝ773
☆「世界名著大事典」

04802　「野宮」
『野宮』　観世左近訂正著作　京都　檜書店　2003　12丁　23cm（観世流大成版　13ノ3）〈和装〉　2000円　Ⓘ4-8279-0225-9　Ⓝ768.4
☆「近代名著解題選集 3」，「世界名著大事典 補遺

(Extra)」,「早わかり日本古典文学あらすじ事典」

04803　「野守」
『能を読む　2　世阿弥―神と修羅と恋』梅原猛, 観世清和監修　天野文雄, 土屋恵一郎, 中沢新一, 松岡心平編集委員　角川学芸出版　2013　660p　22cm〈角川グループパブリッシング〔発売〕〉　6500円　Ⓘ978-4-04-653872-7　Ⓝ773
☆「近代名著解題選集 3」

04804　「白楽天」
『能を読む　3』梅原猛, 観世清和監修　天野文雄, 土屋恵一郎, 中沢新一, 松岡心平編集委員　角川学芸出版　2013　650p　22cm〈角川グループホールディングス〔発売〕〉　6500円　Ⓘ978-4-04-653873-4　Ⓝ773
☆「近代名著解題選集 3」

04805　「羽衣」
『羽衣―対訳でたのしむ』三宅晶子著　檜書店　2000　24p　21cm　500円　Ⓘ4-8279-1015-4　Ⓝ773
☆「一冊で100名作の「さわり」を読む」,「近代名著解題選集 2」,「近代名著解題選集 3」,「世界名著大事典」,「日本の名著3分間読書100」,「日本文学名作概観」

04806　「斑女」
『〔観世流謡本〕　内 1ノ1-7ノ2』観世元滋訂　京都　桧常之助　1916　30冊　23cm〈和装〉　Ⓝ768
☆「近代名著解題選集 3」

04807　「班女」
『班女』〔世阿弥〕〔作〕三宅晶子著　檜書店　2012　30p　21cm（対訳でたのしむ）　500円　Ⓘ978-4-8279-1045-2
☆「世界名著大事典」

04808　「檜垣」
『檜垣―袖珍本』觀世左近訂正著作　檜書店　1951　10丁　13cm　Ⓝ768.4
☆「近代名著解題選集 3」

04809　「百万」
『百萬』觀世左近訂正著作　檜書店　1950　11丁　22cm（觀世流稽古用謠本　3ノ4）〈和装〉　Ⓝ768.4
☆「近代名著解題選集 3」

04810　「風姿花伝」
『風姿花伝―新訳 六百年の歳月を超えて伝えられる極上の芸術論・人生論』世阿弥著　観世清和編訳　PHP研究所　2013　193p　18cm　950円　Ⓘ978-4-569-80340-1　Ⓝ773
☆「あらすじで読む日本の古典」(楽書館, 中経出版〔発売〕),「あらすじで読む日本の古典」(新人物往来社),「一度は読もうよ！日本の名著」,「一冊で日本の古典100冊を読む」,「一冊で100名作の「さわり」を読む」,「教育本44」,「近代名著解題選集 3」,「50歳からの名著入門」,「古典の事典」,「古典文学鑑賞辞典」,「この一冊で読める！日本の古典50冊」,「3行でわかる名作＆ヒット本250」,「世界の「名著」50」,「世界の名著早わかり事典」,「世界名作事典」,「世界名著大事典」,「千年の百冊」,「2ページでわかる日本の古典傑作選」,「日本古典への誘い100選 2」,「日本の古典」,「日本の古典名著」,「日本の書物」,「日本の名著」,「日本の名著3分間読書100」,「日本文学鑑賞辞典〔第1〕」,「日本文学名作案内」,「日本文学名作概観」,「日本名作事典」,「日本名著辞典」,「文学・名著300選の解説 '88年度版」,「名作の書き出しを諳んじる」,「わたしの古典 続」

04811　「富士山」
『謡曲大観　第4巻』佐成謙太郎著　明治書院　1964　2131-2820p　23cm　Ⓝ912.3
☆「近代名著解題選集 3」

04812　「藤戸」
『藤戸―九番習』觀世左近訂正著作　檜書店　1951　12丁　23cm（觀世流大成版　26ノ4）〈和装〉　Ⓝ768.4
☆「近代名著解題選集 3」

04813　「船橋」
『船橋』梅谷六郎著　梅若流謡本刊行會　1940　11丁　13cm（〔梅若流謡本〕　28ノ2）〈和装〉
☆「近代名著解題選集 3」

04814　「放生川」
『放生川』廿四世観世左近訂正　桧書店　1942　4,11丁　24cm（観世流大成版　37ノ1）〈和装〉　Ⓝ768
☆「近代名著解題選集 3」

04815　「仏原」
『仏原』廿四世観世左近訂正　桧書店　1941　4,10丁　24cm（観世流大成版　18ノ3）〈和装〉　Ⓝ768
☆「近代名著解題選集 3」

04816　「松風」
『松風―対訳でたのしむ』三宅晶子著　檜書店　2005　34p　21cm　500円　Ⓘ4-8279-1037-5　Ⓝ773
☆「近代名著解題選集 3」,「古典の事典」,「古典文学鑑賞辞典」,「世界名著大事典」

04817　「松尾」
『松尾』宝生重英編　わんや書店　1933　11丁　23cm（昭和版　外 7巻I）〈和装〉　Ⓝ768
☆「近代名著解題選集 3」

04818　「松虫」
『松虫』觀世左近訂正著作　檜書店　1950　11丁　22cm（觀世流稽古用謠本　35ノ2）〈和装〉　Ⓝ768.4

せいあみ

☆「近代名著解題選集 3」

04819 「三井寺」
『三井寺』 観世左近訂正著作 檜書店 1950 14丁 22cm（観世流稽古用謡本 15ノ4）〈和装〉 Ⓝ768.4
☆「近代名著解題選集 3」、「世界名著大事典」

04820 「三山」
『三山』 宝生重英編 わんや書店 1933 14丁 24cm（昭和版 外 8巻ノ3）〈和装〉 Ⓝ768
☆「近代名著解題選集 3」

04821 「水無月祓」
『水無月祓一袖珍本』 観世左近訂正著作 檜書店 1951 11丁 23cm Ⓝ768.4
☆「近代名著解題選集 3」

04822 「御裳濯」
『大蔵家伝之書古本能狂言 第4-6巻』 大蔵弥太郎編 京都 臨川書店 1976 3冊 23cm〈複製版 限定版〉 全94000円 Ⓝ773.9

04823 「八島」
『八島』 白竜社編 川西十人物語 横浜 白竜社 2001 47p 19cm（能の友シリーズ 4） 1000円 ①4-939134-05-9
☆「近代名著解題選集 2」、「近代名著解題選集 3」

04824 「山姥」
『山姥』 川西十人著 横浜 白竜社 2004 47p 19cm（能の友シリーズ 15 白竜社編） 900円 ①4-939134-24-5 Ⓝ773
☆「近代名著解題選集 3」、「世界名著大事典」

04825 「夕顔」
『夕顔—能の随筆』 武田太加志著 三月書房 1982 218p 図版10枚 22cm 3000円 Ⓝ773.04
☆「近代名著解題選集 3」

04826 「弓八幡」
『弓八幡』 梅若六郎著 梅若流謡本刊行會 1939 11丁 13cm（[梅若流謡本] 17ノ1）〈和装〉
☆「近代名著解題選集 3」

04827 「熊野」
『熊野』 観世左近訂正著作 京都 檜書店 2003 15丁 23cm（観世流大成版 3ノ3）〈和装〉 2000円 ①4-8279-0261-5 Ⓝ768.4
☆「近代名著解題選集 3」、「世界名著大事典」、「日本の名著」

04828 「養老」
『養老—対訳でたのしむ』 三宅晶子著 檜書店 2001 28p 21cm ①4-8279-1030-8 Ⓝ773
☆「近代名著解題選集 3」、「世界名著大事典」

04829 「吉野静」
『吉野静』 梅若六郎著 梅若流謡本刊行會 1939 7丁 13cm（[梅若流謡本] 14ノ3）〈和装〉
☆「近代名著解題選集 3」

04830 「頼政」
『能を読む 2 世阿弥—神と修羅と恋』 梅原猛, 観世清和監修 天野文雄, 土屋恵一郎, 中沢新一, 松岡心平編集委員 角川学芸出版 2013 660p 22cm〈角川グループパブリッシング〔発売〕〉 6500円 ①978-4-04-653872-7 Ⓝ773
☆「近代名著解題選集 3」

04831 「弱法師」
『弱法師』 観世左近訂正著作 檜書店 1951 12丁 23cm（観世流準九番習謡本 2ノ4）〈和装〉 Ⓝ768.4
☆「近代名著解題選集 3」、「世界名著大事典 補遺 (Extra)」

井阿弥 せいあみ

04832 「通盛」
『通盛』 観世左近訂正著作 檜書店 1950 11丁 22cm（観世流稽古用謡本 8ノ2）〈和装〉 Ⓝ768.4
☆「近代名著解題選集 3」

清少納言 せいしょうなごん

04833 「枕草子」
『枕草子』 清少納言, 池田亀鑑校訂 岩波書店 2003 392p 15cm（岩波文庫）〈第57刷〉 760円 ①4-00-300161-3
☆「あらすじダイジェスト 日本の古典30を読む」、「あらすじで読む日本の古典」（楽書館, 中経出版〔発売〕）、「あらすじで読む日本の古典」（新人物往来社）、「一度は読もうよ！ 日本の名著」、「一冊で日本の古典100冊を読む」、「一冊で100名作の「さわり」を読む」、「大人のための日本の名著50」、「学術辞典叢書 第15巻」、「近代名著解題選集 3」、「古典の事典」、「古典文学鑑賞辞典」、「この一冊で読める！ 日本の古典50冊」、「作品と作者」、「3行でわかる名作＆ヒット本250」、「Jブンガク」、「知らないと恥ずかしい「日本の名作」あらすじ200本」、「図説 5分でわかる日本の名作」、「世界名作事典」、「世界名著解題選 第3巻」、「世界名著大事典」、「千年の百冊」、「2ページでわかる日本の古典傑作選」、「日本古典への誘い100選 1」、「日本の古典」、「日本の古典・世界の古典」、「日本の古典名著」、「日本の書物」、「日本の名著」（角川書店）、「日本の名著」（毎日新聞社）、「日本の名著3分間読書100」、「日本文学鑑賞辞典 〔第1〕」、「日本文学の古典50選」、「日本文学名作案内」、「日本文学名作概観」、「日本文学名作事典」、「日本名著辞典」、「文学・名著300選の解説 '88年度版」、「マンガとあらすじでやさしく読める 日本の古典傑作30選」、「名作の

書き出しを諳んじる」．「名作の研究事典」．「やさしい古典案内」

生白堂 行風　せいはくどう・ぎょうふう

04834　「古今夷曲集」
『新日本古典文学大系　61　七十一番職人歌合　新撰狂歌集　古今夷曲集』佐竹昭広ほか編　岩崎佳枝，塩村耕，高橋喜一校注　岩波書店　1993　621p　22cm　3900円
Ⓘ4-00-240061-1　Ⓝ918
☆「古典の事典」，「作品と作者」，「世界名著大事典」，「日本文学鑑賞辞典〔第1〕」

04835　「後撰夷曲集」
『近世文学資料類従　狂歌編3　後撰夷曲集』近世文学書誌研究会編　勉誠社　1977　534p　22cm〈後撰夷曲集：寛文12年刊本の複製　解題：森川昭〉　10000円　Ⓝ918.5
☆「世界名著大事典」

誠文堂新光社　せいぶんどうしんこうしゃ

04836　「東洋文化史大系」
『東洋文化史大系　第1-8巻』白鳥庫吉監修　誠文堂新光社　1938　8冊　26-27cm　Ⓝ220
☆「人文科学の名著」

清宮 俊雄　せいみや・としお

04837　「幾何学」
『幾何学—発見的研究法』矢野健太郎監修　清宮俊雄著　改訂版　〔大阪〕　科学新興新社　1988　196p　19cm〈モノグラフ　26〉〈〔大阪〕フォーラム・A〔発売〕〉　Ⓘ4-89428-188-0
☆「ブックガイド "数学" を読む」

盛山 和夫　せいやま・かずお

04838　「制度論の構図」
『制度論の構図』盛山和夫著　創文社　1995　287,22p　22cm〈現代自由学芸叢書〉〈巻末：参考文献〉　4326円　Ⓘ4-423-73078-2　Ⓝ361
☆「学問がわかる500冊」

青来 有一　せいらい・ゆういち

04839　「爆心」
『爆心』青来有一著　文藝春秋　2010　324p　16cm〈文春文庫　せ5-2〉　619円
Ⓘ978-4-16-768502-7　Ⓝ913.6
☆「大学新入生に薦める101冊の本」

瀬川 清子　せがわ・きよこ

04840　「十六島紀行・海女記断片」
『十六島紀行・海女記断片』瀬川清子著　未来社　1976　265p　19cm　1300円　Ⓝ384.3
☆「世界の海洋文学」

04841　「女の民俗誌」
『女の民俗誌—そのけがれと神秘』瀬川清子著　東京書籍　1980　176p　19cm〈東書選書　58〉　900円　Ⓝ385.2
☆「学問がわかる500冊 v.2」

瀬川 如皐（2代）　せがわ・じょこう

04842　「弥生の花浅草祭」
『舞踊集』郡司正勝編著　白水社　1988　241p　19cm〈歌舞伎オン・ステージ　25〉〈監修：郡司正勝ほか〉　2300円
Ⓘ4-560-03295-5　Ⓝ912.5
☆「古典の事典」

瀬川 如皐（3代）　せがわ・じょこう

04843　「与話情浮名横櫛」
『名作歌舞伎全集　第16巻　江戸世話狂言集2』東京創元新社　1970　311p　図版10枚　20cm〈監修者：戸板康二等〉　Ⓝ912.5
☆「一冊で100名作の "さわり" を読む」，「古典の事典」，「作品と作者」，「世界名著大事典」，「日本の名著3分間読書100」，「日本文学鑑賞辞典〔第1〕」，「日本名著辞典」

瀬川 昌男　せがわ・まさお

04844　「白鳥座61番星」
『白鳥座61番星』瀬川昌男作　伊藤展安絵　小峰書店　1985　303p　22cm（こみね創作児童文学）　1300円　Ⓘ4-338-05705-X
☆「日本文芸鑑賞事典 第18巻（1958～1962年）」

関 一敏　せき・かずとし

04845　「聖母の出現」
『聖母の出現—近代フォーク・カトリシズム考』関一敏著　日本エディタースクール出版部　2004　268p　19cm〈1993年刊を原本としたオンデマンド版〉　2900円　Ⓘ4-88888-804-3　Ⓝ192.35
☆「学問がわかる500冊」，「学問がわかる500冊 v.2」

関 敬吾　せき・けいご

04846　「日本昔話集成」
『日本昔話集成　第1部　動物昔話』関敬吾著　角川書店　1950　355p　22cm　Ⓝ388.1
☆「世界名著大事典」

04847　「民話」
『民話』関敬吾著　岩波書店　1955　209p　図版　18cm〈岩波新書〉　Ⓝ388
☆「世界名著大事典」

関 皐作　せき・こうさく

04848　「井上博士と基督教徒」
『井上博士と基督教徒　正・続』関皐作編　オンデマンド版　みすず書房　2005　1冊

瀬木 耿太郎　せぎ・こうたろう

04849　「中東情勢を見る眼」
『中東情勢を見る眼』　瀬木耿太郎著　岩波書店　1984　231p　18cm（岩波新書）　430円　Ⓝ302.26
☆「現代ビジネス書・経済書総解説」

関 祖衡　せき・そこう

04850　「五畿内志」
『五畿内志』　並河永著　正宗敦夫編纂校訂　現代思潮社　1978　2冊　16cm（覆刻日本古典全集）〈日本古典全集刊行会昭和4〜5年刊の複製〉　Ⓝ291.6
☆「古典の事典」

関 孝和　せき・たかかず

04851　「括要算法」
『括要算法　巻元,亨,利,貞』　関孝和編　大高由昌校訂　沢村写本堂　1934　4冊　24cm〈謄写版　和装〉　Ⓝ419
☆「古典の事典」,「世界名著大事典」,「日本の古典名著」

04852　「大成算経」
『大成算経続録　乾,坤』　関孝和著　山路主住訂　古典数学書院　1936　2冊　24cm〈謄写版　和装〉　Ⓝ419
☆「世界名著大事典」

04853　「発微算法」
『江戸初期和算選書　第11巻2　発微算法』　下平和夫監修　［関孝和］［著］　小川束校注　研成社　2011　54p　21cm〈文献あり〉　①978-4-87639-509-5　Ⓝ419.1
☆「自然科学の名著100選 中」,「世界名著大事典」

関 英雄　せき・ひでお

04854　「北国の犬」
『犬のはなし―古犬どら犬悪たれ犬』　出久根達郎　日本ペンクラブ編　KADOKAWA　2013　269p　15cm（角川文庫　あ220-2）　520円　①978-4-04-101088-4　Ⓝ914.68
☆「日本文芸鑑賞事典 第13巻」,「名作の研究事典」

関 寛治　せき・ひろはる

04855　「現代東アジア国際環境の誕生」
『現代東アジア国際環境の誕生』　関寛治著　福村出版　1966　395p　22cm　1800円　Ⓝ319.2
☆「名著の履歴書」

20cm（みすずリプリント　16）〈原本：1988年刊〉　15000円　①4-622-06176-7　Ⓝ190.4
☆「世界名著大事典」

関 靖　せき・やすし

04856　「金沢文庫の研究」
『金沢文庫の研究』　関靖著　大日本雄弁会講談社　1951　758p　22cm　Ⓝ010.21
☆「世界名著大事典」

関浦 吉也　せきうら・よしなり

04857　「海の神話」
☆「世界の海洋文学」

関川 夏央　せきかわ・なつお

04858　「海峡を越えたホームラン」
『海峡を越えたホームラン―祖国という名の異文化』　関川夏央著　双葉社　1997　390p　15cm（双葉文庫）　680円　①4-575-71096-2　Ⓝ783.7
☆「現代を読む」

04859　「『坊っちゃん』の時代」
『坊っちゃん』の時代―凛冽たり近代なお生彩あり明治人』　関川夏央,谷口ジロー著　新装版　双葉社　2014　251p　21cm〈文献あり〉　1200円　①978-4-575-30687-3　Ⓝ726.1
☆「ベストガイド日本の名著」

関下 稔　せきした・みのる

04860　「多国籍銀行」
『多国籍銀行―国際金融不安の主役』　関下稔ほか著　有斐閣　1984　328p　22cm　4600円　①4-641-06418-0　Ⓝ338.61
☆「現代ビジネス書・経済書総解説」

関根 精次　せきね・せいじ

04861　「炎の翼」
『炎の翼―ラバウル中攻隊死闘の記録』　関根精次著　新装版　光人社　2005　412p　16cm（光人社NF文庫）　848円　①4-7698-2056-9　Ⓝ916
☆「日本海軍の本・総解説」

関根 正雄　せきね・まさお

04862　「イスラエル宗教文化史」
『イスラエル宗教文化史』　関根正雄著　岩波書店　2005　205,15p　19cm（岩波全書セレクション）〈1952年刊の複製　文献あり　年表あり〉　2500円　①4-00-021870-0　Ⓝ199
☆「世界名著大事典」

関根 政美　せきね・まさみ

04863　「エスニシティの政治社会学」
『エスニシティの政治社会学―民族紛争の制度化のために』　関根政美著　名古屋　名古屋大学出版会　1994　326p　21cm〈引用・参照および参考文献：p285〜313〉　2884円

関根 黙庵　せきね・もくあん

04864　「明治劇壇五十年史」
『明治劇壇五十年史』　関根黙庵著　玄文社　1918　494p　19cm　Ⓝ772
☆「世界名著大事典」

関野 貞　せきの・ただし

04865　「支那仏教史蹟評解」
『支那仏教史蹟　第1, 第1評解, 第2, 第2評解, 第4』　常盤大定, 関野貞共著　仏教史蹟研究会　1925　5冊（図版）　23-41cm　Ⓝ180
☆「世界名著大事典」

04866　「朝鮮古蹟図譜」
『朝鮮古蹟図譜』　朝鮮総督府編　名著出版　1973　16冊（解説共）　43cm〈解説（21cm）：朝鮮古蹟図譜解説1-4　大正4年—昭和10年刊の複製　限定版〉　150000円　Ⓝ708
☆「世界名著大事典」

04867　「朝鮮美術史」
『朝鮮の建築と芸術』　関野貞著　藤島亥治郎編　太田博太郎, 鈴木嘉吉, 藤井恵介監修　新版　岩波書店　2005　759p　22cm　18000円　Ⓘ4-00-008081-4　Ⓝ702.21
☆「世界名著大事典」

関本 忠弘　せきもと・ただひろ

04868　「限りなき繁栄への挑戦」
『限りなき繁栄への挑戦—製造業の復権』　関本忠弘著　にっかん書房　1992　227p　20cm〈日刊工業新聞社〔発売〕〉　1500円　Ⓘ4-526-03230-1　Ⓝ509.21
☆「経済経営95冊」

関矢 信一郎　せきや・しんいちろう

04869　「水田のはたらき」
『水田のはたらき』　関矢信一郎著　家の光協会　1992　157p　21cm（エコロジカル・ライフ）〈主な参考文献一覧：p153〜155〉　1300円　Ⓘ4-259-54423-3　Ⓝ616.2
☆「学問がわかる500冊 v.2」

世尊寺 伊行　せそんじ・これゆき

04870　「夜鶴庭訓抄」
『夜鶴庭訓抄』　藤原伊行原著　加藤達解義　日本習字普及協会　1982　70p　21cm（書論双書　7）〈歴史年表（平安時代後期〜鎌倉時代初期）：p42〜43〉　1000円　Ⓝ728
☆「古典の事典」

雪花 山人　せっか・さんじん

04871　「猿飛佐助」
『猿飛佐助—立川文庫傑作選』　雪花山人［著］　角川書店　2003　267p　15cm〈角川文庫　角川ソフィア文庫〉　571円　Ⓘ4-04-368304-9　Ⓝ913.7
☆「日本児童文学名著事典」

絶海　ぜっかい

04872　「蕉堅藁」
『新日本古典文学大系　48　五山文学集』　佐竹昭広ほか編　入矢義高校注　岩波書店　1990　335p　22cm　3100円　Ⓘ4-00-240048-4　Ⓝ918
☆「世界名著大事典」,「千年の百冊」

雪村 周継　せっそん・しゅうけい

04873　「説門弟資」
☆「世界名著大事典 補遺（Extra）」

瀬戸内 寂聴　せとうち・じゃくちょう

04874　「いずこより」
『いずこより—自伝小説』　瀬戸内晴美著　筑摩書房　1974　350p　肖像　19cm　800円　Ⓝ913.6
☆「あらすじで味わう昭和のベストセラー」,「一度は読もうよ！日本の名著」,「一冊で日本の名著100冊を読む　続」

04875　「京まんだら」
『京まんだら』　瀬戸内晴美著　講談社　1972　2冊　20cm　各720円　Ⓝ913.6
☆「愛ありて」

04876　「夏の終り」
『夏の終り』　瀬戸内晴美著　新潮社　1966　194p　16cm（新潮文庫）　90円　Ⓝ913.6
☆「一度は読もうよ！日本の名著」,「一冊で日本の名著100冊を読む」,「現代文学鑑賞辞典」,「日本文学名作案内」,「日本文芸鑑賞事典　第19巻」,「日本名作文学館　日本編」,「ポケット日本名作事典」

04877　「女人源氏物語」
『女人源氏物語　上』　瀬戸内寂聴著　新装愛蔵版　小学館　1999　478p　22cm　2800円　Ⓘ4-09-362121-7　Ⓝ913.6
☆「面白いほどよくわかる時代小説名作100」

04878　「美は乱調にあり」
『美は乱調にあり』　瀬戸内晴美著　文芸春秋　1984　285p　20cm〈新装版〉　1300円　Ⓝ913.6
☆「現代文学名作探訪事典」

瀬名 秀明　せな・ひであき

04879　「パラサイト・イヴ」

『パラサイト・イヴ』　瀬名秀明著　新潮社　2007　560p　16cm（新潮文庫）　743円
Ⓘ978-4-10-121434-4　Ⓝ913.6
☆「知らないと恥ずかしい「日本の名作」あらすじ200本」

瀬沼 茂樹　せぬま・しげき

04880　「近代日本文学のなりたち」
『近代日本文学のなりたち―自我の問題』　瀬沼茂樹著　弘文堂書房　1971　216p　19cm（アテネ新書）〈河出書房昭和26年刊の改訂版〉550円　Ⓝ910.26
☆「世界名著大事典」

妹尾 河童　せのお・かっぱ

04881　「河童が覗いたインド」
『河童が覗いたインド』　妹尾河童著　講談社　2000　298p　15cm（講談社文庫）〈著作目録あり〉　600円　Ⓘ4-06-273039-1　Ⓝ292.509
☆「世界史読書案内」

妹尾 作太男　せのお・さだお

04882　「特殊潜航艇戦史」
『特殊潜航艇戦史』　ペギー・ウォーナー、妹尾作太男著　妹尾作太男訳　徳間書店　1990　382p　15cm（徳間文庫）　540円
Ⓘ4-19-599143-9
☆「今だから知っておきたい戦争の本70」

瀬間 喬　せま・たかし

04883　「素顔の帝国海軍」
『素顔の帝国海軍―旧海軍士官の生活誌』　瀬間喬著　海文堂　1974　284p　19cm　960円
Ⓝ397.9
☆「日本海軍の本・総解説」

芹沢 光治良　せりざわ・こうじろう

04884　「愛と死の書」
『愛と死の書』　芹沢光治良著　角川書店　1954　208p（附共）　15cm（角川文庫）〈附録：愛と死の書に関するノート、この秋の記録、或る女の位置〉　Ⓝ913.6
☆「世界名著大事典 補遺（Extra）」

04885　「愛と知と悲しみと」
『愛と知と悲しみと』　芹沢光治良著　新潮社　1996　589p　19cm（芹沢光治良文学館　3）　4000円　Ⓘ4-10-641423-6
☆「世界名著大事典 補遺（Extra）」

04886　「青空日誌」
『新小説選集　第2巻　青空日誌』　芹沢光治良著　春陽堂　1939　324p　19cm　Ⓝ913.6
☆「現代日本文学案内」

04887　「教祖様」
『教祖様』　芹沢光治良著　新潮社　1996　568p　19cm（芹沢光治良文学館　5）　4000円　Ⓘ4-10-641425-2
☆「世界名著大事典 補遺（Extra）」

04888　「懺悔記」
『懺悔記』　芹沢光治良著　丹波市町（奈良県）養徳社　1946　266p　19cm　Ⓝ913.6
☆「世界名著大事典 補遺（Extra）」

04889　「人間の運命」
『人間の運命―完全版　1　次郎の生いたち』　芹沢光治良著　勉誠出版　2013　348p　19cm〈「海に鳴る碑 愛と知と悲しみと」（新潮社 1979年刊）の改題、抜粋、修正〉　1800円
Ⓘ978-4-585-29530-3　Ⓝ913.6
☆「世界名著大事典 補遺（Extra）」、「ポケット日本名作事典」

04890　「巴里に死す」
『巴里に死す』　芹沢光治良著　勉誠出版　2012　283p　19cm〈年譜あり〉　1800円
Ⓘ978-4-585-29025-4　Ⓝ913.6
☆「あらすじダイジェスト」、「女性のための名作・人生案内」、「知らないと恥ずかしい「日本の名作」あらすじ200本」、「世界名著大事典 補遺（Extra）」、「日本の名著」、「日本文学鑑賞辞典〔第2〕」、「日本文芸鑑賞事典 第13巻」

04891　「巴里夫人」
『芹沢光治良作品集　第5巻』　新潮社　1974　287p 図　20cm〈愛蔵版〉　1800円　Ⓝ913.6
☆「世界名著大事典 補遺（Extra）」

04892　「ブルジョア」
『ブルジョア』　芹澤光治良著　関井光男監修　ゆまに書房　1998　269p　19cm（新鋭文学叢書　15）〈改造社昭和5年刊の複製　肖像あり〉　Ⓘ4-89714-464-7　Ⓝ913.6
☆「世界名著大事典 補遺（Extra）」、「日本文学鑑賞辞典〔第2〕」、「日本文芸鑑賞事典 第9巻」

芹沢 俊介　せりざわ・しゅんすけ

04893　「現代〈子ども〉暴力論」
『現代〈子ども〉暴力論』　芹沢俊介著　増補版　春秋社　1997　289p　20cm　2200円
Ⓘ4-393-33174-5　Ⓝ367.61
☆「学問がわかる500冊」

仙覚　せんがく

04894　「仙覚抄」
『万葉集仙覚抄・万葉集名物考』　日本図書センター　1978　1冊　22cm（日本文学古註釈大成　万葉集古註釈大成）〈複製〉　6500円
Ⓝ911.123
☆「世界名著大事典 補遺（Extra）」、「日本名著辞典」

04895 「万葉集註釈」
『万葉集註釈 20巻』 仙覚著 京都大学文学部国語学国文学研究室編 京都 臨川書店 1981 541p 22cm〈京都大学国語国文資料叢書 別巻2〉〈解説：木下正俊 仁和寺所蔵の複製〉 8500円 ⓘ4-653-00588-5 Ⓝ911.124
☆「世界名著大事典 補遺（Extra）」

千家 尊福 せんげ・たかとみ
04896 「一月一日」
☆「日本文芸鑑賞事典 第1巻」

千家 元麿 せんげ・もとまろ
04897 「自分は見た」
『自分は見た』 千家元麿著 日本近代文学館 1980 274p 19cm〈名著複刻詩歌文学館 山茶花セット〉〈玄文社大正7年刊の複製 ほるぷ〔発売〕 叢書の編者：名著複刻全集編集委員会〉 Ⓝ911
☆「世界名著大事典」、「日本文学鑑賞辞典〔第2〕」

千石 保 せんごく・たもつ
04898 「会社から逃走する若者たち」
『会社から逃走する若者たち—新しいインセンティブは何か』 千石保著 リクルート出版 1987 245p 19cm 1200円 ⓘ4-88991-083-2 Ⓝ361.64
☆「経済経営95冊」

全国憲友会連合会編纂委員会 ぜんこくけんゆうかいれんごうかいへんさんいいんかい
04899 「日本憲兵正史」
『日本憲兵正史』 全国憲友会連合会編纂委員会編 全国憲友会連合会本部 1976 1450p 図 肖像 22cm〈限定版 研文書院〔発売〕〉 12000円 Ⓝ391.3
☆「日本陸軍の本・総解説」

千田 夏光 せんだ・かこう
04900 「従軍慰安婦」
『従軍慰安婦』 千田夏光著 講談社 1984 272p 15cm〈講談社文庫〉 380円 ⓘ4-06-183374-X Ⓝ210.75
☆「日本陸軍の本・総解説」

千田 是也 せんだ・これや
04901 「もうひとつの新劇史」
『もうひとつの新劇史—千田是也自伝』 千田是也著 筑摩書房 1975 490p 図 肖像 21cm 6800円 Ⓝ775.2
☆「世界名著大事典 補遺（Extra）」

千田 琢哉 せんだ・たくや
04902 「死ぬまで仕事に困らないために20代で出逢っておきたい100の言葉」
『死ぬまで仕事に困らないために20代で出逢っておきたい100の言葉』 千田琢哉著 かんき出版 2011 239p 19cm 1100円 ⓘ978-4-7612-6734-6 Ⓝ159.8
☆「3行でわかる名作&ヒット本250」

04903 「人生を最高に楽しむために20代で使ってはいけない100の言葉」
『人生を最高に楽しむために20代で使ってはいけない100の言葉』 千田琢哉著 かんき出版 2011 237p 19cm 1100円 ⓘ978-4-7612-6773-5 Ⓝ159
☆「3行でわかる名作&ヒット本250」

04904 「20代で伸びる人、沈む人」
『20代で伸びる人、沈む人』 千田琢哉著 きこ書房 2010 182p 19cm〈文献あり〉 1200円 ⓘ978-4-87771-261-7 Ⓝ159.4
☆「3行でわかる名作&ヒット本250」

千田 稔 せんだ・みのる
04905 「天平の僧 行基」
『天平の僧 行基—異能僧をめぐる土地と人々』 千田稔著 中央公論社 1994 218p 18cm〈中公新書 1178〉 720円 ⓘ4-12-101178-3
☆「学問がわかる500冊 v.2」

全日本海員総合 ぜんにほんかいいんそうごう
04906 「海なお深く」
『海なお深く—太平洋戦争船員の体験手記』 全日本海員組合企画・編集 全日本海員福祉センター 2004 397p 22cm〈中央公論事業出版〔発売〕 新人物往来社1986年発売の復刻 年表あり〉 2000円 ⓘ4-89514-230-2 Ⓝ916
☆「世界の海洋文学」

【そ】

徐 京植 そ・きょんしく
04907 「子どもの涙」
『子どもの涙—ある在日朝鮮人の読書遍歴』 徐京植著 小学館 1998 203p 16cm〈小学館文庫〉 495円 ⓘ4-09-402131-0 Ⓝ019
☆「教養のためのブックガイド」

宗 左近 そう・さこん
04908 「小林一茶」
『小林一茶』 宗左近著 集英社 2000 270p

18cm（集英社新書）　740円　Ⓘ4-08-720022-1　Ⓝ911.35
☆「倫理良書を読む」

相阿弥　そうあみ

04909　「御飾記」
『群書類従　第19輯　菅絃部　蹴鞠部　鷹部　遊戯部　飲食部』塙保己一編纂　オンデマンド版　八木書店古書出版部　2013　882p　21cm〈訂正3版：続群書類従完成会1979年刊　デジタルパブリッシングサービス〔印刷・製本〕八木書店〔発売〕〉　14000円
Ⓘ978-4-8406-3130-3　Ⓝ081
☆「世界名著大事典　補遺（Extra）」

04910　「君台観左右帳記」
『君台観左右帳記—永禄二年古写本』真相著　古典保存会　1933　1冊（頁付なし）　28×32cm（複製　和装）　Ⓝ722
☆「古典の事典」、「世界名著大事典　補遺（Extra）」、「日本名著辞典」

宗安　そうあん

04911　「室町時代小歌集」
『室町時代小歌集』浅野建二校ます　大日本雄弁会講談社　1951　248p　図版　11cm（新註国文学叢書）　Ⓝ911.149
☆「近代名著解題選集 3」、「世界名著大事典」

宗祇　そうぎ

04912　「水無瀬三吟」
『水無瀬三吟百韻・湯山三吟百韻—本文と索引』木村晟編　笠間書院　1990　158p　22cm〈附・連歌新式追加弁新式今案等〉　4120円　Ⓝ911.2
☆「日本の古典名著」、「日本文学鑑賞辞典〔第1〕」

04913　「水無瀬三吟百韻」
『水無瀬三吟百韻』宗祇,肖柏,宗長著　日本古典文学刊行会　1974　1軸　29cm（複刻日本古典文学館　第1期）〈ほるぷ出版〔製作〕図書刊販〔発売〕　岡田利兵衛氏蔵本（巻子本1軸）の複製　箱入（32cm）　監修・編集：日本古典文学会　付〔別冊 15p 21cm〕：水無瀬三吟韻解題（伊地知鉄男）　和装〉　Ⓝ911.2
☆「古典の事典」、「世界名著大事典」、「日本文学の古典50選」

増基　ぞうき

04914　「いほぬし」
『群書類従　第18輯　日記部　紀行部』塙保己一編纂　オンデマンド版　八木書店古書出版部　2013　842p　21cm〈訂正3版：続群書類従完成会1979年刊　デジタルパブリッシングサービス〔印刷・製本〕八木書店〔発売〕〉

13000円　Ⓘ978-4-8406-3129-7　Ⓝ081
☆「近代名著解題選集 3」、「世界名著大事典」

宗性　そうしょう

04915　「日本高僧伝要文抄」
『大日本佛教全書　第101巻　日本高僧伝要文抄—外四部』仏書刊行会編纂　大法輪閣　2007　528p　22cm〈名著普及会昭和54年刊（覆刻版）を原本としたオンデマンド版〉　8900円　Ⓘ978-4-8046-1745-9　Ⓝ180.8
☆「日本歴史「古典籍」総覧」、「歴史の名著100」

宗砌　そうぜい

04916　「宗砌発句」
『大東急記念文庫善本叢刊　中古・中世篇 第9巻　連歌 2』島津忠夫責任編集　〔東京〕大東急記念文庫　2009　746,31p　23cm〈編修：築島裕ほか　複製合本　汲古書院〔発売〕〉　22000円　Ⓘ978-4-7629-3468-1　Ⓝ081.7
☆「世界名著大事典　補遺（Extra）」

04917　「密伝抄」
『連歌論集 3』木藤才蔵校注　三弥井書店　1985　414p　22cm（中世の文学）　6800円
Ⓘ4-8382-1012-4　Ⓝ911.2
☆「世界名著大事典　補遺（Extra）」

左右田 喜一郎　そうだ・きいちろう

04918　「貨幣と価値」
『貨幣と価値—論理的一研究』左右田喜一郎著　川村豊郎訳　同文館　1928　376,7p　23cm　Ⓝ337
☆「世界名著大事典」

04919　「経済哲学の諸問題」
『經濟哲学の諸問題』左右田喜一郎著　岩波書店　1972　359p　22cm（左右田喜一郎論文集　第1巻）〈第3刷（第1刷：大正11年）〉　1200円　Ⓝ331.1
☆「大正の名著」、「明治・大正・昭和の名著・総解説」

04920　「文化価値と極限概念」
『文化価値と極限概念』左右田喜一郎著　岩波書店　1972　473p　22cm（左右田喜一郎論文集　第2巻）〈第2刷（第1刷：大正11年）〉　1300円　Ⓝ117
☆「世界名著早わかり事典」、「大正の名著」、「日本の名著」、「ベストガイド日本の名著」、「明治・大正・昭和の名著・総解説」

宗長　そうちょう

04921　「壁草」
『壁草—大阪天満宮文庫本』宗長著　重松裕巳編　古典文庫　1979　365p　17cm（古典文庫第398冊）　非売品　Ⓝ911.2

☆「世界名著大事典」

04922 「宗祇終焉記」
『宗祇終焉記―新資料戸田本　宗祇臨終記―内閣文庫本』　宗長著　静岡　駿河古文書会　1975　22,24p　26cm〈駿河古文書会原典シリーズ　4〉〈電子複写〉Ⓝ911.2
☆「世界名著大事典」

04923 「宗長手記」
『群書類従　第18輯　日記部 紀行部』　塙保己一編纂　オンデマンド版　八木書店古書出版部　2013　842p　21cm〈訂正3版：続群書類従完成会 1979年刊　デジタルパブリッシングサービス〔印刷・製本〕　八木書店〔発売〕〉　13000円　Ⓘ978-4-8406-3129-7　Ⓝ081
☆「世界名著大事典」

草野 唯雄　そうの・ただお

04924 「爆殺予告」
『爆殺予告』　草野唯雄著　角川書店　1987　289p　15cm〈角川文庫〉　380円　Ⓘ4-04-150422-8　Ⓝ913.6
☆「世界の推理小説・総解説」

宗牧　そうぼく

04925 「東国紀行」
『群書類従　第18輯　日記部 紀行部』　塙保己一編纂　オンデマンド版　八木書店古書出版部　2013　842p　21cm〈訂正3版：続群書類従完成会 1979年刊　デジタルパブリッシングサービス〔印刷・製本〕　八木書店〔発売〕〉　13000円　Ⓘ978-4-8406-3129-7　Ⓝ081
☆「日本の古典名著」

相馬 御風　そうま・ぎょふう

04926 「良寛さま」
『良寛さま』　相馬御風著　新潟　バナナプロダクション　2007　121p　21cm〈実業之日本社昭和5年刊の復刻　年譜あり　新潟 考古堂書店〔発売〕〉　476円　Ⓘ978-4-87499-675-1　Ⓝ188.82
☆「世界名著大事典」

04927 「良寛坊物語」
『良寛坊物語』　相馬御風著　新装版　新潟　新潟日報事業社　2008　226p　21cm　1200円　Ⓘ978-4-86132-251-8　Ⓝ913.6
☆「名作の研究事典」

相馬 黒光　そうま・こっこう

04928 「黙移」
『黙移―明治・大正文学史回想』　相馬黒光著　法政大学出版局　1982　361p　19cm〈教養選書　144〉〈新装版〉　1600円　Ⓝ289.1

☆「自伝の名著101」

相馬 泰三　そうま・たいぞう

04929 「田舎医師の子」
『編年体大正文学全集　第3巻 (大正3年)』　志賀直哉他著　池内輝雄編　ゆまに書房　2000　655p　22cm　6600円　Ⓘ4-89714-892-8　Ⓝ918.6
☆「世界名著大事典 補遺 (Extra)」

04930 「荊棘の路」
『新潟県文学全集　第1期 第2巻　小説 大正編』　田中栄一ほか編　松本　郷土出版社　1995　406p　20cm〈監修：伊狩章〉　Ⓘ4-87663-269-3　Ⓝ918.6
☆「世界名著大事典 補遺 (Extra)」

04931 「甚兵衛さんとフラスコ」
『編年体大正文学全集　第14巻 (大正14年)』　稲垣足穂〔ほか〕著　安藤宏編　ゆまに書房　2003　639p　22cm　6600円　Ⓘ4-89714-903-7　Ⓝ918.6
☆「名作の研究事典」

04932 「憧憬」
『憧憬』　相馬泰三著　新潮社　1919　315p　20cm　Ⓝ913.6
☆「世界名著大事典 補遺 (Extra)」

04933 「夢と六月」
『夢と六月』　相馬泰三著　3版　新潮社　1918　174p　18cm〈新進作家叢書　9〉　Ⓝ913.6
☆「世界名著大事典 補遺 (Extra)」

曽我 量深　そが・りょうじん

04934 「伝承と己証」
『曽我量深論集　第3巻 伝承と己証』　京都　丁子屋書店　1948　340p　22cm　Ⓝ188.7
☆「世界名著大事典」

素純　そじゅん

04935 「かりねのすさみ」
『日本歌学大系　第5巻』　佐佐木信綱編　風間書房　1957　442p 図版　22cm　Ⓝ911.108
☆「近代名著解題選集 3」

祖田 修　そだ・おさむ

04936 「農業と環境」
『農業と環境』　久馬一剛, 祖田修編著　大阪　富民協会　1995　327p　22cm〈付：参考文献〉　3700円　Ⓘ4-8294-0165-6　Ⓝ610
☆「学問がわかる500冊 v.2」

袖井 林二郎　そでい・りんじろう

04937 「私たちは敵だったのか」

『私たちは敵だったのか―在米被爆者の黙示録』
袖井林二郎著　岩波書店　1995　406p
16cm（同時代ライブラリー　232）〈主要参考
文献・資料：p395〜402〉　1100円
　Ⓘ4-00-260232-X　Ⓝ369.37
　☆「サイエンス・ブックレヴュー」

曽根 一夫　そね・かずお

04938　「私記南京虐殺」
『私記南京虐殺―戦史にのらない戦争の話』曽根一夫著　彩流社　1984　203p　19cm〈奥付の書名（誤植）：私記南京虐殺　著者の肖像あり〉　1200円　Ⓝ916
　☆「日本陸軍の本・総解説」

曽根 好忠　そね・よしただ

04939　「曽丹集」
『平安私家集　2』冷泉家時雨亭文庫編　朝日新聞社　1994　2冊　16×22〜22cm（冷泉家時雨亭叢書　第15巻）〈複製〉　全29000円
　Ⓘ4-02-240315-2　Ⓝ911.138
　☆「世界名著大事典」、「日本文学鑑賞辞典〔第1〕」

曽野 綾子　その・あやこ

04940　「ある神話の背景」
『ある神話の背景―沖縄・渡嘉敷島の集団自決』曽野綾子著　PHP研究所　1992　301p　15cm（PHP文庫）　540円　Ⓘ4-569-56476-3　Ⓝ916
　☆「日本陸軍の本・総解説」

04941　「生贄の島」
『生贄の島―沖縄女生徒の記録』曽野綾子著　文芸春秋　1995　398p　16cm（文春文庫）　500円　Ⓘ4-16-713321-0　Ⓝ913.6
　☆「今だから知っておきたい戦争の本70」

04942　「いま日は海に」
『いま日は海に』曽野綾子著　講談社　1979　403p　15cm（講談社文庫）〈年譜：p393〜403〉　440円　Ⓝ913.6
　☆「一度は読もうよ！日本の名著」、「一冊で愛の話題作100冊を読む」

04943　「遠来の客たち」
『遠来の客たち―傑作小説』曽野綾子著　祥伝社　1988　306p　16cm（ノン・ポシェット）　420円　Ⓘ4-396-32092-2　Ⓝ913.6
　☆「現代文学鑑賞辞典」、「現代文学名作探訪事典」、「日本文学鑑賞辞典〔第2〕」、「日本文芸鑑賞事典　第16巻」、「日本名作文学館　日本編」、「ポケット日本名作事典」

04944　「死者の海」
『死者の海』曽野綾子著　筑摩書房　1958　195p　20cm　Ⓝ913.6
　☆「世界の海洋文学」

04945　「たまゆら」
『たまゆら』曽野綾子著　講談社　1959　260p　20cm　Ⓝ913.6
　☆「女は生きる」

04946　「誰のために愛するか」
『誰のために愛するか』曽野綾子著　ワック　2013　257p　19cm（曽野綾子著作集　愛1）〈祥伝社2005年刊の改訂、新版〉　1000円
　Ⓘ978-4-89831-415-9　Ⓝ914.6
　☆「百年の誤読」

04947　「わが恋の墓標」
『わが恋の墓標』曽野綾子著　39刷改版　新潮社　2003　343p　16cm（新潮文庫）　514円　Ⓘ4-10-114601-2　Ⓝ913.6
　☆「一度は読もうよ！日本の名著」、「一冊で愛の話題作100冊を読む」

杣 正夫　そま・まさお

04948　「一九七六年日本の総選挙」
『一九七六年日本の総選挙―ロッキード選挙と共産党の敗北』杣正夫編著　国民政治研究センター　1979　366p　22cm　3500円　Ⓝ314.8
　☆「現代政治学を読む」

染谷 和巳　そめや・かずみ

04949　「上司が『鬼』とならねば部下は動かず」
『上司が『鬼』とならねば部下は動かず―強い上司、強い部下を作る、31の黄金律』染谷和巳著　新装版　プレジデント社　2013　257p　19cm　1400円　Ⓘ978-4-8334-2041-9　Ⓝ336.3
　☆「超売れ筋ビジネス書101冊」

反町 栄一　そりまち・えいいち

04950　「山本五十六伝」
『人間山本五十六―元帥の生涯』反町栄一著　光和堂　1978　547p　20cm〈昭和39年刊の再刊　山本五十六の肖像あり〉　2000円　Ⓝ289.1
　☆「日本海軍の本・総解説」

反町 茂雄　そりまち・しげお

04951　「天理図書館の善本稀書」
『天理図書館の善本稀書―古書肆の思い出』反町茂雄著　八木書店　1980　429p　19cm　2000円　Ⓝ022
　☆「『本の定番』ブックガイド」

孫 正義　そん・まさよし

04952　「孫の二乗の兵法」
『孫の二乗の法則―孫正義の成功哲学』板垣英憲著　新版　PHP研究所　2014　285p

19cm〈文献あり〉 1300円
①978-4-569-81965-5 Ⓝ159.4
☆「戦略の名著！ 最強43冊のエッセンス」

尊円親王 そんえんしんのう
04953 「入木抄」
『古代中世芸術論』 林屋辰三郎校注 岩波書店 1995 812p 22cm〈日本思想大系新装版 芸の思想・道の思想 2)〈新装版〉 5400円
①4-00-009072-0 Ⓝ702.1
☆「古典の事典」

存覚 ぞんかく
04954 「破邪顕正鈔」
『存覚上人』 宇野円空編 国書刊行会 1987 746p 22cm〈「真宗聖典講讃全集第7巻」（昭和51年刊）の再刊〉 9800円 Ⓝ188.5
☆「世界名著大事典」

【 た 】

田井 正博 たい・まさひろ
04955 「時間の不思議」
『時間の不思議』 加納誠監修 田井正博著 東京図書 2005 154p 19cm〈文献あり〉 1500円 ①4-489-00703-5 Ⓝ421.2
☆「サイエンス・ブックレヴュー」

太祇 たいぎ
04956 「太祇句選」
『日本俳書大系 第12巻 天明名家句選』 勝峰晋風編 日本図書センター 1995 618,21p 22cm〈日本俳書大系刊行会昭和2年刊の複製〉
①4-8205-9383-8,4-8205-9371-4 Ⓝ911.308
☆「世界名著大事典」

大道寺 友山 だいどうじ・ゆうざん
04957 「武道初心集」
『武道初心集—新訳 いにしえの教えに学ぶ組織人の心得』 大道寺友山著 古川薫訳 PHP研究所 2013 220p 18cm〈文献あり〉
950円 ①978-4-569-81135-2 Ⓝ156.5
☆「世界名著大事典」、「日本の古典名著」、「武士道十冊の名著」

大日本蚕糸会 だいにほんさんしかい
04958 「日本蚕糸業史」
『日本蚕糸業史』 大日本蚕糸会編 湘南堂書店 1985 5冊 22cm〈大日本蚕糸会昭和10〜11年刊の複製〉 全100000円 Ⓝ632.1
☆「世界名著大事典」

大坊 郁夫 だいぼう・いくお
04959 「社会心理学パースペクティブ」
『社会心理学パースペクティブ 1 個人から他者へ』 大坊郁夫ほか編 誠信書房 1989 429p 22cm 4000円 ①4-414-32411-4 Ⓝ361.4
☆「学問がわかる500冊」

大松 博文 だいまつ・ひろふみ
04960 「おれについてこい！」
『おれについてこい！—わたしの勝負根性』 大松博文著 講談社 1963 238p 18cm（ハウ・ツウ・ブックス） Ⓝ783.2
☆「百年の誤読」

平 忠盛 たいら・ただもり
04961 「平忠盛朝臣集」
『續群書類従 第16輯 上 和歌部』 塙保己一編纂 太田藤四郎補 オンデマンド版 八木書店古書出版部 2013 472p 21cm〈訂正3版：続群書類従完成会 1978年刊 デジタルパブリッシングサービス〔印刷・製本〕 八木書店〔発売〕〉 8000円 ①978-4-8406-3172-3 Ⓝ081
☆「世界名著大事典 補遺(Extra)」

平 信範 たいら・のぶのり
04962 「兵範記」
『兵範記 1 天承2年〜仁平3年』 平信範著 上横手雅敬編集・解説 京都 思文閣出版 1988 429p 16×22cm（京都大学史料叢書 1)〈複製 叢書の編者：京都大学文学部国史研究室〉 10500円 ①4-7842-0525-X Ⓝ210.38
☆「世界名著大事典」

平 康頼 たいら・やすより
04963 「宝物集」
『宝物集』 平康頼著 山田昭全ほか編 おうふう 1995 231p 22cm〈宝物集研究文献目録：p200〜208〉 2900円 ①4-273-02832-8 Ⓝ184.9
☆「近代名著解題選集 3」、「古典文学鑑賞辞典」、「世界名著大事典」、「日本古典への誘い100選 1」、「日本の古典名著」、「日本文学鑑賞辞典 〔第1〕」、「日本名著辞典」

台湾総督府臨時台湾旧慣調査会 だいわんそうとくふりんじたいわんきゅうかんちょうさかい
04964 「清国行政法」
『清国行政法—臨時台湾旧慣調査会第一部報告 第1至6巻,索引』 台湾総督府編 再版 巌松堂書店 1936 7冊 23cm Ⓝ322
☆「世界名著大事典」

田岡 信夫　たおか・のぶお

04965　「総合ランチェスター戦略」
『総合ランチェスター戦略―田岡信夫遺稿』　田岡信夫著　ビジネス社　1986　551p　22cm　〈編集・構成：田中弥千雄　著者の肖像あり　年譜：p547～551〉　10000円　Ⓘ4-8284-0301-9　Ⓝ673.3
☆「戦略の名著！　最強43冊のエッセンス」

田岡 典夫　たおか・のりお

04966　「強情いちご」
『侍たちの歳月―新鷹会・傑作時代小説選』　平岩弓枝監修　光文社　2002　496p　16cm（光文社文庫）　724円　Ⓘ4-334-73338-7　Ⓝ913.68
☆「歴史小説・時代小説 総解説」

04967　「権九郎旅日記」
『権九郎旅日記―土佐から江戸まで』　田岡典夫著　大日本雄弁会講談社　1956　248p　18cm（ロマン・ブックス）　Ⓝ913.6
☆「歴史小説・時代小説 総解説」

04968　「シバテン榎」
『田岡典夫集』　田岡典夫著　リブリオ出版　1998　249p　22cm（ポピュラー時代小説 大きな活字で読みやすい本　第10巻　尾崎秀樹監修）　Ⓘ4-89784-701-X,4-89784-692-7　Ⓝ913.6
☆「歴史小説・時代小説 総解説」

田岡 良一　たおか・りょういち

04969　「国際法学大綱」
『国際法学大綱　上,下』　田岡良一著　改訂増補4版　厳松堂書店　1948　2冊　21cm　Ⓝ329
☆「世界名著大事典」

田岡 嶺雲　たおか・れいうん

04970　「数奇伝」
『数奇伝』　田岡嶺雲著　玄黄社　1912　359p　19cm　Ⓝ289.1
☆「世界名著大事典 補遺（Extra）」

04971　「明治叛臣伝」
『明治叛臣伝―自由民権の先駆者たち』　田岡嶺雲著　熊谷元宏編　大勢新聞社　1967　309p　19cm　480円　Ⓝ210.6
☆「世界名著大事典 補遺（Extra）」

04972　「嶺雲揺曳」
『嶺雲揺曳』　田岡嶺雲著　日本図書センター　1992　1冊　22cm（近代文芸評論叢書　30）〈解説：西田勝　複製〉　7725円　Ⓘ4-8205-9159-2　Ⓝ914.6
☆「世界名著大事典 補遺（Extra）」、「日本近代の名著」、「日本文芸鑑賞事典 第2巻（1895～1903年）」、「明治・大正・昭和の名著・総解説」、「明治の名著1」

多賀 たかこ　たが・たかこ

04973　「はいすくーる落書」
『はいすくーる落書』　多賀たかこ著　朝日新聞社　1988　299p　15cm（朝日文庫）　460円　Ⓘ4-02-260532-4　Ⓝ376.4
☆「現代を読む」

高井 伸夫　たかい・のぶお

04974　「3分以内に話はまとめなさい」
『3分以内に話はまとめなさい―できる人と思われるために』　高井伸夫著　ポケット版　かんき出版　2008　191p　18cm　952円　Ⓘ978-4-7612-6538-0　Ⓝ336.49
☆「超売れ筋ビジネス書101冊」

高井 有一　たかい・ゆういち

04975　「北の河」
『北の河』　高井有一著　文芸春秋　1966　230p 図版　20cm　360円　Ⓝ913.6
☆「一度は読もうよ！ 日本の名著」、「一冊で愛の話題作100冊を読む」、「現代文学鑑賞辞典」、「日本文学名作案内」、「日本文芸鑑賞事典 第19巻」

04976　「夢の碑」
『夢の碑』　高井有一著　新潮社　1976　254p　20cm　1200円　Ⓝ913.6
☆「ポケット日本名作事典」

高尾 義彦　たかお・よしひこ

04977　「強きをくじき」
『強きをくじき―司法改革への道』　高尾義彦著　毎日新聞社　1992　236p　20cm〈中坊公平年譜：p218～219〉　1400円　Ⓘ4-620-30865-X　Ⓝ327.1
☆「学問がわかる500冊」

高垣 眸　たかがき・ひとみ

04978　「魚の胎から生まれた男」
『魚の胎から生まれた男』　高垣眸著　石橋宗吉談　三鷹　形象社　1976　276p　20cm　1100円　Ⓝ660.4
☆「世界の海洋文学」

04979　「豹の眼」
『豹の眼』　高垣眸著　国書刊行会　1985　331p　20cm（熱血少年文学館）〈挿画：伊藤彦造〉　2800円　Ⓝ913.6
☆「日本文芸鑑賞事典 第9巻」

04980　「まぼろし城」
『まぼろし城』　高垣眸著　国書刊行会　1985　306p　20cm（熱血少年文学館）〈挿画：伊藤幾久造〉　2800円　Ⓝ913.6
☆「日本文芸鑑賞事典 第11巻（昭和9～昭和12年）」

高木 彬光　たかぎ・あきみつ

04981　「巨城の破片」
『巨城の破片』　高木彬光著　角川書店　1983　242p　15cm〈角川文庫〉　300円　Ⓝ913.6
☆「歴史小説・時代小説 総解説」

04982　「刺青殺人事件」
『刺青殺人事件』　高木彬光著　新装版　光文社　2013　418p　16cm〈光文社文庫　た4-46〉　740円　Ⓘ978-4-334-76644-3　Ⓝ913.6
☆「世界の推理小説・総解説」

04983　「白昼の死角」
『白昼の死角—長編推理小説』　高木彬光著　新装版　光文社　2005　848p　16cm〈光文社文庫　高木彬光コレクション〉　1143円　Ⓘ4-334-73926-1　Ⓝ913.6
☆「世界の推理小説・総解説」

高木 市之助　たかぎ・いちのすけ

04984　「日本文学の環境」
『日本文学の環境』　高木市之助著　河出書房　1952　168p　19cm〈日本文学大系　第5巻〉　Ⓝ910.2
☆「古典をどう読むか」

04985　「吉野の鮎」
『吉野の鮎—記紀万葉雑攷』　高木市之助著　岩波書店　1974　416,7p　22cm〈初版：昭和16年刊〉　1800円　Ⓝ910.22
☆「人文科学の名著」

高木 仁三郎　たかぎ・じんざぶろう

04986　「市民科学者として生きる」
『市民科学者として生きる』　高木仁三郎著　岩波書店　2002　260p　18cm〈岩波新書〉〈第7刷〉　780円　Ⓘ4-00-430631-0
☆「大学新入生に薦める101冊の本」

04987　「市民の科学をめざして」
『市民の科学をめざして』　高木仁三郎著　朝日新聞社　1999　219p　19cm〈朝日選書　617〉　1200円　Ⓘ4-02-259717-8　Ⓝ539
☆「科学を読む愉しみ」、「環境と社会」、「戦後思想の名著50」

高木 惣吉　たかぎ・そうきち

04988　「自伝的日本海軍始末記」
『自伝的日本海軍始末記—帝国海軍の内に秘められたる栄光と悲劇の事情』　高木惣吉著　光人社　1995　474p　16cm〈光人社NF文庫〉　780円　Ⓘ4-7698-2097-6　Ⓝ210.6
☆「歴史家の読書案内」

04989　「太平洋海戦史」
『太平洋海戦史』　高木惣吉著　改訂版　岩波書店　1995　239p　18cm〈岩波新書〉〈第33刷（第8刷改訂版：1959年）折り込図6枚〉　650円　Ⓘ4-00-413135-9　Ⓝ210.75
☆「日本海軍の本・総解説」

高木 貞治　たかぎ・ていじ

04990　「解析概論」
『解析概論』　高木貞治著　改訂第3版　岩波書店　1983　476p　24cm〈軽装版　年表：p472〉　2200円　Ⓝ413
☆「数学ブックガイド100」、「世界名著大事典 補遺（Extra）」、「ブックガイド "数学" を読む」、「物理ブックガイド100」

04991　「近世数学史談」
『近世数学史談』　高木貞治著　岩波書店　1995　256p　15cm〈岩波文庫〉〈文献：p253～256〉　570円　Ⓘ4-00-339391-0　Ⓝ410.2
☆「近代日本の百冊を選ぶ」、「数学ブックガイド100」、「ブックガイド "数学" を読む」、「ブックガイド 文庫で読む科学」

04992　「初等整数論講義」
『初等整数論講義』　高木貞治著　第2版　共立出版　1971　416,3p　22cm　5900円　Ⓘ4-320-01001-9　Ⓝ412.1
☆「数学ブックガイド100」、「世界名著大事典 補遺（Extra）」

04993　「代数学講義」
『代数学講義』　高木貞治著　改訂新版　共立出版　1965　381p　22cm　Ⓝ412
☆「物理ブックガイド100」

高木 徹　たかぎ・とおる

04994　「ドキュメント 戦争広告代理店」
『ドキュメント 戦争広告代理店—情報操作とボスニア紛争』　高木徹著　講談社　2005　405p　15cm〈講談社文庫〉　619円　Ⓘ4-06-275096-1
☆「平和を考えるための100冊+α」

高木 敏雄　たかぎ・としお

04995　「日本神話伝説の研究」
『日本神話伝説の研究　1』　高木敏雄著　大林太良編　増訂　平凡社　1973　397p　18cm〈東洋文庫　241〉〈荻原星文館昭和18年刊の高木敏雄の論文集『日本神話伝説の研究』に増訂を加えたもの〉　850円　Ⓝ162.1
☆「世界名著大事典」

高木 俊朗　たかぎ・としろう

04996　「インパール」
『インパール』　高木俊朗著　文芸春秋　1975　440p 図　16cm〈文春文庫〉　420円　Ⓝ915.9
☆「日本陸軍の本・総解説」

04997 「永別の時」
『陸軍特別攻撃隊　上巻』　高木俊朗著　文芸春秋　1974　484p 図　20cm　1500円　Ⓝ915.9
☆「今だから知っておきたい戦争の本70」

04998 「焼身」
『焼身―長崎の原爆・純女学徒隊の殉難』　高木俊朗著　新版　角川書店　1980　324p 15cm〈角川文庫〉　340円　Ⓝ916
☆「今だから知っておきたい戦争の本70」

04999 「特攻基地知覧」
『特攻基地知覧』　高木俊朗著　角川書店　1973　334p 15cm〈角川文庫〉　240円　Ⓝ913.6
☆「今だから知っておきたい戦争の本70」

05000 「陸軍特別攻撃隊」
『陸軍特別攻撃隊　第1巻』　高木俊朗著　文藝春秋　1986　494p　15cm〈文春文庫〉　540円　①4-16-715104-9
☆「日本陸軍の本・総解説」

高城 知子　たかき・ともこ

05001 「広瀬家の人びと」
『広瀬家の人びと』　高城知子著　新潮社　1980　195p　20cm〈著者の肖像あり〉　980円　Ⓝ913.6
☆「日本海軍の本・総解説」

高樹 のぶ子　たかぎ・のぶこ

05002 「波光きらめく果て」
『波光きらめく果て』　高樹のぶ子著　文芸春秋　1988　238p 16cm〈文春文庫〉　340円　①4-16-737302-5　Ⓝ913.6
☆「一度は読もうよ！日本の名著」、「一冊で愛の話題作100冊を読む」

05003 「光抱く友よ」
『光抱く友よ』　高樹のぶ子著　新潮社　1987　205p　15cm〈新潮文庫〉　280円　①4-10-102411-1　Ⓝ913.6
☆「現代文学鑑賞辞典」

高木 八尺　たかぎ・やさか

05004 「米国政治史序説」
『米国政治史序説』　高木八尺著　解説：斎藤眞　評論社　1971　385p 19cm〈復初文庫　14〉　1300円　Ⓝ312.53
☆「世界名著大事典」

高木 保興　たかぎ・やすおき

05005 「開発経済学」
『開発経済学』　高木保興著　有斐閣　1992　250p 22cm〈各章末：参考文献〉　2884円　①4-641-06624-8　Ⓝ332

☆「学問がわかる500冊 v.2」

高木 隆司　たかぎ・りゅうじ

05006 「「かたち」の探究」
『「かたち」の探究』　高木隆司著　ダイヤモンド社　1978　244p 19cm　1200円　Ⓝ420.7
☆「物理ブックガイド100」

高楠 順次郎　たかくす・じゅんじろう

05007 「昭和法宝総目録」
『昭和法宝総目録　第1巻』　高楠順次郎編　普及版　大正新脩大蔵経刊行会　1991　1076p 27cm〈「大正新脩大藏經」別巻　大蔵出版〔発売〕〉　20000円　①4-8043-9586-5　Ⓝ183.031
☆「世界名著大事典」

高倉 新一郎　たかくら・しんいちろう

05008 「アイヌ政策史」
『アイヌ政策史』　高倉新一郎著　三一書房　1972　616,8p 図　23cm　4900円　Ⓝ316.81
☆「世界名著大事典」

高倉 徹一　たかくら・てついち

05009 「田中義一伝記」
『田中義一伝記』　田中義一伝記刊行会編　原書房　1981　2冊　22cm〈明治百年史叢書〉〈昭和33年刊の複製〉　各12000円　①4-562-01099-1　Ⓝ289.1
☆「日本陸軍の本・総解説」

タカクラ テル

05010 「新文学入門」
『新文学入門』　タカクラ・テル著　補　理論社　1953　222p　19cm　Ⓝ904
☆「日本の名著」

05011 「ハコネ用水」
『ハコネ用水』　タカクラ・テル著　理論社　1963　313p 図版　19cm〈小説国民文庫〉　Ⓝ913.6
☆「ポケット日本名作事典」

高倉 徳太郎　たかくら・とくたろう

05012 「福音的基督教」
『福音的基督教』　高倉徳太郎著　新版　新教出版社　1997　186p　19cm〈新教セミナーブック　8〉〈1981年7月刊の復刊〉　1500円　①4-400-31025-6　Ⓝ191
☆「世界名著大事典」、「日本近代の名著」、「明治・大正・昭和の名著・総解説」

高桑 信一　たかくわ・しんいち

05013 「山の仕事、山の暮らし」
『山の仕事、山の暮らし』　高桑信一著　山と渓

谷社　2013　381p　15cm〈ヤマケイ文庫〉〈つり人社 2002年刊の再構成〉　950円
Ⓘ978-4-635-04748-7　Ⓝ384.3
☆「新・山の本おすすめ50選」

高崎 正風　たかさき・まさかぜ

05014　「たづがね集」
『たつかね集　上,中,下』　高崎正風著　名古屋中央歌道会　1926　3冊　27cm〈和装〉
Ⓝ911.16
☆「世界名著大事典 補遺(Extra)」

高三 隆達　たかさぶ・りゅうたつ

05015　「隆達小歌集」
『日本歌謡研究資料集成　第1巻』　勉誠社　1976　336p　22cm〈監修:浅野建二〔等〕それぞれの作品の複製〉　7000円　Ⓝ911.6
☆「世界名著大事典」

05016　「隆達節歌謡」
『中世歌謡資料集』　人間文化研究機構国文学研究資料館編　汲古書院　2005　484p　27cm〈国文学研究資料館影印叢書　第3巻〉〈複製および翻刻〉　15000円　Ⓘ4-7629-3367-8
Ⓝ911.64
☆「古典の事典」

高沢 皓司　たかざわ・こうじ

05017　「宿命」
『宿命―「よど号」亡命者たちの秘密工作』　高沢皓司著　新潮社　2000　685p　15cm〈新潮文庫〉　857円　Ⓘ4-10-135531-2　Ⓝ309.31
☆「新潮文庫20世紀の100冊」

高階 秀爾　たかしな・しゅうじ

05018　「日本近代美術史論」
『日本近代美術史論』　高階秀爾著　筑摩書房　2006　450,8p　15cm〈ちくま学芸文庫〉〈文献あり〉　1400円　Ⓘ4-480-08989-6　Ⓝ721.026
☆「必読書150」

高階 積善　たかしな・せきぜん

05019　「本朝麗藻」
『本朝麗藻全注釈　3』　今浜通隆注釈　新典社　2010　622p　22cm〈新典社注釈叢書　15〉　17600円　Ⓘ978-4-7879-1515-3　Ⓝ919.3
☆「近代名著解題選集 3」,「世界名著大事典」

高島 進　たかしま・すすむ

05020　「講座社会福祉2 社会福祉の歴史」
『講座社会福祉　2　社会福祉の歴史』　仲村優一ほか編　一番ケ瀬康子,高島進編　有斐閣　1981　375p　22cm〈各章末:参考文献　社会福祉比較史年表:p348～360〉　3200円

Ⓘ4-641-07122-5　Ⓝ369
☆「学問がわかる500冊」

高島 北海　たかしま・ほっかい

05021　「欧洲山水奇勝」
『欧洲山水奇勝』　高島得三著　金港堂　1893　2冊　図版　25cm〈北海漁荘蔵版　和装〉Ⓝ293
☆「日本の山の名著・総解説」,「山の名著 明治・大正・昭和戦前編」

高須 芳次郎　たかす・よしじろう

05022　「日本現代文学十二講」
『日本現代文学十二講』　高須芳次郎著　12版　新潮社　1925　542p　20cm　Ⓝ910.26
☆「世界名著大事典」

高杉 一郎　たかすぎ・いちろう

05023　「極光のかげに」
『極光のかげに―シベリア俘虜記』　高杉一郎著　岩波書店　1991　362p　15cm〈岩波文庫〉　620円　Ⓘ4-00-331831-5　Ⓝ916
☆「現代を読む」,「名著の履歴書」

髙杉 新一郎　たかすぎ・しんいちろう

05024　「海軍奉仕五十年回顧録」
『海軍奉仕五十年回顧録』　高杉新一郎,有馬玄著〔有馬玄〕　1976　1冊　26cm〈付・海軍軍医会五十年史抜粋(清水辰太編)　昭和37年刊の合本複製〉　非売品　Ⓝ394
☆「日本海軍の本・総解説」

高瀬 荘太郎　たかせ・そうたろう

05025　「グッドウヰルの研究」
『グッドウヰルの研究』　高瀬荘太郎著　森山書店　1933　516p　23cm　Ⓝ679
☆「世界名著大事典」

高瀬 正仁　たかせ・まさひと

05026　「岡潔」
『岡潔―数学の詩人』　高瀬正仁著　岩波書店　2008　225,3p　18cm〈岩波新書〉〈年譜あり〉　740円　Ⓘ978-4-00-431154-6　Ⓝ289.1
☆「サイエンス・ブックレヴュー」

05027　「評伝 岡潔」
『評伝 岡潔―星の章』　高瀬正仁著　海鳴社　2003　542p　19cm　4000円
Ⓘ4-87525-214-5
☆「サイエンス・ブックレヴュー」

高田 修　たかた・おさむ

05028　「印度・南海の仏教美術」
『印度・南海の仏教美術』　高田修著　創芸社　1943　302p　図版16枚　26cm　Ⓝ702.9

☆「人文科学の名著」

高田 郁　たかだ・かおる

05029　「出世花」
『出世花』　高田郁著　角川春樹事務所　2011　328p　16cm（ハルキ文庫　た19-6―時代小説文庫）〈祥伝社平成20年刊の加筆・修正、新版〉　600円　Ⓘ978-4-7584-3555-0　Ⓝ913.6
☆「面白いほどよくわかる時代小説名作100」

05030　「八朔の雪」
『八朔の雪―みをつくし料理帖』　高田郁著　角川春樹事務所　2009　271p　16cm（ハルキ文庫　た19-1―時代小説文庫）　552円　Ⓘ978-4-7584-3403-4　Ⓝ913.6
☆「3行でわかる名作&ヒット本250」

高田 桂子　たかだ・けいこ

05031　「ふりむいた友だち」
『ふりむいた友だち』　高田桂子作　佐野洋子絵　理論社　1985　226p　20cm（きみとぼくの本）　960円　Ⓘ4-652-01224-1
☆「少年少女の名作案内 日本の文学リアリズム編」

高田 真治　たかた・しんじ

05032　「社会福祉混成構造論」
『社会福祉混成構造論―社会福祉改革の視座と内発的発展』　高田真治著　海声社　1993　330p　22cm〈関東出版会〔発売〕〉　Ⓝ369.11
☆「学問がわかる500冊」

高田 保　たかた・たもつ

05033　「ブラリひょうたん」
『ブラリひょうたん』　高田保著　創元社　1950　232p　19cm　Ⓝ914.6
☆「日本文芸鑑賞事典 第15巻」

高田 与清　たかだ・ともきよ

05034　「楽章類語鈔」
☆「世界名著大事典」

高田 光政　たかだ・みつまさ

05035　「北壁の青春」
『北壁の青春』　高田光政著　あかね書房　1969　299p 図版10枚　19cm〈普及版〉　480円　Ⓝ293.45
☆「日本の山の名著・総解説」

高田 康成　たかだ・やすなり

05036　「キケロ」
『キケロ―ヨーロッパの知的伝統』　高田康成著　岩波書店　1999　215p　18cm（岩波新書）　660円　Ⓘ4-00-430627-2　Ⓝ131.8
☆「教養のためのブックガイド」

高田 保馬　たかた・やすま

05037　「経済学新講」
『経済学新講　第1-5巻』　高田保馬著　岩波書店　1930　5冊　23cm〈第1巻は10刷〉　Ⓝ331
☆「世界名著大事典」

05038　「社会学概論」
『社会学概論』　高田保馬著　京都　ミネルヴァ書房　2003　371,7p　22cm（高田保馬・社会学セレクション　3　金子勇監修）〈解説：富永健一〉　7500円　Ⓘ4-623-03925-0　Ⓝ361.21
☆「世界名著大事典」

高千穂 遙　たかちほ・はるか

05039　「ダーティペアの大冒険」
『ダーティペアの大冒険』　高千穂遙著　角川書店　1983　262p　15cm〈角川文庫　ダーティペア・シリーズ　1〉　340円　Ⓝ913.6
☆「世界のSF文学・総解説」

高津 鍬三郎　たかつ・くわさぶろう

05040　「日本文学史」
『明治大正文学史集成』　日本図書センター　1982　12冊　22cm〈監修・解説：平岡敏夫　明治23～昭和2年刊の複製〉　3500～8000円　Ⓘ4-8205-6330-0,4-8205-6329-7,4-8205-6332-7,4-8205-6333-5,4-8205-6334-3,4-8205-6335-1,4-8205-6336-X,4-8205-6337-8,4-8205-6338-6,4-8205-6339-4,4-8205-6340-8,4-8205-6341-6　Ⓝ910.26
☆「世界名著大事典」

高頭 式　たかとう・しょく

05041　「日本山岳志」
『日本山岳志』　高頭式編纂　大修館書店　1975　1冊　23cm（覆刻日本の山岳名著）〈企画・編集：日本山岳会　博文館明治39年刊の複製 日本山岳会創立七十周年記念出版 付（別冊 13p 19cm 袋入）：山岳会主意書・規則書 付（図1枚 袋入）：日本群島山岳系統図〉　Ⓝ290.9
☆「日本の山の名著・総解説」、「山の名著 明治・大正・昭和戦前編」

高楼 方子　たかどの・ほうこ

05042　「十一月の扉」
『十一月の扉』　高楼方子作　講談社　2011　412p　18cm〈講談社青い鳥文庫　Y3-1〉〈絵：千葉史子　新潮社2006年刊の改稿　並列シリーズ名：AOITORI BUNKO〉　900円　Ⓘ978-4-06-285216-6　Ⓝ913.6
☆「少年少女の名作案内 日本の文学ファンタジー編」

高取 正男　たかとり・まさお

05043　「神道の成立」

『神道の成立』 高取正男著 平凡社 1993 325p 16cm（平凡社ライブラリー） 1100円 ①4-582-76005-8 Ⓝ172
☆「学問がわかる500冊 v.2」、「日本思想史」

高野 岩三郎 たかの・いわさぶろう

05044 「統計学研究」
『統計学研究』 高野岩三郎著 大倉書店 1915 656p 23cm Ⓝ350
☆「世界名著大事典」

高野 悦子 たかの・えつこ

05045 「二十歳の原点」
『二十歳の原点―二十歳、最後の日記』 高野悦子著 新装版 カンゼン 2009 222p 19cm〈初版：新潮社1971年刊 年譜あり〉 1380円 ①978-4-86255-032-3 Ⓝ289.1
☆「あらすじで味わう昭和のベストセラー」

高野 和明 たかの・かずあき

05046 「ジェノサイド」
『ジェノサイド 上』 高野和明［著］ KADOKAWA 2013 391p 15cm〈角川文庫 た63-3〉〈角川書店 2011年刊の2分冊〉 600円 ①978-4-04-101126-3 Ⓝ913.6
☆「3行でわかる名作&ヒット本250」

05047 「13階段」
『13階段』 高野和明著 文藝春秋 2012 432p 16cm（文春文庫 た65-2）〈文献あり〉 638円 ①978-4-16-780180-9 Ⓝ913.6
☆「知らないと恥ずかしい「日本の名作」あらすじ200本」

高野 桂一 たかの・けいいち

05048 「学校経営現代化の方法」
『学校経営現代化の方法』 高野桂一著 明治図書出版 1970 376p 22cm 1600円 Ⓝ374
☆「教育名著 日本編」

高野 素十 たかの・すじゅう

05049 「初鴉」
『初鴉―句集』 高野素十著 菁柿堂 1947 108p 19cm Ⓝ911.368
☆「日本文学鑑賞辞典〔第2〕」、「日本文芸鑑賞事典 第14巻（1946～1948年）」

高野 辰之 たかの・たつゆき

05050 「近世邦楽年表」
『近世邦楽年表』 東京音楽学校編 鳳出版 1974 3冊 27cm〈六合館明治45年―昭和2年刊の複製〉 10000-15000円 Ⓝ768.032
☆「世界名著大事典」

05051 「日本演劇史」
『日本演劇史 第1巻』 高野辰之著 再版 東京堂 1949 660p 21cm Ⓝ772.1
☆「世界名著大事典」

05052 「日本歌謡史」
『日本歌謡史』 高野辰之著 新訂増補 五月書房 1978 1208,30p 22cm〈昭和13年刊の複製 折り込図16枚〉 13000円 Ⓝ911.6
☆「世界名著大事典」

05053 「日本歌謡集成」
『日本歌謡集成 巻1 上古編』 高野辰之編 改訂版 東京堂出版 1980 568p 22cm〈第2刷（第1刷：昭和35年）〉 5500円 Ⓝ911.6
☆「世界名著大事典」

高野 長運 たかの・ちょううん

05054 「高野長英伝」
『高野長英伝』 高野長運著 訂補3版 高野長運 1943 666p 26cm Ⓝ289.1
☆「明治・大正・昭和の名著・総解説」

高野 長英 たかの・ちょうえい

05055 「鳥の鳴音」
『日本の名著 25 渡辺崋山・高野長英』 佐藤昌介責任編集 中央公論社 1984 533p 18cm（中公バックス）〈渡辺崋山の肖像あり〉 1200円 ①4-12-400415-X Ⓝ081
☆「世界名著大事典」

05056 「避疫要法」
『高野長英全集 第1巻 医書』 高野長英全集刊行会編 第一書房 1978 555p 22cm〈監修：高橋礦一 高野長英全集刊行会昭和5年刊の複製 限定版〉 8500円 Ⓝ081.8
☆「日本の古典名著」

05057 「戊戌夢物語」
『崋山・長英論集』 渡辺崋山, 高野長英著 佐藤昌介校注 岩波書店 1978 398p 15cm（岩波文庫） 400円 Ⓝ402.105
☆「世界名著大事典」、「日本の古典名著」、「日本名著辞典」

高野 文子 たかの・ふみこ

05058 「絶対安全剃刀」
『絶対安全剃刀―高野文子作品集』 高野文子著 白泉社 1982 198p 21cm 980円 Ⓝ726.1
☆「読書入門」

鷹羽 狩行 たかは・しゅぎょう

05059 「誕生」
『誕生―定本』 鷹羽狩行著 牧羊社 1976 205p 20cm 2000円 Ⓝ911.36
☆「日本文芸鑑賞事典 第19巻」

高橋 照　たかはし・あきら

05060　「ネパール曼陀羅」
『ネパール曼陀羅』　高橋照著　東京新聞出版局　1981　316p　19cm　1500円　Ⓘ4-8083-0084-2　Ⓝ292.58
☆「日本の山の名著・総解説」

高橋 治　たかはし・おさむ

05061　「海そだち」
『海そだち』　高橋治著　集英社　1994　217p　16cm（集英社文庫）　460円　Ⓘ4-08-748189-1　Ⓝ913.6
☆「世界の海洋文学」

05062　「風の盆恋歌」
『風の盆恋歌』　高橋治著　新装版　新潮社　2003　255p　20cm　1600円　Ⓘ4-10-356909-3　Ⓝ913.6
☆「一度は読もうよ！ 日本の名著」、「一冊で愛の話題作100冊を読む」、「日本文学名作案内」

05063　「絢爛たる影絵」
『絢爛たる影絵―小津安二郎』　高橋治著　岩波書店　2010　422p　15cm（岩波現代文庫B175）　1280円　Ⓘ978-4-00-602175-7　Ⓝ778.21
☆「現代を読む」

05064　「さすらい波太郎―房州沖純情」
『さすらい波太郎―房州沖純情』　高橋治著　講談社　1991　328p　15cm（講談社文庫）　500円　Ⓘ4-06-184923-9
☆「世界の海洋文学」

05065　「派兵」
『派兵　第1部　シベリア出兵』　高橋治著　朝日新聞社　1973　437p　20cm　900円　Ⓝ913.6
☆「日本陸軍の本・総解説」

05066　「秘伝」
『秘伝』　高橋治著　講談社　1987　240p　15cm（講談社文庫）　340円　Ⓘ4-06-183927-6　Ⓝ913.6
☆「世界の海洋文学」

高橋 景保　たかはし・かげやす

05067　「厚生新編」
『厚生新編―静岡県立中央図書館蔵』　ショメイル著　馬場佐十郎ほか訳　恒和出版　1978　5冊　27cm〈複製〉　Ⓝ031
☆「世界名著大事典」、「日本名著辞典」

高橋 和夫　たかはし・かずお

05068　「アラブとイスラエル」
『アラブとイスラエル―パレスチナ問題の構図』　高橋和夫著　講談社　1992　234,4p　18cm（講談社現代新書）　600円　Ⓘ4-06-149085-0　Ⓝ228.5
☆「世界史読書案内」

高橋 和巳　たかはし・かずみ

05069　「孤立無援の思想」
『孤立無援の思想』　高橋和巳著　岩波書店　1991　286p　16cm（同時代ライブラリー75）　900円　Ⓘ4-00-260075-0　Ⓝ914.6
☆「ベストガイド日本の名著」、「明治・大正・昭和の名著・総解説」

05070　「邪宗門」
『邪宗門　上』　高橋和巳著　朝日新聞社　1993　568p　15cm（朝日文庫）　950円　Ⓘ4-02-264004-9　Ⓝ913.6
☆「現代文学鑑賞辞典」、「世界名著大事典 補遺（Extra）」

05071　「捨子物語」
『捨子物語―高橋和巳コレクション　3』　高橋和巳著　河出書房新社　1996　441p　15cm（河出文庫）　1100円　Ⓘ4-309-42003-6
☆「世界名著大事典 補遺（Extra）」

05072　「日本の悪霊」
『日本の悪霊―高橋和巳コレクション　9』　高橋和巳著　埴谷雄高,川西政明監修　河出書房新社　1997　490p　15cm（河出文庫）　1205円　Ⓘ4-309-42010-9
☆「世界名著大事典 補遺（Extra）」

05073　「悲の器」
『悲の器』　高橋和巳著　43刷改版　新潮社　2006　633p　16cm（新潮文庫）　781円　Ⓘ4-10-112401-9　Ⓝ913.6
☆「あらすじダイジェスト」、「現代文学鑑賞辞典」、「世界名著大事典 補遺（Extra）」、「21世紀の必読書100選」、「日本の小説101」、「日本文芸鑑賞事典 第19巻」、「文学・名著300選の解説 '88年度版」、「ポケット日本名作事典」

05074　「憂鬱なる党派」
『憂鬱なる党派―高橋和巳コレクション　上』　高橋和巳著　河出書房新社　1996　401p　15cm（河出文庫）　1100円　Ⓘ4-309-42006-0
☆「世界名著大事典 補遺（Extra）」、「ポケット日本名作事典」

05075　「わが解体」
『わが解体―高橋和巳コレクション　10』　高橋和巳著　河出書房新社　1997　250p　15cm（河出文庫）　865円　Ⓘ4-309-42011-7
☆「世界名著大事典 補遺（Extra）」

05076　「我が心は石にあらず」
『我が心は石にあらず―高橋和巳コレクション

8]　髙橋和巳著　埴谷雄高, 川西政明監修　河出書房新社　1996　390p　15cm（河出文庫）　1100円　Ⓘ4-309-42009-5
☆「一度は読もうよ！ 日本の名著」,「一冊で日本の名著100冊を読む 続」,「日本文学名作案内」

高橋 和之　たかはし・かずゆき

05077　「国民内閣制の理念と運用」
『国民内閣制の理念と運用』　高橋和之著　有斐閣　1994　406,4p　22cm　6180円
Ⓘ4-641-03181-9　Ⓝ323.01
☆「憲法本41」

高橋 克彦　たかはし・かつひこ

05078　「写楽殺人事件」
『写楽殺人事件』　高橋克彦著　講談社　1986　367p　15cm（講談社文庫）　460円
Ⓘ4-06-183780-X　Ⓝ913.6
☆「世界の推理小説・総解説」

高橋 亀吉　たかはし・かめきち

05079　「明治大正農村経済の変遷」
『明治大正農村経済の変遷』　高橋亀吉著　東洋経済新報社出版部　1926　165p　19cm　Ⓝ611
☆「農政経済の名著 明治大正編」

05080　「私の実践経済学」
『私の実践経済学』　高橋亀吉著　東洋経済新報社　1976　273,4p　19cm　950円　Ⓝ330.4
☆「「本の定番」ブックガイド」

高橋 揆一郎　たかはし・きいちろう

05081　「伸予」
『伸予』　高橋揆一郎著　文芸春秋　1983　234p　16cm（文春文庫）　300円
Ⓘ4-16-730801-0　Ⓝ913.6
☆「現代文学鑑賞辞典」

高橋 源一郎　たかはし・げんいちろう

05082　「さようなら、ギャングたち」
『さようなら、ギャングたち』　高橋源一郎　講談社　1997　381p　16cm（講談社文芸文庫）〈年譜・著書目録・参考文献：p363～381〉　1060円+税　Ⓘ4-06-197562-5　Ⓝ913.6
☆「現代文学鑑賞辞典」,「日本の小説101」,「日本文学 これを読まないと文学は語れない!!」

05083　「非常時のことば」
『非常時のことば—震災の後で』　高橋源一郎著　朝日新聞出版　2012　215p　20cm　1600円
Ⓘ978-4-02-250991-8　Ⓝ914.6
☆「倫理良書を読む」

高橋 健自　たかはし・けんじ

05084　「銅鉾銅剣の研究」
『銅鉾銅剣の研究』　高橋健自著　聚精堂書店　1925　245p　図版40枚　26cm　Ⓝ210.02
☆「世界名著大事典」

05085　「日本服飾史論」
『日本服飾史論』　高橋健自著　大鐙閣　1927　215,7p　22cm　Ⓝ383
☆「世界名著大事典」

高橋 健二　たかはし・けんじ

05086　「ヘルマン・ヘッセ」
『ヘルマン・ヘッセ―危機の詩人』　高橋健二著　新潮社　1974　271p　19cm（新潮選書）〈ヘッセ略年譜・著作目録・ヘッセに関する文献目録：p.255-268〉　730円　Ⓝ940.28
☆「伝記・自叙伝の名著」

高橋 浩一郎　たかはし・こういちろう

05087　「21世紀の地球環境」
『21世紀の地球環境―気候と生物圏の未来』　高橋浩一郎, 岡本和人編著　日本放送出版協会　1987　225p　19cm（NHKブックス　525）　750円　Ⓘ4-14-001525-X　Ⓝ468
☆「学問がわかる500冊 v.2」

高橋 幸八郎　たかはし・こうはちろう

05088　「近代社会成立史論」
『近代社会成立史論―欧洲経済史研究』　高橋幸八郎著　御茶の水書房　1953　244p　22cm　Ⓝ332.3
☆「世界名著大事典」

05089　「市民革命の構造」
『市民革命の構造』　高橋幸八郎著　増補版　御茶の水書房　1966　262p　22cm　800円　Ⓝ332.3
☆「現代歴史学の名著」,「世界名著大事典」,「名著の履歴書」,「歴史の名著 日本人篇」

高橋 是清　たかはし・これきよ

05090　「経済論」
『経済論』　高橋是清［著］　上塚司編　中央公論新社　2013　497p　18cm（中公クラシックス　J55）〈「高橋是清経済論」（千倉書房　昭和11年刊）の改題〉　2100円
Ⓘ978-4-12-160145-2　Ⓝ332.106
☆「日本近代の名著」

05091　「高橋是清自伝」
『高橋是清自伝』　上塚司記　千倉書房　1936　806p　図版　20cm〈附録：高橋翁の実家および養家の略記（上塚司著795-806p）〉　Ⓝ289.1
☆「大人のための日本の名著50」,「近代日本の百冊を

選ぶ」,「自己啓発の名著30」,「自伝の名著101」,「大学新入生に薦める101冊の本」

髙橋 里美　たかはし・さとみ

05092　「包弁証法」
『包弁証法』　高橋里美著　理想社　1947
258p　22cm〈重版〉　Ⓝ116.4
☆「世界名著大事典」

高橋 重宏　たかはし・しげひろ

05093　「ウェルフェアからウェルビーイングへ」
『ウェルフェアからウェルビーイングへ―子どもと親のウェルビーイングの促進：カナダの取り組みに学ぶ』　高橋重宏著　川島書店　1994　177p　22cm　1800円
Ⓘ4-7610-0535-1　Ⓝ369.4
☆「学問がわかる500冊」

高橋 茂　たかはし・しげる

05094　「氷川丸物語」
『氷川丸物語』　高橋茂著　鎌倉　かまくら春秋社　1978　384p　20cm〈参考資料：p383〉　1500円　Ⓝ556.5
☆「世界の海洋文学」

高橋 乗宣　たかはし・じょうせん

05095　「90年代日本人への警告」
『90年代日本人への警告―21世紀をめざして 今なら変革できる』　高橋乗宣著　二期出版　1989　235p　19cm　1300円
Ⓘ4-89050-031-6
☆「経済経営95冊」

05096　「世界経済・破局か再生か」
『世界経済・破局か再生か―高橋乗宣が読む そのときどうなる日本経済』　高橋乗宣　ベストセラーズ　1992　209p　20cm　1300円
Ⓘ4-584-18128-4　Ⓝ332
☆「経済経営95冊」

05097　「第三の経済危機」
『第三の経済危機―迫りくる"メガ・クライシス"にどう対処するか』　牧野昇,高橋乗宣著　ごま書房　1987　238p　20cm　1300円
Ⓘ4-341-17004-X　Ⓝ332.1
☆「経済経営95冊」

05098　「日本経済『悪魔』の選択はあるか」
『日本経済『悪魔の選択』はあるか―新しい経営のすすめ』　牧野昇,高橋乗宣著　徳間書店　1994　270p　19cm　1200円
Ⓘ4-19-860068-6　Ⓝ332.107
☆「経済経営95冊」

たかはし しんいち

05099　「日本の国ができるまで」
『日本の国ができるまで―一目で見る日本史』　たかししんいち,まつしまえいいち構成解説　みやもりしげる美術　江口準次等絵　日本評論社　1950　126p　27cm
☆「名著の履歴書」

高橋 新吉　たかはし・しんきち

05100　「ダダイスト新吉の詩」
『ダダイスト新吉の詩』　高橋新吉著　日本図書センター　2003　311p　20cm〈編集：辻潤　肖像あり　文献あり　年譜あり〉　2800円
Ⓘ4-8205-9563-6　Ⓝ911.56
☆「世界名著大事典」,「日本文学鑑賞辞典〔第2〕」,「日本文芸鑑賞事典 第7巻（1920～1923年）」

高橋 進　たかはし・すすむ

05101　「ヨーロッパ新右翼」
『ヨーロッパ新右翼』　山口定,高橋進編　朝日新聞社　1998　316,5p　19cm〈朝日選書593〉〈索引あり〉　1500円　Ⓘ4-02-259693-7　Ⓝ311.3
☆「平和を考えるための100冊+α」

高橋 在久　たかはし・すみひさ

05102　「東京湾水土記」
『東京湾水土記』　高橋在久著　復刊　未來社　1998　232p　20cm　2200円
Ⓘ4-624-20032-2　Ⓝ213
☆「世界の海洋文学」

高橋 誠一郎　たかはし・せいいちろう

05103　「重商主義経済学説研究」
『重商主義経済学説研究』　高橋誠一郎著　改訂　改造社　1943　903p　22cm　Ⓝ331.314
☆「世界名著大事典」

高橋 たか子　たかはし・たかこ

05104　「誘惑者」
『誘惑者』　高橋たか子［著］　講談社　1995　375p　16cm〈講談社文芸文庫〉〈年譜・著書目録：p358～375〉　1100円　Ⓘ4-06-196344-9　Ⓝ913.6
☆「ポケット日本名作事典」

05105　「ロンリー・ウーマン」
『ロンリー・ウーマン』　高橋たか子著　集英社　1982　217p　16cm〈集英社文庫〉　260円
Ⓝ913.6
☆「現代文学鑑賞辞典」

高橋 哲雄　たかはし・てつお

05106　「ミステリーの社会学」

高橋哲雄著　中央公論社　1989
　『ミステリーの社会学―近代的「気晴らし」の条件』　高橋哲雄著　中央公論社　1989　255p　18cm（中公新書）　640円
　Ⓘ4-12-100940-1　Ⓝ901.3
　☆「「本の定番」ブックガイド」

高橋 俊乗　たかはし・としのり

05107　「近世学校教育の源流」
　『近世学校教育の源流』　高橋俊乗著　京都　臨川書店　1971　626,10p　22cm〈永沢金港堂昭和18年刊の複製〉　4800円　Ⓝ372.1
　☆「世界名著大事典」

05108　「日本教育文化史」
　『日本教育文化史　1』　高橋俊乗著　講談社　1978　209p　15cm（講談社学術文庫）　300円　Ⓝ372.1
　☆「世界名著大事典」

高橋 秀俊　たかはし・ひでとし

05109　「数理の散策」
　『数理の散策』　高橋秀俊著　日本評論社　1974　153p　19cm　1100円　Ⓝ410.49
　☆「物理ブックガイド100」

05110　「電磁気学」
　『電磁気学』　高橋秀俊著　裳華房　1959　416p　22cm（物理学選書　第3）　Ⓝ427
　☆「物理ブックガイド100」

高橋 秀実　たかはし・ひでみね

05111　「素晴らしきラジオ体操」
　『素晴らしきラジオ体操』　高橋秀実著　小学館　2002　264p　15cm（小学館文庫）　552円
　Ⓘ4-09-418101-6　Ⓝ781.4
　☆「読書入門」

高橋 博子　たかはし・ひろこ

05112　「封印されたヒロシマ・ナガサキ」
　『封印されたヒロシマ・ナガサキ―米核実験と民間防衛計画』　高橋博子著　新訂増補版　凱風社　2012　331p　20cm〈年表あり　索引あり　文献あり〉　3000円　Ⓘ978-4-7736-3602-4　Ⓝ319.8
　☆「平和を考えるための100冊＋α」

高橋 文太郎　たかはし・ぶんたろう

05113　「山の人達」
　『山の人達』　高橋文太郎著　竜星閣　1938　328p　図版　20cm　Ⓝ786
　☆「日本の山の名著・総解説」、「山の名著　明治・大正・昭和戦前編」

高橋 正衛　たかはし・まさえ

05114　「二・二六事件」
　『二・二六事件―「昭和維新」の思想と行動』　高橋正衛著　増補改版　中央公論社　1994　254p　18cm（中公新書）〈参考文献：p207～210〉　720円　Ⓘ4-12-190076-6　Ⓝ210.7
　☆「日本陸軍の本・総解説」

高橋 三千綱　たかはし・みちつな

05115　「九月の空」
　『九月の空』　高橋三千綱著　角川書店　1979　262p　15cm（角川文庫）　300円　Ⓝ913.6
　☆「現代文学鑑賞辞典」

05116　「まち子の夜景」
　『まち子の夜景』　高橋三千綱著　講談社　1989　209p　15cm（講談社文庫）　340円
　Ⓘ4-06-184589-6　Ⓝ913.6
　☆「一度は読もうよ！日本の名著」、「一冊で愛の話題作100冊を読む」

高橋 睦郎　たかはし・むつお

05117　「遠い帆―オペラ支倉常長」
　『遠い帆―オペラ支倉常長』　高橋睦郎著　小沢書店　1999　136p　21cm〈付属資料：1枚〉　2000円　Ⓘ4-7551-0312-6　Ⓝ912.6
　☆「世界の海洋文学」

高橋 孟　たかはし・もう

05118　「海軍めしたき物語」
　『海軍めしたき物語』　高橋孟著　新潮社　1982　309p　15cm（新潮文庫）　320円
　Ⓘ4-10-127801-6　Ⓝ397.9
　☆「世界の海洋文学」

高橋 泰邦　たかはし・やすくに

05119　「永遠の帆船ロマン」
　『永遠の帆船ロマン―ホーンブロワーと共に』　高橋泰邦著　雄文社　1990　353p　19cm〈大盛堂書店出版部［発売］　年譜：p281～284〉　2060円　Ⓘ4-946459-01-4　Ⓝ930.28
　☆「世界の海洋文学」

05120　「衝突針路」
　『衝突針路―長編海洋ミステリー』　高橋泰邦著　光文社　1987　357p　16cm（光文社文庫）　480円　Ⓘ4-334-70591-X　Ⓝ913.6
　☆「世界の推理小説・総解説」

05121　「南溟の砲煙」
　『南溟の砲煙―海の男ホーンブロワー外伝』　高橋泰邦著　光人社　1997　487p　16cm（光人社NF文庫）　980円　Ⓘ4-7698-2151-4　Ⓝ913.6
　☆「世界の海洋文学」

髙橋 義孝　たかはし・よしたか

05122　「森鷗外」
『森鷗外』　高橋義孝著　新潮社　1985　387p　22cm〈森鷗外の肖像あり　森鷗外・夏目漱石作品年表：p375〜384〉　3500円
Ⓘ4-10-312303-6　Ⓝ910.268
☆「世界名著大事典」

髙橋 至時　たかはし・よしとき

05123　「ラランデ暦書管見」
『日本思想大系　65　洋学　下』　岩波書店　1972　527p 図　22cm　Ⓝ121.08
☆「世界名著大事典」

髙橋 和島　たかはし・わとう

05124　「朱帆」
『朱帆―鄭成功青雲録』　高橋和島著　小学館　1999　282p　15cm〈小学館文庫〉　600円
Ⓘ4-09-403651-2　Ⓝ913.6
☆「世界の海洋文学」

髙畠 通敏　たかばたけ・みちとし

05125　「現代日本の政党と選挙」
『現代日本の政党と選挙』　高畠通敏著　三一書房　1980　366p　19cm〈70年代日本政党政略年表：p364〜366〉　2000円　Ⓝ315.1
☆「現代政治学を読む」

05126　「生活者の政治学」
『生活者の政治学』　高畠通敏著　三一書房　1993　208p　18cm（三一新書）　750円
Ⓘ4-380-93013-0　Ⓝ312.1
☆「学問がわかる500冊」

05127　「政治学への道案内」
『政治学への道案内』　高畠通敏［著］　講談社　2012　603p　15cm〈講談社学術文庫　2110〉〈三一書房（1984年刊）に私家版2002年掲載の増補部分を収録　文献あり　索引あり〉　1600円　Ⓘ978-4-06-292110-7　Ⓝ311
☆「学問がわかる500冊」

髙畠 素之　たかばたけ・もとゆき

05128　「社会主義と進化論」
『社会主義と進化論』　高畠素之著　改造社　1927　264p　20cm　Ⓝ363
☆「世界名著大事典　補遺（Extra）」

05129　「マルキシズムと国家主義」
『マルキシズムと国家主義』　高畠素之著　改造社　1927　261p　20cm　Ⓝ363
☆「世界名著大事典　補遺（Extra）」

高浜 虚子　たかはま・きょし

05130　「柿二つ」
『柿二つ』　高浜虚子［著］　講談社　2007　300p　16cm〈講談社文芸文庫〉〈年譜あり　著作目録あり〉　1400円　Ⓘ978-4-06-198486-8　Ⓝ913.6
☆「世界名著大事典」

05131　「虚子句集」
『虚子句集』　高浜虚子著　日本近代文学館　1980　215p　17cm（名著複刻詩歌文学館　連翹セット）〈植竹書院大正4年刊の複製　ほるぷ［発売］　叢書の編者：名著複刻全集編集委員会〉　Ⓝ911.368
☆「世界名著大事典」，「日本文学鑑賞辞典〔第2〕」，「日本文芸鑑賞事典 第9巻」

05132　「虚子俳話」
『虚子俳話』　高浜虚子著　新樹社　1969　196p 図版　18cm〈東都書房昭和38年刊の新版〉　800円　Ⓝ911.304
☆「日本文芸鑑賞事典 第17巻（1955〜1958年）」

05133　「鶏頭」
『鶏頭』　高浜虚子著　春陽堂　1908　178p 図版　23cm　Ⓝ913.6
☆「日本近代文学名著事典」，「日本文学鑑賞辞典〔第2〕」，「日本文芸鑑賞事典 第3巻（1904〜1909年）」

05134　「五百句」
『五百句』　高浜虚子著　改造社　1947　268p　22cm　Ⓝ911.368
☆「近代日本の百冊を選ぶ」，「近代文学名作事典」，「日本近代文学名著事典」，「日本の名著」，「日本文芸鑑賞事典 第12巻」

05135　「地獄の裏づけ」
『俳句への道』　高浜虚子著　岩波書店　1997　251p　15cm（岩波文庫）　570円
Ⓘ4-00-310287-8　Ⓝ911.36
☆「大作家"ろくでなし"列伝」

05136　「新歳時記」
『新歳時記』　高浜虚子編　増訂版　三省堂　860p　11×17cm　2800円　Ⓘ4-385-30096-8
☆「近代日本の百冊を選ぶ」，「歴史家の読書案内」

05137　「続俳諧師」
『定本高浜虚子全集　第6巻　小説集　2』　毎日新聞社　1974　485p 図 肖像　22cm　2500円　Ⓝ918.6
☆「明治・大正・昭和の名著・総解説」，「明治の名著 2」

05138　「俳諧師」
『定本高浜虚子全集　第5巻　小説集　1』　毎日新聞社　1974　524p 図 肖像　22cm　2500円　Ⓝ918.6

☆「世界名著大事典」、「日本文学鑑賞辞典〔第2〕」、「明治・大正・昭和の名著・総解説」、「明治の名著2」

05139 「風流懺法」
『風流懺法―他二編』 高浜虚子著 中央出版協会 1921 185p 19cm Ⓝ913.6
☆「世界名著大事典」

05140 「ホトトギス雑詠全集」
『ホトトギス雑詠全集 第1-12』 高浜虚子編 京都 ホトトギス雑詠全集刊行会 1931 12冊 19cm Ⓝ911.36
☆「日本文学鑑賞辞典〔第2〕」

高林 武彦 たかばやし・たけひこ
05141 「量子論の発展史」
『量子論の発展史』 高林武彦著 筑摩書房 2010 541p 15cm(ちくま学芸文庫 タ37-1―[Math & science])〈文献あり 著作目録あり〉 1500円 ①978-4-480-09319-6 Ⓝ421.3
☆「物理ブックガイド100」

高松宮 宣仁 たかまつのみや・のぶひと
05142 「高松宮日記」
『高松宮日記 第1巻』 高松宮宣仁著 細川護貞ほか編 中央公論社 1996 490p 20cm〈著者の肖像あり〉 3500円 ①4-12-403391-5 Ⓝ288.44
☆「歴史家の一冊」

高見 広春 たかみ・こうしゅん
05143 「バトル・ロワイアル」
『バトル・ロワイアル 上』 高見広春[著] 幻冬舎 2002 510p 16cm(幻冬舎文庫) 600円 ①4-344-40270-7 Ⓝ913.6
☆「知らないと恥ずかしい「日本の名作」あらすじ200本」

高見 順 たかみ・じゅん
05144 「如何なる星の下に」
『如何なる星の下に』 高見順[著] 講談社 2011 281p 16cm(講談社文芸文庫 たH3)〈並列シリーズ名：Kodansha Bungei bunko 著作目録あり 年譜あり〉 1400円 ①978-4-06-290136-9 Ⓝ913.6
☆「一度は読もうよ！日本の名著」、「世界名著大事典」、「日本近代文学名著事典」、「日本の小説101」、「日本の名著」、「日本文学鑑賞辞典〔第2〕」、「日本文学名作案内」、「文学・名著300選の解説 '88年度版」、「ポケット日本名作事典」

05145 「いやな感じ」
『いやな感じ』 高見順著 文芸春秋 1984 578p 16cm(文春文庫) 580円 ①4-16-724902-2 Ⓝ913.6

☆「日本文学 これを読まないと文学は語れない!!」

05146 「故旧忘れ得べき」
『故旧忘れ得べき』 高見順著 河出書房 1956 190p 図版 15cm(河出文庫) Ⓝ913.6
☆「あらすじダイジェスト」、「感動！日本の名著 近現代編」、「近代文学名作事典」、「現代文学鑑賞辞典」、「昭和の名著」、「世界名著大事典」、「日本近代文学名著事典」、「日本の名著」、「日本文学鑑賞辞典〔第2〕」、「日本文学現代名作事典」、「日本文学名作事典」、「日本文芸鑑賞事典 第11巻(昭和9～昭和12年)」、「入門名作の世界」、「ポケット日本名作事典」

05147 「私生児」
『草のいのちを―高見順短篇名作集』 高見順著 講談社 2002 294p 16cm 1300円 ①4-06-198294-X Ⓝ913.6
☆「女性のための名作・人生案内」、「日本の古典・世界の古典」

05148 「死の淵より」
『死の淵より』 高見順[著] 講談社 2013 203p 16cm(講談社文芸文庫 たH4)〈1993年刊の再刊 著作目録あり 年譜あり〉 1200円 ①978-4-06-290185-7 Ⓝ911.56
☆「日本文芸鑑賞事典 第19巻」

05149 「昭和文学盛衰史」
『昭和文学盛衰史』 高見順著 文芸春秋 1987 614p 16cm(文春文庫) 640円 ①4-16-724904-9 Ⓝ910.26
☆「名著の履歴書」

05150 「敗戦日記」
『敗戦日記』 高見順著 中央公論新社 2005 470p 16cm(中公文庫) 1190円 ①4-12-204560-6 Ⓝ915.6
☆「日本文芸鑑賞事典 第14巻(1946～1948年)」

05151 「流木」
『流木―他一〇篇』 高見順著 竹村書房 1937 330p 18cm Ⓝ913.6
☆「現代日本文学案内」

05152 「わが胸の底のここには」
『わが胸の底のここには』 高見順著 三笠書房 1958 238p 図版 20cm Ⓝ913.6
☆「現代文学名作探訪事典」、「日本文芸鑑賞事典 第14巻(1946～1948年)」

高光妻の乳母 たかみつつまのめのと
05153 「多武峯少将物語」
『高光集と多武峯少将物語―本文・注釈・研究』 笹川博司著 風間書房 2006 363p 22cm〈年譜あり〉 12000円 ①4-7599-1590-7 Ⓝ911.138
☆「一度は読もうよ！日本の名著」、「一冊で日本の

の名著3分間読書100」、「日本文学鑑賞辞典〔第2〕」、「日本文芸鑑賞事典 第13巻」、「入門名作の世界」、「百年の誤読」

古典100冊を読む」、「近代名著解題選集3」、「作品と作者」、「世界名著大事典」

高宮 太平　たかみや・たへい

05154　「軍国太平記」
『軍国太平記』　高宮太平著　中央公論新社　2010　356p　16cm（中公文庫　た78-1）〈『順逆の昭和史』（原書房1971年刊）の改訂〉　1048円　①978-4-12-205111-9　Ⓝ210.7
☆「日本陸軍の本・総解説」

高村 薫　たかむら・かおる

05155　「黄金を抱いて翔べ」
『黄金を抱いて翔べ』　高村薫著　新潮社　1994　358p　15cm（新潮文庫）　480円　①4-10-134711-5　Ⓝ913.6
☆「新潮文庫20世紀の100冊」

05156　「マークスの山」
『マークスの山　上巻』　高村薫著　新潮社　2011　418p　16cm（新潮文庫　た-53-9）　590円　①978-4-10-134719-6　Ⓝ913.6
☆「現代文学鑑賞辞典」、「知らないと恥ずかしい「日本の名作」あらすじ200本」

05157　「レディ・ジョーカー」
『レディ・ジョーカー　上巻』　高村薫著　新潮社　2010　512p　16cm（新潮文庫　た-53-2）〈毎日新聞社1997年刊の改訂〉　705円　①978-4-10-134716-5　Ⓝ913.6
☆「知らないと恥ずかしい「日本の名作」あらすじ200本」

高村 光太郎　たかむら・こうたろう

05158　「暗愚小伝」
『詩稿「暗愚小伝」』　高村光太郎［著］　北川太一編　二玄社　2006　149p　26cm　2500円　①4-544-03043-9　Ⓝ911.56
☆「明治・大正・昭和の名著・総解説」

05159　「高村光太郎詩集」
『高村光太郎詩集』　高村光太郎［著］　伊藤信吉編　88刷改版　新潮社　2005　261p　16cm（新潮文庫）　438円　①4-10-119601-X　Ⓝ911.56
☆「新潮文庫20世紀の100冊」

05160　「智恵子抄」
『智恵子抄』　高村光太郎著　角川春樹事務所　2011　115p　16cm（ハルキ文庫　た15-2-［280円文庫］）〈並列シリーズ名：Haruki Bunko　年譜あり〉　267円　①978-4-7584-3546-8　Ⓝ911.56
☆「愛と死の日本文学」、「現代文学名作探訪事典」、「昭和の名著」、「知らないと恥ずかしい「日本の名作」あらすじ200本」、「世界名著大事典」、「日本

05161　「典型」
『典型―高村光太郎詩集』　高村光太郎著　宮崎稔編　中央公論社　1950　222p　19cm　Ⓝ911.56
☆「日本文学鑑賞辞典〔第2〕」

05162　「道程」
『道程』　高村光太郎著　日本図書センター　1999　335p　20cm〈年譜あり〉　2800円　①4-8205-1861-5　Ⓝ911.56
☆「感動！日本の名著 近現代編」、「近代日本の百冊を選ぶ」、「近代文学名作事典」、「3行でわかる名作&ヒット本250」、「世界名作事典」、「世界名著大事典」、「大正の名著」、「日本近代文学名著事典」、「日本の名著」（角川書店）、「日本の名著」（毎日新聞社）、「日本文学鑑賞辞典〔第2〕」、「日本文芸鑑賞事典 第5巻」、「日本名著辞典」、「文学・名著300選の解説 '88年度版」、「ベストガイド日本の名著」、「名作への招待」、「明治・大正・昭和の名著・総解説」

高群 逸枝　たかむれ・いつえ

05163　「招婿婚の研究」
『招婿婚の研究』　高群逸枝著　大日本雄弁会講談社　1953　1236p　22cm　Ⓝ386.4
☆「世界名著大事典」、「フェミニズムの名著50」

05164　「大日本女性史」
『大日本女性史　第1巻　母系制の研究』　高群逸枝著　訂3版　恒星社厚生閣　1949　645p　22cm　Ⓝ367.2
☆「明治・大正・昭和の名著・総解説」

05165　「火の国の女の日記」
『火の国の女の日記―高群逸枝自伝』　高群逸枝著　理想社　1965　491p 図版　23cm〈年譜：485-491p〉　Ⓝ289.1
☆「自伝の名著101」

高谷 好一　たかや・よしかず

05166　「新世界秩序を求めて」
『新世界秩序を求めて―21世紀への生態史観』　高谷好一著　中央公論社　1993　228p　18cm（中公新書）　680円　①4-12-101110-4　Ⓝ223
☆「学問がわかる500冊」

高安 国世　たかやす・くによ

05167　「真実」
『真実―歌集』　高安国世著　短歌新聞社　2000　138p　15cm〈短歌新聞社文庫〉〈年譜あり〉　667円　①4-8039-1024-3　Ⓝ911.168
☆「日本文芸鑑賞事典 第15巻」

高安 月郊 たかやす・げっこう
05168 「江戸城明渡」
『江戸城明渡』 高安月郊(三郎)著 博文館 1903 88p 23cm Ⓝ912.6
☆「世界名著大事典」

高柳 伊三郎 たかやなぎ・いさぶろう
05169 「福音書概論」
『福音書概論』 高柳伊三郎著 訂3版 新教出版社 1951 416p 22cm Ⓝ193.6
☆「世界名著大事典」

高柳 賢三 たかやなぎ・けんぞう
05170 「司法権の優位」
『英米法講義 第3巻 司法権の優位』 高柳賢三著 増訂版 有斐閣 1958 457p 22cm〈付録(213-456p):司法の憲法保障制,条約の違憲性,アメリカ最近の違憲審査 文献:456-457p〉 Ⓝ322.93
☆「世界名著大事典」

高柳 重信 たかやなぎ・しげのぶ
05171 「蕗子」
『高柳重信全句集』 高柳重信著 沖積舎 2002 517p 22cm〈肖像あり 年譜あり 著作目録あり〉 13000円 ①4-8060-1590-3 Ⓝ911.368
☆「日本文芸鑑賞事典 第15巻」

高柳 芳夫 たかやなぎ・よしお
05172 「プラハからの道化たち」
『プラハからの道化たち』 高柳芳夫著 講談社 1983 331p 15cm(講談社文庫) 420円 ①4-06-183073-2 Ⓝ913.6
☆「世界の推理小説・総解説」

高山 忠雄 たかやま・ただお
05173 「保健福祉学概論」
『保健福祉学概論—時代のニーズに応える連携と統合』 日本保健福祉学会編 川島書店 1994 214p 22cm〈監修:平山宗宏,高山忠雄 各章末:参考文献〉 2800円 ①4-7610-0539-4 Ⓝ498
☆「学問がわかる500冊」

高山 樗牛 たかやま・ちょぎゅう
05174 「況後録」
『況後録』 畔柳都太郎編 畔柳都太郎 1913 36p 13cm Ⓝ913.6
☆「世界名著大事典」

05175 「滝口入道」
『滝口入道』 高山樗牛作 岩波書店 2001 116p 15cm(岩波文庫) 420円

①4-00-310171-5
☆「一度は読もうよ! 日本の名著」,「一冊で100名作の「さわり」を読む」,「世界名著大事典」,「日本近代文学名著事典」,「日本文学鑑賞事典 第2」,「日本文学現代名作事典」,「日本文学名作案内」,「日本文芸鑑賞事典 第1巻」,「日本名著辞典」,「文学・名著300選の解説 '88年度版」,「ポケット日本名作事典」

05176 「日蓮上人とは如何なる人ぞ」
『明治文学全集 40 高山樗牛、斎藤野の人,姉崎嘲風,登張竹風集』 瀬沼茂樹編 筑摩書房 1970 447p 図版 23cm Ⓝ918.6
☆「世界名著大事典」

05177 「日本主義」
『明治文学全集 40 高山樗牛、斎藤野の人,姉崎嘲風,登張竹風集』 瀬沼茂樹編 筑摩書房 1970 447p 図版 23cm Ⓝ918.6
☆「世界名著大事典」

05178 「美的生活を論ず」
『北村透谷/高山樗牛』 北村透谷,高山樗牛著 京都 新学社 2004 352p 16cm(新学社近代浪漫派文庫 8) 1343円 ①4-7868-0066-X Ⓝ918.68
☆「世界名著大事典」,「日本文学現代名作事典」,「明治・大正・昭和の名著・総解説」,「明治の名著 1」

05179 「わがそでの記」
『現代日本文学全集 第59 高山樗牛・島村抱月・片上伸・生田長江集』 筑摩書房 1958 425p 図版 23cm Ⓝ918.6
☆「日本文学鑑賞辞典 〔第2〕」

高山 彦九郎 たかやま・ひこくろう
05180 「江戸旅日記」
『高山彦九郎日記』 千々和実,萩原進共編 西北出版 1978 5冊(付属資料編とも) 22cm〈本編は複製〉 各4000円 Ⓝ915.5
☆「世界の旅行記101」

高山 博 たかやま・ひろし
05181 「中世シチリア王国」
『中世シチリア王国』 高山博著 講談社 1999 204p 18cm(講談社現代新書) 660円 ①4-06-149470-8 Ⓝ237.04
☆「世界史読書案内」

05182 「中世地中海世界とシチリア王国」
『中世地中海世界とシチリア王国』 高山博著 東京大学出版会 1993 373,140,28p 22cm〈付:参考文献〉 12360円 ①4-13-026106-1 Ⓝ237.04
☆「歴史家の一冊」

宝井 其角　たからい・きかく

05183　「五元集」
『五元集』　榎本其角著　明治書院　1932　161,43,95p　20cm〈和装〉　Ⓝ911.3
☆「世界名著大事典」、「日本文学鑑賞辞典〔第1〕」

05184　「みなし栗」
『みなし栗―翻刻と研究』　赤羽学著　岡山　赤羽学　1961　168p　21cm〈本文の底本は天理大学綿屋文庫所蔵本　原著者：榎本其角〉　Ⓝ911.33
☆「古典の事典」、「世界名著大事典」

宝田 寿来　たからだ・じゅらい

05185　「積恋雪関扉」
『舞踊集』　郡司正勝編著　白水社　1988　241p　19cm〈歌舞伎オン・ステージ　25〉〈監修：郡司正勝ほか〉　2300円　Ⓘ4-560-03295-5　Ⓝ912.5
☆「古典の事典」

多木 浩二　たき・こうじ

05186　「生きられた家」
『生きられた家―経験と象徴』　多木浩二著　岩波書店　2001　264p　15cm〈岩波現代文庫　学術〉〈文献あり〉　1000円　Ⓘ4-00-600045-6　Ⓝ520.4
☆「建築の書物/都市の書物」

05187　「戦争論」
『戦争論』　多木浩二著　岩波書店　2002　201p　18cm〈岩波新書〉〈第8刷〉　700円　Ⓘ4-00-430632-9
☆「学問がわかる500冊」

05188　「対話・建築の思考」
『対話・建築の思考』　坂本一成,多木浩二著　住まいの図書館出版局　1996　230,16p　18cm〈住まい学大系　74〉〈星雲社〔発売〕〉　2400円　Ⓘ4-7952-0874-3　Ⓝ527.04
☆「建築・都市ブックガイド21世紀」

05189　「天皇の肖像」
『天皇の肖像』　多木浩二著　岩波書店　2002　232p　15cm〈岩波現代文庫　学術〉〈文献あり〉　1000円　Ⓘ4-00-600076-6　Ⓝ288.41
☆「学問がわかる500冊」、「ナショナリズム論の名著50」、「東アジア人文書100」

田木 繁　たき・しげる

05190　「拷問を耐える歌」
『日本プロレタリア文学大系』　野間宏等編　京都　三一書房　1954　10冊　19cm　Ⓝ918.6
☆「日本のプロレタリア文学」

多紀 道忍　たき・どうにん

05191　「天台声明大成」
『天台声明大成　上巻』　多紀道忍,吉田恒三著〔坂本村（滋賀県）〕　天台宗務庁　1935　235p　27cm　Ⓝ188.4
☆「世界名著大事典」

多紀 元胤　たき・もとつぐ

05192　「医籍考」
『医籍考　第1-8巻』　多紀元胤編　国本出版社　1933　8冊　27cm〈複製〉　Ⓝ490.9
☆「世界名著大事典」

多紀 保彦　たき・やすひこ

05193　「魚が語る地球の歴史」
『魚が語る地球の歴史』　多紀保彦著　技報堂出版　1993　152p　19cm　1545円　Ⓘ4-7655-0224-4　Ⓝ487.52
☆「学問がわかる500冊 v.2」

滝井 孝作　たきい・こうさく

05194　「結婚まで」
『結婚まで―他八篇』　滝井孝作著　角川書店　1955　224p　15cm〈角川文庫〉　Ⓝ913.6
☆「女性のための名作・人生案内」

05195　「俳人仲間」
『俳人仲間』　滝井孝作著　新潮社　1973　317p　21cm　1200円　Ⓝ914.6
☆「現代文学名作探訪事典」

05196　「無限抱擁」
『無限抱擁』　滝井孝作著　中央公論社　1985　188p　20cm　1450円　Ⓘ4-12-001363-4　Ⓝ913.6
☆「一度は読もうよ！日本の名著」、「一冊で愛の話題作100冊を読む」、「一冊で100名作の「さわり」を読む」、「現代文学鑑賞事典」、「世界名作事典」、「世界名著大事典」、「大正の名著」、「日本近代文学名著事典」、「日本の名著」、「日本文学鑑賞辞典〔第2〕」、「日本文学現代名作事典」、「日本文学名作案内」、「日本文芸鑑賞事典　第7巻（1920〜1923年）」、「ポケット日本名作事典」

多岐川 恭　たきがわ・きょう

05197　「異郷の帆」
『異郷の帆』　多岐川恭著　青樹社　1990　261p　20cm〈傑作時代小説叢書〉　1300円　Ⓘ4-7913-0618-X　Ⓝ913.6
☆「世界の推理小説・総解説」

05198　「ゆっくり雨太郎捕物控」
『ゆっくり雨太郎捕物控　1　土壇場の言葉』　多岐川恭著　ランダムハウス講談社　2008　390p　15cm〈時代小説文庫〉〈徳間書店1987

年刊の改訂〉 700円 Ⓘ978-4-270-10181-0 Ⓝ913.6
☆「歴史小説・時代小説 総解説」

滝川 政次郎 たきかわ・まさじろう

05199 「日本人の歴史」
『日本人の歴史』 滝川政次郎著 新潮社 1955 262p 20cm Ⓝ210.1
☆「日本人とは何か」

05200 「日本奴隷経済史」
『日本奴隷経済史』 滝川政次郎著 増補 名著普及会 1985 789p 22cm〈新版の出版社：刀江書院(1972年刊) 著者の肖像あり〉 Ⓘ4-89551-215-0 Ⓝ322.134
☆「世界名著大事典」

05201 「律令の研究」
『律令の研究』 滝川政次郎著 名著普及会 1988 1冊 22cm 20000円 Ⓘ4-89551-359-9 Ⓝ322.134
☆「世界名著大事典」

滝川 幸辰 たきがわ・ゆきとき

05202 「刑法講義」
『刑法講義』 滝川幸辰著 改訂10版 京都 弘文堂書房 1931 344p 20cm Ⓝ326
☆「世界名著大事典」

滝口 修造 たきぐち・しゅうぞう

05203 「近代芸術」
『近代芸術』 滝口修造著 美術出版社 1962 236p(図版共) 21cm(美術選書) Ⓝ704
☆「近代日本の百冊を選ぶ」、「昭和の名著」、「日本文芸鑑賞事典 第12巻」

滝口 範子 たきぐち・のりこ

05204 「にほんの建築家伊東豊雄・観察記」
『にほんの建築家伊東豊雄・観察記』 瀧口範子著 筑摩書房 2012 350p 15cm(ちくま文庫 た65-1)〈TOTO出版 2006年刊の加筆訂正 文献あり〉 950円 Ⓘ978-4-480-42980-3 Ⓝ523.1
☆「建築・都市ブックガイド21世紀」

滝口 康彦 たきぐち・やすひこ

05205 「拝領妻始末」
『拝領妻始末』 滝口康彦著 立風書房 1991 477p 19cm(滝口康彦士道小説傑作選集 上) 2600円 Ⓘ4-651-66039-8
☆「歴史小説・時代小説 総解説」

滝沢 誠 たきざわ・まこと

05206 「権藤成卿」
『権藤成卿』 滝沢誠著 紀伊国屋書店 1971 212p 肖像 18cm(紀伊国屋新書)〈参考文献・年譜：p.195-212〉 300円 Ⓝ289.1
☆「アナーキズム」

滝本 誠一 たきもと・せいいち

05207 「日本経済叢書」
『日本経済叢書 第1-7巻』 滝本誠一編 改訂 大鐙閣 1923 7冊 23cm Ⓝ330
☆「世界名著大事典」

05208 「日本経済典籍考」
『日本経済典籍考』 滝本誠一著 日本図書センター 1996 454p 22cm(社会科学書誌書目集成 第11巻)〈監修：図書館科学学会 日本評論社昭和3年刊の複製〉 15450円 Ⓘ4-8205-4173-0 Ⓝ332.105
☆「世界名著大事典」

滝谷 琢宗 たきや・たくしゅう

05209 「修証義」
『修証義—法話集』 曹洞宗東北管区教化センター編 仙台 曹洞宗東北管区教化センター 1990 313p 19cm Ⓝ188.84
☆「世界名著大事典」

沢庵 宗彭 たくあん・そうほう

05210 「鎌倉記」
『續々群書類従 第9 地理部2』 国書刊行会編纂 オンデマンド版 八木書店古書出版部 2013 754p 21cm〈初版：続群書類従完成会 1969年刊 デジタルパブリッシングサービス〔印刷・製本〕 八木書店〔発売〕〉 12000円 Ⓘ978-4-8406-3236-2 Ⓝ081
☆「古典の事典」

05211 「不動智神妙録」
『不動智神妙録』 沢庵宗彭原著 池田諭訳 たちばな出版 267p 16cm(タチバナ教養文庫 たK-30) 1000円 Ⓘ978-4-8133-2391-4 Ⓝ188.84
☆「古典の事典」、「世界名著大事典」、「日本の古典名著」

05212 「玲瓏集」
『不動智神妙録』 沢庵宗彭原著 池田諭訳 たちばな出版 2011 267p 16cm(タチバナ教養文庫 たK-30) 1000円 Ⓘ978-4-8133-2391-4 Ⓝ188.84
☆「日本の古典名著」

田口 卯吉 たぐち・うきち

05213 「国史大系」
『国史大系 第1巻 上 日本書紀 前篇』 黒板勝美,国史大系編修会編 新訂増補 吉川弘文

館　1966　419p　23cm〈完成記念版 国史大系刊行会刊本の複製〉　2400円　Ⓝ210.08
☆「日本名著辞典」

05214　「自由交易日本経済論」
『日本哲学思想全書　第18巻　政治・経済 経済篇』　三枝博音,清水幾太郎編集　第2版　平凡社　1981　312p　19cm　2300円　Ⓝ081
☆「世界名著大事典」

05215　「続地租増否論」
『明治大正農政経済名著集　24　明治農業論集―地租・土地所有論』　近藤康男編　農山漁村文化協会　1977　515p 図 肖像　22cm　4000円　Ⓝ610.8
☆「農政経済の名著 明治大正編」

05216　「地租増否論」
『明治大正農政経済名著集　24　明治農業論集―地租・土地所有論』　近藤康男編　農山漁村文化協会　1977　515p 図 肖像　22cm　4000円　Ⓝ610.8
☆「農政経済の名著 明治大正編」

05217　「日本開化小史」
『日本開化小史』　田口卯吉著　講談社　1981　271p　15cm〈講談社学術文庫〉〈田口卯吉略年譜：p267～271〉　680円　Ⓘ4-06-158324-7　Ⓝ210.1
☆「社会科学の古典」、「人文科学の名著」、「世界の名著早わかり事典」、「世界名著大事典」、「日本近代の名著 第1巻」、「日本の名著」、「日本文芸賞事典」、「日本名著辞典」、「日本歴史「古典籍」総覧」、「ベストガイド日本の名著」、「明治・大正・昭和の名著・総解説」、「明治の名著1」、「歴史の名著100」

田口 二郎　たぐち・じろう

05218　「東西登山史考」
『東西登山史考』　田口二郎著　岩波書店　1995　247p　16cm〈同時代ライブラリー　223〉　950円　Ⓘ4-00-260223-0　Ⓝ786.1
☆「新・山の本おすすめ50選」

田久保 英夫　たくぼ・ひでお

05219　「深い河」
『深い河―田久保英夫作品集　辻火―田久保英夫作品集』　田久保英夫［著］　講談社　2004　287p　16cm〈講談社文芸文庫〉〈年譜あり 著作目録あり〉　1300円　Ⓘ4-06-198379-2　Ⓝ913.6
☆「現代文学鑑賞辞典」

託摩 武俊　たくま・たけとし

05220　「性格心理学への招待」
『性格心理学への招待―自分を知り他者を理解するために』　託摩武俊［ほか］共著　改訂版　サイエンス社　2003　267p　21cm〈新心理学ライブラリ　9　梅本堯夫,大山正監修〉〈文献あり〉　2100円　Ⓘ4-7819-1044-0　Ⓝ141.93
☆「学問がわかる500冊」

05221　「性格はいかにつくられるか」
『性格はいかにつくられるか』　託摩武俊著　岩波書店　1967　185p　18cm〈岩波新書〉　150円　Ⓝ141.93
☆「学問がわかる500冊」

武井 武雄　たけい・たけお

05222　「おもちゃ箱」
『おもちゃ箱』　武井武雄著　銀貨社　1998　100p　22cm〈武井武雄画噺　2　武井武雄著〉〈丸善昭和2年刊の複製　星雲社〔発売〕〉　1600円　Ⓘ4-7952-8764-3
☆「日本児童文学名著事典」

武井 昭夫　たけい・てるお

05223　「文学者の戦争責任」
『文学者の戦争責任』　吉本隆明,武井昭夫著　淡路書房　1956　248p　18cm　Ⓝ910.26
☆「明治・大正・昭和の名著・総解説」

武市 俊　たけいち・しゅん

05224　「走れ！サンバード」
『走れ！サンバード―太平洋シングルハンド・レース〈SUN BIRD Ⅵ〉6,500浬の記録』　武市俊著　舵社 天然社〔発売〕　1976　302p 図 肖像　19cm〈参考資料：p.288-302〉　850円　Ⓝ915.9
☆「世界の海洋文学」

竹内 淳彦　たけうち・あつひこ

05225　「工業地域の変動」
『工業地域の変動』　竹内淳彦著　大明堂　1996　222p　22cm　3399円　Ⓘ4-470-53031-X　Ⓝ509.21
☆「学問がわかる500冊 v.2」

竹内 いさむ　たけうち・いさむ

05226　「最後の輸送船」
『最後の輸送船―戦記』　竹内いさむ著　成山堂書店　1982　207p　19cm〈太平洋戦争年譜：p193～205〉　1200円　Ⓝ916
☆「世界の海洋文学」

竹内 一郎　たけうち・いちろう

05227　「人は見た目が9割」
『人は見た目が9割　「超」実践篇』　竹内一郎著　新潮社　2014　222p　16cm〈新潮文庫 た-109-1〉〈「「見た目」で選ばれる人」（講談社

2009年刊)の改題〉 460円
①978-4-10-127941-1 Ⓝ801.9
☆「超売れ筋ビジネス書101冊」

竹内 外史　たけうち・がいし

05228　「集合とはなにか」
『集合とはなにか―はじめて学ぶ人のために』
竹内外史著　新装版　講談社　2001　246p
18cm（ブルーバックス）　900円
①4-06-257332-6　Ⓝ410.9
☆「数学ブックガイド100」

05229　「数学的世界観―現代数学の思想と展望」
『数学的世界観―現代数学の思想と展望』　竹内外史著　紀伊国屋書店　1982　189p　20cm
〈関係著作リスト：p189〉　1700円　Ⓝ410
☆「科学技術をどう読むか」

竹内 薫　たけうち・かおる

05230　「99.9％は仮説」
『99.9％は仮説―思いこみで判断しないための考え方』　竹内薫著　光文社　2006　254p
18cm（光文社新書）〈文献あり〉　700円
①4-334-03341-5　Ⓝ404
☆「超売れ筋ビジネス書101冊」

武内 和彦　たけうち・かずひこ

05231　「環境資源と情報システム」
『環境資源と情報システム』　武内和彦, 恒川篤史編　古今書院　1994　219p　22cm〈参考文献：p203～214〉　3502円　①4-7722-1641-3
Ⓝ519
☆「学問がわかる500冊 v.2」

05232　「環境創造の思想」
『環境創造の思想』　武内和彦著　東京大学出版会　1994　198,2p　22cm　2472円
①4-13-063306-6　Ⓝ519.8
☆「学問がわかる500冊 v.2」

05233　「地域の生態学」
『地域の生態学』　武内和彦著　朝倉書店　1991
254p　22cm　3914円　①4-254-47019-3
Ⓝ468
☆「学問がわかる500冊 v.2」

竹内 勝太郎　たけうち・かつたろう

05234　「春の犠牲」
『春の犠牲』　竹内勝太郎著　弘文堂書房　1941
245p　肖像　19cm　Ⓝ911.56
☆「日本文芸鑑賞事典 第13巻」

竹内 啓　たけうち・けい

05235　「社会科学における数と量」

『社会科学における数と量』　竹内啓著　増補新装版　東京大学出版会　2013　275p　19cm
（UPコレクション）〈文献あり〉　2800円
①978-4-13-006506-1　Ⓝ350.1
☆「数学ブックガイド100」

05236　「数理統計学」
『数理統計学―データ解析の方法』　竹内啓著
東洋経済新報社　1963　373p　22cm　Ⓝ418.8
☆「数学ブックガイド100」

竹内 啓一　たけうち・けいいち

05237　「地理学を学ぶ」
『地理学を学ぶ』　竹内啓一, 正井泰夫編　古今書院　1986　378p　図版24p　20cm〈付：本書のための略年表〉　3200円　①4-7722-1217-5
Ⓝ290.12
☆「学問がわかる500冊 v.2」

武内 賢一　たけうち・けんいち

05238　「缶前からの叫び」
☆「世界の海洋文学」

武内 進一　たけうち・しんいち

05239　「現代アフリカの紛争と国家」
『現代アフリカの紛争と国家―ポストコロニアル家産制国家とルワンダ・ジェノサイド』　武内進一著　明石書店　2009　462p　22cm〈文献あり　索引あり〉　6500円
①978-4-7503-2926-0　Ⓝ312.4
☆「平和を考えるための100冊＋α」

竹内 整一　たけうち・せいいち

05240　「「かなしみ」の哲学」
『「かなしみ」の哲学―日本精神史の源をさぐる』　竹内整一著　日本放送出版協会　2009
237p　19cm（NHKブックス　1147）〈並列シリーズ名：NHK books　文献あり〉　970円
①978-4-14-091147-1　Ⓝ121
☆「倫理良書を読む」

竹内 常一　たけうち・つねかず

05241　「子どもの自分くずしと自分つくり」
『子どもの自分くずしと自分つくり』　竹内常一著　東京大学出版会　1987　213p　19cm
（up選書　256）　1200円　①4-13-002056-0
Ⓝ371.45
☆「学問がわかる500冊」

竹内 敏晴　たけうち・としはる

05242　「ことばが劈かれるとき」
『ことばが劈かれるとき』　竹内敏晴著　第2版
思想の科学社　1995　278p　20cm〈第18刷
（第1刷：1980年）　参考文献：p276～278〉

1854円 ①4-7836-0083-X Ⓝ804
☆「学問がわかる500冊」、「身体・セクシュアリティ・スポーツ」、「読書入門」

竹内 秀馬　たけうち・ひでま

05243　「オールドヨットマンのソロ航海記」
『オールドヨットマンのソロ航海記』　竹内秀馬著　改訂　成山堂書店　1993　241p　20cm　1800円　①4-425-94401-1 Ⓝ291.09
☆「世界の海洋文学」

竹内 均　たけうち・ひとし

05244　「地球の科学」
『地球の科学―大陸は移動する』　竹内均、上田誠也著　日本放送出版協会　1977　252,4p　19cm（NHKブックス）　Ⓝ450.12
☆「ブックガイド 文庫で読む科学」

竹内 弘高　たけうち・ひろたか

05245　「知識創造企業」
『知識創造企業』　野中郁次郎, 竹内弘高著　梅本勝博訳　東洋経済新報社　1996　401p　20cm〈参考文献：p376〜394〉　2060円　①4-492-52081-3 Ⓝ336
☆「あらすじで読む世界のビジネス名著」

竹内 実　たけうち・みのる

05246　「中国生活誌」
『中国生活誌―黄土高原の衣食住』　竹内実, 羅漾明対談　大修館書店　1984　335p　20cm　1900円　①4-469-23034-0 Ⓝ382.22
☆「中国の古典名著」

竹内 靖雄　たけうち・やすお

05247　「経済倫理学のすすめ」
『経済倫理学のすすめ―「感情」から「勘定」へ』　竹内靖雄著　中央公論社　1989　242p　18cm（中公新書）　600円　①4-12-100950-9 Ⓝ150.4
☆「「本の定番」ブックガイド」

05248　「日本人の行動文法」
『日本人の行動文法―「日本らしさ」の解体新書』　竹内靖雄著　東洋経済新報社　1995　378p　20cm〈参考文献：p365〜370〉　1800円　①4-492-22138-7 Ⓝ361.42
☆「日本人とは何か」

竹内 洋　たけうち・よう

05249　「教養主義の没落」
『教養主義の没落―変わりゆくエリート学生文化』　竹内洋著　中央公論新社　2003　278p　18cm（中公新書）〈文献あり〉　780円　①4-12-101704-8 Ⓝ377.9

☆「倫理良書を読む」

05250　「立志・苦学・出世」
『立志・苦学・出世―受験生の社会史』　竹内洋著　講談社　1991　205p　18cm（講談社現代新書）　600円　①4-06-149038-9 Ⓝ376.8
☆「学問がわかる500冊」、「「本の定番」ブックガイド」

武内 義雄　たけうち・よしお

05251　「中国思想史」
『中国思想史』　武内義雄著　岩波書店　2005　328,8p　19cm（岩波全書セレクション）〈1936年刊の複製　文献あり〉　2800円　①4-00-021872-7 Ⓝ122.02
☆「世界名著大事典」

竹内 好　たけうち・よしみ

05252　「アジア主義」
『現代日本思想大系　第9　アジア主義』　竹内好編　筑摩書房　1963　444p　20cm Ⓝ081.6
☆「東アジア論」

05253　「近代の超克」
『近代の超克』　竹内好著　筑摩書房　1983　290p　19cm（筑摩叢書　285）　1400円 Ⓝ304
☆「日本の社会と文化」

05254　「現代中国論」
『現代中国論』　竹内好著　勁草書房　1964　235p　18cm（中国新書　1）Ⓝ122
☆「戦後思想の名著50」

05255　「国民文学論」
『国民文学論』　竹内好著　東京大学出版会　1954　231p　18cm Ⓝ904
☆「世界名著大事典」、「ベストガイド日本の名著」、「明治・大正・昭和の名著・総解説」

05256　「日本イデオロギイ」
『日本イデオロギイ』　竹内好著　鈴木正編・解説　こぶし書房　1999　318p　20cm（こぶし文庫　23―戦後日本思想の原点）〈肖像あり　年譜あり〉　3000円　①4-87559-139-X Ⓝ304
☆「教育を考えるためにこの48冊」、「名著の履歴書」

05257　「日本とアジア」
『日本とアジア』　竹内好著　筑摩書房　1993　491p　15cm（ちくま学芸文庫）〈付：参考文献〉　1400円　①4-480-08104-6 Ⓝ121.6
☆「教養のためのブックガイド」、「日本思想史」

05258　「方法としてのアジア」
『方法としてのアジア―わが戦前・戦中・戦後 1935-1976』　竹内好著　創樹社　1978　446p　20cm〈著者の肖像あり〉　2000円 Ⓝ914.6
☆「ナショナリズム論の名著50」

05259　「魯迅」
『魯迅』　竹内好著　新版　未來社　2002
233p　19cm（転換期を読む　6）　2000円
Ⓘ4-624-93426-1　Ⓝ920.278
☆「現代文学鑑賞辞典」，「昭和の名著」，「世界名著大事典」，「東アジア論」，「明治・大正・昭和の名著・総解説」，「倫理良書を読む」

竹内 理三　たけうち・りぞう

05260　「寺領荘園の研究」
『寺領荘園の研究』　竹内理三著　瀬野精一郎編・解説　角川書店　1999　430p　22cm（竹内理三著作集　第3巻　竹内理三著）　14000円　Ⓘ4-04-522703-2　Ⓝ210.3
☆「歴史家の読書案内」

05261　「日本上代寺院経済史の研究」
『日本上代寺院経済史の研究』　竹内理三著　新川登亀男編・解説　角川書店　1999　486p　22cm（竹内理三著作集　第2巻　竹内理三著）　14000円　Ⓘ4-04-522702-4　Ⓝ210.3
☆「世界名著大事典」

05262　「平安遺文」
『平安遺文　古文書編　第1巻　自延暦2年（783）至康保5年（968）』　竹内理三編　新訂版　東京堂出版　1974　424p　図　22cm　4200円　Ⓝ210.36
☆「世界名著大事典」，「名著の履歴書」

05263　「律令制と貴族政権」
『律令制と貴族政権　第1部　貴族政権成立の諸前提』　竹内理三著　御茶の水書房　1957　250p　22cm　Ⓝ210.3
☆「日本史の名著」

竹岡 勝也　たけおか・かつや

05264　「近世史の発展と国学者の運動」
『近世史の発展と国学者の運動』　竹岡勝也著　至文堂　1927　364p　23cm（国史研究叢書　第3編）　Ⓝ121
☆「世界名著大事典」

竹越 与三郎　たけこし・よさぶろう

05265　「新日本史」
『新日本史　上』　竹越与三郎著　西田毅校注　岩波書店　2005　523p　15cm（岩波文庫）　940円　Ⓘ4-00-381081-3　Ⓝ210.61
☆「世界名著大事典」，「日本近代の名著」，「明治・大正・昭和の名著・総解説」，「明治の名著 1」

05266　「二千五百年史」
『二千五百年史　上』　竹越与三郎著　中村哲校閲　講談社　1990　516p　15cm（講談社学術文庫）〈新装版〉　1200円　Ⓘ4-06-158911-3　Ⓝ210.1

☆「世界名著大事典」，「日本の名著」，「明治・大正・昭和の名著・総解説」，「明治の名著 1」

05267　「日本経済史」
『日本経済史　第12巻　物価史』　竹越与三郎著　再版　平凡社　1948　269p　18cm（付：索引，総目次）　Ⓝ332.1
☆「世界名著大事典」，「大正の名著」，「ベストガイド日本の名著」，「明治・大正・昭和の名著・総解説」

竹崎 有斐　たけざき・ゆうひ

05268　「石切り山の人びと」
『石切り山の人びと』　竹崎有斐著　講談社　1981　281p　15cm（講談社文庫）〈年譜：p275～281〉　360円　Ⓝ913.6
☆「少年少女の名作案内 日本の文学リアリズム編」

竹下 文子　たけした・ふみこ

05269　「黒ねこサンゴロウ」
『旅のはじまり』　竹下文子作　鈴木まもる絵　偕成社　1994　125p　22cm（黒ねこサンゴロウ　1）　1000円　Ⓘ4-03-528210-3
☆「少年少女の名作案内 日本の文学ファンタジー編」

竹柴 其水　たけしば・きすい

05270　「神明恵和合取組」
『籠釣瓶花街酔醒　神明恵和合取組』　三世河竹新七,竹柴其水ほか作　菊池明編著　白水社　1986　233p　19cm（歌舞伎オン・ステージ　7）　1900円　Ⓘ4-560-03277-7　Ⓝ912.5
☆「日本文芸鑑賞事典 第1巻」

武島 羽衣　たけしま・はごろも

05271　「花」
☆「日本文芸鑑賞事典 第2巻（1895～1903年）」

竹田 和泉　たけだ・いずみ

05272　「奥州安達原」
『名作歌舞伎全集　第5巻　丸本時代物集　4』　東京創元新社　1970　376p　図版10枚　20cm〈監修者：戸板康二等〉　Ⓝ912.5
☆「世界名著大事典」

竹田 出雲（1代）　たけだ・いずも

05273　「蘆屋道満大内鑑」
『蘆屋道満大内鑑』　竹田出雲作　戸部銀作補綴・演出　国立劇場　1998　24p　25cm（国立劇場歌舞伎鑑賞教室上演台本）　Ⓝ912.5
☆「世界名著大事典」

竹田 出雲（2代）　たけだ・いずも

05274　「仮名手本忠臣蔵」
『仮名手本忠臣蔵』　竹田出雲作　守随憲治校訂　岩波書店　1995　202p　15cm（岩波文庫）

〈付・古今いろは評林 第12刷(第1刷：1937年)〉 460円 Ⓘ4-00-302411-7 Ⓝ912.4
☆「あらすじダイジェスト 日本の古典30を読む」,「一度は読もうよ！ 日本の名著」,「一冊で日本の古典100冊を読む」,「古典の事典」,「古典文学鑑賞辞典」,「この一冊で読める！日本の古典50冊」,「作品と作者」,「世界名著大事典」,「千年紀のベスト100作品を選ぶ」,「2ページでわかる日本の古典傑作選」,「日本古典への誘い100選 1」,「日本の古典・世界の古典」,「日本の古典名著」,「日本の書物」,「日本の名著」(角川書店),「日本の名著3分間読本100」,「日本文学鑑賞辞典〔第1〕」,「日本文学の古典50選」,「日本文学名作案内」,「日本文学名作概観」,「日本名著辞典」,「日本・名著のあらすじ」,「早わかり日本古典文学あらすじ事典」

05275 「菅原伝授手習鑑」
『菅原伝授手習鑑』 竹田出雲作 守随憲治校訂 岩波書店 1995 125p 15cm(岩波文庫)〈第5刷(第1刷：1938年)〉 360円 Ⓘ4-00-302412-5 Ⓝ912.4
☆「学術辞典叢書 第15巻」,「古典の事典」,「古典文学鑑賞辞典」,「作品と作者」,「世界名著解題選 第2巻」,「世界名著大事典」,「千年の百冊」,「日本古典への誘い100選 2」,「日本の古典・世界の古典」,「日本の古典名著」,「日本文学鑑賞辞典〔第1〕」,「日本名著辞典」,「歴史家の一冊」

05276 「双蝶蝶曲輪日記」
『修禅寺物語・双蝶々曲輪日記引窓・京人形』 〔大阪〕 〔国立文楽劇場〕 146p 26cm(上方歌舞伎会公演台本 第19回)〈会期：平成21年8月22日〜23日 国立文楽劇場青年歌舞伎公演歌舞伎俳優既成者研修発表会〉 Ⓝ912.5
☆「世界名著大事典」,「日本文学鑑賞辞典〔第1〕」

05277 「義経千本桜」
『義経千本桜——一幕』 竹田出雲, 三好松洛, 並木千柳作 〔東京〕 国立劇場 2011 49p 26cm(国立劇場歌舞伎鑑賞教室上演台本) Ⓝ912.5
☆「一度は読もうよ！ 日本の名著」,「一冊で日本の古典100冊を読む」,「古典の事典」,「古典文学鑑賞辞典」,「作品と作者」,「図説 5分でわかる日本の名作傑作選」,「世界名著大事典」,「千年の百冊」,「2ページでわかる日本の古典傑作選」,「日本の古典・世界の古典」,「日本の古典名著」,「日本文学鑑賞辞典〔第1〕」,「日本文学名作案内」,「日本名著辞典」

武田 清子　たけだ・きよこ

05278 「土着と背教」
『土着と背教——伝統的エトスとプロテスタント』 武田清子著 新教出版社 1967 360p 22cm 1300円 Ⓝ190.21
☆「名著の履歴書」

武田 楠雄　たけだ・くすお

05279 「維新と科学」
『維新と科学』 武田楠雄著 岩波書店 1972 218p 18cm(岩波新書) 180円 Ⓝ402.1
☆「日本海軍の本・総解説」

竹田 青嗣　たけだ・せいじ

05280 「〈在日〉という根拠」
『〈在日〉という根拠』 竹田青嗣著 筑摩書房 1995 333p 15cm(ちくま学芸文庫)〈国文社1983年刊の増訂〉 1100円 Ⓘ4-480-08221-2 Ⓝ910.26
☆「ナショナリズム論の名著50」

05281 「哲学ってなんだ」
『哲学ってなんだ——自分と社会を知る』 竹田青嗣著 岩波書店 2002 207p 18cm(岩波ジュニア新書) 740円 Ⓘ4-00-500415-6 Ⓝ104
☆「世界史読書案内」

05282 「陽水の快楽」
『陽水の快楽——井上陽水論』 竹田青嗣著 筑摩書房 1999 230p 15cm(ちくま文庫) 680円 Ⓘ4-480-03458-7 Ⓝ767.8
☆「ベストガイド日本の名著」

武田 泰淳　たけだ・たいじゅん

05283 「司馬遷」
『司馬遷——史記の世界』 武田泰淳著 講談社 1997 308p 16cm(講談社文芸文庫)〈年譜あり 著作目録あり 文献あり〉 1050円 Ⓘ4-06-197588-9 Ⓝ222.03
☆「近代日本の百冊を選ぶ」,「現代人のための名著」,「世界名著大事典」,「日本文芸鑑賞事典 第13巻」,「ベストガイド日本の名著」,「明治・大正・昭和の名著・総解説」

05284 「審判」
『政治と文学』 中野重治〔ほか〕著 學藝書林 2003 581p 20cm(全集現代文学の発見 新装版 第4巻 大岡昇平〔ほか〕責任編集)〈付属資料：12p：月報 4〉 4500円 Ⓘ4-87517-062-9 Ⓝ918.6
☆「日本の小説101」

05285 「ひかりごけ」
『ひかりごけ』 武田泰淳著 改版 新潮社 2012 276p 16cm(新潮文庫 た-10-3) 490円 Ⓘ978-4-10-109103-7 Ⓝ913.6
☆「感動！ 日本の名著 近現代編」,「現代文学鑑賞辞典」,「現代文学名作探訪事典」,「これだけは読んでおきたい日本の名作文学案内」,「世界名著案内 8」,「日本の名著」,「日本文学 これを読まないと文学は語れない!!」,「日本文学名作案内」,「日本文学名作事典」,「日本文芸鑑賞事典 第16巻」

「日本・名著のあらすじ」、「必読書150」、「文学・名著300選の解説 '88年度版」、「ポケット日本名作事典」

05286 「風媒花」
『風媒花』 武田泰淳［著］ 講談社 2011 340p 16cm〈講談社文芸文庫 たB7〉〈並列シリーズ名：Kodansha Bungei bunko 著作目録あり 年譜あり〉 1400円
Ⓘ978-4-06-290126-0 Ⓝ913.6
☆「日本文学現代名作事典」

05287 「富士」
『富士』 武田泰淳著 中央公論社 1972 455p 図 肖像 28cm〈箱入り 限定版〉 48000円 Ⓝ913.6
☆「日本文学名作事典」、「日本名作文学館 日本編」

05288 「蝮のすゑ」
『蝮のすゑ』 武田泰淳著 思索社 1948 208p 19cm Ⓝ913.6
☆「日本文学鑑賞辞典〔第2〕」、「日本文芸鑑賞事典 第14巻（1946～1948年）」

05289 「森と湖のまつり」
『森と湖のまつり』 武田泰淳著 講談社 1995 740p 16cm〈講談社文庫〉〈著書目録：p737～740〉 1800円 Ⓘ4-06-196318-X Ⓝ913.6
☆「あらすじダイジェスト」、「現代文学名作探訪事典」、「女性のための名作・人生案内」、「日本文学鑑賞辞典〔第2〕」、「日本文芸鑑賞事典 第17巻（1955～1958年）」、「ポケット日本名作事典」

武田 久吉 たけだ・ひさよし
05290 「尾瀬と鬼怒沼」
『尾瀬と鬼怒沼』 武田久吉著 平凡社 1996 341p 16cm〈平凡社ライブラリー〉 1000円
Ⓘ4-582-76138-0 Ⓝ291.33
☆「日本の名著・総解説」、「山の名著 明治・大正・昭和戦前編」

05291 「明治の山旅」
『明治の山旅』 武田久吉著 平凡社 1999 349p 16cm〈平凡社ライブラリー〉 1200円
Ⓘ4-582-76279-4 Ⓝ291.09
☆「日本の山の名著・総解説」、「山の名著 明治・大正・昭和戦前編」

竹田 宗盛 たけだ・むねもり
05292 「善界」
『善界―袖珍本』 観世左近訂正著作 檜書店 1951 10丁 13cm Ⓝ768.4
☆「近代名著解題選集 3」

武田 八洲満 たけだ・やすみ
05293 「紀伊国屋文左衛門」

『紀伊国屋文左衛門―長編歴史小説』 武田八洲満著 光文社 1988 396p 16cm〈光文社文庫〉 500円 Ⓘ4-334-70710-6 Ⓝ913.6
☆「世界の海洋文学」

武田 祐吉 たけだ・ゆうきち
05294 「神と神を祭る者との文学」
『武田祐吉著作集 第1巻 神祇文学篇』 角川書店 1973 383p 図 23cm Ⓝ910.8
☆「世界名著大事典」

05295 「古事記説話群の研究」
『古事記説話群の研究』 武田祐吉著 明治書院 1954 364p 22cm Ⓝ210.3
☆「世界名著大事典」

05296 「万葉集書志」
『武田祐吉著作集 第6巻 万葉集 2』 角川書店 1973 461p 図 23cm Ⓝ910.8
☆「世界名著大事典」

武田 百合子 たけだ・ゆりこ
05297 「富士日記」
『富士日記 上巻』 武田百合子著 改版 中央公論社 1997 474p 15cm〈中公文庫〉 933円 Ⓘ4-12-202841-8 Ⓝ915.6
☆「教養のためのブックガイド」

竹田 陽一 たけだ・よういち
05298 「小さな会社☆儲けのルール」
『小さな会社・儲けのルール―ランチェスター経営7つの成功戦略』 竹田陽一,栢野克己著 フォレスト出版 2002 265p 19cm 1400円 Ⓘ4-89451-138-X Ⓝ673.3
☆「マンガでわかるビジネス名著」

武田 麟太郎 たけだ・りんたろう
05299 「一の酉」
『武田麟太郎全集 第11巻』 武田麟太郎著 日本図書センター 2003 306p 22cm〈六興出版社昭和24年刊の複製〉
Ⓘ4-8205-8757-9,4-8205-8746-3 Ⓝ913.6
☆「女性のための名作・人生案内」

05300 「銀座八丁」
『銀座八丁』 武田麟太郎著 角川書店 1954 224p 15cm〈角川文庫〉 Ⓝ913.6
☆「世界名著大事典」、「日本文学鑑賞辞典〔第2〕」、「日本文学現代名作事典」、「ポケット日本名作事典」

05301 「下界の眺め」
『武田麟太郎全集 第6巻』 武田麟太郎著 日本図書センター 2003 305p 22cm〈六興出版部昭和22年刊の複製〉
Ⓘ4-8205-8752-8,4-8205-8746-3 Ⓝ913.6

たけたに　　　　　　　　　　　　　　　　05302〜05317

☆「現代日本文学案内」

05302　「大凶の籤」
『大凶の籤―短篇小説篇〔他八篇〕』　武田麟太郎著　改造社　1939　318p　19cm　Ⓝ913.6
☆「世界名著大事典」

05303　「日本三文オペラ」
『日本三文オペラ―武田麟太郎作品選』　武田麟太郎著　講談社　2000　290p　16cm（講談社文芸文庫）〈肖像あり　年譜あり　著作目録あり〉　1200円　Ⓘ4-06-198219-2　Ⓝ913.6
☆「現代文学鑑賞辞典」、「昭和の名著」、「世界名著大事典」、「日本文学鑑賞辞典〔第2〕」、「日本文芸鑑賞事典　第10巻」、「ポケット日本名作事典」

05304　「脈打つ血行」
『脈打つ血行』　武田麟太郎著　内外社　1931　400p　19cm　Ⓝ913.6
☆「日本のプロレタリア文学」

武谷 三男　たけたに・みつお

05305　「現代技術と政治」
『現代技術と政治―核ミサイル・先端技術・エコロジー』　武谷三男, 星野芳郎著　技術と人間　1984　251p　20cm　1800円　Ⓝ504
☆「科学技術をどう読むか」

05306　「罪つくりな科学」
『罪つくりな科学―人類再生にいま何が必要か』　武谷三男著　青春出版社　1998　229p　20cm　1400円　Ⓘ4-413-03108-3　Ⓝ504
☆「科学を読む愉しみ」

05307　「弁証法の諸問題」
『弁証法の諸問題』　武谷三男著　新装版　勁草書房　2010　470p　20cm　4500円　Ⓘ978-4-326-75048-1　Ⓝ401.6
☆「ベストガイド日本の名著」、「明治・大正・昭和の名著・総解説」、「名著の履歴書」

竹友 藻風　たけとも・そうふう

05308　「詩の起原」
『詩の起原』　竹友藻風著　梓書房　1929　464p　23cm　Ⓝ901
☆「世界名著大事典」

竹中 郁　たけなか・いく

05309　「象牙海岸」
『竹中郁詩集成』　竹中郁著　杉山平一, 安水稔和監修　沖積舎　2004　814p　22cm〈肖像あり　年譜あり〉　18000円　Ⓘ4-8060-0653-X　Ⓝ911.56
☆「世界名著大事典」、「日本文学鑑賞辞典〔第2〕」

竹中 労　たけなか・つとむ

05310　「鞍馬天狗のおじさんは」
『鞍馬天狗のおじさんは―聞書アラカン一代』　竹中労著　筑摩書房　1992　413p　15cm（ちくま文庫）　880円　Ⓘ4-480-02639-8　Ⓝ778.21
☆「現代を読む」

05311　「黒旗水滸伝」
『黒旗水滸伝―大正地獄篇　1』　竹中労著　かわぐちかいじ画　新装版　皓星社　2012　330p　21cm　1200円　Ⓘ978-4-7744-0463-9　Ⓝ309.021
☆「アナーキズム」

竹中 平蔵　たけなか・へいぞう

05312　「経済ってそういうことだったのか会議」
『経済ってそういうことだったのか会議』　佐藤雅彦, 竹中平蔵著　日本経済新聞社　2002　409p　15cm（日経ビジネス人文庫）〈2000年刊の増補〉　600円　Ⓘ4-532-19142-4　Ⓝ330.4
☆「超売れ筋ビジネス書101冊」

05313　「絶対こうなる！　日本経済」
『絶対こうなる！　日本経済―この国は破産なんかしない!?』　榊原英資, 竹中平蔵著　アスコム　2010　205p　18cm（2時間でいまがわかる！）〈シリーズの責任編集者：田原総一朗〉　952円　Ⓘ978-4-7762-0619-4　Ⓝ332.107
☆「3行でわかる名作&ヒット本250」

竹西 寛子　たけにし・ひろこ

05314　「往還の記」
『往還の記―日本の古典に思う』　竹西寛子著　岩波書店　1997　185p　16cm（同時代ライブラリー）　1000円　Ⓘ4-00-260320-2　Ⓝ910.23
☆「日本文芸鑑賞事典　第19巻」

05315　「管絃祭」
『管絃祭』　竹西寛子著　講談社　1997　250p　16cm（講談社文芸文庫）〈年譜・著書目録：p234〜250〉　948円　Ⓘ4-06-197559-5　Ⓝ913.6
☆「現代文学鑑賞辞典」、「ポケット日本名作事典」

05316　「日本の文学論」
『日本の文学論』　竹西寛子著　講談社　1998　285p　16cm（講談社文芸文庫）　1300円　Ⓘ4-06-197640-0　Ⓝ911.04
☆「古典をどう読むか」

武林 無想庵　たけばやし・むそうあん

05317　「飢渇信」
『飢渇信』　武林無想庵著　新時代社　1930　442p　20cm　Ⓝ913.6

05318　「〈Co cu〉のなげき」
　『編年体大正文学全集　第14巻（大正14年）』
　　稲垣足穂［ほか］著　安藤宏編　ゆまに書房
　　2003　639p　22cm　6600円
　　Ⓘ4-89714-903-7　Ⓝ918.6
　☆「世界名著大事典　補遺（Extra）」

05319　「性慾の触手」
　『最初の衝撃』　大杉栄［ほか］著　學藝書林
　　2002　628p　20cm〈全集現代文学の発見　新
　　装版　第1巻　大岡昇平［ほか］責任編集〉〈付
　　属資料：12p；月報1〉　4500円
　　Ⓘ4-87517-059-9　Ⓝ918.6
　☆「世界名著大事典　補遺（Extra）」

05320　「第十一指の方向へ」
　『現代日本文学大系　32　秋田雨雀,小川未明,
　　坪田譲治,田村俊子,武林無想庵集』　筑摩書房
　　1973　461p　肖像　23cm　Ⓝ918.6
　☆「世界名著大事典　補遺（Extra）」

05321　「悲劇・竹村翠」
　☆「世界名著大事典　補遺（Extra）」

05322　「ピルロニストのやうに」
　『日本現代文学全集　第105　現代名作選　第
　　1』　伊藤整等編　講談社　1969　444p　図版
　　22cm　600円　Ⓝ918.6
　☆「世界名著大事典　補遺（Extra）」

05323　「むさうあん物語」
　『むさうあん物語―気まぐれの愛好者』　武林無
　　想庵作　武林朝子口述筆記　狛江　記録文化
　　社　1998　464p　19cm　3400円
　　Ⓘ4-905752-11-6　Ⓝ913.6
　☆「世界名著大事典　補遺（Extra）」

竹原　九兵衛　たけはら・きゅうべえ

05324　「両替年代記」
　『両替年代記』　三井高維編著　岩波書店　1995
　　3冊セット　26cm　98000円　Ⓘ4-00-002458-2
　☆「世界名著大事典」

竹久　夢二　たけひさ・ゆめじ

05325　「あやとりかけとり」
　『あやとりかけとり―日本童謡集』　竹久夢二著
　　ノーベル書房　1975　226p　19cm　1380円
　　Ⓝ911.58
　☆「日本児童文学名著事典」

05326　「どんたく」
　『どんたく』　竹久夢二著　日本図書センター
　　2002　169p　20cm〈年譜あり〉　2200円
　　Ⓘ4-8205-9561-X　Ⓝ911.56
　☆「日本近代文学名著事典」,「日本文芸鑑賞事典　第5

巻」

05327　「春」
　『春―童話』　竹久夢二著・画　日本図書セン
　　ター　2006　225p　21cm〈わくわく！名作
　　童話館　4）　2400円　Ⓘ4-284-70021-9
　　Ⓝ913.6
　☆「日本児童文学名著事典」

竹節　作太　たけぶし・さくた

05328　「ナンダ・コット登攀」
　『ナンダ・コット登攀』　竹節作太著　大阪毎日
　　新聞社編纂　大阪　大阪毎日新聞社　1937
　　100p　図版64枚　27cm〈共同刊行：東京日日
　　新聞社〉　Ⓝ292.58
　☆「日本の山の名著・総解説」,「山の名著　明治・大
　　正・昭和戦前編」

建部　綾足　たけべ・あやたり

05329　「西山物語」
　『癇癖談』　石川淳訳　筑摩書房　1995　206p
　　15cm（ちくま文庫）　600円　Ⓘ4-480-03080-8
　　Ⓝ913.56
　☆「世界名著大事典」,「日本文学鑑賞辞典〔第1〕」

05330　「本朝水滸伝」
　『新日本古典文学大系　79　本朝水滸伝・紀
　　行・三野日記・折々草』　佐竹昭広ほか編　建
　　部綾足著　高田衛ほか校注　岩波書店　1992
　　633,22p　22cm　4000円　Ⓘ4-00-240079-4
　　Ⓝ918
　☆「作品と作者」,「世界名著大事典」,「日本文学鑑
　　賞辞典〔第1〕」,「日本名著辞典」

建部　賢弘　たけべ・かたひろ

05331　「綴術算経」
　☆「世界名著大事典」

建部　隆勝　たけべ・たかかつ

05332　「香道秘伝書」
　『香道秘伝書集註の世界』　堀口悟著　笠間書院
　　2009　251,20p　22cm〈茨城キリスト教大学
　　言語文化研究所叢書〉〈索引あり〉　4800円
　　Ⓘ978-4-305-70473-3　Ⓝ792
　☆「古典の事典」

建部　遜吾　たけべ・とんご

05333　「普通社会学」
　『普通社会学』　建部遜吾著　金港堂　1904　3
　　冊　23cm　Ⓝ360
　☆「世界名著大事典」

竹俣　耕一　たけまた・こういち

05334　「やさしくわかるキャッシュフロー」
　『やさしくわかるキャッシュフロー』　野村智

武満 徹　たけみつ・とおる

05335　「樹の鏡、草原の鏡」
『樹の鏡、草原の鏡』武満徹著　新潮社　1992　199p　23cm〈第1刷：1975年〉武満徹年譜：p179〜190〉　2900円　Ⓘ4-10-312902-6　Ⓝ760.4
☆「教養のためのブックガイド」

竹村 健一　たけむら・けんいち

05336　「竹村健一のジャパニーズ・ドリーム」
『竹村健一のジャパニーズ・ドリーム―90年代の読み方』竹村健一著　徳間書店　1988　227p　20cm　1200円　Ⓘ4-19-513589-3　Ⓝ332.107
☆「経済経営95冊」

05337　「日本経済第二の奇跡」
『日本経済第二の奇跡―内需主導型への大転換』竹村健一著　太陽企画出版　1988　221p　19cm（Sun business）　1000円　Ⓘ4-88466-135-4　Ⓝ332.1
☆「経済経営95冊」

05338　「日本人だけが知らない日本の悲劇」
『日本人だけが知らない日本の悲劇―集中する諸外国の要求に応えられるか』竹村健一著　祥伝社　1991　172p　18cm（ノン・ブック愛蔵版）　880円　Ⓘ4-396-50019-X　Ⓝ319.1
☆「経済経営95冊」

05339　「歴史の法則」
『歴史の法則―私は、なぜアメリカに「イエス」と言うのか。』竹村健一著　イースト・プレス　1990　254p　20cm　1500円　Ⓘ4-900568-07-4　Ⓝ319.1053
☆「経済経営95冊」

竹本 三郎兵衛　たけもと・さぶろべえ

05340　「艶容女舞衣」
『艶容女舞衣―三勝半七』竹本三郎兵衛等作　頼桃三郎校訂　岩波書店　1996　94p　15cm（岩波文庫）〈第2刷（第1刷：1939年）〉　360円　Ⓘ4-00-302011-1　Ⓝ912.4
☆「世界名著大事典」、「日本文学鑑賞辞典〔第1〕」

竹山 道雄　たけやま・みちお

05341　「失はれた青春」
『竹山道雄著作集 3　失われた青春』福武書店　1983　323p　20cm〈監修：林健太郎、吉川逸治　著者の肖像あり〉　2800円

Ⓘ4-8288-1076-5,4-8288-1073-0　Ⓝ918.68
☆「日本文芸鑑賞事典 第14巻（1946〜1948年）」

05342　「剣と十字架」
『剣と十字架―ドイツの旅より』竹山道雄著　文芸春秋新社　1963　252p　20cm　Ⓝ293.409
☆「現代人のための名著」

05343　「ビルマの竪琴」
『ビルマの竪琴』竹山道雄著　講談社　2009　253p　19cm（21世紀版少年少女日本文学館 14）　1400円　Ⓘ978-4-06-282664-8
☆「あらすじで出会う世界と日本の名作55」、「あらすじで読む日本の名著 No.3」、「一度は読もうよ！日本の名著」、「一冊で日本の名著100冊を読む」、「一冊で不朽の名作100冊を読む」（友人社）、「一冊で不朽の名作100冊を読む」（友人社）、「少年少女の名作案内 日本の文学リアリズム編」、「昭和の名著」、「知らないと恥ずかしい「日本の名作」あらすじ200本」、「新潮文庫20世紀の100冊」、「世界名著大事典」、「小さな文学の旅」、「21世紀の必読書100選」、「日本・世界名作「愛の会話」100章」、「日本文学鑑賞辞典〔第2〕」、「日本文学名作案内」、「日本文学名作事典」、「日本文芸鑑賞事典 第14巻（1946〜1948年）」、「ポケット日本名作事典」、「名作の研究事典」、「名著の履歴書」

多湖 輝　たご・あきら

05344　「頭の体操」
『頭の体操―パズル・クイズで脳ミソを鍛えよう 第1集』多湖輝著　光文社　1999　214p　16cm（光文社文庫）　495円　Ⓘ4-334-72805-7　Ⓝ031.6
☆「あの本にもう一度」、「百年の誤読」

田子 健　たご・たけし

05345　「人間科学としての教育学」
『人間科学としての教育学』田子健編　勁草書房　1992　229p　20cm　2472円　Ⓘ4-326-29847-2　Ⓝ371
☆「学問がわかる500冊」

太宰 治　だざい・おさむ

05346　「ヴィヨンの妻」
『ヴィヨンの妻』太宰治著　3版　角川書店　2009　308p　15cm（角川文庫）〈角川グループパブリッシング〔発売〕〉　514円　Ⓘ978-4-04-109911-7
☆「クライマックス名作案内 2」、「世界名著大事典」、「日本文学現代名作事典」、「日本文芸鑑賞事典 第14巻（1946〜1948年）」

05347　「右大臣実朝」
『右大臣実朝』太宰治著　大阪　錦城出版社　1943　265p　19cm（新日本文芸叢書）　Ⓝ913.6
☆「日本文芸鑑賞事典 第13巻」

05348 「桜桜」
『桜桜』 太宰治著 角川春樹事務所 2011 124p 16cm〈ハルキ文庫 た21-1―[280円文庫]〉〈並列シリーズ名：Haruki Bunko 年譜あり〉 267円 ⓘ978-4-7584-3547-5 Ⓝ913.6
☆「一度は読もうよ！日本の名著」、「一冊で日本の名著100冊を読む 続」、「日本文学名作案内」、「ポケット日本名作事典」

05349 「お伽草紙」
『お伽草紙』 太宰治作 未知谷 2007 158p 20cm〈絵：スズキコージ〉 1800円
ⓘ978-4-89642-188-0 Ⓝ913.6
☆「近代日本の百冊を選ぶ」、「現代文学鑑賞辞典」、「日本文学鑑賞辞典〔第2〕」、「日本文学名作事典」

05350 「思ひ出」
『思ひ出―他四篇』 太宰治著 京都 人文書院 1940 278p 18cm Ⓝ913.6
☆「現代文学名作探訪事典」、「名作への招待」

05351 「斜陽」
『斜陽』 太宰治〔著〕 改版 角川書店 2009 228p 15cm〈角川文庫 15706〉〈年譜あり 角川グループパブリッシング〔発売〕〉 324円 ⓘ978-4-04-109914-8 Ⓝ913.6
☆「愛ありて」、「あらすじで読む日本の名著」（楽書館、中経出版〔発売〕）、「あらすじで読む日本の名著」（新人物往来社）、「一度は読もうよ！日本の名著」、「一冊で日本の名著100冊を読む」、「近代文学鑑賞辞典」、「現代文学名作探訪事典」、「この一冊でわかる日本の名作」、「昭和の名著」、「女性のための名作・人生案内」、「知らないと恥ずかしい「日本の名作」あらすじ200本」、「図説 5分でわかる日本の名作傑作選」、「世界名著大事典」、「2時間でわかる日本の名著」、「日本の小説101」、「日本の名作おさらい」、「日本の名著」、「日本文学鑑賞辞典〔第2〕」、「日本文学現代名作事典」、「日本文学名作案内」、「日本文芸鑑賞事典 第14巻（1946～1948年）」、「必読書150」、「百年の誤読」、「文学・名著300選の解説'88年度版」、「ポケット日本名作事典」、「明治・大正・昭和のベストセラー」、「名著の履歴書」

05352 「津軽」
『津軽―青森』 太宰治〔著〕 JTBパブリッシング 2010 255p 15cm〈名作旅訳文庫 2〉〈並列シリーズ名：Meisaku tabiyaku bunko 文献あり〉 500円
ⓘ978-4-533-07725-8 Ⓝ913.6
☆「現代文学名作探訪事典」、「これだけは読んでおきたい日本の名作文学案内」、「新潮文庫20世紀の100冊」、「図説 5分でわかる日本の名作傑作選」、「日本文学鑑賞辞典〔第2〕」、「日本文芸鑑賞事典 第13巻」

05353 「東京八景」
『東京八景―他九篇』 太宰治著 角川書店 1955 206p 15cm〈角川文庫〉 Ⓝ913.6

☆「日本文学鑑賞辞典〔第2〕」

05354 「道化の華」
『太宰治選集 3』 太宰治著 札幌 柏艪舎 2009 724p 22cm〈年譜あり 星雲社〔発売〕〉 4762円
ⓘ978-4-434-12532-4,978-4-434-12533-1 Ⓝ913.6
☆「世界名著大事典」

05355 「如是我聞」
『如是我聞』 太宰治著 新潮社 1948 148p 図版 19cm Ⓝ914.6
☆「日本文芸鑑賞事典 第14巻（1946～1948年）」

05356 「人間失格」
『人間失格』 太宰治著 156刷改版 新潮社 2006 185p 16cm〈新潮文庫〉〈年譜あり〉 286円 ⓘ4-10-100605-9 Ⓝ913.6
☆「あらすじダイジェスト」、「あらすじで味わう名作文学」、「あらすじで読む日本の名著 No.2」、「一度は読もうよ！日本の名著」、「一冊で日本の名著100冊を読む 続」、「絵で読むあらすじで読む日本の名著 近現代編」、「現代文学名作探訪事典」、「この一冊でわかる日本の名作」、「これだけは読んでおきたい日本の名作文学案内」、「3行でわかる名作&ヒット本250」、「知らないと恥ずかしい「日本の名作」あらすじ200本」、「図説 5分でわかる日本の名作」、「世界名著大事典」、「2時間でわかる日本の名著」、「日本人なら知っておきたいあらすじで読む日本の名著」、「日本の名作おさらい」、「日本の名著」、「日本文学鑑賞辞典〔第2〕」、「日本文学現代名作事典」、「日本文学名作案内」、「日本文学名作事典」、「日本文芸鑑賞事典 第15巻」、「日本名作文学館 日本編」、「日本・名著のあらすじ」、「入門名作の世界」、「ひと目でわかる日本名作名作大全」、「ポケット日本名作事典」、「名作の書き出し」、「名作はこのように始まる 2」、「明治・大正・昭和のベストセラー」

05357 「走れメロス」
『走れメロス』 太宰治著 角川春樹事務所 2012 125p 16cm〈ハルキ文庫 た21-2〉〈底本：「太宰治全集」第3巻 第4巻 第9巻（筑摩書房 1998年刊） 年譜あり〉 267円
ⓘ978-4-7584-3652-6 Ⓝ913.6
☆「一度は読もうよ！日本の名著」、「一冊で人生論の名著を読む」、「一冊で日本の名著100冊を読む」、「これだけは読んでおきたい日本の名作文学案内」、「図説 5分でわかる日本の名作傑作選」、「日本文学鑑賞辞典〔第2〕」、「日本文学 これを読まないと文学は語れない!!」、「日本文学名作案内」、「日本文芸鑑賞事典 第12巻」、「名作の書き出しを諳んじる」

05358 「晩年」
『晩年』 太宰治〔著〕 改版 角川書店 2009 369p 15cm〈角川文庫 15708〉〈年譜あり 角川グループパブリッシング〔発売〕〉 514円 ⓘ978-4-04-109916-2 Ⓝ913.6

☆「日本近代文学名著事典」、「日本文学鑑賞辞典〔第2〕」、「日本文学名作事典」、「日本文芸鑑賞事典 第11巻(昭和9～昭和12年)」、「ベストガイド日本の名著」、「ポケット日本名作事典」、「明治・大正・昭和の名著・総解説」

05359 「富岳百景」
『富岳百景』 太宰治著 新潮社 1954 232p 15cm(新潮文庫) Ⓝ913.6
☆「愛と死の日本文学」、「あらすじで読む日本の名著 No.3」、「一冊で100名作の「さわり」を読む」、「世界名著大事典」、「日本の名作おさらい」、「日本の名著3分間読書100」、「日本文芸鑑賞事典 第12巻」、「ひと目でわかる日本の名作」、「名作の書き出しを諳んじる」

太宰 春台 だざい・しゅんだい

05360 「経済録」
『徂徠学派』 日本図書センター 1979 1冊 22cm(日本教育思想大系 15)〈それぞれの複製〉 12000円 Ⓝ121.68
☆「古典の事典」、「世界名著大事典」、「日本名著辞典」

05361 「三王外記」
『三王外記』 東武野史著 甫喜山景雄 1880 2冊(14, 続編25丁) 23cm〈柱・扉に我自刊我書屋とあり 和装〉 Ⓝ210.5
☆「歴史の名著100」

05362 「聖学問答」
『日本哲学思想全書 第8巻 宗教 宗教論一般篇』 三枝博音, 清水幾太郎編集 第2版 平凡社 1980 357p 19cm 2300円 Ⓝ081
☆「世界名著大事典」

05363 「独語」
『日本随筆大成 第1期 第17巻』 日本随筆大成編輯部編 新装版 吉川弘文館 2007 12, 404p 19cm〈平成6年刊(新装版)を原本としたオンデマンド版〉 5500円 ①978-4-642-04083-9 Ⓝ914.5
☆「世界名著大事典」

05364 「弁道書」
『徂徠学派』 日本図書センター 1979 1冊 22cm(日本教育思想大系 15)〈それぞれの複製〉 12000円 Ⓝ121.68
☆「世界名著大事典」

田沢 稲舟 たざわ・いなぶね

05365 「五大堂」
『〔新編〕日本女性文学全集 第2巻』 岩淵宏子, 長谷川啓監修 北田幸恵責任編集 菁柿堂 2008 542p 22cm〈年譜あり 星雲社〔発売〕〉 5000円 ①978-4-434-10002-4 Ⓝ913.68
☆「明治の名著 2」

05366 「しろばら」
『〔新編〕日本女性文学全集 第2巻』 岩淵宏子, 長谷川啓監修 北田幸恵責任編集 菁柿堂 2008 542p 22cm〈年譜あり 星雲社〔発売〕〉 5000円 ①978-4-434-10002-4 Ⓝ913.68
☆「明治の名著 2」

田沢 坦 たざわ・ゆたか

05367 「図説日本美術史」
『図説日本美術史―学生版』 田沢坦, 大岡実編 岩波書店 1964 2冊 26cm Ⓝ702.1
☆「世界名著大事典」

田島 伸二 たじま・しんじ

05368 「大亀ガウディの海」
『大亀ガウディの海』 田島伸二作 A.ラマチャンドラン絵 Dindigul Bell 2005 142p 26×26cm 2500円 ①4-9902581-0-X Ⓝ913.6
☆「世界の海洋文学」

太政官修史館 だじょうかんしゅうしかん

05369 「復古記」
『復古記 第1-15冊』 太政官編 内外書籍 1929 15冊 23cm〈東京帝国大学蔵版〉 Ⓝ210.5
☆「世界名著大事典」

田尻 宗昭 たじり・むねあき

05370 「油濁の海」
『油濁の海―巨大タンカーとCTSの危険』 田尻宗昭著 日本評論社 1981 229p 20cm 1600円 Ⓝ683.7
☆「世界の海洋文学」

田代 松意 たしろ・しょうい

05371 「談林十百韻」
『日本俳書大系 第8巻 談林俳諧集』 勝峰晋風編 日本図書センター 1995 624,15p 22cm〈日本俳書大系刊行会大正15年刊の複製〉 ①4-8205-9379-X,4-8205-9371-4 Ⓝ911.308
☆「世界名著大事典」、「日本文学鑑賞辞典〔第1〕」

田代 陳基 たしろ・つらもと

05372 「葉隠」
『葉隠―現代語全文完訳』 山本常朝, 田代陣基著 水野聡訳 川崎 能文社 2006 526p 22cm 4480円 Ⓝ156
☆「一冊で人生論の名著を読む」、「古典の事典」、「この一冊で読める！日本の古典50冊」、「世界名著大事典」、「千年の百冊」、「2ページでわかる日本の古典傑作選」、「『日本人の名著』を読む」、「日本の古典」、「日本の古典名著」、「日本の書物」、「日本の名著3分間読書100」、「日本名著辞典」、「武士道 十冊の名著」、「武士道の名著」

田添 鉄二　たぞえ・てつじ
05373　「経済進化論」
　『経済進化論』　田添鉄二著　平民社　1904　154p　16cm（平民文庫）　Ⓝ360
　☆「日本近代の名著」，「明治・大正・昭和の名著・総解説」，「明治の名著1」

多田 鼎　ただ・かなえ
05374　「大無量寿経の宗教」
　☆「世界名著大事典」

陀田 勘助　だだ・かんすけ
05375　「おれの飛行船」
　『日本プロレタリア文学集　38　プロレタリア詩集 1』　新日本出版社　1987　533p　19cm　2800円　Ⓘ4-406-01512-4　Ⓝ913.68
　☆「日本のプロレタリア文学」

多田 好問　ただ・こうもん
05376　「岩倉公実記」
　『岩倉公実記』　多田好問編　久喜　書肆沢井　1995　2冊　27cm〈明治39年刊の複製〉全160000円　Ⓝ289.1
　☆「世界名著大事典」

多田 富雄　ただ・とみお
05377　「生命の意味論」
　『生命の意味論』　多田富雄著　新潮社　1997　243p　20cm〈参考文献：p238〜241〉　1545円　Ⓘ4-10-416101-2　Ⓝ461.04
　☆「学問がわかる500冊 v.2」，「「本の定番」ブックガイド」

05378　「免疫の意味論」
　『免疫の意味論』　多田富雄著　青土社　1993　236p　20cm　2200円　Ⓘ4-7917-5243-0　Ⓝ491.8
　☆「学問がわかる500冊 v.2」

多田 道太郎　ただ・みちたろう
05379　「しぐさの日本文化」
　『しぐさの日本文化』　多田道太郎［著］　講談社　2014　269p　15cm（講談社学術文庫 2219）　920円　Ⓘ978-4-06-292219-7　Ⓝ361.42
　☆「ベストガイド日本の名著」，「ポピュラー文化」

多田 雄幸　ただ・ゆうこう
05380　「オケラ五世優勝す」
　『オケラ五世優勝す—世界一周単独ヨットレース航海記』　多田雄幸著　文芸春秋　1988　252p　16cm（文春文庫）　340円　Ⓘ4-16-748201-0　Ⓝ785.7
　☆「世界の海洋文学」

鑪 幹八郎　たたら・みきはちろう
05381　「夢分析入門」
　『夢分析入門』　鑪幹八郎著　大阪　創元社　1976　335p　19cm　1500円　Ⓝ145.2
　☆「学問がわかる500冊」

立 作太郎　たち・さくたろう
05382　「平時国際法論」
　『平時国際法論』　立作太郎著　11版　日本評論社　1942　738p　22cm　Ⓝ329.1
　☆「世界名著大事典」

館 龍一郎　たち・りゅういちろう
05383　「日本の経済」
　『日本の経済』　館竜一郎著　東京大学出版会　1991　203p　22cm〈参考文献：p191〜197〉　2266円　Ⓘ4-13-042040-2　Ⓝ332.107
　☆「日本経済本38」

橘 曙覧　たちばな・あけみ
05384　「志濃夫廼舎歌集」
　『志濃夫廼舎歌集』　橘曙覧著　久米田裕校注　福井　柊発行所　1979　211p　22cm〈著者の肖像あり　橘曙覧年譜：p207〜211〉　1500円　Ⓝ911.158
　☆「作品と作者」，「世界名著大事典」，「日本文学鑑賞辞典〔第1〕」

05385　「橘曙覧全歌集」
　『橘曙覧全歌集』　橘曙覧著　水島直文，橋本政宣編注　岩波書店　1999　450p　15cm（岩波文庫）　900円　Ⓘ4-00-302741-8　Ⓝ911.158
　☆「教養のためのブックガイド」

05386　「独楽吟」
　『独楽吟』　橘曙覧［著］　岡本信弘編　グラフ社　2010　118p　18cm〈文献あり〉　952円　Ⓘ978-4-7662-1309-6　Ⓝ911.158
　☆「Jブンガク」，「「日本人の名著」を読む」

橘 孝三郎　たちばな・こうざぶろう
05387　「農村学」
　『農村学　前編』　橘孝三郎著　建設社　1931　300p　23cm　Ⓝ611.9
　☆「明治・大正・昭和の名著・総解説」

橘 樸　たちばな・しらき
05388　「中国革命史論」
　『中国革命史論』　橘樸著　日本評論社　1950　427p 図版　22cm　Ⓝ222.07
　☆「世界名著大事典」

橘 外男　たちばな・そとお
05389　「蒲団」

たちはな

『橘外男集―逗子物語』　橘外男著　筑摩書房　2002　483p　15cm（ちくま文庫　怪奇探偵小説名作選　5）〈下位シリーズの責任表示：日下三蔵編〉　1300円　Ⓝ4-480-03705-5　Ⓝ913.6
☆「世界の推理小説・総解説」

立花 隆　たちばな・たかし

05390　「サル学の現在」
『サル学の現在　上』　立花隆著　文芸春秋　1996　439p　16cm（文春文庫）　620円　①4-16-733006-7　Ⓝ489.9
☆「学問がわかる500冊 v.2」

05391　「精神と物質」
『精神と物質―分子生物学はどこまで生命の謎を解けるか』　立花隆,利根川進著　文芸春秋　1993　333p　16cm（文春文庫）　500円　①4-16-733003-2　Ⓝ464.1
☆「学問がわかる500冊 v.2」

05392　「田中角栄研究」
『田中角栄研究―全記録』　立花隆著　講談社　1982　2冊　15cm（講談社文庫）　各480円　①4-06-134168-5　Ⓝ289.1
☆「近代日本の百冊を選ぶ」,「ベストガイド日本の名著」

05393　「脳死」
『脳死』　立花隆,NHK取材班著　日本放送出版協会　1991　259p　20cm（NHKスペシャル）〈付：参考文献〉　1200円　①4-14-008774-9　Ⓝ490.15
☆「現代を読む」

橘 忠兼　たちばな・ただかね

05394　「色葉字類抄」
『色葉字類抄』　橘忠兼著　前田育徳会編　前田育徳会　1984　494,24p　31cm〈解説：太田晶二郎　尊経閣蔵3巻本（中巻欠）の複製　制作：勉誠社〉　70000円　Ⓝ813.1
☆「古典の事典」,「世界名著大事典」,「日本名著辞典」

立花 太郎　たちばな・たろう

05395　「液晶」
『液晶』　立花太郎等著　共立出版　1972　183p 図　21cm（共立化学ライブラリー　1）〈付：文献〉　1200円　Ⓝ428.3
☆「物理ブックガイド100」

橘 俊綱　たちばな・としつな

05396　「作庭記」
『作庭記』　林屋辰三郎校注　〈リキエスタ〉の会　2001　49p　21cm〈トランスアート市谷分室〔発売〕〉　1000円　①4-88752-134-0　Ⓝ629.21

☆「古典の事典」,「この一冊で読める！日本の古典50冊」,「世界名著大事典 補遺（Extra）」

橘 成季　たちばな・なりすえ

05397　「古今著聞集」
『古今著聞集』　橘成季著　正宗敦夫編纂・校訂　現代思潮社　1983　2冊　16cm（覆刻日本古典全集）〈日本古典全集刊行会昭和4～5年刊の複製〉　Ⓝ913.47
☆「一度は読もうよ！日本の名著」,「一冊で古典100冊を読む」,「一冊で100名作の「さわり」を読む」,「学術辞典叢書 第15巻」,「近代名著解題選集 3」,「古典の事典」,「古典文学鑑賞辞典」,「作品と作者」,「世界名作事典」,「世界名著解題選 第1巻」,「世界名著大事典」,「日本古典への誘い100選 2」,「日本の古典」,「日本の古典・世界の古典」,「日本の古典名著」,「日本文学鑑賞辞典〔第1〕」,「日本文学名作案内」,「日本名著辞典」,「文学・名著300選の解説 '88年度版」

橘 南谿　たちばな・なんけい

05398　「東西遊記」
『東西遊記　1』　橘南谿著　宗政五十緒校注　平凡社　1974　285,3p　18cm（東洋文庫　248）　650円　Ⓝ915.5
☆「世界の旅行記101」

05399　「東遊記」
『東遊記』　橘南谿著　今泉忠義校註　改造社　1939　254p　16cm（改造文庫　第2部 第405篇）　Ⓝ291
☆「日本の古典名著」,「日本文学鑑賞辞典〔第1〕」

橘 守部　たちばな・もりべ

05400　「稜威道別」
『橘守部全集　首巻―第7』　橘純一編　新訂増補版　東京美術　1967　8冊　22cm〈監修者：久松潜一〉　全45000円　Ⓝ121.27
☆「世界名著大事典」

05401　「神楽歌入文」
『橘守部全集　首巻―第7』　橘純一編　新訂増補版　東京美術　1967　8冊　22cm〈監修者：久松潜一〉　全45000円　Ⓝ121.27
☆「世界名著大事典」

05402　「催馬楽譜入文」
『橘守部全集　首巻―第7』　橘純一編　新訂増補版　東京美術　1967　8冊　22cm〈監修者：久松潜一〉　全45000円　Ⓝ121.27
☆「世界名著大事典」

橘木 俊詔　たちばなき・としあき

05403　「日本の経済格差」
『日本の経済格差―所得と資産から考える』　橘木俊詔著　岩波書店　2001　212p　18cm（岩

波新書〉〈第10刷〉 700円 Ⓘ4-00-430590-X
☆「日本経済本38」

05404 「ライフサイクルの経済学」
『ライフサイクルの経済学』 橘木俊詔著 筑摩書房 1997 222p 18cm〈ちくま新書〉〈文献あり〉 660円 Ⓘ4-480-05735-8 Ⓝ365
☆「学問がわかる500冊」

立原 正秋　たちはら・まさあき

05405 「白い罌粟」
『立原正秋全集 第3巻』 新訂版 角川書店 1997 429p 23cm〈監修：井上靖ほか 著者の肖像あり〉 6800円+税 Ⓘ4-04-573903-3 Ⓝ918.68
☆「日本文芸鑑賞事典 第19巻」

05406 「その年の冬」
『その年の冬』 立原正秋著 講談社 1984 383p 15cm〈講談社文庫〉〈年譜：p369～383〉 460円 Ⓘ4-06-183154-2 Ⓝ913.6
☆「生きがいの再発見名著22選」

05407 「薪能」
『薪能』 立原正秋著 光風社書店 1971 272p 20cm 450円 Ⓝ913.6
☆「ポケット日本名作事典」

05408 「剣ヶ崎」
『作品集 2』 宗秋月,李春穆,劉光石,梁淳祐,趙南斗,鄭貴文,立原正秋,飯尾憲士,松本富生,崔碩義著 勉誠出版 2006 487p 22cm〈〈在日〉文学全集 第16巻 磯貝治良,黒古一夫編〉〈年譜あり〉 5000円 Ⓘ4-585-01126-9 Ⓝ913.68
☆「現代文学鑑賞辞典」

05409 「永い夜」
『永い夜』 立原正秋著 講談社 1979 275p 15cm〈講談社文庫〉 360円 Ⓝ913.6
☆「一度は読もうよ！ 日本の名著」,「一冊で愛の話題作100冊を読む」

05410 「渚通り」
『渚通り』 立原正秋著 メディア総合研究所 1998 252p 20cm〈立原正秋珠玉短篇集 1 立原正秋著〉〈肖像あり〉 1500円 Ⓘ4-944124-04-X Ⓝ913.6
☆「一度は読もうよ！ 日本の名著」,「一冊で日本の名著100冊を読む 続」

05411 「冬のかたみに」
『冬のかたみに』 立原正秋著 新潮社 1981 272p 15cm〈新潮文庫〉 280円 Ⓘ4-10-109511-6 Ⓝ913.6
☆「ポケット日本名作事典」

05412 「冬の旅」
『冬の旅 上巻』 立原正秋著 新潮社 1969 281p 20cm 450円 Ⓝ913.6
☆「日本・世界名作「愛の会話」100章」

05413 「舞いの家」
『立原正秋全集 第14巻』 立原正秋著 新訂版 角川書店 1997 443p 23cm〈肖像あり〉 6800円 Ⓘ4-04-573914-9 Ⓝ918.68
☆「一度は読もうよ！ 日本の名著」,「一冊で愛の話題作100冊を読む」

立原 道造　たちはら・みちぞう

05414 「暁と夕の詩」
『暁と夕の詩―詩集』 立原道造著 麦書房 1982 2冊 31cm〈B版二種 "no.1,no.2 (Hyacinth edition no.2)"（風信子詩社昭和12年刊）の複製 付（8p 21cm）：復刻版『暁と夕の詩』について 外箱入 限定版〉 全3000円 Ⓝ911.56
☆「世界名著大事典」,「日本文芸鑑賞事典 第12巻」

05415 「ささやかな地異は……」
『立原道造全集 1』 立原道造著 中村稔,安藤元雄,宇佐美斉,鈴木博之編 筑摩書房 2006 653p 21cm〈肖像あり〉 7600円 Ⓘ4-480-70571-6 Ⓝ918.68
☆「現代文学名作探訪事典」

05416 「優しき歌」
『優しき歌―立原道造詩集』 立原道造著 角川書店 1999 283p 15cm〈角川文庫〉〈肖像あり 年譜あり〉 540円 Ⓘ4-04-117203-9 Ⓝ911.56
☆「日本文芸鑑賞事典 第14巻(1946～1948年)」

05417 「萱草に寄す」
『立原道造全集 1』 立原道造著 中村稔,安藤元雄,宇佐美斉,鈴木博之編 筑摩書房 2006 653p 21cm〈肖像あり〉 7600円 Ⓘ4-480-70571-6 Ⓝ918.68
☆「世界名著大事典」,「日本近代文学名著事典」,「日本文学鑑賞辞典 [第2]」,「日本文学現代名作事典」,「日本文芸鑑賞事典 第11巻(昭和9～昭和12年)」

辰野 隆　たつの・ゆたか

05418 「仏蘭西文学」
『仏蘭西文学 上』 辰野隆著 3版 白水社 1948 589p 図版 21cm Ⓝ950
☆「世界名著大事典」

巽 聖歌　たつみ・せいか

05419 「たきび」
☆「日本文芸鑑賞事典 第13巻」

05420 「春の神さま」
『春の神さま―童謡集』 巽聖歌著 有光社

1940　181p　19cm　Ⓝ913.8
☆「世界名著大事典」

辰巳 渚　たつみ・なぎさ

05421　「「捨てる」技術」
『「捨てる！」技術』　辰巳渚著　新装・増補版
宝島社　2005　230p　18cm（宝島社新書）
700円　①4-7966-5030-X　Ⓝ597.5
☆「超売れ筋ビジネス書101冊」

達本 外喜治　たつもと・ときじ

05422　「少年の青い海」
『少年の青い海』　達本外喜治作　岸田賢治画
童心社　1976　237p　22cm（創作シリーズ）
950円
☆「世界の海洋文学」

伊達 稙宗　だて・たねむね

05423　「塵芥集」
『日本思想大系　21　中世政治社会思想　上』
石井進等校注　岩波書店　1972　646p　図
22cm　1600円　Ⓝ121.08
☆「古典の事典」

伊達 千広　だて・ちひろ

05424　「大勢三転考」
『日本思想大系　48　近世史論集』　岩波書店
1974　615p　22cm　1600円　Ⓝ121.08
☆「世界名著大事典」、「歴史学の名著30」

立石 泰則　たていし・やすのり

05425　「復讐する神話」
『復讐する神話―松下幸之助の昭和史』　立石泰則著　文芸春秋　1992　406p　16cm（文春文庫）　500円　①4-16-722102-0　Ⓝ542.09
☆「現代を読む」

建野 友保　たての・ともやす

05426　「小倉昌男の福祉革命」
『小倉昌男の福祉革命―障害者「月給1万円」からの脱出』　建野友保著　小学館　2001
217p　15cm（小学館文庫）　533円
①4-09-405101-5　Ⓝ366.28
☆「戦略の名著！　最強43冊のエッセンス」

立野 信之　たての・のぶゆき

05427　「叛乱」
『叛乱』　立野信之〔著〕　学習研究社　2004
685p　18cm（学研M文庫）　1400円
①4-05-900275-5　Ⓝ913.6
☆「日本文学鑑賞辞典〔第2〕」、「ポケット日本名作事典」

05428　「恋愛綱領」

☆「現代日本文学案内」

立松 和平　たてまつ・わへい

05429　「遠雷」
『遠雷』　立松和平著　河出書房新社　1983
281p　15cm（河出文庫）　420円　Ⓝ913.6
☆「一度は読もうよ！日本の名著」、「一冊で日本の名著100冊を読む　続」、「現代文学鑑賞辞典」、「日本文学名作案内」、「ベストガイド日本の名著」

田中 阿歌麿　たなか・あかまろ

05430　「湖沼の研究」
『湖沼の研究』　田中阿歌麿著　新潮社　1911
226p　図版　23cm　Ⓝ452.93
☆「世界名著大事典　補遺（Extra）」

05431　「諏訪湖の研究」
『湖沼学上より見たる諏訪湖の研究　上，下巻』
田中阿歌麿著　岩波書店　1918　2冊　23cm
〈上巻の発行者：岩波書店、宮坂日新堂〉　Ⓝ452
☆「世界名著大事典　補遺（Extra）」

05432　「日本北アルプス湖沼の研究」
『日本北アルプス湖沼の研究』　田中阿歌麿著
〔大町（長野県）〕　信濃教育会北安曇部会
1930　1036p　22cm　Ⓝ452
☆「世界名著大事典　補遺（Extra）」

05433　「野尻湖の研究」
『野尻湖の研究―附・犀曲地方の湖沼』　田中阿歌麿編　長野　信濃教育会上水内部会　1926
636,105,3p　22cm　Ⓝ452
☆「世界名著大事典　補遺（Extra）」

田中 明彦　たなか・あきひこ

05434　「新しい中世」
『新しい中世―相互依存深まる世界システム』
田中明彦著　日本経済新聞社　2003　362p
15cm（日経ビジネス人文庫）〈日本経済新聞社1996年刊の増補〉　800円　①4-532-19173-4
Ⓝ319
☆「学問がわかる500冊」

05435　「戦争と国際システム」
『戦争と国際システム』　山本吉宣,田中明彦編
POD版　東京大学出版会　2000　326p
21cm〈ブッキング〔発売〕〉　4200円
①4-8354-0004-6
☆「学問がわかる500冊」

田中 彰　たなか・あきら

05436　「明治維新政治史研究」
『明治維新政治史研究―維新変革の政治的主体の形成過程』　田中彰著　青木書店　1963
295p　22cm（歴史学研究叢書）　Ⓝ312.1

☆「日本史の名著」

田中 薫　たなか・かおる

05437　「氷河の山旅」
『氷河の山旅』　田中薫著　朋文堂　1943　334p 図版　22cm　Ⓝ290.9
☆「日本の山の名著・総解説」、「山の名著 明治・大正・昭和戦前編」

田中 和彦　たなか・かずひこ

05438　「あたりまえだけどなかなかできない42歳からのルール」
『あたりまえだけどなかなかできない42歳からのルール』　田中和彦著　明日香出版社　2010　233p　19cm（Asuka business & language books）　1400円　Ⓘ978-4-7569-1355-5　Ⓝ159.79
☆「3行でわかる名作&ヒット本250」

田中 克彦　たなか・かつひこ

05439　「ことばと国家」
『ことばと国家』　田中克彦著　岩波書店　2003　218p　18cm（岩波新書）〈第38刷〉　700円　Ⓘ4-00-420175-6
☆「世界史読書案内」、「大学新入生に薦める101冊の本」

田中 菊雄　たなか・きくお

05440　「現代読書法」
『現代読書法』　田中菊雄著　講談社　1987　276p　15cm（講談社学術文庫）〈読書参考文献抄：p243〜262〉　680円　Ⓘ4-06-158775-7　Ⓝ019
☆「名著の伝記」

田中 喜作　たなか・きさく

05441　「浮世絵概説」
『浮世絵概説』　田中喜作著　岩波書店　1971　168p 図11枚　19cm〈2刷（初版：昭和4年）〉　500円　Ⓝ721.5
☆「人文科学の名著」

田中 丘隅　たなか・きゅうぐ

05442　「民間省要」
『民間省要』　田中休愚著　村上直校訂　新訂版　横浜　有隣堂　1996　538p　21cm　15000円　Ⓘ4-89660-134-3
☆「世界名著大事典」、「日本名著辞典」

田中 敬　たなか・けい

05443　「粘葉考」
『粘葉考』　田中敬著　早川図書　1979　2冊　22cm（田中敬著作集　第2巻）〈昭和7年刊の複製　和装〉　全15000円　Ⓝ022.5

☆「世界名著大事典」

05444　「図書学概論」
『図書学概論』　田中敬著　早川図書　1982　592,48p　22cm（田中敬著作集　第1巻）〈大正13年刊の複製〉　6800円　Ⓝ020
☆「世界名著大事典」

田中 憲一　たなか・けんいち

05445　「ドリーマー号最後の旅」
『ドリーマー号最後の旅—ヨーロッパ運河紀行』　田中憲一著　丸善　1992　202p　18cm（丸善ライブラリー　60）　620円　Ⓘ4-621-05060-5　Ⓝ293.509
☆「世界の海洋文学」

田中 賢一　たなか・けんいち

05446　「大空の華」
『大空の華—空挺部隊全史』　田中賢一著　芙蓉書房　1984　291p　19cm　1800円　Ⓝ396.8
☆「日本陸軍の本・総解説」

田中 耕一　たなか・こういち

05447　「生涯最高の失敗」
『生涯最高の失敗』　田中耕一著　朝日新聞社　2003　228p　19cm（朝日選書）　1200円　Ⓘ4-02-259836-0　Ⓝ289.1
☆「サイエンス・ブックレヴュー」

田中 光二　たなか・こうじ

05448　「怒りの大洋」
『怒りの大洋』　田中光二著　徳間書店　1986　251p　16cm（徳間文庫）　360円　Ⓘ4-19-578035-7　Ⓝ913.6
☆「世界の海洋文学」

05449　「異星の人」
『異星の人』　田中光二著　角川春樹事務所　1999　307p　16cm（ハルキ文庫）　800円　Ⓘ4-89456-598-6　Ⓝ913.6
☆「世界のSF文学・総解説」

05450　「海の壁」
『海の壁』　船山馨著　河出書房新社　1983　226p　15cm（河出文庫）　380円　Ⓝ913.6
☆「世界の海洋文学」

05451　「大いなる魚影」
『大いなる魚影』　田中光二著　徳間書店　1990　285p　16cm（徳間文庫）　440円　Ⓘ4-19-579144-8　Ⓝ913.6
☆「世界の海洋文学」

05452　「幻覚の地平線」
『幻覚の地平線』　田中光二著　角川春樹事務所　2000　379p　16cm（ハルキ文庫）　857円

たなか　　　　　　　　　　　　　　　　　　　　　　05453〜05468

①4-89456-648-6　Ⓝ913.6
☆「世界のSF文学・総解説」

05453　「大滅亡」
『大滅亡』　田中光二著　角川書店　1980
400p　15cm〈角川文庫〉　420円　Ⓝ913.6
☆「世界のSF文学・総解説」

05454　「大海神」
『大海神―怒りの大洋第2部』　田中光二著　角川書店　1984　266p　15cm〈角川文庫〉　340円　①4-04-141921-2　Ⓝ913.6
☆「世界の海洋文学」

05455　「わだつみの魚の詩」
『わだつみの魚の詩』　田中光二著　勁文社　1993　271p　16cm〈ケイブンシャ文庫〉　520円　①4-7669-1863-0　Ⓝ913.6
☆「世界の海洋文学」

田中 耕太郎　たなか・こうたろう

05456　「商法総則概論」
『商法総則概論』　田中耕太郎著　有斐閣　1932　366,18p　22cm　Ⓝ325
☆「世界名著大事典」

05457　「世界法の理論」
『世界法の理論』　田中耕太郎著　岩波書店　1973　3冊　22cm〈第6刷（初刷：昭和7年刊）〉　1500-2000円　Ⓝ329.5
☆「世界名著大事典」

田中 貢太郎　たなか・こうたろう

05458　「旋風時代」
『旋風時代　上巻（競艶春風篇）』　田中貢太郎著　春潮社　1949　426p　19cm　Ⓝ913.6
☆「ポケット日本名作事典」、「歴史小説・時代小説総解説」

田中 小実昌　たなか・こみまさ

05459　「ポロポロ」
『ポロポロ』　田中小実昌著　河出書房新社　2004　230p　15cm〈河出文庫〉　700円　①4-309-40717-X　Ⓝ913.6
☆「現代文学鑑賞辞典」

田中 定　たなか・さだめ

05460　「佐賀県農業論」
『昭和前期農政経済名著集　6　米と繭の経済構造　佐賀農業論―佐賀県平担地帯一農村の分析』　近藤康男編　山田勝次郎、田中定著　農山漁村文化協会　1978　345p　22cm〈解題：阪本楠彦,都留大治郎　山田勝次郎、田中定の肖像あり〉　3000円　Ⓝ611.08
☆「農政経済の名著 昭和前期編」

田中 慎弥　たなか・しんや

05461　「共喰い」
『共喰い』　田中慎弥著　集英社　2013　205p　16cm〈集英社文庫　た82-1〉〈2012年刊に対談を収録〉　420円　①978-4-08-745023-1　Ⓝ913.6
☆「3行でわかる名作&ヒット本250」

田中 澄江　たなか・すみえ

05462　「鳥には翼がない」
『現代日本戯曲大系　第5巻　1960-1963』　三一書房編集部編　三一書房　1971　512p　23cm　3800円　Ⓝ912.6
☆「日本文芸鑑賞事典 第18巻（1958〜1962年）」

田中 千柳　たなか・せんりゅう

05463　「大仏殿万代石楚」
『西沢一風全集　第6巻』　西沢一風［著］　西沢一風全集刊行会編　汲古書院　2005　334p　22cm〈年表あり〉　15000円　①4-7629-3455-0　Ⓝ913.52
☆「世界名著大事典 補遺（Extra）」

田中 惣五郎　たなか・そうごろう

05464　「大村益次郎」
『大村益次郎―近代軍制の創始者』　田中惣五郎著　千倉書房　1938　356p　19cm　Ⓝ289.1
☆「日本陸軍の本・総解説」

田中 健夫　たなか・たけお

05465　「倭寇」
『倭寇―海の歴史』　田中健夫［著］　講談社　2012　260p　15cm〈講談社学術文庫　2093〉〈年表あり　文献あり〉　880円　①978-4-06-292093-3　Ⓝ210.4
☆「世界の海洋文学」

田中 千禾夫　たなか・ちかお

05466　「おふくろ」
『おふくろ―他一篇』　田中千禾夫著　角川書店　1955　112p　15cm〈角川文庫〉　Ⓝ912.6
☆「昭和の名著」、「世界名著大事典」、「日本文学鑑賞辞典〔第2〕」、「日本文学現代名作事典」

05467　「教育」
『現代日本キリスト教文学全集　7　犠牲と奉仕』　教文館　1973　291p　20cm　1200円　Ⓝ913.608
☆「日本文芸鑑賞事典 第16巻」

05468　「物言う術」
『物言う術』　田中千禾夫著　再新訂版　白水社　1973　268p　19cm　700円　Ⓝ771.6
☆「教育を考えるためにこの48冊」

田中 智学　たなか・ちがく

05469　「宗門之維新」
『宗門之維新』　田中智学著　鎌倉町（神奈川県）　獅子王文庫　1901　106,36p　22cm〈附録：妙宗未来年表〉　Ⓝ188.9
☆「世界名著大事典」

05470　「日蓮上人の教義」
『日蓮上人の教義——名妙宗大意』　田中智学著　3版　鎌倉　師子王文庫　1910　716p　図版　22cm　Ⓝ188.9
☆「世界名著大事典」

田中 常治　たなか・つねじ

05471　「海軍兵学校」
『海軍兵学校——江田島の青春』　田中常治著　今日の話題社　1984　236p　20cm（太平洋戦争ノンフィクション）〈著者の肖像あり〉　1200円　Ⓝ397.07
☆「日本海軍の本・総解説」

田中 伸尚　たなか・のぶまさ

05472　「自衛隊よ、夫を返せ！」
『自衛隊よ、夫を返せ！——合祀拒否訴訟』　田中伸尚著　社会思想社　1988　287p　15cm（現代教養文庫　1272）　560円　①4-390-11272-4　Ⓝ916
☆「現代を読む」

田中 登　たなか・のぼる

05473　「小松茂美 人と学問」
『小松茂美 人と学問——古筆学六十年』　田中登編著　京都　思文閣出版　2002　248p　21cm　2200円　①4-7842-1120-9
☆「サイエンス・ブックレビュー」

田中 のよ　たなか・のよ

05474　「海女小屋日記」
『海女小屋日記——房総半島・花と海の町から』　田仲のよ著　新宿書房　1991　223p　図版10枚　20cm　1900円　①4-88008-151-5　Ⓝ384.36
☆「世界の海洋文学」

05475　「磯笛のむらから」
『磯笛のむらから——房総海女のくらしの民俗誌』　田仲のよ著　三田栄画　加藤雅毅編　現代書館　1985　239p　22cm　1800円　Ⓝ384.36
☆「世界の海洋文学」

田中 徳祐　たなか・のりすけ

05476　「我ら降伏せず」
『我ら降伏せず——サイパン玉砕戦の狂気と真実』　田中徳祐著　復刊　復刊ドットコム　2012　231p　19cm　2200円　①978-4-8354-4841-1

☆「日本陸軍の本・総解説」

田中 英光　たなか・ひでみつ

05477　「オリンポスの果実」
『オリンポスの果実』　田中英光著　新座　埼玉福祉会　1984　257p　22cm（大活字本シリーズ）〈原本：新潮文庫　限定版〉　3100円　Ⓝ913.6
☆「一冊で100名作の「さわり」を読む」、「現代文学鑑賞辞典」、「現代文学名作探訪事典」、「日本文学鑑賞辞典〔第2〕」、「日本文学名作事典」、「日本文芸鑑賞事典 第13巻」、「文学・名著300選の解説 '88年度版」、「ポケット日本名作事典」、「名作への招待」

05478　「さようなら」
『さようなら——他三篇』　田中英光著　角川書店　1956　100p　15cm（角川文庫）　Ⓝ913.6
☆「一度は読もうよ！日本の名著」、「一冊で日本の名著100冊を読む 続」、「日本文学名作案内」

田中 宏　たなか・ひろし

05479　「在日外国人」
『在日外国人——法の壁、心の溝』　田中宏著　第3版　岩波書店　2013　273p　18cm（岩波新書 新赤版　1429）　820円　①978-4-00-431429-5　Ⓝ329.8
☆「平和を考えるための100冊+α」

田中 冬二　たなか・ふゆじ

05480　「青い夜道」
『青い夜道』　田中冬二著　日本図書センター　2006　212p　20cm〈年譜あり〉　2500円　①4-284-70010-3　Ⓝ911.56
☆「日本文学鑑賞辞典〔第2〕」、「日本文学現代名作事典」

05481　「海の見える石段」
『海の見える石段——詩集』　田中冬二著　第一書房　1930　109p　20cm（今日の詩人叢書 第5）　Ⓝ911.5
☆「日本文学現代名作事典」

05482　「花冷え」
『花冷え——詩集』　田中冬二著　昭森社　1936　86p　20cm　Ⓝ911.5
☆「日本文芸鑑賞事典 第11巻（昭和9〜昭和12年）」

田中 琢　たなか・みがく

05483　「新しい研究法は考古学になにをもたらしたか」
『新しい研究法は考古学になにをもたらしたか』　田中琢、佐原眞編　全面改訂　クバプロ　1995　311p　26cm　4074円　①4-906347-52-5　Ⓝ202.5
☆「学問がわかる500冊 v.2」

05484 「古代史復元」
『古代史復元 1 旧石器人の生活と集団』 稲田孝司編 講談社 1988 198p 27cm〈監修：田中琢,佐原真 関連文献：p188〉 2800円 ①4-06-186421-1 Ⓝ210.2
☆「学問がわかる500冊 v.2」

05485 「発掘を科学する」
『発掘を科学する』 田中琢,佐原真編 岩波書店 1994 231p 18cm〈岩波新書〉 620円 ①4-00-430355-9 Ⓝ210.2
☆「学問がわかる500冊 v.2」

田中 美知太郎　たなか・みちたろう

05486 「時代と私」
『時代と私』 田中美知太郎著 文芸春秋 1984 414p 20cm〈新装版〉 1300円 Ⓝ121.6
☆「自伝の名著101」

05487 「善と必然との間に」
『善と必然との間に―人間的自由の前提となるもの』 田中美知太郎著 岩波書店 1952 335p 22cm Ⓝ104
☆「倫理学」

05488 「ロゴスとイデア」
『ロゴスとイデア』 田中美知太郎著 文藝春秋 2014 392p 15cm〈文春学藝ライブラリー〉 1470円 ①978-4-16-813019-9
☆「世界名著大事典」

田中 美津　たなか・みつ

05489 「いのちの女たちへ」
『いのちの女たちへ―とり乱しウーマン・リブ論』 田中美津著 新装改訂版 パンドラ 2010 391p 20cm〈共同刊行：現代書簡 著作目録あり〉 3000円 ①978-4-7684-7826-4 Ⓝ367.1
☆「戦後思想の名著50」,「フェミニズムの名著50」

田中 稔　たなか・みのる

05490 「中世史料論考」
『中世史料論考』 田中稔著 吉川弘文館 1993 444,11p 22cm 9800円 ①4-642-02733-5 Ⓝ210.02
☆「歴史家の読書案内」

田中 康夫　たなか・やすお

05491 「なんとなく、クリスタル」
『なんとなく、クリスタル』 田中康夫著 新装版 河出書房新社 2013 241p 15cm〈河出文庫 た8-1〉 760円 ①978-4-309-41259-7 Ⓝ913.6
☆「知らないと恥ずかしい「日本の名作」あらすじ200本」,「日本文学名作案内」,「百年の誤読」

「名作の書き出し」

田中 義成　たなか・よしなり

05492 「南北朝時代史」
『南北朝時代史』 田中義成著 講談社 1979 285p 15cm〈講談社学術文庫〉 360円 Ⓝ210.458
☆「世界名著大事典」

田中 りえ　たなか・りえ

05493 「おやすみなさい、と男たちへ」
『おやすみなさい、と男たちへ』 田中りえ著 講談社 1987 228p 15cm〈講談社文庫〉 340円 ①4-06-183738-9 Ⓝ913.6
☆「一度は読もうよ！ 日本の名著」,「一冊で愛の話題作100冊を読む」

田中 隆吉　たなか・りゅうきち

05494 「田中隆吉著作集」
『田中隆吉著作集』 〔田中稔〕 1979 604p 図版20枚 22cm〈著者の肖像あり 付：父のことども 田中稔著〉 Ⓝ392.1
☆「日本陸軍の本・総解説」

田部 重治　たなべ・じゅうじ

05495 「日本アルプスと秩父巡礼」
『日本アルプスと秩父巡礼』 田部重治著 大修館書店 1975 342p 19cm〈覆刻日本の山岳名著〉〈企画・編集：日本山岳会 北星堂大正8年刊の複製 日本山岳会創立七十周年記念出版〉 Ⓝ290.9
☆「世界名著大事典」,「日本の山の名著・総解説」,「山の名著 明治・大正・昭和戦前編」

05496 「わが山旅五十年」
『わが山旅五十年』 田部重治著 平凡社 1996 498p 16cm〈平凡社ライブラリー 134〉〈著者の肖像あり〉 1400円 ①4-582-76134-8 Ⓝ915.6
☆「日本の山の名著・総解説」,「山の名著 明治・大正・昭和戦前編」

田辺 信太郎　たなべ・しんたろう

05497 「癒しを生きた人々―近代知のオルタナティブ」
『癒しを生きた人々―近代知のオルタナティブ』 田邉信太郎,島薗進,弓山達也編 専修大学出版局 1999 299p 19cm 2200円 ①4-88125-109-0 Ⓝ492.79
☆「学問がわかる500冊」

田辺 振太郎　たなべ・しんたろう

05498 「技術論」
『技術論』 田辺振太郎著 青木書店 1960

289p　19cm（現代哲学全書　第17）Ⓝ118.5
☆「名著の履歴書」

田辺 聖子　たなべ・せいこ

05499　「うたかた」
『うたかた』　田辺聖子［著］　講談社　2008
319p　15cm（講談社文庫）〈1980年刊の新装版〉　571円　Ⓘ978-4-06-276001-0　Ⓝ913.6
☆「一度は読もうよ！　日本の名著」，「一冊で愛の話題作100冊を読む」

05500　「感傷旅行」
『感傷旅行―Tanabe Seiko Collection 3』　田辺聖子著　ポプラ社　2009　217p　15cm（ポプラ文庫）　520円　Ⓘ978-4-591-10835-2
☆「現代文学鑑賞辞典」，「日本文学名作案内」，「日本文芸鑑賞事典 第19巻」

05501　「隼別王子の叛乱」
『隼別王子の叛乱』　田辺聖子著　改版　中央公論社　1994　358p　16cm（中公文庫）　680円　Ⓘ4-12-202131-6　Ⓝ913.6
☆「ポケット日本名作案内」，「歴史小説・時代小説総解説」

05502　「文車日記」
『文車日記―私の古典散歩』　田辺聖子著　新潮社　1978　302p　15cm（新潮文庫）　260円　Ⓝ910.4
☆「日本文芸鑑賞事典 第20巻（昭和42～50年）」

田辺 元　たなべ・はじめ

05503　「科学概論」
『科學概論』　田邊元著　31版　岩波書店　1928　366p　23cm　Ⓝ116.5
☆「世界名著大事典」，「大正の名著」，「明治・大正・昭和の名著・総解説」

05504　「キリスト教の弁証」
『キリスト教の弁証』　田辺元著　筑摩書房　1948　510p　22cm　Ⓝ191
☆「世界名著大事典」

05505　「最近の自然科学」
『最近の自然科学』　田辺元著　岩波書店　1920　334,16p　20cm（哲学叢書　第2編）Ⓝ401
☆「私の古典」

05506　「種の論理」
『種の論理』　田辺元［著］　藤田正勝編　岩波書店　2010　515,3p　15cm（岩波文庫　33-694-1―田辺元哲学選　1）〈索引あり〉　1200円　Ⓘ978-4-00-336941-8　Ⓝ121.6
☆「哲学の世界」，「ナショナリズム論の名著50」

05507　「数理哲学研究」
『数理哲学研究』　田辺元著　岩波書店　1925

507,10p　22cm　Ⓝ121.9
☆「世界名著大事典」

05508　「哲学通論」
『哲学通論』　田辺元著　岩波書店　2005　243p　19cm（岩波全書セレクション）〈1933年刊の複製〉　2500円　Ⓘ4-00-021863-8　Ⓝ101
☆「世界名著大事典」

05509　「哲学入門」
『哲学入門』　田辺元著　筑摩書房　1968　650p　22cm　980円　Ⓝ101
☆「人文科学の名著」

05510　「ヘーゲル哲学と弁証法」
『ヘーゲル哲学と弁証法』　田辺元著　岩波書店　1932　393p　23cm　Ⓝ134
☆「世界名著大事典」

05511　「歴史的現実」
『歴史的現実』　田辺元著　黒田寛一編・解説　こぶし書房　2001　262p　20cm（こぶし文庫 28―戦後日本思想の原点）〈肖像あり　年譜あり〉　Ⓘ4-87559-149-7　Ⓝ121.6
☆「現代人のための名著」，「明治・大正・昭和の名著・総解説」

田辺 尚雄　たなべ・ひさお

05512　「東洋音楽史」
『東洋音楽史』　田辺尚雄著　雄山閣　1935　385p　22cm（東洋史講座　第13巻）Ⓝ762.2
☆「世界名著大事典」

05513　「日本音楽史」
『日本音楽史』　田辺尚雄著　東京電機大学出版部　1963　275p　22cm　Ⓝ768.02
☆「世界名著大事典」

田辺 裕　たなべ・ひろし

05514　「図説大百科 世界の地理」
『図説大百科 世界の地理　1　アメリカ合衆国 1』　田辺裕監修・訳　阿部一訳　普及版　朝倉書店　2010　1冊　31×24cm　4800円　Ⓘ978-4-254-16901-0
☆「学問がわかる500冊 v.2」

谷 一郎　たに・いちろう

05515　「流れ学」
『流れ学』　谷一郎著　第3版　岩波書店　1967　268p 図版　18cm（岩波全書）　500円　Ⓝ423.8
☆「物理ブックガイド100」

谷 干城　たに・かんじょう

05516　「続地租増否論」
『明治大正農政経済名著集　24　明治農業論集

たに

―地租・土地所有論』 近藤康男編 農山漁村文化協会 1977 515p 図 肖像 22cm 4000円 Ⓝ610.2
☆「農政経済の名著 明治大正編」

05517「地租増否論」
『明治大正農政経済名著集 24 明治農業論集―地租・土地所有論』 近藤康男編 農山漁村文化協会 1977 515p 図 肖像 22cm 4000円 Ⓝ610.8
☆「農政経済の名著 明治大正編」

谷 甲州　たに・こうしゅう

05518「〈航空宇宙軍史〉シリーズ」
『惑星CB-8越冬隊』 谷甲州著 早川書房 1983 257p 16cm(ハヤカワ文庫 JA) 320円 Ⓝ913.6
☆「世界のSF文学・総解説」

谷 恒生　たに・こうせい

05519「喜望峰」
『喜望峰』 谷恒生著 徳間書店 1990 378p 16cm(徳間文庫) 520円 ①4-19-569212-1 Ⓝ913.6
☆「世界の海洋文学」

05520「フンボルト海流」
『フンボルト海流』 谷恒生著 角川書店 1985 264p 15cm(角川文庫) 380円 ①4-04-150304-3 Ⓝ913.6
☆「世界の推理小説・総解説」

谷 真介　たに・しんすけ

05521「鳥の島漂流記」
『鳥の島漂流記』 谷真介著 鴻田幹絵 講談社 1984 253p 18cm(講談社青い鳥文庫) 450円 ①4-06-147146-5
☆「世界の海洋文学」

谷 寿夫　たに・としお

05522「機密日露戦史」
『機密日露戦史』 谷寿夫著 原書房 1966 694p 図版 22cm(明治百年史叢書)〈付：地図4枚 表3枚〉 2000円 Ⓝ210.67
☆「日本陸軍の本・総解説」,「名著で学ぶインテリジェンス」

谷 文晁　たに・ぶんちょう

05523「日本名山図会」
『日本名山図会―新編』 谷文晁著 小林玻璃三編 青渓社 1977 261p 22cm 2300円 Ⓝ721.7
☆「世界名著大事典」

谷川 雁　たにがわ・がん

05524「北がなければ日本は三角」
『北がなければ日本は三角』 谷川雁著 河出書房新社 1995 117p 20cm 1400円 ①4-309-00969-7 Ⓝ914.6
☆「思想家の自伝を読む」

05525「原点が存在する」
『原点が存在する―谷川雁詩文集』 谷川雁[著] 松原新一編 講談社 2009 277p 16cm(講談社文芸文庫 たAG1)〈並列シリーズ名：Kodansha bungei bunko 文献あり 著作目録あり 年譜あり〉 1400円 ①978-4-06-290067-6 Ⓝ901.1
☆「戦後思想の名著50」,「ベストガイド日本の名著」,「明治・大正・昭和の名著・総解説」,「名著の履歴書」

谷川 健一　たにがわ・けんいち

05526「海の群星」
『海の群星』 谷川健一著 集英社 1987 211p 16cm(集英社文庫) 300円 ①4-08-749286-9 Ⓝ916
☆「世界の海洋文学」

05527「海の夫人」
『海の夫人』 谷川健一著 河出書房新社 1989 187p 21cm 2000円 ①4-309-00592-6
☆「世界の海洋文学」

05528「南島論序説」
『南島論序説』 谷川健一[著] 講談社 1987 318p 15cm(講談社学術文庫) 780円 ①4-06-158773-0 Ⓝ382.199
☆「学問がわかる500冊 v.2」

谷川 士清　たにかわ・ことすが

05529「日本書紀通証」
『日本書紀通証』 谷川士清著 京都 臨川書店 1978 3冊 22cm〈解題：小島憲之 宝暦12年刊の複製〉 各18000円 Ⓝ210.3
☆「古典の事典」,「世界名著大事典」

05530「和訓栞」
『和訓栞―大綱』 谷川士清著 尾崎知光編 勉誠社 1984 106,56p 21cm(勉誠社文庫 121)〈複製 付：日本書紀通証彙言の語学説(日本書紀通証巻1の彙言、倭語通音の項の原文複製)〉 2000円 Ⓝ813.1
☆「日本名著辞典」

谷川 俊太郎　たにかわ・しゅんたろう

05531「二十億光年の孤独」
『二十億光年の孤独』 谷川俊太郎著 W.I.エリオット、川村和夫訳 集英社 2008 171,80p

16cm〈集英社文庫〉〈英語併記〉 476円 Ⓘ978-4-08-746268-5 Ⓝ911.56
☆「日本文芸鑑賞事典 第16巻」

05532 「はだか」
『はだか―谷川俊太郎詩集』 谷川俊太郎著 筑摩書房 1988 93p 22cm〈絵：佐野洋子〉 1600円 Ⓘ4-480-80275-4 Ⓝ911.56
☆「教育本44」

05533 「落首九十九」
『自選谷川俊太郎詩集』 谷川俊太郎作 岩波書店 2013 437p 15cm（岩波文庫 31-192-1）〈年譜あり〉 700円 Ⓘ978-4-00-311921-1 Ⓝ911.56
☆「近代日本の百冊を選ぶ」

谷川 徹三　たにかわ・てつぞう

05534 「感傷と反省」
『感傷と反省』 谷川徹三著 岩波書店 1925 350p 20cm Ⓝ121.9
☆「日本文芸鑑賞事典 第8巻（1924～1926年）」

05535 「享受と批評」
『享受と批評』 谷川徹三著 角川書店 1949 302p 19cm Ⓝ904
☆「ベストガイド日本の名著」、「明治・大正・昭和の名著・総解説」

谷川 稔　たにがわ・みのる

05536 「国民国家とナショナリズム」
『国民国家とナショナリズム』 谷川稔著 山川出版社 1999 82p 21cm（世界史リブレット 35）〈文献あり〉 729円 Ⓘ4-634-34350-9 Ⓝ311.3
☆「世界史読書案内」

谷口 ジロー　たにぐち・じろー

05537 「『坊っちゃん』の時代」
『坊っちゃん』の時代―凛冽たり近代なお生彩あり明治人』 関川夏央,谷口ジロー著 新装版 双葉社 2014 251p 21cm〈文献あり〉 1200円 Ⓘ978-4-575-30687-3 Ⓝ726.1
☆「ベストガイド日本の名著」

谷口 善太郎　たにぐち・ぜんたろう

05538 「綿」
『綿―谷口善太郎小説選』 谷口善太郎著 新日本出版社 1972 256p 20cm 600円 Ⓝ913.6
☆「日本のプロレタリア文学」

谷口 吉郎　たにぐち・よしろう

05539 「修学院離宮」
『修学院離宮』 谷口吉郎著 佐藤辰三撮影 京都 淡交新社 1962 95p 図版69枚 22cm Ⓝ521.5
☆「世界名著大事典 補遺（Extra）」

谷崎 潤一郎　たにざき・じゅんいちろう

05540 「愛すればこそ」
『愛すればこそ』 谷崎潤一郎著 文潮社 1947 382p 18cm（名作現代文学 5） Ⓝ912.6
☆「日本文学鑑賞辞典〔第2〕」

05541 「蘆刈」
『蘆刈』 谷崎潤一郎著 中央公論新社 2001 68p 21cm（Chuko on demand books） 1200円 Ⓘ4-12-550030-4 Ⓝ913.6
☆「世界名著大事典」、「日本文学現代名作事典」

05542 「異端者の悲しみ」
『谷崎潤一郎全集 第4巻』 中央公論社 1981 567p 20cm〈著者の肖像あり〉 3000円 Ⓝ918.68
☆「世界名著大事典」、「日本文学名作事典」

05543 「陰翳礼讃」
『陰翳礼讃』 谷崎潤一郎著 改版 中央公論社 1995 213p 16cm（中公文庫） 480円 Ⓘ4-12-202413-7 Ⓝ914.6
☆「建築の書物/都市の書物」、「50歳からの名著入門」、「世界名著大事典」、「21世紀の必読書100選」、「日本文学鑑賞辞典〔第2〕」、「日本文化論の名著入門」、「日本文芸鑑賞事典 第10巻」、「ベストガイド日本の名著」、「明治・大正・昭和の名著・総解説」

05544 「お国と五平」
『お国と五平―戯曲 他2篇』 谷崎潤一郎著 京都 国際女性社 1947 75p 27cm Ⓝ912.6
☆「世界名著大事典」

05545 「鍵」
『鍵』 谷崎潤一郎著 新潮社 1964 179p 16cm（新潮文庫） Ⓝ913.6
☆「教養のためのブックガイド」、「日本文学鑑賞辞典〔第2〕」、「日本文学名作事典」、「ポケット日本名作事典」

05546 「麒麟」
『麒麟―他二篇』 谷崎潤一郎著 春陽堂 1922 153p 15cm（ヱストポケット傑作叢書 第13編） Ⓝ913.6
☆「世界名著大事典」

05547 「細雪」
『細雪―全』 谷崎潤一郎著 中央公論社 1988 947p 23cm 5800円 Ⓘ4-12-001633-1 Ⓝ913.6
☆「愛ありて」、「愛と死の日本文学」、「あらすじダイジェスト」、「あらすじで味わう名作文学」、「あらすじで読む日本の名著」、「あらすじで読む日本の名著 No.3」、「一度は読もうよ！日本の名

著」、「一冊で日本の名著100冊を読む」、「感動！日本の名著 近現代編」、「教養のためのブックガイド」、「近代文学名作事典」、「『こころ』は本当に名作か」、「この一冊でわかる日本の名作」、「これだけは読んでおきたい日本の名作文学案内」、「Jブンガク」、「知らないと恥ずかしい「日本の名作」あらすじ200本」、「図説 5分でわかる日本の名作」、「世界名作事典」、「世界名著案内 5」、「世界名著大事典」、「千年紀のベスト100作品を選ぶ」、「2時間でわかる日本の名著」、「20世紀を震撼させた100冊」、「日本の名作おさらい」、「日本の名著」（角川書店）、「日本の名著」（毎日新聞社）、「日本文学鑑賞辞典〔第2〕」、「日本文学現代名作事典」、「日本文学名作案内」、「日本文学名作事典」、「日本文芸鑑賞事典 第13巻」、「日本名作文学館 日本編」、「日本名著辞典」、「入門名作の世界」、「百年の誤読」、「ポケット日本名作事典」、「名作はこのように始まる 2」

05548 「刺青」
『刺青』 谷崎潤一郎著 新潮社 1950 267p 15cm（新潮文庫）Ⓝ913.6
☆「あらすじで読む日本の名著 No.2」、「一度は読もうよ！日本の名著」、「新潮文庫20世紀の100冊」、「世界名著大事典」、「日本近代文学名著事典」、「日本人なら知っておきたいあらすじで読む日本の名著」、「日本文学鑑賞辞典〔第2〕」、「日本文学現代名作事典」、「日本文学名作案内」、「日本文学名作事典」、「日本文芸鑑賞事典 第4巻」、「日本名著辞典」、「名作の書き出しを諳んじる」

05549 「春琴抄」
『春琴抄』 谷崎潤一郎著 ほるぷ出版 1985 239p 20cm（日本の文学 59）〈折り込図6枚〉Ⓝ913.6
☆「愛と死の日本文学」、「あらすじで読む日本の名著」、「一度は読もうよ！日本の名著」、「一冊で愛の話題作100冊を読む」、「一冊で100名作の「さわり」を読む」、「近代文学名作事典」、「現代文学鑑賞辞典」、「これだけは読んでおきたい日本の名作文学案内」、「世界名著大事典」、「2時間でわかる日本の名著」、「日本近代文学名著事典」、「日本・世界名作「愛の会話」101」、「日本の名著」、「日本の名著3分間読書100」、「日本文学鑑賞辞典〔第2〕」、「日本文学現代名作事典」、「日本文学名作案内」、「日本文学名作事典」、「日本文芸鑑賞事典 第10巻」、「日本・名著のあらすじ」、「必読書150」、「文学・名著300選の解説 '88年度版」、「ポケット日本名作事典」、「名作の書き出しを諳んじる」

05550 「少将滋幹の母」
『少将滋幹の母』 谷崎潤一郎著 中央公論新社 2006 201p 16cm（中公文庫） 724円 Ⓘ4-12-204664-5 Ⓝ913.6
☆「一度は読もうよ！日本の名著」、「一冊で日本の名著100冊を読む」、「これだけは読んでおきたい日本の名作文学案内」、「女性のための名作・人生案内」、「世界名作事典」、「世界名著大事典」、「日本文学鑑賞辞典〔第2〕」、「日本文学現代名作事典」

05551 「蓼喰ふ虫」
『蓼喰ふ虫』 谷崎潤一郎著 河出書房 1956 180p 図版 15cm（河出文庫）Ⓝ913.6
☆「世界の小説大百科」、「世界名著大事典」、「日本近代文学名著事典」、「日本文学鑑賞辞典〔第2〕」、「日本文学現代名作事典」、「日本文芸鑑賞事典 第9巻」

05552 「痴人の愛」
『痴人の愛』 谷崎潤一郎著 改版 新潮社 2011 449p 15cm（新潮文庫）〈128刷（初版1947年）〉 629円 Ⓘ978-4-10-100501-0
☆「一度は読もうよ！日本の名著」、「一冊で愛の話題作100冊を読む」、「一冊で100名作の「さわり」を読む」、「近代文学の百冊を選ぶ」、「現代文学鑑賞辞典」、「この一冊でわかる日本の名作」、「3行でわかる名作&ヒット本250」、「知らないと恥ずかしい「日本の名作」あらすじ200本」、「図説 5分でわかる日本の名作傑作選」、「世界名作事典」、「世界名著大事典」、「大正の名著」、「2時間でわかる日本の名著」、「日本文学鑑賞辞典〔第2〕」、「日本文学現代名作事典」、「日本文学名作案内」、「日本文学名作概観」、「日本文学名作事典」、「日本文芸鑑賞事典 第8巻（1924〜1926年）」、「ベストガイド日本の名著」、「ポケット日本名作事典」、「名作の書き出し」、「明治・大正・昭和のベストセラー」、「明治・大正・昭和の名著・総解説」

05553 「途上」
『谷崎潤一郎犯罪小説集』 谷崎潤一郎著 集英社 2007 221p 16cm（集英社文庫） 457円 Ⓘ978-4-08-746249-4 Ⓝ913.6
☆「世界の推理小説・総解説」

05554 「母を恋うる記」
『谷崎潤一郎—1886-1965』 谷崎潤一郎著 筑摩書房 2008 477p 15cm（ちくま日本文学 14）〈年譜あり〉 880円 Ⓘ978-4-480-42514-0 Ⓝ913.6
☆「少年少女のための文学案内 3」

05555 「秘密」
『日本近代短篇小説選 明治篇2』 紅野敏郎, 紅野謙介, 千葉俊二, 宗像和重, 山田俊治編 岩波書店 2013 451p 15cm（岩波文庫 31-191-2） 900円 Ⓘ978-4-00-311912-9 Ⓝ913.68
☆「新潮文庫20世紀の100冊」

05556 「瘋癲老人日記」
『瘋癲老人日記』 谷崎潤一郎著 改版 中央公論新社 2001 258p 16cm（中公文庫） 629円 Ⓘ4-12-203818-9 Ⓝ913.6
☆「日本文芸鑑賞事典 第18巻（1958〜1962年）」

05557 「武州公秘話」
『武州公秘話』 谷崎潤一郎著 改版 中央公論新社 2005 235p 16cm（中公文庫）

743円 ④4-12-204518-5 Ⓝ913.6
☆「歴史小説・時代小説 総解説」

05558 「文章読本」
『文章読本』 谷崎潤一郎著 改版 中央公論社 1996 236p 16cm(中公文庫) 540円
④4-12-202535-4 Ⓝ816
☆「教育を考えるためにこの48冊」,「近代日本の百冊を選ぶ」,「世界名著大事典」,「日本文芸鑑賞事典 第11巻(昭和9〜昭和12年)」

05559 「松子夫人への手紙」
☆「Jブンガク」

05560 「卍」
『卍』 谷崎潤一郎著 改版 中央公論新社 2006 237p 15cm(中公文庫) 762円
④4-12-204766-8
☆「世界名著大事典」,「日本文学鑑賞辞典〔第2〕」,「日本文学現代名作事典」,「日本文学 これを読まないと文学は語れない!!」

05561 「盲目物語」
『盲目物語』 谷崎潤一郎著 中央公論社 1993 189p 16cm(中公文庫) 380円
④4-12-202003-4 Ⓝ913.6
☆「日本近代文学名著事典」

05562 「吉野葛」
『吉野葛』 谷崎潤一郎著 14版 大阪 創元社 1949 224p 19cm(創元選書 第26)
Ⓝ913.6
☆「一度は読もうよ! 日本の名著」,「一冊で日本の名著100冊を読む 続」,「現代文学名作探訪事典」,「『こころ』は本当に名作か」,「日本文芸鑑賞事典 第10巻」

谷沢 永一　たにざわ・えいいち

05563 「紙つぶて」
『紙つぶて—書評コラム』 谷沢永一著 自作自注最終版 文藝春秋 2005 943,47p 20cm 5000円 ④4-16-367760-7 Ⓝ020.4
☆「「本の定番」ブックガイド」

05564 「百言百話」
『百言百話—明日への知恵』 谷沢永一著 中央公論社 1985 210p 18cm(中公新書) 520円 ④4-12-100754-9 Ⓝ159.8
☆「「本の定番」ブックガイド」

田沼 靖一　たぬま・せいいち

05565 「遺伝子の夢—死の意味を問う生物学」
『遺伝子の夢—死の意味を問う生物学』 田沼靖一著 日本放送出版協会 1997 217p 19cm(NHKブックス 811) 830円
④4-14-001811-9 Ⓝ463
☆「学問がわかる500冊 v.2」

種田 山頭火　たねだ・さんとうか

05566 「山頭火全集」
『山頭火全集 第11巻』 種田山頭火著 春陽堂書店 1988 450p 20cm〈監修：荻原井泉水, 斎藤清衛 編集：大山澄太, 高藤武馬 著者の肖像あり〉 4000円 ④4-394-90101-4 Ⓝ911.368
☆「世界名著大事典 補遺(Extra)」

05567 「草木塔」
『草木塔—句集』 種田山頭火著 春陽堂書店 1979 208p 19cm(山頭火の本 1) 980円
Ⓝ911.36
☆「世界名著大事典 補遺(Extra)」,「日本文芸鑑賞事典 第12巻」

種村 季弘　たねむら・すえひろ

05568 「パラケルススの世界」
『パラケルススの世界』 種村季弘著 青土社 1996 398,14p 20cm〈折り込み図2枚 年譜：p379〜389 巻末：文献〉 2600円
④4-7917-5457-3 Ⓝ132.5
☆「伝記・自叙伝の名著」

種村 佐孝　たねむら・すけたか

05569 「大本営機密日誌」
『大本営機密日誌』 種村佐孝著 芙蓉書房出版 1995 318p 20cm〈新装版 昭和15年から開戦までの外交・用兵年表：p313〜315 著者年譜：p318〉 3000円 ④4-8295-0153-7
Ⓝ210.75
☆「日本陸軍の本・総解説」

田能村 竹田　たのむら・ちくでん

05570 「山中人饒舌」
『山中人饒舌』 田能村竹田(憲)著 篠崎小竹評 松山堂 1910 2冊(上49,下54p) 13cm(和装) Ⓝ720
☆「世界名著大事典」,「日本古典への誘い100選 2」

田畑 修一郎　たばた・しゅういちろう

05571 「鳥羽家の子供」
『鳥羽家の子供—短篇集〔他九篇〕』 田畑修一郎著 砂子屋書房 1938 317p 20cm
Ⓝ913.6
☆「女性のための名作・人生案内」,「世界名著大事典」,「日本文学鑑賞辞典〔第2〕」

田淵 俊雄　たぶち・としお

05572 「豊かで美しい地域環境をつくる—地域環境工学概論」
『豊かで美しい地域環境をつくる—地域環境工学概論』 地域環境工学概論編集委員会編著 農業土木学会 1995 224p 21cm(地域環境工学シリーズ 1)〈付：参考文献〉 2700円

田部井 淳子　たべい・じゅんこ

05573　「エベレスト・ママさん」
『エベレスト・ママさん—山登り半生記』　田部井淳子著　山と溪谷社　2000　253p　20cm〈Yama-kei classics〉〈肖像あり　年譜あり〉　1600円　①4-635-04705-9　Ⓝ292.58
☆「日本の山の名著・総解説」

多辺田 政弘　たべた・まさひろ

05574　「コモンズの経済学」
『コモンズの経済学』　多辺田政弘著　学陽書房　1990　265p　20cm　1800円　①4-313-81044-7　Ⓝ361.7
☆「学問がわかる500冊 v.2」

田保橋 潔　たぼはし・きよし

05575　「近代日鮮関係の研究」
『近代日鮮関係の研究』　田保橋潔著　朝鮮総督府編　原書房　1973　2冊　22cm〈明治百年史叢書〉〈昭和15年刊の複製〉　各7000円　Ⓝ319.121
☆「世界名著大事典」、「私の古典」

05576　「近代日本外国関係史」
『近代日本外国関係史』　田保橋潔著　増訂　原書房　1976　859p　図　22cm〈明治百年史叢書〉　8500円　Ⓝ319.1
☆「世界名著大事典」

玉井 幸助　たまい・こうすけ

05577　「日記文学概説」
『日記文学概説』　玉井幸助著　国書刊行会　1982　803,6,52p　22cm〈昭和20年刊の複製〉　13500円　Ⓝ915
☆「世界名著大事典」

玉井 是博　たまい・ぜはく

05578　「支那社会経済史研究」
『支那社会経済史研究』　玉井是博著　岩波書店　1942　621p　図版　肖像　22cm　Ⓝ362.22
☆「世界名著大事典」

玉城 哲　たまき・あきら

05579　「水の思想」
『水の思想』　玉城哲著　論創社　1979　263p　20cm　1500円　Ⓝ611.29
☆「学問がわかる500冊 v.2」

玉木 正之　たまき・まさゆき

05580　「スポーツとは何か」
『スポーツとは何か』　玉木正之著　講談社　1999　203p　18cm〈講談社現代新書〉〈文献あり〉　660円　①4-06-149454-6　Ⓝ780.4
☆「新・山の本おすすめ50選」

玉野井 芳郎　たまのい・よしろう

05581　「エコノミーとエコロジー」
『エコノミーとエコロジー—広義の経済学への道』　玉野井芳郎著　新装版　みすず書房　2002　354p　20cm　2900円　①4-622-05106-0　Ⓝ331
☆「環境と社会」

05582　「玉野井芳郎著作集」
『玉野井芳郎著作集　第1巻　経済学の遺産』　吉富勝,竹内靖雄編　学陽書房　1990　359p　20cm　2500円　①4-313-81061-7　Ⓝ331
☆「学問がわかる500冊 v.2」

玉虫 左太夫　たまむし・さだゆう

05583　「航米日録」
『日本思想大系　66　西洋見聞集』　沼田次郎,松沢弘陽校注　岩波書店　1974　684p　図　22cm　2800円　Ⓝ121.08
☆「古典の事典」、「日本の書物」

圭室 諦成　たまむろ・たいじょう

05584　「日本仏教史概説」
『日本仏教史概説』　圭室諦成著　理想社出版部　1940　444p　23cm　Ⓝ180.21
☆「世界名著大事典」

田丸 直吉　たまる・なおきち

05585　「日本海軍エレクトロニクス秘史」
『日本海軍エレクトロニクス秘史—兵どもの夢の跡』　田丸直吉著　原書房　1979　263,134p　22cm〈著者の肖像あり　付：無線電信之理論実験及実地　木村駿吉述（明治39年刊の複製）〉　2800円　Ⓝ548
☆「日本海軍の本・総解説」

田宮 虎彦　たみや・とらひこ

05586　「足摺岬」
『足摺岬—田宮虎彦作品集』　田宮虎彦著　講談社　1999　286p　16cm〈講談社文芸文庫〉〈肖像あり　年譜あり　著作目録あり〉　1100円　①4-06-197679-6　Ⓝ913.6
☆「一度は読もうよ！日本の名著」、「一冊で人生論の名著を読む」、「一冊で日本の名著100冊を読む」、「一冊で100名作の「さわり」を読む」、「現代文学鑑賞事典」、「現代文学名作探訪事典」、「世界名作事典」、「日本・世界名作「愛の会話」100章」、「日本の名著3分間読書100」、「日本文学鑑賞辞典　[第2]」、「日本文学現代名作事典」、「日本文芸鑑賞事典　第15巻」、「日本名作文学館　日本編」、「文学・名著300選の解説 '88年度版」、「ポ

ケット日本名作事典」

05587 「絵本」
『絵本』 田宮虎彦作 久米宏一絵 むぎ書房 1980 30p 21cm〈雨の日文庫 第4集（現代日本文学・戦中戦後編）10〉〈4刷（1刷：1967年）〉
☆「これだけは読んでおきたい日本の名作文学案内」、「昭和の名著」、「世界名著大事典」、「ポケット日本名作事典」、「名作への招待」

05588 「菊坂」
『菊坂―他六篇』 田宮虎彦著 角川書店 1955 210p 15cm〈角川文庫〉 Ⓝ913.6
☆「一度は読もうよ！日本の名著」、「一冊で日本の名著100冊を読む 続」

05589 「霧の中」
『霧の中』 田宮虎彦著 新潮社 1956 277p 16cm〈新潮文庫〉 Ⓝ913.6
☆「女性のための名作・人生案内」、「日本文学鑑賞辞典〔第2〕」

05590 「銀心中」
『銀心中』 田宮虎彦著 新潮社 1961 245p 16cm〈新潮文庫〉 Ⓝ913.6
☆「一度は読もうよ！日本の名著」、「一冊で愛の話題作100冊を読む」、「日本文学名作案内」

05591 「花」
『花』 田宮虎彦著 新潮社 1964 196p 20cm Ⓝ913.6
☆「女は生きる」

田宮 裕 たみや・ひろし

05592 「日本の裁判」
『日本の裁判』 田宮裕著 第2版 弘文堂 1995 248p 22cm〈各章末：参考文献〉 2781円 Ⓘ4-335-35152-6 Ⓝ327
☆「学問がわかる500冊」

田村 京子 たむら・きょうこ

05593 「北洋船団・女ドクター航海記」
『北洋船団女ドクター航海記』 田村京子著 集英社 1989 303p 16cm〈集英社文庫〉 420円 Ⓘ4-08-749437-3 Ⓝ916
☆「世界の海洋文学」

05594 「捕鯨船団・女ドクター南氷洋を行く」
『捕鯨船団女ドクター南氷洋を行く』 田村京子著 集英社 1990 201p 16cm〈集英社文庫〉〈参考資料：p194〉 350円 Ⓘ4-08-749665-1 Ⓝ916
☆「世界の海洋文学」

田村 二郎 たむら・じろう

05595 「空間と時間の数学」
『空間と時間の数学』 田村二郎著 岩波書店 1977 190p 18cm〈岩波新書〉 280円 Ⓝ413.97
☆「数学ブックガイド100」

田村 泰次郎 たむら・たいじろう

05596 「暁の脱走」
『田村泰次郎選集 第2巻（応召から敗戦直後まで）』 田村泰次郎著 秦昌弘、尾西康充編 日本図書センター 2005 377p 22cm 6000円 Ⓘ4-8205-9890-2,4-8205-9888-0 Ⓝ918.68
☆「映画になった名著」

05597 「肉体の門」
『肉体の門』 田村泰次郎著 角川書店 1988 188p 15cm〈角川文庫〉 300円 Ⓘ4-04-120201-9 Ⓝ913.6
☆「あらすじダイジェスト」、「あらすじで味わう昭和のベストセラー」、「一度は読もうよ！日本の名著」、「一冊で愛の話題作100冊を読む」、「現代文学鑑賞辞典」、「昭和の名著」、「女性のための名作・人生案内」、「日本文学鑑賞辞典〔第2〕」、「日本文学現代名作事典」、「日本文学名作案内」、「日本文芸鑑賞事典 第14巻（1946～1948年）」、「ポケット日本名作事典」

田村 隆明 たむら・たかあき

05598 「転写制御のメカニズム」
『転写制御のメカニズム』 田村隆明著 羊土社 1995 191p 21cm〈実験医学バイオサイエンス 18〉〈参考図書・参考文献：p178～184〉 3200円 Ⓘ4-89706-310-8 Ⓝ467.2
☆「学問がわかる500冊 v.2」

田村 俊子 たむら・としこ

05599 「あきらめ」
『あきらめ』 田村俊子著 金尾文淵堂 1911 258p 22cm Ⓝ913.6
☆「世界名著大事典」、「日本の小説101」、「明治の名著 2」

05600 「生血」
『田村俊子全集 第2巻 明治44年～明治45・大正元年』 田村俊子［著］ 黒澤亜里子,長谷川啓監修 ［復刻］ ゆまに書房 2012 703p 22cm〈布装 複製〉 19000円 Ⓘ978-4-8433-3783-7 Ⓝ918.68
☆「明治の名著 2」

05601 「女作者」
『日本近代短篇小説選 大正篇』 紅野敏郎、紅野謙介、千葉俊二、宗像和重、山田俊治編 岩波書店 2012 377p 15cm〈岩波文庫 31-191-3〉 800円 Ⓘ978-4-00-311913-6 Ⓝ913.68
☆「大正の名著」

05602　「彼女の生活」
『彼女の生活』　田村俊子著　ゆまに書房　2000　376,5p　22cm〈近代女性作家精選集　26　尾形明子監修〉〈解説：三枝和子　新潮社大正6年刊の複製〉　12500円　Ⓝ4-8433-0188-4　Ⓝ913.6
☆「大正の名著」

05603　「木乃伊の口紅」
『木乃伊の口紅』　田村俊子著　不二出版　1986　370,13p　19cm〔叢書『青鞜』の女たち　第14巻〕〈牧民社大正3年刊の複製〉　Ⓝ913.6
☆「現代文学鑑賞辞典」，「世界名著大事典」，「大正の名著」，「日本文学鑑賞辞典〔第2〕」，「日本文芸鑑賞事典　第5巻」，「ポケット日本名作事典」

田村 浩　たむら・ひろし

05604　「琉球共産村落の研究」
『琉球共産村落の研究』　田村浩著　那覇　沖縄風土記社　1969　502p　図　19cm〈限定版〉　Ⓝ611.9
☆「世界名著大事典」

田村 隆一　たむら・りゅういち

05605　「田村隆一詩集」
『田村隆一全詩集』　田村隆一著　思潮社　2000　1494p　23cm〈肖像あり　付属資料：16P　年譜あり　著作目録あり〉　22000円　Ⓝ911.56
☆「必読書150」

05606　「四千の日と夜」
『四千の日と夜—1945-1955 詩集』　田村隆一著　東京創元社　1956　86,15p　20cm　Ⓝ911.56
☆「近代日本の百冊を選ぶ」，「日本文芸鑑賞事典　第17巻（1955～1958年）」

為川 宗輔　ためかわ・そうすけ

05607　「近頃河原達引」
『歌舞伎名作選　第3巻』　戸板康二編　山本二郎，郡司正勝校訂　大阪　創元社　1953　317p　図版　19cm　Ⓝ912.5
☆「世界名著大事典」，「日本文学鑑賞辞典〔第1〕」

為永 春水　ためなが・しゅんすい

05608　「明烏後正夢」
『明烏夢泡雪（明烏）・明烏后真夢（正夢）・藤蔓戀の柵（藤かつら）—新内』　藤根道雄編著　鶴賀須磨太夫筆　邦楽社　1991　10,4,5丁　24cm〈和装〉　Ⓝ768.56
☆「日本の古典名著」

05609　「梅暦」
『梅暦　上』　為永春水著　古川久校訂　岩波書店　1951　437p　15cm〔岩波文庫〕　Ⓝ913.54
☆「作品と作者」

05610　「春色梅児誉美」
『春色梅児誉美　3編・4編』　為永春水著　日本古典文学刊行会　1974　6冊　19cm〈複刻日本古典文学館　第1期〉〈監修・編集：日本古典文学会　複製　ほるぷ〔発売〕　付（別冊31p）：解題 2 帙入 限定版　和装〉　Ⓝ913.6
☆「一度は読もうよ！日本の名著」，「一冊で日本の古典100冊を読む」，「一冊で100名作の「さわり」を読む」，「近代名著解題選集 2」，「古典の事典」，「古典文学鑑賞辞典」，「3行でわかる名作&ヒット本250」，「世界名著大事典」，「千年の百冊」，「日本の艶本・珍書 総解説」，「日本の古典」，「日本の古典・世界の古典」，「日本の古典名著」，「日本の書物」，「日本の名著」，「日本の名著3分間読書100」，「日本文学鑑賞辞典〔第1〕」，「日本文学名作案内」，「日本名著辞典」，「文学・名著300選の解説 '88年度版」

05611　「春色六玉川」
『秘められた文学　5』　至文堂　1973　183p　図　23cm〈監修：尾崎行信〉　950円　Ⓝ910.2
☆「日本の艶本・珍書 総解説」，「日本の奇書77冊」

05612　「春告鳥」
『洒落本　滑稽本　人情本』　中野三敏，神保五彌，前田愛校注　小学館　1971　608p　図版11p　23cm〔日本古典文学全集　47〕　Ⓝ4-09-657047-8　Ⓝ913.5
☆「世界名著大事典」

田安 宗武　たやす・むねたけ

05613　「天降言」
『近世万葉調短歌集成　第1,2巻』　植松寿樹編　紅玉堂書店　1925　2冊　19cm〈第1巻の発行者：紅玉堂〉　Ⓝ911.15
☆「作品と作者」，「世界名著大事典」，「日本文学鑑賞辞典〔第1〕」

田山 花袋　たやま・かたい

05614　「一兵卒」
『一兵卒—他五篇』　田山花袋著　角川書店　1957　92p　15cm〔角川文庫〕　Ⓝ913.6
☆「一度は読もうよ！日本の名著」，「一冊で日本の名著100冊を読む 続」，「日本文学名作案内」，「日本文芸鑑賞事典 第3巻（1904～1909年）」

05615　「一兵卒の銃殺」
『一兵卒の銃殺』　田山花袋著　角川書店　1957　186p　15cm〔角川文庫〕　Ⓝ913.6
☆「日本文学鑑賞辞典〔第2〕」

05616　「田舎教師」
『田舎教師』　田山花袋著　ほるぷ出版　1985　513p　20cm〔日本の文学　18〕〈折り込図1枚〉　Ⓝ913.6
☆「一度は読もうよ！日本の名著」，「一冊で日本の名著100冊を読む」，「感動！日本の名著 近現代

編」、「近代文学名作事典」、「現代文学名作探訪事典」、「これだけは読んでおきたい日本の名作文学案内」、「知らないと恥ずかしい「日本の名作」あらすじ200本」、「図説 5分でわかる日本の名作」、「世界名作事典」、「日本名著大事典」、「2時間でわかる日本の名作」、「日本近代文学名著事典」、「日本・世界名作「愛の会話」100章」、「日本の名著」(角川書店)、「日本の名著」(毎日新聞社)、「日本文学鑑賞辞典〔第2〕」、「日本文学現代名作事典」、「日本文学名作案内」、「日本文芸鑑賞事典 第4巻」、「日本名著辞典」、「日本・名著のあらすじ」、「入門女性の世界」、「ポケット日本名作事典」、「明治・大正・昭和のベストセラー」、「明治の名著2」

05617 「残雪」

『定本花袋全集 第10巻』 田山録弥著 定本花袋全集刊行会編 京都 臨川書店 1994 749p 20cm〈内外書籍昭和11年刊の複製 著者の肖像あり〉 7800円

①4-653-02551-7,4-653-02540-1 Ⓝ918.68

☆「世界名著大事典」

05618 「重右衛門の最後」

『重右衛門の最後―他一篇』 田山花袋著 角川書店 1957 136p 15cm(角川文庫)

Ⓝ913.6

☆「日本文学現代名作事典」

05619 「生」

『生』 田山花袋著 角川書店 1956 200p 15cm(角川文庫) Ⓝ913.6

☆「一度は読もうよ! 日本の名著」、「一冊で日本の名著100冊を読む 続」、「世界名著大事典」、「日本文学鑑賞事典〔第2〕」、「日本文学名作概観」、「日本文芸鑑賞事典 第3巻(1904〜1909年)」

05620 「小さな鳩」

『小さな鳩』 田山花袋著 実業之日本社 1913 186p 肖像 19cm(愛子叢書 第2篇)

Ⓝ913.8

☆「日本児童文学名著事典」

05621 「東京の三十年」

『東京の三十年』 田山花袋作 岩波書店 2007 334p 15cm(岩波文庫) 700円

①4-00-310213-4

☆「世界名著大事典」、「日本文学鑑賞辞典」、「日本文学現代名作事典」、「日本文芸鑑賞事典 第6巻(1917〜1920年)」

05622 「時は過ぎゆく」

『時は過ぎゆく』 田山花袋作 岩波書店 1995 356p 15cm(岩波文庫)〈第9刷(第1刷:1952年)〉 670円 ①4-00-310214-2 Ⓝ913.6

☆「世界名著大事典」、「日本近代文学名著事典」、「日本文学鑑賞辞典〔第2〕」、「日本文芸鑑賞事典 第5巻」

05623 「蒲団」

『蒲団』 田山花袋著 河出書房 1956 118p 15cm(河出文庫) Ⓝ913.6

☆「あらすじで読む日本の名著」、「一度は読もうよ! 日本の名著」、「一冊で日本の名著100冊を読む」、「一冊で100名作の「さわり」を読む」、「絵で読むあらすじ日本の名著」、「現代文学鑑賞辞典」、「『こころ』は本当に名作か」、「この一冊でわかる日本の名作」、「3行でわかる名作&ヒット本250」、「女性のための名作・人生案内」、「知らないと恥ずかしい「日本の名作」あらすじ200本」、「図説 5分でわかる日本の名作傑作選」、「世界名作事典」、「世界名著案内 3」、「世界名著大事典」、「2時間でわかる日本の名著」、「日本の名著3分間読書100」、「日本文学鑑賞事典〔第2〕」、「日本文学現代名作事典」、「日本文学名作案内」、「日本文芸鑑賞事典 第3巻(1904〜1909年)」、「日本名著辞典」、「必読書150」、「ひと目でわかる日本の名作」、「百年の誤読」、「文学・名著300選の解説 '88年度版」、「明治・大正・昭和の名著・総解説」、「明治の名著2」

05624 「百夜」

『百夜』 田山花袋著 角川書店 1961 298p 15cm(角川文庫) Ⓝ913.6

☆「世界名著大事典」、「日本文芸鑑賞事典 第9巻」

樽井 藤吉 たるい・とうきち

05625 「大東合邦論」

『大東合邦論―覆刻』 樽井藤吉著 長陵書林 1975 210p 23cm(日本思想史資料叢刊 1)〈若月書店〔発売〕 明治26年初版本,明治43年再版本の一部の複製 樽井藤吉関係主要文献目録:p.210-211〉 Ⓝ319.121

☆「日本近代の名著」、「ベストガイド日本の名著」、「明治・大正・昭和の名著・総解説」、「明治の名著1」

多和田 葉子 たわだ・ようこ

05626 「犬婿入り」

『犬婿入り』 多和田葉子著 講談社 1998 147p 15cm(講談社文庫) 390円

①4-06-263910-6 Ⓝ913.6

☆「現代文学鑑賞辞典」

俵 万智 たわら・まち

05627 「サラダ記念日」

『サラダ記念日』 俵万智著 河出書房新社 1989 201p 15cm(河出文庫) 360円

①4-309-40249-6 Ⓝ911.168

☆「百年の誤読」

団 伊玖磨 だん・いくま

05628 「パイプのけむり」

『パイプのけむり ひねもす』 団伊玖磨著 朝日新聞社 1997 267p 15cm(朝日文庫) 670円 ①4-02-260037-3 Ⓝ049.1

☆「世界名著大事典 補遺(Extra)」

団 鬼六　だん・おにろく

05629　「花と蛇」
『花と蛇　1　誘拐の巻』　団鬼六著　幻冬舎　1999　343p　15cm（幻冬舎アウトロー文庫）　648円　Ⓘ4-87728-723-X
☆「日本文学 これを読まないと文学は語れない!!」

檀 一雄　だん・かずお

05630　「火宅の人」
『火宅の人　上巻』　檀一雄著　45刷改版　新潮社　2003　478p　16cm（新潮文庫）　629円　Ⓘ4-10-106403-2　Ⓝ913.6
☆「一度は読もうよ！ 日本の名著」、「一冊で日本の名著100冊を読む」、「現代文学鑑賞辞典」、「新潮文庫20世紀の100冊」、「日本文学名作案内」、「日本文芸鑑賞事典 第20巻（昭和42～50年）」、「ポケット日本名作事典」

05631　「佐久の夕映え」
『檀一雄全集　第1巻　花筐・佐久の夕映え』　沖積舎　1991　394p　22cm〈著者の肖像あり〉　7500円　Ⓘ4-8060-6502-1　Ⓝ918.68
☆「世界名著大事典 補遺(Extra)」

05632　「小説太宰治」
『小説太宰治』　檀一雄著　岩波書店　2000　266p　15cm（岩波現代文庫 文芸）　900円　Ⓘ4-00-602012-0　Ⓝ913.6
☆「世界名著大事典 補遺(Extra)」

05633　「新カグヤ姫」
『新カグヤ姫―日本千一夜』　檀一雄著　近代生活社　1956　246p 図版　18cm（近代生活新書）　Ⓝ913.6
☆「世界名著大事典 補遺(Extra)」

05634　「真説石川五右衛門」
『真説石川五右衛門　上』　檀一雄著　徳間書店　1989　574p　16cm（徳間文庫）　640円　Ⓘ4-19-598752-0　Ⓝ913.6
☆「世界名著大事典 補遺(Extra)」、「歴史小説・時代小説 総解説」

05635　「青春放浪」
『青春放浪』　檀一雄著　筑摩書房　1986　273p　15cm（ちくま文庫）　380円　Ⓘ4-480-02052-7　Ⓝ913.6
☆「世界名著大事典 補遺(Extra)」

05636　「長恨歌」
『長恨歌』　檀一雄著　文芸春秋新社　1951　277p　19cm　Ⓝ913.6
☆「世界名著大事典 補遺(Extra)」

05637　「天明」
☆「世界名著大事典 補遺(Extra)」

05638　「花筐」
『花筐―檀一雄作品選　白雲悠々―檀一雄作品選』　檀一雄［著］　講談社　2003　273p　16cm（講談社文芸文庫）〈年譜あり 著作目録あり〉　1200円　Ⓘ4-06-198345-8　Ⓝ913.6
☆「近代名著解題選集 3」、「世界名著大事典 補遺(Extra)」

05639　「光る道」
『光る道』　檀一雄著　新潮社　1957　238p　20cm　Ⓝ913.6
☆「世界名著大事典 補遺(Extra)」

05640　「ペンギン記」
『ペンギン記』　檀一雄著　浪曼　1974　310p 肖像　20cm（檀一雄作品集　5）　1200円　Ⓝ913.6
☆「日本・世界名作「愛の会話」100章」

05641　「夕張胡亭塾景観」
『花筐―初期作品集』　檀一雄著　冬樹社　1979　267p　20cm〈新装版〉　1200円　Ⓝ913.6
☆「世界名著大事典 補遺(Extra)」

05642　「夕日と拳銃」
『夕日と拳銃　上巻』　檀一雄［著］　改版　角川書店　2008　392p　15cm（角川文庫）〈角川グループパブリッシング〔発売〕〉　629円　Ⓘ978-4-04-111403-2　Ⓝ913.6
☆「世界名著大事典 補遺(Extra)」、「日本文学 これを読まないと文学は語れない!!」

05643　「リツ子・その愛」
『リツ子・その愛』　檀一雄著　角川書店　1955　332p　15cm（角川文庫）　Ⓝ913.6
☆「あらすじダイジェスト」、「一度は読もうよ！ 日本の名著」、「一冊で日本の名著100冊を読む」、「現代文学名作探訪事典」、「世界名著大事典 補遺(Extra)」、「日本文学鑑賞辞典〔第2〕」、「日本文学名作案内」、「日本文芸鑑賞事典 第15巻」、「日本名作文学館 日本編」、「ポケット日本名作事典」

05644　「リツ子その死」
『檀一雄全集　第2巻　リツ子・その愛, リツ子・その死』　沖積舎　1991　339p　22cm〈著者の肖像あり〉　7500円　Ⓘ4-8060-6503-X　Ⓝ918.68
☆「あらすじダイジェスト」、「一度は読もうよ！ 日本の名著」、「一冊で愛の話題作100冊を読む」、「現代文学名作探訪事典」、「世界名著大事典 補遺(Extra)」、「日本文学鑑賞辞典〔第2〕」、「日本文芸鑑賞事典 第15巻」

短歌前衛社　たんかぜんえいしゃ

05645　「プロレタリア短歌集（一九三〇）」
『プロレタリア短歌集 1930年版』　短歌前衛社編　マルクス書房　1930　98p　19cm　Ⓝ911.16

☆「日本文学鑑賞辞典〔第2〕」

丹下 健三　たんげ・けんぞう

05646　「建築と都市—デザインおぼえがき」
『建築と都市—デザインおぼえがき』　丹下健三著　復刻版　彰国社　2011　188p　19cm〈年表あり〉　2200円　Ⓘ978-4-395-01240-4　Ⓝ518.8
☆「建築の書物／都市の書物」

05647　「丹下健三」
『丹下健三』　丹下健三,藤森照信著　新建築社　2002　518p　29×29cm〈限定版　肖像あり　外箱入　年譜あり　著作目録あり〉　28500円　Ⓘ4-7869-0169-5　Ⓝ523.1
☆「建築・都市ブックガイド21世紀」

団藤 重光　だんどう・しげみつ

05648　「死刑廃止論」
『死刑廃止論』　団藤重光著　第6版　有斐閣　2000　493,28p　20cm　2900円　Ⓘ4-641-04184-9　Ⓝ326.41
☆「学問がわかる500冊」

05649　「法学の基礎」
『法学の基礎』　団藤重光著　第2版　有斐閣　2007　380,21p　22cm　3400円　Ⓘ978-4-641-12519-3　Ⓝ321
☆「学問がわかる500冊」

丹波 康頼　たんば・やすより

05650　「医心方」
『医心方　巻1B　薬名考』　丹波康頼撰　槙佐知子全訳精解　筑摩書房　2012　435p　23cm〈布装　文献あり〉　30000円　Ⓘ978-4-480-50543-9　Ⓝ490.9
☆「古典の事典」,「世界名著大事典」,「日本の艶本・珍書 総解説」,「日本の古典名著」,「日本名著辞典」

【ち】

近角 聡信　ちかずみ・そうしん

05651　「続・物性科学のすすめ」
『物性科学のすすめ　続』　近角聡信編　培風館　1980　303,4p　19cm〈執筆：近角聡信ほか各章末：参考書〉　1600円　Ⓝ428
☆「物理ブックガイド100」

05652　「物性科学のすすめ」
『物性科学のすすめ』　近角聡信編　培風館　1977　323,3p　19cm〈執筆者：近角聡信〔等〕各章末：参考書〉　1500円　Ⓝ428

☆「物理ブックガイド100」

近松 秋江　ちかまつ・しゅうこう

05653　「黒髪」
『黒髪—他二篇』　近松秋江作　岩波書店　1994　194p　15cm（岩波文庫）〈第9刷（第1刷：1952年）〉　520円　Ⓘ4-00-310291-6　Ⓝ913.6
☆「近代文学名作事典」,「現代文学鑑賞辞典」,「『こころ』は本当に名作か」,「世界名著大事典」,「日本近代文学名著事典」,「日本文学鑑賞辞典〔第2〕」,「日本文学現代名作事典」,「日本文芸鑑賞事典 第7巻（1920～1923年）」

05654　「文壇無駄話」
『文壇無駄話』　近松秋江著　河出書房　1955　235p　図版　15cm（河出文庫）　Ⓝ914.6
☆「世界名著大事典」

05655　「別れたる妻に送る手紙」
『黒髪　別れたる妻に送る手紙』　近松秋江著　講談社　1997　281p　16cm（講談社文芸文庫）〈肖像あり　著作目録あり　文献あり〉　950円　Ⓘ4-06-197572-2　Ⓝ913.6
☆「『こころ』は本当に名作か」,「女性のための名作・人生案内」,「世界名著大事典」,「日本文学鑑賞辞典〔第2〕」,「日本文芸鑑賞事典 第4巻」

近松 徳叟　ちかまつ・とくそう

05656　「伊勢音頭恋寝刃」
『夏祭浪花鑑・伊勢音頭恋寝刃』　松崎仁編著　白水社　1987　298p　19cm（歌舞伎オン・ステージ 3）　2600円　Ⓘ4-560-03273-4　Ⓝ912.5
☆「世界名著大事典」

近松 半二　ちかまつ・はんじ

05657　「伊賀越道中双六」
『伊賀越道中双六—通し狂言 四幕七場』　近松半二ほか作　山田庄一監修　［東京］　国立劇場　2013　141p　26cm（国立劇場歌舞伎公演上演台本）　Ⓝ912.5
☆「学術辞典叢書 第15巻」,「世界名著解題選 第1巻」,「世界名著大事典 補遺（Extra）」,「日本の古典名著」,「日本名著辞典」

05658　「妹背山婦女庭訓」
『妹背山婦女庭訓・伊賀越道中双六』　近松半二ほか作　景山正隆編著　白水社　1995　382p　19cm（歌舞伎オン・ステージ 2）　4200円　Ⓘ4-560-03272-6　Ⓝ912.5
☆「古典の事典」,「作品と作者」,「世界名著大事典」,「日本の古典名著」,「日本文学鑑賞辞典〔第1〕」,「日本名著辞典」,「文学・名著300選の解説 '88年度版」

05659　「近江源氏先陣館」
『歌舞伎台帳集成　第24巻』　歌舞伎台帳研究会

ちかまつ

05660　「傾城阿波の鳴門」
『近松半二浄瑠璃集　2』　阪口弘之ほか校訂　国書刊行会　1996　494p　20cm〈叢書江戸文庫　39〉①4-336-03539-3　Ⓝ912.4
☆「世界名著大事典」、「日本の古典名著」

編　勉誠社　1991　547p　23cm〈折り込図5枚〉　13390円　Ⓝ912.5
☆「作品と作者」、「世界名著大事典」、「日本名著辞典」

05661　「新版歌祭文」
『新版歌祭文―野崎村』　近松半二作　中村芝翫監修　[東京]　国立劇場　2007　38p　26cm（国立劇場歌舞伎鑑賞教室上演台本）Ⓝ912.5
☆「世界名著大事典」、「日本文学鑑賞辞典〔第1〕」、「日本名著辞典」

05662　「関取千両幟」
『名作歌舞伎全集　第7巻　丸本世話物集』　東京創元新社　1969　353p　図版　20cm〈監修者：戸板康二等〉　Ⓝ912.5
☆「世界名著大事典」

05663　「本朝廿四孝」
『本朝廿四孝―通し狂言』　近松半二ほか作　中村芝翫監修　[東京]　国立劇場　2005　62p　26cm（国立劇場花形若手歌舞伎公演上演台本）Ⓝ912.5
☆「作品と作者」、「世界名著大事典」、「日本の古典・世界の古典」、「日本の古典名著」、「日本文学鑑賞辞典〔第1〕」、「日本名著辞典」

近松 門左衛門　ちかまつ・もんざえもん

05664　「傾城反魂香」
『傾城反魂香―片岡十二集の内』　近松門左衛門作　片岡仁左衛門監修　[東京]　国立劇場　2004　35p　26cm（国立劇場歌舞伎鑑賞教室上演台本）Ⓝ912.5
☆「世界名著大事典」、「日本文学鑑賞辞典〔第1〕」

05665　「傾城仏の原」
『近松歌舞伎狂言集』　近松門左衛門著　高野辰之校訂　京都　臨川書店　1973　2冊　19cm〈六合館昭和2年刊の複製〉　10000円　Ⓝ912.5
☆「世界名著大事典」、「日本の古典名著」

05666　「傾城壬生大念仏」
『近松歌舞伎狂言集』　近松門左衛門著　高野辰之校訂　京都　臨川書店　1973　2冊　19cm〈六合館昭和2年刊の複製〉　10000円　Ⓝ912.5
☆「世界名著大事典」

05667　「国性爺合戦」
『国性爺合戦―通し狂言　四幕七場』　近松門左衛門作　国立劇場文芸課補綴　[東京]　国立劇場　2010　89p　26cm（国立劇場歌舞伎公演上演台本）Ⓝ912.5

☆「一度は読もうよ！　日本の名著」、「一冊で日本の古典100冊を読む」、「学術辞典叢書　第15巻」、「近代名著解題選集2」、「古典の事典」、「古典文学鑑賞辞典」、「作品と作者」、「3行でわかる名作&ヒット本250」、「図説　5分でわかる日本の名作傑作選」、「世界名作事典」、「世界名著解題選　第1巻」、「世界名著大事典」、「千年の百冊」、「2ページでわかる日本の古典傑作選」、「日本古典への誘い100選2」、「日本の古典・世界の古典」、「日本の古典名著」、「日本の名著」、「日本文学鑑賞辞典〔第1〕」、「日本文学名作案内」、「日本名著辞典」、「名作の研究事典」

05668　「女殺油地獄」
『女殺油地獄』　近松門左衛門著　藤村作註解　栗田書店　1935　83p　19cm（新選近代文学註解叢書）Ⓝ912
☆「愛と死の日本文学」、「一度は読もうよ！　日本の名著」、「一冊で日本の古典100冊を読む」、「学術辞典叢書　第15巻」、「古典の事典」、「古典文学鑑賞辞典」、「世界名著解題選　第1巻」、「世界名著大事典」、「日本の古典・世界の古典」、「日本の古典名著」、「日本文学鑑賞辞典〔第1〕」、「日本文学名作概観」、「日本名著辞典」、「日本・名著のあらすじ」

05669　「出世景清」
『近松門左衛門―『曾根崎心中』『けいせい反魂香』『国性爺合戦』ほか　ビギナーズ・クラシックス日本の古典』　近松門左衛門［著］井上勝志編　角川学芸出版　2009　270p　15cm〔角川文庫　15853―〕〔角川ソフィア文庫　［A-3-9］〕〈文献あり　年譜あり　角川グループパブリッシング〔発売〕〉　743円　①978-4-04-407208-7　Ⓝ912.4
☆「一度は読もうよ！　日本の名著」、「一冊で日本の古典100冊を読む」、「世界名著大事典」

05670　「心中天網島」
『一谷嫩軍記　曾根崎心中　寿式三番叟　心中天網島』　日本芸術文化振興会　2013　242p　21cm（国立劇場上演資料集　569　国立劇場調査養成部調査記録課編）〈第183回文楽公演年表あり　文献あり〉　Ⓝ777.1
☆「愛と死の日本文学」、「一冊で100名作の「さわり」を読む」、「学術辞典叢書　第15巻」、「近代名著解題選集2」、「古典の事典」、「古典文学鑑賞辞典」、「作品と作者」、「Jブンガク」、「世界名著解題選　第2巻」、「世界名著大事典」、「千年紀のベスト100作品を選ぶ」、「日本古典への誘い100選1」、「日本の古典・世界の古典」、「日本の古典名著」、「日本の名著」（角川書店）、「日本の名著」（毎日新聞社）、「日本の名著3分間読書100」、「日本文学鑑賞辞典〔第1〕」、「日本文学名作概観」、「日本名著辞典」

05671　「心中宵庚申」
『新編日本古典文学全集　75　近松門左衛門集　2』　近松門左衛門著　鳥越文蔵ほか校注・訳　小学館　1998　669p　23cm　①4-09-658075-9

Ⓝ918
☆「世界名著大事典」

05672 「曽我会稽山」
『新編日本古典文学全集 76 近松門左衛門集3』 近松門左衛門著 鳥越文蔵ほか校注・訳 小学館 2000 574p 23cm 4657円
Ⓘ4-09-658076-7 Ⓝ918
☆「世界名著大事典」、「日本名著辞典」

05673 「曽根崎心中」
『曽根崎心中―近松と心中もの』 ダイジェスト・シリーズ刊行会編 ジープ社 1950 170p 19cm〈ダイジェスト・シリーズ 第44〉〈原著者：近松門左衛門〉 Ⓝ912.4
☆「あらすじダイジェスト 日本の古典30を読む」、「あらすじで読む日本の古典」（楽書館、中経出版〈発売〉）、「あらすじで読む日本の古典」（新人物往来社）、「一度は読もうよ！日本の名著」、「一冊で日本の古典100冊を読む」、「一冊で100名作の「さわり」を読む」、「古典の事典」、「古典文学鑑賞辞典」、「この一冊で読める！日本の古典50選」、「作品と作者」、「3行でわかる名作&ヒット本250」、「知らないと恥ずかしい「日本の名作」あらすじ200本」、「図説 5分でわかる日本の名作傑作選」、「世界名著大事典」、「千年の百冊」、「2ページでわかる日本の古典傑作選」、「日本の古典・世界の古典」、「日本の書物」、「日本の名作おさらい」、「日本文学鑑賞辞典〔第1〕」、「日本文学名作案内」、「日本文学名作事典」、「日本名著辞典」、「早わかり日本古典文学あらすじ事典」、「文学・名著300選の解説'88年度版」、「マンガとあらすじでやさしく読める日本の古典傑作30選」、「名作の書き出しを諳んじる」

05674 「大織冠」
『新日本古典文学大系 91 近松浄瑠璃集 上』 佐竹昭広ほか編 松崎仁ほか校注 岩波書店 1993 549p 22cm 4000円
Ⓘ4-00-240091-3 Ⓝ918
☆「近代名著解題選集 3」、「世界名著大事典」

05675 「丹波与作待夜の小室節」
『新日本古典文学大系 91 近松浄瑠璃集 上』 佐竹昭広ほか編 松崎仁ほか校注 岩波書店 1993 549p 22cm 4000円
Ⓘ4-00-240091-3 Ⓝ918
☆「世界名著大事典 補遺(Extra)」、「日本文学鑑賞辞典〔第1〕」

05676 「博多小女郎浪枕」
『名作歌舞伎全集 第1巻 近松門左衛門集』 東京創元新社 1969 331p 図版 20cm〈監修者：戸板康二等〉 Ⓝ912.5
☆「作品と作者」、「世界名著大事典」、「日本文学鑑賞辞典〔第1〕」

05677 「平家女護島」
『平家女護島―俊寛 一幕 解説歌舞伎への招待』 近松門左衛門作 ［東京］ 日本芸術文化振興会 2007 56p 18cm〈社会人のための歌舞伎入門 国立劇場営業部宣伝課編〉〈国立劇場平成19年10月歌舞伎公演〈大劇場〉 タイトルは標題紙による 文献あり〉 Ⓝ774
☆「世界名著大事典」

05678 「堀川波鼓」
『曾根崎心中―現代語訳』 近松門左衛門著 高野正巳、宇野信夫、田中澄江、飯沢匡訳 河出書房新社 2008 467p 15cm（河出文庫） 860円 Ⓘ978-4-309-40886-6 Ⓝ912.4
☆「日本の古典名著」

05679 「冥途の飛脚」
『曾根崎心中―現代語訳』 近松門左衛門著 高野正巳、宇野信夫、田中澄江、飯沢匡訳 河出書房新社 2008 467p 15cm（河出文庫） 860円 Ⓘ978-4-309-40886-6 Ⓝ912.4
☆「一度は読もうよ！日本の名著」、「一冊で日本の古典100冊を読む」、「大人のための日本の名著30」、「古典の事典」、「古典文学鑑賞辞典」、「作品と作者」、「世界名作事典」、「世界名著大事典」、「千年の百冊」、「日本の古典」、「日本の古典名著」、「日本文学鑑賞辞典〔第1〕」、「日本文学の古典50選」、「日本名著辞典」

05680 「鑓の権三重帷子」
『鑓の権三重帷子』 近松門左衛門著 代々幡町（東京府） 山口薫 1927 49枚 22cm〈和装〉 Ⓝ768
☆「作品と作者」、「日本文学鑑賞辞典〔第1〕」

05681 「雪女五枚羽子板」
『近松全集 第5巻』 近松門左衛門著 近松全集刊行会編纂 岩波書店 1986 735p 23cm 9000円 Ⓘ4-00-091025-6 Ⓝ912.4
☆「世界名著大事典」

05682 「用明天皇職人鑑」
『用明天皇職人鑑―ほか 近松時代物現代語訳』 近松門左衛門原著 工藤慶三郎著 青森 北の街社 1999 346p 22cm 4286円
Ⓘ4-87373-101-1 Ⓝ912.7
☆「世界名著大事典」

近松 柳 ちかまつ・やなぎ

05683 「絵本太功記」
『絵本太功記―通し狂言』 近松柳ほか作 山口廣一脚本 国立劇場文芸課補綴 ［東京］ 国立劇場 2005 94p 26cm（国立劇場歌舞伎公演上演台本） Ⓝ912.5
☆「世界名著大事典」、「日本名著辞典」

地球衝突小惑星研究会 ちきゅうしょうとつしょうわくせいけんきゅうかい

05684 「いつ起こる小惑星大衝突」

ちしん　　　　　　　　　　　　　　　　　05685～05699

『いつ起こる小惑星大衝突―恐竜絶滅と人類の危機をさぐる』　地球衝突小惑星研究会著　講談社　1993　192,3p　18cm（ブルーバックス）〈参考文献：p188～192〉　740円
①4-06-132981-2　Ⓝ440.4
☆「教養のためのブックガイド」

智真　ちしん

05685　「一遍上人語録」
『一遍上人語録』　智真著　大橋俊雄校注　岩波書店　1985　224p　15cm（岩波文庫）〈付・播州法語集〉　400円　Ⓝ188.694
☆「世界名著大事典」,「日本古典への誘い100選2」

遅塚忠躬　ちづか・ただみ

05686　「フランス革命―歴史における劇薬」
『フランス革命―歴史における劇薬』　遅塚忠躬著　岩波書店　1997　204p　18cm（岩波ジュニア新書　295）　640円　①4-00-500295-1
☆「世界史読書案内」

知的協力会議　ちてききょうりょくかいぎ

05687　「近代の超克」
『近代の超克―知的協力会議』　河上徹太郎等著　創元社　1943　300p　19cm　Ⓝ041
☆「ベストガイド日本の名著」,「明治・大正・昭和の名著・総解説」

智堂　ちどう

05688　「永平清規」
『世界教育宝典　仏教教育宝典5　道元、臨済禅家集』　水野弥元、平田高士編　町田玉川大学出版部　1972　420p　図　肖像　22cm　2500円　Ⓝ370.8
☆「世界名著大事典」

茅野蕭々　ちの・しょうしょう

05689　「独逸浪漫主義」
『独逸浪漫主義』　茅野蕭々著　斎藤書店　1948　435p　図版　19cm　Ⓝ940.2
☆「世界名著大事典」

05690　「リルケ詩抄」
『リルケ詩抄』　茅野蕭々訳　第一書房　1927　411p　21cm　Ⓝ941
☆「日本文芸鑑賞事典 第9巻」

千葉敦子　ちば・あつこ

05691　「「死への準備」日記」
『「死への準備」日記』　千葉敦子著　文芸春秋　1991　205p　16cm（文春文庫）〈著者の肖像あり〉　380円　①4-16-746107-2　Ⓝ916
☆「現代を読む」

千葉亀雄　ちば・かめお

05692　「新版・日本仇討」
『新版日本仇討』　千葉亀雄著　天人社　1931　569p　19cm　Ⓝ210.5
☆「歴史小説・時代小説 総解説」

千葉省三　ちば・しょうぞう

05693　「トテ馬車」
『トテ馬車』　千葉省三著　偕成社　1977　198p　19cm（偕成社文庫）　390円
☆「世界名著大事典」,「日本児童文学名著事典」

05694　「虎ちゃんの日記」
『虎ちゃんの日記』　千葉省三著　ポプラ社　1979　206p　18cm（ポプラ社文庫）　390円
☆「少年少女の名作案内 日本の文学リアリズム編」,「名作の研究事典」

05695　「ワンワンものがたり」
『ワンワンものがたり』　千葉省三著　日本図書センター　2006　111p　21cm（わくわく！名作童話館　5）〈画：川上四郎〉　2200円　①4-284-70022-7　Ⓝ913.6
☆「少年少女の名作案内 日本の文学ファンタジー編」,「日本児童文学名著事典」

千葉眞　ちば・しん

05696　「平和の政治思想史」
『平和の政治思想史』　千葉眞編著　おうふう　2009　379p　19cm（おうふう政治ライブラリー）〈並列シリーズ名：Ohfu politics library シリーズの監修者：荒木義修,中村孝文,西尾隆　索引あり〉　3800円
①978-4-273-03557-0　Ⓝ319.8
☆「平和を考えるための100冊＋α」

千葉徳爾　ちば・とくじ

05697　「はげ山の研究」
『はげ山の研究』　千葉徳爾著　増補改訂　そしえて　1991　349p　22cm　5000円
①4-88169-905-9　Ⓝ651.2
☆「学問がわかる500冊 v.2」

千早正隆　ちはや・まさたか

05698　「日本海軍の戦略発想」
『日本海軍の戦略発想』　千早正隆著　プレジデント社　2008　318p　20cm　1524円
①978-4-8334-1901-7　Ⓝ397.21
☆「日本海軍の本・総解説」

05699　「連合艦隊始末記」
『連合艦隊始末記』　千早正隆著　出版協同社　1980　422p　20cm〈参考文献：p417～418〉　1900円　Ⓝ391.27
☆「日本海軍の本・総解説」

地平線会議　ちへいせんかいぎ

05700　「地平線の旅人たち」
『地平線の旅人たち―201人目のチャレンジャーへ A gain of truth』　地平線会議編著　窓社　1996　294p　21cm　2200円
①4-943983-91-X　Ⓝ290.9
☆「新・山の本おすすめ50選」

茶木 滋　ちゃき・しげる

05701　「めだかの学校」
『めだかの学校―茶木滋童謡詩集』　茶木滋著　北川幸比古責任編集　岩崎書店　1995　102p　20cm〈美しい日本の詩歌　2〉〈茶木滋の肖像あり　略年譜：p95～99〉　1500円
①4-265-04042-X　Ⓝ911.58
☆「日本文芸鑑賞事典 第15巻」

中国研究所　ちゅうごくけんきゅうしょ

05702　「増補現代中国辞典」
『現代中国辞典　1954年増補版』　中国研究所編　現代中国辞典刊行会　1954　1冊　26cm〈附：中華人民共和国現勢地図〉　Ⓝ031
☆「人文科学の名著」

中国語学研究会　ちゅうごくごがくけんきゅうかい

05703　「中国語学事典」
『中国語学事典』　中国語学研究会編　江南書院　1958　1129p　17cm　Ⓝ820.36
☆「世界名著大事典」

中条 帯刀　ちゅうじょう・たてわき

05704　「中条流摘授全鑑」
『臨床漢方婦人科叢書　第2冊　婦人頓医抄　婦人療方門　婦人療方　婦人方　中条流産科全書　中条流産前後・中条流婦女速効集・婦人方中条流秘書』　梶原性全著　戸田旭山剛補　中条帯刀伝　大阪　オリエント出版社　1996　494p　27cm〈監修：オリエント臨床文献研究所　複製〉　Ⓝ495.2
☆「日本の古典名著」

長 幸男　ちょう・ゆきお

05705　「日本経済思想史読本」
『日本経済思想史読本』　杉原四郎, 長幸男編　東洋経済新報社　1979　202,6p　21cm〈執筆：杉原四郎ほか　参考文献：p199～202〉　1600円　Ⓝ331.21
☆「現代ビジネス書・経済書総解説」

長慶天皇　ちょうけいてんのう

05706　「仙源抄」
『仙源抄』　長慶天皇著　古辞書叢刊刊行会編　古辞書叢刊刊行会　1977　1冊　28cm〈古辞書叢刊　増補〉〈川瀬一馬蔵の複製　雄松堂書店〔発売〕　付（別冊 3p 18cm）：江戸初期写仙源抄解説（川瀬一馬）帙入　和装〉
Ⓝ913.361
☆「日本名著辞典」

長州藩　ちょうしゅうはん

05707　「萩藩閥閲録」
『萩藩閥閲録　第1巻』　山口県文書館編修　徳山　マツノ書店　1995　845p　22cm〈山口県文書館昭和42年刊の複製 限定版〉　Ⓝ217.7
☆「日本名著辞典」

朝鮮総督府　ちょうせんそうとくふ

05708　「朝鮮図書解題」
『朝鮮図書解題』　朝鮮総督府編　東出版　1997　1冊　22cm〈辞典叢書　26〉〈複製〉
12000円+税　①4-87036-043-8　Ⓝ025.21
☆「世界名著大事典」

朝鮮総督府朝鮮史編修会　ちょうせんそうとくふちょうせんしへんしゅうかい

05709　「朝鮮史」
『朝鮮史　第1編』　朝鮮史編修会編　国書刊行会　1972　3冊　22cm〈朝鮮印刷株式会社昭和7-14年刊の複製〉　3000-5000円　Ⓝ221
☆「世界名著大事典」

潮文社編集部　ちょうぶんしゃへんしゅうぶ

05710　「心に残るとっておきの話」
『心に残るとっておきの話　第1集』　潮文社編集部編　普及版　潮文社　2001　268p　19cm　952円　①4-8063-1350-5　Ⓝ049.1
☆「今だから知っておきたい戦争の本70」

知覧高女なでしこ会　ちらんこうじょなでしこかい

05711　「群青」
『群青―知覧特攻基地より』　知覧高女なでしこ会編　改訂版　鹿児島　高城書房出版　1996　236p　19cm　1000円　①4-924752-62-2　Ⓝ916
☆「今だから知っておきたい戦争の本70」

05712　「女子勤労奉仕隊員の記録」
☆「今だから知っておきたい戦争の本70」

05713　「とこしえに」
☆「今だから知っておきたい戦争の本70」

知里 真志保　ちり・ましほ

05714　「アイヌ語法概説」
『アイヌ語法概説』　金田一京助, 知里真志保著　ゆまに書房　1999　230p　22cm〈世界言語学

名著選集　東アジア言語編　第2巻〉〈岩波書店　1936年刊の複製〉　7000円　①4-89714-659-3　Ⓝ829.2
☆「世界名著大事典」

05715　「分類アイヌ語辞典」
『分類アイヌ語辞典　第1冊　植物篇』　知里真志保著　日本常民文化研究所　1953　394p　21cm（日本常民文化研究所彙報　第64）　Ⓝ819
☆「世界名著大事典」

陳 舜臣　ちん・しゅんしん

05716　「阿片戦争」
『阿片戦争　前』　陳舜臣著　集英社　2000　612p　21cm（陳舜臣中国ライブラリー　1　陳舜臣著）〈肖像あり〉　3300円　①4-08-154001-2　Ⓝ913.6
☆「ポケット日本名作事典」、「歴史小説・時代小説総解説」

05717　「枯草の根」
『枯草の根―陳舜臣推理小説ベストセレクション』　陳舜臣著　集英社　2009　468p　16cm（集英社文庫　ち1-28）　838円　①978-4-08-746397-2　Ⓝ913.6
☆「世界の推理小説・総解説」

05718　「実録アヘン戦争」
『実録アヘン戦争』　陳舜臣著　中央公論社　1985　285p　16cm（中公文庫）　380円　①4-12-201207-4　Ⓝ222.045
☆「世界史読書案内」

05719　「小説十八史略」
『小説十八史略　上』　陳舜臣著　集英社　2000　608p　21cm（陳舜臣中国ライブラリー　10　陳舜臣著）　3300円　①4-08-154010-1　Ⓝ913.6
☆「世界史読書案内」

05720　「戦国海商伝」
『戦国海商伝』　陳舜臣著　集英社　2001　504p　21cm（陳舜臣中国ライブラリー　20　陳舜臣著）〈肖像あり　付属資料：11p：月報27〉　2800円　①4-08-154020-9　Ⓝ913.6
☆「世界の海洋文学」

05721　「旋風に告げよ」
『旋風に告げよ』　陳舜臣著　講談社　1987　498p　19cm（陳舜臣全集　第10巻）　2900円　①4-06-192610-1
☆「歴史小説・時代小説 総解説」

05722　「太平天国」
『太平天国』　陳舜臣著　集英社　2000　783p　21cm（陳舜臣中国ライブラリー　3　陳舜臣著）〈肖像あり〉　4200円　①4-08-154003-9

Ⓝ913.6
☆「ポケット日本名作事典」

05723　「方壺園」
『方壺園』　陳舜臣著　中央公論社　1977　270p　15cm（中公文庫）　320円　Ⓝ913.6
☆「世界の推理小説・総解説」

鎮源　ちんげん

05724　「本朝法華験記」
『往生伝・法華験記』　井上光貞,大曽根章介校注　岩波書店　1995　774p　22cm（日本思想大系新装版　続・日本仏教の思想　1）　5200円　①4-00-009061-5　Ⓝ182.8
☆「一度は読もうよ！日本の名著」、「一冊で日本の古典100冊を読む」、「日本の古典名著」

珍歩山人　ちんほさんじん

05725　「四畳半襖の下張」
『四畳半襖の下張』　珍歩山人戯作　〔富士出版〕　31p　19cm　Ⓝ913.6
☆「日本の艶本・珍書 総解説」、「日本の奇書77冊」

【つ】

津内 半十郎　つうち・はんじゅうろう

05726　「毛抜」
『毛抜―歌舞伎十八番の内 一幕』　市川團十郎監修　〔東京〕　国立劇場　2012　46p　26cm（国立劇場歌舞伎鑑賞教室上演台本）　Ⓝ912.5
☆「世界名著大事典 補遺（Extra）」

つか こうへい

05727　「蒲田行進曲」
『蒲田行進曲』　つかこうへい著　光文社　1999　480p　16cm（光文社文庫　つかこうへい演劇館）　705円　①4-334-72765-4　Ⓝ913.6
☆「一度は読もうよ！日本の名著」、「現代文学鑑賞辞典」、「知らないと恥ずかしい「日本の名作」あらすじ200本」、「日本文学名作案内」

塚崎 進　つかさき・すすむ

05728　「日本人のすまい」
『日本人のすまい』　塚崎進著　岩崎書店　1957　158p 図版11枚　27cm（写真で見る日本人の生活全集　第6巻）　Ⓝ383.9
☆「名著の履歴書」

塚田 孝　つかだ・たかし

05729　「身分的周縁」
『身分的周縁』　塚田孝ほか編　京都　部落問題研究所出版部　1994　573p　22cm　8446円

Ⓘ4-8298-2045-4　Ⓝ210.5
　☆「学問がわかる500冊 v.2」

冢田 多門　つかだ・たもん
05730　「学語」
　『日本哲学思想全書　第7巻　科学　学問篇』
　三枝博音,清水幾太郎編集　第2版　平凡社
　1980　349p　19cm　2300円　Ⓝ081
　☆「世界名著大事典」

塚原 健二郎　つかはら・けんじろう
05731　「たらい」
　『風船は空に』　塚原健二郎著　中央公論社
　1950　220p　19cm〈ともだち文庫〉　Ⓝ913.6
　☆「名作の研究事典」

05732　「七階の子供たち」
　『日本児童文学館―名著複刻　28　七階の子供
　たち―塚原健二郎童話集』　塚原健二郎著　ほ
　るぷ出版　1971　241p 図　20cm〈新童話選
　集 6（子供研究社昭和12年刊）の複製〉
　Ⓝ913.8
　☆「日本児童文学名著事典」,「日本文学鑑賞辞典〔第
　　2〕」,「日本文芸鑑賞事典 第11巻（昭和9～昭和12
　　年）」

塚本 邦雄　つかもと・くにお
05733　「日本人霊歌」
　『日本人霊歌―歌集』　塚本邦雄著　短歌新聞社
　1997　104p　15cm〈短歌新聞社文庫〉
　679円　Ⓘ4-8039-0865-6　Ⓝ911.168
　☆「日本文芸鑑賞事典 第18巻（1958～1962年）」

塚本 善隆　つかもと・ぜんりゅう
05734　「支那仏教史研究・北魏篇」
　『支那仏教史研究　北魏篇』　塚本善隆著　3版
　清水弘文堂書房　1969　654,28p 図版 地図
　22cm〈初版：弘文堂書房昭和17年刊〉
　3800円　Ⓝ180.222
　☆「世界名著大事典」

塚本 誠　つかもと・まこと
05735　「ある情報将校の記録」
　『ある情報将校の記録』　塚本誠著　中央公論社
　1998　478p　16cm〈中公文庫〉　1143円
　Ⓘ4-12-203282-2　Ⓝ289.1
　☆「日本陸軍の本・総解説」

塚本 由晴　つかもと・よしはる
05736　「現代住宅研究」
　『現代住宅研究』　塚本由晴,西沢大良著　第2版
　LIXIL出版　2013　495,28p　18cm〈10+1
　Series〉〈初版：INAX出版 2004年刊〉
　2200円　Ⓘ978-4-86480-305-2　Ⓝ527

☆「建築・都市ブックガイド21世紀」

津軽 政方　つがる・まさかた
05737　「武治提要」
　『武士道全書　第5巻』　井上哲次郎監修　佐伯
　有義,植木直一郎,井野辺茂雄編　国書刊行会
　1998　376p　22cm〈時代社昭和17年刊〉
　Ⓘ4-336-04095-8　Ⓝ156
　☆「武士道 十冊の名著」

次田 潤　つぎた・うるう
05738　「祝詞新講」
　『祝詞新講』　次田潤著　新版　戎光祥出版
　2008　604,35p　19cm〈初版の出版者：明治
　書院〉　5000円　Ⓘ978-4-900901-85-8　Ⓝ176.4
　☆「世界名著大事典」

辻 功　つじ・いさお
05739　「教育調査法」
　『教育調査法』　辻功著　誠文堂新光社　1970
　338p　22cm〈付：参考文献〉　1600円　Ⓝ373
　☆「教育名著 日本編」

辻 一郎　つじ・いちろう
05740　「忘れえぬ人々」
　『忘れえぬ人々―放送記者40年のノートから』
　辻一郎著　清流出版　1998　256p　20cm
　1600円　Ⓘ4-916028-50-3　Ⓝ281.04
　☆「21世紀の必読書100選」

辻 清明　つじ・きよあき
05741　「日本官僚制の研究」
　『日本官僚制の研究』　辻清明著　新版　東京大
　学出版会　1969　343p　22cm　860円
　Ⓝ317.2
　☆「現代政治学の名著」

辻 邦生　つじ・くにお
05742　「安土往還記」
　『安土往還記』　辻邦生著　28刷改版　新潮社
　2005　257p　16cm〈新潮文庫〉　438円
　Ⓘ4-10-106801-1　Ⓝ913.6
　☆「面白いほどよくわかる時代小説名作100」,「大
　　学新入生に薦める101冊の本」,「ポケット日本名
　　作事典」

05743　「西行花伝」
　『西行花伝』　辻邦生著　新潮社　1999　718p
　16cm〈新潮文庫〉　857円　Ⓘ4-10-106810-0
　Ⓝ913.6
　☆「現代文学鑑賞辞典」

05744　「夏の砦」
　『夏の砦』　辻邦生著　文芸春秋　1996　460p
　16cm〈文春文庫〉　560円　Ⓘ4-16-740904-6

つし

Ⓝ913.6
☆「日本の小説101」

05745　「背教者ユリアヌス」
　『辻邦生全集　4』　辻邦生著　新潮社　2004　660p　23cm〈付属資料：8p：月報4＋図1枚〉　7000円　Ⓘ4-10-646904-9　Ⓝ918.68
　☆「日本文芸鑑賞事典　第20巻（昭和42〜50年）」

05746　「真昼の海への旅」
　『辻邦生全集　8』　辻邦生著　新潮社　2005　461p　23cm〈付属資料：8p：月報8〉　7000円　Ⓘ4-10-646908-1　Ⓝ918.68
　☆「世界の海洋文学」

辻 善之助　つじ・ぜんのすけ

05747　「日本仏教史」
　『日本仏教史　第1巻　上世篇』　辻善之助著　岩波書店　1991　920p　22cm〈第5刷（第1刷：1944年）〉　9800円　Ⓘ4-00-008691-X　Ⓝ182.1
　☆「世界名著大事典」

05748　「日本文化史」
　『日本文化史　第1巻　上古―奈良時代』　辻善之助著　春秋社　1969　284,43p 図版　22cm　1000円　Ⓝ210.1
　☆「世界名著大事典」

辻 直四郎　つじ・なおしろう

05749　「ヴェーダとウパニシャッド」
　『ヴェーダとウパニシャッド』　辻直四郎著　創元社　1953　359p　22cm　Ⓝ129.6
　☆「世界名著大事典」

辻 惟雄　つじ・のぶお

05750　「日本美術の歴史」
　『日本美術の歴史』　辻惟雄著　東京大学出版会　2005　449,31p　21cm〈文献あり〉　2800円　Ⓘ4-13-082086-9　Ⓝ702.1
　☆「日本人とは何か」

辻 仁成　つじ・ひとなり

05751　「海峡の光」
　『海峡の光』　辻仁成著　新潮社　2000　167p　16cm（新潮文庫）　362円　Ⓘ4-10-136127-4　Ⓝ913.6
　☆「現代文学鑑賞辞典」,「新潮文庫20世紀の100冊」

辻 まこと　つじ・まこと

05752　「山からの絵本」
　『山からの絵本』　辻まこと著　山と溪谷社　2013　225p　15cm（ヤマケイ文庫）〈創文社1966年刊の再構成〉　1000円　Ⓘ978-4-635-04760-9　Ⓝ914.6

☆「日本の山の名著・総解説」

辻 真先　つじ・まさき

05753　「アリスの国の殺人」
　『アリスの国の殺人』　辻真先著　双葉社　1997　311p　15cm（双葉文庫　日本推理作家協会賞受賞作全集　42）　581円　Ⓘ4-575-65839-1　Ⓝ913.6
　☆「世界の推理小説・総解説」

辻 政信　つじ・まさのぶ

05754　「ノモンハン秘史」
　『ノモンハン秘史』　辻政信著　毎日ワンズ　2009　277p　19cm〈文献あり〉　1400円　Ⓘ978-4-901622-40-0　Ⓝ916
　☆「日本陸軍の本・総解説」

辻井 喬　つじい・たかし

05755　「いつもと同じ春」
　『いつもと同じ春』　辻井喬著　中央公論新社　2009　306p　16cm（中公文庫　つ18-3）　743円　Ⓘ978-4-12-205216-1　Ⓝ913.6
　☆「生きがいの再発見名著22選」

05756　「虹の岬」
　『虹の岬』　辻井喬著　中央公論社　1998　329p　16cm（中公文庫）　629円　Ⓘ4-12-203056-0　Ⓝ913.6
　☆「現代文学鑑賞辞典」

辻原 登　つじはら・のぼる

05757　「村の名前」
　『村の名前』　辻原登著　文芸春秋　1993　238p　16cm（文春文庫）　400円　Ⓘ4-16-731604-8　Ⓝ913.6
　☆「現代文学鑑賞辞典」

津島 佑子　つしま・ゆうこ

05758　「光の領分」
　『光の領分』　津島佑子著　講談社　1993　269p　16cm（講談社文芸文庫）〈著書目録：p267〜269〉　980円　Ⓘ4-06-196241-8　Ⓝ913.6
　☆「現代文学鑑賞辞典」

05759　「火の山―山猿記」
　『火の山―山猿記　上』　津島佑子［著］　講談社　2006　653p　15cm（講談社文庫）　857円　Ⓘ4-06-275296-4　Ⓝ913.6
　☆「日本の小説101」

05760　「山を走る女」
　『山を走る女』　津島佑子［著］　講談社　2006　403p　15cm（講談社文芸文庫）〈1984年刊の増訂　年譜あり　著作目録あり〉　1500円　Ⓘ4-06-198438-1　Ⓝ913.6

☆「現代文学鑑賞辞典」

辻村 伊助　つじむら・いすけ

05761　「スウィス日記」
『スウィス日記』　辻村伊助著　平凡社　1998　479p　16cm（平凡社ライブラリー）　1300円　Ⓘ4-582-76235-2　Ⓝ293.45
☆「世界名著大事典」,「日本の山の名著・総解説」,「山の名著　明治・大正・昭和戦前編」

05762　「ハイランド」
『ハイランド』　辻村伊助著　平凡社　1998　324p　16cm（平凡社ライブラリー）　1100円　Ⓘ4-582-76262-X　Ⓝ293.32
☆「日本の山の名著・総解説」,「山の名著　明治・大正・昭和戦前編」

辻村 太郎　つじむら・たろう

05763　「地形学」
『地形学』　辻村太郎著　古今書院　1923　610p　23cm　Ⓝ454
☆「世界名著大事典」

05764　「日本地形誌」
『日本地形誌』　辻村太郎著　佐藤久,式正英校訂　改版　古今書院　1984　315p　22cm〈参考文献：p289～308〉　4000円　Ⓝ454.91
☆「世界名著大事典」

05765　「山」
『山』　辻村太郎著　3版　岩波書店　1949　177p　18cm（岩波新書　第63）　Ⓝ454
☆「日本の山の名著・総解説」,「山の名著　明治・大正・昭和戦前編」

辻村 みよ子　つじむら・みよこ

05766　「女性と人権」
『女性と人権―歴史と理論から学ぶ』　辻村みよ子著　日本評論社　1997　340p　22cm〈文献あり　年表あり〉　4500円　Ⓘ4-535-51114-4　Ⓝ316.1
☆「憲法本41」

津城 寛文　つしろ・ひろふみ

05767　「鎮魂行法論―近代神道世界の霊魂論と身体論」
『鎮魂行法論―近代神道世界の霊魂論と身体論』　津城寛文著　新装版　春秋社　2000　480,4p　20cm　3200円　Ⓘ4-393-29145-X　Ⓝ169.1
☆「学問がわかる500冊」

都築 響一　つづき・きょういち

05768　「TOKYO STYLE」
『TOKYO STYLE』　都築響一著　筑摩書房　2003　433p　15cm（ちくま文庫）　1200円

Ⓘ4-480-03809-4
☆「学問がわかる500冊 v.2」

都筑 道夫　つづき・みちお

05769　「三重露出」
『三重露出』　都筑道夫著　光文社　2003　541p　16cm（光文社文庫　都筑道夫コレクション　パロディ篇）　781円
Ⓘ4-334-73553-3　Ⓝ913.6
☆「世界の推理小説・総解説」

05770　「なめくじ長屋捕物さわぎ」
『なめくじ長屋捕物さわぎ　からくり砂絵　あやかし砂絵』　都筑道夫著　桃源社　1978　534p　19cm　1300円　Ⓝ913.6
☆「歴史小説・時代小説　総解説」

05771　「未来警察殺人課」
『未来警察殺人課』　都筑道夫著　日下三蔵編纂　完全版　東京創元社　2014　650p　15cm（創元SF文庫　SFつ1-2）　1300円
Ⓘ978-4-488-73302-5　Ⓝ913.6
☆「世界のSF文学・総解説」

津田 仙　つだ・せん

05772　「農業三事」
『明治文化全集　第26巻　科学篇』　明治文化研究会編　日本評論社　1993　36,522p　23cm〈複製〉　Ⓘ4-535-04266-7,4-535-04235-7　Ⓝ210.6
☆「世界名著大事典 補遺（Extra）」

津田 左右吉　つだ・そうきち

05773　「古事記及び日本書紀の研究」
『古事記及び日本書紀の研究―建国の事情と万世一系の思想』　津田左右吉著　毎日ワンズ　2012　297p　19cm〈文献あり〉　1500円
Ⓘ978-4-901622-63-9　Ⓝ210.3
☆「ベストガイド日本の名著」,「明治・大正・昭和の名著・総解説」

05774　「古事記及び日本書紀の新研究」
『古事記及び日本書紀の新研究』　津田左右吉著　洛陽堂　1920　582,57p　23cm〈附録（545-572p）：三国史記の新羅本紀について,補訂〉　Ⓝ210.3
☆「大正の名著」

05775　「左伝の思想史的研究」
『左伝の思想史的研究』　津田左右吉著　東洋文庫　1935　737,25,11p　27cm（東洋文庫論叢　第22）　Ⓝ123.6
☆「世界名著大事典」

05776　「儒教の実践道徳」
『儒教の実践道徳』　津田左右吉著　6版　岩波

書店　1949　275p　18cm〈岩波全書〉　Ⓝ124
☆「世界名著大事典」、「東洋の名著」

05777　「神代史の新しい研究」
『神代史の新しい研究』　津田左右吉著　二松堂書店　1913　273,4p　22cm　Ⓝ210.3
☆「日本思想史」

05778　「神代史の研究」
『神代史の研究』　津田左右吉著　岩波書店　1924　597,7p　23cm　Ⓝ210.3
☆「世界名著大事典」

05779　「道家の思想と其の展開」
『道家の思想と其の展開』　津田左右吉著　岩波書店　1948　741p　22cm〈第1刷昭和14〉　Ⓝ126
☆「世界名著大事典」

05780　「日本古典の研究」
『日本古典の研究』　津田左右吉著　岩波書店　1986　678p　21cm〈津田左右吉全集　第2巻　下〉　4500円　①4-00-091112-0
☆「世界名著大事典」

05781　「文学に現はれたる我が国民思想の研究」
『文学に現はれたる我が国民思想の研究　平民文学の時代　上』　津田左右吉著　岩波書店　1989　548p　21cm〈津田左右吉全集　別巻第4〉〈第2刷〉　3900円　①4-00-091142-2
☆「現代歴史学の名著」、「世界名著大事典」、「大正の名著」、「日本の名著」、「ベストガイド日本の名著」、「明治・大正・昭和の名著・総解説」

津田 宗達　つだ・そうたつ

05782　「天王寺屋会記」
『天王寺屋会記』　永島福太郎編　京都　淡交社　1989　7冊　21cm　98000円　①4-473-01059-7
☆「世界名著大事典」

津打 半十郎　つだ・はんじゅうろう

05783　「鳴神不動北山桜」
『国立劇場上演資料集　369　通し狂言雷鳴神不動北山桜―毛抜・鳴神・不動―第197回歌舞伎公演』　国立劇場調査養成部芸能調査室編　日本芸術文化振興会　1996　186p　21cm〈付：上演年表・参考資料一覧〉　Ⓝ774
☆「世界名著大事典　補遺(Extra)」

津田 真道　つだ・まみち

05784　「泰西国法論」
『日本立法資料全集　別巻843　泰西國法論』　シモン・ヒッセリング口授　津田真一郎譯　復刻版　信山社出版　2012　237p　27cm〈江戸開成所1868年刊の複製〉　40000円

①978-4-7972-6427-2　Ⓝ322.1
☆「世界名著大事典　補遺(Extra)」

槌田 敦　つちだ・あつし

05785　「熱学外論―生命・環境を含む開放系の熱理論」
『熱学外論―生命・環境を含む開放系の熱理論』　槌田敦著　朝倉書店　1992　197p　21cm〈各章末：文献〉　2781円　①4-254-13061-9　Ⓝ426
☆「学問がわかる500冊 v.2」

土田 杏村　つちだ・きょうそん

05786　「文化哲学入門」
『文化哲学入門』　土田杏村著　中文館書店　1923　403p　18cm　Ⓝ118
☆「大正の名著」、「明治・大正・昭和の名著・総解説」

土田 耕平　つちだ・こうへい

05787　「青杉」
『青杉―歌集』　土田耕平著　短歌新聞社　1998　106p　15cm〈短歌新聞社文庫〉〈年譜あり〉　667円　①4-8039-0956-3　Ⓝ911.168
☆「日本文芸鑑賞事典　第7巻（1920～1923年）」

05788　「鹿の眼」
『鹿の眼―童話集』　土田耕平著　大久保町（東京府）　古今書院　1924　184p　19cm　Ⓝ913.8
☆「世界名著大事典」

05789　「むよくの清八」
『鹿の眼』　土田耕平著　古今書院　1955　150p　15cm〈童話集　1〉
☆「名作の研究事典」

土橋 寛　つちはし・ゆたか

05790　「日本語に探る古代信仰」
『日本語に探る古代信仰―フェティシズムから神道まで』　土田寛著　中央公論社　1990　217p　18cm〈中公新書〉　560円
①4-12-100969-X　Ⓝ162.1
☆「学問がわかる500冊 v.2」

土御門院　つちみかどいん

05791　「土御門院御集」
『擬定家本私家集』　冷泉家時雨亭文庫編　朝日新聞社　2005　682,63p　22cm〈冷泉家時雨亭叢書　第73巻　冷泉家時雨亭文庫編〉〈付属資料：8p：月報 68　複製を含む　折り込1枚〉　30000円　①4-02-240373-X　Ⓝ911.138
☆「近代名著解題選集 3」

土屋 健治　つちや・けんじ

05792　「カルティニの風景」

『カルティニの風景』 土屋健治著　めこん　1991　278p　19cm（めこん選書　2）　1957円
☆「ナショナリズム論の名著50」

土屋 重朗　つちや・しげあき

05793　「近代日本造船事始」
『近代日本造船事始—肥田浜五郎の生涯』　土屋重朗著　新人物往来社　1975　290p　20cm〈付：参考文献〉　1200円　Ⓝ550.2
☆「日本海軍の本・総解説」

土屋 喬雄　つちや・たかお

05794　「日本経済史概要」
『日本経済史概要』　土屋喬雄著　岩波書店　1939　300p　17cm（岩波全書　第22）　Ⓝ332.1
☆「世界名著大事典」

05795　「日本資本主義史論集」
『日本資本主義史論集』　土屋喬雄編著　象山社　1981　370p　22cm〈日本政治・経済研究叢書1（育生社昭和12年刊）の複製〉　5000円　Ⓝ332.105
☆「世界名著大事典」

土屋 隆夫　つちや・たかお

05796　「影の告発」
『影の告発—土屋隆夫コレクション　長編推理小説』　土屋隆夫著　新装版　光文社　2002　474p　16cm（光文社文庫　千草検事シリーズ）　686円　①4-334-73297-6　Ⓝ913.6
☆「世界の推理小説・総解説」

05797　「危険な童話」
『危険な童話—長編推理小説』　土屋隆夫著　新装版　光文社　2002　477p　16cm（光文社文庫　土屋隆夫コレクション）　686円　①4-334-73303-4　Ⓝ913.6
☆「世界の推理小説・総解説」

土屋 博　つちや・ひろし

05798　「聖書のなかのマリア」
『聖書のなかのマリア—伝承の根底と現代』　土屋博著　教文館　1992　209p　19cm（聖書の研究シリーズ　39）〈参考文献：p203〜206〉　2266円　①4-7642-8039-6　Ⓝ193.63
☆「学問がわかる500冊」

土屋 文明　つちや・ぶんめい

05799　「ふゆくさ」
『ふゆくさ—歌集』　土屋文明著　短歌新聞社　1993　134p　15cm（短歌新聞社文庫）　700円　①4-8039-0685-8　Ⓝ911.168
☆「世界名著大事典」、「日本文学鑑賞辞典〔第2〕」、

「日本文芸鑑賞事典　第8巻（1924〜1926年）」

05800　「山下水」
『山下水—歌集』　土屋文明著　短歌新聞社　2003　144p　15cm（短歌新聞社文庫）〈年譜あり〉　667円　①4-8039-1139-8　Ⓝ911.168
☆「世界名著大事典」

土屋 又三郎　つちや・またさぶろう

05801　「耕稼春秋」
『日本農書全集　第4巻　耕稼春秋』　土屋又三郎著　堀尾尚志翻刻・現代語訳　堀尾尚志,岡光夫校注・解題　農山漁村文化協会　1980　389,13p　22cm　4500円　Ⓝ610.8
☆「世界名著大事典」

筒井 清忠　つつい・きよただ

05802　「日本型「教養」の運命—歴史社会学的考察」
『日本型「教養」の運命—歴史社会学的考察』　筒井清忠著　岩波書店　2009　238,4p　15cm（岩波現代文庫　G231）〈索引あり〉　1000円　①978-4-00-600231-2　Ⓝ361.84
☆「学問がわかる500冊」

筒井 敬介　つつい・けいすけ

05803　「おしくらまんじゅう」
『おしくらまんじゅう』　筒井敬介著　偕成社　1977　340p　19cm（偕成社文庫）　390円
☆「名作の研究事典」

筒井 迪夫　つつい・みちお

05804　「森林文化への道」
『森林文化への道』　筒井迪夫著　朝日新聞社　1995　255,5p　19cm（朝日選書　529）〈巻末：森林文化の歩み・抄〉　1400円　①4-02-259629-5　Ⓝ652.1
☆「学問がわかる500冊 v.2」

筒井 康隆　つつい・やすたか

05805　「大いなる助走」
『大いなる助走』　筒井康隆著　新装版　文藝春秋　2005　360p　16cm（文春文庫）　619円　①4-16-718114-2　Ⓝ913.6
☆「日本文学　これを読まないと文学は語れない!!」

05806　「おれに関する噂」
『おれに関する噂』　筒井康隆著　新潮社　1978　273p　15cm（新潮文庫）　240円　Ⓝ913.6
☆「新潮文庫20世紀の100冊」

05807　「家族八景」
『家族八景』　筒井康隆著　71刷改版　新潮社　2002　282p　16cm（新潮文庫）　438円　①4-10-117101-7　Ⓝ913.6

つつみ

05808 「虚航船団」
『虚航船団』 筒井康隆著 新潮社 1992 577p 15cm(新潮文庫) 680円
①4-10-117127-0 Ⓝ913.6
☆「世界のSF文学・総解説」

05809 「虚人たち」
『虚人たち』 筒井康隆著 改版 中央公論社 1998 293p 16cm(中公文庫) 590円
①4-12-203059-5 Ⓝ913.6
☆「なおかつお厚いのがお好き?」

05810 「幻想の未来」
『睡魔のいる夏』 筒井康隆著 徳間書店 2002 379p 16cm(徳間文庫 自選短篇集 4(ロマンチック篇)) 590円 ①4-19-891794-9 Ⓝ913.6
☆「世界のSF文学・総解説」

05811 「残像に口紅を」
『残像に口紅を』 筒井康隆著 中央公論社 1995 337p 16cm(中公文庫) 620円
①4-12-202287-5 Ⓝ913.6
☆「世界のSF文学・総解説」

05812 「脱走と追跡のサンバ」
『脱走と追跡のサンバ』 筒井康隆著 改版 角川書店 1996 336p 15cm(角川文庫) 560円 ①4-04-130508-X Ⓝ913.6
☆「世界のSF文学・総解説」

05813 「旅のラゴス」
『旅のラゴス』 筒井康隆著 新潮社 1994 232p 15cm(新潮文庫) 360円
①4-10-117131-9 Ⓝ913.6
☆「世界のSF文学・総解説」

05814 「筒井順慶」
『筒井順慶』 筒井康隆著 新潮社 1993 271p 15cm(新潮文庫) 400円
①4-10-117129-7 Ⓝ913.6
☆「歴史小説・時代小説 総解説」

05815 「東海道戦争」
『東海道戦争』 筒井康隆著 改版 中央公論社 1994 308p 16cm(中公文庫) 580円
①4-12-202206-1 Ⓝ913.6
☆「世界のSF文学・総解説」

05816 「富豪刑事」
『富豪刑事』 筒井康隆著 新潮社 1984 261p 15cm(新潮文庫) 280円
①4-10-117116-5 Ⓝ913.6
☆「世界の推理小説・総解説」

05817 「夢の木坂分岐点」
『夢の木坂分岐点』 筒井康隆著 新潮社 1990 309p 16cm(新潮文庫) 400円
①4-10-117124-6 Ⓝ913.6
☆「現代文学鑑賞辞典」、「日本の小説101」

05818 「四八億の妄想」
『筒井康隆全集 第2巻 48億の妄想.マグロマル』 新潮社 1983 370p 20cm 1500円
①4-10-644402-X Ⓝ918.68
☆「世界のSF文学・総解説」

堤 朝風 つつみ・あさかぜ

05819 「近代名家著述目録」
『日本人物情報大系 第60巻 学芸編 20』 芳賀登ほか編 皓星社 2000 586p 27cm 〈複製〉①4-7744-0295-8 Ⓝ281.03
☆「世界名著大事典」

堤 恭二 つつみ・きょうじ

05820 「帝国議会における我海軍」
『帝国議会に於ける我海軍』 堤恭二著 原書房 1984 274,18p 22cm(明治百年史叢書)〈復刻版解説:中村義彦 史料調査会蔵(東京水交社昭和7年刊)の複製 著者の肖像あり 巻末:文献〉 6000円 ①4-562-01503-9 Ⓝ397.21
☆「日本海軍の本・総解説」

都出 比呂志 つで・ひろし

05821 「日本農耕社会の成立過程」
『日本農耕社会の成立過程』 都出比呂志著 岩波書店 1989 497,14p 22cm 8200円
①4-00-001669-5 Ⓝ210.2
☆「学問がわかる500冊 v.2」

綱島 梁川 つなしま・りょうせん

05822 「病間録」
『病間録』 綱島栄一郎著 訂正版 梁江堂 1914 426p 19cm Ⓝ160.4
☆「世界名著大事典」、「日本文学鑑賞辞典〔第2〕」、「明治・大正・昭和の名著・総解説」、「明治の名著1」

05823 「予が見神の実験」
『日本近代文学評論選 明治・大正篇』 千葉俊二、坪内祐三編 岩波書店 2003 398p 15cm(岩波文庫) 760円 ①4-00-311711-5 Ⓝ914.68
☆「世界名著大事典」

綱淵 謙錠 つなぶち・けんじょう

05824 「怪」
『怪』 綱淵謙錠著 中央公論社 1982 280p 16cm(中公文庫) 340円 Ⓝ913.6
☆「歴史小説・時代小説 総解説」

05825 「極」
『極―白瀬中尉南極探検記』 綱淵謙錠著 新潮社 1990 676p 16cm(新潮文庫) 640円 Ⓘ4-10-148803-7 Ⓝ913.6
☆「世界の海洋文学」

05826 「航」
『航(こう)―榎本武揚と軍艦開陽丸の生涯』 綱淵謙錠著 新潮社 1986 321p 20cm 1250円 Ⓘ4-10-344804-0 Ⓝ913.6
☆「世界の海洋文学」

05827 「斬」
『斬』 綱淵謙錠著 新装版 文藝春秋 2011 445p 16cm(文春文庫 つ2-17) 752円 Ⓘ978-4-16-715719-7 Ⓝ913.6
☆「現代文学鑑賞辞典」、「ポケット日本名作事典」、「歴史小説・時代小説 総解説」

05828 「苔」
『苔』 綱淵謙錠著 中央公論社 1977 307p 15cm(中公文庫) 360円 Ⓝ913.6
☆「日本文芸鑑賞事典 第20巻(昭和42～50年)」

常石 敬一 つねいし・けいいち

05829 「化学兵器犯罪」
『化学兵器犯罪』 常石敬一著 講談社 2003 277p 18cm(講談社現代新書)〈文献あり〉 740円 Ⓘ4-06-149698-0 Ⓝ559.3
☆「サイエンス・ブックレヴュー」

05830 「消えた細菌戦部隊」
『消えた細菌戦部隊―関東軍第七三一部隊』 常石敬一著 筑摩書房 1993 308p 15cm(ちくま文庫)〈略年表:p238～239 参考文献:p282～283〉 700円 Ⓘ4-480-02749-1 Ⓝ916
☆「日本陸軍の本・総解説」

05831 「謀略のクロスロード」
『謀略のクロスロード―帝銀事件捜査と731部隊』 常石敬一著 日本評論社 2002 215p 20cm 2200円 Ⓘ4-535-58337-4 Ⓝ326.23
☆「サイエンス・ブックレヴュー」

恒石 重嗣 つねいし・しげつぐ

05832 「心理作戦の回想」
『心理作戦の回想―大東亜戦争秘録』 恒石重嗣著 東宣出版 1978 386p 20cm〈付(地図1枚) 参考引用文献・大東亜戦争年表:p381～386〉 1800円 Ⓝ393.1
☆「日本陸軍の本・総解説」

恒川 篤史 つねかわ・あつし

05833 「環境資源と情報システム」
『環境資源と情報システム』 武内和彦,恒川篤史編 古今書院 1994 219p 22cm〈参考文献:p203～214〉 3502円 Ⓘ4-7722-1641-3 Ⓝ519
☆「学問がわかる500冊 v.2」

恒藤 恭 つねとう・きょう

05834 「法の基本問題」
『法の基本問題』 恒藤恭著 4版 岩波書店 1950 478p 22cm Ⓝ321.1
☆「世界名著大事典」

05835 「法理学」
☆「はじめて学ぶ法哲学・法思想」

恒藤 敏彦 つねとう・としひこ

05836 「弾性体と流体」
『弾性体と流体』 恒藤敏彦著 岩波書店 1983 250p 22cm(物理入門コース 8)〈さらに勉強するために:p235～236〉 2400円 Ⓝ423.7
☆「物理ブックガイド100」

恒吉 僚子 つねよし・りょうこ

05837 「人間形成の日米比較」
『人間形成の日米比較―かくれたカリキュラム』 恒吉僚子著 中央公論社 1992 177p 18cm(中公新書)〈参考文献:p172～177〉 600円 Ⓘ4-12-101065-5 Ⓝ372
☆「学問がわかる500冊」

角田 喜久雄 つのだ・きくお

05838 「黒潮鬼」
『黒潮鬼』 角田喜久雄著 春陽堂書店 1988 343p 15cm(春陽文庫) 520円 Ⓘ4-394-10224-3
☆「世界の海洋文学」

05839 「高木家の惨劇」
『高木家の惨劇』 角田喜久雄著 青樹社 1965 294p 19cm Ⓝ913.6
☆「世界の推理小説・総解説」

05840 「髑髏銭」
『髑髏銭』 角田喜久雄著 新装 春陽堂書店 1999 461p 16cm(春陽文庫) 790円 Ⓘ4-394-10253-7 Ⓝ913.6
☆「歴史小説・時代小説 総解説」

05841 「風雲将棋谷」
『風雲将棋谷』 角田喜久雄著 2版 春陽堂書店 1994 293p 16cm(春陽文庫) 560円 Ⓘ4-394-10207-3 Ⓝ913.6
☆「歴史小説・時代小説 総解説」

05842 「妖棋伝」
『妖棋伝』 角田喜久雄著〔新装版〕 春陽堂書店 1991 364p 15cm(春陽文庫) 580円 Ⓘ4-394-10208-8

つのた　　　　　　　　　　　　　　　　　　05843～05859

☆「面白いほどよくわかる時代小説名作100」

角田 順　つのだ・じゅん

05843　「石原莞爾資料」
『石原莞爾資料』　角田順編　原書房　1967　2冊　22cm（明治百年史叢書）　Ⓝ390.8
☆「日本陸軍の本・総解説」

05844　「満州問題と国防方針」
『満州問題と国防方針―明治後期における国防環境の変動』　角田順著　原書房　1967　869p　22cm（明治百年史叢書）　4500円　Ⓝ319.1
☆「日本陸軍の本・総解説」

角田 忠信　つのだ・ただのぶ

05845　「日本人の脳」
『日本人の脳―脳の働きと東西の文化』　角田忠信著　大修館書店　1978　388p　20cm〈文献：p379～387〉　2200円　Ⓝ811.1
☆「あの本にもう一度」、「21世紀の必読書100選」

角田 房子　つのだ・ふさこ

05846　「甘粕大尉」
『甘粕大尉』　角田房子著　増補改訂　筑摩書房　2005　386p　15cm（ちくま文庫）　840円
①4-480-42039-8　Ⓝ289.1
☆「日本陸軍の本・総解説」

05847　「いっさい夢にござ候」
☆「今だから知っておきたい戦争の本70」

05848　「一死、大罪を謝す」
『一死、大罪を謝す―陸軍大臣阿南惟幾』　角田房子著　PHP研究所　2004　556p　15cm（PHP文庫）〈文献あり〉　895円
①4-569-66235-8　Ⓝ913.6
☆「今だから知っておきたい戦争の本70」

05849　「責任」
『責任―ラバウルの将軍今村均』　角田房子著　新潮社　1987　522p　15cm（新潮文庫）　520円　①4-10-130803-9
☆「今だから知っておきたい戦争の本70」

05850　「閔妃暗殺」
『閔妃暗殺―朝鮮王朝末期の国母』　角田房子著　新潮社　1993　466p　15cm（新潮文庫）〈主要参考文献：p463～466〉　560円
①4-10-130804-7　Ⓝ221.05
☆「現代を読む」

05851　「わが祖国―禹博士の運命の種」
『わが祖国―禹博士の運命の種』　角田房子著　新潮社　1994　392p　15cm（新潮文庫）〈禹長春の肖像あり〉　480円　①4-10-130805-5　Ⓝ289.2
☆「伝記・自叙伝の名著」

角田 文衛　つのだ・ぶんえい

05852　「国分寺の研究」
『国分寺の研究』　角田文衛著　京都　考古学研究会　1938　2冊　図版　27cm　Ⓝ185.1
☆「世界名著大事典」

05853　「古代学序説」
『古代学序説』　角田文衛著　増補　山川出版社　1972　577p　肖像　22cm　5000円　Ⓝ201.6
☆「世界名著大事典」

角田 吉夫　つのだ・よしお

05854　「上越国境」
『上越国境』　角田吉夫著　大村書店　1931　337p　図版37枚　20cm〈付（地図2枚）〉　Ⓝ291.41
☆「日本の山の名著・総解説」、「山の名著 明治・大正・昭和戦前編」

角山 栄　つのやま・さかえ

05855　「世界資本主義形成の論理的構造」
『世界資本主義の歴史構造』　河野健二、飯沼二郎編　岩波書店　1970　355p　21cm（京都大学人文科学研究所研究報告）　1000円　Ⓝ333.9
☆「21世紀の必読書100選」

05856　「茶の世界史」
『茶の世界史―緑茶の文化と紅茶の社会』　角山栄著　中央公論社　1980　225p　18cm（中公新書）〈参考文献：p216～220〉　440円
Ⓝ617.4
☆「「本の定番」ブックガイド」

円谷 弘　つぶらや・ひろし

05857　「我国資本家階級の発達と資本主義的精神」
『我国資本家階級の発達と資本主義的精神』　円谷弘著　三田書房　1920　205p　20cm
Ⓝ368
☆「世界名著大事典」

坪井 清足　つぼい・きよたり

05858　「古代日本を発掘する」
『古代日本を発掘する　1　飛鳥藤原の都』　坪井清足ほか責任編集　狩野久、木下正史著　岩波書店　1985　176,3p　27cm　2400円
①4-00-004365-X　Ⓝ210.2
☆「学問がわかる500冊 v.2」

05859　「図説 発掘が語る日本史」
『図説発掘が語る日本史　第1巻　北海道・東北』　林謙作編　新人物往来社　1986　337p　27cm〈監修：坪井清足　編集：紀行社　主要文献解題：p309～316 北海道・東北地方の遺跡関連年表：p317～323〉　8000円

ⓘ4-404-01338-8　Ⓝ210.2
　　☆「学問がわかる500冊 v.2」

坪井 九馬三　つぼい・くめぞう

05860　「史学研究法」
　　『史学研究法』　坪井九馬三著　改訂増補版　京文社　1926　430p　23cm　Ⓝ201
　　☆「世界名著大事典」

壺井 栄　つぼい・さかえ

05861　「補襟」
　　『補襟』　壷井栄著　角川書店　1958　158p　15cm〈角川文庫〉　Ⓝ913.6
　　☆「女は生きる」

05862　「暦」
　　『暦―他五篇』　壷井栄著　新潮社　1940　322p　19cm　Ⓝ913.6
　　☆「世界名著大事典」、「日本文学鑑賞辞典〔第2〕」

05863　「妻の座」
　　『妻の座』　壷井栄著　河出書房　1955　198p　図版　18cm〈河出新書〉　Ⓝ913.6
　　☆「女性のための名作・人生案内」

05864　「二十四の瞳」
　　『二十四の瞳』　壷井栄[著]　改版　角川書店　2007　249p　15cm〈角川文庫〉〈角川グループパブリッシング〔発売〕〉　324円
　　ⓘ978-4-04-111311-0　Ⓝ913.6
　　☆「あらすじで出会う世界と日本の名著55」、「あらすじで読む日本の名著」、「あらすじで読む日本の名著 No.3」、「一度は読もうよ！ 日本の名著」、「一冊で日本の名著100冊を読む」、「一冊で100名作の「さわり」を読む」、「一冊で不朽の名作100冊を読む」(友人社)、「一冊で不朽の名作100冊を読む」(友人社)、「現代文学鑑賞辞典」、「現代文学名作探訪事典」、「これだけは読んでおきたい日本の名作文学案内」、「3行でわかる名作＆ヒット本250」、「少年少女の名作案内 日本の文学リアリズム編」、「昭和の名著」、「知らないと恥ずかしい「日本の名作」あらすじ200本」、「新潮文庫20世紀の100冊」、「図説 5分でわかる日本の名作」、「世界名著大事典」、「小さな文学の旅」、「日本・世界名作「愛の会話」100章」、「日本の名著3分間読書100」、「日本文学鑑賞辞典〔第2〕」、「日本文学名作案内」、「日本文芸鑑賞事典 第16巻」、「日本名作文学館 日本編」、「文学・名著300選の解説 '88年度版」、「ポケット日本名作事典」、「名作の研究事典」、「明治・大正・昭和の名著・総解説」

05865　「夕顔の言葉」
　　『壷井栄全集 9』　壷井栄著　鷲只雄編集・校訂　文泉堂出版　1997　576p　22cm〈肖像あり〉　9524円　ⓘ4-8310-0055-8　Ⓝ918.68
　　☆「日本児童文学名著事典」

05866　「廊下」

　　『壷井栄全集 1』　壷井栄著　文泉堂出版　1997　545p　22cm〈肖像あり〉　9524円
　　ⓘ4-8310-0047-7　Ⓝ918.8
　　☆「日本のプロレタリア文学」

壺井 繁治　つぼい・しげじ

05867　「頭の中の兵士」
　　『頭の中の兵士―壷井繁治詩集』　壷井繁治著　緑書房　1956　157p　22cm　Ⓝ911.56
　　☆「日本のプロレタリア文学」

05868　「馬」
　　『馬―詩集』　壷井繁治著　昭森社　1966　130p 図版　22cm　800円　Ⓝ911.56
　　☆「世界名著大事典 補遺(Extra)」

05869　「果実」
　　『日本現代詩大系 第8巻 昭和期 1』　中野重治編　河出書房新社　1975　536p 図　20cm〈河出書房昭和25-26年刊の復刊〉　2300円　Ⓝ911.56
　　☆「世界名著大事典 補遺(Extra)」

05870　「現代詩の流域」
　　『現代詩の流域』　壷井繁治著　筑摩書房　1959　256p 図版　20cm　Ⓝ911.52
　　☆「世界名著大事典 補遺(Extra)」

05871　「壷井繁治詩集」
　　『壷井繁治詩集』　宮崎清編　新日本出版社　1983　257p 15cm〈新日本文庫〉　460円　Ⓝ911.56
　　☆「世界名著大事典 補遺(Extra)」、「日本文学鑑賞辞典〔第2〕」、「日本文芸鑑賞事典 第13巻」

05872　「抵抗の精神」
　　『抵抗の精神―壷井繁治詩論集』　壷井繁治著　飯塚書店　1949　236p　19cm　Ⓝ911.5
　　☆「世界名著大事典 補遺(Extra)」

05873　「風船」
　　『風船―壷井繁治詩集』　壷井繁治著　筑摩書房　1957　116p 図版　20cm〈限定版〉　Ⓝ911.56
　　☆「世界名著大事典 補遺(Extra)」

坪井 正五郎　つぼい・しょうごろう

05874　「人類学講義」
　　『人類学講義』　坪井正五郎述　東京高等師範学校地理歴史会編　国光社　1905　357p　22cm　Ⓝ469
　　☆「世界名著大事典 補遺(Extra)」

05875　「埴輪考」
　　『埴輪考―附・土偶土馬模型説明』　坪井正五郎著　東洋社　1901　47p 図版　20cm　Ⓝ210
　　☆「世界名著大事典 補遺(Extra)」

坪井 洋文　つぼい・ひろふみ

05876 「イモと日本人—民俗文化論の課題」
『イモと日本人—民俗文化論の課題』 坪井洋文著 未来社 2013 291p 19cm（ニュー・フォークロア叢書）〈第14刷（第1刷1979年）〉 3200円 ①978-4-624-22002-0
☆「学問がわかる500冊 v.2」

坪内 逍遙　つぼうち・しょうよう

05877 「烏帽子折とさるのむれ」
『日本童話集 上,下』 内村直也等編 吉田謙吉等絵 誠文堂新光社 1951 2冊 図版 19cm
☆「名作の研究事典」

05878 「役の行者」
『役の行者』 坪内逍遙著 岩波書店 1952 95p 15cm（岩波文庫） Ⓝ912.6
☆「現代文学名作探訪事典」,「世界名著大事典」,「日本文学鑑賞辞典〔第2〕」,「日本文芸鑑賞事典第5巻」

05879 「家庭用児童劇」
『編年体大正文学全集 第11巻（大正11年）』 志賀直哉ほか著 日高昭二編 ゆまに書房 2002 639p 22cm 6600円
①4-89714-900-2 Ⓝ918.6
☆「世界名著大事典」,「日本児童文学名著事典」

05880 「桐一葉」
『桐一葉・鳥辺山心中・修禅寺物語』 藤波隆之編著 白水社 1992 331p 19cm（歌舞伎オン・ステージ 24） 2900円
①4-560-03294-7 Ⓝ912.5
☆「世界名著事典」,「世界名著大事典」,「日本文学鑑賞辞典〔第2〕」,「日本文学現代名作事典」,「日本文学名作概観」,「日本文芸鑑賞事典第1巻」,「日本名著辞典」

05881 「史劇論」
『史劇論』 坪内逍遙著 春陽堂 1932 175p 17cm（春陽堂文庫 34） Ⓝ901
☆「世界名著大事典」

05882 「児童教育と演劇」
『児童教育と演劇』 坪内逍遙著 日本青少年文化センター 1973 174p 18cm（青少年文化シリーズ）〈こぐま社〔発売〕〉 500円
Ⓝ775.7
☆「世界名著大事典」

05883 「小説神髄」
『小説神髄』 坪内逍遙著 改版 岩波書店 2010 276p 15cm（岩波文庫 31-004-1） 560円 ①978-4-00-310041-7 Ⓝ902.3
☆「一冊で100名作の「さわり」を読む」,「感動！日本の名著 近現代編」,「近代文学名作事典」,「現代文学鑑賞辞典」,「世界名作事典」,「世界名著大

事典」,「日本近代文学名著事典」,「日本の名著（角川書店）」,「日本の名著（毎日新聞社）」,「日本の名著3分間読書100」,「日本文学現代名作事典」,「日本文学名作概観」,「日本文学名作事典」,「日本文芸鑑賞事典 第1巻」,「日本名著辞典」,「必読書150」,「ベストガイド日本の名著」,「明治・大正・昭和の名著・総解説」,「明治の名著 1」

05884 「当世書生気質」
『当世書生気質』 坪内逍遙著 東京堂 1949 343p 19cm Ⓝ913.6
☆「あらすじダイジェスト」,「知らないと恥ずかしい「日本の名作」あらすじ200本」,「図説 5分でわかる日本の名作傑作選」,「世界名作事典」,「世界名著大事典」,「日本近代文学名著事典」,「日本文学鑑賞辞典〔第2〕」,「日本文学現代名作事典」,「日本文学名作案内」,「日本文学名作事典」,「日本文芸鑑賞事典 第1巻」,「日本名著辞典」,「文学・名著300選の解説 '88年度版」,「明治の名著 2」

05885 「牧の方」
『牧の方』 坪内逍遙著 改造社 1940 256p 16cm（改造文庫 第2部第374篇） Ⓝ913.6
☆「日本文学鑑賞辞典〔第2〕」

05886 「義時の最期」
『義時の最期』 坪内逍遙著 改造社 1941 165p 16cm（改造文庫） Ⓝ912.6
☆「日本文芸鑑賞事典 第6巻（1917～1920年）」

坪田 譲治　つぼた・じょうじ

05887 「お化けの世界」
『お化けの世界』 坪田譲治著 岩崎書店 1986 252p 21cm（坪田譲治童話全集 11） 1400円 ①4-265-02711-3
☆「感動！日本の名著 近現代編」,「少年少女の名作案内 日本の文学リアリズム編」,「世界名著大事典」,「日本の名著」

05888 「風の中の子供」
『風の中の子供』 坪田譲治作 松永禎郎絵 小峰書店 2005 342p 22cm（坪田譲治名作選 坪田理基男,松谷みよ子,砂田弘編）〈年譜あり〉 2500円 ①4-338-20404-4 Ⓝ913.6
☆「昭和の名著」,「世界名著大事典」,「日本文学現代名作事典」,「文学・名著300選の解説 '88年度版」,「ポケット日本名作事典」,「名作の研究事典」

05889 「子供の四季」
『子供の四季』 坪田譲治著 岩崎書店 1986 296p 21cm（坪田譲治童話全集 12） 1400円 ①4-265-02712-1
☆「現代日本文学案内」,「世界名著大事典」,「日本近代文学名著事典」

05890 「新撰童話坪田譲治集」
『日本児童文学館—名著複刻 第2集 29 坪田譲治集—新撰童話』 坪田譲治著 ほるぷ出版 1974 247p 図 27cm〈湯川弘文社昭和13年

05891　「善太と三平」
『善太と三平』　坪田譲治著　ポプラ社　1980
205p　18cm（ポプラ社文庫）　390円
☆「世界名著大事典」

05892　「魔法」
『魔法』　坪田譲治作　石倉欣二絵　小峰書店
2005　168p　22cm（坪田譲治名作選　坪田理
基男、松谷みよ子、砂田弘編）　1800円
Ⓘ4-338-20401-X　Ⓝ913.6
☆「日本児童文学名著事典」、「日本文芸鑑賞事典 第
11巻（昭和9〜昭和12年）」

坪野 哲久　つぼの・てつきゅう

05893　「北の人」
『北の人—坪野哲久歌集』　坪野哲久著　白玉書
房　1958　303p 図版　20cm　Ⓝ911.168
☆「日本文芸鑑賞事典 第18巻（1958〜1962年）」

津村 秀助　つむら・しゅうすけ

05894　「時間の風蝕」
『時間の風蝕—長編トラベルミステリー』　津村
秀介著　有楽出版社　2010　220p　18cm
（Joy novels）〈並列シリーズ名：ジョイ・ノベ
ルス　実業之日本社〔発売〕〉　857円
Ⓘ978-4-408-50623-1　Ⓝ913.6
☆「世界の推理小説・総解説」

津村 節子　つむら・せつこ

05895　「華燭」
『華燭』　津村節子著　中央公論社　1985
260p　16cm（中公文庫）　340円
Ⓘ4-12-201186-8　Ⓝ913.6
☆「一度は読もうよ！ 日本の名著」、「一冊で愛の話
題作100冊を読む」

05896　「玩具」
『玩具』　津村節子著　集英社　1978　250p
16cm（集英社文庫）　220円　Ⓝ913.6
☆「現代文学鑑賞辞典」、「日本文芸鑑賞事典 第19巻」

05897　「夜の水槽」
『娼婦たちの暦』　津村節子著　集英社　1988
268p　16cm（集英社文庫）　370円
Ⓘ4-08-749314-8　Ⓝ913.6
☆「一冊で愛の話題作100冊を読む」

05898　「流星雨」
『流星雨』　津村節子著　文芸春秋　1993
381p　16cm（文春文庫）　500円
Ⓘ4-16-726510-9　Ⓝ913.6
☆「日本人とは何か」

津村 信夫　つむら・のぶお

05899　「愛する神の歌」
『愛する神の歌』　津村信夫著　冬至書房　1967
127p　20cm〈限定版〉　800円　Ⓝ911.56
☆「日本文芸鑑賞事典 第11巻（昭和9〜昭和12年）」

津本 陽　つもと・よう

05900　「天翔ける倭寇」
『天翔ける倭寇　上』　津本陽著　角川書店
1993　305p　15cm（角川文庫）　520円
Ⓘ4-04-171306-4　Ⓝ913.6
☆「世界の海洋文学」

05901　「黄金の海へ」
『黄金の海へ』　津本陽著　文芸春秋　1992
446p　16cm（文春文庫）　520円
Ⓘ4-16-731427-4　Ⓝ913.6
☆「世界の海洋文学」

05902　「海商岩橋万造の生涯」
『海商岩橋万造の生涯』　津本陽著　中央公論社
1987　382p　16cm（中公文庫）　480円
Ⓘ4-12-201387-9　Ⓝ913.6
☆「世界の海洋文学」

05903　「下天は夢か」
『下天は夢か　1』　津本陽著　集英社　2014
478p　15cm（集英社文庫）　760円
Ⓘ978-4-08-745211-2
☆「面白いほどよくわかる時代小説名作100」、「ポ
ケット日本名作事典」

05904　「乾坤の夢」
『乾坤の夢　上』　津本陽著　徳間書店　2009
460p　16cm（徳間文庫　つ-4-5）　724円
Ⓘ978-4-19-893039-4　Ⓝ913.6
☆「面白いほどよくわかる時代小説名作100」

05905　「恋の涯」
『恋の涯』　津本陽著　中央公論社　1982
252p　16cm（中公文庫）　320円　Ⓝ913.6
☆「一度は読もうよ！ 日本の名著」、「一冊で愛の話
題作100冊を読む」

05906　「薩南示現流」
『薩南示現流』　津本陽著　新装版　文藝春秋
2006　303p　16cm（文春文庫）　571円
Ⓘ4-16-731456-8　Ⓝ913.6
☆「歴史小説・時代小説 総解説」

05907　「深重の海」
『深重の海』　津本陽著　集英社　2012　469p
16cm（集英社文庫　つ6-15）〈文献あり〉
800円　Ⓘ978-4-08-745006-4　Ⓝ913.6
☆「生きがいの再発見名著22選」、「現代文学鑑賞辞
典」、「世界の海洋文学」

05908　「闇の蛟竜」

『闇の蛟竜』 津本陽著 文芸春秋 1983
392p 16cm〈文春文庫〉 440円
①4-16-731401-0 Ⓝ913.6
☆「歴史小説・時代小説 総解説」

05909 「夢のまた夢」
『夢のまた夢 1』 津本陽［著］ 幻冬舎 2012
478p 16cm（幻冬舎時代小説文庫 つ-2-28）
〈文春文庫 1996年刊の再刊〉 762円
①978-4-344-41877-6 Ⓝ913.6
☆「面白いほどよくわかる時代小説名作100」

津守 真 つもり・まこと

05910 「保育者の地平」
『保育者の地平―私的体験から普遍に向けて』
津守真著 京都 ミネルヴァ書房 1997
303p 22cm〈引用・参考文献一覧：p299～300〉 2800円＋税 ①4-623-02742-2 Ⓝ376.1
☆「教育本44」

露木 まさひろ つゆき・まさひろ

05911 「興信所」
『興信所』 露木まさひろ著 朝日新聞社 1986
314p 15cm〈朝日文庫〉〈『興信所・知られざる業界』（昭和56年刊）の改題改訂〉 460円
①4-02-260411-5 Ⓝ673.9
☆「現代を読む」

露の 五郎兵衛 つゆの・ごろべえ

05912 「露がはなし」
『噺本大系 第6巻』 武藤禎夫,岡雅彦編 東京堂出版 1976 298p 22cm 6800円
Ⓝ913.59
☆「古典の事典」，「世界名著大事典」

都留 重人 つる・しげと

05913 「近代経済学の群像」
『近代経済学の群像』 都留重人著 岩波書店 2006 262p 15cm〈岩波現代文庫 社会〉
1000円 ①4-00-603139-4 Ⓝ331.7
☆「学問がわかる500冊」

05914 「経済学はむずかしくない」
『経済学はむずかしくない』 都留重人著 第2版 講談社 1974 230p 18cm（講談社現代新書） 370円 Ⓝ331
☆「現代人のための名著」

05915 「日本経済の分析」
『日本経済の分析』 都留重人,大川一司共編
勁草書房 1953 322p 22cm Ⓝ332.1
☆「世界名著大事典」

靍井 通真 つるい・みちまさ

05916 「人はなぜ探偵になるのか」
『人はなぜ探偵になるのか―損害保険調査員の事件簿』 靍井通真著 朝日新聞社 1990
377p 15cm〈朝日文庫〉 580円
①4-02-260604-5 Ⓝ916
☆「現代を読む」

鶴田 俊正 つるた・としまさ

05917 「規制緩和」
『規制緩和―市場の活性化と独禁法』 鶴田俊正著 筑摩書房 1997 237p 18cm〈ちくま新書〉〈参考文献：p233～237〉 680円
①4-480-05696-3 Ⓝ332.107
☆「学問がわかる500冊」

鶴田 知也 つるた・ともや

05918 「コシヤマイン記」
『コシヤマイン記―他六篇』 鶴田知也著 改造社 1936 303p 19cm Ⓝ913.6
☆「現代日本文学案内」

鶴見 和子 つるみ・かずこ

05919 「ひき裂かれて」
『ひき裂かれて―母の戦争体験』 鶴見和子,牧瀬菊枝編 筑摩書房 1959 277p 20cm
Ⓝ915.9
☆「戦後思想の名著50」

05920 「南方熊楠」
『南方熊楠―地球志向の比較学』 鶴見和子著
講談社 1981 318p 16cm〈講談社学術文庫〉〈略年譜・参考文献：p299～310〉 640円
Ⓝ289.1
☆「大学新入生に薦める101冊の本」

鶴見 俊輔 つるみ・しゅんすけ

05921 「限界芸術論」
『限界芸術論』 鶴見俊輔著 筑摩書房 1999
462p 15cm〈ちくま学芸文庫〉 1300円
①4-480-08525-4 Ⓝ779
☆「ポピュラー文化」

05922 「言語の本質」
『鶴見俊輔集 3 記号論集』 筑摩書房 1992
492p 20cm 4940円 ①4-480-74703-6
Ⓝ081.6
☆「教育を考えるためにこの48冊」

05923 「現代日本の思想」
『現代日本の思想―その五つの渦』 久野収,鶴見俊輔著 岩波書店 1956 229p 18cm（岩波新書） Ⓝ121.02
☆「昭和の名著」

05924 「戦後日本の大衆文化史」
『戦後日本の大衆文化史―1945～1980年』 鶴見俊輔著 岩波書店 2001 294p 15cm（岩

波現代文庫 学術）　1100円　①4-00-600051-0　Ⓝ210.76
☆「ポピュラー文化」

05925　「戦時期日本の精神史1931〜1945年」
『戦時期日本の精神史—1931〜1945年』　鶴見俊輔著　岩波書店　2001　296p　15cm（岩波現代文庫 学術）　1100円　①4-00-600050-2　Ⓝ309.021
☆「戦後思想の名著50」，「東アジア人文書100」

05926　「方法としてのアナキズム」
『鶴見俊輔コレクション　2　身ぶりとしての抵抗』　鶴見俊輔著　黒川創編　河出書房新社　2012　492p　15cm（河出文庫　つ6-2）〈年表あり〉　1300円　①978-4-309-41180-4　Ⓝ081.6
☆「アナーキズム」

05927　「無名戦士の手記」
『無名戦士の手記—声なき声いまも響きて』　鶴見俊輔, 安田武, 山田宗睦編　光文社　1975　235p　18cm（カッパ・ブックス）　580円　Ⓝ915.9
☆「今だから知っておきたい戦争の本70」

鶴見 祐輔　つるみ・ゆうすけ

05928　「後藤新平」
『後藤新平　第1巻　医家時代』　鶴見祐輔著　勁草書房　1965　919p 図版　22cm　Ⓝ289.1
☆「世界名著大事典」

霍見 芳浩　つるみ・よしひろ

05929　「日本企業繁栄の条件」
『日本企業繁栄の条件—GM, パンナム, シアーズ, IBMの崩壊から何を学ぶか』　霍見芳浩著　光文社　1992　251p　18cm（カッパ・ビジネス）　790円　①4-334-01269-8　Ⓝ335.21
☆「経済経営95冊」

鶴見 良行　つるみ・よしゆき

05930　「アラフラ海航海記」
『アラフラ海航海記—木造船でゆくインドネシア3000キロ』　鶴見良行著　徳間書店　1991　219p　20cm　1600円　①4-19-554478-5　Ⓝ292.409
☆「世界の海洋文学」

05931　「ココス島奇譚」
『ココス島奇譚』　鶴見良行著　みすず書房　1995　188p　20cm〈著者の肖像あり　鶴見良行略年譜・著作目録：p179〜188〉　2060円　①4-622-03653-3　Ⓝ271.3
☆「世界の海洋文学」

05932　「ナマコの眼」
『ナマコの眼』　鶴見良行著　筑摩書房　1993

574,88p　15cm（ちくま学芸文庫）〈巻末：参考文献〉　1600円　①4-480-08066-X　Ⓝ220.04
☆「現代アジア論の名著」，「現代を読む」，「ベストガイド日本の名著」

05933　「バナナと日本人」
『バナナと日本人—フィリピン農園と食卓のあいだ』　鶴見良行著　岩波書店　2003　230p　18cm（岩波新書）〈第45刷〉　740円　①4-00-420199-3
☆「現代ビジネス書・経済書総解説」，「戦後思想の名著50」，「平和を考えるための100冊+α」

鶴屋 南北（4代）　つるや・なんぼく

05934　「いろは仮名四ツ谷怪談」
『近代日本文学大系　第1-11巻』　国民図書株式会社編　国民図書　1928　11冊　20cm　Ⓝ918.5
☆「近代名著解題選集 2」

05935　「浮世柄比翼稲妻」
『浮世柄比翼稲妻—通し狂言 四幕六場』　四世鶴屋南北作　国立劇場文芸課補綴　［東京］国立劇場　2012　129p　26cm（国立劇場歌舞伎公演上演台本）　Ⓝ912.5
☆「世界名著大事典」，「日本文学鑑賞辞典〔第1〕」

05936　「お染久松色読販」
『鶴屋南北全集　第5巻』　三一書房　1971　502p 図　23cm　4500円　Ⓝ912.5
☆「古典の事典」，「世界名著大事典」，「日本の古典・世界の古典」，「日本文学鑑賞辞典〔第1〕」，「文学・名著300選の解説 '88年度版」

05937　「隅田川花御所染」
『隅田川花御所染—通し狂言 四幕八場 女清玄』　四世鶴屋南北作　国立劇場文芸課補綴　［東京］国立劇場　2013　113p　26cm（国立劇場歌舞伎公演上演台本）　Ⓝ912.5
☆「世界名著大事典」

05938　「天竺徳兵衛韓噺」
『通し狂言音菊天竺徳兵衛』　四世鶴屋南北作　戸部銀作補綴　国立劇場　1999　106p　26cm（国立劇場歌舞伎公演上演台本）　Ⓝ912.5
☆「日本の古典名著」

05939　「東海道四谷怪談」
『東海道四谷怪談』　田口章子著　岡田嘉夫絵　ポプラ社　2002　197p　22cm（21世紀によむ日本の古典　20）　1400円　①4-591-07145-6
☆「一度は読もうよ！日本の名著」，「一冊で日本の古典100冊を読む」，「一冊で100名作の「さわり」を読む」，「学術辞典叢書 第15巻」，「古典の事典」，「古典文学鑑賞辞典」，「この一冊で読める！日本の古典100冊」，「作品と作者」，「3行でわかる名作&ヒット本250」，「知らないと恥ずかしい「日本の名作」あらすじ200本」，「図説 5分でわかる日

本の名作傑選」,「世界名著解題選 第3巻」,「世界名著大事典」,「千年の百冊」,「2ページでわかる日本の古典傑作選」,「日本古典への誘い100選1」,「日本の古典・世界の古典」,「日本の古典名著」,「日本の書物」,「日本の名著」(角川書店),「日本の名著」(毎日新聞社),「日本の名著3分間読書100」,「日本文学鑑賞辞典〔第1〕」,「日本文学の古典50選」,「日本文学名作案内」,「日本文学名作概観」,「日本名著辞典」

05940 「時桔梗出世請状」
『盟三五大切・時桔梗出世請状』 井草利夫編著 白水社 1985 225p 19cm〈歌舞伎オン・ステージ 9〉 1900円 ①4-560-03279-3 Ⓝ912.5
☆「世界名著大事典」,「日本の古典名著」

【て】

鄭 秉哲　てい・へいてつ
05941 「球陽」
『球陽』 鄭秉哲等原編 球陽研究会編 角川書店 1974 2冊 22cm〈沖縄文化史料集成 5〉〈付属資料:地図2枚(読み下し編)「原文編」「読み下し編」に分冊刊行〉 22000円 Ⓝ219.1
☆「日本歴史「古典籍」総覧」,「歴史の名著100」

出口 王仁三郎　でぐち・おにさぶろう
05942 「愛善苑」
☆「世界名著大事典 補遺(Extra)」

05943 「霊界物語」
『霊界物語 第1輯』 出口王仁三郎著 霊界物語刊行会編纂 八幡書店 1993 758p 27cm〈出口王仁三郎聖師御校正本の複製 著者の肖像あり〉 9800円 Ⓝ169.1
☆「世界名著大事典 補遺(Extra)」

出口 延佳　でぐち・のぶよし
05944 「神宮秘伝問答」
『神道大系 論説編7 伊勢神道 下』 神道大系編纂会編 西川順土校注 神道大系編纂会 1982 20,548p 23cm 13000円 Ⓝ170.8
☆「世界名著大事典 補遺(Extra)」

05945 「大神宮神道或問」
『度会神道大成 後篇』〔宇治山田〕 神宮司庁 1955 851p 図版 22cm Ⓝ171.2
☆「世界名著大事典 補遺(Extra)」

出久根 達郎　でくね・たつろう
05946 「佃島ふたり書房」

『佃島ふたり書房』 出久根達郎著 講談社 1995 349p 15cm(講談社文庫) 560円 ①4-06-263012-5 Ⓝ913.6
☆「現代文学鑑賞辞典」

手嶋 兼輔　てじま・けんすけ
05947 「海の文明ギリシア」
『海の文明ギリシアー「知」の交差点としてのエーゲ海』 手嶋兼輔著 講談社 2000 253p 19cm(講談社選書メチエ 185)〈文献あり〉 1600円 ①4-06-258185-X Ⓝ231
☆「21世紀の必読書100選」

手島 堵庵　てじま・とあん
05948 「朝倉新話」
『手島堵庵全集』 増補 大阪 清文堂出版 1973 917p 図 肖像 22cm〈編者:柴田実〉 8800円 Ⓝ158.2
☆「教育の名著80選解題」

05949 「会友大旨」
『石門心学書集成 第2巻 慈音尼兼葭・手島堵庵 1』 小泉吉永編・解題 クレス出版 2013 606p 22cm〈布装 「道得問答」安永三年刊の複製 「坐談随筆」明和八年刊の複製ほか〉 ①978-4-87733-754-4 Ⓝ157.9
☆「世界名著大事典」

05950 「坐談随筆」
『手島堵庵全集』 増補 大阪 清文堂出版 1973 917p 図 肖像 22cm〈編者:柴田実〉 8800円 Ⓝ158.2
☆「教育の名著80選解題」

05951 「前訓」
『手島堵庵全集』 増補 大阪 清文堂出版 1973 917p 図 肖像 22cm〈編者:柴田実〉 8800円 Ⓝ158.2
☆「教育の名著80選解題」

手島 悠介　てしま・ゆうすけ
05952 「「かぎばあさん」シリーズ」
『ふしぎなかぎばあさん』 手島悠介作 岡本颯子画 岩崎書店 1979 174p 18cm(フォア文庫) 390円
☆「少年少女の名作案内 日本の文学ファンタジー編」

手塚 章　てづか・あきら
05953 「続・地理学の古典―フンボルトの世界」
『続・地理学の古典―フンボルトの世界』 手塚章編 古今書院 1997 378p 19cm 4200円 ①4-7722-4007-1
☆「学問がわかる500冊 v.2」

手塚 治虫 てづか・おさむ

05954 「鉄腕アトム」
『鉄腕アトム―カラー版：限定BOX ［5］-25 地球最後の日の巻』 手塚治虫著 ［復刻］ 小学館クリエイティブ 2012 89p 26cm 〈「光文社のカッパ・コミックス」版の複製 小学館〔発売〕〉 Ⓝ726.1
☆「近代日本の百冊を選ぶ」

05955 「火の鳥」
『火の鳥 1 黎明編』 手塚治虫著 小学館クリエイティブ 2013 351p 20cm （GAMANGA BOOKS）〈角川書店 1986年刊の新装版 小学館〔発売〕〉 950円 Ⓘ978-4-7780-3261-6 Ⓝ726.1
☆「20世紀を震撼させた100冊」

手塚 岸衛 てづか・きしえ

05956 「自由教育真義」
『自由教育真義』 手塚岸衛著 三浦茂一解説 日本図書センター 1982 310,12p 図版10枚 22cm（教育名著叢書 9）〈東京宝文館大正11年刊の複製〉 4500円 Ⓝ371.5
☆「21世紀の教育基本書」，「名著解題」

手塚 英孝 てづか・ひでたか

05957 「虱」
『日本プロレタリア文学集 20 「戦旗」「ナップ」作家集 7』 新日本出版社 1985 626p 19cm 2600円 Ⓝ913.68
☆「日本のプロレタリア文学」

鉄眼 てつげん

05958 「鉄眼禅師仮名法語」
『鉄眼―仮字法語・化縁之疏』 鉄眼著 源了円著 講談社 1994 166p 20cm（禅入門 10）〈著者の肖像あり 鉄眼略年譜：p162～166〉 2300円 Ⓘ4-06-250210-0 Ⓝ188.84
☆「世界名著大事典」

寺門 静軒 てらかど・せいけん

05959 「江戸繁昌記」
『江戸繁昌記』 寺門静軒原著 竹谷長二郎訳 ［東村山］ 教育社 1980 2冊 18cm（教育社新書 原本現代訳 52,53） 各700円 Ⓝ210.5
☆「古典の事典」，「日本の書物」

寺久保 光良 てらくぼ・みつよし

05960 「福祉が人を殺すとき」
『「福祉」が人を殺すとき―ルポルタージュ・飽食時代の餓鬼 餓死・自殺―相次ぐ生活保護行政の実態と背景』 寺久保光良著 あけび書房 1988 254p 20cm〈参考文献：p254〉

1500円 Ⓘ4-900423-30-0 Ⓝ369.2
☆「学問がわかる500冊」

寺﨑 昌男 てらさき・まさお

05961 「プロムナード東京大学史」
『プロムナード東京大学史』 寺﨑昌男著 東京大学出版会 1992 255,11p 19cm 2575円 Ⓘ4-13-003302-6 Ⓝ377.28
☆「学問がわかる500冊」

寺島 実郎 てらじま・じつろう

05962 「国家の論理と企業の論理」
『国家の論理と企業の論理―時代認識と未来構想を求めて』 寺島実郎著 中央公論社 1998 173p 18cm（中公新書） 660円 Ⓘ4-12-101434-0 Ⓝ319.1
☆「21世紀の必読書100選」

寺島 良安 てらじま・りょうあん

05963 「和漢三才図会」
『和漢三才図会―経絡・肢体部』 寺島良安原著 横山一豊編注 たにぐち書店 2011 275p 22cm〈文献あり〉 4000円 Ⓘ978-4-86129-147-0 Ⓝ490.9
☆「アジアの比較文化」，「古典の事典」，「自然科学の名著100選 中」，「世界名著大事典」，「日本名著辞典」

寺田 隆信 てらだ・たかのぶ

05964 「永楽帝」
『永楽帝』 寺田隆信著 中央公論社 1997 285p 16cm（中公文庫）〈年譜：p281～285〉 680円 Ⓘ4-12-202799-3 Ⓝ222.058
☆「世界史読書案内」

寺田 透 てらだ・とおる

05965 「源氏物語一面」
『源氏物語一面―平安文学覚書』 寺田透著 東京大学出版会 1973 320p 19cm（UP選書） 580円 Ⓝ913.3
☆「古典をどう読むか」

寺田 寅彦 てらだ・とらひこ

05966 「科学者とあたま」
『現代日本文学大系 29 鈴木三重吉，森田草平，寺田寅彦，内田百間，中勘助集』 筑摩書房 1971 468p 肖像 23cm Ⓝ918.6
☆「名作の研究事典」

05967 「寺田寅彦随筆集」
『寺田寅彦随筆集 第1巻』 小宮豊隆編 岩波書店 1993 305p 19cm（ワイド版岩波文庫） 1100円 Ⓘ4-00-007098-3 Ⓝ914.6
☆「日本の名著」，「ブックガイド "数学"を読む」，

「ブックガイド 文庫で読む科学」，「物理ブックガイド100」

05968 「寺田寅彦全集」
『寺田寅彦全集　第1巻』　岩波書店　1996　368p　20cm〈著者の肖像あり〉　2987円　Ⓘ4-00-092071-5　Ⓝ081.6
☆「ブックガイド 文庫で読む科学」

05969 「冬彦集」
『冬彦集』　吉村冬彦著　15版　岩波書店　1949　501p　19cm　Ⓝ914.6
☆「世界名著大事典」，「大正の名著」，「日本近代文学名著事典」，「日本文学鑑賞辞典〔第2〕」，「日本文学現代名作事典」，「明治・大正・昭和の名著・総解説」

05970 「藪柑子集」
『藪柑子集』　吉村冬彦著　6版　岩波書店　1949　140p　15cm〈岩波文庫〉　Ⓝ914.6
☆「感動！ 日本の名著 近現代編」，「大正の名著」，「日本の名著」，「日本文学現代名作事典」，「日本文芸鑑賞事典 第7巻（1920〜1923年）」，「明治・大正・昭和の名著・総解説」

寺西 重郎　てらにし・じゅうろう

05971 「日本の経済発展と金融」
『日本の経済発展と金融』　寺西重郎著　岩波書店　1982　652p　22cm（一橋大学経済研究叢書　別冊）〈参考文献：p625〜641〉　8700円　Ⓝ338.21
☆「日本経済本38」

寺村 輝夫　てらむら・てるお

05972 「「王さま」シリーズ」
『ぞうのたまごのたまごやき』　寺村輝夫作　和歌山静子絵　理論社　2009　40p　23cm（王さまのえほん　1）〈講談社1971年刊の復刊〉　1300円　Ⓘ978-4-652-04077-5　Ⓝ913.6
☆「少年少女の名作案内 日本の文学ファンタジー編」

寺山 修司　てらやま・しゅうじ

05973 「あゝ、荒野」
『あゝ、荒野』　寺山修司［著］　角川書店　2009　363p　15cm（角川文庫　15570）〈角川グループパブリッシング〔発売〕〉　590円　Ⓘ978-4-04-131533-0　Ⓝ913.6
☆「日本文学 これを読まないと文学は語れない!!」

05974 「書を捨てよ、町へ出よう」
『書を捨てよ、町へ出よう』　寺山修司著　改版　角川書店　2004　332p　15cm（角川文庫）　514円　Ⓘ4-04-131522-0
☆「現代文学鑑賞辞典」

05975 「戦後詩―ユリシーズの不在」
『戦後詩―ユリシーズの不在』　寺山修司［著］　講談社　2013　253p　16cm（講談社文芸文庫　てB4）〈ちくま文庫1993年刊の再刊〉　1300円　Ⓘ978-4-06-290205-2　Ⓝ911.5
☆「必読書150」

05976 「空には本」
『空には本―寺山修司歌集』　寺山修司著　復刻　沖積舎　2003　149p　19×19cm〈原本：的場書房1958年刊　肖像あり〉　3500円　Ⓘ4-8060-1101-0　Ⓝ911.168
☆「日本文芸鑑賞事典　第17巻（1955〜1958年）」

05977 「血は立ったまま眠っている」
『血は立ったまま眠っている―寺山修司戯曲集』　寺山修司著　思潮社　1965　250p　20cm　Ⓝ912.6
☆「日本文芸鑑賞事典 第19巻」

05978 「両手いっぱいの言葉 413のアフォリズム」
『両手いっぱいの言葉―413のアフォリズム』　寺山修司著　新潮社　1997　277p　16cm（新潮文庫）〈年譜あり　著作目録あり〉　514円　Ⓘ4-10-143021-7　Ⓝ917
☆「読書入門」

伝記刊行会　でんきかんこうかい

05979 「提督小沢治三郎伝」
『提督小沢治三郎伝』　提督小沢治三郎伝刊行会編　原書房　1969　322p　図版　地図　22cm（明治百年史叢書）〈付録（298-322p）：小沢治三郎手記『思ひ出す儘』〉　2000円　Ⓝ289.1
☆「日本海軍の本・総解説」

伝記編纂委員会　でんきへんさんいいんかい

05980 「鈴木貫太郎伝」
『歴代総理大臣伝記叢書　第32巻　鈴木貫太郎』　御厨貴監修　ゆまに書房　2006　606p　図版12枚　22cm〈複製　肖像あり　年譜あり　文献あり〉　28000円　Ⓘ4-8433-2043-9,4-8433-2298-9　Ⓝ312.8
☆「日本海軍の本・総解説」

伝記編纂会　でんきへんさんかい

05981 「元帥加藤友三郎伝」
『歴代総理大臣伝記叢書　第13巻　加藤友三郎』　御厨貴監修　ゆまに書房　2006　16,287p　図版35枚　22cm〈複製　折り込1枚　肖像あり　年譜あり〉　14000円　Ⓘ4-8433-1791-8,4-8433-1776-4　Ⓝ312.8
☆「日本海軍の本・総解説」

05982 「伯爵山本権兵衛伝」
『伯爵山本権兵衛伝　巻上』　故伯爵山本海軍大将伝記編纂会編　原書房　1968　788p　図版　22cm（明治百年史叢書）〈昭和13年（山本清）

刊の複刻〉　4500円　Ⓝ289.1
☆「日本海軍の本・総解説」

天童 荒太　てんどう・あらた
05983　「永遠の仔」
『永遠の仔　1（再会）』　天童荒太［著］　幻冬舎　2004　396p　16cm（幻冬舎文庫）571円　Ⓘ4-344-40571-4　Ⓝ913.6
☆「知らないと恥ずかしい「日本の名作」あらすじ200本」

天藤 真　てんどう・しん
05984　「大誘拐」
『大誘拐』　天藤真著　東京創元社　2000　456p　15cm（創元推理文庫　天藤真推理小説全集　9）　840円　Ⓘ4-488-40809-5　Ⓝ913.6
☆「世界の推理小説・総解説」

【 と 】

土居 光知　どい・こうち
05985　「文学序説」
『文学序説』　土居光知著　再訂版　岩波書店　1950　412p　22cm　Ⓝ901
☆「世界名著大事典」、「大正の名著」、「日本文学現代名作事典」、「明治・大正・昭和の名著・総解説」

戸井 十月　とい・じゅうがつ
05986　「海人」
『海人』　戸井十月著　双葉社　1994　243p　20cm　1700円　Ⓘ4-575-23184-3　Ⓝ913.6
☆「世界の海洋文学」

土居 全二郎　どい・ぜんじろう
05987　「総帆をあげて」
『総帆あげて―遠洋航海と若者たち』　土井全二郎著　海文堂出版　1977　270p　19cm〈主な参考文献：p.267〜269〉　950円　Ⓝ558.04
☆「世界の海洋文学」

05988　「ダンピールの海」
『ダンピールの海―戦時船員たちの記録』　土井全二郎著　丸善　1994　253p　19cm（丸善ブックス　7）〈主要参考文献：p248〜250〉　1800円　Ⓘ4-621-06007-4　Ⓝ210.75
☆「世界の海洋文学」

土居 健郎　どい・たけお
05989　「「甘え」の構造」
『「甘え」の構造』　土居健郎著　増補普及版　弘文堂　2007　318p　19cm〈文献あり〉

1300円　Ⓘ978-4-335-65129-8　Ⓝ146.1
☆「大人のための日本の名著50」、「精神分析の名著」、「日本人とは何か」、「日本の社会と文化」、「日本文化論の名著入門」、「日本文芸鑑賞事典　第20巻（昭和42〜50年）」、「ブックガイド心理学」

05990　「精神療法と精神分析」
『精神療法と精神分析』　土居健郎著　金子書房　1961　265p　22cm　Ⓝ493.7
☆「精神医学の名著50」

土井 勤　どい・つとむ
05991　「わが大空の決戦」
『わが大空の決戦―ある軽爆戦隊長の手記』　土井勤著　光人社　1968　245p　図版　20cm　480円　Ⓝ915.9
☆「日本陸軍の本・総解説」

土井 利位　どい・としつら
05992　「雪華図説」
『雪華図説―正・続「復刻版」　雪華図説新考』　土井利位,小林禎作著　築地書館　1982　16枚,161p　20cm〈参考文献：p160〜161〉2600円　Ⓝ451.66
☆「世界名著大事典」、「日本の古典名著」

土井 晩翠　どい・ばんすい
05993　「荒城の月」
『荒城の月―混声合唱曲』　土井晩翠作詩　滝廉太郎作曲　若松正司編曲　第2版　平塚　キックオフ　2009　7p　30cm (Chorus score club)　667円　Ⓘ978-4-901753-99-9　Ⓝ767.4
☆「日本文芸鑑賞事典　第2巻（1895〜1903年）」

05994　「天地有情」
『天地有情』　土井晩翠著　仙台　仙台文学館　2005　207p　19cm（仙台文学館選書）〈仙台本の森〔発売〕　年譜あり〉　800円　Ⓘ4-938965-71-2　Ⓝ911.56
☆「世界名著大事典」、「日本近代文学名著事典」、「日本文学鑑賞辞典〔第2〕」、「日本文学現代名作事典」、「日本文芸鑑賞事典　第2巻（1895〜1903年）」、「日本名著辞典」、「文学・名著300選の解説　'88年度版」

土居 洋文　どい・ひろふみ
05995　「老化―DNAのたくらみ」
『老化―DNAのたくらみ』　土居洋文著　岩波書店　1991　131,3p　19cm (New science age　43)〈巻末：参考文献〉　1100円　Ⓘ4-00-007403-2　Ⓝ467
☆「学問がわかる500冊 v.2」

土居 水也　どい・みずや
05996　「清良記」

土居 義岳　どい・よしたけ

05997　「言葉と建築—建築批評の史的地平と諸概念」

『言葉と建築—建築批評の史的地平と諸概念』　土居義岳著　建築技術　1997　367p　22cm　〈文献あり〉　3800円　Ⓘ4-7677-0079-5　Ⓝ520.4

☆「建築の書物/都市の書物」

戸板 康二　といた・やすじ

05998　「グリーン車の子供」

『グリーン車の子供』　戸板康二著　東京創元社　2007　698p　15cm（創元推理文庫　中村雅楽探偵全集　2）　1500円　Ⓘ978-4-488-45802-7　Ⓝ913.6

☆「世界の推理小説・総解説」

東 常縁　とう・つねより

05999　「常縁集」

『群書類従　第15輯　和歌部』　塙保己一編纂　オンデマンド版　八木書店古書出版部　2013　770p　21cm（訂正3版：続群書類従完成会　1980年刊　デジタルパブリッシングサービス〔印刷・製本〕　八木書店〔発売〕）　12000円　Ⓘ978-4-8406-3126-6　Ⓝ081

☆「近代名著解題選集 3」

06000　「東野州聞書」

『歌論歌学集成　第12巻』　深津睦夫, 安達敬子校注　三弥井書店　2003　229p　22cm　7200円　Ⓘ4-8382-3105-9　Ⓝ911.101

☆「近代名著解題選集 3」

洞院 公賢　とういん・きんかた

06001　「園太暦」

『園太暦　巻1　洞院系図, 応長元年2月—貞和2年5月』　洞院公賢著　岩橋小弥太, 斎木一馬校訂　続群書類従完成会　1970　532p　図版　22cm〈昭和11年刊の複製〉　3500円　Ⓝ210.458

☆「世界名著大事典」

06002　「拾芥抄」

『拾芥抄』　洞院公賢撰　洞院実熙補　古辞書叢刊刊行会編　古辞書叢刊刊行会　1976　3冊　27cm（古辞書叢刊）〈〔東京〕　雄松堂書店〔発売〕　尊経閣文庫蔵本　天正17年吉田梵舜自筆の複製　付〔別冊19cm〕：解説（川瀬一馬）　帙入　和装〉　Ⓝ031

☆「世界名著大事典」，「日本名著辞典」

洞院 公定　とういん・きんさだ

06003　「尊卑分脈」

『尊卑分脉　第1篇』　〔洞院公定〕〔撰〕　吉川弘文館　2007　409p　27cm（國史大系　新訂増補　第58巻　黒板勝美, 国史大系修会編）〈平成13年刊（新装版）を原本としたオンデマンド版〉　11000円　Ⓘ978-4-642-04061-7　Ⓝ288.2

☆「世界名著大事典」，「日本名著辞典」，「日本歴史古典籍」総覧」，「歴史の名著100」

東海 散士　とうかい・さんし

06004　「佳人の奇遇」

『政治小説集　2』　大沼敏男, 中丸宣housing校注　岩波書店　2006　701p　22cm（新日本古典文学大系　明治編　17　中野三敏, 十川信介, 延広真治, 日野龍夫編）　6500円　Ⓘ4-00-240217-7　Ⓝ913.68

☆「近代文学名作事典」，「世界名著大事典」，「日本文学鑑賞辞典〔第2〕」，「日本文学現代名作事典」，「日本文学名作概観」，「日本文芸鑑賞事典　第1巻」，「日本名著辞典」，「明治・大正・昭和の名著・総解説」，「明治の名著 2」

東京科学博物館　とうきょうかがくはくぶつかん

06005　「江戸時代の科学」

『江戸時代の科学』　東京科学博物館編　名著刊行会　1969　345,45p　図版17枚　22cm〈博文館　昭和9年刊の複製　限定版〉　5000円　Ⓝ402.105

☆「世界名著大事典」

東京建築探偵団　とうきょうけんちくたんていだん

06006　「スーパーガイド 建築探偵術入門」

『スーパーガイド　建築探偵術入門—東京, 横浜の西洋館230を追跡する』　東京建築探偵団著　文藝春秋　1986　261p　15cm（文春文庫　ビジュアル版）　480円　Ⓘ4-16-811003-6

☆「学問がわかる500冊 v.2」

東京好古社　とうきょうこうこしゃ

06007　「好古類纂」

『好古類纂』　好古社編　好古社　1900　38冊　23cm〈和装〉　Ⓝ081

☆「日本名著辞典」

東京慈恵医科大学　とうきょうじけいいかだいがく

06008　「高木兼寛伝」

『高木兼寛伝』　東京慈恵会医科大学創立八十五年記念事業委員会編　東京慈恵会医科大学創

立八十五年記念事業委員会　1965　341p　図版　22cm　Ⓝ289.1
☆「日本海軍の本・総解説」

東京市政調査会　とうきょうしせいちょうさかい

06009　「自治五十年史」
『自治五十年史　第1巻　制度篇』　東京市政調査会編　良書普及会　1940　633p　22cm　Ⓝ318
☆「世界名著大事典」

東京大学社会科学研究所　とうきょうだいがくしゃかいかがくけんきゅうしょ

06010　「基本的人権」
『基本的人権　第1　総論』　東京大学社会科学研究所編　東京大学出版会　1968　381p　22cm　1500円　Ⓝ313.19
☆「憲法本41」

東京大学史料編纂所　とうきょうだいがくしりょうへんさんしょ

06011　「大日本古文書」
『大日本古文書　幕末外國關係文書之52　文久元年三月』　東京大学史料編纂所編纂　[東京]　東京大学史料編纂所　2013　466p　22cm〈[東京]東京大学出版会〔発売〕〉　11100円　①978-4-13-091452-9　Ⓝ210.088
☆「日本名著辞典」

06012　「大日本史料」
『大日本史料　第9編之26　後柏原天皇─自大永四年正月至同年三月』　東京大学史料編纂所編纂　[東京]　東京大学史料編纂所　2012　362p　22cm〈[東京]東京大学出版会〔発売〕〉　8900円　①978-4-13-090426-1　Ⓝ210.088
☆「人文科学の名著」，「日本名著辞典」

道契　どうけい

06013　「続日本高僧伝」
『大日本佛教全書　第104巻　続日本高僧伝　東国高僧伝』　仏書刊行会編纂　道契,性敦[撰]　大法輪閣　2007　372p　22cm〈名著普及会昭和54年刊(覆刻版)を原本としたオンデマンド版〉　7600円　①978-4-8046-1748-0　Ⓝ180.8
☆「世界名著大事典　補遺(Extra)」

06014　「続本朝高僧伝」
『大日本佛教全書　第104巻　続日本高僧伝　東国高僧伝』　仏書刊行会編纂　道契,性敦[撰]　大法輪閣　2007　372p　22cm〈名著普及会昭和54年刊(覆刻版)を原本としたオンデマンド版〉　7600円　①978-4-8046-1748-0　Ⓝ180.8
☆「世界名著大事典　補遺(Extra)」

道元　どうげん

06015　「学道用心集」
『学道用心集』　道元著　飛騨道学寮　1935　19p　23cm〈和装〉　Ⓝ188.8
☆「世界名著大事典」

06016　「傘松道詠」
『仏教教育思想　第3巻』　新装版　日本図書センター　2001　980p　22cm(日本近世教育思想シリーズ)　①4-8205-5990-7,4-8205-5987-7　Ⓝ184
☆「世界名著大事典」

06017　「正法眼蔵」
『正法眼蔵─新訳　迷いのなかに悟りがあり、悟りのなかに迷いがある』　道元著　ひろさちや編訳　PHP研究所　2013　244p　18cm　950円　①978-4-569-81270-0　Ⓝ188.81
☆「大人のための日本の名著50」，「学術辞典叢書　第15巻」，「教育の名著80選解題」，「近代名著解題選集 3」，「古典の事典」，「世界の「名著」50」，「世界の名著早わかり事典」，「世界名著解題選　第2巻」，「世界名著大事典」，「2ページでわかる日本の古典傑作選」，「日本古典への誘い100選 2」，「日本の古典名著」，「日本の書物」，「日本文学鑑賞辞典〔第1〕」，「日本名著辞典」，「仏教の名著」

06018　「正法眼蔵随聞記」
『正法眼蔵随聞記』　山崎正一全訳注　講談社　2003　356p　15cm(講談社学術文庫)　1150円　①4-06-159622-5　Ⓝ188.84
☆「千年の百冊」

06019　「典座教訓」
『典座教訓─永平寺流精進料理の心』　道元著　佐藤達全訳　[東村山]　教育社　1988　258p　18cm(教育社新書　原本現代訳　135)〈道元の肖像あり〉　980円　①4-315-50685-0　Ⓝ188.86
☆「古典の事典」

06020　「普勧坐禅儀」
『道元禅師全集─原文対照現代語訳　第14巻　語録』　道元[述]　伊藤秀憲,角田泰隆,石井修道訳註　春秋社　2007　442p　22cm　6800円　①978-4-393-15034-4　Ⓝ188.8
☆「世界名著大事典」，「日本の古典名著」

06021　「宝慶記」
『宝慶記』　道元撰　宇井伯寿訳註　岩波書店　1964　118p　15cm(岩波文庫)〈明和8年出版本と対照して国訳したもの〉　Ⓝ188.84
☆「世界名著大事典」

道興　どうこう

06022　「廻国雑記」
『廻国雑記標註』　関岡野洲良著　勉誠社　1985

246,11p　21cm〈勉誠社文庫　130〉〈解説：中田嘉種　中田祝夫所蔵の複製〉　2500円
　Ⓝ915.4
　☆「日本名著辞典」

道光　どうこう

06023　「黒谷上人語灯録」
『黒谷上人語燈録写本集成　1　善照寺本古本漢語燈録』　浄土宗総合研究所編　石上善應監修［了恵道光］［編］　［京都］　浄土宗　2011　477p　22cm〈複製〉　12000円
　Ⓘ978-4-88363-053-0　Ⓝ188.64
　☆「世界名著大事典」

東郷　茂徳　とうごう・しげのり

06024　「時代の一面」
『時代の一面―東郷茂徳外交手記』　東郷茂徳著　普及版　原書房　2005　438p　22cm〈肖像あり　年譜あり〉　3800円　Ⓘ4-562-03950-7　Ⓝ319.1
　☆「世界名著大事典 補遺(Extra)」

東郷　隆　とうごう・りゅう

06025　「覇王の海上要塞―信長の野望」
『覇王の海上要塞―信長の野望』　東郷隆著　横浜　光栄　1991　262p　20cm　1500円
　Ⓘ4-906300-25-1　Ⓝ913.6
　☆「世界の海洋文学」

東条　琴台　とうじょう・きんだい

06026　「先哲叢談」
『先哲叢談』　原念斎［著］　源了円、前田勉訳注　平凡社　1994　472p　18cm〈東洋文庫574〉　3296円　Ⓘ4-582-80574-4　Ⓝ121.53
　☆「古典の事典」,「世界名著大事典」

東条　英昭　とうじょう・ひであき

06027　「動物をつくる遺伝子工学」
『動物をつくる遺伝子工学―バイオ動物はなぜ必要か?』　東条英昭著　講談社　1996　227,3p　18cm〈ブルーバックス〉　760円
　Ⓘ4-06-257124-2　Ⓝ467.2
　☆「学問がわかる500冊 v.2」

東条英機刊行会　とうじょうひできかんこうかい

06028　「東条英機」
『東条英機』　東条英機刊行会,上法快男編　芙蓉書房　1974　760p　図　20cm〈東条英機略年譜：p.757-760〉　3500円　Ⓝ210.5
　☆「日本陸軍の本・総解説」

ドウス昌代　どうすまさよ

06029　「イサム・ノグチ」

『イサム・ノグチ―宿命の越境者　上』　ドウス昌代［著］　講談社　2003　461p　15cm〈講談社文庫〉　752円　Ⓘ4-06-273690-X
　Ⓝ712.53
　☆「教養のためのブックガイド」

東大十八史会　とうだいじゅうはちしかい

06030　「学徒出陣の記録」
『学徒出陣の記録―あるグループの戦争体験』　東大十八史会　中央公論社　1968　222p　図版　18cm〈中公新書〉　230円　Ⓝ915.9
　☆「日本陸軍の本・総解説」

道忠　どうちゅう

06031　「禅林象器箋」
『禅林象器箋』　道忠編　村田無道校　京都　貝葉書院　1909　858,34p　22cm〈附：無着道忠禅師（村田無道）〉　Ⓝ188.8
　☆「世界名著大事典」

藤堂　志津子　とうどう・しずこ

06032　「熟れてゆく夏」
『熟れてゆく夏』　藤堂志津子著　文芸春秋　1991　206p　16cm（文春文庫）　340円
　Ⓘ4-16-754401-6　Ⓝ913.6
　☆「現代文学鑑賞辞典」

東野　芳明　とうの・よしあき

06033　「マルセル・デュシャン」
『マルセル・デュシャン』　東野芳明著　美術出版社　1977　466p　22cm〈年譜・文献目録・作品目録：p.425〜466〉　4900円　Ⓝ723.5
　☆「伝記・自叙伝の名著」

道白　どうはく

06034　「永平広録」
『道元「永平広録 真賛・自賛・偈頌」』　大谷哲夫全訳注　講談社　2014　343p　15cm〈講談社学術文庫　2241〉　1100円
　Ⓘ978-4-06-292241-8　Ⓝ188.84
　☆「世界名著大事典」

東畑　精一　とうはた・せいいち

06035　「アメリカ資本主義見聞記」
『アメリカ資本主義見聞記』　東畑精一著　岩波書店　1957　216p　図版　18cm〈岩波新書〉
　Ⓝ332.53
　☆「現代人のための名著」

06036　「日本農業の展開過程」
『日本農業の展開過程』　東畑精一著　増補改訂版　岩波書店　1947　436p　21cm〈増訂初刷　昭和11〉　Ⓝ611
　☆「世界名著大事典」,「農政経済の名著 昭和前期編」

ドゥーフ，ヘンドリック

06037　「長崎ハルマ」
『道訳法児馬　第1巻』　ヘンドリック・ヅーフ編著　ゆまに書房　1998　714p　27cm〈近世蘭語学資料　第3期〉〈静嘉堂文庫蔵の複製〉　16250円　Ⓘ4-89714-257-1, 4-89714-256-3　Ⓝ849.3
☆「世界名著大事典 補遺（Extra）」

藤間 生大　とうま・せいた

06038　「日本古代国家―成立より没落まで。とくにその基礎構造の把握と批判」
『日本古代国家』　藤間生大著　河出書房　1951　390p　22cm　Ⓝ210.3
☆「日本史の名著」，「歴史の名著 日本人篇」

童門 冬二　どうもん・ふゆじ

06039　「上杉鷹山」
『小説上杉鷹山』　童門冬二著　集英社　1996　684p　16cm〈集英社文庫〉〈年譜：p676～684〉　980円　Ⓘ4-08-748546-3　Ⓝ913.6
☆「面白いほどよくわかる時代小説名作100」

06040　「海の街道」
『海の街道―銭屋五兵衛と冒険者たち 上』　童門冬二著　学陽書房　1997　348p　15cm〈人物文庫〉　660円　Ⓘ4-313-75031-2　Ⓝ913.6
☆「世界の海洋文学」

06041　「新撰組の女たち」
『新撰組の女たち』　童門冬二著　旺文社　1985　222p　16cm〈旺文社文庫〉　340円　Ⓘ4-01-061491-9　Ⓝ913.6
☆「歴史小説・時代小説 総解説」

唐来 参和　とうらい・さんな

06042　「莫切自根金生木」
『日本ジュニア文学名作全集 1』　日本ペンクラブ編　井上ひさし選　汐文社　2000　211p　20cm　1600円　Ⓘ4-8113-7328-6
☆「作品と作者」

東嶺　とうれい

06043　「宗門無尽灯論」
『宗門無尽灯論―無の道』　藤本治彦　春秋社　1993　231p　20cm　2200円　Ⓘ4-393-14379-5　Ⓝ188.81
☆「世界名著大事典」

東麓破衲　とうろくのはのう

06044　「下学集」
『下学集―三種』　東麓破衲著　東京大学国語研究室編　汲古書院　1988　463p　22cm〈東京大学国語研究室資料叢書　第14巻〉〈解題：坂

梨隆三 天文二十三年本、永禄二年本、黒川本の複製〉　8000円　Ⓝ813.1
☆「古典の事典」，「世界名著大事典」，「日本名著辞典」

遠山 茂樹　とおやま・しげき

06045　「昭和史」
『昭和史』　遠山茂樹、今井清一、藤原彰著　新版　岩波書店　2002　310,6p　18cm〈岩波新書〉〈第62刷〉　780円　Ⓘ4-00-413130-8
☆「昭和の名著」，「明治・大正・昭和の名著・総解説」

06046　「明治維新」
『明治維新』　遠山茂樹著　岩波書店　2000　361,8p　15cm〈岩波現代文庫 学術〉〈文献あり　年表あり〉　1200円　Ⓘ4-00-600032-4　Ⓝ210.61
☆「学問がわかる500冊 v.2」，「世界名著大事典」，「日本史の名著」，「歴史の名著 日本人篇」

遠山 啓　とおやま・ひらく

06047　「教師のための数学入門 数量編」
『教師のための数学入門　〔第1〕　数量編』　遠山啓著　国土社　1960　264p　19cm　Ⓝ375.4
☆「数学ブックガイド100」

06048　「無限と連続―現代数学の展望」
『無限と連続』　遠山啓著　改版　岩波書店　1980　189p　18cm〈岩波新書〉〈参考書：p189〉　380円　Ⓝ410
☆「近代日本の百冊を選ぶ」，「数学ブックガイド100」，「必読書150」

栂尾 祥雲　とがのお・しょううん

06049　「曼荼羅の研究」
『栂尾祥雲全集　第4巻　曼荼羅の研究』　高野山大学密教文化研究所編　〔高野町（和歌山県）〕　高野山大学密教文化研究所　1982　532,45,12p 図版94枚　27cm〈高野山大学出版部昭和2年刊の複製　京都 臨川書店〔発売〕〉　28000円　Ⓘ4-653-00742-X　Ⓝ188.5
☆「世界名著大事典」

戸川 隼人　とがわ・はやと

06050　「マトリクスの数値計算」
『マトリクスの数値計算』　戸川隼人著　オーム社　1971　323p　21cm〈参考文献：p.〔297〕-316〉　2000円　Ⓝ418.1
☆「ブックガイド 文庫で読む科学」

戸川 昌子　とがわ・まさこ

06051　「大いなる幻影」
『大いなる幻影』　戸川昌子著　講談社　1978　195p　15cm〈講談社文庫〉　240円　Ⓝ913.6

とかわ

戸川 幸夫　とがわ・ゆきお

06052　「オホーツク老人」
『オホーツク老人』　戸川幸夫著　小林照幸監修　ランダムハウス講談社　2008　468p　15cm（ランダムハウス講談社文庫）戸川幸夫動物文学セレクション　4）　920円
ⓘ978-4-270-10210-7　Ⓝ913.6
☆「世界の海洋文学」

06053　「高安犬物語」
『高安犬物語』　戸川幸夫著　国土社　2008　206p　19cm（戸川幸夫動物物語　1　戸川幸夫著）　1300円　ⓘ978-4-337-12231-4　Ⓝ645.6
☆「日本文芸鑑賞事典 第16巻」、「ポケット日本名作事典」

06054　「山岳巨人伝」
『山岳巨人伝　上』　戸川幸夫著　徳間書店　1983　315p　16cm（徳間文庫）　380円
ⓘ4-19-597543-3　Ⓝ913.6
☆「歴史小説・時代小説 総解説」

土岐 哀果　とき・あいか

06055　「NAKIWARAI」
『近代文学館—名著複刻全集　特選〔12〕NAKIWARAI』　土岐哀果著　日本近代文学館　1971　32p　18cm〈ほるぷ出版〔製作〕図書月販〔発売〕　ローマ字ひろめ会明治43年刊の複製〉　Ⓝ918.6
☆「世界名著大事典」、「世界名著大事典 補遺（Extra）」、「日本近代文学名著事典」、「日本文学鑑賞辞典〔第2〕」、「日本文芸鑑賞事典 第4巻」

土岐 善麿　とき・ぜんまろ

06056　「街上不平」
『街上不平』　土岐哀果著　東雲堂書店　1915　292p　16cm　Ⓝ913.6
☆「世界名著大事典 補遺（Extra）」

06057　「黄昏に」
『黄昏に—歌集』　土岐哀果著　西郊書房　1948　157p　15cm（日本定本詩集　第4）　Ⓝ911.168
☆「世界名著大事典 補遺（Extra）」

06058　「田安宗武」
『田安宗武　第1-4輯』　土岐善麿著　日本評論社　1942　4冊　図版　22cm　Ⓝ911.152
☆「世界名著大事典 補遺（Extra）」

06059　「土岐善麿歌論歌話」
『土岐善麿歌論歌話　上巻』　木耳社　1975　268p　22cm　7500円　Ⓝ911.104
☆「世界名著大事典 補遺（Extra）」

06060　「不平なく」

06052〜06067

『不平なく』　土岐哀果著　春陽堂　1913　204p　16cm（現代文芸叢書　第27編）　Ⓝ911.5
☆「世界名著大事典 補遺（Extra）」

時枝 誠記　ときえだ・もとき

06061　「国語学原論」
『国語学原論　上』　時枝誠記著　岩波書店　2007　346p　15cm（岩波文庫）　700円
ⓘ978-4-00-381501-4　Ⓝ810.1
☆「人文科学の名著」、「世界名著大事典」、「必読書150」

時実 利彦　ときざね・としひこ

06062　「人間であること」
『人間であること』　時実利彦著　岩波書店　2002　216p　18cm（岩波新書）〈第58刷〉　740円　ⓘ4-00-416124-X
☆「21世紀の必読書100選」

常盤 新平　ときわ・しんぺい

06063　「アメリカ情報コレクション」
『アメリカ情報コレクション』　常盤新平［ほか］編　講談社　1984　486p　18cm（講談社現代新書）　1000円　ⓘ4-06-145727-6　Ⓝ302.53
☆「『本の定番』ブックガイド」

常盤 大定　ときわ・だいじょう

06064　「支那に於ける仏教と儒教道教」
『支那に於ける仏教と儒教道教』　常盤大定著　東洋書林　1982　750,28p　22cm〈東塔文庫　昭和41年刊の複製　原書房〔発売〕〉　9500円　Ⓝ182.22
☆「世界名著大事典」

06065　「支那仏教史蹟評解」
『支那仏教史蹟　第1, 第1評解, 第2, 第2評解, 第4』　常盤大定,関野貞共著　仏教史蹟研究会　1925　5冊（図版）　23-41cm　Ⓝ180
☆「世界名著大事典」

06066　「大蔵経南条目録補正索引」
『大蔵経南条目録補正索引』　南条博士記念刊行会編　南条博士記念刊行会　1930　9,142,4p　23cm〈英語書名：Japanese Alphabetical Index of Nanjō's Catalogue of the Buddhist Tripitaka〉　Ⓝ183
☆「世界名著大事典」

徳岡 孝夫　とくおか・たかお

06067　「アイアコッカ」
『アイアコッカ—わが闘魂の経営』　L.アイアコッカ著　徳岡孝夫訳　ゴマブックス　2009　540p　15cm（ゴマ文庫　G096）　838円
ⓘ978-4-7771-5103-5　Ⓝ289.3
☆「経済経営95冊」

徳川 宗春　とくがわ・むねはる

06068　「温知政要」
『温知政要』　徳川宗春著　大石学訳・解説　名古屋　海越出版社　1996　101p　21cm〈年譜あり〉　1650円　Ⓘ4-87697-224-9　Ⓝ311.21
☆「古典の事典」

徳川 好敏　とくがわ・よしとし

06069　「日本航空事始」
『日本航空事始』　航空同人会編　徳川好敏著　出版協同社　1964　244p 図版　19cm　Ⓝ687.21
☆「日本陸軍の本・総解説」

禿氏 祐祥　とくし・ゆうしょう

06070　「東洋印刷史序説」
『東洋印刷史序説』　禿氏祐祥著　京都　平楽寺書店　1951　120p 図版20枚　22cm　Ⓝ749.22
☆「世界名著大事典」

徳田 秋声　とくだ・しゅうせい

06071　「足跡」
『足迹』　徳田秋聲著　金沢　徳田秋聲記念館　2009　309p　15cm（徳田秋聲記念館文庫）　700円　Ⓝ913.6
☆「世界名著大事典」、「日本文学鑑賞辞典〔第2〕」

06072　「あらくれ」
『あらくれ』　徳田秋声［著］　講談社　2006　279p　16cm（講談社文芸文庫）〈年譜あり　著作目録あり〉　1300円　Ⓘ4-06-198448-9　Ⓝ913.6
☆「一度は読もうよ！日本の名著」、「一冊で日本の名著100冊を読む 続」、「一冊で100名作の「さわり」を読む」、「感動！日本の近現代編」、「近代日本の百冊を選ぶ」、「現代文学鑑賞辞典」、「新潮文庫20世紀の100冊」、「世界名作事典」、「世界名著大事典」、「大正の名著」、「日本近代文学名著集」、「日本の小説101」、「日本の名著3分間読書100」、「日本文学鑑賞辞典〔第2〕」、「日本文学現代名作事典」、「日本文学名作案内」、「日本文芸鑑賞事典 第5巻」、「必読書150」、「ポケット日本名作事典」

06073　「新世帯」
『新世帯』　徳田秋声著　新潮社　1909　157p　19cm　Ⓝ913.6
☆「これだけは読んでおきたい日本の名作文学案内」、「世界名著大事典」、「日本文学鑑賞辞典〔第2〕」、「日本文芸鑑賞事典 第3巻（1904～1909年）」

06074　「仮装人物」
『仮装人物』　徳田秋声著　講談社　1992　393p　15cm（講談社文芸文庫）〈著書目録：p389～393〉　1200円　Ⓘ4-06-196192-6　Ⓝ913.6
☆「近代文学名作事典」、「世界名著大事典」、「大作

家"ろくでなし"列伝」、「日本の名著」、「日本文学鑑賞辞典〔第2〕」、「日本文学現代名作事典」、「ポケット日本名作事典」

06075　「黴」
『黴』　徳田秋声著　新潮社　1952　211p　16cm（新潮文庫　第378）　Ⓝ913.6
☆「世界名著大事典」、「日本近代文学名著事典」、「日本文学鑑賞辞典〔第2〕」、「日本文学現代名作事典」、「日本文芸鑑賞事典 第4巻」、「日本名著辞典」、「明治・大正・昭和の名著・総解説」、「明治の名著 2」

06076　「縮図」
『縮図』　徳田秋声作　改版　岩波書店　1992　278p　15cm（岩波文庫）〈第22刷（第1刷：1951年）〉　520円　Ⓘ4-00-310222-3　Ⓝ913.6
☆「あらすじダイジェスト」、「現代文学名作探訪事典」、「女性のための名作・人生案内」、「世界名作事典」、「世界名著大事典」、「日本近代文学名著事典」、「日本・世界名作「愛の会話」100章」、「日本の名著」、「日本文学鑑賞辞典〔第2〕」、「日本文学現代名作事典」、「日本文学名作事典」、「日本文芸鑑賞事典 第13巻」、「入門名作の世界」、「文学・名著300選の解説 '88年度版」、「ポケット日本名作事典」、「名著の履歴書」

06077　「爛」
『爛』　徳田秋声著　東峰出版　1964　219p 図版　23cm〈限定版〉　Ⓝ913.6
☆「世界名著大事典」、「日本文学鑑賞辞典〔第2〕」、「日本文芸鑑賞事典 第5巻」、「日本名著辞典」

06078　「めぐりあひ」
『めぐりあひ』　徳田秋声著　実業之日本社　1913　203p　19cm（愛子叢書　第3編）　Ⓝ913.8
☆「日本児童文学名著事典」

徳田 幸雄　とくだ・ゆきお

06079　「海の捜査官」
『海の捜査官』　徳田幸雄著　改訂版　成山堂書店　1979　206p　19cm　1500円　Ⓝ558.8
☆「世界の海洋文学」

徳富 蘇峰　とくとみ・そほう

06080　「近世日本国民史」
『近世日本国民史 織田信長 1 織田氏時代 前篇』　徳富蘇峰著　平泉澄校訂　講談社　1980　414p　15cm（講談社学術文庫）　780円　Ⓝ210.48
☆「近代日本の百冊を選ぶ」、「世界名著大事典」

06081　「公爵桂太郎伝」
『公爵桂太郎伝 乾,坤巻』　徳富猪一郎編　故桂公爵記念事業会　1917　2冊　22cm　Ⓝ289.1
☆「世界名著大事典」

06082 「公爵山県有朋伝」
　『公爵山県有朋伝　上,中,下巻』　德富猪一郎編　山県有朋公記念事業会　1933　3冊　23cm　Ⓝ289.1
　☆「世界名著大事典」

06083 「将来之日本」
　『近代日本社会学史叢書　第1期第9巻』　近代日本社会学史叢書編集委員会編　龍溪書舎　2007　160,233p　22cm〈第1期のサブタイトル：草創期・生成期(明治初年～30年代)　複製〉　Ⓘ978-4-8447-5525-8　Ⓝ361.21
　☆「世界名著大事典」,「日本近代の名著」,「明治・大正・昭和の名著・総解説」,「明治の名著1」

06084 「新日本の青年」
　『近代日本青年期教育叢書　第1期(青年期教育論)第1巻　田舎青年　新日本之青年』　山本滝之助,德富猪一郎著　日本図書センター　1990　174,21,162p　22cm〈監修：小川利夫,寺﨑昌男　複製〉　Ⓘ4-8205-5384-4,4-8205-5383-6　Ⓝ370.8
　☆「世界名著大事典」,「ベストガイド日本の名著」,「明治・大正・昭和の名著・総解説」,「明治の名著1」

06085 「宣戦の大詔」
　『宣戦の大詔』　蘇峰德富猪一郎著　東京日日新聞社〔ほか〕　1942　209p　19cm〈共同刊行：大阪毎日新聞社〉　Ⓝ390.4
　☆「国体 十冊の名著」

06086 「蘇峰自伝」
　『蘇峰自伝』　德富猪一郎著　中央公論社　1935　716,10p　19cm　Ⓝ289.1
　☆「自伝の名著101」

06087 「大正の青年と帝国の前途」
　『大正の青年と帝国の前途』　德富猪一郎著　民友社　1916　645,49p　20cm　Ⓝ304
　☆「世界名著大事典」

06088 「吉田松陰」
　『吉田松陰』　德富蘇峰著　岩波書店　2012　282p　15cm(岩波文庫)〈第23刷(第1刷1981年)〉　780円　Ⓘ978-4-00-331541-5
　☆「ベストガイド日本の名著」,「明治・大正・昭和の名著・総解説」,「明治の名著1」

德冨 蘆花　とくとみ・ろか

06089 「思い出の記」
　『日本現代文学全集　第17　德富蘆花集』　伊藤整等編　講談社　1966　414p 図版　22cm　500円　Ⓝ918.6
　☆「名作の研究事典」

06090 「思出の記」

『思出の記―小説　上』　德富健次郎作　改版　岩波書店　1969　218p　15cm(岩波文庫)　100円　Ⓝ913.6
☆「教育を考えるためにこの48冊」,「近代文学名作事典」,「これだけは読んでおきたい日本の名作文学案内」,「Jブンガク」,「世界名著大事典」,「日本文学鑑賞辞典〔第2〕」,「ポケット日本名作事典」,「明治・大正・昭和の名著・総解説」,「明治の名著2」

06091 「黒潮」
　『德冨蘆花集　第7巻　黒潮　第1篇』　德冨蘆花著　復刻　日本図書センター　1999　422p　22cm〈原本：黒潮社明治36年刊〉　Ⓘ4-8205-2810-6,4-8205-2802-5,4-8205-2803-3　Ⓝ918.68
　☆「世界名著大事典」,「日本文学鑑賞辞典〔第2〕」,「日本文芸鑑賞事典 第2巻(1895～1903年)」

06092 「自然と人生」
　『自然と人生』　德冨蘆花著　岩波書店　2005　255p　19cm(ワイド版岩波文庫)　1200円　Ⓘ4-00-007264-1　Ⓝ914.6
　☆「大人のための日本の名著50」,「世界名作事典」,「世界名著大事典」,「日本近代文学名著事典」,「日本の名著」,「日本文学鑑賞辞典〔第2〕」,「日本文学現代名作事典」,「日本文芸鑑賞事典 第2巻(1895～1903年)」,「日本名著辞典」,「ベストガイド日本の名著」,「明治・大正・昭和の名著・総解説」,「明治の名著2」,「わたしの古典 続」

06093 「新春」
　『新春』　德富健次郎著　岩波書店　1950　254p　15cm(岩波文庫)　Ⓝ914.6
　☆「世界名著大事典」

06094 「富士」
　『德冨蘆花集　第17巻　冨士―小説　第1巻』　德冨蘆花著　復刻　日本図書センター　1999　606p　22cm〈原本：福永書店大正14年刊〉　Ⓘ4-8205-2821-1,4-8205-2802-5,4-8205-2814-9　Ⓝ918.68
　☆「世界名著大事典」,「日本文学鑑賞辞典〔第2〕」

06095 「不如帰」
　『不如帰』　德冨蘆花著　大山田村(三重県)　スタイラス社　1990　303p　19cm　1500円　Ⓝ913.6
　☆「あらすじで読む日本の名著」,「一度は読もうよ！日本の名著」,「一冊で100名作の「さわり」を読む」,「感動！日本の名著 近現代編」,「近代文学名作事典」,「現代文学鑑賞辞典」,「現代文学名作探訪事典」,「3行でわかる日本の名作&ヒット本250」,「女性のための名作・人生案内」,「知らないと恥ずかしい「日本の名作」あらすじ200本」,「図説 5分でわかる日本の名作」,「世界名作事典」,「世界名著案内 3」,「世界名著大事典」,「2時間でわかる日本の名著」,「日本近代文学名著事典」,「日本人なら知っておきたいあらすじで読む日本の名著」,

「日本の名作おさらい」,「日本の名著」,「日本文学鑑賞辞典〔第2〕」,「日本文学現代名作事典」,「日本文学名作案内」,「日本文芸鑑賞事典 第2巻(1895～1903年)」,「日本名著辞典」,「日本・名著のあらすじ」,「百年の誤読」,「文学・名著300選の解説 '88年度版」,「ポケット日本名作事典」,「名作の書き出しを諳んじる」,「明治・大正・昭和のベストセラー」

06096 「みみずのたはごと」
『徳冨蘆花集 第10巻 みゝずのたはこと』 徳冨蘆花著 復刻 日本図書センター 1999 780p 22cm〈原本：新橋堂書店大正2年刊〉 ①4-8205-2813-0, 4-8205-2802-5, 4-8205-2803-3 Ⓝ918.68
☆「現代文学名作探訪事典」,「世界名著大事典」,「日本文学鑑賞辞典〔第2〕」

06097 「謀叛論」
『謀叛論―他六篇・日記』 徳富健次郎著 中野好夫編 岩波書店 1995 130p 15cm(岩波文庫)〈第6刷(第1刷：1976年)〉 360円 ①4-00-310157-X Ⓝ914.6
☆「一冊で人生論の名著を読む」,「日本近代の名著」,「明治・大正・昭和の名著・総解説」,「明治の名著 1」

06098 「寄生木」
『寄生木』 徳富蘆花著 警醒社 1909 1096p 22cm Ⓝ913.6
☆「世界名著大事典」

徳永 直 とくなが・すなお
06099 「馬」
『土とふるさとの文学全集 6 雲と青空と』 臼井吉見等編 家の光協会 1976 562p 23cm 2700円 Ⓝ918.6
☆「日本のプロレタリア文学」

06100 「太陽のない街」
『太陽のない街』 徳永直著 金曜日 2009 275p 20cm〈解説・注記：平井玄〉 1800円 ①978-4-906605-49-1 Ⓝ913.6
☆「あらすじダイジェスト」,「一度は読もうよ！日本の名著」,「一冊で日本の名著100冊を読む 続」,「近代文学名作事典」,「現代文学鑑賞辞典」,「3行でわかる名作&ヒット本350」,「昭和の名著」,「知らないと恥ずかしい「日本の名作」あらすじ200本」,「世界名作典」,「世界名著大事典」,「日本近代文学名著事典」,「日本のプロレタリア文学」,「日本文学鑑賞辞典〔第2〕」,「日本文学現代名作事典」,「日本文学名作案内」,「日本名著辞典」,「入門名作の世界」,「文学・名著300選の解説 '88年度版」,「ベストガイド日本の名著」,「ポケット日本名作事典」,「明治・大正・昭和の名著・総解説」

06101 「はたらく一家」
『はたらく一家』 徳永直著 再版 新潮社 1949 316p 15cm(新潮文庫) Ⓝ913.6

☆「現代日本文学案内」

06102 「八年制」
『八年制―他五篇』 徳永直著 新潮社 1939 306p 18cm(昭和名作選集 第6) Ⓝ913.6
☆「世界名著大事典」

06103 「町子」
『徳永直文学選集 2』 徳永直[著] 徳永直没後50年記念「徳永直文学選集」編集委員会編 熊本 熊本出版文化会館 2009 455p 21cm〈年譜あり 創流出版〔発売〕〉 2500円 ①978-4-915796-82-1 Ⓝ913.6
☆「名作の研究事典」

徳野 明 とくの・あきら
06104 「鰐部隊とパプア人マンドル」
『鰐部隊とパプア人マンドル』 徳野明著 今日の話題社 1970 350p(図版共) 20cm(太平洋戦争ノンフィクション) 490円 Ⓝ915.9
☆「日本陸軍の本・総解説」

常世田 令子 とこよだ・れいこ
06105 「港はるあき魚暦」
『港はるあき魚暦―銚子聞き書き』 常世田令子著 三一書房 1982 206p 20cm〈参考文献：p206〉 1500円 Ⓝ661.9
☆「世界の海洋文学」

土佐 光起 とさ・みつおき
06106 「本朝画法大伝」
『日本画論大観 上,中巻』 坂崎坦編 アルス 1927 2冊 23cm〈「日本画談大観」ノ増補改題〉 Ⓝ721
☆「世界名著大事典 補遺(Extra)」

戸坂 潤 とさか・じゅん
06107 「イデオロギー概論」
『イデオロギー概論』 戸坂潤著 理想社 1952 322p 18cm〈附：文献 319-322p〉 Ⓝ361
☆「世界名著大事典」

06108 「科学方法論」
『科学方法論』 戸坂潤著 岩波書店 1929 273p 20cm(続哲学叢書 第10編) Ⓝ116
☆「世界名著大事典」

06109 「科学論」
『科学論』 戸坂潤著 芝田進午解説 青木書店 1989 270p 18cm〈新装版〉 1500円 ①4-250-88046-X Ⓝ401
☆「昭和の名著」

06110 「戸坂潤全集」
『戸坂潤全集 第1巻』 勁草書房 1966 565p 図版 22cm 1400円 Ⓝ121.9

☆「日本近代の名著」

06111　「日本イデオロギー論」
『日本イデオロギー論』　戸坂潤著　岩波書店　1977　432p　15cm（岩波文庫）　400円　Ⓝ121.9
☆「世界の名著早わかり事典」、「世界名著大事典」、「日本思想史」、「日本の名著」、「ベストガイド日本の名著」、「明治・大正・昭和の名著・総解説」

戸沢 鉄彦　とざわ・てつひこ

06112　「政治家」
『政治家』　戸沢鉄彦著　岩波書店　1937　105p　23cm（政治学叢書　第2輯）　Ⓝ312
☆「世界名著大事典」

利谷 信義　としたに・のぶよし

06113　「日本の法を考える」
『日本の法を考える』　利谷信義著　新装版　東京大学出版会　2013　213p　19cm（UPコレクション）　2800円　Ⓘ978-4-13-006503-0　Ⓝ320.1
☆「学問がわかる500冊」

戸田 清　とだ・きよし

06114　「環境学と平和学」
『環境学と平和学』　戸田清著　新泉社　2003　295,36p　20cm　2800円　Ⓘ4-7877-0309-9　Ⓝ319.8
☆「サイエンス・ブックレヴュー」

06115　「環境的公正を求めて」
『環境的公正を求めて――環境破壊の構造とエリート主義』　戸田清著　新曜社　1994　322,49p　20cm〈巻末：文献〉　3605円　Ⓘ4-7885-0496-0　Ⓝ519
☆「学問がわかる500冊 v.2」

戸田 欽堂　とだ・きんどう

06116　「民権演義情海波瀾」
『明治文学全集　第5　明治政治小説集　第1』　柳田泉編　筑摩書房　1966　441p　図版　23cm　Ⓝ918.6
☆「日本近代文学名著事典」

戸田 慎太郎　とだ・しんたろう

06117　「日本農業論」
『日本農業論――日本資本主義発展に於ける所謂半封建的農業関係把握』　戸田慎太郎著　叢文閣　1936　350p　23cm　Ⓝ611
☆「農政経済の名著　昭和前期編」

戸田 貞三　とだ・ていぞう

06118　「家族構成」
『家族構成』　戸田貞三著　新版　新泉社　2001　404,17p　20cm〈肖像あり〉　4500円　Ⓘ4-7877-0112-6　Ⓝ361.63
☆「世界名著大事典」

戸田 茂睡　とだ・もすい

06119　「梨本集」
『歌論歌学集成　第16巻』　久保田啓一, 鈴木淳, 揖斐高, 鈴木亮校注　三弥井書店　2004　288p　22cm　7200円　Ⓘ4-8382-3106-7　Ⓝ911.101
☆「古典の事典」、「世界名著大事典」、「日本の古典名著」、「日本文学鑑賞辞典〔第1〕」

06120　「紫の一本」
『新編日本古典文学全集　82　近世随想集』　鈴木淳, 小高道子校注・訳　小学館　2000　510p　23cm　4267円　Ⓘ4-09-658082-1　Ⓝ918
☆「古典の事典」

戸田 盛和　とだ・もりかず

06121　「おもちゃセミナー」
『おもちゃセミナー――叙情性と科学性への招待』　戸田盛和著　日本評論社　1973　281,9p　22cm　Ⓝ759
☆「物理ブックガイド100」

06122　「コマの科学」
『コマの科学』　戸田盛和著　岩波書店　1980　177p　18cm（岩波新書）　380円　Ⓝ423
☆「物理ブックガイド100」

06123　「振動論」
『振動論』　戸田盛和著　培風館　1968　227p　22cm（新物理学シリーズ　3）〈監修者：山内恭彦　付：参考文献〉　750円　Ⓝ424.3
☆「物理ブックガイド100」

戸田 芳実　とだ・よしみ

06124　「日本領主制成立史の研究」
『日本領主制成立史の研究』　戸田芳実著　岩波書店　1967　406p　22cm　1300円　Ⓝ210.36
☆「日本史の名著」

戸塚 宏　とつか・ひろし

06125　「太平洋一直線」
『太平洋一直線』　戸塚宏著　オーシャンライフ社　1976　227p（図12枚共）　19cm〈醐燈社〔発売〕〉　980円　Ⓝ915.9
☆「世界の海洋文学」

利根川 進　とねがわ・すすむ

06126　「精神と物質」
『精神と物質――分子生物学はどこまで生命の謎を解けるか』　立花隆, 利根川進著　文芸春秋　1993　333p　16cm（文春文庫）　500円

ⓘ4-16-733003-2 Ⓝ464.1
☆「学問がわかる500冊 v.2」

舎人親王　とねりしんのう
06127　「日本書紀」
『日本書紀　上』　小島憲之, 直木孝次郎, 西宮一民, 蔵中進, 毛利正守校訂・訳　小学館　2007　317p　20cm（日本の古典をよむ　2）　1800円　ⓘ978-4-09-362172-4　Ⓝ210.3
☆「一度は読もうよ！日本の名著」,「一冊で日本の古典100冊を読む」,「学術辞典叢書 第12巻」,「近代名著解題選集 2」,「近代名著解題選集 第3巻」,「古典の事典」,「この一冊で読める！日本の古典50冊」,「作品と作者」,「3行でわかる名作＆ヒット本250」,「人文科学の名著」,「世界の名著解題早わかり事典」,「世界名著大事典」,「千年の百冊」,「地図とあらすじで読む歴史の名著」,「2ページでわかる日本の古典傑作選」,「日本古典への誘い100選1」,「日本の古典」,「日本の古典・世界の古典」,「日本の古典名著」,「日本の書物」,「日本文学鑑賞辞典〔第1〕」,「日本文学名作案内」,「日本文学名作概説」,「日本名著辞典」,「日本歴史「古典籍」総覧」,「文学・名著300選の解説 '88年度版」,「マンガとあらすじでやさしく読める 日本の古典傑作30選」,「歴史の名著100」

外崎 克久　とのさき・かつひさ
06128　「北の水路誌」
『北の水路誌——千島列島と柏原長繁』　外崎克久著　清水弘文堂　1990　379,14p　20cm〈柏原長繁の肖像あり　柏原長繁年譜・参考文献：p373〜376〉　2000円　ⓘ4-87950-935-3　Ⓝ289.1
☆「世界の海洋文学」

外村 繁　とのむら・しげる
06129　「筏」
『筏』　外村繁著　新装版　彦根　サンライズ出版　2000　326p　19cm〈肖像あり　年譜あり〉　2000円　ⓘ4-88325-077-6　Ⓝ913.6
☆「世界名著大事典 補遺（Extra）」,「ポケット日本名作事典」

06130　「鵜の物語」
『鵜の物語』　外村繁著　大日本雄弁会講談社　1947　232p　19cm　Ⓝ913.6
☆「世界名著大事典 補遺（Extra）」

06131　「草筏」
『草筏』　外村繁著　新装版　彦根　サンライズ出版　2000　333p　19cm〈肖像あり　年譜あり〉　2000円　ⓘ4-88325-076-8　Ⓝ913.6
☆「世界名著大事典 補遺（Extra）」,「日本文学鑑賞辞典〔第2〕」,「日本文芸鑑賞事典 第11巻（昭和9〜昭和12年）」

06132　「花筏」
『花筏』　外村繁著　新装版　彦根　サンライズ出版　2000　346p　19cm〈肖像あり　年譜あり〉　2000円　ⓘ4-88325-078-4　Ⓝ913.6
☆「世界名著大事典 補遺（Extra）」

06133　「澪標」
『澪標』　外村繁著　講談社　1961　222p　18cm（ミリオン・ブックス）　Ⓝ913.6
☆「昭和の名著」,「世界名著大事典 補遺（Extra）」

06134　「夢幻泡影」
『澪標・落日の光景』　外村繁著　講談社　1992　297p　15cm（講談社文芸文庫）〈著者の肖像あり〉　980円　ⓘ4-06-196179-9　Ⓝ913.6
☆「一度は読もうよ！日本の名著」,「一冊で愛の話題作100冊を読む」,「一冊で100名作の「さわり」を読む」,「世界名著大事典 補遺（Extra）」,「日本・世界名作「愛の会話」100章」

06135　「落日の光景」
『落日の光景』　外村繁著　新潮社　1961　272p　22cm　Ⓝ913.6
☆「世界名著大事典 補遺（Extra）」

殿山 泰司　とのやま・たいじ
06136　「三文役者あなあきい伝」
『三文役者あなあきい伝 part 1』　殿山泰司著　筑摩書房　1995　277p　15cm（ちくま文庫）　660円　ⓘ4-480-02937-0　Ⓝ775.1
☆「現代を読む」

鳥羽 亮　とば・りょう
06137　「剣客春秋」
『剣客春秋——縁の剣』　鳥羽亮［著］　幻冬舎　2013　310p　16cm（幻冬舎時代小説文庫　と-2-27）　571円　ⓘ978-4-344-42036-6　Ⓝ913.6
☆「面白いほどよくわかる時代小説名作100」

戸部 良一　とべ・りょういち
06138　「失敗の本質」
『失敗の本質——日本軍の組織論的研究』　戸部良一ほか著　中央公論社　1991　413p　16cm（中公文庫）〈参考文献：p401〜408〉　700円　ⓘ4-12-201833-1　Ⓝ391.2
☆「1日30分 達人と読むビジネス名著」,「日本陸軍の本・総解説」

土木学会　どぼくがっかい
06139　「明治以前日本土木史」
『明治以前日本土木史』　土木学会編　岩波書店　1973　1745,14p 図36枚　27cm〈土木学会昭和11年刊の複製〉　20000円　Ⓝ513.9
☆「世界名著大事典」

富岡 定俊　とみおか・さだとし

06140　「開戦と終戦」
『開戦と終戦―人と機構と計画』　富岡定俊著　毎日新聞社　1968　246p　地図　20cm〈参考文献目録：245-246p〉　420円　Ⓝ393.2
☆「日本海軍の本・総解説」

富岡 多恵子　とみおか・たえこ

06141　「植物祭」
『植物祭』　富岡多恵子著　中央公論社　1973　262p　20cm　820円　Ⓝ913.6
☆「一度は読もうよ！ 日本の名著」，「一冊で愛の話題作100冊を読む」

06142　「当世凡人伝」
『当世凡人伝』　富岡多恵子著　講談社　1993　315p　16cm（講談社文芸文庫）　980円　Ⓘ4-06-196226-4　Ⓝ913.6
☆「現代文学鑑賞辞典」

06143　「波うつ土地」
『波うつ土地』　富岡多恵子著　講談社　1983　190p　20cm　1000円　Ⓘ4-06-200591-3　Ⓝ913.6
☆「ポケット日本名作事典」

富沢 有為男　とみさわ・ういお

06144　「愛情部隊」
『愛情部隊』　富沢有為男著　中央公論社　1938　524p　21cm　Ⓝ913.6
☆「現代日本文学案内」

富沢 繁　とみさわ・しげる

06145　「新兵サンよもやま物語」
『新兵サンよもやま物語―用語で綴るイラスト・エッセイ』　富沢繁著　光人社　1994　389p　16cm（光人社NF文庫）　680円　Ⓘ4-7698-2034-8　Ⓝ390.9
☆「日本陸軍の本・総解説」

富田 渓仙　とみた・けいせん

06146　「渓仙八十一話」
『渓仙八十一話』　富田渓仙著　下店静市編　改造社　1925　381p　図版　23cm　Ⓝ721.9
☆「世界名著大事典 補遺(Extra)」

富田 高慶　とみた・こうけい

06147　「報徳記」
『報徳記―現代語版』　富田高慶原著　寺島文夫改訂　文理書院　1954　314p　19cm〈二宮尊徳正伝〉　Ⓝ157.2
☆「世界名著大事典」，「日本名著辞典」

富田 砕花　とみた・さいか

06148　「カアペンタア詩集」
『富田砕花全詩集』　神戸　富田砕花先生全詩集刊行会　1988　1123p　22cm〈著者の肖像あり　はり込図1枚〉　15000円　Ⓝ911.56
☆「世界名著大事典 補遺(Extra)」

06149　「悲しき愛」
『悲しき愛―歌集』　富田砕花著　岡村盛花堂　1912　277p　15cm　Ⓝ911.16
☆「世界名著大事典 補遺(Extra)」

06150　「草の葉」
『草の葉―詩集』　ウォルト・ホイットマン著　富田砕花訳　第三文明社　1990　357p　18cm（レグルス文庫　191）〈著者の肖像あり〉　900円　Ⓘ4-476-01191-8　Ⓝ931
☆「世界名著大事典 補遺(Extra)」

06151　「地の子」
『地の子―富田砕花詩集』　富田砕花著　富田砕花　1919　95p　21cm　Ⓝ911.5
☆「世界名著大事典 補遺(Extra)」

06152　「手招く者」
『手招く者―詩集』　富田砕花著　同人社　1926　178p　20cm　Ⓝ911.5
☆「世界名著大事典 補遺(Extra)」

06153　「登高行」
『登高行―詩集』　富田砕花著　京都　更生閣　1924　103p　19cm　Ⓝ911.5
☆「世界名著大事典 補遺(Extra)」

06154　「末日頌」
『富田砕花全詩集』　神戸　富田砕花先生全詩集刊行会　1988　1123p　22cm〈著者の肖像あり　はり込図1枚〉　15000円　Ⓝ911.56
☆「世界名著大事典 補遺(Extra)」

富田 常雄　とみた・つねお

06155　「姿三四郎」
『姿三四郎　人の巻』　富田常雄著　講談社　1996　449p　16cm（大衆文学館）　900円　Ⓘ4-06-262047-2　Ⓝ913.6
☆「日本文芸鑑賞事典 第13巻」，「百年の誤読」，「ポケット日本名作事典」，「歴史小説・時代小説 総解説」

富田 礼彦　とみた・のりひこ

06156　「運材図会」
『日本産業史資料　4　農産製造・林業及鉱山・冶金』　浅見恵,安田健訳編　科学書院　1992　1052,10p　27cm〈近世歴史資料集成　第2期第4巻〉〔霞ケ関出版〔発売〕　複製と翻刻〉　51500円　Ⓝ602.1

☆「古典の事典」

富田 博之　とみた・ひろゆき
06157　「さよならロバート」
『日本学校劇名作全集　小学校5・6年用』　日本学校劇連盟編　松下朗,根岸正晃絵　国土社　1954　357p　22cm
☆「名作の研究事典」

富田 守　とみた・まもる
06158　「人類学」
『人類学』　富田守編著　垣内出版　1985　377p　22cm　3800円　Ⓝ469
☆「学問がわかる500冊 v.2」

06159　「生理人類学」
『生理人類学―自然史からみたヒトの身体のはたらき』　富田守,真家和生,平井直樹著　第2版　朝倉書店　1999　198p　22cm〈文献あり〉　3200円　Ⓘ4-254-10159-7　Ⓝ491.3
☆「学問がわかる500冊 v.2」

富永 健　とみなが・たけし
06160　「考古学のための化学10章」
『考古学のための化学10章』　馬淵久夫,富永健編　東京大学出版会　1981　219p　19cm（UP選書　218）〈執筆：佐原真ほか　各章末：文献　付：人類史年表・考古学関連年表〉　980円　Ⓝ202.5
☆「学問がわかる500冊 v.2」

富永 太郎　とみなが・たろう
06161　「富永太郎詩集」
『富永太郎詩集』　富永太郎著　大岡昇平編　創元社　1949　222p 図版　19cm（創元選書第181）　Ⓝ911.56
☆「世界名著大事典」

富永 徳磨　とみなが・とくま
06162　「基督教神髄」
『基督教神髄』　富永徳磨著　警醒社書店　1915　296p　19cm　Ⓝ190
☆「世界名著大事典」

富永 仲基　とみなが・なかもと
06163　「翁の文」
『翁の文』　富永仲基著　京都　小林写真製版所　1924　39丁　28cm〈延享3 大阪　富士屋長兵衛刊本の複製　印記：亀田之印　和装〉　Ⓝ121.89
☆「古典の事典」,「宗教学の名著30」,「世界名著大事典」

06164　「出定後語」
『出定後語』　富永仲基著　隆文館　1982　507p

21cm〈『現代仏教名著全集第1巻』より　普及版　参考文献：p506～507〉　2800円　Ⓝ183
☆「世界名著大事典」,「日本の古典名著」

富永 裕治　とみなが・ゆうじ
06165　「交通学の生成」
『交通学の生成―交通学説史研究』　富永祐治著　日本評論社　1943　549p　22cm（大阪商科大学研究叢書　第14冊）　Ⓝ680.1
☆「世界名著大事典」

富安 風生　とみやす・ふうせい
06166　「草の花」
『草の花一定本』　富安風生著　東京美術　1975　257p 肖像　19cm　2500円　Ⓝ911.36
☆「日本文学鑑賞辞典〔第2〕」,「日本文芸鑑賞事典 第10巻」

富安 陽子　とみやす・ようこ
06167　「クヌギ林のザワザワ荘」
『クヌギ林のザワザワ荘』　富安陽子作　安永麻紀絵　あかね書房　1990　205p　21cm　1100円　Ⓘ4-251-06145-4
☆「少年少女の名作案内 日本の文学ファンタジー編」

富山 妙子　とみやま・たえこ
06168　「解放の美学」
『解放の美学―二〇世紀の画家は何を目ざしたか』　富山妙子著　未来社　1979　270p　20cm　1800円　Ⓝ702.07
☆「平和を考えるための100冊+α」

富山 道治　とみやま・みちや
06169　「竹斎」
『假名草子集成　第48巻　た・ち』　花田富二夫,入口敦志,中島次郎,安原眞琴,ラウラ・モレッティ編　東京堂出版　2012　333p　22cm　18000円　Ⓘ978-4-490-30633-0　Ⓝ913.51
☆「一度は読もうよ！日本の名著」,「一冊で日本の古典100冊を読む」,「古典の事典」,「古典文学鑑賞辞典」,「作品と作者」,「世界名著大事典」,「日本の古典」,「日本の古典名著」,「日本文学鑑賞辞典〔第1〕」

戸村 浩　とむら・ひろし
06170　「次元の中の形たち」
『次元の中の形たち』　戸村浩著　増補版　日本評論社　1990　223p　22cm　4000円　Ⓘ4-535-57886-9　Ⓝ415.7
☆「数学ブックガイド100」

友杉 孝　ともすぎ・たかし
06171　「スリランカ・ゴールの肖像―南アジア地方都市の社会史」

朝永 三十郎　ともなが・さんじゅうろう

06172　「近世に於ける「我」の自覚史」
『近世に於ける「我」の自覚史』　朝永三十郎著　小山書店　1950　238p　19cm〈小山文庫　第29〉　Ⓝ130.2
☆「世界名著大事典」、「大正の名著」、「ベストガイド日本の名著」、「明治・大正・昭和の名著・総解説」

朝永 振一郎　ともなが・しんいちろう

06173　「物理学とは何だろうか」
『物理学とは何だろうか　上』　朝永振一郎著　岩波書店　2003　246p　18cm〈岩波新書　第45刷〉　780円　Ⓘ4-00-420085-7
☆「科学技術をどう読むか」、「教養のためのブックガイド」、「近代日本の百冊を選ぶ」、「ブックガイド 文庫で読む科学」、「物理ブックガイド100」

06174　「量子力学」
『量子力学　第1』　朝永振一郎著　第2版　みすず書房　1969　294p 図版　22cm〈物理学大系　基礎物理篇 8〉　900円　Ⓝ421.3
☆「教養のためのブックガイド」、「世界名著大事典」、「物理ブックガイド100」

06175　「量子力学的世界像」
『量子力学的世界像』　朝永振一郎著　弘文堂　1965　175p　19cm〈肖像あり〉　Ⓘ4-335-75001-3　Ⓝ421.3
☆「物理ブックガイド100」、「ベストガイド日本の名著」、「明治・大正・昭和の名著・総解説」

06176　「量子力学と私」
『量子力学と私』　朝永振一郎著　江沢洋編　岩波書店　1997　420,36p　15cm〈岩波文庫〉　770円　Ⓘ4-00-311521-X　Ⓝ421.3
☆「ブックガイド 文庫で読む科学」

伴野 朗　ともの・ろう

06177　「三十三時間」
『三十三時間』　伴野朗著　集英社　1988　324p　16cm〈集英社文庫〉　440円　Ⓘ4-08-749287-7　Ⓝ913.6
☆「世界の海洋文学」

06178　「南海の風雲児・鄭成功」
『南海の風雲児・鄭成功』　伴野朗著　講談社　1994　238p　15cm〈講談社文庫〉　440円　Ⓘ4-06-185831-9　Ⓝ913.6
☆「世界の海洋文学」

06179　「陽はメコンに沈む」
『陽はメコンに沈む』　伴野朗著　講談社　1980　317p　15cm〈講談社文庫〉　380円　Ⓝ913.6
☆「世界の推理小説・総解説」

土門 拳　どもん・けん

06180　「腕白小僧がいた」
『腕白小僧がいた』　土門拳写真・文　小学館　2002　207p　15cm〈小学館文庫〉　790円　Ⓘ4-09-411425-4　Ⓝ740.21
☆「読書入門」

土門 周平　どもん・しゅうへい

06181　「最後の帝国軍人」
『最後の帝国軍人』　土門周平著　講談社　1985　260p　15cm〈講談社文庫〉〈主要参考文献: p252～253〉　380円　Ⓘ4-06-183644-7　Ⓝ916
☆「今だから知っておきたい戦争の本70」、「日本陸軍の本・総解説」

外山 茂　とやま・しげる

06182　「日本人の勤勉・貯蓄観」
『日本人の勤勉・貯蓄観—あすの経済を支えるもの』　外山茂著　東洋経済新報社　1987　217p　20cm　1600円　Ⓘ4-492-39106-1　Ⓝ331.21
☆「経済経営95冊」

外山 正一　とやま・しょういち

06183　「新体詩抄」
『新体詩抄　初編』　外山正一, 矢田部良吉, 井上哲次郎撰　世界文庫　1961　42丁　23cm〈近代文芸資料複刻叢書　第1〉〈帙入 限定版 明治15年7月刊のものの復刻 附:「詩体詩抄初編」解題(矢野峰人著) 24p　和装〉　Ⓝ911.56
☆「世界名著大事典」、「日本近代文学名著事典」、「日本文芸鑑賞事典 第1巻」、「日本名著辞典」、「明治・大正・昭和の名著・総解説」、「明治の名著 2」

06184　「民権弁惑」
『明治文化全集　第5巻　自由民権篇　上』　明治文化研究会編　日本評論社　1992　75, 517p　23cm〈複製〉
Ⓘ4-535-04245-4,4-535-04233-0　Ⓝ210.6
☆「世界名著大事典」

外山 義　とやま・ただし

06185　「クリッパンの老人たち スウェーデンの高齢者ケア」
『クリッパンの老人たち—スウェーデンの高齢者ケア』　外山義著　ドメス出版　1990　225p　22cm〈文献: p223～225〉　3090円　Ⓝ369.26
☆「学問がわかる500冊」

外山 みどり　とやま・みどり

06186　「社会的認知」
『社会的認知』　山本眞理子, 外山みどり編　誠信書房　1998　224p　20cm（対人行動学研究シリーズ 8）　2200円　Ⓘ4-414-32538-2　Ⓝ361.4
☆「学問がわかる500冊」

豊浦 志朗　とようら・しろう

06187　「叛アメリカ史」
『叛アメリカ史―隔離区からの風の証言』　豊浦志朗著　筑摩書房　1989　393p　15cm（ちくま文庫）〈叛アメリカ史年表, 参考文献・引用文献一覧：p369～384〉　600円　Ⓘ4-480-02310-0　Ⓝ316.853
☆「現代を読む」

豊﨑 博光　とよさき・ひろみつ

06188　「マーシャル諸島 核の世紀」
『マーシャル諸島 核の世紀―1914・2004　上』　豊崎博光著　日本図書センター　2005　644p　21cm　5800円　Ⓘ4-8205-7165-6
☆「サイエンス・ブックレヴュー」

豊沢 団平（2代）　とよざわ・だんぺい

06189　「壺坂霊験記」
『名作歌舞伎全集　第7巻　丸本世話物集』　東京創元新社　1969　353p　図版　20cm〈監修者：戸板康二等〉　Ⓝ912.5
☆「世界名著大事典」

豊下 楢彦　とよした・ならひこ

06190　「安保条約の成立」
『安保条約の成立―吉田外交と天皇外交』　豊下楢彦著　岩波書店　1996　242,3p　18cm（岩波新書）　650円　Ⓘ4-00-430478-4　Ⓝ319.8
☆「平和を考えるための100冊+α」

豊島 与志雄　とよしま・よしお

06191　「エミリアンの旅」
『エミリアンの旅』　豊島与志雄著　銀貨社　2000　132p　20cm（豊島与志雄童話作品集 2　豊島与志雄著）〈星雲社〔発売〕〉　1500円　Ⓘ4-434-00028-4
☆「日本児童文学名著事典」

06192　「少年の死」
『豊島与志雄著作集　第1巻　小説　第1』　未来社　1967　554p　図版　22cm　1800円　Ⓝ918.6
☆「日本文学名作事典」

06193　「天下一の馬」
『天下一の馬』　豊島与志雄著　偕成社　1979　266p　19cm（偕成社文庫）　390円
☆「少年少女のための文学案内 3」「名作の研究事典」

06194　「天狗の鼻」
『豊島与志雄童話全集　2　天狗の鼻』　林義雄絵　八雲書店　1948　246p　21cm
☆「少年少女のための文学案内 3」

06195　「道化役」
『道化役―創作集』　豊島与志雄著　言海書房　1935　358p　20cm　Ⓝ913.6
☆「世界名著大事典」

06196　「野ざらし」
『野ざらし』　豊島与志雄著　新潮社　1923　163p　18cm（中篇小説叢書　第10）　Ⓝ913.6
☆「女性のための名作・人生案内」，「世界名著大事典」，「日本文学鑑賞辞典〔第2〕」，「日本文学現代名作事典」，「日本文芸鑑賞事典 第7巻（1920～1923年）」

06197　「ハボンスの手品」
『子どもに伝えたい日本の名作―建長寺・親と子の土曜朗読会から』　伊藤玄二郎著　安藤早紀絵　鎌倉　かまくら春秋社　2008　158p　21cm　1400円　Ⓘ978-4-7740-0415-0　Ⓝ913.68
☆「世界名著大事典」

豊田 有恒　とよだ・ありつね

06198　「タイムスリップ大戦争」
『タイムスリップ大戦争』　豊田有恒著　角川書店　1979　294p　15cm（角川文庫）　300円　Ⓝ913.6
☆「世界のSF文学・総解説」

06199　「地球の汚名」
『地球の汚名』　豊田有恒著　集英社　1978　393p　16cm（集英社文庫）　300円　Ⓝ913.6
☆「世界のSF文学・総解説」

06200　「モンゴルの残光」
『モンゴルの残光』　豊田有恒著　角川春樹事務所　1999　374p　16cm（ハルキ文庫）　840円　Ⓘ4-89456-599-4　Ⓝ913.6
☆「世界のSF文学・総解説」

06201　「両面宿儺」
『両面宿儺』　豊田有恒著　角川書店　1976　319p　15cm（角川文庫）　300円　Ⓝ913.6
☆「世界のSF文学・総解説」

豊田 正子　とよだ・まさこ

06202　「綴方教室」
『綴方教室』　豊田正子著　木鶏社　1984　546p　20cm〈星雲社〔発売〕　著者の肖像あり〉　1600円　Ⓘ4-7952-8102-5　Ⓝ816

☆「昭和の名著」,「世界名著大事典」,「百年の誤読」,「名作の研究事典」

豊田 穣　とよだ・みのる

06203　「海の紋章」
『海の紋章—豊田穣自伝2』　豊田穣著　講談社　1983　452p　20cm〈豊田穣戦記文学集　11〉〈著者の肖像あり〉　1500円　①4-06-180381-6　Ⓝ913.6
☆「今だから知っておきたい戦争の本70」

06204　「三人のト伝」
『三人のト伝』　豊田穣著　中央公論社　1983　396p　16cm〈中公文庫〉　480円　Ⓝ913.6
☆「歴史小説・時代小説　総解説」

06205　「波まくらいくたびぞ」
『波まくらいくたびぞ—悲劇の提督・南雲忠一中将』　豊田穣著　講談社　1980　371p　15cm〈講談社文庫〉〈参考文献：p365〉　480円　Ⓝ916
☆「今だから知っておきたい戦争の本70」

06206　「漂流記」
『漂流記』　豊田穣著　三笠書房　1979　226p　20cm　980円　Ⓝ915.9
☆「世界の海洋文学」

06207　「炎の提督」
『炎の提督』　豊田穣著　集英社　1982　248p　16cm〈集英社文庫〉　280円　Ⓝ913.6
☆「世界の海洋文学」

06208　「夜明けの潮」
『夜明けの潮—近藤真琴の教育と子弟たち』　豊田穣著　新潮社　1983　281p　20cm　1200円　①4-10-315108-0　Ⓝ913.6
☆「日本海軍の本・総解説」

豊原 統秋　とよはら・むねあき

06209　「体源抄」
『体源鈔　1(自1本至3本末)』［豊原統秋］［著］　現代思潮新社　2006　384p　16cm〈覆刻日本古典全集　正宗敦夫編纂校訂〉〈現代思潮社昭和53年刊を原本としたオンデマンド版〉　4900円　①4-329-02587-6　Ⓝ768.2
☆「世界名著大事典」,「日本名著辞典」

鳥居 忱　とりい・まこと

06210　「箱根八里」
☆「日本文芸鑑賞事典　第2巻(1895〜1903年)」

鳥居 龍蔵　とりい・りゅうぞう

06211　「ある老学徒の手記」
『ある老学徒の手記』　鳥居龍蔵著　岩波書店　2013　507p　15cm〈岩波文庫　38-112-1〉

〈朝日新聞社1953年刊の再刊　年譜あり〉　1200円　①978-4-00-381114-6　Ⓝ289.1
☆「自伝の名著101」

06212　「鳥居竜蔵全集」
『鳥居竜蔵全集　第1巻』　朝日新聞社　1975　643p　図　23cm　9800円　Ⓝ389.08
☆「世界名著大事典　補遺(Extra)」

鳥尾 小弥太　とりお・こやた

06213　「王法論」
『王法論』　鳥尾小弥太著　三輪清吉校訂　千鍾房　1883　49丁　23cm〈和装〉　Ⓝ310
☆「世界名著大事典」

鳥越 憲三郎　とりごえ・けんざぶろう

06214　「古代中国と倭族」
『古代中国と倭族—黄河・長江文明を検証する』　鳥越憲三郎著　中央公論新社　2000　286p　18cm〈中公新書〉　840円　①4-12-101517-7　Ⓝ222.03
☆「21世紀の必読書100選」

鳥越 皓之　とりごえ・ひろゆき

06215　「環境社会学の理論と実践」
『環境社会学の理論と実践—生活環境主義の立場から』　鳥越皓之著　有斐閣　1997　280p　22cm〈索引あり〉　2900円　①4-641-07596-4　Ⓝ361.7
☆「学問がわかる500冊 v.2」

06216　「水と人の環境史」
『水と人の環境史—琵琶湖報告書』　鳥越皓之,嘉田由紀子編　増補版　御茶の水書房　1991　351p　19cm〈付：参考文献〉　2472円　①4-275-01434-0　Ⓝ519.8161
☆「環境と社会」

鳥山 喜一　とりやま・きいち

06217　「黄河の水」
『黄河の水—支那小史』　鳥山喜一著　改訂版　角川書店　1960　184p　15cm〈角川文庫〉　Ⓝ222.01
☆「世界名著大事典」

鳥山 国士　とりやま・くにお

06218　「♂♀のはなし　植物」
『♂♀のはなし—植物』　鳥山国士編著　技報堂出版　1990　200p　19cm〈執筆：芦沢正和ほか〉　1545円　①4-7655-4368-4　Ⓝ471.3
☆「学問がわかる500冊 v.2」

06219　「シルクのはなし」
『シルクのはなし』　小林勝利,鳥山国士編著　技報堂出版　1993　179p　19cm〈執筆：青木

昭ほか〉　1545円　Ⓘ4-7655-4393-5　Ⓝ630
☆「学問がわかる500冊 v.2」

頓阿　とんあ

06220　「愚問賢註」
『歌論歌学集成　第10巻』佐々木孝浩ほか校注　三弥井書店　1999　457p　22cm　7200円　Ⓘ4-8382-3099-0　Ⓝ911.101
☆「近代名著解題選集 3」,「日本の古典名著」

06221　「井蛙抄」
『貴重典籍叢書―国立歴史民俗博物館蔵　文学篇　第15巻　歌学書　4』国立歴史民俗博物館蔵史料編集会編　京都　臨川書店　2002　513p　23cm〈複製〉　12000円　Ⓘ4-653-03579-2,4-653-03564-4　Ⓝ081.7
☆「近代名著解題選集 3」,「古典の事典」,「世界名著大事典」,「日本の古典名著」

06222　「草庵集」
『草庵集　兼好法師集　浄弁集　慶運集』〔頓阿〕,〔兼好〕,〔浄弁〕,〔慶運〕〔原著〕酒井茂幸,齋藤彰,小林大輔著　明治書院　2004　496p　22cm（和歌文学大系　65　久保田淳監修）〈付属資料：8p：月報 23〉　7500円
Ⓘ4-625-41320-6　Ⓝ911.148
☆「近代名著解題選集 3」,「世界名著大事典」,「日本文学鑑賞辞典〔第1〕」

06223　「続草庵集」
☆「近代名著解題選集 3」

【な】

内藤　昌　ないとう・あきら

06224　「江戸と江戸城」
『江戸と江戸城』内藤昌〔著〕講談社　2013　253p 図版24p　15cm（講談社学術文庫　2160）〈鹿島出版会1966年刊の再刊　文献あり〉　1000円　Ⓘ978-4-06-292160-2　Ⓝ213.6
☆「建築の書物/都市の書物」

内藤　湖南　ないとう・こなん

06225　「支那絵画史」
『支那絵画史』内藤湖南著　筑摩書房　2002　463p　15cm（ちくま学芸文庫）　1500円
Ⓘ4-480-08688-9　Ⓝ722.2
☆「人文科学の名著」,「世界名著大事典」

06226　「支那史学史」
『支那史学史』内藤虎次郎著　清水弘文堂書房　1967　656p　22cm　2900円　Ⓝ222.001
☆「人文科学の名著」,「世界名著大事典」

06227　「支那上古史」
『支那上古史』内藤虎次郎著　弘文堂　1944　344p　22cm　Ⓝ222.03
☆「人文科学の名著」

06228　「支那論」
『支那論』内藤湖南著　文藝春秋　2013　341p　16cm（文春学藝ライブラリー　歴史 1）〈底本：内藤湖南全集　第5巻（筑摩書房1972年刊）〉　1350円　Ⓘ978-4-16-813003-8　Ⓝ302.22
☆「現代人のための名著」,「世界名著大事典」

06229　「清朝史通論」
『清朝史通論』内藤虎次郎著　3版　弘文堂　1953　423p　22cm　Ⓝ222.06
☆「人文科学の名著」

06230　「中国近世史」
『中国近世史』内藤虎次郎著　再版　弘文堂　1948　247p　21cm　Ⓝ222.06
☆「人文科学の名著」,「世界名著大事典」

06231　「東洋文化史」
『東洋文化史』内藤湖南著　礪波護責任編集　中央公論新社　2004　31,442p　18cm（中公クラシックス）〈年譜あり〉　1600円
Ⓘ4-12-160065-7　Ⓝ220.04
☆「歴史学の名著30」

06232　「日本文化史研究」
『日本文化史研究』内藤虎次郎著　角川書店　1955　284p　15cm（角川文庫）　Ⓝ210.04
☆「古典をどう読むか」,「世界名著大事典」,「大正の名著」,「21世紀の必読書100選」,「日本の名著」,「ベストガイド日本の名著」,「明治・大正・昭和の名著・総解説」

内藤　多仲　ないとう・たちゅう

06233　「日本の耐震建築とともに」
『日本の耐震建築とともに』内藤多仲著　雪華社　1965　185p　19cm　Ⓝ524.91
☆「学問がわかる500冊 v.2」

内藤　辰雄　ないとう・たつお

06234　「人夫市場」
『新興文学全集　6（日本篇 6）』大島英三郎編　黒色戦線社　1993　692p　19cm〈地方・小出版流通センター〔発売〕　平凡社昭和5年刊の複製　肖像あり〉　Ⓝ908
☆「日本のプロレタリア文学」

内藤　藤一郎　ないとう・とういちろう

06235　「飛鳥時代の美術」
『飛鳥時代の美術』内藤藤一郎著　京都　大雅堂　1943　250p 図版48枚　27cm　Ⓝ702.133

ないとう　　　　　　　　　　　　　　　　　　　06236〜06250

☆「世界名著大事典」

内藤 藤左衛門　ないとう・とうざえもん

06236　「俊成忠度」
『俊成忠度』　觀世左近訂正著作　檜書店　1950　9丁　22cm〈觀世流稽古用謡本　23ノ2〉〈和装〉　Ⓝ768.4
☆「近代名著解題選集 3」

06237　「半蔀」
『半蔀—対訳でたのしむ』　三宅晶子著　檜書店　2001　22p　22cm　500円　①4-8279-1028-6　Ⓝ773
☆「近代名著解題選集 3」

内藤 初穂　ないとう・はつほ

06238　「桜花」
『桜花—極限の特攻機』　内藤初穂著　中央公論新社　1999　330p　16cm〈中公文庫〉〈文藝春秋1982年刊の増訂〉　762円　①4-12-203379-9　Ⓝ210.75
☆「今だから知っておきたい戦争の本70」、「日本海軍の本・総解説」

06239　「海軍技術戦記」
『海軍技術戦記』　内藤初穂著　図書出版社　1976　315p 図　20cm〈主要参考図書：p.310-311〉　1200円　Ⓝ915.9
☆「日本海軍の本・総解説」

06240　「狂気の海」
『狂気の海—太平洋の女王浅間丸の生涯』　内藤初穂著　中央公論社　1983　278p　20cm　1300円　①4-12-001243-3　Ⓝ916
☆「世界の海洋文学」、「日本海軍の本・総解説」

内藤 正典　ないとう・まさのり

06241　「アッラーのヨーロッパ—移民とイスラム復興」
『アッラーのヨーロッパ—移民とイスラム復興』　内藤正典著　東京大学出版会　1996　344,10p　20cm〈中東イスラム世界　8〉〈巻末：参考文献〉　2884円　①4-13-025028-0　Ⓝ334.43
☆「歴史家の一冊」

内藤 鳴雪　ないとう・めいせつ

06242　「鳴雪句集」
『鳴雪句集』　内藤鳴雪著　俳書堂　1909　108p 図版　20cm　Ⓝ911.3
☆「日本文学鑑賞辞典〔第2〕」、「日本文芸鑑賞事典　第4巻」

内務省地理局　ないむしょうちりきょく

06243　「三正綜覧」
『三正綜覧—付：陰陽暦対照表』　内務省地理局編　補正新訂　鎌倉　芸林舎　1973　428,101p　22cm〈明治13年刊の複製（4版）　年代対照便覧（神田茂編）〉　4000円　Ⓝ449.8
☆「日本名著辞典」

苗村 七郎　なえむら・しちろう

06244　「万世特攻隊員の遺書」
『万世特攻隊員の遺書』　苗村七郎編著　現代評論社　1976　478p　20cm〈参考文献：p.478〉　2000円　Ⓝ915.9
☆「今だから知っておきたい戦争の本70」

直木 孝次郎　なおき・こうじろう

06245　「日本古代国家の構造」
『日本古代国家の構造』　直木孝次郎著　青木書店　1958　347,21p　22cm　Ⓝ210.3
☆「日本史の名著」

直木 三十五　なおき・さんじゅうご

06246　「踊子行状記」
『直木三十五全集　第18巻　踊子行状記・太平洋戦争・中短篇小説』　示人社　1991　430p　20cm〈改造社昭和9〜10年刊の複製　著者の肖像あり〉　Ⓝ918.68
☆「歴史小説・時代小説　総解説」

06247　「楠木正成」
『楠木正成』　直木三十五著　鱒書房　1990　343p　20cm〈歴史ノベルズ〉〈楠木正成関係略年表：p339〜343〉　1350円　①4-89598-008-1　Ⓝ913.6
☆「歴史小説・時代小説　総解説」

06248　「南国太平記」
『南国太平記　上』　直木三十五著　講談社　1997　603p　16cm〈大衆文学館〉　1339円　①4-06-262074-X　Ⓝ913.6
☆「一度は読もうよ！日本の名著」、「現代文学鑑賞辞典」、「世界名著大事典」、「日本文学鑑賞辞典〔第2〕」、「日本文学名作案内」、「日本文芸鑑賞事典　第9巻」、「ポケット日本名作事典」、「歴史小説・時代小説　総解説」

06249　「明暗三世相」
『明暗三世相　前篇』　直木三十五著　春陽堂　1935　337p　16cm〈日本小説文庫　367〉　Ⓝ913.6
☆「歴史小説・時代小説　総解説」

中 勘助　なか・かんすけ

06250　「銀の匙」
『銀の匙』　中勘助〔著〕　改版　KADOKAWA　2014　222p　15cm〈角川文庫　な3-1〉〈初版：角川書店1989年刊　年譜あり〉　440円　①978-4-04-101338-0　Ⓝ913.6
☆「愛と死の日本文学」、「あらすじで読む日本の名

著」、「あらすじで読む日本の名著No.2」、「一度は読もうよ！日本の名著」、「一冊で日本の名著100冊を読む 続」、「感動！日本の名著 近現代編」、「教育を考えるためにこの48冊」、「現代文学鑑賞辞典」、「これだけは読んでおきたい日本の名作文学案内」、「世界名作事典」、「世界名著大事典」、「日本近代文学名著事典」、「日本の小説101」、「日本の名著」〔角川書店〕、「日本の名著」（毎日新聞社）、「日本文学鑑賞辞典〔第2〕」、「日本文学現代名作事典」、「日本文学名作案内」、「日本文学名作事典」、「日本文芸鑑賞事典 第5巻」、「日本名作文学館 日本編」、「日本・名著のあらすじ」、「百年の誤読」、「ポケット日本名作事典」、「名作への招待」、「名作の研究事典」

06251 「母の死」
『母の死』 中勘助著 角川書店 1988 225p 15cm〔角川文庫〕 300円 Ⓘ4-04-102801-9 Ⓝ913.6
☆「一度は読もうよ！ 日本の名著」、「一冊で愛の話題作100冊を読む」

中 脩三 なか・しゅうぞう
06252 「できる子供できない子供—脳髄の発達と教育」
『できる子供できない子供—脳髄の発達と教育』 中脩三著 増補第4版 慶応通信 1966 400p 図版 19cm 600円 Ⓝ374.99
☆「教育名著 日本編」

那珂 通世 なか・みちよ
06253 「支那通史」
『支那通史 上冊』 那珂通世著 和田清訳 岩波書店 1949 310p 15cm〔岩波文庫 1756-1758〕〈初版昭和13〉 Ⓝ222.01
☆「世界名著大事典」

永井 明 ながい・あきら
06254 「ぼくが医者をやめた理由」
『ぼくが医者をやめた理由 青春篇』 永井明著 角川書店 1999 237p 15cm〔角川文庫〕〈「新宿医科大学」（1996年刊）の改題〉 476円 Ⓘ4-04-344703-5 Ⓝ490.4
☆「現代を読む」

長井 彬 ながい・あきら
06255 「原子炉の蟹」
『原子炉の蟹』 長井彬〔著〕 新装版 講談社 2011 457p 15cm〔講談社文庫 な17-3〕 743円 Ⓘ978-4-06-277111-5 Ⓝ913.6
☆「世界の推理小説・総解説」

永井 荷風 ながい・かふう
06256 「雨瀟瀟・雪解」
『雨瀟瀟・雪解—他七篇』 永井荷風作 岩波書店 1987 336p 15cm〔岩波文庫〕 500円 Ⓘ4-00-310423-4 Ⓝ913.6
☆「教養のためのブックガイド」

06257 「あめりか物語」
『あめりか物語』 永井荷風作 改版 岩波書店 2002 378p 15cm〔岩波文庫〕 660円 Ⓘ4-00-310426-9 Ⓝ913.6
☆「これだけは読んでおきたい日本の名作文学案内」、「新潮文庫20世紀の100冊」、「図説 5分でわかる日本の名作傑作選」、「世界の旅行記101」、「世界名著大事典」、「日本文学鑑賞辞典〔第2〕」、「日本文学現代名作事典」、「日本文芸鑑賞事典 第3巻（1904〜1909年）」、「日本・名著のあらすじ」、「ポケット日本名作事典」

06258 「腕くらべ」
『腕くらべ』 永井荷風作 岩波書店 1987 244p 15cm〔岩波文庫〕 350円
☆「感動！日本の名著 近現代編」、「近代日本の百冊を選ぶ」、「世界名著大事典」、「日本近代文学名著事典」、「日本の名著」、「日本文学鑑賞辞典〔第2〕」、「日本文学現代名作事典」、「日本文芸鑑賞事典 第5巻」、「日本名作辞典」、「入門名作の世界」、「ポケット日本名作事典」

06259 「おかめ笹」
『おかめ笹』 永井荷風作 岩波書店 1987 208p 15cm〔岩波文庫〕 300円 Ⓘ4-00-310419-6 Ⓝ913.6
☆「世界名著大事典」、「日本文学鑑賞辞典〔第2〕」

06260 「踊子」
『踊子』 永井荷風著 中央公論社 1957 153p 20cm Ⓝ913.6
☆「日本文芸鑑賞事典 第14巻（1946〜1948年）」、「ポケット日本名作事典」

06261 「荷風語録」
『荷風語録』 永井荷風著 川本三郎編 岩波書店 2000 335p 15cm〔岩波現代文庫 文芸〕 1000円 Ⓘ4-00-602014-7 Ⓝ918.68
☆「教養のためのブックガイド」

06262 「荷風日記」
『永井荷風日記 第1巻 断腸亭日乗 第1（大正6年〜14年）』 東都書房 1958 339p 図版 22cm〈別冊附録：永井荷風日記の栞〉 Ⓝ915.6
☆「近代文学名作事典」

06263 「珊瑚集」
『珊瑚集—仏蘭西近代抒情詩選』 永井荷風訳 岩波書店 2009 153,48p 15cm〔岩波文庫〕〈第3刷〉 500円 Ⓘ4-00-310416-1
☆「世界名著大事典」、「日本近代文学名著事典」、「日本文学鑑賞辞典〔第2〕」、「日本文学現代名作事典」、「日本文芸鑑賞事典 第5巻」

06264 「地獄の花」

『地獄の花』　永井荷風作　岩波書店　1993　116p　15cm（岩波文庫）〈第7刷（第1刷：54.6.5）〉　360円　Ⓘ4-00-310425-0
☆「世界名著大事典」、「日本文芸鑑賞事典 第2巻（1895～1903年）」

06265　「すみだ川」
『すみだ川―他三篇』　永井荷風著　岩波書店　1955　132p　15cm（岩波文庫）　Ⓝ913.6
☆「あらすじで読む日本の名著 No.2」、「知らないと恥ずかしい「日本の名作」あらすじ200本」、「世界名著大事典」、「日本近代文学名著事典」、「日本文学鑑賞辞典〔第2〕」、「日本文学現代名作事典」、「日本文芸鑑賞事典 第4巻」、「ベストガイド日本の名著」、「ポケット日本名作事典」、「明治・大正・昭和の名著・総解説」、「明治の名著 2」

06266　「断腸亭雑稾」
『荷風全集　第12巻』　永井壮吉著　稲垣達郎ほか編　岩波書店　1992　514p　22cm　3900円　Ⓘ4-00-091732-3　Ⓝ918.68
☆「世界名著大事典」

06267　「断腸亭日乗」
『断腸亭日乗 1』　永井荷風著　岩波書店　1980　431p　20cm〈著者の肖像あり〉　3200円　Ⓝ915.6
☆「大人のための日本の名著50」、「近代日本の百冊を選ぶ」、「世界名著大事典」、「日本文学鑑賞辞典〔第2〕」、「ベストガイド日本の名著」、「明治・大正・昭和の名著・総解説」

06268　「つゆのあとさき」
『つゆのあとさき』　永井荷風作　改版　岩波書店　1987　157p　15cm（岩波文庫）　200円　Ⓝ913.6
☆「教養のためのブックガイド」、「現代文学鑑賞辞典」、「世界名著大事典」、「日本文学鑑賞事典 第10巻」

06269　「花火・雨瀟瀟」
『花火・雨瀟瀟―他二篇』　永井荷風著　岩波書店　1956　139p　15cm（岩波文庫）　Ⓝ913.6
☆「教養のためのブックガイド」

06270　「ひかげの花」
『雨瀟瀟・雪解―他七篇』　永井荷風作　岩波書店　1987　336p　15cm（岩波文庫）　500円　Ⓘ4-00-310423-4　Ⓝ913.6
☆「日本の小説101」

06271　「日和下駄」
『日和下駄―一名東京散策記』　永井荷風著　講談社　1999　217p　15cm（講談社文芸文庫）　980円　Ⓘ4-06-197685-0
☆「日本文学鑑賞辞典〔第2〕」

06272　「ふらんす物語」
『ふらんす物語』　永井荷風著　61刷改版　新潮社　2003　326p　16cm（新潮文庫）　476円　Ⓘ4-10-106901-8　Ⓝ913.6
☆「3行でわかる名作&ヒット本250」、「日本近代文学名著事典」、「日本文学名作事典」、「日本文芸鑑賞事典 第4巻」、「日本名著辞典」

06273　「濹東綺譚」
『永井荷風―1879-1959』　永井荷風著　筑摩書房　2008　477p　15cm（ちくま日本文学19）〈年譜あり〉　880円　Ⓘ978-4-480-42519-5　Ⓝ918.68
☆「愛ありて」、「愛と死の日本文学」、「あらすじダイジェスト」、「あらすじで読む日本の名著」、「あらすじで読む日本の名著 No.3」、「一度は読もうよ！日本の名著」、「一冊で日本の名著100冊を読む」、「一冊で100名作の「さわり」を読む」、「映画になった名著」、「教養のためのブックガイド」、「近代文学名作事典」、「現代文学名作事典」、「この一冊でわかる日本の名作」、「知らないと恥ずかしい「日本の名作」あらすじ200本」、「図説 5分でわかる日本の名作」、「世界名作事典」、「世界名著大事典」、「大作家"ろくでなし"列伝」、「2時間でわかる日本の名著」、「日本近代文学名著事典」、「日本人なら知っておきたいあらすじで読む日本の名著」、「日本の名著」、「日本の名著3分間読書100」、「日本文学鑑賞辞典〔第2〕」、「日本文学現代名作事典」、「日本文学名作事典」、「日本文芸鑑賞事典 第12巻」、「日本名作文学館 日本編」、「百年の誤読」、「文学・名著300選の解説 '88年度版」、「ポケット日本名作事典」、「名作の書き出しを諳んじる」

06274　「牡丹の客」
『牡丹の客』　永井荷風著　籾山書店　1911　246p　19cm　Ⓝ913.6
☆「日本・世界名作「愛の会話」100章」

06275　「雪解」
『雪解―他六篇』　永井荷風著　岩波書店　1953　124p　15cm（岩波文庫）　Ⓝ913.6
☆「一度は読もうよ！日本の名著」、「一冊で日本の名著100冊を読む 続」

06276　「罹災日録」
『罹災日録』　永井荷風著　扶桑書房　1947　231p　18cm〈附録：為永春水〉　Ⓝ915.6
☆「現代文学名作探訪事典」、「日本文芸鑑賞事典 第14巻（1946～1948年）」

06277　「冷笑」
『冷笑』　永井荷風著　創元社　1952　205p 図版　15cm（創元文庫　A 第21）　Ⓝ913.6
☆「世界名著大事典」、「日本文学鑑賞辞典〔第2〕」、「明治・大正・昭和の名著・総解説」、「明治の名著 2」

永井 隆　ながい・たかし

06278　「この子を残して」
『この子を残して』　永井隆著　日本ブックエー

ス　2010　262p　19cm（平和文庫）〈日本図書センター〔発売〕〉　1000円
Ⓘ978-4-284-80076-1　Ⓝ210.75
☆「百年の誤読」

永井 龍男　ながい・たつお

06279　「青梅雨」
『青梅雨―その他』　永井竜男著　講談社　1966　353p　20cm　520円　Ⓝ913.6
☆「世界名著大事典 補遺（Extra）」

06280　「秋」
『秋―その他』　永井龍男著　講談社　1981　237p　22cm〈著者の肖像あり 限定版〉　20000円　Ⓝ913.6
☆「世界名著大事典 補遺（Extra）」

06281　「朝霧」
『朝霧』　永井竜男著　新潮社　1951　212p　16cm（新潮文庫　第27）　Ⓝ913.6
☆「世界名著大事典 補遺（Extra）」，「日本文学鑑賞辞典〔第2〕」，「日本文芸鑑賞事典 第15巻」

06282　「風ふたたび」
『風ふたたび』　永井竜男著　角川書店　1955　202p　15cm（角川文庫）　Ⓝ913.6
☆「世界名著大事典 補遺（Extra）」，「ポケット日本名作事典」

06283　「活版屋の話」
『朝霧・青電車その他』　永井竜男著　講談社　1992　297p　16cm（講談社文芸文庫）　980円　Ⓘ4-06-196167-5　Ⓝ913.6
☆「世界名著大事典 補遺（Extra）」

06284　「黒い御飯」
『黒い御飯』　永井龍男著　成瀬書房　1976　146p　22cm〈特装版 限定版〉　22000円　Ⓝ913.6
☆「世界名著大事典 補遺（Extra）」

06285　「コチャバンバ行き」
『コチャバンバ行き』　永井龍男著　講談社　1991　349p　15cm（講談社文芸文庫）　980円　Ⓘ4-06-196141-1
☆「一度は読もうよ！日本の名著」，「一冊で日本の名著100冊を読む 続」，「日本文学名作案内」

06286　「四角な卵」
『四角な卵』　永井竜男著　大日本雄弁会講談社　1957　228p　18cm（ロマン・ブックス）　Ⓝ913.6
☆「世界名著大事典 補遺（Extra）」

06287　「石版東京図絵」
『石版東京図絵』　永井龍男著　中央公論新社　2004　293p　16cm（中公文庫）　952円　Ⓘ4-12-204373-5　Ⓝ913.6

☆「現代文学鑑賞辞典」，「これだけは読んでおきたい日本の名作文学案内」

06288　「冬の日」
『影』　ロレンス，内田百閒，永井龍男著　河野一郎訳　ポプラ社　2010　142p　19cm（百年文庫　30）　750円　Ⓘ978-4-591-11912-9　Ⓝ908.3
☆「日本・世界名作「愛の会話」100章」

中井 竹山　なかい・ちくざん

06289　「逸史」
『近世儒家資料集成　第3巻　中井竹山資料集 上』　中井竹山著　高橋章則編　ぺりかん社　1989　612p　22cm〈複製〉　Ⓝ121.53
☆「世界名著大事典」

06290　「草茅危言」
『近世育児書集成　第15巻』　小泉吉永編・解題　クレス出版　2011　540p　22cm〈林伊兵衛天明元年刊ほかの複製合本〉
Ⓘ978-4-87733-596-0　Ⓝ379.9
☆「古典の事典」，「世界名著大事典」，「日本の古典名著」，「日本名著辞典」

中井 紀夫　なかい・のりお

06291　「山の上の交響楽」
『山の上の交響楽』　中井紀夫著　早川書房　1989　348p　16cm（ハヤカワ文庫　JA）　460円　Ⓘ4-15-030284-7　Ⓝ913.6
☆「世界のSF文学・総解説」

中井 久夫　なかい・ひさお

06292　「最終講義」
『最終講義―分裂病私見』　中井久夫著　みすず書房　1998　150,9p　20cm　2000円
Ⓘ4-622-03961-3　Ⓝ493.763
☆「精神医学の名著50」

06293　「分裂病と人類」
『分裂病と人類』　中井久夫著　新版　東京大学出版会　2013　256p　19cm（UPコレクション）　2800円　Ⓘ978-4-13-006514-6　Ⓝ493.763
☆「東アジア人文書100」，「必読書150」

中井 英夫　なかい・ひでお

06294　「虚無への供物」
『虚無への供物　上』　中井英夫[著]　新装版　講談社　2004　420p　15cm（講談社文庫）　695円　Ⓘ4-06-273995-X　Ⓝ913.6
☆「世界の推理小説・総解説」，「日本文学 これを読まないと文学は語れない!!」

永井 均　ながい・ひとし

06295　「〈子ども〉のための哲学」

なかい

永井 均 ながい・ひとし

06296 「〈子ども〉のための哲学」
『〈子ども〉のための哲学』 永井均著 講談社 1996 216p 18cm（講談社現代新書 Jeunesse） 650円 ①4-06-149301-9 Ⓝ104
☆「ブックガイド"心の科学"を読む」

永井 萠二 ながい・ほうじ

06296 「ささぶね船長」
『ささぶね船長』 永井萠二作 菅輝男画 理論社 1981 236p 18cm（フォア文庫） 430円
☆「日本文芸鑑賞事典 第17巻（1955〜1958年）」

長井 真琴 ながい・まこと

06297 「南方所伝仏典の研究」
『南方所伝仏典の研究』 長井真琴著 国書刊行会 1975 390p 22cm〈昭和11年刊の複製〉 3800円 Ⓝ183.81
☆「世界名著大事典」

中井 正一 なかい・まさかず

06298 「美学入門」
『美学入門』 中井正一著 中央公論新社 2010 180p 16cm（中公文庫 な58-1） 552円 ①978-4-12-205332-8 Ⓝ701.1
☆「教育を考えるためにこの48冊」

06299 「美と集団の論理」
『美と集団の論理』 中井正一著 久野収編 中央公論社 1962 300p 図版 20cm Ⓝ701.1
☆「昭和の名著」, 「日本の名著」, 「明治・大正・昭和の名著・総解説」

永井 路子 ながい・みちこ

06300 「炎環」
『炎環』 永井路子著 新装版 文藝春秋 2012 348p 16cm（文春文庫 な2-50） 629円 ①978-4-16-720050-3 Ⓝ913.6
☆「現代文学鑑賞辞典」, 「ポケット日本名作事典」, 「歴史小説・時代小説 総解説」

06301 「北条政子」
『北条政子』 永井路子著 中央公論社 1995 606p 21cm（永井路子歴史小説全集 9） 3800円 ①4-12-403269-2
☆「面白いほどよくわかる時代小説名作100」, 「ポケット日本名作事典」, 「歴史小説・時代小説 総解説」

永井 陽之助 ながい・ようのすけ

06302 「平和の代償」
『平和の代償』 永井陽之助著 中央公論新社 2012 25,252p 18cm（中公クラシックス J49）〈1978年刊の再刊 文献あり〉 1700円 ①978-4-12-160136-0 Ⓝ319
☆「現代人のための名著」

中井 履軒 なかい・りけん

06303 「均田茅議」
『日本哲学思想全書 第18巻 政治・経済 経済篇』 三枝博音, 清水幾太郎編集 第2版 平凡社 1981 312p 19cm 2300円 Ⓝ081
☆「世界名著大事典」

永井 麟太郎 ながい・りんたろう

06304 「金の十字架」
☆「名作の研究事典」

中内 蝶二 なかうち・ちょうじ

06305 「大尉の娘」
『日本戯曲全集 現代篇 第7-13輯』 春陽堂 1928 7冊 図版 20cm〈各冊には夫々第33-50巻なる巻序数あり 日本戯曲全集 歌舞伎篇正篇に続く〉 Ⓝ912.608
☆「世界名著大事典」

中江 兆民 なかえ・ちょうみん

06306 「一年有半」
『一年有半』 中江篤介著 20版 博文館 1902 92p 23cm Ⓝ311.21
☆「感動！日本の名著 近現代編」, 「世界名著大事典」, 「日本近代の名著」, 「日本の名著」, 「日本文学鑑賞辞典〔第2〕」, 「日本文芸鑑賞事典 第2巻（1895〜1903年）」, 「日本名著辞典」, 「ベストガイド日本の名著」, 「明治・大正・昭和の名著・総解説」, 「明治の名著1」

06307 「三酔人経綸問答」
『三酔人経綸問答』 中江兆民著 鶴ケ谷真一訳 光文社 2014 312p 16cm（光文社古典新訳文庫 KBナ1-1）〈文献あり 年譜あり〉 1040円 ①978-4-334-75286-6 Ⓝ311.21
☆「教養のためのブックガイド」, 「世界の名著早わかり事典」, 「世界名著大事典」, 「日本の名著」, 「ベストガイド日本の名著」, 「明治・大正・昭和の名著・総解説」, 「明治の名著1」

06308 「続一年有半」
『続一年有半』 中江兆民（篤介）著 6版 博文館 1901 116,232p 図版 23cm〈初版：明治34年10月刊 附録：理学鉤玄〉 Ⓝ100
☆「日本近代の名著」, 「ベストガイド日本の名著」, 「明治・大正・昭和の名著・総解説」, 「明治の名著1」

06309 「中江兆民」
『日本の名著 36 中江兆民』 河野健二責任編集 中央公論社 1984 476p 18cm（中公バックス）〈中江兆民の肖像あり〉 1200円 ①4-12-400426-5 Ⓝ081
☆「教養のためのブックガイド」

中江 藤樹 なかえ・とうじゅ

06310 「翁問答」
『翁問答』 中江藤樹著 加藤盛一校註 岩波書店 1936 255p 16cm〈岩波文庫 1385-1386〉 Ⓝ121
☆「教育の名著80選解題」、「古典の事典」、「世界名著大事典」、「「日本人の名著」を読む」、「日本の古典名著」、「日本名著辞典」、「文学・名著300選の解説 '88年度版」

06311 「鑑草」
『鑑草―現代語新訳』 中江藤樹原著 日本総合教育研究会編訳 第2版 京都 行路社 1990 186,69p 19cm〈中江藤樹略年譜：p29～30〉 2000円 Ⓝ121.55
☆「世界名著大事典」、「日本の古典名著」

06312 「大学解」
『日本哲学思想全書 第7巻 科学 学問篇』 三枝博音,清水幾太郎編集 第2版 平凡社 1980 349p 19cm 2300円 Ⓝ081
☆「世界名著大事典」

06313 「中庸解」
『日本哲学思想全書 第14巻 道徳 儒教篇・道徳論一般篇』 三枝博音,清水幾太郎編集 第2版 平凡社 1980 354p 19cm 2300円 Ⓝ081
☆「世界名著大事典」

06314 「林氏剃髪受位弁」
『日本思想大系 29 中江藤樹』 山井湧等校注 岩波書店 1974 501p 22cm 1800円 Ⓝ121.08
☆「教育の名著80選解題」

06315 「文武問答」
『武士道全書 第2巻』 井上哲次郎監修 佐伯有義,植木直一郎,井野辺茂雄編 国書刊行会 1998 368p 22cm〈時代社昭和17年刊〉 Ⓘ4-336-04095-8 Ⓝ156
☆「武士道 十冊の名著」

長江 裕明 ながえ・ひろあき

06316 「地球少女エリカ」
『地球少女エリカ―世界一周ヨットの旅』 長江裕明著 朝日新聞社 1986 246p 21cm〈長江絵梨佳の肖像あり〉 1500円 Ⓘ4-02-255519-X Ⓝ290.9
☆「世界の海洋文学」

長尾 宏也 ながお・こうや

06317 「山の隣人」
『山の隣人』 長尾宏也著 木耳社 1981 248p 20cm〈竹村書房昭和10年刊の複製〉 5500円 Ⓝ914.6

☆「日本の山の名著・総解説」、「山の名著 明治・大正・昭和戦前編」

中尾 佐助 なかお・さすけ

06318 「栽培植物と農耕の起源」
『栽培植物と農耕の起源』 中尾佐助著 岩波書店 1966 192p 図版 18cm〈岩波新書〉 150円 Ⓝ612
☆「学問がわかる500冊 v.2」、「世界史読書案内」、「21世紀の必読書100選」

06319 「秘境ブータン」
『秘境ブータン』 中尾佐助著 岩波書店 2011 314p 15cm〈岩波現代文庫 S229〉 1100円 Ⓘ978-4-00-603229-6 Ⓝ292.58809
☆「日本の山の名著・総解説」

長尾 十三二 ながお・とみじ

06320 「西洋教育史」
『西洋教育史』 長尾十三二著 第2版 東京大学出版会 1991 417p 22cm〈西洋教育史年表・参考文献：p371～397〉 3914円 Ⓘ4-13-052070-9 Ⓝ372.3
☆「学問がわかる500冊」

長尾 真 ながお・まこと

06321 「人工知能と人間」
『人工知能と人間』 長尾真著 岩波書店 1992 234p 18cm〈岩波新書〉 580円 Ⓘ4-00-430259-5 Ⓝ007.1
☆「教養のためのブックガイド」

長尾 龍一 ながお・りゅういち

06322 「神と国家と人間と」
『神と国家と人間と』 長尾竜一著 弘文堂 1991 187p 22cm〈法哲学叢書 3〉 3000円 Ⓘ4-335-30083-2 Ⓝ321.1
☆「21世紀の必読書100選」

06323 「開かれた社会の哲学」
『開かれた社会の哲学―カール・ポパーと現代』 長尾竜一,河上倫逸編 未来社 1994 241p 20cm〈カール・ポパーの肖像あり 文献解説および年譜：p210～236〉 2575円 Ⓘ4-624-01120-1 Ⓝ133.5
☆「教養のためのブックガイド」

永尾 竜造 ながお・りゅうぞう

06324 「支那民俗誌」
『支那民俗誌 第1巻』 永尾龍造著 大空社 2002 672,31,9p 図44枚 22cm〈アジア学叢書 87〉〈支那民俗誌刊行会昭和15年刊の複製 折り込み1枚〉 25000円 Ⓘ4-283-00207-0 Ⓝ382.22
☆「世界名著大事典」

中岡 哲郎 なかおか・てつろう

06325 「日本近代技術の形成」
『日本近代技術の形成―〈伝統〉と〈近代〉のダイナミクス』 中岡哲郎著 朝日新聞社 2006 486,24p 19cm（朝日選書 809）〈文献あり〉 2000円 Ⓘ4-02-259909-X Ⓝ502.1
☆「超売れ筋ビジネス書101冊」

中上 健次 なかがみ・けんじ

06326 「火宅」
『中上健次全集 2』 柄谷行人ほか編 集英社 1995 593p 21cm 5800円
☆「一度は読もうよ！日本の名著」、「一冊で日本の名著100冊を読む 続」

06327 「枯木灘」
『枯木灘』 中上健次著 河出書房新社 1980 312p 15cm（河出文庫） 440円 Ⓝ913.6
☆「現代文学鑑賞辞典」、「現代文学名作探訪事典」、「日本の小説101」、「日本文学 これを読まないと文学は語れない!!」、「必読書150」、「ベストガイド日本の名著」、「ポケット日本名作事典」、「名作の書き出し」、「名作はこのように始まる 2」

06328 「千年の愉楽」
『千年の愉楽』 中上健次著 小学館 1999 267p 15cm（小学館文庫 中上健次選集 6） 619円 Ⓘ4-09-402616-9 Ⓝ913.6
☆「現代文学鑑賞辞典」

06329 「岬」
『岬』 中上健次編 作品社 1990 250p 19cm（日本の名随筆 92） 1300円 Ⓘ4-87893-992-3
☆「一度は読もうよ！日本の名著」、「一冊で日本の名著100冊を読む」、「これだけは読んでおきたい日本の名作文学案内」、「日本の名作おさらい」、「日本文学名作案内」、「日本文芸鑑賞事典 第20巻（昭和42～50年）」

中川 理 なかがわ・おさむ

06330 「偽装するニッポン」
『偽装するニッポン―公共施設のディズニーランドゼイション』 中川理著 彰国社 1996 255p 19cm 2400円 Ⓘ4-395-00435-0 Ⓝ526
☆「学問がわかる500冊 v.2」、「建築・都市ブックガイド21世紀」

中川 喜雲 なかがわ・きうん

06331 「京童」
『仮名草子集成 第22巻』 朝倉治彦,深沢秋男,柳沢昌紀編 東京堂出版 1998 376p 22cm 17500円 Ⓘ4-490-30520-6 Ⓝ913.51
☆「古典の事典」

06332 「私可多咄」
『近世文学資料類従 仮名草子編 24 百物語 2巻 私可多咄 5巻』 近世文学書誌研究会編 中川喜雲著 菱川師宣画 勉誠社 1977 314p 27cm〈百物語：慶応義塾大学図書館所蔵本の複製 私可多咄：国立国会図書館所蔵本の複製〉 9500円 Ⓝ918.5
☆「世界名著大事典」

中川 淳庵 なかがわ・じゅんあん

06333 「籌算」
☆「世界名著大事典 補遺（Extra）」

中川 清治 なかがわ・せいじ

06334 「千石の海」
『千石の海』 中川清治著 審美社 1993 179p 20cm 1600円 Ⓘ4-7883-3070-9 Ⓝ913.6
☆「世界の海洋文学」

中川 善之助 なかがわ・ぜんのすけ

06335 「日本親族法」
『日本親族法』 中川善之助著 日本評論社 1942 525,30p 22cm Ⓝ324.6
☆「世界名著大事典」

中川 忠英 なかがわ・ただてる

06336 「清俗紀聞」
『清俗紀聞 第1』 中川忠英著 孫伯醇,村松一弥編 平凡社 1966 157p 18cm（東洋文庫 62） 500円 Ⓝ382.22
☆「アジアの比較文化」

中河 与一 なかがわ・よいち

06337 「天の夕顔」
『天の夕顔』 中河与一著 81刷改版 新潮社 2003 136p 16cm（新潮文庫） 324円 Ⓘ4-10-109001-7 Ⓝ913.6
☆「あらすじで読む日本の名著 No.2」、「一度は読もうよ！日本の名著」、「一冊で愛の話題作100冊を読む」、「現代日本文学案内」、「日本文学鑑賞辞典〔第2〕」、「日本文学現代名作事典」、「日本文学名作案内」、「日本文芸鑑賞事典 第12巻」、「ポケット日本名作事典」、「名作への招待」

中川 李枝子 なかがわ・りえこ

06338 「いやいやえん」
『いやいやえん』 中川李枝子著 大村百合子絵 福音館書店 1962 177p 22cm〈編集：児童図書研究会〉
☆「一冊で不朽の名作100冊を読む」（友人社）、「一冊で不朽の名作100冊を読む」（友人社）、「少年少女の名作案内 日本の文学ファンタジー編」

長崎 源之助　ながさき・げんのすけ

06339　「あほうの星」
『あほうの星』　長崎源之助著　偕成社　1986
251p　21cm（長崎源之助全集 1）　1500円
Ⓘ4-03-740010-3　ⓃK913
☆「少年少女の名作案内 日本の文学リアリズム編」

06340　「向こう横町のおいなりさん」
『向こう横町のおいなりさん』　長崎源之助著
偕成社　1986　313p　21cm（長崎源之助全集 4）　1500円　Ⓘ4-03-740040-5
☆「少年少女の名作案内 日本の文学リアリズム編」

中里 介山　なかざと・かいざん

06341　「大菩薩峠」
『大菩薩峠―都新聞版　第1巻』　中里介山著
伊東祐吏校訂　論創社　2014　307p　22cm
〈複製〉　3200円　Ⓘ978-4-8460-1295-3
Ⓝ913.6
☆「一度は読もうよ！ 日本の名著」、「一冊で100名作の「さわり」を読む」、「面白いほどよくわかる時代小説名作100」、「現代文学鑑賞辞典」、「3行でわかる名作&ヒット本250」、「Jブンガク」、「昭和の名著」、「世界名著大事典」、「大正の名著」、「日本の小説101」、「日本文学鑑賞辞典〔第2〕」、「日本文学名作案内」、「日本文学名作事典」、「日本文芸鑑賞事典 第5巻」、「日本名著辞典」、「日本・名著のあらすじ」、「ポケット日本名作事典」、「明治・大正・昭和の名著・総解説」、「歴史小説・時代小説 総解説」、「わたしの古典 続」

中里 恒子　なかざと・つねこ

06342　「歌枕」
『歌枕』　中里恒子著　講談社　2000　271,12p
16cm（講談社文芸文庫）〈著作目録あり　年譜あり〉　1200円　Ⓘ4-06-198215-X　Ⓝ913.6
☆「一度は読もうよ！ 日本の名著」、「一冊で愛の話題作100冊を読む」

06343　「乗合馬車」
『乗合馬車―他五篇』　中里恒子著　小山書店
1939　287p　20cm　Ⓝ913.6
☆「現代文学鑑賞辞典」、「日本の小説101」、「日本文芸鑑賞事典 第12巻」、「ポケット日本名作事典」

長沢 規矩也　ながさわ・きくや

06344　「支那書籍解題・書目之部」
『支那書籍解題　書目書誌之部』　長沢規矩也著
文求堂　1952　391p　19cm　Ⓝ025.22
☆「世界名著大事典」

06345　「和漢書の印刷とその歴史」
『和漢書の印刷とその歴史』　長沢規矩也著　吉川弘文館　1952　192p 図版22枚　22cm
Ⓝ020.1
☆「世界名著大事典」

中沢 けい　なかざわ・けい

06346　「海を感じる時」
『海を感じる時』　中沢けい著　新風舎　2005
221p　15cm（新風舎文庫）　658円
Ⓘ4-7974-9584-7　Ⓝ913.6
☆「一度は読もうよ！ 日本の名著」、「一冊で愛の話題作100冊を読む」、「名作はこのように始まる 2」

06347　「水平線上にて」
『水平線上にて』　中沢けい著　講談社　1985
223p　20cm　980円　Ⓘ4-06-201935-3
Ⓝ913.6
☆「現代文学鑑賞辞典」

中沢 新一　なかざわ・しんいち

06348　「アースダイバー」
『アースダイバー』　中沢新一著　講談社　2005
252p　21cm〈折り込1枚　文献あり〉
1800円　Ⓘ4-06-212851-9　Ⓝ213.6
☆「建築・都市ブックガイド21世紀」

06349　「雪片曲線論」
『雪片曲線論』　中沢新一著　中央公論社　1988
362p　16cm（中公文庫）　540円
Ⓘ4-12-201529-4　Ⓝ104
☆「ベストガイド日本の名著」

06350　「森のバロック」
『森のバロック』　中沢新一［著］　講談社
2006　419p　15cm（講談社学術文庫）
1200円　Ⓘ4-06-159791-4　Ⓝ289.1
☆「学問がわかる500冊 v.2」

長沢 佑　ながさわ・たすく

06351　「貧農の歌える」
☆「日本のプロレタリア文学」

中沢 道二　なかざわ・どうに

06352　「道二翁道話」
『道二翁道話―校訂』　中沢道二著　石川謙校訂
岩波書店　1935　352p　16cm（岩波文庫
1234-1235）　Ⓝ158
☆「世界名著大事典」

長沢 美津　ながさわ・みつ

06353　「雪」
『雪―歌集』　長沢美津著　長谷川書房　1955
114p　19cm　Ⓝ911.168
☆「日本文芸鑑賞事典 第17巻（1955～1958年）」

中沢 恵　なかざわ・めぐむ

06354　「キャッシュフロー経営入門」
『キャッシュフロー経営入門』　中沢恵, 池田和明著　日本経済新聞社　1998　177p　18cm
（日経文庫　777）　830円　Ⓘ4-532-10777-6

中島 敦　なかじま・あつし

06355　「山月記」
『山月記』　中島敦著　海王社　2014　184p　15cm〈海王社文庫〉〈朗読：小野大輔〉　972円　Ⓙ978-4-7964-0576-8　Ⓝ913.6
☆「あらすじダイジェスト」、「「あらすじ」だけで人生の意味が全部わかる世界の古典13」、「あらすじで読む日本の名著 No.3」、「これだけは読んでおきたい日本の名作文学案内」、「3行でわかる名作&ヒット本250」、「知らないと恥ずかしい「日本の名作」あらすじ200本」、「新潮文庫20世紀の100冊」、「図説 5分でわかる日本の名作」、「世界史読書案内」、「日本人なら知っておきたいあらすじで読む日本の名著」、「日本の小説101」、「日本の名作おさらい」、「日本文学現代名作事典」、「日本文学名作事典」、「日本文芸鑑賞事典 第13巻」、「日本・名著のあらすじ」、「百年の誤読」、「名作の書き出しを諳んじる」

06356　「光と風と夢」
『光と風と夢―他二篇』　中島敦著　角川書店　1956　174p　15cm〈角川文庫〉　Ⓝ913.6
☆「ポケット日本名作事典」

06357　「名人伝」
『李陵・山月記』　中島敦著　角川春樹事務所　2012　108p　16cm〈ハルキ文庫　な8-1〉〈底本：「中島敦全集」第1巻（筑摩書房 2001年刊）　年譜あり〉　267円　Ⓙ978-4-7584-3653-3　Ⓝ913.6
☆「名作の書き出しを諳んじる」

06358　「李陵」
『李陵』　中島敦著　文治堂書店　1980　6,91p　27×37cm〈手稿の複製　付（別冊 27p 21×30cm）：「李陵」解説 郡司勝義著 付（別冊 24p 21×30cm）：「章魚木の下で」解説 田鍋幸信著 箱入〉　10000円　Ⓝ913.6
☆「あらすじで読む日本の名著」、「近代文学名作事典」、「現代文学鑑賞辞典」、「昭和の名著」、「知らないと恥ずかしい「日本の名作」あらすじ200本」、「新潮文庫20世紀の100冊」、「世界史読書案内」、「世界名著大事典」、「日本の名著」、「日本文学鑑賞辞典〔第2〕」、「日本文学現代名作事典」、「日本文学名作事典」、「日本文芸鑑賞事典 第13巻」、「入門名作の世界」、「ひと目でわかる日本の名著」、「ポケット日本名作事典」

中嶋 和郎　なかじま・かずお

06359　「ルネサンス 理想都市」
『ルネサンス理想都市』　中嶋和郎著　講談社　1996　244p　19cm〈講談社選書メチエ　77〉〈参考文献：p233～235〉　1500円　Ⓙ4-06-258077-2　Ⓝ523.37
☆「学問がわかる500冊 v.2」

Ⓝ336.8
☆「超売れ筋ビジネス書101冊」

中島 京子　なかじま・きょうこ

06360　「小さいおうち」
『小さいおうち』　中島京子著　文藝春秋　2012　348p　16cm〈文春文庫　な68-1〉　543円　Ⓙ978-4-16-784901-6　Ⓝ913.6
☆「3行でわかる名作&ヒット本250」

中島 重　なかじま・しげる

06361　「社会的基督教の本質」
『基督教教程叢書　第20編　社会的基督教の本質―贖罪愛の宗教』　中島重著　日独書院　1937　192p　20cm　Ⓝ190
☆「世界名著大事典」

06362　「多元的国家論」
『多元的国家論』　中島重著　京都　内外出版　1922　274p　22cm　Ⓝ313
☆「世界名著大事典」

中島 湘煙　なかじま・しょうえん

06363　「湘煙日記」
『「新編」日本女性文学全集　第1巻』　岩淵宏子,長谷川啓監修　渡邊澄子責任編集　菁柿堂　2007　501p　22cm〈年譜あり〉　星雲社〔発売〕〉　5000円　Ⓙ978-4-434-10001-7　Ⓝ913.68
☆「明治の名著 1」

中島 棕隠　なかじま・そういん

06364　「春風帖」
『春風帖』　中島棕隠著　隻玉堂主人訳　太平書屋　1983　198p　22cm〈珍本双刊　6〉〈解題：太平書屋主人 原書名「新訳春風帖」（太平書屋所蔵）の複製 限定版〉　8000円　Ⓝ919.5
☆「日本の艶本・珍書 総解説」、「日本の奇書77冊」

中島 斌雄　なかじま・たけお

06365　「樹氷群」
『樹氷群―中島斌雄句集』　中島斌雄著　京都　甲鳥書林　1941　185p 肖像　19cm〈昭和俳句叢書〉　Ⓝ911.368
☆「日本文芸鑑賞事典 第13巻」

中島 岳志　なかじま・たけし

06366　「ナショナリズムと宗教」
『ナショナリズムと宗教』　中島岳志著　文藝春秋　2014　376p　15cm〈文春学藝ライブラリー〉　1460円　Ⓙ978-4-16-813020-5
☆「平和を考えるための100冊+α」

中島 正　なかじま・ただし

06367　「神風特別攻撃隊」
『神風特別攻撃隊』　猪口力平,中島正著　河出書房新社　1975　262p　19cm〈太平洋戦記

4) 680円 Ⓝ915.9
☆「今だから知っておきたい戦争の本70」,「日本海軍の本・総解説」

中島 恒雄　なかじま・つねお

06368　「社会福祉士・介護福祉士になる法」
『社会福祉士・介護福祉士になる法——資格取得の方法から仕事の内容まで』 中島恒雄編著　日本実業出版社　1996　253p　19cm　1300円　Ⓘ4-534-02441-X　Ⓝ369.1
☆「学問がわかる500冊」

長島 信弘　ながしま・のぶひろ

06369　「死と病いの民族誌——ケニア・テソ族の災因論」
『死と病いの民族誌——ケニア・テソ族の災因論』 長島信弘著　岩波書店　1987　438,8p　19cm　〈巻末：文献目録〉　3400円　Ⓘ4-00-001043-3　Ⓝ389.454
☆「学問がわかる500冊 v.2」

中島 秀人　なかじま・ひでと

06370　「ロバート・フック　ニュートンに消された男」
『ロバート・フック　ニュートンに消された男』 中島秀人著　朝日新聞社　1996　312,4p　19cm〈朝日選書　565〉　1500円　Ⓘ4-02-259665-1　Ⓝ289.3
☆「科学を読む愉しみ」

中条 明　なかじょう・あきら

06371　「舷梯」
☆「世界の海洋文学」

中城 ふみ子　なかじょう・ふみこ

06372　「乳房喪失」
『乳房喪失——歌集』 中城ふみ子著　短歌新聞社　1992　120p　15cm〈短歌新聞社文庫〉　700円　Ⓘ4-8039-0657-2　Ⓝ911.168
☆「日本文芸鑑賞事典 第16巻」

永瀬 清子　ながせ・きよこ

06373　「諸国の天女」
『諸国の天女——詩集』 永瀬清子著　河出書房　1940　249p　19cm　Ⓝ911.5
☆「日本文芸鑑賞事典 第13巻」

中薗 英助　なかぞの・えいすけ

06374　「何日君再来物語」
『何日君再来物語——歌い継がれる歌 禁じられた時代』 中薗英助著　七つ森書館　2012　370p　19cm〈ノンフィクション・シリーズ"人間" 5〉　2400円　Ⓘ978-4-8228-7005-8

☆「現代を読む」

06375　「密航定期便」
『密航定期便』 中薗英助著　講談社　1996　327p　16cm〈大衆文学館〉　780円　Ⓘ4-06-262060-X　Ⓝ913.6
☆「世界の推理小説・総解説」

中田 薫　なかだ・かおる

06376　「徳川時代の文学に見えたる私法」
『徳川時代の文学に見えたる私法』 中田薫著　岩波書店　1984　257,11p　15cm〈岩波文庫〉〈本編引用徳川時代文学書目：p233〜238 付：江戸時代年代表〉　400円　Ⓝ322.15
☆「教養のためのブックガイド」

06377　「法制史論集」
『法制史論集　第1巻　親族法・相続法』 中田薫著　岩波書店　1994　738,14p　22cm〈第5刷（第1刷：1926年）〉　8700円　Ⓘ4-00-008741-X　Ⓝ322.1
☆「学問がわかる500冊 v.2」,「世界名著大事典」

仲田 勝之助　なかだ・かつのすけ

06378　「絵本の研究」
『絵本の研究』 仲田勝之助著　国立　八潮書店　1977　285p　図版32p　31cm〈美術出版社昭和25年刊の複製〉　12000円　Ⓝ726.5
☆「世界名著大事典」

永田 錦心　ながた・きんしん

06379　「愛吟琵琶歌之研究」
『愛吟琵琶歌之研究　巻1』 永田錦心著　千駄ヶ谷町（東京府）　一水会本部　1927　408p　16cm　Ⓝ768
☆「世界名著大事典 補遺(Extra)」

中田 憲三　なかた・けんぞう

06380　「英語の頭に変わる本」
『英語の頭に変わる本——日本人が英語が苦手なのはこういうわけだったのだ！』 中田憲三著　中経出版　2002　175p　21cm〈付属資料：CD2枚(12cm)〉　1600円　Ⓘ4-8061-1617-3　Ⓝ831.1
☆「超売れ筋ビジネス書101冊」

永田 徳本　ながた・とくほん

06381　「医之弁」
☆「日本の古典名著」

中田 祝夫　なかだ・のりお

06382　「古点本の国語学的研究」
『古点本の国語学的研究　総論篇』 中田祝夫著　改訂版　勉誠社　1979　2冊（別冊とも）　22cm〈別冊：ヲコト点図録・仮名字体表・略

長田 秀雄　ながた・ひでお

06383　「大仏開眼」

『大仏開眼』　長田秀雄著　角川書店　1952　208p 図版　15cm（角川文庫）　Ⓝ912.6
☆「世界名著大事典」、「日本文学鑑賞辞典〔第2〕」、「日本文学現代名作事典」、「日本文芸鑑賞事典 第6巻（1917～1920年）」

永田 広志　ながた・ひろし

06384　「日本唯物論史」

『日本唯物論史』　永田広志著　新日本出版社　1983　356p　15cm（新日本文庫）　630円　Ⓝ121.02
☆「世界名著大事典」

永田 雅一　ながた・まさかず

06385　「キャプテン・マックの世海紀行」

『キャプテンマックの世海紀行―白鯨に逢う日まで』　永田雅一著　マリン企画　1994　253p　19cm　1800円　①4-89512-220-4　Ⓝ785.2
☆「世界の海洋文学」

長田 幹彦　ながた・みきひこ

06386　「澪」

『日本近代短篇小説選　明治篇2』　紅野敏郎、紅野謙介、千葉俊二、宗像和重、山田俊治編　岩波書店　2013　451p　15cm（岩波文庫　31-191-2）　900円　①978-4-00-311912-9　Ⓝ913.68
☆「日本文学鑑賞辞典〔第3〕」

06387　「零落」

『零落』　長田幹彦著　春陽堂　1934　219p　17cm（春陽堂文庫　98）　Ⓝ913.6
☆「世界名著大事典」

永田 良昭　ながた・よしあき

06388　「社会心理学の展開」

『社会心理学の展開』　永田良昭, 船津衛編　北樹出版　1987　184p　21cm（大学教養選書）〈学文社〔発売〕〉　1900円
☆「学問がわかる500冊」

中谷 彰宏　なかたに・あきひろ

06389　「あなたのお客さんになりたい」

『あなたのお客さんになりたい！』　中谷彰宏著　三笠書房　2000　185p　15cm（知的生きかた文庫）〈著作目録あり〉　495円　①4-8379-7128-8　Ⓝ673.3
☆「超売れ筋ビジネス書101冊」

中谷 巌　なかたに・いわお

06390　「痛快！ 経済学」

『痛快！ 経済学―グローバル・スタンダード』　中谷巌著　集英社　2002　283p　16cm（集英社文庫）　571円　①4-08-747407-0　Ⓝ331.04
☆「超売れ筋ビジネス書101冊」

06391　「日本経済の歴史的転換」

『日本経済の歴史的転換』　中谷巌著　東洋経済新報社　1996　347,9p　20cm　1600円　①4-492-39226-2　Ⓝ332.107
☆「学問がわかる500冊」

中谷 礼仁　なかたに・のりひと

06392　「セヴェラルネス 事物連鎖と人間」

『セヴェラルネス―事物連鎖と人間』　中谷礼仁著　鹿島出版会　2005　269p　21cm　2400円　①4-306-04460-2　Ⓝ520.4
☆「建築・都市ブックガイド21世紀」

中津 文彦　なかつ・ふみひこ

06393　「黄金流砂」

『黄金流砂』　中津文彦〔著〕　講談社　1984　350p　15cm（講談社文庫）〈参考文献：p344〉　440円　①4-06-183311-1　Ⓝ913.6
☆「世界の推理小説・総解説」

中塚 一碧楼　なかつか・いっぺきろう

06394　「はかぐら」

『はかぐら――碧楼の句集』　中塚一碧楼著　第一作社　1913　88p　18cm　Ⓝ911.36
☆「世界名著大事典」、「日本文学鑑賞辞典〔第2〕」、「日本文芸鑑賞事典 第5巻」

長塚 節　ながつか・たかし

06395　「土」

『土』　長塚節著　改版　新潮社　2013　447p　15cm（新潮文庫）　630円　①978-4-10-105401-8
☆「あらすじで読む日本の名著」、「一度は読もうよ！ 日本の名著」、「一冊で日本の名著100冊を読む」、「感動！ 日本の名著 近現代編」、「現代文学名作事典」、「現代文学鑑賞辞典」、「現代文学名作探訪事典」、「これだけは読んでおきたい日本の名作文学案内」、「知らないと恥ずかしい「日本の名作」あらすじ200本」、「世界名作事典」、「世界名著大事典」、「2時間でわかる日本の名著」、「日本近代文学名著事典」、「日本・世界名作「愛の会話」100章」、「日本の名著（角川書店）」、「日本の名著（毎日新聞社）」、「日本文学鑑賞辞典〔第2〕」、「日本文学現代名作事典」、「日本文学案内」、「日本文芸鑑賞事典 第4巻」、「日本名著辞典」、「入門名作の世界」、「ひと目でわかる日本の名作」、「百年の誤読」、「文学・名著300選の解説 '88年度版」、「ポケット日本名作事典」、「名作

の書き出しを諳んじる」、「明治・大正・昭和の名著・総解説」、「明治の名著 2」

06396 「長塚節歌集」
『長塚節歌集』 清水房雄編 短歌新聞社 1993 152p 15cm(短歌新聞社文庫)〈略年譜：p145〜151〉 700円 ⓘ4-8039-0707-2 Ⓝ911.168
☆「世界名著大事典」、「日本文学賞辞典〔第2〕」、「日本文芸鑑賞事典 第6巻(1917〜1920年)」

中務内侍 なかつかさのないし
06397 「中務内侍日記」
『中務内侍日記 本文篇』 藤原経子著 小久保崇明編 新典社 1982 245p 22cm(新典社叢書 11)〈水府明徳会彰考館蔵本の複製と翻刻〉 2000円 ⓘ4-7879-3011-7 Ⓝ915.4
☆「近代名著解題選集 3」、「古典の事典」、「古典文学鑑賞辞典」、「世界名著大事典」

中辻 憲夫 なかつじ・のりお
06398 「発生工学のすすめ」
『発生工学のすすめ』 中辻憲夫著 羊土社 1993 116p 21cm(実験医学バイオサイエンス 11)〈参考図書・参考文献：p108〜113〉 2700円 ⓘ4-89706-303-5 Ⓝ481.2
☆「学問がわかる500冊 v.2」

中西 伊之助 なかにし・いのすけ
06399 「赭土に芽ぐむもの」
『赭土に芽ぐむもの』 中西伊之助著 改造社 1922 595p 18cm Ⓝ913.6
☆「日本のプロレタリア文学」

中西 功 なかにし・こう
06400 「中国共産党史」
『中国共産党史』 中西功著 新人社 1949 271p 図版 19cm Ⓝ312.22
☆「歴史の名著 日本人篇」

中西 悟堂 なかにし・ごどう
06401 「蕗一つ落つ」
『蕗一つ落つ―歌集』 中西悟堂著 五月書房 1977 119p 27cm〈帙入り 限定版 和装〉 10000円 Ⓝ911.168
☆「世界名著大事典 補遺(Extra)」

06402 「定本野鳥記」
『定本野鳥記 別巻 悟堂歌集』 中西悟堂著 春秋社 1967 286p 図版 20cm 800円 Ⓝ488
☆「世界名著大事典 補遺(Extra)」、「名著の履歴書」

06403 「野鳥と生きて」
『野鳥と生きて』 中西悟堂著 ダヴィッド社 1956 325p 図版 19cm〈著者の一日 他33篇〉 Ⓝ488
☆「世界名著大事典 補遺(Extra)」

中西 準子 なかにし・じゅんこ
06404 「環境リスク論」
『環境リスク論―技術論からみた政策提言』 中西準子著 岩波書店 1995 216,4p 20cm 2300円 ⓘ4-00-002818-9 Ⓝ519
☆「学問がわかる500冊 v.2」

中西 寅雄 なかにし・とらお
06405 「経営経済学」
『経営経済学』 中西寅雄著 日本評論社 1931 462p 表 22cm(現代経済学全集 第24巻) Ⓝ335
☆「世界名著大事典」

中西 信男 なかにし・のぶお
06406 「アイデンティティの心理」
『アイデンティティの心理』 中西信男ほか著 有斐閣 1985 273,8p 19cm(有斐閣選書)〈参考文献：p259〜273〉 1600円 ⓘ4-641-02454-5 Ⓝ141.93
☆「学問がわかる500冊」

中西 梅花 なかにし・ばいか
06407 「新体梅花詩集」
『新体梅花詩集』 中西梅花著 日本近代文学館 1980 104,2p 19cm(名著複刻詩歌文学館 山茶花セット)〈博文館明治24年刊の複製 ほるぷ〔発売〕 叢書の編者：名著複刻全集編集委員会〉 Ⓝ911
☆「世界名著大事典」、「日本文学賞辞典〔第2〕」

中西 久枝 なかにし・ひさえ
06408 「イスラムとヴェール」
『イスラムとヴェール―現代イランに生きる女たち』 中西久枝著 京都 晃洋書房 1996 206p 22cm〈参考文献：p183〜204〉 2400円 ⓘ4-7710-0867-1 Ⓝ367.2263
☆「歴史家の一冊」

なかにし 礼 なかにし・れい
06409 「赤い月」
『赤い月 上』 なかにし礼著 文藝春秋 2006 349p 16cm(文春文庫) 571円 ⓘ4-16-715208-8 Ⓝ913.6
☆「日本文学 これを読まないと文学は語れない!!」

中根 元圭 なかね・げんけい
06410 「皇和通暦」
『日本科学技術古典籍資料 天文學篇3』 浅見恵,安田健訳編 科学書院 2001 1052p

27cm〈近世歴史資料集成　第3期　第10巻〉〈国立公文書館内閣文庫蔵の複製　霞ケ関出版〔発売〕〉　50000円　Ⓘ4-7603-0207-7　Ⓝ402.105
☆「世界名著大事典」

06411　「律原発揮」
『音楽基礎研究文献集　第1巻　律原発揮・音律入門一他三点』　江崎公子編　大空社　1990　1冊　22cm〈複製　付（13p）：ダイジェスト〉
Ⓘ4-87236-120-2　Ⓝ760.8
☆「世界名著大事典」

中根 千枝　なかね・ちえ

06412　「タテ社会の人間関係」
『タテ社会の人間関係―単一社会の理論』　中根千枝著　講談社　1967　189p　18cm〈講談社現代新書〉　220円　Ⓝ361.4
☆「大人のための日本の名著50」、「近代日本の百冊を選ぶ」、「現代人のための名著」、「日本人とは何か」、「日本の社会と文化」、「文化人類学の名著50」、「ベストガイド日本の名著」、「明治・大正・昭和の名著・総解説」

06413　「タテ社会の力学」
『タテ社会の力学』　中根千枝［著］　講談社　2009　188p　15cm〈講談社学術文庫　1956〉　700円　Ⓘ978-4-06-291956-2　Ⓝ361.4
☆「21世紀の必読書100選」

中根 雪江　なかね・ゆきえ

06414　「再夢紀事」
『再夢紀事』　中根雪江著　日本史籍協会　1922　210p　23cm〈日本史籍協会叢書〉　Ⓝ210.58
☆「世界名著大事典　補遺（Extra）」

06415　「昨夢紀事」
『昨夢紀事　1』　中根雪江著　日本史籍協会編　東京大学出版会　1989　470p　22cm〈日本史籍協会叢書　117〉〈日本史籍協会大正9年刊の複製再刊　著者の肖像あり〉　8000円
Ⓘ4-13-097717-2　Ⓝ210.58
☆「世界名著大事典　補遺（Extra）」

長野 敬　ながの・けい

06416　「ウイルスのしくみと不思議」
『ウイルスのしくみと不思議―人類最大の敵・病原性ウィルスのすべて』　長野敬著　日本文芸社　1997　266p　19cm〈学校で教えない教科書〉〈文献あり〉　1200円　Ⓘ4-537-11504-1　Ⓝ491.7
☆「学問がわかる500冊 v.2」

中野 孝次　なかの・こうじ

06417　「風の良寛」
『風の良寛』　中野孝次著　文藝春秋　2004　245p　16cm〈文春文庫〉　543円

Ⓘ4-16-752312-4　Ⓝ911.152
☆「倫理良書を読む」

06418　「麦熟るる日に」
『麦熟るる日に』　中野孝次著　河出書房新社　1993　263p　15cm〈河出文庫〉　580円
Ⓘ4-309-40383-2　Ⓝ913.6
☆「現代文学鑑賞辞典」

中野 重治　なかの・しげはる

06419　「雨の降る品川駅」
『中野重治詩集』　日本近代文学館　1980　152p　20cm〈名著複刻詩歌文学館　連翹セット〉〈ナップ出版部昭和6年刊の複製　ほるぷ〔発売〕　叢書の編者：名著複刻全集編集委員会　ホルダー入〉　Ⓝ911.56
☆「日本のプロレタリア文学」

06420　「歌のわかれ」
『歌のわかれ』　中野重治著　金沢　石川近代文学館　2011　180p　15cm　980円　Ⓝ913.6
☆「あらすじダイジェスト」、「一度は読もうよ！日本の名著」、「一冊で日本の名著100冊を読む 続」、「感動！日本の名著 近現代編」、「近代文学名作事典」、「現代文学鑑賞辞典」、「現代文学名作探訪事典」、「これだけは読んでおきたい日本の名作文学案内」、「昭和の名著」、「世界名著大事典」、「日本の小説101」、「日本の名著」（角川書店）、「日本の名著」（毎日新聞社）、「日本文学鑑賞辞典（第2）」、「日本文学名作案内」、「日本名作文学館 日本編」、「文学・名著300選の解説 '88年度版」、「ポケット日本名作事典」

06421　「おばあさんの村」
『中野重治と児童文学』　中野重治著　勝尾金弥編著　金沢　能登印刷出版部　1994　247p　20cm〈中野重治児童文学作品収録〉　3600円
Ⓘ4-89010-219-1　Ⓝ913.6
☆「名作の研究事典」

06422　「汽車の缶焚き」
『汽車の罐焚き』　中野重治作　久米宏一絵　麦書房　1969　72p　21cm〈雨の日文庫　第5集（現代日本文学・昭和戦前編）15〉
☆「世界名著大事典」

06423　「芸術に関する走り書的覚え書」
『芸術に関する走り書的覚え書』　中野重治著　筑摩書房　1996　570p　21cm〈中野重治全集　第9巻〉　9270円　Ⓘ4-480-72029-4
☆「世界名著大事典」、「日本の名著」、「日本文学現代名作事典」

06424　「甲乙丙丁」
『中野重治全集　第7巻』　筑摩書房　1996　501p　22cm〈定本版　著者の肖像あり〉　8652円　Ⓘ4-480-72027-8　Ⓝ918.68
☆「ポケット日本名作事典」

06425 「斎藤茂吉ノオト」
『斎藤茂吉ノオト』　中野重治著　筑摩書房　1941　492p　19cm〈付録(407-492p)：はにかみの弁 他4篇〉　Ⓝ911.162
☆「世界名著大事典」

06426 「楽しき雑談」
『楽しき雑談』　中野重治著　筑摩書房　1997　531p　21cm(中野重治全集　第11巻)　9270円　Ⓘ4-480-72031-6
☆「日本文学鑑賞辞典〔第2〕」

06427 「鉄の話」
『鉄の話』　中野重治著　新興出版社　1946　214p　19cm(新日本名作叢書)　Ⓝ913.6
☆「世界名著大事典」，「日本のプロレタリア文学」

06428 「中野重治詩集」
『中野重治詩集』　中野重治著　思潮社　1988　160p　19cm(現代詩文庫　1032)　780円　Ⓘ4-7837-0850-9
☆「近代日本の百冊を選ぶ」，「世界名著大事典」，「日本近代文学名著事典」，「日本文学現代名作事典」，「日本文芸鑑賞事典 第11巻(昭和9～昭和12年)」

06429 「梨の花」
『梨の花』　中野重治作　岩波書店　2011　479p　15cm(岩波文庫)〈第7刷(第一刷1985年)〉　900円　Ⓘ4-00-310833-7
☆「現代文学鑑賞事典」，「現代文学名作探訪事典」，「日本文学名作事典」，「ポケット日本名作事典」

06430 「むらぎも」
『むらぎも』　中野重治著　講談社　1989　446p　16cm(講談社文芸文庫)〈著書目録：p443～446〉　900円　Ⓘ4-06-196045-8　Ⓝ913.6
☆「世界名著大事典」，「日本文学鑑賞辞典〔第2〕」，「名著の履歴書」

06431 「村の家」
『村の家』　中野重治著　定本版　筑摩書房　1996　510p　21cm(中野重治全集　第2巻)　8600円　Ⓘ4-480-72022-7
☆「日本文芸鑑賞事典 第11巻(昭和9～昭和12年)」，「必読書150」，「ベストガイド日本の名著」，「明治・大正・昭和の名著・総解説」

中野 鈴子　なかの・すずこ

06432 「味噌汁」
『日本詩人全集　第7巻　昭和篇　第2』　小野十三郎等編　創元社　1952　346p 図版　15cm(創元文庫　A 第103)　Ⓝ911.56
☆「日本のプロレタリア文学」

長野 正　ながの・ただし

06433 「曲面の数学―現代数学入門」
『曲面の数学―現代数学入門』　長野正著　培風館　1968　205p　22cm　780円　Ⓝ414
☆「数学ブックガイド100」，「ブックガイド "数学" を読む」，「物理ブックガイド100」

中野 登美雄　なかの・とみお

06434 「統帥権の独立」
『統帥権の独立』　中野登美雄著　原書房　1973　729p　22cm(明治百年史叢書)〈昭和11年刊の複製〉　6000円　Ⓝ323.31
☆「世界名著大事典」

中野 不二男　なかの・ふじお

06435 「レーザー・メス 神の指先」
『レーザー・メス 神の指先』　中野不二男著　新潮社　1992　362p　15cm(新潮文庫)　480円　Ⓘ4-10-121412-3
☆「現代を読む」

中野 正貴　なかの・まさたか

06436 「SHADOWS」
『SHADOWS―中野正貴写真集』　中野正貴著　リトル・モア　2002　1冊　30×21cm　3000円　Ⓘ4-89815-079-9
☆「建築・都市ブックガイド21世紀」

中野 三敏　なかの・みつとし

06437 「江戸文化評判記」
『江戸文化評判記―雅俗融和の世界』　中野三敏著　中央公論社　1992　201p　18cm(中公新書)〈参考文献一覧：p198～200〉　600円　Ⓘ4-12-101099-X　Ⓝ210.5
☆「「本の定番」ブックガイド」

中野 好夫　なかの・よしお

06438 「シェイクスピアの面白さ」
『シェイクスピアの面白さ』　中野好夫著　新潮社　1967　231p　20cm(新潮選書)　320円　Ⓝ932
☆「日本文芸鑑賞事典 第19巻」

06439 「スウィフト考」
『スウィフト考』　中野好夫著　岩波書店　1969　218p　18cm(岩波新書)　150円　Ⓝ930.28
☆「伝記・自叙伝の名著」

長野 義言　ながの・よしこと

06440 「古学答問録」
☆「世界名著大事典 補遺(Extra)」

06441 「沢能根世利」
『日本思想大系　51　国学運動の思想』　芳賀登,松本三之介校注　岩波書店　1971　718p 図　22cm　1500円　Ⓝ121.08
☆「世界名著大事典 補遺(Extra)」

中野校友会　なかのこうゆうかい

06442　「陸軍中野学校」
『陸軍中野学校』　中野校友会編　中野校友会　1978　900p　22cm〈製作：原書房　限定版　年表「中野学校の歩み」：p117〜122　年表・日本軍情報組織年表：p865〜896〉　非売品　Ⓝ391.6
☆「名著で学ぶインテリジェンス」

中浜　明　なかはま・あきら

06443　「中浜万次郎の生涯」
『中浜万次郎の生涯』　中浜明著　冨山房　1970　301p　図　肖像　20cm〈附録（p.293-300）：中浜万次郎年譜〉　700円　Ⓝ289.1
☆「世界の海洋文学」

中浜　博　なかはま・ひろし

06444　「中浜万次郎」
『中浜万次郎―「アメリカ」を初めて伝えた日本人』　中浜博著　冨山房インターナショナル　2005　359p　21cm　2800円　Ⓘ4-902385-08-2
☆「日本人とは何か」

中原　厚　なかはら・あつし

06445　「船乗りのうた」
『船乗りのうた―日本海員詩集』　中原厚編　たいまつ社　1980　303p　19cm　1500円　Ⓝ911.56
☆「世界の海洋文学」

永原　慶二　ながはら・けいじ

06446　「講座　前近代の天皇」
『講座・前近代の天皇　第1巻　天皇権力の構造と展開　その1』　永原慶二ほか編　青木書店　1992　243p　22cm　3090円　Ⓘ4-250-92026-7　Ⓝ288.41
☆「学問がわかる500冊 v.2」

06447　「商品生産と寄生地主制―近世畿内農業における」
『商品生産と寄生地主制―近世畿内農業における』　古島敏雄,永原慶二著　東京大学出版会　1954　290p　22cm　Ⓝ611.2
☆「日本史の名著」

06448　「日本封建制成立過程の研究」
『日本封建制成立過程の研究』　永原慶二著　吉川弘文館　2007　522,7p　22cm〈永原慶二著作集　第2巻　永原慶二著〉　15000円　Ⓘ978-4-642-02681-9　Ⓝ210.4
☆「日本史の名著」

中原　茂敏　なかはら・しげとし

06449　「大東亜補給戦」
『大東亜補給戦―わが戦力と国力の実態』　中原茂敏著　原書房　1981　294p　20cm　2800円　Ⓘ4-562-01150-5　Ⓝ210.6
☆「日本陸軍の本・総解説」

中原　中也　なかはら・ちゅうや

06450　「在りし日の歌」
『在りし日の歌―中原中也詩集』　中原中也著　佐々木幹郎編　角川書店　1997　252p　15cm〈角川文庫〉〈肖像あり　年譜あり〉　440円　Ⓘ4-04-117103-2　Ⓝ911.56
☆「世界名著大事典」，「日本近代文学名著事典」，「日本文学現代名作事典」，「日本文芸鑑賞事典　第12巻」

06451　「帰郷」
『中原中也全詩集』　中原中也［著］　角川学芸出版　2007　797p　15cm〈角川文庫　角川ソフィア文庫〉〈肖像あり　年譜あり　角川グループパブリッシング〔発売〕〉　1238円　Ⓘ978-4-04-117104-2　Ⓝ911.56
☆「現代文学名作探訪事典」

06452　「汚れつちまつた悲しみに…」
『汚れつちまつた悲しみに…―中原中也詩集』　中原中也著　集英社　1991　253p　16cm〈集英社文庫〉〈著者の肖像あり　中原中也年譜：p244〜253〉　320円　Ⓘ4-08-752006-4　Ⓝ911.56
☆「私を変えたこの一冊」

06453　「中原中也詩集」
『中原中也詩集』　中原中也著　新装版　角川春樹事務所　2003　253p　16cm〈ハルキ文庫〉〈肖像あり　年譜あり〉　680円　Ⓘ4-7584-3060-8　Ⓝ911.56
☆「新潮文庫20世紀の100冊」

06454　「冬の長門峡」
『いのちの詩集』　中原中也,立原道造,八木重吉著　SDP　2008　221p　15cm（SDP bunko）　420円　Ⓘ978-4-903620-39-8　Ⓝ911.568
☆「現代文学名作探訪事典」

06455　「山羊の歌」
『山羊の歌』　中原中也著　日本図書センター　1999　166p　20cm〈文献あり　年譜あり〉　2200円　Ⓘ4-8205-1995-6　Ⓝ913.6
☆「昭和の名著」，「世界名著大事典」，「日本の名著3分間読書100」，「日本文学鑑賞辞典〔第2〕」，「日本文芸鑑賞事典　第10巻」，「百年の誤読」，「文学・名著300選の解説 '88年度版」

長広 敏雄　ながひろ・としお

06456　「雲岡石窟」
『雲岡石窟―西歴五世紀における中国北部仏教窟院の考古学的調査報告 東方文化研究所調査（昭和13年―20年）第1巻　第1洞―第4洞』水野清一,長広敏雄著　京都　雲岡刊行会1952　2冊（図版共）地図　39cm〈京都大学人文科学研究所研究報告〉Ⓝ718.4
☆「世界名著大事典」

06457　「竜門石窟の研究」
『龍門石窟の研究―河南洛陽』水野清一,長広敏雄著　京都　同朋舎　1980　3冊　37cm〈本文篇2冊,図版篇に分冊刊行　東京座右宝刊行会昭和16年刊の複製〉全28000円 Ⓝ718.4
☆「世界名著大事典」

中丸 美絵　なかまる・よしえ

06458　「嬉遊曲、鳴りやまず 斎藤秀雄の生涯」
『嬉遊曲、鳴りやまず―斎藤秀雄の生涯』中丸美繪著　新潮社　2002　496p　16cm〈新潮文庫〉〈平成8年刊の改訂　肖像あり　年譜あり　文献あり〉667円　ⓘ4-10-135431-6 Ⓝ762.1
☆「読書入門」

長峯 良斉　ながみね・りょうさい

06459　「死にゆく二十歳の真情」
『死にゆく二十歳の真情―神風特別攻撃隊員の手記』長峯良斉著　読売新聞社　1976　260p　19cm　850円 Ⓝ915.9
☆「日本海軍の本・総解説」

中村 彰彦　なかむら・あきひこ

06460　「会津武士道」
『会津武士道』中村彰彦著　PHP研究所2012　272p　15cm（PHP文庫　な43-3）629円　ⓘ978-4-569-67909-9 Ⓝ212.6
☆「日本人とは何か」

06461　「江戸の構造改革」
『江戸の構造改革―パックス・トクガワーナの時代』中村彰彦,山内昌之著　集英社　2004　318p　20cm　1800円　ⓘ4-08-781292-8 Ⓝ210.5
☆「教養のためのブックガイド」

06462　「保科正之」
『保科正之―民を救った天下の副将軍』中村彰彦著　洋泉社　2012　189p　18cm〈歴史新書y 034〉〈文献あり 年譜あり〉890円 ⓘ978-4-8003-0034-8 Ⓝ289.1
☆「歴史家の一冊」

中邑 阿契　なかむら・あけい

06463　「祇園女御九重錦」

『日本古典文学幻想コレクション 2　伝綺』須永朝彦編訳　国書刊行会　1996　288p　20cm　2800円　ⓘ4-336-03782-5 Ⓝ918
☆「世界名著大事典 補遺（Extra）」

中村 征夫　なかむら・いくお

06464　「海族ヒト科百景」
『海族ヒト科百景』中村征夫著　本の雑誌社　1993　237p　19cm　1600円　ⓘ4-938463-32-6 Ⓝ740.49
☆「世界の海洋文学」

中村 雨紅　なかむら・うこう

06465　「夕焼小焼」
☆「日本文芸鑑賞事典 第7巻（1920～1923年）」

中村 和夫　なかむら・かずお

06466　「科学を学ぶ者の倫理」
『科学を学ぶ者の倫理―東京水産大学公開シンポジウム』渡邊悦生,中村和夫共編　成山堂書店　2001　145p　19cm　1400円　ⓘ4-425-98101-4 Ⓝ490.15
☆「サイエンス・ブックレヴュー」

中村 和郎　なかむら・かずお

06467　「地理情報システムを学ぶ」
『地理情報システムを学ぶ』中村和郎,寄藤昂,村山祐司編　古今書院　1998　212p　21cm　3000円　ⓘ4-7722-5020-4 Ⓝ448.9
☆「学問がわかる500冊 v.2」

中村 菊男　なかむら・きくお

06468　「昭和海軍秘史」
『昭和海軍秘史』中村菊男編　番町書房　1969　315p 図版　19cm　490円 Ⓝ397.21
☆「日本海軍の本・総解説」

06469　「政治文化論」
『政治文化論―政治的個性の探究』中村菊男著　講談社　1985　299p　15cm（講談社学術文庫）780円　ⓘ4-06-158697-1 Ⓝ311
☆「現代政治学を読む」

中村 吉治　なかむら・きちじ

06470　「近世初期農政史研究」
『近世初期農政史研究』中村吉治著　岩波書店　1970　500p　22cm〈2刷（初版：昭和13）〉1200円 Ⓝ612.1
☆「世界名著大事典」

06471　「日本経済史」
『日本経済史』中村吉治編　山川出版社　1968　314,21p　22cm〈巻末：参考文献〉680円 Ⓝ332.1

中村 吉蔵　なかむら・きちぞう

06472　「井伊大老の死」
『井伊大老の死―史劇』　中村吉蔵著　アルス　1926　435p　20cm　⑫912
☆「世界名著大事典」、「日本文学鑑賞辞典〔第2〕」、「日本文学現代名作事典」

06473　「剃刀」
『編年体大正文学全集　第3巻（大正3年）』　志賀直哉他著　池内輝雄編　ゆまに書房　2000　655p　22cm　6600円　①4-89714-892-8　Ⓝ918.6
☆「日本文芸鑑賞事典　第5巻」

06474　「牧師の家」
『牧師の家―新社会劇』　中村吉蔵著　新橋堂〔ほか〕　1910　292p　19cm〈共同刊行：春秋社〉　Ⓝ912.6
☆「日本文芸鑑賞事典　第4巻」

永村 清　ながむら・きよし

06475　「造艦回想」
『造艦回想』　永村清著　出版共同社　1957　246p（図版48p共）　19cm　Ⓝ557
☆「日本海軍の本・総解説」

中村 草田男　なかむら・くさたお

06476　「銀河依然」
『銀河依然』　中村草田男著　みすず書房　1953　213p　図版　19cm　Ⓝ911.36
☆「世界名著大事典」

06477　「長子」
『長子―中村草田男句集』　中村草田男著　みすず書房　1978　204p　22cm〈沙羅書店昭和11年刊の複製　付（別冊16p）：付録　箱入〉　3800円　Ⓝ911.36
☆「近代文学名作事典」、「昭和の名著」、「日本文学鑑賞辞典〔第2〕」、「日本文芸鑑賞事典　第11巻（昭和9～昭和12年）」、「文学・名著300選の解説 '88年度版」

中村 桂子　なかむら・けいこ

06478　「あなたのなかのDNA」
『あなたのなかのDNA―必ずわかる遺伝子の話』　中村桂子著　早川書房　1994　231p　16cm（ハヤカワ文庫　NF）　500円　①4-15-050176-9　Ⓝ467.2
☆「学問がわかる500冊 v.2」

06479　「生命科学と人間」
『生命科学と人間』　中村桂子著　日本放送出版協会　1989　226p　19cm（NHKブックス　587）　780円　①4-14-001587-X　Ⓝ460

☆「学問がわかる500冊 v.2」

中村 憲吉　なかむら・けんきち

06480　「しがらみ」
『しがらみ―歌集』　中村憲吉著　短歌新聞社　1994　136p　15cm（短歌新聞社文庫）〈年譜：p133～135〉　700円　①4-8039-0761-7　Ⓝ911.168
☆「世界名著大事典」、「日本文芸鑑賞辞典〔第2〕」

06481　「林泉集」
『林泉集』　中村憲吉著　春陽堂　1920　224,4p　19cm（アララギ叢書　第6編）　Ⓝ911.16
☆「世界名著大事典」、「日本文芸鑑賞事典　第5巻」

中村 廣治郎　なかむら・こうじろう

06482　「イスラム　思想と歴史」
『イスラム―思想と歴史』　中村廣治郎著　新装版　東京大学出版会　2012　258p　19cm〈文献あり〉　2500円　①978-4-13-013028-8　Ⓝ167
☆「現代アジア論の名著」

中村 孝也　なかむら・こうや

06483　「中牟田倉之助伝」
『中牟田倉之助伝―伝記・中牟田倉之助』　中村孝也著　大空社　1995　1冊　22cm（伝記叢書　174）〈大正8年刊の複製　中牟田倉之助の肖像あり〉　24000円　①4-87236-473-2　Ⓝ289.1
☆「日本海軍の本・総解説」

中村 獅雄　なかむら・ししお

06484　「基督教の哲学的理解」
『基督教の哲学的理解』　中村獅雄著　教文館　1949　348p　22cm　Ⓝ191
☆「世界名著大事典」

中村 七三郎　なかむら・しちさぶろう

06485　「傾城浅間岳」
『徳川文芸類聚　8　浄瑠璃』　国書刊行会編　国書刊行会　1987　516p　22cm〈第2刷（第1刷：昭和45年）　大正3年刊の複製〉　4800円　Ⓝ918.5
☆「世界名著大事典」、「日本文学鑑賞辞典〔第1〕」

中村 真一郎　なかむら・しんいちろう

06486　「蠣崎波響の生涯」
『蠣崎波響の生涯』　中村真一郎著　新潮社　1989　687p　22cm〈蠣崎波響年譜：p667～685〉　5000円　①4-10-315513-2　Ⓝ721.6
☆「歴史家の一冊」

06487　「雲のゆき来」
『雲のゆき来』　中村真一郎［著］　講談社　2005　295p　16cm（講談社文芸文庫）〈年譜

あり　著作目録あり〉　1350円
Ⓘ4-06-198399-7　Ⓝ913.6
☆「日本文芸鑑賞事典 第19巻」

06488　「四季」
『四季』　中村真一郎著　新潮社　1982　352p
15cm〈新潮文庫〉　400円　Ⓘ4-10-107104-7
Ⓝ913.6
☆「現代文学鑑賞辞典」，「日本文学名作事典」

06489　「死の影の下に」
『死の影の下に』　中村真一郎著　講談社　1995
304p　16cm〈講談社文芸文庫〉〈著書目録：
p296～304〉　980円　Ⓘ4-06-196349-X
Ⓝ913.6
☆「現代文学名作探訪事典」，「世界名著大事典」，「日本文学鑑賞辞典〔第2〕」，「日本文芸鑑賞事典 第14巻(1946～1948年)」，「ポケット日本名作事典」

06490　「天使の生活」
『天使の生活』　中村真一郎著　東京創元社
1958　253p　20cm　Ⓝ913.6
☆「一度は読もうよ！日本の名著」，「一冊で愛の話題作100冊を読む」，「日本文学名作案内」

中村 星湖　なかむら・せいこ

06491　「少年行」
『少年行』　中村星湖著　〔甲府〕　山梨県立文学館　1994　132p　21cm〈中村星湖展」参考資料　山人会1957年刊の複製〉　Ⓝ913.6
☆「世界名著大事典」，「日本文学鑑賞辞典〔第2〕」

中村 清太郎　なかむら・せいたろう

06492　「山岳礼拝」
☆「日本の山の名著・総解説」，「山の名著 明治・大正・昭和戦前編」

中村 宗三　なかむら・そうさん

06493　「糸竹初心集」
『日本歌謡研究資料集成　第3巻』　勉誠社
1978　348p　22cm〈監修：浅野建二ほか　それぞれの作品の複製〉　7000円　Ⓝ911.6
☆「世界名著大事典」

中村 隆英　なかむら・たかふさ

06494　「昭和史」
『昭和史　上　1926-45』　中村隆英著　東洋経済新報社　2012　479p　15cm〈1993年刊の再刊〉　933円　Ⓘ978-4-492-06185-5　Ⓝ210.7
☆「ベストガイド日本の名著」

06495　「戦前期日本経済成長の分析」
『戦前期日本経済成長の分析』　中村隆英著　岩波書店　1971　340,20p　22cm　1600円
Ⓝ332.1
☆「日本経済本38」，「ベストガイド日本の名著」

06496　「日本経済」
『日本経済―その成長と構造』　中村隆英著　第3版　東京大学出版会　1993　356p　22cm
3605円　Ⓘ4-13-042042-9　Ⓝ332.1
☆「日本経済本38」

中村 保　なかむら・たもつ

06497　「深い浸食の国―ヒマラヤの東　地図の空白部を行く」
『深い浸食の国―ヒマラヤの東地図の空白部を行く』　中村保著　山と溪谷社　2000　381p
22cm〈文献あり〉　3000円　Ⓘ4-635-28038-1
Ⓝ292.234
☆「新・山の本おすすめ50選」

中村 彝　なかむら・つね

06498　「芸術の無限感」
『芸術の無限感』　中村彝著　中央公論美術出版
1989　457p　21cm〈新装普及版 著者の肖像あり　略年譜・主要制作対照年表：p431～442〉　4500円　Ⓘ4-8055-0073-5　Ⓝ723.1
☆「世界名著大事典 補遺(Extra)」

中村 汀女　なかむら・ていじょ

06499　「紅白梅」
『紅白梅―句集』　中村汀女著　白凰社　1970
251p 図版　18cm〈普及版〉　600円　Ⓝ911.36
☆「世界名著大事典 補遺(Extra)」

06500　「汀女句集」
『汀女句集』　中村汀女著　3版　丹波市町(奈良県)　養徳社　1946　169p　13×18cm〈奥付の責任表示：中村破魔子〉　Ⓝ911.368
☆「世界名著大事典 補遺(Extra)」，「日本文学鑑賞辞典〔第2〕」，「日本文芸鑑賞事典 第13巻」

06501　「花影」
『花影―中村汀女句集』　中村汀女著　邑書林
1998　116p　15cm〈邑書林句集文庫〉
900円　Ⓘ4-89709-301-5　Ⓝ911.368
☆「世界名著大事典 補遺(Extra)」

06502　「都鳥」
『都鳥―句集』　中村汀女著　京都　新甲鳥
1951　206p　19cm　Ⓝ911.36
☆「世界名著大事典 補遺(Extra)」

中村 哲　なかむら・てつ

06503　「医者、用水路を拓く」
『医者、用水路を拓く―アフガンの大地から世界の虚構に挑む』　中村哲著　福岡　石風社
2007　375p　20cm　1800円
Ⓘ978-4-88344-155-6　Ⓝ517.6
☆「大学新入生に薦める101冊の本」

06504　「政治史」
　『政治史』　中村哲著　東洋経済新報社　1963
　324p　22cm〈日本現代史大系〉Ⓝ312.1
　☆「名著の履歴書」

中村 富十郎（1代）　なかむら・とみじゅうろう
06505　「娘道成寺」
　『娘道成寺―口三味線入』　邦楽社編集部編　邦
　楽社　1993　7丁　24cm〈和装〉Ⓝ768.58
　☆「千年紀のベスト100作品を選ぶ」

中村 仲蔵　なかむら・なかぞう
06506　「手前味噌」
　『手前味噌―口訳 三代目仲蔵自伝』　中村仲蔵
　著　小池章太郎訳　角川書店　1972　252p
　肖像　19cm〈角川選書〉Ⓝ774.28
　☆「自伝の名著101」、「世界名著大事典」

中村 元　なかむら・はじめ
06507　「ゴータマ・ブッダ」
　『ゴータマ・ブッダ　上』　中村元著　普及版
　春秋社　2012　374p　19cm〈中村元選集 決
　定版 第11巻・第12巻〉(1992年刊)の改訂〉
　2800円　⒤978-4-393-13555-6 Ⓝ182.8
　☆「21世紀の必読書100選」

06508　「初期ヴェーダーンタ哲学史」
　『インド哲学思想　第1巻　初期ヴェーダーンタ
　哲学史　第1冊』　中村元著　岩波書店　1950
　536p　22cm Ⓝ129
　☆「世界名著大事典」

06509　「東洋人の思惟方法」
　『中村元選集―決定版　第1巻　インド人の思惟
　方法―東洋人の思惟方法1』　春秋社　1988
　389,17p　20cm　3000円　⒤4-393-31201-5
　Ⓝ120.8
　☆「世界名著大事典」

中村 正直　なかむら・まさなお
06510　「西国立志編」
　『西国立志編』　サミュエル・スマイルズ著　中
　村正直訳　講談社　1981　556p　15cm〈講談
　社学術文庫〉　880円　Ⓝ343
　☆「教育を考えるためにこの48冊」、「世界名著大事
　典」、「日本文学現代名作事典」、「日本名著辞典」、
　「ベストガイド日本の名著」、「明治・大正・昭和
　の名著・総解説」、「明治の名著1」

中村 政則　なかむら・まさのり
06511　「労働者と農民」
　『労働者と農民―日本近代をささえた人々』　中
　村政則著　小学館　1998　507p　16cm〈小学
　館ライブラリー〉〈文献あり　索引あり〉
　1200円　⒤4-09-460110-4 Ⓝ361.8

　☆「学問がわかる500冊 v.2」

中村 光夫　なかむら・みつお
06512　「風俗小説論」
　『風俗小説論』　中村光夫［著］　講談社　2011
　195p　16cm〈講談社文芸文庫　な H4〉〈年譜
　あり　著作目録あり〉　1200円
　⒤978-4-06-290141-3 Ⓝ910.26
　☆「現代文学鑑賞辞典」、「世界名著大事典」、「日本
　文学現代名作事典」、「日本文芸鑑賞事典 第15巻」

06513　「二葉亭四迷伝」
　『二葉亭四迷伝―ある先駆者の生涯』　中村光夫
　著　講談社　1993　442p　16cm〈講談社文芸
　文庫〉〈二葉亭四迷の肖像あり　二葉亭四迷略
　年譜：p409～411　著書目録：p439～442〉
　1200円　⒤4-06-196236-1 Ⓝ910.268
　☆「昭和の名著」

06514　「明治文学史」
　『明治文学史』　中村光夫著　筑摩書房　1963
　267p 図版　19cm〈筑摩叢書〉Ⓝ910.26
　☆「必読書150」

中村 睦男　なかむら・むつお
06515　「社会権の解釈」
　『社会権の解釈』　中村睦男著　有斐閣　1983
　349,4p　22cm　4700円　⒤4-641-03020-0
　Ⓝ323.143
　☆「憲法本41」

中村 雄二郎　なかむら・ゆうじろう
06516　「共通感覚論―知の組みかえのために」
　『共通感覚論』　中村雄二郎著　岩波書店　2000
　382,7p　15cm〈岩波現代文庫 学術〉　1100円
　⒤4-00-600001-4 Ⓝ115.5
　☆「21世紀の必読書100選」

06517　「問題群」
　『問題群―哲学の贈りもの』　中村雄二郎著　岩
　波書店　1988　205,5p　18cm〈岩波新書〉〈参
　考文献：p197～205〉　480円
　⒤4-00-430045-2 Ⓝ104
　☆「学問がわかる500冊」

中村 良夫　なかむら・よしお
06518　「風景学入門」
　『風景学入門』　中村良夫著　中央公論社　1982
　244p　18cm〈中公新書〉〈参考文献案内：
　p238～241〉　500円　Ⓝ629.1
　☆「科学技術をどう読むか」

中村 隆一郎　なかむら・りゅういちろう
06519　「常民の戦争と海」
　『常民の戦争と海―聞書・徴用された小型木造

船」 中村隆一郎著 大阪 東方出版 1993 222p 19cm 1545円 ⓘ4-88591-348-9 Ⓝ210.75
☆「世界の海洋文学」

中村明石 清三郎 なかむらあかし・せいざぶろう

06520 「参会名護屋」
『新日本古典文学大系 96 江戸歌舞伎集』 佐竹昭広ほか編 古井戸秀夫, 鳥越文蔵, 和田修校注 岩波書店 1997 520p 22cm 3700円 ⓘ4-00-240096-4 Ⓝ918
☆「世界名著大事典」

06521 「暫」
『暫―歌舞伎十八番之内』 市川海老蔵, 市川団十郎著 堀越福三郎 1930 1冊 25cm〈共同刊行:堀越実子 謄写版 和装〉 Ⓝ774
☆「世界名著大事典」

中谷 宇吉郎 なかや・うきちろう

06522 「科学の方法」
『科学の方法』 中谷宇吉郎著 岩波書店 1958 212p 図版 18cm(岩波新書)〈付録:茶碗の曲線 204-212p〉Ⓝ404
☆「物理ブックガイド100」

06523 「Snow Crystals」
☆「世界名著大事典 補遺(Extra)」

06524 「冬の華」
『中谷宇吉郎随筆選集 第1巻』 朝日新聞社 1966 431p 図版 23cm〈編集者:岡潔, 茅誠司, 藤岡由夫〉 1400円 Ⓝ404.9
☆「世界名著大事典 補遺(Extra)」,「日本文学鑑賞辞典〔第2〕」

06525 「雪」
『雪』 中谷宇吉郎著 岩波書店 1994 181p 15cm(岩波文庫) 410円 ⓘ4-00-311242-3 Ⓝ451.66
☆「大人のための日本の名著50」,「ブックガイド 文庫で読む科学」

06526 「雪の研究」
『雪の研究―結晶の形態とその生成』 中谷宇吉郎著 岩波書店 1949 597p 図版319p 26cm〈附録:写真番号及び原本番号〉Ⓝ451.5
☆「世界名著大事典 補遺(Extra)」

中山 伊知郎 なかやま・いちろう

06527 「純粋経済学」
『純粋経済学』 中山伊知郎著 増補版 岩波書店 2008 311p 19cm(岩波全書セレクション)〈1954年刊の複製〉 3000円 ⓘ978-4-00-021898-6 Ⓝ331

☆「世界名著大事典」

06528 「日本経済の構造分析」
『日本経済の構造分析 上巻 総論日本経済の特質』 中山伊知郎編 中山伊知郎編 東洋経済新報社 1954 349p 22cm Ⓝ332.1
☆「世界名著大事典」

中山 義秀 なかやま・ぎしゅう

06529 「秋風」
『百年小説―the birth of modern Japanese literature』 ポプラクリエイティブネットワーク編 ポプラ社 2008 1331p 23cm 6600円 ⓘ978-4-591-10497-2 Ⓝ913.68
☆「日本・世界名作「愛の会話」100章」

06530 「厚物咲」
『厚物咲』 中山義秀著 河出書房 1955 196p 図版 15cm(河出文庫) Ⓝ913.6
☆「昭和の名著」,「女性のための名作・人生案内」,「日本文学鑑賞辞典〔第2〕」,「日本文学現代名作事典」,「日本文芸鑑賞事典 第12巻」,「ポケット日本名作事典」

06531 「碑」
『碑』 中山義秀著 札幌 日産書房 1947 304p 19cm Ⓝ913.6
☆「現代文学鑑賞辞典」

06532 「美しき囮」
『美しき囮 上巻』 中山義秀著 角川書店 1957 206p 15cm(角川文庫) Ⓝ913.6
☆「世界名著大事典」

06533 「咲庵」
『咲庵』 中山義秀著 中央公論新社 2012 220p 16cm(中公文庫 なー10-3) 857円 ⓘ978-4-12-205608-4 Ⓝ913.6
☆「あらすじダイジェスト」,「ポケット日本名作事典」

06534 「新剣豪伝」
『新剣豪伝』 中山義秀著 51刷改版 新潮社 2008 372p 16cm(新潮文庫) 552円 ⓘ978-4-10-102102-7 Ⓝ913.6
☆「歴史小説・時代小説 総解説」

06535 「テニヤンの末日」
『テニヤンの末日』 中山義秀著 文芸春秋新社 1949 234p 19cm Ⓝ913.6
☆「世界名著大事典」,「日本文学鑑賞辞典〔第2〕」,「日本文学現代名作事典」

中山 茂 なかやま・しげる

06536 「大学とアメリカ社会」
『大学とアメリカ社会―日本人の視点から』 中山茂著 朝日新聞社 1994 293,16p 19cm (朝日選書 492)〈巻末:参考文献〉 1400円

06537　「歴史としての学問」
　『歴史としての学問』　中山茂著　中央公論社　1974　302p　20cm〈中公叢書〉　1200円　Ⓝ002
　☆「社会学の名著30」

中山 忠親　なかやま・ただちか

06538　「貴嶺問答」
　『往来物大系　第3巻　古往来』　大空社　1992　1冊　22cm〈監修：石川松太郎　複製〉
　①4-87236-259-4　Ⓝ375.3
　☆「世界名著大事典」

06539　「山槐記」
　『増補史料大成　第26巻　山槐記 1』　増補史料大成刊行会編　中山忠親著　京都　臨川書店　1989　305p　22cm〈第5刷（第1刷：昭和40年）〉　①4-653-00544-3, 4-653-01846-4　Ⓝ210.088
　☆「世界名著大事典」

06540　「水鏡」
　『水鏡』　中山忠親著　和田英松校　岩波書店　1930　110p　16cm〈岩波文庫　679〉　Ⓝ913.4
　☆「近代名著解題選集 3」，「古典文学鑑賞辞典」，「作品と作者」，「世界名著大事典」，「2ページでわかる日本の古典傑作選」，「日本の古典名著」，「日本名著辞典」，「日本歴史「古典籍」総覧」，「歴史の名著100」

永山 則夫　ながやま・のりお

06541　「無知の涙」
　『無知の涙』　永山則夫著　増補新版　河出書房新社　1990　540p　15cm〈河出文庫〉　880円　①4-309-40275-5　Ⓝ914.6
　☆「戦後思想の名著50」

中山 正和　なかやま・まさかず

06542　「発想の論理」
　『発想の論理—発想技法から情報論へ』　中山正和著　中央公論社　1970　204p　18cm〈中公新書〉　Ⓝ507.6
　☆「「本の定番」ブックガイド」

長山 靖生　ながやま・やすお

06543　「鷗外のオカルト、漱石の科学」
　『鷗外のオカルト、漱石の科学』　長山靖生著　新潮社　1999　231p　20cm〈文献あり〉　1400円　①4-10-424102-4　Ⓝ910.268
　☆「科学を読む愉しみ」

長与 専斎　ながよ・せんさい

06544　「松香私志」

『松香私志』　長与専斎著　長与称吉　1902　1冊（上98, 下53, 附録30, 10p合本）　24cm〈付：旧大村藩種痘之話　和装〉　Ⓝ490
　☆「世界名著大事典」

長与 善郎　ながよ・よしろう

06545　「項羽と劉邦」
　『項羽と劉邦』　長与善郎著　角川書店　1954　182p　15cm〈角川文庫〉　Ⓝ912.6
　☆「世界名著大事典」，「日本近代文学名著事典」，「日本文学鑑賞辞典〔第2〕」，「日本文芸鑑賞事典　第5巻」

06546　「青銅の基督」
　『青銅の基督』　長与善郎作　岩波書店　1994　115p　15cm〈岩波文庫〉〈第43刷（第1刷：27.12.5）〉　310円　①4-00-310611-3
　☆「あらすじダイジェスト」，「あらすじで読む日本の名著 No.2」，「一度は読もうよ！日本の名著」，「一冊で日本の名著100冊を読む　続」，「一冊で100名作の「さわり」を読む」，「現代文学鑑賞辞典」，「世界名著大事典」，「日本文学鑑賞辞典〔第2〕」，「日本文学現代名作事典」，「日本文学名作案内」，「日本文芸鑑賞事典　第7巻（1920〜1923年）」，「ポケット日本名作事典」

06547　「竹沢先生と云ふ人」
　『竹沢先生と云ふ人』　長与善郎著　河出書房　1956　362p 図版　15cm〈河出文庫〉　Ⓝ913.6
　☆「一度は読もうよ！日本の名著」，「一冊で日本の名著100冊を読む　続」，「感動！日本の名著　近現代編」，「世界名作事典」，「世界名著大事典」，「日本の名著」〈角川書店〉，「日本の名著」〈毎日新聞社〉，「日本文学鑑賞辞典〔第2〕」，「日本文学現代名作事典」，「日本文学名作案内」，「日本文芸鑑賞事典　第8巻（1924〜1926年）」，「ポケット日本名作事典」

半井 卜養　なからい・ぼくよう

06548　「卜養狂歌集」
　『卜養狂歌集』　半井卜養著　民友社　1919　2冊　28cm〈成簣堂叢書　第12編 1,2〉〈鱗形屋板, 柏屋与市板　和装〉　Ⓝ911.1
　☆「日本文学鑑賞辞典〔第1〕」

奈河 亀輔　ながわ・かめすけ

06549　「加々見山廓写本」
　『歌舞伎台帳集成　第40巻』　歌舞伎台帳研究会編　勉誠出版　2002　582p　23cm〈折り込3枚〉　17000円　①4-585-01045-9　Ⓝ912.5
　☆「世界名著大事典」

06550　「敵討天下茶屋聚」
　『名作歌舞伎全集　第13巻　時代狂言集』　東京創元新社　1969　308p 図版　20cm〈監修者：戸板康二等〉　Ⓝ912.5
　☆「世界名著大事典」

奈川 亀助

06551　「伽羅先代萩」
『伽羅先代萩―奥州秀衡遺目争論』　奈川亀助作　高野辰之, 南茂樹校　六合館　1911　376p　15cm（演劇叢書　第4編）　Ⓝ912.7
☆「一度は読もうよ！日本の名著」,「一冊で日本の古典100冊を読む」,「一冊で100名作の「さわり」を読む」,「古典文学鑑賞辞典」,「作品と作者」,「世界名著大事典」,「日本の古典・世界の古典」,「日本文学鑑賞辞典〔第1〕」,「日本文学名作案内」

奈川 七五三助　なかわ・しめすけ

06552　「加々見山廓写本」
『歌舞伎台帳集成　第40巻』　歌舞伎台帳研究会編　勉誠出版　2002　582p　23cm〈折り込3枚〉　17000円　①4-585-01045-9　Ⓝ912.5
☆「世界名著大事典」

06553　「隅田川続俤」
『名作歌舞伎全集　第15巻　江戸世話狂言集1』　東京創元新社　1969　337p　図版　20cm〈監修者：戸板康二等〉　Ⓝ912.5
☆「世界名著大事典」

南木 佳士　なぎ・けいし

06554　「ダイヤモンドダスト」
『ダイヤモンドダスト』　南木佳士著　文芸春秋　1992　238p　16cm（文春文庫）　380円　①4-16-754501-2　Ⓝ913.6
☆「現代文学鑑賞辞典」

名木田 恵子　なぎた・けいこ

06555　「海時間のマリン」
『海時間のマリン』　名木田恵子作　ブッキング　2005　250p　19cm（Fukkan.com）〈絵：早川司寿乃　講談社1992年刊の復刊〉　1500円　①4-8354-4203-2　Ⓝ913.6
☆「世界の海洋文学」

名倉 康修　なぐら・やすのぶ

06556　「新・戦陣訓」
『幹部決断の新・戦陣訓』　名倉康修著　産業能率大学出版部　1985　295p　19cm　1500円　①4-382-04880-X　Ⓝ336.049
☆「経済経営95冊」

梨木 香歩　なしき・かほ

06557　「西の魔女が死んだ」
『西の魔女が死んだ』　梨木香歩著　新潮社　2001　226p　16cm（新潮文庫）　400円　①4-10-125332-3　Ⓝ913.6
☆「少年少女の名作案内 日本の文学リアリズム編」

ナジタ, テツオ

06558　「懐徳堂」
『懐徳堂―18世紀日本の「徳」の諸相』　テツオ・ナジタ著　子安宣邦訳　岩波書店　1992　538p　19cm（NEW HISTORY）　3700円　①4-00-003623-8
☆「日本思想史」

那須 皓　なす・しろし

06559　「公正なる小作料」
『公正なる小作料』　那須皓著　岩波書店　1925　79p　23cm　Ⓝ611
☆「農政経済の名著 明治大正編」

06560　「日本農業論」
『日本農業論』　那須皓著　千倉書房　1929　322,10p　23cm　Ⓝ612
☆「世界名著大事典」

06561　「農村問題と社会理想」
『農村問題と社会理想』　那須皓著　岩波書店　1924　412p　19cm　Ⓝ611.9
☆「農政経済の名著 明治大正編」

那須 辰造　なす・たつぞう

06562　「みどりの十字架」
『那須辰造著作集』　講談社　1980　3冊　20cm　全8000円　Ⓝ918.6
☆「日本文芸鑑賞事典 第15巻」

那須 正幹　なす・まさもと

06563　「「ズッコケ三人組」シリーズ」
『それいけズッコケ三人組』　那須正幹著　前川かずお絵　ポプラ社　1983　202p　18cm（ポプラ社文庫）　390円
☆「少年少女の名作案内 日本の文学ファンタジー編」

06564　「ぼくらは海へ」
『ぼくらは海へ』　那須正幹著　文藝春秋　2010　318p　16cm（文春文庫）　590円　①978-4-16-777369-4　Ⓝ913.6
☆「少年少女の名作案内 日本の文学リアリズム編」

なだ いなだ

06565　「夢を見た海賊」
『夢をみた海賊―間切りの孫二郎とそのクルーの物語』　なだいなだ著　筑摩書房　1989　331p　15cm（ちくま文庫）〈『間切りの孫二郎とそのクルーの物語』(角川書店1978年刊)の改題〉　520円　①4-480-02327-5　Ⓝ913.6
☆「世界の海洋文学」

夏川 草介　なつかわ・そうすけ

06566　「神様のカルテ」
『神様のカルテ』　夏川草介著　小学館　2011　252p　15cm（小学館文庫　な13-1)〈2009年刊の加筆修正〉　552円　①978-4-09-408618-8

Ⓝ913.6
☆「3行でわかる名作&ヒット本250」

夏樹 静子　なつき・しずこ

06567　「蒸発」
『蒸発―ある愛の終わり 長編推理小説』　夏樹静子著　新装版　光文社　2007　513p　16cm（光文社文庫）〈年譜あり　著作目録あり〉　762円　Ⓘ978-4-334-74219-5　Ⓝ913.6
☆「世界の推理小説・総解説」

06568　「そして誰かいなくなった」
『そして誰かいなくなった』　夏樹静子著　徳間書店　2009　348,17p　16cm（徳間文庫　な-21-18）〈著作目録あり〉　629円　Ⓘ978-4-19-892979-4　Ⓝ913.6
☆「世界の海洋文学」

06569　「密室航路」
『密室航路』　夏樹静子著　角川書店　1987　359p　15cm（角川文庫）　460円　Ⓘ4-04-144518-3　Ⓝ913.6
☆「世界の海洋文学」

夏堀 正元　なつぼり・まさもと

06570　「海猫の襲う日」
『海猫の襲う日』　夏堀正元著　徳間書店　1981　382p　16cm（徳間文庫）　460円　Ⓝ913.6
☆「世界の海洋文学」

06571　「北の墓標」
『北の墓標―小説郡司大尉』　夏堀正元著　中央公論社　1978　240p　15cm（中公文庫）　300円　Ⓝ913.6
☆「世界の海洋文学」

06572　「青年の階段」
『青年の階段』　夏堀正元著　中央公論社　1979　246p　15cm（中公文庫）　300円　Ⓝ913.6
☆「日本文芸鑑賞事典 第20巻（昭和42～50年）」

06573　「奔流の人」
『奔流の人』　夏堀正元著　潮出版社　1981　237p　20cm　1200円　Ⓝ913.6
☆「生きがいの再発見名著22選」

夏目 漱石　なつめ・そうせき

06574　「鶉籠」
『鶉籠』　夏目漱石著　名著複刻全集編集委員会編　日本近代文学館　1976　502p　23cm（漱石文学館　名著複刻）〈春陽堂明治40年刊の複製　ほるぷ〔発売〕〉　Ⓝ913.6
☆「日本近代文学名著事典」

06575　「思い出す事など」
『思ひ出す事など―他十篇』　夏目漱石著　角川書店　1956　242p　15cm（角川文庫）

Ⓝ914.6
☆「日本文学鑑賞辞典〔第2〕」、「日本文芸鑑賞事典 第4巻」

06576　「硝子戸の中」
『硝子戸の中』　夏目漱石著　岩波書店　2008　138p　19cm（ワイド版岩波文庫）　800円
Ⓘ978-4-00-007297-7　Ⓝ914.6
☆「日本文学鑑賞辞典〔第2〕」

06577　「草枕」
『草枕』　夏目漱石著　小学館　2011　234p　15cm（小学館文庫　な14-1）　476円
Ⓘ978-4-09-408627-0　Ⓝ913.6
☆「愛ありて」、「一度は読もうよ！日本の名著」、「一冊で100名作の「さわり」を読む」、「50歳からの名著入門」、「図説 5分でわかる日本の名作傑作選」、「世界名作事典」、「世界名著案内 3」、「世界名著大事典」、「日本の名著3分間読書100」、「日本文学鑑賞辞典〔第2〕」、「日本文学現代名作事典」、「日本文学名作案内」、「日本文学名作概観」、「日本文芸鑑賞事典 第3巻（1904～1909年）」、「日本名著辞典」、「名作への招待」、「名作の書き出しを諳んじる」、「明治・大正・昭和の名著・総解説」、「明治の名著 2」、「私を変えたこの一冊」

06578　「虞美人草」
『虞美人草』　夏目漱石作　岩波書店　2007　428p　19cm（ワイド版岩波文庫）　1400円
Ⓘ978-4-00-007283-0　Ⓝ913.6
☆「世界名作事典」、「世界名著大事典」、「日本文学鑑賞辞典〔第2〕」、「日本文学現代名作事典」、「日本文芸鑑賞事典 第3巻（1904～1909年）」

06579　「行人」
『行人』　夏目漱石著　集英社　2014　521p　16cm（集英社文庫　な19-10）〈底本：漱石文学全集　年譜あり〉　590円
Ⓘ978-4-08-752058-3　Ⓝ913.6
☆「世界名著大事典」、「日本文学鑑賞辞典〔第2〕」、「日本文学現代名作事典」、「日本文芸鑑賞事典 第5巻」

06580　「こころ」
『こころ』　夏目漱石著　海王社　2014　309p　15cm（海王社文庫）〈朗読：谷山紀章〉　972円　Ⓘ978-4-7964-0577-5　Ⓝ913.6
☆「愛と死の日本文学」、「あらすじで味わう名作文学」、「一度は読もうよ！日本の名著」、「一冊で日本の名著100冊を読む」、「大人のための日本の名著50」、「感動！日本の名著 近現代編」、「近代文学名作事典」、「現代文学鑑賞辞典」、「この一冊でわかる日本の名作」、「3行でわかる名作&ヒット本250」、「知らないと恥ずかしい「日本の名作」あらすじ200本」、「図説 5分でわかる日本の名作」、「世界の小説大百科」、「世界名作事典」、「世界名著大事典」、「大正の名著」、「2時間でわかる日本の名著」、「日本近代文学名著事典」、「日本の名作おさらい」、「日本の名著」（角川書店）、「日

の名著」(毎日新聞社)、「日本文学鑑賞辞典〔第2〕」、「日本文学現代名作事典」、「日本文学 これを読まないと文学は語れない!!」、「日本文学名作案内」、「日本文学名作事典」、「日本文芸鑑賞事典 第5巻」、「日本名作文学館 日本編」、「日本名著辞典」、「日本・名著のあらすじ」、「入門名作の世界」、「ベストガイド日本の名著」、「ポケット日本名作事典」、「名作への招待」、「名作の書き出しを諳んじる」、「明治・大正・昭和のベストセラー」、「明治・大正・昭和の名著・総解説」

06581 「三四郎」
『三四郎』 夏目漱石著 改版 新潮社 2011 354p 15cm(新潮文庫) 324円
Ⓘ978-4-10-101004-5
☆「あらすじで読む日本の名著 No.2」、「生きがいの再発見名著22選」、「一度は読もうよ! 日本の名著」、「一冊で日本の名著100冊を読む」、「感動! 日本の名著 近現代編」、「教養のためのブックガイド」、「これだけは読んでおきたい日本の名作文学案内」、「Jブンガク」、「知らないと恥ずかしい「日本の名作」あらすじ200本」、「世界名著大事典」、「2時間でわかる日本の名著」、「日本近代文学名著事典」、「日本・世界名作「愛の会話」100章」、「日本の名作おさらい」、「日本の名著」(角川書店)、「日本の名著」(毎日新聞社)、「日本文学鑑賞辞典〔第2〕」、「日本文学現代名作事典」、「日本文学名作案内」、「日本文学名作事典」、「日本文芸鑑賞事典 第3巻(1904〜1909年)」、「日本名作文学館 日本編」、「日本名著辞典」、「ひと目でわかる日本の名作」、「ポケット日本名作事典」、「明治・大正・昭和の名著・総解説」、「明治の名著 2」、「私を変えたこの一冊」

06582 「社会と自分」
『社会と自分—漱石自選講演集』 夏目漱石著 筑摩書房 2014 382p 15cm(ちくま学芸文庫 ナ24-1)〈底本:「夏目漱石全集 10」(1988年刊)〉 950円 Ⓘ978-4-480-09597-8 Ⓝ914.6
☆「大正の名著」、「明治・大正・昭和の名著・総解説」

06583 「漱石俳句集」
『漱石俳句集』 夏目漱石著 坪内稔典編 岩波書店 1990 235p 19cm(漱石文学作品集 16) 1700円 Ⓘ4-00-009016-X
☆「日本文芸鑑賞事典 第6巻(1917〜1920年)」

06584 「それから」
『それから』 夏目漱石著 集英社 2013 399p 16cm(集英社文庫 な19-7)〈底本:漱石文学全集 5(1979年刊) 年譜あり〉 480円 Ⓘ978-4-08-752055-2 Ⓝ913.6
☆「一度は読もうよ! 日本の名著」、「一冊で愛の話題作100冊を読む」、「絵で読むあらすじ日本の名著」、「教養のためのブックガイド」、「近代日本の百冊を選ぶ」、「この一冊でわかる日本の名作」、「女性のための名作・人生案内」、「知らないと恥ずかしい「日本の名作」あらすじ200本」、「図説 5分でわかる日本の名著」、「世界名著大事典」、「2時間でわかる日本の名著」、「日本の小説101」、「日本の名作おさらい」、「日本文学鑑賞辞典〔第2〕」、「日本文学現代名作事典」、「日本文学名作案内」、「日本文芸鑑賞事典 第4巻」、「百年の誤読」、「名作の書き出し」、「明治・大正・昭和の名著・総解説」、「明治の名著 2」

06585 「彼岸過迄」
『彼岸過迄』 夏目漱石著 集英社 2014 421p 16cm(集英社文庫 な19-9)〈底本:「漱石文学全集」 年譜あり〉 540円
Ⓘ978-4-08-752057-6 Ⓝ913.6
☆「あらすじで読む日本の名著」、「知らないと恥ずかしい「日本の名作」あらすじ200本」、「世界名著大事典」、「日本文学鑑賞辞典〔第2〕」、「ひと目でわかる日本の名作」

06586 「文学評論」
『文学評論 上』 夏目漱石著 岩波書店 2001 262p 15cm(岩波文庫) 660円
Ⓘ4-00-310117-0
☆「世界名著大事典」

06587 「文学論」
『文学論 上』 夏目漱石著 岩波書店 2007 405p 15cm(岩波文庫) 860円
Ⓘ978-4-00-360014-6 Ⓝ901
☆「日本の名著」、「日本文学現代名作事典」

06588 「坊っちゃん」
『坊っちゃん』 夏目漱石著 小学館 2013 218p 16cm(小学館文庫 な14-2) 438円
Ⓘ978-4-09-408787-1 Ⓝ913.6
☆「愛と死の日本文学」、「あらすじダイジェスト」、「あらすじで出会う世界と日本の名作55」、「一度は読もうよ! 日本の名著」、「一冊で日本の名著100冊を読む」、「一冊で100名作の「さわり」を読む」、「教育を考えるためにこの48冊」、「現代文学名作採掘事典」、「これだけは読んでおきたい日本の名作文学案内」、「少年少女のための文学案内 3」、「知らないと恥ずかしい「日本の名作」あらすじ200本」、「図説 5分でわかる日本の名作傑作選」、「世界名作事典」、「世界名著大事典」、「小さな文学の旅」、「日本文学鑑賞辞典〔第2〕」、「日本文学現代名作事典」、「日本文学名作案内」、「日本文学名作事典」、「日本文芸鑑賞事典 第3巻(1904〜1909年)」、「日本名作文学館 日本編」、「日本名著辞典」、「ポケット日本名作事典」、「名作の書き出しを諳んじる」、「名作の研究事典」、「名作はこのように始まる 1」、「私を変えたこの一冊」

06589 「満韓ところどころ」
『むかしの汽車旅』 出久根達郎編 河出書房新社 2012 259p 15cm(河出文庫 て4-2) 〈執筆:森鷗外ほか〉 760円
Ⓘ978-4-309-41164-4 Ⓝ915.68
☆「世界の旅行記101」

06590 「道草」
『道草』 夏目漱石著 集英社 2014 374p

16cm〈集英社文庫 な19-11〉〈底本：漱石文学全集 年譜あり〉 440円
Ⓘ978-4-08-752059-0 Ⓝ913.6
☆「一度は読もうよ！ 日本の名著」、「一冊で日本の名著100冊を読む 続」、「世界名著大事典」、「大正の名著」、「日本文学鑑賞辞典〔第2〕」、「日本文学現代名作事典」、「日本文学名作事典」、「日本文芸鑑賞事典 第5巻」、「日本名著辞典」

06591 「明暗」
『明暗』 夏目漱石作 岩波書店 2012 607p 19cm〈ワイド版岩波文庫 352〉 1800円
Ⓘ978-4-00-007352-3 Ⓝ913.6
☆「一度は読もうよ！ 日本の名著」、「一冊で日本の名著100冊を読む 続」、「近代文学名作事典」、「世界名作事典」、「世界名著大事典」、「大正の名著」、「日本の名作おさらい」、「日本文学鑑賞辞典〔第2〕」、「日本文学現代名作事典」、「日本文学名作案内」、「日本文学名作事典」、「日本文芸鑑賞事典 第5巻」、「ベストガイド日本の名著」、「明治・大正・昭和の名著・総解説」

06592 「門」
『門』 夏目漱石著 集英社 2013 319p 16cm〈集英社文庫 な19-8〉〈底本：漱石文学全集 4（1974年刊） 年譜あり〉 460円
Ⓘ978-4-08-752056-9 Ⓝ913.6
☆「一度は読もうよ！ 日本の名著」、「一冊で愛の話題作100冊を読む」、「教養のためのブックガイド」、「図説 5分でわかる日本の名作」、「世界名著大事典」、「日本文学鑑賞辞典〔第2〕」、「日本文学現代名作事典」、「日本文学名作事典」、「日本文芸鑑賞事典 第4巻」、「明治・大正・昭和の名著・総解説」、「明治の名著 2」

06593 「夢十夜」
『夢十夜―他二篇』 夏目漱石作 岩波書店 2007 187p 19cm〈ワイド版岩波文庫〉 900円 Ⓘ978-4-00-007280-9 Ⓝ913.6
☆「日本文芸鑑賞事典 第3巻（1904～1909年）」、「私を変えたこの一冊」

06594 「漾虚集」
『漾虚集』 夏目漱石著 名著複刻全集編集委員会編 日本近代文学館 1976 302p 図 23cm〈漱石文学館 名著複刻〉〈大倉書店、服部書店明治39年刊の複製 ほるぷ〔発売〕〉 Ⓝ913.6
☆「日本文芸鑑賞事典 第3巻（1904～1909年）」

06595 「倫敦塔」
『日本近代短篇小説選 明治篇2』 紅野敏郎、紅野謙介、千葉俊二、宗像和重、山田俊治編 岩波書店 2013 451p 15cm〈岩波文庫 31-191-2〉 900円 Ⓘ978-4-00-311912-9 Ⓝ913.68
☆「世界名著大事典」、「日本文学現代名作事典」

06596 「吾輩は猫である」
『吾輩は猫である』 夏目漱石著 文藝春秋 2011 585p 16cm〈文春文庫 な31-3〉 638円 Ⓘ978-4-16-715805-7 Ⓝ913.6
☆「愛と死の日本文学」、「「あらすじ」だけで意味が全部わかる世界の古典13」、「あらすじで読む日本の名著」、「あらすじで読む世界の名著 No. 3」、「一度は読もうよ！ 日本の名著」、「書き出し「世界文学全集」」、「感動！ 日本の名著 近現代編」、「教養のためのブックガイド」、「近代文学名作事典」、「現代文学鑑賞辞典」、「これだけは読んでおきたい日本の名作文学案内」、「3行でわかる名作&ヒット本250」、「知らないと恥ずかしい「日本の名作」あらすじ200本」、「新潮文庫20世紀の100冊」、「「世界の」名著 50」、「世界名作事典」、「千年紀のベスト100作品を選ぶ」、「日本近代文学名著事典」、「日本人なら知っておきたいあらすじで読む日本の名著」、「日本の名作おさらい」、「日本の名著（角川書店）」、「日本の名著（毎日新聞社）」、「日本文学鑑賞辞典〔第2〕」、「日本文学現代名作事典」、「日本文学名作案内」、「日本文学名作事典」、「日本文芸鑑賞事典 第3巻（1904～1909年）」、「日本名著辞典」、「必読書150」、「ひと目でわかる日本の名作」、「文学・名著300選の解説 '88年度版」、「ポケット日本名作事典」、「名作の書き出しを諳んじる」、「明治・大正・昭和のベストセラー」、「明治・大正・昭和の名著・総解説」、「明治の名著 2」、「私を変えたこの一冊」

06597 「私の個人主義」
『私の個人主義―ほか』 夏目漱石著 中央公論新社 2001 377p 18cm〈中公クラシックス〉〈年譜あり〉 1350円 Ⓘ4-12-160020-7 Ⓝ914.6
☆「一冊で人生論の名著を読む」、「大学新入生に薦める101冊の本」

名取 俊二 なとり・しゅんじ

06598 「薬科分子生物学」
『薬科分子生物学』 名取俊二編 講談社 1990 304p 22cm〈執筆：安藤俊夫ほか 参考文献：p296～298〉 4800円 Ⓘ4-06-139742-7 Ⓝ464.1
☆「学問がわかる500冊 v.2」

名取 洋之助 なとり・ようのすけ

06599 「写真の読みかた」
『写真の読みかた』 名取洋之助著 岩波書店 1963 205p 18cm〈岩波新書〉 Ⓝ740.4
☆「世界名著大事典 補遺（Extra）」

奈街 三郎 なまち・さぶろう

06600 「サル3びきの物語」
『サル3びきの物語』 奈街三郎著 村山知義絵 桜井書店 1948 32p 19cm〈こどもかい文庫〉
☆「名作の研究事典」

浪江 虔　なみえ・けん
06601　「この権利を活かすために」
『この権利を活かすために―自治体と住民』　浪江虔著　評論社　1970　364p　19cm〈人間の権利叢書　7〉　890円　Ⓝ318.04
☆「教育を考えるためにこの48冊」

並河 誠所　なみかわ・せいしょ
06602　「五畿内志」
『五畿内志』　並河永著　正宗敦夫編纂校訂　現代思潮社　1978　2冊　16cm〈覆刻日本古典全集〉〈日本古典全集刊行会昭和4～5年刊の複製〉　Ⓝ291.6
☆「日本名著辞典」

並河 天民　なみかわ・てんみん
06603　「疑語孟字義」
『日本経済大典　第51巻』　滝本誠一編　明治文献　1971　561p　22cm〈複製〉　3500円　Ⓝ330.2
☆「世界名著大事典　補遺 (Extra)」

06604　「情性心解」
☆「世界名著大事典　補遺 (Extra)」

並木 五瓶（1代）　なみき・ごへい
06605　「金門五三桐」
『五大力恋織・楼門五三桐』　並木五瓶著　古井戸秀夫編著　白水社　1987　214p　19cm〈歌舞伎オン・ステージ　13〉　2300円
①4-560-03283-1　Ⓝ912.5
☆「古典の事典」、「作品と作者」、「世界名著大事典」、「日本の古典名著」

06606　「五大力恋織」
『五大力恋織』　並木五瓶著　松崎仁全注　講談社　1982　411p　15cm〈講談社学術文庫〉　980円　①4-06-158319-0　Ⓝ912.5
☆「近代名著解題選集 2」、「古典の事典」、「作品と作者」、「世界名著解題選 第1巻」、「世界名著大事典」、「日本文学鑑賞辞典〔第1〕」

06607　「隅田春妓女容性」
『名作歌舞伎全集　第8巻　並木五瓶集』　東京創元新社　1970　328p 図版　20cm〈監修者：戸板康二等〉　Ⓝ912.5
☆「世界名著大事典」

並木 五瓶（3代）　なみき・ごへい
06608　「勧進帳」
『勧進帳』　服部幸雄編著　白水社　1985　212p　19cm〈歌舞伎オン・ステージ　10〉　1700円　①4-560-03280-7　Ⓝ912.5
☆「世界名作事典」、「世界名著大事典」、「千年の百冊」、「日本の古典」、「日本の名著3分間読書100」、「日本文学名作事典」、「日本名著辞典」

並木 正三　なみき・しょうぞう
06609　「三十石艠始」
『評釈江戸文学叢書　第5-7巻』　講談社　1970　3冊　23cm〈昭和10-13年刊の複製〉　2000-3800円　Ⓝ918.5
☆「作品と作者」、「日本文学鑑賞辞典〔第1〕」

並木 正三（1代）　なみき・しょうぞう
06610　「宿無団七時雨傘」
『名作歌舞伎全集　第14巻　上方世話狂言集』　東京創元新社　1970　344p 図版10枚　20cm〈監修者：戸板康二等〉　Ⓝ912.5
☆「世界名著大事典」

並木 宗輔　なみき・そうすけ
06611　「一谷嫩軍記」
『一谷嫩軍記―陣門・組討・熊谷陣屋　二幕三場　春興鏡獅子―新歌舞伎十八番の内：長唄囃子連中』　並木宗輔，福地桜痴作　［東京］　国立劇場　2013　86p　26cm〈国立劇場歌舞伎公演上演台本〉　Ⓝ912.5
☆「作品と作者」、「世界名著大事典」、「日本文学鑑賞辞典〔第1〕」、「日本名著辞典」

06612　「夏祭浪花鑑」
『文楽床本集』　国立文楽劇場営業課編　［東京］　日本芸術文化振興会　2013　61p　19cm〈国立文楽劇場人形浄瑠璃文楽平成二十五年七・八月公演〉　Ⓝ912.4
☆「世界名著大事典」

06613　「北条時頼記」
『西沢一風全集　第6巻』　西沢一風［著］　西沢一風全集刊行会編　汲古書院　2005　334p　22cm〈年表あり〉　15000円　①4-7629-3455-0　Ⓝ913.52
☆「世界名著大事典」

波平 恵美子　なみひら・えみこ
06614　「ケガレの構造」
『ケガレの構造』　波平恵美子著　〔新装版〕　青土社　1992　275p　19cm　2200円　①4-7917-5198-1
☆「学問がわかる500冊 v.2」

奈良 正路　なら・まさみち
06615　「入会権論」
『入会権論』　奈良正路著　万里閣　1931　412p　23cm　Ⓝ324
☆「農政経済の名著 昭和前期編」

楢山 芙二夫　ならやま・ふじお
06616　「冬は罠をしかける」

なるしま

成島 筑山　なるしま・ちくざん

06617　「後鑑」

『後鑑　第1篇』　黒板勝美編輯　新装版　吉川弘文館　1998　748p　23cm〈國史大系 新訂増補　第34巻〉〈複製〉　10000円　①4-642-00337-1　Ⓝ210.36

☆「古典の事典」，「世界名著大事典」，「日本名著辞典」，「日本歴史「古典籍」総覧」，「歴史の名著100」

成島 司直　なるしま・もとなお

06618　「徳川実紀」

『德川實紀　第1篇』〔成島司直〕〔ほか編〕　吉川弘文館　2007　762p　27cm〈國史大系 新訂増補　第38巻　黒板勝美編〉〈平成10年刊（新装版）を原本としたオンデマンド版〉　15000円　①978-4-642-04040-2　Ⓝ210.5

☆「古典の事典」，「世界名著大事典」，「日本名著辞典」，「日本歴史「古典籍」総覧」，「歴史の名著100」

成島 柳北　なるしま・りゅうほく

06619　「柳橋新誌」

『柳橋新誌』　成島柳北著　塩田良平校　岩波書店　1940　101p　16cm〈岩波文庫　2539〉Ⓝ384

☆「世界名著大事典」，「日本近代文学名著事典」，「日本の艶本・珍書 総解説」，「日本文学鑑賞辞典〔第2〕」，「日本文学現代名作事典」，「日本文芸鑑賞事典第1巻」，「日本名著辞典」

名和 小太郎　なわ・こたろう

06620　「情報社会の作法」

『情報社会の作法』　名和小太郎著　時事通信社　1985　266p　19cm〈参考書：p263～264〉　1300円　①4-7887-8526-9　Ⓝ007.3

☆「経済経営95冊」

名和 武　なわ・たけし

06621　「海軍電気技術史」

☆「日本海軍の本・総解説」

南極探検後援会　なんきょくたんけんこうえんかい

06622　「南極記」

『南極記』　南極探検後援会編著　白瀬南極探検隊を偲ぶ会　1984　468p 図版38枚　23cm〈南極探検後援会大正12年刊の複製 折り込図1枚 はり込図1枚 外箱入 限定版〉　25000円　Ⓝ297.9

☆「世界名著大事典」

南山子　なんざんし

06623　「山家鳥虫歌」

『山家鳥虫歌―近世諸国民謡集』　浅野建二校注　岩波書店　2009　332p　15cm〈岩波文庫〉〈第5刷〉　760円　①4-00-302421-4

☆「作品と作者」，「世界名著大事典」，「日本文学鑑賞辞典〔第1〕」

南条 範夫　なんじょう・のりお

06624　「からみあい」

『からみ合い』　南条範夫著　徳間書店　1981　253p　16cm〈徳間文庫〉　320円　Ⓝ913.6

☆「世界の推理小説・総解説」

06625　「細香日記」

『細香日記』　南条範夫著　講談社　1986　241p　15cm〈講談社文庫〉〈主要参考文献：p235〉　360円　①4-06-183739-7　Ⓝ913.6

☆「歴史小説・時代小説 総解説」

06626　「灯台鬼」

『灯台鬼』　南条範夫著　光文社　1991　232p　16cm〈光文社文庫〉　400円　①4-334-71382-3　Ⓝ913.6

☆「歴史小説・時代小説 総解説」

06627　「被虐の系譜」

『時代劇原作選集―あの名画を生みだした傑作小説』　細谷正充編　双葉社　2003　485p　15cm〈双葉文庫〉　762円　①4-575-66159-7　Ⓝ913.68

☆「歴史小説・時代小説 総解説」

06628　「わが恋せし淀君」

『わが恋せし淀君』　南条範夫著　講談社　1996　268p　16cm〈大衆文学館〉　700円　①4-06-262045-6　Ⓝ913.6

☆「歴史小説・時代小説 総解説」

南条 文雄　なんじょう・ぶんゆう

06629　「南条目録」

『大明三蔵聖教目録―附補正索引』　南条文雄著　開明書院　1977　1冊　29cm〈『大明三蔵聖教目録』（南条博士記念刊行会昭和4年刊）と『大蔵経南条目録補正索引』（南条博士記念刊行会昭和5年刊）の合本複製〉　7500円　Ⓝ183.031

☆「世界名著大事典」

南原 繁　なんばら・しげる

06630　「国家と宗教—ヨーロッパ精神史の研究」

『国家と宗教—ヨーロッパ精神史の研究』　南原繁著　改版　岩波書店　1958　264p　22cm　Ⓝ311.23

☆「世界名著大事典」

06631　「大学と学問」
　『大学と学問―知の共同体の変貌』　阿曽沼明裕編　町田　玉川大学出版部　2010　389p　21cm（リーディングス日本の高等教育　5）　4500円　Ⓘ978-4-472-40414-6
　☆「名著解題」

06632　「日本における教育改革」
　『明日をどう生きる―戦後十年と日本のあり方』　朝日新聞社　1955　185p　21cm　Ⓝ041
　☆「名著解題」

南原 幹雄　なんばら・みきお

06633　「抜け荷百万石」
　『抜け荷百万石』　南原幹雄著　新潮社　1994　418p　15cm（新潮文庫）　520円　Ⓘ4-10-110016-0　Ⓝ913.6
　☆「世界の海洋文学」

06634　「闇と影の百年戦争」
　『闇と影の百年戦争』　南原幹雄著　徳間書店　1997　381p　16cm（徳間文庫）　571円　Ⓘ4-19-890708-0　Ⓝ913.6
　☆「歴史小説・時代小説 総解説」

南浦 紹明　なんぽ・しょうみょう

06635　「大応語録」
　『大応一語録』　大応著　荒木見悟著　講談社　1994　309p　20cm（禅入門　3）〈著者の肖像あり　大応略年譜：p308～309〉　2900円　Ⓘ4-06-250203-8　Ⓝ188.84
　☆「世界名著大事典」

南坊宗啓　なんぼうそうけい

06636　「南方録」
　『南方録―影印本』　南坊宗啓聞書　立花実山編　京都　淡交社　1986　8冊（別冊とも）　26cm〈別冊（255p）：解説 永島福太郎編　帙入　和装〉　80000円　Ⓘ4-473-00968-8　Ⓝ791.2
　☆「古典の事典」、「世界名著大事典」、「日本の古典名著」

【 に 】

新島 襄　にいじま・じょう

06637　「書簡集」
　『新島襄書簡集』　同志社編　岩波書店　1954　286p 図版　15cm（岩波文庫）　Ⓝ198.58
　☆「世界名著大事典」

新妻 昭夫　にいずま・あきお

06638　「種の起原をもとめて」
　『種の起原をもとめて―ウォーレスの「マレー諸島」探検』　新妻昭夫著　筑摩書房　2001　500p　15cm（ちくま学芸文庫）　1500円　Ⓘ4-480-08643-9
　☆「歴史家の一冊」

新関 良三　にいぜき・りょうぞう

06639　「ギリシャ・ローマ演劇史」
　『ギリシャ・ローマ演劇史　第1巻　ギリシヤ演劇史概説』　新関良三著　新版　東京堂　1957　823p 図版　22cm　Ⓝ991
　☆「世界名著大事典」

06640　「シラーとギリシャ悲劇」
　『シラーと希臘悲劇』　新関良三著　東京堂出版部　1958　632p 図版　22cm〈別綴：批評集16p　昭和15年刊の改装版　付：主要参考文献表552-542p〉　Ⓝ942
　☆「世界名著大事典」

仁井田 陞　にいだ・のぼる

06641　「支那身分法史」
　『支那身分法史』　仁井田陞著　座右寶刊行會　1943　997,17p　27cm（東方文化學院研究報告）〈東方文化學院昭和17年刊　の再版〉
　☆「世界名著大事典」

06642　「世界の歴史（3）東洋」
　『世界の歴史　第3巻　東洋』　毎日新聞社図書編集部編　仁井田陞等著　毎日新聞社　1952　378p 図版　19cm　Ⓝ209
　☆「人文科学の名著」

06643　「中国法制史」
　『中国法制史』　仁井田陞著　増訂版　岩波書店　2005　423,25p　19cm（岩波全書セレクション）〈1952年刊の複製　年表あり〉　3200円　Ⓘ4-00-021873-5　Ⓝ322.22
　☆「人文科学の名著」

06644　「唐令拾遺」
　『唐令拾遺』　仁井田陞著　復刻版　東京大学出版会　1998　1006,2p　21cm　28000円　Ⓘ4-13-031151-4
　☆「世界名著大事典」

新美 南吉　にいみ・なんきち

06645　「牛をつないだ椿の木」
　『牛をつないだ椿の木』　新美南吉著　金の星社　1982　308p　20cm（日本の文学　27）　680円　Ⓘ4-323-00807-4
　☆「世界名著大事典」

06646　「おじいさんのランプ」
　『おじいさんのランプ』　新美南吉［著］　ディスカヴァー・トゥエンティワン　2007　111p

22cm〈読書力がラクラク身につく名作ドリル 小学校全学年用 認知工学編〉 1000円 ①978-4-88759-531-6
☆「少年少女の名作案内 日本の文学リアリズム編」,「小さな文学の旅」,「日本児童文学名著事典」,「日本文芸鑑賞事典 第13巻」

06647 「ごんぎつね」
『ごんぎつね』 新美南吉作 柿本幸造絵 講談社 2013 1冊 27×22cm〈講談社の名作絵本〉 1200円 ①978-4-06-218159-4
☆「一度は読もうよ！日本の名著」,「一冊で不朽の名作100冊を読む」(友人社),「一冊で不朽の名作100冊を読む」(友人社),「少年少女の名作案内 日本の文学ファンタジー編」,「日本文学名作案内」,「名作の研究事典」

06648 「手袋を買いに」
『手袋を買いに』 新美南吉著 小学館 2004 250p 15cm〈小学館文庫〉 533円 ①4-09-404109-5 Ⓝ913.6
☆「少年少女の名作案内 日本の文学ファンタジー編」

06649 「花のき村と盗人たち」
『花のき村と盗人たち―新美南吉名作絵本』 新美南吉作 さいとうよしみ絵 小学館 2005 31p 26cm 1400円 ①4-09-727851-7 Ⓝ913.6
☆「日本児童文学名著事典」

二階堂 副包　にかいどう・ふくかね

06650 「経済のための線型数学」
『経済のための線型数学』 二階堂副包著 培風館 1961 213p 19cm〈新数学シリーズ 第22〉 Ⓝ331.19
☆「数学ブックガイド100」

仁木 悦子　にき・えつこ

06651 「猫は知っていた」
『猫は知っていた―仁木兄妹の事件簿』 仁木悦子［著］ ポプラ社 2010 302p 15cm〈ポプラ文庫ピュアフル に-2-2〉〈並列シリーズ名：Poplar bunko pureful〉 590円 ①978-4-591-11677-7 Ⓝ913.6
☆「世界の推理小説・総解説」

ニコル,C.W.

06652 「勇魚」
『勇魚 上』 C.W.ニコル著 村上博基訳 文芸春秋 1992 445p 16cm〈文春文庫〉 560円 ①4-16-722003-2 Ⓝ933
☆「世界の海洋文学」

06653 「C.W.ニコルの海洋記」
『C.W.ニコルの海洋記』 C.W.ニコル著 竹内和世,宮崎一老訳 講談社 1990 204p

15cm〈講談社文庫〉 380円 ①4-06-184746-5 Ⓝ664.9
☆「世界の海洋文学」

06654 「ティキシイ」
『ティキシイ』 C.W.ニコル著 松田銑,藁科れい訳 角川書店 1989 343p 15cm〈角川文庫〉 500円 ①4-04-245302-3 Ⓝ933
☆「世界の海洋文学」,「世界の冒険小説・総解説」

西 周　にし・あまね

06655 「尚白剳記」
『日本哲学思想全書 第1巻 思想 哲学篇』 三枝博音,清水幾太郎編集 第2版 平凡社 1979 322p 19cm 2300円 Ⓝ081.6
☆「世界名著大事典」

06656 「人世三宝説」
『近代日本思想大系 30 明治思想集 1』 編集・解説：松本三之介 筑摩書房 1976 491p 図 20cm 1800円 Ⓝ121.02
☆「明治・大正・昭和の名著・総解説」,「明治の名著 1」

06657 「生性発蘊」
『近代日本社会学史叢書 第1期第1巻』 近代日本社会学史叢書編集委員会編 龍溪書舎 2007 1冊 22cm〈第1期のサブタイトル：草創期・生成期（明治初年～30年代） 複製〉 ①978-4-8447-5525-8 Ⓝ361.21
☆「世界名著大事典」

06658 「百一新論」
『近代日本社会学史叢書 第1期第1巻』 近代日本社会学史叢書編集委員会編 龍溪書舎 2007 1冊 22cm〈第1期のサブタイトル：草創期・生成期（明治初年～30年代） 複製〉 ①978-4-8447-5525-8 Ⓝ361.21
☆「世界名著大事典」

西 和夫　にし・かずお

06659 「海・建築・日本人」
『海・建築・日本人』 西和夫著 日本放送出版協会 2002 283p 19cm〈NHKブックス〉 1070円 ①4-14-001947-6 Ⓝ521.04
☆「建築・都市ブックガイド21世紀」

06660 「図解 古建築入門―日本建築はどうつくられているか」
『図解 古建築入門―日本建築はどう造られているか』 西和夫著 彰国社 1990 149p 21cm 2240円 ①4-395-00306-0
☆「学問がわかる500冊 v.2」

西 晋一郎　にし・しんいちろう

06661 「東洋道徳研究」

『東洋道徳研究』 西晋一郎著 岩波書店 1941
272p 22cm Ⓝ120.4
☆「世界名著大事典」

西浦 進　にしうら・すすむ

06662　「昭和戦争史の証言」
『昭和戦争史の証言』 西浦進著 原書房 1980
210p 20cm 1600円 Ⓘ4-562-01081-9
Ⓝ392.1
☆「日本陸軍の本・総解説」

西尾 維新　にしお・いしん

06663　「傾物語」
『傾物語』 西尾維新著 講談社 2010 341p
19cm（講談社box ニA-23）〈イラスト：
VOFAN　並列シリーズ名：KODANSHA
BOX〉 1300円 Ⓘ978-4-06-283767-5
Ⓝ913.6
☆「3行でわかる名作&ヒット本250」

西尾 成子　にしお・しげこ

06664　「アインシュタイン研究」
『アインシュタイン研究』 西尾成子編 中央公
論社 1977 370p 19cm（自然選書）
1600円 Ⓝ421.2
☆「物理ブックガイド100」

西尾 敏彦　にしお・としひこ

06665　「バイオテクノロジーの農業哲学」
『バイオテクノロジーの農業哲学―地域の個性を
活かす』 西尾敏彦ほか著 農山漁村文化協会
1996 252,6p 22cm（全集世界の食料世界の
農村 17） 3200円 Ⓘ4-540-95132-7 Ⓝ612.1
☆「学問がわかる500冊 v.2」

西尾 勝　にしお・まさる

06666　「行政学」
『行政学』 西尾勝著 新版 有斐閣 2001
430p 22cm〈文献あり〉 3100円
Ⓘ4-641-04977-7 Ⓝ317.1
☆「学問がわかる500冊」

西尾 光雄　にしお・みつお

06667　「近代文章論研究」
『近代文章論研究』 西尾光雄著 刀江書院
1951 272p 19cm Ⓝ815.9
☆「世界名著大事典」

西尾 実　にしお・みのる

06668　「日本文芸史における中世的なもの」
『日本文芸史における中世的なものとその展開』
西尾実著 岩波書店 1961 476p 22cm
Ⓝ910.24

☆「世界名著大事典」

西岡 一雄　にしおか・かずお

06669　「泉を聴く」
『泉を聴く』 西岡一雄著 京都 サンブライト
出版 1979 309p 20cm〈朋文堂昭和9年刊
の複製〉 4000円 Ⓝ291.09
☆「日本の山の名著・総解説」、「山の名著 明治・大
正・昭和戦前編」

西岡 常一　にしおか・つねかず

06670　「木のいのち木のこころ―天・地・人」
『木のいのち木のこころ―天・地・人』 西岡常
一、小川三夫、塩野米松著 新潮社 2005
562p 16cm（新潮文庫）〈肖像あり〉 857円
Ⓘ4-10-119031-3 Ⓝ526.18
☆「ブックガイド"宇宙"を読む」

西岡 虎之助　にしおか・とらのすけ

06671　「荘園史の研究」
『荘園史の研究 上巻』 西岡虎之助著 岩波書
店 1953 894p 図版7枚 22cm Ⓝ210.4
☆「世界名著大事典」

06672　「民衆生活史研究」
『民衆生活史研究』 西岡虎之助著 再版 福村
書店 1949 692p 図版 22cm Ⓝ210.1
☆「名著の履歴書」

西岡 久雄　にしおか・ひさお

06673　「立地論」
『立地論』 西岡久雄著 増補版 大明堂
1993 315p 22cm〈付：参考文献〉 3300円
Ⓘ4-470-50038-0 Ⓝ332.9
☆「学問がわかる500冊 v.2」

西垣 通　にしがき・とおる

06674　「IT革命」
『IT革命―ネット社会のゆくえ』 西垣通著 岩
波書店 2001 189p 18cm（岩波新書）〈文
献あり〉 700円 Ⓘ4-00-430729-5 Ⓝ007.3
☆「「本の定番」ブックガイド」

西川 光次郎　にしかわ・こうじろう

06675　「日本の労働運動」
『近代日本社会学史叢書 第1期第24巻 日本
の労働運動』 近代日本社会学史叢書編集委員
会編 片山潜, 西川光次郎著 龍溪書舎
2008 268,40p 22cm〈第1期のサブタイト
ル：草創期・生成期（明治初年～30年代）　労
働新聞社明治34年刊の複製〉
Ⓘ978-4-8447-5527-2 Ⓝ361.21
☆「世界名著大事典」、「ベストガイド日本の名著」、
「明治・大正・昭和の名著・総解説」、「明治の名著

にしかわ

1」

西川 光二郎　にしかわ・こうじろう

06676　「土地国有論」
『土地国有論』　西川光二郎著　平民社　1904　94p　16cm〈平民文庫〉　Ⓝ334
☆「農政経済の名著 明治大正編」

西川 貞則　にしかわ・さだのり

06677　「大将伝」
☆「日本陸軍の本・総解説」

西川 如見　にしかわ・じょけん

06678　「華夷通商考」
『日本経済大典　第1-8巻』　滝本誠一編　明治文献　1966　8冊　22cm〈複製〉　各3500円　Ⓝ330.8
☆「アジアの比較文化」,「古典の事典」,「世界名著大事典」,「日本の古典名著」,「日本名著辞典」

06679　「町人嚢」
『近世町人思想集成　第2巻』　小泉吉永編・解題　クレス出版　2010　300p　22cm〈享保4年刊の複製〉　Ⓘ978-4-87733-523-6　Ⓝ672.1
☆「古典の事典」,「世界名著大事典」

06680　「天文義論」
『日本哲学全書　第2・3部』　三枝博音編　第一書房　1936　6冊　20cm　Ⓝ081.6
☆「世界名著大事典」

06681　「長崎夜話草」
『長崎叢書　上』　長崎市役所編　原書房　1973　426,90,318p　22cm〈明治百年史叢書〉〈長崎市役所大正15年刊の複製〉　6500円　Ⓝ219.3
☆「古典の事典」,「世界名著大事典」

06682　「日本水土考」
『日本経済大典　第1-8巻』　滝本誠一編　明治文献　1966　8冊　22cm〈複製〉　各3500円　Ⓝ330.8
☆「世界名著大事典」

06683　「百姓嚢」
『日本道徳教育叢書　第5巻』　芳賀登監修　日本図書センター　2001　429p　22cm〈複製〉　Ⓘ4-8205-9435-4,4-8205-9430-3　Ⓝ150.1
☆「世界名著大事典」

西川 正休　にしかわ・せいきゅう

06684　「大略天学名目鈔」
『西川如見遺書　第1-18編』　西川忠亮編　西川忠亮　1898　18冊　21cm〈和装〉　Ⓝ081.8
☆「古典の事典」

西川 長夫　にしかわ・ながお

06685　「国境の越え方」
『国境の越え方―国民国家論序説』　西川長夫著　増補　平凡社　2001　477p　16cm〈平凡社ライブラリー〉〈初版:筑摩書房1992年刊　文献あり〉　1300円　Ⓘ4-582-76380-4　Ⓝ204
☆「戦後思想の名著50」

西川 満　にしかわ・みつる

06686　「ちょぷらん島漂流記」
『ちょぷらん島漂流記』　西川満著　中央公論社　1986　305p　16cm〈中公文庫〉　440円　Ⓘ4-12-201307-0　Ⓝ913.6
☆「世界の海洋文学」

錦 文流　にしき・ぶんりゅう

06687　「棠大門屋敷」
『錦文流全集―浮世草子篇　上巻』　長友千代治編　古典文庫　1988　391p　19cm〈近世文芸資料　20〉〈限定版〉　非売品　Ⓝ913.52
☆「作品と作者」

西木 正明　にしき・まさあき

06688　「オホーツク諜報船」
『オホーツク諜報船』　西木正明著　社会思想社　1992　334p　15cm〈現代教養文庫　1454―ベスト・ノンフィクション〉　680円　Ⓘ4-390-11454-9　Ⓝ913.6
☆「現代を読む」,「世界の海洋文学」

西里 扶甬子　にしざと・ふゆこ

06689　「生物戦部隊731」
『生物戦部隊731―アメリカが免罪した日本軍の戦争犯罪』　西里扶甬子[著]　草の根出版会　2002　281p　21cm　2800円　Ⓘ4-87648-174-1　Ⓝ210.75
☆「サイエンス・ブックレヴュー」

西沢 一風　にしざわ・いっぷう

06690　「大仏殿万代石楚」
『西沢一風全集　第6巻』　西沢一風[著]　西沢一風全集刊行会編　汲古書院　2005　334p　22cm〈年表あり〉　15000円　Ⓘ4-7629-3455-0　Ⓝ913.52
☆「世界名著大事典 補遺(Extra)」

06691　「風流御前義経記」
『浮世草子集　3』　神保五弥編　早稲田大学蔵資料影印叢書刊行委員会　1993　668,24p　22cm〈早稲田大学蔵資料影印叢書　国書篇第40巻〉〈発行所:早稲田大学出版部〉　18000円　Ⓘ4-657-93301-9　Ⓝ913.52
☆「世界名著大事典」,「日本文学鑑賞辞典〔第1〕」

06692　「北条時頼記」
『西沢一風全集　第6巻』　西沢一風［著］　西沢一風全集刊行会編　汲古書院　2005　334p　22cm〈年表あり〉　15000円　Ⓘ4-7629-3455-0　Ⓝ913.52
☆「世界名著大事典」

西沢 大良　にしざわ・たいら
06693　「現代住宅研究」
『現代住宅研究』　塚本由晴, 西沢大良著　第2版　LIXIL出版　2013　495,28p　18cm（10+1 Series）〈初版：INAX出版 2004年刊〉　2200円　Ⓘ978-4-86480-305-2　Ⓝ527
☆「建築・都市ブックガイド21世紀」

西沢 泰彦　にしざわ・やすひこ
06694　「日本植民地建築論」
『日本植民地建築論』　西澤泰彦著　名古屋　名古屋大学出版会　2008　484,18p　22cm　6600円　Ⓘ978-4-8158-0580-7　Ⓝ523.2
☆「建築・都市ブックガイド21世紀」

西嶋 定生　にしじま・さだお
06695　「日本歴史の国際環境」
『日本歴史の国際環境』　西嶋定生著　東京大学出版会　1985　247p　19cm（UP選書）〈参考文献：p244～247〉　1200円　Ⓘ4-13-002035-8　Ⓝ210.18
☆「歴史家の読書案内」

西田 幾多郎　にしだ・きたろう
06696　「意識の問題」
『意識の問題』　西田幾多郎著　岩波書店　1920　299p　23cm　Ⓝ121.9
☆「世界名著大事典」

06697　「一般者の自覚的体系」
『一般者の自覚的体系』　西田幾多郎著　岩波書店　1930　632p　22cm　Ⓝ121.9
☆「世界名著大事典」

06698　「自覚に於ける直観と反省」
『自覚に於ける直観と反省』　西田幾多郎著　岩波書店　1920　416,18p　23cm　Ⓝ121.9
☆「世界名著大事典」

06699　「善の研究」
『善の研究』　西田幾多郎著　改版　岩波書店　2012　372p　19cm（ワイド版岩波文庫）　1400円　Ⓘ978-4-00-007355-4　Ⓝ121.63
☆「大人のための日本の名著80」,「学問がわかる500冊」,「感動！日本の名著 近現代編」,「近代日本の百冊を選ぶ」,「人文科学の名著」,「世界の名著早わかり事典」,「世界名著大事典」,「哲学の世界」,「20世紀を震撼させた100冊」,「日本近代の名著」,「日本の名著」（角川書店）,「日本の名著」（毎日新聞社）,「日本の名著」（中央公論新社）,「日本文化論の名著入門」,「日本文芸鑑賞事典 第4巻」,「日本名著辞典」,「人間学の名著を読む」,「文学・名著300選の解説 '88年度版」,「ベストガイド日本の名著」,「明治・大正・昭和の名著・総解説」,「明治の名著1」

06700　「続思索と体験」
『西田幾多郎全集　第7巻』　西田幾多郎著　竹田篤司［ほか］編　岩波書店　2003　439p　22cm〈付属資料：12p：月報5　肖像あり〉　9200円　Ⓘ4-00-092527-X　Ⓝ121.63
☆「人間学の名著を読む」

06701　「西田幾多郎哲学論集」
『西田幾多郎哲学論集　1　場所・私と汝―他六篇』　上田閑照編　岩波書店　1987　372p　15cm（岩波文庫）　550円　Ⓘ4-00-331244-9　Ⓝ121.6
☆「現代哲学の名著」,「必読書150」

06702　「日本文化の問題」
『日本文化の問題』　西田幾多郎著　岩波書店　1982　151p　19cm（岩波新書 特装版）　800円　Ⓝ121.6
☆「ナショナリズム論の名著50」

06703　「場所」
『西田幾多郎キーワード論集』　西田幾多郎著　書肆心水　2007　510p　21cm（エッセンシャル・ニシダ　即の巻）〈著作目録あり　年譜あり〉　2800円　Ⓘ978-4-902854-33-6　Ⓝ121.63
☆「21世紀の必読書100選」

06704　「働くものから見るものへ」
『働くものから見るものへ』　西田幾多郎著　岩波書店　1927　350p　23cm　Ⓝ121.9
☆「世界名著大事典」

西田 敬止　にしだ・けいし
06705　「益軒十訓」
『益軒十訓　上,下』　貝原益軒著　塚本哲三校　有朋堂書店　1927　2冊　18cm（有朋堂文庫）　Ⓝ121
☆「世界名著大事典」,「日本名著辞典」

西田 耕三　にしだ・こうぞう
06706　「創造体質への企業変革」
『創造体質への企業変革』　西田耕三著　東洋経済新報社　1988　229p　20cm　1800円　Ⓘ4-492-53027-4　Ⓝ336
☆「経済経営95冊」

西田 隆雄　にしだ・たかお
06707　「家畜と人間」
『家畜と人間』　野沢謙, 西田隆雄著　出光書店

1981　374p　20cm（出光科学叢書　18）〈参考文献：p373〜374〉　3800円　Ⓝ645
☆「学問がわかる500冊 v.2」

西田　直養　にしだ・なおかい

06708　「金石年表」
『好古研究資料集成　巻6（考古官職編）』　中澤伸弘, 宮崎和廣編・解説　クレス出版　2011　622,16p　22cm〈天保9年刊ほかの複製合本〉　12000円
①978-4-87733-603-5,978-4-87733-607-3
Ⓝ210.1
☆「日本名著辞典」

西田　直二郎　にしだ・なおじろう

06709　「日本文化史序説」
『日本文化史序説　1』　西田直二郎著　講談社　1978　178p　15cm（講談社学術文庫）　280円　Ⓝ210.1
☆「世界名著大事典」

西田　長男　にしだ・ながお

06710　「日本宗教思想史の研究」
『日本宗教思想史の研究』　西田長男著　理想社　1956　683p 図版　22cm　Ⓝ160.21
☆「世界名著大事典」

西谷　啓治　にしたに・けいじ

06711　「神と絶対無」
『神と絶対無』　西谷啓治著　創文社　1987　264p　21cm（西谷啓治著作集　第7巻）　3500円
☆「世界名著大事典」

似実軒酔茶　にじつけんよいちゃ

06712　「誹風末摘花」
『誹風末摘花―原本影印』　八木敬一編　太平書屋　1989　318p　19cm　5000円　Ⓝ911.45
☆「世界名著大事典」

西角井　正慶　にしつのい・まさよし

06713　「神楽歌研究」
『神楽歌研究』　西角井正慶著　畝傍書房　1941　370p　19cm　Ⓝ768
☆「世界名著大事典」

仁科　剛平　にしな・ごうへい

06714　「インターネットのミニ株取引から始めて株で1億円作る」
『株で1億円作る！』　仁科剛平著　ダイヤモンド社　2004　203p　19cm〈「インターネットのミニ株取引から始めて株で1億円作る！」の新版〉　1400円　①4-478-63089-5　Ⓝ338.183
☆「超売れ筋ビジネス書101冊」

西野　辰吉　にしの・たつきち

06715　「秩父困民党」
『秩父困民党』　西野辰吉著　東邦出版社　1968　222p　19cm　480円　Ⓝ913.6
☆「日本文学鑑賞辞典〔第2〕」

西原　寛一　にしはら・かんいち

06716　「日本商法論」
『日本商法論　第1巻』　西原寛一著　訂再版　日本評論社　1950　420p　22cm　Ⓝ325
☆「世界名著大事典」

西原　征夫　にしはら・ゆきお

06717　「全記録ハルビン特務機関」
『全記録ハルビン特務機関―関東軍情報部の軌跡』　西原征夫著　毎日新聞社　1980　300p　20cm　1500円　Ⓝ391.6
☆「日本陸軍の本・総解説」

西平　重喜　にしひら・しげき

06718　「世論反映の方法」
『世論反映の方法』　西平重喜著　誠信書房　1978　190p　20cm〈各章末：参照文献〉　2500円　Ⓝ361.7
☆「現代政治学を読む」

西部　邁　にしべ・すすむ

06719　「思想の英雄たち―保守の源流をたずねて」
『思想の英雄たち―保守の源流をたずねて』　西部邁著　角川春樹事務所　2012　312p　16cm（ハルキ文庫　に1-5）〈索引あり〉　838円　①978-4-7584-3629-8　Ⓝ133
☆「21世紀の必読書100選」

西堀　栄三郎　にしぼり・えいざぶろう

06720　「石橋を叩けば渡れない」
『石橋を叩けば渡れない―西堀流創造的生き方』　西堀栄三郎著　新版　生産性出版　1999　264p　20cm　1600円　①4-8201-1654-1　Ⓝ049.1
☆「「本の定番」ブックガイド」

06721　「創造力」
『創造力―自然と技術の視点から』　西堀栄三郎著　講談社　1990　309p　20cm〈参考文献：p305〜306〉　1400円　①4-06-204981-3　Ⓝ507
☆「経済経営95冊」

06722　「南極越冬記」
『南極越冬記』　西堀栄三郎著　岩波書店　1958　269p　18cm（岩波新書）　Ⓝ297.9

☆「ブックガイド 文庫で読む科学」、「「本の定番」ブックガイド」

西本願寺光徳府　にしほんがんじこうとくふ

06723　「雲上明覧」
『雲上明覧大全―年々改正』　京都　須原屋平左衛門等　1868　2冊（上67、下105丁）　16cm〈和装〉Ⓝ281.03
☆「日本名著辞典」

西前 四郎　にしまえ・しろう

06724　「冬のデナリ」
『冬のデナリ』　西前四郎作　福音館書店　2004　455p　17cm（福音館文庫）　900円
Ⓘ4-8340-0585-2　Ⓝ786.1
☆「新・山の本おすすめ50選」

西村 京太郎　にしむら・きょうたろう

06725　「終着駅殺人事件」
『終着駅殺人事件』　西村京太郎著　新装版　光文社　2009　449p　15cm（光文社文庫）　705円　Ⓘ978-4-334-74675-9
☆「世界の推理小説・総解説」

06726　「名探偵が多すぎる」
『名探偵が多すぎる』　西村京太郎著　講談社　1980　270p　15cm（講談社文庫）　360円　Ⓝ913.6
☆「世界の推理小説・総解説」

西村 賢太　にしむら・けんた

06727　「苦役列車」
『苦役列車』　西村賢太著　新潮社　2012　170p　16cm（新潮文庫　に-23-4）　400円
Ⓘ978-4-10-131284-2　Ⓝ913.6
☆「3行でわかる名作&ヒット本250」

西村 三郎　にしむら・さぶろう

06728　「リンネとその使徒たち」
『リンネとその使徒たち―探検博物学の夜明け』　西村三郎著　朝日新聞社　1997　326,21p　19cm（朝日選書　588）〈索引あり〉　1600円
Ⓘ4-02-259688-0　Ⓝ460.2
☆「伝記・自叙伝の名著」

西村 茂樹　にしむら・しげき

06729　「日本道徳論」
『日本道徳論』　西村茂樹著　吉田熊次校　日本弘道会　1987　121p　20cm〈岩波書店1935年刊の複製〉Ⓝ155
☆「世界名著大事典」、「日本近代の名著」、「明治・大正・昭和の名著・総解説」、「明治の名著 1」

西村 寿行　にしむら・じゅこう

06730　「癌病船」
『癌病船』　西村寿行著　角川書店　1993　324p　15cm（角川文庫）　500円
Ⓘ4-04-140781-8　Ⓝ913.6
☆「世界の海洋文学」、「世界の推理小説・総解説」

06731　「無頼船」
『無頼船』　西村寿行著　徳間書店　2003　404p　16cm（徳間文庫）　629円
Ⓘ4-19-891828-7　Ⓝ913.6
☆「世界の海洋文学」

西村 定雅　にしむら・ていが

06732　「色道禁秘抄」
『色道禁秘抄 上』　西村定雅原著　福田和彦著　ベストセラーズ　1995　175p　15cm（ワニ文庫　エロチカ文庫　1）　780円
Ⓘ4-584-35001-9　Ⓝ384.7
☆「日本の艶本・珍書 総解説」、「日本の奇書77冊」

西村 時彦　にしむら・ときつね

06733　「日本宋学史」
『日本宋学史』　西村天囚著　朝日新聞社　1951　279p 図版　19cm（朝日文庫　第12）Ⓝ121.3
☆「世界名著大事典」

西村 望　にしむら・のぞむ

06734　「丑三つの村」
『丑三つの村』　西村望著　徳間書店　1984　318p　16cm（徳間文庫）　400円
Ⓘ4-19-567593-6　Ⓝ913.6
☆「世界の推理小説・総解説」

06735　「海の凪」
『海の凪』　西村望著　光文社　1990　321p　20cm　1300円　Ⓘ4-334-92174-4　Ⓝ913.6
☆「世界の海洋文学」

06736　「鬼畜」
『鬼畜―阿弥陀仏よや、おいおい』　西村望著　立風書房　1984　249p　20cm　1100円　Ⓝ913.6
☆「現代を読む」

西村 通男　にしむら・みちお

06737　「海商三代」
『海商三代―北前船主西村屋の人びと』　西村通男著　中央公論社　1964　189p 表 地図　18cm（中公新書）〈付：参考文献〉Ⓝ683.21
☆「世界の海洋文学」

西村 藐庵　にしむら・みゃくあん

06738　「花街漫録」
『江戸時代庶民文庫―「江戸庶民」の生活を知

にしやま

る 5 風俗・遊女—漫画百女 花街漫録 高尾年代記』 小泉吉永解題 大空社 2012 328, 2p 22cm〈布装 「漫画百女」1814年刊の複製 「花街漫録」1825年刊の複製 「高尾年代記」1849年刊の複製〉Ⓝ210.5
☆「世界名著大事典」

西山 夘三　にしやま・うぞう

06739 「これからのすまい—住様式の話」
『これからのすまい—住様式の話』 西山夘三著 復刻版 相模書房 2011 275,7p 22cm〈西山夘三先生生誕百周年記念出版 1947年刊の複製〉 2200円 Ⓘ978-4-7824-1101-8 Ⓝ527.021
☆「建築の書物/都市の書物」

西山 宗因　にしやま・そういん

06740 「宗因千句」
『近世文学資料類従 古俳諧編 28 宗因千句 宗因五百句 宗因七百韻 しぶうちわ 蚊柱百句 釈教百韻 しぶ団返答』 近世文学書誌研究会編 西山宗因, 去法師, 岡西惟中著 勉誠社 1976 333p 27cm〈宗因千句(柿衛文庫所蔵本の複製) 宗因五百句(柿衛文庫所蔵本の複製) 宗因七百韻(柿衛文庫所蔵本の複製) しぶうちわ(赤木文庫所蔵本の複製) 蚊柱百句(祐徳稲荷神社寄託 中川文庫所蔵本の複製) 釈教百韻(国立国会図書館所蔵本の複製) しぶ団返答(柿衛文庫所蔵本の複製)〉 10000円 Ⓝ918.5
☆「世界名著大事典」

二条 為氏　にじょう・ためうじ

06741 「続拾遺和歌集」
『続拾遺和歌集』 小林一彦著 明治書院 2002 389p 22cm〈和歌文学大系 7 久保田淳監修〉〈付属資料:8p:月報 16〉 7000円 Ⓘ4-625-41313-3 Ⓝ911.145
☆「近代名著解題選集 3」

06742 「新和歌集」
『群書類従 第10輯 和歌部』 塙保己一編纂 オンデマンド版 八木書店古書出版部 2013 568p 21cm〈訂正3版:続群書類従完成会1979年刊 デジタルパブリッシングサービス〔印刷・製本〕 八木書店〔発売〕〉 9000円
Ⓘ978-4-8406-3121-1 Ⓝ081
☆「近代名著解題選集 3」

二条 為定　にじょう・ためさだ

06743 「続後拾遺和歌集」
『続後拾遺和歌集』 久保田淳編 笠間書院 1999 422p 23cm〈吉田兼右筆十三代集〉〈宮内庁書陵部蔵の複製〉 13500円

Ⓘ4-305-60142-7 Ⓝ911.145
☆「近代名著解題選集 3」

06744 「新千載集」
『校註国歌大系 第7巻 十三代集 3』 国民図書株式会社編 講談社 1976 40,833p 図 19cm〈国民図書株式会社昭和3〜6年刊の複製 限定版〉Ⓝ911.108
☆「近代名著解題選集 3」

二条 為藤　にじょう・ためふじ

06745 「続後拾遺和歌集」
『続後拾遺和歌集』 久保田淳編 笠間書院 1999 422p 23cm〈吉田兼右筆十三代集〉〈宮内庁書陵部蔵の複製〉 13500円
Ⓘ4-305-60142-7 Ⓝ911.145
☆「近代名著解題選集 3」

二条 為世　にじょう・ためよ

06746 「続千載和歌集」
『続千載和歌集』 二条為世撰 久保田淳編 笠間書院 1997 606p 23cm〈吉田兼右筆十三代集〉〈宮内庁書陵部蔵の複製 索引あり〉 15000円 Ⓘ4-305-60141-9 Ⓝ911.145
☆「近代名著解題選集 3」,「日本の古典名著」

06747 「新後撰和歌集」
『新後撰和歌集』 二条為世撰 久保田淳編 笠間書院 1996 480p 23cm〈吉田兼右筆十三代集〉〈宮内庁書陵部蔵の複製〉 12000円
Ⓘ4-305-60139-7 Ⓝ911.145
☆「近代名著解題選集 3」

二条 良基　にじょう・よしもと

06748 「応安新式」
『良基連歌論集 上』 二条良基著 岡見正雄編 古典文庫 1953 229p 17cm〈古典文庫 第63冊〉Ⓝ911.2
☆「世界名著大事典」

06749 「近来風体抄」
『歌論歌学集成 第10巻』 佐々木孝浩ほか校注 三弥井書店 1999 457p 22cm 7200円
Ⓘ4-8382-3099-0 Ⓝ911.101
☆「近代名著解題選集 3」,「世界名著大事典」,「日本の古典名著」

06750 「愚問賢註」
『歌論歌学集成 第10巻』 佐々木孝浩ほか校注 三弥井書店 1999 457p 22cm 7200円
Ⓘ4-8382-3099-0 Ⓝ911.101
☆「近代名著解題選集 3」,「日本の古典名著」

06751 「知連抄」
『知連抄』 二条良基著 古典保存会 1932 26丁 32cm〈宮内省図書寮蔵宝徳4年写梵灯

06752　「菟玖波集」
　『菟玖波集　上』　二条良基, 救済法師共編　福井久蔵校註　再版　朝日新聞社　1952　271p　図版　19cm〈日本古典全書〉　Ⓝ911.2
　☆「近代名著解題選集 3」,「古典文学鑑賞辞典」,「作品と作者」,「世界名著大事典」,「千年の百冊」,「日本の古典・世界の古典」,「日本の古典名著」,「日本の書物」,「日本文学鑑賞辞典〔第1〕」,「日本文学名作概観」,「日本名著辞典」,「文学・名著300選の解説 '88年度版」

06753　「筑波問答」
　『筑波問答』　二条良基著　田中裕, 寺島樵一編　大阪　和泉書院　1979　88p　21cm〈和泉書院影印叢刊 18〉〈大阪大学文学部合翠堂(土橋)文庫蔵の複製〉　900円　Ⓝ911.2
　☆「近代名著解題選集 3」,「日本の古典名著」

06754　「増鏡」
　『増鏡』　木藤才蔵校注　新装版　明治書院　2002　347p　19cm〈校注古典叢書〉〈文献あり　年表あり〉　2300円　①4-625-71318-8　Ⓝ913.426
　☆「一度は読もうよ！ 日本の名著」,「一冊で日本の古典100冊を読む」,「近代名著解題選集 3」,「古典の事典」,「古典文学鑑賞辞典」,「作品と作者」,「世界名著大事典」,「2ページでわかる日本の古典傑作選」,「日本の古典」,「日本の古典・世界の古典」,「日本の古典名著」,「日本文学鑑賞辞典〔第1〕」,「日本文学名作案内」,「日本文学名作概観」,「日本名著辞典」,「日本歴史「古典籍」総覧」,「文学・名著300選の解説 '88年度版」,「歴史の名著100」

06755　「連歌新式」
　『連歌貴重文献集成　第1集』　金子金治郎編　勉誠社　1978　536p　22cm〈複製〉　9000円　Ⓝ911.2
　☆「近代名著解題選集 3」

06756　「連理秘抄」
　『連理秘抄』　二条良基著　古典保存会　1928　45丁(解説共)　25cm〈猪熊信男氏 室町写本の影印　解説：山田孝雄　和装〉　Ⓝ911.2
　☆「近代名著解題選集 3」

西脇　順三郎　にしわき・じゅんざぶろう

06757　「Ambarvalia」
　『西脇順三郎研究資料集　第1巻』　西脇順三郎〔著〕　澤正宏編集・解説　クロスカルチャー出版　2011　718p　27cm〈The Cayme Press1925年刊ほかの複製合本〉　①978-4-905388-41-8　Ⓝ918.68
　☆「近代日本の百冊を選ぶ」,「昭和の名著」,「世界名著大事典」,「日本文学鑑賞辞典〔第2〕」,「日本文学現代名作事典」,「日本文芸鑑賞事典 第10巻」

06758　「旅人かへらず」
　『旅人かへらず─西脇順三郎詩集』　西脇順三郎著　東京出版　1947　155p　18cm　Ⓝ911.56
　☆「日本文芸鑑賞事典 第14巻(1946〜1948年)」

06759　「超現実主義詩論」
　『超現実主義詩論』　西脇順三郎作　ゆまに書房　1995　168,8,4p　19cm〈現代の芸術と批評叢書　14〉〈厚生閣書店昭和4年刊の複製〉　①4-89668-893-7　Ⓝ902.1
　☆「日本文芸鑑賞事典 第9巻」

06760　「西脇順三郎詩集」
　『西脇順三郎詩集』　西脇順三郎著　那珂太郎編　岩波書店　2013　480p　15cm〈岩波文庫〉〈第4刷(第1刷1991年)〉　940円　①4-00-311301-2
　☆「教養のためのブックガイド」

似田貝　香門　にたがい・かもん

06761　「住民運動の論理」
　『住民運動の論理─運動の展開過程・課題と展望』　松原治郎, 似田貝香門編著　学陽書房　1976　417p　20cm　1900円　Ⓝ365
　☆「環境と社会」

二谷　友里恵　にたに・ゆりえ

06762　「愛される理由」
　『愛される理由─State of the heart』　二谷友里恵著　朝日新聞社　1991　229p　15cm〈朝日文庫〉　440円　①4-02-260675-4　Ⓝ778.21
　☆「百年の誤読」

日蓮　にちれん

06763　「御義口伝」
　『妙法蓮華経─御義口伝付』　フェニックス21編　日経企画出版局　1993　798p　27cm〈付・無量義経三部, 観普賢菩薩経〉　星雲社〔発売〕　20000円　①4-7952-4783-8　Ⓝ183.3
　☆「世界名著大事典」

06764　「開目鈔」
　『日蓮聖人全集　第2巻　宗義 2』　日蓮〔著〕　渡辺宝陽, 小松邦彰編　渡辺宝陽, 関戸堯海訳　新装版　春秋社　2011　577,10p　22cm〈文献あり　索引あり〉　6000円　①978-4-393-17342-8　Ⓝ188.93
　☆「古典の事典」,「世界名著大事典」,「日本の古典名著」,「仏教の名著」

06765　「観心本尊抄」
　『観心本尊抄─日蓮大聖人御書』　日蓮著　創価

にっき　　　　　　　　　　　　　　　　　06766〜06779

学会教学部編　聖教新聞社　1983　162p　22cm（聖教少年文庫）　850円
☆「世界名著大事典」

06766　「佐渡御書」
『立正安国論―ほか』　日蓮［著］　紀野一義訳　中央公論新社　2001　406p　18cm（中公クラシックス）〈年譜あり　文献あり〉　1350円
Ⓘ4-12-160015-0　Ⓝ188.93
☆「世界名著大事典」

06767　「守護国家論」
『守護国家論　1』　御書講義録刊行会編　聖教新聞社　1993　336,9p　21cm（日蓮大聖人御書講義　第1巻　上）　1400円　Ⓘ4-412-00559-3
☆「日本の古典名著」

06768　「種々御振舞書」
『日蓮聖人全集　第5巻　聖伝・弟子』　日蓮［著］　渡辺宝陽,小松邦彰編　冠賢一訳　新装版　春秋社　2011　379,10p　22cm〈文献あり　索引あり〉　6000円
Ⓘ978-4-393-17345-9　Ⓝ188.93
☆「世界名著大事典」

06769　「撰時鈔」
『日蓮聖人御書五大部提要　上巻　立正安国論・撰時鈔・報恩鈔』　中川日史著　新組改版　姫路　顕本法華一乗会　2011　515p　22cm　非売品　Ⓝ188.91
☆「世界名著大事典」

06770　「日蓮上人消息」
『日蓮聖人全集　第5巻　聖伝・弟子』　日蓮［著］　渡辺宝陽,小松邦彰編　冠賢一訳　新装版　春秋社　2011　379,10p　22cm〈文献あり　索引あり〉　6000円
Ⓘ978-4-393-17345-9　Ⓝ188.93
☆「近代名著解題選集 3」

06771　「報恩鈔」
『日蓮聖人御書五大部提要　上巻　立正安国論・撰時鈔・報恩鈔』　中川日史著　新組改版　姫路　顕本法華一乗会　2011　515p　22cm　非売品　Ⓝ188.91
☆「教育の名著80選解題」,「世界名著大事典」

06772　「立正安国論」
『立正安国論―傍訳　日蓮大聖人御遺文』　日蓮［著］　渡辺宝陽監修　北川前肇,原慎定編　四季社　2004　347p　22cm〈文献あり〉　16000円　Ⓘ4-88405-250-1　Ⓝ188.93
☆「一度は読もうよ！日本の名著」,「一冊で日本の古典100冊を読む」,「学術辞典叢書 第15巻」,「近代名著解題選集 3」,「古典の事典」,「世界の名著早わかり事典」,「世界名著解題選 第3巻」,「世界名著大事典」,「日本古典への誘い100選 2」,「日本の古典名著」,「日本文学名作案内」,「日本名著

辞典」

日輝　にっき
06773　「弘経要義」
『充洽園全集　第1-5編,別巻』　日輝著　加藤文雅等編　池上町（東京府）　宗典刊行会附属充洽園出版会　1922　6冊　22cm　Ⓝ188.9
☆「世界名著大事典」

日経ビジネス　にっけいびじねす
06774　「続・会社の寿命」
『続・会社の寿命―衰亡招く「第2の法則」』　日本ビジネス編　新潮社　1989　305p　15cm（新潮文庫）　400円　Ⓘ4-10-134022-6
☆「経済経営95冊」

06775　「小さな本社」
『小さな本社―経営革新への挑戦』　日経ビジネス編　日本経済新聞社　1993　201p　19cm　1500円　Ⓘ4-532-14255-5　Ⓝ335.21
☆「経済経営95冊」

06776　「敗軍の将、兵を語る」
『敗軍の将兵を語る』　日経ビジネス編　日本経済新聞社　1978　255p　19cm　900円　Ⓝ335.021
☆「現代を読む」

日親　にっしん
06777　「立正治国論」
『日親上人全集　第1巻』　〔横浜〕　日親上人第五百遠忌報恩奉行会　1985　358p　23cm〈監修：山口照子　製作：法華ジャーナル　複製　著者の肖像あり〉　3000円　Ⓘ4-938450-83-6　Ⓝ188.9
☆「仏教の名著」

日政　にっせい
06778　「草山集」
『續々群書類従　第14　歌文部 1』　国書刊行会編纂　オンデマンド版　八木書店古書出版部　2013　729p　21cm〈初版：続群書類従完成会　1970年刊　デジタルパブリッシングサービス〔印刷・製本〕　八木書店〔発売〕〉　12000円　Ⓘ978-4-8406-3241-6　Ⓝ081
☆「世界名著大事典」

06779　「身延行記」
『近世文学資料類従　古板地誌編 13　三河雀　身延鑑　身延行記』　林花翁,日亮著　勉誠社　1978　312p　27cm〈赤木文庫蔵本の複製〉　9000円　Ⓝ918.5
☆「世界名著大事典」

新田 次郎　にった・じろう

06780　「怒る富士」
『怒る富士　上』　新田次郎著　新装版　文藝春秋　2007　365p　16cm（文春文庫）　571円
①978-4-16-711236-3　Ⓝ913.6
☆「歴史小説・時代小説 総解説」

06781　「風の中の瞳」
『風の中の瞳』　新田次郎著　池田仙三郎絵　講談社　1981　261p　18cm（講談社青い鳥文庫）　450円
☆「日本文芸鑑賞事典 第17巻（1955～1958年）」

06782　「強力伝」
『強力伝―二十世紀最後の職人の魂』　新田次郎著　小学館　1995　283p　20cm（地球人ライブラリー）　1500円　①4-09-251012-8　Ⓝ913.6
☆「一度は読もうよ！ 日本の名著」、「一冊で日本の名著100冊を読む」、「日本文学名作案内」、「ポケット日本名作事典」

06783　「孤高の人」
『孤高の人　上』　新田次郎著　改版　新潮社　2010　503p　15cm（新潮文庫）〈77刷（初版1973年）〉　667円　①978-4-10-112203-8
☆「新潮文庫20世紀の100冊」

06784　「珊瑚」
『珊瑚』　新田次郎著　新潮社　1983　494p　15cm（新潮文庫）〈参考文献：p488〉　480円
①4-10-112224-5　Ⓝ913.6
☆「世界の海洋文学」

06785　「聖職の碑」
『聖職の碑』　新田次郎〔著〕　新装版　講談社　2011　456p　15cm（講談社文庫　に4-13）〈文献あり　年譜あり〉　724円
①978-4-06-276991-4　Ⓝ913.6
☆「教育名著 日本編」

06786　「武田信玄」
『武田信玄―風林火山の帝王学』　新田次郎、堺屋太一、上野晴朗ほか著　新版　プレジデント社　2007　364p　20cm（プレジデントクラシックス）〈年譜あり〉　1429円
①978-4-8334-1859-1　Ⓝ289.1
☆「ポケット日本名作事典」、「歴史小説・時代小説 総解説」

06787　「八甲田山死の彷徨」
『八甲田山死の彷徨』　新田次郎著　改版　新潮社　2002　331p　16cm（新潮文庫）〈折り込1枚〉　514円　①4-10-112214-8　Ⓝ913.6
☆「日本文芸鑑賞事典 第20巻（昭和42～50年）」、「日本陸軍の本・総解説」、「ポケット日本名作事典」

06788　「密航船水安丸」
『密航船水安丸』　新田次郎著　講談社　1982　420p　15cm（講談社文庫）〈参考文献：p413〉　440円　①4-06-131782-2　Ⓝ913.6
☆「世界の海洋文学」

新渡戸 稲造　にとべ・いなぞう

06789　「自警録」
『自警録―心のもちかた』　新渡戸稲造著　講談社　1982　339p　15cm（講談社学術文庫）　780円　①4-06-158567-3　Ⓝ159
☆「自己啓発の名著30」

06790　「修養」
『修養』　新渡戸稲造著　たちばな出版　2002　522p　16cm（タチバナ教養文庫）〈肖像あり〉　1300円　①4-8133-1444-9　Ⓝ159.7
☆「名著解題」

06791　「農業本論」
『農業本論』　新渡戸稲造著　増訂改版　六盟館　1912　706p　23cm　Ⓝ610
☆「世界名著大事典」、「農政経済の名著 明治大正編」、「明治・大正・昭和の名著・総解説」、「明治の名著 1」

06792　「武士道」
『武士道』　新渡戸稲造著　奈良本辰也訳・解説　三笠書房　2013　238p　18cm　1000円
①978-4-8379-2512-5　Ⓝ156
☆「大人のための日本の名著50」、「50歳からの名著入門」、「世界の「名著」50」、「世界名著大事典」、「大学新入生に薦める101冊の本」、「なおかつお厚いのがお好き？」、「21世紀の必読書100選」、「日本人とは何か」、「「日本人の名著」を読む」、「日本文化論の名著入門」、「日本文芸鑑賞事典 第2巻（1895～1903年）」、「武士道の名著」、「文学・名著300選の解説 '88年度版」、「ベストガイド日本の名著」、「明治・大正・昭和の名著・総解説」、「明治の名著 1」、「「名著」の解読学」

蜷川 親元　にながわ・ちかもと

06793　「親元日記」
『親元日記』　蜷川親元著　坪井九馬三、日下寛校　吉川半七　1902　6冊　図版　23cm（文科大学史誌叢書）〈東京帝国大学蔵版　和装〉　Ⓝ210.4
☆「世界名著大事典」

二宮 周平　にのみや・しゅうへい

06794　「家族法改正を考える」
『家族法改正を考える』　二宮周平著　日本評論社　1993　212p　19cm　1545円
①4-535-58128-2　Ⓝ324.6
☆「学問がわかる500冊」

二宮 尊徳　にのみや・そんとく

06795　「二宮翁夜話」

『二宮翁夜話』 二宮尊徳［述］ ［福住正兄］
［著］ 児玉幸多訳 中央公論新社 2012
266p 18cm〈中公クラシックス J47〉〈付属
資料：4p：名著のことば 年譜あり〉
1650円 ①978-4-12-160132-2 Ⓝ157.2
　☆「教育の名著80選解題」、「古典の事典」、「世界名
　著大事典」、「21世紀の教育基本書」、「『日本人の
　名著』を読む」、「日本の古典名著」

二宮 隆雄　にのみや・たかお

06796　「江戸の風」
『江戸の風』 二宮隆雄著 講談社 1993 276p
20cm 1700円 ①4-06-206058-2 Ⓝ913.6
　☆「世界の海洋文学」

二宮 宏之　にのみや・ひろゆき

06797　「全体を見る眼と歴史家たち」
『全体を見る眼と歴史家たち』 二宮宏之著 平
凡社 1995 418p 16cm〈平凡社ライブラ
リー〉〈付：参考文献〉 1500円
①4-582-76123-2 Ⓝ201
　☆「学問がわかる500冊 v.2」、「東アジア人文書100」

日本イエズス会　にほんいえずすかい

06798　「ドチリナ＝キリシタン」
『吉利支丹文学集 2』 新村出,柊源一校註 平
凡社 1993 373p 18cm〈東洋文庫 570〉
3090円 ①4-582-80570-1 Ⓝ918.4
　☆「古典の事典」、「世界名著大事典」

日本海事広報協会　にほんかいじこうほうきょうかい

06799　「キャプテン・森勝衛」
『キャプテン森勝衛―海のもっこす70年』 日本
海事広報協会 1975 361p 肖像 19cm〈森
勝衛略年譜：p.341-353〉 2000円 Ⓝ289.1
　☆「世界の海洋文学」

日本経済新聞社　にほんけいざいしんぶんしゃ

06800　「ドキュメント サラリーマン」
『ドキュメント サラリーマン』 日本経済新聞社
編 新潮社 1984 317p 15cm〈新潮文庫〉
320円 ①4-10-134001-3 Ⓝ361.84
　☆「現代を読む」

日本経済新聞マネー＆ライフ取材班　にほんけいざいしんぶんまねーあんどらいふしゅざいはん

06801　「定年後大全」
『定年後大全―セカンドライフの達人になる50
のツボ』 日本経済新聞マネー＆ライフ取材班
編 日本経済新聞社 2003 268p 21cm
1400円 ①4-532-31034-2 Ⓝ367.7
　☆「超売れ筋ビジネス書101冊」

日本建築学会　にほんけんちくがっかい

06802　「建築設計資料集成「総合編」」
『建築設計資料集成　総合編』 日本建築学会編
丸善 2001 669p 31cm〈付属資料：CD-
ROM1枚（12cm）〉 23000円
①4-621-04828-7 Ⓝ525.1
　☆「建築・都市ブックガイド21世紀」

日本工学会　にほんこうがっかい

06803　「明治工業史」
『明治工業史 1 化学工業編』 日本工学会編
原書房 1994 1160p 22cm〈明治百年史叢
書 第432巻〉〈日本工学会明治工業史発行所
昭和5年刊の複製〉 23690円
①4-562-02625-1 Ⓝ509.21
　☆「世界名著大事典」

日本考古学協会　にほんこうこがくきょうかい

06804　「登呂」
『登呂』 日本考古学協会編 東京堂出版 1978
2冊 27cm〈前編,本編に分冊刊行　前編：昭
和24年刊の複製　本編：昭和29年刊の複製〉
全27000円 Ⓝ210.02
　☆「世界名著大事典」

日本国　にほんこく

06805　「日本国憲法」
『あたらしい憲法のはなし―他二篇 付英文対訳
日本国憲法』 高見勝利編 岩波書店 2013
169,43p 15cm〈岩波現代文庫　社会　264〉
740円 ①978-4-00-603264-7 Ⓝ323.14
　☆「教養のためのブックガイド」

日本国際政治学会　にほんこくさいせいじがっかい

06806　「国際政治」
　☆「学問がわかる500冊」

日本山岳会　にほんさんがくかい

06807　「高山深谷」
『高山深谷　第10輯』 日本山岳会編 アルス
1941 258p 26cm Ⓝ291
　☆「日本の山の名著・総解説」、「山の名著 明治・大
　正・昭和戦前編」

日本人研究会　にほんじんけんきゅうかい

06808　「日本人研究 第二巻」
　☆「現代政治学を読む」

日本戦没学生記念会　にほんせんぼつがくせいきねんかい

06809　「きけ わだつみのこえ」
『きけ わだつみのこえ―日本戦没学生の手記

第2集」 日本戦没学生記念会編 岩波書店 2002 395p 15cm〈岩波文庫〉〈第33刷〉 760円 Ⓘ4-00-331572-3
☆「今だから知っておきたい戦争の本70」,「50歳からの名著入門」,「昭和の名著」,「戦後思想の名著50」,「大学新入生に薦める101冊の本」,「日本海軍の本・総解説」,「ベストガイド日本の名著」,「明治・大正・昭和の名著・総解説」

日本第四紀学会　にほんだいよんきがっかい

06810 「図解 日本の人類遺跡」
『図解・日本の人類遺跡』 日本第四紀学会編 東京大学出版会 1992 242p 31cm 6695円 Ⓘ4-13-026200-9 Ⓝ210.2
☆「学問がわかる500冊 v.2」

日本物理学会　にほんぶつりがっかい

06811 「宇宙と物理」
『宇宙と物理』 日本物理学会編 培風館 1983 260p 22cm〈執筆：早川幸男ほか　各章末：文献〉 3600円 Ⓘ4-563-02156-3 Ⓝ440.12
☆「物理ブックガイド100」

06812 「日本の物理学史」
『日本の物理学史 上 歴史・回想編』 日本物理学会編 東海大学出版会 1978 658p 22cm〈日本物理学会創立100年記念出版〉 6000円 Ⓝ420.21
☆「物理ブックガイド100」

日本文学報国会　にほんぶんがくほうこくかい

06813 「大東亜戦争歌集」
『大東亜戦争歌集』 日本文学報国会編 ゆまに書房 2005 430,10p 22cm(「帝国」戦争と文学 28 岩淵宏子,長谷川啓監修)〈解説：中島美幸 協栄出版社1943年刊の複製〉 17000円 Ⓘ4-8433-1320-3 Ⓝ911.167
☆「日本文芸鑑賞事典 第13巻」

日本分子生物学会　にほんぶんしせいぶつがっかい

06814 「ヒト遺伝子から医学へ」
『ヒト遺伝子から医学へ』 高木康敬,高久史麿編 丸善 1990 286p 22cm(シリーズ分子生物学の進歩 14)〈叢書の編者：日本分子生物学会　各章末：文献〉 4429円 Ⓘ4-621-03464-2 Ⓝ467.2
☆「学問がわかる500冊 v.2」

日本兵器工業会　にほんへいきこうぎょうかい

06815 「陸戦兵器総覧」
『陸戦兵器総覧』 日本兵器工業会編 図書出版社 1977 769p 図 20cm 4800円 Ⓝ559
☆「日本陸軍の本・総解説」

日本弁護士連合会　にほんべんごしれんごうかい

06816 「日本の戦後補償」
『日本の戦後補償』 日本弁護士連合会編 明石書店 1994 526p 21cm〈文献目録：p518～525 各章末：参考文献〉 5800円 Ⓘ4-7503-0616-9 Ⓝ369.37
☆「学問がわかる500冊」

日本放送協会　にほんほうそうきょうかい

06817 「日本民謡大観」
『日本民謡大観 関東篇』 日本放送協会編 復刻 日本放送出版協会 1992 387p 26cm〈付属資料：CD10枚(12cm)+103p：現地録音CD解説 原本：昭和28年刊 箱入(33cm)〉 Ⓘ4-14-039225-8 Ⓝ767.51
☆「世界名著大事典」

入我亭 我入　にゅうがてい・がにゅう

06818 「戯財録」
『近世芸道論』 西山松之助[ほか]校注 岩波書店 1996 696p 22cm(日本思想大系新装版 芸の思想・道の思想 6) 5600円 Ⓘ4-00-009076-3 Ⓝ772.1
☆「世界名著大事典」

丹羽 隆子　にわ・たかこ

06819 「ローマ神話」
『ローマ神話―西欧文化の源流から』 丹羽隆子著 大修館書店 1989 259p 20cm〈参考文献：p228～233〉 2060円 Ⓘ4-469-24283-7 Ⓝ164.32
☆「学問がわかる500冊」

丹羽 樗山　にわ・ちょざん

06820 「天狗芸術論」
『天狗芸術論』 佚斎樗山子[著] 栗山理一校註 春陽堂 1942 146p 18cm(新文庫 13) Ⓝ789.3
☆「古典の事典」

丹羽 徳子　にわ・とくこ

06821 「折れたマスト」
『折れたマスト―チタⅡ世号物語』 丹羽徳子, 吉田弘明,曽我二郎共著 丸ノ内出版 1969 274p 19cm 580円 Ⓝ915.9
☆「世界の海洋文学」

06822 「ヨット人生万歳」
『ヨット人生万歳！―クルージング賛歌』 丹羽徳子著 成山堂書店 1995 217p 19cm〈校閲：丹羽由昌〉 1800円 Ⓘ4-425-95261-8 Ⓝ290.9
☆「世界の海洋文学」

にわ　　　　　　　　　　　　　　　　　　　　　　06823〜06838

丹羽 文雄　にわ・ふみお

06823　「青麦」
　『青麦』　丹羽文雄著　角川書店　1958　188p　15cm〈角川文庫〉　Ⓝ913.6
　☆「現代文学名作探訪事典」，「日本の名著」，「ポケット日本名作事典」

06824　「鮎」
　『鮎―丹羽文雄短篇集　母の日―丹羽文雄短篇集　妻―丹羽文雄短篇集』　丹羽文雄［著］　講談社　2006　296p　16cm〈講談社文芸文庫〉〈年譜あり　著作目録あり〉　1400円　Ⓘ4-06-198430-6　Ⓝ913.6
　☆「女性のための名作・人生案内」，「日本文学鑑賞辞典〔第2〕」，「日本文芸鑑賞事典 第10巻」

06825　「厭がらせの年齢」
　『厭がらせの年齢』　丹羽文雄著　集英社　1980　372p　16cm〈集英社文庫〉　400円　Ⓝ913.6
　☆「あらすじダイジェスト」，「一度は読もうよ！日本の名著」，「一冊で日本の名著100冊を読む 続」，「現代文学鑑賞事典」，「知らないと恥ずかしい「日本の名作」あらすじ200本」，「世界名著大事典」，「日本文学鑑賞事典〔第2〕」，「日本文学現代名作事典」，「日本文学名作案内」，「日本文芸鑑賞事典 第14巻（1946〜1948年）」，「日本名作文学館 日本編」，「ポケット日本名作事典」

06826　「海戦」
　『海戦―伏字復元版』　丹羽文雄著　中央公論新社　2000　215p　16cm〈中公文庫〉　552円　Ⓘ4-12-203698-4　Ⓝ913.6
　☆「世界の海洋文学」，「日本海軍の本・総解説」

06827　「哭壁」
　『哭壁』　丹羽文雄著　新潮社　1951　395p　15cm〈新潮文庫　第171〉　Ⓝ913.6
　☆「日本文学現代名作事典」

06828　「遮断機」
　『遮断機―他一篇』　丹羽文雄著　角川書店　1955　204p　15cm〈角川文庫〉　Ⓝ913.6
　☆「日本文学鑑賞辞典〔第2〕」

06829　「親鸞」
　『親鸞　1　叡山の巻』　丹羽文雄著　新潮社　1981　412p　16cm〈新潮文庫〉　400円　Ⓘ4-10-101714-X　Ⓝ913.6
　☆「日本文芸鑑賞事典 第19巻」

06830　「薔薇合戦」
　『薔薇合戦』　丹羽文雄著　東方社　1961　280p　22cm　Ⓝ913.6
　☆「現代日本文学案内」

06831　「蛇と鳩」
　『蛇と鳩』　丹羽文雄著　新潮社　1960　404p　15cm〈新潮文庫〉　Ⓝ913.6

☆「名著の履歴書」

06832　「菩提樹」
　『菩提樹　上巻』　丹羽文雄著　新潮社　1957　343p　16cm〈新潮文庫〉　Ⓝ913.6
　☆「現代文学名作探訪事典」，「日本文学鑑賞辞典〔第2〕」，「日本文芸鑑賞事典 第16巻」

06833　「蓮如」
　『蓮如　1　覚信尼の巻』　丹羽文雄著　改版　中央公論社　1997　345p　16cm〈中公文庫〉　743円　Ⓘ4-12-203009-9　Ⓝ913.6
　☆「歴史小説・時代小説 総解説」

丹羽 元国　にわ・もとくに

06834　「鼓銅図録」
　『日本産業史資料　4　農産製造・林業及鉱山・冶金』　浅見恵，安田健訳編　科学書院　1992　1052,10p　27cm〈近世歴史資料集成　第2期　第4巻〉〈霞ケ関出版〔発売〕　複製と翻刻〉　51500円　Ⓝ602.1
　☆「世界名著大事典」

丹羽 由昌　にわ・よしまさ

06835　「ヨット人生万歳」
　『ヨット人生万歳！―クルージング賛歌』　丹羽徳子著　成山堂書店　1995　217p　19cm〈校閲：丹羽由昌〉　1800円　Ⓘ4-425-95261-8　Ⓝ290.9
　☆「世界の海洋文学」

人間の安全保障委員会　にんげんのあんぜんほしょういいんかい

06836　「安全保障の今日的課題」
　『安全保障の今日的課題―人間の安全保障委員会報告書』　人間の安全保障委員会著　朝日新聞社　2003　288p　21cm　1900円　Ⓘ4-02-257863-7　Ⓝ319.8
　☆「教養のためのブックガイド」

【ぬ】

額田 坦　ぬかだ・ひろし

06837　「陸軍省人事局長の回想」
　『陸軍省人事局長の回想』　額田坦著　芙蓉書房　1977　526p　図　肖像　20cm〈額田坦略歴：p.525〜526〉　2800円　Ⓝ396.21
　☆「日本陸軍の本・総解説」

忽滑谷 快天　ぬかりや・かいてん

06838　「朝鮮禅教史」
　『朝鮮禅教史』　忽滑谷快天著　名著刊行会

1969　555,22p　22cm〈春秋社昭和5年刊の複製〉　5000円　Ⓝ188.82
☆「世界名著大事典」

沼 正三　ぬま・しょうぞう

06839　「家畜人ヤプー」
『家畜人ヤプー　第1巻』　沼正三著　幻冬舎　1999　358p　16cm（幻冬舎アウトロー文庫）　648円　Ⓘ4-87728-781-7　Ⓝ913.6
☆「世界のSF文学・総解説」、「日本文学 これを読まないと文学は語れない!!」

沼上 幹　ぬまがみ・つよし

06840　「液晶ディスプレイの技術革新史」
『液晶ディスプレイの技術革新史―行為連鎖システムとしての技術』　沼上幹著　白桃書房　1999　606p　22cm〈文献あり〉　7400円　Ⓘ4-561-26315-2　Ⓝ549.9
☆「日本経済本38」

沼田 稲次郎　ぬまた・いねじろう

06841　「労働法論序説」
『沼田稲次郎著作集　第2巻　労働法の基礎理論』　労働旬報社　1976　378p　22cm　4800円　Ⓝ366.1
☆「世界名著大事典」

沼田 多稼蔵　ぬまた・たけぞう

06842　「日露陸戦新史」
『日露陸戦新史』　沼田多稼蔵著　新装版　芙蓉書房出版　2004　268p　21cm（芙蓉軍事記録リバイバル）〈肖像あり〉　2800円　Ⓘ4-8295-0346-7　Ⓝ210.67
☆「日本陸軍の本・総解説」

沼田 頼輔　ぬまた・らいすけ

06843　「日本紋章学」
『日本紋章学』　沼田頼輔著　人物往来社　1968　1385p 図版　23cm　8000円　Ⓝ288.6
☆「世界名著大事典」

沼野 充義　ぬまの・みつよし

06844　「ユートピア文学論」
『ユートピア文学論』　沼野充義著　作品社　2003　354p　20cm（徹夜の塊）　3800円　Ⓘ4-87893-537-5　Ⓝ980.27
☆「教養のためのブックガイド」

【ね】

根井 雅弘　ねい・まさひろ

06845　「21世紀の経済学」
『21世紀の経済学―市場主義を超えて』　根井雅弘著　講談社　1999　171p　18cm（講談社現代新書）　640円　Ⓘ4-06-149451-1　Ⓝ331.7
☆「学問がわかる500冊」

根岸 隆　ねぎし・たかし

06846　「ワルラス経済学入門」
『ワルラス経済学入門―「純粋経済学要論」を読む』　根岸隆著　岩波書店　1985　308p　19cm（岩波セミナーブックス　15）〈参考文献, レオン・ワルラス年譜：p303～305〉　1900円　Ⓘ4-00-004885-6　Ⓝ331.73
☆「学問がわかる500冊」

根岸 佶　ねぎし・ただし

06847　「中国のギルド」
『中国のギルド』　根岸佶著　大空社　1998　488,13,8p　22cm（アジア学叢書　44）〈日本評論新社昭和28年刊の複製〉　16000円　Ⓘ4-7568-0584-1　Ⓝ332.22
☆「世界名著大事典」

06848　「買弁制度の研究」
『買弁制度の研究』　根岸佶著　日本図書　1948　392p　22cm　Ⓝ678.8
☆「世界名著大事典」

根岸 鎮衛　ねぎし・やすもり

06849　「耳嚢」
『耳嚢　上』　根岸鎮衛著　長谷川強校注　岩波書店　2008　435p　15cm（岩波文庫）〈第11刷〉　1000円　Ⓘ4-00-302611-X
☆「教養のためのブックガイド」、「世界名著大事典」

ねじめ 正一　ねじめ・しょういち

06850　「高円寺純情商店街」
『高円寺純情商店街』　ねじめ正一著　新潮社　1992　239p　15cm（新潮文庫）　360円　Ⓘ4-10-102112-0　Ⓝ913.6
☆「現代文学鑑賞辞典」、「知らないと恥ずかしい「日本の名作」あらすじ200本」

根深 誠　ねぶか・まこと

06851　「シェルパ―ヒマラヤの栄光と死」
『シェルパ―ヒマラヤの栄光と死』　根深誠著　中央公論新社　2002　320p　16cm（中公文庫）　819円　Ⓘ4-12-204037-X　Ⓝ786.1

☆「新・山の本おすすめ50選」

【の】

野阿 梓 のあ・あずさ
06852 「兇天使」
『兇天使』 野阿梓著 早川書房 2008 620p 16cm〈ハヤカワ文庫 JA〉〈著作目録あり〉 952円 ①978-4-15-030916-9 Ⓝ913.6
☆「世界のSF文学・総解説」

能阿弥 のうあみ
06853 「君台観左右帳記」
『君台観左右帳記―永禄二年古写本』 真相著 古典保存会 1933 1冊（頁付なし） 28×32cm〈複製 和装〉 Ⓝ722
☆「古典の事典」、「世界名著大事典 補遺（Extra）」、「日本名著辞典」

能因 のういん
06854 「歌枕」
『日本歌学大系 第1巻』 佐佐木信綱編 風間書房 1957 61,394p 図版 22cm Ⓝ911.108
☆「近代名著解題選集 3」

06855 「玄々集」
『群書類従 第10輯 和歌部』 塙保己一編纂 オンデマンド版 八木書店古書出版部 2013 568p 21cm〈訂正3版：続群書類従完成会 1979年刊 デジタルパブリッシングサービス〔印刷・製本〕 八木書店〔発売〕〉 9000円 ①978-4-8406-3121-1 Ⓝ081
☆「近代名著解題選集 3」、「世界名著大事典」

06856 「能因法師集」
『桂宮本叢書―図書寮所蔵 第3巻 私家集第3』 宮内庁書陵部編 丹波市町（奈良県） 養徳社 1952 341p 図版 19cm Ⓝ918
☆「世界名著大事典」

農商務省商工局工務課工場調査掛 のうしょうむしょうしょうこうきょくこうむかこうじょうちょうさがかり
06857 「職工事情」
『職工事情 第1巻 綿糸紡績職工事情, 生糸職工事情, 織物職工事情』 農商務省商工局工務課工場調査掛編 土屋喬雄校閲 生活社 1947 313p 22cm〈明治36年農商務省商工局出版の複印〉 Ⓝ366.021
☆「世界名著大事典」、「日本名著辞典」

農商務省農務局 のうしょうむしょうのうむ

きょく
06858 「大日本農史」
『大日本農史』 織田完之編 国書刊行会 1970 3冊 22cm〈農商務省明治23-24年刊の複製〉 全12000円 Ⓝ612.1
☆「世界名著大事典」

06859 「大日本農政類編」
『明治後期産業発達史資料 第279巻 大日本農政類編 上』 竜渓書舎 1995 1冊 22cm（農林水産一班篇 4）〈農商務省明治30年刊の複製〉 22660円 Ⓝ332.106
☆「世界名著大事典」

能町 光香 のうまち・みつか
06860 「誰からも「気がきく」と言われる45の習慣」
『誰からも「気がきく」と言われる45の習慣―思わずマネしたくなる一流秘書の技術』 能町光香［著］ クロスメディア・パブリッシング 2010 191p 19cm〈インプレスコミュニケーションズ〔発売〕〉 1280円 ①978-4-8443-7111-3 Ⓝ336.49
☆「3行でわかる名作&ヒット本250」

野上 茂吉郎 のがみ・もきちろう
06861 「原子核」
『原子核』 野上茂吉郎著 裳華房 1973 242p 22cm（基礎物理学選書 13） 980円 Ⓝ429.5
☆「物理ブックガイド100」

06862 「原子物理学」
『原子物理学』 野上茂吉郎著 サイエンス社 1980 181p 22cm（サイエンスライブラリ 物理学 10） 1700円 Ⓝ429
☆「物理ブックガイド100」

野上 弥生子 のがみ・やえこ
06863 「お話」
『お話―小さき人たちへ』 野上弥生子著 岩波書店 1940 302p 19cm Ⓝ913.8
☆「日本児童文学名著事典」

06864 「海神丸」
『海神丸』 野上弥生子著 岩波書店 1970 99p 15cm〈岩波文庫〉〈付：『海神丸』後日物語〉 50円 Ⓝ913.6
☆「あらすじダイジェスト」、「一冊で100名作の「さわり」を読む」、「現代文学名作探訪事典」、「知らないと恥ずかしい「日本の名作」あらすじ200本」、「世界の海洋文学」、「世界名著大事典」、「大正の名著」、「小さな文学の旅」、「日本近代文学名著事典」、「日本文学鑑賞辞典〔第2〕」、「日本文芸鑑賞事典 第7巻（1920〜1923年）」、「ポケット日本名作事典」

06865 「人形の望」
『日本児童文学館―名著複刻 第2集 9 人形の望』 野上弥生子著 ほるぷ出版 1974 203p 図 19cm〈愛子叢書 第5編(実業之日本社大正3年刊)の複製〉Ⓝ913.8
☆「日本児童文学名著事典」

06866 「秀吉と利休」
『秀吉と利休』 野上弥生子著 改版 中央公論社 1996 608p 16cm(中公文庫) 1300円 ①4-12-202511-7 Ⓝ913.6
☆「あらすじで読む日本の名著 No.2」、「これだけは読んでおきたい日本の名作文学案内」、「知らないと恥ずかしい「日本の名作」あらすじ200本」、「日本文芸鑑賞事典 第18巻(1958～1962年)」、「ポケット日本名作事典」、「明治・大正・昭和の名著・総解説」

06867 「真知子」
『真知子』 野上弥生子著 新潮社 1966 357p 16cm(新潮文庫) 130円 Ⓝ913.6
☆「一度は読もうよ！ 日本の名著」、「一冊で日本の名著100冊を読む」、「近代文学名作事典」、「女性のための名作・人生案内」、「世界名作事典」、「世界名著大事典」、「日本の小説101」、「日本の名著」、「日本文学鑑賞辞典 第2」、「日本文学現代名作事典」、「日本文学名作案内」、「日本文学名作事典」、「日本文芸鑑賞事典 第9巻」、「文学・名著300選の解説 '88年度版」

06868 「迷路」
『迷路 上』 野上弥生子作 岩波書店 2006 649p 19cm(ワイド版岩波文庫) 1800円 ①4-00-007276-5 Ⓝ913.6
☆「感動！ 日本の名著 近現代編」、「現代文学鑑賞辞典」、「現代文学名作探訪事典」、「昭和の名著」、「世界名著大事典」、「日本の名著」、「日本文学鑑賞辞典 〔第2〕」、「日本文芸鑑賞事典 第15巻」、「ポケット日本名作事典」

野口 旭 のぐち・あさひ
06869 「経済対立は誰が起こすのか」
『経済対立は誰が起こすのか―国際経済学の正しい使い方』 野口旭著 筑摩書房 1998 206p 18cm(ちくま新書)〈文献あり 索引あり〉 660円 ①4-480-05741-2 Ⓝ678.21053
☆「学問がわかる500冊」

野口 雨情 のぐち・うじょう
06870 「青い眼の人形」
『青い眼の人形―野口雨情童謡集』 野口雨情著 大空社 1996 216p 19cm(叢書日本の童謡)〈金の星社大正13年刊の複製 外箱入〉 ①4-7568-0305-9
☆「世界名著大事典」

06871 「シャボン玉」
☆「日本文芸鑑賞事典 第7巻(1920～1923年)」

06872 「十五屋お月さん」
☆「日本児童文学名著事典」

06873 「船頭小唄」
『野口雨情詩集 続 船頭小唄』 弥生書房 1978 240p 20cm 1300円 Ⓝ911.56
☆「日本文芸鑑賞事典 第6巻(1917～1920年)」

06874 「七つの子」
『七つの子―野口雨情歌のふるさと』 古茂田信男著 大月書店 1992 167p 22cm(大月CDブック)〈付属資料(録音ディスク1枚 12cm 袋入) 野口雨情年譜：p160～161〉 3800円 ①4-272-61023-6 Ⓝ911.58
☆「日本文芸鑑賞事典 第7巻(1920～1923年)」

06875 「野口雨情集」
『日本児童文学全集 9(詩・童謡篇)』 河出書房 1953 357p 図版 22cm
☆「日本文学鑑賞辞典 〔第2〕」

野口 援太郎 のぐち・えんたろう
06876 「高等小学校の研究」
『高等小学校の研究』 野口援太郎著 中野光解説 日本図書センター 1982 362,8p 22cm(教育名著叢書 7)〈帝国教育会出版部大正15年刊の複製〉 4500円 Ⓝ376.2
☆「名著解題」

野口 敏 のぐち・さとし
06877 「誰とでも15分以上会話がとぎれない！ 話し方66のルール」
『誰とでも15分以上会話がとぎれない！ 話し方66のルール』 野口敏著 すばる舎 2009 239p 19cm 1400円 ①978-4-88399-830-2 Ⓝ361.454
☆「3行でわかる名作&ヒット本250」

野口 武彦 のぐち・たけひこ
06878 「江戸の歴史家」
『江戸の歴史家』 野口武彦著 筑摩書房 1993 381p 15cm(ちくま学芸文庫) 1100円 ①4-480-08101-1 Ⓝ210.01
☆「日本思想史」

野口 玉雄 のぐち・たまお
06879 「フグはなぜ毒をもつのか―海洋生物の不思議」
『フグはなぜ毒をもつのか―海洋生物の不思議』 野口玉雄著 日本放送出版協会 1996 221p 19cm(NHKブックス 768)〈主な参考文献：p217～218〉 850円 ①4-14-001768-6 Ⓝ487.51

のくち

☆「学問がわかる500冊 v.2」

野口 広　のぐち・ひろし

06880　「カタストロフィー」
『カタストロフィー』　野口宏著　サイエンス社　1977　139p　22cm〈サイエンスライブラリ理工系の数学　13〉　1380円　Ⓝ414.8
☆「数学ブックガイド100」

野口 冨士男　のぐち・ふじお

06881　「風の系譜」
『風の系譜――長篇小説』　野口富士男著　金沢東西文庫　1947　317p　18cm　Ⓝ913.6
☆「ポケット日本名作事典」

06882　「白鷺」
『白鷺』　野口富士男著　大日本雄弁会講談社　1949　242p　19cm　Ⓝ913.6
☆「ポケット日本名作事典」

06883　「なぎの葉考」
『なぎの葉考』　野口富士男著　〔田辺〕　吉田弥左衛門　1988　2冊　7.5×10cm〈続田奈部豆本　第5集〉付(2枚)：「なぎの葉考」について・名作の中の紀州人　恩田雅和著　箱入限定版　和装　全5000円　Ⓝ913.6
☆「生きがいの再発見名著22選」、「現代文学鑑賞辞典」

野口 三千三　のぐち・みちぞう

06884　「野口体操 からだに貞く」
『野口体操からだに貞く』　野口三千三著　春秋社　2002　253p　20cm〈柏樹社刊の新版〉　1800円　Ⓘ4-393-31269-4　Ⓝ498.3
☆「読書入門」

野口 悠紀雄　のぐち・ゆきお

06885　「ストック経済を考える」
『ストック経済を考える――豊かな社会へのシナリオ』　野口悠紀雄著　中央公論社　1991　175p　18cm〈中公新書〉　560円　Ⓘ4-12-101002-7　Ⓝ332.107
☆「「本の定番」ブックガイド」

06886　「1940年体制――さらば戦時経済」
『1940年体制――さらば戦時経済』　野口悠紀雄著　東洋経済新報社　2010　240,7p　19cm〈文献あり　索引あり〉　1500円　Ⓘ978-4-492-39546-2　Ⓝ332.106
☆「学問がわかる500冊」

06887　「「超」整理法」
『「超」整理法　1』　野口悠紀雄著　中央公論新社　2003　227p　16cm〈中公文庫〉　552円　Ⓘ4-12-204209-7　Ⓝ002.7
☆「「本の定番」ブックガイド」

06888　「「超」文章法」
『「超」文章法――伝えたいことをどう書くか』　野口悠紀雄著　中央公論新社　2002　265p　18cm〈中公新書〉　780円　Ⓘ4-12-101662-9　Ⓝ816
☆「「本の定番」ブックガイド」

06889　「「超」勉強法」
『「超」勉強法　実践編』　野口悠紀雄著　講談社　2000　263p　15cm〈講談社文庫〉〈文献あり〉　495円　Ⓘ4-06-264909-8　Ⓝ379.7
☆「「本の定番」ブックガイド」

06890　「日本経済再生の戦略」
『日本経済再生の戦略――21世紀への海図』　野口悠紀雄著　中央公論新社　1999　202p　18cm〈中公新書〉　660円　Ⓘ4-12-101500-2　Ⓝ332.107
☆「「本の定番」ブックガイド」

野口 嘉則　のぐち・よしのり

06891　「鏡の法則」
『鏡の法則――人生のどんな問題も解決する魔法のルール』　野口嘉則著　総合法令出版　2006　92p　19cm　952円　Ⓘ4-89346-962-2　Ⓝ159
☆「超売れ筋ビジネス書101冊」

野口 米次郎　のぐち・よねじろう

06892　「二重国籍者の詩」
『二重国籍者の詩』　野口米次郎著　玄文社詩歌部　1921　228p　19cm　Ⓝ911.5
☆「世界名著大事典」、「日本文学鑑賞辞典〔第2〕」

野坂 昭如　のさか・あきゆき

06893　「アメリカひじき」
『アメリカひじき　火垂るの墓』　野坂昭如著　65刷改版　新潮社　2003　272p　16cm〈新潮文庫〉　438円　Ⓘ4-10-111203-7　Ⓝ913.6
☆「一度は読もうよ！日本の名著」、「一冊で日本の名著100冊を読む　続」、「現代文学鑑賞辞典」、「Jブンガク」、「大学新入生に薦める101冊の本」、「日本文学名作案内」、「ポケット日本名作事典」

06894　「エロ事師たち」
『エロ事師たち』　野坂昭如著　31刷改版　新潮社　2001　258p　16cm〈新潮文庫〉　438円　Ⓘ4-10-111201-0　Ⓝ913.6
☆「必読書150」

06895　「されど麗しの日々」
『童女入水』　野坂昭如著　岩波書店　2008　230p　15cm〈岩波現代文庫　文芸――野坂昭如ルネサンス　7〉　900円　Ⓘ978-4-00-602118-4　Ⓝ913.6
☆「一冊で愛の話題作100冊を読む」

06896　「火垂るの墓」
　『火垂るの墓』　野坂昭如著　ポプラ社　2006　160p　18cm（ポプラポケット文庫　377-1）　570円　①4-591-09343-3　Ⓝ913.6
　☆「一度は読もうよ！日本の名著」，「一冊で日本の名著100冊を読む」，「新潮文庫20世紀の100冊」，「大学新入生に薦める101冊の本」，「日本の名作おさらい」，「日本文学　これを読まないと文学は語れない!!」，「日本文学名作案内」

06897　「骨餓身峠死人葛」
　『骨餓身峠死人葛』　野坂昭如著　岩波書店　2008　294p　15cm（岩波現代文庫　文芸—野坂昭如ルネサンス　6）　1000円
　①978-4-00-602117-7　Ⓝ913.6
　☆「日本文芸鑑賞事典　第20巻（昭和42～50年）」

野崎　昭弘　のざき・あきひろ

06898　「赤いぼうし」
　『赤いぼうし』　野崎昭弘文　安野光雅絵　童話屋　1984　41p　26cm（美しい数学）　1200円　①4-924684-20-1
　☆「ブックガイド　文庫で読む科学」

06899　「詭弁論理学」
　『詭弁論理学』　野崎昭弘著　中央公論社　1976　208p　18cm（中公新書）〈参考文献：p.208〉　380円　Ⓝ116
　☆「ブックガイド　文庫で読む科学」

06900　「逆説論理学」
　『逆説論理学』　野崎昭弘著　中央公論社　1980　219p　18cm（中公新書）〈参考書：p219〉　460円　Ⓝ410.9
　☆「数学ブックガイド100」，「ブックガイド　文庫で読む科学」

06901　「数学的センス」
　『数学的センス』　野崎昭弘著　筑摩書房　2007　250p　15cm（ちくま学芸文庫）　1000円
　①978-4-480-09056-0　Ⓝ410.4
　☆「ブックガイド "数学" を読む」

06902　「πの話」
　『πの話』　野崎昭弘著　岩波書店　2011　193p　15cm（岩波現代文庫　S211）〈文献あり〉　900円　①978-4-00-603211-1　Ⓝ414.12
　☆「数学ブックガイド100」

06903　「不完全性定理—数学的体系のあゆみ」
　『不完全性定理—数学的体系のあゆみ』　野崎昭弘著　筑摩書房　2006　295p　15cm（ちくま学芸文庫）〈文献あり〉　1100円
　①4-480-08988-8　Ⓝ410.9
　☆「ブックガイド　文庫で読む科学」

野崎　利夫　のざき・としお

06904　「帆走27000キロ」
　『帆走27000キロ—新生咸臨丸航海記』　野崎利夫著　ダイヤモンド社　1990　221p　21cm　1200円　①4-478-94074-6　Ⓝ290.9
　☆「世界の海洋文学」

野里　洋　のざと・よう

06905　「汚名」
　『汚名—第二十六代沖縄県知事泉守紀』　野里洋著　講談社　1993　252p　20cm〈おもな参考文献・資料：p251～252〉　1800円
　①4-06-206715-3　Ⓝ210.75
　☆「今だから知っておきたい戦争の本70」

野沢　謙　のざわ・けん

06906　「家畜と人間」
　『家畜と人間』　野沢謙,西田隆雄著　出光書店　1981　374p　20cm（出光科学叢書　18）〈参考文献：p373～374〉　3800円　Ⓝ645
　☆「学問がわかる500冊v.2」

野沢　節子　のざわ・せつこ

06907　「鳳蝶」
　『鳳蝶—野沢節子句集』　野沢節子著　邑書林　1996　109p　15cm（邑書林句集文庫）　927円　①4-89709-197-7　Ⓝ911.368
　☆「日本文芸鑑賞事典　第20巻（昭和42～50年）」

野沢　凡兆　のざわ・ぼんちょう

06908　「猿蓑」
　『猿蓑』　向井去来,凡兆共編　前田利治解説　勉誠社　1975　141p　27cm〈元禄初版本　柿衛文庫,前田利治所蔵本の複製　箱入　限定版〉　5000円　Ⓝ911.33
　☆「世界名著大事典」，「千年の百冊」，「日本文学名作概観」

野尻　重雄　のじり・しげお

06909　「農民離村の実証的研究」
　『農民離村の実証的研究』　野尻重雄著　3版　岩波書店　1949　567p　表　27cm　Ⓝ611.91
　☆「世界名著大事典」，「農政経済の名著　昭和前期編」

能勢　朝次　のせ・あさじ

06910　「能楽源流考」
　『能楽源流考』　能勢朝次著　岩波書店　1972　1555p　22cm〈第5刷（第1刷：昭和13年）〉　4000円　Ⓝ773.1
　☆「世界名著大事典」

野添　憲治　のぞえ・けんじ

06911　「聞き書き　花岡事件」

『聞き書き 花岡事件』 野添憲治著 増補版 御茶の水書房 1992 308p 21cm 2884円 Ⓝ4-275-01461-8
☆「現代を読む」

苊戸 善政　のぞきど・よしまさ

06912 「かてもの」
『かてもの』 苊戸善政著 〔米沢〕 米沢市 1957 27丁 21cm〈享和2年刊本(市立米沢図書館所蔵)の複製 和装〉非売品 Ⓝ471.9
☆「古典の事典」

野田 宇太郎　のだ・うたろう

06913 「日本耽美派の誕生」
『日本耽美派の誕生』 野田宇太郎著 河出書房 1951 311p 図版 22cm〈パンの会改訂増補版〉 Ⓝ910.26
☆「世界名著大事典」

野田 俊彦　のだ・としひこ

06914 「建築非芸術論」
☆「建築の書物/都市の書物」

野田 春彦　のだ・はるひこ

06915 「新しい生物学」
『新しい生物学―生命のナゾはどこまで解けたか』 野田春彦,日高敏隆,丸山工作著 第3版 講談社 1999 279p 18cm(ブルーバックス) 1040円 Ⓝ4-06-257241-9 Ⓝ460
☆「学問がわかる500冊 v.2」

野田 正彰　のだ・まさあき

06916 「コンピュータ新人類の研究」
『コンピュータ新人類の研究』 野田正彰著 文芸春秋 1994 441p 16cm(文春文庫)〈コンピュータ関連年表・参考文献:p432～441〉 540円 Ⓝ4-16-744102-0 Ⓝ007.3
☆「科学技術をどう読むか」

06917 「させられる教育」
『させられる教育―思考途絶する教師たち』 野田正彰著 岩波書店 2002 211p 20cm 1700円 Ⓝ4-00-023007-7 Ⓝ373.2
☆「サイエンス・ブックレヴュー」

野田 昌宏　のだ・まさひろ

06918 「銀河乞食軍団シリーズ」
『銀河乞食軍団 合本版1 発動!タンポポ村救出作戦』 野田昌宏著 早川書房 2009 351p 30cm 2400円 Ⓝ978-4-15-209045-4 Ⓝ913.6
☆「世界のSF文学・総解説」

野中 郁次郎　のなか・いくじろう

06919 「知識創造企業」
『知識創造企業』 野中郁次郎述 岐阜 岐阜県産業経済研究センター 1998 29p 30cm((財)岐阜県産業経済研究センター講演シリーズ) Ⓝ336
☆「あらすじで読む世界のビジネス名著」

06920 「知識創造の経営」
『知識創造の経営―日本企業のエピステモロジー』 野中郁次郎著 日本経済新聞社 1990 278p 22cm〈参考文献:p269～278〉 2600円 Ⓝ4-532-07514-9 Ⓝ335.1
☆「戦略の名著!最強43冊のエッセンス」

野中 至　のなか・いたる

06921 「富士案内」
『富士案内』 野中至編 訂正再版 春陽堂 1907 156,40p 19cm Ⓝ215.4
☆「日本の山の名著・総解説」,「山の名著 明治・大正・昭和戦前編」

乃南 アサ　のなみ・あさ

06922 「幸福な朝食」
『幸福な朝食』 乃南アサ著 新潮社 1996 307p 15cm(新潮文庫) 480円 Ⓝ4-10-142511-6 Ⓝ913.6
☆「現代文学鑑賞辞典」

野々口 親重　ののぐち・ちかしげ

06923 「はなひ草」
『日本俳書大系 第4巻 蕉門俳諧続集』 勝峰晋風編 日本図書センター 1995 472,188,12p 22cm〈日本俳書大系刊行会昭和2年刊の複製〉 Ⓝ4-8205-9375-7,4-8205-9371-4 Ⓝ911.308
☆「世界名著大事典」

野々村 戒三　ののむら・かいぞう

06924 「金春十七部集」
『金春十七部集』 野々村戒三編註 春陽堂 1932 515p 23cm Ⓝ773
☆「世界名著大事典」

野々山 久也　ののやま・ひさや

06925 「家族福祉の視点―多様化するライフスタイルを生きる」
『家族福祉の視点―多様化するライフスタイルを生きる』 野々山久也編著 京都 ミネルヴァ書房 1992 295,5p 22cm(シリーズ・現代社会と家族 1)〈執筆:桂良太郎ほか 各章末:参考文献〉 2800円 Ⓝ4-623-02222-6 Ⓝ369
☆「学問がわかる500冊」

昇 曙夢　のぼり・しょむ

06926　「ロシヤ・ソヴェト文学史」
『ロシヤ・ソヴェト文学史』　昇曙夢著　東京堂　1957　631p　22cm〈普及版〉　Ⓝ980.2
☆「世界名著大事典」

野間 光辰　のま・こうしん

06927　「西鶴年譜考証」
『西鶴年譜考証』　野間光辰著　刪補　中央公論社　1983　641p　22cm　12000円
①4-12-001246-8　Ⓝ913.52
☆「人文科学の名著」

野間 清六　のま・せいろく

06928　「日本美術大系彫刻篇」
『日本美術大系　第2巻　彫刻』　田中一松等編　野間清六著　講談社　1959　209p（図版155p共）　35cm　Ⓝ708
☆「人文科学の名著」

野間 宏　のま・ひろし

06929　「顔の中の赤い月」
『顔の中の赤い月』　野間宏著　東方社　1956　282p 図版　20cm　Ⓝ913.6
☆「一度は読もうよ！日本の名著」、「一冊で日本の名著100冊を読む 続」、「ポケット日本名作事典」

06930　「暗い絵」
『暗い絵』　野間宏著　成瀬書房　1981　158p　22cm〈銅版画嵌込 箱入 限定版〉　30000円
①4-930708-01-X　Ⓝ913.6
☆「あらすじダイジェスト」、「一度は読もうよ！日本の名著」、「一冊で日本の名著100冊を読む 続」、「近代文学名作事典」、「現代文学鑑賞辞典」、「現代文学名作探訪事典」、「これだけは読んでおきたい日本の名作文学案内」、「知らないと恥ずかしい「日本の名作」あらすじ200本」、「世界名著大事典」、「日本の名著おさらい」、「日本文学鑑賞辞典〔第2〕」、「日本文学名作事典」、「日本文芸鑑賞事典 第14巻（1946〜1948年）」、「ポケット日本名作事典」、「名作はこのように始まる 1」

06931　「真空地帯」
『真空地帯』　野間宏著　岩波書店　1988　507p　21cm（野間宏作品集　2）　4900円
①4-00-091302-6
☆「一度は読もうよ！日本の名著」、「感動！日本の名著 近現代編」、「知らないと恥ずかしい「日本の名作」あらすじ200本」、「世界名著案内 8」、「世界名著大事典」、「2時間でわかる日本の名著」、「日本の小説101」、「日本の名作おさらい」、「日本文学鑑賞辞典〔第2〕」、「日本文学現代名作事典」、「日本文学名作事典」、「日本文芸鑑賞事典 第16巻」、「日本名作文学館 日本編」、「日本陸軍の本・総解説」、「文学・名著300選の解説 '88年度版」、「ベストガイド日本の名著」、「ポケット日本名作事典」、「明治・大正・昭和の名著・総解説」

06932　「青年の環」
『青年の環　1』　野間宏作　岩波書店　1983　915p　15cm（岩波文庫）　850円　Ⓝ913.6
☆「日本文芸鑑賞事典 第14巻（1946〜1948年）」

野見山 朱鳥　のみやま・あすか

06933　「野見山朱鳥全句集」
『野見山朱鳥全句集』　牧羊社　1971　517p 図肖像　20cm〈限定版　野見山朱鳥略年譜：p.509-515〉　3700円　Ⓝ911.36
☆「日本文芸鑑賞事典 第20巻（昭和42〜50年）」

野村 兼太郎　のむら・かねたろう

06934　「英国資本主義の成立過程」
『英国資本主義の成立過程』　野村兼太郎著　再版　有斐閣　1948　770p　21cm　Ⓝ332.33
☆「世界名著大事典」

野村 浩一　のむら・こういち

06935　「近代中国の政治文化」
『近代中国の政治文化―民権・立憲・皇権』　野村浩一著　岩波書店　2007　333p　20cm　3700円　①978-4-00-022562-5　Ⓝ312.22
☆「東アジア論」

野村 胡堂　のむら・こどう

06936　「三万両五十三次」
『三万両五十三次　巻1』　野村胡堂著　中央公論社　1982　357p　16cm（中公文庫）　480円　Ⓝ913.6
☆「世界名著大事典 補遺（Extra）」、「歴史小説・時代小説 総解説」

06937　「銭形平次捕物控」
『銭形平次捕物控　1　平次屠蘇機嫌』　野村胡堂著　嶋中書店　2004　413p　15cm（嶋中文庫）　619円　①4-86156-300-3　Ⓝ913.6
☆「一度は読もうよ！日本の名著」、「面白いほどよくわかる時代小説名作100」、「昭和の名著」、「世界名著大事典 補遺（Extra）」、「日本文学名作案内」、「日本文芸鑑賞事典 第10巻」、「歴史小説・時代小説 総解説」

06938　「美男狩り」
『美男狩　上』　野村胡堂著　講談社　1995　532p　16cm（大衆文学館）　960円
①4-06-262023-5　Ⓝ913.6
☆「世界名著大事典 補遺（Extra）」

06939　「ロマン派の音楽」
『レコードによるロマン派の音楽』　あらえびす著　レコード音楽社　1937　420p　19cm　Ⓝ762.3

☆「世界名著大事典 補遺(Extra)」

野村 正七　のむら・しょうしち
06940　「指導のための地図の理解」
『指導のための地図の理解』　野村正七著　中教出版　1974　358p 図　22cm（社会科における理論と実践シリーズ　3）　2000円　Ⓝ375.39
☆「教育名著 日本編」

野村 二郎　のむら・じろう
06941　「日本の裁判官」
『日本の裁判官』　野村二郎著　講談社　1994　211p　18cm（講談社現代新書）　600円
Ⓘ4-06-149195-4　Ⓝ327.124
☆「学問がわかる500冊」

野村 輝之　のむら・てるゆき
06942　「シーガル号太平洋周航記」
『シーガル号太平洋周航記』　野村輝之著　札幌　北海道新聞社　1982　297p　19cm　1200円　Ⓝ916
☆「世界の海洋文学」

能村 登四郎　のむら・としろう
06943　「咀嚼音」
『咀嚼音―句集』　能村登四郎著　近藤書店　1954　147p 図版　19cm　Ⓝ911.36
☆「日本文芸鑑賞事典　第16巻」

野村 智夫　のむら・ともお
06944　「やさしくわかるキャッシュフロー」
『やさしくわかるキャッシュフロー』　野村智夫,竹俣耕一著　日本実業出版社　1998　209p　21cm（入門ビジュアル・アカウンティング）　1600円　Ⓘ4-534-02855-5　Ⓝ336.92
☆「超売れ筋ビジネス書101冊」

野村 英夫　のむら・ひでお
06945　「野村英夫詩集」
『野村英夫詩集』　猿渡重達編　教育出版センター　1982　112p　27cm〈特装版　冬至書房新社〔発売〕　はり込図1枚　ホルダー入　限定版〉　30000円　Ⓝ911.56
☆「日本文芸鑑賞事典　第16巻」

野村 平爾　のむら・へいじ
06946　「日本労働法の形成過程と理論」
『日本労働法の形成過程と理論』　野村平爾著　岩波書店　1957　320p　22cm　Ⓝ366.1
☆「世界名著大事典」

野村 実　のむら・みのる
06947　「太平洋戦争と日本軍部」
『太平洋戦争と日本軍部』　野村実著　山川出版社　1983　400,13p　20cm（近代日本研究双書）〈巻末：軍事関係年表〉　3400円　Ⓝ210.75
☆「日本海軍の本・総解説」

野村 芳兵衛　のむら・よしべえ
06948　「新教育に於ける学級経営」
『新教育に於ける学級経営』　野村芳兵衛著　聚芳閣　1926　421p　19cm（新教育叢書　第1編）　Ⓝ374
☆「教育を考えるためにこの48冊」,「教育本44」

野本 寛一　のもと・かんいち
06949　「生態民俗学序説」
『生態民俗学序説』　野本寛一著　白水社　1987　613,18p　23cm　12000円　Ⓘ4-560-04050-8　Ⓝ380
☆「学問がわかる500冊 v.2」

野本 亀久雄　のもと・きくお
06950　「免疫とはなにか」
『免疫とはなにか―病気を防ぐからだのしくみ』　野本亀久雄著　講談社　1987　214,3p　18cm（ブルーバックス）〈付：関連図書紹介〉　580円　Ⓘ4-06-132681-3　Ⓝ491.8
☆「学問がわかる500冊 v.2」

法本 義弘　のりもと・よしひろ
06951　「正伝佐久間艇長」
『正伝佐久間艇長』　法本義弘編　国民社　1944　661p 図版　22cm　Ⓝ289.1
☆「日本海軍の本・総解説」

野呂 栄太郎　のろ・えいたろう
06952　「日本資本主義発達史」
『野呂栄太郎全集　上』　野呂栄太郎著　新日本出版社　1994　364p　20cm〈著者の肖像あり〉　4800円　Ⓘ4-406-02313-5　Ⓝ332.106
☆「経済学名著106選」,「昭和の名著」,「世界の名著早わかり事典」,「世界名著大事典」,「日本近代の名著」,「日本の名著」,「ベストガイド日本の名著」,「明治・大正・昭和の名著・総解説」,「歴史の名著 日本人篇」

06953　「日本資本主義発達史講座」
『幕末に於ける社会経済状態、階級関係及び階級闘争』　羽仁五郎著　岩波書店　1982　2冊　23cm（日本資本主義発達史講座　第1部　明治維新史）〈昭和7年刊の複製〉　Ⓝ332.105
☆「世界名著大事典」

野呂 邦暢　のろ・くにのぶ
06954　「草のつるぎ」
『草のつるぎ』　野呂邦暢著　文遊社　2014

595p　20cm（野呂邦暢小説集成　3）
3000円　①978-4-89257-093-3　Ⓝ913.6
☆「日本文芸鑑賞事典 第20巻（昭和42〜50年）」

野呂 元丈　のろ・げんじょう

06955　「阿蘭陀本草和解」
☆「世界名著大事典 補遺（Extra）」

【は】

灰谷 健次郎　はいたに・けんじろう

06956　「兎の眼」
『兎の眼』　灰谷健次郎作　YUME本文絵　角川書店　2013　351p　18cm〈角川つばさ文庫Bは2-1〉〈角川文庫 1998年刊の再編集　角川グループホールディングス〔発売〕〉　780円
①978-4-04-631319-5　Ⓝ913.6
☆「少年少女の名作案内 日本の文学リアリズム編」

梅亭 金鵞　ばいてい・きんが

06957　「春情花朧夜」
『壇の浦合戦記—江戸発禁本』　小菅宏編訳　徳間書店　2008　357p　16cm〈徳間文庫〉　667円　①978-4-19-892863-6　Ⓝ913.54
☆「日本の艶本・珍書 総解説」

06958　「春窓秘辞」
『真情春雨衣』　梅亭金鵞著　岡田甫編　貴重文献保存会　1953　214p　22cm　Ⓝ913.54
☆「日本の艶本・珍書 総解説」,「日本の奇書77冊」

06959　「真情春雨衣」
『真情春雨衣』　吾妻雄兎子編　太平書屋　1984　3冊　17cm〈珍本双刊　7〉〈解説：花咲一男　箱入 限定版　和装〉　全11000円　Ⓝ913.54
☆「日本の艶本・珍書 総解説」,「日本の奇書77冊」

06960　「妙竹林話七偏人」
『妙竹林話七偏人』　梅亭金鵞作　興津要校注　講談社　1983　2冊　15cm〈講談社文庫〉　各360円　①4-06-131790-3　Ⓝ913.55
☆「世界名著大事典」

芳賀 徹　はが・とおる

06961　「外国人による日本論の名著」
『外国人による日本論の名著—ゴンチャロフからパンゲまで』　佐伯彰一,芳賀徹編　中央公論社　1987　296p　18cm〈中公新書〉　660円　①4-12-100832-4　Ⓝ210
☆「「本の定番」ブックガイド」

芳賀 矢一　はが・やいち

06962　「国学者伝記集成」

『国学者伝記集成　上』　上田萬年,芳賀矢一校閲　大川茂雄,南茂樹編　復刻　東出版　1997　852p　22cm〈辞典叢書　27〉〈原本：日本図書明治37年刊〉　①4-87036-048-9　Ⓝ121.52
☆「世界名著大事典」

06963　「国文学史十講」
『国文学史十講』　芳賀矢一著　酣灯社　1951　232p　19cm〈学生文庫〉　Ⓝ910.2
☆「世界名著大事典」

06964　「国民性十論」
『国民性十論』　芳賀矢一著　久松潜一校　富山房　1938　136p　17cm〈富山房百科文庫　第19〉　Ⓝ154
☆「古典をどう読むか」,「世界名著大事典」

06965　「日本人論」
『日本人論』　三宅雪嶺,芳賀矢一著　生松敬三編　富山房　1977　263p　18cm〈富山房百科文庫〉　680円　Ⓝ361.6
☆「ナショナリズム」

荻野 由之　はぎの・よしゆき

06966　「日本史講話」
『日本史講話』　荻野由之著　明治書院　1939　926,71p　23cm　Ⓝ210.1
☆「世界名著大事典」

萩原 恭次郎　はぎわら・きょうじろう

06967　「死刑宣告」
『死刑宣告』　萩原恭次郎著　日本図書センター　2004　203p　20cm〈文献あり　年譜あり〉　2500円　①4-8205-9599-7　Ⓝ911.56
☆「世界名著大事典」,「日本近代文学名著事典」

萩原 朔太郎　はぎわら・さくたろう

06968　「青猫」
『青猫—萩原朔太郎詩集』　萩原朔太郎著　集英社　1993　248p　16cm〈集英社文庫〉〈著者の肖像あり　年譜：p237〜248〉　380円
①4-08-752040-4　Ⓝ911.56
☆「日本近代文学名著事典」,「日本文学鑑賞辞典〔第2〕」,「日本文芸鑑賞事典 第7巻（1920〜1923年）」

06969　「郷愁の詩人与謝蕪村」
『郷愁の詩人与謝蕪村』　萩原朔太郎著　岩波書店　1988　151p　15cm〈岩波文庫〉　250円
①4-00-310622-9　Ⓝ911.34
☆「日本文芸鑑賞事典 第11巻（昭和9〜昭和12年）」

06970　「郷土望景詩」
『幻想—萩原朔太郎『郷土望景詩』』　萩原朔太郎［原著］　司修著　勉誠出版　2006　1冊（ページ付なし）　15cm〈Stylish pocket-book 1〉　1000円　①4-585-05157-0　Ⓝ911.56

はきわら

☆「現代文学名作探訪事典」

06971　「虚妄の正義」
『虚妄の正義』　萩原朔太郎著　講談社　1994　329p　16cm（講談社文芸文庫　現代日本のエッセイ）〈年譜・著書目録：p317～329〉980円　Ⓘ4-06-196257-4　Ⓝ914.6
☆「世界名著大事典」

06972　「宿命」
『宿命』　萩原朔太郎著　未来社　2013　216p　19cm（転換期を読む　19）〈底本：創元社1951年刊〉　2000円　Ⓘ978-4-624-93439-2　Ⓝ911.56
☆「世界名著大事典」

06973　「純情小曲集」
『純情小曲集』　萩原朔太郎著　冬至書房　1967　92p　図版　20cm〈大正14年（新潮社）刊の複製〉　450円　Ⓝ911.56
☆「日本文学鑑賞辞典〔第2〕」、「日本文芸鑑賞事典　第8巻（1924～1926年）」

06974　「月に吠える」
『月に吠える』　萩原朔太郎著　SDP　2009　219p　15cm（SDP bunko）　429円　Ⓘ978-4-903620-51-0　Ⓝ911.56
☆「感動！日本の名著　近現代編」、「近代日本の百冊を選ぶ」、「近代文学名作事典」、「3行でわかる名作＆ヒット本250」、「世界名作事典」、「世界名著大事典」、「大正の名著」、「日本近代文学名著事典」、「日本の名著」（角川書店）、「日本の名著」（毎日新聞社）、「日本の名著3分間読書100」、「日本文学鑑賞辞典〔第2〕」、「日本文芸鑑賞事典　第6巻（1917～1920年）」、「入門名作の世界」、「必読書150」、「文学・名著300選の解説'88年度版」、「ベストガイド日本の名著」、「明治・大正・昭和の名著・総解説」

06975　「定本青猫」
『定本青猫』　萩原朔太郎著　三笠書房　1951　119p　図版　16cm（三笠文庫　第28）　Ⓝ911.56
☆「世界名著大事典」

06976　「氷島」
『氷島』　萩原朔太郎著　日本近代文学館　1981　85p　20cm（名著複刻詩歌文学館　石楠花セット）〈第一書房昭和9年刊の複製　ほるぷ〔発売〕　叢書の編者：名著複刻全集編集委員会〉　Ⓝ911.56
☆「世界名著大事典」、「日本文芸鑑賞事典　第10巻」

萩原 葉子　はぎわら・ようこ

06977　「蕁麻の家」
『蕁麻の家―三部作』　萩原葉子著　新潮社　1998　507p　20cm〈年譜あり〉　3200円　Ⓘ4-10-316806-4　Ⓝ913.6

☆「現代文学鑑賞辞典」、「ポケット日本名作事典」

白隠慧鶴　はくいんえかく

06978　「遠羅天釜」
『遠羅天釜―附・夜船閑話』　白隠著　森江書店　1922　114,20p　19cm　Ⓝ188.8
☆「世界名著大事典」、「日本の古典名著」

06979　「槐安国語」
『槐安国語　上巻（影印・索引）』　白隠慧鶴原著　道前宗閑校訂　京都　禅文化研究所　2003　135,429,14p　27cm　Ⓘ4-88182-166-0　Ⓝ188.84
☆「世界名著大事典」

06980　「白隠禅師法語」
『白隠禅師法語全集　第1冊　邊鄙以知吾　壁訴訟』　白隠慧鶴原著　芳澤勝弘訳註　禅文化研究所編　京都　禅文化研究所　1999　357p　20cm　2500円　Ⓘ4-88182-131-8　Ⓝ188.84
☆「古典の事典」、「日本の古典名著」

06981　「夜船閑話」
『夜船閑話』　白隠原著　伊豆山格堂著　新装版　春秋社　2002　127p　20cm　1600円　Ⓘ4-393-14020-6　Ⓝ188.84
☆「教育の名著80選解題」、「世界名著大事典」、「私の古典」

白鷗遺族会　はくおういぞくかい

06982　「雲ながるる果てに」
『雲ながるる果てに―戦没海軍飛行予備学生の手記』　白鷗遺族会編　増補版　河出書房新社　1995　307,69p　20cm　2800円　Ⓘ4-309-00994-8　Ⓝ916
☆「今だから知っておきたい戦争の本70」

硲 正夫　はざま・まさお

06983　「農家負債と其整理」
『農家負債と其整理』　河田嗣郎,硲正夫著　有斐閣　1940　452p　21cm（日本学術振興会第21小委員会報告）　Ⓝ611
☆「農政経済の名著　昭和前期編」

土師 清二　はじ・せいじ

06984　「砂絵呪縛」
『砂絵呪縛　上』　土師清二著　講談社　1997　334p　16cm（大衆文学館）　1009円　Ⓘ4-06-262070-7　Ⓝ913.6
☆「日本文芸鑑賞事典　第9巻」、「歴史小説・時代小説　総解説」

橋川 文三　はしかわ・ぶんぞう

06985　「昭和ナショナリズムの諸相」
『昭和ナショナリズムの諸相』　橋川文三著　筒

井清忠編・解説　名古屋　名古屋大学出版会　1994　291p　22cm〈付：参考文献〉　5150円
①4-8158-0234-3　Ⓝ311.8
☆「ナショナリズム論の名著50」

06986　「ナショナリズム」
『ナショナリズム―その神話と論理』　橋川文三著　紀伊国屋書店　1994　190p　20cm（精選復刻紀伊国屋新書）　1800円
①4-314-00665-X　Ⓝ311.8
☆「ナショナリズム」、「歴史家の一冊」

06987　「日本浪曼派批判序説」
『日本浪曼派批判序説』　橋川文三著　増補新装版　未來社　2009　382p　20cm　3200円
①978-4-624-60093-8　Ⓝ910.263
☆「戦後思想の名著50」、「日本文芸鑑賞事典　第18巻（1958〜1962年）」、「必読書150」

橋爪　紳也　はしずめ・しんや

06988　「あったかもしれない日本」
『あったかもしれない日本―幻の都市建築史』　橋爪紳也［著］　紀伊國屋書店　2005　254p　20cm〈文献あり〉　2200円　①4-314-00998-5　Ⓝ523.1
☆「建築・都市ブックガイド21世紀」

橋爪　大三郎　はしずめ・だいさぶろう

06989　「言語ゲームと社会理論」
『言語ゲームと社会理論―ヴィトゲンシュタイン・ハート・ルーマン』　橋爪大三郎著　勁草書房　1985　211,13p　20cm〈巻末：文献〉　2300円　Ⓝ361.1
☆「学問がわかる500冊」

06990　「性愛論」
『性愛論』　橋爪大三郎著　岩波書店　1995　229,6p　20cm〈巻末：参考文献〉　2200円
①4-00-002986-X　Ⓝ152.1
☆「学問がわかる500冊」

橋本　英吉　はしもと・えいきち

06991　「棺と赤旗」
『棺と赤旗』　橋本英吉著　新興出版社　1946　172p　19cm（新日本名作叢書）　Ⓝ913.6
☆「日本のプロレタリア文学」

06992　「富士山頂」
『富士山頂』　橋本英吉著　鎌倉文庫　1948　199p　図版　19cm　Ⓝ913.6
☆「世界名著大事典」、「日本文学鑑賞辞典〔第2〕」、「日本文学現代名作事典」

橋本　治　はしもと・おさむ

06993　「上司は思いつきでものを言う」
『上司は思いつきでものを言う』　橋本治著　集英社　2004　221p　18cm（集英社新書）　660円　①4-08-720240-2　Ⓝ336.3
☆「超売れ筋ビジネス書101冊」

06994　「桃尻娘」
『桃尻娘』　橋本治［著］　ポプラ社　2010　445p　16cm（ポプラ文庫　は2-2）　680円
①978-4-591-11755-2　Ⓝ913.6
☆「日本文学　これを読まないと文学は語れない!!」

06995　「「わからない」という方法」
『「わからない」という方法』　橋本治著　集英社　2001　252p　18cm（集英社新書）　700円　①4-08-720085-X　Ⓝ914.6
☆「ブックガイド"数学"を読む」

橋本　左内　はしもと・さない

06996　「啓発録」
『啓発録―英完訳書』　橋本左内著　紺野大介訳　縮刷改訂版　錦正社　2005　126p　27cm〈英語併記〉　4000円　①4-7646-0268-7　Ⓝ289.1
☆「世界名著大事典　補遺（Extra）」、「幕末十冊の名著」

06997　「橋本景岳全集」
『橋本景岳全集　上,下巻』　橋本左内著　景岳会編　畝傍書房　1943　2冊　22cm　Ⓝ081.8
☆「世界名著大事典　補遺（Extra）」

橋本　寿朗　はしもと・じゅろう

06998　「大恐慌期の日本資本主義」
『大恐慌期の日本資本主義』　橋本寿朗著　東京大学出版会　1984　390,12p　22cm　4800円
①4-13-046028-5　Ⓝ332.106
☆「日本経済本38」

橋本　進吉　はしもと・しんきち

06999　「吉利支丹教義の研究」
『橋本進吉博士著作集　第11冊　キリシタン教義の研究』　橋本進吉博士著作集刊行会編　岩波書店　1961　348p　図版　22cm　Ⓝ810.8
☆「世界名著大事典」

07000　「国語音韻の研究」
『橋本進吉博士著作集　第4冊　国語音韻の研究』　橋本進吉博士著作集刊行会編　岩波書店　1959　370p　22cm〈付：日本文学大辞典執筆解説〉　Ⓝ810.8
☆「世界名著大事典」

07001　「国語学概論」
『国語学概論　1』　橋本進吉述　帝大プリント聯盟　1937　64p　22cm〈昭和12年4月以降講義東京帝国大学文学部　謄写版〉　Ⓝ810
☆「世界名著大事典」

07002　「国語法研究」

『橋本進吉博士著作集　第2冊　国語法研究』
改版　岩波書店　1967　222p　22cm　600円
Ⓝ810.8
☆「世界名著大事典」

橋本 宗吉　はしもと・そうきち

07003　「エレキテル訳説」
『エレキテル訳説』ボイス著　曇斎鄭訳　橋本曇斎先生百年記念会　1940　1冊　23cm〈複製　和装〉Ⓝ427
☆「世界名著大事典 補遺 (Extra)」

07004　「阿蘭陀始制エレキテル究理原」
『江戸科学古典叢書 11　エレキテル全書.阿蘭陀始制エレキテル究理原.遠西奇器述.和蘭奇器』恒和出版　1978　311,76p　22cm　6000円　Ⓝ402.105
☆「世界名著大事典 補遺 (Extra)」

橋本 多佳子　はしもと・たかこ

07005　「海燕」
『海燕』橋本多佳子著　交蘭社　1941　223p　19cm　Ⓝ911.368
☆「日本文学鑑賞辞典〔第2〕」,「日本文芸鑑賞事典 第13巻」

橋本 文雄　はしもと・ふみお

07006　「社会法と市民法」
『社会法と市民法』橋本文雄著　有斐閣　1957　606p　22cm(学術選書　第7)〈内容は社会法と市民法(昭和9年岩波書店刊)と社会法の研究(昭和10年岩波書店刊)をあわせ編集したもの〉Ⓝ321
☆「世界名著大事典」

橋本 峰雄　はしもと・みねお

07007　「「うき世」の思想—日本人の人生観」
『「うき世」の思想—日本人の人生観』橋本峰雄著　講談社　1975　196p　18cm(講談社現代新書)　370円　Ⓝ121.04
☆「倫理良書を読む」

橋本 以行　はしもと・もちつら

07008　「伊号五十八帰投せり」
『伊号58帰投せり』橋本以行著　河出書房新社　1975　254p　19cm(太平洋戦記 5)　680円　Ⓝ915.9
☆「日本海軍の本・総解説」

蓮沼 啓介　はすぬま・けいすけ

07009　「西周に於ける哲学の成立」
『西周に於ける哲学の成立—近代日本における法哲学成立のためのエチュード』蓮沼啓介著　神戸　神戸大学研究双書刊行会　1987　278,4p　22cm(神戸法学双書　20)〈有斐閣〔発売〕　叢書の編者：神戸大学研究双書刊行会　西周略年譜・西周参考文献目録一覧：p275～278〉　5000円　Ⓘ4-641-19907-8　Ⓝ121.6
☆「21世紀の必読書100選」

蓮実 重彦　はすみ・しげひこ

07010　「いま、なぜ民族か」
『いま、なぜ民族か』蓮実重彦,山内昌之編　東京大学出版会　1994　233p　19cm(Up選書　268)〈各章末：参考文献〉　1854円　Ⓘ4-13-002068-4　Ⓝ316.8
☆「学問がわかる500冊」

07011　「小説から遠く離れて」
『小説から遠く離れて』蓮実重彦著　河出書房新社　1994　299p　15cm(河出文庫)　740円　Ⓘ4-309-40431-6　Ⓝ910.26
☆「文化の社会学」

07012　「反=日本語論」
『反=日本語論』蓮実重彦著　筑摩書房　1986　318p　15cm(ちくま文庫)　480円　Ⓘ4-480-02043-8　Ⓝ804
☆「必読書150」

07013　「物語批判序説」
『物語批判序説』蓮実重彦著　中央公論社　1990　345p　16cm(中公文庫)　600円　Ⓘ4-12-201753-X　Ⓝ904
☆「現代文学鑑賞辞典」

長谷 健　はせ・けん

07014　「からたちの花」
『からたちの花』長谷健著　熊本　青潮社　1984　345p　19cm〈長谷健略年譜：p337～339〉　1800円　Ⓝ913.6
☆「日本文芸鑑賞事典 第17巻(1955～1958年)」

07015　「白秋三部作」
『からたちの花』長谷健著　熊本　青潮社　1984　345p　19cm〈長谷健略年譜：p337～339〉　1800円　Ⓝ913.6
☆「現代文学名作探訪事典」

07016　「春の童謡」
『昭和児童文学全集　7　福田清人・長谷健集』高山毅等編　氷田力等絵　東西文明社　1958　313p 図版　22cm
☆「名作の研究事典」

馳 星周　はせ・せいしゅう

07017　「不夜城」
『不夜城』馳星周著　角川書店　1998　533p　15cm(角川文庫)　667円　Ⓘ4-04-344201-7　Ⓝ913.6

長谷川 和廣 はせがわ・かずひろ

07018 「2000社の赤字会社を黒字にした社長のノート」
『社長のノート―2000社の赤字会社を黒字にした 仕事に大切な「気づきメモ」』 長谷川和廣著 かんき出版 2009 173p 19cm 1300円 Ⓘ978-4-7612-6603-5 Ⓝ159.4
☆「3行でわかる名作&ヒット本250」

長谷川 かな女 はせがわ・かなじょ

07019 「龍胆」
『現代一〇〇名句集 第1巻』 稲畑廣太郎〔ほか〕編 〔東京〕 東京四季出版 2004 498p 21cm 2381円 Ⓘ4-8129-0341-6 Ⓝ911.367
☆「日本文芸鑑賞事典 第9巻」

長谷川 慶太郎 はせがわ・けいたろう

07020 「新しい世界秩序と日本」
『新しい世界秩序と日本―新情勢のパワーポリティクス』 長谷川慶太郎著 講談社 1990 190p 20cm（講談社ビジネス） 1200円 Ⓘ4-06-197236-7 Ⓝ333.6
☆「経済経営95冊」

07021 「異端のすすめ」
『異端のすすめ―個性化社会の人材開発と企業戦略』 長谷川慶太郎著 PHP研究所 1994 251p 15cm（PHP文庫） 540円 Ⓘ4-569-56667-7 Ⓝ336.1
☆「経済経営95冊」

07022 「環境先進国 日本」
『環境先進国日本―地球を救う日本の技術力』 長谷川慶太郎著 東洋経済新報社 2000 186p 20cm 1500円 Ⓘ4-492-39325-0 Ⓝ519.21
☆「「本の定番」ブックガイド」

07023 「経済頭脳を持っているか」
『経済頭脳を持っているか―新メカニズム87のポイント』 長谷川慶太郎著 青春出版社 1990 215p 20cm 1280円 Ⓘ4-413-03011-7 Ⓝ332.107
☆「経済経営95冊」

07024 「これからの日本経済」
『これからの日本経済―景気回復への方策』 長谷川慶太郎,植草一秀著 学習研究社 1993 230p 20cm 1300円 Ⓘ4-05-105636-8 Ⓝ332.107
☆「経済経営95冊」

07025 「日本の時代90年代を読む」
『日本の時代90年代を読む』 長谷川慶太郎著 東洋経済新報社 1988 208p 20cm〈著者の肖像あり〉 1300円 Ⓘ4-492-39127-4 Ⓝ332.107
☆「経済経営95冊」

07026 「日本はこう変わる」
『日本はこう変わる―デフレ時代の開幕と経営戦略』 長谷川慶太郎著 徳間書店 1986 215p 20cm〈付：長谷川慶太郎全著作リスト〉 1200円 Ⓘ4-19-513264-9 Ⓝ332.1
☆「経済経営95冊」、「「本の定番」ブックガイド」

07027 「80年代経済の読み方」
『80年代経済の読み方―危機ごとに強くなる日本の驚くべき秘密』 長谷川慶太郎著 祥伝社 1980 232p 18cm（ノン・ブック 知的サラリーマン・シリーズ 4）〈小学館〔発売〕〉 650円 Ⓝ332.1
☆「「本の定番」ブックガイド」

07028 「麻雀・カラオケ・ゴルフはおやめなさい」
『麻雀・カラオケ・ゴルフは、おやめなさい。―これからの日本経済とサラリーマンの戦略』 長谷川慶太郎著 PHP研究所 1989 188p 20cm 1200円 Ⓘ4-569-52517-2 Ⓝ332.107
☆「経済経営95冊」

長谷川 公一 はせがわ・こういち

07029 「脱原子力社会の選択―新エネルギー革命の時代」
『脱原子力社会の選択―新エネルギー革命の時代』 長谷川公一著 増補版 新曜社 2011 434p 20cm〈文献あり 索引あり〉 3500円 Ⓘ978-4-7885-1245-0 Ⓝ543.5
☆「学問がわかる500冊 v.2」

長谷川 時雨 はせがわ・しぐれ

07030 「桜吹雪」
『長谷川時雨全集』 不二出版 1993 5冊 19cm〈日本文林社昭和16～17年刊の複製 著者の肖像あり 付（12p）：月報・解説〉 全48000円 Ⓝ918.68
☆「世界名著大事典 補遺（Extra）」

07031 「丁字みだれ」
『長谷川時雨全集』 不二出版 1993 5冊 19cm〈日本文林社昭和16～17年刊の複製 著者の肖像あり 付（12p）：月報・解説〉 全48000円 Ⓝ918.68
☆「世界名著大事典 補遺（Extra）」

07032 「覇王丸」
☆「世界名著大事典 補遺（Extra）」

長谷川 四郎　はせがわ・しろう

07033　「阿久正の話」
『阿久正の話』　長谷川四郎著　講談社　1991　237p　16cm（講談社文芸文庫）　880円　Ⓘ4-06-196150-0　Ⓝ913.6
☆「世界名著大事典 補遺(Extra)」

07034　「シベリヤ物語」
『シベリヤ物語』　長谷川四郎著　講談社　1991　353p　16cm（講談社文芸文庫）〈著書目録：p350～353〉　980円　Ⓘ4-06-196125-X　Ⓝ913.6
☆「世界名著大事典 補遺(Extra)」、「日本文学鑑賞辞典〔第2〕」

07035　「鶴」
『鶴』　長谷川四郎著　講談社　1990　306p　15cm（講談社文芸文庫）〈著者の肖像あり〉　880円　Ⓘ4-06-196089-X　Ⓝ913.6
☆「現代文学鑑賞辞典」

07036　「無名氏の手記」
『無名氏の手記』　長谷川四郎著　みすず書房　1954　181p　19cm　Ⓝ914.6
☆「世界名著大事典 補遺(Extra)」

長谷川 伸　はせがわ・しん

07037　「荒木又右衛門」
『荒木又右衛門　上』　長谷川伸著　学陽書房　2002　380p　15cm（人物文庫）　850円　Ⓘ4-313-75152-1　Ⓝ913.6
☆「面白いほどよくわかる時代小説名作100」、「日本文芸鑑賞事典 第11巻(昭和9～昭和12年)」、「歴史小説・時代小説 総解説」

07038　「ある市井の徒」
『ある市井の徒一越しかたは悲しくもの記録』　長谷川伸著　中央公論新社　2001　297p　21cm(Chuko on demand books)　2700円　Ⓘ4-12-550037-1　Ⓝ914.6
☆「教育を考えるためにこの48冊」

07039　「一本刀土俵入」
『一本刀土俵入—長谷川伸名作選』　長谷川伸著　富士見書房　1984　294p　15cm（時代小説文庫　92）　420円　Ⓝ912.6
☆「昭和の名著」、「世界名著大事典」、「日本文学鑑賞辞典〔第2〕」、「日本文学名作案内」、「日本文芸鑑賞事典 第10巻」、「歴史小説・時代小説 総解説」

07040　「印度洋の常陸丸」
『印度洋の常陸丸』　長谷川伸著　中央公論社　1980　268p　15cm（中公文庫）　340円　Ⓝ913.6
☆「今だから知っておきたい戦争の本70」、「世界の海洋文学」

07041　「沓掛時次郎」
『瞼の母』　長谷川伸著　国書刊行会　2008　344p　19cm（長谷川伸傑作選　長谷川伸［著］）　1900円　Ⓘ978-4-336-05023-6　Ⓝ912.6
☆「歴史小説・時代小説 総解説」

07042　「日本敵討ち異相」
『日本敵討ち異相』　長谷川伸著　国書刊行会　2008　328p　19cm（長谷川伸傑作選　長谷川伸［著］）　1900円　Ⓘ978-4-336-05025-0　Ⓝ913.6
☆「歴史小説・時代小説 総解説」

07043　「日本捕虜志」
『日本捕虜志』　長谷川伸著　中央公論社　1979　2冊　15cm（中公文庫）　各320円　Ⓝ210.1
☆「今だから知っておきたい戦争の本70」、「日本海軍の本・総解説」、「ポケット日本名作事典」

07044　「瞼の母」
『瞼の母』　長谷川伸著　国書刊行会　2008　344p　19cm（長谷川伸傑作選　長谷川伸［著］）　1900円　Ⓘ978-4-336-05023-6　Ⓝ912.6
☆「あらすじで味わう昭和のベストセラー」、「一度は読もうよ！日本の名著」、「現代文学鑑賞辞典」、「日本文学鑑賞辞典〔第2〕」、「日本文学名作案内」、「日本文芸鑑賞事典 第9巻」、「歴史小説・時代小説 総解説」

07045　「夜もすがら検校」
『夜もすがら検校』　長谷川伸著　旺文社　1976　342p　15cm（旺文社文庫）　360円　Ⓝ913.6
☆「ポケット日本名作事典」

長谷川 千四　はせがわ・せんし

07046　「阿古屋琴責」
『[国立劇場歌舞伎公演上演台本]　[202]　壇浦兜軍記―二人景清と阿古屋琴責　通し狂言』　文耕堂,長谷川千四作　中村歌右衛門監修　山田庄一脚本　[東京]　国立劇場　1997　80p　25cm〈国立劇場開場三十周年記念公演上演台本　歌舞伎公演〉　Ⓝ912.5
☆「世界名著大事典 補遺(Extra)」

07047　「鬼一法眼三略巻」
『鬼一法眼三略巻―四幕』　文耕堂,長谷川千四作　[東京]　国立劇場　2012　96p　26cm（国立劇場歌舞伎公演上演台本）　Ⓝ912.5
☆「近代名著解題選集 3」、「世界名著大事典」、「日本名著辞典」

長谷川 素逝　はせがわ・そせい

07048　「砲車」
『砲車』　長谷川素逝著　三省堂　1939　131p　20cm　Ⓝ911.36

☆「日本文芸鑑賞事典 第12巻」

長谷川 敬　はせがわ・たかし

07049　「沖を見る犬」
『沖を見る犬―空光丸海難事件』　長谷川敬著　集英社　1985　205p　20cm　1000円　ⓘ4-08-772534-0　Ⓝ913.6
☆「世界の海洋文学」

長谷川 堯　はせがわ・たかし

07050　「神殿か獄舎か」
『神殿か獄舎か』　長谷川堯著　相模書房　1972　407p（図共）　22cm　1800円　Ⓝ521.6
☆「建築の書物／都市の書物」

長谷川 恒男　はせがわ・つねお

07051　「岩壁よ おはよう」
『岩壁よおはよう』　長谷川恒男著　中央公論社　1993　246p　16cm（中公文庫）　460円　ⓘ4-12-201139-6　Ⓝ289.1
☆「山の名著30選」

長谷川 輝夫　はせがわ・てるお

07052　「聖なる王権ブルボン家」
『聖なる王権ブルボン家』　長谷川輝夫著　講談社　2002　270p　19cm（講談社選書メチエ　234）〈文献あり〉　1700円　ⓘ4-06-258234-1　Ⓝ235.05
☆「世界史読書案内」

長谷川 天渓　はせがわ・てんけい

07053　「自然主義」
『自然主義』　長谷川天渓著　日本図書センター　1992　416,8,9p　22cm（近代文芸評論叢書　21）〈解説：垣田時也　博文館明治41年刊の複製〉　9785円　ⓘ4-8205-9150-9　Ⓝ902.05
☆「世界名著大事典」、「日本文学現代名作事典」

長谷川 伝次郎　はせがわ・でんじろう

07054　「ヒマラヤの旅」
『ヒマラヤの旅』　長谷川伝次郎著　国書刊行会　1975　151p 図105枚 地図　31cm　29000円　Ⓝ292.3
☆「日本の山の名著・総解説」、「山の名著 明治・大正・昭和戦前編」

長谷川 寿一　はせがわ・としかず

07055　「進化と人間行動」
『進化と人間行動』　長谷川寿一,長谷川眞理子著　東京大学出版会　2000　291p　21cm　2500円　ⓘ4-13-012032-8　Ⓝ469
☆「教養のためのブックガイド」

長谷川 如是閑　はせがわ・にょぜかん

07056　「ある心の自叙伝」
『ある心の自叙伝―伝記・長谷川如是閑』　長谷川如是閑著　大空社　1991　389,7p　22cm（伝記叢書　87）〈朝日新聞社昭和25年刊の複製 著者の肖像あり〉　11000円　ⓘ4-87236-386-8　Ⓝ289.1
☆「大人のための日本の名著50」、「自伝の名著101」、「昭和の名著」、「日本文学鑑賞辞典〔第2〕」

07057　「現代国家批判」
『長谷川如是閑集　第5巻』　飯田泰三ほか編纂　岩波書店　1990　425p　22cm〈著者の肖像あり〉　4200円　ⓘ4-00-091525-8　Ⓝ081.6
☆「近代日本の百冊を選ぶ」、「世界の名著早わかり事典」、「世界名著大事典」、「大正の名著」、「日本の名著」、「ベストガイド日本の名著」、「明治・大正・昭和の名著・総解説」

07058　「日本的性格」
『日本的性格』　長谷川如是閑著　岩波書店　1942　240p　17cm（岩波新書　第26）Ⓝ914.6
☆「世界名著大事典」

07059　「額の男」
『額の男』　長谷川如是閑（万次郎）著　政教社　1909　243p　20cm　Ⓝ913.6
☆「世界名著大事典」

長谷川 均　はせがわ・ひとし

07060　「リモートセンシングデータ解析の基礎」
『リモートセンシングデータ解析の基礎』　長谷川均著　古今書院　1998　138p　26cm　3500円　ⓘ4-7722-1563-8　Ⓝ450
☆「学問がわかる500冊 v.2」

長谷川 寛　はせがわ・ひろし

07061　「算法新書」
『算法新書』　千葉雄七胤秀著　長谷川善左衛門関　木村文三郎　1880　5冊　13cm〈和装〉　Ⓝ419
☆「世界名著大事典」

長谷川 政美　はせがわ・まさみ

07062　「DNAに刻まれたヒトの歴史」
『DNAに刻まれたヒトの歴史』　長谷川政美著　岩波書店　1991　131p　19cm（New science age　44）　1100円　ⓘ4-00-007404-0　Ⓝ469
☆「学問がわかる500冊 v.2」

07063　「分子系統学」
『分子系統学』　長谷川政美,岸野洋久著　岩波書店　1996　257p　21cm　4200円

長谷川 正安　はせがわ・まさやす

07064　「国家の自衛権と国民の自衛権」
『国家の自衛権と国民の自衛権』　長谷川正安著　勁草書房　1970　282p　19cm　600円　Ⓝ323.42
☆「憲法本41」

　ⓘ4-00-005938-6　Ⓝ467.5
　☆「学問がわかる500冊 v.2」

07065　「日本の憲法」
『日本の憲法』　長谷川正安著　第3版　岩波書店　1994　230p　18cm〈岩波新書〉　580円
ⓘ4-00-430332-X　Ⓝ323.14
☆「学問がわかる500冊」

長谷川 町子　はせがわ・まちこ

07066　「いじわるばあさん」
『いじわるばあさん　No.1』　長谷川町子著　朝日新聞出版　2013　96p　19cm〈姉妹社1966年刊の復刊〉　800円
ⓘ978-4-02-258931-6　Ⓝ726.1
☆「近代日本の百冊を選ぶ」

長谷川 真理子　はせがわ・まりこ

07067　「雄と雌の数をめぐる不思議」
『雄と雌の数をめぐる不思議』　長谷川真理子著　NTT出版　1996　224p　19cm　1300円
ⓘ4-87188-494-5　Ⓝ467.3
☆「科学を読む愉しみ」

07068　「進化と人間行動」
『進化と人間行動』　長谷川寿一, 長谷川眞理子著　東京大学出版会　2000　291p　21cm　2500円　ⓘ4-13-012032-8　Ⓝ469
☆「教養のためのブックガイド」

長谷川 三千子　はせがわ・みちこ

07069　「からごころ」
『からごころ―日本精神の逆説』　長谷川三千子著　中央公論新社　2014　251p　15cm〈中公文庫〉　740円　ⓘ978-4-12-205964-1
☆「21世紀の必読書250選」

長谷川 零余子　はせがわ・れいよし

07070　「雑草」
『雑草』　長谷川零余子著　淀橋町〈東京府〉　枯野社　1924　182p　19cm　Ⓝ911.36
☆「日本文学鑑賞辞典〔第2〕」

長谷田 泰三　はせだ・たいぞう

07071　「英国財政史研究」
『英国財政史研究』　長谷田泰三著　勁草書房　1951　258p　22cm　Ⓝ342.33
☆「世界名著大事典」

長谷部 言人　はせべ・ことんど

07072　「自然人類学概論」
『日本の人類学文献選集　近代篇　第6巻　長谷部言人　1』　山口敏編・解説　長谷部言人〔著〕　クレス出版　2005　580,4p　22cm〈複製　折り込4枚〉　11000円
ⓘ4-87733-297-9,4-87733-300-2　Ⓝ469.08
☆「世界名著大事典」

長谷部 誠　はせべ・まこと

07073　「心を整える。」
『心を整える。―勝利をたぐり寄せるための56の習慣』　長谷部誠著　幻冬舎　2014　335p　15cm〈幻冬舎文庫〉　650円
ⓘ978-4-344-42143-1
☆「3行でわかる名作&ヒット本250」

長谷部 恭男　はせべ・やすお

07074　「憲法学のフロンティア」
『憲法学のフロンティア』　長谷部恭男著　岩波書店　2013　250,2p　19cm〈岩波人文書セレクション〉〈1999年刊の再刊　索引あり〉　2400円　ⓘ978-4-00-028674-9　Ⓝ323.01
☆「憲法本41」

秦 郁彦　はた・いくひこ

07075　「昭和史の軍人たち」
『昭和史の軍人たち』　秦郁彦著　文芸春秋　1987　494p　16cm〈文春文庫〉　540円
ⓘ4-16-745301-0　Ⓝ392.8
☆「日本海軍の本・総解説」

07076　「太平洋戦争航空史話」
『太平洋戦争航空史話　上巻』　秦郁彦著　中央公論社　1995　336p　16cm〈中公文庫〉〈参考文献および資料提供者一覧：p329〜336〉　700円　ⓘ4-12-202370-X　Ⓝ210.75
☆「日本陸軍の本・総解説」

07077　「日本海軍戦闘機隊」
『日本海軍戦闘機隊―戦歴と航空隊史話』　秦郁彦, 伊沢保穂著　大日本絵画　2010　296p　26cm〈カラーイラスト：西川幸伸　文献あり　索引あり〉　4200円　ⓘ978-4-499-23026-1　Ⓝ397.8
☆「日本海軍の本・総解説」

07078　「日本陸海軍総合事典」
『日本陸海軍総合事典』　秦郁彦編　第2版　東京大学出版会　2005　778p　27cm　34000円
ⓘ4-13-030135-7　Ⓝ392.1
☆「歴史家の一冊」

07079　「日本陸軍戦闘機隊」
『日本陸軍戦闘機隊』　伊沢保穂, 航空情報編集

部編　新改訂増補版　酣灯社　1984　444p　21cm〈付：エース列伝　監修：秦郁彦〉2800円　①4-87357-004-2　Ⓝ396.8
☆「日本陸軍の本・総解説」

秦　恒平　はた・こうへい
07080　「清経入水」
『清経入水』　秦恒平著　角川書店　1976　256p　15cm〈角川文庫〉　260円　Ⓝ913.6
☆「現代文学鑑賞辞典」

秦　佐八郎　はた・さはちろう
07081　「梅毒実験化学療法」
☆「西洋をきずいた書物」

畑　正憲　はた・まさのり
07082　「深海艇F7号の冒険」
『深海艇F7号の冒険』　畑正憲著　角川書店　1977　232p　15cm〈角川文庫〉　220円　Ⓝ913.6
☆「世界の海洋文学」

畠中　恵　はたけなか・めぐみ
07083　「しゃばけ」
『しゃばけ』　畠中恵著　新装版　新潮社　2013　262p　20cm　1400円　①978-4-10-450700-9　Ⓝ913.6
☆「面白いほどよくわかる時代小説名作100」

畠山　清行　はたけやま・きよゆき
07084　「陸軍中野学校」
『陸軍中野学校　1　謀報戦史』　畠山清行著　番町書房　1973　348p　肖像　20cm　750円　Ⓝ391.6
☆「日本陸軍の本・総解説」

旗田　巍　はただ・たかし
07085　「朝鮮史」
『朝鮮史』　旗田巍著　岩波書店　2008　299,11p　19cm〈岩波全書セレクション〉〈1951年刊の複製　文献あり　年表あり〉　3000円　①978-4-00-021901-3　Ⓝ221.01
☆「人文科学の名著」

畠中　観斎　はたなか・かんさい
07086　「太平楽府」
『銅脈先生全集　上巻　狂詩狂文集』　斎田作楽編　太平書屋　2008　474p　22cm〈複製〉15000円　Ⓝ919.5
☆「世界名著大事典」，「日本文学鑑賞辞典〔第1〕」

畑中　純　はたなか・じゅん
07087　「まんだら屋の良太」

『まんだら屋の良太　愛欲編』　畑中純作画　実業之日本社　2004　294p　19cm〈マンサンQコミックス〉　371円　①4-408-16785-1　Ⓝ726.1
☆「読書入門」

畑中　武夫　はたなか・たけお
07088　「宇宙と星」
『宇宙と星』　畑中武夫著　岩波書店　1956　183p　図版　18cm〈岩波新書〉　Ⓝ440
☆「ブックガイド"宇宙"を読む」

畠中　寛　はたなか・ひろし
07089　「神経成長因子ものがたり」
『神経成長因子ものがたり』　畠中寛著　羊土社　1992　134p　21cm〈実験医学バイオサイエンス　5〉〈参考図書と文献：p124～131〉2500円　①4-946398-82-1　Ⓝ491.37
☆「学問がわかる500冊 v.2」

畠中　福一　はたなか・ふくいち
07090　「勘定学説研究」
『勘定学説研究』　畠中福一著　4版　森山書店　1949　472p　22cm　Ⓝ679.02
☆「世界名著大事典」

波多野　勤子　はたの・いそこ
07091　「中学生の心理―目ざめゆく心とからだ」
『中学生の心理―目ざめゆく心とからだ』　波多野勤子著　光文社　1964　226p　18cm〈カッパ・ブックス〉　Ⓝ371.47
☆「教育名著 日本編」

波多野　乾一　はたの・けんいち
07092　「中国共産党史」
『中国共産党史―資料集成』　波多野乾一編　時事通信社　1961　7冊　22cm　Ⓝ315.22
☆「世界名著大事典」

波多野　精一　はたの・せいいち
07093　「基督教の起源」
『基督教の起源』　波多野精一著　岩波書店　1979　281p　15cm〈岩波文庫〉　300円　Ⓝ190.2
☆「現代人のための名著」，「世界名著大事典」

07094　「宗教哲学」
『宗教哲学』　波多野精一著　改版　岩波書店　1972　271p　22cm〈改版1刷(1刷：昭和19年)〉　900円　Ⓝ161.1
☆「世界名著大事典」

07095　「宗教哲学の本質及其根本問題」

はたの

『宗教哲学の本質及其根本問題』　波多野精一著　増訂版　岩波書店　1948　250p　22cm〈初版大正9〉　Ⓝ161.1
☆「世界名著大事典」

07096　「西洋哲学史要」
『西洋哲学史要』　波多野精一著　牧野紀之再話　新版　未知谷　2007　370p　20cm　3000円　①978-4-89642-185-9　Ⓝ130.2
☆「人文科学の名著」

07097　「時と永遠」
『時と永遠—他八篇』　波多野精一著　岩波書店　2012　515,9p　15cm（岩波文庫　33-145-2）〈文献あり　年譜あり　索引あり〉　1200円　①978-4-00-331452-4　Ⓝ161.1
☆「世界名著大事典」、「日本の名著」

07098　「波多野精一全集」
『波多野精一全集　第1巻』　宮本武之助ほか編　岩波書店　1989　439p　22cm〈監修：石原謙ほか　第2刷（第1刷：1968年）著者の肖像あり〉　3500円　①4-00-091465-0　Ⓝ121.6
☆「名著の履歴書」

波多野 裕造　はたの・ゆうぞう

07099　「物語アイルランドの歴史—欧州連合に賭ける"妖精の国"」
『物語アイルランドの歴史—欧州連合に賭ける"妖精の国"』　波多野裕造著　中央公論社　1994　282p　18cm（中公新書）〈アイルランドの歴史・略年表、参考文献：p268～282〉　840円　①4-12-101215-1　Ⓝ233.9
☆「世界史読書案内」

畑山 博　はたやま・ひろし

07100　「いつか汽笛を鳴らして」
『いつか汽笛を鳴らして』　畑山博著　文芸春秋　1986　253p　16cm（文春文庫）　340円　①4-16-740401-X　Ⓝ913.6
☆「一度は読もうよ！日本の名著」、「一冊で日本の名著100冊を読む　続」、「日本文学名作案内」、「日本文芸鑑賞事典　第20巻（昭和42～50年）」

07101　「海に降る雪」
『海に降る雪』　畑山博著　講談社　1980　300p　15cm（講談社文庫）〈年譜：p296～300〉　380円　Ⓝ913.6
☆「一度は読もうよ！日本の名著」、「一冊で愛の話題作100冊を読む」

八文字屋 自笑（3代）　はちもんじや・じしょう

07102　「栄花遊二代男」
『栄花遊二代男』　八文字屋自笑著　一筆斎文調画　花咲一男校訂解説　太平書屋　1982　1冊　17cm〈限定版　帙入　和装〉　8000円

Ⓝ913.52
☆「日本の艶本・珍書　総解説」、「日本の奇書77冊」

07103　「役者論語」
『役者論語』　［八文舎自笑］［編］　守随憲治校訂　岩波書店　1939　99p　15cm（岩波文庫）　400円　①4-00-302661-6　Ⓝ774.28
☆「世界名著大事典」、「日本古典への誘い100選1」、「日本文学鑑賞辞典〔第1〕」

八文字屋 八左衛門　はちもんじや・はちざえもん

07104　「八文字屋本」
『八文字屋本全集　第1巻　けいせい色三味線　大尽三ツ盃　風流曲三味線　遊女懐中洗濯』　八文字屋本研究会編　江島其磧著　汲古書院　1992　611p　22cm　15000円　①4-7629-3300-7　Ⓝ913.52
☆「作品と作者」

蜂谷 宗悟　はちや・そうご

07105　「香道軌範」
☆「古典の事典」

服部 之総　はっとり・しそう

07106　「維新史方法上の諸問題」
『歴史科学大系　第7巻　日本における封建制から資本制へ　上』　歴史科学協議会　編集・解説：中村哲　校倉書房　1975　322p　22cm〈監修：石母田正等〉　2500円　Ⓝ210.08
☆「歴史の名著　日本人篇」

07107　「明治維新史」
『明治維新史』　服部之総著　青木書店　1972　238p　16cm（青木文庫）〈解説：遠山茂樹〉　Ⓝ210.61
☆「世界名著大事典」、「ベストガイド日本の名著」、「明治・大正・昭和の名著・総解説」

07108　「明治維新の革命及び反革命」
『明治維新の革命及び反革命』　服部之総著　岩波書店　1982　59p　23cm（日本資本主義発達史講座　第1部　明治維新史）〈昭和8年刊の複製〉　Ⓝ210.61
☆「歴史の名著　日本人篇」

07109　「歴史論」
『歴史論』　服部之総著　穂高書房　1947　258p　19cm（国際学術協力会議叢書）Ⓝ201
☆「歴史の名著　日本人篇」

服部 四郎　はっとり・しろう

07110　「音声学」
『音声学』　服部四郎著　岩波書店　1984　215p　22cm〈付属資料（録音カセット2巻　ホルダー入）付（別冊44p）：カセットテープテ

キスト　外箱入　参考書について：p162～164〉　5900円　Ⓝ801.1
☆「世界名著大事典」

服部　信司　はっとり・しんじ

07111　「先進国の環境問題と農業」
『先進国の環境問題と農業』　服部信司著　富民協会　1992　177p　21cm　1500円　Ⓘ4-8294-0123-0　Ⓝ610
☆「学問がわかる500冊 v.2」

服部　卓四郎　はっとり・たくしろう

07112　「大東亜戦争全史」
『大東亜戦争全史』　服部卓四郎著　新装版　原書房　2007　1086p　21cm〈付属資料：別冊1〉　15000円　Ⓘ978-4-562-04088-9
☆「日本海軍の本・総解説」、「日本陸軍の本・総解説」

服部　天游　はっとり・てんゆう

07113　「赤俫俫」
『日本思想闘諍史料　[第3巻]』　鷲尾順敬編　東方書院　1930　540p　23cm　Ⓝ108
☆「世界名著大事典」

服部　土芳　はっとり・どほう

07114　「三冊子」
『三冊子—芭蕉翁記念館本』　服部土芳編著　富山奏編　桜楓社　1990　182p　15×22cm〈第2刷（第1刷：昭和47年）複製〉　Ⓘ4-273-00318-X　Ⓝ911.32
☆「古典文学鑑賞辞典」、「世界名著大事典」、「日本古典への誘い100選 1」、「日本の古典名著」、「日本文学鑑賞辞典〔第1〕」

服部　南郭　はっとり・なんかく

07115　「南郭先生文集」
『近世儒家文集集成　第7巻　南郭先生文集40巻補遺1巻』　相良亨ほか編　服部南郭著　ぺりかん社　1985　432p　27cm〈解題：日野竜夫　複製〉　12000円　Ⓝ121.53
☆「世界名著大事典」

服部　正也　はっとり・まさや

07116　「ルワンダ中央銀行総裁日記」
『ルワンダ中央銀行総裁日記』　服部正也著　増補版　中央公論新社　2009　339p　18cm〈中公新書　290〉〈初版：中央公論社1972年刊　年表あり〉　960円　Ⓘ978-4-12-190290-0　Ⓝ338.44525
☆「現代を読む」

服部　嵐雪　はっとり・らんせつ

07117　「玄峰集」
『日本俳書大系　第6巻　元禄名家句選』　勝峰

晋風編　日本図書センター　1995　626,18p　22cm〈日本俳書大系刊行会大正15年刊の複製〉　Ⓘ4-8205-9377-3,4-8205-9371-4　Ⓝ911.308
☆「日本文学鑑賞辞典〔第1〕」

初見　一雄　はつみ・かずお

07118　「すこし昔の話」
『すこし昔の話』　初見一雄著　茗渓堂　1969　393p　図版17枚　20cm　1200円　Ⓝ291.09
☆「日本の山の名著・総解説」

初山　滋　はつやま・しげる

07119　「たべるトンちゃん」
『たべるトンちゃん』　初山滋作　よるひるプロ　2005　1冊（ページ付なし）　27cm〈金襴社昭和12年刊の複製〉　2300円　Ⓘ4-903108-01-5　Ⓝ726.6
☆「日本児童文学名著事典」

波頭　亮　はとう・りょう

07120　「戦略策定概論」
『戦略策定概論—企業戦略立案の理論と実際』　波頭亮著　産能大学出版部　1995　306p　20cm　2200円　Ⓘ4-382-05321-8　Ⓝ336.1
☆「戦略の名著！　最強43冊のエッセンス」

鳩山　秀夫　はとやま・ひでお

07121　「日本債権法」
『日本債権法　総論,各論 上,下』　鳩山秀夫著　増訂　岩波書店　1932　3冊　23cm　Ⓝ324
☆「世界名著大事典」

華岡　青洲　はなおか・せいしゅう

07122　「治験記録」
☆「日本の古典名著」

花園　一郎　はなぞの・いちろう

07123　「軍法会議」
『軍法会議』　花園一郎著　新人物往来社　1974　245p　20cm　1200円　Ⓝ915.9
☆「日本陸軍の本・総解説」

花田　清輝　はなだ・きよてる

07124　「アヴァンギャルド芸術」
『アヴァンギャルド芸術』　花田清輝著　講談社　1994　354p　16cm〈講談社文芸文庫〉〈著書目録：p352～354〉　980円　Ⓘ4-06-196294-9　Ⓝ914.6
☆「名著の履歴書」

07125　「近代の超克」
『近代の超克』　花田清輝著　講談社　1993　318p　16cm〈講談社文芸文庫　現代日本のエッセイ〉〈年譜・著書目録：p304～318〉

9800円 Ⓘ4-06-196217-5 Ⓝ914.6
☆「現代文学鑑賞辞典」

07126 「鳥獣戯話」
『鳥獣戯話』 花田清輝著 講談社 1977
168p 15cm〈講談社文庫〉〈年譜：p.159～168〉 220円 Ⓝ913.6
☆「世界名著大事典 補遺(Extra)」、「ポケット日本名作事典」

07127 「泥棒論語」
『ザ・花田清輝―花田清輝二冊全集 大活字版 上巻 小説・戯曲』 花田清輝著 第三書館 2008 730p 27cm〈肖像あり〉 2500円
Ⓘ978-4-8074-0808-5 Ⓝ918.68
☆「世界名著大事典 補遺(Extra)」

07128 「七」
『ザ・花田清輝―花田清輝二冊全集 大活字版 上巻 小説・戯曲』 花田清輝著 第三書館 2008 730p 27cm〈肖像あり〉 2500円
Ⓘ978-4-8074-0808-5 Ⓝ918.68
☆「世界名著大事典 補遺(Extra)」

07129 「日本のルネッサンス人」
『日本のルネッサンス人』 花田清輝著 講談社 1992 249p 16cm〈講談社文芸文庫 現代日本のエッセイ〉〈年譜・著書目録：p235～249〉 940円 Ⓘ4-06-196165-9 Ⓝ914.6
☆「世界名著大事典 補遺(Extra)」

07130 「復興期の精神」
『復興期の精神』 花田清輝[著] 講談社 2008 285p 16cm〈講談社文芸文庫〉〈年譜あり 著作目録あり〉 1400円
Ⓘ978-4-06-290013-3 Ⓝ914.6
☆「現代文学鑑賞辞典」、「世界名著大事典 補遺(Extra)」、「戦後思想の名著50」、「日本文芸賞事典 第14巻(1946～1948年)」、「必読書150」、「ベストガイド日本の名著」、「明治・大正・昭和の名著・総解説」

07131 「ルネッサンス的人間の探求」
『復興期の精神』 花田清輝[著] 講談社 2008 285p 16cm〈講談社文芸文庫〉〈年譜あり 著作目録あり〉 1400円
Ⓘ978-4-06-290013-3 Ⓝ914.6
☆「世界名著大事典 補遺(Extra)」

花森 安治　はなもり・やすじ

07132 「一銭五厘の旗」
『一銭五厘の旗』 花森安治著 暮しの手帖社 1971 333p(図共) 26cm〈『暮しの手帖』に掲載されたものを集録〉 1200円 Ⓝ049.1
☆「戦後思想の名著50」

花山 信勝　はなやま・しんしょう

07133 「日本仏教」
『日本仏教―人と思想』 花山信勝,増谷文雄編 存家仏教協会 1959 296p 22cm Ⓝ180.21
☆「世界名著大事典」

塙 保己一　はなわ・ほきいち

07134 「群書類従」
『群書類従 第1 神祇部』 塙保己一編 群書類従刊行会 1931 748p 19cm Ⓝ081
☆「世界名著大事典」、「日本の書物」、「日本名著辞典」、「名著の伝記」

07135 「はつはな」
『好色の女 別巻 好色小咄集成.きくかさね譚.女護島延喜入船.はつはな』 青木信光編 図書出版美学館 1983 301p 18cm〈文化文政江戸発禁文庫〉 980円 Ⓝ913.6
☆「日本の艶本・珍書 総解説」、「日本の奇書77冊」

07136 「武家名目抄」
『故実叢書 11巻』 今泉定助[原編] 故実叢書編集部編 改訂増補/鈴木眞弓/監修 明治図書出版 1993 513p 22cm〈複製〉
Ⓘ4-18-454100-3 Ⓝ210.09
☆「世界名著大事典」、「日本名著辞典」

羽仁 五郎　はに・ごろう

07137 「転形期の歴史学」
『転形期の歴史学』 羽仁五郎著 3版 中央公論社 1948 203p 19cm Ⓝ201
☆「ベストガイド日本の名著」、「明治・大正・昭和の名著・総解説」、「歴史の名著 日本人篇」

07138 「東洋における資本主義の形成」
『東洋に於ける資本主義の形成』 羽仁五郎著 京都 三一書房 1949 193p 22cm Ⓝ332.2
☆「日本の名著」、「歴史の名著 日本人篇」

07139 「都市の論理」
『都市の論理―歴史的条件―現代の闘争』 羽仁五郎著 勁草書房 1983 627p 20cm〈新装版〉 3500円 Ⓝ318.7
☆「ベストガイド日本の名著」、「明治・大正・昭和の名著・総解説」

07140 「ミケルアンヂェロ」
『ミケルアンヂェロ』 羽仁五郎著 岩波書店 1992 277p 18cm〈岩波新書 25〉〈第43刷(第1刷：39.3.15)〉 620円 Ⓘ4-00-400009-2
☆「昭和の名著」

07141 「明治維新史研究」
『明治維新史研究』 羽仁五郎著 岩波書店 1978 520p 15cm〈岩波文庫〉 500円 Ⓝ210.61

☆「世界名著大事典」,「日本史の名著」

埴原 和郎 はにはら・かずろう

07142 「人類進化学入門」
『人類進化学入門』 埴原和郎著 増補版 中央公論社 1985 214p 18cm〈中公新書〉〈文献あり〉 ⓘ4-12-100294-6 Ⓝ469
☆「学問がわかる500冊 v.2」

07143 「日本人の起源」
『日本人の起源』 埴原和郎編 増補 朝日新聞社 1994 261p 19cm〈朝日選書 517〉〈付:年表〉 1400円 ⓘ4-02-259617-1 Ⓝ210.3
☆「学問がわかる500冊 v.2」

埴谷 雄高 はにや・ゆたか

07144 「幻視のなかの政治」
『幻視のなかの政治』 埴谷雄高著 未來社 2001 208p 19cm〈転換期を読む 7〉 2400円 ⓘ4-624-93427-X Ⓝ310.4
☆「ベストガイド日本の名著」,「明治・大正・昭和の名著・総解説」

07145 「死霊」
『死霊 1』 埴谷雄高[著] 講談社 2003 423p 16cm〈講談社文芸文庫〉 1400円 ⓘ4-06-198321-0 Ⓝ913.6
☆「教養のためのブックガイド」,「現代文学鑑賞辞典」,「世界名著案内 8」,「世界名著大事典」,「日本の小説101」,「日本文学 これを読まないと文学は語れない!!」,「日本文学名作案内」,「日本文学名作事典」,「日本文芸鑑賞事典 第14巻(1946～1948年)」,「必読書150」,「ベストガイド日本の名著」,「ポケット日本名作事典」,「明治・大正・昭和の名著・総解説」

07146 「政治論文集」
『埴谷雄高作品集 3 政治論文集』 河出書房新社 1971 304p 22cm 1200円 Ⓝ918.6
☆「アナーキズム」

羽田 亨 はねだ・とおる

07147 「西域文化史」
『西域文化史』 羽田亨著 座右宝刊行会 1948 179p 図版 21cm Ⓝ222.7
☆「人文科学の名著」,「世界名著大事典」

07148 「西域文明史概論」
『西域文明史概論』 羽田亨著 弘文堂書房 1948 201p 図版 21cm〈初版昭和6〉 Ⓝ222.7
☆「世界名著大事典」

馬場 敬治 ばば・けいじ

07149 「産業経営理論」

『産業経営理論』 馬場敬治著 再版 日本評論社 1929 543p 22cm Ⓝ335
☆「世界名著大事典」

馬場 孤蝶 ばば・こちょう

07150 「明治文壇回顧」
『明治文壇回顧』 馬場孤蝶著 協和書院 1936 301p 19cm Ⓝ910.26
☆「世界名著大事典」

馬場 貞由 ばば・さだよし

07151 「泰西七金訳説」
『日本科学古典全書 復刻 8 冶金・農業・製造業』 三枝博音編 朝日新聞社 1978 607, 10p 22cm〈昭和21年刊『日本科学古典全書』第13巻の複製〉 5500円 Ⓝ402.105
☆「世界名著大事典」

馬場 辰猪 ばば・たつい

07152 「天賦人権論」
『明治文化全集 第5巻 自由民権篇 上』 明治文化研究会編 日本評論社 1992 75, 517p 23cm〈複製〉 ⓘ4-535-04245-4,4-535-04233-0 Ⓝ210.6
☆「世界名著大事典」

馬場 信武 ばば・のぶたけ

07153 「初学天文指南」
『日本科學技術古典籍資料 天文學篇 4』 浅見恵,安田健訳編 科学書院 2001 1004p 27cm〈近世歴史資料集成 第3期 第11巻〉〈国立公文書館内閣文庫蔵の複製 霞ケ関出版〔発売〕〉 50000円 ⓘ4-7603-0208-5 Ⓝ402.105
☆「世界名著大事典」

馬場 悠男 ばば・ひさお

07154 「現代人はどこからきたか」
☆「学問がわかる500冊 v.2」

馬場 正方 ばば・まさかた

07155 「日暮硯」
『日暮硯―新訳 藩政改革のバイブルに学ぶ人の動かし方』 [恩田木工][著] 河合敦編訳 PHP研究所 2013 206p 18cm 950円 ⓘ978-4-569-81485-8 Ⓝ215.2
☆「世界名著大事典」,「『日本人の名著』を読む」,「日本の書物」,「武士道の名著」

馬場 正通 ばば・まさみち

07156 「辺策発矇」
『日本経済叢書 巻16-24』 滝本誠一編 日本経済叢書刊行会 1914 9冊 23cm Ⓝ330.8
☆「世界名著大事典」

帚木 蓬生　はほきぎ・ほうせい

07157　「安楽病棟」
『安楽病棟』　帚木蓬生著　新潮社　2001　640p　15cm（新潮文庫）　819円
Ⓘ4-10-128813-5　Ⓝ913.6
☆「新潮文庫20世紀の100冊」

07158　「白い夏の墓標」
『白い夏の墓標』　帚木蓬生著　改版　新潮社　2010　361p　15cm（新潮文庫）　514円
Ⓘ978-4-10-128801-7
☆「世界の推理小説・総解説」

羽原 又吉　はばら・ゆうきち

07159　「日本漁業経済史」
『日本漁業経済史　上巻』　羽原又吉著　岩波書店　1952　623p　22cm　Ⓝ660.21
☆「世界名著大事典」

ハビアン

07160　「破提宇子」
『破提宇子』　ハビアン著　大阪　大阪毎日新聞社　1928　58丁　13×19cm（珍書大観吉利支丹叢書）〈複製　和装〉Ⓝ190
☆「世界名著大事典」、「日本名著辞典」

07161　「妙貞問答」
『ぎやどぺかどる　妙貞問答・破提宇子　顕偽録』　Luis de Granada, ハビアン, 沢野忠庵著　現代思潮社　1978　1冊　16cm（覆刻日本古典全集）〈編纂校訂：正宗敦夫ほか　日本古典全集刊行会昭和2年刊の複製〉Ⓝ198.21
☆「アジアの比較文化」、「古典の事典」、「世界名著大事典」、「日本名著辞典」

羽太 正養　はぶと・まさやす

07162　「休明光記」
『休明光記　原文篇1』　近世歴史資料研究会訳編　科学書院　2010　805p　27cm（近世歴史資料集成　第6期　第7巻　地誌篇1）〈天理図書館蔵の複製　霞ケ関出版〔発売〕〉
Ⓘ978-4-7603-0256-7　Ⓝ211
☆「日本名著辞典」

浜 たかや　はま・たかや

07163　「「ユルン戦記」シリーズ」
『太陽の牙』　浜たかや著　建石修志絵　偕成社　1984　340p　21cm（偕成社の創作文学）　1200円　Ⓘ4-03-720540-8
☆「少年少女の名作案内　日本の文学ファンタジー編」

浜尾 四郎　はまお・しろう

07164　「殺人鬼」
『殺人鬼』　浜尾四郎著　早川書房　1995　362p　19cm（Hayakawa pocket mystery books　世界探偵小説全集）〈3版（初版：1955年）〉　1400円　Ⓘ4-15-000195-2　Ⓝ913.6
☆「世界の推理小説・総解説」

浜空会　はまくうかい

07165　「二〇一空戦記」
☆「日本海軍の本・総解説」

浜口 道成　はまぐち・みちなり

07166　「がん・増殖・分化の演出家 チロシンキナーゼ」
『がん・増殖・分化の演出家チロシンキナーゼ』　浜口道成著　羊土社　1992　124p　21cm（実験医学バイオサイエンス　6）〈参考文献：p118～120〉　2500円　Ⓘ4-946398-85-6　Ⓝ491.65
☆「学問がわかる500冊 v.2」

浜口 隆一　はまぐち・りゅういち

07167　「ヒューマニズムの建築」
『ヒューマニズムの建築』　浜口隆一著　雄鶏社　1947　174p　図版　19cm　Ⓝ520
☆「建築の書物/都市の書物」

浜崎 正幸　はまさき・まさゆき

07168　「こちら東支那海」
『こちら東シナ海―以西底曳き網漁に生きるカモメのハーさん航海日誌』　浜崎正幸著　福岡　葦書房　1990　268p　19cm〈著者の肖像あり〉　1957円　Ⓝ916
☆「世界の海洋文学」

浜田 宏一　はまだ・こういち

07169　「マクロ経済学と日本経済」
『マクロ経済学と日本経済』　黒坂佳央, 浜田宏一著　日本評論社　1984　278p　22cm　2800円　Ⓝ331
☆「日本経済本38」

浜田 耕作　はまだ・こうさく

07170　「慶州金冠塚と其遺宝」
『朝鮮考古資料集成　9　古蹟調査特別報告 第1冊～第3冊』　出版科学総合研究所　1982　1冊　31cm〈朝鮮総督府大正8～昭和3年刊の複製　大阪　創学社〔発売〕〉　付（地図1枚）：楽浪時代遺蹟図〉　Ⓝ221.02
☆「世界名著大事典」

07171　「考古学入門」
『考古学入門―博物館』　浜田青陵著　15版　大阪　創元社　1948　241p　図版　19cm（創元選書　第78）　Ⓝ210.02
☆「学問がわかる500冊 v.2」

07172 「通論考古学」
『通論考古学』 浜田耕作著 雄山閣出版 1996 367p 19cm 2600円 ⓘ4-639-00314-5
☆「世界名著大事典」

07173 「東亜考古学研究」
『東亜考古学研究』 浜田耕作著 荻原星文館 1943 657p 図版44枚 22cm Ⓝ220.02
☆「世界名著大事典」

浜田 純一 はまだ・じゅんいち

07174 「メディアの法理」
『メディアの法理』 浜田純一著 日本評論社 1990 237p 22cm 2600円 ⓘ4-535-57868-0 Ⓝ070.13
☆「憲法本41」

浜田 彦蔵 はまだ・ひこぞう

07175 「アメリカ彦蔵自伝」
『アメリカ彦蔵自伝 第1』 ジョセフ・ヒコ著 中川努,山口修訳 平凡社 1964 311p 18cm(東洋文庫 13) Ⓝ289.1
☆「アジアの比較文化」,「世界名著大事典 補遺(Extra)」

07176 「漂流記」
『江戸漂流記総集―石井研堂これくしょん 第5巻』 山下恒夫再編 日本評論社 1992 646p 20cm 8000円 ⓘ4-535-06615-9 Ⓝ210.5
☆「古典の事典」,「世界名著大事典 補遺(Extra)」

浜田 広介 はまだ・ひろすけ

07177 「大将の銅像」
『日本児童文学館―名著複刻 15 大将の銅像』 浜田広介著 ほるぷ出版 1971 204p 図 19cm〈実業之日本社大正11年刊の複製〉 Ⓝ913.8
☆「日本児童文学名著事典」

07178 「泣いた赤おに」
『泣いた赤おに』 浜田広介作 西村敏雄絵 宮川健郎編 岩崎書店 2012 69p 22cm(1年生からよめる日本の名作絵どうわ 3)〈底本:浜田廣介全集(集英社 1976年刊)〉 1000円 ⓘ978-4-265-07113-5 Ⓝ913.6
☆「少年少女の名作案内 日本の文学ファンタジー編」,「小さな文学の旅」

07179 「ひろすけ童話集」
☆「日本文学鑑賞辞典〔第2〕」

07180 「椋鳥の夢」
『椋鳥の夢―ひろすけ幼年童話』 浜田広介著 富山房 1938 408p 18cm(富山房百科文庫第59) Ⓝ913.8
☆「世界名著大事典」,「日本近代文学名著事典」,「日本児童文学名著事典」,「日本文芸鑑賞事典 第6巻(1917～1920年)」,「ポケット日本名作事典」,「名作の研究事典」

浜名 純 はまな・じゅん

07181 「福祉のしごと」
『福祉のしごと』 川井竜介,浜名純著 労働旬報社 1996 485p 21cm〈監修:一番ケ瀬康子〉 3200円 ⓘ4-8451-0437-7 Ⓝ369.021
☆「学問がわかる500冊」

浜野 春保 はまの・はるやす

07182 「海の喪章」
『海の喪章―短編集』 浜野春保著 国分寺 武蔵野書房 1991 205p 20cm 1854円 Ⓝ913.6
☆「世界の海洋文学」

07183 「万雷特別攻撃隊」
『万雷特別攻撃隊』 浜野春保著 図書出版社 1979 246p 19cm 980円 Ⓝ915.9
☆「日本海軍の本・総解説」

07184 「元山沖」
『有刺鉄線』 浜野春保著 菁柿堂 1996 214p 20cm〈星雲社〔発売〕〉 1800円 ⓘ4-7952-7961-6 Ⓝ913.6
☆「世界の海洋文学」

浜野 吉生 はまの・よしお

07185 「アンデスからヒマラヤへ」
『アンデスからヒマラヤへ―早稲田大学登山隊の記録』 浜野吉生著 白水社 1966 274p 図版16枚 20cm 900円 Ⓝ296.8
☆「日本の山の名著・総解説」

浜本 浩 はまもと・ひろし

07186 「浅草の灯」
『浅草の灯』 浜本浩著 東方社 1956 192p 18cm(東方新書) Ⓝ913.6
☆「日本文学鑑賞辞典〔第2〕」

葉室 光俊 はむろ・みつとし

07187 「簸川上」
『日本歌学大系 第4巻』 佐佐木信綱編 風間書房 1956 398p 図版 22cm Ⓝ911.108
☆「近代名著解題選集 3」

葉室 麟 はむろ・りん

07188 「秋月記」
『秋月記』 葉室麟〔著〕 角川書店 2011 361p 15cm(角川文庫 17179)〈文献あり 角川グループパブリッシング〔発売〕〉 667円 ⓘ978-4-04-100067-0 Ⓝ913.6
☆「面白いほどよくわかる時代小説名作100」

はやかわ

07189 「蜩ノ記」
『蜩ノ記』　葉室麟著　祥伝社　2013　404p　16cm(祥伝社文庫　は12-1)　686円
①978-4-396-33890-9　Ⓝ913.6
☆「3行でわかる名作&ヒット本250」

早川 純三郎　はやかわ・じゅんざぶろう
07190 「民間風俗年中行事」
『民間風俗年中行事』　国書刊行会編　国書刊行会　1970　622p　22cm〈大正5年刊の複製〉　3800円　Ⓝ385.8
☆「世界名著大事典」

早川 直瀬　はやかわ・なおせ
07191 「養蚕労働経済論」
『養蚕労働経済論』　早川直瀬著　同文館　1923　337p　22cm　Ⓝ631
☆「農政経済の名著　明治大正編」

林 煌　はやし・あきら
07192 「通航一覧」
『通航一覧　第1-8』　林煌等編　大阪　清文堂出版　1967　8冊　22cm〈限定版　明治45年―大正2年(国書刊行会)刊の複刻版〉
Ⓝ210.18
☆「世界名著大事典」

林 總　はやし・あつむ
07193 「餃子屋と高級フレンチでは、どちらが儲かるか？」
『餃子屋と高級フレンチでは、どちらが儲かるか？一読するだけで「会計センス」が身につく本！』　林總著　PHP研究所　2011　254p　15cm(PHP文庫　は57-1)　533円
①978-4-569-67633-3　Ⓝ336.8
☆「超売れ筋ビジネス書101冊」

林 えいだい　はやし・えいだい
07194 「女たちの風船爆弾」
『女たちの風船爆弾』　林えいだい著　亜紀書房　1985　296p　19cm　1500円　Ⓝ916
☆「日本陸軍の本・総解説」

林 克也　はやし・かつや
07195 「日本軍事技術史」
『日本軍事技術史』　林克也著　青木書店　1957　315p　表　22cm　Ⓝ559
☆「日本陸軍の本・総解説」

林 京子　はやし・きょうこ
07196 「ギヤマンビードロ」
『ギヤマンビードロ』　林京子著　講談社　1978　247p　20cm　980円　Ⓝ913.6

☆「現代文学鑑賞辞典」

林 謙三　はやし・けんぞう
07197 「隋唐燕楽調研究」
『隋唐燕楽調研究』　林謙三著　中法文化出版委員会編　上海　商務印書館　1936　208p　図版　表　23cm　Ⓝ768.9
☆「世界名著大事典」

林 健太郎　はやし・けんたろう
07198 「共産国東と西」
『共産国東と西』　林健太郎著　新潮社　1967　191p　20cm　260円　Ⓝ302
☆「現代人のための名著」

07199 「史学概論」
『史学概論』　林健太郎著　新版　有斐閣　1970　283p　19cm(教養全書)　580円　Ⓝ201
☆「世界名著大事典」

07200 「独逸近世史研究」
『独逸近世史研究』　林健太郎著　近藤書店　1943　433p　22cm　Ⓝ234.05
☆「世界名著大事典」

07201 「ワイマル共和国」
『ワイマル共和国―ヒトラーを出現させたもの』　林健太郎著　中央公論社　1963　220p　18cm(中公新書)〈付：参考文献209-212p〉
Ⓝ234.072
☆「「本の定番」ブックガイド」

林 権助　はやし・ごんすけ
07202 「わが七十年を語る」
『わが七十年を語る』　林権助著　第一書房　1935　433p　図版　19cm　Ⓝ289.1
☆「自伝の名著101」

林 三郎　はやし・さぶろう
07203 「関東軍と極東ソ連軍」
『関東軍と極東ソ連軍―ある対ソ情報参謀の覚書』　林三郎著　芙容書房　1974　324p(図共)　20cm〈日ソ関係略年表・主要参考ソ連文献：p.316-324〉　2000円　Ⓝ396.21
☆「日本陸軍の本・総解説」

林 子平　はやし・しへい
07204 「海国兵談」
『海国兵談』　林子平述　村岡典嗣校訂　岩波書店　1944　264p　15cm(岩波文庫)　Ⓝ391
☆「古типの事典」，「世界名著大事典」，「日本の古典名著」，「日本の書物」，「日本名著辞典」

07205 「三国通覧図説」
『三国通覧図説』　林子平著　裳華房　1923

72p　18cm　Ⓝ291
☆「日本名著辞典」

林 述斎　はやし・じゅっさい

07206　「新編相模国風土記稿」
『新編相模国風土記稿　第1巻』　蘆田伊人編集校訂　〔第2版〕　圭室文雄補訂　雄山閣　1998　342p　22cm〈大日本地誌大系　19〉Ⓘ4-639-01517-8　Ⓝ291.37
☆「古典の事典」,「世界名著大事典 補遺 (Extra)」,「歴史の名著100」

林 晋　はやし・すすむ

07207　「徳川実紀」
『徳川實紀　第1篇』　〔成島司直〕〔ほか編〕吉川弘文館　2007　762p　27cm〈國史大系 新訂増補　第38巻　黒板勝美編〉〈平成10年刊 (新装版) を原本としたオンデマンド版〉15000円　Ⓘ978-4-642-04040-2　Ⓝ210.5
☆「古典の事典」,「世界名著大事典」,「日本名著辞典」,「日本歴史「古典籍」総覧」,「歴史の名著100」

林 晋　はやし・すすむ

07208　「ゲーデルの謎を解く」
『ゲーデルの謎を解く』　林晋著　岩波書店　1993　118p　19cm〈岩波科学ライブラリー 6〉　1000円　Ⓘ4-00-006506-8　Ⓝ410.9
☆「ブックガイド 文庫で読む科学」

林 泰輔　はやし・たいすけ

07209　「周公と其時代」
『周公と其時代』　林泰輔著　名著普及会　1988　849,8,32p　22cm〈大倉書店大正4年刊の複製〉　18000円　Ⓘ4-89551-357-2　Ⓝ123.4
☆「世界名著大事典」

林 髞　はやし・たかし

07210　「頭のよくなる本」
『頭のよくなる本—大脳生理学的管理法』　林髞著　光文社　1960　215p　18cm〈カッパブックス〉　Ⓝ491.37
☆「百年の誤読」

林 唯一　はやし・ただいち

07211　「爆下に描く」
『爆下に描く—戦火のラバウルスケッチ紀行』　林唯一著　戸高一成校訂　中央公論新社　2000　253p　16cm〈中公文庫〉　667円　Ⓘ4-12-203678-X　Ⓝ916
☆「日本海軍の本・総解説」

林 達夫　はやし・たつお

07212　「共産主義的人間」
『共産主義的人間』　林達夫著　中央公論社　1973　189p　15cm〈中公文庫〉　180円

Ⓝ363.5
☆「近代日本の百冊を選ぶ」,「「名著」の解読学」

07213　「思想の運命」
『思想の運命』　林達夫著　中央公論社　1979　412p　15cm〈中公文庫〉　460円　Ⓝ104
☆「世界名著大事典」

07214　「精神史」
『林達夫芸術論集』　林達夫〔著〕　高橋英夫編　講談社　2009　301p　16cm〈講談社文芸文庫 はK1〉〈並列シリーズ名：Kodansha bungei bunko　文献あり 著作目録あり 年譜あり〉1500円　Ⓘ978-4-06-290052-2　Ⓝ704
☆「東アジア人文書100」

07215　「林達夫セレクション2—文芸復興」
『林達夫セレクション　2』　林達夫著　鶴見俊輔監修　平凡社　2000　478p　16cm〈平凡社ライブラリー〉　1400円　Ⓘ4-582-76370-7　Ⓝ121.6
☆「必読書150」

07216　「歴史の暮方」
『歴史の暮方—新編林達夫評論集』　林達夫著　筑摩書房　1968　285p　19cm〈筑摩叢書〉　600円　Ⓝ104
☆「思想家の自伝を読む」

林 鶴一　はやし・つるいち

07217　「和算研究集録」
『林鶴一博士和算研究集録　上,下巻』　林博士遺著刊行会編　東京開成館　1937　2冊　23cm　Ⓝ419
☆「世界名著大事典」

林 望　はやし・のぞむ

07218　「書藪巡歴」
『書藪巡歴』　林望著　新潮社　1998　256p　16cm〈新潮文庫〉　438円　Ⓘ4-10-142822-0　Ⓝ020.4
☆「「本の定番」ブックガイド」

林 博史　はやし・ひろふみ

07219　「共同研究 日本軍慰安婦」
『共同研究 日本軍慰安婦』　吉見義明,林博史編　大月書店　1995　235p　19cm　2600円　Ⓘ4-272-52039-3
☆「平和を考えるための100冊+α」

林 房雄　はやし・ふさお

07220　「青年」
『青年—若き日の伊藤博文井上馨』　林房雄著　徳間書店　1986　2冊　16cm〈徳間文庫〉　各360円　Ⓘ4-19-598122-0　Ⓝ913.6
☆「世界名著大事典」,「日本文学鑑賞辞典〔第2〕」,

「日本文芸鑑賞事典 第10巻」、「ポケット日本名作事典」

07221 「「大東亜戦争」肯定論」
『大東亜戦争肯定論』 林房雄著 普及版 夏目書房 2006 413p 19cm〈年譜あり〉1500円 ⓘ4-86062-052-6 Ⓝ210.6
☆「日本人とは何か」、「東アジア論」

07222 「太陽と薔薇」
『太陽と薔薇―書きおろし長篇小説』 林房雄著 杜陵書院 1947 220p 19cm Ⓝ913.6
☆「現代日本文学案内」

林 不忘　はやし・ふぼう

07223 「釘抜き藤吉覚書」
『林不忘探偵小説選』 林不忘著 論創社 2007 494p 20cm（論創ミステリ叢書 29） 3000円 ⓘ978-4-8460-0717-1 Ⓝ913.6
☆「歴史小説・時代小説 総解説」

07224 「新版大岡政談」
『新版大岡政談 上巻 乾雲坤竜の巻』 林不忘著 同光社 1955 367p 19cm Ⓝ913.6
☆「世界名著大事典 補遺(Extra)」、「日本文芸鑑賞事典 第9巻」

07225 「丹下左膳」
『丹下左膳―長編時代小説 1 乾雲坤竜の巻』 林不忘著 光文社 2004 736p 16cm（光文社文庫） 1000円 ⓘ4-334-73690-4 Ⓝ913.6
☆「世界名著大事典 補遺(Extra)」、「歴史小説・時代小説 総解説」

07226 「魔像」
『魔像』 林不忘著 山手書房新社 1992 265p 19cm（林不忘傑作選 6） 1800円 ⓘ4-8413-0062-7
☆「歴史小説・時代小説 総解説」

林 芙美子　はやし・ふみこ

07227 「浮雲」
『浮雲』 林芙美子著 79刷改版 新潮社 2003 473p 16cm（新潮文庫） 590円 ⓘ4-10-106103-3 Ⓝ913.6
☆「あらすじダイジェスト」、「知らないと恥ずかしい「日本の名著」あらすじ200本」、「図説 5分でわかる日本の名作」、「世界名著大事典」、「日本・世界名作「愛の会話」100章」、「日本の名著」、「日本文学鑑賞辞典〔第2〕」、「日本文芸鑑賞事典 第15巻」、「ポケット日本名作事典」、「名作への招待」

07228 「狐物語」
『狐物語―童話集』 林芙美子著 国立書院 1947 115p 19cm Ⓝ913.8
☆「名作の研究事典」

07229 「猿飛佐助」
『猿飛佐助―真田十勇士』 柴田錬三郎著 新装版 文藝春秋 2014 309p 16cm（文春文庫 し3-16） 620円 ⓘ978-4-16-790074-8 Ⓝ913.6
☆「歴史小説・時代小説 総解説」

07230 「泣虫小僧」
『泣虫小僧』 林芙美子著 角川書店 1955 88p 15cm（角川文庫） Ⓝ913.6
☆「現代日本文学案内」

07231 「晩菊」
『晩菊―他六篇』 林芙美子著 角川書店 1954 196p 15cm（角川文庫） Ⓝ913.6
☆「一度は読もうよ！日本の名著」、「一冊で愛の話題作100冊を読む」、「現代文学鑑賞辞典」、「女性のための名作・人生案内」、「世界名著大事典」、「日本文学鑑賞辞典〔第2〕」

07232 「放浪記」
『放浪記』 林芙美子作 岩波書店 2014 572p 15cm（岩波文庫 31-169-3）〈底本：林芙美子全集（文泉堂出版 1977年刊）年譜あり〉 900円 ⓘ978-4-00-311693-7 Ⓝ913.6
☆「愛ありて」、「愛と死の日本文学」、「あらすじで読む日本の名著（楽書舘,中経出版〔発売〕）」、「あらすじで読む日本の名著（新人物往来社）」、「一度は読もうよ！日本の名著」、「一冊で日本の名著100冊を読む」、「一冊で100作品の「さわり」を読む」、「近代文学名作事典」、「現代文学鑑賞辞典」、「現代文学名作探訪事典」、「この一冊でわかる日本の名作」、「これだけは読んでおきたい日本の名作文学案内」、「3行でわかる名作&ヒット本250」、「Jブンガク」、「昭和の名著」、「知らないと恥ずかしい「日本の名作」あらすじ200本」、「新潮文庫20世紀の100冊」、「図説 5分でわかる日本の名作傑作選」、「世界名作事典」、「世界名著大事典」、「2時間でわかる日本の名著」、「日本近代文学名著事典」、「日本人なら知っておきたいあらすじで読む日本の名著」、「日本の小説101」、「日本の名著3分間読書100」、「日本文学鑑賞辞典〔第2〕」、「日本文学現代名作案内」、「日本文学名作事典」、「日本文芸鑑賞事典 第9巻」、「日本名作文学館 日本編」、「入門名作の世界」、「ひと目でわかる日本の名作」、「百年の誤読」、「文学・名著300選の解説 '88年度版」、「ポケット日本名作事典」、「明治・大正・昭和のベストセラー」

07233 「めし」
『めし』 林芙美子著 新潮社 1954 222p 16cm（新潮文庫） Ⓝ913.6
☆「一度は読もうよ！日本の名著」、「一冊で日本の名著100冊を読む 続」

林 真理子　はやし・まりこ

07234 「最終便に間に合えば」
『最終便に間に合えば』 林真理子著 新装版 文藝春秋 2012 232p 16cm（文春文庫 は

07235　「戦争特派員」
『戦争特派員　上』　林真理子著　文芸春秋　1990　344p　16cm（文春文庫）　460円
①4-16-747606-1　Ⓝ913.6
☆「一度は読もうよ！日本の名著」,「一冊で愛の話題作100冊を読む」

07236　「不機嫌な果実」
『不機嫌な果実』　林真理子著　文藝春秋　2001　342p　16cm（文春文庫）　476円
①4-16-747621-5　Ⓝ913.6
☆「日本文学名作案内」

林 基　はやし・もとい
07237　「百姓一揆の伝統」
『百姓一揆の伝統』　林基著　新評論　1971　2冊（続共）　18cm〈正編：2版(初版：昭和30)〉　各1000円　Ⓝ611.96
☆「日本史の名著」,「歴史の名著 日本人篇」

林 守篤　はやし・もりあつ
07238　「画筌」
『日本画談大観　上・中・下編』　坂崎坦編　目白書院　1917　1568,2p　22cm　Ⓝ721
☆「世界名著大事典」

林 雄二郎　はやし・ゆうじろう
07239　「高度選択社会」
『高度選択社会—マルチ・チャンネル・ソサエティへの挑戦』　林雄二郎著　講談社　1970　101p　18cm（講談社現代新書）　240円　Ⓝ304
☆「「本の定番」ブックガイド」

07240　「情報化社会」
『情報化社会　第1　生きる』　林雄二郎,片方善治,白根礼吉編　毎日新聞社　1970　232p　20cm　460円　Ⓝ285
☆「「本の定番」ブックガイド」

林 羅山　はやし・らざん
07241　「三徳抄」
『日本哲学思想全書　第14巻　道徳 儒教篇・道徳論一般篇』　三枝博音,清水幾太郎編集　第2版　平凡社　1980　354p　19cm　2300円　Ⓝ081
☆「古典の事典」,「世界名著大事典」,「日本の古典名著」

07242　「厄言抄」
☆「古典の事典」

07243　「神道伝授」
『林羅山・室鳩巣』　日本図書センター　1979

3-38）　533円　①978-4-16-747639-7　Ⓝ913.6
☆「現代文学鑑賞辞典」

216,124,493p　22cm（日本教育思想大系13）〈それぞれの複製〉　10000円　Ⓝ121.43
☆「世界名著大事典」

07244　「丙辰紀行」
『紀行日本漢詩　第1巻』　富士川英郎,佐野正巳編　汲古書院　1991　430p　27cm〈複製〉　9000円　Ⓝ919.5
☆「古典の事典」

07245　「本朝神社考」
『本朝神社考』　林道春著　宮地直一校註　改造社　1942　338p　15cm（改造文庫）　Ⓝ175
☆「世界名著大事典」,「日本名著辞典」

07246　「羅山林先生詩集」
『羅山林先生詩集　巻1,2』　京都史蹟会編　京都　平安考古学会　1920　2冊　22cm　Ⓝ919
☆「世界名著大事典」

07247　「羅山林先生文集」
『羅山林先生文集　巻1,2』　京都史蹟会編　京都　平安考古学会　1918　2冊　23cm　Ⓝ121
☆「世界名著大事典」,「日本古典への誘い100選 1」

林 柳波　はやし・りゅうは
07248　「ウミ」
☆「日本文芸鑑賞事典 第13巻」

07249　「たなばたさま」
☆「日本文芸鑑賞事典 第13巻」

林田 亀太郎　はやしだ・かめたろう
07250　「日本政党史」
『日本政党史　上,下巻』　林田亀太郎著　大日本雄弁会　1927　2冊　19cm　Ⓝ315
☆「世界名著大事典」

林屋 正蔵　はやしや・しょうぞう
07251　「笑話之林」
『噺本大系　第16巻』　武藤禎夫編　東京堂出版　1979　366p　22cm　7800円　Ⓝ913.59
☆「古典の事典」

林屋 辰三郎　はやしや・たつさぶろう
07252　「歌舞伎以前」
『歌舞伎以前』　林屋辰三郎著　岩波書店　1954　253p 図版　18cm（岩波新書）　Ⓝ772.1
☆「歴史家の読書案内」

林屋 友次郎　はやしや・ともじろう
07253　「経録研究」
『経録研究　前篇』　林屋友次郎著　岩波書店　1941　1343,20p　22cm　Ⓝ183
☆「世界名著大事典」

隼田 聖四郎　はやた・せいしろう

07254　「海賊王」
『海賊王　瀬戸内編』　隼田聖四郎著　東京文芸社　1987　309p　20cm〈参考文献：p307〉　1200円　Ⓘ4-8088-3191-0　Ⓝ913.6
☆「世界の海洋文学」

早野 勝巳　はやの・かつみ

07255　「バイキング王・ハラルドの冒険」
『バイキング王ハラルドの冒険』　早野勝巳文　穂積和夫絵　東京書籍　1984　261p　22cm　1500円
☆「世界の海洋文学」

早船 ちよ　はやふね・ちよ

07256　「キューポラのある街」
『キューポラのある街』　早船ちよ著　愛蔵版　調布　けやき書房　2006　323p　20cm　2000円　Ⓘ4-87452-024-3　Ⓝ913.6
☆「あらすじで味わう昭和のベストセラー」、「一度は読もうよ！　日本の名著」、「一冊で不朽の名作100冊を読む」(友人社)、「一冊で不朽の名作100冊を読む」(友人社)、「少年少女の名作案内　日本の文学リアリズム編」、「日本文学名作案内」、「日本文芸鑑賞事典　第18巻(1958～1962年)」、「名作の研究事典」

葉山 嘉樹　はやま・よしき

07257　「淫売婦」
『淫売婦』　葉山嘉樹著　春陽堂　1926　281p　19cm　Ⓝ913.6
☆「世界名著大事典」、「日本のプロレタリア文学」、「日本文学鑑賞辞典〔第2〕」

07258　「海に生くる人々」
『海に生くる人々』　葉山嘉樹著　ほるぷ出版　1985　466p　20cm (日本の文学　47)　Ⓝ913.6
☆「一度は読もうよ！　日本の名著」、「一冊で日本の名著100冊を読む　続」、「感動！　日本の名著　近現代編」、「近代文学名作事典」、「現代文学鑑賞辞典」、「世界の海洋文学」、「世界名著大事典」、「大正の名著」、「日本近代文学名著事典」、「日本のプロレタリア文学」、「日本の名著」、「日本文学鑑賞辞典〔第2〕」、「日本文学現代名作事典」、「日本文芸鑑賞事典　第8巻(1924～1926年)」、「日本名著鑑賞」、「入門名作の世界」、「ベストガイド日本の名著」、「ポケット日本名作事典」、「明治・大正・昭和の名著・総解説」

07259　「セメント樽の中の手紙」
『セメント樽の中の手紙』　葉山嘉樹［著］　角川書店　2008　195p　15cm (角川文庫)〈年譜あり　角川グループパブリッシング〔発売〕〉　362円　Ⓘ978-4-04-391701-3　Ⓝ913.6
☆「日本のプロレタリア文学」、「日本文学名作事典」、「日本文芸鑑賞事典　第8巻(1924～1926年)」

速水 融　はやみ・あきら

07260　「近代移行期の家族と歴史」
『近代移行期の家族と歴史』　速水融編著　京都　ミネルヴァ書房　2002　228,8p　22cm (Minerva人文・社会科学叢書　63)　4000円　Ⓘ4-623-03566-2　Ⓝ334.2
☆「新・現代歴史学の名著」

07261　「近代移行期の人口と歴史」
『近代移行期の人口と歴史』　速水融編著　京都　ミネルヴァ書房　2002　228,10p　22cm (Minerva人文・社会科学叢書　62)　4000円　Ⓘ4-623-03567-0　Ⓝ334.2
☆「新・現代歴史学の名著」

速水 優　はやみ・まさる

07262　「海図なき航海」
『海図なき航海——変動相場制10年』　速水優著　東洋経済新報社　1982　250p　20cm〈国際通貨小年表：p245～250〉　1600円　Ⓝ338.952
☆「現代ビジネス書・経済書総解説」

原 勝郎　はら・かつろう

07263　「日本中世史」
『日本中世史』　原勝郎著　講談社　1978　186p　15cm (講談社学術文庫)　280円　Ⓝ210.46
☆「世界名著大事典」、「歴史学の名著30」

07264　「東山時代に於ける一縉紳の生活」
『東山時代に於ける一縉紳の生活』　原勝郎著　中央公論新社　2011　120p　18cm (中公クラシックス　J45)〈並列シリーズ名：CHUKOCLASSICS　年譜あり〉　1350円　Ⓘ978-4-12-160127-8　Ⓝ210.46
☆「近代日本の百冊を選ぶ」、「日本の名著」

原 月舟　はら・げっしゅう

07265　「月舟俳句集」
『現代俳句集成　第4巻　大正』　山本健吉ほか編集　村上鬼城他著　河出書房新社　1982　318p　20cm　2900円　Ⓝ911.36
☆「日本文学鑑賞辞典〔第2〕」

原 石鼎　はら・せきてい

07266　「花影」
『花影——自選句集』　原石鼎著　改造社　1937　236p　20cm (現代自選俳句叢書　第1)　Ⓝ911.36
☆「一度は読もうよ！　日本の名著」、「世界名著大事典」、「日本文学鑑賞辞典〔第2〕」、「日本文芸鑑賞事典　第11巻(昭和9～昭和12年)」

原 全教　はら・ぜんきょう

07267　「奥秩父」
　『奥秩父』　原全教著　木耳社　1977　2冊（続篇共）　20cm〈付：大秩父山岳図　昭和8年〜10年刊の複製〉　各5500円　Ⓝ291.34
　☆「日本の山の名著・総解説」、「山の名著　明治・大正・昭和戦前編」

原 敬　はら・たかし

07268　「原敬日記」
　『原敬日記　第1巻』　原敬著　原奎一郎編　福村出版　2000　384p　23cm　①4-571-31531-7　Ⓝ210.6
　☆「世界名著大事典」、「日本近代の名著」、「ベストガイド日本の名著」、「明治・大正・昭和の名著・総解説」

原 武史　はら・たけし

07269　「増補　皇居前広場」
　『増補　皇居前広場』　原武史著　増補版　筑摩書房　2007　280p　15cm（ちくま学芸文庫）　950円　①978-4-480-09115-4
　☆「建築・都市ブックガイド21世紀」

原 民喜　はら・たみき

07270　「心願の国」
　『新編原民喜詩集』　原民喜著　土曜美術社出版販売　2009　186p　19cm（新・日本現代詩文庫　64）〈年譜あり〉　1400円　①978-4-8120-1743-2　Ⓝ911.56
　☆「新潮文庫20世紀の100冊」

07271　「夏の花」
　『夏の花』　原民喜著　日本ブックエース　2010　209p　19cm（平和文庫）〈日本図書センター〔発売〕〉　1000円　①978-4-284-80078-5　Ⓝ913.6
　☆「あらすじで読む日本の名著 No.3」、「一度は読もうよ！日本の名著」、「一冊で日本の名著100冊を読む」、「感動！日本の名著　近現代編」、「現代文学鑑賞辞典」、「これだけは読んでおきたい日本の名作文学案内」、「新潮文庫20世紀の100冊」、「世界名著大事典　補遺（Extra）」、「大学新入生に薦める101冊の本」、「日本の名著」、「日本文学鑑賞辞典〔第2〕」、「日本文学名作案内」、「日本文学名作事典」、「日本文芸鑑賞事典　第14巻（1946〜1948年）」、「文学・名著300選の解説 '88年度版」、「ベストガイド日本の名著」、「ポケット日本名作案内」、「明治・大正・昭和の名著・総解説」

07272　「原民喜詩集」
　『原民喜詩集』　藤島宇内編　土曜美術社出版販売　1994　158p　19cm（日本現代詩文庫　100）〈年譜：p150〜158〉　1300円　①4-8120-0517-5　Ⓝ911.56
　☆「日本文芸鑑賞事典　第16巻」

原 為一　はら・ためいち

07273　「帝国海軍の最期」
　『帝国海軍の最期—栄光と悲運のわが提督』　松尾英生著　日本文芸社　1972　206p　18cm　380円　Ⓝ397.21
　☆「日本海軍の本・総解説」

原 乙未生　はら・とみお

07274　「機械化兵器開発史」
　『機械化兵器開発史』　原乙未生著　原乙未生　1982　124p　22cm　非売品　Ⓝ559.4
　☆「日本陸軍の本・総解説」

07275　「日本の戦車」
　『日本の戦車』　原乙未生ほか著　新版　出版協同社　1978　366p　22cm〈付：主要参考文献〉　2800円　Ⓝ559.4
　☆「日本陸軍の本・総解説」

原 念斎　はら・ねんさい

07276　「先哲叢談」
　『先哲叢談』　原念斎［著］　源了円、前田勉訳注　平凡社　1994　472p　18cm（東洋文庫　574）　3296円　①4-582-80574-4　Ⓝ121.53
　☆「古典の事典」、「世界名著大事典」

原 広司　はら・ひろし

07277　「空間〈機能から様相へ〉」
　『空間〈機能から様相へ〉』　原広司著　岩波書店　2007　306,23p　15cm（岩波現代文庫　学術）〈1987年刊の改訂　文献あり〉　1200円　①978-4-00-600190-2　Ⓝ520.4
　☆「建築の書物/都市の書物」

原 彬久　はら・よしひさ

07278　「岸信介」
　『岸信介—権勢の政治家』　原彬久著　岩波書店　1995　243,5p　18cm（岩波新書）〈巻末：参考文献〉　620円　①4-00-430368-0　Ⓝ289.1
　☆「学問がわかる500冊」

原 寮　はら・りょう

07279　「私が殺した少女」
　『私が殺した少女』　原寮著　早川書房　1996　439p　16cm（ハヤカワ文庫　JA）　680円　①4-15-030546-3　Ⓝ913.6
　☆「知らないと恥ずかしい「日本の名作」あらすじ200本」、「世界の推理小説・総解説」

原口 統三　はらぐち・とうぞう

07280　「二十歳のエチュード」
　『二十歳のエチュード』　原口統三著　光芒社　2001　255p　19cm〈肖像あり　年譜あり〉　1800円　①4-89542-186-4　Ⓝ914.6

はらしま

☆「教養のためのブックガイド」

原島 鮮　はらしま・あきら

07281 「物理教育覚え書き」
『物理教育覚え書き』　原島鮮著　裳華房　1980　220p　22cm　2300円　Ⓝ420.7
☆「物理ブックガイド100」

原田 熊雄　はらだ・くまお

07282 「西園寺公と政局」
『西園寺公と政局』　原田熊雄述　近衛泰子筆記　里見弴等補訂　岩波書店　1967　9冊　22cm　Ⓝ312.1
☆「世界名著大事典」

原田 慶吉　はらだ・けいきち

07283 「楔形文字法の研究」
『楔形文字法の研究』　原田慶吉著　清水弘文堂書房　1967　403p　22cm　2300円　Ⓝ322.312
☆「世界名著大事典」

07284 「日本民法典の史的素描」
『日本民法典の史的素描』　原田慶吉著　石井良助編　創文社　1981　396,11p　22cm〈第2刷（第1刷：昭和29年）〉　5000円　Ⓝ324.02
☆「世界名著大事典」

原田 豊吉　はらだ・とよきち

07285 「日本地質構造論」
『日本哲学思想全書　第6巻　科学　自然篇』　三枝博音,清水幾太郎編集　第2版　平凡社　1980　360p　19cm　2300円　Ⓝ081.6
☆「世界名著大事典」

原田 尚彦　はらだ・なおひこ

07286 「環境法」
『環境法』　原田尚彦著　補正版　弘文堂　1994　276,3p　19cm（弘文堂入門双書）〈参考文献：p275〜276〉　1800円　Ⓘ4-335-35136-4　Ⓝ519.12
☆「学問がわかる500冊 v.2」

原田 正純　はらだ・まさずみ

07287 「水俣病」
『水俣病』　原田正純著　岩波書店　1972　244p　18cm（岩波新書）〈付：参考文献〉　180円　Ⓝ493.15
☆「倫理良書を読む」

原田 宗典　はらだ・むねのり

07288 「十九、二十」
『十九、二十』　原田宗典著　朝日新聞社　1996　229p　15cm（朝日文芸文庫）　500円

Ⓘ4-02-264105-3　Ⓝ913.6
☆「現代文学鑑賞辞典」

原田 康子　はらだ・やすこ

07289 「挽歌」
『挽歌』　原田康子著　改版　新潮社　2013　476p　16cm（新潮文庫　は-3-1）　670円　Ⓘ978-4-10-111401-9　Ⓝ913.6
☆「あらすじで味わう昭和のベストセラー」、「一度は読もうよ！日本の名著」、「一冊で日本の名著100冊を読む」、「現代文学鑑賞辞典」、「現代文学鑑賞辞典〔第2〕」、「日本文学名作案内」、「日本文芸鑑賞事典 第17巻(1955〜1958年)」、「百年の誤読」、「ポケット日本名作事典」

07290 「輪唱」
『輪唱』　原田康子著　東都書房　1958　289p　図版　20cm　Ⓝ913.6
☆「一度は読もうよ！日本の名著」、「一冊で愛の話題作100冊を読む」

春澄 善縄　はるすみ・よしただ

07291 「続日本後紀」
『続日本後紀　上』　森田悌全現代語訳　講談社　2010　430p　15cm（講談社学術文庫　2014）　1250円　Ⓘ978-4-06-292014-8　Ⓝ210.36
☆「近代名著解題選集 3」

春名 徹　はるな・あきら

07292 「にっぽん音吉漂流記」
『にっぽん音吉漂流記』　春名徹著　中央公論社　1988　374p　16cm（中公文庫）　520円　Ⓘ4-12-201568-5　Ⓝ289.1
☆「世界の海洋文学」

春山 茂雄　はるやま・しげお

07293 「脳内革命」
『脳内革命—脳から出るホルモンが生き方を変える』　春山茂雄著　大和 ザネット出版　2000　307p　15cm（ザネット文庫）　571円　Ⓘ4-921016-01-1
☆「百年の誤読」

春山 武松　はるやま・たけまつ

07294 「日本上代絵画史」
『日本上代絵画史』　春山武松著　大阪 朝日新聞社　1949　252p 図版80p　26cm　Ⓝ721.02
☆「世界名著大事典」

07295 「日本中世絵画史」
『日本中世絵画史』　春山武松著　朝日新聞社　1953　258p 図版43枚　27cm〈原色版3図〉　Ⓝ721.2
☆「世界名著大事典」

07296 「平安朝絵画史」

『平安朝絵画史』　春山武松著　朝日新聞社　1950　377p　図版52枚　27cm　Ⓝ721.02
☆「世界名著大事典」

07297　「法隆寺壁画」
『法隆寺壁画』　春山武松著　朝日新聞社　1947　2冊　37cm　Ⓝ721
☆「世界名著大事典」

伴 蒿蹊　ばん・こうけい

07298　「閑田耕筆」
『閑田廬の詞華』　山本稔編著　近江八幡　近江八幡市立図書館　2011　252p　26cm（伴蒿蹊読本集　2）〈著作目録あり〉Ⓝ914.5
☆「世界名著大事典」

07299　「近世畸人伝」
『近世畸人伝』　伴蒿蹊著　中野三敏校注　中央公論新社　2005　344p　18cm（中公クラシックス　J25）　1450円　Ⓘ4-12-160078-9　Ⓝ281.04
☆「古典の事典」,「世界名著大事典」,「日本の書物」

伴 信友　ばん・のぶとも

07300　「中外経緯伝」
『改定史籍集覧　第11冊　纂録類　第3』　近藤瓶城編　京都　臨川書店　1984　1冊　22cm〈近藤活版所明治34年刊の複製〉　9800円　Ⓘ4-653-00918-X　Ⓝ210.088
☆「日本名著辞典」

07301　「長等の山風」
『日本思想大系　50　平田篤胤・伴信友・大国隆正』　田原嗣郎等校注　岩波書店　1973　680p　22cm　2000円　Ⓝ121.08
☆「世界名著大事典」

07302　「比古婆衣」
『比古婆衣　上』　伴信友著　増訂　林陸朗編集・校訂　現代思潮社　1982　280p　20cm（古典文庫　69）〈『伴信友全集第4巻』所収（国書刊行会刊）の増訂版〉　2400円　Ⓝ814
☆「世界名著大事典」

盤珪 永琢　ばんけい・ようたく

07303　「盤珪禅師語録」
『盤珪禅師語録―附・行業記』　鈴木大拙編校　岩波書店　2003　294p　19cm（ワイド版岩波文庫）　1200円　Ⓘ4-00-007111-4
☆「古典の事典」,「世界名著大事典」,「日本の古典名著」

班子女王　はんしじょおう

07304　「寛平御時后宮歌合」
『校註国歌大系　第9巻　撰集,歌合 全』　国民図書株式会社編　講談社　1976　43,937p　図版　19cm〈国民図書株式会社昭和3～6年刊の複製限定版〉Ⓝ911.108
☆「近代名著解題選集 3」,「世界名著大事典」

半田 良平　はんだ・りょうへい

07305　「幸木」
『幸木―歌集』　半田良平著　沃野　1948　223p　図版　18cm（沃野叢書　第1篇）Ⓝ911.168
☆「世界名著大事典」,「日本文芸賞鑑事典 第15巻」

半藤 一利　はんどう・かずとし

07306　「全軍突撃」
『全軍突撃―レイテ沖海戦』　吉田俊雄, 半藤一利著　オリオン出版社　1970　525p　図版　19cm〈参考文献：p.522-525〉　720円　Ⓝ915.9
☆「世界の海洋文学」

07307　「ソ連が満洲に侵攻した夏」
『ソ連が満洲に侵攻した夏』　半藤一利著　文藝春秋　2002　374p　15cm（文春文庫）　514円　Ⓘ4-16-748311-4　Ⓝ210.75
☆「21世紀の必読書100選」

07308　「日本海軍を動かした人々」
『日本海軍を動かした人びと―勝海舟から山本五十六まで』　半藤一利著　力富書房　1983　252p　19cm（リキトミブックス　7）　1200円　Ⓘ4-89776-007-0　Ⓝ397.21
☆「日本海軍の本・総解説」

坂野 潤治　ばんの・じゅんじ

07309　「財部彪日記」
『財部彪日記―海軍次官時代　上』　坂野潤治ほか編　山川出版社　1983　300p　20cm（近代日本史料選書　12-1）〈著者の肖像あり〉　2800円　Ⓝ289.1
☆「日本海軍の本・総解説」

半村 良　はんむら・りょう

07310　「雨やどり」
『雨やどり』　半村良著　集英社　1990　295p　16cm（集英社文庫）　420円　Ⓘ4-08-749566-3　Ⓝ913.6
☆「一度は読もうよ！ 日本の名著」,「一冊で愛の話題作100冊を読む」,「日本文学名作案内」,「ポケット日本名作事典」

07311　「石の血脈」
『石の血脈』　半村良著　集英社　2007　660p　16cm（集英社文庫）　933円　Ⓘ978-4-08-746161-9　Ⓝ913.6
☆「世界のSF文学・総解説」

07312　「岬一郎の抵抗」
『岬一郎の抵抗　上』　半村良著　〔川崎〕

ひえたの　　　　　　　　　　　　　　　　　　07313〜07323

ルーペの会　1996　24冊　26cm〈拡大写本　写本：松儀万利子ほか　原本：東京　毎日新聞社　1988〉　各2000円　Ⓝ913.6
☆「世界のSF文学・総解説」

07313　「産霊山秘録」
『産霊山秘録』　半村良著　集英社　2005　518p　16cm〈集英社文庫〉　781円　Ⓘ4-08-747887-4　Ⓝ913.6
☆「世界のSF文学・総解説」、「日本文学 これを読まないと文学は語れない‼」、「歴史小説・時代小説 総解説」

07314　「闇の中の系図」
『闇の中の系図』　半村良著　河出書房新社　2008　356p　15cm〈河出文庫〉　780円　Ⓘ978-4-309-40889-7　Ⓝ913.6
☆「世界のSF文学・総解説」

07315　「妖星伝」
『完本妖星伝──長編伝奇小説　1（鬼道の巻・外道の巻）』　半村良著　祥伝社　1998　757p　16cm〈ノン・ポシェット〉　933円　Ⓘ4-396-32644-0　Ⓝ913.6
☆「世界のSF文学・総解説」、「歴史小説・時代小説 総解説」

【ひ】

稗田 阿礼　ひえだの・あれ

07316　「古事記」
『歴史書「古事記」全訳』　武光誠著　東京堂出版　2012　445p　20cm〈文献あり〉　3800円　Ⓘ978-4-490-20811-5　Ⓝ913.2
☆「あらすじダイジェスト 日本の古典30を読む」、「あらすじで味わう名作文学」、「あらすじで読む日本の古典」、「生きがいの再発見名著22選」、「一度は読もうよ！ 日本の名著」、「一冊で日本の古典100冊を読む」、「大人のための日本の名著50」、「学術辞典叢書 第12巻」、「近代名著解題選集 2」、「近代名著解題選集 3」、「50歳からの名著入門」、「古典の事典」、「古典文学鑑賞辞典」、「この一冊で読める！ 日本の古典50冊」、「作品と作者」、「3行でわかる名作&ヒット本250」、「知らないと恥ずかしい「日本の名作」あらすじ200本」、「人文科学の名著」、「図説 5分でわかる日本の名作傑作選」、「世界の名著早わかり事典」、「世界名作事典」、「世界名著解題選 第1巻」、「世界名著大事典」、「千冊の百冊」、「地図とあらすじで読む歴史の名著」、「2ページでわかる日本の古典傑作選」、「日本古典への誘い100選」、「日本の古典」、「日本の古典・世界の古典」、「日本の古典名著」、「日本の書物」、「日本の名著」（角川文庫）、「日本の名著」（毎日新聞社）、「日本の名著3分間読書100」、「日本文学鑑賞辞典〔第1〕」、「日本文学の古典50

選」、「日本文学名作案内」、「日本文学名作概観」、「日本文学名作事典」、「日本名著辞典」、「日本・名著のあらすじ」、「日本歴史「古典籍」総覧」、「文学・名著300選の解説 '88年度版」、「マンガとあらすじでやさしく読める 日本の古典傑作30選」、「名作の研究事典」、「歴史の名著100」

日置 昌一　ひおき・しょういち

07317　「話の大辞典」
『話の大事典』　日置昌一著　名著普及会　1983　4冊　22cm〈万里閣昭和25〜26年刊に日置英剛が改訂を加え複製したもの〉　全25000円　Ⓝ031.4
☆「名著の伝記」

日垣 隆　ひがき・たかし

07318　「〈検証〉大学の冒険」
『〈検証〉大学の冒険』　日垣隆著　岩波書店　1994　290p　19cm〈参照文献一覧：p263〜288〉　1500円　Ⓘ4-00-001279-7　Ⓝ377.21
☆「学問がわかる500冊」

07319　「情報の技術」
『情報の技術──インターネットを超えて』　日垣隆著　朝日新聞社　1997　428p　20cm　2500円　Ⓘ4-02-257183-7　Ⓝ049.1
☆「「本の定番」ブックガイド」

日影 丈吉　ひかげ・じょうきち

07320　「かむなぎうた」
『かむなぎうた──日影丈吉選集　1』　日影丈吉著　種村季弘編　河出書房新社　1994　323p　19cm　2500円　Ⓘ4-309-70681-9
☆「世界の推理小説・総解説」

07321　「夕潮」
『夕潮』　日影丈吉著　東京創元社　1996　349p　15cm〈創元推理文庫〉　600円　Ⓘ4-488-40701-3　Ⓝ913.6
☆「世界の海洋文学」

東 くめ　ひがし・くめ

07322　「お正月」
☆「日本文芸鑑賞事典 第2巻（1895〜1903年）」

東恩納 寛惇　ひがしおんな・かんじゅん

07323　「南島風土記」
『南島風土記──注釈 沖縄・奄美大島地名辞典』　東恩納寛惇著　第3版　那覇　沖縄郷土文化研究会南島文化資料研究室　1974　506p　22cm〈注釈：有川董重　初版：昭和25年刊〉　Ⓝ291.99
☆「世界名著大事典」

488　　　　　　　　　　　　　　　　　　読んでおきたい「日本の名著」案内

東川 篤哉　ひがしがわ・とくや

07324　「謎解きはディナーのあとで」
『謎解きはディナーのあとで』　東川篤哉著　小学館　2012　348p　16cm（小学館文庫　ひ11-1）〈2010年刊の加筆改稿〉　638円
Ⓘ978-4-09-408757-4　Ⓝ913.6
☆「3行でわかる名作＆ヒット本250」

07325　「放課後はミステリーとともに」
『放課後はミステリーとともに』　東川篤哉著　実業之日本社　2013　363p　16cm（実業之日本社文庫　ひ4-1）　619円
Ⓘ978-4-408-55146-3　Ⓝ913.6
☆「3行でわかる名作＆ヒット本250」

東野 圭吾　ひがしの・けいご

07326　「麒麟の翼」
『麒麟の翼』　東野圭吾［著］　講談社　2014　372p　15cm（講談社文庫　ひ17-31）　700円
Ⓘ978-4-06-277766-7　Ⓝ913.6
☆「3行でわかる名作＆ヒット本250」

07327　「放課後」
『放課後』　東野圭吾著　講談社　1988　353p　15cm（講談社文庫）　440円　Ⓘ4-06-184251-X　Ⓝ913.6
☆「世界の推理小説・総解説」

07328　「マスカレード・ホテル」
『マスカレード・ホテル』　東野圭吾著　集英社　2014　515p　15cm（集英社文庫）　760円
Ⓘ978-4-08-745206-8
☆「3行でわかる名作＆ヒット本250」

07329　「容疑者Xの献身」
『容疑者Xの献身』　東野圭吾著　文藝春秋　2008　394p　16cm（文春文庫）　629円
Ⓘ978-4-16-711012-3　Ⓝ913.6
☆「知らないと恥ずかしい「日本の名作」あらすじ200本」

07330　「流星の絆」
『流星の絆』　東野圭吾［著］　講談社　2011　617p　15cm（講談社文庫　ひ17-27）　838円
Ⓘ978-4-06-276920-4　Ⓝ913.6
☆「知らないと恥ずかしい「日本の名作」あらすじ200本」

東山 洋一　ひがしやま・よういち

07331　「太平洋にかけた青春」
『太平洋にかけた青春—ヨットで単独横断52日間の記録』　東山洋一著　舵社　1983　248p　18cm（海洋文庫　3）〈天然社〔発売〕〉　590円　Ⓘ4-8072-2103-5　Ⓝ290.9
☆「世界の海洋文学」

干潟 竜祥　ひかた・りゅうしょう

07332　「本生経類の思想史的研究」
『本生経類の思想史的研究』　干潟竜祥著　東洋文庫　1954　2冊（附篇共）　22cm（東洋文庫論叢　第35）　Ⓝ181.1
☆「世界名著大事典」

干刈 あがた　ひかり・あがた

07333　「ウホッホ探検隊」
『ウホッホ探検隊』　干刈あがた著　河出書房新社　1998　292p　20cm（干刈あがたの世界　2　干刈あがた著）　2800円　Ⓘ4-309-62032-9　Ⓝ913.6
☆「現代文学鑑賞辞典」

樋口 一葉　ひぐち・いちよう

07334　「一葉日記」
『一葉日記—抄』　樋口一葉著　新潮社　1953　204p　16cm（新潮文庫　第559）　Ⓝ915.6
☆「日本文学鑑賞辞典〔第2〕」、「日本文学現代名作事典」、「日本文芸鑑賞事典 第2巻（1895〜1903年）」

07335　「裏紫」
『炎凍る—樋口一葉の恋』　瀬戸内寂聴著　岩波書店　2013　223p　15cm（岩波現代文庫　文芸　229）〈年譜あり〉　860円
Ⓘ978-4-00-602229-7　Ⓝ914.6
☆「明治の名著 2」

07336　「大つごもり」
『大つごもり—他』　樋口一葉原作　島田雅彦現代語訳　河出書房新社　1997　100p　19cm（現代語訳樋口一葉）　1162円
Ⓘ4-309-01132-2　Ⓝ913.6
☆「図説 5分でわかる日本の名作傑作選」

07337　「十三夜」
『十三夜—他』　樋口一葉原作　藤沢周ほか現代語訳　河出書房新社　1997　116p　19cm（現代語訳樋口一葉）　1200円　Ⓘ4-309-01125-X　Ⓝ913.68
☆「女性のための名作・人生案内」、「世界名著鑑賞辞典」、「日本文学鑑賞辞典〔第2〕」

07338　「たけくらべ」
『たけくらべ—東京下町』　樋口一葉［著］　JTBパブリッシング　2010　143p　15cm（名作旅訳文庫　4）〈並列シリーズ名：Meisaku tabiyaku bunko　文献あり〉　500円
Ⓘ978-4-533-07727-2　Ⓝ913.6
☆「愛ありて」、「愛と死の日本文学」、「あらすじダイジェスト」、「あらすじで味わう名作文学」、「あらすじで出会う世界と日本の名作55」、「あらすじで読む日本の名著」（楽書館、中経出版〔発売〕）、「あらすじで読む日本の名著」（新人物往来社）、「一

ひくち　　　　　　　　　　　　　　　　　　　　　　　07339～07349

度は読もうよ！日本の名著」,「一冊で愛の話題作100冊を読む」,「一冊で100名作の「さわり」を読む」,「絵で読むあらすじ日本の名著」,「感動！日本の名著 近現代編」,「近代日本の百冊を選ぶ」,「近代文学名作事典」,「現代文学鑑賞辞典」,「現代文学名作探訪事典」,「これだけは読んでおきたい日本の名作文学案内」,「3行でわかる名作＆ヒット本250」,「知らないと恥ずかしい「日本の名作」あらすじ200本」,「世界名作事典」,「世界名著大事典」,「小さな文学の旅」,「2時間でわかる日本の名著」,「日本近代文学名著事典」,「日本人なら知っておきたいあらすじで読む日本の名作」,「日本の名作おさらい」,「日本の名著」(角川書店),「日本の名著」(毎日新聞社),「日本の名著3分間読書100」,「日本文学鑑賞辞典〔第2〕」,「日本文学現代名作事典」,「日本文学名作案内」,「日本文学名作概観」,「日本文学名作事典」,「日本文芸鑑賞事典 第1巻」,「日本名作文学館 日本編」,「日本名著辞典」,「入門名作の世界」,「ひと目でわかる日本の名作」,「文学・名著300選の解説 '88年度版」,「ベストガイド日本の名著」,「ポケット日本名作事典」,「名作の書き出しを諳んじる」,「名作の研究事典」,「名作はこのように始まる 2」,「明治・大正・昭和の名著・総解説」,「明治の名著 2」,「私を変えたこの一冊」

07339　「にごりえ」
『にごりえ—現代語訳・樋口一葉』　樋口一葉原作　伊藤比呂美［ほか］訳　河出書房新社　2004　260p　15cm(河出文庫)　750円　①4-309-40732-3　Ⓝ913.6
☆「あらすじで読む日本の名著 No.3」,「一度は読もうよ！日本の名著」,「一冊で日本の名著100冊を読む 続」,「現代文学鑑賞辞典」,「現代文学名作探訪事典」,「この一冊でわかる日本の名作」,「図説 5分でわかる日本の名作」,「世界名作事典」,「世界名著大事典」,「2時間でわかる日本の名著」,「日本の小説101」,「日本の名作おさらい」,「日本文学鑑賞辞典〔第2〕」,「日本文学現代名作事典」,「日本文学名作案内」,「日本文学名作事典」,「日本文芸鑑賞事典 第2巻(1895～1903年)」,「日本名著辞典」,「日本・名著のあらすじ」,「必読書150」,「ひと目でわかる日本の名作」,「ベストガイド日本の名著」,「ポケット日本名作事典」,「名作への招待」,「明治・大正・昭和の名著・総解説」,「明治の名著 2」

07340　「われから」
『樋口一葉—1872-1896』　樋口一葉著　筑摩書房　2008　475p　15cm(ちくま日本文学13)〈年譜あり〉　880円　①978-4-480-42513-3　Ⓝ913.6
☆「明治の名著 2」

樋口 勘次郎　ひぐち・かんじろう

07341　「統合主義新教授法」
『統合主義新教授法』　樋口勘次郎著　石戸谷哲夫解説　日本図書センター　1982　264,9p　22cm(教育名著叢書 6)〈明治32年刊の複製〉　4000円　Ⓝ375
☆「名著解題」

樋口 敬二　ひぐち・けいじ

07342　「中谷宇吉郎随筆集」
『中谷宇吉郎随筆集』　樋口敬二編　岩波書店　1988　386p　15cm(岩波文庫)　550円　①4-00-311241-5　Ⓝ404.9
☆「ブックガイド 文庫で読む科学」

樋口 裕一　ひぐち・ゆういち

07343　「頭がいい人、悪い人の話し方」
『頭がいい人、悪い人の話し方』　樋口裕一著　PHP研究所　2004　219p　18cm(PHP新書)　714円　①4-569-63545-8　Ⓝ809.2
☆「超売れ筋ビジネス書101冊」

07344　「たった1分でできると思わせる話し方」
『たった1分でできると思わせる話し方』　樋口裕一［著］　幻冬舎　2008　249p　16cm(幻冬舎文庫)　533円　①978-4-344-41146-3　Ⓝ361.454
☆「超売れ筋ビジネス書101冊」

樋口 陽一　ひぐち・よういち

07345　「近代国民国家の憲法構造」
『近代国民国家の憲法構造』　樋口陽一著　東京大学出版会　1994　193p　20cm　2472円　①4-13-031147-6　Ⓝ323.35
☆「憲法本41」

07346　「近代立憲主義と現代国家」
『近代立憲主義と現代国家』　樋口陽一著　勁草書房　1973　332p　22cm　Ⓝ323.65
☆「憲法本41」

07347　「人権」
『人権』　樋口陽一著　三省堂　1996　122,4p　19cm(一語の辞典)　1000円　①4-385-42214-1　Ⓝ316.1
☆「学問がわかる500冊」

肥後 和男　ひご・かずお

07348　「日本神話研究」
『日本神話研究』　肥後和男著　河出書房　1938　452p　23cm　Ⓝ162
☆「世界名著大事典」

07349　「宮座の研究」
『宮座の研究』　肥後和男著　弘文堂　1970　583p　22cm〈昭和16年刊の複製〉　3500円　Ⓝ384.1
☆「世界名著大事典」

ひこ・田中　ひこ・たなか

07350　「お引越し」
『お引越し』　ひこ・田中著　福音館書店　2013　258p　19cm〈福武書店 1990年刊に書き下ろし「忘れたころのあと話」を加えて再刊〉　1400円　Ⓘ978-4-8340-8033-9　Ⓝ913.6
☆「少年少女の名作案内 日本の文学リアリズム編」

久板 栄二郎　ひさいた・えいじろう

07351　「北東の風」
『久板栄二郎戯曲集』　テアトロ　1972　621p（肖像共）　23cm　5000円　Ⓝ912.6
☆「近代文学名作事典」,「現代日本文学案内」,「世界名著大事典」,「日本文学鑑賞辞典〔第2〕」,「日本文芸鑑賞事典 第11巻（昭和9〜昭和12年）」

久生 十蘭　ひさお・じゅうらん

07352　「顎十郎捕物帳」
『顎十郎捕物帳』　久生十蘭著　朝日新聞社　1998　676p　15cm（朝日文芸文庫）　1200円　Ⓘ4-02-264147-9　Ⓝ913.6
☆「歴史小説・時代小説 総解説」

07353　「湖畔」
『定本久生十蘭全集　1』　久生十蘭著　国書刊行会　2008　693p　22cm　9500円　Ⓘ978-4-336-05044-1　Ⓝ918.68
☆「世界の推理小説・総解説」

07354　「鈴木主水」
『定本久生十蘭全集　8』　久生十蘭著　江口雄輔,川崎賢子,沢田安史,浜田雄介編　国書刊行会　2010　675p　22cm　9500円　Ⓘ978-4-336-05051-9　Ⓝ918.68
☆「歴史小説・時代小説 総解説」

火坂 雅志　ひさか・まさし

07355　「天地人」
『天地人　上』　火坂雅志著　文藝春秋　2010　460p　16cm（文春文庫　ひ15-6）　714円　Ⓘ978-4-16-777358-8　Ⓝ913.6
☆「面白いほどよくわかる時代小説名作100」

久田 恵　ひさだ・めぐみ

07356　「フィリッピーナを愛した男たち」
『フィリッピーナを愛した男たち』　久田恵著　文芸春秋　1992　318p　16cm（文春文庫）　420円　Ⓘ4-16-752902-5　Ⓝ367.4
☆「現代を読む」

久恒 啓一　ひさつね・けいいち

07357　「図で考える人は仕事ができる」
『図で考える人は仕事ができる』　久恒啓一著　日本経済新聞社　2005　257p　15cm（日経ビジネス人文庫）　667円　Ⓘ4-532-19314-1　Ⓝ336.1
☆「超売れ筋ビジネス書101冊」

久間 十義　ひさま・じゅうぎ

07358　「世紀末鯨鯢記」
『世紀末鯨鯢記』　久間十義著　河出書房新社　1992　306p　15cm（河出文庫）　600円　Ⓘ4-309-40351-4　Ⓝ913.6
☆「世界の海洋文学」

久松 真一　ひさまつ・しんいち

07359　「東洋的無」
『東洋的無』　久松真一著　藤吉慈海校訂・解説　講談社　1987　314p　15cm（講談社学術文庫）　780円　Ⓘ4-06-158770-6　Ⓝ121.6
☆「世界名著大事典」

久松 潜一　ひさまつ・せんいち

07360　「日本文学評論史」
『日本文学評論史 総論・歌論・形態論篇』　久松潜一著　至文堂　1976　558p　22cm　Ⓝ910.1
☆「人文科学の名著」,「世界名著大事典」

久村 暁台　ひさむら・ぎょうだい

07361　「秋の日」
『古典俳文学大系　13　中興俳諧集』　島居清,山下一海校注　集英社　1970　675p 図版　23cm　3800円　Ⓝ911.3
☆「世界名著大事典」

土方 巽　ひじかた・たつみ

07362　「土方巽全集」
『土方巽全集　1』　土方巽著　種村季弘,鶴岡善久,元藤燁子編　普及版　河出書房新社　2005　404p　22cm〈肖像あり〉　2800円　Ⓘ4-309-26844-7　Ⓝ769.1
☆「教養のためのブックガイド」

土方 定一　ひじかた・ていいち

07363　「近代日本文学評論史」
『近代日本文学評論史』　土方定一著　法政大学出版局　1973　362p 図 肖像　20cm（日本文学研究基本叢書）　1800円　Ⓝ910.26
☆「世界名著大事典」

ビジネスリサーチ・ジャパン

07364　「図解業界地図が一目でわかる本」
☆「超売れ筋ビジネス書101冊」

菱山 泉　ひしやま・いずみ

07365　「ケネーからスラッファへ」

『ケネーからスラッファへ―忘れえぬ経済学者たち』 菱山泉著 名古屋 名古屋大学出版会 1990 235p 20cm 2884円
①4-8158-0136-3 Ⓝ331.2
☆「学問がわかる500冊」

菱山 修三　ひしやま・しゅうぞう

07366 「荒地」
『荒地―菱山修三詩集』 菱山修三著 版画荘 1938 84p 19cm Ⓝ911.5
☆「日本文学鑑賞辞典〔第2〕」

07367 「懸崖」
『懸崖―詩集』 菱山修三著 第一書房 1931 113p 20cm〈今日の詩人叢書 第8〉Ⓝ911.5
☆「日本文芸鑑賞事典 第10巻」

07368 「仏蘭西詩集」
『仏蘭西詩集 正,続』 村上菊一郎訳編 青磁社 1941 2冊 21cm〈続の訳編者:菱山修三 続の大きさ:19cm〉Ⓝ951
☆「日本文芸鑑賞事典 第13巻」

美術研究所　びじゅつけんきゅうしょ

07369 「東洋美術文献目録」
『東洋美術文献目録―定期刊行物所載古美術文献』 美術研究所編纂 柏林社書店〔発売〕1967 570,34p 27cm〈昭和16年刊の複製〉5000円 Ⓝ703.1
☆「人文科学の名著」,「世界名著大事典」

肥田 真幸　ひだ・さねゆき

07370 「青春天山雷撃隊」
『青春天山雷撃隊―ヒゲのサムライ奮戦記』 肥田真幸著 新装版 光人社 2012 371p 16cm(光人社NF文庫) 800円
①978-4-7698-2225-7 Ⓝ916
☆「日本海軍の本・総解説」

日高 信六郎　ひだか・しんろくろう

07371 「朝の山残照の山」
『朝の山残照の山』 日高信六郎著 二見書房 1969 349p 図版 22cm〈略年譜:p.332-345〉980円 Ⓝ290.9
☆「日本の山の名著・総解説」,「山の名著 明治・大正・昭和戦前編」

日高 六郎　ひだか・ろくろう

07372 「現代イデオロギー」
『現代イデオロギー』 日高六郎著 勁草書房 1960 588p 22cm Ⓝ361.5
☆「明治・大正・昭和の名著・総解説」,「名著の履歴書」

日辻 常雄　ひつじ・つねお

07373 「最後の飛行艇」
『最後の飛行艇―海軍飛行艇栄光の記録』 日辻常雄著 潮書房光人社 2013 346p 16cm(光人社NF文庫 ひN-806) 848円
①978-4-7698-2806-8 Ⓝ916
☆「日本海軍の本・総解説」

秀島 成忠　ひでしま・なりただ

07374 「佐賀藩海軍史」
『佐賀藩海軍史』 秀島成忠編 原書房 1972 512p 図 22cm(明治百年史叢書)〈巻頭には知新会編纂とあり 知新会大正6年刊の複製〉5500円 Ⓝ210.58
☆「日本海軍の本・総解説」

尾藤 二洲　びとう・じしゅう

07375 「称謂私言」
『影印日本随筆集成 第7輯』 長沢規矩也編 汲古書院 1978 492p 27cm〈出版:古典研究会〉7000円 Ⓝ081.5
☆「世界名著大事典 補遺(Extra)」

07376 「正学指掌」
『徂徠学派』 日本図書センター 1979 1冊 22cm(日本教育思想大系 15)〈それぞれの複製〉12000円 Ⓝ121.68
☆「世界名著大事典 補遺(Extra)」

07377 「静寄軒文集」
『近世儒家文集集成 第10巻 静寄軒集』 相良亨ほか編 尾藤二洲著 頼惟勤他編・解説 ぺりかん社 1991 42,338p 27cm〈複製〉14000円 ①4-8315-0506-4 Ⓝ121.53
☆「世界名著大事典 補遺(Extra)」

07378 「素餐録」
『徂徠学派』 日本図書センター 1979 1冊 22cm(日本教育思想大系 15)〈それぞれの複製〉12000円 Ⓝ121.68
☆「世界名著大事典 補遺(Extra)」

尾藤 正英　びとう・まさひで

07379 「江戸時代とは何か」
『江戸時代とはなにか―日本史上の近世と近代』 尾藤正英著 岩波書店 2006 282p 15cm(岩波現代文庫 学術) 1100円
①4-00-600158-4 Ⓝ210.5
☆「日本思想史」

07380 「日本封建思想史研究―幕藩体制の原理と朱子学的思惟」
『日本封建思想史研究―幕藩体制の原理と朱子学的思惟』 尾藤正英著 青木書店 1961 307p 22cm(歴史学研究叢書 歴史学研究会

編）121.3
☆「日本史の名著」

一松 信　ひとつまつ・しん

07381　「石とりゲームの数理」
『石とりゲームの数理』　一松信著　森北出版　1968　166p　22cm（数学ライブラリー　教養篇 2)　600円　Ⓝ418.8
☆「数学ブックガイド100」

07382　「解析学序説」
『解析学序説　上巻』　一松信著　新版　裳華房　1981　275p　22cm　2500円　Ⓘ4-7853-1030-8　Ⓝ413
☆「ブックガイド "数学" を読む」

07383　「数学点景」
『数学点景』　一松信著　朝日新聞社　1982　195p　19cm　1500円　Ⓝ410.49
☆「数学ブックガイド100」

07384　「数学の問題」
『数学の問題』　ヒルベルト著　一松信訳・解説　共立出版　1969　141p　図版　22cm（現代数学の系譜　4)　950円　Ⓝ410.1
☆「数学ブックガイド100」

07385　「数値解析」
『新数学講座　13　数値解析』　田村一郎, 木村俊房編　一松信著　朝倉書店　1982　163p　22cm（参考書：p157～158）　2200円　Ⓝ410.8
☆「数学ブックガイド100」

07386　「四色問題」
『四色問題—その誕生から解決まで』　一松信著　講談社　1978　270,4p　18cm（ブルーバックス)　540円　Ⓝ414.8
☆「数学ブックガイド100」

人見 必大　ひとみ・ひつだい

07387　「本朝食鑑」
『本朝食鑑　1』　人見必大著　島田勇雄訳注　平凡社　1976　308p　18cm（東洋文庫)　900円　Ⓝ499.9
☆「古典の事典」,「日本の古典名著」

日向 康吉　ひなた・こうきち

07388　「菜の花からのたより」
『菜の花からのたより—農業と品種改良と分子生物学と』　日向康吉著　裳華房　1998　184p　19cm（ポピュラー・サイエンス)　1500円　Ⓘ4-7853-8697-5　Ⓝ617.9
☆「学問がわかる500冊 v.2」

日向 康　ひなた・やすし

07389　「それぞれの機会」
『それぞれの機会』　日向康著　同時代社　1987　368p　20cm〈中央公論社昭和39年刊に増補したもの〉　2000円　Ⓘ4-88683-151-6　Ⓝ913.6
☆「現代を読む」

日夏 耿之介　ひなつ・こうのすけ

07390　「黒衣聖母」
『精選復刻長野県稀覯本集成　第1期（明治・大正編)』〔松本〕　郷土出版社　2000　11冊　16-21cm〈タイトルは箱による　箱入〉　全45000円　Ⓘ4-87663-474-2　Ⓝ918.6
☆「世界名著大事典」,「日本文学鑑賞辞典〔第2〕」

07391　「転身の頌」
『転身の頌—詩集』　日夏耿之介著　日本近代文学館　1980　120,4,8p　22cm（名著複刻詩歌文学館　山茶花セット）〈光風館書店大正6年刊の複製　ほるぷ〔発売〕　はり込図1枚　叢書の編者：名著複刻全集編集委員会〉　911
☆「世界名著大事典」,「日本文芸鑑賞事典　第6巻（1917～1920年)」

07392　「明治大正詩史」
『明治大正詩史　巻ノ上』　日夏耿之介著　改訂増補（再版)　創元社　1951　475p　図版　22cm　Ⓝ911.52
☆「世界名著大事典」,「日本文芸鑑賞事典　第9巻」

07393　「明治浪曼文学史」
『明治浪曼文学史』　日夏耿之介著　中央公論社　1968　424p　図版　22cm〈初版は昭和26年刊〉　1800円　Ⓝ910.26
☆「世界名著大事典」

日夏 繁高　ひなつ・しげたか

07394　「本朝武芸小伝」
『本朝武芸小伝』　日夏繁高著　京都　大日本武徳会本部　1920　119丁　23cm〈和装〉　Ⓝ789
☆「古典の事典」,「日本の古典名著」

火野 葦平　ひの・あしへい

07395　「赤い国の旅人」
『赤い国の旅人』　火野葦平著　朝日新聞社　1955　312p　図版　19cm　Ⓝ915.6
☆「日本文学鑑賞辞典〔第2〕」

07396　「土と兵隊」
『土と兵隊』　火野葦平著　改造社　1938　184p　20cm　Ⓝ913.6
☆「昭和の名著」,「新潮文庫20世紀の100冊」

07397　「花と兵隊」
『花と兵隊—杭州警備駐留記』　火野葦平著　社会批評社　2013　219p　19cm〈底本：光人社1979年刊〉　1500円　Ⓘ978-4-907127-03-9　Ⓝ913.6

ひの

07398 「花と竜」
『花と竜 上』 火野葦平著 講談社 1996 445p 16cm(大衆文学館) 860円
Ⓘ4-06-262030-8 Ⓝ913.6
☆「現代文学名作探訪事典」、「日本文学 これを読まないと文学は語れない!!」

07399 「糞尿譚」
『糞尿譚—他九篇』 火野葦平著 角川書店 1955 194p 15cm(角川文庫) Ⓝ913.6
☆「あらすじダイジェスト」、「一度は読もうよ! 日本の名著」、「一冊で100名作の「さわり」を読む」、「現代文学名作探訪事典」、「世界名著大事典」、「日本の小説101」、「日本文学現代名作事典」、「日本文学名作案内」、「日本文芸鑑賞事典 第12巻」、「ポケット日本名作事典」

07400 「麦と兵隊」
『麦と兵隊』 火野葦平著 改造社 1938 236p 20cm Ⓝ913.6
☆「あらすじで読む日本の名著 No.2」、「現代文学鑑賞辞典」、「昭和の名著」、「新潮文庫20世紀の100冊」、「世界名著大事典」、「日本文学鑑賞辞典〔第2〕」、「日本文学現代名作事典」、「日本文芸鑑賞事典 第12巻」、「日本陸軍の本・総解説」、「百年の誤読」、「ベストガイド日本の名著」、「ポケット日本名作事典」、「明治・大正・昭和のベストセラー」、「明治・大正・昭和の名著・総解説」

日野 啓三　ひの・けいぞう

07401 「あの夕陽」
『あの夕陽—日野啓三短篇小説集 牧師館—日野啓三短篇小説集』 日野啓三著 講談社 2002 235p 16cm(講談社文芸文庫) 1200円 Ⓘ4-06-198309-1 Ⓝ913.6
☆「現代文学鑑賞辞典」

07402 「砂丘が動くように」
『砂丘が動くように』 日野啓三著 講談社 1998 295p 16cm(講談社文芸文庫)〈著作目録あり 年譜あり〉 980円
Ⓘ4-06-197615-X Ⓝ913.6
☆「日本の小説101」

07403 「此岸の家」
『此岸の家』 日野啓三著 河出書房新社 1982 212p 15cm(河出文庫) 320円 Ⓝ913.6
☆「日本文芸鑑賞事典 第20巻(昭和42〜50年)」

日野 草城　ひの・そうじょう

07404 「花氷」
『草城句集—花氷』 日野草城著 沖積舎 1996 262,7p 20cm(京鹿子叢書 第4編)〈京鹿子発行所昭和2年刊の複製 著者の肖像あり 付(10p):栞〉 4800円 Ⓘ4-8060-1557-1

Ⓝ911.368
☆「世界名著大事典 補遺(Extra)」、「日本文学鑑賞辞典〔第2〕」、「日本文芸鑑賞事典 第9巻」

日野 名子　ひの・めいし

07405 「竹向が記」
『竹むきが記全注釈』 [日野名子][原著] 岩佐美代子著 笠間書院 2011 326,9p 22cm〈文献あり 年譜あり 索引あり〉 8500円
Ⓘ978-4-305-70531-0 Ⓝ915.49
☆「古典文学鑑賞辞典」

ビー丸のK　びーまるのけい

07406 「俺たちだ」
『社会派アンソロジー集成 中』 戦旗復刻版刊行会編集 戦旗復刻版刊行会 1983 8冊 15〜21cm(日本社会主義文化運動資料 22)〈昭和2年〜6年刊の複製 付(10p):解題2箱入(24cm)〉 全36000円 Ⓝ911.56
☆「日本のプロレタリア文学」

氷見山 幸夫　ひみやま・ゆきお

07407 「アトラス日本列島の環境変化」
『アトラス日本列島の環境変化』 氷見山幸夫ほか編 朝倉書店 1995 187p 43cm〈監修:西川治 付:参考資料〉 26780円
Ⓘ4-254-16333-9 Ⓝ334.6
☆「学問がわかる500冊 v.2」

姫岡 勤　ひめおか・つとむ

07408 「家族社会学論集」
『家族社会学論集』 姫岡勤著 京都 ミネルヴァ書房 1983 288p 22cm〈研究業績:p286〜288〉 5000円 Ⓝ361.63
☆「社会学の名著30」

比屋根 安定　ひやね・あんてい

07409 「日本基督教史」
『日本基督教史 第1-5巻』 比屋根安定著 教文館 1938 5冊 20cm Ⓝ190
☆「世界名著大事典」

檜山 良昭　ひやま・よしあき

07410 「スターリン暗殺計画」
『スターリン暗殺計画』 桧山良昭著 双葉社 1996 455p 15cm(双葉文庫 日本推理作家協会賞受賞作全集 38) 820円
Ⓘ4-575-65834-0 Ⓝ913.6
☆「世界の推理小説・総解説」

07411 「日本本土決戦」
『日本本土決戦—昭和20年11月、米軍皇土へ侵攻す! 長編スペクタクル小説』 桧山良昭著 光文社 1986 477p 16cm(光文社文庫)

〈主要参考文献：p473〜477〉　560円
①4-334-70392-5　Ⓝ913.6
☆「日本陸軍の本・総解説」

兵藤 釗　ひょうどう・つとむ

07412　「日本における労資関係の展開」
『日本における労資関係の展開』　兵藤釗著　東京大学出版会　1971　479p　22cm（東大社会科学研究叢書　33）　2400円　Ⓝ366.021
☆「日本経済本38」

日吉 佐阿弥　ひよし・さあみ

07413　「殺生石」
『能を読む　4　信光と世阿弥以後―異類とスペクタクル』　梅原猛, 観世清和監修　天野文雄, 土屋恵一郎, 中沢新一, 松岡心平編集委員　角川学芸出版　2013　606p　22cm〈KADOKAWA〔発売〕〉　6500円
①978-4-04-653874-1　Ⓝ773
☆「近代名著解題選集 3」,「世界名著大事典」

平井 和正　ひらい・かずまさ

07414　「悪霊の女王」
『悪霊の女王』　平井和正著　角川書店　1979　466p　15cm（角川文庫）　490円　Ⓝ913.6
☆「世界のSF文学・総解説」

07415　「狼の紋章」
『狼の紋章』　平井和正著　徳間書店　1992　264p　18cm（Tokuma novels　ウルフガイシリーズ）　750円　①4-19-154965-0　Ⓝ913.6
☆「世界のSF文学・総解説」

07416　「サイボーグ・ブルース」
『サイボーグ・ブルース』　平井和正著　リム出版　1991　383p　19cm（平井和正全集　9）〈エーブイエス〔発売〕　別冊：「悪夢を作る男」〉　1300円　①4-87120-143-0
☆「世界のSF文学・総解説」

07417　「真・幻魔大戦」
『真・幻魔大戦　1』　平井和正著　徳間書店　1980　252p　18cm（Tokuma novels　幻魔シリーズ）　650円　Ⓝ913.6
☆「世界のSF文学・総解説」

平井 蒼太　ひらい・そうた

07418　「おいらん」
『おいらん』　平井蒼太著　鈴木敏文解説　イースト・プレス　1997　260p　21cm（幻の性資料　第5巻）　2400円　①4-87257-116-9　Ⓝ913.6
☆「日本の艶本・珍書 総解説」,「日本の奇書77冊」

平井 博　ひらい・ひろし

07419　「オスカー・ワイルドの生涯」
『オスカー・ワイルドの生涯』　平井博著　松柏社　1960　272,28p 図版　22cm〈付録：参考文献書誌, Oscar Wilde年表, 主要人名索引〉
Ⓝ930.28
☆「伝記・自叙伝の名著」

平泉 澄　ひらいずみ・きよし

07420　「中世に於ける社寺と社会との関係」
『中世に於ける社寺と社会との関係』　平泉澄著　国書刊行会　1982　374p　22cm〈至文堂大正15年刊の複製〉　6000円　Ⓝ210.4
☆「世界名著大事典」

平出 鏗二郎　ひらいで・こうじろう

07421　「敵討」
『敵討』　平出鏗二郎著　中央公論社　1990　219p　16cm（中公文庫）　340円
①4-12-201707-6　Ⓝ210.5
☆「世界名著大事典」

07422　「日本風俗史」
『日本風俗史』　藤岡作太郎, 平出鏗二郎著　日本図書センター　1983　1冊　22cm（日本風俗叢書）〈東陽堂明治28年刊の合本複製〉　10000円　Ⓝ382.1
☆「世界名著大事典」

平出 修　ひらいで・しゅう

07423　「定本平出修集」
『定本平出修集』　春秋社　1965　444p 図版　20cm　Ⓝ918.6
☆「日本近代の名著」,「明治・大正・昭和の名著・総解説」,「明治の名著 1」

平岩 弓枝　ひらいわ・ゆみえ

07424　「御宿かわせみ」
『御宿かわせみ』　平岩弓枝著　新装版　文藝春秋　2004　299p　16cm（文春文庫）　476円
①4-16-716880-4　Ⓝ913.6
☆「面白いほどよくわかる時代小説名作100」,「現代文学鑑賞辞典」,「ポケット日本名作事典」,「歴史小説・時代小説 総解説」

07425　「結婚のとき」
『結婚のとき』　平岩弓枝著　講談社　1982　244p　15cm（講談社文庫）〈年譜：p235〜244〉　320円　①4-06-131795-4　Ⓝ913.6
☆「一度は読もうよ！日本の名著」,「一冊で愛の話題作100冊を読む」,「日本文学名作案内」

平尾 道雄　ひらお・みちお

07426　「海援隊始末記」
『海援隊始末記』　平尾道雄著　大道書房　1941

平岡 敬　ひらおか・たかし

07427「希望のヒロシマ」
『希望のヒロシマ―市長はうったえる』平岡敬著　岩波書店　1996　222p　18cm（岩波新書）　650円　Ⓘ4-00-430452-0　Ⓝ319.8
　☆「大学新入生に薦める101冊の本」

平賀 源内　ひらが・げんない

07428「火浣布略説」
『西洋本草書集』杉本つとむ編　早稲田大学蔵資料影印叢書刊行委員会　1996　479,18p　27cm（早稲田大学蔵資料影印叢書　洋学篇第11巻）〔発行所：早稲田大学出版部〕　30000円　Ⓘ4-657-96703-7　Ⓝ499.9
　☆「世界名著大事典」

07429「痿陰隠逸伝」
『日本の名著　22　杉田玄白・平賀源内・司馬江漢』芳賀徹責任編集　中央公論社　1984　525p　18cm（中公バックス）〈杉田玄白の肖像あり〉　1200円　Ⓘ4-12-400412-5　Ⓝ081
　☆「日本の艶本・珍書 総解説」、「日本の奇書77冊」

07430「長枕褥合戦」
『長枕褥合戦』風来山人著　東京限定版クラブ校訂　作品社　1952　113p　20cm（和装）　Ⓝ913.54
　☆「日本の艶本・珍書 総解説」、「日本の奇書77冊」

07431「風来六々部集」
『風来六々部集―校訂　平賀鳩渓実記一校訂』平賀源内,檪斎老人著　斎藤亮信校　雄山閣　1940　181p　15cm（雄山閣文庫　第1部第49）〈「雑誌古典研究」第5巻第5号別冊附録〉　Ⓝ913.5
　☆「世界名著大事典」

07432「風流志道軒伝」
『風流志道軒伝』風来山人著　饗庭篁村校　富山房　1903　157p　16cm（名著文庫　巻9）〈附録：風来仮名文選〉　Ⓝ913.5
　☆「世界名著大事典」、「日本の古典」、「日本の書物」、「日本文学鑑賞辞典〔第1〕」

07433「物類品隲」
『物類品隲』平賀国倫編　正宗敦夫編纂校訂　長崎町（東京府）　日本古典全集刊行会　1928　1冊　16cm（日本古典全集　第3期〔第5〕）　Ⓝ462
　☆「古典の事典」、「世界名著大事典」、「日本の古典名著」

07434「放屁論」
『日本の名著　22　杉田玄白・平賀源内・司馬江漢』芳賀徹責任編集　中央公論社　1984　525p　18cm（中公バックス）〈杉田玄白の肖像あり〉　1200円　Ⓘ4-12-400412-5　Ⓝ081
　☆「日本の艶本・珍書 総解説」、「日本の奇書77冊」

平賀 文男　ひらが・ふみお

07435「赤石渓谷」
『赤石渓谷』平賀文男著　隆章閣　1933　300,4p　20cm　Ⓝ291.5
　☆「日本の山の名著・総解説」、「山の名著 明治・大正・昭和戦前編」

平賀 元義　ひらが・もとよし

07436「平賀元義歌集」
『平賀元義歌集』斎藤茂吉,杉鮫太郎編註　岩波書店　1996　272p　15cm（岩波文庫）〈第2刷（第1刷：1938年）　平賀元義研究文献目次大要：p245～247〉　620円　Ⓘ4-00-302021-9　Ⓝ911.15
　☆「作品と作者」、「世界名著大事典」、「日本文学鑑賞辞典〔第1〕」

平賀 廉吉　ひらが・れんきち

07437「平賀廉吉詩集」
　☆「世界名著大事典」

平上 泰正　ひらがみ・たいせい

07438「ぐるっと海道五十三次」
『ぐるっと海道五十三次―心の避泊 孫と二人三脚母なる海に魅せられて』平上泰正編著　平上泰史著,イラスト　洲本　平上泰正　1993　225p　21cm　1500円　Ⓝ291.09
　☆「世界の海洋文学」

平上 泰史　ひらがみ・やすひと

07439「ぐるっと海道五十三次」
『ぐるっと海道五十三次―心の避泊 孫と二人三脚母なる海に魅せられて』平上泰正編著　平上泰史著,イラスト　洲本　平上泰正　1993　225p　21cm　1500円　Ⓝ291.09
　☆「世界の海洋文学」

平川 祐弘　ひらかわ・すけひろ

07440「和魂洋才の系譜」
『和魂洋才の系譜―内と外からの明治日本　上』平川祐弘著　平凡社　2006　434p　16cm（平凡社ライブラリー　585）　1600円　Ⓘ4-582-76585-8　Ⓝ210.6
　☆「ベストガイド日本の名著」

平川 秀幸　ひらかわ・ひでゆき

07441「科学は誰のものか」
『科学は誰のものか―社会の側から問い直す』平川秀幸著　日本放送出版協会　2010　254p

18cm（生活人新書　328）　740円
①978-4-14-088328-0　Ⓝ404
☆「環境と社会」

平川　南　ひらかわ・みなみ

07442　「よみがえる古代文書」
『よみがえる古代文書―漆に封じ込められた日本社会』　平川南著　岩波書店　1994　219p　18cm（岩波新書）　620円　①4-00-430349-4　Ⓝ210.02
☆「学問がわかる500冊 v.2」

平櫛　孝　ひらくし・たかし

07443　「肉弾!!サイパン・テニアン戦」
『肉弾!!サイパン・テニアン戦―玉砕戦から生還した参謀の証言　大東亜戦争秘録』　平櫛孝著　共栄書房　1979　390p　20cm〈著者の肖像あり　参考文献：p386〉　2300円　Ⓝ915.9
☆「日本陸軍の本・総解説」

平子　鐸嶺　ひらこ・たくれい

07444　「仏教芸術の研究」
『仏教芸術の研究』　平子鐸嶺著　増訂 平子恵美編　国書刊行会　1976　791,32p 図　23cm〈大正12年刊の複製　付篇：平子鐸嶺遺稿『五寺瞥見』（大和法隆寺蔵），平子鐸嶺に関係した法隆寺論争の関係論考一覧，平子鐸嶺略年譜〉　9500円　Ⓝ702.098
☆「世界名著大事典」

平子　尚　ひらこ・ひさし

07445　「百万小塔肆考」
『百万小塔肆攷』　平子鐸嶺（尚）著　平子尚　1908　18丁 図版　24cm〈和装〉Ⓝ700
☆「世界名著大事典」

平沢　計七　ひらさわ・けいしち

07446　「赤毛の子」
『創作勞働問題』　平澤紫魂著　浦安　西田勝・平和研究室　2003　265,18p　19cm（復刻版　社会文学叢書　8）〈不二出版〔発売〕　原本：海外殖民學校出版部大正8年刊〉　6000円
①4-8350-3121-0　Ⓝ913.6
☆「日本のプロレタリア文学」

平島　廉久　ひらしま・やすひさ

07447　「小衆をつかむ」
『「小衆」をつかむ―市場が変わる！ ニーズが変わる!!』　平島廉久著　日本実業出版社　1985　228p　19cm　1100円
①4-534-01029-X　Ⓝ675
☆「経済経営95冊」

平勢　隆郎　ひらせ・たかお

07448　「「史記」二二〇〇年の虚実―年代矛盾の謎と隠された正統観」
『「史記」二二〇〇年の虚実―年代矛盾の謎と隠された正統観』　平勢隆郎著　講談社　2000　268p　20cm　2400円　①4-06-208766-9　Ⓝ222.03
☆「世界史読書案内」

平瀬　徹斎　ひらせ・てっさい

07449　「日本山海名物図会」
『日本山海名物図会』　平瀬徹斎著　長谷川光信画　名著刊行会　1979　11,187p　22cm〈宝暦4年刊の複製〉　5500円　①4-8390-0323-8　Ⓝ602.1
☆「世界名著大事典」

平田　篤胤　ひらた・あつたね

07450　「伊吹於呂志」
『新修平田篤胤全集　第15巻　歌道・古道入門』　平田篤胤［著］　平田篤胤全集刊行会編　名著出版　2001　532p 図版15枚　22cm〈昭和53年刊の複製　肖像あり 折り込み2枚〉　9000円
①4-626-01617-0　Ⓝ121.52
☆「世界名著大事典」

07451　「古史成文」
『新修平田篤胤全集　第1巻　古史 1』　平田篤胤［著］　平田篤胤全集刊行会編　名著出版　2001　3,490p　22cm〈昭和52年刊の複製〉　8500円　①4-626-01603-0　Ⓝ121.52
☆「日本名著辞典」，「日本歴史「古典籍」総覧」，「歴史の名著100」

07452　「古史徴」
『新修平田篤胤全集　第5巻　古史 5』　平田篤胤［著］　平田篤胤全集刊行会編　名著出版　2001　2,453p　22cm〈昭和52年刊の複製〉　8000円　①4-626-01607-3　Ⓝ121.52
☆「世界名著大事典」，「日本名著辞典」

07453　「古史伝」
『新修平田篤胤全集　第1巻　古史 1』　平田篤胤［著］　平田篤胤全集刊行会編　名著出版　2001　3,490p　22cm〈昭和52年刊の複製〉　8500円　①4-626-01603-0　Ⓝ121.52
☆「世界名著大事典」，「日本名著辞典」

07454　「古道大意」
『古道大意』　平田篤胤著　日本電報通信社出版部　1945　71p　21cm　Ⓝ121.26
☆「教育の名著80選解題」，「古典の事典」，「世界名著大事典」，「尊王 十冊の名著」，「日本の古典名著」，「日本名著辞典」

07455　「悟道弁」

ひらた

『新修平田篤胤全集　第10巻　儒教　仏道1』平田篤胤［著］　平田篤胤全集刊行会編　名著出版　2001　5,600p　22cm〈昭和52年刊の複製〉　10000円　Ⓘ4-626-01612-X　Ⓝ121.52
☆「世界名著大事典」

07456　「出定笑語」
『新修平田篤胤全集　第10巻　儒教　仏道1』平田篤胤［著］　平田篤胤全集刊行会編　名著出版　2001　5,600p　22cm〈昭和52年刊の複製〉　10000円　Ⓘ4-626-01612-X　Ⓝ121.52
☆「世界名著大事典」,「日本の古典名著」

07457　「西籍概論」
『西籍概論―講本　上』　平田［篤胤］講談　大坂但馬屋久兵衛　58丁　24cm〈和装〉　Ⓝ121.52
☆「学術辞典叢書　第15巻」,「世界名著解題選　第2巻」,「世界名著大事典」

07458　「俗神道大意」
『新修平田篤胤全集　第8巻　神道3　道教1』平田篤胤［著］　平田篤胤全集刊行会編　名著出版　2001　6,847p　22cm〈昭和51年刊の複製　肖像あり　折り込み1枚〉　13000円　Ⓘ4-626-01610-3　Ⓝ121.52
☆「世界名著大事典」

07459　「大道或問」
『新修平田篤胤全集　第8巻　神道3　道教1』平田篤胤［著］　平田篤胤全集刊行会編　名著出版　2001　6,847p　22cm〈昭和51年刊の複製　肖像あり　折り込み1枚〉　13000円　Ⓘ4-626-01610-3　Ⓝ121.52
☆「教育の名著80選解題」

07460　「霊の真柱」
『霊の真柱』　平田篤胤著　子安宣邦校注　岩波書店　1998　226p　15cm〈岩波文庫〉　500円　Ⓘ4-00-330462-4　Ⓝ121.52
☆「世界名著大事典」

07461　「入学問答」
『入学問答』　平田篤胤著　北小路健解題・翻刻　国書刊行会　1974　2冊（別冊共）　27cm〈版本文庫　4〉〈天保9年刊の複製　箱入　別冊（87p　21cm）：平田篤胤と入学問答―解題篇・翻刻篇（北小路健）　平田篤胤著書解題・年譜：p.12-43　伊吹能舎先生著撰目：p.56-87〉　2500円　Ⓝ121.26
☆「教育の名著80選解題」,「世界名著大事典」

平田　晋策　ひらた・しんさく
07462　「われ等若し戦はば」
☆「日本海軍の本・総解説」

平田　東助　ひらた・とうすけ
07463　「産業組合法要義」

『産業組合法要義』　平田東助著　3版　大日本産業組合中央会　1905　200p　23cm〈初版：明治33年8月刊〉　Ⓝ328.33
☆「農政経済の名著　明治大正編」

07464　「信用組合論」
『明治大正農政経済名著集　4　信用組合産業組合論集』　近藤康男編　農山漁村文化協会　1977　372p　肖像　22cm　3000円　Ⓝ610.8
☆「農政経済の名著　明治大正編」

平田　森三　ひらた・もりぞう
07465　「キリンのまだら―自然界の統計現象」
『キリンのまだら―自然界の統計現象をめぐるエッセイ』　平田森三著　早川書房　2003　332p　16cm〈ハヤカワ文庫NF〈数理を愉しむ〉シリーズ〉　700円　Ⓘ4-15-050287-0　Ⓝ420.49
☆「物理ブックガイド100」

平塚　武二　ひらつか・たけじ
07466　「太陽よりも月よりも」
『太陽よりも月よりも』　平塚武二作　瀬川康男画　童心社　1979　180p　18cm〈フォア文庫〉　390円
☆「世界名著大事典」

07467　「たまむしのずしの物語」
『日本ジュニア文学名作全集　9』　日本ペンクラブ編　井上ひさし選　汐文社　2000　213p　20cm　1600円　Ⓘ4-8113-7336-7
☆「少年少女の名作案内　日本の文学ファンタジー編」,「名作の研究事典」

平塚　らいてう　ひらつか・らいちょう
07468　「元始、女性は太陽であった」
『元始、女性は太陽であった―平塚らいてう自伝　1』　平塚らいてう著　大月書店　1992　376p　15cm〈国民文庫〉〈著者の肖像あり〉　930円　Ⓘ4-272-88811-0　Ⓝ289.1
☆「自伝の名著101」,「日本文芸鑑賞事典　第4巻」

07469　「円窓より」
『円窓より』　平塚らいてう著　大空社　1995　325p　22cm〈叢書女性論　8〉〈東雲堂書店大正2年刊の複製〉　9000円　Ⓘ4-7568-0017-3　Ⓝ367.21
☆「世界名著大事典」,「大正の名著」,「ベストガイド日本の名著」,「明治・大正・昭和の名著・総解説」

平野　邦雄　ひらの・くにお
07470　「大化前代社会組織の研究」
『大化前代社会組織の研究』　平野邦雄著　吉川弘文館　1969　460p　22cm〈日本史学研究叢書〉　2800円　Ⓝ210.3

平野 啓一郎　ひらの・けいいちろう

07471　「日蝕」
『日蝕』　平野啓一郎著　新潮社　2002　212p　16cm（新潮文庫）　400円　Ⓘ4-10-129031-8　Ⓝ913.6
☆「現代文学鑑賞辞典」

平野 謙　ひらの・けん

07472　「芸術と実生活」
『芸術と実生活』　平野謙著　岩波書店　2001　383p　15cm（岩波現代文庫 文芸）　1200円　Ⓘ4-00-602043-0　Ⓝ910.26
☆「世界名著大事典 補遺（Extra）」、「日本文芸鑑賞事典 第17巻（1955～1958年）」

07473　「さまざまな青春」
『さまざまな青春』　平野謙著　講談社　1991　765p　16cm（講談社文芸文庫）〈著者目録：p763～765〉　1700円　Ⓘ4-06-196144-6　Ⓝ910.268
☆「世界名著大事典 補遺（Extra）」

07474　「島崎藤村」
『島崎藤村』　平野謙著　岩波書店　2001　241p　15cm（岩波現代文庫 文芸）　1000円　Ⓘ4-00-602042-2　Ⓝ910.26
☆「現代文学鑑賞辞典」、「世界名著大事典 補遺（Extra）」

07475　「昭和文学史」
『昭和文学史』　平野謙著　筑摩書房　1963　306,26p 図版　19cm（筑摩叢書）　Ⓝ910.26
☆「世界名著大事典 補遺（Extra）」、「必読書150」

07476　「政治と文学」
『政治と文学』　中野重治［ほか］著　學藝書林　2003　581p　20cm（全集現代文学の発見 新装版 第4巻　大岡昇平［ほか］責任編集）〈付属資料：12p；月報 4〉　4500円
Ⓘ4-87517-062-9　Ⓝ918.6
☆「世界名著大事典 補遺（Extra）」

07477　「政治と文学の間」
『政治と文学の間』　平野謙著　未来社　1956　321p　19cm　Ⓝ910.4
☆「ベストガイド日本の名著」、「明治・大正・昭和の名著・総解説」

07478　「ひとつの反措定」
『日本近代文学評論選 昭和篇』　千葉俊二、坪内祐三編　岩波書店　2004　457p　15cm（岩波文庫）　800円　Ⓘ4-00-311712-3　Ⓝ914.68
☆「世界名著大事典 補遺（Extra）」

07479　「平野謙全集」
『平野謙全集　第1巻』　新潮社　1975　479p 肖像　20cm　3000円　Ⓝ910.8
☆「世界名著大事典 補遺（Extra）」

07480　「文芸時評」
『文芸時評　上』　平野謙　河出書房新社　1978　520,26p　19cm（河出文芸選書）〈著者の肖像あり〉　Ⓝ910.26
☆「世界名著大事典 補遺（Extra）」

平野 長英　ひらの・ちょうえい

07481　「尾瀬」
『尾瀬』　平野長英,川崎隆章共著　福村書店　1953　542p 図版4枚 地図　19cm　Ⓝ291.33
☆「日本の山の名著・総解説」、「山の名著 明治・大正・昭和戦前編」

平野 義太郎　ひらの・よしたろう

07482　「日本資本主義社会の機構」
『日本資本主義社会の機構―史的過程よりの究明』　平野義太郎著　改版　岩波書店　1967　352p　22cm　1200円　Ⓝ332.1
☆「世界名著大事典」、「ベストガイド日本の名著」、「明治・大正・昭和の名著・総解説」、「歴史の名著 日本人篇」

07483　「農業問題と土地変革」
『昭和前期農政経済名著集　4　農業問題と土地変革』　近藤康男編　平野義太郎著　農山漁村文化協会　1979　460,5p　22cm〈解題：上原信博 平野義太郎の肖像あり〉　4000円
Ⓝ611.08
☆「農政経済の名著 昭和前期編」

07484　「ブルジョア民主主義革命」
『ブルジョア民主主義革命―その歴史的発展』　平野義太郎著　新版　法政大学出版局　1968　373p　22cm　1500円　Ⓝ312.1
☆「歴史の名著 日本人篇」

平畑 静塔　ひらはた・せいとう

07485　「月下の俘虜」
『月下の俘虜―平畑静塔句集』　平畑静塔著　邑書林　1998　112p　15cm（邑書林句集文庫）　900円　Ⓘ4-89709-257-4　Ⓝ911.368
☆「日本文芸鑑賞事典 第17巻（1955～1958年）」

平林 たい子　ひらばやし・たいこ

07486　「かういふ女」
『かういふ女―他四篇』　平林たい子著　河出書房　1954　166p 図版　15cm（河出文庫）
Ⓝ913.6
☆「世界名著大事典」、「日本文学鑑賞辞典〔第2〕」、「日本文芸鑑賞事典 第14巻（1946～1948年）」、「ポケット日本名作事典」

ひらはやし　　　　　　　　　　　　　　　　　　　　　　07487～07502

07487　「砂漠の花」
『砂漠の花』　平林たい子著　光文社　1957　264p　19cm　Ⓝ913.6
☆「現代文学名作探訪事典」

07488　「施療室にて」
『日本近代短篇小説選　昭和篇1』　紅野敏郎, 紅野謙介, 千葉俊二, 宗像和重, 山田俊治編　岩波書店　2012　394p　15cm（岩波文庫 31-191-4）　800円　Ⓘ978-4-00-311914-3　Ⓝ913.68
☆「現代文学鑑賞辞典」,「世界名著大事典」,「日本文学鑑賞辞典［第2］」,「日本文学現代名作事典」

07489　「殴る」
『殴る』　平林たい子著　松本　郷土出版社　1991　344p　19cm（珠玉の名著＝初版本記念復刻セット）〈長野県文学全集〈全30巻〉完結記念　改造社昭和4年刊の複製　8冊セット（解説とも）1箱入 限定版〉Ⓘ4-87663-159-X　Ⓝ918.6
☆「一冊で100名作の「さわり」を読む」

07490　「私は生きる」
『私は生きる―他三篇』　平林たい子著　角川書店　1956　130p　15cm（角川文庫）　Ⓝ913.6
☆「女性のための名作・人生案内」

平林 初之輔　ひらばやし・はつのすけ

07491　「日本自由主義発達史」
☆「世界名著大事典」

07492　「文学理論の諸問題」
『文学理論の諸問題』　平林初之輔著　日本図書センター　1992　297,8p　22cm（近代文芸評論叢書 27）〈解説: 関口安義 千倉書房昭和4年刊の複製〉　8240円　Ⓘ4-8205-9156-8　Ⓝ901.01
☆「世界名著大事典」

平林 治徳　ひらばやし・はるのり

07493　「日本説話文学索引」
『日本説話文学索引』　平林治徳, 石山徹郎, 境田四郎編　増補改訂 境田四郎, 和田克司編　大阪　清文堂出版　1974　1156p　22cm〈初版: 日本出版社昭和18年刊（同複製版: 清文堂出版昭和39年刊）〉　17000円　Ⓝ910.39
☆「世界名著大事典」

平原 春好　ひらはら・はるよし

07494　「教育行政学」
『教育行政学』　平原春好, 神田修編著　北樹出版　1996　202p　22cm（ホーンブック）〈執筆: 岩永定ほか　学文社〔発売〕　参考文献: p200～202〉　2200円　Ⓘ4-89384-564-0　Ⓝ373.2
☆「学問がわかる500冊」

平福 百穂　ひらふく・ひゃくすい

07495　「寒竹」
『寒竹―歌集』　平福百穂著　短歌新聞社　2000　136p　15cm（短歌新聞社文庫）　667円　Ⓘ4-8039-0999-7　Ⓝ911.168
☆「世界名著大事典」

平松 剛　ひらまつ・つよし

07496　「磯崎新の「都庁」」
『磯崎新の「都庁」―戦後日本最大のコンペ』　平松剛著　文藝春秋　2008　476p　20cm〈年譜あり　著作目録あり　文献あり〉　2190円　Ⓘ978-4-16-370290-2　Ⓝ526.31
☆「建築・都市ブックガイド21世紀」

平山 和彦　ひらやま・かずひこ

07497　「伝承と慣習の論理」
『伝承と慣習の論理』　平山和彦著　吉川弘文館　1992　306,8p　22cm（日本歴史民俗叢書）　5850円　Ⓘ4-642-07353-1　Ⓝ380.1
☆「学問がわかる500冊 v.2」

平山 宗宏　ひらやま・むねひろ

07498　「保健福祉学概論」
『保健福祉学概論―時代のニーズに応える連携と統合』　日本保健福祉学会編　川島書店　1994　214p　22cm〈監修: 平山宗宏, 高山忠雄　各章末: 参考文献〉　2800円　Ⓘ4-7610-0539-4　Ⓝ498
☆「学問がわかる500冊」

平山 蘆江　ひらやま・ろこう

07499　「唐人船」
『唐人船　地の巻』　平山蘆江著　平凡社　1929　455p　20cm　Ⓝ913.6
☆「歴史小説・時代小説 総解説」

広井 良典　ひろい・よしのり

07500　「日本の社会保障」
『日本の社会保障』　広井良典著　岩波書店　1999　214,4p　18cm（岩波新書）　660円　Ⓘ4-00-430598-5　Ⓝ364.021
☆「日本経済本38」

広池 俊雄　ひろいけ・としお

07501　「泰緬鉄道」
『泰緬鉄道―戦場に残る橋』　広池俊雄著　読売新聞社　1971　430p 図　20cm　750円　Ⓝ210.75
☆「日本陸軍の本・総解説」

広江 源三郎　ひろえ・げんさぶろう

07502　「軍隊社会の研究」

『軍隊社会の研究』 広江源三郎著　聚英閣　1925　324p　19cm　Ⓝ396.21
☆「日本海軍の本・総解説」

広川 晴軒　ひろかわ・せいけん

07503　「三元素略説」
☆「世界名著大事典」

広重 徹　ひろしげ・てつ

07504　「科学の社会史―近代日本の科学体制」
『科学の社会史　上　戦争と科学』 広重徹著　岩波書店　2002　255p　15cm〈岩波現代文庫〉　1000円　①4-00-600093-6
☆「科学技術をどう読むか」、「現代科学論の名著」、「サイエンス・ブックレヴュー」、「物理ブックガイド100」

07505　「物理学史」
『物理学史』 広重徹著　培風館　1968　2冊　22cm〈新物理学シリーズ　5-6〉　各680円　Ⓝ420.2
☆「物理ブックガイド100」

広瀬 謙　ひろせ・けん

07506　「梅墪詩鈔」
『新日本古典文学大系　64　護園録稿・如亭山人遺藁・梅墪詩鈔』 佐竹昭広ほか編　日野竜夫ほか校注　岩波書店　1997　525p　22cm　①4-00-240064-6　Ⓝ918
☆「世界名著大事典」

廣瀬 健　ひろせ・けん

07507　「数学基礎論の応用」
☆「数学ブックガイド100」

07508　「数学の方法」
『数学の方法―直観的イメージから数学的対象へ』 廣瀬健,足立恒雄,郡敏昭共著　復刊　共立出版　2011　291p　22cm　4500円　①978-4-320-01968-3　Ⓝ410
☆「数学ブックガイド100」

広瀬 元恭　ひろせ・げんきょう

07509　「人身窮理書」
☆「世界名著大事典」

07510　「理学提要」
『日本科学古典全書　第6巻　諸科学篇 理学』 三枝博音編　朝日新聞社　1942　684p　22cm　Ⓝ408
☆「世界名著大事典」

広瀬 周伯　ひろせ・しゅうはく

07511　「三才窺管」
『江戸科学古典叢書　38　遠鏡図説.三才窺管.

写真鏡図説』 恒和出版　1983　432,26p　22cm〈編集委員：青木国夫ほか〉　5800円　Ⓝ402.105
☆「世界名著大事典」

広瀬 隆　ひろせ・たかし

07512　「ジョン・ウェインはなぜ死んだか」
『ジョン・ウェインはなぜ死んだか』 広瀬隆著　新訂版　文芸春秋　1988　288p　20cm　980円　①4-16-342490-3　Ⓝ778.253
☆「現代を読む」

広瀬 正　ひろせ・ただし

07513　「マイナス・ゼロ」
『マイナス・ゼロ』 広瀬正著　改訂新版　集英社　2008　518p　16cm〈集英社文庫〉　762円　①978-4-08-746324-8　Ⓝ913.6
☆「世界のSF文学・総解説」

広瀬 淡窓　ひろせ・たんそう

07514　「迂言」
『近世政道論』 奈良本辰也校注　岩波書店　1995　465p　22cm〈日本思想大系新装版　芸の思想・道の思想　4〉　4500円　①4-00-009074-7　Ⓝ311.21
☆「日本の古典名著」

07515　「遠思楼詩鈔」
『遠思楼詩鈔―共4巻』 広瀬淡窓著　大阪　青木嵩山堂　4冊　23cm〈江戸末期刊本の再印帙入　和装〉　Ⓝ919.5
☆「世界名著大事典 補遺(Extra)」

07516　「儒林評」
『淡窓全集』 広瀬淡窓著　日田郡教育会編　増補　京都　思文閣　1971　3冊　22cm〈日田郡教育会大正14-昭和2年刊の複製〉　22000円　Ⓝ121.7
☆「日本の古典名著」

07517　「析玄」
『淡窓全集』 広瀬淡窓著　日田郡教育会編　増補　京都　思文閣　1971　3冊　22cm〈日田郡教育会大正14-昭和2年刊の複製〉　22000円　Ⓝ121.7
☆「世界名著大事典 補遺(Extra)」

07518　「淡窓詩話」
『淡窓詩話―現代語訳』 広瀬淡窓著　向野康江訳註　福岡　葦書房　2001　159p　21cm〈校閲：雨宮崇　肖像あり〉　2000円　①4-7512-0802-0　Ⓝ919.5
☆「世界名著大事典 補遺(Extra)」、「名著解題」

07519　「約言」
『日本思想大系　47　近世後期儒家集』 中村幸

彦,岡田武彦校注　岩波書店　1972　574p 図　22cm　1400円　Ⓝ121.08
☆「教育の名著80選解題」,「古典の事典」

広瀬 敏　ひろせ・とし

07520　「日本叢書索引」
『日本叢書索引』　広瀬敏編　新版　名著刊行会　1969　761,96p　22cm〈初版は昭和14年東京武蔵野書院刊〉　6000円　Ⓝ080.31
☆「世界名著大事典」

広瀬 彦太　ひろせ・ひこた

07521　「郡司大尉」
『郡司大尉』　広瀬彦太著　鱒書房　1939　352p 図版 肖像　19cm　Ⓝ289.1
☆「日本海軍の本・総解説」

07522　「大海軍発展秘史」
『大海軍發展秘史』　廣瀬彦太編纂　弘道館圖書　1944　397p　19cm　Ⓝ397.21
☆「日本海軍の本・総解説」

07523　「堀悌吉君追悼録」
『堀悌吉君追悼録』　堀悌吉君追悼録編集会編　堀悌吉君追悼録編集会　1959　530p 図版　19cm　Ⓝ289.1
☆「日本海軍の本・総解説」

広瀬 道貞　ひろせ・みちさだ

07524　「補助金と政権党」
『補助金と政権党』　広瀬道貞著　朝日新聞社　1993　307p　15cm（朝日文庫）〈1981年刊の増補改訂〉　620円　①4-02-260792-0　Ⓝ344.1
☆「学問がわかる500冊」

広瀬 嘉夫　ひろせ・よしお

07525　「1ドル一〇〇円の大予兆」
『1ドル100円の大予兆―日本はどうなる』　広瀬嘉夫著　学習研究社　1987　258p　20cm〈著者の肖像あり〉　1200円　①4-05-102589-6　Ⓝ332.107
☆「経済経営95冊」

広津 和郎　ひろつ・かずお

07526　「作者の感想」
『作者の感想』　広津和郎著　聚英閣　1920　353p　19cm　Ⓝ914.6
☆「大正の名著」,「日本近代文学名著事典」,「日本文学鑑賞辞典〔第2〕」,「明治・大正・昭和の名著・総解説」

07527　「志賀直哉論」
『筑摩現代文学大系　27　菊池寛 広津和郎集』　筑摩書房　1977　508p 肖像　20cm　1600円　Ⓝ918.6
☆「日本文芸鑑賞事典　第6巻（1917～1920年）」

07528　「神経病時代」
『編年体大正文学全集　第6巻（大正6年）』　広津和郎他著　藤井淑禎編　ゆまに書房　2001　655p　22cm　6600円　①4-89714-895-2　Ⓝ918.6
☆「世界名著大事典」,「日本文学鑑賞辞典〔第2〕」,「日本文学現代名作事典」,「ポケット日本名作事典」

07529　「年月のあしおと」
『年月のあしおと　上』　広津和郎著　講談社　1998　295p　16cm（講談社文芸文庫）　980円　①4-06-197609-5　Ⓝ914.6
☆「現代文学鑑賞辞典」,「日本文芸鑑賞事典 第18巻（1958～1962年）」

07530　「風雨強かるべし」
『風雨強かるべし　上』　広津和郎著　新日本出版社　1979　228p　15cm（新日本文庫）　380円　Ⓝ913.6
☆「日本文学鑑賞辞典〔第2〕」,「日本文芸鑑賞事典 第10巻」

07531　「松川裁判」
『松川裁判』　広津和郎著　中央公論社　1958　438p 地図　23cm　Ⓝ327.8
☆「ベストガイド日本の名著」,「明治・大正・昭和の名著・総解説」,「名著の履歴書」

広津 柳浪　ひろつ・りゅうろう

07532　「雨」
『日本近代短篇小説選　明治篇1』　紅野敏郎,紅野謙介,千葉俊二,宗像和重,山田俊治編　岩波書店　2012　465p　15cm（岩波文庫 31-191-1）　900円　①978-4-00-311911-2　Ⓝ913.68
☆「日本文学鑑賞辞典〔第2〕」,「明治の名著 2」

07533　「今戸心中」
『今戸心中―他二篇』　広津柳浪著　岩波書店　1951　230p 15cm（岩波文庫）　Ⓝ913.6
☆「世界名著大事典」,「日本文学鑑賞辞典〔第2〕」,「日本文学現代名作事典」,「日本文学名作観」,「日本文芸鑑賞事典 第2巻（1895～1903年）」,「文学・名著300選の解説 '88年度版」

07534　「河内屋」
『河内屋』　広津柳浪著　春陽堂　1906　218p　19cm　Ⓝ913.6
☆「日本近代文学名著事典」,「日本文学名作概観」

07535　「黒蜥蜴」
『地獄のメルヘン―アンソロジー日本文学における美と情念の流れ』　笠原伸夫編　新装 現代思潮社　1986　326p　20cm　Ⓝ913
☆「世界名著大事典」,「明治の名著 2」

広津柳浪

07536 「変目伝」
『広津柳浪』 広津柳浪著 坪内祐三,村松友視編 筑摩書房 2001 435,2p 20cm〈明治の文学 第7巻 坪内祐三編〉〈年表あり 年譜あり〉 2600円 ①4-480-10147-0 Ⓝ913.6
☆「世界名著大事典」

広野 八郎 ひろの・はちろう

07537 「華氏一四〇度の船底から」
『外国航路石炭夫日記―世界恐慌下を最底辺で生きる』 広野八郎著 福岡 石風社 2009 374p 21cm〈『華氏140度の船底から』(太平出版社1978～1979年刊)の新装復刊 年譜あり〉 2800円 ①978-4-88344-175-4 Ⓝ683.8
☆「世界の海洋文学」

広松 渉 ひろまつ・わたる

07538 「〈近代の超克〉論」
『〈近代の超克〉論―昭和思想史への一視角』 広松渉著 講談社 1989 276p 15cm(講談社学術文庫) 700円 ①4-06-158900-8 Ⓝ121.02
☆「学問がわかる500冊」

07539 「世界の共同主観的存在構造」
『世界の共同主観的存在構造』 広松渉著 講談社 1991 426p 15cm(講談社学術文庫) 1000円 ①4-06-158998-9 Ⓝ104
☆「現代哲学の名著」,「東アジア人文書100」

07540 「マルクス主義の地平」
『マルクス主義の地平』 広松渉著 講談社 1991 384p 15cm(講談社学術文庫) 1000円 ①4-06-158956-3 Ⓝ309.3
☆「必読書150」

【ふ】

深井 英五 ふかい・えいご

07541 「通貨調節論」
『通貨調節論』 深井英五著 新訂(3版) 日本評論社 1939 497p 23cm Ⓝ337.3
☆「世界名著大事典」

深井 志道軒 ふかい・しどうけん

07542 「元無草」
『雅俗文叢―中野三敏先生古稀記念資料集』 雅俗の会編 中野三敏監修 汲古書院 2005 776p 22cm〈責任編集:川平敏文,大庭卓也〉 20000円 ①4-7629-3528-X Ⓝ918.5
☆「日本の艶本・珍書 総解説」,「日本の奇書77冊」

深尾 須磨子 ふかお・すまこ

07543 「永遠の郷愁」
『永遠の郷愁―詩集』 深尾須磨子著 京都 臼井書房 1946 135p 18cm Ⓝ911.56
☆「世界名著大事典 補遺(Extra)」

07544 「君死に給ふこと勿れ」
『君死にたまふことなかれ』 深尾須磨子著 葦出版社 1955 248p 図版 19cm(かわず文庫) Ⓝ911.162
☆「世界名著大事典 補遺(Extra)」

07545 「呪詛」
『呪詛―詩集』 深尾須磨子著 朝日書房 1925 233,7p 19cm Ⓝ911.5
☆「世界名著大事典 補遺(Extra)」

07546 「真紅の溜息」
『真紅の溜息―深尾須磨子第一詩集』 深尾須磨子著 再版 三徳社 1922 309p 19cm Ⓝ911.5
☆「世界名著大事典 補遺(Extra)」,「日本文芸鑑賞事典 第7巻(1920～1923年)」

07547 「神話の娘」
『現代日本詩人全集―全詩集大成 第9巻』 東京創元社 1955 414p 22cm Ⓝ911.56
☆「世界名著大事典 補遺(Extra)」

07548 「パリ横丁」
『パリ横町―詩と文章』 深尾須磨子著 平凡社 1959 343p 19cm Ⓝ915.6
☆「世界名著大事典 補遺(Extra)」

07549 「斑猫」
『斑猫』 深尾須磨子著 新潮社 1925 148p 15cm(現代詩人叢書 第17編) Ⓝ911.5
☆「世界名著大事典 補遺(Extra)」

07550 「牝鶏の視野」
『牝鶏の視野』 深尾須磨子著 改造社 1930 247p 19cm Ⓝ911.5
☆「世界名著大事典 補遺(Extra)」

07551 「洋灯と花」
『洋灯と花―詩集』 深尾須磨子著 宝文館 1951 213p 15cm Ⓝ911.56
☆「世界名著大事典 補遺(Extra)」

深川 英俊 ふかがわ・ひでとし

07552 「例題で知る日本の数学と算額」
『例題で知る日本の数学と算額』 深川英俊著 森北出版 1998 243p 22cm〈付・全国算額一覧 索引あり 年表あり〉 2800円 ①4-627-01641-7 Ⓝ419.1
☆「ブックガイド"数学"を読む」

深沢 七郎　ふかさわ・しちろう

07553　「楢山節考」
『楢山節考』　深沢七郎著　改版　新潮社　2010　217p　15cm（新潮文庫）　400円　Ⓘ978-4-10-113601-1
☆「あらすじダイジェスト」，「一度は読もうよ！日本の名著」，「一冊で日本の名著100冊を読む」，「大人のための日本の名著50」，「現代文学鑑賞辞典」，「これだけは読んでおきたい日本の名作文学案内」，「女性のための名作・人生案内」，「知らないと恥ずかしい「日本の名作」あらすじ200本」，「新潮文庫20世紀の100冊」，「2時間でわかる日本の名著」，「日本の小説101」，「日本の名著3分間読書100」，「日本文学鑑賞辞典〔第2〕」，「日本文学名作案内」，「日本文学名作事典」，「日本文芸鑑賞事典 第17巻（1955〜1958年）」，「日本名作文学館 日本編」，「必読書150」，「百年の誤読」，「文学・名著300選の解説 '88年度版」，「ベストガイド日本の名著」，「ポケット日本名作事典」，「明治・大正・昭和の名著・総解説」，「名著の履歴書」

07554　「秘戯」
『みちのくの人形たち』　深沢七郎著　改版　中央公論新社　2012　247p　16cm（中公文庫　ふ2-5）〈中公文庫1982年刊の加筆・修正〉　590円　Ⓘ978-4-12-205644-2　Ⓝ913.6
☆「大作家"ろくでなし"列伝」

07555　「風流夢譚」
☆「日本文学 これを読まないと文学は語れない!!」，「ポケット日本名作事典」

07556　「笛吹川」
『笛吹川』　深沢七郎［著］　講談社　2011　263p　16cm（講談社文芸文庫　ふK1）〈並列シリーズ名：Kodansha Bungei bunko　著作目録あり　年譜あり〉　1400円　Ⓘ978-4-06-290122-2　Ⓝ913.6
☆「現代文学名作探訪事典」，「日本文芸鑑賞事典 第17巻（1955〜1958年）」

深瀬 忠一　ふかせ・ただかず

07557　「戦争放棄と平和的生存権」
『戦争放棄と平和的生存権』　深瀬忠一著　岩波書店　1987　546p　22cm　7800円　Ⓘ4-00-001177-4　Ⓝ323.142
☆「憲法本41」，「平和を考えるための100冊＋α」

深田 久弥　ふかだ・きゅうや

07558　「雲の上の道」
『雲の上の道―わがヒマラヤ紀行』　深田久弥著　新潮社　1959　271p 図版　19cm　Ⓝ915.6
☆「日本の山の名著・総解説」

07559　「津軽の野づら」
『津軽の野づら』　深田久弥著　角川書店　1954　286p　15cm（角川文庫）　Ⓝ913.6

☆「世界名著大事典」，「日本文学鑑賞辞典〔第2〕」

07560　「日本百名山」
『日本百名山』　深田久弥著　改版　新潮社　2003　535p　16cm（新潮文庫）〈折り込1枚　著作目録あり〉　705円　Ⓘ4-10-122002-6　Ⓝ291.09
☆「現代文学鑑賞辞典」，「日本の山の名著・総解説」，「日本文芸鑑賞事典 第19巻」

07561　「ヒマラヤの高峰」
『ヒマラヤの高峰　1　シッキム／東部ネパール』　深田久弥著　望月達夫ほか編　白水社　1983　284p　20cm　1700円　Ⓝ292.58
☆「日本の山の名著・総解説」

深田 博己　ふかだ・ひろみ

07562　「インターパーソナル・コミュニケーション―対人コミュニケーションの心理学」
『インターパーソナル・コミュニケーション―対人コミュニケーションの心理学』　深田博己編著　京都　北大路書房　1998　249p　21cm〈文献あり　索引あり〉　2500円　Ⓘ4-7628-2103-9　Ⓝ361.454
☆「学問がわかる500冊」

深田 祐介　ふかだ・ゆうすけ

07563　「新東洋事情」
『新東洋事情』　深田祐介著　文芸春秋　1990　327p　16cm（文春文庫）　420円　Ⓘ4-16-721913-1　Ⓝ914.6
☆「現代を読む」

07564　「日本型資本主義なくしてなんの日本か」
『日本型資本主義なくしてなんの日本か』　深田祐介, ロナルド・ドーア著　光文社　1993　219p　18cm（カッパ・ホームス）　1000円　Ⓘ4-334-05205-3　Ⓝ335.21
☆「経済経営95冊」

深根 輔仁　ふかね・すけひと

07565　「本草和名」
『本草和名』　深江輔仁著　正宗敦夫編纂校訂　現代思潮社　1978　1冊（頁付なし）　16cm（覆刻日本古典全集）〈日本古典全集刊行会大正15年刊の複製〉　Ⓝ499.9
☆「古典の事典」，「世界名著大事典」，「日本の古典名著」

深海 浩　ふかみ・ひろし

07566　「生物たちの不思議な物語」
『生物たちの不思議な物語―化学生態学外論』　深海浩著　京都　化学同人　1992　206p　20cm　1854円　Ⓘ4-7598-0237-1　Ⓝ468

福井 勝義　ふくい・かつよし

07567　「自然と人間の共生」
『講座地球に生きる　4　自然と人間の共生―遺伝と文化の共進化』　福井勝義ほか編　福井勝義編　雄山閣出版　1995　360p　22cm〈参考文献：p343～358〉　4800円
Ⓘ4-639-01317-5,4-639-01252-7　Ⓝ389
☆「学問がわかる500冊 v.2」

07568　「認識と文化―色と模様の民族誌」
『認識と文化―色と模様の民族誌』　福井勝義著　東京大学出版会　1991　255p　20cm（認知科学選書　21）〈補稿・佐伯胖　文献：p239～245〉　2472円　Ⓘ4-13-013071-4　Ⓝ389.451
☆「学問がわかる500冊 v.2」,「21世紀の必読書100選」

福井 久蔵　ふくい・きゅうぞう

07569　「大日本歌書綜覧」
『大日本歌書綜覧』　福井久蔵著　国書刊行会　1974　3冊　22cm〈大正15年刊の複製〉　全23000円　Ⓝ911.031
☆「世界名著大事典」

福井 静夫　ふくい・しずお

07570　「海軍造船技術概要」
『海軍造船技術概要』　牧野茂,福井静夫編　今日の話題社　1987　2冊　22cm　全30000円
Ⓘ4-87565-205-4　Ⓝ556.9
☆「日本海軍の本・総解説」

07571　「日本の軍艦」
『日本の軍艦―写真集　ありし日のわが海軍艦艇』　福井静夫編著　ベストセラーズ　1970　327p　20×30cm　3000円　Ⓝ557
☆「日本海軍の本・総解説」

福井 晴敏　ふくい・はるとし

07572　「終戦のローレライ」
『終戦のローレライ　1』　福井晴敏［著］　講談社　2005　255p　15cm（講談社文庫）　467円　Ⓘ4-06-274966-1　Ⓝ913.6
☆「知らないと恥ずかしい「日本の名作」あらすじ200本」

07573　「亡国のイージス」
『亡国のイージス　上』　福井晴敏著　講談社　2002　552p　15cm（講談社文庫）　695円　Ⓘ4-06-273493-1　Ⓝ913.6
☆「知らないと恥ずかしい「日本の名作」あらすじ200本」

福内 鬼外　ふくうち・きがい

07574　「神霊矢口渡」
『神霊矢口渡――一幕』　福内鬼外作　［東京］国立劇場　2008　27p　26cm（国立劇場歌舞伎鑑賞教室上演台本）　Ⓝ912.5
☆「作品と作者」,「世界名著大事典」,「日本文学鑑賞辞典〔第1〕」

福岡 伸一　ふくおか・しんいち

07575　「生物と無生物のあいだ」
『生物と無生物のあいだ』　福岡伸一著　講談社　2007　285p　18cm（講談社現代新書）　740円　Ⓘ978-4-06-149891-4　Ⓝ460.4
☆「世界史読書案内」

福岡 正信　ふくおか・まさのぶ

07576　「自然農法―わら一本の革命」
『自然農法』　福岡正信著　新版　春秋社　2004　427p　20cm（無　3）　2500円
Ⓘ4-393-74145-5　Ⓝ615.71
☆「学問がわかる500冊 v.2」

福沢 諭吉　ふくざわ・ゆきち

07577　「女大学評論」
『福澤諭吉著作集　第10巻　日本婦人論・日本男子論』　福澤諭吉著　西澤直子編　慶應義塾大学出版会　2003　378,15p　20cm〈肖像あり〉　2600円　Ⓘ4-7664-0886-1　Ⓝ121.6
☆「明治・大正・昭和の名著・総解説」,「明治の名著1」

07578　「学問のすすめ」
『学問のすすめ』　福沢諭吉著　奥野宣之訳　致知出版社　2012　262p　19cm（いつか読んでみたかった日本の名著シリーズ　1）　1400円
Ⓘ978-4-88474-967-5　Ⓝ370
☆「お厚いのがお好き？」,「感動！日本の名著 近現代編」,「教育名著の愉しみ」,「Jブンガク」,「世界の名著早わかり事典」,「世界名作事典」,「世界名著を読む」,「21世紀の必読書100選」,「日本近代文学名著事典」,「「日本人の名著」を読む」,「日本の名著」（角川書店）,「日本の名著」（毎日新聞社）,「日本の名著」（中央公論新社）,「日本の名著3分間読書100」,「日本文学現代名作事典」,「日本文学名作事典」,「日本文芸鑑賞事典 第1巻」,「日本名著辞典」,「文学・名著300選の解説 '88年度版」,「ベストガイド日本の名著」,「名作の書き出しを諳んじる」,「明治・大正・昭和の名著・総解説」,「明治の名著1」,「名著解題」

07579　「訓蒙 窮理図解」
『福澤諭吉著作集　第2巻　世界国尽・窮理図解』　福澤諭吉著　中川眞弥編　慶應義塾大学出版会　2002　418,44p　20cm〈肖像あり〉　3200円　Ⓘ4-7664-0878-0　Ⓝ121.6
☆「教育を考えるためにこの48冊」,「世界名著大事典」

07580　「西洋事情」

『西洋事情』 福澤諭吉著 マリオン・ソシエ, 西川俊作編 慶應義塾大学出版会 2009 356,17p 17cm〈索引あり〉 1400円 Ⓘ978-4-7664-1622-0 Ⓝ302.3
☆「世界名著大事典」,「日本名著辞典」,「ベストガイド日本の名著」,「明治・大正・昭和の名著・総解説」,「明治の名著 1」

07581 「頭書大全世界国尽」
『福澤諭吉著作集 第2巻 世界国尽・窮理図解』 福澤諭吉著 中川眞弥編 慶應義塾大学出版会 2002 418,44p 20cm〈肖像あり〉 3200円 Ⓘ4-7664-0878-0 Ⓝ121.6
☆「日本近代文学名著事典」

07582 「福翁自伝」
『福翁自伝』 福沢諭吉[著] 土橋俊一校訂・校注 講談社 2010 388p 15cm（講談社学術文庫 1982） 1000円 Ⓘ978-4-06-291982-1 Ⓝ121.6
☆「大人のための日本の名著50」,「教養のためのブックガイド」,「近代日本の百冊を選ぶ」,「近代文学名作事典」,「現代人のための名著」,「50歳からの名著入門」,「自己啓発の名著30」,「自伝の名著101」,「世界名著大事典」,「大学新入生に薦める101冊の本」,「21世紀の教育基本書」,「日本文学鑑賞辞典〔第2〕」,「日本名著辞典」,「必読書150」,「ベストガイド日本の名著」,「明治・大正・昭和の名著・総解説」,「明治の名著 1」,「私の古典」,「わたしの古典 続」

07583 「文明論之概略」
『文明論之概略』 福沢諭吉著 松沢弘陽校注 岩波書店 2003 391p 15cm（岩波文庫）〈第13刷〉 760円 Ⓘ4-00-331021-7
☆「アジアの比較文化」,「教養のためのブックガイド」,「現代政治学の名著」,「社会科学の古典」,「世界を変えた経済学の名著」,「日本近代の名著」,「日本名著辞典」,「はじめて学ぶ政治学」,「ベストガイド日本の名著」,「明治・大正・昭和の名著・総解説」,「明治の名著 1」,「名著から探るグローバル化時代の市民像」

07584 「民情一新」
『民情一新』 福沢諭吉著 小泉信三解題 常松書店 1947 231p 19cm Ⓝ304
☆「世界名著大事典」

福士 幸次郎　ふくし・こうじろう

07585 「太陽の子」
『太陽の子―詩集』 福士幸次郎著 洛陽堂 1914 216p 20cm Ⓝ911.5
☆「世界名著大事典」,「日本文学鑑賞辞典〔第2〕」

07586 「展望」
『展望―福士幸次郎詩集』 福士幸次郎著 新潮社 1920 158p 19cm Ⓝ911.5
☆「世界名著大事典」

福島 章　ふくしま・あきら

07587 「犯罪心理学研究」
『犯罪心理学研究 1』 福島章著 金剛出版 1977 334p 22cm〈各章末：参考文献〉 4800円 Ⓝ326.34
☆「精神医学の名著50」

福島 順棄　ふくしま・じゅんき

07588 「将棋叢誌」
『将棋叢誌』 将棋新報社編集部編 吉川弘文館 1910 3冊 19cm〈和装〉 Ⓝ795
☆「日本の古典名著」

福島 文二郎　ふくしま・ぶんじろう

07589 「9割がバイトでも最高のスタッフに育つディズニーの教え方」
『9割がバイトでも最高のスタッフに育つディズニーの教え方』 福島文二郎著 中経出版 2010 207p 19cm 1300円 Ⓘ978-4-8061-3889-1 Ⓝ689.5
☆「3行でわかる名作&ヒット本250」

福島 正実　ふくしま・まさみ

07590 「飢餓列島」
『飢餓列島』 福島正実,眉村卓著 角川書店 1978 372p 15cm（角川文庫） 380円 Ⓝ913.6
☆「世界のSF文学・総解説」

07591 「分茶離迦」
☆「世界のSF文学・総解説」

福田 アジオ　ふくた・あじお

07592 「日本民俗学方法序説」
『日本民俗学方法序説―柳田国男と民俗学』 福田アジオ著 弘文堂 1984 316,73p 22cm（日本民俗学研究叢書）〈巻末：日本民俗学研究史年表・民俗学方法論文献目録〉 4500円 Ⓘ4-335-56045-1 Ⓝ380.16
☆「学問がわかる500冊 v.2」

07593 「柳田国男の民俗学」
『柳田国男の民俗学』 福田アジオ著 吉川弘文館 2007 281p 20cm（歴史文化セレクション）〈年譜あり　文献あり〉 2200円 Ⓘ978-4-642-06339-5 Ⓝ380.1
☆「学問がわかる500冊 v.2」

福田 栄一　ふくだ・えいいち

07594 「冬艶曲」
『冬艶曲―歌集』 福田栄一著 ポトナム社 1930 255p 20cm Ⓝ911.16
☆「日本文芸鑑賞事典 第9巻」

福田 和也 ふくだ・かずや

07595 「空間の行間」
『空間の行間』 磯崎新, 福田和也著 筑摩書房 2004 358p 20cm 2600円
Ⓘ4-480-86066-5 Ⓝ521.04
☆「建築・都市ブックガイド21世紀」

福田 歓一 ふくだ・かんいち

07596 「近代の政治思想」
『近代の政治思想―その現実的・理論的諸前提』 福田歓一著 岩波書店 1970 201p 18cm（岩波新書） 150円 Ⓝ311.23
☆「学問がわかる500冊」

福田 清人 ふくだ・きよと

07597 「天平の少年」
『天平の少年―奈良の大仏建立/乱世に生きる二人』 福田清人著 鴨下晃湖絵 講談社 1988 283p 18cm（講談社青い鳥文庫 日本の歴史名作シリーズ） 490円 Ⓘ4-06-147251-8
☆「日本文芸鑑賞事典第17巻（1955～1958年）」

福田 定良 ふくだ・さだよし

07598 「めもらびりあ」
『めもらびりあ―戦争と哲学と私』 福田定良著 法政大学出版局 1967 240p 20cm 580円 Ⓝ104
☆「明治・大正・昭和の名著・総解説」

福田 俊二 ふくだ・しゅんじ

07599 「軍歌と戦時歌謡大全集」
『軍歌と戦時歌謡大全集』 八巻明彦, 福田俊二共編 新興楽譜出版社 1972 703p 22cm〈限定版〉 2500円 Ⓝ911.9
☆「日本陸軍の本・総解説」

福田 恆存 ふくだ・つねあり

07600 「キティ颱風」
『キティ颱風―戯曲集』 福田恆存著 創元社 1950 206p 19cm Ⓝ912.6
☆「日本文学鑑賞辞典〔第2〕」,「日本文芸鑑賞事典第15巻」

07601 「芸術とはなにか」
『芸術とはなにか』 福田恆存著 新潮社 1959 135p 16cm（新潮文庫） Ⓝ704
☆「日本文芸鑑賞事典 第15巻」

07602 「人間・この劇的なるもの」
『人間・この劇的なるもの』 福田恆存著 新潮社 1960 146p 16cm（新潮文庫） Ⓝ904
☆「現代文学鑑賞辞典」,「日本文芸鑑賞事典第17巻（1955～1958年）」

07603 「批評家の手帖」
『批評家の手帖』 福田恆存著 新潮社 1960 227p 20cm Ⓝ914.6
☆「昭和の名著」

07604 「平和論にたいする疑問」
『平和論にたいする疑問』 福田恆存著 文芸春秋新社 1955 277p 20cm Ⓝ914.6
☆「「名著」の解読学」

07605 「竜を撫でた男」
『竜を撫でた男』 福田恆存著 新潮社 1955 485p 16cm（新潮文庫） Ⓝ912.6
☆「世界名著大事典」,「名著の履歴書」

07606 「私の国語教室」
『私の国語教室』 福田恆存著 文藝春秋 2002 360p 15cm（文春文庫） 619円 Ⓘ4-16-725806-4
☆「近代日本の百冊を選ぶ」,「現代人のための名著」

福田 徳三 ふくだ・とくぞう

07607 「国民経済講話」
『国民経済講話 乾, 坤 前, 後冊』 福田徳三著 佐藤出版部 1917 3冊 19cm Ⓝ331
☆「世界名著大事典」

07608 「日本経済史論」
『日本経済史論』 福田徳三著 坂西由蔵訳 訂4版 宝文館 1925 340p 22cm〈原著 独文〉 Ⓝ332.1
☆「世界名著大事典」

福田 英子 ふくだ・ひでこ

07609 「妾の半生涯」
『妾の半生涯』 福田英子著 改版 岩波書店 1994 181p 15cm（岩波文庫）〈第27刷（第1刷：1958年） 著者の肖像あり〉 460円 Ⓘ4-00-331211-2 Ⓝ289.1
☆「自伝の名著101」,「世界名著大事典」,「日本近代の名著」,「日本の名著」,「日本文芸鑑賞事典第3巻（1904～1909年）」,「明治・大正・昭和の名著・総解説」,「明治の名著 1」

福田 洋 ふくだ・ひろし

07610 「凶弾」
『凶弾―瀬戸内シージャック』 福田洋著 講談社 1982 335p 15cm（講談社文庫）〈主要参考資料：p331〉 400円 Ⓘ4-06-136240-2 Ⓝ913.6
☆「世界の推理小説・総解説」

福田 宏年 ふくだ・ひろとし

07611 「バルン氷河紀行」
『バルン氷河紀行―あるヒマラヤ小登山隊の記録』 福田宏年著 中央公論社 1993 207p 16cm（中公文庫） 580円 Ⓘ4-12-202048-4

ふくた　　　　　　　　　　　　　　　　　　　　　　07612～07627

　Ⓝ292.58
　☆「日本の山の名著・総解説」

福田　正夫　ふくだ・まさお
　07612　「農民の言葉」
　『農民の言葉―福田正夫詩集』　福田正夫著　教育出版センター　1984　100p　20cm〈複製　冬至書房新社〔発売〕　箱入〉　5000円
　Ⓝ911.56
　☆「大正の名著」、「明治・大正・昭和の名著・総解説」

福田　真人　ふくだ・まひと
　07613　「結核の文化史」
　『結核の文化史―近代日本における病のイメージ』　福田真人著　名古屋　名古屋大学出版会　1995　398,31p　20cm〈巻末：参考文献〉　4635円　Ⓘ4-8158-0246-7　Ⓝ910.26
　☆「歴史家の一冊」

福田　善之　ふくだ・よしゆき
　07614　「袴垂れはどこだ」
　『現代日本戯曲大系　第6巻　1963-1965』　三一書房編集部編　三一書房　1971　500p　23cm　3800円　Ⓝ912.6
　☆「日本文芸鑑賞事典　第19巻」

福田　理軒　ふくだ・りけん
　07615　「測量集成」
　『江戸科学古典叢書　37　測量集成』　恒和出版　1982　312,12p　22cm〈編集委員：青木国夫ほか〉　6000円　Ⓝ402.105
　☆「世界名著大事典」

福地　周夫　ふくち・かねお
　07616　「海軍くろしお物語」
　『海軍くろしお物語―温故知新ちょっといい話』　福地周夫著　新装版　光人社　2011　366p　16cm〈光人社NF文庫　ふN-145〉　829円
　Ⓘ978-4-7698-2145-8　Ⓝ397.21
　☆「今だから知っておきたい戦争の本70」

　07617　「空母翔鶴海戦記」
　『空母翔鶴海戦記』　福地周夫著　出版協同社　1962　188p 図版　19cm　Ⓝ915.9
　☆「日本海軍の本・総解説」

福地　源一郎　ふくち・げんいちろう
　07618　「俠客春雨傘」
　『部落問題文芸・作品選集　第2巻』　世界文庫　1973　194p 図　19cm　1200円　Ⓝ913.608
　☆「世界名著大事典」

　07619　「春日局」
　『明治文学全集　第85　明治史劇集』　戸板康二編　筑摩書房　1966　451p 図版　23cm

　Ⓝ918.6
　☆「世界名著大事典」、「日本文学鑑賞辞典〔第2〕」、「日本文芸鑑賞事典　第1巻」

　07620　「幕府衰亡論」
　『幕府衰亡論』　福地源一郎著　東京大学出版会　1978　361p　22cm〈続日本史籍協会叢書〉〈民友社明治25年刊の複製　叢書の編者：日本史籍協会〉　5000円　Ⓝ210.58
　☆「世界名著大事典」

福地　曠昭　ふくち・ひろあき
　07621　「燃える海」
　『燃える海―輸送船富山丸の悲劇』　福地曠昭編著　大阪　海風社　1989　228p　21cm〈南島叢書　41〉〈参考文献：p227～228〉　2000円
　Ⓘ4-87616-192-5　Ⓝ916
　☆「世界の海洋文学」

福永　武彦　ふくなが・たけひこ
　07622　「伊丹英典シリーズ」
　『加田伶太郎全集』　福永武彦著　扶桑社　2001　588p　16cm〈扶桑社文庫　昭和ミステリ秘宝〉　762円　Ⓘ4-594-03080-7　Ⓝ913.6
　☆「世界の推理小説・総解説」

　07623　「海市」
　『海市』　福永武彦著　新潮社　1981　420p　15cm〈新潮文庫〉　440円　Ⓘ4-10-111511-7　Ⓝ913.6
　☆「ポケット日本名作事典」

　07624　「草の花」
　『草の花』　福永武彦著　新潮社　1992　302p　20cm〈11刷（1刷：1972年）　決定版〉　2000円　Ⓘ4-10-318709-3　Ⓝ913.6
　☆「一度は読もうよ！日本の名著」、「一冊で愛の話題作100冊を読む」、「現代文学鑑賞辞典」、「現代文学名作探訪事典」、「世界名著大事典　補遺（Extra）」、「日本文学名作事典」、「日本名作文学館　日本編」、「名作への招待」

　07625　「死の島」
　『死の島　上』　福永武彦［著］　講談社　2013　446p　16cm〈講談社文芸文庫　ふC6〉　1900円　Ⓘ978-4-06-290186-4　Ⓝ913.6
　☆「世界名著大事典　補遺（Extra）」、「日本の小説101」、「ポケット日本名作事典」

　07626　「塔」
　『塔』　福永武彦著　河出書房新社　1984　260p　15cm〈河出文庫〉　520円
　Ⓘ4-309-40098-1　Ⓝ913.6
　☆「世界名著大事典　補遺（Extra）」

　07627　「廃市」
　『廃市』　福永武彦著　新潮社　1960　241p　20cm　Ⓝ913.6

508　　　　　　　　　　　　　　　　　　　　　読んでおきたい「日本の名著」案内

☆「一度は読もうよ！日本の名著」,「一冊で愛の話題作100冊を読む」,「世界名著大事典 補遺（Extra）」,「日本文学名作案内」

07628 「風土」
『風土』 福永武彦著 新潮社 1968 417p 20cm〈決定版〉 700円 Ⓝ913.6
☆「世界名著大事典 補遺（Extra）」,「日本文芸鑑賞事典 第15巻」

07629 「夜の三部作」
『夜の三部作』 福永武彦著 講談社 1970 409p 21cm〈帙入 豪華限定本〉 10000円 Ⓝ913.6
☆「世界名著大事典 補遺（Extra）」

福永 哲也 ふくなが・てつや

07630 「高齢者ケア先進地域をゆく―全国27実践事例」
『高齢者ケア先進地域をゆく―全国27実践事例』 福永哲也著 自治体研究社 1993 277p 19cm 2000円 Ⓘ4-88037-155-6 Ⓝ369.26
☆「学問がわかる500冊」

福永 令三 ふくなが・れいぞう

07631 「クレヨン王国」
『クレヨン王国の十二か月』 福永令三作 椎名優絵 新装版 講談社 2011 317p 18cm（講談社青い鳥文庫 20-49―クレヨン王国ベストコレクション） 670円
Ⓘ978-4-06-285255-5 Ⓝ913.6
☆「少年少女の名作案内 日本の文学ファンタジー編」

福本 和夫 ふくもと・かずお

07632 「方向転換」
『福本和夫著作集 第1巻 マルクス主義の理論的研究 1』 福本和夫著 石堂尚,小島亮,清水多吉,八木紀一郎編 こぶし書房 2010 504,6p 22cm〈年表あり 索引あり〉 6900円
Ⓘ978-4-87559-231-0 Ⓝ081.6
☆「世界名著大事典」

07633 「「方向転換」は如何なる諸過程をとるか」
『近代日本思想大系 35 昭和思想集 1』 編集解説：松田道雄 筑摩書房 1974 492p 図 20cm 1800円 Ⓝ121.02
☆「大正の名著」,「ベストガイド日本の名著」,「明治・大正・昭和の名著・総解説」

福本 和也 ふくもと・かずや

07634 「赤い航空路」
『赤い航空路』 福本和也著 広済堂出版 1990 311p 16cm（広済堂文庫 ミステリー＆ハードノベルス） 470円 Ⓘ4-331-60248-6

Ⓝ913.6
☆「世界の推理小説・総解説」

福山 敏男 ふくやま・としお

07635 「日本建築史の研究」
『日本建築史の研究』 福山敏男著 京都 桑名文星堂 1943 535p 図版 22cm Ⓝ521
☆「世界名著大事典」

藤井 健治郎 ふじい・けんじろう

07636 「主観道徳学要旨」
『主観道徳学要旨』 藤井健治郎著 弘学館 1910 605p 22cm Ⓝ150
☆「世界名著大事典」

藤井 孝一 ふじい・こういち

07637 「週末起業」
『週末起業』 藤井孝一著 筑摩書房 2003 206p 18cm（ちくま新書） 680円
Ⓘ4-480-06127-4 Ⓝ366.29
☆「超売れ筋ビジネス書101冊」,「マンガでわかるビジネス名著」

藤井 武 ふじい・たけし

07638 「羔の婚姻」
『藤井武全集 第1巻』 岩波書店 1972 466p 肖像 20cm 1300円 Ⓝ190.8
☆「世界名著大事典」

07639 「聖書より見たる日本」
『聖書より見たる日本』 藤井武著 学陽書房 1947 270p 19cm Ⓝ194
☆「世界名著大事典」

藤井 昇 ふじい・のぼる

07640 「日本が経済封鎖される日」
『日本が経済封鎖される日―孤立化の危機をどう乗り越えるか』 藤井昇著 PHP研究所 1987 213,12p 20cm〈参考文献：p210～213〉 1200円 Ⓘ4-569-22075-4 Ⓝ333.6
☆「経済経営95冊」

藤枝 静男 ふじえだ・しずお

07641 「悲しいだけ」
『悲しいだけ』 藤枝静男著 講談社 1979 249p 20cm 1200円 Ⓝ913.6
☆「現代文学鑑賞辞典」

07642 「空気頭」
『空気頭』 藤枝静男著 講談社 1967 227p 20cm 580円 Ⓝ913.6
☆「日本文芸鑑賞事典 第20巻（昭和42～50年）」,「ポケット日本名作事典」

藤岡 作太郎　ふじおか・さくたろう

07643　「近世絵画史」
『近世絵画史』　藤岡作太郎著　ぺりかん社　1983　303,24p 図版15枚　20cm（日本芸術名著選 1）　2400円　Ⓝ721.025
☆「世界名著大事典」

07644　「国文学史講話」
『国文学史講話』　藤岡作太郎著　改版　開成館　1926　442,12p　23cm　Ⓝ910.2
☆「世界名著大事典」

07645　「国文学全史 平安朝篇」
『国文学全史 平安朝篇1』　藤岡作太郎著　杉山とみ子訳注　講談社　1977　199p　15cm（講談社学術文庫）　300円　Ⓝ910.23
☆「古典をどう読むか」,「世界名著大事典」

07646　「日本風俗史」
『日本風俗史』　藤岡作太郎, 平出鏗二郎著　日本図書センター　1983　1冊　22cm（日本風俗叢書）〈東陽堂明治28年刊の合本複製〉　10000円　Ⓝ382.1
☆「世界名著大事典」

藤岡 由夫　ふじおか・よしお

07647　「長岡半太郎伝」
『長岡半太郎伝』　板倉聖宣, 木村東作, 八木江里著　朝日新聞社　1973　719,78p 肖像　23cm〈監修：藤岡由夫　巻末：長岡半太郎年譜・論文目録, 引用参考文献〉　5000円　Ⓝ289.1
☆「物理ブックガイド100」

藤懸 静也　ふじかけ・しずや

07648　「浮世絵の研究」
『浮世絵の研究 上,中,下』　藤懸静也著　再版　雄山閣　1944　3冊 図版　30cm〈和装〉　Ⓝ721.8
☆「世界名著大事典」

富士川 英郎　ふじかわ・ひでお

07649　「リルケ―芸術と人生」
『リルケ―人と作品』　富士川英郎著　東和社　1952　339p 図版5枚　22cm　Ⓝ940.28
☆「伝記・自叙伝の名著」

富士川 游　ふじかわ・ゆう

07650　「日本医学史」
『日本医学史―決定版』　富士川游著　形成社　1974　2冊（別冊附録共）　23cm〈医事通信社〔発売〕　真理社 1947年刊の複製　別冊付録（159p）：京都帝国大学富士川本目録（京都帝国大学附属図書館 昭和17年刊の複製）〉　全13000円　Ⓝ490.21

☆「世界名著大事典」,「明治・大正・昭和の名著・総解説」,「明治の名著1」

藤木 九三　ふじき・くぞう

07651　「ある山男の自画像」
『ある山男の自画像』　藤木九三著　二見書房　1970　319p　20cm（山岳名著シリーズ）　500円　Ⓝ786
☆「日本の山の名著・総解説」,「山の名著 明治・大正・昭和戦前編」

07652　「雪・岩・アルプス」
『雪・岩・アルプス』　藤木九三［著］　中央公論新社　2004　250p　21cm（中公文庫ワイド版）　3900円　Ⓘ4-12-551834-3　Ⓝ293.45
☆「日本の山の名著・総解説」,「山の名著30選」,「山の名著 明治・大正・昭和戦前編」

藤崎 康夫　ふじさき・やすお

07653　「航跡 ロシア船笠戸丸」
『航跡―ロシア船笠戸丸』　藤崎康夫著　時事通信社　1983　254p　20cm〈主要参考文献：p252～254〉　1300円　Ⓝ916
☆「世界の海洋文学」

藤沢 周　ふじさわ・しゅう

07654　「ブエノスアイレス午前零時」
『ブエノスアイレス午前零時』　藤沢周著　河出書房新社　1999　140p　15cm（河出文庫）　440円　Ⓘ4-309-40593-2　Ⓝ913.6
☆「現代文学鑑賞辞典」

藤沢 周平　ふじさわ・しゅうへい

07655　「暗殺の年輪」
『暗殺の年輪』　藤沢周平著　新装版　文藝春秋　2009　345p　16cm（文春文庫　ふ1-45）　543円　Ⓘ978-4-16-719245-7　Ⓝ913.6
☆「現代文学鑑賞辞典」,「ポケット日本名作事典」,「歴史小説・時代小説 総解説」

07656　「一茶」
『一茶』　藤沢周平著　新装版　文藝春秋　2009　390p　16cm（文春文庫　ふ1-42）〈文献あり〉　581円　Ⓘ978-4-16-719242-6　Ⓝ913.6
☆「歴史小説・時代小説 総解説」

07657　「漆の実のみのる国」
『漆の実のみのる国 上』　藤沢周平著　文藝春秋　2000　285p　16cm（文春文庫）　476円　Ⓘ4-16-719232-2　Ⓝ913.6
☆「ポケット日本名作事典」

07658　「隠し剣孤影抄」
『隠し剣孤影抄』　藤沢周平著　新装版　文藝春秋　2004　409p　16cm（文春文庫）　590円　Ⓘ4-16-719238-1　Ⓝ913.6

☆「面白いほどよくわかる時代小説名作100」

07659 「蟬しぐれ」
『蟬しぐれ』 藤沢周平著 文芸春秋 1992 470p 16cm（文春文庫） 540円
Ⓘ4-16-719225-X Ⓝ913.6
☆「一度は読もうよ！日本の名著」,「面白いほどよくわかる時代小説名作100」,「大学新入生に薦める101冊の本」,「日本文学名作案内」

07660 「たそがれ清兵衛」
『たそがれ清兵衛』 藤沢周平著 60刷改版 新潮社 2006 379p 15cm（新潮文庫） 552円 Ⓘ4-10-124721-8 Ⓝ913.6
☆「面白いほどよくわかる時代小説名作100」,「日本文学名作案内」

07661 「橋ものがたり」
『橋ものがたり』 藤沢周平著 新装版 実業之日本社 2007 361p 20cm 1700円
Ⓘ978-4-408-53505-0 Ⓝ913.6
☆「面白いほどよくわかる時代小説名作100」

07662 「本所しぐれ町物語」
『本所しぐれ町物語』 藤沢周平著 新潮社 1990 323p 15cm（新潮文庫） 440円
Ⓘ4-10-124720-X Ⓝ913.6
☆「面白いほどよくわかる時代小説名作100」,「新潮文庫20世紀の100冊」

07663 「密謀」
『密謀 上巻』 藤沢周平著 57刷改版 新潮社 2007 418p 16cm（新潮文庫） 590円
Ⓘ978-4-10-124712-0 Ⓝ913.6
☆「面白いほどよくわかる時代小説名作100」

07664 「用心棒日月抄」
『用心棒日月抄』 藤沢周平著 新潮社 2002 438p 20cm 1600円 Ⓘ4-10-329612-7 Ⓝ913.6
☆「面白いほどよくわかる時代小説名作100」,「歴史小説・時代小説 総解説」

藤沢 道郎 ふじさわ・みちお

07665 「物語イタリアの歴史—解体から統一まで」
『物語イタリアの歴史—解体から統一まで』 藤沢道郎著 中央公論社 1991 359p 18cm（中公新書）〈イタリア史年表：p331〜359〉 760円 Ⓘ4-12-101045-0 Ⓝ237
☆「世界史読書案内」

藤沢 衛彦 ふじさわ・もりひこ

07666 「日本伝説研究」
『日本伝説研究 第1至8巻』 藤沢衛彦著 三笠書房 1935 8冊 20cm Ⓝ162
☆「世界名著大事典」

藤島 泰輔 ふじしま・たいすけ

07667 「孤独の人」
『孤独の人』 藤島泰輔著 読売新聞社 1997 236p 19cm（戦後ニッポンを読む） 1442円
Ⓘ4-643-97021-9 Ⓝ913.6
☆「あの本にもう一度」

藤島 敏男 ふじしま・としお

07668 「山に忘れたパイプ」
『山に忘れたパイプ』 藤島敏男著 茗溪堂 1970 567p 図版16枚 23cm 2500円 Ⓝ786
☆「日本の山の名著・総解説」,「山の名著 明治・大正・昭和戦前編」

ふじた あさや

07669 「穴」
『現代日本戯曲大系 第7巻 1966-1969』 三一書房編集部編 三一書房 1972 506p 23cm 3800円 Ⓝ912.6
☆「日本文芸鑑賞事典 第18巻（1958〜1962年）」

07670 「女房」
『現代日本戯曲大系 第7巻 1966-1969』 三一書房編集部編 三一書房 1972 506p 23cm 3800円 Ⓝ912.6
☆「日本文芸鑑賞事典 第18巻（1958〜1962年）」

07671 「面」
『「戦争と平和」戯曲全集 第12巻』 藤木宏幸, 源五郎, 今村忠純編 日本図書センター 1998 327p 22cm 8000円
Ⓘ4-8205-5876-5,4-8205-5864-1 Ⓝ912.68
☆「日本文芸鑑賞事典 第18巻（1958〜1962年）」

藤田 紘一郎 ふじた・こういちろう

07672 「空飛ぶ寄生虫」
『空飛ぶ寄生虫』 藤田紘一郎著 講談社 2000 252p 15cm（講談社文庫） 467円
Ⓘ4-06-264769-9 Ⓝ493.16
☆「学問がわかる500冊 v.2」

藤田 五郎 ふじた・ごろう

07673 「近世農政史論」
『近世農政史論—日本封建社会史研究序説』 藤田五郎著 御茶の水書房 1950 193p 22cm Ⓝ611.2
☆「歴史の名著 日本人篇」

07674 「日本近代産業の生成」
『日本近代産業の生成』 藤田五郎著 日本評論社 1948 308p 22cm Ⓝ602.1
☆「世界名著大事典」

07675 「封建社会の展開過程—日本における豪農の史的構造」

ふした

『封建社会の展開過程—日本における豪農の史的構造』　藤田五郎著　有斐閣　1952　350p　22cm　Ⓝ332.1
☆「日本史の名著」

藤田　貞資　ふじた・さだすけ

07676　「精要算法」
『精要算法　上, 中, 下巻』　藤田定資著　古典数学書院　1935　3冊〈謄写版　和装〉Ⓝ419
☆「世界名著大事典」

藤田　湘子　ふじた・しょうし

07677　「途上」
『途上—藤田湘子句集』　藤田湘子著　近藤書店　1955　159p 図版　19cm　Ⓝ911.36
☆「日本文芸鑑賞事典　第17巻(1955〜1958年)」

藤田　省三　ふじた・しょうぞう

07678　「精神史的考察」
『精神史的考察』　藤田省三著　平凡社　2003　301p　16cm(平凡社ライブラリー)　1200円　ⓘ4-582-76469-X　Ⓝ309.021
☆「東アジア人文書100」

07679　「天皇制国家の支配原理」
『天皇制国家の支配原理』　藤田省三[著]　みすず書房　2012　313p　20cm(始まりの本)〈著作目録あり　1998年刊の新編集〉3000円　ⓘ978-4-622-08347-4　Ⓝ313.61
☆「明治・大正・昭和の名著・総解説」,「歴史家の読書案内」

藤田　晋　ふじた・すすむ

07680　「渋谷ではたらく社長の告白」
『渋谷ではたらく社長の告白』　藤田晋[著]　新装版　幻冬舎　2013　302p　16cm(幻冬舎文庫　ふ-15-2)　533円　ⓘ978-4-344-42016-8　Ⓝ674.4
☆「マンガでわかるビジネス名著」

07681　「憂鬱でなければ、仕事じゃない」
『憂鬱でなければ、仕事じゃない』　見城徹, 藤田晋[著]　講談社　2013　237p　16cm(講談社+α文庫　G241-1)　648円　ⓘ978-4-06-281521-5　Ⓝ159.4
☆「3行でわかる名作&ヒット本250」

藤田　武夫　ふじた・たけお

07682　「日本資本主義と財政」
『日本資本主義と財政　上』　藤田武夫著　実業之日本社　1949　285p　21cm　Ⓝ342.1
☆「世界名著大事典」

藤田　東湖　ふじた・とうこ

07683　「回天詩史」
『回天詩史　乾』　藤田彪著　観音寺　上坂氏顕彰会史料出版部　2000　2冊　30cm(理想日本リプリント　第22巻)〈明治2年刊の複製〉各41800円　Ⓝ121.58
☆「日本の古典名著」

07684　「弘道館記」
『日本思想大系　53』　岩波書店　1973　590p　22cm　1800円　Ⓝ121.08
☆「日本名著辞典」

07685　「弘道館記述義」
『弘道館記述義』　藤田東湖著　塚本勝義訳註　岩波書店　1940　201p　16cm(岩波文庫　2222-2223)　Ⓝ121
☆「教育の名著80選解題」,「世界名著大事典」,「尊王　十冊の名著」

07686　「正気歌」
『正気歌—藤田東湖先生遺墨』　藤田彪著並書　皇道顕揚会　1937　1軸　50cm〈複製　和装〉Ⓝ121
☆「幕末十冊の名著」

藤田　豊八　ふじた・とよはち

07687　「東西交渉史の研究」
『東西交渉史の研究』　藤田豊八著　池内宏編　国書刊行会　1974　2冊　22cm〈荻原星文館　昭和18年刊の複製〉Ⓝ222.01
☆「世界名著大事典」

藤田　英典　ふじた・ひでのり

07688　「市民社会と教育」
『市民社会と教育—新時代の教育改革・私案』　藤田英典著　横浜　世織書房　2000　375p　19cm　2900円　ⓘ4-906388-82-5　Ⓝ373.1
☆「教育本44」

07689　「文化と社会」
『文化と社会—差異化・構造化・再生産』　宮島喬, 藤田英典編　有信堂高文社　1991　204, 10p　22cm　3605円　ⓘ4-8420-6529-X　Ⓝ361.8
☆「学問がわかる500冊」

藤田　正勝　ふじた・まさかつ

07690　「新しい教養のすすめ　宗教学」
『新しい教養のすすめ宗教学』　細谷昌志, 藤田正勝編　京都　昭和堂　1999　279p　19cm　1900円　ⓘ4-8122-9910-1　Ⓝ161
☆「学問がわかる500冊」

藤田　茂吉　ふじた・もきち

07691　「文明東漸史」
『文明東漸史』　藤田茂吉著　聚芳閣　1926　408p　19cm　Ⓝ210.18

☆「世界名著大事典」、「明治・大正・昭和の名著・総解説」、「明治の名著 1」

藤田 幽谷 ふじた・ゆうこく

07692 「勧農或問」
『日本経済大典 第32巻』 滝本誠一編 明治文献 1970 705p 22cm〈複製〉 3500円 Ⓝ330.8
☆「世界名著大事典 補遺(Extra)」

07693 「修史始末」
『日本の名著 29 藤田東湖』 橋川文三責任編集 中央公論社 1984 526p 18cm〈中公バックス〉 1200円 Ⓘ4-12-400419-2 Ⓝ081
☆「世界名著大事典 補遺(Extra)」

藤田 嘉言 ふじた・よしとき

07694 「神壁算法」
『神壁算法 上,下』 藤田門弥嘉言編 城崎庄右衛門方弘, 神谷幸吉定令訂 沢村写本堂 1935 2冊 24cm〈謄写版 和装〉 Ⓝ419
☆「世界名著大事典」

藤田 佳久 ふじた・よしひさ

07695 「日本の山村」
『日本の山村』 藤田佳久著 改訂版 京都 地人書房 1983 288p 22cm 3800円 Ⓝ361.76
☆「学問がわかる500冊 v.2」

藤田 亮策 ふじた・りょうさく

07696 「朝鮮考古学研究」
『朝鮮考古学研究』 藤田亮策著 京都 高桐書院 1948 540p 図版20枚 21cm Ⓝ221
☆「世界名著大事典」

富士谷 成章 ふじたに・なりあきら

07697 「あゆひ抄」
『あゆひ抄』 富士谷成章著 勉誠社 1977 29,321p 21cm〈勉誠社文庫 16〉〈解説:中田祝夫 複製 付:参考文献〉 3000円 Ⓝ815
☆「世界名著大事典」

富士谷 御杖 ふじたに・みつえ

07698 「古事記灯」
『新編富士谷御杖全集 第1巻』 三宅清編纂 京都 思文閣出版 1993 947p 23cm〈複製と翻刻〉 18540円 Ⓘ4-7842-0798-8 Ⓝ121.52
☆「世界名著大事典」

藤永 保 ふじなが・たもつ

07699 「思想と人格—人格心理学への途」
『思想と人格—人格心理学への途』 藤永保著 筑摩書房 1991 329p 20cm 2990円

Ⓘ4-480-85570-X Ⓝ141.93
☆「学問がわかる500冊」

藤巻 健史 ふじまき・たけし

07700 「マネーはこう動く」
『マネーはこう動く—知識ゼロでわかる実践・経済学』 藤巻健史著 新版 光文社 2010 291p 16cm〈光文社知恵の森文庫 tふ1-2〉 667円 Ⓘ978-4-334-78562-8 Ⓝ338
☆「超売れ筋ビジネス書101冊」

伏見 康治 ふしみ・こうじ

07701 「折り紙の幾何学」
『折り紙の幾何学』 伏見康治,伏見満枝著 増補新版 日本評論社 1984 130p 27cm〈参考にした文献:p129〉 2800円 Ⓝ754.9
☆「物理ブックガイド100」

07702 「ろば電子」
『ろば電子』 伏見康治著 みすず書房 1987 322p 19cm(伏見康治著作集 4) 3000円 Ⓘ4-622-00824-6
☆「物理ブックガイド100」

伏見 満枝 ふしみ・みつえ

07703 「折り紙の幾何学」
『折り紙の幾何学』 伏見康治,伏見満枝著 増補新版 日本評論社 1984 130p 27cm〈参考にした文献:p129〉 2800円 Ⓝ754.9
☆「物理ブックガイド100」

藤村 正太 ふじむら・しょうた

07704 「孤独なアスファルト」
『孤独なアスファルト』 藤村正太著 講談社 1975 267p 18cm(Roman books) 520円 Ⓝ913.6
☆「世界の推理小説・総解説」

藤村 道生 ふじむら・みちお

07705 「日清戦争」
『日清戦争—東アジア近代史の転換点』 藤村道生著 岩波書店 1973 231,3p 18cm〈岩波新書〉〈巻末:日清戦争略年表(1894-98年)〉 180円 Ⓝ210.65
☆「日本陸軍の本・総解説」

藤本 義一 ふじもと・ぎいち

07706 「西鶴くずし好色六人女」
『西鶴くずし好色六人女』 藤本義一著 角川書店 1979 298p 15cm〈角川文庫〉 340円 Ⓝ913.6
☆「歴史小説・時代小説 総解説」

藤本 箕山　ふじもと・きざん

07707　「色道大鏡」
『色道大鏡』　藤本箕山著　新版色道大鏡刊行会編　新版　八木書店　2006　636,38,88p　22cm　19800円　①4-8406-9639-X　Ⓝ384.9
☆「古典の事典」，「世界名著大事典 補遺（Extra）」

藤本 泉　ふじもと・せん

07708　「時をきざむ潮」
『時をきざむ潮』　藤本泉著　講談社　1980　349p　15cm（講談社文庫）　420円　Ⓝ913.6
☆「世界の推理小説・総解説」

藤本 隆宏　ふじもと・たかひろ

07709　「生産システムの進化論」
『生産システムの進化論—トヨタ自動車にみる組織能力と創発プロセス』　藤本隆宏著　有斐閣　1997　389p　22cm〈文献あり　索引あり〉　5000円　①4-641-16002-3　Ⓝ509.6
☆「日本経済本38」

藤本 強　ふじもと・つよし

07710　「考古学を考える」
『考古学を考える—方法論的展望と課題』　藤本強著　増補版　雄山閣出版　1994　277p　20cm〈各章末：参考文献〉　2200円　①4-639-00457-5　Ⓝ202.5
☆「学問がわかる500冊 v.2」

藤本 斗文　ふじもと・とぶん

07711　「京鹿子娘道成寺」
『舞踊集』　郡司正勝編著　白水社　1988　241p　19cm（歌舞伎オン・ステージ　25）〈監修：郡司正勝ほか〉　2300円　①4-560-03295-5　Ⓝ912.5
☆「古典の事典」，「世界名著大事典」

07712　「助六所縁江戸桜」
『助六所縁江戸桜』　守随憲治校訂　岩波書店　1993　104p　15cm（岩波文庫）〈第4刷（第1刷：39.10.5）〉　310円　①4-00-302681-0
☆「古典の事典」，「世界名著大事典」

藤本 英夫　ふじもと・ひでお

07713　「泉靖一伝—アンデスから済州島へ」
『泉靖一伝—アンデスから済州島へ』　藤本英夫著　平凡社　1994　329p　20cm〈参考文献・略年譜：p321～329〉　2700円　①4-582-37384-4　Ⓝ289.1
☆「新・山の本おすすめ50選」

藤森 栄一　ふじもり・えいいち

07714　「旧石器の狩人」
『旧石器の狩人』　藤森栄一著　学生社　1965　244p 図版　19cm〈岩宿文化発見前の日本旧石器研究文献目録（1886-1950）：241-244p〉　Ⓝ210.02
☆「学問がわかる500冊 v.2」

藤森 成吉　ふじもり・せいきち

07715　「何が彼女をさうさせたか」
『何が彼女をさうさせたか—他一篇』　藤森成吉著　角川書店　1954　186p　15cm（角川文庫）　Ⓝ912.6
☆「世界名著大事典」，「日本文学現代名作事典」，「日本文芸鑑賞事典　第9巻」，「百年の誤読」

07716　「礫茂左衛門」
『礫茂左衛門—附・犠牲』　藤森成吉著　新潮社　1926　303p　19cm　Ⓝ912
☆「世界名著大事典」，「日本のプロレタリア文学」

07717　「ピオの話」
『あしたへの橋—語り残したおくりもの』　松本郷土出版社　2002　370p　22cm（信州・こども文学館　第5巻　小宮山量平監修　和田登責任編集　小西正保[ほか]編〉　①4-87663-571-4
☆「名作の研究事典」

07718　「若き日の悩み」
『若き日の悩み』　藤森成吉著　角川書店　1951　218p　15cm（角川文庫　第87）　Ⓝ913.6
☆「世界名著大事典」，「日本文学鑑賞辞典〔第2〕」

07719　「渡辺崋山」
『渡辺崋山—夜明け前のエレジイ』　藤森成吉著　造形社　1971　303p 図10枚　22cm　1200円　Ⓝ913.6
☆「世界名著大事典」，「日本文学鑑賞辞典〔第2〕」

藤森 照信　ふじもり・てるのぶ

07720　「昭和住宅物語」
『昭和住宅物語—初期モダニズムからポストモダンまで23の住まいと建築家』　藤森照信著　新建築社　1990　439p　22cm　4000円　①4-7869-0081-8　Ⓝ527
☆「学問がわかる500冊 v.2」

07721　「丹下健三」
『丹下健三』　丹下健三,藤森照信著　新建築社　2002　518p　29×29cm〈限定版　肖像あり　外箱入　年譜あり　著作目録あり〉　28500円　①4-7869-0169-5　Ⓝ523.1
☆「建築・都市ブックガイド21世紀」

07722　「日本の近代建築（幕末・明治編，大正・昭和編）」
『日本の近代建築　上（幕末・明治篇）』　藤森照信著　岩波書店　1993　267p　18cm（岩波新書）　620円　①4-00-430308-7　Ⓝ523.1

藤原　顕輔　ふじわら・あきすけ

07723　「詞花和歌集」

『詞花和歌集』　藤原顕輔撰　松野陽一校注　大阪　和泉書院　1988　23,231p　22cm〈和泉古典叢書　7〉〈付：参考文献〉　2500円　Ⓘ4-87088-310-4　Ⓝ911.1356

☆「近代名著解題選集 3」、「世界名著大事典」、「日本の古典名著」、「日本文学鑑賞辞典［第1］」、「日本文学名作概観」、「日本名著辞典」

藤原　明衡　ふじわら・あきひら

07724　「新猿楽記」

『新猿楽記』　藤原明衡著　川口久雄訳注　平凡社　1983　417p　18cm〈東洋文庫　424〉〈藤原明衡略年譜：p401～404　藤原明衡関係資料ノート・「新猿楽記」文献目録ノート：p406～417〉　1900円　Ⓝ773.21

☆「古典の事典」、「世界名著大事典」

07725　「本朝文粋」

『本朝文粋―重要文化財』　藤原明衡編　身延山久遠寺編纂　身延町（山梨県）　身延山久遠寺　1980　2冊　20×28cm〈日蓮聖人七百遠忌記念　身延山久遠寺蔵の複製　汲古書院〔発売〕〉　全25000円　Ⓝ919.8

☆「近代名著解題選集 3」、「古典の事典」、「世界名著大事典」、「千年の百冊」、「日本の古典名著」、「日本文学鑑賞辞典［第1］」、「日本文学名作概観」、「日本名著辞典」

07726　「明衡往来」

『往来物大系　第1巻　古往来』　大空社　1992　1冊　22cm〈監修：石川松太郎　複製〉Ⓘ4-87236-259-4　Ⓝ375.9

☆「世界名著大事典」

藤原　彰　ふじわら・あきら

07727　「軍事史」

『軍事史』　藤原彰著　東洋経済新報社　1961　345p　22cm〈日本現代史大系〉〈付：参考文献　273-307p〉　Ⓝ392.1

☆「日本陸軍の本・総解説」

藤原　家隆　ふじわら・いえたか

07728　「壬二集」

『校註国歌大系　第11巻　六家集　下』　国民図書株式会社編　講談社　1976　16,985p　図　19cm〈国民図書株式会社昭和3～6年刊の複製限定版〉Ⓝ911.108

☆「近代名著解題選集 3」、「世界名著大事典」

藤原　家良　ふじわら・いえよし

07729　「万代和歌集」

『万代和歌集　上』　安田徳子著　明治書院　1998　367p　22cm〈和歌文学大系　13　久保田淳監修〉　5200円　Ⓘ4-625-51313-8　Ⓝ911.147

☆「世界名著大事典」

藤原　伊織　ふじわら・いおり

07730　「テロリストのパラソル」

『テロリストのパラソル』　藤原伊織［著］　角川書店　2007　381p　15cm〈角川文庫〉〈角川グループパブリッシング〔発売〕〉　590円　Ⓘ978-4-04-384701-3　Ⓝ913.6

☆「知らないと恥ずかしい「日本の名作」あらすじ200本」

藤原　岩市　ふじわら・いわいち

07731　「藤原機関」

『藤原機関―インド独立の母』　藤原岩市著　原書房　1970　424p　図　19cm〈原書房・100冊選書〉〈『F機関』（昭和41年刊）の改題〉　530円　Ⓝ915.9

☆「日本陸軍の本・総解説」

藤原　英司　ふじわら・えいじ

07732　「海からの使者イルカ」

『海からの使者イルカ』　藤原英司著　朝日新聞社　1993　302,9p　15cm〈朝日文庫〉〈巻末：参考文献〉　650円　Ⓘ4-02-260770-X　Ⓝ489.6

☆「世界の海洋文学」

藤原　緒嗣　ふじわら・おつぐ

07733　「日本後紀」

『日本後紀―全現代語訳　上』　森田悌［著］　講談社　2006　420p　15cm〈講談社学術文庫〉　1300円　Ⓘ4-06-159787-6　Ⓝ210.36

☆「近代名著解題選集 3」、「古典の事典」、「世界名著大事典」、「日本の古典名著」、「日本名著辞典」、「日本歴史「古典籍」総覧」、「歴史の名著100」

藤原　清輔　ふじわら・きよすけ

07734　「奥義抄」

『大東急記念文庫善本叢刊　中古中世篇　第4巻　和歌　1』　築島裕［ほか］編　井上宗雄責任編集　［東京］　大東急記念文庫　2003　700,28p　23cm〈複製　汲古書院〔製作発売〕〉　20000円　Ⓘ4-7629-3463-1　Ⓝ081.7

☆「近代名著解題選集 3」、「世界名著大事典」

07735　「続詞花和歌集」

『続詞花和歌集新注　上』　鈴木徳男著　青簡舎　2010　490p　22cm〈新注和歌文学叢書　7〉　15000円　Ⓘ978-4-903996-36-3　Ⓝ911.137

☆「近代名著解題選集 3」、「日本の古典名著」

07736　「袋草子」

『新日本古典文学大系　29　袋草紙』佐竹昭広ほか編　藤原清輔著　藤岡忠美校注　岩波書店　1995　502,73p　22cm〈歌合年表：p478～482　主要参考文献：p501～502〉　4000円　①4-00-240029-8　Ⓝ918
☆「近代名著解題選集 3」,「世界名著大事典」

07737　「和歌初学抄」
『和歌初学抄　口伝和歌釈抄』〔藤原清輔〕〔著〕　朝日新聞社　2005　570,53p　22cm（冷泉家時雨亭叢書　第38巻　冷泉家時雨亭文庫編）〈付属資料：8p：月報 67　複製　折り込1枚〉　30000円　①4-02-240338-1　Ⓝ911.101
☆「近代名著解題選集 3」

藤原 公任　ふじわら・きんとう

07738　「金玉和歌集」
『新撰朗詠集　金玉集　臨永和歌集』藤原基俊,藤原公任撰　貴重本刊行会　1981　506p　23cm（日本古典文学影印叢刊　12）〈解説：大曽根章介ほか　叢書の編者：日本古典文学会〉　14800円　Ⓝ919.3
☆「近代名著解題選集 3」

07739　「三十六人撰」
『群書類従　第10輯　和歌部』塙保己一編纂　オンデマンド版　八木書店古書出版部　2013　568p　21cm〈訂正3版：続群書類従完成会 1979年刊　デジタルパブリッシングサービス〔印刷・製本〕　八木書店〔発売〕〉　9000円　①978-4-8406-3121-1　Ⓝ081
☆「近代名著解題選集 3」

07740　「新撰髄脳」
『歌論・連歌論・連歌』奥田勲校注・訳　ほるぷ出版　1987　284p　20cm（日本の文学　古典編　37）　Ⓝ911.104
☆「近代名著解題選集 3」,「世界名著大事典」

07741　「北山抄」
『北山抄　1　巻1～巻4』前田育徳会尊経閣文庫編　八木書店　1995　435,7p　22×31cm（尊経閣善本影印集成　7）　28000円　①4-8406-2307-4
☆「世界名著大事典」

07742　「和漢朗詠集」
『和漢朗詠集』藤原公任編　大曽根章介,堀内秀晃校注　新潮社　1983　439p　20cm（新潮日本古典集成）　2200円　①4-10-620361-8　Ⓝ919.3
☆「近代名著解題選集 3」,「古典の事典」,「作品と作者」,「世界名著大事典」,「千年の百冊」,「日本の古典」,「日本の古典名著」,「日本文学鑑賞辞典〔第1〕」,「日本文学名作概観」,「日本名著辞典」,「文学・名著300選の解説 '88年度版」

藤原 邦男　ふじわら・くにお

07743　「物理学序論としての力学」
『基礎物理学　1　物理学序論としての力学』藤原邦男著　東京大学出版会　1984　279p　22cm〈参照文献：p265～267〉　2000円　①4-13-062071-1　Ⓝ420.8
☆「教養のためのブックガイド」

藤原 伊尹　ふじわら・これただ

07744　「一条摂政御集」
『一条摂政御集』尚古会編　尚古会　1937　2冊（解説共）　14cm〈伝西行筆ノ複製　和装〉　Ⓝ911.13
☆「世界名著大事典」

藤原 作弥　ふじわら・さくや

07745　「聖母病院の友人たち」
『聖母病院の友人たち―肝炎患者の学んだこと』藤原作弥著　社会思想社　1992　335p　15cm（現代教養文庫　1453―ベスト・ノンフィクション）　720円　①4-390-11453-0　Ⓝ916
☆「現代を読む」

藤原 定家　ふじわら・さだいえ

07746　「詠歌大概」
『新編日本古典文学全集　87　歌論集』橋本不美男,有吉保,藤平春男校注・訳　小学館　2002　646p　22cm〈付属資料：8p：月報 79〉　4657円　①4-09-658087-2　Ⓝ911.104
☆「近代名著解題選集 3」,「世界名著大事典」

07747　「小倉百人一首」
『小倉百人一首―百人百首の恋とうた』田辺聖子著　ポプラ社　2011　267p　18cm（ポプラポケット文庫　379-1）〈『21世紀によむ日本の古典 10』(2001年刊) の新装改訂〉　650円　①978-4-591-12688-2　Ⓝ911.147
☆「愛と死の日本文学」,「近代名著解題選集 3」,「古典の事典」,「古典文学鑑賞辞典」,「千年の百冊」,「2ページでわかる日本の古典傑作選」,「日本古典への誘い100選」,「日本の古典」,「日本の古典名著」,「日本の書物」,「日本の名著3分間読書100」,「日本文学鑑賞辞典〔第1〕」

07748　「近代秀歌」
『近代秀歌』藤原定家著　新典社　1972　48p　28cm（新典社版原典シリーズ　7）〈烏島松平文庫蔵「西行上人談抄」付載「秘々抄」,彰考館蔵「和歌秘本」所収本の複製　福田秀一付（別冊 20p 19cm）：近代秀歌解説（福田秀一）　和装〉　400円　Ⓝ911.104
☆「近代名著解題選集 3」,「世界名著大事典」,「日本文学鑑賞辞典〔第1〕」

07749　「顕註密勘」

07750　「古今秘註抄」

『古今和歌余材抄　古今集註　古今秘註抄』　契沖著　日本図書センター　1978　495,447p　22cm〈日本文学古註釈大成　古今集古註釈大成〉〈複製〉　12000円　Ⓝ911.1351

☆「世界名著大事典 補遺(Extra)」

07751　「拾遺愚草」

『拾遺愚草　上・中』　藤原定家著　朝日新聞社　1993　588,36p　22cm〈冷泉家時雨亭叢書　第8巻〉〈複製 叢書の編者：冷泉家時雨亭文庫〉　29000円　Ⓘ4-02-240308-X　Ⓝ911.148

☆「近代名著解題選集 3」,「世界名著大事典」

07752　「拾遺愚草員外」

『拾遺愚草 下　拾遺愚草員外　俊成定家詠草　古筆断簡』　藤原定家,藤原俊成著　朝日新聞社　1995　494,43p　22cm〈冷泉家時雨亭叢書 第9巻〉〈編集：冷泉家時雨亭文庫 複製 折り込み1枚〉　28000円　Ⓘ4-02-240309-8　Ⓝ911.148

☆「近代名著解題選集 3」

07753　「新古今和歌集」

『新古今和歌集』　[源通具,藤原有家,藤原定家,藤原家隆,藤原雅経][撰]　小林大輔編　角川学芸出版　2007　217p　15cm〈角川文庫　角川ソフィア文庫 ビギナーズ・クラシックス〉〈文献あり　角川グループパブリッシング〔発売〕〉　629円　Ⓘ978-4-04-357421-6　Ⓝ911.1358

☆「あらすじで読む日本の古典」(楽書館,中経出版〔発売〕),「あらすじで読む日本の古典」(新人物往来社),「学術辞典叢書 第15巻」,「近代名著解題選集 3」,「日本の古典を読む」,「古典文学鑑賞辞典」,「この一冊で読める！日本の古典50冊」,「作品と作者」,「世界名作事典」,「世界名著解題選第2巻」,「世界名著大事典」,「千年紀のベスト100作品を選ぶ」,「千年の百冊」,「2ページでわかる日本の古典への誘い100選 1」,「日本人とは何か」,「日本の古典」,「日本の古典・世界の古典」,「日本の古典名著」,「日本の名著」(角川文庫),「日本の古典」(毎日新聞社),「日本の名著3分間読書100」,「日本の名著大事典」,「日本文学の古典50選」,「日本文学名作概観」,「日本名著辞典」,「早わかり日本古典文学あらすじ事典」,「文学・名著300選の解説 '88年度版」,「マンガとあらすじでやさしく読める日本の古典傑作選30選」,「名作の研究事典」,「やさしい古典案内」

07754　「新勅撰和歌集」

『新勅撰和歌集—永青文庫本　20巻』　藤原定家撰　荒木尚編・解説　古典文庫　1981　323p　17cm〈古典文庫　416〉　非売品　Ⓝ911.145

☆「近代名著解題選集 3」,「世界名著大事典」,「日本名著辞典」

07755　「毎月抄」

『大東急記念文庫善本叢刊　中古中世篇 第4巻　和歌 1』　築島裕[ほか]編　井上宗雄責任編集　[東京]　大東急記念文庫　2003　700,28p　23cm〈複製　汲古書院〔製作発売〕〉　20000円　Ⓘ4-7629-3463-1　Ⓝ081.7

☆「近代名著解題選集 3」,「古典の事典」,「世界名著大事典」,「日本の古典名著」

07756　「松浦宮物語」

『松浦宮物語』　久保田孝夫,関根賢司,吉海直人編　改訂版　翰林書房　2002　146p　21cm〈文献あり〉　1800円　Ⓘ4-87737-164-8　Ⓝ913.41

☆「近代名著解題選集 3」,「古典文学鑑賞辞典」,「作品と作者」,「世界名著大事典」,「日本の古典名著」,「日本文学鑑賞辞典〔第1〕」,「早わかり日本古典文学あらすじ事典」

07757　「明月記」

『明月記　1』　藤原定家著　朝日新聞社　1993　626,30p　19×27cm〈冷泉家時雨亭叢書　第56巻〉〈編集：冷泉家時雨亭文庫 複製〉　30000円　Ⓘ4-02-240356-X　Ⓝ210.42

☆「近代名著解題選集 3」,「古典の事典」,「世界名著大事典」,「千年の百冊」,「日本の古典」,「日本の古典名著」,「日本文学鑑賞辞典〔第1〕」,「日本名著辞典」

藤原 実兼　ふじわら・さねかね

07758　「江談抄」

『江談抄—尊経閣叢刊』　大江匡房著　育徳財団　1938　1軸　28cm〈複製 付：解説〉　Ⓝ914

☆「一度は読もうよ！ 日本の名著」,「一冊で日本の古典100冊を読む」,「近代名著解題選集 3」,「古典の事典」,「世界名著大事典」,「日本の古典名著」,「日本文学鑑賞辞典〔第1〕」,「日本名著辞典」

藤原 実資　ふじわら・さねすけ

07759　「小野宮年中行事」

『群書類従　第6輯　律令部 公事部』　塙保己一編纂　オンデマンド版　八木書店古書出版部　2013　639p　21cm〈訂正3版：続群書類従完成会 1980年刊　デジタルパブリッシングサービス〔印刷・製本〕　八木書店〔発売〕〉　10000円　Ⓘ978-4-8406-3117-4　Ⓝ081

☆「世界名著大事典」

07760　「小右記」

『増補史料大成　別巻1　小右記 1』　増補史料大成刊行会編　藤原実資著　京都　臨川書

藤原審爾　ふじわら・しんじ

07761　「秋津温泉」
『秋津温泉』　藤原審爾著　集英社　1978　195p　16cm〈集英社文庫〉　180円　Ⓝ913.6
☆「一度は読もうよ！日本の名著」,「一冊で愛の話題作100冊を読む」,「日本文芸鑑賞事典 第14巻（1946～1948年）」

07762　「結婚の資格」
『結婚の資格』　藤原審爾著　新潮社　1984　345p　15cm〈新潮文庫〉　360円　Ⓘ4-10-124004-3　Ⓝ913.6
☆「一度は読もうよ！日本の名著」,「一冊で愛の話題作100冊を読む」

07763　「大妖怪」
『大妖怪』　藤原審爾著　文芸春秋　1991　250p　16cm〈文春文庫〉　380円　Ⓘ4-16-753001-5　Ⓝ913.6
☆「歴史小説・時代小説 総解説」

藤原新也　ふじわら・しんや

07764　「印度放浪」
『印度放浪―合本』　藤原新也著　朝日新聞社　1993　417p　15cm〈朝日文庫〉　1000円　Ⓘ4-02-260774-2　Ⓝ292.509
☆「読書入門」

07765　「東京漂流」
『東京漂流』　藤原新也著　朝日新聞社　1995　397p　15cm〈朝日文庫〉　1200円　Ⓘ4-02-264318-8　Ⓝ914.6
☆「学問がわかる500冊 v.2」,「現代を読む」

藤原季綱　ふじわら・すえつな

07766　「続本朝文粋」
『本朝文粋　本朝續文粋』　藤原明衡,藤原季綱撰　黒板勝美編輯　新装版　吉川弘文館　1999　366,238,21p　23cm〈國史大系 新訂増補 第29巻 下〉〈複製〉　8600円　Ⓘ4-642-00332-0　Ⓝ919.3
☆「近代名著解題選集 3」,「世界名著大事典」

藤原助員　ふじわら・すけかず

07767　「撰要両曲巻」
『早歌全詞集』　外村久江,外村南都子校注　2版　三弥井書店　2008　360p　22cm〈中世の文学〉〈文献あり〉　7600円　Ⓘ978-4-8382-1018-3　Ⓝ911.36
☆「近代名著解題選集 3」

藤原佐世　ふじわら・すけよ

07768　「日本国見在書目録」
『日本国見在書目録―宮内庁書陵部所蔵室生寺本』　藤原佐世撰　名著刊行会　1996　99p　27cm〈複製〉　5150円　Ⓘ4-8390-0298-3　Ⓝ026
☆「世界名著大事典」,「日本名著辞典」

藤原惺窩　ふじわら・せいか

07769　「仮名性理竹馬抄」
『藤原惺窩』　日本図書センター　1979　1冊　22cm〈日本教育思想大系 9〉〈国民精神文化研究所昭和12年刊の合本複製〉　12000円　Ⓝ121.43
☆「世界名著大事典 補遺 (Extra)」

07770　「寸鉄録」
『禅学典籍叢刊　第10巻 下』　柳田聖山,椎名宏雄共編　京都　臨川書店　2000　704p　31cm〈複製〉　30000円　Ⓘ4-653-03651-9,4-653-03640-3　Ⓝ188.8
☆「世界名著大事典 補遺 (Extra)」

07771　「惺窩文集」
『藤原惺窩』　日本図書センター　1979　1冊　22cm〈日本教育思想大系 9〉〈国民精神文化研究所昭和12年刊の合本複製〉　12000円　Ⓝ121.43
☆「世界名著大事典 補遺 (Extra)」

07772　「千代もと草」
『神道思想名著集成　下巻』　小野祖教編　国学院大学日本文化研究所第三研究室　1972　484p　22cm〈試刷〉　非売　Ⓝ171
☆「古典の事典」,「日本の古典名著」

藤原忠実　ふじわら・ただざね

07773　「殿暦」
『殿暦 1』　東京大学史料編纂所編　岩波書店　1995　321p　21cm〈大日本古記録〉　7000円　Ⓘ4-00-009535-8
☆「世界名著大事典」

藤原忠平　ふじわら・ただひら

07774　「延喜式」
『延喜式　上』　藤原時平ほか編纂　虎尾俊哉編　集英社　2000　41,1139p　23cm〈訳注日本史料　黒田俊雄ほか編〉　25000円　Ⓘ4-08-197008-7　Ⓝ322.135
☆「古典の事典」,「日本の古典名著」,「日本名著辞典」

藤原為顕　ふじわら・ためあき

07775　「竹園抄」
『續群書類從　第17輯 上　和歌部 連歌部』　塙

保己一編纂　太田藤四郎補　オンデマンド版　八木書店古書出版部　2013　626p　21cm〈訂正3版：続群書類従完成会 1979年刊　デジタルパブリッシングサービス〔印刷・製本〕　八木書店〔発売〕〉　10000円
①978-4-8406-3174-7　Ⓝ081
☆「近代名著解題選集 3」

藤原 為明　ふじわら・ためあき

07776　「新拾遺和歌集」

『校註国歌大系　第8巻　十三代集　4』国民図書株式会社編　講談社　1976　55,797p　図19cm〈国民図書株式会社昭和3〜6年刊の複製限定版〉Ⓝ911.108
☆「近代名著解題選集 3」

藤原 為家　ふじわら・ためいえ

07777　「詠歌一体」

『詠歌一体』藤原為家著　冷泉為秀筆　錦仁、小林一彦編著　大阪　和泉書院　2001　243p　22cm〈重要古典籍叢刊　4〉〈複製および翻刻〉　9000円　①4-7576-0118-2　Ⓝ911.14
☆「近代名著解題選集 3」

07778　「続後撰和歌集」

『続後撰和歌集』藤原為家撰　国枝利久、千古利恵子編　大阪　和泉書院　1999　407p　22cm〈和泉書院影印叢書　16〉　12000円　①4-7576-0013-5　Ⓝ911.145
☆「近代名著解題選集 3」

07779　「為家集」

『桂宮本叢書―図書寮所蔵　第6巻　私家集第6』宮内庁書陵部編　天理　養徳社　1956　369p　図版　19cm　Ⓝ918
☆「近代名著解題選集 3」

藤原 為重　ふじわら・ためしげ

07780　「新後拾遺和歌集」

『冷泉家時雨亭叢書　第83巻　大鏡・文選・源氏和歌集・拾遺1』冷泉家時雨亭文庫編〔東京〕　朝日新聞社　2008　790,68p　22cm〈付属資料：8p；月報 83　複製　折り込1枚　朝日新聞出版〔発売〕〉　30000円
①978-4-02-240383-4　Ⓝ081.7
☆「近代名著解題選集 3」

藤原 為経　ふじわら・ためつね

07781　「今鏡」

『今鏡　上』日本古典文学会編　日本古典文学会　1986　720p　22cm〈日本古典文学影印叢刊　20〉〈解説：伊井春樹　畠山記念館所蔵の複製〉　14500円　Ⓝ913.424
☆「一度は読もうよ！日本の名著」、「一冊で日本の古典100冊を読む」、「近代名著解題選集 3」、「古典の事典」、「古典文学鑑賞辞典」、「作品と作者」、「世界名著大事典」、「2ページでわかる日本の古典傑作選」、「日本の古典名著」、「日本文学鑑賞辞典〔第1〕」、「日本名著辞典」、「日本歴史「古典籍」総覧」、「歴史の名著100」

藤原 為遠　ふじわら・ためとう

07782　「新後拾遺和歌集」

『冷泉家時雨亭叢書　第83巻　大鏡・文選・源氏和歌集・拾遺1』冷泉家時雨亭文庫編〔東京〕　朝日新聞社　2008　790,68p　22cm〈付属資料：8p；月報 83　複製　折り込1枚　朝日新聞出版〔発売〕〉　30000円
①978-4-02-240383-4　Ⓝ081.7
☆「近代名著解題選集 3」

藤原 長子　ふじわら・ちょうし

07783　「讃岐典侍日記」

『讃岐典侍日記』藤原長子著　新典社　1981　135p　22cm〈新典社善本叢書　4〉〈解説：守屋省吾　西尾市立図書館所蔵岩瀬文庫本の複製〉　1800円　①4-7879-5004-3　Ⓝ915.37
☆「一度は読もうよ！日本の名著」、「一冊で日本の古典100冊を読む」、「近代名著解題選集 3」、「古典の事典」、「古典文学鑑賞辞典」、「作品と作者」、「世界名著大事典」、「千年の百冊」、「日本の古典」、「日本の古典名著」、「日本文学鑑賞辞典〔第1〕」、「日本名著辞典」、「文学・名著300選の解説 '88年度版」

藤原 継縄　ふじわら・つぐただ

07784　「続日本紀」

『續日本紀』黒板勝美編　新装版　吉川弘文館　2000　561p　23cm〈國史大系　新訂増補　第2巻〉〈複製〉　7600円　①4-642-00303-7　Ⓝ210.35
☆「近代名著解題選集 3」、「日本歴史「古典籍」総覧」

藤原 てい　ふじわら・てい

07785　「流れる星は生きている」

『流れる星は生きている』藤原てい著　改版6版　中央公論新社　2002　322p　16cm〈中公文庫〉　686円　①4-12-204063-9　Ⓝ913.6
☆「一度は読もうよ！日本の名著」、「一冊で日本の名著100冊を読む 続」、「昭和の名著」、「日本文学名作案内」、「日本文芸鑑賞事典　第15巻」

藤原 時平　ふじわら・ときひら

07786　「日本三代実録」

『日本三代實録』黒板勝美編　新装版　吉川弘文館　2000　643p　21cm〈新訂増補国史大系　第4巻〉　8600円　①4-642-00305-3
☆「近代名著解題選集 3」、「古典の事典」、「世界名著大事典」、「日本の古典名著」、「日本名著辞典」、「日本歴史「古典籍」総覧」、「歴史の名著100」

藤原 俊成　ふじわら・としなり

07787　「古来風体抄」
『歌論歌学集成　第7巻』　渡部泰明, 小林一彦, 山本一校注　三弥井書店　2006　340p　22cm　7200円　Ⓘ4-8382-3108-3　Ⓝ911.101
☆「近代名著解題選集 3」,「古典の事典」,「世界名著大事典」,「千年の百冊」,「日本古典への誘い 100選 1」,「日本の古典名著」

07788　「千載和歌集」
『千載和歌集』　藤原俊成撰　上条彰次校注　大阪　和泉書院　1994　40,647p　22cm（和泉古典叢書　8）〈付：参考文献〉　7210円　Ⓘ4-87088-697-9　Ⓝ911.1357
☆「近代名著解題選集 3」,「古典の事典」,「世界名著大事典」,「日本の古典名著」,「日本文学鑑賞辞典〔第1〕」,「日本文学名作概観」,「日本名著辞典」

07789　「長秋詠藻」
『長秋詠藻—為世自筆本』　藤原俊成撰　中田武司編　古典文庫　1994　304p　17cm（古典文庫　第577冊）　非売品　Ⓝ911.137
☆「近代名著解題選集 3」,「世界名著大事典」

07790　「六百番歌合」
『六百番歌合』　峯岸義秋編　三弥井書店　1974　238p　27cm〈花渓本（峯岸義秋所蔵）の複製〉　2500円　Ⓝ911.18
☆「近代名著解題選集 3」,「世界名著大事典」

07791　「和歌肝要」
『日本歌学大系　第4巻』　佐佐木信綱編　風間書房　1956　398p 図版　22cm　Ⓝ911.108
☆「近代名著解題選集 3」

藤原 長清　ふじわら・ながきよ

07792　「夫木和歌抄」
『夫木和歌抄 1』　藤原長清撰　宮内庁書陵部　1984　349p　22cm（図書寮叢刊）　Ⓝ911.147
☆「近代名著解題選集 3」,「世界名著大事典」,「日本文学鑑賞辞典〔第1〕」

藤原 仲実　ふじわら・なかざね

07793　「綺語抄」
『桐火桶　詠歌一躰　綺語抄』［藤原為家］, 藤原仲実［著］　徳川黎明会編　京都　思文閣出版　1989　513p　22cm（徳川黎明会叢書　和歌篇　4）〈複製〉　14420円　Ⓘ4-7842-0564-0　Ⓝ911.14
☆「近代名著解題選集 3」,「世界名著大事典 補遺（Extra）」

藤原 長親　ふじわら・ながちか

07794　「耕雲口伝」
『歌論歌学集成　第11巻』　三村晃功ほか校注　三弥井書店　2001　372p　22cm　7200円　Ⓘ4-8382-3103-2　Ⓝ911.101
☆「近代名著解題選集 3」

藤原 仲麻呂　ふじわら・なかまろ

07795　「藤氏家伝」
『藤氏家伝―鎌足・貞慧・武智麻呂伝 注釈と研究』　沖森卓也, 佐藤信, 矢嶋泉著　吉川弘文館　1999　509p　22cm〈複製および翻刻を含む〉　13000円　Ⓘ4-642-02336-4　Ⓝ289.1
☆「古典の事典」,「世界名著大事典 補遺（Extra）」

藤原 成範　ふじわら・なりのり

07796　「唐物語」
『唐物語』　藤原成範［著］　小林保治全訳注　講談社　2003　411p　15cm（講談社学術文庫）　1350円　Ⓘ4-06-159601-2　Ⓝ913.41
☆「近代名著解題選集 3」,「世界名著大事典」,「日本文学鑑賞辞典〔第1〕」

藤原 信実　ふじわら・のぶざね

07797　「今物語」
『今物語』　藤原信実著　三木紀人全訳注　講談社　1998　371p　15cm（講談社学術文庫）　1050円　Ⓘ4-06-159348-X　Ⓝ913.47
☆「一度は読もうよ！ 日本の名著」,「一冊で日本の古典100冊を読む」,「近代名著解題選集 3」,「世界名著大事典」,「日本の古典名著」

藤原 範兼　ふじわら・のりかね

07798　「和歌童蒙抄」
『和歌童蒙抄』　藤原範兼著　古辞書叢刊刊行会　1975　5冊　24cm（古辞書叢刊）〈雄松堂書店〔発売〕　尊経閣文庫所蔵 室町初期写本の複製　付（別冊 19cm）：解説（川瀬一馬）　袋入和装〉　Ⓝ911.101
☆「近代名著解題選集 3」

藤原 教長　ふじわら・のりなが

07799　「才葉抄」
『才葉抄』　藤原教長原著　近藤康夫解義　日本習字普及協会　1981　106p　21cm（書論双書 6）〈藤原教長年譜：p15～17〉　1800円　Ⓝ728
☆「古典の事典」

藤原 浜成　ふじわら・はまなり

07800　「歌経標式」
『歌経標式――名浜成式 解題付』　藤原浜成著　東洋文化研究会　1939　2冊　26cm〈複製和装〉　Ⓝ911.13
☆「世界名著大事典」,「日本の古典名著」,「日本名著辞典」

藤原 不比等　ふじわら・ふひと

07801　「養老律令」

『律令』　井上光貞ほか校注　岩波書店　1994　851p　22cm（日本思想大系新装版）　6200円　Ⓘ4-00-003751-X　Ⓝ322.134
☆「古典の事典」

藤原 冬嗣　ふじわら・ふゆつぐ

07802　「文華秀麗集」

『懐風藻　凌雲集　文華秀麗集　經國集　本朝麗藻』　［小野岑守］，［藤原冬嗣］，［良岑安世］［ほか撰］．現代思潮新社　2007　13,241p　16cm（覆刻日本古典全集　與謝野寛,正宗敦夫,與謝野晶子編纂校訂）〈現代思潮社昭和57年刊を原本としたオンデマンド版〉　3500円　Ⓘ978-4-329-02633-0　Ⓝ919.3
☆「近代名著解題選集 3」，「世界名著大事典」，「日本の古典名著」，「日本文学名作概観」，「日本名著辞典」

藤原 正彦　ふじわら・まさひこ

07803　「国家の品格」

『国家の品格』　藤原正彦著　新潮社　2005　191p　18cm（新潮新書）　680円　Ⓘ4-10-610141-6　Ⓝ304
☆「日本人とは何か」

07804　「若き数学者のアメリカ」

『若き数学者のアメリカ』　藤原正彦著　新潮社　1981　283p　15cm（新潮文庫）　280円　Ⓘ4-10-124801-X　Ⓝ302.53
☆「読書入門」

藤原 松三郎　ふじわら・まつさぶろう

07805　「常微分方程式論」

『常微分方程式論』　藤原松三郎著　5版　岩波書店　1949　429p　22cm（高等数学叢書）　Ⓝ413.62
☆「教養のためのブックガイド」

藤原 通俊　ふじわら・みちとし

07806　「後拾遺和歌集」

『後拾遺和歌集』　藤原通俊撰　川村晃生校注　大阪　和泉書院　1991　465p　22cm（和泉古典叢書　5）　5150円　Ⓘ4-87088-450-X　Ⓝ911.1354
☆「近代名著解題選集 3」，「古典の事典」，「世界名著大事典」，「千冊の百冊」，「日本の古典名著」，「日本文学鑑賞辞典〔第1〕」，「日本名著辞典」

藤原 道長　ふじわら・みちなが

07807　「御堂関白記」

『御堂関白記―全現代語訳　上』　藤原道長［著］　倉本一宏［訳］　講談社　2009　427p　15cm（講談社学術文庫　1947）〈年譜あり〉　1350円　Ⓘ978-4-06-291907-0　Ⓝ210.37
☆「古典の事典」，「世界名著大事典」，「千冊の百冊」

藤原 通憲　ふじわら・みちのり

07808　「本朝世紀」

『本朝世紀』　黒板勝美編　新装版　吉川弘文館　1999　901p　21cm（新訂増補国史大系　第9巻）　10800円　Ⓘ4-642-00310-X
☆「近代名著解題選集 3」，「古典の事典」，「世界名著辞典」，「日本歴史「古典籍」総覧」，「歴史の名著100」

藤原 宗忠　ふじわら・むねただ

07809　「作文大体」

『天理図書館善本叢書　和書之部　第57巻　平安詩文残篇』　天理図書館善本叢書和書之部編集委員会編　天理　天理大学出版部　1984　518,43p　27cm〈複製　八木書店〔製作発売〕〉　13000円　Ⓝ081.7
☆「世界名著大事典」

07810　「中右記」

『中右記　1』　藤原宗忠著　陽明文庫編　京都　思文閣出版　1988　568p　16×23cm（陽明叢書　記録文書篇第7輯）〈複製〉　13500円　Ⓘ4-7842-0516-0　Ⓝ210.38
☆「世界名著大事典」

藤原 基経　ふじわら・もとつね

07811　「日本文徳天皇実録」

『日本後紀　續日本後紀　日本文德天皇實錄』　［藤原冬嗣］，［藤原良房］，［藤原基經］［ほか編］　吉川弘文館　2007　138,246,126p　27cm（國史大系　新訂増補　第3巻　黒板勝美編）〈平成12年刊（新装版）を原本としたオンデマンド版〉　12500円　Ⓘ978-4-642-04003-7　Ⓝ210.36
☆「近代名著解題選集 3」，「古典の事典」，「世界名著大事典」，「日本名著辞典」，「日本歴史「古典籍」総覧」，「歴史の名著100」

藤原 基俊　ふじわら・もととし

07812　「悦目抄」

『群書類従　第16輯　和歌部』　塙保己一編纂　オンデマンド版　八木書店古書出版部　2013　626p　21cm〈訂正3版：続群書類従完成会1980年刊　デジタルパブリッシングサービス〔印刷・製本〕　八木書店〔発売〕〉　10000円　Ⓘ978-4-8406-3127-3　Ⓝ081
☆「近代名著解題選集 3」

07813　「新撰朗詠集」

『新撰朗詠集』　藤原基俊著　松田武夫解説　小林芳規解読　古典文庫　1963　2冊　17cm（古典文庫　第196-197冊）〈梅沢本複製〉　Ⓝ911.67
☆「近代名著解題選集 3」，「作品と作者」，「世界名著大事典」，「日本の古典名著」

ふしわら　　　　　　　　　　　　　　　　　　　　　　07814～07827

07814　「藤原基俊集」
『私家集・歌合』徳川黎明会編　京都　思文閣出版　1985　432p　22cm〈徳川黎明会叢書　和歌篇2〉〈複製〉　12000円　Ⓝ911.108
☆「世界名著大事典」

藤原 師実　ふじわら・もろざね

07815　「高陽院歌合」
『校註国歌大系　第9巻　撰集,歌合 全』国民図書株式会社編　講談社　1976　43,937p　図　19cm〈国民図書株式会社昭和3～6年刊の複製限定版〉　Ⓝ911.108
☆「近代名著解題選集 3」

藤原 師輔　ふじわら・もろすけ

07816　「九条殿遺誡」
『群書類従　第27輯　雑部』塙保己一編纂　オンデマンド版　八木書店古書出版部　2013　728p　21cm〈訂正3版：続群書類従完成会1980年刊　デジタルパブリッシングサービス〔印刷・製本〕　八木書店〔発売〕〉　11000円　①978-4-8406-3138-9　Ⓝ081
☆「日本の古典名著」

07817　「九条年中行事」
『群書類従　第6輯　律令部 公事部』塙保己一編纂　オンデマンド版　八木書店古書出版部　2013　639p　21cm〈訂正3版：続群書類従完成会1980年刊　デジタルパブリッシングサービス〔印刷・製本〕　八木書店〔発売〕〉　10000円　①978-4-8406-3117-3　Ⓝ081
☆「古典の事典」,「世界名著大事典」,「日本の古典名著」

藤原 師通　ふじわら・もろみち

07818　「後二条師通記」
『大日本古記録　〔第7〕上　後二条師通記 上』東京大学史料編纂所編　藤原師通著　岩波書店　1956　317p 図版　22cm　Ⓝ210.08
☆「世界名著大事典」

藤原 保信　ふじわら・やすのぶ

07819　「自由主義の再検討」
『自由主義の再検討』藤原保信著　松園伸,山岡龍一編　新評論　2005　386,12p　22cm〈藤原保信著作集　第9巻　藤原保信著〉〈付属資料：8p；月報 no.2〉　5700円　①4-7948-0660-4　Ⓝ309.1
☆「学問がわかる500冊」

藤原 行成　ふじわら・ゆきなり

07820　「権記」
『権記　上』藤原行成［著］　倉本一宏全現代語訳　講談社　2011　503p　15cm〈講談社学術文庫　2084〉〈年譜あり〉　1400円　①978-4-06-292084-1　Ⓝ210.37
☆「世界名著大事典」

藤原 義江　ふじわら・よしえ

07821　「流転七十五年―オペラと恋の半生」
『流転七十五年―オペラと恋の半生』藤原義江著　主婦の友社　1974　255p　19cm〈藤原義江年譜：p.251-255〉　980円　Ⓝ766.1
☆「自伝の名著101」

藤原 良経　ふじわら・よしつね

07822　「秋篠月清集」
『和歌文学大系　60　秋篠月清集　明恵上人歌集』久保田淳監修　藤原良経,明恵原著　谷知子,平野多恵著　明治書院　2013　442p　22cm〈付属資料：9p；月報 39　文献あり　索引あり〉　12000円　①978-4-625-42413-7　Ⓝ911.108
☆「近代名著解題選集 3」,「日本文学鑑賞辞典〔第1〕」

07823　「元久詩歌合」
『群書類従　第13輯　和歌部』塙保己一編纂　オンデマンド版　八木書店古書出版部　2013　578p　21cm〈訂正3版：続群書類従完成会1979年刊　印刷・製本：デジタル・パブリッシング・サービス　八木書店〔発売〕〉　9000円　①978-4-8406-3124-2　Ⓝ081
☆「近代名著解題選集 3」

07824　「六百番歌合」
『六百番歌合』峯岸義秋編　三弥井書店　1974　238p　27cm〈花渓本（峯岸義秋所蔵）の複製〉　2500円　Ⓝ911.18
☆「近代名著解題選集 3」,「世界名著大事典」

藤原 吉房　ふじわら・よしふさ

07825　「吉野拾遺」
『古典文学選　9　歴史物語』横山青娥著　塔影書房　1974　167p　22cm〈限定版〉　2800円　Ⓝ910.2
☆「近代名著解題選集 3」,「作品と作者」,「世界名著大事典」,「日本文学鑑賞辞典〔第1〕」

藤原 良房　ふじわら・よしふさ

07826　「続日本後紀」
『続日本後紀　上』森田悌全現代語訳　講談社　2010　430p　15cm〈講談社学術文庫　2014〉　1250円　①978-4-06-292014-8　Ⓝ210.36
☆「近代名著解題選集 3」,「古典の事典」,「世界名著大事典 補遺(Extra)」,「日本の古典名著」,「日本名著辞典」,「日本歴史「古典籍」総覧」,「歴史の名著100」

07827　「日本後紀」

『日本後紀―全現代語訳　上』　森田悌［著］
講談社　2006　420p　15cm（講談社学術文庫）　1300円　Ⓓ4-06-159787-6　Ⓝ210.46
☆「近代名著解題選集 3」、「古典の事典」、「世界名著大事典」、「日本の古典の名著」、「日本名著辞典」、「日本歴史「古典籍」総覧」、「歴史の名著100」

藤原　頼長　ふじわら・よりなが

07828　「台記」

『台記』　藤原頼長著　京都　臨川書店　1966　3冊　22cm　8000円　Ⓝ210.38
☆「古典の事典」、「世界名著大事典」

藤原　頼業　ふじわら・よりなり

07829　「唯心房集」

『唯心房集』　藤原頼業著　岡山大学池田家文庫等刊行会編　岡山　福武書店　1974　116p　図　22cm（岡山大学国文学資料叢書　1）〈翻刻岡大本「唯心房集」、書陵部本『寂然法師集』を収録〉　2500円　Ⓝ911.148
☆「近代名著解題選集 3」

藤原俊成卿女　ふじわらとしなりきょうのむすめ

07830　「無名草子」

『無名草子―注釈と資料』　『無名草子』輪読会編　大阪　和泉書院　2004　220p　21cm〈文献あり〉　1900円　Ⓓ4-7576-0247-2　Ⓝ913.3
☆「近代名著解題選集 3」、「古典の事典」、「古典文学鑑賞辞典」、「作品と作者」、「世界名著大事典」、「千年の百冊」、「日本古典への誘い100選 1」、「日本の古典」、「日本の古典名著」、「日本文学鑑賞辞典〔第1〕」、「文学・名著300選の解説 '88年度版」

藤原道綱母　ふじわらみちつなのはは

07831　「蜻蛉日記」

『蜻蛉日記』　藤原道綱母著　今西祐一郎校注　岩波書店　1996　335,7p　15cm（岩波文庫）　670円　Ⓓ4-00-300141-9　Ⓝ915.33
☆「あらすじダイジェスト 日本の古典30を読む」、「一度は読もうよ！　日本の名著」、「一冊で日本の古典100冊を読む」、「一冊で100名作の「さわり」を読む」、「学術辞典叢書 第15巻」、「近代名著解題選集 3」、「作品と作者」、「3行でわかる名作&ヒット本250」、「世界名著解題選 第1巻」、「世界名著大事典」、「千年の百冊」、「2ページでわかる日本の古典傑作選」、「日本古典への誘い100選 2」、「日本の古典」、「日本の古典・世界の古典」、「日本の名著」、「日本文学鑑賞辞典〔第1〕」、「日本文学の古典50選」、「日本文学名作案内」、「日本文学名作概観」、「日本名著辞典」、「日本・名著のあらすじ」、「早わかり日本古典文学あらすじ事典」、「文学・名著300選の解説 '88年度版」、「マンガとあらすじでやさしく読める日本の古典傑作30選」、「名作の書き出しを諳んじる」、「やさしい古典案内」

布勢　松翁　ふせ・しょうおう

07832　「松翁道話」

『松翁道話―校訂　売ト先生安楽伝授』　布施矩道、脇坂義堂著　吉田紹欽校　雄山閣　1940　205p　15cm（雄山閣文庫　第1部 第47）〈「雑誌古典研究」第5巻第2号別冊附録〉　Ⓝ158
☆「世界名著大事典」

二葉亭　四迷　ふたばてい・しめい

07833　「あひゞき」

『あひゞき』　ツルゲーネフ著　二葉亭四迷訳　神西清編　京都　世界文学社　1949　245p　19cm　Ⓝ983
☆「日本文学鑑賞辞典〔第2〕」、「日本文学現代名作事典」、「日本文学名作事典」

07834　「浮雲」

『浮雲』　二葉亭四迷著　改版　新潮社　2011　302p　15cm（新潮文庫）　400円　Ⓓ978-4-10-101403-6
☆「あらすじで読む日本の名著」、「一度は読もうよ！　日本の名著」、「一冊で日本の名著100冊を読む 続」、「一冊で100名作の「さわり」を読む」、「絵で読むあらすじ日本の名著」、「感動！　日本の名著 近現代編」、「近代文学名作事典」、「現代文学鑑賞辞典」、「現代文学名作探訪事典」、「3行でわかる名作&ヒット本250」、「Jブンガク」、「知らないと恥ずかしい「日本の名作」あらすじ200本」、「図説 5分でわかる日本の名作」、「世界名著大事典」、「日本近代文学名著事典」、「日本の小説101」、「日本の名作おさらい」、「日本の名著」（角川書店）、「日本の名著」（毎日新聞社）、「日本の名著3分間読書100」、「日本文学鑑賞辞典〔第2〕」、「日本文学現代名作事典」、「日本文学名作案内」、「日本文学名作概観」、「日本文学名作事典」、「日本文芸鑑賞事典　第1巻」、「日本名著辞典」、「日本・名著のあらすじ」、「入門名作の世界」、「必読書150」、「ひと目でわかる日本の名作」、「文学・名著300選の解説 '88年度版」、「ベストガイド日本の名著」、「ポケット日本名作事典」、「名作の書き出しを諳んじる」、「名作はこのように始まる」、「明治・大正・昭和のベストセラー」、「明治・大正・昭和の名著・総解説」、「明治の名著 2」

07835　「小説総論」

『短編名作選―1885-1924 小説の曙』　平林文雄［ほか］編　笠間書院　2003　299p　21cm〈年表あり〉　1400円　Ⓓ4-305-00208-6　Ⓝ913.68
☆「日本文芸鑑賞事典　第1巻」、「明治の名著 1」

07836　「其面影」

『其面影』　二葉亭四迷作　改版　岩波書店　1987　237p　15cm（岩波文庫）　350円
☆「一度は読もうよ！　日本の名著」、「一冊で日本の名著100冊を読む 続」、「図説 5分でわかる日本の名作傑作選」、「世界名著大事典」、「日本文学鑑賞辞典〔第2〕」、「日本文学名作案内」、「日本文芸

07837　「平凡」
『平凡―他六編』二葉亭四迷著　改版　岩波書店　1971　203p　15cm〈岩波文庫〉〈第26刷（初版：昭和15年）〉　100円　Ⓝ913.6
☆「これだけは読んでおきたい日本の名作文学案内」,「世界名作事典」,「世界名著大事典」,「日本文学鑑賞辞典〔第2〕」,「日本文学現代名作事典」,「名作の研究事典」

淵田 美津雄　ふちだ・みつお

07838　「機動部隊」
『機動部隊』淵田美津雄,奥宮正武[著]　学習研究社　2008　503p　15cm〈学研M文庫〉　1200円　①978-4-05-901222-1　Ⓝ916
☆「日本海軍の本・総解説」

07839　「ミッドウェー」
『ミッドウェー』淵田美津雄,奥宮正武[著]　学習研究社　2008　491p　15cm〈学研M文庫〉　1000円　①978-4-05-901221-4　Ⓝ916
☆「日本海軍の本・総解説」

仏書刊行会　ぶっしょかんこうかい

07840　「大日本仏教全書」
『大日本仏教全書　第1冊　仏教書籍目録　第1』仏書刊行会編纂　名著普及会　1980　1冊　24cm〈明治45年～大正11年刊の複製〉　Ⓝ180.1
☆「日本名著辞典」

船井 幸雄　ふない・ゆきお

07841　「新マーケティング経営」
『新マーケティング経営―複眼企業=急成長の決め手』船井幸雄著　ビジネス社　1984　295p　19cm　1200円　①4-8284-0215-2　Ⓝ336.1
☆「経済経営95冊」

07842　「船井流競争法」
『船井流競争法』船井幸雄著　ビジネス社　1992　247p　20cm（Funai Yukio classics）〈新装版〉　1600円　①4-8284-0489-9　Ⓝ335.04
☆「戦略の名著！最強43冊のエッセンス」

船尾 修　ふなお・おさむ

07843　「アフリカ―豊饒と混沌の大陸」
『アフリカ―豊饒と混沌の大陸　赤道編』船尾修著　山と溪谷社　1998　269p　22cm　1800円　①4-635-17134-5　Ⓝ294.09
☆「新・山の本おすすめ50選」

舩木 繁　ふなき・しげる

07844　「岡村寧次大将」
『岡村寧次大将―支那派遣軍総司令官』舩木繁著　復刻新版　河出書房新社　2012　356p　22cm〈文献あり　年譜あり〉　5800円　①978-4-309-22576-0　Ⓝ289.1
☆「日本陸軍の本・総解説」

舩坂 弘　ふなさか・ひろし

07845　「英霊の絶叫」
『英霊の絶叫―玉砕島アンガウル戦記』舩坂弘著　光人社　1996　281p　16cm〈光人社NF文庫〉　620円　①4-7698-2135-2　Ⓝ916
☆「日本陸軍の本・総解説」

07846　「滅尽争のなかの戦士たち」
『滅尽争のなかの戦士たち―玉砕島パラオ・アンガウル』舩坂弘著　講談社　1979　281p　15cm〈講談社文庫〉　340円　Ⓝ915.9
☆「今だから知っておきたい戦争の本70」

舟崎 克彦　ふなざき・よしひこ

07847　「「ぽっぺん先生」シリーズ」
『ぽっぺん先生の日曜日』舟崎克彦作　岩波書店　2000　266p　18cm〈岩波少年文庫〉　680円　①4-00-114070-5
☆「少年少女の名作案内　日本の文学ファンタジー編」

船田 亨二　ふなだ・きょうじ

07848　「羅馬法」
『羅馬法　第1-5巻』船田亨二著　改訂版　岩波書店　1943　5冊　21cm　Ⓝ322
☆「世界名著大事典」

船津 衛　ふなつ・まもる

07849　「社会心理学の展開」
『社会心理学の展開』永田良昭,船津衛編著　北樹出版　1987　184p　21cm〈大学教養選書〉〈学文社〔発売〕〉　1900円
☆「学問がわかる500冊」

船戸 与一　ふなど・よいち

07850　「砂のクロニクル」
『砂のクロニクル　上』船戸与一著　小学館　2014　643p　15cm〈小学館文庫　ふ4-8〉〈新潮文庫　1994年刊の再刊〉　840円　①978-4-09-406050-8　Ⓝ913.6
☆「知らないと恥ずかしい「日本の名作」あらすじ200本」

07851　「伝説なき地」
『伝説なき地　上』船戸与一著　双葉社　2003　587p　15cm〈双葉文庫　日本推理作家協会賞受賞作全集　58）　933円　①4-575-65856-1　Ⓝ913.6
☆「世界の推理小説・総解説」

07852　「山猫の夏」
『山猫の夏』　船戸与一著　講談社　1995
726p　15cm（講談社文庫）　940円
①4-06-263155-5　⑩913.6
☆「世界の推理小説・総解説」

舟橋 聖一　ふなはし・せいいち

07853　「ある女の遠景」
『ある女の遠景』　舟橋聖一［著］　講談社
2003　464p　16cm（講談社文芸文庫）〈年譜
あり　著作目録あり〉　1500円
①4-06-198354-7　⑩913.6
☆「ポケット日本名作事典」

07854　「海の百万石」
『海の百万石』　舟橋聖一著　講談社　1958　2
冊　19cm（ロマン・ブックス）　⑩913.6
☆「歴史小説・時代小説 総解説」

07855　「鷲毛」
『鷲毛』　舟橋聖一著　講談社　1949　266p
18cm　⑩913.6
☆「日本文学鑑賞辞典〔第2〕」

07856　「悉皆屋康吉」
『悉皆屋康吉』　舟橋聖一［著］　講談社　2008
316p　16cm（講談社文芸文庫）〈年譜あり
著作目録あり〉　1300円　①978-4-06-290016-4
⑩913.6
☆「あらすじダイジェスト」、「現代文学名作探訪事
典」、「知らないと恥ずかしい「日本の名作」あら
すじ200本」、「世界名著大事典」、「日本文芸鑑賞
事典 第13巻」、「ポケット日本名作事典」

07857　「篠笛」
『篠笛』　舟橋聖一著　博文館　1941　340p
19cm　⑩913.6
☆「一度は読もうよ！日本の名著」、「一冊で日本の
名著100冊を読む 続」

07858　「滝壺」
『滝壺』　舟橋聖一著　新潮社　1973　257p
20cm　900円　⑩913.6
☆「一度は読もうよ！日本の名著」、「一冊で愛の話
題作100冊を読む」

07859　「花の生涯」
『花の生涯—長編歴史小説　上』　舟橋聖一著
新装版　祥伝社　2007　441p　16cm（祥伝社
文庫）　743円　①978-4-396-33351-5　⑩913.6
☆「日本の名著」、「日本文学鑑賞辞典〔第2〕」、「日
本文学名作案内」、「日本文芸鑑賞事典 第16巻」、
「ポケット日本名作事典」、「歴史小説・時代小説
総解説」

07860　「木石」
『木石—他七篇』　舟橋聖一著　角川書店　1957
208p　15cm（角川文庫）　⑩913.6

☆「女性のための名作・人生案内」、「世界名著大事
典」、「日本文学鑑賞辞典〔第2〕」、「日本文学現
代名作事典」

07861　「雪夫人絵図」
『雪夫人絵図』　舟橋聖一著　角川書店　1959
372p　15cm（角川文庫）　⑩913.6
☆「日本・世界名作「愛の会話」100章」

舩橋 晴俊　ふなばし・はるとし

07862　「巨大地域開発の構想と帰結」
『巨大地域開発の構想と帰結—むつ小川原開発
と核燃料サイクル施設』　舩橋晴俊, 長谷川公
一, 飯島伸子編　東京大学出版会　1998
355p　22cm〈文献あり　年表あり〉　8500円
①4-13-056054-9　⑩601.121
☆「環境と社会」

07863　「新幹線公害」
『新幹線公害—高速文明の社会問題』　船橋晴俊
ほか著　有斐閣　1985　319,10p　19cm（有
斐閣選書）〈巻末：年表・文献リスト〉
1600円　①4-641-02487-1　⑩519
☆「環境と社会」

船橋 洋一　ふなばし・よういち

07864　「経済安全保障論」
『経済安全保障論—地球経済時代のパワー・エ
コノミックス』　船橋洋一著　東洋経済新報社
1978　312p　19cm（東経選書）　1500円
⑩333
☆「現代ビジネス書・経済書総解説」

07865　「通貨烈烈」
『通貨烈烈』　船橋洋一訳　朝日新聞社　1993
504p　15cm（朝日文庫）〈付：年表〉　740円
①4-02-260746-7　⑩338.97
☆「現代を読む」、「ベストガイド日本の名著」

船山 馨　ふなやま・かおる

07866　「石狩平野」
『石狩平野』　船山馨著　河出書房新社　1989
2冊　20cm〈新装版〉　各1300円
①4-309-60966-X　⑩913.6
☆「一度は読もうよ！日本の名著」、「日本文学名作
案内」、「ポケット日本名作事典」

07867　「お登勢」
『お登勢』　船山馨著　改版再版　角川書店
2001　700p　15cm（角川文庫）　933円
①4-04-129701-X　⑩913.6
☆「歴史小説・時代小説 総解説」

07868　「破獄者」
『札幌ミステリー傑作選』　渡辺淳一他著　河出
書房新社　1986　301p　15cm（河出文庫）
480円　①4-309-40154-6　⑩913.68

ふの

布野 修司　ふの・しゅうじ

07869　「戦後建築の終焉―世紀末建築論ノート」
　　『戦後建築の終焉―世紀末建築論ノート』 布野修司著　れんが書房新社　1995　285p　20cm　3090円　Ⓘ4-8462-0163-5　Ⓝ523.1
　　☆「学問がわかる500冊 v.2」

07870　「戦後建築論ノート」
　　『戦後建築論ノート』 布野修司著　相模書房　1981　254p　19cm（相模選書）　1400円　Ⓝ520.4
　　☆「建築の書物/都市の書物」

文倉 平次郎　ふみくら・へいじろう

07871　「幕末軍艦咸臨丸」
　　『幕末軍艦咸臨丸　上巻』 文倉平次郎著　中央公論社　1993　481p　16cm（中公文庫）　940円　Ⓘ4-12-202004-2　Ⓝ210.5953
　　☆「日本海軍の本・総解説」、「名著の伝記」

麓 三郎　ふもと・さぶろう

07872　「佐渡金銀山史話」
　　『佐渡金銀山史話』 麓三郎著　増補版　三菱金属鉱業　1973　573,31p　図31枚　地図　22cm〈付：旧幕時代の鉱山技術（平井栄一） 佐渡の金銀産出量に就いて（平井栄一）〉　3000円　Ⓝ569.21
　　☆「世界名著大事典」

武陽隠士　ぶよういんし

07873　「世事見聞録」
　　『世事見聞録』 武陽隠士著　本庄栄治郎校訂　奈良本辰也補訂　岩波書店　2010　458p　15cm（岩波文庫）〈第4刷（第1刷1994年）〉　960円　Ⓘ4-00-330481-0
　　☆「古典の事典」、「日本名著辞典」

降幡 賢一　ふりはた・けんいち

07874　「オウム法廷」
　　『オウム法廷―グルのしもべたち　上』 降幡賢一著　朝日新聞社　1998　292p　15cm（朝日文庫）　640円　Ⓘ4-02-261223-1　Ⓝ326.23
　　☆「学問がわかる500冊」

古井 由吉　ふるい・よしきち

07875　「円陣を組む女たち」
　　『円陣を組む女たち』 古井由吉著　中央公論社　1970　229p　20cm　500円　Ⓝ913.6
　　☆「必読書150」

07876　「妻隠」
　　『古井由吉自撰作品　1』 古井由吉著　河出書房新社　2012　425p　20cm〈付属資料：1枚：月報1〉　3600円　Ⓘ978-4-309-70991-8　Ⓝ913.6
　　☆「一度は読もうよ！ 日本の名著」、「一冊で日本の名著100冊を読む 続」

07877　「杳子」
　　『古井由吉自撰作品　1』 古井由吉著　河出書房新社　2012　425p　20cm〈付属資料：1枚：月報1〉　3600円　Ⓘ978-4-309-70991-8　Ⓝ913.6
　　☆「一度は読もうよ！ 日本の名著」、「一冊で愛の話題作100冊を読む」、「近代日本の百冊を選ぶ」、「現代文学鑑賞辞典」、「日本文学名作案内」、「日本文芸鑑賞事典 第20巻（昭和42～50年）」、「ポケット日本名作事典」

古市 幸雄　ふるいち・ゆきお

07878　「「1日30分」を続けなさい！ 人生勝利の勉強法55」
　　『「1日30分」を続けなさい！―人生勝利の勉強法55』 古市幸雄著　大和書房　2010　235p　16cm（だいわ文庫　159-1G）〈マガジンハウス2007年刊の加筆・修正　文献あり〉　648円　Ⓘ978-4-479-30273-5　Ⓝ379.7
　　☆「超売れ筋ビジネス書101冊」

古川 彰　ふるかわ・あきら

07879　「観光と環境の社会学」
　　『観光と環境の社会学』 古川彰,松田素二編　新曜社　2003　298p　19cm〈シリーズ環境社会学　4　鳥越皓之企画編集〉〈文献あり〉　2500円　Ⓘ4-7885-0867-2　Ⓝ689.4
　　☆「環境と社会」

古川 薫　ふるかわ・かおる

07880　「十三人の修羅」
　　『十三人の修羅』 古川薫著　講談社　1981　265p　15cm（講談社文庫）　340円　Ⓝ913.6
　　☆「歴史小説・時代小説 総解説」

07881　「閉じられた海図」
　　『閉じられた海図』 古川薫著　文芸春秋　1992　244p　16cm（文春文庫）　380円　Ⓘ4-16-735708-9　Ⓝ913.6
　　☆「世界の海洋文学」

古川 孝順　ふるかわ・こうじゅん

07882　「社会福祉学序説」
　　『社会福祉学序説』 古川孝順著　有斐閣　1994　316p　22cm　3914円　Ⓘ4-641-07571-9　Ⓝ369
　　☆「学問がわかる500冊」

07883　「社会福祉供給システムのパラダイム転換」

『社会福祉供給システムのパラダイム転換』 古川孝順編　誠信書房　1992　313p　22cm　3800円　Ⓘ4-414-60114-2　Ⓝ369
☆「学問がわかる500冊」

07884 「社会福祉論」
『社会福祉論』 古川孝順ほか著　有斐閣　1993　477p　19cm（有斐閣Sシリーズ）　2472円　Ⓘ4-641-05949-7　Ⓝ369
☆「学問がわかる500冊」

古川 古松軒　ふるかわ・こしょうけん

07885 「西遊雑記」
『西遊雑記―肥後の国の部（熊本県）』 古川古松軒著　杵築史談会編　[杵築]　[杵築史談会]　1冊（ページ付なし）　25cm〈複製〉Ⓝ291.94
☆「世界名著大事典 補遺（Extra）」

07886 「東遊雑記」
『東遊雑記―奥羽・松前巡見私記』 古川古松軒著　大藤時彦解説　平凡社　1964　305p 図版　18cm（東洋文庫）Ⓝ291.2
☆「世界の旅行記101」,「世界名著大事典 補遺（Extra）」,「日本の書物」

古川 俊之　ふるかわ・としゆき

07887 「機械仕掛けのホモ・サピエンス」
『機械仕掛けのホモ・サピエンス』 古川俊之著　潮出版社　1987　222p　20cm　1500円　Ⓘ4-267-01161-3　Ⓝ491.3
☆「「本の定番」ブックガイド」

07888 「高齢化社会の設計」
『高齢化社会の設計』 古川俊之著　中央公論社　1989　199p　18cm（中公新書）　520円　Ⓘ4-12-100908-8　Ⓝ369.26
☆「「本の定番」ブックガイド」

古島 敏雄　ふるしま・としお

07889 「近世日本農業の構造」
『近世日本農業の構造』 古島敏雄著　東京大学出版会　1957　548,28p　22cm〈昭和18年日本評論社刊の新版〉Ⓝ612.1
☆「世界名著大事典」,「歴史の名著 日本人篇」

07890 「商品生産と寄生地主制―近世畿内農業における」
『商品生産と寄生地主制―近世畿内農業における』 古島敏雄, 永原慶二著　東京大学出版会　1954　290p 表　22cm　Ⓝ611.2
☆「日本史の名著」

07891 「土地に刻まれた歴史」
『土地に刻まれた歴史』 古島敏雄著　岩波書店　1996　222p　18cm（岩波新書）〈第15刷（第1刷：1967年）折り込図1枚〉　650円

Ⓘ4-00-413085-9　Ⓝ611.241
☆「学問がわかる500冊 v.2」

07892 「日本農学史」
『日本農学史　第1巻』 古島敏雄著　日本評論社　1946　563p　21cm　Ⓝ610.1
☆「明治・大正・昭和の名著・総解説」

古田 足日　ふるた・たるひ

07893 「宿題ひきうけ株式会社」
『宿題ひきうけ株式会社』 古田足日作　久米宏一画　新版　理論社　2004　268p　18cm（フォア文庫愛蔵版）　1000円　Ⓘ4-652-07384-4　Ⓝ913.6
☆「少年少女の名作案内 日本の文学リアリズム編」

07894 「モグラ原っぱのなかまたち」
『モグラ原っぱのなかまたち』 古田足日作　田畑精一絵　あかね書房　1988　189p　18cm（あかね文庫）　430円　Ⓘ4-251-10021-2
☆「少年少女の名作案内 日本の文学リアリズム編」

古山 高麗雄　ふるやま・こまお

07895 「蟻の自由」
『蟻の自由』 古山高麗雄著　角川書店　1977　226p　15cm（角川文庫）　220円　Ⓝ913.6
☆「一度は読もうよ！日本の名著」,「一冊で日本の名著100冊を読む 続」

07896 「今朝太郎渡世旅」
『今朝太郎渡世旅』 古山高麗雄著　講談社　1979　348p　15cm（講談社文庫）〈年譜：p340～348〉　380円　Ⓝ913.6
☆「歴史小説・時代小説 総解説」

07897 「プレオー8の夜明け」
『プレオー8の夜明け―古山高麗雄作品選』 古山高麗雄著　講談社　2001　329p　16cm（講談社文芸文庫）〈肖像あり　年譜あり〉　1300円　Ⓘ4-06-198271-0　Ⓝ913.6
☆「現代文学鑑賞辞典」,「ポケット日本名作事典」

07898 「兵隊蟻が歩いた」
『兵隊蟻が歩いた』 古山高麗雄著　文芸春秋　1982　343p　16cm（文春文庫）　400円　Ⓘ4-16-729101-0　Ⓝ916
☆「日本陸軍の本・総解説」

【へ】

平内 延臣　へいのうち・まさおみ

07899 「矩術新書」
『江戸科学古典叢書　16　隅矩雛形.矩術新書』 恒和出版　1978　279,92p　22cm〈編集委員：

へいのうち　　　　　　　　　　　　　　　　　　　　07900〜07914

青木国夫ほか〉　6000円　Ⓝ402.105
☆「世界名著大事典」

平内 政信　へいのうち・まさのぶ

07900　「匠明」
『匠明』　校訂：伊藤要太郎　鹿島研究所出版会　1971　2冊(解説共)　22cm〈解説：匠明五巻考(伊藤要太郎)　監修：太田博太郎　箱入り〉　10000円　Ⓝ521
☆「古典の事典」

平凡社　へいぼんしゃ

07901　「世界歴史大系」
『世界歴史大系　第1　史前史』　大島正満等編　平凡社　1949　2冊　19cm　Ⓝ208
☆「人文科学の名著」

平和に生きる権利の確立をめざす懇談会

へいわにいきるけんりのかくりつをめざすこんだんかい

07902　「釣船轟沈」
『釣船轟沈―検証・潜水艦「なだしお」衝突事件』　平和に生きる権利の確立をめざす懇談会著　昭和出版　1989　181p　19cm　1200円　Ⓘ4-87985-200-7　Ⓝ557.85
☆「世界の海洋文学」

別冊宝島　べっさつたからじま

07903　「知的トレーニングの技術」
『知的トレーニングの技術』　花村太郎著　JICC出版局　1982　370p　19cm　1300円　Ⓝ159
☆「「本の定番」ブックガイド」

別所 梅之助　べっしょ・うめのすけ

07904　「聖書動物考」
『聖書動物考』　別所梅之助著　有明書房　1975　484,14,18p 図33枚　22cm〈警醒社書店昭和2年刊の複製〉　7000円　Ⓝ193
☆「世界名著大事典」

弁内侍　べんのないし

07905　「弁内侍日記」
『弁内侍日記―校注』　今関敏子編　大阪　和泉書院　1989　205p　22cm　2060円　Ⓘ4-87088-357-0　Ⓝ915.4
☆「近代名著解題選集 3」、「古典の事典」、「古典文学鑑賞辞典」、「世界名著大事典」、「日本の古典名著」、「日本文学鑑賞辞典〔第1〕」

辺見 じゅん　へんみ・じゅん

07906　「遅れてきた遺書」
『女たちの大和』　辺見じゅん著　角川春樹事務所　2005　253p　16cm(ハルキ文庫)〈「レクイエム・太平洋戦争」(PHP研究所1994年刊)

の増訂〉　660円　Ⓘ4-7584-3196-5　Ⓝ913.6
☆「今だから知っておきたい戦争の本70」

07907　「妻よ、子どもたちよ、最後の祈り」
『妻よ、子どもたちよ、最後の祈り―昭和の遺書2』　辺見じゅん　角川書店　1995　356p　15cm(角川文庫)　600円　Ⓘ4-04-147506-6　Ⓝ916
☆「今だから知っておきたい戦争の本70」

逸見 梅栄　へんみ・ばいえい

07908　「印度古代美術資料と解説」
『印度古代美術―資料と解説』　逸見梅栄著　第一青年社　1941　218p　31cm　Ⓝ702.2
☆「世界名著大事典」

07909　「サンチー諸塔の古代彫刻」
☆「世界名著大事典」

辺見 庸　へんみ・よう

07910　「永遠の不服従のために」
『永遠の不服従のために』　辺見庸[著]　講談社　2005　282p　15cm(講談社文庫)　514円　Ⓘ4-06-275085-6　Ⓝ914.6
☆「平和を考えるための100冊+α」

07911　「自動起床装置」
『自動起床装置』　辺見庸著　新風舎　2005　220p　15cm(新風舎文庫)　658円　Ⓘ4-7974-9557-X　Ⓝ913.6
☆「現代文学鑑賞辞典」

07912　「もの食う人びと」
『もの食う人びと』　辺見庸著　角川書店　1997　365p　15cm(角川文庫)〈肖像あり〉　686円　Ⓘ4-04-341701-2　Ⓝ290.9
☆「読書入門」

【ほ】

帆足 万里　ほあし・ばんり

07913　「窮理通」
『帆足万里全集　第1巻』　帆足記念図書館編　増補　ぺりかん社　1988　708p　22cm〈『帆足万里先生全集上巻』(帆足記念図書館大正15年刊)の複製〉　Ⓝ121.54
☆「世界名著大事典」、「日本の古典名著」、「日本名著辞典」

07914　「東潜夫論」
『東潜夫論』　帆足万里著　帆足図南次校訂　岩波書店　1993　104p　15cm(岩波文庫)〈第2刷(第1刷：41.11.29)〉　310円
Ⓘ4-00-330471-3

☆「世界名著大事典」、「日本名著辞典」

防衛大学校安全保障学研究会　ぼうえいだいがっこうあんぜんほしょうがくけんきゅうかい

07915　「安全保障学入門」
『安全保障学入門』　防衛大学校安全保障学研究会編　武田康裕, 神谷万丈責任編集　新訂第4版　亜紀書房　2009　377p　21cm〈文献あり〉　2600円　ⓘ978-4-7505-0902-0　Ⓝ319.8
☆「学問がわかる500冊」

防衛庁防衛研究所戦史室　ぼうえいちょうぼうえいけんきゅうしょせんししつ

07916　「戦史叢書」
☆「日本海軍の本・総解説」、「日本陸軍の本・総解説」

宝月 圭吾　ほうげつ・けいご

07917　「中世量制史の研究」
『中世量制史の研究』　宝月圭吾著　吉川弘文館　1961　497p 図版　22cm（日本史学研究叢書）　Ⓝ332.1
☆「日本史の名著」

北条 早雲　ほうじょう・そううん

07918　「早雲寺殿廿一箇条」
『武士道全書　第1巻』　井上哲次郎監修　佐伯有義, 植木直一郎, 井野辺茂雄編　国書刊行会　1998　358p　22cm〈時代社昭和17年刊の複製〉　ⓘ4-336-04095-8　Ⓝ156
☆「日本の書物」

北条 民雄　ほうじょう・たみお

07919　「いのちの初夜」
『いのちの初夜』　北條民雄著　勉誠出版　2010　140p　19cm（人間愛叢書）　1000円　ⓘ978-4-585-01243-6　Ⓝ913.6
☆「一度は読もうよ！日本の名著」、「一冊で人生論の名著を読む」、「一冊で日本の名著100冊を読む」、「近代文学名作事典」、「現代文学鑑賞辞典」、「昭和の名著」、「女性のための名作・人生案内」、「世界名著大事典」、「日本・世界名作「愛の会話」100章」、「日本の小説101」、「日本文学鑑賞辞典〔第2〕」、「日本文学現代名作事典」、「日本文芸鑑賞事典 第11巻（昭和9～昭和12年）」、「ひと目でわかる日本の名作」、「ポケット日本名作事典」

北条 秀司　ほうじょう・ひでじ

07920　「王将」
『王将』　北条秀司著　角川書店　1955　190p　15cm（角川文庫）　Ⓝ912.6
☆「日本文学名作案内」

朋誠堂 喜三二　ほうせいどう・きさんじ

07921　「文武二道万石通」
『文武二道万石通』　朋誠堂喜三二著　板倉春波編　絶版珍書刊行会　1923　15丁　23cm〈和装〉　Ⓝ913.5
☆「世界名著大事典」、「日本文学鑑賞辞典〔第1〕」

法然　ほうねん

07922　「一枚起請文」
『一枚起請文』　浄土宗出版室編　京都　浄土宗　2000　24p　15cm（てらこやブックス　5）　ⓘ4-88363-005-6
☆「世界名著大事典 補遺（Extra）」

07923　「浄土宗略抄」
『大日本文庫　〔第15-32〕』　大日本文庫刊行会編　大日本文庫刊行会　1942　18冊　20cm〈井上哲次郎・上田万年監修　昭和12年までは春陽堂書店発行〉　Ⓝ081.6
☆「近代名著解題選集 3」

07924　「選択本願念仏集」
『選択本願念仏集』　法然［著］　石上善應訳・注・解説　筑摩書房　2010　381p　15cm（ちくま学芸文庫　ホ14-1）〈『日本の仏典 3』（筑摩書房1988年刊）の改題　索引あり〉　1400円　ⓘ978-4-480-09322-6　Ⓝ188.63
☆「学術辞典叢書 第15巻」、「教育の名著80選解題」、「古典の事典」、「世界名著解題選 第2巻」、「世界名著大事典」、「日本の古典名著」、「日本名著辞典」、「仏教の名著」

07925　「法然上人消息」
『法然全集　第3巻　一枚起請文消息問答―他』　法然［著］　大橋俊雄訳　［2010年］新装　春秋社　2010　330,6p　23cm〈索引あり〉　6000円　ⓘ978-4-393-17426-5　Ⓝ188.61
☆「近代名著解題選集 3」、「日本古典への誘い100選 1」

07926　「和語灯録」
『竜谷大学善本叢書　15　黒谷上人語灯録―和語』　竜谷大学仏教文化研究所編　浅井成海責任編集　京都　同朋舎出版　1996　803p　22cm〈黒谷上人語灯録古写本刊本・研究文献目録：p757～803〉　32000円　ⓘ4-8104-2200-3　Ⓝ081
☆「日本の古典名著」

宝来 聡　ほうらい・さとし

07927　「DNA人類進化学」
『DNA人類進化学』　宝来聰著　岩波書店　1997　120p　19cm（岩波科学ライブラリー　52）　1000円　ⓘ4-00-006552-1　Ⓝ469
☆「学問がわかる500冊 v.2」

吠 若麿　ほえ・わかまろ

07928　「続門葉和歌集」

『群書類従　第10輯　和歌部』　塙保己一編纂
オンデマンド版　八木書店古書出版部　2013
568p　21cm〈訂正3版：続群書類従完成会
1979年刊　デジタルパブリッシングサービス
〔印刷・製本〕　八木書店〔発売〕〉　9000円
Ⓘ978-4-8406-3121-1　Ⓝ081
☆「近代名著解題選集 3」

穂刈　貞雄　ほかり・さだお

07929　「槍ヶ岳開山播隆」
『槍ヶ岳開山播隆』　穂苅三寿雄,穂苅貞雄著
増訂版　大修館書店　1997　315p　22cm〈肖
像あり　年譜あり　文献あり〉　3800円
Ⓘ4-469-29076-9　Ⓝ188.62
☆「日本の山の名著・総解説」

穂刈　三寿雄　ほかり・みすお

07930　「槍ヶ岳開山播隆」
『槍ヶ岳開山播隆』　穂苅三寿雄,穂苅貞雄著
増訂版　大修館書店　1997　315p　22cm〈肖
像あり　年譜あり　文献あり〉　3800円
Ⓘ4-469-29076-9　Ⓝ188.62
☆「日本の山の名著・総解説」

保坂　一夫　ほさか・かずお

07931　「ヨーロッパ＝ドイツへの道」
『ヨーロッパ＝ドイツへの道―統一ドイツの現
状と課題』　坂井栄八郎,保坂一夫編　東京大
学出版会　1996　297,9p　22cm〈巻末：戦後
ドイツ史略年表〉　4738円　Ⓘ4-13-030200-0
Ⓝ302.34
☆「歴史家の一冊」

保坂　和志　ほさか・かずし

07932　「この人の閾」
『この人の閾』　保坂和志著　新潮社　1998
247p　16cm〈新潮文庫〉　400円
Ⓘ4-10-144922-8　Ⓝ913.6
☆「現代文学鑑賞辞典」

保阪　正康　ほさか・まさやす

07933　「追いつめられた信徒」
『追いつめられた信徒―死なう団事件始末記』
保阪正康著　講談社　1990　318p　15cm〈講
談社文庫〉〈『死なう団事件』(現代史出版会
1975年刊)の改題〉　480円　Ⓘ4-06-184607-8
Ⓝ916
☆「現代を読む」

星　新一　ほし・しんいち

07934　「おーい でてこーい」
『中学生までに読んでおきたい日本文学　10
ふしぎな話』　松田哲夫編　あすなろ書房
2011　279p　22cm　1800円

Ⓘ978-4-7515-2630-9　Ⓝ918.6
☆「大人のための日本の名著50」

07935　「声の網」
『声の網』　星新一[著]　改版　角川書店
2006　270p　15cm〈角川文庫〉　438円
Ⓘ4-04-130319-2　Ⓝ913.6
☆「世界のSF文学・総解説」

07936　「人造美人」
『人造美人―ショート・ミステリイ』　星新一著
新潮社　1961　258p　18cm　Ⓝ913.6
☆「ポケット日本名作事典」

07937　「人民は弱し 官吏は強し」
『人民は弱し 官吏は強し』　星新一著　改版
新潮社　2006　309p　15cm〈新潮文庫〉
476円　Ⓘ4-10-109816-6
☆「日本人とは何か」

07938　「祖父・小金井良精の記」
『祖父・小金井良精の記　上』　星新一著　河出
書房新社　2004　417p　15cm〈河出文庫〉
950円　Ⓘ4-309-40714-5　Ⓝ913.6
☆「現代文学鑑賞辞典」

07939　「ひとにぎりの未来」
『ひとにぎりの未来』　星新一著　新潮社　1980
295p　15cm〈新潮文庫〉　280円　Ⓝ913.6
☆「これだけは読んでおきたい日本の名作文学案内」

07940　「未来いそっぷ」
『未来いそっぷ』　星新一著　55刷改版　新潮社
2005　318p　16cm〈新潮文庫〉　476円
Ⓘ4-10-109826-3　Ⓝ913.6
☆「新潮文庫20世紀の100冊」

07941　「夢魔の標的」
『夢魔の標的』　星新一著　改版　新潮社
2013　328p　16cm〈新潮文庫　ほ-4-13〉
550円　Ⓘ978-4-10-109813-5　Ⓝ913.6
☆「世界のSF文学・総解説」

星川　清親　ほしかわ・きよちか

07942　「イラストみんなの農業教室④水稲の
増収技術」
『イラスト・みんなの農業教室　4　水稲の増収
技術』　星川清親著　家の光協会　1990　142p
21cm　1200円　Ⓘ4-259-51662-0　Ⓝ615
☆「学問がわかる500冊 v.2」

星川　啓慈　ほしかわ・けいじ

07943　「ウィトゲンシュタインと宗教哲学―
言語・宗教・コミットメント」
『ウィトゲンシュタインと宗教哲学―言語・宗
教・コミットメント』　星川啓慈著　ヨルダン
社　1989　202p　20cm〈文献表：p193～

保科 善四郎　ほしな・ぜんしろう

07944 「大東亜戦争秘史」
『大東亜戦争秘史―失われた和平工作 保科善四郎回想記』　保科善四郎著　原書房　1975　244p　肖像　20cm〈参考文献：p.243〉　1200円　Ⓝ210.75
☆「日本海軍の本・総解説」

星野 一正　ほしの・かずまさ

07945 「医療の倫理」
『医療の倫理』　星野一正著　岩波書店　2003　240p　18cm（岩波新書）〈第27刷〉　780円　①4-00-430201-3
☆「教養のためのブックガイド」

星野 立子　ほしの・たつこ

07946 「立子句集」
『立子句集』　星野立子著　東京美術　1982　126p　19cm（玉藻俳句叢書）　1000円　①4-8087-0083-2　Ⓝ911.368
☆「日本文学鑑賞辞典〔第2〕」、「日本文芸鑑賞事典 第12巻」

星野 力　ほしの・つとむ

07947 「甦るチューリング」
『甦るチューリング―コンピュータ科学に残された夢』　星野力著　NTT出版　2002　236p　20cm　2400円　①4-7571-0079-5　Ⓝ289.3
☆「ブックガイド 文庫で読む科学」

星野 恒　ほしの・つね

07948 「史学叢説」
『史学叢説　第1,2集』　星野恒稿　星野幹,星野彬共編　富山房　1909　2冊　22cm　Ⓝ210
☆「世界名著大事典」

星野 哲郎　ほしの・てつろう

07949 「日本の海の歌」
『日本の海の歌』　星野哲郎他編　日本海事広報協会　1979　478p　19cm　1700円　Ⓝ767
☆「世界の海洋文学」

星野 光男　ほしの・みつお

07950 「東京改革の視点」
『東京改革の視点』　星野光男著　東洋経済新報社　1974　269p　19cm　1300円　Ⓝ318.236
☆「現代政治学を読む」

星野 芳郎　ほしの・よしろう

07951 「現代技術と政治―核ミサイル・先端技術・エコロジー」
『現代技術と政治―核ミサイル・先端技術・エコロジー』　武谷三男,星野芳郎著　技術と人間　1984　251p　20cm　1800円　Ⓝ504
☆「科学技術をどう読むか」

07952 「先端技術の根本問題」
『先端技術の根本問題』　星野芳郎著　勁草書房　1986　388,9p　22cm　3600円　①4-326-70031-9　Ⓝ504
☆「科学技術をどう読むか」

穂積 重遠　ほずみ・しげとお

07953 「親族法」
『親族法』　穂積重遠著　岩波書店　1933　713,20,54p　23cm　Ⓝ324
☆「世界名著大事典」

穂積 隆信　ほずみ・たかのぶ

07954 「積木くずし」
『積木くずし―親と子の二百日戦争』　穂積隆信著　完全復刻版　アートン　2005　262p　20cm〈原本：桐原書店1983年刊〉　1400円　①4-86193-024-3　Ⓝ916
☆「百年の誤読」

穂積 陳重　ほずみ・のぶしげ

07955 「続法窓夜話」
『法窓夜話　続』　穂積陳重著　岩波書店　1992　375p　15cm（岩波文庫）〈第3刷（第1刷：1980年）〉　670円　①4-00-331472-7　Ⓝ320.4
☆「教養のためのブックガイド」

07956 「法窓夜話」
『法窓夜話』　穂積陳重著　岩波書店　1992　422p　15cm（岩波文庫）〈第12刷（第1刷：1980年）著者の肖像あり〉　720円　①4-00-331471-9　Ⓝ320.4
☆「教養のためのブックガイド」、「歴史家の一冊」

07957 「法律進化論」
『法律進化論　第1,2冊（原形論 前,後篇）』　穂積陳重著　岩波書店　1924　2冊　23cm　Ⓝ322
☆「世界名著大事典 補遺（Extra）」

穂積 驚　ほずみ・みはる

07958 「勝烏」
『勝烏』　穂積驚著　大日本雄弁会講談社　1957　229p　20cm　Ⓝ913.6
☆「歴史小説・時代小説 総解説」

穂積 八束　ほずみ・やつか

07959 「憲法提要」
『憲法提要』　穂積八束著　修正増補6版　有斐

ほそい　　　　　　　　　　　　　　　　　　　07960〜07974

閣　1936　605p　23cm　Ⓝ323.3
☆「世界名著大事典」

細井 吉蔵　ほそい・きちぞう

07960　「伊那谷・木曽谷」
『日本山岳名著全集　6』　あかね書房　1970　328p（図共）　21cm〈監修：田部重治，尾崎喜八，深田久弥〉　850円　Ⓝ291.09
☆「日本の山の名著・総解説」，「山の名著 明治・大正・昭和戦前編」

細井 平洲　ほそい・へいしゅう

07961　「嚶鳴館遺草」
『嚶鳴館遺草』　細井平洲著　小西重直校訂　宮越太陽堂　1944　229p 図版　19cm　Ⓝ159
☆「古典の事典」

07962　「嚶鳴館詩集」
『細井平洲『嚶鳴館詩集』注釈』　小野重仔著〔名古屋〕　〔小野重仔〕　1990　377p　22cm〈製作：朝日新聞名古屋本社編集制作センター　著者の肖像あり〉Ⓝ919.5
☆「世界名著大事典 補遺（Extra）」

07963　「もりかがみ」
『近世育児書集成　第9巻』　小泉吉永編・解題　クレス出版　2006　480p　22cm〈複製〉Ⓘ4-87733-349-5　Ⓝ379.9
☆「教育の名著80選解題」

細井 和喜蔵　ほそい・わきぞう

07964　「或る機械」
『無限の鐘』　細井和喜蔵著　復刻版　本の友社　2002　420p　20cm〈細井和喜蔵作品集　第4巻　細井和喜蔵著〉〈原本：改造社大正15年刊〉　Ⓘ4-89439-405-7　Ⓝ918.68
☆「日本のプロレタリア文学」

07965　「女工哀史」
『女工哀史』　細井和喜蔵著　復刻版　本の友社　2002　446p　20cm〈細井和喜蔵作品集　第1巻　原本：改造社大正14年刊〉　Ⓘ4-89439-405-7　Ⓝ366.38
☆「大人のための日本の名著50」，「世界名著大事典」，「大正の名著」，「日本近代の名著」，「日本名著辞典」，「ベストガイド日本の名著」，「明治・大正・昭和の名著・総解説」

細川 嘉六　ほそかわ・かろく

07966　「植民史」
『細川嘉六著作集　第2巻　植民史』　理論社　1972　494p　20cm〈参考文献一覧：p.489-491〉　1500円　Ⓝ308
☆「世界名著大事典」

07967　「日本社会主義文献解説」

『日本社会主義文献解説』　細川嘉六著　岩波書店　1982　120p　23cm〈日本資本主義発達史講座　第4部 日本資本主義発達史資料解説〉〈昭和7年刊の複製〉　Ⓝ309.021
☆「世界名著大事典」

細川 半蔵　ほそかわ・はんぞう

07968　「機巧図彙」
『訓蒙図彙集成　第23巻　璣訓蒙鏡草　機巧図彙　泰西訓蒙図解』　朝倉治彦監修　[多賀谷環中仙]，[細川半蔵][作]　[川枝豊信][画]，[田中芳男][訳]　大空社　2000　340p　22cm〈複製〉Ⓘ4-7568-0518-3　Ⓝ031
☆「古典の事典」，「世界名著大事典」

細川 幽斎　ほそかわ・ゆうさい

07969　「衆妙集」
『校註国歌大系　第14巻　近古諸家集 全』　国民図書株式会社編　講談社　1976　56,989p 図　19cm〈国民図書株式会社昭和3〜6年刊の複製 限定版〉　Ⓝ911.108
☆「世界名著大事典 補遺（Extra）」

細田 民樹　ほそだ・たみき

07970　「真理の春」
『真理の春』　細田民樹著　武蔵野出版社　1946　2冊　18cm　Ⓝ913.6
☆「世界名著大事典」，「日本のプロレタリア文学」，「日本文学鑑賞辞典 [第2]」

細野 耕三　ほその・こうぞう

07971　「砲煙の海へ」
『砲煙の海へ―シーマンたちの航跡』　細野耕三著　光人社　1987　251p　20cm　1300円　Ⓘ4-7698-0345-1　Ⓝ913.6
☆「世界の海洋文学」

細野 透　ほその・とおる

07972　「ありえない家」
『ありえない家―トーキョー狭小住宅物語』　細野透著　日本経済新聞社　2004　467p　20cm　1800円　Ⓘ4-532-16480-X　Ⓝ527
☆「建築・都市ブックガイド21世紀」

細野 真宏　ほその・まさひろ

07973　「経済のニュースが面白いほどわかる本・日本経済編」
『経済のニュースが面白いほどわかる本　日本経済編』　細野真宏著　中経出版　1999　288,25p　21cm　1400円　Ⓘ4-8061-1288-7　Ⓝ330.4
☆「超売れ筋ビジネス書101冊」

07974　「細野真宏の世界一わかりやすい株

の本」
『細野真宏の世界―わかりやすい株の本』　細野真宏著　文藝春秋　2005　10,117p　26cm　952円　①4-16-367110-2　Ⓝ338.183
☆「超売れ筋ビジネス書101冊」

細見 綾子　ほそみ・あやこ

07975　「冬薔薇」
『現代一〇〇名句集　第6巻』　稲畑廣太郎［ほか］編　［東京］　東京四季出版　2004　374p　21cm　2381円　①4-8129-0346-7　Ⓝ911.367
☆「日本文芸鑑賞事典 第16巻」

細谷 千博　ほそや・ちひろ

07976　「シベリア出兵の史的研究」
『シベリア出兵の史的研究』　細谷千博著　岩波書店　2005　313,8p　15cm（岩波現代文庫 学術）〈文献あり〉　1200円　①4-00-600137-1　Ⓝ210.69
☆「平和を考えるための100冊＋α」

細谷 昌志　ほそや・まさし

07977　「新しい教養のすすめ 宗教学」
『新しい教養のすすめ宗教学』　細谷昌志、藤田正勝編　京都　昭和堂　1999　279p　19cm　1900円　①4-8122-9910-1　Ⓝ161
☆「学問がわかる500冊」

北海道アイヌ協会　ほっかいどうあいぬきょうかい

07978　「アイヌ史」
『アイヌ史　北海道アイヌ協会・北海道ウタリ協会活動史編』　北海道ウタリ協会編　札幌　北海道出版企画センター　1994　1438p　27cm　14500円　①4-8328-9405-6　Ⓝ389.1
☆「歴史家の一冊」

北海道ウタリ協会　ほっかいどううたりきょうかい

07979　「アイヌ史」
『アイヌ史　北海道アイヌ協会・北海道ウタリ協会活動史編』　北海道ウタリ協会編　札幌　北海道出版企画センター　1994　1438p　27cm　14500円　①4-8328-9405-6　Ⓝ389.1
☆「歴史家の一冊」

北海道新聞社　ほっかいどうしんぶんしゃ

07980　「慟哭の海」
『慟哭の海―樺太引き揚げ三船遭難の記録』　北海道新聞社編　3版　札幌　北海道新聞社　1990　211p　19cm（道新選書　10）〈年表あり〉　①4-89363-929-3　Ⓝ369.37
☆「世界の海洋文学」

北海道新聞社会部　ほっかいどうしんぶんしゃかいぶ

07981　「銀のしずく」
『銀のしずく―アイヌ族は、いま』　北海道新聞社会部編　札幌　北海道新聞社　1991　323p　19cm　1700円　①4-89363-620-0　Ⓝ316.81
☆「現代を読む」

北海道・東北史研究会　ほっかいどう・とうほくしけんきゅうかい

07982　「海峡をつなぐ日本史」
『海峡をつなぐ日本史』　北海道・東北史研究会編　三省堂　1993　307p　20cm　2950円　①4-385-35461-8　Ⓝ211
☆「歴史家の読書案内」

07983　「北からの日本史」
『北からの日本史―函館シンポジウム』　北海道・東北史研究会編　三省堂　1988　346p　20cm　2600円　①4-385-35324-7　Ⓝ211
☆「歴史家の読書案内」

07984　「メナシの世界」
『メナシの世界―根室シンポジウム「北からの日本史」』　北海道・東北史研究会編　札幌　北海道出版企画センター　1996　290p　19cm〈文献：p278～288〉　2266円　①4-8328-9606-7　Ⓝ211
☆「歴史家の読書案内」

北海道雪崩事故防止研究会　ほっかいどうなだれじこぼうしけんきゅうかい

07985　「決定版雪崩学―雪山サバイバル 最新研究と事故分析」
『雪崩学―決定版』　北海道雪崩事故防止研究会編　山と渓谷社　2002　349p　21cm　1900円　①4-635-42000-0　Ⓝ451.66
☆「新・山の本おすすめ50選」

堀田 善衛　ほった・よしえ

07986　「インドで考えたこと」
『インドで考えたこと』　堀田善衛著　岩波書店　1958　210p 図版　18cm（岩波新書）　Ⓝ915.6
☆「世界史読書案内」,「世界名著大事典 補遺（Extra）」

07987　「海鳴りの底から」
『海鳴りの底から　上』　堀田善衛著　朝日新聞社　1993　407p　15cm（朝日文庫）　770円　①4-02-264006-5　Ⓝ913.6
☆「世界名著大事典 補遺（Extra）」,「ポケット日本名作事典」

07988　「記念碑」
『記念碑』　堀田善衛著　集英社　1978　279p　16cm（集英社文庫）　220円　Ⓝ913.6

07989 「鬼無鬼島」
　『鬼無鬼島』　堀田善衞著　新潮社　1957
　214p　20cm　Ⓝ913.6
　☆「世界名著大事典 補遺（Extra）」

07990 「橋上幻像」
　『橋上幻像』　堀田善衞著　集英社　1998
　273p　16cm（集英社文庫）　533円
　Ⓘ4-08-748735-0　Ⓝ913.6
　☆「日本文学名作案内」

07991 「航西日誌」
　『航西日誌』　堀田善衞著　筑摩書房　1978
　163p　22cm　1700円　Ⓝ915.6
　☆「世界の海洋文学」

07992 「ゴヤ」
　『ゴヤ　1　スペイン・光と影』　堀田善衞著
　集英社　2010　483p　16cm（集英社文庫　ほ
　1-22）　933円　Ⓘ978-4-08-746638-6　Ⓝ723.6
　☆「世界名著大事典 補遺（Extra）」

07993 「時間」
　『時間』　堀田善衞著　新潮社　1957　259p
　20cm（新潮文庫）　Ⓝ913.6
　☆「世界名著大事典 補遺（Extra）」

07994 「審判」
　『審判　上』　堀田善衞著　集英社　1979
　446p　16cm（集英社文庫）　400円　Ⓝ913.6
　☆「世界名著大事典 補遺（Extra）」

07995 「祖国喪失」
　『祖国喪失』　堀田善衞著　角川書店　1956
　210p　15cm（角川文庫）　Ⓝ913.6
　☆「世界名著大事典 補遺（Extra）」、「日本文学鑑賞
　辞典〔第2〕」

07996 「鶴のいた庭」
　『鶴』　堀田善衞, 小山いと子, 川崎長太郎著　ポ
　プラ社　2011　139p　19cm（百年文庫　94）
　750円　Ⓘ978-4-591-12182-5　Ⓝ913.68
　☆「現代文学名作探訪事典」

07997 「歯車」
　『歯車―堀田善衞作品集　至福千年―堀田善衞
　作品集』　堀田善衞［著］　講談社　2003
　293p　16cm（講談社文芸文庫）〈肖像あり
　年譜あり　著者目録あり〉　1300円
　Ⓘ4-06-198318-0　Ⓝ913.6
　☆「日本文芸鑑賞事典 第16巻」

07998 「広場の孤独」
　『広場の孤独』　堀田善衞著　成瀬書房　1980
　190p　22cm〈革装　箱入　限定版〉　30000円
　Ⓝ913.6
　☆「現代文学鑑賞辞典」、「これだけは読んでおきた

い日本の名作文学案内」、「世界名著大事典 補遺
　（Extra）」、「日本文学鑑賞辞典〔第2〕」、「日本文
　学現代名作事典」、「日本文芸鑑賞事典 第16巻」、
　「ベストガイド日本の名著」、「ポケット日本名作
　事典」、「明治・大正・昭和の名著・総解説」、「名
　著の履歴書」

07999 「方丈記私記」
　『方丈記私記』　堀田善衞著　筑摩書房　1988
　265p　15cm（ちくま文庫）　460円
　Ⓘ4-480-02263-5　Ⓝ914.42
　☆「世界名著大事典 補遺（Extra）」

08000 「歴史」
　『歴史』　堀田善衞著　新潮社　1956　407p
　16cm（新潮文庫）　Ⓝ913.6
　☆「世界名著大事典 補遺（Extra）」

堀 晃　ほり・あきら

08001 「太陽風交点」
　『太陽風交点』　堀晃著　徳間書店　1981
　318p　16cm（徳間文庫）　380円　Ⓝ913.6
　☆「世界のSF文学・総解説」

08002 「バビロニア・ウェーブ」
　『バビロニア・ウェーブ』　堀晃著　東京創元社
　2007　425p　15cm（創元SF文庫）　880円
　Ⓘ978-4-488-72201-2　Ⓝ913.6
　☆「世界のSF文学・総解説」

堀 一郎　ほり・いちろう

08003 「我が国民間信仰史の研究」
　『我が国民間信仰史の研究　第1　序編, 伝承説
　話編』　堀一郎著　東京創元社　1955　722p
　地図　22cm　Ⓝ164
　☆「世界名著大事典」

堀 勝洋　ほり・かつひろ

08004 「社会保障法総論」
　『社会保障法総論』　堀勝洋著　第2版　東京大
　学出版会　2004　335p　22cm　4600円
　Ⓘ4-13-032330-X　Ⓝ364
　☆「学問がわかる500冊」

堀 紘一　ほり・こういち

08005 「ホワイトカラー改造計画」
　『ホワイトカラー改造計画』　堀紘一著　朝日新
　聞社　1996　236p　15cm（朝日文庫）
　480円　Ⓘ4-02-261164-2　Ⓝ361.84
　☆「経済経営95冊」

堀 武昭　ほり・たけあき

08006 「マグロと日本人」
　『マグロと日本人』　堀武昭著　日本放送出版協
　会　1992　196p　19cm（NHKブックス
　653）　830円　Ⓘ4-14-001653-1　Ⓝ664.63

☆「学問がわかる500冊 v.2」

堀 辰雄　ほり・たつお

08007　「美しい村」
『美しい村』堀辰雄著　京都　人文書院　1956　237p(図版24p共)　18×19cm　Ⓝ914.6
☆「現代文学名作探訪事典」,「日本文学名作事典」,「日本文芸鑑賞事典 第10巻」

08008　「かげろふの日記」
『かげろふの日記』堀辰雄著　槐書房　1975　227p 図　23cm〈帙入 特別限定版〉　28000円　Ⓝ913.6
☆「世界名著大事典」,「日本文学鑑賞辞典〔第2〕」,「日本文学現代名作事典」

08009　「風立ちぬ」
『風立ちぬ/菜穂子』堀辰雄著　小学館　2013　293p　15cm(小学館文庫　ほ7-1)〈「昭和文学全集 6」(1988年刊)の抜粋　年譜あり〉　514円　Ⓘ978-4-09-408877-9　Ⓝ913.6
☆「日本文学名作事典」

08010　「曠野」
『曠野』堀辰雄著　丹波市町(奈良県)　養徳社　1944　383p　22cm　Ⓝ914.6
☆「女性のための名作・人生案内」,「日本文芸鑑賞事典 第13巻」

08011　「聖家族」
『聖家族』堀辰雄著　SDP　2008　140p　15cm(SDP bunko)　450円　Ⓘ978-4-903620-37-4　Ⓝ913.6
☆「世界名著大事典」,「日本近代文学名著事典」,「日本文学鑑賞辞典〔第2〕」,「日本文学現代名作事典」,「日本文芸鑑賞事典 第10巻」,「ポケット日本名作事典」

08012　「菜穂子」
『菜穂子―他五篇』堀辰雄作　岩波書店　1973　304p　15cm(岩波文庫)　660円　Ⓘ4-00-310892-2　Ⓝ913.6
☆「生きがいの再発見名著22選」,「一度は読もうよ! 日本の名著」,「一冊で日本の名著100冊を読む」,「感動! 日本の名著 近現代編」,「現代文学名作探訪事典」,「世界名著大事典」,「日本の名著」,「日本文学鑑賞辞典〔第2〕」,「日本文学現代名作事典」,「日本文芸鑑賞事典 第13巻」,「入門名作の世界」,「ポケット日本名作事典」,「名作への招待」

08013　「風立ちぬ」
『風立ちぬ』堀辰雄著　角川春樹事務所　2012　117p　16cm(ハルキ文庫　ほ4-1)〈底本:「堀辰雄全集」第一巻(筑摩書房 1996年刊)　年譜あり〉　267円　Ⓘ978-4-7584-3655-7　Ⓝ913.6
☆「愛と死の日本文学」,「あらすじで味わう名作文学」,「あらすじで読む日本の名著」(楽書舘,中経出版〔発売〕),「あらすじで読む日本の名著」(新人物往来社),「一度は読もうよ! 日本の名著」,「一冊で日本の名著100冊を読む」,「一冊で100名作の「さわり」を読む」,「絵で読むあらすじ日本の名著」,「近代文学名作事典」,「現代文学鑑賞辞典」,「これだけは読んでおきたい日本の名作文学案内」,「3行でわかる名作&ヒット本250」,「昭和の名著」,「知らないと恥ずかしい「日本の名作」あらすじ200本」,「世界名著案内 5」,「世界名著大事典」,「2時間でわかる日本の名著」,「日本近代文学名著事典」,「日本人なら知っておきたいあらすじで読む日本の名著」,「日本・世界名作「愛の会話」100章」,「日本の小説101」,「日本の名作おさらい」,「日本の名著」,「日本の名著3分間読書100」,「日本文学鑑賞辞典〔第2〕」,「日本文学現代名作事典」,「日本文学名作事典」,「日本文芸鑑賞事典 第11巻(昭和9～昭和12年)」,「日本名作文学館 日本編」,「ひと目でわかる日本の名作」,「百年の誤読」,「文学・名著300選の解説 '88年度版」,「ポケット日本名作事典」,「私を変えたこの一冊」

08014　「ふるさとびと」
『ザ・堀辰雄―全小説全一冊』堀辰雄著　第三書館　2004　343p　26cm　2000円　Ⓘ4-8074-0422-9　Ⓝ913.6
☆「一度は読もうよ! 日本の名著」,「一冊で日本の名著100冊を読む 続」

08015　「堀辰雄詩集」
『堀辰雄詩集』福永武彦編　弥生書房　1966　165p(図版共)　18cm(世界の詩　38)　300円　Ⓝ911.56
☆「日本文芸鑑賞事典 第13巻」

08016　「麦藁帽子」
『麦藁帽子』堀辰雄著　四季社　1933　110p　16cm(四季叢書　第3編)　Ⓝ913.6
☆「名作への招待」

堀 経夫　ほり・つねお

08017　「リカアドウの価値論及び其の批判史」
『リカアドウの価値論及び其の批判史』堀経夫著　岩波書店　1929　583p　23cm　Ⓝ331
☆「世界名著大事典」

堀 直格　ほり・なおただ

08018　「扶桑名画伝」
『扶桑名画伝　第1-10』奥田直格編　黒川真頼等校　哲学書院　1899　10冊　27cm〈和装〉　Ⓝ721
☆「世界名著大事典」

堀 麦水　ほり・ばくすい

08019　「蕉門一夜口授」
『日本俳書大系　第11巻　中興俳話文集』勝峰晋風編　日本図書センター　1995　696,16p　22cm〈日本俳書大系刊行会昭和2年刊の複製

折り込図1枚〉
①4-8205-9382-X,4-8205-9371-4 Ⓝ911.308
☆「世界名著大事典」

堀 比斗志　ほり・ひとし
08020　「遺伝子工学から蛋白質工学へ」
『遺伝子工学から蛋白質工学へ』村上和雄,堀比斗志著　東京大学出版会　1990　133p　19cm（UP biology）〈参考図書：p129～130〉1442円　①4-13-063131-4　Ⓝ464.2
☆「学問がわかる500冊 v.2」

堀 元美　ほり・もとよし
08021　「鳶色の襟章」
『鳶色の襟章—海軍造船官としての日々』堀元美著　原書房　1976　271p 図　20cm　1600円　Ⓝ915.9
☆「日本海軍の本・総解説」

08022　「連合艦隊の生涯」
『連合艦隊の生涯』堀元美、阿部安雄著　学習研究社　2001　443p　15cm（学研M文庫）720円　①4-05-901086-3　Ⓝ397.21
☆「日本海軍の本・総解説」

堀 流水軒　ほり・りゅうすいけん
08023　「商売往来」
『稀覯往来物集成　第4巻』小泉吉永編　大空社　1996　437,6p　22cm〈監修：石川松太郎　複製〉　①4-7568-0227-3　Ⓝ375.9
☆「世界名著大事典」

堀内 昭義　ほりうち・あきよし
08024　「金融論」
『金融論』堀内昭義著　東京大学出版会　1990　366p　21cm　2575円　①4-13-042035-6　Ⓝ338.01
☆「日本経済本38」

堀内 敬三　ほりうち・けいぞう
08025　「音楽辞典」
『音楽辞典　人名篇』堀内敬三、野村良雄編　改訂版　音楽之友社　1959　746p 図版　22cm　Ⓝ760.23
☆「名著の履歴書」

08026　「日本の軍歌」
『日本の軍歌—定本』堀内敬三著　実業之日本社　1969　329p　20cm　750円　Ⓝ767.6
☆「日本海軍の本・総解説」

堀内 幸枝　ほりうち・さちえ
08027　「村のアルバム」
『村のアルバム』堀内幸枝著　〔増補〕再版

冬至書房　1970　127p 図　19cm〈初版：的場書房 1957〉　600円　Ⓝ911.56
☆「日本文芸鑑賞事典 第17巻（1955～1958年）」

堀内 守　ほりうち・まもる
08028　「教育思想の歴史」
『教育思想の歴史』堀内守著　日本放送出版協会　1975　372,6p　19cm（NHK市民大学叢書　32）　950円　Ⓝ371.2
☆「教育名著 日本編」

堀江 英一　ほりえ・えいいち
08029　「明治維新の社会構造」
『明治維新の社会構造』堀江英一著　有斐閣　1954　222p　22cm　Ⓝ332.1
☆「世界名著大事典」

堀江 謙一　ほりえ・けんいち
08030　「太平洋ひとりぼっち」
『太平洋ひとりぼっち』堀江謙一著　舵社　2004　279p　20cm　1429円　①4-8072-1121-8　Ⓝ299.109
☆「あの本にもう一度」、「世界の海洋文学」

08031　「太平洋ひとりぼっち完結編」
『太平洋ひとりぼっち・完結編』堀江謙一著　朝日新聞社　1989　238p　20cm〈著者の肖像あり〉　1100円　①4-02-256094-0　Ⓝ916
☆「世界の海洋文学」

08032　「太陽で走った」
『太陽で走った—ソーラーボート航海記』堀江謙一著　朝日新聞社　1986　181p　19cm　980円　①4-02-255434-7　Ⓝ290.9
☆「世界の海洋文学」

08033　「妻との最後の冒険」
『妻との最後の冒険—地球一周縦回り航海記』堀江謙一著　朝日新聞社　1983　246p　20cm〈著者の肖像あり〉　1200円　Ⓝ916
☆「世界の海洋文学」

堀江 忠男　ほりえ・ただお
08034　「物語世界史」
『物語世界史』堀江忠男著　中央公論社　1958　231p　18cm（教育シリーズ）　Ⓝ209
☆「『本の定番』ブックガイド」

堀江 敏幸　ほりえ・としゆき
08035　「熊の敷石」
『熊の敷石』堀江敏幸〔著〕　講談社　2004　189p　15cm（講談社文庫）　495円　①4-06-273958-5　Ⓝ913.6
☆「現代文学鑑賞辞典」

堀江 湛　ほりえ・ふかし
08036　「変貌する有権者」
『変貌する有権者―現代の選挙と政党』　堀江湛編　創世記　1979　293p　19cm　1200円　Ⓝ314.8
☆「現代政治学を読む」

堀尾 輝久　ほりお・てるひさ
08037　「現代教育の思想と構造」
『現代教育の思想と構造』　堀尾輝久著　岩波書店　1992　384p　16cm（同時代ライブラリー　123）　1100円　①4-00-260123-4　Ⓝ371
☆「学問がわかる500冊」、「教育本44」

堀口 健治　ほりぐち・けんじ
08038　「食料輸入大国への警鐘―農産物貿易の実相」
『食料輸入大国への警鐘―農産物貿易の実相』　堀口健治編　農山漁村文化協会　1993　263,9p　22cm（全集世界の食料世界の農村　19）〈執筆：堀口健治ほか　引用・参考文献：p249～163〉　3200円　①4-540-93061-3　Ⓝ678.5
☆「学問がわかる500冊 v.2」

堀口 捨己　ほりぐち・すてみ
08039　「建築様式論叢」
『建築様式論叢』　板垣鷹穂,堀口捨己著　六文館　1932　707p　20cm　Ⓝ520
☆「建築の書物/都市の書物」

堀口 大学　ほりぐち・だいがく
08040　「月下の一群」
『月下の一群』　堀口大学著　講談社　1996　650p　16cm（講談社文芸文庫　現代日本の翻訳）〈年譜・著書目録：p624～650〉　1600円　①4-06-196359-7　Ⓝ951
☆「近代日本の百冊を選ぶ」、「近代文学名作事典」、「世界名著大事典」、「日本近代文学名著事典」、「日本文学鑑賞辞典〔第2〕」、「日本文芸鑑賞事典 第8巻（1924～1926年）」

08041　「月光とピエロ」
『月光とピエロ』　堀口大学著　日本図書センター　2006　226p　20cm〈文献あり　年譜あり〉　2200円　①4-284-70005-7　Ⓝ911.56
☆「世界名著大事典」、「日本文芸鑑賞事典第6巻（1917～1920年）」

08042　「砂の枕」
『砂の枕―詩集』　堀口大学著　岩谷書店　1948　173p　図版　19cm　Ⓝ911.56
☆「世界名著大事典」

08043　「人間の歌」
『人間の歌―詩集』　堀口大学著　宝文館　1947

181p　18cm　Ⓝ911.56
☆「世界名著大事典」、「日本文学鑑賞辞典〔第2〕」

堀毛 一也　ほりけ・かずや
08044　「パーソナリティと対人行動」
『パーソナリティと対人行動』　大淵憲一,堀毛一也編　誠信書房　1996　267p　20cm（対人行動学研究シリーズ　5）〈文献：p233～259〉　2472円　①4-414-32535-8　Ⓝ361.48
☆「学問がわかる500冊」

堀越 二郎　ほりこし・じろう
08045　「零戦」
『零戦―設計者が語る傑作機の誕生』　堀越二郎,奥宮正武［著］　学研パブリッシング　2013　661p　15cm（学研M文庫　ほ-9-2）〈学研2007年刊の再刊　年譜あり　学研マーケティング〔発売〕〉　1200円　①978-4-05-900812-5　Ⓝ538.7
☆「日本海軍の本・総解説」

堀米 庸三　ほりごめ・ようぞう
08046　「中世の光と影」
『中世の光と影』　堀米庸三著　講談社　1978　2冊　15cm（講談社学術文庫）　260,280円　Ⓝ230.4
☆「世界史読書案内」

堀之内 九一郎　ほりのうち・きゅういちろう
08047　「どん底からの成功法則」
『どん底からの成功法則』　堀之内九一郎著　サンマーク出版　2007　191p　15cm（サンマーク文庫）　505円　①978-4-7631-8431-3　Ⓝ159
☆「超売れ筋ビジネス書101冊」、「マンガでわかるビジネス名著」

堀場 一雄　ほりば・かずお
08048　「支那事変戦争指導史」
『支那事変戦争指導史』　堀場一雄著　原書房　1973　780,365,8p　付図5枚（袋入）　22cm（明治百年史叢書）〈昭和37年刊の複製〉　7000円　Ⓝ210.74
☆「日本陸軍の本・総解説」

堀場 雅夫　ほりば・まさお
08049　「仕事ができる人 できない人」
『仕事ができる人 できない人』　堀場雅夫著　三笠書房　2012　237p　15cm（知的生きかた文庫）　571円　①978-4-8379-8118-3
☆「超売れ筋ビジネス書101冊」

堀部 正二　ほりべ・しょうじ
08050　「纂輯類聚歌合とその研究」
『纂輯類聚歌合とその研究』　堀部正二著　京都

ほりへ　　　　　　　　　　　　　　　　　　　　　　　　　　08051〜08065

大学堂書店　1967　365,9p　図版36枚　27cm
〈貴重図書影本刊行会昭和20年刊の再刊　限定版〉Ⓝ911.18
☆「世界名著大事典」

堀部 武庸　ほりべ・たけつね

08051　「堀部武庸筆記」
『近世武家思想』　石井紫郎校注　岩波書店　1995　542p　22cm〈日本思想大系新装版　芸の思想・道の思想　3〉〈新装版〉　4800円
Ⓘ4-00-009073-9　Ⓝ156
☆「武士道の名著」

本郷 陽二　ほんごう・ようじ

08052　「頭がいい人の敬語の使い方」
『頭がいい人の敬語の使い方―仕事がデキる人間が使う究極の話術』　本郷陽二監修　日本文芸社　2006　197p　18cm　648円
Ⓘ4-537-25444-0　Ⓝ336.49
☆「超売れ筋ビジネス書101冊」

本庄 栄治郎　ほんじょう・えいじろう

08053　「日本経済史文献」
『日本経済史文献』　本庄栄治郎編　改版　日本評論社　1933　703,195p　23cm〈日本経済史研究所紀要　第1冊〉　Ⓝ330.31
☆「世界名著大事典」

08054　「日本社会経済史」
『本庄栄治郎著作集　第3冊　日本社会経済史通論』　大阪　清文堂出版　1972　549p　22cm
Ⓘ4-7924-0114-3　Ⓝ332.1
☆「世界名著大事典」

08055　「日本社会史」
『日本社会史』　本庄栄治郎著　改造社　1947　210p　18cm〈改造選書〉　Ⓝ210.1
☆「世界名著大事典」

本庄 桂輔　ほんじょう・けいすけ

08056　「サラ・ベルナールの一生」
『サラ・ベルナールの一生』　本庄桂輔著　新潮社　1970　362p　図版　20cm〈付：参考文献〉　1200円　Ⓝ772.5
☆「伝記・自叙伝の名著」

本庄 繁　ほんじょう・しげる

08057　「本庄繁日記」
『本庄繁日記　大正14年1月〜昭和4年12月』　伊藤隆ほか編　山川出版社　1982　387p　20cm〈近代日本史料選書　6-1〉〈著者の肖像あり〉　3000円　Ⓝ210.7
☆「日本陸軍の本・総解説」

本庄 陸男　ほんじょう・むつお

08058　「石狩川」
『石狩川』　本庄陸男著　新日本出版社　2011　444p　20cm　2400円　Ⓘ978-4-406-05478-2　Ⓝ913.6
☆「近代文学名作事典」,「世界名著大事典」,「日本文学鑑賞辞典〔第2〕」,「日本文芸鑑賞事典　第12巻」,「ポケット日本名作事典」

08059　「白い壁」
『白い壁』　本庄陸男作　久米宏一絵　麦書房　1969　37p　21cm〈雨の日文庫　第5集〈現代日本文学・昭和戦前編〉10〉
☆「日本のプロレタリア文学」

本多 勝一　ほんだ・かついち

08060　「山を考える」
『山を考える』　本多勝一著　新版　朝日新聞社　1993　304p　15cm〈朝日文庫〉　580円
Ⓘ4-02-260790-4　Ⓝ786.1
☆「日本の山の名著・総解説」

本田 健　ほんだ・けん

08061　「ユダヤ人大富豪の教え」
『図解ユダヤ人大富豪の教え―幸せな金持ちになる17の秘訣』　本田健著　大和書房　2010　190p　16cm〈だいわ文庫　8-7G〉　600円
Ⓘ978-4-479-30294-0　Ⓝ159
☆「超売れ筋ビジネス書101冊」,「マンガでわかるビジネス名著」

本田 成之　ほんだ・しげゆき

08062　「支那経学史論」
『支那経学史論』　本田成之著　弘文堂書店　1940　411p　23cm　Ⓝ123.02
☆「世界名著大事典」

本多 秋五　ほんだ・しゅうご

08063　「芸術・歴史・人間」
『政治と文学』　中野重治[ほか]著　學藝書林　2003　581p　20cm〈全集現代文学の発見　新装版　第4巻　大岡昇平[ほか]責任編集〉〈付属資料：12p；月報　4〉　4500円
Ⓘ4-87517-062-9　Ⓝ918.6
☆「世界名著大事典　補遺(Extra)」

08064　「小林秀雄論」
『小林秀雄論』　本多秋五著　近代文学社　1949　244p　19cm　Ⓝ910.28
☆「明治・大正・昭和の名著・総解説」

08065　「「白樺」派の文学」
『「白樺」派の文学』　本多秋五著　新潮社　1960　266p　16cm〈新潮文庫〉　Ⓝ910.26
☆「世界名著大事典　補遺(Extra)」,「日本文芸鑑賞

事典 第16巻」

08066 「〈戦争と平和〉論」
『戦争と平和」論』 本多秋五著 増補版 冬樹社 1970 502p 図版 22cm 3800円 Ⓝ983
☆「世界名著大事典 補遺(Extra)」

08067 「物語戦後文学史」
『物語戦後文学史 上』 本多秋五著 岩波書店 2005 331p 15cm〈岩波現代文庫 文芸〉 1000円 Ⓘ4-00-602091-0 Ⓝ910.264
☆「現代文学鑑賞辞典」,「世界名著大事典 補遺(Extra)」,「名著の履歴書」

本多 静六　ほんだ・せいろく

08068 「自分を生かす人生」
『自分を生かす人生』 本多静六著 三笠書房 1992 232p 20cm 1200円 Ⓘ4-8379-1487-X Ⓝ159
☆「「本の定番」ブックガイド」

本田 宗一郎　ほんだ・そういちろう

08069 「私の手が語る」
『私の手が語る—思想・技術・生き方』 本田宗一郎著 グラフ社 2003 238p 20cm〈序：本田さち〉 1500円 Ⓘ4-7662-0749-1 Ⓝ049.1
☆「21世紀の必読書100選」

本田 創造　ほんだ・そうぞう

08070 「アメリカ黒人の歴史」
『アメリカ黒人の歴史』 本田創造著 新版 岩波書店 2003 252,8p 18cm〈岩波新書〈第24刷〉〉 780円 Ⓘ4-00-430165-3
☆「世界史読書案内」

08071 「私は黒人奴隷だった」
『私は黒人奴隷だった—フレデリック・ダグラスの物語』 本田創造著 岩波書店 1987 211p 18cm〈岩波ジュニア新書〉 580円 Ⓘ4-00-500131-9
☆「世界史読書案内」

本多 利明　ほんだ・としあき

08072 「経済放言」
『日本経済大典 第20巻』 滝本誠一編 明治文献 1968 639p 22cm〈複製〉 3500円 Ⓝ330.8
☆「日本名著辞典」

08073 「経世秘策」
『日本哲学思想全書 第4巻 思想 啓蒙篇』 三枝博音,清水幾太郎編集 第2版 平凡社 1979 355p 19cm 2300円 Ⓝ081.6
☆「古典の事典」,「世界名著大事典」,「日本の古典名著」,「日本名著辞典」

08074 「西域物語」
『日本の名著 25 渡辺崋山・高野長英』 佐藤昌介責任編集 中央公論社 1984 533p 18cm〈中公バックス〉〈渡辺崋山の肖像あり〉 1200円 Ⓘ4-12-400415-X Ⓝ081
☆「古典の事典」,「世界名著大事典」,「日本の古典名著」,「日本名著辞典」

08075 「渡辺新法」
『海事史料叢書 1-10』 日本海事史学会編 成山堂書店 1969 10冊 23cm〈厳松堂書店昭和4-6年刊の複製〉 各6000円 Ⓝ683.21
☆「世界名著大事典」,「日本の古典名著」

本田 美禅　ほんだ・びぜん

08076 「御洒落狂女」
『御洒落狂女 前篇』 本田美禅著 未知谷 1996 279p 20cm〈美禅伝奇コレクション〉 2472円 Ⓘ4-915841-45-6 Ⓝ913.6
☆「歴史小説・時代小説 総解説」

本多 正信　ほんだ・まさのぶ

08077 「本佐録」
『近世育児書集成 第12巻』 小泉吉永編・解題 クレス出版 2011 544p 22cm〈小野御殿天明8年刊ほかの複製合本〉 Ⓘ978-4-87733-596-0 Ⓝ379.9
☆「古典の事典」,「世界名著大事典」,「日本名著辞典」

本田 和子　ほんだ・ますこ

08078 「児童文化」
『叢書児童文化の歴史 3 児童文化と子ども文化』 加藤理,鵜野祐介,遠藤純編 鎌倉 港の人 2012 462p 21cm 4800円 Ⓘ978-4-89629-248-0 Ⓝ371.45
☆「教育名著 日本編」

本田 靖春　ほんだ・やすはる

08079 「私戦」
『私戦』 本田靖春著 河出書房新社 2012 394p 15cm〈河出文庫 ほ9-1〉 950円 Ⓘ978-4-309-41173-6 Ⓝ326.23
☆「現代を読む」

本間 宗久　ほんま・そうきゅう

08080 「本間宗久翁秘録」
『徳川時代経済秘録全集』 安達太郎著(編輯・校訂・解題・註解) 大阪 玉栄宝資友の会〔製作発売〕 1973 510p 18cm〈相場成功名作全集 天ノ巻〉〈松山房 昭和16年刊本の複製 限定版〉 2000円 Ⓝ676.7
☆「古典の事典」

本間 長世 ほんま・ながよ

08081 「アメリカ政治の潮流」
『アメリカ政治の潮流』 本間長世著　中央公論社　1978　240p　21cm〈叢書国際環境〉　1600円　Ⓝ312.53
☆「現代政治学を読む」

本間 久雄 ほんま・ひさお

08082 「明治文学史」
『明治文学史　上,下巻』　本間久雄著　新訂　東京堂　1949　2冊 図版　22cm〈日本文学全史　巻10,11〉〈上巻：再版〉　Ⓝ910.26
☆「世界名著大事典」

【ま】

舞出 長五郎 まいいで・ちょうごろう

08083 「経済学史概要」
『経済学史概要　上巻』　舞出長五郎著　11版　岩波書店　1949　498p　22cm　Ⓝ331.2
☆「世界名著大事典」

真家 和生 まいえ・かずお

08084 「生理人類学」
『生理人類学—自然史からみたヒトの身体のはたらき』　富田守,真家和生,平井直樹著　第2版　朝倉書店　1999　198p　22cm〈文献あり〉　3200円　Ⓘ4-254-10159-7　Ⓝ491.3
☆「学問がわかる500冊 v.2」

舞城 王太郎 まいじょう・おうたろう

08085 「煙か土か食い物」
『煙か土か食い物』　舞城王太郎［著］　講談社　2004　342p　15cm〈講談社文庫〉　552円　Ⓘ4-06-274936-X　Ⓝ913.6
☆「教養のためのブックガイド」

毎日新聞政治部 まいにちしんぶんせいじぶ

08086 「政変」
『政変』　毎日新聞政治部著　社会思想社　1993　331p　15cm〈現代教養文庫　1459—ベスト・ノンフィクション〉　680円　Ⓘ4-390-11459-X　Ⓝ312.1
☆「現代を読む」

前川 国男 まえかわ・くにお

08087 「一建築家の信条」
『一建築家の信条』　前川国男著　宮内嘉久編　晶文社　1981　375p　20cm〈前川国男年譜：p309〜340〉　2500円　Ⓝ523.1

☆「建築の書物/都市の書物」

前川 佐美雄 まえかわ・さみお

08088 「植物祭」
『植物祭―歌集』　前川佐美雄著　京都　靖文社　1947　289p　19cm　Ⓝ911.168
☆「日本文学鑑賞辞典〔第2〕」,「日本文芸鑑賞事典　第9巻」

前川 康男 まえかわ・やすお

08089 「魔神の海」
『魔神の海』　前川康男著　床ヌブリ絵　講談社　1980　291p　18cm〈講談社青い鳥文庫〉　450円
☆「少年少女の名作案内 日本の文学リアリズム編」

前嶋 信次 まえじま・しんじ

08090 「東西文化交流の諸相」
『東西文化交流の諸相』　前嶋信次著　東西文化交流の諸相刊行会　1971　1224p　22cm　Ⓝ220.04
☆「現代アジア論の名著」

08091 「西アジア史」
『世界各国史　11　西アジア史』　前嶋信次編　新版　山川出版社　1987　594,71p　19cm〈第10刷〈第1刷：昭和47年〉折り込図1枚　巻末：年表・参考文献〉　2600円　Ⓘ4-634-41110-5　Ⓝ208
☆「人文科学の名著」

前田 愛 まえだ・あい

08092 「近代読者の成立」
『近代読者の成立』　前田愛著　岩波書店　2001　391p　15cm〈岩波現代文庫　文芸〉　1200円　Ⓘ4-00-602032-5　Ⓝ910.26
☆「必読書150」

08093 「都市空間のなかの文学」
『都市空間のなかの文学』　前田愛著　筑摩書房　1992　645,18p　15cm〈ちくま学芸文庫〉　1600円　Ⓘ4-480-08014-7　Ⓝ910.26
☆「建築の書物/都市の書物」,「東アジア人文書100」,「ベストガイド日本の名著」

08094 「前田愛著作集」
『前田愛著作集　第1巻　幕末・維新期の文学.成島柳北』　筑摩書房　1989　551p　22cm〈関係略年表：p544〜551〉　4326円　Ⓘ4-480-36001-8　Ⓝ910.26
☆「歴史家の読書案内」

前田 曙山 まえだ・しょざん

08095 「落花の舞」
『落花の舞』　前田曙山著　新文社　1948

354p　19cm　Ⓝ913.6
☆「歴史小説・時代小説 総解説」

前田 哲男　まえだ・てつお
08096　「戦略爆撃の思想」
『戦略爆撃の思想—ゲルニカ、重慶、広島』　前田哲男著　新訂版　凱風社　2006　636p　20cm〈初版の出版者：朝日新聞社　年表あり〉　4500円　Ⓘ4-7736-3009-4　Ⓝ210.74
☆「平和を考えるための100冊+α」

前田 透　まえだ・とおる
08097　「煙樹」
『煙樹—歌集』　前田透著　新星書房　1968　242p　20cm（詩歌叢書）　900円　Ⓝ911.168
☆「日本文芸鑑賞事典 第20巻（昭和42〜50年）」

前田 普羅　まえだ・ふら
08098　「普羅句集」
『現代一〇〇名句集　第2巻』　稲畑廣太郎[ほか]編　[東京]　東京四季出版　2004　416p　21cm　2381円　Ⓘ4-8129-0342-4　Ⓝ911.367
☆「世界名著大事典」、「日本文学鑑賞辞典〔第2〕」

前田 正名　まえだ・まさな
08099　「興業意見」
『興業意見—他 前田正名関係資料』　前田正名著　解説：安藤良雄,山本弘文　光生館　1971　361p　22cm（生活古典叢書　1）　4000円　Ⓝ332.1
☆「世界名著大事典」、「農政経済の名著 明治大正編」

08100　「所見」
『所見 分冊1』　前田正名著　観音寺　上坂氏顕彰会史料出版部　2002　1冊（ページ付なし）　30cm（理想日本リプリント　第75巻）〈複製〉　52800円　Ⓝ310.4
☆「農政経済の名著 明治大正編」

前田 夕暮　まえだ・ゆうぐれ
08101　「生くる日に」
『生くる日に—歌集』　前田夕暮著　短歌新聞社　1993　116p　15cm（短歌新聞社文庫）　700円　Ⓘ4-8039-0701-3　Ⓝ911.168
☆「日本文学鑑賞辞典〔第2〕」

08102　「収穫」
『収穫—歌集』　前田夕暮著　短歌新聞社　2003　128p　15cm（短歌新聞社文庫）〈年譜あり〉　667円　Ⓘ4-8039-1150-9　Ⓝ911.168
☆「世界名著大事典」、「日本文芸鑑賞事典 第4巻」

08103　「新短歌提唱」
『近代文学評論大系　8　詩論・歌論・俳論』　編集：安田保雄,本林勝夫,松井利彦　角川書店　1973　676p　図 肖像　23cm　Ⓝ910.26
☆「日本文芸鑑賞事典 第9巻」

前田 陽一　まえだ・よういち
08104　「パスカル」
『パスカル—「考える葦」の意味するもの』　前田陽一著　中央公論社　1968　180p　18cm（中公新書）　200円　Ⓝ135.3
☆「学問がわかる500冊」

前田 林外　まえだ・りんがい
08105　「夏花少女」
『夏花少女』　前田林外（儀作）著　純文社　1905　128p　19cm　Ⓝ911.5
☆「世界名著大事典」

前田河 広一郎　まえだこう・ひろいちろう
08106　「三等船客」
『三等船客—創作』　前田河広一郎著　自然社　1922　350p　19cm　Ⓝ913.6
☆「世界の海洋文学」、「世界名著大事典」、「日本のプロレタリア文学」、「日本文学鑑賞辞典〔第2〕」

前野 良沢　まえの・りょうたく
08107　「解体新書」
『解体新書—全現代語訳』　杉田玄白ほか訳著　酒井シヅ訳　新装版　講談社　1998　256p　15cm（講談社学術文庫）　800円　Ⓘ4-06-159341-2　Ⓝ491.1
☆「古典の事典」、「自然科学の名著100選 中」、「世界名著大事典」、「日本の古典名著」、「日本名著辞典」

08108　「翻訳運動法」
☆「世界名著大事典」

前原 昭二　まえはら・しょうじ
08109　「数学基礎論入門」
『数学基礎論入門』　前原昭二著　復刊　朝倉書店　2006　201p　26cm（基礎数学シリーズ　23　小堀憲,小松醇郎,福原満洲雄編）　3200円　Ⓘ4-254-11723-X　Ⓝ410.9
☆「数学ブックガイド100」

前原 透　まえはら・とおる
08110　「日本の戦争・図解とデータ」
『日本の戦争—図解とデータ』　桑田悦,前原透共編著　原書房　1982　68枚,36p　27cm　4400円　Ⓘ4-562-01304-4　Ⓝ391.2
☆「日本陸軍の本・総解説」

槇 有恒　まき・ありつね
08111　「山行」

まき

『山行』　槇有恒著　中央公論新社　2012　372p　16cm(中公文庫　ま43-1)〈旺文社文庫1973年刊の新編集〉　933円
①978-4-12-205676-3　⑯293.45
☆「世界名著大事典」,「日本の山の名著・総解説」,「山の名著30選」,「山の名著 明治・大正・昭和戦前編」

08112　「マナスル登頂記」
『マナスル登頂記』　槇有恒編　毎日新聞社　1956　231p 図版12枚 地図　19cm　⑯292.58
☆「日本の山の名著・総解説」

08113　「わたしの山旅」
『わたしの山旅』　槇有恒著　岩波書店　1968　203p 図版　18cm(岩波新書)　150円
⑯290.9
☆「日本の山の名著・総解説」,「山の名著 明治・大正・昭和戦前編」

真木 和泉　まき・いずみ

08114　「真木和泉守遺文」
『真木和泉守遺文』　真木保臣先生顕彰会編　伯爵有馬家修史所　1913　946,81p　22cm
⑯289.1
☆「世界名著大事典 補遺(Extra)」

牧 健二　まき・けんじ

08115　「日本封建制度成立史」
『日本封建制度成立史』　牧健二著　改訂版　清水弘文堂書房　1969　526p　22cm〈初版：昭和10年刊〉　2900円　⑯322.14
☆「世界名著大事典」,「歴史家の読書案内」

槇 文彦　まき・ふみひこ

08116　「見えがくれする都市―江戸から東京へ」
『見えがくれする都市―江戸から東京へ』　槇文彦他著　鹿島出版会　1980　230p　19cm(SD選書　162)　1200円　⑯518.8
☆「学問がわかる500冊 v.2」,「建築の書物/都市の書物」

牧 昌見　まき・まさみ

08117　「学校経営と教頭の役割」
『学校経営と教頭の役割』　牧昌見著　ぎょうせい　1975　294p　22cm〈引用文献及び参考文献：p.286-294〉　1300円　⑯374.3
☆「教育名著 日本編」

真木 悠介　まき・ゆうすけ

08118　「気流の鳴る音」
『気流の鳴る音』　真木悠介著　筑摩書房　2003　233p　15cm(ちくま学芸文庫)　900円
①4-480-08749-4　⑯304

☆「戦後思想の名著50」

08119　「時間の比較社会学」
『時間の比較社会学』　真木悠介著　岩波書店　2003　331p　15cm(岩波現代文庫 学術)　1100円　①4-00-600108-8　⑯361
☆「学問がわかる500冊」,「現代社会学の名著」

牧島 貞一　まきしま・ていいち

08120　「炎の海」
『炎の海―報道カメラマン空母と共に』　牧島貞一著　光人社　2001　340p　16cm(光人社NF文庫)　743円　①4-7698-2328-2　⑯916
☆「日本海軍の本・総解説」

槇島 昭武　まきしま・てるたけ

08121　「関八州古戦録」
『関八州古戦録　上』　槇島昭武,霜川遠志訳　新装　ニュートンプレス　1997　326p　18cm(原本現代訳　28)〈初版：教育社刊〉　1000円　①4-315-40109-9　⑯210.47
☆「古典の事典」

牧瀬 菊枝　まきせ・きくえ

08122　「ひき裂かれて」
『ひき裂かれて―母の戦争体験』　鶴見和子,牧瀬菊枝編　筑摩書房　1959　277p　20cm
⑯915.9
☆「戦後思想の名著50」

牧野 英一　まきの・えいいち

08123　「日本刑法」
『日本刑法　上,下巻』　牧野英一著　有斐閣　1942　2冊　22cm　⑯326
☆「世界名著大事典」

牧野 茂　まきの・しげる

08124　「海軍造船技術概要」
『海軍造船技術概要』　牧野茂,福井静夫編　今日の話題社　1987　2冊　22cm　全30000円
①4-87565-205-4　⑯556.9
☆「日本海軍の本・総解説」

牧野 信一　まきの・しんいち

08125　「鬼涙村」
『鬼涙村』　牧野信一著　〔復刻版〕　沖積舎　1990　397p　19cm〈別冊：解説〉　7000円
①4-8060-2062-1
☆「現代文学名作探訪事典」,「これだけは読んでおきたい日本の名作文学案内」,「世界名著大事典」,「日本文学現代名作事典」,「ポケット日本名作事典」

08126　「酒盗人」
『酒盗人』　牧野信一著　沖積舎　1993　358p　20cm〈芝書店昭和11年刊の複製 付(14p

08127　「ゼーロン」
『日本近代短篇小説選　昭和篇1』　紅野敏郎, 紅野謙介, 千葉俊二, 宗像和重, 山田俊治編　岩波書店　2012　394p　15cm（岩波文庫　31-191-4）　800円　Ⓘ978-4-00-311914-3　Ⓝ913.68
☆「現代文学鑑賞辞典」,「昭和の名著」,「日本文学鑑賞辞典〔第2〕」,「日本文学名作事典」

08128　「父を売る子」
『編年体大正文学全集　第13巻（大正13年）』　藤森成吉［ほか］著　亀井秀雄編　ゆまに書房　2003　639p　22cm　6600円　Ⓘ4-89714-902-9　Ⓝ918.6
☆「世界名著大事典」,「日本文芸鑑賞事典　第8巻（1924〜1926年）」

牧野 巽　まきの・たつみ

08129　「支那家族研究」
『支那家族研究』　牧野巽著　生活社　1944　724p 図版　22cm　Ⓝ362.22
☆「世界名著大事典」

牧野 富太郎　まきの・とみたろう

08130　「日本植物志図篇」
『牧野植物学全集　第1巻　日本植物図説集』　牧野富太郎著　誠文堂　1934　482,6,4p 肖像　24cm　Ⓝ470
☆「世界名著大事典」

08131　「牧野日本植物図鑑」
『牧野日本植物図鑑』　牧野富太郎著　北隆館　1983　1冊　27cm〈昭和15年刊の複製　著者の肖像あり〉　15450円　Ⓝ470.38
☆「近代日本の百冊を選ぶ」,「名著の伝記」

牧野 伸顕　まきの・のぶあき

08132　「回顧録」
『回顧録　下巻』　牧野伸顕著　中央公論社　1978　258p　15cm（中公文庫）〈年譜　大久保利謙編：p235〜246〉　340円　Ⓝ289.1
☆「自伝の名著101」

牧野 昇　まきの・のぼる

08133　「五つの破局論」
『検証五つの破局論』　牧野昇著　東洋経済新報社　1988　289p　20cm〈背・奥付の書名：牧野昇の検証五つの破局論〉　1500円　Ⓘ4-492-76071-7　Ⓝ304
☆「経済経営95冊」

08134　「新企業繁栄論」
『新企業繁栄論』　牧野昇著　講談社　1987　286p　20cm（講談社ビジネス）　1200円　Ⓘ4-06-192795-7　Ⓝ335
☆「経済経営95冊」

08135　「製造業は永遠です」
『製造業は永遠です―日本企業の生存条件』　牧野昇著　東洋経済新報社　1990　272p　20cm　1400円　Ⓘ4-492-76082-2　Ⓝ509.5
☆「経済経営95冊」

08136　「第三の経済危機」
『第三の経済危機―迫りくる"メガ・クライシス"にどう対処するか』　牧野昇, 高橋乗宣著　ごま書房　1987　238p　20cm　1300円　Ⓘ4-341-17004-X　Ⓝ332.1
☆「経済経営95冊」

08137　「日本経済「悪魔」の選択はあるか」
『日本経済「悪魔の選択」はあるか―新しい経営のすすめ』　牧野昇, 高橋乗宣著　徳間書店　1994　270p　19cm　1200円　Ⓘ4-19-860068-6　Ⓝ332.107
☆「経済経営95冊」

08138　「"普況時代"の経営」
『"普況時代"の経営―いまや不況は普通になった！　全治不能の"複雑骨折不況"を乗り切るための処方箋』　牧野昇著　ごま書房　1994　219p　20cm　1300円　Ⓘ4-341-17044-9　Ⓝ332.107
☆「経済経営95冊」

槙村 浩　まきむら・ひろし

08139　「間島パルチザンの歌」
『間島パルチザンの歌―槙村浩詩集』　槙村浩著　新日本出版社　1980　198p　15cm（新日本文庫）〈槙村浩年譜：p187〜198〉　340円　Ⓝ911.56
☆「日本のプロレタリア文学」

槙本 楠郎　まきもと・くすろう

08140　「赤い旗」
『日本児童文学館―名著複刻　25　赤い旗―プロレタリア童謡集』　槙本楠郎著　ほるぷ出版　1971　105p　19cm〈紅玉堂書店昭和5年刊の複製〉　Ⓝ913.8
☆「日本児童文学名著事典」

08141　「栗ひろい週間」
『日本児童文学大系』　菅忠道等編　京都　三一書房　1955　6冊　19cm　Ⓝ918.6
☆「名作の研究事典」

08142　「小さい同志」
『小さい同志―プロレタリア童謡集』　槙本楠郎, 川崎大治共編　大空社　1997　6,128p

まさい　　　　　　　　　　　　　　　　　　　　　08143～08156

　　20cm〈叢書日本の童謡〉〈自由社昭和6年刊の複製〉ⓘ4-7568-0306-7
　☆「日本児童文学名著事典」

正井 泰夫　まさい・やすお

08143　「卒論作成マニュアル」
　『卒論作成マニュアル―よりよい地理学論文作成のために』　正井泰夫,小池一之編　古今書院　1994　214p　21cm　2060円
　ⓘ4-7722-1738-X　Ⓝ290.1
　☆「学問がわかる500冊 v.2」

08144　「地理学を学ぶ」
　『地理学を学ぶ』　竹内啓一,正井泰夫編　古今書院　1986　378p 図版24p　20cm〈付：本書のための略年表〉　3200円　ⓘ4-7722-1217-5　Ⓝ290.12
　☆「学問がわかる500冊 v.2」

正岡 子規　まさおか・しき

08145　「歌よみに与ふる書」
　『歌よみに与ふる書』　正岡子規著　岩波書店　1984　180p　20cm〈岩波クラシックス　54〉　1100円　Ⓝ911.104
　☆「感動！日本の名著 近現代編」,「世界名著大事典」,「日本の名著」,「日本文学名作概観」,「日本文芸鑑賞事典 第2巻（1895～1903年）」,「日本名著辞典」,「必読書150」,「文学・名著300選の解説 '88年度版」

08146　「寒山落木」
　『子規全集　第3巻　俳句3』　正岡子規著　講談社　1977　757p 図　20cm〈監修：正岡忠三郎[等]〉　3800円　Ⓝ918.6
　☆「世界名著大事典」,「日本文学鑑賞辞典〔第2〕」

08147　「仰臥漫録」
　『仰臥漫録』　正岡子規[著]　角川学芸出版　2009　204p　15cm〈角川文庫　15908―[角川ソフィア文庫]　[D-105-1]〉〈角川グループパブリッシング〔発売〕〉　667円
　ⓘ978-4-04-409408-9　Ⓝ914.6
　☆「世界名著大事典」,「日本文芸鑑賞事典 第3巻（1904～1909年）」

08148　「春夏秋冬」
　『春夏秋冬』　正岡子規編　籾山書店　1915　1冊　15cm〈俳書堂蔵版〉　Ⓝ911.36
　☆「感動！日本の名著 近現代編」,「世界名著大事典」,「日本の名著」,「日本文学鑑賞辞典〔第2〕」,「日本名著辞典」

08149　「竹の里歌」
　『竹の里歌―子規遺稿』　正岡子規著　日本近代文学館　1981　117p　19cm〈名著複刻詩歌文学館　石楠花セット〉〈俳書堂明治37年刊の複製　ほるぷ〔発売〕〉　叢書の編者：名著複刻全集編集委員会〉　Ⓝ911.168
　☆「近代文学名作事典」,「世界名著大事典」,「日本文学鑑賞辞典〔第2〕」,「日本文芸鑑賞事典 第3巻（1904～1909年）」

08150　「獺祭書屋俳句帖抄」
　『獺祭書屋俳句帖抄』　正岡子規著　宮川康雄編　松本　藤原印刷（印刷）　1970　30p　23cm〈獺祭書屋俳句帖抄上巻〉（高浜清明治35年編刊）の複製〉　非売　Ⓝ911.36
　☆「日本文学名作概観」,「日本文芸鑑賞事典 第2巻（1895～1903年）」

08151　「獺祭書屋俳話」
　『獺祭書屋俳話』　正岡子規著　増補3版　弘文館　1902　442p　23cm（日本叢書）　Ⓝ911.3
　☆「世界名著大事典」,「日本近代文学名著事典」,「日本文芸鑑賞事典 第1巻」

08152　「俳句二葉集」
　『子規全集　第16巻　俳句選集』　正岡子規著　講談社　1975　662p 図 肖像　20cm〈監修：正岡忠三郎等〉　3600円　Ⓝ918.6
　☆「日本文芸鑑賞事典 第1巻」

08153　「俳人蕪村」
　『俳人蕪村』　正岡子規著　講談社　1999　193p　16cm〈講談社文芸文庫〉〈年譜あり　著作目録あり〉　940円　ⓘ4-06-197684-2　Ⓝ911.34
　☆「世界名著大事典」,「日本文芸鑑賞事典 第2巻（1895～1903年）」

08154　「芭蕉雑談」
　『日本近代文学大系　16　正岡子規集』　解説・注釈：松井利彦　角川書店　1972　472p 図 肖像　23cm　Ⓝ918.6
　☆「日本文芸鑑賞事典 第1巻」

08155　「病牀六尺」
　『病牀六尺』　正岡子規著　岩波書店　2006　191p　16cm（岩波文庫創刊書目復刻）〈原本：昭和2年刊〉ⓘ4-00-355002-1　Ⓝ914.6
　☆「愛と死の日本文学」,「あらすじで読む日本の名著 No.3」,「大人のための日本の名著50」,「近代日本の百冊を選ぶ」,「知らないと恥ずかしい「日本の名作」あらすじ200本」,「世界名著大事典」,「日本文芸鑑賞事典 第2巻（1895～1903年）」,「日本名著辞典」,「ベストガイド日本の名著」,「明治・大正・昭和の名著・総解説」,「明治の名著 2」,「わたしの古典 続」

08156　「墨汁一滴」
　『墨汁一滴』　正岡子規著　岩波書店　2005　170p　19cm〈ワイド版岩波文庫〉　1000円　ⓘ4-00-007253-6　Ⓝ914.6
　☆「教育を考えるためにこの48冊」,「日本文学鑑賞辞典〔第2〕」

正木 亮　まさき・あきら

08157　「監獄法概論」
『監獄法概論』　正木亮著　新訂増補（訂7版）　有斐閣　1937　233p　20cm　Ⓝ326
☆「世界名著大事典 補遺（Extra）」

08158　「新監獄学」
『新監獄学』　正木亮著　一粒社　1968　403,16p　22cm　1600円　Ⓝ326.5
☆「世界名著大事典 補遺（Extra）」

柾 悟郎　まさき・ごろう

08159　「邪眼」
『邪眼』　柾悟郎著　早川書房　1988　305p　16cm（ハヤカワ文庫　JA）　420円　Ⓘ4-15-030279-0　Ⓝ913.6
☆「世界のSF文学・総解説」

正木 昊　まさき・ひろし

08160　「裁判官」
『裁判官—お眠り私の魂』　朔立木著　光文社　2009　392p　16cm（光文社文庫　さ22-4）〈『お眠り私の魂』(2001年刊）の改題〉　667円　Ⓘ978-4-334-74542-4　Ⓝ913.6
☆「世界名著大事典 補遺（Extra）」

08161　「近きより」
『近きより　1』　正木ひろし著　社会思想社　1991　449p　15cm（現代教養文庫　1371）〈関係略年表：p428～449〉　880円　Ⓘ4-390-11371-2　Ⓝ210.7
☆「ベストガイド日本の名著」、「明治・大正・昭和の名著・総解説」

正延 哲士　まさのぶ・てつし

08162　「最後の博徒」
『最後の博徒—波谷守之の半生』　正延哲士著　幻冬舎　1999　379p　15cm（幻冬舎アウトロー文庫）　600円　Ⓘ4-87728-733-7
☆「現代を読む」

正宗 敦夫　まさむね・あつお

08163　「万葉集総索引」
『万葉集総索引』　正宗敦夫編　平凡社　1994　2冊　22cm〈第7刷（第1刷：1974年）「単語篇」「漢字篇」に分冊刊行〉　全28000円　Ⓘ4-582-35200-6　Ⓝ911.121
☆「世界名著大事典」

正宗 白鳥　まさむね・はくちょう

08164　「安土の春」
『安土の春』　正宗白鳥著　改造社　1926　197p　20cm　Ⓝ912
☆「世界名著大事典」

08165　「何処へ」
『何処へ』　正宗白鳥（忠夫）著　易風社　1908　384p　19cm　Ⓝ913.6
☆「一度は読もうよ！ 日本の名著」、「一冊で100名作の「さわり」を読む」、「感動！ 日本の名著 近現代編」、「これだけは読んでおきたい日本の名作文学案内」、「世界名作事典」、「世界名著大事典」、「日本の名著」、「日本文学鑑賞辞典〔第2〕」、「日本文学現代名作事典」、「日本文学名作案内」、「日本文学名作辞典 第3巻（1904～1909年）」、「日本名著辞典」、「入門名作の世界」、「ポケット日本名作事典」

08166　「入江のほとり」
『入江のほとり—他一篇』　正宗白鳥　岩波書店　1950　139p　15cm（岩波文庫）　Ⓝ913.6
☆「現代文学鑑賞辞典」、「世界名著大事典」、「日本文学現代名作事典」、「日本文学名作事典」、「日本文芸鑑賞事典 第5巻」

08167　「牛部屋の臭ひ」
『正宗白鳥全集　第5巻 小説 5』　福武書店　1983　514p　22cm〈著者の肖像あり〉　5800円　Ⓘ4-8288-2091-4,4-8288-2046-9　Ⓝ918.68
☆「世界名著大事典」、「日本文学鑑賞辞典〔第2〕」

08168　「生まざりしならば」
『生まざりしならば』　正宗白鳥　岩波書店　1928　117p　16cm（岩波文庫　275）　Ⓝ913.6
☆「日本文学鑑賞辞典〔第2〕」、「日本文芸鑑賞事典 第7巻（1920～1923年）」

08169　「紅塵」
『紅塵』　正宗白鳥著　西本波太　1907　304p　20cm　Ⓝ913.6
☆「日本近代文学名著事典」

08170　「作家論」
『作家論—新編』　正宗白鳥著　高橋英夫編　岩波書店　2002　458,5p　15cm（岩波文庫）　800円　Ⓘ4-00-310394-7　Ⓝ910.26
☆「日本の名著」

08171　「自然主義文学盛衰史」
『自然主義文学盛衰史』　正宗白鳥著　講談社　2002　224p　16cm（講談社文芸文庫）〈年譜あり〉　1100円　Ⓘ4-06-198314-8　Ⓝ910.261
☆「世界名著大事典」、「日本文学現代名作事典」

08172　「人生の幸福」
『人生の幸福』　正宗白鳥著　創芸社　1953　165p 図版　16cm（近代文庫　第87）　Ⓝ913.6
☆「世界名著大事典」、「日本文学鑑賞辞典〔第2〕」、「日本文学現代名作事典」、「日本文芸鑑賞事典 第8巻（1924～1926年）」

08173　「毒婦のやうな女」
『毒婦のやうな女』　正宗白鳥著　鎌倉文庫

まさむら　　　　　　　　　　　　　　　　　　　　　　08174〜08189

1948　292p　19cm（現代文学選）　Ⓝ913.6
☆「日本文学鑑賞辞典〔第2〕」

08174　「泥人形」
『泥人形—外二篇』　正宗白鳥著　春陽堂　1932
224p　17cm（春陽堂文庫　39）　Ⓝ914.6
☆「世界名著大事典」，「日本文芸鑑賞事典　第4巻」

08175　「微光」
『微光』　正宗白鳥著　春陽堂　1914　200p
16cm　Ⓝ913.6
☆「近代文学名作事典」，「日本文学鑑賞辞典〔第2〕」

08176　「文壇人物評論」
『文壇人物評論』　正宗白鳥著　中央公論社
1932　478p　19cm　Ⓝ910.28
☆「世界名著大事典」

08177　「文壇的自叙伝」
『文壇的自叙伝』　正宗白鳥著　中央公論社
1938　278p　19cm　Ⓝ910.28
☆「世界名著大事典」，「日本文芸鑑賞事典　第12巻」

正村 俊之　まさむら・としゆき

08178　「秘密と恥」
『秘密と恥—日本社会のコミュニケーション構造』　正村俊之著　勁草書房　1995　433,37p
20cm〈巻末：文献〉　3914円
①4-326-65174-1　Ⓝ361.42
☆「学問がわかる500冊」

増子 忠道　ましこ・ただみち

08179　「病院がひらく　都市の在宅ケア—柳原病院20年の地域医療の挑戦」
『病院がひらく都市の在宅ケア—柳原病院・20年の地域医療の挑戦』　増子忠道, 太田貞司著　自治体研究社　1993　70p　21cm　700円
①4-88037-167-X　Ⓝ369.26
☆「学問がわかる500冊」

増沢 知子　ますざわ・ともこ

08180　「夢の時を求めて—宗教の起源の探究」
『夢の時を求めて—宗教の起源の探究』　増澤知子著　中村圭志訳　町田　玉川大学出版部
1999　298p　22cm　4800円
①4-472-11431-3　Ⓝ161
☆「学問がわかる500冊」

舛添 要一　ますえ・よういち

08181　「日本と世界はこう変わる」
『1995年・日本と世界はこう変わる』　舛添要一, プロジェクト3D著　PHP研究所　1986
226p　19cm　1000円　①4-569-21813-X
Ⓝ332.1
☆「経済経営95冊」

益田 勝実　ますだ・かつみ

08182　「火山列島の思想」
『火山列島の思想』　益田勝実著　筑摩書房
1993　301p　15cm（ちくま学芸文庫）
960円　①4-480-08033-3　Ⓝ910.2
☆「古典をどう読むか」

増田 綱　ますだ・こう

08183　「鼓銅図録」
『日本産業史資料　4　農産製造・林業及鉱山・冶金』　浅見恵, 安田健訳編　科学書院　1992
1052,10p　27cm（近世歴史資料集成　第2期　第4巻）〈霞ケ関出版〔発売〕　複製と翻刻〉
51500円　Ⓝ602.1
☆「世界名著大事典」

増田 四郎　ますだ・しろう

08184　「西洋中世世界の成立」
『西洋中世世界の成立』　増田四郎著　講談社
1996　274p　15cm（講談社学術文庫）〈年表：p260〜265〉　800円　①4-06-159241-6
Ⓝ230.4
☆「世界名著大事典」

08185　「独逸中世史の研究」
『独逸中世史の研究』　増田四郎著　勁草書房
1951　375p　18cm（学術選書　第5）
Ⓝ234.04
☆「世界名著大事典」

08186　「都市」
『都市』　増田四郎著　筑摩書房　1994　228p
15cm（ちくま学芸文庫）　900円
①4-480-08139-9　Ⓝ230
☆「学問がわかる500冊」

増田 美香子　ますだ・みかこ

08187　「町人学者　産学連携の祖」
『町人学者—産学連携の祖浅田常三郎評伝』　増田美香子編　板倉哲郎, 更田豊治郎, 住田健二, 北川通治, 岡田健［著］　毎日新聞社　2008
221p　20cm〈年譜あり〉　1600円
①978-4-620-31874-5　Ⓝ289.1
☆「サイエンス・ブックレヴュー」

増田 みず子　ますだ・みずこ

08188　「慰霊祭まで」
『内気な夜景』　増田みず子著　文芸春秋　1983
259p　20cm　1300円　Ⓝ913.6
☆「現代文学名作探訪事典」

08189　「シングル・セル」
『シングル・セル』　増田みず子著　講談社
1999　293p　16cm（講談社文芸文庫）〈年譜あり　著者目録あり〉　1300円

546　　　　　　　　　　　　　　　　　　　読んでおきたい「日本の名著」案内

①4-06-197675-3 Ⓝ913.6
☆「現代文学鑑賞辞典」

舛田 光洋　ますだ・みつひろ

08190　「夢をかなえる「そうじ」力」
『夢をかなえる「そうじ力」—人生カンタンリセット！』　舛田光洋著　サンマーク出版　2011　173p　15cm（サンマーク文庫　ま・1・1）〈総合法令出版2005年刊の改訂　文献あり〉　543円　①978-4-7631-8485-6　Ⓝ159
☆「超売れ筋ビジネス書101冊」

増田 義郎　ますだ・よしお

08191　「大航海者の世界」
『大航海者コロンブス—世界を変えた男』　サミュエル・モリスン著　荒このみ訳　原書房　1992　303,4p　21cm〈大航海者の世界　1）〈コロンブスの肖像あり　巻末：年表〉　2800円　①4-562-02275-2　Ⓝ289.3
☆「世界の海洋文学」

08192　「略奪の海カリブ」
『略奪の海カリブ—もうひとつのラテン・アメリカ史』　増田義郎著　岩波書店　1989　227,3p　18cm〈岩波新書〉〈参考文献：p216〜225〉　520円　①4-00-430075-4　Ⓝ255
☆「世界の海洋文学」

増田 万孝　ますだ・よしたか

08193　「国際農業開発論」
『国際農業開発論』　増田万孝著　農林統計協会　1996　237p　21cm〈参考文献：p221〜224〉　2800円　①4-541-02167-6　Ⓝ611
☆「学問がわかる500冊 v.2」

増地 庸治郎　ますち・ようじろう

08194　「経営経済学序論」
『経営経済学序論』　増地庸治郎著　同文館　1926　261p　23cm　Ⓝ335
☆「世界名著大事典」

増穂 残口　ますほ・ざんこう

08195　「残口八部書」
☆「世界名著大事典」

升味 準之輔　ますみ・じゅんのすけ

08196　「現代日本の政党と政治」
『現代日本の政党と政治』　ロバート・A.スカラピノ, 升味準之輔著　岩波書店　1962　195p　18cm〈岩波新書〉　Ⓝ312.1
☆「現代政治学を読む」

08197　「戦後政治」
『戦後政治—1945-55　上』　升味準之輔著　東京大学出版会　1983　267p　19cm　1600円

Ⓝ210.76
☆「現代政治学を読む」

増山 金八　ますやま・きんぱち

08198　「其俤浅間嶽」
☆「古典の事典」

間瀬 啓允　ませ・ひろまさ

08199　「エコフィロソフィ提唱—人間が生き延びるための哲学」
『エコフィロソフィ提唱—人間が生き延びるための哲学』　間瀬啓允著　京都　法藏館　1991　207p　20cm　2500円
①4-8318-7184-2　Ⓝ104
☆「学問がわかる500冊」

又吉 栄喜　またよし・えいき

08200　「豚の報い」
『豚の報い』　又吉栄喜著　文藝春秋　1999　235p　16cm（文春文庫）　429円
①4-16-761801-X　Ⓝ913.6
☆「現代文学鑑賞辞典」

町田 康　まちだ・こう

08201　「きれぎれ」
『きれぎれ』　町田康著　文藝春秋　2004　213p　16cm（文春文庫）　429円
①4-16-765303-6　Ⓝ913.6
☆「現代文学鑑賞辞典」

08202　「爆発道祖神」
『爆発道祖神』　町田康［著］　角川書店　2012　309p　15cm（角川文庫　17272）〈角川グループパブリッシング〔発売〕〉　819円
①978-4-04-100074-8　Ⓝ914.6
☆「読書入門」

町田 洋　まちだ・ひろし

08203　「火山灰は語る—火山と平野の自然史」
『火山灰は語る—火山と平野の自然史』　町田洋著　蒼樹書房　1977　324p 図　20cm〈主な参考文献：p.305〜311〉　2500円　Ⓝ453.8
☆「学問がわかる500冊 v.2」

08204　「写真でみる火山の自然史」
『写真でみる火山の自然史』　町田洋, 白尾元理著　東京大学出版会　1998　204p　22cm〈索引あり〉　4500円　①4-13-060719-7　Ⓝ453.8
☆「学問がわかる500冊 v.2」

マチネ・ポエティク・グループ

08205　「マチネ・ポエティク詩集」
『マチネ・ポエティク詩集』　福永武彦, 加藤周一, 原條あき子, 中西哲吉, 窪田啓作, 白井健三郎, 枝野和夫, 中村真一郎著　水声社　2014

230p　22cm〈真善美社 1948年刊に加筆〉　4000円　①978-4-8010-0041-4　Ⓝ911.568
☆「日本文学鑑賞辞典〔第2〕」、「日本文芸鑑賞事典 第15巻」

松井 覚進　まつい・かくしん

08206　「阿波丸はなぜ沈んだか」
『阿波丸はなぜ沈んだか―昭和20年春、台湾海峡の悲劇』　松井覚進著　朝日新聞社　1994　254p　20cm　1800円　①4-02-256746-5　Ⓝ210.75
☆「世界の海洋文学」

松井 簡治　まつい・かんじ

08207　「大日本国語辞典」
『修訂大日本国語辞典』　上田万年、松井簡治共著　富山房　1952　2392p　27cm〈新装版〉　Ⓝ813.1
☆「世界名著大事典」

松井 今朝子　まつい・けさこ

08208　「吉原手引草」
『吉原手引草』　松井今朝子［著］　幻冬舎　2009　326p　16cm〈幻冬舎文庫　ま-13-1〉　600円　①978-4-344-41294-1　Ⓝ913.6
☆「面白いほどよくわかる時代小説名作100」

松井 源水　まつい・げんすい

08209　「源水洋行日記」
☆「世界名著大事典　補遺（Extra）」

松井 茂記　まつい・しげのり

08210　「二重の基準論」
『二重の基準論』　松井茂記著　有斐閣　1994　359,3p　22cm　5150円　①4-641-03191-6　Ⓝ323.53
☆「憲法本41」

松居 松葉　まつい・しょうよう

08211　「団洲百話」
『団洲百話』　松居松葉編　金港堂　1903　171p　23cm〈付録：団十郎と菊五郎〉　Ⓝ770
☆「世界名著大事典」

松井 須磨子　まつい・すまこ

08212　「牡丹刷毛」
『牡丹刷毛』　松井須磨子著　大空社　1995　231p　22cm〈叢書女性論　10〉〈新潮社大正3年刊の複製〉　9000円　①4-7568-0019-X　Ⓝ772.1
☆「大正の名著」

松井 忠雄　まつい・ただお

08213　「内蒙三国志」
『内蒙三国志』　松井忠雄著　原書房　1966　265p 図版 地図　19cm〈原書房・100冊選書 8〉　430円　Ⓝ391.7
☆「日本陸軍の本・総解説」

松井 透　まつい・とおる

08214　「バニヤンの樹かげで」
『バニヤンの樹かげで―異文化への視野』　松井透著　筑摩書房　1994　287p　20cm　2800円　①4-480-85674-9　Ⓝ209.04
☆「歴史家の一冊」

松井 俊諭　まつい・としあき

08215　「鏡山旧錦絵 加賀見山再岩藤」
『鏡山旧錦絵　加賀見山再岩藤』　容楊黛、二世河竹新七作　松井俊諭編著　白水社　1996　413p　19cm〈歌舞伎オン・ステージ　6〉〈監修：郡司正勝ほか〉　4500円　①4-560-03276-9　Ⓝ912.5
☆「歴史家の一冊」

松井 巻之助　まつい・まきのすけ

08216　「回想の朝永振一郎」
『回想の朝永振一郎』　松井巻之助編　新装版　みすず書房　2006　405p　20cm〈肖像あり 年譜あり〉　2800円　①4-622-07222-X　Ⓝ289.1
☆「物理ブックガイド100」

松井 幹雄　まつい・みきお

08217　「霧の旅」
『霧の旅―紀行随筆』　松井幹雄著　朋文堂　1934　434p 図版11枚　19cm　Ⓝ291.09
☆「日本の山の名著・総解説」、「山の名著 明治・大正・昭和戦前編」

松井 やより　まつい・やより

08218　「女たちのアジア」
『女たちのアジア』　松井やより著　岩波書店　1987　244p　18cm〈岩波新書　369〉　480円
☆「平和を考えるための100冊+α」

松居 竜五　まつい・りゅうご

08219　「南方熊楠を知る事典」
『南方熊楠を知る事典』　松居竜五ほか編　講談社　1993　653p　18cm〈講談社現代新書〉　1500円　①4-06-149142-3　Ⓝ289.1
☆「「本の定番」ブックガイド」

松浦 行真　まつうら・こうしん

08220　「混迷の知恵」
『混迷の知恵―遠すぎた島ガダルカナル』　松浦行真著　情報センター出版局　1984　750p

松浦 武四郎 まつうら・たけしろう

08221 「久摺日誌」
『久摺日誌―自由訳』 松浦武四郎原文 北海道中小企業家同友会釧路事務所監修 津たけしろうカンパニー 2014 100p 19cm〈年譜あり〉Ⓝ291.1
☆「世界名著大事典 補遺(Extra)」

松浦 寿輝 まつうら・ひさき

08222 「エッフェル塔試論」
『エッフェル塔試論』 松浦寿輝著 筑摩書房 2000 540p 15cm（ちくま学芸文庫）〈文献あり〉 1500円 Ⓘ4-480-08541-6 Ⓝ523.35
☆「建築・都市ブックガイド21世紀」,「建築の書物/都市の書物」

松浦 理英子 まつうら・りえこ

08223 「親指Pの修業時代」
『親指Pの修業時代 上』 松浦理英子著 新装版 河出書房新社 2006 365p 15cm（河出文庫） 660円 Ⓘ4-309-40792-7 Ⓝ913.6

08224 「ナチュラル・ウーマン」
『ナチュラル・ウーマン』 松浦理英子著 新装版 河出書房新社 2007 227p 15cm（河出文庫） 620円 Ⓘ978-4-309-40847-7 Ⓝ913.6
☆「名作の書き出し」

松浦 玲 まつうら・れい

08225 「勝海舟」
『勝海舟』 松浦玲著 筑摩書房 2010 914,11p 20cm〈文献あり 年表あり 索引あり〉4900円 Ⓘ978-4-480-88527-2 Ⓝ289.1
☆「日本海軍の本・総解説」

松江 重頼 まつえ・しげより

08226 「犬子集」
『犬子集』 松江重頼撰 古典文庫 1967 2冊 17cm（古典文庫 第239,243冊）〈赤木文庫蔵寛永板複製〉 非売 Ⓝ911.31
☆「世界名著大事典」

08227 「毛吹草」
『毛吹草―初印本』 松江重頼著 加藤定彦編 ゆまに書房 1978 2冊（別冊とも） 31cm〈八木敬一所蔵の複製 別冊：索引篇〉5200～5800円 Ⓝ911.31
☆「古典の事典」

松尾 聡 まつお・さとし

08228 「平安時代物語の研究」
『平安時代物語の研究 第1部 散佚物語四十六篇の形態復原に関する試論』 松尾聡著 立川東宝書房 1955 602p 図版 22cm Ⓝ913.3
☆「世界名著大事典」

松尾 芭蕉 まつお・ばしょう

08229 「笈の小文」
『笈の小文―現代語訳付 更科紀行―現代語訳付 嵯峨日記―現代語訳付』［松尾芭蕉］［著］ 上野洋三編 大阪 和泉書院 2008 94p 21cm 1500円 Ⓘ978-4-7576-0457-5 Ⓝ915.5
☆「世界名著大事典」,「日本文学鑑賞辞典〔第1〕」

08230 「奥の細道」
『奥の細道―他』 松尾芭蕉著 麻生磯次訳注 旺文社 1994 246p 19cm（全訳古典撰集） 980円 Ⓘ4-01-067247-1 Ⓝ915.5
☆「愛と死の日本文学」,「あらすじダイジェスト 日本の古典30を読む」,「あらすじで読む日本の古典」(楽書館,中経出版〈発売〉),「あらすじで読む日本の古典」(新人物往来社),「一度は読もうよ！日本の名著」,「一冊で日本の古典100冊を読む」,「一冊で100名作の「さわり」を読む」,「大人のための日本の名著50」,「学術経典叢書 第15巻」,「50歳からの名著入門」,「古典の事典」,「古典文学鑑賞辞典」,「この一冊で読める！日本の古典50冊」,「作品と作者」,「3行でわかる名作＆ヒット本250」,「Jブンガク」,「知らないと恥ずかしい「日本の名作」あらすじ200本」,「図説 5分でわかる日本の名作」,「世界の「名著」50」,「世界の旅行記101」,「世界名作事典」,「世界名著解題選 第1巻」,「世界名著大事典」,「千年紀のベスト100作品を選ぶ」,「千年の百冊」,「2ページでわかる日本の古典傑作選」,「日本古典への誘い100選 1」,「日本人の名著」を読む」,「日本の古典・世界の古典」,「日本の古典名著」,「日本の書物」,「日本の名著」(角川書店),「日本の名著」(毎日新聞社),「日本の名著3分間読書100」,「日本文学鑑賞辞典〔第1〕」,「日本文学の古典50選」,「日本文学名作案内」,「日本文学名作概観」,「日本文学名作事典」,「日本名著辞典」,「日本・名著のあらすじ」,「文学・名著300選の解説 '88年度版」,「マンガとあらすじでやさしく読める 日本の古典傑作30選」,「名作の書き出しを諳んじる」,「名作の研究事典」

08231 「貝おほひ」
『貝おほひ―種彦書入 貝おほひ―横本 ゑ入清十郎ついぜんやつこはいかい』 松尾芭蕉［編］ 可徳［著］ 萩原蘿月校訂 紅玉堂書店 1926 1冊 20cm（新俳諧叢書 第2編） Ⓝ911.3
☆「作品と作者」,「世界名著大事典」,「日本の古典名著」,「日本文学鑑賞辞典〔第1〕」

08232 「幻住庵記」
『幻住庵記』 松尾芭蕉著 大津 幻住庵記刊行会事務局 1962 1軸 20cm〈義仲寺蔵 元禄3年 芭蕉自筆木版の増刷 木箱入〉Ⓝ914.5
☆「世界名著大事典 補遺(Extra)」,「日本文学鑑賞辞典〔第1〕」

08233 「嵯峨日記」
『嵯峨日記―評註』 釈瓢斎著 京都 落柿舎保存会 1938 69p 20cm Ⓝ915
☆「日本文学鑑賞辞典〔第1〕」

08234 「五月雨歌仙」
☆「日本の艶本・珍書 総解説」,「日本の奇書77冊」

08235 「更科紀行」
『笈の小文―現代語訳付 更科紀行―現代語訳付 嵯峨日記―現代語訳付』〔松尾芭蕉〕〔著〕 上野洋三編 大阪 和泉書院 2008 94p 21cm 1500円 ①978-4-7576-0457-5 Ⓝ915.5
☆「日本文学鑑賞辞典〔第1〕」

08236 「野ざらし紀行」
『奥の細道・他』 松尾芭蕉著 麻生磯次訳注 旺文社 1994 246p 19cm(全訳古典撰集) 980円 ①4-01-067247-1 Ⓝ915.5
☆「古典の事典」,「作品と作者」,「世界名著大事典」,「千年の百冊」,「日本文学鑑賞辞典」,「日本名著辞典」

08237 「芭蕉七部集」
『芭蕉七部集』 松尾芭蕉著 中村俊定校注 岩波書店 1966 446p 図版 15cm(岩波文庫) 200円 Ⓝ911.3
☆「学術辞典叢書 第15巻」,「古典の事典」,「作品と作者」,「世界名著解題選 第3巻」,「世界名著大事典」,「日本の古典」,「日本の古典・世界の古典」,「日本の古典名著」,「日本の名著」(角川書店),「日本の名著」(毎日新聞社),「日本文学鑑賞辞典〔第1〕」,「日本名著辞典」,「わたしの古典」

松岡 荒村 まつおか・こうそん

08238 「荒村遺稿」
『荒村遺稿』 松岡荒村著 増補 天野茂編・解題 不二出版 1982 551,37p 20cm〈明治38年刊の複製 著者の肖像あり〉 4500円 Ⓝ914.6
☆「日本近代の名著」

松岡 静雄 まつおか・しずお

08239 「日本古俗誌」
『日本古俗誌』 松岡静雄著 日本図書センター 1983 371,11p 22cm(日本風俗叢書)〈刀江書院大正15年刊の複製 著者の肖像あり〉 6000円 Ⓝ382.1
☆「世界名著大事典」

松岡 進 まつおか・すすむ

08240 「海武士の歌」
☆「世界の海洋文学」

松風 ひとみ まつかぜ・ひとみ

08241 「洋からの便り」
『洋からの便り―ある漁撈長の航跡』 松風ひとみ編 海文堂出版 1977 204p 肖像 19cm 900円 Ⓝ915.9
☆「世界の海洋文学」

松方 三郎 まつかた・さぶろう

08242 「アルプス記」
『アルプス記』 松方三郎著 平凡社 1997 341p 16cm(平凡社ライブラリー) 1000円 ①4-582-76203-4 Ⓝ786.1
☆「日本の山の名著・総解説」,「山の名著30選」,「山の名著 明治・大正・昭和戦前編」

08243 「アルプスと人」
『アルプスと人―松方三郎エッセー集』 松方三郎著 築地書館 1976 153p 22cm 1000円 Ⓝ293.45
☆「日本の山の名著・総解説」,「山の名著 明治・大正・昭和戦前編」

松木 治三郎 まつき・じさぶろう

08244 「使徒パウロとその神学」
『使徒パウロとその神学』 松木治三郎著 長崎書店 1941 248p 22cm Ⓝ193.7
☆「世界名著大事典」

松坂 和夫 まつざか・かずお

08245 「数学読本」
『数学読本 1 数・式の計算方程式不等式』 松坂和夫著 岩波書店 1989 207p 26cm 2100円 ①4-00-007781-3 Ⓝ410
☆「ブックガイド"数学"を読む」

松崎 復 まつざき・ふく

08246 「慊堂遺文」
『慊堂遺文』 松崎慊堂(復)著 松崎健五郎編 松尾町(千葉県) 松崎健五郎 1901 2冊(1巻108,2巻120丁) 19cm〈和装〉Ⓝ919
☆「世界名著大事典」

松崎 明治 まつざき・めいじ

08247 「釣技百科」
☆「名著の伝記」

松下 圭一 まつした・けいいち

08248 「市民自治の政策構想」
『市民自治の政策構想』 松下圭一著 朝日新聞社 1980 232p 20cm 1500円 Ⓝ310.4

☆「現代政治学を読む」

08249 「都市政策を考える」
  ☆「東アジア人文書100」

08250 「日本の自治・分権」
  『日本の自治・分権』 松下圭一著 岩波書店 1996 225p 18cm(岩波新書) 650円
  Ⓘ4-00-430425-3 Ⓝ318
  ☆「学問がわかる500冊」

08251 「ロック「市民政府論」を読む」
  『ロック「市民政府論」を読む』 松下圭一著 岩波書店 1987 299p 19cm(岩波セミナーブックス 22) 2100円 Ⓘ4-00-004892-9 Ⓝ311.2
  ☆「学問がわかる500冊」

松下 見林 まつした・けんりん

08252 「異称日本伝」
  『異称日本伝』 松下見林著 国書刊行会 1975 2冊 22cm〈毛利田庄太郎開板元禄6年刊木版本の複製〉 15000円 Ⓝ210.5
  ☆「世界名著大事典」,「日本名著辞典」,「日本歴史「古典籍」総覧」,「歴史の名著100」

松下 幸之助 まつした・こうのすけ

08253 「人生と仕事について知っておいてほしいこと」
  『人生と仕事について知っておいてほしいこと』 松下幸之助述 PHP総合研究所編 PHP研究所 2010 140p 20cm 952円
  Ⓘ978-4-569-77459-6 Ⓝ159
  ☆「3行でわかる名作&ヒット本250」

08254 「道をひらく」
  『道をひらく―日々の言葉』 松下幸之助著 実業之日本社 1967 232p 図版 18cm(実日新書) 240円 Ⓝ159
  ☆「3行でわかる名作&ヒット本250」,「超売れ筋ビジネス書101冊」

08255 「私の行き方 考え方」
  『私の行き方 考え方―わが半生の記録』 松下幸之助著 PHP研究所 1986 325p 15cm (PHP文庫) 500円 Ⓘ4-569-26087-X
  ☆「21世紀の必読書100選」

松下 大三郎 まつした・だいざぶろう

08256 「国歌大観」
  『国歌大観 〔第1,2〕』 松下大三郎, 渡辺文雄共編 角川書店 1951 2冊 Ⓝ911.108
  ☆「世界名著大事典」

08257 「標準日本文法」
  『標準日本文法』 松下大三郎著 紀元社 1924 660,2p 23cm Ⓝ815

☆「世界名著大事典」

松下 芳男 まつした・よしお

08258 「日本軍閥の興亡」
  『日本軍閥の興亡』 松下芳男著 芙蓉書房 1984 2冊 19cm 各1500円 Ⓝ392.1
  ☆「日本海軍の本・総解説」

08259 「日本陸海軍騒動史」
  『日本陸海軍騒動史』 松下芳男著 土屋書店 1965 358p 19cm Ⓝ392.1
  ☆「日本陸軍の本・総解説」

08260 「明治軍制史論」
  『明治軍制史論』 松下芳男著 改訂 国書刊行会 1978 2冊 22cm 6800,8200円 Ⓝ391.2
  ☆「世界名著大事典」,「日本陸軍の本・総解説」

松下 竜一 まつした・りゅういち

08261 「風成の女たち」
  『風成の女たち』 松下竜一著 河出書房新社 1999 302p 20cm(松下竜一その仕事 11『松下竜一その仕事』刊行委員会編) 2800円 Ⓘ4-309-62061-2 Ⓝ519.2195
  ☆「現代を読む」

松瀬 青々 まつせ・せいせい

08262 「妻木」
  『妻木―青々句集』 松瀬青々著 再版 大阪倦鳥社 1937 333p 20cm Ⓝ911.36
  ☆「日本文学鑑賞辞典〔第2〕」,「日本文芸鑑賞事典 第3巻(1904～1909年)」

松田 時彦 まつだ・ときひこ

08263 「自然景観の読み方」
  『火山を読む』 守屋以智雄著 岩波書店 1992 166,4p 19cm(自然景観の読み方 1)〈巻末:参考書〉 1200円 Ⓘ4-00-007821-6 Ⓝ453.8
  ☆「学問がわかる500冊 v.2」

松田 文耕堂 まつだ・ぶんこうどう

08264 「鬼一法眼三略巻」
  『鬼一法眼三略巻―四幕』 文耕堂,長谷川千四作 〔東京〕国立劇場 2012 96p 26cm(国立劇場歌舞伎公演上演台本) Ⓝ912.5
  ☆「近代名著解題選集 3」,「世界名著大事典」,「日本名著辞典」

08265 「ひらがな盛衰記」
  『新版歌祭文 摂州合邦辻 ひらかな盛衰記』 [近松半二],[菅専助],[若竹笛躬],[文耕堂ほか著] 織田紘二編著 白水社 2001 259p 19cm(歌舞伎オン・ステージ 15 郡司正勝[ほか]監修) 3600円
  Ⓘ4-560-03285-8 Ⓝ912.5

まつた　　　　　　　　　　　　　　　　　　　　　　　08266～08280

☆「世界名著大事典」，「日本文学鑑賞辞典〔第1〕」

松田 道雄　まつだ・みちお

08266　「育児の百科」

『育児の百科』　松田道雄著　最新　岩波書店　1989　827,14p 図版16枚　22cm　3300円　①4-00-009800-4　Ⓝ599

☆「戦後思想の名著50」

08267　「母親のための人生論」

『母親のための人生論』　松田道雄著　岩波書店　1964　275p　18cm（岩波新書）Ⓝ367.04

☆「「本の定番」ブックガイド」

08268　「ロシアの革命」

『世界の歴史 22 ロシアの革命』　松田道雄著　河出書房新社　1990　391,19p　15cm（河出文庫）〈折り込図1枚〉　680円　①4-309-47181-1　Ⓝ209

☆「世界史読書案内」

08269　「私は赤ちゃん」

『私は赤ちゃん』　松田道雄著　岩波書店　2002　189,3p　18cm（岩波新書）〈第67刷〉　740円　①4-00-412136-1

☆「「本の定番」ブックガイド」，「明治・大正・昭和の名著・総解説」

08270　「私は二歳」

『私は二歳』　松田道雄著　岩波書店　1961　207p 図版　18cm（岩波新書）Ⓝ599

☆「「本の定番」ブックガイド」

松田 素二　まつだ・もとじ

08271　「観光と環境の社会学」

『観光と環境の社会学』　古川彰,松田素二編　新曜社　2003　298p　19cm（シリーズ環境社会学　4　鳥越皓之企画編集）〈文献あり〉　2500円　①4-7885-0867-2　Ⓝ689.4

☆「環境と社会」

松平 家忠　まつだいら・いえただ

08272　「家忠日記」

『家忠日記』　松平家忠著　竹内理三編　京都臨川書店　1968　2冊　22cm　5500円　Ⓝ210.49

☆「世界名著大事典」

松平 定信　まつだいら・さだのぶ

08273　「宇下人言」

『宇下人言』　松平定信著　松平定晴　1928　145p　23cm　Ⓝ289.1

☆「教養のためのブックガイド」，「古典の事典」，「自伝の名著101」，「世界名著大事典」

08274　「花月草紙」

『花月草紙』　松平定信著　西尾実,松平定光校訂　岩波書店　1971　181p　15cm（岩波文庫）〈第3刷（第1刷：昭和14年）〉　100円　Ⓝ914.5

☆「教養のためのブックガイド」，「古典の事典」，「古典文学鑑賞辞典」，「世界名著大事典」，「日本古典への誘い100選 2」，「日本の古典」，「日本の古典・世界の古典」，「日本の古典名著」，「日本文学鑑賞辞典〔第1〕」，「日本名著辞典」

08275　「集古十種」

『集古十種―縮刷　上,下』　松平定信編　京都芸艸堂　1915　2冊　23cm　Ⓝ210.09

☆「古典の事典」，「世界名著大事典」，「日本名著辞典」

08276　「政語」

『近世政道論』　奈良本辰也校注　岩波書店　1995　465p　22cm（日本思想大系新装版 芸の思想・道の思想　4）　4500円　①4-00-009074-7　Ⓝ311.21

☆「古典の事典」

松平 信興　まつだいら・のぶおき

08277　「雑兵物語」

『雑兵物語』　かもよしひさ現代語訳・挿画　新版　パロル舎　2006　165p　20cm〈初版の出版社：講談社〉　1400円　①4-89419-057-5　Ⓝ210.52

☆「古典の事典」，「世界名著大事典」，「戦国十冊の名著」，「日本の古典」，「日本の書物」

松平 慶永　まつだいら・よしなが

08278　「徳川礼典録」

『徳川礼典録』　松平慶永等編　尾張徳川黎明会　1942　4冊（附図共）図版　22cm　Ⓝ210.5

☆「世界名著大事典」

松谷 浩尚　まつたに・ひろなお

08279　「トルコ社会言語学」

『トルコ社会言語学』　松谷浩尚著　泰流社　1996　242p 22cm〈参考文献：p241～242〉　3605円　①4-8121-0181-6　Ⓝ829.57

☆「歴史家の一冊」

松谷 みよ子　まつたに・みよこ

08280　「龍の子太郎」

『龍の子太郎』　松谷みよ子著　田代三善絵　新装版　講談社　2006　209p　22cm（児童文学創作シリーズ）　1400円　①4-06-213534-5　Ⓝ913.6

☆「一度は読もうよ！ 日本の名著」，「一冊で不朽の名作100冊を読む」（友人社），「一冊で不朽の名作100冊を読む」（友人社），「日本文学名作案内」，「日本文芸鑑賞事典 第18巻（1958～1962年）」，「名作の研究事典」

08281 「ちいさいモモちゃん」
『ちいさいモモちゃん』 松谷みよ子［著］ 講談社 2011 276p 15cm（講談社文庫 ま2-31） 552円 ①978-4-06-277088-0 Ⓝ913.6
☆「少年少女の名作案内 日本の文学ファンタジー編」

08282 「ふたりのイーダ」
『ふたりのイーダ』 松谷みよ子著 司修絵 新装版 講談社 2006 210p 22cm（児童文学創作シリーズ） 1400円 ①4-06-213533-7 Ⓝ913.6
☆「少年少女の名作案内 日本の文学ファンタジー編」

松永 市郎　まつなが・いちろう

08283 「思い出のネイビーブルー」
『思い出のネイビーブルー――私の海軍生活記』 松永市郎著 光人社 1994 260p 16cm（光人社NF文庫） 520円 ①4-7698-2037-2 Ⓝ916
☆「今だから知っておきたい戦争の本70」

松永 貞徳　まつなが・ていとく

08284 「新増犬筑波集」
『古典俳文学大系 1 貞門俳諧集 1』 中村俊定, 森川昭校注 集英社 1970 627p 図版 23cm 3800円 Ⓝ911.3
☆「古典の事典」,「世界名著大事典」,「日本文学鑑賞辞典〔第1〕」

08285 「俳諧御傘」
『日本俳書大系 第4巻 蕉門俳諧続集』 勝峰晋風編 日本図書センター 1995 472,188,12p 22cm〈日本俳書大系刊行会昭和2年刊の複製〉 ①4-8205-9375-7,4-8205-9371-4 Ⓝ911.308
☆「世界名著大事典」

松永 正義　まつなが・まさよし

08286 「台湾を考えるむずかしさ」
『台湾を考えるむずかしさ』 松永正義著 研文出版 2008 319p 20cm（研文選書 99）〈文献あり〉 2800円 ①978-4-87636-281-3 Ⓝ222.4
☆「東アジア論」

松永 良弼　まつなが・よしすけ

08287 「方円算経」
『方円算経 巻1・2』 松永良弼著 沢村写本堂 1933 25,17丁 24cm〈謄写版 和装〉 Ⓝ419
☆「世界名著大事典」

松濤 明　まつなみ・あきら

08288 「風雪のビバーク」
『新編風雪のビヴァーク』 松濤明著 山と溪谷社 2010 389p 15cm（ヤマケイ文庫）〈並列シリーズ名：Yamakei Library 年譜あり〉 1000円 ①978-4-635-04726-5 Ⓝ786.1
☆「日本の山の名著・総解説」

松根 東洋城　まつね・とうようじょう

08289 「新春夏秋冬」
『新春夏秋冬』 松根東洋城撰 籾山書店 1915 1冊 15cm〈俳書堂蔵版〉 Ⓝ911.36
☆「日本文学鑑賞辞典〔第2〕」

08290 「東洋城全句集」
『東洋城全句集』 松根東洋城著 安倍能成等編 東洋城全句集刊行会 1966 3冊 22cm 各2000円 Ⓝ911.36
☆「世界名著大事典 補遺（Extra）」,「日本文芸鑑賞事典 第19巻」

松原 謙一　まつばら・けんいち

08291 「岩波講座 分子生物科学」
『岩波講座分子生物科学 1 遺伝子と遺伝の情報 1』 岡田節人ほか編 松原謙一編 岩波書店 1989 201p 27cm〈各章末：参考文献〉 3600円 ①4-00-010401-2 Ⓝ464.1
☆「学問がわかる500冊 v.2」

松原 治郎　まつばら・はるお

08292 「住民運動の論理」
『住民運動の論理――運動の展開過程・課題と展望』 松原治郎, 似田貝香門編著 学陽書房 1976 417p 20cm 1900円 Ⓝ365
☆「環境と社会」

松村 英一　まつむら・えいいち

08293 「やますげ」
『やますげ――歌集』 松村英一著 紅玉堂書店 1924 309,14p 19cm（国民文学叢書 第3編） Ⓝ911.16
☆「日本文芸鑑賞事典 第8巻（1924～1926年）」

松村 一人　まつむら・かずと

08294 「ヘーゲル論理学研究」
『ヘーゲル論理学研究』 松村一人著 6版 北隆館 1948 329p 19cm Ⓝ134.4
☆「世界名著大事典」

松村 和則　まつむら・かずのり

08295 「有機農業運動の地域的展開」
『有機農業運動の地域的展開――山形県高畠町の実践から』 松村和則, 青木辰司編 家の光協会 1991 277p 21cm〈執筆：青木辰司ほか〉 2500円 ①4-259-51696-5 Ⓝ615
☆「環境と社会」

松村 賢治 まつむら・けんじ

08296 「見直しへの旅」
『見直しへの旅―ヨット・テケ三世、文明から原始への航海記』 松村賢治著 京都 PHP研究所 1976 284p(図共) 19cm〈巻末：参考文献〉 880円 Ⓝ290.9
☆「世界の海洋文学」

松村 秀一 まつむら・しゅういち

08297 「「住宅」という考え方」
『「住宅」という考え方―20世紀的住宅の系譜』 松村秀一著 東京大学出版会 1999 260,12p 20cm〈文献あり〉 3200円 Ⓘ4-13-063801-7 Ⓝ527
☆「建築・都市ブックガイド21世紀」

松村 武雄 まつむら・たけお

08298 「神話学原論」
『神話学原論 上巻』 松村武雄著 松村一男,平藤喜久子監修 ゆまに書房 2005 950p 21cm(神話学名著選集 16) 28000円 Ⓘ4-8433-1618-0
☆「世界名著大事典」

08299 「神話伝説大系」
『世界神話伝説大系 1 アフリカの神話伝説 1』 松村武雄編 改訂版 名著普及会 1979 266p 22cm〈初版(近代版昭和3年刊)の書名：神話伝説大系〉Ⓝ388
☆「世界名著大事典」

08300 「童話及び児童の研究」
『童話及び児童の研究』 松村武雄著 培風館 1922 483,100p 23cm Ⓝ913.8
☆「世界名著大事典」

08301 「童話教育新論」
『童話教育新論』 松村武雄著 培風館 1929 517p 22cm Ⓝ913.8
☆「世界名著大事典」

08302 「日本神話の研究」
『日本神話の研究 第1巻 序説篇』 松村武雄著 培風館 1954 516p 22cm Ⓝ162.1
☆「世界名著大事典」

松村 信子 まつむら・のぶこ

08303 「能登船員物語」
☆「世界の海洋文学」

松村 英之 まつむら・ひでゆき

08304 「集合論入門」
『集合論入門』 松村英之著 復刊 朝倉書店 2004 193p 26cm(基礎数学シリーズ 5 小堀憲,小松醇郎,福原満洲雄編)〈文献あり〉 3200円 Ⓘ4-254-11705-1 Ⓝ410.9
☆「数学ブックガイド100」

松本 栄一 まつもと・えいいち

08305 「燉煌画の研究」
『燉煌画の研究』 松本栄一著 京都 同朋舎出版 1985 2冊 27～32cm〈「図像篇」「附図」に分冊刊行 東方文化学院東京研究所昭和12年刊の複製〉 全78000円 Ⓘ4-8104-0444-7 Ⓝ722.24
☆「世界名著大事典」

松本 喜太郎 まつもと・きたろう

08306 「戦艦大和・武蔵―設計と建造」
『戦艦大和設計と建造』 松本喜太郎著 戸高一成編 アテネ書房 2000 267p 図版44p 31cm〈「戦艦大和・武蔵設計と建造」(芳賀書店1961年刊)の増訂 外箱入 年表あり 年譜あり〉 20000円 Ⓘ4-87152-209-1 Ⓝ556.91
☆「日本海軍の本・総解説」

松本 健一 まつもと・けんいち

08307 「日本の失敗―「第二の開国」と大東亜戦争」
『日本の失敗―「第二の開国」と「大東亜戦争」』 松本健一著 岩波書店 2006 399p 15cm(岩波現代文庫 社会) 1200円 Ⓘ4-00-603134-3 Ⓝ210.7
☆「21世紀の必読書100選」

松本 幸四郎 まつもと・こうしろう

08308 「ギャルソンになった王様」
『ギャルソンになった王様』 松本幸四郎著 広済堂出版 1996 246p 20cm〈著者の肖像あり〉 1500円 Ⓘ4-331-50554-5 Ⓝ774.28
☆「歴史家の一冊」

08309 「幸四郎の見果てぬ夢」
『幸四郎の見果てぬ夢』 松本幸四郎,水落潔著 毎日新聞社 1996 230p 20cm〈著者の肖像あり〉 1600円 Ⓘ4-620-31133-2 Ⓝ774.28
☆「歴史家の一冊」

松本 重治 まつもと・しげはる

08310 「上海時代」
『上海時代―ジャーナリストの回想 上』 松本重治著 中央公論社 1989 369p 15cm(中公文庫) 540円 Ⓘ4-12-201601-0 Ⓝ319.1022
☆「現代を読む」

松本 滋 まつもと・しげる

08311 「宗教心理学」
『宗教心理学』 松本滋著 東京大学出版会 1979 205,6p 20cm 1400円 Ⓝ161.5

☆「学問がわかる500冊」

松本 潤一郎　まつもと・じゅんいちろう

08312　「集団社会学原理」
『集団社会学原理』　松本潤一郎著　弘文堂書房　1948　435p　22cm〈初版昭和12〉　Ⓝ361
☆「世界名著大事典」

松本 烝治　まつもと・じょうじ

08313　「商法解釈の諸問題」
『商法解釈の諸問題』　松本烝治著　有斐閣　1955　607,38p　22cm〈学術選書〉　Ⓝ325.04
☆「世界名著大事典」

松本 新八郎　まつもと・しんぱちろう

08314　「中世社会の研究」
『中世社会の研究』　松本新八郎著　東京大学出版会　1956　468p　22cm〈附録：前資本主義経済史研究の栞407-460p〉　Ⓝ210.4
☆「歴史の名著 日本人篇」

松本 清張　まつもと・せいちょう

08315　「或る『小倉日記』伝」
『西郷札』　松本清張著　光文社　2008　317p　16cm〈光文社文庫　松本清張短編全集　1〉　619円　Ⓘ978-4-334-74476-2　Ⓝ913.6
☆「一度は読もうよ！日本の名著」、「一冊で日本の名著100冊を読む」、「現代文学鑑賞辞典」、「現代文学名作探訪事典」、「世界名著大事典 補遺(Extra)」、「日本・世界名作「愛の会話」100章」、「日本文学名作案内」、「日本文芸鑑賞事典 第16巻」、「文学・名著300選の解説 '88年度版」、「ポケット日本名作事典」

08316　「かげろう絵図」
『かげろう絵図　上』　松本清張著　文藝春秋　2004　551p　16cm〈文春文庫〉　752円　Ⓘ4-16-710692-2　Ⓝ913.6
☆「面白いほどよくわかる時代小説名作100」、「歴史小説・時代小説 総解説」

08317　「黄色い風土」
『黄色い風土』　松本清張著　講談社　1964　445p　18cm〈ロマン・ブックス〉　Ⓝ913.6
☆「世界名著大事典 補遺(Extra)」

08318　「北の詩人」
『北の詩人』　松本清張著　角川書店　1983　347p　15cm〈角川文庫〉　380円　Ⓝ913.6
☆「世界名著大事典 補遺(Extra)」

08319　「球形の荒野」
『球形の荒野　上』　松本清張著　改版　文藝春秋　2010　331p　16cm〈文春文庫　ま1-127　―長篇ミステリー傑作選〉〈下位シリーズの監修者：松本清張記念館〉　590円

Ⓘ978-4-16-769728-0　Ⓝ913.6
☆「世界名著大事典 補遺(Extra)」

08320　「霧の旗」
『霧の旗』　松本清張著　41刷改版　新潮社　2003　353p　15cm〈新潮文庫〉　552円　Ⓘ4-10-110920-6　Ⓝ913.6
☆「日本文学 これを読まないと文学は語れない!!」

08321　「黒い画集」
『黒い画集―推理小説』　松本清張著　光文社　2005　3冊　20cm〈付属資料：解説15p　昭和34-35年刊の複製〉　全6000円　Ⓘ4-334-95012-4　Ⓝ913.6
☆「世界名著大事典 補遺(Extra)」

08322　「黒い福音」
『黒い福音』　松本清張著　39刷改版　新潮社　2004　699p　16cm〈新潮文庫〉　857円　Ⓘ4-10-110913-3　Ⓝ913.6
☆「世界の推理小説・総解説」

08323　「現代官僚論」
『松本清張全集　31　深層海流・現代官僚論』　文芸春秋　1973　506p　20cm〈解説(太田薫)〉　880円　Ⓝ918.6
☆「世界名著大事典 補遺(Extra)」

08324　「古代史疑」
『古代史疑』　松本清張著　中央公論社　1974　226p　15cm〈中公文庫〉　200円　Ⓝ210.3
☆「世界名著大事典 補遺(Extra)」

08325　「西海道談綺」
『西海道談綺　1』　松本清張著　文芸春秋　1990　573p　16cm〈文春文庫〉〈新装版〉　620円　Ⓘ4-16-710676-0　Ⓝ913.6
☆「歴史小説・時代小説 総解説」

08326　「西郷札」
『西郷札』　松本清張著　光文社　2008　317p　16cm〈光文社文庫　松本清張短編全集　1〉　619円　Ⓘ978-4-334-74476-2　Ⓝ913.6
☆「世界名著大事典 補遺(Extra)」

08327　「砂の器」
『砂の器　上巻』　松本清張著　95刷改版　新潮社　2006　462p　16cm〈新潮文庫〉　629円　Ⓘ978-4-10-110924-4　Ⓝ913.6
☆「あらすじで味わう昭和のベストセラー」、「これだけは読んでおきたい日本の名作文学案内」、「世界名著大事典 補遺(Extra)」、「百年の誤読」

08328　「ゼロの焦点」
『ゼロの焦点―カッパ・ノベルス創刊50周年特別版』　松本清張著　光文社　2009　337p　18cm(Kappa novels)〈著作目録あり〉　476円　Ⓘ978-4-334-07685-6　Ⓝ913.6
☆「一度は読もうよ！日本の名著」、「一冊で日本の

名著100冊を読む」,「世界の推理小説・総解説」,「世界名著大事典 補遺(Extra)」,「日本文学名作案内」

08329 「Dの複合」
『Dの複合』 松本清張著 新潮社 2003 524p 15cm(新潮文庫) 705円 ⓘ4-10-110928-1
☆「世界名著大事典 補遺(Extra)」

08330 「点と線」
『点と線』 松本清張著 文藝春秋 2009 283p 16cm(文春文庫 ま1-113—長篇ミステリー傑作選)〈画:風間完 下位シリーズの監修者:松本清張記念館〉 695円 ⓘ978-4-16-769714-3 Ⓝ913.6
☆「あらすじダイジェスト」,「一度は読もうよ!日本の名著」,「一冊で日本の名著100冊を読む 続」,「現代文学鑑賞辞典」,「昭和の名著」,「知らないと恥ずかしい『日本の名作』あらすじ200本」,「新潮文庫20世紀の100冊」,「世界の推理小説・総解説」,「世界名著大事典 補遺(Extra)」,「日本の小説101」,「日本の名作おさらい」,「日本文学名作案内」,「日本文芸鑑賞事典 第17巻(1955〜1958年)」,「ポケット日本名作事典」,「明治・大正・昭和の名著・総解説」

08331 「天保図録」
『天保図録 上』 松本清張著 朝日新聞社 1993 505p 15cm(朝日文庫) 800円 ⓘ4-02-264020-0 Ⓝ913.6
☆「世界名著大事典 補遺(Extra)」

08332 「波の塔」
『波の塔 上』 松本清張著 新装版 文藝春秋 2009 401p 16cm(文春文庫 ま1-121—長篇ミステリー傑作選) 648円 ⓘ978-4-16-769722-8 Ⓝ913.6
☆「世界名著大事典 補遺(Extra)」

08333 「日本の黒い霧」
『日本の黒い霧 上』 松本清張著 新装版 文藝春秋 2004 413p 16cm(文春文庫) 638円 ⓘ4-16-710697-3 Ⓝ210.76
☆「世界名著大事典 補遺(Extra)」

08334 「張り込み」
『松本清張傑作選 [4] 黒い手帖からのサイン—佐藤優オリジナルセレクション』 松本清張著 佐藤優[編] 新潮社 2013 414p 16cm(新潮文庫 ま-1-68) 630円 ⓘ978-4-10-110974-9 Ⓝ913.6
☆「世界名著大事典 補遺(Extra)」

08335 「半生の記」
『半生の記』 松本清張著 河出書房新社 1992 238p 20cm〈新装版 著者の肖像あり〉 1500円 ⓘ4-309-00788-0 Ⓝ910.268
☆「自伝の名著101」

08336 「火の回路」
『火の路 上』 松本清張著 新装版 文藝春秋 2009 483p 16cm(文春文庫 長篇ミステリー傑作選) 705円 ⓘ978-4-16-769718-1 Ⓝ913.6
☆「世界名著大事典 補遺(Extra)」

08337 「無宿人別帳」
『無宿人別帳』 松本清張著 文芸春秋 1996 365p 16cm(文春文庫) 480円 ⓘ4-16-710683-3 Ⓝ913.6
☆「歴史小説・時代小説 総解説」

08338 「眼の壁」
『眼の壁』 松本清張著 新装版 新潮社 2009 514p 15cm(新潮文庫) 705円 ⓘ978-4-10-110917-6
☆「世界名著大事典 補遺(Extra)」

08339 「遊古疑考」
『遊古疑考』 松本清張著 河出書房新社 2007 426p 15cm(河出文庫) 950円 ⓘ978-4-309-40870-5 Ⓝ210.3
☆「世界名著大事典 補遺(Extra)」

松本 たかし　まつもと・たかし

08340 「火明」
『たかし全集』 松本たかし著 笛発行所 1965 4冊 22cm 各1000円 Ⓝ911.36
☆「世界名著大事典 補遺(Extra)」

08341 「石魂」
『現代俳句大系 第9巻 昭和27年〜昭和28年』 増補 角川書店 1981 457p 20cm〈監修:富安風生ほか〉 2400円 Ⓝ911.36
☆「世界名著大事典 補遺(Extra)」

08342 「鷹」
『現代俳句大系 第3巻 昭和13年〜昭和15年』 増補 角川書店 1981 401p 20cm〈監修:富安風生ほか〉 2400円 Ⓝ911.36
☆「世界名著大事典 補遺(Extra)」,「日本文芸鑑賞事典 第12巻」

08343 「野守」
『野守—松本たかし句集』 松本たかし著 笛発行所 1946 161p 18cm〈大正14昭和16年間の俳句を収む〉 Ⓝ911.368
☆「世界名著大事典 補遺(Extra)」

08344 「松本たかし句集」
『松本たかし句集』 上村占魚解説 角川書店 1956 223p 図版 15cm(角川文庫) Ⓝ911.36
☆「世界名著大事典 補遺(Extra)」,「日本文学鑑賞辞典 [第2]」,「日本文芸鑑賞事典 第11巻(昭和9〜昭和12年)」

松本 龍雄　まつもと・たつお
08345　「初登攀行」
『初登攀行』　松本竜雄著　改版　中央公論新社
2002　332p　16cm〈中公文庫〉　952円
ⓘ4-12-204061-2　Ⓝ291.09
☆「山の名著30選」

松本 信広　まつもと・のぶひろ
08346　「日本神話の研究」
『日本神話の研究』　松本信広著　平凡社　1971
249,18p　18cm〈東洋文庫〉　500円　Ⓝ162.1
☆「世界名著大事典」

松本 哉　まつもと・はじめ
08347　「寺田寅彦は忘れた頃にやって来る」
『寺田寅彦は忘れた頃にやって来る』　松本哉著
集英社　2002　238p　18cm〈集英社新書〉
680円　ⓘ4-08-720144-9　Ⓝ910.268
☆「サイエンス・ブックレヴュー」

松本 人志　まつもと・ひとし
08348　「「松本」の「遺書」」
『「松本」の「遺書」』　松本人志著　朝日新聞社
1997　265p　15cm〈朝日文庫〉　648円
ⓘ4-02-261191-X　Ⓝ779.14
☆「百年の誤読」

松本 文三郎　まつもと・ぶんざぶろう
08349　「印度の仏教美術」
『印度の仏教美術』　松本文三郎著　丙午出版社
1926　397p　図版　23cm　Ⓝ702.098
☆「世界名著大事典」

松本 亦太郎　まつもと・またたろう
08350　「実験心理学十講」
『実験心理学十講』　松本亦太郎著　弘道館
1914　Ⓝ142
☆「世界名著大事典」

松本 幸夫　まつもと・ゆきお
08351　「4次元のトポロジー」
『4次元のトポロジー』　松本幸夫著　増補新版
日本評論社　2009　255p　26cm〈文献あり
索引あり〉　3400円　ⓘ978-4-535-60615-9
Ⓝ415.7
☆「数学ブックガイド100」

松本 零士　まつもと・れいじ
08352　「宇宙海賊キャプテンハーロック」
『宇宙海賊キャプテンハーロック　上巻』　松本
零士著　秋田書店　2009　528p　18cm
（Akita top comics wide）　571円
ⓘ978-4-253-24228-8　Ⓝ726.1

☆「アナーキズム」

08353　「銀河鉄道999」
『銀河鉄道999　1　出発のバラード』　松本零士
著　小学館　1997　263p　18cm（ビッグコ
ミックスゴールド）　552円　ⓘ4-09-188001-0
Ⓝ726.1
☆「ブックガイド"宇宙"を読む」

松山 巌　まつやま・いわお
08354　「乱歩と東京――一九二〇 都市の貌」
『乱歩と東京――1920都市の貌』　松山巌著　双葉
社　1999　298p　15cm〈双葉文庫　日本推理
作家協会賞受賞作全集　49〉　571円
ⓘ4-575-65848-0
☆「学問がわかる500冊 v.2」

松山 善三　まつやま・ぜんぞう
08355　「辺にこそ死なめ」
『辺にこそ死なめ―戦争小説』　松山善三著　光
文社　1985　254p　16cm〈光文社文庫〉
340円　ⓘ4-334-70202-3　Ⓝ913.6
☆「今だから知っておきたい戦争の本70」

松好 貞夫　まつよし・さだお
08356　「新田の研究」
『新田の研究』　松好貞夫著　増補版　有斐閣
1955　335p　22cm〈日本経済史研究所研究叢
書　第7冊〉〈初版は昭和11年〉　Ⓝ611.24
☆「世界名著大事典」

08357　「日本両替金融史論」
『日本両替金融史論』　松好貞夫著　柏書房
1965　447p　22cm〈昭和7年文芸春秋社刊の
複刻版〉　2500円　Ⓝ338.21
☆「世界名著大事典」

松浦 静山　まつら・せいざん
08358　「甲子夜話」
『甲子夜話』　松浦静山著　高野澄編訳　徳間書
店　1978　252p　20cm　1700円　Ⓝ049.1
☆「古典の事典」,「世界名著大事典」

万里小路 時房　までのこうじ・ときふさ
08359　「建内記」
『大日本古記録　〔第14〕　第1　建内記　第1』
東京大学史料編纂所編　万里小路時房著　岩
波書店　1963　282p　図版　22cm　Ⓝ210.08
☆「世界名著大事典」

万里小路 宣房　までのこうじ・のぶふさ
08360　「宣房卿記」
『歴代残闕日記　第12巻〈巻54-57〉』　黒川春村
編　京都　臨川書店　1970　496p　22cm〈宮

まと　　　　　　　　　　　　　　　　　　08361〜08376

内庁書陵部蔵本の複製　監修：角田文衞〉
Ⓝ210.08
☆「世界名著大事典　補遺(Extra)」

まど・みちお

08361　「てんぷらぴりぴり」
『てんぷらぴりぴり』　まど・みちお作　杉田豊絵　新版　大日本図書　1990　57p　22cm　1000円　Ⓘ4-477-17601-5
☆「日本文芸鑑賞事典　第20巻(昭和42〜50年)」

曲直瀬 玄朔　まなせ・げんさく

08362　「医学天正記」
『近世漢方治験選集　2　曲直瀬玄朔』　安井広迪編集・解説　名著出版　1985　39,363p　20cm〈監修：矢数道明,大塚恭男　複製　付(7p)：和漢薬名略字索引　限定版〉　6800円　Ⓘ4-626-01172-1,4-626-01191-8　Ⓝ490.9
☆「古典の事典」,「日本の古典名著」

曲直瀬 道三　まなせ・どうさん

08363　「啓迪集」
『啓迪集―現代語訳』　曲直瀬道三原著　北里研究所東洋医学総合研究所医史学研究部温知会有志編訳　京都　思文閣出版　1995　2冊　22cm〈監訳：矢数道明〉　全33990円
Ⓘ4-7842-0877-1　Ⓝ490.9
☆「古典の事典」,「世界名著大事典」,「日本の古典名著」

馬淵 久夫　まぶち・ひさお

08364　「考古学のための化学10章」
『考古学のための化学10章』　馬淵久夫,富永健編　東京大学出版会　1981　219p　19cm(UP選書　218)〈執筆：佐原真ほか　各章末：文献　付：人類史年表・考古学関連年表〉　980円　Ⓝ202.5
☆「学問がわかる500冊 v.2」

真船 豊　まふね・ゆたか

08365　「鼬」
『鼬―他四篇』　真船豊著　双雅房　1936　311p　20cm〈普及版〉　Ⓝ912
☆「世界名著大事典」,「日本文学鑑賞辞典〔第2〕」

08366　「中橋公館」
『中橋公館』　真船豊著　桜井書店　1946　341p　19cm　Ⓝ912.6
☆「近代文学名作事典」,「世界名著大事典」,「日本文学鑑賞辞典〔第2〕」,「日本文学現代名作事典」

08367　「なだれ」
『なだれ―戯曲集』　真船豊著　高山書院　1947　206p　19cm　Ⓝ912.6
☆「日本文学現代名作事典」

08368　「裸の町」
『裸の町』　真船豊著　コバルト社　1946　254p　19cm(映画化文芸名作選)　Ⓝ912.6
☆「現代日本文学案内」

間宮 士信　まみや・ことのぶ

08369　「新編武蔵国風土記稿」
『新編武蔵国風土記稿―多摩郡　1巻』　間宮士信ほか編　文献出版　1995　406p　22cm〈内閣文庫蔵の複製　付(地図1枚)〉　12360円
Ⓘ4-8305-0635-0　Ⓝ291.36
☆「古典の事典」,「世界名著大事典　補遺(Extra)」,「日本歴史「古典籍」総覧」,「歴史の名著100」

間宮 茂輔　まみや・もすけ

08370　「あらがね」
『あらがね』　間宮茂輔著　民衆社　1974　378p　20cm　1500円　Ⓝ913.6
☆「現代日本文学案内」,「世界名著大事典」

08371　「鯨工船」
『鯨工船』　間宮茂輔著　同光社出版　1959　282p　19cm　Ⓝ913.6
☆「世界の海洋文学」

08372　「朽ちゆく望楼」
『日本プロレタリア文学集　13　「文芸戦線」作家集　4』　新日本出版社　1986　406p　19cm　2600円　Ⓘ4-406-01361-X　Ⓝ913.68
☆「日本のプロレタリア文学」

間宮 陽介　まみや・ようすけ

08373　「法人企業と現代資本主義」
『法人企業と現代資本主義』　間宮陽介著　岩波書店　1993　221p　20cm(シリーズ現代の経済)　2000円　Ⓘ4-00-004176-2　Ⓝ335.4
☆「学問がわかる500冊」

間宮 林蔵　まみや・りんぞう

08374　「東韃地方紀行」
『東韃地方紀行―他』　間宮林蔵述　村上貞助編　洞富雄,谷沢尚一編注　平凡社　1988　286p　18cm(東洋文庫　484)　2800円
Ⓘ4-582-80484-5　Ⓝ292.923
☆「古典の事典」,「世界の旅行記101」,「世界名著大事典」,「日本の古典名著」

真山 青果　まやま・せいか

08375　「江戸城総攻」
『江戸城総攻―青山青果劇場第二弾』　真山青果作　真山美保演出　〔八王子〕　〔新制作座〕　41p　26cm
☆「日本文芸鑑賞事典　第8巻(1924〜1926年)」

08376　「玄朴と長英」

『玄朴と長英―他三篇』 真山青果著 岩波書店 1952 205p 15cm〔岩波文庫〕 Ⓝ912.6
☆「日本文芸鑑賞事典 第8巻(1924～1926年)」

08377 「元禄忠臣蔵」
『元禄忠臣蔵―五幕十二場』 真山青果作 真山美保演出 〔東京〕 国立劇場 2011 164p 26cm〈歌舞伎公演上演台本〉〈国立劇場開場四十五周年記念〉 Ⓝ912.5
☆「世界名著大事典」,「日本文学鑑賞辞典〔第2〕」

08378 「第一人者」
『真山青果全集 第14巻』 講談社 1976 672p 19cm〈昭和15-17年刊の復刊〉 3200円 Ⓝ918.6
☆「日本文芸鑑賞事典 第3巻(1904～1909年)」

08379 「平将門」
『真山青果傑作選 1』 北洋社 1978 307p 21cm 1300円 Ⓝ912.6
☆「近代文学名作事典」,「世界名著大事典」,「日本近代文学名著事典」,「日本文学鑑賞辞典〔第2〕」

08380 「南小泉村」
『南小泉村―他四篇』 真山青果著 岩波書店 1953 227p 15cm〔岩波文庫〕 Ⓝ913.6
☆「世界名著大事典」,「日本文学鑑賞辞典〔第2〕」,「日本文学現代名作事典」,「日本文芸鑑賞事典 第3巻(1904～1909年)」,「ポケット日本名作事典」

黛 治夫 まゆずみ・はるお

08381 「艦砲射撃の歴史」
『艦砲射撃の歴史』 黛治夫著 原書房 1977 335p 22cm 3500円 Ⓝ397.3
☆「日本海軍の本・総解説」

眉村 卓 まゆむら・たく

08382 「EXPO'87」
『EXPO'87』 眉村卓著 角川書店 1978 410p 15cm〔角川文庫〕 380円 Ⓝ913.6
☆「世界のSF文学・総解説」

08383 「飢餓列島」
『飢餓列島』 福island正実,眉村卓著 角川書店 1978 372p 15cm〔角川文庫〕 380円 Ⓝ913.6
☆「世界のSF文学・総解説」

08384 「消滅の光輪」
『消滅の光輪 1』 眉村卓著 角川春樹事務所 2000 322p 16cm〔ハルキ文庫〕 780円 ⓘ4-89456-783-2 Ⓝ913.6
☆「世界のSF文学・総解説」

08385 「ぬばたまの」
『眉村卓コレクション異世界篇 1 ぬばたまの…』 眉村卓著 出版芸術社 2012 410p 20cm〈年譜あり〉 1800円 ⓘ978-4-88293-425-7 Ⓝ913.6
☆「世界のSF文学・総解説」

丸岡 秀子 まるおか・ひでこ

08386 「婦人思想形成史ノート」
『婦人思想形成史ノート 上』 丸岡秀子著 新装版 ドメス出版 2001 226p 21cm 2400円 ⓘ4-8107-0532-3 Ⓝ367.21
☆「ベストガイド日本の名著」

丸島 儀一 まるしま・ぎいち

08387 「キヤノン特許部隊」
『キヤノン特許部隊』 丸島儀一著 光文社 2002 197p 18cm〔光文社新書〕 680円 ⓘ4-334-03126-9 Ⓝ535.75
☆「戦略の名著! 最強43冊のエッセンス」

丸谷 才一 まるや・さいいち

08388 「笹まくら」
『笹まくら』 丸谷才一著 改版 新潮社 2001 427p 16cm〔新潮文庫〕 590円 ⓘ4-10-116901-2 Ⓝ913.6
☆「日本文芸鑑賞事典 第19巻」,「ポケット日本名作事典」

08389 「たった一人の反乱」
『たった一人の反乱』 丸谷才一〔著〕 講談社 1997 650p 16cm〔講談社文芸文庫〕〈年譜・著者目録：p634～646〉 1545円 ⓘ4-06-197558-7 Ⓝ913.6
☆「現代文学鑑賞辞典」,「ポケット日本名作事典」

丸山 薫 まるやま・かおる

08390 「物象詩集」
『新編丸山薫全集 1』 丸山薫著 桑原武夫,井上靖,吉村正一郎,竹中郁,八木憲爾編 角川学芸出版 2009 578p 19cm〈角川グループパブリッシング〔発売〕〉 ⓘ978-4-04-621371-6,978-4-04-621370-9 Ⓝ918.68
☆「日本文学現代名作事典」

08391 「帆・ランプ・鷗」
『新編丸山薫全集 1』 丸山薫著 桑原武夫,井上靖,吉村正一郎,竹中郁,八木憲爾編 角川学芸出版 2009 578p 19cm〈角川グループパブリッシング〔発売〕〉 ⓘ978-4-04-621371-6,978-4-04-621370-9 Ⓝ918.68
☆「世界の海洋文学」,「世界名著大事典」,「日本文学現代名作事典」,「日本文芸鑑賞事典 第10巻」

丸山 圭三郎 まるやま・けいざぶろう

08392 「言葉・狂気・エロス」

まるやま

丸山 圭三郎

『言葉・狂気・エロス―無意識の深みにうごめくもの』　丸山圭三郎[著]　講談社　2007　227p　15cm（講談社学術文庫）　800円
①978-4-06-159841-6　Ⓝ804
☆「「本の定番」ブックガイド」

丸山 健二　まるやま・けんじ

08393　「黒い海への訪問者」
『黒い海への訪問者』　丸山健二著　新潮社　1972　264p　20cm　680円　Ⓝ913.6
☆「世界の海洋文学」

08394　「夏の流れ」
『夏の流れ―丸山健二初期作品集』　丸山健二[著]　講談社　2005　297p　16cm（講談社文芸文庫）〈年譜あり　著作目録あり〉　1250円　①4-06-198396-2　Ⓝ913.6
☆「一度は読もうよ！日本の名著」、「一冊で日本の名著100冊を読む」、「現代文学鑑賞辞典」、「日本文学名作案内」

丸山 工作　まるやま・こうさく

08395　「生化学の夜明け」
『生化学の夜明け―醱酵の謎を追って』　丸山工作著　中央公論社　1993　209p　18cm（中公新書）　700円　①4-12-101125-2　Ⓝ464
☆「教養のためのブックガイド」

08396　「ノーベル賞ゲーム」
『ノーベル賞ゲーム―科学的発見の神話と実話』　丸山工作編　岩波書店　1998　220p　16cm（同時代ライブラリー）〈1989年刊の増補〉　1100円　①4-00-260343-1　Ⓝ402
☆「大学新入生に薦める101冊の本」

08397　「分子生物学入門」
『分子生物学入門―誰にでもわかる遺伝子の世界』　丸山工作著　講談社　1985　157p　18cm（ブルーバックス）〈付：読書案内・分子生物学の歩み〉　640円　①4-06-132601-5　Ⓝ464.1
☆「学問がわかる500冊 v.2」

丸山 茂徳　まるやま・しげのり

08398　「生命と地球の歴史」
『生命と地球の歴史』　丸山茂徳,磯崎行雄著　岩波書店　2002　275p　18cm（岩波新書）〈第12刷〉　780円　①4-00-430543-8
☆「大学新入生に薦める101冊の本」

丸山 真男　まるやま・まさお

08399　「現代政治の思想と行動」
『現代政治の思想と行動』　丸山眞男著　新装版　未來社　2006　585p　22cm　3800円
①4-624-30103-X　Ⓝ310.1

☆「大人のための日本の名著50」、「学問がわかる500冊」、「現代人のための名著」、「現代政治学の名著」、「昭和の名著」、「戦後思想の名著50」、「ナショナリズム論の名著50」、「21世紀の必読書100選」、「日本の社会と文化」、「ベストガイド日本の名著」、「「本の定番」ブックガイド」、「明治・大正・昭和の名著・総解説」、「「名著」の解読学」、「名著の履歴書」、「歴史家の読書案内」

08400　「政治の世界」
『政治の世界―他十篇』　丸山眞男著　松本礼二編注　岩波書店　2014　486p　15cm（岩波文庫　38-104-2）〈底本：「丸山眞男集　第1～16巻、別巻」（1995～1997年刊）〉　1140円
①978-4-00-381042-2　Ⓝ311
☆「政治哲学」

08401　「日本政治思想史研究」
『日本政治思想史研究』　丸山真男著　東京大学出版会　1983　406,5p　22cm〈新装版〉　2800円　Ⓝ311.21
☆「世界の名著早わかり事典」、「世界名著大事典」、「日本思想史」、「日本の名著」、「歴史家の読書案内」、「歴史の名著　日本人篇」

08402　「日本の思想」
『日本の思想』　丸山眞男著　岩波書店　2003　192p　18cm（岩波新書）〈第79刷〉　700円
①4-00-412039-X
☆「学問がわかる500冊」、「現代政治学を読む」、「日本の社会と文化」、「日本文化論の名著入門」、「必読書150」

08403　「丸山真男講義録」
『日本政治思想史　1948』　丸山眞男著　東京大学出版会　1998　292,3p　22cm（丸山眞男講義録　第1冊　丸山眞男著）　3200円
①4-13-034201-0　Ⓝ311.21
☆「東アジア人文書100」、「歴史家の読書案内」

丸山 康司　まるやま・やすし

08404　「サルと人間の環境問題」
『サルと人間の環境問題―ニホンザルをめぐる自然保護と獣害のはざまから』　丸山康司著　京都　昭和堂　2006　275p　22cm〈文献あり〉　4000円　①4-8122-0609-X　Ⓝ654.8
☆「環境と社会」

満済　まんさい

08405　「満済准后日記」
『日記で読む日本中世史』　元木泰雄,松薗斉編著　京都　ミネルヴァ書房　2011　317,15p　21cm〈索引あり　文献あり〉　3200円
①978-4-623-05778-8　Ⓝ210.4
☆「世界名著大事典」

万多親王 まんだしんのう

08406 「新撰姓氏録」
『神典解説 下巻』 大倉精神文化研究所編纂 川口 図書出版・山雅房 2004 495p 22cm〈大倉精神文化研究所昭和14年刊の複製〉 5880円 Ⓝ173
☆「世界名著大事典」、「日本名著辞典」、「日本歴史「古典籍」総覧」、「歴史の名著100」

【み】

三浦 展 みうら・あつし

08407 「下流社会」
『下流社会―新たな階層集団の出現』 三浦展著 光文社 2005 284p 18cm(光文社新書) 〈文献あり〉 780円 Ⓘ4-334-03321-0 Ⓝ361.8
☆「超売れ筋ビジネス書101冊」

三浦 綾子 みうら・あやこ

08408 「海嶺」
『海嶺 上』 三浦綾子[著] 改版 角川書店 2012 419p 15cm(角川文庫 み5-8)〈角川グループパブリッシング〔発売〕〉 667円 Ⓘ978-4-04-100432-6 Ⓝ913.6
☆「歴史小説・時代小説 総解説」

08409 「帰りこぬ風」
『帰りこぬ風』 三浦綾子著 新潮社 1983 262p 15cm(新潮文庫) 320円 Ⓘ4-10-116208-5 Ⓝ913.6
☆「一度は読もうよ!日本の名著」、「一冊で愛の話題作100冊を読む」

08410 「塩狩峠」
『塩狩峠』 三浦綾子著 77刷改版 新潮社 2005 459p 16cm(新潮文庫) 629円 Ⓘ4-10-116201-8 Ⓝ913.6
☆「一度は読もうよ!日本の名著」、「一冊で日本の名著100冊を読む」

08411 「死の彼方までも」
『死の彼方までも』 三浦綾子著 小学館 2009 317p 15cm(小学館文庫 み2-8) 571円 Ⓘ978-4-09-408426-9 Ⓝ913.6
☆「一度は読もうよ!日本の名著」、「一冊で愛の話題作100冊を読む」

08412 「氷点」
『氷点 [正]上』 三浦綾子[著] 改版 角川書店 2012 380p 15cm(角川文庫 み5-3)〈角川グループパブリッシング〔発売〕〉 629円 Ⓘ978-4-04-100340-4 Ⓝ913.6
☆「あらすじダイジェスト」、「あらすじで味わう昭和のベストセラー」、「一度は読もうよ!日本の名著」、「現代文学鑑賞辞典」、「知らないと恥ずかしい「日本の名作」あらすじ200本」、「日本文学名作案内」、「日本文芸鑑賞事典 第19巻」、「百年の誤読」、「ポケット日本名作事典」

三浦 源蔵 みうら・げんぞう

08413 「塩製秘録」
『日本庶民生活史料集成 第10巻 農山漁民生活』 宮本常一、原口虎雄、谷川健一編 三一書房 1970 832p 26cm 9000円 Ⓝ382.1
☆「古典の事典」

三浦 耕吉郎 みうら・こうきちろう

08414 「屠場」
『屠場―みる・きく・たべる・かく 食肉センターで働く人びと』 三浦耕吉郎編著 京都 晃洋書房 2008 237p 19cm〈文献あり 年表あり〉 1900円 Ⓘ978-4-7710-1968-3 Ⓝ648.22
☆「環境と社会」

三浦 朱門 みうら・しゅもん

08415 「偕老同穴」
『現代短編名作選 7 1962~1965』 日本文芸家協会編 講談社 1980 472p 15cm(講談社文庫) 520円 Ⓝ913.68
☆「一度は読もうよ!日本の名著」、「一冊で愛の話題作100冊を読む」、「現代文学名作探訪事典」、「日本文学名作案内」

08416 「箱庭」
『箱庭』 三浦朱門[著] 講談社 2010 299p 16cm(講談社文芸文庫 み J1)〈並列シリーズ名:Kodansha Bungei bunko 著作目録あり 年譜あり〉 1500円 Ⓘ978-4-06-290089-8 Ⓝ913.6
☆「日本文芸鑑賞事典 第19巻」

08417 「冥府山水図」
『冥府山水図』 三浦朱門著 成瀬書房 1988 67p 23cm〈折本 限定版 和装〉 Ⓘ4-930708-41-9 Ⓝ913.6
☆「現代文学鑑賞辞典」、「日本文芸鑑賞事典 第16巻」

三浦 浄心 みうら・じょうしん

08418 「慶長見聞集」
『慶長見聞集』 三浦浄心著 中丸和伯校注 新人物往来社 1969 386p 20cm(江戸史料叢書)〈底本:国立国会図書館内閣文庫所蔵本〉 1800円 Ⓝ210.52
☆「古典の事典」、「世界名著大事典」、「日本の古典名著」

三浦 新七 みうら・しんしち

08419 「東西文明史論考」

みうら　　　　　　　　　　　　　　　　　　　　　　08420〜08433

『東西文明史論考―国民性の研究』　三浦新七著　岩波書店　1994　492,9p　21cm〈第5刷（第1刷：50.5.9)〉　5800円　①4-00-001513-3
☆「世界名著大事典」,「私の古典」

三浦　環　みうら・たまき

08420　「歌劇お蝶夫人」
『三浦環―お蝶夫人』　三浦環著　吉本明光編　日本図書センター　1997　248p　20cm（人間の記録　27)〈肖像あり〉　1800円　①4-8205-4268-0,4-8205-4261-3　Ⓝ762.1
☆「世界名著大事典　補遺(Extra)」

08421　「世界のオペラ」
『世界のオペラ』　柴田環著　共益商社　1912　573p　図版25枚　20cm　Ⓝ760
☆「世界名著大事典　補遺(Extra)」

三浦　哲郎　みうら・てつお

08422　「拳銃」
『拳銃―武肇遺歌集』　武肇著　赤城村（群馬県）　武孝代　1993　173p　20cm（黄花叢書第12篇)〈製作：あさを社（高崎）著者の肖像あり〉　2500円　Ⓝ911.168
☆「一度は読もうよ！　日本の名著」,「一冊で日本の名著100冊を読む　続」

08423　「忍ぶ川」
『私小説の生き方』　秋山駿,富岡幸一郎編　アーツ・アンド・クラフツ　2009　315p　21cm　2200円　①978-4-901592-52-9　Ⓝ913.68
☆「あらすじダイジェスト」,「一度は読もうよ！日本の名著」,「一冊で日本の名著100冊を読む」,「映画になった名著」,「現代文学鑑賞辞典」,「現代文学名作探訪事典」,「知らないと恥ずかしい日本の名作」あらすじ200本」,「新潮文庫20世紀の100冊」,「日本・世界名作「愛の会話」100章」,「日本の名作おさらい」,「日本文学名作案内」,「日本文芸鑑賞事典　第18巻(1958〜1962年)」,「日本名作文学館　日本編」,「ポケット日本名作事典」

08424　「初夜」
『初夜』　三浦哲郎著　新潮社　1961　232p　20cm　Ⓝ913.6
☆「一度は読もうよ！　日本の名著」,「一冊で愛の話題作100冊を読む」,「現代文学名作探訪事典」

三浦　梅園　みうら・ばいえん

08425　「価原」
『日本哲学思想全書　第18巻　政治・経済　経済篇』　三枝博音,清水幾太郎編　第2版　平凡社　1981　312p　19cm　2300円　Ⓝ081
☆「古典の事典」,「世界名著大事典」

08426　「敢語」
『日本哲学思想全書　第14巻　道徳　儒教篇・道徳論一般篇』　三枝博音,清水幾太郎編集　第2版　平凡社　1980　354p　19cm　2300円　Ⓝ081
☆「世界名著大事典」

08427　「玄語」
『玄語―梅園三語　三浦梅園第一主著　初筆復元版の総ルビ読み下し版/混成読み』　三浦梅園[著]　北林達也編　北林達也原典校閲　大分　三浦梅園研究所　2009　1冊（ページ付なし）26cm　Ⓝ121.59
☆「古典の事典」,「世界名著大事典」,「日本の古典名著」

08428　「贅語」
『三浦梅園自然哲学論集』　三浦梅園著　尾形純男,島田虔次編注訳　岩波書店　1998　336,13p　15cm（岩波文庫）　760円　①4-00-330151-X　Ⓝ121.59
☆「世界名著大事典」

08429　「多賀墨郷君にこたふる書」
『多賀墨郷君にこたふる書』　三浦梅園原著　三枝博音解説　若草書房　1949　69p　22cm
☆「世界名著大事典」

三浦　周行　みうら・ひろゆき

08430　「国史上の社会問題」
『国史上の社会問題』　三浦周行著　岩波書店　1990　205p　15cm（岩波文庫）　460円　①4-00-331663-0　Ⓝ210.1
☆「世界名著大事典」

08431　「日本史の研究」
『日本史の研究　第1輯　上』　三浦周行著　岩波書店　1981　660p　23cm〈大正11年刊の複製　著者の肖像あり〉　7000円　Ⓝ210
☆「世界名著大事典」

08432　「法制史の研究」
『法制史の研究』　三浦周行著　岩波書店　1973　1174,10,19p　23cm〈第7刷（第1刷：大正8年刊)〉　3800円　Ⓝ322.1
☆「世界名著大事典」,「大正の名著」,「ベストガイド日本の名著」,「明治・大正・昭和の名著・総解説」

三浦　文夫　みうら・ふみお

08433　「社会福祉政策研究―福祉政策と福祉改革」
『社会福祉政策研究―福祉政策と福祉改革』　三浦文夫著　増補改訂　全国社会福祉協議会　1995　344p　22cm〈参考文献：p340〜344〉　2800円　Ⓝ369.1
☆「学問がわかる500冊」

三浦 雅士　みうら・まさし
08434　「身体の零度―何が近代を成立させたか」
『身体の零度―何が近代を成立させたか』　三浦雅士著　講談社　1994　284p　19cm（講談社選書メチエ　31）〈文献：p269〜279〉　1500円　①4-06-258031-4　Ⓝ361.5
☆「歴史家の読書案内」

美嘉　みか
08435　「恋空―切ナイ恋物語」
『恋空―切ナイ恋物語 スペシャル・バージョン 上』　美嘉著　アスキー・メディアワークス　2008　349p　15cm（魔法のiらんど文庫　30）〈角川グループパブリッシング〔発売〕〉　470円　①978-4-04-886030-7　Ⓝ913.6
☆「知らないと恥ずかしい「日本の名作」あらすじ200本」

三笠 乙彦　みかさ・おとひこ
08436　「教育名著の愉しみ」
『教育名著の愉しみ』　金子茂,三笠乙彦編著　時事通信社　1991　275p　21cm　2300円　①4-7887-9140-4　Ⓝ371.04
☆「学問がわかる500冊」

三ケ島 葭子　みかしま・よしこ
08437　「三ケ島葭子全歌集」
『定本三ケ島葭子全歌集』　倉片みなみ編　短歌新聞社　1993　726p　22cm（野種叢書　第7篇）〈著者の肖像あり〉　9000円　①4-8039-0677-7　Ⓝ911.168
☆「日本文芸鑑賞事典 第10巻」

三ケ月 章　みかづき・あきら
08438　「法学入門」
『法学入門』　三ケ月章著　弘文堂　1982　278,18p　22cm（法律学講座双書）　1800円　①4-335-30029-8　Ⓝ321
☆「学問がわかる500冊」

三上 於菟吉　みかみ・おときち
08439　「敵討日月双紙」
『日月双紙』　三上於菟吉著　同光社磯部書房　1951　271p　19cm　Ⓝ913.6
☆「歴史小説・時代小説 総解説」

08440　「雪之丞変化」
『雪之丞変化　上』　三上於菟吉著　講談社　1995　380p　15cm（大衆文学館）　780円　①4-06-262014-6　Ⓝ913.6
☆「歴史小説・時代小説 総解説」

三上 参次　みかみ・さんじ
08441　「江戸時代史」
『江戸時代史　上』　三上参次著　講談社　1992　778p　15cm（講談社学術文庫）〈新装版〉　1800円　①4-06-159044-8　Ⓝ210.5
☆「世界名著大事典」

08442　「白河楽翁公と徳川時代」
『白河楽翁公と徳川時代』　三上参次著　大阪創元社　1940　186p　18cm（日本文化名著選　第14）　Ⓝ289.1
☆「世界名著大事典」

08443　「日本文学史」
『明治大正文学史集成』　日本図書センター　1982　12冊　22cm〈監修・解説：平岡敏夫　明治23〜昭和2年刊の複製〉　3500〜8000円　①4-8205-6330-0,4-8205-6329-7,4-8205-6332-7,4-8205-6333-5,4-8205-6334-3,4-8205-6335-1,4-8205-6336-X,4-8205-6337-8,4-8205-6338-6,4-8205-6339-4,4-8205-6340-8,4-8205-6341-6　Ⓝ910.26
☆「世界名著大事典」

三上 太郎　みかみ・たろう
08444　「株式上場」
『株式上場』　三上太郎著　講談社　1990　366p　15cm（講談社文庫）　560円　①4-06-184809-7　Ⓝ913.6
☆「現代を読む」

三上 次男　みかみ・つぎお
08445　「金代女真の研究」
『金代女真の研究』　三上次男著　満日文化協会　1937　570p　27cm　Ⓝ222
☆「人文科学の名著」

三上 義夫　みかみ・よしお
08446　「文化史上より見たる日本の数学」
『東西算盤文献集　第2輯　文化史上より見たる日本の数学』　山崎与右衛門編　三上義夫著　森北出版　1962　494,21p　図版19p　22cm　Ⓝ419.9
☆「世界名著大事典」

三木 清　みき・きよし
08447　「構想力の論理」
『構想力の論理　第1』　三木清著　岩波書店　1939　245p　22cm　Ⓝ121.9
☆「哲学の世界」

08448　「人生論ノート」
『人生論ノート』　三木清著　改版　新潮社　2011　175p　15cm（新潮文庫）　362円　①978-4-10-101901-7

☆「一冊で人生論の名著を読む」、「昭和の名著」、「新潮文庫20世紀の100冊」、「日本文学鑑賞辞典〔第2〕」、「日本文学現代名作事典」、「日本文芸鑑賞事典 第12巻」、「ベストガイド日本の名著」、「明治・大正・昭和の名著・総解説」

08449 「哲学入門」
『哲学入門』 三木清著 11版 岩波書店 1949 195p 18cm〈岩波新書 第23〉 Ⓝ101
☆「学問がわかる500冊」、「人文科学の名著」

08450 「哲学ノート」
『哲学ノート』 三木清著 中央公論新社 2010 229p 16cm〈中公文庫 み39-1〉 476円 ①978-4-12-205309-0 Ⓝ121.67
☆「世界名著大事典」

08451 「読書と人生」
『読書と人生』 三木清[著] 講談社 2013 203p 16cm〈講談社文芸文庫 みL1〉〈底本：新潮文庫 1974年刊 年譜あり〉 1200円 ①978-4-06-290207-6 Ⓝ019
☆「自己啓発の名著30」

08452 「パスカルに於ける人間の研究」
『パスカルに於ける人間の研究』 三木清著 岩波書店 1965 183p 19cm Ⓝ135.3
☆「世界名著大事典」、「ハイデガー本45」

08453 「唯物史観と現代の意識」
『唯物史観と現代の意識』 三木清著 岩波書店 1928 153p 23cm Ⓝ201
☆「ベストガイド日本の名著」、「明治・大正・昭和の名著・総解説」

08454 「歴史哲学」
『歴史哲学』 三木清著 19版 岩波書店 1949 320p 19cm〈続哲学叢書 第1編〉 Ⓝ201.1
☆「世界名著大事典」

三木 成夫　みき・しげお

08455 「胎児の世界」
『胎児の世界—人類の生命記憶』 三木成夫著 中央公論社 1983 226p 18cm〈中公新書〉〈参考文献：p224〜226〉 480円 Ⓝ495.6
☆「科学技術をどう読むか」、「読書入門」、「「本の定番」ブックガイド」

08456 「人間生命の誕生」
『人間生命の誕生』 三木成夫著 築地書館 1996 241p 20cm 2472円 ①4-8067-4574-X Ⓝ491.1
☆「科学を読む愉しみ」

三木 卓　みき・たく

08457 「東京午前三時」
『東京午前三時—三木卓詩集』 三木卓著 思潮社 1966 132p 20cm 600円 Ⓝ911.56
☆「日本文芸鑑賞事典 第19巻」

08458 「鶸」
『コレクション戦争と文学 14（命） 女性たちの戦争』 浅田次郎、奥泉光、川村湊、高橋敏夫、成田龍一編 大原富枝他著 集英社 2012 697p 20cm〈付属資料：12p：月報8 年表あり〉 3600円 ①978-4-08-157014-0 Ⓝ918.6
☆「現代文学鑑賞辞典」

08459 「ぽたぽた」
『ぽたぽた』 三木卓作 杉浦範茂絵 理論社 2013 143p 21cm〈名作童話集〉〈筑摩書房 1983年刊の加筆、復刊〉 1500円 ①978-4-652-20003-2 Ⓝ913.6
☆「少年少女の名作案内 日本の文学ファンタジー編」

三木 平右衛門　みき・へいえもん

08460 「難波土産」
『徳川文芸類聚 11 雑俳』 国書刊行会編 国書刊行会 1987 519p 22cm〈第2刷（第1刷：昭和45年）大正3年刊の複製〉 4800円 Ⓝ918.5
☆「世界名著大事典」、「日本文学鑑賞辞典〔第1〕」

三木 露風　みき・ろふう

08461 「赤とんぼ」
『赤とんぼ—三木露風童謡詩集』 三木露風著 雨田光弘絵 小金井 ネット武蔵野 2006 118p 19×19cm〈年譜あり〉 1524円 ①4-944237-43-X Ⓝ911.56
☆「日本文芸鑑賞事典 第7巻（1920〜1923年）」

08462 「白き手の猟人」
『白き手の猟人』 三木露風著 東雲堂書店 1913 229p 20cm Ⓝ911.5
☆「世界名著大事典」、「日本文学鑑賞辞典〔第2〕」、「日本文芸鑑賞事典 第5巻」

08463 「真珠島」
『真珠島—童謡集』 三木露風著 アルス 1921 232p 19cm Ⓝ911.5
☆「日本児童文学名著事典」

08464 「廃園」
『廃園—詩集』 三木露風著 竜野 霞城館 1989 179枚 23×28cm〈自筆稿本の複製 付（別冊 10p 23×26cm）：自筆稿本『詩集廃園』について 峡入 限定版 和装〉 15000円 Ⓝ911.56
☆「現代文学名作探訪事典」、「世界名著大事典」、「日本近代文学名著事典」、「日本文芸鑑賞事典 第4巻」

三国 一朗 みくに・いちろう

08465 「戦中用語集」
『戦中用語集』 三国一朗著 岩波書店 1985 209,12p 18cm〈岩波新書〉〈巻末：略年表〉 480円 Ⓝ210.75
☆「「本の定番」ブックガイド」

三品 和広 みしな・かずひろ

08466 「戦略不全の論理」
『戦略不全の論理―慢性的な低収益の病からどう抜け出すか』 三品和広著 東洋経済新報社 2004 308p 22cm〈文献あり〉 2600円 Ⓘ4-492-52149-6 Ⓝ336.1
☆「勝利と成功の法則」

三品 彰英 みしな・しょうえい

08467 「日本神話論」
『日本神話論』 上田正昭著 角川書店 1999 480,18p 22cm〈上田正昭著作集 第4巻 上田正昭著〉 8800円 Ⓘ4-04-522804-7 Ⓝ164.1
☆「日本思想史」

三島 憲一 みしま・けんいち

08468 「ニーチェ」
『ニーチェ』 三島憲一著 岩波書店 1987 228,4p 18cm〈岩波新書 361〉 480円
☆「「本の定番」ブックガイド」

三島 正道 みしま・せいどう

08469 「船人の詩」
『船人の詩』 三島正道著 日本図書刊行会 1994 275p 20cm〈近代文芸社〔発売〕〉 1500円 Ⓘ4-7733-2815-0 Ⓝ913.6
☆「世界の海洋文学」

三島 政行 みしま・まさゆき

08470 「御府内備考」
『御府内備考 第1(巻1至24)』 三島政行編 大日本地誌大系刊行会 1914 529p 22cm〈大日本地誌大系 第1冊〉 Ⓝ291.36
☆「古典の事典」

三島 由紀夫 みしま・ゆきお

08471 「愛の渇き」
『愛の渇き』 三島由紀夫著 河出書房 1956 191p 18cm〈河出新書〉 Ⓝ913.6
☆「一度は読もうよ！日本の名著」,「一冊で愛の話題作100冊を読む」,「日本文学名作案内」

08472 「宴のあと」
『宴のあと』 三島由紀夫著 新潮社 1960 295p 20cm Ⓝ913.6
☆「ポケット日本名作事典」

08473 「美しい星」
『美しい星』 三島由紀夫著 42刷改版 新潮社 2003 370p 16cm〈新潮文庫〉 552円 Ⓘ4-10-105013-9 Ⓝ913.6
☆「世界のSF文学・総解説」

08474 「仮面の告白」
『仮面の告白』 三島由紀夫著 126刷改版 新潮社 2003 281p 16cm〈新潮文庫〉〈年譜あり〉 438円 Ⓘ4-10-105001-5 Ⓝ913.6
☆「あらすじで読む日本の名著 No.3」,「現代文学鑑賞辞典」,「知らないと恥ずかしい「日本の名作」あらすじ200本」,「世界名著大事典」,「2時間でわかる日本の名著」,「日本文学鑑賞辞典〔第2〕」,「日本文学現代名作案内」,「日本文学名作案内」,「日本文学名作事典」,「日本文芸鑑賞事典 第15巻」,「必読書150」,「ベストガイド日本の名著」,「ポケット日本名作事典」,「名作の書き出しを諳んじる」,「明治・大正・昭和の名著・総解説」

08475 「金閣寺」
『金閣寺』 三島由紀夫著 改版 新潮社 2011 375p 15cm〈新潮文庫〉〈130刷(初版1960年)〉 552円 Ⓘ978-4-10-105008-9
☆「あらすじで味わう名作文学」,「あらすじで読む日本の名著」,「一度は読もうよ！日本の名著」,「一冊で日本の名著100冊を読む」,「近代文学名作事典」,「クライマックス名作案内1」,「現代文学鑑賞辞典」,「これだけは読んでおきたい日本の名作文学案内」,「知らないと恥ずかしい「日本の名作」あらすじ200本」,「世界名著案内8」,「大作家"ろくでなし"列伝」,「2時間でわかる日本の名著」,「日本人なら知っておきたいあらすじで読む日本の名著」,「日本の小説101」,「日本の名作おさらい」,「日本の名著3分間読書100」,「日本文学鑑賞辞典〔第2〕」,「日本文学名作案内」,「日本文学名作事典」,「日本文芸鑑賞事典 第17巻(1955～1958年)」,「日本名作文学館 本編」,「日本・名著のあらすじ」,「文学・名著300選の解説 '88年度版」,「名作の書き出し」

08476 「近代能楽集」
『近代能楽集』 三島由紀夫著 43刷改版 新潮社 2004 264p 16cm〈新潮文庫〉 438円 Ⓘ4-10-105014-7 Ⓝ912.6
☆「日本文学鑑賞辞典〔第2〕」

08477 「黒蜥蜴」
『黒蜥蜴』 三島由紀夫［著］［江戸川乱歩］［原作］ 学習研究社 2007 268p 15cm〈学研M文庫〉 850円 Ⓘ978-4-05-900459-2 Ⓝ912.6
☆「Jブンガク」

08478 「午後の曳航」
『午後の曳航』 三島由紀夫著 講談社 1976 221p 20cm〈新装版〉 780円 Ⓝ913.6
☆「一度は読もうよ！日本の名著」,「一冊で日本の名著100冊を読む 続」,「これだけは読んでおきた

みしようさ　　　　　　　　　　　　　　　　　　　　　　　　　　　　　08479〜08492

い日本の名作文学案内」

08479　「潮騒」
『潮騒』三島由紀夫著　122刷改版　新潮社　2005　213p　16cm〈新潮文庫〉〈年譜あり〉400円　Ⓘ4-10-105007-4　Ⓝ913.6
☆「愛と死の日本文学」,「あらすじダイジェスト」,「あらすじで読む日本の名著」,「あらすじで読む日本の名著 No.2」,「一度は読もうよ！ 日本の名著」,「一冊で日本の名著100冊を読む」,「現代文学名作探訪事典」,「これだけは読んでおきたい日本の名作文学案内」,「3行でわかる名作&ヒット本250」,「知らないと恥ずかしい「日本の名作」あらすじ200本」,「世界の海洋文学」,「世界の小説大百科」,「日本の名作おさらい」,「日本文学鑑賞辞典〔第2〕」,「日本文学現代名作事典」,「日本文学名作案内」,「日本文芸鑑賞事典 第16巻」,「日本名作文学館 日本編」,「百年の誤読」,「ポケット日本名作事典」

08480　「太陽と鉄」
『太陽と鉄』三島由紀夫著　中央公論社　1987　207p　16cm（中公文庫）　320円　Ⓘ4-12-201468-9　Ⓝ914.6
☆「学問がわかる500冊」

08481　「花ざかりの森」
『花ざかりの森―他六篇』三島由紀夫著　角川書店　1955　220p　15cm（角川文庫）　Ⓝ913.6
☆「日本文芸鑑賞事典 第13巻」

08482　「美徳のよろめき」
『美徳のよろめき』三島由紀夫著　講談社　1961　265p　18cm（ロマン・ブックス）　Ⓝ913.6
☆「一度は読もうよ！ 日本の名著」,「一冊で愛の話題作100冊を読む」,「日本文学名作案内」,「日本文芸鑑賞事典 第17巻（1955〜1958年）」

08483　「文化防衛論」
『文化防衛論』三島由紀夫著　筑摩書房　2006　394p　15cm（ちくま文庫）〈新潮社1964年刊の増補　年表あり〉　780円　Ⓘ4-480-42283-8　Ⓝ304
☆「明治・大正・昭和の名著・総解説」,「「名著」の解読学」

08484　「豊饒の海」
『春の雪』三島由紀夫著　54刷改版　新潮社　2002　475p　16cm〈新潮文庫　豊饒の海　第1巻〉　629円　Ⓘ4-10-105021-X　Ⓝ913.6
☆「新潮文庫20世紀の100冊」,「世界の小説大百科」,「21世紀の必読書100選」,「日本文学 これを読まないと文学は語れない!!」,「日本文芸鑑賞事典 第19巻」,「名作はこのように始まる 2」

08485　「三熊野詣」
『三熊野詣』三島由紀夫著　新潮社　1965

204p　20cm　Ⓝ913.6
☆「生きがいの再発見名著22選」

08486　「憂国」
『英霊の聲―オリジナル版』三島由紀夫著　河出書房新社　2005　268p　15cm（河出文庫）　650円　Ⓘ4-309-40771-4　Ⓝ918.68
☆「今だから知っておきたい戦争の本70」

08487　「鹿鳴館」
『鹿鳴館―悲劇四幕』三島由紀夫著　ぬ利彦出版　1990　173p　22cm（名作舞台シリーズ）〈監修：戌井市郎〉　2000円　Ⓘ4-89054-011-3　Ⓝ912.6
☆「日本文芸鑑賞事典 第17巻（1955〜1958年）」

未生斎 一甫　みしょうさい・いっぽ

08488　「挿花百練」
『挿花百練』未生斎一甫口授　無角斎道甫筆記　蔀関牛画図　京都　思文閣　1976　56,2丁　31cm（華道古典名作選集）〈文化13年刊の複製付（9p 22cm）：挿花百練解説（西川直翁）　和装〉　5500円　Ⓝ793.2
☆「古典の事典」

水落 潔　みずおち・きよし

08489　「幸四郎の見果てぬ夢」
『幸四郎の見果てぬ夢』松本幸四郎,水落潔著　毎日新聞社　1996　230p　20cm〈著者の肖像あり〉　1600円　Ⓘ4-620-31133-2　Ⓝ774.28
☆「歴史家の一冊」

美月 あきこ　みずき・あきこ

08490　「ファーストクラスに乗る人のシンプルな習慣」
『ファーストクラスに乗る人のシンプルな習慣―3％のビジネスエリートが実践していること』美月あきこ著　祥伝社　2012　240p　16cm（祥伝社黄金文庫　Gみ11-1）〈2009年刊の加筆・修正〉　571円　Ⓘ978-4-396-31592-4　Ⓝ159.4
☆「3行でわかる名作&ヒット本250」

三杉 隆敏　みすぎ・たかとし

08491　「真贋ものがたり」
『真贋ものがたり』三杉隆敏著　岩波書店　1996　226p　18cm（岩波新書）　650円　Ⓘ4-00-430451-2　Ⓝ706.7
☆「ブックガイド "数学" を読む」

水越 允治　みずこし・みつはる

08492　「気候学入門」
『気候学入門』水越允治,山下脩二著　古今書院　1985　144p　22cm　2400円　Ⓘ4-7722-1088-1　Ⓝ451.8

566　　　　　　　　　　　　　　　　　　　　　　　　　読んでおきたい「日本の名著」案内

☆「学問がわかる500冊 v.2」

水島 宏明　みずしま・ひろあき
08493　「母さんが死んだ」
『母さんが死んだ―しあわせ幻想の時代に ルポルタージュ●REPORTAGE■「貧困社会」ニッポンの福祉を問う』　水島宏明著　新装増補版　ひとなる書房　2014　415p　20cm　1800円　①978-4-89464-204-1　Ⓝ369.2
☆「現代を読む」

水田 珠枝　みずた・たまえ
08494　「ミル「女性の解放」を読む」
『ミル「女性の解放」を読む』　水田珠枝著　岩波書店　1984　341,17p　19cm〈岩波セミナーブックス　9〉〈J.S.ミル略年譜：p337〜341 巻末：書誌〉　1900円　①4-00-004879-1　Ⓝ367.2
☆「学問がわかる500冊」

水谷 研治　みずたに・けんじ
08495　「アメリカの破産」
『アメリカの破産―ドル暴落と世界恐慌の危機を探る』　水谷研治著　PHP研究所　1991　181p　18cm〈参考文献：p181〉　900円　①4-569-53017-5　Ⓝ332.53
☆「経済経営95冊」

08496　「経済危機の波動」
『経済危機の波動―債務の循環と経済のトレンド』　水谷研治著　東洋経済新報社　1988　190p　20cm〈参考文献：p187〜190〉　1500円　①4-492-44094-1　Ⓝ333.6
☆「経済経営95冊」

08497　「日本経済衰退の危機」
『日本経済・衰退の危機―新たなる繁栄の条件を探る』　水谷研治著　PHP研究所　1987　219p　20cm〈付：参考図書〉　1200円　①4-569-21992-6　Ⓝ332.107
☆「経済経営95冊」

水谷 準　みずたに・じゅん
08498　「ある決闘」
『水谷準集―お・それ・みを』　水谷準著　筑摩書房　2002　511p　15cm〈ちくま文庫　怪奇探偵小説名作選　3〉〈下位シリーズの責任表示：日下三蔵編〉　1300円　①4-480-03703-9　Ⓝ913.6
☆「世界の推理小説・総解説」

水谷 三公　みずたに・みつひろ
08499　「江戸は夢か」
『江戸は夢か』　水谷三公著　筑摩書房　2004　301p　15cm〈ちくま学芸文庫〉〈1992年刊の改訂〉　1400円　①4-480-08809-1　Ⓝ210.5
☆「学問がわかる500冊」

水野 敬也　みずの・けいや
08500　「ウケる技術」
『ウケる技術』　小林昌平,山本周嗣,水野敬也著　新潮社　2007　310p　16cm〈新潮文庫〉〈インデックス・コミュニケーションズ平成15年刊の増訂〉　514円　①978-4-10-131371-9　Ⓝ809.2
☆「超売れ筋ビジネス書101冊」

08501　「夢をかなえるゾウ」
『夢をかなえるゾウ』　水野敬也［著］　文庫版　飛鳥新社　2011　398p　15cm〈文献あり〉　648円　①978-4-86410-082-3　Ⓝ913.6
☆「マンガでわかるビジネス名著」

水野 清一　みずの・せいいち
08502　「内蒙古長城地帯」
『内蒙古・長城地帯』　江上波夫,水野清一共著　東亜考古学会　1935　62,205,40p 図版88枚　地図　27cm〈東方考古学叢刊　乙種 第1冊〉〈巻末に英文解説(16p)を付す〉　Ⓝ222.6
☆「世界名著大事典」

08503　「雲岡石窟」
『雲岡石窟―西暦五世紀における中国北部仏教窟院の考古学的調査報告 東方文化研究所調査（昭和13年―20年）　第1巻　第1洞〜第4洞』　水野清一,長広敏雄著　京都　雲岡刊行会　1952　2冊（図版共）地図　39cm（京都大学人文科学研究所研究報告）　Ⓝ718.4
☆「世界名著大事典」

08504　「東亜考古学の発達」
『東亜考古学の発達』　水野清一著　京都　大八洲出版　1948　245p 図版　19cm〈古文化叢刊　7〉　Ⓝ220.02
☆「世界名著大事典」

08505　「竜門石窟の研究」
『龍門石窟の研究―河南洛陽』　水野清一,長広敏雄著　京都　同朋舎　1980　3冊　37cm〈本文篇2冊、図版篇に分冊刊行　東京座右宝刊行会昭和16年刊の複製〉　全28000円　Ⓝ718.4
☆「世界名著大事典」

水野 仙子　みずの・せんこ
08506　「水野仙子集」
『水野仙子集』　水野仙子著　川浪道三編　叢文閣　1920　499,9p 肖像　19cm　Ⓝ913.6
☆「大正の名著」

水野 広徳　みずの・ひろのり

08507　「此一戦」
『此一戦―現代文』　水野広徳著　国書刊行会　2010　382p　20cm〈昭和53年刊の再刊〉　2100円　Ⓘ978-4-336-05329-9　Ⓝ913.6
☆「日本海軍の本・総解説」,「日本文芸鑑賞事典　第4巻」

08508　「反骨の軍人・水野広徳」
『反骨の軍人・水野広徳』　水野広徳著　経済往来社　1978　478p　20cm〈編纂：水野広徳著作刊行会　著者の肖像あり　水野広徳年譜：p472～476〉　3200円　Ⓝ289.1
☆「自伝の名著101」,「日本海軍の本・総解説」

水原 堯栄　みずはら・ぎょうえい

08509　「高野版の研究」
『高野版の研究』　水原堯栄著　上弦書洞　1921　109p　図版26枚　19cm　Ⓝ022.3
☆「世界名著大事典」

水原 秋桜子　みずはら・しゅうおうし

08510　「葛飾」
『葛飾―句集』　水原秋桜子著　日本近代文学館　1980　125p　19cm〈名著複刻詩歌文学館　連翹セット〉〈馬酔木叢書　第4編（馬酔木発行所昭和5年刊）の複製　ほるぷ〔発売〕　叢書の編者：名著複刻全集編集委員会〉Ⓝ911.368
☆「近代文学名作事典」,「世界名著大事典」,「日本近代文学名著事典」,「日本文学鑑賞辞典〔第2〕」,「日本文芸鑑賞事典　第9巻」

08511　「現代俳句論」
『現代俳句論』　水原秋桜子著　増補改訂版　第一書房　1941　304p　19cm　Ⓝ911.36
☆「日本文芸鑑賞事典　第11巻（昭和9～昭和12年）」

08512　「日本大歳時記」
『日本大歳時記』　講談社編　講談社　1996　1933p　22cm〈監修：水原秋桜子ほか　常用版〉　6800円　Ⓘ4-06-128966-7　Ⓝ911.307
☆「歴史家の読書案内」

水本 正夫　みずもと・まさお

08513　「武運の空母瑞鶴の最期」
『太平洋戦争ドキュメンタリー　第8巻　空母翔鶴最後の決戦―他9篇』　今日の話題社　1968　358p（図版共）　21cm　490円　Ⓝ393.2
☆「日本海軍の本・総解説」

溝口 敦　みぞぐち・あつし

08514　「五代目山口組」
『五代目山口組―山口組ドキュメント』　溝口敦著　三一書房　1990　274p　19cm〈折り込図1枚　山口組抗争史年表：p259～274〉

1200円　Ⓘ4-380-90223-4　Ⓝ368.5
☆「現代を読む」

御園生 一哉　みそのう・かずや

08515　「軍医たちの戦場」
『軍医たちの戦場』　御園生一哉著　図書出版社　1982　243p　20cm　1400円　Ⓝ916
☆「日本海軍の本・総解説」

三田 誠広　みた・まさひろ

08516　「僕って何」
『僕って何』　三田誠広著　新装新版　河出書房新社　2008　183p　15cm（河出文庫）　590円　Ⓘ978-4-309-40924-5　Ⓝ913.6
☆「現代文学鑑賞辞典」

見田 宗介　みた・むねすけ

08517　「近代日本の心情の歴史―流行歌の社会心理史」
『近代日本の心情の歴史―流行歌の社会心理史』　見田宗介著　講談社　1978　258p　15cm（講談社学術文庫）　320円　Ⓝ767.8
☆「学問がわかる500冊」

08518　「現代社会の理論」
『現代社会の理論―情報化・消費化社会の現在と未来』　見田宗介著　岩波書店　2003　188p　18cm（岩波新書）〈第18刷〉　700円　Ⓘ4-00-430465-2
☆「メディア・情報・消費社会」

三田 幸夫　みた・ゆきお

08519　「わが登高行」
『わが登高行　上巻』　三田幸夫著　茗渓堂　1979　473p　22cm〈著者の肖像あり〉　3800円　Ⓝ290.9
☆「日本の山の名著・総解説」,「山の名著　明治・大正・昭和戦前編」

三谷 太一郎　みたに・たいちろう

08520　「大正デモクラシー論」
『新版 大正デモクラシー論―吉野作造の時代』　三谷太一郎著　東京大学出版会　1995　337, 12p　21cm　5356円　Ⓘ4-13-030096-2
☆「歴史家の一冊」

三谷 隆正　みたに・たかまさ

08521　「国家哲学」
『国家哲学』　三谷隆正著　社会思想研究会出版部　1952　130p　16cm（現代教養文庫　第38）〈附録：宗教と法律〉Ⓝ313.1
☆「世界名著大事典」

三谷 博　みたに・ひろし

08522　「大人のための近現代史—19世紀編」
『大人のための近現代史　19世紀編』三谷博, 並木頼寿, 月脚達彦編　東京大学出版会　2009　320p　21cm〈年表あり　索引あり〉2600円　Ⓘ978-4-13-023058-2　Ⓝ220
☆「世界史読書案内」

三田村 鳶魚　みたむら・えんぎょ

08523　「御家騒動」
『御家騒動』三田村鳶魚著　朝倉治彦編　中央公論社　1997　409p　16cm（中公文庫　鳶魚江戸文庫　7）　757円　Ⓘ4-12-202821-3　Ⓝ913.6
☆「世界名著大事典　補遺(Extra)」

08524　「瓦版のはやり唄」
『瓦版のはやり唄』三田村鳶魚著　春陽堂　1926　290p　18cm　Ⓝ911.6
☆「世界名著大事典　補遺(Extra)」

08525　「元禄快挙別録」
『元禄快挙別録』三田村鳶魚著　朝倉治彦編　中央公論社　1998　323p　16cm（中公文庫　鳶魚江戸文庫　27)〈下位シリーズの責任表示：三田村鳶魚著〉　629円　Ⓘ4-12-203295-4　Ⓝ210.52
☆「世界名著大事典　補遺(Extra)」

08526　「御殿女中」
『御殿女中』三田村鳶魚著　朝倉治彦編　中央公論社　1998　505p　16cm（中公文庫　鳶魚江戸文庫　17)〈下位シリーズの責任表示：三田村鳶魚著〉　933円　Ⓘ4-12-203049-8　Ⓝ210.5
☆「世界名著大事典　補遺(Extra)」

08527　「芝居と忠実」
☆「世界名著大事典　補遺(Extra)」

08528　「未刊随筆百種」
『未刊随筆百種　第1巻』三田村鳶魚編　中央公論社　1976　414p　20cm〈監修：森銑三, 野間光辰, 朝倉治彦〉　Ⓝ914.5
☆「世界名著大事典　補遺(Extra)」

08529　「列侯深秘録」
『列侯深秘録』国書刊行会編　国書刊行会　1924　608p　23cm（国書刊行会刊行書）　Ⓝ210.5
☆「世界名著大事典　補遺(Extra)」

三田村 信行　みたむら・のぶゆき

08530　「おとうさんがいっぱい」
『おとうさんがいっぱい』三田村信行作　佐々木マキ絵　理論社　2003　206p　22cm（新・名作の愛蔵版）　1200円　Ⓘ4-652-00514-8　Ⓝ913.6
☆「少年少女の名作案内 日本の文学ファンタジー編」

道浦 母都子　みちうら・もとこ

08531　「無援の抒情」
『無援の抒情』道浦母都子著　岩波書店　2000　261p　15cm（岩波現代文庫　文芸）　900円　Ⓘ4-00-602016-3　Ⓝ911.168
☆「現代を読む」

道尾 秀介　みちお・しゅうすけ

08532　「月と蟹」
『月と蟹』道尾秀介著　文藝春秋　2013　358p　16cm（文春文庫　み38-2）　590円　Ⓘ978-4-16-783866-9　Ⓝ913.6
☆「3行でわかる名作&ヒット本250」

道端 良秀　みちはた・りょうしゅう

08533　「中国仏教史」
『中国仏教史』道端良秀著　再版　京都　法蔵館　1948　330p　21cm〈初刷昭和19　附録：中国仏教史参考文献抄録（教会史関係）人名索引, 書名索引〉　Ⓝ180.222
☆「世界名著大事典」

三井 高房　みつい・たかふさ

08534　「町人考見録」
『町人考見録』三井高房原編著　鈴木昭一訳〔東村山〕　教育社　1981　223p　18cm（教育社新書　原本現代訳　64)〈参考文献：p31～32〉　700円　Ⓝ210.5
☆「古典の事典」, 「世界名著大事典」, 「日本名著辞典」

光岡 明　みつおか・あきら

08535　「機雷」
『機雷』光岡明著　講談社　1984　428p　15cm（講談社文庫）　520円　Ⓘ4-06-183290-5　Ⓝ913.6
☆「世界の海洋文学」

三岡 健次郎　みつおか・けんじろう

08536　「船舶太平洋戦争」
『船舶太平洋戦争——一日ハ四時間ナリ』三岡健次郎著　原書房　1983　314p　20cm〈新装版　著者の肖像あり　付（図3枚　袋入）〉　1900円　Ⓘ4-562-01342-7　Ⓝ916
☆「日本陸軍の本・総解説」

満川 元行　みつかわ・もとゆき

08537　「戦記『塩』」
『戦記塩—東部ニューギニア戦線・ある隊付軍医の回想』満川元行著　戦誌刊行会　1984

箕作 元八　みつくり・げんぱち

08538　「西洋史講話」
『西洋史講話』　箕作元八著　大類伸補訂　訂正6版増刷　東京開成館　1942　2冊　地図　図版　表　21cm〈初版明治43〉　Ⓝ230.1
☆「世界名著大事典」

08539　「ナポレオン時代史」
『ナポレオン時代史　上，下』　箕作元八著　大類伸校　富山房　1938　2冊　17-18cm〈富山房百科文庫　第39-40〉　Ⓝ235
☆「世界名著大事典」

08540　「フランス大革命史」
『フランス大革命史　1』　箕作元八著　講談社　1977　193p　15cm〈講談社学術文庫〉　280円　Ⓝ235.061
☆「世界名著大事典」

箕作 阮甫　みつくり・げんぽ

08541　「水蒸船説略」
『江戸科学古典叢書　46　軍艦図解.水蒸船説略』　恒和出版　1983　591,18p　22cm〈編集委員：青木国夫ほか〉　5800円　Ⓝ402.105
☆「世界名著大事典」

光瀬 龍　みつせ・りゅう

08542　「喪われた都市の記録」
『喪われた都市の記録　上』　光瀬龍著　角川春樹事務所　1998　341p　16cm〈ハルキ文庫〉　700円　Ⓘ4-89456-470-X　Ⓝ913.6
☆「世界のSF文学・総解説」

08543　「征東都督府」
『征東都督府』　光瀬龍著　角川書店　1982　380p　15cm〈角川文庫〉　420円　Ⓝ913.6
☆「世界のSF文学・総解説」

08544　「たそがれに還る」
『たそがれに還る』　光瀬龍著　角川春樹事務所　1998　387p　16cm〈ハルキ文庫〉　760円　Ⓘ4-89456-439-4　Ⓝ913.6
☆「世界のSF文学・総解説」

08545　「秘伝宮本武蔵」
『秘伝・宮本武蔵』　光瀬龍著　徳間書店　1982　2冊　16cm〈徳間文庫〉　460円,380円　Ⓘ4-19-577331-8　Ⓝ913.6
☆「歴史小説・時代小説　総解説」

08546　「百億の昼と千億の夜」
『百億の昼と千億の夜』　光瀬龍著　早川書房　2010　473p　16cm〈ハヤカワ文庫　JA1000〉〈1973年刊の新装版〉　840円　Ⓘ978-4-15-031000-4　Ⓝ913.6
☆「世界のSF文学・総解説」

三橋 規宏　みつはし・ただひろ

08547　「ゼロエミッションと日本経済」
『ゼロエミッションと日本経済』　三橋規宏著　岩波書店　2001　223p　18cm〈岩波新書〉〈第9刷〉　740円　Ⓘ4-00-430491-1
☆「学問がわかる500冊 v.2」

三橋 敏雄　みつはし・としお

08548　「海」
『海—三橋敏雄句集』　三橋敏雄著　三鷹　ふらんす堂　1992　77p　16cm〈ふらんす堂文庫〉　1000円　Ⓘ4-89402-038-6　Ⓝ911.368
☆「世界の海洋文学」

三菱総研　みつびしそうけん

08549　「90年代を読む15の新視点」
『90年代を読む15の新視点—変貌する日本の産業と社会』　佐藤公久,新井義男,岡本勲,尾原重男著　PHP研究所　1988　254p　21cm　1300円　Ⓘ4-569-22254-4
☆「経済経営95冊」

水戸 光圀　みと・みつくに

08550　「大日本史」
『訳註大日本史　第1-3』　徳川光圀撰　川崎紫山訳註　大日本史普及会編　大日本史普及会　1964　3冊　27cm　Ⓝ210.1
☆「学術辞典叢書 第15巻」,「古典の事典」,「人文科学の名著」,「世界名著解題選 第2巻」,「世界名著大事典」,「日本の古典名著」,「日本名著辞典」,「日本歴史「古典籍」総覧」,「歴史の名著100」

08551　「礼儀類典」
☆「世界名著大事典」

三富 朽葉　みとみ・きゅうよう

08552　「三富朽葉詩集」
『三富朽葉詩集』　三富朽葉著　第一書房　1926　834p　肖像　20cm〈和装〉　Ⓝ911.5
☆「日本文学鑑賞辞典〔第2〕」

南方 熊楠　みなかた・くまぐす

08553　「十二支考」
『十二支考　上』　南方熊楠著　岩波書店　2003　457p　19cm〈ワイド版岩波文庫〉　1400円　Ⓘ4-00-007220-X　Ⓝ388
☆「学問がわかる500冊 v.2」,「世界の名著早わかり事典」,「大正の名著」,「21世紀の必読書100選」,「日本の名著」,「ベストガイド日本の名著」,「明治・大正・昭和の名著・総解説」

08554 「南方随筆」
『南方随筆』 南方熊楠著 沖積舎 1992 439p 20cm〈岡書院大正15年刊の複製 著者の肖像あり 付 (5p 18cm): 栞〉 7000円 Ⓘ4-8060-4030-4 Ⓝ380.4
☆「日本文芸鑑賞事典 第8巻 (1924〜1926年)」

08555 「南方二書」
『南方二書―原本翻刻 松村任三宛南方熊楠原書簡』［南方熊楠］［著］ 南方熊楠顕彰会学術部編 ［田辺］ 南方熊楠顕彰会 2006 65p 21cm Ⓝ289.1
☆「現代社会学の名著」

水上 滝太郎 みなかみ・たきたろう

08556 「大阪」
『水上滝太郎全集 4巻』 岩波書店 1983 648,3p 20cm〈第2刷(第1刷: 昭和15年) 著者の肖像あり〉 3200円 Ⓝ918.68
☆「日本文芸鑑賞事典 第7巻(1920〜1923年)」

08557 「大阪の宿」
『大阪の宿』 水上瀧太郎［著］ 講談社 2003 296p 16cm(講談社文芸文庫)〈年譜あり 著作目録あり〉 1200円 Ⓘ4-06-198342-3 Ⓝ913.6
☆「一度は読もうよ! 日本の名著」、「一冊で日本の名著100冊を読む 続」、「現代文学名作探訪事典」、「世界名著大事典 補遺(Extra)」、「日本文学現代名作事典」、「日本文芸鑑賞事典 第7巻(1920〜1923年)」、「ポケット日本名作事典」

08558 「貝殻追放」
『貝殻追放―抄』 水上滝太郎著 小泉信三編 河出書房 1951 184p 15cm(市民文庫 第42) Ⓝ914.6
☆「世界名著大事典 補遺」、「日本文学鑑賞辞典〔第2〕」

水上 勉 みなかみ・つとむ

08559 「宇野浩二伝」
『宇野浩二伝 上巻』 水上勉著 中央公論社 1979 462p 15cm(中公文庫) 460円 Ⓝ910.28
☆「世界名著大事典 補遺(Extra)」

08560 「海の牙」
『海の牙』 水上勉著 読売新聞社 1997 258p 19cm〈戦後ニッポンを読む 佐高信解説監修〉 1400円 Ⓘ4-643-97142-8 Ⓝ913.6
☆「世界の推理小説・総解説」、「世界名著大事典 補遺」

08561 「越後つついし親不知」
『越後つついし親不知』 水上勉著 成瀬書房 1984 76p 22cm〈帙入(23cm) 限定版 和装〉 Ⓘ4-930708-20-6 Ⓝ913.6
☆「一度は読もうよ! 日本の名著」、「一冊で愛の話

題作100冊を読む」、「日本文学名作案内」

08562 「越前竹人形」
『越前竹人形』 水上勉著 中央公論社 1980 173p 15cm(中公文庫) 240円 Ⓝ913.6
☆「世界名著大事典 補遺(Extra)」、「日本文芸鑑賞事典 第19巻」、「ポケット日本名作事典」

08563 「蛙よ、木からおりてこい」
『蛙よ木からおりてこい』 水上勉著 丸木俊絵 新潮社 1972 183p 20cm(新潮少年文庫 8)
☆「日本文芸鑑賞事典 第20巻(昭和42〜50年)」

08564 「雁の寺」
『雁の寺』 水上勉著 新訂 文芸春秋 1975 317p 22cm 1700円 Ⓝ913.6
☆「あらすじダイジェスト」、「一度は読もうよ! 日本の名著」、「一冊で日本の名著100冊を読む」、「知らないと恥ずかしい『日本の名作』あらすじ200本」、「世界名著大事典 補遺(Extra)」、「日本の小説101」、「日本文学名作案内」、「日本文芸鑑賞事典 第18巻(1958〜1962年)」、「日本名作文学館 日本編」、「ポケット日本名作事典」

08565 「飢餓海峡」
『飢餓海峡 上』 水上勉著 改訂決定版 河出書房新社 2005 332p 20cm 1600円 Ⓘ4-309-01692-8 Ⓝ913.6
☆「あらすじで味わう昭和のベストセラー」、「新潮文庫20世紀の100冊」、「世界の推理小説・総解説」、「世界名著大事典 補遺(Extra)」、「日本・世界名作『愛の会話』100章」、「ポケット日本名作事典」

08566 「霧と影」
『霧と影』 水上勉著 角川書店 1967 296p 15cm(角川文庫) 130円 Ⓝ913.6
☆「世界名著大事典 補遺(Extra)」

08567 「金閣炎上」
『金閣炎上』 水上勉著 新潮社 1986 347p 15cm(新潮文庫) 400円 Ⓘ4-10-114119-3 Ⓝ913.6
☆「現代文学鑑賞辞典」、「ポケット日本名作事典」

08568 「湖笛」
『湖笛 上』 水上勉著 復刊 ごま書房 2008 408p 20cm(水上勉勘六山房叢書 水上勉著) 1600円 Ⓘ978-4-341-17228-2 Ⓝ913.6
☆「世界名著大事典 補遺(Extra)」

08569 「五番町夕霧楼」
『五番町夕霧楼』 水上勉著 成瀬書房 1977 235p 22cm〈限定版〉 28000円 Ⓝ913.6
☆「一度は読もうよ! 日本の名著」、「一冊で日本の名著100冊を読む」、「世界名著大事典 補遺(Extra)」、「日本文学名作案内」

08570 「城」

『城―水上勉作品集　簑笠の人―水上勉作品集』
水上勉著　新日本出版社　2008　237p
20cm　1600円　①978-4-406-05142-2　Ⓝ913.6
☆「歴史小説・時代小説 総解説」

08571　「玉椿物語」
『玉椿物語』　水上勉著　新潮社　1978　668p
15cm（新潮文庫）　520円　Ⓝ913.6
☆「世界名著大事典 補遺(Extra)」

08572　「寺泊」
『寺泊』　水上勉著　筑摩書房　1977　225p
20cm　1500円　Ⓝ913.6
☆「一度は読もうよ！日本の名著」、「一冊で日本の名著100冊を読む　続」

08573　「波影」
『波影』　水上勉著　文芸春秋新社　1964
206p　20cm　Ⓝ913.6
☆「現代文学名作探訪事典」

08574　「フライパンの歌」
『フライパンの歌』　水上勉著　東方社　1966
192p　20cm　420円　Ⓝ913.6
☆「世界名著大事典 補遺(Extra)」

皆川 淇園　みながわ・きえん

08575　「易学階梯」
『易学階梯』　真勢中洲(達富)著　松山堂
1907　56,68,72p（上・下巻,附録）　19cm
〈附：易学階梯附言(谷川順)〉　Ⓝ148
☆「世界名著大事典」

水口 博也　みなくち・ひろや

08576　「オルカ」
『オルカ―海の王シャチと風の物語』　水口博也著　早川書房　2007　288p　16cm（ハヤカワ文庫　NF）〈文献あり〉　640円
①978-4-15-050322-2　Ⓝ489.6
☆「世界の海洋文学」

08577　「ブルー・ホエール」
『ブルーホエール―バハ・カリフォルニアの青い巨鯨』　水口博也著　早川書房　1994
276p　20cm〈参考文献：p268～276〉
1800円　①4-15-207852-9　Ⓝ489.6
☆「世界の海洋文学」

湊 かなえ　みなと・かなえ

08578　「告白」
『告白』　湊かなえ著　双葉社　2010　317p
15cm（双葉文庫　み-21-01）　619円
①978-4-575-51344-8　Ⓝ913.6
☆「3行でわかる名作&ヒット本250」

08579　「夜行観覧車」
『夜行観覧車』　湊かなえ著　双葉社　2013
380p　15cm（双葉文庫　み-21-04）　648円
①978-4-575-51552-7　Ⓝ913.6
☆「3行でわかる名作&ヒット本250」

湊 邦三　みなと・くにぞう

08580　「藤馬は強い」
『大江戸の歳月―新鷹会・現代小説傑作選』　平岩弓枝監修　光文社　2003　476p　16cm（光文社文庫）　705円　①4-334-73507-X
Ⓝ913.68
☆「歴史小説・時代小説 総解説」

湊 正雄　みなと・まさお

08581　「湖の一生」
『湖の一生』　湊正雄著　福村書店　1951　116p
図版　19cm（地球の歴史文庫）　Ⓝ452.93
☆「名著の履歴書」

南 博　みなみ・ひろし

08582　「社会心理学」
『社会心理学―社会行動の基礎理論』　南博著
20版　光文社　1951　365p　22cm　Ⓝ361.5
☆「名著の履歴書」

08583　「社会心理学入門」
『社会心理学入門』　南博著　岩波書店　1958
218p　表　18cm（岩波新書）〈付：参考文献
213-218p〉　Ⓝ361.5
☆「明治・大正・昭和の名著・総解説」

08584　「日本人の心理」
『日本人の心理』　南博著　岩波書店　1953
212p　18cm（岩波新書）　Ⓝ154
☆「あの本にもう一度」

08585　「日本人論」
『日本人論―明治から今日まで』　南博著　岩波書店　2006　462,19p　15cm（岩波現代文庫　学術）　1400円　①4-00-600157-6　Ⓝ361.42
☆「日本の社会と文化」

南 洋一郎　みなみ・よういちろう

08586　「海洋冒険物語」
『海洋冒険物語』　南洋一郎著　国書刊行会
1985　275p　20cm（熱血少年文学館）〈挿画：鈴木御水〉　2700円　Ⓝ913.6
☆「世界の海洋文学」

08587　「吼える密林」
『吼える密林―猛獣征服』　南洋一郎著　講談社
1970　266p　19cm（愛蔵復刻版少年倶楽部名作全集）〈昭和8年刊の複製版〉　680円
Ⓝ913.6
☆「日本文芸鑑賞事典 第10巻」

南 義光　みなみ・よしみつ

08588　「いつまでもマリンブルー」
『いつまでもマリンブルー―おもしろ海の随筆』
南義光著　成山堂書店　1988　236p　20cm
1800円　①4-425-94351-1　Ⓝ049.1
☆「世界の海洋文学」

源 顕兼　みなもと・あきかね

08589　「古事談」
『古事談　上』源顕兼撰　小林保治校注　現代思潮社　1981　322p　20cm（古典文庫）
2400円　Ⓝ913.47
☆「一度は読もうよ！日本の名著」、「一冊で日本の古典100冊を読む」、「近代名著解題選集 3」、「古典の事典」、「この一冊で読める！日本の古典50冊」、「世界名著大事典」、「日本文学鑑賞辞典〔第1〕」、「日本名著辞典」

源 家長　みなもと・いえなが

08590　「源家長日記」
『源家長日記―校本・研究・総索引』源家長日記研究会著　風間書房　1985　458p　27cm
15000円　①4-7599-0621-5　Ⓝ915.4
☆「近代名著解題選集 3」

源 実朝　みなもと・さねとも

08591　「金槐和歌集」
『金槐和歌集』源実朝撰　樋口芳麻呂校注　新潮社　1981　327p　20cm（新潮日本古典集成）　1700円　Ⓝ911.148
☆「学術辞典叢書 第15巻」、「近代名著解題選集 3」、「古典の事典」、「古典文学鑑賞辞典」、「この一冊で読める！日本の古典50冊」、「作品と作者」、「世界名作事典」、「世界名著解題選集 第1巻」、「世界名著大事典」、「千年の百冊」、「2ページでわかる日本の古典傑作選 2」、「日本の古典」、「日本の古典名著」、「日本の事物」、「日本の名著3分間読書100」、「日本文学鑑賞辞典〔第1〕」、「日本文学の古典50選」、「日本文学名作概観」、「日本名著辞典」、「早わかり日本古典文学あらすじ事典」、「文学・名著300選の解説 '88年度版」

源 順　みなもと・したごう

08592　「宇津保物語」
『宇津保物語―本文と索引　索引編―付属語』
宇津保物語研究会編　笠間書院　1982　271p
27cm　9500円　Ⓝ913.34
☆「一度は読もうよ！日本の名著」、「一冊で日本の古典100冊を読む」、「学術辞典叢書 第15巻」、「近代名著解題選集 2」、「近代名著解題選集 3」、「古典の事典」、「古典文学鑑賞辞典」、「作品と作者」、「3行でわかる名作＆ヒット本250」、「世界名作事典」、「世界名著解題選集 第1巻」、「世界名著大事典」、「千年の百冊」、「2ページでわかる日本の古典傑作選」、「日本古典への誘い100選 1」、「日本の古典」、「日本の古典・世界の古典」、「日本の古典名著」、「日本文学鑑賞辞典〔第1〕」、「日本文学の古典50選」、「日本文学名作案内」、「日本文学名作概観」、「日本文学名作事典」、「日本名著辞典」、「早わかり日本古典文学あらすじ事典」、「文学・名著300選の解説 '88年度版」

08593　「落窪物語」
『落窪物語―現代語訳付き　上』室城秀之訳注
新版　角川書店　2004　471p　15cm（角川文庫　角川ソフィア文庫）　1000円
①4-04-374201-0　Ⓝ913.35
☆「あらすじで読む日本の古典」、「一度は読もうよ！日本の名著」、「一冊で日本の古典100冊を読む」、「一冊で100名作の「さわり」を読む」、「学術辞典叢書 第15巻」、「近代名著解題選集 2」、「近代名著解題選集 3」、「古典の事典」、「古典文学鑑賞辞典」、「作品と作者」、「知らないと恥ずかしい「日本の名作」あらすじ200本」、「世界名作事典」、「世界名著解題選集 第1巻」、「世界名著大事典」、「千年の百冊」、「2ページでわかる日本の古典傑作選」、「日本古典への誘い100選 1」、「日本の古典」、「日本の古典・世界の古典」、「日本の古典名著」、「日本文学鑑賞辞典〔第1〕」、「日本文学の古典50選」、「日本文学名作案内」、「日本文学名作概観」、「日本文学名作事典」、「日本・名著のあらすじ」、「早わかり日本古典文学あらすじ事典」

08594　「後撰和歌集」
『後撰和歌集―附関戸氏片仮名本』大中臣能宣ほか撰　与謝野寛ほか編纂校訂　現代思潮社　1982　212p　16cm（覆刻日本古典全集）〈日本古典全集刊行会昭和2年刊の複製〉Ⓝ911.1352
☆「近代名著解題選集 3」、「世界名著大事典」、「日本の古典名著」、「日本文学鑑賞辞典〔第1〕」、「日本文学名作概観」、「日本名著辞典」

08595　「倭名類聚抄」
『倭名類聚抄―天文本』源順撰　東京大学国語研究室編　汲古書院　1987　640p　22cm（東京大学国語研究室資料叢書 12）〈解題：宮沢俊雅　複製〉10000円　Ⓝ813.2
☆「古典の事典」、「日本名著辞典」

源 高明　みなもと・たかあきら

08596　「西宮記」
『西宮記―前田本』源高明撰　育徳財団編　育徳財団　1928　1軸　29cm〈附（31p 19cm）：西宮記抄解説　和装〉Ⓝ210.3
☆「世界名著大事典」、「日本名著辞典」

源 為憲　みなもと・ためのり

08597　「三宝絵詞」
『三宝絵詞』源為憲著　勉誠社　1985　2冊　21cm（勉誠社文庫　128,129）〈解説：小泉弘　東寺観智院旧蔵の複製〉各2000円　Ⓝ184.9
☆「近代名著解題選集 3」、「世界名著大事典」、「日

本古典への誘い100選1」、「日本の古典名著」、「日本文学鑑賞辞典〔第1〕」

源 経信 みなもと・つねのぶ

08598 「高陽院歌合」

『校註国歌大系 第9巻 撰集,歌合 全』 国民図書株式会社編 講談社 1976 43,937p 図 19cm〈国民図書株式会社昭和3〜6年刊の複製 限定版〉 Ⓝ911.108

☆「近代名著解題選集3」

源 経頼 みなもと・つねより

08599 「左経記」

『増補史料大成 第6巻 左経記』 増補史料大成刊行会編 源経頼著 京都 臨川書店 1989 449p 22cm〈第5刷(第1刷:昭和40年)〉 4900円 Ⓘ4-653-00520-6 Ⓝ210.088

☆「世界名著大事典」

源 俊頼 みなもと・としより

08600 「金葉和歌集」

『金葉和歌集—三奏本』 松田武夫校訂 岩波書店 1994 185p 15cm〈岩波文庫〉〈第4刷(第1刷:1938年)〉 460円 Ⓘ4-00-300301-2 Ⓝ911.1355

☆「近代名著解題選集3」、「古典の事典」、「世界名著大事典」、「日本の古典名著」、「日本文学鑑賞辞典〔第1〕」、「日本文学名作概観」、「日本名著辞典」

08601 「散木奇歌集」

『散木奇歌集』 源俊頼著 冷泉家時雨亭文庫編 朝日新聞社 1993 648,35p 22cm〈冷泉家時雨亭叢書 第24巻〉〈複製〉 30000円 Ⓘ4-02-240324-1 Ⓝ911.138

☆「世界名著大事典」、「日本文学鑑賞辞典〔第1〕」

08602 「俊頼口伝」

『續々群書類従 第15 歌文部2』 国書刊行会編纂 オンデマンド版 八木書店古書出版部 2013 705p 21cm〈初版:続群書類従完成会1969年刊 デジタルパブリッシングサービス〔印刷・製本〕 八木書店〔発売〕〉 11000円 Ⓘ978-4-8406-3242-3 Ⓝ081

☆「近代名著解題選集3」

08603 「俊頼髄脳」

『俊頼髄脳』 〔源〕俊頼〔著〕 朝日新聞社 2008 576,52p 22cm〈冷泉家時雨亭叢書 第79巻 冷泉家時雨亭文庫編〉〈複製 折り込1枚〉 30000円 Ⓘ978-4-02-240379-7 Ⓝ911.138

☆「世界名著大事典」、「千年の百冊」

源 豊宗 みなもと・とよむね

08604 「日本美術史年表」

『日本美術史年表』 源豊宗編著 〔東京〕 ア

ルヒーフ 2003 392p 27cm〈すずさわ書店〔発売〕 座右宝刊行会1978年刊の新訂版〉 5800円 Ⓘ4-7954-0172-1 Ⓝ702.1

☆「人文科学の名著」

源 雅実 みなもと・まさざね

08605 「類聚歌合」

『類聚歌合』 貴重図書影本刊行会編 貴重図書影本刊行会 1940 1軸 29cm〈複製 付(82p 23cm):影本「類聚歌合」解説並釈文 木箱入〉 Ⓝ911.13

☆「世界名著大事典」

源 通方 みなもと・みちかた

08606 「餝抄」

『内閣文庫所蔵史籍叢刊 古代中世篇第5巻 教訓抄〈舞楽雑録〉太政大臣上表次第他』 皆川完一,益田宗,小口雅史,筧雅博編修委員 汲古書院 2013 558p 27cm〈解題:池和田有紀 木村真美子 石田実洋 小倉慈司 新井重行 尾上陽介 高田義人 原本所蔵:国立公文書館 複製〉 20000円 Ⓘ978-4-7629-4304-1 Ⓝ210.088

☆「古典の事典」

08607 「飾抄」

『内閣文庫所蔵史籍叢刊 古代中世篇第5巻 教訓抄〈舞楽雑録〉太政大臣上表次第他』 皆川完一,益田宗,小口雅史,筧雅博編修委員 汲古書院 2013 558p 27cm〈解題:池和田有紀 木村真美子 石田実洋 小倉慈司 新井重行 尾上陽介 高田義人 原本所蔵:国立公文書館 複製〉 20000円 Ⓘ978-4-7629-4304-1 Ⓝ210.088

☆「日本の古典名著」

源 道具 みなもと・みちとも

08608 「拾遺集」

『拾遺集—寂恵本』 日本古典文学刊行会 1974 1冊 24cm〈複刻日本古典文学館 第1期〉〈奥付の書名:拾遺和歌集 複製 ほるぷ〔発売〕 付(別冊 44p):拾遺和歌集解題 叢書の編者:日本古典文学会 箱入 限定版 和装〉 Ⓝ911.1353

☆「早わかり日本古典文学あらすじ事典」

源 師時 みなもと・もろとき

08609 「長秋記」

『古記録集』 朝日新聞社 1999 429,63p 22cm〈冷泉家時雨亭叢書 第61巻 冷泉家時雨亭文庫編〉〈複製 折り込2枚〉 27000円 Ⓘ4-02-240361-6 Ⓝ210.36

☆「世界名著大事典」

峯岸 義秋　みねぎし・よしあき
08610　「歌合の研究」
『歌合の研究』　峯岸義秋著　パルトス社　1995　737,22p　22cm〈三省堂出版昭和29年刊の複製　歌合研究文献目録：p723〜737〉20000円　Ⓝ911.18
☆「世界名著大事典」

箕浦 康子　みのうら・やすこ
08611　「文化のなかの子ども」
『文化のなかの子ども』　箕浦康子著　東京大学出版会　1990　240,6p　19cm〈シリーズ人間の発達　6〉〈文献：p225〜238〉2060円　①4-13-013106-0　Ⓝ371.45
☆「学問がわかる500冊」

美濃部 達吉　みのべ・たつきち
08612　「現代憲政評論」
『現代憲政評論—選挙革正論其の他』　美濃部達吉著　岩波書店　1930　439p　20cm　Ⓝ310
☆「世界名著大事典」

08613　「憲法撮要」
『憲法撮要』　美濃部達吉著　改訂　復刻版　有斐閣　2000　558p　22cm〈原本：昭和21年刊〉10000円　①4-641-12881-2　Ⓝ323.1
☆「憲法本41」，「世界の名著早わかり事典」，「大正の名著」，「日本近代の名著」，「日本の名著」，「ベストガイド日本の名著」，「明治・大正・昭和の名著・総解説」

08614　「日本行政法」
『日本行政法　上,下巻』　美濃部達吉著　有斐閣　1940　2冊　23cm〈上巻再版〉Ⓝ323.9
☆「世界名著大事典」

美濃部 侑三　みのべ・ゆうぞう
08615　「植物—不思議な世界」
『植物—ふしぎな世界』　美濃部侑三編　共立出版　1996　106,11p　21cm〈ネオ生物学シリーズ　ゲノムから見た新しい生物像　第7巻〉2060円　①4-320-05457-1　Ⓝ467.3
☆「学問がわかる500冊 v.2」

美濃部 亮吉　みのべ・りょうきち
08616　「カルテル・トラスト・コンツェルン」
『カルテル・トラスト・コンツェルン』　有沢広巳,脇村義太郎共著　御茶の水書房　1977　604p　22cm〈解題：鈴木鴻一郎〉4500円　Ⓝ335.2
☆「世界名著大事典」

三升屋 兵庫　みますや・ひょうご
08617　「参会名護屋」

『新日本古典文学大系　96　江戸歌舞伎集』　佐竹昭広ほか編　古井戸秀夫,鳥越文蔵,和田修校注　岩波書店　1997　520p　22cm　3700円　①4-00-240096-4　Ⓝ918
☆「世界名著大事典」

三村 雄太　みむら・ゆうた
08618　「平凡な大学生のボクがネット株で3億円稼いだ秘術教えます！」
『平凡な大学生のボクがネット株で3億円稼いだ秘術教えます！—三村式株投資』　三村雄太著　扶桑社　2005　207p　19cm　1300円　①4-594-05011-5　Ⓝ338.183
☆「超売れ筋ビジネス書101冊」

三村 征雄　みむら・ゆきお
08619　「現代数学概説Ⅱ」
『現代数学概説』　弥永昌吉等著　岩波書店　1961　2冊　22cm〈現代数学　第1-2〉〈著者：第1は弥永昌吉,小平邦彦　第2は河田敬義,三村征雄〉Ⓝ410.1
☆「ブックガイド "数学" を読む」

宮 柊二　みや・しゅうじ
08620　「山西省」
『山西省—歌集』　宮柊二著　短歌新聞社　1995　122p　15cm〈短歌新聞社文庫〉700円　①4-8039-0790-0　Ⓝ911.168
☆「日本文学鑑賞辞典〔第2〕」

08621　「群鶏」
『群鶏—歌集』　宮柊二著　短歌新聞社　1995　132p　15cm〈短歌新聞社文庫〉〈年譜：p127〜130〉700円　①4-8039-0776-5　Ⓝ911.168
☆「日本文芸鑑賞事典 第14巻（1946〜1948年）」

宮内 寒弥　みやうち・かんや
08622　「七里ケ浜」
『七里ケ浜』　宮内寒弥著　新潮社　1978　209p　20cm　980円　Ⓝ913.6
☆「世界の海洋文学」

08623　「新高山登レ一二〇八」
『新高山登レ一二〇八—追跡戦記　日本海軍の暗号付（第6章：日本陸軍の暗号）』　宮内寒弥著　六興出版　1975　549p　20cm〈参考文献：p.546-549〉2500円　Ⓝ391.6
☆「日本海軍の本・総解説」

宮内 康　みやうち・こう
08624　「風景を撃て—大学一九七〇-七五」
『風景を撃て—大学一九七〇-七五　宮内康建築論集』　宮内康著　相模書房　1976　350p　20cm　1700円　Ⓝ520.4

宮内 嘉久　みやうち・よしひさ

08625　「一建築家の信条」
『一建築家の信条』　前川国男著　宮内嘉久編　晶文社　1981　375p　20cm〈前川国男年譜：p309～340〉　2500円　Ⓘ523.1
☆「建築の書物/都市の書物」

宮尾 登美子　みやお・とみこ

08626　「一絃の琴」
『一絃の琴』　宮尾登美子［著］　新装版　講談社　2008　516p　15cm（講談社文庫）　762円　Ⓘ978-4-06-276028-7　Ⓝ913.6
☆「一度は読もうよ！日本の名著」、「一冊で日本の名著100冊を読む」、「日本文学名作案内」

08627　「櫂」
『櫂』　宮尾登美子著　16刷改版　新潮社　2005　598p　16cm（新潮文庫）　781円　Ⓘ4-10-129308-2　Ⓝ913.6
☆「現代文学鑑賞辞典」、「日本文芸鑑賞事典 第20巻（昭和42～50年）」

08628　「天璋院篤姫」
『天璋院篤姫　上』　宮尾登美子著　新装版　講談社　2007　422p　20cm　1700円　Ⓘ978-4-06-214217-5　Ⓝ913.6
☆「面白いほどよくわかる時代小説名作100」、「ポケット日本名作事典」

08629　「陽暉楼」
『陽暉楼』　宮尾登美子著　文藝春秋　1998　473p　16cm（文春文庫）　552円　Ⓘ4-16-728707-2　Ⓝ913.6
☆「ポケット日本名作事典」

宮川 隆泰　みやかわ・たかやす

08630　「岩崎小弥太」
『岩崎小弥太—三菱を育てた経営理念』　宮川隆泰著　中央公論社　1996　292p　18cm（中公新書）〈略年表・参考文献：p276～284〉　820円　Ⓘ4-12-101317-4　Ⓝ289.1
☆「歴史家の一冊」

宮川 ひろ　みやかわ・ひろ

08631　「先生のつうしんぼ」
『先生のつうしんぼ』　宮川ひろ著　偕成社　1984　180p　19cm（偕成社文庫）　450円　Ⓘ4-03-550770-9
☆「少年少女の名作案内 日本の文学リアリズム編」

宮川 満　みやがわ・みつる

08632　「太閤検地論」
『太閤検地論　第1部　日本封建性確立史』　宮川満著　御茶の水書房　1977　389,9p　22cm〈改装版〉　4200円　Ⓝ611.22
☆「日本史の名著」

宮城谷 昌光　みやぎたに・まさみつ

08633　「晏子」
『晏子　第1巻』　宮城谷昌光著　新潮社　1997　430p　16cm（新潮文庫）〈折り込み1枚〉　552円　Ⓘ4-10-144421-8　Ⓝ913.6
☆「新潮文庫20世紀の100冊」

08634　「玉人」
『玉人』　宮城谷昌光著　新潮社　1999　282p　16cm（新潮文庫）　438円　Ⓘ4-10-144425-0　Ⓝ913.6
☆「現代文学鑑賞辞典」

08635　「重耳」
『重耳　上』　宮城谷昌光著　講談社　1996　354p　15cm（講談社文庫）　580円　Ⓘ4-06-263323-X　Ⓝ913.6
☆「ポケット日本名作事典」

三宅 修　みやけ・おさむ

08636　「現代日本名山図会」
『現代日本名山圖會』　三宅修著　実業之日本社　2003　377p　22cm　4571円　Ⓘ4-408-00786-2　Ⓝ291.09
☆「新・山の本おすすめ50選」

三宅 花圃　みやけ・かほ

08637　「花の趣味」
『花の趣味』　三宅花圃著　服部書店　1909　182p 図版　21cm　Ⓝ914.6
☆「世界名著大事典 補遺（Extra）」

08638　「藪の鶯」
『「新編」日本女性文学全集　第1巻』　岩淵宏子,長谷川啓監修　渡邊澄子責任編集　菁柿堂　2007　501p　22cm〈年譜あり　星雲社［発売］〉　5000円　Ⓘ978-4-434-10001-7　Ⓝ913.68
☆「世界名著大事典 補遺（Extra）」、「日本文学鑑賞辞典〔第2〕」、「日本文芸鑑賞事典 第1巻」、「明治の名著 2」

三宅 周太郎　みやけ・しゅうたろう

08639　「文楽の研究」
『文楽の研究』　三宅周太郎著　岩波書店　2005　362p　15cm（岩波文庫）　760円　Ⓘ4-00-311761-1　Ⓝ777.1
☆「世界名著大事典」

三宅 雪嶺　みやけ・せつれい

08640　「真善美日本人」
『真善美日本人』　三宅雪嶺著　講談社　1985

148p　15cm〈講談社学術文庫〉〈付・偽悪醜日本人〉　400円　Ⓓ4-06-158684-X　Ⓝ361.42
　　☆「世界名著大事典」，「日本人とは何か」，「ベストガイド日本の名著」，「明治・大正・昭和の名著・総解説」，「明治の名著 1」

08641　「同時代史」
　『同時代史』　三宅雪嶺著　岩波書店　1967　6冊　22cm　各1000円　Ⓝ210.6
　　☆「世界名著大事典」

08642　「東洋教政対西洋教政」
　『東洋教政対西洋教政』　三宅雪嶺著　実業之世界社　1956　2冊　22cm　Ⓝ304
　　☆「世界名著大事典」

08643　「日本人論」
　『日本人論』　三宅雪嶺,芳賀矢一著　生松敬三編　冨山房　1977　263p　18cm〈冨山房百科文庫〉　680円　Ⓝ361.6
　　☆「ナショナリズム」

08644　「明治思想小史」
　『明治思想小史』　三宅雪嶺著　丙午出版社　1913　128p　17cm〈大正文庫　第1編〉
　　Ⓝ121.9
　　☆「世界名著大事典」

宮家 準　みやけ・ひとし
08645　「宗教民俗学への招待」
　『宗教民俗学への招待』　宮家準著　丸善　1992　238p　18cm〈丸善ライブラリー　65〉〈参考文献：p234～238〉　660円　Ⓓ4-621-05065-6
　　Ⓝ387
　　☆「学問がわかる500冊 v.2」

三宅 やす子　みやけ・やすこ
08646　「奔流」
　『奔流―長篇』　三宅やす子著　改造社　1926　453p　19cm　Ⓝ913.6
　　☆「大正の名著」

三宅 雄二郎　みやけ・ゆうじろう
08647　「宇宙」
　『宇宙―解説』　三宅雄二郎著　青柳猛解説　改版　実業之世界社　1956　539p　図版　19cm〈附録：「宇宙」と三宅雪嶺（長谷川如是閑）〉　Ⓝ121.9
　　☆「世界名著大事典」

三宅 米吉　みやけ・よねきち
08648　「日本史学提要」
　『日本史学提要―気候・人種・古物』　三宅米吉著　普及舎　1886　120p　図版　22cm　Ⓝ210
　　☆「世界名著大事典」

都 一中（5代）　みやこ・いっちゅう
08649　「都羽二重拍子扇」
　『徳川文芸類聚　9　俗曲　上』　国書刊行会編　国書刊行会　1987　638p　22cm〈第2刷（第1刷：昭和45年）　大正3年刊の複製〉　4800円　Ⓝ918.5
　　☆「世界名著大事典」

都 良香　みやこ・よしか
08650　「都氏文集」
　『都氏文集全釈』　都良香原著　中村璋八, 大塚雅司著　汲古書院　1988　258p　22cm〈都良香作品・年譜：p243～256〉　5000円　Ⓝ919.3
　　☆「近代名著解題選集 3」，「世界名著大事典」

宮坂 広作　みやさか・こうさく
08651　「親と教師の連帯を求めて」
　『親と教師の連帯を求めて』　宮坂広作著　新評論　1974　238p　19cm　1000円　Ⓝ371.3
　　☆「教育名著 日本編」

宮坂 梧朗　みやさか・ごろう
08652　「畜産経済地理」
　『畜産経済地理』　宮坂梧朗著　叢文閣　1936　377p　23cm〈経済地理学講座　第6巻〉
　　Ⓝ640.2
　　☆「農政経済の名著 昭和前期編」

宮崎 市定　みやざき・いちさだ
08653　「科挙」
　『科挙―中国の試験地獄』　宮崎市定著　改版　中央公論新社　2003　254p　16cm〈中公文庫〉〈文献あり　年表あり〉　914円
　　Ⓓ4-12-204170-8　Ⓝ322.22
　　☆「人文科学の名著」，「世界史読書案内」，「本の定番」ブックガイド」，「歴史学の名著30」

08654　「九品官人法の研究」
　『九品官人法の研究―科挙前史』　宮崎市定著　中央公論社　1997　634p　16cm〈中公文庫〉〈文献あり　索引あり〉　1238円
　　Ⓓ4-12-202991-0　Ⓝ322.22
　　☆「世界名著大事典」

08655　「五代宋初の通貨問題」
　『五代宋初の通貨問題』　宮崎市定著　星野書店　1943　364p　表　22cm　Ⓝ337.22
　　☆「世界名著大事典」

08656　「自跋集 東洋史学七十年」
　『自跋集―東洋史学七十年』　宮崎市定著　岩波書店　1996　463,6p　20cm〈著者の肖像あり〉　3400円　Ⓓ4-00-023301-7　Ⓝ220
　　☆「「本の定番」ブックガイド」

08657 「大唐帝国」
『大唐帝国―中国の中世』 宮崎市定著 中央公論社 1988 444p 16cm（中公文庫）〈略年表：p433～435〉 580円 Ⓘ4-12-201546-4 Ⓝ222.048
☆「世界史読書案内」

08658 「中国古代史論」
『中国古代史論』 宮崎市定著 平凡社 1988 331p 20cm（平凡社選書 125） 2300円 Ⓘ4-582-84125-2 Ⓝ222.03
☆「21世紀の必読書100選」

08659 「雍正帝」
『雍正帝―中国の独裁君主』 宮崎市定著 中央公論社 1996 264p 16cm（中公文庫）〈『雍正硃批諭旨解題』を含む 雍正帝の肖像あり 参照年表：p193～196〉 580円 Ⓘ4-12-202602-4 Ⓝ289.2
☆「現代人のための名著」

宮崎 湖処子 みやざき・こしょし

08660 「帰省」
『国木田独歩宮崎湖処子集』 国木田独歩,宮崎湖処子［著］ 藤井淑禎,新保邦寛校注 岩波書店 2006 559p 22cm（新日本古典文学大系 明治編 28 中野三敏,十川信介,延広真治,日野龍夫編）〈付属資料：16p：月報 20〉 6000円 Ⓘ4-00-240228-2 Ⓝ913.6
☆「世界名著大事典」

08661 「湖処子詩集」
『日本現代詩大系 第1巻 創成期』 山宮允編 河出書房新社 1974 493p 図 20cm〈河出書房昭和25-26年刊の復刻〉 Ⓝ911.56
☆「世界名著大事典」,「日本文学現代名作事典」

08662 「抒情詩」
『抒情詩』 宮崎湖処子編 日本近代文学館 1980 256p 10×13cm（名著複刻詩歌文学館連翹セット）〈民友社明治30年刊の複製 ほるぷ〔発売〕 叢書の編者：名著複刻全集編集委員会〉 Ⓝ911.56
☆「日本近代文学名著事典」,「日本文学鑑賞辞典〔第2〕」,「日本文芸鑑賞事典 第2巻（1895～1903年）」

宮崎 民蔵 みやざき・たみぞう

08663 「土地均享人類の大権」
『明治文化全集 第22巻 社会篇 上巻』 明治文化研究会編 日本評論社 1993 50,629p 23cm〈複製〉 Ⓘ4-535-04262-4,4-535-04235-7 Ⓝ210.6
☆「農政経済の名著 明治大正編」

宮崎 滔天 みやざき・とうてん

08664 「三十三年の夢」
『三十三年の夢』 宮崎滔天著 島田虔次,近藤秀樹校注 岩波書店 2011 500,7p 15cm（岩波文庫）〈第3刷（第1刷1993年）〉 1200円 Ⓘ4-00-331221-X
☆「アジアの比較文化」,「自伝の名著101」,「世界名著大事典」,「日本近代の名著」,「日本の名著」,「日本文芸鑑賞事典 第2巻（1895～1903年）」,「ベストガイド日本の名著」,「明治・大正・昭和の名著・総解説」,「明治の名著 1」

宮崎 学 みやざき・まなぶ

08665 「突破者」
『突破者―戦後史の陰を駆け抜けた50年 上巻』 宮崎学著 新潮社 2008 372p 16cm（新潮文庫） 552円 Ⓘ978-4-10-136171-0 Ⓝ289.1
☆「大学新入生に薦める101冊の本」

宮崎 安貞 みやざき・やすさだ

08666 「農業全書」
『農業全書』 宮崎安貞編録 貝原楽軒冊補 土屋喬雄校訂 6版 岩波書店 1949 376p 15cm Ⓝ610
☆「古典の事典」,「世界名著大事典」,「日本の古典名著」,「日本名著辞典」

宮崎 義一 みやざき・よしかず

08667 「現代企業論入門」
『現代企業論入門―コーポレイト・キャピタリズムを考える』 宮崎義一著 有斐閣 1985 390p 20cm 2900円 Ⓘ4-641-06452-0 Ⓝ335.4
☆「現代ビジネス書・経済書総解説」

08668 「複合不況」
『複合不況―ポスト・バブルの処方箋を求めて』 宮崎義一著 中央公論社 1992 262p 18cm（中公新書） 820円 Ⓘ4-12-101078-7 Ⓝ338.21
☆「学問がわかる500冊」,「日本経済本38」

宮崎 柳条 みやざき・りゅうじょう

08669 「西洋百工新書」
『日本鉱業史料集 第14期 明治篇』 日本鉱業史料集刊行委員会編 白亜書房 1991 3冊 18×26cm〈複製〉 全21000円 Ⓘ4-89172-139-1 Ⓝ560.921
☆「世界名著大事典」

宮里 政玄 みやざと・せいげん

08670 「沖縄「自立」への道を求めて」
『沖縄「自立」への道を求めて―基地・経済・自治の視点から』 宮里政玄,新崎盛暉,我部政明編著 高文研編 高文研 2009 238p 19cm〈執筆：大城肇ほか〉 1700円 Ⓘ978-4-87498-425-3 Ⓝ318.299

☆「平和を考えるための100冊+α」

宮沢 賢治　みやざわ・けんじ

08671　「雨ニモ負ケズ」

『宮澤賢治作品選』　宮澤賢治［著］　増訂新版　盛岡　信山社　2007　454p　22cm（黒澤勉文芸・文化シリーズ　14　黒澤勉編）〈年譜あり［東京］星雲社〔発売〕〉　5000円
Ⓘ978-4-434-10560-9　Ⓝ918.68
☆「現代文学名作探訪事典」

08672　「風の又三郎」

『風の又三郎』　宮沢賢治作　太田大八絵　講談社　2009　246p　18cm〈宮沢賢治童話集珠玉選〉　850円　Ⓘ978-4-06-215739-1　Ⓝ913.6
☆「あらすじで読む日本の名著 No.3」、「一度は読もうよ！日本の名著」、「一冊で日本の名著100冊を読む」、「一冊で100名作の「さわり」を読む」、「一冊で不朽の名作100冊を読む（友人社）、「一冊で不朽の名作100冊を読む」（友人社）、「感動！日本の名著 近代編」、「これだけは読んでおきたい日本の名作文学案内」、「少年少女のための文学案内 3」、「少年少女の名作案内 日本の文学リアリズム編」、「知らないと恥ずかしい「日本の名作」あらすじ200本」、「図説 5分でわかる日本の名作傑作選」、「世界名著大事典」、「2時間でわかる日本の名著」、「日本児童文学名著事典」、「日本人なら知っておきたいあらすじで読む日本の名著」、「日本の名著 3分間読書100」、「日本文学鑑賞辞典〔第2〕」、「日本文学現代名作事典」、「日本文学名作案内」、「日本文芸鑑賞事典 第10巻」、「日本名著辞典」、「入門名作の世界」、「ポケット日本名作事典」、「名作への招待」、「名作の書き出しを諳んじる」、「名作の研究事典」

08673　「銀河鉄道の夜」

『銀河鉄道の夜他十四篇―童話集』　宮沢賢治作　谷川徹三編　岩波書店　2014　401p　19cm（ワイド版岩波文庫　370）〈改版 岩波文庫1990年刊の再刊〉　1400円
Ⓘ978-4-00-007370-7　Ⓝ913.6
☆「あらすじで出会う世界と日本の名作55」、「あらすじで読む日本の名著」、「あらすじで読む日本の名著 No.2」、「近代日本の百冊を選ぶ」、「現代文学鑑賞辞典」、「この一冊でわかる日本の名作」、「これだけは読んでおきたい日本の名作文学案内」、「少年少女の名作案内 日本の文学ファンタジー編」、「知らないと恥ずかしい「日本の名作」あらすじ200本」、「図説 5分でわかる日本の名作」、「世界のSF文学・総解説」、「世界名著大事典」、「小さな文学の旅」、「2時間でわかる日本の名著」、「日本の小説101」、「日本の名作おさらい」、「日本文芸鑑賞事典 第10巻」、「必読書150」、「ひと目でわかる日本の名作」、「百年の誤読」、「私を変えたこの一冊」

08674　「グスコーブドリの伝記」

『グスコーブドリの伝記』　宮沢賢治著　三鷹　書肆パンセ　2013　149p　19cm（宮沢賢治未来への伝言　1　宮沢賢治［著］）〈年譜あり〉　1200円　Ⓘ978-4-9906530-1-9　Ⓝ913.6
☆「現代文学鑑賞辞典」、「知らないと恥ずかしい「日本の名作」あらすじ200本」、「日本児童文学名著事典」

08675　「セロ弾きのゴーシュ」

『注文の多い料理店』　宮沢賢治著　角川春樹事務所　2012　125p　16cm（ハルキ文庫　み1-4）〈底本：「新校本宮澤賢治全集」第11巻（筑摩書房 1996年刊）第12巻（筑摩書房 1995年刊）　年譜あり〉　267円
Ⓘ978-4-7584-3656-4　Ⓝ913.6
☆「愛と死の日本文学」、「図説 5分でわかる日本の名作傑作選」、「日本の名作おさらい」、「日本文学鑑賞辞典〔第2〕」

08676　「注文の多い料理店」

『注文の多い料理店』　宮沢賢治著　海王社　2012　219p　15cm〈海王社文庫〉〈朗読：宮野真守〉　952円　Ⓘ978-4-7964-0366-5　Ⓝ913.6
☆「3行でわかる名作&ヒット本250」、「少年少女の名作案内 日本の文学ファンタジー編」、「新潮文庫20世紀の100冊」、「図説 5分でわかる日本の名作傑作選」、「世界名著大事典」、「日本近代文学名作事典」、「日本児童文学名著事典」、「日本文学名作事典」、「日本文芸鑑賞事典 第8巻（1924～1926年）」、「ひと目でわかる日本の名作」、「ポケット日本名作事典」

08677　「農民芸術概論綱要」

『宮澤賢治作品選』　宮澤賢治［著］　増訂新版　盛岡　信山社　2007　454p　22cm（黒澤勉文芸・文化シリーズ　14　黒澤勉編）〈年譜あり［東京］星雲社〔発売〕〉　5000円
Ⓘ978-4-434-10560-9　Ⓝ918.68
☆「世界名著大事典」

08678　「春と修羅」

『春と修羅』　宮沢賢治著　日本図書センター　1999　330p　20cm〈文献あり　年譜あり〉　2800円　Ⓘ4-8205-1994-8　Ⓝ911.56
☆「世界名著大事典」、「大正の名著」、「日本近代文学名著事典」、「日本文学鑑賞辞典〔第2〕」、「日本文学現代名作事典」、「日本文芸鑑賞事典 第8巻（1924～1926年）」、「文学・名著300選の解説 '88年度版」、「ベストガイド日本の名著」、「明治・大正・昭和の名著・総解説」

08679　「祭の晩」

『祭の晩』　宮沢賢治文　荻野宏幸絵　福武書店　1991　1冊　27cm　1340円　Ⓘ4-8288-4966-1
☆「Jブンガク」

08680　「宮沢賢治詩集」

『宮沢賢治詩集』　宮沢賢治［著］　谷川徹三編第74刷改版　岩波書店　2007　363p　15cm（岩波文庫）　660円　Ⓘ4-00-310761-6
Ⓝ911.56

☆「50歳からの名著入門」,「日本の名著」

08681 「雪渡り」
『雪渡り』 宮沢賢治文 佐藤国男画 福武書店 1990 1冊 27cm 1340円 ⓘ4-8288-4927-0
☆「少年少女の名作案内 日本の文学ファンタジー編」

08682 「よだかの星」
『よだかの星』 宮沢賢治著 SDP 2008 108p 15cm(SDP bunko) 420円 ⓘ978-4-903620-38-1 Ⓝ913.6
☆「名作の書き出しを諳んじる」

宮沢 俊義　みやざわ・としよし

08683 「憲法の原理」
『憲法の原理』 宮沢俊義著 岩波書店 1967 429p 22cm 900円 Ⓝ323.04
☆「憲法本41」

08684 「日本国憲法」
『日本国憲法―人権と福祉』 渡辺信英編 南窓社 2014 254p 22cm〈文献あり〉 3200円 ⓘ978-4-8165-0420-4 Ⓝ323.143
☆「世界名著大事典」

宮沢 康人　みやざわ・やすと

08685 「社会史のなかの子ども」
『社会史のなかの子ども―アリエス以後の〈家族と学校の近代〉』 宮沢康人編 新曜社 1988 327p 22cm〈執筆：森田伸子ほか〉 3600円 Ⓝ367.6
☆「学問がわかる500冊」

宮地 伝三郎　みやじ・でんざぶろう

08686 「アユの話」
『アユの話』 宮地伝三郎著 岩波書店 1994 308p 16cm(同時代ライブラリー 192) 950円 ⓘ4-00-260192-7 Ⓝ487.61
☆「大人のための日本の名著50」

宮地 直一　みやじ・なおかず

08687 「神祇史大系」
『神祇史大系』 宮地直一著 明治書院 1941 249,36,22p 22cm
☆「世界名著大事典」

宮島 新三郎　みやじま・しんざぶろう

08688 「明治文学十二講」
『明治文学十二講』 宮島新三郎著 改訂 大洋社 1938 332p 図版 19cm Ⓝ910.26
☆「世界名著大事典」

宮島 資夫　みやじま・すけお

08689 「犬の死まで」
『犬の死まで』 宮島資夫著 下出書店 1922 645p 19cm Ⓝ913.6
☆「世界名著大事典 補遺(Extra)」

08690 「恨みなき殺人」
『日本プロレタリア文学集 3 初期プロレタリア文学集 3』 新日本出版社 1985 466p 19cm 2600円 Ⓝ913.68
☆「世界名著大事典 補遺(Extra)」

08691 「黄金地獄」
『宮嶋資夫著作集 第4巻』 西田勝ほか編集 慶友社 1983 322p 20cm〈監修：小田切秀雄〉 3000円 Ⓝ918.68
☆「世界名著大事典 補遺(Extra)」

08692 「坑夫」
『坑夫』 宮島資夫作 久米宏一絵 麦書房 1971 81p 21cm(雨の日文庫 第6集(現代日本文学・大正編) 20)
☆「世界名著大事典 補遺(Extra)」,「日本のプロレタリア文学」,「日本文学鑑賞辞典 〔第2〕」

08693 「第四階級の文学」
『第四階級の文学』 宮島資夫著 下出書店 1922 174p 20cm Ⓝ914.6
☆「世界名著大事典 補遺(Extra)」

08694 「憎しみの後に」
『憎しみの後に』 宮島資夫著 大阪 大阪毎日新聞社〔ほか〕 1924 344p 19cm〈共同刊行：東京日日新聞社(東京)〉 Ⓝ913.6
☆「世界名著大事典 補遺(Extra)」

08695 「仏門に入りて」
『仏門に入りて』 宮島逢州著 創元社 1930 329p 19cm Ⓝ180
☆「世界名著大事典 補遺(Extra)」

08696 「遍歴」
『宮嶋資夫著作集 第7巻』 西田勝ほか編集 慶友社 1983 305p 20cm〈監修：小田切秀雄〉 3000円 Ⓝ918.68
☆「世界名著大事典 補遺(Extra)」

08697 「裸像彫刻」
『宮島資夫自叙伝 第1巻 裸像彫刻』 春秋社 1922 357p 19cm Ⓝ910.28
☆「世界名著大事典 補遺(Extra)」

宮島 喬　みやじま・たかし

08698 「文化と社会」
『文化と社会―差異化・構造化・再生産』 宮島喬,藤田英典編 有信堂高文社 1991 204,10p 22cm 3605円 ⓘ4-8420-6529-X Ⓝ361.8
☆「学問がわかる500冊」

宮島 洋　みやじま・ひろし
08699　「財政再建の研究」
『財政再建の研究―歳出削減政策をめぐって』宮島洋著　有斐閣　1989　263p　22cm〈参考文献：p259〜263〉　3300円　Ⓘ4-641-06521-7　Ⓝ343
☆「日本経済本38」

宮嶋 康彦　みやじま・やすひこ
08700　「紀の漁師黒潮に鰹を追う」
『紀の漁師黒潮に鰹を追う』宮嶋康彦著　草思社　1989　147p 図版16枚　20cm　1400円　Ⓘ4-7942-0348-9　Ⓝ664.63
☆「世界の海洋文学」

宮園 浩平　みやぞの・こうへい
08701　「細胞増殖因子のバイオロジー」
『細胞増殖因子のバイオロジー』宮園浩平著　羊土社　1992　125p　21cm（実験医学バイオサイエンス　1）〈参考図書・参考文献：p118〜122〉　1900円　Ⓘ4-946398-72-4　Ⓝ491.4
☆「学問がわかる500冊 v.2」

宮田 隆　みやた・たかし
08702　「DNAからみた生物の爆発的進化」
『DNAからみた生物の爆発的進化』宮田隆著　岩波書店　1998　198p　19cm（ゲノムから進化を考える　1）　1600円　Ⓘ4-00-006626-9　Ⓝ467.21
☆「学問がわかる500冊 v.2」

08703　「眼が語る生物の進化」
『眼が語る生物の進化』宮田隆著　岩波書店　1996　119p　19cm（岩波科学ライブラリー　37）　1000円　Ⓘ4-00-006537-8　Ⓝ467.2
☆「学問がわかる500冊 v.2」

宮田 丈夫　みやた・たけお
08704　「学級経営」
『学級経営』宮田丈夫著　新訂版　金子書房　1970　227p　22cm　1000円　Ⓝ374.1
☆「教育名著 日本編」

宮田 登　みやた・のぼる
08705　「神の民俗誌」
『神の民俗誌』宮田登著　岩波書店　2008　194p　18×11cm（岩波新書）〈第12刷〉　700円　Ⓘ4-00-420097-0
☆「学問がわかる500冊 v.2」

08706　「ヒメの民俗学」
『ヒメの民俗学』宮田登著　筑摩書房　2000　300p　15cm（ちくま学芸文庫）　1100円　Ⓘ4-480-08585-8　Ⓝ384.6

☆「教養のためのブックガイド」

08707　「ミロク信仰の研究」
『ミロク信仰の研究』宮田登著　新訂版，新装復刊　未来社　2010　392,20p　21cm　5800円　Ⓘ978-4-624-10013-1
☆「アナーキズム」

宮台 真司　みやだい・しんじ
08708　「サブカルチャー神話解体」
『サブカルチャー神話解体―少女・音楽・マンガ・性の変容と現在』宮台真司,石原英樹,大塚明子著　増補　筑摩書房　2007　553p　15cm（ちくま文庫）〈文献あり　年表あり〉　1200円　Ⓘ978-4-480-42307-8　Ⓝ361.5
☆「学問がわかる500冊」

宮武 修　みやたけ・おさむ
08709　「固有値問題」
『固有値問題』宮武修,加藤祐輔共著　槇書店　1971　252p 肖像　19cm（数学選書）　900円　Ⓝ413.59
☆「物理ブックガイド100」

宮地 嘉六　みやち・かろく
08710　「或る職工の手記」
『或る職工の手記』宮地嘉六著　聚英閣　1920　365p　19cm　Ⓝ913.6
☆「世界名著大事典 補遺(Extra)」

08711　「煤煙の臭ひ」
『煤煙の臭ひ』宮地嘉六著　天佑社　1919　362p　19cm　Ⓝ913.6
☆「世界名著大事典 補遺(Extra)」

08712　「放浪者富蔵」
『放浪者富蔵―他五篇』宮地嘉六著　新潮社　1920　161p　15cm（新進作家叢書　第24編）　Ⓝ913.6
☆「世界名著大事典 補遺(Extra)」，「日本の小説101」，「日本のプロレタリア文学」

08713　「老残」
『老残』宮地嘉六著　中央公論社　1955　254p　20cm　Ⓝ913.6
☆「世界名著大事典 補遺(Extra)」，「日本文学鑑賞辞典〔第2〕」

宮地 正人　みやち・まさと
08714　「国際政治下の近代日本」
『国際政治下の近代日本』宮地正人著　山川出版社　1987　400,21p　21cm（日本通史　3　近現代）　3800円　Ⓘ4-634-30030-3
☆「学問がわかる500冊 v.2」

宮津 博　みやつ・ひろし

08715　「ふるさとの英世」
『玉川中学校劇集　3』　岡田陽, 落合聰三郎編　町田　玉川大学出版部　1980　278p　22cm　2200円　Ⓝ375.19
☆「名作の研究事典」

宮野 澄　みやの・とおる

08716　「最後の海軍大将・井上成美」
『最後の海軍大将・井上成美』　宮野澄著　文芸春秋　1985　366p　16cm（文春文庫）〈参考文献：p350〉　440円　①4-16-739201-1　Ⓝ289.1
☆「今だから知っておきたい戦争の本70」

宮野 村子　みやの・むらこ

08717　「鯉沼家の悲劇」
『鯉沼家の悲劇—本格推理マガジン　特集・幻の名作』　鮎川哲也編　光文社　1998　389p　16cm（光文社文庫　文庫の雑誌）　619円　①4-334-72559-7　Ⓝ913.68
☆「世界の推理小説・総解説」

宮原 昭夫　みやはら・あきお

08718　「海のロシナンテ」
『海のロシナンテ』　宮原昭夫著　集英社　1983　252p　16cm（集英社文庫）　300円　①4-08-750652-5　Ⓝ913.6
☆「世界の海洋文学」

08719　「さはら丸西へ」
『さはら丸西へ—オンボロ漁船ほろ酔い航海記』　宮原昭夫著　角川書店　1978　252p　20cm　980円　Ⓝ913.6
☆「世界の海洋文学」

08720　「誰かが触った」
『誰かが触った』　宮原昭夫著　河出書房新社　1972　238p　20cm　650円　Ⓝ913.6
☆「現代文学鑑賞辞典」

宮原 誠一　みやはら・せいいち

08721　「社会教育論」
『社会教育論』　宮原誠一著　国土社　1990　438p　20cm（現代教育101選　29）　3600円　①4-337-65929-3　Ⓝ379
☆「学問がわかる500冊」

宮部 みゆき　みやべ・みゆき

08722　「火車」
『火車』　宮部みゆき著　新潮社　1998　590p　16cm（新潮文庫）　743円　①4-10-136918-6　Ⓝ913.6
☆「現代文学鑑賞辞典」「3行でわかる名作&ヒット本250」「知らないと恥ずかしい「日本の名作」あらすじ200本」「新潮文庫20世紀の100冊」「ベストガイド日本の名著」

08723　「クロスファイア」
『クロスファイア　上』　宮部みゆき著　光文社　2011　410p　16cm（光文社文庫　光文社文庫プレミアム）　667円　①978-4-334-74973-6　Ⓝ913.6
☆「世界の小説大百科」

08724　「幻色江戸ごよみ」
『幻色江戸ごよみ』　宮部みゆき著　新潮社　1998　330p　16cm（新潮文庫）　552円　①4-10-136919-4　Ⓝ913.6
☆「面白いほどよくわかる時代小説名作100」

08725　「小暮写眞館」
『小暮写眞館　上』　宮部みゆき［著］　講談社　2013　435p　15cm（講談社文庫　み42-15）〈2010年刊の上下2分冊〉　700円　①978-4-06-277673-8　Ⓝ913.6
☆「3行でわかる名作&ヒット本250」

08726　「日暮らし」
『日暮らし　上』　宮部みゆき［著］　新装版　講談社　2011　444p　15cm（講談社文庫　み42-11）　667円　①978-4-06-277048-4　Ⓝ913.6
☆「面白いほどよくわかる時代小説名作100」

08727　「ぼんくら」
『ぼんくら　上』　宮部みゆき［著］　講談社　2004　326p　15cm（講談社文庫）　590円　①4-06-274751-0　Ⓝ913.6
☆「面白いほどよくわかる時代小説名作100」

08728　「本所深川ふしぎ草紙」
『本所深川ふしぎ草紙』　宮部みゆき著　改版　新潮社　2012　294p　15cm（新潮文庫）　590円　①978-4-10-136915-0
☆「面白いほどよくわかる時代小説名作100」

08729　「魔術はささやく」
『魔術はささやく』　宮部みゆき著　改版　新潮社　2010　476p　15cm（新潮文庫）　629円　①978-4-10-136911-2
☆「世界の推理小説・総解説」

08730　「模倣犯」
『模倣犯　1』　宮部みゆき著　新潮社　2005　584p　16cm（新潮文庫）　781円　①4-10-136924-0　Ⓝ913.6
☆「知らないと恥ずかしい「日本の名作」あらすじ200本」

08731　「理由」
『理由』　宮部みゆき著　新潮社　2004　686p　16cm（新潮文庫）　857円　①4-10-136923-2　Ⓝ913.6

☆「知らないと恥ずかしい「日本の名作」あらすじ200本」,「日本文学 これを読まないと文学は語れない!!」

宮増　みやます

08732　「烏帽子折」
『烏帽子折』　観世左近訂正著作　檜書店　1952　19丁　22cm（観世流稽古用謡本　12ノ5）〈和装〉　Ⓝ768.4
☆「近代名著解題選集 3」,「世界名著大事典」

08733　「鞍馬天狗」
『能を読む　4　信光と世阿弥以後—異類とスペクタクル』　梅原猛, 観世清和監修　天野文雄, 土屋恵一郎, 中沢新一, 松岡心平編集委員　角川学芸出版　2013　606p　22cm〈KADOKAWA〔発売〕〉　6500円
①978-4-04-653874-1　Ⓝ773
☆「近代名著解題選集 3」,「古典の事典」,「世界名著大事典」,「世界名著大事典 補遺 (Extra)」

08734　「元服曽我」
『元服曽我』　宝生新編　下掛宝生流謡本刊行会　1935　14丁　24cm（昭和改訂版　外 7）〈和装〉　Ⓝ768
☆「近代名著解題選集 3」

08735　「摂待」
『摂待』　観世左近訂正著作　檜書店　1951　20丁　23cm（観世流準九番習謡本　20ノ4）〈和装〉　Ⓝ768.4
☆「近代名著解題選集 3」

08736　「調伏曽我」
『調伏曽我』　宝生重英編　わんや書店　1933　12丁　23cm（昭和版　外 11巻ノ5）〈和装〉　Ⓝ768
☆「近代名著解題選集 3」

08737　「氷室」
『氷室』　梅若六郎著　梅若流謡本刊行會　1939　13丁　13cm（［梅若流謡本］　13ノ1）〈和装〉
☆「近代名著解題選集 3」

08738　「文覚」
☆「近代名著解題選集 3」

08739　「夜討曽我」
『夜討曽我』　観世左近訂正著作　檜書店　1952　16丁　22cm（観世流稽古用謡本　12ノ2）〈和装〉　Ⓝ768.4
☆「近代名著解題選集 3」

宮本 英脩　みやもと・えいしゅう

08740　「刑法大綱」
『刑法大綱』　宮本英脩著　京都　弘文堂　1935　571p　23cm〈標題紙欠落あり〉　Ⓝ326

☆「世界名著大事典」

宮本 勝人　みやもと・かつと

08741　「船乗りの四季」
『船乗りの四季—宮本勝人歌集』　宮本勝人著　京都　栄光館　1989　127p　19cm（青潮叢書　第20輯）　1800円　Ⓝ911.168
☆「世界の海洋文学」

08742　「船を信ずる」
『船を信ずる—宮本勝人歌集』　宮本勝人著　京都　せいしん社　1993　161p　20cm（青潮叢書　第24輯）　1500円　Ⓝ911.168
☆「世界の海洋文学」

宮本 佳明　みやもと・かつひろ

08743　「環境ノイズを読み、風景をつくる。」
『環境ノイズを読み、風景をつくる。』　宮本佳明編著　彰国社　2007　213p　21cm（建築文化シナジー）　2381円　①978-4-395-24005-0　Ⓝ518.8
☆「建築・都市ブックガイド21世紀」

宮本 研　みやもと・けん

08744　「明治の柩」
『明治の柩—序曲と終曲をもつ二幕』　宮本研著　未来社　1963　158p 図版　19cm　Ⓝ912.6
☆「日本文芸鑑賞事典 第19巻」

宮本 顕治　みやもと・けんじ

08745　「敗北の文学」
『敗北の文学』　宮本顕治著　河出書房　1956　163p 図版　15cm（河出文庫）　Ⓝ910.4
☆「世界名著大事典」,「日本文学現代名作事典」

宮本 正尊　みやもと・しょうそん

08746　「中道思想及びその発達」
『中道思想及びその発達』　宮本正尊著　法蔵館　1944　932,67p　22cm　Ⓝ181
☆「世界名著大事典」

宮本 勢助　みやもと・せいすけ

08747　「民間服飾誌履物篇」
『民間服飾誌　履物篇』　宮本勢助著　雄山閣　1933　199,21p　23cm　Ⓝ383
☆「世界名著大事典」

宮本 忠雄　みやもと・ただお

08748　「病跡研究集成—創造と表現の精神病理」
『病跡研究集成—創造と表現の精神病理』　宮本忠雄著　金剛出版　1997　363p　22cm　7800円　①4-7724-0552-6　Ⓝ902.8
☆「精神医学の名著50」

宮本 常一　みやもと・つねいち

08749　「イザベラ・バードの旅」
『イザベラ・バードの旅―『日本奥地紀行』を読む』　宮本常一［著］　講談社　2014　260p　15cm（講談社学術文庫　2226）　920円
Ⓘ978-4-06-292226-5　Ⓝ291.09
☆「教養のためのブックガイド」

08750　「海の道」
『海の道』　宮本常一編著　八坂書房　1988　211p　19cm（旅の民俗と歴史　10）　1800円
Ⓘ4-89694-710-X
☆「世界の海洋文学」

08751　「忘れられた日本人」
『忘れられた日本人』　宮本常一著　岩波書店　2003　334p　15cm（岩波文庫）〈第46刷〉　660円　Ⓘ4-00-331641-X
☆「大人のための日本の名著50」、「学問がわかる500冊 v.2」、「戦後思想の名著50」、「大学新入生に薦める101冊の本」、「日本人とは何か」、「日本の社会と文化」、「日本文芸鑑賞事典　第18巻（1958～1962年）」

宮本 輝　みやもと・てる

08752　「泥の河」
『宮本輝全短篇　上』　宮本輝著　集英社　2007　405p　22cm　2500円
Ⓘ978-4-08-771201-8　Ⓝ913.6
☆「一度は読もうよ！日本の名著」、「一冊で日本の名著100冊を読む」、「現代文学鑑賞辞典」、「知らないと恥ずかしい「日本の名作」あらすじ200本」、「新潮文庫20世紀の100冊」、「2時間でわかる日本の名著」、「日本の小説101」、「日本名作文学館 日本編」

08753　「蛍川」
『蛍川』　宮本輝著　角川書店　1986　178p　15cm（角川文庫）　260円　Ⓘ4-04-146901-5
☆「一度は読もうよ！日本の名著」、「一冊で愛の話題作100冊を読む」、「新潮文庫20世紀の100冊」、「日本文学 これを読まないと文学は語れない!!」、「日本文学名作案内」

08754　「幻の光」
『幻の光』　宮本輝著　改版　新潮社　2013　170p　15cm（新潮文庫）　400円
Ⓘ978-4-10-130701-5
☆「一度は読もうよ！日本の名著」、「一冊で日本の名著100冊を読む　続」

宮本 昌孝　みやもと・まさたか

08755　「剣豪将軍義輝」
『剣豪将軍義輝　上　鳳雛ノ太刀』　宮本昌孝著　新装版　徳間書店　2011　362p　15cm（徳間文庫　み-16-8）　657円　Ⓘ978-4-19-893461-3　Ⓝ913.6

☆「面白いほどよくわかる時代小説名作100」

宮本 美沙子　みやもと・みさこ

08756　「やる気の心理学」
『やる気の心理学』　宮本美沙子著　大阪　創元社　1981　230,6p　19cm〈各章末：参考文献〉　1400円　Ⓘ4-422-12013-1　Ⓝ371.45
☆「学問がわかる500冊」

宮本 武蔵　みやもと・むさし

08757　「五輪書」
『五輪書』　宮本武蔵著　城島明彦訳　致知出版社　2012　163p　19cm（いつか読んでみたかった日本の名著シリーズ　5）　1400円
Ⓘ978-4-88474-982-8　Ⓝ789.3
☆「お厚いのがお好き？」、「50歳からの名著入門」、「古典の事典」、「この一冊で読める！日本の古典50冊」、「世界で最も重要なビジネス書」、「世界名著大事典」、「千年の百冊」、「日本古典への誘い100選 1」、「「日本人の名著」を読む」、「日本の古典名著」、「日本の書物」、「日本の名著3分間読書100」、「日本名著辞典」、「武士道 十冊の名著」、「武士道の名著」、「名作の書き出しを諳んじる」

宮本 百合子　みやもと・ゆりこ

08758　「小祝の一家」
『宮本百合子全集　第4巻』　宮本百合子著　新日本出版社　2001　420p　22cm〈付属資料：8p；月報 5　肖像あり〉　5500円
Ⓘ4-406-02896-X　Ⓝ918.68
☆「日本のプロレタリア文学」

08759　「刻々」
『宮本百合子全集　第4巻』　宮本百合子著　新日本出版社　2001　420p　22cm〈付属資料：8p；月報 5　肖像あり〉　5500円
Ⓘ4-406-02896-X　Ⓝ918.68
☆「日本のプロレタリア文学」

08760　「一九三二年の春」
☆「日本のプロレタリア文学」

08761　「乳房」
『乳房』　宮本百合子著　青木書店　1954　256p　15cm（青木文庫）〈（日本プロレタリア文学系）〉　Ⓝ913.6
☆「日本のプロレタリア文学」

08762　「道標」
『道標　第1部』　宮本百合子著　新日本出版社　1994　339p　19cm（宮本百合子名作ライブラリー　6）　1800円　Ⓘ4-406-02310-0　Ⓝ913.6
☆「世界名作事典」、「世界名著大事典」、「日本文学鑑賞辞典〔第2〕」、「日本文学現代名作事典」

08763　「伸子」
『伸子』　宮本百合子著　新日本出版社　1994

398p　19cm〈宮本百合子名作ライブラリー2〉　2000円　①4-406-02306-2　Ⓝ913.6
　☆「一度は読もうよ！日本の名著」、「一冊で日本の名著100冊を読む」、「一冊で100名作の「さわり」を読む」、「感動！日本の名著 近現代編」、「近代文学名作事典」、「『こころ』は本当に名作か」、「昭和の名著」、「知らないと恥ずかしい「日本の名作」あらすじ200本」、「世界名作事典」、「世界名著大事典」、「大正の名著」、「2時間でわかる日本の名著」、「日本近代文学名著事典」、「日本の小説101」、「日本の名著」（角川書店）、「日本の名著」（毎日新聞社）、「日本文学鑑賞辞典〔第2〕」、「日本文学現代名作事典」、「日本文学名作事典」、「日本文芸鑑賞事典 第8巻（1924～1926年）」、「文学・名著300選の解説 '88年度版」、「ベストガイド日本の名著」、「ポケット日本名作事典」、「明治・大正・昭和の名著・総解説」、「名著の履歴書」

08764　「播州平野」
　『播州平野』　宮本百合子著　東方社　1956　226p　18cm（東方新書）　Ⓝ913.6
　☆「現代文学鑑賞事典」、「現代文学名作探訪事典」、「世界名著大事典」、「日本文学鑑賞事典〔第2〕」、「日本文学現代名作事典」、「日本文芸鑑賞事典 第14巻（1946～1948年）」、「入門名作の世界」、「ポケット日本名作事典」

08765　「風知草」
　『風知草』　宮本百合子著　東方社　1956　186p　18cm（東方新書）　Ⓝ913.6
　☆「日本文学鑑賞辞典〔第2〕」

08766　「二つの庭」
　『二つの庭』　宮本百合子著　新日本出版社　1994　323p　19cm〈宮本百合子名作ライブラリー 5〉　1800円　①4-406-02309-7　Ⓝ913.6
　☆「世界名著大事典」

08767　「冬を越す蕾」
　『冬を越す蕾』　中条百合子著　現代文化社　1935　439p　20cm　Ⓝ913.6
　☆「世界名著大事典」

08768　「貧しき人々の群」
　『貧しき人々の群―ほか』　宮本百合子著　〔東京〕　新日本出版社　2004　180p　15cm（新日本文庫）〈郡山 郡山市教育委員会〔発売〕〉　Ⓝ913.6
　☆「世界名著大事典」、「日本文学鑑賞辞典〔第2〕」

宮脇 紀雄　みやわき・としお

08769　「山のおんごく物語」
　『山のおんごく物語』　宮脇紀雄著　講談社　1979　187p　15cm（講談社文庫）〈年譜：p183～187〉　260円　Ⓝ913.8
　☆「日本文芸鑑賞事典 第20巻（昭和42～50年）」

明恵　みょうえ

08770　「阿留辺幾夜宇和」
　『仏教文学集』　勝又俊教、渡辺照宏、堀一郎、増谷文雄、古田紹欽、西谷啓治、小西甚一訳　筑摩書房　1977　476p　23cm（古典日本文学14）〈文献あり〉　Ⓝ184
　☆「教育の名著80選解題」

08771　「夢記」
　『明恵上人集』　久保田淳、山口明穂校注　岩波書店　1994　310p　19cm（ワイド版岩波文庫）　1100円　①4-00-007142-4　Ⓝ188.32
　☆「千年の百冊」

妙木 浩之　みょうき・ひろゆき

08772　「心理経済学のすすめ」
　『心理経済学のすすめ』　妙木浩之著　新書館　1999　301p　20cm〈文献あり〉　1800円　①4-403-23062-8　Ⓝ146.1
　☆「本の定番」ブックガイド」

明珍 恒男　みょうちん・つねお

08773　「仏像彫刻」
　『仏像彫刻』　明珍恒男著　世界聖典刊行協会　1977　303,13p　22cm〈スズカケ出版部昭和16年刊の複製〉　Ⓝ186.8
　☆「世界名著大事典」

三善 清行　みよし・きよゆき

08774　「藤原保則伝」
　『古代政治社会思想』　山岸徳平ほか校註　岩波書店　1994　546p　22cm（日本思想大系新装版）　4400円　①4-00-003752-8　Ⓝ121.3
　☆「古典の事典」

三好 十郎　みよし・じゅうろう

08775　「疵だらけのお秋」
　『日本プロレタリア文学集 36 プロレタリア戯曲集 2』　新日本出版社　1988　558p　19cm　2800円　①4-406-01640-6　Ⓝ913.68
　☆「昭和の名著」

08776　「斬られの仙太」
　『斬られの仙太―天狗外伝』　三好十郎著　而立書房　1988　229p　20cm　1300円　Ⓝ912.6
　☆「日本のプロレタリア文学」、「日本文芸鑑賞事典 第10巻」

08777　「廃墟」
　『廃墟』　三好十郎著　再版　桜井書店　1948　245p　19cm　Ⓝ912.6
　☆「世界名著大事典」

08778　「浮標」
　『三好十郎 2 浮標』　三好十郎著　早川書房

2012　221p　16cm（ハヤカワ演劇文庫　33）
820円　①978-4-15-140033-9　Ⓝ912.6
☆「世界名著大事典」、「日本文芸鑑賞事典 第12巻」

08779　「炎の人」
『炎の人―ゴッホ小伝』　三好十郎著　講談社
1995　218p　16cm（講談社文芸文庫　現代日本の戯曲）〈著書目録：p215〜218〉　880円
①4-06-196351-1　Ⓝ912.6
☆「近代文学名作事典」、「世界名著大事典」、「日本文学鑑賞辞典〔第2〕」、「日本文学現代名作事典」、「日本文芸鑑賞事典 第16巻」

三好 松洛　みよし・しょうらく

08780　「恋女房染分手綱」
『恋女房染分手綱―重の井子別れ　雨の五郎』
吉田冠子,三好松洛作　国立劇場　2000　37p
26cm（国立劇場歌舞伎鑑賞教室上演台本）
Ⓝ912.5
☆「世界名著大事典 補遺(Extra)」

三好 達治　みよし・たつじ

08781　「一点鐘」
『一点鐘―詩集』　三好達治著　創元社　1944
211p　19cm（創元選書　107）　Ⓝ911.56
☆「昭和の名著」

08782　「岬千里」
『岬千里―詩集』　三好達治著　創元社　1940
106p　23cm　Ⓝ911.5
☆「世界名著大事典」、「日本文芸鑑賞事典 第12巻」

08783　「新唐詩選」
『新唐詩選』　吉川幸次郎,三好達治著　改版
岩波書店　2002　233p　18cm（岩波新書）
〈第85刷〉　740円　①4-00-414016-1
☆「近代日本の百冊を選ぶ」

08784　「測量船」
『測量船―詩集』　三好達治著　日本図書センター　2000　125p　20cm〈文献あり　年譜あり〉　2200円　①4-8205-2723-1　Ⓝ911.56
☆「近代文学名作事典」、「世界名著大事典」、「日本近代文学名著事典」、「日本文学鑑賞辞典〔第2〕」、「日本文芸鑑賞事典 第10巻」、「文学・名著300選の解説 '88年度版」

08785　「春の岬」
『春の岬―詩集』　三好達治著　創元社　1951
170p 図版　15cm（創元文庫　A 第52）
Ⓝ911.56
☆「近代日本の百冊を選ぶ」

08786　「故郷の花」
『故郷の花―詩集』　三好達治著　創元社　1946
142p　15cm　Ⓝ911.56
☆「現代文学名作探訪事典」

08787　「三好達治詩集」
『三好達治詩集』　河盛好蔵編　新潮社　1953
215p　19cm（世界名詩選集）　Ⓝ911.56
☆「新潮文庫20世紀の100冊」

三善 為康　みよし・ためやす

08788　「掌中歴」
『掌中歴』　三善為康著　古辞書叢刊刊行会編
古辞書叢刊刊行会　1973　〔42丁〕　30cm
（古辞書叢刊）〈雄松堂書店〔発売〕　大東急記念文庫蔵本の複製 付（別冊〔4p〕19cm）：狩谷棭斎手校掌中歴（残本）解説（川瀬一馬）
帙入 箱入　和装〉　Ⓝ031
☆「世界名著大事典」

08789　「朝野群載」
『金葉和謌集 令義解 朝野群載 梁塵秘抄口伝集
―大學院開設六十周年記念』　松尾葦江責任編
集　朝倉書店　2013　589p 図版16p　27cm
・（國學院大學貴重書影印叢書　第1巻　大学院六十周年記念國學院大學影印叢書編集委員会
編）　15000円　①978-4-254-50541-2　Ⓝ022
☆「近代名著解題選集 3」、「世界名著大事典」、「日本名著辞典」

三好 徹　みよし・とおる

08790　「コンピュータの身代金」
『コンピュータの身代金―長編推理小説』　三好徹訳　光文社　1984　423p　16cm（光文社文庫）　480円　①4-334-70083-7　Ⓝ913.6
☆「世界の推理小説・総解説」

08791　「チェ・ゲバラ伝」
『チェ・ゲバラ伝』　三好徹著　増補版　文藝春秋　2014　462p　16cm（文春文庫　み8-13）
〈初版：原書房 1998年刊　文献あり 年譜あり〉　820円　①978-4-16-790083-0　Ⓝ289.3
☆「伝記・自叙伝の名著」

08792　「風塵地帯」
『風塵地帯』　三好徹著　双葉社　1995　304p
15cm（双葉文庫　日本推理作家協会賞受賞作全集　21）　600円　①4-575-65820-0　Ⓝ913.6
☆「世界の推理小説・総解説」

08793　「六月は真紅の薔薇」
『六月は真紅の薔薇―小説沖田総司』　三好徹著
講談社　1978　2冊　15cm（講談社文庫）
各340円　Ⓝ913.6
☆「歴史小説・時代小説 総解説」

三好 豊一郎　みよし・とよいちろう

08794　「囚人」
『囚人―三好豊一郎詩集』　三好豊一郎著　岩谷書店　1949　125p　20cm　Ⓝ911.56

美輪 明宏　みわ・あきひろ

08795　「紫の履歴書」
『紫の履歴書』　美輪明宏著　新装版　水書坊　2007　463p　19cm　2000円
①978-4-89645-008-8　Ⓝ767.8
☆「読書入門」

民俗学研究会　みんぞくがくけんきゅうかい

08796　「民俗学辞典」
『民俗学辞典』　民俗学研究所編　柳田國男監修　62版　東京堂出版　1994　714p　19cm〈折り込4枚〉
①4-490-10001-9　Ⓝ380.33
☆「名著の履歴書」

【む】

向井 去来　むかい・きょらい

08797　「青根が峰俳諧問答抄」
『日本俳書大系　第1-8巻』　日本俳書大系刊行会　日本俳書大系刊行会　1926　8冊　図版　23cm〈各巻：勝峯晋風解題, 荻原井泉水通説〉
Ⓝ911.308
☆「世界名著大事典」

08798　「去来抄」
『去来抄—新註』　向井去来著　尾形仂ほか編著　勉誠社　1986　246p　22cm〈大学古典叢書5〉〈主要参考文献・去来略年譜：p243〜246〉
1400円　Ⓝ911.33
☆「古典の事典」,「古典文学鑑賞辞典」,「世界名著大事典」,「日本古典への誘い100選1」,「日本の古典」,「日本の古典名著」,「日本の名著（角川書店）」,「日本の名著（毎日新聞社）」,「日本の名著3分間読書100」,「日本文学鑑賞辞典〔第1〕」,「文学・名著300選の解説 '88年度版」

08799　「猿蓑」
『猿蓑』　向井去来, 凡兆共編　前田利治解説　勉誠社　1975　141p　27cm〈元禄初版本 柿衛文庫, 前田利治所蔵本の複製 箱入 限定版〉
5000円　Ⓝ911.33
☆「世界名著大事典」,「千年の百冊」,「日本文学名作概観」

08800　「旅寝論」
『去来抄 三冊子 旅寝論』　向井去来, 服部土芳著　穎原退蔵校訂　岩波書店　1993　265p　19cm〈ワイド版岩波文庫〉　1000円
①4-00-007107-6　Ⓝ911.33
☆「世界名著大事典」

向井 元升　むかい・げんしょう

08801　「庖厨備用倭名本草」
『庖厨備用倭名本草』　向井元升原著　難波恒雄編集　大阪　漢方文献刊行会　1978　1冊　27cm〈漢方文献叢書　第6輯〉〈複製 限定版〉
6500円　Ⓝ499.9
☆「古典の事典」

向井 敏　むかい・さとし

08802　「贅沢な読書」
『贅沢な読書—何を選ぶか』　向井敏著　講談社　1983　198p　18cm〈講談社現代新書〉
420円　①4-06-145689-X　Ⓝ019
☆「「本の定番」ブックガイド」

無学祖元　むがくそげん

08803　「仏光録」
『大日本佛教全書　第95巻　大覚禅師語録幷拾遺—外五部』　仏書刊行会編纂　大法輪閣　2007　526p　22cm〈名著普及会昭和57年刊（覆刻版）を原本としたオンデマンド版〉
8900円　①978-4-8046-1739-8　Ⓝ180.8
☆「世界名著大事典」,「世界名著大事典 補遺（Extra）」

椋 鳩十　むく・はとじゅう

08804　「栗野岳の主」
『栗野岳の主』　椋鳩十著　小峰書店　1990　111p　22cm〈椋鳩十動物童話集　第4巻〉
1080円　①4-338-09304-8
☆「名作の研究事典」

08805　「孤島の野犬」
『孤島の野犬』　椋鳩十著　ポプラ社　1977　237p　18cm（ポプラ社文庫）　390円
☆「日本文芸鑑賞事典 第19巻」

08806　「大造爺さんと雁」
『日本の童話名作選　昭和篇』　講談社文芸文庫編　講談社　2005　328p　16cm〈講談社文芸文庫〉　1300円　①4-06-198411-X　Ⓝ913.68
☆「少年少女の名作案内 日本の文学リアリズム編」

08807　「動物ども」
『動物ども』　椋鳩十著　長野　一草舎　2008　237p　20cm〈信州の名著復刊シリーズ　4—信州の伝説と子どもたち　長野県図書館協会編〉〈原本：三光社昭和18年刊〉　1800円
①978-4-902842-54-8　Ⓝ913.6
☆「日本児童文学名著事典」

08808　「マヤの一生」
『マヤの一生』　椋鳩十作　吉井忠絵　大日本図書　1988　206p　18cm〈てのり文庫〉
450円　①4-477-17003-3
☆「少年少女の名作案内 日本の文学リアリズム編」

向田 邦子　むこうだ・くにこ

08809　「あ・うん」
『あ・うん』　向田邦子著　岩波書店　2009　430p　15cm〈岩波現代文庫　B144―向田邦子シナリオ集　1〉　1000円
Ⓘ978-4-00-602144-3　Ⓝ912.7
☆「一度は読もうよ！ 日本の名著」、「一冊で愛の話題作100冊を読む」、「現代文学鑑賞辞典」、「日本文学名作案内」、「ポケット日本名作辞典」、「名作の書き出し」

08810　「父の詫び状」
『父の詫び状』　向田邦子著　新装版　文藝春秋　2006　300p　16cm〈文春文庫〉　495円
Ⓘ4-16-727721-2　Ⓝ914.6
☆「日本の名作おさらい」

08811　「隣りの女」
『隣りの女』　向田邦子著　新装版　文藝春秋　2010　222p　16cm〈文春文庫　む1-22〉　495円　Ⓘ978-4-16-727722-2　Ⓝ913.6
☆「一度は読もうよ！ 日本の名著」

武蔵 石寿　むさし・せきじゅ

08812　「目八譜」
『近世植物・動物・鉱物図譜集成　第5巻』　近世歴史資料研究会編　科学書院　2005　1022p　27cm〈諸国産物帳集成　第3期〉〈霞ケ関出版〔発売〕　複製〉　50000円
Ⓘ4-7603-0316-2　Ⓝ460
☆「世界名著大事典」

武者小路 実篤　むしゃのこうじ・さねあつ

08813　「愛と死」
『愛と死』　武者小路実篤著　ポプラ社　1980　206p　18cm〈ポプラ社文庫〉　390円
☆「一度は読もうよ！ 日本の名著」、「一冊で愛の話題作100冊を読む」、「一冊で100名作の「さわり」を読む」、「日本文学名作事典」、「文学・名著300選の解説 '88年度版」

08814　「愛慾」
『愛慾』　武者小路実篤著　河出書房　1956　92p 図版　15cm〈河出文庫〉　Ⓝ912.6
☆「世界名著大事典」、「日本文学鑑賞辞典〔第2〕」

08815　「新しき村の生活」
『武者小路実篤全集　第4巻』　小学館　1988　658p　22cm〈著者の肖像あり〉　6800円
Ⓘ4-09-656004-9　Ⓝ918.68
☆「日本近代文学名著事典」

08816　「或る男」
『或る男　上巻』　武者小路実篤著　河出書房　1956　271p 図版　15cm〈河出文庫〉　Ⓝ913.6
☆「現代文学名作探訪事典」、「世界名著大事典」、「日本近代文学名著事典」、「日本文学現代名作事典」

08817　「或る日の一休」
『日本文学全集　第11　武者小路実篤』　武者小路実篤等著　河出書房　1967　408p 図版　19cm　390円　Ⓝ918
☆「日本文芸鑑賞事典　第5巻」

08818　「お目出たき人」
『お目出たき人』　武者小路実篤著　新潮社　2000　174p　16cm〈新潮文庫〉　362円
Ⓘ4-10-105714-1　Ⓝ913.6
☆「一度は読もうよ！ 日本の名著」、「一冊で日本の名著100冊を読む 続」、「現代文学鑑賞辞典」、「新潮文庫20世紀の100冊」、「図説 5分でわかる日本の名作」、「世界名著大事典」、「日本近代文学名著事典」、「日本の小説101」、「日本の名作おさらい」、「日本文学鑑賞辞典〔第2〕」、「日本文学現代名作事典」、「日本文学名作案内」、「日本文芸鑑賞事典　第4巻」

08819　「カチカチ山と花咲爺」
『日本児童文学館―名著複刻　8　カチカチ山と花咲爺』　武者小路実篤作　岸田劉生画　ほるぷ出版　1971　69,49p 図23枚　20cm〈阿蘭陀書房大正6年刊の複製〉　Ⓝ913.8
☆「日本児童文学名著事典」

08820　「幸福者」
『幸福者』　武者小路実篤著　岩波書店　2006　191p　16cm〈岩波文庫創刊書目復刻〉〈原本：岩波書店昭和2年刊〉　Ⓘ4-00-355010-2　Ⓝ913.6
☆「近代文学名作事典」、「世界名著大事典」、「大正の名著」、「日本文学鑑賞辞典〔第2〕」、「ベストガイド日本の名著」、「明治・大正・昭和の名著・総解説」

08821　「真理先生」
『真理先生』　武者小路実篤著　85刷改版　新潮社　2004　311p　16cm〈新潮文庫〉　476円
Ⓘ4-10-105704-4　Ⓝ913.6
☆「世界名著大事典」、「日本の名著」、「日本文学鑑賞辞典〔第2〕」、「日本文学現代名作事典」、「ポケット日本名作事典」

08822　「その妹」
『その妹』　武者小路実篤著　岩波書店　1960　126p　15cm〈岩波文庫〉〈昭和3年初版の現代表記改版〉　Ⓝ913.6
☆「世界名作事典」、「世界名著大事典」、「日本文学鑑賞辞典〔第2〕」、「日本文学現代名作事典」、「日本名著辞典」、「名作への招待」

08823　「土地」
『土地』　武者小路実篤著　長崎村（東京府）　曠野社　1921　181p　19cm　Ⓝ913.6
☆「現代文学名作探訪事典」

08824 「人間万歳」
『人間万歳』 武者小路実篤著 市瀬書店 1947 139p 19cm Ⓝ912.6
☆「感動！日本の名著 近現代編」、「少年少女のための文学案内 3」、「世界名著大事典」、「日本の名著」、「日本文学鑑賞辞典〔第2〕」

08825 「盲目と聾者」
『定本武者小路実篤選集 第5巻 創作篇 第5』 日本書房 1961 426p（図版共） 19cm Ⓝ918.6
☆「名作の研究事典」

08826 「友情」
『友情』 武者小路実篤著 126刷改版 新潮社 2003 185p 16cm（新潮文庫）〈年譜あり〉 362円 Ⓘ4-10-105701-X Ⓝ913.6
☆「あらすじで読む日本の名著」（楽書館、中経出版〔発売〕）、「あらすじで読む日本の名著」（新人物往来社）、「一度は読もうよ！ 一冊で日本の名著100冊を読む」、「現代文学鑑賞辞典」、「この一冊でわかる日本の名作」、「3行でわかる名作＆ヒット本250」、「知らないと恥ずかしい「日本の名作」あらすじ200本」、「図説 5分でわかる日本の名作傑作選」、「世界名著案内 3」、「世界名著大事典」、「大正の名著」、「小さな文学の旅」、「日本・世界名作「愛の会話」100章」、「日本の名作おさらい」、「日本の名著」、「日本の名著3分間読書100」、「日本文学鑑賞辞典〔第2〕」、「日本文学名作事典」、「日本文芸鑑賞事典 第6巻（1917〜1920年）」、「日本名作文学館 日本編」、「百年の誤読」、「ポケット日本名作事典」、「名作の書き出しを諳んじる」、「明治・大正・昭和の名著・総解説」

無住 むじゅう

08827 「沙石集」
『沙石集』 無住著 圭室諦成校 雄山閣 1938 220p 16cm（雄山閣文庫 第1部 第22）〈「雑誌古典研究」第3巻第2号附録〉 Ⓝ184
☆「一度は読もうよ！ 日本の古典 一冊で日本の古典100冊を読む」、「近代名著解題選集 3」、「古典の事典」、「古典文学鑑賞辞典」、「作品と作者」、「世界名著大事典」、「千年の百冊」、「日本の古典」、「日本の古典名著」、「日本文学鑑賞辞典〔第1〕」、「日本文学の古典50選」、「日本名著辞典」

08828 「雑談集」
『雑談集』 無住著 山田昭全, 三木紀人校注 三弥井書店 1973 352p 図 肖像 22cm（中世の文学） 2300円 Ⓝ184.9
☆「近代名著解題選集 3」、「世界名著大事典」

無心亭 有耳 むしんてい・ゆうじ

08829 「貞柳翁狂歌全集類題」
『貞柳翁狂歌全集類題』 油煙斎貞柳著 温古堂 知新編 大阪 小谷書店 1901 257p 16cm（狂歌文庫）〈表題紙の書名：類題狂歌貞

柳翁全集〉 Ⓝ911.1
☆「世界名著大事典」

夢窓 疎石 むそう・そせき

08830 「谷響集」
『国文東方仏教叢書 第1輯 第3巻 法語部』 鷲尾順敬編纂 名著普及会 1992 522p 20cm〈大正14年〜昭和6年刊の複製〉 Ⓘ4-89551-565-6 Ⓝ180.8
☆「世界名著大事典」

08831 「夢中問答」
『夢中問答』 夢窓国師著 佐藤泰舜校訂 岩波書店 2002 207p 19cm（ワイド版岩波文庫） 1000円 Ⓘ4-00-007203-X Ⓝ188.84
☆「世界名著大事典」、「世界名著大事典 補遺（Extra）」、「日本の古典名著」、「日本名著辞典」

牟田 清 むた・きよし

08832 「太平洋諸島ガイド」
『太平洋諸島ガイド—南の島の昔と今』 牟田清著 古今書院 1991 265p 19cm 2300円 Ⓘ4-7722-1820-3 Ⓝ297.09
☆「世界の海洋文学」

務台 理作 むたい・りさく

08833 「ヘーゲル研究」
『ヘーゲル研究』 務台理作著 こぶし書房 2001 363,2p 22cm（務台理作著作集 第2巻 沢田允茂, 永井博, 上田薫監修 古田光ほか編）〈肖像あり〉 6800円 Ⓘ4-87559-152-7 Ⓝ134.4
☆「世界名著大事典」

牟田口 義郎 むたぐち・よしろう

08834 「アラビアのロレンスを求めて—アラブ・イスラエル紛争前夜を行く」
『アラビアのロレンスを求めて—アラブ・イスラエル紛争前夜を行く』 牟田口義郎著 中央公論新社 1999 255p 18cm（中公新書）〈年表あり 文献あり〉 780円 Ⓘ4-12-101499-5 Ⓝ289.3
☆「世界史読書案内」

無着 成恭 むちゃく・せいきょう

08835 「山びこ学校」
『山びこ学校』 無着成恭編 岩波書店 1995 367p 15cm（岩波文庫） 670円 Ⓘ4-00-331991-5 Ⓝ375.1
☆「あの本にもう一度」、「一度は読もうよ！ 日本の名著」、「一冊で不朽の名作100冊を読む」（友人社）、「一冊で不朽の名作100冊を読む」（友人社）、「教育を考えるためにこの48冊」、「教育名著 日本編」、「昭和の名著」、「世界名著大事典」、「戦後思想の名著50」、「日本文学名作案内」、「ベスト

夢中散人寝言先生　むちゅうさんじんねごとせんせい

08836　「辰巳之園」

『徳川文芸類聚　5　洒落本』　国書刊行会編　国書刊行会　1987　515p　22cm〈第2刷(第1刷：昭和45年)　大正3年刊の複製〉　4800円　Ⓝ918.5

☆「世界名著大事典」、「日本の古典」

陸奥 宗光　むつ・むねみつ

08837　「蹇蹇録」

『蹇蹇録―日清戦争外交秘録』　陸奥宗光著　中塚明校注　新訂　岩波書店　2007　445p　19cm〈ワイド版岩波文庫〉　1400円　Ⓘ4-00-007255-2　Ⓝ210.65

☆「世界史読書案内」、「世界名著大事典」、「日本近代の名著」、「日本の名著辞典」、「明治・大正・昭和の名著・総解説」、「明治の名著1」

武藤 章　むとう・あきら

08838　「軍務局長武藤章回想録」

『軍務局長武藤章回想録』　上法快男編　芙蓉書房　1981　514p　20cm〈著者の肖像あり　参照書籍一覧・武藤章略年譜：p510〜514〉　3000円　Ⓝ289.1

☆「日本陸軍の本・総解説」

武藤 山治　むとう・さんじ

08839　「私の身の上話」

『私の身の上話―武藤山治』　武藤山治著　ゆまに書房　1998　347p　22cm〈人物で読む日本経済史　第4巻　由井常彦監修〉〈武藤金太昭和9年刊の複製〉　13000円　Ⓘ4-89714-588-0　Ⓝ289.1

☆「日本近代の名著」、「明治・大正・昭和の名著・総解説」

無藤 隆　むとう・たかし

08840　「講座 生涯発達心理学第1巻 生涯発達心理学とは何か―理論と方法」

『講座生涯発達心理学　第1巻　生涯発達心理学とは何か―理論と方法』　無藤隆ほか企画・編集　無藤隆,やまだようこ責任編集　金子書房　1995　291p　22cm　4120円　Ⓘ4-7608-9211-5　Ⓝ143

☆「学問がわかる500冊」

無難　むなん

08841　「無難禅師法語」

『至道無難禅師集』　公田連太郎編著　春秋社　1989　355p　20cm〈新装版〉　2060円　Ⓘ4-393-14009-5　Ⓝ188.84

☆「世界名著大事典」

棟田 博　むねた・ひろし

08842　「桜とアザミ」

『桜とアザミ―板東俘虜収容所』　棟田博著　光人社　1974　339p(図・肖像共)　20cm〈『徳島新聞』に昭和48年8月から昭和49年1月まで連載されたもの〉　1000円　Ⓝ915.9

☆「今だから知っておきたい戦争の本70」

08843　「ジャングルの鈴」

『ジャングルの鈴』　棟田博著　依光隆絵　東都書房　1961　177p　22cm

☆「日本文芸鑑賞事典　第18巻(1958〜1962年)」

08844　「棟田博兵隊小説文庫」

『棟田博兵隊小説文庫　1　分隊長の手記』　光人社　1974　286p　肖像　19cm　900円　Ⓝ913.6

☆「日本陸軍の本・総解説」

08845　「陸軍よもやま物語」

『陸軍よもやま物語―用語で綴るイラスト・エッセイ』　棟田博著　新装版　光人社　2011　377p　16cm(光人社NF文庫　むN-8)　829円　Ⓘ978-4-7698-2008-6　Ⓝ396.9

☆「日本陸軍の本・総解説」

宗尊親王　むねたかしんのう

08846　「瓊玉和歌集」

『和歌文学大系　64　為家卿集　瓊玉和歌集　伏見院御集』　久保田淳監修　藤原為家,宗尊親王,伏見院原著　山本啓介,佐藤智広,石澤一志著　明治書院　2014　464p　22cm〈付属資料：8p　月報40　索引あり〉　12500円　Ⓘ978-4-625-42415-1　Ⓝ911.108

☆「近代名著解題選集3」

宗良親王　むねよししんのう

08847　「新葉和歌集」

『新葉和歌集』　宗良親王撰　臼田甚五郎編　東京図書出版　1944　318,24p　19cm　Ⓝ911.145

☆「近代名著解題選集3」、「作品と作者」、「世界名著大事典」、「日本文学鑑賞辞典〔第1期〕」、「日本文学名作概説」、「日本名著辞典」

08848　「南朝五百番歌合」

『群書類従　巻第206 上　五百番歌合　上』　塙保己一編　日本文化資料センター　1992　76丁　28cm〈温故学会所蔵の原版木を使用　限定版　和装〉　11000円　Ⓝ081.5

☆「近代名著解題選集3」

08849　「李花集」

『李花集』　宗良親王著　松田武夫校訂　岩波書

無門慧開　むもんえかい

08850　「無門関」
『無門関』　無門慧開［編］　西村恵信訳注　岩波書店　2004　216p　19cm〈ワイド版岩波文庫〉　1000円　Ⓘ4-00-007236-6　Ⓝ188.84
☆「世界名著大事典」,「禅の名著を読む」,「中国の古典名著」,「東洋の名著」

武良 布枝　むら・ぬのえ

08851　「ゲゲゲの女房」
『ゲゲゲの女房—人生は…終わりよければ、すべてよし!!』　武良布枝著　実業之日本社　2011　300p　16cm〈実業之日本社文庫　む1-1〉　600円　Ⓘ978-4-408-55049-7　Ⓝ726.101
☆「3行でわかる名作&ヒット本250」

村井 弦斎　むらい・げんさい

08852　「近江聖人」
『近江聖人』　村井弦斎著　2版　東京堂〔ほか〕　1903　104,128p　16cm〈付：The sage of Omi, a memoir of Nakae Toju,tr.by Ryukichi Takayanagi　初版：明治35年9月刊　共同刊行：博文館〉　Ⓝ289.1
☆「日本文芸鑑賞事典 第1巻」

村井 章介　むらい・しょうすけ

08853　「海から見た戦国日本—列島史から世界史へ」
『海から見た戦国日本—列島史から世界史へ』　村井章介著　筑摩書房　1997　221p　18cm〈ちくま新書〉〈文献あり〉　660円　Ⓘ4-480-05727-7　Ⓝ210.47
☆「21世紀の必読書100選」

村井 昌弘　むらい・まさひろ

08854　「量地指南」
『江戸科学古典叢書　9　量地指南』　恒和出版　1978　415,19p　22cm〈編集委員：青木国夫ほか〉　6000円　Ⓝ402.105
☆「世界名著大事典」

村井 実　むらい・みのる

08855　「現代日本の教育」
『現代日本の教育』　村井実著　改訂版　日本放送出版協会　1976　299p　19cm〈NHK市民大学叢書　37〉〈参考文献：p.290-294〉　800円　Ⓝ372.1
☆「教育名著 日本編」

村井 吉敬　むらい・よしのり

08856　「エビと日本人」
『エビと日本人』　村井吉敬著　岩波書店　1988　222p　18cm〈岩波新書〉　480円　Ⓝ664.76
☆「環境と社会」,「現代を読む」

08857　「エビと日本人II　暮らしのなかのグローバル化」
『エビと日本人　2』　村井吉敬著　岩波書店　2007　210,2p 図版2枚　18cm〈岩波新書〉〈「2」のサブタイトル：暮らしのなかのグローバル化　文献あり〉　740円　Ⓘ978-4-00-431108-9　Ⓝ664.76
☆「大学新入生に薦める101冊の本」

08858　「ヌサンタラ航海記」
『ヌサンタラ航海記』　村井吉敬,藤林泰編　リブロポート　1994　197p　21cm〈旅の本〉　3399円　Ⓘ4-8457-0942-2　Ⓝ292.4
☆「世界の海洋文学」

村井 量令　むらい・りょうれい

08859　「群書備考」
『群書備考』　村井量令著　ゆまに書房　1978　540p　22cm〈書誌書目シリーズ　7〉〈国書刊行会大正5年刊の複製〉　5400円　Ⓝ025.1
☆「世界名著大事典」

村岡 典嗣　むらおか・つねつぐ

08860　「本居宣長」
『本居宣長　1』　村岡典嗣著　前田勉校訂　増補　平凡社　2006　318p　18cm〈東洋文庫　746〉〈初版の出版者：岩波書店〉　2800円　Ⓘ4-582-80746-1　Ⓝ121.52
☆「日本思想史」

村垣 淡叟　むらがき・たんそう

08861　「航海日記」
『航海日記』　村垣淡路守範正著　吉田常吉編　時事通信社　1960　292p 図版　18cm〈日米両国関係史　中〉〈時事新書〉　Ⓝ319.153
☆「現代人のための名著」

村上 英治　むらかみ・えいじ

08862　「人間性心理学への道」
『人間性心理学への道—現象学からの提言』　村上英治編　誠信書房　1986　176p　22cm〈各章末：文献〉　2000円　Ⓝ140
☆「学問がわかる500冊」

村上 華岳　むらかみ・かがく

08863　「画論」
『画論』　村上華岳著　中央公論美術出版　1989　447p　21cm〈新装普及版　著者の肖像あり〉

むらかみ　　　　　　　　　　　　　　　　　　　　　　　　　　　　08864〜08879

4800円　Ⓘ4-8055-0071-9　Ⓝ720.49
☆「世界名著大事典 補遺(Extra)」

村上 和雄　むらかみ・かずお

08864　「遺伝子工学から蛋白質工学へ」
『遺伝子工学から蛋白質工学へ』　村上和雄,堀比斗志著　東京大学出版会　1990　133p　19cm(UP biology)〈参考図書：p129〜130〉　1442円　Ⓘ4-13-063131-4　Ⓝ464.2
☆「学問がわかる500冊 v.2」

村上 菊一郎　むらかみ・きくいちろう

08865　「仏蘭西詩集」
『仏蘭西詩集　正,続』　村上菊一郎訳編　青磁社　1941　2冊　21cm〈続の訳編者：菱山修三　続の大きさ：19cm〉　Ⓝ951
☆「日本文芸鑑賞事典 第13巻」

村上 鬼城　むらかみ・きじょう

08866　「鬼城句集」
『鬼城句集』　村上鬼城著　大須賀乙字編　中央出版協会　1917　134p　16cm　Ⓝ911.36
☆「世界名著大事典」,「日本文学鑑賞辞典〔第2版〕」,「日本文芸鑑賞事典 第6巻(1917〜1920年)」

村上 元三　むらかみ・げんぞう

08867　「加賀騒動」
『加賀騒動』　村上元三著　学陽書房　2005　455p　15cm(人物文庫)　900円　Ⓘ4-313-75201-3　Ⓝ913.6
☆「歴史小説・時代小説 総解説」

08868　「上総風土記」
『上総風土記』　村上元三著　六興出版　1983　222p　19cm　1200円　Ⓝ913.6
☆「歴史小説・時代小説 総解説」

08869　「河童将軍」
『河童将軍』　村上元三著　新小説社　1951　372p　19cm　Ⓝ913.6
☆「歴史小説・時代小説 総解説」

08870　「切られお富」
『切られお富』　村上元三著　富士見書房　1987　2冊　15cm(時代小説文庫　125,126)　各490円　Ⓘ4-8291-1125-9　Ⓝ913.6
☆「歴史小説・時代小説 総解説」

08871　「佐々木小次郎」
『佐々木小次郎　上』　村上元三著　講談社　1995　445p　16cm(大衆文学館)　860円　Ⓘ4-06-262017-0　Ⓝ913.6
☆「面白いほどよくわかる時代小説名作100」,「日本文学鑑賞辞典〔第2版〕」,「日本文芸鑑賞事典 第15巻」,「歴史小説・時代小説 総解説」

08872　「次郎長三国志」
『次郎長三国志　上』　村上元三［著］　角川書店　2008　379p　15cm(角川文庫)〈角川グループパブリッシング〔発売〕〉　590円　Ⓘ978-4-04-390601-7　Ⓝ913.6
☆「歴史小説・時代小説 総解説」

08873　「田沼意次」
『田沼意次』　村上元三著　愛蔵版　毎日新聞社　1997　788p　22cm　2800円　Ⓘ4-620-10573-2　Ⓝ913.6
☆「ポケット日本名作事典」

08874　「水戸黄門」
『水戸黄門　1　葵獅子　上』　村上元三著　毎日新聞社　1990　388p　20cm　1300円　Ⓘ4-620-10431-0　Ⓝ913.6
☆「歴史小説・時代小説 総解説」

村上 重良　むらかみ・しげよし

08875　「国家神道」
『国家神道』　村上重良著　岩波書店　1970　230p　18cm(岩波新書)〈参考文献：229-230〉　150円　Ⓝ170.2
☆「日本思想史」

村上 専精　むらかみ・せんしょう

08876　「仏教統一論」
『仏教統一論—第一編大綱論全文　第二編原理論序論　第三編仏陀論序論』　村上専精著　書肆心水　2011　340p　22cm　5700円　Ⓘ978-4-902854-85-5　Ⓝ180
☆「世界名著大事典」

村上 貞助　むらかみ・ていすけ

08877　「東韃地方紀行」
『東韃地方紀行—他』　間宮林蔵述　村上貞助編　洞富雄,谷沢尚一編注　平凡社　1988　286p　18cm(東洋文庫　484)　2800円　Ⓘ4-582-80484-5　Ⓝ292.923
☆「古典の事典」,「世界の旅行記101」,「世界名著大事典」,「日本の古典名著」

村上 直次郎　むらかみ・なおじろう

08878　「貿易史上の平戸」
『貿易史上の平戸』　村上直次郎著　日本学術普及会　1917　131,50p　22cm　Ⓝ219.3
☆「世界名著大事典」

村上 浪六　むらかみ・なみろく

08879　「三日月」
『新日本古典文学大系　明治編 30　明治名作集』　中野三敏,十川信介,延広真治,日野龍夫編　谷川恵一,高橋圭一,中島国彦,池内輝雄校注　岩波書店　2009　491p　22cm　5600円

①978-4-00-240230-7 Ⓝ918
☆「世界名著大事典」,「日本文学鑑賞辞典〔第2〕」

08880　「妙法院勘八」
『妙法院勘八―俠客神髄』村上浪六著　大日本雄辯會講談社　1926　347p　20cm　Ⓝ913.6
☆「ポケット日本名作事典」,「歴史小説・時代小説総解説」

村上　信彦　むらかみ・のぶひこ

08881　「明治女性史」
『明治女性史　1　文明開化』村上信彦著　講談社　1977　450p　15cm（講談社文庫）　460円　Ⓝ367.21
☆「戦後思想の名著50」

村上　浜吉　むらかみ・はまきち

08882　「明治文学書目」
『明治文学書目』村上浜吉著　国書刊行会　1988　1冊　22cm〈村上文庫昭和12年刊の複製〉　9800円　Ⓝ910.31
☆「世界名著大事典」

村上　春樹　むらかみ・はるき

08883　「1Q84」
『1Q84　BOOK1　4月6月　前編』村上春樹著　新潮社　2012　357p　15cm（新潮文庫）　590円　①978-4-10-100159-3
☆「クライマックス名作案内2」,「3行でわかる名作＆ヒット本250」,「世界の小説大百科」

08884　「スプートニクの恋人」
『スプートニクの恋人』村上春樹著　講談社　2001　318p　15cm（講談社文庫）　571円　①4-06-273129-0　Ⓝ913.6
☆「名作の書き出し」

08885　「世界の終りとハードボイルド・ワンダーランド」
『世界の終りとハードボイルド・ワンダーランド』村上春樹著　新装版　新潮社　2005　618p　20cm〈折り込み1枚〉　2400円　①4-10-353417-6　Ⓝ913.6
☆「新潮文庫20世紀の100冊」,「世界のSF文学・総解説」,「日本の小説101」,「日本文学 これを読まないと文学は語れない!!」,「名作はこのように始まる2」

08886　「中国行きのスロウ・ボート」
『中国行きのスロウ・ボート』村上春樹著　改版　中央公論社　1997　288p　15cm（中公文庫）　533円　①4-12-202840-X　Ⓝ913.6
☆「読書入門」

08887　「ねじまき鳥クロニクル」
『村上春樹全作品1990～2000　4』村上春樹著　講談社　2003　563p　21cm　3500円

①4-06-187944-8　Ⓝ918.68
☆「世界の小説大百科」

08888　「ノルウェイの森」
『ノルウェイの森　上』村上春樹［著］　講談社　2004　302p　15cm（講談社文庫）　514円　①4-06-274868-1　Ⓝ913.6
☆「一度は読もうよ！ 日本の名著」,「現代文学鑑賞辞典」,「知らないと恥ずかしい「日本の名作」あらすじ200本」,「日本文学名作案内」,「百年の誤読」,「ポケット日本名作事典」

08889　「羊をめぐる冒険」
『羊をめぐる冒険　上』村上春樹［著］　講談社　2004　268p　15cm（講談社文庫）　476円　①4-06-274912-2　Ⓝ913.6
☆「近代日本の百冊を選ぶ」,「現代文学鑑賞辞典」,「ベストガイド日本の名著」

08890　「螢」
『めくらやなぎと眠る女』村上春樹著　新潮社　2009　500p　19cm　1400円　①978-4-10-353424-2　Ⓝ913.6
☆「一度は読もうよ！ 日本の名著」,「一冊で愛の話題作100冊を読む」

村上　兵衛　むらかみ・ひょうえ

08891　「桜と剣」
『桜と剣　第1部』村上兵衛著　光人社　2003　242p　19cm（光人社名作戦記　12）　1500円　①4-7698-1112-8　Ⓝ913.6
☆「日本陸軍の本・総解説」

村上　益夫　むらかみ・ますお

08892　「死闘の大空」
『死闘の大空』村上益夫著　朝日ソノラマ　1984　273p　15cm（航空戦史シリーズ　37）　480円　①4-257-17037-9　Ⓝ916
☆「日本海軍の本・総解説」

村上　護　むらかみ・まもる

08893　「日本の海賊」
『日本の海賊―戦雲たなびく水軍旗』村上護著　講談社　1982　298p　20cm〈主な参考文献：p295～296〉　1400円　①4-06-116984-X　Ⓝ210.1
☆「世界の海洋文学」

村上　貢　むらかみ・みつぎ

08894　「幕末漂流伝」
『幕末漂流伝―庶民たちの早すぎた「海外体験」の記録』村上貢著　PHP研究所　1988　216p　20cm〈付：幕末年表・参考文献〉　1200円　①4-569-22233-1　Ⓝ210.59
☆「世界の海洋文学」

村上 泰亮　むらかみ・やすすけ

08895　「新中間大衆の時代」
『新中間大衆の時代―戦後日本の解剖学』村上泰亮著　中央公論社　1987　371p　16cm（中公文庫）　480円　Ⓘ4-12-201392-5　Ⓝ332.1
☆「日本経済本38」

08896　「反古典の政治経済学」
『反古典の政治経済学　上　進歩史観の黄昏』村上泰亮著　中央公論社　1992　364p　20cm　2400円　Ⓘ4-12-002136-X　Ⓝ331
☆「学問がわかる500冊」、「21世紀の必読書100選」、「ベストガイド日本の名著」、「歴史家の一冊」

08897　「文明としてのイエ社会」
『文明としてのイエ社会』村上泰亮ほか著　中央公論社　1979　598,14p　22cm　3800円　Ⓝ361.4
☆「現代政治学を読む」、「ナショナリズム」、「日本の社会と文化」

村上 由香　むらかみ・ゆか

08898　「コックピットのひとりごと」
『コックピットのひとりごと―ユカの太平洋航海日記』村上由香絵と文　河出書房新社　1981　159p　21cm　880円　Ⓝ915.6
☆「世界の海洋文学」

村上 陽一郎　むらかみ・よういちろう

08899　「宇宙像の変遷」
『宇宙像の変遷』村上陽一郎著　講談社　1996　246p　15cm（講談社学術文庫）〈参考文献：p228～235〉　760円　Ⓘ4-06-159235-1　Ⓝ440.2
☆「ブックガイド"宇宙"を読む」

08900　「科学・哲学・信仰」
『科学・哲学・信仰』村上陽一郎著　第三文明社　1977　182p　18cm（レグルス文庫 73）　480円　Ⓝ190.4
☆「学問がわかる500冊」

08901　「近代科学と聖俗革命」
『近代科学と聖俗革命』村上陽一郎著　新版　新曜社　2002　312p　19cm　2500円　Ⓘ4-7885-0802-8　Ⓝ402.3
☆「文化の社会学」

村上 龍　むらかみ・りゅう

08902　「愛と幻想のファシズム」
『村上龍自選小説集　5　戦争とファシズムの想像力』村上龍著　集英社　2000　749p　22cm　3200円　Ⓘ4-08-774436-1　Ⓝ913.6
☆「世界のSF文学・総解説」、「日本文学 これを読まないと文学は語れない!!」

08903　「限りなく透明に近いブルー」
『限りなく透明に近いブルー』村上龍［著］新装版　講談社　2009　164p　15cm（講談社文庫）　400円　Ⓘ978-4-06-276347-9　Ⓝ913.6
☆「一度は読もうよ！ 日本の名著」、「一冊で日本の名著100冊を読む」、「現代文学鑑賞辞典」、「知らないと恥ずかしい「日本の名作」あらすじ200本」、「世界の小説大百科」、「日本文学名作案内」、「百年の誤読」、「ベストガイド日本の名著」、「名作の書き出し」

08904　「コインロッカー・ベイビーズ」
『コインロッカー・ベイビーズ　上』村上龍［著］新装版　講談社　2009　567p　15cm（講談社文庫　む3-30）　876円　Ⓘ978-4-06-276416-2　Ⓝ913.6
☆「世界のSF文学・総解説」、「日本の小説101」、「ポケット日本名作事典」

08905　「五分後の世界」
『五分後の世界』村上龍著　幻冬舎　1997　303p　16cm（幻冬舎文庫）　533円　Ⓘ4-87728-444-3　Ⓝ913.6
☆「21世紀の必読書100選」

村上天皇　むらかみてんのう

08906　「村上天皇御記」
『増補史料大成　第1巻　歴代宸記』増補史料大成刊行会編　京都　臨川書店　1989　404p　22cm〈第5刷（第1期：昭和40年）〉　5047円　Ⓘ4-653-00514-1　Ⓝ210.088
☆「世界名著大事典」

村木 潤次郎　むらき・じゅんじろう

08907　「ヒマルチュリ」
『ヒマルチュリ―雪原と氷壁の山』村木潤次郎著　毎日新聞社　1959　209p 図版14枚　20cm　Ⓝ292.58
☆「日本の山の名著・総解説」

紫式部　むらさきしきぶ

08908　「浮舟」
『浮舟―源氏物語宇治十帖』［紫式部］［著］高橋政光訳　角川学芸出版角川出版企画センター　2011　509p　20cm〈角川グループパブリッシング〔発売〕〉　2000円　Ⓘ978-4-04-653745-4　Ⓝ913.369
☆「近代名著解題選集 3」

08909　「源氏物語」
『源氏物語―全訳　1』紫式部［著］與謝野晶子訳　新装版　角川書店　2008　462p　15cm（角川文庫）〈角川グループパブリッシング〔発売〕〉　705円　Ⓘ978-4-04-388901-3　Ⓝ913.369
☆「愛と死の日本文学」、「あらすじダイジェスト日

本の古典30を読む」,「あらすじで味わう名作文学」,「あらすじで読む日本の古典」(楽書館,中経出版〔発売〕),「あらすじで読む日本の古典」(新人物往来社),「生きがいの再発見名著22選」,「一度は読もうよ！日本の名著」,「一冊で日本の古典100冊を読む」,「一冊で100名作の「さわり」を読む」,「大人のための日本の名著50」,「書き出し「世界文学全集」」,「学術辞典叢書 第12巻」,「教養のためのブックガイド」,「近代名著解題選集 2」,「近代名著解題選集 3」,「『こころ』は本当に名作か」,「古典の事典」,「古典文学鑑賞辞典」,「この一冊で読める！日本の古典50冊」,「作品と作者」,「3行でわかる名作&ヒット本250」,「知らないと恥ずかしい「日本の名作」あらすじ200本」,「図説 5分でわかる日本の名作」,「世界の小説大百科」,「世界の「名著」50」,「世界名作事典」,「世界名著解題選 第1巻」,「世界名著大事典」,「千年紀のベスト100作品を選ぶ」,「千年の百冊」,「2ページでわかる日本の古典傑作選」,「日本古典への誘い100選 2」,「日本の古典」,「日本の古典・世界の古典」,「日本の古典名著」,「日本の書物」,「日本の名著」(角川書店),「日本の名著」(毎日新聞社),「日本の名著3分間読書100」,「日本文学鑑賞辞典〔第1〕」,「日本文学の古典50選」,「日本文学名作案内」,「日本文学名作概観」,「日本名著辞典」,「早わかり日本古典文学あらすじ事典」,「文学・名著300選の解説 '88年度版」,「マンガとあらすじでやさしく読める日本の古典傑作30選」,「名作の書き出しを諳んじる」,「名作の研究事典」,「やさしい古典案内」,「わたしの古典 続」

08910 「紫式部日記」
『紫式部日記―現代語訳付き』 紫式部〔著〕 山本淳子訳注 角川学芸出版 2010 399p 15cm(角川文庫 16417—〔角川ソフィア文庫〕 〔A-205-1〕)〈年表あり 角川グループパブリッシング〔発売〕〉 1000円
①978-4-04-400106-3 Ⓝ915.35
☆「一度は読もうよ！日本の名著」,「一冊で日本の古典100冊を読む」,「一冊で100名作の「さわり」を読む」,「学術辞典叢書 第15巻」,「近代名著解題選集 3」,「古典の事典」,「古典文学鑑賞辞典」,「作品と作者」,「世界名著解題選 第3巻」,「世界名著大事典」,「千年の百冊」,「2ページでわかる日本の古典傑作選」,「日本古典への誘い100選 2」,「日本の古典」,「日本の古典・世界の古典」,「日本の古典名著」,「日本文学鑑賞辞典〔第1〕」,「日本文学の古典50選」,「日本文学名作概観」,「日本文学名作事典」,「日本名著辞典」,「早わかり日本古典文学あらすじ事典」

村雨 退二郎 むらさめ・たいじろう
08911 「明治巌窟王」
『明治巌窟王』 村雨退二郎著 中央公論社 1986 2冊 16cm(中公文庫) 540円,500円
①4-12-201379-8 Ⓝ913.6
☆「歴史小説・時代小説 総解説」

村瀬 春雄 むらせ・はるお
08912 「村瀬保険全集」
『村瀬保険全集』 村瀬春雄著 村瀬保険全集刊行会 1926 1冊 肖像 22cm Ⓝ339
☆「世界名著大事典」

村田 喜代子 むらた・きよこ
08913 「鍋の中」
『鍋の中』 村田喜代子著 文芸春秋 1990 246p 16cm(文春文庫) 360円
①4-16-731802-4 Ⓝ913.6
☆「現代文学鑑賞辞典」

村田 潔 むらた・きよし
08914 「ギリシア・ローマの美術」
『ギリシア・ローマの美術』 村田潔著 再版 東京堂 1949 168p 図版 19cm(西洋美術史 第2巻) Ⓝ702.31
☆「人文科学の名著」

村田 孝次 むらた・こうじ
08915 「生涯発達心理学の課題」
『生涯発達心理学の課題』 村田孝次著 培風館 1989 261p 22cm 3605円
①4-563-05567-0 Ⓝ143
☆「学問がわかる500冊」

村田 四郎 むらた・しろう
08916 「パウロ神学の根本問題」
『パウロ神学の根本問題』 村田四郎著 香柏書房 1948 258p 21cm Ⓝ193.71
☆「世界名著大事典」

村田 全 むらた・たもつ
08917 「日本の数学・西洋の数学」
『日本の数学西洋の数学―比較数学史の試み』 村田全著 筑摩書房 2008 269p 15cm(ちくま学芸文庫)〈年表あり〉 1000円
①978-4-480-09161-1 Ⓝ410.2
☆「数学ブックガイド100」

村田 春海 むらた・はるみ
08918 「琴後集」
『琴後集』 田中康二著 明治書院 2009 377p 21cm(和歌文学大系 72) 11500円
①978-4-625-41401-5
☆「世界名著大事典」,「日本の古典」,「日本の古典名著」

村田 基 むらた・もとい
08919 「フェミニズムの帝国」
『フェミニズムの帝国』 村田基著 早川書房 1991 357p 16cm(ハヤカワ文庫) 520円

村中 李衣　むらなか・りえ

08920　「小さいベッド」
『小さいベッド』　村中李衣著　かみやしん絵　偕成社　1984　190p　22cm〈偕成社の創作〉880円　①4-03-635210-5
☆「少年少女の名作案内 日本の文学リアリズム編」

村野 四郎　むらの・しろう

08921　「実在の岸辺」
『実在の岸辺―詩集』　村野四郎著　創元社　1952　152p　19cm　Ⓝ911.56
☆「世界名著大事典 補遺(Extra)」

08922　「蒼白な紀行」
『日本の詩歌 21 金子光晴・吉田一穂・村野四郎・草野心平』　金子光晴[ほか著]　新装　中央公論新社　2003　418p　21cm〈オンデマンド版　年譜あり〉5300円
①4-12-570065-2　Ⓝ911.08
☆「世界名著大事典 補遺(Extra)」

08923　「体操詩集」
『体操詩集』　村野四郎著　日本図書センター　2004　205p　20cm〈文献あり　年譜あり〉2500円　①4-8205-9600-4　Ⓝ911.56
☆「世界名著大事典 補遺(Extra)」、「日本文学鑑賞辞典 [第2]」、「日本文芸鑑賞事典 第12巻」

08924　「抽象の城」
『抽象の城―詩集』　村野四郎著　宝文館　1954　177p　19cm　Ⓝ911.56
☆「世界名著大事典 補遺(Extra)」

村野 藤吾　むらの・とうご

08925　「様式の上にあれ」
『様式の上にあれ―村野藤吾著作選』　村野藤吾著　鹿島出版会　2008　207p　19cm〈SD選書 250〉2200円　①978-4-306-05250-5　Ⓝ520.4
☆「建築の書物/都市の書物」

村松 梢風　むらまつ・しょうふう

08926　「残菊物語」
『残菊物語―他二篇』　村松梢風著　角川書店　1956　124p　15cm〈角川文庫〉Ⓝ913.6
☆「歴史小説・時代小説 総解説」

08927　「東海美女伝」
『東海美女伝―長篇時代小説』　村松梢風著　東方社　1953　360p　19cm　Ⓝ913.6
☆「歴史小説・時代小説 総解説」

08928　「人間飢饉」
『人間飢饉』　村松梢風著　三河書房　1948　274p　19cm　Ⓝ913.6
☆「ポケット日本名作事典」、「歴史小説・時代小説 総解説」

村松 伸　むらまつ・しん

08929　「アジアン・スタイル―十七人のアジアの建築家たち」
『アジアン・スタイル―十七人のアジア建築家たち』　村松伸著　淺川敏写真　筑摩書房　1997　189p　22cm　2800円
①4-480-86044-4　Ⓝ523.2
☆「学問がわかる500冊 v.2」

08930　「上海・都市と建築一八四二-一九四九」
『上海・都市と建築―一八四二―一九四九年』　村松伸著　PARCO出版局　1991　361p　21cm(PARCO picture backs)〈折り込図1枚〉3800円　①4-89194-273-8　Ⓝ523.22
☆「建築の書物/都市の書物」

村松 友視　むらまつ・ともみ

08931　「時代屋の女房」
『時代屋の女房　怪談篇』　村松友視著　角川書店　1989　232p　15cm〈角川文庫〉350円　①4-04-150210-1　Ⓝ913.6
☆「一度は読もうよ！日本の名著」、「一冊で愛の話題作100冊を読む」、「現代文学鑑賞辞典」、「知らないと恥ずかしい「日本の名作」あらすじ200本」、「日本文学名作案内」

村松 岐夫　むらまつ・みちお

08932　「日本の行政」
『日本の行政―活動型官僚制の変貌』　村松岐夫著　中央公論社　1994　258p　18cm〈中公新書〉〈参考文献一覧：p255～258〉740円
①4-12-101179-1　Ⓝ317
☆「学問がわかる500冊」

村松 茂清　むらまつ・もせい

08933　「算爼」
『算爼―現代訳と解説』　佐藤健一著　研成社　1987　380p　22cm〈『算爼』に関わる年表：p9～12　参考文献：p377〉9500円
①4-87639-018-5　Ⓝ419.1
☆「世界名著大事典」

村本 喜代作　むらもと・きよさく

08934　「大東閑語」
『大東閑語』　浮嶋城太郎解説　静岡　山雨楼叢書刊行会　1964　78p　19cm〈謄写版　私家版〉Ⓝ919.5
☆「日本の艶本・珍書 総解説」

村山 槐多　むらやま・かいた

08935　「槐多詩集」
『村山槐多詩集』　山本太郎編　弥生書房　1974　158p（図・肖像共）　18cm（世界の詩）　600円　Ⓝ911.56
☆「世界名著大事典 補遺（Extra）」

08936　「槐多の歌へる」
『槐多の歌へる—村山槐多詩文集』　村山槐多［著］　酒井忠康編　講談社　2008　323p　16cm（講談社文芸文庫）〈年譜あり　著作目録あり〉　1400円　Ⓓ978-4-06-290032-4　Ⓝ913.6
☆「世界名著大事典 補遺（Extra）」

村山 四郎　むらやま・しろう

08937　「亡羊記」
『亡羊記—詩集』　村野四郎著　政治公論社『無限』編集部　1959　111p 図版　23cm　Ⓝ911.56
☆「世界名著大事典 補遺（Extra）」

村山 武彦　むらやま・たけひこ

08938　「環境アセスメント」
『環境アセスメント』　原科幸彦編著　改訂版　放送大学教育振興会　2000　331p　21cm（放送大学教材　2000）〈文献あり〉　2800円　Ⓓ4-595-84238-4　Ⓝ519.15
☆「学問がわかる500冊 v.2」

村山 知義　むらやま・ともよし

08939　「忍びの者」
『忍びの者　1』　村山知義著　岩波書店　2003　494p　15cm（岩波現代文庫 文芸）　1000円　Ⓓ4-00-602061-9　Ⓝ913.6
☆「歴史小説・時代小説 総解説」

08940　「新選組」
『新選組』　村山知義著　河出書房新社　2003　305p　20cm　1800円　Ⓓ4-309-01585-9　Ⓝ913.6
☆「現代日本文学案内」

08941　「死んだ海」
『死んだ海—村山知義戯曲集戦後編』　村山知義著　新日本出版社　1982　380p　15cm（新日本文庫）　680円　Ⓝ912.6
☆「世界の海洋文学」

08942　「白夜」
『日本文学全集　88　名作集　3』　集英社　1975　476p 肖像　20cm〈豪華版〉　890円　Ⓝ918.6
☆「世界名著大事典」

08943　「暴力団記」
『日本プロレタリア文学集　36　プロレタリア戯曲集　2』　新日本出版社　1988　558p　19cm　2800円　Ⓓ4-406-01640-6　Ⓝ913.68
☆「日本のプロレタリア文学」，「日本文学鑑賞辞典〔第2〕」

村山 由佳　むらやま・ゆか

08944　「星々の舟」
『星々の舟』　村山由佳著　文藝春秋　2006　431p　16cm（文春文庫）　590円　Ⓓ4-16-770901-5　Ⓝ913.6
☆「知らないと恥ずかしい「日本の名作」あらすじ200本」

村山 吉廣　むらやま・よしひろ

08945　「漢学者はいかに生きたか」
『漢学者はいかに生きたか—近代日本と漢学』　村山吉廣著　大修館書店　1999　233p　19cm（あじあブックス　18）〈文献あり〉　1800円　Ⓓ4-469-23158-4　Ⓝ121.53
☆「教養のためのブックガイド」

室 鳩巣　むろ・きゅうそう

08946　「赤穂義人録」
『赤穂義人録—尊経閣叢刊』　室鳩巣著　〔育徳財団〕　49丁　28cm〈室鳩巣稿本複製　付（4丁 22cm）：赤穂義人録解説　和装〉　Ⓝ121
☆「日本名著辞典」

08947　「献可録」
『林羅山・室鳩巣』　日本図書センター　1979　216,124,493p　22cm（日本教育思想大系　13）〈それぞれの複製〉　10000円　Ⓝ121.43
☆「世界名著大事典」

08948　「駿台雑話」
『駿台雑話』　室鳩巣著　竹下直之等校訂　いてふ本刊行会　1953　274p　19cm〈佐佐木信綱等監修〉　Ⓝ121.43
☆「古典の事典」，「作品と作者」，「世界名作事典」，「世界名著大事典」，「日本の古典名著」，「日本文学鑑賞辞典〔第1〕」，「日本名著辞典」

08949　「不亡鈔」
『林羅山・室鳩巣』　日本図書センター　1979　216,124,493p　22cm（日本教育思想大系　13）〈それぞれの複製〉　10000円　Ⓝ121.43
☆「教育の名著80選解題」

08950　「六諭衍義大意」
『近世育児書集成　第4巻』　小泉吉永編・解題　クレス出版　2006　551p　22cm〈複製〉　Ⓓ4-87733-349-5　Ⓝ379.7
☆「世界名著大事典」

室生 犀星　むろう・さいせい

08951　「愛の詩集」

『愛の詩集』　室生犀星著　日本図書センター　1999　242p　20cm〈年譜あり〉　2500円
　Ⓘ4-8205-1862-3　Ⓝ911.56
　☆「世界名著大事典」,「日本文学鑑賞辞典〔第2〕」,「日本文学鑑賞事典　第6巻(1917～1920年)」

08952　「あにいもうと」
『あにいもうと』　室生犀星著　文潮社　1947　192p　15cm(文潮選書　3)　Ⓝ913.6
　☆「あらすじで読む日本の名著 No.3」,「近代文学作家事典」,「知らないと恥ずかしい「日本の名作」あらすじ200本」,「世界名著大事典」,「日本・世界名作「愛の会話」100章」,「日本文学鑑賞辞典〔第2〕」,「日本文学現代名作事典」,「日本文学名作事典」,「日本文芸鑑賞事典　第11巻(昭和9～昭和12年)」,「ポケット日本名作事典」

08953　「杏っ子」
『杏っ子』　室生犀星著　改版　新潮社　2001　636p　16cm(新潮文庫)　781円
　Ⓘ4-10-110306-2　Ⓝ913.6
　☆「あらすじダイジェスト」,「一冊で100名作の「さわり」を読む」,「現代文学名作探訪事典」,「知らないと恥ずかしい「日本の名作」あらすじ200本」,「日本の名著3分間読書100」,「日本文学鑑賞辞典〔第2〕」,「入門名作の世界」,「ポケット日本名作事典」

08954　「かげろふの日記遺文」
『かげろふの日記遺文』　室生犀星著　角川書店　1967　262p　15cm(角川文庫)　110円
　Ⓝ913.6
　☆「日本文芸鑑賞事典　第17巻(1955～1958年)」

08955　「抒情小曲集」
『抒情小曲集—室生犀星第二詩集』　室生犀星著　日本近代文学館　1980　204p　17cm(名著複刻詩歌文学館　連翹セット)〈感情詩社大正7年刊の複製　ほるぷ〔発売〕　叢書の編者：名著複刻全集編集委員会〉　Ⓝ911.56
　☆「感動！日本の名著 近現代編」,「現代文学名作探訪事典」,「世界名著大事典」,「日本近代文学名著事典」,「日本の名著」,「日本文学鑑賞辞典〔第2〕」,「日本文芸鑑賞事典　第6巻(1917～1920年)」,「文学・名著300選の解説 '88年度版」

08956　「性に眼覚める頃」
『性に眼覚める頃—他三篇』　室生犀星著　角川書店　1954　190p　15cm(角川文庫)　Ⓝ913.6
　☆「現代文学鑑賞辞典」,「世界名著大事典」,「日本近代文学名著事典」,「日本文芸鑑賞事典　第6巻(1917～1920年)」,「ポケット日本名作事典」

08957　「動物詩集」
『動物詩集』　室生犀星著　日本図書センター　2006　175p　21cm(わくわく！名作童話館 8)〈画：恩地孝四郎〉　2400円
　Ⓘ4-284-70025-1　Ⓝ911.56

☆「日本児童文学名著事典」

08958　「蜜のあはれ」
『蜜のあはれ』　室生犀星著　講談社　1961　229p　18cm(ミリオン・ブックス)　Ⓝ913.6
　☆「日本の小説101」

08959　「幼年時代」
『幼年時代』　室生犀星著　創隆社　1984　201p　18cm(近代文学名作選)　430円
　☆「これだけは読んでおきたい日本の名作文学案内」,「日本文学鑑賞辞典〔第2〕」

室町幕府　むろまちばくふ
08960　「建武式目」
『群書類従　第22輯　武家部』　塙保己一編纂　オンデマンド版　八木書店古書出版部　2013　626p　21cm(訂正3版：続群書類従完成会1979年刊　デジタルパブリッシングサービス〔印刷・製本〕　八木書店〔発売〕)　10000円
　Ⓘ978-4-8406-3133-4　Ⓝ081
　☆「古典の事典」

【め】

明空　めいくう
08961　「宴曲集」
『大東急記念文庫善本叢刊—中古中世篇　10　諸芸　1』　築島裕,高津忠夫,井上宗雄,長谷川強,岡崎久司〔編〕　島津忠夫責任編集　影印　〔東京〕　大東急記念文庫　2012　598,8p　23cm(汲古書院〔発売〕)　18000円
　Ⓘ978-4-7629-3469-8　Ⓝ081.7
　☆「近代名著解題選集 3」

08962　「宴曲抄」
『早歌全詞集』　外村久江,外村南都子校注　2版　三弥井書店　2008　360p　22cm(中世の文学)〈文献あり〉　7600円
　Ⓘ978-4-8382-1018-3　Ⓝ911.64
　☆「近代名著解題選集 3」,「古典の事典」

08963　「究百集」
『早歌全詞集』　外村久江,外村南都子校注　2版　三弥井書店　2008　360p　22cm(中世の文学)〈文献あり〉　7600円
　Ⓘ978-4-8382-1018-3　Ⓝ911.64
　☆「近代名著解題選集 3」

08964　「拾菓集」
『早歌全詞集』　外村久江,外村南都子校注　2版　三弥井書店　2008　360p　22cm(中世の文学)〈文献あり〉　7600円
　Ⓘ978-4-8382-1018-3　Ⓝ911.64

☆「近代名著解題選集 3」

08965 「真曲抄」
『早歌全詞集』 外村久江, 外村南都子校注 2版 三弥井書店 2008 360p 22cm〈中世の文学〉〈文献あり〉 7600円
Ⓘ978-4-8382-1018-3 Ⓝ911.64
☆「近代名著解題選集 3」

08966 「撰要目録」
『早歌全詞集』 外村久江, 外村南都子校注 2版 三弥井書店 2008 360p 22cm〈中世の文学〉〈文献あり〉 7600円
Ⓘ978-4-8382-1018-3 Ⓝ911.64
☆「近代名著解題選集 3」

明治教育社　めいじきょういくしゃ
08967 「国民道徳要領」
『文検受験用国民道徳要領』 明治教育社編輯部編 3版 大同館書店 1916 420p 19cm Ⓝ374.38
☆「国体 十冊の名著」

明治財政史編纂会　めいじざいせいしへんさんかい
08968 「明治財政史」
『明治財政史 第1巻』 明治財政史編纂会編纂 吉川弘文館 1971 1056p 図 肖像 25cm〈一名 松方伯財政事歴 3版 明治37年刊（初版）の複製〉 Ⓝ342.1
☆「世界名著大事典」

明治天皇　めいじてんのう
08969 「教育勅語」
『教育勅語』 大原康男監修・解説 改訂版 神社新報社 2007 50p 22cm〈初版の出版者：ライフ社〉 850円 Ⓘ978-4-915265-11-2 Ⓝ155
☆「国体 十冊の名著」

08970 「軍人勅諭」
☆「国体 十冊の名著」

明治文化研究会　めいじぶんかけんきゅうかい
08971 「明治文化全集」
『明治文化全集 第1巻 皇室篇』 明治文化研究会編 日本評論社 1992 16,641p 23cm〈複製〉 Ⓘ4-535-04241-1 Ⓝ210.6
☆「世界名著大事典」

明治屋本社編集室　めいじやほんしゃへんしゅうしつ
08972 「明治屋食品辞典」
『明治屋食品辞典 食料編 上巻』 明治屋本社企画室著 第11版 明治屋本社企画室 1977 276,8,26p 18cm〈普及版 年表あり〉 800円 Ⓝ588.033
☆「世界名著大事典」

目崎 茂和　めざき・しげかず
08973 「図説 風水学―中国四千年の知恵をさぐる」
『図説 風水学―中国四千年の知恵をさぐる』 目崎茂和著 東京書籍 1998 223p 19cm 1500円 Ⓘ4-487-79345-9
☆「学問がわかる500冊 v.2」

【 も 】

毛里 和子　もうり・かずこ
08974 「周縁からの中国」
『周縁からの中国―民族問題と国家』 毛里和子著 東京大学出版会 1998 309,33p 22cm 4000円 Ⓘ4-13-030115-2 Ⓝ316.822
☆「学問がわかる500冊」

毛利 重能　もうり・しげよし
08975 「割算書」
『割算書』 毛利重能著 山田孝雄等解説 日本珠算連盟編 日本珠算連盟 1956 92p 図版 26cm〈帙入り　和装〉 Ⓝ419.1
☆「世界名著大事典」

毛利 恒之　もうり・つねゆき
08976 「月光の夏」
『月光の夏―朗読ブック』 毛利恒之著 サンマーク出版 2003 142p 21cm 1300円 Ⓘ4-7631-9517-4 Ⓝ912.6
☆「今だから知っておきたい戦争の本70」

毛利 敏彦　もうり・としひこ
08977 「明治維新政治史序説」
『明治維新政治史序説』 毛利敏彦著 未来社 1967 282p 22cm 1300円 Ⓝ312.1
☆「日本史の名著」

最上 一平　もがみ・いっぺい
08978 「銀のうさぎ」
『山形県文学全集 第1期（小説編）第5巻』 近江正人［ほか］編 ［長岡］ 郷土出版社 2004 571p 20cm〈肖像あり〉 Ⓘ4-87663-716-4 Ⓝ918.6
☆「少年少女の名作案内 日本の文学リアリズム編」

最上 徳内　もがみ・とくない
08979 「蝦夷草紙」

もかみ　　　　　　　　　　　　　　　　　　　　08980～08994

『蝦夷草紙』　最上徳内著　須藤十郎編　MBC21　1994　301p　20cm〈東京経済〔発売〕　著者の肖像あり〉　2500円
ⓘ4-8064-0403-9　Ⓝ291.1
☆「世界名著大事典 補遺（Extra）」

08980　「渡島筆記」
『日本庶民生活史料集成　第4巻　探検・紀行・地誌　北辺篇』　高倉新一郎編　三一書房　1969　821p　26cm　9000円　Ⓝ382.1
☆「世界名著大事典 補遺（Extra）」

08981　「松前史略」
☆「世界名著大事典 補遺（Extra）」

最上 敏樹　もがみ・としき

08982　「人道的介入」
『人道的介入—正義の武力行使はあるか』　最上敏樹著　岩波書店　2001　214,6p　18cm（岩波新書）〈文献あり〉　700円
ⓘ4-00-430752-X　Ⓝ319
☆「平和を考えるための100冊＋α」

物集 高見　もずめ・たかみ

08983　「広文庫」
『広文庫　第1冊　あ』　物集高見,物集高量共著　名著普及会　1976　1312,8p　図　22cm〈大正5年刊の複製〉　Ⓝ031.2
☆「日本名著辞典」

望月 信成　もちづき・しんじょう

08984　「仏像—心とかたち」
『仏像—心とかたち 定本』　望月信成,佐和隆研,梅原猛著　日本放送出版協会　1971　228,9p　図30枚　27cm　3800円　Ⓝ186.8
☆「現代人のための名著」

望月 達雄　もちづき・たつお

08985　「遠い山・近い山」
☆「日本の山の名著・総解説」

望月 昇　もちづき・のぼる

08986　「おんぼろ号の冒険」
『おんぼろ号の冒険』　望月昇著　文芸春秋新社　1964　217p　18cm（ポケット文春）
Ⓝ292.309
☆「世界の海洋文学」

持丸 一夫　もちまる・かずお

08987　「日本美術史要説」
『日本美術史要説』　久野健,持丸一夫著　増補新版　吉川弘文館　1963　272p（図版共）22cm　Ⓝ702.1
☆「人文科学の名著」

本居 大平　もとおり・おおひら

08988　「神楽歌新釈」
『本居宣長全集　首巻,第1,3-12』　本居豊頴校訂　本居清造再校　増補　吉川弘文館　1937　12冊　21cm　Ⓝ121
☆「世界名著大事典」

本居 宣長　もとおり・のりなが

08989　「排蘆小船」
『排蘆小船—宣長「物のあはれ」歌論　石上私淑言—宣長「物のあはれ」歌論』　本居宣長著　子安宣邦校注　岩波書店　2003　363p　15cm（岩波文庫）　760円　ⓘ4-00-351011-9　Ⓝ911.101
☆「世界名著大事典」

08990　「石上私淑言」
『排蘆小船—宣長「物のあはれ」歌論　石上私淑言—宣長「物のあはれ」歌論』　本居宣長著　子安宣邦校注　岩波書店　2003　363p　15cm（岩波文庫）　760円　ⓘ4-00-351011-9　Ⓝ911.101
☆「古典の事典」,「世界名著大事典」,「日本名著辞典」

08991　「初山踏」
『本居宣長集』　本居宣長［著］　久松潜一訳者代表　筑摩書房　1977　402p　23cm（古典日本文学　33）〈肖像あり〉　Ⓝ121.52
☆「教育の名著80選解題」,「古典の事典」,「古典文学鑑賞辞典」,「世界名著大事典」,「千年の百冊」,「日本古典への誘い100選 2」,「日本の古典名著」,「日本名著辞典」

08992　「呵刈葭」
『本居宣長全集　第8巻』　大野晋,大久保正編集校訂　筑摩書房　1990　77,629p　23cm〈第4刷（第1刷：昭和47年）〉　7420円
ⓘ4-480-74008-2　Ⓝ121.52
☆「世界名著大事典」

08993　「葛花」
『本居宣長全集　第8巻』　大野晋,大久保正編集校訂　筑摩書房　1990　77,629p　23cm〈第4刷（第1刷：昭和47年）〉　7420円
ⓘ4-480-74008-2　Ⓝ121.52
☆「世界名著大事典」

08994　「源氏物語玉の小櫛」
『源氏物語玉の小櫛—物のあわれ論』　本居宣長著　山口志義夫訳　多摩　多摩通信社　2013　212p　18cm〈〈現代語訳〉本居宣長選集　4〉〈文献あり 索引あり〉　940円
ⓘ978-4-9903617-4-7　Ⓝ913.364
☆「古典文学鑑賞辞典」,「世界名著大事典」,「日本人とは何か」,「日本文学鑑賞辞典〔第1〕」,「文学・名著300選の解説 '88年度版」

08995 「古事記伝」
『本居宣長全集 第9巻』 大野晋,大久保正編集校訂 筑摩書房 1989 31,558p 23cm〈第7刷(第1刷:昭和43年)〉 5360円
Ⓘ4-480-74009-0 Ⓝ121.52
☆「学術辞典叢書 第15巻」、「古典の事典」、「世界名著解題選 第1巻」、「世界名著大事典」、「日本名著辞典」

08996 「詞玉緒」
『紐鏡・詞玉緒―抄』 本居宣長著 中村通夫,福島真久編著 教育出版センター 1976 215p 22cm(資料叢書 2) 2500円 Ⓝ815.7
☆「世界名著大事典」

08997 「鈴屋集」
『本居宣長全集 第15巻』 大野晋,大久保正編集校訂 筑摩書房 1990 30,617p 23cm〈第4刷(第1刷:昭和44年)〉 6590円
Ⓘ4-480-74015-5 Ⓝ121.25
☆「世界名著大事典」、「日本の古典・世界の古典」

08998 「続紀歴朝詔詞解」
『本居宣長全集 第7巻』 大野晋,大久保正編集校訂 筑摩書房 1990 26,559p 23cm〈第4刷(第1刷:昭和46年)〉 5360円
Ⓘ4-480-74007-4 Ⓝ121.25
☆「世界名著大事典」

08999 「玉勝間」
『玉勝間 上』 本居宣長著 村岡典嗣校訂 岩波書店 1995 396p 15cm(岩波文庫)〈第18刷(第1刷:1934年)〉 720円
Ⓘ4-00-302192-4 Ⓝ121.25
☆「教育の名著80選解題」、「古典の事典」、「古典文学鑑賞辞典」、「3行でわかる名作&ヒット本250」、「世界名作事典」、「世界名著大事典」、「2ページでわかる日本の古典傑作選」、「日本の古典」、「日本の古典・世界の古典」、「日本の古典名著」、「日本の名著」、「日本文学鑑賞辞典〔第1〕」、「日本名著辞典」、「必読書150」、「マンガとあらすじでやさしく読める 日本の古典傑作30選」、「私の古典」

09000 「玉くしげ」
『玉くしげ―美しい国のための提言』 本居宣長著 山口志義夫訳 改訂版 多摩 多摩通信社 2010 178p 18cm(本居宣長選集 現代語訳 1 本居宣長[著]) 940円
Ⓘ978-4-9903617-2-3 Ⓝ121.52
☆「古典の事典」、「世界名著大事典」、「日本の書物」、「日本名著辞典」

09001 「玉の小櫛」
『源氏物語玉の小櫛―物のあわれ論』 本居宣長著 山口志義夫訳 多摩 多摩通信社 2013 212p 18cm〈現代語訳〉本居宣長選集 4) 〈文献あり 索引あり〉 940円
Ⓘ978-4-9903617-4-7 Ⓝ913.364

☆「学術辞典叢書 第15巻」、「世界名著解題選 第2巻」

09002 「答問録」
『本居宣長全集 第1巻』 大野晋,大久保正編集校訂 筑摩書房 1989 29,558p 23cm〈第5刷(第1刷:昭和43年)著者の肖像あり〉 5360円 Ⓘ4-480-74001-5 Ⓝ121.52
☆「世界名著大事典」

09003 「直毘霊」
『宣長選集』 本居宣長著 野口武彦編注 筑摩書房 1986 267p 19cm(筑摩叢書 301)〈著者の肖像あり〉 1600円 Ⓘ4-480-01301-6 Ⓝ121.52
☆「教育の名著80選解題」、「世界名著大事典」、「尊王 十価の名著」、「日本の古典名著」

本居 春庭 もとおり・はるにわ

09004 「詞通路」
『詞通路』 本居春庭著 名古屋 永楽屋東四郎等 1冊 26cm〈和装〉 Ⓝ815
☆「世界名著大事典 補遺(Extra)」

09005 「詞八衢」
『詞八衢』 本居春庭著 尾崎知光編 勉誠社 1990 235p 21cm(勉誠社文庫 139)〈複製〉 2400円 Ⓘ4-585-00139-5 Ⓝ815.5
☆「世界名著大事典 補遺(Extra)」

本川 達雄 もとかわ・たつお

09006 「ゾウの時間ネズミの時間」
『ゾウの時間ネズミの時間―サイズの生物学』 本川達雄著 中央公論社 1992 230p 18cm(中公新書) 660円 Ⓘ4-12-101087-6 Ⓝ481.3
☆「科学の10冊」、「学問がわかる500冊 v.2」

本木 良永 もとき・りょうえい

09007 「阿蘭陀海鏡書和解」
『海事史料叢書 第1-10巻』 住田正一編 巌松堂書店 1929 10冊 23cm Ⓝ683
☆「世界名著大事典」

09008 「太陽窮理了解説」
『天文暦学書集 1』 杉本つとむ編 早稲田大学蔵資料影印叢書刊行委員会 1996 492,7p 27cm(早稲田大学蔵資料影印叢書 洋学篇 第17巻)〈発行所:早稲田大学出版部〉 30000円 Ⓘ4-657-96004-0 Ⓝ440.8
☆「日本名著辞典」

元田 永孚 もとだ・ながざね

09009 「幼学綱要」
『幼学綱要 巻之1-4』 元田永孚著 〔出版地不明〕 〔出版者不明〕 4冊 22cm Ⓝ159.5
☆「世界名著大事典」、「明治・大正・昭和の名著・

もとみや　　　　　　　　　　　　　　　　　　　　　　　　09010〜09022

総解説」,「明治の名著1」

本宮 ひろ志　もとみや・ひろし

09010　「男一匹ガキ大将」

『男一匹ガキ大将　1』　本宮ひろ志著　集英社　1995　335p　16cm〈集英社文庫 コミック版　本宮ひろ志傑作選〉　560円　Ⓘ4-08-617011-6　Ⓝ726.1

☆「ナショナリズム」

元良 勇次郎　もとら・ゆうじろう

09011　「心理学」

『元良勇次郎著作集　第3巻　『心理学』・『心理学十回講義』』　元良勇次郎［著］　大山正監修　大泉溥編集主幹　『元良勇次郎著作集』刊行委員会編集　クレス出版　2013　369p　22cm〈布装　金港堂1890年刊の翻刻　冨山房1897年刊の翻刻〉　8000円
Ⓘ978-4-87733-734-6,978-4-87733-749-0　Ⓝ140.8

☆「世界名著大事典」

モブ・ノリオ

09012　「介護入門」

『介護入門―親の老後にいくらかかるか?』　結城康博著　筑摩書房　2010　222p　18cm〈ちくま新書　833〉〈並列シリーズ名：Chikuma shinsho　文献あり〉　720円
Ⓘ978-4-480-06538-4　Ⓝ369.26

☆「知らないと恥ずかしい「日本の名作」あらすじ200本」

百川 治兵衛　ももかわ・じへえ

09013　「諸勘分物」

『日本科學技術古典籍資料　數學篇1』　浅見恵,安田健訳編　科学書院　2002　840p　27cm〈近世歴史資料集成　第4期第1巻〉〈霞ケ関出版〔発売〕　日本学士院蔵の複製〉　50000円　Ⓘ4-7603-0230-1　Ⓝ402.105

☆「世界名著大事典」

百瀬 慎太郎　ももせ・しんたろう

09014　「山を想へば」

『山を想へば』　百瀬慎太郎著　大町　百瀬慎太郎遺稿集刊行会　1962　291p 図版　22cm　Ⓝ786.1

☆「日本の山の名著・総解説」,「山の名著 明治・大正・昭和戦前編」

百田 宗治　ももた・そうじ

09015　「どこかで春が」

☆「日本文芸鑑賞事典　第7巻（1920〜1923年）」

森 敦　もり・あつし

09016　「月山」

『月山』　森敦著　成瀬書房　1982　149p　24cm〈折本 帙入（銅版嵌込）限定版　和装〉　30000円　Ⓘ4-930708-06-0　Ⓝ913.6

☆「一度は読もうよ！日本の名著」,「現代文学鑑賞辞典」,「日本文学名作案内」,「日本文芸鑑賞事典　第20巻（昭和42〜50年）」,「日本名作文学館 日本編」,「ポケット日本名作事典」

森 有礼　もり・ありのり

09017　「妻妾論」

『現代日本思想大系　第1　近代思想の萌芽』　松本三之介編　筑摩書房　1966　432p　20cm　Ⓝ081.6

☆「明治・大正・昭和の名著・総解説」,「明治の名著1」

森 絵都　もり・えと

09018　「宇宙のみなしご」

『宇宙のみなしご』　森絵都［著］　角川書店　2010　176p　15cm（角川文庫　16324）〈講談社1994年刊の加筆修正　角川グループパブリッシング〔発売〕〉　438円
Ⓘ978-4-04-394108-7　Ⓝ913.6

☆「少年少女の名作案内 日本の文学リアリズム編」

森 鷗外　もり・おうがい

09019　「阿部一族」

『阿部一族』　森鷗外［著］　北九州　北九州森鷗外記念会　2013　277p　15cm〈森鷗外著作集 豊前小倉版　第2集　森鷗外［著］〉〈年譜あり〉　1000円　Ⓝ913.6

☆「一度は読もうよ！日本の名著」,「一冊で人生論の名著を読む」,「一冊で日本の名著100冊を読む」,「感動！日本の名著 近現代編」,「現代文学鑑賞辞典」,「世界名著大事典」,「日本人とは何か」,「日本の名著（角川書店）」,「日本の名著（毎日新聞社）」,「日本文学鑑賞辞典〔第2〕」,「日本文学名作案内」,「日本名著辞典」,「日本文芸鑑賞事典　第5巻」,「ポケット日本名作事典」

09020　「生田川」

『鷗外女性論集』　森鷗外［著］　金子幸代編・解説　不二出版　2006　341p　21cm　2800円　Ⓘ4-8350-3497-X　Ⓝ918.6

☆「世界名著大事典」

09021　「伊沢蘭軒」

『伊沢蘭軒―森鷗外全集　下』　森鷗外著　筑摩書房　1996　433p　15cm（ちくま文庫）　1068円　Ⓘ4-480-02928-1

☆「世界名著大事典」

09022　「ヰタ・セクスアリス」

『ヰタ・セクスアリス』　森鷗外著　改版　新潮社　2011　182p　15cm〈新潮文庫〉　370円
①978-4-10-102003-7
☆「あらすじで読む日本の名著 No.3」,「女性のための名作・人生案内」,「知らないと恥ずかしい「日本の名作」あらすじ200本」,「新潮文庫20世紀の100冊」,「世界名著案内 3」,「日本文学現代名作事典」,「日本文学鑑賞辞典〔第2〕」,「日本文芸鑑賞事典 第4巻」,「日本・名著のあらすじ」

09023　「うたかたの記」
『うたかたの記―他三篇』　森鷗外著　岩波書店　1951　177p　15cm〈岩波文庫〉　Ⓝ913.6
☆「日本文学名作概観」,「日本文芸鑑賞事典 第1巻」,「日本名著辞典」

09024　「うた日記」
『うた日記』　森鷗外作　岩波書店　1993　217p　15cm〈岩波文庫〉〈第4刷（第1刷：40.5.28）〉　520円　①4-00-310065-4
☆「世界名著大事典」,「日本近代文学名著事典」,「日本文芸鑑賞事典 第3巻（1904～1909年）」

09025　「大塩平八郎」
『鷗外歴史文学集　第2巻』　森鷗外著　岩波書店　2000　468p　20cm　4600円
①4-00-092322-6　Ⓝ918.6
☆「世界名著大事典」

09026　「かのように」
『かのように―其の他』　森鷗外著　雄鶏社　1946　256p　18cm〈推理小説叢書　4〉　Ⓝ913.6
☆「教養のためのブックガイド」

09027　「仮面」
『鷗外近代小説集　第3巻　仮面　灰燼ほか』　森鷗外著　岩波書店　2013　336p　20cm〈布装〉　3800円　①978-4-00-092733-8　Ⓝ913.6
☆「日本文芸鑑賞事典 第4巻」

09028　「雁」
『雁』　森鷗外著　110刷改版　新潮社　2008　184p　16cm〈新潮文庫〉　324円
①978-4-10-102001-3　Ⓝ913.6
☆「あらすじ」,「愛と死の日本文学」,「あらすじで味わう名作文学」,「一度は読もうよ！日本の名著」,「一冊で日本の名著100冊を読む」,「感動！日本の名著 近現代編」,「現代文学名作探訪事典」,「図説 5分でわかる日本の名作傑作選」,「世界名著大事典」,「日本近代文学名著事典」,「日本の名作おさらい」,「日本の名著」（角川書店）,「日本の名著」（毎日新聞社）,「日本文学鑑賞辞典〔第2〕」,「日本文学現代名作事典」,「日本文芸鑑賞事典 第4巻」,「日本名作文学館 日本編」,「日本名著辞典」,「入門名作の世界」,「ポケット日本名作事典」,「明治・大正・昭和のベス

トセラー」,「明治・大正・昭和の名著・総解説」,「明治の名著 2」

09029　「寒山拾得」
『日本文学100年の名作　第1巻　夢見る部屋―1914-1923』　池内紀,川本三郎,松田哲夫編　新潮社　2014　490p　16cm〈新潮文庫　L-23-1〉　710円　①978-4-10-127432-4　Ⓝ913.68
☆「世界名作事典」,「世界名著大事典」,「日本文学現代名作事典」,「名作への招待」

09030　「最後の一句」
『最後の一句―ほか』　杉みき子,戸川幸夫,山本周五郎,永井龍男,M=ショーロホフ,森鷗外著　小野理子訳　光村図書出版　2005　131p　22cm〈光村ライブラリー　中学校編 第3巻〉〈挿画：平山英三ほか〉　1000円
①4-89528-371-2　Ⓝ913.6
☆「あらすじで読む日本の名著 No.2」,「一度は読もうよ！日本の名著」,「一冊で日本の名著100冊を読む 続」,「知らないと恥ずかしい「日本の名作」あらすじ200本」

09031　「山椒大夫」
『山椒大夫』　森鷗外著　創隆社　1984　204p　18cm〈近代文学名作選〉〈新装版〉　430円
☆「あらすじダイジェスト」,「これだけは読んでおきたい日本の名作文学案内」,「少年少女のための文学案内 3」,「知らないと恥ずかしい「日本の名作」あらすじ200本」,「図説 5分でわかる日本の名作傑作選」,「世界名作事典」,「世界名著大事典」,「千年の百冊」,「日本の名作おさらい」,「日本文学鑑賞辞典〔第2〕」,「日本文学名作案内」,「日本文学現代名作事典」,「日本文芸鑑賞事典 第5巻」,「名作の研究事典」

09032　「渋江抽斎」
『渋江抽斎』　森鷗外著　改版　岩波書店　1999　389p　15cm〈岩波文庫〉　660円
①4-00-310058-1　Ⓝ913.6
☆「近代日本の百冊を選ぶ」,「近代文学名作事典」,「世界の「名著」50」,「世界名著大事典」,「日本文学鑑賞辞典〔第2〕」,「日本文学現代名作事典」,「日本文芸鑑賞事典 第5巻」,「日本名著辞典」,「百年の誤読」,「ポケット日本名作事典」,「私の古典」

09033　「新浦島」
『鷗外全集　第1巻』　森林太郎著　木下杢太郎ほか編　岩波書店　1986　662p　23cm〈第2刷（第1刷：1971年）著者の肖像あり〉　3600円　①4-00-091201-1　Ⓝ918.6
☆「日本文学名作概観」

09034　「青年」
『鷗外近代小説集　第4巻　青年』　森鷗外著　岩波書店　2012　310p　20cm〈布装〉　3600円　①978-4-00-092734-5　Ⓝ913.6
☆「世界名作事典」,「世界名著大事典」,「日本近

代文学名著事典」,「日本文学鑑賞辞典〔第2〕」,「日本文学現代名作事典」,「日本文学名作事典」,「名作への招待」

09035 「即興詩人」
『即興詩人―口語訳』 アンデルセン原作 森鷗外文語訳 安野光雅口語訳 山川出版社 2010 600p 20cm 1900円
①978-4-634-15010-2 Ⓝ949.73
☆「日本近代文学名著事典」,「日本文学鑑賞辞典〔第2〕」,「日本文学現代名作事典」,「日本文学名作概観」,「日本文学名作事典」

09036 「高瀬舟」
『高瀬舟』 森鷗外著 SDP 2008 124p 15cm(SDP bunko) 420円
①978-4-903620-36-7 Ⓝ913.6
☆「あらすじで読む日本の名著」(楽書館,中経出版〔発売〕),「あらすじで読む日本の名著」(新人物往来社),「一度は読もうよ! 日本の名著」,「一冊で日本の名著100冊を読む」,「一冊で100名作の「さわり」を読む」,「これだけは読んでおきたい日本の名作文学案内」,「知らないと恥ずかしい『日本の名作』あらすじ200本」,「世界名作事典」,「世界名著大事典」,「小さな文学の旅」,「日本人なら知っておきたいあらすじで読む日本の名著」,「日本の名作おさらい」,「日本文学鑑賞辞典〔第2〕」,「日本文学現代名作事典」,「日本文学名作案内」,「日本文芸鑑賞事典 第5巻」,「ひと目でわかる日本の名作」,「ポケット日本名作事典」,「名作の書き出しを諳んじる」,「私を変えたこの一冊」

09037 「玉篋両浦嶼」
『鷗外歴史文学集 第1巻』 森鷗外著 岩波書店 2001 523p 20cm 4600円
①4-00-092321-8 Ⓝ918.68
☆「日本文芸鑑賞事典 第2巻(1895〜1903年)」

09038 「追儺」
『鷗外近代小説集 第2巻 普請中 鶏ほか』 森鷗外著 岩波書店 2012 466p 20cm〈布装〉 3800円 ①978-4-00-092732-1 Ⓝ913.6
☆「歴史家の読書案内」

09039 「月草」
『鷗外全集 第23巻』 森鷗外著 岩波書店 1973 591p 肖像 22cm 2000円 Ⓝ918.6
☆「世界名著大事典」

09040 「日本兵食論」
『鷗外選集 第11巻 評論・随筆 1』 森林太郎著 石川淳編 岩波書店 1979 374p 18cm 980円 Ⓝ918.6
☆「21世紀の必読書100選」

09041 「文づかひ」
『文づかひ―森鷗外自筆原稿』 森鷗外著 東大阪 大阪樟蔭女子大学図書館 1989 1冊(丁付なし) 29cm〈大阪樟蔭女子大学図書館蔵

の複製 付(別冊):解題 帙入 限定版 和装〉 Ⓝ913.6
☆「日本文学名作概観」

09042 「北条霞亭」
『北条霞亭―森鷗外全集 9』 森鷗外著 筑摩書房 1996 592p 15cm(ちくま文庫) 1450円 ①4-480-03089-1
☆「世界名著大事典」

09043 「舞姫」
『舞姫・うたかたの記』 森鷗外[著] 改版 角川書店 2013 217p 15cm(角川文庫 も1-1)〈年譜あり 角川グループホールディングス[発売]〉 400円 ①978-4-04-100843-0 Ⓝ913.6
☆「愛と死の日本文学」,「『あらすじ』だけで人生の意味が全部わかる世界の古典13」,「生きがいの再発見名著22選」,「一度は読もうよ! 日本の名著」,「一冊で日本の話題作100冊を読む」,「一冊で100名作の「さわり」を読む」,「絵で読むあらすじ日本の名著」,「近代文学名作事典」,「現代文学鑑賞辞典」,「この一冊でわかる日本の名作」,「これだけは読んでおきたい日本の名作文学案内」,「3行でわかる名作&ヒット本250」,「Jブンガク」,「知らないと恥ずかしい『日本の名作』あらすじ200本」,「図説 5分でわかる日本の名作」,「世界名作事典」,「世界名著大事典」,「2時間でわかる日本の名著」,「日本の小説101」,「日本の名作おさらい」,「日本の名著」,「日本の名著3分間読書100」,「日本文学鑑賞辞典〔第2〕」,「日本文学現代名作事典」,「日本文学 これを読まないと文学は語れない!!」,「日本文学名作概観」,「日本文学名作案内」,「日本文芸鑑賞事典 第1巻」,「日本名著辞典」,「必読書150」,「ひと目でわかる日本の名作」,「文学・名著300選の解説 '88年度版」,「名作の書き出しを諳んじる」,「名作はこのように始まる 2」,「明治の名著 2」

09044 「水沫集」
『水沫集』 森鷗外(林太郎)訳 春陽堂 1892 612p 24cm Ⓝ930
☆「世界名著大事典」,「日本文学現代名作事典」,「ベストガイド日本の名著」,「明治・大正・昭和の名著・総解説」,「明治の名著 2」

09045 「妄想」
『妄想―他三篇』 森鷗外著 岩波書店 1955 105p 15cm(岩波文庫) Ⓝ913.6
☆「世界名著大事典」,「日本文学鑑賞辞典〔第2〕」,「日本文学現代名作事典」,「日本文芸鑑賞事典 第4巻」

09046 「安井夫人」
『鷗外の「武士道」小説―傑作短篇選』 森鷗外著 長尾剛編 PHP研究所 2009 267p 15cm(PHP文庫 も23-1) 476円 ①978-4-569-67373-8 Ⓝ913.6
☆「大正の名著」,「日本文学現代名作事典」

森 槐南　もり・かいなん
09047　「作詩法講話」
『作詩法講話』　森槐南講述　京文社　1926　352p 肖像　19cm Ⓝ919
☆「世界名著大事典」

森 公章　もり・きみゆき
09048　「「白村江」以後」
『「白村江」以後―国家危機と東アジア外交』　森公章著　講談社　1998　248p 19cm（講談社選書メチエ 132）　1500円　Ⓘ4-06-258132-9　Ⓝ210.34
☆「21世紀の必読書100選」

森 孝一　もり・こういち
09049　「宗教からよむ「アメリカ」」
『宗教からよむ「アメリカ」』　森孝一著　講談社　1996　278p 19cm（講談社選書メチエ 70）　1500円　Ⓘ4-06-258070-5　Ⓝ162.53
☆「学問がわかる500冊」

森 耕二郎　もり・こうじろう
09050　「リカアド価値論の研究」
『リカアド価値論の研究』　森耕二郎著　研進社　1949　347p 21cm〈附録：「リカアド価値論の研究」参考引用書目〉Ⓝ331.52
☆「世界名著大事典」

森 しげ　もり・しげ
09051　「あだ花」
『森志げ小説全集　上』　森しげ［著］　山崎一穎監修　森鷗外記念館編　津和野町（島根県）森鷗外記念館　2012　241p 23cm〈弘学館書店明治43年刊）の複製〉Ⓝ913.6
☆「明治の名著 2」

09052　「波瀾」
『森志げ小説全集　上』　森しげ［著］　山崎一穎監修　森鷗外記念館編　津和野町（島根県）森鷗外記念館　2012　241p 23cm〈弘学館書店明治43年刊）の複製〉Ⓝ913.6
☆「明治の名著 2」

森 茂　もり・しげる
09053　「基地設営戦の全貌」
『基地設営戦の全貌―太平洋戦争海軍築城の真相と反省』　佐用泰司, 森茂著　鹿島建設技術研究所出版部　1953　314p 図版 地図 19cm Ⓝ559.92
☆「日本海軍の本・総解説」

森 正蔵　もり・しょうぞう
09054　「旋風二十年」

『旋風二十年―解禁/昭和日本史』　森正蔵著　光人社　1968　400p 図版　20cm　550円　Ⓝ210.7
☆「百年の誤読」

森 信三　もり・しんぞう
09055　「修身教授録」
『修身教授録―現代に甦る人間学の要諦』　森信三著　竹井出版　1989　531p 20cm（Chichi select）　2060円　Ⓘ4-88474-172-2　Ⓝ150.4
☆「自己啓発の名著30」

森 澄雄　もり・すみお
09056　「雪櫟」
『現代俳句大系　第10巻　昭和29年～昭和30年』増補　角川書店　1981　532p 20cm〈監修：富安風生ほか〉　2400円　Ⓝ911.36
☆「日本文芸鑑賞事典 第16巻」

森 銑三　もり・せんぞう
09057　「おらんだ正月―日本の科学者達」
『おらんだ正月―江戸時代の科学者達』　森銑三著　富山房　1978　312,6p 18cm（富山房百科文庫）〈参考文献一覧：p293～307〉　750円　Ⓝ402.8
☆「明治・大正・昭和の名著・総解説」

09058　「渡辺崋山」
『渡辺崋山』　森銑三著　中央公論社　1978　232p 15cm（中公文庫）　300円　Ⓝ721.7
☆「私の古典」

森 忠明　もり・ただあき
09059　「少年時代の画集」
『少年時代の画集』　森忠明著　藤川秀之絵　講談社　1985　189p 22cm（児童文学創作シリーズ）　980円　Ⓘ4-06-119091-1
☆「少年少女の名作案内 日本の文学リアリズム編」

森 毅　もり・つよし
09060　「数の現象学」
『数（かず）の現象学』　森毅著　筑摩書房　2009　254p 15cm（ちくま学芸文庫　モ6-4―［Math & science］）　1100円　Ⓘ978-4-480-09196-3　Ⓝ410.4
☆「数学ブックガイド100」

09061　「数学ブックガイド100」
『数学ブックガイド100』　培風館　1984　208p 19cm〈監修：森毅ほか〉　980円　Ⓘ4-563-02029-X　Ⓝ410.31
☆「数学ブックガイド100」

森 博嗣　もり・ひろし

09062　「キシマ先生の静かな生活」
『僕は秋子に借りがある―森博嗣自選短編集』
森博嗣[著]　講談社　2009　469p　15cm
（講談社文庫　も28-41）　790円
Ⓘ978-4-06-276417-9　Ⓝ913.6
☆「ブックガイド"数学"を読む」

森 茉莉　もり・まり

09063　「甘い蜜の部屋」
『甘い蜜の部屋』　森茉莉著　筑摩書房　1996
544p　15cm（ちくま文庫）　1200円
Ⓘ4-480-03203-7　Ⓝ913.6
☆「ポケット日本名作事典」

09064　「恋人たちの森」
『恋人たちの森』　森茉莉著　32刷改版　新潮社
2004　373p　16cm（新潮文庫）　552円
Ⓘ4-10-117401-6　Ⓝ913.6
☆「現代文学鑑賞辞典」、「日本文芸鑑賞事典 第18巻（1958～1962年）」

森 瑤子　もり・ようこ

09065　「結婚式」
『結婚式』　森瑤子著　新潮社　1988　218p
15cm（新潮文庫）　280円　Ⓘ4-10-109411-X
Ⓝ913.6
☆「一度は読もうよ！日本の名著」、「一冊で愛の話題作100冊を読む」

09066　「熱情」
『熱情』　森瑤子,ケビン・リーガー著　角川書店　1989　274p　15cm（角川文庫）　390円
Ⓘ4-04-155219-2　Ⓝ913.6
☆「世界の海洋文学」

09067　「誘惑」
『誘惑』　森瑤子著　集英社　1980　156p
20cm　680円　Ⓝ913.6
☆「現代文学鑑賞辞典」

森 立之　もり・りっし

09068　「経籍訪古志」
『近世漢方医学書集成 53 神農本草経　遊相医話　経籍訪古志』　大塚敬節,矢数道明責任編集　森立之著　名著出版　2009　35,439p
21cm〈昭和56年刊を原本としたオンデマンド版〉　7900円　Ⓘ978-4-626-01724-6　Ⓝ490.9
☆「世界名著大事典」

森内 俊雄　もりうち・としお

09069　「骨川に行く」
『骨川に行く』　森内俊雄著　集英社　1980
253p　16cm（集英社文庫）　280円　Ⓝ913.6
☆「現代文学鑑賞辞典」

森岡 貞香　もりおか・さだか

09070　「鴛」
『鴛―歌集』　森岡貞香著　新星書房　1964
200p　19cm　500円　Ⓝ911.168
☆「日本文芸鑑賞事典 第19巻」

森岡 正博　もりおか・まさひろ

09071　「生命観を問い直す―エコロジーから脳死まで」
『生命観を問いなおす―エコロジーから脳死まで』　森岡正博著　筑摩書房　1994　205p
18cm（ちくま新書）　680円　Ⓘ4-480-05612-2
Ⓝ490.15
☆「学問がわかる500冊」

森川 嘉一郎　もりかわ・かいちろう

09072　「趣都の誕生」
『趣都の誕生―萌える都市アキハバラ』　森川嘉一郎[著]　増補版　幻冬舎　2008　313p 図版16p　16cm（幻冬舎文庫）〈文献あり〉
648円　Ⓘ978-4-344-41232-3　Ⓝ361.78
☆「建築・都市ブックガイド21世紀」

森川 許六　もりかわ・きょろく

09073　「青根が峰俳諧問答抄」
『日本俳書大系　第1-8巻』　日本俳書大系刊行会編　日本俳書大系刊行会　1926　8冊 図版23cm〈各巻：勝峯晋風解題, 荻原井泉水通説〉
Ⓝ911.308
☆「世界名著大事典」

09074　「風俗文選」
『風俗文選』　森川許六編　伊藤松宇校　岩波書店　1928　180p　16cm（岩波文庫　364-365）　Ⓝ918
☆「古典の事典」、「作品と作者」、「世界名著大事典」、「日本文学鑑賞辞典〔第1〕」、「日本名著辞典」

森木 勝　もりき・まさる

09075　「カウラ出撃」
『カウラ出撃―生と死の軌跡』　森木勝著　新版　今日の話題社　1986　284p　20cm（太平洋戦争ノンフィクション）〈著者の肖像あり〉
1600円　Ⓘ4-87565-307-7　Ⓝ916
☆「日本陸軍の本・総解説」

森口 繁一　もりぐち・しげいち

09076　「計算数学夜話―数値で学ぶ高等数学」
『計算数学夜話―数値で学ぶ高等数学』　森口繁一著　日本評論社　1978　206p　22cm
2200円　Ⓝ418.1
☆「数学ブックガイド100」、「物理ブックガイド100」

森口 多里 もりぐち・たり

09077　「近代美術」
『近代美術』　森口多里著　再版　東京堂　1949　332p 図版12枚　22cm　Ⓝ723
☆「人文科学の名著」

森崎 和江 もりさき・かずえ

09078　「海路残照」
『海路残照』　森崎和江著　朝日新聞社　1994　252p　15cm(朝日文庫)　600円　①4-02-264034-0　Ⓝ915.6
☆「世界の海洋文学」

09079　「からゆきさん」
『からゆきさん』　森崎和江著　朝日新聞社　1980　223p　15cm　320円　Ⓝ915.9
☆「現代を読む」

09080　「慶州は母の呼び声」
『慶州は母の呼び声―わが原郷』　森崎和江著　洋泉社　2006　254p　18cm(MC新書　9)　1600円　①4-86248-095-0　Ⓝ914.6
☆「東アジア論」

09081　「第三の性」
『第三の性―はるかなるエロス』　森崎和江著　河出書房新社　1992　215p　15cm(河出文庫)　520円　①4-309-40334-4　Ⓝ913.6
☆「戦後思想の名著50」

09082　「ナヨロの海へ」
『ナヨロの海へ―船乗り弥平物語』　森崎和江著　集英社　1988　309p　20cm〈参考文献：p305～309〉　1200円　①4-08-772647-9　Ⓝ916
☆「世界の海洋文学」

森繁 久弥 もりしげ・ひさや

09083　「アッパさん船長」
『アッパさん船長』　森繁久弥著　中央公論社　1978　237p　15cm(中公文庫)　280円　Ⓝ049.1
☆「世界の海洋文学」

09084　「海よ友よ」
『海よ友よ―メイキッスⅢ号日本一周航海記』　森繁久弥著　朝日新聞社　1992　206p　20cm　1100円　①4-02-256524-1　Ⓝ291.09
☆「世界の海洋文学」

森下 研 もりした・けん

09085　「男たちの海」
『男たちの海』　森下研作　安保健二画　福音館書店　1972　343p　21cm
☆「世界の海洋文学」

森下 典子 もりした・のりこ

09086　「典奴ペルシャ湾をゆく」
『典奴ペルシャ湾を往く』　森下典子著　文芸春秋　1988　222p　20cm　950円　①4-16-342680-9　Ⓝ292.09
☆「世界の海洋文学」

森下 久 もりした・ひさし

09087　「戦艦大和とともに」
『太平洋戦争実戦記　第1』　土曜通信社　1962　252p(図版共)　15cm(今日の教養文庫)　Ⓝ210.75
☆「日本海軍の本・総解説」

森島 中良 もりしま・なから

09088　「紅毛雑話」
『紅毛雑話』　小野忠重編　双林社　1943　501p 図版　19cm　Ⓝ210.59
☆「世界名著大事典」

森嶋 通夫 もりしま・みちお

09089　「思想としての近代経済学」
『思想としての近代経済学』　森嶋通夫著　岩波書店　1994　246p　18cm(岩波新書)　620円　①4-00-430321-4　Ⓝ331.7
☆「学問がわかる500冊」

09090　「無資源国の経済学」
『無資源国の経済学―新しい経済学入門』　森嶋通夫著　岩波書店　2008　326p 19cm(岩波全書セレクション)〈1984年刊の複製〉　3000円　①978-4-00-021900-6　Ⓝ331
☆「現代ビジネス書・経済書総解説」

盛田 昭夫 もりた・あきお

09091　「MADE IN JAPAN」
『MADE IN JAPAN―わが体験の国際戦略』　盛田昭夫,下村満子著　下村満子訳　新版　PHP研究所　2012　458p　20cm〈初版：朝日新聞社1986年刊〉　1900円　①978-4-569-80191-9　Ⓝ542.09
☆「世界で最も重要なビジネス書」

森田 草平 もりた・そうへい

09092　「煤煙」
『煤煙』　森田草平作　岩波書店　1995　306p　15cm(岩波文庫)〈第27刷(第12刷改版：1940年)〉　620円　①4-00-310431-5　Ⓝ913.6
☆「女性の名作・人生案内」,「世界名著大事典」,「日本文学鑑賞辞典(第2)」,「日本文学現代名作事典」,「日本文芸鑑賞事典　第3巻(1904～1909年)」,「日本名著辞典」

09093　「輪廻」

『輪廻』 森田草平作 復刻版 本の友社
 1998 514,9p 20cm〔まぼろし文学館 大正篇
 山下武監修〕〈原本：飛鳥書店昭和21年刊〉
 Ⓘ4-89439-163-5 Ⓝ913.6
 ☆「世界名著大事典」

森田 たま　もりた・たま

09094 「石狩少女」
 『石狩少女』 森田たま著　東方社　1956
 198p　18cm〔東方新書〕Ⓝ913.6
 ☆「世界名著大事典 補遺(Extra)」

09095 「をんな随筆」
 『をんな随筆』 森田たま著　講談社　1962
 256p　20cm Ⓝ914.6
 ☆「世界名著大事典 補遺(Extra)」

09096 「ぎゐん随筆」
 『ぎゐん随筆』 森田たま著　講談社　1964
 237p　20cm Ⓝ914.6
 ☆「世界名著大事典 補遺(Extra)」

09097 「着物・好色」
 『もめん随筆』 森田たま著　中央公論新社
 2008　304p　16cm〔中公文庫〕　895円
 Ⓘ978-4-12-204978-9 Ⓝ914.6
 ☆「世界名著大事典 補遺(Extra)」

09098 「きもの随筆」
 『きもの随筆』 森田たま著　文芸春秋新社
 1954　254p　20cm Ⓝ914.6
 ☆「世界名著大事典 補遺(Extra)」

09099 「随筆きぬた」
 『随筆きぬた』 森田たま著　中央公論社　1938
 329p　20cm Ⓝ914.6
 ☆「世界名著大事典 補遺(Extra)」

09100 「随筆歳時記」
 『随筆歳時記』 森田たま著　中央公論社　1940
 253p　23cm Ⓝ914.6
 ☆「世界名著大事典 補遺(Extra)」

09101 「随筆竹」
 『随筆貞女』 森田たま著　御影文庫　1949
 235p　19cm Ⓝ914.6
 ☆「世界名著大事典 補遺(Extra)」

09102 「続もめん随筆」
 『もめん随筆 続』 森田たま著　ぺりかん社
 1980　329p　20cm　1600円 Ⓝ914.6
 ☆「世界名著大事典 補遺(Extra)」

09103 「招かれぬ客」
 『招かれぬ客』 森田たま著　東方社　1956
 193p　18cm〔東方新書〕Ⓝ913.6
 ☆「世界名著大事典 補遺(Extra)」

09104 「もめん随筆」
 『もめん随筆』 森田たま著　中央公論新社
 2008　304p　16cm〔中公文庫〕　895円
 Ⓘ978-4-12-204978-9 Ⓝ914.6
 ☆「世界名著大事典 補遺(Extra)」,「日本文学賞鑑賞
 辞典〔第2〕」,「日本文芸鑑賞事典 第11巻(昭和9
 ～昭和12年)」

09105 「ゆく道」
 『ゆく道――随筆』 森田たま著　共立書房　1946
 320p　19cm Ⓝ914.6
 ☆「世界名著大事典 補遺(Extra)」

森田 尚人　もりた・ひさと

09106 「教育学年報1 教育研究の現在」
 ☆「学問がわかる500冊」

森田 正馬　もりた・まさたけ

09107 「神経質の本態と療法」
 『神経質の本態と療法――森田療法を理解する必
 読の原典』 森田正馬著　新版　白揚社
 2004　279p　19cm　1900円
 Ⓘ4-8269-7136-2 Ⓝ493.74
 ☆「精神医学の名著50」

森谷 公俊　もりたに・きみとし

09108 「アレクサンドロス大王――「世界征服
 者」の虚像と実像」
 『アレクサンドロス大王――「世界征服者」の虚
 像と実像』 森谷公俊著　講談社　2000
 270p　19cm〔講談社選書メチエ　197〕〈文献
 あり〉　1700円 Ⓘ4-06-258197-3 Ⓝ289.3
 ☆「世界史読書案内」

森谷 正規　もりたに・まさのり

09109 「21世紀の技術と社会」
 『21世紀の技術と社会――日本が進む三つの道』
 森谷正規著　朝日新聞社　1999　263p
 19cm〔朝日選書　628〕　1300円
 Ⓘ4-02-259728-3 Ⓝ502.1
 ☆「科学を読む愉しみ」

森近 運平　もりちか・うんぺい

09110 「産業組合手引」
 『産業組合手引』 森近運平編　岡山　吉田書房
 1904　70p　23cm Ⓝ600
 ☆「農政経済の名著 明治大正編」

09111 「社会主義綱要」
 『社会主義綱要』 堺利彦(枯川),森近運平著
 鶏声堂　1907　210p　23cm Ⓝ360
 ☆「世界名著大事典」

森永 卓郎 もりなが・たくろう

09112 「年収300万円時代を生き抜く経済学」
『年収300万円時代を生き抜く経済学―給料半減でも豊かに生きるために』 森永卓郎［著］ 新版 光文社 2005 288p 16cm（知恵の森文庫） 590円 Ⓘ4-334-78355-4 Ⓝ332.107
☆「超売れ筋ビジネス書101冊」

森松 俊夫 もりまつ・としお

09113 「総力戦研究所」
『総力戦研究所』 森松俊夫著 白帝社 1983 235p 19cm〈引用および参考文献：p222～223〉 1500円 Ⓘ4-89174-009-4 Ⓝ390.76
☆「日本陸軍の本・総解説」

09114 「大本営」
『大本営』 森松俊夫著 吉川弘文館 2013 232p 19cm（読みなおす日本史）〈教育社1980年刊の再刊 文献あり 年表あり〉 2200円 Ⓘ978-4-642-06396-8 Ⓝ393
☆「日本陸軍の本・総解説」

森見 登美彦 もりみ・とみひこ

09115 「ペンギン・ハイウェイ」
『ペンギン・ハイウェイ』 森見登美彦［著］ 角川書店 2012 387p 15cm（角川文庫 も19-3）〈角川グループパブリッシング〔発売〕〉 629円 Ⓘ978-4-04-100561-3 Ⓝ913.6
☆「3行でわかる名作&ヒット本250」

森満 保 もりみつ・たもつ

09116 「イルカの集団自殺」
『イルカの集団自殺』 森満保著 金原出版 1991 177p 20cm〈文献・参考書：p176～177〉 1300円 Ⓘ4-307-77067-6 Ⓝ489.6
☆「世界の海洋文学」

森村 誠一 もりむら・せいいち

09117 「悪魔の飽食」
『悪魔の飽食―「関東軍細菌戦部隊」恐怖の全貌！ 長編ドキュメント』 森村誠一著 光文社 1981 246p 18cm（カッパ・ノベルス）〈折り込図1枚 細菌戦部隊沿革史：p243～246〉 680円 Ⓝ916
☆「百年の誤読」

09118 「高層の死角」
『高層の死角―長編推理小説』 森村誠一著 祥伝社 2009 343p 16cm（祥伝社文庫 も1-25） 638円 Ⓘ978-4-396-33532-8 Ⓝ913.6
☆「世界の推理小説・総解説」

09119 「人間の証明」
『人間の証明』 森村誠一著 角川春樹事務所 1997 481p 16cm（ハルキ文庫） 667円 Ⓘ4-89456-347-9 Ⓝ913.6
☆「現代文学鑑賞辞典」,「世界の推理小説・総解説」

森本 薫 もりもと・かおる

09120 「女の一生」
『女の一生』 森本薫著 角川書店 1954 100p 15cm（角川文庫） Ⓝ912.6
☆「世界名著大事典」,「日本文学鑑賞辞典〔第2〕」,「日本文学現代名作事典」,「日本文芸鑑賞事典 第14巻（1946～1948年）」

09121 「華々しき一族」
『現代日本文学大系 83 森本薫,木下順二,田中千禾夫,飯沢匡集』 筑摩書房 1970 484p 図版 23cm Ⓝ918.6
☆「近代日本の百冊を選ぶ」

森本 繁 もりもと・しげる

09122 「征西府秘帖」
『征西府秘帖―村上義弘と南海水軍王国』 森本繁著 学習研究社 1995 350p 20cm 1800円 Ⓘ4-05-400603-5 Ⓝ913.6
☆「世界の海洋文学」

森本 次男 もりもと・つぎお

09123 「樹林の山旅」
『樹林の山旅』 森本次男著 朋文堂 1940 308p 図版 地図 19cm Ⓝ215.3
☆「日本の山の名著・総解説」,「山の名著 明治・大正・昭和戦前編」

森本 六爾 もりもと・ろくじ

09124 「弥生式土器聚成図録」
『弥生式土器聚成図録 正篇』 森本六爾,小林行雄編 大阪 東京考古学会 1939 119,70p 図版47枚 32cm（東京考古学会学報 第1冊）〈特製本〉 Ⓝ210.02
☆「世界名著大事典」

守屋 以智雄 もりや・いちお

09125 「自然景観の読み方」
『火山を読む』 守屋以智雄著 岩波書店 1992 166,4p 19cm（自然景観の読み方 1）〈巻末：参考書〉 1200円 Ⓘ4-00-007821-6 Ⓝ453.8
☆「学問がわかる500冊 v.2」

森山 啓 もりやま・けい

09126 「遠方の人」
『遠方の人』 森山啓著 新潮社 1948 322p 19cm Ⓝ913.6
☆「日本文芸鑑賞事典 第13巻」

森山 太郎 もりやま・たろう

09127 「女礼讃」

☆「日本の艶本・珍書 総解説」,「日本の奇書77冊」

守山 弘　もりやま・ひろし

09128　「自然を守るとはどういうことか」
『自然を守るとはどういうことか』　守山弘著　農山漁村文化協会　1988　260p　19cm〈人間選書　122〉　1400円　Ⓘ4-540-87140-4　Ⓝ654
☆「学問がわかる500冊 v.2」

森山 京　もりやま・みやこ

09129　「きいろいばけつ」
『きいろいばけつ』　もりやまみやこ作　つちだよしはる絵　あかね書房　1985　75p　22cm〈あかね幼年どうわ〉　680円
Ⓘ4-251-00693-3
☆「少年少女の名作案内 日本の文学ファンタジー編」

森脇 和郎　もりわき・かずお

09130　「ネズミに学んだ遺伝学」
『ネズミに学んだ遺伝学』　森脇和郎著　岩波書店　1999　132p　21cm〈高校生に贈る生物学 6〉〈文献あり〉　1900円　Ⓘ4-00-006630-6
☆「学問がわかる500冊 v.2」

森脇 大五郎　もりわき・だいごろう

09131　「ショウジョウバエの遺伝実習―分類・形態・基礎的実験法」
『ショウジョウバエの遺伝実習―分類・形態・基礎的実験法』　森脇大五郎編　培風館　1979　201p　21cm〈執筆：青塚正志ほか　参考文献：p195〉　1900円　Ⓝ467.7
☆「学問がわかる500冊 v.2」

諸井 清二　もろい・きよじ

09132　「九十二日目の天国」
『九十二日目の天国―酒呑童子号の太平洋漂流日誌』　諸井清二著　産経新聞ニュースサービス　1994　224p　20cm〈扶桑社〔発売〕　著者の肖像あり〉　1300円　Ⓘ4-594-01621-9　Ⓝ916
☆「世界の海洋文学」

諸田 玲子　もろた・れいこ

09133　「お鳥見女房」
『お鳥見女房』　諸田玲子著　新潮社　2005　356p　16cm〈新潮文庫〉　514円
Ⓘ4-10-119423-8　Ⓝ913.6
☆「面白いほどよくわかる時代小説名作100」

諸橋 轍次　もろはし・てつじ

09134　「大漢和辞典」
『大漢和辞典　索引』　諸橋轍次著　修訂第2版　鎌田正,米山寅太郎修訂　大修館書店　1990　1174,16p　27cm　12360円　Ⓘ4-469-03151-8

Ⓝ813.2
☆「世界名著大事典」,「名著の伝記」,「名著の履歴書」

諸星 清佳　もろほし・さやか

09135　「中国革命の夢が潰えたとき―毛沢東に裏切られた人々」
『中国革命の夢が潰えたとき―毛沢東に裏切られた人々』　諸星清佳著　中央公論新社　2000　217p　18cm（中公新書）　720円
Ⓘ4-12-101514-2　Ⓝ222.076
☆「世界史読書案内」

門田 修　もんでん・おさむ

09136　「海のラクダ」
『海のラクダ―木造帆船ダウ同乗記』　門田修著　中央公論社　1998　257p　16cm（中公文庫）　667円　Ⓘ4-12-203287-3　Ⓝ292.709
☆「世界の海洋文学」

09137　「海賊のこころ」
『海賊のこころ―スールー海賊訪問記』　門田修著　筑摩書房　1990　377p　20cm〈参考文献：p373～377〉　1960円　Ⓘ4-480-85549-1　Ⓝ368.5
☆「世界の海洋文学」

09138　「フィリピン漂海民」
『フィリピン漂海民―月とナマコと珊瑚礁』　門田修著　河出書房新社　1986　210p　19cm　1600円　Ⓘ4-309-00430-X
☆「世界の海洋文学」

文部省　もんぶしょう

09139　「教訓仮作物語」
『日本児童文学館―名著複刻　第2集 4　教訓仮作物語』　文部省編　ほるぷ出版　1974　203p 図　20cm〈国定教科書共同販売所明治41年刊の複製〉　Ⓝ913.8
☆「日本児童文学名著事典」

09140　「国体の本義」
『国体の本義』　文部省編　〔大阪〕　大阪府立泉尾高等女学校白百合会　1938　156p　17cm　Ⓝ155
☆「国体 十冊の名著」

09141　「小学唱歌集」
『明治保育文献集　第3巻』　岡田正章監修　日本図書センター　2011　379p　22cm〈日本らいぶらり1977年刊の複製〉
Ⓘ978-4-284-30509-9,978-4-284-30506-8
Ⓝ376.1
☆「日本児童文学名著事典」,「日本文芸鑑賞事典 第1巻」

09142　「春が来た」

☆「日本文芸鑑賞事典 第4巻」

09143 「故郷」
『故郷』 岡野貞一作曲 伊藤康英編曲 イトーミュージック 2013 7p 30cm〈広島 ブレーン〔発売〕〉 2000円 Ⓝ764.6
☆「日本文芸鑑賞事典 第5巻」

09144 「村の鍛冶屋」
☆「日本文芸鑑賞事典 第5巻」

09145 「われは海の子」
☆「日本文芸鑑賞事典 第4巻」

文部省維新史料編纂会 もんぶしょういしんしりょうへんさんかい

09146 「概観維新史」
『概観維新史』 維新史料編纂会編 17版 明治書院 1944 946p 22cm Ⓝ210.6
☆「世界名著大事典」

文部省国語調査委員会 もんぶしょうこくごちょうさいいんかい

09147 「口語法調査報告書」
『口語法調査報告書』 国語調査委員会編 国書刊行会 1986 2冊 27cm〈国定教科書共同販売所明治39年刊の複製〉 全18000円 Ⓝ818
☆「世界名著大事典」

文部省地方課法令研究会 もんぶしょうちほうかほうれいけんきゅうかい

09148 「新学校管理読本」
『新学校管理読本』 学校管理運営法令研究会著 第5次全訂 第一法規 2009 659p 22cm 4400円 ①978-4-474-02462-5 Ⓝ374
☆「教育名著 日本編」

【や】

矢ケ部 巌 やかべ・いわお

09149 「数Ⅲ方式 ガロアの理論」
『数Ⅲ方式ガロアの理論—アイデアの変遷をめぐって』 矢ケ部巌著 京都 現代数学社 1976 525p 22cm 2700円 Ⓝ412.83
☆「数学ブックガイド100」

矢川 徳光 やがわ・とくみつ

09150 「国民教育学」
『国民教育学—その課題と領域』 矢川徳光著 明治図書出版 1957 310p 22cm Ⓝ371
☆「名著の履歴書」

八木 紀一郎 やぎ・きいちろう

09151 「経済思想」
『経済思想』 八木紀一郎著 第2版 日本経済新聞出版社 2011 218p 18cm〈日経文庫1243—経済学入門シリーズ〉〈初版：日本経済新聞社1993年刊 並列シリーズ名：NIKKEI BUNKO 文献あり 索引あり〉 920円 ①978-4-532-11243-1 Ⓝ331.2
☆「学問がわかる500冊」

八木 重吉 やぎ・じゅうきち

09152 「秋の瞳」
『秋の瞳—詩集』 八木重吉著 日本図書センター 1999 172p 20cm〈年譜あり〉 2200円 ①4-8205-1859-3 Ⓝ911.56
☆「世界名著大事典」、「日本文芸鑑賞事典 第8巻 (1924〜1926年)」

09153 「この静かさの中に…」
☆「現代文学名作探訪事典」

八木 奘三郎 やぎ・そうざぶろう

09154 「満州考古学」
『満洲考古学』 八木奘三郎著 増補改訂版 荻原星文館 1944 679p 図版25枚 22cm Ⓝ222.5
☆「世界名著大事典」

八木 宏之 やぎ・ひろゆき

09155 「借りたカネは返すな！」
『借りたカネは返すな！—企業再生屋が書いた』 加治将一、八木宏之著 アスコム 2003 246p 19cm 1238円 ①4-7762-0018-X Ⓝ324.52
☆「超売れ筋ビジネス書101冊」、「マンガでわかるビジネス名著」

八木 義徳 やぎ・よしのり

09156 「風祭」
『風祭』 八木義徳著 河出書房新社 1976 241p 20cm 1200円 Ⓝ913.6
☆「現代文学鑑賞辞典」

09157 「私のソーニャ」
『私のソーニャ—八木義徳名作選 風祭—八木義徳名作選』 八木義徳著 講談社 2000 309p 16cm〈講談社文芸文庫〉〈肖像あり 年譜あり 著作目録あり〉 1200円 ①4-06-198223-0 Ⓝ913.6
☆「日本文芸鑑賞事典 第15巻」

柳生 宗矩 やぎゅう・むねのり

09158 「兵法家伝書」
『兵法家伝書』 柳生宗矩著 渡辺一郎校注 岩

波書店　2004　186p　19cm（ワイド版岩波文庫）〈付・新陰流兵法目録事〉　1000円
Ⓘ4-00-007244-7　Ⓝ789.3
☆「古典の事典」,「日本の古典名著」,「武士道の名著」

八切 止夫　やぎり・とめお

09159　「寸法武者」
『寸法武者』　八切止夫著　作品社　2002　236p　18cm（八切意外史　5　八切止夫著）〈監修：縄田一男,末國善己〉　850円
Ⓘ4-87893-509-X　Ⓝ913.6
☆「歴史小説・時代小説 総解説」

矢口 孝次郎　やぐち・たかじろう

09160　「資本主義成立期の研究」
『資本主義成立期の研究』　矢口孝次郎著　有斐閣　1952　222p　22cm　Ⓝ332.3
☆「世界名著大事典」

矢口 祐人　やぐち・ゆうじん

09161　「ハワイの歴史と文化―悲劇と誇りのモザイクの中で」
『ハワイの歴史と文化―悲劇と誇りのモザイクの中で』　矢口祐人著　中央公論新社　2002　252p　18cm（中公新書）　840円
Ⓘ4-12-101644-0　Ⓝ276
☆「世界史読書案内」

矢崎 美盛　やざき・よしもり

09162　「アヴェ・マリア―マリアの美術」
☆「人文科学の名著」

矢嶋 三策　やじま・さんさく

09163　「船長」
☆「世界の海洋文学」

家島 彦一　やじま・ひこいち

09164　「イスラム世界の成立と国際商業」
『イスラム世界の成立と国際商業―国際商業ネットワークの変動を中心に』　家島彦一著　岩波書店　1991　443,10p　19cm（世界歴史叢書）　3200円　Ⓘ4-00-004561-X
☆「学問がわかる500冊 v.2」

矢島 道子　やじま・みちこ

09165　「メアリー・アニングの冒険」
『メアリー・アニングの冒険―恐竜学をひらいた女化石屋』　吉川惣司,矢島道子著　朝日新聞社　2003　339,5,4p　19cm（朝日選書）〈年譜あり〉　1400円　Ⓘ4-02-259839-5　Ⓝ289.3
☆「サイエンス・ブックレヴュー」

夜食時分　やしょくじぶん

09166　「好色敗毒散」
『新編日本古典文学全集　65　浮世草子集』　長谷川強校注・訳　小学館　2000　589p　23cm　4657円　Ⓘ4-09-658065-1　Ⓝ918
☆「日本文学鑑賞辞典〔第1〕」

矢代 静一　やしろ・せいいち

09167　「絵姿女房」
『絵姿女房―プロローグと二場 僕のアルト・ハイデルベルク 抒情喜劇』　矢代静一作　鈴木信太郎画　ユリイカ　1956　58p 原色図版（はり込）3枚　23cm〈綴葉 帙入 限定版 和装〉　Ⓝ912.6
☆「日本文芸鑑賞事典 第17巻（1955〜1958年）」

09168　「船乗り重吉冒険漂流記」
『船乗り重吉冒険漂流記』　矢代静一作　朝倉摂絵　平凡社　1976　206p　22cm　950円
☆「世界の海洋文学」

屋代 弘賢　やしろ・ひろかた

09169　「古今要覧稿」
『古今要覧稿　第1巻』　屋代弘賢編　原書房　1981　962p　22cm〈覆刻版監修：西山松之助,朝倉治彦 国書刊行会明治39年刊の複製〉　10000円　Ⓘ4-562-01184-X　Ⓝ031.2
☆「日本名著辞典」

矢代 幸雄　やしろ・ゆきお

09170　「世界に於ける日本美術の位置」
『世界に於ける日本美術の位置』　矢代幸雄著　講談社　1988　210p　15cm（講談社学術文庫）　600円　Ⓘ4-06-158857-5　Ⓝ702.1
☆「日本人とは何か」

09171　「日本美術の特質」
『日本美術の特質』　矢代幸雄著　第2版　岩波書店　1965　2冊（図録共）　27cm　Ⓝ702.1
☆「世界名著大事典」

矢代 嘉春　やしろ・よしはる

09172　「黒汐反流奇譚」
『黒汐反流奇譚』　矢代嘉春著　新人物往来社　1981　246p　20cm　1000円　Ⓝ662.1
☆「世界の海洋文学」

安井 息軒　やすい・そっけん

09173　「海防私議」
『日本海防史料叢書』　住田正一編　クレス出版　1989　5冊　22cm〈海防史料刊行会1932〜1933年刊の複製〉　全51500円
Ⓘ4-906330-10-X　Ⓝ210.7
☆「世界名著大事典 補遺（Extra）」

09174　「管子纂詁」
　『漢文大系　第21巻　管子纂詁,晏子春秋』　富山房編輯部編　増補版　富山房　1977　1冊　23cm　8500円　Ⓝ082
　☆「世界名著大事典 補遺(Extra)」

09175　「左伝輯釈」
　『左伝輯釈』　安井息軒著　甲府　温故堂　1883　15冊(25巻)　23cm〈和装〉　Ⓝ123
　☆「世界名著大事典 補遺(Extra)」

安井 琢磨　やすい・たくま

09176　「均衡分析の基本問題」
　『均衡分析の基本問題』　安井琢磨著　岩波書店　1955　292p　22cm　Ⓝ331.39
　☆「世界名著大事典」

安岡 章太郎　やすおか・しょうたろう

09177　「陰気な愉しみ」
　『私小説名作選　下』　中村光夫選　日本ペンクラブ編　講談社　2012　263p　16cm(講談社文芸文庫　な H6)〈底本：集英社文庫(1980年刊)〉　1400円　①978-4-06-290159-8　Ⓝ913.68
　☆「世界名著大事典 補遺(Extra)」

09178　「海辺の光景」
　『海辺の光景』　安岡章太郎著　角川書店　1979　182p　15cm(角川文庫)　220円　Ⓝ913.6
　☆「一度は読もうよ！ 日本の名著100冊を読む」、「一冊で日本の名著100冊を読む」、「現代文学鑑賞辞典」、「現代文学名作探訪事典」、「新潮文庫20世紀の100冊」、「世界名著大事典 補遺(Extra)」、「日本文学名作案内」、「日本文学名作事典」、「ポケット日本名作事典」

09179　「ガラスの靴」
　『ガラスの靴』　安岡章太郎著　牧羊社　1975　69p(図共)　27cm〈著者直筆署名入　鴨居羊子に依る色彩画3枚,白黒デッサン16枚入　コルクシート装　箱入　限定版〉　20000円　Ⓝ913.6
　☆「一度は読もうよ！ 日本の名著」、「一冊で愛の話題作100冊を読む」、「世界名著大事典 補遺(Extra)」

09180　「月は東に」
　『月は東に』　安岡章太郎[著]　講談社　1994　258p　16cm(講談社文芸文庫)〈著書目録：p254～258〉　940円　①4-06-196286-8　Ⓝ913.6
　☆「世界名著大事典 補遺(Extra)」

09181　「遁走」
　『遁走』　安岡章太郎著　講談社　1958　276p　18cm(ミリオン・ブックス)　Ⓝ913.6
　☆「世界名著大事典 補遺(Extra)」

09182　「花祭」
　『花祭』　安岡章太郎著　新潮社　1984　179p　15cm(新潮文庫)　220円　①4-10-113005-1　Ⓝ913.6
　☆「世界名著大事典 補遺(Extra)」

09183　「幕が下りてから」
　『幕が下りてから』　安岡章太郎[著]　講談社　1990　334p　15cm(講談社文芸文庫)〈著書目録：p330～334〉　900円　①4-06-196109-8　Ⓝ913.6
　☆「世界名著大事典 補遺(Extra)」

09184　「流離譚」
　『流離譚　上』　安岡章太郎[著]　講談社　2000　518p　16cm(講談社文芸文庫)　1700円　①4-06-198200-1　Ⓝ913.6
　☆「現代文学鑑賞辞典」、「日本の小説101」

09185　「悪い仲間」
　『悪い仲間』　安岡章太郎著　成瀬書房　1974　179,[6]p　22cm(特装版 限定版)　17000円　Ⓝ913.6
　☆「あらすじダイジェスト」、「一度は読もうよ！ 日本の名著100冊を読む 続」、「知らないと恥ずかしい『日本の名作』あらすじ200本」、「世界名著大事典 補遺(Extra)」、「日本文学鑑賞辞典[第2]」、「日本文芸鑑賞事典 第16巻」

安岡 正篤　やすおか・まさひろ

09186　「活眼 活学」
　『活眼 活学』　安岡正篤著　PHP研究所　1988　220p　15cm(PHP文庫)　400円　①4-569-26155-8
　☆「戦略の名著！ 最強43冊のエッセンス」

安川 茂雄　やすかわ・しげお

09187　「回想の谷川岳」
　『回想の谷川岳』　安川茂雄著　河出書房新社　2002　221p　19cm(Kawade山の紀行)　1600円　①4-309-70423-9　Ⓝ291.33
　☆「日本の山の名著・総解説」

09188　「日本アルプス山人伝」
　『日本アルプス山人伝』　安川茂雄著　二見書房　1981　303p　20cm　3500円　Ⓝ786.1
　☆「日本の山の名著・総解説」

八杉 竜一　やすぎ・りゅういち

09189　「近代進化思想史」
　『近代進化思想史』　八杉竜一著　中央公論社　1972　256p　19cm(自然選書)　Ⓝ467.02
　☆「明治・大正・昭和の名著・総解説」

安河内 哲也　やすこうち・てつや

09190　「できる人の勉強法」
　『できる人の勉強法』　安河内哲也著　完全保存

やすた　　　　　　　　　　　　　　　　　　　　　　　　　09191～09204

版　KADOKAWA　2014　302p　19cm〈初版：中経出版 2006年刊〉　1300円
Ⓘ978-4-04-600269-3　Ⓝ379.7
☆「超売れ筋ビジネス書101冊」

安田 雪　やすだ・ゆき
09191　「ルフィの仲間力」
『ルフィの仲間力―『One piece』流、周りの人を味方に変える法』　安田雪著　アスコム　2011　188p　19cm　1200円
Ⓘ978-4-7762-0693-4　Ⓝ361.4
☆「3行でわかる名作&ヒット本250」

安田 佳生　やすだ・よしお
09192　「採用の超プロが教えるできる人できない人」
『採用の超プロが教えるできる人できない人』　安田佳生著　サンマーク出版　2006　189p　15cm（サンマーク文庫）　505円
Ⓘ4-7631-8418-0　Ⓝ336.42
☆「超売れ筋ビジネス書101冊」

09193　「千円札は拾うな。」
『千円札は拾うな。』　安田佳生著　サンマーク出版　2008　158p　15cm（サンマーク文庫）〈2006年刊の増訂〉　543円
Ⓘ978-4-7631-8464-1　Ⓝ159
☆「超売れ筋ビジネス書101冊」

保田 与重郎　やすだ・よじゅうろう
09194　「後鳥羽院」
『後鳥羽院―日本文学の源流と伝統』　保田与重郎著　補再版　万里閣　1942　469p　19cm
Ⓝ910.24
☆「ベストガイド日本の名著」、「明治・大正・昭和の名著・総解説」

09195　「日本の橋」
『日本の橋』　保田与重郎著　講談社　1990　230p　15cm（講談社学術文庫）　640円
Ⓘ4-06-158926-1　Ⓝ914.6
☆「現代文学鑑賞辞典」、「昭和の名著」、「日本文学鑑賞辞典〔第2〕」、「日本文芸鑑賞事典 第11巻〔昭和9～昭和12年〕」、「必読書150」、「明治・大正・昭和の名著・総解説」

安冨 歩　やすとみ・あゆむ
09196　「生きるための論語」
『生きるための論語』　安冨歩著　筑摩書房　2012　269p　18cm（ちくま新書　953）〈文献あり〉　840円　Ⓘ978-4-480-06658-9　Ⓝ123.83
☆「倫理良書を読む」

安永 浩　やすなが・ひろし
09197　「分裂病の論理学的精神病理」

『分裂病の論理学的精神病理―「ファントム空間」論』　安永浩著　医学書院　1977　7,321p　22cm〈章末：文献〉　5800円　Ⓝ493.77
☆「精神医学の名著50」

安丸 良夫　やすまる・よしお
09198　「近代天皇像の形成」
『近代天皇像の形成』　安丸良夫著　岩波書店　2007　341,5p　15cm（岩波現代文庫　学術）　1200円　Ⓘ978-4-00-600186-5　Ⓝ313.61
☆「ナショナリズム論の名著50」、「日本思想史」

09199　「出口なお」
『出口なお―女性教祖と救済思想』　安丸良夫著　岩波書店　2013　292p　15cm（岩波現代文庫　学術　296）〈年譜あり〉　1240円
Ⓘ978-4-00-600296-1　Ⓝ169.1
☆「学問がわかる500冊」

09200　「日本の近代化と民衆思想」
『日本の近代化と民衆思想』　安丸良夫著　平凡社　1999　488p　16cm（平凡社ライブラリー）　1500円　Ⓘ4-582-76306-5　Ⓝ210.1
☆「学問がわかる500冊 v.2」、「日本史の名著」、「日本の社会と文化」

八隅 蘆菴　やすみ・ろあん
09201　「旅行用心集」
『旅行用心集―現代訳』　八隅蘆菴著　桜井正信監訳　〔2009年〕新装版　八坂書房　2009　209p　20cm〈文献あり　年表あり〉　2000円
Ⓘ978-4-89694-943-8　Ⓝ291.09
☆「世界名著大事典 補遺(Extra)」

安本 末子　やすもと・すえこ
09202　「にあんちゃん―十歳の少女の日記」
『にあんちゃん』　安本末子［著］　角川書店　2010　282p　15cm（角川文庫　16174）〈角川グループパブリッシング〔発売〕〉　552円
Ⓘ978-4-04-382101-3　Ⓝ915.6
☆「あらすじで味わう昭和のベストセラー」、「百年の誤読」

矢田 挿雲　やだ・そううん
09203　「江戸から東京へ」
『江戸から東京へ　第1巻』　矢田挿雲著　新版　中央公論社　1998　476p　16cm（中公文庫）〈折り込み1枚〉　1143円　Ⓘ4-12-203246-6　Ⓝ291.361
☆「歴史小説・時代小説 総解説」

09204　「太閤記」
『挿雲太閤記　第1巻』　矢田挿雲著　芳賀書店　1970　295p　19cm　480円　Ⓝ913.6
☆「日本文学鑑賞辞典〔第2〕」

矢田 俊文　やだ・としふみ

09205　「国土政策と地域政策」
『国土政策と地域政策―21世紀の国土政策を模索する』　矢田俊文著　大明堂　1996　241p　22cm　3605円　ⓘ4-470-56021-9　Ⓝ601.1
☆「学問がわかる500冊 v.2」

矢田部 達郎　やたべ・たつろう

09206　「思考心理学」
『思考心理学　第1,2』　矢田部達郎著　再版　培風館　1953　2冊　22cm　Ⓝ141.5
☆「世界名著大事典」

矢田部 良吉　やたべ・りょうきち

09207　「新体詩抄」
『明治文化全集　第13巻　文学芸術篇』　明治文化研究会編　日本評論社　1992　41,567p　23cm〈複製〉　ⓘ4-535-04253-5,4-535-04234-9　Ⓝ210.6
☆「日本文学鑑賞辞典〔第2〕」

矢玉 四郎　やだま・しろう

09208　「はれときどきぶた」
『はれときどきぶた』　矢玉四郎作・絵　岩崎書店　1980　79p　22cm（あたらしい創作童話）　880円
☆「少年少女の名作案内 日本の文学ファンタジー編」

八束 清貫　やつか・きよつら

09209　「装束と着け方」
☆「世界名著大事典」

八束 はじめ　やつか・はじめ

09210　「思想としての日本近代建築」
『思想としての日本近代建築』　八束はじめ著　岩波書店　2005　631,13p　20cm〈文献あり〉　4000円　ⓘ4-00-023407-2　Ⓝ523.1
☆「建築・都市ブックガイド21世紀」

09211　「批評としての建築―現代建築の読みかた」
『批評としての建築―現代建築の読みかた』　八束はじめ著　彰国社　1985　219p　19cm　2200円　ⓘ4-395-00191-2　Ⓝ520.4
☆「建築の書物/都市の書物」

宿屋 飯盛　やどや・めしもり

09212　「万代狂歌集」
『万代狂歌集　上』　宿屋飯盛撰　粕谷宏紀校　古典文庫　1972　206p　17cm（古典文庫　第305冊）〈底本：文化9年江戸角丸屋甚助板行　粕谷宏紀所蔵本〉　非売　Ⓝ911.19
☆「古典の事典」

箭内 亙　やない・わたり

09213　「蒙古史研究」
『蒙古史研究』　箭内亙著　岩井大慧,石田幹之助,和田清編　刀江書院　1974　989,117,50p　図　肖像　地図　22cm〈昭和5年刊の複製　西田書店〔発売〕〉　9600円　Ⓝ222.057
☆「世界名著大事典」

矢内原 伊作　やないはら・いさく

09214　「ジャコメッティとともに」
『ジャコメッティとともに』　矢内原伊作著　筑摩書房　1969　388p　図版　22cm〈ジャコメッティ年譜：380-384p〉　1300円　Ⓝ712.345
☆「教養のためのブックガイド」

矢内原 忠雄　やないはら・ただお

09215　「教育と人間」
『教育と人間』　矢内原忠雄著　東京大学出版会　1973　210p　肖像　19cm（UP選書）　480円　Ⓝ370.4
☆「教育名著 日本編」

09216　「植民及植民政策」
『植民及植民政策』　矢内原忠雄著　6版　有斐閣　1935　647p　23cm　Ⓝ334.7
☆「世界名著大事典」

09217　「朝鮮統治の方針」
『近代日本思想大系　34　大正思想集　2』　鹿野政直編集・解説　筑摩書房　1977　478p　図　20cm　1800円　Ⓝ121.02
☆「大正の名著」,「日本近代の名著」,「明治・大正・昭和の名著・総解説」

09218　「帝国主義下の台湾」
『帝国主義下の台湾』　矢内原忠雄著　岩波書店　1988　303,8p　20cm　2400円　ⓘ4-00-001452-8　Ⓝ317.81
☆「現代アジア論の名著」,「世界名著大事典」,「日本の名著」

柳河 春三　やながわ・しゅんさん

09219　「写真鏡図説」
『明治文化全集　第26巻　科学篇』　明治文化研究会編　日本評論社　1993　36,522p　23cm〈複製〉　ⓘ4-535-04266-7,4-535-04235-7　Ⓝ210.6
☆「世界名著大事典」

09220　「洋算用法」
『江戸科学古典叢書　20　西算速知.洋算用法』　恒和出版　1979　392,19p　22cm〈編集委員：青木国夫ほか〉　5800円　Ⓝ402.105
☆「世界名著大事典」

柳川 春葉　やながわ・しゅんよう

09221　「生さぬ仲」
『生さぬ仲』　柳川春葉著　自由書院　1948　380p　18cm〈名作小説文庫　6〉　Ⓝ913.6
☆「世界名著大事典」

梁川 星巌　やながわ・せいがん

09222　「星巌集」
『詩集日本漢詩　第15巻』　富士川英郎ほか編　汲古書院　1989　578p　27cm〈複製〉　8755円　Ⓝ919.5
☆「世界名著大事典」

柳河 勇馬　やながわ・ゆうま

09223　「ビリトン・アイランド号物語」
『ビリトン・アイランド号物語―ハレー彗星の下で』　柳河勇馬著　潮出版社　1988　202p　20cm　1000円　Ⓘ4-267-01190-7　Ⓝ916
☆「世界の海洋文学」

柳 広司　やなぎ・こうじ

09224　「ダブル・ジョーカー」
『ダブル・ジョーカー』　柳広司［著］　角川書店　2012　321p　15cm（角川文庫　や39-7）〈2009年刊に「眠る男」を収録　角川グループパブリッシング〔発売〕〉　590円　Ⓘ978-4-04-100328-2　Ⓝ913.6
☆「3行でわかる名作&ヒット本250」

柳 宗悦　やなぎ・むねよし

09225　「工芸の道」
『工芸の道』　柳宗悦著　ぐろりあそさえて　1929　358p　図版26枚　24cm　Ⓝ750
☆「日本文芸鑑賞事典第9巻」

09226　「雑器の美」
『柳宗悦コレクション　2　もの』　柳宗悦著　日本民藝館監修　筑摩書房　2011　426p　15cm（ちくま学芸文庫　ヤ22-2）　1400円　Ⓘ978-4-480-09332-5　Ⓝ750.4
☆「日本文化論の名著入門」

09227　「朝鮮とその芸術」
『朝鮮とその芸術』　柳宗悦著　叢文閣　1922　334p　18cm　Ⓝ702.1
☆「近代日本の百冊を選ぶ」

09228　「南無阿弥陀仏―付心偈」
『南無阿弥陀仏―付・心偈』　柳宗悦著　岩波書店　2003　342p　15cm（岩波文庫〈第29刷〉）　700円　Ⓘ4-00-331694-0
☆「必読書150」

09229　「民芸四十年」
『民芸四十年』　柳宗悦著　岩波書店　1995　406p　19cm（ワイド版岩波文庫）〈年譜：p393～404〉　1300円　Ⓘ4-00-007159-9　Ⓝ750.4
☆「学問がわかる500冊 v.2」

09230　「柳宗悦宗教選集」
『柳宗悦宗教選集　第1巻　宗教とその真理』　春秋社　1990　326p　20cm〈保存版　著者の肖像あり〉　2600円　Ⓘ4-393-20617-7　Ⓝ160.4
☆「世界名著大事典　補遺（Extra）」

09231　「柳宗悦選集」
『柳宗悦選集　第1巻　工芸の道』　日本民芸協会編　春秋社　1972　349p　図　20cm〈新装版〉　1000円　Ⓝ750.8
☆「世界名著大事典　補遺（Extra）」

柳沢 淇園　やなぎさわ・きえん

09232　「雲萍雑志」
『雲萍雑志』　柳沢淇園著　森銑三校　岩波書店　1936　138p　16cm（岩波文庫　1132）　Ⓝ121
☆「作品と作者」，「世界名作事典」，「日本の名著」，「日本名著辞典」，「歴史家の一冊」

柳 里恭

09233　「ひとりね」
『ひとりね』　柳里恭著　水木直箭校訂および註　近世庶民文化研究所　2冊　21cm　Ⓝ914.5
☆「日本の艶本・珍書　総解説」，「日本の奇書77冊」

09234　「独寝」
『独寝』　柳里恭著　従吾所好社　1920　247p　15cm〈新従吾所好　第2編〉　Ⓝ914
☆「世界名著大事典」

柳田 泉　やなぎだ・いずみ

09235　「政治小説研究」
『明治文学―随筆　1（政治篇・文学篇）』　柳田泉著　谷川恵一他校訂　平凡社　2005　431p　18cm（東洋文庫　741）　3000円　Ⓘ4-582-80741-0　Ⓝ910.261
☆「世界名著大事典」

09236　「世界名著解題」
『世界名著解題選　第1巻　世界名著解題　1（あ～こ）』　柳田泉編　ゆまに書房　1991　612,5p　22cm（書誌書目シリーズ　30）〈複製〉　13905円　Ⓘ4-89668-386-2　Ⓝ028
☆「世界名著大事典」

09237　「明治初期の翻訳文学」
『明治文学叢刊　第1巻』　柳田泉著　松柏館書店　1935　574p　23cm〈春秋社蔵版〉　Ⓝ910.26
☆「世界名著大事典」

柳田 国男　やなぎた・くにお

09238　「家閑談」
『家閑談』　柳田国男著　鎌倉書房　1948

228p 19cm（鎌倉選書 第1） Ⓝ384.4
☆「社会科学の古典」

09239 「妹の力」
『妹の力』 柳田国男［著］ 新版 角川学芸出版 2013 355p 15cm（［角川ソフィア文庫］［SP J-102-14]）〈改版：角川書店 1971年刊 KADOKAWA〔発売〕〉 743円 Ⓘ978-4-04-408316-8 Ⓝ387.021
☆「世界名著大事典」

09240 「海上の道」
『海上の道』 柳田国男［著］ 角川学芸出版 2013 345p 15cm（［角川ソフィア文庫］［SP J-102-6]）〈筑摩書房 昭和63年刊の加筆索引あり 角川グループパブリッシング〔発売〕〉 743円 Ⓘ978-4-04-408311-3 Ⓝ380.4
☆「大人のための日本の名著50」，「現代人のための名著」，「昭和の名著」

09241 「海南小記」
『海南小記』 柳田国男［著］ 新版 角川学芸出版 2013 283p 15cm（［角川ソフィア文庫］［SP J-102-12]）〈改版：角川書店 1972年刊 角川グループホールディングス〔発売〕〉 667円 Ⓘ978-4-04-408314-4 Ⓝ382.19
☆「近代文学名作事典」，「世界の海洋文学」，「世界の旅行記101」，「世界名著大事典」，「大正の名著」，「日本文学鑑賞辞典〔第2〕」，「日本文芸鑑賞事典 第8巻（1924〜1926年）」，「明治・大正・昭和の名著・総解説」

09242 「蝸牛考」
『蝸牛考』 柳田国男著 岩波書店 1980 236p 15cm（岩波文庫） 350円 Ⓝ818
☆「世界名著大事典」

09243 「国史と民俗学」
『国史と民俗学』 柳田国男著 再版 六人社 1948 243p 19cm〈初版昭和19〉 Ⓝ210.04
☆「世界名著大事典」

09244 「こども風土記」
『小さき者の声―柳田国男傑作選』 柳田国男［著］ 角川学芸出版 2013 235p 15cm（［角川ソフィア文庫］［SP J-102-50]）〈角川グループパブリッシング〔発売〕〉 590円 Ⓘ978-4-04-408312-0 Ⓝ380.4
☆「教育名著の愉しみ」，「名作の研究事典」

09245 「婚姻の話」
『婚姻の話』 柳田国男著 3版 岩波書店 1950 312p 19cm Ⓝ386.4
☆「世界名著大事典」

09246 「最新産業組合通解」
『柳田国男全集 30』 筑摩書房 1991 693p 15cm（ちくま文庫） 1130円

Ⓘ4-480-02430-1 Ⓝ380.8
☆「農政経済の名著 明治大正編」

09247 「山島民譚集」
『山島民譚集』 柳田国男著 関敬吾,大藤時彦編 増補版 平凡社 1969 404p 18cm（東洋文庫） 500円 Ⓝ388.1
☆「世界名著大事典」

09248 「時代と農政」
『柳田國男全集 第2巻』 柳田国男著 筑摩書房 1997 735p 22cm 6800円 Ⓘ4-480-75062-2 Ⓝ380.8
☆「世界名著大事典」，「農政経済の名著 明治大正編」，「明治・大正・昭和の名著・総解説」，「明治の名著1」

09249 「食物と心臓」
『食物と心臓』 柳田国男［著］ 講談社 1977 247p 15cm（講談社学術文庫） 340円 Ⓝ383.8
☆「世界名著大事典」，「日本人とは何か」

09250 「新国学談」
『柳田國男全集 第16巻』 柳田国男著 筑摩書房 1999 547p 22cm 6600円 Ⓘ4-480-75076-2 Ⓝ380.8
☆「世界名著大事典」

09251 「青年と学問」
『青年と学問』 柳田国男著 岩波書店 1976 256p 15cm（岩波文庫） 300円 Ⓝ380.4
☆「教養のためのブックガイド」

09252 「先祖の話」
『先祖の話』 柳田国男［著］ 角川学芸出版 2013 246p 15cm（［角川ソフィア文庫］［SP J-102-11]）〈筑摩書房 1946年刊に注釈を付与 角川グループホールディングス〔発売〕〉 629円 Ⓘ978-4-04-408315-1 Ⓝ385
☆「世界名著大事典」，「戦後思想の名著50」，「日本の名著」

09253 「地名の研究」
『地名の研究』 柳田国男著 角川書店 1968 316p 15cm（角川文庫） Ⓝ291.034
☆「世界名著大事典」

09254 「遠野物語」
『遠野物語』 柳田国男［著］ 新版 角川書店 2004 268p 15cm（角川文庫 角川ソフィア文庫）〈付・遠野物語拾遺 折り込み1枚 年譜あり〉 476円 Ⓘ4-04-308320-3 Ⓝ382.122
☆「一度は読もうよ！日本の名著」，「現代文学鑑賞辞典」，「世界の名著早わかり事典」，「世界名著大事典」，「21世紀の必読書100選」，「日本近代文学名著事典」，「日本文学名作案内」，「日本文学名作事典」，「日本文芸鑑賞事典 第4巻」，「ベストガイド日本の名著」，「明治・大正・昭和の名著・総解

説」、「明治の名著1」、「私を変えたこの一冊」

09255 「日本農民史」
『日本農民史』 柳田国男著 訂 刀江書院 1940 186p 19cm Ⓝ612
☆「世界名著大事典」

09256 「日本の祭」
『日本の祭』 柳田国男［著］ 新版 角川学芸出版 2013 267p 15cm（［角川ソフィア文庫］［SP J-102-9］）〈索引あり 角川グループパブリッシング〔発売〕〉 590円 Ⓘ978-4-04-408306-9 Ⓝ386.1
☆「世界名著大事典」

09257 「日本昔話名彙」
『日本昔話名彙』 日本放送協会編 改版 日本放送出版協会 1971 358p 22cm〈監修：柳田国男〉 1800円 Ⓝ388.1
☆「世界名著大事典」

09258 「後狩詞記」
『後狩詞記』 柳田国男著 柳田国男先生喜寿記念会編 実業之日本社 1951 131p 図版 21cm〈附：柳田国男先生年譜・著作目録〉 Ⓝ384.3
☆「世界名著大事典」

09259 「一目小僧その他」
『一目小僧その他』 柳田国男［著］ 新版 角川学芸出版 2013 364p 15cm（［角川ソフィア文庫］［SP J-102-4］）〈索引あり 角川グループパブリッシング〔発売〕〉 743円 Ⓘ978-4-04-408308-3 Ⓝ388.1
☆「近代日本の百冊を選ぶ」、「世界名著大事典」

09260 「不幸なる芸術」
『不幸なる芸術』 柳田国男著 筑摩書房 1967 239p 19cm〈筑摩叢書 83〉 520円 Ⓝ914.6
☆「世界名著大事典」、「日本文芸鑑賞事典 第16巻」

09261 「民俗学辞典」
『民俗学辞典』 民俗学研究所編 柳田國男監修 62版 東京堂出版 1994 714p 19cm〈折り込4枚〉 Ⓘ4-490-10001-9 Ⓝ380.33
☆「名著の履歴書」

09262 「昔話と文学」
『昔話と文学』 柳田国男［著］ 新版 角川学芸出版 2013 299p 15cm（［角川ソフィア文庫］［SP J-102-16］）〈改版：角川書店1971年刊 索引あり KADOKAWA〔発売〕〉 667円 Ⓘ978-4-04-408319-9 Ⓝ388.1
☆「世界名著大事典」

09263 「明治大正史・世相篇」
『明治大正史―世相篇』 柳田国男著 中央公論新社 2001 438p 18cm（中公クラシックス）〈年譜あり〉 1400円 Ⓘ4-12-160013-4 Ⓝ210.6
☆「学問がわかる500冊」、「学問がわかる500冊 v.2」、「現代社会学の名著」、「世界名著大事典」、「日本の社会と文化」

09264 「木綿以前の事」
『木綿以前の事』 柳田国男著 岩波書店 2002 310p 15cm〈岩波文庫〉 700円 Ⓘ4-00-331383-6
☆「必読書150」、「歴史家の読書案内」

09265 「桃太郎の誕生」
『桃太郎の誕生』 柳田国男［著］ 新版 角川学芸出版 2013 510p 15cm（［角川ソフィア文庫］［SP J-102-15］）〈改版：角川書店1973年刊 索引あり KADOKAWA〔発売〕〉 895円 Ⓘ978-4-04-408318-2 Ⓝ388.1
☆「宗教学の名著30」、「世界名著大事典」

09266 「山の人生」
『山の人生』 柳田国男［著］ 角川学芸出版 2013 217p 15cm（［角川ソフィア文庫］［SP J-102-5］）〈索引あり 角川グループパブリッシング〔発売〕〉 552円 Ⓘ978-4-04-408310-6 Ⓝ380.4
☆「日本の山の名著・総解説」、「日本文化論の名著入門」、「山の名著 明治・大正・昭和戦前編」

09267 「雪国の春」
『雪国の春―柳田国男が歩いた東北』 柳田国男［著］ 新装版 角川学芸出版 2011 267p 15cm 17142―［角川ソフィア文庫］［J-102-2］）〈初版：角川書店昭和31年刊 角川グループパブリッシング〔発売〕〉 667円 Ⓘ978-4-04-408302-1 Ⓝ382.16
☆「世界名著大事典」、「日本文芸鑑賞事典 第9巻」

柳田 邦男　やなぎだ・くにお

09268 「犠牲（サクリファイス）」
『犠牲―わが息子・脳死の11日』 柳田邦男著 文藝春秋 1999 294p 16cm（文春文庫） 495円 Ⓘ4-16-724015-7 Ⓝ916
☆「サイエンス・ブックレヴュー」、「世界の小説大百科」、「大学新入生に薦める101冊の本」

09269 「零式戦闘機」
『零式戦闘機』 柳田邦男著 文芸春秋 1980 413p 16cm（文春文庫） 400円 Ⓝ916
☆「科学技術をどう読むか」、「21世紀の必読書100選」

09270 「マリコ」
『マリコ』 柳田邦男著 新潮社 1983 433p 15cm（新潮文庫）〈マリコ・テラサキ・ミラーの肖像あり 主要参考・引用文献：p424～425〉 480円 Ⓘ4-10-124902-4 Ⓝ289.3
☆「現代を読む」

柳田 充弘 やなぎだ・みつひろ

09271 「細胞から生命が見える」
『細胞から生命が見える』 柳田充弘著 岩波書店 1995 236,4p 18cm（岩波新書） 620円 ⓘ4-00-430387-7 Ⓝ463
☆「学問がわかる500冊 v.2」

柳原 紀光 やなぎはら・のりみつ

09272 「続史愚抄」
『続史愚抄 前篇』 黒板勝美編 新装版 吉川弘文館 1999 634p 21cm（新訂増補国史大系 13） 8600円 ⓘ4-642-00314-2
☆「世界名著大事典」,「日本歴史「古典籍」総覧」,「歴史の名著100」

梁田 蛻巌 やなだ・ぜいがん

09273 「蛻巌先生文集」
☆「世界名著大事典」

柳父 章 やなぶ・あきら

09274 「翻訳語成立事情」
『翻訳語成立事情』 柳父章著 岩波書店 1982 212p 18cm（岩波新書） 380円 Ⓝ814.7
☆「「本の定番」ブックガイド」

矢野 仁一 やの・じんいち

09275 「近世支那外交史」
『近世支那外交史』 矢野仁一著 弘文堂 1940 946p 地図 23cm Ⓝ319.22
☆「人文科学の名著」,「世界名著大事典」

09276 「日清役後支那外交史」
『日清役後支那外交史』 矢野仁一著 京都東方文化学院京都研究所 1937 747p 23cm（東方文化学院京都研究所研究報告 第9冊） Ⓝ319.22
☆「世界名著大事典」

矢野 徹 やの・てつ

09277 「折紙宇宙船の伝説」
『折紙宇宙船の伝説』 矢野徹著 角川書店 1982 398p 15cm（角川文庫） 460円 Ⓝ913.6
☆「世界のSF文学・総解説」

09278 「442連隊戦闘団」
『442連隊戦闘団―進め！日系二世部隊』 矢野徹著 角川書店 1979 258p 15cm（角川文庫） 300円 Ⓝ913.6
☆「今だから知っておきたい戦争の本70」

矢野 真和 やの・まさかず

09279 「試験の時代の終焉」
『試験の時代の終焉―選抜社会から育成社会へ』 矢野真和著 有信堂高文社 1991 199p 19cm〈参考文献：p194～195〉 2060円 ⓘ4-8420-8515-0 Ⓝ371.3
☆「学問がわかる500冊」

矢野 龍渓 やの・りゅうけい

09280 「浮城物語」
『浮城物語―現代語版』 矢野竜渓著 高垣眸訳 金星堂 1943 379p 19cm Ⓝ913.6
☆「世界名著大事典」

09281 「経国美談」
『経国美談 上』 矢野龍渓作 小林智賀平校訂 岩波書店 1969 232p 15cm（岩波文庫） 600円 ⓘ4-00-310021-2 Ⓝ913.6
☆「近代文学名作事典」,「世界名作事典」,「世界名著大事典」,「日本文学鑑賞辞典 〔第2〕」,「日本文学現代名作事典」,「日本文学名作概観」,「日本文芸鑑賞事典 第1巻」,「日本名著辞典」,「明治・大正・昭和の名著・総解説」

09282 「新社会」
『新社会』 矢野竜渓著 三宅晴輝解説 第一出版 1948 194p 19cm（日本社会問題名著選） Ⓝ913.6
☆「世界名著大事典」

09283 「斉武名士経国美談」
『斉武名士経国美談』 矢野竜渓著 改訂縮刷版 永楽堂 1915 669p 15cm Ⓝ231
☆「明治の名著 1」

09284 「報知異聞浮城物語」
『明治文学全集 15 矢野竜渓集』 越智治雄編 筑摩書房 1970 425p 図版 23cm Ⓝ918.6
☆「日本の小説101」

矢作 敏行 やはぎ・としゆき

09285 「コンビニエンス・ストア・システムの革新性」
『コンビニエンス・ストア・システムの革新性』 矢作敏行著 日本経済新聞社 1994 358p 20cm 2200円 ⓘ4-532-13073-5 Ⓝ673.8
☆「日本経済本38」

矢原 徹一 やはら・てつかず

09286 「花の性」
『花の性―その進化を探る』 矢原徹一著 東京大学出版会 1995 316p 22cm〈文献：p303～308〉 3914円 ⓘ4-13-060160-1 Ⓝ471.3
☆「学問がわかる500冊 v.2」

八原 博通 やはら・ひろみち

09287 「沖縄決戦」
『沖縄決戦―高級参謀の手記』 八原博通著 読売新聞社 1972 446p 図 21cm 780円

Ⓝ210.75
☆「日本陸軍の本・総解説」

矢吹 慶輝　やぶき・けいき

09288　「三階教之研究」
『三階教之研究』　矢吹慶輝著　岩波書店　1973　792,415,31p 図15枚　27cm〈第2刷（初版：昭和2年刊）〉　14000円　Ⓝ180.9
☆「世界名著大事典」

09289　「鳴沙余韻」
『鳴沙余韻―敦煌出土未伝古逸仏典開宝』　矢吹慶輝編著　京都　臨川書店　1980　2冊　22～46cm〈岩波書店昭和5～8年刊の複製　「図録篇」「解説篇」に分冊刊行　帙入〉　全80000円　Ⓝ183
☆「世界名著大事典」

藪内 紹智　やぶのうち・じょうち

09290　「源流茶話」
『源流茶話』　[藪内竹心] [原著]　岩田明子著　京都　淡交社　2012　215p 18cm（現代語でさらりと読む茶の古典）〈索引あり〉　1200円　①978-4-473-03786-2　Ⓝ791
☆「古典の事典」

矢部 貞治　やべ・ていじ

09291　「近衛文麿」
『近衛文麿―誇り高き名門宰相の悲劇』　矢部貞治著　光人社　1993　242p 16cm（光人社NF文庫）〈近衛文麿略年譜：p208～228〉　500円　①4-7698-2025-9　Ⓝ289.1
☆「世界名著大事典」

山内 章　やまうち・あきら

09292　「植物根系の理想型」
『植物根系の理想型』　山内章編　博友社　1996　172p 19cm〈執筆：秋田重誠ほか〉　2000円　①4-8268-0163-7　Ⓝ615
☆「学問がわかる500冊 v.2」

山内 謙吾　やまうち・けんご

09293　「線路工夫」
『日本プロレタリア文学集　12　「文芸戦線」作家集　3』　新日本出版社　1986　446p 19cm　2600円　①4-406-01355-5　Ⓝ913.68
☆「日本のプロレタリア文学」

山内 進　やまうち・すすむ

09294　「十字軍の思想」
『十字軍の思想』　山内進著　筑摩書房　2003　235p 18cm（ちくま新書）〈文献あり〉　720円　①4-480-06122-3　Ⓝ230.45
☆「世界史読書案内」

09295　「掠奪の法観念史―中・近世ヨーロッパの人・戦争・法」
『掠奪の法観念史―中・近世ヨーロッパの人・戦争・法』　山内進著　東京大学出版会　1993　352,9p 22cm　4944円　①4-13-036105-8　Ⓝ322.3
☆「21世紀の必読書100選」

山内 得立　やまうち・とくりゅう

09296　「現象学叙説」
『現象学叙説』　山内得立著　岩波書店　1929　457,7,14p 23cm　Ⓝ134
☆「世界名著大事典」

山内 昌之　やまうち・まさゆき

09297　「イスラームと国際政治」
『イスラームと国際政治―歴史から読む』　山内昌之著　岩波書店　2001　230p 18cm（岩波新書）〈第7刷〉　740円　①4-00-430583-7
☆「『本の定番』ブックガイド」

09298　「いま、なぜ民族か」
『いま、なぜ民族か』　蓮実重彦, 山内昌之編　東京大学出版会　1994　233p 19cm（Up選書　268）〈各章末：参考文献〉　1854円　①4-13-002068-4　Ⓝ316.8
☆「学問がわかる500冊」

09299　「江戸の構造改革」
『江戸の構造改革―パックス・トクガワーナの時代』　中村彰彦, 山内昌之著　集英社　2004　318p 20cm　1800円　①4-08-781292-8　Ⓝ210.5
☆「教養のためのブックガイド」

09300　「スルタンガリエフの夢」
『スルタンガリエフの夢―イスラム世界とロシア革命』　山内昌之著　岩波書店　2009　432,35p 15cm（岩波現代文庫　G201）〈文献あり　年譜あり　索引あり〉　1500円　①978-4-00-600201-5　Ⓝ309.3381
☆「ナショナリズム論の名著50」

09301　「民族と国家」
『民族と国家―イスラム史の視角から』　山内昌之著　岩波書店　1993　255,3p 18cm（岩波新書）〈主要参考文献：p252～255〉　580円　①4-00-430260-9　Ⓝ316.826
☆「学問がわかる500冊」,「『本の定番』ブックガイド」

09302　「ラディカル・ヒストリー」
『ラディカル・ヒストリー―ロシア史とイスラム史のフロンティア』　山内昌之著　中央公論社　1991　315p 18cm（中公新書）〈参照文献：p310～315〉　720円　①4-12-101001-9　Ⓝ238
☆「『本の定番』ブックガイド」

山尾 悠子　やまお・ゆうこ

09303　「夢の棲む街」
『夢の棲む街』　山尾悠子著　早川書房　1978　282p　16cm（ハヤカワ文庫　JA）　320円　Ⓝ913.6
☆「世界のSF文学・総解説」

山尾 幸久　やまお・ゆきひさ

09304　「日本国家の形成」
『日本国家の形成』　山尾幸久著　岩波書店　1977　235p　18cm（岩波新書）　280円　Ⓝ210.3
☆「日本思想史」

山岡 元隣　やまおか・げんりん

09305　「他我身の上」
『他我身の上』　山岡元隣著　饗庭篁村校　富山房　1911　184p　15cm（袖珍名著文庫　第39編）　Ⓝ913.5
☆「日本文学鑑賞辞典〔第1〕」

山岡 荘八　やまおか・そうはち

09306　「徳川家康」
『徳川家康　1　出世乱離の巻』　山岡荘八著　講談社　1987　502p　15cm（山岡荘八歴史文庫　23）〈徳川家康関係年譜（1534年～1547年）：p499～502〉　580円　①4-06-195023-1　Ⓝ913.6
☆「面白いほどよくわかる時代小説名作100」，「日本文芸鑑賞事典 第15巻」，「百年の誤読」，「ポケット日本名作事典」，「歴史小説・時代小説 総解説」

09307　「八幡船」
『八幡船』　山岡荘八著　桃源社　1967　234p　18cm（ポピュラー・ブックス）　270円　Ⓝ913.6
☆「世界の海洋文学」

09308　「春の坂道」
『春の坂道　1　鷹と蛙の巻』　山岡荘八著　講談社　1972　369p　20cm　580円　Ⓝ913.6
☆「歴史小説・時代小説 総解説」

山岡 明阿弥　やまおか・みょうあみ

09309　「逸著聞集」
『広島大学蔵古代中世文学貴重資料集―翻刻と目録』　位藤邦生編　笠間書院　2004　451p　22cm（笠間叢書　357）　①4-305-10357-5　Ⓝ910.23
☆「日本の奇書77冊」

山岡 亮平　やまおか・りょうへい

09310　「アリはなぜ一列に歩くか」
『アリはなぜ一列に歩くか』　山岡亮平著　大修館書店　1995　194p　19cm（ドルフィン・ブックス）　1545円　①4-469-21193-1　Ⓝ486
☆「科学を読む愉しみ」

山折 哲雄　やまおり・てつお

09311　「近代日本人の宗教意識」
『近代日本人の宗教意識』　山折哲雄著　岩波書店　2007　321p　15cm（岩波現代文庫　学術）　1100円　①978-4-00-600171-1　Ⓝ162.1
☆「大学新入生に薦める101冊の本」

山鹿 素行　やまが・そこう

09312　「士道」
『士道』　山鹿素行著　遠藤隆吉訂　広文堂　1910　230p　19cm　Ⓝ156
☆「学術辞典叢書 第15巻」，「世界名著解題選 第2巻」，「武士道 十冊の名著」

09313　「聖教要録」
『聖教要録　配所残筆』　山鹿素行原著　土田健次郎全訳注　講談社　2001　207p　15cm（講談社学術文庫）〈文献あり〉　960円　①4-06-159470-2　Ⓝ121.56
☆「教育の名著80選解題」，「古典の事典」，「世界名著大事典 補遺（Extra）」，「日本の古典名著」，「日本名著辞典」

09314　「中朝事実」
『中朝事実』　山鹿素行著　岡村利平校註　明治書院　1942　193p　21cm〈和装〉　Ⓝ121
☆「世界名著大事典」，「尊王 十冊の名著」，「日本名著辞典」，「日本歴史「古典籍」総覧」，「歴史の名著100」

09315　「配所残筆」
『配所残筆―山鹿素行遺稿』　山鹿素行著　育成会　1913　49,16p　22cm〈付：聖教要録〉　Ⓝ121
☆「自伝の名著101」，「世界名著大事典」，「日本の古典名著」

09316　「武教小学」
『武士道全書　第3巻』　井上哲次郎監修　佐伯有義，植木直一郎，井野辺茂雄編　国書刊行会　1998　366p　22cm〈時代社昭和17年刊〉　①4-336-04095-8　Ⓝ156
☆「教育の名著80選解題」

09317　「武教本論」
『武士道全書　第6巻』　井上哲次郎監修　佐伯有義，植木直一郎，井野辺茂雄編　国書刊行会　1998　344p　22cm〈時代社昭和17年刊〉　①4-336-04095-8　Ⓝ156
☆「古典の事典」，「日本の古典名著」

09318　「武家事紀」
『武家事紀　上巻』　山鹿素行著　原書房　1982

やまかけ　　　　　　　　　　　　　　　　　　　　09319〜09333

748p　22cm〈明治百年史叢書〉〈山鹿素行先生全集刊行会大正4年刊の複製　著者の肖像あり〉　15000円　Ⓘ4-562-01319-2　Ⓝ210.4
☆「世界名著大事典」、「日本の古典名著」、「日本歴史「古典籍」総覧」、「歴史の名著100」

09319　「山鹿語類」
『武士道全書　第3巻』　井上哲次郎監修　佐伯有義、植木直一郎、井野辺茂雄編　国書刊行会　1998　366p　22cm〈時代社昭和17年刊〉
Ⓘ4-336-04095-8　Ⓝ156
☆「教育の名著80選解題」、「世界名著大事典 補遺（Extra）」、「「日本人の名著」を読む」、「武士道の名著」

山影 進　やまかげ・すすむ

09320　「ASEANパワー」
『ASEANパワー――アジア太平洋の中核へ』　山影進著　東京大学出版会　1997　332,24p　22cm〈文献あり　索引あり〉　5800円
Ⓘ4-13-030114-4　Ⓝ319.2
☆「学問がわかる500冊」

山県 周南　やまがた・しゅうなん

09321　「為学初問」
『徂徠学派』　日本図書センター　1979　1冊　22cm〈日本教育思想大系　15〉〈それぞれの複製〉　12000円　Ⓝ121.68
☆「世界名著大事典」

山県 大弐　やまがた・だいに

09322　「柳子新論」
『柳子新論』　山県大弐著　川浦玄智訳註　岩波書店　1943　174p　15cm〈岩波文庫　3278-3279〉　Ⓝ155.2
☆「世界名著大事典」、「尊王 十冊の名著」、「日本の古典名著」、「日本名著辞典」

山形 孝夫　やまがた・たかお

09323　「治癒神イエスの誕生」
『治癒神イエスの誕生』　山形孝夫著　筑摩書房　2010　309p　15cm〈ちくま学芸文庫　ヤ20-2〉〈文献あり〉　1100円　978-4-480-09309-7　Ⓝ192.8
☆「学問がわかる500冊」

山形 琢也　やまがた・たくや

09324　「ここまで「気がきく人」」
『ここまで「気がきく人」』　山形琢也著　三笠書房　2007　219p　19cm　1400円
Ⓘ978-4-8379-2238-4　Ⓝ159.4
☆「超売れ筋ビジネス書101冊」

山片 蟠桃　やまがた・ばんとう

09325　「夢の代」

『子育ての書　3』　山住正己,中江和恵編注　平凡社　1976　430,2,24p　18cm〈東洋文庫　297〉　1100円　Ⓝ379.7
☆「古典の事典」、「世界名著大事典 補遺（Extra）」、「日本の古典名著」、「日本の書物」、「日本名著辞典」

山川 雄巳　やまかわ・かつみ

09326　「政治学概論」
『政治学概論』　山川雄巳著　第2版　有斐閣　1994　519p　22cm〈有斐閣ブックス〉〈引用・参考文献、近代政治理論略年表：p471〜490〉　3296円　Ⓘ4-641-08545-5　Ⓝ311
☆「学問がわかる500冊」

山川 菊栄　やまかわ・きくえ

09327　「覚書 幕末の水戸藩」
『覚書 幕末の水戸藩』　山川菊栄著　岩波書店　1991　453p　15cm〈岩波文庫〉　720円
Ⓘ4-00-331624-X
☆「日本人とは何か」

09328　「おんな二代の記」
『おんな二代の記』　山川菊栄著　岩波書店　2014　459p　15cm〈岩波文庫〉　1080円
Ⓘ978-4-00-331625-2
☆「自伝の名著101」、「世界名著大事典 補遺（Extra）」

09329　「女性解放へ」
『女性解放へ――社会主義婦人運動論』　山川菊栄著　日本婦人会議中央本部出版部　1977　312p 図 肖像　20cm〈山川菊栄年譜：p.303〜306〉　1500円　Ⓝ367.8
☆「世界名著大事典 補遺（Extra）」

09330　「武家の女性」
『武家の女性』　山川菊栄著　岩波書店　1983　201p　15cm〈岩波文庫〉　300円　Ⓝ367.21
☆「歴史家の読書案内」

09331　「婦人問題と婦人運動」
『婦人問題と婦人運動』　山川菊栄著　復刻　日本図書センター　2002　189p　22cm〈社会問題叢書　第8巻　安部磯雄,山川均,堺利彦共編〉〈原本：文化学会出版部大正14年刊〉
Ⓘ4-8205-8666-1　Ⓝ367.2
☆「世界名著大事典 補遺（Extra）」

09332　「山川均伝」
『山川均自伝――ある凡人の記録・その他』　山川菊栄,向坂逸郎編　岩波書店　1961　488p 図版　19cm　Ⓝ289.1
☆「昭和の名著」

山川 新作　やまかわ・しんさく

09333　「空母艦爆隊」
『空母艦爆隊――艦爆搭乗員死闘の記録』　山川新

622　　読んでおきたい「日本の名著」案内

作著　新装版　光人社　2004　301p　16cm
（光人社NF文庫）　724円　ⓘ4-7698-2053-4
Ⓝ916
☆「日本海軍の本・総解説」

山川 智応　やまかわ・ちおう

09334　「法華思想史上の日蓮聖人」
『法華思想史上の日蓮聖人』　山川智応著　新潮社　1934　662p　23cm〈付：補註及索引〉Ⓝ188.9
☆「世界名著大事典」

山川 均　やまかわ・ひとし

09335　「政治的統一戦線へ！」
『近代日本思想大系　19　山川均集』　編集解説：高畠通敏　筑摩書房　1976　519p　肖像　20cm　1800円　Ⓝ121.02
☆「日本近代の名著」

09336　「無産階級運動の方向転換」
『アナ・ボル論争』　大杉栄,山川均著　大窪一志編集・解説　同時代社　2005　375p　19cm〈肖像あり　著作目録あり〉　3500円　ⓘ4-88683-565-1　Ⓝ309.3
☆「大正の名著」,「ベストガイド日本の名著」,「明治・大正・昭和の名著・総解説」

09337　「無産階級の政治運動」
『無産階級の政治運動』　山川均著　京都　更生閣　1924　359p　19cm　Ⓝ316
☆「世界名著大事典」

山川 方夫　やまかわ・まさお

09338　「愛のごとく」
『愛のごとく』　山川方夫著　講談社　1998　421p　16cm（講談社文芸文庫）〈年譜あり〉1300円　ⓘ4-06-197614-1　Ⓝ913.6
☆「一度は読もうよ！日本の名著」,「一冊で愛の話題作100冊を読む」,「現代文学鑑賞辞典」

09339　「安南の王子」
『安南の王子』　山川方夫著　集英社　1993　254p　16cm（集英社文庫）〈著者の肖像あり〉440円　ⓘ4-08-752043-9　Ⓝ913.6
☆「私を変えたこの一冊」

09340　「海岸公園」
『海岸公園』　山川方夫著　新潮社　1961　243p　20cm　Ⓝ913.6
☆「日本文芸鑑賞事典　第18巻（1958〜1962年）」

八巻 明彦　やまき・あきひこ

09341　「軍歌と戦時歌謡大全集」
『軍歌と戦時歌謡大全集』　八巻明彦,福田俊二共編　新興楽譜出版社　1972　703p　22cm〈限定版〉　2500円　Ⓝ911.9

☆「日本陸軍の本・総解説」

山岸 俊男　やまぎし・としお

09342　「社会的ジレンマ」
『社会的ジレンマ―「環境破壊」から「いじめ」まで』　山岸俊男著　PHP研究所　2000　227p　18cm（PHP新書）　660円　ⓘ4-569-61174-5　Ⓝ361.44
☆「教養のためのブックガイド」

09343　「信頼の構造」
『信頼の構造―こころと社会の進化ゲーム』　山岸俊男著　東京大学出版会　1998　212p　22cm　3200円　ⓘ4-13-011108-6　Ⓝ361.3
☆「教養のためのブックガイド」

山岸 秀雄　やまぎし・ひでお

09344　「市民がつくる地域福祉　やさしい心の実践レポート」
『市民がつくる地域福祉―やさしい心の実践レポート』　山岸秀雄編　第一書林　1993　188p　21cm〈監修：全国労働金庫協会〉1800円　ⓘ4-88646-080-1　Ⓝ369
☆「学問がわかる500冊」

山際 素男　やまぎわ・もとお

09345　「不可触民」
『不可触民―もうひとつのインド』　山際素男著　光文社　2000　231p　16cm（知恵の森文庫）476円　ⓘ4-334-78044-X　Ⓝ362.25
☆「現代を読む」

山口 耀久　やまぐち・あきひさ

09346　「北八ッ彷徨」
『北八ッ彷徨―随想八ヶ岳』　山口耀久著　平凡社　2008　284p　16cm（平凡社ライブラリー637）〈肖像あり〉　1300円　ⓘ978-4-582-76637-0　Ⓝ291.52
☆「日本の山の名著・総解説」

09347　「八ヶ岳挽歌」
『八ヶ岳挽歌―続・随想八ヶ岳』　山口耀久著　平凡社　2008　402p　16cm（平凡社ライブラリー　650）　1500円　ⓘ978-4-582-76650-9　Ⓝ291.52
☆「新・山の本おすすめ50選」

山口 啓二　やまぐち・けいじ

09348　「鎖国と開国」
『鎖国と開国』　山口啓二著　岩波書店　2006　346p　15cm（岩波現代文庫　学術）　1200円　ⓘ4-00-600160-6　Ⓝ210.5
☆「学問がわかる500冊 v.2」,「歴史家の読書案内」

09349　「幕藩制成立史の研究」

『幕藩制成立史の研究』 山口啓二著 校倉書房 1974 388p 22cm〈歴史科学叢書〉 4000円 Ⓝ210.5
☆「日本史の名著」

山口 源吉 やまぐち・げんきち

09350 「継ぎはぎだらけの百万マイル」
☆「世界の海洋文学」

山口 二郎 やまぐち・じろう

09351 「政治改革」
『政治改革』 山口二郎著 岩波書店 1993 217,3p 18cm〈岩波新書〉〈参考文献：p216～217 巻末：政治改革年表〉 580円 Ⓘ4-00-430281-1 Ⓝ314.1
☆「学問がわかる500冊」

山口 益 やまぐち・すすむ

09352 「弁中辺論」
『漢蔵対照弁中辺論─附・中辺分別論釈疏梵本索引』 山口益編 破塵閣 1937 132,146p 23cm Ⓝ183
☆「世界名著大事典」

山口 誓子 やまぐち・せいし

09353 「激浪」
『激浪─山口誓子句集』 山口誓子,桂信子著 邑書林 1998 192p 15cm〈邑書林句集文庫〉〈付・桂信子著「激浪ノート」〉 1300円 Ⓘ4-89709-249-3 Ⓝ911.368
☆「世界名著大事典」

09354 「凍港」
『凍港─句集』 山口誓子著 日本近代文学館 1980 123,5p 20cm〈名著複刻詩歌文学館 山茶花セット〉〈素人社書屋昭和7年刊の複製 ほるぷ〔発売〕 叢書の編者：名著複刻全集編集委員会〉 Ⓝ911
☆「近代文学名作事典」,「日本文学鑑賞辞典〔第2〕」,「日本文芸鑑賞事典 第10巻」,「文学・名著300選の解説 '88年度版」

山口 青邨 やまぐち・せいそん

09355 「雑草園」
『雑草園一定本』 山口青邨著 東京美術 1976 242p 肖像 19cm 2500円 Ⓝ911.36
☆「日本文学鑑賞辞典〔第2〕」,「日本文芸鑑賞事典 第10巻」

山口 素堂 やまぐち・そどう

09356 「素堂家集」
☆「世界名著大事典」

山口 瞳 やまぐち・ひとみ

09357 「江分利満氏の華麗な生活」
『江分利満氏の華麗な生活』 山口瞳著 角川書店 1996 214p 15cm〈角川文庫〉 430円 Ⓘ4-04-129209-3 Ⓝ913.6
☆「一度は読もうよ！ 日本の名著」,「日本文学名作案内」

09358 「江分利満氏の優雅な生活」
『江分利満氏の優雅な生活』 山口瞳著 筑摩書房 2009 252p 15cm〈ちくま文庫 や38-1〉 800円 Ⓘ978-4-480-42656-7 Ⓝ913.6
☆「あの本にもう一度」,「あらすじで味わう昭和のベストセラー」,「日本文芸鑑賞事典 第18巻(1958～1962年)」,「ポケット日本名作事典」

09359 「血族」
『血族』 山口瞳著 文芸春秋 1982 366p 16cm〈文春文庫〉 400円 Ⓝ913.6
☆「ポケット日本名作事典」

山口 敏 やまぐち・びん

09360 「日本人の祖先」
『日本人の祖先』 山口敏著 徳間書店 1990 213p 16cm〈徳間文庫〉〈『日本人の顔と身体』(PHP研究所1986年刊)の改題 付：参考文献〉 420円 Ⓘ4-19-599201-X Ⓝ469.4
☆「学問がわかる500冊 v.2」

山口 文憲 やまぐち・ふみのり

09361 「香港世界」
『香港世界』 山口文憲著 筑摩書房 1986 285p 15cm〈ちくま文庫〉 420円 Ⓘ4-480-02106-X Ⓝ302.2239
☆「現代を読む」

山口 昌男 やまぐち・まさお

09362 「「挫折」の昭和史」
『「挫折」の昭和史 上』 山口昌男著 岩波書店 2005 299p 15cm〈岩波現代文庫 学術〉〈文献あり〉 1200円 Ⓘ4-00-600140-1 Ⓝ210.7
☆「歴史家の一冊」

09363 「道化的世界」
『道化的世界』 山口昌男著 筑摩書房 1986 411p 15cm〈ちくま文庫〉 560円 Ⓘ4-480-02035-7 Ⓝ770.4
☆「ベストガイド日本の名著」

09364 「道化の民俗学」
『道化の民俗学』 山口昌男著 岩波書店 2007 384,16p 15cm〈岩波現代文庫 学術〉 1300円 Ⓘ978-4-00-600175-9 Ⓝ380.1
☆「必読書150」

09365　「文化と両義性」
『文化と両義性』　山口昌男著　岩波書店　2000　303p　15cm（岩波現代文庫 学術）　1000円　Ⓘ4-00-600016-2　Ⓝ204
☆「学問がわかる500冊 v.2」,「戦後思想の名著50」,「東アジア人文書100」,「文化人類学の名著50」

山口 正紀　やまぐち・まさのり

09366　「匿名報道」
『匿名報道―メディア責任制度の確立を』　浅野健一,山口正紀著　学陽書房　1995　273p　20cm　Ⓘ4-313-81702-6　Ⓝ070.15
☆「学問がわかる500冊」

山口 昌哉　やまぐち・まさや

09367　「数値解析と非線型現象」
『数値解析と非線型現象』　山口昌哉ほか編著　日本評論社　1996　175p　26cm〈各章末：参考文献〉　3399円　Ⓘ4-535-60610-2　Ⓝ418.1
☆「ブックガイド"数学"を読む」

09368　「非線型の現象と解析」
『非線型の現象と解析』　山口昌哉ほか編著　日本評論社　1996　191p　26cm〈各章末：参考文献〉　3399円　Ⓘ4-535-60609-9　Ⓝ410.4
☆「数学ブックガイド100」,「ブックガイド"数学"を読む」

山口 百恵　やまぐち・ももえ

09369　「蒼い時」
『蒼い時』　山口百恵著　集英社　1981　216p　16cm（集英社文庫）　280円　Ⓝ767.8
☆「百年の誤読」

山口 定　やまぐち・やすし

09370　「ヨーロッパ新右翼」
『ヨーロッパ新右翼』　山口定,高橋進編　朝日新聞社　1998　316,5p　19cm（朝日選書593）〈索引あり〉　1500円　Ⓘ4-02-259693-7　Ⓝ311.3
☆「平和を考えるための100冊+α」

山崎 闇斎　やまざき・あんさい

09371　「神代巻風葉集」
『山崎闇斎』　日本図書センター　1979　2冊　22cm（日本教育思想大系）〈複製〉　8000円,10000円　Ⓝ121.45
☆「世界名著大事典」

09372　「垂加社語」
『日本哲学思想全書　第10巻　宗教 神道篇・キリスト篇』　三枝博音,清水幾太郎編集　第2版　平凡社　1980　355p　19cm　2300円　Ⓝ081
☆「古典の事典」,「世界名著大事典」

09373　「中臣祓風水草」
『山崎闇斎』　日本図書センター　1979　2冊　22cm（日本教育思想大系）〈複製〉　8000円,10000円　Ⓝ121.45
☆「世界名著大事典」

09374　「大和小学」
『近世育児書集成　第1巻』　小泉吉永編・解題　クレス出版　2006　412p　22cm〈複製〉
Ⓘ4-87733-349-5　Ⓝ379.9
☆「教育の名著80選解題」

山崎 実徳　やまさき・さねのり

09375　「海軍機関学校」
『海軍機関学校―生きている化石』　山崎実徳著　[鹿児島]　[山崎実徳]　1982　367p　22cm〈年表あり〉　Ⓝ397.077
☆「日本海軍の本・総解説」

山崎 宗鑑　やまざき・そうかん

09376　「犬筑波集」
『古典俳文学大系　1　貞門俳諧集　1』　中村俊定,森川昭校注　集英社　1970　627p 図版23cm　3800円　Ⓝ911.3
☆「作品と作者」,「世界名著大事典」,「日本の艶本・珍書 総解説」,「日本の奇書77冊」,「日本文学名著概観」,「日本名著辞典」

09377　「新撰犬筑波集」
『竹馬狂吟集　新撰犬筑波集』　山崎宗鑑編　木村三四吾,井口寿校注　新潮社　1988　419p　20cm（新潮日本古典集成）　2200円
Ⓘ4-10-620377-4　Ⓝ911.2
☆「近代名著解題選集 3」,「古典の事典」,「日本の古典」,「日本の古典名著」,「日本文学鑑賞辞典〔第1〕」

山崎 朋子　やまざき・ともこ

09378　「サンダカン八番娼館」
『サンダカン八番娼館』　山崎朋子著　新装版　文藝春秋　2008　438p　16cm（文春文庫）　714円　Ⓘ978-4-16-714708-2　Ⓝ368.4
☆「ベストガイド日本の名著」

山崎 豊子　やまさき・とよこ

09379　「沈まぬ太陽」
『沈まぬ太陽　1（アフリカ篇）』　山崎豊子著　新潮社　2005　645p　20cm（山崎豊子全集　21　山崎豊子著）　4700円　Ⓘ4-10-644531-X　Ⓝ913.6
☆「日本の名作おさらい」

09380　「白い巨塔」
『白い巨塔　1』　山崎豊子著　新潮社　2004　469p　20cm（山崎豊子全集　6　山崎豊子著）

やまさき

3800円 ⓘ4-10-644516-6 ⓝ913.6
☆「一度は読もうよ！日本の名著」,「一冊で日本の名著100冊を読む」,「日本文学 これを読まないと文学は語れない!!」,「日本文学名作案内」,「日本文芸鑑賞事典 第19巻」

09381 「大地の子」
『大地の子 1』 山崎豊子著 新潮社 2005 637p 20cm（山崎豊子全集 19 山崎豊子著） 4300円 ⓘ4-10-644529-8 ⓝ913.6
☆「世界史読書案内」,「ポケット日本名作事典」

09382 「暖簾」
『暖簾』 山崎豊子著 53刷改版 新潮社 2009 244p 16cm（新潮文庫 や-5-1） 400円 ⓘ978-4-10-110401-0 ⓝ913.6
☆「日本文学鑑賞辞典〔第2〕」,「ポケット日本名作事典」

09383 「二つの祖国」
『二つの祖国 1』 山崎豊子著 新潮社 2005 516p 20cm（山崎豊子全集 16 山崎豊子著） 4300円 ⓘ4-10-644526-3 ⓝ913.6
☆「新潮文庫20世紀の100冊」

09384 「ぼんち」
『ぼんち』 山崎豊子著 50刷改版 新潮社 2005 649p 16cm（新潮文庫） 819円 ⓘ4-10-110402-6 ⓝ913.6
☆「現代文学鑑賞辞典」

山崎 直方　やまざき・なおまさ

09385 「大日本地誌」
『大日本地誌』 山崎直方,佐藤伝蔵編 博文館 1903 10冊 23cm ⓝ291
☆「世界名著大事典」

山崎 延吉　やまざき・のぶよし

09386 「農村自治の研究」
『明治大正農政経済名著集 22 農村自治の研究』 近藤康男編 山崎延吉著 農山漁村文化協会 1977 618p 肖像 22cm 4500円 ⓝ610.8
☆「農政経済の名著 明治大正編」

山崎 宏　やまざき・ひろし

09387 「支那中世仏教の展開」
『支那中世仏教の展開』 山崎宏著 京都 法蔵館 1971 913,14p 22cm〈清水書店昭和17年刊の複製〉 7500円 ⓝ180.222
☆「世界名著大事典」

山崎 裕司　やまざき・ひろし

09388 「建設崩壊」
『建設崩壊—21世紀に生き残るための10の指令』 山崎裕司著 プレジデント社 1999 254p 20cm 1600円 ⓘ4-8334-9045-5 ⓝ510.95
☆「超売れ筋ビジネス書101選」

山崎 正一　やまざき・まさかず

09389 「現代哲学事典」
『現代哲学事典』 山崎正一,市川浩編 講談社 1970 719p 18cm（講談社現代新書） 590円 ⓝ103.3
☆「「本の定番」ブックガイド」

山崎 正和　やまざき・まさかず

09390 「劇的なる日本人」
『劇的なる日本人』 山崎正和著 新潮社 1971 291p 20cm 600円 ⓝ704
☆「日本文芸鑑賞事典 第20巻（昭和42～50年）」

09391 「このアメリカ」
『このアメリカ』 山崎正和著 河出書房新社 1984 290p 15cm（河出文庫） 520円 ⓘ4-309-40091-4 ⓝ914.6
☆「現代人のための名著」

09392 「世阿弥」
『世阿弥』 山崎正和著 河出書房新社 1969 202p 図版 20cm 680円 ⓝ912.6
☆「日本文芸鑑賞事典 第19巻」

09393 「日本文化と個人主義」
『日本文化と個人主義』 山崎正和著 中央公論社 1990 221p 20cm 1250円 ⓘ4-12-001960-8 ⓝ304
☆「日本人とは何か」

09394 「不機嫌の時代」
『不機嫌の時代』 山崎正和著 講談社 1986 282p 15cm（講談社学術文庫） 680円 ⓘ4-06-158721-8 ⓝ910.26
☆「現代文学鑑賞辞典」

09395 「柔らかい個人主義の誕生」
『柔らかい個人主義の誕生—消費社会の美学』 山崎正和著 中央公論社 1987 237p 16cm（中公文庫） 360円 ⓘ4-12-201409-3 ⓝ304
☆「21世紀の必読書100選」,「日本の社会と文化」,「「本の定番」ブックガイド」

山崎 将志　やまざき・まさし

09396 「残念な人の仕事の習慣」
『残念な人の仕事の習慣—人間関係、段取り、時間の使い方』 山崎将志著 アスコム 2010 222p 18cm（アスコムbooks 9） 850円 ⓘ978-4-7762-0630-9 ⓝ336.2
☆「3行でわかる名作&ヒット本250」

山崎 安治　やまざき・やすじ

09397　「日本登山史」
『日本登山史』　山崎安治著　新稿　白水社　1986　544,17p　22cm　6800円
Ⓘ4-560-03114-2　Ⓝ786.1
☆「日本の山の名著・総解説」

09398　「穂高星夜」
『穂高星夜』　山崎安治著　スキージャーナル　1976　278p　19cm（自然と人間シリーズ　2）　1200円　Ⓝ786.1
☆「日本の山の名著・総解説」

山沢 逸平　やまざわ・いっぺい

09399　「日本の経済発展と国際分業」
『日本の経済発展と国際分業』　山沢逸平著　東洋経済新報社　1984　266p　22cm　4800円
Ⓝ332.106
☆「日本経済本38」

山路 愛山　やまじ・あいざん

09400　「足利尊氏」
『足利尊氏』　山路愛山著　復刻版　日本図書センター　1998　326p　22cm（山路愛山伝記選集　第2巻　山路愛山著）〈原本：玄黄社明治42年刊〉　Ⓘ4-8205-8239-9　Ⓝ210.45
☆「世界名著大事典」,「日本近代の名著」

09401　「現代金権史」
『現代金権史』　山路愛山著　文元社　2004　278p　19cm（教養ワイドコレクション）〈紀伊國屋書店〔発売〕　解説：岡利郎　「現代教養文庫」1990年刊を原本としたOD版〉　3200円　Ⓘ4-86145-067-5　Ⓝ332.106
☆「世界名著大事典」

09402　「現代日本教会史論」
『日本の名著　40　徳富蘇峰・山路愛山』　隅谷三喜男責任編集　中央公論社　1984　530p　18cm（中公バックス）　1200円
Ⓘ4-12-400430-3　Ⓝ081
☆「世界名著大事典」,「明治・大正・昭和の名著・総解説」,「明治の名著 1」

09403　「武家時代史論」
『武家時代史論』　山路愛山著　2版　東亜堂　1911　302p　19cm　Ⓝ210.4
☆「世界名著大事典」

09404　「明治文学史」
『現代日本文学大系　6　北村透谷，山路愛山集』　筑摩書房　1969　428p　図版　23cm　Ⓝ918.6
☆「日本の名著」

山路 一善　やまじ・かずよし

09405　「日本海軍の興亡と責任者たち」

☆「日本海軍の本・総解説」

山路 閑古　やまじ・かんこ

09406　「茨の垣」
『茨の垣』　山路閑古著　太平書屋　1987　31, 49枚　23cm（山路閑古秘作選集　4）〈付（1冊19cm）：解説と付録　限定版　和装〉　8000円　Ⓝ913.6
☆「日本の艶本・珍書 総解説」,「日本の奇書77冊」

09407　「貝寄せ」
『婉の文学―完全復刻　2　性花』　永田社　1991　251p　17cm〈星雲社〔発売〕〉　980円
Ⓘ4-7952-5528-8　Ⓝ913.68
☆「日本の艶本・珍書 総解説」,「日本の奇書77冊」

09408　「僧房夢」
『僧房夢』　青木日出夫監修　河出書房新社　2008　284p　15cm（河出i文庫　昭和秘蔵本コレクション　10）　680円
Ⓘ978-4-309-48170-8　Ⓝ913.6
☆「日本の艶本・珍書 総解説」,「日本の奇書77冊」

山下 幸内　やました・こうない

09409　「山下幸内上書」
『日本経済大典　第11巻』　滝本誠一編　明治文献　1967　718p　22cm〈複製〉　3500円
Ⓝ330.8
☆「世界名著大事典」

山下 重民　やました・しげたみ

09410　「新撰東京名所図会」
『図会に見る日本の百年　第3巻　新撰東京名所図会　3』　明治文献　1976　472p　折り込み図28枚　27cm〈複製版〉　8700円　Ⓝ291.08
☆「名著の伝記」

山下 脩二　やました・しゅうじ

09411　「気候学入門」
『気候学入門』　水越允治，山下脩二著　古今書院　1985　144p　22cm　2400円
Ⓘ4-7722-1088-1　Ⓝ451.8
☆「学問がわかる500冊 v.2」

山下 惣一　やました・そういち

09412　「村に吹く風」
『村に吹く風』　山下惣一著　新潮社　1989　282p　16cm（新潮文庫）　360円
Ⓘ4-10-119311-8　Ⓝ611.9
☆「現代を読む」

山下 明生　やました・はるお

09413　「海のしろうま」
『海のしろうま』　山下明生作　長新太画　理論社　1985　140p　18cm（フォア文庫）

390円 ①4-652-07054-3
☆「少年少女の名作案内 日本の文学ファンタジー編」、「世界の海洋文学」

山下 弥三衛門　やました・やそうざえもん

09414　「海底の神秘」
『海底の神秘』　山下弥三衛門著　雪華社　1970　307p 図版　19cm〈『潜水奇談』の改題・増補改訂版〉　580円　Ⓝ662.8
☆「世界の海洋文学」

山科 道安　やましな・どうあん

09415　「槐記」
『槐記　巻第1-7, 続編巻1-4』　近衛家凞著　山科道安編　哲学書院　1900　3冊　27cm　Ⓝ914
☆「古典の事典」

山科 言継　やましな・ときつぐ

09416　「言継卿記」
『言継卿記　第1』　山科言継著　新訂増補版　高橋隆三, 斎木一馬, 小坂浅吉校訂　続群書類従完成会　1966　420p 図版　22cm　2700円　Ⓝ210.47
☆「世界名著大事典」

山代 巴　やましろ・ともえ

09417　「荷車の歌」
『荷車の歌』　山代巴著　径書房　1990　275p　19cm（山代巴文庫　第2期 3）　1854円
☆「女は生きる」、「現代文学鑑賞辞典」、「日本文学鑑賞辞典〔第2〕」、「日本文芸鑑賞事典 第16巻」、「ポケット日本名作事典」

山住 正己　やまずみ・まさみ

09418　「日本教育小史」
『日本教育小史―近・現代』　山住正己著　岩波書店　2002　255,79p　18cm（岩波新書）〈第28刷〉　780円　①4-00-420363-5
☆「学問がわかる500冊」

山瀬 春政　やませ・はるまさ

09419　「鯨志」
『日本科学古典全書　復刻 6　農業・製造業・漁業』　三枝博音編　朝日新聞社　1978　638,10p　22cm〈昭和19年刊『日本科学古典全書』第11巻の複製〉　5500円　Ⓝ402.105
☆「世界名著大事典」

山田 栄三　やまだ・えいぞう

09420　「海軍予備学生」
『海軍予備学生―その生活と死闘の記録』　山田栄三著　鱒書房　1956　260p 図版　19cm　Ⓝ915.9
☆「日本海軍の本・総解説」

09421　「帝国海軍陸戦隊」
『帝国海軍陸戦隊――学徒兵のソロモン戦記』　山田栄三著　徳間書店　1972　249p　19cm　580円　Ⓝ915.9
☆「日本海軍の本・総解説」

山田 詠美　やまだ・えいみ

09422　「ソウル・ミュージック・ラバーズ・オンリー」
『ソウル・ミュージック・ラバーズ・オンリー』　山田詠美著　幻冬舎　1997　213p　16cm（幻冬舎文庫）〈肖像あり〉　457円　①4-87728-475-3　Ⓝ913.6
☆「知らないと恥ずかしい「日本の名作」あらすじ200本」

09423　「ひざまずいて足をお舐め」
『ひざまずいて足をお舐め』　山田詠美著　新潮社　1991　318p　15cm（新潮文庫）　400円　①4-10-103612-8　Ⓝ913.6
☆「新潮文庫20世紀の100冊」

09424　「ベッドタイムアイズ」
『ベッドタイムアイズ』　山田詠美著　河出書房新社　1987　158p　15cm（河出文庫）　320円　①4-309-40197-X　Ⓝ913.6
☆「現代文学鑑賞辞典」、「名作の書き出し」

09425　「ぼくは勉強ができない」
『ぼくは勉強ができない』　山田詠美著　新潮社　1996　249p　15cm（新潮文庫）　400円　①4-10-103616-0　Ⓝ913.6
☆「Jブンガク」、「日本文学 これを読まないと文学は語れない!!」

山田 案山子　やまだ・かかし

09426　「生写朝顔話」
『評釈江戸文学叢書　第1-4巻』　講談社　1970　4冊　23cm〈昭和10-13年刊の複製〉　2000-3800円　Ⓝ918.5
☆「世界名著大事典」

山田 勝次郎　やまだ・かつじろう

09427　「米と繭の経済構造」
『米と繭の経済構造』　山田勝次郎著　岩波書店　1948　201p 表10枚　22cm　Ⓝ611
☆「世界名著大事典」、「農政経済の名著 昭和前期編」

山田 国広　やまだ・くにひろ

09428　「シリーズ21世紀の環境読本」
『環境管理・監査の基礎知識』　山田国広著　藤原書店　1995　187p　21cm（シリーズ〈21世紀の環境読本―ISO14000から環境JISへ〉1)〈参考文献：p181～184〉　2000円　①4-89434-020-8　Ⓝ336

☆「学問がわかる500冊 v.2」

山田 耕筰　やまだ・こうさく

09429　「耕筰楽話」
『耕筰楽話』　山田耕筰著　清和書店　1935　386p 肖像　20cm Ⓝ760
☆「世界名著大事典 補遺(Extra)」

09430　「山田耕筰全集」
『山田耕筰全集　第1　歌曲　第1』　第一法規出版　1963　楽譜210p 解説87p　31cm Ⓝ760.8
☆「世界名著大事典 補遺(Extra)」

山田 栄　やまだ・さかえ

09431　「現代教育課程入門」
『現代教育課程入門』　山田栄著　協同出版　1974　238p　19cm(山田栄選集　3)〈各章末：引用および参考文献〉　1000円 Ⓝ375
☆「教育名著 日本編」

山田 松黒　やまだ・しょうこく

09432　「箏曲大意抄」
『箏曲大意抄』　山田松黒著　京都　林芳兵衛〔ほか〕　1903　6冊　18cm〈共同刊行：小谷卯三郎(大阪)　和装〉ⓃN768.6
☆「世界名著大事典」

山田 真哉　やまだ・しんや

09433　「食い逃げされてもバイトは雇うな」
『食い逃げされてもバイトは雇うな』　山田真哉著　光文社　2007　219p　18cm(光文社新書　禁じられた数字　上)　700円
Ⓘ978-4-334-03400-9 Ⓝ336.9
☆「超売れ筋ビジネス書101冊」

09434　「さおだけ屋はなぜ潰れないのか?」
『さおだけ屋はなぜ潰れないのか?―身近な疑問からはじめる会計学』　山田真哉著　光文社　2005　216p　18cm(光文社新書)　700円
Ⓘ4-334-03291-5 Ⓝ336.9
☆「超売れ筋ビジネス書101冊」

山田 清三郎　やまだ・せいざぶろう

09435　「幽霊読者」
『幽霊読者』　山田清三郎著　解放社　1926　226p　19cm(解放群書　第4編)　Ⓝ913.6
☆「日本のプロレタリア文学」

山田 卓生　やまだ・たかお

09436　「私事と自己決定」
『私事と自己決定―Private business and law's business』　山田卓生著　日本評論社　1987　349p　19cm　1800円　Ⓘ4-535-57674-2　Ⓝ323.143

☆「学問がわかる500冊」

山田 鋭夫　やまだ・としお

09437　「20世紀資本主義」
『20世紀資本主義―レギュラシオンで読む』　山田鋭夫著　有斐閣　1994　293,6p　20cm　2163円　Ⓘ4-641-06718-X　Ⓝ332.06
☆「学問がわかる500冊」

山田 富秋　やまだ・とみあき

09438　「排除と差別のエスノメソドロジー」
『排除と差別のエスノメソドロジー――「いまここ」の権力作用を解読する』　山田富秋, 好井裕明著　新曜社　1991　284,17p　20cm〈巻末：参考文献〉　2575円　Ⓘ4-7885-0394-8　Ⓝ361
☆「学問がわかる500冊」

山田 秀二郎　やまだ・ひでじろう

09439　「ヒトはどこへ行くのか?」
『ヒトはどこへ行くのか?―「私」を見つめ直す「進化論」』　山田秀二郎著　エディコム　2000　196p　19cm〈青英舎〔発売〕〉　1700円　Ⓘ4-88233-201-9　Ⓝ469.2
☆「サイエンス・ブックレヴュー」

山田 美妙　やまだ・びみょう

09440　「蝴蝶」
『蝴蝶―他5編』　山田美妙著　再版　岩波書店　1943　152p　15cm(岩波文庫)　Ⓝ913.6
☆「世界名著大事典」,「日本文学鑑賞辞典〔第2〕」,「日本文学現代名作事典」,「文学・名著300選の解説 '88年度版」

09441　「青年唱歌集」
『日本現代詩大系　第1巻　創成期』　山宮允編　河出書房新社　1974　493p 図　20cm〈河出書房昭和25-26年刊の復刊〉Ⓝ911.56
☆「世界名著大事典」

09442　「夏木立」
『近代文学館―名著複刻全集　特選〔5〕　夏木立』　山田美妙著　日本近代文学館　1971　134p 図　20cm〈ほるぷ出版〔製作〕　図書月販〔発売〕　全港堂明治21年刊の複製〉Ⓝ918.6
☆「世界名著大事典」,「日本近代文学名著事典」,「日本文芸鑑賞事典 第1巻」

山田 浩　やまだ・ひろし

09443　「代数曲線のはなし」
『代数曲線のはなし―現代数学への一つのアプローチ』　山田浩著　日本評論社　1981　204p　22cm　2500円　Ⓝ411.8
☆「数学ブックガイド100」

山田 大隆　やまだ・ひろたか

09444　「心にしみる天才の逸話20」
『心にしみる天才の逸話20―天才科学者の人柄、生活、発想のエピソード』　山田大隆著　講談社　2001　326,8p　18cm〈ブルーバックス〉〈文献あり〉　1100円　Ⓘ4-06-257320-2　Ⓝ402.8
☆「サイエンス・ブックレヴュー」

09445　「天才科学者の不思議なひらめき」
『天才科学者の不思議なひらめき』　山田大隆著　PHPエディターズ・グループ　2004　238p　19cm〈PHP研究所〔発売〕〉　年譜あり　文献あり〉　1400円　Ⓘ4-569-63438-9　Ⓝ402.8
☆「サイエンス・ブックレヴュー」

山田 風太郎　やまだ・ふうたろう

09446　「眼中の悪魔」
『眼中の悪魔』　山田風太郎著　光文社　2001　632p　16cm〈光文社文庫　山田風太郎ミステリー傑作選　1（本格篇）〉　857円　Ⓘ4-334-73121-X　Ⓝ913.6
☆「世界の推理小説・総解説」

09447　「くノ一忍法帖」
『くノ一忍法帖』　山田風太郎〔著〕　角川書店　2012　318p　15cm〈角川文庫　や3-128―山田風太郎ベストコレクション〉〈底本：角川文庫2003年刊　角川グループパブリッシング〔発売〕〉　590円　Ⓘ978-4-04-100465-4　Ⓝ913.6
☆「日本文学　これを読まないと文学は語れない!!」

09448　「警視庁草紙」
『警視庁草紙　上』　山田風太郎〔著〕　角川書店　2010　525p　15cm〈角川文庫　16405―山田風太郎ベストコレクション〉〈角川グループパブリッシング〔発売〕〉　857円　Ⓘ978-4-04-135655-5　Ⓝ913.6
☆「ポケット日本名作事典」、「歴史小説・時代小説総解説」

09449　「甲賀忍法帖」
『甲賀忍法帖』　山田風太郎〔著〕　角川書店　2010　341p　15cm〈角川文庫　16325―山田風太郎ベストコレクション〉〈年表あり　角川グループパブリッシング〔発売〕〉　590円　Ⓘ978-4-04-135653-1　Ⓝ913.6
☆「面白いほどよくわかる時代小説名作100」、「歴史小説・時代小説　総解説」

09450　「戦中派不戦日記」
『戦中派不戦日記』　山田風太郎〔著〕　角川書店　2010　603p　15cm〈角川文庫　16507―山田風太郎ベストコレクション〉〈角川グループパブリッシング〔発売〕〉　952円　Ⓘ978-4-04-135658-6　Ⓝ915.8
☆「現代文学鑑賞辞典」

山田 正紀　やまだ・まさき

09451　「火神を盗め」
『火神を盗め』　山田正紀著　角川春樹事務所　1999　347p　16cm〈ハルキ文庫〉　840円　Ⓘ4-89456-535-8　Ⓝ913.6
☆「世界のSF文学・総解説」

09452　「風の七人」
『風の七人』　山田正紀著　講談社　1984　288p　15cm〈講談社文庫〉　380円　Ⓘ4-06-183379-0　Ⓝ913.6
☆「歴史小説・時代小説 総解説」

09453　「神狩り」
『神狩り』　山田正紀著　早川書房　2010　310p　16cm〈ハヤカワ文庫　JA994〉〈1976年刊の新装版〉　Ⓘ978-4-15-030994-7　Ⓝ913.6
☆「世界のSF文学・総解説」

09454　「謀殺のチェス・ゲーム」
『謀殺のチェス・ゲーム』　山田正紀著　角川春樹事務所　1999　375p　16cm〈ハルキ文庫〉　880円　Ⓘ4-89456-527-7　Ⓝ913.6
☆「世界のSF文学・総解説」

09455　「宝石泥棒」
『宝石泥棒』　山田正紀著　角川春樹事務所　1998　512p　16cm〈ハルキ文庫〉　940円　Ⓘ4-89456-461-0　Ⓝ913.6
☆「世界のSF文学・総解説」

山田 正重　やまだ・まさしげ

09456　「改算記」
『改算記』　山田正重著　野口泰助校注　研成社　1998　266p　21cm〈江戸初期和算選書　第5巻2　下平和夫監修〉　Ⓝ419.1
☆「世界名著大事典」

山田 昌弘　やまだ・まさひろ

09457　「近代家族のゆくえ」
『近代家族のゆくえ―家族と愛情のパラドックス』　山田昌弘著　新曜社　1994　271,10p　20cm〈巻末：参考文献〉　2369円　Ⓘ4-7885-0490-1　Ⓝ367.3
☆「学問がわかる500冊」

山田 道幸　やまだ・みちゆき

09458　「海底の黄金」
『海底の黄金―片岡弓八と沈船・八坂丸』　山田道幸著　講談社　1985　317p　20cm〈参考資料：p309〉　1300円　Ⓘ4-06-202243-5　Ⓝ913.6
☆「世界の海洋文学」

山田 盛太郎　やまだ・もりたろう

09459　「再生産過程表式分析序論」
『再生産過程表式分析序論』　山田盛太郎著　改造社　1948　264p　22cm　Ⓝ331.4
☆「世界名著大事典」

09460　「日本資本主義分析」
『日本資本主義分析』　山田盛太郎著　第11刷　岩波書店　1999　318,15p　15cm〈岩波文庫〉　660円　①4-00-341481-0
☆「近代日本の百冊を選ぶ」,「世界名著大事典」,「日本の名著」,「ベストガイド日本の名著」,「明治・大正・昭和の名著・総解説」,「歴史の名著 日本人篇」

山田 雄三　やまだ・ゆうぞう

09461　「日本国民所得推計資料」
『日本国民所得推計資料』　山田雄三編著　増補版　東洋経済新報社　1957　220p 表　27cm　Ⓝ331.8
☆「世界名著大事典」,「名著の履歴書」

やまだ ようこ

09462　「講座 生涯発達心理学第1巻 生涯発達心理学とは何か―理論と方法」
『講座生涯発達心理学　第1巻　生涯発達心理学とは何か―理論と方法』　無藤隆ほか企画・編集　無藤隆,やまだようこ責任編集　金子書房　1995　291p　22cm　4120円　①4-7608-9211-7　Ⓝ143
☆「学問がわかる500冊」

山田 孝雄　やまだ・よしお

09463　「漢文の訓読によりて伝へられたる語法」
『漢文の訓読によりて伝へられたる語法』　山田孝雄著　宝文館出版　1979　380p　22cm〈昭和10年刊の複製〉　3800円　Ⓝ815
☆「世界名著大事典」

09464　「国語学史」
『国語学史』　山田孝雄著　宝文館出版　1971　780,28p　22cm〈昭和18年刊の複製 限定版〉　4200円　Ⓝ810.12
☆「世界名著大事典」

09465　「典籍説稿」
『典籍説稿』　山田孝雄著　西東書房　1954　388p（附）図版31枚　22cm〈附：国寶典籍目録 56p〉　Ⓝ020.11
☆「世界名著大事典」

09466　「奈良朝文法史」
『奈良朝文法史』　山田孝雄著　宝文館　1954　631p　22cm　Ⓝ815

☆「世界名著大事典」

09467　「日本文法論」
『日本文法論』　山田孝雄著　宝文館出版　1970　1500,41p　22cm〈明治41年刊の複製〉　8500円　Ⓝ815
☆「人文科学の名著」,「世界名著大事典」

09468　「万葉集講義」
『万葉集講義　巻第1』　山田孝雄著　宝文館出版　1970　381,49p　22cm〈昭和3年刊の複製 限定版〉　2800円　Ⓝ911.123
☆「世界名著大事典」

山田去暦女　やまだきょれきのむすめ

09469　「おあむ物語」
『雑兵物語―雑兵のための戦国戦陣心得』　吉田豊訳　〔東村山〕　教育社　1980　270p　18cm〈教育社新書 原本現代訳 22〉　700円　Ⓝ210.52
☆「世界名著大事典」,「戦国十冊の名著」

山谷 哲夫　やまたに・てつお

09470　「じゃぱゆきさん」
『じゃぱゆきさん』　山谷哲夫著　岩波書店　2005　398p　15cm〈岩波現代文庫　社会〉　1200円　①4-00-603121-1　Ⓝ368.4
☆「現代を読む」

山手 樹一郎　やまて・きいちろう

09471　「海の恋」
『海の恋』　山手樹一郎著　青樹社　1979　241p　19cm　600円　Ⓝ913.6
☆「世界の海洋文学」

09472　「崋山と長英」
『崋山と長英―他一編』　山手樹一郎著　春陽堂書店　1978　457p　15cm〈山手樹一郎長編時代小説全集〉　490円　Ⓝ913.6
☆「ポケット日本名作事典」,「歴史小説・時代小説総解説」

09473　「少年の虹」
『少年の虹―他二編』　山手樹一郎著　春陽堂書店　1980　389p　16cm〈山手樹一郎長編時代小説全集　別巻〉　450円　Ⓝ913.6
☆「日本文芸鑑賞事典 第18巻（1958～1962年）」

09474　「又四郎行状記」
『又四郎行状記―超痛快！ 時代小説　上巻』　山手樹一郎著　コスミック出版　2012　646p　15cm〈コスミック・時代文庫　や2-25〉〈春陽堂書店 1978年刊の再刊〉　952円　①978-4-7747-2541-3　Ⓝ913.6
☆「歴史小説・時代小説 総解説」

09475　「桃太郎侍」

『桃太郎侍 1』 山手樹一郎著 嶋中書店 2005 341p 15cm（嶋中文庫） 657円 ⓘ4-86156-341-0 Ⓝ913.6
☆「面白いほどよくわかる時代小説名作100」、「歴史小説・時代小説 総解説」

09476 「夢介千両みやげ」
『夢介千両みやげ』 山手樹一郎著 廣済堂出版 2014 821p 16cm（廣済堂文庫 や-16-5—特選時代小説） 1300円 ⓘ978-4-331-61571-3 Ⓝ913.6
☆「歴史小説・時代小説 総解説」

大和会　やまとかい

09477 「日本古美術案内」
『日本古美術案内 上,下巻』 瀧精一編 丙午出版社 1931 2冊 19cm Ⓝ702.1
☆「世界名著大事典」

山中 篤太郎　やまなか・とくたろう

09478 「労働組合法の生成と変転」
『労働組合法の生成と変転——資本主義英国に於ける政策形成の研究』 山中篤太郎著 補同文館 1947 728p 21cm Ⓝ366.6
☆「世界名著大事典」

山中 恒　やまなか・ひさし

09479 「この船じごく行き」
『この船じごく行き』 山中恒作 理論社 1995 155p 19cm（山中恒よみもの文庫 2） 1200円 ⓘ4-652-02152-6
☆「世界の海洋文学」

09480 「とべたら本こ」
『とべたら本こ』 山中恒作 いわさきちひろ画 理論社 1979 250p 18cm 390円
☆「少年少女の名作案内 日本の文学リアリズム編」

09481 「ぼくがぼくであること」
『ぼくがぼくであること』 山中恒作 庭絵 角川書店 2012 281p 18cm（角川つばさ文庫 Bや3-1）〈角川文庫 1976年刊の再刊 角川グループパブリッシング〔発売〕〉 700円 ⓘ978-4-04-631223-5 Ⓝ913.6
☆「少年少女の名作案内 日本の文学リアリズム編」

山中 峯太郎　やまなか・みねたろう

09482 「敵中横断三百里」
『敵中横断三百里』 山中峯太郎著 講談社 1970 388p 図版 20cm（愛蔵復刻版少年倶楽部名作全集）〈昭和6年刊複製〉 720円 Ⓝ913.6
☆「日本文芸鑑賞事典 第9巻」、「日本陸軍の本・総解説」

山梨 勝之進　やまなし・かつのしん

09483 「山梨勝之進先生遺芳録」
『山梨勝之進先生遺芳録』 山梨勝之進著 山梨勝之進先生記念出版委員会編 山梨勝之進先生記念出版委員会 1968 394p 22cm〈山梨勝之進の肖像あり 年譜：p379～393〉 Ⓝ289.1
☆「日本海軍の本・総解説」

山根 一真　やまね・かずま

09484 「メタルカラーの時代」
『メタルカラーの時代—文庫版 1』 山根一眞著 小学館 1998 308p 16cm（小学館文庫） 590円 ⓘ4-09-402191-4 Ⓝ502.1
☆「ブックガイド "宇宙" を読む」

山野 浩一　やまの・こういち

09485 「X電車で行こう」
『X電車で行こう』 山野浩一著 新書館 1965 268p 19cm 420円 Ⓝ913.6
☆「世界のSF文学・総解説」

09486 「殺人者の空」
『殺人者の空—山野浩一傑作選 2』 山野浩一著 東京創元社 2011 379p 15cm（創元SF文庫 740-02） 900円 ⓘ978-4-488-74002-3 Ⓝ913.6
☆「世界のSF文学・総解説」

山井 和則　やまのい・かずのり

09487 「体験ルポ 日本の高齢者福祉」
『体験ルポ 日本の高齢者福祉』 山井和則,斉藤弥生著 岩波書店 2003 240p 18cm（岩波新書）〈第20刷〉 780円 ⓘ4-00-430351-6
☆「学問がわかる500冊」

山上 宗二　やまのうえ・そうじ

09488 「山上宗二記」
『山上宗二記』 山上宗二［著］ 熊倉功夫校注 岩波書店 2006 379p 15cm（岩波文庫） 860円 ⓘ4-00-330511-6 Ⓝ791
☆「古典の事典」、「この一冊で読める！日本の古典50冊」、「千年の百冊」、「日本の古典名著」

山内 一也　やまのうち・かずや

09489 「プリオン病—牛海綿状脳症のなぞ」
『プリオン病—BSE（牛海綿状脳症）のなぞ』 山内一也,小野寺節著 第2版 近代出版 2002 225p 19cm 2200円 ⓘ4-87402-079-8 Ⓝ649.5
☆「学問がわかる500冊 v.2」

山内 清男　やまのうち・すがお

09490 「日本遠古之文化」

『日本遠古之文化―補註附』 山内清男著 新版 先史考古学会 1939 48p 22cm Ⓝ210.02
☆「世界名著大事典」

山内 恭彦 やまのうち・たかひこ

09491 「一般力学」
『一般力学』 山内恭彦著 増訂版 岩波書店 1957 306p 22cm〈附録(278-300p)：正準一次変換による二次形式の標準形への変換, 相対論的力学〉 Ⓝ423
☆「物理ブックガイド100」

09492 「科学と人生」
『科学と人生』 山内恭彦著 講談社 1966 183p 18cm(講談社現代新書) 230円 Ⓝ404.9
☆「現代人のための名著」

09493 「連続群論入門」
『連続群論入門』 山内恭彦, 杉浦光夫共著 新装版 培風館 2010 199p 21cm(新数学シリーズ 18)〈シリーズの監修者：吉田洋一 文献あり 索引あり〉 4500円 Ⓘ978-4-563-00329-6 Ⓝ411.67
☆「数学ブックガイド100」

山之内 靖 やまのうち・やすし

09494 「総力戦と現代化」
『総力戦と現代化』 山之内靖,J.ヴィクター・コシュマン,成田龍一編 柏書房 1995 342p 21cm(パルマケイア叢書 4) 4200円 Ⓘ4-7601-1187-5
☆「ナショナリズム論の名著50」

09495 「マックス・ヴェーバー入門」
『マックス・ヴェーバー入門』 山之内靖著 岩波書店 2003 246,2p 18cm(岩波新書)〈第13刷〉 780円 Ⓘ4-00-430503-9
☆「学問がわかる500冊」

山之口 獏 やまのくち・ばく

09496 「思弁の苑」
『思弁の苑―詩集』 山之口獏著 むらさき出版部 1938 151p 20cm Ⓝ911.5
☆「日本文芸鑑賞事典第12巻」

09497 「山之口獏詩集」
『〈新編〉山之口獏全集 第1巻 詩篇』 山之口獏著 思潮社 2013 571p 22cm 6000円 Ⓘ978-4-7837-2363-9 Ⓝ918.68
☆「日本文学鑑賞辞典〔第2〕」

山村 暮鳥 やまむら・ぼちょう

09498 「ある時」
『読解力がグングンのびる! 齋藤孝のゼッタイこれだけ! 名作教室 小学3年 上巻』 齋藤孝編 朝日新聞出版 2012 213p 21cm 952円 Ⓘ978-4-02-331049-0 Ⓝ908
☆「現代文学名作探訪事典」

09499 「聖三稜玻璃」
『聖三稜玻璃―詩集』 山村暮鳥著 十字屋書店 1947 99p 21cm Ⓝ911.56
☆「世界名著大事典」,「日本文学鑑賞辞典〔第2〕」,「日本文芸鑑賞事典 第5巻」

09500 「ちるちる・みちる」
『山村暮鳥全集 第3巻』 筑摩書房 1989 605p 22cm〈著者の肖像あり〉 5970円 Ⓘ4-480-36023-9 Ⓝ918.68
☆「日本児童文学名著事典」

09501 「鉄の靴」
『鉄の靴』 山村暮鳥著 京都 内外出版 1922 Ⓝ913.8
☆「名作の研究事典」

山村 正夫 やまむら・まさお

09502 「湯殿山麓呪い村」
『湯殿山麓呪い村 上』 山村正夫著 改版 角川書店 1997 276p 15cm(角川文庫) 536円 Ⓘ4-04-141202-1 Ⓝ913.6
☆「世界の推理小説・総解説」

山村 美紗 やまむら・みさ

09503 「花の棺」
『花の棺―長編推理小説』 山村美紗著 光文社 1986 392p 16cm(光文社文庫) 480円 Ⓘ4-334-70446-8 Ⓝ913.6
☆「世界の推理小説・総解説」

山室 軍平 やまむろ・ぐんぺい

09504 「平民の福音」
『平民の福音』 山室軍平著 救世軍出版供給部 1969 163p 19cm 250円 Ⓝ198.98
☆「世界名著大事典 補遺(Extra)」

山室 信一 やまむろ・しんいち

09505 「キメラ 満洲国の肖像」
『キメラ―満洲国の肖像』 山室信一著 増補版 中央公論新社 2004 428p 18cm(中公新書)〈文献あり〉 960円 Ⓘ4-12-191138-5 Ⓝ222.5
☆「東アジア論」

09506 「日露戦争の世紀―連鎖視点から見る日本と世界」
『日露戦争の世紀―連鎖視点から見る日本と世界』 山室信一著 岩波書店 2005 249,7p 18cm(岩波新書)〈文献あり〉 780円

①4-00-430958-1 Ⓝ210.67
☆「世界史読書案内」

山本 一力　やまもと・いちりき

09507　「あかね空」
『あかね空』　山本一力著　文藝春秋　2004
411p　16cm（文春文庫）　590円
①4-16-767002-X　Ⓝ913.6
☆「面白いほどよくわかる時代小説名作100」

09508　「背負い富士」
『背負い富士』　山本一力著　文藝春秋　2009
511p　16cm（文春文庫　や29-9）　667円
①978-4-16-767009-2　Ⓝ913.6
☆「面白いほどよくわかる時代小説名作100」

09509　「だいこん」
『だいこん―長編時代小説』　山本一力著　光文社　2008　629p　16cm（光文社文庫）
914円　①978-4-334-74361-1　Ⓝ913.6
☆「面白いほどよくわかる時代小説名作100」

山本 鷗人　やまもと・おうじん

09510　「海と山の風雪」
『海と山の風雪―随筆集』　山本鷗人著　横浜図書出版海風社　1981　157p　19cm
1200円　Ⓝ049.1
☆「世界の海洋文学」

山本 荷兮　やまもと・かけい

09511　「曠野」
『芭蕉翁全集』　佐々醒雪,巌谷小波校　博文館　1916　626p　22cm（俳諧叢書　第7冊）
Ⓝ911.32
☆「世界名著大事典」

09512　「冬の日」
『冬の日』　山本荷兮撰　中村俊定校註　武蔵野書院　1961　174p　22cm　Ⓝ911.33
☆「世界名著大事典」

山本 勝治　やまもと・かつじ

09513　「十姉妹」
『日本プロレタリア文学選』　フロンティア文庫編集部編　フロンティアニセン　2005　184p
15cm（フロンティア文庫　80―風呂で読める文庫100選　80）〈ルーズリーフ〉　1000円
①4-86197-080-6　Ⓝ913.68
☆「日本のプロレタリア文学」

山本 兼一　やまもと・けんいち

09514　「火天の城」
『火天の城』　山本兼一著　文藝春秋　2007
430p　16cm（文春文庫）　590円
①978-4-16-773501-2　Ⓝ913.6

☆「面白いほどよくわかる時代小説名作100」

09515　「利休にたずねよ」
『利休にたずねよ』　山本兼一著　PHP研究所
2010　540p　15cm（PHP文芸文庫　や2-1）
〈文献あり〉　838円　①978-4-569-67546-6
Ⓝ913.6
☆「面白いほどよくわかる時代小説名作100」

山本 健吉　やまもと・けんきち

09516　「柿本人麻呂」
『柿本人麻呂』　山本健吉　河出書房新社
1990　300p　15cm（河出文庫）　680円
①4-309-40288-7　Ⓝ911.122
☆「世界名著大事典　補遺（Extra）」

09517　「現代文学覚え書」
『現代文学覚え書』　山本健吉著　新潮社　1957
223p　18cm　Ⓝ910.4
☆「世界名著大事典　補遺（Extra）」

09518　「古典と現代文学」
『古典と現代文学』　山本健吉著　講談社　1993
270p　16cm（講談社文芸文庫　現代日本のエッセイ）〈年譜・著書目録：p250～270〉
940円　①4-06-196221-3　Ⓝ910.4
☆「世界名著大事典　補遺（Extra）」,「日本文芸鑑賞事典　第16巻」

09519　「私小説作家論」
『私小説作家論』　山本健吉著　講談社　1998
333p　16cm（講談社文芸文庫）　1250円
①4-06-197624-9　Ⓝ910.26
☆「現代文学鑑賞辞典」,「世界名著大事典　補遺（Extra）」,「日本文芸鑑賞事典　第13巻」

09520　「小説の再発見」
『小説の再発見』　山本健吉著　潮出版社　1971
258p　15cm（潮文庫）〈豪華特装限定版〉
Ⓝ901.3
☆「世界名著大事典　補遺（Extra）」

09521　「新俳句歳時記」
『新俳句歳時記　第1-5』　山本健吉編　増補改訂版　光文社　1964　5冊　18cm（カッパ・ブックス）　Ⓝ911.307
☆「世界名著大事典　補遺（Extra）」

09522　「鎮魂歌」
『鎮魂歌』　山本健吉著　角川書店　1955
285p　18cm　Ⓝ910.4
☆「世界名著大事典　補遺（Extra）」

09523　「俳句の世界」
『俳句の世界』　山本健吉[著]　講談社　2005
297p　16cm（講談社文芸文庫）〈年譜あり
著作目録あり〉　1350円　①4-06-198417-9
Ⓝ911.304

09524 「芭蕉」
『芭蕉―その鑑賞と批評』 山本健吉著 新装版 飯塚書店 2006 407p 22cm 3000円
Ⓘ4-7522-2048-2 Ⓝ911.32
☆「世界名著大事典 補遺（Extra）」

山本 作兵衛　やまもと・さくべえ

09525 「王国と闇」
『王国と闇―山本作兵衛炭坑画集』 山本作兵衛著 菊畑茂久馬解説 福岡 葦書房 1981 253p 31×43cm〈著者の肖像あり 限定版 年譜：p250～253〉 38000円 Ⓝ723.1
☆「名著の伝記」

山本 茂男　やまもと・しげお

09526 「B29対陸軍戦闘隊」
『B29対陸軍戦闘隊―陸軍防空戦闘隊の記録』 山本茂男他著 新版 今日の話題社 1985 296p 20cm（太平洋戦争ノンフィクション） 1600円 Ⓘ4-87565-304-2 Ⓝ916
☆「日本陸軍の本・総解説」

山本 茂実　やまもと・しげみ

09527 「あゝ野麦峠」
『あゝ野麦峠』 山本茂実著 角川書店 1998 434p 20cm（山本茂実全集 第1巻） Ⓘ4-04-574301-4 Ⓝ366.38
☆「教養のためのブックガイド」、「近代日本の百冊を選ぶ」、「ベストガイド日本の名著」

09528 「松本連隊の最後」
『松本連隊の最後』 山本茂実著 角川書店 1998 418p 20cm（山本茂実全集 第5巻） Ⓘ4-04-574305-7,4-04-574300-6 Ⓝ210.75
☆「日本陸軍の本・総解説」

山本 茂　やまもと・しげる

09529 「エディ」
『エディ―6人の世界チャンピオンを育てた男』 山本茂著 PHP研究所 1992 252p 15cm（PHP文庫） 500円 Ⓘ4-569-56509-3 Ⓝ788.1
☆「現代を読む」

山本 七平　やまもと・しちへい

09530 「「空気」の研究」
『「空気」の研究』 山本七平著 文芸春秋 1997 389p 19cm（山本七平ライブラリー 1） 1714円＋税 Ⓘ4-16-364610-8 Ⓝ304
☆「日本人とは何か」

09531 「日本人とユダヤ人」
『日本人とユダヤ人』 イザヤ・ベンダサン著 山本書店 1970 206p 20cm 640円 Ⓝ304
☆「日本人とは何か」、「百年の誤読」

09532 「論語の読み方」
『論語の読み方―いま活かすべきこの人間知の宝庫』 山本七平著 祥伝社 2008 299p 18cm（Non select）〈年譜あり〉 952円 Ⓘ978-4-396-50098-6 Ⓝ123.83
☆「「本の定番」ブックガイド」

09533 「私の中の日本軍」
『私の中の日本軍』 山本七平著 文芸春秋 1997 613p 19cm（山本七平ライブラリー 2） 2095円＋税 Ⓘ4-16-364620-5 Ⓝ392.1075
☆「日本陸軍の本・総解説」

山本 周五郎　やまもと・しゅうごろう

09534 「青べか物語」
『青べか物語』 山本周五郎著 新潮社 1964 291p 15cm（新潮文庫） Ⓝ913.6
☆「一度は読もうよ！ 日本の名著」、「一冊で日本の名著100冊を読む」、「世界名著大事典 補遺（Extra）」、「日本文学名作案内」、「日本名作文学館 日本編」、「ポケット日本名作事典」

09535 「赤ひげ診療譚」
『赤ひげ診療譚』 山本周五郎著 角川春樹事務所 2008 331p 16cm（ハルキ文庫 時代小説文庫） 724円 Ⓘ978-4-7584-3382-2 Ⓝ913.6
☆「一度は読もうよ！ 日本の名著」、「一冊で日本の名著100冊を読む 続」、「面白いほどよくわかる時代小説名作100」、「世界名著大事典 補遺（Extra）」、「日本・世界名作「愛の会話」100章」、「日本文学名作案内」、「歴史小説・時代小説 総解説」

09536 「おごそかな渇き」
『おごそかな渇き』 山本周五郎著 54刷改版 新潮社 2003 491p 16cm（新潮文庫） 667円 Ⓘ4-10-113415-4 Ⓝ913.6
☆「面白いほどよくわかる時代小説名作100」

09537 「おさん」
『おさん』 山本周五郎著 58刷改版 新潮社 2003 477p 16cm（新潮文庫） 629円 Ⓘ4-10-113414-6 Ⓝ913.6
☆「一度は読もうよ！ 日本の名著」、「一冊で愛の話題作100冊を読む」、「クライマックス名作案内 2」

09538 「季節のない街」
『季節のない街』 山本周五郎著 45刷改版 新潮社 2003 426p 16cm（新潮文庫） 590円 Ⓘ4-10-113413-8 Ⓝ913.6
☆「映画になった名著」

09539 「虚空遍歴」
『虚空遍歴 上巻』 山本周五郎著 52刷改版 新潮社 2008 426p 16cm（新潮文庫）

590円 ①978-4-10-113411-6 Ⓝ913.6
☆「歴史小説・時代小説 総解説」

09540 「五弁の椿」
『五弁の椿』 山本周五郎著 新潮社 1964 267p 16cm（新潮文庫） Ⓝ913.6
☆「日本文学 これを読まないと文学は語れない!!」

09541 「さぶ」
『さぶ』 山本周五郎著 新潮社 2013 416p 19cm（山本周五郎長篇小説全集 第3巻） 1500円 ①978-4-10-644043-4
☆「現代文学鑑賞辞典」、「これだけは読んでおきたい日本の名作文学案内」、「世界名著大事典 補遺（Extra）」、「日本の名作おさらい」、「歴史小説・時代小説 総解説」

09542 「須磨寺付近」
『作家の自伝 33 山本周五郎』 山本周五郎著 浅井清解説 日本図書センター 1995 291p 22cm（シリーズ・人間図書館）〈監修：佐伯彰一、松本健一 著者の肖像あり〉 2678円 ①4-8205-9403-6, 4-8205-9411-7 Ⓝ918.6
☆「世界名著大事典 補遺（Extra）」

09543 「ちいさこべ」
『ちいさこべ』 山本周五郎著 42刷改版 新潮社 2006 454p 16cm（新潮文庫） 629円 ①4-10-113425-1 Ⓝ913.6
☆「映画になった名著」、「これだけは読んでおきたい日本の名作文学案内」

09544 「ながい坂」
『ながい坂 上巻』 山本周五郎著 60刷改版 新潮社 2004 550p 16cm（新潮文庫） 743円 ①4-10-113417-0 Ⓝ913.6
☆「世界名著大事典 補遺（Extra）」、「歴史小説・時代小説 総解説」

09545 「日本婦道記」
『日本婦道記―小説』 山本周五郎著 82刷改版 新潮社 2002 294p 16cm（新潮文庫）〈年譜あり〉 476円 ①4-10-113408-1 Ⓝ913.6
☆「世界名著大事典 補遺（Extra）」、「日本文芸鑑賞事典 第13巻」、「ポケット日本名作事典」、「歴史小説・時代小説 総解説」

09546 「彦左衛門外記」
『彦左衛門外記』 山本周五郎著 新潮社 1981 272p 16cm（新潮文庫） 280円 ①4-10-113437-5 Ⓝ913.6
☆「面白いほどよくわかる時代小説名作100」

09547 「樅ノ木は残った」
『樅ノ木は残った 上』 山本周五郎著 新潮社 2013 549p 19cm（山本周五郎長篇小説全集 第1巻） 1700円 ①978-4-10-644041-0

☆「あらすじダイジェスト」、「あらすじで味わう昭和のベストセラー」、「面白いほどよくわかる時代小説名作100」、「現代文学鑑賞辞典」、「現代文学名作探訪事典」、「これだけは読んでおきたい日本の名作文学案内」、「昭和の名著」、「知らないと恥ずかしい「日本の名作」あらすじ200本」、「新潮文庫20世紀の100冊」、「世界名著大事典 補遺（Extra）」、「日本文学鑑賞辞典〔第2版〕」、「日本文芸鑑賞事典 第16巻」、「ポケット日本名作事典」、「歴史小説・時代小説 総解説」

09548 「柳橋物語」
『柳橋物語』 山本周五郎著 角川春樹事務所 2009 266p 16cm（ハルキ文庫 や7-7―時代小説文庫） 686円 ①978-4-7584-3451-5 Ⓝ913.6
☆「一度は読もうよ！ 日本の名著」、「一冊で愛の話題作100冊を読む」

09549 「よじょう」
『ちくま文学の森 8 怠けものの話』 安野光雅、森毅、井上ひさし、池内紀編 筑摩書房 2011 504p 15cm 1100円 ①978-4-480-42738-0 Ⓝ908
☆「世界名著大事典 補遺（Extra）」、「歴史小説・時代小説 総解説」

山本 宣治　やまもと・せんじ

09550 「性教育論」
☆「大正の名著」、「日本近代の名著」、「ベストガイド日本の名著」、「明治・大正・昭和の名著・総解説」

山本 達郎　やまもと・たつろう

09551 「安南史」
☆「人文科学の名著」

09552 「安南史研究」
『安南史研究 第1』 山本達郎著 山川出版社 1950 767p 地図 27cm〈附：附図 明の府州県〉 Ⓝ223.3
☆「世界名著大事典」

山本 太郎　やまもと・たろう

09553 「ユリシィズ」
『ユリシィズ―山本太郎長篇叙事詩』 山本太郎著 福沢一郎画 思潮社 1975 200p（図共） 27cm 3500円 Ⓝ911.56
☆「世界の海洋文学」

山本 親雄　やまもと・ちかお

09554 「大本営海軍部」
『大本営海軍部』 山本親雄著 朝日ソノラマ 1982 271p 15cm（航空戦史シリーズ 21） 440円 ①4-257-17021-2 Ⓝ916
☆「日本海軍の本・総解説」

山本 常朝　やまもと・つねとも
09555 「葉隠」
『葉隠―現代語全文完訳』　山本常朝, 田代陣基著　水野聡訳　川崎　能文社　2006　526p　22cm　4480円　Ⓝ156
☆「一冊で人生論の名著を読む」,「古典の事典」,「この一冊で読める！「日本の古典50冊」,「世界名著大事典」,「千年の百冊」,「2ページでわかる日本の古典傑作選」,「「日本人の名著」を読む」,「日本の古典」,「日本の古典名著」,「日本の書物」,「日本の名著3分間読書100」,「日本名著辞典」,「武士道 十冊の名著」,「武士道の名著」

山本 敏夫　やまもと・としお
09556 「教科書の歩み」
『日本の教科書』　山本敏夫編著　東京ライフ社　1955　348p　18cm〈東京選書〉　Ⓝ373.2
☆「歴史の名著100」

山本 友一　やまもと・ともいち
09557 「布雲」
『布雲―歌集』　山本友一著　太田書房　1950　192p　19cm〈国民文学叢書　第40篇〉　Ⓝ911.168
☆「日本文芸鑑賞事典 第15巻」

山本 紀夫　やまもと・のりお
09558 「ジャガイモのきた道―文明・飢饉・戦争」
『ジャガイモのきた道―文明・飢饉・戦争』　山本紀夫著　岩波書店　2008　204,5p　18cm〈岩波新書〉〈文献あり〉　740円　①978-4-00-431134-8　Ⓝ616.3
☆「世界史読書案内」

山本 文緒　やまもと・ふみお
09559 「プラナリア」
『プラナリア』　山本文緒著　文藝春秋　2005　283p　16cm〈文春文庫〉　457円　①4-16-770801-9　Ⓝ913.6
☆「現代文学鑑賞辞典」,「知らないと恥ずかしい「日本の名作」あらすじ200本」

山本 平弥　やまもと・へいや
09560 「海軍予備士官の太平洋戦争」
『海軍予備士官の太平洋戦争―越中島 風呂敷に包まれた短剣』　山本平弥著　光人社　1989　280p　20cm〈参照引用文献：p280〉　1500円　①4-7698-0479-2　Ⓝ916
☆「世界の海洋文学」

山本 昌代　やまもと・まさよ
09561 「江戸役者異聞」
『江戸役者異聞』　山本昌代著　河出書房新社　1993　189p　15cm〈河出文庫〉　500円　①4-309-40378-6　Ⓝ913.6
☆「現代文学鑑賞辞典」

山本 正嘉　やまもと・まさよし
09562 「登山の運動生理学百科」
『登山の運動生理学百科』　山本正嘉著　東京新聞出版局　2000　309p　21cm〈文献あり〉　2000円　①4-8083-0711-1　Ⓝ498.43
☆「新・山の本おすすめ50選」

山本 正誼　やまもと・まさよし
09563 「島津国史」
『島津国史』　山本正誼著　大崎村（東京府）島津家編纂所　1905　10冊（30巻）　27cm〈和装〉　Ⓝ219.7
☆「日本歴史「古典籍」総覧」,「歴史の名著100」

山本 真理子　やまもと・まりこ
09564 「社会的認知」
『社会的認知』　山本眞理子, 外山みどり編　誠信書房　1998　224p　20cm〈対人行動学研究シリーズ　8〉　2200円　①4-414-32538-2　Ⓝ361.4
☆「学問がわかる500冊」

山本 道子　やまもと・みちこ
09565 「ベティさんの庭」
『ベティさんの庭』　山本道子著　新潮社　1977　268p　15cm〈新潮文庫〉　220円　Ⓝ913.6
☆「現代文学鑑賞辞典」

山本 祐司　やまもと・ゆうじ
09566 「最高裁物語」
『最高裁物語　上　秘密主義と謀略の時代』　山本祐司著　講談社　1997　418p　16cm〈講談社＋α文庫〉〈日本評論社1994年刊の増訂　年表あり〉　980円　①4-06-256192-1　Ⓝ327.122
☆「学問がわかる500冊」

山本 有三　やまもと・ゆうぞう
09567 「嬰児殺し」
『嬰児殺し』　山本有三著　改造社　1930　267p　16cm〈改造文庫　第2部　第156篇〉　Ⓝ912
☆「世界名著大事典」,「日本文学鑑賞辞典〔第2〕」,「日本文学現代名作事典」

09568 「女の一生」
『女の一生　上巻』　山本有三著　三鷹　三鷹市山本有三記念館　2011　407p　15cm〈三鷹市山本有三記念館文庫　2〉〈共同刊行：三鷹市芸術文化振興財団〉　Ⓝ913.6
☆「あらすじで読む日本の名著」,「女性のための名作・人生案内」,「知らないと恥ずかしい「日本の名

09569 「兄弟」
『兄弟・ふしゃくしんみょう』 山本有三著 旺文社 1979 234p 16cm（旺文社文庫） 280円 Ⓝ913.6
☆「少年少女のための文学案内 3」

09570 「心に太陽を持て」
『心に太陽を持て』 山本有三編著 26刷改版 新潮社 2003 290p 16cm（新潮文庫） 438円 Ⓘ4-10-106010-X Ⓝ914.6
☆「世界名著大事典」

09571 「坂崎出羽守」
『坂崎出羽守―外三篇』 山本有三著 6版 新潮社 1922 250p 18cm（現代脚本叢書 第5編） Ⓝ912
☆「世界名著大事典」,「日本文芸鑑賞事典 第7巻（1920〜1923年）」,「日本名著辞典」

09572 「真実一路」
『真実一路 上』 山本有三著 金の星社 1986 283p 20cm（日本の文学 37） 680円 Ⓘ4-323-00817-1
☆「昭和の名著」,「図説 5分でわかる日本の名作傑作選」,「世界名作事典」,「日本の名著」,「日本文学名作案内」,「日本文芸鑑賞事典 第11巻（昭和9〜昭和12年）」,「ポケット日本名作事典」

09573 「生命の冠」
『生命の冠』 山本有三著 新潮社 1920 246p 16cm Ⓝ912
☆「世界名著大事典」

09574 「戦争と二人の婦人」
『戦争と二人の婦人』 山本有三著 改訂 岩波書店 1938 214p 肖像 20cm Ⓝ283
☆「日本児童文学名著事典」

09575 「同志の人々」
『同志の人々―他四篇』 山本有三著 岩波書店 1952 219p 15cm（岩波文庫） Ⓝ912.6
☆「感動！日本の名著 近現代編」,「近代文学名作事典」,「世界名著大事典」,「日本の名著」,「日本文学鑑賞辞典〔第2〕」,「日本名著辞典」

09576 「波」
『波』 山本有三著 三鷹 三鷹市山本有三記念館 2010 425p 15cm（三鷹市山本有三記念館文庫 1）〈共同刊行：三鷹市芸術文化振興財団〉 Ⓝ913.6
☆「一度は読もうよ！日本の名著」,「一冊で日本の名著100冊を読む 続」,「世界名著案内 5」,「世界名著大事典」,「日本文芸鑑賞辞典〔第2〕」,「日本文学現代名作事典」,「文学・名著300選の解説

'88年度版」

09577 「路傍の石」
『路傍の石』 山本有三著 31刷改版 新潮社 2003 601p 16cm（新潮文庫）〈年譜あり〉 895円 Ⓘ4-10-106009-6 Ⓝ913.6
☆「あらすじダイジェスト」,「あらすじで出会う世界と日本の名作55」,「あらすじで読む日本の名作 No.2」,「一度は読もうよ！日本の名著」,「一冊で日本の名著100冊を読む」,「現代文学鑑賞辞典」,「現代文学名作探訪事典」,「この一冊でわかる日本の名作」,「これだけは読んでおきたい日本の名作文学案内」,「少年少女のための文学案内 3」,「知らないと恥ずかしい「日本の名作」あらすじ200本」,「図説 5分でわかる日本の名作」,「世界名作事典」,「世界名著大事典」,「小さな文学の旅」,「2時間でわかる日本の名著」,「日本近代文学名著事典」,「日本文学鑑賞辞典〔第2〕」,「日本文学現代名作事典」,「日本文学名作案内」,「日本文学名著事典」,「日本文芸鑑賞事典 第11巻（昭和9〜昭和12年）」,「日本編作文学館 日本編」,「ポケット日本名作事典」,「名作の書き出しを諳んじる」,「名作の研究事典」

山本 有花　やまもと・ゆか

09578 「「株」で3000万円儲けた私の方法」
『毎月10万円は夢じゃない！「株」で3000万円儲けた私の方法』 山本有花著 ダイヤモンド社 2004 223p 19cm 1400円 Ⓘ4-478-63092-5 Ⓝ338.183
☆「超売れ筋ビジネス書101冊」

山本 義隆　やまもと・よしたか

09579 「重力と力学的世界」
『重力と力学的世界―古典としての古典力学』 山本義隆著 京都 現代数学社 1981 462p 22cm 3800円 Ⓘ4-7687-0108-6 Ⓝ423
☆「物理ブックガイド100」

09580 「一六世紀文化革命」
『一六世紀文化革命 1』 山本義隆［著］ みすず書房 2007 390,29p 20cm 3200円 Ⓘ978-4-622-07286-7 Ⓝ402.3
☆「サイエンス・ブックレヴュー」

09581 「磁力と重力の発見」
『磁力と重力の発見 1』 山本義隆［著］ みすず書房 2003 304,20p 20cm 2800円 Ⓘ4-622-08031-1 Ⓝ420.2
☆「サイエンス・ブックレヴュー」

山本 吉宣　やまもと・よしのぶ

09582 「講座国際政治」
『講座国際政治 1 国際政治の理論』 有賀貞ほか編 東京大学出版会 1989 365p 19cm 2266円 Ⓘ4-13-033050-0 Ⓝ319
☆「学問がわかる500冊」

09583 「国際的相互依存」
『国際的相互依存』　山本吉宣著　東京大学出版会　1989　257,5p　20cm〈現代政治学叢書18〉　1800円　Ⓘ4-13-032108-0　Ⓝ319
☆「学問がわかる500冊」

09584 「戦争と国際システム」
『戦争と国際システム』　山本吉宣,田中明彦編　POD版　東京大学出版会　2000　326p　21cm〈ブッキング〔発売〕〉　4200円　Ⓘ4-8354-0004-6
☆「学問がわかる500冊」

山本 良一　やまもと・りょういち

09585 「地球を救う エコマテリアル革命」
『地球を救うエコマテリアル革命—これしかない！21世紀成長企業のニュー・コンセプト』　山本良一著　徳間書店　1995　227p　20cm　1600円　Ⓘ4-19-860344-8　Ⓝ519.13
☆「学問がわかる500冊 v.2」

山谷 省吾　やまや・せいご

09586 「パウロの神学」
『パウロの神学』　山谷省吾著　訂補　新教出版社　1950　385p　22cm　Ⓝ193.71
☆「世界名著大事典」

山脇 東洋　やまわき・とうよう

09587 「蔵志」
『松本書屋貴書叢刊　第10巻　蔵志―并附録　驪家医言　洛医彙講　皇国医林伝』　松本一男編　山脇東洋,目黒道琢,山本亡羊,畑維竜著　谷口書店　1993　705p　27cm〈複製 限定版〉　Ⓝ490.9
☆「自然科学の名著100選 中」,「世界名著大事典」

山脇 直司　やまわき・なおし

09588 「公共哲学からの応答—3・11の衝撃の後で」
『公共哲学からの応答—3・11の衝撃の後で』　山脇直司著　筑摩書房　2011　222p　19cm〈筑摩選書　0030〉〈文献あり〉　1500円　Ⓘ978-4-480-01532-7　Ⓝ301
☆「倫理良書を読む」

矢守 一彦　やもり・かずひこ

09589 「城下町のかたち」
『城下町のかたち』　矢守一彦著　筑摩書房　1988　277p　19cm　2200円　Ⓘ4-480-85424-X
☆「学問がわかる500冊 v.2」

梁 石日　やん・そぎる

09590 「タクシードライバー日誌」
『タクシードライバー日誌』　梁石日著　筑摩書房　1986　216p　15cm〈ちくま文庫〉　360円　Ⓘ4-480-02090-X　Ⓝ913.6
☆「現代を読む」

【ゆ】

湯浅 興三　ゆあさ・こうぞう

09591 「武田秀雄伝」
『武田秀雄伝』　武田秀雄伝刊行会　1944　589p 図版（肖像共）54枚　22cm　Ⓝ289.1
☆「日本海軍の本・総解説」

湯浅 常山　ゆあさ・じょうざん

09592 「常山紀談」
『常山紀談　上巻』　湯浅常山著　鈴木棠三校注　角川書店　1965　482p　15cm〈角川文庫〉　Ⓝ914.5
☆「古典の事典」,「世界名著大事典」,「戦国十冊の名著」,「日本文学鑑賞辞典〔第1〕」,「日本名著辞典」

湯浅 半月　ゆあさ・はんげつ

09593 「十二の石塚」
『新体詩聖書讚美歌集』　阿毛久芳ほか校注　岩波書店　2001　598p　22cm〈新日本古典文学大系　明治編 12　中野三敏ほか編〉〈付属資料：15p；月報 3〉　5400円　Ⓘ4-00-240212-6　Ⓝ911.568
☆「世界名著大事典」,「日本近代文学名著事典」

湯浅 真沙子　ゆあさ・まさこ

09594 「歌集・秘帳」
『秘帳—歌集』　湯浅真沙子著　皓星社　2000　180p　19cm　1800円　Ⓘ4-7744-0284-2　Ⓝ911.168
☆「日本の艶本・珍書 総解説」,「日本の奇書77冊」

湯浅 光朝　ゆあさ・みつとも

09595 「日本の科学技術一〇〇年史」
『日本の科学技術100年史　上』　湯浅光朝著　中央公論社　1980　258p　19cm〈自然選書〉〈各章末：部門別年表〉　1300円　Ⓝ402.106
☆「科学技術をどう読むか」,「物理ブックガイド100」

湯浅 泰雄　ゆあさ・やすお

09596 「近代日本の哲学と実存思想」
『近代日本の哲学と実存思想』　湯浅泰雄著　創文社　1970　382p　22cm　2000円　Ⓝ121.02
☆「日本思想史」

09597 「身体論」

『身体論―東洋的心身論と現代』　湯浅泰雄著　講談社　1990　388p　15cm（講談社学術文庫）　1000円　①4-06-158927-X　Ⓝ114.2
☆「宗教学の名著30」

柳 美里　ゆう・みり

09598　「命」
『命』　柳美里著　新潮社　2004　284p　16cm（新潮文庫　命四部作　第1幕）　476円　①4-10-122925-2　Ⓝ914.6
☆「一度は読もうよ！日本の名著」、「日本文学名作案内」

09599　「家族シネマ」
『家族シネマ』　柳美里著　講談社　1999　178p　15cm（講談社文庫）　448円　①4-06-264668-4　Ⓝ913.6
☆「現代文学鑑賞辞典」、「知らないと恥ずかしい「日本の名作」あらすじ200本」

宥快　ゆうかい

09600　「宗義決択集」
『真言宗全書　第19』　復刊　高野町（和歌山県）　高野山大学出版部　2004　474p　23cm〈京都　同朋舎メディアプラン〔発売〕　原本：続真言宗全書刊行会昭和52年刊〉　①4-901339-17-6　Ⓝ188.5
☆「世界名著大事典 補遺（Extra）」

09601　「大疏鈔」
☆「世界名著大事典 補遺（Extra）」

融観　ゆうかん

09602　「融通念仏信解章」
『大日本佛教全書　第64巻　融通円門章―外三部　融通円門章幽玄記　第1』　仏書刊行会編〔龍譚〕〔著〕　大法輪閣　2007　444p　22cm〈名著普及会平成4年刊（覆刻版3刷）を原本としたオンデマンド版〉　8200円　①978-4-8046-1708-4　Ⓝ180.2
☆「世界名著大事典」

結城 哀草果　ゆうき・あいそうか

09603　「山麓」
『山麓―歌集』　結城哀草果著　短歌新聞社　1996　132p　15cm（短歌新聞社文庫）〈略譜：p128～130〉　700円　①4-8039-0857-5　Ⓝ911.168
☆「日本文学鑑賞辞典〔第2〕」

結城 昌治　ゆうき・しょうじ

09604　「軍旗はためく下に」
『軍旗はためく下に』　結城昌治著　改版　中央公論新社　2006　278p　16cm（中公文庫）　952円　①4-12-204715-3　Ⓝ913.6
☆「日本文芸鑑賞事典 第20巻（昭和42～50年）」、「日本陸軍の本・総解説」、「ポケット日本名作事典」

09605　「ゴメスの名はゴメス」
『ゴメスの名はゴメス』　結城昌治著　光文社　2008　279p　16cm（光文社文庫　結城昌治コレクション）　533円　①978-4-334-74409-0　Ⓝ913.6
☆「世界の推理小説・総解説」

09606　「斬に処す」
『斬に処す―甲州遊侠伝』　結城昌治著　小学館　2000　343p　15cm（小学館文庫）　619円　①4-09-404851-0　Ⓝ913.6
☆「歴史小説・時代小説 総解説」

09607　「白昼堂々」
『白昼堂々』　結城昌治著　光文社　2008　350p　16cm（光文社文庫　結城昌治コレクション）　619円　①978-4-334-74434-2　Ⓝ913.6
☆「世界の推理小説・総解説」

結城 信一　ゆうき・しんいち

09608　「空の細道」
『空の細道』　結城信一著　河出書房新社　1980　219p　20cm　1800円　Ⓝ913.6
☆「現代文学鑑賞辞典」

結城 素明　ゆうき・そめい

09609　「鳥類写生図譜」
『鳥類写生図譜　第1集』　小泉勝爾, 土岡春郊共著　しこうしゃ図書販売　1991　1冊（頁付なし）　47cm〈監修：結城素明　鳥類写生図譜刊行会昭和3年刊の複製　箱入　和装〉　30000円　Ⓝ488.038
☆「世界名著大事典 補遺（Extra）」

09610　「東京美術家墓所誌」
『東京美術家墓所誌』　結城素明著　結城素明　1936　338p 図版　19cm　Ⓝ702.1
☆「世界名著大事典 補遺（Extra）」

夕霧 伊左衛門　ゆうきり・いざえもん

09611　「耳塵集」
『芸術論集』　久松潜一, 横沢三郎, 守随憲治, 安田章生訳　筑摩書房　1977　347p　23cm（古典日本文学　35）〈文献あり〉　Ⓝ704
☆「世界名著大事典 補遺（Extra）」

雄山閣　ゆうざんかく

09612　「仏教考古学講座」
『仏教考古学講座　1　墳墓・経塚編』　雄山閣編集部編　雄山閣出版　1971　326p 図　22cm〈限定版〉　2800円　Ⓝ180.2
☆「世界名著大事典」

由之軒 政房　ゆうしけん・まさふさ

09613　「好色文伝受」
『好色文伝受　好色錦木』　由之軒政房著　吉田幸一編　古典文庫　1997　463p　17cm〈古典文庫　元禄好色草子集 1)〈複製及び翻刻〉　非売品　Ⓝ913.52
☆「古典の事典」,「日本文学鑑賞辞典〔第1〕」

有終会　ゆうしゅうかい

09614　「戦袍余薫懐旧録」
『戦袍余薫懐旧録　第1-4輯』　藤田定市編　有終会　1926　4冊　19cm　Ⓝ915.9
☆「日本海軍の本・総解説」

09615　「米国海軍の真相」
『米国海軍の真相』　有終会編　有終会　1932　384p　23cm　Ⓝ397
☆「日本海軍の本・総解説」

有隣　ゆうりん

09616　「福田方」
『有林福田方』　有林著　科学書院　1987　1冊　27cm〈内閣文庫蔵の複製　霞ケ関出版〔発売〕〉　38000円　Ⓝ490.9
☆「世界名著大事典」,「日本の古典名著」

油煙斎 貞柳　ゆえんさい・ていりゅう

09617　「貞柳翁狂歌全集類題」
『貞柳翁狂歌全集類題』　油煙斎貞柳著　温古堂知新編　大阪　小谷書店　1901　257p　16cm〈狂歌文庫〉〈表題紙の書名：類題狂歌貞柳翁全集〉　911.1
☆「世界名著大事典」

湯川 秀樹　ゆかわ・ひでき

09618　「核軍縮への新しい構想」
『核軍縮への新しい構想』　湯川秀樹,朝永振一郎,豊田利幸編　岩波書店　1977　344p　19cm　1600円　Ⓝ391.1
☆「物理ブックガイド100」

09619　「極微の世界」
『極微の世界』　湯川秀樹著　5版　岩波書店　1950　196p　19cm　Ⓝ420
☆「現代人のための名著」

09620　「創造への飛躍」
『創造への飛躍』　湯川秀樹〔著〕　講談社　2010　489p　15cm〈講談社学術文庫　1983〉〈1971年刊の増補〉　1450円　①978-4-06-291983-8　Ⓝ420.4
☆「ブックガイド 文庫で読む科学」,「物理ブックガイド100」

09621　「素粒子」
『素粒子』　湯川秀樹,片山泰久,福留秀雄著　第2版　岩波書店　1969　224p　18cm〈岩波新書〉　150円　Ⓝ429.6
☆「明治・大正・昭和の名著・総解説」

09622　「素粒子の探究」
『素粒子の探究』　湯川秀樹著　位田正邦編　岩波書店　1989　339p　21cm〈湯川秀樹著作集 2〉　3600円　①4-00-091422-7
☆「物理ブックガイド100」

09623　「旅人」
『旅人―ある物理学者の回想』　湯川秀樹〔著〕　改版　角川学芸出版　2011　293p　15cm〈角川文庫　16666―〈角川ソフィア文庫〉　L-101-2)〈初版：角川書店昭和35年刊　角川グループパブリッシング〔発売〕〉　590円　①978-4-04-409430-0　Ⓝ289.1
☆「大人のための日本の名著50」,「大学新入生に薦める101冊の本」

09624　「人間にとって科学とは何か」
☆「学問がわかる500冊 v.2」

09625　「物理講義」
『物理講義』　湯川秀樹著　講談社　1977　218p　15cm〈講談社学術文庫〉　300円　Ⓝ420.1
☆「必読書150」

09626　「目に見えないもの」
『目に見えないもの』　湯川秀樹著　講談社　1976　163p　15cm〈講談社学術文庫〉〈解説：片山泰久〉　260円　Ⓝ421
☆「日本の名著」

行友 李風　ゆきとも・りふう

09627　「修羅八荒」
『修羅八荒　前,中,後編』　行友李風著　大阪　朝日新聞社　1926　3冊　19cm　Ⓝ913.6
☆「歴史小説・時代小説 総解説」

弓削 達　ゆげ・とおる

09628　「アグリッピーナ物語」
『アグリッピーナ物語』　弓削達著　河出書房新社　1985　166p　15cm〈河出文庫〉〈アグリッピーナの肖像あり　アグリッピーナ略年譜：p163～164〉　360円　①4-309-40110-4　Ⓝ289.3
☆「世界史読書案内」

09629　「ローマ帝国とキリスト教」
『世界の歴史 5 ローマ帝国とキリスト教』　弓削達著　河出書房新社　1989　427,16p　15cm〈河出文庫〉〈折り込図1枚　巻末：略年表〉　680円　①4-309-47164-1　Ⓝ209
☆「世界史読書案内」

ゆこう

湯郷 将和 ゆごう・まさかず

09630 「遠雷と怒濤と」
『遠雷と怒濤と』 湯郷将和著 日本放送出版協会 1982 243p 20cm〈参考文献：p242〜243〉 1000円 Ⓘ4-14-005104-3 Ⓝ913.6
☆「世界の海洋文学」

湯沢 幸吉郎 ゆざわ・こうきちろう

09631 「室町時代の言語研究」
『室町時代の言語研究―抄物の語法』 湯沢幸吉郎著 大岡山書店 1929 375p 23cm Ⓝ810.2
☆「世界名著大事典」

湯地 孝 ゆち・たかし

09632 「現代文学鑑賞原論」
『現代文学鑑賞原論』 湯地孝著 山海堂 1948 2冊 22cm Ⓝ910.26
☆「世界名著大事典」

夢野 久作 ゆめの・きゅうさく

09633 「近世快人伝」
『近世快人伝』 夢野久作著 黒白書房 1935 320p 20cm Ⓝ913.6
☆「東アジア論」

09634 「ドグラ・マグラ」
『ドグラ・マグラ―幻魔怪奇探偵小説』 夢野久作著 沖積舎 1995 739p 20cm〈松柏館書店昭和10年刊の複製 付(13p 18cm)：「ドグラ・マグラ」の解説 外箱入〉 7300円 Ⓘ4-8060-2044-3 Ⓝ913.6
☆「現代文学鑑賞辞典」、「世界のSF文学・総解説」、「世界の推理小説・総解説」、「日本の小説101」、「日本文学 これを読まないと文学は語れない!!」、「日本文芸鑑賞事典 第11巻(昭和9〜昭和12年)」、「日本・名著のあらすじ」、「必読書150」

夢枕 獏 ゆめまくら・ばく

09635 「陰陽師」
『陰陽師 蒼猴ノ巻』 夢枕獏著 文藝春秋 2014 279p 20cm〈著作目録あり〉 1400円 Ⓘ978-4-16-390000-1 Ⓝ913.6
☆「面白いほどよくわかる時代小説名作100」

09636 「神々の山嶺」
『神々の山嶺 上』 夢枕獏著 KADOKAWA 2014 541p 15cm(角川文庫) 720円 Ⓘ978-4-04-101776-0
☆「新・山の本おすすめ50選」

09637 「幻獣変化」
『幻獣変化』 夢枕獏著 角川書店 1990 406p 15cm(角川文庫) 560円 Ⓘ4-04-162605-6 Ⓝ913.6

☆「世界のSF文学・総解説」

09638 「沙門空海唐の国にて鬼と宴す」
『沙門空海唐の国にて鬼と宴す 巻ノ1』 夢枕獏[著] 角川書店 2011 490p 15cm(角川文庫 17077)〈角川グループパブリッシング[発売]〉 629円 Ⓘ978-4-04-162616-0 Ⓝ913.6
☆「面白いほどよくわかる時代小説名作100」

09639 「上弦の月を喰べる獅子」
『上弦の月を喰べる獅子 上』 夢枕獏著 早川書房 2011 423p 16cm(ハヤカワ文庫 JA1026) 860円 Ⓘ978-4-15-031026-4 Ⓝ913.6
☆「世界のSF文学・総解説」

湯本 香樹実 ゆもと・かずみ

09640 「夏の庭」
『夏の庭―The friends』 湯本香樹実作 徳間書店 2001 226p 19cm〈福武書店1992年刊の改訂版〉 1400円 Ⓘ4-19-861359-1
☆「少年少女の名作案内 日本の文学リアリズム編」

湯本 貴和 ゆもと・たかかず

09641 「熱帯雨林」
『熱帯雨林』 湯本貴和著 岩波書店 1999 205p 18cm(岩波新書) 740円 Ⓘ4-00-430624-8 Ⓝ653.18
☆「教養のためのブックガイド」

由良 三郎 ゆら・さぶろう

09642 「運命交響曲殺人事件」
『運命交響曲殺人事件』 由良三郎著 文芸春秋 1987 341p 16cm(文春文庫) 400円 Ⓘ4-16-744601-4 Ⓝ913.6
☆「世界の推理小説・総解説」

【よ】

容 楊黛 よう・ようたい

09643 「加々見山旧錦絵」
『江戸作者浄瑠璃集』 田川邦子ほか校訂 国書刊行会 1989 496p 20cm(叢書江戸文庫 15) 5000円 Ⓝ912.4
☆「世界名著大事典」

養老 孟司 ようろう・たけし

09644 「形を読む―生物の形態をめぐって」
『形を読む―生物の形態をめぐって』 養老孟司著 新装版 培風館 2004 226p 19cm 950円 Ⓘ4-563-01908-9 Ⓝ481.1

☆「科学技術をどう読むか」

09645 「バカの壁」
『バカの壁』 養老孟司著 新潮社 2003 204p 18cm（新潮新書） 680円
Ⓘ4-10-610003-7 Ⓝ304
☆「超売れ筋ビジネス書101冊」,「百年の誤読」

横井 小楠　よこい・しょうなん

09646 「国是三論」
『国是三論』 横井小楠［著］ 花立三郎訳註 講談社 1986 326p 15cm（講談社学術文庫） 780円 Ⓘ4-06-158758-7 Ⓝ121.54
☆「幕末十冊の名著」

09647 「沼山閑話」
『国是三論』 横井小楠［著］ 花立三郎訳註 講談社 1986 326p 15cm（講談社学術文庫） 780円 Ⓘ4-06-158758-7 Ⓝ121.54
☆「日本の古典名著」

09648 「沼山対話」
『国是三論』 横井小楠［著］ 花立三郎訳註 講談社 1986 326p 15cm（講談社学術文庫） 780円 Ⓘ4-06-158758-7 Ⓝ121.54
☆「日本の古典名著」

横井 時冬　よこい・ときふゆ

09649 「日本工業史」
『日本工業史』 横井時冬著 原書房 1982 457p 22cm〈昭和2年刊の複製 著者の肖像あり〉 6500円 Ⓘ4-562-01235-8 Ⓝ509.21
☆「世界名著大事典」

09650 「日本商業史」
『日本商業史』 横井時冬著 原書房 1982 445,7p 22cm〈大正15年刊の複製 著者の肖像あり〉 6500円 Ⓘ4-562-01232-3 Ⓝ672.1
☆「世界名著大事典」

横井 時敬　よこい・ときよし

09651 「栽培汎論」
『栽培汎論』 横井時敬著 博文館 1898 348p 24cm（帝国百科全書 第13編） Ⓝ610
☆「明治・大正・昭和の名著・総解説」,「明治の名著1」

09652 「小農に関する研究」
『小農に関する研究』 横井時敬著 丸善 1927 286p 23cm Ⓝ611
☆「世界名著大事典」

09653 「第一農業時論」
『明治大正農政経済名著集 17 第一農業時論・農村行脚三十年』 近藤康男編 横井時敬著 農山漁村文化協会 1976 451p 図 肖像 20cm 3500円 Ⓝ610.8

☆「農政経済の名著 明治大正編」

09654 「農村行脚三十年」
『明治大正農政経済名著集 17 第一農業時論・農村行脚三十年』 近藤康男編 横井時敬著 農山漁村文化協会 1976 451p 図 肖像 20cm 3500円 Ⓝ610.8
☆「農政経済の名著 明治大正編」

横井 也有　よこい・やゆう

09655 「鶉衣」
『鶉衣 上』 横井也有著 堀切実校注 岩波書店 2011 408p 15cm（岩波文庫 30-215-1） 1020円 Ⓘ978-4-00-302151-4 Ⓝ914.5
☆「学術辞典叢書 第15巻」,「古典の事典」,「作品と作者」,「世界名著解題選 第1巻」,「世界名著大事典」,「日本の古典」,「日本の古典・世界の古典」,「日本の古典名著」,「日本文学鑑賞辞典〔第1〕」,「日本名著辞典」,「文学・名著300選の解説 '88年度版」

横川 信治　よこかわ・のぶはる

09656 「進化する資本主義」
『進化する資本主義』 横川信治,野口真,伊藤誠編著 日本評論社 1999 323,10p 20cm〈執筆：G.ホジソンほか 訳：中原隆幸ほか〉 2600円 Ⓘ4-535-55151-0 Ⓝ332.06
☆「学問がわかる500冊」

横越 英一　よこごし・えいいち

09657 「近代政党史研究」
『近代政党史研究』 横越英一著 勁草書房 1960 480,21p 22cm Ⓝ315.02
☆「名著の履歴書」

横瀬 夜雨　よこせ・やう

09658 「二十八宿」
『二十八宿』 横瀬夜雨著 流山 崙書房 1974 212p 20cm（横瀬夜雨複刻全集 詩歌編）〈金尾文淵堂明治40年刊の複製 没後40年記念出版 限定版〉 Ⓝ911.56
☆「日本文芸鑑賞事典 第3巻（1904～1909年）」

09659 「花守」
『花守』 横瀬夜雨著 流山 崙書房 1974 170p 図 16cm（横瀬夜雨複刻全集 詩歌編）〈隆文館明治38年刊の複製 没後40年記念出版 限定版〉 Ⓝ911.56
☆「世界名著大事典」,「日本文学鑑賞辞典〔第2〕」

横田 喜三郎　よこた・きさぶろう

09660 「国際法」
『国際法』 横田喜三郎著 2訂版 有斐閣 1986 322p 19cm（有斐閣全書） 1700円 Ⓘ4-641-04572-0 Ⓝ329

☆「世界名著大事典」

横田 耕一　よこた・こういち
09661　「憲法と天皇制」
『憲法と天皇制』　横田耕一著　岩波書店　1990　244p　18cm（岩波新書）〈参考文献：p235～237〉　520円　①4-00-430129-7　Ⓝ323.141
☆「学問がわかる500冊」

横田 順弥　よこた・じゅんや
09662　「火星人類の逆襲」
『火星人類の逆襲』　横田順弥著　新潮社　1988　357p　15cm（新潮文庫）　400円
①4-10-142103-X　Ⓝ913.6
☆「世界のSF文学・総解説」

09663　「脱線！ たいむましん奇譚」
『脱線！ たいむましん奇譚』　横田順弥著　講談社　1981　233p　15cm（講談社文庫）　280円　①4-06-136220-8　Ⓝ913.6
☆「世界のSF文学・総解説」

09664　「謎の宇宙人UFO」
『謎の宇宙人UFO』　横田順弥著　角川書店　1981　289p　15cm（角川文庫）　340円　Ⓝ913.6
☆「世界のSF文学・総解説」

横田 英夫　よこた・ひでお
09665　「農村革命論」
『農村革命論』　横田英夫著　東亜堂　1914　356p　23cm　Ⓝ611.9
☆「農政経済の名著 明治大正編」

09666　「農村救済論」
『農村救済論』　横田英夫著　裳華房　1914　319p　23cm　Ⓝ611.9
☆「農政経済の名著 明治大正編」

横田 寛　よこた・ゆたか
09667　「あゝ回天特攻隊」
『あゝ回天特攻隊—かえらざる青春の記録』　横田寛著　光人社　1994　439p　16cm（光人社NF文庫）　730円　①4-7698-2066-6　Ⓝ916
☆「今だから知っておきたい戦争の本70」

横田 洋三　よこた・ようぞう
09668　「国際機構入門」
『国際機構入門』　横田洋三編著　国際書院　1999　278p　21cm　2800円
①4-906319-81-5　Ⓝ329.3
☆「学問がわかる500冊」

横溝 正史　よこみぞ・せいし
09669　「獄門島」

『獄門島』　横溝正史著　出版芸術社　2007　317p　20cm（横溝正史自選集　2　横溝正史著）〈肖像あり〉　2000円
①978-4-88293-313-7　Ⓝ913.6
☆「世界の推理小説・総解説」

09670　「大迷宮」
『大迷宮』　横溝正史作　ポプラ社　2006　277p　18cm（ポプラポケット文庫　651-2—名探偵金田一耕助　2）〈絵：D.K〉　660円
①4-591-09038-8　Ⓝ913.6
☆「日本文芸鑑賞事典 第15巻」

09671　「人形佐七捕物帳」
『人形佐七捕物帳—恋の通し矢 超痛快！ 時代小説』　横溝正史著　コスミック出版　2010　628p　15cm（コスミック・時代文庫　よ4-1）　943円　①978-4-7747-2351-8　Ⓝ913.6
☆「歴史小説・時代小説 総解説」

09672　「本陣殺人事件」
『本陣殺人事件—他2編』　横溝正史著　新装　春陽堂書店　1997　346p　16cm（春陽文庫）　600円　①4-394-39527-5　Ⓝ913.6
☆「一度は読もうよ！ 日本の名著」、「これだけは読んでおきたい日本の名作文学案内」、「3行でわかる名作＆ヒット本250」、「世界の推理小説・総解説」、「日本の小説101」、「日本文学鑑賞辞典〔第2〕」

09673　「八つ墓村」
『八つ墓村』　横溝正史著　出版芸術社　2007　382p　20cm（横溝正史自選集　3　横溝正史著）〈肖像あり〉　2000円
①978-4-88293-316-8　Ⓝ913.6
☆「日本文学名作案内」

横光 利一　よこみつ・りいち
09674　「家族会議」
『家族会議』　横光利一著　講談社　2000　435p　16cm（講談社文芸文庫）〈著作目録あり　年譜あり〉　1400円　①4-06-198237-0　Ⓝ913.6
☆「現代日本文学案内」、「世界名著大事典」、「日本文芸鑑賞事典 第11巻（昭和9～昭和12年）」

09675　「機械」
『機械—他九篇』　横光利一著　岩波書店　1952　204p　15cm（岩波文庫）　Ⓝ913.6
☆「あらすじで読む日本の名著」、「一冊で100名作の「さわり」を読む」、「これだけは読んでおきたい日本の名作文学案内」、「3行でわかる名作＆ヒット本250」、「知らないと恥ずかしい「日本の名作」あらすじ200本」、「図説 5分でわかる日本の名作傑作選」、「世界名著大事典」、「日本近代文学名著事典」、「日本の小説101」、「日本文学鑑賞辞典〔第2〕」、「日本文学現代名作事典」、「日本文学名作事典」、「日本文芸鑑賞事典 第10巻」、「必読書150」、「文学・名著300選の解説 '88年度版」

09676 「上海」
『上海』 横光利一作 改版 岩波書店 2008 352p 15cm〈岩波文庫〉 660円
①978-4-00-310752-2 Ⓝ913.6
☆「現代文学鑑賞辞典」,「世界名著大事典」,「日本文学鑑賞辞典 〔第2〕」,「日本文学現代名作事典」,「日本文学名作事典」,「日本文芸鑑賞事典 第9巻」,「ポケット日本名作事典」

09677 「純粋小説論」
『日本近代文学評論選 昭和篇』 千葉俊二,坪内祐三編 岩波書店 2004 457p 15cm〈岩波文庫〉 800円 ①4-00-311712-3 Ⓝ914.68
☆「世界名著大事典」,「日本文芸鑑賞事典 第11巻(昭和9～昭和12年)」

09678 「寝園」
『寝園』 横光利一著 講談社 1992 259p 15cm〈講談社文芸文庫〉〈著書目録:p255～259〉 940円 ①4-06-196169-1 Ⓝ913.6
☆「日本文学鑑賞辞典 〔第2〕」

09679 「日輪」
『日輪』 横光利一著 岩波書店 1956 111p 15cm〈岩波文庫〉 Ⓝ913.6
☆「現代文学名作探訪事典」,「知らないと恥ずかしい「日本の名作」あらすじ200本」,「世界名著大事典」,「日本文学鑑賞辞典 〔第2〕」,「日本文学名作事典」,「日本文芸鑑賞事典 第7巻(1920～1923年)」,「ひと目でわかる日本の名作」,「ポケット日本名作事典」

09680 「蠅」
『もう一度読みたい教科書の名作—「超あらすじ」と短編全文で読む』 根本浩著 竹書房 2013 221p 21cm〈文献あり〉 1000円
①978-4-8124-9525-4 Ⓝ910.26
☆「図説 5分でわかる日本の名作」,「日本文学名作事典」

09681 「春は馬車に乗って」
『文豪たちが書いた泣ける名作短編集』 彩図社文芸部編纂 彩図社 2014 188p 15cm 590円 ①978-4-8013-0012-5 Ⓝ913.68
☆「一度は読もうよ! 日本の名著」,「一冊で日本の名作100冊を読む 続」,「女性のための名作・人生案内」,「日本近代文学名著事典」,「日本文学現代名作事典」,「日本文学名作案内」

09682 「紋章」
『紋章』 横光利一著 講談社 1992 384p 16cm〈講談社文芸文庫〉〈著者の肖像あり 著書目録:p379～384〉 1100円
①4-06-196185-3 Ⓝ913.6
☆「感動! 日本の名著 近現代編」,「近代文学名作事典」,「世界名作事典」,「世界名作案内 5」,「日本の名著」,「日本文学鑑賞辞典 〔第2〕」

09683 「旅愁」
『旅愁 上』 横光利一著 講談社 1998 533p 16cm〈講談社文芸文庫〉 1600円
①4-06-197639-7 Ⓝ913.6
☆「あらすじダイジェスト」,「現代文学鑑賞辞典」,「昭和の名著」,「知らないと恥ずかしい「日本の名作」あらすじ200本」,「世界名作事典」,「世界名著大事典」,「日本の名著」,「日本の名著3分間読書100」,「日本文学鑑賞辞典 〔第2〕」,「日本文学現代名作事典」,「日本文芸鑑賞事典 第12巻」,「日本名作文学館 日本編」,「入門名作の世界」,「ポケット日本名作事典」

横森 周信 よこもり・ちかのぶ

09684 「太平洋戦争日本陸軍機」
『太平洋戦争日本陸軍機』 航空情報編集部編 2版 酣燈社 1974 272p(おもに図) 26cm〈「航空情報」別冊〉 2300円 Ⓝ398.5
☆「日本陸軍の本・総解説」

横山 厚夫 よこやま・あつお

09685 「山麓亭百話」
『山麓亭百話 上』 横山厚夫著 白山書房 1999 189p 19cm 1400円
①4-89475-027-9 Ⓝ786.1
☆「新・山の本おすすめ50選」

横山 一郎 よこやま・いちろう

09686 「海へ帰る」
『海へ帰る—海軍少将横山一郎回顧録』 横山一郎著 原書房 1980 246p 20cm〈著者の肖像あり 横山一郎略歴:p246〉 1600円
Ⓝ289.1
☆「日本海軍の本・総解説」

横山 源之助 よこやま・げんのすけ

09687 「日本の下層社会」
『日本の下層社会』 横山源之助著 改版 岩波書店 1985 407p 15cm〈岩波文庫〉 600円 Ⓝ368.2
☆「経済学名著106選」,「世界名著大事典」,「日本近代の名著」,「日本の社会と文化」,「ベストガイド日本の名著」,「明治・大正・昭和の名著・総解説」,「明治の名著 1」

横山 保 よこやま・たもつ

09688 「あゝ零戦一代」
『あゝ零戦一代—零戦隊空戦始末記』 横山保著 新装版 光人社 2005 359p 16cm〈光人社NF文庫〉 790円 ①4-7698-2040-2 Ⓝ916
☆「日本海軍の本・総解説」

横山 白虹 よこやま・はくこう

09689 「海堡」

『海堡―横山白虹句集』 横山白虹著 沙羅書店 1938 214p 19cm Ⓝ911.36
☆「日本文芸鑑賞事典 第12巻」

横山 秀夫 よこやま・ひでお

09690 「第三の時効」
『第三の時効』 横山秀夫著 集英社 2006 419p 16cm〈集英社文庫〉〈著作目録あり〉 629円 Ⓘ4-08-746019-3 Ⓝ913.6
☆「知らないと恥ずかしい「日本の名作」あらすじ200本」

横山 宏章 よこやま・ひろあき

09691 「中華民国―賢人支配の善政主義」
『中華民国―賢人支配の善政主義』 横山宏章著 中央公論社 1997 305p 18cm（中公新書）〈年表あり〉 820円 Ⓘ4-12-101394-8 Ⓝ222.07
☆「世界史読書案内」

横山 由清 よこやま・よしきよ

09692 「旧典類纂」
『旧典類纂皇位継承篇 第1-6』 黒川真頼、横山由清編 旧典類纂会 1939 6冊 26cm〈初版：明治11年刊 複製 和装〉 Ⓝ288.4
☆「日本名著辞典」

09693 「日本田制史」
『日本田制史』 横山由清著 五月書房 1981 364,5,14p 23cm〈複製 著者の肖像あり〉 5300円 Ⓝ611.22
☆「世界名著大事典」

与謝 蕪村 よさ・ぶそん

09694 「新花摘」
『新花摘』 谷口蕪村著 藤村作註解 栗田書店 1935 65p 20cm（新選近代文学） Ⓝ911.3
☆「作品と作者」、「3行でわかる名作&ヒット名250」、「世界名著大事典」、「千年の百冊」、「日本文学鑑賞辞典〔第1〕」、「日本名著名作観」、「文学・名著300選の解説 '88年度版」

09695 「蕪村句集」
『蕪村句集―現代語訳付き』 与謝蕪村〔著〕 玉城司訳注 角川学芸出版 2011 585p 15cm〈角川文庫 16564―〔角川ソフィア文庫〕〔A-335-1〕〉〈文献あり 年譜あり 索引あり 角川グループパブリッシング〔発売〕〉 1238円 Ⓘ978-4-04-401006-5 Ⓝ911.34
☆「学術辞典書叢書 第15巻」、「古典の事典」、「この一冊で読める！「日本の古典50冊」」、「世界名著解題選 第3巻」、「世界名著大事典」、「日本古典への誘い100選 1」、「日本の古典名著」、「日本の書物」、「日本の名著3分間読書100」、「日本文学名作観」、「日本の名著3分間読書100」、「日本文学の古典50選」、「日本文学名作概観」

09696 「蕪村七部集」
『蕪村七部集』 与謝蕪村著 竹下直之校訂 いてふ書刊行会 1953 222p 19cm〈佐佐木信綱等監修〉 Ⓝ911.34
☆「作品と作者」、「世界名著大事典」、「日本の古典・世界の古典」、「日本の名著」（角川書店）、「日本の名著」（毎日新聞社）、「日本文学鑑賞辞典〔第1〕」、「日本名著辞典」

09697 「夜半楽」
『新日本古典文学大系 73 天明俳諧集』 佐竹昭広ほか編 山下一海ほか校注 岩波書店 1998 466,41p 22cm 3900円 Ⓘ4-00-240073-5 Ⓝ918
☆「世界名著大事典」、「日本文学鑑賞辞典〔第1〕」

与謝野 晶子 よさの・あきこ

09698 「激動の中を行く」
『激動の中を行く』 与謝野晶子著 もろさわようこ編 〔新装版〕 新泉社 1991 357p 19cm 1751円
☆「大正の名著」

09699 「恋衣」
『恋衣―歌集』 山川登美子,増田雅子,与謝野晶子著 短歌新聞社 1998 142p 15cm（短歌新聞社文庫）〈年譜あり〉 667円 Ⓘ4-8039-0929-6 Ⓝ911.167
☆「日本文芸鑑賞事典 第3巻（1904～1909年）」

09700 「春泥集」
『春泥集』 与謝野晶子著 金尾文淵堂 1911 206p 19cm Ⓝ911.1
☆「世界名著大事典」

09701 「舞姫」
『舞姫』 与謝野晶子著 如山堂 1906 152p 19cm Ⓝ911.1
☆「世界名著大事典」

09702 「みだれ髪」
『みだれ髪』 与謝野晶子著 角川春樹事務所 2011 115p 16cm（ハルキ文庫 よ7-1―〔280文庫〕）〈並列シリーズ名：Haruki Bunko 年譜あり〉 267円 Ⓘ978-4-7584-3549-9 Ⓝ911.168
☆「感動！日本の名著 近現代編」、「近代文学名作事典」、「3行でわかる名作&ヒット名250」、「新潮文庫20世紀の100冊」、「世界名作事典」、「世界名著大事典」、「日本近代文学名著事典」、「日本の名著」（角川書店）、「日本の名著」（毎日新聞社）、「日本の名著3分間読書100」、「日本文学鑑賞辞典〔第2〕」、「日本文学名作概観」、「日本文芸鑑賞事典 第2巻（1895～1903年）」、「日本名著辞典」、「百年の誤読」、「文学・名著300選の解説 '88年度版」、「ベストガイド日本の名著」、「明治・大正・昭和の名著・総解説」、「明治の名著 2」

09703　「八つの夜」
『八つの夜―長編童話』　与謝野晶子著　上笙一郎編　春陽堂書店　2007　310p　20cm〈与謝野晶子児童文学全集　1（童話篇）　与謝野晶子著〉　2400円　①978-4-394-90249-2　Ⓝ913.6
☆「日本児童文学名著事典」

与謝野 鉄幹　よさの・てっかん

09704　「欅の葉」
『鉄幹晶子全集　5』　与謝野寛, 与謝野晶子著　勉誠出版　2003　399p　22cm　6000円
①4-585-01058-0　Ⓝ911.08
☆「日本文学鑑賞辞典〔第2〕」

09705　「東西南北」
『与謝野鉄幹／与謝野晶子』　与謝野鉄幹, 与謝野晶子著　京都　新学社　2006　366p　16cm（新学社近代浪漫派文庫　13）　1362円
①4-7868-0071-6　Ⓝ911.08
☆「世界名著大事典」、「日本文芸鑑賞事典　第2巻（1895～1903年）」、「文学・名著300選の解説 '88年度版」

09706　「人を恋ふる歌」
『みだれ髪』　与謝野晶子著　与謝野馨編　主婦の友社　1973　222p　19cm　Ⓝ911.162
☆「日本文芸鑑賞事典 第2巻（1895～1903年）」

09707　「亡国の音」
『与謝野鉄幹／与謝野晶子』　与謝野鉄幹, 与謝野晶子著　京都　新学社　2006　366p　16cm（新学社近代浪漫派文庫　13）　1362円
①4-7868-0071-6　Ⓝ911.08
☆「日本文芸鑑賞事典 第1巻」

09708　「紫」
『日本の詩歌　4　与謝野鉄幹・与謝野晶子・若山牧水・吉井勇』　与謝野鉄幹［ほか著］　新装　中央公論新社　2003　411p　21cm〈オンデマンド版　年譜あり〉　5300円
①4-12-570048-6　Ⓝ911.08
☆「日本近代文学名著事典」、「日本文学鑑賞辞典〔第2〕」

09709　「リラの花」
『リラの花』　与謝野寛訳　東雲堂書店　1914　589,13p　19cm　Ⓝ931
☆「世界名著大事典」

Yoshi

09710　「Deep Love 第一部 アユの物語」
『Deep love―アユの物語 完全版』　Yoshi著　スターツ出版　2002　253p　19cm　952円
①4-88381-008-9　Ⓝ913.6
☆「百年の誤読」

吉井 勇　よしい・いさむ

09711　「祇園歌集」
『吉井勇全集　第1巻』　吉井勇著　復刻版　日本図書センター　1998　527,8p　22cm〈原本：「定本吉井勇全集 第1巻」（番町書房昭和52年刊）　肖像あり〉
①4-8205-8209-7,4-8205-8208-9　Ⓝ918.68
☆「日本文芸鑑賞事典 第5巻」

09712　「酒ほがひ」
『酒ほがひ―歌集』　吉井勇著　短歌新聞社　1998　134p　15cm（短歌新聞社文庫）〈年譜あり〉　667円　①4-8039-0926-1　Ⓝ911.168
☆「世界名著大事典」、「日本近代文学名著事典」、「日本文学鑑賞辞典〔第2〕」

吉井 妙子　よしい・たえこ

09713　「神の肉体 清水宏保」
『神の肉体 清水宏保』　吉井妙子著　新潮社　2002　185p　19cm　1300円
①4-10-453001-8
☆「読書入門」

好井 裕明　よしい・ひろあき

09714　「排除と差別のエスノメソドロジー」
『排除と差別のエスノメソドロジー――「いまここ」の権力作用を解読する』　山田富秋, 好井裕明著　新曜社　1991　284,17p　20cm〈巻末：参考文献〉　2575円　①4-7885-0394-8　Ⓝ361
☆「学問がわかる500冊」

吉植 庄亮　よしうえ・しょうりょう

09715　「寂光」
『寂光―歌集』　吉植庄亮著　再版　横須賀　歌壇新報社　1949　132p　18cm　Ⓝ911.168
☆「世界名著大事典」

義江 彰夫　よしえ・あきお

09716　「神仏習合」
『神仏習合』　義江彰夫著　岩波書店　2002　224p　18cm（岩波新書）〈第10刷〉　740円
①4-00-430453-9
☆「歴史家の読書案内」

吉江 喬松　よしえ・たかまつ

09717　「山岳美観」
『山岳美観』　吉江喬松著　武井真澄画　協和書院　1935　160p　19cm　Ⓝ290
☆「日本の山の名著・総解説」、「山の名著 明治・大正・昭和戦前編」

09718　「角笛のひびき」
『あしたへの橋―語り残したおくり物』　松本郷土出版　2002　370p　22cm（信州・こど

吉雄 俊蔵　よしお・しゅんぞう

09719　「遠西観象図説」
『名古屋叢書―校訂復刻　第13巻　科学編』　名古屋市教育委員会編　名古屋　愛知県郷土資料刊行会　1983　481p　22cm〈名古屋市教育委員会昭和38年刊の複製〉　4900円　Ⓝ081.2
☆「世界名著大事典」

吉尾 弘　よしお・ひろし

09720　「垂直に挑む男」
『垂直に挑む男』　吉尾弘著　山と渓谷社　1963　233p　図版　19cm　Ⓝ291.52
☆「山の名著30選」

09721　「垂直の星―吉尾弘遺稿集」
『垂直の星―吉尾弘遺稿集』　吉尾弘著　日本勤労者山岳連盟編　本の泉社　2001　406p　20cm〈年譜あり〉　2190円　①4-88023-347-1　Ⓝ786.1
☆「新・山の本おすすめ50選」

吉岡 金市　よしおか・きんいち

09722　「日本農業の機械化」
『日本農業の機械化』　吉岡金市著　白揚社　1939　282p　22cm　Ⓝ614
☆「農政経済の名著　昭和前期編」

吉岡 忍　よしおか・しのぶ

09723　「日本人ごっこ」
『日本人ごっこ』　吉岡忍著　文芸春秋　1993　301p　16cm（文春文庫）　420円　①4-16-754702-3　Ⓝ302.237
☆「現代を読む」

吉岡 修一郎　よしおか・しゅういちろう

09724　「数のユーモア」
『数のライブラリイ　1　数のユーモア』　吉岡修一郎著　学生社　1977　266p　19cm〈新装版〉　780円　Ⓝ410.29
☆「数学ブックガイド100」

吉岡 禅寺洞　よしおか・ぜんじどう

09725　「銀漢」
『銀漢―句集』　吉岡禅寺洞著　天の川発行所　1932　311p　20cm　Ⓝ911.36
☆「日本文学鑑賞辞典〔第2巻〕」、「日本文芸鑑賞事典　第10巻」

吉岡 たすく　よしおか・たすく

09726　「子どもと育つ」
『子どもと育つ』　吉岡たすく著　雷鳥社　1969　242p　20cm　550円　Ⓝ376.2
☆「教育名著　日本編」

吉岡 斉　よしおか・ひとし

09727　「原子力の社会史」
『原子力の社会史―その日本的展開』　吉岡斉著　新版　朝日新聞出版　2011　399,14p　19cm（朝日選書　883）〈初版：朝日新聞社1999年刊　並列シリーズ名：ASAHI SENSHO　索引あり〉　1900円　①978-4-02-259983-4　Ⓝ539.093
☆「平和を考えるための100冊+α」

吉岡 実　よしおか・みのる

09728　「吉岡実詩集」
『吉岡実詩集』　篠田一士編集解説　ユリイカ　1959　148p　図版　17cm（今日の詩人双書　第5）　Ⓝ911.56
☆「必読書150」

吉川 逸治　よしかわ・いつじ

09729　「中世の美術」
『中世の美術』　吉川逸治著　再版　東京堂　1949　375p　図版　19cm（西洋美術史　第3巻）　Ⓝ702.31
☆「人文科学の名著」

吉川 英治　よしかわ・えいじ

09730　「三国志」
『三国志　1』　吉川英治著　星海社　2013　515p　15cm（星海社文庫　ヨ1-01）〈吉川英治歴史時代文庫1989年刊の再編集　講談社〔発売〕〉　1000円　①978-4-06-138953-3　Ⓝ913.6
☆「日本文芸鑑賞事典　第12巻」

09731　「私本太平記」
『私本太平記　第1巻　あしかが帖・婆娑羅帖』　吉川英治著　六興出版　1990　312p　19cm　950円　①4-8453-0407-4　Ⓝ913.6
☆「現代文学名作探訪事典」、「ポケット日本名作事典」、「歴史小説・時代小説　総解説」

09732　「神州天馬侠」
『神州天馬侠　1』　吉川英治著　講談社　1989　381p　15cm（吉川英治歴史時代文庫　78）　580円　①4-06-196578-6　Ⓝ913.6
☆「日本文芸鑑賞事典　第8巻（1924～1926年）」、「名作の研究事典」

09733　「新書太閤記」
『新書太閤記―超痛快! 歴史小説　1』　吉川英治著　コスミック出版　2013　550p　15cm（コスミック・時代文庫　よ5-2）〈新潮社

1941年刊の再刊〉　857円
①978-4-7747-2624-3　Ⓝ913.6
☆「歴史小説・時代小説 総解説」

09734　「新・平家物語」
『新・平家物語　1』　吉川英治著　新潮社
2014　632p　16cm〈新潮文庫　よ-3-20〉
670円　①978-4-10-115470-1　Ⓝ913.6
☆「世界名著大事典」，「日本文学鑑賞辞典〔第2〕」，「日本文芸鑑賞事典 第15巻」，「ポケット日本名作事典」，「歴史小説・時代小説 総解説」

09735　「鳴門秘帖」
『鳴門秘帖　1』　吉川英治著　講談社　1989
429p　15cm〈吉川英治歴史時代文庫　2〉
600円　①4-06-196502-6　Ⓝ913.6
☆「一度は読もうよ！日本の名著」，「面白いほどよくわかる時代小説名作100」，「近代日本の百冊を選ぶ」，「日本文学名作案内」，「歴史小説・時代小説 総解説」

09736　「函館病院」
『飢えたる彰義隊』　吉川英治著　学陽書房
2000　325p　19cm〈吉川英治幕末維新小説名作選集　7　吉川英明，松本昭監修〉〈肖像あり〉　1600円　①4-313-85145-3　Ⓝ913.6
☆「一度は読もうよ！日本の名著」，「一冊で日本の名著100冊を読む 続」

09737　「檜山兄弟」
『檜山兄弟　上巻』　吉川英治著　学陽書房
2000　491p　19cm〈吉川英治幕末維新小説名作選集　4　吉川英明，松本昭監修〉〈肖像あり〉　1600円　①4-313-85143-7　Ⓝ913.6
☆「歴史小説・時代小説 総解説」

09738　「松のや露八」
『松のや露八』　吉川英治著　学陽書房　2000
331p　19cm〈吉川英治幕末維新小説名作選集　3　吉川英明，松本昭監修〉　1600円
①4-313-85147-X　Ⓝ913.6
☆「歴史小説・時代小説 総解説」

09739　「宮本武蔵」
『宮本武蔵　1』　吉川英治著　宝島社　2013
277p　16cm〈宝島社文庫　Cよ-2-1〉〈吉川英治歴史時代文庫 1989年刊の改訂　年表あり〉
476円　①978-4-8002-0731-9　Ⓝ913.6
☆「あらすじで味わう昭和のベストセラー」，「面白いほどよくわかる時代小説名作100」，「現代文学鑑賞辞典」，「3行でわかる名作&ヒット本250」，「昭和の名著」，「世界名著大事典」，「21世紀の必読書100選」，「日本の名著3分間読書100」，「日本文学鑑賞辞典〔第2〕」，「日本文学名作案内」，「日本文芸鑑賞事典 第11巻（昭和9〜昭和12年）」，「日本名作文学館 日本編」，「百年の誤訳」，「ポケット日本名作事典」，「歴史小説・時代小説 総解説」

09740　「忘れ残りの記―四半自叙伝」
『忘れ残りの記』　吉川英治著　講談社　1989
357p　15cm〈吉川英治歴史時代文庫　77〉
〈自筆年譜：p325〜345〉　560円
①4-06-196577-8　Ⓝ910.268
☆「自伝の名著101」

吉川 幸次郎　よしかわ・こうじろう

09741　「元雑劇研究」
『元雑劇研究』　吉川幸次郎著　岩波書店　1948
514p　22cm　Ⓝ922.5
☆「世界名著大事典」

09742　「支那人の古典とその生活」
『支那人の古典とその生活』　吉川幸次郎著　改版　岩波書店　1964　171p　19cm　Ⓝ122
☆「現代人のための名著」

09743　「新唐詩選」
『新唐詩選』　吉川幸次郎，三好達治著　改版　岩波書店　2002　233p　18cm〈岩波新書　第85刷〉　740円　①4-00-414016-1
☆「近代日本の百冊を選ぶ」

吉川 惟足　よしかわ・これたり

09744　「吉川家神道秘訣書」
☆「世界名著大事典」

吉川 惣司　よしかわ・そうじ

09745　「メアリー・アニングの冒険」
『メアリー・アニングの冒険―恐竜学をひらいた女化石屋』　吉川惣司，矢島道子著　朝日新聞社　2003　339,5,4p　19cm〈朝日選書〉〈年譜あり〉　1400円　①4-02-259839-5　Ⓝ289.3
☆「サイエンス・ブックレヴュー」

吉川 洋　よしかわ・ひろし

09746　「日本経済とマクロ経済学」
『日本経済とマクロ経済学』　吉川洋著　東洋経済新報社　1992　409p　22cm〈参考文献：p379〜402〉　5800円　①4-492-31198-X
Ⓝ332.107
☆「日本経済本38」

吉川 昌之介　よしかわ・まさのすけ

09747　「細菌の逆襲」
『細菌の逆襲―ヒトと細菌の生存競争』　吉川昌之介著　中央公論社　1995　265p　18cm〈中公新書〉〈参考図書と主要文献：p264〜265〉　760円　①4-12-101234-8　Ⓝ491.7
☆「学問がわかる500冊 v.2」

吉里 勝利　よしざと・かつとし

09748　「再生―蘇るしくみ」

芳沢 あやめ　よしざわ・あやめ

09749　「あやめ草」
『芸術論集』　久松潜一, 横沢三郎, 守随憲治, 安田章生訳　筑摩書房　1977　347p　23cm（古典日本文学　35）〈文献あり〉Ⓝ704
☆「世界名著大事典 補遺（Extra）」

吉沢 一郎　よしざわ・いちろう

09750　「山へ—わが登高記」
『山へ—わが登高記』　吉沢一郎著　文芸春秋　1980　326p　20cm〈著者の肖像あり　吉沢一郎年譜：p317～323〉　1600円　Ⓝ289.1
☆「日本の山の名著・総解説」,「山の名著 明治・大正・昭和戦前編」

吉沢 夏子　よしざわ・なつこ

09751　「フェミニズムの困難」
『フェミニズムの困難—どういう社会が平等な社会か』　吉沢夏子著　勁草書房　1993　239,10p　20cm〈巻末：文献〉　2369円　①4-326-65150-4　Ⓝ367.2
☆「学問がわかる500冊」

慶滋 保胤　よししげ・やすたね

09752　「池亭記」
『新日本古典文学大系　27　本朝文粋』　佐竹昭広ほか編　大曽根章介ほか校注　岩波書店　1992　462p　22cm〈参考文献：p461～462〉　3800円　①4-00-240027-1　Ⓝ918
☆「世界名著大事典 補遺（Extra）」

09753　「日本往生極楽記」
『日本往生極楽記』　[慶滋保胤][著]　八木書店　2007　72,38,27p　27cm（尊経閣善本影印集成　41-2　前田育徳会尊経閣文庫編）〈文献あり〉　①978-4-8406-2282-0　Ⓝ188.64
☆「一度は読もうよ！ 日本の名著」,「一冊で日本の古典100冊を読む」,「古典の事典」,「世界名著大事典 補遺（Extra）」,「日本の古典名著」,「日本文学名作案内」,「日本名著辞典」

吉田 一穂　よしだ・いっすい

09754　「海の聖母」
『海の聖母—詩集』　吉田一穂著　渡辺書店　1973　111p　18cm〈金星堂大正15年刊の複製限定版〉　1600円　Ⓝ911.56
☆「世界名著大事典 補遺（Extra）」,「日本文芸鑑賞事典 第8巻（1924～1926年）」

09755　「海の人形」
『海の人形—吉田一穂童話集』　吉田一穂著　武井武雄絵　学芸書林　1976　203p　20cm〈1924年5月金星堂発行の童話集の復刻〉　2000円
☆「世界名著大事典 補遺（Extra）」

09756　「樫の木と小鳥」
『定本吉田一穂全集　3』　小沢書店　1992　641p　23cm　8755円　Ⓝ918.68
☆「世界名著大事典 補遺（Extra）」

09757　「銀河の魚」
『定本吉田一穂全集　3』　小沢書店　1992　641p　23cm　8755円　Ⓝ918.68
☆「世界名著大事典 補遺（Extra）」

09758　「黒潮回帰」
『黒潮回帰』　吉田一穂著　一路書苑　1941　142p　19cm　Ⓝ914.6
☆「世界名著大事典 補遺（Extra）」

09759　「故園の書」
『故園の書—散文詩集』　吉田一穂作　ゆまに書房　1995　112,3p　19cm（現代の芸術と批評叢書　13）〈厚生閣書店昭和5年刊の複製 著者の肖像あり〉　①4-89668-893-7　Ⓝ911.56
☆「世界名著大事典 補遺（Extra）」

09760　「古代緑地」
『古代緑地』　吉田一穂著　木曜書房　1958　226p（図版共）　19cm（リベルタン叢書　第1）　Ⓝ914.6
☆「世界名著大事典 補遺（Extra）」

09761　「稗子伝」
『稗子伝』　吉田一穂著　ボン店　1936　30p　20cm　Ⓝ911.5
☆「世界名著大事典 補遺（Extra）」

09762　「雲雀は空に」
『定本吉田一穂全集　3』　小沢書店　1992　641p　23cm　8755円　Ⓝ918.68
☆「世界名著大事典 補遺（Extra）」

09763　「未来者」
『未来者—吉田一穂詩集』　吉田一穂著　札幌青磁社　1948　126p　19cm　Ⓝ911.56
☆「世界名著大事典 補遺（Extra）」,「日本文学鑑賞辞典〔第2〕」

09764　「吉田一穂詩集」
『吉田一穂詩集』　吉田一穂[著]　加藤郁乎編　岩波書店　2004　282p　15cm（岩波文庫）〈年譜あり〉　760円　①4-00-311721-2　Ⓝ911.56
☆「世界名著大事典 補遺（Extra）」

09765 「羅甸薔薇」
『羅甸薔薇―吉田一穂詩集』 吉田一穂著 山雅堂 1950 171p 図版 20cm Ⓝ911.56
☆「世界名著大事典 補遺(Extra)」

吉田 兼倶　よしだ・かねとも

09766 「神道大意」
『神道思想名著集成 上巻』 小野祖教編 国学院大学日本文化研究所第三研究室 1973 474p 22cm〈試刷〉 非売 Ⓝ171
☆「世界名著大事典」,「日本名著辞典」

09767 「唯一神道名法要集」
『唯一神道名法要集』 吉田兼倶著 国民精神文化研究所編 国民精神文化研究所 1935 2冊(解説共) 22cm(国民精神文化文献 第3)〈快尊本の複製 附録:唯一神道名法要集解説(河野省三) 19cm〉 Ⓝ171.3
☆「古典の事典」,「世界名著大事典」

吉田 漢宦　よしだ・かんがん

09768 「活版経籍考」
『活版経籍考』 吉田篁墩著 〔伊東〕 〔川瀬一馬〕 1冊(頁付なし) 22cm〈狩谷掖斎手写本の複製 和装〉 Ⓝ022
☆「世界名著大事典」

吉田 冠子　よしだ・かんし

09769 「恋女房染分手綱」
『恋女房染分手綱―重の井子別れ 雨の五郎』 吉田冠子,三好松洛作 国立劇場 2000 37p 26cm(国立劇場歌舞伎鑑賞教室上演台本) Ⓝ912.5
☆「世界名著大事典 補遺(Extra)」

吉田 甲子太郎　よしだ・きねたろう

09770 「サランガのぼうけん」
『サランガのぼうけん』 吉田甲子太郎著 偕成社 1981 279p 19cm(偕成社文庫) 390円 ①4-03-550700-8
☆「名作の研究事典」

吉田 熊次　よしだ・くまじ

09771 「系統的教育学」
『系統的教育学』 吉田熊次著 弘道館 1909 711p 23cm Ⓝ370
☆「世界名著大事典」

吉田 健一　よしだ・けんいち

09772 「東西文学論」
『東西文学論』 吉田健一著 垂水書房 1966 178p 19cm(垂水叢書) 450円 Ⓝ904
☆「現代文学鑑賞事典」

09773 「ヨオロツパの世紀末」
『ヨオロツパの世紀末』 吉田健一著 筑摩書房 1987 261p 19cm(筑摩叢書 310) 1400円 ①4-480-01310-5 Ⓝ902.05
☆「近代日本の百冊を選ぶ」

吉田 謙吉　よしだ・けんきち

09774 「考現学採集」
『考現学採集―モデルノロヂオ』 今和次郎,吉田謙吉編著 学陽書房 1986 376p 27cm〈建設社昭和6年刊の複製 吉田謙吉年譜: p375―376〉 7000円 ①4-313-81007-2 Ⓝ380
☆「ポピュラー文化」

09775 「モデルノロヂオ」
『モデルノロヂオ―考現学』 今和次郎,吉田謙吉編著 学陽書房 1986 405p 27cm〈春陽堂昭和5年刊の複製〉 7000円 ①4-313-81006-4 Ⓝ380
☆「世界名著大事典」,「ポピュラー文化」

吉田 兼好　よしだ・けんこう

09776 「兼好法師家集」
『兼好法師家集―影印版』 吉田兼好著 田中佩刀編 文化書房博文社 1990 203p 21cm 1980円 ①4-8301-0558-5 Ⓝ911.148
☆「近代名著解題選集 3」,「世界名著大事典」

09777 「徒然草」
『徒然草―現代語訳』 吉田兼好[著] 佐藤春夫訳 河出書房新社 2004 272p 15cm(河出文庫) 680円 ①4-309-40712-9 Ⓝ914.45
☆「愛と死の日本文学」,「あらすじダイジェスト 日本の古典30を読む」,「あらすじで読む日本の古典」(楽書館,中経出版〔発売〕),「あらすじで読む日本の古典」(新人物往来社),「一度は読もうよ！日本の名著」,「一冊で日本の古典100冊を読む」,「一冊で100名作の「さわり」を読む」,「大人のための日本の名著50」,「学術辞典叢書 第15巻」,「近代名著解題選集 3」,「50歳からの名著入門」,「古典の事典」,「古典文学鑑賞辞典」,「この一冊で読める！日本の古典50冊」」,「作品と作者」,「3行でわかる名作&ヒット本250」,「知らないと恥ずかしい「日本の名作」あらすじ200本」,「図説 5分でわかる日本の名作」,「世界の哲学思想」,「世界名作事典」,「世界名著解題選 第2巻」,「世界名著大事典」,「千年の百冊」,「2ページでわかる日本の古典傑作選」,「日本古典への誘い100選 2」,「日本人の名著」を読む」,「日本の古典」,「日本の古典・世界の古典」,「日本の古典名著」,「日本の書物」,「日本の名著」(角川書店),「日本の名著」(毎日新聞社),「日本の名著3分間読書100」,「日本文学鑑賞辞典〔第1〕」,「日本文学の古典50選」,「日本文学名作案内」,「日本文学名作概観」,「日本文学名作事典」,「日本名著辞典」,「文学・名著300選の解説 '88年度版」,「マンガとあらすじでやさしく読める 日本の古典傑作30選」,「名作の

吉田 絃二郎　よしだ・げんじろう

09778「柿丸と梨丸」
『柿丸と梨丸―童話選集』　吉田絃二郎著　第一書房　1939　342p　19cm　Ⓝ913.8
☆「世界名著大事典」

09779「沈んだ鐘」
『赤い鳥 6年生』　赤い鳥の会編　小峰書店　2008　199p　22cm〈学年別赤い鳥 新装版〉　1600円　①978-4-338-23206-7　Ⓝ913.68
☆「名作の研究事典」

09780「島の秋」
『編年体大正文学全集　第6巻（大正6年）』　広津和郎他著　藤井淑禎編　ゆまに書房　2001　655p　22cm　6600円　①4-89714-895-2　Ⓝ918.6
☆「日本文芸鑑賞事典 第6巻（1917〜1920年）」

吉田 耕作　よしだ・こうさく

09781「演算子法」
『演算子法――一つの超函数論』　吉田耕作著　東京大学出版会　1982　171p　21cm〈UP応用数学選書 5〉〈参考にした文献：p167〜168〉　2000円　Ⓝ413.5
☆「数学ブックガイド100」

09782「大学演習 応用数学」
『応用数学―大学演習 第1』　吉田耕作,加藤敏夫共著　裳華房　1961　347p　22cm　Ⓝ501.1
☆「数学ブックガイド100」,「物理ブックガイド100」

09783「微分方程式の解法」
『微分方程式の解法』　吉田耕作著　第2版　岩波書店　1978　307p　19cm〈岩波全書 189〉〈参考書：p299〜301〉　1300円　Ⓝ413.6
☆「物理ブックガイド100」

吉田 茂　よしだ・しげる

09784「日本を決定した百年」
『日本を決定した百年―附・思出す侭』　吉田茂著　中央公論新社　1999　299p　16cm〈中公文庫〉　705円　①4-12-203554-6　Ⓝ210.6
☆「現代人のための名著」

吉田 修一　よしだ・しゅういち

09785「悪人」
『悪人　上』　吉田修一著　朝日新聞出版　2009　265p　15cm〈朝日文庫　よ16-1〉　540円　①978-4-02-264523-4　Ⓝ913.6
☆「3行でわかる名作&ヒット本250」

09786「横道世之介」
『横道世之介』　吉田修一著　文藝春秋　2012　467p　16cm〈文春文庫　よ19-5〉〈毎日新聞社2009年刊の再刊〉　714円　①978-4-16-766505-0　Ⓝ913.6
☆「3行でわかる名作&ヒット本250」

吉田 松陰　よしだ・しょういん

09787「講孟余話」
『講孟余話―ほか』　吉田松陰著　松本三之介,田中彰,松永昌三訳　中央公論新社　2002　475p　18cm〈中公クラシックス〉〈年譜あり〉　1450円　①4-12-160025-8　Ⓝ121.59
☆「教育の名著80選解題」,「教養のためのブックガイド」,「古典の事典」,「世界名著大事典」,「尊王十冊の名著」,「日本の古典名著」,「日本名著辞典」

09788「留魂録」
『留魂録―英完übersetzt書』　吉田松陰著　紺野大介訳　錦正社　2003　233p　27cm〈折り込2枚　年譜あり〉　4000円　①4-7646-0264-4　Ⓝ121.59
☆「一冊で人生論の名著を読む」,「50歳からの名著入門」,「日本名著辞典」,「幕末十冊の名著」,「武士道の名著」,「歴史家の一冊」

吉田 精一　よしだ・せいいち

09789「近代日本浪漫主義研究」
『近代日本浪漫主義研究』　吉田精一著　訂　東京修文館　1943　328p　21cm　Ⓝ910.2
☆「世界名著大事典」

09790「自然主義の研究」
『自然主義の研究　上巻』　吉田精一著　東京堂　1955　557p 図版　22cm　Ⓝ910.26
☆「人文科学の名著」,「世界名著大事典」

09791「日本近代詩鑑賞・明治篇」
『日本近代詩鑑賞 明治編』　吉田精一著　創拓社　1990　346p　18cm　1600円　①4-87138-091-2　Ⓝ911.5
☆「世界名著大事典」

09792「明治大正文学史」
『明治大正文学史』　吉田精一著　角川書店　1960　357p　15cm〈角川文庫〉　Ⓝ910.26
☆「世界名著大事典」

吉田 武三　よしだ・たけぞう

09793「松浦武四郎紀行集」
『松浦武四郎紀行集　上』　吉田武三編　富山房　1975　666,19p 図 肖像　22cm　3800円　Ⓝ291.09
☆「日本の山の名著・総解説」,「山の名著 明治・大正・昭和戦前編」

吉田 民人　よしだ・たみと

09794「情報と自己組織性の理論」

吉田 司　よしだ・つかさ

09795　「下下戦記」
『下下戦記』　吉田司著　文芸春秋　1991
430p　16cm〈文春文庫〉　530円
①4-16-734102-6　Ⓝ913.6
☆「現代を読む」

吉田 恒三　よしだ・つねぞう

09796　「天台声明大成」
『天台声明大成』　多紀道忍, 吉田恒三共著
〔出版地不明〕　天台宗務庁　1935　2冊
27cm〈下巻は比叡山延暦寺刊〉　Ⓝ188.46
☆「世界名著大事典」

吉田 暎二　よしだ・てるじ

09797　「東洲斎写楽」
『東洲斎写楽』　吉田暎二著　北光書房　1943
218p 図版14枚　30cm〈図版は原色版〉
Ⓝ721.8
☆「世界名著大事典」

吉田 東伍　よしだ・とうご

09798　「維新史八講」
『維新史八講』　吉田東伍述　富山房　1911
277p　23cm　Ⓝ210.61
☆「世界名著大事典」

09799　「宴曲全集」
『中古歌謡宴曲全集』　吉田東伍編　早稲田大学
出版部　1917　348,76p　22cm　Ⓝ912
☆「世界名著大事典」

09800　「大日本地名辞書」
『大日本地名辞書　第1巻　汎論・索引』　吉田
東伍著　増補版　富山房　1971　654,73p 図
肖像　27cm〈初版：明治33-40年刊〉
16000円　Ⓝ291.03
☆「世界名著大事典」, 「名著の伝記」

09801　「倒叙日本史」
『倒叙日本史　第1-10冊』　吉田東伍著　戸塚村
（東京府）　早稲田大学出版部　1913　10冊
23cm　Ⓝ210.1
☆「世界名著大事典」

吉田 とし　よしだ・とし

09802　「小説の書き方」
『小説の書き方——子の創作ノート』　吉田とし
作　山藤章二絵　あかね書房　1988　217p
18cm〈あかね文庫〉　430円　①4-251-10026-3
☆「少年少女の名作案内 日本の文学リアリズム編」

吉田 俊雄　よしだ・としお

09803　「五人の海軍大臣」
『五人の海軍大臣』　吉田俊雄著　文芸春秋
1986　345p　16cm〈文春文庫〉〈参考文献：
p343～345〉　400円　①4-16-736002-0
Ⓝ397.21
☆「日本海軍の本・総解説」

吉田 敏夫　よしだ・としお

09804　「全軍突撃」
『全軍突撃——レイテ沖海戦』　吉田俊雄, 半藤一
利著　オリオン出版社　1970　525p 図版
19cm〈参考文献：p.522-525〉　720円　Ⓝ915.9
☆「世界の海洋文学」

吉田 知子　よしだ・ともこ

09805　「極楽船の人びと」
『極楽船の人びと』　吉田知子著　中央公論社
1987　223p　16cm〈中公文庫〉　340円
①4-12-201419-0　Ⓝ913.6
☆「世界の海洋文学」

09806　「無明長夜」
『無明長夜』　吉田知子著　新潮社　1970
251p　20cm　550円　Ⓝ913.6
☆「現代文学鑑賞辞典」

吉田 半兵衛　よしだ・はんべえ

09807　「好色訓蒙図彙」
『訓蒙図彙集成　第9巻　好色訓蒙図彙』　朝倉
治彦監修　[吉田半兵衛][作・画]　大空社
1998　222p　22cm〈複製〉　①4-7568-0517-5
Ⓝ031
☆「日本の艶本・珍書 総解説」, 「日本の奇書77冊」

09808　「好色重宝記」
『重宝記資料集成　第36巻　遊芸・遊里　1』
長友千代治編　京都　臨川書店　2008　364p
22cm〈複製〉　8000円
①978-4-653-03847-4,978-4-653-03860-3
Ⓝ210.088
☆「日本の艶本・珍書 総解説」, 「日本の奇書77冊」

吉田 秀和　よしだ・ひでかず

09809　「トゥールーズ＝ロートレック」
『トゥールーズ＝ロートレック』　吉田秀和著
中央公論社　1983　280p　22cm　2500円
Ⓝ723.35
☆「伝記・自叙伝の名著」

吉田 文和 よしだ・ふみかず

09810 「IT汚染」
『IT汚染』 吉田文和著 岩波書店 2001 198,6p 18cm（岩波新書）〈文献あり〉 740円 ⓘ4-00-430741-4 Ⓝ519
☆「科学を読む愉しみ」

吉田 光邦 よしだ・みつくに

09811 「両洋の眼―幕末明治の文化接触」
『両洋の眼―幕末明治の文化接触』 吉田光邦著 朝日新聞社 1978 216p 19cm（朝日選書 117） 640円 Ⓝ210.59
☆「科学技術をどう読むか」

吉田 光由 よしだ・みつよし

09812 「古暦便覧」
☆「世界名著大事典」

09813 「塵劫記」
『塵劫記』 吉田光由著 大矢真一校注 岩波書店 2004 271p 15cm（岩波文庫） 700円 ⓘ4-00-330241-9
☆「科学技術をどう読むか」、「古典の事典」、「自然科学の名著100選 上」、「世界名著大事典」、「日本の古典名著」、「日本名著辞典」

吉田 満 よしだ・みつる

09814 「『戦艦大和』と戦後」
『『戦艦大和』と戦後』 吉田満著 保阪正康編 筑摩書房 2005 538p 15cm（ちくま学芸文庫） 1500円 ⓘ4-480-08927-6 Ⓝ914.6
☆「倫理良書を読む」

09815 「戦艦大和の最期」
『戦艦大和の最期』 吉田満著 創元社 1952 138p 図版 19cm Ⓝ915.9
☆「昭和の名著」、「世界の海洋文学」、「21世紀の必読書100選」、「日本文芸鑑賞事典 第16巻」

09816 「提督伊藤整一の生涯」
『提督伊藤整一の生涯』 吉田満著 洋泉社 2008 264p 18cm（MC新書 33）〈肖像あり〉 1700円 ⓘ978-4-86248-308-9 Ⓝ289.1
☆「今だから知っておきたい戦争の本70」

吉田 洋一 よしだ・よういち

09817 「零の発見―数学の生い立ち」
『零の発見―数学の生い立ち』 吉田洋一著 改版 岩波書店 2003 181p 18cm（岩波新書）〈第95刷〉 700円 ⓘ4-00-400013-0
☆「科学の10冊」、「数学ブックガイド100」、「ブックガイド 文庫で読む科学」、「『本の定番』ブックガイド」

吉田 良三 よしだ・りょうぞう

09818 「間接費の研究」
『間接費の研究』 吉田良三著 森山書店 1936 350p 22cm Ⓝ345
☆「世界名著大事典」

吉田 ルイ子 よしだ・るいこ

09819 「ハーレムの熱い日々」
『ハーレムの熱い日々』 吉田ルイ子著 講談社 1979 232p 15cm（講談社文庫） 320円 Ⓝ316.853
☆「現代を読む」

吉富 勝 よしとみ・まさる

09820 「現代日本経済論」
『現代日本経済論―世界経済の変貌と日本』 吉富勝著 東洋経済新報社 1977 365p 19cm 1900円 Ⓝ332.1
☆「現代ビジネス書・経済書総解説」

09821 「レーガン政策下の日本経済」
『レーガン政策下の日本経済』 吉富勝著 東洋経済新報社 1984 392p 20cm 2000円 ⓘ4-492-39093-6 Ⓝ332.1
☆「経済経営95冊」

吉永 康平 よしなが・こうへい

09822 「駆潜艇22号」
『駆潜艇22号―「帝国海軍」ハプニング戦記』 吉永康平著 講談社 1969 292p 20cm 420円 Ⓝ915.9
☆「日本海軍の本・総解説」

吉永 みち子 よしなが・みちこ

09823 「気がつけば騎手の女房」
『気がつけば騎手の女房』 吉永みち子著 集英社 1989 274p 16cm（集英社文庫） 400円 ⓘ4-08-749436-5 Ⓝ289.1
☆「現代を読む」

吉野 克男 よしの・かつお

09824 「地球を旅して」
『地球を旅して―貨物船機関長の航跡』 吉野克男著 日本海事広報協会 1993 289p 19cm 2200円 ⓘ4-89021-055-5 Ⓝ683.6
☆「世界の海洋文学」

吉野 源三郎 よしの・げんざぶろう

09825 「君たちはどう生きるか」
『君たちはどう生きるか』 吉野源三郎著 ポプラ社 2011 308p 18cm（ポプラポケット文庫 378-1）〈2000年刊の新装改訂〉 760円 ⓘ978-4-591-12540-3 Ⓝ159.7
☆「近代日本の百冊を選ぶ」、「世界名著大事典」、「大

吉野 耕作　よしの・こうさく

09826　「文化ナショナリズムの社会学」
『文化ナショナリズムの社会学―現代日本のアイデンティティの行方』　吉野耕作著　名古屋　名古屋大学出版会　1997　292,6p　20cm〈引用・参考文献：p265〜287〉　3296円
Ⓘ4-8158-0315-3　Ⓝ361.42
☆「ナショナリズム論の名著50」

吉野 作造　よしの・さくぞう

09827　「閑談の閑談」
『閑談の閑談』　吉野作造著　木村毅編　書物展望社　1933　412p　肖像　19cm　Ⓝ304
☆「私の古典」

09828　「憲政の本義を説いて其有終の美を済すの途を論ず」
『日本の名著　48　吉野作造』　三谷太一郎責任編集　中央公論社　1984　500p　18cm（中公バックス）〈吉野作造の肖像あり〉　1200円
Ⓘ4-12-400438-9　Ⓝ081
☆「大正の名著」,「日本近代の名著」,「ベストガイド日本の名著」,「明治・大正・昭和の名著・総解説」

09829　「支那革命史」
『支那革命史』　吉野作造,加藤繁共著　京都　内外出版　1929　457p　23cm　Ⓝ222.07
☆「世界名著大事典」

09830　「民本主義論」
『日本の名著　48　吉野作造』　三谷太一郎責任編集　中央公論社　1984　500p　18cm（中公バックス）〈吉野作造の肖像あり〉　1200円
Ⓘ4-12-400438-9　Ⓝ081
☆「世界名著大事典」

吉野 せい　よしの・せい

09831　「洟をたらした神」
『洟をたらした神』　吉野せい著　中央公論新社　2012　233p　16cm（中公文庫　よ47-1）〈彌生書房 1975年刊の再刊〉　629円
Ⓘ978-4-12-205727-2　Ⓝ914.6
☆「現代を読む」

吉野 秀雄　よしの・ひでお

09832　「寒蟬集」
『吉野秀雄全歌集』　吉野英雄著　宮崎甲子衛編　増補改訂版　短歌研究社　2002　710p　22cm〈肖像あり　年譜あり　索引あり〉　9000円　Ⓘ4-88551-672-2　Ⓝ911.168
☆「日本文芸鑑賞事典 第14巻（1946〜1948年）」,「名作の研究事典」

吉野 正敏　よしの・まさとし

09833　「小気候」
『小気候』　吉野正敏著　新版　地人書館　1986　298,10p　22cm〈各章末：参考文献〉　3600円　Ⓝ451.8
☆「学問がわかる500冊 v.2」

芳野 満彦　よしの・みつひこ

09834　「山靴の音」
『山靴の音』　芳野満彦著　二見書房　1972　278p　20cm（山岳名著シリーズ）　600円　Ⓝ915.9
☆「日本の山の名著・総解説」,「山の名著30選」

吉原 幸子　よしはら・さちこ

09835　「幼年連禱」
『吉原幸子全詩　1』　吉原幸子著　思潮社　2012　391p　22cm〈1981年刊の再刊〉　4000円　Ⓘ978-4-7837-2359-2　Ⓝ911.56
☆「日本文芸鑑賞事典 第19巻」

吉原 珠央　よしはら・たまお

09836　「「また会いたい」と思われる人の38のルール」
『「また会いたい」と思われる人の38のルール』　吉原珠央著　幻冬舎　2009　223p　19cm　1300円　Ⓘ978-4-344-01740-5　Ⓝ361.4
☆「3行でわかる名作&ヒット本250」

吉益 東洞　よします・とうどう

09837　「医事或問」
『吉益東洞大全集　第1巻』　吉益東洞著　小川新校閲　横田観風監修　たにぐち書店　2001　565p　22cm　20000円　Ⓝ490.9
☆「世界名著大事典」,「日本古典への誘い100選 2」

09838　「医断」
『吉益東洞大全集　第1巻』　吉益東洞著　小川新校閲　横田観風監修　たにぐち書店　2001　565p　22cm　20000円　Ⓝ490.9
☆「古典の事典」

09839　「薬徴」
『薬徴』　吉益東洞著　大塚敬節校注　たにぐち書店　2007　310p　21cm　3000円　Ⓘ978-4-86129-036-7　Ⓝ490.9
☆「世界名著大事典」

吉見 俊哉　よしみ・しゅんや

09840　「都市のドラマトゥルギー」
『都市のドラマトゥルギー―東京・盛り場の社会史』　吉見俊哉著　河出書房新社　2008　423p　15cm（河出文庫）　1200円
Ⓘ978-4-309-40937-5　Ⓝ361.78

☆「学問がわかる500冊」、「都市的世界」

吉見 幸和　よしみ・ゆきかず
09841　「五部書説弁」
『神道思想名著集成　上巻』小野祖教編　国学院大学日本文化研究所第三研究室　1973　474p　22cm〈試刷〉　非売　Ⓝ171
☆「世界名著大事典」

吉見 義明　よしみ・よしあき
09842　「共同研究 日本軍慰安婦」
『共同研究 日本軍慰安婦』吉見義明、林博史編　大月書店　1995　235p　19cm　2600円　①4-272-52039-3
☆「平和を考えるための100冊+α」

吉満 義彦　よしみつ・よしひこ
09843　「カトリシズム・トマス・ニューマン」
『吉満義彦全集　第4巻　神秘主義と現代』垣花秀武ほか編　講談社　1984　528p　20cm〈著者の肖像あり〉　7800円　①4-06-187294-X　Ⓝ108
☆「世界名著大事典」

09844　「詩と愛と実存」
『詩と愛と実存』吉満義彦著　角川書店　1948　256p　19cm〈哲学選書〉　Ⓝ104
☆「世界名著大事典」

良岑 安世　よしみね・やすよ
09845　「経国集」
『群書類従　第8輯　装束部 文筆部』塙保己一編纂　オンデマンド版　八木書店古書出版部　2013　612p　21cm〈訂正3版：続群書類従完成会 1980年刊　デジタルパブリッシングサービス〔印刷・製本〕　八木書店〔発売〕〉　10000円　①978-4-8406-3119-8　Ⓝ081
☆「近代名著解題選集 3」、「世界名著大事典」、「日本の古典名著」、「日本文学鑑賞辞典〔第1〕」、「日本名著辞典」

吉村 昭　よしむら・あきら
09846　「魚影の群れ」
『魚影の群れ』吉村昭著　筑摩書房　2011　335p　15cm（ちくま文庫　よ1-8）　680円　①978-4-480-42871-4　Ⓝ913.6
☆「世界の海洋文学」

09847　「鯨の絵巻」
『鯨の絵巻』吉村昭著　新潮社　1990　269p　15cm（新潮文庫）〈『海の絵巻』（昭和53年刊）の改題〉　360円　①4-10-111728-4　Ⓝ913.6
☆「世界の海洋文学」

09848　「高熱隧道」

『高熱隧道』吉村昭著　新潮社　1967　226p　20cm　320円　Ⓝ913.6
☆「21世紀の必読書100選」

09849　「桜田門外ノ変」
『桜田門外ノ変　上』吉村昭著　改版　新潮社　2009　359p　15cm（新潮文庫）　552円　①978-4-10-111733-1
☆「面白いほどよくわかる時代小説名作100」

09850　「深海の使者」
『深海の使者』吉村昭著　新装版　文藝春秋　2011　427p　16cm（文春文庫　よ1-49）　648円　①978-4-16-716949-7　Ⓝ913.6
☆「今だから知っておきたい戦争の本70」、「世界の海洋文学」

09851　「戦艦武蔵」
『戦艦武蔵』吉村昭著　改版　新潮社　2009　316p　15cm（新潮文庫）　476円　①978-4-10-111701-0
☆「あの本にもう一度」、「21世紀の必読書100選」、「日本海軍の本・総解説」、「日本文芸鑑賞事典 第19巻」、「ポケット日本名作事典」

09852　「冷い夏、熱い夏」
『冷い夏、熱い夏』吉村昭著　改版　新潮社　2013　299p　15cm（新潮文庫）　550円　①978-4-10-111727-0
☆「現代を読む」、「現代文学鑑賞辞典」

09853　「破獄」
『破獄』吉村昭著　新潮社　1986　371p　15cm（新潮文庫）〈参考文献：p364〉　400円　①4-10-111721-7　Ⓝ913.6
☆「新潮文庫20世紀の100冊」

09854　「破船」
『破船』吉村昭著　新潮社　1985　227p　15cm（新潮文庫）　360円　①4-10-111718-7　Ⓝ913.6
☆「世界の海洋文学」

09855　「漂流」
『漂流』吉村昭著　新潮社　2008　516p　15cm（新潮文庫）〈45刷改版〉　705円　①978-4-10-111708-9
☆「歴史小説・時代小説 総解説」

09856　「ふぉん・しいほるとの娘」
『ふぉん・しいほるとの娘　上巻』吉村昭著　8刷改版　新潮社　2009　692p　16cm（新潮文庫　よ-5-31）　857円　①978-4-10-111731-7　Ⓝ913.6
☆「面白いほどよくわかる時代小説名作100」、「歴史小説・時代小説 総解説」

09857　「北天の星」
『北天の星　上』吉村昭著　新装版　講談社

2000　544p　15cm（講談社文庫）　762円　Ⓘ4-06-264840-7　Ⓝ913.6
☆「歴史小説・時代小説 総解説」

09858　「星への旅」
『星への旅』　吉村昭著　改版　新潮社　2013　384p　16cm（新潮文庫　よ-5-2）　590円　Ⓘ978-4-10-111702-7　Ⓝ913.6
☆「一度は読もうよ！日本の名著」,「一冊で日本の名著100冊を読む 続」,「日本文学名作案内」

09859　「間宮林蔵」
『間宮林蔵』　吉村昭[著]　新装版　講談社　2011　509p　15cm（講談社文庫　よ3-27）　762円　Ⓘ978-4-06-277077-4　Ⓝ913.6
☆「歴史小説・時代小説 総解説」

09860　「陸奥爆沈」
『陸奥爆沈』　吉村昭著　新潮社　1979　248p　15cm（新潮文庫）　240円　Ⓝ913.6
☆「日本海軍の本・総解説」

09861　「落日の宴」
『落日の宴―勘定奉行川路聖謨　上』　吉村昭[著]　新装版　講談社　2014　310p　15cm（講談社文庫　よ3-29）　610円　Ⓘ978-4-06-277852-7　Ⓝ913.6
☆「歴史家の一冊」

吉村 武彦　よしむら・たけひこ

09862　「古代王権の展開」
『日本の歴史―集英社版　3　古代王権の展開』　児玉幸多ほか編　吉村武彦著　集英社　1991　342p　22cm〈おもな参考文献・年表：p331～337〉　2400円　Ⓘ4-08-195003-2　Ⓝ210.1
☆「学問がわかる500冊 v.2」

吉村 正　よしむら・ただし

09863　「政治科学の先駆者たち」
『政治科学の先駆者たち―早稲田政治学派の源流』　吉村正著　サイマル出版会　1982　238p　19cm〈著者の肖像あり　早稲田派政治学者五人の略歴と主要著作：p233～238〉　1500円　Ⓝ311.21
☆「現代政治学を読む」

09864　「デモクラシーの現代化」
『デモクラシーの現代化』　吉村正著　東海大学出版会　1972　209p　19cm（政治科学シリーズ）　480円　Ⓝ310.4
☆「現代政治学を読む」

09865　「日本政治の診断」
『日本政治の診断』　吉村正著　新版　東海大学出版会　1973　310p　19cm（政治科学シリーズ）　1200円　Ⓝ310.4
☆「現代政治学を読む」

吉村 忠典　よしむら・ただすけ

09866　「古代ローマ帝国―その支配の実像」
『古代ローマ帝国―その支配の実像』　吉村忠典著　岩波書店　1997　218p　18cm（岩波新書）　650円　Ⓘ4-00-430482-2　Ⓝ232.4
☆「世界史読書案内」

吉村 元男　よしむら・もとお

09867　「エコハビタ―環境創造の都市」
『エコハビタ―環境創造の都市』　吉村元男著　京都　学芸出版社　1993　239p　22cm　2884円　Ⓘ4-7615-2100-7　Ⓝ518.8
☆「学問がわかる500冊 v.2」

吉本 二郎　よしもと・じろう

09868　「学校経営学」
『学校経営学』　吉本二郎著　国土社　1965　246p　22cm（現代教職課程全書）　Ⓝ374
☆「教育名著 日本編」

吉本 隆明　よしもと・たかあき

09869　「共同幻想論」
『共同幻想論』　吉本隆明[著]　改訂新版　角川書店　1982　332p　15cm（角川文庫）　460円　Ⓝ914.6
☆「学問がわかる500冊」,「現代文学鑑賞辞典」,「戦後思想の名著50」,「ナショナリズム論の名著50」,「東アジア人文書100」,「ベストガイド日本の名著」

09870　「心とは何か」
『心とは何か―心的現象論入門』　吉本隆明著　弓立社　2001　213p　20cm　1650円　Ⓘ4-89667-103-1　Ⓝ145
☆「「本の定番」ブックガイド」

09871　「高村光太郎」
『高村光太郎』　吉本隆明[著]　講談社　1991　465p　15cm（講談社文芸文庫）〈著者の肖像あり　著者目録：p460～465〉　980円　Ⓘ4-06-196117-9　Ⓝ911.52
☆「日本文芸鑑賞事典 第17巻（1955～1958年）」

09872　「転位のための十篇」
『吉本隆明詩全集　5（定本詩集）』　吉本隆明著　思潮社　2006　301p　20cm〈肖像あり〉　2400円　Ⓘ4-7837-2350-8　Ⓝ911.56
☆「日本文芸鑑賞事典 第16巻」

09873　「転向論」
『マチウ書試論・転向論』　吉本隆明[著]　講談社　1990　374p　16cm（講談社文芸文庫）〈部分タイトル：転向論〉　980円　Ⓘ4-06-196101-2　Ⓝ914.6
☆「必読書150」

09874　「ハイ・イメージ論」

よしもと

『ハイ・イメージ論 1』 吉本隆明著 筑摩書房 2003 411p 15cm（ちくま学芸文庫） 1300円 ⓘ4-480-08811-3 Ⓝ914.6
☆「建築の書物/都市の書物」

09875 「文学者の戦争責任」
『文学者の戦争責任』 吉本隆明, 武井昭夫著 淡路書房 1956 248p 18cm Ⓝ910.26
☆「明治・大正・昭和の名著・総解説」

09876 「マス・イメージ論」
『マス・イメージ論』 吉本隆明［著］ 講談社 2013 364p 16cm（講談社文芸文庫 よB7）〈底本：福武文庫 1988年刊 著作目録あり 年譜あり〉 1600円 ⓘ978-4-06-290190-1 Ⓝ914.6
☆「ベストガイド日本の名著」

吉本 直志郎 よしもと・なおしろう

09877 「「青葉学園物語」シリーズ」
『笑う日も泣いた日も』 日本図書センター 1997 233p 22cm（「心」の子ども文学館 今を生きる 第1期 4 日本児童文学者協会編）〈日本児童文学者協会創立50周年記念〉 ⓘ4-8205-9919-4,4-8205-9915-1
☆「少年少女の名作案内 日本の文学リアリズム編」

よしもと ばなな

09878 「キッチン」
『キッチン』 吉本ばなな著 新潮社 2002 197p 16cm（新潮文庫） 400円 ⓘ4-10-135913-X Ⓝ913.6
☆「現代文学鑑賞辞典」,「知らないと恥ずかしい「日本の名作」あらすじ200本」,「世界の小説大百科」,「日本文学 これを読まないと文学は語れない!!」,「名作の書き出し」,「名作はこのように始まる 1」

09879 「TUGUMI」
『TUGUMI』 吉本ばなな著 中央公論社 1992 245p 15cm（中公文庫） 420円 ⓘ4-12-201883-8
☆「日本の小説101」,「百年の誤読」

09880 「とかげ」
『とかげ』 吉本ばなな著 新潮社 1996 179p 15cm（新潮文庫） 360円 ⓘ4-10-135912-1 Ⓝ913.6
☆「新潮文庫20世紀の100冊」

吉屋 信子 よしや・のぶこ

09881 「安宅家の人々」
『安宅家の人々』 吉屋信子著 講談社 1995 397p 16cm（大衆文学館） 800円 ⓘ4-06-262028-6 Ⓝ913.6
☆「世界名著大事典 補遺（Extra）」

09882 「良人の貞操」
『良人の貞操 上』 吉屋信子著 毎日新聞社 1999 284p 20cm 1600円 ⓘ4-620-51039-4 Ⓝ913.6
☆「世界名著大事典 補遺（Extra）」,「日本文学鑑賞辞典〔第2〕」,「日本文芸鑑賞事典 第11巻（昭和9～昭和12年）」,「ポケット日本名作事典」

09883 「鬼火」
『鬼火―吉屋信子作品集 底の抜けた柄杓―吉屋信子作品集』 吉屋信子［著］ 講談社 2003 261p 16cm（講談社文芸文庫）〈年譜あり 著作目録あり〉 1300円 ⓘ4-06-198326-1 Ⓝ913.6
☆「世界名著大事典 補遺（Extra）」,「日本文芸鑑賞事典 第16巻」

09884 「女の友情」
『女の友情』 吉屋信子著 北光書房 1946 432p 19cm（吉屋信子選 1） Ⓝ913.6
☆「現代日本文学案内」,「世界名著大事典 補遺（Extra）」

09885 「地の果まで」
『地の果まで』 吉屋信子著 ［洛陽堂］ 1920 554p 19cm Ⓝ913.6
☆「世界名著大事典 補遺（Extra）」

09886 「徳川の夫人たち」
『徳川の夫人たち 上』 吉屋信子著 朝日新聞出版 2012 338p 15cm（朝日文庫 よ1-13）〈1979年刊の新装版〉 660円 ⓘ978-4-02-264681-1 Ⓝ913.6
☆「歴史小説・時代小説 総解説」

09887 「鳴らずの太鼓」
『吉屋信子全集 1 花物語,屋根裏の二処女,童話』 朝日新聞社 1975 545p 20cm 2500円 Ⓝ913.6
☆「世界名著大事典 補遺（Extra）」

09888 「花物語」
『花物語 上』 吉屋信子著 河出書房新社 2009 380p 15cm（河出文庫 よ9-1）〈並列シリーズ名：Kawade bunko〉 950円 ⓘ978-4-309-40960-3 Ⓝ913.6
☆「世界名著大事典 補遺（Extra）」,「大正の名著」,「日本児童文学名著事典」,「日本の小説101」,「名作の研究事典」

09889 「未亡人」
『新大衆小説全集 第3巻 吉屋信子篇』 矢貴書店 1950 436p 22cm Ⓝ913.608
☆「世界名著大事典 補遺（Extra）」

09890 「理想の良人」
☆「世界名著大事典 補遺（Extra）」

吉行 淳之介　よしゆき・じゅんのすけ

09891　「暗室」
『暗室』　吉行淳之介著　講談社　1988　309p　15cm〈講談社文芸文庫〉〈参考資料・著書目録：p302〜309〉　640円　①4-06-196017-2　Ⓝ913.6
☆「あらすじダイジェスト」、「一度は読もうよ！日本の名著」、「一冊で日本の名著100冊を読む」、「知らないと恥ずかしい「日本の名作」あらすじ200本」、「世界名著大事典 補遺(Extra)」

09892　「原色の街」
『原色の街』　吉行淳之介著　成瀬書房　1974　198p　22cm〈艶消しソフト染仔牛革装 限定特装版〉　17000円　Ⓝ913.6
☆「一度は読もうよ！日本の名著」、「一冊で愛の話題作100冊を読む」、「現代文学鑑賞辞典」、「世界名著大事典 補遺(Extra)」、「日本文芸鑑賞事典 第16巻」

09893　「島へ行く」
『吉行淳之介全集　第2巻』　吉行淳之介著　新潮社　1997　530p　20cm　5700円　①4-10-646002-5　Ⓝ918.68
☆「現代文学名作探訪事典」

09894　「驟雨」
『驟雨』　吉行淳之介著　新潮社　1954　228p　19cm　Ⓝ913.6
☆「一度は読もうよ！日本の名著」、「一冊で愛の話題作100冊を読む」、「世界名著大事典 補遺(Extra)」、「日本の名作おさらい」、「日本文学鑑賞辞典〔第2〕」、「日本文学名作案内」、「ポケット日本名作事典」

09895　「娼婦の部屋」
『娼婦の部屋―傑作小説集』　吉行淳之介著　光文社　1992　265p　16cm〈光文社文庫〉　440円　①4-334-71628-8　Ⓝ913.6
☆「世界名著大事典 補遺(Extra)」

09896　「砂の上の植物群」
『砂の上の植物群』　吉行淳之介著　新潮社　1967　241p　16cm〈新潮文庫〉　110円　Ⓝ913.6
☆「一度は読もうよ！日本の名著」、「一冊で日本の名著100冊を読む」、「近代日本の百冊を選ぶ」、「世界名著大事典 補遺(Extra)」、「日本文学 これを読まないと文学は語れない!!」、「日本文学名作案内」、「ポケット日本名作事典」

09897　「漂う部屋」
『漂う部屋』　吉行淳之介著　河出書房　1955　206p 図版　18cm〈河出新書〉　Ⓝ913.6
☆「世界名著大事典 補遺(Extra)」

09898　「夏の休暇」

『原色の街・驟雨』　吉行淳之介著　改版　新潮社　2012　324p　16cm〈新潮文庫　よ-4-1)〈底本：「吉行淳之介全集 第1巻、第5巻」(1997、1998年刊)〉　520円　①978-4-10-114301-9　Ⓝ913.6
☆「現代文学名作探訪事典」

09899　「花束」
『花束』　吉行淳之介著　中央公論社　1963　233p　20cm　Ⓝ913.6
☆「世界名著大事典 補遺(Extra)」

09900　「風景の中の関係」
『風景の中の関係』　吉行淳之介著　新潮社　1960　212p　20cm　Ⓝ913.6
☆「現代文学名作探訪事典」

09901　「星と月は天の穴」
『星と月は天の穴』　吉行淳之介著　講談社　1989　211p　16cm〈講談社文庫〉〈著書目録：p205〜211〉　540円　①4-06-196049-0　Ⓝ913.6
☆「世界名著大事典 補遺(Extra)」

09902　「闇のなかの祝祭」
『闇のなかの祝祭』　吉行淳之介著　光文社　1991　217p　16cm〈光文社文庫〉　420円　①4-334-71363-7　Ⓝ913.6
☆「これだけは読んでおきたい日本の名作文学案内」、「世界名著大事典 補遺(Extra)」

09903　「夕暮まで」
『夕暮まで』　吉行淳之介著　新潮社　1982　184p　15cm〈新潮文庫〉　220円　①4-10-114311-0　Ⓝ913.6
☆「現代文学鑑賞辞典」、「日本の小説101」、「ポケット日本名作事典」

吉行 理恵　よしゆき・りえ

09904　「夢のなかで」
『夢のなかで―古家晶詩集』　古家晶著　大阪編集工房ノア　2011　147p　22cm　2000円　①978-4-89271-723-9　Ⓝ911.56
☆「日本文芸鑑賞事典 第20巻(昭和42〜50年)」

依田 学海　よだ・がっかい

09905　「吉野拾遺名歌誉」
『明治文学全集　第85　明治史劇集』　戸板康二編　筑摩書房　1966　451p 図版　23cm　Ⓝ918.6
☆「世界名著大事典」

与田 準一　よだ・じゅんいち

09906　「五十一番目のザボン」
『五十一番目のザボン』　与田準一著　講談社　1979　219p　15cm〈講談社文庫〉〈年譜：

09907 「十二のきりかぶ」
『日本児童文学全集 13 ごんぎつね—新美南吉・与田凖一・平塚武二・土家由岐雄童話集』 箕田源二郎絵 偕成社 1962 240p 23cm
☆「名作の研究事典」

09908 「山羊とお皿」
『山羊とお皿』 与田凖一著 第一書房 1940 302p 19cm Ⓝ911.58
☆「世界名著大事典」

米川 正夫 よねかわ・まさお

09909 「ドストエーフスキイ研究」
『ドストエーフスキイ研究』 米川正夫著 河出書房 1956 304p 図版 19cm Ⓝ980.28
☆「世界名著大事典」

米窪 太刀雄 よねくぼ・たちお

09910 「海のロマンス」
『海のロマンス』 米窪太刀雄著 縮刷版 中興館書店 1915 656p 15cm〈共同刊行：誠文堂書店 折り込1枚〉Ⓝ290.9
☆「世界の海洋文学」

米田 信夫 よねだ・のぶお

09911 「数学の問題」
『数学の問題』 ヒルベルト著 一松信訳・解説 共立出版 1969 141p 図版 22cm〈現代数学の系譜 4〉 950円 Ⓝ410.1
☆「数学ブックガイド100」

米村 圭伍 よねむら・けいご

09912 「退屈姫君伝」
『退屈姫君伝』 米村圭伍著 新潮社 2002 433p 16cm〈新潮文庫〉 590円 ①4-10-126532-1 Ⓝ913.6
☆「面白いほどよくわかる時代小説名作100」

米本 昌平 よねもと・しょうへい

09913 「遺伝管理社会」
『遺伝管理社会—ナチスと近未来』 米本昌平著 弘文堂 1989 212p 20cm〈叢書死の文化 4〉 1550円 ①4-335-75006-4 Ⓝ498.2
☆「歴史家の読書案内」

09914 「地球環境問題とは何か」
『地球環境問題とは何か』 米本昌平著 岩波書店 2002 262,3p 18cm〈岩波新書〉〈第16刷〉 780円 ①4-00-430331-1
☆「「本の定番」ブックガイド」

09915 「知政学のすすめ」
『知政学のすすめ—科学技術文明の読みとき』 米本昌平著 中央公論社 1998 258p 20cm〈中公叢書〉 1700円 ①4-12-002788-0 Ⓝ409
☆「学問がわかる500冊 v.2」、「サイエンス・ブックレヴュー」

09916 「バイオエシックス」
『バイオエシックス』 米本昌平著 講談社 1985 226p 18cm〈講談社現代新書〉 480円 ①4-06-145759-4 Ⓝ490.15
☆「「本の定番」ブックガイド」

米山 忠興 よねやま・ただおき

09917 「教養のための天文学講義」
『教養のための天文学講義』 米山忠興著 丸善 1998 220p 21cm 2800円 ①4-621-04467-2 Ⓝ440
☆「ブックガイド"宇宙"を読む」

米山 リサ よねやま・りさ

09918 「広島 記憶のポリティクス」
『広島記憶のポリティクス』 米山リサ著 小沢弘明,小澤祥子,小田島勝浩訳 岩波書店 2005 302p 20cm 3300円 ①4-00-001935-X Ⓝ369.37
☆「大学新入生に薦める101冊の本」

読み書き能力調査委員会 よみかきのうりょくちょうさいいんかい

09919 「日本人の読み書き能力」
『日本人の読み書き能力』 読み書き能力調査委員会編 東京大学出版部 1951 916p 地図表 27cm Ⓝ810.9
☆「世界名著大事典」

四方 赤良 よも・あから

09920 「徳和歌後万載集」
『徳和歌後万載集』 四方赤良編 野崎左文校 岩波書店 1930 130p 16cm〈岩波文庫 689〉 Ⓝ911.19
☆「古典の事典」、「この一冊で読める！「日本の古典50冊」」、「作品と作者」、「日本の書物」、「日本文学鑑賞辞典 〔第1〕」

09921 「万載狂歌集」
『万載狂歌集』 四方赤良,朱楽菅江編 野崎左文校 岩波書店 1930 120p 16cm〈岩波文庫 656〉 Ⓝ911.19
☆「古典の事典」、「世界名著大事典」、「日本の古典」、「日本の古典名著」、「日本名著辞典」

【ら】

頼 山陽　らい・さんよう

09922　「山陽遺稿」
『詩集日本漢詩　第10巻』　富士川英郎ほか編　汲古書院　1986　562p　27cm〈複製〉　8500円　Ⓝ919.5
☆「世界名著大事典」,「千年の百冊」

09923　「山陽詩鈔」
『詩集日本漢詩　第10巻』　富士川英郎ほか編　汲古書院　1986　562p　27cm〈複製〉　8500円　Ⓝ919.5
☆「この一冊で読める！日本の古典50冊」,「世界名著大事典」,「千年の百冊」

09924　「壇之浦戦記」
☆「日本の艶本・珍書 総解説」

09925　「通議」
『通議』　頼山陽著　安藤英男訳　白川書院　1977　306p 図　21cm　2000円　Ⓝ210.12
☆「日本の古典名著」

09926　「日本外史」
『日本外史―幕末のベストセラーを「超」現代語訳で読む』　頼山陽著　長尾剛訳　PHP研究所　2010　245p　19cm　1300円　①978-4-569-77590-6　Ⓝ210.1
☆「学術辞典叢書 第15巻」,「古典の事典」,「人文科学の名著」,「世界の名著早わかり事典」,「世界名著解題選 第3巻」,「世界名著大事典」,「戦国十冊の名著」,「尊王 十冊の名著」,「『日本人の名著』を読む」,「日本の古典名著」,「日本の書物」,「日本の名著」,「日本名著辞典」,「日本歴史「古典籍」総覧」,「幕末十冊の名著」,「歴史学の名著30」,「歴史の名著100」

09927　「日本政記」
『日本政記』　頼山陽著　安藤英男訳　白川書院　1976　376p　21cm〈日本史略年表：p.355-376〉　3500円　Ⓝ210.12
☆「世界名著大事典」,「日本の古典名著」,「日本名著辞典」

羅泰　らたい

09928　「鉄槌伝」
『本朝文粋　本朝續文粋』　藤原明衡,藤原季綱撰　黒板勝美編輯　新装版　吉川弘文館　1999　366,238,21p　23cm〈國史大系 新訂増補　第29巻 下〉〈複製〉　8600円　①4-642-00332-0　Ⓝ919.3
☆「日本の艶本・珍書 総解説」,「日本の奇書77冊」

良知 力　らち・ちから

09929　「青きドナウの乱痴気」
『青きドナウの乱痴気―ウィーン1848年』　良知力著　平凡社　1993　289p　16cm（平凡社ライブラリー）〈文献目録：p280～289〉　1100円　①4-582-76024-4　Ⓝ234.6
☆「学問がわかる500冊 v.2」

【り】

李 恢成　り・かいせい

09930　「伽倻子のために」
☆「一度は読もうよ！日本の名著」,「一冊で愛の話題作100冊を読む」

09931　「砧をうつ女」
『砧をうつ女』　李恢成著　文芸春秋　1977　251p　15cm（文春文庫）　260円　Ⓝ913.6
☆「一度は読もうよ！日本の名著」,「一冊で愛の話題作100冊を読む」,「現代文学鑑賞辞典」,「日本文学名作案内」,「日本文芸鑑賞事典 第20巻（昭和42～50年）」

09932　「見果てぬ夢」
『見果てぬ夢　1　禁じられた土地』　李恢成著　講談社　1986　364p　15cm（講談社文庫）　480円　①4-06-183671-4　Ⓝ913.6
☆「ポケット日本名作事典」

李 良枝　り・りょうし

09933　「由熙」
『由熙』　李良枝著　講談社　1989　305p　20cm　1300円　①4-06-204303-3　Ⓝ913.6
☆「現代文学鑑賞辞典」

陸軍教育総監部　りくぐんきょういくそうかんぶ

09934　「武人の徳操」
『武人の徳操　上巻』　教育總監部編纂　徳山周防書房　2002　494p　22cm〈偕行社1940年刊の複製〉　①4-901763-00-8　Ⓝ390.7
☆「国体 十冊の名著」

陸軍大臣　りくぐんだいじん

09935　「戦陣訓」
『武士道全書　第1巻』　井上哲次郎監修　佐伯有義,植木直一郎,井野辺茂雄編　国書刊行会　1998　358p　22cm〈時代社昭和17年刊の複製〉　①4-336-04095-8　Ⓝ156
☆「国体 十冊の名著」

栗杖亭 鬼卵　りつじょうてい・きらん

09936　「初瀬物語」

りひ

リービ 英雄　りーび・ひでお

09937　「星条旗の聞こえない部屋」
『星条旗の聞こえない部屋』　リービ英雄［著］　講談社　2004　189p　15cm〈講談社文芸文庫〉〈年譜あり　著作目録あり〉　1100円
Ⓘ4-06-198380-6　Ⓝ913.6
☆「現代文学鑑賞辞典」

隆 慶一郎　りゅう・けいいちろう

09938　「一夢庵風流記」
『一夢庵風流記』　隆慶一郎著　43刷改版　新潮社　2007　664p　16cm〈新潮文庫〉　743円
Ⓘ978-4-10-117414-3　Ⓝ913.6
☆「面白いほどよくわかる時代小説名作100」

09939　「影武者徳川家康」
『影武者徳川家康　上』　隆慶一郎著　新潮社　2008　639p　15cm〈新潮文庫〉〈三十一刷改版〉　781円　Ⓘ978-4-10-117415-0
☆「面白いほどよくわかる時代小説名作100」

09940　「見知らぬ海へ」
『見知らぬ海へ』　隆慶一郎著　講談社　1994　300p　15cm〈講談社文庫〉　500円
Ⓘ4-06-185774-6　Ⓝ913.6
☆「世界の海洋文学」

09941　「吉原御免状」
『吉原御免状』　隆慶一郎著　43刷改版　新潮社　2005　508p　16cm〈新潮文庫〉　667円
Ⓘ4-10-117411-3　Ⓝ913.6
☆「面白いほどよくわかる時代小説名作100」、「現代文学鑑賞辞典」

笠 信太郎　りゅう・しんたろう

09942　「"花見酒"の経済」
『"花見酒"の経済』　笠信太郎著　朝日新聞社　1987　219p　15cm〈朝日文庫〉　360円
Ⓘ4-02-260439-5　Ⓝ332.107
☆「世界名著大事典 補遺（Extra）」

09943　「ものの見方について」
『ものの見方について』　笠信太郎著　朝日新聞社　1987　224p　15cm〈朝日文庫〉　360円
Ⓘ4-02-260437-9　Ⓝ304
☆「世界名著大事典 補遺（Extra）」、「日本文芸鑑賞事典 第15巻」、「明治・大正・昭和の名著・総解説」

琉球国王府　りゅうきゅうこくおうふ

09944　「琉球国由来記」
『琉球史料叢書　第1-5』　伊波普猷、東恩納寛

惇、横山重編　井上書店　1962　5冊　22cm〈名取書店：昭和15-17年刊の複製〉Ⓝ219.9
☆「世界名著大事典」

隆源　りゅうげん

09945　「法中装束抄」
『群書類従　第8輯　装束部 文筆部』　塙保己一編纂　オンデマンド版　八木書店古書出版部　2013　612p　21cm〈訂正3版：続群書類従完成会 1980年刊　デジタルパブリッシングサービス〔印刷・製本〕　八木書店〔発売〕〉　10000円　Ⓘ978-4-8406-3119-8　Ⓝ081
☆「古典の事典」

流石庵 羽積　りゅうせきあん・うせき

09946　「歌系図」
『日本歌謡研究資料集成　第9巻』　勉誠社　1980　678p　22cm〈監修：浅野建二ほか　複製〉　12000円　Ⓝ911.6
☆「世界名著大事典」

流泉 小史　りゅうせん・しょうし

09947　「剣豪秘話」
『新選組剣豪秘話』　流泉小史著　新人物往来社　1973　247p　20cm　850円　Ⓝ210.58
☆「歴史小説・時代小説 総解説」

龍胆寺 雄　りゅうたんじ・ゆう

09948　「閨鬼」
『閨鬼』　広橋梵編　河出書房新社　1997　196p　15cm〈河出文庫　性の秘本コレクション　2〉〈監修：城市郎〉　476円＋税
Ⓘ4-309-47321-0　Ⓝ913.6
☆「日本の艶本・珍書 総解説」、「日本の奇書77冊」

09949　「放浪時代」
『放浪時代』　竜胆寺雄著　鎌倉文庫　1948　272p　19cm〈青春の書　11〉Ⓝ913.6
☆「日本文学鑑賞辞典〔第2〕」

柳亭 種彦　りゅうてい・たねひこ

09950　「正本製」
『正本製―12編』　柳亭種彦著　歌川国貞画　日本古典文学刊行会　1973　4冊　18cm〈複刻 日本古典文学館　第1期〉〈ほるぷ出版〔製作〕図書月販〔発売〕　版本は天保2年初版本（鈴木重三所蔵）稿本は柳亭種彦自筆本（日本古典文学会所蔵）のそれぞれの複製 䤋入　監修編集：日本古典文学会　付〔別冊 24p〕：正本製第12編解題（鈴木重三）　和装〉Ⓝ913.58
☆「作品と作者」

09951　「修紫田舎源氏」
『新日本古典文学大系　88　修紫田舎源氏

上』佐竹昭広ほか編　柳亭種彦著　鈴木重三校注　岩波書店　1995　743p　22cm　4800円　Ⓘ4-00-240088-3　Ⓝ918
☆「一度は読もうよ！日本の名著」，「一冊での古典100冊を読む」，「学術辞典叢書　第15巻」，「近代名著解題選集 2」，「古典の事典」，「古典文学鑑賞辞典」，「作品と作者」，「3行でわかる名作＆ヒット本250」，「世界名著解題選 第3巻」，「世界古典の艶本・珍書 総解説」，「日本の古典」，「日本の古典・世界の古典」，「日本の古典名著」，「日本の名著」，「日本文学鑑賞辞典〔第1〕」，「日本文学名作案内」，「日本名著辞典」

09952　「用捨箱」
『日本随筆大成　第1期 第13巻』　日本随筆大成編輯部編　新装版　吉川弘文館　2007　12，442p　19cm〈平成5年刊（新装版）を原本としたオンデマンド版〉　5500円
Ⓘ978-4-642-04079-2　Ⓝ914.5
☆「世界名著大事典」

滝亭 鯉丈　りゅうてい・りじょう

09953　「明烏後正夢」
『明烏夢泡雪（明烏）・明烏后真夢（正夢）・藤蔓戀の柵（藤かつら）―新内』　藤根道雄編著　鶴賀須磨太夫筆　邦楽社　1991　10,4,5丁　24cm〈和装〉　Ⓝ768.56
☆「日本の古典名著」

09954　「浮世床」
『浮世床』　式亭三馬作　和田万吉校訂　岩波書店　1993　104p　15cm（岩波文庫）〈第15刷（第1刷：28.10.25）〉　310円　Ⓘ4-00-302301-3
☆「一度は読もうよ！日本の名著」，「一冊で100名作の「さわり」を読む」，「古典の事典」，「世界名著大事典」，「日本の古典」，「日本の古典・世界の古典」，「日本の古典名著」，「日本文学鑑賞辞典〔第1〕」，「日本文学名作案内」，「日本文学名作概観」，「日本名著辞典」

09955　「花暦八笑人」
『花暦八笑人　上』　滝亭鯉丈他作　興津要校注　講談社　1982　271p　15cm（講談社文庫）　400円　Ⓘ4-06-131761-X　Ⓝ913.55
☆「古典の事典」，「作品と作者」，「世界名著大事典」，「日本の書物」，「日本文学鑑賞辞典〔第1〕」

良寛　りょうかん

09956　「はちすの露」
『はちすの露』　良寛詠　貞心尼編　貞心尼著　三条　野島出版　1992　102p　27cm〈複製　付（別冊 30p）：翻刻文（1枚）：良寛禅戒語（複製）〉　2000円　Ⓘ4-8221-0136-3　Ⓝ911.158
☆「日本の古典」

09957　「蓮の露」

『蓮の露』　良寛詠　貞心尼編　貞心尼筆　新潟　考古堂書店　1992　1冊（丁付なし）　26cm〈柏崎市立図書館中村文庫蔵の複製 付（別冊 100p）：釈文 外箱入　和装〉　8800円
Ⓘ4-87499-182-3　Ⓝ911.158
☆「日本の古典名著」，「日本の名著3分間読書100」

09958　「良寛歌集」
『良寛歌集―校本』　良寛〔原著〕　横山英著　西野武朗，河合雅子，反町タカ子，会田捷夫編　静岡　静岡県良寛会　2007　617p　22cm〈発行所：考古堂書店　肖像あり〉　5000円
Ⓘ978-4-87499-680-5　Ⓝ911.158
☆「世界名著大事典」，「日本の古典・世界の古典」，「日本の古典名著」（角川書店），「日本の名著」（毎日新聞社），「日本文学鑑賞辞典〔第1〕」，「日本文学名作概観」

良遍　りょうへん

09959　「法相二巻鈔」
『法相二巻鈔』　良遍著　奥田正造編　高田町（東京府）　奥田正造　1932　67p　23cm〈和装〉　Ⓝ188
☆「世界名著大事典」

リリー・フランキー

09960　「東京タワー」
『東京タワー―オカンとボクと、時々、オトン』　リリー・フランキー著　新潮社　2010　522p　16cm（新潮文庫　り-4-1）　705円
Ⓘ978-4-10-127571-0　Ⓝ913.6
☆「知らないと恥ずかしい「日本の名作」あらすじ200本」

【れ】

冷泉 為相　れいぜい・ためすけ

09961　「藤谷和歌集」
『松平文庫影印叢書　第13巻　私家集編 2』　松平黎明会編　新典社　1998　523p　22cm〈複製〉　15700円　Ⓘ4-7879-2019-7　Ⓝ918
☆「近代名著解題選集 3」

冷泉 政為　れいぜい・まさため

09962　「碧玉集」
☆「近代名著解題選集 3」

連城 三紀彦　れんじょう・みきひこ

09963　「恋文」
『恋文』　連城三紀彦著　新潮社　1987　240p　15cm（新潮文庫）　320円　Ⓘ4-10-140504-2　Ⓝ913.6

09964 「戻り川心中」
『戻り川心中—傑作推理小説』 連城三紀彦著 光文社 2006 301p 16cm〈光文社文庫〉 533円 ①4-334-74000-6 ⑬913.6
☆「世界の推理小説・総解説」

蓮如 れんにょ

09965 「御文」
『大系真宗史料 文書記録編6 蓮如御文』 真宗史料刊行会編 京都 法藏館 2008 470p 22cm〈親鸞聖人七百五十回御遠忌記念出版〉 8500円 ①978-4-8318-5065-2 ⑬188.72
☆「近代名著解題選集 3」,「古典の事典」,「世界名著大事典」,「日本古典への誘い100選 1」,「日本の古典名著」,「日本名著辞典」,「仏教の名著」

09966 「正信偈大意」
『真宗聖典』 真宗聖典編纂委員会編 縮刷版 京都 真宗大谷派宗務所出版部 2014 1143p 14cm〈年表あり〉 2500円 ①978-4-8341-0478-3 ⑬188.73
☆「世界名著大事典」

09967 「領解文」
『真宗聖典』 真宗聖典編纂委員会編 縮刷版 京都 真宗大谷派宗務所出版部 2014 1143p 14cm〈年表あり〉 2500円 ①978-4-8341-0478-3 ⑬188.73
☆「世界名著大事典」

09968 「蓮如上人御一代記聞書」
『大系真宗史料 文書記録編7 蓮如法語』 真宗史料刊行会編 上場顕雄担当編集 京都 法藏館 2012 326p 22cm 8500円 ①978-4-8318-5066-9 ⑬188.72
☆「世界名著大事典」

【ろ】

蠟山 政道 ろうやま・まさみち

09969 「政治学の任務と対象」
『政治学の任務と対象』 蠟山政道著 中央公論社 1979 399p 15cm〈中公文庫〉 480円 ⑬311
☆「世界名著大事典」

09970 「日本における近代政治学の発達」
『日本における近代政治学の発達』 蠟山政道著 新泉社 1969 426p 図版 19cm〈叢書名著の復興・学生版〉〈付録:討論・政治学の過去と将来 解説(原田鋼)日本近代政治学著作年

表略〉 1000円 ⑬311.21
☆「世界名著大事典」

六条斎院宣旨 ろくじょうさいいんのせんじ

09971 「狭衣物語」
『狭衣物語 1』 小町谷照彦,後藤祥子校注・訳 小学館 1999 429p 24×17cm〈新編 日本古典文学全集 29〉 4076円 ①4-09-658029-5
☆「一度は読もうよ! 日本の名著」,「一冊で日本の古典100冊を読む」,「学術辞典叢書 第15巻」,「近代名著解題選集 2」,「近代名著解題選集 3」,「古典の事典」,「古典文学鑑賞辞典」,「作品と作者」,「世界名著解題選 第2巻」,「世界名著大事典」,「千年の百冊」,「日本の古典」,「日本の古典・世界の古典」,「日本の古典名著」,「日本文学鑑賞辞典〔第1〕」,「日本文学名作概観」,「日本名著辞典」,「早わかり日本古典文学あらすじ事典」,「文学・名著300選の解説 '88年度版」

【わ】

若杉 慧 わかすぎ・けい

09972 「エデンの海」
『エデンの海』 若杉慧著 雲井書店 1951 169p 17×10cm ⑬913.6
☆「映画になった名著」,「ポケット日本名作事典」

若竹 笛躬 わかたけ・ふえみ

09973 「祇園女御九重錦」
『日本古典文学幻想コレクション 2 伝奇』 須永朝彦編訳 国書刊行会 1996 288p 20cm 2800円 ①4-336-03782-5 ⑬918
☆「世界名著大事典 補遺(Extra)」

09974 「摂州合邦辻」
『摂州合邦辻—通し狂言』 菅専助,若竹笛躬作 山田庄一補綴・演出 〔東京〕 国立劇場 2007 93p 26cm〈国立劇場歌舞伎公演上演台本〉 ⑬912.5
☆「世界名著大事典」

我妻 栄 わがつま・さかえ

09975 「近代法における債権の優越的地位」
『近代法における債権の優越的地位』 我妻栄著 有斐閣 1986 408,17,12p 22cm〈Student edition〉 3500円 ①4-641-03617-9 ⑬324.4
☆「世界名著大事典」,「名著の履歴書」

09976 「民法講義」
『民法講義 第1 民法総則』 我妻栄著 新訂版 岩波書店 1965 501p 22cm ⑬324
☆「世界名著大事典」

若林 三郎　わかばやし・さぶろう
09977　「農民運動と高松事件」
『農民運動と高松事件』　若林三郎著　長越信陽堂　1925　285p　23cm　Ⓝ611.9
☆「農政経済の名著 明治大正編」

若林 正丈　わかばやし・まさひろ
09978　「台湾抗日運動史研究」
『台湾抗日運動史研究』　若林正丈著　増補版　研文出版　2001　466,13p　22cm　7000円　①4-87636-197-5　Ⓝ222.406
☆「東アジア論」

09979　「台湾の台湾語人・中国語人・日本語人」
『台湾の台湾語人・中国語人・日本語人―台湾人の夢と現実』　若林正丈著　朝日新聞社　1997　361p　19cm（朝日選書　580）　1500円　①4-02-259680-5　Ⓝ302.224
☆「歴史家の一冊」

若林 幹夫　わかばやし・みきお
09980　「熱い都市・冷たい都市」
『熱い都市冷たい都市』　若林幹夫著　増補版　青弓社　2013　295p　22cm（青弓社ルネサンス　4）〈初版：弘文堂 1992年刊〉　4000円　①978-4-7872-3353-0　Ⓝ361.78
☆「学問がわかる500冊」

若松 賤子　わかまつ・しずこ
09981　「お向ふの離れ」
『現代日本文学大系　5　樋口一葉,明治女流文学,泉鏡花集』　筑摩書房　1972　504p　肖像　23cm　Ⓝ918.6
☆「世界名著大事典 補遺（Extra）」

09982　「忘れ形見」
『女性作家集』　髙田知波,中川成美,中山和子校注　岩波書店　2002　571,14p　22cm（新日本古典文学大系　明治編 23　中野三敏ほか編）〈付属資料：16p・月報 6〉　5600円　①4-00-240223-1　Ⓝ918.6
☆「世界名著大事典 補遺（Extra）」

和歌森 太郎　わかもり・たろう
09983　「国史における協同体の研究」
『国史における協同体の研究　上巻　族縁協同体』　和歌森太郎著　帝国書院　1947　468p　22cm　Ⓝ210.12
☆「世界名著大事典」

若森 栄樹　わかもり・よしき
09984　「裏切りの哲学」
『裏切りの哲学』　若森栄樹著　河出書房新社　1997　111p　19cm（シリーズ・道徳の系譜）　1100円　①4-309-24190-5　Ⓝ158
☆「学問がわかる500冊」

若山 牧水　わかやま・ぼくすい
09985　「海の声」
『海の声』　若山牧水著　日本近代文学館　1980　160p　19cm（名著複刻詩歌文学館　連翹セット）〈生命社明治41年刊の複製　ほるぷ〔発売〕　叢書の編者：名著複刻全集編集委員会〉　Ⓝ911.168
☆「Jブンガク」

09986　「別離」
『別離―歌集』　若山牧水著　短歌新聞社　1994　130p　15cm（短歌新聞社文庫）〈年譜：p127～129〉　700円　①4-8039-0759-5　Ⓝ911.168
☆「感動！日本の名著 近現代編」,「近代文学名作事典」,「世界名著大事典」,「日本近代文学名著事典」,「日本の名著」,「日本文学鑑賞辞典〔第2〕」,「日本文芸鑑賞事典 第4巻」,「文学・名著300選の解説 '88年度版」

09987　「みなかみ紀行」
『みなかみ紀行―新編』　若山牧水著　池内紀編　岩波書店　2002　266p　15cm（岩波文庫）　600円　①4-00-310522-2　Ⓝ915.6
☆「現代文学名作探訪事典」

脇田 修　わきた・おさむ
09988　「織田政権の基礎構造」
『織田政権の基礎構造』　脇田修著　東京大学出版会　1975　311,16p　22cm（織豊政権の分析　1）　2800円　Ⓝ210.48
☆「日本史の名著」

和久 峻三　わく・しゅんぞう
09989　「代言人落合源太郎の推理」
『代言人落合源太郎の推理』　和久峻三著　新潮社　1980　248p　19cm〈参考文献：p248〉　800円　Ⓝ913.6
☆「世界の推理小説・総解説」

鷲尾 雨工　わしお・うこう
09990　「吉野朝太平記」
『吉野朝太平記　第1巻』　鷲尾雨工著　誠文図書　2001　346p　20cm（歴史小説名作館）〈共栄図書〔発売〕〉　2000円　①4-88195-100-9　Ⓝ913.6
☆「ポケット日本名作事典」,「歴史小説・時代小説総解説」

鷲尾 圭司　わしお・けいじ
09991　「明石海峡魚景色」
『明石海峡魚景色』　鷲尾圭司著　神戸　長征社

1989　206p　19cm　1236円　Ⓝ664.6
☆「世界の海洋文学」

鷲尾 泰俊　わしお・やすとし

09992　「推定と検定」
『推定と検定』　鷲尾泰俊著　共立出版　1978　123p　19cm（数学ワンポイント双書　18）　900円　Ⓝ418.8
☆「数学ブックガイド100」

鷲田 清一　わしだ・きよかず

09993　「じぶん・この不思議な存在」
『じぶん・この不思議な存在』　鷲田清一著　講談社　2005　180p　18cm（講談社現代新書Jeunesse）　①4-06-149315-9　Ⓝ104
☆「ブックガイド "心の科学" を読む」

鷲谷 いづみ　わしたに・いづみ

09994　「サクラソウの目―保全生態学とは何か」
『サクラソウの目―繁殖と保全の生態学』　鷲谷いづみ著　第2版　地人書館　2006　238p　19cm〈文献あり〉　2000円　①4-8052-0775-2　Ⓝ479.92
☆「学問がわかる500冊 v.2」

鷲尾 隆康　わしのお・たかやす

09995　「二水記」
『大日本古記録〔第19〕1 二水記　永正元年正月～永正17年12月』　東京大学史料編纂所編纂　鷲尾隆康著　岩波書店　1989　259p　22cm　11500円　①4-00-009577-3　Ⓝ210.088
☆「世界名著大事典」

和田 耕作　わだ・こうさく

09996　「石原純」
『石原純―科学と短歌の人生』　和田耕作著　ナテック　2003　401p　20cm（PHN叢書　第2篇）〈肖像あり　年譜あり　著作目録あり　文献あり〉　4800円　①4-901937-01-4　Ⓝ911.162
☆「サイエンス・ブックレヴュー」

和田 清　わだ・せい

09997　「内蒙古諸部落の起源」
『内蒙古諸部落の起源』　和田清著　奉公会　1917　456p　22cm（奉公叢書　第5編）　Ⓝ222.6
☆「世界名著大事典」

09998　「中国史概説」
『中国史概説　上巻』　和田清著　岩波書店　1950　281p　19cm（岩波全書　第120）　Ⓝ222.01
☆「人文科学の名著」，「世界名著大事典」

09999　「東亜史研究・満州篇」
『東亜史研究〔第1〕満洲篇』　和田清著　東洋文庫　1955　674p 図版 地図　22cm（東洋文庫論叢　第37）　Ⓝ220
☆「世界名著大事典」

10000　「東亜史研究・蒙古篇」
『東亜史研究〔第2〕蒙古篇』　和田清著　東洋文庫　1959　938,34,18p 図版 地図　22cm（東洋文庫論叢　第42）　Ⓝ220
☆「世界名著大事典」

10001　「東洋中世史」
『東洋中世史』　和田清等著　有斐閣　1953　449p　19cm（有斐閣全書）　Ⓝ222
☆「人文科学の名著」

和田 伝　わだ・つとう

10002　「鰯雲」
『鰯雲』　和田伝著　角川書店　1958　200p　15cm（角川文庫）　Ⓝ913.6
☆「現代文学名作探訪事典」

10003　「沃土」
『沃土』　和田伝著　新潮社　1940　294p　19cm（昭和名作選集　第7）　Ⓝ913.6
☆「現代日本文学案内」，「現代文学名作探訪事典」，「世界名著大事典」，「日本文学鑑賞辞典〔第2〕」，「日本文芸鑑賞事典　第12巻」

和田 維四郎　わだ・つなしろう

10004　「江戸物語」
『江戸物語』　和田維四郎著　雄松堂書店　1980　40丁 図版49枚　34cm（大正5年刊の複製　付（別冊 21cm）：解説 川瀬一馬著　箱入（39cm）　和装）　55000円　Ⓝ382.136
☆「世界名著大事典」

10005　「嵯峨本考」
『嵯峨本考』　和田維四郎著　和田維四郎　1916　1冊　33cm〈和装〉　Ⓝ020
☆「世界名著大事典」

10006　「日本鉱物誌」
『日本鉱物誌　上巻』　和田維四郎著　伊藤貞市，桜井欽一編　中文館書店　1947　368p 図版　26cm　Ⓝ459.2
☆「世界名著大事典」

10007　「訪書余録」
『訪書余録』　和田維四郎著　京都　臨川書店　1978　2冊　27cm〈本文編，図録編に分冊刊行　複製　新装版〉　全30000円　Ⓝ022
☆「世界名著大事典」

和田 寧　わだ・ねい

10008　「円理表」

☆「世界名著大事典」

和田 春樹　わだ・はるき

10009　「朝鮮戦争」
『朝鮮戦争』　和田春樹著　岩波書店　1995　385,9p　22cm〈東京大学社会科学研究所研究叢書　第80冊〉〈文献目録：p371～385〉　4200円　Ⓘ4-00-001369-6　Ⓝ221.07
☆「学問がわかる500冊 v.2」

10010　「東北アジア共同の家」
『東北アジア共同の家―新地域主義宣言』　和田春樹著　平凡社　2003　270p　20cm　2400円　Ⓘ4-582-70244-9　Ⓝ319.2
☆「平和を考えるための100冊+α」

10011　「歴史としての社会主義」
『歴史としての社会主義』　和田春樹著　岩波書店　1992　221p　18cm〈岩波新書〉　580円　Ⓘ4-00-430239-0　Ⓝ309
☆「世界史読書案内」

和田 秀男　わだ・ひでお

10012　「コンピュータ入門」
『コンピュータ入門』　和田秀男著　岩波書店　1982　214p　19cm〈数学入門シリーズ　8〉　1500円　Ⓝ007.6
☆「数学ブックガイド100」

和田 英松　わだ・ひでまつ

10013　「国書逸文」
『国書逸文』　和田英松纂輯　森克己校訂　新訂増補　国書逸文研究会編　国書刊行会　1995　1172p　22cm〈昭和15年刊の複製を含む　各章末：研究文献〉　18000円　Ⓘ4-336-03695-0　Ⓝ081.5
☆「日本歴史「古典籍」総覧」

和田 万吉　わだ・まんきち

10014　「古版地誌解題」
『古版地誌解題』　和田万吉著　新訂増補　朝倉治彦増補　国書刊行会　1974　229,20p　図29枚　22cm〈大岡書店昭和8年刊（大正5年初版本の改訂重刊版）の複製に増補したもの〉　3000円　Ⓝ291.031
☆「世界名著大事典」

和田 芳恵　わだ・よしえ

10015　「色合わせ」
『色合わせ』　和田芳恵著　光風社書店　1968　288p　20cm　580円　Ⓝ913.6
☆「日本・世界名作「愛の会話」100章」

10016　「暗い流れ」
『暗い流れ』　和田芳恵著　講談社　2000　303p　16cm（講談社文芸文庫）〈肖像あり　年譜あり　著作目録あり〉　1300円　Ⓘ4-06-198207-9　Ⓝ913.6
☆「一度は読もうよ！　日本の名著」,「一冊で日本の名著100冊を読む　続」,「日本文学名作案内」

10017　「接木の台」
『接木の台』　和田芳恵著　集英社　1979　274p　16cm（集英社文庫）　260円　Ⓝ913.6
☆「現代文学鑑賞辞典」,「日本文芸鑑賞事典　第20巻（昭和42～50年）」

和田 竜　わだ・りょう

10018　「忍びの国」
『忍びの国』　和田竜著　新潮社　2011　375p　16cm（新潮文庫　わ-10-1）〈文献あり〉　552円　Ⓘ978-4-10-134977-0　Ⓝ913.6
☆「面白いほどよくわかる時代小説名作100」

10019　「のぼうの城」
『のぼうの城　上』　和田竜著　小学館　2010　219p　15cm（小学館文庫　わ10-1）　457円　Ⓘ978-4-09-408551-8　Ⓝ913.6
☆「面白いほどよくわかる時代小説名作100」,「3行でわかる名作&ヒット本250」

和達 三樹　わだち・みき

10020　「物理のための数学」
『物理のための数学』　和達三樹著　岩波書店　1983　272p　22cm〈物理入門コース　10〉〈さらに勉強するために：p229～230〉　2600円　Ⓝ421.5
☆「数学ブックガイド100」

渡辺 昭夫　わたなべ・あきお

10021　「アジアの人権―国際政治の視点から」
『アジアの人権―国際政治の視点から』　渡辺昭夫編　日本国際問題研究所　1997　302p　21cm（JIIA選書）　3500円　Ⓘ4-8193-0329-5
☆「学問がわかる500冊」

渡辺 郁夫　わたなべ・いくお

10022　「トモよ、生命の海を渡れ」
『トモよ！　生命の海を渡れ』　渡辺郁男・ヤヨミ著　大和書房　1981　211p　19cm　880円　Ⓝ916
☆「世界の海洋文学」

渡辺 幾治郎　わたなべ・いくじろう

10023　「明治史研究」
『明治史研究』　渡辺幾治郎著　改訂増補　共立出版　1944　523p　22cm　Ⓝ210.6
☆「世界名著大事典」

渡辺 一枝　わたなべ・いちえ

10024　「チベットを馬で行く」
　『チベットを馬で行く』　渡辺一枝著　文藝春秋　2003　668p　16cm（文春文庫）　952円
　Ⓘ4-16-765675-2　Ⓝ292.29
　☆「新・山の本おすすめ50選」

渡辺 巌　わたなべ・いわお

10025　「田畑の微生物たち―その働きを知る」
　『田畑の微生物たち―その動きを知る』　渡辺巌著　農山漁村文化協会　1986　232p　19cm　1300円　Ⓘ4-540-85053-9　Ⓝ613.6
　☆「学問がわかる500冊 v.2」

渡辺 悦生　わたなべ・えつお

10026　「科学を学ぶ者の倫理」
　『科学を学ぶ者の倫理―東京水産大学公開シンポジウム』　渡邊悦生,中村和夫共編　成山堂書店　2001　145p　19cm　1400円
　Ⓘ4-425-98101-4　Ⓝ490.15
　☆「サイエンス・ブックレヴュー」

渡辺 治　わたなべ・おさむ

10027　「教養としてのコンピュータ・サイエンス」
　『教養としてのコンピュータ・サイエンス』　渡辺治著　サイエンス社　2001　151p　26cm（Information science & engineering　ex1）〈文献あり〉　1550円　Ⓘ4-7819-0994-9　Ⓝ007
　☆「ブックガイド "数学" を読む」

10028　「現代日本の政治を読む」
　『現代日本の政治を読む』　渡辺治著　京都　かもがわ出版　1995　62p　21cm（かもがわブックレット　83）　550円　Ⓘ4-87699-189-8　Ⓝ312.1
　☆「学問がわかる500冊」

10029　「「憲法改正」批判」
　『「憲法改正」批判』　渡辺治ほか著　労働旬報社　1994　349p　20cm〈年表―90年代改憲論の台頭：p335～341〉　2500円
　Ⓘ4-8451-0346-X　Ⓝ323.142
　☆「憲法本41」

10030　「日本国憲法「改正」史」
　『日本国憲法「改正」史』　渡辺治著　日本評論社　1987　690p　22cm（東京大学社会科学研究所研究叢書　第70冊）〈引用・参照文献：p674～686〉　9000円　Ⓘ4-535-57652-1　Ⓝ323.149
　☆「憲法本41」

渡辺 崋山　わたなべ・かざん

10031　「慎機論」

　『渡辺崋山集　第7巻』　渡辺崋山著　小澤耕一,芳賀登監修　日本図書センター　1999　249p　22cm〈複製および翻刻　年譜あり　文献あり〉　10000円
　Ⓘ4-8205-6311-4,4-8205-6304-1　Ⓝ721.7
　☆「古painting の事典」、「世界名著大事典」、「日本の古典名著」、「日本の書物」、「日本名著辞典」

渡辺 一夫　わたなべ・かずお

10032　「人間模索」
　『人間模索』　渡辺一夫著　要書房　1953　157p　19cm　Ⓝ914.6
　☆「自己啓発の名著30」

10033　「フランス・ユマニスムの成立」
　『フランス・ユマニスムの成立』　渡辺一夫著　岩波書店　2005　247,68p　19cm（岩波全書セレクション）〈1976年刊の複製　年表あり〉　2700円　Ⓘ4-00-021877-8　Ⓝ135
　☆「世界名著大事典」

10034　「ラブレー研究序説」
　☆「世界名著大事典」

渡辺 一雄　わたなべ・かずお

10035　「退社願」
　『退社願―株式会社大丸社長殿』　渡辺一雄著　徳間書店　1984　217p　16cm（徳間文庫）　300円　Ⓘ4-19-597697-9　Ⓝ913.6
　☆「現代を読む」

渡部 一英　わたなべ・かずひで

10036　「巨人中島知久平」
　『巨人中島知久平』　渡部一英著　鳳文書林　1955　466p 図版　19cm　Ⓝ289.1
　☆「日本海軍の本・総解説」

渡辺 霞亭　わたなべ・かてい

10037　「渦巻」
　『渦巻　上,中,下,続編』　渡辺霞亭著　隆文館　1913　4冊　21-22cm　Ⓝ913.6
　☆「世界名著大事典」

渡辺 加藤一　わたなべ・かとういち

10038　「海難史話」
　『海難史話』　渡辺加藤一著　海文堂出版　1979　258p　19cm〈年表・主な参考文献：p249～254〉　1300円　Ⓝ558.8
　☆「世界の海洋文学」

渡辺 京二　わたなべ・きょうじ

10039　「北一輝」
　『北一輝』　渡辺京二著　筑摩書房　2007　390p　15cm（ちくま学芸文庫）〈年譜あり〉

1300円　①978-4-480-09046-1　Ⓝ289.1
☆「東アジア論」

渡辺　清　わたなべ・きよし
10040　「戦艦武蔵の最期」
『戦艦武蔵の最期』　渡辺清著　朝日新聞社　1982　287p　19cm〈朝日選書　197〉　940円　Ⓝ916
☆「日本海軍の本・総解説」

渡辺　啓助　わたなべ・けいすけ
10041　「偽眼のマドンナ」
『渡辺啓助集―地獄横丁』　渡辺啓助著　筑摩書房　2002　516p　15cm〈ちくま文庫　怪奇探偵小説名作選　2〉〈下位シリーズの責任表示：日下三蔵編〉　1300円　①4-480-03702-0　Ⓝ913.6
☆「世界の推理小説・総解説」

渡辺　公平　わたなべ・こうへい
10042　「山は満員」
『山は満員』　渡辺公平著　茗溪堂　1975　356p　図　22cm　2200円　Ⓝ786
☆「日本の山の名著・総解説」

渡辺　定元　わたなべ・さだもと
10043　「自然環境とのつきあい方」
『森とつきあう』　渡邊定元著　岩波書店　1997　168,11p　19cm〈自然環境とのつきあい方〉〈索引あり〉　1500円　①4-00-006602-1　Ⓝ653.21
☆「学問がわかる500冊 v.2」

渡辺　秀実　わたなべ・しゅうじつ
10044　「長崎画人伝」
『日本画談大観　上・中・下編』　坂崎坦編　目白書院　1917　1568,2p　22cm　Ⓝ721
☆「世界名著大事典」

渡辺　淳一　わたなべ・じゅんいち
10045　「愛のごとく」
『愛のごとく』　渡辺淳一著　新潮社　1987　2冊　15cm〈新潮文庫〉　320円,360円　①4-10-117615-9　Ⓝ913.6
☆「新潮文庫20世紀の100冊」

10046　「阿寒に果つ」
『阿寒に果つ』　渡辺淳一［著］　講談社　2013　445p　15cm〈講談社文庫　わ1-47〉〈中央公論社 1973年刊の再刊〉　743円　①978-4-06-277524-3　Ⓝ913.6
☆「一度は読もうよ！ 日本の名著」、「一冊で愛の話題作100冊を読む」、「日本文学 これを読まないと文学は語れない!!」

10047　「孤舟」
『孤舟』　渡辺淳一著　集英社　2013　420p　16cm〈集英社文庫　わ1-46〉　650円　①978-4-08-745111-5　Ⓝ913.6
☆「3行でわかる名作&ヒット本250」

10048　「失楽園」
『失楽園　上』　渡辺淳一［著］　角川書店　2004　323p　15cm〈角川文庫〉　552円　①4-04-130737-6　Ⓝ913.6
☆「一度は読もうよ！ 日本の名著」、「現代文学鑑賞辞典」、「知らないと恥ずかしい「日本の名作」あらすじ200本」、「日本文学名作案内」、「百年の誤読」

10049　「遠き落日」
『遠き落日　上』　渡辺淳一［著］　講談社　2013　369p　15cm〈講談社文庫　わ1-53〉〈角川書店 1979年刊の再刊〉　870円　①978-4-06-277695-0　Ⓝ913.6
☆「大学新入生に薦める101冊の本」、「ポケット日本名作事典」

10050　「長崎ロシア遊女館」
『長崎ロシア遊女館』　渡辺淳一［著］　講談社　2013　277p　15cm〈講談社文庫　わ1-52〉　730円　①978-4-06-277692-9　Ⓝ913.6
☆「歴史小説・時代小説 総解説」

10051　「花埋み」
『花埋み』　渡辺淳一［著］　講談社　2013　546p　15cm〈講談社文庫　わ1-50〉〈河出書房新社 1970年刊の再刊〉　950円　①978-4-06-277559-5　Ⓝ913.6
☆「あの本にもう一度」、「一度は読もうよ！ 日本の名著」、「一冊で日本の名著100冊を読む」、「日本文学名作案内」、「日本文芸鑑賞事典 第20巻（昭和42〜50年）」

10052　「光と影」
『光と影』　渡辺淳一［著］　講談社　2013　275p　15cm〈講談社文庫　わ1-49〉〈文春文庫 2007年刊の再刊〉　690円　①978-4-06-277558-8　Ⓝ913.6
☆「一度は読もうよ！ 日本の名著」、「一冊で日本の名著100冊を読む 続」、「日本文学名作案内」

10053　「リラ冷えの街」
『リラ冷えの街』　渡辺淳一著　河出書房新社　1987　335p　20cm〈新装版〉　980円　①4-309-60961-9　Ⓝ913.6
☆「一度は読もうよ！ 日本の名著」、「一冊で愛の話題作100冊を読む」

渡部　昇一　わたなべ・しょういち
10054　「怪しげな時代の思想」
『怪しげな時代の思想』　渡部昇一著　PHP研究所　1986　232p　19cm　1200円　①4-569-21706-0

☆「経営経済95冊」

10055　「英語の語源」
『英語の語源』　渡部昇一著　講談社　1977　206p　18cm〈講談社現代新書〉　390円　Ⓝ832
☆「「本の定番」ブックガイド」

10056　「かくて歴史は始まる」
『かくて歴史は始まる』　渡部昇一著　三笠書房　1999　325p　16cm〈知的生きかた文庫〉　648円　①4-8379-7049-4　Ⓝ210.04
☆「経営経済95冊」

10057　「自分の壁を破る人破れない人」
『自分の壁を破る人破れない人』　渡部昇一著　三笠書房　2002　266p　15cm〈知的生きかた文庫〉　533円　①4-8379-7229-2　Ⓝ159
☆「超売れ筋ビジネス書101冊」

10058　「知的生活を求めて」
『知的生活を求めて』　渡部昇一著　講談社　2000　317p　20cm　1600円　①4-06-209979-9　Ⓝ159
☆「「本の定番」ブックガイド」

10059　「知的生活の方法」
『知的生活の方法』　渡部昇一著　講談社　1976　214p　18cm〈講談社現代新書〉　370円　Ⓝ002
☆「百年の誤読」、「「本の定番」ブックガイド」

10060　「ドイツ参謀本部」
『ドイツ参謀本部』　渡部昇一著　ワック　2012　316p　20cm〈渡部昇一著作集　歴史　2〉〈祥伝社2002年刊の改訂新版〉　1640円　①978-4-89831-182-0　Ⓝ392.34
☆「「本の定番」ブックガイド」、「名著で読む世界史」

10061　「ドイツ留学記」
『ドイツ留学記　上　雲と森の青春遍歴』　渡部昇一著　講談社　1980　182p　18cm〈講談社現代新書〉　390円　Ⓝ293.4
☆「「本の定番」ブックガイド」

10062　「日本語のこころ」
『日本語のこころ』　渡部昇一著　講談社　1974　213p　18cm〈講談社現代新書〉　350円　Ⓝ810.4
☆「「本の定番」ブックガイド」

10063　「日本の繁栄は揺るがない」
『日本の繁栄は、揺るがない。』　渡部昇一著　PHP研究所　1991　222p　20cm　1300円　①4-569-53248-9　Ⓝ304
☆「経営経済95冊」

10064　「発想法」
『発想法—知識の泉を潤わせるために』　渡部昇一著　PHP研究所　2008　253p　18cm〈講談社昭和56年刊の改訂〉　950円

①978-4-569-69902-8　Ⓝ141.5
☆「「本の定番」ブックガイド」

渡辺　信一　わたなべ・しんいち

10065　「日本農村人口論」
『日本農村人口論』　渡辺信一著　南郊社　1939　482p　23cm　Ⓝ611.91
☆「農政経済の名著　昭和前期編」

渡辺　水巴　わたなべ・すいは

10066　「水巴句帖」
『水巴句帖—縮刷』　渡辺水巴著　曲水社　1929　88,16p　15cm　Ⓝ911.36
☆「日本文学鑑賞辞典〔第2〕」、「日本文芸鑑賞事典　第5巻」

10067　「白日」
『白日—句集』　渡辺水巴著　交蘭社　1936　202p　20cm　Ⓝ911.36
☆「世界名著大事典」

渡辺　澄夫　わたなべ・すみお

10068　「畿内荘園の基礎構造」
『畿内荘園の基礎構造　上』　渡辺澄夫著　増訂版　吉川弘文館　1969　504p　表　22cm〈特に均等名庄園・摂関家大番頭番制庄園等に関する実証的研究〉　3000円　Ⓝ210.4
☆「日本史の名著」

渡辺　善太　わたなべ・ぜんだ

10069　「旧約書の文学」
『旧約書の文学　予言文学 1』　渡辺善太著　警醒社　1947　204p　19cm　Ⓝ193.4
☆「世界名著大事典」

10070　「聖書論」
『聖書論　第1巻　聖書正典論』　渡辺善太著　新教出版社　1949　324p　22cm　Ⓝ193
☆「世界名著大事典」

渡辺　哲夫　わたなべ・てつお

10071　「鴎外史伝の根源」
『鴎外史伝の根源』　渡辺哲夫著　西田書店　1996　100p　20cm　1500円　①4-88866-252-5　Ⓝ910.268
☆「歴史家の一冊」

10072　「海軍陸戦隊ジャングルに消ゆ」
『海軍陸戦隊ジャングルに消ゆ—海軍東部ニューギニア戦記』　渡辺哲夫著　戦誌刊行会　1982　357p　20cm〈星雲社〔発売〕　付：参考資料〉　1500円　①4-7952-3205-9　Ⓝ916
☆「日本海軍の本・総解説」

渡辺 楳雄　わたなべ・ばいゆう
10073　「有部阿毘達磨論の研究」
　『有部阿毘達磨論の研究』　渡辺楳雄著　京都　臨川書店　1989　1冊　22cm〈平凡社昭和29年刊の複製〉　11330円　Ⓘ4-653-01855-3　Ⓝ183.92
　☆「世界名著大事典」

渡辺 パコ　わたなべ・ぱこ
10074　「論理力を鍛えるトレーニングブック」
　『論理力を鍛えるトレーニングブック　意思伝達編』　渡辺パコ著　かんき出版　2002　219p　19cm〈かんきビジネス道場〉　1400円　Ⓘ4-7612-6014-9　Ⓝ141.5
　☆「超売れ筋ビジネス書101冊」

渡辺 一　わたなべ・はじめ
10075　「東山水墨画の研究」
　『東山水墨画の研究』　渡辺一著　増補版　中央公論美術出版　1985　363p　31cm〈初版：座右宝刊行会昭和23年刊　著者の肖像あり〉　14000円　Ⓝ721.02
　☆「世界名著大事典」

渡辺 仁　わたなべ・ひとし
10076　「縄文式階層化社会」
　『縄文式階層化社会』　渡辺仁著　新装　六一書房　2000　264p　19cm　2500円　Ⓘ4-947743-06-9　Ⓝ210.25
　☆「学問がわかる500冊 v.2」

渡辺 文雄　わたなべ・ふみお
10077　「国歌大観」
　『国歌大観　〔第1,2〕』　松下大三郎,渡辺文雄共著　角川書店　1951　2冊　Ⓝ911.108
　☆「世界名著大事典」

渡辺 真理　わたなべ・まこと
10078　「集合住宅をユニットから考える」
　『集合住宅をユニットから考える―Japanese housing since 1950』　渡辺真理,木下庸子著　新建築社　2006　183p　26cm　2400円　Ⓘ4-7869-0194-6　Ⓝ527.5
　☆「建築・都市ブックガイド21世紀」

渡辺 誠　わたなべ・まこと
10079　「縄文時代の植物食」
　『縄文時代の植物食』　渡辺誠著　増補　雄山閣出版　1984　247p　22cm〈考古学選書　13〉〈参考文献目録：p237〜247〉　2600円　Ⓘ4-639-00353-6　Ⓝ210.2
　☆「学問がわかる500冊 v.2」

渡辺 ヤヨミ　わたなべ・やよみ
10080　「トモよ、生命の海を渡れ」
　『トモよ！生命の海を渡れ』　渡辺郁男・ヤヨミ著　大和書房　1981　211p　19cm　880円　Ⓝ916
　☆「世界の海洋文学」

渡辺 洋三　わたなべ・ようぞう
10081　「日本社会と法」
　『日本社会と法』　渡辺洋三ほか編　岩波書店　1995　226p　18cm〈岩波新書〉〈参考文献：p219〜222〉　620円　Ⓘ4-00-430335-4　Ⓝ320
　☆「学問がわかる500冊」

10082　「日本の裁判」
　『日本の裁判』　渡辺洋三ほか著　岩波書店　1995　307p　19cm　2800円　Ⓘ4-00-001714-4　Ⓝ327
　☆「学問がわかる500冊」

10083　「法というものの考え方」
　『法というものの考え方』　渡辺洋三著　日本評論社　1989　250p　19cm　1850円　Ⓘ4-535-57783-8　Ⓝ321
　☆「名著の履歴書」

10084　「法とは何か」
　『法とは何か』　渡辺洋三著　新版　岩波書店　2003　261p　18cm〈岩波新書〉〈第10刷〉　780円　Ⓘ4-00-430544-6
　☆「学問がわかる500冊」

渡辺 欣雄　わたなべ・よしお
10085　「民俗知識論の課題」
　『民俗知識論の課題―沖縄の知識人類学』　渡辺欣雄著　凱風社　1990　284p　19cm　3811円
　☆「学問がわかる500冊 v.2」

渡部 義通　わたべ・よしみち
10086　「古代社会の構造」
　『古代社会の構造』　渡部義通著　三一書房　1970　446p　20cm〈三一選書〉　1500円　Ⓝ210.3
　☆「歴史の名著 日本人篇」

渡辺 世祐　わたなべ・よすけ
10087　「関東中心足利時代之研究」
　『関東中心足利時代之研究』　渡辺世祐著　改訂版　新人物往来社　1995　469p　22cm　9500円　Ⓘ4-404-02296-4　Ⓝ210.46
　☆「世界名著大事典」

綿貫 譲治　わたぬき・じょうじ
10088　「政治社会学」

わたへ

『社会学講座 7 政治社会学』 綿貫譲治編 東京大学出版会 1973 233p 22cm〈監修：福武直 付：文献〉Ⓝ361.08
☆「現代政治学を読む」

10089 「日本政治の分析視角」
『日本政治の分析視角』 綿貫譲治著 中央公論社 1976 250p 20cm（中公叢書） 1200円 Ⓝ311
☆「現代政治学を読む」

渡部 忠世 わたべ・ただよ

10090 「稲のアジア史」
『稲のアジア史―受容と成熟 3 アジアの中の日本稲作文化』 渡部忠世, 田中耕司編著 普及版 小学館 1997 351,10p 21cm 2200円 Ⓘ4-09-626156-4
☆「学問がわかる500冊 v.2」

綿矢 りさ わたや・りさ

10091 「蹴りたい背中」
『蹴りたい背中』 綿矢りさ著 河出書房新社 2007 183p 15cm（河出文庫） 380円 Ⓘ978-4-309-40841-5 Ⓝ913.6
☆「知らないと恥ずかしい「日本の名作」あらすじ200本」,「日本文学名作案内」

度会 家行 わたらい・いえゆき

10092 「類聚神祇本源」
『類聚神祇本源』 京都 臨川書店 2004 687,19p 23cm（真福寺善本叢刊 第2期 第9巻 神祇部 4） 国文学研究資料館編 阿部泰郎, 山崎誠編集責任）〈複製〉 14000円 Ⓘ4-653-03890-2,4-653-03880-5 Ⓝ171.2
☆「世界名著大事典」,「日本名著辞典」

度会 延佳 わたらい・のぶよし

10093 「陽復記」
『神道大系 論説編7 伊勢神道 下』 神道大系編纂会編 西川順土校注 神道大系編纂会 1982 20,548p 23cm 13000円 Ⓝ170.8
☆「世界名著大事典」,「世界名著大事典 補遺(Extra)」

和辻 哲郎 わつじ・てつろう

10094 「偶像再興」
『偶像再興―和辻哲郎感想集 面とペルソナ―和辻哲郎感想集』 和辻哲郎[著] 講談社 2007 312p 16cm（講談社文芸文庫）〈年譜あり 著作目録あり〉 1400円 Ⓘ978-4-06-198475-2 Ⓝ121.65
☆「感動！ 日本の名著 近現代編」,「日本の名著」

10095 「原始仏教の実践哲学」
『原始仏教の実践哲学』 和辻哲郎著 改版 岩波書店 1970 293p 22cm 850円 Ⓝ181.4

☆「世界名著大事典」

10096 「古寺巡礼」
『古寺巡礼』 和辻哲郎著 岩波書店 2002 287p 15cm（岩波文庫）〈第47刷〉 660円 Ⓘ4-00-331441-7
☆「教養のためのブックガイド」,「近代日本の百冊を選ぶ」,「現代人のための名著」,「世界名著大事典」,「大正の名著」,「日本の名著」,「日本文学鑑賞辞典〔第2〕」,「日本文学現代名作事典」,「日本文芸鑑賞事典 第6巻(1917～1920年)」,「ベストガイド日本の名著」,「明治・大正・昭和の名著・総解説」

10097 「鎖国―日本の悲劇」
『鎖国―日本の悲劇 上』 和辻哲郎著 岩波書店 1982 367p 15cm（岩波文庫） 500円 Ⓝ210.46
☆「名著の履歴書」

10098 「自叙伝の試み」
『自叙伝の試み』 和辻哲郎著 中央公論社 1992 636p 16cm（中公文庫）〈著者の肖像あり〉 920円 Ⓘ4-12-201893-5 Ⓝ121.6
☆「自伝の名著101」

10099 「日本古代文化」
『日本古代文化』 和辻哲郎著 改稿版 岩波書店 1939 429p 20cm
☆「世界名著大事典」,「日本思想史」

10100 「日本精神史研究」
『日本精神史研究』 和辻哲郎著 岩波書店 2005 401p 19cm（ワイド版岩波文庫） 1400円 Ⓘ4-00-007252-8 Ⓝ121.65
☆「世界名著大事典」

10101 「人間の学としての倫理学」
『人間の学としての倫理学』 和辻哲郎著 岩波書店 2007 277,8p 15cm（岩波文庫） 700円 Ⓘ978-4-00-381104-7 Ⓝ150
☆「世界名著大事典」,「ブックガイド"心の科学"を読む」

10102 「風土」
『風土―人間学的考察』 和辻哲郎著 岩波書店 2002 299p 15cm（岩波文庫）〈第42刷〉 660円 Ⓘ4-00-331442-5
☆「学問がわかる500冊」,「現代人のための名著」,「昭和の名著」,「世界の名著早わかり事典」,「世界名著大事典」,「日本人とは何か」,「日本の名著」,「日本文化論の名著入門」,「日本文芸鑑賞事典 第11巻(昭和9～昭和12年)」,「ハイデガー本45」,「必読書150」,「文学・名著300選の解説 '88年度版」,「ベストガイド日本の名著」,「明治・大正・昭和の名著・総解説」

10103 「大和古寺巡礼」
『古寺巡礼』 和辻哲郎著 岩波書店 1991

287p　19cm（ワイド版岩波文庫）　1000円
①4-00-007004-5　Ⓝ702.1
☆「現代文学名作探訪事典」

10104　「倫理学」
『倫理学　1』　和辻哲郎著　岩波書店　2007
481p　15cm（岩波文庫）　940円
①978-4-00-331449-4　Ⓝ150
☆「現代哲学の名著」，「哲学の世界」，「倫理学」

和辻 春樹　わつじ・はるき

10105　「随筆―船」
『船―随筆』　和辻春樹著　野間恒編　新版　NTT出版　1996　245p　20cm〈著者の肖像あり〉　2300円　①4-87188-451-1　Ⓝ556.4
☆「世界の海洋文学」

【作者不詳】

10106　「あいごの若」
『説経集』　室木弥太郎校注　新潮社　1977　461p　20cm（新潮日本古典集成）　1900円
Ⓝ912.4
☆「世界名著大事典」

10107　「あゐそめ川」
『室町時代物語大成　第1　あ-あみ』　横山重，松本隆信編　角川書店　1973　621p　図　22cm〈その他のタイトル：研究種目　総合研究（A）　その他のタイトル：課題名『室町時代物語大成』編纂のための諸本の基礎的研究〉　9500円　Ⓝ913.49
☆「近代名著解題選集 3」

10108　「藍染川」
『藍染川』　廿四世観世左近訂正　桧書店　1941　19丁　24cm（観世流大成版　13ノ4）〈和装〉
Ⓝ768
☆「近代名著解題選集 3」

10109　「相合袴」
☆「近代名著解題選集 3」

10110　「青葉の笛物語」
『室町時代物語大成　第1　あ-あみ』　横山重，松本隆信編　角川書店　1973　621p　図　22cm〈その他のタイトル：研究種目　総合研究（A）　その他のタイトル：課題名『室町時代物語大成』編纂のための諸本の基礎的研究〉　9500円　Ⓝ913.49
☆「近代名著解題選集 3」

10111　「赤い帽子の女」
『赤い帽子の女―性体験記録』　相対会編　河出書房新社　1999　247p　15cm（河出文庫　相

対レポート・セレクション　5）　533円
①4-309-47382-2　Ⓝ367.9
☆「日本の艶本・珍書 総解説」，「日本の奇書77冊」

10112　「胼」
☆「近代名著解題選集 3」

10113　「秋月物語」
『室町時代物語大成　第1　あ-あみ』　横山重，松本隆信編　角川書店　1973　621p　図　22cm〈その他のタイトル：研究種目　総合研究（A）　その他のタイトル：課題名『室町時代物語大成』編纂のための諸本の基礎的研究〉　9500円　Ⓝ913.49
☆「近代名著解題選集 3」

10114　「秋津島物語」
『歴史物語　2　今鏡・水鏡・増鏡・秋津島物語』　日本文学研究資料刊行会編　有精堂出版　1973　317p　22cm（日本文学研究資料叢書）
Ⓝ913.39
☆「近代名著解題選集 3」，「世界名著大事典」，「日本歴史「古典籍」総覧」，「歴史の名著100」

10115　「秋夜長物語」
『大東急記念文庫善本叢刊　中古・中世篇　第1巻　物語』　築島裕，島津忠夫，井上宗雄，長谷川強，岡崎久司編　井上宗雄責任編集　[東京]　大東急記念文庫　2007　746,25p　23cm〈複製　汲古書院〈製作発売〉〉　22000円　①978-4-7629-3460-5　Ⓝ081.7
☆「あらすじダイジェスト 日本の古典30を読む」，「一度は読もうよ！ 日本の名著」，「一冊で日本の古典100冊を読む」，「近代名著解題選集 3」，「古典文学鑑賞辞典」，「作品と作者」，「世界名著大事典」，「日本の艶本・珍書 総解説」，「日本の奇書77冊」，「日本文学鑑賞辞典 [第1]」，「早わかり日本古典文学あらすじ事典」

10116　「あきみち」
『お伽草子』　福永武彦ほか訳　筑摩書房　1991　333p　15cm（ちくま文庫）　680円
①4-480-02561-8　Ⓝ913.49
☆「近代名著解題選集 3」，「早わかり日本古典文学あらすじ事典」

10117　「悪太郎」
『能・狂言名作集』　横道万里雄，古川久注解　筑摩書房　1977　399p　23cm（古典日本文学　19）〈折り込み1枚〉　Ⓝ912.3
☆「近代名著解題選集 3」

10118　「悪坊」
『大蔵家伝之書古本能狂言　第2巻』　大蔵弥太郎編　京都　臨川書店　1976　8,738p　23cm〈複製版 限定版〉　全94000円　Ⓝ773.9
☆「近代名著解題選集 3」

10119　「あこぎの草子」

『室町時代物語大成　第1　あ-あみ』　横山重、松本隆信編　角川書店　1973　621p　図　22cm〈その他のタイトル：研究種目　総合研究（A）　その他のタイトル：課題名『室町時代物語大成』編纂のための諸本の基礎的研究〉　9500円　Ⓝ913.49
　☆「近代名著解題選集 3」

10120　「朝顔の露の宮」
　『近古小説新纂』　島津久基編著　有精堂出版　1983　698p　23cm〈中興館昭和3年刊の複製〉　18000円　Ⓘ4-640-30561-3　Ⓝ913.49
　☆「近代名著解題選集 3」

10121　「朝比奈」
　『能楽全書　第6巻　能・狂言の鑑賞』　野上豊一郎編修　綜合新訂版　東京創元社　1981　368p　22cm　3000円　Ⓝ773.08
　☆「近代名著解題選集 3」

10122　「あしびき」
　『新日本古典文学大系　54　室町物語集　上』　佐竹昭広ほか編　市古貞次ほか校注　岩波書店　1989　487p　22cm　3600円　Ⓘ4-00-240054-9　Ⓝ918
　☆「近代名著解題選集 3」

10123　「吾妻鏡」
　『吾妻鏡―吉川本　第1』　早川純三郎編　吉川弘文館　2008　520p　23cm（国書刊行会本）〈国書刊行会大正4年刊を原本としたオンデマンド版〉　10000円　Ⓘ978-4-642-04196-6　Ⓝ210.42
　☆「近代名著解題選集 3」、「古典の事典」、「人文科学の名著」、「世界名著大事典」、「地図とあらすじで読む歴史の名著」、「2ページでわかる日本の古典傑作選」、「日本の古典」、「日本の古典名著」、「日本の書物」、「日本名著辞典」、「日本歴史「古典籍」総覧」、「歴史の名著100」、「わたしの古典 続」

10124　「麻生」
　『大蔵家伝之書古本能狂言　第1巻』　大蔵弥太郎編　京都　臨川書店　1976　9,828p　23cm（複製版 限定版）　全94000円　Ⓝ773.9
　☆「近代名著解題選集 3」

10125　「海士」
　『海士』　観世左近訂正著作　檜書店　1951　15丁　22cm（観世流稽古用謡本　20ノ5）〈和装〉　Ⓝ768.4
　☆「近代名著解題選集 3」

10126　「海士のかる藻」
　『桂宮本叢書―図書寮所蔵　第17巻　物語第3』　宮内庁書陵部編　天理　養徳社　1956　363p　図版　19cm　Ⓝ918
　☆「日本文学鑑賞辞典〔第1〕」

10127　「海人の苅藻」
　『海人の刈藻―全訳注語句総索引』　関恒延著　右文院　1991　497p　22cm　12000円　Ⓘ4-8421-9141-4　Ⓝ913.38
　☆「近代名著解題選集 3」

10128　「阿弥陀胸割」
　『国文東方仏教叢書　第2輯 第7巻　文芸部』　鷲尾順敬編纂　名著普及会　1991　620p　20cm（第2刷（第1刷：昭和53年）大正14年～昭和6年刊の複製）　Ⓘ4-89551-579-6　Ⓝ180.8
　☆「世界名著大事典」

10129　「あめわかひこ物語」
　☆「近代名著解題選集 3」

10130　「天稚彦物語」
　『日本古典文学幻想コレクション　2　伝綺』　須永朝彦編訳　国書刊行会　1996　288p　20cm　2800円　Ⓘ4-336-03782-5　Ⓝ918
　☆「近代名著解題選集 3」

10131　「綾鼓」
　『能を読む　1　翁と観阿弥―能の誕生』　梅原猛、観世清和監修　天野文雄、土屋恵一郎、中沢新一、松岡心平編集委員　角川学芸出版　2013　558p　22cm〈角川グループパブリッシング〔発売〕〉　6500円　Ⓘ978-4-04-653871-0　Ⓝ773
　☆「近代名著解題選集 3」

10132　「有明の別れ」
　『鎌倉時代物語集成　第1巻』　市古貞次,三角洋一編　笠間書院　1988　449p　22cm　11500円　Ⓝ913.41
　☆「古典文学鑑賞辞典」、「世界名著大事典」、「早わかり日本古典文学あらすじ事典」

10133　「淡路」
　『淡路』　廿四世観世左近訂正　桧書店　1942　4,11丁　24cm（観世流大成版　26ノ1）〈和装〉　Ⓝ768
　☆「近代名著解題選集 3」

10134　「合柿」
　『大蔵家伝之書古本能狂言　第3巻』　大蔵弥太郎編　京都　臨川書店　1976　10,574p　23cm（複製版 限定版）　全94000円　Ⓝ773.9
　☆「近代名著解題選集 3」

10135　「粟田口」
　『大蔵家伝之書古本能狂言　第1巻』　大蔵弥太郎編　京都　臨川書店　1976　9,828p　23cm（複製版 限定版）　全94000円　Ⓝ773.9
　☆「近代名著解題選集 3」

10136　「硫黄が島」
　『近代日本文学大系　第2巻　舞の本及古浄瑠璃集』　国民図書　1928　1004p　19cm　Ⓝ918

☆「近代名著解題選集3」

10137　「伊香物語」
『室町時代物語大成　第2　あめ-うり』　横山重,松本隆信編　角川書店　1974　617p　図　22cm〈その他のタイトル：研究種目　総合研究（A）　その他のタイトル：課題名　『室町時代物語大成』編纂のための諸本の基礎的研究〉　11000円　Ⓝ913.49
☆「近代名著解題選集3」

10138　「居杭」
『朝食・舟唄—女子だけでできる現代狂言集』　阿部到著　青雲書房　1987　187p　19cm　1000円　Ⓘ4-88079-056-7　Ⓝ912.8
☆「近代名著解題選集3」

10139　「生田敦盛」
『生田敦盛—袖珍本』　觀世左近訂正著作　檜書店　1951　10丁　13cm　Ⓝ768.4
☆「近代名著解題選集3」

10140　「生捕鈴木」
☆「近代名著解題選集3」

10141　「囲碁式」
『群書類従　第19輯　菅絃部　蹴鞠部　鷹部　遊戯部　飲食部』　塙保己一編纂　オンデマンド版　八木書店古書出版部　2013　882p　21cm〈訂正3版：続群書類従完成会1979年刊　デジタルパブリッシングサービス〔印刷・製本〕　八木書店〔発売〕〉　14000円
Ⓘ978-4-8406-3130-3　Ⓝ081
☆「日本の古典名著」

10142　「石神」
『大蔵家伝之書古本能狂言　第2巻』　大蔵弥太郎編　京都　臨川書店　1976　8,738p　23cm〈複製版　限定版〉　全94000円　Ⓝ773.5
☆「近代名著解題選集3」

10143　「和泉が城」
☆「近代名著解題選集3」

10144　「和泉式部」
『室町時代物語大成　第2　あめ-うり』　横山重,松本隆信編　角川書店　1974　617p　図　22cm〈その他のタイトル：研究種目　総合研究（A）　その他のタイトル：課題名　『室町時代物語大成』編纂のための諸本の基礎的研究〉　11000円　Ⓝ913.49
☆「近代名著解題選集3」

10145　「伊勢音頭恋寝刃」
『文楽床本集』　国立文楽劇場営業課編　〔東京〕　日本芸術文化振興会　2012　53p　19cm〈国立文楽劇場人形浄瑠璃文楽平成二十四年七・八月公演〉　Ⓝ912.4

☆「作品と作者」

10146　「伊曽保物語」
『伊曾保物語—万治絵入本』　武藤禎夫校注　岩波書店　2000　345p　15cm（岩波文庫）　760円　Ⓘ4-00-302761-2　Ⓝ991.3
☆「古典の事典」,「古典文学鑑賞辞典」,「作品と作者」,「日本の古典」,「日本の古典・世界の古典」,「日本の古典名著」,「日本の書物」,「日本文学鑑賞辞典〔第1〕」

10147　「一言芳談」
『一言芳談』　小西甚一校注　筑摩書房　1998　201p　15cm（ちくま学芸文庫）　900円　Ⓘ4-480-08412-6　Ⓝ184
☆「近代名著解題選集3」,「古典の事典」,「世界名著大事典」,「日本名著辞典」

10148　「一代要記」
『一代要記　1』　石田実洋,大塚統子,小口雅史,小倉慈司校注　神道大系編纂会　2005　306p　23cm（続神道大系　朝儀祭祀編　神道大系編纂会編）　18000円　Ⓝ210.3
☆「日本歴史「古典籍」総覧」,「歴史の名著100」

10149　「厳島の本地」
『室町時代物語大成　第2　あめ-うり』　横山重,松本隆信編　角川書店　1974　617p　図　22cm〈その他のタイトル：研究種目　総合研究（A）　その他のタイトル：課題名　『室町時代物語大成』編纂のための諸本の基礎的研究〉　11000円　Ⓝ913.49
☆「近代名著解題選集3」

10150　「一切経」
『新国訳大蔵経　中国撰述部 1-1（華厳宗部）華厳五教章（宋本）　金師子章　法界玄鏡』　木村清孝,吉田叡禮訳註　大蔵出版　2011　336p　22cm〈索引あり〉　9500円
Ⓘ978-4-8043-8201-2　Ⓝ183
☆「日本の古典名著」

10151　「一寸法師」
『おとぎ草子』　大岡信作　新版　岩波書店　2006　242p　18cm（岩波少年文庫　576）　680円　Ⓘ4-00-114576-6　Ⓝ913.6
☆「近代名著解題選集3」,「世界名著大事典」,「日本の名著」（角川書店）,「日本の名著」（毎日新聞社）,「日本文学鑑賞辞典〔第1〕」

10152　「暇の袋」
☆「近代名著解題選集3」

10153　「因幡堂」
『大蔵家伝之書古本能狂言　第2巻』　大蔵弥太郎編　京都　臨川書店　1976　8,738p　23cm〈複製版　限定版〉　全94000円　Ⓝ773.5
☆「近代名著解題選集3」

読んでおきたい「日本の名著」案内　　　675

10154 「犬山伏」
『大蔵家伝之書古本能狂言　第2巻』　大蔵弥太郎編　京都　臨川書店　1976　8,738p　23cm〈複製版 限定版〉　全94000円　Ⓝ773.9
☆「近代名著解題選集 3」

10155 「伊吹」
『幸若小八郎正本幸若舞曲―三十六種　上巻』　古典研究会　1973　482p　22cm〈古典研究会叢書　第2期 国文学〉〈汲古書院〔発売〕　慶応義塾図書館蔵本の複製〉　5000円　Ⓝ912.2
☆「近代名著解題選集 3」

10156 「今川大双紙」
『群書類従　第22輯　武家部』　塙保己一編纂　オンデマンド版　八木書店古書出版部　2013　626p　21cm〈訂正3版：続群書類従完成会　1979年刊　デジタルパブリッシングサービス〔印刷・製本〕　八木書店〔発売〕〉　10000円　①978-4-8406-3133-4　Ⓝ081
☆「日本名著辞典」

10157 「今参」
『大蔵家伝之書古本能狂言　第1巻』　大蔵弥太郎編　京都　臨川書店　1976　9,828p　23cm〈複製版 限定版〉　全94000円　Ⓝ773.9
☆「近代名著解題選集 3」

10158 「伊文字」
『大蔵家伝之書古本能狂言　第2巻』　大蔵弥太郎編　京都　臨川書店　1976　8,738p　23cm〈複製版 限定版〉　全94000円　Ⓝ773.9
☆「近代名著解題選集 3」

10159 「入鹿」
『幸若舞　1　百合若大臣―他』　荒木繁ほか編注　平凡社　1979　380p　18cm〈東洋文庫355〉　1300円　Ⓝ912.2
☆「近代名著解題選集 3」

10160 「入間川」
『大蔵家伝之書古本能狂言　第1巻』　大蔵弥太郎編　京都　臨川書店　1976　9,828p　23cm〈複製版 限定版〉　全94000円　Ⓝ773.9
☆「近代名著解題選集 3」

10161 「以呂波」
『大蔵家伝之書古本能狂言　第3巻』　大蔵弥太郎編　京都　臨川書店　1976　10,574p　23cm〈複製版 限定版〉　全94000円　Ⓝ773.9
☆「近代名著解題選集 3」

10162 「石清水物語」
『續々群書類従　第15　歌文部 2』　国書刊行会編纂　オンデマンド版　八木書店古書出版部　2013　705p　21cm〈初版：続群書類従完成会　1969年刊　デジタルパブリッシングサービス〔印刷・製本〕　八木書店〔発売〕〉　11000円

①978-4-8406-3242-3　Ⓝ081
☆「近代名著解題選集 3」、「古典文学鑑賞辞典」、「世界名著大事典」、「日本の古典名著」、「日本文学鑑賞辞典〔第1〕」、「日本文学名作概観」

10163 「岩船」
『岩船』著　梅若流謡本刊行會　1940　3丁　13cm（［梅若流謡本］　27ノ5）〈和装〉
☆「近代名著解題選集 3」

10164 「岩屋の草子」
『新日本古典文学大系　54　室町物語集　上』　佐竹昭広ほか編　市古貞次ほか校注　岩波書店　1989　487p　22cm　3600円　①4-00-240054-9　Ⓝ918
☆「近代名著解題選集 3」

10165 「魚説法」
『日本の古典　16　能・狂言集』　河出書房新社　1972　396p 図　23cm　1200円　Ⓝ918
☆「近代名著解題選集 3」

10166 「鴬」
☆「近代名著解題選集 3」

10167 「右近」
『右近一袖珍本』　觀世左近訂正著作　檜書店　1951　10丁　13cm　Ⓝ768.4
☆「近代名著解題選集 3」

10168 「宇治拾遺物語」
『宇治拾遺物語　上』　長野甞一校注　新装版　明治書院　2001　330p　19cm〈校注古典叢書〉〈文献あり〉　2000円　①4-625-71312-9　Ⓝ913.47
☆「愛と死の日本文学」、「あらすじで読む日本の古典」(楽書館,中経出版〔発売〕)、「あらすじで読む日本の古典」(新人物往来社)、「一度は読もうよ！日本の名著」、「一冊で日本の古典100冊を読む」、「一冊で100名作の「さわり」を読む」、「近代名著解題選集 3」、「古典の事典」、「古典文学鑑賞辞典」、「この一冊で読める！日本の古典50冊」、「作品と作者」、「知らないと恥ずかしい「日本の名作」あらすじ200本」、「世界名作事典」、「世界名著大事典」、「千年の百冊」、「2ページでわかる日本の古典傑作選」、「日本古典への誘い100選 2」、「日本の艶本・珍書 総解説」、「日本の奇書77冊」、「日本の古典」、「日本の古典・世界の古典」、「日本の古典」、「日本文学鑑賞辞典〔第1〕」、「日本文学の古典50選」、「日本文学名作案内」、「日本文学名作事典」、「日本名著辞典」、「マンガとあらすじでやさしく読める 日本の古典傑作30選」

10169 「薄雪物語」
『恨の介・薄雪物語』　菊池真一編　大阪　和泉書院　1994　166p　21cm〈仮名草子研究文献目録：p77～166〉　1545円　①4-87088-652-9　Ⓝ913.51
☆「作品と作者」、「Jブンガク」、「日本文学鑑賞辞典〔第1〕」

10170 「歌相撲」
☆「近代名著解題選集 3」

10171 「転寝草子」
『新日本古典文学大系　54　室町物語集　上』佐竹昭広ほか編　市古貞次ほか校注　岩波書店　1989　487p　22cm　3600円
Ⓘ4-00-240054-9　Ⓝ918
☆「近代名著解題選集 3」

10172 「打聞集」
『打聞集―本文と漢字索引』　木村晟編　大空社　1998　2,322p　27cm〈国語国文学術研究書シリーズ　2〉　10000円　Ⓘ4-7568-0707-0　Ⓝ913.37
☆「近代名著解題選集 3」,「世界名著大事典」,「日本の古典名著」

10173 「内沙汰」
『大蔵家伝之書古本能狂言　第2巻』　大蔵弥太郎編　京都　臨川書店　1976　8,738p　23cm〈複製版　限定版〉　全94000円　Ⓝ773.9
☆「近代名著解題選集 3」

10174 「内外詣」
『謡曲大観　第1巻』　佐成謙太郎著　明治書院　1963　730p　23cm　Ⓝ912.3
☆「近代名著解題選集 3」

10175 「靭猿」
『新編日本古典文学全集　60　狂言集』　北川忠彦,安田章校注　小学館　2001　574p　23cm　4457円　Ⓘ4-09-658060-0　Ⓝ918
☆「近代名著解題選集 3」,「古典の事典」,「世界名著大事典」,「日本の名著」

10176 「鵜祭」
『謡曲大観　第1巻』　佐成謙太郎著　明治書院　1963　730p　23cm　Ⓝ912.3
☆「近代名著解題選集 3」

10177 「馬揃」
『舞の本―内閣文庫本　下』　松沢智里編　古典文庫　1979　271p　17cm〈古典文庫　第389冊〉　非売品　Ⓝ912.2
☆「近代名著解題選集 3」

10178 「梅枝」
『梅枝―袖珍本』　觀世左近訂正著作　檜書店　1950　10丁　13cm　Ⓝ768.4
☆「近代名著解題選集 3」

10179 「梅津長者物語」
『室町時代物語集　第2-5』　横山重,太田武夫校訂　井上書房　1962　4冊　22cm〈昭和12-17年　大岡山書店刊の再刊〉　Ⓝ913.49
☆「近代名著解題選集 3」

10180 「浦島太郎」
『浦島太郎』　小澤昔ばなし大学再話研究会再話　唐仁原教久絵　小澤俊夫監修　小峰書店　2011　211p　20cm〈語りつぎたい日本の昔話 2〉〈文献あり　索引あり〉　1500円　Ⓘ978-4-338-25802-9　Ⓝ388.1
☆「一冊で100名作の「さわり」を読む」,「近代名著解題選集 3」,「世界名著大事典」,「日本文芸鑑賞事典　第4巻」

10181 「恨の介」
『恨の介・薄雪物語』　菊池真一編　大阪　和泉書院　1994　166p　21cm〈仮名草子研究文献目録：p77～166〉　1545円　Ⓘ4-87088-652-9　Ⓝ913.51
☆「一度は読もうよ！　日本の名著」,「一冊で日本の古典100冊を読む」,「古典文学鑑賞事典」,「作品と作者」,「世界名著大事典」,「日本文学鑑賞辞典〔第1〕」

10182 「瓜子姫」
『日本の昔話』　柳田国男[著]　新版　角川学芸出版　2013　206p　15cm〈［角川ソフィア文庫］［SP J-102-7］〉〈角川グループパブリッシング〔発売〕〉　514円
Ⓘ978-4-04-408304-5　Ⓝ388.1
☆「世界名著大事典　補遺(Extra)」

10183 「瓜盗人」
『事件でござるぞ、太郎冠者』　井上尚登著　祥伝社　2012　323p　20cm　1600円
Ⓘ978-4-396-63387-5　Ⓝ913.6
☆「近代名著解題選集 3」,「古典文学鑑賞辞典」,「日本の古典・世界の古典」,「日本文学の古典50選」

10184 「鱗形」
『謡曲大観　第1巻』　佐成謙太郎著　明治書院　1963　730p　23cm　Ⓝ912.3
☆「近代名著解題選集 3」

10185 「雲葉和歌集」
『中世百首歌・七夕御会和歌懐紙・中世私撰集』　朝日新聞社　1996　2冊　16×22～22cm〈冷泉家時雨亭叢書　第34巻〉〈複製　叢書の編者：冷泉家時雨亭文庫〉　全30000円　Ⓘ4-02-240334-9　Ⓝ911.145
☆「近代名著解題選集 3」

10186 「栄花物語」
『栄花物語　1』　山中裕,秋山虔,池田尚隆,福長進校注・訳　小学館　1995　589p　23×16cm〈新編　日本古典文学全集　31〉　4600円　Ⓘ4-09-658031-7
☆「一度は読もうよ！　日本の名著」,「一冊で日本の古典100冊を読む」,「一冊で100名作の「さわり」を読む」,「近代名著解題選集 3」,「古典の事典」,「古典文学鑑賞辞典」,「作品と作者」,「3行でわかる名作&ヒット本250」,「人文科学の名著」,「世界名作事典」,「世界名著大事典」,「千年の百冊」

「日本古典への誘い100選2」、「日本の古典」、「日本の古典・世界の古典」、「日本の古典名著」、「日本の名著」、「日本文学鑑賞辞典〔第1〕」、「日本文学名著辞典」、「日本名著辞典」、「日本歴史「古典籍」総覧」、「文学・名著300選の解説 '88年度版」、「歴史の名著100」

10187 「永享記」
『續群書類従 第20輯 上 合戦部』塙保己一編纂 太田藤四郎補 オンデマンド版 八木書店古書出版部 2013 516p 21cm〈訂正3版：続群書類従完成会1978年刊 デジタルパブリッシングサービス〔印刷・製本〕 八木書店〔発売〕〉 8000円 ①978-4-8406-3181-5 Ⓝ081
☆「日本歴史「古典籍」総覧」、「歴史の名著100」

10188 「絵入狂言記」
『繪入狂言記図説―嘉永元年版』本多静雄、堀江勤之助編 名古屋 名古屋民芸協会 1989 169p 15×21cm〈和装〉 3800円 Ⓝ773.9
☆「この一冊で読める！日本の古典50冊」

10189 「餌差十王（狂言）」
『大蔵家伝之書古本能狂言 第1巻』大蔵弥太郎編 京都 臨川書店 1976 9,828p 23cm〈複製版 限定版〉全94000円 Ⓝ773.9
☆「近代名著解題選集3」、「日本の古典・世界の古典」

10190 「江戸絵図株帳」
『割印帳―東博本 影印版 第5巻』朝倉治彦監修 ゆまに書房 2007 276p 22cm〈書誌書目シリーズ 83〉〈原本：東京国立博物館蔵〉 ①978-4-8433-2679-4 Ⓝ023.1
☆「歴史の名著100」

10191 「夷大黒」
『大蔵家伝之書古本能狂言 第1巻』大蔵弥太郎編 京都 臨川書店 1976 9,828p 23cm〈複製版 限定版〉全94000円 Ⓝ773.9
☆「近代名著解題選集3」

10192 「箙」
『箙―金剛流謡曲本』金剛巌訂正著 京都 檜書店 1996 2,12丁 23cm〈和装〉 Ⓝ768.4
☆「近代名著解題選集3」

10193 「絵馬」
『繪馬―袖珍本』観世左近訂正著作 檜書店 1951 9丁 13cm Ⓝ768.4
☆「近代名著解題選集3」

10194 「笈捜」
『舞の本―寛永版』須田悦生ほか編 三弥井書店 1990 479p 21cm 3200円 ①4-8382-7004-5 Ⓝ912.2
☆「近代名著解題選集3」

10195 「オイナ」

10196 「桜雲記」
『竜門文庫善本叢刊 第6巻』〔吉野町（奈良県）〕阪本竜門文庫 1986 630p 22cm〈監修：川瀬一馬 複製 勉誠社〔製作発売〕〉 12000円 Ⓝ081
☆「近代名著解題選集3」、「日本名著辞典」

10197 「応仁記」
『応仁記』志村有弘著 勉誠社 1994 251p 20cm（日本合戦騒動叢書 2）〈関係年表：p237～245 参考文献：p248～251〉 2470円 ①4-585-05102-3 Ⓝ210.47
☆「古典の事典」、「世界名著大事典」、「日本の古典名著」、「日本名著辞典」、「日本歴史「古典籍」総覧」、「歴史の名著100」

10198 「鸚鵡小町」
『鸚鵡小町』廿四世観世左近訂正 檜書店 1941 3,11丁 24cm（観世流大成版 14ノ3）〈和装〉 Ⓝ768
☆「近代名著解題選集3」

10199 「大商蛭小島」
『名作歌舞伎全集 第13巻 時代狂言集』東京創元新社 1969 308p 図版 20cm〈監修者：戸板康二等〉 Ⓝ912.5
☆「日本文学鑑賞辞典〔第1〕」

10200 「大江山」
『大江山』喜多六平太著 喜多流刊行會 1948 4p,10枚 21cm〈和装〉
☆「近代名著解題選集3」

10201 「大鏡」
『大鏡』武田友宏編 角川学芸出版 2007 278p 15cm（角川文庫 角川ソフィア文庫ビギナーズ・クラシックス）〈年譜あり 年表あり 角川グループパブリッシング〔発売〕〉 743円 ①978-4-04-357424-7 Ⓝ913.393
☆「あらすじで読む日本の古典」（楽書館, 中経出版〔発売〕）、「あらすじで読む日本の古典」（新人物往来社）、「一度は読もうよ！日本の名著」、「一冊で日本の古典100冊を読む」、「一冊で100名作の「さわり」を読む」、「学術辞典叢書 第15巻」、「近代名著解題選集3」、「古典の事典」、「古典文学鑑賞辞典」、「作品と作者」、「3行でわかる名作&ヒット本250」、「知らないと恥ずかしい「日本の名作」あらすじ200本」、「人文科学の名著」、「図説5分でわかる日本の名作傑作選」、「世界名作事典」、「世界名著解題選 第1巻」、「世界名著大事典」、「千年の百冊」、「2ページでわかる日本の古典傑作選」、「日本古典への誘い100選2」、「日本の古典」、「日

本の古典・世界の古典」,「日本の古典名著」,「日本の書物」,「日本の名著」,「日本の名著3分間読書100」,「日本文学鑑賞辞典〔第1〕」,「日本文学の古典50選」,「日本文学名作案内」,「日本文学名作概観」,「日本文学名作事典」,「日本名著辞典」,「日本歴史「古典籍」総覧」,「文学・名著300選の解説 '88年度版」,「マンガとあらすじでやさしく読める 日本の古典傑作30選」,「歴史の名著100」

10202「大坂物語」
『新日本古典文学大系 74 仮名草子集』 佐竹昭広ほか編 渡辺守邦,渡辺憲司校注 岩波書店 1991 499p 22cm 3700円 ①4-00-240074-3 Ⓝ918
☆「古典の事典」

10203「岡太夫」
『大蔵家伝之書古本能狂言 第2巻』 大蔵弥太郎編 京都 臨川書店 1976 8,738p 23cm〈複製版 限定版〉 全94000円 Ⓝ773.9
☆「近代名著解題選集 3」

10204「翁」
『翁―そのほか 能及狂言考之弐』 本田安次著 明善堂書店 1958 230p 図版11枚 19cm Ⓝ385.1
☆「近代名著解題選集 3」,「古典の事典」,「世界名著大事典 補遺(Extra)」

10205「お銀小銀」
『泉鏡花集』 泉鏡花著 東郷克美,吉田昌志校注 岩波書店 2002 493p 22cm(新日本古典文学大系 明治編 20 中野三敏ほか編)〈付属資料:16p・月報 5〉 5200円 ①4-00-240220-7 Ⓝ913.6
☆「世界名著大事典 補遺(Extra)」

10206「をぐり」
『をぐり―再生と救済の物語』 鳥居明雄著 ぺりかん社 2011 235p 20cm〈文献あり〉 2800円 ①978-4-8315-1307-6 Ⓝ911.64
☆「日本古典への誘い100選 2」

10207「小栗判官」
『説経小栗判官』 近藤ようこ著 筑摩書房 2003 203p 15cm(ちくま文庫) 600円 ①4-480-03801-9 Ⓝ726.1
☆「古典の事典」,「世界名著大事典」

10208「右近左近」
『大蔵家伝之書古本能狂言 第2巻』 大蔵弥太郎編 京都 臨川書店 1976 8,738p 23cm〈複製版 限定版〉 全94000円 Ⓝ773.9
☆「近代名著解題選集 3」

10209「御伽草子」
『御伽草子』 市古貞次校注 岩波書店 1991 490p 22cm 3800円 ①4-00-004481-8 Ⓝ913.49

☆「一度は読もうよ! 日本の名著」,「一冊で日本の古典100冊を読む」,「古典の事典」,「作品と作者」,「世界名作事典」,「世界名著大事典」,「2ページでわかる日本の古典作品選」,「日本の古典への誘い100選 2」,「日本の古典名著」,「日本の書物」,「日本の名著3分間読書100」,「日本名著辞典」,「名作の研究事典」

10210「音なし草子」
『室町時代物語大成 第3 えし-きさ』 横山重,松本隆信編 角川書店 1975 626p 図 22cm〈その他のタイトル:研究種目 総合研究(A) その他のタイトル:課題名「室町時代物語大成」編纂のための諸本の基礎的研究〉 11000円 Ⓝ913.49
☆「近代名著解題選集 3」

10211「鬼瓦」
『大蔵家伝之書古本能狂言 第1巻』 大蔵弥太郎編 京都 臨川書店 1976 9,828p 23cm〈複製版 限定版〉 全94000円 Ⓝ773.9
☆「近代名著解題選集 3」

10212「鬼清水」
☆「近代名著解題選集 3」

10213「鬼の継子」
『大蔵家伝之書古本能狂言 第1巻』 大蔵弥太郎編 京都 臨川書店 1976 9,828p 23cm〈複製版 限定版〉 全94000円 Ⓝ773.9
☆「近代名著解題選集 3」

10214「伯母が酒」
『能・狂言名作集』 横道万里雄,古川久注解 筑摩書房 1977 399p 23cm(古典日本文学 19)〈折り込1枚〉 Ⓝ912.3
☆「近代名著解題選集 3」

10215「男衾三郎絵詞」
『男衾三郎絵詞』 貴重図書複製会編 貴重図書複製会 1942 1軸 29cm〈[浅野侯爵家蔵]の複製〉 Ⓝ721
☆「近代名著解題選集 3」

10216「おもかげ物語」
『近古小説新纂』 島津久基編著 有精堂出版 1983 698p 23cm〈中興館昭和3年刊の複製〉 18000円 ①4-640-30561-3 Ⓝ913.49
☆「近代名著解題選集 3」

10217「御湯殿上日記」
『続群書類従 補遺3-[1] お湯殿の上の日記1』 塙保己一編纂 太田藤四郎補 オンデマンド版 八木書店古書出版部 2013 542p 21cm〈訂正3版:続群書類従完成会 1980年刊 デジタルパブリッシングサービス〔印刷・製本〕 八木書店〔発売〕〉 9000円 ①978-4-8406-3217-1 Ⓝ081
☆「世界名著大事典」

10218 「音曲錙」
『大蔵家伝之書古本能狂言　第2巻』　大蔵弥太郎編　京都　臨川書店　1976　8,738p　23cm〈複製版　限定版〉　全94000円　Ⓝ773.9
☆「近代名著解題選集3」

10219 「御曹子島渡」
『21世紀版少年少女古典文学館　第16巻　おとぎ草子　山椒太夫―ほか』　興津要,小林保治,津本信博編　司馬遼太郎,田辺聖子,井上ひさし監修　清水義範,ねじめ正一著　講談社　2010　313p　20cm〈原作者未詳〉　1400円
①978-4-06-282766-9　Ⓝ918
☆「近代名著解題選集3」

10220 「女仁義物語」
『日本教育文庫　[第8-12]』　同文館編輯局編　同文館　1910　5冊　図版　23cm　Ⓝ370.8
☆「古典の事典」

10221 「女山賊」
☆「近代名著解題選集3」

10222 「海道記」
『海道記』　玉井幸助校註　朝日新聞社　1954　310p　19cm〈日本古典全書〉〈表紙には海道記,十六夜日記とあり　東関紀行（玉井幸助校註）十六夜日記（阿仏尼著　石田吉良校註）を合刻〉Ⓝ915.25
☆「一度は読もうよ！日本の名著」,「一冊で日本の古典100冊を読む」,「近代名著解題選集3」,「古典の事典」,「古典文学鑑賞辞典」,「作品と作者」,「世界名著大事典」,「日本の古典」,「日本の古典名著」,「日本文学鑑賞辞典〔第1〕」,「日本名著辞典」

10223 「快美なる狂宴」
『快美なる狂宴』　河出書房新社　1998　171p　15cm（河出文庫　性の秘本コレクション　9）457円　④4-309-47356-3　Ⓝ913.6
☆「日本の艶本・珍書　総解説」,「日本の奇書77冊」

10224 「花営三代記」
『群書類従　第26輯　雑部』　塙保己一編纂　オンデマンド版　八木書店古書出版部　2013　636p　21cm〈訂正3版：続群書類従完成会1980年刊　デジタルパブリッシングサービス〔印刷・製本〕　八木書店〔発売〕〉　10000円
①978-4-8406-3137-2　Ⓝ081
☆「世界名著大事典」,「日本歴史「古典籍」総覧」,「歴史の名著100」

10225 「鏡破翁絵詞」
☆「近代名著解題選集3」

10226 「柿売」
☆「近代名著解題選集3」

10227 「嘉吉記」

10218〜10236

『未刊軍記物語資料集　7　聖藩文庫本軍記物語集　3』　黒田彰,岡田美穂編・解説　クレス出版　2005　482,7p　22cm（軍記物語研究叢書　第7巻　黒田彰,岡田美穂編・解説）〈加賀市立図書館聖藩文庫蔵の複製〉　10000円
①4-87733-288-X　Ⓝ913.43
☆「日本歴史「古典籍」総覧」,「歴史の名著100」

10228 「柿本の系図」
『群書類従　第28輯　雑部』　塙保己一編纂　オンデマンド版　八木書店古書出版部　2013　722p　21cm〈訂正3版：続群書類従完成会1979年刊　デジタルパブリッシングサービス〔印刷・製本〕　八木書店〔発売〕〉　11000円
①978-4-8406-3139-6　Ⓝ081
☆「近代名著解題選集3」

10229 「柿山伏」
『能・狂言』　今西祐行文　若林利代絵　童心社　2009　205p　20cm（これだけは読みたいわたしの古典）〈シリーズの監修者：西尾実〉　2000円
①978-4-494-01981-6,978-4-494-07167-8　Ⓝ912.3
☆「近代名著解題選集3」,「古典の事典」,「日本文学名作事典」

10230 「隠狸」
☆「近代名著解題選集3」

10231 「角水」
☆「近代名著解題選集3」

10232 「かくれざと」
『近古小説新纂』　島津久基編著　有精堂出版　1983　698p　23cm〈中興館昭和3年刊の複製〉　18000円　①4-640-30561-3　Ⓝ913.49
☆「近代名著解題選集3」

10233 「かざしの姫君」
『新日本古典文学大系　54　室町物語集　上』　佐竹昭広ほか編　市古貞次ほか校注　岩波書店　1989　487p　22cm　3600円
①4-00-240054-9　Ⓝ918
☆「近代名著解題選集3」

10234 「笠の下」
『大蔵家伝之書古本能狂言　第2巻』　大蔵弥太郎編　京都　臨川書店　1976　8,738p　23cm〈複製版　限定版〉　全94000円　Ⓝ773.9
☆「近代名著解題選集3」

10235 「春日龍神」
『春日龍神―袖珍本』　観世左近訂正著作　檜書店　1951　10丁　13cm　Ⓝ768.4
☆「近代名著解題選集3」

10236 「風につれなき物語」
『鎌倉時代物語集成　第2巻』　市古貞次,三角洋

一編　笠間書院　1989　509p　22cm
13390円　Ⓝ913.41
☆「近代名著解題選集 3」

10237　「花鳥風月」
『花鳥風月』　石川透編　三弥井書店　2003
74p　21cm（室町物語影印叢刊　15）
1200円　Ⓘ4-8382-7044-5　Ⓝ913.49
☆「近代名著解題選集 3」

10238　「羯鼓炮碌」
『大蔵家伝之書古本能狂言　第1巻』　大蔵弥太
郎編　京都　臨川書店　1976　9,828p
23cm〈複製版　限定版〉　全94000円　Ⓝ773.9
☆「近代名著解題選集 3」

10239　「合浦」
『合浦』　観世左近訂正著作　檜書店　1950　4
丁　22cm（観世流稽古用謡本　31ノ1）〈和
装〉Ⓝ768.4
☆「近代名著解題選集 3」

10240　「金岡」
『絵入狂言本集—飜刻　上』　般庵野間光辰先生
華甲記念会　1973　450,32p　22cm（近世文
芸叢刊　別巻 3）〈天理図書館蔵絵入狂言本48
冊のうち、元禄14年度までの20冊を活字飜刻
したもの　監修：野間光辰　編輯解題：井口洋等
限定版〉　6500円　Ⓝ912.5
☆「近代名著解題選集 3」

10241　「金津地蔵」
☆「近代名著解題選集 3」

10242　「鉄輪」
『鉄輪』　川西十人著　横浜　白竜社　2003
47p　19cm（能の友シリーズ　14　白竜社編）
900円　Ⓘ4-939134-19-9　Ⓝ773
☆「近代名著解題選集 3」、「早わかり日本古典文学
あらすじ事典」

10243　「蟹山伏」
『能・能楽論　狂言』　竹本幹夫、橋本朝生校
注・訳　ほるぷ出版　1987　415p　20cm（日
本の文学　古典編　36）Ⓝ912.3
☆「近代名著解題選集 3」

10244　「鐘の音」
『大蔵家伝之書古本能狂言　第1巻』　大蔵弥太
郎編　京都　臨川書店　1976　9,828p
23cm〈複製版　限定版〉　全94000円　Ⓝ773.9
☆「近代名著解題選集 3」、「日本の古典・世界の古典」

10245　「歌舞伎十八番集」
『歌舞伎十八番集』　河竹繁俊校註　朝日新聞社
1952　273p　図版　19cm（日本古典全書）
Ⓝ912.3
☆「作品と作者」、「日本の古典名著」、「日本文学鑑

賞辞典〔第1〕」

10246　「かぶき草子」
☆「近代名著解題選集 3」

10247　「歌舞伎物語」
『明治文学全集　第85　明治史劇集』　戸板康二
編　筑摩書房　1966　451p　図版　23cm
Ⓝ918.6
☆「名作の研究事典」

10248　「かほよ鳥の草子」
☆「近代名著解題選集 3」

10249　「鎌倉大草紙」
『群書類従　第20輯　合戦部』　塙保己一編纂
オンデマンド版　八木書店古書出版部　2013
746p　21cm〈訂正3版：続群書類従完成会
1979年刊　デジタルパブリッシングサービス
〔印刷・製本〕　八木書店〔発売〕〉　12000円
Ⓘ978-4-8406-3131-0　Ⓝ081
☆「古典の事典」、「世界名著大事典」、「日本歴史
古典籍」総覧」、「歴史の名著100」

10250　「鎌倉三代記」
『鎌倉三代記—稽古本　三浦別乃段』　玉井清文
堂編輯部編　玉井清文堂　1929　1冊（頁付な
し）　23cm　Ⓝ768
☆「世界名著大事典」

10251　「鎌田」
『天理図書館善本叢書　和書之部　第47巻　舞の
本　文禄本　上』　天理図書館善本叢書和書之
部編集委員会編　天理　天理大学出版部
1979　583p　16×23cm〈複製　八木書店〔製
作発売〕〉　12000円　Ⓝ081
☆「近代名著解題選集 3」

10252　「鎌腹」
『戯曲集』　後藤彰彦著　水戸　劇団「水藻の会」
1993　3冊　22cm　1500〜2000円　Ⓝ912.6
☆「近代名著解題選集 3」、「世界名著大事典」

10253　「加茂の本地」
☆「近代名著解題選集 3」

10254　「賀茂物狂」
『謡曲大観　第2巻』　佐成謙太郎著　明治書院
1964　731-1420p　23cm　Ⓝ912.3
☆「近代名著解題選集 3」

10255　「唐糸草子」
『唐糸草子』　駒込幸典ほか編　長野　信濃教育
会出版部　1990　166p　22cm（現代口語訳信
濃古典読み物叢書　第1巻）〈監修・指導：滝
沢貞夫　叢書の編者：信州大学教育学部附属長
野中学校創立記念事業編集委員会〉　1000円
Ⓘ4-7839-1024-3
☆「近代名著解題選集 3」、「日本文学鑑賞辞典〔第

1]」

10256　「苅萱」
『説経節』　荒木繁,山本吉左右編注　平凡社
1973　361p　18cm〈東洋文庫　243〉　800円
Ⓝ912.4
☆「世界名著大事典」

10257　「川上座頭」
『大蔵家伝之書古本能狂言　第2巻』　大蔵弥太
郎編　京都　臨川書店　1976　8,738p
23cm〈複製版 限定版〉　全94000円　Ⓝ773.9
☆「あらすじダイジェスト 日本の古典30を読む」、
「近代名著解題選集 3」、「早わかり日本古典文学あ
らすじ事典」

10258　「河原新市」
☆「近代名著解題選集 3」

10259　「雁争」
☆「近代名著解題選集 3」

10260　「勧学院物語」
『勧学院物語──絵入　上,下』　稀書複製会編
米山堂　1930　2冊　29cm〈和装〉　Ⓝ913.5
☆「近代名著解題選集 3」

10261　「雁かりがね」
『大蔵家伝之書古本能狂言　第1巻』　大蔵弥太
郎編　京都　臨川書店　1976　9,828p
23cm〈複製版 限定版〉　全94000円　Ⓝ773.9
☆「近代名著解題選集 3」

10262　「閑吟集」
『閑吟集』　浅野建二校注　新訂版　岩波書店
1998　268p　15cm〈岩波文庫〉　560円
Ⓘ4-00-301281-X
☆「一冊で日本の古典100冊を読む」、「近代名著解
題選集 3」、「古典の事典」、「作品と作者」、「世
界名著大事典」、「千年の百冊」、「日本古典への誘
い100選 2」、「日本の古典」、「日本の古典名著」、
「日本の名著3分間読書100」、「日本文学鑑賞辞典
〔第1〕」、「日本文学の古典50選」、「日本文学名作
概観」、「日本名著辞典」

10263　「雁大名」
☆「近代名著解題選集 3」

10264　「咸陽宮」
『謡曲百番　元和卯月本 3』　国書刊行会　1977
25冊　25cm〈版本文庫　5の3〉〈横山重氏蔵本
の複製　付解説：元和卯月本略記 3(伊藤正
義)〉　帙入〉　40000円　Ⓝ768.3
☆「近代名著解題選集 3」

10265　「祇王」
『詞章─賀茂物狂(喜多流)・船橋(観世流)・祇
王(宝生流)・弓神楽「手草祭文」・葵上(観世
流)』平成二十一年四月公演　国立能楽堂営業
課編　〔東京〕　日本芸術文化振興会　2009

11p　26cm
☆「近代名著解題選集 3」

10266　「祇園」
『大蔵家伝之書古本能狂言　第1巻』　大蔵弥太
郎編　京都　臨川書店　1976　9,828p
23cm〈複製版 限定版〉　全94000円　Ⓝ773.9
☆「近代名著解題選集 3」

10267　「記紀歌集」
『記紀歌集詳訳附国語叢説』　世良亮一著　小郡
町(福岡県)　世良亮一　1967　236p　22cm
〈謄写版〉　Ⓝ911.11
☆「近代名著解題選集 3」

10268　「記紀歌謡」
『記紀歌謡』　山路平四郎,窪田章一郎編　早稲
田大学出版部　1976　253p　19cm〈古代の文
学　1〉〈主要参考文献目録：p.216-251〉
1600円　Ⓝ911.11
☆「日本文学鑑賞辞典〔第1〕」

10269　「菊慈童」
『菊慈童─袖珍本』　観世左近訂正著作　檜書店
1951　6丁　13cm　Ⓝ768.4
☆「近代名著解題選集 3」、「世界名著大事典」

10270　「菊の花」
☆「近代名著解題選集 3」

10271　「菊葉和歌集」
『続群書類従　第14輯 上　和歌部』　塙保己一編
太田藤四郎補　訂正3版　続群書類従完成会
1990　518p　19cm　Ⓘ4-7971-0065-6　Ⓝ081.5
☆「近代名著解題選集 3」

10272　「義経記」
『義経記─現代語訳』　髙木卓訳　河出書房新社
2004　653p　15cm〈河出文庫〉　1200円
Ⓘ4-309-40727-7　Ⓝ913.436
☆「あらすじダイジェスト 日本の古典30を読む」、
「一度は読もうよ！日本の名著」、「一冊で日本の
古典100冊を読む」、「一冊で100名作の「さわり」
を読む」、「学術辞典叢書 第15巻」、「近代名著解
題選集 3」、「古典の事典」、「古典文学鑑賞辞典」、
「作品と作者」、「3行でわかる名作&ヒット本250」、
「世界名著解題 第1巻」、「世
界名著大事典」、「千年の百冊」、「2ページでわか
る日本の古典傑作選」、「日本古典への誘い100選
1」、「日本の古典」、「日本の古典・世界の古典」、
「日本の古典名著」、「日本の書物」、「日本文学鑑
賞辞典〔第1〕」、「日本文学の古典50選」、「日本
文学名作概観」、「日本文学名作事典」、「日本名著
辞典」、「早わかり日本古典文学あらすじ事典」、
「名作の研究事典」

10273　「偽作性犯罪事件調書」
☆「日本の艶本・珍書 総解説」、「日本の奇書77冊」

10274　「衣更着物語」

『むろまちものがたり―京都大学蔵　第9巻』
京都大学文学部国語学国文学研究室編　日野
龍夫[ほか]監修　京都　臨川書店　2003
475p　22cm〈複製と翻刻〉　11000円
①4-653-03749-3,4-653-03740-X　Ⓝ913.49
☆「近代名著解題選集 3」

10275　「木曽」
『木曽』　廿四世観世左近訂正　桧書店　1942
7丁　24cm（観世流大成版　33ノ2）〈和装〉
Ⓝ768
☆「近代名著解題選集 3」

10276　「木曽願書」
『近代日本文学大系　第2巻　舞の本及古浄瑠璃
集』　国民図書　1928　1004p　19cm Ⓝ918
☆「近代名著解題選集 3」

10277　「木曽義高物語」
『仮名草子集成　第22巻』　朝倉治彦,深沢秋男,
柳沢昌紀編　東京堂出版　1998　376p
22cm　17500円　①4-490-30520-6　Ⓝ913.51
☆「近代名著解題選集 3」

10278　「狐塚」
『大蔵家伝之書古本能狂言　第1巻』　大蔵弥太
郎編　京都　臨川書店　1976　9,828p
23cm〈複製版 限定版〉　全94000円　Ⓝ773.9
☆「近代名著解題選集 3」

10279　「狐の草子」
『室町時代物語大成　第4　きそ-こお』　横山
重,松本隆信編　角川書店　1976　609p 図
22cm〈その他のタイトル：研究種目　総合研究
（A）　その他のタイトル：課題名　『室町時代
物語大成』編纂のための諸本の基礎的研究〉
11000円　Ⓝ913.49
☆「近代名著解題選集 3」

10280　「昨日は今日の物語」
『昨日は今日の物語―近世笑話の祖』　武藤禎夫
訳　平凡社　1967　266p　18cm（東洋文庫
102）〈参考文献：262-266p〉　400円　Ⓝ913.59
☆「作品と作者」,「世界名著大事典」,「日本の艶
本・珍書 総解説」,「日本の奇書77冊」,「日本の
書物」,「日本文学鑑賞辞典〔第1〕」

10281　「貴船の本地」
『室町時代物語大成　第4　きそ-こお』　横山
重,松本隆信編　角川書店　1976　609p 図
22cm〈その他のタイトル：研究種目　総合研究
（A）　その他のタイトル：課題名　『室町時代
物語大成』編纂のための諸本の基礎的研究〉
11000円　Ⓝ913.49
☆「近代名著解題選集 3」

10282　「木村朝治」
☆「近代名著解題選集 3」

10283　「牛馬」
『大蔵家伝之書古本能狂言　第1巻』　大蔵弥太
郎編　京都　臨川書店　1976　9,828p
23cm〈複製版 限定版〉　全94000円　Ⓝ773.9
☆「近代名著解題選集 3」

10284　「狂言記」
『狂言記　上,下』　野村八良校　有朋堂書店
1926　2冊　18cm（有朋堂文庫）　Ⓝ912
☆「世界名作事典」,「世界名著大事典」,「日本の書
物」,「日本の名著」

10285　「狂言集」
『狂言集』　北川忠彦,安田章校注　小学館
2001　574p　21cm（新編 日本古典文学全集
60）　4457円　①4-09-658060-0
☆「日本の古典名著」

10286　「兄弟諍」
☆「近代名著解題選集 3」

10287　「玉林苑」
『早歌全詞集』　外村久江,外村南都子校注　2版
三弥井書店　2008　360p　22cm（中世の文
学）〈文献あり〉　7600円
①978-4-8382-1018-3　Ⓝ911.64
☆「近代名著解題選集 3」

10288　「清重」
『幸若小八郎正本幸若舞曲―三十六種　下巻』
古典研究会　1973　483-920p　22cm（古典研
究会叢書　第2期 国文学）〈汲古書院〔発売〕
慶応義塾図書館蔵本の複製〉　5000円　Ⓝ912.2
☆「近代名著解題選集 3」

10289　「魚鳥平家」
『日本の昔話　7』　楠山正雄著　フロンティ
アニセン編　フロンティアニセン　2005　172p
15cm（フロンティア文庫　307―風呂で読める
昔話・童話選集）〈絵：やまおかかつじ　ルー
ズリーフ〉　1000円　①4-86197-307-4　Ⓝ913.6
☆「近代名著解題選集 3」

10290　「切兼曽我」
『天理図書館善本叢書　和書之部 第47巻　舞の
本　文禄本 上』　天理図書館善本叢書和書之
部編集委員会編　天理　天理大学出版部
1979　583p　16×23cm〈複製　八木書店〔製
作発売〕〉　12000円　Ⓝ081
☆「近代名著解題選集 3」

10291　「琴歌譜」
『琴歌譜』　古典保存会編　古典保存会　1927
1冊（頁付なし）　32cm　Ⓝ768
☆「世界名著大事典」

10292　「金髪女の想い出」
☆「日本の艶本・珍書 総解説」,「日本の奇書77冊」

10293　「公平法門諍」
『金平浄瑠璃正本集』　室木弥太郎編　角川書店
1966　3冊　22cm　各4000円　Ⓝ912.4
☆「世界名著大事典」

10294　「禁野」
『能・能楽論　狂言』　竹本幹夫, 橋本朝生校
注・訳　ほるぷ出版　1987　415p　20cm（日
本の文学　古典編　36）Ⓝ912.3
☆「近代名著解題選集 3」

10295　「杭か人か」
『大蔵家伝之書古本能狂言　第1巻』　大蔵弥太
郎編　京都　臨川書店　1976　9,828p
23cm〈複製版 限定版〉　全94000円 Ⓝ773.9
☆「近代名著解題選集 3」

10296　「公卿補任」
『公卿補任　第1篇』　黒板勝美編　新装版　吉
川弘文館　2000　578p　21cm（新訂増補国史
大系　第53巻）　7600円　①4-642-00356-8
☆「世界名著大事典」,「日本歴史「古典籍」総覧」,
「歴史の名著100」

10297　「公家新制」
『續々群書類従　第7　法制部 2』　国書刊行会
編纂　オンデマンド版　八木書店古書出版部
2013　762p　21cm〈初版：続群書類従完成会
1969年刊　デジタルパブリッシングサービス
〔印刷・製本〕　八木書店〔発売〕〉　12000円
①978-4-8406-3234-8　Ⓝ081
☆「古典の事典」

10298　「九穴貝」
『幸若小八郎正本幸若舞曲―三十六種　上巻』
古典研究会　1973　482p　22cm（古典研究会
叢書　第2期 国文学）〈汲古書院〔発売〕　慶
応義塾図書館蔵本の複製〉　5000円　Ⓝ912.2
☆「近代名著解題選集 3」

10299　「草薙」
『草薙』　宝生重英　わんや書店　1933　10丁
23cm（昭和版　外 4巻ノ1）〈和装〉　Ⓝ768
☆「近代名著解題選集 3」

10300　「茸山伏」
『大蔵家伝之書古本能狂言　第2巻』　大蔵弥太
郎編　京都　臨川書店　1976　8,738p
23cm〈複製版 限定版〉　全94000円 Ⓝ773.9
☆「近代名著解題選集 3」

10301　「鬮罪人」
『大蔵家伝之書古本能狂言　第1巻』　大蔵弥太
郎編　京都　臨川書店　1976　9,828p
23cm〈複製版 限定版〉　全94000円 Ⓝ773.9
☆「近代名著解題選集 3」

10302　「旧事大成経」

『先代旧事本紀大成経　1』　小笠原春夫注
神道大系編纂会　1999　362p　23cm（続神道
大系　論説編　神道大系編纂会編）　17143円
Ⓝ210.3
☆「世界名著大事典」

10303　「国栖」
『國栖―袖珍本』　観世左近訂正著作　檜書店
1951　12丁　13cm Ⓝ768.4
☆「近代名著解題選集 3」

10304　「朽木桜」
『室町時代小説集』　平出鏗二郎編校訂　精華書
院　1908　440p 図版　23cm Ⓝ913.49
☆「近代名著解題選集 3」

10305　「口真似聟」
『大蔵家伝之書古本能狂言　第2巻』　大蔵弥太
郎編　京都　臨川書店　1976　8,738p
23cm〈複製版 限定版〉　全94000円 Ⓝ773.9
☆「近代名著解題選集 3」

10306　「首引」
『大蔵家伝之書古本能狂言　第1巻』　大蔵弥太
郎編　京都　臨川書店　1976　9,828p
23cm〈複製版 限定版〉　全94000円 Ⓝ773.9
☆「近代名著解題選集 3」

10307　「熊坂」
『熊坂』　観世左近訂正著作　檜書店　1950
13丁　22cm（観世流稽古用謡本　36ノ5）〈和
装〉Ⓝ768.4
☆「近代名著解題選集 3」

10308　「熊野の本地」
『熊野の本地』　石川透編　三弥井書店　2001
138p　21cm（室町物語影印叢刊　6）
1600円　①4-8382-7033-X　Ⓝ913.49
☆「近代名著解題選集 3」,「世界名著大事典」

10309　「鞍馬出」
『幸若小八郎正本幸若舞曲―三十六種　上巻』
古典研究会　1973　482p　22cm（古典研究会
叢書　第2期 国文学）〈汲古書院〔発売〕　慶
応義塾図書館蔵本の複製〉　5000円　Ⓝ912.2
☆「近代名著解題選集 3」

10310　「車僧」
『車僧―袖珍本』　観世左近訂正著作　檜書店
1951　6丁　13cm Ⓝ768.4
☆「近代名著解題選集 3」

10311　「廓文章」
『国立劇場上演資料集　330　四十七刻忠箭計・
廓文章―第176回歌舞伎公演』　国立劇場調査
養成部芸能調査室編　日本芸術文化振興会
1992　114p　21cm〈付：上演年表・参考文献
一覧〉Ⓝ774

☆「世界名著大事典 補遺（Extra）」

10312　「君台観左右帳記」
『大東急記念文庫善本叢刊　中古・中世篇　第11巻　諸芸　2』築島裕, 島津忠夫, 井上宗雄, 長谷川強, 岡崎久司編　島津忠夫責任編集　［東京］　五島美術館大東急記念文庫　2013　496,43p　23cm〈複製　汲古書院〈製作発売〉〉　18000円　①978-4-7629-3470-4　Ⓝ081.7
☆「世界名著大事典 補遺（Extra）」

10313　「鶏鼠物語」
『室町時代物語大成　第4　きそ-こお』　横山重, 松本隆信編　角川書店　1976　609p 図　22cm〈その他のタイトル：研究種目 総合研究（A）　その他のタイトル：課題名『室町時代物語大成』編纂のための諸本の基礎的研究〉　11000円　Ⓝ913.49
☆「近代名著解題選集 3」

10314　「難立の江」
『狂言記　上, 下』野村八良校　有朋堂書店　1926　2冊　18cm（有朋堂文庫）　Ⓝ912
☆「近代名著解題選集 3」

10315　「外記日記」
☆「世界名著大事典」

10316　「月宮殿」
『月宮殿』喜多六平太著　喜多流刊行會　1947　3枚　22cm
☆「近代名著解題選集 3」, 「世界名著大事典 補遺（Extra）」

10317　「玄玉和歌集」
『群書類従　第10輯　和歌部』　塙保己一編纂　オンデマンド版　八木書店古書出版部　2013　568p　21cm〈訂正3版：続群書類従完成会1979年刊　デジタルパブリッシングサービス〔印刷・製本〕　八木書店〔発売〕〉　9000円　①978-4-8406-3121-1　Ⓝ081
☆「近代名著解題選集 3」

10318　「賢劫経」
『國譯一切経　印度撰述部　經集部 1』林岱雲, 平等通昭譯　前田專學, 佐々木孝憲校訂　改訂　大東出版社　2005　425,5p　22cm　10000円　①4-500-00061-5　Ⓝ183
☆「世界名著大事典」

10319　「乾坤之巻」
『乾坤之巻』　古典数学書院　1938　19丁　23cm〈謄写版　和裝〉　Ⓝ419
☆「世界名著大事典」

10320　「現在七面」
『現在七面』廿四世観世左近訂正　桧書店　1941　4,11丁　24cm（観世流大成版　14ノ5）

〈和裝〉Ⓝ768
☆「近代名著解題選集 3」

10321　「源氏供養」
『謡曲大観　第2巻』　佐成謙太郎著　明治書院　1964　731-1420p　23cm　Ⓝ912.3
☆「近代名著解題選集 3」

10322　「見物左衛門」
☆「近代名著解題選集 3」

10323　「源平盛衰記」
『源平盛衰記　1』　市古貞次ほか校注　三弥井書店　1991　268p　22cm（中世の文学）　3900円　①4-8382-1015-9　Ⓝ913.434
☆「近代名著解題選集 3」, 「作品と作者」, 「世界名作事典」, 「世界名著大事典」, 「日本の古典・世界の古典」, 「日本の古典名著」, 「日本文学鑑賞辞典〔第1〕」, 「日本文学名作概観」, 「日本名著辞典」, 「日本歴史『古典籍』総覧」, 「歴史の名著100」

10324　「幻夢物語」
『国文東方仏教叢書　第1輯　第9巻　文芸部　上』鷲尾順敬編纂　名著普及会　1992　530p　20cm〈大正14年～昭和6年刊の複製〉　①4-89551-571-0　Ⓝ180.8
☆「近代名著解題選集 3」

10325　「小敦盛」
『御伽草子　下』市古貞次校注　岩波書店　1986　277p　15cm（岩波文庫）　500円　Ⓝ913.49
☆「近代名著解題選集 3」

10326　「恋路ゆかしき大将」
『恋路ゆかしき大将』　金子武雄編　筑波書店　1936　205p　23cm　Ⓝ913.4
☆「世界名著大事典」

10327　「恋塚物語」
『室町時代物語大成　第4　きそ-こお』　横山重, 松本隆信編　角川書店　1976　609p 図　22cm〈その他のタイトル：研究種目 総合研究（A）　その他のタイトル：課題名『室町時代物語大成』編纂のための諸本の基礎的研究〉　11000円　Ⓝ913.49
☆「近代名著解題選集 3」

10328　「強姦願望の女」
『強姦願望の女』　河出書房新社　1999　249p　15cm（河出文庫　性の秘本コレクション 16）　514円　①4-309-47390-3　Ⓝ913.68
☆「日本の艶本・珍書 総Ӽ説」, 「日本の奇書77冊」

10329　「柑子」
『大蔵家伝之書古本能狂言　第1巻』　大蔵弥太郎編　京都　臨川書店　1976　9,828p　23cm〈複製版 限定版〉　全94000円　Ⓝ773.9
☆「近代名著解題選集 3」

読んでおきたい「日本の名著」案内

10330 「柑子俵」
　『大蔵家伝之書古本能狂言　第3巻』　大蔵弥太郎編　京都　臨川書店　1976　10,574p　23cm〈複製版 限定版〉　全94000円　Ⓝ773.9
　☆「近代名著解題選集 3」

10331 「弘法大師一巻之書」
　☆「日本の艶本・珍書 総解説」、「日本の奇書77冊」

10332 「青薬煉」
　『青薬煉—能狂言と素人演劇』　村崎敏郎, 山本東次郎脚本　大政翼賛会文化厚生部編　国民図書刊行会　1944　79p　19cm　Ⓝ773
　☆「近代名著解題選集 3」

10333 「小落窪」
　☆「近代名著解題選集 3」

10334 「小鍛冶」
　『小鍛冶—対訳でたのしむ』　竹本幹夫著　檜書店　2005　28p　21cm　500円　①4-8279-1036-7　Ⓝ773
　☆「近代名著解題選集 3」、「世界名著大事典」

10335 「古今和歌六帖」
　『古今和歌六帖　上巻　本文篇』　宮内庁書陵部編　天理　養徳社　1967　341p 図版　22cm（図書寮叢刊）　1600円　Ⓝ911.137
　☆「近代名著解題選集 3」、「作品と作者」、「世界名著大事典」、「日本の古典名著」

10336 「苔の衣」
　『苔の衣』　今井源衛校訂・訳注　笠間書院　1996　331p　21cm（中世王朝物語全集　7）　4800円　①4-305-40087-1
　☆「近代名著解題選集 3」、「古典文学鑑賞辞典」、「世界名著大事典」、「日本の古典名著」、「日本文学鑑賞辞典〔第1〕」

10337 「腰祈」
　『大蔵家伝之書古本能狂言　第2巻』　大蔵弥太郎編　京都　臨川書店　1976　8,738p　23cm〈複製版 限定版〉　全94000円　Ⓝ773.9
　☆「近代名著解題選集 3」

10338 「小式部」
　『小式部』　石川透編　三弥井書店　2008　78p　21cm（室町物語影印叢刊　31）　1200円　①978-4-8382-7062-0　Ⓝ913.49
　☆「近代名著解題選集 3」

10339 「腰越」
　『幸若小八郎正本幸若舞曲—三十六種　下巻』　古典研究会　1973　483-920p　22cm（古典研究会叢刊　第2期 国文学）〈汲古書院〔発売〕　慶応義塾図書館蔵本の複製〉　5000円　Ⓝ912.2
　☆「近代名著解題選集 3」

10340 「小柴垣草子」

『小柴垣草子—秘画絵巻』　リチャード・レイン編著　河出書房新社　1997　58p　30cm（定本・浮世絵春画名品集成　17　林美一, リチャード・レイン共同監修）　2200円　①4-309-91027-0　Ⓝ721.8
　☆「日本の艶本・珍書 総解説」、「日本の奇書77冊」

10341 「小袖曾我」
　『小袖曾我—袖珍本』　觀世左近訂正著作　檜書店　1951　13丁　13cm　Ⓝ768.4
　☆「近代名著解題選集 3」

10342 「五代帝王物語」
　『六代勝事記・五代帝王物語』　弓削繁校注　三弥井書店　2000　333p　22cm（中世の文学）〈文献あり　年表あり〉　6800円　①4-8382-1026-4　Ⓝ913.42
　☆「近代名著解題選集 3」、「古典の事典」、「日本歴史「古典籍」総覧」、「歴史の名著100」

10343 「子盗人」
　『能・狂言』　今西祐行文　若林利代絵　童心社　2009　205p　20cm（これだけは読みたいわたしの古典）〈シリーズの監修者: 西尾実〉　2000円　①978-4-494-01981-6,978-4-494-07167-8　Ⓝ912.3
　☆「近代名著解題選集 3」

10344 「御摂勧進帳」
　『新日本古典文学大系　96　江戸歌舞伎集』　佐竹昭広ほか編　古井戸秀夫, 鳥越文蔵, 和田修校注　岩波書店　1997　520p　22cm　3700円　①4-00-240096-4　Ⓝ918
　☆「古典文学鑑賞辞典」

10345 「昆布売」
　『大蔵家伝之書古本能狂言　第1巻』　大蔵弥太郎編　京都　臨川書店　1976　9,828p　23cm〈複製版 限定版〉　全94000円　Ⓝ773.9
　☆「近代名著解題選集 3」

10346 「昆布柿」
　『大蔵家伝之書古本能狂言　第1巻』　大蔵弥太郎編　京都　臨川書店　1976　9,828p　23cm〈複製版 限定版〉　全94000円　Ⓝ773.9
　☆「近代名著解題選集 3」

10347 「瘤取爺」
　『宇治拾遺ものがたり』　川端善明作　新版　岩波書店　2004　299p　18cm（岩波少年文庫）　720円　①4-00-114569-3　Ⓝ913.47
　☆「世界名著大事典 補遺（Extra）」

10348 「こほろぎ草子」
　『室町時代物語大成　第5　こお～さく』　横山重, 松本隆信編　角川書店　1977　622p 図　22cm〈その他のタイトル: 研究種目 総合研究

（A）　その他のタイトル：課題名　『室町時代物語大成』編纂のための諸本の基礎的研究〉
11000円　Ⓝ913.49
☆「近代名著解題選集 3」

10349　「古本説話集」
『古本説話集　上』　高橋貢全訳注　講談社
2001　293p　15cm（講談社学術文庫）〈文献あり〉　1200円　Ⓘ4-06-159489-3　Ⓝ913.37
☆「一度は読もうよ！ 日本の名著」，「一冊で日本の古典100冊を読む」，「古典文学鑑賞辞典」，「世界名著大事典」，「日本の古典」，「日本の古典名著」，「日本文学鑑賞辞典〔第1〕」

10350　「小町草紙」
『御伽草子　上』　市古貞次校注　岩波書店
1985　270p　15cm（岩波文庫）　500円
Ⓝ913.49
☆「近代名著解題選集 3」

10351　「米福粟福」
『周防大島昔話集』　宮本常一著　河出書房新社
2012　203p　15cm（河出文庫　み19-4）〈瀬戸内物産出版部 1985年刊〉　760円
Ⓘ978-4-309-41187-3　Ⓝ388.177
☆「世界名著大事典 補遺（Extra）」

10352　「今宵の少将物語」
『新編御伽草子』　荻野由之輯　誠之堂書店
1901　2冊　23cm〈大和綴　和装〉　Ⓝ913.49
☆「近代名著解題選集 3」

10353　「木幡狐」
『御伽草子』　西本鶏介著　井上洋介絵　ポプラ社　2002　213p　22cm（21世紀によむ日本の古典　13）　1400円
Ⓘ4-591-07138-3,4-591-99440-6
☆「近代名著解題選集 3」

10354　「今昔物語集」
『今昔物語集』　馬淵和夫,国東文麿,稲垣泰一校訂・訳　小学館　2008　318p　20cm（日本の古典をよむ　12）　1800円
Ⓘ978-4-09-362182-3　Ⓝ913.37
☆「あらすじダイジェスト 日本の古典30を読む」，「あらすじで読む日本の古典」（楽書館,中経出版（発売））,「あらすじで読む日本の古典」（新人物往来社），「一度は読もうよ！ 日本の名著」，「一冊で日本の古典100冊を読む」，「一冊で100名作の「さわり」を読む」，「学術辞典叢書 第15巻」，「近代名著解題選集 3」，「古典の事典」，「古典文学鑑賞辞典」，「この一冊で名著50冊が読める！ 日本の古典」，「作品と作者」，「知らないと恥ずかしい 日本の名作」あらすじ200本」，「人文科学の名著」，「図説 5分でわかる日本の名作傑作選」，「世界名作事典」，「世界名著解説選 第1巻」，「世界名著大事典」，「千年の百冊」，「日本の古典への誘い100選 2」，「日本の艶本・珍書 総解説」，「日本の古典」，「日本の古典・世界の古典」，「日本の古典名著」，「日本

の書物」，「日本の名著」（角川書店），「日本の名著」（毎日新聞社），「日本の名著3分間読書100」，「日本文学鑑賞辞典〔第1〕」，「日本文学の古典50選」，「日本文学名作案内」，「日本文学名作概観」，「日本文学名作事典」，「日本名著辞典」，「日本・名著のあらすじ」，「文学・名著300選の解説 '88年度版」，「マンガとあらすじでやさしく読める 日本の古典傑作30選」，「名作の研究事典」，「やさしい古典案内」

10355　「昆布布施」
☆「近代名著解題選集 3」

10356　「西行物語」
『西行物語—本文と総索引』　青木伶子ほか共編　笠間書院　1996　391p　22cm（笠間索引叢刊 110）　13000円　Ⓘ4-305-20110-0　Ⓝ911.142
☆「近代名著解題選集 3」

10357　「さへき」
『御伽草子　下』　市古貞次校注　岩波書店
1986　277p　15cm（岩波文庫）　500円
Ⓝ913.49
☆「近代名著解題選集 3」

10358　「逆矛」
『逆矛』　廿四世観世左近訂正　桧書店　1943　4,9丁　24cm（観世流大成版　40ノ1）〈和装〉
Ⓝ768
☆「近代名著解題選集 3」

10359　「相模川」
☆「近代名著解題選集 3」

10360　「嵯峨物語」
『室町時代物語大成　第5　こお〜さく』　横山重,松本隆信編　角川書店　1977　622p 図 22cm〈その他のタイトル：研究種目 総合研究（A）　その他のタイトル：課題名　『室町時代物語大成』編纂のための諸本の基礎的研究〉
11000円　Ⓝ913.49
☆「近代名著解題選集 3」

10361　「桜争」
『大蔵家伝之書古本能狂言　第1巻』　大蔵弥太郎編　京都　臨川書店　1976　9,828p
23cm〈複製版 限定版〉　全94000円　Ⓝ773.9
☆「近代名著解題選集 3」

10362　「さく羅井物語」
『さくらゐ物語　第1至10 上,下』　嚴松堂
1933　11冊　26cm〈複製　和装〉　Ⓝ913.4
☆「近代名著解題選集 3」

10363　「桜の中将」
『室町時代物語大成　第5　こお〜さく』　横山重,松本隆信編　角川書店　1977　622p 図 22cm〈その他のタイトル：研究種目 総合研究（A）　その他のタイトル：課題名　『室町時代

物語大成』編纂のための諸本の基礎的研究〉
11000円　Ⓝ913.49
☆「近代名著解題選集 3」

10364　「狭衣」
『室町時代物語大成　第6　さけ～しみ』　横山重,松本隆信編　角川書店　1978　617p　22cm〈その他のタイトル：研究種目 総合研究(A)　その他のタイトル：課題名『室町時代物語大成』編纂のための諸本の基礎的研究〉　11000円　Ⓝ913.49
☆「近代名著解題選集 3」

10365　「ささやき竹」
『お伽草子』　沢井耐三著　貴重本刊行会　2000　366p　19cm（古典名作リーディング　2）〈ほるぷ出版昭和61年刊の増訂〉　3000円　①4-88915-112-5　Ⓝ913.49
☆「近代名著解題選集 3」

10366　「さざれ石」
『御伽草子　上』　市古貞次校注　岩波書店　1985　270p　15cm（岩波文庫）　500円　Ⓝ913.49
☆「近代名著解題選集 3」

10367　「縉縄」
『大蔵家伝之書古本能狂言　第1巻』　大蔵弥太郎編　京都　臨川書店　1976　9,828p　23cm〈複製版 限定版〉　全94000円　Ⓝ773.9
☆「近代名著解題選集 3」

10368　「さつくわ」
『大蔵家伝之書古本能狂言　第1巻』　大蔵弥太郎編　京都　臨川書店　1976　9,828p　23cm〈複製版 限定版〉　全94000円　Ⓝ773.9
☆「近代名著解題選集 3」

10369　「雑筆往来」
『群書類従　第9輯　文筆部 消息部』　塙保己一編纂　オンデマンド版　八木書店古書出版部　2013　670p　21cm〈訂正3版：続群書類従完成会 1980年刊　デジタルパブリッシングサービス〔印刷・製本〕　八木書店〔発売〕〉　11000円　①978-4-8406-3120-4　Ⓝ081
☆「世界名著大事典」

10370　「薩摩守」
『大蔵家伝之書古本能狂言　第2巻』　大蔵弥太郎編　京都　臨川書店　1976　8,738p　23cm〈複製版 限定版〉　全94000円　Ⓝ773.9
☆「近代名著解題選集 3」

10371　「佐度狐」
☆「近代名著解題選集 3」

10372　「さよごろも」
『小夜衣全釈　研究・資料篇』　名古屋国文学研究会著　風間書房　2001　282p　23cm　9800円　①4-7599-1241-X　Ⓝ913.41
☆「近代名著解題選集 3」

10373　「さよひめ」
『近古小説新纂』　島津久基編著　有精堂出版　1983　698p　23cm〈中興館昭和3年刊の複製〉　18000円　①4-640-30561-3　Ⓝ913.49
☆「近代名著解題選集 3」

10374　「猿替勾当」
『能・能楽論　狂言』　竹本幹夫,橋本朝生校注・訳　ほるぷ出版　1987　415p　20cm（日本の文学　古典編　36）　Ⓝ912.3
☆「近代名著解題選集 3」,「早わかり日本古典文学あらすじ事典」

10375　「猿蟹合戦」
『猿蟹合戦』　井川洗涯画　千葉幹夫文・構成　講談社　2001　45p　26cm（新・講談社の絵本　5）　1500円　①4-06-148255-6
☆「世界名著大事典 補遺（Extra）」

10376　「猿源氏草紙」
『御伽草子　上』　市古貞次校注　岩波書店　1985　270p　15cm（岩波文庫）　500円　Ⓝ913.49
☆「近代名著解題選集 3」,「古典文学鑑賞辞典」,「世界名著大事典」,「日本文学鑑賞辞典〔第1〕」

10377　「算勘賀」
『大蔵家伝之書古本能狂言　第2巻』　大蔵弥太郎編　京都　臨川書店　1976　8,738p　23cm〈複製版 限定版〉　全94000円　Ⓝ773.9
☆「近代名著解題選集 3」

10378　「三議一統大双紙」
『續群書類従　第24輯 上　武家部』　塙保己一編纂　太田藤四郎補　オンデマンド版　八木書店古書出版部　2013　500p　21cm〈訂正3版：続群書類従完成会 1979年刊　デジタルパブリッシングサービス〔印刷・製本〕　八木書店〔発売〕〉　8000円　①978-4-8406-3189-1　Ⓝ081
☆「古典の事典」,「日本の古典名著」

10379　「三十三間堂棟由来」
『伊達娘恋緋鹿子・三十三間堂棟由来』　日本芸術文化振興会　2010　146p　21cm（国立劇場上演資料集　539　国立劇場調査養成部調査記録課編）〈第42回文楽鑑賞教室公演　文献あり〉　Ⓝ777.1
☆「世界名著大事典 補遺（Extra）」

10380　「三十六人集」
『三十六人集―御所本　1-10』　橋本不美男編　新典社　1970　10冊　25cm〈宮内庁書陵部蔵本の複製〉　100-700円　Ⓝ911.137

☆「近代名著解題選集 3」,「世界名著大事典」

10381 「三笑」
『三笑』 廿四世観世左近訂正 桧書店 1943 4,6丁 24cm〈観世流大成版 36ノ1〉〈和装〉 Ⓝ768
☆「近代名著解題選集 3」

10382 「さんせう太夫」
『五説経』 水上勉訳 横山光子脚色 大飯町(福井県) 若州一滴文庫 2002 172p 18cm 952円 Ⓝ913.5
☆「古典の事典」,「古典文学鑑賞辞典」,「世界名著大事典」,「日本古典への誘い100選 1」,「早わかり日本古典文学あらすじ事典」

10383 「三人片輪」
『能・狂言名作集』 横道万里雄,古川久注解 筑摩書房 1977 399p 23cm〈古典日本文学 19〉〈折り込1枚〉 Ⓝ912.3
☆「近代名著解題選集 3」,「世界名著大事典」

10384 「三人百姓」
『大蔵家伝之書古本能狂言 第1巻』 大蔵弥太郎編 京都 臨川書店 1976 9,828p 23cm〈複製版 限定版〉 全94000円 Ⓝ773.9
☆「近代名著解題選集 3」

10385 「三人法師」
『お伽草子』 福永武彦ほか訳 筑摩書房 1991 333p 15cm〈ちくま文庫〉 680円 Ⓘ4-480-02561-8 Ⓝ913.49
☆「あらすじダイジェスト 日本の古典30を読む」,「近代名著解題選集 3」,「古典文学鑑賞辞典」,「世界名著大事典」,「日本文学鑑賞辞典 第1」,「早わかり日本古典文学あらすじ事典」

10386 「三本柱」
『三本柱─狂言二番 柿山伏─狂言二番』 Sarah Ann Nishie英語 小山弘志日本語監修 ラボ教育センター 63p 31cm〈英文併記〉 Ⓘ4-924491-75-6 Ⓝ912.39
☆「近代名著解題選集 3」

10387 「志賀」
『志賀─袖珍本』 観世左近訂正著作 檜書店 1951 10丁 13cm Ⓝ768.4
☆「近代名著解題選集 3」

10388 「四国落」
『舞の本 内閣文庫本 上』 松沢智里編 古典文庫 1978 271p 17cm〈古典文庫 第383冊〉 1200円 Ⓝ912.2
☆「近代名著解題選集 3」

10389 「自讃歌」
『中世歌書集』 大取一馬責任編集 京都 思文閣出版 2013 638p 22cm〈龍谷大学善本叢書 31 龍谷大学仏教文化研究所編集〉〈複製〉 13300円 Ⓘ978-4-7842-1688-8 Ⓝ911.14
☆「近代名著解題選集 3」

10390 「鹿狩」
☆「近代名著解題選集 3」

10391 「磁石」
『大蔵家伝之書古本能狂言 第3巻』 大蔵弥太郎編 京都 臨川書店 1976 10,574p 23cm〈複製版 限定版〉 全94000円 Ⓝ773.9
☆「近代名著解題選集 3」

10392 「静」
『幸若小八郎正本幸若舞曲─三十六種 下巻』 古典研究会 1973 483-920p 22cm〈古典研究会叢書 第2期 国文学〉〈汲古書院〔発売〕 慶応義塾図書館蔵本の複製〉 5000円 Ⓝ912.2
☆「近代名著解題選集 3」

10393 「賤の男貌記」
☆「日本の艶本・珍書 総解説」

10394 「二千石」
『大蔵家伝之書古本能狂言 第1巻』 大蔵弥太郎編 京都 臨川書店 1976 9,828p 23cm〈複製版 限定版〉 全94000円 Ⓝ773.9
☆「近代名著解題選集 3」

10395 「信田」
『舞の本 内閣文庫本 上』 松沢智里編 古典文庫 1978 271p 17cm〈古典文庫 第383冊〉 1200円 Ⓝ912.2
☆「近代名著解題選集 3」

10396 「七騎落」
『七騎落』 觀世左近訂正著作 檜書店 1951 16丁 22cm〈観世流稽古用謡本 31ノ2〉〈和装〉 Ⓝ768.4
☆「近代名著解題選集 3」

10397 「十訓抄」
『十訓抄』 浅見和彦校注・訳 小学館 1997 557p 21cm〈新編 日本古典文学全集 51〉 4457円 Ⓘ4-09-658051-1
☆「一度は読もうよ！日本の名著」,「一冊で日本の古典100冊を読む」,「学術辞典叢書 第15巻」,「近代名著解題選集 3」,「古典の事典」,「古典文学鑑賞辞典」,「作品と作者」,「世界名著解題選第2巻」,「世界名著大事典」,「千年の百冊」,「日本の古典」,「日本古典文学鑑賞辞典〔第1〕」,「日本文学名作案内」,「日本名著鑑賞辞典〔第1〕」,「文学・名著300選の解説 '88年度版」

10398 「実語教」
『実語教』 富士川游著 中山文化研究所 1935 38p 23cm Ⓝ159
☆「日本名著辞典」

10399 「止動方角」

10400 「志とり古」
『大蔵家伝之書古本能狂言　第1巻』　大蔵弥太郎編　京都　臨川書店　1976　9,828p　23cm〈複製版 限定版〉　全94000円　Ⓝ773.9
☆「近代名著解題選集 3」
☆「日本の艶本・珍書 総解説」，「日本の奇書77冊」

10401 「信太妻」
『五説経』　水上勉訳　横山光子脚色　大飯町（福井県）　若州一滴文庫　2002　172p　18cm　952円　Ⓝ913.6
☆「世界名著大事典 補遺 (Extra)」

10402 「しのびね物語」
『中世王朝物語全集 10　しのびね　しら露』　大槻修, 田淵福子, 片岡利博校訂・訳註　笠間書院　1999　277p　22cm　4400円　Ⓘ4-305-40090-1　Ⓝ913.41
☆「近代名著解題選集 3」，「古典文学鑑賞辞典」，「日本文学鑑賞辞典〔第1〕」

10403 「揮」
『能・狂言』　今西祐行文　若林利代絵　童心社　2009　205p　20cm（これだけは読みたいわたしの古典）〈シリーズの監修者：西尾実〉　2000円
Ⓘ978-4-494-01981-6,978-4-494-07167-8　Ⓝ912.3
☆「近代名著解題選集 3」

10404 「拾遺枕草紙花街抄」
『清少納言犬枕集』　田中重太郎編　古典文庫　1982　390p　17cm（古典文庫　第429冊）　非売品　Ⓝ911.52
☆「日本の艶本・珍書 総解説」，「日本の奇書77冊」

10405 「秀句大名」
『大蔵家伝之書古本能狂言　第1巻』　大蔵弥太郎編　京都　臨川書店　1976　9,828p　23cm〈複製版 限定版〉　全94000円　Ⓝ773.9
☆「近代名著解題選集 3」

10406 「十二月往来」
『往来物大系　第3巻　古往来』　大空社　1992　1冊　22cm〈監修：石川松太郎　複製〉
Ⓘ4-87236-259-4　Ⓝ375.9
☆「世界名著大事典」

10407 「十二段草子」
『室町時代物語大成　補遺2　しそ〜りあ』　松本隆信編　角川書店　1988　635p　22cm〈その他のタイトル：研究種目 総合研究 (A)〉　その他のタイトル：課題名『室町時代物語大成』編纂のための諸本の基礎的研究〉　13000円　Ⓘ4-04-561015-4　Ⓝ913.49
☆「近代名著解題選集 3」，「作品と作者」，「世界名著大事典」，「日本名著辞典」

10408 「十二類絵詞」
『室町時代物語大成　第4　きそ-こお』　横山重, 松本隆信編　角川書店　1976　609p 図　22cm〈その他のタイトル：研究種目 総合研究 (A)〉　その他のタイトル：課題名『室町時代物語大成』編纂のための諸本の基礎的研究〉　11000円　Ⓝ913.49
☆「近代名著解題選集 3」

10409 「十番斬」
『夜討曽我十番斬』　観世清久著　京都　桧常之助　1912　3丁　24cm〈和装〉　Ⓝ773
☆「近代名著解題選集 3」

10410 「十番のものあらそひ」
『續群書類從　第33輯 上　雑部』　塙保己一編纂　太田藤四郎補　オンデマンド版　八木書店古書出版部　2013　634p　21cm〈訂正3版：続群書類従完成会 1972年刊　デジタルパブリッシングサービス〔印刷・製本〕　八木書店〔発売〕〉　10000円　Ⓘ978-4-8406-3207-2　Ⓝ081
☆「近代名著解題選集 3」

10411 「宗論」
『新編日本古典文学全集　60　狂言集』　北川忠彦, 安田章校注　小学館　2001　574p　23cm　4457円　Ⓘ4-09-658060-0　Ⓝ918
☆「近代名著解題選集 3」，「世界名著大事典 補遺 (Extra)」

10412 「柱杖」
『大蔵家伝之書古本能狂言　第2巻』　大蔵弥太郎編　京都　臨川書店　1976　8,738p　23cm〈複製版 限定版〉　全94000円　Ⓝ773.9
☆「近代名著解題選集 3」

10413 「酒呑童子」
『酒呑童子—お伽草子』　野坂昭如文　集英社　1982　1冊（頁付なし）　22×29cm〈表紙の書名：野坂昭如の酒呑童子　監修：市古貞次　解説：宮次男〉　1380円　Ⓝ913.49
☆「近代名著解題選集 3」，「古典文学鑑賞辞典」，「世界名著大事典」，「日本名著辞典」

10414 「承久記」
『承久記』　松林靖明校注　新訂　現代思潮新社　2006　234,24p　19cm〈古典文庫　68〉〈オンデマンド版　年表あり〉　2800円
Ⓘ4-329-02008-4　Ⓝ913.438
☆「一度は読もうよ！ 日本の名著」，「一冊で日本の古典100冊を読む」，「古典の事典」，「日本の古典名著」，「日本歴史「古典籍」総覧」，「歴史の名著100」

10415 「上宮聖徳法王帝説」
『上宮聖徳法王帝説』　東野治之校注　岩波書店　2013　149p　15cm〈岩波文庫　33-034-1〉

〈文献あり〉　540円　①978-4-00-330341-2
Ⓝ288.44
☆「古典の事典」,「世界名著大事典」,「日本名著辞典」

10416　「昭君」
『昭君―袖珍本』　觀世左近訂正著作　檜書店
1951　12丁　13cm　Ⓝ768.4
☆「近代名著解題選集 3」

10417　「消息往来」
『往来物大系　第30巻　消息科往来』　大空社
1993　1冊　22cm〈監修：石川松太郎　複製〉
①4-87236-261-6　Ⓝ375.9
☆「世界名著大事典」

10418　「承徳本古謡集」
『承徳本古謡集』　貴重図書影本刊行会編　京都貴重図書影本刊行会頒布事務所　1930　1軸
29cm〈複製　附（22p 23cm）：解説　和装〉
Ⓝ911.1
☆「世界名著大事典」

10419　「将門記」
『将門記』　林陸朗校注　新訂　現代思潮新社
2006　246p　19cm（古典文庫　67）〈現代思潮社1982年刊を原本としたオンデマンド版　文献あり〉　2700円　①4-329-02006-8
Ⓝ913.438
☆「一度は読もうよ！日本の名著」,「一冊で日本の古典100冊を読む」,「古典の事典」,「世界名著大事典」,「千年の百冊」,「2ページでわかる日本の古典傑作選」,「日本の名著」,「日本の古典名著」,「日本の書物」,「日本文学鑑賞辞典〔第1〕」,「日本文学名作案内」,「日本名著辞典」,「日本歴史〔古典籍〕総覧」,「歴史の名著100」

10420　「初期讃美歌集」
『明治初期讃美歌』　新教出版社　1978　13冊
11～26cm〈神戸女学院図書館所蔵オルチン文庫版の複製　おもに和装本　箱入（28cm）限定版〉　全40000円　Ⓝ196.5
☆「日本文芸鑑賞事典 第1巻」

10421　「続現葉和歌集」
『群書類従　第10輯　和歌部』　塙保己一編纂　オンデマンド版　八木書店古書出版部　2013
568p　21cm〈訂正3版：続群書類従完成会1979年刊　デジタルパブリッシングサービス〔印刷・製本〕　八木書店〔発売〕〉　9000円
①978-4-8406-3121-1　Ⓝ081
☆「近代名著解題選集 3」

10422　「自雷也」
☆「世界名著大事典 補遺（Extra）」

10423　「白川家記」
☆「世界名著大事典」

10424　「新曲」
『天理図書館善本叢書　和書之部　第47巻　舞の本　文禄本　上』　天理図書館善本叢書和書之部編集委員会編　天理　天理大学出版部
1979　583p　16×23cm〈複製　八木書店〔製作発売〕〉　12000円　Ⓝ081
☆「近代名著解題選集 3」

10425　「新蔵人物語」
『室町時代物語大成　補遺 2　しそ～りあ』　松本隆信編　角川書店　1988　635p　22cm〈その他のタイトル：研究種目　総合研究（A）　その他のタイトル：課題名　『室町時代物語大成』編纂のための諸本の基礎的研究〉
13000円　①4-04-561015-4　Ⓝ913.49
☆「近代名著解題選集 3」

10426　「人国記」
『人国記・新人国記』　浅野建二校注　岩波書店
1987　300p　15cm（岩波文庫）　500円
①4-00-330281-8　Ⓝ291
☆「世界名著大事典」

10427　「新撰狂歌集」
『新日本古典文学大系　61　七十一番職人歌合　新撰狂歌集　古今夷曲集』　佐竹昭広ほか編　岩崎佳枝,塩村耕,高橋喜一校注　岩波書店
1993　621p　22cm　3900円
①4-00-240061-1　Ⓝ918
☆「世界名著大事典」

10428　「新撰長禄寛正記」
『群書類従　第20輯　合戦部』　塙保己一編纂　オンデマンド版　八木書店古書出版部　2013
746p　21cm〈訂正3版：続群書類従完成会
1979年刊　デジタルパブリッシングサービス〔印刷・製本〕　八木書店〔発売〕〉　12000円
①978-4-8406-3131-0　Ⓝ081
☆「日本歴史〔古典籍〕総覧」,「歴史の名著100」

10429　「塵添壒囊鈔」
『塵添壒囊鈔―仏教百事問答 抄訳』〔行誉〕ほか撰　青山社編集部編　茨木　青山社
2003　393,13p　22cm　7600円
①4-88414-033-8　Ⓝ031.2
☆「世界名著大事典」

10430　「神道五部書」
『古事記　先代舊事本紀　神道五部書』　吉川弘文館　2007　151,158,64p　27cm（國史大系　新訂増補　第7巻　黒板勝美編）〈平成10年刊（新装版）を原本としたオンデマンド版〉
11000円　①978-4-642-04007-5　Ⓝ913.2
☆「学術辞典叢書 第15巻」,「古典の事典」,「世界名著解題選集 第2巻」,「世界名著大事典」

10431　「しんとく丸」

『五説経』 水上勉訳 横山光子脚色 大飯町（福井県） 若州一滴文庫 2002 172p 18cm 952円 Ⓝ913.6
☆「世界名著大事典」

10432 「心奪」
『大蔵家伝之書古本能狂言 第1巻』 大蔵弥太郎編 京都 臨川書店 1976 9,828p 23cm〈複製版 限定版〉 全94000円 Ⓝ773.9
☆「近代名著解題選集 3」

10433 「水鳥記」
『假名草子集成 第42巻』 深沢秋男, 伊藤慎吾, 入口敦志, 花田富二夫編 東京堂出版 2007 332p 22cm 17500円 ①978-4-490-30540-1 Ⓝ913.51
☆「日本の艶本・珍書 総解説」,「日本の奇書77冊」

10434 「水論聟」
『大蔵家伝之書古本能狂言 第2巻』 大蔵弥太郎編 京都 臨川書店 1976 8,738p 23cm〈複製版 限定版〉 全94000円 Ⓝ773.9
☆「近代名著解題選集 3」

10435 「末広がり」
『能・狂言』 今西祐行文 若林利代絵 童心社 2009 205p 20cm〈これだけは読みたいわたしの古典〉〈シリーズの監修者：西尾実〉 2000円 ①978-4-494-01981-6,978-4-494-07167-8 Ⓝ912.3
☆「近代名著解題選集 3」,「古典文学鑑賞辞典」,「世界名著大事典」

10436 「素袍落」
『大蔵家伝之書古本能狂言 第1巻』 大蔵弥太郎編 京都 臨川書店 1976 9,828p 23cm〈複製版 限定版〉 全94000円 Ⓝ773.9
☆「近代名著解題選集 3」,「世界名著大事典」

10437 「周防の内侍」
☆「近代名著解題選集 3」

10438 「双六僧」
☆「近代名著解題選集 3」

10439 「鱸包丁」
☆「近代名著解題選集 3」

10440 「雀の発心」
『室町時代物語大成 第7 しみ〜すす』 横山重, 松本隆信編 角川書店 1979 680p 22cm〈その他のタイトル：研究種目 総合研究（A） その他のタイトル：課題名『室町時代物語大成』編纂のための諸本の基礎的研究〉 11000円 Ⓝ913.49
☆「近代名著解題選集 3」

10441 「硯破」

『国文東方仏教叢書 第1輯 第9巻 文芸部上』 鷲尾順敬編纂 名著普及会 1992 530p 20cm〈大正14年〜昭和6年刊の複製〉 ①4-89551-571-0 Ⓝ180.8
☆「近代名著解題選集 3」

10442 「脛囓」
『大蔵家伝之書古本能狂言 第3巻』 大蔵弥太郎編 京都 臨川書店 1976 10,574p 23cm〈複製版 限定版〉 全94000円 Ⓝ773.9
☆「近代名著解題選集 3」

10443 「酢豆」
『大蔵家伝之書古本能狂言 第3巻』 大蔵弥太郎編 京都 臨川書店 1976 10,574p 23cm〈複製版 限定版〉 全94000円 Ⓝ773.9
☆「近代名著解題選集 3」

10444 「墨染桜」
『謡曲大観 第3巻』 佐成謙太郎著 明治書院 1964 1421-2130p 23cm Ⓝ912.3
☆「近代名著解題選集 3」

10445 「墨塗女」
『新編日本古典文学全集 60 狂言集』 北川忠彦, 安田章校注 小学館 2001 574p 23cm 4457円 ①4-09-658060-0 Ⓝ918
☆「近代名著解題選集 3」

10446 「住吉詣」
『住吉詣―袖珍本』 観世左近訂正著作 檜書店 1952 9丁 13cm Ⓝ768.4
☆「近代名著解題選集 3」

10447 「住吉物語」
『住吉物語』 石川透編 三弥井書店 2003 158p 21cm〈室町物語影印叢刊 13〉 1600円 ①4-8382-7042-9 Ⓝ913.41
☆「近代名著解題選集 3」,「古典文学鑑賞辞典」,「作品と作者」,「世界名著大事典」,「日本の古典・世界の古典」,「日本の古典名著」,「日本文学鑑賞辞典〔第1〕」,「日本名著辞典」,「早わかり日本古典文学あらすじ事典」

10448 「世鏡抄」
『子育ての書 1』 山住正己, 中江和恵編注 平凡社 1976 366p 18cm〈東洋文庫 285〉 1000円 Ⓝ379.9
☆「古典の事典」

10449 「関原与市」
『謡曲大観 第3巻』 佐成謙太郎著 明治書院 1964 1421-2130p 23cm Ⓝ912.3
☆「近代名著解題選集 3」

10450 「説教強盗物語」
『秘本・説教強盗』 フランス書院 1983 279p 18cm〈決定版〉大正・昭和稀本名作選

書) 690円 Ⓘ4-8296-5508-9 Ⓝ913.4
☆「日本の艶本・珍書 総解説」、「日本の奇書77冊」

10451 「摂津国風土記」
『古風土記逸文考証』 栗田寛著 大日本図書 1903 2冊 23cm Ⓝ291
☆「日本の古典名著」

10452 「節分」
『狂言』 山崎有一郎監修 くもん出版 2004 127p 27cm〈物語で学ぶ日本の伝統芸能 2〉 2800円 Ⓘ4-7743-0739-4 Ⓝ773.9
☆「近代名著解題選集 3」、「世界名著大事典 補遺 (Extra)」

10453 「節用集」
『節用集―黒本本』 前田育徳会尊経閣文庫編 八木書店 1999 226p 26cm〈尊経閣善本影印集成 20〉 20000円 Ⓘ4-8406-2320-1
☆「古典の事典」、「世界名著大事典」、「日本名著辞典」

10454 「禅師曽我」
『宝生流地拍子謡本 外 16 皇帝.藤栄.雲雀山.禅師曽我.来殿』 宝生九郎著 わんや書店 1980 1冊 24cm〈和装〉 Ⓝ768.4
☆「近代名著解題選集 3」

10455 「煎じ物」
『大蔵家伝之書古本能狂言 第1巻』 大蔵弥太郎編 京都 臨川書店 1976 9,828p 23cm〈複製版 限定版〉 全94000円 Ⓝ773.9
☆「近代名著解題選集 3」

10456 「撰集抄」
『撰集抄 上』 安田孝子,梅野きみ子,野崎典子,河野啓子,森瀬代士枝校注 現代思潮新社 2006 86,128,10p 19cm〈古典文庫 75〉〈1987年刊 (第2刷) を原本としたオンデマンド版〉 2900円 Ⓘ4-329-02010-6 Ⓝ913.47
☆「一度は読もうよ! 日本の名著」、「一冊で日本の古典100冊を読む」、「近代名著解題選集 3」、「古典の事典」、「古典文学鑑賞辞典」、「世界名著大事典」、「日本の古典名著」、「日本文学鑑賞辞典 [第1]」

10457 「先代旧事本紀」
『先代旧事本紀―現代語訳』 安本美典監修 志村裕子訳 批評社 2013 612p 22cm〈文献あり〉 6800円 Ⓘ978-4-8265-0585-7 Ⓝ210.4
☆「古典の事典」、「世界名著大事典」、「日本の古典名著」、「日本名著辞典」、「日本歴史「古典籍」総覧」、「歴史の名著100」

10458 「仙伝抄」
『仙伝抄』 田中重太郎,岡田幸三著 池坊総務所編 京都 日本華道社 1981 2冊 22cm 全9800円 Ⓝ793
☆「日本の古典名著」

10459 「相州兵乱記」
『群書類従 第21輯 合戦部』 塙保己一編纂 オンデマンド版 八木書店古書出版部 2013 752p 21cm〈訂正3版:続群書類従完成会 1980年刊 デジタルパブリッシングサービス〔印刷・製本〕 八木書店〔発売〕〉 12000円 Ⓘ978-4-8406-3132-7 Ⓝ081
☆「日本歴史「古典籍」総覧」、「歴史の名著100」

10460 「草人木」
『茶道古典全集 第3巻』 千宗室等編 淡交新社 1960 497,25p 図版 22cm Ⓝ791
☆「古典の事典」

10461 「草木太平記」
『むろまちものがたり―京都大学蔵 第8巻』 京都大学文学部国語学国文学研究室編 日野龍夫,木田章義,大谷雅夫監修 京都 臨川書店 2001 517p 22cm〈複製および翻刻〉 12500円 Ⓘ4-653-03748-5,4-653-03740-X Ⓝ913.49
☆「近代名著解題選集 3」

10462 「曽我物語」
『曽我物語 上』 大妻女子大学国文学会編 新典社 2013 430p 19cm〈大妻文庫 3〉〈複製及び翻刻〉 3200円 Ⓘ978-4-7879-6063-4 Ⓝ913.437
☆「あらすじダイジェスト 日本の古典30を読む」、「あらすじで読む日本の古典」(楽書館,中経出版〔発売〕)、「あらすじで読む日本の古典」(新人物往来社)、「一度は読もうよ! 日本の名著」、「一冊で日本の古典100冊を読む」、「一冊で100名作の「さわり」を読む」、「学術辞典叢書 第15巻」、「近代名著解題選集 3」、「古典の事典」、「古典文学鑑賞辞典」、「作品と作者」、「3行でわかる名作&ヒット本250」、「Jブンガク」、「知らないと恥ずかしい「日本の名作」あらすじ200本」、「世界名著解題選集 第2巻」、「世界名著大事典」、「千年の百冊」、「2ページでわかる日本の古典傑作選」、「日本の古典への誘い100選」、「日本の古典」、「日本の古典・世界の古典」、「日本の古典名著」、「日本の書物」、「日本の名著3分間読書100」、「日本文学の古典50選」、「日本文学名作案内」、「日本文学名作概観」、「日本名著解題辞典」、「早わかり日本古典文学あらすじ事典」

10463 「続古今和歌集」
『校註国歌大系 第5巻 十三代集 1』 国民図書株式会社編 講談社 1976 38,866p 図 19cm〈国民図書株式会社昭和3~6年刊の複製限定版〉 Ⓝ911.108
☆「近代名著解題選集 3」

10464 「続古事談」
『続古事談』 播摩光寿,磯水絵,小林保治,田嶋一夫,三田明弘編 おうふう 2002 212p 21cm 2500円 Ⓘ4-273-03167-1

10465 「外物」
『早歌全詞集』 外村久江, 外村南都子校注 2版 三弥井書店 2008 360p 22cm〈中世の文学〉〈文献あり〉 7600円
Ⓘ978-4-8382-1018-3 Ⓝ911.64
☆「近代名著解題選集 3」

10466 「大悦物語」
『室町時代物語大成 第8 すみ〜たま』 横山重, 松本隆信編 角川書店 1980 604p 22cm〈その他のタイトル:研究種目 総合研究(A) その他のタイトル:課題名 『室町時代物語大成』編纂のための諸本の基礎的研究〉 11000円 Ⓝ913.49
☆「近代名著解題選集 3」

10467 「大会」
『大會』 観世左近訂正著作 檜書店 1951 7丁 22cm(観世流稽古用謡本 13ノ5)〈和装〉Ⓝ768.4
☆「近代名著解題選集 3」

10468 「大東閨語」
『大東閨語諸本集成―全六種』 太平主人編著 太平書屋 2013 262p 21cm(太平文庫 74)〈奥付の責任表示:斎田作楽 複製〉 10000円 Ⓝ919.5
☆「日本の奇書77冊」

10469 「大般若」
☆「近代名著解題選集 3」

10470 「大仏供養」
『大仏供養―観世流新稽古本』 観世流改訂本刊行会編纂部編 能楽出版社設立事務所 1944 11丁 21cm Ⓝ768
☆「近代名著解題選集 3」, 「世界名著大事典 補遺(Extra)」

10471 「大仏供養物語」
『国文東方仏教叢書 第1輯 第9巻 文芸部 上』 鷲尾順敬編纂 名著普及会 1992 530p 20cm〈大正14年〜昭和6年刊の複製〉
Ⓘ4-89551-571-0 Ⓝ180.8
☆「近代名著解題選集 3」

10472 「大瓶猩々」
『大瓶猩々』 廿四世観世左近訂正 桧書店 1943 3,5丁 24cm(観世流大成版 38ノ5)〈和装〉Ⓝ768
☆「近代名著解題選集 3」, 「世界名著大事典 補遺(Extra)」

10473 「第六天」
『謡曲大観 第3巻』 佐成謙太郎著 明治書院 1964 1421-2130p 23cm Ⓝ912.3

☆「近代名著解題選集 3」

10474 「高館」
『幸若舞 2 景清・高館―他』 荒木繁ほか編注 平凡社 1983 372p 18cm(東洋文庫 417) 1800円 Ⓝ912.2
☆「近代名著解題選集 3」, 「世界名著大事典」

10475 「高橋氏文」
『古代氏文集―住吉大社神代記・古語拾遺・新撰亀相記・高橋氏文・秦氏本系帳』 沖森卓也, 佐藤信, 矢嶋泉編著 山川出版社 2012 307p 21cm 4000円 Ⓘ978-4-634-59394-7 Ⓝ210.3
☆「近代名著解題選集 3」, 「世界名著大事典 補遺(Extra)」

10476 「篁物語」
『篁物語―影印 翻刻 対訳 校本 索引』 平林文雄編著 笠間書院 1978 127p 27cm〈水府明徳会彰考館文庫旧蔵〉 2500円 Ⓝ913.38
☆「近代名著解題選集 3」, 「世界名著大事典」, 「日本の古典名著」

10477 「宝の笠」
『大蔵家伝之書古本能狂言 第1巻』 大蔵弥太郎編 京都 臨川書店 1976 9,828p 23cm〈複製版 限定版〉 全94000円 Ⓝ773.9
☆「近代名著解題選集 3」

10478 「宝の槌」
『大蔵家伝之書古本能狂言 第1巻』 大蔵弥太郎編 京都 臨川書店 1976 9,828p 23cm〈複製版 限定版〉 全94000円 Ⓝ773.9
☆「近代名著解題選集 3」

10479 「竹取物語」
『竹取物語―現代語訳対照・索引付:原文・訳二段組み構成』 大井田晴彦著 笠間書院 2012 197p 21cm〈文献あり 索引あり〉 1400円 Ⓘ978-4-305-70681-2 Ⓝ913.31
☆「あらすじダイジェスト 日本の古典30を読む」, 「あらすじで読む日本の古典」(楽書館, 中経出版〔発売〕), 「あらすじで読む日本の古典」(新人物往来社), 「一度は読もうよ! 日本の名著」, 「一冊で日本の古典100冊を読む」, 「一冊で100名作の「さわり」を読む」, 「学術辞典叢書 第15巻」, 「近代名著解題選集 2」, 「近代名著解題選集 3」, 「古典の事典」, 「古典文学鑑賞辞典」, 「この一冊で読める! 日本の古典50冊」, 「作品と作者」, 「3行でわかる名作&ヒット本250」, 「Jブンガク」, 「知らないと恥ずかしい 日本の名作 あらすじ200本」, 「図説 5分でわかる日本の名作」, 「世界の小説大百科」, 「世界名作事典」, 「世界名著解題選 第2巻」, 「世界名著大事典」, 「千年の百冊」, 「2ページでわかる日本の古典傑作選」, 「日本古典への誘い100選 2」, 「日本の古典」, 「日本の古典・世界の古典」, 「日本の古典名著」, 「日本の書物」, 「日本の名著」(角川書店), 「日本の名著」(毎日新聞社), 「日本の名著3分間読書100」, 「日本文学

鑑賞辞典〔第1〕」,「日本文学の古典50選」,「日本文学名作案内」,「日本文学名作概観」,「日本文学名作辞典」,「日本名著辞典」,「早わかり日本古典文学あらすじ事典」,「文学・名著300選の解説'88年度版」,「マンガとあらすじでやさしく読める日本の古典傑作30選」,「名作の書き出しを諳んじる」,「名作の研究事典」

10480「竹の子争」
『大蔵家伝之書古本能狂言　第3巻』　大蔵弥太郎編　京都　臨川書店　1976　10,574p　23cm〈複製版 限定版〉　全94000円　Ⓝ773.9
☆「近代名著解題選集 3」

10481「蛸」
『大蔵家伝之書古本能狂言　第2巻』　大蔵弥太郎編　京都　臨川書店　1976　8,738p　23cm〈複製版 限定版〉　全94000円　Ⓝ773.9
☆「近代名著解題選集 3」

10482「忠信」
『忠信』　観世左近訂正著作　檜書店　1951　8丁　22cm（観世流稽古用謡本　17ノ2）〈和装〉Ⓝ768.4
☆「近代名著解題選集 3」

10483「太刀奪」
『大蔵家伝之書古本能狂言　第1巻』　大蔵弥太郎編　京都　臨川書店　1976　9,828p　23cm〈複製版 限定版〉　全94000円　Ⓝ773.9
☆「近代名著解題選集 3」

10484「立烏帽子」
『新編御伽草子』　萩野由之輯　誠之堂書店　1901　2冊　23cm〈大和綴　和装〉Ⓝ913.49
☆「近代名著解題選集 3」

10485「たなばた」
『室町時代物語大成　第5　こお〜さく』　横山重,松本隆信編　角川書店　1977　622p 図　22cm〈その他のタイトル：研究種目 総合研究（A）　その他のタイトル：課題名『室町時代物語大成』編纂のための諸本の基礎的研究〉
11000円　Ⓝ913.49
☆「近代名著解題選集 3」

10486「玉造小町子壮衰書」
『玉造小町子壮衰書―小野小町物語』　杤尾武校注　岩波書店　1994　223p　15cm〈岩波文庫〉〈慶応義塾大学図書館蔵の影印を含む〉
570円　①4-00-300091-9　Ⓝ919.3
☆「世界名著大事典」

10487「玉水物語」
『室町時代物語大成　第8　すみ〜たま』　横山重,松本隆信編　角川書店　1980　604p　22cm〈その他のタイトル：研究種目 総合研究（A）　その他のタイトル：課題名『室町時代物語大成』編纂のための諸本の基礎的研究〉
11000円　Ⓝ913.49
☆「近代名著解題選集 3」

10488「玉虫の草子」
『室町時代物語大成　第8　すみ〜たま』　横山重,松本隆信編　角川書店　1980　604p　22cm〈その他のタイトル：研究種目 総合研究（A）　その他のタイトル：課題名『室町時代物語大成』編纂のための諸本の基礎的研究〉
11000円　Ⓝ913.49
☆「近代名著解題選集 3」

10489「玉藻草紙」
『国文東方仏教叢書　第2輯 第7巻　文芸部』　鷲尾順敬編纂　名著普及会　1991　620p　20cm〈第2刷（第1刷：昭和53年）大正14年〜昭和6年刊の複製〉①4-89551-579-6　Ⓝ180.8
☆「近代名著解題選集 3」

10490「田村の草紙」
『室町時代物語大成　第9　たま〜てん』　横山重,松本隆信編　角川書店　1981　662p　22cm〈その他のタイトル：研究種目 総合研究（A）　その他のタイトル：課題名『室町時代物語大成』編纂のための諸本の基礎的研究〉
13000円　Ⓝ913.49
☆「近代名著解題選集 3」

10491「樽聟」
『大蔵家伝之書古本能狂言　第2巻』　大蔵弥太郎編　京都　臨川書店　1976　8,738p　23cm〈複製版 限定版〉　全94000円　Ⓝ773.9
☆「近代名著解題選集 3」

10492「俵藤太物語」
『新日本古典文学大系　55　室町物語集　下』　佐竹昭広ほか編　市古貞次ほか校注　岩波書店　1992　436,24p　22cm　3800円
①4-00-240055-7　Ⓝ918
☆「近代名著解題選集 3」,「世界名著大事典」

10493「田原安江」
『田原安江―性体験記録』　相対会編　河出書房新社　1998　292p　15cm（河出文庫　相対レポート・セレクション 1）　590円
①4-309-47368-7　Ⓝ367.9
☆「日本の艶本・珍書 総解説」,「日本の奇書77冊」

10494「丹後国風土記」
『丹後史料叢書　第1-5輯』　宮津町（京都府）丹後史料叢書刊行会　1927　5冊　23cm
Ⓝ216.2
☆「日本の古典名著」

10495「壇浦兜軍記」
『国立文楽劇場平成二十六年初春文楽公演台本』　[大阪]　[国立文楽劇場]　158p　26cm〈会

期：平成26年1月3日—26日　表紙のタイトル：国立文楽劇場初春文楽公演台本〉 Ⓝ912.4
☆「世界名著大事典 補遺（Extra）」

10496　「檀風」
『宝生流地拍子謡本　外13　大蛇.檀風.昭君.三笑.舎利』　宝生九郎著　わんや書店　1980　1冊　24cm〈和装〉 Ⓝ768.4
☆「近代名著解題選集 3」

10497　「乳切木」
☆「近代名著解題選集 3」

10498　「竹生島詣」
『古浄瑠璃正本集　第3集』　横山重校訂　角川書店　1964　1冊　22cm Ⓝ912.4
☆「近代名著解題選集 3」

10499　「稚児の草紙」
☆「日本の艶本・珍書 総解説」、「日本の奇書77冊」

10500　「茶盞拝」
☆「近代名著解題選集 3」

10501　「茶壺」
『大蔵家伝之書古本能狂言　第3巻』　大蔵弥太郎編　京都　臨川書店　1976　10,574p　23cm〈複製版 限定版〉　全94000円 Ⓝ773.9
☆「近代名著解題選集 3」

10502　「中古諸家集」
『校註国歌大系　第13巻　中古諸家集 全』　国民図書株式会社編　講談社　1976　60,874p　図　19cm〈国民図書株式会社昭和3～6年刊の複製 限定版〉 Ⓝ911.108
☆「近代名著解題選集 3」

10503　「中将姫本地」
『室町時代物語大成　第9　たま～てん』　横山重,松本隆信編　角川書店　1981　662p　22cm〈その他のタイトル：研究種目 総合研究（A）　その他のタイトル：課題名『室町時代物語大成』編纂のための諸本の基礎的研究〉　13000円 Ⓝ913.49
☆「近代名著解題選集 3」

10504　「中書王物語」
『室町時代物語大成　第9　たま～てん』　横山重,松本隆信編　角川書店　1981　662p　22cm〈その他のタイトル：研究種目 総合研究（A）　その他のタイトル：課題名『室町時代物語大成』編纂のための諸本の基礎的研究〉　13000円 Ⓝ913.49
☆「近代名著解題選集 3」

10505　「長者教」
『長者教』　朝倉治彦校定並解説　古典文庫　1954　231p　17cm（古典文庫　第82冊）Ⓝ913.51

☆「古典の事典」、「世界名著大事典」

10506　「張良」
『張良』　石川透編　三弥井書店　2011　68p　21cm（室町物語影印叢刊　46）　1200円　①978-4-8382-7080-4 Ⓝ913.49
☆「近代名著解題選集 3」

10507　「通円」
『詞章—鉄輪（観世流）・大江山（観世流）・敦盛（喜多流）・舞囃子養老（観世流）・小舞海人（和泉流）・小舞通円（和泉流）・素謡檜垣（宝生流）』平成二十一年八月公演　国立能楽堂営業課編　［東京］　日本芸術文化振興会　2009　15p　26cm
☆「近代名著解題選集 3」

10508　「月かげ」
『室町時代物語大成　補遺2　しそ～りあ』　松本隆信編　角川書店　1988　635p　22cm〈その他のタイトル：研究種目 総合研究（A）　その他のタイトル：課題名『室町時代物語大成』編纂のための諸本の基礎的研究〉　13000円　①4-04-561015-4 Ⓝ913.49
☆「近代名著解題選集 3」

10509　「築島」
『幸若舞　1　百合若大臣—他』　荒木繁ほか編注　平凡社　1979　380p　18cm（東洋文庫　355）　1300円 Ⓝ912.2
☆「近代名著解題選集 3」

10510　「月みつの草子」
『室町時代物語大成　第9　たま～てん』　横山重,松本隆信編　角川書店　1981　662p　22cm〈その他のタイトル：研究種目 総合研究（A）　その他のタイトル：課題名『室町時代物語大成』編纂のための諸本の基礎的研究〉　13000円 Ⓝ913.49
☆「近代名著解題選集 3」

10511　「付喪神」
『むろまちものがたり—京都大学蔵　第10巻』　京都大学文学部国語学国文学研究室編　日野龍夫,木田章義,大谷雅夫監修　京都　臨川書店　2001　400p　16×22cm〈複製と翻刻〉　9800円　①4-653-03750-7,4-653-03740-X　Ⓝ913.49
☆「近代名著解題選集 3」

10512　「対鳥祭」
『大蔵家伝之書古本能狂言　第1巻』　大蔵弥太郎編　京都　臨川書店　1976　9,828p　23cm〈複製版 限定版〉　全94000円 Ⓝ773.9
☆「近代名著解題選集 3」

10513　「土蜘蛛草子」
『室町時代物語大成　第9　たま～てん』　横山

10514〜10530

重,松本隆信編　角川書店　1981　662p　22cm〈その他のタイトル：研究種目 総合研究(A)　その他のタイトル：課題名『室町時代物語大成』編纂のための諸本の基礎的研究〉　13000円　Ⓝ913.49
☆「近代名著解題選集 3」

10514　「土車」
『土車—袖珍本』　觀世左近訂正著作　檜書店　1951　12丁　13cm　Ⓝ768.4
☆「近代名著解題選集 3」

10515　「堤中納言物語」
『堤中納言物語—ビギナーズ・クラシックス日本の古典』　坂口由美子編　角川学芸出版　2009　270p　15cm〈角川文庫　16057—[角川ソフィア文庫]　[A-3-6]〉〈文献あり　角川グループパブリッシング[発売]〉　705円　①978-4-04-357425-4　Ⓝ913.384
☆「一度は読もうよ！日本の名著」、「一冊で日本の古典100冊を読む」、「一冊で100名作の「さわり」を読む」、「近代名著解題選集 3」、「古典の事典」、「古典文学鑑賞辞典」、「この一冊で読める！日本の古典50冊」、「作品と作者」、「世界名作事典」、「世界名著大事典」、「千年の百冊」、「2ページでわかる日本の古典傑作選」、「日本古典への誘い100選 2」、「日本の古典」、「日本の古典・世界の古典」、「日本の古典名著」、「日本の書物」、「日本の名著」（角川書店）、「日本の名著」（毎日新聞社）、「日本の名著3分間読書100」、「日本文学鑑賞辞典[第1]」、「日本文学名作案内」、「日本文学名作概観」、「日本文学名作事典」、「日本名著辞典」、「早わかり日本古典文学あらすじ事典」

10516　「苞山伏」
☆「近代名著解題選集 3」

10517　「釣女」
『大蔵家伝之書古本能狂言　第2巻』　大蔵弥太郎編　京都　臨川書店　1976　8,738p　23cm〈複製版 限定版〉　全94000円　Ⓝ773.9
☆「近代名著解題選集 3」

10518　「釣狐」
『能・狂言』　今西祐行文　若林利代絵　童心社　2009　205p　20cm〈これだけは読みたいわたしの古典〉〈シリーズの監修者：西尾実〉　2000円　①978-4-494-01981-6,978-4-494-07167-8　Ⓝ912.3
☆「近代名著解題選集 3」、「世界名著大事典」

10519　「鶴亀」
『鶴亀』　觀世左近訂正著作　檜書店　1950　3丁　22cm〈觀世流稽古用謠本　21ノ1〉〈和装〉　Ⓝ768.4
☆「近代名著解題選集 3」、「世界名著大事典 補遺(Extra)」

10520　「剣讃歎」
『新群書類従　第1-10』　国書刊行会編　国書刊行会　1906　10冊　23cm（国書刊行会刊行書）　Ⓝ081.5
☆「近代名著解題選集 3」

10521　「つるぎのまき」
『近代日本文学大系　第2巻　舞の本及古浄瑠璃集』　国民図書　1928　1004p　19cm　Ⓝ918
☆「近代名著解題選集 3」

10522　「鶴の草子」
『奈良絵本絵巻集　12　狭衣の中将・鶴の草子・四十二の物争ひ』　中野幸一編　早稲田大学出版部　1988　298,12p　16×22cm〈複製〉　12000円　①4-657-88010-1　Ⓝ913.3
☆「近代名著解題選集 3」

10523　「聾座頭」
『大蔵家伝之書古本能狂言　第2巻』　大蔵弥太郎編　京都　臨川書店　1976　8,738p　23cm〈複製版 限定版〉　全94000円　Ⓝ773.9
☆「近代名著解題選集 3」

10524　「帝王編年記」
『扶桑略記　帝王編年記』　皇圓、永祐編　黒板勝美編輯　新装版　吉川弘文館　1999　336,456p　23cm（國史大系 新訂増補　第12巻）〈複製〉　10000円　①4-642-00313-4　Ⓝ210.3
☆「日本歴史「古典籍」総覧」、「歴史の名著100」

10525　「庭訓往来」
『庭訓往来』　石川松太郎校注　平凡社　1973　362,21p 図　18cm（東洋文庫　242）　800円　Ⓝ370.9
☆「世界名著大事典」

10526　「亭子院歌合」
『亭子院歌合』　紀貫之等著　竹柏会　1937　1軸　27cm〈複製 付（17p 23cm）：解説〉　Ⓝ911.13
☆「近代名著解題選集 3」

10527　「手負山賊」
☆「近代名著解題選集 3」

10528　「手車」
『大蔵家伝之書古本能狂言　第2巻』　大蔵弥太郎編　京都　臨川書店　1976　8,738p　23cm〈複製版 限定版〉　全94000円　Ⓝ773.9
☆「近代名著解題選集 3」

10529　「てこぐま物語」
☆「近代名著解題選集 3」

10530　「天狗の内裏」
『天狗の内裏』　石川透編　三弥井書店　2006　150p　21cm（室町物語影印叢刊　24）〈複製〉　1600円　①4-8382-7053-4　Ⓝ913.49

☆「近代名著解題選集 3」

10531 「天鼓」
『天鼓—対訳でたのしむ』 三宅晶子著 檜書店 2000 28p 22cm 500円 ⓘ4-8279-1020-0 Ⓝ773
☆「近代名著解題選集 3」

10532 「天神本地」
『神道大系 文学編2 中世神道物語』 神道大系編纂会編 村上学校注 神道大系編纂会 1989 479p 23cm 13000円 Ⓝ170.8
☆「近代名著解題選集 3」

10533 「天地麗気記」
『神道大系 論説編1 真言神道 上』 神道大系編纂会編 和多秀乗校注 神道大系編纂会 1993 409p 23cm 18000円 Ⓝ170.8
☆「世界名著大事典」

10534 「天徳内裏歌合」
『校註国歌大系 第9巻 撰集,歌合 全』 国民図書株式会社編 講談社 1976 43,937p 図 19cm〈国民図書株式会社昭和3~6年刊の複製限定版〉 Ⓝ911.108
☆「近代名著解題選集 3」,「世界名著大事典」,「日本文学名作概観」

10535 「田夫物語」
『仮名草子集』 谷脇理史編 早稲田大学蔵資料影印叢書刊行委員会 1994 616,36p 22cm 〈早稲田大学蔵資料影印叢書 国書篇 第39巻〉〈発行所:早稲田大学出版部〉 18000円 ⓘ4-657-94903-9 Ⓝ913.51
☆「日本の書物」

10536 「藤栄」
『藤栄』 宝生重英編 わんや書店 1933 15丁 24cm(昭和版 外 16巻ノ2)〈和装〉 Ⓝ768
☆「近代名著解題選集 3」

10537 「東関紀行」
『東関紀行—本文及び総索引』 熊本女子大学国語学研究室編 笠間書院 1977 231p 22cm〈笠間索引叢刊 61〉〈監修:江口正弘〉 5000円 Ⓝ915.26
☆「一度は読もうよ! 日本の名著」,「一冊で日本の古典100冊を読む」,「近代名著解題選集 3」,「古典の事典」,「古典文学鑑賞辞典」,「作品と作者」,「世界名著大事典」,「日本の古典」,「日本の古典名著」,「日本文学鑑賞辞典〔第1〕」,「日本名著辞典」

10538 「童子教」
『子どもと声に出して読みたい童子教—江戸・寺子屋の教科書』 齋藤孝著 致知出版社 2013 261p 20cm〈底本:「実語教童子教」(協同印刷 大正15年刊)〉 1600円

ⓘ978-4-8009-1002-8 Ⓝ375.9
☆「世界名著大事典」,「日本名著辞典」

10539 「唐人相撲」
『大蔵家伝之書古本能狂言 第1巻』 大蔵弥太郎編 京都 臨川書店 1976 9,828p 23cm〈複製版 限定版〉 全94000円 Ⓝ773.9
☆「近代名著解題選集 3」

10540 「唐船」
『唐船—袖珍本』 觀世左近訂正著作 檜書店 1951 13丁 13cm Ⓝ768.4
☆「近代名著解題選集 3」

10541 「東撰和歌六帖」
『松平文庫影印叢書 第11巻 私撰集編』 松平黎明会編 新典社 1997 510p 22cm 15360円 ⓘ4-7879-2017-0 Ⓝ918
☆「近代名著解題選集 3」

10542 「藤葉和歌集」
『群書類従 第10輯 和歌部』 塙保己一編纂 オンデマンド版 八木書店古書出版部 2013 568p 21cm〈訂正3版:続群書類従完成会 1979年刊 デジタルパブリッシングサービス〔印刷・製本〕 八木書店〔発売〕〉 9000円 ⓘ978-4-8406-3121-1 Ⓝ081
☆「近代名著解題選集 3」

10543 「富樫」
『幸若小八郎正本幸若舞曲—三十六種 下巻』 古典研究会 1973 483-920p 22cm〈古典研究会叢書 第2期 国文学〉〈汲古書院〔発売〕 慶応義塾図書館蔵本の複製〉 5000円 Ⓝ912.5
☆「近代名著解題選集 3」

10544 「時秋物語」
『群書類従 第27輯 雑部』 塙保己一編纂 オンデマンド版 八木書店古書出版部 2013 728p 21cm〈訂正3版:続群書類従完成会 1980年刊 デジタルパブリッシングサービス〔印刷・製本〕 八木書店〔発売〕〉 11000円 ⓘ978-4-8406-3138-9 Ⓝ081
☆「近代名著解題選集 3」

10545 「常磐嫗物語」
『新編御伽草子』 萩野由之輯 誠之堂書店 1901 2冊 23cm〈大和綴 和装〉 Ⓝ913.49
☆「近代名著解題選集 3」

10546 「常盤問答」
『幸若小八郎正本幸若舞曲—三十六種 上巻』 古典研究会 1973 482p 22cm〈古典研究会叢書 第2期 国文学〉〈汲古書院〔発売〕 慶応義塾図書館蔵本の複製〉 5000円 Ⓝ912.5
☆「近代名著解題選集 3」

10547 「鈍根草」

『能・能楽論　狂言』　竹本幹夫,橋本朝生校注・訳　ほるぷ出版　1987　415p　20cm（日本の文学　古典編　36）Ⓝ912.3
☆「近代名著解題選集 3」

10548　「東西離」
『大蔵家伝之書古本能狂言　第2巻』　大蔵弥太郎編　京都　臨川書店　1976　8,738p　23cm〈複製版 限定版〉　全94000円　Ⓝ773.9
☆「近代名著解題選集 3」

10549　「飛越新発意」
『大蔵家伝之書古本能狂言　第2巻』　大蔵弥太郎編　京都　臨川書店　1976　8,738p　23cm〈複製版 限定版〉　全94000円　Ⓝ773.9
☆「近代名著解題選集 3」

10550　「井礑」
『能・狂言名作集』　横道万里雄,古川久注解　筑摩書房　1977　399p　23cm（古典日本文学 19）〈折り込1枚〉Ⓝ912.3
☆「近代名著解題選集 3」

10551　「知章」
『知章』　觀世左近訂正著作　檜書店　1951　14丁　22cm（観世流稽古用謡本　6ノ2）〈和装〉Ⓝ768.4
☆「近代名著解題選集 3」

10552　「朝長」
『朝長』　觀世左近訂正著作　檜書店　1951　15丁　22cm（観世流稽古用謡本　27ノ2）〈和装〉Ⓝ768.4
☆「近代名著解題選集 3」

10553　「吃」
『大蔵家伝之書古本能狂言　第2巻』　大蔵弥太郎編　京都　臨川書店　1976　8,738p　23cm〈複製版 限定版〉　全94000円　Ⓝ773.9
☆「近代名著解題選集 3」

10554　「鳥歌合」
『續群書類従　第33輯 下　雑部』　塙保己一編纂　太田藤四郎補　オンデマンド版　八木書店古書出版部　2013　558p　21cm〈訂正3版：続群書類従完成会 1979年刊　デジタルパブリッシングサービス〔印刷・製本〕　八木書店〔発売〕〉　9000円　①978-4-8406-3208-9　Ⓝ081
☆「近代名著解題選集 3」

10555　「鳥追舟」
『鳥追舟』　觀世左近訂正著作　檜書店　1951　15丁　22cm（観世流稽古用謡本　11ノ4）〈和装〉Ⓝ768.4
☆「近代名著解題選集 3」

10556　「とりかへばや物語」
『とりかへばや物語—ビギナーズ・クラシックス日本の古典』　鈴木裕子編　角川学芸出版　2009　255p　15cm〔角川文庫　15764—〔角川ソフィア文庫〕［A-3-3]〕〈文献あり　角川グループパブリッシング〔発売〕〉　743円　①978-4-04-407205-6　Ⓝ913.385
☆「あらすじダイジェスト 日本の古典30を読む」，「あらすじで読む日本の古典」（楽館,中経出版〔発売〕），「あらすじで読む日本の古典」（新人物往来社），「近代名著解題選集 3」，「古典の事典」，「古典文学鑑賞辞典」，「作品と作者」，「3行でわかる名作&ヒット作250」，「知らないと恥ずかしい「日本の名作」あらすじ200本」，「世界名著大事典」，「千年の百冊」，「2ページでわかる日本の古典傑作選」，「日本の艶本・珍書 総解説」，「日本の古典」，「日本の古典・世界の古典」，「日本の古典名著」，「日本文学鑑賞辞典〔第1〕」，「早わかり日本古典文学あらすじ事典」

10557　「鳥部山物語」
『群書類従　第17輯　連歌部　物語部』　塙保己一編纂　訂正3版　続群書類従完成会　1993　678p　19cm　④-7971-0020-6　Ⓝ081.5
☆「近代名著解題選集 3」

10558　「中臣祓訓解」
『日本思想大系　19　中世神道論』　岩波書店　1977　382p 図　22cm　2400円　Ⓝ121.08
☆「世界名著大事典」

10559　「仲光」
『仲光』　觀世左近訂正著作　檜書店　1950　15丁　22cm（観世流稽古用謡本　26ノ2）〈和装〉Ⓝ768.4
☆「近代名著解題選集 3」

10560　「長光」
『大蔵家伝之書古本能狂言　第3巻』　大蔵弥太郎編　京都　臨川書店　1976　10,574p　23cm〈複製版 限定版〉　全94000円　Ⓝ773.9
☆「近代名著解題選集 3」

10561　「泣尼」
『能・能楽論　狂言』　竹本幹夫,橋本朝生校注・訳　ほるぷ出版　1987　415p　20cm（日本の文学　古典編　36）Ⓝ912.3
☆「近代名著解題選集 3」

10562　「那須与一」
『大蔵家伝之書古本能狂言　第4-6巻』　大蔵弥太郎編　京都　臨川書店　1976　3冊　23cm〈複製版 限定版〉　全94000円　Ⓝ773.9
☆「近代名著解題選集 3」

10563　「名取川」
『名取川—九州流箏曲楽譜』　福森登至子著　邦楽社　1984　15p　26cm　Ⓝ768.6
☆「近代名著解題選集 3」

10564　「七草草子」

『御伽草子　上』　市古貞次校注　岩波書店
1985　270p　15cm（岩波文庫）　500円
Ⓝ913.49
☆「近代名著解題選集 3」

10565　「腥物」
『大蔵家伝之書古本能狂言　第1巻』　大蔵弥太
郎編　京都　臨川書店　1976　9,828p
23cm〈複製版 限定版〉　全94000円　Ⓝ773.9
☆「近代名著解題選集 3」

10566　「奈良年代記」
『續群書類從　第29輯 下　雑部』　塙保己一編
纂　太田藤四郎補　オンデマンド版　八木書
店古書出版部　2013　412p　21cm〈訂正3版：
続群書類従完成会 1982年刊　デジタルパブ
リッシングサービス〔印刷・製本〕　八木書店
〔発売〕〉　7000円　Ⓘ978-4-8406-3200-3　Ⓝ081
☆「日本歴史「古典籍」総覧」,「歴史の名著100」

10567　「成上者」
『大蔵家伝之書古本能狂言　第1巻』　大蔵弥太
郎編　京都　臨川書店　1976　9,828p
23cm〈複製版 限定版〉　全94000円　Ⓝ773.9
☆「近代名著解題選集 3」

10568　「鳴門中将物語」
『古典文学選 10　物語・日記―現代語版』　横
山青娥著　塔影書房　1976　128p　22cm〈限
定版〉　2700円　Ⓝ910.2
☆「近代名著解題選集 3」,「作品と作者」

10569　「二王」
『大蔵家伝之書古本能狂言　第3巻』　大蔵弥太
郎編　京都　臨川書店　1976　10,574p
23cm〈複製版 限定版〉　全94000円　Ⓝ773.9
☆「近代名著解題選集 3」

10570　「二九十八」
『大蔵家伝之書古本能狂言　第2巻』　大蔵弥太
郎編　京都　臨川書店　1976　8,738p
23cm〈複製版 限定版〉　全94000円　Ⓝ773.9
☆「近代名著解題選集 3」

10571　「二十一代集」
『二十一代集　第1　古今和歌集　後撰和歌集』
太洋社編　紀友則,坂上望城等奉勅撰　西巣鴨
町（東京府）　太洋社　1925　586p　20cm
Ⓝ911.1
☆「作品と作者」

10572　「仁勢物語」
『仁勢物語』　小林祥次郎編　勉誠社　1984
174p　19cm（文芸文庫　日本古典文学　9）
600円　Ⓝ913.51
☆「一度は読もうよ！ 日本の名著」,「一冊で日本の
古典100冊を読む」

10573　「二中歴」
『二中歴　1　第一～第四』　前田育徳会尊経閣
文庫編　八木書店　1997　252,6p　30cm（尊
経閣善本影印集成　14）　22000円
Ⓘ4-8406-2314-7
☆「世界名著大事典」

10574　「荷文」
☆「近代名著解題選集 3」

10575　「二人大名」
『能・狂言』　今西祐行文　若林利代絵　童心社
2009　205p　20cm（これだけは読みたいわた
しの古典）〈シリーズの監修者：西尾実〉
2000円
Ⓘ978-4-494-01981-6,978-4-494-07167-8
Ⓝ912.3
☆「近代名著解題選集 3」,「世界名著大事典」

10576　「日本記」
『近古小説新纂』　島津久基編著　有精堂出版
1983　698p　23cm〈中興館昭和3年刊の複製〉
18000円　Ⓘ4-640-30561-3　Ⓝ913.49
☆「近代名著解題選集 3」

10577　「日本紀私記」
『日本書紀私記　釋日本紀　日本逸史』　黒板勝
美編輯　卜部兼方,鴨祐之編　新装版　吉川弘
文館　1999　206,356,378p　23cm（國史大系
新訂増補　第8巻）〈複製〉　11800円
Ⓘ4-642-00309-6　Ⓝ210.3
☆「日本名著辞典」

10578　「日本紀略」
『日本紀略　前篇』　黒板勝美編輯　新装版　吉
川弘文館　2000　546p　23cm（國史大系 新
訂増補　第10巻）〈複製〉　7600円
Ⓘ4-642-00311-8　Ⓝ210.3
☆「近代名著解題選集 3」,「世界名著大事典」,「日
本名著辞典」,「日本歴史「古典籍」総覧」,「歴史
の名著100」

10579　「日本猥褻俗謡集」
☆「日本の艶本・珍書 総解説」,「日本の奇書77冊」

10580　「若市」
『大蔵家伝之書古本能狂言　第2巻』　大蔵弥太
郎編　京都　臨川書店　1976　8,738p
23cm〈複製版 限定版〉　全94000円　Ⓝ773.9
☆「近代名著解題選集 3」

10581　「女護島延喜入船」
『好色の女　別巻　好色小咄集成.きくかさね
譚.女護島延喜入船.はつはな』　青木信光編
図書出版美学館　1983　301p　18cm（文化文
政江戸発禁文庫）　980円　Ⓝ913.6
☆「日本の艶本・珍書 総解説」

10582　「俄道心」

10583～10599

☆「近代名著解題選集 3」

10583 「鶏聟」
『大蔵家伝之書古本能狂言　第2巻』　大蔵弥太郎編　京都　臨川書店　1976　8,738p　23cm〈複製版 限定版〉　全94000円　Ⓝ773.9
☆「近代名著解題選集 3」

10584 「抜殻」
『大蔵家伝之書古本能狂言　第1巻』　大蔵弥太郎編　京都　臨川書店　1976　9,828p　23cm〈複製版 限定版〉　全94000円　Ⓝ773.9
☆「近代名著解題選集 3」

10585 「塗師平六」
『大蔵家伝之書古本能狂言　第2巻』　大蔵弥太郎編　京都　臨川書店　1976　8,738p　23cm〈複製版 限定版〉　全94000円　Ⓝ773.9
☆「近代名著解題選集 3」

10586 「禰宜山伏」
『大蔵家伝之書古本能狂言　第2巻』　大蔵弥太郎編　京都　臨川書店　1976　8,738p　23cm〈複製版 限定版〉　全94000円　Ⓝ773.9
☆「近代名著解題選集 3」

10587 「寝声」
『大蔵家伝之書古本能狂言　第1巻』　大蔵弥太郎編　京都　臨川書店　1976　9,828p　23cm〈複製版 限定版〉　全94000円　Ⓝ773.9
☆「近代名著解題選集 3」

10588 「猫の草子」
『御伽草子　下』　市古貞次校注　岩波書店　1986　277p　15cm（岩波文庫）　500円　Ⓝ913.49
☆「近代名著解題選集 3」

10589 「寝覚」
『謡曲大観　第4巻』　佐成謙太郎著　明治書院　1964　2131-2820p　23cm　Ⓝ912.3
☆「近代名著解題選集 3」

10590 「鼠の草子」
『鼠の草子―お伽草子』　吉行淳之介文　集英社　1982　1冊（頁付なし）　22×29cm〈表紙の書名：吉行淳之介の鼠の草子　監修：市古貞次　解説：宮次男〉　1380円　Ⓝ913.49
☆「近代名著解題選集 3」

10591 「のせ猿草子」
『御伽草子集』　大島建彦校注・訳　小学館　1974　534p 図版12p　23cm（日本古典文学全集　36）〈文献あり〉　①4-09-657036-2　Ⓝ913.49
☆「近代名著解題選集 3」

10592 「梅松論」
『梅松論　源威集』　矢代和夫,加美宏校註　現代思潮新社　2010　380,11p　22cm〈新撰日本古典文庫　3　森秀人編集責任〉〈現代思潮社1975年刊の複製〉　6800円
①978-4-329-02057-4　Ⓝ913.438
☆「近代名著解題選集 3」,「古典の事典」,「作品と作者」,「世界名著大事典」,「日本の古典名著」,「日本文学鑑賞辞典〔第1〕」,「日本名著辞典」,「日本歴史「古典籍」総覧」,「歴史の名著100」

10593 「萩大名」
『大蔵家伝之書古本能狂言　第1巻』　大蔵弥太郎編　京都　臨川書店　1976　9,828p　23cm〈複製版 限定版〉　全94000円　Ⓝ773.9
☆「近代名著解題選集 3」,「古典文学鑑賞辞典」,「世界名著大事典 補遺（Extra）」,「日本文学名作概観」

10594 「化物草子」
『室町物語集　2』　中野幸一編　早稲田大学出版部　1991　499,23p　22cm（早稲田大学蔵資料影印叢書　国書篇　第19巻）　15450円
①4-657-91301-8　Ⓝ913.4
☆「近代名著解題選集 3」

10595 「橋姫物語」
『室町時代物語大成　第10　てん～はも』　横山重,松本隆信編　角川書店　1982　680p　22cm〈その他のタイトル：研究種目 総合研究（A）　その他のタイトル：課題名『室町時代物語大成』編纂のための諸本の基礎的研究〉　13000円　Ⓝ913.49
☆「近代名著解題選集 3」

10596 「橋弁慶」
『橋辨慶―長唄』　四世家元杵家弥七著　改訂版　邦楽社　1952　11p　26cm　Ⓝ768.58
☆「近代名著解題選集 3」

10597 「長谷雄物語」
『日本の絵巻―コンパクト版　11　長谷雄草紙・絵師草紙』　小松茂美編　中央公論社　1994　86p　17cm　1100円　①4-12-403191-2
Ⓝ721.2
☆「近代名著解題選集 3」

10598 「鉢かづき」
『鉢かづき』　石川透編　三弥井書店　2002　90p　21cm（室町物語影印叢刊　7）　1200円
①4-8382-7034-8　Ⓝ913.49
☆「近代名著解題選集 3」,「世界名著大事典」,「千年の百冊」,「日本文学鑑賞辞典〔第1〕」,「日本文学名作概観」

10599 「八句連歌」
『大蔵家伝之書古本能狂言　第3巻』　大蔵弥太郎編　京都　臨川書店　1976　10,574p　23cm〈複製版 限定版〉　全94000円　Ⓝ773.9
☆「近代名著解題選集 3」

10600 「八代集」
『八代集 1』 奥村恒哉校注 平凡社 1986 435p 18cm(東洋文庫 452) 2500円
ⓘ4-582-80452-7 Ⓝ911.135
☆「古典文学鑑賞辞典」

10601 「鉢木」
『鉢木―九番習』 観世左近訂正著作 檜書店 1951 23丁 23cm(観世流大成版 41ノ2)〈和装〉 Ⓝ768.4
☆「近代名著解題選集 3」,「世界名著大事典」

10602 「初瀬物語」
『室町時代物語大成 第10 てん～はも』 横山重,松本隆信編 角川書店 1982 680p 22cm〈その他のタイトル：研究種目 総合研究(A) その他のタイトル：課題名 『室町時代物語大成』編纂のための諸本の基礎的研究〉 13000円 Ⓝ913.49
☆「近代名著解題選集 3」

10603 「伴天連記」
『海表叢書』 成山堂書店 1985 6冊 20cm〈監修：新村出 更生閣書店昭和2年～3年刊の複製〉 各8000円 ⓘ4-425-30101-3 Ⓝ081.5
☆「古典の事典」

10604 「花折」
『大蔵家伝之書古本能狂言 第2巻』 大蔵弥太郎編 京都 臨川書店 1976 8,738p 23cm〈複製版 限定版〉 全94000円 Ⓝ773.9
☆「近代名著解題選集 3」

10605 「花子ものぐるひ」
『室町時代物語大成 第10 てん～はも』 横山重,松本隆信編 角川書店 1982 680p 22cm〈その他のタイトル：研究種目 総合研究(A) その他のタイトル：課題名 『室町時代物語大成』編纂のための諸本の基礎的研究〉 13000円 Ⓝ913.49
☆「近代名著解題選集 3」

10606 「花咲爺」
『桃太郎・舌きり雀・花さか爺』 関敬吾編 岩波書店 2002 237p 19cm(ワイド版岩波文庫 日本の昔ばなし 2) 1000円
ⓘ4-00-007209-9 Ⓝ388.1
☆「世界名著大事典 補遺(Extra)」

10607 「鼻取相撲」
『大蔵家伝之書古本能狂言 第1巻』 大蔵弥太郎編 京都 臨川書店 1976 9,828p 23cm〈複製版 限定版〉 全94000円 Ⓝ773.9
☆「近代名著解題選集 3」

10608 「花の幸」
『好色の女 1 長枕褥合戦.花の幸.貌姑射秘言.兵法虎の巻.閨房秘史』 青木信光編 図書出版美学館 1983 351p 18cm(文化文政江戸発禁文庫) 980円 Ⓝ913.6
☆「日本の艶本・珍書 総解説」

10609 「花みつ」
『室町時代物語大成 補遺2 しそ～りあ』 松本隆信編 角川書店 1988 635p 22cm〈その他のタイトル：研究種目 総合研究(A) その他のタイトル：課題名 『室町時代物語大成』編纂のための諸本の基礎的研究〉 13000円 ⓘ4-04-561015-4 Ⓝ913.49
☆「近代名著解題選集 3」

10610 「花世の姫」
『室町時代物語大成 第10 てん～はも』 横山重,松本隆信編 角川書店 1982 680p 22cm〈その他のタイトル：研究種目 総合研究(A) その他のタイトル：課題名 『室町時代物語大成』編纂のための諸本の基礎的研究〉 13000円 Ⓝ913.49
☆「近代名著解題選集 3」

10611 「浜出」
☆「近代名著解題選集 3」

10612 「浜出草子」
『御伽草子 下』 市古貞次校注 岩波書店 1986 277p 15cm(岩波文庫) 500円 Ⓝ913.49
☆「近代名著解題選集 3」

10613 「蛤の草子」
『お伽草子』 福永武彦ほか訳 筑摩書房 1991 333p 15cm(ちくま文庫) 680円
ⓘ4-480-02561-8 Ⓝ913.49
☆「近代名著解題選集 3」

10614 「はもち中将」
『室町時代物語大成 補遺2 しそ～りあ』 松本隆信編 角川書店 1988 635p 22cm〈その他のタイトル：研究種目 総合研究(A) その他のタイトル：課題名 『室町時代物語大成』編纂のための諸本の基礎的研究〉 13000円 ⓘ4-04-561015-4 Ⓝ913.49
☆「近代名著解題選集 3」

10615 「早漆」
☆「近代名著解題選集 3」

10616 「腹不立」
『大蔵家伝之書古本能狂言 第2巻』 大蔵弥太郎編 京都 臨川書店 1976 8,738p 23cm〈複製版 限定版〉 全94000円 Ⓝ773.9
☆「近代名著解題選集 3」

10617 「張蛸」
『大蔵家伝之書古本能狂言 第1巻』 大蔵弥太郎編 京都 臨川書店 1976 9,828p

10618 「針立雷」
『能・狂言』 今西祐行文 若林利代絵 童心社 2009 205p 20cm〈これだけは読みたいわたしの古典〉〈シリーズの監修者：西尾実〉 2000円
①978-4-494-01981-6,978-4-494-07167-8
Ⓝ912.3
☆「近代名著解題選集3」

10619 「播磨風土記」
『播磨風土記』 井上通泰校訂 115p 19cm〈特製本 印記：浜雄蔵書 和装〉Ⓝ291.64
☆「近代名著解題選集3」,「古典の事典」,「日本の古典名著」,「日本歴史「古典籍」総覧」,「歴史の名著100」

10620 「斑女物語」
☆「近代名著解題選集3」

10621 「飛雲」
『飛雲』 観世左近訂正著作 檜書店 1951 6丁 22cm(観世流稽古用謡本 11ノ5)〈和装〉Ⓝ768.4
☆「近代名著解題選集3」

10622 「火おけの草子」
『室町時代物語大成 第11 ひお-ふん』 横山重,松本隆信編 角川書店 1983 660p 22cm〈その他のタイトル：課題名 『室町時代物語大成』編纂のための諸本の基礎的研究〉(A) その他のタイトル：研究種目 総合研究
13000円 Ⓝ913.49
☆「近代名著解題選集3」

10623 「比丘貞」
『大蔵家伝之書古本能狂言 第2巻』 大蔵弥太郎編 京都 臨川書店 1976 8,738p 23cm〈複製版 限定版〉 全94000円 Ⓝ773.9
☆「近代名著解題選集3」

10624 「肥後国風土記」
『古風土記逸文考証』 栗田寛著 大日本図書 1903 2冊 23cm Ⓝ291
☆「日本歴史「古典籍」総覧」

10625 「毘沙門の本地」
『新日本古典文学大系 55 室町物語集 下』 佐竹昭広ほか編 市古貞次ほか校注 岩波書店 1992 436,24p 22cm 3800円
①4-00-240055-7 Ⓝ918
☆「近代名著解題選集3」

10626 「聖遊廓」
『徳川文芸類聚 5 洒落本』 国書刊行会編 国書刊行会 1987 515p 22cm〈第2刷（第1刷：昭和45年） 大正3年刊の複製〉 4800円
Ⓝ918.5
☆「世界名著大事典 補遺(Extra)」

10627 「美人くらべ」
『室町時代物語大成 第11 ひお-ふん』 横山重,松本隆信編 角川書店 1983 660p 22cm〈その他のタイトル：研究種目 総合研究(A) その他のタイトル：課題名 『室町時代物語大成』編纂のための諸本の基礎的研究〉
13000円 Ⓝ913.49
☆「近代名著解題選集3」

10628 「肥前国風土記」
『豊後国風土記 肥前国風土記』 沖森卓也,佐藤信,矢嶋泉編著 山川出版社 2008 101p 21cm 1700円 ①978-4-634-59393-0
Ⓝ291.95
☆「近代名著解題選集3」,「日本の古典名著」,「歴史の名著100」

10629 「常陸国風土記」
『常陸国風土記』 沖森卓也,佐藤信,矢嶋泉編著 山川出版社 2007 99p 21cm 1700円
①978-4-634-59392-3 Ⓝ291.31
☆「近代名著解題選集3」,「古典の事典」,「日本の古典名著」,「日本歴史「古典籍」総覧」,「歴史の名著100」

10630 「引括」
『大蔵家伝之書古本能狂言 第2巻』 大蔵弥太郎編 京都 臨川書店 1976 8,738p 23cm〈複製版 限定版〉 全94000円 Ⓝ773.9
☆「あらすじダイジェスト 日本の古典30を読む」,「早わかり日本古典文学あらすじ事典」

10631 「秀衡入」
『有朋堂文庫 〔第60-79〕』 塚本哲三等編 有朋堂書店 1911 20冊 18×11cm Ⓝ081
☆「近代名著解題選集3」

10632 「人馬」
『大蔵家伝之書古本能狂言 第1巻』 大蔵弥太郎編 京都 臨川書店 1976 9,828p 23cm〈複製版 限定版〉 全94000円 Ⓝ773.9
☆「近代名著解題選集3」

10633 「一本菊」
『室町時代物語大成 補遺2 しそ～りあ』 松本隆信編 角川書店 1988 635p 22cm〈その他のタイトル：研究種目 総合研究(A) その他のタイトル：課題名 『室町時代物語大成』編纂のための諸本の基礎的研究〉
13000円 ①4-04-561015-4 Ⓝ913.49
☆「近代名著解題選集3」

10634 「樋の酒」
『大蔵家伝之書古本能狂言 第1巻』 大蔵弥太

郎編　京都　臨川書店　1976　9,828p
23cm〈複製版 限定版〉　全94000円　Ⓝ773.9
☆「近代名著解題選集 3」

10635　「雲雀山」
『雲雀山』　観世左近訂正著作　檜書店　1952
12丁　22cm〈観世流稽古用謡本　30ノ4〉〈和装〉　Ⓝ768.4
☆「近代名著解題選集 3」

10636　「糘糊」
☆「近代名著解題選集 3」

10637　「百錬抄」
『日本紀略 後篇　百錬抄』　黒板勝美編輯　新装版　吉川弘文館　2000　290,258p　23cm〈國史大系 新訂増補　第11巻〉〈複製〉
7600円　Ⓘ4-642-00312-6　Ⓝ210.3
☆「近代名著解題選集 3」、「世界名著大事典」、「日本歴史「古典籍」総覧」、「歴史の名著100」

10638　「兵部卿物語」
『兵部卿物語——校本・影印篇』　高橋正治編　東京美術　1984　223p　19cm　3000円
Ⓘ4-8087-0211-8　Ⓝ913.41
☆「近代名著解題選集 3」、「世界名著大事典」

10639　「琵琶借座頭」
『大蔵家伝之書古本能狂言　第2巻』　大蔵弥太郎編　京都　臨川書店　1976　8,738p
23cm〈複製版 限定版〉　全94000円　Ⓝ773.9
☆「近代名著解題選集 3」

10640　「武悪」
『狂言』　山崎有一郎監修　くもん出版　2004　127p　27cm〈物語で学ぶ日本の伝統芸能　2〉
2800円　Ⓘ4-7743-0739-4　Ⓝ773.9
☆「近代名著解題選集 3」、「世界名著大事典」、「日本の古典・世界の古典」

10641　「風俗」
☆「近代名著解題選集 3」

10642　「笛の巻」
『近古小説新纂』　島津久基編著　有精堂出版　1983　698p　23cm〈中興館昭和3年刊の複製〉
18000円　Ⓘ4-640-30561-3　Ⓝ913.49
☆「近代名著解題選集 3」

10643　「笛之巻」
『笛之巻——観世流謡』　観世清孝改　京都　檜常之助　1881　5丁　23cm〈和装〉　Ⓝ773
☆「近代名著解題選集 3」

10644　「福富草子」
『奈良絵本絵巻集　別巻 3　花鳥風月　蓬莱絵巻　文正の草子 2　福富草子』　中野幸一編　早稲田大学出版部　1989　316,14p　16×22cm〈複製〉　12000円　Ⓘ4-657-89109-X

Ⓝ913.3
☆「近代名著解題選集 3」、「古典文学鑑賞辞典」、「世界名著大事典」、「日本文学鑑賞辞典〔第1〕」

10645　「梟の草子」
『室町時代物語大成　第11　ひお-ふん』　横山重,松本隆信編　角川書店　1983　660p
22cm〈その他のタイトル：研究種目 総合研究（A）　その他のタイトル：課題名『室町時代物語大成』編纂のための諸本の基礎的研究〉
13000円　Ⓝ913.49
☆「近代名著解題選集 3」

10646　「袋法師絵詞」
『好色の女　7　染分手綱物語.袋法師絵詞.小柴垣草紙』　青木信光編　図書出版美学館　1983　318p　18cm〈文化文政江戸発禁文庫〉　980円　Ⓝ913.6
☆「日本の艶本・珍書 総解説」、「日本の奇書77冊」

10647　「梟山伏」
『大蔵家伝之書古本能狂言　第2巻』　大蔵弥太郎編　京都　臨川書店　1976　8,738p
23cm〈複製版 限定版〉　全94000円　Ⓝ773.9
☆「近代名著解題選集 3」

10648　「福渡」
『大蔵家伝之書古本能狂言　第1巻』　大蔵弥太郎編　京都　臨川書店　1976　9,828p
23cm〈複製版 限定版〉　全94000円　Ⓝ773.9
☆「近代名著解題選集 3」

10649　「武家年代記」
『續史料大成　第51巻　鎌倉年代記　武家年代記　鎌倉大日記』　竹内理三編　増補　京都　臨川書店　1979　260p　22cm
Ⓘ4-653-00500-1　Ⓝ210.088
☆「日本歴史「古典籍」総覧」、「歴史の名著100」

10650　「富士太鼓」
『富士太鼓』　観世左近訂正著作　檜書店　1950
10丁　22cm〈観世流稽古用謡本　12ノ4〉〈和装〉　Ⓝ768.4
☆「近代名著解題選集 3」

10651　「富士野往来」
『稀覯往来物集成　第3巻』　小泉吉永編　大空社　1996　477,6p　22cm〈監修：石川松太郎　複製〉　Ⓘ4-7568-0227-3　Ⓝ375.9
☆「世界名著大事典」

10652　「富士の人穴草子」
『富士の人穴草子』　石川透編　三弥井書店　2006　80p　21cm〈室町物語影印叢刊　26〉　1400円　Ⓘ978-4-8382-7055-2　Ⓝ913.49
☆「近代名著解題選集 3」

10653　「藤袋草子」
『室町時代物語大成　第11　ひお-ふん』　横山

重,松本隆信編　角川書店　1983　660p　22cm〈その他のタイトル：研究種目 総合研究 (A)　その他のタイトル：課題名『室町時代物語大成』編纂のための諸本の基礎的研究〉13000円　Ⓝ913.49
☆「近代名著解題選集 3」

10654　「富士松」
『大蔵家伝之書古本能狂言　第1巻』　大蔵弥太郎編　京都　臨川書店　1976　9,828p　23cm〈複製版 限定版〉　全94000円　Ⓝ773.9
☆「近代名著解題選集 3」

10655　「伏見常盤」
『幸若小八郎正本幸若舞曲―三十六種　上巻』古典研究会　1973　482p　22cm〈古典研究会叢書　第2期 国文学〉〈汲古書院 [発売]　慶応義塾図書館蔵本の複製〉　5000円　Ⓝ912.2
☆「近代名著解題選集 3」

10656　「文相撲」
『大蔵家伝之書古本能狂言　第1巻』　大蔵弥太郎編　京都　臨川書店　1976　9,828p　23cm〈複製版 限定版〉　全94000円　Ⓝ773.9
☆「近代名著解題選集 3」

10657　「布施ない」
『大蔵家伝之書古本能狂言　第2巻』　大蔵弥太郎編　京都　臨川書店　1976　8,738p　23cm〈複製版 限定版〉　全94000円　Ⓝ773.9
☆「近代名著解題選集 3」,「世界名著大事典 補遺(Extra)」

10658　「ふせや物語」
『二本対照伏屋物語文節索引』　武山隆昭編　名古屋　椙山女学園大学文学部国文学科共同研究室　1994　358p　26cm　Ⓝ913.49
☆「近代名著解題選集 3」

10659　「二人静」
『二人静』　観世左近訂正著作　檜書店　1951　11丁　22cm〈観世流稽古用謡本　11ノ3〉〈和装〉　Ⓝ768.4
☆「近代名著解題選集 3」

10660　「二人袴」
『国立劇場歌舞伎公演上演台本　〔174〕　ひらかな盛衰記　二人袴―新歌舞伎十八番の内』文耕堂,福地桜痴ほか作　国立劇場　1992　76p　25cm　Ⓝ912.5
☆「世界名著大事典 補遺(Extra)」

10661　「仏鬼軍」
『むろまちものがたり―京都大学蔵　第2巻』　京都大学文学部国語学国文学研究室編　日野龍夫,木田章義,大谷雅夫監修　京都　臨川書店　2001　473p　22cm〈複製と翻刻〉　11000円　①4-653-03742-6,4-653-03740-X　Ⓝ913.49

☆「近代名著解題選集 3」

10662　「仏師」
『大蔵家伝之書古本能狂言　第2巻』　大蔵弥太郎編　京都　臨川書店　1976　8,738p　23cm〈複製版 限定版〉　全94000円　Ⓝ773.9
☆「近代名著解題選集 3」

10663　「仏説摩訶酒仏妙楽経」
『新編稀書複製会叢書　第42巻 雑書』　中村幸彦,日野竜夫編　京都　臨川書店　1991　340p　23cm　①4-653-01986-X,4-653-01943-6　Ⓝ918.5
☆「日本の艶本・珍書 総解説」,「日本の奇書77冊」

10664　「仏足跡歌」
『国文名作選　上代篇』　沢瀉久孝編　京都　出来島書店　1949　60p　18cm　Ⓝ910.2
☆「日本文学鑑賞辞典〔第1〕」

10665　「風土記」
『風土記』　吉野裕訳　平凡社　2000　521p　16cm〈平凡社ライブラリー〉　1500円　①4-582-76328-6　Ⓝ291
☆「一度は読もうよ！日本の名著」,「一冊で日本の古典100冊を読む」,「学術辞典叢書 第15巻」,「近代名著解題選集 3」,「古典文学鑑賞辞典」,「作品と作者」,「世界名著解題選集 第3巻」,「世界名著大事典」,「千年の百冊」,「日本古典への誘い100選 1」,「日本の古典」,「日本の古典・世界の古典」,「日本の古典名著」,「日本の書物」,「日本の名著」,「日本文学鑑賞辞典〔第1〕」,「日本文学の古典50選」,「日本文学名作案内」,「日本文学名作概観」,「日本文学名作事典」,「日本名著辞典」

10666　「風土記逸文」
『風土記』　吉野裕訳　平凡社　2000　521p　16cm〈平凡社ライブラリー〉　1500円　①4-582-76328-6　Ⓝ291
☆「近代名著解題選集 3」

10667　「舟ふな」
『大蔵家伝之書古本能狂言　第1巻』　大蔵弥太郎編　京都　臨川書店　1976　9,828p　23cm〈複製版 限定版〉　全94000円　Ⓝ773.9
☆「近代名著解題選集 3」

10668　「文山賊」
『大蔵家伝之書古本能狂言　第3巻』　大蔵弥太郎編　京都　臨川書店　1976　10,574p　23cm〈複製版 限定版〉　全94000円　Ⓝ773.9
☆「近代名著解題選集 3」

10669　「豊後風土記」
☆「近代名著解題選集 3」,「日本歴史「古典籍」総覧」,「歴史の名著100」

10670　「文正草子」
『文正草子』　石川透編　三弥井書店　2004

184p　21cm〈室町物語影印叢刊　16〉
1600円　①4-8382-7045-3　Ⓝ913.49
☆「近代名著解題選集 3」,「古典文学鑑賞辞典」,
「世界名著大事典」,「日本文学鑑賞辞典〔第1〕」,
「日本文学の古典50選」,「早わかり日本古典文学
あらすじ事典」

10671 「文蔵」
『大蔵家伝之書古本能狂言　第1巻』　大蔵弥太
郎編　京都　臨川書店　1976　9,828p
23cm〈複製版 限定版〉　全94000円　Ⓝ773.9
☆「近代名著解題選集 3」

10672 「文福茶釜」
『新編稀書複製会叢書　第5巻　草双紙・洒落
本・滑稽本』　中村幸彦,日野竜夫編　京都
臨川書店　1989　488p　23cm
①4-653-01949-5,4-653-01935-5　Ⓝ918.5
☆「世界名著大事典 補遺(Extra)」

10673 「平家公達草紙」
☆「近代名著解題選集 3」

10674 「平治物語」
『平治物語』　山下宏明校注　三弥井書店　2010
439p　22cm〈中世の文学〉〈文献あり〉
9800円　①978-4-8382-1036-7　Ⓝ913.433
☆「一度は読もうよ！　日本の名著」,「一冊で日本の
古典100冊を読む」,「近代名著解題選集 3」,「古
典の事典」,「古典文学鑑賞辞典」,「作品と作者」,
「世界名作事典」,「世界名著大事典」,「千年の百
冊」,「日本の古典への誘い100選 1」,「日本の古典」,「日本の古典・世界の古典」,「日本の古典名著」,
「日本文学鑑賞辞典〔第1〕」,「日本文学の古典50
選」,「日本文学名作概観」,「日本文学名作事典」,
「日本名著辞典」,「日本歴史「古典籍」総覧」,「早
わかり日本古典文学あらすじ事典」,「名作の研究
事典」,「歴史の名著100」

10675 「平中物語」
『平中物語——本文と索引』　山田巌等編　京都
洛文社　1969　580p 図版61枚　22cm〈底本
は国立国会図書館静嘉堂文庫収蔵本〉
6000円　Ⓝ913.38
☆「近代名著解題選集 3」,「古典の事典」,「古典文
学鑑賞辞典」,「作品と作者」,「世界名著大事典」,
「日本の古典」,「日本の古典名著」,「日本文学鑑
賞辞典〔第1〕」

10676 「別冊セミナー　法学入門1996」
☆「学問がわかる500冊」

10677 「別紙追加曲」
『早歌全詞集』　外村久江,外村南都子校注　2版
三弥井書店　2008　360p　22cm〈中世の文
学〉〈文献あり〉　7600円
①978-4-8382-1018-3　Ⓝ911.64
☆「近代名著解題選集 3」

10678 「弁慶物語」

10671～10685

『新日本古典文学大系　55　室町物語集　下』
佐竹昭広ほか編　市古貞次ほか校注　岩波書
店　1992　436,24p　22cm　3800円
①4-00-240055-7　Ⓝ918
☆「近代名著解題選集 3」

10679 「弁草子」
☆「近代名著解題選集 3」

10680 「放下僧」
『放下僧——袖珍本』　観世左近訂正著作　檜書店
1951　13丁　13cm　Ⓝ768.4
☆「近代名著解題選集 3」

10681 「保元物語」
『保元物語——半井本　本文・校異・訓釈編』　坂
詰力治,大村達郎,関明子,池原陽斉編　笠間書
院　2010　435p　22cm〈文献あり〉　9500円
①978-4-305-70487-0　Ⓝ913.432
☆「一度は読もうよ！　日本の名著」,「一冊で日本の
古典100冊を読む」,「近代名著解題選集 3」,「古
典の事典」,「古典文学鑑賞辞典」,「作品と作者」,
「世界名著大事典」,「千年の百冊」,「日本古典へ
の誘い100選 1」,「日本の古典」,「日本の古典・
世界の古典」,「日本の古典名著」,「日本の名著3
分間読書100」,「日本文学鑑賞辞典〔第1〕」,「日
本文学の古典50選」,「日本文学名作概観」,「日
本文学名作事典」,「日本名著辞典」,「日本歴史
「古典籍」総覧」,「早わかり日本古典文学あらす
じ事典」,「名作の研究事典」,「歴史の名著100」

10682 「棒縛」
『新編日本古典文学全集　60　狂言集』　北川忠
彦,安田章校注　小学館　2001　574p　23cm
4457円　①4-09-658060-0　Ⓝ918
☆「近代名著解題選集 3」,「世界名著大事典 補遺
(Extra)」

10683 「法師物狂」
『大蔵家伝之書古本能狂言　第2巻』　大蔵弥太
郎編　京都　臨川書店　1976　8,738p
23cm〈複製版 限定版〉　全94000円　Ⓝ773.9
☆「近代名著解題選集 3」

10684 「北条九代記」
『改定史籍集覧　第5冊　通記類〔第5〕』　近
藤瓶城編　京都　臨川書店　1983　1冊
22cm〈近藤活版所明治33年刊の複製〉
8800円　①4-653-00911-2　Ⓝ210.088
☆「日本歴史「古典籍」総覧」

10685 「宝満長者」
『室町時代物語大成　第12　ふん～みし』　横山
重,松本隆信編　角川書店　1984　713p
22cm〈その他のタイトル：研究種目　総合研究
(A)〉〈その他のタイトル：課題名『室町時代
物語大成』編纂のための諸本の基礎的研究〉
13000円　Ⓝ913.49
☆「近代名著解題選集 3」

706　　　　　　　　　　　　　　　　　　　　　　　　　　　　　　　　　読んでおきたい「日本の名著」案内

10686　「法妙童子」
　『室町時代物語大成　第12　ふん〜みし』　横山重,松本隆信編　角川書店　1984　713p　22cm〈その他のタイトル：研究種目　総合研究(A)　その他のタイトル：課題名　『室町時代物語大成』編纂のための諸本の基礎的研究〉　13000円　Ⓝ913.49
　☆「近代名著題選集 3」

10687　「骨皮新発意」
　『大蔵家伝之書古本能狂言　第2巻』　大蔵弥太郎編　京都　臨川書店　1976　8,738p　23cm〈複製版　限定版〉　全94000円　Ⓝ773.9
　☆「近代名著題選集 3」

10688　「堀江物語」
　『室町時代物語大成　第12　ふん〜みし』　横山重,松本隆信編　角川書店　1984　713p　22cm〈その他のタイトル：研究種目　総合研究(A)　その他のタイトル：課題名　『室町時代物語大成』編纂のための諸本の基礎的研究〉　13000円　Ⓝ913.49
　☆「近代名著題選集 3」

10689　「堀河後度百首」
　『群書類従　第11輯　和歌部』　塙保己一編纂　オンデマンド版　八木書店古書出版部　2013　472p　21cm〈訂正3版：続群書類従完成会1979年刊　印刷・製本：デジタル・パブリッシング・サービス　八木書店〔発売〕〉　8000円　①978-4-8406-3122-8　Ⓝ081
　☆「近代名著解題選集 3」

10690　「堀河初度百首」
　『堀河院百首全釈　上』　滝澤貞夫著　風間書房　2004　523p　22cm〈歌合・定数歌全釈叢書5〉　15000円　①4-7599-1456-0　Ⓝ911.137
　☆「近代名著解題選集 3」

10691　「堀河夜討」
　☆「近代名著解題選集 3」

10692　「暮露暮露の草子」
　☆「近代名著解題選集 3」

10693　「盆山」
　『大蔵家伝之書古本能狂言　第3巻』　大蔵弥太郎編　京都　臨川書店　1976　10,574p　23cm〈複製版　限定版〉　全94000円　Ⓝ773.9
　☆「近代名著解題選集 3」

10694　「本朝皇胤紹運録」
　『群書類従　第5輯　系譜部　伝記　官職部』　塙保己一編纂　オンデマンド版　八木書店古書出版部　2013　718p　21cm〈訂正3版：続群書類従完成会1979年刊　デジタルパブリッシングサービス〔印刷・製本〕　八木書店〔発売〕〉　11000円　①978-4-8406-3116-7　Ⓝ081

☆「日本歴史「古典籍」総覧」,「歴史の名著100」

10695　「本朝書籍目録」
　『日本書目大成　第1巻』　長沢規矩也,阿部隆一編　汲古書院　1979　470p　27cm〈それぞれの作品の複製　出版：古典研究会〉　7000円　Ⓝ025.1
　☆「世界名著大事典」,「日本名著辞典」

10696　「本朝無題詩」
　『本朝無題詩全注釈　1』　本間洋一注釈　新典社　1992　604p　22cm〈新典社注釈叢書2〉　23000円　①4-7879-1502-9　Ⓝ919.3
　☆「古典の事典」,「世界名著大事典」

10697　「梵天国」
　『おとぎ草子』　大岡信作　新版　岩波書店　2006　242p　18cm〈岩波少年文庫　576〉　680円　①4-00-114576-6　Ⓝ913.6
　☆「近代名著解題選集 3」,「世界名著大事典」

10698　「舞の本」
　『舞の本ー寛永版』　須田悦生ほか編　三弥井書店　1990　479p　21cm　3200円　①4-8382-7004-6　Ⓝ912.2
　☆「日本文学鑑賞辞典〔第1〕」

10699　「枕慈童」
　『枕慈童』　丸岡明訂正　観世流改訂本刊行会　1940　5丁　24cm〈観世流謡本決定版一番綴別 2〉〈和装〉　Ⓝ768
　☆「近代名著解題選集 3」

10700　「枕物狂」
　『大蔵家伝之書古本能狂言　第2巻』　大蔵弥太郎編　京都　臨川書店　1976　8,738p　23cm〈複製版　限定版〉　全94000円　Ⓝ773.9
　☆「近代名著解題選集 3」

10701　「まさりぐさ」
　『天理図書館善本叢書　和書之部第11巻　遊女評判記集』　天理図書館善本叢書和書之部編集委員会編　天理　天理大学出版部　1973　5冊（畳物付録共）　22cm〈八木書店〔発売〕〉　10800円　Ⓝ081
　☆「世界名著大事典　補遺 (Extra)」

10702　「松陰中納言物語」
　『現代語で読む『松陰中納言物語』』　山本いずみ著　大阪　和泉書院　2005　330p　19cm　2500円　①4-7576-0310-X　Ⓝ913.41
　☆「世界名著大事典」

10703　「松風村雨」
　『松風村雨』　匿名氏著　如山堂　1907　266p　23cm　Ⓝ913.6
　☆「近代名著解題選集 3」

10704　「松の精」

『大蔵家伝之書古本能狂言　第1巻』　大蔵弥太郎編　京都　臨川書店　1976　9,828p　23cm〈複製版 限定版〉　全94000円　Ⓝ773.9
☆「近代名著解題選集 3」

10705　「松帆浦物語」
『群書類従　第17輯　連歌部 物語部』　塙保己一編纂　オンデマンド版　八木書店古書出版部　2013　678p　21cm〈訂正3版：続群書類従完成会 1980年刊　デジタルパブリッシングサービス〔印刷・製本〕　八木書店〔発売〕〉　11000円　①978-4-8406-3128-0　Ⓝ081
☆「近代名著解題選集 3」

10706　「松山鏡」
『松山鏡』　廿四世観世左近訂正　桧書店　1942　4,13丁　24cm〈観世流大成版　22ノ4〉〈和装〉　Ⓝ768
☆「近代名著解題選集 3」、「世界名著大事典 補遺（Extra）」

10707　「松山天狗」
『謡曲大観　第5巻』　佐成謙太郎著　明治書院　1964　2821-3514p　23cm　Ⓝ912.3
☆「近代名著解題選集 3」

10708　「松楪」
『大蔵家伝之書古本能狂言　第1巻』　大蔵弥太郎編　京都　臨川書店　1976　9,828p　23cm〈複製版 限定版〉　全94000円　Ⓝ773.9
☆「近代名著解題選集 3」

10709　「真似鉄炮」
『雑俳集成 3期 3　江戸座高点・雑俳集』　鈴木勝忠編　岡崎　鈴木勝忠　1995　302p　21cm〈私家版 限定版〉　Ⓝ911.49
☆「日本の艶本・珍書 総解説」、「日本の奇書77冊」

10710　「魔仏一如絵詞」
『国文東方仏教叢書　第2輯 第7部　文芸部』　鷲尾順敬編纂　名著普及会　1991　620p　20cm〈第2刷（第1刷：昭和53年）大正14年～昭和6年刊の複製〉　①4-89551-579-6　Ⓝ180.8
☆「近代名著解題選集 3」

10711　「鞠蹴座頭」
☆「近代名著解題選集 3」

10712　「饅頭食」
☆「近代名著解題選集 3」

10713　「まんじゆのまへ」
『室町時代物語大成　第12　ふん～みし』　横山重、松本隆信編　角川書店　1984　713p　22cm〈その他のタイトル：研究種目 総合研究（A）　その他のタイトル：課題名『室町時代物語大成』編纂のための諸本の基礎的研究〉　13000円　Ⓝ913.49
☆「近代名著解題選集 3」

10714　「万代和歌集」
『万代和歌集　上』　安田徳子著　明治書院　1998　367p　22cm〈和歌文学大系　13　久保田淳監修〉　5200円　①4-625-51313-8　Ⓝ911.147
☆「近代名著解題選集 3」

10715　「箕被」
『能・狂言名作集』　横道万里雄、古川久注解　筑摩書房　1977　399p　23cm〈古典日本文学 19〉〈折り込み1枚〉　Ⓝ912.3
☆「近代名著解題選集 3」

10716　「みづく屍」
☆「日本海軍の本・総解説」

10717　「水汲新発意」
『大蔵家伝之書古本能狂言　第2巻』　大蔵弥太郎編　京都　臨川書店　1976　8,738p　23cm〈複製版 限定版〉　全94000円　Ⓝ773.9
☆「近代名著解題選集 3」

10718　「水無瀬」
『謡曲大観　第5巻』　佐成謙太郎著　明治書院　1964　2821-3514p　23cm　Ⓝ912.3
☆「近代名著解題選集 3」

10719　「身延」
『身延一袖珍本』　觀世左近訂正著作　檜書店　1951　7丁　13cm　Ⓝ768.4
☆「近代名著解題選集 3」

10720　「土産の鏡」
☆「近代名著解題選集 3」

10721　「都路往来」
☆「世界名著大事典」

10722　「未来記」
『舞の本―内閣文庫本　下』　松沢智里編　古典文庫　1979　271p　17cm〈古典文庫　第389冊〉　非売品　Ⓝ912.2
☆「近代名著解題選集 3」

10723　「三輪」
『三輪』　觀世左近訂正著作　檜書店　1950　10丁　22cm〈觀世流稽古用謡本　39ノ1〉〈和装〉　Ⓝ768.4
☆「近代名著解題選集 3」

10724　「虫歌合」
『室町物語集　2』　中野幸一編　早稲田大学出版部　1991　499,23p　22cm〈早稲田大学蔵資料影印叢書　国書篇　第19巻〉　15450円　①4-657-91301-8　Ⓝ913.4
☆「近代名著解題選集 3」

10725　「六浦」

『六浦―袖珍本』　觀世左近訂正著作　檜書店
1951　9丁　13cm　Ⓝ768.4
☆「近代名著解題選集 3」

10726　「陸奥話記」
『陸奥話記』　梶原正昭校注　現代思潮新社
2006　351p　19cm〈古典文庫　70〉〈オンデ
マンド版　文献あり　年表あり〉　3500円
Ⓘ4-329-02005-X　Ⓝ210.38
☆「古典の事典」，「世界名著大事典」，「日本歴史
「古典籍」総覧」，「歴史の名著100」

10727　「胸突」
『大蔵家伝之書古本能狂言　第3巻』　大蔵弥太
郎編　京都　臨川書店　1976　10,574p
23cm〈複製版　限定版〉　全94000円　Ⓝ773.9
☆「近代名著解題選集 3」

10728　「紫式部の巻」
『むろまちものがたり―京都大学蔵　第9巻』
京都大学文学部国語学国文学研究室　日野
龍夫［ほか］監修　京都　臨川書店　2003
475p　22cm〈複製と翻刻〉　11000円
Ⓘ4-653-03749-3,4-653-03740-X　Ⓝ913.49
☆「近代名著解題選集 3」

10729　「室君」
『室君』　廿四世観世左近訂正　桧書店　1943
4,4丁　24cm〈観世流大成版　36ノ4〉〈和装〉
Ⓝ768
☆「近代名著解題選集 3」

10730　「明徳記」
『明徳記―校本と基礎的研究』　和田英道著　笠
間書院　1990　351p　22cm〈笠間叢書
234〉　10300円　Ⓝ913.43
☆「古典の事典」，「日本の古典名著」，「日本歴史
「古典籍」総覧」，「歴史の名著100」

10731　「和布刈」
『和布刈』　觀世左近訂正著作　京都　檜書店
2003　9丁　23cm〈観世流大成版　41ノ1〉
〈和装〉　2000円　Ⓘ4-8279-0256-9　Ⓝ768.4
☆「近代名著解題選集 3」

10732　「目近大名」
『大蔵家伝之書古本能狂言　第1巻』　大蔵弥太
郎編　京都　臨川書店　1976　9,828p
23cm〈複製版　限定版〉　全94000円　Ⓝ773.9
☆「近代名著解題選集 3」

10733　「蒙古襲来絵巻」
『日本の絵巻　13　蒙古襲来絵詞』　小松茂美編
中央公論社　1988　146p　35cm　3600円
Ⓘ4-12-402663-3　Ⓝ721.2
☆「日本の書物」

10734　「毛利氏四代実録」

『山口県史　史料編　近世1上』　山口県編　山
口　山口県　1999　676p　22cm　Ⓝ217.7
☆「日本歴史「古典籍」総覧」，「歴史の名著100」

10735　「餅酒」
『大蔵家伝之書古本能狂言　第1巻』　大蔵弥太
郎編　京都　臨川書店　1976　9,828p
23cm〈複製版　限定版〉　全94000円　Ⓝ773.9
☆「近代名著解題選集 3」

10736　「望月」
『望月一重習』　觀世左近訂正著作　檜書店
1951　16丁　23cm（観世流大成版　21ノ5）
〈和装〉　Ⓝ768.4
☆「近代名著解題選集 3」

10737　「物くさ太郎」
『物くさ太郎』　石川透編　三弥井書店　2007
72p　21cm〈室町物語影印叢刊　27〉
1400円　Ⓘ978-4-8382-7056-9　Ⓝ913.49
☆「近代名著解題選集 3」，「古典文学鑑賞辞典」，
「世界名著大事典」，「日本の古典」，「日本文学鑑
賞辞典〔第1〕」，「日本文学名作事典」，「日本名
著辞典」，「早わかり日本古典文学あらすじ事典」

10738　「桃太郎」
『日本のむかし話　8　桃太郎ほか全21編』　坪
田譲治著　新版　偕成社　2008　191p
19cm〈偕成社文庫〉　700円
Ⓘ978-4-03-551050-5　Ⓝ913.6
☆「世界名著大事典　補遺（Extra）」

10739　「貫賀」
『縮刷日本文学全集　第2巻　中世古典篇』　日
本週報社　1960　480p　20cm〈執筆者：井畔
武明　他11名〉　Ⓝ918
☆「近代名著解題選集 3」

10740　「八尾地蔵」
☆「近代名著解題選集 3」

10741　「八島にこう物語」
☆「近代名著解題選集 3」

10742　「柳樽」
☆「近代名著解題選集 3」

10743　「柳の葉末」
『江戸艶句『柳の葉末』を愉しむ』　蕣露庵主人
著　新装版　三樹書房　2008　299p　20cm
2800円　Ⓘ978-4-89522-063-7　Ⓝ911.45
☆「日本の艶本・珍書 総解説」，「日本の奇書77冊」

10744　「病草紙」
『日本の絵巻―コンパクト版　7　餓鬼草紙・地
獄草紙・病草紙・九相詩絵巻』　小松茂美編
中央公論社　1994　132p　17cm　1400円
Ⓘ4-12-403187-4　Ⓝ721.2
☆「日本の艶本・珍書 総解説」，「日本の奇書77冊」

10745 「山路の露」
『中世王朝物語全集 8 恋路ゆかしき大将 山路の露』 市古貞次[ほか]編 宮田光,稲賀敬二校訂・訳注 笠間書院 2004 354p 22cm〈付属資料：6p：月報7〉 4700円 ⓘ4-305-40088-X Ⓝ913.41
☆「近代名著解題選集3」

10746 「大和物語」
『大和物語 上』 雨海博洋,岡山美樹全訳注 講談社 2006 464p 15cm（講談社学術文庫） 1450円 ⓘ4-06-159746-9 Ⓝ913.33
☆「一度は読もうよ！日本の名著」,「一冊で日本の古典100冊を読む」,「一冊で100名作の「さわり」を読む」,「近代名著解題選集3」,「古典の事典」,「古典文学鑑賞辞典」,「作品と作者」,「世界名著大事典」,「千年の百冊」,「日本古典への誘い100選2」,「日本の古典」,「日本の古典・世界の古典」,「日本の古典名著」,「日本文学鑑賞辞典〔第1〕」,「日本文学の古典50選」,「日本文学名作概観」,「日本文学名作事典」,「日本名著辞典」

10747 「八幡䛁」
『大蔵家伝之書古本能狂言 第2巻』 大蔵弥太郎編 京都 臨川書店 1976 8,738p 23cm〈複製版 限定版〉 全94000円 Ⓝ773.9
☆「近代名著解題選集3」

10748 「夕霧伊左衛門」
『新編日本古典文学全集 74 近松門左衛門集1』 鳥越文蔵ほか校注・訳 小学館 1997 588p 23cm 4657円 ⓘ4-09-658074-0 Ⓝ918
☆「世界名著大事典 補遺(Extra)」

10749 「祐善」
『大蔵家伝之書古本能狂言 第2巻』 大蔵弥太郎編 京都 臨川書店 1976 8,738p 23cm〈複製版 限定版〉 全94000円 Ⓝ773.9
☆「近代名著解題選集3」

10750 「幽灯録」
『秘籍江戸文学選 10 春調俳諧集・幽燈録』 校注：山路閑古 日輪閣 1975 309p 図 22cm〈監修：吉田精一,山路閑古,馬屋原成男〉 Ⓝ918.5
☆「日本の艶本・珍書 総解説」,「日本の奇書77冊」

10751 「雪」
『大蔵家伝之書古本能狂言 第3巻』 大蔵弥太郎編 京都 臨川書店 1976 10,574p 23cm〈複製版 限定版〉 全94000円 Ⓝ773.9
☆「近代名著解題選集3」

10752 「雪女物語」
『室町時代物語大成 第13 みな〜わか』 横山重,松本隆信編 角川書店 1985 660p 22cm〈その他のタイトル：研究種目 総合研究(A) その他のタイトル：課題名『室町時代物語大成』編纂のための諸本の基礎的研究〉 13000円 ⓘ4-04-561013-8 Ⓝ913.49
☆「近代名著解題選集3」

10753 「夢合」
☆「近代名著解題選集3」

10754 「夢の通ひ路物語」
『夢の通ひ路物語』 工藤進思郎等編 岡山 福武書店 1975 380p 図 22cm〈名古屋市蓬左文庫所蔵本の「本文」の翻刻と研究資料〉 10000円 Ⓝ913.41
☆「古典文学鑑賞辞典」

10755 「百合若大臣」
『百合若大臣――一張弓勢三韓退治 四番続』 中村清三郎,初世市川団十郎作 国立劇場調査養成部芸能調査室 1968 52p 図版5p 25cm （未翻刻戯曲集 2）〈元禄10年中村座劇本 解題・翻刻：富田鉄之助〉 Ⓝ912.3
☆「近代名著解題選集3」,「古典文学鑑賞辞典」,「世界名著大事典」,「日本の古典」

10756 「楊貴妃物語」
『大東急記念文庫善本叢刊 中古・中世篇 第3巻 物語草子 2』 築島裕,島津忠夫,井上宗雄,長谷川強,岡崎久司編 島津忠夫責任編集 [東京] 大東急記念文庫 2005 500,20p 17×23cm〈複製 汲古書院〔製作発売〕〉 19000円 ⓘ4-7629-3462-3 Ⓝ081.7
☆「近代名著解題選集3」

10757 「謡曲集」
『謡曲集 1』 小山弘志,佐藤健一郎校注・訳 小学館 1997 558p 21cm（新編 日本古典文学全集） 4457円 ⓘ4-09-658058-9
☆「日本の古典名著」

10758 「横座」
『大蔵家伝之書古本能狂言 第3巻』 大蔵弥太郎編 京都 臨川書店 1976 10,574p 23cm〈複製版 限定版〉 全94000円 Ⓝ773.9
☆「近代名著解題選集3」

10759 「横笛草子」
『御伽草子 下』 市古貞次校注 岩波書店 1986 277p 15cm（岩波文庫） 500円 Ⓝ913.49
☆「近代名著解題選集3」

10760 「吉原鑑」
『江戸吉原叢刊 第1巻 遊女評判記 1（元和―寛文）』 江戸吉原叢刊刊行会編 渡辺憲司編 八木書店 2010 500p 22cm〈複製を含む〉 12000円 ⓘ978-4-8406-9751-4 Ⓝ384.9
☆「古典の事典」

10761 「米市」
『米市・ムツゴロウ』 国立能楽堂事業課編 日本芸術文化振興会 2000 17p 26cm〈会期：12月22・23日〉 Ⓝ773.9
☆「近代名著解題選集 3」

10762 「頼朝の最後」
『日本怪談全集 3』 田中貢太郎著 桃源社 1974 294p 19cm 880円 Ⓝ913.6
☆「近代名著解題選集 3」

10763 「鎧」
『大蔵家伝之書古本能狂言 第1巻』 大蔵弥太郎編 京都 臨川書店 1976 9,828p 23cm〈複製版 限定版〉 全94000円 Ⓝ773.9
☆「近代名著解題選集 3」

10764 「四十二の物あらそひ」
『四十二の物あらそひ』 石川透編 三弥井書店 2008 46p 21cm〈室町物語影印叢刊 32〉〈複製〉 1200円 ①978-4-8382-7063-7 Ⓝ913.49
☆「近代名著解題選集 3」、「世界名著大事典」

10765 「雷電」
『雷電』 廿四世観世左近訂正 桧書店 1942 9丁 24cm〈観世流大成版 15ノ5〉〈和装〉 Ⓝ768
☆「近代名著解題選集 3」

10766 「楽阿弥」
『能・狂言名作集』 横道万里雄, 古川久注解 筑摩書房 1977 399p 23cm〈古典日本文学 19〉〈折り込み1枚〉 Ⓝ912.3
☆「近代名著解題選集 3」

10767 「藍渓佐藤将軍追憶手記」
☆「日本海軍の本・総解説」

10768 「六国史」
『六国史』 坂本太郎著 吉川弘文館 1994 382,12p 20cm〈日本歴史叢書 新装版〉〈新装版 叢書の編者：日本歴史学会 六国史関係略年表・参考文献：p358～382〉 3193円 ①4-642-06602-0 Ⓝ210.3
☆「作品と作者」

10769 「柳風和歌抄」
『群書類従 第10輯 和歌部』 塙保己一編纂 オンデマンド版 八木書店古書出版部 2013 568p 21cm〈訂正3版：続群書類従完成会 1979年刊 デジタルパブリッシングサービス〔印刷・製本〕 八木書店〔発売〕〉 9000円 ①978-4-8406-3121-1 Ⓝ081
☆「近代名著解題選集 3」

10770 「料理聟」
☆「近代名著解題選集 3」

10771 「料理物語」
『料理物語―日本料理の夜明け』 平野雅章訳〔東村山〕 教育社 1988 266p 18cm〈教育社新書 原本現代訳 131〉〈参考文献：p225〉 980円 ①4-315-50682-6 Ⓝ596.21
☆「古典の事典」

10772 「臨永和歌集」
『新撰朗詠集 金玉集 臨永和歌集』 藤原基俊, 藤原公任撰 貴重本刊行会 1981 506p 23cm〈日本古典文学影印叢刊 12〉〈解説：大曽根章介ほか 叢書の編者：日本古典文学会〉 14800円 Ⓝ919.3
☆「近代名著解題選集 3」

10773 「類聚三代格」
『類聚三代格 1』 前田育徳会尊経閣文庫編 八木書店 2005 304p 22×30cm〈尊経閣善本影印集成 37〉 33000円 ①4-8406-2337-6
☆「古典の事典」、「世界名著大事典 補遺 (Extra)」、「日本名著辞典」

10774 「類聚名義抄」
『類聚名義抄 仏』〔菅原是善〕〔著〕 現代思潮新社 2007 464p 16cm〈覆刻日本古典全集 正宗敦夫編纂校訂〉〈現代思潮社昭和53年刊を原本としたオンデマンド版〉 5600円 ①978-4-329-02510-4 Ⓝ813
☆「古典の事典」、「日本名著辞典」

10775 「るつぼはたぎる」
『るつぼはたぎる』 河出書房新社 1997 270p 15cm〈河出文庫 性の秘本コレクション 4〉 543円 ①4-309-47333-4 Ⓝ913.6
☆「日本の艶本・珍書 総解説」、「日本の奇書77冊」

10776 「連歌毘沙門」
『大蔵家伝之書古本能狂言 第1巻』 大蔵弥太郎編 京都 臨川書店 1976 9,828p 23cm〈複製版 限定版〉 全94000円 Ⓝ773.9
☆「近代名著解題選集 3」

10777 「連尺」
『大蔵家伝之書古本能狂言 第2巻』 大蔵弥太郎編 京都 臨川書店 1976 8,738p 23cm〈複製版 限定版〉 全94000円 Ⓝ773.9
☆「近代名著解題選集 3」

10778 「籠太鼓」
『籠太鼓』 観世左近訂正著作 檜書店 1951 10丁 22cm〈観世流稽古用謡本 19ノ4〉〈和装〉 Ⓝ768.4
☆「近代名著解題選集 3」

10779 「老武者」
『大蔵家伝之書古本能狂言 第1巻』 大蔵弥太郎編 京都 臨川書店 1976 9,828p 23cm〈複製版 限定版〉 全94000円 Ⓝ773.9

☆「近代名著解題選集 3」

10780　「六家集」
　『校註国歌大系　第10巻　御集 全,六家集 上』国民図書株式会社編　講談社　1976　57,987p 図　19cm〈国民図書株式会社昭和3～6年刊の複製 限定版〉 Ⓝ911.108
　☆「近代名著解題選集 3」

10781　「六地蔵」
　『大蔵家伝之書古本能狂言　第2巻』　大蔵弥太郎編　京都　臨川書店　1976　8,738p　23cm〈複製版 限定版〉　全94000円 Ⓝ773.9
　☆「近代名著解題選集 3」

10782　「六女集」
　『校註国歌大系　第12巻　三十六人集 全,六女集 全』　国民図書株式会社編　講談社　1976　43,938p 図　19cm〈国民図書株式会社昭和3～6年刊の複製 限定版〉 Ⓝ911.108
　☆「近代名著解題選集 3」

10783　「六代御前物語」
　☆「近代名著解題選集 3」

10784　「六代勝事記」
　『六代勝事記』　弓削繁編著　大阪　和泉書院　1984　136p　21cm（和泉書院影印叢刊　40）〈内閣文庫蔵本の複製と翻刻　参考文献：p134～136〉　2000円　Ⓘ4-87088-113-6 Ⓝ210.42
　☆「近代名著解題選集 3」,「古典の事典」,「日本歴史「古典籍」総覧」,「歴史の名著100」

10785　「六人僧」
　☆「近代名著解題選集 3」

10786　「鹿鳴集」
　『海やまのあひだ　鹿鳴集』［釈迢空］,［会津八一］［原著］　長谷川政春,和泉久子著　明治書院　2005　379p　22cm（和歌文学大系　30　久保田淳監修）　7000円　Ⓘ4-625-41322-2 Ⓝ911.168
　☆「文学・名著300選の解説 '88年度版」

10787　「路蓮坊主」
　☆「近代名著解題選集 3」

10788　「わが身にたどる姫君」
　『中世王朝物語全集　20　我が身にたどる姫君 上』　大槻修,大槻福子校訂・訳注　笠間書院　2009　274p　22cm〈文献あり〉　4500円　Ⓘ978-4-305-40100-7 Ⓝ913.41
　☆「近代名著解題選集 3」,「世界名著大事典」

10789　「和田酒盛」
　『幸若舞　3　敦盛・夜討曽我—他』　荒木繁ほか編注　平凡社　1983　284p　18cm（東洋文庫　426）　1600円　Ⓝ912.2
　☆「近代名著解題選集 3」

作品名索引

【あ】

あゝ回天特攻隊（横田寛）　09667
あゝ玉杯に花うけて（佐藤紅緑）　03944
あゝ、荒野（寺山修司）　05973
あゝ疾風戦闘隊（新藤常右衛門）　04523
あゝ零戦一代（横山保）　09688
ああダンプ街道（佐久間充）　03853
あゝ同期の桜（海軍飛行予備学生第十四期会）　02077
あゝ野麦峠（山本茂実）　09527
あゝ隼戦闘隊（黒岩保彦）　03189
噫無情（黒岩涙香）　03181
アイアコッカ（徳岡孝夫）　06067
藍色の墓（大手拓次）　01666
愛吟琵琶歌之研究（永田錦心）　06379
愛国の作法（姜尚中）　02645
あいごの若（作者不詳）　10106
愛される理由（二谷友里恵）　06762
饗日（石原純）　00613
愛情部隊（富沢有為男）　06144
愛情はふる星のごとく（尾崎秀実）　01932
会津士魂（早乙女貢）　03754
会津農書（佐瀬与次右衛門）　03915
会津武士道（中村彰彦）　06460
会津風土記（会津藩）　00004
愛する神の歌（津村信夫）　05899
愛すればこそ（谷崎潤一郎）　05540
愛善苑（出口王仁三郎）　05942
愛染かつら（川口松太郎）　02530
あゐそめ川（作者不詳）　10107
藍染川（作者不詳）　10108
あいつと私（石坂洋次郎）　00570
あいつ安んぜよ（小林園夫）　03500
IT汚染（吉田文和）　09810
IT革命（西垣通）　06674
アイデンティティの心理（中西信男）　06406
愛と幻想のファシズム（村上龍）　08902
愛と死（武者小路実篤）　08813
愛と死をみつめて（河野実）　03374
愛と死をみつめて―ある純愛の記録（大島みち子）　01588
愛と死768時間（磯野恭子）　00687
愛と死の書（芹沢光治良）　04884
愛と知と悲しみと（芹沢光治良）　04885
愛と認識との出発（倉田百三）　03142
アイヌ 海浜と水辺の民（大塚和義）　01641
アイヌ語法概説（金田一京助）　02997

アイヌ語法概説（知里真志保）　05714
アイヌ史（北海道アイヌ協会）　07978
アイヌ史（北海道ウタリ協会）　07979
アイヌ叙事詩ユーカラ集（金成まつ）　02685
アイヌ叙事詩ユーカラ集（金田一京助）　02998
アイヌ叙事詩ユーカラの研究（金田一京助）　02999
アイヌ政策史（高倉新一郎）　05008
愛の終りの時（石川達三）　00546
愛の渇き（三島由紀夫）　08471
愛のごとく（山川方夫）　09338
愛のごとく（渡辺淳一）　10045
愛の詩集（室生犀星）　08951
愛の生活（金井美恵子）　02330
愛の争闘（岩野清子）　01103
あひゞき（二葉亭四迷）　07833
相合袴（作者不詳）　10109
愛慾（武者小路実篤）　08814
アインシュタイン研究（西尾成子）　02353
アインシュタイン・ショック（金子務）　02354
アヴァンギャルド芸術（花田清輝）　07124
アヴェ・マリア―マリアの美術（矢崎美盛）　09162
あ・うん（向田邦子）　08809
青い雉（島村利正）　04340
青い山脈（石坂洋次郎）　00571
蒼い時（山口百恵）　09369
葵上（金春禅竹）　03630
青い眼の人形（野口雨情）　06870
青い夜道（田中冬二）　05480
青根が峰俳諧問答抄（森川許六）　09073
蒼き蝦夷の血（今東光）　03594
蒼き狼（井上靖）　00924
青きドナウの乱痴気（良知力）　09929
青木の出京（菊池寛）　02724
青桐（木崎さと子）　02745
蒼ざめた馬を見よ（五木寛之）　00738
青杉（土田耕平）　05787
青空日誌（芹沢光治良）　04886
青梅雨（永井龍男）　06279
青砥稿花紅彩画（河竹黙阿弥）　02581
青根が峰俳諧問答抄（向井去来）　08797
青猫（萩原朔太郎）　06968
「青葉学園物語」シリーズ（吉本直志郎）　09877
青葉の翳り（阿川弘之）　00070
青葉の笛物語（作者不詳）　10110
青標紙（大野広城）　01690
青べか物語（山本周五郎）　09534
青麦（丹羽文雄）　06823
赤い影法師（柴田錬三郎）　04245
赤い国の旅人（火野葦平）　07395
赤い航空路（福本和也）　07634

赤石渓谷（平賀文男）	07435	あきらめ（田村俊子）	05599
亜槐集（飛鳥井雅親）	00179	商人生業鑑（岩垣光定）	01074
赤い月（なかにし礼）	06409	阿久正の話（長谷川四郎）	07033
赤い旗（槇本楠郎）	08140	あくたれ童子ポコ（北畠八穂）	02816
赤い船（小川未明）	01850	悪太郎（作者不詳）	10117
赤い部屋（宇野浩二）	01284	火神を盗め（山田正紀）	09451
赤いぼうし（安野光雅）	00387	悪人（吉田修一）	09785
赤いぼうし（野崎昭弘）	06898	悪人列伝（海音寺潮五郎）	02063
赤い帽子の女（作者不詳）	10111	悪の教典（貴志祐介）	02749
赤い帆の舟（久保喬）	03095	悪坊（作者不詳）	10118
赤い夕陽の満州野が原に（相良俊輔）	03834	悪魔の飽食（森村誠一）	09117
赤い蠟燭と人魚（小川未明）	01851	悪名（今東光）	03595
赤岩栄著作集（赤岩栄）	00047	悪夢の選択（井上俊）	00888
赤蝦夷風説考（工藤平助）	03064	安愚楽鍋（仮名垣魯文）	02331
赤蛙（島木健作）	04284	アグリッピーナ物語（弓削達）	09628
胼（作者不詳）	10112	悪霊と聖霊の舞台─沖縄の民衆キリスト教における救済世界（池上良正）	00449
赤毛の子（平沢計七）	07446	悪霊の女王（平井和正）	07414
赤坂（尾島菊子）	01977	明烏後正夢（為永春水）	05608
明石海峡魚景色（鷲尾圭司）	09991	明烏後正夢（滝亭鯉丈）	09953
明石元二郎（小森徳治）	03578	赤穂義士大高源五伝（斎藤半蔵）	03702
アカシヤの大連（清岡卓行）	02965	赤穂義人録（室鳩巣）	08946
赤頭巾ちゃん気をつけて（庄司薫）	04431	赤穂浪士（大仏次郎）	01953
暁と夕の詩（立原道造）	05414	あこがれ（石川啄木）	00537
暁の脱走（田村泰次郎）	05596	阿漕（世阿弥）	04735
赭土に芽ぐむもの（中西伊之助）	06399	あこぎの草子（作者不詳）	10119
赤とんぼ（三木露風）	08461	顎十郎捕物帳（久生十蘭）	07352
赤西蠣太（志賀直哉）	04130	阿古屋琴責（長谷川千四）	07046
あかね空（山本一力）	09507	阿古屋松（観世元章）	02677
赤ひげ診療譚（山本周五郎）	09535	朝顔の露の宮（作者不詳）	10120
赤彦歌集（島木赤彦）	04277	朝霧（永井龍男）	06281
赤彦童謡集（島木赤彦）	04278	浅草紅団（川端康成）	02605
赤松則良半生談（赤松範一）	00069	浅草の灯（浜本浩）	07186
赤目四十八滝心中未遂（車谷長吉）	03166	朝倉新話（手島堵庵）	05948
阿寒に果つ（渡辺淳一）	10046	朝5時半起きの習慣で、人生はうまくいく！（遠藤拓郎）	01473
秋（永井龍男）	06280	朝の山残照の山（日高信六郎）	07371
明夫と良二（庄野潤三）	04456	朝比奈（作者不詳）	10121
秋風（中山義秀）	06529	欺かざるの記（国木田独歩）	03069
晶子曼陀羅（佐藤春夫）	03987	浅蜊の唄（赤城さかえ）	00054
秋篠月清集（藤原良経）	07822	朝はだんだん見えてくる（岩瀬成子）	01090
秋月記（葉室麟）	07188	アジア間貿易の形成と構造（杉原薫）	04612
秋月物語（作者不詳）	10113	アジア主義（竹内好）	05252
秋田雨雀日記（秋田雨雀）	00084	足跡（徳田秋声）	06071
秋津温泉（藤原審爾）	07761	アジアの人権─国際政治の視点から（渡辺昭夫）	10021
秋津島物語（作者不詳）	10114	アジアン・スタイル（浅川敏）	00148
商内上手（十返舎一九）	04174	アジアン・スタイル─十七人のアジアの建築家たち（村松伸）	08929
秋の日（久村暁台）	07361		
秋の瞳（八木重吉）	09152		
秋夜長物語（作者不詳）	10115	足利学校の研究（川瀬一馬）	02558
「秋葉原」感覚で住宅を考える（石山修武）	00640	足利尊氏（山路愛山）	09400
あきみち（作者不詳）	10116		
秋山記行（鈴木牧之）	04699		

蘆刈(世阿弥)	04736	アチェの声(佐伯奈津子)	03743
蘆刈(谷崎潤一郎)	05541	あちゃらかぱいっ(色川武大)	01066
足摺岬(田宮虎彦)	05586	熱い都市・冷たい都市(若林幹夫)	09980
明日(井上光晴)	00914	あったかもしれない日本(橋爪紳也)	06988
あしたの雲(猪苗代兼載)	00863	アッパさん船長(森繁久弥)	09083
あしびき(作者不詳)	10122	厚物咲(中山義秀)	06530
草舟チグリス号大航海(鈴木公)	04685	敦盛(世阿弥)	04738
蘆屋道満大内鑑(竹田出雲(1代))	05273	アッラーのヨーロッパ―移民とイスラム復興(内藤正典)	06241
排蘆小船(本居宣長)	08989	圧力団体論(上林良一)	02700
明日香井集(飛鳥井雅経)	00180	アデンまで(遠藤周作)	01460
飛鳥川(世阿弥)	04737	アドバード(椎名誠)	04105
明日香路(今井邦子)	01010	アトラス日本列島の環境変化(氷見山幸夫)	07407
飛鳥時代寺院址の研究(石田茂作)	00593	穴(ふじたあさや)	07669
飛鳥時代の美術(内藤藤一郎)	06235	阿奈遠加志(沢田名垂)	04065
アースダイバー(中沢新一)	06348	アナーキスト(勝田吉太郎)	02245
安土往還記(辻邦生)	05742	あなたに語る日本文学史(大岡信)	01538
安土の春(正宗白鳥)	08164	あなたのお客さんになりたい(中谷彰宏)	06389
アストロバイオロジー(小林憲正)	03496	あなたのなかのDNA(中村桂子)	06478
あすなろ物語(井上靖)	00925	あなたは私の手になれますか(小山内美智子)	01949
吾妻鏡(作者不詳)	10123	あにいもうと(室生犀星)	08952
吾妻問答(飯尾宗祇)	00391	姉の妹(小栗風葉)	01906
安曇野(臼井吉見)	01212	あの夕陽(日野啓三)	07401
ASEANパワー(山影進)	09320	アビ(江上康)	01357
麻生(作者不詳)	10124	油地獄(斎藤緑雨)	03730
安宅(観世信光)	02668	アフリカ―豊饒と混沌の大陸(船尾修)	07843
安宅家の人々(吉屋信子)	09881	阿部一族(森鷗外)	09019
あたしの中の…(新井素子)	00301	阿片戦争(陳舜臣)	05716
安達原(謡曲)(金春禅竹)	03631	阿呆疑士迷々伝(菊田一夫)	02719
あだ花(森しげ)	09051	アホウドリの仕事大全(阿奈井文彦)	00204
頭がいい人の敬語の使い方(本郷陽二)	08052	あほうの星(長崎源之助)	06339
頭がいい人の習慣術(小泉十三)	03269	アポロンの島(小川国夫)	01841
頭がいい人、悪い人の話し方(樋口裕一)	07343	海士(作者不詳)	10125
頭の体操(多湖輝)	05344	甘い蜜の部屋(森茉莉)	09063
頭の中の兵士(壺井繁治)	05867	「甘え」の構造(土居健郎)	05989
頭のよくなる本(林髞)	07210	天翔ける倭寇(津本陽)	05900
アダム・スミス、マルサス、リカアド(小泉信三)	03270	甘粕大尉(角田房子)	05846
新しい教養のすすめ 宗教学(藤田正勝)	07690	海女小屋日記(中田のよ)	05474
新しい教養のすすめ 宗教学(細谷昌志)	07977	雨空(久保田万太郎)	03106
新しい研究法は考古学になにをもたらしたか(佐原真)	04042	海士のかる藻(作者不詳)	10126
新しい研究法は考古学になにをもたらしたか(田中琢)	05483	海人の刈藻(大田垣蓮月)	01632
新しい生物学(野田春彦)	06915	海人の苅藻(作者不詳)	10127
新しい世界秩序と日本(長谷川慶太郎)	07020	天の川の太陽(黒岩重吾)	03176
新しい中世(田中明彦)	05434	雨やどり(観世小次郎)	02658
新しい綴方教室(国分一太郎)	03387	雨やどり(半村良)	07310
新しい民族問題(梶田孝道)	02189	雨夜譚(渋沢栄一)	04257
新しき村の生活(武者小路実篤)	08815	阿弥陀胸割(作者不詳)	10128
あたりまえだけどなかなかできない42歳からのルール(田中和彦)	05438	Ambarvalia(西脇順三郎)	06757
		雨(北原武夫)	02820

あめ　　　　　　　　　　　　作品名索引

雨（広津柳浪）	07532
雨瀟瀟・雪解（永井荷風）	06256
雨ニモ負ケズ（宮沢賢治）	08671
雨の降る品川駅（中野重治）	06419
雨森芳洲―元禄享保の国際人（上垣外憲一）	02400
あめふり（北原白秋）	02822
アメリカインディアンの教え（加藤諦三）	02290
アメリカ経済史研究序説（鈴木圭介）	04656
アメリカ黒人の歴史（本田創造）	08070
アメリカ自動車産業の労使関係（栗木安延）	03148
アメリカ資本主義見聞記（東畑精一）	06035
アメリカ情報コレクション（常盤新平）	06063
アメリカ政治の潮流（本間長世）	08081
アメリカ先住民の精神世界（阿部珠理）	00237
アメリカ大統領物語（猿谷要）	04053
アメリカに生きる日本的生産システム（安保哲夫）	00260
アメリカにおける秋山真之（島田謹二）	04320
アメリカの政治と憲法（大沢秀介）	01580
アメリカの破産（水谷研治）	08495
アメリカ彦蔵自伝（浜田彦蔵）	07175
アメリカひじき（野坂昭如）	06893
あめりか物語（永井荷風）	06257
アメリカン・スクール（小島信夫）	03416
あめわかひこ物語（作者不詳）	10129
天稚彦物語（作者不詳）	10130
天降言（田安宗武）	05613
怪しげな時代の思想（渡部昇一）	10054
あやつり心中（小松左京）	03544
あやとりかけとり（竹久夢二）	05325
綾鼓（作者不詳）	10131
あやめ草（芳沢あやめ）	09749
鮎（上村占魚）	01192
鮎（丹羽文雄）	06824
あゆひ抄（富士谷成章）	07697
鮎川信夫詩集（鮎川信夫）	00282
アユの話（宮地伝三郎）	08686
新井洸歌集（新井洸）	00284
荒海をゆく北前船（小納弘）	02032
あらがね（間宮茂輔）	08370
荒木又右衛門（長谷川伸）	07037
あらくれ（徳田秋声）	06072
嵐（島崎藤村）	04288
嵐に抗して（木村良夫）	02941
嵐山（観世信光）	02669
新世帯（徳田秋声）	06073
あらたま（斎藤茂吉）	03713
曠野（山本荷兮）	09511
荒野に挑む（糸川英夫）	00844

アラビアのロレンスを求めて―アラブ・イスラエル紛争前夜を行く（牟田口義郎）	08834
アラブとイスラエル（高橋和夫）	05068
アラフラ海航海記（鶴見良行）	05930
あられ酒（斎藤緑雨）	03731
有明集（蒲原有明）	02701
有明の別れ（作者不詳）	10132
アリアドネの弾丸（海堂尊）	02101
ありえない家（細野透）	07972
アリからのメッセージ（今井弘民）	01018
在りし日の歌（中原中也）	06450
有末精三回顧録（有末精三）	00348
アリスの国の殺人（辻真先）	05753
蟻通（世阿弥）	04739
蟻の木の下で（西東登）	03700
蟻の自由（古山高麗雄）	07895
有馬正文（実松譲）	04031
アリはなぜ一列に歩くか（山岡亮平）	09310
或る阿呆の一生（芥川龍之介）	00104
ある映画監督（新藤兼人）	04522
或る男（武者小路実篤）	08816
或る男の恋文書式（岡本かの子）	01818
或る女（有島武郎）	00337
ある女の遠景（舟橋聖一）	07853
或女の生涯（島崎藤村）	04289
アルカディア方言の研究（高津春繁）	03322
或る機械（細井和喜蔵）	07964
アルキメデスは手を汚さない（小峰元）	03568
ある軍人の自伝（佐々木到一）	03887
ある決闘（水谷準）	08498
或る『小倉日記』伝（松本清張）	08315
ある心の自叙伝（長谷川如是閑）	07056
ある市井の徒（長谷川伸）	07038
ある社会主義者の半生（鈴木茂三郎）	04713
ある情報将校の記録（塚本誠）	05735
或る職工の手記（宮地嘉六）	08710
ある神話の背景（曽野綾子）	04940
ある総合商社の挫折（NHK取材班）	01418
ある時（山村暮鳥）	09498
ある晴れた日に（加藤周一）	02266
アルピニストの手記（小島烏水）	03410
或る日の一休（武者小路実篤）	08817
ある日の鬼ガ島（江口渙）	01360
アルプスを描いた画家たち（近藤等）	03612
アルプス記（松方三郎）	08242
アルプスと人（松方三郎）	08243
アルプスの蒼い空に（近藤等）	03613
アルプスの空の下で（近藤等）	03614
あるべき明日（堺屋太一）	03780
阿留辺幾夜宇和（明恵）	08770
アルペン行（鹿子木員信）	02388

ある明治人の記録 会津人柴五郎の遺書（石光真人）	00631
ある山男の自画像（藤木九三）	07651
ある歴史の娘（犬養道子）	00874
ある老学徒の手記（鳥居龍蔵）	06211
ある老船医の回想（久我昌男）	03018
アレクサンドロス大王―「世界征服者」の虚像と実像（森谷公俊）	09108
荒地（菱山修三）	07366
亜浪句鈔（臼田亜浪）	01218
鴉鷺合戦物語（一条兼良）	00722
アーロン収容所（会田雄次）	00009
淡路（作者不詳）	10133
合柿（作者不詳）	10134
粟田口（作者不詳）	10135
阿波丸はなぜ沈んだか（松井覚進）	08206
暗愚小伝（高村光太郎）	05158
暗黒日記（清沢洌）	02975
安吾捕物帖（坂口安吾）	03794
安斎随筆（伊勢貞丈）	00675
暗殺者教国―イスラム異端派の歴史（岩村忍）	01120
暗殺の年輪（藤沢周平）	07655
晏子（宮城谷昌光）	08633
暗室（吉行淳之介）	09891
安城家の兄弟（里見弴）	04021
安心決定鈔（奥村玄佑）	01893
杏っ子（室生犀星）	08953
安全保障学入門（防衛大学校安全保障学研究会）	07915
安全保障の今日的課題（人間の安全保障委員会）	06836
アンデスからヒマラヤへ（浜野吉生）	07185
安東船（庄司力蔵）	04433
アントニオ・ガウディ論（入江正之）	01062
安南史（山本達郎）	09551
安南史研究（山本達郎）	09552
安南の王子（山川方夫）	09339
安保条約の成立（豊下楢彦）	06190
暗夜行路（志賀直哉）	04131
安楽病棟（帚木蓬生）	07157

【い】

異域の鬼（品野実）	04179
井伊大老の死（中村吉蔵）	06472
邪眼（柾悟郎）	08159
家（島崎藤村）	04290
家閑談（柳田国男）	09238
イエス時代史の研究（大畠清）	01707
イエスとその時代（荒井献）	00287
イエスの裔（柴田錬三郎）	04246
家忠日記（松平家忠）	08272
家の中（島尾敏雄）	04267
硫黄が島（作者不詳）	10136
硫黄島（菊村到）	02737
硫黄島に死す（城山三郎）	04505
為学初問（山県周南）	09321
医学天正記（曲直瀬玄朔）	08362
伊賀越道中双六（近松半二）	05657
伊香物語（作者不詳）	10137
雷太郎強悪物語（式亭三馬）	04151
筏（外村繁）	06129
如何なる星の下に（高見順）	05144
碇潜（金春禅鳳）	03648
怒りの大洋（田中光二）	05448
怒る富士（新田次郎）	06780
生きがいについて（神谷美恵子）	02414
生き方（稲盛和夫）	00861
生血（田村俊子）	05600
生きてゐる小平次（鈴木泉三郎）	04673
生きている山脈（打木村治）	01233
生きている兵隊（石川達三）	00547
生きて行く私（宇野千代）	01298
「いき」の構造（九鬼周造）	03021
異形の王権（網野善彦）	00274
異郷の帆（多岐川恭）	05197
生きられた家（多木浩二）	
イギリス文学史（斎藤勇）	03695
生きることの意味（高史明）	03260
生きるための論語（安冨歩）	09196
居杭（作者不詳）	10138
育児の百科（松田道雄）	08266
生田敦盛（作者不詳）	10139
生田川（森鷗外）	09020
いくつもの死を見つめて（新井登美子）	00288
生くる日に（前田夕暮）	08101
生捕鈴木（作者不詳）	10140
生贄の島（曽野綾子）	04941
池坊専応口伝（池坊専応）	00475
池の藻屑（荒木田麗女）	00312
生ける人形（片岡鉄兵）	02220
伊号五十八帰投せり（橋本以行）	07008
囲碁式（作者不詳）	10141
鶉斎日録（杉田玄白）	04605
夷斎俚言（石川淳）	00520
勇魚（ニコル,C.W.）	06652
いさなとり（幸田露伴）	03331
イザベラ・バードの旅（宮本常一）	08749
イサム・ノグチ（ドウス昌代）	06029
イサムよりよろしく（井上ひさし）	00904

十六夜日記(阿仏尼)	00209	和泉屋染物店(木下杢太郎)	02897
いさり火(大和田建樹)	01755	出雲国風土記(出雲臣広嶋)	00674
伊沢蘭軒(森鷗外)	09021	イスラエル宗教文化史(関根正雄)	04862
石神(作者不詳)	10142	イスラエル預言者の神学(浅野順一)	00158
石狩川(本庄陸男)	08058	イスラム 思想と歴史(中村広治郎)	06482
石狩少女(森田たま)	09094	イスラーム生誕(井筒俊彦)	00652
石狩平野(船山馨)	07866	イスラーム世界の危機と改革(加藤博)	02302
意識と本質―精神的東洋を索めて(井筒俊彦)	00651	イスラム世界の成立と国際商業(家島彦一)	09164
意識の問題(西田幾多郎)	06696	イスラムとヴェール(中西久枝)	06408
石切り山の人びと(竹崎有斐)	05268	イスラームと国際政治(山内昌之)	09297
石とりゲームの数理(一松信)	07381	イスラーム復興はなるか(坂本勉)	03829
石中先生行状記(石坂洋次郎)	00572	イスラーム復興はなるか(鈴木董)	04679
石の血脈(半村良)	07311	イスラーム文化―その根底にあるもの(井筒俊彦)	00653
石の叫びに耳を澄ます(板垣雄三)	00697	遺精先生夢枕(恋川春町)	03262
石の下の記録(大下宇陀児)	01584	異星の人(田中光二)	05449
石の花(坂口尚)	03809	伊勢音頭恋寝刃(近松徳叟)	05656
石橋を叩けば渡れない(西堀栄三郎)	06720	伊勢音頭恋寝刃(作者不詳)	10145
石橋湛山評論集(石橋湛山)	00601	医籍考(多紀元胤)	05192
石橋忍月評論集(石橋忍月)	00605	遺跡保存を考える(椎名慎太郎)	04104
石原莞爾(佐治芳彦)	03911	伊勢神宮(井上章一)	00889
石原莞爾資料(角田順)	05843	伊勢物語(在原業平)	00364
石原純(和田耕作)	09996	伊勢物語に就きての研究(池田亀鑑)	00453
碑(中山義秀)	06531	磯崎新の「都庁」(平松剛)	07496
石光真清の手記(石光真人)	00632	石上私淑言(本居宣長)	08990
いじめ(菅野盾樹)	04644	磯笛のむらから(田中のよ)	05475
医者、用水路を拓く(中村哲)	06503	伊曽保物語(作者不詳)	10146
異称日本伝(松下見林)	08252	ヰタ・セクスアリス(森鷗外)	09022
遺書配達人(有馬頼義)	00353	鼬(真船豊)	08365
医事或問(吉益東洞)	09837	伊丹英典シリーズ(福永武彦)	07622
石原吉郎詩集(石原吉郎)	00646	医断(吉益東洞)	09838
いじわるばあさん(長谷川町子)	07066	異端者の悲しみ(谷崎潤一郎)	05542
維新史(維新史料編纂事務局)	00648	異端のすすめ(長谷川慶太郎)	07021
維新史八講(吉田東伍)	09798	異端の登攀者―第二次RCCの軌跡(「異端の登攀者」刊行委員会)	00703
維新史方法上の諸問題(服部之総)	07106	一握の砂(石川啄木)	00538
異人その他(岡正雄)	01765	一海軍士官の半生記(草鹿龍之介)	03027
維新と科学(武田楠雄)	05279	一月一日(千家尊福)	04896
医心方(丹波康頼)	06550	1Q84(村上春樹)	08883
異人論(小松和彦)	03543	一建築家の信条(前川国男)	08087
何処へ(正宗白鳥)	08165	一建築家の信条(宮内嘉久)	08625
いずこより(瀬戸内寂聴)	04874	一絃の琴(宮尾登美子)	08626
井筒(世阿弥)	04740	一元描写論(岩野泡鳴)	01104
伊豆の踊子(川端康成)	02606	一言芳談(作者不詳)	10147
泉を聴く(西岡一雄)	06669	一条摂政御集(藤原伊尹)	07744
和泉が城(作者不詳)	10143	一乗要決(源信)	03254
和泉式部(作者不詳)	10144	一族再会(江藤淳)	01389
和泉式部集(和泉式部)	00670	一代要記(作者不詳)	10148
和泉式部日記(和泉式部)	00671	1ドル一〇〇円の大予兆(広瀬嘉夫)	07525
泉靖一伝―アンデスから済州島へ(藤本英夫)	07713	一に十二をかけるのと十二に一をかけるのと	

作品名索引　　　　　　　　　　　　　　　　　いまかかみ

　　（久保田万太郎） ……………………… 03107
「1日30分」を続けなさい！ 人生勝利の勉強法
　　55（古市幸雄） ……………………………… 07878
一日二日山の旅（河田楨） ……………… 02575
一念多念文意（親鸞） …………………… 04540
一年有半（中江兆民） …………………… 06306
一谷嫩軍記（並木宗輔） ………………… 06611
一の酉（武田麟太郎） …………………… 05299
一部詩集（軽薄山人） …………………… 03244
一枚起請文（法然） ……………………… 07922
一夢庵風流記（隆慶一郎） ……………… 09938
一葉日記（樋口一葉） …………………… 07334
一路（木下利玄） ………………………… 02889
一話一言（大田南畝） …………………… 01614
いつ起こる小惑星大衝突（地球衝突小惑星研
　　究会） ………………………………………… 05684
いつか汽笛を鳴らして（畑山博） ……… 07100
一角仙人（金春禅鳳） …………………… 03649
厳島の本地（作者不詳） ………………… 10149
一向一揆の研究（井上鋭夫） …………… 00899
一口剣（幸田露伴） ……………………… 03332
一茶（藤沢周平） ………………………… 07656
一簑一笠（大町桂月） …………………… 01726
一切経（作者不詳） ……………………… 10150
いっさい夢にござ候（角田房子） ……… 05847
一冊の手帳で夢は必ずかなう（熊谷正寿） … 03119
一茶俳句集（小林一茶） ………………… 03487
一茶発句集（小林一茶） ………………… 03488
逸史（中井竹山） ………………………… 06289
一色一生（志村ふくみ） ………………… 04372
一死、大罪を謝す（角田房子） ………… 05848
一生折れない自信のつくり方（青木仁志） … 00021
一生かかっても知り得ない年収1億円思考（江
　　上治） ………………………………………… 01352
一寸法師（作者不詳） …………………… 10151
一銭五厘の旗（花森安治） ……………… 07132
逸著聞集（山岡阿弥） …………………… 09309
五つの破局論（牧野昇） ………………… 08133
一点鐘（三好達治） ……………………… 08781
稜威道別（橘守部） ……………………… 05400
一般者の自覚的体系（西田幾多郎） …… 06697
一般力学（山内恭彦） …………………… 09491
一疋の昆虫（今野大力） ………………… 03628
一兵卒（田山花袋） ……………………… 05614
一兵卒の銃殺（田山花袋） ……………… 05615
一兵卒の震災手記（越中谷利一） ……… 01388
一遍上人絵巻（円伊） …………………… 01442
一遍上人絵巻（聖戒） …………………… 04427
一遍上人語録（智真） …………………… 00946
一本刀土俵入（長谷川伸） ……………… 07039
一本堂薬選（香川修庵） ………………… 02133

いつまでもマリンブルー（南義光） …… 08588
いつもと同じ春（辻井喬） ……………… 05755
イデオロギー概論（戸坂潤） …………… 06107
イデオロギーとしての家族制度（川島武
　　宜） ………………………………………… 02552
遺伝学から見た人類の未来（木村資生） … 02935
遺伝管理社会（米本昌平） ……………… 09913
遺伝子が明かす脳と心のからくり（石浦章
　　一） ………………………………………… 00508
遺伝子工学から蛋白質工学へ（堀比斗志） … 08020
遺伝子工学から蛋白質工学へ（村上和雄） … 08864
遺伝子重複による進化（大野乾） ……… 01683
遺伝子の夢―死の意味を問う生物学（田沼靖
　　一） ………………………………………… 05565
伊東忠太建築文献（伊東忠太） ………… 00808
伊藤野枝全集（伊藤野枝） ……………… 00815
伊藤博文伝（春畝公追頌会） …………… 04422
絃の聖域（栗本薫） ……………………… 03156
暇の袋（作者不詳） ……………………… 10152
田舎医師の子（相馬泰三） ……………… 04929
田舎教師（田山花袋） …………………… 05616
蝗の大旅行（佐藤春夫） ………………… 03988
伊那谷・木曽谷（細井吉蔵） …………… 07960
伊那の中路（菅江真澄） ………………… 04571
因幡堂（作者不詳） ……………………… 10153
稲盛和夫の実学（稲盛和夫） …………… 00862
伊二五潜戦場絵日記（岡村幸） ………… 01808
犬筑波集（山崎宗鑑） …………………… 09376
犬と私の太平洋（牛島龍介） …………… 01209
犬の死まで（宮島資夫） ………………… 08689
狗張子（浅井了意） ……………………… 00136
犬婿入り（多和田葉子） ………………… 05626
犬山伏（作者不詳） ……………………… 10154
稲のアジア史（渡部忠世） ……………… 10090
居眠り磐音 江戸双紙（佐伯泰英） …… 03744
いねむり先生（伊集院静） ……………… 00642
井上剣花坊・鶴彬（坂本幸四郎） ……… 03826
井上成美（井上成美伝記刊行会） ……… 00946
井上博士と基督教徒（関皐作） ………… 04848
伊能忠敬（大谷亮吉） …………………… 01636
命（柳美里） ……………………………… 09598
いのちの女たちへ（田中美津） ………… 05489
いのちの初夜（北条民雄） ……………… 07919
医之弁（永田徳本） ……………………… 06381
茨の垣（山路閑古） ……………………… 09406
医範提綱（宇田川玄真） ………………… 01224
伊吹（作者不詳） ………………………… 10155
伊吹於呂志（平田篤胤） ………………… 07450
いほぬし（増基） ………………………… 04914
いま、会いにゆきます（市川拓司） …… 00711
今鏡（藤原為経） ………………………… 07781

読んでおきたい「日本の名著」案内　　　　　　　　　　　　　　　　　　721

作品名	番号
今川大双紙（作者不詳）	10156
今川記（斎藤道斎）	03696
今戸心中（広津柳浪）	07533
いま、なぜ民族か（蓮実重彦）	07010
いま、なぜ民族か（山内昌之）	09298
いま日は海に（曽野綾子）	04942
今参（作者不詳）	10157
今宮草（小西来山）	03479
今村均回顧録（今村均）	01054
今物語（藤原信実）	07797
今様薩摩歌（岡鬼太郎）	01760
意味という病（柄谷行人）	02473
移民以後（大江賢次）	01516
移民学園（清水紫琴）	04354
芋粥（芥川龍之介）	00105
伊文字（作者不詳）	10158
妹背山婦女庭訓（近松半二）	05658
イモと日本人―民俗文化論の課題（坪井洋文）	05876
妹の力（柳田国男）	09239
いやいやえん（中川李枝子）	06338
いやな感じ（高見順）	05145
蕁麻の家（萩原葉子）	06977
イラクとアメリカ（酒井啓子）	03769
イラストみんなの農業教室④水稲の増収技術（星川清親）	07942
入会権論（奈良正路）	06615
入会の研究（戒能通孝）	02103
入江のほとり（正宗白鳥）	08166
入来文書（朝河貫一）	00147
医療の倫理（星野一正）	07945
入鹿（作者不詳）	10159
イルカの集団自殺（森満保）	09116
入間川（作者不詳）	10160
ヰリヤム・ブレイク書誌（寿岳文章）	04412
慰霊祭まで（増田みず子）	08188
色合わせ（和田芳恵）	10015
いろいろな幾何学（小松醇郎）	03542
色を奏でる（志村ふくみ）	04373
色ガラスの街（尾形亀之助）	01779
色里三所世帯（井原西鶴）	00964
色ざんげ（宇野千代）	01299
以呂波（作者不詳）	10161
いろは仮名四ツ谷怪談（鶴屋南北（4代））	05934
色葉字類抄（橘忠兼）	05394
岩倉公実記（多田好問）	05376
岩崎小弥太（宮川隆泰）	08230
鰯雲（和田伝）	10002
石清水物語（作者不詳）	10162
岩と人（斉藤一男）	03676
岩波講座 問われる科学技術（岡田節人）	01789
岩波講座 問われる科学技術（佐藤文隆）	04007
岩波講座 分子生物科学（松原謙一）	08291
岩船（作者不詳）	10163
岩屋の草子（作者不詳）	10164
陰翳礼讃（谷崎潤一郎）	05543
インカ帝国（泉靖一）	00668
因果物語（鈴木正三）	04664
陰気な愉しみ（安岡章太郎）	09177
陰獣（江戸川乱歩）	01397
インターネットのミニ株取引から始めて株で1億円作る（仁科剛平）	06714
インターパーソナル・コミュニケーション―対人コミュニケーションの心理学（深田博己）	07562
陰徳太平記（香川宣阿）	02135
陰徳太平記（香川正矩）	02137
印度古代精神史（金倉円照）	02334
印度古代美術資料と解説（逸見梅栄）	07908
印度史概説（足利惇氏）	00171
インド史の社会構造（木村雅昭）	02933
インドで考えたこと（堀田善衞）	07986
印度哲学研究（宇井伯寿）	01139
印度・南海の仏教美術（高田修）	05028
印度の仏教美術（松本文三郎）	08349
インド兵（セポイ）の反乱（鈴木正四）	04702
印度放浪（藤原新也）	07764
印度洋の常陸丸（長谷川伸）	07040
淫売婦（葉山嘉樹）	07257
インパール（高木俊朗）	04996
隠喩としての建築（柄谷行人）	02474
蔭凉軒日録（季瓊真蘂）	02741
蔭凉軒日録（亀泉集証）	02767

【う】

作品名	番号
ウィトゲンシュタインと宗教哲学―言語・宗教・コミットメント（星川啓慈）	07943
初山踏（本居宣長）	08991
ヴィヨン詩研究（佐藤輝夫）	03971
ヴィヨンの妻（太宰治）	05346
ウイルスのしくみと不思議（長野敬）	06416
上を見るな（島田一男）	04318
上杉鷹山（童門冬二）	06039
ヴェーダとウパニシャッド（辻直四郎）	05749
飢えて狼（志水辰夫）	04356
ヴェニスの商人の資本論（岩井克人）	01069

ウェブ進化論（梅田望夫）	01324
植村正久 その人と思想（京極純一）	02951
植村正久と其の時代（佐波亘）	04039
ウェルフェアからウェルビーイングへ（高橋重宏）	05093
魚が語る地球の歴史（多紀保彦）	05193
魚説法（作者不詳）	10165
魚の胎から生まれた男（石橋宗吉）	00600
魚の胎から生まれた男（高垣眸）	04978
鵜飼（榎並左衛門五郎）	01415
宇垣一成（井上清）	00885
宇垣一成日記（宇垣一成）	01197
浮雲（林芙美子）	07227
浮雲（二葉亭四迷）	07834
浮島丸釜山港へ向かわず（金賛汀）	02914
浮城物語（矢野龍渓）	09280
浮舟（紫式部）	08908
浮世絵概説（田中喜作）	05441
浮世絵の研究（藤懸静也）	07648
浮世絵類考（大田南畝）	01615
浮世親仁形気（江島其磧）	01378
浮世柄比翼稲妻（鶴屋南北（4代））	05935
浮世床（式亭三馬）	04152
浮世床（滝亭鯉丈）	09954
「うき世」の思想―日本人の人生観（橋本峰雄）	07007
浮世風呂（式亭三馬）	04153
浮世物語（浅井了意）	00137
鶯（伊藤永之介）	00757
鶯（作者不詳）	10166
受け月（伊集院静）	00643
雨月（金春禅竹）	03632
雨月物語（上田秋成）	01147
宇下人言（松平定信）	08273
うけらが花（加藤千蔭）	02291
ウケる技術（水野敬也）	08500
迂言（広瀬淡窓）	07514
蠢く者（葛西善蔵）	02160
右近（作者不詳）	10167
兎の眼（灰谷健次郎）	06956
牛をつないだ椿の木（新美南吉）	06645
潮の墓標（黒岩重吾）	03177
牛女（小川未明）	01852
宇治拾遺物語（作者不詳）	10168
失はれた青春（竹山道雄）	05341
喪われた都市の記録（光瀬龍）	08542
牛部屋の臭ひ（正宗白鳥）	08167
丑三つの村（西村望）	06734
牛山ホテル（岸田国士）	02751
後ろ姿の聖像（笹沢左保）	03901
薄墨の桜（宇野千代）	01300
うづまき（上田敏）	01167
渦巻（渡辺霞亭）	10037
渦巻ける烏の群（黒島伝治）	03202
埋れた春（秋田雨雀）	00085
薄雪物語（作者不詳）	10169
薄氷遺稿（北田薄氷）	02812
鶉籠（夏目漱石）	06574
鶉衣（横井也有）	09655
嘘の果（有島生馬）	00336
歌合の研究（峯岸義秋）	08610
歌行灯（泉鏡花）	00655
右大臣実朝（太宰治）	05347
歌占（世阿弥）	04741
うたかた（田辺聖子）	05499
うたかた草紙（海音寺潮五郎）	02064
うたかたの記（森鷗外）	09023
歌系図（流石庵羽積）	09946
宴のあと（三島由紀夫）	08472
歌相撲（作者不詳）	10170
うたたね（阿仏尼）	00210
転寝草子（作者不詳）	10171
うた日記（森鷗外）	09024
歌の円寂する時（折口信夫）	02053
歌のわかれ（中野重治）	06420
歌枕（中里恒子）	06342
歌枕（能因）	06854
歌よみに与ふる書（正岡子規）	08145
補褌（壺井栄）	05861
内側から見た富士通「成果主義」の崩壊（城繁幸）	04423
打聞集（作者不詳）	10172
内沙汰（作者不詳）	10173
内田百閒随筆（内田百閒）	01238
内外詣（作者不詳）	10174
内蒙古諸部落の起源（和田清）	09997
内蒙古長城地帯（江上波夫）	01353
内蒙古長城地帯（水野清一）	08502
宇宙（三宅雄二郎）	08647
宇宙海賊キャプテンハーロック（松本零士）	08352
宇宙「96%の謎」（佐藤勝彦）	03936
宇宙船オロモルフ号の冒険（石原藤夫）	00623
宇宙像の変遷（村上陽一郎）	08899
宇宙と物理（日本物理学会）	06811
宇宙と星（畑中武夫）	07088
宇宙25時（荒巻義雄）	00316
宇宙のみなしご（森絵都）	09018
美しい女（椎名麟三）	04108
美しい環境をつくる建築材料の話（樫野紀元）	02191
美しい星（三島由紀夫）	08473

美しい村（堀辰雄）	08007	海の男のかたふり集（及川帆彦）	01480
美しき囮（中山義秀）	06532	海の街道（童門冬二）	06040
美しき牢獄（素木しづ）	04490	海の壁（田中光二）	05450
十六島紀行・海女記断片（瀬川清子）	04840	海の牙（水上勉）	08560
空穂歌集（窪田空穂）	03101	海の群星（谷川健一）	05526
靱猿（作者不詳）	10175	海の恋（山手樹一郎）	09471
宇津保物語（源順）	08592	海の声（若山牧水）	09985
腕くらべ（永井荷風）	06258	海の歳時記（宇田道隆）	01220
善知鳥（世阿弥）	04742	海のシルクロード（庄野英二）	04452
優曇華物語（山東京伝）	04086	海のしろうま（山下明生）	09413
采女（世阿弥）	04743	海の神話（関浦吉也）	04857
宇野浩二伝（水上勉）	08559	海の聖母（吉田一穂）	09754
鵜祭（作者不詳）	10176	海の捜査官（徳田幸雄）	06079
鵜の物語（外村繁）	06130	海の凪（西村望）	06735
有部阿毘達磨論の研究（渡辺楳雄）	10073	海の民—漁村の歴史と民俗（河岡武春）	02496
ウホッホ探検隊（干刈あがた）	07333	海の日曜日（今江祥智）	01022
馬（壺井繁治）	05868	海の人形（吉田一穂）	09755
馬（徳永直）	06099	海の火祭（川端康成）	02607
生まざりしならば（正宗白鳥）	08168	海の百万石（舟橋聖一）	07854
馬揃（作者不詳）	10177	海の夫人（谷川健一）	05527
生れ出づる悩み（有島武郎）	00338	海の文明ギリシア（手嶋兼輔）	05947
ウミ（林柳波）	07248	海の放浪者（阿部牧郎）	00252
海（近藤啓太郎）	03607	海のほむら（神山章）	02415
海（三橋敏雄）	08548	海の見える石段（田中冬二）	05481
海—生きる、学ぶ、探る（小島敦夫）	03406	海の道（宮本常一）	08750
海へ帰る（横山一郎）	09686	海の都の物語（塩野七生）	04122
海へ、さよならも言わずに（葛城四郎）	02255	海の喪章（浜野春保）	07182
海へ—小説・千代田丸（秋元有子）	00099	海の紋章（豊田穣）	06203
海を感じる時（中沢けい）	06346	海のラクダ（門田修）	09136
海を渡った日本語（川村湊）	02641	海の稜線（黒川博行）	03194
海からの使者イルカ（藤原英司）	07732	海のロシナンテ（宮原昭夫）	08718
洋からの便り（松風ひとみ）	08241	海のロマンス（米窪太刀雄）	09910
海から見た戦国日本—列島史から世界史へ（村井章介）	08853	海武士の歌（松岡進）	08240
		海辺の光景（安岡章太郎）	09178
海・建築・日本人（西和夫）	06659	海やまのあひだ（折口信夫）	02054
海時間のマリン（名木田恵子）	06555	海よ友よ（森繁久弥）	09084
海族ヒト科百景（中村征夫）	06464	海よ、私はくじけない（石浜紅子）	00607
海そだち（高橋治）	05061	海鷲の航跡（海空会）	02074
海燕ジョーの奇蹟（佐木隆三）	03838	海人（戸井十月）	05986
海と毒薬（遠藤周作）	01461	梅（観世元章）	02678
海とぼくの「信天翁」（青木洋）	00035	梅枝（作者不詳）	10178
海と山の風雪（山本鴎人）	09510	梅暦（為永春水）	05609
海と山の民俗自然誌（篠原徹）	04189	梅津長者物語（作者不詳）	10179
海なお深く（全日本海員総合）	04906	梅津政景日記（梅津政景）	01323
海鳴りの底から（堀田善衛）	07987	右門捕物帖（佐々木味津三）	03898
海鳴りの日々（大久保武雄）	01553	うらおもて（川上眉山）	02516
海に生くる人々（葉山嘉樹）	07258	末枯（久保田万太郎）	03108
海贄考（赤江瀑）	00049	裏切りの哲学（若森栄樹）	09984
海に降る雪（畑山博）	07101	浦島太郎（作者不詳）	10180
海猫の襲う日（夏堀正元）	06570	恨みなき殺し（宮島資夫）	08690
海の男たちはいま（海上の友編集部）	02091	恨の介（作者不詳）	10181

裏紫(樋口一葉)	07335	英語の語源(渡部昇一)	10055
瓜子姫(作者不詳)	10182	嬰児殺し(山本有三)	09567
瓜盗人(作者不詳)	10183	永日(尾上柴舟)	02033
漆の実のみのる国(藤沢周平)	07657	英仏百年戦争(佐藤賢一)	03938
熟れてゆく夏(藤堂志津子)	06032	永平広録(道白)	06034
鱗形(作者不詳)	10184	永平清規(智堂)	05688
上井覚兼日記(上井覚兼)	01341	永別の時(高木俊朗)	04997
雲岡石窟(長広敏雄)	06456	英雄ここにあり(柴田錬三郎)	04247
雲岡石窟(水野清一)	08503	永楽帝(寺田隆信)	05964
雲根志(木内石亭)	02711	絵入狂言記(作者不詳)	10188
運材図会(富田礼彦)	06156	絵入大犬つれづれ(山東京伝)	04087
雲上明覧(西本願寺光徳府)	06723	英霊の絶叫(舩坂弘)	07845
雲萍雑志(柳沢淇園)	09232	絵をかく子どもたち(北川民次)	02802
運命(国木田独歩)	03070	易学階梯(皆川淇園)	08575
運命(幸田露伴)	03333	益軒十訓(貝原益軒)	02105
運命交響曲殺人事件(由良三郎)	09642	益軒十訓(西田敬止)	06705
運命論者(国木田独歩)	03071	液晶(立花太郎)	05395
雲葉和歌集(作者不詳)	10185	液晶ディスプレイの技術革新史(沼上幹)	06840
雲林院(世阿弥)	04744	EXPO'87(眉村卓)	08382
		駅逓志稿(青江秀)	00013
		駅前旅館(井伏鱒二)	00987
【え】		江口(観阿弥)	02648
		エコノミーとエコロジー(玉野井芳郎)	05581
		エコハビター環境創造の都市(吉村元男)	09867
絵合せ(庄野潤三)	04457	エコフィロソフィ提唱―人間が生き延びるための哲学(間瀬啓允)	08199
永遠なる序章(椎名麟三)	04109	エコマテリアルとしての木材(有馬孝礼)	00352
永遠の郷愁(深尾須磨子)	07543	餌(神坂次郎)	03306
永遠の仔(天童荒太)	05983	餌差十王(狂言)(作者不詳)	10189
永遠の帆船ロマン(高橋泰邦)	05119	恵信尼文書(恵信尼)	01385
永遠の不服従のために(辺見庸)	07910	SF水滸伝(石川英輔)	00511
永遠の都(加賀乙彦)	02120	絵姿女房(矢代静一)	09167
栄花遊二代男(八文字屋自笑(3代))	07102	エスニシティと社会変動(梶田孝道)	02190
詠歌一体(藤原為家)	07777	エスニシティの政治社会学(関根政美)	04863
詠歌大概(藤原定家)	07746	絵図のコスモロジー(葛川絵図研究会)	03053
映画のなかの現代建築(飯島洋一)	00398	蝦夷志(新井白石)	00289
栄花物語(作者不詳)	10186	蝦夷草紙(最上徳内)	08979
永享記(作者不詳)	10187	蝦夷物語(子母沢寛)	04375
営業マンは「お願い」するな!(加賀田晃)	02126	越後つついし親不知(水上勉)	08561
営業マンは断ることを覚えなさい(石原明)	00608	絵地図の世界像(応地利明)	01485
瑩玉集(鴨長明)	02433	越前竹人形(水上勉)	08562
英傑加藤寛治(坂井景南)	03770	越境する民(杉原達)	04616
栄光よ永遠に(下山田行雄)	04397	X電車で行こう(山野浩一)	09485
英語学辞典(市河三喜)	00706	越山田中角栄(佐木隆三)	03839
英国財政史研究(長谷田泰三)	07071	エッフェル塔試論(松浦寿輝)	08222
英国産業革命史論(上田貞次郎)	01162	悦目抄(藤原基俊)	07812
英国資本主義の成立過程(野村兼太郎)	06934	エディ(山本茂)	09529
英国社会史(今井登志喜)	01014	エデンの海(若杉慧)	09972
永小作論(小野武夫)	02023	江戸生艶気樺焼(山東京伝)	04088
英語達人列伝(斉藤兆史)	03727	江戸絵図株帳(作者不詳)	10190
英語の頭に変わる本(中田憲三)	06380	江戸から東京へ(矢田挿雲)	09203

作品名	番号	作品名	番号
江戸思想史講義（子安宣邦）	03580	絵本の研究（仲田勝之助）	06378
江戸時代（大石慎三郎）	01493	絵本見立百化鳥（漕川小舟）	02856
江戸時代史（三上参次）	08441	絵馬（作者不詳）	10193
江戸時代とは何か（尾藤正英）	07379	エミリアンの旅（豊島与志雄）	06191
江戸時代の科学（東京科学博物館）	06005	エレキテル訳説（橋本宗吉）	07003
江戸城明渡（高安月郊）	05168	エロ事師たち（野坂昭如）	06894
江戸城大奥秘蔵考（足立直郎）	00196	炎環（永井路子）	06300
江戸城総攻（真山青果）	08375	延喜式（藤原忠平）	07774
江戸育御祭佐七（河竹新七(3代)）	02577	延喜式祝詞講義（鈴木重胤）	04661
江戸旅日記（高山彦九郎）	05180	宴曲集（明空）	08961
江戸と江戸城（内藤昌）	06224	宴曲抄（明空）	08962
江戸と大阪（幸田成友）	03329	宴曲全集（吉田東伍）	09799
江戸の風（二宮隆雄）	06796	燕京大学部隊（小島信夫）	03417
江戸の刑罰（石井良助）	00505	遠西観象図説（吉雄俊蔵）	09719
江戸の構造改革（中村彰彦）	06461	冤罪はこうして作られる（小田中聡樹）	02000
江戸の構造改革（山内昌之）	09299	演算子法（吉田耕作）	09781
江戸の歴史家（野口武彦）	06878	煙樹（前田透）	08097
江戸幕府の権力構造（北島正元）	02809	円珠庵雑記（契沖）	03242
江戸ハルマ（稲村三伯）	00858	遠思楼詩鈔（広瀬淡窓）	07515
江戸繁昌記（寺門静軒）	05959	円陣を組む女たち（古井由吉）	07875
江戸節根元集（愚性庵可柳）	03062	猿人君主（植木枝盛）	01142
江戸文学図録（京都帝国大学国文学会）	02961	円錐詩集（北園克衛）	02810
江戸文学と支那文学（麻生磯次）	00188	遠西医方名物考（宇田川榛斎）	01227
江戸文化評判記（中野三敏）	06437	厭世詩家と女性（北村透谷）	02843
江戸名所記（浅井了意）	00138	塩製秘録（三浦源蔵）	08413
江戸名所図会（斎藤幸雄）	03726	燕石雑誌（曲亭馬琴）	02968
江戸名所図会を読む（川田寿）	02574	燕石十種（岩本活東子）	01122
江戸物語（和田維四郎）	10004	園太暦（洞院公賢）	06001
江戸役者異聞（山本昌代）	09561	円高はなぜ起こる（河合正弘）	02494
エトランゼエ（島崎藤村）	04291	円朝（小島政二郎）	03429
江戸は夢か（水谷三公）	08499	塩田（沢木欣一）	04059
絵の具箱（岡田八千代）	01798	艶道俗説弁（小松屋百亀）	03557
エノケンの泣き笑い人生（榎本健一）	01421	延徳抄（猪苗代兼載）	00864
犬子集（松江重頼）	08226	婉という女（大原富枝）	01709
江島（観世長俊）	02665	役の行者（坪内逍遙）	05878
榎本武揚（加茂儀一）	02429	遠方の人（森山啓）	09126
夷大黒（作者不詳）	10191	閻魔の眼玉（岩野泡鳴）	01105
エビと日本人（村井吉敬）	08856	遠雷（立松和平）	05429
エビと日本人Ⅱ 暮らしのなかのグローバル化（村井吉敬）	08857	遠雷と怒濤と（湯郷将和）	09630
箙（作者不詳）	10192	遠来の客たち（曽野綾子）	04943
江分利満氏の華麗な生活（山口瞳）	09357	円理表（和田寧）	10008
江分利満氏の優雅な生活（山口瞳）	09358		
エベレスト・ママさん（田部井淳子）	05573	【お】	
烏帽子折（宮増）	08732		
烏帽子折とさるのむれ（坪内逍遙）	05877	御誂染長寿小紋（山東京伝）	04089
エボルーション（五条堀孝）	03433	おあむ物語（山田去暦女）	09469
絵本（田宮虎彦）	05587	御家騒動（三田村鳶魚）	08523
絵本太功記（近松柳）	05683	笈捜（作者不詳）	10194
絵本太閤記（岡田玉山）	01781	追いつめられた信徒（保阪正康）	07933
艶本多歌羅久良（喜多川歌麿）	02798		

追いつめる (生島治郎)	00424		オウム法廷 (降幡賢一)	07874
おーい でてこーい (星新一)	07934		鶏鵡籠中記 (朝日重章)	00162
オイナ (作者不詳)	10195		嚶鳴館遺草 (細井平洲)	07961
老のくりごと (心敬)	04515		嚶鳴館詩集 (細井平洲)	07962
笈の小文 (松尾芭蕉)	08229		応用倫理学 (加藤尚武)	02296
老のすさみ (飯尾宗祇)	00392		大商蛭小島 (作者不詳)	10199
老松 (世阿弥)	04745		大いなる魚影 (田中光二)	05451
おいらん (平井蒼太)	07418		大いなる幻影 (戸川昌子)	06051
応安新式 (二条良基)	06748		大いなる助走 (筒井康隆)	05805
桜雲記 (作者不詳)	10196		大江戸神仙伝 (石川英輔)	00512
桜花 (内藤初穂)	06238		大江山 (作者不詳)	10200
鷗外史伝の根源 (渡辺哲夫)	10071		大鏡 (作者不詳)	10201
鷗外のオカルト、漱石の科学 (長山靖生)	06543		狼の紋章 (平井和正)	07415
鷗外の精神 (唐木順三)	02457		大亀ガウディの海 (田島伸二)	05368
往還の記 (竹西寛子)	05314		大川端 (小山内薫)	01944
奥義抄 (藤原清輔)	07734		大久保利通日記 (大久保利通)	01555
王国と闇 (山本作兵衛)	09525		大阪 (小野十三郎)	02024
黄金を抱いて翔べ (高村薫)	05155		大阪 (水上滝太郎)	08556
黄金艦隊の海 (大須賀祥浩)	01597		大阪市史 (大阪市役所)	01573
黄金地獄 (宮島啓夫)	08691		大阪商業習慣録 (遠藤芳樹)	01476
黄金伝説 (石川淳)	00521		大坂独吟集 (伊勢村重安)	00678
黄金の海へ (津本陽)	05901		大阪の宿 (水上滝太郎)	08557
黄金の国 (遠藤周作)	01462		大坂物語 (作者不詳)	10202
黄金分割 (石上玄一郎)	00688		大坂論 (織田作之助)	01983
黄金流砂 (中津文彦)	06393		大塩平八郎 (森鷗外)	09025
王様ゲーム (金沢伸明)	02336		大島高任行実 (大島信蔵)	01587
「王さま」シリーズ (寺村輝夫)	05972		大杉栄 (鎌田慧)	02393
王様の背中 (内田百閒)	01239		大空 (尾崎放哉)	01929
鶯日 (岡野知十)	01806		大空のサムライ (坂井三郎)	03771
奥州安達原 (竹田和泉)	05272		大空の華 (田中賢一)	05446
欧州教育史 (大瀬甚太郎)	01603		大つごもり (樋口一葉)	07336
欧州共同体 (荒川弘)	00306		大津順吉 (志賀直哉)	04132
欧州経済史 (大塚久雄)	01646		おお、定年 (加藤仁)	02300
欧洲山水奇勝 (高島北海)	05021		大寺学校 (久保田万太郎)	03109
王将 (北条秀司)	07920		大番 (獅子文六)	04162
王城の護衛者 (司馬遼太郎)	04207		大前研一「新・資本論」(大前研一)	01716
往生要集 (源信)	03255		大村益次郎 (田中惣五郎)	05464
王女さまとこじき (阿貴良一)	00083		大矢数 (井原西鶴)	00965
欧人の支那研究 (石田幹之助)	00590		大社 (観世長俊)	02666
桜桃 (太宰治)	05348		岡潔 (高瀬正仁)	05026
応仁記 (作者不詳)	10197		御飾記 (相阿弥)	04909
応仁四話 (唐木順三)	02458		岡太夫 (作者不詳)	10203
黄檗和尚太和集 (隠元隆琦)	01132		陸平介墟篇 (飯島魁)	00395
王妃の離婚 (佐藤賢一)	03939		陸平介墟篇 (佐々木忠次郎)	03884
欧米学校教育発達史 (阿部重孝)	00236		岡田啓介回顧録 (岡田貞寛)	01784
欧米名家詩集 (大和田建樹)	01756		岡村寧次大将 (舩木繁)	07844
王法論 (鳥尾小弥太)	06213		おかめ笹 (永井荷風)	06259
近江源氏先陣館 (近松半二)	05659		小川未明童話集 (小川未明)	01853
近江聖人 (村井弦斎)	08852		沖を見る犬 (長谷川敬)	07049
近江国輿地志略 (寒川辰清)	04048		おきく物語 (お菊)	01858
鷓鴣小町 (作者不詳)	10198		沖で待つ (絲山秋子)	00846

作品	番号
翁（作者不詳）	10204
翁草（神沢貞幹）	02654
翁の文（富永仲基）	06163
翁問答（中江藤樹）	06310
沖縄海賊（笹沢左保）	03902
沖縄決戦（八原博通）	09287
沖縄考（伊波普猷）	00958
沖縄「自立」への道を求めて（宮里政玄）	08670
沖縄糖業論（謝花昇）	04405
沖縄の少年（儀間ład邦）	02911
沖縄歴史物語（伊波普猷）	00959
お絹とその兄弟（佐藤春夫）	03989
お吟さま（今東光）	03596
お銀小銀（作者不詳）	10205
屋上の土（古泉千樫）	03279
奥秩父（原全教）	07267
お国と五平（谷崎潤一郎）	05544
奥の細道（松尾芭蕉）	08230
小熊秀雄詩集（小熊秀雄）	01886
小倉百人一首（藤原定家）	07747
小倉昌男の福祉革命（建野友保）	05426
をぐり（作者不詳）	10206
小栗判官（作者不詳）	10207
贈る言葉（柴田翔）	04238
遅れてきた遺書（辺見じゅん）	07906
おけい（早乙女貢）	03755
オケラ五世優勝す（多田雄幸）	05380
右近左近（作者不詳）	10208
おごそかな渇き（山本周五郎）	09536
尾崎三良自叙略伝（尾崎三良）	01925
尾崎秀実時評集（尾崎秀実）	01933
幼きものに（島崎藤村）	04292
をさなものがたり（島崎藤村）	04293
おさらひ横町（サトウハチロー）	03984
おさん（山本周五郎）	09537
おじいさんのランプ（新美南吉）	06646
押絵と旅する男（江戸川乱歩）	01398
小塩（金春禅竹）	03633
おしくらまんじゅう（筒井敬介）	05803
おじさん改造講座（OL500人委員会）	01488
渡島筆記（最上徳内）	08980
惜みなく愛は奪ふ（有島武郎）	00339
御洒落狂女（本田美禅）	08076
お正月（東くめ）	07322
オスカー・ワイルドの生涯（平井博）	07419
雄と雌の数をめぐる不思議（長谷川真理子）	07067
オスマン帝国（鈴木董）	04680
♂♀のはなし 植物（鳥山国士）	06218
尾瀬（川崎隆章）	02538
尾瀬（平野長英）	07481
尾瀬と鬼怒沼（武田久吉）	05290
尾瀬と檜枝岐（川崎隆章）	02539
お染久松色読販（鶴屋南北(4代)）	05936
織田政権の基礎構造（脇田修）	09988
落窪物語（源順）	08593
落葉のくに（石上露子）	00690
落穂拾い（小山清）	03582
おちょろ丸（神坂次郎）	03307
乙字句集（大須賀乙字）	01595
乙字俳論集（大須賀乙字）	01596
オットーと呼ばれる日本人（木下順二）	02881
良人の自白（木下尚江）	02892
良人の貞操（吉屋信子）	09882
汚点（井上ひさし）	00905
お伝地獄（邦枝完二）	03066
おとうさんがいっぱい（三田村信行）	08530
おとうと（幸田文）	03325
お伽草紙（太宰治）	05349
御伽草子（作者不詳）	10209
伽婢子（浅井了意）	00139
男一匹ガキ大将（本宮ひろ志）	09010
おとこ鷹（子母沢寛）	04376
男たちの海（森下研）	09085
侠客春雨傘（福地源一郎）	07618
男の海（石原慎太郎）	00615
おとこの秘図（池波正太郎）	00466
〈男らしさ〉のゆくえ—男性文化の文化社会学（伊藤公雄）	00760
お登勢（船山馨）	07867
おととの海（井上雪）	00943
音なし草子（作者不詳）	10210
大人のための近現代史—19世紀編（三谷博）	08522
お富の貞操（芥川龍之介）	00106
乙女の密告（赤染晶子）	00060
乙女の港（川端康成）	02608
踊子（永井荷風）	06260
踊子行状記（直木三十五）	06246
お鳥見女房（諸田玲子）	09133
をなり神の島（伊波普猷）	00960
鬼瓦（作者不詳）	10211
鬼清水（作者不詳）	10212
鬼どもの夜は深い（三枝和子）	03655
鬼の橋（伊藤遊）	00838
鬼の継子（作者不詳）	10213
鬼火（吉屋信子）	09883
鬼平犯科帳（池波正太郎）	00467
鬼桃太郎（尾崎紅葉）	01920
尾上菊五郎自伝（伊坂梅雪）	00483
己が罪（菊池幽芳）	02736
斧の文化史（佐原真）	04043

作品名	番号
小野宮年中行事（藤原実資）	07759
オーパ！（開高健）	02079
おばあさんの村（中野重治）	06421
伯母が酒（作者不詳）	10214
おバカさん（遠藤周作）	01463
お化けの世界（坪田譲治）	05887
姨捨（世阿弥）	04746
お話（野上弥生子）	06863
尾花集（幸田露伴）	03334
大原御幸（世阿弥）	04747
おはん（宇野千代）	01301
お引越し（ひこ・田中）	07350
おふくろ（田中千禾夫）	05466
男衾三郎絵詞（作者不詳）	10215
御文（蓮如）	09965
覚書 幕末の水戸藩（山川菊栄）	09327
オホーツク諜報船（西木正明）	06688
オホーツク老人（戸川幸夫）	06052
朧夜物語（沓掛なか子）	03063
女郎花（世阿弥）	04748
お向ふの離れ（若松賤子）	09981
汚名（野里洋）	06905
お目出たき人（武者小路実篤）	08818
思いがけない旅（河野多恵子）	03363
思ひ川（宇野浩二）	01285
おもひ草（佐佐木信綱）	03888
思草（佐佐木信綱）	03889
思い出す人々（内田魯庵）	01250
思ひ出（北原白秋）	02823
思ひ出（太宰治）	05350
おもいでエマノン（梶尾真治）	02185
思ひ出す事など（夏目漱石）	06575
思い出の記（徳冨蘆花）	06089
思出の記（徳冨蘆花）	06090
思い出のネイビーブルー（松永市郎）	08283
於母影（新声社同人）	04519
おもかげ物語（作者不詳）	10216
重き流れのなかに（椎名麟三）	04110
おもちゃセミナー（戸川盛和）	06121
おもちゃ箱（武井武雄）	05222
表裏源内蛙合戦（井上ひさし）	00906
おもろ選釈（伊波普猷）	00961
おもろさうし（首里王府）	04416
父子鷹（子母沢寛）	04377
おやすみなさい、と男たちへ（田中りえ）	05493
親と教師の連帯を求めて（宮坂広作）	08651
親指Pの修業時代（松浦理英子）	08223
御湯殿上日記（作者不詳）	10217
おらが春（小林一茶）	03489
遠羅天釜（白隠慧鶴）	06978
阿蘭陀海鏡書和解（本木良永）	09007
和蘭桜木一角説（青木昆陽）	00017
和蘭雑話（幸田成友）	03330
和蘭字彙（桂川甫周）	02252
阿蘭陀始制エレキテル究理原（橋本宗吉）	07004
おらんだ正月―日本の科学者達（森銑三）	09057
和蘭天説（司馬江漢）	04195
阿蘭陀本草和解（野呂元丈）	06955
和蘭薬鏡（宇田川玄真）	01225
オランペンデクの復讐（香山滋）	02452
折々のうた（大岡信）	01539
折紙宇宙船の伝説（矢野徹）	09277
折り紙の幾何学（伏見康治）	07701
折り紙の幾何学（伏見満枝）	07703
オリゲネス研究（有賀鉄太郎）	00327
折たく柴の記（新井白石）	00290
オリンポスの果実（田中英光）	05477
オルカ（水口博也）	08576
オルデンバーグ（金子務）	02355
オールドヨットマンのソロ航海記（竹内秀馬）	05243
俺たちだ（ビー丸のK）	07406
折れたマスト（丹羽徳子）	06821
おれに関する噂（筒井康隆）	05806
おれについてこい！（大松博文）	04960
おれの飛行船（陀田勘助）	05375
おろしや国酔夢譚（井上靖）	00926
大蛇（観世小次郎）	02659
オーロラ（赤祖父俊一）	00059
終りし道の標べに（安部公房）	00221
終わりなき旅（井出孫六）	00755
追われゆく坑夫たち（上野英信）	01182
音韻論（有坂秀世）	00332
音楽辞典（堀内敬三）	08025
御義口伝（日蓮）	06763
音曲口伝書（順四軒）	04417
音曲聟（作者不詳）	10218
恩讐の彼方に（菊池寛）	02725
音図及手習詞歌考（大矢透）	01748
音声学（服部四郎）	07110
御曹子島渡（作者不詳）	10219
温知政要（徳川宗春）	06068
婦系図（泉鏡花）	00656
女坂（円地文子）	01446
女作者（田村俊子）	05601
女仁義物語（作者不詳）	10220
をんな随筆（森田たま）	09095
女大学（貝原益軒）	02106
女大学評論（福沢諭吉）	07577
女だけの船（大川一帆）	01544
女たちへのいたみうた（金子光晴）	02362
女たちのアジア（松井やより）	08218

女たちのジハード（篠田節子）	04183	海軍くろしお物語（福地周夫）	07616
女たちの〈銃後〉（加納実紀代）	02387	海軍航空隊始末記（源田実）	03257
女たちの風船爆弾（林えいだい）	07194	海軍五十年史（佐藤市郎）	03933
女重宝記大成（草田寸木子）	03031	海軍主計大尉小泉信吉（小泉信三）	03271
おんな二代の記（山川菊栄）	09328	海軍主計大佐の手記（岩田清治）	01097
女のいくさ（佐藤得二）	03973	海軍生活放談（大西新蔵）	01671
女の一生（森本薫）	09120	海軍戦争検討会議事録（新名丈夫）	04533
女の一生（山本有三）	09568	海軍造船技術概要（福井静夫）	07570
女の民俗誌（瀬川清子）	04841	海軍造船技術概要（牧野茂）	08124
女の友情（吉屋信子）	09884	海軍電気技術史（名和武）	06621
女山賊（作者不詳）	10221	海軍と日本（池田清）	00456
女礼讃（森山太郎）	09127	海軍の昭和史（杉本健）	04627
おんぼろ号の冒険（望月昇）	08986	海軍の先駆者小栗上野介正伝（阿部道山）	00243
陰陽師（夢枕獏）	09635	海軍兵学寮（沢鑑之丞）	04055
御宿かわせみ（平岩弓枝）	07424	海軍兵学校（田中宏治）	05471
		海軍兵学校・海軍機関学校・海軍経理学校（秋元書房）	00100
【か】		海軍兵学校の最期（乾尚史）	00873
		海軍兵学校物語（鎌田芳朗）	02397
蛾（金子光晴）	02363	海軍奉仕五十年回顧録（有馬玄）	00350
母さんが死んだ（水島宏明）	08493	海軍奉仕五十年回顧録（髙杉新一郎）	05024
母さんの歌（窪田聡）	03105	海軍めしたき物語（高橋孟）	05118
かあちゃんのヨット大冒険（大平幸子）	01713	海軍予備学生（山田栄三）	09420
カアペンタア詩集（富田砕花）	06148	海軍予備士官の太平洋戦争（山本平弥）	09560
怪（綱淵謙錠）	05824	海軍陸戦隊ジャングルに消ゆ（渡辺哲夫）	10072
櫂（宮尾登美子）	08627	海軍陸戦隊上海戦闘記（有馬成甫）	00351
槐安国語（白隠慧鶴）	06979	海軍歴史（勝海舟）	02237
海燕（橋本多佳子）	07005	怪建築十二段返し（白井喬二）	04473
海援隊始末記（平尾道雄）	07426	戒厳令の夜（五木寛之）	00739
海援隊約規（坂本龍馬）	03833	邂逅の航海（上重憲二）	01146
海王伝（白石一郎）	04479	開国起原（勝海舟）	02238
貝おほひ（松尾芭蕉）	08231	廻国雑記（道興）	06022
開化新題歌集（大久保忠保）	01554	開国始末（島田三郎）	04324
貝殻追放（水上滝太郎）	08558	外国人居住者と日本の地域社会（奥田道大）	01879
概観維新史（文部省維新史料編纂会）	09146	外国人による日本論の名著（佐伯彰一）	03738
海岸公園（山川方夫）	09340	外国人による日本論の名著（芳賀徹）	06961
概観世界史潮（坂口昂）	03805	海軍兵談（林子平）	07204
槐記（近衛家熙）	03481	骸骨の舞跳（秋田雨雀）	00086
槐記（山科道安）	09415	介護入門（モブ・ノリオ）	09012
海峡を越えたホームラン（関川夏央）	04858	回顧録（牧野伸顕）	08132
海峡をつなぐ日本史（北海道・東北史研究会）	07982	改算記（山田正重）	09456
		海市（福永武彦）	07623
海峡の使者（白石一郎）	04480	外資企業インジャパン（桶田篤）	01912
海峡の光（辻仁成）	05751	会社から逃走する若者たち（千石保）	04898
海軍（獅子文六）	04163	改邪鈔（覚如）	02144
海軍を斬る（実松譲）	04032	会社にお金が残らない本当の理由（岡本吏郎）	01828
海軍かまたき兵物語（岡田利秋）	01792		
海軍機関学校（海軍機関学校同窓会）	02075	海商岩橋万造の生涯（津本陽）	05902
海軍機関学校（山崎実徳）	09375	海上護衛戦（大井篤）	01489
海軍技術戦記（内藤初穂）	06239	海商三代（西村通男）	06737

海上の道(柳田国男)	09240
街上不平(土岐善麿)	06056
海上砲術全書(江戸幕府天文台蕃書和解御用)	01414
怪人二十面相(江戸川乱歩)	01399
海神丸(野上弥生子)	06864
改進論(市島謙吉)	00720
海図と花(小崎碇之介)	03400
海図なき航海(速水優)	07262
改精算法(会田安明)	00007
解析概論(高木貞治)	04990
解析学序説(一松信)	07382
解析入門(杉浦光夫)	04594
海戦(丹羽文雄)	06826
開戦と終戦(富岡定俊)	06140
海戦の余波(泉鏡花)	00657
回想のスメドレー(石垣綾子)	00509
回想の谷川岳(安川茂雄)	09187
回想の朝永振一郎(松井巻之助)	08216
回想のヒマラヤ(伊藤洋平)	00840
回想八十年(榎本隆一郎)	01426
海賊王(隼田聖四郎)	07254
海賊たちの太平洋(杉浦昭典)	04591
海賊のこころ(門田修)	09137
海賊列伝(小島敦夫)	03407
解体新書(杉田玄白)	04606
解体新書(前野良沢)	08107
槐多詩集(村山槐多)	08935
槐多の歌へる(村山槐多)	08936
怪談(小泉八雲)	03285
怪異談牡丹灯籠(河竹新七(3代))	02578
怪談牡丹灯籠(三遊亭円朝)	04100
害虫殲滅工場(小林照幸)	03508
懐中時計(小沼丹)	02017
海潮音(上田敏)	01168
海潮音(杉洋子)	04590
華夷通商考(西川如見)	06678
海底軍艦(押川春浪)	01973
海底の黄金(山田道幸)	09458
海底の神秘(山下弥三衛門)	09414
回天艦長甲賀源吾伝(石橋絢彦)	00599
回天詩史(藤田東湖)	07683
回転扉(河野多恵子)	03364
海道記(作者不詳)	10222
懐徳堂(ナジタ,テツオ)	06558
海南小記(柳田国男)	09241
海難史話(渡辺加藤一)	10038
貝になった男(上坂冬子)	02405
貝のうた(沢村貞子)	04074
海覇王(荒俣宏)	00319
開発経済学(高木保興)	05005

外蕃通書(近藤守重)	03618
快美なる狂宴(作者不詳)	10223
懐風藻(淡海三船)	01486
怪物商法(糸山英太郎)	00847
海堡(横山白虹)	09689
海防私議(安井息軒)	09173
解放の美学(富山妙子)	06168
海鰻荘奇談(香山滋)	02453
海冥(小田実)	01989
開目鈔(日蓮)	06764
海門(大野林火)	01694
会友大旨(手島堵庵)	05949
海洋国家日本の構想(高坂正堯)	03312
「海洋調査船へりおす」からのメッセージ(小林弘子)	03524
海洋冒険物語(南洋一郎)	08586
貝寄せ(山路閑古)	09407
傀儡師(芥川龍之介)	00107
海嶺(三浦綾子)	01408
海路安心録(坂部広胖)	03819
海狼伝(白石一郎)	04481
偕老同穴(三浦朱門)	08415
海路残照(森崎和江)	09078
カインの末裔(有島武郎)	00340
カウラ出撃(森木勝)	09075
カウンセリングを語る(河合隼雄)	02489
臥雲日件録(瑞渓周鳳)	04551
花影(大岡昇平)	01528
花影(原石鼎)	07266
花営三代記(作者不詳)	10224
帰らざる夏(加賀乙彦)	02121
かへらじと(岸田国士)	02752
還らぬ海(石原慎太郎)	00616
帰りこぬ風(三浦綾子)	08409
蛙(草野心平)	03034
蛙のうた(臼井吉見)	01213
カエルの鼻(石居進)	00497
蛙よ、木からおりてこい(水上勉)	08563
顔あげて現場へ往け(大月隆寛)	01657
家屋雑考(沢田名垂)	04066
カオスはこうして発見された(ウエダ,ヨシスケ)	01176
顔に降りかかる雨(桐野夏生)	02988
顔の中の赤い月(野間宏)	06929
呵刈葭(本居宣長)	08992
花街漫録(西村藐庵)	06738
科学を志す人々へ(石本巳四雄)	00638
科学を学ぶ者の倫理(中村和夫)	06466
科学を学ぶ者の倫理(渡辺悦生)	10026
科学概論(田辺元)	05503
科学史考(桑木或雄)	03217

科学史の哲学(下村寅太郎)	04395
科学者とあたま(寺田寅彦)	05966
科学者という仕事(酒井邦嘉)	03768
下学集(東麓破衲)	06044
科学・哲学・信仰(村上陽一郎)	08900
科学と人生(山内恭彦)	09492
科学と文化―人間探究の立場から(井口潔)	00948
科学の限界(池内了)	00437
科学の社会史―近代日本の科学体制(広重徹)	07504
科学の方法(中谷宇吉郎)	06522
化学兵器犯罪(常石敬一)	05829
科学方法論(戸坂潤)	06108
科学論(戸坂潤)	06109
科学論入門(佐々木力)	03880
科学は誰のものか(平川秀幸)	07441
加賀騒動(河竹黙阿弥)	02582
加賀騒動(村上元三)	08867
鑑草(中江藤樹)	06311
鏡地獄(江戸川乱歩)	01400
鏡の法則(野口嘉則)	06891
鏡葉(窪田空穂)	03102
加々見山廓写本(奈河亀輔)	06549
加々見山廓写本(奈河七五三助)	06552
加々見山旧錦絵(容楊黛)	09643
鏡山旧錦絵 加賀見山再岩藤(松井俊齡)	08215
鏡破翁絵詞(作者不詳)	10225
輝ける碧き空の下で(北杜夫)	02785
輝ける闇(開高健)	02080
書かれざる一章(井上光晴)	00915
書かれない報告(後藤明生)	03465
花間鶯(末広鉄腸)	04562
火浣布略説(平賀源内)	07428
我観密教発達志(権田雷斧)	03606
鍵(谷崎潤一郎)	05545
柿売(作者不詳)	10226
蠣崎波響の生涯(中村真一郎)	06486
嘉吉記(作者不詳)	10227
杜若(世阿弥)	04749
柿本の系図(作者不詳)	10228
柿本人麻呂(山本健吉)	09516
柿本人麿(斎藤茂吉)	03714
「かぎばあさん」シリーズ(手島悠介)	05952
柿二つ(高浜虚子)	05130
柿丸と梨丸(吉田絃二郎)	09778
嘉喜門院御集(嘉喜門院)	02140
柿山伏(作者不詳)	10229
蝸牛考(柳田国男)	09242
科挙(宮崎市定)	08653
花鏡(世阿弥)	04750
歌経標式(藤原浜成)	07800
歌曲時習考(浅野高造)	00160
限りなき繁栄への挑戦(関本忠弘)	04868
限りなく透明に近いブルー(村上龍)	08903
核軍縮への新しい構想(湯川秀樹)	09618
核軍縮と世界平和(黒沢満)	03201
学語(冢田多門)	05730
隠し剣孤影抄(藤沢周平)	07658
隠狸(作者不詳)	10230
学習権の主張(下中弥三郎)	04390
学習原論(木下竹次)	02886
楽章類語鈔(高田与清)	05034
角水(作者不詳)	10231
学生時代(久米正雄)	03131
学生叢書(河合栄治郎)	02481
学生に与う(河合栄治郎)	02482
覚禅鈔(覚禅)	02141
学則(荻生徂徠)	01862
カクテル・パーティー(大城立裕)	01591
かくて歴史は始まる(渡部昇一)	10056
学童保育の福祉問題(佐藤進)	03962
学道用心集(道元)	06015
学徒出陣の記録(東大十八史会)	06030
核と人間(坂本義和)	03831
核燃料輪送船(NHK取材班)	01419
核のいる学級(大西忠治)	01673
角兵衛獅子(大仏次郎)	01954
岳物語(椎名誠)	04106
学問関鍵(伊藤東涯)	00812
学問のすゝめ(福沢諭吉)	07578
学問の冒険(河合雅雄)	02493
学問論(佐々木力)	03881
神楽歌入文(橘守部)	05401
神楽歌研究(西角井正慶)	06713
神楽歌新釈(本居大平)	08988
学歴の社会史(天野郁夫)	00262
かくれざと(作者不詳)	10232
かくれんぼ(斎藤緑雨)	03732
火刑都市(島田荘司)	04327
歌劇お蝶夫人(三浦環)	08420
蔭桔梗(泡坂妻夫)	00370
景清(世阿弥)	04751
花月(世阿弥)	04752
花月草紙(松平定信)	08274
華月帖(賀茂季鷹)	02431
影の現象学(河合隼雄)	02490
影の告発(土屋隆夫)	05796
崖の下(嘉村礒多)	02416
影武者徳川家康(隆慶一郎)	09939
KAGEROU(斎藤智裕)	03697
かげろう絵図(松本清張)	08316

作品名	番号	作品名	番号
蜻蛉日記（藤原道綱母）	07831	風についての記憶（石原慎太郎）	00617
かげろふの日記（堀辰雄）	08008	風につれなき物語（作者不詳）	10236
かげろふの日記遺文（室生犀星）	08954	風になった私（今給黎教子）	01029
価原（三浦梅園）	08425	風に吹かれて（五木寛之）	00740
雅言集覧（石川雅望）	00561	風の王国（五木寛之）	00741
河口へ（佐藤洋二郎）	04016	風の系譜（野口冨士男）	06881
籠釣瓶花街酔醒（河竹新七(3代)）	02579	風の七人（山田正紀）	09452
風ぐるま（太田博也）	01623	風の中の子供（坪田譲治）	05888
風車の浜吉捕物綴（伊藤桂一）	00762	風の中の瞳（新田次郎）	06781
かざしの姫君（作者不詳）	10233	風の盆恋歌（高橋治）	05062
風成の女たち（松下竜一）	08261	風の又三郎（宮沢賢治）	08672
笠の下（作者不詳）	10234	風の良寛（中野孝次）	06417
風祭（八木義徳）	09156	風ふたたび（永井龍男）	06282
笠屋三勝十五年忌（紀海音）	02866	画筌（林守篤）	07238
餝抄（源通方）	08606	仮装人物（徳田秋声）	06074
峯山と長英（山手樹一郎）	09472	家族会議（横光利一）	09674
火山灰地（久保栄）	03091	家族構成（戸田貞三）	06118
火山灰は語る—火山と平野の自然史（町田洋）	08203	家族シネマ（柳美里）	09599
火山列島の思想（益田勝実）	08182	家族社会学論集（姫岡勤）	07408
果実（壺井繁治）	05869	家族心理学入門（岡堂哲雄）	01802
樫の木と小鳥（吉田一穂）	09756	家族八景（筒井康隆）	05807
欅の葉（与謝野鉄幹）	09704	家族福祉の視点—多様化するライフスタイルを生きる（野々山久也）	06925
火事の夜まで（今野賢三）	01049	家族法改正を考える（二宮周平）	06794
華氏一四〇度の船底から（広野八郎）	07537	敵討（平出鏗二郎）	07421
火車（宮部みゆき）	08722	敵討天下茶屋聚（奈河亀輔）	06550
歌集・秘帳（湯浅真沙子）	09594	敵討日月双紙（三上於菟吉）	08439
可笑記（如儡子）	04472	火宅（中上健次）	06326
華燭（津村節子）	05895	火宅の人（檀一雄）	05630
柏崎（榎並左衛門五郎）	01416	カタストロフィー（野口広）	06880
佳人（石川淳）	00522	形を読む—生物の形態をめぐって（養老孟司）	09644
花神（司馬遼太郎）	04208	「かたち」の探究（高木隆司）	05006
佳人の奇遇（東海散士）	06004	寂兮寥兮（大庭みな子）	01697
春日局（福地源一郎）	07619	片翼だけの天使（生島治郎）	00425
春日龍神（作者不詳）	10235	ガダルカナル戦記（亀井宏）	02426
上総風土記（村上元三）	08868	ガダルカナル戦詩集（井上光晴）	00916
数とことばの世界へ（斎藤正彦）	03706	片われ月（金子薫園）	02349
数の現象学（森毅）	09060	カチカチ山と花咲爺（武者小路実篤）	08819
数のユーモア（吉岡修一郎）	09724	勝烏（穂積驚）	07958
葛城（世阿弥）	04753	家畜人ヤプー（沼正三）	06839
風（川上三太郎）	02501	家畜と人間（西田隆雄）	06707
火星人類の逆襲（横田順弥）	09662	家畜と人間（野沢謙）	06906
火星の夕焼けはなぜ青い（佐藤文隆）	04008	勝ち残りの「生き方」（落合信彦）	02007
化石サルから日本人まで（鈴木尚）	04690	価値の社会学（作田啓一）	03846
稼ぐ人はなぜ、長財布を使うのか？（亀田潤一郎）	02427	花鳥風月（作者不詳）	10237
風立ちぬ（堀辰雄）	08009	価値論と社会主義（小泉信三）	03272
風と木の歌（安房直子）	00369	勝海舟（子母沢寛）	04378
風と光と二十の私と（坂口安吾）	03795	勝海舟（松浦玲）	08225
風と炎と（堺屋太一）	03781	楽家録（安倍季尚）	00241
風にそよぐ葦（石川達三）	00548	活眼 活学（安岡正篤）	09186

かつきゆう　　　　　　　作品名索引

学級革命 (小西健二郎)	03476
学級経営 (宮田丈夫)	08704
学級図書館 (落合聡三郎)	02003
学校経営学 (吉本二郎)	09868
学校経営現代化の方法 (高野桂一)	05048
学校経営と教頭の役割 (牧昌見)	08117
学校経営の近代化論—単層構造か重層構造か (伊藤和衛)	00759
学校の現象学のために (小浜逸郎)	03485
学校廃滅論 (白駒秀湖)	04498
羯鼓炮碌 (作者不詳)	10238
月山 (森敦)	09016
葛山鴻爪 (小磯国昭自叙伝刊行会)	03292
葛飾 (水原秋桜子)	08510
活字文化の誕生 (香内三郎)	03297
甲子夜話 (松浦静山)	08358
活断層とは何か (池田安隆)	00463
河童 (芥川龍之介)	00108
河童が覗いたインド (妹尾河童)	04881
河童駒引考 (石田英一郎)	00583
河童将軍 (村上元三)	08869
活版経籍考 (吉田漢宜)	09768
活版屋の話 (永井龍男)	06283
合浦 (作者不詳)	10239
括要算法 (関孝和)	04851
桂川連理柵 (菅専助)	04569
カディスの赤い星 (逢坂剛)	01484
家庭用児童劇 (坪内逍遙)	05879
かてもの (莅戸善政)	06912
火天の城 (山本兼一)	09514
歌道小見 (島木赤彦)	04279
加藤高明 (加藤伯伝記編纂委員会)	02322
ガトフ・フセグダア (岩藤雪夫)	01118
カトリシズム・トマス・ニューマン (吉満義彦)	09843
金岡 (作者不詳)	10240
仮名源流考及証本写真 (国語調査委員会)	03384
金沢文庫の研究 (関靖)	04856
悲しいだけ (藤枝静男)	07641
悲しき愛 (富田砕花)	06149
悲しき玩具 (石川啄木)	00539
哀しき父 (葛西善蔵)	02161
「かなしみ」の哲学 (竹内整一)	05240
仮名遣及仮名字体沿革史料 (大矢透)	01749
金津地蔵 (作者不詳)	10241
仮名性理竹馬抄 (藤原惺窩)	07769
仮名手本忠臣蔵 (竹田出雲 (2代))	05274
仮名文章娘節用 (曲山人)	02967
鉄輪 (作者不詳)	10242
蟹 (河野多恵子)	03365
蟹工船 (小林多喜二)	03503
蟹の町 (小山祐士)	03586
蟹山伏 (作者不詳)	10243
金子兜太句集 (金子兜太)	02356
鐘の音 (作者不詳)	10244
兼平 (世阿弥)	04754
狩野亨吉遺文集 (狩野亨吉)	02383
鹿子餅 (山風)	04098
彼女の生活 (田村俊子)	05602
かのように (森鷗外)	09026
黴 (徳田秋声)	06075
荷風語録 (永井荷風)	06261
荷風散策 (江藤淳)	01390
荷風日記 (永井荷風)	06262
歌舞音楽略史 (小中村清矩)	03474
歌舞伎以前 (林屋辰三郎)	07252
歌舞伎劇戯曲構造の研究 (守随憲治)	04414
歌舞伎十八番集 (作者不詳)	10245
かぶき草子 (作者不詳)	10246
歌舞妓年代記 (烏亭焉馬)	01275
カブキの日 (小林恭二)	03495
歌舞伎物語 (作者不詳)	10247
傾物語 (西尾維新)	06663
株式会社経済論 (上田貞次郎)	01163
株式会社発生史論 (大塚久雄)	01647
株式上場 (三上太郎)	08444
家父長制と資本制 (上野千鶴子)	01177
「株」で3000万円儲けた私の方法 (山本有花)	09578
兜首 (大池唯雄)	01491
貨幣と価値 (左右田喜一郎)	04918
貨幣と利子の動態 (鬼頭仁三郎)	02862
貨幣秘録 (佐藤次郎右衛門)	03955
壁—S・カルマ氏の犯罪 (安部公房)	00222
壁草 (宗長)	04921
画法綱領 (佐竹曙山)	03927
かほよ鳥の草子 (作者不詳)	10248
鎌倉大草紙 (作者不詳)	10249
鎌倉記 (沢庵宗彭)	05210
鎌倉三代記 (作者不詳)	10250
鎌倉幕府守護制度の研究 (佐藤進一)	03957
鎌倉室町時代之儒教 (足利衍述)	00172
鎌田 (作者不詳)	10251
蒲田行進曲 (つかこうへい)	05727
蝦蟇の油—自伝のようなもの (黒沢明)	03199
鎌腹 (作者不詳)	10252
缶前からの叫び (武内賢一)	05238
神風特別攻撃隊 (猪口力平)	00951
神風特別攻撃隊 (中島正)	06367
神々と神と (遠藤周作)	01464
神々の山嶺 (夢枕獏)	09636
神々のフェミニズム (生駒孝彰)	00479

神狩り(山田正紀)	09453
神様のカルテ(夏川草介)	06566
紙漉重宝記(国東治兵衛)	03082
剃刀(中村吉蔵)	06473
紙つぶて(谷沢永一)	05563
神と神を祭る者との文学(武田祐吉)	05294
神と国家と人間と(長尾龍一)	06322
神と絶対無(西谷啓治)	06711
かみなりの子(江口渙)	01361
神の痛みの神学(北森嘉蔵)	02853
神の魚(大城立裕)	01592
神の肉体 清水宏保(吉井妙子)	09713
神の民俗誌(宮田登)	08705
神明恵和合取組(竹柴其水)	05270
紙風船(岸田国士)	02753
火明(松本たかし)	08340
カムチャッカ探検記(岡田昇)	01794
かむなぎうた(日影丈吉)	07320
河明り(岡本かの子)	01819
がめつい奴(菊田一夫)	02720
仮面(森鷗外)	09027
仮面の解釈学(坂部恵)	03821
仮面の告白(三島由紀夫)	08474
賀茂(金春禅竹)	03634
鴬毛(舟橋聖一)	07855
蒲生氏郷(幸田露伴)	03335
賀茂翁家集(賀茂真淵)	02438
鴨長明集(鴨長明)	02434
加茂の本地(作者不詳)	10253
賀茂物狂(作者不詳)	10254
伽倻子のために(李恢成)	09930
高陽院歌合(藤原師実)	07815
高陽院歌合(源経信)	08598
通小町(観阿弥)	02649
唐糸草子(作者不詳)	10255
からごころ(長谷川三千子)	07069
硝子戸の中(夏目漱石)	06576
ガラスの靴(安岡章太郎)	09179
カラスの四季(周はじめ)	04407
からたちの花(北原白秋)	02824
からの花(長谷健)	07014
からだの設計図―プラナリアからヒトまで(岡田節人)	01790
体の中を風が吹く(佐多稲子)	03916
棠大門屋敷(錦文流)	06687
ガラマサどん(佐々木邦)	03871
からみあい(南条範夫)	06624
唐物語(藤原成範)	07796
からゆきさん(森崎和江)	09079
借りたカネは返すな!(加治将一)	02176
借りたカネは返すな!(八木宏之)	09155

かりねのすさみ(素純)	04935
カリブ海世界(石塚道子)	00581
下流社会(三浦展)	08407
狩人たちの海(岡村隆)	01811
ガリレオ(青木靖三)	00025
ガリレオ・ガリレイ(青木靖三)	00026
翰林葫蘆集(景徐周麟)	03240
歌林良材集(一条兼良)	00723
苅萱(作者不詳)	10256
カルシウムと細胞情報(小島至)	03409
カルティニの風景(土屋健治)	05792
カルテル・トラスト・コンツェルン(有沢広巳)	00335
カルテル・トラスト・コンツェルン(美濃部亮吉)	08616
枯木灘(中上健次)	06327
枯木のある風景(宇野浩二)	01286
枯草の根(陳舜臣)	05717
枯山水(植松寿樹)	01191
枯野の夢(宇野浩二)	01287
ガロアの夢―群論と微分方程式(久賀道郎)	03019
過労死社会と日本(川人博)	02629
画論(村上華岳)	08863
川上座頭(作者不詳)	10257
川崎庸之歴史著作選集(川崎庸之)	02544
河内屋(広津柳浪)	07534
川端茅舎句集(川端茅舎)	02603
河辺虎四郎回想録(河辺虎四郎)	02630
河原新市(作者不詳)	10258
河原の対面(尾島菊子)	01978
瓦版のはやり唄(三田村鳶魚)	08524
雁(森鷗外)	09028
雁争(作者不詳)	10259
がん遺伝子と抑制遺伝子(渋谷正史)	04264
寒雲(斎藤茂吉)	03715
棺桶に乗ったマドロス(織本憲資)	02059
環海異聞(大槻玄沢)	01653
勧学院物語(作者不詳)	10260
漢学者はいかに生きたか(村山吉廣)	08945
雁かりがね(作者不詳)	10261
環境アセスメント(村山武彦)	08938
環境学と平和学(戸田清)	06114
環境経済学(植田和弘)	01158
環境経済学への招待(植田和弘)	01159
環境資源と情報システム(武内和彦)	05231
環境資源と情報システム(恒川篤史)	05833
環境社会学のすすめ(飯島伸子)	00396
環境社会学の理論と実践(鳥越皓之)	06215
環境先進国 日本(長谷川慶太郎)	07022
環境創造の思想(武内和彦)	05232

かんきよう　　　　　作品名索引

作品名	番号
環境的公正を求めて（戸田清）	06115
環境ノイズを読み、風景をつくる。（宮本佳明）	08743
環境の哲学（桑子敏雄）	03219
環境犯罪（杉本裕明）	04633
環境法（阿部泰隆）	00255
環境法（淡路剛久）	00372
環境法（原田尚彦）	07286
環境問題と被害者運動（飯島伸子）	00397
環境リスク論（中西準子）	06404
環境理念と管理の研究（宇都宮深志）	01271
閑居友（慶政）	03241
閑吟集（作者不詳）	10262
玩具（津村節子）	05896
巌窟王（黒岩涙香）	03182
菅家後集（菅原道真）	04579
菅家後草（菅原道真）	04580
菅家文草（菅原道真）	04581
管見記（西園寺公名）	03653
管絃祭（竹西寛子）	05315
敢語（三浦梅園）	08426
観光と環境の社会学（古川彰）	07879
観光と環境の社会学（松田素二）	08271
韓国の悲劇（小室直樹）	03571
韓国併合への道（呉善花）	01478
監獄法概説（正木亮）	08157
寒山拾得（森鷗外）	09029
寒山落木（正岡子規）	08146
冠辞考（賀茂真淵）	02439
管子纂詁（安井息軒）	09174
漢字百話（白川静）	04488
勘定学説研究（畠中福一）	07090
感情装飾（川端康成）	02609
感傷と反省（谷川徹三）	05534
甘藷之記（青木昆陽）	00018
勧進帳（並木五瓶（3代））	06608
観心本尊抄（日蓮）	06765
寛政重修諸家譜（江戸幕府）	01409
間接税の現状（大蔵省大臣官房文書課）	01569
間接費の研究（吉田良三）	09818
寒蟬集（吉野秀雄）	09832
勧善懲悪覗機関（河竹黙阿弥）	02583
完全な遊戯（石原慎太郎）	00618
がん・増殖・分化の演出家 チロシンキナーゼ（浜口道成）	07166
寒村自伝（荒畑寒村）	00313
艦隊ぐらしよもやま物語（大西喬）	01672
漢代社会経済史研究（宇津宮清吉）	01270
雁大名（作者不詳）	10263
邯鄲（世阿弥）	04755
カンタン刑（式貴士）	04150
閑談の閑談（吉野作造）	09827
寒竹（平福百穂）	07495
寒地病案（大槻玄沢）	01654
眼中の悪魔（山田風太郎）	09446
閑田耕筆（伴蒿蹊）	07298
カント（高坂正顕）	03311
関東軍（島田俊彦）	04332
関東軍作戦参謀の証言（草地貞吾）	03032
関東軍と極東ソ連軍（林三郎）	07203
関東中心足利時代之研究（渡辺世祐）	10087
間島パルチザンの歌（槇村浩）	08139
韓図純理批判解説（清野勉）	02984
カントと現代の哲学（桑木厳翼）	03218
勧農或問（藤田幽谷）	07692
雁の寺（水上勉）	08564
観音岩（川上眉山）	02517
艦爆一代（小瀬本国雄）	03446
旱魃（金親清）	02346
関八州古戦録（槇島昭武）	08121
上林暁全集（上林暁）	02689
ガンビア滞在記（庄野潤三）	04458
癌病船（西村寿行）	06730
寛平御時后宮歌合（班子女王）	07304
漢文の訓読によりて伝へられたる語法（山田孝雄）	09463
岩壁よ おはよう（長谷川恒男）	07051
監房細胞（鈴木清）	04655
艦砲射撃の歴史（黛治夫）	08381
願文（最澄）	03667
看聞御記（後崇光院）	03440
咸陽宮（作者不詳）	10264
寒雷（加藤楸邨）	02276
管理社会と民衆理性（栗原彬）	03150
官僚たちの夏（城山三郎）	04506

【き】

作品名	番号
鬼一法眼三略巻（長谷川千四）	07047
鬼一法眼三略巻（松田文耕堂）	08264
きいろいばけつ（森山京）	09129
黄色い風土（松本清張）	08317
ぎゐん随筆（森田たま）	09096
消えた細菌戦部隊（常石敬一）	05830
祇王（作者不詳）	10265
祇園（作者不詳）	10266
祇園歌集（吉井勇）	09711
祇園女御九重錦（中邑阿契）	06463
祇園女御九重錦（若竹笛躬）	09973
機械（横光利一）	09675

機械化兵器開発史(原乙未生)	07274	汽車の中(小島信夫)	03418
気海観瀾(青地林宗)	00037	汽車のばあの話(北川千代)	02803
気海観瀾広義(川本幸民)	02643	技術の社会学(加藤秀俊)	02298
機械仕掛けのホモ・サピエンス(古川俊之)	07887	技術の哲学(三枝博音)	03656
機械のなかの青春(佐多稲子)	03917	技術論(田辺振太郎)	05498
飢餓海峡(水上勉)	08565	鬼城句集(村上鬼城)	08866
幾何学(清宮俊雄)	04837	稀少資源のポリティクス(佐藤仁)	03956
帰化人(上田正昭)	01172	機織彙編(大関増業)	01604
気がつけば騎手の女房(吉永みち子)	09823	魏晋南北朝通史(岡崎文夫)	01774
飢渇信(武林無想庵)	05317	鬼神論(新井白石)	00291
帰家日記(井上通女)	00894	キスカ(市川浩之助)	00705
飢餓列島(福島正実)	07590	疵だらけのお秋(三好十郎)	08775
飢餓列島(眉村卓)	08383	絆(小杉健治)	03435
機関長の航海二〇〇万マイル(小野寺功一)	02040	帰省(宮崎湖処子)	08660
		規制緩和(鶴田俊正)	05917
偽眼のマドンナ(渡辺啓助)	10041	奇石産所記(木内石亭)	02712
危機を活かす(堺屋太一)	03782	奇跡の船・宗谷物語(川嶋康男)	02557
聞き書き 花岡事件(野添憲治)	06911	季節のない街(山本周五郎)	09538
記紀歌集(作者不詳)	10267	木曽(作者不詳)	10275
記紀歌謡(作者不詳)	10268	奇想遺産(鈴木博之)	04693
聞上手(小松屋百亀)	03558	偽装するニッポン(中川理)	06330
帰郷(大仏次郎)	01955	奇想の20世紀(荒俣宏)	00320
帰郷(中原中也)	06451	木曽願書(作者不詳)	10276
飢饉(菊池勇夫)	02723	木曽義高物語(作者不詳)	10277
菊坂(田宮虎彦)	05588	北一輝(渡辺京二)	10039
菊慈童(作者不詳)	10269	北を指す(生方たつゑ)	01308
菊水(長田秋濤)	01940	北風のくれたテーブルかけ(久保田万太郎)	03110
菊と龍(相良俊輔)	03835	北がなければ日本は三角(谷川雁)	05524
菊の花(作者不詳)	10270	北からの日本史(北海道・東北史研究会)	07983
気くばりのすすめ(鈴木健二)	04658	北の魚獲り(門脇啓二)	02328
菊葉和歌集(作者不詳)	10271	北の河(高井有一)	04975
義経記(作者不詳)	10272	北の詩人(松本清張)	08318
伎芸天(川田順)	02564	北の水路誌(外崎克久)	06128
義血俠血―滝の白糸(泉鏡花)	00658	北の人(坪野哲久)	05893
キケロ(高田康成)	05036	北の墓標(夏堀正元)	06571
きけ わだつみのこえ(日本戦没学生記念会)	06809	北の山(伊藤秀五郎)	00819
危険な関係(新章文子)	04518	北針(大野芳)	01679
危険な童話(土屋隆夫)	05797	北八ッ彷徨(山口耀久)	09346
気候学入門(水越允治)	08492	気違い部落周游紀行(きだみのる)	02780
気候学入門(山下脩二)	09411	鬼畜(西村望)	06736
機巧図彙(細川半蔵)	07968	基地設営戦の全貌(佐用泰司)	04051
綺語抄(藤原仲実)	07793	基地設営戦の全貌(森茂)	09053
きことわ(朝吹真理子)	00167	基地六〇五号(杉浦明平)	04596
疑語孟字義(並河天民)	06603	きちんと生きてる人がやっぱり強い!(内海実)	01274
偽作性犯罪事件調書(作者不詳)	10273	喫茶養生記(栄西)	01348
衣更着物語(作者不詳)	10274	キッチン(よしもとばなな)	09878
岸信介(原彬久)	07278	狐塚(作者不詳)	10278
岸辺の祭り(開高健)	02081	狐の草子(作者不詳)	10279
キシマ先生の静かな生活(森博嗣)	09062	狐物語(林芙美子)	07228
汽車の缶焚き(中野重治)	06422		

きていたい　　　　　　　　　　　　作品名索引

キティ颱風（福田恆存）	07600
機動部隊（奥宮正武）	01890
機動部隊（淵田美津雄）	07838
木戸幸一日記（木戸幸一）	02859
木戸孝允日記（木戸孝允）	02860
畿内荘園の基礎構造（渡辺澄夫）	10068
砧（世阿弥）	04756
砧をうつ女（李恢成）	09931
記念碑（堀田善衛）	07988
木のいのち木のこころ―天・地・人（西岡常一）	06670
昨日は今日の物語（作者不詳）	10280
樹の鏡、草原の鏡（武満徹）	05335
紀ノ川（有吉佐和子）	00358
紀伊国屋文左衛門（武田八洲満）	05293
城の崎にて（志賀直哉）	04133
木下杢太郎詩集（木下杢太郎）	02898
来安心中（大岡昇平）	01529
紀の漁師黒潮に鰹を追う（宮嶋康彦）	08700
騎馬民族国家（江上波夫）	01354
喜美談話（烏亭焉馬）	01276
鬼無鬼島（堀田善衛）	07989
貴船の本地（作者不詳）	10281
詭弁論理学（野崎昭弘）	06899
希望の百円さつ（猪野省三）	00876
希望のヒロシマ（平岡敬）	07427
喜望峰（谷恒生）	05519
基本的人権（東京大学社会科学研究所）	06010
君死に給ふこと勿れ（深尾須磨子）	07544
君たちはどう生きるか（吉野源三郎）	09825
機密日露戦史（谷寿夫）	05522
機密兵器の全貌（巌谷英一）	01126
君の名は（菊田一夫）	02721
君ひとの子の師であれば（国分一太郎）	03388
奇妙な仕事（大江健三郎）	01503
木村朝治（作者不詳）	10282
「きめ方」の論理（佐伯胖）	03748
キメラ 満洲国の肖像（山室信一）	09505
きもの（幸田文）	03326
着物・好色（森田たま）	09097
きものの随筆（森田たま）	09098
逆説論理学（野崎昭弘）	06900
逆転の発想（糸川英夫）	00845
キャッシュフロー経営入門（池田和明）	00451
キャッシュフロー経営入門（中沢恵）	06354
キャッツアイころがった（黒川博行）	03195
キヤノン特許部隊（丸島儀一）	08487
キャプテン・マックの世海紀行（永田雅一）	06385
キャプテン・森勝衛（日本海事広報協会）	06799
ギヤマンビードロ（林京子）	07196
キャラメル工場から（佐多稲子）	03918
ギャルソンになった王様（松本幸四郎）	08308
Q&Aでわかる脳と視覚―人間からロボットまで（乾敏郎）	00870
求安録（内村鑑三）	01257
九位（世阿弥）	04757
鳩翁道話（柴田鳩翁）	04237
嬉遊曲、鳴りやまず 斎藤秀雄の生涯（中丸美絵）	06458
九経談（大田錦城）	01608
球形の荒野（松本清張）	08319
窮死（国木田独歩）	03072
旧事諮問録（旧事諮問会）	02947
99.9％は仮説（竹内薫）	05230
90年代を読む15の新視点（三菱総研）	08549
90年代世界はどう動く（NHK経済プロジェクト）	01417
90年代日本人への警告（高橋乗宣）	05095
旧主人（島崎藤村）	04294
嬉遊笑覧（喜多村信節）	02850
旧石器の狩人（藤森栄一）	07714
球体（加藤克巳）	02257
級長の探偵（川端康成）	02610
旧典類纂（横山由清）	09692
牛肉と馬鈴薯（国木田独歩）	03073
牛乳屋の兄弟（久米正雄）	03132
牛馬（作者不詳）	10283
究百集（明空）	08963
九品官人法の研究（宮崎市定）	08654
窮乏の農村（猪俣津南雄）	00953
休明光記（羽太正養）	07162
旧約書の文学（渡辺善太）	10069
球陽（鄭秉哲）	05941
胡瓜遣（仮名垣魯文）	02332
窮理通（帆足万里）	07913
9割がバイトでも最高のスタッフに育つディズニーの教え方（福島文二郎）	07589
キューポラのある街（早船ちよ）	07256
教育（田中千禾夫）	05467
教育改革をデザインする（佐藤学）	04014
教育学（伊沢修二）	00485
教育学（長田新）	01937
教育学年報1 教育研究の現在（森田尚人）	09106
教育行政学（平原春好）	07494
教育工学の原理と方法（坂元昂）	03827
教育五十年―自伝的回想（天野貞祐）	00266
教育思想史（小沢周三）	01968
教育思想の歴史（堀内守）	08028
教育社会学（柴野昌山）	04251
教育社会学（清水義弘）	04369
教育調査法（辻功）	05739
教育勅語（明治天皇）	08969

作品名	番号
教育と教育学（勝田守一）	02247
教育とコンピュータ（司馬正次）	04202
教育と人間（矢内原忠雄）	09215
教育における評価の理論（梶田叡一）	02187
教育の演出（斎藤喜博）	03677
教育の権利と自由（内野正幸）	01255
教育の根本問題としての宗教（小原国芳）	02044
教育の根本問題としての哲学（小原国芳）	02045
教育名著の愉しみ（金子茂）	02350
教育名著の愉しみ（三笠乙彦）	08436
狂雲集（一休宗純）	00748
業界紙諸君！（佐野真一）	04035
郷歌及び吏読の研究（小倉進平）	01903
教科書の歩み（山本敏夫）	09556
京鹿子娘道成寺（藤本斗文）	07711
仰臥漫録（正岡子規）	08147
狂歌若菜集（唐衣橘洲）	02472
狂気の海（内藤初穂）	06240
教行信証（親鸞）	04541
共喰い（田中慎弥）	05461
教訓仮作物語（文部省）	09139
教訓抄（狛近真）	03535
狂言記（作者不詳）	10284
狂言集（作者不詳）	10285
況後録（高山樗牛）	05174
暁斎画談（河鍋暁斎）	02601
共産国東と西（林健太郎）	07198
共産主義的人間（林達夫）	07212
共産主義批判の常識（小泉信三）	03273
教室二〇五号（大石真（児童文学））	01496
教師の生き方（石田成太郎）	00586
教師のための数学入門 数量編（遠山啓）	06047
強者の権利の競争（加藤弘之）	02304
郷愁の詩人与謝蕪村（萩原朔太郎）	06969
享受と批評（谷川徹三）	05535
橋上幻像（堀田善衞）	07990
狂人日記（色川武大）	01067
僑人の檻（早乙女貢）	03756
行政学（西尾勝）	06666
行政指導（新藤宗幸）	04524
恭靖先生遺稿（木下順庵）	02879
共生の旗（白鳥省吾）	04500
教祖（乾孝）	00869
教祖様（芹沢光治良）	04887
兄弟（山本有三）	09569
兄弟誹（作者不詳）	10286
凶弾（福田洋）	07610
夾竹桃の花咲けば（佐藤紅緑）	03945
共通感覚論―知の組みかえのために（中村雄二郎）	06516
兒天使（野阿梓）	06852
共同研究 転向（思想の科学研究会）	04170
共同研究 日本軍慰安婦（林博史）	07219
共同研究 日本軍慰安婦（吉見義明）	09842
共同幻想論（吉本隆明）	09869
郷土望景詩（萩原朔太郎）	06970
狂風記（石川淳）	00523
京まんだら（瀬戸内寂聴）	04875
教養主義の没落（竹内洋）	05249
教養としてのコンピュータ・サイエンス（渡辺治）	10027
教養のための天文学講義（米山忠興）	09917
郷里の言葉（小島信夫）	03419
行歴抄（円珍）	01455
京童（中川喜雲）	06331
魚影の群れ（吉村昭）	09846
魚歌（斎藤史）	03705
極（綱淵謙錠）	05825
極限のなかの人間（尾川正二）	01849
玉洲画趣（桑山玉洲）	03229
玉人（宮城谷昌光）	08634
玉薬（九条道家）	03052
曲線と曲面の微分幾何（小林昭七）	03498
極微の世界（湯川秀樹）	09619
曲面の数学―現代数学入門（長野正）	06433
玉葉（九条兼実）	03050
玉葉和歌集（京極為兼）	02955
玉林苑（作者不詳）	10287
魚群（天野徳二）	00268
虚航船団（筒井康隆）	05808
虚構のクレーン（井上光晴）	00917
餃子屋と高級フレンチでは、どちらが儲かるか？（林總）	07193
清沢洌（北岡伸一）	02792
虚子句集（高浜虚子）	05131
清重（作者不詳）	10288
虚子俳話（高浜虚子）	05132
巨匠に教わる絵画の見かた（視覚デザイン研究所編集室）	04146
巨城の破片（高木彬光）	04981
虚人たち（筒井康隆）	05809
巨人伝説（笠井潔）	02157
巨人と玩具（開高健）	02082
巨人中島知久平（渡部一英）	10036
巨船SOSタイタニック（岡本好古）	01836
虚像（大下宇陀児）	01585
漁村維持法（佐藤信季）	03975
漁村の俳句（小沼勇）	03480
巨大地域開発の構想と帰結（舩橋晴俊）	07862
巨大プロジェクト―世界経済を活性化する25の超大型計画の全容（講談社）	03351
魚鳥平家（作者不詳）	10289

極光のかげに(高杉一郎)	05023	貴嶺問答(中山忠親)	06538
清経(世阿弥)	04758	きれぎれ(町田康)	08201
清経入水(秦恒平)	07080	銀(木下利玄)	02890
挙白集(木下長嘯子)	02888	銀色ラッコのなみだ(岡野薫子)	01804
清水物語(朝山意心)	00170	銀河依然(中村草田男)	06476
虚無への供物(中井英夫)	06294	金槐和歌集(源実朝)	08591
虚無回廊(小松左京)	03545	金閣炎上(水上勉)	08567
虚妄の正義(萩原朔太郎)	06971	金閣寺(三島由紀夫)	08475
清盛と仏御前(島村抱月)	04341	銀河乞食軍団シリーズ(野田昌宏)	06918
去来抄(向井去来)	08798	銀河鉄道999(松本零士)	08353
魚雷艇学生(島尾敏雄)	04268	銀河鉄道の夜(宮沢賢治)	08673
機雷(光岡明)	08535	銀河と地獄(川村二郎)	02635
機雷掃海戦(隈部五夫)	03126	銀河ネットワークで歌を歌ったクジラ(大原まり子)	01710
きらきらひかる(江国香織)	01370	銀河の魚(吉田一穂)	09757
切られお富(村上元三)	08870	琴歌譜(作者不詳)	10291
斬られの仙太(三好十郎)	08776	銀漢(吉岡禅寺洞)	09725
切兼曽我(作者不詳)	10290	金玉和歌集(藤原公任)	07738
吉里吉里人(井上ひさし)	00907	金銀図録(近藤守重)	03619
ギリシアの哲学と政治(出隆)	00751	金々先生栄花夢(恋川春町)	03263
ギリシア・ローマの美術(村田潔)	08914	均衡分析の基本問題(安井琢磨)	09176
吉利支丹教義の研究(橋本進吉)	06999	近古時代文芸思潮史(斎藤清衛)	03679
キリシタン伝道史索引(姉崎正治)	00205	近古小説新纂(島津久基)	04313
きりしとほろ上人伝(芥川龍之介)	00109	金鯱の夢(清水義範)	04367
ギリシャ・ローマ演劇史(新関良三)	06639	金札(世阿弥)	04759
基督教史(石原謙)	00612	銀座八丁(武田麟太郎)	05300
基督教史(柏井園)	02200	近時政論考(陸羯南)	03017
基督教神学概論(桑田秀延)	03221	禽獣(川端康成)	02611
基督教神髄(富永徳磨)	06162	近世絵図と測量術(川村博忠)	02639
キリスト教脱出手記(赤岩栄)	00048	近世絵画史(藤岡作太郎)	07643
基督教の起源(波多野精一)	07093	近世快人伝(夢野久作)	09633
基督教の哲学的理解(中村獅雄)	06484	近世学校教育の源流(高橋俊乗)	05107
キリスト教の弁証(田辺元)	05504	近世畸人伝(伴蒿蹊)	07299
基督言行録(井深梶之助)	00985	近世経済学の生成過程(久保田明光)	03100
基督信徒の慰(内村鑑三)	01258	近世支那外交史(矢野仁一)	09275
基督抹殺論(幸徳秋水)	03354	近世支那経済史研究(小竹文夫)	01999
霧と影(水上勉)	08566	近世史の発展と国学の運動(竹岡勝也)	05264
霧の山稜(加藤泰三)	02289	近世初期農政史研究(中村吉治)	06470
霧の旅(松井幹雄)	08217	近世数学史談(高木貞治)	04991
霧の中(田宮虎彦)	05589	近世説美少年録(曲亭馬琴)	02969
霧の旗(松本清張)	08320	近世租税思想史(島恭彦)	04266
桐の花(北原白秋)	02825	近世に於ける「我」の自覚史(朝永三十郎)	06172
霧のむこうのふしぎな町(柏葉幸子)	02206	近世日本演劇史(伊原敏郎)	00981
桐一葉(坪内逍遙)	05880	近世日本国民史(徳富蘇峰)	06080
桐生織物史(桐生織物史編纂会)	02990	近世日本農業の構造(古島敏雄)	07889
気流の鳴る音(真木悠介)	08118	近世農政史論(藤田五郎)	07673
麒麟(谷崎潤一郎)	05546	近世風俗志(喜多川季荘)	02800
麒麟の翼(東野圭吾)	07326	近世邦楽年表(黒木勘蔵)	03196
キリンのまだら―自然界の統計現象(平田森三)	07465	近世邦楽年表(高野辰之)	05050
鬼涙村(牧野信一)	08125	金石年表(西田直養)	06708
莫切自根金生木(唐来参和)	06042	金属バット殺人事件(佐瀬稔)	03913

近代移行期の家族と歴史（速水融） …………… 07260
近代移行期の人口と歴史（速水融） …………… 07261
近代欧州経済史序説（大塚久雄） ……………… 01648
近代絵画（小林秀雄） …………………………… 03515
近代科学と聖俗革命（村上陽一郎） …………… 08901
近代科学の源流（伊東俊太郎） ………………… 00781
近代家族のゆくえ（山田昌弘） ………………… 09457
近代化の人間的基礎（大塚久雄） ……………… 01649
近代経済学の解明（杉本栄一） ………………… 04623
近代経済学の群像（都留重人） ………………… 05913
近代芸術（滝口修造） …………………………… 05203
近代国際政治史（神川彦松） …………………… 02403
近代国民国家の憲法構造（樋口陽一） ………… 07345
近代資本主義の系譜（大塚久雄） ……………… 01650
近代社会成立史論（高橋幸八郎） ……………… 05088
近代秀歌（藤原定家） …………………………… 07748
金代女真の研究（三上次男） …………………… 08445
近代進化思想史（八杉竜一） …………………… 09189
近代政治思想の誕生（佐々木毅） ……………… 03877
近代政党史研究（横越英一） …………………… 09657
近代・組織・資本主義（佐藤俊樹） …………… 03974
近代知のアルケオロジー（子安宣邦） ………… 03581
近代中国の政治文化（野村浩一） ……………… 06935
近代地理学の開拓者たち（水津一朗） ………… 04554
近代天皇像の形成（安丸良夫） ………………… 09198
近代読者の成立（前田愛） ……………………… 08092
近代日鮮関係の研究（田保橋潔） ……………… 05575
近代日本外国関係史（田保橋潔） ……………… 05576
近代日本人の宗教意識（山折哲雄） …………… 09311
近代日本造船史（土屋重朗） …………………… 05793
近代日本とキリスト教（久山康） ……………… 03136
近代日本の作家と作品（片岡良一） …………… 02225
近代日本の心情の歴史—流行歌の社会心理史
　（見田宗介） ………………………………… 08517
近代日本の政治家（岡義武） …………………… 01766
近代日本の精神構造（神島二郎） ……………… 02407
近代日本の哲学と実存思想（湯浅泰雄） ……… 09596
近代日本の文明史的位置（加藤周一） ………… 02267
近代日本の民型学（鹿野政直） ………………… 02377
近代日本文学の展開（唐木順三） ……………… 02459
近代日本文学の展望（佐藤春夫） ……………… 03990
近代日本文学のなりたち（瀬沼茂樹） ………… 04880
近代日本文学評論史（土方定一） ……………… 07363
近代日本浪漫主義研究（吉田精一） …………… 09789
「近代」の意味（桜井哲夫） …………………… 03862
近代能楽集（三島由紀夫） ……………………… 08476
近代の政治思想（福田歓一） …………………… 07596
近代の超克（竹内好） …………………………… 05253
近代の超克（知的協力会議） …………………… 05687
近代の超克（花田清輝） ………………………… 07125
〈近代の超克〉論（広松渉） ……………………… 07538

近代の恋愛観（厨川白村） ……………………… 03160
近代の労働観（今村仁司） ……………………… 01056
近代美術（森口多里） …………………………… 09077
近代文学十講（厨川白村） ……………………… 03161
近代文学の傷痕（尾崎秀樹） …………………… 01930
近代文学論争（臼井吉見） ……………………… 01214
近代文芸之研究（島村抱月） …………………… 04342
近代文章論研究（西尾光雄） …………………… 06667
近代法における債権の優越的地位（我妻
　栄） …………………………………………… 09975
近代名家著述目録（堤朝風） …………………… 05819
近代立憲主義と現代国家（樋口陽一） ………… 07346
近代ロシヤ政治思想史—西欧主義とスラブ主
　義（勝田吉太郎） …………………………… 02246
均田茅議（中井履軒） …………………………… 06303
銀と青銅の差（樹下太郎） ……………………… 02887
銀のうさぎ（最上一平） ………………………… 08978
金の経済学（猪俣津南雄） ……………………… 00954
銀の匙（中勘助） ………………………………… 06250
銀のしずく（北海道新聞社会部） ……………… 07981
金の十字架（永井麟太郎） ……………………… 06304
金の棺（網野菊） ………………………………… 00273
金の輪（小川未明） ……………………………… 01854
金髪女の想い出（作者不詳） …………………… 10292
禁秘抄（順徳天皇） ……………………………… 04420
公平法門諍（作者不詳） ………………………… 10293
金門五三桐（並木五瓶（1代）） ………………… 06605
禁野（作者不詳） ………………………………… 10294
金融論（堀内昭義） ……………………………… 08024
金葉和歌集（源俊頼） …………………………… 08600
近来風体抄（二条良基） ………………………… 06749
錦里文集（木下順庵） …………………………… 02880
金鈴（九条武子） ………………………………… 03051

【く】

杭か人か（作者不詳） …………………………… 10295
悔いなき命を（岡田嘉子） ……………………… 01801
食い逃げされてもバイトは雇うな（山田真
　哉） …………………………………………… 09433
QE2世号殺人事件（早乙女貢） ………………… 03757
寓意岬（岡村良通） ……………………………… 01814
空海の風景（司馬遼太郎） ……………………… 04209
空間へ（磯崎新） ………………………………… 00679
空間から場所へ（大城直樹） …………………… 01594
空間から場所へ—地理学的想像力の探求（荒
　山正彦） ……………………………………… 00324
空間〈機能から様相へ〉（原広司） ……………… 07277
空間と時間の数学（田村二郎） ………………… 05595

作品名	番号
空間の行間（磯崎新）	00680
空間の行間（福田和也）	07595
空気頭（藤枝静男）	07642
「空気」の研究（山本七平）	09530
空華集（義堂周信）	02863
空華日用工夫略集（義堂周信）	02864
偶然性と運命（木田元）	02772
偶像再興（和辻哲郎）	10094
ぐうたら人間学（遠藤周作）	01465
空中ブランコ（奥田英朗）	01878
空白の軌跡（後藤正治）	03462
空母艦爆隊（山川新作）	09333
空母信濃の悲劇（正田真吾）	04439
空母翔鶴海戦記（福地周夫）	07617
空母零戦隊（岩井勉）	01070
空母雷撃隊（金沢秀利）	02337
苦役列車（西村賢太）	06727
苦海浄土―わが水俣病（石牟礼道子）	00633
九月の空（高橋三千綱）	05115
愚管抄（慈円）	04117
九鬼周造随筆集（九鬼周造）	03022
釘抜き藤吉覚書（林不忘）	07223
公卿補任（作者不詳）	10296
弘経要義（日輝）	06773
公家新制（作者不詳）	10297
九穴貝（作者不詳）	10298
草筏（外村繁）	06131
草を刈る娘（石坂洋次郎）	00573
岬千里（三好達治）	08782
草薙（作者不詳）	10299
草のつるぎ（野呂邦暢）	06954
草の葉（富田砕花）	06150
草の花（富安風生）	06166
草の花（福永武彦）	07624
茸山伏（作者不詳）	10300
草枕（夏目漱石）	06577
草迷宮（泉鏡花）	00659
くじけないで（柴田トヨ）	04242
公事根源（一条兼良）	00724
閾罪人	10301
旧事大成経（作者不詳）	10302
櫛田民蔵全集（櫛田民蔵）	03045
孔雀船（伊良子清白）	01060
愚者の夜（青野聡）	00040
九十九里浜の連作（伊藤左千夫）	00769
九十二日目の天国（諸井清二）	09132
矩術新書（平内延臣）	07899
九条殿遺誡（藤原師輔）	07816
九条年中行事（藤原師輔）	07817
鯨神（宇能鴻一郎）	01282
鯨工船（間宮茂輔）	08371
クジラとヒトの民族誌（秋道智弥）	00095
鯨の海（小松錬平）	03556
鯨の絵巻（吉村昭）	09847
苦心の学友（佐々木邦）	03872
国栖（作者不詳）	10303
グスコーブドリの伝記（宮沢賢治）	08674
楠三吉の青春（大橋喜一）	01702
楠木正成（直木三十五）	06247
楠の露（観世清廉）	02657
葛の松原（各務支考）	02127
葛花（本居宣長）	08993
久摺日誌（松浦武四郎）	08221
九世戸（観世信光）	02670
駆潜艇22号（吉永康平）	09822
句題和歌（大江千里）	01521
百済史研究（今西竜）	01046
朽木桜（作者不詳）	10304
口真似塚（作者不詳）	10305
朽ちゆく望楼（間宮茂輔）	08372
沓掛時次郎（長谷川伸）	07041
屈折の10代（江幡玲子）	01427
屈折の10代―そのこころと行動（池田美彦）	00464
グッドウィルの研究（高瀬荘太郎）	05025
口伝鈔（覚如）	02145
愚禿鈔（親鸞）	04542
宮内省図書寮漢籍善本書目（神田喜一郎）	02684
邦子（志賀直哉）	04134
国定忠治（子母沢寛）	04379
国盗り物語（司馬遼太郎）	04210
クヌギ林のザワザワ荘（富安陽子）	06167
くノ一忍法帖（山田風太郎）	09447
苦の世界（宇野浩二）	01288
虞美人草（夏目漱石）	06578
首引（作者不詳）	10306
クビライの挑戦（杉山正明）	04640
颶風新話（伊藤君独）	00761
熊坂（作者不詳）	10307
熊野海賊（川村たかし）	02636
くまの子ウーフ（神沢利子）	02655
熊の敷石（堀江敏幸）	08035
熊野の本地（作者不詳）	10308
愚迷発心集（貞慶）	04429
雲霧仁左衛門（池波正太郎）	00468
雲鳥（太田水穂）	01624
雲ながるる果てに（白鴎遺族会）	06982
天衣紛上野初花（河竹黙阿弥）	02584
蜘蛛の糸（芥川龍之介）	00110
クモの糸のミステリー（大崎茂芳）	01576
雲の上の道（深田久弥）	07558
雲のひびき（佐藤紅緑）	03946

雲の墓標(阿川弘之)	00071	黒の試走車(梶山季之)	02197
雲のゆき来(中村真一郎)	06487	黒旗水滸伝(かわぐちかいじ)	02529
雲はなぜ落ちてこないのか(佐藤文隆)	04009	黒旗水滸伝(竹中労)	05311
愚問賢註(頓阿)	06220	黒檜(北原白秋)	02826
愚問賢註(二条良基)	06750	黒部(冠松次郎)	02709
暗い絵(野間宏)	06930	黒ん坊(遠藤周作)	01466
暗い暦(沢地久枝)	04068	クローンは悪魔の科学か(軽部征夫)	02480
暗い流れ(和田芳恵)	10016	桑の実(鈴木三重吉)	04705
暗い波濤(阿川弘之)	00072	軍医たちの戦場(御園生一哉)	08515
くらげの日(草上仁)	03030	軍拡経済の構図(坂井昭夫)	03762
グラッドストン(神川信彦)	02402	軍歌と戦時歌謡大全集(福田俊二)	07599
蔵の中(宇野浩二)	01289	軍歌と戦時歌謡大全集(八巻明彦)	09341
鞍馬出(作者不詳)	10309	軍艦島(阿久井喜孝)	00103
鞍馬天狗(大仏次郎)	01956	軍艦島―海上産業都市に住む(伊藤千行)	00810
鞍馬天狗(宮増)	08733	軍艦長門の生涯(阿川弘之)	00073
鞍馬天狗のおじさんは(竹中労)	05310	軍艦茉莉(安西冬衛)	00376
苦力頭の表情(里村欣三)	04027	軍旗はためく下に(結城昌治)	09604
クリッパンの老人たち スウェーデンの高齢者ケア(外山義)	06185	軍国太平記(保高太平)	05154
栗野岳の主(椋鳩十)	08804	君子訓(貝原益軒)	02107
栗ひろい週間(槇本楠郎)	08141	軍事史(藤原彰)	07727
グリーン車の子供(戸板康二)	05998	郡司大尉(広瀬彦太)	07521
ぐるっと海道五十三次(平上泰正)	07438	群衆の中の芸術家(阿部良雄)	00257
ぐるっと海道五十三次(平上泰史)	07439	群書一覧(尾崎雅嘉)	01935
車僧(作者不詳)	10310	群青(知覧高女なでしこ会)	05711
車のいろは空のいろ(あまんきみこ)	00272	群書備考(村井量令)	08859
廊文章(作者不詳)	10311	群書類従(塙保己一)	07134
くれなゐ(佐多稲子)	03919	軍人勅諭(明治天皇)	08970
くれの廿八日(内田魯庵)	01251	群棲(黒井千次)	03170
呉服(世阿弥)	04760	君台観左右帳記(相阿弥)	04910
クレヨン王国(福永令三)	07631	君台観左右帳記(能阿弥)	06853
黒い雨(井伏鱒二)	00988	君台観左右帳記(作者不詳)	10312
黒い家(貴志祐介)	02750	軍隊社会の研究(広江源三郎)	07502
黯い潮(井上靖)	00927	軍閥興亡史(伊藤正徳)	00826
黒い海への訪問者(丸山健二)	08393	軍法会議(花園一郎)	07123
黒い影(阿部知二)	00244	群馬県岩宿発見の石器文化(杉原荘介)	04615
黒い画集(松本清張)	08321	軍務局長武藤章回想録(武藤章)	08838
黒い御飯(永井龍男)	06284	訓蒙 窮理図解(福沢諭吉)	07579
黒いトランク(鮎川哲也)	00281	軍用記(伊勢貞丈)	00676
黒い福音(松本清張)	08322		
黒髪(鈴木三重吉)	04704		
黒髪(近松秋江)	05653	**【け】**	
黒潮回帰(吉田一穂)	09758		
黒潮鬼(角田喜久雄)	05838	ケアの社会学(上野千鶴子)	01178
黒汐反流奇譚(矢代嘉春)	09172	慶安の御触書(江戸幕府)	01410
クロスファイア(宮部みゆき)	08723	慶運法印集(慶運)	03233
黒谷上人語灯録(道光)	06023	経営経済学(中西寅雄)	06405
黒蜥蜴(江戸川乱歩)	01401	経営経済学序論(増地庸治郎)	08194
黒蜥蜴(広津柳浪)	07535	経営経済学の成立(佐々木吉郎)	03870
黒蜥蜴(三島由紀夫)	08477	桂園一枝(香川景樹)	02128
黒ねこサンゴロウ(竹下文子)	05269	桂園一枝拾遺(香川景樹)	02129

景観から歴史を読む(足利健亮)	00173	計算の効率化とその限界(伊理正夫)	01061
閨鬼(龍胆寺雄)	09948	鯨志(山瀬春政)	09419
景気循環の理論(大滝雅之)	01633	鯨史稿(大槻清準)	01656
景教の研究(佐伯好郎)	03752	警視庁草紙(山田風太郎)	09448
荊棘の路(相馬泰三)	04930	慶州金冠塚と其遺宝(梅原末治)	01328
瓊玉和歌集(宗尊親王)	08846	慶州金冠塚と其遺宝(浜田耕作)	07170
経国集(良岑安世)	09845	慶州は母の呼び声(森崎和江)	09080
経国美談(矢野龍渓)	09281	芸術と実生活(平野謙)	07472
稽古談(海保青陵)	02117	芸術とはなにか(福田恒存)	07601
敬語と敬語意識(国立国語研究所)	03390	芸術に関する走り書の覚え書(中野重治)	06423
経済安全保障論(船橋洋一)	07864	芸術の無限感(中村彝)	06498
経済学を学ぶ(岩田規久男)	01093	芸術・歴史・人間(本多秋五)	08063
経済学史概要(舞出長五郎)	08083	芸術論(蔵原惟人)	03147
経済学新講(高田保馬)	05037	傾城浅間岳(中村七三郎)	06485
経済学大綱(河上肇)	02509	傾城阿波の鳴門(近松半二)	05660
経済学とは何だろうか(佐和隆光)	04056	けいせい色三味線(江島其磧)	01379
経済学の生誕(内田義彦)	01247	傾城色三味線(江島其磧)	01380
経済学文献大鑑(大阪商科大学経済研究所)	01574	傾城買二筋道(梅暮里谷峨)	01335
		傾城禁短気(江島其磧)	01381
経済学方法論(宇野弘蔵)	01295	傾城反魂香(近松門左衛門)	05664
経済学はむずかしくない(都留重人)	05914	経世秘策(本多利明)	08073
経済危機の波動(水谷研治)	08496	傾城仏の原(近松門左衛門)	05665
経済原論(天野為之)	00265	傾城壬生大念仏(近松門左衛門)	05666
経済原論(宇野弘蔵)	01296	経籍訪古志(森立之)	09068
経済システムの進化と多元性(青木昌彦)	00029	渓仙八十一話(富田渓仙)	06146
経済思想(八木紀一郎)	09151	鶏鼠物語(作者不詳)	10313
経済実相報告書(経済安定本部)	03237	啓太の選択(坂上弘)	03790
経済進化論(田添鉄二)	05373	閨中膝磨毛(吾妻男一丁)	00185
経済頭脳を持っているか(長谷川慶太郎)	07023	慶長見聞集(三浦浄心)	08418
経済政策論(宇野弘蔵)	01297	啓迪集(曲直瀬道三)	08363
経済対立は誰が起こすのか(野口旭)	06869	鶏頭(高浜虚子)	05133
経済ってそういうことだったのか会議(佐藤雅彦)	04010	系統的教育学(吉田熊次)	09771
		Kの昇天(梶井基次郎)	02179
経済ってそういうことだったのか会議(竹中平蔵)	05312	啓発録(橋本左内)	06996
		刑法講義(滝川幸辰)	05202
経済的自由主義(岡田与好)	01793	刑法大綱(宮本英修)	08740
経済哲学の諸問題(左右田喜一郎)	04919	渓嵐拾葉集(光宗)	03320
経済のことよくわからないまま社会人になってしまった人へ(池上彰)	00445	難立の江(作者不詳)	10314
		経録研究(林屋友次郎)	07253
経済のための線型数学(二階堂副包)	06650	ケインズ(伊東光晴)	00835
経済のニュースが面白いほどわかる本・日本経済編(細野真宏)	07973	下界の眺め(武田麟太郎)	05301
		外科室(泉鏡花)	00660
経済放言(本多利明)	08072	汚れつちまつた悲しみに…(中原中也)	06452
経済要録(佐藤信淵)	03976	ケガレの構造(波平恵美子)	06614
経済倫理学のすすめ(竹内靖雄)	05247	劇的なる日本人(山崎正和)	09390
経済録(太宰春台)	05360	激闘重巡摩耶(池田清)	00457
経済論(高橋是清)	05090	激動の中を行く(与謝野晶子)	09698
計算機科学の発想(紀華彦)	02876	外記日記(作者不詳)	10315
計算機歴史物語(内山昭)	01266	激浪(山口誓子)	09353
計算数学夜話—数値で学ぶ高等数学(森口繁一)	09076	ゲゲゲの女房(武良布枝)	08851
		下下戦記(吉田司)	09795

下剋上の文学 (佐竹昭広)	03924	元久詩歌合 (藤原良経)	07823
華厳 (川端茅舎)	02604	玄玉和歌集 (作者不詳)	10317
戯財録 (入我亭我入)	06818	言語四種論 (鈴木朖)	04648
戯作三昧 (芥川龍之介)	00111	玄々集 (能因)	06855
今朝太郎渡世旅 (古山高麗雄)	07896	蹇蹇録 (陸奥宗光)	08837
ケースマネージメントの理論と実際 (白沢政和)	04493	玄語 (三浦梅園)	08427
外題年鑑 (一楽子)	00737	賢劫経 (作者不詳)	10318
結核の文化史 (福田真人)	07613	元寇紀略 (大橋訥庵)	01704
月下の一群 (堀口大学)	08040	元亨釈書 (虎関師錬)	03381
月下の俘虜 (平畑静塔)	07485	剣豪将軍義輝 (宮本昌孝)	08755
月宮殿 (作者不詳)	10316	元寇の新研究 (池内宏)	00440
月詣和歌集 (賀茂重保)	02430	剣工秘伝志 (水心子正秀)	04553
月光抄 (桂信子)	02251	剣豪秘話 (流泉小史)	09947
月光とピエロ (堀口大学)	08041	兼好法師家集 (吉田兼好)	09776
月光の夏 (毛利恒之)	08976	言語学概論 (神保格)	04530
結婚式 (森瑤子)	09065	言語ゲームと社会理論 (橋爪大三郎)	06989
結婚の資格 (藤原審爾)	07762	言語・知覚・世界 (大森荘蔵)	01740
結婚の生態 (石川達三)	00549	原語による台湾高砂族伝説集 (浅井恵倫)	00133
結婚のとき (平岩弓枝)	07425	原語による台湾高砂族伝説集 (小川尚義)	01847
結婚まで (滝井孝作)	05194	言語の本質 (鶴見俊輔)	05922
月舟俳句集 (原月舟)	07265	乾坤之巻 (作者不詳)	10319
決戦・日本シリーズ (かんべむさし)	02706	乾坤の夢 (津本陽)	05904
血族 (山口瞳)	09359	乾坤弁説 (沢野忠庵)	04071
決定版雪崩学—雪山サバイバル 最新研究と事故分析 (北海道雪崩事故防止研究会)	07985	兼載雑談 (猪苗代兼載)	00865
		現在七面 (作者不詳)	10320
月斗翁句抄 (青木月斗)	00015	元雑劇研究 (吉川幸次郎)	09741
ゲーデルの謎を解く (林晋)	07208	原子核 (野上茂吉郎)	06861
下天は夢か (津本陽)	05903	幻詩狩り (川又千秋)	02632
毛抜 (津内半十郎)	05726	源氏供養	10321
ケネーからスラッファへ (菱山泉)	07365	元始、女性は太陽であった (平塚らいてう)	07468
ゲノムと進化 (斎藤成也)	03698	言志四録 (佐藤一斎)	03934
毛吹草 (松江重頼)	08227	検事総長の回想 (伊藤栄樹)	00773
煙か土か食い物 (舞城王太郎)	08085	幻視のなかの政治 (埴谷雄高)	07144
けものたちは故郷をめざす (安部公房)	00223	原始仏教の実践哲学 (和辻哲郎)	10095
けものの眠り (菊村到)	02738	原子物理学 (野上茂吉郎)	06862
蹴りたい背中 (綿矢りさ)	10091	源氏物語 (紫式部)	08909
眩暈を鎮めるもの (上田三四二)	01174	源氏物語一面 (寺田透)	05965
源叔父 (国木田独歩)	03074	源氏物語現代語訳 (円地文子)	01447
幻化 (梅崎春生)	01319	源氏物語湖月抄 (北村季吟)	02839
懸崖 (菱山修三)	07367	源氏物語殺人事件 (岡田鯱彦)	01785
言海 (大槻文彦)	01659	源氏物語大成 (池田亀鑑)	00454
限界芸術論 (鶴見俊輔)	05921	源氏物語玉の小櫛 (本居宣長)	08994
顕戒論 (最澄)	03668	拳銃 (三浦哲郎)	08422
玄鶴山房 (芥川龍之介)	00112	幻住庵記 (松尾芭蕉)	08232
剣客春秋 (鳥羽亮)	06137	幻獣変化 (夢枕獏)	09637
剣客商売 (池波正太郎)	00469	厳粛な綱渡り (大江健三郎)	01504
幻覚の地平線 (田中光二)	05452	絃上 (金剛彌五郎)	03604
蒹葭堂日記 (木村蒹葭堂)	02922	現象学 (木田元)	02773
献可録 (室鳩巣)	08947	現象学叙説 (山内得立)	09296
玄関風呂 (尾崎一雄)	01914	〈検証〉大学の冒険 (日垣隆)	07318
		幻色江戸ごよみ (宮部みゆき)	08724

作品名	番号
原色の街(吉行淳之介)	09892
原子力船「むつ」虚構の航跡(倉沢治雄)	03140
原子力の社会史(吉岡斉)	09727
原子炉の蟹(長井彬)	06255
元帥加藤友三郎伝(伝記編纂会)	05981
源水洋行日記(松井源水)	08209
憲政の本義を説いて其有終の美を済すの途を論ず(吉野作造)	09828
建設崩壊(山崎裕司)	09388
建設列車(木内高音)	02714
原泉(荻原井泉水)	01871
幻想の未来(筒井康隆)	05810
現存和歌六帖(後嵯峨院)	03399
現代アフリカの紛争と国家(武内進一)	05239
現代イデオロギー(日高六郎)	07372
現代を歩く(児玉隆也)	03451
現代を読み解く倫理学(加藤尚武)	02297
現代科学をどうとらえるか(坂本賢三)	03824
現代官僚論(松本清張)	08323
現代企業論入門(宮崎義一)	08667
現代技術と政治(武谷三男)	05305
現代技術と政治—核ミサイル・先端技術・エコロジー(星野芳郎)	07951
現代基本権の展開(小林直樹)	03510
現代教育課程入門(山田栄)	09431
現代教育の思想と構造(堀尾輝久)	08037
現代金権史(山路愛山)	09401
現代経済学の名著(佐和隆光)	04057
現代経済の現実(伊東光晴)	00836
現代憲政評論(美濃部達吉)	08612
現代建築・アウシュヴィッツ以後(飯島洋一)	00399
現代考古学(安斎正人)	00377
現代国家と司法権(佐藤幸治)	03943
現代国家批判(長谷川如是閑)	07057
現代〈子ども〉暴力論(芹沢俊介)	04893
現代語の語彙調査・総合雑誌の用語(国立国語研究所)	03391
現代史への試み(唐木順三)	02460
現代思想(清水幾太郎)	04347
現代思想を読む事典(今村仁司)	01057
現代思想事典(清水幾太郎)	04348
現代思想のキイ・ワード(今村仁司)	01058
現代児童福祉論(柏女霊峰)	02209
現代支那論(尾崎秀実)	01934
現代詩の研究(白鳥省吾)	04501
現代史の中で考える(高坂正堯)	03313
現代詩の流域(壺井繁治)	05870
現代資本主義における所有と決定(北原勇)	02819
現代社会学の名著(杉山光信)	04642
現代社会主義と世界資本主義(岩田弘)	01099
現代社会の理論(見田宗介)	08518
現代住宅研究(塚本由晴)	05736
現代住宅研究(西沢大良)	06693
現代人権論(芦部信喜)	00176
現代人はどこからきたか(馬場悠男)	07154
現代数学への招待(志賀浩二)	04127
現代数学概説Ⅱ(河田敬義)	02576
現代数学概説Ⅱ(三村征雄)	08619
現代政治学の名著(佐々木毅)	03878
現代政治の思想と行動(丸山真男)	08399
現代大都市論(奥井復太郎)	01875
現代たばこ戦争(伊佐山芳郎)	00484
現代中国論(竹内好)	05254
現代哲学(古在由重)	03396
現代哲学事典(市川浩)	00715
現代哲学事典(山崎正一)	09389
現代読書法(田中菊雄)	05440
現代日本教会史論(山路愛山)	09402
現代日本金融論(鈴木淑夫)	04715
現代日本経済論(奥村洋彦)	01895
現代日本経済論(吉冨勝)	09820
現代日本研究(猪俣津南雄)	00955
現代日本財政史(鈴木武雄)	04678
現代日本の教育(村井実)	08855
現代日本の思想(久野収)	03088
現代日本の思想(鶴見俊輔)	05923
現代日本の政治を読む(渡辺治)	10028
現代日本の政党と政治(升味準之輔)	08196
現代日本の政党と選挙(高畠通敏)	05125
現代日本文学序説(唐木順三)	02461
現代日本名山図会(三宅修)	08636
現代の企業(青木昌彦)	00030
現代の障害者福祉(定藤丈弘)	03928
現代俳句論(水原秋桜子)	08511
現代東アジア国際環境の誕生(関寛治)	04855
源太夫(金春禅竹)	03635
現代フランス経済論(長部重康)	01950
現代文学覚え書(山本健吉)	09517
現代文学鑑賞原論(湯地孝)	09632
現代文学にあらはれた知識人の肖像(亀井勝一郎)	02419
現代文学論(窪川鶴次郎)	03098
現代民俗学入門(佐野賢治)	04034
幻談(幸田露伴)	03336
建築学大系(伊藤滋)	00774
建築設計資料集成「総合編」(日本建築学会)	06802
建築零年(鈴木了二)	04719
建築と都市—デザインおぼえがき(丹下健三)	05646

建築と破壊（飯島洋一）	00400
建築における「日本的なもの」（磯崎新）	00681
建築の解体―1968年の建築情況（磯崎新）	00682
建築の世紀末（鈴木博之）	04694
建築の生産とシステム（内田祥哉）	01246
建築の滅亡（川添登）	02561
建築非芸術論（野田俊彦）	06914
建築様式論叢（板垣鷹穂）	00696
建築様式論叢（堀口捨己）	08039
顕註密勘（藤原定家）	07749
県庁おもてなし課（有川浩）	00329
元朝秘史（岩村忍）	01121
舷梯（中条明）	06371
原点が存在する（谷川雁）	05525
剣と十字架（竹山道雄）	05342
建内記（万里小路時房）	08359
元和航海書（池田好運）	00458
原爆の子（長田新）	01938
元服曽我（宮増）	08734
見物左衛門（作者不詳）	10322
源平盛衰記（作者不詳）	10323
源平雷伝記（市川団十郎（1代））	00712
憲法遺言（金森徳次郎）	02339
「憲法改正」批判（渡辺治）	10029
憲法学のフロンティア（長谷部恭男）	07074
憲法義解（伊藤博文）	00820
憲法撮要（美濃部達吉）	08613
玄峰集（服部嵐雪）	07117
憲法随則（金森徳次郎）	02340
憲法訴訟の理論（芦部信喜）	00177
憲法提要（穂積八束）	07959
憲法の思惟（蟻川恒正）	00328
憲法読本（金森徳次郎）	02341
憲法と宗教制度（大石眞（法学））	01498
憲法と天皇制（横田耕一）	09661
憲法と私たち（憲法問題研究会）	03258
憲法の原理（宮沢俊義）	08683
憲法の原理と国家の論理（影山日出弥）	02153
玄朴と長英（真山青果）	08376
建武式目（室町幕府）	08960
建武年中行事（後醍醐天皇）	03447
幻夢物語（作者不詳）	10324
見聞談叢（伊藤梅宇）	00817
原野から見た山（坂本直行）	03830
絢爛たる影絵（高橋治）	05063
権利侵害論（末川博）	04556
源流茶話（藪内紹智）	09290
建礼門院右京大夫集（建礼門院右京大夫）	03259
鈴録（荻生徂徠）	01863
元禄快挙別録（三田村鳶魚）	08525
元禄世相志（斎藤隆三）	03729
元禄忠臣蔵（真山青果）	08377
剣は知っていた（柴田錬三郎）	04248

【こ】

小敦盛（作者不詳）	10325
鯉（井伏鱒二）	00989
恋（小池真理子）	03267
五意考（賀茂真淵）	02440
恋衣（与謝野晶子）	09699
恋路ゆかしき大将（作者不詳）	10326
恋塚物語（作者不詳）	10327
恋空―切ナイ恋物語（美嘉）	08435
恋と牢獄（江口渙）	01362
恋女房染分手綱（三好松洛）	08780
恋女房染分手綱（吉田冠子）	09769
鯉沼家の悲劇（宮野村子）	08717
恋重荷（世阿弥）	04761
恋の涯（津本陽）	05905
恋人たちの森（森茉莉）	09064
恋文（連城三紀彦）	09963
小祝の一家（宮本百合子）	08758
コインロッカー・ベイビーズ（村上龍）	08904
GO（金城一紀）	02372
航（網淵謙錠）	05826
弘安礼節（一条内経）	00721
行為の代数学（大沢真幸）	01581
項羽（世阿弥）	04762
項羽と劉邦（司馬遼太郎）	04211
項羽と劉邦（長与善郎）	06545
耕雲口伝（藤原長親）	07794
行雲流水（大町桂月）	01727
広益国産考（大蔵永常）	01564
高円寺純情商店街（ねじめ正一）	06850
甲乙丙丁（中野重治）	06424
号外（国木田独歩）	03075
航海日記（村垣淡叟）	08861
香会余談（空華庵忍慨）	03016
耕稼春秋（土屋又三郎）	05801
甲賀忍法帖（山田風太郎）	09449
黄河の水（鳥山喜一）	06217
強姦願望の女（作者不詳）	10328
江漢西遊日記（司馬江漢）	04196
号泣する準備はできていた（江国香織）	01371
興業意見（前田正名）	08099
公共事業と環境の価値（栗山浩一）	03163
工業地域の変動（竹内淳彦）	05225
公共哲学からの応答―3・11の衝撃の後で（山脇直司）	09588

こうきよく　　　　　作品名索引

紅玉（木下利玄）	02891
皇居年表（裏松光世）	01339
業苦（嘉村礒多）	02417
〈航空宇宙軍史〉シリーズ（谷甲州）	05518
航空技術の全貌（岡村純）	01809
香華（有吉佐和子）	00359
工芸の道（柳宗悦）	09225
江家次第（大江匡房）	01523
考現学（今和次郎）	03599
考現学採集（今和次郎）	03600
考現学採集（吉田謙吉）	09774
考現学入門（今和次郎）	03601
考古学を考える（藤本強）	07710
考古学調査研究ハンドブックス（岩崎卓也）	01080
考古学入門（鈴木公雄）	04653
考古学入門（浜田耕作）	07171
考古学による日本歴史（大塚初重）	01643
考古学のための化学10章（富永健）	06160
考古学のための化学10章（馬淵久夫）	08364
興国策（江藤新平）	01395
恍惚の人（有吉佐和子）	00360
口語法調査報告書（文部省国語調査委員会）	09147
好古類纂（東京好古社）	06007
耕筰楽話（山田耕筰）	09429
講座国際政治（山本吉宣）	09582
講座社会福祉2 社会福祉の歴史（一番ヶ瀬康子）	00730
講座社会福祉2 社会福祉の歴史（髙島進）	05020
講座 生涯発達心理学第1巻 生涯発達心理学とは何か―理論と方法（無藤隆）	08840
講座 生涯発達心理学第1巻 生涯発達心理学とは何か―理論と方法（やまだようこ）	09462
講座 前近代の天皇（永原慶二）	06446
高山深谷（日本山岳会）	06807
柑子（作者不詳）	10329
孔子（井上靖）	00928
高志（木俣修）	02912
広辞苑（新村出）	04534
高次元経営（鎌田勝）	02396
孔子縞于時藍染（山東京伝）	04090
柑子俵（作者不詳）	10330
公爵桂太郎伝（德富蘇峰）	06081
公爵山県有朋伝（德富蘇峰）	06082
強情いちご（田岡典夫）	04966
荒城の月（土井晩翠）	05993
皇女和の宮（川口松太郎）	02531
好色一代男（井原西鶴）	00966
好色一代女（井原西鶴）	00967
好色訓蒙図彙（吉田半兵衛）	09807
好色五人女（井原西鶴）	00968
好色重宝記（吉田半兵衛）	09808
好色敗毒散（夜食時分）	09166
好色文伝受（由之軒政房）	09613
好書故事（近藤守重）	03620
孝女白菊の歌（落合直文）	02004
幸四郎の見果てぬ夢（松本幸四郎）	08309
幸四郎の見果てぬ夢（水落潔）	08489
紅塵（正宗白鳥）	08169
行人（夏目漱石）	06579
興信所（露木まさひろ）	05911
洪水と治水の河川史（大熊孝）	01560
洪水は我が魂に及び（大江健三郎）	01505
後世への最大遺物（内村鑑三）	01259
更生記（佐藤春夫）	03991
厚生新編（髙橋景保）	05067
公正なる小作料（那須晧）	06559
航西日誌（堀田善衞）	07991
更正日本の門出（石橋湛山）	00602
航跡 ロシア船笠戸丸（藤崎康夫）	07653
巷説百物語（京極夏彦）	02957
興禅護国論（栄西）	01349
構造と力（浅田彰）	00150
高層の死角（森村誠一）	09118
構想力の論理（三木清）	08447
荒村遺稿（松岡荒村）	08238
江談抄（大江匡房）	01524
江談抄（藤原実兼）	07758
巷談本牧亭（安藤鶴夫）	00383
皇朝史略（青山延于）	00044
交通学の生成（青永裕治）	06165
交通市場政策の構造（斎藤峻彦）	03694
皇帝（観世信光）	02671
皇帝のいない八月（小林久三）	03493
荒天（鈴木六林男）	04712
慊堂遺文（松崎復）	08246
弘道館記（藤田東湖）	07684
弘道館記述義（藤田東湖）	07685
香道軌範（蜂谷宗悟）	07105
行動建築論（黒川紀章）	03190
高等小学校の研究（野口援太郎）	06876
香道秘伝書（建部隆勝）	05332
香道蘭の園（菊岡沾凉）	02718
高度成長の時代（香西泰）	03305
高度選択社会（林雄二郎）	07239
江南春（青木正児）	00033
広日本文典（大槻文彦）	01660
高熱隧道（吉村昭）	09848
荒廃の夏（井上光晴）	00918
紅白梅（中村汀女）	06499
坑夫（宮島資夫）	08692

作品	番号
幸福（宇野千代）	01302
幸福な朝食（乃南アサ）	06922
幸福の限界（石川達三）	00550
幸福者（武者小路実篤）	08820
広文庫（物集高見）	08983
航米日録（玉虫左太夫）	05583
弘法大師一巻之書（作者不詳）	10331
幸木（半田良平）	07305
稿本帝国美術略史（岡倉天心）	01768
校本万葉集（佐佐木信綱）	03890
孝明天皇紀（宮内省）	03065
紅毛雑話（森島中良）	09088
紅毛談（後藤梨春）	03468
講孟余話（吉田松陰）	09787
拷問を耐える歌（田木繁）	05190
曠野（堀辰雄）	08010
公害原論（宇井純）	01137
菁莢煉（作者不詳）	10332
高安犬物語（戸川幸夫）	06053
曠野の花（石光真清）	00627
荒野の娘（佐藤惣之助）	03964
高野版の研究（水原堯栄）	08509
高野聖（泉鏡花）	00661
高野物狂（世阿弥）	04763
かういふ女（平林たい子）	07486
甲陽軍鑑（高坂昌信）	03319
黄葉夕陽村舎詩（菅茶山）	02646
黄落（佐江衆一）	03733
強力伝（新田次郎）	06782
江吏部集（大江匡衡）	01522
高齢化社会の設計（古川俊之）	07888
高齢者ケア先進地域をゆく―全国27実践事例（福永哲也）	07630
幸若舞曲集（笹野堅）	03907
皇和通暦（中根元圭）	06410
護衛なき輸送船団（神波賀人）	03359
声に出して読みたい日本語（斎藤孝）	03693
声の網（星新一）	07935
故園の書（吉田一穂）	09759
古往来についての研究（石川謙）	00515
子を貸し屋（宇野浩二）	01290
小落窪（作者不詳）	10333
子をつれて（葛西善蔵）	02162
古学答問録（長野義言）	06440
木かげの家の小人たち（いぬいとみこ）	00871
小鍛冶（作者不詳）	10334
古活字版之研究（川瀬一馬）	02559
こがね丸（巌谷小波）	01127
こがね虫（金子光晴）	02364
古画備考（朝岡興禎）	00144
木枯し紋次郎（笹沢左保）	03903
子ぎつね（斎田喬）	03666
五畿内志（関祖衡）	04850
五畿内志（並河誠所）	06602
故旧忘れ得べき（高見順）	05146
〈Co cu〉のなげき（武林無想庵）	05318
古京遺文（狩谷棭斎）	02477
古今秘註抄（藤原定家）	07750
古今和歌集（紀友則）	02875
古今和歌集序（紀貫之）	02871
古今和歌集抄（尾上柴舟）	02034
古今和歌六帖（作者不詳）	10335
国意考（賀茂真淵）	02441
黒衣聖母（日夏耿之介）	07390
虚空遍歴（山本周五郎）	09539
国学者伝記集成（上田万年）	01155
国学者伝記集成（芳賀矢一）	06962
国学の研究（河野省三）	03361
黒鯨記（神坂次郎）	03308
国語音韻史の研究（有坂秀世）	00333
国語音韻の研究（橋本進吉）	07000
国語音韻論（金田一京助）	03000
国語学概論（橋本進吉）	07001
国語学原論（時枝誠記）	06061
国語学史（山田孝雄）	09464
国語学書目解題（赤堀又次郎）	00062
刻々（宮本百合子）	08759
国語史序説（安藤正次）	00384
国語入試問題必勝法（清水義範）	04368
国語のため（上田万年）	01156
国語法研究（橋本進吉）	07002
国際安全保障論（吉田元）	
国際関係研究（川田侃）	02572
国際関係論（衛藤瀋吉）	01394
国際機構入門（横田洋三）	09668
国際収支不均衡下の金融政策（植田和男）	01154
国際政治（高坂正堯）	03314
国際政治（日本国際政治学会）	06806
国際政治下の近代日本（宮地正人）	08714
国際政治経済学をめざして（川田侃）	02573
国際通貨危機（加瀬正一）	02212
国際的相互依存（山本吉宣）	09583
国際農業開発論（増田万孝）	08193
国際平和と協力入門（神余隆博）	04539
国際法（横田喜三郎）	09660
国際法学大綱（田岡良一）	04969
国史眼（重野安釋）	04156
黒死館殺人事件（小栗虫太郎）	01910
国史上の社会問題（三浦周行）	08430
国史大系（田口卯吉）	05213
国史と民俗学（柳田国男）	09243
国史における協同体の研究（和歌森太郎）	09983

こくしのけ　　　作品名索引

国史の研究（黒板勝美）	03174
国書逸文（和田英松）	10013
国書解題（佐村八郎）	04049
国書総目録（岩波書店）	01100
国史略（岩垣松苗）	01075
国是三論（横井小楠）	09646
国性爺合戦（近松門左衛門）	05667
国体観念の史的研究（河野省三）	03362
国体新論（加藤弘之）	02305
国体に対する疑惑（里見岸雄）	04020
国体の本義（文部省）	09140
国体論及び純正社会主義（北一輝）	02769
黒潮（徳冨蘆花）	06091
国土政策と地域政策（矢田俊文）	09205
告白（湊かなえ）	08578
国文学概論（折口信夫）	02055
国文学史講話（藤岡作太郎）	07644
国文学史十講（芳賀矢一）	06963
国文学全史　平安朝篇（藤岡作太郎）	07645
国分寺の研究（角田文衛）	05552
哭壁（丹羽文雄）	06827
国民教育学（矢代徳光）	09150
国民経済講話（福田徳三）	07607
国民国家とナショナリズム（谷川稔）	05536
国民主権と国民代表制（杉原泰雄）	04617
国民性十論（芳賀矢一）	06964
国民的悲劇の発生（茅原廉太郎）	02451
国民道徳要領（明治教育社）	08967
国民内閣制の理念と運用（高橋和之）	05077
国民のための経済原論（小室直樹）	03572
国民文学論（竹内好）	02555
獄門島（横溝正史）	09669
極楽船の人びと（吉田知子）	09805
極楽とんぼ（里見弴）	04022
小暮写真館（宮部みゆき）	08725
焦茶色のパステル（岡嶋二人）	01778
湖月抄（北村季吟）	02840
苔の衣（作者不詳）	10336
五元集（宝井其角）	05183
小督（金春禅竹）	03636
孤高の人（新田次郎）	06783
古語拾遺（斎部広成）	01135
ココス島奇譚（鶴見良行）	05931
午後の曳航（三島由紀夫）	08478
ここまで「気がきく人」（山形琢也）	09324
こころ（小泉八雲）	03286
こころ（夏目漱石）	06580
心を整える。（長谷部誠）	07073
心とは何か（吉本隆明）	09870
心にしみる天才の逸話20（山田大隆）	09444
心に太陽を持て（山本有三）	09570

心に残るとっておきの話（潮文社編集部）	05710
心の起源（木下清一郎）	02885
「心のブレーキ」の外し方（石井裕之）	00500
試みの岸（小川国夫）	01842
古今夷曲集（生白堂行風）	04834
古今算法記（沢口一之）	04061
古今著聞集（橘成季）	05397
古今要覧稿（屋代弘賢）	09169
古今琉歌集（小那覇舜親）	02014
五山文学全集（上村観光）	02410
腰祈（作者不詳）	10337
古事記（太安万侶）	01692
古事記（稗田阿礼）	07316
古事記及び日本書紀の研究（津田左右吉）	05773
古事記及び日本書紀の新研究（津田左右吉）	05774
古事記説話群の研究（武田祐吉）	05295
乞食大将（大仏次郎）	01957
古事記伝（本居宣長）	08995
古事記灯（富士谷御杖）	07698
古事記の世界（西郷信綱）	03659
小式部（作者不詳）	10338
古事記物語（鈴木三重吉）	04706
腰越（作者不詳）	10339
古寺巡礼（和辻哲郎）	10096
古史成文（平田篤胤）	07451
古事談（源顕兼）	08589
古史徴（平田篤胤）	07452
古史通（新井白石）	00292
故実叢書（今泉定介）	01021
古史伝（平田篤胤）	07453
小柴垣草子（作者不詳）	10340
小島烏水（近藤信行）	03610
腰巻お仙・振袖火事の巻（唐十郎）	02454
児島襄戦史著作集（児島襄）	03424
コシヤマイン記（鶴田知也）	05918
孤舟（渡辺淳一）	10047
「51C」家族を容れるハコの戦後と現在（鈴木成文）	04662
五十一番目のザボン（与田凖一）	09906
後拾遺和歌集（藤原通俊）	07806
孤愁の岸（杉本苑子）	04628
五重塔（幸田露伴）	03337
湖沼の研究（田中阿歌麿）	05430
御請来目録（空海）	03004
湖処子詩集（宮崎湖処子）	08661
古事類苑（神宮司庁）	04514
古人骨は語る（片山一道）	02228
個人主義の運命（作田啓一）	03847
個人的な体験（大江健三郎）	01506
湖水の女（鈴木三重吉）	04707

作品名索引　　　　　　　　ことはとこ

ゴー・ストップ (貴司山治)	02748
御成敗式目 (鎌倉幕府)	02392
後撰夷曲集 (生白堂行風)	04835
五千年前のシュルレアリスム思潮 (小野山節)	02042
後撰和歌集 (大中臣能宣)	01669
後撰和歌集 (源順)	08594
小僧の神様 (志賀直哉)	04135
小袖曽我 (作者不詳)	10341
古代殷帝国 (貝塚茂樹)	02094
古代王権の展開 (吉村武彦)	09862
古代を考える 古墳 (白石太一郎)	04486
古代学序説 (角田文衞)	05853
古代感愛集 (折口信夫)	02056
古代研究 (折口信夫)	02057
古代史疑 (松本清張)	08324
古代支那研究 (小島祐馬)	01980
古代史復元 (佐原真)	04044
古代史復元 (田中琢)	05484
古代社会の構造 (渡部義通)	10086
古代人骨の研究に基づく日本人種論 (清野謙次)	02981
五代宋初の通貨問題 (宮崎市定)	08655
古代中国と倭族 (鳥越憲三郎)	06214
五代帝王物語 (作者不詳)	10342
五大堂 (田沢稲舟)	05365
古代日本を発掘する (坪井清足)	05858
五体不満足 (乙武洋匡)	02013
碁太平記白石噺 (紀上太郎)	02869
古代北方系文物の研究 (梅原末治)	01329
五代目山口組 (溝口敦)	08514
五大力恋緘 (並木五瓶 (1代))	06606
古代緑地 (吉田一穂)	09760
古代ローマ帝国―その支配の実像 (吉村忠典)	09866
ゴータマ・ブッダ (中村元)	06507
コタンの口笛 (石森延男)	00639
コチャバンバ行き (永川龍男)	06285
胡蝶 (観世小次郎)	02660
蝴蝶 (山田美妙)	09440
胡蝶物語 (曲亭馬琴)	02970
こちら東支那海 (浜崎正幸)	07168
コーチング・マネジメント (伊藤守)	00833
国家悪 (大熊信行)	01561
国家構造論 (尾高朝雄)	01996
国家作用の理論 (清宮四郎)	02986
国家神道 (村上重良)	08875
国歌大観 (松下大三郎)	08256
国歌大観 (渡辺文雄)	10077
国家哲学 (三谷隆正)	08521
国家と宗教―ヨーロッパ精神史の研究 (南原繁)	06630
国家の自衛権と国民の自衛権 (長谷川正安)	07064
国家の胎生及び発達 (五十嵐力)	00422
国家の品格 (藤原正彦)	07803
国家の論理と企業の論理 (寺島実郎)	05962
国歌八論 (荷田在満)	02216
国家民営化論 (笠井潔)	02158
骨川に行く (森内俊雄)	09069
谷響集 (夢窓疎石)	08830
国境の海 (杉浦明平)	04597
国境の越え方 (西川長夫)	06685
国境の夜 (秋田雨雀)	00087
コックピットのひとりごと (村上由香)	08898
国憲汎論 (小野梓)	02018
骨董集 (山東京伝)	04091
小繋事件 (戒能通孝)	02104
刻白爾天文図解 (司馬江漢)	04197
ゴッホの手紙 (小林秀雄)	03516
湖笛 (水上勉)	08568
古典外交の成熟と崩壊 (高坂正堯)	03315
御伝鈔 (覚如)	02146
御殿女中 (三田村鳶魚)	08526
古典と現代文学 (山本健吉)	09518
古典の影 (西郷信綱)	03660
古典の批判的処置に関する研究 (池田亀鑑)	00455
古点本の国語学的研究 (中田祝夫)	06382
古典落語 志ん生集 (古今亭志ん生)	03394
古都 (川端康成)	02612
孤島 (石原慎太郎)	00619
後藤新平 (北岡伸一)	02793
後藤新平 (鶴見祐輔)	05928
鼓銅図録 (丹羽ई国)	06834
鼓銅図録 (増田綱)	08183
古道大意 (平田篤胤)	07454
孤島の野犬 (椋鳩十)	08805
悟道弁 (平田篤胤)	07455
孤島夢 (島尾敏雄)	04269
孤独なアスファルト (藤村正太)	07704
孤独な細胞外マトリックス (坂倉照好)	03811
孤独の人 (藤島泰輔)	07667
琴後集 (村田春海)	08918
後鳥羽院 (保田与重郎)	09194
後鳥羽院御集 (後鳥羽院)	03471
後鳥羽院御口伝 (後鳥羽院)	03472
ことばが劈かれるとき (竹内敏晴)	05242
言葉・狂気・エロス (丸山圭三郎)	08392
言葉と建築―建築批評の史的地平と諸概念 (土居義岳)	05997
ことばと国家 (田中克彦)	05439

読んでおきたい「日本の名著」案内　　　　751

詞通路(本居春庭) ………………………… 09004
詞玉緒(本居宣長) ………………………… 08996
詞八衢(本居春庭) ………………………… 09005
子どもと育つ(吉岡たすく) ……………… 09726
子供の四季(坪田譲治) …………………… 05889
子どもの「自己」の発達(柏木恵子) …… 02201
子どもの自分くずしと自分つくり(竹内常
 一) …………………………………………… 05241
〈子ども〉のための哲学(永井均) ………… 06295
子どもの涙(徐京植) ……………………… 04907
こどもの発達・学習・社会化(柏木恵子) 02202
こども風土記(柳田国男) ………………… 09244
小西さんちの家族登山(小西郁子) ……… 03475
後二条師通記(藤原師通) ………………… 07818
五人の海軍大臣(吉田俊雄) ……………… 09803
子盗人(作者不詳) ………………………… 10343
このアメリカ(山崎正和) ………………… 09391
此一戦(水野広徳) ………………………… 08507
近衛文麿(矢部貞治) ……………………… 09291
この国のかたち(司馬遼太郎) …………… 04212
この権利を活かすために(浪江虔) ……… 06601
この子を残して(永井隆) ………………… 06278
この子の七つのお祝いに(斎藤澪) ……… 03710
この静かさの中に…(八木重吉) ………… 09153
この人の閾(保坂和志) …………………… 07932
この船じごく行き(山中恒) ……………… 09479
この道(北原白秋) ………………………… 02827
子の来歴(宇野浩二) ……………………… 01291
小林一茶(宗左近) ………………………… 04908
小林秀雄論(本多秋五) …………………… 08064
湖畔(久生十蘭) …………………………… 07353
湖畔手記(葛西善蔵) ……………………… 02163
古版地誌解題(和田万吉) ………………… 10014
五番町夕霧楼(水上勉) …………………… 08569
御摂勧進帳(作者不詳) …………………… 10344
羔の婚姻(藤井武) ………………………… 07638
五百句(高浜虚子) ………………………… 05134
瘤(秋元不死男) …………………………… 00097
昆布売(作者不詳) ………………………… 10345
昆布柿(作者不詳) ………………………… 10346
五部書説弁(吉見幸和) …………………… 09841
古物学(柴田承桂) ………………………… 04241
瘤取爺(作者不詳) ………………………… 10347
御府内備考(三島政行) …………………… 08470
古文旧書考(島田翰) ……………………… 04319
古文孝経標注(片山兼山) ………………… 02230
五分後の世界(村上龍) …………………… 08905
五弁の椿(山本周五郎) …………………… 09540
後法興院政家記(近衛政家) ……………… 03482
こぼろ草子(作者不詳) …………………… 10348
古本説話集(作者不詳) …………………… 10349

小町草紙(作者不詳) ……………………… 10350
小松茂美 人と学問(田中登) …………… 05473
困つた人達(佐佐木茂索) ………………… 03900
コマの科学(戸田盛和) …………………… 06122
後水尾院御集(後水尾天皇) ……………… 03567
ゴミと化学物質(酒井伸一) ……………… 03772
ゴミ屋の記(木村迪夫) …………………… 02934
小麦(木原均) ……………………………… 02906
小麦の研究(木原均) ……………………… 02907
古名録(畔田翠山) ………………………… 03206
ゴメスの名はゴメス(結城昌治) ………… 09605
米と繭の経済構造(山田勝次郎) ………… 09427
米福粟福(作者不詳) ……………………… 10351
語孟字義(伊藤仁斎) ……………………… 00786
古文書学入門(佐藤進一) ………………… 03958
コモンズの経済学(多辺田政弘) ………… 05574
ゴヤ(堀田善衞) …………………………… 07992
固有値問題(加藤祐輔) …………………… 02316
固有値問題(宮武修) ……………………… 08709
今宵の少将物語(作者不詳) ……………… 10352
暦(壺井栄) ………………………………… 05862
古来風体抄(藤原俊成) …………………… 07787
コラーサ号の冒険(鹿島郁夫) …………… 02192
コーランを読む(井筒俊彦) ……………… 00654
孤立無援の思想(高橋和巳) ……………… 05069
古琉球(伊波普猷) ………………………… 00962
五稜郭血書(久保栄) ……………………… 03092
ゴリラとピグミーの森(伊谷純一郎) …… 00701
五輪九字明秘釈(覚鑁) …………………… 02147
五輪書(宮本武蔵) ………………………… 08757
ゴルディアスの結び目(小松左京) ……… 03546
ゴールデンスランバー(伊坂幸太郎) …… 00480
これを英語で言えますか?(講談社インター
 ナショナル) ………………………………… 03352
これからのすまい―住様式の話(西山夘
 三) …………………………………………… 06739
これからの日本経済(植草一秀) ………… 01144
これからの日本経済(長谷川慶太郎) …… 07024
古暦(安住敦) ……………………………… 00186
古暦便覧(吉田光由) ……………………… 09812
これだけは知っておきたい個人情報保護(岡
 村久道) ……………………………………… 01812
これだけは知っておきたい個人情報保護(鈴
 木正朝) ……………………………………… 04703
女殺油地獄(近松門左衛門) ……………… 05668
ごろつき船(大仏次郎) …………………… 01958
コロンブスの神だのみ(佐藤快和) ……… 04017
木幡狐(作者不詳) ………………………… 10353
こわれ指環(清水紫琴) …………………… 04355
婚姻の話(柳田国男) ……………………… 09245
権記(藤原行成) …………………………… 07820

婚期（秋元松代）	00098
ごんぎつね（新美南吉）	06647
コンクリートが危ない（小林一輔）	03492
権九郎旅日記（田岡典夫）	04967
金光明最勝王経古点の国語学的研究（春日政治）	02211
コンサイス20世紀思想事典（木田元）	02774
権三と助十（岡本綺堂）	01824
金色夜叉（尾崎紅葉）	01921
今昔物語集（作者不詳）	10354
言塵集（今川了俊）	01024
昆虫の誕生——一千万種への進化と分化（石川良輔）	00568
権藤成卿（滝沢誠）	05206
混同秘策（佐藤信淵）	03977
今日の芸術（岡本太郎）	01829
紺野機業場（庄野潤三）	04459
金春七十部集（野々村戒三）	06924
コンビニエンス・ストア・システムの革新性（矢作敏行）	09285
コンピュータ言語学入門（草薙裕）	03033
コンピュータ新人類の研究（野田正彰）	06916
コンピュータ入門（和田秀男）	10012
コンピュータの身代金（三好徹）	08790
昆布布施（作者不詳）	10355
根本仏教（姉崎正治）	00206
混迷の知恵（松浦行真）	08220
昆陽漫録（青木昆陽）	00019

【さ】

西園寺公と政局（原田熊雄）	07282
西海道談綺（松本清張）	08325
西鶴置土産（井原西鶴）	00969
西鶴織留（井原西鶴）	00970
西鶴くずし好色六人女（藤本義一）	07706
西鶴諸国咄（井原西鶴）	00971
西鶴年譜考証（野間光辰）	06927
西行花伝（辻邦生）	05463
西行桜（金春禅竹）	03637
西行物語（作者不詳）	10356
祭魚洞襍考（渋沢敬三）	04260
最近新聞紙学（杉村楚人冠）	04619
細菌の逆襲（吉川昌之介）	09747
最近の自然科学（田辺元）	05505
最近の小説家（生田長江）	00428
歳月（司馬遼太郎）	04213
最高裁物語（山本祐司）	09566
西郷札（松本清張）	08326
西郷隆盛（海音寺潮五郎）	02065
西郷南洲遺訓（西郷隆盛）	03657
細香日記（南条範夫）	06625
西国立志編（中村正直）	06510
最後の一句（森鷗外）	09030
最後の海軍大将・井上成美（宮野澄）	08716
最後の元帥杉山元（菊村到）	02739
最後の参謀総長梅津美治郎（上法快男）	04467
最後の帝国軍人（土門周平）	06181
最後の博徒（正延哲士）	08162
最後の飛行艇（日辻常雄）	07373
最後の輸送船（竹内いさむ）	05226
サイゴンから来た妻と娘（近藤紘一）	03608
摧邪輪（高弁）	03376
最終意見（行政改革委員会）	02959
最終講義（中井久夫）	06292
最終戦争論（石原莞爾）	00610
最終便に間に合えば（林真理子）	09459
再昌草（三条西実隆）	04083
西条八十童謡全集（西条八十）	03663
妻妾論（森有礼）	09017
最新産業組合通解（柳田国男）	09246
最新地形図入門（五百沢智也）	00419
最新土壌学（久馬一剛）	02948
財政学（小川郷太郎）	01844
財政学（汐見三郎）	04126
財政学大綱（大内兵衛）	01502
財政再建の研究（宮島洋）	08699
再生産過程表式分析序論（山田盛太郎）	09459
再生——蘇るしくみ（吉里勝利）	09748
斎藤秀三郎伝（大村喜吉）	01733
斎藤茂吉ノオト（中野重治）	06425
斎藤和英大辞典（斎藤秀三郎）	03703
差異としての場所（柄谷行人）	02475
在日外国人（田中宏）	05479
〈在日〉という根拠（竹田青嗣）	05280
才能開発は0歳から（鈴木鎮一）	04671
栽培植物と農耕の起源（中尾佐助）	06318
栽培汎論（横井時敬）	09651
催馬楽譜入文（橘守部）	05402
裁判官（正木昊）	08160
サイパン島の最期（菅野静子）	04575
細胞遺伝学（木原均）	02908
細胞から生命が見える（柳田充弘）	09271
細胞増殖因子のバイオロジー（宮園浩平）	08701
細胞増殖のしくみ（井出रे憲）	00753
済北集（虎関師錬）	03382
サイボーグ・ブルース（平井和正）	07416
在民部卿家歌合（在原行平）	00365
再夢紀事（中根雪江）	06414
財務3表一体理解法（國貞克則）	03083

西遊雑記（古川古松軒）	07885		桜姫全伝曙草紙（山東京伝）	04092
西遊日記（釈宗演）	04401		桜吹雪（長谷川時雨）	07030
才葉抄（藤原教長）	07799		桜山（草間時彦）	03040
採用の超プロが教えるできる人できない人（安田佳生）	09192		錯乱（池波正太郎）	00470
			サクリファイス（近藤史恵）	03615
采覧異言（新井白石）	00293		犠牲（サクリファイス）（柳田邦男）	09268
さへき（作者不詳）	10357		左経記（源経頼）	08599
蔵王（榛葉英治）	04528		酒盗人（牧野信一）	08126
さおだけ屋はなぜ潰れないのか？（山田真哉）	09434		鎖国と開国（山口啓二）	09348
			鎖国―日本の悲劇（和辻哲郎）	10097
佐保山（世阿弥）	04764		狭衣（作者不詳）	10364
酒井空印言行録（坂井忠勝）	03773		狭衣物語（六条斎院宣旨）	09971
坂をのぼれば（皿海達哉）	04052		笹川の繁蔵（子母沢寛）	04380
佐賀県農業論（田中定）	05460		佐々木小次郎（村上元三）	08871
坂崎出羽守（山本有三）	09571		笹鳴（阿部みどり女）	00254
嵯峨日記（松尾芭蕉）	08233		小波お伽全集（巌谷小波）	01128
坂の上の雲（司馬遼太郎）	04214		さざなみ軍記（井伏鱒二）	00990
佐賀藩海軍史（秀島成忠）	07374		ささぶね船長（永井萠二）	06296
酒ほがひ（吉井勇）	09712		笹まくら（丸谷才一）	08388
逆矛（作者不詳）	10358		ささめごと（心敬）	04516
嵯峨本考（和田維四郎）	10005		細雪（谷崎潤一郎）	05547
相模川（作者不詳）	10359		ささやかな地異は……（立原道造）	05415
嵯峨物語（作者不詳）	10360		ささやき竹（作者不詳）	10365
酒屋のワン公（小川未明）	01855		さざれ石（作者不詳）	10366
佐川君からの手紙（唐十郎）	02455		南十字星パイレーツ（川又千秋）	02633
鷺（世阿弥）	04765		縛縄（作者不詳）	10367
砂丘が動くように（日野啓三）	07402		さすらい波太郎―房州沖純情（高橋治）	05064
砂金（西条八十）	03664		「挫折」の昭和史（山口昌男）	09362
策彦入明記（策彦周良）	03845		させられる教育（野田正彰）	06917
作詩法講話（森槐南）	09047		坐禅用心記（瑩山紹瑾）	03238
作者の感想（広津和郎）	07526		坐談随筆（手島堵庵）	05950
作戦日誌で綴る支那事変（井本熊男）	01059		左千夫歌集（伊藤左千夫）	00770
作戦の鬼 小畑敏四郎（須山幸雄）	04733		殺意という名の家畜（河野典生）	03372
作庭記（橘俊綱）	05396		殺意の演奏（大谷羊太郎）	01635
佐久の夕映え（檀一雄）	05631		作家論（正宗白鳥）	08170
昨夢紀事（中根雪江）	06415		雑器の美（柳宗悦）	09226
作物栽培入門―生理生態と環境（川田信一郎）	02570		さつくわ（作者不詳）	10368
			雑種文化（加藤周一）	02268
作文大体（藤原宗忠）	07809		殺人鬼（浜尾四郎）	07164
桜争（作者不詳）	10361		殺人者の空（山野浩一）	09486
さく羅井物語（作者不詳）	10362		殺人の棋譜（斎藤栄）	03682
桜川（世阿弥）	04766		雑草（長谷川零余子）	07070
桜島（梅崎春生）	01320		雑草園（山口青邨）	09355
サクラソウの目―保全生態学とは何か（鷲谷いづみ）	09994		薩南示現流（津本陽）	05906
			薩の海軍・長の陸軍（鵜崎鷺城）	01200
桜田門外ノ変（吉村昭）	09849		薩藩海軍史（薩藩海軍史刊行会）	03930
桜とアザミ（棟田博）	08842		薩藩旧記（伊地知季通）	00595
桜と剣（村上兵衛）	08891		薩藩旧記（伊地知季安）	00596
桜の樹の下には（梶井基次郎）	02180		雑筆往来（作者不詳）	10369
桜の中将（作者不詳）	10363		薩摩守（作者不詳）	10370
桜の森の満開の下（坂口安吾）	03796		薩摩藩英国留学生（犬塚孝明）	00875

左伝輯釈（安井息軒）	09175
左伝の思想史的研究（津田左右吉）	05775
佐渡（庄野潤三）	04460
座頭市（子母沢寛）	04381
砂糖製作記（木村喜之）	02942
茶道太閤記（海音寺潮五郎）	02066
砂糖の世界史（川北稔）	02525
佐度狐（作者不詳）	10371
佐渡金銀山史話（麓三郎）	07872
佐渡御書（日蓮）	06766
聖の青春（大崎善生）	01577
里の秋（斎藤信夫）	03699
花街模様薊色縫（河竹黙阿弥）	02585
真田太平記（池波正太郎）	00471
讃岐典侍日記（藤原長子）	07783
実隆公記（三条西実隆）	04084
実盛（世阿弥）	04767
砂漠の花（平林たい子）	07487
さはら丸西へ（宮原昭夫）	08719
淋しいアメリカ人（桐島洋子）	02987
寂しければ（久保田万太郎）	03111
錆びた炎（小林久三）	03494
さぶ（山本周五郎）	09541
サブカルチャー神話解体（宮台真司）	08708
サブリミナル・マインド（下条信輔）	04386
さまざまな青春（平野謙）	07473
様々なる意匠（小林秀雄）	03517
五月雨歌仙（松尾芭蕉）	08234
侍（遠藤周作）	01467
サムライ戦車隊長（島田豊作）	04334
侍ニッポン（郡司次郎正）	03231
鮫（金子光晴）	02365
座右宝（志賀直哉）	04136
さようなら（田中英光）	05478
さようなら、ギャングたち（高橋源一郎）	05082
さごろも（作者不詳）	10372
さよならロバート（富田博之）	06157
小夜の寝覚（一条兼良）	00725
さよひめ（作者不詳）	10373
更科紀行（松尾芭蕉）	08235
更級日記（菅原孝標女）	04585
サラダ記念日（俵万智）	05627
さらば海賊（伊東信）	00784
さらば国分寺書店のオババ（椎名誠）	04107
さらばハイウェイ（砂田弘）	04729
さらば富士に立つ影（白井喬二）	04474
さらばモスクワ愚連隊（五木寛之）	00742
サラ・ベルナールの一生（本庄桂輔）	08056
サラリーマンこれからこうなる（江坂彰）	01374
サラリーマン・サバイバル（大前研一）	01717
サランガのぼうけん（吉田甲子太郎）	09770

猿替勾当（作者不詳）	10374
申楽談儀（世阿弥）	04768
サル学なんでも小事典（京都大学霊長類研究所）	02960
サル学の現在（立花隆）	05390
猿蟹合戦（作者不詳）	10375
猿源氏草紙（作者不詳）	10376
サル3びきの物語（奈街三郎）	06600
サルと人間の環境問題（丸山康司）	08404
猿飛佐助（柴田錬三郎）	04249
猿飛佐助（雪花山人）	04871
猿飛佐助（林芙美子）	07229
猿丸幻視行（井沢元彦）	00488
猿蓑（野沢凡兆）	06908
猿蓑（向井去来）	08799
されど麗しの日々（野坂昭如）	06895
されど われらが日々ー（柴田翔）	04239
沢氏の二人娘（岸田国士）	02754
沢能根世利（長野義言）	06441
斬（網淵謙錠）	05827
山槐記（中山忠親）	06539
三階教之研究（矢吹慶輝）	09288
残花一輪（市川禅海）	00710
参会名護屋（中村明石三郎）	06520
参会名護屋（三升屋兵庫）	08617
山岳紀行（窪田空穂）	03103
山岳巨人伝（戸川幸夫）	06054
山岳省察（今西錦司）	01035
山岳美観（吉江喬松）	09717
山岳礼拝（中村清太郎）	06492
山家集（西行）	03654
三貨図彙（草間直方）	03041
山家鳥虫歌（南山子）	06623
算勘觽（作者不詳）	10377
三議一統大双紙（作者不詳）	10378
残菊物語（巌谷槇一）	01131
残菊物語（村松梢風）	08926
三経往生文類（親鸞）	04543
産業革命の世界（荒井政治）	00299
三経義疏（聖徳太子）	04446
産業組合講話（佐藤寛次）	03937
産業組合手引（森近運平）	09110
産業組合法要義（平田東助）	07463
産業経営理論（馬場敬治）	07149
産業構造（篠原三代平）	04191
産業社会学（尾高邦雄）	01993
山渓記（冠松次郎）	02710
山家学生式（最澄）	03669
懺悔記（芹沢光治良）	04888
山月記（中島敦）	06355
三元素略説（広川晴軒）	07503

さんこ　　作品名索引

珊瑚（北見志保子）	02838	三等重役（源氏鶏太）	03249
珊瑚（新田次郎）	06784	三等船客（前田河広一郎）	08106
山行（槇有恒）	08111	山島民譚集（柳田国男）	09247
三教指帰（空海）	03005	三徳抄（林羅山）	07241
残口八部書（増穂残口）	08195	斬に処す（結城昌治）	09606
三国志（吉川英治）	09730	三人片輪（作者不詳）	10383
三国探検実記（岩本千綱）	01123	三人吉三（河竹黙阿弥）	02586
三国通覧図説（林子平）	07205	三人吉三廓初買（河竹黙阿弥）	02587
三国仏法伝通縁起（凝然）	02963	三人兄弟（菊池寛）	02726
珊瑚集（永井荷風）	06263	三人妻（尾崎紅葉）	01922
三才窺管（広瀬旭荘）	07511	三人の双生児（海野十三）	01344
斬殺集団（宇能鴻一郎）	01283	三人のト伝（豊田穣）	06204
三十石艦始（並木正三）	06609	三人百姓（作者不詳）	10384
三十三間堂棟由来（作者不詳）	10379	三人法師（作者不詳）	10385
三十三時間（伴野朗）	06177	残念な人の仕事の習慣（山崎将志）	09396
三十三年の夢（宮崎滔天）	08664	三王外記（太宰春台）	05361
三十三の死（素木しづ）	04491	三半規管喪失（北川冬彦）	02805
纂輯類聚歌合とその研究（堀部正二）	08050	三匹の蟹（大庭みな子）	01698
三十六人集（作者不詳）	10380	3分以内に話はまとめなさい（高井伸夫）	04974
三十六人撰（藤原公任）	07739	散文恋愛（円地文子）	01448
三重露出（都筑道夫）	05769	三宝絵詞（源為憲）	08597
三笑（作者不詳）	10381	算法闕疑抄（礒村吉徳）	00693
山椒魚（井伏鱒二）	00991	算法地方大成（秋田十七郎）	00091
山上湖上（太田水穂）	01625	算法少女（遠藤寛子）	01475
山上湖上（久保田山百合）	03116	算法新書（長谷川寛）	07061
さんせう太夫（作者不詳）	10382	算法天生法指南（会田安明）	00008
山椒大夫（森鷗外）	09031	散木奇歌集（源俊頼）	08601
傘松道詠（道元）	06016	三本柱（作者不詳）	10386
残照のヤルン・カン（上田豊）	00131	三万両五十三次（野村胡堂）	06936
山書散策（河村正之）	02640	山脈（加藤楸邨）	02277
三四郎（夏目漱石）	06581	三文役者あなあきい伝（殿山泰司）	06136
三酔人経綸問答（中江兆民）	06307	山陽遺稿（頼山陽）	09922
山水無尽蔵（小島烏水）	03411	山陽詩鈔（頼山陽）	09923
山西省（宮柊二）	08620	山陵志（蒲生君平）	02444
三正綜覧（内務省地理局）	06243	山旅の素描（茨木猪之吉）	00984
三世相（桜田治助（3代））	03865	山麓（結城哀草果）	09603
残雪（田山花袋）	05617	山麓滞在（岩科小一郎）	01088
三千里（河東碧梧桐）	02624	山麓亭百話（横山厚夫）	09685
算爼（村松茂清）	08933	山廬集（飯田蛇笏）	00403
三冊子（服部土芳）	07114	産論（賀川玄悦）	02132
残像に口紅を（筒井康隆）	05811		
三相秘録（佐藤信淵）	03978		
三題噺（加藤周一）	02269	**【し】**	
サンダカン八番娼館（山崎朋子）	09378		
三太物語（青木茂）	00022		
三太郎の日記（阿部次郎）	00240	飼育（大江健三郎）	01507
サンチー諸塔の古代彫刻（逸見梅栄）	07909	柿蔭集（島木赤彦）	04280
山中人饒舌（田能村竹田）	05570	地唄（有吉佐和子）	00361
山中放浪（今日出海）	03598	シェイクスピアの面白さ（中野好夫）	06438
参天台五台山記（成尋）	04435	シェイクスピア星物語（香西洋樹）	03304
山頭火全集（種田山頭火）	05566	自衛隊よ、夫を返せ！（田中伸尚）	05472

作品名	番号
GNH(国民総幸福)(枝広淳子)	01387
ジェノサイド(高野和明)	05046
「死への準備」日記(千葉敦子)	05691
シェルパ ヒマラヤ高地民族の二〇世紀(鹿野勝彦)	02374
シェルパ―ヒマラヤの栄光と死(根深誠)	06851
塩狩峠(三浦綾子)	08410
潮騒(三島由紀夫)	08479
塩尻(天野信景)	00264
塩原多助一代記(河竹新七(3代))	02580
詩及散文(大町桂月)	01728
紫苑物語(石川淳)	00524
志賀(作者不詳)	10387
死海のほとり(遠藤周作)	01468
詩学(川路柳虹)	02548
史学概論(林健太郎)	07199
史学研究法(坪井九馬三)	05860
史学叢説(星野恒)	07948
四角な卵(永井荷風男)	06286
自覚に於ける直観と反省(西田幾多郎)	06698
史学理論(内田銀蔵)	01234
仕掛人・藤枝梅安(池波正太郎)	00472
私可多咄(中川喜雲)	06332
地方凡例録(大石久敬)	01492
至花道(世阿弥)	04769
志賀直哉(阿川弘之)	00074
志賀直哉論(広津和郎)	07527
鹿の巻筆(鹿野武左衛門)	04149
鹿の眼(土田耕平)	05788
屍の街(大田洋子)	01629
叱らぬ教育の実践―子供への愛と理解(霜田静志)	04389
しがらみ(中村憲吉)	06480
シーガル号太平洋周航記(野村輝之)	06942
自我論(紀平正美)	02910
詞花和歌集(藤原顕輔)	07723
時間(黒井千次)	03171
時間(堀田善衛)	07993
時間と自己(木村敏)	02931
此岸の家(日野啓三)	07403
時間の比較社会学(真木悠介)	08119
時間の風蝕(津村秀助)	05894
時間の不思議(加納誠)	02386
時間の不思議(田井正博)	04955
四季(中村真一郎)	06488
私記一軍人六十年の哀歓(今村均)	01055
甃(森岡貞香)	09070
指揮官空戦記(小福田晧文)	03532
色彩作戦(邦光史郎)	03087
四季ざくら(青山繁)	00042
色道大鏡(藤本箕山)	07707
色道禁秘抄(西村定雅)	06732
私ница南京虐殺(曽根一夫)	04938
「史記」二二〇〇年の虚実―年代矛盾の謎と隠された正統観(平勢隆郎)	07448
しぐさの日本文化(多田道太郎)	05379
時雨(青木月斗)	00016
しぐれ茶屋おりく(川口松太郎)	02532
詩形一本(金子兜太)	02357
死刑宣告(萩原恭次郎)	06967
死刑廃止論(団藤重光)	05648
自警録(新渡戸稲造)	06789
史劇論(坪内逍遙)	05881
自決の時(菊村到)	02740
自決命令(黒岩正幸)	03180
事件(大岡昇平)	01530
字源(簡野道明)	02688
巵言抄(林羅山)	07242
試験の時代の終焉(矢野真和)	09279
次元の中の形たち(戸村浩)	06170
自己意識の心理学(梶自叡一)	02188
思考心理学(矢田部達郎)	09206
至高の銀杯(小島敦夫)	03408
地獄(金子洋文)	02370
四国落(作者不詳)	10388
地獄鉤(伊東信)	00785
地獄の裏づけ(高浜虚子)	05135
地獄の辰・無残捕物控(笹沢左保)	03904
地獄の花(永井荷風)	06264
地獄変(芥川龍之介)	00113
地獄は一定すみかぞかし(石和鷹)	00486
自己実現の教育(上田吉一)	01175
自己中心明治文壇史(江見水蔭)	01438
仕事を「すぐやる人」の習慣(『THE21』編集部)	04029
仕事ができる人 できない人(堀場雅夫)	08049
「自己」の心理学(榎本博明)	01424
自己変革のとき(加藤寛)	02301
自讃歌(作者不詳)	10389
死産される日本語・日本人(酒井直樹)	03775
鹿狩(作者不詳)	10390
事実文編(五弓雪窓)	03383
私事と自己決定(山田卓生)	09436
磁石(作者不詳)	10391
子爵斎藤実伝(子爵斎藤実記念会)	04167
寺社勢力(黒田俊雄)	03210
死者の海(曽野綾子)	04944
死者の奢り(大江健三郎)	01508
死者の木霊(内田康夫)	01245
死者の書(折口信夫)	02058
死者の時(井上光晴)	00919
四十七人の刺客(池宮彰一郎)	00478

作品名	番号	作品名	番号
詩集夏花（伊東静雄）	00775	時速十四ノット、東へ（安部譲二）	00238
私聚百因縁集（愚勧住信）	03020	持続する志（大江健三郎）	01509
市場主義（伊藤元重）	00837	信田（作者不詳）	10395
私小説作家論（山本健吉）	09519	時代と農政（柳田国男）	09248
私小説論（小林秀雄）	03518	時代と私（田中美知太郎）	05486
時事要論（大井憲太郎）	01490	時代の一面（東郷茂徳）	06024
自叙伝（大杉栄）	01598	時代閉塞の現状（石川啄木）	00540
自叙伝（河上肇）	02510	時代屋の女房（村松友視）	08931
自叙伝の試み（和辻哲郎）	10098	C.W.ニコルの海洋記（ニコル,C.W.）	06653
地震考古学（寒川旭）	04080	下町の空（芝木好子）	04230
静（作者不詳）	10392	下町ロケット（池井戸潤）	00435
静かなノモンハン（伊藤桂一）	00763	七騎落（作者不詳）	10396
賤の男貌記（作者不詳）	10393	糸竹初心集（中村宗三）	06493
沈まぬ太陽（山崎豊子）	09379	糸竹大全（松風軒）	04466
沈んだ鐘（吉田絃二郎）	09779	自治五十年史（東京市政調査会）	06009
刺青（谷崎潤一郎）	05548	七番日記（小林一茶）	03490
刺青殺人事件（高木彬光）	04982	自治民範（権藤成卿）	03609
私生児（高見順）	05147	七洋制覇（木村毅）	02917
市井人（久保田万太郎）	03112	七里ケ浜（宮内寒弥）	08622
史籍集覧（近藤瓶城）	03616	悉皆屋康吉（舟橋聖一）	07856
私戦（本田靖春）	08079	十訓抄（作者不詳）	10397
視線（石沢英太郎）	00578	実験遺伝学（木原均）	02909
死線を越えて（賀川豊彦）	02136	実験計画法講義（北川敏男）	02804
自然を守るとはどういうことか（守山弘）	09128	実験心理学十講（松本亦太郎）	08350
自然界の矛盾と進化（加藤弘之）	02306	実語教（作者不詳）	10398
自然科学概論（石原純）	00614	実際的教育学（沢柳政太郎）	04077
自然環境とのつきあい方（岩田修二）	01096	実在の岸辺（村野四郎）	08921
自然環境とのつきあい方（渡辺定元）	10043	実践カウンセリング初歩—若い人のために（飯島喜一郎）	00411
自然感情の類型（大西克礼）	01677	実践するドラッカー 思考編（佐藤等）	04006
自然景観の読み方（松田時彦）	08263	実践哲学への道（金子武蔵）	02353
自然景観の読み方（守屋以智雄）	09125	実体法と訴訟法（兼子一）	02360
自然主義（長谷川天渓）	07053	実地経済農業指針（斎藤万吉）	03708
自然主義の研究（吉田精一）	09790	失敗の本質（戸部良一）	06138
自然主義文学盛衰史（正宗白鳥）	08171	失楽園（渡辺淳一）	10048
自然真営道（安藤昌益）	00380	実録アヘン戦争（陳舜臣）	05718
自然人類学概論（長谷部言人）	07072	実録 満鉄調査部（草柳大蔵）	03042
二千石（作者不詳）	10394	死出の道艸（管野須賀子）	02687
自然と人生（徳冨蘆花）	06092	自伝（片山潜）	02232
自然と人間の共生（福井勝義）	07567	自伝的日本海軍始末記（高木惣吉）	04988
自然農法—わら一本の革命（福岡正信）	07576	詩と愛と実存（吉満義彦）	09844
自然の慈悲（伊谷純一郎）	00702	士道（山鹿素行）	09312
自然保護を問いなおす（鬼頭秀一）	02861	字統（白川静）	04489
地蔵教由来（久米正雄）	03133	自動起床装置（辺見庸）	07911
思想史のなかの近代経済学（荒川章義）	00304	児童虐待（斎藤学）	03683
思想としての近代経済学（森嶋通夫）	09089	児童教育と演劇（坪内逍遙）	05882
思想としての東京（磯田光一）	00686	志道軒五癖論（志道軒）	04176
思想としての日本近代建築（八束はじめ）	09210	志道軒親類書（志道軒）	04177
思想と人格—人格心理学への途（藤永保）	07699	自動車絶望工場（鎌田慧）	02394
思想の運命（林達夫）	07213	自動車の社会的費用（宇沢弘文）	01202
思想の英雄たち—保守の源流をたずねて（西部邁）	06719	児童自由詩集成（北原白秋）	02828

児童心理学への招待(小嶋秀夫)	03428
死闘の大空(村上益夫)	08892
指導のための地図の理解(野村正七)	06940
児童文化(本田和子)	08078
止動方角(作者不詳)	10399
士道要論(斎藤拙堂)	03690
死と其の前後(有島武郎)	00341
使徒パウロとその神学(松木治三郎)	08244
使徒パウロの神秘主義(佐野勝也)	04033
死と病いの民族誌―ケニア・テソ族の災因論(長島信弘)	06369
志とり古(作者不詳)	10400
支那絵画史(内藤湖南)	06225
支那革命外史(北一輝)	02770
支那革命史(加藤繁)	02262
支那革命史(吉野作造)	09829
支那革命の階級対立(鈴江言一)	04645
支那家族研究(牧野巽)	08129
支那基督教の研究(佐伯好郎)	03753
支那近世戯曲史(青木正児)	00034
支那経学史論(本田成之)	08062
支那経済史概説(加藤繁)	02263
支那経済史考証(加藤繁)	02264
支那建築装飾(伊東忠太)	00809
支那考古学論攷(梅原末治)	01330
支那古代家族制度研究(加藤常賢)	02282
支那史学史(内藤湖南)	06226
支那事変戦争指導史(堀場一雄)	08048
支那事変の回想(今井武夫)	01012
支那社会経済史研究(玉井是博)	05578
支那上古史(内藤湖南)	06227
支那書籍解題・書目之部(長沢規矩也)	06344
支那詩論史(鈴木虎雄)	04688
支那人の古典とその生活(吉川幸次郎)	09742
支那神話伝説の研究(出石誠彦)	00650
支那中世仏教の展開(山崎宏)	09387
支那通史(那珂通世)	06253
支那哲学史講話(宇野哲人)	01305
支那に於ける租界の研究(植田捷雄)	01165
支那に於ける仏教と儒教道教(常盤大定)	06064
支那美術史彫塑篇(大村西崖)	01734
支那仏教史(宇井伯寿)	01140
支那仏教史研究・北魏篇(塚本善隆)	05734
支那仏教史蹟評解(関野貞)	04865
支那仏教史蹟評解(常盤大定)	06065
支那仏教精史(境野黄洋)	03778
支那文学概論講話(塩谷温)	04124
支那文学史(古城貞吉)	03432
支那身分法史(仁井田陞)	06641
支那民俗誌(永尾竜造)	06324
支那游記(芥川龍之介)	00114
支那歴代地名要覧(青山定雄)	00041
支那論(内藤湖南)	06228
死に給ふ母(斎藤茂吉)	03716
死にゆく二十歳の真情(長峯良斉)	06459
死ぬときに後悔すること25(大津秀一)	01637
死ぬまで仕事に困らないために20代で出逢っておきたい100の言葉(千田琢哉)	04902
自然居士(観阿弥)	02650
死の海図(今井泉)	01008
死の影の下に(中村真一郎)	06489
死の彼方までも(三浦綾子)	08411
詩の起原(竹友藻風)	05308
死の島(福永武彦)	07625
信太妻(作者不詳)	10401
死の棘(島尾敏雄)	04270
詩の発生(西郷信綱)	03661
しのびね物語(作者不詳)	10402
忍びの女(池波正太郎)	00473
忍びの国(和田竜)	10018
忍びの者(村山知義)	08939
篠笛(舟橋聖一)	07857
忍ぶ川(三浦哲郎)	08423
死の淵より(高見順)	05148
志濃夫廼舎歌集(橘曙覧)	05384
戯場楽屋図会(松好斎半兵衛)	04430
戯場訓蒙図彙(式亭三馬)	04154
芝居と忠実(三田村鳶魚)	08527
司馬遷(武田泰淳)	05283
自跋集 東洋史学七十年(宮崎市定)	08656
シバテン榎(田岡典夫)	04968
暫(市川団十郎(1代))	00713
暫(中村明石清三郎)	06521
痺(作者不詳)	10403
しびれ池のカモ(井伏鱒二)	00992
渋江抽斎(森鷗外)	09032
至福千年(石川淳)	00525
詩仏堂誌(加藤周一)	02270
事物の声 絵画の詩(杉田英明)	04610
渋谷ではたらく社長の告白(藤田晋)	07680
自分を生かす人生(本多静六)	08068
じぶん・この不思議な存在(鷲田清一)	09993
自分の壁を破る人破れない人(渡部昇一)	10057
自分の中に毒を持て(岡本太郎)	01830
自分のなかに歴史をよむ(阿部謹也)	00217
自分は見た(千家元麿)	04897
地べたっこさま(さねとうあきら)	04030
葎一つ落つ(中西悟堂)	06401
シベリア出兵の史的研究(細谷千博)	07976
シベリヤ物語(長谷川四郎)	07034
思弁の苑(山之口獏)	09496
司法権の優位(高柳賢三)	05170

四方のあか(大田南畝)	01616	社会心理学の展開(船津衛)	07849
司法福祉の焦点(加藤幸雄)	02261	社会心理学パースペクティブ(大坊郁夫)	04959
シーボルト(板沢武雄)	00700	社会政策原理(河合栄治郎)	02483
シーボルト・其生涯及功業(呉秀三)	03169	社会政策の基本問題(大河内一男)	01571
資本主義成立期の研究(矢口孝次郎)	09160	社会の基督教の本質(中島重)	06361
詩本草(柏木如亭)	02203	社会的ジレンマ(山岸俊男)	09342
私本太平記(吉川英治)	09731	社会的認知(外山みどり)	06186
資本輸出国の経済学(鬼塚雄丞)	02016	社会的認知(山本真理子)	09564
資本論入門(河上肇)	02511	社会と自分(夏目漱石)	06582
島(駒田信二)	03540	社会認識と想像力(厚東洋輔)	03353
島へ(島尾敏雄)	04271	社会百面相(内田魯庵)	01252
島へ行く(吉行淳之介)	09893	社会福祉援助技術とは何か(伊藤淑子)	00842
島崎藤村(平野謙)	07474	社会福祉学序説(古川孝順)	07882
縞々学(川上紳一)	02505	社会福祉供給システムのパラダイム転換(古川孝順)	07883
島津国史(山本正誼)	09563	社会福祉混成構造論(高田真治)	05032
島衛月白浪(河竹黙阿弥)	02588	社会福祉士・介護福祉士になる法(中島恒雄)	06368
島根のすさみ(川路聖謨)	02547	社会福祉政策研究—福祉政策と福祉改革(三浦文夫)	08433
島の秋(吉田絃二郎)	09780		
島の果て(島尾敏雄)	04272		
四万十川(上林暁)	02690	社会福祉とフェミニズム(杉本貴代栄)	04626
四万十川幻想(上林暁)	02691	社会福祉論(古川孝順)	07884
しみのすみか物語(石川雅望)	00562	社会法学の展開と構造(磯村哲)	00692
市民科学者として生きる(高木仁三郎)	04986	社会法と市民法(橋本文雄)	07006
市民革命の構造(高橋幸八郎)	05089	社会保障法総論(堀勝洋)	08004
市民がつくる地域福祉 やさしい心の実践レポート(山岸秀雄)	09344	社会本質論(新明正道)	04538
		ジャガイモのきた道—文明・飢饉・戦争(山本紀夫)	09558
市民参加の福祉計画(京極高宣)	02954	ジャガイモの世界史—歴史を動かした「貧者のパン」(伊藤章治)	00783
市民自治の政策構想(松下圭一)	08248		
市民社会と教育(藤田英典)	07688	社会問題解釈法(安部磯雄)	00214
自民党—政権党の38年(北岡伸一)	02794	社会問題研究(小泉信三)	03274
自民党戦国史(伊藤昌哉)	00832	豹の眼(高垣眸)	04979
市民の科学をめざして(高木仁三郎)	04987	釈教歌仙(栄海)	01347
市民のための自治体学入門(新藤宗幸)	04525	釈日本紀(卜部兼方)	01336
社会科学における数と量(竹内啓)	05235	惜命(石田波郷)	00588
社会科学の方法(大塚久雄)	01651	寂蓮法師集(寂蓮)	04403
社会学概論(高田保馬)	05038	蔗軒日録(季弘)	02742
社会学講義(清水幾太郎)	04349	ジャコメッティとともに(矢内原伊作)	09214
社会教育論(宮原誠一)	08721	邪宗門(北原白秋)	02829
社会権の解釈(中村睦男)	06515	邪宗門(高橋和巳)	05070
社会事業法制(小川政亮)	01848	写真鏡図説(柳河春三)	09219
社会史のなかの子ども(宮沢康人)	08685	車塵集(佐藤春夫)	03992
社会主義綱領(堺利彦)	03774	写真でみる火山の自然史(白尾元理)	04487
社会主義綱要(森近運平)	09111	写真でみる火山の自然史(町田洋)	08204
社会主義詩集(児玉花外)	03450	写真の読みかた(名取洋之助)	06599
社会主義神髄(幸徳秋水)	03355	ジャズと生きる(穐吉敏子)	00101
社会主義と進化論(高畠素之)	05128	沙石集(無住)	08827
社会主義は闇に面するか光に面するか(櫛田民蔵)	03046	遮断機(丹羽文雄)	06828
		社長をだせ!(川田茂雄)	02563
社会心理学(南博)	08582	石橋(世阿弥)	04770
社会心理学入門(南博)	08583		
社会心理学の展開(永田良昭)	06388		

寂光（吉植庄亮）	09715
赤光（斎藤茂吉）	03717
SHADOWS（中野正貴）	06436
しゃばけ（畠中恵）	07083
じゃぱゆきさん（山谷哲夫）	09470
シャボン玉（野口雨情）	06871
ジャマイカ氏の実験（城昌幸）	04425
シャーマニズム（佐々木宏幹）	03873
沙門空海唐の国にて鬼と宴す（夢枕獏）	09638
斜陽（太宰治）	05351
写楽殺人事件（高橋克彦）	05078
舎利（世阿弥）	04771
ジャングルの鈴（棟田博）	08843
上海（横光利一）	09676
上海時代（松本重治）	08310
上海・都市と建築一八四二-一九四九（村松伸）	08930
拾遺愚草（藤原定家）	07751
拾遺愚草員外（藤原定家）	07752
拾遺集（寂蓮）	04404
拾遺集（源道具）	08608
十一月の扉（高楼方子）	05042
十一番目の志士（司馬遼太郎）	04215
拾遺枕草紙花街抄（作者不詳）	10404
拾遺和歌集（花山院）	02172
驟雨（岸田国士）	02755
驟雨（吉行淳之介）	09894
周易類考（片山兼山）	02231
自由への構造（小川侃）	01846
重右衛門の最後（田山花袋）	05618
周縁からの中国（毛里和子）	08974
拾芥抄（洞院公賢）	06002
収穫（前田夕暮）	08102
拾菓集（明空）	08964
拾菓抄（月江）	03246
自由学校（獅子文六）	04164
集義外書（熊沢蕃山）	03120
宗義決択集（宥快）	09600
拾璣算法（有馬頼徸）	00356
自由教育真義（手塚岸衛）	05956
宗教学概論（姉崎正治）	00207
宗教からよむ「アメリカ」（森孝一）	09409
宗教史方法論（赤松智城）	00066
宗教心理学（今田恵）	01032
宗教心理学（松本滋）	08311
宗教哲学（波多野精一）	07094
宗教哲学骸骨（清沢満之）	02977
宗教哲学の本質及其根本問題（波多野精一）	07095
宗教と科学の接点（河合隼雄）	02491
宗教民族学（宇野円空）	01279
宗教民俗学への招待（宮家準）	08645
拾玉集（慈円）	04118
集義和書（熊沢蕃山）	03121
秀句大名（作者不詳）	10405
十九、二十（原田宗典）	07288
従軍慰安婦（千田夏光）	04900
自由交易日本経済論（田口卯吉）	05214
集合住宅をユニットから考える（木下庸子）	02902
集合住宅をユニットから考える（渡辺真理）	10078
周公と其時代（林泰輔）	07209
集合とはなにか（竹内外史）	05228
集合論入門（松村英之）	08304
集古十種（松平定信）	08275
十五屋お月さん（野口雨情）	06872
周作人「対日協力」の顛末（木山英雄）	02946
13階段（高野和明）	05047
十三人の修羅（古川薫）	07880
十三夜（樋口一葉）	07337
十字軍の思想（山内進）	09294
修史始末（藤田幽谷）	07693
十七条憲法（聖徳太子）	04447
十姉妹（山本勝治）	09513
十住心論（空海）	03006
自由主義の再検討（藤原保信）	07819
重商主義経済学説研究（高橋誠一郎）	05103
囚人（三好豊一郎）	08794
修身教授録（森信三）	09055
秋水嶺（内井直也）	01264
終戦のローレライ（福井晴敏）	07572
十善法語（慈雲）	04114
「住宅」という考え方（松村秀一）	08297
住宅論（篠原一男）	04187
集団社会学原理（松本潤一郎）	08312
集団の遺伝（大羽滋）	01696
集団の進化―種形成のメカニズム（北川修）	02799
終着駅殺人事件（西村京太郎）	06725
袖中抄（顕昭）	03251
修道院（今野国雄）	03627
自由党史（板垣退助）	00695
自由と特権の距離（石川健治）	00518
十二月往来（作者不詳）	10406
十二歳の合い言葉（薫くみこ）	03230
十二支考（南方熊楠）	08553
十二段草子（作者不詳）	10407
十二の石塚（湯浅半月）	09593
十二のきりかぶ（与田準一）	09907
十二類絵詞（作者不詳）	10408
自由の彼方で（椎名麟三）	04111

自由の先駆（大杉栄）	01599	出家とその弟子（倉田百三）	03143
十八歳の遺書（大野景範）	01681	出孤島記（島尾敏雄）	04273
十番斬（作者不詳）	10409	出定後語（富永仲基）	06164
十番のものあらそひ（作者不詳）	10410	出定笑語（平田篤胤）	07456
秋風琴（石原八束）	00625	出征（大岡昇平）	01531
秋風抄（小野春雄）	02028	出世景清（近松門左衛門）	05669
十兵衛両断（荒山徹）	00323	出世花（高田郁）	05029
週末起業（藤井孝一）	07637	出発は遂に訪れず（島尾敏雄）	04274
終末論と歴史哲学（熊野義孝）	03125	出帆旗（庄野英二）	04453
住民運動の論理（似田貝香門）	06761	出帆の記（内田百閒）	01240
住民運動の論理（松原治郎）	08292	酒呑童子（作者不詳）	10413
自由民権（鈴木安蔵）	04714	趣都の誕生（森川嘉一郎）	09072
宗門之維新（田中智学）	05469	受難者（江馬修）	01435
宗門無尽灯論（東嶺）	06043	種の起原をもとめて（新妻昭夫）	06638
修養（新渡戸稲造）	06790	種の論理（田辺元）	05506
重力と力学的世界（山本義隆）	09579	朱帆（高橋和島）	05124
獣林寺妖変（赤江瀑）	00050	樹氷群（中島斌雄）	06365
十六歳の日記（川端康成）	02613	主婦とおんな（国立市公民館市民大学セミナー）	03086
一六世紀文化革命（山本義隆）	09580	手法ж（磯崎新）	00683
自由論（尾高朝雄）	01997	入木抄（尊円親王）	04953
宗論（作者不詳）	10411	衆妙集（細川幽斎）	07969
樹影（佐多稲子）	03920	シュメール人類最古の文明（小林登志子）	03509
竪亥録（今村知商）	01053	修羅八荒（行友李風）	09627
修学院離宮（谷口吉郎）	05539	狩猟と遊牧の世界（梅棹忠夫）	01312
主観道徳学要旨（藤井健治郎）	07636	樹林の山旅（森本次男）	09123
授業を創る（大村はま）	01737	儒林評（広瀬淡窓）	07516
授業研究の歩み（稲垣忠彦）	00849	春栄（世阿弥）	04772
儒教とは何か（加地伸行）	02174	春夏秋冬（正岡子規）	08148
授業入門（斎藤喜博）	03678	俊寛（菊池寛）	02727
儒教の実践道徳（津田左右吉）	05776	俊寛（世阿弥）	04773
授業編（江村北海）	01440	春琴抄（谷崎潤一郎）	05549
縮図（徳田秋声）	06076	殉死（司馬遼太郎）	04216
宿題ひきうけ株式会社（古田足日）	07893	春情花朧夜（梅亭金鵞）	06957
宿命（高沢皓司）	05017	春情妓談水揚帳（歌川国貞）	01221
宿命（萩原朔太郎）	06972	殉情詩集（佐藤春夫）	03993
受験生の手記（久米正雄）	03134	春宵十話（岡潔）	01761
守護国界章（最澄）	03670	純情小曲集（萩原朔太郎）	06973
守護国家論（日蓮）	06767	春色梅児誉美（為永春水）	05610
朱子学と陽明学（島田虔次）	04322	春色六玉川（為永春水）	05611
種々御振舞書（日蓮）	06768	純粋経済学（中山伊知郎）	06527
呪術と占星の戦国史（小和田哲男）	02060	純粋小説論（横光利一）	09677
侏儒の言葉（芥川龍之介）	00115	純粋の声（川端康成）	02614
柱杖（作者不詳）	10412	俊成忠度（内藤藤左衛門）	06236
修証義（畔上楳仙）	00187	春窓秘辞（梅亭金鵞）	06958
修証義（滝谷琢宗）	05209	春昼（泉鏡花）	00662
授時暦図解（小泉光保）	03284	春鳥集（蒲原有明）	02702
修禅寺物語（岡本綺堂）	01825	春泥（久保田万太郎）	03113
呪詛（深尾須磨子）	07545	春泥句集（春泥舎召波）	04418
主体性の進化論（今西錦司）	01036	春泥集（与謝野晶子）	09700
主知的文学論（阿部知二）	00245	順徳院御集（順徳院）	04419
出撃五分前（大野景範）	01682		

春波楼筆記（司馬江漢）	04198
春風帖（中島棕隠）	06364
春夢草（肖柏）	04465
巡礼（島崎藤村）	04295
春鸞折甲（活活庵主人）	02242
咲庵（中山義秀）	06533
称謂私言（尾藤二洲）	07375
松宇家集（伊藤松宇）	00782
生写朝顔話（山田案山子）	09426
上越国境（角田吉夫）	05854
荘園史の研究（西岡虎之助）	06671
常縁集（東常縁）	05999
荘園志料（清水正健）	04361
湘煙日記（中島湘煙）	06363
松翁道話（布勢松翁）	07832
生涯最高の失敗（田中耕一）	05447
生涯発達心理学の課題（村田孝次）	08915
小学唱歌集（文部省）	09141
城下の人（石光真清）	00628
城下町のかたち（矢守一彦）	09589
鐘馗（世阿弥）	04774
娼妓絹籭（山東京伝）	04093
将棊絹篩（福島順蓁）	07588
小気候（吉野正敏）	09833
承久記（作者不詳）	10414
商業学概論（内池廉吉）	01232
上宮聖徳法王帝説（作者不詳）	10415
昭君（作者不詳）	10416
蕉堅藁（絶海）	04872
上弦の月を喰べる獅子（夢枕獏）	09639
証言 水俣病（栗原彬）	03151
松香私志（長与専斎）	06544
正午の果実（北村初雄）	02851
常山紀談（湯浅常山）	09592
上司が「鬼」とならねば部下は動かず（染谷和巳）	04949
常識的文学論（大岡昇平）	01532
声字実相義（空海）	03007
生写相生源氏（歌川国貞）	01222
小銃（小島信夫）	03420
小衆をつかむ（平島廉久）	07447
猩々（世阿弥）	04775
少将滋幹の母（谷崎潤一郎）	05550
ショウジョウバエの遺伝実習—分類・形態・基礎的実験法（森脇大五郎）	09131
小乗仏教思想論（木村泰賢）	02927
生々流転（岡本かの子）	01820
上司は思いつきでものを言う（橋本治）	06993
焼身（高木俊朗）	04998
成尋阿闍梨母集（成尋阿闍梨母）	04436
正信偈大意（蓮如）	09966
招婿婚の研究（高群逸枝）	05163
情性心解（並河天民）	06604
小説から遠く離れて（蓮実重彦）	07011
小説十八史略（陳舜臣）	05719
小説神髄（坪内逍遙）	05883
小説総論（二葉亭四迷）	07835
小説太宰治（檀一雄）	05632
小説智恵子抄（佐藤春夫）	03994
小説の書き方（吉田とし）	09802
小説の再発見（山本健吉）	09520
小説の方法（伊藤整）	00789
小説渡辺崋山（杉浦明平）	04598
正像末浄土和讃（親鸞）	04544
消息往来（作者不詳）	10417
消息詞（菅原為長）	04578
装束と着け方（八束清貫）	09209
正尊（観世長俊）	02667
上代音韻攷（有坂秀世）	00334
上代の彫刻（上野直昭）	01180
上代の土地関係（清水三男）	04362
上代仏教思想史（家永三郎）	00414
樵談治要（一条兼良）	00726
小地域福祉活動 高齢化社会を地域から支える（沢田清方）	04063
掌中歴（三善為康）	08788
象徴詩釈義（上田敏）	01169
正徹物語（正徹）	04441
省電車掌（黒江勇）	03188
承徳本古謡集（作者不詳）	10418
浄土宗略抄（法然）	07923
衝突針路（高橋泰邦）	05120
浄土文類聚鈔（親鸞）	04545
小児必用養育草（香月牛山）	02243
情人（北原武夫）	02821
商人たちの共和国（黒田美代子）	03214
少年（金子兜太）	02358
少年愛の美学—稲垣足穂コレクション（稲垣足穂）	00850
少年行（中村星湖）	06491
少年工芸文庫（石井研堂）	00492
少年時代の画集（森忠明）	09059
少年探偵団（江戸川乱歩）	01402
少年の青い海（達本外喜治）	05422
少年の死（豊島与志雄）	06192
少年の虹（山手樹一郎）	09473
少年文学史 明治編（木村小舟）	02925
少年文庫 壱之巻（島村抱月）	04343
小農に関する研究（横井時敬）	09652
小農保護問題（社会政策学会）	04399
詞葉の花（烏亭焉馬）	01277
商売往来（堀流水軒）	08023

しようはい　作品名索引

商売の原点(鈴木敏文)	04686
商売の創造(鈴木敏文)	04687
尚白剳記(西周)	06655
蒸発(夏樹静子)	06567
消費社会と権力(内田隆三)	01248
消費者問題を学ぶ(金森房子)	02343
消費者問題を学ぶ(正田彬)	04438
常微分方程式論(藤原松三郎)	07805
商品生産と寄生地主制—近世畿内農業における(永原慶二)	06447
商品生産と寄生地主制—近世畿内農業における(古島敏雄)	07890
娼婦の部屋(吉行淳之介)	09895
商法解釈の諸問題(松本烝治)	08313
情報化社会(林雄二郎)	07240
正法眼蔵(道元)	06017
正法眼蔵随聞記(唐木順三)	02462
正法眼蔵随聞記(孤雲懐奘)	03378
正法眼蔵随聞記(道元)	06018
情報社会の作法(名和小太郎)	06620
情報数学入門(榎本彦衛)	01423
情報戦に完敗した日本(岩島久夫)	01089
商法総則概論(田中耕太郎)	05456
情報と自己組織性の理論(吉田民人)	09794
情報と文化(情報文化研究フォーラム)	04468
情報なき戦争指導—大本営情報参謀の回想(杉田一次)	04604
情報の技術(日垣隆)	07319
情報の文明学(梅棹忠夫)	01313
情報理論(甘利俊一)	00271
正本製(柳亭種彦)	09950
勝鬘経義疏(聖徳太子)	04448
常民の戦争と海(中村隆一郎)	06519
匠明(平内政信)	07900
消滅の光輪(眉村卓)	08384
蕉門一夜口授(堀麦水)	08019
将門記(作者不詳)	10419
縄文式階層化社会(渡辺仁)	10076
縄文時代(小山修三)	03584
縄文時代の植物食(渡辺誠)	10079
縄文土器の話(甲野勇)	03360
縄文土器—民族の生命力(岡本太郎)	01831
縄文文化と日本人(佐々木高明)	03874
縄文文化の研究(加藤晋平)	02284
条約改正論(島田三郎)	04325
小右記(藤原実資)	07760
照葉樹林文化(上山春平)	01196
将来之日本(徳富蘇峰)	06083
性霊集(空海)	03008
昭和海軍秘史(中村菊男)	06468
昭和棄民船(小林忠太郎)	03506
昭和憲兵史(大谷敬二郎)	01634
昭和史(遠山茂樹)	06045
昭和史(中村隆英)	06494
昭和史の軍人たち(秦郁彦)	07075
昭和住宅物語(藤森照信)	07720
昭和十年代史断章(伊藤隆)	00804
昭和戦争史の証言(西浦進)	06662
昭和ナショナリズムの諸相(橋川文三)	06985
昭和の動乱(重光葵)	04159
昭和文学史(平野謙)	07475
昭和文学盛衰史(高見順)	05149
昭和法宝総目録(高楠順次郎)	05007
昭和万葉集(昭和万葉集編纂部)	04469
昭和六年のはじめに(島崎藤村)	04296
諸艶大鑑(井原西鶴)	00972
女王陛下の阿房船(阿川弘之)	00075
書を捨てよ、町へ出よう(寺山修司)	05974
初学訓(貝原益軒)	02108
初学天文指南(馬場信武)	07153
書簡集(新島襄)	06637
諸勘分物(百川治兵衛)	09013
初期ヴェーダーンタ哲学史(中村元)	06508
初期絵巻物の風俗史的研究(鈴木敬三)	04657
書記官(川上眉山)	02518
初期讃美歌集(作者不詳)	10420
書紀集解(河村秀根)	02638
初期肉筆浮世絵(岸田劉生)	02762
植学啓原(宇田川榕菴)	01229
職業社会学(尾高邦雄)	01994
職業としての福祉(宇野裕)	01307
職原抄(北畠親房)	02813
続現葉和歌集(作者不詳)	10421
続後拾遺和歌集(二条為定)	06743
続後拾遺和歌集(二条為藤)	06745
続後撰和歌集(藤原為家)	07778
食後の唄(木下杢太郎)	02899
続詞花和歌集(藤原清輔)	07735
式子内親王集(式子内親王)	04470
続拾遺和歌集(二条為氏)	06741
飾抄(源通方)	08607
続千載和歌集(二条為世)	06746
食卓のない家(円地文子)	01449
食と農の戦後史(岸康彦)	02747
続日本紀(菅野真道)	04576
続日本紀(藤原継縄)	07784
続日本後紀(春澄善縄)	07291
続日本後紀(藤原良房)	07826
職場の労働組合と参加(小池和男)	03264
植物根系の理想型(山内章)	09292
植物祭(富岡多恵子)	06141
植物祭(前川佐美雄)	08088

植物の知られざる生命力(岡本尚)	01834
植物の生理(太田次郎)	01609
植物―不思議な世界(美濃部侑三)	08615
植物妖異考(白井光太郎)	04478
植民及植民政策(矢内原忠雄)	09216
植民史(細川嘉六)	07966
植民地帝国日本の文化統合(駒込武)	03539
食物と心臓(柳田国男)	09249
続門葉和歌集(嘉宝麿)	02391
続門葉和歌集(吹若麿)	07928
食料輸入大国への警鐘―農産物貿易の実相(堀口健治)	08038
所見(前田正名)	08100
女工哀史(細井和喜蔵)	07965
女工と結核(石原修)	00609
諸国畸人伝(石川淳)	00526
諸国此比好色覚帳(和泉屋八左衛門)	00672
諸国の天女(永瀬清子)	06373
諸国名産大根料理秘伝抄(器土堂主人)	02865
女子勤労奉仕隊員の記録(知覧高女なでしこ会)	05712
諸州めぐり(貝原益軒)	02109
抒情詩(宮崎湖処子)	08662
抒情小曲集(室生犀星)	08955
ショスタコーヴィッチ(井上頼豊)	00944
女性解放へ(山川菊栄)	09329
女性と人権(辻村みよ子)	05766
女性に関する十二章(伊藤整)	00790
書藪巡歴(林望)	07218
職工事情(農商務省商工局工務課工場調査掛)	06857
初等幾何学教科書(菊池大麓)	02735
初等整数論講義(高木貞治)	04992
ショート・サーキット(佐伯一麦)	03735
庶物類纂(稲生若水)	00877
書物について(清水徹)	04359
初夜(三浦哲郎)	08424
所有権法の理論(川島武宜)	02553
ジョン・ウェインはなぜ死んだか(広瀬隆)	07512
ジョン万次郎漂流記(井伏鱒二)	00993
自雷也(作者不詳)	10422
「白樺」派の文学(本多秋五)	08065
白川家記(作者不詳)	10423
白河楽翁公と徳川時代(三上参次)	08442
新羅史研究(今西竜)	01047
新羅史の諸問題(末松保和)	04566
白鷺(野口冨士男)	06882
白洲正子自伝(白洲正子)	04494
シラーとギリシャ悲劇(新関良三)	06640
白髭(金春禅竹)	03638
虱(手塚英孝)	05957
知られざる教育―抽象への抵抗(上田薫)	01152
知られぬ日本の面影(小泉八雲)	03287
シリーズ21世紀の環境読本(山田国広)	09428
シリーズ学びと文化2 言葉という絆(佐伯胖)	03749
シリーズ学びと文化4 共生する社会(佐伯胖)	03750
寺領荘園の研究(竹内理三)	05260
史料保存と文書館学(安藤正人)	00385
史料保存と文書館学(大藤修)	01667
磁力と重力の発見(山本義隆)	09581
シルクのはなし(小林勝利)	03525
シルクのはなし(鳥山国士)	06219
死霊(埴谷雄高)	07145
司令の休暇(阿部昭)	00213
城(水上勉)	08570
白い壁(本庄陸男)	08059
白い巨塔(山崎豊子)	09380
白い罌粟(立原正秋)	05405
白い夏の墓標(帚木蓬生)	07158
白い人(遠藤周作)	01469
白い炎(井上靖)	00929
次郎物語(下村湖人)	04394
銀心中(田宮虎彦)	05590
白き手の猟人(三木露風)	08462
白き山(斎藤茂吉)	03718
次郎長三国志(村上元三)	08872
代主(世阿弥)	04776
城のある町にて(梶井基次郎)	02181
しろばら(田沢稲舟)	05366
しろばんば(井上靖)	00930
ジロー・プーチン日記(北畠八穂)	02817
史論(安積艮斎)	00145
詩論(小野十三郎)	02025
親愛なる人間さまへ(沢崎坦)	04062
新医療ソーシャルワーカー論(児島美都子)	03430
新浦島(森鷗外)	09033
寝園(横光利一)	09678
新・大前研一レポート(大前研一)	01718
新 折々のうた(大岡信)	01540
塵芥集(伊達稙宗)	05423
深海艇F7号の冒険(畑正憲)	07082
深海の使者(吉村昭)	09850
心画軌範(貝原益軒)	02110
新カグヤ姫(檀一雄)	05633
進化する資本主義(横川信治)	09656
新学校管理読本(文部省地方課法令研究会)	09148
進化と人間行動(長谷川寿一)	07055
進化と人間行動(長谷川真理子)	07068

作品名	番号
進化論講話（丘浅次郎）	01758
新監獄学（正木亮）	08158
新幹線公害（舩橋晴俊）	07863
心願の国（原民喜）	07270
真贋ものがたり（三杉隆敏）	08491
新企業繁栄論（牧野昇）	08134
神祇史大系（宮地直一）	08687
新教育に於ける学級経営（野村芳兵衛）	06948
新曲（作者不詳）	10424
真心抄（明空）	08965
慎機論（渡辺崋山）	10031
真空地帯（野間宏）	06931
神宮秘伝問答（出口延佳）	05944
真紅の溜息（深尾須磨子）	07546
シングルガール（落合恵子）	02002
シングル・セル（増田みず子）	08189
新蔵人物語（作者不詳）	10425
新訓万葉集（佐佐木信綱）	03891
真景累ヶ淵（三遊亭円朝）	04101
神経質の本態と療法（森田正馬）	09107
新芸術と新人（江口渙）	01363
神経成長因子ものがたり（畠中寛）	07089
神経病時代（広津和郎）	07528
進撃水雷戦隊（須藤幸助）	04725
新月（佐佐木信綱）	03892
人権（樋口陽一）	07347
新剣豪伝（中山義秀）	06534
人権、国家、文明（大沼保昭）	01678
人権新説（加藤弘之）	02307
新憲法の誕生（古関彰一）	03444
真・幻魔大戦（平井和正）	07417
人口移動の計量地理学（石川義孝）	00564
塵劫記（吉田光由）	09813
新稿貸借対照表論（上野道輔）	01183
人工知能と人間（長尾真）	06321
信仰の遺産（岩下壮一）	01086
信仰の友（植村正久）	01194
新古今時代（風巻景次郎）	02169
新古今和歌集（藤原定家）	07753
新国学談（柳田国男）	09250
人国記（作者不詳）	10426
清国行政法（台湾総督府臨時台湾旧慣調査会）	04964
神国思想と専修念仏（黒田俊雄）	03211
神国日本（小泉八雲）	03288
新国文学史（五十嵐力）	00423
新後拾遺和歌集（藤原為重）	07780
新後拾遺和歌集（藤原為遠）	07782
新吾十番勝負（川口松太郎）	02533
新後撰和歌集（二条為世）	06747
真言密教の教学（金山穆韶）	02345
人材格差の時代（江坂彰）	01375
新歳時記（高浜虚子）	05136
新猿楽記（藤原明衡）	07724
シンシアとぼくと太平洋（岡村精二）	01810
真実（高安国世）	05167
真実一路（山本有三）	09572
紳士同盟（小林信彦）	03511
人事部は見ている。（楠木新）	03054
新社会（矢野龍渓）	09282
新拾遺和歌集（藤原為明）	07776
信州教育論（上田薫）	01153
新宗教事典（井上順孝）	00901
神州纐纈城（国枝史郎）	03067
心中天網島（近松門左衛門）	05670
神州天馬俠（吉川英治）	09732
深重の海（津本陽）	05907
心中二つ腹帯（紀海音）	02867
心中宵庚申（近松門左衛門）	05671
新宿鮫（大沢在昌）	01578
真珠島（三木露風）	08463
真珠夫人（菊池寛）	02728
真珠湾（牛島秀彦）	01207
新春（徳冨蘆花）	06093
新春夏秋冬（松根東洋城）	08289
真情あふるる軽薄さ（清水邦夫）	04353
真情春雨衣（梅亭金鵞）	06959
新続古今和歌集（飛鳥井雅世）	00181
新書太閤記（吉川英治）	09733
人身窮理書（広瀬元恭）	07509
新 人体の矛盾（井尻正二）	00644
新 人体の矛盾（小寺春人）	03453
信心の世界、遁世者の心（大隅和雄）	01602
新生（島崎藤村）	04297
人生越境ゲーム（青木昌彦）	00031
人生を最高に楽しむために20代で使ってはいけない100の言葉（千田琢哉）	04903
神聖喜劇（大西巨人）	01670
人生劇場（尾崎士郎）	01926
人世三宝説（西周）	06656
神聖代（荒巻義雄）	00317
真政大意（加藤弘之）	02308
人生逃亡者の記録（きだみのる）	02781
人生と仕事について知っておいてほしいこと（松下幸之助）	08253
人生と文学（小泉八雲）	03289
人生に相渉るとは何の謂ぞ（北村透谷）	02844
人生の阿呆（木々高太郎）	02717
人生の入口（江口渙）	01364
人生の幸福（正宗白鳥）	08172
人生論ノート（三木清）	08448
新世界秩序を求めて（高谷好一）	05166

作品名	番号
真説石川五右衛門（檀一雄）	05634
真説・クジラの来る海（景山民夫）	02151
新説 八十日間世界一周（川島忠之助）	02556
新撰犬筑波集（山崎宗鑑）	09377
新撰狂歌集（作者不詳）	10427
新撰組（白井喬二）	04475
新選組（村山知義）	08940
新選組始末記（子母沢寛）	04382
新撰組の女たち（童門冬二）	06041
新千載集（二条為定）	06744
新撰字鏡（昌住）	04434
新撰姓氏録（万多親王）	08406
新撰姓氏録考証（栗田寛）	03149
新撰姓氏録の研究（佐伯有清）	03734
新・戦陣訓（名倉康修）	06556
新撰髄脳（藤原公任）	07740
新撰長禄寛正記（作者不詳）	10428
新撰菟玖波集（一条兼良）	00729
新撰東京名所図会（山下重民）	09410
新撰童話坪田譲治集（坪田譲治）	05890
真善美日本人（三宅雪嶺）	08640
新撰万葉集（菅原道真）	04582
新撰洋学年表（大槻如電）	01658
新川柳一万句集（川上三太郎）	02502
新川柳大観（川上三太郎）	02503
新撰朗詠集（藤原基俊）	07813
新撰和歌（紀貫之）	02872
新撰和歌集（紀貫之）	02873
新増犬筑波集（松永貞徳）	08284
新造軍艦（押川春浪）	01974
新粧之佳人（須藤南翠）	04726
人造美人（星新一）	07936
清俗紀聞（中川忠英）	06336
親族法（穂積重遠）	07953
新体詩抄（外山正一）	06183
新体詩抄（矢田部良吉）	09207
神代史の新しい研究（津田左右吉）	05777
神代史の研究（津田左右吉）	05778
人体に秘められた動物（香原志勢）	03375
身体の人among学（菅原和孝）	04577
身体の比較社会学（大沢真幸）	01582
神代巻口訣（忌部正通）	01136
神代巻風葉集（山崎闇斎）	09371
身体の零度—何が近代を成立させたか（三浦雅士）	08434
新体梅花詩集（中西梅花）	06407
身体論（湯浅泰雄）	09597
死んだ海（村山知義）	08941
信太郎人情始末帖（杉本章子）	04622
新短歌提唱（前田夕暮）	08103
新中間大衆の時代（村上泰亮）	08895
信長公記（太田牛一）	01607
清朝史通論（内藤湖南）	06229
清朝全史（稲葉君山）	00857
新勅撰和歌集（藤原定家）	07754
新訂増補国史大系 日本書紀（黒板勝美）	03175
塵添壒囊鈔（作者不詳）	10429
神殿か獄舎か（長谷川堯）	07050
新田の研究（松好貞夫）	08356
神道五部書（作者不詳）	10430
新唐詩選（三好達治）	08783
新唐詩選（吉川幸次郎）	09743
神道集（安居院）	00102
神道大意（吉田兼倶）	09766
人道の介入（最上敏樹）	08982
神道伝授（林羅山）	07243
神道の宗教発達史的研究（加藤玄智）	02260
神道の成立（高取正男）	05043
神道要語（慈雲）	04115
新東洋事情（深田祐介）	07563
振動論（戸田盛和）	06123
神道は祭天の古俗（久米邦武）	03128
しんとく丸（作者不詳）	10431
「新十津川物語」シリーズ（川村たかし）	02637
新日本史（竹越与三郎）	05265
新日本の青年（徳富蘇峰）	06084
神皇正統記（北畠親房）	02814
真の自己と二人の大他者（作田啓一）	03848
心奪（作者不詳）	10432
新俳句歳時記（山本健吉）	09521
新花摘（与謝蕪村）	09694
審判（武田泰淳）	05284
審判（堀田善衞）	07994
新版歌祭文（近松半二）	05661
新版大岡政談（林不忘）	07224
新版 軍縮の政治学（坂本義和）	03832
新版・日本仇討（千葉亀雄）	05692
新美辞学（島村抱月）	04344
神秘的半獣主義（岩野泡鳴）	01106
新微分方程式対話（笠原晧司）	02168
神仏習合（義江彰夫）	09716
新文学入門（タカクラテル）	05010
新聞小僧（阿部知二）	00246
人文地理学研究（小川琢治）	01845
新聞の話（杉村楚人冠）	04620
新・平家物語（吉川英治）	09734
新兵サンよもやま物語（富沢繁）	06145
甚兵衛さんとフラスコ（相馬泰三）	04931
神壁算法（藤田嘉言）	07694
新編会津風土記（会津藩）	00005
新編相模国風土記稿（林述斎）	07206
新編覆醬集（石川丈山）	00535

新編武蔵国風土記稿（間宮士信）	08369
新編明治精神史（色川大吉）	01064
新マーケティング経営（船井幸雄）	07841
新万葉集（斎藤茂吉）	03719
人民は弱し 官吏は強し（星新一）	07937
深夜特急1 香港・マカオ（沢木耕太郎）	04060
深夜の酒宴（椎名麟三）	04112
信用組合論（杉山孝平）	04638
信用組合論（平田東助）	07464
新葉和歌集（宗良親王）	08847
信頼の構造（山岸俊男）	09343
信頼の条件―原発事故をめぐることば（影浦峡）	02149
親鸞（五木寛之）	00743
親鸞（丹羽文雄）	06829
親鸞聖人御消息集（親鸞）	04546
心理学（元良勇次郎）	09011
真理金針（井上円了）	00881
心理経済学のすすめ（妙木浩之）	08772
心理作戦の回想（恒石重嗣）	05832
心理試験（江戸川乱歩）	01403
真理先生（武者小路実篤）	08821
真理の春（細田民樹）	07970
侵略と戦慄（杉山徹宗）	04637
人倫訓蒙図彙（源三郎）	03248
森林・草原・氷河（加藤泰安）	02287
森林ニッポン（足立倫行）	00198
森林文化への道（筒井迪夫）	05804
人類学（富田守）	06158
人類学講義（坪井正五郎）	05874
人類進化学入門（埴原和郎）	07142
人類生態学（鈴木継美）	04684
人類の起源と進化（黒田末寿）	03208
神霊矢口渡（福内鬼外）	07574
新論（会沢正志斎）	00001
神話学原論（松村武雄）	08298
新和歌集（二条為氏）	06742
神話伝説大系（松村武雄）	08299
神話の系譜（大林太良）	01708
神話の娘（深尾須磨子）	07547

【す】

垂加翁神説（跡部良顕）	00203
垂加社語（山崎闇斎）	09372
垂加草（植田玄節）	01160
酔狂者の独白（葛西善蔵）	02164
水蒸船説略（箕作阮甫）	08541
吹塵録（勝海舟）	02239

水族館への招待（鈴木克美）	04651
水族志（畔田翠山）	03207
水中花（五木寛之）	00744
水鳥記（作者不詳）	10433
垂直に挑む男（吉尾弘）	09720
垂直の星―吉尾弘遺稿集（吉尾弘）	09721
推定と検定（鷲尾泰俊）	09992
水田の考古学（工楽善通）	03139
水田のはたらき（関矢信一郎）	04869
隋唐燕楽調研究（林謙三）	07197
水道の思想（鯖田豊之）	04040
水巴句帖（渡辺水巴）	10066
随筆きぬた（森田たま）	09099
随筆歳時記（森田たま）	09100
随筆竹（森田たま）	09101
随筆―船（和辻春樹）	10105
水平線上にて（中沢けい）	06347
水平線の少年（牛島龍介）	01210
水墨集（北原白秋）	02830
酔茗詩集（河井酔茗）	02486
水論聟（作者不詳）	10434
スウィス日記（辻村伊助）	05761
スウィフト考（中野好夫）	06439
スウェーデンの知的しょうがい者とノーマライゼーション（河東田博）	02321
数学基礎論入門（前原昭二）	08109
数学基礎論の応用（廣瀬健）	07507
数学教育史（小倉金之助）	01897
数学史研究（小倉金之助）	01898
数学的の世界観―現代数学の思想と展望（竹内外史）	05229
数学的センス（野崎昭弘）	06901
数学点景（一松信）	07383
数学読本（松坂和夫）	08245
数学の七つの迷信（小針晛宏）	03530
数学のひろば（伊藤俊次）	00780
数学の方法（廣瀬健）	07508
数学の問題（一松信）	07384
数学の問題（米田信夫）	09911
数学ブックガイド100（森毅）	09061
数奇伝（田岡嶺雲）	04970
数Ⅲ方式 ガロアの理論（矢ヶ部巌）	09149
数値解析（一松信）	07385
数値解析と非線型現象（山口昌哉）	09367
数理計画法（坂口実）	03810
数理経済学の基礎（塩沢由典）	04119
数理哲学研究（田辺元）	05507
数理統計学（竹内啓）	05236
数理の散策（高橋秀俊）	05109
末摘花（書肆花屋久次郎）	04471
末広がり（作者不詳）	10435

素袍落（作者不詳）	10436	ストロベリー・ロード（石川好）	00565
周防の内侍（作者不詳）	10437	砂絵呪縛（土師清二）	06984
図解業界地図が一目でわかる本（ビジネスリサーチ・ジャパン）	07364	砂の上の植物群（吉行淳之介）	09896
		砂の器（松本清張）	08327
図解 古建築入門—日本建築はどうつくられているか（西和夫）	06660	砂の女（安部公房）	00224
		砂のクロニクル（船戸与一）	07850
図解策（江藤新平）	01396	砂の枕（堀口大学）	08042
図解 日本の人類遺跡（日本第四紀学会）	06810	砂山（北原白秋）	02831
図解「儲け」のカラクリ（インタービジョン21）	01134	脛齧（作者不詳）	10442
		頭脳の戦争（岩田宏）	01098
菅江真澄全集（菅江真澄）	04572	Snow Crystals（中谷宇吉郎）	06523
菅江真澄遊覧記（菅江真澄）	04573	スーパーガイド 建築探偵術入門（東京建築探偵団）	06006
素顔の帝国海軍（瀬間喬）	04883		
姿三四郎（富田常雄）	06155	酢薑（作者不詳）	10443
巣鴨日記（重光葵）	04160	素晴らしいヨット旅行（柏村勲）	02208
菅原伝授手習鑑（竹田出雲（2代））	05275	素晴らしきラジオ体操（高橋秀実）	05111
図鑑・日本の軍象（笹間良彦）	03909	スプートニクの恋人（村上春樹）	08884
杉浦重剛座談録（杉浦重剛）	04593	スポーツとは何か（玉木正之）	05580
杉田久女句集（杉田久女）	04609	須磨源氏（世阿弥）	04777
スキー的思考（笠井潔）	02159	須磨寺付近（山本周五郎）	09542
スキーの科学（木下是雄）	02878	墨染桜（作者不詳）	10444
杉村楚人冠全集（杉村楚人冠）	04621	すみだ川（永井荷風）	06265
杉山メモ（参謀本部）	04099	隅田川（観世元雅）	02681
助六所縁江戸桜（桜田治助（1代））	03864	隅田川（芝木好子）	04232
助六所縁江戸桜（藤本斗文）	07712	隅田川続俤（奈川七五三助）	06553
すこし昔の話（初見一雄）	07118	隅田川花御所染（鶴屋南北（4代））	05937
双六僧（作者不詳）	10438	隅田川暮色（芝木好子）	04233
洲崎パラダイス（芝木好子）	04231	すみたはら（志田野坡）	04172
鈴木貫太郎自伝（鈴木貫太郎）	04652	墨塗女（作者不詳）	10445
鈴木貫太郎伝（伝記編纂委員会）	05980	住吉詣（作者不詳）	10446
鱸包丁（作者不詳）	10439	住吉物語（作者不詳）	10447
鈴木主水（久生十蘭）	07354	スリランカ・ゴールの肖像—南アジア地方都市の社会史（友杉孝）	06171
鈴屋集（本居宣長）	08997		
雀の発心（作者不詳）	10440	駿河遊侠伝（子母沢寛）	04383
硯破（作者不詳）	10441	スルタンガリエフの夢（山内昌之）	09300
図説大百科 世界の地理（田辺裕）	05514	図録 石器入門事典（加藤晋平）	02285
図説日本美術史（大岡実）	01543	スローなブギにしてくれ（片岡義男）	02223
図説日本美術史（田沢坦）	05367	諏訪湖の研究（田中水歌麿）	05431
図説 発掘が語る日本史（坪井清足）	05859	駿台雑話（室鳩巣）	08948
図説 風水学—中国四千年の知恵をさぐる（日崎茂和）	08973	寸鉄録（藤原惺窩）	07770
		寸法武者（八切止夫）	09159
隅田春妓女容性（並木五瓶（1代））	06607		
スターリン暗殺計画（檜山良昭）	07410		
頭痛肩こり樋口一葉（井上ひさし）	00908	【せ】	
「ズッコケ三人組」シリーズ（那須正幹）	06563		
図で考える人は仕事ができる（久恒啓一）	07357	世阿弥（山崎正和）	09392
捨子物語（高橋和巳）	05071	世阿弥十六部集（世阿弥）	04778
「捨てる！」技術（辰巳渚）	05421	生（田山花袋）	05619
ストック経済を考える（野口悠紀雄）	06885	性愛論（橋爪大三郎）	06990
ストラテジック・マインド（大前研一）	01719	井蛙抄（頓阿）	06221
ストーリーとしての競争戦略（楠木建）	03055		

作品	番号
聖アンデルセン（小山清）	03583
西域史研究（白鳥庫吉）	04496
西域文化史（羽田亨）	07147
西域文明史概論（羽田亨）	07148
西域物語（本多利明）	08074
青淵百話（渋沢栄一）	04258
西王母（世阿弥）	04779
生化学の夜明け（丸山工作）	08395
正学指掌（尾藤二洲）	07376
性格心理学への招待（詫摩武俊）	05220
聖学問答（太宰春台）	05362
性格はいかにつくられるか（詫摩武俊）	05221
聖家族（堀辰雄）	08011
生活者の政治学（高畠通敏）	05126
生活世界の環境学（嘉田由紀子）	02217
生活の探求（島木健作）	04285
生活文化と数学（岡部進）	01807
青果の市（芝木好子）	04234
惺窩文集（藤原惺窩）	07771
清厳茶話（正徹）	04442
誓願寺（世阿弥）	04780
星巌集（梁川星巌）	09222
蜕巌先生文集（梁田蜕巌）	09273
正義を求める心（大杉栄）	01600
静寄軒文集（尾藤二洲）	07377
正気歌（藤田東湖）	07686
世紀末鯨鯢記（久間十義）	07358
西宮記（源高明）	08596
青牛集（古泉千樫）	03280
性教育論（山本宣治）	09550
聖教要録（山鹿素行）	09313
声曲類纂（斎藤月岑）	03680
背くらべ（海野厚）	01343
成形図説（薩摩藩）	03931
靖献遺言（浅見絅斎）	00168
青幻記（一色次郎）	00749
省諐録（佐久間象山）	03852
政語（松平定信）	08276
贅語（三浦梅園）	08428
星座（有島武郎）	00342
生産システムの進化論（藤本隆宏）	07709
聖三稜玻璃（山村暮鳥）	09499
政治（有賀弘）	00368
政治家（戸沢鉄彦）	06112
政治改革（山口二郎）	09351
政治科学の先駆者たち（吉村正）	09863
政治学への道案内（高畠通敏）	05127
政治学概論（山川雄巳）	09326
政治学大綱（小野塚喜平次）	02038
政治学における方法二元論（今中次麿）	01033
政治学入門（阿部斉）	00250
政治学のすすめ（猪口邦子）	00949
政治学の任務と対象（蝋山政道）	09969
政治学汎論（大石兵太郎）	01495
姓氏家系大辞典（太田亮）	01606
政治史（中村哲）	06504
政治思想における自由と秩序（渋谷浩）	04263
政治社会学（綿貫譲治）	10088
政治小説研究（柳田泉）	09235
政治心理学（稲田周之助）	00855
政治の統一戦線へ！（山川均）	09335
政治と文学（平野謙）	07476
政治と文学の間（平野謙）	07477
政治における理想と現実（内山秀夫）	01268
政治の社会的基礎（大山郁夫）	01752
政治の世界（丸山真男）	08400
政治の舞台（岡野加穂留）	01803
政治文化論（中村菊男）	06469
成熟と喪失（江藤淳）	01391
青春（伊集院整）	00791
青春（小栗風葉）	01907
青春を山に賭けて（植村直己）	01193
青春天山雷撃隊（肥田真幸）	07370
「青春」という名の詩（宇野収）	01280
「青春」という名の詩（作山宗久）	03855
青春の蹉跌（石川達三）	00551
青春の門（五木寛之）	00745
青春放浪（檀一雄）	05635
星条旗の聞こえない部屋（リービ英雄）	09937
政事要略（惟宗允亮）	03592
聖職の碑（新田次郎）	06785
聖書動物考（別所梅之助）	07904
聖書のなかのマリア（土屋博）	05798
聖書より見たる日本（藤井武）	07639
聖書論（渡辺善太）	10070
政治論文集（埴谷雄高）	07146
精神史（林達夫）	07214
精神史的考察（藤田省三）	07678
精神主義（清沢満之）	02978
精神世界のゆくえ（島薗進）	04316
精神としての身体（市川浩）	00716
精神と物質（立花隆）	05391
精神と物質（利根川進）	06126
精神療法と精神分析（土居健郎）	05990
醒睡笑（安楽庵策伝）	00389
性生活の知恵（謝国権）	04398
生性発蘊（西周）	06657
征西府秘帖（森本繁）	09122
西籍概論（平田篤胤）	07457
西説内科撰要（宇田川玄随）	01226
井泉句集（荻原井泉水）	01872
井泉水句集（荻原井泉水）	01873

製造業は永遠です(牧野昇)	08135
生体染色総説総論(清野謙次)	02982
生態民俗学序説(野本寛一)	06949
贅沢な読書(向井敏)	08802
政談(荻生徂徠)	01864
性的人間(大江健三郎)	01510
正伝佐久間艇長(法本義弘)	06951
政党政治の再生(北岡伸一)	02795
征東都督府(光瀬龍)	08543
青銅の基督(長与善郎)	06546
政と官(後藤田正晴)	03470
制度通(伊емме東涯)	00813
制度論の構図(盛山和夫)	04838
聖なる王権ブルボン家(長谷川輝夫)	07052
性に眼覚める頃(室生犀星)	08956
青年(林房雄)	07220
青年(森鷗外)	09034
青年唱歌集(山田美妙)	09441
青年と学問(柳田国男)	09251
青年の階段(夏堀正元)	06572
青年の心理と生活(牛島義友)	01208
青年の環(野間宏)	06932
生の技法 家と施設を出て暮らす障害者(安積純子)	00146
生の闘争(大杉栄)	01601
生の要求と文学(片上伸)	02226
清風瑣言(上田秋成)	01148
征服被征服(岩野泡鳴)	01107
静物(庄野潤三)	04461
生物社会の論理(今西錦司)	01037
生物進化を考える(木村資生)	02936
生物戦部隊731(西里扶甬子)	06689
生物たちの不思議な物語(深海浩)	07566
生物と無生物のあいだ(福岡伸一)	07575
生物の世界(今西錦司)	01038
清兵衛と瓢箪(志賀直哉)	04137
政変(毎日新聞政治部)	08086
西方の人(芥川龍之介)	00116
聖母の出現(関一敏)	04845
聖母病院の友人たち(藤原作弥)	07745
舎密開宗(宇田川榕菴)	01230
舎密局必携(上野彦馬)	01181
舎密便覧(河野禎造)	03371
生命を捉えなおす(清水博)	04360
生命科学と人間(中村桂子)	06479
生命観を問い直す―エコロジーから脳死まで(森岡正博)	09071
生命体の科学(岡田節人)	01791
生命と地球の歴史(磯崎行雄)	00685
生命と地球の歴史(丸山茂徳)	08398
生命とは何か(金子邦彦)	02348

生命の意味論(多田富雄)	05377
生命の冠(山本有三)	09573
生命の多様性にあこがれて(井上民二)	00892
生命の誕生と進化(大野乾)	01684
生命の物理学(今堀和友)	01050
生命の宝庫・熱帯雨林(井上民二)	00893
生命の倫理を考える(島田燁子)	04317
静夜(尾上柴舟)	02035
西游草(清河八郎)	02966
西洋画談(司馬江漢)	04199
西洋学家訳述目録(穂亭主人)	04555
西洋紀聞(新井白石)	00294
西洋教育史(長尾十三二)	06320
精要算法(藤田貞資)	07676
西洋史講話(箕作元八)	08538
西洋事情(福沢諭吉)	07580
西洋中世世界の成立(増田四郎)	08184
西洋中世の文化(大類伸)	01753
西洋哲学史(今道友信)	01052
西洋哲学史(大西祝)	01676
西洋哲学史要(波多野精一)	07096
西洋道中膝栗毛(仮名垣魯文)	02333
西洋美術史概説(坂崎坦)	03812
西洋百工新書(宮崎柳条)	08669
性慾の触手(武林無想庵)	05319
聖ヨハネ病院にて(上林暁)	02692
生理人類学(富田守)	06159
生理人類学(真家和生)	08084
清良記(土居水也)	05996
精霊の森(諏訪優)	04734
セイレーン(栗本薫)	03157
セヴェラルネス 事物連鎖と人間(中谷礼仁)	06392
背負い富士(山本一力)	09508
背負い水(荻野アンナ)	01861
善界(竹田宗盛)	05292
世界一周子連れ航海記(迫人)	03867
世外井上公伝(井上馨侯伝記編纂会)	00945
世界艶語辞典(佐藤紅霞)	03942
世界がもし100人の村だったら(池田香代子)	00452
世界から言葉をひけば(石川喬司)	00536
世界経済の秩序とパワー(荒川弘)	00307
世界経済・破局か再生か(高橋乗宣)	05096
世界言語概説(市河三喜)	00707
世界史とわたし(梅棹忠夫)	01314
世界史の誕生(岡田英弘)	01795
世界資本主義形成の論理的構造(角山栄)	05855
世界大戦原因の研究(鹿島守之助)	02195
世界におけるギリシャ文明の潮流(坂口昂)	03806

世界に於ける日本美術の位置(矢代幸雄)	09170
世界農業史論(稲田昌植)	00856
世界農業史論(佐藤昌介)	03954
世界の裏街道を行く(大宅壮一)	01744
世界のオペラ(三浦環)	08421
世界の終りとハードボイルド・ワンダーランド(村上春樹)	08885
世界の灌漑と排水(志村博康)	04371
世界の共同主観的存在構造(広松渉)	07539
世界の大企業(佐藤定幸)	03949
世界の地形(貝塚爽平)	02096
世界の中心で、愛をさけぶ(片山恭一)	02229
世界のなかの日本経済(市村真一)	00735
世界の見方考え方(大前研一)	01720
世界の名著 マキアヴェリからサルトルまで(河野健二)	02602
世界の歴史(3) 東洋(仁井田陞)	06642
世界兵器図鑑(日本篇)(小橋良夫)	03483
世界法の理論(田中耕太郎)	05457
世界名著解題(柳田泉)	09236
世界歴史大系(平凡社)	07901
世鏡抄(作者不詳)	10448
関ヶ原(司馬遼太郎)	04217
析玄(広瀬淡窓)	07517
石魂(松本たかし)	08341
惜春(円地文子)	01450
関寺小町(世阿弥)	04781
関取千両幟(近松半二)	05662
責任(角田房子)	05849
関原与市(作者不詳)	10449
石版東京図絵(永井龍男)	06287
惜別の唄(神坂次郎)	03309
石門心学史の研究(石川謙)	00516
赤俘倶(服部天游)	07113
世間子息気質(江島其磧)	01382
世間胸算用(井原西鶴)	00973
世事見聞録(武陽隠士)	07873
世説新語茶(大田南畝)	01617
世俳(織田作之助)	01984
雪煙をめざして(加藤保男)	02315
雪華図説(土井利位)	05992
説教強盗物語(作者不詳)	10450
雪玉集(三条西実隆)	04085
楔形文字法の研究(原田慶吉)	07283
摂州合邦辻(菅専助)	04570
摂州合邦辻(若竹笛躬)	09974
絶唱(大江賢次)	01517
殺生石(日吉佐阿弥)	07413
摂待(宮増)	08735
絶対安全剃刀(高野文子)	05058
絶対こうなる! 日本経済(榊原英資)	03793
絶対こうなる! 日本経済(竹中平蔵)	05313
雪中梅(末広鉄腸)	04563
摂津国風土記(作者不詳)	10451
説得(大泉実成)	01500
節分(作者不詳)	10452
雪片曲線論(中沢新一)	06349
説門弟ನ(雪村周継)	04873
節曲集(作者不詳)	10453
瀬戸内水軍(宇田川武久)	01228
瀬戸内海の子供ら(小山祐士)	03587
銭形平次捕物控(野村胡堂)	06937
銭の城(白石一郎)	04482
蝉しぐれ(藤沢周平)	07659
蝉丸(世阿弥)	04782
セメント樽の中の手紙(葉山嘉樹)	07259
施療室にて(平林たい子)	07488
ゼロエミッションと日本経済(三橋規宏)	08547
零式戦闘機(柳田邦男)	09269
零戦(堀越二郎)	08045
零戦撃墜王(岩本徹三)	01124
ゼロの焦点(松本清張)	08328
零の発見―数学の生い立ち(吉田洋一)	09817
セロ弾きのゴーシュ(宮沢賢治)	08675
ゼーロン(牧野信一)	08127
一千一秒物語(稲垣足穂)	00851
禅へのいざない(鈴木俊隆)	04663
千円札は拾うな。(安田佳生)	09193
禅海一瀾(今北洪川)	01030
仙覚抄(仙覚)	04894
戦艦武蔵(吉村昭)	09851
戦艦武蔵の最期(渡辺清)	10040
戦艦大和(児島襄)	03425
戦艦大和いまだ沈まず(小板橋孝策)	03293
「戦艦大和」と戦後(吉田満)	09814
戦艦大和とともに(森下久)	09087
戦艦大和の建造(御田重宝)	02061
戦艦大和の最期(吉田満)	09815
戦艦大和・武蔵―設計と建造(松本喜太郎)	08306
戦記『塩』(満川元行)	08537
戦鬼たちの海(白石一郎)	04483
一九三二年の春(宮本百合子)	08760
1940年体制―さらば戦時経済(野口悠紀雄)	06886
1946 文学的考察(加藤周一)	02271
一九七六年日本の総選挙(杣正夫)	04948
一九二八年三月十五日(小林多喜二)	03504
1968年には何があったのか(唐木田健一)	02471
選挙制度(小林良彰)	03529
全記録ハルビン特務機関(西原征夫)	06717
前訓(手島堵庵)	05951
全軍突撃(半藤一利)	07306

全軍突撃（吉田敏夫）	09804
宣言（有島武郎）	00343
仙源抄（長慶天皇）	05706
宣言一つ（有島武郎）	00344
戰後（臼井吉見）	01215
千紅万紫（大田南畝）	01618
宣告（加賀乙彦）	02122
戦国海商伝（陳舜臣）	05720
千石の海（中川清治）	06334
戦国無頼（井上靖）	00931
戦後建築の終焉―世紀末建築論ノート（布野修司）	07869
戦後建築論ノート（布野修司）	07870
戦後詩―ユリシーズの不在（寺山修司）	05975
戦後政治（升味準之輔）	08197
戦後政治史（石川真澄）	00563
戦後日本の思想（久野収）	03089
戦後日本の大衆文化史（鶴見俊輔）	05924
戦後の社会変動と神社神道（石井研士）	00491
千五百番歌合（後鳥羽院）	03473
千載和歌集（藤原俊成）	07788
千山万岳（志村烏嶺）	04370
千山万水（大橋乙羽）	01700
前識談（海保青陵）	02118
戰時期日本の精神史1931～1945年（鶴見俊輔）	05925
戦時国際法講義（信夫淳平）	04192
撰時鈔（日蓮）	06769
禅思想史研究（鈴木大拙）	04674
戦史叢書（防衛庁防衛研究所戦史室）	07916
禅師曽我（作者不詳）	10454
戦時標準船（黒田直）	03209
煎じ物（作者不詳）	10455
千字文（木田章義）	02768
千手（金春禅竹）	03639
全集（小泉信三）	03275
禅宗史研究（宇井伯寿）	01141
撰集抄（作者不詳）	10456
先蹤者（大島亮吉）	01589
善心悪心（里見弴）	04023
戦陣訓（陸軍大臣）	09935
先進国の環境問題と農業（服部信司）	07111
戦陣随録（片倉衷）	02227
洗心洞劄記（大塩平八郎）	01583
センセイの鞄（川上弘美）	02520
先生のつうしんぼ（宮川ひろ）	08631
戦前期日本経済成長の分析（中村隆英）	06495
宣戦の大詔（徳富蘇峰）	06085
戦争（朝日新聞テーマ談話室）	00166
戦争（北川冬彦）	02806
戦争史大観（石原莞爾）	00611
戦争責任（家永三郎）	00415
戦争特派員（林真理子）	07235
戦争と国際システム（田中明彦）	05435
戦争と国際システム（山本吉宣）	09584
戦争と万博（椹木野衣）	04079
戦争と二人の婦人（山本有三）	09574
戦争と平和（猪口邦子）	00950
〈戦争と平和〉論（本多秋五）	08066
戦争の日本近現代史（加藤陽子）	02318
戦争放棄と平和的生存権（深瀬忠一）	07557
戦藻録（宇垣纏）	01198
戦争論（多木浩二）	05187
先祖の話（柳田国男）	09252
全体を見る眼と歴史家たち（二宮宏之）	06797
先代旧事本紀（作者不詳）	10457
洗濯屋と詩人（金子洋文）	02371
善太と三平（坪田譲治）	05891
先端技術と物理学（大槻義彦）	01664
先端技術の根本問題（星野芳郎）	07952
感傷旅行（田辺聖子）	05500
選択本願念仏集（法然）	07924
禅茶録（寂庵宗沢）	04402
戦中派不戦日記（山田風太郎）	09450
戦中用語集（三国一朗）	08465
船長（矢嶋三策）	09163
先哲叢談（東条琴台）	06026
先哲叢談（原念斎）	07276
仙伝抄（作者不詳）	10458
船頭小唄（野口雨情）	06873
戦闘妖精・雪風（神林長平）	02697
禅と日本文化（鈴木大拙）	04675
善と必然との間に（田中美知太郎）	05487
千日の変革（堺屋太一）	03783
千年の愉楽（中上健次）	06328
善の研究（西田幾多郎）	06699
全廃論を読む（幸徳秋水）	03356
船舶太平洋戦争（三岡健次郎）	08536
千羽鶴（川端康成）	02615
戦犯記（伊藤桂一）	00764
旋風時代（田中貢太郎）	05458
旋風二十年（森正蔵）	09054
旋風に告げよ（陳舜臣）	05721
前方後円墳の時代（近藤義郎）	03626
戦袍余薫懐旧録（有終会）	09614
撰要目録（明空）	08966
撰要両曲巻（藤原助員）	07767
千利休（唐木順三）	02463
戦略策定概論（波頭亮）	07120
戦略的思考とは何か（岡崎久彦）	01773
戦略爆撃の思想（前田哲男）	08096
戦略不全の論理（三品和広）	08466

せんりゆう　　　　　　　　　作品名索引

川柳入門（川上三太郎）……………… 02504
善隣国宝記（瑞渓周鳳）………………… 04552
禅林象器箋（道忠）……………………… 06031
線路工夫（山内謙吾）…………………… 09293

【そ】

草庵集（頓阿）…………………………… 06222
宗因千句（西山宗因）…………………… 06740
早雲寺殿廿一箇条（北条早雲）………… 07918
総会屋錦城（城山三郎）………………… 04507
そうか、君は課長になったのか。（佐々木常夫）……………………………………… 03885
創学校啓（荷田春満）…………………… 02215
挿花百規（池坊専定）…………………… 00476
挿花百練（未生斎一甫）………………… 08488
造艦回想（永村清）……………………… 06475
宗祇終焉記（宗長）……………………… 04922
蒼穹の昴（浅田次郎）…………………… 00151
箏曲大意抄（山田松黒）………………… 09432
草径集（大隈言道）……………………… 01558
象牙海岸（竹中郁）……………………… 05309
象牙の塔を出て（厨川白村）…………… 03162
総合森林学（上飯坂実）………………… 02499
総合ランチェスター戦略（田岡信夫）… 04965
草根集（正徹）…………………………… 04443
草山集（日政）…………………………… 06778
蔵志（山脇東洋）………………………… 09587
草紙洗小町（世阿弥）…………………… 04783
増修日本数学史（遠藤利貞）…………… 01474
相州兵乱記（作者不詳）………………… 10459
早春歌（近藤芳美）……………………… 03624
増殖する俳句歳時記（清水哲男）……… 04357
喪神（五味康祐）………………………… 03559
宗砌発句（宗砌）………………………… 04916
漱石とその時代（江藤淳）……………… 01392
漱石と倫敦ミイラ殺人事件（島田荘司）… 04328
漱石俳句集（夏目漱石）………………… 06583
創造への飛躍（湯川秀樹）……………… 09620
創造体質への企業変革（西田耕三）…… 06706
造像銘記（考古学会）…………………… 03300
創造力（西堀栄三郎）…………………… 06721
そうだったのか！ 現代史（池上彰）… 00446
雑談集（無住）…………………………… 08828
宗湛日記（神谷宗湛）…………………… 02412
宗長手記（宗長）………………………… 04923
増訂朝鮮語学史（小倉進平）…………… 01904
争点 日本の歴史（鈴木公雄）………… 04654
草人木（作者不詳）……………………… 10460

ゾウの時間ネズミの時間（本川達雄）… 09006
蒼白な紀行（村野四郎）………………… 08922
総帆をあげて（土井全二郎）…………… 05987
雑兵物語（松平信興）…………………… 08277
蒼氓（石川達三）………………………… 00552
草茅危言（中井竹山）…………………… 06290
僧房夢（山路閑古）……………………… 09408
増補現代中国辞典（中国研究所）……… 05702
増補 皇居前広場（原武史）…………… 07269
増補・ルソー（作田啓一）……………… 03849
草莽の国学（伊東多三郎）……………… 00807
草木図説（飯沼慾斎）…………………… 00412
草木太平記（作者不詳）………………… 10461
草木塔（種田山頭火）…………………… 05567
草木六部耕種法（佐藤信淵）…………… 03979
総力戦研究所（森松俊夫）……………… 09113
総力戦と現代化（山之内靖）…………… 09494
ソウル・ミュージック・ラバーズ・オンリー（山田詠美）…………………………… 09422
蔵和大辞典（河口慧海）………………… 02527
曽我会稽山（近松門左衛門）…………… 05672
曽我物語（作者不詳）…………………… 10462
曽我綉俠御所染（河竹黙阿弥）………… 02589
続一年有半（中江兆民）………………… 06308
続・大いなる仮説（大野乾）…………… 01685
続・会社の寿命（日経ビジネス）……… 06774
続紀歴朝詔詞解（本居宣長）…………… 08998
続・航海記（鴨下秀峰）………………… 02446
続古今和歌集（作者不詳）……………… 10463
続古今事訳（作者不詳）………………… 10464
続史愚抄（柳原紀光）…………………… 09272
続思索と体験（西田幾多郎）…………… 06700
続春夏秋冬（河東碧梧桐）……………… 02625
即身成仏義（空海）……………………… 03009
俗神道大意（平田篤胤）………………… 07458
続神皇正統記（北畠晴富）……………… 02815
続草庵集（頓阿）………………………… 06223
続地租増否論（田口卯吉）……………… 05215
続地租増否論（谷干城）………………… 05516
続・地理学の古典―フンボルトの世界（手塚章）……………………………………… 05953
続日本高僧伝（道契）…………………… 06013
続俳諧師（高浜虚子）…………………… 05137
続・物性科学のすすめ（近角聡信）…… 05651
続・分子進化学入門（今堀宏三）……… 01051
続・分子進化学入門（木村資生）……… 02937
続法窓夜話（穂積陳重）………………… 07955
続本朝高僧伝（道契）…………………… 06014
続本朝文粋（藤原季綱）………………… 07766
続もめん随筆（森田たま）……………… 09102
測量集成（福田理軒）…………………… 07615

作品名索引　　　　　　　　　　　たいこうか

測量船（三好達治）	08784
祖国喪失（堀田善衛）	07995
素餐録（尾藤二洲）	07378
組織と運動の理論（塩原勉）	04125
組織の盛衰（堺屋太一）	03784
そして誰かいなくなった（夏樹静子）	06568
咀嚼音（能村登四郎）	06943
楚囚之詩（北村透谷）	02845
租税研究（神戸正雄）	02705
租税原則学説の構造と生成（井藤半弥）	00818
租税政策の効果（石弘光）	00489
曽丹集（曽根好忠）	04939
即興詩人（森鷗外）	09035
卒論作成マニュアル（小池一之）	03265
卒論作成マニュアル（正井泰夫）	08143
袖と袖（小栗風葉）	01908
素堂家集（子光）	04161
素堂家集（山口素堂）	09356
卒都婆小町（世阿弥）	04784
外物（作者不詳）	10465
曽根崎心中（近松門左衛門）	05673
その妹（武者小路実篤）	08822
其面影（二葉亭四迷）	07836
其侭浅間獄（増山金八）	08198
その年の冬（立原正秋）	05406
園塵（猪苗代兼載）	00866
ソビエト帝国の復活（小室直樹）	03573
ソビエト帝国の崩壊（小室直樹）	03574
素描祖国の歴史（清水三男）	04363
祖父・小金井良精の記（星新一）	07938
蘇峰自伝（徳富蘇峰）	06086
徂徠集（荻生徂徠）	01865
徂徠先生答問書（荻生徂徠）	01866
天うつ浪（幸田露伴）	03338
空知川の岸辺（国木田独歩）	03076
空と樹木（尾崎喜八）	01918
空飛ぶ寄生虫（藤田紘一郎）	07672
空には本（寺山修司）	05976
空の細道（結城信一）	09608
橇（黒島伝治）	03203
素粒子（湯川秀樹）	09621
素粒子の探究（湯川秀樹）	09622
疎林への道（小島信夫）	03421
それから（夏目漱石）	06584
それぞれの機会（日向康）	07389
それでも「NO」と言える日本（石原慎太郎）	00620
ソ連が満洲に侵攻した夏（半藤一利）	07307
曽呂利咄（石川淳）	00527
存在論的、郵便的（東浩紀）	00183
孫子（海音寺潮五郎）	02067
孫の二乗の兵法（孫正義）	04952
尊卑分脈（洞院公定）	06003
孫文伝（鈴江言一）	04646

【た】

苔（綱淵謙錠）	05828
第一人者（真山青果）	08378
第一の暁（秋田雨雀）	00088
第一農業時論（横井時敬）	09653
大尉の娘（中内蝶二）	06305
大悦物語（作者不詳）	10466
大応語録（南浦紹明）	06635
大往生（永六輔）	01346
大滅亡（田中光二）	05453
大会（作者不詳）	10467
大海軍を想う（伊藤正徳）	00827
大海軍発展秘史（広瀬彦太）	07522
大海神（田中光二）	05454
大学演習 応用数学（加藤敏夫）	02292
大学演習 応用数学（吉田耕作）	09782
大学解（中江藤樹）	06312
大学階梯外篇（生田万）	00432
大学とアメリカ社会（中山茂）	06536
大学と学問（南原繁）	06631
大学の自由の歴史（家永三郎）	00416
大学或問（熊沢蕃山）	03122
大化前代社会組織の研究（平野邦雄）	07470
大河の一滴（五木寛之）	00746
大化改新の研究（坂本太郎）	03828
対岸の彼女（角田光代）	02142
大漢和辞典（諸橋轍次）	09134
台記（藤原頼長）	07828
太祇句選（太祇）	04956
大恐慌期の日本資本主義（橋本寿朗）	06998
大凶の籤（武田麟太郎）	05302
太虚集（島木赤彦）	04281
大疑録（貝原益軒）	02111
退屈読本（佐藤春夫）	03995
退屈姫君伝（米村圭伍）	09912
大君の通貨（佐藤雅美）	04013
大系日本の歴史1—日本人の誕生（佐原真）	04045
大言海（大槻文彦）	01661
体源抄（豊原統秋）	06209
代言人落合源太郎の推理（和久峻三）	09989
体験ルポ 日本の高齢者福祉（斉藤弥生）	03725
体験ルポ 日本の高齢者福祉（山井和則）	09487
大航海時代の創始者（木村英造）	02916
大航海者の世界（増田義郎）	08191

読んでおきたい「日本の名著」案内　　　　775

作品名	番号
太閤記（小瀬甫庵）	01982
太閤記（矢田挿雲）	09204
太閤検地論（宮川満）	08632
大光普照国師（隠元隆琦）	01133
大語園（巌谷小波）	01129
タイ国―ひとつの稲作社会（石井米雄）	00504
だいこん（山本一力）	09509
第三世界と現代政治学（内山秀夫）	01269
第三の経済危機（高橋乗宣）	05097
第三の経済危機（牧野昇）	08136
第三の現場（有馬頼義）	00354
第三の時効（横山秀夫）	09690
第三の性（森崎和江）	09081
泰山府君（世阿弥）	04785
胎児化の話（井尻正二）	00645
第四間氷期（安部公房）	00225
胎児の世界（三木成夫）	08455
退社願（渡辺一雄）	10035
第十一指の方向へ（武林無想庵）	05320
大衆教育社会のゆくえ（苅谷剛彦）	02478
大衆文学論（尾崎秀樹）	01931
大衆文化の原像（佐藤忠男）	03968
大乗院寺社雑事記（尋尊）	04520
大正政治史（信夫清三郎）	04193
大正生命主義と現代（鈴木貞美）	04659
対象喪失（小此木啓吾）	01913
大正デモクラシー論（三谷太一郎）	08520
大将伝（西川貞則）	06677
大正の青年と帝国の前途（徳富蘇峰）	06087
大将の銅像（浜田広介）	07177
大職冠（近松門左衛門）	05674
大神宮神道或問（出口延佳）	05945
代数学講義（高木貞治）	04993
大数学者（小堀憲）	03533
代数函数論（岩沢健吉）	01083
代数曲線のはなし（山田浩）	09443
泰西国法論（津田真道）	05784
大成算経（関孝和）	04852
大勢三転考（伊達千広）	05424
泰西七金訳説（馬場貞由）	07151
泰西内科集成（小関三英）	03442
泰西本草名疏（伊藤圭介）	00767
大戦後に於ける日本階級運動の批判的総観（片山潜）	02233
大蔵経索引（川上孤山）	02500
大蔵経南条目録補正索引（常盤大定）	06066
大造爺さんと雁（椋鳩十）	08806
体操詩集（村野四郎）	08923
大疏鈔（宥快）	09601
大内裏図考証（裏松固禅）	01337
大地の愛（白鳥省吾）	04502
大地の子（山崎豊子）	09381
大地の咆哮（杉本信行）	04632
大中道人護稿（生田万）	00433
大転換の予兆（栗本慎一郎）	03159
大東亜戦争回顧録（佐藤賢了）	03941
大東亜戦争歌集（日本文学報国会）	06813
「大東亜戦争」肯定論（林房雄）	07221
大東亜戦争全史（服部卓四郎）	07112
大東亜戦争秘史（保科善四郎）	07944
大東亜秩序建設（大川周明）	01546
大東亜補給戦（中原茂敏）	06449
「大東亜民俗学」の虚実（川村湊）	02642
大東合邦論（樽井藤吉）	05625
大東閨語（村本喜代作）	08934
大東閨語（作者不詳）	10468
大灯国師語録（宗峰妙超）	04411
大導寺信輔の半生（芥川龍之介）	00117
大唐帝国（宮崎市定）	08657
大同類聚方（安倍真直）	00235
大同類聚方（出雲広貞）	00673
大道或問（平田篤胤）	07459
大浪花諸人往来（有明夏夫）	00325
第二芸術論（桑原武夫）	03224
大日経指帰（円珍）	01456
大日経疏（一行）	00718
大日本帝国憲法義解（伊藤博文）	00821
第二の青春（荒正人）	00283
第二貧乏物語（河上肇）	02512
大日本沿海実測録（伊能忠敬）	00878
大日本沿海輿地全図（伊能忠敬）	00879
大日本歌書綜覧（福井久蔵）	07569
大日本金石史（木崎愛吉）	02743
大日本憲政史（大津淳一郎）	01638
大日本国語辞典（上田万年）	01157
大日本国語辞典（松井簡治）	08207
大日本古文書（東京大学史料編纂所）	06011
大日本史（水戸光圀）	08550
大日本時代史（久米邦武）	03129
大日本主義の幻想（石橋湛山）	00603
大日本商業史（菅沼貞風）	04574
大日本女性史（高群逸枝）	05164
大日本史料（東京大学史料編纂所）	06012
大日本地誌（佐藤伝蔵）	03972
大日本地誌（山崎直方）	09385
大日本地名辞書（吉田東伍）	09800
大日本農史（農商務省農務局）	06858
大日本農政類編（農商務省農務局）	06859
大日本仏教全書（仏書刊行会）	07840
大般若（作者不詳）	10469
大悲千禄本（芝全交）	04203
第百階級（草野心平）	03035

作品名索引　　　　　　　　　　　　　　　　　　たけしくし

代表的日本人(内村鑑三)	01260	大陸の細道(木山捷平)	02945
台風十三号始末記(杉浦明平)	04599	大略天学名目鈔(西川正休)	06684
台風と闘う船長(大前晴保)	01725	第六天(作者不詳)	10473
大仏開眼(長田秀雄)	06383	対論 人は死んではならない(小松美彦)	03554
大仏供養(作者不詳)	10470	対話・建築の思考(坂本一成)	03822
大仏供養物語(作者不詳)	10471	対話・建築の思考(多木浩二)	05188
大仏建立(杉山二郎)	04639	台湾を考えるむずかしさ(松永正義)	08286
大仏殿万代石楚(田中千柳)	05463	台湾抗日運動史研究(若林正丈)	09978
大仏殿万代石楚(西沢一風)	06690	台湾の台湾語人・中国語人・日本語人(若林正丈)	09979
太平楽府(畠中観斎)	07086	台湾文化志(伊能嘉矩)	00880
太平記(小島法師)	03431	ダーウィン論(今西錦司)	01039
太平策(荻生徂徠)	01867	当麻(世阿弥)	04786
大瓶猩々(作者不詳)	10472	鷹(石川淳)	00528
太平天国(陳舜臣)	05722	鷹(松本たかし)	08342
太平洋一直線(戸塚宏)	06125	高丘親王航海記(澁澤龍彦)	04261
太平洋海戦史(高木惣吉)	04989	高木兼寛伝(東京慈恵医科大学)	06008
太平洋諸島ガイド(牟田清)	08832	高木家の惨劇(角田喜久雄)	05839
太平洋戦争(家永三郎)	00417	高砂(世阿弥)	04787
太平洋戦争航空史話(秦郁彦)	07076	高杉晋作(尾崎士郎)	01927
太平洋戦争と日本軍部(野村実)	06947	高瀬舟(森鷗外)	09036
太平洋戦争に死す(蝦名賢造)	01431	高館(作者不詳)	10474
太平洋戦争日本陸軍機(横森周信)	09684	鷹天皇飄々剣(陣出達朗)	04521
太平洋にかけた青春(東山洋一)	07331	高時(河竹黙阿弥)	02590
太平洋ひとりぼっち(堀江謙一)	08030	高野長英伝(高野長運)	05054
太平洋ひとりぼっち完結編(堀江謙一)	08031	鷹ノ羽の城(白石一郎)	04484
大菩薩峠(中里介山)	06341	高橋氏文(作者不詳)	10475
大本営(森松俊夫)	09114	高橋是清自伝(高橋是清)	05091
大本営海軍部(山本親雄)	09554	多賀墨郷君にこたふる書(三浦梅園)	08429
大本営機密日誌(種村佐孝)	05569	高松宮日記(高松宮宣仁)	07309
タイムスリップ大戦争(豊田有恒)	06198	他我身の上(山岡元隣)	09305
大無量寿経の宗教(多田鼎)	05374	高村光太郎(吉本隆明)	09871
大迷宮(横溝正史)	09670	高村光太郎詩集(高村光太郎)	05159
泰緬鉄道(広池俊雄)	07501	篁物語(作者不詳)	10476
ダイヤモンドダスト(南木佳士)	06554	だから、あなたも生きぬいて(大平光代)	01714
大誘拐(天藤真)	05984	宝の笠(作者不詳)	10477
太陽をかこむ子供たち(川崎大治)	02536	宝の蔵(幸田露伴)	03339
大妖怪(藤原審爾)	07763	宝の槌(作者不詳)	10478
太陽窮理了解説(本木良永)	09008	財部彪日記(坂野潤治)	07309
太陽で走った(堀江謙一)	08032	薪能(立原正秋)	05407
太陽と鉄(三島由紀夫)	08480	滝口入道(高山樗牛)	05175
太陽と花園(秋田雨雀)	00089	滝沢馬琴(杉本苑子)	04629
太陽と薔薇(林房雄)	07222	滝壺(舟橋聖一)	07858
太陽の季節(石原慎太郎)	00621	たきび(巽聖歌)	05419
太陽の子(福士幸次郎)	07585	タクシードライバー日誌(梁石日)	09590
太陽のない街(徳永直)	06100	啄木歌集(石川啄木)	00541
太陽風交点(堀晃)	08001	啄木日記(石川啄木)	00542
太陽よりも月よりも(平塚武二)	07466	匠の時代(内橋克人)	01256
第四階級の文学(宮島資夫)	08693	たけくらべ(樋口一葉)	07338
平忠盛朝臣集(平忠盛)	04961	竹沢先生と云ふ人(長与善郎)	06547
平将門(海音寺潮五郎)	02068	たけし句集(池内たけし)	00474
平将門(真山青果)	08379		

読んでおきたい「日本の名著」案内　　　　　　　　777

武田信玄（新田次郎）	06786
武田秀雄伝（湯浅興三）	09591
竹取物語（作者不詳）	10479
竹の子争（作者不詳）	10480
竹の里歌（正岡子規）	08149
竹雪（世阿弥）	04788
竹向が記（日野名子）	07405
竹村健一のジャパニーズ・ドリーム（竹村健一）	05336
多元的国家論（中島重）	06362
蛸（作者不詳）	10481
多国籍企業と発展途上国（大阪市立大学経済研究所）	01575
多国籍企業の政治経済学（佐藤定幸）	03950
多国籍銀行（関下稔）	04860
他国の死（井上光晴）	00920
太宰治論（奥野健男）	01883
多情多恨（尾崎紅葉）	01923
多情仏心（里見弴）	04024
多甚古村（井伏鱒二）	00994
たづがね集（高崎正風）	05014
尋ね人の時間（新井満）	00300
たそがれ清兵衛（藤沢周平）	07660
黄昏に（土岐善麿）	06057
たそがれに還る（光瀬龍）	08544
ダダイスト新吉の詩（高橋新吉）	05100
戦いすんで日が暮れて（佐藤愛子）	03932
忠直卿行状記（菊池寛）	02729
忠信（作者不詳）	10482
忠度（世阿弥）	04789
漂う部屋（吉行淳之介）	09897
爛（徳田秋声）	06077
立ち尽す明日（柴田翔）	04240
太刀奪（作者不詳）	10483
橘曙覧全歌集（橘曙覧）	05385
脱原子力社会の選択─新エネルギー革命の時代（長谷川公一）	07029
脱獄山脈（太田蘭三）	01630
立子句集（星野立子）	07946
獺祭書屋俳句帖抄（正岡子規）	08150
獺祭書屋俳話（正岡子規）	08151
脱線！ たいむましん奇譚（横田順弥）	09663
脱走と追跡のサンバ（筒井康隆）	05812
龍田（金春禅竹）	03640
たった1分で人生が変わる片づけの習慣（小松易）	03552
たった1分でできると思わせる話し方（樋口裕一）	07442
たったひとつの青い空（大沢周子）	01579
たった一人の生還（佐野三治）	04036
たった一人の反乱（丸谷才一）	08389
たつた一人の山（浦松佐美太郎）	01338
韃靼漂流記（国田兵右衛門）	03085
龍の子太郎（松谷みよ子）	08280
辰巳之園（夢中散人寝言先生）	08836
ダーティペアの大冒険（高千穂遙）	05039
立烏帽子（作者不詳）	10484
蓼喰ふ虫（谷崎潤一郎）	05551
タテ社会の人間関係（中根千枝）	06412
タテ社会の力学（中根千枝）	06413
譬諭義理与襍褝（曲亭馬琴）	02971
田中角栄研究（立花隆）	05392
田中義一伝記（高倉徹一）	05009
田中正造翁（木下尚江）	02893
田中正造之生涯（木下尚江）	02894
田中隆吉著作集（田中隆吉）	05494
たなばた（作者不詳）	10485
たなばたさま（権藤はなよ）	03611
たなばたさま（林柳波）	07249
谷行（金春禅竹）	03641
田蝶のつぶやき（臼井吉見）	01216
谷間（井伏鱒二）	00995
他人の顔（安部公房）	00226
田沼意次（村上元三）	08873
楽しき雑談（中野重治）	06426
たのむ（里見弴）	04025
煙草と悪魔（芥川龍之介）	00118
田畑の微生物たち─その働きを知る（渡辺巌）	10025
旅寝論（向井去来）	08800
旅のラゴス（筒井康隆）	05813
旅人（有本芳水）	00357
旅人（臼田亜浪）	01219
旅人（湯川秀樹）	09623
旅人かへらず（西脇順三郎）	06758
旅枕五十三次（恋川笑山）	03261
ダブル・ジョーカー（柳広司）	09224
多文化教育の比較研究（江淵一公）	01434
多文化教育の比較研究（小林哲也）	03507
多文化世界（青木保）	00027
たべるトンちゃん（初山滋）	07119
玉葛（金春禅竹）	03642
玉勝間（本居宣長）	08999
たまきはる（建春門院中納言）	03250
玉くしげ（本居宣長）	09000
玉篋両浦嶼（森鷗外）	09037
玉、砕ける（開高健）	02083
多磨綱領（北原白秋）	02832
玉造小町子壮衰書（作者不詳）	10486
玉椿物語（水上勉）	08571
玉井（観世小次郎）	02661
玉野井芳郎著作集（玉野井芳郎）	05582

玉の小櫛 (本居宣長)	09001
霊の真柱 (平田篤胤)	07460
玉水物語 (作者不詳)	10487
たまむしのずしの物語 (平塚武二)	07467
玉虫の草子 (作者不詳)	10488
玉藻草紙 (作者不詳)	10489
たまゆら (曽野綾子)	04945
田村 (世阿弥)	04790
田村の草紙 (作者不詳)	10490
田村隆一詩集 (田村隆一)	05605
為家集 (藤原為家)	07779
為兼集 (京極為兼)	02956
多聞院日記 (英俊)	01350
田安宗武 (土岐善麿)	06058
たらい (塚原健二郎)	05731
堕落論 (坂口安吾)	03797
樽鉋 (作者不詳)	10491
誰かが触った (宮原昭夫)	08720
誰からも「気がきく」と言われる45の習慣 (能町光香)	06860
誰とでも15分以上会話がとぎれない！ 話し方66のルール (野口敏)	06877
誰のために (石光真清)	00629
誰のために愛するか (曽野綾子)	04946
だれも知らない小さな国 (佐藤さとる)	03952
俵藤太物語 (作者不詳)	10492
田原安江 (作者不詳)	10493
単一民族神話の起源 (小熊英二)	01884
短歌私鈔 (斎藤茂吉)	03720
短歌滅亡私論 (尾上柴舟)	02036
短歌立言 (太田水穂)	01626
断橋 (岩野泡鳴)	01108
丹下健三 (丹下健三)	05647
丹下健三 (藤森照信)	07721
丹下左膳 (林不忘)	07225
丹後国風土記 (作者不詳)	10494
男子の本懐 (城山三郎)	04508
団洲百話 (松居松葉)	08211
誕生 (鷹羽狩行)	05059
丹青若木集 (狩野一渓)	02381
弾性体と流体 (恒藤敏彦)	05836
淡窓詩話 (広瀬淡窓)	07518
胆大小心録 (上田秋成)	01149
断腸亭雑藁 (永井荷風)	06266
断腸亭日乗 (永井荷風)	06267
耽溺 (岩野泡鳴)	01109
単独行 (加藤文太郎)	02309
歎異抄 (親鸞)	04547
壇浦兜軍記 (作者不詳)	10495
壇之浦戦記 (頼山陽)	09924
丹波与作待夜の小室節 (近松門左衛門)	05675
ダンピールの海 (土井全二郎)	05988
檀風 (作者不詳)	10496
暖流 (岸田国士)	02756
暖流 (五島美代子)	03463
談林十百韻 (田代松意)	05371

【ち】

地域から平和をきずく (池尾靖志)	00444
地域の生態学 (武内和彦)	05233
地域福祉の思想と実践 (阿部志郎)	00239
地域福祉論 (大橋謙策)	01703
ちいさい秋みつけた (サトウハチロー)	03985
小さいおうち (中島京子)	06360
小さい同志 (川崎大治)	02537
小さい同志 (槙本楠郎)	08142
小さいベッド (村中李衣)	08920
ちいさいモモちゃん (松谷みよ子)	08281
小さき者へ (有島武郎)	00345
ちいさこべ (山本周五郎)	09543
小さな会社☆儲けのルール (栢野克己)	02449
小さな会社☆儲けのルール (竹田陽一)	05298
小さな鳩 (田山花袋)	05620
小さな本社 (日経ビジネス)	06775
小さなものの諸形態 (市村弘正)	00736
小さな雪の町の物語 (杉みき子)	04589
小さな山と大きな理 (黒田三郎)	03205
小さな洋上教室 (内海勝利)	01273
チェ・ゲバラ伝 (三好徹)	08791
智恵子抄 (高村光太郎)	05160
「チェルノブイリ」を見つめなおす (今中哲二)	01034
「チェルノブイリ」を見つめなおす (原子力資料情報室)	03253
知価革命 (堺屋太一)	03785
近よより (正木昊)	08161
近頃河原達引 (為川宗輔)	05607
親元日記 (蜷川親元)	06793
地球を救う エコマテリアル革命 (山本良一)	09585
地球を旅して (吉野克男)	09824
地球温暖化を考える (宇沢弘文)	01203
地球温暖化を防ぐ (佐和隆光)	04058
地球環境報告 (石弘之)	00490
地球環境問題とは何か (米本昌平)	09914
地球少女エリカ (長江裕明)	06316
地球全図略説 (司馬江漢)	04200
地球盗難 (海野十三)	01345
地球の汚名 (豊田有恒)	06199

地球の科学（上田誠也）	01161	智と力兄弟の話（青木茂）	00023
地球の科学（竹内均）	05244	千鳥（鈴木三重吉）	04708
地球の資源ウソ・ホント（井田徹治）	00694	地の子（富田砕花）	06151
地球の物理（島津康男）	04315	地の果まで（吉屋信子）	09885
地球はプレイン・ヨーグルト（梶尾真治）	02186	地の群れ（井上光晴）	00921
乳切木（作者不詳）	10497	乳房（宮本百合子）	08761
竹園抄（藤原為顕）	07775	乳房喪失（中城ふみ子）	06372
竹斎（富山道冶）	06169	地平線の旅人たち（地平線会議）	05700
畜産経済地理（宮坂梧朗）	08652	地平に現われるもの（小島蔦）	03415
筑前須玖史前遺跡の研究（島田貞彦）	04323	チベットを馬で行く（渡辺一枝）	10024
竹馬抄（斯波義将）	04206	西蔵漂泊（江本嘉伸）	01441
竹生島（金春禅竹）	03643	チベット旅行記（河口慧海）	02528
竹生島詣（作者不詳）	10498	チーム・バチスタの栄光（海堂尊）	02102
千曲川のスケッチ（島崎藤村）	04298	地名の研究（柳田国男）	09253
千曲川旅情の歌（島崎藤村）	04299	茶盞拝（作者不詳）	10500
竹林抄（飯尾宗祇）	00393	茶壺（作者不詳）	10501
地形学（辻村太郎）	05763	茶湯一会集（井伊直弼）	00390
治験記録（華岡青洲）	07122	茶の世界史（角山栄）	05856
稚児の草紙（作者不詳）	10499	茶の本（岡倉天心）	01769
知識創造企業（竹内弘高）	05245	血槍三代（早乙女貢）	03758
知識創造企業（野中郁次郎）	06919	茶話指月集（久須美疎庵）	03058
知識創造の経営（野中郁次郎）	06920	張少子の話（安西篤子）	00374
地上（島田清次郎）	04326	中外経緯伝（伴信友）	07300
痴情（志賀直哉）	04138	中学生の心理―目ざめゆく心とからだ（波多野勤子）	07091
痴人の愛（谷崎潤一郎）	05552		
地人論（内村鑑三）	01261	中華民国―賢人支配の善政主義（横山宏章）	09691
地図の歴史（織田武雄）	01988		
知政学のすすめ（米本昌平）	09915	中国絵画史論攷（小林太市郎）	03501
地租全廃論（円城寺清）	01445	中国解放闘争史（鈴江言一）	04647
地租増否論（田口卯吉）	05216	中国革命史論（橘樸）	05388
地租増否論（谷干城）	05517	中国革命の夢が潰えたとき―毛沢東に裏切られた人々（諸星清佳）	09135
父を売る子（牧野信一）	08128		
父帰る（菊池寛）	02730	中国家族法の原理（滋賀秀三）	04129
父が消えた（尾辻克彦）	02011	中国共産党史（中西功）	06400
父、樺山資紀（樺山愛輔）	02390	中国共産党史（波多野乾一）	07092
父・こんなこと（幸田文）	03327	中国近世史（内藤湖南）	06230
父に逢いたくば蒼天をみよ（神坂次郎）	03310	中国語学事典（中国語学研究会）	05703
父の終焉日記（小林一茶）	03491	中国古代史学の発展（貝塚茂樹）	02095
父の罪（尾島菊子）	01979	中国古代論（宮崎市定）	08658
父の詫び状（向田邦子）	08810	中国史概説（和田清）	09998
ちちははの記（上林暁）	02693	中国思想史（武内義雄）	05251
秩父困民党（井出孫六）	00756	中国人の歴史意識（川勝義雄）	02499
秩父困民党（西野辰吉）	06715	中国生活誌（竹内実）	05246
秩父宮雍仁親王（鈴木昌鑑）	04701	中国哲学史（狩野直喜）	02376
池亭記（慶滋保胤）	09752	中国土地制度史研究（周藤吉之）	04728
知的生活を求めて（渡部昇一）	10058	中国と日本陸軍（加登川幸太郎）	02324
知的生活の方法（渡部昇一）	10059	中国農業経済論（天野元之助）	00269
知的生産の技術（梅棹忠夫）	01315	中国の革命思想（小島祐馬）	01981
知的トレーニングの技術（別冊宝島）	07903	中国のギルド（根岸佶）	06847
知の複眼思考法（苅谷剛彦）	02479	中国仏教史（道端良秀）	08533
地と図（石井実）	00501	中国法制史（仁井田陞）	06643

中国行きのスロウ・ボート(村上春樹)	08886	長恨歌(檀一雄)	05636
中国妖姫伝(駒田信二)	03541	重耳(宮城谷昌光)	08635
中古諸家集(作者不詳)	10502	長子(中村草田男)	06477
籌算(中川淳庵)	06333	丁字みだれ(長谷川時雨)	07031
仲秋明月(井伏鱒二)	00996	長者教(作者不詳)	10505
抽象の城(村野四郎)	08924	長秋詠藻(藤原俊成)	07789
中将姫本地(作者不詳)	10503	長秋記(源師時)	08609
中条流摘授全鑑(中条帯刀)	05704	鳥獣戯話(花田清輝)	07126
中書王物語(作者不詳)	10504	超常識の方法(小室直樹)	03575
忠臣水滸伝(山東京伝)	04094	「超」整理法(野口悠紀雄)	06887
中世奥羽の世界(大石直正)	01494	潮汐(鹿児島寿蔵)	02156
中世奥羽の世界(小林清治)	03499	超積と超準解析(斎藤正彦)	03707
中世から近世へ(唐木順三)	02464	朝鮮考古学研究(藤田亮策)	07696
中世思想原典集成1 初期ギリシア教父(上智大学中世思想研究所)	04440	朝鮮古蹟図譜(関野貞)	04866
中世シチリア王国(高山博)	05181	朝鮮古代の文化(梅原末治)	01331
中世社会の研究(松本新八郎)	08314	朝鮮語方言の研究(小倉進平)	01905
中世荘園の基礎構造(清水三男)	04364	朝鮮史(朝鮮総督府朝鮮史編修会)	05709
中世小説の研究(市古貞次)	00719	朝鮮史(旗田巍)	07085
中世史料論考(田中稔)	05490	朝鮮史の栞(今西竜)	01048
中世地中海世界とシチリア王国(高山博)	05182	朝鮮人BC級戦犯の記録(内海愛子)	01272
中世的世界の形成(石母田正)	00634	朝鮮禅教史(忽滑谷快天)	06838
中世哲学思想史研究(岩下壮一)	01087	朝鮮戦争(和田春樹)	10009
中世に於ける社寺と社会との関係(平泉澄)	07420	朝鮮統治の方針(矢内原忠雄)	09217
中世の光と影(堀米庸三)	08046	朝鮮図書解題(朝鮮総督府)	05708
中世の美術(吉川逸治)	09729	朝鮮とその芸術(柳宗悦)	09227
中世の風景(阿部謹也)	00218	朝鮮美術史(関野貞)	04867
中世の文学(唐木順三)	02465	朝鮮巫俗の研究(赤松智城)	00067
中世の窓から(阿部謹也)	00219	朝鮮巫俗の研究(秋葉隆)	00092
中世武士団(石井進)	00495	朝鮮民俗誌(秋葉隆)	00093
中世法制史料集 第三巻武家家法Ⅰ(佐藤進一)	03959	蝶たちは今(日下圭介)	03026
中世量制史の研究(宝月圭吾)	07917	町人学者 産学連携の祖(増田美香子)	08187
中朝事実(山鹿素行)	09314	町人考見録(三井高房)	08534
中道思想及びその発達(宮本正尊)	08746	町人嚢(西川如見)	06679
中東情勢を見る眼(瀬木耿太郎)	04849	蝶の皮膚の下(赤坂真理)	00056
注文の多い料理店(宮沢賢治)	08676	調伏曽我(宮増)	08736
中右記(藤原宗忠)	07810	「超」文章法(野口悠紀雄)	06888
中庸解(中江藤樹)	06313	徴兵制(大江志乃夫)	01518
治癒神イエスの誕生(山形孝夫)	09323	「超」勉強法(野口悠紀雄)	06889
長安史蹟の研究(足立喜六)	00192	朝暮抄(安倍能成)	00258
長闇堂記(久保利世)	03096	朝野旧聞裒藁(江戸幕府)	01411
長安の春(石田幹之助)	00591	朝野群載(三善為康)	08789
釣技百科(松崎明治)	08247	長流(島本久恵)	04346
重源(伊藤ていじ)	00811	張良(作者不詳)	10506
超現実主義詩論(西脇順三郎)	06759	鳥類写生図譜(結城素明)	09609
超現実と抒情(大岡信)	01541	千代紙(鈴木三重吉)	04709
長語(幸田露伴)	03340	勅語衍義(井上哲次郎)	00895
澄江堂遺珠(芥川龍之介)	00119	チョゴリザ登頂(桑原武夫)	03225
澄江堂句集(芥川龍之介)	00120	チョゴリと鎧(池明観)	04102
		チョコレート戦争(大石真(児童文学))	01497
		千代尼句集(加賀千代尼)	02123
		ちょぷらん島漂流記(西川満)	06686

千代もと草 (藤原惺窩)	07772
地理学を学ぶ (竹内啓一)	05237
地理学を学ぶ (正井泰夫)	08144
地理情報システムを学ぶ (中村和郎)	06467
塵ひぢ (小沢蘆庵)	01971
治療塔 (大江健三郎)	01511
散るぞ悲しき (梯久美子)	02150
ちるちる・みちる (山村暮鳥)	09500
知連抄 (二条良基)	06751
チロルの秋 (岸田国士)	02757
血は立ったまま眠っている (寺山修司)	05977
賃金と労働と生活水準 (斎藤修)	03674
鎮魂歌 (山本健吉)	09522
鎮魂行法論―近代神道世界の霊魂論と身体論 (津城寛文)	05767
椿説弓張月 (曲亭馬琴)	02972
珍品堂主人 (井伏鱒二)	00997
沈黙 (遠藤周作)	01470
沈黙の宗教―儒教 (加地伸行)	02175
椿葉記 (後崇光院)	03441

【つ】

追儺 (森鷗外)	09038
通円 (作者不詳)	10507
痛快! 経済学 (中谷巌)	06390
痛快! 憲法学 (小室直樹)	03576
通貨調節論 (深井英五)	07541
通貨烈烈 (船橋洋一)	07865
通議 (頼山陽)	09925
通言総籬 (山東京伝)	04095
通溝 (池内宏)	00441
通溝 (梅原末治)	01332
通航一覧 (林韑)	07192
通論考古学 (浜田耕作)	07172
津軽 (太宰治)	05352
津軽海峡 (上田広)	01166
津軽の野づら (深田久弥)	07559
津軽風雲録 (長部日出雄)	01951
津軽世され節 (長部日出雄)	01952
月かげ (作者不詳)	10508
接木の台 (和田芳恵)	10017
月草 (森鷗外)	09039
築島 (作者不詳)	10509
月と蟹 (道尾秀介)	08532
月と胡桃 (北原白秋)	02833
月に吠える (萩原朔太郎)	06974
月の沙漠 (加藤まさを)	02310
月の光 (井上靖)	00932

継ぎはぎだらけの百万マイル (山口源吉)	09350
月みつの草子 (作者不詳)	10510
月は東に (安岡章太郎)	09180
佃島ふたり書房 (出久根達郎)	05946
継ぐのは誰か? (小松左京)	03547
菟玖波集 (二条良基)	06752
筑波問答 (二条良基)	06753
TUGUMI (よしもとばなな)	09879
付喪神 (作者不詳)	10511
辻政信 (杉森久英)	04634
対馬祭 (作者不詳)	10512
対馬丸 (大城立裕)	01593
藤簍冊子 (上田秋成)	01150
綴方教室 (豊田正子)	06202
綴り方教授 (芦田恵之助)	00174
綴方読本 (鈴木三重吉)	04710
津田梅子 (大庭みな子)	01699
蔦葛木曽桟 (国枝史郎)	03068
蔦紅葉宇都谷峠 (河竹黙阿弥)	02591
伝わる! 文章力が身につく本 (小笠原信之)	01777
土 (有馬朗人)	00349
土 (長塚節)	06395
土蜘蛛 (河竹黙阿弥)	02592
土蜘蛛草子 (作者不詳)	10513
土車 (作者不詳)	10514
土と兵隊 (火野葦平)	07396
土の器 (阪田寛夫)	03816
土御門院御集 (土御門院)	05791
筒井順慶 (筒井康隆)	05814
筒井筒 (上林暁)	02694
突っかけ侍 (子母沢寛)	04384
堤中納言物語 (作者不詳)	10515
苞山伏 (作者不詳)	10516
経政 (世阿弥)	04791
角笛のひびき (吉江喬松)	09718
壺井繁治詩集 (壺井繁治)	05871
壺坂霊験記 (加古千賀)	02154
壺坂霊験記 (豊沢団平 (2代))	06189
妻木 (松瀬青々)	08262
妻隠 (古井由吉)	07876
妻たちの企業戦争 (木下律子)	02903
妻たちの思秋期 (斎藤茂男)	03685
妻たちの二・二六事件 (沢地久枝)	04069
妻との最後の冒険 (堀江謙一)	08033
妻の座 (壺井栄)	05863
妻よ、子どもたちよ、最後の祈り (辺見じゅん)	07907
積木くずし (穂積隆信)	07954
罪つくりな科学 (武谷三男)	05306
冷い夏、熱い夏 (吉村昭)	09852

つめたいよるに(江国香織)	01372
積恋雪関扉(宝田寿来)	05185
露がはなし(露の五郎兵衛)	05912
つゆ草(太田水穂)	01627
梅雨小袖昔八丈(河竹黙阿弥)	02593
つゆのあとさき(永井荷風)	06268
強きをくじき(高尾義彦)	04977
釣女(作者不詳)	10517
釣狐(作者不詳)	10518
釣船轟沈(平和に生きる権利の確立をめざす懇談会)	07902
鶴(長谷川四郎)	07035
鶴亀(作者不詳)	10519
剣ヶ崎(立原正秋)	05408
剣讃歎(作者不詳)	10520
つるぎのまき(作者不詳)	10521
鶴のいた庭(堀田善衞)	07996
鶴の草子(作者不詳)	10522
鶴の眼(石田波郷)	00589
鶴八鶴次郎(川口松太郎)	02534
徒然草(吉田兼好)	09777
聾座頭(作者不詳)	10523

【て】

DNAからみた生物の爆発的進化(宮田隆)	08702
DNA人類進化学(宝来聡)	07927
DNAに刻まれたヒトの歴史(長谷川政美)	07062
帝王の殻(神林長平)	02698
帝王編年記(作者不詳)	10524
定家(金春禅竹)	03644
ティキシイ(ニコル,C.W.)	06654
庭訓往来(作者不詳)	10525
定型の詩法(金子兜太)	02359
抵抗の精神(壺井繁治)	05872
帝国海軍の最期(原為一)	07273
帝国海軍陸戦隊(山田栄三)	09421
帝国議会における我海軍(堤恭二)	05820
帝国憲法(斎藤隆夫)	03691
帝国憲法要綱(金森徳次郎)	02342
帝国主義(幸徳秋水)	03357
帝国主義下の台湾(矢内原忠雄)	09218
帝国主義と民族(江口朴郎)	01369
帝国陸海軍の光と影(大原康男)	01711
帝国陸軍機甲部隊(加登川幸太郎)	02325
帝国陸軍将校団(浅野祐吾)	00161
帝国陸軍の最後(伊藤正徳)	00828
帝国陸軍兵器考(木俣滋郎)	02913
T細胞のイムノバイオロジー(小安重夫)	03579

D坂の殺人事件(江戸川乱歩)	01404
亭子院歌合(作者不詳)	10526
貞丈雑記(伊勢貞丈)	00677
汀女句集(中村汀女)	06500
帝都(喜田貞吉)	02779
提督伊藤整一の生涯(吉田満)	09816
提督小沢治三郎伝(伝記刊行会)	05979
帝都物語(荒俣宏)	00321
定年後大全(日本経済新聞マネー&ライフ取材班)	06801
Dの複合(松本清張)	08329
Deep Love 第一部 アユの物語(Yoshi)	09710
深い河(遠藤周作)	01471
定本青猫(萩原朔太郎)	06975
定本蛙(草野心平)	03036
定本 木下夕爾句集(木下夕爾)	02901
定本平出修集(平出修)	07423
定本野鳥記(中西悟堂)	06402
貞柳翁狂歌全集類題(無心亭有耳)	08829
貞柳翁狂歌全集類題(油煙斎貞柳)	09617
手負山賊(作者不詳)	10527
デカルトの数学思想(佐々木力)	03882
デカルトの精神と代数幾何(飯高茂)	00410
適産調要録(石川理紀之助)	00566
敵中横断三百里(山中峯太郎)	09482
できる子供できない子供―脳髄の発達と教育(中脩三)	06252
できる人の勉強法(安河内哲也)	09190
手鎖心中(井上ひさし)	00909
出口なお(安丸良夫)	09199
手車(作者不詳)	10528
てこぐま物語(作者不詳)	10529
鉄(岩藤雪夫)	01119
哲学以前(出隆)	00752
哲学者クロサキのMS-DOSは思考の道具だ(黒崎政男)	03198
哲学通論(田辺元)	05508
哲学ってなんだ(竹田青嗣)	05281
哲学入門(田辺元)	05509
哲学入門(三木清)	08449
哲学ノート(三木清)	08450
鉄仮面(黒岩涙香)	03183
鉄眼禅師仮名法語(鉄眼)	05958
鉄考(大蔵大臣官房)	01570
鉄山秘書(下原重仲)	04392
綴術算経(建部賢弘)	05331
徹書記物語(正徹)	04444
粘葉考(田中敬)	05443
鉄槌伝(羅泰)	09928
鉄道唱歌(大和田建樹)	01757
鉄の靴(山村暮鳥)	09501

作品名	番号
鉄の話（中野重治）	06427
鉄の町の少年（国分一太郎）	03389
鉄腕アトム（手塚治虫）	05954
手投弾（秋田雨雀）	00090
手にふるる野花は……（伊東静雄）	00776
テニヤンの末日（中山義秀）	06535
手袋を買いに（新美南吉）	06648
デフレ・賃下げ・値下げの経済学（斉藤精一郎）	03689
斉武名士経国美談（矢野龍渓）	09283
手前味噌（中村仲蔵）	06506
手招く者（富田砕花）	06152
デモクラシーの現代化（吉村正）	09864
テーヤの生涯（柏祐賢）	02199
寺田寅彦随筆集（寺田寅彦）	05967
寺田寅彦全集（寺田寅彦）	05968
寺田寅彦と現代（池内了）	00438
寺田寅彦は忘れた頃にやって来る（松本哉）	08347
寺泊（水上勉）	08572
照葉狂言（泉鏡花）	00663
照る日曇る日（大仏次郎）	01959
テロリストのパラソル（藤原伊織）	07730
天一坊大岡政談（河竹黙阿弥）	02594
転位のための十篇（吉本隆明）	09872
田園の憂鬱（佐藤春夫）	03996
天下一の馬（豊島与志雄）	06193
天狗（大坪砂男）	01665
天狗芸術論（丹羽樗山）	06820
天狗の内裏（作者不詳）	10530
天狗の鼻（豊島与志雄）	06194
典型（高村光太郎）	05161
転形期の歴史学（羽仁五郎）	07137
天鼓（作者不詳）	10531
転向（思想の科学研究会）	04171
伝光録（瑩山紹瑾）	03239
転向論（吉本隆明）	09873
天国が降ってくる（島田雅彦）	04335
天才科学者の不思議なひらめき（山田大隆）	09445
天才と狂人の間（杉森久英）	04635
天山を越えて（胡桃沢耕史）	03167
点竄指南録（坂部広胖）	03820
田氏家集（島田忠臣）	04329
電磁気学（高橋秀俊）	05110
天竺徳兵衛韓噺（鶴屋南北(4代)）	05938
天使で大地はいっぱいだ（後藤竜二）	03469
天使の生活（中村真一郎）	06490
転写制御のメカニズム（田村隆明）	05598
天守物語（泉鏡花）	00664
天璋院篤姫（宮尾登美子）	08628
天正女合戦（海音寺潮五郎）	02069
伝承と慣習の論理（平山和彦）	07497
伝承と己証（曽我量深）	04934
天上の歌（帯金充利）	02046
天津教古文書の批判（狩野亨吉）	02384
転身の頌（日夏耿之介）	07391
天神本地（作者不詳）	10532
典籍説稿（山田孝雄）	09465
伝説なき地（船戸与一）	07851
典座教訓（道元）	06019
天台声明大成（多紀道忍）	05191
天台声明大成（吉田恒三）	09796
天地有情（土井晩翠）	05994
天地人（火坂雅志）	07355
天地創造論（井深梶之助）	00986
天地明察（冲方丁）	01309
天柱記（佐藤信淵）	03980
天地麗気記（作者不詳）	10533
天地理譚（司馬江漢）	04201
でんでんむしの競馬（安藤美紀夫）	00386
天徳内裏歌合（作者不詳）	10534
点と線（松本清張）	08330
天と地と（海音寺潮五郎）	02070
デンドロカカリヤ（安部公房）	00227
天人論（黒岩涙香）	03184
天王寺屋会記（津田宗達）	05782
天皇制（井上清）	00886
天皇制国家の支配原理（藤田省三）	07679
天皇の御親兵（片岡夔）	02219
天皇の島（児島襄）	03426
天皇の肖像（多木浩二）	05189
天の夕顔（中河与一）	06337
天平彫刻（児島喜久雄）	03414
天平の甍（井上靖）	00933
天平の少年（福田清人）	07597
天平の僧 行基（千田稔）	04905
天賦人権論（馬場辰猪）	07152
田夫物語（作者不詳）	10535
てんぷらぴりぴり（まど・みちお）	08361
天文日記（証如）	04451
テンペスト（池上永一）	00447
展望（福士幸次郎）	07586
天保図録（松本清張）	08331
天明（檀一雄）	05637
天文義論（西川如見）	06680
天瓊統（渋川春海）	04255
天文図解（井口常範）	00434
天文台日記（石田五郎）	00585
てんやわんや（獅子文六）	04165
天理図書館の善本稀書（反町茂雄）	04951
殿暦（藤原忠実）	07773

【と】

問いかける山―登ることと考えること(飯田年穂) 00408
独逸近世史研究(林健太郎) 07200
独逸近代歴史学研究(上原専禄) 01186
ドイツ参謀本部(渡部昇一) 10060
独逸史学史(坂口昂) 03807
ドイツ史10講(坂井栄八郎) 03766
独逸社会政策思想史(大河内一男) 01572
独逸中世史研究(上原専禄) 01187
独逸中世史の研究(増田四郎) 08185
ドイツ中世叙事詩研究(相良守峯) 03837
独逸中世の社会と経済(上原専禄) 01188
ドイツの大学(潮木守一) 01206
ドイツ文学と東洋(上村清延) 02411
ドイツ留学記(渡部昇一) 10061
独逸浪漫主義(茅野蕭々) 05689
塔(福永武彦) 07626
東亜考古学(江上波夫) 01355
東亜考古学(駒井和愛) 03536
東亜考古学研究(浜田耕作) 07173
東亜考古学の発達(水野清一) 08504
東亜史研究・満州篇(和田清) 09999
東亜史研究・蒙古篇(和田清) 10000
塔影(河井酔茗) 02487
藤栄(作者不詳) 10536
冬艶曲(福田栄一) 07594
東海道五十三次(歌川国芳) 01223
東海道五十三次(岡本かの子) 01821
東海道戦争(筒井康隆) 05815
東海道中膝栗毛(十返舎一九) 04175
東海道名所記(浅井了意) 00140
東海道四谷怪談(鶴屋南北(4代)) 05939
東海美女伝(村松梢風) 08927
道家の思想と其の展開(津田左右吉) 05779
東関紀行(作者不詳) 10537
東岸居士(世阿弥) 04792
東帰(川田順) 02565
闘牛(井上靖) 00934
東京駅の建築家 辰野金吾伝(東秀紀) 00182
東京改革の視点(星野光男) 07950
東京から考える(東浩紀) 00184
東京から考える(北田暁大) 02811
東京景物詩(北原白秋) 02834
東京午前三時(三木卓) 08457
東京タワー(リリー・フランキー) 09960
東京の空間人類学(陣内秀信) 04527
東京の地霊(鈴木博之) 04695
東京の三十年(田山花袋) 05621
東京の都市計画(越沢明) 03403
東京八景(太宰治) 05353
東京繁昌記(木村荘八) 02926
東京美術家墓所誌(結城素明) 09610
東京漂流(藤原新也) 07765
東京湾水土記(高橋在久) 05102
東京湾で魚を追う(大野一敏) 01680
東京湾で魚を追う(大野敏夫) 01688
峠(司馬遼太郎) 04218
闘鶏(今東光) 03597
憧憬(相馬泰三) 04932
統計学研究(高野岩三郎) 05044
統計的研究法(小倉金之助) 01899
道化師の蝶(円城塔) 01444
道化の世界(山口昌男) 09363
道化の華(太宰治) 05354
道化の民俗学(山口昌男) 09364
道化役(豊島与志雄) 06195
凍港(山口誓子) 09354
桃紅(篠田桃紅) 04184
登高行(富田砕花) 06153
統合主義新教授法(樋口勘次郎) 07341
東郷平八郎(下村寅太郎) 04396
東国紀行(宗牧) 04925
透谷集(北村透谷) 02846
慟哭の海(浅井栄資) 00135
慟哭の海(北海道新聞社) 07980
藤谷和歌集(冷泉為相) 09961
東西韻会(稲村三伯) 00859
東西交渉史の研究(藤田豊八) 07687
東西交渉史論(史学会) 04147
東西登山史考(田口二郎) 05218
東西南北(与謝野鉄幹) 09705
東西文学論(吉田健一) 09772
東西文化交流の諸相(前嶋信次) 08090
東西文明史論考(三浦新七) 08419
東西遊記(橘南谿) 05398
藤氏家伝(延暦) 01443
藤氏家伝(藤原仲麻呂) 07795
童子教(作者不詳) 10538
同時代作家の風貌(佐々木基一) 03869
同時代史(三宅雪嶺) 08641
蕩児の帰棹(井上光晴) 00922
同志の人々(山本有三) 09575
堂島米市場史(須々木庄平) 04670
童子問(伊藤仁斎) 00787
東洲斎写楽(吉田暎二) 09797
藤十郎の恋(菊池寛) 02731
東条英機(東条英機刊行会) 06028

道成寺（萱野二十一）	02450	洞爺丸はなぜ沈んだか（上前淳一郎）	01190
道成寺（観阿弥）	02651	東遊記（橘南谿）	05399
頭書大全世界国尽（福沢諭吉）	07581	東遊雑記（古川古松軒）	07886
倒叙日本史（吉田東伍）	09801	東洋印刷史序説（禿氏祐祥）	06070
唐人お吉（十一谷義三郎）	04408	東洋音楽史（田辺尚雄）	05512
唐人相撲（作者不詳）	10539	東洋画論集成（今関寿麿）	01031
唐人船（平山蘆江）	07499	東洋教政対西洋教政（三宅雪嶺）	08642
統帥権の独立（中野登美雄）	06434	東洋考古学（江上波夫）	01356
党生活者（小林多喜二）	03505	東洋考古学（駒井和愛）	03537
当世少年気質（巌谷小波）	01130	東洋思潮（岩波書店）	01101
当世書生気質（坪内逍遙）	05884	東洋史統（市村瓚次郎）	00734
当世凡人伝（富岡多恵子）	06142	東洋城全句集（松根東洋城）	08290
唐船（作者不詳）	10540	東洋人の思惟方法（中村元）	06509
東潜夫論（帆足万里）	07914	東洋中世史（和田清）	10001
東撰和歌六帖（作者不詳）	10541	東洋的の無（久松真一）	07359
闘争（小酒井不木）	03398	東洋道徳研究（西晋一郎）	06661
唐宋時代に於ける金銀の研究（加藤繁）	02265	東洋における資本主義の形成（羽仁五郎）	07138
藤村詩集（島崎藤村）	04300	東洋の理想（岡倉天心）	01770
唐代音楽の歴史的研究（岸辺成雄）	02765	東洋美術史（大村西崖）	01735
灯台鬼（南条範夫）	06626	東洋美術文献目録（美術研究所）	07369
唐大和上東征伝（淡海三船）	01487	東洋武俠団（押川春浪）	01975
東韃地方紀行（間宮林蔵）	08374	東洋文化史（内藤湖南）	06231
東韃地方紀行（村上貞助）	08877	東洋文化史大系（誠文堂新光社）	04836
道程（高村光太郎）	05162	東洋文明史論（桑原隲蔵）	03222
統道真伝（安藤昌益）	00381	東洋民権百家伝（小室信介）	03570
東南アジア史研究（杉本直治郎）	04631	藤葉和歌集（作者不詳）	10542
道二翁道話（中沢道二）	06352	道理の感覚（天野貞祐）	00267
多武峯少将物語（高光妻の乳母）	05153	トゥールーズ＝ロートレック（吉田秀和）	09809
童馬漫語（斎藤茂吉）	03721	唐令拾遺（仁井田陞）	06644
童馬漫筆（斎藤茂吉）	03722	童話及び児童の研究（松村武雄）	08300
道標（宮本百合子）	08762	童話教育新論（松村武雄）	08301
動物をつくる遺伝子工学（東条英昭）	06027	遠い海から来たCOO（景山民夫）	02152
動物詩集（室生犀星）	08957	遠い凱歌（内村直也）	01265
動物生態学（伊藤嘉昭）	00841	遠い帆―オペラ支倉常長（高橋睦郎）	05117
動物ども（椋鳩十）	08807	遠い山・近い山（望月達雄）	08985
豆腐百珍（何必醇）	02062	遠き落日（渡辺淳一）	10049
東方言語史叢考（新村出）	04535	遠つ海の物語（小川国夫）	01843
東方朔（金春禅鳳）	03650	遠西奇器述（川本幸民）	02644
同胞姉妹に告ぐ（岸田俊子）	02761	遠野物語（柳田国男）	09254
東方の門（島崎藤村）	04301	融（世阿弥）	04795
東北（世阿弥）	04793	都会（生田葵山）	00426
東北アジア共同の家（和田春樹）	10010	渡海新法（本多利明）	08075
銅鐸銅剣の研究（高橋健自）	05084	都会の憂鬱（佐藤春夫）	03997
藤馬は強い（湊邦三）	08580	とかげ（よしもとばなな）	09880
動脈列島（清水一行）	04352	富樫（作者不詳）	10543
道明寺（世阿弥）	04794	時秋物語（作者不詳）	10544
透明受胎（佐野洋）	04037	時をきざむ潮（藤本泉）	07708
透明な季節（梶龍雄）	02173	土岐善麿歌論歌話（土岐善麿）	06059
答問録（本居宣長）	09002	言継卿記（山科言継）	09416
冬夜（伊藤整）	00792	時と永遠（波多野精一）	07097
東野州聞書（東常縁）	06000	時桔梗出世請状（鶴屋南北（4代））	05940

ドキュメント・海難（海上保安庁）	02093	土佐日記（紀貫之）	02874
ドキュメント サラリーマン（日本経済新聞社）	06800	登山史の森へ（遠藤甲太）	01458
		登山の運動生理学百科（山本正嘉）	09562
ドキュメント 戦争広告代理店（高木徹）	04994	登山の文化史（桑原武夫）	03226
ドキュメント 三越の女帝（大下英治）	01586	都市（増田四郎）	08186
TOKYO STYLE（都築響一）	05768	都市空間のなかの文学（前田愛）	08093
常盤木（佐佐木信綱）	03893	都市社会学原理（鈴木栄太郎）	04649
時は過ぎゆく（田山花袋）	05622	杜子春（芥川龍之介）	00121
常磐嫗物語（作者不詳）	10545	都市政策を考える（松下圭一）	08249
常盤問答（作者不詳）	10546	都市のかなしみ（鈴木博之）	04696
徳川家康（山岡荘八）	09306	都市の空間と時間―生活活動の時間地理学（荒井良雄）	00303
徳川禁令考（司法省）	04265		
徳川氏時代の平民的理想（北村透谷）	02847	都市の社会病理（大橋薫）	01701
徳川時代の文学に見えたる私法（中田薫）	06376	都市のドラマトゥルギー（吉見俊哉）	09840
徳川実紀（成島司直）	06618	都市の文明イスラーム（佐藤次高）	03970
徳川実紀（林述斎）	07207	都市の文明イスラーム（鈴木董）	04681
徳川の夫人たち（吉屋信子）	09886	都市の論理（羽仁五郎）	07139
徳川慶喜公伝（渋沢栄一）	04259	都市発達史研究（今井登志喜）	01015
徳川礼典録（松平慶永）	08278	都氏文集（都良香）	08650
独吟千句（猪苗代兼載）	00867	屠場（三浦耕吉郎）	08414
独絃哀歌（蒲原有明）	02703	途上（嘉村礒多）	02418
独語（太宰春台）	05363	途上（谷崎潤一郎）	05553
木賊（世阿弥）	04796	途上（藤田湘子）	07677
特殊潜航艇戦史（妹尾作太男）	04882	図書学概論（田中敬）	05444
読書からはじまる（長田弘）	01941	俊頼口伝（源俊頼）	08602
読書空間の近代（佐藤健二）	03940	俊頼髄脳（源俊頼）	08603
読書生活指導の実際（大村はま）	01738	閉じられた海図（古川薫）	07881
読書と人生（三木清）	08451	ドストエーフスキイ研究（米川正夫）	09909
読史余論（新井白石）	00295	ドストエフスキイの生活（小林秀雄）	03519
読書論（小泉信三）	03276	土地（武者小路実篤）	08823
独占の経済理論（青山秀夫）	00045	土地均享人類の大権（宮崎民蔵）	08663
どくとるマンボウ航海記（北杜夫）	02786	土地経済論（河田嗣郎）	02568
どくとるマンボウ昆虫記（北杜夫）	02787	土地国有論（西川光二郎）	06676
どくとるマンボウ青春記（北杜夫）	02788	土地に刻まれた歴史（古島敏雄）	07891
得能五郎の生活と意見（伊藤整）	00793	東西離（作者不詳）	10548
徳之島航海記（島尾敏雄）	04275	土着と背教（武田清子）	05278
毒婦のやうな女（正宗白鳥）	08173'	土地よ、痛みを負え（岡井隆）	01767
特別阿房列車（内田百閒）	01241	ドチリナ＝キリシタン（日本イエズス会）	06798
特命全権大使米欧回覧実記（久米邦武）	03130	特攻基地知覧（高木俊朗）	04999
匿名報道（浅野健一）	00157	特攻の思想（草柳大蔵）	03043
匿名報道（山口正紀）	09366	ドットコムショック新旧交代の経済学（大前研一）	01721
毒薬を飲む女（岩野泡鳴）	01110		
独楽吟（橘曙覧）	05386	トットちゃんとトットちゃんたち（黒柳徹子）	03215
ドグラ・マグラ（夢野久作）	09634		
髑髏銭（角田喜久雄）	05840	突破者（宮崎学）	08665
どくろ杯（金子光晴）	02366	独歩詩集（国木田独歩）	03077
徳和歌後万載集（四方赤良）	09920	トテ馬車（千葉省三）	05693
どこかで春が（百田宗治）	09015	都々逸坊扇歌（木村毅）	02918
とこしえに（知覧高女なでしこ会）	05713	隣りの女（向田邦子）	08811
鈍根草（作者不詳）	10547	隣の嫁（伊藤左千夫）	00771
戸坂潤全集（戸坂潤）	06110	利根川図志（赤松宗旦）	00065

殿居囊（大野広城）	01691	とはずがたり（後深草院二条）	03531
鳥羽家の子供（田畑修一郎）	05571	頓医抄（梶原性全）	02210
鳶色の襟章（堀元美）	08021	どんぐりころころ（青木存義）	00028
飛越新発意（作者不詳）	10549	豚群（黒島伝治）	03204
都鄙問答（石田梅岩）	00587	敦煌（井上靖）	00935
翔ぶが如く（司馬遼太郎）	04219	敦煌画の研究（松本栄一）	08305
丼礒（作者不詳）	10550	遁走（安岡章太郎）	09181
飛ぶ橇（小熊秀雄）	01887	どん底からの成功法則（堀之内九一郎）	08047
とべたら本こ（山中恒）	09480	どんたく（竹久夢二）	05326
トマス・アクィナス（稲垣良典）	00853	とんぼの眼玉（北原白秋）	02835
トーマス・ヒル・グリーンの思想体系（河合栄治郎）	02484		
碇泊なき海図（今井泉）	01009	**【な】**	
富島松五郎伝（無法松の一生）（岩下俊作）	01084		
富永太郎詩集（富永太郎）	06161	内科診断学（沖中重雄）	01859
知章（作者不詳）	10551	泣いた赤おに（浜田広介）	07178
巴（観世小次郎）	02662	内部生命論（北村透谷）	02848
友を売る（新井紀一）	00286	内蒙三国志（松井忠雄）	08213
友達（安部公房）	00228	矮陰隠逸伝（平賀源内）	07429
朝長（作者不詳）	10552	菜穂子（堀辰雄）	08012
ドモ又の死（有島武郎）	00346	直毘霊（本居宣長）	09003
トモよ、生命の海を渡れ（渡辺郁夫）	10022	長い航海（庄野英二）	04454
トモよ、生命の海を渡れ（渡辺ヤヨミ）	10080	ながい坂（山本周五郎）	09544
吃（作者不詳）	10553	ながい旅（大岡昇平）	01533
土曜夫人（織田作之助）	01985	ながいながいペンギンの話（いぬいとみこ）	00872
トヨタ生産方式（大野耐一）	01687	永い夜（立原正秋）	05409
豊旗雲（佐佐木信綱）	03894	中江兆民（中江兆民）	06309
虎ちゃんの日記（千葉省三）	05694	長岡半太郎伝（藤岡由夫）	07647
寅彦と冬彦―私のなかの寺田寅彦（池内了）	00439	長崎海軍伝習所の日々（カッテンディーケ）	02249
囚はれたる文芸（島村抱月）	04345	長崎画人伝（渡辺秀実）	10044
トランス・シティ・ファイル（伊藤俊治）	00814	長崎ハルマ（ドゥーフ、ヘンドリック）	06037
鳥居竜蔵全集（鳥居龍蔵）	06212	長崎夜話草（西川如見）	06681
鳥歌合（作者不詳）	10554	長崎ロシア遊女館（渡辺淳一）	10050
鳥追舟（作者不詳）	10555	中務内侍日記（中務内侍）	06397
とりかへばや物語（作者不詳）	10556	長塚節歌集（長塚節）	06396
「鳥島」は入っているか（鹿野政直）	02378	中臣祓訓解（作者不詳）	10558
鳥には翼がない（田中澄江）	05462	中臣祓風水草（山崎闇斎）	09373
鳥の島漂流記（谷真介）	05521	中野区・福祉都市への挑戦（一番ヶ瀬康子）	00731
鳥の鳴音（高野長英）	05055	中野重治詩集（中野重治）	06428
鳥部山物語（作者不詳）	10557	中橋公館（真船豊）	08366
ドリーマー号最後の旅（田中憲一）	05445	中浜万次郎（中浜博）	06444
努力論（幸田露伴）	03341	中浜万次郎の生涯（中浜明）	06443
トルコ社会言語学（松谷浩尚）	08279	中原中也詩集（中原中也）	06453
奴隷の思想を排す（江藤淳）	01393	長枕褥合戦（平賀源内）	07430
トレス海峡諸島の日々（金山宣夫）	02344	仲光（作者不詳）	10559
登呂（日本考古学協会）	06804	長光（作者不詳）	10560
トロッコ（芥川龍之介）	00122	中牟田倉之助伝（中村孝也）	06483
泥人形（正宗白鳥）	08174	中谷宇吉郎随筆集（樋口敬二）	07342
泥の河（宮本輝）	08752		
泥棒論語（花田清輝）	07127		

長等の山風（伴信友）	07301
流れ学（谷一郎）	05515
流れのほとり（神沢利子）	02656
流れる（幸田文）	03328
流れる星は生きている（藤原てい）	07785
泣尼（作者不詳）	10561
渚通り（立原正秋）	05410
なぎの葉考（野口冨士男）	06883
泣虫小僧（林芙美子）	07230
波切大王の冒険（大儀見薫）	01550
NAKIWARAI（土岐哀果）	06055
なぐさめ草（正徹）	04445
殴る（平林たい子）	07489
投げ銛千吉廻船帖（白石一郎）	04485
生さぬ仲（柳川春葉）	09221
梨の花（中野重治）	06429
梨本集（戸田茂睡）	06119
ナショナリズム（橋川文三）	06986
ナショナリズムとジェンダー（上野千鶴子）	01179
ナショナリズムと宗教（中島岳志）	06366
那須与一（作者不詳）	10562
なぜ、社長のベンツは4ドアなのか？（小堺桂悦郎）	03397
なぜ通販で買うのですか（斎藤駿）	03688
なぜ「表現の自由」か（奥平康弘）	01880
謎とき『罪と罰』（江川卓）	01358
謎解きはディナーのあとで（東川篤哉）	07324
謎の宇宙人UFO（横田順弥）	09664
なだれ（真船豊）	08367
ナチュラリストの系譜――近代生物学の成立史（木村陽二郎）	02940
ナチュラル・ウーマン（松浦理英子）	08224
夏草の賦（司馬遼太郎）	04220
夏草冬濤（井上靖）	00936
夏木立（山田美妙）	09442
夏の思い出（江間章子）	01437
夏の終り（瀬戸内寂聴）	04876
夏の休暇（吉行淳之介）	09898
夏の砦（辻邦生）	05744
夏の流れ（丸山健二）	08394
夏の庭（湯本香樹実）	09640
夏の花（原民喜）	07271
夏の闇（開高健）	02084
夏花少女（前田林外）	08105
夏祭浪花鑑（並木宗輔）	06612
夏目影二郎始末旅（佐伯泰英）	03745
夏目漱石（唐木順三）	02466
夏目漱石（小宮豊隆）	03569
名取川（作者不詳）	10563
七（花田清輝）	07128
七階の子供たち（塚原健二郎）	05732
七草草子（作者不詳）	10564
七つの海をゆく（池田宗雄）	00462
七つの子（野口雨情）	06874
何が彼女をさうさせたか（藤森成吉）	07715
難波（世阿弥）	04797
難波土産（三木平右衛門）	08460
菜の花からのたより（日向康吉）	07388
菜の花の沖（司馬遼太郎）	04221
鍋の中（村田喜代子）	08913
ナポレオン狂（阿刀田高）	00202
ナポレオン時代史（箕作元八）	08539
那波列翁伝（小関三英）	03443
腥物（作者不詳）	10565
怠け数学者の記（小平邦彦）	03448
ナマコの眼（鶴見良行）	05932
なまみこ物語（円地文子）	01451
鉛の卵（安部公房）	00229
波（川路柳虹）	02549
波（山本有三）	09576
波うつ土地（富岡多恵子）	06143
波に夕陽の影もなく（佐木隆三）	03840
波の塔（松本清張）	08332
波乗りの島（片岡義男）	02224
波まくらいくたびぞ（豊田穣）	06205
南無阿弥陀仏一付心偈（柳宗悦）	09228
なめくじ長屋捕物さわぎ（都筑道夫）	05770
なよたけ（加藤道夫）	02312
ナヨロの海へ（森崎和江）	09082
寧楽刊経史（大屋徳城）	01750
鳴らずの太鼓（吉屋信子）	09887
奈良朝時代民政経済の数的研究（沢田吾一）	04064
奈良朝文法史（山田孝雄）	09466
奈良年代記（作者不詳）	10566
楢山節考（深沢七郎）	07553
成上者（作者不詳）	10567
鳴神（市川団十郎（1代））	00714
鳴神不動北山桜（津打半十郎）	05783
鳴門中将物語（作者不詳）	10568
鳴門秘帖（吉川英治）	09735
南留仙志（荻生徂徠）	01868
鳴海仙吉（伊藤整）	00794
名和長年（幸田露伴）	03342
南ア共和国の内幕（伊藤正孝）	00824
南海先生集（祇園南海）	02716
南海に関する支那史料（石田幹之助）	00592
南海に叫ぶ（早乙女貢）	03759
南海の風雲児・鄭成功（伴野朗）	06178
南郭先生文集（服部南郭）	07115
難儀でござる（岩井三四二）	01072

作品名	番号
南極越冬記(西堀栄三郎)	06722
南極記(南極探検後援会)	06622
南極航海記(木崎甲子郎)	02744
南京新唱(会津八一)	00002
南国太平記(直木三十五)	06248
南山巡狩録(大草公弼)	01551
南洲翁遺訓(西郷隆盛)	03658
南条目録(南条文雄)	06629
男色大鑑(井原西鶴)	00974
南総里見八犬伝(曲亭馬琴)	02973
難太平記(今川了俊)	01025
ナンダ・コット登攀(竹節作太)	05328
南朝五百番歌合(宗良親王)	08848
何でも見てやろう(小田実)	01990
南嶋探検―琉球漫遊記(笹森儀助)	03910
南島風土記(東恩納寛惇)	07323
南島論序説(谷川健一)	05528
なんとなく、クリスタル(田中康夫)	05491
ナンバーワン・コンストラクション(鹿島田真希)	02196
南蛮かんめぬし航海記(伊東昌輝)	00825
南蛮記(新村出)	04536
南蛮更紗(新村出)	04537
南蛮寺門前(木下杢太郎)	02900
南蛮流外科秘伝書(沢野忠庵)	04072
南氷洋(きだみのる)	02782
南方所伝仏典の研究(長井真琴)	06297
南方録(南坊宗啓)	06636
南北朝時代史(田中義成)	05492
南北朝の動乱(佐藤進一)	03960
南北四万哩(大庭柯公)	01695
南溟の砲煙(高橋泰邦)	05121
南洋日本町の研究(岩生成一)	01073

【に】

作品名	番号
にあんちゃん――十歳の少女の日記(安本末子)	09202
新高山登レ一二〇八(宮内寒弥)	08623
にひまなび(賀茂真淵)	02442
新学異見(香川景樹)	02130
二王(作者不詳)	10569
憎しみの大地(落合信彦)	02008
憎しみの後に(宮島資夫)	08694
二九十八(作者不詳)	10570
肉食の思想(鯖田豊之)	04041
肉体の門(田村泰次郎)	05597
肉弾(桜井忠温)	03861
肉弾!!サイパン・テニアン戦(平櫛孝)	07443
荷車の歌(山代巴)	09417
にごりえ(樋口一葉)	07339
二言抄(今川了俊)	01026
西アジア史(前嶋信次)	08091
西周に於ける哲学の成立(蓮沼啓介)	07009
錦木(世阿弥)	04798
錦戸(世阿弥)	04799
西田幾多郎哲学論集(西田幾多郎)	06701
西田哲学(高山岩男)	03377
20世紀資本主義(山田鋭夫)	09437
二十世紀の怪物帝国主義(幸徳秋水)	03358
二十世紀の十大小説(篠田一士)	04185
西の魔女が死んだ(梨木香歩)	06557
虹の岬(辻井喬)	05756
西山物語(小山内薫)	01945
西山物語(建部綾足)	05329
二十一代集(作者不詳)	10571
21世紀社会福祉学(一番ヶ瀬康子)	00732
21世紀の技術と社会(森谷正規)	09109
21世紀の経済学(根井雅弘)	06845
21世紀の地球環境(岡本和人)	01817
21世紀の地球環境(高橋浩一郎)	05087
二十億光年の孤独(谷川俊太郎)	05531
二重言語国家・日本(石川九楊)	00513
二重国籍者の詩(野口米次郎)	06892
二十五絃(薄田泣菫)	04721
二十四の瞳(壺井栄)	05864
20代で伸びる人、沈む人(千田琢哉)	04904
二重の基準論(松井茂記)	08210
二十八宿(横瀬夜雨)	09658
二十六番館(川口一郎)	02526
西脇順三郎詩集(西脇順三郎)	06760
鰊漁場(島木健作)	04286
耳塵集(夕霧伊左衛門)	09611
二水記(鷲尾隆康)	09995
修紫田舎源氏(柳亭種彦)	09951
仁勢物語(作者不詳)	10572
二千五百年史(竹越与三郎)	05266
2000社の赤字会社を黒字にした社長のノート(長谷川和廣)	07018
二銭銅貨(江戸川乱歩)	01405
ニーチェ(三島憲一)	08468
日米経済紛争の解明(佐藤英夫)	04004
二中歴(作者不詳)	10573
日輪(横光利一)	09679
日蓮聖人教学の研究(浅井要麟)	00134
日蓮上人消息(日蓮)	06770
日蓮上人とは如何なる人ぞ(高山樗牛)	05176
日蓮上人の教義(田中智学)	05470
日露国境交渉史(木村汎)	02930
日露戦争の軍事史的研究(大江志乃夫)	01519

日露戦争の世紀―連鎖視点から見る日本と世界(山室信一) ……………………… 09506
日露陸軍新史(沼田多稼蔵) ……………… 06842
日記文学概論(玉田幸助) ………………… 05577
日食(石上玄一郎) ………………………… 00689
日蝕(平野啓一郎) ………………………… 07471
日清役後支那外交史(矢野仁一) ………… 09276
日清戦争(藤村道生) ……………………… 07705
日中十五年戦争と私(遠藤三郎) ………… 01459
日中戦争(臼井勝美) ……………………… 01211
日中戦争裏方記(岡田西次) ……………… 01799
入唐求法巡礼行記(円仁) ………………… 01477
日葡辞書(イエズス会) …………………… 00413
ニッポニアニッポン(阿部和重) ………… 00216
日本永代蔵(井原西鶴) …………………… 00975
にっぽん音吉漂流記(春名徹) …………… 07292
にっぽん部落(きだみのる) ……………… 02783
荷文(作者不詳) …………………………… 10574
二・二六事件(髙橋正衛) ………………… 05114
二人大名(作者不詳) ……………………… 10575
二宮翁夜話(二宮尊徳) …………………… 06795
二百回忌(笙野頼子) ……………………… 04464
二分割幽霊綺譚(新井素子) ……………… 00302
日本アパッチ族(小松左京) ……………… 03548
日本アルプス(小島烏水) ………………… 03412
日本アルプス山人伝(安川茂雄) ………… 09188
日本アルプスと秩父巡礼(田部重治) …… 05495
日本医学史(富士川游) …………………… 07650
日本逸史(鴨祐之) ………………………… 02432
日本イデオロギイ(竹内好) ……………… 05256
日本イデオロギー論(戸坂潤) …………… 06111
日本永久占領(片岡鉄哉) ………………… 02222
日本英語学書志(荒木伊兵衛) …………… 00308
日本演劇史(伊原敏郎) …………………… 00982
日本演劇史(高野辰之) …………………… 05051
日本遠古之文化(山内清男) ……………… 09490
日本往生極楽記(慶滋保胤) ……………… 09753
日本を決定した百年(吉田茂) …………… 09784
日本音楽概論(伊庭孝) …………………… 00957
日本音楽史(田辺尚雄) …………………… 05513
日本音楽の性格(吉川英士) ……………… 02857
日本音声学(佐久間鼎) …………………… 03851
日本海海戦(岡本好古) …………………… 01837
日本絵画史の研究(沢村専太郎) ………… 04075
日本開化小史(田口卯吉) ………………… 05217
日本海軍エレクトロニクス秘史(田丸直吉) ……………………………………… 05585
日本海軍を動かした人々(半藤一利) …… 07308
日本海軍初期無線電信思出談(木村駿吉) … 02923
日本海軍戦闘機隊(秦郁彦) ……………… 07077
日本海軍の興亡と責任者たち(山路一善) … 09405

日本海軍の戦略発想(千早正隆) ………… 05698
日本海軍風流譚(海軍思潮研究会) ……… 02076
日本外交史(清沢洌) ……………………… 02976
日本外史(頼山陽) ………………………… 09926
日本改造計画(小沢一郎) ………………… 01965
日本改造法案大綱(北一輝) ……………… 02771
日本海のイカ(足立倫行) ………………… 00199
日本歌学史(佐佐木信綱) ………………… 03895
日本科学史私攷(小泉丹) ………………… 03283
日本歌学大系(佐佐木信綱) ……………… 03896
日本革質(堺屋太一) ……………………… 03786
日本が経済封鎖される日(藤井昇) ……… 07640
日本歌劇概論(小林一三) ………………… 03486
日本家族制度と小作制度(有賀喜左衛門) … 00366
日本敵討ち異相(長谷川伸) ……………… 07042
日本型「教養」の運命―歴史社会学的考察(筒井清忠) ……………………………… 05802
日本型資本主義なくしてなんの日本か(深田祐介) ………………………………… 07564
日本学校史の研究(石川謙) ……………… 00517
日本合戦譚(菊池寛) ……………………… 02732
日本貨幣流通史(小葉田淳) ……………… 03484
日本歌謡史(高野辰之) …………………… 05052
日本歌謡集成(高野辰之) ………………… 05053
日本漢文学史(岡田正之) ………………… 01797
日本官僚制の研究(辻清明) ……………… 05741
日本記(作者不詳) ………………………… 10576
日本企業繁栄の条件(霍見芳浩) ………… 05929
日本紀私記(作者不詳) …………………… 10577
日本北アルプス湖沼の研究(田中阿歌麿) … 05432
日本旧石器時代史(岡村道雄) …………… 01813
日本教育運動史(井野川潔) ……………… 00947
日本教育運動史(海老原治善) …………… 01433
日本教育史(佐藤誠実) …………………… 03963
日本教育小史(山住正己) ………………… 09418
日本教育文化史(高橋俊乗) ……………… 05108
日本教員史研究(石戸谷哲夫) …………… 00597
日本共産党闘争小史(市川正一) ………… 00708
日本行政法(美濃部達吉) ………………… 08614
日本漁業経済史(羽原又吉) ……………… 07159
日本基督教史(比屋根安定) ……………… 07409
日本紀略(作者不詳) ……………………… 10578
日本金工史(香取秀真) …………………… 02327
日本近世史(内田銀蔵) …………………… 01235
日本近世舞踊史(小寺融吉) ……………… 03454
日本近代技術の形成(中岡哲郎) ………… 06325
日本近代産業の生成(藤田五郎) ………… 07674
日本近代詩鑑賞・明治篇(吉田精一) …… 09791
日本近代美術史論(高階秀爾) …………… 05018
日本近代文学(小田切秀雄) ……………… 01998
日本近代文学の起源(柄谷行人) ………… 02476

作品名	番号
日本軍事技術史（林克也）	07195
日本軍閥の興亡（松下芳男）	08258
日本経済（中村隆英）	06496
日本経済「悪魔」の選択はあるか（高橋乗宣）	05098
日本経済「悪魔」の選択はあるか（牧野昇）	08137
日本経済再生の戦略（野口悠紀雄）	06890
日本経済史（竹越与三郎）	05267
日本経済史（中村吉治）	06471
日本経済史概要（土屋喬雄）	05794
日本経済思想史読本（杉原四郎）	04613
日本経済思想史読本（長幸男）	05705
日本経済史の研究（内田銀蔵）	01236
日本経済史文献（本庄栄治郎）	08053
日本経済史論（福田徳三）	07608
日本経済衰退の危機（水谷研治）	08497
日本経済盛衰の選択（天谷直弘）	00270
日本経済叢書（滝本誠一）	05207
日本経済第二の奇跡（竹村健一）	05337
日本経済典籍考（滝本誠一）	05208
日本経済とマクロ経済学（吉川洋）	09746
日本経済の構造分析（中山伊知郎）	06528
日本経済の再生（鈴木淑夫）	04716
日本経済の将来像（鈴木淑夫）	04717
日本経済の真髄（辛坊治郎）	04531
日本経済の真髄（辛坊正記）	04532
日本経済の制度分析（青木昌彦）	00032
日本経済の分析（大川一司）	01545
日本経済の分析（都留重人）	05915
日本経済の目標（飯田経夫）	00405
日本経済の歴史的転換（中谷巌）	06391
日本刑法（牧野英一）	08123
日本原人の研究（清野謙次）	02983
日本憲政史大綱（尾佐竹猛）	01943
日本現代史I明治維新（井上清）	00887
日本現代文学十二講（高須芳次郎）	05022
日本建築史序説（太田博太郎）	01622
日本建築史の研究（福山敏男）	07635
日本建築の空間（井上充夫）	00912
日本憲兵正史（全国憲友会連合会編纂委員会）	04899
日本憲法史（大石真（法学））	01499
日本憲法要論（佐々木惣一）	03876
日本後紀（藤原緒嗣）	07733
日本後紀（藤原良房）	07827
日本工業史（横井時冬）	09649
日本航空事始（徳川好敏）	06069
日本工芸図録（岡田譲）	01800
日本考古学を学ぶ（大塚初重）	01644
日本考古学概説（小林行雄）	03527
日本高僧伝要文抄（宗性）	04915
日本鉱物誌（和田維四郎）	10006
日本古学派之哲学（井上哲次郎）	00896
日本国見在書目録（藤原佐世）	07768
日本国憲法（日本国）	06805
日本国憲法（宮沢俊義）	08684
日本国憲法を読み直す（紙谷雅子）	02413
日本国憲法「改正」史（渡辺治）	10030
日本国現報善悪霊異記（景戒）	03234
日本国民所得推計資料（山田雄三）	09461
日本古俗誌（松岡静雄）	08239
日本古代共同体の研究（門脇禎二）	02329
日本古代国家成立史の研究（上田正昭）	01173
日本古代国家一成立より没落まで。とくにその基礎構造の把握と批判（藤間生大）	06038
日本古代国家の構造（直木孝次郎）	06245
日本古代史の諸問題―大化前代の国家と社会（井上光貞）	00913
日本古代社会史の研究（川上多助）	02506
日本古代政治史の研究（北山茂夫）	02854
日本古代文化（和辻哲郎）	10099
日本古代文学史（西郷信綱）	03662
日本国家主義運動史（木下半治）	02896
日本国家の形成（山尾幸久）	09304
日本古典の研究（津田左右吉）	05780
日本語に探る古代信仰（土橋寛）	05790
日本語の音声（窪薗晴夫）	03099
日本語の起源（大野晋）	01686
日本語のこころ（渡辺昇一）	10062
日本古美術案内（大和会）	09477
日本債権法（鳩山秀夫）	07121
日本山海名産図会（蔀関月）	04178
日本山海名物図会（平瀬徹斎）	07449
日本山岳研究（今西錦司）	01040
日本山岳志（高頭式）	05041
日本産業組合論（井上晴丸）	00903
日本蚕糸業史（大日本蚕糸会）	04958
日本山水紀行（大町桂月）	01729
日本三代実録（菅原道真）	04583
日本三代実録（藤原時平）	07786
日本三文オペラ（開高健）	02085
日本三文オペラ（武田麟太郎）	05303
日本史学提要（三宅米吉）	08648
日本詩紀（市川寛斎）	00704
日本史講話（萩野由之）	06966
日本事情（アンジロー）	00379
日本思想史に於ける否定の論理の発達（家永三郎）	00418
日本史の研究（三浦周行）	08431
日本資本主義社会の機構（平野義太郎）	07482
日本資本主義史論集（土屋喬雄）	05795
日本資本主義成立史研究―明治国家と殖産興	

業政策（石塚裕道）	00580
日本資本主義と財政（藤田武夫）	07682
日本資本主義の諸問題（向坂逸郎）	03842
日本資本主義発達史（野呂栄太郎）	06952
日本資本主義発達史講座（野呂栄太郎）	06953
日本資本主義分析（山田盛太郎）	09460
日本社会経済史（本庄栄治郎）	08054
日本社会史（本庄栄治郎）	08055
日本社会主義史（石川三四郎）	00519
日本社会主義文献解説（細川嘉六）	07967
日本社会政策史（風早八十二）	02166
日本社会と法（渡辺洋三）	10081
日本社会の家族的構成（川島武宜）	02554
日本社会の歴史（網野善彦）	00275
日本宗教思想史の研究（西田長男）	06710
日本宗教風俗志（加藤咄堂）	02293
日本自由主義発達史（平林初之輔）	07491
日本主義（高山樗牛）	05177
日本朱子学と朝鮮（阿部吉雄）	00256
日本朱子学派之哲学（井上哲次郎）	00897
日本商業史（横井時冬）	09650
日本上代絵画史（春山武松）	07294
日本上代寺院経済史の研究（竹内理三）	05261
日本商法論（西原寛一）	06716
日本諸家人物誌（池永豹）	00465
日本書紀（太安万侶）	01693
日本書紀（舎人親王）	06127
日本書紀纂疏（一条兼良）	00727
日本書紀通釈（飯田武郷）	00402
日本書紀通証（谷川士清）	05529
日本植物志図篇（牧野富太郎）	08130
日本植民地建築論（西沢泰彦）	06694
日本書誌学の研究（川瀬一馬）	02560
日本庶民教育史（乙竹岩造）	02012
日本人崎形説（岸田国士）	02758
日本人研究 第二巻（日本人研究会）	06808
日本人ごっこ（吉岡忍）	09723
日本親族法（中川善之助）	06335
日本人だけが知らない日本の悲劇（竹村健一）	05338
日本人とイギリス（今井宏）	01017
日本人とサクラ（斎藤正二）	03686
日本人と政治（京極純一）	02952
日本人とユダヤ人（山本七平）	09531
日本人の起源（池田次郎）	00459
日本人の起源（埴原和郎）	07143
日本人の勤勉・貯蓄観（外山茂）	06182
日本人の自伝（佐伯彰一）	03739
日本人の心理（南博）	08584
日本人のすまい（塚崎進）	05728
日本人の精神史研究（亀井勝一郎）	02420
日本人の西洋発見（キーン，ドナルド）	02991
日本人の行動文法（竹内靖雄）	05248
日本人の祖先（山口敏）	09360
日本人の中東発見（杉田英明）	04611
日本人の伝統的倫理観（相良亨）	03836
日本人の動脈系統（足立文太郎）	00201
日本人の脳（角田忠信）	05845
日本人の骨（鈴木尚）	04691
日本人の読み書き能力（読み書き能力調査委員会）	09919
日本人の歴史（滝川政次郎）	05199
日本人霊歌（塚本邦雄）	05733
日本人論（芳賀矢一）	06965
日本人論（南博）	08585
日本人論（三宅雪嶺）	08643
日本神話研究（肥後和男）	07348
日本神話伝説の研究（高木敏雄）	04995
日本人はどこから来たか（加藤晋平）	02286
日本神話の研究（松村武雄）	08302
日本神話の研究（松本信広）	08346
日本神話論（三品彰英）	08467
日本水土考（西川如見）	06682
日本随筆索引（太田為三郎）	01611
日本政記（頼山陽）	09927
日本政治思想史研究（丸山真男）	08401
日本政治の診断（吉村正）	09865
日本政治の分析視角（綿貫譲治）	10089
日本政社政党発達史（庄司吉之助）	04432
日本精神研究（大川周明）	01547
日本精神史研究（和辻哲郎）	10100
日本政党史（林田亀治郎）	04250
日本説話文学索引（平林治徳）	07493
日本禅籍史論・曹洞篇（岡田宜法）	01780
日本宋学史（西村時彦）	06733
日本叢書索引（広瀬敏）	07520
日本尊農論（河上肇）	02513
日本存亡のとき（高坂正堯）	03316
日本大歳時記（水原秋桜子）	08512
日本耽美派の誕生（野田宇太郎）	06913
日本地形誌（辻村太郎）	05764
日本地質構造論（原田豊吉）	07285
日本中世絵画史（春山武松）	07295
日本中世国家史の研究（石井進）	00496
日本中世史（原勝郎）	07263
日本中世史研究事典（佐藤和彦）	03935
日本中世史論集（佐藤進一）	03961
日本中世の村落（清水三男）	04365
日本中世の農民問題（鈴木良一）	04718
日本中世の非農業民と天皇（網野善彦）	00276
日本長暦（渋川春海）	04256
日本沈没（小松左京）	03549

日本でいちばん大切にしたい会社 (坂本光司)	03825	日本の教育はどうあるべきか (教育制度検討委員会)	02950
日本的性格 (長谷川如是閑)	07058	日本の行政 (村松岐夫)	08932
日本的霊性 (鈴木大拙)	04676	日本の近代化と民衆思想 (安丸良夫)	09200
日本田制史 (横山由清)	09693	日本の近代建築 (幕末・明治編、大正・昭和編) (藤森照信)	07722
日本伝説研究 (藤沢衛彦)	07666	日本の近代建築—その成立過程 (稲垣栄三)	00848
日本とアジア (竹内好)	05257	日本の近代小説 (篠田一士)	04186
日本道徳論 (西村茂樹)	06729	日本の国ができるまで (たかはししんいち)	05099
日本童話宝玉集 (楠山正雄)	03059	日本の黒い霧 (松本清張)	08333
日本登山史 (山崎安治)	09397	日本の軍歌 (堀内敬三)	08026
日本図書館史 (小野則秋)	02027	日本の軍艦 (福井静夫)	07571
日本と世界はこう変わる (舛添要一)	08181	日本の経済 (館龍一郎)	05383
日本との対面 (近藤みさ子)	03617	日本の経済格差 (橘木俊詔)	05403
日本奴隷経済史 (滝川政次郎)	05200	日本の経済発展と金融 (寺西重郎)	05971
日本とは何か (堺屋太一)	03787	日本の経済発展と国際分業 (山沢逸平)	09399
日本における教育改革 (南原繁)	06632	にほんの建築家伊東豊雄・観察記 (滝口範子)	05204
日本における近代政治学の発達 (蠟山政道)	09970	日本の憲法 (長谷川正安)	07065
日本に於ける農村問題 (稲村隆一)	00860	日本の古代国家 (石母田正)	00635
日本における労資関係の展開 (兵藤釗)	07412	日本の古文書 (相田二郎)	00006
日本のアウトサイダー (河上徹太郎)	02507	日本の裁判 (田宮裕)	05592
日本の悪霊 (高橋和巳)	05072	日本の裁判 (渡辺洋三)	10082
日本の安全保障 (佐伯喜一)	03736	日本の裁判官 (野村二郎)	06941
日本農学史 (古島敏雄)	07892	日本の山村 (藤田佳久)	07695
日本農業経済論 (近藤康男)	03621	日本の詩歌 その骨組みと素肌 (大岡信)	01542
日本農業の機械化 (吉岡金市)	09722	日本の資源問題 (安芸皎一)	00082
日本農業の基礎構造 (栗原百寿)	03153	日本の自然 (貝塚爽平)	02097
日本農業の経済的変遷 (斎藤万吉)	03709	日本の自然 地域編 (貝塚爽平)	02098
日本農業の再編成 (桜井武雄)	03860	日本の思想 (丸山真男)	08402
日本農業の展開過程 (東畑精一)	06036	日本の時代90年代を読む (長谷川慶太郎)	07025
日本農業論 (戸田慎太郎)	06117	日本の自治・分権 (松下圭一)	08250
日本農業論 (那須皓)	06560	日本の失敗—「第二の開国」と大東亜戦争 (松本健一)	08307
日本農耕社会の成立過程 (都出比呂志)	05821	日本の児童文学 (菅忠道)	02647
日本農政学 (河上肇)	02514	日本の島々、昔と今 (有吉佐和子)	00362
日本農村社会学原理 (鈴木栄太郎)	04650	日本の社会保障 (広井良典)	07500
日本農村人口論 (渡辺信一)	10065	日本の宗教哲学 (石田慶和)	00594
日本の海の歌 (星野哲郎)	07949	日本の寿命 (日下公人)	03024
日本農民運動史 (青木恵一郎)	00014	日本の唱歌 (金田一春彦)	03001
日本農民史 (柳田国男)	09255	日本の数学 (小倉金之助)	01900
日本のエコノミスト (杉原四郎)	04614	日本の数学・西洋の数学 (村田全)	08917
日本の音 (小泉文夫)	03282	日本の政治 (京極純一)	02953
日本の海賊 (村上護)	08893	日本の戦後補償 (日本弁護士連合会)	06816
日本の科学技術一〇〇年史 (湯浅光朝)	09595	日本の戦車 (原乙未生)	07275
日本の下層社会 (横山源之助)	09687	日本の戦争・図解とデータ (桑田悦)	03220
日本の企業組織 革新的適応のメカニズム (浅沼万里)	00154	日本の戦争・図解とデータ (前原透)	08110
日本の気候 (岡田武松)	01787	日本の耐震建築とともに (内藤多仲)	06233
日本の気候 (倉嶋厚)	03141	日本の彫刻 (今泉篤男)	01020
日本の旧石器文化 (麻生優)	00191		
日本の教育を考える (宇沢弘文)	01204		
日本の教育はどうあるべきか (梅根悟)	01326		

日本の伝統（岡本太郎）	01832
日本の農業（近藤康男）	03622
日本の橋（保田与重郎）	09195
日本の繁栄は揺るがない（渡部昇一）	10063
日本の風土病（佐々学）	03929
日本の笛（北原白秋）	02836
日本の物理学史（日本物理学会）	06812
日本の文学論（竹西寛子）	05316
日本の法を考える（利谷信義）	06113
日本の星之助（大仏次郎）	01960
日本の祭（柳田国男）	09256
日本の水はよみがえるか（宇井純）	01138
日本の民家（今和次郎）	03602
日本の名著 近代の思想（桑原武夫）	03227
日本の目ざめ（岡倉天心）	01771
日本の山はなぜ美しい（小泉武栄）	03278
日本のルネッサンス人（花田清輝）	07129
日本の労働運動（片山潜）	02234
日本の労働運動（西川光次郎）	06675
日本の労働問題（鈴木文治）	04697
日本の「私」を索めて（佐伯彰一）	03740
日本俳句鈔（河東碧梧桐）	02626
日本橋（泉鏡花）	00665
日本美術史年表（源豊宗）	08604
日本美術史要説（久野健）	03090
日本美術史要説（持丸一夫）	08987
日本美術大系彫刻篇（野間清六）	06928
日本美術の特質（矢代幸雄）	09171
日本美術の歴史（辻惟雄）	05750
日本百名山（深田久弥）	07560
日本漂流譚（石井研堂）	00493
日本風景論（志賀重昂）	04128
日本風俗史（坂本健一）	03823
日本風俗史（桜井秀）	03858
日本風俗史（平出鏗二郎）	07422
日本風俗史（藤岡作太郎）	07646
日本風俗志（加藤咄堂）	02294
日本服飾史（桜井秀）	03859
日本服飾史論（高橋健自）	05085
日本仏教（花山信勝）	07133
日本仏教教学史（島地大等）	04312
日本仏教史（辻善之助）	05747
日本仏教史概説（圭室諦成）	05584
日本仏教史講話（境野黄洋）	03779
日本婦道記（山本周五郎）	09545
日本プロテスタント史研究（小沢三郎）	01966
日本文学史（高津鍬三郎）	05040
日本文学史（三上参次）	08443
日本文学史序説（加藤周一）	02272
日本文学の環境（高木市之助）	04984
日本文学の歴史（キーン，ドナルド）	02992
日本文学評論史（久松潜一）	07360
日本文化史（辻善之助）	05748
日本文化私観（坂口安吾）	03798
日本文化史研究（内藤湖南）	06232
日本文化史序説（西田直二郎）	06709
日本文化と個人主義（山崎正和）	09393
日本文化の根底に潜むもの（きだみのる）	02784
日本文化の雑種性（加藤周一）	02273
日本文化のふるさと（岩田慶治）	01094
日本文化の問題（西田幾多郎）	06702
日本文化論（キーン，ドナルド）	02993
日本文芸学（岡崎義恵）	01775
日本文芸史（小西甚一）	03477
日本文芸史における中世的なもの（西尾実）	06668
日本文壇史（伊藤整）	00795
日本文法論（山田孝雄）	09467
日本文明と近代西洋（川勝平太）	02497
日本兵器総集（月刊誌『丸』編集部）	03245
日本兵士の反戦運動（鹿地亘）	02177
日本兵食論（森鷗外）	09040
日本封建思想史研究─幕藩体制の原理と朱子学の思惟（尾藤正英）	07380
日本封建制成立過程の研究（永原慶二）	06448
日本封建制度成立史（牧健二）	08115
日本法制史概説（石井良助）	00506
日本捕虜志（長谷川伸）	07043
日本本土決戦（檜山良昭）	07411
日本丸航海記（商船大学学生）	04437
日本民俗学方法序説（福田アジオ）	07592
日本民法典の史的素描（原田慶吉）	07284
日本民謡大観（日本放送協会）	06817
日本昔話集成（関敬吾）	04846
日本昔話名彙（柳田国男）	09257
日本名山図会（谷文晁）	05523
日本紋章学（沼田頼輔）	06843
日本文徳天皇実録（藤原基経）	07811
日本唯物論史（永田広志）	06384
日本陽明学派之哲学（井上哲次郎）	00898
日本陸海軍総合事典（秦郁彦）	07078
日本陸海軍騒動史（松下芳男）	08259
日本陸軍史（生田惇）	00430
日本陸軍史研究・メッケル少佐（宿利重一）	04413
日本陸軍戦闘機隊（秦郁彦）	07079
日本霊異記（景戒）	03235
日本両替金融史論（松好貞夫）	08357
日本領主制成立史の研究（戸田芳実）	06124
日本歴史考古学（後藤守一）	03457
日本歴史の国際環境（西嶋定生）	06695
日本労働運動発達史（赤松克麿）	00063
日本労働法の形成過程と理論（野村平爾）	06946

日本浪曼派批判序説（橋川文三）	06987	人間の遺伝子（榊佳之）	03792
日本論の視座（網野善彦）	00277	人間の歌（堀口大学）	08043
日本猥褻俗謡集（作者不詳）	10579	人間の運命（芹沢光治良）	04889
日本はこう変わる（長谷川慶太郎）	07026	人間の学としての倫理学（和辻哲郎）	10101
二〇一空戦記（浜空会）	07165	人間の壁（石川達三）	00553
二万マイルの波濤（江田敏男）	01386	人間の条件（五味川純平）	03565
若市（作者不詳）	10580	人間の証明（森村誠一）	09119
入学問答（平田篤胤）	07461	人間の生物学（佐藤方彦）	04012
入社1年目の教科書（岩瀬大輔）	01091	人間の悲劇（金子光晴）	02367
入門・生涯学習政策（岡本薫）	01816	人間万歳（武者小路実篤）	08824
ニュートン（島尾永康）	04276	人間模索（渡辺一夫）	10032
ニュルブルクリンクに陽は落ちて（高斎正）	03302	認識と文化―色と模様の民族誌（福井勝義）	07568
女房（ふじたあさや）	07670	妊娠カレンダー（小川洋子）	01857
女房殺し（江見水蔭）	01439	認知科学への招待（大津由紀雄）	01639
女護島延喜入船（作者不詳）	10581	認知心理学を知る（市川伸一）	00709
如是我聞（太宰治）	05355	認知心理学を知る（伊東裕司）	00839
女人源氏物語（瀬戸内寂聴）	04877	人夫市場（内藤辰雄）	06234
女人焚死（佐藤春夫）	03998		
二流の人（坂口安吾）	03799		
楡家の人びと（北杜夫）	02789	**【ぬ】**	
俄（司馬遼太郎）	04222		
俄道心（作者不詳）	10582	鵺（世阿弥）	04800
庭苔（岡麓）	01764	抜殻（作者不詳）	10584
鶏聟（作者不詳）	10583	抜け荷百万石（南原幹雄）	06633
人外魔境シリーズ（小栗虫太郎）	01911	ヌサンタラ航海記（村井吉敬）	08858
人形佐七捕物帳（横溝正史）	09671	塗師平六（作者不詳）	10585
人形師天狗屋久吉（宇野千代）	01303	布雲（山本友一）	09557
人形の望（野上弥生子）	06865	布引丸（木村毅）	02919
人魚伝（安部公房）	00230	ぬばたまの（眉村卓）	08385
人間椅子（江戸川乱歩）	01406	沼山閑話（横井小楠）	09647
人間以前の社会（今西錦司）	01041	沼山対話（横井小楠）	09648
人間科学としての教育学（田子健）	05345		
人間関係が「しんどい！」と思ったら読む本（心屋仁之助）	03393	**【ね】**	
人間飢饉（村松梢風）	08928		
人間魚雷（海軍兵学校第十四期生）	02078	ネアンデルタール人と現代人（河合信和）	02488
人間形成の日米比較（恒吉僚子）	05837	禰宜山伏（作者不詳）	10586
人間・この劇的なるもの（福田恒存）	07602	寝声（作者不詳）	10587
人間失格（太宰治）	05356	ネコでもわかる株入門の入門（秋本英明）	00096
人間性心理学への道（村上英治）	08862	猫の草子（作者不詳）	10588
人間性の起源と進化（江原昭善）	01428	猫は知っていた（仁木悦子）	06651
人間生命の誕生（三木成夫）	08456	寝覚（作者不詳）	10589
人間そっくり（安部公房）	00231	ねじまき鳥クロニクル（村上春樹）	08887
人間であること（時実利彦）	06062	鼠（城山三郎）	04509
人間的な産業の復活（里深文彦）	04019	鼠小紋東君新形（河竹黙阿弥）	02595
人間と気候（佐藤方彦）	04011	ネズミに学んだ遺伝学（森脇和郎）	09130
人間と実存（九鬼周造）	03023	鼠の草子（作者不詳）	10590
人間と文学（臼井吉見）	01217	熱学（小出昭一郎）	03294
人間にとって科学とは何か（梅棹忠夫）	01316		
人間にとって科学とは何か（湯川秀樹）	09624		

熱学外論―生命・環境を含む開放系の熱理論（槌田敦）	05785	農政本論（佐藤信淵）	03981
熱情（森瑤子）	09066	農村行脚三十年（横井時敬）	09654
熱帯雨林（湯本貴和）	09641	農村学（橘孝三郎）	05387
熱帯雨林の生活―ボルネオの焼畑民とともに（井上真）	00911	農村革命論（横田英夫）	09665
		農村救済論（横田英夫）	09666
熱輻射論と量子論の起源（天野清）	00263	農村自治の研究（山崎延吉）	09386
ネパール王国探検記（川喜田二郎）	02523	農村社会科カリキュラムの実践（今井誉次郎）	01011
ネパール曼陀羅（高橋照）	05060	農村社会の研究（有賀喜左衛門）	00367
寝惚先生文集初編（大田南畝）	01619	農村法律問題（末弘厳太郎）	04558
眠狂四郎無頼控（柴田錬三郎）	04250	農民問題と社会理想（那須皓）	06561
眠りなき夜（北方謙三）	02796	農民問題入門（猪俣津南雄）	00956
ねむれ巴里（金子光晴）	02368	脳と心のモデル（安西祐一郎）	00378
眠れる美女（川端康成）	02616	脳内革命（春山茂雄）	07293
年月のあしおと（広津和郎）	07529	脳の計算理論（川人光男）	02600
年収300万円時代を生き抜く経済学（森永卓郎）	09112	脳の設計図（伊藤正男）	00823
		農民運動と高松事件（若林三郎）	09977
年年歳歳（阿川弘之）	00076	農民組合入門（大西俊夫）	01674
		農民組合の理論と実際（杉山元治郎）	04643
【の】		農民芸術概論綱要（宮沢賢治）	08677
		農民闘争の戦術、その躍進（大西俊夫）	01675
		農民の言葉（福田正夫）	07612
野（上林暁）	02695	農民の福音（赤羽一）	00061
ノヴァーリスの引用（奥泉光）	01876	農民離村の実証的研究（野尻重雄）	06909
能因法師集（能因）	06856	能力と発達と学習（勝田守一）	02248
脳男（首藤瓜於）	04415	野を歩みて（尾山篤二郎）	02051
農家益（大蔵永常）	01565	野菊の墓（伊藤左千夫）	00772
能楽源流考（能勢朝次）	06910	野口雨情集（野口雨情）	06875
農家負債と其整理（河田嗣郎）	02569	野口体操 からだに貞く（野口三千三）	06884
農家負債と其整理（硲正夫）	06983	野口英世（奥村鶴吉）	01894
農業金融論（小平権一）	03449	残された山靴（佐瀬稔）	03914
農業経営学（伊藤清蔵）	00803	野ざらし（豊島与志雄）	06196
農業経済学（莊開津典生）	01351	野ざらし紀行（松尾芭蕉）	08236
農業経済地理（青鹿四郎）	00036	野尻湖の研究（田中阿歌麿）	05433
農業経済論（近藤康男）	03623	ノストラダムスの大予言（五島勉）	03461
農業三事（津田仙）	05772	のせ猿草子（作者不詳）	10591
農業生産の基本問題（川俣浩太郎）	02631	後鑑（成島筑山）	06617
農業生産費論考（大槻正男）	01662	後狩詞記（柳田国男）	09258
農業全書（宮崎安貞）	08666	能登船員物語（松村信子）	08303
農業と環境（久馬一剛）	02949	ノートや鉛筆が学校を変えた（佐藤秀夫）	04005
農業と環境（祖田修）	04936	野宮（世阿弥）	04802
農業土地政策論（沢村康）	04076	野火（大岡昇平）	01534
農業簿記原理（大槻正男）	01663	伸び支度（島崎藤村）	04302
農業本論（新渡戸稲造）	06791	伸子（宮本百合子）	08763
農業問題（椡田民蔵）	03047	信長燃ゆ（安部龍太郎）	00259
農業問題と土地変革（平野義太郎）	07483	宣房卿記（万里小路宣房）	08360
農具便利論（大蔵永常）	01566	伸予（高橋揆一郎）	05081
能作書（世阿弥）	04801	ノーベル賞ゲーム（丸山工作）	08396
脳死（立花隆）	05393	のぼうの城（和田竜）	10019
脳死・臓器移植の本当の話（小松美彦）	03555	のぼり窯（久保栄）	03093
		野見山朱鳥全句集（野見山朱鳥）	06933

野村吉三郎(木場浩介)	02904
野村英夫詩集(野村英夫)	06945
野守(世阿弥)	04803
野守(松本たかし)	08343
ノモンハン(五味川純平)	03566
ノモンハン秘史(辻政信)	05754
乗合馬車(中里恒子)	06343
乗合船恵方万歳(桜田治助(3代))	03866
ノリソダ騒動記(杉浦明平)	04600
祝詞新講(次田潤)	05738
典奴ペルシャ湾をゆく(森下典子)	09086
ノルウェイの森(村上春樹)	08888
暖簾(山崎豊子)	09382
ノロ高地(草葉栄)	03039
暢気眼鏡(尾崎一雄)	01915
ノンちゃん雲に乗る(石井桃子)	00502

【は】

ハイ・イメージ論(吉本隆明)	09874
灰色の午後(佐多稲子)	03921
灰色の月(志賀直哉)	04139
ハイウェイ惑星(石原藤夫)	00624
梅雨論(岡田武松)	01788
廃園(三木露風)	08464
煤煙(森田草平)	09092
煤煙の臭ひ(宮地嘉六)	08711
バイオエシックス(米本昌平)	09916
バイオテクノロジーの農業哲学(西尾敏彦)	06665
俳諧御傘(松永貞徳)	08285
俳諧師(高浜虚子)	05138
俳諧史の研究(潁原退蔵)	01430
誹諧之連歌独吟千句(荒木田守武)	00310
俳諧武玉川(慶紀逸)	03232
廃墟(三好十郎)	08777
背教者ユリアヌス(辻邦生)	05745
廃墟の唇(黒岩重吾)	03178
バイキング王・ハラルドの冒険(早野勝巳)	07255
俳句の世界(山本健吉)	09523
俳句二葉集(正岡子規)	08152
敗軍の将、兵を語る(日経ビジネス)	06776
廃市(福永武彦)	07627
稗子伝(吉田一穂)	09761
梅松論(作者不詳)	10592
配所残筆(山鹿素行)	09315
排除と差別のエスノメソドロジー(山田富秋)	09438
排除と差別のエスノメソドロジー(好井裕明)	09714
俳人仲間(滝井孝作)	05195
俳人蕪村(正岡子規)	08153
はいすくーる落書(多賀たかこ)	04973
敗戦後論(加藤典洋)	02295
敗戦日記(高見順)	05150
ハイデガー「存在と時間」の構築(木田元)	02775
ハイデガーの思想(木田元)	02776
梅農実験化学療法(秦佐八郎)	07081
背徳のメス(黒岩重吾)	03179
梅墩詩鈔(広瀬謙)	07506
ハイネの詩(尾上柴舟)	02037
πの話(野崎昭弘)	06902
誹風末摘花(似実軒酔茶)	06712
誹風柳多留(柄井川柳)	02456
誹風柳多留(呉陵軒可有)	03590
パイプのけむり(団伊玖磨)	05628
買弁制度の研究(根岸佶)	06848
敗北の文学(宮本顕治)	08745
ハイランド(辻村伊助)	05762
拝領妻始末(滝口康彦)	05205
パウロ神学の根本問題(村田四郎)	08916
パウロの神学(山谷省吾)	09586
蝿(横光利一)	09680
波影(水上勉)	08573
覇王の海上要塞―信長の野望(東郷隆)	06025
覇王丸(長谷川時雨)	07032
破戒(島崎藤村)	04303
はかぐら(中塚一碧楼)	06394
葉隠(田代陳基)	05372
葉隠(山本常朝)	09555
博多小女郎浪枕(近松門左衛門)	05676
バカでも年収1000万円(伊藤喜之)	00843
バカの壁(養老孟司)	09645
袴垂れはどこだ(福田善之)	07614
萩大名(作者不詳)	10593
塵溜(川路柳虹)	02550
萩之家遺稿(落合直文)	02005
萩之家歌集(落合直文)	02006
萩藩閥閲録(長州藩)	05707
白隠禅師法語(白隠慧鶴)	06980
薄桜記(五味康祐)	03560
白鴎号の航海記(栗原景太郎)	03152
爆下に描く(林唯一)	07211
柏玉集(後柏原天皇)	03380
爆殺予告(草野唯雄)	04924
白日(渡辺水巴)	10067
伯爵山本権兵衛伝(伝記編纂会)	05982
白秋三部作(長谷健)	07015
白秋童謡集(北原白秋)	02837
爆心(青来有一)	04839

作品名索引　　　　　　　　　　　　　　　　　　はつからす

作品名	番号
パクス・イスラミカの世紀（鈴木董）	04682
白石建議（新井白石）	00296
白石詩草（新井白石）	00297
「白村江」以後（森公章）	09048
白痴（坂口安吾）	03800
白昼堂々（結城昌治）	09607
白昼の死角（高木彬光）	04983
はくちょう（川崎洋）	02545
白鳥座61番星（瀬川昌男）	04844
白頭吟（石川淳）	00529
爆発道祖神（町田康）	08202
幕藩制成立史の研究（山口啓二）	09349
幕藩体制社会の成立と構造（安良城盛昭）	00309
白描（石川淳）	00530
幕府衰亡論（福地源一郎）	07620
博物新編補遺（小幡篤次郎）	02043
幕末外交史の研究（大塚武松）	01642
幕末軍艦咸臨丸（文倉平次郎）	07871
幕末史の研究（井野辺茂雄）	00952
幕末社会論（佐々木潤之介）	08743
幕末百話（篠田鉱造）	04182
幕末漂流伝（村上貢）	08894
幕末明治耶蘇教史研究（小沢三郎）	01967
白羊宮（薄田泣菫）	04722
白楽天（世阿弥）	04804
歯車（芥川龍之介）	00123
歯車（堀田善衛）	07997
化物草子（作者不詳）	10594
はげ山の研究（千葉徳爾）	05697
波光きらめく果て（高樹のぶ子）	03503
箱男（安部公房）	00232
破獄（吉村昭）	09853
破獄者（船山馨）	07868
函館病院（吉川英治）	09736
箱庭（三浦朱門）	08416
箱根の坂（司馬遼太郎）	04223
箱根八里（鳥居忱）	06210
ハコネ用水（タカクラテル）	05011
葢姑射秘言（黒沢翁満）	03200
羽衣（世阿弥）	04805
葉桜の日（鷺沢萠）	03844
挟み撃ち（後藤明生）	03466
破産法研究（加藤正治）	02311
半蔀（内藤藤左衛門）	06237
橋のない川（住井すゑ）	04730
橋姫物語（作者不詳）	10595
橋弁慶（作者不詳）	10596
橋本景岳全集（橋本左内）	06997
橋ものがたり（藤沢周平）	07661
破邪顕正鈔（存覚）	04954
場所（西田幾多郎）	06703
芭蕉（金春禅竹）	03645
芭蕉（山本健吉）	09524
芭蕉雑談（正岡子規）	08154
芭蕉七部集（佐久間柳居）	03854
芭蕉七部集（松尾芭蕉）	08237
芭蕉七部集抄（幸田露伴）	03343
芭蕉秀句（加藤楸邨）	02278
芭蕉全句（加藤楸邨）	02279
馬上の詩（小熊秀雄）	01888
走れ！サンバード（武市俊）	05224
走れメロス（太宰治）	05357
場末の子（大木実）	01549
パスカル（前田陽一）	08104
パスカルに於ける人間の研究（三木清）	08452
長谷雄物語（作者不詳）	10597
支倉事件（甲賀三郎）	03299
破船（久米正雄）	03135
破船（吉村昭）	09854
パソコンで探る生命科学シミュレーション（神原武志）	02704
パーソナリティと対人行動（大淵賢一）	01715
パーソナリティと対人行動（堀毛一也）	08044
旗（西東三鬼）	03684
はだか（谷川俊太郎）	05532
裸木（川崎長太郎）	02540
裸の王様（開高健）	02086
裸の町（真船豊）	08368
畑俊六日誌（伊藤隆）	00805
二十歳のエチュード（原口統三）	07280
二十歳の原点（高野悦子）	05045
波多野精一全集（波多野精一）	07098
旗本退屈男（佐々木味津三）	03899
はたらく一家（徳永直）	06101
働く君に贈る25の言葉（佐々木常夫）	03886
働くということ（黒井千次）	03172
働くものから見るものへ（西田幾多郎）	06704
鉢かづき（作者不詳）	10598
八句連歌（作者不詳）	10599
八十五年の回想（久保田芳太）	03117
80年代経済の読み方（長谷川慶太郎）	07027
80年代 日本の読み方（日下公人）	03025
八丈流人帖（早乙女貢）	03760
はちすの露（良寛）	09956
蓮の露（良寛）	09957
八代集（作者不詳）	10600
八年間（河東碧梧桐）	02627
八年制（徳永直）	06102
鉢木（作者不詳）	10601
八幡宇佐宮御託宣集（神咡）	04513
八文字屋本（八文字屋八左衛門）	07104
初鴉（高野素十）	05049

読んでおきたい「日本の名著」案内　　　　　　　799

発掘を科学する（佐原真）	04046	花と蛇（団鬼六）	05629
発掘を科学する（田中琢）	05485	花と緑を求めて（小山鉄夫）	03585
初恋（嵯峨の屋お室）	03818	鼻取相撲（作者不詳）	10607
初航海のころ（小柴秋夫）	03404	花と竜（火野葦平）	07398
八甲田山死の彷徨（新田次郎）	06787	バナナと日本人（鶴見良行）	05933
八朔の雪（高田郁）	05030	花江都歌舞妓年代記（烏亭焉馬）	01278
八宗綱要（凝然）	02964	花のき村と盗人たち（新美南吉）	06649
はつ姿（小杉天外）	03437	花の幸（作者不詳）	10608
発生工学のすすめ（中辻憲夫）	06398	花の趣味（三宅花圃）	08637
初瀨物語（栗杖亭鬼卯）	09936	花の生涯（舟橋聖一）	07859
初瀨物語（作者不詳）	10602	花の性（矢原徹一）	09286
発想の論理（中山正和）	06542	華のときは悲しみのとき（相星雅子）	00010
発想法（渡部昇一）	10064	花の棺（山村美紗）	09503
発達史地形学（貝塚爽平）	02099	華々しき一族（森本薫）	09121
「バッテリー」シリーズ（あさのあつこ）	00156	花火・雨瀟瀟（永井荷風）	06269
発展（岩野泡鳴）	01111	花冷え（田中冬二）	05482
初登攀行（松本龍雄）	08345	はなひ草（野々口親重）	06923
はつはな（塙保己一）	07135	英草紙（近路行者）	03003
発微算法（関孝和）	04853	花祭（安岡章太郎）	09182
八百八町の考古学（大塚初重）	01645	"花見酒"の経済（笠信太郎）	09942
初雪（金春禅鳳）	03651	花みつ（作者不詳）	10609
破提宇子（ハビアン）	07160	花物語（吉屋信子）	09888
果てしなき山稜（志水哲也）	04358	花守（横瀬夜雨）	09659
果しなき流れの果に（小松左京）	03550	花森安治の仕事（酒井寛）	03776
艶容女舞衣（竹本三郎兵衛）	05340	華やかな散歩（佐藤惣之助）	03965
伴天連記（作者不詳）	10603	花世の姫（作者不詳）	10610
バトル・ロワイアル（高見広春）	05143	花嫁と馬一ぴき（江口渙）	01365
花（武island羽衣）	05271	パニック（開高健）	02087
花（田宮虎彦）	05591	バニヤンの樹かげで（松井透）	08214
鼻（芥川龍之介）	00124	埴輪考（坪井正五郎）	05875
花筏（外村繁）	06132	葉の桜（安西均）	00375
花埋み（渡辺淳一）	10051	パノラマ島奇談（江戸川乱歩）	01407
華岡青洲の妻（有吉佐和子）	00363	母を恋うる記（谷崎潤一郎）	05554
洟をたらした神（吉野せい）	09831	母親のための人生論（松田道雄）	08267
花折（作者不詳）	10604	母の歌集（五島美代子）	03464
花かげ（大村主計）	01732	母の死（中勘助）	06251
花影（中村汀女）	06501	母の初恋（川端康成）	02617
花筐（檀一雄）	05638	八幡船（山岡荘八）	09307
花子（玄恵法印）	03247	八幡船伝奇（早乙女貢）	03761
花氷（日早草城）	07404	バビロニア・ウェーブ（堀晃）	08002
花子ものぐるひ（作者不詳）	10605	派兵（高橋治）	05065
花暦八笑人（滝亭鯉丈）	09955	破防法でなにが悪い!?（奥平康弘）	01881
花咲か（岩崎京子）	01079	ハポンスの手品（豊島与志雄）	06197
花咲爺（作者不詳）	10606	浜出（作者不詳）	10611
花ざかりの森（三島由紀夫）	08481	浜出草子（作者不詳）	10612
花咲く港（菊田一夫）	02722	蛤の草子（作者不詳）	10613
話の大辞典（日置昌一）	07317	浜千鳥（鹿島鳴秋）	02194
笑話之林（林屋正蔵）	07251	浜松中納言物語（菅原孝標女）	04586
花束（吉行淳之介）	09899	ハーメルンの笛吹き男―伝説とその世界（阿部謹也）	00220
バーナード・ショー―笑う哲人（市川又彦）	00717		
花と兵隊（火野葦平）	07397	はもち中将（作者不詳）	10614

鱧の皮（上司小剣）	02408
早漆（作者不詳）	10615
林氏剃髪受位弁（中江藤樹）	06314
林達夫セレクション2―文芸復興（林達夫）	07215
隼別王子の叛乱（田辺聖子）	05501
はやり唄（小杉天外）	03438
薔薇合戦（丹羽文雄）	06830
パラケルススの世界（種村季弘）	05568
薔薇祭（大野誠夫）	01689
パラサイト・イヴ（瀬名秀明）	04879
原敬日記（原敬）	07268
腹不立（作者不詳）	10616
原民喜詩集（原民喜）	07272
薔薇盗人（上林暁）	02696
波瀾（森しげ）	09052
パリ経由・夕闇のパレスチナ（胡桃沢耕史）	03168
張り込み（松本清張）	08334
張蛸（作者不詳）	10617
針立雷（作者不詳）	10618
磔茂左衛門（藤森成吉）	07716
巴里に死す（芹沢光治良）	04890
パリの聖月曜日（喜安朗）	02944
巴里夫人（芹沢光治良）	04891
播磨風土記（作者不詳）	10619
パリ燃ゆ（大仏次郎）	01961
パリ横丁（深尾須磨子）	07548
春（島崎藤村）	04304
春（竹久夢二）	05327
春を告げる鳥（宇野浩二）	01292
春が来た（文部省）	09142
遙かな国遠い国（北杜夫）	02790
遙かな山（泉靖一）	00669
遙かなりエヴェレスト（島田巽）	04330
はるかなる海の唄（浅沼良男）	00155
春雨物語（上田秋成）	01151
パルタイ（倉橋由美子）	03145
春告鳥（為永春水）	05612
春と修羅（宮沢賢治）	08678
春のいそぎ（伊東静雄）	00777
春の唄（喜志邦三）	02746
春の神さま（巽聖歌）	05420
春の犠牲（竹内勝太郎）	05234
春の霧（宇野信夫）	01306
春の草（石川利光）	00558
春の坂道（山岡荘八）	09308
春の城（阿川弘之）	00077
春の道標（黒井千次）	03173
春の童謡（長谷健）	07016
春の鳥（国木田独歩）	03078
春の岬（三好達治）	08785
春は鉄までも匂った（小関智弘）	03445
春は馬車に乗って（横光利一）	09681
バルン氷河紀行（福田宏年）	07611
はれときどきぶた（矢玉四郎）	09208
ハーレムの熱い日々（吉田ルイ子）	09819
ハワイの歴史と文化―悲劇と誇りのモザイクの中で（矢口祐人）	09161
叛アメリカ史（豊浦志朗）	06187
繁栄への戦略（高坂正堯）	03317
反オブジェクト（隈研吾）	03118
挽歌（原田康子）	07289
盤嶽の一生（白井喬二）	04476
藩翰譜（新井白石）	00298
晩菊（林芙美子）	07231
反響（伊東静雄）	00778
半径1メートルから見た日本経済（飯田経夫）	00406
盤珪禅師語録（盤珪永琢）	07303
万国普通暦（渋川景佑）	04254
反国家の兇区（新川明）	00305
反骨の軍人・水野広徳（水野広徳）	08508
反古典の政治経済学（村上泰亮）	08896
犯罪構成要件の理論（小野清一郎）	02022
反在士の鏡（川又千秋）	02634
犯罪心理学研究（福島章）	07587
半自叙伝（菊池寛）	02733
半七捕物帳（岡本綺堂）	01826
播州平野（宮本百合子）	08764
播州法語集（一遍）	00750
晩春騒夜（円地文子）	01452
班女（世阿弥）	04806
班女（世阿弥）	04807
盤城艦航海誌（柏原長繁）	02207
蕃藷考（青木昆陽）	00020
万世特攻隊員の遺書（苗村七郎）	06244
半生の記（松本清張）	08335
帆船史話―王国の海賊編（杉浦昭典）	04592
帆走27000キロ（野崎利夫）	06904
番談（古賀謹一郎）	03379
番茶会談（幸田露伴）	03344
番町皿屋敷（岡本綺堂）	01827
反哲学史（木田元）	02777
反＝日本語論（蓮実重彦）	07012
般若心経秘鍵（空海）	03010
斑女物語（作者不詳）	10620
晩年（太宰治）	05358
晩年の父（小堀杏奴）	03534
半分開いた窓（小野十三郎）	02026
斑猫（深尾須磨子）	07549
万民徳用（鈴木正三）	04665
煩悶と自由（丘浅次郎）	01759
万雷特別攻撃隊（浜野春保）	07183

叛乱（立野信之）	05427
氾濫（伊藤整）	00796
伴侶（岩橋邦枝）	01116

【ひ】

ぴいちゃあしゃん（乙骨淑子）	02010
飛雲（作者不詳）	10621
避疫要法（高野長英）	05056
氷魚（島木赤彦）	04282
火おけの草子（作者不詳）	10622
ピオの話（藤森成吉）	07717
檜垣（世阿弥）	04808
比較言語学研究（泉井久之助）	00649
比較国会論（斎藤隆夫）	03692
美学入門（中井正一）	06298
比較文化論（飯塚浩二）	00401
非核兵器地帯（梅林宏道）	01327
ひかげの花（永井荷風）	06270
日蔭の村（石川達三）	00554
日翳の山ひなたの山（上田哲農）	01164
東アジアの「近世」（岸本美緒）	02766
東の国から（小泉八雲）	03290
東山時代に於ける一縉紳の生活（原勝郎）	07264
東山水墨画の研究（渡辺一）	10075
光抱く友よ（高樹のぶ子）	05003
光を掲ぐる者（荒畑寒村）	00314
光車よ、まわれ！（天沢退二郎）	00261
ひかりごけ（武田泰淳）	05285
光と影（渡辺淳一）	10052
光と風と夢（中島敦）	06356
光の塔（今日泊亜蘭）	02962
光の領分（津島佑子）	05758
光る道（檀一雄）	05639
氷川清話（勝海舟）	02240
氷川丸物語（高橋茂）	05094
彼岸過迄（夏目漱石）	06585
彼岸先生（島田雅彦）	04336
悲願千人斬（下村悦夫）	04393
彼岸の世界（金子大栄）	02352
秘戯（深沢七郎）	07554
ひき裂かれて（鶴見和子）	05919
ひき裂かれて（牧瀬菊枝）	08122
轢き逃げ（佐野洋）	04038
被虐の系譜（南条範夫）	06627
秘境ブータン（中尾佐助）	06319
比丘貞（作者不詳）	10623
日暮らし（宮部みゆき）	08726
日暮硯（馬場正方）	07155
蜩ノ記（葉室麟）	07189
悲劇・竹村翠（武林無想庵）	05321
ひげよ、さらば（上野瞭）	01184
秘剣（五味康祐）	03561
非建築的考察（鈴木了二）	04720
彦一ばなし（木下順二）	02882
微光（正宗白鳥）	08175
非国民!?（鎌田慧）	02395
彦左衛門外記（山本周五郎）	09546
肥後の石工（今西祐行）	01044
肥後国風土記（作者不詳）	10624
比古婆衣（伴信友）	07302
肥後物語（亀井南冥）	02424
ひざまずいて足をお舐め（山田詠美）	09423
秘事（河野多恵子）	03366
土方巽全集（土方巽）	07362
非自然主義（後藤宙外）	03458
秘事法門（杉浦明平）	04601
毘沙門の本地（作者不詳）	10625
ビジュアル版 イスラーム歴史物語（後藤明）	03455
微笑（小島信夫）	03422
非常時のことば（高橋源一郎）	05083
聖遊廓（作者不詳）	10626
美人くらべ（作者不詳）	10627
微積分への道（雨宮一郎）	00280
非線型の現象と解析（山口昌哉）	09368
非戦闘員（小山内薫）	01946
肥前国風土記（作者不詳）	10628
秘蔵宝鑰（空海）	03011
額の男（長谷川如是閑）	07059
常陸国風土記（作者不詳）	10629
ビタミンF（重松清）	04158
微地形と中世村落（金田章裕）	02996
悲痛の哲理（岩野泡鳴）	01112
棺と赤旗（橋本英吉）	06991
引括（作者不詳）	10630
ビッグボートα（赤川次郎）	00052
羊をめぐる冒険（村上春樹）	08889
羊の歌（加藤周一）	02274
美的生活を論ず（高山樗牛）	05178
秀衡入（作者不詳）	10631
秀吉と武吉（城山三郎）	04510
秀吉と利休（野上弥生子）	06866
秘伝（高橋治）	05066
秘伝宮本武蔵（光瀬龍）	08545
ヒト遺伝子から医学へ（日本分子生物学会）	06814
人馬（作者不詳）	10632
人を恋ふる歌（与謝野鉄幹）	09706
美徳のよろめき（三島由紀夫）	08482

作品名索引　　　　　　　　　　　　　ひょうみん

美と集団の論理（中井正一）	06299
人、旅に暮らす（足立倫行）	00200
一つの花（今西祐行）	01045
ひとつの反措定（平野謙）	07478
一目小僧その他（柳田国男）	09259
ひとにぎりの未来（星新一）	07939
ヒトの発見（尾本恵市）	02048
一房の葡萄（有島武郎）	00347
一本菊（作者不詳）	10633
ひとりごち（大隈言道）	01559
ひとりごと（心敬）	04517
独ごと（上島鬼貫）	02406
ひとりね（柳沢淇園）	09233
独寝（柳沢淇園）	09234
ひとり日和（青山七恵）	00043
美と礼節の絆（池上英子）	00448
ヒトはいかにして生まれたか（尾本恵市）	02049
ヒトはいかに進化したか（木村贇）	02929
ヒトはどこへ行くのか？（山田秀二郎）	09439
人はなぜ探偵になるのか（霞井通真）	05916
人は見た目が9割（竹内一郎）	05227
美男狩り（野村胡堂）	06938
B29対陸軍戦闘隊（山本茂男）	09526
ひねもす航海記（国重光熙）	03084
陽のあたる坂道（石坂洋次郎）	00574
悲の器（高橋和巳）	05073
火の回路（松本清張）	08336
簸川上（葉室光俊）	07187
檜山兄弟（吉川英治）	09737
火の国の女の日記（高群逸枝）	05165
樋の酒（作者不詳）	10634
火の鳥（伊藤整）	00797
火の鳥（手塚治虫）	05955
火の柱（木下尚江）	02895
日の果て（梅崎春生）	01321
檜原村紀聞（瓜生卓造）	01340
美の本体（岸田劉生）	02763
火の山―山猿記（津島佑子）	05759
雲雀山（作者不詳）	10635
雲雀は空に（吉田一穂）	09762
批評家の手帖（福田恆存）	07603
批評としての建築―現代建築の読みかた（八束はじめ）	09211
批評と理論（磯崎新）	00684
秘府略（滋野貞主）	04157
美文韻文・花紅葉（大町桂月）	01730
微分方程式の解法（吉田耕作）	09783
美貌の皇后（亀井勝一郎）	02421
被保険利益の構造（加藤由作）	02319
ヒマラヤ行（鹿子木信）	02389
ヒマラヤ取材記（片山全平）	02236
ヒマラヤの高峰（深田久弥）	07561
ヒマラヤの旅（長谷川伝次郎）	07054
ヒマルチュリ（村木潤次郎）	08907
美味求真（木下謙次郎）	02877
秘密（谷崎潤一郎）	05555
秘密と恥（正村俊之）	08178
微味幽玄考（大原幽学）	01712
氷室（宮増）	08737
ヒメの民俗学（宮田登）	08706
糊糊（作者不詳）	10636
ひめゆりたちの祈り（香川京子）	02131
ひめゆりの塔（石野径一郎）	00598
ひめゆり平和祈念資料館公式ガイドブック（沖縄県女師一高女同窓会）	01860
ひもじい月日（円地文子）	01453
百一新論（西周）	06658
百億の昼と千億の夜（光瀬龍）	08546
百言百話（谷沢永一）	05564
百姓一揆の研究（黒正巌）	03386
百姓一揆の伝統（林基）	07237
百姓嚢（西川如見）	06683
百万（世阿弥）	04809
百万小塔肆考（平子尚）	07445
白夜（村山知義）	08942
百錬抄（作者不詳）	10637
百鬼園随筆（内田百閒）	01242
百戸の谿（飯田龍太）	00409
ヒューマニズムの建築（浜口隆一）	07167
病院がひらく　都市の在宅ケア（太田貞司）	01612
病院がひらく　都市の在宅ケア―柳原病院20年の地域医療の挑戦（増子忠道）	08179
病学通論（緒方洪庵）	01782
氷河と万年雪の山（小島烏水）	03413
氷河の山旅（田中薫）	05437
病間録（綱島梁川）	05822
氷原（香川進）	02134
漂砂のうたう（木内昇）	02715
標準日本文法（松下大三郎）	08257
病牀六尺（正岡子規）	08155
病跡研究集成―創造と表現の精神病理（宮本忠雄）	08748
表層生活（大岡玲）	01527
漂巽紀略（川田維鶴）	02562
氷点（三浦綾子）	08412
評伝　岡瀉（高瀬正仁）	05027
氷島（萩原朔太郎）	06976
漂泊の精神史（赤坂憲雄）	00055
兵範記（平信範）	04962
兵部卿物語（作者不詳）	10638
氷壁（井上靖）	00937
漂民宇三郎（井伏鱒二）	00998

読んでおきたい「日本の名著」案内　　　　803

ひょうりゅ　　　　　　　　　作品名索引

作品	番号
漂流（吉村昭）	09855
漂流記（豊田穣）	06206
漂流記（浜田彦蔵）	07176
漂流実験（斎藤実）	03712
日和下駄（永井荷風）	06271
ひらがな暦（おーなり由子）	02015
ひらがな盛衰記（松田文耕堂）	08265
平賀元義歌集（平賀元義）	07436
開かれた社会の哲学（河上倫逸）	02522
開かれた社会の哲学（長尾龍一）	06323
平賀廉吉詩集（平賀廉吉）	07437
平野謙全集（平野謙）	07479
ピラミッドの日（川田武）	02571
ビリトン・アイランド号物語（柳河勇馬）	09223
ビルマの竪琴（竹山道雄）	05343
ピルロニストのやうに（武林無想庵）	05322
HIROSHIMA（小田実）	01991
広島 記憶のポリティクス（米山リサ）	09918
ヒロシマ・ノート（大江健三郎）	01512
ヒロシマ爆心地（NHK広島局原爆プロジェクト・チーム）	01420
ひろすけ童話集（浜田広介）	07179
広瀬家の人びと（高城知子）	05001
広田弘毅夫人の死（児島襄）	03427
広場の孤独（堀田善衞）	07998
鶸（三木卓）	08458
琵琶借座頭（作者不詳）	10639
陽はメコンに沈む（伴野朗）	06179
美は乱調にあり（瀬戸内寂聴）	04878
火はわが胸中にあり（沢地久枝）	04070
貧農の歌える（長沢佑）	06351
びんぼう自慢（古今亭志ん生）	03395
貧乏物語（河上肇）	02515

【ふ】

作品	番号
武悪（作者不詳）	10640
ふあざあぐうすの海（石浜恒夫）	00606
ファーストクラスに乗る人のシンプルな習慣（美月あきこ）	08490
ファッシズム批判（河合栄治郎）	02485
ファンダメンタリズムとは何か（井上順孝）	00902
ファンダメンタリズムとは何か（大塚和夫）	01640
浮標（三好十郎）	08778
フィッシャー元帥の面影（尾崎主税）	01928
フィリピーナを愛した男たち（久田恵）	07356
フィリピン漂流民（門田修）	09138
フィールドワークを歩く（須藤健一）	04724
封印されたヒロシマ・ナガサキ（高橋博子）	05112
風雨強かるべし（広津和郎）	07530
風雲将棋谷（角田喜久雄）	05841
風雅和歌集（光厳院）	03301
風琴爺さん（小出正吾）	03296
風景を撃て—大学一九七〇-七五（宮内康）	08624
風景学入門（中村良夫）	06518
風景の中の関係（吉行淳之介）	09900
風姿花伝（世阿弥）	04810
風塵地帯（三好徹）	08792
風水先生—地相占術の驚異（荒俣宏）	00322
風雪（阿部知二）	00247
風雪のビバーク（松濤明）	08288
風船（壺井繁治）	05873
風俗（作者不詳）	10641
風俗小説論（中村光夫）	06512
風俗文選（森川許六）	09074
風立ちぬ（堀辰雄）	08013
風知草（宮本百合子）	08765
瘋癲老人日記（谷崎潤一郎）	05556
風土（福永武彦）	07628
風土（和辻哲郎）	10102
風濤（井上靖）	00938
風媒花（武田泰淳）	05286
風葉和歌集（皇太后姞子）	03350
風来六々部集（平賀源内）	07431
風流曲三味線（江島其磧）	01383
風流御前義経記（西沢一風）	06691
風流志道軒伝（平賀源内）	07432
風流懺法（高浜虚子）	05139
風流仏（幸田露伴）	03345
風流微塵蔵（幸田露伴）	03346
風流夢譚（深沢七郎）	07555
風林火山（井上靖）	00939
風浪（木下順二）	02883
武運の空母瑞鶴の最期（水本正夫）	08513
ブエノスアイレス午前零時（藤沢周）	07654
笛の巻（作者不詳）	10642
笛之巻（作者不詳）	10643
笛吹川（深沢七郎）	07556
フェミニズムの困難（吉沢夏子）	09751
フェミニズムの帝国（村田基）	08919
F・O・U（佐藤春夫）	03999
武王の門（北方謙三）	02797
4TEEN（石田衣良）	00582
ふぉん・しいほるとの娘（吉村昭）	09856
深い河（田久保英夫）	05219
深い浸食の国—ヒマラヤの東 地図の空白部を行く（中村保）	06497
ふがいない僕は空を見た（窪美澄）	03097
富岳百景（太宰治）	05359

作品	番号
不可触民(山際素男)	09345
普勧坐禅儀(道元)	06020
不完全性定理―数学的体系のあゆみ(野崎昭弘)	06903
不器男句集(芝不器男)	04205
不機嫌な果実(林真理子)	07236
不機嫌の時代(山崎正和)	09394
蕗子(高柳重信)	05171
武器なき海(海上の友編集部)	02092
武俠艦隊(押川春浪)	01976
"普況時代"の経営(牧野昇)	08138
武教小学(山鹿素行)	09316
武教本論(山鹿素行)	09317
福音書概論(高柳伊三郎)	05169
福音的基督教(高倉徳太郎)	05012
福翁自伝(福沢諭吉)	07582
複合不況(宮崎義一)	08668
複雑さの帰結(塩沢由典)	04120
福祉が人を殺すとき(寺久保光良)	05960
福祉行政と官僚制(新藤宗幸)	04526
福祉のしごと(川井健介)	02495
福祉のしごと(浜名純)	07181
福島安正と単騎シベリア横断(島貫重節)	04338
復讐する神話(立石泰則)	05425
復讐するは我にあり(佐木隆三)	03841
複素解析(笠原健吉)	02167
複素解析と流体力学(今井功)	01006
福田方(有隣)	09616
福富草子(作者不詳)	10644
含み益立国日本の終焉(勝又壽良)	02250
文車日記(田辺聖子)	05502
梟(伊藤永之介)	00758
梟の城(司馬遼太郎)	04224
梟の草子(作者不詳)	10645
袋草子(藤原清輔)	07736
袋法師絵詞(作者不詳)	10646
梟山伏(作者不詳)	10647
福渡(作者不詳)	10648
フグはなぜ毒をもつのか―海洋生物の不思議(野口玉雄)	06879
武訓(貝原益軒)	02112
武家義理物語(井原西鶴)	00976
武家事紀(山鹿素行)	09318
武家時代史論(山路愛山)	09403
武家時代の研究(大森金五郎)	01739
武家諸法度(江戸幕府)	01412
武家年代記(作者不詳)	10649
武家の女性(山川菊栄)	09330
武家名目抄(塙保己一)	07136
普賢(石川淳)	00531
富豪刑事(筒井康隆)	05816
不幸なる芸術(柳田国男)	09260
武江年表(斎藤月岑)	03681
藤(佐阿弥)	03652
富士(武田泰淳)	05287
富士(徳冨蘆花)	06094
富士案内(野中至)	06921
武士訓(井沢蟠龍)	00487
富士山(草野心平)	03037
富士山(世阿弥)	04811
富士山頂(橋本英吉)	06992
富士太鼓(作者不詳)	10650
武治提要(津軽政方)	05737
藤戸(世阿弥)	04812
武士道(新渡戸稲造)	06792
富士に題す(佐藤紅緑)	03947
富士に立つ影(白井喬二)	04477
富士日記(武田百合子)	05297
富士野往来(作者不詳)	10651
藤の咲くころ(伊藤桂一)	00765
富士の人穴草子(作者不詳)	10652
藤の実(四賀光子)	04145
藤袋草子(作者不詳)	10653
富士松(作者不詳)	10654
伏見常盤(作者不詳)	10655
武州公秘話(谷崎潤一郎)	05557
不恒緯(蒲生君平)	02445
武将感状記(熊沢正興)	03124
武将列伝(海音寺潮五郎)	02071
婦女の鑑(木村曙)	02915
藤原機関(藤原岩市)	07731
藤原基俊集(藤原基俊)	07814
藤原保則伝(三善清行)	08774
婦人解放の悲劇(伊藤野枝)	00816
婦人思想形成史ノート(丸岡秀子)	08386
武人の徳操(陸軍教育総監部)	09934
婦人問題と婦人運動(山川菊栄)	09331
附子(宇治彌太郎)	01205
附子(金春四郎次郎)	03629
文相撲(作者不詳)	10656
布施ない(作者不詳)	10657
ふせや物語(作者不詳)	10658
扶桑集(紀斉名)	02870
扶桑名画伝(堀直格)	08018
扶桑略記(皇円)	03298
父祖の地(尾崎一雄)	01916
蕪村句集(与謝蕪村)	09695
蕪村七部集(与謝蕪村)	09696
舞台観察手引草(杉贋阿弥)	04588
二筋の血(石川啄木)	00543
双蝶蝶曲輪日記(竹田出雲(2代))	05276
二つの祖国(山崎豊子)	09383

二つの庭（宮本百合子）	08766
豚の報い（又吉栄喜）	08200
二葉亭四迷伝（中村光夫）	06513
二本の銀杏（海音寺潮五郎）	02072
二人静（作者不詳）	10659
二人で潮風に乗って（浅生太捷）	00142
二人で潮風に乗って（浅生梨里）	00143
ふたりのイーダ（松谷みよ子）	08282
ふたりの少年と琴（楠山正雄）	03060
二人の武蔵（五味康祐）	03562
二人袴（作者不詳）	10660
二人比丘尼（鈴木正三）	04666
二人比丘尼色懺悔（尾崎紅葉）	01924
ふたりぼっちの太平洋（石川紀子）	00559
ふたりぼっちの太平洋（石川雅敏）	00560
普通社会学（建部遯吾）	05333
復活の日（小松左京）	03551
物価余論（佐藤信淵）	03982
仏鬼軍（作者不詳）	10661
仏教活論（井上円了）	00882
仏教経典概説（椎尾弁匡）	04103
仏教芸術の研究（平子鐸嶺）	07444
仏教原論（雲照）	01342
仏教考古学講座（雄山閣）	09612
仏教新論（井上円了）	00883
仏教統一論（村上専精）	08876
仏教と民俗（五来重）	03589
仏教入門（岩本裕）	01125
仏教の美術と歴史（小野玄妙）	02019
仏教美術講話（小野玄妙）	02020
ブックガイド"数学"を読む（岩波書店編集部）	01102
物権法（末弘厳太郎）	04559
復興亜細亜の諸問題（大川周明）	01548
復興期の精神（花田清輝）	07130
仏光録（無学祖元）	08803
復古記（太政官修史館）	05369
仏国暦象編（円通）	01457
復古法概説（佐藤信淵）	03983
仏師（作者不詳）	10662
物象詩集（丸山薫）	08390
仏書解説大辞典（小野玄妙）	02021
物性科学のすすめ（近角聡信）	05652
仏説摩訶酒仏妙楽経（作者不詳）	10663
仏像一心とかたち（望月信成）	08984
仏像彫刻（明珍恒男）	08773
仏足跡歌（作者不詳）	10664
仏門に入りて（宮島資夫）	08695
物理学史（広重徹）	07505
物理学史と原子爆弾（斉藤三夫）	03711
物理学序論としての力学（藤原邦男）	07743
物理学とは何だろうか（朝永振一郎）	06173
物理学と方法（坂田昌一）	03815
物理学の20世紀（科学朝日）	02124
物理教育覚え書き（原島鮮）	07281
物理現象のフーリエ解析（小出昭一郎）	03295
物理講義（湯川秀樹）	09625
物理のための数学（和達三樹）	10020
物理屋になりたかったんだよ（小柴昌俊）	03405
物類称呼（越谷吾山）	03402
物類品隲（平賀源内）	07433
葡萄木立（葛原妙子）	03057
武道初心集（大道寺友山）	04957
不動智神妙録（沢庵宗彭）	05211
武道伝来記（井原西鶴）	00977
風土記（作者不詳）	10665
風土記逸文（作者不詳）	10666
武徳大成記（阿部正武）	00253
武徳編年集成（木村高敦）	02928
懐硯（井原西鶴）	00978
ふところ日記（川上眉山）	02519
蒲団（橘外男）	05389
蒲団（田山花袋）	05623
船井流競争法（船井幸雄）	07842
船長日記（池田寛親）	00461
船富家の惨劇（蒼井雄）	00012
船乗り三十年（加藤満彦）	02313
船乗り重吉冒険漂流記（矢代静一）	09168
船乗りのうた（中原厚）	06445
船乗りの四季（宮本勝人）	08741
船橋（世阿弥）	
船人の詩（三島正道）	08469
船弁慶（観世信光）	02672
腐肉団（後藤宙外）	03459
船を信ずる（宮本勝人）	08742
船と将軍（杉本苑子）	04630
船とワインと地中海と（井上宗和）	00923
船の夢（内田百閒）	01243
舟ふな（作者不詳）	10667
駙馬哲学（北村寿夫）	02852
吹雪物語（坂口安吾）	03801
不平な（土岐善麿）	06060
不亡鈔（室鳩巣）	08949
夫木和歌抄（藤原長清）	07792
文づかひ（森鷗外）	09041
文山賊（作者不詳）	10668
麓草分（鈴木正三）	04667
不夜城（馳星周）	07017
冬を越す蕾（宮本百合子）	08767
ふゆくさ（土屋文明）	05799
冬菜（太田水穂）	01628
冬のかたみに（立原正秋）	05411

冬の旅（立原正秋）……05412
冬の長門峡（中原中也）……06454
冬の椿（芝木好子）……04235
冬のデナリ（西前四郎）……06724
冬の華（中谷宇吉郎）……06524
冬の派閥（城山三郎）……04511
冬の日（梶井基次郎）……02182
冬の日（永井龍男）……06288
冬の日（山本荷兮）……09512
冬の宿（阿部知二）……00248
冬薔薇（細見綾子）……07975
冬彦集（寺田寅彦）……05969
冬は罠をしかける（楢山芙二夫）……06616
無頼船（西村寿行）……06731
フライパンの歌（水上勉）……08574
普羅句集（前田普羅）……08098
プラナリア（山本文緒）……09559
プラハからの道化たち（高柳芳夫）……05172
ブラリひょうたん（高田保）……05033
フランス革命―歴史における劇薬（遅塚忠躬）……05686
フランス歳時記（鹿島茂）……02193
フランス三昧（篠沢秀夫）……04181
仏蘭西詩集（菱山修三）……07368
仏蘭西詩集（村上菊一郎）……08865
フランス詩法（鈴木信太郎）……04672
フランス大革命史（箕作元八）……08540
フランス哲学・思想事典（小林道夫）……03526
仏蘭西文学（辰野隆）……05418
ふらんす物語（永井荷風）……06272
フランス・ユマニスムの成立（渡辺夫）……10033
プラントハンター（白幡洋三郎）……04497
プリオン病―牛海綿状脳症のなぞ（小野寺節）……02041
プリオン病―牛海綿状脳症のなぞ（山内一也）……09489
フリーター、家を買う。（有川浩）……00330
ふりむいた友だち（高田桂子）……05031
不良児（葛西善蔵）……02165
俘虜記（大岡昇平）……01535
古い玩具（岸田国士）……02759
プールサイド小景（庄野潤三）……04462
ふるさと（島崎藤村）……04305
故郷（文部省）……09143
故郷の花（三好達治）……08786
ふるさとの英世（宮津博）……08715
ふるさとびと（堀辰雄）……08014
ブルジョア（芹沢光治良）……04892
ブルジョア民主主義革命（平野義太郎）……07484
ブルー・ホエール（水口博也）……08577
古物語類字鈔（黒山春村）……03193

プレオー8の夜明け（古山高麗雄）……07897
不連続殺人事件（坂口安吾）……03802
プロジェクトエックスリーダーたちの言葉（今井彰）……01004
プロト工業化の時代（斎藤修）……03675
プロムナード東京大学史（寺崎昌男）……05961
プロレタリア短歌集（一九三〇）（短歌前衛社）……05645
文化価値と極限概念（左右田喜一郎）……04920
文学五十年（青野季吉）……00039
文学者となる法（内田魯庵）……01253
文学者の戦争責任（武井昭夫）……05223
文学者の戦争責任（吉本隆明）……09875
文学序説（土居光知）……05985
文学に現はれたる我が国民思想の研究（津田左右吉）……05781
文学入門（伊藤整）……00798
文学入門（桑原武夫）……03228
文学のなかの地理空間（杉浦芳夫）……04603
文学の発生（風巻景次郎）……02170
文学評論（夏目漱石）……06586
文学理論の諸問題（平林初之輔）……07492
文学論（夏目漱石）……06587
文化史上より見たる日本の数学（三上義夫）……08446
文華秀麗集（藤原冬嗣）……07802
文化哲学入門（土田杏村）……05786
文化と社会（藤田英典）……07689
文化と社会（宮島喬）……08698
文化と両義性（山口昌男）……09365
文化ナショナリズムの社会学（吉野耕作）……09826
文化のなかの子ども（箕浦康子）……08611
文化防衛論（三島由紀夫）……08483
文恭先生（朱舜水）……04406
文鏡秘府論（空海）……03012
文芸時評（平野謙）……07480
文芸的な、余りに文芸的な（芥川龍之介）……00125
文芸評論（小林秀雄）……03520
文芸夜話（宇野浩二）……01293
文芸論集（上田敏）……01170
豊後風土記（作者不詳）……10669
分子系統学（岸野洋久）……02764
分子系統学（長谷川政美）……07063
分子進化学入門（木村資生）……02938
分子進化の中立説（木村資生）……02939
分子人類学と日本人の起源（尾本恵市）……02050
分子生物学入門（丸山工作）……08397
文正草子（作者不詳）……10670
文章力の基本（阿部紘久）……00251
文章読本（谷崎潤一郎）……05558
文蔵（作者不詳）……10671

紛争と難民 緒方貞子の回想(緒方貞子)	01783
分茶離迦(福島正実)	07591
分団式動的教育法(及川平治)	01479
文壇人物評論(正宗白鳥)	08176
文壇的自叙伝(正宗白鳥)	08177
文壇無駄話(近松秋江)	05654
糞尿譚(火野葦平)	07399
分配(島崎藤村)	04306
分配の経済学(石川経夫)	00557
文筆眼心抄(空海)	03013
文福茶釜(作者不詳)	10672
文武二道万石通(朋誠堂喜三二)	07921
文武問答(中江藤樹)	06315
フンボルト海流(谷恒生)	05520
文明一統記(一条兼良)	00728
文明が衰亡するとき(高坂正堯)	03318
文明東漸史(藤田茂吉)	07691
文明としてのイエ社会(村上泰亮)	08897
文明としてのイスラム(加藤博)	02303
文明の海洋史観(川勝平太)	02498
文明の生態史観(梅棹忠夫)	01317
文明論之概略(福沢諭吉)	07583
文楽の研究(三宅周太郎)	08639
分類アイヌ語辞典(知里真志保)	05715
分裂病と人類(中井久夫)	06293
分裂病の現象学(木村敏)	02932
分裂病の論理学的精神病理(安永浩)	09197
文禄慶長の役(池内宏)	00442

【ヘ】

平安遺文(竹内理三)	05262
平安時代文学と白氏文集(金子彦二郎)	02361
平安時代物語の研究(松尾聡)	08228
平安朝絵画史(春山武松)	07296
陛下(久世光彦)	03061
ヘイカチ想い出の出口(今井武)	01013
兵器沿革図説(有坂鉊蔵)	00331
兵器産業(朝日新聞社会部)	00164
平家公達草紙(作者不詳)	10673
平家女護島(近松門左衛門)	05677
平家物語(石母田正)	00636
平家物語(信濃前司行長)	04180
平家物語の語法(国語調査委員会)	03385
米国海軍の真相(有終会)	09615
米穀需要法則の研究(杉本栄一)	04624
米国政治史序説(高木八尺)	05004
米国先住民族と核廃棄物(石山徳子)	00641
米国帆船チェスボロー号(大高興)	01631
米穀流通費用の研究(木村和三郎)	02943
兵士(石上露子)	00691
平時国際法論(立作太郎)	05382
平治物語(作者不詳)	10674
丙辰紀行(林羅山)	07244
平成維新(大前研一)	01722
兵隊蟻が歩いた(古山高麗雄)	07898
平中物語(作者不詳)	10675
平天儀図解(岩橋耕珊堂)	01117
兵法家伝書(柳生宗矩)	09158
平凡(二葉亭四迷)	07837
平凡な大学生のボクがネット株で3億円稼いだ秘術教えます!(三村雄太)	08618
平民の福音(山室軍平)	09504
平明調(尾山篤二郎)	02052
平和の政治思想史(千葉真)	05696
平和の代償(永井陽之助)	06302
平和論にたいする疑問(福田恒存)	07604
碧玉集(冷泉政為)	09962
碧梧桐句集(河東碧梧桐)	02628
闢邪小言(大橋訥庵)	01705
ヘーゲル研究(務台理作)	08833
ヘーゲル哲学と弁証法(田辺元)	05510
ヘーゲル論理学研究(松村一人)	08294
ベーシック現代心理学2 乳幼児の心理学(内田伸子)	01237
ベーシック現代心理学4 青年の心理学(落合良行)	02009
ペスタロッチ教育学(長田新)	01939
別冊セミナー 法学入門1996(作者不詳)	10676
別子開坑二百五十年史話(住友本社)	04732
別紙追加曲(作者不詳)	10677
ベッドタイムアイズ(山田詠美)	09424
別離(若山牧水)	09986
ベティさんの庭(山本道子)	09565
ペテルブルグからの黒船(大南勝彦)	01731
ベトナム戦記(開高健)	02088
辺にこそ死なめ(松山善三)	08355
蛇(赤尾兜子)	00051
蛇を踏む(川上弘美)	02521
蛇と鳩(丹羽文雄)	06831
蛇にピアス(金原ひとみ)	02373
蛇姫様(川口松太郎)	02535
変目伝(広津柳浪)	07536
ベルクソンの科学論(沢潟久敬)	02047
ペルシャの幻術師(司馬遼太郎)	04225
ヘルダーリーン研究(小牧健夫)	03538
ヘルマン・ヘッセ(高橋健二)	05086
伯林——一八八八年(海渡英祐)	02100
ベロ出しチョンマ(斎藤隆介)	03728
ペンギン記(檀一雄)	05640

作品名索引　　　　　　　　　　　　　　　　ほうふつし

ペンギン・ハイウェイ（森見登美彦） ……… 09115
弁慶物語（作者不詳） …………………… 10678
弁顕密二教論（空海） …………………… 03014
弁護側の証人（小泉喜美子） …………… 03268
辺策発矇（馬場正通） …………………… 07156
偏差値が日本を滅ぼす（小室直樹） …… 03577
遍照発揮性霊集（空海） ………………… 03015
弁証法の諸問題（武谷三男） …………… 05307
変奏曲（五木寛之） ……………………… 00747
ベンチャー・中小企業 優位の時代（清成忠男） …………………………………… 02980
弁中辺論（山口益） ……………………… 09352
弁天娘女男白浪（河竹黙阿弥） ………… 02596
弁道（荻生徂徠） ………………………… 01869
弁道書（太宰春台） ……………………… 05364
弁草子（作者不詳） ……………………… 10679
弁内侍日記（弁内侍） …………………… 07905
変貌する有権者（堀江湛） ……………… 08036
弁名（荻生徂徠） ………………………… 01870
変容（伊藤整） …………………………… 00799
弁要抄（今川了俊） ……………………… 01027
遍歴（宮島資夫） ………………………… 08696

【ほ】

布衣記（斎藤助成） ……………………… 03687
保育者の地平（津守真） ………………… 05910
匏菴遺稿（栗本鋤雲） …………………… 03158
貿易史上の平戸（村上直次郎） ………… 08878
方円算経（松永良弼） …………………… 08287
砲煙の海へ（細野耕三） ………………… 07971
報恩鈔（日蓮） …………………………… 06771
法格言ア・ラ・カルト（柴田光蔵） …… 04243
法学者 人と作品（伊藤正己） ………… 00830
法学入門（末弘厳太郎） ………………… 04560
法学入門（三ヶ月章） …………………… 08438
法学の基礎（団藤重光） ………………… 05649
放課後（東野圭吾） ……………………… 07327
放課後の時間割（岡田淳） ……………… 01786
放課後はミステリーとともに（東川篤哉） …… 07325
放下僧（作者不詳） ……………………… 10680
望郷（池谷信三郎） ……………………… 00477
宝慶記（道元） …………………………… 06021
望郷五月歌（佐藤春夫） ………………… 04000
望郷と海（石原吉郎） …………………… 00647
奉教人の死（芥川龍之介） ……………… 00126
望郷の歌（石光真清） …………………… 00630
封建英国とその崩壊過程（小松芳喬） … 03553
封建社会の研究（鈴木成高） …………… 04660

封建社会の展開過程─日本における豪農の史的構造（藤田五郎） …………………… 07675
冒険者たち（斎藤惇夫） ………………… 03673
保建大記（栗山潜鋒） …………………… 03164
保元物語（作者不詳） …………………… 10681
方向転換（福本和夫） …………………… 07632
「方向転換」は如何なる諸過程をとるか（福本和夫） …………………………………… 07633
方壺園（陳舜臣） ………………………… 05723
亡国のイージス（福井晴敏） …………… 07573
亡国の音（与謝野鉄幹） ………………… 09707
謀殺のチェス・ゲーム（山田正紀） …… 09454
棒縛（作者不詳） ………………………… 10682
法師物狂（作者不詳） …………………… 10683
砲車（長谷川素逝） ……………………… 07048
法社会学（川島武宜） …………………… 02555
法中装束抄（隆源） ……………………… 09945
北条霞亭（森鷗外） ……………………… 09042
放生川（世阿弥） ………………………… 04814
方丈記（鴨長明） ………………………… 02435
方丈記私記（堀田善衛） ………………… 07999
北条九代記（浅井了意） ………………… 00141
北条九代記（作者不詳） ………………… 10684
北条時頼記（並木宗輔） ………………… 06613
北条時頼記（西沢一風） ………………… 06692
豊饒の海（三島由紀夫） ………………… 08484
北条政子（永井路子） …………………… 06301
法女性学（金城清子） …………………… 02995
訪書余録（和田維四郎） ………………… 10007
法人企業と現代資本主義（間宮陽介） … 08373
方寸虚実（石塚友二） …………………… 00579
法制史の研究（三浦周行） ……………… 08432
法制史論集（中田薫） …………………… 06377
宝石泥棒（山田正紀） …………………… 09455
法窓夜話（穂積陳重） …………………… 07956
報知異聞浮城物語（矢野龍渓） ………… 09284
庖厨備用倭名本草（向井元升） ………… 08801
鳳蝶（野沢節子） ………………………… 06907
防長回天史（末松謙澄） ………………… 04564
法ってなんだ（奥平康弘） ……………… 01882
法廷の美人（黒岩涙香） ………………… 03185
法というものの考え方（渡辺洋三） …… 10083
報徳記（富田高慶） ……………………… 06147
法と言葉の中世史（笠松宏至） ………… 02171
法とは何か（渡辺洋三） ………………… 10084
棒になった男（安部公房） ……………… 00233
法然上人消息（法然） …………………… 07925
法の基本問題（恒藤恭） ………………… 05834
法の支配（伊藤正己） …………………… 00831
放屁論（平賀源内） ……………………… 07434
宝物集（平康頼） ………………………… 04963

読んでおきたい「日本の名著」案内　　　　　　　　　　　　　　　　809

包弁証法（髙橋里美）	05092	法華経の行者 日蓮（姉崎正治）	00208
方法としてのアジア（竹内好）	05258	保健福祉学概論（高山忠雄）	05173
方法としてのアナキズム（鶴見俊輔）	05926	保健福祉学概論（平山宗宏）	07498
宝満長者（作者不詳）	10685	埃吹く街（近藤芳美）	03625
法妙童子（作者不詳）	10686	星（佐藤春夫）	04001
泡鳴詩集（岩野泡鳴）	01113	星への旅（吉村昭）	09858
亡命旅行者は叫び呟く（島田雅彦）	04337	星を売る店（稲垣足穂）	00852
抱擁家族（小島信夫）	03423	母子叙情（岡本かの子）	01822
亡羊記（村山四郎）	08937	星と月は天の穴（吉行淳之介）	09901
蓬莱曲（北村透谷）	02849	保科正之（中村彰彦）	06462
法理学（恒藤恭）	05835	星に帰った少女（末吉暁子）	04568
法律進化論（穂積陳重）	07957	星の牧場（庄野英二）	04455
謀略太平洋戦争（日下部一郎）	03029	星々の舟（村山由佳）	08944
謀略のクロスロード（常石敬一）	05831	蒲寿庚の事蹟（桑原隲蔵）	03223
法隆寺への精神史（井上章一）	00890	戊戌夢物語（高野長英）	05057
法隆寺壁画（春山武松）	07297	補助金と政権党（広瀬道貞）	07524
暴力団記（村山知義）	08943	細い赤い糸（飛鳥高）	00178
放浪（岩野泡鳴）	01114	細野真宏の世界一わかりやすい株の本（細野真宏）	07974
放浪記（林芙美子）	07232	菩提樹（丹羽文雄）	06832
放浪時代（龍胆寺雄）	09949	穂高を愛して二十年（小山義治）	03588
放浪者富蔵（宮地嘉六）	08712	穂高星夜（山崎安治）	09398
吼える密林（南洋一郎）	08587	菩多尼訶経（宇田川榕菴）	01231
簠簋内伝金烏玉兎集（安倍晴明）	00242	ぽたぽた（三木卓）	08459
北越雪譜（鈴木牧之）	04700	蛍（織田作之助）	01986
ぼくが医者をやめた理由（永井明）	06254	螢（村上春樹）	08890
ぼくがぼくであること（山中恒）	09481	蛍川（宮本輝）	08753
北楂聞略（桂川甫周）	02253	蛍の河（伊藤桂一）	00766
北山抄（藤原公任）	07741	火垂るの墓（野坂昭如）	06896
牧師の家（中村吉蔵）	06474	ボーダレス・ワールド（大前研一）	01723
墨汁一滴（正岡子規）	08156	牡丹の客（永井荷風）	06274
木石（舟橋聖一）	07860	牡丹刷毛（松井須磨子）	08212
僕たちの失敗（石川達三）	00555	北海の雲（岡本信男）	01833
ぼくたちの好きな戦争（小林信彦）	03512	ホック氏の異郷の冒険（加納一朗）	02379
ボクちゃんの戦場（奥田継夫）	01877	法華義疏（聖徳太子）	04449
僕って何（三田誠広）	08516	法華思想史上の日蓮聖人（山川智応）	09334
北天の星（吉村昭）	09857	法華秀句（最澄）	03671
濹東綺譚（永井荷風）	06273	北国の犬（関英雄）	04854
北東の風（久板栄二郎）	07351	発心集（鴨長明）	02436
ぼくとさる（佐藤義美）	04018	法曹至要抄（坂上明基）	03817
ぼくのお姉さん（丘修三）	01763	法相二巻鈔（良遍）	09959
ぼくの太平洋大航海（岡本篤）	01815	坊っちゃん（夏目漱石）	06588
北壁の青春（高田光政）	05035	『坊っちゃん』の時代（関川夏央）	04859
ト養狂歌集（半井ト養）	06548	『坊っちゃん』の時代（谷口ジロー）	05537
牧羊神（上田敏）	01171	「ぼっぺん先生」シリーズ（舟崎克彦）	07847
北洋船団・女ドクター航海記（田村京子）	05593	鉄道員（浅田次郎）	00152
ぼくらの歴史教室（清水三男）	04366	暮笛集（薄田泣菫）	04723
ぼくらは海へ（那須正幹）	06564	歩道（佐藤佐太郎）	03951
ぼくは勉強ができない（山田詠美）	09425	仏原（世阿弥）	04815
慕景集（太田道灌）	01613	不如帰（徳冨蘆花）	06095
捕鯨船団・女ドクター南氷洋を行く（田村京子）	05594	ホトトギス雑詠全集（高浜虚子）	05140

ポトラッチ戦史（かんべむさし）	02707	本朝画史（狩野永納）	02382
骨餓身峠死人葛（野坂昭如）	06897	本朝画法大伝（土佐光起）	06106
骨から見た日本人のルーツ（鈴木尚）	04692	本朝月令（惟宗公方）	03591
骨皮新発意（作者不詳）	10687	本朝皇胤紹運録（作者不詳）	10694
骨の肉（河野多恵子）	03367	本朝高僧伝（師蛮）	04253
炎の海（牧島貞一）	08120	本朝食鑑（人見必大）	07387
炎のタンカー（岡本好古）	01838	本朝書籍目録（作者不詳）	10695
炎の翼（関根精次）	04861	本朝神社考（林羅山）	07245
炎の提督（豊田穣）	06207	本朝神仙伝（大江匡房）	01525
炎の人（三好十郎）	08779	本朝水滸伝（建部綾足）	05330
炎は流れる（大宅壮一）	01745	本朝酔菩提全伝（山東京伝）	04096
ボランティア もうひとつの情報社会（金子郁容）	02347	本朝世紀（藤原通憲）	07808
		本朝通鑑（江戸幕府）	01413
帆・ランプ・鷗（丸山薫）	08391	本朝廿四孝（近松半二）	05663
何日君再来物語（中薗英助）	06374	本朝二十不孝（井原西鶴）	00979
堀江物語（作者不詳）	10688	本朝武芸小伝（日夏繁高）	07394
堀河後度百首（作者不詳）	10689	本朝法華験記（鎮源）	05724
堀河初度百首（作者不詳）	10690	本朝無題詩（藤原明衡）	10696
堀川波鼓（近松門左衛門）	05678	本朝文粋（藤原明衡）	07725
堀河夜討（作者不詳）	10691	本朝麗藻（高階積善）	05019
堀辰雄詩集（堀辰雄）	08015	梵天国（作者不詳）	10697
彫辰捕物帖（梶山季之）	02198	本当に頭がよくなる1分間勉強法（石井貴士）	00498
ポリティカル・サイエンス事始め（伊藤光利）	00834	本邦史学史論叢（史学会）	04148
堀悌吉君追悼録（広瀬彦太）	07523	本邦地租の沿革（有尾敬重）	00326
濠端の住まい（志賀直哉）	04140	ぼんぼん（今江祥智）	01023
堀部武庸筆記（堀部武庸）	08051	本間宗久翁秘録（本間宗久）	08080
ポロポロ（田中小実昌）	05459	翻訳運動法（前野良沢）	08108
暮露暮露の草子（作者不詳）	10692	翻訳語成立事情（柳父章）	09274
ボロ家の春秋（梅崎春生）	01322	奔流（三宅やす子）	08646
ホワイトアウト（真保裕一）	04529	奔流の人（夏堀正元）	06573
ホワイトカラー改造計画（堀紘一）	08005		
ボワソナアド（大久保泰甫）	01557	【ま】	
本学挙要（大国隆正）	01552		
梵学津梁（慈雲）	04116	毎月抄（藤原定家）	07755
ぼんくら（宮部みゆき）	08727	マイナス・ゼロ（広瀬正）	07513
香港世界（山口文憲）	09361	舞いの家（立原正秋）	05413
本佐録（本多正信）	08077	舞の本（作者不詳）	10698
盆山（作者不詳）	10693	舞姫（森鷗外）	09043
本日休診（井伏鱒二）	00099	舞姫（与謝野晶子）	09701
本生経類の思想史的研究（千潟竜祥）	07332	前田愛著作集（前田愛）	08094
本庄繁日記（本庄繁）	08057	魔風恋風（小杉天外）	03439
本所しぐれ町物語（藤沢周平）	07662	勾玉（荻原規子）	01874
本所深川ふしぎ草紙（宮部みゆき）	08728	曲玉問答（木内石亭）	02713
本陣殺人事件（横溝正史）	09672	マキアヴェッリと「君主論」（佐々木毅）	03879
本草綱目啓蒙（小野蘭山）	02031	真木和泉守遺文（真木和泉）	08114
本草図譜（岩崎常正）	01081	巻絹（観阿弥）	02652
本草和名（深根輔仁）	07565	牧の方（坪内逍遙）	05885
ホンダがレースに復帰する時（高斎正）	03303	牧野日本植物図鑑（牧野富太郎）	08131
ぽんち（山崎豊子）	09384		
本朝医考（黒川道祐）	03191		

作品名	ページ
幕が下りてから（安岡章太郎）	09183
マークスの山（高村薫）	05156
枕慈童（作者不詳）	10699
枕草子（清少納言）	04833
枕草子春曙抄（北村季吟）	02841
枕草子狂（作者不詳）	10700
マクロ経済学と日本経済（黒坂佳央）	03197
マクロ経済学と日本経済（浜田宏一）	07169
マグロと日本人（堀武昭）	08006
真崎甚三郎日記（伊藤隆）	00806
まさりぐさ（作者不詳）	10701
マシアス・ギリの失脚（池沢夏樹）	00450
マーシャル諸島 核の世紀（豊﨑博光）	06188
麻雀・カラオケ・ゴルフはおやめなさい（長谷川慶太郎）	07028
麻雀放浪記（色川武大）	01068
魔術はささやく（宮部みゆき）	08729
魔女の宅急便（角野栄子）	02326
魔神の海（前川康男）	08089
マス・イメージ論（吉本隆明）	09876
増鏡（二条良基）	06754
マスカレード・ホテル（東野圭吾）	07328
升小談（海保青陵）	02119
貧しき人々の群（宮本百合子）	08768
魔像（林不忘）	07226
「また会いたい」と思われる人の38のルール（吉原珠央）	09836
又四郎行状記（山手樹一郎）	09474
街（阿部知二）	00249
真知子（野上弥生子）	06867
町子（徳永直）	06103
まち子の夜景（高橋三千綱）	05116
街並みの美学（芦原義信）	00175
マチネ・ポエティク詩集（マチネ・ポエティク・グループ）	08205
街の博物誌（河野典生）	03373
松浦武四郎紀行集（吉田武三）	09793
松陰中納言物語（作者不詳）	10702
松風（世阿弥）	04816
松風村雨（作者不詳）	10703
松川裁判（広津和郎）	07531
末期の眼（川端康成）	02618
マックス・ウェーバー（青山秀夫）	00046
マックス・ヴェーバー入門（山之内靖）	09495
抹香町（川崎長太郎）	02541
松子夫人への手紙（谷崎潤一郎）	05559
末日頌（富田砕花）	06154
マッターホルン北壁（小西政継）	03478
末灯鈔（親鸞）	04548
松尾（世阿弥）	04817
松の精（作者不詳）	10704
松の葉（秀松軒）	04410
松のや露八（吉川英治）	09738
松葉杖をつく女（素木しづ）	04492
末法灯明記（最澄）	03672
松帆浦物語（作者不詳）	10705
松前史略（最上徳内）	08981
松虫（世阿弥）	04818
松本たかし句集（松本たかし）	08344
「松本」の「遺書」（松本人志）	08348
松本連隊の最後（山本茂実）	09528
松山鏡（作者不詳）	10706
松山天狗（作者不詳）	10707
松楪（作者不詳）	10708
松浦鏡（観世元章）	02679
松浦宮物語（藤原定家）	07756
祭りの海（安達征一郎）	00195
祭の晩（宮沢賢治）	08679
窓ぎわのトットちゃん（黒柳徹子）	03216
マトリクスの数値計算（戸川隼人）	06050
まどろむ夜のUFO（角田光代）	02143
マナスル登頂記（槇有恒）	08112
学び その死と再生（佐藤学）	04015
「学ぶ」ということの意味（佐伯胖）	03751
招かれざる客（笹沢左保）	03905
招かれぬ客（森田たま）	09103
真似鉄炮（作者不詳）	10709
マネーはこう動く（藤巻健史）	07700
魔の遺産（阿刀弘之）	00078
まひる野（窪田空穂）	03104
真昼の海への旅（辻邦生）	05746
瞼の母（長谷川伸）	07044
魔仏一如絵詞（作者不詳）	10710
魔法（坪田譲治）	05892
まぼろし城（高垣眸）	04980
幻の海軍士官國定謙男少佐（生出寿）	01481
まぼろしの巨鯨シマ（北村けんじ）	02842
まぼろしの鹿（加藤楸邨）	02280
マボロシの鳥（太田光）	01621
幻想薔薇都市（加藤周一）	02275
幻の光（宮本輝）	08754
間宮兄弟（江國香織）	01373
間宮林蔵（吉村昭）	09859
蝮のすえ（武田泰淳）	05288
マヤの一生（椋鳩十）	08808
マリアビートル（伊坂幸太郎）	00481
鞠蹴座頭（作者不詳）	10711
マリコ（柳田邦男）	09270
鞠と殿さま（西条八十）	03665
マルキシズムと国家主義（高畠素之）	05129
マルクス恐慌論研究（久留間鮫造）	03165
マルクス死後五十年（小泉信三）	03277

作品名索引　　　　　　　　　　　　　　　　みつしつこ

マルクス主義科学論（佐々木力）……………… 03883
マルクス主義の地平（広松渉）………………… 07540
マルセル・デュシャン（東野芳明）…………… 06033
円窓より（平塚らいてう）……………………… 07469
丸山眞男講義録（丸山眞男）…………………… 08403
万延元年のフットボール（大江健三郎）……… 01513
まんがら茂平次（北原亜以子）………………… 02818
満韓ところどころ（夏目漱石）………………… 06589
満月の川（佐藤惣之助）………………………… 03966
万載狂歌集（朱楽菅江）………………………… 00132
万載狂歌集（四方赤良）………………………… 09921
満済准后日記（満済）…………………………… 08405
卍（谷崎潤一郎）………………………………… 05560
饅頭食（作者不詳）……………………………… 10712
満州考古学（八木奘三郎）……………………… 09154
満州問題と国防方針（角田順）………………… 05844
まんじゅのまへ（作者不詳）…………………… 10713
満鮮史研究（池内宏）…………………………… 00443
満足化社会の方程式（堺屋太一）……………… 03788
万代狂歌集（宿屋飯盛）………………………… 09212
万代和歌集（藤原家良）………………………… 07729
万代和歌集（作者不詳）………………………… 10714
曼荼羅の研究（栂尾祥雲）……………………… 06049
まんだら屋の良太（畑中純）…………………… 07087
満蒙の民族と宗教（赤松智城）………………… 00068
満蒙の民族と宗教（秋葉隆）…………………… 00094
万葉考（賀茂真淵）……………………………… 02443
万葉集（大伴家持）……………………………… 01668
万葉秀歌（斎藤茂吉）…………………………… 03723
万葉集管見（下河辺長流）……………………… 04374
万葉集講義（山田孝雄）………………………… 09468
万葉集古義（鹿持雅澄）………………………… 02447
万葉集書志（武田祐吉）………………………… 05296
万葉集総索引（正宗敦夫）……………………… 08163
万葉集註釈（仙覚）……………………………… 04895
万葉集の鑑賞及び其批評（島木赤彦）………… 04283
万葉集抜書（佐竹昭広）………………………… 03925
万葉代匠記（契沖）……………………………… 03243
万葉の世紀（北山茂夫）………………………… 02855
万両（阿波野青畝）……………………………… 00373

【み】

三井寺（世阿弥）………………………………… 04819
みいら採り猟奇譚（河野多恵子）……………… 03368
木乃伊の口紅（田村俊子）……………………… 05603
見えがくれする都市―江戸から東京へ（槇文
　彦）……………………………………………… 08116
澪（長田幹彦）…………………………………… 06386

澪標（外村繁）…………………………………… 06133
未開の戦争、現代の戦争（栗本英世）………… 03154
三ケ島葭子全歌集（三ケ島葭子）……………… 08437
三日月（村上浪六）……………………………… 08879
箕被（作者不詳）………………………………… 10715
帝揚羽蝶 命名譚（今井彰）…………………… 01005
三河物語（大久保彦左衛門）…………………… 01556
蜜柑（芥川龍之介）……………………………… 00127
未刊随筆百種（三田村鳶魚）…………………… 08528
みかんの花咲く丘（加藤省吾）………………… 02283
三木清（唐木順三）……………………………… 02467
三熊野詣（三島由紀夫）………………………… 08485
ミクロ経済学（荒井一博）……………………… 00285
三毛猫ホームズの推理（赤川次郎）…………… 00053
ミケルアンヂェロ（羽仁五郎）………………… 07140
巫女（朝山蜻一）………………………………… 00169
岬（中上健次）…………………………………… 06329
岬一郎の抵抗（半村良）………………………… 07312
岬の風景（井伏鱒二）…………………………… 01000
短夜（久保田万太郎）…………………………… 03114
見知らぬ海へ（隆慶一郎）……………………… 09940
見知らぬオトカム―辻まことの肖像（池内
　紀）……………………………………………… 00436
みずうみ（川端康成）…………………………… 02619
湖の一生（湊正雄）……………………………… 08581
水鏡（中山忠親）………………………………… 06540
みづく屍（作者不詳）…………………………… 10716
水汲新発意（作者不詳）………………………… 10717
ミステリーの社会学（高橋哲雄）……………… 05106
水と人の環境史（嘉田由紀子）………………… 02218
水と人の環境史（鳥越皓之）…………………… 06216
水の思想（玉城哲）……………………………… 05579
水の循環（椛根勇）……………………………… 02448
水野仙子集（水野仙子）………………………… 08506
水の流浪（金子光晴）…………………………… 02369
見世物からテレビへ（加藤秀俊）……………… 02299
味噌汁（中野鈴子）……………………………… 06432
みだれ髪（与謝野晶子）………………………… 09702
乱れからくり（泡坂妻夫）……………………… 00371
乱れ雲（佐藤紅緑）……………………………… 03948
道をひらく（松下幸之助）……………………… 08254
道草（夏目漱石）………………………………… 06590
路草（川崎長太郎）……………………………… 02542
道芝（久保田万太郎）…………………………… 03115
陸奥甲冑記（沢田ふじ子）……………………… 04067
通盛（井弥）……………………………………… 04832
密教発達志（大村西崖）………………………… 01736
密航船水安丸（新田次郎）……………………… 06788
密航定期便（中薗英助）………………………… 06375
密厳遺教録（覚鑁）……………………………… 02148
密室航路（夏樹静子）…………………………… 06569

三つの宝(芥川龍之介)	00128
三つの願い(小山内薫)	01947
密伝抄(宗砌)	04917
ミッドウェー(奥宮正武)	01891
ミッドウェー(淵田美津雄)	07839
蜜のあはれ(室生犀星)	08958
密謀(藤沢周平)	07663
密命(佐伯泰英)	03746
三山(世阿弥)	04820
御堂関白記(藤原道長)	07807
水戸黄門(村上元三)	08874
三富朽葉詩集(三富朽葉)	08552
緑の石(クライン・ユーベルシュタイン)	03138
みどりの十字架(那須辰造)	06562
見直しへの旅(松村賢治)	08296
南方熊楠(鶴見和子)	05920
南方熊楠を知る事典(松居竜五)	08219
南方随筆(南方熊楠)	08554
南方二書(南方熊楠)	08555
みなかみ紀行(若山牧水)	09987
みなし栗(宝井其角)	05184
水無月祓(世阿弥)	04821
水無瀬(作者不詳)	10718
水無瀬三吟(宗祇)	04912
水無瀬三吟百韻(宗祇)	04913
水底の歌(梅原猛)	01334
港はるあき魚暦(常世田令子)	06105
水俣病(原田正純)	07287
南小泉村(真山青果)	08380
南太平洋物語(石川栄吉)	00510
南の島に雪が降る(加東大介)	02288
南の肌(円地文子)	01454
源家長日記(源家長)	08590
水沫集(森鷗外)	09044
壬二集(藤原家隆)	07728
身延(作者不詳)	10719
身延行記(日政)	06779
見果てぬ夢(李恢成)	09932
壬生義士伝(浅田次郎)	00153
身分的周縁(塚田孝)	05729
未亡人(吉屋信子)	09889
任那興亡史(末松保和)	04567
みみずのたはごと(徳冨蘆花)	06096
耳なし芳一の話(小泉八雲)	03291
耳嚢(根岸鎮衛)	06849
耳袋秘帖(風野真知雄)	02213
御裳濯(世阿弥)	04822
脈打つ血行(武田麟太郎)	05304
土産の鏡(作者不詳)	10720
都路往来(作者不詳)	10721
都鳥(中村汀女)	06502
都羽二重拍子扇(都一中(5代))	08649
宮座の研究(肥後和男)	07349
宮沢賢治詩集(宮沢賢治)	08680
宮本武蔵(吉川英治)	09739
妙好人伝(仰誓)	03323
妙竹林話七偏人(梅亭金鵞)	06960
妙貞問答(ハビアン)	07161
妙法院勘八(村上浪六)	08880
三好達治詩集(三好達治)	08787
未来いそっぷ(星新一)	07940
未来記(作者不詳)	10722
未来警察殺人課(都筑道夫)	05771
未来者(吉田一穂)	09763
ミル「女性の解放」を読む(水田珠枝)	08494
ミロク信仰の研究(宮田登)	08707
三輪(作者不詳)	10723
三輪物語(熊沢蕃山)	03123
民間省要(田中丘隅)	05442
民間風俗年中行事(早川純三郎)	07190
民間服飾talking物類(宮本勢助)	08747
民具の博物誌(岩井宏実)	01071
民芸四十年(柳宗悦)	09229
民権演義情海波瀾(戸田欽堂)	06116
民権自由論(植木枝盛)	01143
民権弁惑(外山正一)	06184
民衆芸術論(加藤一夫)	02256
民衆娯楽論(権田保之助)	03605
民衆生活史研究(西岡虎之助)	06672
民主的文芸の先駆(白鳥省吾)	04503
〈民主〉と〈愛国〉(小熊英二)	01885
民情一新(福沢諭吉)	07584
民俗学(赤松啓介)	00064
民俗学辞典(民俗学研究会)	08796
民俗学辞典(柳田国男)	09261
民俗知識論の課題(渡辺欣雄)	10085
民族と国家(山内昌之)	09301
民俗都市の人びと(倉石忠彦)	03137
民族日本歴史(白柳秀湖)	04499
民族紛争を生きる人びと(栗本英世)	03155
閔妃暗殺(角田房子)	05850
民法講義(我妻栄)	09976
民法要義(梅謙次郎)	01311
民本主義論(吉野作造)	09830
民話(関敬吾)	04847

【む】

無縁・公界・楽―日本中世の自由と平和(網野善彦) ... 00278

無援の抒情（道浦母都子）	08531	夢魔の標的（星新一）	07941
昔話稲妻表紙（山東京伝）	04097	无名翁随筆（渓斎英泉）	03236
昔話抄（大蔵虎明）	01562	無名抄（鴨長明）	02437
昔話と文学（柳田国男）	09262	無名草子（藤原俊成卿女）	07830
麦熟るる日に（中野孝次）	06418	無明長夜（吉田知子）	09806
麦死なず（石坂洋次郎）	00575	無名作家の日記（菊池寛）	02734
麦と兵隊（火野葦平）	07400	無名氏の手記（長谷川四郎）	07036
麦藁帽子（堀辰雄）	08016	無名戦士の手記（鶴見俊輔）	05927
椋鳥の夢（浜田広介）	07180	無文字社会の歴史（川田順造）	02567
無限と連続―現代数学の展望（遠山啓）	06048	無門関（無門慧開）	08850
夢幻泡影（外村繁）	06134	無用者の系譜（唐木順三）	02469
無限抱擁（滝井孝作）	05196	むよくの清八（土田耕平）	05789
向こう横町のおいなりさん（長崎源之助）	06340	村井長庵巧破傘（河竹黙阿弥）	02597
武蔵野（国木田独歩）	03079	村上天皇御記（村上天皇）	08906
武蔵野夫人（大岡昇平）	01536	むらぎも（中野重治）	06430
無惨（黒岩涙香）	03186	紫（与謝野鉄幹）	09708
無産階級運動の方向転換（山川均）	09336	紫式部日記（紫式部）	08910
無産階級の政治運動（山川均）	09337	紫式部の芸術を憶ふ（島津久基）	04314
無産政党とは何ぞ（麻生久）	00189	紫式部の巻（作者不詳）	10728
無資源国の経済学（森嶋通夫）	09090	紫の一本（戸田茂睡）	06120
無思想人宣言（大宅壮一）	01746	紫の履歴書（美輪明宏）	08795
虫のいろいろ（尾崎一雄）	01917	村瀬保険全集（村瀬春雄）	08912
虫歌合（作者不詳）	10724	むら竹（饗庭篁村）	00011
虫の春秋（奥本大三郎）	01896	群鶏（宮柊二）	08621
無宿人別帳（松本清張）	08337	村に吹く風（山下惣一）	09412
無常（唐木順三）	02468	村のアルバム（堀内幸枝）	08027
無常といふ事（小林秀雄）	03521	村の家（中野重治）	06431
無尽灯（石川淳）	00532	村の女は眠れない（草野比佐男）	03038
無心といふこと（鈴木大拙）	04677	村の鍛冶屋（文部省）	09144
夢酔独言（勝小吉）	02211	村の名前（辻原登）	05757
息子（小山内薫）	01948	室君（作者不詳）	10729
息子はなぜ白血病で死んだのか（嶋橋美智子）	04339	室町時代小歌集（宗安）	04911
産霊山秘録（半村良）	07313	室町時代の言語研究（湯沢幸吉郎）	09631
娘道成寺（中村富十郎（1代））	06505		
娘と私（獅子文六）	04166	**【め】**	
むさうあん物語（武林無想庵）	05323		
夢想兵衛胡蝶物語（曲亭馬琴）	02974	メアリー・アニングの冒険（矢島道子）	09165
無題（川崎長太郎）	02543	メアリー・アニングの冒険（吉川惣司）	09745
無知の涙（永山則夫）	06541	明暗（夏目漱石）	06591
夢中問答（夢窓疎石）	08831	明暗三世相（直木三十五）	06249
六浦（作者不詳）	10725	明月記（藤原定家）	07757
陸奥外交（信夫清三郎）	04194	名月八幡祭（池田大伍）	00460
陸奥爆沈（吉村昭）	09860	明衡往来（藤原明衡）	07726
陸奥話記（作者不詳）	10726	名工柿右衛門（榎本虎彦）	01422
霧笛（大仏次郎）	01962	明治維新（遠山茂樹）	06046
無難禅師法語（無難）	08841	明治維新史（服部之総）	07107
棟田博兵隊小説文庫（棟田博）	08844	明治維新史研究（羽仁五郎）	07141
胸突（作者不詳）	10727	明治維新政治史研究（田中彰）	05436
無法松の一生（岩下俊作）	01085	明治維新政治史序説（毛利敏彦）	08977
謀叛論（徳冨蘆花）	06097		

明治維新前後に於ける政治思想の展開(小野寿人)	02029
明治維新の革命及び反革命(服部之総)	07108
明治維新の国際的環境(石井孝)	00499
明治維新の社会構造(堀江英一)	08029
明治以前日本土木史(土木学会)	06139
明治演劇史(伊原敏郎)	00983
明治巌窟王(村雨退二郎)	08911
明治軍制史論(松下芳男)	08260
明治劇壇五十年史(関根黙庵)	04864
明治憲政経済史論(国家学会)	03452
明治工業史(日本工学会)	06803
明治財政史(明治財政史編纂会)	08968
明治史研究(渡辺幾治郎)	10023
明治思想小史(三宅雪嶺)	08644
明治事物起原(石井研堂)	00494
明治初期の翻訳文学(柳田泉)	09237
明治女性史(村上信彦)	08881
明治政史(指原安三)	03912
明治精神史(色川大吉)	01065
明治前期政治史の研究(梅渓昇)	01325
明治大正見聞史(生方敏郎)	01310
明治大正財政史(大蔵省)	01568
明治大正詩史(日夏耿之介)	07392
明治大正詩書綜覧(山宮允)	04081
明治大正史・世相篇(柳田国男)	09263
明治大正短歌史(斎藤茂吉)	03724
明治大正短歌資料大成(小泉苳三)	03281
明治大正農村経済の変遷(高橋亀吉)	05079
明治大正文学史(吉田精一)	09792
明治天皇(キーン,ドナルド)	02994
明治の宰相(杉я久英)	04636
明治の柩(宮本研)	08744
明治の山旅(武田久吉)	05291
明治叛臣伝(田岡嶺雲)	04971
明治文学研究文献総覧(岡野他家夫)	01805
明治文学史(岩城準太郎)	01077
明治文学史(中村光夫)	06514
明治文学史(本間久雄)	08082
明治文学史(山路愛山)	09404
明治文学十二講(宮島新三郎)	08688
明治文学書目(村上浜吉)	08882
明治文化史・文芸編(岡崎義恵)	01776
明治文化全集(明治文化研究会)	08971
明治文壇回顧(馬場孤蝶)	07150
明治文壇回顧録(後藤宙外)	03460
明治屋食品辞典(明治屋本社編集室)	08972
鳴沙余韻(矢吹慶輝)	09289
名将秋山好古(生出寿)	01482
名将言行録(岡谷繁実)	01840
明治浪漫文学史(日夏耿之介)	07393
名人(川端康成)	02620
名人伝(中島敦)	06357
鳴雪句集(内藤鳴雪)	06242
名探偵が多すぎる(西村京太郎)	06726
冥途(内田百閒)	01244
MADE IN JAPAN(盛田昭夫)	09091
メイド・イン・トーキョー(貝島桃代)	02090
明徳記(作者不詳)	10730
冥途の飛脚(近松門左衛門)	05679
冥府山水図(三浦朱門)	08417
伽羅先代萩(奈河亀輔)	06551
迷路(野上弥生子)	06868
明和改正謡本(観世元章)	02680
目をさませトラゴロウ(小沢正)	01970
夫婦善哉(織田作之助)	01987
眼が語る生物の進化(宮田隆)	08703
眼鏡(島崎藤村)	04307
和布刈(作者不詳)	10731
盲長屋梅加賀鳶(河竹黙阿弥)	02598
めぐりあひ(徳田秋声)	06078
めし(林芙美子)	07233
メシア思想を中心としたイスラエル宗教文化史(石橋智信)	00604
目近大名(作者不詳)	10732
メダカが消える日(小沢祥司)	01969
めだかの学校(茶木滋)	05701
メタルカラーの時代(山根一真)	09484
滅尽争のなかの戦士たち(舩坂弘)	07846
道具の政治学(柏木博)	02204
メディアの法理(浜田純一)	07174
メナシの世界(北海道・東北史研究会)	07984
目に見えないもの(湯川秀樹)	09626
眼の壁(松本清張)	08338
乳母のふみ(阿仏尼)	00211
芽むしり仔撃ち(大江健三郎)	01514
めもらびりあ(福田定良)	07598
面(ふじたあさや)	07671
免疫とはなにか(野本亀久雄)	06950
免疫の意味論(多田富雄)	05378
牡鶏の視野(深尾須磨子)	07550
綿圃要務(大蔵永常)	01567

【も】

盲安杖(鈴木正三)	04668
もう「いい人」になるのはやめなさい!(潮凪洋介)	04121
蒙古史研究(箭内亙)	09213
蒙古襲来絵巻(作者不詳)	10733

妄想（森鷗外）	09045	樅ノ木は残った（山本周五郎）	09547
盲導犬クイールの一生（石黒謙吾）	00569	木綿以前の事（柳田国男）	09264
もうひとつの新劇史（千田是也）	04901	もめん随筆（森田たま）	09104
盲目と聾者（武者小路実篤）	08825	桃尻娘（橋本治）	06994
盲目物語（谷崎潤一郎）	05561	桃太郎（作者不詳）	10738
毛利氏四代実録（作者不詳）	10734	桃太郎侍（山手樹一郎）	09475
燃えつきた地図（安部公房）	00234	桃太郎の誕生（柳田国男）	09265
燃えよ剣（司馬遼太郎）	04226	桃太郎の母（石田英一郎）	00584
燃える海（福地曠昭）	07621	もものかんづめ（さくらももこ）	03856
モオツァルト（小林秀雄）	03522	百夜（田山花袋）	05624
黙移（相馬黒光）	04928	貫賂（作者不詳）	10739
目八譜（武蔵石寿）	08812	森鷗外（石川淳）	00533
木馬のゆめ（酒井朝彦）	03763	森鷗外（唐木順三）	02470
モグラ原っぱのなかまたち（古田足日）	07894	森鷗外（髙橋義孝）	05122
モゴール族探検記（梅棹忠夫）	01318	もりかがみ（細井平洲）	07963
もし高校野球の女子マネージャーがドラッカーの『マネジメント』を読んだら（岩崎夏海）	01082	守貞漫稿（喜田川守貞）	02807
		守武千句（荒木田守武）	00311
百舌が枯木で（サトウハチロー）	03986	森と湖のまつり（武田泰淳）	05289
モダン層とモダン相（大宅壮一）	01747	森にかよう道（内山節）	01267
モダンデザイン批判（柏木博）	02205	森のバロック（中沢新一）	06350
餅酒（作者不詳）	10735	盛久（観世元雅）	02682
望月（作者不詳）	10736	「守り人」シリーズ（上橋菜穂子）	01185
モデルノロヂオ（今和次郎）	03603	門（夏目漱石）	06592
モデルノロヂオ（吉田謙吉）	09775	文覚（宮増）	08738
本居宣長（小林秀雄）	03523	モンゴルの残光（豊田有恒）	06200
本居宣長（村岡典嗣）	08860	モンゴロイドの地球（赤沢威）	00057
元軍令部通信課長の回想（鮫島素直）	04050	モンゴロイドの道（科学朝日）	02125
元無草（深井志道軒）	07542	紋章（横光利一）	09682
求塚（観阿弥）	02653	問題群（中村雄二郎）	06517
元山沖（浜野春保）	07184		
戻り川心中（連城三紀彦）	09964	**【や】**	
物語アイルランドの歴史―欧州連合に賭ける"妖精の国"（波多野裕造）	07099		
		八尾地蔵（作者不詳）	10740
物語アメリカの歴史（猿谷要）	04054	八百屋お七（紀海音）	02868
物語イタリアの歴史―解体から統一まで（藤沢道郎）	07665	野外科学の方法（川喜田二郎）	02524
		夜鶴庭訓抄（世尊寺伊行）	04870
物語ヴェトナムの歴史（小倉貞男）	01902	山羊とお皿（与田準一）	09908
物語世界史（堀江忠男）	08034	山羊の歌（中原中也）	06455
物語戦後文学史（本多秋五）	08067	柳生武芸帳（五味康祐）	03563
物語批判序説（蓮実重彦）	07013	柳生連也斎（五味康祐）	03564
もの食う人びと（辺見庸）	07912	約言（広瀬淡窓）	07519
ものぐさ精神分析（岸田秀）	02760	ヤクザがおくる普通人への独白（北川紘洋）	02801
物くさ太郎（作者不詳）	10737		
「ものづくり」と複雑系（斎藤了文）	03701	役者口三味線（江島其磧）	01384
物と心（大森荘蔵）	01741	役者論語（八文字屋自笑（3代））	07103
モノドンの心idea心あれば人心（菅能琇一）	02686	薬籠（吉益東洞）	09839
ものの見方について（笠信太郎）	09943	八雲御抄（順徳天皇）	04421
物言う術（田中千禾夫）	05468	焼跡のイエス（石川淳）	00534
模倣犯（宮部みゆき）	08730	夜行観覧車（湊かなえ）	08579
紅葉狩（観世信光）	02673		

夜行巡査（泉鏡花）	00666	山を走る女（津島佑子）	05760
野哭（加藤楸邨）	02281	山鹿語類（山鹿素行）	09319
野菜売りの声（坂上弘）	03791	山からの絵本（辻まこと）	05752
優しき歌（立原道造）	05416	山川均伝（向坂逸郎）	03843
やさしく海に抱かれたい（小林則子）	03513	山川均伝（山川菊栄）	09332
やさしくわかるキャッシュフロー（竹俣耕一）	05334	山口組壊滅せず（鈴木達也）	04683
やさしくわかるキャッシュフロー（野村智夫）	06944	山靴の音（芳野満彦）	09834
		山下幸内上書（山下幸内）	09409
野史（飯田忠彦）	00404	山下水（土屋文明）	05800
椰子の実（島崎藤村）	04308	山科の記憶（志賀直哉）	04141
八島（世阿弥）	04823	山路の露（作者不詳）	10745
八島にこう物語（作者不詳）	10741	やますげ（松村英一）	08293
野獣死すべし（大藪春彦）	01751	山田耕筰全集（山田耕筰）	09430
安井夫人（森鷗外）	09046	大和絵史論（小林太市郎）	03502
夜船閑話（白隠慧鶴）	06981	大和唐古弥生式遺跡の研究（梅原末治）	01333
野叟独語（杉田玄白）	04607	大和唐古弥生式遺跡の研究（末永雅雄）	04557
弥太郎笠（子母沢寛）	04385	山と川のある町（石坂洋次郎）	00576
やちまた（足立巻一）	00193	山と雲と蕃人と（鹿野忠雄）	02375
野鳥と生きて（中西悟堂）	06403	大和古寺巡礼（和辻哲郎）	10103
八ヶ岳挽歌（山口耀久）	09347	大和古寺風物誌（亀井勝一郎）	02422
薬科分子生物学（名取俊二）	06598	大和小学（山崎闇斎）	09374
八つの夜（与謝野晶子）	09703	大和俗訓（貝原益軒）	02113
やっとこ探偵（志茂田景樹）	04387	大和本草（貝原益軒）	02114
八つ墓村（横溝正史）	09673	大和物語（作者不詳）	10746
宿無団七時雨傘（並木正三(1代)）	06610	山と雪の日記（板倉勝宣）	00699
寄生木（徳冨蘆花）	06098	山中常盤（大江大頭）	01520
谷中村滅亡史（荒畑寒村）	00315	山中常盤双紙（岩佐又兵衛）	01078
柳田国男と事件の記録（内田隆三）	01249	山梨勝之進先生遺芳録（山梨勝之進）	09483
柳田国男の民俗学（福田アジオ）	07593	山に描く（足立源一郎）	00194
柳樽（作者不詳）	10742	山に棲む（香月洋一郎）	02244
柳の葉末（作者不詳）	10743	山に憑かれた男（加藤喜一郎）	02258
柳橋物語（山本周五郎）	09548	山に忘れたパイプ（藤島敏男）	07668
柳宗悦宗教選集（柳宗悦）	09230	山猫の夏（船戸与一）	07852
柳宗悦選集（柳宗悦）	09231	山上宗二記（山上宗二）	09488
家主の上京（椎名麟三）	04113	山の上の交響楽（中井紀夫）	06291
屋根裏の散歩者（江戸川乱歩）	01408	山の絵本（尾崎喜八）	01919
夜半の寝覚（菅原孝標女）	04587	山の音（川端康成）	02621
夜半楽（与謝蕪村）	09697	山の憶い出（木暮理太郎）	03392
藪柑子集（寺田寅彦）	05970	山のおんごく物語（宮脇紀雄）	08769
藪の鶯（三宅花圃）	08638	山之口獏詩集（山之口獏）	09497
藪の中（芥川龍之介）	00129	山の仕事、山の暮らし（高桑信一）	05013
破垣（内田魯庵）	01254	山の人生（柳田国男）	09266
山（大島亮吉）	01590	山の素描（黒田初子）	03212
山（辻村太郎）	05765	山の素描（黒田正夫）	03213
病草紙（作者不詳）	10744	山の民（江馬修）	01436
山芋（大関松三郎）	01605	山の力（国木田独歩）	03080
山へ入る日（石川欣一）	00514	山のトムさん（石井桃子）	00503
山へ――わが登고記（吉沢一郎）	09750	山のパンセ（串田孫一）	03048
山を想へば（百瀬慎太郎）	09014	山の人達（高橋文太郎）	05113
山を考える（本多勝一）	08060	山の隣人（長尾宏也）	06317
		山彦（鈴木三重吉）	04711

作品名索引		ゆしまもう

作品	番号
山びこ学校（無着成恭）	08835
山・人・本（島田巽）	04331
山本五十六（阿川弘之）	00079
山本五十六伝（反町栄一）	04950
山・森・雪（加納一朗）	02380
山は満員（渡辺公平）	10042
山姥（世阿弥）	04824
病棄て（島田等）	04333
闇と影の百年戦争（南原幹雄）	06634
闇の絵巻（梶井基次郎）	02183
闇の蛟竜（津本陽）	05908
闇の中の系図（半村良）	07314
闇のなかの祝祭（吉行淳之介）	09902
闇の盃盤（岩野泡鳴）	01115
病める薔薇（佐藤春夫）	04002
弥生式土器聚成図録（小林行雄）	03528
弥生式土器聚成図録（森本六爾）	09124
弥生の花浅草祭（瀬川如皐（2代））	04842
弥生文化の研究（金関恕）	02338
弥生文化の研究（佐原真）	04047
槍ヶ岳開山播隆（穂刈貞雄）	07929
槍ヶ岳開山播隆（穂刈三寿雄）	07930
やりたいことは全部やれ！（大町研一）	01724
鑓の権三重帷子（近松門左衛門）	05680
やる気の心理学（宮本美沙子）	08756
八幡智（作者不詳）	10747
柔らかい個人主義の誕生（山崎正和）	09395
柔らかい時計（荒巻義雄）	00318
柔らかな頬（桐野夏生）	02989
ヤンボウ ニンボウ トンボウ（飯沢匡）	00394

【ゆ】

作品	番号
唯一神道名法要集（吉田兼倶）	09767
由比正雪（大仏次郎）	01963
唯信鈔文意（親鸞）	04549
唯心房集（藤原頼業）	07829
唯物史観と現代の意識（三木清）	08453
維摩経義疏（聖徳太子）	04450
憂鬱でなければ、仕事じゃない（見城徹）	03252
憂鬱でなければ、仕事じゃない（藤田晋）	07681
憂鬱なる党派（高橋和巳）	05074
誘拐一九七X（生田直親）	00429
夕顔（世阿弥）	04825
夕顔の言葉（壺井栄）	05865
有機農業運動の地域的展開（青木辰司）	00024
有機農業運動の地域的展開（松村和則）	08295
幽鬼の街（伊藤整）	00800
夕霧伊左衛門（作者不詳）	10748

作品	番号
夕暮まで（吉行淳之介）	09903
遊古疑考（松本清張）	08339
憂国（三島由紀夫）	08486
有罪無罪（黒岩涙香）	03187
夕潮（日影丈吉）	07321
遊子方言（田舎老人多田爺）	00854
憂愁平野（井上靖）	00940
友情（武者小路実篤）	08826
遊女記（大江匡房）	01526
有職故実（小杉榲邨）	03436
融通念仏信解章（融観）	09602
夕鶴（木下順二）	02884
祐善（作者不詳）	10749
幽灯録（作者不詳）	10750
夕映え（宇江佐真理）	01145
夕張胡亭塾景観（檀一雄）	05641
夕日（葛原しげる）	03056
幽秘記（幸田露伴）	03347
夕日と拳銃（檀一雄）	05642
郵便配達夫 シュヴァルの理想宮（岡谷公二）	01839
夕べの雲（庄野潤三）	04463
遊牧民から見た世界史（杉山正明）	04641
夕焼小焼（中村雨紅）	06465
幽霊（北杜夫）	02791
ゆうれい船（大仏次郎）	01964
幽霊読者（山田清三郎）	09435
誘惑（森瑤子）	09067
誘惑者（高橋たか子）	05104
雪（長沢美津）	06353
雪（中谷宇吉郎）	06525
雪（作者不詳）	10751
雪明りの路（伊藤整）	00801
雪・岩・アルプス（藤木九三）	07652
雪女五枚羽子板（近松門左衛門）	05681
雪女物語（作者不詳）	10752
雪国（川端康成）	02622
雪国の春（柳田国男）	09267
雪欒（森澄雄）	09056
雪解（永井荷風）	06275
雪に生きる（猪谷六合雄）	00421
雪の研究（中谷宇吉郎）	06526
雪之丞変化（三上於菟吉）	08440
雪夫人絵図（舟橋聖一）	07861
雪むすめ（酒井朝彦）	03764
雪山・藪山（川崎精雄）	02546
遊行柳（観世小次郎）	02663
雪渡り（宮沢賢治）	08681
ゆく道（森田たま）	09105
ユーゴスラヴィア現代史（柴宜弘）	04204
湯島詣（泉鏡花）	00667

読んでおきたい「日本の名著」案内　　819

U新聞年代記（上司小剣）	02409
「豊かさ」とは何か（飯田経夫）	00407
豊かで美しい地域環境をつくる―地域環境工学概論（田淵俊雄）	05572
油濁の海（田尻宗昭）	05370
ユダヤ人大富豪の教え（本田健）	08061
油断！（堺屋太一）	03789
ゆっくり雨太郎捕物控（多岐川恭）	05198
湯殿山麓呪い村（山村正夫）	09502
ユートピア文学論（沼野充義）	06844
湯葉（芝木好子）	04236
由煕（李良枝）	09933
弓八幡（世阿弥）	04826
夢合（作者不詳）	10753
夢をかなえるゾウ（水野敬也）	08501
夢をかなえる「そうじ」力（舛田光洋）	08190
夢をかなえる勉強法（伊藤真）	00822
夢を見た海賊（なだいなだ）	06565
夢かたり（後藤明生）	03467
夢十夜（夏目漱石）	06593
夢介千両みやげ（山手樹一郎）	09476
夢と魅惑の全体主義（井上章一）	00891
夢と六月（相馬泰三）	04933
夢の碑（高井有一）	04976
夢の浮橋（大田南畝）	01620
夢の宇宙誌（澁澤龍彦）	04262
夢の壁（加藤幸子）	02317
夢のかよひ路（宇野浩二）	01294
夢記（明恵）	08771
夢の木坂分岐点（筒井康隆）	05817
夢の代（山片蟠桃）	09325
夢の棲む街（山尾悠子）	09303
夢の通ひ路物語（作者不詳）	10754
夢の時を求めて―宗教の起源の探究（増沢知子）	08180
夢のなかで（吉行理恵）	09904
夢のなかの街（倉橋由美子）	03146
夢のまた夢（津本陽）	05909
夢分析入門（鑪幹八郎）	05381
熊野（世阿弥）	04827
ユリシィズ（山本太郎）	09553
百合若大臣（作者不詳）	10755
「ユルン戦記」シリーズ（浜たかや）	07163
揺れ動く世界の米需給（大内力）	01501
揺れ動く世界の米需給（佐伯尚美）	03742
ユング心理学入門（河合隼雄）	02492

【よ】

夜あけ朝あけ（住井すゑ）	04731
夜明けの潮（豊田穣）	06208
夜明け前（島崎藤村）	04309
妖怪（司馬遼太郎）	04227
妖怪学講義（井上円了）	00884
幼学綱要（元田永孚）	09009
容疑者Xの献身（東野圭吾）	07329
妖棋伝（角田喜久雄）	05842
陽気なギャングが地球を回す（伊坂幸太郎）	00482
楊貴妃（金春禅竹）	03646
楊貴妃物語（作者不詳）	10756
謡曲集（作者不詳）	10757
謡曲大観（佐成謙太郎）	04028
漾虚集（夏目漱石）	06594
陽暉楼（宮尾登美子）	08629
杳子（古井由吉）	07877
養蚕秘録（上垣守国）	02401
洋算用法（柳河春三）	09220
養蚕労働経済論（早川直瀬）	07191
幼児狩り（河野多恵子）	03369
様式の上にあれ（村野藤吾）	08925
用捨箱（柳亭種彦）	09952
雍州府志（黒川道祐）	03192
養生訓（貝原益軒）	02115
用心棒日月抄（藤沢周平）	07664
陽水の快楽（竹田青嗣）	05282
雍正帝（宮崎市定）	08659
妖星伝（半村良）	07315
幼稚園保育法真諦（倉橋惣三）	03144
夜討曽我（宮増）	08739
幼年時代（室生犀星）	08959
幼年連禱（吉原幸子）	09835
遥拝隊長（井伏鱒二）	01001
遙拝隊長（井伏鱒二）	01002
陽復記（度会延佳）	10093
用明天皇職人鑑（近松門左衛門）	05682
養老（世阿弥）	04828
養老律令（藤原不比等）	07801
ヨオロツパの世紀末（吉田健一）	09773
予が見神の実験（綱島梁川）	05823
横川法語（源信）	03256
沃土（和田伝）	10003
「欲望」と資本主義（佐伯啓思）	03737
予言者の研究（浅野順一）	00159
横座（作者不詳）	10758

作品	番号
横笛草子（作者不詳）	10759
横道世之介（吉田修一）	09786
吉岡実詩集（吉岡実）	09728
吉川家神道秘訣書（吉川惟足）	09744
4次元のトポロジー（加藤十吉）	02314
4次元のトポロジー（松本幸夫）	08351
吉田一穂詩集（吉田一穂）	09764
吉田松陰（玖村敏雄）	03127
吉田松陰（徳富蘇峰）	06088
義経千本桜（竹田出雲(2代)）	05277
義時の最期（坪内逍遙）	05886
吉野葛（谷崎潤一郎）	05562
吉野静（世阿弥）	04829
吉野拾遺（藤原吉房）	07825
吉野拾遺名歌誉（依田学海）	09905
吉野朝太平記（鷲尾雨工）	09990
吉野天人（観世信光）	02674
吉野の鮎（高木市之助）	04985
よじょう（山本周五郎）	09549
四畳半襖の下張（珍歩山人）	05725
吉原裏同心（佐伯泰英）	03747
吉原鑑（作者不詳）	10760
吉原御免状（隆慶一郎）	09941
吉原手引草（松井今朝子）	08208
よだかの星（宮沢賢治）	08682
輿地紀略（伊藤圭介）	00768
輿地誌略（青地林宗）	00038
四日間の奇蹟（浅倉卓弥）	00149
ヨットが好き（金子純代）	02351
ヨットが呑まれた（朝日新聞社会部取材班）	00165
ヨット招福の冒険（笹岡耕平）	03868
ヨット人生万歳（丹羽徳子）	06822
ヨット人生万歳（丹羽由昌）	06835
米内光政（阿川弘之）	00080
世直しの倫理と論理（小田実）	01992
夜長姫と耳男（坂口安吾）	03803
世に棲む日日（司馬遼太郎）	04228
米市（作者不詳）	10761
世の中へ（加能作次郎）	02385
呼子と口笛（石川啄木）	00544
夜ふけと梅の花（井伏鱒二）	01003
よみがえる古代文書（平川南）	07442
よみがえる中世（網野善彦）	00279
甦るチューリング（星野力）	07947
読書村の春（酒井朝彦）	03765
読みなおす一冊（朝日新聞学芸部）	00163
夜もすがら検校（長谷川伸）	07045
頼朝の最後（作者不詳）	10762
頼政（世阿弥）	04830
夜の河（沢野久雄）	04073
夜のさいころ（川端康成）	02623
夜の三部作（福永武彦）	07629
夜の水槽（津村節子）	05897
夜の鶴（阿仏尼）	00212
夜の波音（阿川弘之）	00081
夜の光（志賀直哉）	04142
鎧（作者不詳）	10763
万の文反古（井原西鶴）	00980
ヨーロッパ芸術（井島勉）	00626
ヨーロッパ新右翼（高橋進）	05101
ヨーロッパ新右翼（山口定）	09370
ヨーロッパ＝ドイツへの道（坂井栄八郎）	03767
ヨーロッパ＝ドイツへの道（保坂一夫）	07931
弱法師（世阿弥）	04831
世論反映の方法（西平重喜）	06718
余は如何にして基督信徒となりし乎（内村鑑三）	01262
与話情浮名横櫛（瀬川如皐(3代)）	04843
40代を後悔しない50のリスト（大塚寿）	01652
四〇代からの生涯設計（井上富雄）	00900
四十二の物あらそひ（作者不詳）	10764
四八億の妄想（筒井康隆）	05818
四色問題（一松信）	07386
四千の日と夜（田村隆一）	05606
四千万歩の男（井上ひさし）	00910
442連隊戦闘団（矢野徹）	09278
四万人の目撃者（有馬頼義）	00355

【ら】

作品	番号
癩（島木健作）	04287
雷跡！ 右30度（宇野公一）	01281
雷電（作者不詳）	10765
ライフサイクルの経済学（橘木俊詔）	05404
楽阿弥（作者不詳）	10766
楽園の途上（白鳥省吾）	04504
ラ・カラチャ（高城高）	03321
落日の宴（吉村昭）	09861
落日の光景（外村繁）	06135
落日燃ゆ（城山三郎）	04512
落首九十九（谷川俊太郎）	05533
落書露顕（今川了俊）	01028
ラクダイ横丁（岡本良雄）	01835
落梅集（島崎藤村）	04310
羅山林先生詩集（林羅山）	07246
羅山林先生文集（林羅山）	07247
ラジカルな学校批判をめぐって（里見実）	04026
羅生門（芥川龍之介）	00130
羅生門（観世小次郎）	02664

羅生門(観世信光)	02675	六国史(作者不詳)	10768
裸像彫刻(宮島資夫)	08697	リツ子・その愛(檀一雄)	05643
落花の舞(前田曙山)	08095	リツ子その死(檀一雄)	05644
ラディカル・ヒストリー(山内昌之)	09302	栗山文集(柴野栗山)	04252
羅甸薔薇(吉田一穂)	09765	立志・苦学・出世(竹内洋)	05250
ラブレー研究序説(渡辺一夫)	10034	立正安国論(日蓮)	06772
ラランデ暦書管見(高橋至時)	05123	立正治国論(日親)	06777
蘭学階梯(大槻玄沢)	01655	立地論(西岡久雄)	06673
蘭学事始(杉田玄白)	04608	律令制と貴族政権(竹内理三)	05263
藍渓佐藤将軍追憶手記(作者不詳)	10767	律令の研究(滝川政次郎)	05201
讕言(幸田露伴)	03348	リーディングス 日本の社会保障4 社会福祉(社会保障研究所)	04400
洋灯と花(深尾須磨子)	07551	リブ号の航海(小林則子)	03514
乱歩と東京——一九二〇 都市の貌(松山巖)	08354	リモートセンシングデータ解析の基礎(長谷川均)	07060
		略奪の海カリブ(増田義郎)	08192
【り】		掠奪の法観念史—中・近世ヨーロッパの人・戦争・法(山内進)	09295
		理由(宮部みゆき)	08731
籠雨荘雑歌(筏井嘉一)	00420	竜を撫でた男(福田恒存)	07605
リカアドウの価値論及び其の批判史(堀経夫)	08017	琉球戯曲集(伊波普猷)	00963
リカアド価値論の研究(森耕二郎)	09050	琉球共産村落の研究(田村浩)	05604
理科が危ない(江沢洋)	01377	琉球国中山世鑑(向象賢)	04424
理学提要(広瀬元恭)	07510	琉球国由来記(琉球国王府)	09944
理学秘訣(鎌田柳泓)	02398	琉球諸島風物詩集(佐藤惣之助)	03967
李花集(宗良親王)	08849	柳橋新誌(成島柳北)	06619
力学的な微分幾何(大森英樹)	01742	流言蜚語(清水幾太郎)	04350
利休にたずねよ(山本兼一)	09515	留魂録(吉田松陰)	09788
陸軍経理部(柴田隆一)	04244	柳子新論(山県大弐)	09322
陸軍航空特別攻撃隊史(生田惇)	00431	流星雨(津村節子)	05898
陸軍省人事局長の回想(額田坦)	06837	流星の絆(東野圭吾)	07330
陸軍創設史(篠原宏)	04190	流体都市を構築せよ！(高祖岩三郎)	03324
陸軍特別攻撃隊(高木俊朗)	05000	流体力学(今井功)	01007
陸軍中野学校(中野校友会)	06442	隆達小歌集(高三隆達)	05015
陸軍中野学校(畠山清行)	07084	隆達節歌謡(高三隆達)	05016
陸軍の五大閥(鵜崎鷺城)	01201	柳髪新話浮世床(式亭三馬)	04155
陸軍よもやま物語(棟田博)	08845	流氷の祖国(志図川倫)	04168
陸戦兵器総覧(日本兵器工業会)	06815	柳和和歌抄(作者不詳)	10769
六諭衍義大意(室鳩巣)	08950	流木(高見順)	05111
リー群の話(佐武一郎)	03926	流民詩集(小熊秀雄)	01889
俚言集覧(大田全斎)	01610	竜門石窟の研究(長広敏雄)	06457
罹災日録(永井荷風)	06276	竜門石窟の研究(水野清一)	08505
利潤か人間か(北沢洋子)	02808	流離譚(安岡章太郎)	09184
利潤計算原理(岩田巌)	01095	凌雲集(小野岑守)	02030
リスクの経済学(酒井泰弘)	03777	両替年代記(竹原九兵衛)	05324
理想の良人(吉屋信子)	09890	良寛歌集(良寛)	09958
理想の憲政(江木衷)	01359	良寛さま(相馬御風)	04926
理想の人(安部磯雄)	00215	良寛坊物語(相馬御風)	04927
立花大全(十一屋太右衛門)	04409	領解文(蓮如)	09967
立憲主義と民主主義(阪口正二郎)	03804	龍虎(観世信光)	02676
律原発揮(中根元圭)	06411	両国梶之助(鈴木彦次郎)	04689

猟銃（井上靖）	00941	類聚国史（菅原道真）	04584
量子力学（朝永振一郎）	06174	類聚三代格（作者不詳）	10773
量子力学的世界像（朝永振一郎）	06175	類聚名義抄（作者不詳）	10774
量子力学と私（朝永振一郎）	06176	類体論へ至る道（足立恒雄）	00197
量子論の発展史（高林武彦）	05141	ルーズベルト秘録（産経新聞社）	04082
梁塵秘抄（後白河法皇）	03434	ルソンの谷間（江崎誠致）	01376
両性具有の美（白洲正子）	04495	るつぼはたぎる（作者不詳）	10775
量地指南（村井昌弘）	08854	流転七十五年―オペラと恋の半生（藤原義江）	07821
両手いっぱいの言葉 413のアフォリズム（寺山修司）	05978	ルドルフとイッパイアッテナ（斉藤洋）	03704
令義解（清原夏野）	02985	ルネサンス（岡崎乾二郎）	01772
令集解（惟宗直本）	03593	ルネサンス文学の研究（杉浦明平）	04602
量の世界（銀林浩）	03002	ルネサンス文化の研究（大類伸）	01754
竜馬がゆく（司馬遼太郎）	04229	ルネサンス 理想都市（中嶋和郎）	06359
両面宿儺（豊田有恒）	06201	ルネッサンス史概説（坂口昂）	03808
両洋の眼―幕末明治の文化接触（吉田光邦）	09811	ルネッサンス的人間の探求（花田清輝）	07131
料理駕（作者不詳）	10770	ルフィの仲間力（安田雪）	09191
綾里村快挙録（片岡鉄兵）	02221	留女（志賀直哉）	04143
料理物語（作者不詳）	10771	ルワンダ中央銀行総裁日記（服部正也）	07116
緑蓑談（須藤南翠）	04727		
緑地環境科学（井手久登）	00754	**【れ】**	
旅行用心集（八隅蘆菴）	09201		
旅愁（横光利一）	09683	嶺雲揺曳（田岡嶺雲）	04972
旅順攻囲軍（木村毅）	02920	霊海新潮（海老名弾正）	01432
リラの花（与謝野鉄幹）	09709	霊界物語（出口王仁三郎）	05943
リラ冷えの街（渡辺淳一）	10053	礼儀類典（水戸光圀）	08551
李陵（中島敦）	06358	霊魂観の系譜（桜井徳太郎）	03863
リルケ―芸術と人生（富士川英郎）	07649	霊魂の秋（生田春月）	00427
リルケ詩抄（茅野蕭々）	05690	冷笑（永井荷風）	06277
理論経済学の基本問題（杉本栄一）	04625	霊性の危機（植村正久）	01195
理論の教育学（篠原助市）	04188	零戦（奥宮正武）	01892
理論法学の諸問題（加古祐二郎）	02155	例題で知る日本の数学と算額（深川英俊）	07552
臨永和歌集（作者不詳）	10772	霊長類学入門（江原昭善）	01429
林檎園日記（久保栄）	03094	レイテ戦記（大岡昇平）	01537
輪唱（原田康子）	07290	黎明（麻生久）	00190
隣疝臆議（大橋訥庵）	01706	零落（長田幹彦）	06387
林泉集（中村憲吉）	06481	玲瓏集（沢庵宗彭）	05212
輪蔵（観世弥次郎）	02683	レーガン政策下の日本経済（吉冨勝）	09821
龍胆（長谷川かな女）	07019	歴史（堀田善衛）	08000
輪廻（森田草平）	09093	歴史意識に立つ教育（上原專禄）	01189
リンネとその使徒たち（西村三郎）	06728	歴史学研究法（今井登志喜）	01016
倫理学（和辻哲郎）	10104	歴史ってなんだ？（小田中直樹）	02001
倫理的帝国主義（浮田和民）	01199	歴史考古学の問題点（坂詰秀一）	03813
		歴史的環境（木原啓吉）	02905
【る】		歴史的現実（田辺元）	05511
		歴史哲学（三木清）	08454
類聚神祇本源（度会家行）	10092	歴史としての学問（中山茂）	06537
類聚歌合（源雅実）	08605	歴史としての社会主義（和田春樹）	10011
		歴史と民族の発見（石母田正）	00637

歴史の暮方(林達夫)	07216		をめざして(一番ヶ瀬康子)	00733
歴史の現在と地域学(板垣雄三)	00698		老船長夜話(佐藤忠夫)	03969
歴史の発見(木村尚三郎)	02924		籠太鼓(作者不詳)	10778
歴史の法則(竹村健一)	05339		労働運動二十年(鈴木文治)	04698
歴史文学論(岩上順一)	01076		労働組合法の生成と変転(山中篤太郎)	09478
暦象新書(志筑忠雄)	04169		労働市場分析(尾高煌之助)	01995
歴史論(服部之総)	07109		労働者と農民(中村政則)	06511
歴世女装考(岩瀬百樹)	01092		労働者誘拐(江口渙)	01366
暦林問答集(賀茂在方)	02428		労働日記と靴(鹿地亘)	02178
レーザー物理入門(霜田光一)	04388		労働法研究(末弘厳太郎)	04561
レーザー・メス 神の指先(中野不二男)	06435		労働法論序説(沼田稲次郎)	06841
列侯深秘録(三田村鳶魚)	08529		老農晩耕録(石川理紀之助)	00567
烈将山口多聞(生出寿)	01483		老武者(作者不詳)	10779
列藩騒動録(海音寺潮五郎)	02073		楼蘭(井上靖)	00942
レディ・ジョーカー(高村薫)	05157		六家集(作者不詳)	10780
檸檬(梶井基次郎)	02184		六月は真紅の薔薇(三好徹)	08793
恋愛綱領(立野信之)	05428		六地蔵(作者不詳)	10781
煉瓦女工(小池富美子)	03266		六帖詠草(小沢蘆庵)	01972
連歌新式(二条良基)	06755		六女集(作者不詳)	10782
煉瓦の煙突(下畑卓)	04391		六千人の命のビザ(杉原幸子)	04618
連歌毘沙門(作者不詳)	10776		六代御前物語(作者不詳)	10783
連環記(幸田露伴)	03349		六代勝事記(作者不詳)	10784
聯合艦隊(草鹿龍之介)	03028		六人僧(作者不詳)	10785
連合艦隊始末記(千早正隆)	05699		鹿鳴館(三島由紀夫)	08487
連合艦隊の栄光(伊藤正徳)	00829		鹿鳴集(会津八一)	00003
連合艦隊の生涯(堀元美)	08022		鹿鳴集(作者不詳)	10786
連獅子(河竹黙阿弥)	02599		六輪一露(金春禅竹)	03647
連尺(作者不詳)	10777		露月句集(石井露月)	00507
連戦連敗(安藤忠雄)	00382		ロゴスとイデア(田中美知太郎)	05488
連続群論入門(杉浦光夫)	04595		魯西亜志(桂川甫周)	02254
連続群論入門(山内恭彦)	09493		ロシアとアジア草原(佐口透)	03850
蓮如(丹羽文雄)	06833		ロシアの革命(松田道雄)	08268
蓮如上人御一代記聞書(蓮如)	09968		ロシヤ・ソヴェト文学史(昇曙夢)	06926
恋慕ながし(小栗風葉)	01909		ロシヤにおける広瀬武夫(島田謹二)	04321
連理秘抄(二条良基)	06756		路上観察学入門(赤瀬川原平)	00058
			魯迅(竹内好)	05259
【ろ】			ロダンの首(角川源義)	02323
			ロック「市民政府論」を読む(松下圭一)	08251
驢鞍橋(鈴木正三)	04669		六百番歌合(藤原俊成)	07790
ロイド保険証券の生成(加藤由作)	02320		六百番歌合(藤原良経)	07824
廊下(壺井栄)	05866		六本木心中(笹沢左保)	03906
老化―DNAのたくらみ(土居洋文)	05995		魯鈍な猫(小川未明)	01856
老化のバイオサイエンス(香川正矩)	02138		ロバアト・オウエン著作史(五島茂)	03456
狼火の岬(久司十三)	03044		ろば電子(伏見康治)	07702
老妓抄(岡本かの子)	01823		ロバート・フック ニュートンに消された男(中島秀人)	06370
老残(宮地嘉六)	08713		ロビンソンの末裔(開高健)	02089
労四狂(自堕落先生)	04173		炉辺山話(岡茂雄)	01762
「老人福祉」とは何か(古林佐知子)	03497		路傍の石(山本有三)	09577
「老人福祉」とは何か 新しい人間社会の創造			路傍の花(川路柳虹)	02551
			ローマ字日記(石川啄木)	00545

羅馬書講解に現れしルッターの根本思想（佐藤繁彦）・・・・・・・・・・・・・・・・・・・・・・・・・・・ 03953
ローマ人の物語（塩野七生）・・・・・・・・・・・・・・ 04123
ローマ神話（丹羽隆子）・・・・・・・・・・・・・・・・・・ 06819
ローマ帝国とキリスト教（弓削達）・・・・・・・・ 09629
羅馬法（船田享二）・・・・・・・・・・・・・・・・・・・・・・ 07848
浪漫主義文学の誕生（笹淵友一）・・・・・・・・・・ 03908
ロマン派の音楽（野村胡堂）・・・・・・・・・・・・・・ 06939
路蓮坊主（作者不詳）・・・・・・・・・・・・・・・・・・・・ 10797
論語古義（伊藤仁斎）・・・・・・・・・・・・・・・・・・・・ 00788
論語語由（亀井南冥）・・・・・・・・・・・・・・・・・・・・ 02425
論語の読み方（山本七平）・・・・・・・・・・・・・・・・ 09532
論争・学説 日本の考古学（坂詰秀一）・・・・・・ 03814
論争・学説 日本の考古学（桜井清彦）・・・・・・ 03857
倫敦塔（夏目漱石）・・・・・・・・・・・・・・・・・・・・・・ 06595
論文の書き方（清水幾太郎）・・・・・・・・・・・・・・ 04351
ロンリー・ウーマン（高橋たか子）・・・・・・・・ 05105
論理力を鍛えるトレーニングブック（渡辺パコ）・・・・・・・・・・・・・・・・・・・・・・・・・・・・・・・・・・ 10074

【わ】

ワイマル共和国（林健太郎）・・・・・・・・・・・・・・ 07201
ワイルド・ソウル（垣根涼介）・・・・・・・・・・・・ 02139
和解（志賀直哉）・・・・・・・・・・・・・・・・・・・・・・・・ 04144
若い詩人の肖像（伊藤整）・・・・・・・・・・・・・・・・ 00802
わが出雲・わが鎮魂（入沢康夫）・・・・・・・・・・ 01063
若い人（石坂洋次郎）・・・・・・・・・・・・・・・・・・・・ 00577
わが大空の決戦（土井勤）・・・・・・・・・・・・・・・・ 05991
わが解体（高橋和巳）・・・・・・・・・・・・・・・・・・・・ 05075
和歌肝要（藤原俊成）・・・・・・・・・・・・・・・・・・・・ 07791
若きゲーテ研究（木村謹治）・・・・・・・・・・・・・・ 02921
若き数学者のアメリカ（藤原正彦）・・・・・・・・ 07804
若き日の悩み（藤森成吉）・・・・・・・・・・・・・・・・ 07718
若き日の山（串田孫一）・・・・・・・・・・・・・・・・・・ 03049
若草山（猪苗代兼載）・・・・・・・・・・・・・・・・・・・・ 00868
我国資本家階級の発達と資本主義的精神（円谷弘）・・・・・・・・・・・・・・・・・・・・・・・・・・・・・・・・・・ 05857
我が国の教育（沢柳政太郎）・・・・・・・・・・・・・・ 04078
我国の宗教及道徳（小崎弘道）・・・・・・・・・・・・ 03401
我が国民間信仰史の研究（堀一郎）・・・・・・・・ 08003
わが恋せし淀君（南条範夫）・・・・・・・・・・・・・・ 06628
わが恋の墓標（曽野綾子）・・・・・・・・・・・・・・・・ 04947
我が心は石にあらず（高橋和巳）・・・・・・・・・・ 05076
若さま侍捕物帖（城昌幸）・・・・・・・・・・・・・・・・ 04426
若さま同心 徳川竜之助（風野真知雄）・・・・ 02214
和歌色葉集（上覚）・・・・・・・・・・・・・・・・・・・・・・ 04428
和歌史の研究（佐佐木信綱）・・・・・・・・・・・・・・ 03897
我社会主義（片山潜）・・・・・・・・・・・・・・・・・・・・ 02235

和歌初学抄（藤原清輔）・・・・・・・・・・・・・・・・・・ 07737
わが人生の時の時（石原慎太郎）・・・・・・・・・・ 00622
わが信念（清沢満之）・・・・・・・・・・・・・・・・・・・・ 02979
我が精神の遍歴（亀井勝一郎）・・・・・・・・・・・・ 02423
我が一九二二年（佐藤春夫）・・・・・・・・・・・・・・ 04003
わが祖国―禹博士の運命の種（角田房子）・・・・ 05851
わがそのの記（高山樗牛）・・・・・・・・・・・・・・・・ 05179
わが登高行（三田幸夫）・・・・・・・・・・・・・・・・・・ 08519
和歌童蒙抄（藤原範兼）・・・・・・・・・・・・・・・・・・ 07798
わが友 石頭計算機（安野光雅）・・・・・・・・・・ 00388
若菜集（島崎藤村）・・・・・・・・・・・・・・・・・・・・・・ 04311
わが七十年を語る（林権助）・・・・・・・・・・・・・・ 07202
吾輩は猫である（夏目漱石）・・・・・・・・・・・・・・ 06596
わがひとに与ふる哀歌（伊東静雄）・・・・・・・・ 00779
わが文学半生記（江口渙）・・・・・・・・・・・・・・・・ 01367
わが身を吹き抜けたロシア革命（内村剛介）・・・・・・・・・・・・・・・・・・・・・・・・・・・・・・・・・・・・ 01263
わが身にたどる姫君（作者不詳）・・・・・・・・・・ 10788
わが胸の底のここには（高見順）・・・・・・・・・・ 05152
わが山旅五十年（田部重治）・・・・・・・・・・・・・・ 05496
わが遺言（尾崎行雄）・・・・・・・・・・・・・・・・・・・・ 01936
「わからない」という方法（橋本治）・・・・・・ 06995
わがルバン島の30年戦争（小野田寛郎）・・・・ 02039
別れたる妻に送る手紙（近松秋江）・・・・・・・・ 05655
別れも愉し（宇野千代）・・・・・・・・・・・・・・・・・・ 01304
和漢三才図会（寺島良安）・・・・・・・・・・・・・・・・ 05963
和漢書の印刷とその歴史（長沢規矩也）・・・・ 06345
和漢船用集（金沢兼光）・・・・・・・・・・・・・・・・・・ 02335
和漢朗詠集（藤原公任）・・・・・・・・・・・・・・・・・・ 07742
和訓栞（谷川士清）・・・・・・・・・・・・・・・・・・・・・・ 05530
わけしいのちの歌（江口渙）・・・・・・・・・・・・・・ 01368
倭寇（田中健夫）・・・・・・・・・・・・・・・・・・・・・・・・ 05465
倭国（岡田英弘）・・・・・・・・・・・・・・・・・・・・・・・・ 01796
和語灯録（法然）・・・・・・・・・・・・・・・・・・・・・・・・ 07926
和魂洋才の系譜（平川祐弘）・・・・・・・・・・・・・・ 07440
和算以前（大矢真一）・・・・・・・・・・・・・・・・・・・・ 01743
和算研究集録（林鶴一）・・・・・・・・・・・・・・・・・・ 07217
鷲（川田順）・・・・・・・・・・・・・・・・・・・・・・・・・・・・ 02566
忘れえぬ人々（国木田独歩）・・・・・・・・・・・・・・ 03081
忘れえぬ人一郎）・・・・・・・・・・・・・・・・・・・・・・・・ 05740
忘れ形見（若松賤子）・・・・・・・・・・・・・・・・・・・・ 09982
萱草に寄す（立原道造）・・・・・・・・・・・・・・・・・・ 05417
忘れ残りの記―四半自叙伝（吉川英治）・・・・ 09740
忘れられた日本人（宮本常一）・・・・・・・・・・・・ 08751
和俗童子訓（貝原益軒）・・・・・・・・・・・・・・・・・・ 02116
綿（須井一）・・・・・・・・・・・・・・・・・・・・・・・・・・・・ 04550
綿（谷口善太郎）・・・・・・・・・・・・・・・・・・・・・・・・ 05538
私が殺した少女（原尞）・・・・・・・・・・・・・・・・・・ 07279
私たちは敵だったのか（袖井林二郎）・・・・・・ 04937
私のオフィスは照洋丸（佐伯ो子）・・・・・・・・ 03741
私の国語教室（福田恒存）・・・・・・・・・・・・・・・・ 07606

わたくしの	作品名索引
私の個人主義（夏目漱石）	06597
私の自然観（今西錦司）	01042
私の実践経済学（高橋亀吉）	05080
私の詩と真実（河上徹太郎）	02508
私の進化論（今西錦司）	01043
〈私〉の心理学的探求（榎本博明）	01425
私のソーニャ（八木義德）	09157
私の手が語る（本田宗一郎）	08069
私の東京地図（佐多稲子）	03922
私の中の日本軍（山本七平）	09533
私の二・二六事件（河野司）	03370
私の北壁（今井通子）	01019
私の身の上話（武藤山治）	08839
私の行き方 考え方（松下幸之助）	08255
私は赤ちゃん（松田道雄）	08269
私ひとりの私（石川達三）	00556
私は生きる（平林たい子）	07490
私は黒人奴隷だった（本田創造）	08071
和田酒盛（作者不詳）	10789
わたしが・棄てた・女（遠藤周作）	01472
私の昭和史（末松太平）	04565
わたしの哲学入門（木田元）	02778
私の長崎地図（佐多稲子）	03923
わたしの山旅（槇有恒）	08113
私は二歳（松田道雄）	08270
わだつみの魚の詩（田中光二）	05455
渡辺崋山（藤森成吉）	07719
渡辺崋山（森銑三）	09058
鰐部隊とパプア人マンドル（德野明）	06104
倭名類聚抄（源順）	08595
笑い宇宙の旅芸人（かんべむさし）	02708
嗤う伊右衛門（京極夏彦）	02958
妾の半生涯（福田英子）	07609
わらんべ草（大蔵虎明）	01563
割算書（毛利重能）	08975
悪い仲間（安岡章太郎）	09185
ワルラス経済学入門（根岸隆）	06846
われ科学者たるを恥ず（小倉金之助）	01901
我語りて世界あり（神林長平）	02699
われから（樋口一葉）	07340
我ら降伏せず（田中徳祐）	05476
われらの時代（大江健三郎）	01515
われ等若し戦はば（平田晋策）	07462
われレイテに死せず（神子清）	02404
われは海の子（文部省）	09145
腕白小僧がいた（土門拳）	06180
ワンワンものがたり（千葉省三）	05695

解題書誌一覧

第一部分

【あ】

『愛ありて』（瀬戸内晴美，前田愛著）　角川書店　1988.1　①4-04-126551-7
『愛と死の日本文学』（小林一仁著）　東洋館出版社　2011.10　①978-4-491-02729-6
『アジアの比較文化』（岡本さえ編著）　科学書院　2003.3　①4-7603-0297-2
『アナーキズム』（浅羽通明著）　筑摩書房　2004.5　①4-480-06174-6
『あの本にもう一度』（吉原敦子著）　文藝春秋　1996.7　①4-16-351880-0
『あらすじダイジェスト』（明治書院企画編集部編著）　幻冬舎　2003.11　①4-344-00419-1
『あらすじダイジェスト　日本の古典30を読む』（西沢正史著）　幻冬舎　2004.5　①4-344-00618-6
『「あらすじ」だけで人生の意味が全部わかる世界の古典13』（近藤康太郎著）　講談社　2012.11　①978-4-06-272781-5
『あらすじで味わう昭和のベストセラー』（井家上隆幸監修）　廣済堂出版　2004.6　①4-331-51049-2
『あらすじで味わう名作文学』（小川和佑監修）　廣済堂出版　2004.3　①4-331-51030-1
『あらすじで出会う世界と日本の名作55』（川村たかし監修，日本児童文芸家協会編）　ポプラ社　2005.1　①4-591-08407-8
『あらすじで読む世界のビジネス名著』（グローバルタスクフォース編著）　総合法令出版　2004.8　①4-89346-857-X
『あらすじで読む日本の古典』（小林保治編著）　楽書館，中経出版〔発売〕　2004.3　①4-8061-1985-7
『あらすじで読む日本の古典』（小林保治編著）　新人物往来社　2011.5　①978-4-404-04013-8
『あらすじで読む日本の名著』（小川義男編）　楽書館，中経出版〔発売〕　2003.7　①4-8061-1820-6
『あらすじで読む日本の名著 No.2』（小川義男編著）　楽書館，中経出版〔発売〕　2003.11　①4-8061-1908-3
『あらすじで読む日本の名著 No.3』（小川義男編著）　楽書館，中経出版〔発売〕　2003.12　①4-8061-1941-5
『あらすじで読む日本の名著』（小川義男編著）　新人物往来社　2012.6　①978-4-404-04203-3
『生きがいの再発見名著22選』（小川和佑著）　経林書房　1985.2　①4-7673-0225-0
『一度は読もうよ！　日本の名著』（宮腰賢監修，村上春樹執筆代表）　友人社　2003.12　①4-946447-41-5
『1日30分　達人と読むビジネス名著』（日本経済新聞社編）　日本経済新聞出版社　2012.12　①978-4-532-31859-8
『一冊で愛の話題作100冊を読む』（酒井茂之編著）　友人社　1991.3　①4-946447-12-1
『一冊で人生論の名著を読む』（本田有明著）　中経出版　2004.6　①4-8061-2025-1
『一冊で日本の古典100冊を読む』（小林保治編著）　友人社　1989.2　①4-946447-05-9
『一冊で日本の名著100冊を読む』（酒井茂之編）　友人社　1988.5　①4-946447-01-6
『一冊で日本の名著100冊を読む　続』（酒井茂之編著）　友人社　1992.3　①4-946447-23-7
『一冊で100名作の「さわり」を読む』　友人社　1992.2　①4-946447-22-9
『一冊で不朽の名作100冊を読む』　友人社　1990.4　①4-946447-10-5
『一冊で不朽の名作100冊を読む』　友人社　1991.3　①4-946447-10-5
『今だから知っておきたい戦争の本70』（北影雄幸著）　光人社　1999.5　①4-7698-0906-9
『映画になった名著』（木本至著）　マガジンハウス　1991.9　①4-8387-0264-7

『絵で読むあらすじ日本の名著』(藤井組著, 舌霧スズメ絵)　中経出版　2007.4
　①978-4-8061-2698-0
『お厚いのがお好き?』(富増章成哲学監修)　扶桑社　2010.3　①978-4-594-06152-4
『大人のための日本の名著50』(木原武一[著])　KADOKAWA　2014.2　①978-4-04-409456-0
『面白いほどよくわかる時代小説名作100』(細谷正充監修)　日本文芸社　2010.6
　①978-4-537-25770-0
『女は生きる』(小田仁二郎著)　文化服装学院出版局　1965

【か】

『外国人による日本論の名著』(佐伯彰一, 芳賀徹編)　中央公論社　1987.3　①4-12-100832-4
『科学を読む愉しみ』(池内了著)　洋泉社　2003.1　①4-89691-696-4
『科学技術をどう読むか』(金子務著)　マネジメント社　1987.4　①4-8378-0202-8
『科学の10冊』(池内了編著)　岩波書店　2004.1　①4-00-500456-3
『書き出し「世界文学全集」』(柴田元幸編・訳)　河出書房新社　2013.8　①978-4-309-20630-1
『学術辞典叢書 第12巻』(神田豊穂著)　学術出版会　2011.2　①978-4-284-10258-2
『学術辞典叢書 第15巻』(神田豊穂著)　学術出版会　2011.2　①978-4-284-10261-2
『革命思想の名著』(石堂清倫, 菊地昌典編)　学陽書房　1972
『学問がわかる500冊』　朝日新聞社　2000.3　①4-02-222018-X
『学問がわかる500冊 v.2』　朝日新聞社　2000.10　①4-02-222020-1
『環境と社会』(西城戸誠, 舩戸修一編)　人文書院　2012.12　①978-4-409-00109-7
『感動! 日本の名著 近現代編』(毎日新聞社編)　ワック　2004.12　①4-89831-526-7
『究極のビジネス書50選』(スチュアート・クレイナー, ゲーリー・ハメル原著, 橋本光憲監修, 斉藤隆央訳)　トッパン　1997.11　①4-8101-7801-3
『教育を考えるためにこの48冊』(朝日新聞社編)　朝日新聞社　1975
『教育の名著80選解題』(玉川大学教育学科編)　玉川大学出版部　1983.3
『教育本44』(佐藤学編)　平凡社　2001.10　①4-582-74515-6
『教育名著 日本編』(小貫隼男編著)　第一法規出版　1981.11
『教育名著の愉しみ』(金子茂, 三笠乙彦編著)　時事通信社　1991.12　①4-7887-9140-4
『教養のためのブックガイド』(小林康夫, 山本泰編)　東京大学出版会　2005.3　①4-13-003323-9
『近代欧米名著解題 第3巻』(中島力造編著)　ゆまに書房　2002.8　①4-8433-0723-8
『近代家族とジェンダー』(井上俊, 伊藤公雄編)　世界思想社　2010.1　①978-4-7907-1449-1
『近代日本の百冊を選ぶ』(伊東光晴〔ほか〕選)　講談社　1994.4　①4-06-205625-9
『近代文学名作事典』(吉田精一等編)　学灯社　1967
『近代名著解題選集 2』(紀田順一郎編・解説)　クレス出版　2006.8　①4-87733-329-0
『近代名著解題選集 3』(紀田順一郎編・解説)　クレス出版　2006.8　①4-87733-330-4
『クライマックス名作案内 1』(齋藤孝著)　亜紀書房　2011.11　①978-4-7505-5501-0
『クライマックス名作案内 2』(齋藤孝著)　亜紀書房　2011.12　①978-4-7505-5502-7
『経済学名著106選』(大阪経済法科大学経済研究所編)　青木書店　1989.7　①4-250-89004-X
『経済経営95冊』(横田敏一著)　女性モード社　1995.4
『現代アジア論の名著』(長崎暢子, 山内昌之編)　中央公論社　1992.9　①4-12-101093-0

『現代を読む』（佐高信著）　岩波書店　1992.10　Ⓘ4-00-430243-9
『現代科学論の名著』（村上陽一郎編）　中央公論社　1989.5　Ⓘ4-12-100922-3
『現代社会学の名著』（杉山光信編）　中央公論社　1989.7　Ⓘ4-12-100930-4
『現代人のための名著』（会田雄次等編）　講談社　1968
『現代政治学を読む』（内田満著）　三嶺書房　1984.3
『現代政治学の名著』（佐々木毅編）　中央公論社　1989.4　Ⓘ4-12-100918-5
『現代哲学の名著』（熊野純彦編）　中央公論新社　2009.5　Ⓘ978-4-12-101999-8
『現代日本文学案内』（花田京輔著）　興亜書房　1939
『現代ビジネス書・経済書総解説』（宮崎犀一編著）　自由国民社　1987.5　Ⓘ4-426-63101-7
『現代文学鑑賞辞典』（栗坪良樹編）　東京堂出版　2002.3　Ⓘ4-490-10594-0
『現代文学名作探訪事典』（涌田佑著）　有峰書店新社　1984.7
『現代歴史学の名著』（樺山紘一編）　中央公論社　1989.6　Ⓘ4-12-100926-6
『建築・都市ブックガイド21世紀』（五十嵐太郎編）　彰国社　2010.4　Ⓘ978-4-395-24109-5
『建築の書物／都市の書物』（五十嵐太郎編）　INAX出版　1999.10　Ⓘ4-87275-090-X
『憲法本41』（長谷部恭男編）　平凡社　2001.7　Ⓘ4-582-74512-1
『国体 十冊の名著』（北影雄幸著）　勉誠出版　2013.5　Ⓘ978-4-585-21522-6
『『こころ』は本当に名作か』（小谷野敦著）　新潮社　2009.4　Ⓘ978-4-10-610308-7
『50歳からの名著入門』（齋藤孝著）　海竜社　2014.2　Ⓘ978-4-7593-1357-4
『古典をどう読むか』（秋山虔著）　笠間書院　2005.1　Ⓘ4-305-70278-9
『古典の事典』（古典の事典編纂委員会編纂）　河出書房新社　1986.6　Ⓘ4-309-90201-4
『古典文学鑑賞辞典』（西沢正史編）　東京堂出版　1999.9　Ⓘ4-490-10525-8
『この一冊で読める！「日本の古典50冊」』（阿刀田高監修）　三笠書房　2002.10　Ⓘ4-8379-7273-X
『この一冊でわかる日本の名作』（本と読書の会編）　青春出版社　2010.1　Ⓘ978-4-413-10956-7
『これだけは読んでおきたい日本の名作文学案内』（三木卓監修，石川森彦，髙瀬直子漫画，笠原秀，川田由美子，小松みどり，鈴木啓史，和田進文）　集英社　2001.10　Ⓘ4-08-288082-8

【さ】

『サイエンス・ブックレヴュー』（猪野修治著）　閏月社　2011.3　Ⓘ978-4-904194-81-2
『作品と作者』　朝日新聞社　1956 2版
『3行でわかる名作＆ヒット本250』（G.B.編）　宝島社　2012.4　Ⓘ978-4-7966-9798-9
『Jブンガク』（ロバート・キャンベル編）　東京大学出版会　2010.3　Ⓘ978-4-13-083054-6
『自己啓発の名著30』（三輪裕範編）　筑摩書房　2011.6　Ⓘ978-4-480-06613-8
『自己・他者・関係』（井上俊，伊藤公雄編）　世界思想社　2008.10　Ⓘ978-4-7907-1362-3
『自然科学の名著100選 上』（田中実，今野武雄，山崎俊雄編）　新日本出版社　1990.12　Ⓘ4-406-01908-1
『自然科学の名著100選 中』（田中実，今野武雄，山崎俊雄編）　新日本出版社　1990.12　Ⓘ4-406-01909-X
『思想家の自伝を読む』（上野俊哉著）　平凡社　2010.7　Ⓘ978-4-582-85537-1
『自伝の名著101』（佐伯彰一編）　新書館　2000.11　Ⓘ4-403-25051-3
『社会科学の古典』（阿閉吉男編）　角川書店　1963

『社会学的思考』（井上俊，伊藤公雄編）　世界思想社　2011.5　Ⓘ978-4-7907-1525-2
『社会学の名著30』（竹内洋著）　筑摩書房　2008.4　Ⓘ978-4-480-06419-6
『社会の構造と変動』（井上俊，伊藤公雄編）　世界思想社　2008.7　Ⓘ978-4-7907-1349-4
『宗教学の名著30』（島薗進編）　筑摩書房　2008.9　Ⓘ978-4-480-06442-4
『少年少女のための文学案内 3』（日本読書指導研究会編）　牧書店　昭和37
『少年少女の名作案内 日本の文学ファンタジー編』（佐藤宗子，藤田のぼる編著）　自由国民社　2010.3　Ⓘ978-4-426-10834-2
『少年少女の名作案内 日本の文学リアリズム編』（佐藤宗子，藤田のぼる編著）　自由国民社　2010.2　Ⓘ978-4-426-10833-5
『勝利と成功の法則』（日本経済新聞社編）　日本経済新聞出版社　2013.4　Ⓘ978-4-532-31881-9
『昭和の名著』（共同通信社文化部編）　弘文堂　1964
『女性のための名作・人生案内』（和田芳恵著）　沖積舎　2005.11　Ⓘ4-8060-4085-1
『知らないと恥ずかしい「日本の名作」あらすじ200本』（「日本の名作」委員会著）　宝島社　2008.12　Ⓘ978-4-7966-6847-7
『新・現代歴史学の名著』（樺山紘一編著）　中央公論新社　2010.3　Ⓘ978-4-12-102050-5
『身体・セクシュアリティ・スポーツ』（井上俊，伊藤公雄編）　世界思想社　2010.3　Ⓘ978-4-7907-1456-9
『新潮文庫20世紀の100冊』（関川夏央著）　新潮社　2009.4　Ⓘ978-4-10-610309-4
『人文科学の名著』（淡野安太郎編）　毎日新聞社　1971
『新・山の本おすすめ50選』（福島功夫著）　東京新聞出版局　2004.11　Ⓘ4-8083-0816-9
『数学ブックガイド100』　培風館　1984.4　Ⓘ4-563-02029-X
『図説 5分でわかる日本の名作』（本と読書の会編）　青春出版社　2004.1　Ⓘ4-413-00662-3
『図説 5分でわかる日本の名作傑作選』（本と読書の会編）　青春出版社　2004.6　Ⓘ4-413-00680-1
『政治哲学』（伊藤恭彦著）　人文書院　2012.1　Ⓘ978-4-409-00108-0
『精神医学の名著50』（福本修，斎藤環編）　平凡社　2003.2　Ⓘ4-582-74609-8
『精神分析の名著』（立木康介編著）　中央公論新社　2012.5　Ⓘ978-4-12-102166-3
『西洋をきずいた書物』（J.カーター，P.H.ムーア編，西洋書誌研究会訳）　雄松堂書店　1977.11
『世界を変えた経済学の名著』（日本経済新聞社編）　日本経済新聞出版社　2013.5　Ⓘ978-4-532-19684-4
『世界史読書案内』（津野田興一著）　岩波書店　2010.5　Ⓘ978-4-00-500655-7
『世界で最も重要なビジネス書』（[Bloomsbury][著]，ダイヤモンド社編訳）　ダイヤモンド社　2005.3　Ⓘ4-478-20086-6
『世界のSF文学・総解説』　自由国民社　1992.11　Ⓘ4-426-61105-9
『世界の海洋文学』（小島敦夫編著）　自由国民社　1998.7　Ⓘ4-426-61304-3
『世界の幻想文学』　自由国民社　1998.5　Ⓘ4-426-62707-9
『世界の小説大百科』（ピーター・ボクスオール編，別宮貞徳日本語版監修）　柊風舎　2013.10　Ⓘ978-4-86498-005-0
『世界の推理小説・総解説』　自由国民社　1992.11　Ⓘ4-426-61204-7
『世界のスピリチュアル50の名著』（T.バトラー=ボードン[著]，鈴木尚子訳）　ディスカヴァー・トゥエンティワン　2007.9　Ⓘ978-4-88759-581-1
『世界の哲学思想』（串田孫一，吉村博次共著）　実業之日本社　1951
『世界の冒険小説・総解説』（鎌田三平責任編集）　自由国民社　1992.11　Ⓘ4-426-61404-X
『世界の「名著」50』（樽田隆史著）　三笠書房　2008.2　Ⓘ978-4-8379-2247-6

『世界の名著早わかり事典』　主婦と生活社　1984
『世界の旅行記101』(樺山紘一編)　新書館　1999.10　①4-403-25039-4
『世界名作事典』(むさし書房編集部編)　むさし書房　1955
『世界名著案内 3』(図書文化研究会編)　竹内書店　1973
『世界名著案内 5』(図書文化研究会編)　竹内書店　1973
『世界名著案内 8』(図書文化研究会編)　竹内書店　1973
『世界名著解題選 第1巻』　ゆまに書房　1991.2　①4-89668-386-2
『世界名著解題選 第2巻』　ゆまに書房　1991.2　①4-89668-387-0
『世界名著解題選 第3巻』　ゆまに書房　1991.2　①4-89668-388-9
『世界名著大事典』　平凡社　1987.6　①4-582-11001-0
『世界名著大事典 補遺(Extra)』　平凡社　1989.10　①4-582-11017-7
『戦国十冊の名著』(北影雄幸著)　勉誠出版　2012.3　①978-4-585-21513-4
『戦後思想の名著50』(岩崎稔, 上野千鶴子, 成田龍一編)　平凡社　2006.2　①4-582-70258-9
『千年紀のベスト100作品を選ぶ』(丸谷才一, 三浦雅士, 鹿島茂選)　光文社　2007.10
　①978-4-334-78490-4
『千年の百冊』(鈴木健一編)　小学館　2013.4　①978-4-09-388276-7
『禅の名著を読む』(細川景一著)　佼成出版社　1995.11　①4-333-01773-4
『戦略の名著！ 最強43冊のエッセンス』(有坪民雄, 守屋淳[著])　講談社　2009.2
　①978-4-06-281261-0
『戦略論の名著』(野中郁次郎編著)　中央公論新社　2013.4　①978-4-12-102215-8
『尊王 十冊の名著』(北影雄幸著)　勉誠出版　2013.5　①978-4-585-21521-9

【た】

『大学新入生に薦める101冊の本』(広島大学101冊の本委員会編)　岩波書店　2009.3
　①978-4-00-023781-9
『大作家"ろくでなし"列伝』(福田和也著)　ワニ・プラス　2009.10　①978-4-8470-6004-5
『大正の名著』(渡邊澄子編)　自由国民社　2009.9　①978-4-426-10827-4
『小さな文学の旅』(漆原智良作)　金の星社　1995.4　①4-323-01874-6
『地図とあらすじで読む歴史の名著』(寺沢精哲監修)　青春出版社　2004.5　①4-413-00674-7
『中国の古典名著』　自由国民社　2001.6　①4-426-60208-4
『超売れ筋ビジネス書101冊』(神足裕司監修)　朝日新聞社　2007.12　①978-4-02-330268-6
『哲学の世界』　学陽書房　1975
『伝記・自叙伝の名著』　自由国民社　1998.5　①4-426-60505-9
『東洋の名著』　毎日新聞社　1956
『読書入門』(齋藤孝著)　新潮社　2007.6　①978-4-10-148922-3
『都市的世界』(井上俊, 伊藤公雄編)　世界思想社　2008.12　①978-4-7907-1373-9

【 な 】

『なおかつお厚いのがお好き？』(富増章成哲学監修)　扶桑社　2010.5　Ⓘ978-4-594-06190-6
『ナショナリズム』(浅羽通明著)　筑摩書房　2004.5　Ⓘ4-480-06173-8
『ナショナリズム論の名著50』(大澤真幸編)　平凡社　2002.1　Ⓘ4-582-45218-3
『2時間でわかる日本の名著』(夢プロジェクト編)　河出書房新社　2005.4　Ⓘ4-309-49574-5
『20世紀を震撼させた100冊』(鷲田清一，野家啓一編)　出窓社　1998.9　Ⓘ4-931178-16-2
『21世紀の教育基本書』(碓井正久，村田栄一〔著〕)　自由国民社　1987.10　Ⓘ4-426-63201-3
『21世紀の必読書100選』(河上倫逸編)　21世紀の関西を考える会，星雲社〔発売〕　2000.12　Ⓘ4-434-00827-7
『2ページでわかる日本の古典傑作選』(小川義男監修)　世界文化社　2007.4　Ⓘ978-4-418-07210-1
『日本海軍の本・総解説』(海軍史研究会編)　自由国民社　1985.12　Ⓘ4-426-40056-2
『日本近代の名著』(エコノミスト編集部編)　毎日新聞社　1966
『日本近代文学名著事典』(日本近代文学館編)　日本近代文学館　1982.5
『日本経済本38』(橋本寿朗著)　平凡社　2001.6　Ⓘ4-582-74513-X
『日本古典への誘い100選 1』(諏訪春雄，山折哲雄，芳賀徹，小松和彦監修)　東京書籍　2006.9　Ⓘ4-487-79891-4
『日本古典への誘い100選 2』(諏訪春雄，山折哲雄，芳賀徹，小松和彦監修)　東京書籍　2007.3　Ⓘ978-4-487-79892-6
『日本思想史』(子安宣邦編)　人文書院　2011.8　Ⓘ978-4-409-00105-9
『日本児童文学名著事典』(瀬沼茂樹〔ほか〕編)　ほるぷ出版　1983.11
『日本史の名著』(吉川弘文館編集部編)　吉川弘文館　1990.10　Ⓘ4-642-01295-8
『日本人とは何か』(谷沢永一，渡部昇一著)　PHP研究所　2008.4　Ⓘ978-4-569-69486-3
『日本人なら知っておきたいあらすじで読む日本の名著』(小川義男編著)　KADOKAWA　2014.2　Ⓘ978-4-04-600268-6
『「日本人の名著」を読む』(岬龍一郎著)　致知出版社　2004.12　Ⓘ4-88474-698-8
『日本・世界名作「愛の会話」100章』(岩井護著)　講談社　1985.7　Ⓘ4-06-201753-9
『日本の艶本・珍書 総解説』　自由國民社　1998.6　Ⓘ4-426-62505-X
『日本の奇書77冊』　自由国民社　1980.7
『日本の古典』(北原保雄編)　大修館書店　1986.11　Ⓘ4-469-22048-5
『日本の古典・世界の古典』(瀬沼茂樹編)　河出書房　1956
『日本の古典名著』　自由国民社　2001.6　Ⓘ4-426-60308-0
『日本の社会と文化』(井上俊，伊藤公雄編)　世界思想社　2010.9　Ⓘ978-4-7907-1486-6
『日本の小説101』(安藤宏編)　新書館　2003.6　Ⓘ4-403-25070-X
『日本の書物』(紀田順一郎著，宮田雅之画)　勉誠出版　2006.10　Ⓘ4-585-05364-6
『日本のプロレタリア文学』(江口渙，壺井繁治，山田清三郎編著)　青木書店　1968
『日本の名作おさらい』(現代用語の基礎知識編，中嶋毅史，勝木美千子著)　自由国民社　2010.7　Ⓘ978-4-426-10796-3
『日本の名著』　角川書店　1956
『日本の名著』(桑原武夫編)　中央公論新社　2012.10　Ⓘ978-4-12-180001-5
『日本の名著』(毎日新聞社編)　毎日新聞社　1976

『日本の名著3分間読書100』(嶋岡晨監修)　海竜社　2003.2　Ⓘ4-7593-0750-8
『日本の山の名著・総解説』(近藤信行責任編集)　自由国民社　1985.2　Ⓘ4-426-40034-1
『日本文学鑑賞辞典　〔第1〕』(吉田精一編)　東京堂　1960
『日本文学鑑賞辞典　〔第2〕』(吉田精一編)　東京堂　1960
『日本文学現代名作事典』(成瀬正勝,木俣修,太田三郎編著)　矢島書房　1955
『日本文学 これを読まないと文学は語れない!!』(高取英監修)　イマジン,星雲社〔発売〕　2006.2　Ⓘ4-434-06741-9
『日本文学の古典50選』(久保田淳著)　岩波書店　2001.6　Ⓘ4-00-500085-1
『日本文学名作案内』(立石伯監修)　友人社　2008.3　Ⓘ978-4-946447-47-1
『日本文学名作概観』(久松潜一著)　旺文社　1950
『日本文学名作事典』(森野宗明ほか編著)　三省堂　1984.5　Ⓘ4-385-15478-3
『日本文化論の名著入門』(大久保喬樹著)　角川学芸出版　2008.2　Ⓘ978-4-04-703422-8
『日本文芸鑑賞事典　第1巻』(石本隆一〔ほか〕編纂)　ぎょうせい　1987.8　Ⓘ4-324-00677-6
『日本文芸鑑賞事典　第2巻(1895～1903年)』　ぎょうせい　1987.10　Ⓘ4-324-00678-4
『日本文芸鑑賞事典　第3巻(1904～1909年)』　ぎょうせい　1987.4　Ⓘ4-324-00679-2
『日本文芸鑑賞事典　第4巻』(石本隆一〔ほか〕編纂)　ぎょうせい　1987.11　Ⓘ4-324-00680-6
『日本文芸鑑賞事典　第5巻』(石本隆一〔ほか〕編纂)　ぎょうせい　1987.8　Ⓘ4-324-00681-4
『日本文芸鑑賞事典　第6巻(1917～1920年)』　ぎょうせい　1987.1　Ⓘ4-324-00682-2
『日本文芸鑑賞事典　第7巻(1920～1923年)』　ぎょうせい　1987.12　Ⓘ4-324-00683-0
『日本文芸鑑賞事典　第8巻(1924～1926年)』　ぎょうせい　1987.12　Ⓘ4-324-00684-9
『日本文芸鑑賞事典　第9巻』(石本隆一〔ほか〕編纂)　ぎょうせい　1988.1　Ⓘ4-324-00685-7
『日本文芸鑑賞事典　第10巻』(石本隆一〔ほか〕編纂)　ぎょうせい　1988.2　Ⓘ4-324-00686-5
『日本文芸鑑賞事典　第11巻(昭和9～昭和12年)』　ぎょうせい　1987.2　Ⓘ4-324-00687-3
『日本文芸鑑賞事典　第12巻』(石本隆一〔ほか〕編纂)　ぎょうせい　1988.3　Ⓘ4-324-00688-1
『日本文芸鑑賞事典　第13巻』(石本隆一〔ほか〕編纂)　ぎょうせい　1988.4　Ⓘ4-324-00689-X
『日本文芸鑑賞事典　第14巻(1946～1948年)』　ぎょうせい　1987.5　Ⓘ4-324-00690-3
『日本文芸鑑賞事典　第15巻』(石本隆一〔ほか〕編纂)　ぎょうせい　1988.4　Ⓘ4-324-00691-1
『日本文芸鑑賞事典　第16巻』(石本隆一〔ほか〕編纂)　ぎょうせい　1987.6　Ⓘ4-324-00692-X
『日本文芸鑑賞事典　第17巻(1955～1958年)』　ぎょうせい　1988.4　Ⓘ4-324-00693-8
『日本文芸鑑賞事典　第18巻(1958～1962年)』　ぎょうせい　1988.4　Ⓘ4-324-00694-6
『日本文芸鑑賞事典　第19巻』(石本隆一〔ほか〕編纂)　ぎょうせい　1987.3　Ⓘ4-324-00695-4
『日本文芸鑑賞事典　第20巻(昭和42～50年)』　ぎょうせい　1988.6　Ⓘ4-324-00696-2
『日本名作文学館　日本編』　廣済堂出版　1991.7　Ⓘ4-331-00531-3
『日本名著辞典』(時野谷勝著)　弘文堂　1956
『日本・名著のあらすじ』(一校舎国語研究会編)　永岡書店　2004.8　Ⓘ4-522-47555-1
『日本陸軍の本・総解説』(陸軍史研究会編)　自由国民社　1985.12　Ⓘ4-426-40055-4
『日本歴史「古典籍」総覧』　新人物往来社　1990.4
『入門名作の世界』(毎日新聞社編)　毎日新聞社　1971
『人間学の名著を読む』(三井善止編)　玉川大学出版部　2003.4　Ⓘ4-472-40290-4
『農政経済の名著　明治大正編』(阪本楠彦編)　農山漁村文化協会　1981.12
『農政経済の名著　昭和前期編』(阪本楠彦編)　農山漁村文化協会　1982.9

【は】

『ハイデガー本45』(木田元編)　平凡社　2001.8　Ⓘ4-582-74514-8
『幕末十冊の名著』(北影雄幸著)　勉誠出版　2012.3　Ⓘ978-4-585-21514-1
『はじめて学ぶ政治学』(岡崎晴輝，木村俊道編)　ミネルヴァ書房　2008.3　Ⓘ978-4-623-05054-3
『はじめて学ぶ法哲学・法思想』(竹下賢，角田猛之，市原靖久，桜井徹編)　ミネルヴァ書房　2010.4　Ⓘ978-4-623-05608-8
『早わかり日本古典文学あらすじ事典』(金沢春彦著)　大学書院　2000.5　Ⓘ4-7952-4470-7
『東アジア人文書100』(東アジア出版人会議編)　東アジア出版人会議　2011.1　Ⓘ978-4-622-07574-5
『東アジア論』(丸川哲史著)　人文書院　2010.10　Ⓘ978-4-409-00101-1
『必読書150』(柄谷行人〔ほか〕著)　太田出版　2002.4　Ⓘ4-87233-656-9
『ひと目でわかる日本の名作』(日本の名作を読む会編著)　ぶんか社　2006.8　Ⓘ4-8211-5061-1
『百年の誤読』(岡野宏文，豊崎由美著)　ぴあ　2004.11　Ⓘ4-8356-0962-X
『フェミニズムの名著50』(江原由美子，金井淑子編)　平凡社　2002.7　Ⓘ4-582-47228-1
『武士道 十冊の名著』(北影雄幸著)　勉誠出版　2012.11　Ⓘ978-4-585-21518-9
『武士道の名著』(山本博文著)　中央公論新社　2013.11　Ⓘ978-4-12-102243-1
『仏教の名著』(笠原一男編)　学陽書房　1973
『ブックガイド"宇宙"を読む』(岩波書店編集部編)　岩波書店　2008.11　Ⓘ978-4-00-007492-6
『ブックガイド"心の科学"を読む』(岩波書店編集部編)　岩波書店　2005.5　Ⓘ4-00-007445-8
『ブックガイド心理学』(本明寛編)　日本評論社　1998.1　Ⓘ4-535-56061-7
『ブックガイド"数学"を読む』(岩波書店編集部編)　岩波書店　2005.11　Ⓘ4-00-007453-9
『ブックガイド 文庫で読む科学』(岩波書店編集部編)　岩波書店　2007.6　Ⓘ978-4-00-007472-8
『物理ブックガイド100』　培風館　1984.5　Ⓘ4-563-02027-3
『文学・名著300選の解説 '88年度版』(永塚恵編)　一ツ橋書店　1987.4　Ⓘ4-565-87044-4
『文化人類学の名著50』(青柳まちこほか執筆，綾部恒雄編)　平凡社　1994.4　Ⓘ4-582-48113-2
『文化の社会学』(井上俊，伊藤公雄編)　世界思想社　2009.7　Ⓘ978-4-7907-1423-1
『平和を考えるための100冊＋α』(日本平和学会編)　法律文化社　2014.1　Ⓘ978-4-589-03566-0
『ベストガイド日本の名著』(小田切秀雄編)　自由国民社　1996.4　Ⓘ4-426-60402-8
『ポケット日本名作事典』(小田切進，尾崎秀樹監修)　平凡社　2000.3　Ⓘ4-582-12418-6
『ポピュラー文化』(井上俊，伊藤公雄編)　世界思想社　2009.5　Ⓘ978-4-7907-1408-8
『「本の定番」ブックガイド』(鷲田小彌太著)　東洋経済新報社　2004.6　Ⓘ4-492-09232-3

【ま】

『マンガでわかるビジネス名著』(高橋久編，柊ゆたかマンガ)　ローカス　2008.7　Ⓘ978-4-89814-933-1
『マンガとあらすじでやさしく読める 日本の古典傑作30選』(土屋博映監修)　東京書店　2012.7　Ⓘ978-4-88574-062-6
『名作への招待』　旺文社　［19--］

『名作の書き出し』(石原千秋著)　光文社　2009.9　①978-4-334-03525-9
『名作の書き出しを諳んじる』(谷沢永一著)　幻冬舎　2008.2　①978-4-344-01456-5
『名作の研究事典』　小峰書店　1960
『名作はこのように始まる 1』(千葉一幹, 芳川泰久編著)　ミネルヴァ書房　2008.3
　①978-4-623-04932-5
『名作はこのように始まる 2』(中村邦生, 千石英世編著)　ミネルヴァ書房　2008.3
　①978-4-623-04999-8
『明治・大正・昭和のベストセラー』(太田治子著)　日本放送出版協会　2007.7
　①978-4-14-910634-2
『明治・大正・昭和の名著・総解説』　自由国民社　1981.10
『明治の名著 1』(小田切秀雄, 渡邊澄子編)　自由国民社　2009.9　①978-4-426-10826-7
『明治の名著 2』(渡邊澄子編)　自由国民社　2009.10　①978-4-426-10829-8
『名著解題』(寺崎昌男, 古沢常雄, 増井三夫編)　協同出版　2009.10　①978-4-319-11035-3
『名著から探るグローバル化時代の市民像』(九州大学政治哲学リサーチコア編)　花書院　2007.3
　①978-4-903554-05-1
『名著で学ぶインテリジェンス』(小谷賢編)　日本経済新聞出版社　2008.10　①978-4-532-19466-6
『名著で読む世界史』(渡部昇一著)　育鵬社, 扶桑社〔発売〕　2013.11　①978-4-594-06944-5
『名著に学ぶ国際関係論』(花井等, 石井貫太郎編)　有斐閣　2009.12　①978-4-641-17365-1
『「名著」の解読学』(谷沢永一, 中川八洋著)　徳間書店　1998.12　①4-19-860951-9
『名著の伝記』(紀田順一郎著)　東京堂出版　1989.6　①4-490-20139-7
『名著の履歴書』　日本エディタースクール出版部　1971
『メディア・情報・消費社会』(井上俊, 伊藤公雄編)　世界思想社　2009.10　①978-4-7907-1443-9

【や】

『やさしい古典案内』(佐々木和歌子著)　角川学芸出版, 角川グループパブリッシング〔発売〕
　2012.10　①978-4-04-703513-3
『山の名著30選』(福島功夫著)　東京新聞出版局　1998.11　①4-8083-0652-2
『山の名著 明治・大正・昭和戦前編』(近藤信行編)　自由国民社　2009.11　①978-4-426-10830-4

【ら】

『倫理学』(小泉義之著)　人文書院　2010.4　①978-4-409-00102-8
『倫理良書を読む』(島薗進著)　弘文堂　2014.2　①978-4-335-15055-5
『歴史学の名著30』(山内昌之著)　筑摩書房　2007.4　①978-4-480-06354-0
『歴史家の一冊』(山内昌之著)　朝日新聞社　1998.4　①4-02-259697-X
『歴史家の読書案内』(石井進編)　吉川弘文館　1998.4　①4-642-07743-X
『歴史小説・時代小説 総解説』(尾崎秀樹監修)　自由國民社　1986.3　①4-426-40079-1
『歴史の名著 日本人篇』(歴史科学協議会編)　校倉書房　1970
『歴史の名著100』　人物往来社　1975.07

【わ】

『私を変えたこの一冊』(集英社文庫編集部編)　集英社　2007.6　①978-4-08-746171-8
『私の古典』(毎日新聞社エコノミスト編集部編)　毎日新聞社　1967
『わたしの古典』(日本放送協会編)　日本放送出版協会　1969
『わたしの古典 続』(日本放送協会編)　日本放送出版協会　1970

読んでおきたい「日本の名著」案内

2014年11月25日　第1刷発行

発　行　者／大高利夫
編集・発行／日外アソシエーツ株式会社
　　　　　　〒143-8550 東京都大田区大森北1-23-8 第3下川ビル
　　　　　　電話 (03)3763-5241(代表)　FAX(03)3764-0845
　　　　　　URL http://www.nichigai.co.jp/
発　売　元／株式会社紀伊國屋書店
　　　　　　〒163-8636 東京都新宿区新宿3-17-7
　　　　　　電話 (03)3354-0131(代表)
　　　　　　ホールセール部(営業)　電話 (03)6910-0519

電算漢字処理／日外アソシエーツ株式会社
印刷・製本／光写真印刷株式会社

不許複製・禁無断転載　　《中性紙三菱クリームエレガ使用》
〈落丁・乱丁本はお取り替えいたします〉
ISBN978-4-8169-2501-6　　Printed in Japan, 2014

本書はディジタルデータでご利用いただくことができます。詳細はお問い合わせください。

読んでおきたい名著案内
教科書掲載作品13000〈高校編〉
阿武泉 監修　A5・920頁　定価（本体9,333円＋税）　2008.4刊

読んでおきたい名著案内
教科書掲載作品　小・中学校編
A5・700頁　定価（本体9,333円＋税）　2008.12刊

1949～2006年の国語教科書に掲載された全作品（小説・詩・戯曲・随筆・評論・古文、高校編では俳句・短歌・漢文も）を収録。作品が掲載された教科書名のほか、作品が収録されている一般図書も一覧できる。

日本近現代文学案内
A5・910頁　定価（本体18,000円＋税）　2013.7刊

1989～2012年に刊行された日本近現代文学（明治～現代）に関する研究書の目録。18,948冊の図書を「小説」「戯曲」「詩」「俳句」など各文学ジャンルの下に、「自然主義」「北杜夫」「断腸亭日乗」などテーマ別、作家・作品別に分類。

最新文学賞事典2009-2013
A5・540頁　定価（本体13,800円＋税）　2014.4刊

2009～2013年に実施された国内の文学賞431賞を網羅。由来、主催者、選考委員、選考方法、賞・賞金、連絡先などの賞の概要と、受賞者名、受賞作品名を一覧できる。賞名索引、主催者名索引のほか、個人の受賞歴を一覧することができる受賞者名索引を完備。

小川未明新収童話集　全6巻
小埜裕二編　各定価（本体3,000円＋税）　2014.1～3刊

明治・大正・昭和の半世紀にわたって活躍し、日本の児童文学に大きな足跡を残した小川未明の既出の全集未収録作品454編を収録した童話集。社会童話、生活童話、大人の童話、戦争童話、戦後のヒューマニズム童話など、今まで知られていなかった小川未明の多彩な世界を知ることができる。

データベースカンパニー
日外アソシエーツ　〒143-8550　東京都大田区大森北1-23-8
TEL.(03)3763-5241　FAX.(03)3764-0845　http://www.nichigai.co.jp/